Salomon

Fritz

Forkel

5779

[illegible]

# סידור קורן • כמנהג ק״ק ספרדים

קוֹרֵן ירושלים

# סידור קורן

## לפני מי אתה עומד

ערוך ומבואר בידי
חנן דוד בניהו

•

הוצאת קורן ירושלים

לזכרו המבורך
ולעילוי נשמתו של החכם השלם איש תבונות
**הרב פרופ׳ מאיר בניהו** מ״כ
רב חוקר פורה בחכמת ישראל

סידור קורן
מהדורה ראשונה © ה׳תשע״ג
הוצאת קורן ירושלים
ת״ד 4044 ירושלים 91040
www.korenpub.com

© כל הזכויות שמורות על גופן תנ״ך קורן, 1962. הוצאת קורן ירושלים בע״מ, 2013
© כל הזכויות שמורות על גופן סידור קורן, 1981. הוצאת קורן ירושלים בע״מ, 2013

אין לשכפל, להעתיק, לצלם, להקליט, לאחסן במאגר מידע, לשדר או לקלוט בכל דרך או בכל אמצעי אלקטרוני, אופטי, מכני או אחר כל חלק שהוא מן החומר שבספר זה. שימוש מסחרי מכל סוג שהוא בחומר הכלול בספר זה אסור בהחלט אלא ברשות מפורשת בכתב מהמו״ל.

כמנהג ק״ק ספרדים
מהדורת כיס, כריכה רכה, מסת״ב: 978-965-301-234-9

20חצ

# תוכן


מכתבי ברכה ז
מבוא למהדורה הישנה יד
מבוא למהדורה החדשה טו
מדריך למתפלל יז
ראשית אמרים יח
תפילה כד

**ימי חול**

השכמת הבוקר וברכות השחר 3
בקשות 8
עטיפת טלית 18
הנחת תפילין 19
פתיחת אליהו 22
פרשת העקדה 25
סדר התמיד 33
קדיש דרבנן 40
פסוקי דזמרה 46
יוצר 57
עמידה 66
סדר תחנון 81
פתיחת ההיכל 92
אשרי 97
קדושה דסידרא 98
שיר של יום 102
אין כאלהינו 112
עלינו לשבח 116
שלושה עשר עיקרים 119
עשר זכירות 120
מנחה לחול 121
מזמורים לפני ערבית 149
ערבית לחול ולמוצ״ש ויו״ט 152
סדר ספירת העומר 179
סדר הבדלה בבית הכנסת 184
סדר ברכת הלבנה 185
סדר קריאת שמע שעל המיטה 189
סדר תיקון חצות 195

**שבת**

עירובין 208
הדלקת נרות 209
שיר השירים 210
קבלת שבת 216
ערבית לשבת וליום טוב 225
שחרית לשבת וליום טוב 244
פסוקי דזמרה 251
נשמת כל חי 261
יוצר 265
עמידה 276
פתיחת ההיכל 286
סדר קריאת התורה 290
לשבת חתן 291
מי שברך 293
פיוטים לשבתות מיוחדות 295
השכבות 300
ברכות ההפטרה 302
הכרזת ראש חודש 305
הכרזת צומות 306
מוסף לשבת 306
מנחה לשבת וליום טוב 326
פרקי אבות 347

**חגים ומועדים**

סדר נטילת לולב 369
סדר הלל 370
סדר ראש חודש 376
קריאה לראש חודש 379
אשרי וקדושה דסידרא 380
מוסף לראש חודש 384
סדר הנשיאים לחודש ניסן 393
מזמורי הרגל 415
עמידה לשחרית, למנחה
ולערבית של יום טוב 419
הקפות לשמחת תורה 427

תיקון טל וגשם 435
מוסף לשלוש רגלים 443
אזהרות לשבועות 452
מגילת רות 462
סדר הושענות לסוכות 466
סדר חבטת ערבה 523
קריאת התורה לחול המועד סוכות 524
הושענות לשבת 525
סדר הדלקת נרות חנוכה 538
שבת זכור 542
מגילת אסתר וברכותיה 549
יום העצמאות ויום ירושלים 561

**סליחות, תעניות וימי זיכרון**

סליחות לימי הרחמים 569
התרת נדרים 617
סדר ארבע תעניות 621
סליחות לצום גדליה 626
סליחות לעשרה בטבת 630
סליחות לתענית אסתר 636
סליחות לשבעה עשר בתמוז 642
סדר ליל תשעה באב 656
יום הזיכרון לקדושי השואה 672
יום הזיכרון לחללי צה״ל 673

**סדר קריאת התורה**

לימי שני וחמישי ומנחה של שבת 677
לחנוכה ולפורים 716
קריאה והפטרה לתענית ציבור 721
קריאה והפטרה לתשעה באב 723
קריאה והפטרה לשלוש רגלים 726

**ברכות**

סדר סעודת ליל שבת 765
סדר סעודת יום השבת 770
סדר סעודה שלישית 774
סדר סעודה וברכותיה 775
מסכת שבת 776
זמירות שבת 796
סדר ברכת המזון 816
ברכות הנהנין 826
סדר הבדלה 828
ביעור חמץ ועירוב תבשילין 840
סדר אושפיזין 841
קידוש לשלוש רגלים 844
סדר ברכות 847
תפילת הביננו 851
סדר ברכת האילנות 852
סדר תפילת הדרך 854
סדר חנוכת הבית 856

**ספר תולדות אדם**

סדר ברית מילה 861
זבד הבת 870
פדיון הבן 871
תפילות עם כניסה לעול מצוות 874
סדר קידושין ונישואין 877
תפילות לחולה ולעומד מחוליו 880
וידוי שכיב מרע 881
סדר לויית המת 884
צידוק הדין 890
תפילה בבית האבל 893
ברכת המזון בבית האבל 894

**תפילות, בקשות ותחינות נוספות**

ברכת המולך בכבודו 895
תפילות לפרנסה 896
הטבת חלום 897
בקשה לראש חודש 898
בקשות למועדים ולחודש אלול 899
תענית יחיד 900
אלהי אל תדינני 902
שמע קולי 903
לך אלי תשוקתי 904
בקשות לרב סעדיה גאון 907

**ספר תהלים 923**

**מדריך להלכות תפילה 989**

הלכות תפילה לימות החול 990
הלכות תפילות השבת 1023
הלכות תפילות המועדים 1033
הלכות לחודשי השנה ולמועדיה 1056
טבלת ההפסקות המותרות בתפילה 1096

מכתבי ברכה

הקדמות

בס"ד, כ"ו טבת, תשע"ב

# אגרת ברכה

אתא קמן, נטע נאמן, זרוע המיומן. בנן של גדולים, הרה"ג ר' חנן דוד בניהו נר"ו בנו של מכובדי החוקר הדגול פרופ' ר' מאיר בניהו ז"ל, ונכדו של הראש"ל הגאון המפורסם רבי יצחק נסים זצ"ל. אתא ואייתי מתניתא בידיה, סדור תפילה נאה ויאה, בו אסף ממנהגי קהילות הספרדים, ותפילותיהם בימות השנה וסדרם וקבצם כעמיר גורנה, לבל יחסר המז'ג, והרב המחבר נר"ו הפליא לעשות בחיבורו היקר, בו הראה מקור כל תפילה ותפילה, ועל מה אדניה הוטבעו, והדפיס את הכל באותיות מאירות עינים המשמחות את נפש הקורא. שע"י הוצאת "קורן" הידועה לשם ולתפארה, והיא חכמה מפוארה בכלי מפואר. וגם ציין בשולי הסידור את חילוקי ההלכות בין בני הקהילות השונות, כדי שהשלחן יהא ערוך בטוטו"ד לפני הקורא, וכל אחד יוכל לאחוז בפסקי רבותיו ומוריו ומנהגיו, וגם ציין בכל מקום דעת מרן השו"ע ז"ל אשר מפיו אנו חיים, ועל פיו יחנו ועל פיו יסעו כל בני ארץ ישראל.

ועצתי אליו היא שבתוך הסידור בסדר התפלה יהיו ההלכות והמנהגים עפ"י מרן הבית יוסף מרא דארעא דארץ ישראל, הוא המשבי"ר לארץ ולדרים עליה, וכל אשר יאמר לכם יוסף תעשו, ויתר הדעות והמנהגים יכתבם במדור ההלכות והמנהגים שבסוף הסידור, ותהי מחשבתו הטובה מושלמת לטובה.

ותיכף לת"ח ברכה, הנני לברך את הרהמ"ח נר"ו, שיזכה לברך על המוגמר בקרב ימים, ויפוצו מעיינותיו חוצה לזכות את הרבים, וזכות אבותיו מסייעתו, ועוד יגדיל בארץ שרשו, ולא ימיש מעשות פרי, אכי"ר.

בברכה נאמנה,

שלמה משה עמאר
ראשון לציון הרב הראשי לישראל

**שלמה משה עמאר**
ראשון לציון הרב הראשי לישראל
נשיא בית הדין הרבני הגדול

**Shlomo Moshe Amar**
Rishon Lezion Chief Rabbi Of Israel
President of the Great Rabbinical Court

בס״ד, כ״ז טבת, תשע״ב
ב/333-18-1

# אגרת ברכה

אתה קטן, נטע נאמן, זרוע המיומן. בנן של גדולים, הרה״ג ר׳ **חנן דוד בניהו** נר״ו בנו של כבודי החוקר הדגול פרופ׳ ר׳ מאיר בניהו ז״ל, ונכדו של הראש״ל הגאון המפורסם רבי יצחק נסים זצ״ל. אתא ואייתי מתניתא בידיה, סדור תפילה נאה ויאה, בו אסף ממנהגי קהילות הספרדים, ותפילותיהם בימות השנה וסדרם וקבצם כעמיר גורנה, לבל יחסר המז״ג, והרב המחבר נר״ו הפליא לעשות בחיבורו היקר, בו הראה מקור כל תפילה ותפילה, ועל מה אדניה הוטבעו, והדפיס את הכל באותיות מאירות עינים המשמחות את נפש הקורא. שע״י הוצאת ״קורן״ הידועה לשם ולתפארה, והיא חכמה מפוארה בכלי מפואר. וגם ציין בשולי הסידור את חילוקי ההלכות בין בני הקהילות השונות, כדי שהשלחן יהא ערוך בטוטו״ד לפני הקורא, וכל אחד יוכל לאחוז בפסקי רבותיו ומוריו ומנהגיו, וגם ציין בכל מקום דעת מרן השו״ע ז״ל אשר מפיו אנו חיים, ועל פיו יחנו ועל פיו יסעו כל בני ארץ ישראל.

ועצתי אליו היא שבתוך הסידור בסדר התפלה יהיו ההלכות והמנהגים עפ״י מרן הבית יוסף מרא דארעא דארץ ישראל, הוא המשביר לארץ ולדרים עליה, וכל אשר יאמר לכם יוסף תעשו, ויתר הדעות והמנהגים יכתבם במדור ההלכות והמנהגים שבסוף הסידור, ותהי מחשבתו הטובה מושלמת לטובה.

ותיכף לת״ח ברכה, הנני לברך את הרהמ״ח נר״ו, שיזכה לברך על המוגמר בקרב ימים, ויפוצו מעיינותיו חוצה לזכות את הרבים, וזכות אבותיו מסייעתו, ועוד יגדיל בארץ שרשו, ולא ימיש מעשות פרי, אכי״ר.

בברכה נאמנה,

שלמה משה עמאר
ראשון לציון הרב הראשי לישראל

שלמה משה עמאר · SHLOMO MOSHE AMAR · Rishon Lezion Chief Rabbi of Israel · ראשון לציון הרב הראשי לישראל

**שמעון חי אלוף**
רב ומו"צ דק"ק אהבה ואחוה תכב"ץ
ברוקלין, ניו יורק

יז טבת תשע"ב לפ"ק, פה ברוקלין, נ.י. יע"א

לכבוד ידידי איזי וחביבי יקר רוח איש תבונה החו"ש הרב חנן דוד בניהו נר"ו

ירושלים ת"ו

השלום והברכה,

אחדשה"ט כנא"ה, שני כרכי הסדור כמנהג קהילות הקודש הספרדים שאתה עומד להו"ל קבלתים במועדם, ולמרות שבפגשותינו נדברנו בעבודת הקודש שאתה עוסק בה במסירות ובכללם הסדור הנ"ל, ושמחתי לקול אמריך כי נעמו, כשראיתי בפועל את הסדור, אמרתי שלא הגדת לי החצי, כי ממש אורו עיני מכל צד שבחנתיו, כאבן טובה שה"ן לה הופכין וכאבני נזר מתנוצצו"ת ניצוצי אורה וזיו יקרות מכל זוית ופינה, הן מצד צורתו תבניתו ודיוק נוסחאותיו אשר אשרום וקיימום גדולי רבותינו ראשונים ואחרונים כפי שנתקבל ונתפשט בקהלות ארץ הצבי וגלילותיה בחותמו של כה"ג רבנו האריז"ל וכל קדושים עמו נ"ע. מה טובו ומה יופיו בעטורי הפיוטים אשר ייסדום הקדמונים קדושי עליון ועד המאוחרים עבדי ה' ומשרתיו, אשר עוררו בשירתם נימי הלב ומיתריו להלך בבית ה' ברגש.

מאד הנאני הקונטריס שצירפת לסדור בענין הלכה ומנהג, ויפה עשית שהבאת עיקר דיעות הפוסקים האחרונים שהראותיהם הן הם המוליכות קהלות ישראל לשנוי מנהגיהם ומוריהם איש על דגלו לצבאותם.

והנה בענין נקוד התיבות הבחנתי בעין שכלי, שראית לקרב ולרחק בכל ענין לגופו, כי קשה בזה לקבוע מסמרות כשיטה אחת או גדול אחד

מתחילה ועד סוף בפרט בסדור שמטרתו להגיע לקהלות מגוונות ושונות בארץ ובחו"ל, ופעמים שנוי שמורגש יותר מדי הגם שהוא נכון ואמיתי, גורם לבלבול אל המתפלל הפשוט ויכול אך לגרום למחלוקת ותרעומת, כמו שראו עיני לא פעם כי לא רבים יחכמו, ולכן איני רואה מקום להעיר בזה וכל אחד יבחר ויקרב כפי הוראת רבותיו.

אין ספק שהתועלת מסדור זה רבה, הן למתפלל בו בקביעות והן למי שחשקה נפשו להרחיב ידיעותיו ויריעות משכנות חכמתו בסוד התפלה הנקראת ביחוד "עבודת ה'"* שכל תיבות התפלה מראש ועד סוף ממקום קדוש יהלכו כפי שכל קורא בו ל"ו יחכם תלמיד עם מבין. ובפרט לתלמידי חכמים שרוב עסקם בש"ס ופוסקים ולפי גודל המלאכה שהטילו על כתפיהם אין עתותם בידם לחפש ולפשפש, בזמן קצר יוכלו לעבוד על שורש סדר התפלות והוספות הגאונים בטעמם ונימוקם, ויפיקו ממנו ידיעות נחוצות ומחכימות, וביחוד למי שעסקו עם הצבור, שתמיד כלי זיינו עליו להשיב אמרי אמת מבוססים לכל שואל ודורש, וחכם עיניו בראשו, וד"ל.

ברכתי אמיצה שעבודת קודש זו שעסקת בה באהבה רבה במסירות ובשקידה וחריצות, תביא ברכה לכל הקרב הקרב העולה במסילה העולה בית אל, אמן.

ידידו עוז

שמעון חי אלוף

* וראה דברי הגאון האמיתי החסיד הרמד"ל זצ"ל בספר שתי ידות אצבע רביעי הנקרא דרך חיים (בבית צ' ד"ה אֲדָמָה אִישׁ, ובנד"מ ע"י ישיבת חברת אהבת שלום בירשת"ו עמוד קעח) שדבריו נוקבים ויורדים עד השיתין עיש"ה.

**Rabbi Shimon H. Alouf**
Cong. Ahaba Ve Ahva of Ocean Parkway
Brooklyn, New York

**שמעון חי אלוף**
רב ומו"צ דקי"ק אהבה ואחוה תכב"י
ברוקלין, ניו יורק

[illegible]

1744 Ocean Parkway Brooklyn, New York 11223 Tel: 347.702.6209 Fax: 347.702.6210

Ahaba Ve Ahva

ישיבת
הר עציון
YESHIVAT
HAR ETZION

אלון שבות, גוש עציון 90433 Alon Shevut, Gush Etzion ISRAEL 90433 טל. Tel. 02/9937300 פקס: Fax 02/9931298

ע״ר

בס״ד

ה׳ באדר התשע״ב

**מכתב ברכה**

הובאו לפני גליונות סידור קורן כמנהג ק״ק ספרדים, מעשה ידי אמן, חכים, בר אוריין ובר אבהן, הרב חנן בניהו הי״ו נכד מרן הראשל״צ הרב יצחק נסים זיע״א.

מאוד נהניתי לעבור בין בתרי הסידור בנוסחאות התפילה, ובהלכות המלוות אותו. יפה עשה הרב המחבר, בהניחו את הדקדוקים בנוסחאות ובהלכות לשולי הסידור, שלא תופרע כוונת המכוון בתפילתו.

ידוע הוא שקהילות בני ספרד, נוסחי תפילותיהם מפוזרים ומפורדים בקהילות השונות, בהשפעת התפילה החיה בליבותיהם של ישראל, ובהשפעת רבותינו המקובלים נוחי נפש. אשר על כן, יפה עשה המחבר בלקטו כעמיר גורנה מנהגים ונוסחים שונים אל תוך סידור זה, תוך דקדוק במקורות התפילות בדברי חז״ל ובדברי רבותינו הגאונים והראשונים, כיד ה׳ הטובה עליו, במינון נכון, בתוך הטקסט באופן ישיר ומחוצה לו בשולי הסידור, והבוחר יבחר, ואת אשר ירצה יקרב.

חיבה יתירה נודעת לסידור זה, שהוא מכיל בתוכו גם סדר התפילות והסליחות לימי החג והמועד, שרבים מסידורי הספרדים לקו בחסר בעניין זה. על כל זה נוספה ברכה חשובה של סדרי הקריאה בכל ימות השנה, תפילות מיוחדות, ופיוטים שכמעט שקעו בתהום הנשייה, וזכה הרב המחבר לגאול אותם, ולהעלותם על סידורו.

עמל רב הושקע בחלק ההלכות המצורף לסידור זה, עברתי עליהן כמיסת הפנאי שלא בעיון, אבל חזקה על הרב המחבר שאיתמחי גברא, שלא תצא ח״ו תקלה מתחת ידו.

ברכותי לרב המחבר שיזכה לברך על המוגמר, ויזכה שסידורו זה יופץ בציבור רחב, להאיר את תפילת הרבים והיחיד, ולקשר את ליבותיהם של ישראל לאבינו שבשמיים.

כעתירת אוהבו

ברוך גיגי
אלון שבות

# מבוא למהדורה הישנה

## עזרי מעם ה'...

"ותהי יראתם אותי מצות אנשים מלֻמדה" (ישעיה כט, יג) – קובל הנביא על ההרגל והשגרה, המטביעים חותמם על חיי האדם, עד כי גם בבואו לעמוד בתפילה לפני הקב"ה הוא בבחינת "בפיו ובשפתיו כבדוני, ולבו רִחק ממני" (ישעיה, שם). וזהו מה שהזהירו חכמינו ז"ל מפניו, באמרם: "וכשאתה מתפלל, אל תעש תפילתך קבע, אלא רחמים ותחנונים לפני המקום" (אבות ב, יח); ופירשו המפרשים: "כאדם שיש עליו חובה דבר קבוע, ואומר: אימתי אפרוק מעלי חוב זה" (ר"ע מברטנורה, שם). כי אמנם זה דרכם של דברים הנעשים יום יום: משנעשו לשגרה ולהרגל, הרי הם מאבדים מתוכנם המקורי; השגרה וכוונת הלב אינן הולכות בד בבד.

התפילה שבפינו, הכתובה בסידור – אותן מילים, אותם פסוקים שאנו חוזרים עליהם יום יום, ופעמים אחדות ביום – נהפכת בפינו להרגל ולמלמול שגרתי, "כצפצוף הזרזיר", והיא חסרה את הכוונה שבלב ואת ההרגשה החיה "לפני מי אתה עומד".

עובדה מצערת – וטבעית – זו הייתה הדחף לטרוח ולהגיש לציבור המתפללים כלי שיש בו כדי למשוך ולקשור את המתפלל לא אל מילות התפילה בלבד, אלא גם אל תוכנה ואל הכוונה שהייתה לנוכח עיניהם של רבותינו, שטבעו לנו מטבע של התפילה, ושל חכמי הדורות, שקבעו את נוסחאות התפילה. לשם כך שמנו לפנינו את היעד להביא את דברי התפילה לא בלבוש של חולין, היינו בצורה של ספר רגיל, אלא בלבוש קודש, שאף הצורה הגשמית שלו תוכל לשמש כמקור השראה של רגשות כבוד, קדושה ויראה.

לשם כך טבענו תבנית מקורית של האות הנדפסת וצורה מיוחדת להגשת מילות התפילה בהתאמה לתוכן, שורה שורה, ועמוד עמוד. ובשל כך תוכן התפילה נתון לפני המתפלל מבחינה חזותית באופן המונע אותו מן השגרה ומן החִפזה, וגורם ומסייע לו שיתן דעתו ולבו על הכתוב ועל היוצא מן הפה.

ההידור בהגייתן הברורה של התיבות הוא מהידורי התפילה, ורמז מצאו חכמים לכך בלשון הכתוב "צהר תעשה לתבה" – שתהא מצהירה ומאירה. וראוי לנו שיהא דיבורנו לפני המקום ברוך הוא צח וברור ונאה.

בסידור זה "נוסח עדות המזרח" הבאנו את התפילה בנוסח הספרדים ובני עדות המזרח, המקובל ונהוג בבתי הכנסת בארץ ישראל מקדמת דנה. הנוסח נערך על ידי מר יוסף דוויק, ובהנחיתו של מרן הגאון הרב עובדיה יוסף שליט"א.

לסייע למתפלל לכוון יפה אל תוכן התפילה ולהביע כראוי את מלות התפילה – זו היתה מגמתנו: כבוד שמים, כפי שנתכוונו לו רבותינו מסדרי התפילה.

ההוצאה למעשה של כל הנזכר לא היתה אפשרית בלי עזרתו והדרכתו של ידידי ר' מאיר מדן הי"ו, אשר טרח למטרה זו בידיעותיו המרובות ובבדיקת נוסחאות, כדי שיהא סידור־תפילה זה מושלם עד כמה שהיד מגעת.

ויהי נֹעַם ה' אלהינו עלינו, ומעשה ידינו כוננה עלינו ומעשה ידינו כוננהו.

אליהו קוֹרֵן

ירושלים, ה'תשמ"ח

## מבוא למהדורה החדשה

הסידור הוא מספרי היסוד של העם היהודי, ועם זאת, עד להמצאת הדפוס היה בהישג ידם של יחידי סגולה. המצאת הדפוס אמנם הפכה אותו זמין לכל, אך לא בהכרח הנגישה את התפילה. מייסד הוצאת קורן, ר׳ אליהו קורן ז״ל, נתן דעתו על כך והוציא לאור בשנת תשמ״ח סידור בעל אות ייחודית ועימוד יוצא דופן. את שורות התפילה העמיד בתבנית של שיר־מזמור, ובכך חיבר בין מה שנקרא מן הכתב למה שיוצא מן הלב. היום, בעזרת הטכנולוגיה החדשה ומיטב המומחים, ניתנה בידנו האפשרות לשכלל את הסידור ולהניח לפניך מהדורה חדשה זו של מנהג ק״ק ספרדים.

מנהג זה, מקורו בספרד עצמה. מהמאה התשיעית ועד המאה החמש עשרה הייתה ספרד ערש הורתם של המפוארים שבגדולי ישראל. בהלכה ובהגות, במוסר ובקבלה, בפרשנות המקרא ובדקדוק עברי, בפיוט ובשירה – היה זה עידן של שגשוג ופריחה. בערבו של תשעה באב ה׳רנ״ב נאלצו היהודים לעזוב בחפזה את ספרד, הם הותירו בה את רכושם, אך את הונם התורני לקחו עמם. בקיאותם בנגלה ובנסתר עמדה להם בכל הקהילות אשר נפוצו בהן, ועד מהרה נעשה מנהג הספרדים לנוסח התפילה הנפוץ בעולם.

הגירוש הביא לסיומו של פרק מזהיר בתולדות יהדות ספרד אך גם לתחילתו של פרק אחר, עמוס וגדוש בענקי הלכה והגות תורנית. בבואנו להוציא מהדורה חדשה של סידור כמנהג ק״ק ספרדים עמד לפנינו הרצון להביא את יופיו ועושרו של מנהג זה. ביקשנו לתת בידי המתפללים סידור על פי פסקיהם והנהגותיהם של גדולי הפוסקים הספרדים בכל הדורות, כדי שכל אחד ימצא בו את טעמו.

עורך הסידור, הרב חנן בניהו, שילב במלאכת מחשבת את המנהגים השונים ואת פסקיהם של גדולי הראשונים והאחרונים עד דורנו אנו. בהנחייתו של העורך הראשי של בית ההוצאה, רפאל פרימן, חברו לרב בניהו במלאכתו הרב דוד פוקס, אפרת גרוס, הרב ד״ר כרמיאל כהן, הרב ישראל אליצור ורינה בן גל. פרי עמלם המשותף הוא הסידור שבידך, סידור להדר בו בתפילה.

מאיר מילר, מו״ל
ירושלים, ה׳תשע״ב

# מדריך למתפלל

מהדורה חדשה זו של סידור קורן ממשיכה את המסורת של קורן ומגישה למתפלל סידור שעיצובן המיוחד של מילות התפילה בו מקל על המתפלל ומעצים את חוויית התפילה שלו. אחד המאפיינים הייחודיים בסידור הוא שבירת המשפטים לפי העניין במקום השימוש בפסקה כגוש אחד, זאת כדי לסייע למתפלל להפסיק במקומות הנכונים.

עזרי הגייה

- רוב המילים בעברית מוטעמות בהטעמת מלרע, כלומר טעמן נמצא בהברה האחרונה במילה. במילים המוטעמות בהטעמת מלעיל, כלומר שטעמן נמצא בהברה שלפני האחרונה, מופיע מתג, קו אנכי קצר, מתחת לאותה הברה. זאת כדי לעזור לקורא להגות את המילה כראוי, למשל, מֶֽלֶךְ. בקריאת שמע ובקריאת התורה מתג כזה אינו מופיע, מכיוון שכבר מופיעים בהן טעמי המקרא.
- הבדלנו בין הקמץ הרגיל (הנהָגה a) לקמץ הקטן (הנהָגה o) באמצעות סימן גדול לקמץ הקטן, למשל, חָכְמָה. באותו אופן הבדלנו בין השווא הנע (שווא הנהגה כתנועה חטופה, כיום כסֶגול) לשווא הנח (הנהגה כעיצור), וסימַנּוּ את השווא הנע בסימן בולט יותר, למשל, נַפְשְׁךָ.
- לפי המסורת של הוצאת קורן, הפתח הגנוב מופיע לימין האות ולא באמצעה, להורות שהתנועה נהגית לפני העיצור ולא אחריו, למשל, המילה פּוֹתֵחַ נהגית כמו פּוֹתֵאַח.

בתוך הסידור מופיעות הנחיות תמציתיות למתפלל. הלכות והסברים מפורטים נמצאים במדריך להלכות תפילה בסוף הסידור.

ישנם שני סוגי אותיות בנוסח התפילה: באחד משתמשים לתנ״ך בלבד ובאחר לסידור. חלקים מן הסידור שבהם מופיעים פרקים שלמים מן התנ״ך, כמו פסוקי דזמרה, נדפסו באות התנ״ך. לעומת זאת פסוקים מהתנ״ך המצוטטים בתוך חלקי תפילה, נדפסו באות הסידור כדי לשמור על מראה אחיד. בנוסף על כך כל הפסוקים מן התנ״ך מסתיימים בנקודתיים (:) לציון סוף פסוק להבדיל מהנקודתיים הרגילות (:).

אנחנו מקווים שחידושים אלה יהפכו את התפילה לחוויה מעמיקה ומרוממת יותר.

רפאל פרימן, עורך ראשי
ירושלים, ה׳תשע״ב

## ראשית אמרים

אַתָּה הִבְדַּלְתָּ אֱנוֹשׁ מֵרֹאשׁ, וַתַּכִּירֵהוּ לַעֲמוֹד לְפָנֶיךָ (נעילה של יום הכיפורים).

כִּי נַפְשׁוֹתֵינוּ לְךָ עָלֵינוּ עֵדִים נֶאֱמָנִים, וּגְוִיּוֹתֵינוּ יַעֲנוּ בָנוּ עֵדוּת אֱמֶת. וְיוֹרוּנוּ כִּי אֲנַחְנוּ הַחֹמֶר וְאַתָּה יֹצְרֵנוּ, וְכִי אַתָּה הַבּוֹרֵא וּמַעֲשֵׂה יָדְךָ כֻּלָּנוּ: וּבְכָל זֹאת אֲנַחְנוּ מוֹדִים לְךָ... וּמְשַׁבְּחִים לְךָ בִּתְהִלָּתֶךָ, וְשׁוֹאֲלִים מִלְּפָנֶיךָ חַיֵּינוּ וְלֶחֶם חֻקֵּינוּ, וּמַדַּע לְבָבֵנוּ וּרְפָאוּת בְּשָׂרֵנוּ, וּסְלִיחוּת עֲוֹנֵינוּ, וְלִפְדּוֹת נַפְשֵׁנוּ מִכָּל צָרָה, כִּי יְדַעְנוּ, כִּי־כֹל תּוּכָל וְלֹא־יִבָּצֵר מִמְּךָ מְזִמָּה: (בקשה לרב סעדיה גאון)

ברוך הוא אלהינו שבראנו לכבודו לשרתו ולברך בשמו, ונתן לנו לשון לימודים לעמוד לפניו ולשפוך שיח, וציוונו לעובדו בכל לבבנו.

יסודו של סידור התפילות בתפילותיהם ובשיחותיהם של אבותינו ונביאינו. ומשחרב המקדש ובטלו הקורבנות ואין לנו אלא שיח שפתותינו, היו התפילות שתיקנו לנו רבותינו בלשון צחה וברורה, למרכז עבודת ה׳. הפייטנים וחכמי הדורות הוסיפו וחיברו פיוטים ובקשות, סליחות ותחינות. עיטרו את התפילות ואף ניסחום מחדש, כדי שלא תהיה תפילתנו קבע אלא רחמים ותחנונים, והתאימו אותה לימי מועד ושמחה, ולהבדיל, לימי צרה וצוקה. והגאונים, אשר היו הראשונים להעלות על הכתב את סדר התפילה, הורונו אילו נוסחאות ומנהגות יש לקרב ואילו יש לרחק כדי שהתפילה תהיה בסדר ראוי ונכון כיסוד חז״ל.

במרוצת הדורות התרחבו סדרי התפילות והתפצלו לענפים ולמנהגים שונים, עד שהעיד ר״ד אבודרהם בחיבורו: ״כי לא תמצא מקום בעולם שאומר שמונה עשרה בעניין אחד תיבה בתיבה, אלא יש מוסיפין תיבות ויש גורעין״. שינויים אלה נפלו בנוסח ולא בעיקרי התפילה, כמו שכתב המבי״ט: ״ובחילוף נוסח התפילות כפי המקומות אין שום חילוף בדבר עיקרי כמו בקריאת שמע ובברכותיה... וכל שאר הברכות שתקנו אנשי כנסת הגדולה, ולא נפל חילוק מנהג כי אם במיעוטן בנוסח שלהן מבלי חילוף ענין כוונת כל ברכה ושמירת סדרה״ (׳בית אלהים׳, שער היסודות לח).

עיקר התפילה הוא בכוונת הלב, לאהבה את ה׳ ולעובדו מתוך שמחה של מצווה (ראה רש״י, דברים יא, יג, ׳אור החיים׳ שם). עם זאת, קמאי דקמאי גדולי רבותינו הרבו לעסוק בענייני מנהג ונוסח. יש שהתייחסו לתוכן התפילה ולמשמעותה ולשורשי המנהגים וטעמם, ויש שהלכו בדרכם של חסידי אשכנז הראשונים, ושקלו וספרו את מניין התיבות ודקדקו בכל מילה ומילה.

מן המפורסמות היא, שהפזורה היהודית על כל ענפיה לא הייתה עשויה עור אחד, אלא הורכבה מקהילות קהילות במזרח ובמערב, ולכל אחת מהן היו מסורות ומנהגים ייחודיים משלה. גם בתוך קהילות המזרח וצפון אפריקה היו שינויים רבים

ומגוונים, ואיחודם למסגרת אחת רחבה בא בעקבות גירוש היהודים מספרד. ארץ זו הייתה ביתם של תלמידי חכמים גדולים ונודעים, שעסקו בכל מקצועות התורה והחכמה והוציאו מתחת ידם חיבורים חשובים, אשר נפוצו בכל קהילות ישראל.

לאחר הגירוש נפוצו יוצאי חצי האי האיברי לכל עבר, ובכל מקום שנתקבצו אליו הביאו לפריחה ולשגשוג של חיי הרוח והיצירה. לא יצאו שנים מעטות וכבר גברה השפעתם בתוך הקהילות המקומיות עד למאוד, והם הטביעו חותם בל יימחה גם על נוסח התפילה בכל ארצות פזוריהם: ברחבי הממלכה התורכית ובאיטליה, בצפון אפריקה ובארצות המזרח. דור הגירוש היה גם דורו של ראשית הדפוס העברי. בידי המגורשים היו ספרי תפילה שנדפסו בספרד ובפורטוגל בשנים שלפני הגירוש, ומשום כך פשטו נוסחאות התפילה שלהם במהירות רבה אף יותר. לא בכדי נקרא נוסח תפילתם של יהודי המזרח וצפון אפריקה – נוסח הספרדים. יוצאים מן הכלל הם מחזור ארם צובה של יהודי סוריה ומחזור רומאניה של היהודים בארצות הביזנטיות. אלה נדפסו בכמה וכמה מהדורות, ומנהג היהודים היושבים בארצות אלו נשמר זמן רב יותר.

לפריחתה של הקבלה בדור הסמוך לגירוש נודעה השפעה מכרעת ורבת היקף על מנהגי התפילה ועל נוסחאותיה. חכמי הספרדים העמיקו בחכמת הנסתר ובמיוחד בכתבי האר״י וגוריו, ורובם קיבלו על עצמם את מנהגיהם והגהותיהם לנוסח התפילה. בדרכם המשיכו חכמי ישיבת בית אל, הרש״ש וחבריו ובמיוחד מהרי״י אלגאזי והחיד״א, שצללו במימי הקבלה וההלכה ועסקו רבות בחיבוריהם בעניינים אלה. אחריהם הרבה פעלים הרי״ח הטוב בעל 'בן איש חי', שנוסחאותיו ופסקיו פשטו בקהילות המזרח ומחוצה להן.

למרות זאת, מנהגי הקהילות המקומיות במזרח ובמערב לא בטלו כליל, ובכל תפוצה ותפוצה נוצר שילוב ייחודי של שלושה רבדים אלה – מנהג ספרד, מנהג המקום ומנהגי המקובלים. וכיום, בחסדי ה', אנו זוכים ורואים בהתגשמות הנבואה "כֻּלָּם נִקְבְּצוּ בָאוּ־לָךְ, בָּנַיִךְ מֵרָחוֹק יָבֹאוּ וּבְנֹתַיִךְ עַל־צַד תֵּאָמַנָּה" (ישעיה ס, ד). המוני בית ישראל שבים אל ארץ אחוזתם, כל קהילה וקהילה על מנהגיה ועל נוסחאותיה העתיקים ששימרה במסירות ובאהבה רבה.

ההבדלים ושינויי הנוסחאות רבים הם ומגוונים. יש שההבדלים תלויים במקום ובסגנון ויש שההבדלים נובעים מכוח ההלכה או מטעמים שבתורת הסוד. ברובם המוחלט של השינויים וחילופי הגרסאות למיניהם דנו חכמי ישראל, פוסקים ומקובלים, והעלו את דעתם על הכתב או שדבריהם עברו במסורת. אף על פי כן, ניתן להבחין כי כל הענפים האלה יונקים מגוע אחד.

בסידורנו בחרנו כנוסח הפנים את נוסח קהילות המזרח, משום שהוא הנפוץ היום בארץ ישראל, וציינו למנהגי קהילות אחרות בכל מקום שבו ישנם מנהגים שונים. בקטעים שבהם השינויים משמעותיים, הבאנו גם את הנוסחה החלופית כדי לסייע למי שרגיל לנוסח שונה, או שמתפלל בבית כנסת שהתפילה בו אינה על פי מנהג אבותיו.

בגוף הסידור השתדלנו להביא הערות תמציתיות שיש בהן כדי לתת סדר בסידור, לציין לחילופי מנהגים ולהדגיש הדגשים היכולים לסייע ביד המתפלל. לחטיבות התפילה השונות צירפנו כותרות והנחיות בהירות וכן מובאות מדברי רבותינו הראשונים והאחרונים, לפתוח את לב המתפלל בעומדו לפני בוראו. פעמים רבות הבאנו הלכות נחוצות, אך ככלל השתדלנו לצמצם את היקפן, כדי שלא להסיח את דעת המתפלל ולהטריחו בדפדופים רבים בשעת התפילה. המעיין יוכל למצוא עניינים אלו על מקורותיהם בחטיבה רחבה, הקובעת ברכה לעצמה, ובה ידובר בהמשך הדברים.

מלבד תפילות ימות החול, השבתות והמועדים הוספנו הושענות, אזהרות וסליחות. כמו כן הוספנו חטיבה הנקראת ׳ספר תולדות אדם׳ ובה קיבצנו את סדרי התפילות לכל ימי האדם – ברית מילה וזבד הבת, פדיון הבן, בר־מצווה ובת־מצווה, נישואין, סדר חנוכת הבית, ולהבדיל, ימי חולי וסדר לויית המת רח״ל.

ההגהה הלשונית נעשתה בעיון נמרץ בידי תלמידי חכמים מומחים ויראי שמים לפי כללי הדקדוק והמסורה ולפי דבריהם של רבותינו הפוסקים והמקובלים. את הסידור הדפסנו בגופן מאיר העיניים שעיצב ר׳ אליהו קורן ז״ל. לתועלת המתפללים סומנו שוואים נעים, קמצים קטנים ומילים הנהגות מלעיל. השורות סודרו באופן המסייע להבנת התפילה ולכוונה ראויה בה. תשומת לב מיוחדת ניתנה לפיוטים הרבים, והם סודרו לפי צורתם השירית למען ירוץ בהם המתפלל.

הפסוקים הוגהו על פי התנ״ך בהוצאת ׳קורן׳. בניקוד שם הוי״ה בסידור הלכנו בשיטתם של דפוסי התנ״ך הקדמונים וניקדנו אותו בשווא, חולם, קמץ. נהגנו כמנהג הסידורים הקדומים, ולא הבאנו את צירופי השמות לשיטת האר״י הקדוש והרש״ש. בזאת הלכנו לאורם של דברי החיד״א (מחזיק ברכה ב רעד, ב): ״מי שאין לו יד בקבלה – אין לומר ולהזכיר, או אפילו להרהר, בסודות הכתובים בסידור האר״י זצ״ל״, ועיי״ש שחילק בינם למנהגי המקובלים שטוב ללכת בהם, וראה עוד ׳משפטי עוזיאל׳ (חיח, ג).

משניות מסכת שבת הוגהו על פי מהדורתו הדוקנית של ר״ח אלבק, ועל כך תודתנו להוצאת ׳מוסד ביאליק׳.

״וכתוספת אביא את הבקשה היפה והתושבחה הראויה, שימצא אותן העבד אם באיזה יום הוא רוצה להתקרב בהן לרבו״ (סידור רס״ג). בקהילות הספרדים מנהג

נפוץ היה לומר בקשות באשמורת הבוקר כהכנה לתפילת שחרית, ושם סידרנום. בסוף הסידור הבאנו בקשות נוספות: השתיים המפורסמות של רס״ג ואת הבקשות ׳לך אלי תשוקתי׳, ׳שמע קולי׳ ו׳אלהי אל תדינני׳.

חטיבה גדולה ומקיפה, ובה הלכות ומנהגים הקשורים בסדרי התפילות ובמעגלי השנה והחיים, הובאה בסוף הסידור. בחטיבה זו צִיַּנוּ מאות חילופי מנהגים ושינויי נוסחאות, ולכל אחד מהם הסבר קצר מדברי רבותינו הגאונים והראשונים, המקובלים והפוסקים. השתדלנו להביא את המקורות הקדומים המעידים על מוצאם של המנהגים, באילו קהילות נהגו בהם, ולשיטת מי מהפוסקים או מהמקובלים הם. זאת למען יוכל כל אחד למצוא בית אב למנהגיו שלו, ואף ייפתח בפניו צוהר לתפילתם של הקדמונים. בעניינים שבהם המנהג הרווח כיום שונה ממה שפסק מרן השו״ע, הבאנו את דעות הפוסקים האחרונים ואת הכרעותיהם של גדולי דורנו. לא לקבוע הלכה באנו אלא להציג את דבריהם באופן שיהיה נוח למתפלל למצוא תשובות לשאלות וספקות המתעוררים בשעת התפילה, ויוכל לפעול על פי פסקי רבותיו. דברינו נכתבו בקצרה ובתמצות, אך הקפדנו על מראי מקום מדויקים למקורות על מנת שהמעיין יוכל בנקל להעמיק ולדקדק בשמועות מתוך הספרים, ו׳תן לחכם ויחכם עוד׳. כדי שהדברים יהיו נכוחים עיינו במקורות – במאות ספרי הלכה, קבלה ומנהגים, וסידרנו את הדברים מן המוקדם אל המאוחר. חקרנו ודרשנו גם בנוסחאות קדמוניות למן סידוריהם של הגאונים והראשונים שבידינו ועד לסידורים שיצאו לאור בדורנו. בדקנו בכתובי יד עתיקים ובמיוחד בסידור תלמידי רבינו יונה ובסידור ׳זכר לצדיק׳. גם נתנו אל לבנו לעיין ולחפש בנוסחאות ובמנהגים שנוהגים בהם היום בקהילות בודדות, כפורטוגזים והאיטאליאנים, ובמנהגים שעברו מן העולם, כגון: מנהג המוסתערבים (קהילות המזרח לפני הגירוש), מנהג רומאניה (ביזנטיון והבלקן), אראגון וקטאלוניה. נעזרנו במחזור ארם צובה ובדפוסי נאפולי וליסבון, ויניציאה, קושטא ואמשטרדם ויותר מכולם בסידורי ליוורנו הנודעים לשם. ציינו ליותר מארבע מאות וחמישים חיבורים שונים, מהם שעדיין בכתובי יד, ומהם ספרים נדירים.

זכה דורנו, ואלפים רבים של ספרים נדירים ועלומים נמצאים היום בהישג יד בספריות ובמאגרים ממוחשבים, רבים מהם במהדורות דווקניות. אשר על כן יכולנו לבדוק בדיקה מעמיקה במקורם של הדברים. רבות נסתייענו בספרי הליקוטים ובספרי מחקר ומאמרים הנוגעים לענייני מנהגים ותפילות. ובמיוחד במחקריהם של נפתלי וידר, עזרא פליישר וישראל תא־שמע זכרם לברכה, וייבדלו לחיים ארוכים משה חלמיש ויהודה ליבס.

שלמי תודה לאלה אשר שקדו להוציא דבר מתוקן ומהודר מתחת ידם. בראש ובראשונה עליי להודות להרב דוד פוקס יצ״ו, שותפי בעריכת הסידור, על הערותיו

הרבות והמחכימות ועל שביער קוצים רבים מן הכרם. אלמלא עבודתו המסורה סידור זה לא היה יוצא במתכונת זו. חובה נעימה היא להודות לגב׳ אפרת גרוס עורכת הלשון שבמומחיותה עברה על כל אות ואות הן בסידור הן במדריך. ואפריון נמטייה לזוג תלמידי חכמים, המדקדקים הרב ישראל אליצור והרב ד״ר כרמיאל כהן יצ״ו שהגיהו את הסידור בעיון נמרץ, והעירו הערות חשובות ומועילות בטוטו״ד. אוריאל כהן נ״י קרא עלי הגהה וברוך יהיה. עוד ייזכרו על הטוב ר׳ אליהו משגב, שצייר את המנורה ביד אומן, הרב יהושע שרייר והרב ינון חן יצ״ו. בכולם נועצתי בשלבים השונים של העבודה ודנתי בשאלות שעלו בענייני נוסח, מנהג והלכה. יש מהערותיהם שקיבלתי ואחרות שדחיתי, ואתי תלין משוגתי. ברכה שלוחה לר׳ יוסף דוויק יצ״ו, עורך המהדורה הראשונה של הסידור, שהניח את היסודות לסידור זה. כמו כן תודתי נתונה לגב׳ רינה בן גל אשר יגעה רבות על מלאכת ההקלדה והעימוד מאיר העיניים. רוב תודות גם להרב יעקב הלל נר״ו, ראש ישיבת ׳אהבת שלום׳ שהשיב לשאלותינו בשמחה, ולמורי, פרופ׳ שמחה עמנואל שלמדתי ממנו רבות בענייני תפילה, ופרופ׳ שולמית אליצור שסייעה לנו בכל שאלה שהתעוררה בענייני תפילה ופיוט. תודה שלוחה גם לחוקרים שרה כהן, טובה בארי, אורי ארליך ואדווין סרוסי על עזרתם הרבה, ולפרופ׳ ר׳ משה בר-אשר על הדרכותיו ועצותיו.

אסיר תודה אני לרבותיי, ראשי ישיבת הר עציון רבי יהודה עמיטל זצ״ל ורבי אהרן ליכטנשטיין נר״ו לאי״ט, זכיתי להסתופף בבית מדרשם וללמוד תורה מפיהם, וככל שאודה להם אין אני אלא ממעט מחובתי. בעת עשיית מלאכת הסידור נתבקש מו״ר הרב עמיטל זצ״ל לישיבה של מעלה. מלבד היותו מופלג בתורה ובחכמה ידע להתחטא לפני קונו כבן לפני אביו, ובשעה שעבר לפני התיבה לימדנו תפילה בכוונה – מהי. ״והיתה נפש אדוני צרורה בצרור החיים״.

מודה אני לכבוד הרבנים יצ״ו שעברו על הסידור, העירו הערות חשובות ומחכימות, ואף זיכונו במכתבי ברכה: מעלת כבוד הראשון לציון הרב שלמה משה עמאר נר״ו, הרב שמעון חי אלוף נר״ו, והרב ברוך גיגי נר״ו ראש ישיבת הר עציון. הרב חיים סבתו נר״ו, הקדים לסידור דברים על מהותה של התפילה, ברכות ינוחו לו על ראשו.

״אם אין קמח אין תורה״. תודה מיוחדת למו״ל מר מאיר מילר נ״י שחפץ בכל מאודו להוציא סידור מתוקן ומהודר, ולעורך הראשי של בית ההוצאה מר רפאל פרימן נ״י על שאפשרו לי להתמסר למלאכה חשובה זו, גם כשזו נתארכה יותר מן המשוער. ישלם ה׳ פעלם ותהי משכורתם שלמה מעם ה׳.

אחרונים חביבים בני משפחתי. תבורך מנשים יעל רעייתי והילדים אשר חננו אלהים, תמיכתם ואהבתם היא מקור ברכה לי בכל מעשיי. עטרת ברכות למרת אמי מב״ת שלמסירותה ודאגתה אין גבול. יאריך ה׳ ימיהם בטוב ושנותיהם בנעימים ואל כל אשר יפנו יצליחו.

בצאתי אתן הודאה על חלקי, שזיכני הקב״ה לשקוד על דברי חכמים. אין זאת אלא שזכות אבות סייעתני, ותורה שקנו הם באף, היא שעמדה לי. את עבודתי על סידור זה החילותי בימי אבלי ויגוני על הסתלקותו של מו״א ועט״ר הרב פרופ׳ מאיר בניהו זלה״ה. במהלך עבודתי נוקקתי רבות לספריו ולמאמריו הרבים בעיקר בנושאים הנוגעים לקשרים שבין קבלה להלכה. העיון בדבריו המאירים היה לי נחמה פורתא, ויה״ר שסידור זה יהיה נר לנשמתו הטהורה. זכיתי גם להביא כמה וכמה שמועות מכתביו של מו״ה הראשון לציון רבי יצחק נסים זצ״ל, שתורת אמת הייתה בפיהו, וכל ימיו עסק בתורה לשמה ופעל לקרב בין עם ישראל לאביהם שבשמים ולאחד את חלקי העם.

תפילתי היא שסידור קורן החדש עונה לא רק על מה שנתחייבנו בו על פי השכל, להיות עומדים לפני ה׳ בתפילה מתוך כוונת הלב והבנה של מוצא שפתינו, ולא רק על מה שהורו לנו חכמינו בענייני סדר ונוסח, אלא גם על הציווי – ״התנאה לפניו במצוות״ (מכילתא, מסכתא דשירה, ג).

ענייניו ומצריו של סידור זה רחבים ומורכבים, ואי־אפשר שלא נפלו במהדורתנו טעויות ושגיאות, תודתי נתונה מראש לכל מי שיעמידני עליהן, וב״ה נוכל לתקנן במהדורות הבאות.

ברוך שזיכני להתחיל במלאכה זו, עזרני ותמכני להמשיך בה והגיעני לברך על המוגמר. מרגלא בפומיה דאדוני אבי מ״כ, דבריו של רבי אהרן ברכיה ממודינה:

״והאדם עובד במעט, והקדוש ברוך הוא עוזרו ותומכו ברב.
אדם מיחד ואינו יודע לגמור הענין, והעזר האלהי סומכו וכוננו.
וזה הנקרא שירוי שכינה במעשה האדם... וכל מלאכת הקודש נעשית
מאליה, ודי לאדם להתחיל בה כי ה׳ יגמור על ידו״ (מעבר יבוק, שפתי רננות פ״ט).

ויהי נעם ה׳ עלינו ומעשה ידינו יכונן.

חנן דוד בניהו
ירושלים, ב׳ אייר ה׳תשע״ב
יום פקודתו של מו״א זלה״ה

# תפילה

## בְּצֵאתִי לִקְרָאתְךָ / לִקְרָאתִי מְצָאתִיךָ.

"בְּהִתְעַטֵּף עָלַי נַפְשִׁי אֶת ה' זָכָרְתִּי, וַתָּבוֹא אֵלֶיךָ תְּפִלָּתִי אֶל הֵיכַל קָדְשֶׁךָ".

מרגלית יקרה היא התפילה. שירת הנשמה. תפילה בכוונה מרעידה את הלב, מוזעת את הנפש ומקרבת את האדם לאביו שבשמים. ממרחקים וממעמקים צועק האדם. מחבָלים שאפפוהו וממצָרים שהקיפוהו. יוצא הוא לקראת בוראו, אליו משווע. המחיצות נופלות, הלב מפולש וזוכה הוא לקרבת אלוהים. בדרכו לקראת בוראו מוצא הוא את בוראו בא לקראתו.

מתנה מיוחדת ניתנה לאדם מראשית יצירתו. הזכות לעמוד לפני בוראו, להתחנן אליו ולשיר לכבודו.

אתה הבדלת אנוש מראש. ובמה הבדלתו? ותכירהו לעמוד לפניך!

אוי לו לאדם שנלקחה סגולה זו ממנו. מה דל הוא מי שאינו יכול לפנות לריבונו של עולם. כך מתלונן קין על עונשו: "גָּדוֹל עֲוֹנִי מִנְּשֹׂא. הֵן גֵּרַשְׁתָּ אֹתִי הַיּוֹם מֵעַל פְּנֵי הָאֲדָמָה וּמִפָּנֶיךָ אֶסָּתֵר". נענש קין שלא יוכל לעמוד לפני בוראו, וטוען הוא שאי אפשר לו לאדם לשאת עונש כזה.

התפילה מצווה היא לאדם, וגם תענוג.

רס"ג והרמב"ם מנו את התפילה כמצוות עשה מן התורה. מן הפסוק "הוּא תְהִלָּתְךָ", ומן הפסוק "וְאֹתוֹ תַעֲבֹד", וכפי שדרשו חכמים: "וּלְעָבְדוֹ בְּכָל לְבַבְכֶם", איזו היא עבודה שבלב זו תפילה. לדעת הרמב"ן חובת התפילה מדברי חכמים היא.

שתי מתנות טובות נתן הקדוש ברוך הוא לישראל: תפילה ותורה. כך נאמר:

"כִּי מִי גוֹי גָּדוֹל אֲשֶׁר לוֹ אֱלֹהִים קְרֹבִים אֵלָיו כַּה' אֱלֹהֵינוּ בְּכָל קָרְאֵנוּ אֵלָיו. וּמִי גּוֹי גָּדוֹל אֲשֶׁר לוֹ חֻקִּים וּמִשְׁפָּטִים צַדִּיקִם כְּכֹל הַתּוֹרָה הַזֹּאת".

זמן תורה לחוד וזמן תפילה לחוד. התורה חיי עולם היא, והתפילה חיי שעה. מרגשות הלב של האדם מתעוררת היא. ממה שרואה וממה ששומע וממה שמרגיש וממה שעובר עליו בחייו. משעותיו היפות ומשעותיו הקשות. חיי שעה היא התפילה ומחיה את השעה. מהפכת היא את סערת הלב לקרבת אלוהים.

---

**בצאתי לקראתך** – ריה"ל, יה אנה אמצאך **בהתעטף עלי** – יונה ב, ח **ממעמקים** – תהלים קל, א **מחבלים שאפפוהו** – תהלים קטז, ג **אתה הבדלת** – מתוך תפילת נעילה **גדול עוני** – בראשית ד, יג-יד **שאי אפשר** – רמב"ן פירוש התורה שם **וגם תענוג** – הראי"ה קוק, עולת ראיה, עמ' יג **רס"ג ספר המצוות כתיבת יד** – פרק ראשון שער עבודת ה' המצוה החמישית **רמב"ם ספר המצוות** – מצות עשה, ה **הוא תהלתך** – דברים י, כא **ואתו תעבד** – דברים ו, יג **דרשו חכמים** – תענית ב ע"א **ולעבדו** – דברים יא, יג **הרמב"ן** – השגות לסה"מ לרמב"ם שם **כי מי גוי גדול** – דברים ד, ז-ח **זמן תורה לחוד** – שבת י ע"א **חיי עולם** – שבת שם **מחיה את השעה** – הראי"ה קוק, עולת ראיה, עמ' יט.

תחילתה במצוקת האדם בענייני שעה, אבל משיודע הוא למי יפנה ועל מי משליך יהבו, כיוון שהאמין בו ותלה עיניו אליו, זכה להיות קרוב לאלוהים. קרבה זו היא המתנה היקרה של התפילה. פרי הזמן היא. שעת התייחדות העובד עם המלך במסבו.

"מַצְרֵף לַכֶּסֶף וְכוּר לַזָּהָב, וְאִישׁ לְפִי מַהֲלָלוֹ". מהללו של אדם צורף את לבו ומזקקו מסיגיו. הנשמה תמיד מתפללת היא אלא שאת מקורה חוסמים גושי עפר וצרורות, זיופים ועוונות. וכיון שהסיר האדם כל אלה ופָתח פֶּתח כחודו של מחט אל טהרת לבו, פתח מפולש ללא חציצה, מיד מפכה מעיין הנשמה מים זכים נובעים, והתפילה בוקעת מפיו. "ה' שְׂפָתַי תִּפְתָּח וּפִי יַגִּיד תְּהִלָּתֶךָ".

וכיצד התפללו חסידים ראשונים:

היו שוהים שעה אחת וחושבים בדברים המכניעים את הלב ומכוונים אותו לאביו שבשמים. מתבודדים ומכוונים בתפילתם עד שהיו מגיעים להתפשטות הגשמות ולהתגברות כוח השכלי, עד שהיו מגיעים קרוב למעלת הנבואה.

וכיצד יתפלל כל אדם? יקבע מקום לתפילתו, ייכנס שיעור שני פתחים, האחד לסור מעולם החולין והשני לכנוס לעולם של קודש, ישים פניו אל הקיר, יכוון פניו אל ארץ ישראל וירושלים ומקום המקדש שמשם עולות התפילות, כנאמר בכתוב, וישתדל להסיר כל הטורד אותו, ויטהר את לבו, ויחשוב כאילו שכינה לנגדו, וישפוך את נפשו לפני שומע צעקה, ויתחטא כבן שמתחטא לפני אביו, ויתחנן כרש, ויתעטף כעני, ויניח ידיו כפותות על לבו כעבד, ויכוון רגליו כמלאכים העומדים רגל ישרה, ויכרע ב'ברוך', וישתחווה ב'אתה' לקיים מה שנאמר "וּמִפְּנֵי שְׁמִי נִחַת הוּא", ויזקוף קודם שיאמר ה', לקיים מה שנאמר "ה' זֹקֵף כְּפוּפִים". ויאמר הנוסח שקבעו רבותינו המשוררים והחסידים הגדולים היודעים את בוראם, כשם שמי שאינו יודע לשורר מלבו מכוון בשיריהם של משוררים גדולים ולבו מתרגש והומה. ויכוון פירוש המילים, ויקווה אל ה'. ואף אם לא נענה, יחזור ויתפלל, ויֵדע שהתפילה אינה שבה ריקם אלא שאין אנו יודעים דרכי בוראנו, ומאמינים אנו בו בין אם נשמעה תפילתנו ובין אם לאו. ותהא דרגתו קבועה בעבודת ה'. בין אם צועק לפניו מקירות לבו, ובין אם שר הוא לפניו שירת הודיה, וגם תפילתו הקבועה לו דבר יום ביומו אל יעשנה קבע כמשוי אלא תחנונים. ואף אם טרדות הזמן לא יניחוהו לכוון את לבו כהלכה, ישתדל ככל יכולתו, ויאמץ את לבו, ויֵדע

---

**תחילתה** – על פי מהר"ל, נתיב העבודה, ג **עם המלך במסבו** – ריה"ל יעירוני רעיוני **מצרף לכסף** – משלי כז, כא **ומזקקו** – ספר חרדים סו, נ **חסידים ראשונים** – משנה ברכות פ"ה מ"א **מתבודדים** – שו"ע, או"ח צח, א **יקבע מקום** – ברכות ו ע"ב **ייכנס שיעור** – שם ח ע"א **האחד לסור** – מהר"ל שם, ה **אל הקיר** – ברכות ה ע"ב **כנגד א"י** – ברכות ל ע"א **כנאמר בכתוב** – מלכים א, ח **יכרע בברוך** – ברכות יב ע"א **ומפני שמי** – מלאכי ב, ה **ה' זקף כפופים** – תהלים קמו, ח **ואף אם לא נענה** – ברכות לב ע"ב **ותהא דרגתו קבועה** – מהר"ל, נתיב העבודה ו **אל יעשנה קבע** – משנה, ברכות פ"ד מ"ד, ובגמרא כט ע"ב.

שאף על פי כן רצוי הוא לפני בוראו בתפילתו שכן אמרו:

"וַיְפַתּוּהוּ בְּפִיהֶם... וְלִבָּם לֹא נָכוֹן עִמּוֹ...", ואף על פי כן – "וְהוּא רַחוּם יְכַפֵּר עָוֹן".

מן הדברים המעוררים את האדם, שיתפלל בבית הכנסת אבל לא שיהיה אטום אלא שיהיו לו חלונות, שיתפעל מן העולם וישפיע על העולם. ויתפלל בוריחה ולקראת השקיעה, שעות שהנפש מתעוררת לפלאי הבריאה ויופיה.

שני חלקים לה לתפילה. עבודה שבלב וקידוש שמו הגדול.

עבודה שבלב היא התפילה האישית והפרטית הנאמרת בלחש. רק שפתינו נעות וקולנו לא יישמע. יהיו לך לבדך ואין לזרים אתך. והשנית היא תפילת הפרהסיה, שירת הרבים שעיקרה קידוש ה׳ במניין ובדברים שבקדושה. שכבר אמר הרמב״ן שהיא כוונת היצירה שאין לעליון בתחתונים חפץ מלבד זה שיֵדע האדם ויודה לאלוקיו שבראו. וכוונת רוממות הקול בתפילות וכוונת בתי כנסיות וזכות תפילת הרבים, שיהיה לבני אדם מקום יתקבצו ויודו לאל שבראם והמציאם, ויפרסמו זה, ויאמרו לפניו: בריותיך אנחנו. שתפילה צריכה קול, חֲצִיפָא נָצַח לְבִישָׁא.

וגדולה מאוד מעלת תפילת הרבים שמתקבלת היא. והפליגו חכמים בשבח העונה אמן יהא שמיה רבה וקדושה ואמן.

התפילה עבודה היא. אחד משלושה עמודים שהעולם נסמך עליהם. כנגד עבודת הקרבנות נקבעה. שפיכת הנפש לפניו כשפיכת דם הקרבן על המזבח. ומתקנת אבות היא. אברהם שהשכים ועמד בתפילה וקבע מקום לתפילתו, ואף שלא נענה הוסיף והתפלל. יצחק שיצא לשוח בשדה לפנות ערב, ויעקב שפגע במקום וחזה סולם שמלאכי אלוהים עולים ויורדים בו.

שיחת הלב, שירת הנשמה, המית הנפש בוקעות ועולות ממעמקים אל שוכן מרומים, השומע שוועת עניים, ורואה ללב נשברים, ומושיע ופודה ומציל.

תתקבל תפילתנו לפניו, יראה עונינו, ויגאלנו, ויבנה לנו בית תפארתנו, יראו עינינו, ישמח ליבנו, בשוב העבודה לבית קדשנו במהרה בימינו.

"יִהְיוּ לְרָצוֹן אִמְרֵי פִי וְהֶגְיוֹן לִבִּי לְפָנֶיךָ ה׳ צוּרִי וְגֹאֲלִי".

חיים סבתו
ישיבת ברכת משה
מעלה אדומים, ה׳תשע״ב

---

**ויפתוהו בפיהם** – תהלים עח, לו-לח **ואף על פי כן** – תענית ח ע״א **שיהיו לו חלונות** – ברכות לא ע״א **שיתפעל** – ראי״ה קוק, עין איה שם **שעות שהנפש** – ראי״ה קוק, עין איה לברכות כט ע״ב **רק שפתינו** – על פי שמואל א׳ א, יג וברכות לא ע״א **יהיו לך** – משלי ה, יז **אמר הרמב״ן** – פירושו לתורה סוף פרשת בא **חציפא נצח לבישא** – ירושלמי, תענית פ״ב ה״א **אחד משלושה עמודים** – משנה, אבות פ״א מ״ב ורבינו יונה שם. **שפיכת הנפש** – שמעתי מהרב יעקב מדן – כך כתב הרש״ב (רבי שלום דובער שניאורסון האדמו״ר החמישי של חב״ד) **יהיו לרצון** – תהלים יט, טו

# ימי חול


השכמת הבוקר 3

בקשות 8

תפילת שחרית 18

תפילת מנחה 121

תפילת ערבית 149

׳ויהי נעם׳ למוצאי שבת 173

ספירת העומר 179

ברכת הלבנה 185

קריאת שמע שעל המיטה 189

תיקון חצות 195

# תפילות השחר

"ה' בֹּקֶר תִּשְׁמַע קוֹלִי, בֹּקֶר אֶעֱרָךְ־לְךָ וַאֲצַפֶּה" (תהלים ה, ד).

## השכמת הבוקר

"יתגבר כארי לעמוד בבוקר לעבודת בוראו" (שו"ע א, א).

מיד כשיתעורר אדם משנתו, עוד בטרם נטל ידיו, יאמר ('סדר היום'):

**מוֹדֶה/** נשים אומרות: **מוֹדָה/ אֲנִי לְפָנֶיךָ מֶלֶךְ חַי וְקַיָּם**
**שֶׁהֶחֱזַרְתָּ בִּי נִשְׁמָתִי בְּחֶמְלָה**
**רַבָּה אֱמוּנָתֶךָ.**

אחרי שנטל ידיו, קודם שינגבם (ראה הלכה 6), מברך:

**בָּרוּךְ אַתָּה יְהֹוָה, אֱלֹהֵינוּ מֶלֶךְ הָעוֹלָם**
**אֲשֶׁר קִדְּשָׁנוּ בְּמִצְוֹתָיו וְצִוָּנוּ עַל נְטִילַת יָדָיִם.**

אם עשה צרכיו, ייטול ידיו ויברך (ראה הלכה 7):

**בָּרוּךְ אַתָּה יְהֹוָה, אֱלֹהֵינוּ מֶלֶךְ הָעוֹלָם**
**אֲשֶׁר יָצַר אֶת הָאָדָם בְּחָכְמָה**
**וּבָרָא בוֹ נְקָבִים נְקָבִים, חֲלוּלִים חֲלוּלִים.**
**גָּלוּי וְיָדוּעַ לִפְנֵי כִסֵּא כְבוֹדֶךָ**
**שֶׁאִם יִסָּתֵם אֶחָד מֵהֶם אוֹ אִם יִפָּתֵחַ אֶחָד מֵהֶם**
**אִי אֶפְשָׁר לְהִתְקַיֵּם אֲפִילוּ שָׁעָה אֶחָת.**
**בָּרוּךְ אַתָּה יְהֹוָה, רוֹפֵא כָל בָּשָׂר וּמַפְלִיא לַעֲשׂוֹת.**

# ברכות השחר

ברכות השחר, תיקנו לאומרן כשהאדם מתעורר, במקביל למעשיו הראשונים בבוקר (ברכות ס ע״ב; רמב״ם, תפילה פ״ג ה״ג-ט). וכבר בימי הגאונים פשט המנהג לאומרן ברצף אחר שהאדם התפנה ונטל ידיו (רב נטרונאי גאון, ט; סידור רס״ג). וראה הלכה 12.

את ברכת ׳אֱלֹהַי, נְשָׁמָה׳, שבה האדם מודה לקב״ה על חזרת נשמתו, נוהגים לסמוך לברכת ׳אֲשֶׁר יָצַר׳ (שו״ת הרא״ש, כלל ד, א בשם הגאונים). בקהילות המערב נוהגים לומר כאן את התוספות שבסוגריים (ראה הלכה 10).

יש נוהגים שלא לברך ברכת ׳שֶׁעָשָׂה לִי כָּל צָרְכִּי׳ ביום הכיפורים ובט׳ באב (ראה הלכה 614).

דיני ברכות השחר בעמ׳ 990.

אֱלֹהַי
נְשָׁמָה שֶׁנָּתַתָּ בִּי טְהוֹרָה.
אַתָּה בְרָאתָהּ, אַתָּה יְצַרְתָּהּ, אַתָּה נְפַחְתָּהּ בִּי
וְאַתָּה מְשַׁמְּרָהּ בְּקִרְבִּי
וְאַתָּה עָתִיד לִטְּלָהּ מִמֶּנִּי וּלְהַחֲזִירָהּ בִּי לֶעָתִיד לָבוֹא.
כָּל זְמַן שֶׁהַנְּשָׁמָה בְקִרְבִּי
מוֹדֶה/ נשים: מוֹדָה/ אֲנִי לְפָנֶיךָ
יְהֹוָה אֱלֹהַי וֵאלֹהֵי אֲבוֹתַי
(שֶׁאַתָּה הוּא) רִבּוֹן כָּל הַמַּעֲשִׂים, אֲדוֹן כָּל הַנְּשָׁמוֹת
(מוֹשֵׁל בְּכָל הַבְּרִיּוֹת, חַי וְקַיָּם לָעַד)
בָּרוּךְ אַתָּה יְהֹוָה, הַמַּחֲזִיר נְשָׁמוֹת לִפְגָרִים מֵתִים.

בָּרוּךְ אַתָּה יְהֹוָה, אֱלֹהֵינוּ מֶלֶךְ הָעוֹלָם
הַנּוֹתֵן לַשֶּׂכְוִי בִינָה לְהַבְחִין בֵּין יוֹם וּבֵין לָיְלָה.
בָּרוּךְ אַתָּה יְהֹוָה, אֱלֹהֵינוּ מֶלֶךְ הָעוֹלָם
פּוֹקֵחַ עִוְרִים.
בָּרוּךְ אַתָּה יְהֹוָה, אֱלֹהֵינוּ מֶלֶךְ הָעוֹלָם
מַתִּיר אֲסוּרִים.

בָּרוּךְ אַתָּה יְהֹוָה, אֱלֹהֵינוּ מֶלֶךְ הָעוֹלָם
זוֹקֵף כְּפוּפִים.

בָּרוּךְ אַתָּה יְהֹוָה, אֱלֹהֵינוּ מֶלֶךְ הָעוֹלָם
מַלְבִּישׁ עֲרֻמִּים.

בָּרוּךְ אַתָּה יְהֹוָה, אֱלֹהֵינוּ מֶלֶךְ הָעוֹלָם
הַנּוֹתֵן לַיָּעֵף כֹּחַ.

בָּרוּךְ אַתָּה יְהֹוָה, אֱלֹהֵינוּ מֶלֶךְ הָעוֹלָם
רוֹקַע הָאָרֶץ עַל הַמָּיִם.

בָּרוּךְ אַתָּה יְהֹוָה, אֱלֹהֵינוּ מֶלֶךְ הָעוֹלָם
הַמֵּכִין מִצְעֲדֵי גָבֶר.

בָּרוּךְ אַתָּה יְהֹוָה, אֱלֹהֵינוּ מֶלֶךְ הָעוֹלָם
שֶׁעָשָׂה לִי כָּל צָרְכִּי.

בָּרוּךְ אַתָּה יְהֹוָה, אֱלֹהֵינוּ מֶלֶךְ הָעוֹלָם
אוֹזֵר יִשְׂרָאֵל בִּגְבוּרָה.

בָּרוּךְ אַתָּה יְהֹוָה, אֱלֹהֵינוּ מֶלֶךְ הָעוֹלָם
עוֹטֵר יִשְׂרָאֵל בְּתִפְאָרָה.

בָּרוּךְ אַתָּה יְהֹוָה, אֱלֹהֵינוּ מֶלֶךְ הָעוֹלָם
שֶׁלֹּא עָשַׂנִי גּוֹי. /נשים: גּוֹיָה.

בָּרוּךְ אַתָּה יְהֹוָה, אֱלֹהֵינוּ מֶלֶךְ הָעוֹלָם
שֶׁלֹּא עָשַׂנִי עָבֶד. /נשים: שִׁפְחָה.

אנשים: בָּרוּךְ אַתָּה יְהֹוָה, אֱלֹהֵינוּ מֶלֶךְ הָעוֹלָם
שֶׁלֹּא עָשַׂנִי אִשָּׁה.

נשים: בָּרוּךְ שֶׁעָשַׂנִי כִּרְצוֹנוֹ.

בָּרוּךְ אַתָּה יְהוָה, אֱלֹהֵינוּ מֶלֶךְ הָעוֹלָם
הַמַּעֲבִיר חֶבְלֵי שֵׁנָה מֵעֵינַי וּתְנוּמָה מֵעַפְעַפָּי.
וִיהִי רָצוֹן מִלְּפָנֶיךָ, יְהוָה אֱלֹהַי וֵאלֹהֵי אֲבוֹתַי
שֶׁתַּרְגִּילֵנִי בְּתוֹרָתֶךָ, וְתַדְבִּיקֵנִי בְּמִצְוֹתֶיךָ
וְאַל תְּבִיאֵנִי לִידֵי חֵטְא וְלֹא לִידֵי עֲבֵרָה
וְלֹא לִידֵי נִסָּיוֹן וְלֹא לִידֵי בִזָּיוֹן
וְתַרְחִיקֵנִי מִיֵּצֶר הָרָע וְתַדְבִּיקֵנִי בְּיֵצֶר הַטּוֹב
וְכֹף אֶת יִצְרִי לְהִשְׁתַּעְבֶּד לָךְ
וּתְנֵנִי הַיּוֹם וּבְכָל יוֹם
לְחֵן וּלְחֶסֶד וּלְרַחֲמִים בְּעֵינֶיךָ וּבְעֵינֵי כָל רוֹאַי
וְגָמְלֵנִי חֲסָדִים טוֹבִים.
בָּרוּךְ אַתָּה יְהוָה, גּוֹמֵל חֲסָדִים טוֹבִים לְעַמּוֹ יִשְׂרָאֵל.

בקהילות המערב נוהגים לומר כאן את התוספות שבסוגריים, וה'שלמי ציבור' כתב שב'יְהִי רָצוֹן' זה יש לכלול רק אחת עשרה בקשות. ראה הלכה 22.

ברכות טז: יְהִי רָצוֹן מִלְּפָנֶיךָ, יְהוָה אֱלֹהַי וֵאלֹהֵי אֲבוֹתַי, שֶׁתַּצִּילֵנִי הַיּוֹם וּבְכָל יוֹם וָיוֹם מֵעַזֵּי פָנִים וּמֵעַזּוּת פָּנִים, מֵאָדָם רָע, מִיֵּצֶר רָע, מֵחָבֵר רָע, מִשָּׁכֵן רָע, מִפֶּגַע רָע, מֵעַיִן הָרָע, וּמִלָּשׁוֹן הָרָע (מִמַּלְשִׁינוּת, מֵעֵדוּת שֶׁקֶר, מִשִּׂנְאַת הַבְּרִיּוֹת, מֵעֲלִילָה, מִמִּיתָה מְשֻׁנָּה, מֵחֳלָאִים רָעִים, מִמִּקְרִים רָעִים) מִדִּין קָשֶׁה, וּמִבַּעַל דִּין קָשֶׁה, בֵּין שֶׁהוּא בֶן בְּרִית וּבֵין שֶׁאֵינוֹ בֶן בְּרִית (וּמִדִּינָהּ שֶׁל גֵּיהִנֹּם).

יש מוסיפים כאן את הבקשות שהושמטו ('עוד יוסף חי', ויושב יד בשם מנחת אהרן):

וְכֵן יְהִי רָצוֹן מִלְּפָנֶיךָ, יְהוָה אֱלֹהַי וֵאלֹהֵי אֲבוֹתַי, שֶׁתַּצִּילֵנִי הַיּוֹם וּבְכָל יוֹם וָיוֹם, מִמַּלְשִׁינוּת, מֵעֵדוּת שֶׁקֶר, מִשִּׂנְאַת הַבְּרִיּוֹת, מֵעֲלִילָה, מִמִּיתָה מְשֻׁנָּה, מֵחֳלָאִים רָעִים, מִמִּקְרִים רָעִים וּמִדִּינָהּ שֶׁל גֵּיהִנֹּם.

## ברכות התורה

"ברכת התורה מאד צריך להזהר בה" (טור, מז).
אין לומר פסוקים או ללמוד תורה קודם שיברך ברכות התורה (ראה הלכה 23).
מברכים 'נוֹתֵן הַתּוֹרָה' בלשון הווה, כי בכל יום מתגלים טעמיה ודיניה מחדש ('פני דוד', אמור).

בָּרוּךְ אַתָּה יְהֹוָה, אֱלֹהֵינוּ מֶלֶךְ הָעוֹלָם ברכות יא:
אֲשֶׁר קִדְּשָׁנוּ בְּמִצְוֹתָיו וְצִוָּנוּ עַל דִּבְרֵי תוֹרָה.

וְהַעֲרֶב נָא יְהֹוָה אֱלֹהֵינוּ אֶת דִּבְרֵי תוֹרָתְךָ
בְּפִינוּ וּבְפִיפִיּוֹת עַמְּךָ בֵּית יִשְׂרָאֵל
וְנִהְיֶה אֲנַחְנוּ וְצֶאֱצָאֵינוּ וְצֶאֱצָאֵי צֶאֱצָאֵינוּ
וְצֶאֱצָאֵי עַמְּךָ בֵּית יִשְׂרָאֵל
כֻּלָּנוּ יוֹדְעֵי שְׁמֶךָ וְלוֹמְדֵי תוֹרָתְךָ לִשְׁמָהּ.
בָּרוּךְ אַתָּה יְהֹוָה, הַמְלַמֵּד תּוֹרָה לְעַמּוֹ יִשְׂרָאֵל.

בָּרוּךְ אַתָּה יְהֹוָה, אֱלֹהֵינוּ מֶלֶךְ הָעוֹלָם
אֲשֶׁר בָּחַר בָּנוּ מִכָּל הָעַמִּים וְנָתַן לָנוּ אֶת תּוֹרָתוֹ.
בָּרוּךְ אַתָּה יְהֹוָה, נוֹתֵן הַתּוֹרָה.

יש ללמוד תורה תכף אחר ברכותיה (ירושלמי, ברכות פ"א ה"ה; רמב"ם, תפילה פ"ז הי"א).
ופותחים בברכת כוהנים כדי להזכיר את ברכתן של ישראל לפני פרשת התמיד (ספר המנהיג).

וַיְדַבֵּר יְהֹוָה אֶל־מֹשֶׁה לֵּאמֹר: במדבר ו
דַּבֵּר אֶל־אַהֲרֹן וְאֶל־בָּנָיו לֵאמֹר
כֹּה תְבָרְכוּ אֶת־בְּנֵי יִשְׂרָאֵל, אָמוֹר לָהֶם:
יְבָרֶכְךָ יְהֹוָה וְיִשְׁמְרֶךָ:
יָאֵר יְהֹוָה פָּנָיו אֵלֶיךָ וִיחֻנֶּךָּ:
יִשָּׂא יְהֹוָה פָּנָיו אֵלֶיךָ וְיָשֵׂם לְךָ שָׁלוֹם:
וְשָׂמוּ אֶת־שְׁמִי עַל־בְּנֵי יִשְׂרָאֵל, וַאֲנִי אֲבָרְכֵם:

## בקשות

למן תקופת הראשונים נהגו להשכים באשמורת הבוקר
ולומר שירות ובקשות (ספר העתים, קעד; ׳מעשה האפוד׳).

״נמצא דבר טוב לה׳ אלהי ישראל בירושלים. התפילה אשר יפללו בכל יום היא בסידור נפלא לא ראיתי כמוהו. בכל יום תמיד, ואפילו בשבת, משכימים קודם עלות השחר שעה אחת שתים, ואומרים שירות ותשבחות עד שיאור היום״ (אגרת רבי עובדיה מברטנורה).

בקשה לר׳ אלעזר אזיכרי ממקובלי צפת

יְדִיד נֶפֶשׁ, אָב הָרַחֲמָן, מְשֹׁךְ עַבְדְּךָ אֶל רְצוֹנֶךָ
יָרוּץ עַבְדְּךָ כְּמוֹ אַיָּל, יִשְׁתַּחֲוֶה מוּל הֲדָרֶךָ
כִּי יֶעֱרַב לוֹ יְדִידוּתָךְ, מִנֹּפֶת צוּף וְכָל טָעַם
כִּי יֶעֱרַב לוֹ יְדִידוּתָךְ, מִנֹּפֶת צוּף וְכָל טָעַם

הָדוּר, נָאֶה, זִיו הָעוֹלָם, נַפְשִׁי חוֹלַת אַהֲבָתָךְ
אָנָּא, אֵל נָא, רְפָא נָא לָהּ, בְּהַרְאוֹת לָהּ נֹעַם זִיוָךְ
אָז תִּתְחַזֵּק וְתִתְרַפֵּא, וְהָיְתָה לָךְ שִׁפְחַת עוֹלָם
אָז תִּתְחַזֵּק וְתִתְרַפֵּא, וְהָיְתָה לָךְ שִׁפְחַת עוֹלָם

וָתִיק, יֶהֱמוּ רַחֲמֶיךָ, וְחוּס נָא עַל בֵּן אוֹהֲבָךְ
כִּי זֶה כַּמֶּה נִכְסֹף נִכְסַף לִרְאוֹת בְּתִפְאֶרֶת עֻזָּךְ
אָנָּא, אֵלִי, מַחְמַד לִבִּי, חוּשָׁה נָּא, וְאַל תִּתְעַלָּם
אָנָּא, אֵלִי, מַחְמַד לִבִּי, חוּשָׁה נָּא, וְאַל תִּתְעַלָּם

הִגָּלֶה נָא וּפְרֹשׂ, חָבִיב, עָלַי אֶת סֻכַּת שְׁלוֹמָךְ
תָּאִיר אֶרֶץ מִכְּבוֹדָךְ, נָגִילָה וְנִשְׂמְחָה בָּךְ.
מַהֵר, אָהוּב, כִּי בָא מוֹעֵד, וְחָנֵּנִי כִּימֵי עוֹלָם
מַהֵר, אָהוּב, כִּי בָא מוֹעֵד, וְחָנֵּנִי כִּימֵי עוֹלָם.

ישעיה לג יְהֹוָה חָנֵּנוּ, לְךָ קִוִּינוּ, הֱיֵה זְרֹעָם לַבְּקָרִים אַף־יְשׁוּעָתֵנוּ בְּעֵת צָרָה:
ישעיה ס קוּמִי אוֹרִי כִּי בָא אוֹרֵךְ, וּכְבוֹד יְהֹוָה עָלַיִךְ זָרָח: כִּי־הִנֵּה הַחֹשֶׁךְ יְכַסֶּה־אֶרֶץ
וַעֲרָפֶל לְאֻמִּים, וְעָלַיִךְ יִזְרַח יְהֹוָה וּכְבוֹדוֹ עָלַיִךְ יֵרָאֶה:

בקשה לרבי שלמה אבן גבירול

כָּל בְּרוּאֵי מַעְלָה וּמַטָּה
יְעִידוּן יַגִּידוּן כֻּלָּם כְּאֶחָד
יְהֹוָה אֶחָד וּשְׁמוֹ אֶחָד: זכריה יד

שְׁלוֹשִׁים וּשְׁתַּיִם נְתִיבוֹת שְׁבִילָךְ
לְכָל מֵבִין סוֹדָם יְסַפְּרוּ גָּדְלָךְ
מֵהֶם יַכִּירוּן כִּי הַכֹּל שֶׁלָּךְ
וְאַתָּה הָאֵל הַמֶּלֶךְ הַמְיֻחָד
יְעִידוּן יַגִּידוּן כֻּלָּם כְּאֶחָד / יְהֹוָה אֶחָד וּשְׁמוֹ אֶחָד:

לְבָבוֹת בְּחָשְׁבָם עוֹלָם בָּנוּי
יִמְצְאוּ כָּל יֵשׁ בִּלְתְּךָ שָׁנוּי
בְּמִסְפָּר בְּמִשְׁקָל הַכֹּל מָנוּי
כֻּלָּם נִתְּנוּ מֵרוֹעֶה אֶחָד
יְעִידוּן יַגִּידוּן כֻּלָּם כְּאֶחָד / יְהֹוָה אֶחָד וּשְׁמוֹ אֶחָד:

מֵרֹאשׁ וְעַד סוֹף יֵשׁ לְךָ סִימָן
צָפוֹן וָיָם וְקֶדֶם וְתֵימָן
שַׁחַק וְתֵבֵל לְךָ עֵד נֶאֱמָן
מִזֶּה אֶחָד וּמִזֶּה אֶחָד
יְעִידוּן יַגִּידוּן כֻּלָּם כְּאֶחָד / יְהֹוָה אֶחָד וּשְׁמוֹ אֶחָד:

הַכֹּל מִמְּךָ נִזְבַּד זָבֹד
אַתָּה תַּעֲמֹד וְהֵם יֹאבְדוּ אָבֹד
לָכֵן כָּל יְצוּר לְךָ יִתֵּן כָּבוֹד
כִּי מֵרֹאשׁ וְעַד סוֹף הֲלֹא אָב אֶחָד
יְעִידוּן יַגִּידוּן כֻּלָּם כְּאֶחָד / יְהֹוָה אֶחָד וּשְׁמוֹ אֶחָד:

וּבְתוֹרָתְךָ יְהֹוָה אֱלֹהֵינוּ כָּתוּב לֵאמֹר:
שְׁמַע יִשְׂרָאֵל, יְהֹוָה אֱלֹהֵינוּ, יְהֹוָה אֶחָד: וְיָדַעְתָּ הַיּוֹם וַהֲשֵׁבֹתָ אֶל־לְבָבֶךָ, דברים ד
כִּי יְהֹוָה הוּא הָאֱלֹהִים בַּשָּׁמַיִם מִמַּעַל וְעַל־הָאָרֶץ מִתָּחַת, אֵין עוֹד:

תהלים קכא שִׁיר לַמַּעֲלוֹת, אֶשָּׂא עֵינַי אֶל־הֶהָרִים, מֵאַיִן יָבֹא עֶזְרִי: עֶזְרִי מֵעִם יְהֹוָה,
עֹשֵׂה שָׁמַיִם וָאָרֶץ: אַל־יִתֵּן לַמּוֹט רַגְלֶךָ, אַל־יָנוּם שֹׁמְרֶךָ: הִנֵּה לֹא־יָנוּם
וְלֹא יִישָׁן שׁוֹמֵר יִשְׂרָאֵל: יְהֹוָה שֹׁמְרֶךָ, יְהֹוָה צִלְּךָ עַל־יַד יְמִינֶךָ: יוֹמָם
הַשֶּׁמֶשׁ לֹא־יַכֶּכָּה, וְיָרֵחַ בַּלָּיְלָה: יְהֹוָה יִשְׁמָרְךָ מִכָּל־רָע, יִשְׁמֹר אֶת־נַפְשֶׁךָ:
יְהֹוָה יִשְׁמָר־צֵאתְךָ וּבוֹאֶךָ, מֵעַתָּה וְעַד־עוֹלָם:

אֲדוֹן עוֹלָם אֲשֶׁר מָלַךְ, בְּטֶרֶם כָּל־יְצִיר נִבְרָא.
לְעֵת נַעֲשָׂה בְחֶפְצוֹ כֹּל, אֲזַי מֶלֶךְ שְׁמוֹ נִקְרָא.
וְאַחֲרֵי כִּכְלוֹת הַכֹּל, לְבַדּוֹ יִמְלֹךְ נוֹרָא.
וְהוּא הָיָה וְהוּא הֹוֶה וְהוּא יִהְיֶה בְּתִפְאָרָה.
וְהוּא אֶחָד וְאֵין שֵׁנִי לְהַמְשִׁיל לוֹ לְהַחְבִּירָה.
בְּלִי רֵאשִׁית, בְּלִי תַכְלִית, וְלוֹ הָעֹז וְהַמִּשְׂרָה.
בְּלִי עֶרֶךְ, בְּלִי דִמְיוֹן, בְּלִי שִׁנּוּי וּתְמוּרָה.
בְּלִי חִבּוּר, בְּלִי פֵרוּד, גְּדָל כֹּחַ וּגְבוּרָה.
וְהוּא אֵלִי וְחַי גּוֹאֲלִי, וְצוּר חֶבְלִי בְּעֵת צָרָה.
וְהוּא נִסִּי וּמָנוּסִי, מְנָת כּוֹסִי בְּיוֹם אֶקְרָא.
(וְהוּא רוֹפֵא וְהוּא מַרְפֵּא וְהוּא צוֹפֶה וְהוּא עֶזְרָה).
בְּיָדוֹ אַפְקִיד רוּחִי בְּעֵת אִישַׁן וְאָעִירָה.
וְעִם רוּחִי גְּוִיָּתִי, יְהֹוָה לִי וְלֹא אִירָא.
(בְּמִקְדָּשׁוֹ תָּגֵל נַפְשִׁי, מְשִׁיחֵנוּ יִשְׁלַח מְהֵרָה.
וְאָז נָשִׁיר בְּבֵית קָדְשִׁי, אָמֵן אָמֵן שֵׁם הַנּוֹרָא).

איוב יב אֲשֶׁר בְּיָדוֹ נֶפֶשׁ כָּל־חָי, וְרוּחַ כָּל־בְּשַׂר־אִישׁ: בְּיָדְךָ אַפְקִיד רוּחִי, פָּדִיתָה
תהלים לא
תהלים קיח אוֹתִי יְהֹוָה אֵל אֱמֶת: יְהֹוָה לִי לֹא אִירָא, מַה־יַּעֲשֶׂה לִי אָדָם: יְהֹוָה לִי
בְּעֹזְרָי, וַאֲנִי אֶרְאֶה בְשֹׂנְאָי: טוֹב לַחֲסוֹת בַּיהֹוָה, מִבְּטֹחַ בָּאָדָם: טוֹב
לַחֲסוֹת בַּיהֹוָה, מִבְּטֹחַ בִּנְדִיבִים: כָּל־גּוֹיִם סְבָבוּנִי, בְּשֵׁם יְהֹוָה כִּי אֲמִילַם:
סַבּוּנִי גַם־סְבָבוּנִי, בְּשֵׁם יְהֹוָה כִּי אֲמִילַם: סַבּוּנִי כִדְבֹרִים, דֹּעֲכוּ כְּאֵשׁ

קוֹצִים, בְּשֵׁם יְהֹוָה כִּי אֲמִילַם: דָּחֹה דְחִיתַנִי לִנְפֹּל, וַיהֹוָה עֲזָרָנִי: עָזִּי וְזִמְרָת
יָהּ, וַיְהִי־לִי לִישׁוּעָה: קוֹל רִנָּה וִישׁוּעָה בְּאָהֳלֵי צַדִּיקִים, יְמִין יְהֹוָה עֹשָׂה
חָיִל: יְמִין יְהֹוָה רוֹמֵמָה, יְמִין יְהֹוָה עֹשָׂה חָיִל: לֹא־אָמוּת כִּי־אֶחְיֶה, וַאֲסַפֵּר
מַעֲשֵׂי יָהּ:

אֲבָרֵךְ אֶת שֵׁם יְהֹוָה, הַנֶּעְלָם מִכָּל נִמְצָא
וַאֲקַוֶּה חַסְדּוֹ כָּל יָמַי, עַל כָּל טוּב אֲשֶׁר עָשָׂה.

בחול: נָתַן לָנוּ אֶת הַתּוֹרָה, לְזַכּוֹתֵנוּ רָצָה
בשבת: נָתַן לָנוּ אֶת הַשַּׁבָּת, לְהִתְעַנֵּג בּוֹ וּלְדִיצָה
יְמִינְךָ גָּבַר עָלֵינוּ, תַּצִּילֵנוּ מִכָּל צָרָה.

שִׁמְךָ יִגְדַּל לְעֵינֵינוּ, עַל כָּל מֶלֶךְ רָם וְנִשָּׂא
וּמֵרֹב כָּל חַטֹּאתֵינוּ, נְתָנָנוּ לִמְשִׁסָּה.

מָשְׁלוּ בָנוּ אוֹיְבֵינוּ, הֵן לְרִיב הֵן לְמַצָּה
שִׁבְּרוּ כָּל עַצְמוֹתֵינוּ, כְּקָנֶה הָרְצוּצָה.

וְהָאֵל בְּרֹב חֲסָדָיו, פָּנָיו לְעַמּוֹ נָשָׂא
וּבְטוּבוֹ יִשְׁלַח לָנוּ, מְשִׁיחֵנוּ בִּמְרוּצָה.

עִמּוֹ אֵלִיָּהוּ הַנָּבִיא, לְקַיֵּם אֶת הַמַּשָּׂא
אֲבָרֵךְ אֶת שֵׁם יְהֹוָה, הַנֶּעְלָם מִכָּל נִמְצָא.

תהלים טז אֲבָרֵךְ אֶת־יְהֹוָה אֲשֶׁר יְעָצָנִי, אַף־לֵילוֹת יִסְּרוּנִי כִלְיוֹתָי: שִׁוִּיתִי יְהֹוָה
לְנֶגְדִּי תָמִיד, כִּי מִימִינִי בַּל־אֶמּוֹט: לָכֵן שָׂמַח לִבִּי וַיָּגֶל כְּבוֹדִי, אַף־בְּשָׂרִי
יִשְׁכֹּן לָבֶטַח: כִּי לֹא־תַעֲזֹב נַפְשִׁי לִשְׁאוֹל, לֹא־תִתֵּן חֲסִידְךָ לִרְאוֹת שָׁחַת:
תהלים יד תּוֹדִיעֵנִי אֹרַח חַיִּים, שֹׂבַע שְׂמָחוֹת אֶת־פָּנֶיךָ, נְעִמוֹת בִּימִינְךָ נֶצַח: מִי יִתֵּן
מִצִּיּוֹן יְשׁוּעַת יִשְׂרָאֵל, בְּשׁוּב יְהֹוָה שְׁבוּת עַמּוֹ, יָגֵל יַעֲקֹב, יִשְׂמַח יִשְׂרָאֵל:

פיוט לר׳ דניאל בן יהודה הדיין מרומא
המבוסס על שלושה עשר עיקרי האמונה שמנה הרמב״ם.

יִגְדַּל אֱלֹהִים חַי וְיִשְׁתַּבַּח, נִמְצָא וְאֵין עֵת אֶל מְצִיאוּתוֹ.
אֶחָד וְאֵין יָחִיד כְּיִחוּדוֹ, נֶעְלָם וְגַם אֵין סוֹף לְאַחְדּוּתוֹ.
אֵין לוֹ דְּמוּת הַגּוּף וְאֵינוֹ גוּף, לֹא נַעֲרֹךְ אֵלָיו קְדֻשָּׁתוֹ.
קַדְמוֹן לְכָל דָּבָר אֲשֶׁר נִבְרָא, רִאשׁוֹן וְאֵין רֵאשִׁית לְרֵאשִׁיתוֹ
הִנּוֹ אֲדוֹן עוֹלָם, וְכָל נוֹצָר יוֹרֶה גְדֻלָּתוֹ וּמַלְכוּתוֹ.
שֶׁפַע נְבוּאָתוֹ נְתָנוֹ אֶל־אַנְשֵׁי סְגֻלָּתוֹ וְתִפְאַרְתּוֹ.
לֹא קָם בְּיִשְׂרָאֵל כְּמֹשֶׁה עוֹד נָבִיא וּמַבִּיט אֶת תְּמוּנָתוֹ.
תּוֹרַת אֱמֶת נָתַן לְעַמּוֹ אֵל, עַל יַד נְבִיאוֹ נֶאֱמַן בֵּיתוֹ.
לֹא יַחֲלִיף הָאֵל וְלֹא יָמִיר דָּתוֹ לְעוֹלָמִים לְזוּלָתוֹ.
צוֹפֶה וְיוֹדֵעַ סְתָרֵינוּ, מַבִּיט לְסוֹף דָּבָר בְּקַדְמוּתוֹ.
גּוֹמֵל לְאִישׁ חָסִיד כְּמִפְעָלוֹ, נוֹתֵן לְרָשָׁע רָע כְּרִשְׁעָתוֹ.
יִשְׁלַח לְקֵץ יָמִין מְשִׁיחֵנוּ, לִפְדּוֹת מְחַכֵּי קֵץ יְשׁוּעָתוֹ.
מֵתִים יְחַיֶּה אֵל בְּרֹב חַסְדּוֹ, בָּרוּךְ עֲדֵי עַד שֵׁם תְּהִלָּתוֹ.
אֵלֶּה שְׁלֹשׁ עֶשְׂרֵה לְעִקָּרִים, הֵן הֵם יְסוֹד דַּת אֵל וְתוֹרָתוֹ.
תּוֹרַת מֹשֶׁה אֱמֶת וּנְבוּאָתוֹ, בָּרוּךְ עֲדֵי עַד שֵׁם תְּהִלָּתוֹ.

תהלים כח בָּרוּךְ יְהוָה, כִּי־שָׁמַע קוֹל תַּחֲנוּנָי: יְהוָה עֻזִּי וּמָגִנִּי, בּוֹ בָטַח לִבִּי וְנֶעֱזָרְתִּי:
וַיַּעֲלֹז לִבִּי וּמִשִּׁירִי אֲהוֹדֶנּוּ: יְהוָה עֹז־לָמוֹ, וּמָעוֹז יְשׁוּעוֹת מְשִׁיחוֹ הוּא:
הוֹשִׁיעָה אֶת־עַמֶּךָ וּבָרֵךְ אֶת־נַחֲלָתֶךָ, וּרְעֵם וְנַשְּׂאֵם עַד־הָעוֹלָם:

פיוט עתיק זה לר׳ אליקים נמצא כבר בדפוסים הראשונים של ספרי הבקשות,
ובמקורו נכתב עבור חולה או לזמן מגפה רח״ל.

אֱלֹהֵי עֹז תְּהִלָּתִי / רְפָאֵנִי וְאֵרָפֵא
וְתֵן מַרְפֵּא לְמַחֲלָתִי / לְבַל אָמוּת וְאֶסָּפֶה.

לְךָ אוֹדֶה בְּעוֹדִי חַי / בְּתוֹךְ רֵעַי וְגַם אַחַי
וְאַרְבֶּה מַהֲלַל שִׂיחִי / בְּקוֹל עָרֵב וְנִיב יָפֶה.

יְשׁוּעָתְךָ תְּבוֹאֵנִי / וְעַל רַגְלַי תְּקִימֵנִי
בְּשׁוּבִי עוֹד אֵלַי כַּנִּי / לְטוּבָתְךָ אֲנִי צוֹפֶה.

קְשׁוֹב כִּי רַב כְּאֵב לִבִּי / כְּאֵשׁ בּוֹעֵר בְּתוֹךְ קִרְבִּי
וְלֹא נוֹתְרָה נְשָׁמָה בִּי / וְכֹחִי הוּא מְאֹד רָפֶה.

יְהִי נָא חַסְדְּךָ עָלַי / לְסָמְכֵנִי בְּמַעְגָּלַי
וְכָל יָמַי וְגַם לֵילַי / אֲהַלֶּלְךָ בְּנֹעַם פֶּה.

מְחֵה פִשְׁעִי כְּמוֹ עָנָן / בְּצֵל יוֹשֵׁב שַׁדַּי יִתְלוֹנָן
וְאָז אֶרְאֶה וְאֶתְבּוֹנָן / מְקוֹם סַפִּיר וְגַם יָשְׁפֶה.

הָאֵר פָּנִים לְעַמֶּךָ / וְתוֹשִׁיעַ לְאֻמֶּךָ
וִיהַלְלוּ אֶת שְׁמֶךָ / נִשְׁמַת כָּל חַי, רוּחַ כָּל פֶּה.

הפיוטים הבאים נכתבו במקורם לעטר חלקים שונים של התפילה ובמרוצת הדורות נהגו לאומרם כבקשות באשמורת הבוקר.

רשות לקדיש לרבי אברהם אבן עזרא

אֲגַדֶּלְךָ אֱלֹהֵי כָל נְשָׁמָה / וְאוֹדְךָ בְּרֹב פַּחַד וְאֵימָה.
בְּעָמְדִי תּוֹךְ קְהָלְךָ צוּר לְרוֹמֵם / לְךָ אֶכְרַע וְאֶכֹּף רֹאשׁ וְקוֹמָה.
רְקִיעֵי רוּם הֲלֹא נָטָה בְּמִבְטָא / וְהָאָרֶץ יְסָדָהּ עַל בְּלִימָה.
הֲיוּכַל אִישׁ חֲקֹר אֶת סוֹד יְצָרוֹ / וּמִי הוּא זֶה בְּכָל קַדְמָה וְיָמָּה.
מְרוֹמָם הוּא עֲלֵי כָל פֶּה וְלָשׁוֹן / אֲשֶׁר הִפְלִיא וְעָשָׂה כֹל בְּחָכְמָה.
וְיִתְגַּדַּל בְּגוֹי קָדוֹשׁ וְעֶלְיוֹן / וְיִתְקַדַּשׁ שְׁמֵיהּ רַבָּא בְּעָלְמָא.

שלושת הפיוטים הבאים נכתבו בידי רבי שלמה אבן גבירול כרשויות ל'נִשְׁמַת כָּל חַי'.

שְׁחִי לָאֵל יְחִידָה הַחֲכָמָה / וְרוּצִי לַעֲבֹד אוֹתוֹ בְּאֵימָה.
לְעוֹלָמֵךְ פְּנִי לֵילֵךְ וְיוֹמֵךְ / וְלָמָּה תִּרְדְּפִי הֶבֶל וְלָמָּה.
מְשׁוּלָה אַתְּ בְּחַיּוּתֵךְ לְאֵל חַי / אֲשֶׁר נֶעְלָם כְּמוֹ אַתְּ נַעֲלָמָה.
הֲלֹא אִם יוֹצְרֵךְ טָהוֹר וְנָקִי / דְּעִי כִּי כֵן טְהוֹרָה אַתְּ וְתַמָּה.
חֲסִין יִשָּׂא שְׁחָקִים עַל זְרוֹעוֹ / כְּמוֹ תִשְּׂאִי גְּוִיָּה נֶאֱלָמָה.
זְמִירוֹת קַדְּמִי נַפְשִׁי לְצוּרֵךְ / אֲשֶׁר לֹא שָׂם דְּמוּתֵךְ בָּאֲדָמָה.
קְרָבַי, בָּרְכוּ תָמִיד לְצוּרְכֶם / אֲשֶׁר לִשְׁמוֹ תְּהַלֵּל כָּל נְשָׁמָה.

שַׁחַר אֲבַקֶּשְׁךָ צוּרִי וּמִשְׂגַּבִּי / אֶעְרֹךְ לְפָנֶיךָ שַׁחְרִי וְגַם עַרְבִּי.
לִפְנֵי גְדֻלָּתְךָ אֶעְמֹד וְאֶבָּהֵל / כִּי עֵינְךָ תִרְאֶה כָּל מַחְשְׁבוֹת לִבִּי.
מַה זֶּה אֲשֶׁר יוּכַל הַלֵּב וְהַלָּשׁוֹן / לַעְשׂוֹת, וּמַה כֹּחַ רוּחִי בְּתוֹךְ קִרְבִּי.
הִנֵּה לְךָ תִּיטַב זִמְרַת אֱנוֹשׁ, עַל כֵּן / אוֹדְךָ בְּעוֹד תִּהְיֶה נִשְׁמַת אֱלוֹהַּ בִּי.

שְׁפַל רוּחַ, שְׁפַל בֶּרֶךְ וְקוֹמָה / אֲקַדֶּמְךָ בְּרֹב פַּחַד וְאֵימָה.
לְפָנֶיךָ אֲנִי נֶחְשָׁב בְּעֵינַי / כְּתוֹלַעַת קְטַנָּה בָאֲדָמָה.
מְלֹא עוֹלָם אֲשֶׁר אֵין קֵץ לְגָדְלוֹ / הֲכָמוֹנִי יְהַלֶּלְךָ וּבַמֶּה.
הֲדָרְךָ לֹא יְכִילוּן מַלְאֲכֵי רוּם / וְעַל אַחַת אֲנִי כַּמָּה וְכַמָּה.
הֱטִיבוֹתָ וְהִגְדַּלְתָּ חֲסָדִים / לְךָ תַּגְדִּיל לְהוֹדוֹת כָּל נְשָׁמָה.

בקשה לאשמורת הבוקר לרבי שמעיה קוסון

אוֹדֶה לָאֵל לֵבָב חוֹקֵר / בְּרָן יַחַד כּוֹכְבֵי בֹקֶר.

שִׂימוּ לֵב עַל הַנְּשָׁמָה / לָשֵׁם שָׁבוּ וְאַחְלָמָה
וְאוֹרָהּ כְּאוֹר הַחַמָּה / שִׁבְעָתַיִם כְּאוֹר בֹּקֶר.

מִכִּסֵּא כָבוֹד חֻצָּבָה / לָגוּר בְּאֶרֶץ עֲרָבָה
לְהַצִּילָהּ מִלֶּהָבָה / וּלְהָאִירָהּ לִפְנוֹת בֹּקֶר.

עוּרוּ נָא כִּי בְכָל לַיְלָה / נִשְׁמַתְכֶם עוֹלָה לְמַעְלָה
לָתֵת דִּין וְחֶשְׁבּוֹן מִפְעָלָהּ / לְיוֹצֵר עֶרֶב וָבֹקֶר.

בחול: יִמְצָאוּהָ מְטֻנֶּפֶת / בַּעֲוֹנוֹת וּבְתוֹסֶפֶת
כְּמוֹ שִׁפְחָה נֶחֱרֶפֶת / תָּמִיד בַּבֹּקֶר בַּבֹּקֶר.

בשבת: יִמְצָאוּהָ מְחֻדֶּשֶׁת / בִּזְכֻיּוֹת וּבְתוֹסֶפֶת
כְּמוֹ כַלָּה מְקֻשֶּׁטֶת / תָּמִיד בַּבֹּקֶר בַּבֹּקֶר.

הַנֶּאֱמָן בְּפִקְדוֹנוֹ / יַחֲזִירֶנָּה לוֹ כִּרְצוֹנוֹ
אִישׁ לֹא גָוַע בַּעֲוֹנוֹ / וַיְהִי עֶרֶב וַיְהִי בֹקֶר.

קוּמוּ כִּי לֹא זֹאת הַמְּנוּחָה / מִדַּת רַחֲמִים מְתוּחָה
שׁוּבוּ כִּי יָדוֹ פְּתוּחָה / לְכָל מַשְׁכִּימֵי בַּבֹּקֶר.

וְשֵׁנָה אַל תֶּאֱהָבוּ / לְהַקְדִּישׁ לָאֵל אֱהָבוּ
הָבוּ לַיהוָה הָבוּ / כָּבוֹד וְהָיָה הַבֹּקֶר.

סָלְוָה כְּמוֹ עֲרֵמִים / נֶפֶשׁ בְּהֵמוֹת נִרְדָּמִים
יַעַן לְמִשְׁטַח חֲרָמִים / לְסֵדֶר עוֹלַת הַבֹּקֶר.

וְהַחֲיוּ הָעֲנִיָּה / יְחִידָה תַּמָּה וּנְקִיָּה
וַאֲשֶׁר נַפְשׁוֹ לֹא חִיָּה / אֵיךְ יִזְכֶּה לְאוֹר הַבֹּקֶר.

נֹעַם יְהוָה לַחֲזוֹת / נִזְכֶּה, וּבַשָּׁנָה הַזֹּאת
בִּשְׂמָחוֹת תַּחַת רְגָזוֹת / בֹּקֶר תִּשְׁמַע קוֹלִי, בֹּקֶר.

בקשה לאשמורת הבוקר של יום השבת. נמצאת כבר בדפוסים הראשונים של ספרי הבקשות.

קַמְתִּי לְהַלֵּל לְשֵׁם הָאֵל הַנִּכְבָּד
שֶׁיָּצַר כֹּל, וּבַיּוֹם הַשְּׁבִיעִי שָׁבַת
וַאֲזַמֵּר לוֹ בְּעוֹד בִּי הִלּוֹ, מִזְמוֹר שִׁיר לְיוֹם הַשַּׁבָּת: תהלים צב

בְּרֵאשִׁית כֹּל, בָּרָא אֶת הַשָּׁמַיִם
אֵשׁ וַאֲוִיר, הָאָרֶץ וְהַמַּיִם
וְאָמַר יְהִי אוֹר וַיְהִי אוֹר, בֹּקֶר וְצָהֳרַיִם
וַאֲזַמֵּר לוֹ בְּעוֹד בִּי הִלּוֹ, מִזְמוֹר שִׁיר לְיוֹם הַשַּׁבָּת:

וְגַם בָּרָא אֶת שְׁנֵי הַמְּאוֹרִים
לְאוֹר עוֹלָם וּלְתוֹעַלְתּוֹ הֵם מְאִירִים
וְאָמַר לִהְיוֹת בְּהֵמוֹת וְחַיּוֹת, טְמֵאִים גַּם טְהוֹרִים
וַאֲזַמֵּר לוֹ בְּעוֹד בִּי הִלּוֹ, מִזְמוֹר שִׁיר לְיוֹם הַשַּׁבָּת:

דָּגִים וְעוֹפוֹת וְכָל רֶמֶשׂ הָאֲדָמָה
וְגַם יָצַר אָדָם בְּצֶלֶם וּבְחָכְמָה
וְהִמְשִׁילוֹ עֲלֵי כֻלּוֹ, תֹּלֶה אֶרֶץ עַל בְּלִימָה
וַאֲזַמֵּר לוֹ בְּעוֹד בִּי הִלּוֹ, מִזְמוֹר שִׁיר לְיוֹם הַשַּׁבָּת:

וּבַשְּׁבִיעִי שָׁבַת מִכָּל מְלַאכְתּוֹ
אֲשֶׁר עָשָׂה לִהְיוֹת הַכֹּל מֶמְשַׁלְתּוֹ
וּבֵרְכוּ וְהִמְלִיכוּ מִכָּל יוֹם, וַיְבָרֵךְ אוֹתוֹ
וַאֲזַמֵּר לוֹ בְּעוֹד בִּי הֶלוֹ, מִזְמוֹר שִׁיר לְיוֹם הַשַּׁבָּת:

שַׁבָּת וְדִינִין נָתַן לָנוּ בְּמָרָה
וּבְהַר סִינַי הִנְחִילָנוּ הַתּוֹרָה
וְשַׁבָּת לִשְׁמֹר זָכוֹר וְשָׁמוֹר, אָמַר לְאֻמָּה טְהוֹרָה
וַאֲזַמֵּר לוֹ בְּעוֹד בִּי הֶלוֹ, מִזְמוֹר שִׁיר לְיוֹם הַשַּׁבָּת:

וְגַם אָסוּר לַעֲשׂוֹת בּוֹ מְלָאכָה
וְהָעוֹשֶׂה אֵין רוֹאֶה בָּהּ בְּרָכָה
וְהַמְּלָאכוֹת הֵמָּה עֲרוּכוֹת, כַּדָּת וְכַהֲלָכָה
וַאֲזַמֵּר לוֹ בְּעוֹד בִּי הֶלוֹ, מִזְמוֹר שִׁיר לְיוֹם הַשַּׁבָּת:

אַרְבָּעִים מְלָאכוֹת חָסֵר אַחַת, מִסְפָּרָם
כַּאֲשֶׁר צִוָּה וְאָמַר נִשָּׂא וָרָם
וְהַמְּחַלֵּל הוּא יִסָּקֵל, כִּי מִיתָתוֹ הוּא גָּרַם
וַאֲזַמֵּר לוֹ בְּעוֹד בִּי הֶלוֹ, מִזְמוֹר שִׁיר לְיוֹם הַשַּׁבָּת:

לִקְרָאוֹ עֹנֶג אָמַר הַנָּבִיא יְשַׁעְיָה
בִּלְבוּשׁ נָאֶה וּבְמַאֲכָל וּשְׁתִיָּה
וְעֹנֶג נַפְשׁוֹת פֵּרוּשׁ וּדְרָשׁוֹת, לִלְמֹד תּוֹרָה נְקִיָּה
וַאֲזַמֵּר לוֹ בְּעוֹד בִּי הֶלוֹ, מִזְמוֹר שִׁיר לְיוֹם הַשַּׁבָּת:

וּבִזְכוּתָהּ תִּנְצְרֵנוּ כְּבָבַת
וְאַחַר מָוֶת תַּצִּילֵנוּ מִלַּבַּת
לְהִתְעַדֵּן בְּגַן עֵדֶן, עוֹלָם שֶׁכֻּלּוֹ שַׁבָּת
וַאֲזַמֵּר לוֹ בְּעוֹד בִּי הֶלוֹ, מִזְמוֹר שִׁיר לְיוֹם הַשַּׁבָּת:

בקשה לשבת ולראש חודש

שִׁירוּ לָאֵל נְבוֹנַי / שִׁירֵי רְנָנַי
שַׁבָּת וְרֹאשׁ חֹדֶשׁ / יוֹם זֶה לַיהוָה.

יְקַר שְׁמוֹ הוֹדִיעוּ / לַכֹּל וְהַשְׁמִיעוּ
זַמְּרוּ הָרִיעוּ / לִפְנֵי הַמֶּלֶךְ יְהוָה: תהלים צח

עֹז לוֹ בְּמִקְדָּשׁוֹ / תְּנוּ חוּשׁוּ לְדָרְשׁוֹ
הִתְהַלְלוּ בְּשֵׁם קָדְשׁוֹ / יִשְׂמַח לֵב מְבַקְשֵׁי יְהוָה: תהלים קה

קְדוֹשִׁים שִׁמְךָ יוֹדוּ / וַחֲסִידֶיךָ יַגִּידוּ
אַף יְהַלְלוּ וְיוֹדוּ / שָׁמַיִם פִּלְאֲךָ יְהוָה: תהלים פט

בָּאתִי וְקִדַּשְׁתִּי / שִׁמְךָ, וְשִׁירִים שַׁרְתִּי
וְאֵלֶּה הִגַּשְׁתִּי / בִּכּוּרִים לַיהוָה.

בקשה לראש חודש

שַׁעַר הָרַחֲמִים לְעַם בָּךְ בּוֹטֵחַ / בְּיוֹם רֹאשׁ הַחֹדֶשׁ הַזֶּה יִפָּתַח.

יִשְׁעִי, לְךָ אֶקְרָא בְּיָמִים וּבַלֵּילוֹת / אֵל גָּדוֹל וְנוֹרָא, נוֹרָא עֲלִילוֹת
שְׁלַח נָא גְּאֻלּוֹת וּלְךָ נְשַׁבֵּחַ / וְנַקְרִיב קָרְבָּנוֹת עַל גַּבֵּי הַמִּזְבֵּחַ.

הָסֵר מֵעָלֵינוּ צוֹר, זַעַם וְעֶבְרָה / הֱיֵה נָא בַּעֲדֵנוּ צִנָּה וְסוֹחֵרָה
פֶּשַׁע וַעֲבֵרָה הֱיֵה נָא סוֹלֵחַ / שְׁעֵה נָא עֲתִירָה בְּקֶרֶב הַמִּזְבֵּחַ.

וְעַד אָן עַמְּךָ יִהְיוּ בֵּין צָרִים / חֲשֹׂף זְרוֹעֲךָ עַל רְשָׁעִים אַכְזָרִים
אַדִּיר אַדִּירִים, אַל נָא יִהְיוּ לָבֶטַח / גְּאֻלָּה לַעֲבָדִים הֱיֵה נָא שׁוֹלֵחַ.

דְּרוֹר תִּהְיֶה קוֹרֵא לְעַם הַנִּדְכָּאִים / וְאוֹיֵב יְזָרֶה, הַצֵּל נָא חֲלֵכָאִים
עֲשֵׂה נָא פְּלָאִים וּלְךָ נְשַׁבֵּחַ / וּבְקוֹל שִׁירִים נָאִים, נַקְטִיר וְנִזְבַּח.

הָשֵׁב נָא שְׁכִינָה לְבֵית הַבְּחִירָה / וְהָסֵר מְגִנָּה מֵעַל שֶׂה פְזוּרָה
עֵדָה הַסּוֹרֵרָה, כְּבֵדִם פַּלֵּחַ / וּבְשִׂמְחָה וּבְרִנָּה לִבֵּנוּ שַׂמַּח.

# הכנה לתפילה

## עטיפת טלית

קודם שמתעטף בטלית בודק את חוטי הציצית ומפרידם זה מזה (שו״ע ח, ז–ט).
בעת הבדיקה יש נוהגים לומר (סידור יעב״ץ):

תהלים קד **בָּרְכִי נַפְשִׁי אֶת־יְהוָה, יְהוָה אֱלֹהַי גָּדַלְתָּ מְּאֹד, הוֹד וְהָדָר לָבָשְׁתָּ:**
**עֹטֶה־אוֹר כַּשַּׂלְמָה, נוֹטֶה שָׁמַיִם כַּיְרִיעָה:**

לפני עשיית מצווה ולפני כל תפילה יש אומרים ׳לְשֵׁם יִחוּד׳ (על פי ׳מגיד מישרים׳, תרומה; ׳אור יקר׳ לרמ״ק; ׳שער רוח הקודש׳ יב ע״ב; ראה טוש״ע ח, ח והלכה 29):

לְשֵׁם יִחוּד קֻדְשָׁא בְּרִיךְ הוּא וּשְׁכִינְתֵּהּ, בִּדְחִילוּ וּרְחִימוּ וּרְחִימוּ וּדְחִילוּ, לְיַחֲדָא אוֹתִיּוֹת י״ה בְּאוֹתִיּוֹת ו״ה בְּיִחוּדָא שְׁלִים בְּשֵׁם כָּל יִשְׂרָאֵל.

הֲרֵינִי מוּכָן לְהִתְעַטֵּף בְּטַלִּית מְצֻיֶּצֶת כְּהִלְכָתָהּ, כְּמוֹ שֶׁצִּוָּנוּ יְהוָה אֱלֹהֵינוּ
במדבר טו בְּתוֹרָתוֹ הַקְּדוֹשָׁה: וְעָשׂוּ לָהֶם צִיצִת עַל־כַּנְפֵי בִגְדֵיהֶם: כְּדֵי שֶׁנִּזְכֹּר כָּל מִצְוֹתָיו
לַעֲשׂוֹתָם, שֶׁנֶּאֱמַר, וּרְאִיתֶם אֹתוֹ, וּזְכַרְתֶּם אֶת־כָּל־מִצְוֹת יְהוָה וַעֲשִׂיתֶם אֹתָם:
וַהֲרֵינִי מוּכָן לְבָרֵךְ עַל עֲטִיפַת הַטַּלִּית כְּתִקּוּן רַבּוֹתֵינוּ זִכְרוֹנָם לִבְרָכָה. וַהֲרֵינִי
מְכַוֵּן לִפְטֹר בִּבְרָכָה זוֹ גַּם טַלִּית קָטָן שֶׁעָלַי, כְּדֵי לַעֲשׂוֹת נַחַת רוּחַ לְיוֹצְרֵנוּ
וְלַעֲשׂוֹת רְצוֹן בּוֹרְאֵנוּ. וִיַעֲלֶה לְפָנֶיךָ יְהוָה אֱלֹהֵינוּ וֵאלֹהֵי אֲבוֹתֵינוּ, כְּאִלּוּ כִּוַּנְתִּי
תהלים צ בְּכָל הַכַּוָּנוֹת הָרְאוּיוֹת לְכַוֵּן בְּמִצְוֹת אֵלּוּ שֶׁל טַלִּית גָּדוֹל וְטַלִּית קָטָן. וִיהִי
נֹעַם אֲדֹנָי אֱלֹהֵינוּ עָלֵינוּ, וּמַעֲשֵׂה יָדֵינוּ כּוֹנְנָה עָלֵינוּ, וּמַעֲשֵׂה יָדֵינוּ כּוֹנְנֵהוּ:

אוחז הטלית בשתי ידיו, עומד ומברך:

**בָּרוּךְ אַתָּה יְהוָה, אֱלֹהֵינוּ מֶלֶךְ הָעוֹלָם**
**אֲשֶׁר קִדְּשָׁנוּ בְּמִצְוֹתָיו וְצִוָּנוּ לְהִתְעַטֵּף בְּצִיצִית.**

אחר הברכה מתעטף בטלית, ואחר כך מוריד אותה על גופו
(מחב״ר ח, א בשם ׳שאגת אריה׳ וראה הלכה 34).

יש נוהגים לומר (׳מצת שימורים׳; ׳סולת בלולה׳ כד, ב):

תהלים לו **מַה־יָּקָר חַסְדְּךָ אֱלֹהִים, וּבְנֵי אָדָם בְּצֵל כְּנָפֶיךָ יֶחֱסָיוּן: יִרְוְיֻן מִדֶּשֶׁן**
**בֵּיתֶךָ, וְנַחַל עֲדָנֶיךָ תַשְׁקֵם: כִּי־עִמְּךָ מְקוֹר חַיִּים, בְּאוֹרְךָ נִרְאֶה־אוֹר:**
ישעיה סא **מְשֹׁךְ חַסְדְּךָ לְיֹדְעֶיךָ, וְצִדְקָתְךָ לְיִשְׁרֵי־לֵב:**

ויש מוסיפים (׳יפה ללב׳ שם, ח):

**שׂוֹשׂ אָשִׂישׂ בַּיהוָה, תָּגֵל נַפְשִׁי בֵּאלֹהַי, כִּי הִלְבִּישַׁנִי בִּגְדֵי־יֶשַׁע מְעִיל**
**צְדָקָה יְעָטָנִי, כֶּחָתָן יְכַהֵן פְּאֵר וְכַכַּלָּה תַּעְדֶּה כֵלֶיהָ:**

## הנחת תפילין

קודם הנחת תפילין יש אומרים (ראה טוש״ע כה, ד והלכה 29):

לְשֵׁם יִחוּד קֻדְשָׁא בְּרִיךְ הוּא וּשְׁכִינְתֵּהּ, בִּדְחִילוּ וּרְחִימוּ וּרְחִימוּ וּדְחִילוּ,
לְיַחֲדָא אוֹתִיּוֹת י״ה בְּאוֹתִיּוֹת ו״ה בְּיִחוּדָא שְׁלִים בְּשֵׁם כָּל יִשְׂרָאֵל.

הֲרֵינִי מוּכָן לְקַיֵּם מִצְוַת עֲשֵׂה לְהָנִיחַ תְּפִלִּין בְּיָדִי וּבְרֹאשִׁי כְּמוֹ שֶׁצִּוָּנוּ יְהֹוָה
אֱלֹהֵינוּ: וּקְשַׁרְתֶּם אֹתָם לְאוֹת עַל־יֶדְכֶם וְהָיוּ לְטוֹטָפֹת בֵּין עֵינֵיכֶם: וַאֲנִי מְכַוֵּן דברים יא
בְּהֲנָחַת אַרְבַּע פָּרָשִׁיּוֹת אֵלּוּ, שֶׁיֵּשׁ בָּהֶן יִחוּד שְׁמוֹ וִיצִיאַת מִצְרַיִם, לְהָנִיחָן
עַל הַזְּרוֹעַ כְּנֶגֶד הַלֵּב וְעַל הָרֹאשׁ כְּנֶגֶד הַמֹּחַ, כְּדֵי שֶׁנִּזְכֹּר נִסִּים וְנִפְלָאוֹת
שֶׁעָשָׂה עִמָּנוּ, שֶׁהֵם מוֹרִים עַל יִחוּדוֹ, וַאֲשֶׁר לוֹ הַכֹּחַ וְהַמֶּמְשָׁלָה בָּעֶלְיוֹנִים
וּבַתַּחְתּוֹנִים לַעֲשׂוֹת בָּהֶם כִּרְצוֹנוֹ. וַהֲרֵינִי מְשַׁעְבֵּד לַקָּדוֹשׁ בָּרוּךְ הוּא הַנְּשָׁמָה
שֶׁהִיא בַּמֹּחַ, וְהַלֵּב שֶׁהוּא כְּנֶגֶד הַזְּרוֹעַ שֶׁהֵם עִיקַּר הַתַּאֲווֹת וְהַמַּחֲשָׁבוֹת,
וּבָזֶה אֶזְכֹּר אֶת הַבּוֹרֵא יִתְבָּרַךְ שְׁמוֹ וַאֲמַעֵט הַתַּאֲווֹת. וַהֲרֵינִי מוּכָן לְבָרֵךְ
הַבְּרָכָה שֶׁתִּקְּנוּ חֲכָמֵינוּ זִכְרוֹנָם לִבְרָכָה עַל הַתְּפִלִּין, וַהֲרֵינִי מְכַוֵּן לְבָרֵךְ
הַבְּרָכָה הַזֹּאת עַל הֲנָחַת תְּפִלִּין שֶׁל יָד וּתְפִלִּין שֶׁל רֹאשׁ. וְיַעֲלֶה לְפָנֶיךָ יְהֹוָה
אֱלֹהֵינוּ וֵאלֹהֵי אֲבוֹתֵינוּ, כְּאִלּוּ כִּוַּנְתִּי בְּכָל הַכַּוָּנוֹת הָרְאוּיוֹת לְכַוֵּן בַּהֲנָחַת
הַתְּפִלִּין וּבַבְּרָכָה. וִיהִי נֹעַם אֲדֹנָי אֱלֹהֵינוּ עָלֵינוּ, וּמַעֲשֵׂה יָדֵינוּ כּוֹנְנָה עָלֵינוּ, תהלים צ
וּמַעֲשֵׂה יָדֵינוּ כּוֹנְנֵהוּ:

לפני הידוק תפילין של יד על הזרוע מברך (שו״ע כה, ה וראה הלכה 49):

בָּרוּךְ אַתָּה יְהֹוָה, אֱלֹהֵינוּ מֶלֶךְ הָעוֹלָם
אֲשֶׁר קִדְּשָׁנוּ בְּמִצְוֹתָיו וְצִוָּנוּ לְהָנִיחַ תְּפִלִּין.

אם הפסיק בין הנחת תפילין של יד להנחת תפילין של ראש
בדברים שלא מעניין התפילין, יברך (שם, ט וראה הלכה 47):

בָּרוּךְ אַתָּה יְהֹוָה, אֱלֹהֵינוּ מֶלֶךְ הָעוֹלָם
אֲשֶׁר קִדְּשָׁנוּ בְּמִצְוֹתָיו וְצִוָּנוּ עַל מִצְוַת תְּפִלִּין.

אחר הנחת תפילין של ראש יש אומרים (׳היכל הקודש׳ ו על פי זוהר, ואתחנן):

וּמֵחָכְמָתְךָ אֵל עֶלְיוֹן תַּאֲצִיל עָלַי, וּמִבִּינָתְךָ תְּבִינֵנִי, וּבְחַסְדְּךָ תַּגְדִּיל עָלַי,
וּבִגְבוּרָתְךָ תַּצְמִית אוֹיְבַי וְקָמַי. וְשֶׁמֶן הַטּוֹב תָּרִיק עַל שִׁבְעָה קְנֵי הַמְּנוֹרָה,
לְהַשְׁפִּיעַ טוּבְךָ לִבְרִיּוֹתֶיךָ. פּוֹתֵחַ אֶת־יָדֶךָ וּמַשְׂבִּיעַ לְכָל־חַי רָצוֹן: תהלים קמה

בעת שכורך ברצועה של יד שלוש כריכות סביב האצבע,
ראוי לומר פסוקים אלו (מצת שימורים):

הושע ב **וְאֵרַשְׂתִּיךְ לִי לְעוֹלָם**
**וְאֵרַשְׂתִּיךְ לִי בְּצֶדֶק וּבְמִשְׁפָּט וּבְחֶסֶד וּבְרַחֲמִים:**
**וְאֵרַשְׂתִּיךְ לִי בֶּאֱמוּנָה, וְיָדַעַתְּ אֶת־יְהוָה:**

יש לומר את ארבע הפרשיות שבתפילין בעודן מונחות עליו. ולפי שאומר שתי פרשיות בקריאת שמע, אומר כאן את שתי הפרשיות האחרות (מהר״ם פאפירש בשם הרמב״ן והרח״ו):

שמות יג וַיְדַבֵּר יְהוָה אֶל־מֹשֶׁה לֵּאמֹר: קַדֶּשׁ־לִי כָל־בְּכוֹר פֶּטֶר כָּל־רֶחֶם בִּבְנֵי יִשְׂרָאֵל בָּאָדָם וּבַבְּהֵמָה לִי הוּא: וַיֹּאמֶר מֹשֶׁה אֶל־הָעָם זָכוֹר אֶת־הַיּוֹם הַזֶּה אֲשֶׁר יְצָאתֶם מִמִּצְרַיִם מִבֵּית עֲבָדִים כִּי בְּחֹזֶק יָד הוֹצִיא יְהוָה אֶתְכֶם מִזֶּה וְלֹא יֵאָכֵל חָמֵץ: הַיּוֹם אַתֶּם יֹצְאִים בְּחֹדֶשׁ הָאָבִיב: וְהָיָה כִי־יְבִיאֲךָ יְהוָה אֶל־אֶרֶץ הַכְּנַעֲנִי וְהַחִתִּי וְהָאֱמֹרִי וְהַחִוִּי וְהַיְבוּסִי אֲשֶׁר נִשְׁבַּע לַאֲבֹתֶיךָ לָתֶת לָךְ אֶרֶץ זָבַת חָלָב וּדְבָשׁ וְעָבַדְתָּ אֶת־הָעֲבֹדָה הַזֹּאת בַּחֹדֶשׁ הַזֶּה: שִׁבְעַת יָמִים תֹּאכַל מַצֹּת וּבַיּוֹם הַשְּׁבִיעִי חַג לַיהוָה: מַצּוֹת יֵאָכֵל אֵת שִׁבְעַת הַיָּמִים וְלֹא־יֵרָאֶה לְךָ חָמֵץ וְלֹא־יֵרָאֶה לְךָ שְׂאֹר בְּכָל־גְּבֻלֶךָ: וְהִגַּדְתָּ לְבִנְךָ בַּיּוֹם הַהוּא לֵאמֹר בַּעֲבוּר זֶה עָשָׂה יְהוָה לִי בְּצֵאתִי מִמִּצְרָיִם: וְהָיָה לְךָ לְאוֹת עַל־יָדְךָ וּלְזִכָּרוֹן בֵּין עֵינֶיךָ לְמַעַן תִּהְיֶה תּוֹרַת יְהוָה בְּפִיךָ כִּי בְּיָד חֲזָקָה הוֹצִאֲךָ יְהוָה מִמִּצְרָיִם: וְשָׁמַרְתָּ אֶת־הַחֻקָּה הַזֹּאת לְמוֹעֲדָהּ מִיָּמִים יָמִימָה:

וְהָיָה כִּי־יְבִאֲךָ יְהוָה אֶל־אֶרֶץ הַכְּנַעֲנִי כַּאֲשֶׁר נִשְׁבַּע לְךָ וְלַאֲבֹתֶיךָ וּנְתָנָהּ לָךְ: וְהַעֲבַרְתָּ כָל־פֶּטֶר־רֶחֶם לַיהוָה וְכָל־פֶּטֶר ׀ שֶׁגֶר בְּהֵמָה אֲשֶׁר יִהְיֶה לְךָ הַזְּכָרִים לַיהוָה: וְכָל־פֶּטֶר חֲמֹר תִּפְדֶּה בְשֶׂה וְאִם־לֹא תִפְדֶּה וַעֲרַפְתּוֹ וְכֹל בְּכוֹר אָדָם בְּבָנֶיךָ תִּפְדֶּה: וְהָיָה כִּי־יִשְׁאָלְךָ בִנְךָ מָחָר לֵאמֹר מַה־זֹּאת וְאָמַרְתָּ אֵלָיו בְּחֹזֶק יָד הוֹצִיאָנוּ יְהוָה מִמִּצְרַיִם מִבֵּית עֲבָדִים: וַיְהִי כִּי־הִקְשָׁה פַרְעֹה לְשַׁלְּחֵנוּ וַיַּהֲרֹג יְהוָה כָּל־בְּכוֹר בְּאֶרֶץ מִצְרַיִם מִבְּכֹר אָדָם וְעַד־בְּכוֹר בְּהֵמָה עַל־כֵּן אֲנִי זֹבֵחַ לַיהוָה כָּל־פֶּטֶר רֶחֶם הַזְּכָרִים וְכָל־בְּכוֹר בָּנַי אֶפְדֶּה: וְהָיָה לְאוֹת עַל־יָדְכָה וּלְטוֹטָפֹת בֵּין עֵינֶיךָ כִּי בְּחֹזֶק יָד הוֹצִיאָנוּ יְהוָה מִמִּצְרָיִם:

## כניסה לבית הכנסת

"יכנס שיעור שני פתחים ואחר כך יתפלל" (שו"ע צ, כ על פי ברכות ח ע"א).

הכניסה הראשונה משמעותה שעל האדם לפנות לגמרי את מחשבתו
מכל העניינים שבחוץ, והכניסה השנייה משמעותה התייחדות עם השם
יתברך אשר הוא מתפלל לפניו (מהר"ל, נתיב העבודה פ"ה).

הנכנס לבית הכנסת אומר פסוקים אלו (סדר רב עמרם גאון).
וב'שער הכוונות' כתב לאומרם בפתח בית הכנסת
ודווקא אם הוא מעוטר בתפילין (בא"ח, מקץ ג על פי זוהר ואתחנן, רסה ע"א).

וַאֲנִי בְּרֹב חַסְדְּךָ אָבוֹא בֵיתֶךָ תהלים ה
אֶשְׁתַּחֲוֶה אֶל־הֵיכַל־קָדְשְׁךָ
בְּיִרְאָתֶךָ:

מַה־טֹּבוּ אֹהָלֶיךָ יַעֲקֹב במדבר כד
מִשְׁכְּנֹתֶיךָ יִשְׂרָאֵל:

קודם שנכנס, אומר פסוק זה:
בְּבֵית אֱלֹהִים נְהַלֵּךְ בְּרָגֶשׁ: תהלים נה

בשעת כניסתו אומר פסוקים אלו:
יְהֹוָה צְבָאוֹת עִמָּנוּ, מִשְׂגָּב לָנוּ אֱלֹהֵי יַעֲקֹב סֶלָה: תהלים מו
יְהֹוָה צְבָאוֹת, אַשְׁרֵי אָדָם בֹּטֵחַ בָּךְ: תהלים פד
יְהֹוָה הוֹשִׁיעָה, הַמֶּלֶךְ יַעֲנֵנוּ בְיוֹם־קָרְאֵנוּ: תהלים כ

# פתיחת אליהו הנביא זכור לטוב

כתב החיד״א שבכניסתו לבית הכנסת יאמר מאמר זה מהקדמת תיקוני הזוהר,
המסוגל לקבלת התפילה (׳מורה באצבע׳; ׳שלמי ציבור׳ בשם הרמ״ק).

תהלים צ וִיהִי נֹעַם אֲדֹנָי אֱלֹהֵינוּ עָלֵינוּ, וּמַעֲשֵׂה יָדֵינוּ כּוֹנְנָה עָלֵינוּ
וּמַעֲשֵׂה יָדֵינוּ כּוֹנְנֵהוּ:

הקדמת תיקוני זוהר פָּתַח אֵלִיָּהוּ הַנָּבִיא זָכוּר לְטוֹב וְאָמַר: רִבּוֹן עָלְמִין, דְּאַנְתְּ הוּא חַד וְלָא בְחֻשְׁבָּן.
דף יז אַנְתְּ הוּא עִלָּאָה עַל כָּל עִלָּאִין, סְתִימָא עַל כָּל סְתִימִין. לֵית מַחֲשָׁבָה תְּפִיסָא
בָךְ כְּלָל. אַנְתְּ הוּא דְּאַפֵּקְתְּ עֲשַׂר תִּקּוּנִין וְקָרֵינַן לוֹן עֲשַׂר סְפִירָן לְאַנְהָגָא בְהוֹן
עָלְמִין סְתִימִין דְּלָא אִתְגַּלְיָן וְעָלְמִין דְּאִתְגַּלְיָן. וּבְהוֹן אִתְכַּסִּיאַת מִבְּנֵי נָשָׁא.
וְאַנְתְּ הוּא דְּקָשִׁיר לוֹן וּמְיַחֵד לוֹן. וּבְגִין דְּאַנְתְּ מִלְּגָאו, כָּל מַאן דְּאַפְרֵישׁ חַד
מִן חַבְרֵיהּ מֵאִלֵּין עֲשַׂר, אִתְחֲשִׁיב לֵיהּ כְּאִלּוּ אַפְרֵישׁ בָּךְ. וְאִלֵּין עֲשַׂר סְפִירָן
אִנּוּן אָזְלִין כְּסִדְרָן, חַד אֲרִיךְ וְחַד קָצֵר וְחַד בֵּינוֹנִי, וְאַנְתְּ הוּא דְּאַנְהִיג לוֹן, וְלֵית
מַאן דְּאַנְהִיג לָךְ, לָא לְעֵלָּא וְלָא לְתַתָּא וְלָא מִכָּל סִטְרָא. לְבוּשִׁין תַּקֵּנְתְּ לוֹן
דְּמִנַּיְהוּ פָּרְחִין נִשְׁמָתִין לִבְנֵי נָשָׁא. וְכַמָּה גוּפִין תַּקֵּנְתְּ לוֹן דְּאִתְקְרִיאוּ גוּפָא לְגַבֵּי
לְבוּשִׁין דִּמְכַסְּיָן עֲלֵיהוֹן. וְאִתְקְרִיאוּ בְּתִקּוּנָא דָא. חֶסֶד דְּרוֹעָא יְמִינָא. גְּבוּרָה
דְּרוֹעָא שְׂמָאלָא. תִּפְאֶרֶת גּוּפָא. נֶצַח וְהוֹד תְּרֵין שׁוֹקִין. יְסוֹד סִיּוּמָא דְגוּפָא
אוֹת בְּרִית קֹדֶשׁ. מַלְכוּת פֶּה תּוֹרָה שֶׁבְּעַל פֶּה קָרֵינַן לַהּ. חָכְמָה מוֹחָא אִיהִי
דברים כט מַחֲשָׁבָה מִלְּגָאו. בִּינָה לִבָּא וּבַהּ הַלֵּב מֵבִין. וְעַל אִלֵּין תְּרֵין כְּתִיב: הַנִּסְתָּרֹת
ישעיה מו לַיהוָה אֱלֹהֵינוּ: כֶּתֶר עֶלְיוֹן אִיהוּ כֶּתֶר מַלְכוּת. וְעָלֵיהּ אִתְּמַר: מַגִּיד מֵרֵאשִׁית
אַחֲרִית: וְאִיהוּ קַרְקַפְתָּא דִתְפִלֵּי. מִלְּגָאו אִיהוּ יו״ד ה״א וא״ו ה״א דְּאִיהוּ
אֹרַח אֲצִילוּת. אִיהוּ שַׁקְיוּ דְּאִילָנָא בִּדְרוֹעוֹי וְעַנְפּוֹי, כְּמַיָּא דְּאַשְׁקֵי לְאִילָנָא
וְאִתְרַבֵּי בְּהַהוּא שַׁקְיוּ.

רִבּוֹן עָלְמִין, אַנְתְּ הוּא עִלַּת הָעִלּוֹת וְסִבַּת הַסִּבּוֹת, דְּאַשְׁקֵי לְאִילָנָא בְּהַהוּא
נְבִיעוּ, וְהַהוּא נְבִיעוּ, אִיהוּ כְּנִשְׁמְתָא לְגוּפָא, דְּאִיהִי חַיִּים לְגוּפָא, וּבָךְ לֵית
דִּמְיוֹן וְלֵית דְּיוּקְנָא מִכָּל מַה דִּלְגָאו וּלְבַר. וּבְרָאתָ שְׁמַיָּא וְאַרְעָא. וְאַפֵּקְתְּ
מִנְּהוֹן שִׁמְשָׁא וְסִיהֲרָא וְכוֹכְבַיָּא וּמַזָּלֵי. וּבְאַרְעָא אִילָנִין וּדְשָׁאִין וְגִנְתָּא דְעֵדֶן
וְעִשְׂבִּין וְחֵיוָן וְעוֹפִין וְנוּנִין וּבְעִירִין וּבְנֵי נָשָׁא. לְאִשְׁתְּמוֹדְעָא בְהוֹן עִלָּאִין, וְאֵיךְ
יִתְנַהֲגוּן בְּהוֹן עִלָּאִין וְתַתָּאִין, וְאֵיךְ אִשְׁתְּמוֹדְעָן מֵעִלָּאֵי וְתַתָּאֵי. וְלֵית דְּיָדַע בָּךְ
כְּלָל, וּבַר מִנָּךְ לֵית יְחוּדָא בְּעִלָּאֵי וְתַתָּאֵי. וְאַנְתְּ אִשְׁתְּמוֹדַע אָדוֹן עַל כֹּלָּא.

וְכָל סְפִירָן כָּל חַד אִית לֵיהּ שֵׁם יְדִיעַ, וּבְהוֹן אִתְקְרִיאוּ מַלְאָכַיָּא. וְאַנְתְּ לֵית לָךְ שֵׁם יְדִיעַ, דְּאַנְתְּ הוּא מְמַלֵּא כָּל שְׁמָהָן, וְאַנְתְּ הוּא שְׁלִימוּ דְּכֻלְּהוּ. וְכַד אַנְתְּ תִּסְתַּלַּק מִנְּהוֹן, אִשְׁתְּאָרוּ כֻּלְּהוּ שְׁמָהָן, כְּגוּפָא בְּלָא נִשְׁמְתָא.

אַנְתְּ חַכִּים וְלָאו בְּחָכְמָה יְדִיעָא, אַנְתְּ הוּא מֵבִין וְלָאו מִבִּינָה יְדִיעָא, לֵית לָךְ אֲתַר יְדִיעָא, אֶלָּא לְאִשְׁתְּמוֹדְעָא תָּקְפָּךְ וְחֵילָךְ לִבְנֵי נָשָׁא, וּלְאַחֲזָאָה לוֹן אֵיךְ אִתְנְהִיג עָלְמָא בְּדִינָא וּבְרַחֲמֵי דְּאִנּוּן צֶדֶק וּמִשְׁפָּט כְּפוּם עוֹבָדֵיהוֹן דִּבְנֵי נָשָׁא, דִּין אִיהוּ גְּבוּרָה, מִשְׁפָּט עַמּוּדָא דְאֶמְצָעִיתָא, צֶדֶק מַלְכוּתָא קַדִּישָׁא, מֹאזְנֵי צֶדֶק תְּרֵין סַמְכֵי קְשׁוֹט, הִין צֶדֶק אוֹת בְּרִית. כֹּלָּא לְאַחֲזָאָה אֵיךְ אִתְנְהִיג עָלְמָא. אֲבָל לָאו דְּאִית לָךְ צֶדֶק יְדִיעָא דְּאִיהוּ דִּין, וְלָאו מִשְׁפָּט יְדִיעָא דְּאִיהוּ רַחֲמֵי, וְלָאו מִכָּל אִלֵּין מִדּוֹת כְּלָל. קוּם רִבִּי שִׁמְעוֹן וְיִתְחַדְּשׁוּן מִלִּין עַל יְדָךְ, דְּהָא רְשׁוּתָא אִית לָךְ לְגַלָּאָה רָזִין טְמִירִין עַל יְדָךְ, מָה דְּלָא אִתְיְהִיב רְשׁוּ לְגַלָּאָה לְשׁוּם בַּר נָשׁ עַד כְּעָן.

קָם רִבִּי שִׁמְעוֹן, פָּתַח וְאָמַר: לְךָ יְהֹוָה הַגְּדֻלָּה וְהַגְּבוּרָה וְהַתִּפְאֶרֶת וְהַנֵּצַח וְהַהוֹד: דה״א כט
עִלָּאִין שְׁמָעוּ, אִנּוּן דְּמִיכִין דְּחֶבְרוֹן וְרַעְיָא מְהֵימְנָא אִתְּעָרוּ מִשְּׁנַתְכוֹן. הָקִיצוּ ישעיה כו
וְרַנְּנוּ שֹׁכְנֵי עָפָר: אִלֵּין אִנּוּן צַדִּיקַיָּא דְּאִנּוּן מִסִּטְרָא דְהַהוּא דְּאִתְּמַר בָּהּ: אֲנִי שיר השירים ה
יְשֵׁנָה וְלִבִּי עֵר: וְלָאו אִנּוּן מֵתִים, וּבְגִין דָּא אִתְּמַר בְּהוֹן: הָקִיצוּ וְרַנְּנוּ שֹׁכְנֵי עָפָר: רַעְיָא מְהֵימְנָא אַנְתְּ וַאֲבָהָן הָקִיצוּ וְרַנְּנוּ לְאִתְּעָרוּתָא דִּשְׁכִינְתָּא דְּאִיהִי יְשֵׁנָה בְּגָלוּתָא, דְּעַד כְּעָן צַדִּיקַיָּא כֻּלְּהוּ דְמִיכִין וְשִׁנְתָּא בְּחוֹרֵיהוֹן, מִיַּד יְהִיבַת שְׁכִינְתָּא תְּלַת קָלִין לְגַבֵּי רַעְיָא מְהֵימְנָא וְיֵימָא לֵיהּ: קוּם רַעְיָא מְהֵימְנָא, דְּהָא עֲלָךְ אִתְּמַר: קוֹל דּוֹדִי דוֹפֵק: לְגַבָּאי בְּאַרְבַּע אָתְוָן דִּילֵיהּ, וְיֵימָא בְהוֹן: פִּתְחִי־לִי אֲחֹתִי רַעְיָתִי יוֹנָתִי תַמָּתִי: דְּהָא תַּם־עֲוֹנֵךְ בַּת־צִיּוֹן לֹא יוֹסִיף לְהַגְלוֹתֵךְ: שֶׁרֹּאשִׁי איכה ד
נִמְלָא־טָל. מַאי נִמְלָא טָל, אֶלָּא אָמַר קֻדְשָׁא בְּרִיךְ הוּא: אַנְתְּ חֲשַׁבְתְּ דְּמִיּוֹמָא דְּאִתְחָרַב בֵּי מַקְדְּשָׁא דְּעָאלְנָא בְּבֵיתָא דִילִי וְעָאלְנָא בְּיִשּׁוּבָא, לָאו הָכֵי, דְּלָא עָאלְנָא כָּל זִמְנָא דְּאַנְתְּ בְּגָלוּתָא, הֲרֵי לָךְ סִימָנָא שֶׁרֹּאשִׁי נִמְלָא־טָל, ה״א שְׁכִינְתָּא בְּגָלוּתָא, שְׁלִימוּ דִילָהּ וְחַיִּים דִּילָהּ אִיהוּ טָל, וְדָא אִיהוּ יו״ד ה״א וא״ו, וְה״א אִיהִי שְׁכִינְתָּא דְּלָא מֵחֻשְׁבַּן טָ״ל, אֶלָּא יו״ד ה״א וא״ו דִּסְלִיקוּ אַתְוָן לְחֻשְׁבַּן טָ״ל, דְּאִיהִי מַלְיָא לִשְׁכִינְתָּא, מִנְּבִיעוּ דְּכָל מְקוֹרִין עִלָּאִין. מִיַּד קָם רַעְיָא מְהֵימְנָא וַאֲבָהָן קַדִּישִׁין עִמֵּיהּ. עַד כָּאן רָזָא דְיִחוּדָא.

בָּרוּךְ יְהֹוָה לְעוֹלָם אָמֵן וְאָמֵן: תהלים פט

אם יש מניין נוהגים לומר כאן קדיש דרבנן (בעמ׳ 40).

במדרש נלמדו שמונה עשרה ברכות שבעמידה משמונה עשר השבחים שבתפילת חנה (מחזו״ו, תפילת י״ח). ונהגו לאומרה אחר גמר הבקשות "והיא תהלה מסוגלת ומשובחת עד מאד" (סידור ויניציאה, שנח). היום נוהגים לאומרה בתחילת התפילה (שו״ת 'יוסף אומץ' סו).

שמואל א׳ ב וַתִּתְפַּלֵּל חַנָּה וַתֹּאמַר עָלַץ לִבִּי בַּיהֹוָה רָמָה קַרְנִי בַּיהֹוָה רָחַב
פִּי עַל־אוֹיְבַי כִּי שָׂמַחְתִּי בִּישׁוּעָתֶךָ: אֵין־קָדוֹשׁ כַּיהֹוָה כִּי־אֵין
בִּלְתֶּךָ וְאֵין צוּר כֵּאלֹהֵינוּ: אַל־תַּרְבּוּ תְדַבְּרוּ גְּבֹהָה גְבֹהָה יֵצֵא
עָתָק מִפִּיכֶם כִּי אֵל דֵּעוֹת יְהֹוָה וְלוֹ נִתְכְּנוּ עֲלִלוֹת: קֶשֶׁת גִּבֹּרִים
חַתִּים וְנִכְשָׁלִים אָזְרוּ חָיִל: שְׂבֵעִים בַּלֶּחֶם נִשְׂכָּרוּ וּרְעֵבִים חָדֵלּוּ
עַד־עֲקָרָה יָלְדָה שִׁבְעָה וְרַבַּת בָּנִים אֻמְלָלָה: יְהֹוָה מֵמִית וּמְחַיֶּה
מוֹרִיד שְׁאוֹל וַיָּעַל: יְהֹוָה מוֹרִישׁ וּמַעֲשִׁיר מַשְׁפִּיל אַף־מְרוֹמֵם:
מֵקִים מֵעָפָר דָּל מֵאַשְׁפֹּת יָרִים אֶבְיוֹן לְהוֹשִׁיב עִם־נְדִיבִים וְכִסֵּא
כָבוֹד יַנְחִלֵם כִּי לַיהֹוָה מְצֻקֵי אֶרֶץ וַיָּשֶׁת עֲלֵיהֶם תֵּבֵל: רַגְלֵי חֲסִידָו
יִשְׁמֹר וּרְשָׁעִים בַּחֹשֶׁךְ יִדָּמּוּ כִּי־לֹא בְכֹחַ יִגְבַּר־אִישׁ: יְהֹוָה יֵחַתּוּ
מְרִיבָו עָלָו בַּשָּׁמַיִם יַרְעֵם יְהֹוָה יָדִין אַפְסֵי־אָרֶץ וְיִתֶּן־עֹז לְמַלְכּוֹ
וְיָרֵם קֶרֶן מְשִׁיחוֹ:

דניאל ג אָתוֹהִי כְּמָה רַבְרְבִין וְתִמְהוֹהִי כְּמָה תַקִּיפִין, מַלְכוּתֵהּ מַלְכוּת
תהלים עט עָלַם וְשָׁלְטָנֵהּ עִם־דָּר וְדָר: וַאֲנַחְנוּ עַמְּךָ וְצֹאן מַרְעִיתֶךָ נוֹדֶה לְּךָ
תהלים נה לְעוֹלָם, לְדֹר וָדֹר נְסַפֵּר תְּהִלָּתֶךָ: עֶרֶב וָבֹקֶר וְצָהֳרַיִם אָשִׂיחָה
איוב לח וְאֶהֱמֶה, וַיִּשְׁמַע קוֹלִי: בְּרָן־יַחַד כּוֹכְבֵי בֹקֶר, וַיָּרִיעוּ כָּל־בְּנֵי
תהלים ג מיכה ז אֱלֹהִים: לֹא־אִירָא מֵרִבְבוֹת עָם, אֲשֶׁר סָבִיב שָׁתוּ עָלָי: וַאֲנִי
בַּיהֹוָה אֲצַפֶּה, אוֹחִילָה לֵאלֹהֵי יִשְׁעִי, יִשְׁמָעֵנִי אֱלֹהָי:

בשבת ובימים טובים מדלגים על פסוק זה.

אַל־תִּשְׂמְחִי אֹיַבְתִּי לִי, כִּי נָפַלְתִּי קָמְתִּי
כִּי־אֵשֵׁב בַּחֹשֶׁךְ, יְהֹוָה אוֹר לִי:

תהלים לח תהלים כו כִּי־לְךָ יְהֹוָה הוֹחָלְתִּי, אַתָּה תַעֲנֶה אֲדֹנָי אֱלֹהָי: רַגְלִי עָמְדָה
בְמִישׁוֹר, בְּמַקְהֵלִים אֲבָרֵךְ יְהֹוָה:

יש נוהגים לומר:

לְשֵׁם יִחוּד קֻדְשָׁא בְּרִיךְ הוּא וּשְׁכִינְתֵּהּ, בִּדְחִילוּ וּרְחִימוּ וּרְחִימוּ וּדְחִילוּ, לְיַחֲדָא אוֹתִיּוֹת י״ה בְּאוֹתִיּוֹת ו״ה בְּיִחוּדָא שְׁלִים בְּשֵׁם כָּל יִשְׂרָאֵל, הִנֵּה אֲנַחְנוּ בָּאִים לְהִתְפַּלֵּל תְּפִלַּת שַׁחֲרִית, שֶׁתִּקֵּן אַבְרָהָם אָבִינוּ עָלָיו הַשָּׁלוֹם, עִם כָּל הַמִּצְוֹת הַכְּלוּלוֹת בָּהּ, לְתַקֵּן אֶת שָׁרְשָׁהּ בְּמָקוֹם עֶלְיוֹן וְלַעֲשׂוֹת
נַחַת רוּחַ לְיוֹצְרֵנוּ. וִיהִי נֹעַם אֲדֹנָי אֱלֹהֵינוּ עָלֵינוּ, וּמַעֲשֵׂה יָדֵינוּ כּוֹנְנָה תהלים צ
עָלֵינוּ, וּמַעֲשֵׂה יָדֵינוּ כּוֹנְנֵהוּ:

״מצוה על כל אדם לאהוב את כל אחד ואחד מישראל כגופו, שנאמר ׳וְאָהַבְתָּ לְרֵעֲךָ כָּמוֹךָ׳״ (רמב״ם, דעות פ״ו ה״ג). קודם שיסדר אדם תפילתו בבית הכנסת, צריך להשתדל לקיים מצווה זו ולכוון לאהוב כל אחד מישראל כנפשו, כי על ידי זה תעלה תפילתו כלולה מכל תפילות ישראל (׳שולחן מלכים׳ בשם שעה״כ).

הֲרֵינִי מְקַבֵּל עָלַי מִצְוַת עֲשֵׂה שֶׁל וְאָהַבְתָּ לְרֵעֲךָ כָּמוֹךָ: וַהֲרֵינִי ויקרא יט
אוֹהֵב כָּל אֶחָד מִבְּנֵי יִשְׂרָאֵל כְּנַפְשִׁי וּמְאוֹדִי. וַהֲרֵינִי מְזַמֵּן אֶת פִּי לְהִתְפַּלֵּל לִפְנֵי מֶלֶךְ מַלְכֵי הַמְּלָכִים הַקָּדוֹשׁ בָּרוּךְ הוּא.

## פרשת העקדה

נוהגים לקרוא בכל בוקר את פרשת העקדה
״כדי לזכור זכות האבות לפני הקב״ה וגם להכניע יצרו
לעבודת השם יתברך כמו שמסר יצחק נפשו״ (ב״י, א).
לפני פרשה זו ואחריה נוהגים לומר תחינה המבוססת על
ברכת ׳זכרונות׳ בתפילת מוסף של ראש השנה.

אֱלֹהֵינוּ וֵאלֹהֵי אֲבוֹתֵינוּ, זָכְרֵנוּ בְּזִכָּרוֹן טוֹב מִלְּפָנֶיךָ, וּפָקְדֵנוּ בִּפְקֻדַּת יְשׁוּעָה וְרַחֲמִים מִשְּׁמֵי שְׁמֵי קֶדֶם, וּזְכָר לָנוּ יְהֹוָה אֱלֹהֵינוּ אַהֲבַת הַקַּדְמוֹנִים, אַבְרָהָם יִצְחָק וְיִשְׂרָאֵל עֲבָדֶיךָ, אֶת הַבְּרִית וְאֶת הַחֶסֶד וְאֶת הַשְּׁבוּעָה, שֶׁנִּשְׁבַּעְתָּ לְאַבְרָהָם אָבִינוּ בְּהַר הַמּוֹרִיָּה, וְאֶת הָעֲקֵדָה שֶׁעָקַד אֶת יִצְחָק בְּנוֹ עַל גַּבֵּי הַמִּזְבֵּחַ, כַּכָּתוּב בְּתוֹרָתֶךָ:

וַיְהִי אַחַר הַדְּבָרִים הָאֵלֶּה וְהָאֱלֹהִים נִסָּה אֶת־אַבְרָהָם בראשית כב
וַיֹּאמֶר אֵלָיו אַבְרָהָם וַיֹּאמֶר הִנֵּנִי: וַיֹּאמֶר קַח־נָא אֶת־
בִּנְךָ אֶת־יְחִידְךָ אֲשֶׁר־אָהַבְתָּ אֶת־יִצְחָק וְלֶךְ־לְךָ אֶל־אֶרֶץ
הַמֹּרִיָּה וְהַעֲלֵהוּ שָׁם לְעֹלָה עַל אַחַד הֶהָרִים אֲשֶׁר אֹמַר

אֵלֶיךָ: וַיַּשְׁכֵּם אַבְרָהָם בַּבֹּקֶר וַיַּחֲבֹשׁ אֶת־חֲמֹרוֹ וַיִּקַּח אֶת־
שְׁנֵי נְעָרָיו אִתּוֹ וְאֵת יִצְחָק בְּנוֹ וַיְבַקַּע עֲצֵי עֹלָה וַיָּקָם וַיֵּלֶךְ
אֶל־הַמָּקוֹם אֲשֶׁר־אָמַר־לוֹ הָאֱלֹהִים: בַּיּוֹם הַשְּׁלִישִׁי וַיִּשָּׂא
אַבְרָהָם אֶת־עֵינָיו וַיַּרְא אֶת־הַמָּקוֹם מֵרָחֹק: וַיֹּאמֶר אַבְרָהָם
אֶל־נְעָרָיו שְׁבוּ־לָכֶם פֹּה עִם־הַחֲמוֹר וַאֲנִי וְהַנַּעַר נֵלְכָה
עַד־כֹּה וְנִשְׁתַּחֲוֶה וְנָשׁוּבָה אֲלֵיכֶם: וַיִּקַּח אַבְרָהָם אֶת־עֲצֵי
הָעֹלָה וַיָּשֶׂם עַל־יִצְחָק בְּנוֹ וַיִּקַּח בְּיָדוֹ אֶת־הָאֵשׁ וְאֶת־
הַמַּאֲכֶלֶת וַיֵּלְכוּ שְׁנֵיהֶם יַחְדָּו: וַיֹּאמֶר יִצְחָק אֶל־אַבְרָהָם
אָבִיו וַיֹּאמֶר אָבִי וַיֹּאמֶר הִנֶּנִּי בְנִי וַיֹּאמֶר הִנֵּה הָאֵשׁ וְהָעֵצִים
וְאַיֵּה הַשֶּׂה לְעֹלָה: וַיֹּאמֶר אַבְרָהָם אֱלֹהִים יִרְאֶה־לּוֹ הַשֶּׂה
לְעֹלָה בְּנִי וַיֵּלְכוּ שְׁנֵיהֶם יַחְדָּו: וַיָּבֹאוּ אֶל־הַמָּקוֹם אֲשֶׁר
אָמַר־לוֹ הָאֱלֹהִים וַיִּבֶן שָׁם אַבְרָהָם אֶת־הַמִּזְבֵּחַ וַיַּעֲרֹךְ
אֶת־הָעֵצִים וַיַּעֲקֹד אֶת־יִצְחָק בְּנוֹ וַיָּשֶׂם אֹתוֹ עַל־הַמִּזְבֵּחַ
מִמַּעַל לָעֵצִים: וַיִּשְׁלַח אַבְרָהָם אֶת־יָדוֹ וַיִּקַּח אֶת־הַמַּאֲכֶלֶת
לִשְׁחֹט אֶת־בְּנוֹ: וַיִּקְרָא אֵלָיו מַלְאַךְ יְהוָה מִן־הַשָּׁמַיִם וַיֹּאמֶר
אַבְרָהָם | אַבְרָהָם וַיֹּאמֶר הִנֵּנִי: וַיֹּאמֶר אַל־תִּשְׁלַח יָדְךָ אֶל־
הַנַּעַר וְאַל־תַּעַשׂ לוֹ מְאוּמָה כִּי | עַתָּה יָדַעְתִּי כִּי־יְרֵא אֱלֹהִים
אַתָּה וְלֹא חָשַׂכְתָּ אֶת־בִּנְךָ אֶת־יְחִידְךָ מִמֶּנִּי: וַיִּשָּׂא אַבְרָהָם
אֶת־עֵינָיו וַיַּרְא וְהִנֵּה־אַיִל אַחַר נֶאֱחַז בַּסְּבַךְ בְּקַרְנָיו וַיֵּלֶךְ
אַבְרָהָם וַיִּקַּח אֶת־הָאַיִל וַיַּעֲלֵהוּ לְעֹלָה תַּחַת בְּנוֹ: וַיִּקְרָא
אַבְרָהָם שֵׁם־הַמָּקוֹם הַהוּא יְהוָה | יִרְאֶה אֲשֶׁר יֵאָמֵר הַיּוֹם
בְּהַר יְהוָה יֵרָאֶה: וַיִּקְרָא מַלְאַךְ יְהוָה אֶל־אַבְרָהָם שֵׁנִית
מִן־הַשָּׁמָיִם: וַיֹּאמֶר בִּי נִשְׁבַּעְתִּי נְאֻם־יְהוָה כִּי יַעַן אֲשֶׁר
עָשִׂיתָ אֶת־הַדָּבָר הַזֶּה וְלֹא חָשַׂכְתָּ אֶת־בִּנְךָ אֶת־יְחִידֶךָ:
כִּי־בָרֵךְ אֲבָרֶכְךָ וְהַרְבָּה אַרְבֶּה אֶת־זַרְעֲךָ כְּכוֹכְבֵי הַשָּׁמַיִם

וְכַחוֹל אֲשֶׁר עַל־שְׂפַת הַיָּם וְיִרַשׁ זַרְעֲךָ אֵת שַׁעַר אֹיְבָיו:
וְהִתְבָּרְכוּ בְזַרְעֲךָ כֹּל גּוֹיֵי הָאָרֶץ עֵקֶב אֲשֶׁר שָׁמַעְתָּ בְּקֹלִי:
וַיָּשָׁב אַבְרָהָם אֶל־נְעָרָיו וַיָּקֻמוּ וַיֵּלְכוּ יַחְדָּו אֶל־בְּאֵר שָׁבַע
וַיֵּשֶׁב אַבְרָהָם בִּבְאֵר שָׁבַע:

״אמר הקב״ה... בשעה שהן קורין מקרא זה ׳צָפֹנָה לִפְנֵי ה׳׳ אני זוכר
עקדת יצחק בן אברהם״ (ב״י א, ח על פי ויקרא רבה ב, יא).

רבים נוהגים לומר אחר פרשת העקדה פסוק זה ואת הבקשה שאחריו (קש״ג, הנהגות ג).

וְשָׁחַט אֹתוֹ עַל יֶרֶךְ הַמִּזְבֵּחַ צָפֹנָה לִפְנֵי יְהֹוָה, וְזָרְקוּ בְּנֵי אַהֲרֹן הַכֹּהֲנִים ויקרא א
אֶת־דָּמוֹ עַל־הַמִּזְבֵּחַ, סָבִיב:

יְהִי רָצוֹן מִלְּפָנֶיךָ יְהֹוָה אֱלֹהֵינוּ וֵאלֹהֵי אֲבוֹתֵינוּ, שֶׁתִּתְמַלֵּא רַחֲמִים עָלֵינוּ, וְתִזְכֹּר לָנוּ עֲקֵדָתוֹ שֶׁל יִצְחָק אָבִינוּ בֶּן אַבְרָהָם אָבִינוּ עָלָיו הַשָּׁלוֹם כְּאִלּוּ אֶפְרוֹ צָבוּר וּמֻנָּח עַל גַּבֵּי הַמִּזְבֵּחַ, וְתַבִּיט בְּאֶפְרוֹ לְבַטֵּל מֵעָלֵינוּ כָּל גְּזֵרוֹת קָשׁוֹת וְרָעוֹת, וּתְזַכֵּנוּ לַחֲזוֹר בִּתְשׁוּבָה שְׁלֵמָה, וְתַצִּילֵנוּ מִיֵּצֶר הָרָע וּמִכָּל חֵטְא, וְתַאֲרִיךְ יָמֵינוּ בְּטוֹב וּשְׁנוֹתֵינוּ בַּנְּעִימִים.

וממשיכים במילים ׳וּכְמוֹ שֶׁכָּבַשׁ אַבְרָהָם אָבִינוּ׳.

רִבּוֹנוֹ שֶׁל עוֹלָם, כְּמוֹ שֶׁכָּבַשׁ אַבְרָהָם אָבִינוּ אֶת רַחֲמָיו לַעֲשׂוֹת
רְצוֹנְךָ בְּלֵבָב שָׁלֵם, כֵּן יִכְבְּשׁוּ רַחֲמֶיךָ אֶת כַּעַסְךָ, וְיִגֹּלּוּ רַחֲמֶיךָ ברכות ז.
עַל מִדּוֹתֶיךָ. וְתִתְנַהֵג עִמָּנוּ יְהֹוָה אֱלֹהֵינוּ בְּמִדַּת הַחֶסֶד וּבְמִדַּת
הָרַחֲמִים, וְתִכָּנֵס לָנוּ לִפְנִים מִשּׁוּרַת הַדִּין. וּבְטוּבְךָ הַגָּדוֹל יָשׁוּב
חֲרוֹן אַפְּךָ מֵעַמְּךָ וּמֵעִירְךָ וּמֵאַרְצְךָ וּמִנַּחֲלָתֶךָ. וְקַיֶּם לָנוּ יְהֹוָה
אֱלֹהֵינוּ אֶת הַדָּבָר שֶׁהִבְטַחְתָּנוּ בְּתוֹרָתֶךָ עַל יְדֵי מֹשֶׁה עַבְדֶּךָ,
כָּאָמוּר: וְזָכַרְתִּי אֶת־בְּרִיתִי יַעֲקוֹב, וְאַף אֶת־בְּרִיתִי יִצְחָק, וְאַף ויקרא כו
אֶת־בְּרִיתִי אַבְרָהָם אֶזְכֹּר, וְהָאָרֶץ אֶזְכֹּר: וְנֶאֱמַר, וְאַף גַּם־זֹאת
בִּהְיוֹתָם בְּאֶרֶץ אֹיְבֵיהֶם, לֹא־מְאַסְתִּים וְלֹא־גְעַלְתִּים לְכַלֹּתָם,
לְהָפֵר בְּרִיתִי אִתָּם, כִּי אֲנִי יְהֹוָה אֱלֹהֵיהֶם: וְנֶאֱמַר, וְזָכַרְתִּי לָהֶם
בְּרִית רִאשֹׁנִים, אֲשֶׁר הוֹצֵאתִי־אֹתָם מֵאֶרֶץ מִצְרַיִם לְעֵינֵי הַגּוֹיִם,

דברים ל לִהְיוֹת לָהֶם לֵאלֹהִים, אֲנִי יְהוָה: וְנֶאֱמַר: וְשָׁב יְהוָה אֱלֹהֶיךָ אֶת־
שְׁבוּתְךָ וְרִחֲמֶךָ, וְשָׁב וְקִבֶּצְךָ מִכָּל־הָעַמִּים, אֲשֶׁר הֱפִיצְךָ יְהוָה
אֱלֹהֶיךָ שָׁמָּה: אִם־יִהְיֶה נִדַּחֲךָ בִּקְצֵה הַשָּׁמָיִם, מִשָּׁם יְקַבֶּצְךָ יְהוָה
אֱלֹהֶיךָ, וּמִשָּׁם יִקָּחֶךָ: וְנֶאֱמַר: וֶהֱבִיאֲךָ יְהוָה אֱלֹהֶיךָ אֶל־הָאָרֶץ
אֲשֶׁר־יָרְשׁוּ אֲבֹתֶיךָ וִירִשְׁתָּהּ, וְהֵיטִבְךָ וְהִרְבְּךָ מֵאֲבֹתֶיךָ: וְנֶאֱמַר עַל
ישעיה לג יְדֵי נְבִיאֶךָ: יְהוָה חָנֵּנוּ, לְךָ קִוִּינוּ, הֱיֵה זְרֹעָם לַבְּקָרִים אַף־יְשׁוּעָתֵנוּ
ירמיה ל בְּעֵת צָרָה: וְנֶאֱמַר: וְעֵת־צָרָה הִיא לְיַעֲקֹב וּמִמֶּנָּה יִוָּשֵׁעַ: וְנֶאֱמַר:
ישעיה סג בְּכָל־צָרָתָם לוֹ צָר, וּמַלְאַךְ פָּנָיו הוֹשִׁיעָם, בְּאַהֲבָתוֹ וּבְחֶמְלָתוֹ הוּא
מיכה ז גְאָלָם, וַיְנַטְּלֵם וַיְנַשְּׂאֵם כָּל־יְמֵי עוֹלָם: וְנֶאֱמַר: מִי־אֵל כָּמוֹךָ נֹשֵׂא
עָוֹן וְעֹבֵר עַל־פֶּשַׁע לִשְׁאֵרִית נַחֲלָתוֹ, לֹא־הֶחֱזִיק לָעַד אַפּוֹ, כִּי־חָפֵץ
חֶסֶד הוּא: יָשׁוּב יְרַחֲמֵנוּ, יִכְבֹּשׁ עֲוֹנֹתֵינוּ, וְתַשְׁלִיךְ בִּמְצֻלוֹת יָם
כָּל־חַטֹּאתָם: תִּתֵּן אֱמֶת לְיַעֲקֹב, חֶסֶד לְאַבְרָהָם, אֲשֶׁר־נִשְׁבַּעְתָּ
ישעיה נו לַאֲבֹתֵינוּ מִימֵי קֶדֶם: וְנֶאֱמַר, וַהֲבִיאוֹתִים אֶל־הַר קָדְשִׁי, וְשִׂמַּחְתִּים
בְּבֵית תְּפִלָּתִי, עוֹלֹתֵיהֶם וְזִבְחֵיהֶם לְרָצוֹן עַל־מִזְבְּחִי, כִּי בֵיתִי
בֵּית־תְּפִלָּה יִקָּרֵא לְכָל־הָעַמִּים:

מנהג הספרדים להסמיך משנה זו לכאן, לומר שכמו שהקב״ה יעשה חסד בלי גבול
להשיב את שבותינו, כך חובה עלינו לעשות מצוות וחסדים בלי גבול (׳עבודת התמיד׳).

משנה, פאה א, א אֵלּוּ דְבָרִים שֶׁאֵין לָהֶם שִׁעוּר
הַפֵּאָה וְהַבִּכּוּרִים וְהָרֵאָיוֹן וּגְמִילוּת חֲסָדִים וְתַלְמוּד תּוֹרָה.

שבת קכז. אֵלּוּ דְבָרִים שֶׁאָדָם עוֹשֶׂה אוֹתָם
אוֹכֵל מִפֵּרוֹתֵיהֶם בָּעוֹלָם הַזֶּה וְהַקֶּרֶן קַיֶּמֶת לוֹ לָעוֹלָם הַבָּא
וְאֵלּוּ הֵן
כִּבּוּד אָב וָאֵם וּגְמִילוּת חֲסָדִים וּבִקּוּר חוֹלִים
וְהַכְנָסַת אוֹרְחִים וְהַשְׁכָּמַת בֵּית הַכְּנֶסֶת
וַהֲבָאַת שָׁלוֹם בֵּין אָדָם לַחֲבֵרוֹ וּבֵין אִישׁ לְאִשְׁתּוֹ
וְתַלְמוּד תּוֹרָה כְּנֶגֶד כֻּלָּם.

# קבלת עול מלכות שמים

יש נוהגים לומר מזמור זה קודם ׳לְעוֹלָם יְהֵא אָדָם׳ (מחזור רומניא).
״וכל שיש בו המדות הללו, בטוח הוא שתשכון נשמתו בגן עדן״ (בית עובד).

מִזְמוֹר לְדָוִד, יְהוָה מִי־יָגוּר בְּאָהֳלֶךָ, מִי־יִשְׁכֹּן בְּהַר קָדְשֶׁךָ: הוֹלֵךְ תהלים טו
תָּמִים וּפֹעֵל צֶדֶק, וְדֹבֵר אֱמֶת בִּלְבָבוֹ: לֹא־רָגַל עַל־לְשֹׁנוֹ לֹא־עָשָׂה
לְרֵעֵהוּ רָעָה, וְחֶרְפָּה לֹא־נָשָׂא עַל־קְרֹבוֹ: נִבְזֶה בְּעֵינָיו נִמְאָס וְאֶת־
יִרְאֵי יְהוָה יְכַבֵּד, נִשְׁבַּע לְהָרַע וְלֹא יָמִר: כַּסְפּוֹ לֹא־נָתַן בְּנֶשֶׁךְ וְשֹׁחַד
עַל־נָקִי לֹא־לָקָח, עֹשֵׂה אֵלֶּה לֹא יִמּוֹט לְעוֹלָם:

תפילה לאומית, הפותחת בחולשת ההווה, ממשיכה בקריאת שמע,
ומסיימת בתפילה לגאולה ובהכרה כלל עולמית במלכות ה׳ (רש״ר הירש).

תפילה זו, הנזכרת כבר ב׳תנא דבי אליהו׳ (יט, ו), נקבעה ככל הנראה בתקופה של
גזרות שמד, שבה גזרו שאין לקרוא קריאת שמע בציבור (ספר הפרדס; ׳שיבולי הלקט׳).

לְעוֹלָם יְהֵא אָדָם יְרֵא שָׁמַיִם בְּסֵתֶר כְּבַגָּלוּי
וּמוֹדֶה עַל הָאֱמֶת וְדוֹבֵר אֱמֶת בִּלְבָבוֹ
וְיַשְׁכֵּם וְיֹאמַר

רִבּוֹן הָעוֹלָמִים וַאֲדוֹנֵי הָאֲדוֹנִים
לֹא עַל־צִדְקוֹתֵינוּ אֲנַחְנוּ מַפִּילִים תַּחֲנוּנֵינוּ לְפָנֶיךָ דניאל ט
כִּי עַל־רַחֲמֶיךָ הָרַבִּים:
אֲדֹנָי שְׁמָעָה, אֲדֹנָי סְלָחָה
אֲדֹנָי הַקְשִׁיבָה וַעֲשֵׂה אַל־תְּאַחַר
לְמַעַנְךָ אֱלֹהַי
כִּי־שִׁמְךָ נִקְרָא עַל־עִירְךָ וְעַל־עַמֶּךָ:

מָה אֲנַחְנוּ, מֶה חַיֵּינוּ
מֶה חַסְדֵּנוּ, מַה צִּדְקוֹתֵינוּ
מַה כֹּחֵנוּ, מַה גְּבוּרָתֵנוּ

מָה נֹּאמַר לְפָנֶיךָ, יְהֹוָה אֱלֹהֵינוּ וֵאלֹהֵי אֲבוֹתֵינוּ
הֲלֹא כָּל הַגִּבּוֹרִים כְּאַיִן לְפָנֶיךָ וְאַנְשֵׁי הַשֵּׁם כְּלֹא הָיוּ
וַחֲכָמִים כִּבְלִי מַדָּע, וּנְבוֹנִים כִּבְלִי הַשְׂכֵּל
כִּי כָל מַעֲשֵׂינוּ תֹּהוּ, וִימֵי חַיֵּינוּ הֶבֶל לְפָנֶיךָ
קהלת ג וּמוֹתַר הָאָדָם מִן־הַבְּהֵמָה אָיִן, כִּי הַכֹּל הָבֶל:

לְבַד הַנְּשָׁמָה הַטְּהוֹרָה
שֶׁהִיא עֲתִידָה לִתֵּן דִּין וְחֶשְׁבּוֹן לִפְנֵי כִסֵּא כְבוֹדֶךָ.
וְכָל הַגּוֹיִם כְּאַיִן נֶגְדֶּךָ
שֶׁנֶּאֱמַר
ישעיה מ הֵן גּוֹיִם כְּמַר מִדְּלִי
וּכְשַׁחַק מֹאזְנַיִם נֶחְשָׁבוּ
הֵן אִיִּים כַּדַּק יִטּוֹל:

אֲבָל אֲנַחְנוּ עַמְּךָ בְּנֵי בְרִיתֶךָ
בְּנֵי אַבְרָהָם אֹהַבְךָ שֶׁנִּשְׁבַּעְתָּ לוֹ בְּהַר הַמּוֹרִיָּה
זֶרַע יִצְחָק עֲקֵדֶךָ שֶׁנֶּעֱקַד עַל גַּבֵּי הַמִּזְבֵּחַ
עֲדַת יַעֲקֹב בִּנְךָ בְכוֹרֶךָ
שֶׁמֵּאַהֲבָתְךָ שֶׁאָהַבְתָּ אוֹתוֹ
וּמִשִּׂמְחָתְךָ שֶׁשָּׂמַחְתָּ בּוֹ
קָרָאתָ שְׁמוֹ יִשְׂרָאֵל וִישֻׁרוּן.

לְפִיכָךְ אֲנַחְנוּ חַיָּבִים
לְהוֹדוֹת לְךָ וּלְשַׁבֵּחֲךָ וּלְפָאֶרְךָ וּלְרוֹמִמְךָ
וְלִתֵּן שִׁיר שֶׁבַח וְהוֹדָאָה לְשִׁמְךָ הַגָּדוֹל
וְחַיָּבִים אֲנַחְנוּ לוֹמַר לְפָנֶיךָ שִׁירָה בְּכָל יוֹם תָּמִיד.

אַשְׁרֵינוּ, מַה טּוֹב חֶלְקֵנוּ
וּמַה נָּעִים גּוֹרָלֵנוּ
וּמַה יָּפָה מְאֹד יְרֻשָּׁתֵנוּ.
אַשְׁרֵינוּ, כְּשֶׁאֲנַחְנוּ מַשְׁכִּימִים וּמַעֲרִיבִים
בְּבָתֵּי כְּנֵסִיּוֹת וּבְבָתֵּי מִדְרָשׁוֹת
וּמְיַחֲדִים שִׁמְךָ בְּכָל יוֹם תָּמִיד
אוֹמְרִים פַּעֲמַיִם בְּאַהֲבָה

שְׁמַע יִשְׂרָאֵל, יְהוָה אֱלֹהֵינוּ, יְהוָה אֶחָד: דברים ו

בלחש: בָּרוּךְ שֵׁם כְּבוֹד מַלְכוּתוֹ לְעוֹלָם וָעֶד.

אם חושש שיעבור זמן קריאת שמע,
קורא את כל שלוש הפרשות (עמ׳ 61). ראה הלכה 60.

אַתָּה הוּא אֶחָד קֹדֶם שֶׁבָּרָאתָ הָעוֹלָם
וְאַתָּה הוּא אֶחָד לְאַחַר שֶׁבָּרָאתָ הָעוֹלָם
אַתָּה הוּא אֵל בָּעוֹלָם הַזֶּה
וְאַתָּה הוּא אֵל בָּעוֹלָם הַבָּא
וְאַתָּה־הוּא וּשְׁנוֹתֶיךָ לֹא יִתָּמּוּ: תהלים קב
קַדֵּשׁ שִׁמְךָ בְּעוֹלָמֶךָ עַל עַם מְקַדְּשֵׁי שְׁמֶךָ
וּבִישׁוּעָתְךָ מַלְכֵּנוּ תָּרוּם וְתַגְבִּיהַּ קַרְנֵנוּ
וְתוֹשִׁיעֵנוּ בְּקָרוֹב לְמַעַן שְׁמֶךָ.
בָּרוּךְ הַמְקַדֵּשׁ שְׁמוֹ בָּרַבִּים.

אַתָּה הוּא יְהוָה הָאֱלֹהִים
בַּשָּׁמַיִם מִמַּעַל וְעַל הָאָרֶץ מִתָּחַת
בִּשְׁמֵי הַשָּׁמַיִם הָעֶלְיוֹנִים וְהַתַּחְתּוֹנִים

אַתָּה הוּא רִאשׁוֹן וְאַתָּה הוּא אַחֲרוֹן
וּמִבַּלְעָדֶיךָ אֵין אֱלֹהִים.
קַבֵּץ נְפוּצוֹת קֹוֶיךָ מֵאַרְבַּע כַּנְפוֹת הָאָרֶץ.
יַכִּירוּ וְיֵדְעוּ כָּל בָּאֵי עוֹלָם
מלכים ב יט כִּי אַתָּה־הוּא הָאֱלֹהִים לְבַדְּךָ לְכֹל מַמְלְכוֹת הָאָרֶץ
אַתָּה עָשִׂיתָ אֶת־הַשָּׁמַיִם וְאֶת־הָאָרֶץ:
שמות כ אֶת־הַיָּם וְאֶת־כָּל־אֲשֶׁר־בָּם:
וּמִי בְּכָל מַעֲשֵׂי יָדֶיךָ בָּעֶלְיוֹנִים וּבַתַּחְתּוֹנִים
שֶׁיֹּאמַר לְךָ מַה תַּעֲשֶׂה וּמַה תִּפְעָל.

אָבִינוּ שֶׁבַּשָּׁמַיִם, חַי וְקַיָּם
עֲשֵׂה עִמָּנוּ חֶסֶד
בַּעֲבוּר כְּבוֹד שִׁמְךָ הַגָּדוֹל הַגִּבּוֹר וְהַנּוֹרָא שֶׁנִּקְרָא עָלֵינוּ
וְקַיֶּם לָנוּ יְהוָה אֱלֹהֵינוּ אֶת הַדָּבָר שֶׁהִבְטַחְתָּנוּ
עַל יְדֵי צְפַנְיָה חוֹזָךְ
כָּאָמוּר
צפניה ג בָּעֵת הַהִיא אָבִיא אֶתְכֶם, וּבָעֵת קַבְּצִי אֶתְכֶם
כִּי־אֶתֵּן אֶתְכֶם לְשֵׁם וְלִתְהִלָּה בְּכֹל עַמֵּי הָאָרֶץ
בְּשׁוּבִי אֶת־שְׁבוּתֵיכֶם לְעֵינֵיכֶם
אָמַר יְהוָה:

# סדר התמיד

"אמר אברהם: רבונו של עולם! שמא ישראל חוטאין לפניך... בזמן שאין בית המקדש קיים, מה תהא עליהם? – אמר לו: כבר תקנתי להם סדר קרבנות, בזמן שקוראין בהן לפני – מעלה אני עליהם כאילו הקריבום לפני, ואני מוחל להם על כל עונותיהם" (תענית כז ע"ב).

"תיקנו לומר בעניין הקורבנות יותר מדברים אחרים לפי שכל האומרים בכוונת הלב כאילו מקריבן, ועוד לפי שהתפילה נתקנה כנגדן" (אבודרהם).

יְהִי רָצוֹן מִלְּפָנֶיךָ, יְהֹוָה אֱלֹהֵינוּ וֵאלֹהֵי אֲבוֹתֵינוּ, שֶׁתְּרַחֵם עָלֵינוּ, וְתִמְחוֹל לָנוּ אֶת כָּל חַטֹּאתֵינוּ, וּתְכַפֵּר לָנוּ אֶת כָּל עֲוֹנוֹתֵינוּ, וְתִמְחוֹל וְתִסְלַח לְכָל פְּשָׁעֵינוּ, וְתִבְנֶה בֵּית הַמִּקְדָּשׁ בִּמְהֵרָה בְיָמֵינוּ, וְנַקְרִיב לְפָנֶיךָ קָרְבַּן הַתָּמִיד שֶׁיְּכַפֵּר בַּעֲדֵנוּ, כְּמוֹ שֶׁכָּתַבְתָּ עָלֵינוּ בְּתוֹרָתֶךָ עַל יְדֵי מֹשֶׁה עַבְדֶּךָ, כָּאָמוּר:

פרשת קרבן התמיד

במדבר כח וַיְדַבֵּר יְהֹוָה אֶל־מֹשֶׁה לֵּאמֹר: צַו אֶת־בְּנֵי יִשְׂרָאֵל וְאָמַרְתָּ
אֲלֵהֶם אֶת־קָרְבָּנִי לַחְמִי לְאִשַּׁי רֵיחַ נִיחֹחִי תִּשְׁמְרוּ לְהַקְרִיב
לִי בְּמוֹעֲדוֹ: וְאָמַרְתָּ לָהֶם זֶה הָאִשֶּׁה אֲשֶׁר תַּקְרִיבוּ לַיהֹוָה
כְּבָשִׂים בְּנֵי־שָׁנָה תְמִימִם שְׁנַיִם לַיּוֹם עֹלָה תָמִיד: אֶת־
הַכֶּבֶשׂ אֶחָד תַּעֲשֶׂה בַבֹּקֶר וְאֵת הַכֶּבֶשׂ הַשֵּׁנִי תַּעֲשֶׂה בֵּין
הָעַרְבָּיִם: וַעֲשִׂירִית הָאֵיפָה סֹלֶת לְמִנְחָה בְּלוּלָה בְּשֶׁמֶן
כָּתִית רְבִיעִת הַהִין: עֹלַת תָּמִיד הָעֲשֻׂיָה בְּהַר סִינַי לְרֵיחַ
נִיחֹחַ אִשֶּׁה לַיהֹוָה: וְנִסְכּוֹ רְבִיעִת הַהִין לַכֶּבֶשׂ הָאֶחָד
בַּקֹּדֶשׁ הַסֵּךְ נֶסֶךְ שֵׁכָר לַיהֹוָה: וְאֵת הַכֶּבֶשׂ הַשֵּׁנִי תַּעֲשֶׂה
בֵּין הָעַרְבָּיִם כְּמִנְחַת הַבֹּקֶר וּכְנִסְכּוֹ תַּעֲשֶׂה אִשֵּׁה רֵיחַ
נִיחֹחַ לַיהֹוָה:

בשבת יש מוסיפים (ראה הלכה 303):

במדבר כח וּבְיוֹם הַשַּׁבָּת שְׁנֵי־כְבָשִׂים בְּנֵי־שָׁנָה תְּמִימִם, וּשְׁנֵי עֶשְׂרֹנִים סֹלֶת
מִנְחָה בְּלוּלָה בַשֶּׁמֶן וְנִסְכּוֹ: עֹלַת שַׁבַּת בְּשַׁבַּתּוֹ, עַל־עֹלַת הַתָּמִיד
וְנִסְכָּהּ:

הזוהר (ויקהל, ריח ע״ב) הפליג מאוד בחשיבות אמירת סדר ׳פִּטּוּם הַקְּטֹרֶת׳
ונוהגים לאומרו אחר פרשת התמיד (שו״ע א, ט; סידור הרמ״ק).

אַתָּה הוּא יְהֹוָה אֱלֹהֵינוּ שֶׁהִקְטִירוּ אֲבוֹתֵינוּ לְפָנֶיךָ אֶת קְטֹרֶת הַסַּמִּים בִּזְמַן שֶׁבֵּית הַמִּקְדָּשׁ קַיָּם, כַּאֲשֶׁר צִוִּיתָ אוֹתָם עַל יַד מֹשֶׁה נְבִיאָךְ, כַּכָּתוּב בְּתוֹרָתָךְ:

פרשת הקטורת

שמות ל
וַיֹּאמֶר יְהֹוָה אֶל־מֹשֶׁה קַח־לְךָ סַמִּים נָטָף ׀ וּשְׁחֵלֶת וְחֶלְבְּנָה סַמִּים וּלְבֹנָה זַכָּה בַּד בְּבַד יִהְיֶה: וְעָשִׂיתָ אֹתָהּ קְטֹרֶת רֹקַח מַעֲשֵׂה רוֹקֵחַ מְמֻלָּח טָהוֹר קֹדֶשׁ: וְשָׁחַקְתָּ מִמֶּנָּה הָדֵק וְנָתַתָּה מִמֶּנָּה לִפְנֵי הָעֵדֻת בְּאֹהֶל מוֹעֵד אֲשֶׁר אִוָּעֵד לְךָ שָׁמָּה קֹדֶשׁ קָדָשִׁים תִּהְיֶה לָכֶם:

וְנֶאֱמַר

וְהִקְטִיר עָלָיו אַהֲרֹן קְטֹרֶת סַמִּים בַּבֹּקֶר בַּבֹּקֶר בְּהֵיטִיבוֹ אֶת־הַנֵּרֹת יַקְטִירֶנָּה: וּבְהַעֲלֹת אַהֲרֹן אֶת־הַנֵּרֹת בֵּין הָעַרְבַּיִם יַקְטִירֶנָּה קְטֹרֶת תָּמִיד לִפְנֵי יְהֹוָה לְדֹרֹתֵיכֶם:

סדר ׳פִּטּוּם הַקְּטֹרֶת׳ מיוסד על דברי הברייתא בכריתות ו ע״א והירושלמי יומא פ״ד ה״ה (שו״ת רדב״ז ח״ב, תרנג; ב״י, קלג). נוהגים למנות את סממני הקטורת באצבעות (׳מורה באצבע׳ ג, עג).

תָּנוּ רַבָּנָן: פִּטּוּם הַקְּטֹרֶת כֵּיצַד. שְׁלֹשׁ מֵאוֹת וְשִׁשִּׁים וּשְׁמוֹנָה מָנִים הָיוּ בָהּ. שְׁלֹשׁ מֵאוֹת וְשִׁשִּׁים וַחֲמִשָּׁה כְּמִנְיַן יְמוֹת הַחַמָּה, מָנֶה בְּכָל יוֹם, מַחֲצִיתוֹ בַּבֹּקֶר וּמַחֲצִיתוֹ בָּעֶרֶב. וּשְׁלֹשָׁה מָנִים יְתֵרִים, שֶׁמֵּהֶם מַכְנִיס כֹּהֵן גָּדוֹל וְנוֹטֵל מֵהֶם מְלֹא חָפְנָיו בְּיוֹם הַכִּפּוּרִים, מַחֲזִירָן לַמַּכְתֶּשֶׁת בְּעֶרֶב יוֹם הַכִּפּוּרִים כְּדֵי לְקַיֵּם מִצְוַת דַּקָּה מִן הַדַּקָּה. וְאַחַד עָשָׂר סַמָּנִים הָיוּ בָהּ, וְאֵלּוּ הֵן: א הַצֳּרִי ב וְהַצִּפֹּרֶן ג וְהַחֶלְבְּנָה ד וְהַלְּבוֹנָה, מִשְׁקַל שִׁבְעִים שִׁבְעִים מָנֶה. ה מֹר ו וּקְצִיעָה ז וְשִׁבֹּלֶת נֵרְדְּ ח וְכַרְכֹּם, מִשְׁקַל שִׁשָּׁה עָשָׂר שִׁשָּׁה עָשָׂר מָנֶה. ט קֹשְׁטְ שְׁנֵים עָשָׂר י קִלּוּפָה שְׁלֹשָׁה יא קִנָּמוֹן תִּשְׁעָה. בּוֹרִית כַּרְשִׁינָא תִּשְׁעָה קַבִּין, יֵין קַפְרִיסִין סְאִין תְּלָת וְקַבִּין תְּלָתָא, וְאִם לֹא מָצָא יֵין קַפְרִיסִין מֵבִיא חֲמַר חִוַּר עַתִּיק. מֶלַח סְדוֹמִית רֹבַע, מַעֲלֶה עָשָׁן כָּל שֶׁהוּא.

רִבִּי נָתָן הַבַּבְלִי אוֹמֵר, אַף כִּפַּת הַיַּרְדֵּן כָּל שֶׁהִיא. אִם נָתַן בָּהּ דְּבַשׁ פְּסָלָהּ, וְאִם חִסֵּר אַחַת מִכָּל סַמָּמָנֶיהָ חַיָּב מִיתָה.

רַבָּן שִׁמְעוֹן בֶּן גַּמְלִיאֵל אוֹמֵר, הַצֳּרִי אֵינוֹ אֶלָּא שְׂרָף הַנּוֹטֵף מֵעֲצֵי הַקְּטָף. בֹּרִית כַּרְשִׁינָא לְמָה הִיא בָאָה, כְּדֵי לְשַׁפּוֹת בָּהּ אֶת הַצִּפֹּרֶן כְּדֵי שֶׁתְּהֵא נָאָה. יֵין קַפְרִיסִין לְמָה הוּא בָא, כְּדֵי לִשְׁרוֹת בּוֹ אֶת הַצִּפֹּרֶן כְּדֵי שֶׁתְּהֵא עַזָּה. וַהֲלֹא מֵי רַגְלַיִם יָפִין לָהּ, אֶלָּא שֶׁאֵין מַכְנִיסִין מֵי רַגְלַיִם בַּמִּקְדָּשׁ מִפְּנֵי הַכָּבוֹד.

תַּנְיָא, רִבִּי נָתָן אוֹמֵר, כְּשֶׁהוּא שׁוֹחֵק אוֹמֵר, הָדֵק הֵיטֵב, הֵיטֵב הָדֵק, מִפְּנֵי שֶׁהַקּוֹל יָפֶה לַבְּשָׂמִים. פִּטְּמָהּ לַחֲצָאִין כְּשֵׁרָה, לְשָׁלִישׁ וּלְרָבִיעַ לֹא שָׁמַעְנוּ. אָמַר רִבִּי יְהוּדָה, זֶה הַכְּלָל, אִם כְּמִדָּתָהּ כְּשֵׁרָה לַחֲצָאִין, וְאִם חִסֵּר אַחַת מִכָּל סַמָּמָנֶיהָ חַיָּב מִיתָה.

תָּנֵי בַר קַפָּרָא: אַחַת לְשִׁשִּׁים אוֹ לְשִׁבְעִים שָׁנָה הָיְתָה בָאָה שֶׁל שִׁירַיִם לַחֲצָאִין. וְעוֹד תָּנֵי בַר קַפָּרָא: אִלּוּ הָיָה נוֹתֵן בָּהּ קוֹרְטוֹב שֶׁל דְּבַשׁ אֵין אָדָם יָכוֹל לַעֲמֹד מִפְּנֵי רֵיחָהּ, וְלָמָּה אֵין מְעָרְבִין בָּהּ דְּבַשׁ,
מִפְּנֵי שֶׁהַתּוֹרָה אָמְרָה: כִּי כָל־שְׂאֹר וְכָל־דְּבַשׁ לֹא־תַקְטִירוּ מִמֶּנּוּ ויקרא ב
אִשֶּׁה לַיהוָה:

(לַיהוָה הַיְשׁוּעָה, עַל־עַמְּךָ בִרְכָתֶךָ סֶּלָה:) תהלים ג

בירושלמי (ברכות פ״ה ה״א) נאמר על שלושת הפסוקים הללו ״לא יהיה זז מפיך״, וב׳שער הכוונות׳ כתוב לאומרם בכל פעם שאומרים ׳פִּטּוּם הַקְּטֹרֶת׳.

יְהוָה צְבָאוֹת עִמָּנוּ, מִשְׂגָּב לָנוּ אֱלֹהֵי יַעֲקֹב סֶלָה: תהלים מו

יְהוָה צְבָאוֹת, אַשְׁרֵי אָדָם בֹּטֵחַ בָּךְ: תהלים פד

יְהוָה הוֹשִׁיעָה, הַמֶּלֶךְ יַעֲנֵנוּ בְיוֹם־קָרְאֵנוּ: תהלים כ

(הֲשִׁיבֵנוּ יְהוָה אֵלֶיךָ וְנָשׁוּבָה, חַדֵּשׁ יָמֵינוּ כְּקֶדֶם:) איכה ה

את סדר התמיד נוהגים לחתום בפסוק זה (טור, מח):

וְעָרְבָה לַיהוָה מִנְחַת יְהוּדָה וִירוּשָׁלָםִ מלאכי ג
כִּימֵי עוֹלָם וּכְשָׁנִים קַדְמֹנִיּוֹת:

סדר המערכה

יומא לג. אַבַּיֵי מְסַדֵּר סֵדֶר הַמַּעֲרָכָה מִשְּׁמָא דִּגְמָרָא, וְאַלִּבָּא דְּאַבָּא שָׁאוּל: מַעֲרָכָה גְּדוֹלָה קוֹדֶמֶת לְמַעֲרָכָה שְׁנִיָּה שֶׁל קְטֹרֶת, וּמַעֲרָכָה שְׁנִיָּה שֶׁל קְטֹרֶת קוֹדֶמֶת לְסִדּוּר שְׁנֵי גִזְרֵי עֵצִים, וְסִדּוּר שְׁנֵי גִזְרֵי עֵצִים, קוֹדֵם לְדִשּׁוּן מִזְבֵּחַ הַפְּנִימִי, וְדִשּׁוּן מִזְבֵּחַ הַפְּנִימִי קוֹדֵם לַהֲטָבַת חָמֵשׁ נֵרוֹת, וַהֲטָבַת חָמֵשׁ נֵרוֹת קוֹדֶמֶת לְדַם הַתָּמִיד, וְדַם הַתָּמִיד קוֹדֵם לַהֲטָבַת שְׁתֵּי נֵרוֹת, וַהֲטָבַת שְׁתֵּי נֵרוֹת קוֹדֶמֶת לִקְטֹרֶת, וּקְטֹרֶת לְאֵבָרִים, וְאֵבָרִים לְמִנְחָה, וּמִנְחָה לַחֲבִתִּין, וַחֲבִתִּין לִנְסָכִין, וּנְסָכִין לְמוּסָפִין, וּמוּסָפִין לְבָזִיכִין, וּבָזִיכִין קוֹדְמִין לְתָמִיד שֶׁל בֵּין הָעַרְבַּיִם

ויקרא ו שֶׁנֶּאֱמַר: וְעָרַךְ עָלֶיהָ הָעֹלָה, וְהִקְטִיר עָלֶיהָ חֶלְבֵי הַשְּׁלָמִים: עָלֶיהָ הַשְׁלֵם כָּל הַקָּרְבָּנוֹת כֻּלָּם.

האר״י והמקובלים הנהיגו לומר פיוט עתיק זה כהכנה לתפילה וכמעבר בין עולם העשייה (קורבנות) לעולם היצירה (פסוקי דזמרה).

אָנָּא, בְּכֹחַ גְּדֻלַּת יְמִינְךָ, תַּתִּיר צְרוּרָה.
קַבֵּל רִנַּת עַמְּךָ, שַׂגְּבֵנוּ, טַהֲרֵנוּ, נוֹרָא.
נָא גִבּוֹר, דּוֹרְשֵׁי יִחוּדְךָ כְּבָבַת שָׁמְרֵם.
בָּרְכֵם, טַהֲרֵם, רַחֲמֵי צִדְקָתְךָ תָּמִיד גָּמְלֵם.
חֲסִין קָדוֹשׁ, בְּרֹב טוּבְךָ נַהֵל עֲדָתֶךָ.
יָחִיד גֵּאֶה, לְעַמְּךָ פְּנֵה, זוֹכְרֵי קְדֻשָּׁתֶךָ.
שַׁוְעָתֵנוּ קַבֵּל וּשְׁמַע צַעֲקָתֵנוּ, יוֹדֵעַ תַּעֲלוּמוֹת.
בלחש: בָּרוּךְ, שֵׁם כְּבוֹד מַלְכוּתוֹ, לְעוֹלָם וָעֶד.

במדרש נאמר, שאליהו הנביא עומד ומקריב בכל יום תמידין בביהמ״ק, שכן אף על פי שנחרב בקדושתו הוא עומד (׳עשרה מאמרות׳, מאמר אם כל חי ג, כג). ובלימוד תורת הקורבנות ואמירת תחינה זו אנו מגלים דעתנו, שאנו רוצים שייחשב כאילו אנו הקרבנו קרבן זה (׳בית דוד׳ תקה).

רִבּוֹן הָעוֹלָמִים, אַתָּה צִוִּיתָנוּ לְהַקְרִיב קָרְבַּן הַתָּמִיד בְּמוֹעֲדוֹ, וְלִהְיוֹת כֹּהֲנִים בַּעֲבוֹדָתָם וּלְוִיִּם בְּדוּכָנָם וְיִשְׂרָאֵל בְּמַעֲמָדָם. וְעַתָּה בַּעֲוֹנוֹתֵינוּ חָרַב בֵּית הַמִּקְדָּשׁ וּבָטַל הַתָּמִיד, וְאֵין לָנוּ לֹא כֹהֵן בַּעֲבוֹדָתוֹ וְלֹא לֵוִי

בְּדוּכָנוֹ וְלֹא יִשְׂרָאֵל בְּמַעֲמָדוֹ. וְאַתָּה אָמַרְתָּ: וּנְשַׁלְּמָה פָרִים שְׂפָתֵינוּ: הושע יד
לָכֵן יְהִי רָצוֹן מִלְּפָנֶיךָ, יְהֹוָה אֱלֹהֵינוּ וֵאלֹהֵי אֲבוֹתֵינוּ, שֶׁיְּהֵא שִׂיחַ
שִׂפְתוֹתֵינוּ זֶה חָשׁוּב וּמְקֻבָּל וּמְרֻצֶּה לְפָנֶיךָ, כְּאִלּוּ הִקְרַבְנוּ קָרְבַּן הַתָּמִיד
בְּמוֹעֲדוֹ וְעָמַדְנוּ עַל מַעֲמָדוֹ, כְּמוֹ שֶׁנֶּאֱמַר: וּנְשַׁלְּמָה פָרִים שְׂפָתֵינוּ: וְנֶאֱמַר: הושע יד
וְשָׁחַט אֹתוֹ עַל יֶרֶךְ הַמִּזְבֵּחַ צָפֹנָה לִפְנֵי יְהֹוָה, וְזָרְקוּ בְּנֵי אַהֲרֹן הַכֹּהֲנִים ויקרא א
אֶת־דָּמוֹ עַל־הַמִּזְבֵּחַ, סָבִיב: וְנֶאֱמַר: זֹאת הַתּוֹרָה לָעֹלָה לַמִּנְחָה וְלַחַטָּאת ויקרא ז
וְלָאָשָׁם וְלַמִּלּוּאִים וּלְזֶבַח הַשְּׁלָמִים:

לאחר פסוקי הקרבנות אומרים פרק משנה ואת הברייתא הפותחת את מדרש תורת כוהנים כדי ללמוד בכל יום מקרא, משנה וגמרא (סדר רב עמרם גאון על פי קידושין ל ע״א; תוספות שם).

״ומשנת ׳אֵיזֶהוּ מְקוֹמָן׳, קבועה אחר פרשת התמיד משום דכתיב (מלאכי, א): ׳וּבְכָל־מָקוֹם מֻקְטָר מֻגָּשׁ לִשְׁמִי׳ וכי בכל מקום מוקטר מוגש? אלא אלו תלמידי חכמים שעוסקין בהלכות עבודה בכל מקום, מעלה אני עליהם כאילו מקטירים ומגישים לשמי״ (טור, נ). ועוד שזהו פרק המשנה היחיד שאין בו מחלוקת תנאים (ראי״ה, ברכות לא ע״א; ריטב״א, עבודה זרה יט ע״ב), ובו כלולים כל מיני הקורבנות (פע״ח, שער עולם העשיה).

## דיני זבחים

א אֵיזֶהוּ מְקוֹמָן שֶׁל זְבָחִים: קָדְשֵׁי קָדָשִׁים שְׁחִיטָתָן בַּצָּפוֹן. פַּר וְשָׂעִיר זבחים פרק ה
שֶׁל יוֹם הַכִּפּוּרִים, שְׁחִיטָתָן בַּצָּפוֹן, וְקִבּוּל דָּמָן בִּכְלִי שָׁרֵת בַּצָּפוֹן,
וְדָמָן טָעוּן הַזָּיָה עַל בֵּין הַבַּדִּים, וְעַל הַפָּרֹכֶת, וְעַל מִזְבַּח הַזָּהָב.
מַתָּנָה אַחַת מֵהֶן מְעַכָּבֶת. שְׁיָרֵי הַדָּם הָיָה שׁוֹפֵךְ עַל יְסוֹד מַעֲרָבִי
שֶׁל מִזְבֵּחַ הַחִיצוֹן, אִם לֹא נָתַן לֹא עִכֵּב.

ב פָּרִים הַנִּשְׂרָפִים וּשְׂעִירִים הַנִּשְׂרָפִים, שְׁחִיטָתָן בַּצָּפוֹן, וְקִבּוּל דָּמָן
בִּכְלִי שָׁרֵת בַּצָּפוֹן, וְדָמָן טָעוּן הַזָּיָה עַל הַפָּרֹכֶת וְעַל מִזְבַּח הַזָּהָב.
מַתָּנָה אַחַת מֵהֶן מְעַכָּבֶת. שְׁיָרֵי הַדָּם הָיָה שׁוֹפֵךְ עַל יְסוֹד מַעֲרָבִי
שֶׁל מִזְבֵּחַ הַחִיצוֹן, אִם לֹא נָתַן לֹא עִכֵּב. אֵלּוּ וָאֵלּוּ נִשְׂרָפִין בְּבֵית
הַדָּשֶׁן.

ג חַטֹּאת הַצִּבּוּר וְהַיָּחִיד. אֵלּוּ הֵן חַטֹּאת הַצִּבּוּר: שְׂעִירֵי רָאשֵׁי
חֳדָשִׁים וְשֶׁל מוֹעֲדוֹת. שְׁחִיטָתָן בַּצָּפוֹן, וְקִבּוּל דָּמָן בִּכְלִי שָׁרֵת
בַּצָּפוֹן, וְדָמָן טָעוּן אַרְבַּע מַתָּנוֹת עַל אַרְבַּע קְרָנוֹת. כֵּיצַד, עָלָה

בַּכֶּבֶשׁ, וּפָנָה לַסּוֹבֵב, וּבָא לוֹ לְקֶרֶן דְּרוֹמִית מִזְרָחִית, מִזְרָחִית צְפוֹנִית, צְפוֹנִית מַעֲרָבִית, מַעֲרָבִית דְּרוֹמִית. שְׁיָרֵי הַדָּם הָיָה שׁוֹפֵךְ עַל יְסוֹד דְּרוֹמִי. וְנֶאֱכָלִין לִפְנִים מִן הַקְּלָעִים, לְזִכְרֵי כְהֻנָּה, בְּכָל מַאֲכָל, לְיוֹם וָלַיְלָה עַד חֲצוֹת.

ד הָעוֹלָה קֹדֶשׁ קָדָשִׁים. שְׁחִיטָתָהּ בַּצָּפוֹן, וְקִבּוּל דָּמָהּ בִּכְלִי שָׁרֵת בַּצָּפוֹן, וְדָמָהּ טָעוּן שְׁתֵּי מַתָּנוֹת שֶׁהֵן אַרְבַּע, וּטְעוּנָה הֶפְשֵׁט וְנִתּוּחַ, וְכָלִיל לָאִשִּׁים.

ה זִבְחֵי שַׁלְמֵי צִבּוּר וַאֲשָׁמוֹת. אֵלּוּ הֵן אֲשָׁמוֹת: אֲשַׁם גְּזֵלוֹת, אֲשַׁם מְעִילוֹת, אֲשַׁם שִׁפְחָה חֲרוּפָה, אֲשַׁם נָזִיר, אֲשַׁם מְצֹרָע, אָשָׁם תָּלוּי. שְׁחִיטָתָן בַּצָּפוֹן, וְקִבּוּל דָּמָן בִּכְלִי שָׁרֵת בַּצָּפוֹן, וְדָמָן טָעוּן שְׁתֵּי מַתָּנוֹת שֶׁהֵן אַרְבַּע. וְנֶאֱכָלִין לִפְנִים מִן הַקְּלָעִים, לְזִכְרֵי כְהֻנָּה, בְּכָל מַאֲכָל, לְיוֹם וָלַיְלָה עַד חֲצוֹת.

ו הַתּוֹדָה וְאֵיל נָזִיר קָדָשִׁים קַלִּים. שְׁחִיטָתָן בְּכָל מָקוֹם בָּעֲזָרָה, וְדָמָן טָעוּן שְׁתֵּי מַתָּנוֹת שֶׁהֵן אַרְבַּע, וְנֶאֱכָלִין בְּכָל הָעִיר, לְכָל אָדָם, בְּכָל מַאֲכָל, לְיוֹם וָלַיְלָה עַד חֲצוֹת. הַמּוּרָם מֵהֶם כַּיּוֹצֵא בָהֶם, אֶלָּא שֶׁהַמּוּרָם נֶאֱכָל לַכֹּהֲנִים, לִנְשֵׁיהֶם, וְלִבְנֵיהֶם וּלְעַבְדֵיהֶם.

ז שְׁלָמִים קָדָשִׁים קַלִּים. שְׁחִיטָתָן בְּכָל מָקוֹם בָּעֲזָרָה, וְדָמָן טָעוּן שְׁתֵּי מַתָּנוֹת שֶׁהֵן אַרְבַּע, וְנֶאֱכָלִין בְּכָל הָעִיר, לְכָל אָדָם, בְּכָל מַאֲכָל, לִשְׁנֵי יָמִים וְלַיְלָה אֶחָד. הַמּוּרָם מֵהֶם כַּיּוֹצֵא בָהֶם, אֶלָּא שֶׁהַמּוּרָם נֶאֱכָל לַכֹּהֲנִים, לִנְשֵׁיהֶם, וְלִבְנֵיהֶם וּלְעַבְדֵיהֶם.

ח הַבְּכוֹר וְהַמַּעֲשֵׂר וְהַפֶּסַח קָדָשִׁים קַלִּים. שְׁחִיטָתָן בְּכָל מָקוֹם בָּעֲזָרָה, וְדָמָן טָעוּן מַתָּנָה אֶחָת, וּבִלְבַד שֶׁיִּתֵּן כְּנֶגֶד הַיְסוֹד. שִׁנָּה בַאֲכִילָתָן, הַבְּכוֹר נֶאֱכָל לַכֹּהֲנִים וְהַמַּעֲשֵׂר לְכָל אָדָם, וְנֶאֱכָלִין בְּכָל הָעִיר, בְּכָל מַאֲכָל, לִשְׁנֵי יָמִים וְלַיְלָה אֶחָד. הַפֶּסַח אֵינוֹ נֶאֱכָל אֶלָּא בַלַּיְלָה, וְאֵינוֹ נֶאֱכָל אֶלָּא עַד חֲצוֹת, וְאֵינוֹ נֶאֱכָל אֶלָּא לִמְנוּיָו, וְאֵינוֹ נֶאֱכָל אֶלָּא צָלִי.

׳ברייתא דרבי ישמעאל׳ היא הפתיחה למדרש תורת כוהנים
ולפיכך קבעו ללומדה סמוך לתורת הקורבנות (טור, נ).

המניין כאן הוא כשיטת הראב״ד ורבינו הלל,
ויש מהחכמים שחילקו את שלוש עשרה המידות באופן אחר.

**ברייתא דרבי ישמעאל**

רַבִּי יִשְׁמָעֵאל אוֹמֵר: בִּשְׁלֹשׁ עֶשְׂרֵה מִדּוֹת הַתּוֹרָה נִדְרֶשֶׁת

א מִקַּל וָחֹמֶר

ב וּמִגְּזֵרָה שָׁוָה

ג מִבִּנְיַן אָב מִכָּתוּב אֶחָד, וּמִבִּנְיַן אָב מִשְּׁנֵי כְתוּבִים

ד מִכְּלָל וּפְרָט

ה מִפְּרָט וּכְלָל

ו כְּלָל וּפְרָט וּכְלָל, אִי אַתָּה דָן אֶלָּא כְּעֵין הַפְּרָט

ז מִכְּלָל שֶׁהוּא צָרִיךְ לִפְרָט, וּמִפְּרָט שֶׁהוּא צָרִיךְ לִכְלָל

ח כָּל דָּבָר שֶׁהָיָה בִּכְלָל, וְיָצָא מִן הַכְּלָל לְלַמֵּד
לֹא לְלַמֵּד עַל עַצְמוֹ יָצָא, אֶלָּא לְלַמֵּד עַל הַכְּלָל כֻּלּוֹ יָצָא

ט כָּל דָּבָר שֶׁהָיָה בִּכְלָל, וְיָצָא לִטְעֹן טֹעַן אֶחָד שֶׁהוּא כְעִנְיָנוֹ
יָצָא לְהָקֵל וְלֹא לְהַחְמִיר

י כָּל דָּבָר שֶׁהָיָה בִּכְלָל, וְיָצָא לִטְעֹן טֹעַן אַחֵר שֶׁלֹּא כְעִנְיָנוֹ
יָצָא לְהָקֵל וּלְהַחְמִיר

יא כָּל דָּבָר שֶׁהָיָה בִּכְלָל, וְיָצָא לִדּוֹן בַּדָּבָר הֶחָדָשׁ
אִי אַתָּה יָכוֹל לְהַחֲזִירוֹ לִכְלָלוֹ
עַד שֶׁיַּחֲזִירֶנּוּ הַכָּתוּב לִכְלָלוֹ בְּפֵרוּשׁ

יב דָּבָר הַלָּמֵד מֵעִנְיָנוֹ, וְדָבָר הַלָּמֵד מִסּוֹפוֹ

יג וְכֵן שְׁנֵי כְתוּבִים הַמַּכְחִישִׁים זֶה אֶת זֶה
עַד שֶׁיָּבוֹא הַכָּתוּב הַשְּׁלִישִׁי וְיַכְרִיעַ בֵּינֵיהֶם.

יְהוּדָה בֶּן תֵּימָא אוֹמֵר: הֱוֵי עַז כַּנָּמֵר וְקַל כַּנֶּשֶׁר, רָץ כַּצְּבִי וְגִבּוֹר כָּאֲרִי, לַעֲשׂוֹת רְצוֹן אָבִיךָ שֶׁבַּשָּׁמַיִם. הוּא הָיָה אוֹמֵר: עַז פָּנִים לְגֵיהִנֹּם, וּבוֹשׁ פָּנִים לְגַן עֵדֶן. יְהִי רָצוֹן מִלְּפָנֶיךָ, יְהֹוָה אֱלֹהֵינוּ וֵאלֹהֵי אֲבוֹתֵינוּ, שֶׁתִּבְנֶה בֵּית הַמִּקְדָּשׁ בִּמְהֵרָה בְיָמֵינוּ, וְתֵן חֶלְקֵנוּ בְּתוֹרָתֶךָ, לַעֲשׂוֹת חֻקֵּי רְצוֹנֶךָ וּלְעָבְדְךָ בְּלֵבָב שָׁלֵם. משנה, אבות ה, כד

# קדיש דרבנן

אם יש מנין אומרים קדיש דרבנן,
ואם יש אבל בקהל נוהגים שהוא אומר קדיש זה.

הַמְקַדֵּשׁ (האומר קדיש) כורע במילים המסומנות ב׳.

מקדש:

| | |
|---|---|
| ׳יִתְגַּדַּל וְיִתְקַדַּשׁ שְׁמֵיהּ רַבָּא (קהל: אָמֵן) | יתגדל ויתקדש שמו הגדול |
| בְּעָלְמָא דִּי בְרָא כִרְעוּתֵהּ | בעולם אשר ברא כרצונו |
| וְיַמְלִיךְ מַלְכוּתֵהּ | וימליך מלכותו |
| וְיַצְמַח פֻּרְקָנֵהּ וִיקָרֵב מְשִׁיחֵהּ (קהל: אָמֵן) | ויצמיח ישועתו ויקרב משיחו |
| בְּחַיֵּיכוֹן וּבְיוֹמֵיכוֹן | בחייכם ובימיכם |
| וּבְחַיֵּי דְכָל בֵּית יִשְׂרָאֵל | ובחייהם של כל בית ישראל |
| בַּעֲגָלָא וּבִזְמַן קָרִיב | במהרה ובזמן קרוב |
| וְאִמְרוּ אָמֵן. (קהל: אָמֵן) | ואמרו אמן. |

קהל ומקדש:

| | |
|---|---|
| יְהֵא שְׁמֵיהּ ׳רַבָּא מְבָרַךְ | יהא שמו הגדול מבורך |
| לְעָלַם לְעָלְמֵי עָלְמַיָּא ׳יִתְבָּרַךְ | לעולם ולעולמי עולמים, יתברך |
| וְיִשְׁתַּבַּח וְיִתְפָּאַר | וישתבח ויתפאר |
| וְיִתְרוֹמַם וְיִתְנַשֵּׂא | ויתרומם ויתנשא |
| וְיִתְהַדָּר וְיִתְעַלֶּה וְיִתְהַלָּל | ויתהדר ויתעלה ויתהלל |
| שְׁמֵיהּ דְּקֻדְשָׁא ׳בְּרִיךְ הוּא (קהל: אָמֵן) | שמו של הקדוש ברוך הוא |
| לְעֵלָּא מִן כָּל בִּרְכָתָא | למעלה מכל הברכות |
| שִׁירָתָא, תֻּשְׁבְּחָתָא וְנֶחֱמָתָא | והשירות, התשבחות והנחמות |
| דַּאֲמִירָן בְּעָלְמָא | האמורות בעולם |
| וְאִמְרוּ ׳אָמֵן. (קהל: אָמֵן) | ואמרו אמן |

מקדש:

| | |
|---|---|
| עַל יִשְׂרָאֵל וְעַל רַבָּנָן | על ישראל ועל רבותינו |
| וְעַל תַּלְמִידֵיהוֹן | ועל תלמידיהם |
| וְעַל כָּל תַּלְמִידֵי תַלְמִידֵיהוֹן | ועל כל תלמידי תלמידיהם |
| דְּעָסְקִין בְּאוֹרַיְתָא קַדִּשְׁתָּא | שעוסקים בתורה הקדושה |
| דִּי בְּאַתְרָא הָדֵין | אשר במקום הזה |
| וְדִי בְּכָל אֲתַר וַאֲתַר | ואשר בכל מקום ומקום |
| יְהֵא לְנָא וּלְהוֹן וּלְכוֹן | יהי לנו ולהם ולכם |
| חִנָּא וְחִסְדָּא וְרַחֲמֵי | חן וחסד ורחמים |
| מִן קֳדָם מָארֵי שְׁמַיָּא וְאַרְעָא | מלפני אדון השמים והארץ |
| וְאִמְרוּ אָמֵן. (קהל: אָמֵן) | ואמרו אמן. |

| | |
|---|---|
| יְהֵא שְׁלָמָא רַבָּא מִן שְׁמַיָּא | יהי שלום רב מן השמים |
| חַיִּים וְשָׂבָע וִישׁוּעָה וְנֶחָמָה | חיים ושבע וישועה ונחמה |
| וְשֵׁיזָבָא וּרְפוּאָה וּגְאֻלָּה | והצלה ורפואה וגאולה |
| וּסְלִיחָה וְכַפָּרָה | וסליחה וכפרה |
| וְרֶוַח וְהַצָּלָה | ורווח והצלה |
| לָנוּ וּלְכָל עַמּוֹ יִשְׂרָאֵל | לנו ולכל עמו ישראל |
| וְאִמְרוּ אָמֵן. (קהל: אָמֵן) | ואמרו אמן. |

עֹשֶׂה שָׁלוֹם בִּמְרוֹמָיו
הוּא בְּרַחֲמָיו יַעֲשֶׂה שָׁלוֹם עָלֵינוּ
וְעַל כָּל עַמּוֹ יִשְׂרָאֵל
וְאִמְרוּ אָמֵן. (קהל: אָמֵן)

# זמירות

בְּ׳סדר עולם רבה׳ מסופר, שקודם לבניית המקדש אמרו הלוויים מזמור זה לפני ארון ה׳. מ׳הודו לַה׳׳ עד ׳וּבִנְבִיאַי אַל־תָּרֵעוּ׳ בעת הקרבת תמיד של שחר, ומ׳שִׁירוּ לַה׳׳ עד ׳אָמֵן, וְהַלֵּל לַה׳׳ אמרו בשעת הקרבת תמיד של בין הערביים. ולכן נהגו לאומרו לאחר סדר הקורבנות (ספר האשכול).

דברי הימים א׳ טז הוֹדוּ לַיהוָה קִרְאוּ בִשְׁמוֹ, הוֹדִיעוּ בָעַמִּים עֲלִילֹתָיו: שִׁירוּ לוֹ, זַמְּרוּ־לוֹ, שִׂיחוּ בְּכָל־נִפְלְאֹתָיו: הִתְהַלְלוּ בְּשֵׁם קָדְשׁוֹ, יִשְׂמַח לֵב מְבַקְשֵׁי יְהוָה: דִּרְשׁוּ יְהוָה וְעֻזּוֹ, בַּקְּשׁוּ פָנָיו תָּמִיד: זִכְרוּ נִפְלְאֹתָיו אֲשֶׁר עָשָׂה, מֹפְתָיו וּמִשְׁפְּטֵי־פִיהוּ: זֶרַע יִשְׂרָאֵל עַבְדּוֹ, בְּנֵי יַעֲקֹב בְּחִירָיו: הוּא יְהוָה אֱלֹהֵינוּ בְּכָל־הָאָרֶץ מִשְׁפָּטָיו: זִכְרוּ לְעוֹלָם בְּרִיתוֹ, דָּבָר צִוָּה לְאֶלֶף דּוֹר: אֲשֶׁר כָּרַת אֶת־אַבְרָהָם, וּשְׁבוּעָתוֹ לְיִצְחָק: וַיַּעֲמִידֶהָ לְיַעֲקֹב לְחֹק, לְיִשְׂרָאֵל בְּרִית עוֹלָם: לֵאמֹר, לְךָ אֶתֵּן אֶרֶץ־כְּנָעַן, חֶבֶל נַחֲלַתְכֶם: בִּהְיוֹתְכֶם מְתֵי מִסְפָּר, כִּמְעַט וְגָרִים בָּהּ: וַיִּתְהַלְּכוּ מִגּוֹי אֶל־גּוֹי, וּמִמַּמְלָכָה אֶל־עַם אַחֵר: לֹא־הִנִּיחַ לְאִישׁ לְעָשְׁקָם, וַיּוֹכַח עֲלֵיהֶם מְלָכִים: אַל־תִּגְּעוּ בִּמְשִׁיחָי, וּבִנְבִיאַי אַל־תָּרֵעוּ:

שִׁירוּ לַיהוָה כָּל־הָאָרֶץ, בַּשְּׂרוּ מִיּוֹם־אֶל־יוֹם יְשׁוּעָתוֹ: סַפְּרוּ בַגּוֹיִם אֶת־כְּבוֹדוֹ, בְּכָל־הָעַמִּים נִפְלְאֹתָיו: כִּי גָדוֹל יְהוָה וּמְהֻלָּל מְאֹד, וְנוֹרָא הוּא עַל־כָּל־אֱלֹהִים: כִּי כָּל־אֱלֹהֵי הָעַמִּים אֱלִילִים, וַיהוָה שָׁמַיִם עָשָׂה: הוֹד וְהָדָר לְפָנָיו, עֹז וְחֶדְוָה בִּמְקֹמוֹ: הָבוּ לַיהוָה מִשְׁפְּחוֹת עַמִּים, הָבוּ לַיהוָה כָּבוֹד וָעֹז: הָבוּ לַיהוָה כְּבוֹד שְׁמוֹ, שְׂאוּ מִנְחָה וּבֹאוּ לְפָנָיו, הִשְׁתַּחֲווּ לַיהוָה בְּהַדְרַת־קֹדֶשׁ: חִילוּ מִלְּפָנָיו כָּל־הָאָרֶץ, אַף־תִּכּוֹן תֵּבֵל בַּל־תִּמּוֹט: יִשְׂמְחוּ הַשָּׁמַיִם וְתָגֵל הָאָרֶץ, וְיֹאמְרוּ בַגּוֹיִם יְהוָה מָלָךְ: יִרְעַם הַיָּם וּמְלוֹאוֹ, יַעֲלֹץ הַשָּׂדֶה וְכָל־אֲשֶׁר־בּוֹ: אָז יְרַנְּנוּ עֲצֵי הַיָּעַר, מִלִּפְנֵי יְהוָה, כִּי־בָא לִשְׁפּוֹט אֶת־הָאָרֶץ: הוֹדוּ לַיהוָה כִּי טוֹב, כִּי לְעוֹלָם חַסְדּוֹ: וְאִמְרוּ, הוֹשִׁיעֵנוּ אֱלֹהֵי יִשְׁעֵנוּ, וְקַבְּצֵנוּ וְהַצִּילֵנוּ מִן־הַגּוֹיִם, לְהֹדוֹת לְשֵׁם קָדְשֶׁךָ, לְהִשְׁתַּבֵּחַ בִּתְהִלָּתֶךָ: בָּרוּךְ יְהוָה אֱלֹהֵי יִשְׂרָאֵל מִן־הָעוֹלָם וְעַד־הָעֹלָם, וַיֹּאמְרוּ כָל־הָעָם אָמֵן, וְהַלֵּל לַיהוָה:

אחרי ׳הודו לַה׳׳ מוסיפים פסוקי דרחמי (ספר האשכול) ומזמור ׳אֲרוֹמִמְךָ׳ המכונה בגמרא (שבועות טו ע״ב), שיר של תודה, ״כדי להודות לה׳ על רוממותינו ועל פדות נפשינו״ (תפילה זכה).

רוֹמְמוּ יְהֹוָה אֱלֹהֵינוּ וְהִשְׁתַּחֲווּ לַהֲדֹם רַגְלָיו, קָדוֹשׁ הוּא: רוֹמְמוּ תהלים צט
יְהֹוָה אֱלֹהֵינוּ וְהִשְׁתַּחֲווּ לְהַר קָדְשׁוֹ, כִּי־קָדוֹשׁ יְהֹוָה אֱלֹהֵינוּ:

וְהוּא רַחוּם, יְכַפֵּר עָוֹן וְלֹא־יַשְׁחִית, וְהִרְבָּה לְהָשִׁיב אַפּוֹ, תהלים עח
וְלֹא־יָעִיר כָּל־חֲמָתוֹ: אַתָּה יְהֹוָה לֹא־תִכְלָא רַחֲמֶיךָ מִמֶּנִּי, חַסְדְּךָ תהלים מ
וַאֲמִתְּךָ תָּמִיד יִצְּרוּנִי: זְכֹר־רַחֲמֶיךָ יְהֹוָה וַחֲסָדֶיךָ, כִּי מֵעוֹלָם הֵמָּה: תהלים כה
תְּנוּ עֹז לֵאלֹהִים, עַל־יִשְׂרָאֵל גַּאֲוָתוֹ, וְעֻזּוֹ בַּשְּׁחָקִים: נוֹרָא אֱלֹהִים תהלים סח
מִמִּקְדָּשֶׁיךָ, אֵל יִשְׂרָאֵל הוּא נֹתֵן עֹז וְתַעֲצֻמוֹת לָעָם, בָּרוּךְ אֱלֹהִים:

אֵל־נְקָמוֹת יְהֹוָה, אֵל נְקָמוֹת הוֹפִיעַ: הִנָּשֵׂא שֹׁפֵט הָאָרֶץ, הָשֵׁב תהלים צד
גְּמוּל עַל־גֵּאִים: לַיהֹוָה הַיְשׁוּעָה, עַל־עַמְּךָ בִרְכָתֶךָ סֶּלָה: תהלים ג

יְהֹוָה צְבָאוֹת עִמָּנוּ, מִשְׂגָּב לָנוּ אֱלֹהֵי יַעֲקֹב סֶלָה: יְהֹוָה צְבָאוֹת, תהלים מו תהלים פד
אַשְׁרֵי אָדָם בֹּטֵחַ בָּךְ: יְהֹוָה הוֹשִׁיעָה, הַמֶּלֶךְ יַעֲנֵנוּ בְיוֹם־קָרְאֵנוּ: תהלים כ

הוֹשִׁיעָה אֶת־עַמֶּךָ, וּבָרֵךְ אֶת־נַחֲלָתֶךָ, וּרְעֵם וְנַשְּׂאֵם עַד־הָעוֹלָם: תהלים כח
נַפְשֵׁנוּ חִכְּתָה לַיהֹוָה, עֶזְרֵנוּ וּמָגִנֵּנוּ הוּא: כִּי־בוֹ יִשְׂמַח לִבֵּנוּ, כִּי בְשֵׁם תהלים לג
קָדְשׁוֹ בָטָחְנוּ: יְהִי־חַסְדְּךָ יְהֹוָה עָלֵינוּ, כַּאֲשֶׁר יִחַלְנוּ לָךְ: הַרְאֵנוּ יְהֹוָה תהלים פה
חַסְדֶּךָ, וְיֶשְׁעֲךָ תִּתֶּן־לָנוּ: קוּמָה עֶזְרָתָה לָּנוּ, וּפְדֵנוּ לְמַעַן חַסְדֶּךָ: אָנֹכִי תהלים מד תהלים פא
יְהֹוָה אֱלֹהֶיךָ הַמַּעַלְךָ מֵאֶרֶץ מִצְרָיִם, הַרְחֶב־פִּיךָ וַאֲמַלְאֵהוּ: אַשְׁרֵי תהלים קמד
הָעָם שֶׁכָּכָה לּוֹ, אַשְׁרֵי הָעָם שֶׁיְהֹוָה אֱלֹהָיו: וַאֲנִי בְּחַסְדְּךָ בָטַחְתִּי, תהלים יג
יָגֵל לִבִּי בִּישׁוּעָתֶךָ, אָשִׁירָה לַיהֹוָה, כִּי גָמַל עָלָי:

אֲרוֹמִמְךָ יְהֹוָה כִּי דִלִּיתָנִי, וְלֹא־שִׂמַּחְתָּ אֹיְבַי לִי: יְהֹוָה אֱלֹהָי, תהלים ל
שִׁוַּעְתִּי אֵלֶיךָ וַתִּרְפָּאֵנִי: יְהֹוָה, הֶעֱלִיתָ מִן־שְׁאוֹל נַפְשִׁי, חִיִּיתַנִי מִיָּרְדִי־בוֹר: זַמְּרוּ לַיהֹוָה חֲסִידָיו, וְהוֹדוּ לְזֵכֶר קָדְשׁוֹ: כִּי רֶגַע בְּאַפּוֹ, חַיִּים בִּרְצוֹנוֹ, בָּעֶרֶב יָלִין בֶּכִי וְלַבֹּקֶר רִנָּה: וַאֲנִי אָמַרְתִּי בְשַׁלְוִי, בַּל־אֶמּוֹט לְעוֹלָם: יְהֹוָה, בִּרְצוֹנְךָ הֶעֱמַדְתָּה לְהַרְרִי עֹז, הִסְתַּרְתָּ פָנֶיךָ הָיִיתִי נִבְהָל: אֵלֶיךָ יְהֹוָה אֶקְרָא, וְאֶל־אֲדֹנָי אֶתְחַנָּן: מַה־בֶּצַע בְּדָמִי,

בְּרִדְתִּי אֶל שָׁחַת, הֲיוֹדְךָ עָפָר, הֲיַגִּיד אֲמִתֶּךָ: שְׁמַע־יְהֹוָה וְחָנֵּנִי,
יְהֹוָה הֱיֵה־עֹזֵר לִי: הָפַכְתָּ מִסְפְּדִי לְמָחוֹל לִי, פִּתַּחְתָּ שַׂקִּי, וַתְּאַזְּרֵנִי
שִׂמְחָה: לְמַעַן יְזַמֶּרְךָ כָבוֹד וְלֹא יִדֹּם, יְהֹוָה אֱלֹהַי, לְעוֹלָם אוֹדֶךָּ:

בקצת קהילות אומרים כאן גם את מזמור קג ויש אומרים רק את ששת פסוקיו האחרונים.

במדרש כונן מתואר כיצד בכל בוקר עומד מלאך ברקיע ואומר ׳ה׳ מֶלֶךְ, ה׳ מָלָךְ, ה׳ יִמְלֹךְ לְעֹלָם וָעֶד׳, ולכן נהגו לאמרו בשבת בבוקר קודם מזמור הזמירות, שאז יכולים להאריך בנעימתו (׳שיבולי הלקט׳; ספר המנהיג). ובספרד נהגו לומר פסוק זה פעמיים בכל יום (ב״י, נ) ולהוסיף אחריו פסוקים העוסקים בגאולה העתידה ובקיבוץ גלויות (סידור הרמ״ק).

עומדים ואומרים:

בעשרת ימי תשובה ובהושענא רבה מוסיפים:

מלכים א׳ יח יְהֹוָה הוּא הָאֱלֹהִים, יְהֹוָה הוּא הָאֱלֹהִים:
יְהֹוָה הוּא הָאֱלֹהִים, יְהֹוָה הוּא הָאֱלֹהִים:

יְהֹוָה מֶלֶךְ, יְהֹוָה מָלָךְ, יְהֹוָה יִמְלֹךְ לְעֹלָם וָעֶד.
יְהֹוָה מֶלֶךְ, יְהֹוָה מָלָךְ, יְהֹוָה יִמְלֹךְ לְעֹלָם וָעֶד.

זכריה יד וְהָיָה יְהֹוָה לְמֶלֶךְ עַל־כָּל־הָאָרֶץ
בַּיּוֹם הַהוּא יִהְיֶה יְהֹוָה אֶחָד וּשְׁמוֹ אֶחָד: עד כאן מעומד.

תהלים קו הוֹשִׁיעֵנוּ יְהֹוָה אֱלֹהֵינוּ וְקַבְּצֵנוּ מִן־הַגּוֹיִם
לְהוֹדוֹת לְשֵׁם קָדְשֶׁךָ לְהִשְׁתַּבֵּחַ בִּתְהִלָּתֶךָ:
בָּרוּךְ יְהֹוָה אֱלֹהֵי יִשְׂרָאֵל מִן־הָעוֹלָם וְעַד הָעוֹלָם
וְאָמַר כָּל־הָעָם אָמֵן, הַלְלוּיָהּ:
תהלים קנ כֹּל הַנְּשָׁמָה תְּהַלֵּל יָהּ, הַלְלוּיָהּ:

תהלים לו כִּי־עִמְּךָ מְקוֹר חַיִּים, בְּאוֹרְךָ נִרְאֶה־אוֹר:
תהלים טז שִׁוִּיתִי יְהֹוָה לְנֶגְדִּי תָמִיד, כִּי מִימִינִי בַּל־אֶמּוֹט:

בשבת וביום טוב ממשיכים בשחרית לשבת וליום טוב (עמ׳ 244), ויש הנוהגים לעשות כן גם בהושענא רבה (ראה הלכה 646), ביום העצמאות וביום ירושלים (ראה הלכה 813).

בקצת קהילות נוהגים לומר את מזמור יט גם בימות החול, ואחריו ׳בָּרוּךְ שֶׁאָמַר׳ (עמ׳ 46); וברוב הקהילות אין אומרים אותו בימות החול כמשמעות דברי הזוהר (תרומה קלו ע״ב; ׳ארחות חיים׳), ובמקומו אומרים את מזמור סז כמנהג האר״י (שעה״כ).

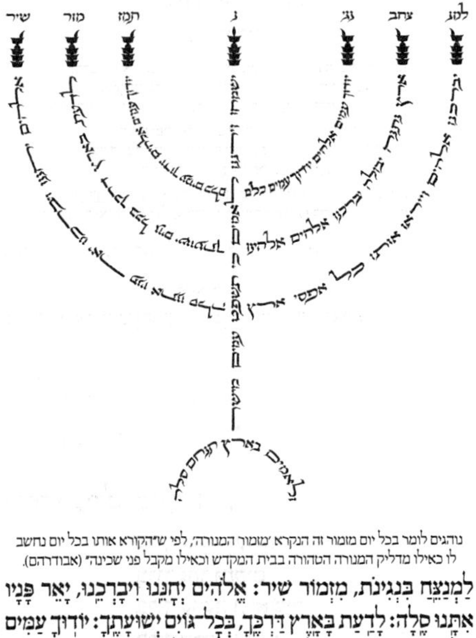

נוהגים לומר בכל יום מזמור זה הנקרא 'מזמור המנורה', לפי ש"הקורא אותו בכל יום נחשב לו כאילו מדליק המנורה הטהורה בבית המקדש וכאילו מקבל פני שכינה" (אבודרהם).

לַמְנַצֵּחַ בִּנְגִינֹת, מִזְמוֹר שִׁיר: אֱלֹהִים יְחָנֵּנוּ וִיבָרְכֵנוּ, יָאֵר פָּנָיו תהלים סז
אִתָּנוּ סֶלָה: לָדַעַת בָּאָרֶץ דַּרְכֶּךָ, בְּכָל־גּוֹיִם יְשׁוּעָתֶךָ: יוֹדוּךָ עַמִּים
אֱלֹהִים, יוֹדוּךָ עַמִּים כֻּלָּם: יִשְׂמְחוּ וִירַנְּנוּ לְאֻמִּים, כִּי־תִשְׁפֹּט עַמִּים
מִישֹׁר, וּלְאֻמִּים בָּאָרֶץ תַּנְחֵם סֶלָה: יוֹדוּךָ עַמִּים אֱלֹהִים, יוֹדוּךָ
עַמִּים כֻּלָּם: אֶרֶץ נָתְנָה יְבוּלָהּ, יְבָרְכֵנוּ אֱלֹהִים אֱלֹהֵינוּ: יְבָרְכֵנוּ
אֱלֹהִים, וְיִירְאוּ אוֹתוֹ כָּל־אַפְסֵי־אָרֶץ:

יש מוסיפים: וְהָיוּ מְלָכִים אֹמְנַיִךְ וְשָׂרוֹתֵיהֶם מֵינִיקֹתַיִךְ, אַפַּיִם אֶרֶץ יִשְׁתַּחֲווּ־לָךְ וַעֲפַר רַגְלַיִךְ יְלַחֵכוּ, וְיָדַעַתְּ כִּי־אֲנִי יְהוָה אֲשֶׁר לֹא־יֵבֹשׁוּ קֹוָי:

# שחרית לחול

## פסוקי דזמרה

״והתנדבה אומתנו לקרוא מזמורים מספר תשבחות הקב״ה (תהלים)
ולפניהם ואחריהם שתי ברכות, ותיקנה לעשות כך אחרי שהמאמין מברך
על כל המקרים הקורים אותו מראשית יקיצתו עד זמן התפילה״ (סידור רס״ג).

״דרש רבי שמלאי לעולם יסדר אדם שבחו של מקום ואח״כ יתפלל״ (ברכות לב ע״א).
על יסוד דרשה זו תיקנו חכמים לומר גם פסוקי דזמרה לפני התפילה
(רי״ף, ברכות כג ע״א; ספר הפרדס וסמ״ג עשין יט).

״אין אומרים הזמירות במרוצה כי אם בנחת״ (שו״ע נא, ח; ׳חסד לאלפים׳ שם, י).
מ׳בָּרוּךְ שֶׁאָמַר׳ ואילך אסור לדבר בדברי חול עד סוף התפילה (ראה טבלה בעמ׳ 1096).

בקצת מקהילות המערב נוהגים לומר ׳בָּרוּךְ שֶׁאָמַר׳ בנוסח הארוך (בעמ׳ 252). ראה הלכה 83.

יש נוהגים לומר פסוק זה קודם ׳בָּרוּךְ שֶׁאָמַר׳:

תהלים יט **יִהְיוּ לְרָצוֹן אִמְרֵי־פִי וְהֶגְיוֹן לִבִּי לְפָנֶיךָ, יְהוָה צוּרִי וְגֹאֲלִי:**

נוהגים לומר ׳בָּרוּךְ שֶׁאָמַר׳ בעמידה
ולאחוז בשתי הציציות שלפניו (שעה״כ, עניין ברוך שאמר).

# בָּרוּךְ שֶׁאָמַר

**וְהָיָה הָעוֹלָם, בָּרוּךְ הוּא.**

**בָּרוּךְ אוֹמֵר וְעוֹשֶׂה**
**בָּרוּךְ גּוֹזֵר וּמְקַיֵּם**
**בָּרוּךְ עוֹשֶׂה בְרֵאשִׁית**
**בָּרוּךְ מְרַחֵם עַל הָאָרֶץ**
**בָּרוּךְ מְרַחֵם עַל הַבְּרִיּוֹת**
**בָּרוּךְ מְשַׁלֵּם שָׂכָר טוֹב לִירֵאָיו**
**בָּרוּךְ חַי לָעַד וְקַיָּם לָנֶצַח**
**בָּרוּךְ פּוֹדֶה וּמַצִּיל**
**בָּרוּךְ שְׁמוֹ.**

בָּרוּךְ אַתָּה יְהֹוָה, אֱלֹהֵינוּ מֶלֶךְ הָעוֹלָם
הָאֵל אָב הָרַחֲמָן הַמְהֻלָּל בְּפֶה עַמּוֹ
מְשֻׁבָּח וּמְפֹאָר בִּלְשׁוֹן חֲסִידָיו וַעֲבָדָיו
וּבְשִׁירֵי דָוִד עַבְדֶּךָ נְהַלֶּלְךָ יְהֹוָה אֱלֹהֵינוּ, בִּשְׁבָחוֹת וּבִזְמִירוֹת
וּנְגַדֶּלְךָ וּנְשַׁבֵּחֲךָ וּנְפָאֶרְךָ וְנַמְלִיכְךָ
וְנַזְכִּיר שִׁמְךָ מַלְכֵּנוּ אֱלֹהֵינוּ, יָחִיד חֵי הָעוֹלָמִים
מֶלֶךְ מְשֻׁבָּח וּמְפֹאָר עֲדֵי עַד שְׁמוֹ הַגָּדוֹל.
בָּרוּךְ אַתָּה יְהֹוָה, מֶלֶךְ מְהֻלָּל בַּתִּשְׁבָּחוֹת.

מנשק הציציות שבידו ומניחן (משנ״ב נא, א).

אחרי ׳בָּרוּךְ שֶׁאָמַר׳ אומרים ׳מִזְמוֹר לְתוֹדָה׳, שכן כל השירות עתידות
להיבטל חוץ מ׳מִזְמוֹר לְתוֹדָה׳ (׳אורחות חיים׳ על פי ויקרא רבה).

המנהג הנפוץ לומר ׳מִזְמוֹר לְתוֹדָה׳ בישיבה, כדעת האר״י (שעה״כ).
בקהילות המערב נוהגים שלא לומר ׳מִזְמוֹר לְתוֹדָה׳ בערב יוה״כ, בערב פסח ובחוה״מ פסח,
כיוון שאין מקריבים בהם קורבן תודה (׳בית עובד׳; ומקורו בסידור רש״י).

מִזְמוֹר לְתוֹדָה, הָרִיעוּ לַיהֹוָה כָּל־הָאָרֶץ: עִבְדוּ אֶת־יְהֹוָה בְּשִׂמְחָה, תהלים ק
בֹּאוּ לְפָנָיו בִּרְנָנָה: דְּעוּ כִּי־יְהֹוָה הוּא אֱלֹהִים, הוּא עָשָׂנוּ וְלוֹ אֲנַחְנוּ,
עַמּוֹ וְצֹאן מַרְעִיתוֹ: בֹּאוּ שְׁעָרָיו בְּתוֹדָה חֲצֵרֹתָיו בִּתְהִלָּה, הוֹדוּ
לוֹ, בָּרְכוּ שְׁמוֹ: כִּי־טוֹב יְהֹוָה לְעוֹלָם חַסְדּוֹ, וְעַד־דֹּר וָדֹר אֱמוּנָתוֹ:

״אמר ר׳ יוסי: יהא חלקי מגומרי הלל בכל יום... כי קאמרינן בפסוקי דזמרא״ (שבת קיח ע״ב).
אומרים בכל יום שרשרת פסוקים המהללים את הקב״ה, את מעשיו ואת מלכותו, ולאחר מכן
אומרים את ששת המזמורים האחרונים בספר תהלים, שהם ה׳הלל שבכל יום׳ (רי״ף שבת, תמח).
הראשון שבהם פותח בתיבות ׳תְּהִלָּה לְדָוִד׳, וכל מזמור אחר כך פותח ומסיים בתיבת ׳הַלְלוּיָהּ׳.

יְהִי כְבוֹד יְהֹוָה לְעוֹלָם, יִשְׂמַח יְהֹוָה בְּמַעֲשָׂיו: תהלים קד
יְהִי שֵׁם יְהֹוָה מְבֹרָךְ, מֵעַתָּה וְעַד־עוֹלָם: תהלים קיג
מִמִּזְרַח־שֶׁמֶשׁ עַד־מְבוֹאוֹ, מְהֻלָּל שֵׁם יְהֹוָה:
רָם עַל־כָּל־גּוֹיִם יְהֹוָה, עַל הַשָּׁמַיִם כְּבוֹדוֹ:
יְהֹוָה שִׁמְךָ לְעוֹלָם, יְהֹוָה זִכְרְךָ לְדֹר־וָדֹר: תהלים קלה
יְהֹוָה בַּשָּׁמַיִם הֵכִין כִּסְאוֹ, וּמַלְכוּתוֹ בַּכֹּל מָשָׁלָה: תהלים קג
יִשְׂמְחוּ הַשָּׁמַיִם וְתָגֵל הָאָרֶץ, וְיֹאמְרוּ בַגּוֹיִם יְהֹוָה מָלָךְ: דברי הימים א׳ טז

יְהֹוָה מֶלֶךְ, יְהֹוָה מָלָךְ, יְהֹוָה יִמְלֹךְ לְעוֹלָם וָעֶד.
תהלים י יְהֹוָה מֶלֶךְ עוֹלָם וָעֶד, אָבְדוּ גוֹיִם מֵאַרְצוֹ:
תהלים לג יְהֹוָה הֵפִיר עֲצַת־גּוֹיִם, הֵנִיא מַחְשְׁבוֹת עַמִּים:
משלי יט רַבּוֹת מַחֲשָׁבוֹת בְּלֶב־אִישׁ, וַעֲצַת יְהֹוָה הִיא תָקוּם:
תהלים לג עֲצַת יְהֹוָה לְעוֹלָם תַּעֲמֹד, מַחְשְׁבוֹת לִבּוֹ לְדֹר וָדֹר:
כִּי הוּא אָמַר וַיֶּהִי, הוּא־צִוָּה וַיַּעֲמֹד:
תהלים קלב כִּי־בָחַר יְהֹוָה בְּצִיּוֹן, אִוָּהּ לְמוֹשָׁב לוֹ:
כִּי־יַעֲקֹב בָּחַר לוֹ יָהּ, יִשְׂרָאֵל לִסְגֻלָּתוֹ:
תהלים צד כִּי לֹא־יִטֹּשׁ יְהֹוָה עַמּוֹ, וְנַחֲלָתוֹ לֹא יַעֲזֹב:
תהלים עח וְהוּא רַחוּם, יְכַפֵּר עָוֹן וְלֹא־יַשְׁחִית
וְהִרְבָּה לְהָשִׁיב אַפּוֹ, וְלֹא־יָעִיר כָּל־חֲמָתוֹ:
תהלים כ יְהֹוָה הוֹשִׁיעָה, הַמֶּלֶךְ יַעֲנֵנוּ בְיוֹם־קָרְאֵנוּ:

"כל האומר 'תְּהִלָּה לְדָוִד' בכל יום (שלוש פעמים) – מובטח לו שהוא בן העולם הבא... משום דאית ביה 'פּוֹתֵחַ אֶת־יָדֶךָ'" (ברכות ד ע"ב). לפיכך יש לכוון במיוחד בפסוק זה, ואם לא התכוון צריך לחזור ולאומרו שנית (תלמידי ר' יונה, ברכות כג ע"א וראה הלכה 88).

לפני 'תְּהִלָּה לְדָוִד' מוסיפים שני פסוקים: את הפסוק 'אַשְׁרֵי יוֹשְׁבֵי בֵיתֶךָ', שממנו הוכיחו בגמרא שצריך לשהות שעה אחת קודם שיתפלל כדי שתתיישב דעתו עליו ויכוון את לבו (אבודרהם); ואת הפסוק 'אַשְׁרֵי הָעָם' ליתן שבח והודאה למקום שזיכה אותנו להללו (תפילה זכה). ומסיימים 'וַאֲנַחְנוּ נְבָרֵךְ יָהּ מֵעַתָּה וְעַד־עוֹלָם, הַלְלוּיָהּ' – לפי שהאומר 'תְּהִלָּה לְדָוִד' הוא בן העולם הבא, אנו מבקשים מה' יתברך שנזכה לומר מזמור זה גם בעולם הבא (ספר האשכול בשם ר' יצחק בן מרואן הלוי).

תהלים פד אַשְׁרֵי יוֹשְׁבֵי בֵיתֶךָ, עוֹד יְהַלְלוּךָ סֶּלָה:
תהלים קמד אַשְׁרֵי הָעָם שֶׁכָּכָה לּוֹ, אַשְׁרֵי הָעָם שֶׁיְהֹוָה אֱלֹהָיו:
תהלים קמה תְּהִלָּה לְדָוִד
אֲרוֹמִמְךָ אֱלוֹהַי הַמֶּלֶךְ, וַאֲבָרְכָה שִׁמְךָ לְעוֹלָם וָעֶד:
בְּכָל־יוֹם אֲבָרְכֶךָּ, וַאֲהַלְלָה שִׁמְךָ לְעוֹלָם וָעֶד:
גָּדוֹל יְהֹוָה וּמְהֻלָּל מְאֹד, וְלִגְדֻלָּתוֹ אֵין חֵקֶר:
דּוֹר לְדוֹר יְשַׁבַּח מַעֲשֶׂיךָ, וּגְבוּרֹתֶיךָ יַגִּידוּ:
הֲדַר כְּבוֹד הוֹדֶךָ, וְדִבְרֵי נִפְלְאוֹתֶיךָ אָשִׂיחָה:
וֶעֱזוּז נוֹרְאוֹתֶיךָ יֹאמֵרוּ, וּגְדוּלָּתְךָ אֲסַפְּרֶנָּה:

זֵֽכֶר רַב־טוּבְךָ יַבִּֽיעוּ, וְצִדְקָתְךָ יְרַנֵּֽנוּ:
חַנּוּן וְרַחוּם יְהֹוָה, אֶֽרֶךְ אַפַּֽיִם וּגְדָל־חָֽסֶד:
טוֹב־יְהֹוָה לַכֹּל, וְרַחֲמָיו עַל־כָּל־מַעֲשָׂיו:
יוֹדֽוּךָ יְהֹוָה כָּל־מַעֲשֶֽׂיךָ, וַחֲסִידֶֽיךָ יְבָרְכֽוּכָה:
כְּבוֹד מַלְכוּתְךָ יֹאמֵֽרוּ, וּגְבוּרָתְךָ יְדַבֵּֽרוּ:
לְהוֹדִֽיעַ לִבְנֵי הָאָדָם גְּבוּרֹתָיו, וּכְבוֹד הֲדַר מַלְכוּתוֹ:
מַלְכוּתְךָ מַלְכוּת כָּל־עֹלָמִים, וּמֶמְשַׁלְתְּךָ בְּכָל־דּוֹר וָדֹר:
סוֹמֵךְ יְהֹוָה לְכָל־הַנֹּפְלִים, וְזוֹקֵף לְכָל־הַכְּפוּפִים:
עֵינֵי־כֹל אֵלֶֽיךָ יְשַׂבֵּֽרוּ, וְאַתָּה נוֹתֵן־לָהֶם אֶת־אָכְלָם בְּעִתּוֹ:
פּוֹתֵֽחַ אֶת־יָדֶֽךָ, וּמַשְׂבִּֽיעַ לְכָל־חַי רָצוֹן:
צַדִּיק יְהֹוָה בְּכָל־דְּרָכָיו, וְחָסִיד בְּכָל־מַעֲשָׂיו:
קָרוֹב יְהֹוָה לְכָל־קֹרְאָיו, לְכֹל אֲשֶׁר יִקְרָאֻֽהוּ בֶאֱמֶת:
רְצוֹן־יְרֵאָיו יַעֲשֶׂה, וְאֶת־שַׁוְעָתָם יִשְׁמַע, וְיוֹשִׁיעֵם:
שׁוֹמֵר יְהֹוָה אֶת־כָּל־אֹהֲבָיו, וְאֵת כָּל־הָרְשָׁעִים יַשְׁמִיד:
תְּהִלַּת יְהֹוָה יְדַבֶּר פִּי, וִיבָרֵךְ כָּל־בָּשָׂר שֵׁם קָדְשׁוֹ לְעוֹלָם וָעֶד:
וַאֲנַֽחְנוּ נְבָרֵךְ יָהּ מֵעַתָּה וְעַד־עוֹלָם, הַלְלוּיָהּ: תהלים קטו

תהלים קמו הַלְלוּיָהּ, הַלְלִי נַפְשִׁי אֶת־יְהֹוָה: אֲהַלְלָה יְהֹוָה בְּחַיָּי, אֲזַמְּרָה
לֵאלֹהַי בְּעוֹדִי: אַל־תִּבְטְחוּ בִנְדִיבִים, בְּבֶן־אָדָם שֶׁאֵין לוֹ תְשׁוּעָה:
תֵּצֵא רוּחוֹ, יָשֻׁב לְאַדְמָתוֹ, בַּיּוֹם הַהוּא אָבְדוּ עֶשְׁתֹּנֹתָיו: אַשְׁרֵי
שֶׁאֵל יַעֲקֹב בְּעֶזְרוֹ, שִׂבְרוֹ עַל־יְהֹוָה אֱלֹהָיו: עֹשֶׂה שָׁמַֽיִם וָאָֽרֶץ,
אֶת־הַיָּם וְאֶת־כָּל־אֲשֶׁר־בָּם, הַשֹּׁמֵר אֱמֶת לְעוֹלָם: עֹשֶׂה מִשְׁפָּט
לַעֲשׁוּקִים, נֹתֵן לֶֽחֶם לָרְעֵבִים, יְהֹוָה מַתִּיר אֲסוּרִים: יְהֹוָה פֹּקֵֽחַ
עִוְרִים, יְהֹוָה זֹקֵף כְּפוּפִים, יְהֹוָה אֹהֵב צַדִּיקִים: יְהֹוָה שֹׁמֵר אֶת־
גֵּרִים, יָתוֹם וְאַלְמָנָה יְעוֹדֵד, וְדֶֽרֶךְ רְשָׁעִים יְעַוֵּת: יִמְלֹךְ יְהֹוָה
לְעוֹלָם, אֱלֹהַֽיִךְ צִיּוֹן לְדֹר וָדֹר, הַלְלוּיָהּ:

תהלים קמז הַלְלוּיָהּ, כִּי־טוֹב זַמְּרָה אֱלֹהֵינוּ, כִּי־נָעִים נָאוָה תְהִלָּה: בּוֹנֵה
יְרוּשָׁלַםִ יְהֹוָה, נִדְחֵי יִשְׂרָאֵל יְכַנֵּס: הָרוֹפֵא לִשְׁבוּרֵי לֵב, וּמְחַבֵּשׁ
לְעַצְּבוֹתָם: מוֹנֶה מִסְפָּר לַכּוֹכָבִים, לְכֻלָּם שֵׁמוֹת יִקְרָא: גָּדוֹל
אֲדוֹנֵינוּ וְרַב־כֹּחַ, לִתְבוּנָתוֹ אֵין מִסְפָּר: מְעוֹדֵד עֲנָוִים יְהֹוָה,
מַשְׁפִּיל רְשָׁעִים עֲדֵי־אָרֶץ: עֱנוּ לַיהֹוָה בְּתוֹדָה, זַמְּרוּ לֵאלֹהֵינוּ
בְכִנּוֹר: הַמְכַסֶּה שָׁמַיִם בְּעָבִים, הַמֵּכִין לָאָרֶץ מָטָר, הַמַּצְמִיחַ
הָרִים חָצִיר: נוֹתֵן לִבְהֵמָה לַחְמָהּ, לִבְנֵי עֹרֵב אֲשֶׁר יִקְרָאוּ: לֹא
בִגְבוּרַת הַסּוּס יֶחְפָּץ, לֹא־בְשׁוֹקֵי הָאִישׁ יִרְצֶה: רוֹצֶה יְהֹוָה אֶת־
יְרֵאָיו, אֶת־הַמְיַחֲלִים לְחַסְדּוֹ: שַׁבְּחִי יְרוּשָׁלַםִ אֶת־יְהֹוָה, הַלְלִי
אֱלֹהַיִךְ צִיּוֹן: כִּי־חִזַּק בְּרִיחֵי שְׁעָרָיִךְ, בֵּרַךְ בָּנַיִךְ בְּקִרְבֵּךְ: הַשָּׂם־
גְּבוּלֵךְ שָׁלוֹם, חֵלֶב חִטִּים יַשְׂבִּיעֵךְ: הַשֹּׁלֵחַ אִמְרָתוֹ אָרֶץ, עַד־
מְהֵרָה יָרוּץ דְּבָרוֹ: הַנֹּתֵן שֶׁלֶג כַּצָּמֶר, כְּפוֹר כָּאֵפֶר יְפַזֵּר: מַשְׁלִיךְ
קַרְחוֹ כְפִתִּים, לִפְנֵי קָרָתוֹ מִי יַעֲמֹד: יִשְׁלַח דְּבָרוֹ וְיַמְסֵם, יַשֵּׁב
רוּחוֹ יִזְּלוּ־מָיִם: מַגִּיד דְּבָרוֹ לְיַעֲקֹב, חֻקָּיו וּמִשְׁפָּטָיו לְיִשְׂרָאֵל:
לֹא עָשָׂה כֵן לְכָל־גּוֹי, וּמִשְׁפָּטִים בַּל־יְדָעוּם, הַלְלוּיָהּ:

תהלים קמח הַלְלוּיָהּ, הַלְלוּ אֶת־יְהֹוָה מִן־הַשָּׁמַיִם, הַלְלוּהוּ בַּמְּרוֹמִים:
הַלְלוּהוּ כָל־מַלְאָכָיו, הַלְלוּהוּ כָּל־צְבָאָו: הַלְלוּהוּ שֶׁמֶשׁ וְיָרֵחַ,
הַלְלוּהוּ כָּל־כּוֹכְבֵי אוֹר: הַלְלוּהוּ שְׁמֵי הַשָּׁמָיִם, וְהַמַּיִם אֲשֶׁר מֵעַל
הַשָּׁמָיִם: יְהַלְלוּ אֶת־שֵׁם יְהֹוָה, כִּי הוּא צִוָּה וְנִבְרָאוּ: וַיַּעֲמִידֵם
לָעַד לְעוֹלָם, חָק־נָתַן וְלֹא יַעֲבוֹר: הַלְלוּ אֶת־יְהֹוָה מִן־הָאָרֶץ,
תַּנִּינִים וְכָל־תְּהֹמוֹת: אֵשׁ וּבָרָד שֶׁלֶג וְקִיטוֹר, רוּחַ סְעָרָה עֹשָׂה
דְבָרוֹ: הֶהָרִים וְכָל־גְּבָעוֹת, עֵץ פְּרִי וְכָל־אֲרָזִים: הַחַיָּה וְכָל־
בְּהֵמָה, רֶמֶשׂ וְצִפּוֹר כָּנָף: מַלְכֵי־אֶרֶץ וְכָל־לְאֻמִּים, שָׂרִים וְכָל־
שֹׁפְטֵי אָרֶץ: בַּחוּרִים וְגַם־בְּתוּלוֹת, זְקֵנִים עִם־נְעָרִים: יְהַלְלוּ

אֶת־שֵׁם יְהֹוָה, כִּי־נִשְׂגָּב שְׁמוֹ לְבַדּוֹ, הוֹדוֹ עַל־אֶרֶץ וְשָׁמָיִם:
וַיָּרֶם קֶרֶן לְעַמּוֹ, תְּהִלָּה לְכָל־חֲסִידָיו, לִבְנֵי יִשְׂרָאֵל עַם קְרֹבוֹ,
הַלְלוּיָהּ:

תהלים קמט הַלְלוּיָהּ, שִׁירוּ לַיהֹוָה שִׁיר חָדָשׁ, תְּהִלָּתוֹ בִּקְהַל חֲסִידִים: יִשְׂמַח
יִשְׂרָאֵל בְּעֹשָׂיו, בְּנֵי־צִיּוֹן יָגִילוּ בְמַלְכָּם: יְהַלְלוּ שְׁמוֹ בְמָחוֹל, בְּתֹף
וְכִנּוֹר יְזַמְּרוּ־לוֹ: כִּי־רוֹצֶה יְהֹוָה בְּעַמּוֹ, יְפָאֵר עֲנָוִים בִּישׁוּעָה:
יַעְלְזוּ חֲסִידִים בְּכָבוֹד, יְרַנְּנוּ עַל־מִשְׁכְּבוֹתָם: רוֹמְמוֹת אֵל
בִּגְרוֹנָם, וְחֶרֶב פִּיפִיּוֹת בְּיָדָם: לַעֲשׂוֹת נְקָמָה בַּגּוֹיִם, תּוֹכֵחוֹת
בַּלְאֻמִּים: לֶאְסֹר מַלְכֵיהֶם בְּזִקִּים, וְנִכְבְּדֵיהֶם בְּכַבְלֵי בַרְזֶל:
לַעֲשׂוֹת בָּהֶם מִשְׁפָּט כָּתוּב, הָדָר הוּא לְכָל־חֲסִידָיו, הַלְלוּיָהּ:

חוזרים על הפסוק האחרון פעמיים, מפני שהוא סוף ה׳הלל שבכל יום׳ (סידור רש״י).

תהלים קנ הַלְלוּיָהּ, הַלְלוּ־אֵל בְּקָדְשׁוֹ, הַלְלוּהוּ בִּרְקִיעַ עֻזּוֹ: הַלְלוּהוּ
בִגְבוּרֹתָיו, הַלְלוּהוּ כְּרֹב גֻּדְלוֹ: הַלְלוּהוּ בְּתֵקַע שׁוֹפָר, הַלְלוּהוּ
בְּנֵבֶל וְכִנּוֹר: הַלְלוּהוּ בְתֹף וּמָחוֹל, הַלְלוּהוּ בְּמִנִּים וְעֻגָב: הַלְלוּהוּ
בְצִלְצְלֵי־שָׁמַע, הַלְלוּהוּ בְּצִלְצְלֵי תְרוּעָה: כֹּל הַנְּשָׁמָה תְּהַלֵּל
יָהּ, הַלְלוּיָהּ: כֹּל הַנְּשָׁמָה תְּהַלֵּל יָהּ, הַלְלוּיָהּ:

ספר תהלים נחלק לחמישה ספרים כנגד חמישה חומשי תורה (מדרש שוחר טוב).
לאחר סיום הספר החמישי חוזרים ואומרים את פסוקי הסיום של שאר ספרי תהלים (אבודרהם),
פרט לספר הראשון והרביעי, כיוון שהם נאמרו כברכות במקדש (סידור יעב״ץ).
ומוסיפים פסוק ׳בָּרוּךְ ה׳ מִצִּיּוֹן׳, כי בכל תפילותינו אנו מזכירים את ציון וירושלים (ר״י ב״ר יקר).

תהלים פט בָּרוּךְ יְהֹוָה לְעוֹלָם, אָמֵן וְאָמֵן:
תהלים קלה בָּרוּךְ יְהֹוָה מִצִּיּוֹן, שֹׁכֵן יְרוּשָׁלָםִ, הַלְלוּיָהּ:
תהלים עב בָּרוּךְ יְהֹוָה אֱלֹהִים אֱלֹהֵי יִשְׂרָאֵל, עֹשֵׂה נִפְלָאוֹת לְבַדּוֹ:
וּבָרוּךְ שֵׁם כְּבוֹדוֹ לְעוֹלָם
וְיִמָּלֵא כְבוֹדוֹ אֶת־כָּל־הָאָרֶץ, אָמֵן וְאָמֵן:

הקדמונים חתמו את פסוקי דזמרה בפסוק ׳וְעַתָּה אֱלֹהֵינוּ מוֹדִים אֲנַחְנוּ לָךְ׳ ומיד בירכו ׳יִשְׁתַּבַּח׳ (סידור רס״ג). ורבי משה ב״ר קלונימוס מלוקא הנהיג לומר גם את פסוקי השבח מנחמיה, המתארים את בריאת העולם, את הבחירה באברהם אבינו ואת יציאת מצרים, ומיד לאחריהם קודם ׳יִשְׁתַּבַּח׳ לומר את שירת הים (סידור הרוקח). וביאר הטור (נא) שלשונות השבח שבברכת ׳יִשְׁתַּבַּח׳ נדרשים במכילתא (בשלח, מסכתא דשירה א) מתוך שירת הים ומהפסוקים: ׳וַיְבָרֶךְ דָּוִיד׳.

אומרים ׳וַיְבָרֶךְ דָּוִיד׳ מעומד עד ׳אַתָּה הוּא ה׳ הָאֱלֹהִים׳, וכן נוהגים לתת צדקה בזמן אמירת ׳וְאַתָּה מוֹשֵׁל בַּכֹּל׳, שתי פרוטות כאחת ואחר כך את השלישית (שעה״כ).

דברי הימים א׳ כט וַיְבָרֶךְ דָּוִיד אֶת־יְהוָה לְעֵינֵי כָּל־הַקָּהָל, וַיֹּאמֶר דָּוִיד, בָּרוּךְ אַתָּה יְהוָה, אֱלֹהֵי יִשְׂרָאֵל אָבִינוּ, מֵעוֹלָם וְעַד־עוֹלָם: לְךָ יְהוָה הַגְּדֻלָּה וְהַגְּבוּרָה וְהַתִּפְאֶרֶת וְהַנֵּצַח וְהַהוֹד, כִּי־כֹל בַּשָּׁמַיִם וּבָאָרֶץ, לְךָ יְהוָה הַמַּמְלָכָה וְהַמִּתְנַשֵּׂא לְכֹל לְרֹאשׁ: וְהָעֹשֶׁר וְהַכָּבוֹד מִלְּפָנֶיךָ, וְאַתָּה מוֹשֵׁל בַּכֹּל, וּבְיָדְךָ כֹּחַ וּגְבוּרָה, וּבְיָדְךָ לְגַדֵּל וּלְחַזֵּק לַכֹּל: וְעַתָּה אֱלֹהֵינוּ מוֹדִים אֲנַחְנוּ לָךְ, וּמְהַלְלִים לְשֵׁם תִּפְאַרְתֶּךָ:

נחמיה ט וִיבָרְכוּ שֵׁם כְּבֹדֶךָ, וּמְרוֹמַם עַל־כָּל־בְּרָכָה וּתְהִלָּה: אַתָּה־הוּא יְהוָה לְבַדֶּךָ, אַתָּה עָשִׂיתָ אֶת־הַשָּׁמַיִם, שְׁמֵי הַשָּׁמַיִם וְכָל־צְבָאָם, הָאָרֶץ וְכָל־אֲשֶׁר עָלֶיהָ, הַיַּמִּים וְכָל־אֲשֶׁר בָּהֶם, וְאַתָּה מְחַיֶּה אֶת־כֻּלָּם, וּצְבָא הַשָּׁמַיִם לְךָ מִשְׁתַּחֲוִים: אַתָּה הוּא יְהוָה הָאֱלֹהִים אֲשֶׁר בָּחַרְתָּ בְּאַבְרָם, וְהוֹצֵאתוֹ מֵאוּר כַּשְׂדִּים, וְשַׂמְתָּ שְּׁמוֹ אַבְרָהָם: וּמָצָאתָ אֶת־לְבָבוֹ נֶאֱמָן לְפָנֶיךָ, וְכָרוֹת עִמּוֹ הַבְּרִית לָתֵת אֶת־אֶרֶץ הַכְּנַעֲנִי הַחִתִּי הָאֱמֹרִי וְהַפְּרִזִּי וְהַיְבוּסִי וְהַגִּרְגָּשִׁי, לָתֵת לְזַרְעוֹ, וַתָּקֶם אֶת־דְּבָרֶיךָ, כִּי צַדִּיק אָתָּה: וַתֵּרֶא אֶת־עֳנִי אֲבֹתֵינוּ בְּמִצְרָיִם, וְאֶת־זַעֲקָתָם שָׁמַעְתָּ עַל־יַם־סוּף: וַתִּתֵּן אֹתֹת וּמֹפְתִים בְּפַרְעֹה וּבְכָל־עֲבָדָיו וּבְכָל־עַם אַרְצוֹ, כִּי יָדַעְתָּ כִּי הֵזִידוּ עֲלֵיהֶם, וַתַּעַשׂ־לְךָ שֵׁם כְּהַיּוֹם הַזֶּה: וְהַיָּם בָּקַעְתָּ לִפְנֵיהֶם, וַיַּעַבְרוּ בְתוֹךְ־הַיָּם בַּיַּבָּשָׁה, וְאֶת־רֹדְפֵיהֶם הִשְׁלַכְתָּ בִמְצוֹלֹת כְּמוֹ־אֶבֶן, בְּמַיִם עַזִּים:

"והראשונים תקנו לומר השירה בכל יום אחר פסוקי דזמרה כדי להזכיר נסים ונפלאות שעשה עמנו בעבור שמו הגדול ומתחילין מ'וַיּוֹשַׁע' שמשם עיקר הנס" (ספר הפרדס).
והמנהג הקדום היה לומר את השירה בין 'יִשְׁתַּבַּח' ליוצר (סידור רס"ג והרמב"ם). ראה הלכה 90.

שמות יד וַיּוֹשַׁע יְהוָה בַּיּוֹם הַהוּא אֶת־יִשְׂרָאֵל מִיַּד מִצְרָיִם וַיַּרְא יִשְׂרָאֵל אֶת־מִצְרַיִם מֵת עַל־שְׂפַת הַיָּם: וַיַּרְא יִשְׂרָאֵל אֶת־הַיָּד הַגְּדֹלָה אֲשֶׁר עָשָׂה יְהוָה בְּמִצְרַיִם וַיִּירְאוּ הָעָם אֶת־יְהוָה וַיַּאֲמִינוּ בַּיהוָה וּבְמֹשֶׁה עַבְדּוֹ:

כופלים פסוק 'ה' יִמְלֹךְ לְעֹלָם וָעֶד' כדי להראות שבו מסתיימת שירת הים (אבודרהם).
והאר"י נהג לומר גם את התרגום לפסוק (שעה"כ). ראה הלכה 91.

שמות טו אָז יָשִׁיר־מֹשֶׁה וּבְנֵי יִשְׂרָאֵל אֶת־הַשִּׁירָה הַזֹּאת לַיהוָה, וַיֹּאמְרוּ
לֵאמֹר, אָשִׁירָה לַּיהוָה כִּי־גָאֹה גָּאָה, סוּס
וְרֹכְבוֹ רָמָה בַיָּם: עָזִּי וְזִמְרָת יָהּ וַיְהִי־לִי
לִישׁוּעָה, זֶה אֵלִי וְאַנְוֵהוּ, אֱלֹהֵי
אָבִי וַאֲרֹמְמֶנְהוּ: יְהוָה אִישׁ מִלְחָמָה, יְהוָה
שְׁמוֹ: מַרְכְּבֹת פַּרְעֹה וְחֵילוֹ יָרָה בַיָּם, וּמִבְחַר
שָׁלִשָׁיו טֻבְּעוּ בְיַם־סוּף: תְּהֹמֹת יְכַסְיֻמוּ, יָרְדוּ בִמְצוֹלֹת כְּמוֹ־
אָבֶן: יְמִינְךָ יְהוָה נֶאְדָּרִי בַּכֹּחַ, יְמִינְךָ
יְהוָה תִּרְעַץ אוֹיֵב: וּבְרֹב גְּאוֹנְךָ תַּהֲרֹס
קָמֶיךָ, תְּשַׁלַּח חֲרֹנְךָ יֹאכְלֵמוֹ כַּקַּשׁ: וּבְרוּחַ
אַפֶּיךָ נֶעֶרְמוּ מַיִם, נִצְּבוּ כְמוֹ־נֵד
נֹזְלִים, קָפְאוּ תְהֹמֹת בְּלֶב־יָם: אָמַר
אוֹיֵב אֶרְדֹּף, אַשִּׂיג, אֲחַלֵּק שָׁלָל, תִּמְלָאֵמוֹ
נַפְשִׁי, אָרִיק חַרְבִּי תּוֹרִישֵׁמוֹ יָדִי: נָשַׁפְתָּ
בְרוּחֲךָ כִּסָּמוֹ יָם, צָלְלוּ כַּעוֹפֶרֶת בְּמַיִם
אַדִּירִים: מִי־כָמֹכָה בָּאֵלִם יְהוָה, מִי

כָּמֹכָה נֶאְדָּר בַּקֹּדֶשׁ, נוֹרָא תְהִלֹּת עֹשֵׂה
פֶלֶא: נָטִיתָ יְמִינְךָ תִּבְלָעֵמוֹ אָרֶץ: נָחִיתָ
בְחַסְדְּךָ עַם־זוּ גָּאָלְתָּ, נֵהַלְתָּ בְעָזְּךָ אֶל־נְוֵה
קָדְשֶׁךָ: שָׁמְעוּ עַמִּים יִרְגָּזוּן, חִיל
אָחַז יֹשְׁבֵי פְּלָשֶׁת: אָז נִבְהֲלוּ אַלּוּפֵי
אֱדוֹם, אֵילֵי מוֹאָב יֹאחֲזֵמוֹ רָעַד, נָמֹגוּ
כֹּל יֹשְׁבֵי כְנָעַן: תִּפֹּל עֲלֵיהֶם אֵימָתָה
וָפַחַד, בִּגְדֹל זְרוֹעֲךָ יִדְּמוּ כָּאָבֶן, עַד־
יַעֲבֹר עַמְּךָ יְהוָה, עַד־יַעֲבֹר עַם־זוּ
קָנִיתָ: תְּבִאֵמוֹ וְתִטָּעֵמוֹ בְּהַר נַחֲלָתְךָ, מָכוֹן
לְשִׁבְתְּךָ פָּעַלְתָּ יְהוָה, מִקְּדָשׁ אֲדֹנָי כּוֹנְנוּ
יָדֶיךָ: יְהוָה ׀ יִמְלֹךְ לְעֹלָם וָעֶד:
יְהוָה ׀ יִמְלֹךְ לְעֹלָם וָעֶד:

תרגום אונקלוס שם יְהוָה מַלְכוּתֵהּ קָאֵם לְעָלַם וּלְעָלְמֵי עָלְמַיָּא.

כִּי
בָא סוּס פַּרְעֹה בְּרִכְבּוֹ וּבְפָרָשָׁיו בַּיָּם, וַיָּשֶׁב יְהוָה עֲלֵהֶם אֶת־מֵי
הַיָּם, וּבְנֵי יִשְׂרָאֵל הָלְכוּ בַיַּבָּשָׁה בְּתוֹךְ הַיָּם:

אחרי השירה מוסיפים שלושה פסוקים, המתארים את מלכות ה׳ על העולם כולו (סידור חסידי אשכנז).

תהלים כב כִּי לַיהוָה הַמְּלוּכָה, וּמֹשֵׁל בַּגּוֹיִם:
עובדיה א וְעָלוּ מוֹשִׁעִים בְּהַר צִיּוֹן לִשְׁפֹּט אֶת־הַר עֵשָׂו
וְהָיְתָה לַיהוָה הַמְּלוּכָה:
זכריה יד וְהָיָה יְהוָה לְמֶלֶךְ עַל־כָּל־הָאָרֶץ
בַּיּוֹם הַהוּא יִהְיֶה יְהוָה אֶחָד וּשְׁמוֹ אֶחָד:

# יִשְׁתַּבַּח

שִׁמְךָ לָעַד מַלְכֵּנוּ
הָאֵל הַמֶּלֶךְ הַגָּדוֹל וְהַקָּדוֹשׁ בַּשָּׁמַיִם וּבָאָרֶץ
כִּי לְךָ נָאֶה, יְהוָה אֱלֹהֵינוּ וֵאלֹהֵי אֲבוֹתֵינוּ
לְעוֹלָם וָעֶד
שִׁיר וּשְׁבָחָה, הַלֵּל וְזִמְרָה
עֹז וּמֶמְשָׁלָה, נֶצַח, גְּדֻלָּה וּגְבוּרָה
תְּהִלָּה וְתִפְאֶרֶת, קְדֻשָּׁה וּמַלְכוּת
בְּרָכוֹת וְהוֹדָאוֹת לְשִׁמְךָ הַגָּדוֹל וְהַקָּדוֹשׁ
וּמֵעוֹלָם עַד־עוֹלָם אַתָּה אֵל: תהלים צ
בָּרוּךְ אַתָּה יְהוָה
מֶלֶךְ גָּדוֹל וּמְהֻלָּל בַּתִּשְׁבָּחוֹת
אֵל הַהוֹדָאוֹת, אֲדוֹן הַנִּפְלָאוֹת
בּוֹרֵא כָּל הַנְּשָׁמוֹת, רִבּוֹן כָּל הַמַּעֲשִׂים
הַבּוֹחֵר בְּשִׁירֵי זִמְרָה
מֶלֶךְ, אֵל, חֵי הָעוֹלָמִים. אָמֵן.

"בכל עשרת ימי תשובה טוב ונכון מאוד לומר מזמור שנאמר בו: 'מִמַּעֲמַקִּים קְרָאתִיךָ ה'' בין 'יִשְׁתַּבַּח' ל'יוֹצֵר'" (שעה"כ, עניין ר"ה ויו"ה).

תהלים קל שִׁיר הַמַּעֲלוֹת, מִמַּעֲמַקִּים קְרָאתִיךָ יְהוָה: אֲדֹנָי שִׁמְעָה בְקוֹלִי, תִּהְיֶינָה אָזְנֶיךָ קַשֻּׁבוֹת לְקוֹל תַּחֲנוּנָי: אִם־עֲוֹנוֹת תִּשְׁמָר־יָהּ, אֲדֹנָי מִי יַעֲמֹד: כִּי־עִמְּךָ הַסְּלִיחָה, לְמַעַן תִּוָּרֵא: קִוִּיתִי יְהוָה קִוְּתָה נַפְשִׁי, וְלִדְבָרוֹ הוֹחָלְתִּי: נַפְשִׁי לַאדֹנָי, מִשֹּׁמְרִים לַבֹּקֶר, שֹׁמְרִים לַבֹּקֶר: יַחֵל יִשְׂרָאֵל אֶל־יְהוָה, כִּי־עִם־יְהוָה הַחֶסֶד, וְהַרְבֵּה עִמּוֹ פְדוּת: וְהוּא יִפְדֶּה אֶת־יִשְׂרָאֵל, מִכֹּל עֲוֹנוֹתָיו:

### חצי קדיש

שליח הציבור כורע במילים המסומנות ב°.

ש"ץ: °יִתְגַּדַּל וְיִתְקַדַּשׁ שְׁמֵהּ רַבָּא (קהל: אָמֵן)
בְּעָלְמָא דִּי בְרָא כִרְעוּתֵהּ
וְיַמְלִיךְ מַלְכוּתֵהּ וְיַצְמַח פֻּרְקָנֵהּ וִיקָרֵב מְשִׁיחֵהּ (קהל: אָמֵן)
בְּחַיֵּיכוֹן וּבְיוֹמֵיכוֹן וּבְחַיֵּי דְכָל בֵּית יִשְׂרָאֵל
בַּעֲגָלָא וּבִזְמַן קָרִיב
וְאִמְרוּ אָמֵן. (קהל: אָמֵן)

קהל וש"ץ: יְהֵא שְׁמֵהּ רַבָּא מְבָרַךְ לְעָלַם לְעָלְמֵי עָלְמַיָּא. °יִתְבָּרַךְ
וְיִשְׁתַּבַּח וְיִתְפָּאַר וְיִתְרוֹמַם וְיִתְנַשֵּׂא
וְיִתְהַדָּר וְיִתְעַלֶּה וְיִתְהַלָּל
שְׁמֵהּ דְּקֻדְשָׁא °בְּרִיךְ הוּא (קהל: אָמֵן)
לְעֵלָּא מִן כָּל בִּרְכָתָא
וְשִׁירָתָא, תֻּשְׁבְּחָתָא וְנֶחֱמָתָא
דַּאֲמִירָן בְּעָלְמָא
וְאִמְרוּ °אָמֵן. (קהל: אָמֵן)

## קריאת שמע וברכותיה

״בשחר מברך שתים לפניה ואחת לאחריה״ (משנה, ברכות א, ד).

הברכה הראשונה היא על האור, שהוא תחילת הבריאה, עם זאת מזכירים גם את בריאת החושך להודיע שבורא אחד ברא הכל (תלמידי ר׳ יונה, ברכות יא ע״ב) ומטיל שלום ביניהם, שכן ״אם אין שלום אין כלום״ (רש״י, ויקרא כו, ו).

נוהגים לשבת בקריאת שמע וברכותיה (פסיקתא דרב כהנא; זוהר חדש, תרומה). כשאומר ״יוֹצֵר אוֹר וּבוֹרֵא חֹשֶׁךְ״ ממשמש בתפילין של יד (שעה״כ).

אין להפסיק בדיבור מתיבת ׳בָּרְכוּ׳ ועד סוף תפילת העמידה
פרט לדברים שבקדושה. ראה טבלה בעמ׳ 1096.

שליח הציבור אומר ׳בָּרְכוּ׳ כדי לקרוא לציבור להתפלל עמו (ראב״ן, עג), כורע בתיבת ׳בָּרְכוּ׳ וזוקף בשם (כלבו), וכורע שוב כאשר הוא חוזר אחרי הקהל.

ש״ץ: **בָּרְכוּ**

אֶת יְהוָה הַמְבֹרָךְ.

קהל: בָּרוּךְ יְהוָה הַמְבֹרָךְ לְעוֹלָם וָעֶד.

ש״ץ: בָּרוּךְ יְהוָה הַמְבֹרָךְ לְעוֹלָם וָעֶד.

בָּרוּךְ אַתָּה יְהוָה, אֱלֹהֵינוּ מֶלֶךְ הָעוֹלָם
יוֹצֵר אוֹר וּבוֹרֵא חֹשֶׁךְ, עֹשֶׂה שָׁלוֹם וּבוֹרֵא אֶת הַכֹּל.

הַמֵּאִיר לָאָרֶץ וְלַדָּרִים עָלֶיהָ בְּרַחֲמִים
וּבְטוּבוֹ מְחַדֵּשׁ בְּכָל יוֹם תָּמִיד מַעֲשֵׂה בְרֵאשִׁית.
מָה־רַבּוּ מַעֲשֶׂיךָ יְהוָה, כֻּלָּם בְּחָכְמָה עָשִׂיתָ תהלים קד
מָלְאָה הָאָרֶץ קִנְיָנֶךָ:
הַמֶּלֶךְ הַמְרוֹמָם לְבַדּוֹ מֵאָז
הַמְשֻׁבָּח וְהַמְפֹאָר וְהַמִּתְנַשֵּׂא מִימוֹת עוֹלָם.

אֱלֹהֵי עוֹלָם
בְּרַחֲמֶיךָ הָרַבִּים רַחֵם עָלֵינוּ
אֲדוֹן עֻזֵּנוּ, צוּר מִשְׂגַּבֵּנוּ
מָגֵן יִשְׁעֵנוּ, מִשְׂגָּב בַּעֲדֵנוּ.

אֵל בָּרוּךְ גְּדוֹל דֵּעָה, הֵכִין וּפָעַל זָהֳרֵי חַמָּה
טוֹב יָצַר כָּבוֹד לִשְׁמוֹ, מְאוֹרוֹת נָתַן סְבִיבוֹת עֻזּוֹ
פִּנּוֹת צְבָאוֹת קְדוֹשִׁים, רוֹמְמֵי שַׁדַּי
תָּמִיד מְסַפְּרִים כְּבוֹד אֵל וּקְדֻשָּׁתוֹ.

תִּתְבָּרַךְ יְהוָֹה אֱלֹהֵינוּ בַּשָּׁמַיִם מִמַּעַל וְעַל הָאָרֶץ מִתָּחַת
עַל כָּל שֶׁבַח מַעֲשֵׂה יָדֶיךָ, וְעַל מְאוֹרֵי אוֹר שֶׁיָּצַרְתָּ
הֵמָּה יְפָאֲרוּךָ סֶּלָה.

תִּתְבָּרַךְ לָנֶצַח צוּרֵנוּ
מַלְכֵּנוּ וְגוֹאֲלֵנוּ, בּוֹרֵא קְדוֹשִׁים
יִשְׁתַּבַּח שִׁמְךָ לָעַד מַלְכֵּנוּ, יוֹצֵר מְשָׁרְתִים
וַאֲשֶׁר מְשָׁרְתָיו כֻּלָּם, עוֹמְדִים בְּרוּם עוֹלָם
וּמַשְׁמִיעִים בְּיִרְאָה יַחַד בְּקוֹל, דִּבְרֵי אֱלֹהִים חַיִּים וּמֶלֶךְ עוֹלָם.
כֻּלָּם אֲהוּבִים כֻּלָּם בְּרוּרִים
כֻּלָּם גִּבּוֹרִים כֻּלָּם קְדוֹשִׁים
כֻּלָּם עוֹשִׂים בְּאֵימָה וּבְיִרְאָה רְצוֹן קוֹנֵיהֶם
וְכֻלָּם פּוֹתְחִים אֶת פִּיהֶם בִּקְדֻשָּׁה וּבְטָהֳרָה
בְּשִׁירָה וּבְזִמְרָה
וּמְבָרְכִין וּמְשַׁבְּחִין וּמְפָאֲרִין
וּמַקְדִּישִׁין וּמַעֲרִיצִין וּמַמְלִיכִין
אֶת שֵׁם הָאֵל הַמֶּלֶךְ הַגָּדוֹל, הַגִּבּוֹר וְהַנּוֹרָא
קָדוֹשׁ הוּא.

וְכֻלָּם מְקַבְּלִים עֲלֵיהֶם עֹל מַלְכוּת שָׁמַיִם זֶה מִזֶּה
וְנוֹתְנִים רְשׁוּת זֶה לָזֶה
לְהַקְדִּישׁ לְיוֹצְרָם בְּנַחַת רוּחַ
בְּשָׂפָה בְרוּרָה וּבִנְעִימָה
קְדֻשָּׁה כֻּלָּם כְּאֶחָד עוֹנִים בְּאֵימָה וְאוֹמְרִים בְּיִרְאָה

יש פוסקים הסבורים שקדושת יוצר היא חובת ציבור ואין לאומרה ביחידות (רס״ג והרשב״א), ולכן המתפלל יחידי אומר את הפסוקים 'קָדוֹשׁ' ו'בָּרוּךְ' בטעמים כקורא בתורה (שו״ע נט, ג). יש לומר קדושה זו בישיבה (זוהר, תרומה קלב ע״ב).

הציבור אומר ביחד ('לבוש' שם):

קָדוֹשׁ ׀ קָדוֹשׁ קָדוֹשׁ יְהֹוָה צְבָאוֹת ישעיה ו
מְלֹא כָל־הָאָרֶץ כְּבוֹדוֹ:

וְהָאוֹפַנִּים וְחַיּוֹת הַקֹּדֶשׁ
בְּרַעַשׁ גָּדוֹל מִתְנַשְּׂאִים לְעֻמַּת הַשְּׂרָפִים
לְעֻמָּתָם מְשַׁבְּחִים וְאוֹמְרִים

הציבור אומר ביחד (שם):

בָּרוּךְ כְּבוֹד־יְהֹוָה מִמְּקוֹמוֹ: יחזקאל ג

לָאֵל בָּרוּךְ, נְעִימוֹת יִתֵּנוּ
לַמֶּלֶךְ אֵל חַי וְקַיָּם, זְמִירוֹת יֹאמֵרוּ וְתִשְׁבָּחוֹת יַשְׁמִיעוּ
כִּי הוּא לְבַדּוֹ מָרוֹם וְקָדוֹשׁ
פּוֹעֵל גְּבוּרוֹת, עוֹשֶׂה חֲדָשׁוֹת
בַּעַל מִלְחָמוֹת, זוֹרֵעַ צְדָקוֹת
מַצְמִיחַ יְשׁוּעוֹת, בּוֹרֵא רְפוּאוֹת
נוֹרָא תְהִלּוֹת, אֲדוֹן הַנִּפְלָאוֹת
הַמְחַדֵּשׁ בְּטוּבוֹ בְּכָל יוֹם תָּמִיד מַעֲשֵׂה בְרֵאשִׁית
כָּאָמוּר
לְעֹשֵׂה אוֹרִים גְּדֹלִים, כִּי לְעוֹלָם חַסְדּוֹ: תהלים קלו
בָּרוּךְ אַתָּה יְהֹוָה, יוֹצֵר הַמְּאוֹרוֹת.

״סמכו 'אַהֲבַת עוֹלָם' ל'יוֹצֵר הַמְּאוֹרוֹת' שבה מזכיר יחוד שמו של הקב״ה ונתינת התורה המאירה מכל המאורות, שהשמש אינו מאיר אלא ביום והתורה מאירה בין ביום ובין בלילה, ואחזו דרך מזמור (יט): 'הַשָּׁמַיִם מְסַפְּרִים כְּבוֹד־אֵל'... 'תּוֹרַת ה' תְּמִימָה' ואחרי כן 'עֵדוּת ה' נֶאֱמָנָה' שאנו חייבין להעיד על יחודו האמיתי״ (ספר המנהגות).

אַהֲבַת עוֹלָם אֲהַבְתָּנוּ, יְהוָה אֱלֹהֵינוּ
חֶמְלָה גְדוֹלָה וִיתֵרָה חָמַלְתָּ עָלֵינוּ.
אָבִינוּ מַלְכֵּנוּ
בַּעֲבוּר שִׁמְךָ הַגָּדוֹל, וּבַעֲבוּר אֲבוֹתֵינוּ שֶׁבָּטְחוּ בְךָ
וַתְּלַמְּדֵמוֹ חֻקֵּי חַיִּים, לַעֲשׂוֹת רְצוֹנְךָ בְּלֵבָב שָׁלֵם
כֵּן תְּחָנֵּנוּ אָבִינוּ, אָב הָרַחֲמָן
הַמְרַחֵם, רַחֵם נָא עָלֵינוּ
וְתֵן בְּלִבֵּנוּ בִּינָה לְהָבִין, לְהַשְׂכִּיל, לִשְׁמֹעַ, לִלְמֹד וּלְלַמֵּד
לִשְׁמֹר וְלַעֲשׂוֹת וּלְקַיֵּם אֶת כָּל דִּבְרֵי תַלְמוּד תּוֹרָתְךָ בְּאַהֲבָה.
וְהָאֵר עֵינֵינוּ בְּתוֹרָתֶךָ וְדַבֵּק לִבֵּנוּ בְּמִצְוֹתֶיךָ
וְיַחֵד לְבָבֵנוּ לְאַהֲבָה וּלְיִרְאָה אֶת שְׁמֶךָ.
לֹא נֵבוֹשׁ וְלֹא נִכָּלֵם וְלֹא נִכָּשֵׁל לְעוֹלָם וָעֶד
כִּי בְשֵׁם קָדְשְׁךָ הַגָּדוֹל הַגִּבּוֹר וְהַנּוֹרָא בָּטָחְנוּ
נָגִילָה וְנִשְׂמְחָה בִּישׁוּעָתֶךָ.
וְרַחֲמֶיךָ יְהוָה אֱלֹהֵינוּ וַחֲסָדֶיךָ הָרַבִּים
אַל יַעַזְבוּנוּ נֶצַח סֶלָה וָעֶד.

״מצוה לאחוז הציצית ביד שמאלית כנגד לבו בשעת קריאת שמע״ (שו״ע כד, ב על פי שוחר טוב). לדעת האר״י, יש לאוספן ולאוחזן בין קמיצה לזרת ולהניחן על הלב כשמגיע 'לְמֵאַרְבַּע כַּנְפוֹת'. יש נוהגים לאחוז את ארבעתן (הרדב״ז והאר״י), ויש נוהגים לאחוז רק שתיים כדי להישאר מסובב במצוות (ראבי״ה, ב״י בשם הרקנטי, מהרש״ל והגר״א).

מַהֵר וְהָבֵא עָלֵינוּ בְּרָכָה וְשָׁלוֹם
(מְהֵרָה) מֵאַרְבַּע כַּנְפוֹת כָּל הָאָרֶץ
וּשְׁבוֹר עֹל הַגּוֹיִם מֵעַל צַוָּארֵנוּ, וְהוֹלִיכֵנוּ מְהֵרָה קוֹמְמִיּוּת לְאַרְצֵנוּ.
כִּי אֵל פּוֹעֵל יְשׁוּעוֹת אָתָּה, וּבָנוּ בָחַרְתָּ מִכָּל עַם וְלָשׁוֹן

וְקֵרַבְתָּנוּ מַלְכֵּנוּ לְשִׁמְךָ הַגָּדוֹל בְּאַהֲבָה
לְהוֹדוֹת לְךָ וּלְיַחֶדְךָ, לְיִרְאָה וּלְאַהֲבָה אֶת שְׁמֶךָ.
בָּרוּךְ אַתָּה יְהֹוָה, הַבּוֹחֵר בְּעַמּוֹ יִשְׂרָאֵל בְּאַהֲבָה.

׳יקרא קריאת שמע בכוונה – באימה, ביראה, ברתת וזיע׳ (שו״ע סא, א).
קריאת שמע צריכה כוונה מיוחדת בכל שלוש פרשיותיה,
אך מי שאינו יכול לכוון בכולן חייב לכוון לפחות בפסוק הראשון,
ואם לא התכוון צריך לחזור ולקוראו שנית (שו״ע סג, ד). ראה הלכות 105-106.
בקריאת שמע שלוש פרשיות:
׳שְׁמַע׳, שעניינה קבלת עול מלכות שמים; ׳וְהָיָה אִם־שָׁמֹעַ׳, שעניינה קבלת עול מצוות;
ופרשת ציצית, שיש בה ציווי על זכירת המצוות, הזכרת יציאת
מצרים ובחירת ה׳ בעם ישראל (משנה, ברכות יג ע״א).
כשמגיע למקום המסומן ב°, ימשש בתפילין של יד; וכשמגיע למקום המסומן ב°°,
ימשש בתפילין של ראש (ספר היראה על פי שבת יב ע״א; שו״ע כח, א).
מכסה את עיניו בידו ואומר בכוונה ובקול רם:

**שְׁמַע יִשְׂרָאֵל, יְהֹוָה אֱלֹהֵינוּ, יְהֹוָה ׀ אֶחָד:** דברים ו

בלחש: בָּרוּךְ שֵׁם כְּבוֹד מַלְכוּתוֹ לְעוֹלָם וָעֶד.

וְאָהַבְתָּ אֵת יְהֹוָה אֱלֹהֶיךָ, בְּכָל־לְבָבְךָ וּבְכָל־נַפְשְׁךָ וּבְכָל־ דברים ו
מְאֹדֶךָ: וְהָיוּ הַדְּבָרִים הָאֵלֶּה, אֲשֶׁר אָנֹכִי מְצַוְּךָ הַיּוֹם, עַל־לְבָבֶךָ:
וְשִׁנַּנְתָּם לְבָנֶיךָ וְדִבַּרְתָּ בָּם, בְּשִׁבְתְּךָ בְּבֵיתֶךָ וּבְלֶכְתְּךָ בַדֶּרֶךְ,
וּבְשָׁכְבְּךָ וּבְקוּמֶךָ: °וּקְשַׁרְתָּם לְאוֹת עַל־יָדֶךָ °°וְהָיוּ לְטֹטָפֹת
בֵּין עֵינֶיךָ: וּכְתַבְתָּם עַל־מְזֻזוֹת בֵּיתֶךָ וּבִשְׁעָרֶיךָ:

וְהָיָה אִם־שָׁמֹעַ תִּשְׁמְעוּ אֶל־מִצְוֹתַי אֲשֶׁר אָנֹכִי מְצַוֶּה אֶתְכֶם דברים יא
הַיּוֹם, לְאַהֲבָה אֶת־יְהֹוָה אֱלֹהֵיכֶם וּלְעָבְדוֹ, בְּכָל־לְבַבְכֶם וּבְכָל־
נַפְשְׁכֶם: וְנָתַתִּי מְטַר־אַרְצְכֶם בְּעִתּוֹ, יוֹרֶה וּמַלְקוֹשׁ, וְאָסַפְתָּ
דְגָנֶךָ וְתִירֹשְׁךָ וְיִצְהָרֶךָ: וְנָתַתִּי עֵשֶׂב בְּשָׂדְךָ לִבְהֶמְתֶּךָ, וְאָכַלְתָּ
וְשָׂבָעְתָּ: הִשָּׁמְרוּ לָכֶם פֶּן־יִפְתֶּה לְבַבְכֶם, וְסַרְתֶּם וַעֲבַדְתֶּם
אֱלֹהִים אֲחֵרִים וְהִשְׁתַּחֲוִיתֶם לָהֶם: וְחָרָה אַף־יְהֹוָה בָּכֶם, וְעָצַר
אֶת־הַשָּׁמַיִם וְלֹא־יִהְיֶה מָטָר, וְהָאֲדָמָה לֹא תִתֵּן אֶת־יְבוּלָהּ,

וַאֲבַדְתֶּם מְהֵרָה מֵעַל הָאָרֶץ הַטֹּבָה אֲשֶׁר יְהֹוָה נֹתֵן לָכֶם: וְשַׂמְתֶּם אֶת־דְּבָרַי אֵלֶּה עַל־לְבַבְכֶם וְעַל־נַפְשְׁכֶם, °וּקְשַׁרְתֶּם אֹתָם לְאוֹת עַל־יֶדְכֶם, °°וְהָיוּ לְטוֹטָפֹת בֵּין עֵינֵיכֶם: וְלִמַּדְתֶּם אֹתָם אֶת־בְּנֵיכֶם לְדַבֵּר בָּם, בְּשִׁבְתְּךָ בְּבֵיתֶךָ וּבְלֶכְתְּךָ בַדֶּרֶךְ, וּבְשָׁכְבְּךָ וּבְקוּמֶךָ: וּכְתַבְתָּם עַל־מְזוּזוֹת בֵּיתֶךָ וּבִשְׁעָרֶיךָ: לְמַעַן יִרְבּוּ יְמֵיכֶם וִימֵי בְנֵיכֶם עַל הָאֲדָמָה אֲשֶׁר נִשְׁבַּע יְהֹוָה לַאֲבֹתֵיכֶם לָתֵת לָהֶם, כִּימֵי הַשָּׁמַיִם עַל־הָאָרֶץ:

וכשיגיע אל 'וַיֹּאמֶר' תקח ראשי חוטי הד' ציציות ביד ימין, ושרשם הנאחזות בכנפי הטלית יהיו ביד שמאל ותניחה כך נתונה על הלב לצד שמאל. וכל עוד שאתה אומר פרשת ציצית, תהיה מביט ומסתכל בציציות ההם, וכשתגיע אל °'וּרְאִיתֶם אֹתוֹ' תעבירם על גבי עיניך ותנשקם' (שעה"כ). וכשמגיע לתיבת °'עֵינֵיכֶם' מנשקן ומעבירן על גבי עיניו (שם). ויש נוהגים לנשקן ולהעבירן על גבי העיניים גם אחרי 'וַעֲשִׂיתֶם אֹתָם' (יעב"ץ) ואחרי 'אֶת־כָּל־מִצְוֹתָי' (תכלאל עץ חיים).

וַיֹּאמֶר יְהֹוָה אֶל־מֹשֶׁה לֵּאמֹר: דַּבֵּר אֶל־בְּנֵי יִשְׂרָאֵל וְאָמַרְתָּ במדבר טו
אֲלֵהֶם, וְעָשׂוּ לָהֶם צִיצִת עַל־כַּנְפֵי בִגְדֵיהֶם לְדֹרֹתָם, וְנָתְנוּ עַל־צִיצִת הַכָּנָף פְּתִיל תְּכֵלֶת: וְהָיָה לָכֶם לְצִיצִת, °וּרְאִיתֶם אֹתוֹ וּזְכַרְתֶּם אֶת־כָּל־מִצְוֹת יְהֹוָה וַעֲשִׂיתֶם אֹתָם, וְלֹא תָתוּרוּ אַחֲרֵי לְבַבְכֶם וְאַחֲרֵי °עֵינֵיכֶם, אֲשֶׁר־אַתֶּם זֹנִים אַחֲרֵיהֶם: לְמַעַן תִּזְכְּרוּ וַעֲשִׂיתֶם אֶת־כָּל־מִצְוֹתָי, וִהְיִיתֶם קְדֹשִׁים לֵאלֹהֵיכֶם: אֲנִי יְהֹוָה אֱלֹהֵיכֶם, אֲשֶׁר הוֹצֵאתִי אֶתְכֶם מֵאֶרֶץ מִצְרַיִם, לִהְיוֹת לָכֶם לֵאלֹהִים, אֲנִי יְהֹוָה אֱלֹהֵיכֶם:

שליח הציבור והקהל אומרים (ראה הלכה 123):

## אֱמֶת

שליח הציבור חוזר ואומר (שו"ע סא, ג על פי הזוהר):

### יְהֹוָה אֱלֹהֵיכֶם אֱמֶת

וְיַצִּיב, וְנָכוֹן וְקַיָּם, וְיָשָׁר וְנֶאֱמָן, וְאָהוּב וְחָבִיב וְנֶחְמָד וְנָעִים, וְנוֹרָא וְאַדִּיר, וּמְתֻקָּן וּמְקֻבָּל, וְטוֹב וְיָפֶה הַדָּבָר הַזֶּה עָלֵינוּ לְעוֹלָם וָעֶד.

אֱמֶת אֱלֹהֵי עוֹלָם מַלְכֵּנוּ
צוּר יַעֲקֹב מָגֵן יִשְׁעֵנוּ
לְדוֹר וָדוֹר הוּא קַיָּם
וּשְׁמוֹ קַיָּם
וְכִסְאוֹ נָכוֹן
וּמַלְכוּתוֹ וֶאֱמוּנָתוֹ לָעַד קַיֶּמֶת

כשאומר 'לָעַד', מנשק את הציציות
מעבירן על גבי עיניו ומניחן (שעה"כ).

וּדְבָרָיו חַיִּים וְקַיָּמִים
וְנֶאֱמָנִים וְנֶחֱמָדִים
°לָעַד וּלְעוֹלְמֵי עוֹלָמִים
עַל אֲבוֹתֵינוּ, עָלֵינוּ
וְעַל בָּנֵינוּ וְעַל דּוֹרוֹתֵינוּ
וְעַל כָּל דּוֹרוֹת זֶרַע יִשְׂרָאֵל עֲבָדֶיךָ
עַל הָרִאשׁוֹנִים וְעַל הָאַחֲרוֹנִים
דָּבָר טוֹב וְקַיָּם
בֶּאֱמֶת וּבֶאֱמוּנָה, חֹק וְלֹא יַעֲבֹר.

אֱמֶת שָׁאַתָּה הוּא יְהֹוָה
אֱלֹהֵינוּ וֵאלֹהֵי אֲבוֹתֵינוּ
מַלְכֵּנוּ מֶלֶךְ אֲבוֹתֵינוּ
גּוֹאֲלֵנוּ גּוֹאֵל אֲבוֹתֵינוּ
יוֹצְרֵנוּ צוּר יְשׁוּעָתֵנוּ
פּוֹדֵנוּ וּמַצִּילֵנוּ מֵעוֹלָם הוּא שְׁמֶךָ
וְאֵין לָנוּ עוֹד אֱלֹהִים זוּלָתְךָ
סֶלָה.

עֶזְרַת אֲבוֹתֵינוּ אַתָּה הוּא מֵעוֹלָם
מָגֵן וּמוֹשִׁיעַ לָהֶם וְלִבְנֵיהֶם אַחֲרֵיהֶם בְּכָל דּוֹר וָדוֹר.
בְּרוּם עוֹלָם מוֹשָׁבֶךָ
וּמִשְׁפָּטֶיךָ וְצִדְקָתְךָ עַד אַפְסֵי אָרֶץ.

אֱמֶת אַשְׁרֵי אִישׁ שֶׁיִּשְׁמַע לְמִצְוֹתֶיךָ
וְתוֹרָתְךָ וּדְבָרְךָ יָשִׂים עַל לִבּוֹ.

אֱמֶת שֶׁאַתָּה הוּא אָדוֹן לְעַמֶּךָ
וּמֶלֶךְ גִּבּוֹר לָרִיב רִיבָם לְאָבוֹת וּבָנִים.

אֱמֶת אַתָּה הוּא רִאשׁוֹן וְאַתָּה הוּא אַחֲרוֹן
וּמִבַּלְעָדֶיךָ אֵין לָנוּ מֶלֶךְ גּוֹאֵל וּמוֹשִׁיעַ.

אֱמֶת מִמִּצְרַיִם גְּאַלְתָּנוּ, יְהֹוָה אֱלֹהֵינוּ
מִבֵּית עֲבָדִים פְּדִיתָנוּ
כָּל בְּכוֹרֵיהֶם הָרָגְתָּ
וּבְכוֹרְךָ יִשְׂרָאֵל גָּאָלְתָּ
וְיַם סוּף לָהֶם בָּקַעְתָּ
וְזֵדִים טִבַּעְתָּ
וִידִידִים עָבְרוּ יָם
וַיְכַסּוּ־מַיִם צָרֵיהֶם, אֶחָד מֵהֶם לֹא נוֹתָר׃ תהלים קו

עַל זֹאת שִׁבְּחוּ אֲהוּבִים וְרוֹמְמוּ לָאֵל
וְנָתְנוּ יְדִידִים זְמִירוֹת, שִׁירוֹת וְתִשְׁבָּחוֹת
בְּרָכוֹת וְהוֹדָאוֹת לַמֶּלֶךְ אֵל חַי וְקַיָּם

רָם וְנִשָּׂא, גָּדוֹל וְנוֹרָא
מַשְׁפִּיל גֵּאִים עֲדֵי אָרֶץ
מַגְבִּיהַּ שְׁפָלִים עַד מָרוֹם
מוֹצִיא אֲסִירִים, פּוֹדֶה עֲנָוִים, עוֹזֵר דַּלִּים
הָעוֹנֶה לְעַמּוֹ יִשְׂרָאֵל בְּעֵת שַׁוְּעָם אֵלָיו.

כאן עומדים כהכנה לתפילת שמונה עשרה
(מהרי״ל, על פי רש״י לברכות לא ע״א; שעה״כ).

תְּהִלּוֹת לְאֵל עֶלְיוֹן גּוֹאֲלָם
בָּרוּךְ הוּא וּמְבֹרָךְ
מֹשֶׁה וּבְנֵי יִשְׂרָאֵל
לְךָ עָנוּ שִׁירָה בְּשִׂמְחָה רַבָּה
וְאָמְרוּ כֻלָּם
מִי־כָמֹכָה בָּאֵלִם, יְהוָה שמות טו
מִי כָּמֹכָה נֶאְדָּר בַּקֹּדֶשׁ
נוֹרָא תְהִלֹּת, עֹשֵׂה פֶלֶא:

שִׁירָה חֲדָשָׁה שִׁבְּחוּ גְאוּלִים
לְשִׁמְךָ הַגָּדוֹל עַל שְׂפַת הַיָּם
יַחַד כֻּלָּם הוֹדוּ וְהִמְלִיכוּ
וְאָמְרוּ
יְהוָה יִמְלֹךְ לְעֹלָם וָעֶד: שמות טו
וְנֶאֱמַר
גֹּאֲלֵנוּ יְהוָה צְבָאוֹת שְׁמוֹ, קְדוֹשׁ יִשְׂרָאֵל: ישעיה מז
בָּרוּךְ אַתָּה יְהוָה, גָּאַל יִשְׂרָאֵל.

## עמידה

״המתפלל צריך שיכוין בלבו פירוש המלות שמוציא בשפתיו; ויחשוב כאלו שכינה כנגדו ויסיר כל המחשבות הטורדות אותו עד שתשאר מחשבתו וכוונתו זכה בתפלתו״ (שו״ע צח, א).

יש נוהגים לפסוע שלוש פסיעות לפנים, כמי שנכנס לפני המלך
(ספר הפרדס; קש״ג יב, טו בשם הרוקח).

עומד ומתפלל בלחש מכאן ועד ׳בְּלֵבָב שָׁלֵם׳ בעמ׳ 78.

שוחין בברכת אבות תחילה וסוף (ברכות לד ע״א; שו״ע קיג, א).
כורע בתיבת ׳בָּרוּךְ׳, קד לפנים בתיבת ׳אַתָּה׳ וזוקף בשם (׳רעיא מהימנא׳, עקב).

תהלים נא אֲדֹנָי, שְׂפָתַי תִּפְתָּח, וּפִי יַגִּיד תְּהִלָּתֶךָ:

אבות

בָּרוּךְ אַתָּה יְהֹוָה, אֱלֹהֵינוּ וֵאלֹהֵי אֲבוֹתֵינוּ
אֱלֹהֵי אַבְרָהָם, אֱלֹהֵי יִצְחָק, וֵאלֹהֵי יַעֲקֹב
הָאֵל הַגָּדוֹל הַגִּבּוֹר וְהַנּוֹרָא, אֵל עֶלְיוֹן
גּוֹמֵל חֲסָדִים טוֹבִים, קוֹנֵה הַכֹּל
וְזוֹכֵר חַסְדֵי אָבוֹת
וּמֵבִיא גוֹאֵל לִבְנֵי בְנֵיהֶם לְמַעַן שְׁמוֹ בְּאַהֲבָה.

בעשרת ימי תשובה: זָכְרֵנוּ לְחַיִּים, מֶלֶךְ חָפֵץ בַּחַיִּים
כָּתְבֵנוּ בְּסֵפֶר הַחַיִּים, לְמַעַנְךָ אֱלֹהִים חַיִּים.
אם שכח אינו חוזר.

מֶלֶךְ עוֹזֵר וּמוֹשִׁיעַ וּמָגֵן.
בָּרוּךְ אַתָּה יְהֹוָה, מָגֵן אַבְרָהָם.

גבורות

אַתָּה גִּבּוֹר לְעוֹלָם, אֲדֹנָי
מְחַיֵּה מֵתִים אַתָּה, רַב לְהוֹשִׁיעַ

אומרים ׳מַשִּׁיב הָרוּחַ׳ ממוסף של שמיני עצרת עד שחרית של יו״ט ראשון של פסח. וממוסף של יו״ט ראשון של פסח ועד שחרית של שמיני עצרת אומרים ׳מוֹרִיד הַטָּל׳. ראה הלכה 144-145.

בחורף: מַשִּׁיב הָרוּחַ וּמוֹרִיד הַגֶּשֶׁם / בקיץ: מוֹרִיד הַטָּל

מְכַלְכֵּל חַיִּים בְּחֶסֶד
מְחַיֵּה מֵתִים בְּרַחֲמִים רַבִּים
סוֹמֵךְ נוֹפְלִים, וְרוֹפֵא חוֹלִים, וּמַתִּיר אֲסוּרִים
וּמְקַיֵּם אֱמוּנָתוֹ לִישֵׁנֵי עָפָר.
מִי כָמוֹךָ, בַּעַל גְּבוּרוֹת
וּמִי דּוֹמֶה לָּךְ
מֶלֶךְ מֵמִית וּמְחַיֶּה וּמַצְמִיחַ יְשׁוּעָה.

בעשרת ימי תשובה: מִי כָמוֹךָ אָב הָרַחֲמָן, זוֹכֵר יְצוּרָיו בְּרַחֲמִים לְחַיִּים.
אם שכח אינו חוזר.

וְנֶאֱמָן אַתָּה לְהַחֲיוֹת מֵתִים.
בָּרוּךְ אַתָּה יְהוָֹה, מְחַיֵּה הַמֵּתִים.

בתפילת לחש ממשיך 'אַתָּה קָדוֹשׁ' בעמוד הבא.

---

קדושה

את ברכת קדושת השם בחזרת הש"ץ פותחים בקדושה (סדר התפילה להרמב"ם), ראה הלכה 168-170.

במקומות המסומנים ב*, המתפלל מתרומם על קצות אצבעותיו (טוב"י, קכה ושעה"כ בשם מדרש תנחומא; ברכ"י בשם הרדב"ז).

נַקְדִּישָׁךְ וְנַעֲרִיצָךְ כְּנֹעַם שִׂיחַ סוֹד שַׂרְפֵי קֹדֶשׁ, הַמְשַׁלְּשִׁים לְךָ קְדֻשָּׁה
וְכֵן כָּתוּב עַל יַד נְבִיאָךְ: וְקָרָא זֶה אֶל־זֶה וְאָמַר ישעיה ו

קהל ואחריו שליח הציבור:

*קָדוֹשׁ, *קָדוֹשׁ, *קָדוֹשׁ, יְהוָֹה צְבָאוֹת, מְלֹא כָל־הָאָרֶץ כְּבוֹדוֹ:
לְעֻמָּתָם מְשַׁבְּחִים וְאוֹמְרִים

קהל ואחריו שליח הציבור:

*בָּרוּךְ כְּבוֹד־יְהוָֹה מִמְּקוֹמוֹ: יחזקאל ג
וּבְדִבְרֵי קָדְשְׁךָ כָּתוּב לֵאמֹר

קהל ואחריו שליח הציבור:

*יִמְלֹךְ יְהוָֹה לְעוֹלָם, אֱלֹהַיִךְ צִיּוֹן לְדֹר וָדֹר, הַלְלוּיָהּ: תהלים קמו

קדושת השם

אַתָּה קָדוֹשׁ וְשִׁמְךָ קָדוֹשׁ
וּקְדוֹשִׁים בְּכָל יוֹם יְהַלְלוּךָ סֶּלָה.
בָּרוּךְ אַתָּה יְהוָה, הָאֵל הַקָּדוֹשׁ. / בעשרת ימי תשובה: הַמֶּלֶךְ הַקָּדוֹשׁ./

אם שכח ולא נזכר תוך כדי דיבור חוזר לראש התפילה,
ובחזרה יש אומרים ששליח הציבור חוזר לראש הברכה.
ראה הלכה 562.

דעת

אַתָּה חוֹנֵן לְאָדָם דַּעַת
וּמְלַמֵּד לֶאֱנוֹשׁ בִּינָה.
וְחָנֵּנוּ מֵאִתְּךָ חָכְמָה בִּינָה וָדָעַת.
בָּרוּךְ אַתָּה יְהוָה, חוֹנֵן הַדָּעַת.

תשובה

הֲשִׁיבֵנוּ אָבִינוּ לְתוֹרָתֶךָ
וְקָרְבֵנוּ מַלְכֵּנוּ לַעֲבוֹדָתֶךָ
וְהַחֲזִירֵנוּ בִּתְשׁוּבָה שְׁלֵמָה לְפָנֶיךָ.
בָּרוּךְ אַתָּה יְהוָה, הָרוֹצֶה בִּתְשׁוּבָה.

סליחה

יש נוהגים להכות כנגד הלב במקומות המסומנים ב° (סידור יעב״ץ בשם השל״ה).

סְלַח לָנוּ אָבִינוּ כִּי °חָטָאנוּ
מְחוֹל לָנוּ מַלְכֵּנוּ כִּי °פָשָׁעְנוּ
כִּי אֵל טוֹב וְסַלָּח אָתָּה.
בָּרוּךְ אַתָּה יְהוָה, חַנּוּן הַמַּרְבֶּה לִסְלֹחַ.

גאולה

רְאֵה נָא בְעָנְיֵנוּ, וְרִיבָה רִיבֵנוּ
וּמַהֵר לְגָאֳלֵנוּ גְּאֻלָּה שְׁלֵמָה לְמַעַן שְׁמֶךָ
כִּי אֵל גּוֹאֵל חָזָק אָתָּה.
בָּרוּךְ אַתָּה יְהֹוָה, גּוֹאֵל יִשְׂרָאֵל.

---

בתענית ציבור שליח הציבור מוסיף:

עֲנֵנוּ אָבִינוּ עֲנֵנוּ בְּיוֹם צוֹם הַתַּעֲנִית הַזֶּה, כִּי בְצָרָה גְדוֹלָה אֲנָחְנוּ. אַל
תֵּפֶן לְרִשְׁעֵנוּ, וְאַל תִּתְעַלַּם מַלְכֵּנוּ מִבַּקָּשָׁתֵנוּ. הֱיֵה נָא קָרוֹב לְשַׁוְעָתֵנוּ.
טֶרֶם נִקְרָא אֵלֶיךָ אַתָּה תַעֲנֶה, נְדַבֵּר וְאַתָּה תִשְׁמַע, כַּדָּבָר שֶׁנֶּאֱמַר:
וְהָיָה טֶרֶם יִקְרָאוּ וַאֲנִי אֶעֱנֶה, עוֹד הֵם מְדַבְּרִים וַאֲנִי אֶשְׁמָע: כִּי אַתָּה ישעיה סה
יְהֹוָה פּוֹדֶה וּמַצִּיל וְעוֹנֶה וּמְרַחֵם בְּכָל עֵת צָרָה וְצוּקָה. בָּרוּךְ אַתָּה
יְהֹוָה, הָעוֹנֶה לְעַמּוֹ יִשְׂרָאֵל בְּעֵת צָרָה.

---

רפואה

רְפָאֵנוּ יְהֹוָה וְנֵרָפֵא
הוֹשִׁיעֵנוּ וְנִוָּשֵׁעָה, כִּי תְהִלָּתֵנוּ אָתָּה
וְהַעֲלֵה אֲרוּכָה וּמַרְפֵּא לְכָל תַּחֲלוּאֵינוּ
וּלְכָל מַכְאוֹבֵינוּ וּלְכָל מַכּוֹתֵינוּ

---

המתפלל על חולה, מוסיף כאן:

יְהִי רָצוֹן מִלְּפָנֶיךָ, יְהֹוָה אֱלֹהַי וֵאלֹהֵי אֲבוֹתַי, שֶׁתִּשְׁלַח מְהֵרָה רְפוּאָה
שְׁלֵמָה מִן הַשָּׁמַיִם, רְפוּאַת הַנֶּפֶשׁ וּרְפוּאַת הַגּוּף, לַחוֹלֶה/לַחוֹלָה
פלוני/ת בֶּן/בַּת פלונית בְּתוֹךְ שְׁאָר חוֹלֵי יִשְׂרָאֵל

---

כִּי אֵל רוֹפֵא רַחֲמָן וְנֶאֱמָן אָתָּה.
בָּרוּךְ אַתָּה יְהֹוָה, רוֹפֵא חוֹלֵי עַמּוֹ יִשְׂרָאֵל.

ברכת השנים

בקיץ מפסח עד ליל ז׳ במרחשוון אומרים (ראה הלכה 147):

בָּרְכֵנוּ יְהוָה אֱלֹהֵינוּ בְּכָל מַעֲשֵׂי יָדֵינוּ
וּבָרֵךְ שְׁנָתֵנוּ בְּטַלְלֵי רָצוֹן בְּרָכָה וּנְדָבָה
וּתְהִי אַחֲרִיתָהּ חַיִּים וְשָׂבָע וְשָׁלוֹם כַּשָּׁנִים הַטּוֹבוֹת לִבְרָכָה
כִּי אֵל טוֹב וּמֵטִיב אַתָּה וּמְבָרֵךְ הַשָּׁנִים.
בָּרוּךְ אַתָּה יְהוָה, מְבָרֵךְ הַשָּׁנִים.

בחורף מליל ז׳ במרחשוון עד ערב פסח אומרים (ראה הלכה 146):

בָּרֵךְ עָלֵינוּ יְהוָה אֱלֹהֵינוּ אֶת הַשָּׁנָה הַזֹּאת
וְאֶת כָּל מִינֵי תְבוּאָתָהּ לְטוֹבָה
וְתֵן טַל וּמָטָר לִבְרָכָה עַל כָּל פְּנֵי הָאֲדָמָה
וְרַוֵּה פְּנֵי תֵבֵל, וְשַׂבַּע אֶת הָעוֹלָם כֻּלּוֹ מִטּוּבָךְ
וּמַלֵּא יָדֵינוּ מִבִּרְכוֹתֶיךָ, וּמֵעֹשֶׁר מַתְּנוֹת יָדֶיךָ
שָׁמְרָה וְהַצִּילָה שָׁנָה זוֹ מִכָּל דָּבָר רָע
וּמִכָּל מִינֵי מַשְׁחִית, וּמִכָּל מִינֵי פֻרְעָנוּת
וַעֲשֵׂה לָהּ תִּקְוָה טוֹבָה וְאַחֲרִית שָׁלוֹם
חוּס וְרַחֵם עָלֶיהָ וְעַל כָּל תְּבוּאָתָהּ וּפֵרוֹתֶיהָ
וּבָרְכָהּ בְּגִשְׁמֵי רָצוֹן בְּרָכָה וּנְדָבָה
וּתְהִי אַחֲרִיתָהּ חַיִּים וְשָׂבָע וְשָׁלוֹם כַּשָּׁנִים הַטּוֹבוֹת לִבְרָכָה
כִּי אֵל טוֹב וּמֵטִיב אַתָּה וּמְבָרֵךְ הַשָּׁנִים.
בָּרוּךְ אַתָּה יְהוָה, מְבָרֵךְ הַשָּׁנִים.

קיבוץ גלויות

תְּקַע בְּשׁוֹפָר גָּדוֹל לְחֵרוּתֵנוּ, וְשָׂא נֵס לְקַבֵּץ גָּלֻיּוֹתֵינוּ
וְקַבְּצֵנוּ יַחַד מֵאַרְבַּע כַּנְפוֹת הָאָרֶץ לְאַרְצֵנוּ.
בָּרוּךְ אַתָּה יְהוָה, מְקַבֵּץ נִדְחֵי עַמּוֹ יִשְׂרָאֵל.

השבת המשפט

הָשִׁיבָה שׁוֹפְטֵינוּ כְּבָרִאשׁוֹנָה וְיוֹעֲצֵינוּ כְּבַתְּחִלָּה
וְהָסֵר מִמֶּנּוּ יָגוֹן וַאֲנָחָה
וּמְלֹךְ עָלֵינוּ מְהֵרָה אַתָּה יְהֹוָה לְבַדְּךָ
בְּחֶסֶד וּבְרַחֲמִים בְּצֶדֶק וּבְמִשְׁפָּט.
בָּרוּךְ אַתָּה יְהֹוָה, מֶלֶךְ אוֹהֵב צְדָקָה וּמִשְׁפָּט.

/ בעשרת ימי תשובה: הַמֶּלֶךְ הַמִּשְׁפָּט./

אם שכח ולא נזכר תוך כדי דיבור חוזר ל'הָשִׁיבָה', ואם עקר רגליו חוזר לראש התפילה (שו"ע תקפב, א), ויש אומרים שאינו חוזר (רמ"א קיח; בא"ח). ראה הלכה 598.

ברכת המינים

לַמִּינִים וְלַמַּלְשִׁינִים אַל תְּהִי תִקְוָה
וְכָל הַזֵּדִים כְּרֶגַע יֹאבֵדוּ
וְכָל אוֹיְבֶיךָ וְכָל שׂוֹנְאֶיךָ מְהֵרָה יִכָּרֵתוּ
וּמַלְכוּת הָרִשְׁעָה מְהֵרָה תְעַקֵּר וּתְשַׁבֵּר
וּתְכַלֵּם וְתַכְנִיעֵם בִּמְהֵרָה בְיָמֵינוּ.
בָּרוּךְ אַתָּה יְהֹוָה, שׁוֹבֵר אוֹיְבִים וּמַכְנִיעַ זֵדִים.

על הצדיקים

עַל הַצַּדִּיקִים וְעַל הַחֲסִידִים
וְעַל שְׁאֵרִית עַמְּךָ בֵּית יִשְׂרָאֵל (וְעַל זִקְנֵיהֶם)
וְעַל פְּלֵטַת בֵּית סוֹפְרֵיהֶם וְעַל גֵּרֵי הַצֶּדֶק וְעָלֵינוּ
יֶהֱמוּ נָא רַחֲמֶיךָ יְהֹוָה אֱלֹהֵינוּ
וְתֵן שָׂכָר טוֹב לְכָל הַבּוֹטְחִים בְּשִׁמְךָ בֶּאֱמֶת
וְשִׂים חֶלְקֵנוּ עִמָּהֶם
וּלְעוֹלָם לֹא נֵבוֹשׁ כִּי בְךָ בָטָחְנוּ
וְעַל חַסְדְּךָ הַגָּדוֹל בֶּאֱמֶת נִשְׁעָנְנוּ.
בָּרוּךְ אַתָּה יְהֹוָה, מִשְׁעָן וּמִבְטָח לַצַּדִּיקִים.

בניין ירושלים

תִּשְׁכּוֹן בְּתוֹךְ יְרוּשָׁלַיִם עִירְךָ כַּאֲשֶׁר דִּבַּרְתָּ
וְכִסֵּא דָוִד עַבְדְּךָ מְהֵרָה בְּתוֹכָהּ תָּכִין
וּבְנֵה אוֹתָהּ בִּנְיַן עוֹלָם בִּמְהֵרָה בְיָמֵינוּ.*
בָּרוּךְ אַתָּה יְהוָה, בּוֹנֵה יְרוּשָׁלָיִם.

---

*בתשעה באב יש אומרים כאן 'נַחֵם' (טור, תקנז ; פר"ח וברכ"י):

נַחֵם יְהוָה אֱלֹהֵינוּ אֶת אֲבֵלֵי צִיּוֹן וְאֶת אֲבֵלֵי יְרוּשָׁלָיִם וְאֶת הָעִיר הַחֲרֵבָה וְהַבְּזוּיָה וְהַשּׁוֹמֵמָה, מִבְּלִי בָנֶיהָ הִיא יוֹשֶׁבֶת, וְרֹאשָׁהּ חָפוּי כְּאִשָּׁה עֲקָרָה שֶׁלֹּא יָלָדָה. וַיְבַלְּעוּהָ לִגְיוֹנִים, וַיִּירָשׁוּהָ עוֹבְדֵי פְסִילִים, וַיָּטִילוּ אֶת עַמְּךָ יִשְׂרָאֵל לֶחָרֶב, וַיַּהַרְגוּ בְזָדוֹן חֲסִידֵי עֶלְיוֹן. עַל כֵּן צִיּוֹן בְּמַר תִּבְכֶּה וִירוּשָׁלַיִם תִּתֵּן קוֹלָהּ. לִבִּי לִבִּי עַל חַלְלֵיהֶם, מֵעַי מֵעַי עַל הֲרוּגֵיהֶם. כִּי אַתָּה יְהוָה בָּאֵשׁ הִצַּתָּהּ וּבָאֵשׁ אַתָּה עָתִיד לִבְנוֹתָהּ,
זכריה ב כַּכָּתוּב: וַאֲנִי אֶהְיֶה־לָּהּ, נְאֻם־יְהוָה, חוֹמַת אֵשׁ סָבִיב, וּלְכָבוֹד אֶהְיֶה בְתוֹכָהּ: בָּרוּךְ אַתָּה יְהוָה, מְנַחֵם צִיּוֹן בְּבִנְיַן יְרוּשָׁלָיִם.

---

מלכות בית דוד

אֶת צֶמַח דָּוִד עַבְדְּךָ מְהֵרָה תַצְמִיחַ
וְקַרְנוֹ תָּרוּם בִּישׁוּעָתֶךָ
כִּי לִישׁוּעָתְךָ קִוִּינוּ כָּל הַיּוֹם.
בָּרוּךְ אַתָּה יְהוָה, מַצְמִיחַ קֶרֶן יְשׁוּעָה.

שומע תפילה

שְׁמַע קוֹלֵנוּ יְהוָה אֱלֹהֵינוּ
אָב הָרַחֲמָן חוּס וְרַחֵם עָלֵינוּ
וְקַבֵּל בְּרַחֲמִים וּבְרָצוֹן אֶת תְּפִלָּתֵנוּ
כִּי אֵל שׁוֹמֵעַ תְּפִלּוֹת וְתַחֲנוּנִים אָתָּה*
וּמִלְּפָנֶיךָ מַלְכֵּנוּ רֵיקָם אַל תְּשִׁיבֵנוּ

* יש הנוהגים להתוודות כאן ולבקש על הפרנסה (עמ' 896).

## חָנֵּנוּ וַעֲנֵנוּ וּשְׁמַע תְּפִלָּתֵנוּ**
## כִּי אַתָּה שׁוֹמֵעַ תְּפִלַּת כָּל פֶּה.
## בָּרוּךְ אַתָּה יְהֹוָה, שׁוֹמֵעַ תְּפִלָּה.

** בְּתַעֲנִית צִבּוּר הַיָּחִיד אוֹמֵר כָּאן 'עֲנֵנוּ' (אִם שָׁכַח וְאָמַר 'בָּרוּךְ אַתָּה ה'', אֵינוֹ חוֹזֵר).
רְאֵה הֲלָכָה 592.

עֲנֵנוּ אָבִינוּ עֲנֵנוּ בְּיוֹם צוֹם הַתַּעֲנִית הַזֶּה, כִּי בְצָרָה גְדוֹלָה אֲנָחְנוּ. אַל תֵּפֶן
לְרִשְׁעֵנוּ, וְאַל תִּתְעַלַּם מַלְכֵּנוּ מִבַּקָּשָׁתֵנוּ. הֱיֵה נָא קָרוֹב לְשַׁוְעָתֵנוּ, טֶרֶם
ישעיה סה   נִקְרָא אֵלֶיךָ אַתָּה תַעֲנֶה, נְדַבֵּר וְאַתָּה תִשְׁמָע, כַּדָּבָר שֶׁנֶּאֱמַר: וְהָיָה טֶרֶם
יִקְרָאוּ וַאֲנִי אֶעֱנֶה, עוֹד הֵם מְדַבְּרִים וַאֲנִי אֶשְׁמָע: כִּי אַתָּה יְהֹוָה פּוֹדֶה
וּמַצִּיל וְעוֹנֶה וּמְרַחֵם בְּכָל עֵת צָרָה וְצוּקָה. כִּי אַתָּה שׁוֹמֵעַ תְּפִלַּת כָּל פֶּה.
בָּרוּךְ אַתָּה יְהֹוָה, שׁוֹמֵעַ תְּפִלָּה.                    וּמַמְשִׁיךְ 'רְצֵה' לְמַטָּה.

עבודה

## רְצֵה יְהֹוָה אֱלֹהֵינוּ בְּעַמְּךָ יִשְׂרָאֵל, וְלִתְפִלָּתָם שְׁעֵה
## וְהָשֵׁב הָעֲבוֹדָה לִדְבִיר בֵּיתֶךָ
## וְאִשֵּׁי יִשְׂרָאֵל וּתְפִלָּתָם מְהֵרָה בְּאַהֲבָה תְקַבֵּל בְּרָצוֹן
## וּתְהִי לְרָצוֹן תָּמִיד עֲבוֹדַת יִשְׂרָאֵל עַמֶּךָ.

בְּרֹאשׁ חֹדֶשׁ וּבְחֹל הַמּוֹעֵד מוֹסִיפִים:

אֱלֹהֵינוּ וֵאלֹהֵי אֲבוֹתֵינוּ, יַעֲלֶה וְיָבוֹא, יַגִּיעַ, יֵרָאֶה וְיֵרָצֶה, יִשָּׁמַע
יִפָּקֵד וְיִזָּכֵר זִכְרוֹנֵנוּ וְזִכְרוֹן אֲבוֹתֵינוּ, זִכְרוֹן יְרוּשָׁלַיִם עִירֶךָ, וְזִכְרוֹן
מָשִׁיחַ בֶּן דָּוִד עַבְדֶּךָ, וְזִכְרוֹן כָּל עַמְּךָ בֵּית יִשְׂרָאֵל לְפָנֶיךָ, לִפְלֵטָה
לְטוֹבָה, לְחֵן, לְחֶסֶד וּלְרַחֲמִים (לְחַיִּים טוֹבִים וּלְשָׁלוֹם), בְּיוֹם

בְּרֹאשׁ חֹדֶשׁ:   רֹאשׁ הַחֹדֶשׁ הַזֶּה.

בְּפֶסַח:   חַג הַמַּצּוֹת הַזֶּה, בְּיוֹם מִקְרָא קֹדֶשׁ הַזֶּה.

בְּסֻכּוֹת:   חַג הַסֻּכּוֹת הַזֶּה, בְּיוֹם מִקְרָא קֹדֶשׁ הַזֶּה.

לְרַחֵם בּוֹ עָלֵינוּ וּלְהוֹשִׁיעֵנוּ. זָכְרֵנוּ יְהֹוָה אֱלֹהֵינוּ בּוֹ לְטוֹבָה, וּפָקְדֵנוּ
בוֹ לִבְרָכָה, וְהוֹשִׁיעֵנוּ בוֹ לְחַיִּים טוֹבִים. בִּדְבַר יְשׁוּעָה וְרַחֲמִים חוּס
וְחָנֵּנוּ וַחֲמֹל וְרַחֵם עָלֵינוּ וְהוֹשִׁיעֵנוּ, כִּי אֵלֶיךָ עֵינֵינוּ, כִּי אֵל מֶלֶךְ
חַנּוּן וְרַחוּם אָתָּה.            אִם שָׁכַח חֲזֹר. רְאֵה הֲלָכָה 375.

וְאַתָּה בְּרַחֲמֶיךָ הָרַבִּים תַּחְפֹּץ בָּנוּ וְתִרְצֵנוּ
וְתֶחֱזֶינָה עֵינֵינוּ בְּשׁוּבְךָ לְצִיּוֹן בְּרַחֲמִים.
בָּרוּךְ אַתָּה יְהֹוָה, הַמַּחֲזִיר שְׁכִינָתוֹ לְצִיּוֹן.

**הודאה**

שוחין בברכת ההודאה תחילה וסוף (ברכות לד ע״א) ואינו זוקף עד אמירת השם (רמב״ם).

מוֹדִים אֲנַחְנוּ לָךְ
שָׁאַתָּה הוּא יְהֹוָה אֱלֹהֵינוּ
וֵאלֹהֵי אֲבוֹתֵינוּ לְעוֹלָם וָעֶד.
צוּרֵנוּ, צוּר חַיֵּינוּ וּמָגֵן יִשְׁעֵנוּ
אַתָּה הוּא לְדוֹר וָדוֹר
נוֹדֶה לְּךָ וּנְסַפֵּר תְּהִלָּתֶךָ
עַל חַיֵּינוּ הַמְּסוּרִים בְּיָדֶךָ
וְעַל נִשְׁמוֹתֵינוּ הַפְּקוּדוֹת לָךְ
וְעַל נִסֶּיךָ שֶׁבְּכָל יוֹם עִמָּנוּ
וְעַל נִפְלְאוֹתֶיךָ וְטוֹבוֹתֶיךָ שֶׁבְּכָל עֵת
עֶרֶב וָבֹקֶר וְצָהֳרָיִם.
הַטּוֹב, כִּי לֹא כָלוּ רַחֲמֶיךָ
הַמְרַחֵם, כִּי לֹא תַמּוּ חֲסָדֶיךָ
כִּי מֵעוֹלָם קִוִּינוּ לָךְ.

כשהש״ץ אומר ׳מודים׳, הקהל אומר בלחש ׳מודים דרבנן׳ (סוטה מ ע״א):

מוֹדִים אֲנַחְנוּ לָךְ
שָׁאַתָּה הוּא יְהֹוָה אֱלֹהֵינוּ
וֵאלֹהֵי אֲבוֹתֵינוּ
אֱלֹהֵי כָל בָּשָׂר
יוֹצְרֵנוּ יוֹצֵר בְּרֵאשִׁית.
בְּרָכוֹת וְהוֹדָאוֹת
לְשִׁמְךָ הַגָּדוֹל וְהַקָּדוֹשׁ
עַל שֶׁהֶחֱיִיתָנוּ וְקִיַּמְתָּנוּ.
כֵּן תְּחַיֵּנוּ וּתְחָנֵּנוּ
וְתֶאֱסֹף גָּלֻיּוֹתֵינוּ לְחַצְרוֹת
קָדְשֶׁךָ לִשְׁמֹר חֻקֶּיךָ
וְלַעֲשׂוֹת רְצוֹנֶךָ
וּלְעָבְדְךָ בְּלֵבָב שָׁלֵם
עַל שֶׁאֲנַחְנוּ מוֹדִים לָךְ
בָּרוּךְ אֵל הַהוֹדָאוֹת.

---

בחנוכה:

עַל הַנִּסִּים וְעַל הַפֻּרְקָן וְעַל הַגְּבוּרוֹת וְעַל הַתְּשׁוּעוֹת וְעַל הַנִּפְלָאוֹת וְעַל הַנֶּחָמוֹת שֶׁעָשִׂיתָ לַאֲבוֹתֵינוּ בַּיָּמִים הָהֵם בִּזְמַן הַזֶּה.

בִּימֵי מַתִּתְיָה בֶּן יוֹחָנָן כֹּהֵן גָּדוֹל חַשְׁמוֹנַאי וּבָנָיו, כְּשֶׁעָמְדָה מַלְכוּת יָוָן הָרְשָׁעָה עַל עַמְּךָ יִשְׂרָאֵל לְשַׁכְּחָם תּוֹרָתָךְ וּלְהַעֲבִירָם מֵחֻקֵּי

רְצוֹנֶךָ, וְאַתָּה בְּרַחֲמֶיךָ הָרַבִּים עָמַדְתָּ לָהֶם בְּעֵת צָרָתָם, רַבְתָּ אֶת רִיבָם, דַּנְתָּ אֶת דִּינָם, נָקַמְתָּ אֶת נִקְמָתָם, מָסַרְתָּ גִבּוֹרִים בְּיַד חַלָּשִׁים, וְרַבִּים בְּיַד מְעַטִּים, וּרְשָׁעִים בְּיַד צַדִּיקִים, וּטְמֵאִים בְּיַד טְהוֹרִים, וְזֵדִים בְּיַד עוֹסְקֵי תוֹרָתֶךָ. לְךָ עָשִׂיתָ שֵׁם גָּדוֹל וְקָדוֹשׁ בְּעוֹלָמֶךָ, וּלְעַמְּךָ יִשְׂרָאֵל עָשִׂיתָ תְּשׁוּעָה גְדוֹלָה וּפֻרְקָן כְּהַיּוֹם הַזֶּה. וְאַחַר כָּךְ בָּאוּ בָנֶיךָ לִדְבִיר בֵּיתֶךָ, וּפִנּוּ אֶת הֵיכָלֶךָ, וְטִהֲרוּ אֶת מִקְדָּשֶׁךָ, וְהִדְלִיקוּ נֵרוֹת בְּחַצְרוֹת קָדְשֶׁךָ, וְקָבְעוּ שְׁמוֹנַת יְמֵי חֲנֻכָּה אֵלּוּ, בְּהַלֵּל וּבְהוֹדָאָה, וְעָשִׂיתָ עִמָּהֶם נִסִּים וְנִפְלָאוֹת, וְנוֹדֶה לְשִׁמְךָ הַגָּדוֹל, סֶלָה.

וממשיך ׳וְעַל כֻּלָּם׳.

---

בפורים:

עַל הַנִּסִּים וְעַל הַפֻּרְקָן וְעַל הַגְּבוּרוֹת וְעַל הַתְּשׁוּעוֹת וְעַל הַנִּפְלָאוֹת וְעַל הַנֶּחָמוֹת שֶׁעָשִׂיתָ לַאֲבוֹתֵינוּ בַּיָּמִים הָהֵם בַּזְּמַן הַזֶּה.

בִּימֵי מָרְדְּכַי וְאֶסְתֵּר בְּשׁוּשַׁן הַבִּירָה, כְּשֶׁעָמַד עֲלֵיהֶם הָמָן הָרָשָׁע,
בִּקֵּשׁ לְהַשְׁמִיד לַהֲרֹג וּלְאַבֵּד אֶת־כָּל־הַיְּהוּדִים מִנַּעַר וְעַד־זָקֵן טַף אסתר ג
וְנָשִׁים בְּיוֹם אֶחָד, בִּשְׁלוֹשָׁה עָשָׂר לְחֹדֶשׁ שְׁנֵים־עָשָׂר, הוּא־חֹדֶשׁ אֲדָר, וּשְׁלָלָם לָבוֹז: וְאַתָּה בְּרַחֲמֶיךָ הָרַבִּים הֵפַרְתָּ אֶת עֲצָתוֹ, וְקִלְקַלְתָּ אֶת מַחֲשַׁבְתּוֹ, וַהֲשֵׁבוֹתָ לּוֹ גְּמוּלוֹ בְּרֹאשׁוֹ, וְתָלוּ אוֹתוֹ וְאֶת בָּנָיו עַל הָעֵץ, וְעָשִׂיתָ עִמָּהֶם נִסִּים וְנִפְלָאוֹת, וְנוֹדֶה לְשִׁמְךָ הַגָּדוֹל, סֶלָה.

וממשיך ׳וְעַל כֻּלָּם׳.

---

וְעַל כֻּלָּם
יִתְבָּרַךְ וְיִתְרוֹמַם וְיִתְנַשֵּׂא תָּמִיד שִׁמְךָ מַלְכֵּנוּ לְעוֹלָם וָעֶד
וְכָל הַחַיִּים יוֹדְוּךָ סֶלָה

בעשרת ימי תשובה: וּכְתֹב לְחַיִּים טוֹבִים כָּל בְּנֵי בְרִיתֶךָ.

וִיהַלְלוּ וִיבָרְכוּ אֶת שִׁמְךָ הַגָּדוֹל בֶּאֱמֶת לְעוֹלָם כִּי טוֹב
הָאֵל יְשׁוּעָתֵנוּ וְעֶזְרָתֵנוּ סֶלָה, הָאֵל הַטּוֹב.
בָּרוּךְ אַתָּה יְהֹוָה, הַטּוֹב שִׁמְךָ וּלְךָ נָאֶה לְהוֹדוֹת.

לא אמר 'עַל הַנִּסִּים' או 'וּכְתֹב לְחַיִּים' ונזכר לאחר שאמר 'בָּרוּךְ אַתָּה ה'', אינו חוזר.

---

**ברכת כוהנים:**

הכוהנים אומרים בלחש (סוטה לט ע"א):

יְהִי רָצוֹן מִלְּפָנֶיךָ, יְהֹוָה אֱלֹהֵינוּ וֵאלֹהֵי אֲבוֹתֵינוּ, שֶׁתְּהֵא הַבְּרָכָה הַזֹּאת שֶׁצִּוִּיתָנוּ לְבָרֵךְ אֶת עַמְּךָ יִשְׂרָאֵל בְּרָכָה שְׁלֵמָה וְלֹא יִהְיֶה בָּהּ מִכְשׁוֹל וְעָוֹן מֵעַתָּה וְעַד עוֹלָם.

אם יש יותר מכוהן אחד, שליח הציבור קורא:

## כֹּהֲנִים

(יש עונים: עַם קְדוֹשֶׁיךָ, כָּאָמוּר.)

הכוהנים מברכים:

בָּרוּךְ אַתָּה יְהֹוָה, אֱלֹהֵינוּ מֶלֶךְ הָעוֹלָם
אֲשֶׁר קִדְּשָׁנוּ בִּקְדֻשָּׁתוֹ שֶׁל אַהֲרֹן, וְצִוָּנוּ לְבָרֵךְ אֶת עַמּוֹ יִשְׂרָאֵל בְּאַהֲבָה.

שליח הציבור מקריא מילה במילה, והכוהנים אחריו:

במדבר ו יְבָרֶכְךָ יְהֹוָה וְיִשְׁמְרֶךָ: קהל: אָמֵן
יָאֵר יְהֹוָה פָּנָיו אֵלֶיךָ וִיחֻנֶּךָּ: קהל: אָמֵן
יִשָּׂא יְהֹוָה פָּנָיו אֵלֶיךָ וְיָשֵׂם לְךָ שָׁלוֹם: קהל: אָמֵן

שליח הציבור ממשיך 'שִׂים שָׁלוֹם' בעמוד הבא.

הכוהנים אומרים בלחש (סוטה, שם):

דברים כו רִבּוֹן הָעוֹלָמִים, עָשִׂינוּ מַה שֶּׁגָּזַרְתָּ עָלֵינוּ, עֲשֵׂה אַתָּה מַה שֶּׁהִבְטַחְתָּנוּ, הַשְׁקִיפָה
מִמְּעוֹן קָדְשְׁךָ מִן־הַשָּׁמַיִם וּבָרֵךְ אֶת־עַמְּךָ אֶת־יִשְׂרָאֵל:

הרואה חלום ונפשו עגומה, אומר בשעת נשיאת כפיים את הבקשה 'רִבּוֹנוֹ שֶׁל עוֹלָם' בעמ' 897.

אם אין כוהנים העולים לדוכן, שליח הציבור אומר:

אֱלֹהֵינוּ וֵאלֹהֵי אֲבוֹתֵינוּ, בָּרְכֵנוּ בַּבְּרָכָה הַמְשֻׁלֶּשֶׁת בַּתּוֹרָה, הַכְּתוּבָה עַל יְדֵי מֹשֶׁה עַבְדֶּךָ, הָאֲמוּרָה מִפִּי אַהֲרֹן וּבָנָיו כֹּהֲנִים עַם קְדוֹשֶׁיךָ, כָּאָמוּר

במדבר ו יְבָרֶכְךָ יְהֹוָה וְיִשְׁמְרֶךָ: קהל: כֵּן יְהִי רָצוֹן
יָאֵר יְהֹוָה פָּנָיו אֵלֶיךָ וִיחֻנֶּךָּ: קהל: כֵּן יְהִי רָצוֹן
יִשָּׂא יְהֹוָה פָּנָיו אֵלֶיךָ וְיָשֵׂם לְךָ שָׁלוֹם: קהל: כֵּן יְהִי רָצוֹן
(וְנֶאֱמַר) וְשָׂמוּ אֶת־שְׁמִי עַל־בְּנֵי יִשְׂרָאֵל, וַאֲנִי אֲבָרְכֵם:

שלום

שִׂים שָׁלוֹם טוֹבָה וּבְרָכָה
חַיִּים חֵן וָחֶסֶד, צְדָקָה וְרַחֲמִים עָלֵינוּ וְעַל כָּל יִשְׂרָאֵל עַמֶּךָ.
וּבָרְכֵנוּ אָבִינוּ כֻּלָּנוּ כְּאֶחָד בְּאוֹר פָּנֶיךָ
כִּי בְאוֹר פָּנֶיךָ נָתַתָּ לָּנוּ יְהוָֹה אֱלֹהֵינוּ תּוֹרָה וְחַיִּים
אַהֲבָה וָחֶסֶד, צְדָקָה וְרַחֲמִים, בְּרָכָה וְשָׁלוֹם.
וְטוֹב בְּעֵינֶיךָ לְבָרְכֵנוּ וּלְבָרֵךְ אֶת כָּל עַמְּךָ יִשְׂרָאֵל
בְּרֹב עֹז וְשָׁלוֹם.

בעשרת ימי תשובה: וּבְסֵפֶר חַיִּים, בְּרָכָה וְשָׁלוֹם, וּפַרְנָסָה טוֹבָה
וִישׁוּעָה וְנֶחָמָה, וּגְזֵרוֹת טוֹבוֹת נִזָּכֵר וְנִכָּתֵב לְפָנֶיךָ
אֲנַחְנוּ וְכָל עַמְּךָ יִשְׂרָאֵל, לְחַיִּים טוֹבִים וּלְשָׁלוֹם.
אם שכח אינו חוזר.

בָּרוּךְ אַתָּה יְהוָֹה, הַמְבָרֵךְ אֶת עַמּוֹ יִשְׂרָאֵל בַּשָּׁלוֹם. אָמֵן.
יִהְיוּ לְרָצוֹן אִמְרֵי־פִי וְהֶגְיוֹן לִבִּי לְפָנֶיךָ, יְהוָֹה צוּרִי וְגֹאֲלִי: תהלים יט
כאן מסתיימת חזרת הש"ץ, ובתפילת לחש היחיד ממשיך בתחינות שלמטה.

יש אומרים כאן את מזמור קכא בעמ' 171 ('שלמי ציבור' בשם הרמ"ע מפאנו, וראה הלכה 154).

אֱלֹהַי ברכות יז
נְצֹר לְשׁוֹנִי מֵרָע וּשְׂפָתַי מִדַּבֵּר מִרְמָה
וְלִמְקַלְלַי נַפְשִׁי תִדֹּם, וְנַפְשִׁי כֶּעָפָר לַכֹּל תִּהְיֶה.
פְּתַח לִבִּי בְּתוֹרָתֶךָ, וְאַחֲרֵי מִצְוֹתֶיךָ תִּרְדּוֹף נַפְשִׁי.
וְכָל הַקָּמִים עָלַי לְרָעָה
מְהֵרָה הָפֵר עֲצָתָם וְקַלְקֵל מַחְשְׁבוֹתָם.
(יִהְיוּ כְּמֹץ לִפְנֵי־רוּחַ וּמַלְאַךְ יְהוָֹה דּוֹחֶה:) תהלים לה
עֲשֵׂה לְמַעַן שְׁמֶךָ, עֲשֵׂה לְמַעַן יְמִינֶךָ
עֲשֵׂה לְמַעַן תּוֹרָתֶךָ, עֲשֵׂה לְמַעַן קְדֻשָּׁתֶךָ.

תהלים ס לְמַעַן יֵחָלְצוּן יְדִידֶיךָ, הוֹשִׁיעָה יְמִינְךָ וַעֲנֵנִי:
תהלים יט יִהְיוּ לְרָצוֹן אִמְרֵי־פִי וְהֶגְיוֹן לִבִּי לְפָנֶיךָ, יְהוָה צוּרִי וְגֹאֲלִי:

יש מוסיפים תחינות אלה אחרי כל תפילת עמידה.
הראשונה מופיעה בקיצור של״ה וב׳אור הישר׳, והשנייה מקורה בסדר רב עמרם גאון.

יְהִי רָצוֹן מִלְּפָנֶיךָ, יהוה אֱלֹהַי וֵאלֹהֵי אֲבוֹתַי, שֶׁלֹּא תַעֲלֶה קִנְאַת אָדָם עָלַי וְלֹא קִנְאָתִי עַל אֲחֵרִים, וְשֶׁלֹּא אֶכְעֹס הַיּוֹם וְשֶׁלֹּא אַכְעִיסֶךָ, וְתַצִּילֵנִי מִיֵּצֶר הָרָע, וְתֵן בְּלִבִּי הַכְנָעָה וַעֲנָוָה.

מַלְכֵּנוּ וֵאלֹהֵינוּ, יַחֵד שִׁמְךָ בְּעוֹלָמֶךָ, בְּנֵה עִירֶךָ, יַסֵּד בֵּיתֶךָ וְשַׁכְלֵל הֵיכָלֶךָ וְקַבֵּץ קִבּוּץ גָּלֻיּוֹת, וּפְדֵה צֹאנֶךָ וְשַׂמַּח עֲדָתֶךָ.

כורע ופוסע שלוש פסיעות לאחור.
קד לשמאל, לימין ולפנים (ראה הלכה 156):

**עֹשֶׂה שָׁלוֹם/** בעשרת ימי תשובה: **הַשָּׁלוֹם/ בִּמְרוֹמָיו הוּא בְּרַחֲמָיו יַעֲשֶׂה שָׁלוֹם עָלֵינוּ וְעַל כָּל עַמּוֹ יִשְׂרָאֵל, (וְאִמְרוּ) אָמֵן.**

התפילה נתקנה במקום עבודת הקורבנות, ולפיכך מבקשים על המקדש
שנוכל לעבוד עבודה ממש (רמ״א קכג,א; ברכ״י שם).

יְהִי רָצוֹן מִלְּפָנֶיךָ, יְהוָה אֱלֹהֵינוּ וֵאלֹהֵי אֲבוֹתֵינוּ, שֶׁתִּבְנֶה בֵּית הַמִּקְדָּשׁ בִּמְהֵרָה בְיָמֵינוּ, וְתֵן חֶלְקֵנוּ בְּתוֹרָתֶךָ, לַעֲשׂוֹת חֻקֵּי רְצוֹנֶךָ וּלְעָבְדְךָ בְּלֵבָב שָׁלֵם.

שליח הציבור חוזר על התפילה בקול רם.
הקהל נשאר לעמוד לפחות עד ברכת ׳הָאֵל הַקָּדוֹשׁ׳ (ראה הלכה 160–167).

בראש חודש, בחנוכה, בחול המועד, ביום העצמאות וביום חירות ירושלים
אומרים כאן הלל (עמ׳ 370).

בארבע תעניות אומרים כאן וידוי, נפילת אפיים וסליחות (עמ׳ 621),
ובצום גדליה אומרים קודם לכן ׳אָבִינוּ מַלְכֵּנוּ׳ בעמוד הבא.

בשאר ימים שאין אומרים בהם תחנונים, שליח הציבור אומר ׳ה׳ אֲדֹנֵינוּ׳ וחצי קדיש (עמ׳ 91).

אלו הימים שאין אומרים בהם תחנונים (לפי המנהג המקובל בארץ ישראל): ראש חודש,
כל חודש ניסן, יום העצמאות, פסח שני, ל״ג לעומר, יום חירות ירושלים,
מראש חודש סיוון ועד י״ב בו, ט׳ באב, ט״ו באב, ערב ראש השנה, מערב יוה״כ
עד ב׳ במרחשוון, חנוכה, ט״ו בשבט, י״ד-ט״ו באדר א׳, פורים ושושן פורים.

כמו כן, אין אומרים תחנונים בבית כנסת שעתידה להתקיים בו ברית מילה באותו יום,
או שאחד מבעלי הברית (אבי הבן, המוהל או הסנדק) מתפללים בו,
או שחתן בשבעת ימי המשתה מתפלל בו. ופשט המנהג שלא לומר תחנונים גם כשיש
בר־מצווה בבית הכנסת. ונוהגים שלא לומר תחנונים בבית האבל (ראה הלכה 203–207).

בעשרת ימי תשובה אומרים 'אָבִינוּ מַלְכֵּנוּ' תכף לאחר החזרה.

## אבינו מלכנו

אָבִינוּ מַלְכֵּנוּ, חָטָאנוּ לְפָנֶיךָ (רַחֵם עָלֵינוּ).
אָבִינוּ מַלְכֵּנוּ, אֵין לָנוּ מֶלֶךְ אֶלָּא אָתָּה.
אָבִינוּ מַלְכֵּנוּ, עֲשֵׂה עִמָּנוּ לְמַעַן שְׁמֶךָ.
אָבִינוּ מַלְכֵּנוּ, חַדֵּשׁ עָלֵינוּ שָׁנָה טוֹבָה.
אָבִינוּ מַלְכֵּנוּ, בַּטֵּל מֵעָלֵינוּ כָּל גְּזֵרוֹת קָשׁוֹת וְרָעוֹת.
אָבִינוּ מַלְכֵּנוּ, בַּטֵּל מַחְשְׁבוֹת שׂוֹנְאֵינוּ.
אָבִינוּ מַלְכֵּנוּ, הָפֵר עֲצַת אוֹיְבֵינוּ.
אָבִינוּ מַלְכֵּנוּ, כַּלֵּה כָּל צַר וּמַשְׂטִין מֵעָלֵינוּ.
אָבִינוּ מַלְכֵּנוּ, כַּלֵּה דֶּבֶר וְחֶרֶב וְרָעָה וְרָעָב וּשְׁבִי וּבִזָּה
וּמַשְׁחִית וּמַגֵּפָה וְיֵצֶר הָרָע וְחֳלָאִים רָעִים
מִבְּנֵי בְרִיתֶךָ.
אָבִינוּ מַלְכֵּנוּ, שְׁלַח רְפוּאָה שְׁלֵמָה לְכָל חוֹלֵי עַמֶּךָ.
אָבִינוּ מַלְכֵּנוּ, מְנַע מַגֵּפָה מִנַּחֲלָתֶךָ.
אָבִינוּ מַלְכֵּנוּ, זְכוֹר כִּי עָפָר אֲנָחְנוּ.
אָבִינוּ מַלְכֵּנוּ, מְחוֹל וּסְלַח לְכָל עֲוֹנוֹתֵינוּ.
אָבִינוּ מַלְכֵּנוּ, קְרַע רֹעַ גְּזַר דִּינֵנוּ.
אָבִינוּ מַלְכֵּנוּ, מְחֹק בְּרַחֲמֶיךָ הָרַבִּים כָּל שִׁטְרֵי חוֹבוֹתֵינוּ.
אָבִינוּ מַלְכֵּנוּ, מְחֵה וְהַעֲבֵר פְּשָׁעֵינוּ מִנֶּגֶד עֵינֶיךָ.

אָבִינוּ מַלְכֵּנוּ, כָּתְבֵנוּ בְּסֵפֶר חַיִּים טוֹבִים.

אָבִינוּ מַלְכֵּנוּ, כָּתְבֵנוּ בְּסֵפֶר צַדִּיקִים וַחֲסִידִים.

אָבִינוּ מַלְכֵּנוּ, כָּתְבֵנוּ בְּסֵפֶר יְשָׁרִים וּתְמִימִים.

אָבִינוּ מַלְכֵּנוּ, כָּתְבֵנוּ בְּסֵפֶר פַּרְנָסָה וְכַלְכָּלָה טוֹבָה.

אָבִינוּ מַלְכֵּנוּ, כָּתְבֵנוּ בְּסֵפֶר מְחִילָה וּסְלִיחָה וְכַפָּרָה.

אָבִינוּ מַלְכֵּנוּ, כָּתְבֵנוּ בְּסֵפֶר גְּאֻלָּה וִישׁוּעָה.

אָבִינוּ מַלְכֵּנוּ, זָכְרֵנוּ בְּזִכְרוֹן טוֹב מִלְּפָנֶיךָ.

אָבִינוּ מַלְכֵּנוּ, הַצְמַח לָנוּ יְשׁוּעָה בְּקָרוֹב.

אָבִינוּ מַלְכֵּנוּ, הָרֵם קֶרֶן יִשְׂרָאֵל עַמֶּךָ.

אָבִינוּ מַלְכֵּנוּ, וְהָרֵם קֶרֶן מְשִׁיחֶךָ.

אָבִינוּ מַלְכֵּנוּ, חָנֵּנוּ וַעֲנֵנוּ.

אָבִינוּ מַלְכֵּנוּ, הַחֲזִירֵנוּ בִּתְשׁוּבָה שְׁלֵמָה לְפָנֶיךָ.

אָבִינוּ מַלְכֵּנוּ, שְׁמַע קוֹלֵנוּ חוּס וְרַחֵם עָלֵינוּ.

אָבִינוּ מַלְכֵּנוּ, עֲשֵׂה לְמַעַנְךָ אִם לֹא לְמַעֲנֵנוּ.

אָבִינוּ מַלְכֵּנוּ, קַבֵּל בְּרַחֲמִים וּבְרָצוֹן אֶת תְּפִלָּתֵנוּ.

אָבִינוּ מַלְכֵּנוּ, אַל תְּשִׁיבֵנוּ רֵיקָם מִלְּפָנֶיךָ.

בצום גדליה אומרים כאן וידוי, נפילת אפיים וסדר סליחות בעמ׳ 621.

## וידוי ונפילת אפיים

"לאחר שמתפללין נופלין על פניהם לתחינה, דכתיב (מלכים א' ח, נד): 'וַיְהִי כְּכַלּוֹת שְׁלֹמֹה לְהִתְפַּלֵּל אֶל־ה' אֵת כָּל־הַתְּפִלָּה וְהַתְּחִנָּה הַזֹּאת', אלמא תחינה אחר תפילה" (הרוקח, שכד; טור, קלא). בזוהר מובא, שיש להקדים י"ג מידות לתחינה, וברוב הקהילות מתחילים בווידוי כדעת האר"י.

בשני ובחמישי יש האומרים את סדר התחנונים (עמ' 85) לפני וידוי ונפילת אפיים (ראה הלכה 198).

בעמידה

אָנָּא יְהֹוָה אֱלֹהֵינוּ וֵאלֹהֵי אֲבוֹתֵינוּ
תָּבֹא לְפָנֶיךָ תְּפִלָּתֵנוּ, וְאַל תִּתְעַלַּם מַלְכֵּנוּ מִתְּחִנָּתֵנוּ
שֶׁאֵין אֲנַחְנוּ עַזֵּי פָנִים וּקְשֵׁי עֹרֶף לוֹמַר לְפָנֶיךָ
יְהֹוָה אֱלֹהֵינוּ וֵאלֹהֵי אֲבוֹתֵינוּ
צַדִּיקִים אֲנַחְנוּ וְלֹא חָטָאנוּ
אֲבָל חָטָאנוּ, עָוִינוּ, פָּשַׁעְנוּ, אֲנַחְנוּ וַאֲבוֹתֵינוּ וְאַנְשֵׁי בֵיתֵנוּ.

כשמתוודה, מכה באגרופו על החזה כנגד הלב (מג"א תרז, ג בשם מדרש קהלת והאר"י).

אָשַׁמְנוּ, בָּגַדְנוּ, גָּזַלְנוּ, דִּבַּרְנוּ דֹפִי וְלָשׁוֹן הָרָע, הֶעֱוִינוּ, וְהִרְשַׁעְנוּ
זַדְנוּ, חָמַסְנוּ, טָפַלְנוּ שֶׁקֶר וּמִרְמָה, יָעַצְנוּ עֵצוֹת רָעוֹת
כִּזַּבְנוּ, כָּעַסְנוּ, לַצְנוּ, מָרַדְנוּ, מָרִינוּ דְבָרֶיךָ, נִאַצְנוּ, נִאַפְנוּ
סָרַרְנוּ, עָוִינוּ, פָּשַׁעְנוּ, פָּגַמְנוּ, צָרַרְנוּ, צִעַרְנוּ אָב וָאֵם
קִשִּׁינוּ עֹרֶף, רָשַׁעְנוּ, שִׁחַתְנוּ, תִּעַבְנוּ, תָּעִינוּ וְתִעְתָּעְנוּ
וְסַרְנוּ מִמִּצְוֹתֶיךָ וּמִמִּשְׁפָּטֶיךָ הַטּוֹבִים וְלֹא שָׁוָה לָנוּ.
וְאַתָּה צַדִּיק עַל כָּל־הַבָּא עָלֵינוּ נחמיה ט
כִּי־אֱמֶת עָשִׂיתָ וַאֲנַחְנוּ הִרְשָׁעְנוּ:

בשני ובחמישי אומרים כאן 'מַה נֹּאמַר', ויש נוהגים לאומרו לפני 'וְהוּא רַחוּם' (ראה הלכה 198).

מַה נֹּאמַר לְפָנֶיךָ יוֹשֵׁב מָרוֹם, וּמַה נְּסַפֵּר לְפָנֶיךָ שׁוֹכֵן שְׁחָקִים, הֲלֹא כָּל הַנִּסְתָּרוֹת וְהַנִּגְלוֹת אַתָּה יוֹדֵעַ. אַתָּה יוֹדֵעַ רָזֵי עוֹלָם, וְתַעֲלוּמוֹת סִתְרֵי כָל חָי. אַתָּה חוֹפֵשׂ כָּל חַדְרֵי בָטֶן, רוֹאֶה כְלָיוֹת וָלֵב. אֵין דָּבָר נֶעְלָם מִמָּךְ וְאֵין נִסְתָּר מִנֶּגֶד עֵינֶיךָ.

יְהִי רָצוֹן מִלְּפָנֶיךָ, יְהֹוָה אֱלֹהֵינוּ וֵאלֹהֵי אֲבוֹתֵינוּ, שֶׁתִּמְחֹל לָנוּ אֶת כָּל
חַטֹּאתֵינוּ, וּתְכַפֵּר לָנוּ אֶת כָּל עֲוֹנוֹתֵינוּ, וְתִמְחֹל וְתִסְלַח לְכָל פְּשָׁעֵינוּ.
שמות לד וְסָלַחְתָּ לַעֲוֹנֵנוּ וּלְחַטָּאתֵנוּ וּנְחַלְתָּנוּ: סְלַח לָנוּ אָבִינוּ כִּי חָטָאנוּ, מְחֹל
תהלים פו לָנוּ מַלְכֵּנוּ כִּי פָשָׁעְנוּ. כִּי־אַתָּה אֲדֹנָי טוֹב וְסַלָּח, וְרַב־חֶסֶד לְכָל־קֹרְאֶיךָ:
תהלים כה לְמַעַן־שִׁמְךָ יְהֹוָה, וְסָלַחְתָּ לַעֲוֹנִי כִּי רַב־הוּא: לְמַעַן־שִׁמְךָ יְהֹוָה תְּחַיֵּנִי,
תהלים קמג בְּצִדְקָתְךָ תּוֹצִיא מִצָּרָה נַפְשִׁי: יְהֹוָה צְבָאוֹת עִמָּנוּ, מִשְׂגָּב לָנוּ אֱלֹהֵי יַעֲקֹב
תהלים מו סֶלָה: יְהֹוָה צְבָאוֹת, אַשְׁרֵי אָדָם בֹּטֵחַ בָּךְ: יְהֹוָה הוֹשִׁיעָה, הַמֶּלֶךְ יַעֲנֵנוּ
תהלים פד
תהלים כ בְיוֹם־קָרְאֵנוּ: הֲשִׁיבֵנוּ יְהֹוָה אֵלֶיךָ וְנָשׁוּבָה, חַדֵּשׁ יָמֵינוּ כְּקֶדֶם:
איכה ה

עד כאן.

מי שמתפלל ביחידות, אינו אומר י״ג מידות דרך תחינה,
אבל יכול לאומרן בטעמים כקורא בתורה (שו״ע תקסה, ה).
אחר ששליח הציבור אומר ׳וַיַּעֲבֹר ה׳ עַל־פָּנָיו וַיִּקְרָא׳,
הקהל אומר ׳ה׳ ה׳׳ וכו׳ (רא״ש, ראש השנה פ״א, ה).

אֵל אֶרֶךְ אַפַּיִם אַתָּה וּבַעַל הָרַחֲמִים
גְּדֻלַּת רַחֲמֶיךָ וַחֲסָדֶיךָ תִּזְכּוֹר הַיּוֹם לְזֶרַע יְדִידֶיךָ
כְּמוֹ שֶׁהוֹדַעְתָּ לֶעָנָו מִקֶּדֶם וְכֵן כָּתוּב בְּתוֹרָתָךְ:
שמות לד וַיֵּרֶד יְהֹוָה בֶּעָנָן וַיִּתְיַצֵּב עִמּוֹ שָׁם וַיִּקְרָא בְשֵׁם יְהֹוָה:
וְשָׁם נֶאֱמַר:
וַיַּעֲבֹר יְהֹוָה ׀ עַל־פָּנָיו וַיִּקְרָא
יְהֹוָה ׀ יְהֹוָה אֵל רַחוּם וְחַנּוּן אֶרֶךְ אַפַּיִם וְרַב־חֶסֶד וֶאֱמֶת:
נֹצֵר חֶסֶד לָאֲלָפִים נֹשֵׂא עָוֺן וָפֶשַׁע וְחַטָּאָה וְנַקֵּה:

רַחוּם וְחַנּוּן, חָטָאנוּ לְפָנֶיךָ רַחֵם עָלֵינוּ וְהוֹשִׁיעֵנוּ.

יושב ואומר (ויש הנוהגים ליפול על פניהם, ראה הלכה 196):

תהלים כה לְדָוִד, אֵלֶיךָ יְהֹוָה נַפְשִׁי אֶשָּׂא: אֱלֹהַי בְּךָ בָטַחְתִּי אַל־אֵבוֹשָׁה,
אַל־יַעַלְצוּ אוֹיְבַי לִי: גַּם כָּל־קֹוֶיךָ לֹא יֵבֹשׁוּ, יֵבֹשׁוּ הַבּוֹגְדִים רֵיקָם:
דְּרָכֶיךָ יְהֹוָה הוֹדִיעֵנִי, אֹרְחוֹתֶיךָ לַמְּדֵנִי: הַדְרִיכֵנִי בַאֲמִתֶּךָ וְלַמְּדֵנִי
כִּי־אַתָּה אֱלֹהֵי יִשְׁעִי, אוֹתְךָ קִוִּיתִי כָּל־הַיּוֹם: זְכֹר־רַחֲמֶיךָ יְהֹוָה

וַחֲסָדֶיךָ, כִּי מֵעוֹלָם הֵמָּה: חַטֹּאות נְעוּרַי וּפְשָׁעַי אַל־תִּזְכֹּר, כְּחַסְדְּךָ
זְכָר־לִי־אַתָּה לְמַעַן טוּבְךָ יְהוָה: טוֹב־וְיָשָׁר יְהוָה, עַל־כֵּן יוֹרֶה
חַטָּאִים בַּדָּרֶךְ: יַדְרֵךְ עֲנָוִים בַּמִּשְׁפָּט, וִילַמֵּד עֲנָוִים דַּרְכּוֹ: כָּל־
אָרְחוֹת יְהוָה חֶסֶד וֶאֱמֶת לְנֹצְרֵי בְרִיתוֹ וְעֵדֹתָיו: לְמַעַן־שִׁמְךָ יְהוָה,
וְסָלַחְתָּ לַעֲוֹנִי כִּי רַב־הוּא: מִי־זֶה הָאִישׁ יְרֵא יְהוָה, יוֹרֶנּוּ בְּדֶרֶךְ
יִבְחָר: נַפְשׁוֹ בְּטוֹב תָּלִין, וְזַרְעוֹ יִירַשׁ אָרֶץ: סוֹד יְהוָה לִירֵאָיו,
וּבְרִיתוֹ לְהוֹדִיעָם: עֵינַי תָּמִיד אֶל־יְהוָה כִּי הוּא־יוֹצִיא מֵרֶשֶׁת רַגְלָי:
פְּנֵה־אֵלַי וְחָנֵּנִי כִּי־יָחִיד וְעָנִי אָנִי: צָרוֹת לְבָבִי הִרְחִיבוּ, מִמְּצוּקוֹתַי
הוֹצִיאֵנִי: רְאֵה עָנְיִי וַעֲמָלִי, וְשָׂא לְכָל־חַטֹּאותָי: רְאֵה־אוֹיְבַי כִּי־רָבּוּ,
וְשִׂנְאַת חָמָס שְׂנֵאוּנִי: שָׁמְרָה נַפְשִׁי וְהַצִּילֵנִי, אַל־אֵבוֹשׁ כִּי־חָסִיתִי
בָךְ: תֹּם־וָיֹשֶׁר יִצְּרוּנִי כִּי קִוִּיתִיךָ: פְּדֵה אֱלֹהִים אֶת־יִשְׂרָאֵל מִכֹּל
צָרוֹתָיו: וְהוּא יִפְדֶּה אֶת־יִשְׂרָאֵל, מִכֹּל עֲוֹנֹתָיו: תהלים קל

יְהוָה אֱלֹהֵי יִשְׂרָאֵל, שׁוּב מֵחֲרוֹן אַפֶּךָ וְהִנָּחֵם עַל־הָרָעָה לְעַמֶּךָ: שמות לב

בשני וחמישי יש נוהגים לומר תחינות אלו (ראה הלכה 200).

ליום שני:

יְהוָה, אַיֵּה חֲסָדֶיךָ הָרִאשֹׁנִים / אֲשֶׁר סִפְּרוּ לָנוּ אֲבוֹתֵינוּ מִלְּפָנִים אֲשֶׁר עָשִׂיתָ עִמָּנוּ.
בִּזְמַן כְּבוֹדְךָ שָׁכַן / בְּאֹהֶל לְשִׁבְתּוֹ מוּכָן וְשָׁם יְדַבֵּר עִמָּנוּ: הושע יב
רִחַקְתָּ מִמֶּנּוּ זִיו הַשְּׁכִינָה / וְעַתָּה אָנָה פָּנָה אֲשֶׁר אֵינֶנּוּ פֹּה עִמָּנוּ: דברים כט
הֲשִׁיבֵהוּ לְקַדְמוּתוֹ, וִיגַבְּרוּ / בָּנֶיךָ, וְאָז יֹאמְרוּ הִגְדִּיל יְהוָה לַעֲשׂוֹת עִמָּנוּ: תהלים קכו
מַהֵר לִרְפֹּא נִגְעֵנוּ / שׁוּבֵנוּ אֱלֹהֵי יִשְׁעֵנוּ וְהָפֵר כַּעַסְךָ עִמָּנוּ: תהלים פה

ממשיך 'שׁוּב מֵחֲרוֹן אַפֶּךָ' בעמוד הבא.

ליום חמישי:

יְהוָה, שְׁאֵרִית פְּלֵיטַת אֲרִיאֵל / הֲשָׁכַח חַנּוֹת אֵל אִם־קָפַץ בְּאַף רַחֲמָיו: תהלים עז
מָאַס דְּבִירוֹ וְסִפּוֹ / וַיִּטְרֹף לָעַד אַפּוֹ וְשִׁחֵת רַחֲמָיו: עמוס א
וְאַיֵּה נִפְלְאוֹתָיו וַחֲסָדָיו / אֲשֶׁר סִפְּרוּ לָנוּ עֲבָדָיו אֲשֶׁר־גְּמָלָם כְּרַחֲמָיו: ישעיה סג
אוֹמַר בְּרֹב בְּרֹבוֹת יְגוֹנַי / נִפְּלָה־נָּא בְיַד־יְהוָה כִּי־רַבִּים רַחֲמָו: שמואל ב׳ כד
לִדְבָרוֹ יִחַלְנוּ וְהִתְנַחַמְנוּ / חַסְדֵי יְהוָה כִּי לֹא־תָמְנוּ כִּי לֹא־כָלוּ רַחֲמָיו: איכה ג

ממשיך 'שׁוּב מֵחֲרוֹן אַפֶּךָ' בעמוד הבא.

לשני וחמישי:

שמות לב | ישעיה סד — שׁוּב מֵחֲרוֹן אַפֶּךָ, וְהִנָּחֵם עַל־הָרָעָה לְעַמֶּךָ: אַל־תִּקְצֹף יְהוָה עַד־מְאֹד,
ירמיה יד — וְאַל־לָעַד תִּזְכֹּר עָוֹן, הֵן הַבֶּט־נָא עַמְּךָ כֻלָּנוּ: אִם־עֲוֹנֵינוּ עָנוּ בָנוּ, יְהוָה
ישעיה סג — עֲשֵׂה לְמַעַן שְׁמֶךָ, כִּי־רַבּוּ מְשׁוּבֹתֵינוּ, לְךָ חָטָאנוּ: אָדוֹן סְלַח לָנוּ. כִּי־אַתָּה
אָבִינוּ, כִּי אַבְרָהָם לֹא יְדָעָנוּ וְיִשְׂרָאֵל לֹא יַכִּירָנוּ, אַתָּה יְהוָה אָבִינוּ, גֹּאֲלֵנוּ
מֵעוֹלָם שְׁמֶךָ: עד כאן.

הגמרא (תענית כה ע״ב) מספרת, שבתפילה הבאה נענה רבי עקיבא.
וביאר ה׳תולעת יעקב׳ שזכה לכך, כיוון שתלה את בקשתו רק בחסדי ה׳ ולא בזכות עצמו.
לפיכך תיקנו לאומרה בתחנון להורות, שאף אנו מבקשים שה׳ יעשה עמנו חסד
כמי שלא קדמה לו שום זכות להפיק שאלתו.

תענית כה: — אָבִינוּ מַלְכֵּנוּ, אָבִינוּ אָתָּה.
אָבִינוּ מַלְכֵּנוּ, אֵין לָנוּ מֶלֶךְ אֶלָּא אָתָּה.
אָבִינוּ מַלְכֵּנוּ, רַחֵם עָלֵינוּ.
אָבִינוּ מַלְכֵּנוּ, חָנֵּנוּ וַעֲנֵנוּ, כִּי אֵין בָּנוּ מַעֲשִׂים
עֲשֵׂה עִמָּנוּ חֶסֶד לְמַעַן שִׁמְךָ הַגָּדוֹל וְהוֹשִׁיעֵנוּ.

לקט הפסוקים המסיים את התחנון (סידורי הגאונים), מבטא את תחושתו של האדם,
שלאחר שהתפלל בעמידה, בישיבה ובנפילת אפיים, כמו שעשה משה רבינו,
אינו יודע מה לעשות עוד ומשליך את יהבו על ה׳ (׳ארחות חיים׳; טור, קלא).

יש נוהגים לעמוד במקום המסומן ב־ (מג״א קלא, ד בשם השל״ה).

דה״ב כ | תהלים כה — וַאֲנַחְנוּ לֹא נֵדַע ׳מַה־נַּעֲשֶׂה, כִּי עָלֶיךָ עֵינֵינוּ: זְכֹר־רַחֲמֶיךָ יְהוָה
תהלים לג — וַחֲסָדֶיךָ, כִּי מֵעוֹלָם הֵמָּה: יְהִי־חַסְדְּךָ יְהוָה עָלֵינוּ, כַּאֲשֶׁר יִחַלְנוּ
תהלים עט — לָךְ: אַל־תִּזְכָּר־לָנוּ עֲוֹנֹת רִאשֹׁנִים, מַהֵר יְקַדְּמוּנוּ רַחֲמֶיךָ כִּי דַלּוֹנוּ
תהלים קכד | תהלים קכג — מְאֹד: עֶזְרֵנוּ בְּשֵׁם יְהוָה, עֹשֵׂה שָׁמַיִם וָאָרֶץ: חָנֵּנוּ יְהוָה חָנֵּנוּ, כִּי־רַב
חבקוק ג — שָׂבַעְנוּ בוּז: בְּרֹגֶז, רַחֵם תִּזְכּוֹר: בְּרֹגֶז, אַהֲבָה תִּזְכֹּר. בְּרֹגֶז, עֲקֵדָה
תהלים כ — תִּזְכֹּר. בְּרֹגֶז, תְּמִימוּת תִּזְכֹּר. יְהוָה הוֹשִׁיעָה, הַמֶּלֶךְ יַעֲנֵנוּ בְיוֹם־
תהלים קג | תהלים עט — קָרְאֵנוּ: כִּי־הוּא יָדַע יִצְרֵנוּ, זָכוּר כִּי־עָפָר אֲנָחְנוּ: עָזְרֵנוּ אֱלֹהֵי יִשְׁעֵנוּ
עַל־דְּבַר כְּבוֹד־שְׁמֶךָ וְהַצִּילֵנוּ וְכַפֵּר עַל־חַטֹּאתֵינוּ לְמַעַן שְׁמֶךָ:

בימים שאין קוראים בהם בתורה, שליח הציבור אומר חצי קדיש (עמ׳ 96)
וממשיכים ׳אַשְׁרֵי׳ (עמ׳ 97).

# תחנונים לשני וחמישי

"בשני וחמישי אחר שמונה עשרה נהגו בכל מקומות ישראל להרבות בתפילה ובתחנונים
לפי שבית דין של מעלה ושל מטה שוין והם ימי רחמים דכתיב (ישעיה נה, ו):
'דִּרְשׁוּ ה' בְּהִמָּצְאוֹ'" ('כלבו', יח וספר המנהיג, סט; וראה שבת קכט ע"ב).

המנהג הקדום היה לפתוח את התחינות ב'וְהוּא רַחוּם' (עמ' 88), ואחר כך נהגו להקדים תחינות אלו (ב"י, קלד; סידור הרמ"ק). והמנהג הנפוץ לומר סדר זה אחר וידוי ונפילת אפיים כדעת האר"י.

אֵל מֶלֶךְ יוֹשֵׁב עַל כִּסֵּא רַחֲמִים, וּמִתְנַהֵג בַּחֲסִידוּת מוֹחֵל עֲוֹנוֹת עַמּוֹ
מַעֲבִיר רִאשׁוֹן רִאשׁוֹן, מַרְבֶּה מְחִילָה לַחַטָּאִים וּסְלִיחָה לַפּוֹשְׁעִים
עוֹשֶׂה צְדָקוֹת עִם כָּל בָּשָׂר וָרוּחַ, לֹא כְרָעָתָם לָהֶם גּוֹמֵל.
אֵל, הוֹרֵיתָנוּ לוֹמַר מִדּוֹת שְׁלֹשׁ עֶשְׂרֵה
זְכֹר לָנוּ הַיּוֹם בְּרִית שְׁלֹשׁ עֶשְׂרֵה
כְּמוֹ שֶׁהוֹדַעְתָּ לֶעָנָו מִקֶּדֶם, וְכֵן כָּתוּב בְּתוֹרָתָךְ:
וַיֵּרֶד יְהֹוָה בֶּעָנָן וַיִּתְיַצֵּב עִמּוֹ שָׁם וַיִּקְרָא בְשֵׁם יְהֹוָה: שמות לד
וְשָׁם נֶאֱמַר: וַיַּעֲבֹר יְהֹוָה | עַל־פָּנָיו וַיִּקְרָא
יְהֹוָה | יְהֹוָה אֵל רַחוּם וְחַנּוּן אֶרֶךְ אַפַּיִם וְרַב־חֶסֶד וֶאֱמֶת:
נֹצֵר חֶסֶד לָאֲלָפִים נֹשֵׂא עָוֹן וָפֶשַׁע וְחַטָּאָה וְנַקֵּה:

בקצת קהילות אין אומרים תחינות אלו ביום חמישי וממשיכים 'תָּמַהְנוּ מֵרָעוֹת' בעמוד הבא.

אַנְשֵׁי אֱמוּנָה אָבָדוּ / בָּאִים בְּכֹחַ מַעֲשֵׂיהֶם
גִּבּוֹרִים לַעֲמֹד בַּפֶּרֶץ / דּוֹחִים אֶת הַגְּזֵרוֹת
הָיוּ לָנוּ לְחוֹמָה / וּלְמַחְסֶה בְּיוֹם זָעַם
זוֹעֲכִים אַף בְּלַחֲשָׁם / חֵמָה עָצְרוּ בְשַׁוְעָם
טֶרֶם קְרָאוּךָ עֲנִיתָם / יוֹדְעִים לַעֲתוֹר וּלְרַצּוֹת
כְּאָב רִחַמְתָּ לְמַעֲנָם / לֹא הֱשִׁיבוֹתָ פְּנֵיהֶם רֵיקָם
מֵרֹב עֲוֹנֵינוּ אֲבַדְנוּם / נֶאֶסְפוּ מֶנּוּ בְּחַטָּאֵינוּ
סָעוּ הֵמָּה לִמְנוּחוֹת / עָזְבוּ אוֹתָנוּ לַאֲנָחוֹת
פַּסּוּ גוֹדְרֵי גָדֵר / צָמְתוּ מְשִׁיבֵי חֵמָה
קָמִים בַּפֶּרֶץ אַיִן / רְאוּיִם לְרַצּוֹתְךָ אָפֵסוּ
שׁוֹטַטְנוּ בְּאַרְבַּע פִּנּוֹת / תְּרוּפָה לֹא מָצָאנוּ
שַׁבְנוּ אֵלֶיךָ בְּבֹשֶׁת פָּנֵינוּ / לְשַׁחֶרְךָ אֵל בְּעֵת צָרוֹתֵינוּ.

אֵל מֶלֶךְ יוֹשֵׁב עַל כִּסֵּא רַחֲמִים, וּמִתְנַהֵג בַּחֲסִידוּת
מוֹחֵל עֲוֹנוֹת עַמּוֹ, מַעֲבִיר רִאשׁוֹן רִאשׁוֹן
מַרְבֶּה מְחִילָה לְחַטָּאִים וּסְלִיחָה לַפּוֹשְׁעִים
עוֹשֶׂה צְדָקוֹת עִם כָּל בָּשָׂר וָרוּחַ, לֹא כְרָעָתָם לָהֶם גּוֹמֵל.
אֵל, הוֹרֵיתָנוּ לוֹמַר מִדּוֹת שְׁלֹשׁ עֶשְׂרֵה
זְכוֹר לָנוּ הַיּוֹם בְּרִית שְׁלֹשׁ עֶשְׂרֵה
כְּמוֹ שֶׁהוֹדַעְתָּ לֶעָנָו מִקֶּדֶם, וְכֵן כָּתוּב בְּתוֹרָתֶךָ:
וַיֵּרֶד יְהֹוָה בֶּעָנָן וַיִּתְיַצֵּב עִמּוֹ שָׁם וַיִּקְרָא בְשֵׁם יְהֹוָה: שמות לד
וְשָׁם נֶאֱמַר:
וַיַּעֲבֹר יְהֹוָה ׀ עַל־פָּנָיו וַיִּקְרָא
יְהֹוָה ׀ יְהֹוָה אֵל רַחוּם וְחַנּוּן אֶרֶךְ אַפַּיִם וְרַב־חֶסֶד וֶאֱמֶת:
נֹצֵר חֶסֶד לָאֲלָפִים נֹשֵׂא עָוֹן וָפֶשַׁע וְחַטָּאָה וְנַקֵּה:

בקצת קהילות אין אומרים תחינות אלו ביום שני וממשיכים 'אֱלֹהֵינוּ וֵאלֹהֵי אֲבוֹתֵינוּ' בעמוד הבא.

תָּמַהְנוּ מֵרָעוֹת / תָּשַׁשׁ כֹּחֵנוּ מִצָּרוֹת
שַׁחְנוּ עַד לִמְאֹד / שָׁפַלְנוּ עַד עָפָר
רַחוּם, כָּךְ הִיא מִדָּתֵנוּ / קְשֵׁי עֹרֶף וּמַמְרִים אֲנַחְנוּ
צָעַקְנוּ בְּפִינוּ חָטָאנוּ / פְּתַלְתּוֹל וְעִקֵּשׁ לִבֵּנוּ
עֶלְיוֹן רַחֲמֶיךָ מֵעוֹלָם / סְלִיחָה עִמְּךָ הִיא
נִחָם עַל הָרָעָה / מַטֵּה כְלַפֵּי חֶסֶד
לֹא תִתְעַלַּם בְּעִתּוֹת כָּאֵל / כִּי בְצָרָה גְדוֹלָה אֲנָחְנוּ
יִוָּדַע לְעֵינֵי הַכֹּל / טוּבְךָ וְחַסְדְּךָ עִמָּנוּ
חֲתֹם פִּי שָׂטָן וְאַל יַשְׂטִין עָלֵינוּ / וְעַם בּוֹ וְיִדּוֹם
וְיַעֲמוֹד מֵלִיץ טוֹב לְצַדְּקֵנוּ / הוּא יַגִּיד יָשְׁרֵנוּ
דְּרָכֶיךָ רַחוּם וְחַנּוּן / גִּלִּיתָ לְנֶאֱמַן בַּיִת
בְּבַקְּשׁוֹ אָז מִלְּפָנֶיךָ / אֱמוּנָתְךָ הוֹדַעְתָּ לוֹ.

אֵל מֶלֶךְ יוֹשֵׁב עַל כִּסֵּא רַחֲמִים, וּמִתְנַהֵג בַּחֲסִידוּת
מוֹחֵל עֲוֹנוֹת עַמּוֹ, מַעֲבִיר רִאשׁוֹן רִאשׁוֹן
מַרְבֶּה מְחִילָה לְחַטָּאִים וּסְלִיחָה לַפּוֹשְׁעִים
עוֹשֶׂה צְדָקוֹת עִם כָּל בָּשָׂר וָרוּחַ, לֹא כְרָעָתָם לָהֶם גּוֹמֵל.
אֵל, הוֹרֵתָנוּ לוֹמַר מִדּוֹת שְׁלֹשׁ עֶשְׂרֵה
זְכֹר לָנוּ הַיּוֹם בְּרִית שְׁלֹשׁ עֶשְׂרֵה
כְּמוֹ שֶׁהוֹדַעְתָּ לֶעָנָו מִקֶּדֶם, וְכֵן כָּתוּב בְּתוֹרָתֶךָ:
וַיֵּרֶד יְהוָה בֶּעָנָן וַיִּתְיַצֵּב עִמּוֹ שָׁם וַיִּקְרָא בְשֵׁם יְהוָה: שמות לד
וְשָׁם נֶאֱמַר:
וַיַּעֲבֹר יְהוָה ׀ עַל־פָּנָיו וַיִּקְרָא
יְהוָה ׀ יְהוָה אֵל רַחוּם וְחַנּוּן אֶרֶךְ אַפַּיִם וְרַב־חֶסֶד וֶאֱמֶת:
נֹצֵר חֶסֶד לָאֲלָפִים נֹשֵׂא עָוֹן וָפֶשַׁע וְחַטָּאָה וְנַקֵּה:

אֱלֹהֵינוּ וֵאלֹהֵי אֲבוֹתֵינוּ
אַל תַּעַשׂ עִמָּנוּ כָּלָה / תֹּאחֵז יָדְךָ בַּמִּשְׁפָּט
בְּבוֹא תוֹכֵחָה נֶגְדֶּךָ / שְׁמֵנוּ מִסִּפְרְךָ אַל תֶּמַח
גִּשְׁתְּךָ לַחְקוֹר מוּסָר / רַחֲמֶיךָ יְקַדְּמוּ רָגְזֶךָ
דַּלּוּת מַעֲשִׂים בְּשׁוּרְךָ / קָרֵב צֶדֶק מֵאֵלֶיךָ
הוֹרֵנוּ בְּזַעֲקֵנוּ לָךְ / צַו יְשׁוּעָתֵנוּ בְּמַפְגִּיעַ
וְתָשִׁיב שְׁבוּת אָהֳלֵי תָם / פְּתָחָיו רְאֵה כִּי שָׁמֵמוּ
זְכוֹר נַמְתָּ / עֵדוּת לֹא תִשָּׁכַח מִפִּי זַרְעוֹ
חוֹתֵם תְּעוּדָה תַּתִּיר / סוֹדְךָ שִׂים בְּלִמּוּדֶיךָ
טְבוּר אַגַּן הַסַּהַר / נָא אַל יֶחְסַר הַמָּזֶג
יָהּ דַּע אֶת יִשְׂרָאֵל אֲשֶׁר יְדָעוּךָ / מַגֵּר אֶת הַגּוֹיִם אֲשֶׁר לֹא יְדָעוּךָ
כִּי תָשִׁיב לְבִצָּרוֹן / לְכוּדִים אֲסִירֵי הַתִּקְוָה.

בשני ובחמישי בקהילות שלא אמרו בהן ׳מָה נֹּאמַר׳ לפני נפילת אפיים, אומרים כאן:

מַה נֹּאמַר לְפָנֶיךָ יוֹשֵׁב מָרוֹם, וּמַה נְּסַפֵּר לְפָנֶיךָ שׁוֹכֵן שְׁחָקִים, הֲלֹא הַנִּסְתָּרוֹת וְהַנִּגְלוֹת אַתָּה יוֹדֵעַ. אַתָּה יוֹדֵעַ רָזֵי עוֹלָם, וְתַעֲלוּמוֹת סִתְרֵי כָל חָי. אַתָּה חוֹפֵשׂ כָּל חַדְרֵי בָטֶן, רוֹאֶה כְלָיוֹת וָלֵב. אֵין דָּבָר נֶעְלָם מִמָּךְ, וְאֵין נִסְתָּר מִנֶּגֶד עֵינֶיךָ.

יְהִי רָצוֹן מִלְּפָנֶיךָ, יְהֹוָה אֱלֹהֵינוּ וֵאלֹהֵי אֲבוֹתֵינוּ, שֶׁתִּמְחֹל לָנוּ אֶת
כָּל חַטֹּאתֵינוּ, וּתְכַפֵּר לָנוּ אֶת כָּל עֲוֹנוֹתֵינוּ, וְתִמְחֹל וְתִסְלַח לְכָל
שמות לד פְּשָׁעֵינוּ. וְסָלַחְתָּ לַעֲוֹנֵנוּ וּלְחַטָּאתֵנוּ וּנְחַלְתָּנוּ: סְלַח לָנוּ אָבִינוּ כִּי
תהלים פו חָטָאנוּ, מְחֹל לָנוּ מַלְכֵּנוּ כִּי פָשָׁעְנוּ. כִּי־אַתָּה אֲדֹנָי טוֹב וְסַלָּח,
תהלים כה וְרַב־חֶסֶד לְכָל־קֹרְאֶיךָ: לְמַעַן־שִׁמְךָ יְהֹוָה, וְסָלַחְתָּ לַעֲוֹנִי כִּי רַב־
תהלים קמג הוּא: לְמַעַן־שִׁמְךָ יְהֹוָה תְּחַיֵּנִי, בְּצִדְקָתְךָ תּוֹצִיא מִצָּרָה נַפְשִׁי: יְהֹוָה
תהלים מו צְבָאוֹת עִמָּנוּ, מִשְׂגָּב לָנוּ אֱלֹהֵי יַעֲקֹב סֶלָה: יְהֹוָה צְבָאוֹת, אַשְׁרֵי
תהלים פד אָדָם בֹּטֵחַ בָּךְ: יְהֹוָה הוֹשִׁיעָה, הַמֶּלֶךְ יַעֲנֵנוּ בְיוֹם־קָרְאֵנוּ: הֲשִׁיבֵנוּ
תהלים כ איכה ה יְהֹוָה אֵלֶיךָ וְנָשׁוּבָה, חַדֵּשׁ יָמֵינוּ כְּקֶדֶם:

מסורת ביד הראשונים שתפילת ׳וְהוּא רַחוּם׳ תוקנה בידי שלושה חכמים בעקבות נס שנעשה להם, כשיצאו לגלות אחר חורבן בית שני (׳כלבו׳ וספר המנהיג, שם).

יש לומר ׳וְהוּא רַחוּם׳ מעומד ובכוונה (שו״ע קלד, א על פי מהר״י אבוהב; ׳קשר גודל׳ יט, כו).

תהלים עח וְהוּא רַחוּם יְכַפֵּר עָוֹן וְלֹא־יַשְׁחִית, וְהִרְבָּה לְהָשִׁיב אַפּוֹ וְלֹא־יָעִיר
תהלים מ כָּל חֲמָתוֹ: אַתָּה יְהֹוָה לֹא־תִכְלָא רַחֲמֶיךָ מִמֶּנִּי, חַסְדְּךָ וַאֲמִתְּךָ
תהלים קו תָּמִיד יִצְּרוּנִי: הוֹשִׁיעֵנוּ יְהֹוָה אֱלֹהֵינוּ וְקַבְּצֵנוּ מִן־הַגּוֹיִם, לְהוֹדוֹת
תהלים קל לְשֵׁם קָדְשֶׁךָ לְהִשְׁתַּבֵּחַ בִּתְהִלָּתֶךָ: אִם־עֲוֹנוֹת תִּשְׁמָר־יָהּ, אֲדֹנָי
תהלים קג מִי יַעֲמֹד: כִּי־עִמְּךָ הַסְּלִיחָה לְמַעַן תִּוָּרֵא: לֹא כַחֲטָאֵינוּ עֲשֵׂה
ירמיה יד לָנוּ, וְלֹא כַעֲוֹנֹתֵינוּ גְּמֹל עָלֵינוּ: אִם־עֲוֹנֵינוּ עָנוּ בָנוּ, יְהֹוָה עֲשֵׂה
תהלים כה תהלים כ לְמַעַן שְׁמֶךָ: זְכֹר־רַחֲמֶיךָ יְהֹוָה וַחֲסָדֶיךָ, כִּי מֵעוֹלָם הֵמָּה: יַעַנְךָ
יְהֹוָה בְּיוֹם צָרָה, יְשַׂגֶּבְךָ שֵׁם אֱלֹהֵי יַעֲקֹב: יְהֹוָה הוֹשִׁיעָה, הַמֶּלֶךְ
יַעֲנֵנוּ בְיוֹם־קָרְאֵנוּ:

אָבִֽינוּ מַלְכֵּֽנוּ, חָנֵּֽנוּ וַעֲנֵֽנוּ כִּי אֵין בָּֽנוּ מַעֲשִׂים
עֲשֵׂה עִמָּֽנוּ צְדָקָה כְּרֹב רַחֲמֶֽיךָ, וְהוֹשִׁיעֵֽנוּ לְמַֽעַן שְׁמֶֽךָ.

וְעַתָּה אֲדֹנָי אֱלֹהֵֽינוּ, אֲשֶׁר הוֹצֵֽאתָ אֶת־עַמְּךָ מֵאֶֽרֶץ מִצְרַֽיִם בְּיָד דניאל ט
חֲזָקָה וַתַּֽעַשׂ־לְךָ שֵׁם כַּיּוֹם הַזֶּה, חָטָֽאנוּ רָשָֽׁעְנוּ: אֲדֹנָי, כְּכָל־
צִדְקֹתֶֽךָ יָשָׁב־נָא אַפְּךָ וַחֲמָתְךָ, מֵעִירְךָ יְרוּשָׁלַֽיִם הַר־קָדְשֶֽׁךָ,
כִּי בַחֲטָאֵֽינוּ וּבַעֲוֹנוֹת אֲבֹתֵֽינוּ, יְרוּשָׁלַֽיִם וְעַמְּךָ לְחֶרְפָּה לְכָל־
סְבִיבֹתֵֽינוּ: וְעַתָּה שְׁמַע אֱלֹהֵֽינוּ אֶל־תְּפִלַּת עַבְדְּךָ וְאֶל־תַּחֲנוּנָיו,
וְהָאֵר פָּנֶֽיךָ עַל־מִקְדָּשְׁךָ הַשָּׁמֵם, לְמַֽעַן אֲדֹנָי: הַטֵּה אֱלֹהַי אָזְנְךָ
וּשְׁמָע, פְּקַח עֵינֶֽיךָ וּרְאֵה שֹׁמְמֹתֵֽינוּ וְהָעִיר אֲשֶׁר־נִקְרָא שִׁמְךָ
עָלֶֽיהָ, כִּי לֹא עַל־צִדְקֹתֵֽינוּ אֲנַֽחְנוּ מַפִּילִים תַּחֲנוּנֵֽינוּ לְפָנֶֽיךָ, כִּי עַל־
רַחֲמֶֽיךָ הָרַבִּים: אֲדֹנָי שְׁמָֽעָה, אֲדֹנָי סְלָֽחָה, אֲדֹנָי הַקְשִֽׁיבָה וַעֲשֵׂה
אַל־תְּאַחַר, לְמַֽעַנְךָ אֱלֹהַי, כִּי־שִׁמְךָ נִקְרָא עַל־עִירְךָ וְעַל־עַמֶּֽךָ:

אָבִֽינוּ אָב הָרַחֲמָן, הַרְאֵֽנוּ אוֹת לְטוֹבָה וְקַבֵּץ נְפוּצוֹתֵֽינוּ מֵאַרְבַּע
כַּנְפוֹת הָאָֽרֶץ. יַכִּֽירוּ וְיֵדְעוּ כָּל הַגּוֹיִם, כִּי אַתָּה יְהוָה אָבִֽינוּ אָֽתָּה, ישעיה סד
אֲנַֽחְנוּ הַחֹֽמֶר וְאַתָּה יֹצְרֵֽנוּ וּמַעֲשֵׂה יָדְךָ כֻּלָּֽנוּ: אָבִֽינוּ מַלְכֵּֽנוּ צוּרֵֽנוּ
וְגוֹאֲלֵֽנוּ, חֽוּסָה יְהוָה עַל־עַמֶּֽךָ וְאַל־תִּתֵּן נַחֲלָתְךָ לְחֶרְפָּה לִמְשָׁל־ יואל ב
בָּם גּוֹיִם, לָֽמָּה יֹאמְרוּ בָעַמִּים אַיֵּה אֱלֹהֵיהֶם: יָדַֽעְנוּ יְהוָה כִּי
חָטָֽאנוּ וְאֵין מִי יַעֲמֹד בַּעֲדֵֽנוּ, אֶלָּא שִׁמְךָ הַגָּדוֹל יַעֲמָד לָֽנוּ בְּעֵת
צָרָה, וּכְרַחֵם אָב עַל בָּנִים רַחֵם עָלֵֽינוּ. חֲמֹל עַל עַמְּךָ, וְרַחֵם
עַל נַחֲלָתְךָ, חֽוּסָה נָּא כְּרֹב רַחֲמֶֽיךָ, חָנֵּֽנוּ מַלְכֵּֽנוּ וַעֲנֵֽנוּ. לְךָ אֲדֹנָי
הַצְּדָקָה, עֹשֵׂה נִפְלָאוֹת בְּכָל עֵת וָעֵת. הַבֶּט נָא וְהוֹשִֽׁיעָה נָּא צֹאן
מַרְעִיתֶֽךָ. אַל יִמְשָׁל בָּֽנוּ קֶֽצֶף, כִּי לְךָ יְהוָה הַיְשׁוּעָה. בְּךָ תוֹחַלְתֵּֽנוּ
אֱלֽוֹהַּ סְלִיחוֹת, אָֽנָּא סְלַח נָא, כִּי אֵל טוֹב וְסַלָּח אָֽתָּה.

אָנָּא מֶלֶךְ רַחוּם וְחַנּוּן, זְכֹר וְהַבֵּט לִבְרִית בֵּין הַבְּתָרִים, וְתֵרָאֶה לְפָנֶיךָ עֲקֵדַת יָחִיד, וּלְמַעַן יִשְׂרָאֵל אָבִינוּ, אַל תַּעַזְבֵנוּ אָבִינוּ, וְאַל תִּטְּשֵׁנוּ מַלְכֵּנוּ, וְאַל תִּשְׁכָּחֵנוּ יוֹצְרֵנוּ, וְאַל תַּעַשׂ עִמָּנוּ כָּלָה כְּחַטֹּאתֵינוּ בְּגָלוּתֵנוּ, כִּי אֵל מֶלֶךְ חַנּוּן וְרַחוּם אָתָּה.

אֵין כָּמְוֹךָ חַנּוּן וְרַחוּם יהוה אֱלֹהֵינוּ. אֵין כָּמְוֹךָ אֵל אֶרֶךְ אַפַּיִם וְרַב
דברים ט חֶסֶד וֶאֱמֶת. הוֹשִׁיעֵנוּ וְרַחֲמֵנוּ, מֵרַעַשׁ וּמֵרֹגֶז הַצִּילֵנוּ. זְכֹר לַעֲבָדֶיךָ
לְאַבְרָהָם לְיִצְחָק וּלְיַעֲקֹב, אַל־תֵּפֶן אֶל־קְשִׁי הָעָם הַזֶּה וְאֶל־רִשְׁעוֹ
שמות לב וְאֶל־חַטָּאתוֹ: שׁוּב מֵחֲרוֹן אַפֶּךָ, וְהִנָּחֵם עַל־הָרָעָה לְעַמֶּךָ: וְהָסֵר
מִמֶּנּוּ מַכַּת הַמָּוֶת כִּי רַחוּם אָתָּה, כִּי כֵן דַּרְכֶּךָ לַעֲשׂוֹת חֶסֶד חִנָּם
תהלים קיח בְּכָל דּוֹר וָדוֹר. אָנָּא יְהֹוָה הוֹשִׁיעָה נָּא, אָנָּא יְהֹוָה הַצְלִיחָה נָא:
אָנָּא יְהֹוָה עֲנֵנוּ בְּיוֹם קָרְאֵנוּ. לְךָ יְהֹוָה קִוִּינוּ, לְךָ יְהֹוָה חִכִּינוּ, לְךָ
יְהֹוָה נְיַחֵל. אַל תֶּחֱשֶׁה וּתְעַנֵּנוּ, כִּי נָאֲמוּ גוֹיִם אָבְדָה תִקְוָתָם. כָּל
בֶּרֶךְ לְךָ תִכְרַע, וְכָל קוֹמָה לְפָנֶיךָ תִשְׁתַּחֲוֶה.

הַפּוֹתֵחַ יָד בִּתְשׁוּבָה לְקַבֵּל פּוֹשְׁעִים וְחַטָּאִים, נִבְהֲלָה נַפְשֵׁנוּ מֵרֹב עִצְבוֹנֵנוּ, אַל תִּשְׁכָּחֵנוּ נֶצַח, קוּמָה וְהוֹשִׁיעֵנוּ. אַל תִּשְׁפֹּךְ חֲרוֹנְךָ עָלֵינוּ כִּי עַמְּךָ אֲנַחְנוּ בְּנֵי בְרִיתֶךָ. אֵל, הַבִּיטָה, דַּל כְּבוֹדֵנוּ בַּגּוֹיִם וְשִׁקְּצוּנוּ כְּטֻמְאַת הַנִּדָּה. עַד מָתַי עֻזְּךָ בַּשְּׁבִי וְתִפְאַרְתְּךָ בְּיַד צָר. הָמֵה יִרְאוּ וְיֵבֹשׁוּ וְיֵחַתּוּ מִגְּבוּרָתָם. עוֹרְרָה גְבוּרָתְךָ וְהוֹשִׁיעֵנוּ לְמַעַן שְׁמֶךָ. אַל יִמְעֲטוּ לְפָנֶיךָ תְּלָאוֹתֵינוּ, מַהֵר יְקַדְּמוּנוּ רַחֲמֶיךָ בְּעֵת צָרוֹתֵינוּ. לֹא לְמַעֲנֵנוּ אֶלָּא לְמַעַנְךָ פְּעַל, וְאַל תַּשְׁחִית אֶת זֵכֶר שְׁאֵרִיתֵנוּ, כִּי לְךָ מְיַחֲלוֹת עֵינֵינוּ, כִּי אֵל מֶלֶךְ חַנּוּן וְרַחוּם אָתָּה. וּזְכֹר עֵדוּתֵנוּ בְּכָל יוֹם תָּמִיד אוֹמְרִים פַּעֲמַיִם בְּאַהֲבָה,
דברים ו שְׁמַע יִשְׂרָאֵל, יְהֹוָה אֱלֹהֵינוּ, יְהֹוָה אֶחָד:

בימים שאין אומרים בהם תחנון, שליח הציבור אומר:

יְהֹוָה אֲדֹנֵינוּ, מָה־אַדִּיר שִׁמְךָ בְּכָל־הָאָרֶץ: תהלים ח

## חצי קדיש

שליח הציבור כורע במילים המסומנות ב׳.

ש״ץ: ׳יִתְגַּדַּל וְיִתְקַדַּשׁ שְׁמֵיהּ רַבָּא (קהל: אָמֵן)
בְּעָלְמָא דִּי בְרָא כִרְעוּתֵהּ
וְיַמְלִיךְ מַלְכוּתֵהּ
וְיַצְמַח פֻּרְקָנֵהּ וִיקָרֵב מְשִׁיחֵהּ (קהל: אָמֵן)
בְּחַיֵּיכוֹן וּבְיוֹמֵיכוֹן וּבְחַיֵּי דְכָל בֵּית יִשְׂרָאֵל
בַּעֲגָלָא וּבִזְמַן קָרִיב
וְאִמְרוּ אָמֵן. (קהל: אָמֵן)

קהל וש״ץ: יְהֵא שְׁמֵיהּ ׳רַבָּא מְבָרַךְ לְעָלַם לְעָלְמֵי עָלְמַיָּא ׳יִתְבָּרַךְ
וְיִשְׁתַּבַּח וְיִתְפָּאַר וְיִתְרוֹמַם וְיִתְנַשֵּׂא
וְיִתְהַדָּר וְיִתְעַלֶּה וְיִתְהַלָּל
שְׁמֵיהּ דְּקֻדְשָׁא ׳בְּרִיךְ הוּא (קהל: אָמֵן)
לְעֵלָּא מִן כָּל בִּרְכָתָא
שִׁירָתָא, תֻּשְׁבְּחָתָא וְנֶחֱמָתָא
דַּאֲמִירָן בְּעָלְמָא
וְאִמְרוּ ׳אָמֵן. (קהל: אָמֵן)

בימים שאין קוראים בהם בתורה, אומרים ׳אַשְׁרֵי יוֹשְׁבֵי בֵיתֶךָ׳ (עמ׳ 97).
בשני ובחמישי, בראש חודש, בחול המועד, בתעניות, בחנוכה ובפורים קוראים בתורה.

# פתיחת ההיכל

ביום חמישי עלה משה להר סיני לקבל את הלוחות השניים, וביום שני לאחר ארבעים יום נתרצה לו הקב״ה והורידם. משום כך נקבעו ימים אלה לימי קריאה בתורה בציבור (ב״ק פב ע״א ותוספות שם). כמו כן קוראים בתורה בשבתות ובמועדים, בראש חודש ובחול המועד (משנה, מגילה כא ע״א), בחנוכה, בפורים ובתעניות (משנה, שם ל ע״ב).

בשני וחמישי ובתענית ציבור עומדים ואומרים ׳אֵל אֶרֶךְ אַפַּיִם׳ לפני הוצאת ספר תורה. בחלק הראשון מתפללים על הגאולה ואומרים ׳וְהוֹשִׁיעֵנוּ׳, ובחלק השני מתפללים על ההצלה מגזרות הגלות ואומרים ׳וְהַצִּילֵנוּ׳ (אבודרהם בשם בעל ׳משמרת המועדות׳).

בימים שאין אומרים בהם תחנונים, אין אומרים ׳אֵל אֶרֶךְ אַפַּיִם׳.

אֵל אֶרֶךְ אַפַּיִם וְרַב חֶסֶד וֶאֱמֶת, אַל בְּאַפְּךָ תּוֹכִיחֵנוּ.\
חוּסָה יְהוָה עַל יִשְׂרָאֵל עַמֶּךָ, וְהוֹשִׁיעֵנוּ מִכָּל רָע.\
חָטָאנוּ לְךָ אָדוֹן, סְלַח נָא כְּרֹב רַחֲמֶיךָ אֵל.

אֵל אֶרֶךְ אַפַּיִם וּמָלֵא רַחֲמִים, אַל תַּסְתֵּר פָּנֶיךָ מִמֶּנּוּ.\
חוּסָה יְהוָה עַל שְׁאֵרִית יִשְׂרָאֵל עַמֶּךָ, וְהַצִּילֵנוּ מִכָּל רָע.\
חָטָאנוּ לְךָ אָדוֹן, סְלַח נָא כְּרֹב רַחֲמֶיךָ אֵל.

וממשיכים ׳בָּרוּךְ הַמָּקוֹם׳ בעמוד הבא.

בימים שאין אומרים בהם תחנונים, אומרים:

מלכים א׳ ח יְהִי יְהוָה אֱלֹהֵינוּ עִמָּנוּ כַּאֲשֶׁר הָיָה עִם־אֲבֹתֵינוּ\
אַל־יַעַזְבֵנוּ וְאַל־יִטְּשֵׁנוּ:

תהלים כח הוֹשִׁיעָה אֶת־עַמֶּךָ וּבָרֵךְ אֶת־נַחֲלָתֶךָ וּרְעֵם וְנַשְּׂאֵם עַד־הָעוֹלָם:

בראש חודש יש מוסיפים את הפסוקים הבאים:

במדבר י וַיְהִי בִּנְסֹעַ הָאָרֹן וַיֹּאמֶר מֹשֶׁה, קוּמָה יְהוָה וְיָפֻצוּ אֹיְבֶיךָ, וְיָנֻסוּ מְשַׂנְאֶיךָ\
תהלים קלב מִפָּנֶיךָ: קוּמָה יְהוָה לִמְנוּחָתֶךָ, אַתָּה וַאֲרוֹן עֻזֶּךָ: כֹּהֲנֶיךָ יִלְבְּשׁוּ־צֶדֶק,\
וַחֲסִידֶיךָ יְרַנֵּנוּ:

בימים שאין אומרים בהם תחנונים, ממשיכים:

תהלים קלב בַּעֲבוּר דָּוִד עַבְדֶּךָ, אַל־תָּשֵׁב פְּנֵי מְשִׁיחֶךָ:

תהלים קיח פִּתְחוּ־לִי שַׁעֲרֵי־צֶדֶק, אָבֹא־בָם אוֹדֶה יָהּ:\
זֶה־הַשַּׁעַר לַיהוָה, צַדִּיקִים יָבֹאוּ בוֹ:

בראש חודש מוסיפים 'בְּרִיךְ שְׁמֵהּ' ('רב פעלים' ח"ג, סוד ישרים ח),
ויש מוסיפים בכל יום שמוציאים בו ספר תורה ('פתח הדביר' קלד, ב; ראה הלכה 312).

בְּרִיךְ שְׁמֵהּ דְּמָרֵא עָלְמָא, בְּרִיךְ כִּתְרָךְ וְאַתְרָךְ. יְהֵא רְעוּתָךְ עִם עַמָּךְ זוהר ויקהל
יִשְׂרָאֵל לְעָלַם, וּפֻרְקַן יְמִינָךְ אַחֲזֵי לְעַמָּךְ בְּבֵית מַקְדְּשָׁךְ, וּלְאַמְטוּיֵי לָנָא
מְטּוּב נְהוֹרָךְ, וּלְקַבֵּל צְלוֹתַנָא בְּרַחֲמִין. יְהֵא רַעֲוָא קֳדָמָךְ דְּתוֹרִיךְ לַן חַיִּין
בְּטִיבוּ, וְלֶהֱוֵי אֲנָא עַבְדָּךְ פְּקִידָא בְּגוֹ צַדִּיקַיָּא, לְמִרְחַם עָלַי וּלְמִנְטַר
יָתִי וְיָת כָּל דִּי לִי וְדִי לְעַמָּךְ יִשְׂרָאֵל. אַנְתְּ הוּא זָן לְכֹלָּא וּמְפַרְנֵס לְכֹלָּא,
אַנְתְּ הוּא שַׁלִּיט עַל כֹּלָּא, אַנְתְּ הוּא דְּשַׁלִּיט עַל מַלְכַיָּא, וּמַלְכוּתָא
דִּילָךְ הִיא. אֲנָא עַבְדָּא דְקֻדְשָׁא בְּרִיךְ הוּא, דְּסָגֵדְנָא קַמֵּהּ מִקַּמֵּי
דִּיקַר אוֹרַיְתֵהּ בְּכָל עִדָּן וְעִדָּן. לָא עַל אֱנָשׁ רְחִיצְנָא וְלָא עַל בַּר אֱלָהִין
סְמִיכְנָא, אֶלָּא בֶּאֱלָהָא דִשְׁמַיָּא, דְּהוּא אֱלָהָא דִקְשׁוֹט, וְאוֹרַיְתֵהּ קְשׁוֹט,
וּנְבִיאוֹהִי קְשׁוֹט, וּמַסְגֵּי לְמֶעְבַּד טַבְוָן וּקְשׁוֹט. בֵּהּ אֲנָא רָחִיץ, וְלִשְׁמֵהּ
יַקִּירָא קַדִּישָׁא אֲנָא אֵמַר תֻּשְׁבְּחָן. יְהֵא רַעֲוָא קֳדָמָךְ דְּתִפְתַּח לִבַּאי
בְּאוֹרַיְתָךְ, (וְתֵיהַב לִי בְּנִין דִּכְרִין דְּעָבְדִין רְעוּתָךְ), וְתַשְׁלִים מִשְׁאֲלִין
דְּלִבַּאי וְלִבָּא דְכָל עַמָּךְ יִשְׂרָאֵל לְטָב וּלְחַיִּין וְלִשְׁלָם, אָמֵן.

כשמוציאים את ספר התורה מן ההיכל, שליח הציבור והקהל אומרים:

בָּרוּךְ הַמָּקוֹם שֶׁנָּתַן תּוֹרָה לְעַמּוֹ יִשְׂרָאֵל, בָּרוּךְ הוּא.
אַשְׁרֵי הָעָם שֶׁכָּכָה לּוֹ, אַשְׁרֵי הָעָם שֶׁיְהֹוָה אֱלֹהָיו: תהלים קמד

כשמוליכים את ספר התורה לתיבה, שליח הציבור והקהל אומרים:

גַּדְּלוּ לַיהֹוָה אִתִּי, וּנְרוֹמְמָה שְׁמוֹ יַחְדָּו: תהלים לד

רוֹמְמוּ יְהֹוָה אֱלֹהֵינוּ וְהִשְׁתַּחֲווּ לַהֲדֹם רַגְלָיו, קָדוֹשׁ הוּא: רוֹמְמוּ תהלים צט
יְהֹוָה אֱלֹהֵינוּ וְהִשְׁתַּחֲווּ לְהַר קָדְשׁוֹ, כִּי־קָדוֹשׁ יְהֹוָה אֱלֹהֵינוּ:

אֵין־קָדוֹשׁ כַּיהֹוָה כִּי־אֵין בִּלְתֶּךָ, וְאֵין צוּר כֵּאלֹהֵינוּ: כִּי מִי שמואל א׳ ב תהלים יח
אֱלוֹהַּ מִבַּלְעֲדֵי יְהֹוָה, וּמִי צוּר זוּלָתִי אֱלֹהֵינוּ: תּוֹרָה צִוָּה־לָנוּ דברים לג
מֹשֶׁה, מוֹרָשָׁה קְהִלַּת יַעֲקֹב: עֵץ־חַיִּים הִיא לַמַּחֲזִיקִים בָּהּ, משלי ג

תהלים קיט וְתֹמְכֶיהָ מְאֻשָּׁר: דְּרָכֶיהָ דַרְכֵי־נֹעַם וְכָל־נְתִיבוֹתֶיהָ שָׁלוֹם: שָׁלוֹם
תהלים כט רָב לְאֹהֲבֵי תוֹרָתֶךָ, וְאֵין־לָמוֹ מִכְשׁוֹל: יְהוָה עֹז לְעַמּוֹ יִתֵּן, יְהוָה
יְבָרֵךְ אֶת־עַמּוֹ בַשָּׁלוֹם:

יש מוסיפים (על פי מסכת סופרים):

דברי הימים א׳ טז יִשְׂמְחוּ הַשָּׁמַיִם וְתָגֵל הָאָרֶץ, וְיֹאמְרוּ בַגּוֹיִם יְהוָה מָלָךְ:
תהלים מח יִשְׂמַח הַר־צִיּוֹן תָּגֵלְנָה בְּנוֹת יְהוּדָה לְמַעַן מִשְׁפָּטֶיךָ:

יש אומרים:

מסכת סופרים יד, ה עַל הַכֹּל יִתְגַּדַּל וְיִתְקַדַּשׁ יִתְבָּרַךְ וְיִתְרוֹמַם וְיִתְנַשֵּׂא שְׁמוֹ שֶׁל מֶלֶךְ מַלְכֵי הַמְּלָכִים הַקָּדוֹשׁ בָּרוּךְ הוּא בָּעוֹלָמוֹת שֶׁבָּרָא הָעוֹלָם הַזֶּה וְהָעוֹלָם הַבָּא כִּרְצוֹנוֹ וְכִרְצוֹן יְרֵאָיו וְכִרְצוֹן כָּל עַמּוֹ בֵּית יִשְׂרָאֵל.

תִּגָּלֶה וְתֵרָאֶה מַלְכוּתוֹ עָלֵינוּ בִּמְהֵרָה. וְיָחֹן וְיָחוּס וִירַחֵם עַל פְּלֵיטָתֵנוּ וּפְלֵיטַת עַמּוֹ בֵּית יִשְׂרָאֵל בְּחֵן בְּחֶסֶד בְּרַחֲמִים וּבְרָצוֹן.
וְאִמְרוּ כָּל הָעָם אָמֵן.

הָרַחֲמָן הוּא יַחֲזִיר שְׁבִיתֵנוּ וּשְׁבִית עַמּוֹ בֵּית יִשְׂרָאֵל בִּמְהֵרָה.
וְיוֹצִיאֵנוּ מִכָּל צָרוֹתֵינוּ לִרְוָחָה. וּמֵאֲפֵלָה לְאוֹרָה בְּקָרוֹב.
וְיֹאמְרוּ כָּל הָעָם אָמֵן:

דברים לב כִּי שֵׁם יְהוָה אֶקְרָא, הָבוּ גֹדֶל לֵאלֹהֵינוּ:
הַכֹּל תְּנוּ עֹז לֵאלֹהִים, וּתְנוּ כָבוֹד לַתּוֹרָה.

מגביה את ספר התורה ומראה את הכתב לקהל, ואומרים:

דברים ד וְזֹאת הַתּוֹרָה אֲשֶׁר־שָׂם מֹשֶׁה לִפְנֵי בְּנֵי יִשְׂרָאֵל:
דברים לג תּוֹרָה צִוָּה־לָנוּ מֹשֶׁה, מוֹרָשָׁה קְהִלַּת יַעֲקֹב:
תהלים יח הָאֵל תָּמִים דַּרְכּוֹ
אִמְרַת־יְהוָה צְרוּפָה, מָגֵן הוּא לְכֹל הַחוֹסִים בּוֹ:

## ברכות התורה

קריאת התורה בעמ׳ 677.

קודם הברכה על העולה לראות היכן קוראים (מגילה לב ע״א) ולנשק את ספר התורה (שערי אפרים). בשעת הברכה אוחז בעמודי הספר באמצעות המטפחת (שו״ע קלט, יא על פי ראבי״ה והמנהיג; שם קמו, א). ראה הלכה 218–219.

עולה: **יְהֹוָה עִמָּכֶם** קהל: **יְבָרֶכְךָ יְהֹוָה**

עולה: **(רַבָּנָן) בָּרְכוּ אֶת יְהֹוָה הַמְבֹרָךְ.**

קהל: **בָּרוּךְ יְהֹוָה הַמְבֹרָךְ לְעוֹלָם וָעֶד.**

עולה: **בָּרוּךְ יְהֹוָה הַמְבֹרָךְ לְעוֹלָם וָעֶד.**

**בָּרוּךְ אַתָּה יְהֹוָה, אֱלֹהֵינוּ מֶלֶךְ הָעוֹלָם**
**אֲשֶׁר בָּחַר בָּנוּ מִכָּל הָעַמִּים, וְנָתַן לָנוּ אֶת תּוֹרָתוֹ.**
**בָּרוּךְ אַתָּה יְהֹוָה, נוֹתֵן הַתּוֹרָה.**

לאחר הקריאה העולה מנשק את ספר התורה (מג״א קלט, יד בשם ספר חסידים) ומברך:

**בָּרוּךְ אַתָּה יְהֹוָה, אֱלֹהֵינוּ מֶלֶךְ הָעוֹלָם**
**אֲשֶׁר נָתַן לָנוּ (אֶת) תּוֹרָתוֹ תּוֹרַת אֱמֶת**
**וְחַיֵּי עוֹלָם נָטַע בְּתוֹכֵנוּ.**
**בָּרוּךְ אַתָּה יְהֹוָה, נוֹתֵן הַתּוֹרָה.**

## ברכת הגומל

מי שהיה בסכנה וניצל (ראה הלכה 227), מברך ׳הַגּוֹמֵל׳:

**אוֹדֶה יְהֹוָה בְּכָל־לֵבָב, בְּסוֹד יְשָׁרִים וְעֵדָה:** תהלים קיא

**בָּרוּךְ אַתָּה יְהֹוָה, אֱלֹהֵינוּ מֶלֶךְ הָעוֹלָם**
**הַגּוֹמֵל לְחַיָּבִים טוֹבוֹת, שֶׁגְּמָלַנִי כָּל טוֹב.**

והקהל עונה: **אָמֵן. הָאֵל אֲשֶׁר גְּמָלְךָ** (לאישה: **גְּמָלֵךְ**) **כָּל טוּב וְחֵן וָחֶסֶד וְחֶמְלָה**
**יִתְבָּרַךְ וְיִתְרוֹמַם עַל כָּל בְּרָכָה וּתְהִלָּה**
**הוּא בְּרַחֲמָיו יִשְׁמָרְךָ וְיִגְמָלְךָ** (לאישה: **יִשְׁמְרֵךְ וְיִגְמְלֵךְ**)
**לָעַד כָּל טוּב, סֶלָה.**

ויש עונים: אָמֵן. הָאֵל שֶׁגְּמָלְךָ (לאישה: שֶׁגְּמָלֵךְ) כָּל טוֹב
הוּא יִגְמָלְךָ (לאישה: יִגְמְלֵךְ) כָּל טוֹב, סֶלָה.

יש אומרים כאן ברכות לעולה לתורה (עמ' 293) והשכבות (עמ' 300).

כאשר נער עולה לתורה בפעם הראשונה במלאות לו שלוש עשרה שנה,
אביו מברך (רמ"א רכה, ב על פי בראשית רבה סג, י):

בָּרוּךְ שֶׁפְּטָרַנִי מֵעָנְשׁוֹ שֶׁלָּזֶה.

ויש נוהגים שהאב מברך בלשון זו ('יין הטוב' ח"ב, ו על פי 'לקט יושר'):

בְּרִיךְ רַחֲמָנָא אֱלָהָנָא מַלְכָּא דְעָלְמָא שֶׁפְּטָרַנִי מֵעָנְשׁוֹ שֶׁלָּזֶה.

יש נוהגים, שבר־המצווה אומר תפילה מיוחדת ביום שעולה לתורה (בעמ' 874).

בסוף קריאת התורה שליח הציבור אומר קדיש (אבודרהם),
והמנהג הנפוץ שהעולה שלישי אומר קדיש זה.

**חצי קדיש**

מקדיש: יִתְגַּדַּל וְיִתְקַדַּשׁ שְׁמֵהּ רַבָּא (קהל: אָמֵן)
בְּעָלְמָא דִּי בְרָא כִרְעוּתֵהּ
וְיַמְלִיךְ מַלְכוּתֵהּ וְיַצְמַח פֻּרְקָנֵהּ וִיקָרֵב מְשִׁיחֵהּ (קהל: אָמֵן)
בְּחַיֵּיכוֹן וּבְיוֹמֵיכוֹן וּבְחַיֵּי דְכָל בֵּית יִשְׂרָאֵל
בַּעֲגָלָא וּבִזְמַן קָרִיב, וְאִמְרוּ אָמֵן. (קהל: אָמֵן)

קהל ומקדיש: יְהֵא שְׁמֵהּ רַבָּא מְבָרַךְ לְעָלַם לְעָלְמֵי עָלְמַיָּא יִתְבָּרַךְ
וְיִשְׁתַּבַּח וְיִתְפָּאַר וְיִתְרוֹמַם וְיִתְנַשֵּׂא וְיִתְהַדָּר וְיִתְעַלֶּה וְיִתְהַלָּל
שְׁמֵהּ דְּקֻדְשָׁא בְּרִיךְ הוּא (קהל: אָמֵן)
לְעֵלָּא מִן כָּל בִּרְכָתָא, שִׁירָתָא, תֻּשְׁבְּחָתָא וְנֶחֱמָתָא
דַּאֲמִירָן בְּעָלְמָא, וְאִמְרוּ אָמֵן. (קהל: אָמֵן)

בקהילות רבות מחזירים את ספר התורה למקומו אחרי קדיש תתקבל (עמ' 100);
יש המחזירים לפני הקדיש, כדעת האבודרהם (עמ' 99);
ויש הנוהגים להחזירו כאן ואומרים 'יְהַלְלוּ' (מחזור ארם צובה, וראה רמב"ם, תפילה פי"ב הכ"ב).

תהלים קמח יְהַלְלוּ אֶת־שֵׁם יְהוָה, כִּי־נִשְׂגָּב שְׁמוֹ לְבַדּוֹ, הוֹדוֹ עַל־אֶרֶץ וְשָׁמָיִם:
וַיָּרֶם קֶרֶן לְעַמּוֹ, תְּהִלָּה לְכָל־חֲסִידָיו, לִבְנֵי יִשְׂרָאֵל עַם קְרֹבוֹ הַלְלוּיָהּ:
מלכים א' יח יְהוָה הוּא הָאֱלֹהִים, יְהוָה הוּא הָאֱלֹהִים: בַּשָּׁמַיִם מִמַּעַל וְעַל־הָאָרֶץ
דברים ד מִתָּחַת, אֵין עוֹד: אֵין־כָּמוֹךָ בָאֱלֹהִים, אֲדֹנָי, וְאֵין כְּמַעֲשֶׂיךָ: וּבְנֻחֹה
תהלים פו במדבר י יֹאמַר, שׁוּבָה יְהוָה רִבְבוֹת אַלְפֵי יִשְׂרָאֵל: הֲשִׁיבֵנוּ יְהוָה אֵלֶיךָ וְנָשׁוּבָה,
איכה ה חַדֵּשׁ יָמֵינוּ כְּקֶדֶם:

## אשרי

"אמר רבי אלעזר בר אבינא: כל האומר 'תְּהִלָּה לְדָוִד' בכל יום (שלוש פעמים) – מובטח לו שהוא בן העולם הבא" (ברכות ד ע"ב).

יְהִי־חַסְדְּךָ יְהֹוָה עָלֵינוּ, כַּאֲשֶׁר יִחַלְנוּ לָךְ: תהלים לג

אַשְׁרֵי יוֹשְׁבֵי בֵיתֶךָ, עוֹד יְהַלְלוּךָ סֶּלָה: תהלים פד

אַשְׁרֵי הָעָם שֶׁכָּכָה לּוֹ, אַשְׁרֵי הָעָם שֶׁיְהֹוָה אֱלֹהָיו: תהלים קמד

תְּהִלָּה לְדָוִד תהלים קמה

אֲרוֹמִמְךָ אֱלוֹהַי הַמֶּלֶךְ, וַאֲבָרְכָה שִׁמְךָ לְעוֹלָם וָעֶד:
בְּכָל־יוֹם אֲבָרְכֶךָּ, וַאֲהַלְלָה שִׁמְךָ לְעוֹלָם וָעֶד:
גָּדוֹל יְהֹוָה וּמְהֻלָּל מְאֹד, וְלִגְדֻלָּתוֹ אֵין חֵקֶר:
דּוֹר לְדוֹר יְשַׁבַּח מַעֲשֶׂיךָ, וּגְבוּרֹתֶיךָ יַגִּידוּ:
הֲדַר כְּבוֹד הוֹדֶךָ, וְדִבְרֵי נִפְלְאֹתֶיךָ אָשִׂיחָה:
וֶעֱזוּז נוֹרְאֹתֶיךָ יֹאמֵרוּ, וּגְדוּלָּתְךָ אֲסַפְּרֶנָּה:
זֵכֶר רַב־טוּבְךָ יַבִּיעוּ, וְצִדְקָתְךָ יְרַנֵּנוּ:
חַנּוּן וְרַחוּם יְהֹוָה, אֶרֶךְ אַפַּיִם וּגְדָל־חָסֶד:
טוֹב־יְהֹוָה לַכֹּל, וְרַחֲמָיו עַל־כָּל־מַעֲשָׂיו:
יוֹדוּךָ יְהֹוָה כָּל־מַעֲשֶׂיךָ, וַחֲסִידֶיךָ יְבָרְכוּכָה:
כְּבוֹד מַלְכוּתְךָ יֹאמֵרוּ, וּגְבוּרָתְךָ יְדַבֵּרוּ:
לְהוֹדִיעַ לִבְנֵי הָאָדָם גְּבוּרֹתָיו, וּכְבוֹד הֲדַר מַלְכוּתוֹ:
מַלְכוּתְךָ מַלְכוּת כָּל־עֹלָמִים, וּמֶמְשַׁלְתְּךָ בְּכָל־דּוֹר וָדֹר:
סוֹמֵךְ יְהֹוָה לְכָל־הַנֹּפְלִים, וְזוֹקֵף לְכָל־הַכְּפוּפִים:
עֵינֵי־כֹל אֵלֶיךָ יְשַׂבֵּרוּ, וְאַתָּה נוֹתֵן־לָהֶם אֶת־אָכְלָם בְּעִתּוֹ:
פּוֹתֵחַ אֶת־יָדֶךָ, וּמַשְׂבִּיעַ לְכָל־חַי רָצוֹן:
צַדִּיק יְהֹוָה בְּכָל־דְּרָכָיו, וְחָסִיד בְּכָל־מַעֲשָׂיו:
קָרוֹב יְהֹוָה לְכָל־קֹרְאָיו, לְכֹל אֲשֶׁר יִקְרָאֻהוּ בֶאֱמֶת:
רְצוֹן־יְרֵאָיו יַעֲשֶׂה, וְאֶת־שַׁוְעָתָם יִשְׁמַע, וְיוֹשִׁיעֵם:
שׁוֹמֵר יְהֹוָה אֶת־כָּל־אֹהֲבָיו, וְאֵת כָּל־הָרְשָׁעִים יַשְׁמִיד:
תְּהִלַּת יְהֹוָה יְדַבֶּר פִּי, וִיבָרֵךְ כָּל־בָּשָׂר שֵׁם קָדְשׁוֹ לְעוֹלָם וָעֶד:
וַאֲנַחְנוּ נְבָרֵךְ יָהּ מֵעַתָּה וְעַד־עוֹלָם, הַלְלוּיָהּ: תהלים קטו

אחרי 'אַשְׁרֵי' אומרים 'לַמְנַצֵּחַ', מפני שיש בו מעניין הישועה (טור, קלא). בימים שאין
אומרים בהם תחנון, אין אומרים 'לַמְנַצֵּחַ' כיוון שנזכר בו 'יוֹם צָרָה' (שכנה"ג ופר"ח, קלא).

תהלים כ לַמְנַצֵּחַ מִזְמוֹר לְדָוִד: יַעַנְךָ יְהוָה בְּיוֹם צָרָה, יְשַׂגֶּבְךָ שֵׁם אֱלֹהֵי יַעֲקֹב:
יִשְׁלַח־עֶזְרְךָ מִקֹּדֶשׁ, וּמִצִּיּוֹן יִסְעָדֶךָּ: יִזְכֹּר כָּל־מִנְחֹתֶיךָ, וְעוֹלָתְךָ יְדַשְּׁנֶה
סֶלָה: יִתֶּן־לְךָ כִלְבָבֶךָ וְכָל־עֲצָתְךָ יְמַלֵּא: נְרַנְּנָה בִּישׁוּעָתֶךָ, וּבְשֵׁם־
אֱלֹהֵינוּ נִדְגֹּל יְמַלֵּא יְהוָה כָּל־מִשְׁאֲלוֹתֶיךָ: עַתָּה יָדַעְתִּי כִּי הוֹשִׁיעַ יְהוָה
מְשִׁיחוֹ יַעֲנֵהוּ מִשְּׁמֵי קָדְשׁוֹ, בִּגְבוּרוֹת יֵשַׁע יְמִינוֹ: אֵלֶּה בָרֶכֶב וְאֵלֶּה
בַסּוּסִים, וַאֲנַחְנוּ בְּשֵׁם־יְהוָה אֱלֹהֵינוּ נַזְכִּיר: הֵמָּה כָּרְעוּ וְנָפָלוּ, וַאֲנַחְנוּ
קַמְנוּ וַנִּתְעוֹדָד: יְהוָה הוֹשִׁיעָה, הַמֶּלֶךְ יַעֲנֵנוּ בְיוֹם־קָרְאֵנוּ:

### קדושה דסידרא

"רשב"ג אומר, העיד ר' יהושע: מיום שחרב בהמ"ק – אין יום שאין בו קללה..."
(משנה, סוטה מח ע"א). "...ואלא עלמא אמאי קא מקיים? אקדושה דסידרא ואיהא שמיה רבא
דאגדתא" (גמרא, שם מט ע"א). ומתרגמים את הקדושה כדי שיבינו אותה הכל (רש"י שם).

בט' באב מדלגים על הפסוק 'וַאֲנִי זֹאת בְּרִיתִי' (ראבי"ה, תתצ).
נוהגים לדלג על פסוק זה גם בבית האבל משום שאסור הוא בדברי תורה (אבודרהם).
בפורים קוראים את המגילה אחרי 'מֵעַתָּה וְעַד־עוֹלָם' (שו"ע תרצג, ד).

ישעיה נט וּבָא לְצִיּוֹן גּוֹאֵל, וּלְשָׁבֵי פֶשַׁע בְּיַעֲקֹב, נְאֻם יְהוָה:
וַאֲנִי זֹאת בְּרִיתִי אוֹתָם, אָמַר יְהוָה, רוּחִי אֲשֶׁר עָלֶיךָ וּדְבָרַי אֲשֶׁר־
שַׂמְתִּי בְּפִיךָ, לֹא־יָמוּשׁוּ מִפִּיךָ וּמִפִּי זַרְעֲךָ וּמִפִּי זֶרַע זַרְעֲךָ אָמַר
יְהוָה, מֵעַתָּה וְעַד־עוֹלָם:

תהלים כב ישעיה ו וְאַתָּה קָדוֹשׁ יוֹשֵׁב תְּהִלּוֹת יִשְׂרָאֵל: וְקָרָא זֶה אֶל־זֶה וְאָמַר
קָדוֹשׁ, קָדוֹשׁ, קָדוֹשׁ, יְהוָה צְבָאוֹת, מְלֹא כָל־הָאָרֶץ כְּבוֹדוֹ:
תרגום יונתן שם וּמְקַבְּלִין דֵּין מִן דֵּין וְאָמְרִין, קַדִּישׁ בִּשְׁמֵי מְרוֹמָא עִלָּאָה בֵּית שְׁכִינְתֵהּ,
קַדִּישׁ עַל אַרְעָא עוֹבַד גְּבוּרְתֵהּ, קַדִּישׁ לְעָלַם וּלְעָלְמֵי עָלְמַיָּא, יְהוָה צְבָאוֹת,
מַלְיָא כָל אַרְעָא זִיו יְקָרֵהּ.

יחזקאל ג וַתִּשָּׂאֵנִי רוּחַ, וָאֶשְׁמַע אַחֲרַי קוֹל רַעַשׁ גָּדוֹל
בָּרוּךְ כְּבוֹד־יְהוָה מִמְּקוֹמוֹ:
תרגום יונתן שם וּנְטָלַתְנִי רוּחָא, וּשְׁמָעִית בַּתְרַי קָל זִיעַ סַגִּיא, דִּמְשַׁבְּחִין וְאָמְרִין, בְּרִיךְ יְקָרָא
דַיהוָה מֵאֲתַר בֵּית שְׁכִינְתֵהּ.

יְהֹוָה יִמְלֹךְ לְעֹלָם וָעֶד: שמות טו
יְהֹוָה מַלְכוּתֵהּ קָאֵם לְעָלַם וּלְעָלְמֵי עָלְמַיָּא. תרגום אונקלוס שם

יְהֹוָה אֱלֹהֵי אַבְרָהָם יִצְחָק וְיִשְׂרָאֵל אֲבֹתֵינוּ, שָׁמְרָה־זֹּאת לְעוֹלָם דברי הימים א׳ כט
לְיֵצֶר מַחְשְׁבוֹת לְבַב עַמֶּךָ, וְהָכֵן לְבָבָם אֵלֶיךָ: וְהוּא רַחוּם יְכַפֵּר עָוֹן תהלים עח
וְלֹא־יַשְׁחִית, וְהִרְבָּה לְהָשִׁיב אַפּוֹ, וְלֹא־יָעִיר כָּל־חֲמָתוֹ: כִּי־אַתָּה תהלים פו
אֲדֹנָי טוֹב וְסַלָּח, וְרַב־חֶסֶד לְכָל־קֹרְאֶיךָ: צִדְקָתְךָ צֶדֶק לְעוֹלָם תהלים קיט
וְתוֹרָתְךָ אֱמֶת: תִּתֵּן אֱמֶת לְיַעֲקֹב, חֶסֶד לְאַבְרָהָם, אֲשֶׁר־נִשְׁבַּעְתָּ מיכה ז
לַאֲבֹתֵינוּ מִימֵי קֶדֶם:

בָּרוּךְ אֲדֹנָי יוֹם יוֹם יַעֲמָס־לָנוּ, הָאֵל יְשׁוּעָתֵנוּ סֶלָה: יְהֹוָה צְבָאוֹת תהלים סח תהלים מו
עִמָּנוּ, מִשְׂגָּב לָנוּ אֱלֹהֵי יַעֲקֹב סֶלָה: יְהֹוָה צְבָאוֹת, אַשְׁרֵי אָדָם תהלים פד
בֹּטֵחַ בָּךְ: יְהֹוָה הוֹשִׁיעָה, הַמֶּלֶךְ יַעֲנֵנוּ בְיוֹם־קָרְאֵנוּ: תהלים כ

בָּרוּךְ אֱלֹהֵינוּ שֶׁבְּרָאָנוּ לִכְבוֹדוֹ, וְהִבְדִּילָנוּ מִן הַתּוֹעִים, וְנָתַן לָנוּ תּוֹרַת אֱמֶת, וְחַיֵּי עוֹלָם נָטַע בְּתוֹכֵנוּ. הוּא יִפְתַּח לִבֵּנוּ בְּתוֹרָתוֹ, וְיָשִׂים בְּלִבֵּנוּ אַהֲבָתוֹ וְיִרְאָתוֹ לַעֲשׂוֹת רְצוֹנוֹ וּלְעָבְדוֹ בְּלֵבָב שָׁלֵם, לְמַעַן לֹא נִיגַע לָרִיק וְלֹא נֵלֵד לַבֶּהָלָה.

יְהִי רָצוֹן מִלְּפָנֶיךָ, יְהֹוָה אֱלֹהֵינוּ וֵאלֹהֵי אֲבוֹתֵינוּ, שֶׁנִּשְׁמֹר חֻקֶּיךָ
בָּעוֹלָם הַזֶּה, וְנִזְכֶּה וְנִחְיֶה וְנִירַשׁ טוֹבָה וּבְרָכָה, לְחַיֵּי הָעוֹלָם הַבָּא.
לְמַעַן יְזַמֶּרְךָ כָבוֹד וְלֹא יִדֹּם, יְהֹוָה אֱלֹהַי, לְעוֹלָם אוֹדֶךָּ: יְהֹוָה חָפֵץ תהלים ל ישעיה מב
לְמַעַן צִדְקוֹ, יַגְדִּיל תּוֹרָה וְיַאְדִּיר: וְיִבְטְחוּ בְךָ יוֹדְעֵי שְׁמֶךָ, כִּי לֹא־ תהלים ט
עָזַבְתָּ דֹרְשֶׁיךָ, יְהֹוָה: יְהֹוָה אֲדֹנֵינוּ מָה־אַדִּיר שִׁמְךָ בְּכָל־הָאָרֶץ: תהלים ח
חִזְקוּ וְיַאֲמֵץ לְבַבְכֶם, כָּל־הַמְיַחֲלִים לַיהֹוָה: תהלים לא

בכמה מקהילות המערב נוהגים להחזיר את ספר התורה להיכל קודם הקדיש (כדעת האבודרהם), ואומרים ׳יְהַלְלוּ׳ (בעמוד הבא).

בראש חודש אין אומרים קדיש כאן אלא ממשיכים ׳בֵּית יַעֲקֹב׳, ׳שִׁיר הַמַּעֲלוֹת לְדָוִד׳, ׳שִׁיר שֶׁל יוֹם׳ וְ׳הוֹשִׁיעֵנוּ׳ (עמ׳ 101), ויש הנוהגים לדלג על מזמורים אלה ואומרים ׳יְהַלְלוּ׳ (בעמ׳ 383). ומכניסים את ספר התורה להיכל (ראה הלכה 381).

## קדיש תתקבל

שליח הציבור כורע במילים המסומנות בּ׳.

ש״ץ: יִתְגַּדַּל וְיִתְקַדַּשׁ שְׁמֵהּ רַבָּא (קהל: אָמֵן)
בְּעָלְמָא דִּי בְרָא כִרְעוּתֵהּ
וְיַמְלִיךְ מַלְכוּתֵהּ וְיַצְמַח פֻּרְקָנֵהּ וִיקָרֵב מְשִׁיחֵהּ (קהל: אָמֵן)
בְּחַיֵּיכוֹן וּבְיוֹמֵיכוֹן וּבְחַיֵּי דְכָל בֵּית יִשְׂרָאֵל
בַּעֲגָלָא וּבִזְמַן קָרִיב, וְאִמְרוּ אָמֵן. (קהל: אָמֵן)

קהל וש״ץ: יְהֵא שְׁמֵהּ רַבָּא מְבָרַךְ לְעָלַם לְעָלְמֵי עָלְמַיָּא יִתְבָּרַךְ
וְיִשְׁתַּבַּח וְיִתְפָּאַר וְיִתְרוֹמַם וְיִתְנַשֵּׂא
וְיִתְהַדָּר וְיִתְעַלֶּה וְיִתְהַלָּל שְׁמֵהּ דְּקֻדְשָׁא בְּרִיךְ הוּא (קהל: אָמֵן)
לְעֵלָּא מִן כָּל בִּרְכָתָא, שִׁירָתָא, תֻּשְׁבְּחָתָא וְנֶחֱמָתָא
דַּאֲמִירָן בְּעָלְמָא, וְאִמְרוּ אָמֵן. (קהל: אָמֵן)

ש״ץ: תִּתְקַבַּל צְלוֹתְהוֹן וּבָעוּתְהוֹן
עִם צְלוֹתְהוֹן וּבָעוּתְהוֹן דְּכָל בֵּית יִשְׂרָאֵל
קֳדָם אֲבוּנָא דִּבִשְׁמַיָּא, וְאִמְרוּ אָמֵן. (קהל: אָמֵן)

יְהֵא שְׁלָמָא רַבָּא מִן שְׁמַיָּא, חַיִּים וְשָׂבָע וִישׁוּעָה וְנֶחָמָה
וְשֵׁיזָבָא וּרְפוּאָה, וּגְאֻלָּה וּסְלִיחָה וְכַפָּרָה, וְרֶוַח וְהַצָּלָה
לָנוּ וּלְכָל עַמּוֹ יִשְׂרָאֵל, וְאִמְרוּ אָמֵן. (קהל: אָמֵן)

כורע ופוסע שלוש פסיעות לאחור. קד לשמאל, לימין ולפנים באמירת:

עֹשֶׂה שָׁלוֹם / בעשרת ימי תשובה: הַשָּׁלוֹם/ בִּמְרוֹמָיו
הוּא בְּרַחֲמָיו יַעֲשֶׂה שָׁלוֹם
עָלֵינוּ וְעַל כָּל עַמּוֹ יִשְׂרָאֵל, וְאִמְרוּ אָמֵן. (קהל: אָמֵן)

בקהילות רבות נוהגים להחזיר את ספר התורה למקומו כאן (׳עבודת התמיד׳) ואומרים:

תהלים קמח יְהַלְלוּ אֶת־שֵׁם יְהוָה, כִּי־נִשְׂגָּב שְׁמוֹ לְבַדּוֹ, הוֹדוֹ עַל־אֶרֶץ וְשָׁמָיִם:
וַיָּרֶם קֶרֶן לְעַמּוֹ, תְּהִלָּה לְכָל־חֲסִידָיו, לִבְנֵי יִשְׂרָאֵל עַם קְרֹבוֹ הַלְלוּיָהּ:
מלכים א׳ יח יְהוָה הוּא הָאֱלֹהִים, יְהוָה הוּא הָאֱלֹהִים: בַּשָּׁמַיִם מִמַּעַל וְעַל־הָאָרֶץ
דברים ד מִתָּחַת, אֵין עוֹד: אֵין־כָּמוֹךָ בָאֱלֹהִים, אֲדֹנָי, וְאֵין כְּמַעֲשֶׂיךָ: וּבְנֻחֹה
תהלים פו
במדבר י
איכה ה יֹאמַר, שׁוּבָה יְהוָה רִבְבוֹת אַלְפֵי יִשְׂרָאֵל: הֲשִׁיבֵנוּ יְהוָה אֵלֶיךָ וְנָשׁוּבָה,
חַדֵּשׁ יָמֵינוּ כְּקֶדֶם:

## סיום התפילה

לאחר קדיש תתקבל אומרים את מזמור פו, שכתוב בו ׳הוֹרֵנִי ה׳ דַּרְכֶּךָ׳ (ספר המנהיג, עה),
ואחריו מוסיפים פסוקי תחינה ובקשה (אבודרהם). בימים שאין אומרים בהם תחנונים,
אין אומרים ׳תְּפִלָּה לְדָוִד׳, שכתוב בו ׳בְּיוֹם צָרָתִי׳, אלא מתחילים ׳בֵּית יַעֲקֹב׳ (סדר היום).

תְּפִלָּה לְדָוִד, הַטֵּה־יְהוָה אָזְנְךָ עֲנֵנִי, כִּי־עָנִי וְאֶבְיוֹן אָנִי: שָׁמְרָה נַפְשִׁי תהלים פו
כִּי־חָסִיד אָנִי, הוֹשַׁע עַבְדְּךָ אַתָּה אֱלֹהַי, הַבּוֹטֵחַ אֵלֶיךָ: חָנֵּנִי אֲדֹנָי,
כִּי־אֵלֶיךָ אֶקְרָא כָּל־הַיּוֹם: שַׂמֵּחַ נֶפֶשׁ עַבְדֶּךָ, כִּי־אֵלֶיךָ אֲדֹנָי נַפְשִׁי
אֶשָּׂא: כִּי־אַתָּה אֲדֹנָי טוֹב וְסַלָּח, וְרַב־חֶסֶד לְכָל־קֹרְאֶיךָ: הַאֲזִינָה יְהוָה
תְּפִלָּתִי, וְהַקְשִׁיבָה בְּקוֹל תַּחֲנוּנוֹתָי: בְּיוֹם צָרָתִי אֶקְרָאֶךָּ, כִּי תַעֲנֵנִי:
אֵין־כָּמוֹךָ בָאֱלֹהִים אֲדֹנָי, וְאֵין כְּמַעֲשֶׂיךָ: כָּל־גּוֹיִם אֲשֶׁר עָשִׂיתָ יָבוֹאוּ
וְיִשְׁתַּחֲווּ לְפָנֶיךָ אֲדֹנָי, וִיכַבְּדוּ לִשְׁמֶךָ: כִּי־גָדוֹל אַתָּה וְעֹשֵׂה נִפְלָאוֹת,
אַתָּה אֱלֹהִים לְבַדֶּךָ: הוֹרֵנִי יְהוָה דַּרְכֶּךָ, אֲהַלֵּךְ בַּאֲמִתֶּךָ, יַחֵד לְבָבִי
לְיִרְאָה שְׁמֶךָ: אוֹדְךָ אֲדֹנָי אֱלֹהַי בְּכָל־לְבָבִי, וַאֲכַבְּדָה שִׁמְךָ לְעוֹלָם:
כִּי־חַסְדְּךָ גָּדוֹל עָלָי, וְהִצַּלְתָּ נַפְשִׁי מִשְּׁאוֹל תַּחְתִּיָּה: אֱלֹהִים, זֵדִים
קָמוּ־עָלַי וַעֲדַת עָרִיצִים בִּקְשׁוּ נַפְשִׁי, וְלֹא שָׂמוּךָ לְנֶגְדָּם: וְאַתָּה אֲדֹנָי
אֵל־רַחוּם וְחַנּוּן, אֶרֶךְ אַפַּיִם וְרַב־חֶסֶד וֶאֱמֶת: פְּנֵה אֵלַי וְחָנֵּנִי, תְּנָה־
עֻזְּךָ לְעַבְדֶּךָ, וְהוֹשִׁיעָה לְבֶן־אֲמָתֶךָ: עֲשֵׂה־עִמִּי אוֹת לְטוֹבָה, וְיִרְאוּ
שֹׂנְאַי וְיֵבֹשׁוּ, כִּי־אַתָּה יְהוָה עֲזַרְתַּנִי וְנִחַמְתָּנִי:

בחול המועד, בחנוכה ובפורים, בתעניות וביום י״א בתשרי יש המדלגים
על ׳בֵּית יַעֲקֹב׳, ׳שִׁיר הַמַּעֲלוֹת לְדָוִד׳ ושיר של יום, ואומרים רק את
המזמור המיוחד לאותו יום (עמ׳ 106). ראה הלכה 381.

בֵּית יַעֲקֹב, לְכוּ וְנֵלְכָה בְּאוֹר יְהוָה: כִּי כָּל־הָעַמִּים יֵלְכוּ אִישׁ בְּשֵׁם ישעיה ב
אֱלֹהָיו, וַאֲנַחְנוּ נֵלֵךְ בְּשֵׁם־יְהוָה אֱלֹהֵינוּ לְעוֹלָם וָעֶד: יְהִי יְהוָה אֱלֹהֵינוּ מיכה ד / מלכים א׳ ח
עִמָּנוּ, כַּאֲשֶׁר הָיָה עִם־אֲבֹתֵינוּ, אַל־יַעַזְבֵנוּ וְאַל־יִטְּשֵׁנוּ: לְהַטּוֹת לְבָבֵנוּ
אֵלָיו, לָלֶכֶת בְּכָל־דְּרָכָיו וְלִשְׁמֹר מִצְוֹתָיו וְחֻקָּיו וּמִשְׁפָּטָיו, אֲשֶׁר צִוָּה
אֶת־אֲבֹתֵינוּ: וְיִהְיוּ דְבָרַי אֵלֶּה, אֲשֶׁר הִתְחַנַּנְתִּי לִפְנֵי יְהוָה, קְרֹבִים
אֶל־יְהוָה אֱלֹהֵינוּ יוֹמָם וָלָיְלָה, לַעֲשׂוֹת מִשְׁפַּט עַבְדּוֹ וּמִשְׁפַּט עַמּוֹ
יִשְׂרָאֵל, דְּבַר־יוֹם בְּיוֹמוֹ: לְמַעַן דַּעַת כָּל־עַמֵּי הָאָרֶץ כִּי יְהוָה הוּא
הָאֱלֹהִים, אֵין עוֹד:

תהלים קכד שִׁיר הַמַּעֲלוֹת לְדָוִד, לוּלֵי יְהוָה שֶׁהָיָה לָנוּ, יֹאמַר־נָא יִשְׂרָאֵל: לוּלֵי יְהוָה שֶׁהָיָה לָנוּ, בְּקוּם עָלֵינוּ אָדָם: אֲזַי חַיִּים בְּלָעוּנוּ, בַּחֲרוֹת אַפָּם בָּנוּ: אֲזַי הַמַּיִם שְׁטָפוּנוּ, נַחְלָה עָבַר עַל־נַפְשֵׁנוּ: אֲזַי עָבַר עַל־נַפְשֵׁנוּ, הַמַּיִם הַזֵּידוֹנִים: בָּרוּךְ יְהוָה, שֶׁלֹּא נְתָנָנוּ טֶרֶף לְשִׁנֵּיהֶם: נַפְשֵׁנוּ כְּצִפּוֹר נִמְלְטָה מִפַּח יוֹקְשִׁים, הַפַּח נִשְׁבָּר וַאֲנַחְנוּ נִמְלָטְנוּ: עֶזְרֵנוּ בְּשֵׁם יְהוָה, עֹשֵׂה שָׁמַיִם וָאָרֶץ:

**שיר של יום**

״נהגו העם לומר מזמורים בעונתן, דתנינן תמן (תמיד פ״ז מ״ד) השיר שהיו הלוים אומרים במקדש... שכל המזכיר פסוק בעונתו מעלה עליו הכתוב כאילו בנה מזבח חדש והקריב עליו קרבן״ (מסכת סופרים יח, ב).

ומזכירים ׳בְּשַׁבָּת׳, כיוון שחלק ממצוות זיכרון השבת היא קריאת כל ימי השבוע על שמה. וכתב הרמב״ן (שמות כ, ח על פי המכילתות): ״מצוה שנזכור תמיד בכל יום את השבת שלא נשכחהו ולא יתחלף לנו בשאר ימים, כי בזכרנו אותו תמיד נזכור מעשה בראשית בכל עת, ונודה בכל עת שיש לעולם בורא... וזה עיקר גדול באמונת האל״.
רבים נוהגים להזכיר את השבת בלשון קדושה (׳כף החיים׳ יז, טו על פי השל״ה וה׳חקרי לב׳).

בראש חודש, בחנוכה (ובחול המועד) משמיטים את המילים ׳הַשִּׁיר שֶׁהָיוּ הַלְוִיִּם אוֹמְרִים עַל הַדּוּכָן׳ (בא״ח, כי תשא יז). יש הנוהגים שבימים שבהם מוסיפים מזמור מיוחד, אומרים ׳הוֹשִׁיעֵנוּ׳ אחריו.

מזמור זה נאמר ביום הראשון, כיוון שהוא מדגיש את בעלותו של הקב״ה על העולם שהוא ברא (ראש השנה לא ע״א).

ליום א׳ הַיּוֹם יוֹם אֶחָד בְּשַׁבַּת קֹדֶשׁ, הַשִּׁיר שֶׁהָיוּ הַלְוִיִּם אוֹמְרִים עַל הַדּוּכָן:

תהלים כד לְדָוִד מִזְמוֹר, לַיהוָה הָאָרֶץ וּמְלוֹאָהּ, תֵּבֵל וְיֹשְׁבֵי בָהּ: כִּי־הוּא עַל־יַמִּים יְסָדָהּ, וְעַל־נְהָרוֹת יְכוֹנְנֶהָ: מִי־יַעֲלֶה בְהַר־יְהוָה, וּמִי־יָקוּם בִּמְקוֹם קָדְשׁוֹ: נְקִי כַפַּיִם וּבַר־לֵבָב, אֲשֶׁר לֹא־נָשָׂא לַשָּׁוְא נַפְשִׁי, וְלֹא נִשְׁבַּע לְמִרְמָה: יִשָּׂא בְרָכָה מֵאֵת יְהוָה, וּצְדָקָה מֵאֱלֹהֵי יִשְׁעוֹ: זֶה דּוֹר דֹּרְשָׁו, מְבַקְשֵׁי פָנֶיךָ יַעֲקֹב סֶלָה: שְׂאוּ שְׁעָרִים רָאשֵׁיכֶם, וְהִנָּשְׂאוּ פִּתְחֵי עוֹלָם, וְיָבוֹא מֶלֶךְ הַכָּבוֹד: מִי זֶה מֶלֶךְ הַכָּבוֹד, יְהוָה עִזּוּז וְגִבּוֹר, יְהוָה גִּבּוֹר מִלְחָמָה: שְׂאוּ שְׁעָרִים רָאשֵׁיכֶם, וּשְׂאוּ פִּתְחֵי עוֹלָם, וְיָבֹא מֶלֶךְ הַכָּבוֹד: מִי הוּא זֶה מֶלֶךְ הַכָּבוֹד, יְהוָה צְבָאוֹת הוּא מֶלֶךְ הַכָּבוֹד סֶלָה:

וממשיך ׳הוֹשִׁיעֵנוּ׳ בעמ׳ 105.

מזמור זה נאמר ביום השני, כיוון שבחירת ירושלים מקבילה להבדלה בין המים העליונים למים התחתונים ביום השני לבריאה (ר״ח, ראש השנה לא ע״א).

ליום ב׳ **הַיּוֹם יוֹם שֵׁנִי בְּשַׁבַּת קֹדֶשׁ, הַשִּׁיר שֶׁהָיוּ הַלְוִיִּם אוֹמְרִים עַל הַדּוּכָן:**

**שִׁיר מִזְמוֹר לִבְנֵי־קֹרַח: גָּדוֹל יְהוָֹה וּמְהֻלָּל מְאֹד, בְּעִיר אֱלֹהֵינוּ, הַר־ תהלים מח**
**קָדְשׁוֹ: יְפֵה נוֹף מְשׂוֹשׂ כָּל־הָאָרֶץ, הַר־צִיּוֹן יַרְכְּתֵי צָפוֹן, קִרְיַת מֶלֶךְ**
**רָב: אֱלֹהִים בְּאַרְמְנוֹתֶיהָ נוֹדַע לְמִשְׂגָּב: כִּי־הִנֵּה הַמְּלָכִים נוֹעֲדוּ,**
**עָבְרוּ יַחְדָּו: הֵמָּה רָאוּ כֵּן תָּמָהוּ, נִבְהֲלוּ נֶחְפָּזוּ: רְעָדָה אֲחָזָתַם שָׁם,**
**חִיל כַּיּוֹלֵדָה: בְּרוּחַ קָדִים תְּשַׁבֵּר אֳנִיּוֹת תַּרְשִׁישׁ: כַּאֲשֶׁר שָׁמַעְנוּ**
**כֵּן רָאִינוּ, בְּעִיר־יְהוָֹה צְבָאוֹת, בְּעִיר אֱלֹהֵינוּ, אֱלֹהִים יְכוֹנְנֶהָ עַד־**
**עוֹלָם סֶלָה: דִּמִּינוּ אֱלֹהִים חַסְדֶּךָ, בְּקֶרֶב הֵיכָלֶךָ: כְּשִׁמְךָ אֱלֹהִים**
**כֵּן תְּהִלָּתְךָ עַל־קַצְוֵי־אֶרֶץ, צֶדֶק מָלְאָה יְמִינֶךָ: יִשְׂמַח הַר־צִיּוֹן,**
**תָּגֵלְנָה בְּנוֹת יְהוּדָה, לְמַעַן מִשְׁפָּטֶיךָ: סֹבּוּ צִיּוֹן וְהַקִּיפוּהָ, סִפְרוּ**
**מִגְדָּלֶיהָ: שִׁיתוּ לִבְּכֶם לְחֵילָה, פַּסְּגוּ אַרְמְנוֹתֶיהָ, לְמַעַן תְּסַפְּרוּ לְדוֹר**
**אַחֲרוֹן: כִּי זֶה אֱלֹהִים אֱלֹהֵינוּ עוֹלָם וָעֶד, הוּא יְנַהֲגֵנוּ עַל־מוּת:**

וממשיך ׳הוֹשִׁיעֵנוּ׳ בעמ׳ 105.

מזמור זה נאמר ביום השלישי, כיוון שקיום הארץ (שנתגלתה ביום השלישי) תלוי בשמירת משפטי התורה כמו שכתוב במזמור, שנאמר (ירמיה לג, כה): ״כֹּה אָמַר ה׳, אִם־לֹא בְרִיתִי יוֹמָם וָלָיְלָה, חֻקּוֹת שָׁמַיִם וָאָרֶץ לֹא־שָׂמְתִּי״ (ר״ח, ראש השנה לא ע״א).

ליום ג׳ **הַיּוֹם יוֹם שְׁלִישִׁי בְּשַׁבַּת קֹדֶשׁ, הַשִּׁיר שֶׁהָיוּ הַלְוִיִּם אוֹמְרִים עַל הַדּוּכָן:**

**מִזְמוֹר לְאָסָף, אֱלֹהִים נִצָּב בַּעֲדַת־אֵל, בְּקֶרֶב אֱלֹהִים יִשְׁפֹּט: עַד־ תהלים פב**
**מָתַי תִּשְׁפְּטוּ־עָוֶל, וּפְנֵי רְשָׁעִים תִּשְׂאוּ־סֶלָה: שִׁפְטוּ־דָל וְיָתוֹם,**
**עָנִי וָרָשׁ הַצְדִּיקוּ: פַּלְּטוּ־דַל וְאֶבְיוֹן, מִיַּד רְשָׁעִים הַצִּילוּ: לֹא יָדְעוּ**
**וְלֹא יָבִינוּ, בַּחֲשֵׁכָה יִתְהַלָּכוּ, יִמּוֹטוּ כָּל־מוֹסְדֵי אָרֶץ: אֲנִי־אָמַרְתִּי**
**אֱלֹהִים אַתֶּם, וּבְנֵי עֶלְיוֹן כֻּלְּכֶם: אָכֵן כְּאָדָם תְּמוּתוּן, וּכְאַחַד**
**הַשָּׂרִים תִּפֹּלוּ: קוּמָה אֱלֹהִים שָׁפְטָה הָאָרֶץ, כִּי־אַתָּה תִנְחַל**
**בְּכָל־הַגּוֹיִם:**

וממשיך ׳הוֹשִׁיעֵנוּ׳ בעמ׳ 105.

מזמור זה נאמר ביום הרביעי, שבו נבראו המאורות, הכוכבים והמזלות, כיוון שהוא מתאר את הנקמה שעתיד הקב״ה לעשות בעובדיהם (ראש השנה לא ע״א).

ליום ד׳ הַיּוֹם יוֹם רְבִיעִי בְּשַׁבָּת קֹדֶשׁ, הַשִּׁיר שֶׁהָיוּ הַלְוִיִּם אוֹמְרִים עַל הַדּוּכָן:

תהלים צד אֵל־נְקָמוֹת יְהוָה, אֵל נְקָמוֹת הוֹפִיעַ: הִנָּשֵׂא שֹׁפֵט הָאָרֶץ, הָשֵׁב גְּמוּל עַל־גֵּאִים: עַד־מָתַי רְשָׁעִים, יְהוָה, עַד־מָתַי רְשָׁעִים יַעֲלֹזוּ: יַבִּיעוּ יְדַבְּרוּ עָתָק, יִתְאַמְּרוּ כָּל־פֹּעֲלֵי אָוֶן: עַמְּךָ יְהוָה יְדַכְּאוּ, וְנַחֲלָתְךָ יְעַנּוּ: אַלְמָנָה וְגֵר יַהֲרֹגוּ, וִיתוֹמִים יְרַצֵּחוּ: וַיֹּאמְרוּ לֹא יִרְאֶה־יָּהּ, וְלֹא־יָבִין אֱלֹהֵי יַעֲקֹב: בִּינוּ בֹּעֲרִים בָּעָם, וּכְסִילִים מָתַי תַּשְׂכִּילוּ: הֲנֹטַע אֹזֶן הֲלֹא יִשְׁמָע, אִם־יֹצֵר עַיִן הֲלֹא יַבִּיט: הֲיֹסֵר גּוֹיִם הֲלֹא יוֹכִיחַ, הַמְלַמֵּד אָדָם דָּעַת: יְהוָה יֹדֵעַ מַחְשְׁבוֹת אָדָם, כִּי־הֵמָּה הָבֶל: אַשְׁרֵי הַגֶּבֶר אֲשֶׁר־תְּיַסְּרֶנּוּ יָּהּ, וּמִתּוֹרָתְךָ תְלַמְּדֶנּוּ: לְהַשְׁקִיט לוֹ מִימֵי רָע, עַד יִכָּרֶה לָרָשָׁע שָׁחַת: כִּי לֹא־יִטֹּשׁ יְהוָה עַמּוֹ, וְנַחֲלָתוֹ לֹא יַעֲזֹב: כִּי־עַד־צֶדֶק יָשׁוּב מִשְׁפָּט, וְאַחֲרָיו כָּל־יִשְׁרֵי־לֵב: מִי־יָקוּם לִי עִם־מְרֵעִים, מִי־יִתְיַצֵּב לִי עִם־פֹּעֲלֵי אָוֶן: לוּלֵי יְהוָה עֶזְרָתָה לִּי, כִּמְעַט שָׁכְנָה דוּמָה נַפְשִׁי: אִם־אָמַרְתִּי מָטָה רַגְלִי, חַסְדְּךָ יְהוָה יִסְעָדֵנִי: בְּרֹב שַׂרְעַפַּי בְּקִרְבִּי, תַּנְחוּמֶיךָ יְשַׁעַשְׁעוּ נַפְשִׁי: הַיְחָבְרְךָ כִּסֵּא הַוּוֹת, יֹצֵר עָמָל עֲלֵי־חֹק: יָגוֹדּוּ עַל־נֶפֶשׁ צַדִּיק, וְדָם נָקִי יַרְשִׁיעוּ: וַיְהִי יְהוָה לִי לְמִשְׂגָּב, וֵאלֹהַי לְצוּר מַחְסִי: וַיָּשֶׁב עֲלֵיהֶם אֶת־אוֹנָם, וּבְרָעָתָם יַצְמִיתֵם, יַצְמִיתֵם יְהוָה אֱלֹהֵינוּ:

וממשיך ׳הוֹשִׁיעֵנוּ׳ בעמוד הבא.

מזמור זה נאמר ביום החמישי, כיוון שבו הקב״ה התחיל בבריאת בעלי החיים, והיופי והגיוון בבריאה מעוררים את האדם לשבח את הבורא (רש״י, ראש השנה לא ע״א).

ליום ה׳ הַיּוֹם יוֹם חֲמִישִׁי בְּשַׁבָּת קֹדֶשׁ, הַשִּׁיר שֶׁהָיוּ הַלְוִיִּם אוֹמְרִים עַל הַדּוּכָן:

תהלים פא לַמְנַצֵּחַ עַל־הַגִּתִּית לְאָסָף: הַרְנִינוּ לֵאלֹהִים עוּזֵּנוּ, הָרִיעוּ לֵאלֹהֵי יַעֲקֹב: שְׂאוּ־זִמְרָה וּתְנוּ־תֹף, כִּנּוֹר נָעִים עִם־נָבֶל: תִּקְעוּ בַחֹדֶשׁ שׁוֹפָר, בַּכֵּסֶה לְיוֹם חַגֵּנוּ: כִּי חֹק לְיִשְׂרָאֵל הוּא, מִשְׁפָּט לֵאלֹהֵי יַעֲקֹב: עֵדוּת בִּיהוֹסֵף שָׂמוֹ, בְּצֵאתוֹ עַל־אֶרֶץ מִצְרָיִם, שְׂפַת לֹא־יָדַעְתִּי אֶשְׁמָע: הֲסִירוֹתִי מִסֵּבֶל שִׁכְמוֹ, כַּפָּיו מִדּוּד תַּעֲבֹרְנָה:

בַּצָּרָה קָרָאתָ וָאֲחַלְּצֶךָּ, אֶעֶנְךָ בְּסֵתֶר רַעַם, אֶבְחָנְךָ עַל־מֵי מְרִיבָה סֶלָה: שְׁמַע עַמִּי וְאָעִידָה בָּךְ, יִשְׂרָאֵל אִם־תִּשְׁמַע־לִי: לֹא־יִהְיֶה בְךָ אֵל זָר, וְלֹא תִשְׁתַּחֲוֶה לְאֵל נֵכָר: אָנֹכִי יְהוָֹה אֱלֹהֶיךָ, הַמַּעַלְךָ מֵאֶרֶץ מִצְרָיִם, הַרְחֶב־פִּיךָ וַאֲמַלְאֵהוּ: וְלֹא־שָׁמַע עַמִּי לְקוֹלִי, וְיִשְׂרָאֵל לֹא־אָבָה לִי: וָאֲשַׁלְּחֵהוּ בִּשְׁרִירוּת לִבָּם, יֵלְכוּ בְּמוֹעֲצוֹתֵיהֶם: לוּ עַמִּי שֹׁמֵעַ לִי, יִשְׂרָאֵל בִּדְרָכַי יְהַלֵּכוּ: כִּמְעַט אוֹיְבֵיהֶם אַכְנִיעַ, וְעַל־צָרֵיהֶם אָשִׁיב יָדִי: מְשַׂנְאֵי יְהוָֹה יְכַחֲשׁוּ־לוֹ, וִיהִי עִתָּם לְעוֹלָם: וַיַּאֲכִילֵהוּ מֵחֵלֶב חִטָּה, וּמִצּוּר, דְּבַשׁ אַשְׂבִּיעֶךָ:

וממשיך 'הוֹשִׁיעֵנוּ' למטה.

מזמור זה נאמר ביום השישי, כיוון שביום זה הקב״ה סיים את בריאת העולם ונתעלה למלוך עליו (ראש השנה לא ע״א).

ליום ו׳ הַיּוֹם יוֹם הַשִּׁשִּׁי בְּשַׁבָּת קֹדֶשׁ, הַשִּׁיר שֶׁהָיוּ הַלְוִיִּם אוֹמְרִים עַל הַדּוּכָן:

תהלים צג יְהוָֹה מָלָךְ, גֵּאוּת לָבֵשׁ, לָבֵשׁ יְהוָֹה עֹז הִתְאַזָּר, אַף־תִּכּוֹן תֵּבֵל בַּל־
תִּמּוֹט: נָכוֹן כִּסְאֲךָ מֵאָז, מֵעוֹלָם אָתָּה: נָשְׂאוּ נְהָרוֹת יְהוָֹה, נָשְׂאוּ נְהָרוֹת קוֹלָם, יִשְׂאוּ נְהָרוֹת דָּכְיָם: מִקֹּלוֹת מַיִם רַבִּים, אַדִּירִים מִשְׁבְּרֵי־יָם, אַדִּיר בַּמָּרוֹם יְהוָֹה: עֵדֹתֶיךָ נֶאֶמְנוּ מְאֹד, לְבֵיתְךָ נַאֲוָה־קֹדֶשׁ, יְהוָֹה לְאֹרֶךְ יָמִים:

בראש חודש, בתעניות ציבור, בי״א בתשרי, בחנוכה ובפורים
מוסיפים מזמורים מעין המאורע (בעמוד הבא).
בבית האבל מוסיפים את מזמור מט (עמ׳ 109).
בשאר הימים ממשיכים 'הוֹשִׁיעֵנוּ' למטה וקדיש יהא שלמא בעמ׳ 111.

אחרי שיר של יום מוסיפים פסוקים אלו מעניין הגאולה.
ולפי ש״מובטח להן לישראל שאין אליהו בא לא בערבי שבתות ולא בערבי ימים טובים מפני הטורח״ (עירובין מג ע״ב), יש המדלגים עליהם בימי שישי ובערבי חג.

תהלים קו הוֹשִׁיעֵנוּ יְהוָֹה אֱלֹהֵינוּ, וְקַבְּצֵנוּ מִן־הַגּוֹיִם, לְהוֹדוֹת לְשֵׁם קָדְשֶׁךָ,
לְהִשְׁתַּבֵּחַ בִּתְהִלָּתֶךָ: בָּרוּךְ יְהוָֹה אֱלֹהֵי יִשְׂרָאֵל מִן־הָעוֹלָם וְעַד
תהלים קלה הָעוֹלָם, וְאָמַר כָּל־הָעָם אָמֵן, הַלְלוּיָהּ: בָּרוּךְ יְהוָֹה מִצִּיּוֹן, שֹׁכֵן
תהלים עב יְרוּשָׁלָיִם, הַלְלוּיָהּ: בָּרוּךְ יְהוָֹה אֱלֹהִים אֱלֹהֵי יִשְׂרָאֵל, עֹשֵׂה נִפְלָאוֹת
לְבַדּוֹ: וּבָרוּךְ שֵׁם כְּבוֹדוֹ לְעוֹלָם, וְיִמָּלֵא כְבוֹדוֹ אֶת־כָּל־הָאָרֶץ,
אָמֵן וְאָמֵן:

## מזמורים לימים מיוחדים

מנהג טוב לומר אחר התפילה מזמורים לפי עניין הימים (ספר המנהיג, עה).

ליום י״א בתשרי – יום שמחת כהן:

תהלים פה לַמְנַצֵּחַ לִבְנֵי־קֹרַח מִזְמוֹר: רָצִיתָ יְהוָה אַרְצֶךָ שַׁבְתָּ שְׁבִית יַעֲקֹב: נָשָׂאתָ עֲוֹן עַמֶּךָ כִּסִּיתָ כָל־חַטָּאתָם סֶלָה: אָסַפְתָּ כָל־עֶבְרָתֶךָ הֱשִׁיבוֹתָ מֵחֲרוֹן אַפֶּךָ: שׁוּבֵנוּ אֱלֹהֵי יִשְׁעֵנוּ וְהָפֵר כַּעַסְךָ עִמָּנוּ: הַלְעוֹלָם תֶּאֱנַף־בָּנוּ תִּמְשֹׁךְ אַפְּךָ לְדֹר וָדֹר: הֲלֹא־אַתָּה תָּשׁוּב תְּחַיֵּנוּ וְעַמְּךָ יִשְׂמְחוּ־בָךְ: הַרְאֵנוּ יְהוָה חַסְדֶּךָ וְיֶשְׁעֲךָ תִּתֶּן־לָנוּ: אֶשְׁמְעָה מַה־יְדַבֵּר הָאֵל יְהוָה כִּי יְדַבֵּר שָׁלוֹם אֶל־עַמּוֹ וְאֶל־חֲסִידָיו וְאַל־יָשׁוּבוּ לְכִסְלָה: אַךְ קָרוֹב לִירֵאָיו יִשְׁעוֹ לִשְׁכֹּן כָּבוֹד בְּאַרְצֵנוּ: חֶסֶד־וֶאֱמֶת נִפְגָּשׁוּ צֶדֶק וְשָׁלוֹם נָשָׁקוּ: אֱמֶת מֵאֶרֶץ תִּצְמָח וְצֶדֶק מִשָּׁמַיִם נִשְׁקָף: גַּם־יְהוָה יִתֵּן הַטּוֹב וְאַרְצֵנוּ תִּתֵּן יְבוּלָהּ: צֶדֶק לְפָנָיו יְהַלֵּךְ וְיָשֵׂם לְדֶרֶךְ פְּעָמָיו:

יש אומרים כאן ׳הוֹשִׁיעֵנוּ׳ בעמ׳ 105.

לצום גדליה ולצום עשרה בטבת:

תהלים פג שִׁיר מִזְמוֹר לְאָסָף: אֱלֹהִים אַל־דֳּמִי־לָךְ אַל־תֶּחֱרַשׁ וְאַל־תִּשְׁקֹט אֵל: כִּי־הִנֵּה אוֹיְבֶיךָ יֶהֱמָיוּן וּמְשַׂנְאֶיךָ נָשְׂאוּ רֹאשׁ: עַל־עַמְּךָ יַעֲרִימוּ סוֹד וְיִתְיָעֲצוּ עַל־צְפוּנֶיךָ: אָמְרוּ לְכוּ וְנַכְחִידֵם מִגּוֹי וְלֹא־יִזָּכֵר שֵׁם־יִשְׂרָאֵל עוֹד: כִּי נוֹעֲצוּ לֵב יַחְדָּו עָלֶיךָ בְּרִית יִכְרֹתוּ: אָהֳלֵי אֱדוֹם וְיִשְׁמְעֵאלִים מוֹאָב וְהַגְרִים: גְּבָל וְעַמּוֹן וַעֲמָלֵק פְּלֶשֶׁת עִם־יֹשְׁבֵי צוֹר: גַּם־אַשּׁוּר נִלְוָה עִמָּם הָיוּ זְרוֹעַ לִבְנֵי־לוֹט סֶלָה: עֲשֵׂה־לָהֶם כְּמִדְיָן כְּסִיסְרָא כְיָבִין בְּנַחַל קִישׁוֹן: נִשְׁמְדוּ בְעֵין־דֹּאר הָיוּ דֹּמֶן לָאֲדָמָה: שִׁיתֵמוֹ נְדִיבֵמוֹ כְּעֹרֵב וְכִזְאֵב וּכְזֶבַח וּכְצַלְמֻנָּע כָּל־נְסִיכֵמוֹ: אֲשֶׁר אָמְרוּ נִירְשָׁה לָּנוּ אֵת נְאוֹת אֱלֹהִים: אֱלֹהַי שִׁיתֵמוֹ כַגַּלְגַּל כְּקַשׁ לִפְנֵי־רוּחַ: כְּאֵשׁ תִּבְעַר־יָעַר וּכְלֶהָבָה תְּלַהֵט הָרִים: כֵּן תִּרְדְּפֵם בְּסַעֲרֶךָ וּבְסוּפָתְךָ תְבַהֲלֵם: מַלֵּא פְנֵיהֶם קָלוֹן וִיבַקְשׁוּ שִׁמְךָ יְהוָה: יֵבֹשׁוּ וְיִבָּהֲלוּ עֲדֵי־עַד וְיַחְפְּרוּ וְיֹאבֵדוּ: וְיֵדְעוּ כִּי־אַתָּה שִׁמְךָ יְהוָה לְבַדֶּךָ עֶלְיוֹן עַל־כָּל־הָאָרֶץ:

יש אומרים כאן ׳הוֹשִׁיעֵנוּ׳ בעמ׳ 105.

לחנוכה:

תהלים ל מִזְמוֹר שִׁיר־חֲנֻכַּת הַבַּיִת לְדָוִד: אֲרוֹמִמְךָ יְהוָה כִּי דִלִּיתָנִי, וְלֹא־שִׂמַּחְתָּ אֹיְבַי לִי: יְהוָה אֱלֹהָי, שִׁוַּעְתִּי אֵלֶיךָ וַתִּרְפָּאֵנִי: יְהוָה, הֶעֱלִיתָ מִן־שְׁאוֹל נַפְשִׁי, חִיִּיתַנִי מִיָּרְדִי־בוֹר: זַמְּרוּ לַיהוָה חֲסִידָיו, וְהוֹדוּ לְזֵכֶר קָדְשׁוֹ: כִּי רֶגַע בְּאַפּוֹ, חַיִּים בִּרְצוֹנוֹ, בָּעֶרֶב יָלִין בֶּכִי וְלַבֹּקֶר רִנָּה: וַאֲנִי אָמַרְתִּי בְשַׁלְוִי, בַּל־אֶמּוֹט לְעוֹלָם: יְהוָה, בִּרְצוֹנְךָ הֶעֱמַדְתָּה לְהַרְרִי עֹז, הִסְתַּרְתָּ פָנֶיךָ הָיִיתִי נִבְהָל: אֵלֶיךָ יְהוָה אֶקְרָא, וְאֶל־אֲדֹנָי אֶתְחַנָּן: מַה־בֶּצַע בְּדָמִי, בְּרִדְתִּי אֶל שָׁחַת, הֲיוֹדְךָ עָפָר, הֲיַגִּיד אֲמִתֶּךָ: שְׁמַע־יְהוָה וְחָנֵּנִי, יְהוָה הֱיֵה־עֹזֵר לִי: הָפַכְתָּ מִסְפְּדִי לְמָחוֹל לִי, פִּתַּחְתָּ שַׂקִּי, וַתְּאַזְּרֵנִי שִׂמְחָה: לְמַעַן יְזַמֶּרְךָ כָבוֹד וְלֹא יִדֹּם, יְהוָה אֱלֹהַי, לְעוֹלָם אוֹדֶךָּ:

יש אומרים כאן ׳הוֹשִׁיעֵנוּ׳ בעמ׳ 105.

לתענית אסתר ולפורים (בשושן פורים יש הנוהגים לומר את מזמור ס בעמ׳ 948):

תהלים כב לַמְנַצֵּחַ עַל־אַיֶּלֶת הַשַּׁחַר מִזְמוֹר לְדָוִד: אֵלִי אֵלִי לָמָה עֲזַבְתָּנִי רָחוֹק מִישׁוּעָתִי דִּבְרֵי שַׁאֲגָתִי: אֱלֹהַי אֶקְרָא יוֹמָם וְלֹא תַעֲנֶה וְלַיְלָה וְלֹא־דוּמִיָּה לִי: וְאַתָּה קָדוֹשׁ יוֹשֵׁב תְּהִלּוֹת יִשְׂרָאֵל: בְּךָ בָּטְחוּ אֲבֹתֵינוּ בָּטְחוּ וַתְּפַלְּטֵמוֹ: אֵלֶיךָ זָעֲקוּ וְנִמְלָטוּ בְּךָ בָטְחוּ וְלֹא־בוֹשׁוּ: וְאָנֹכִי תוֹלַעַת וְלֹא־אִישׁ חֶרְפַּת אָדָם וּבְזוּי עָם: כָּל־רֹאַי יַלְעִגוּ לִי יַפְטִירוּ בְשָׂפָה יָנִיעוּ רֹאשׁ: גֹּל אֶל־יְהוָה יְפַלְּטֵהוּ יַצִּילֵהוּ כִּי חָפֵץ בּוֹ: כִּי־אַתָּה גֹחִי מִבָּטֶן מַבְטִיחִי עַל־שְׁדֵי אִמִּי: עָלֶיךָ הָשְׁלַכְתִּי מֵרָחֶם מִבֶּטֶן אִמִּי אֵלִי אָתָּה: אַל־תִּרְחַק מִמֶּנִּי כִּי־צָרָה קְרוֹבָה כִּי־אֵין עוֹזֵר: סְבָבוּנִי פָּרִים רַבִּים אַבִּירֵי בָשָׁן כִּתְּרוּנִי: פָּצוּ עָלַי פִּיהֶם אַרְיֵה טֹרֵף וְשֹׁאֵג: כַּמַּיִם נִשְׁפַּכְתִּי וְהִתְפָּרְדוּ כָּל־עַצְמוֹתָי הָיָה לִבִּי כַּדּוֹנָג נָמֵס בְּתוֹךְ מֵעָי: יָבֵשׁ כַּחֶרֶשׂ כֹּחִי וּלְשׁוֹנִי מֻדְבָּק מַלְקוֹחָי וְלַעֲפַר־מָוֶת תִּשְׁפְּתֵנִי: כִּי סְבָבוּנִי כְּלָבִים עֲדַת מְרֵעִים הִקִּיפוּנִי כָּאֲרִי יָדַי וְרַגְלָי: אֲסַפֵּר כָּל־עַצְמוֹתָי הֵמָּה יַבִּיטוּ יִרְאוּ־בִי: יְחַלְּקוּ בְגָדַי לָהֶם וְעַל־לְבוּשִׁי יַפִּילוּ גוֹרָל: וְאַתָּה יְהוָה אַל־תִּרְחָק אֱיָלוּתִי לְעֶזְרָתִי חוּשָׁה: הַצִּילָה מֵחֶרֶב

נַפְשִׁי מִיַּד־כֶּלֶב יְחִידָתִי: הוֹשִׁיעֵנִי מִפִּי אַרְיֵה וּמִקַּרְנֵי רֵמִים עֲנִיתָנִי: אֲסַפְּרָה שִׁמְךָ לְאֶחָי בְּתוֹךְ קָהָל אֲהַלְלֶךָּ: יִרְאֵי יְהוָה הַלְלוּהוּ כָּל־זֶרַע יַעֲקֹב כַּבְּדוּהוּ וְגוּרוּ מִמֶּנּוּ כָּל־זֶרַע יִשְׂרָאֵל: כִּי לֹא־בָזָה וְלֹא שִׁקַּץ עֱנוּת עָנִי וְלֹא־הִסְתִּיר פָּנָיו מִמֶּנּוּ וּבְשַׁוְּעוֹ אֵלָיו שָׁמֵעַ: מֵאִתְּךָ תְהִלָּתִי בְּקָהָל רָב נְדָרַי אֲשַׁלֵּם נֶגֶד יְרֵאָיו: יֹאכְלוּ עֲנָוִים וְיִשְׂבָּעוּ יְהַלְלוּ יְהוָה דֹּרְשָׁיו יְחִי לְבַבְכֶם לָעַד: יִזְכְּרוּ וְיָשֻׁבוּ אֶל־יְהוָה כָּל־אַפְסֵי־אָרֶץ וְיִשְׁתַּחֲווּ לְפָנֶיךָ כָּל־מִשְׁפְּחוֹת גּוֹיִם: כִּי לַיהוָה הַמְּלוּכָה וּמֹשֵׁל בַּגּוֹיִם: אָכְלוּ וַיִּשְׁתַּחֲווּ כָּל־דִּשְׁנֵי־אֶרֶץ לְפָנָיו יִכְרְעוּ כָּל־יוֹרְדֵי עָפָר וְנַפְשׁוֹ לֹא חִיָּה: זֶרַע יַעַבְדֶנּוּ יְסֻפַּר לַאדֹנָי לַדּוֹר: יָבֹאוּ וְיַגִּידוּ צִדְקָתוֹ לְעַם נוֹלָד כִּי עָשָׂה:

יש אומרים כאן ׳הוֹשִׁיעֵנוּ׳ בעמ׳ 105.

לשבעה עשר בתמוז:

תהלים עט

מִזְמוֹר לְאָסָף אֱלֹהִים בָּאוּ גוֹיִם בְּנַחֲלָתֶךָ טִמְּאוּ אֶת־הֵיכַל קָדְשֶׁךָ שָׂמוּ אֶת־יְרוּשָׁלַםִ לְעִיִּים: נָתְנוּ אֶת־נִבְלַת עֲבָדֶיךָ מַאֲכָל לְעוֹף הַשָּׁמָיִם בְּשַׂר חֲסִידֶיךָ לְחַיְתוֹ־אָרֶץ: שָׁפְכוּ דָמָם כַּמַּיִם סְבִיבוֹת יְרוּשָׁלָםִ וְאֵין קוֹבֵר: הָיִינוּ חֶרְפָּה לִשְׁכֵנֵינוּ לַעַג וָקֶלֶס לִסְבִיבוֹתֵינוּ: עַד־מָה יְהוָה תֶּאֱנַף לָנֶצַח תִּבְעַר כְּמוֹ־אֵשׁ קִנְאָתֶךָ: שְׁפֹךְ חֲמָתְךָ אֶל־הַגּוֹיִם אֲשֶׁר לֹא־יְדָעוּךָ וְעַל מַמְלָכוֹת אֲשֶׁר בְּשִׁמְךָ לֹא קָרָאוּ: כִּי אָכַל אֶת־יַעֲקֹב וְאֶת־נָוֵהוּ הֵשַׁמּוּ: אַל־תִּזְכָּר־לָנוּ עֲוֺנֹת רִאשֹׁנִים מַהֵר יְקַדְּמוּנוּ רַחֲמֶיךָ כִּי דַלּוֹנוּ מְאֹד: עָזְרֵנוּ אֱלֹהֵי יִשְׁעֵנוּ עַל־דְּבַר כְּבוֹד־שְׁמֶךָ וְהַצִּילֵנוּ וְכַפֵּר עַל־חַטֹּאתֵינוּ לְמַעַן שְׁמֶךָ: לָמָּה יֹאמְרוּ הַגּוֹיִם אַיֵּה אֱלֹהֵיהֶם יִוָּדַע בַּגּוֹיִם לְעֵינֵינוּ נִקְמַת דַּם־עֲבָדֶיךָ הַשָּׁפוּךְ: תָּבוֹא לְפָנֶיךָ אֶנְקַת אָסִיר כְּגֹדֶל זְרוֹעֲךָ הוֹתֵר בְּנֵי תְמוּתָה: וְהָשֵׁב לִשְׁכֵנֵינוּ שִׁבְעָתַיִם אֶל־חֵיקָם חֶרְפָּתָם אֲשֶׁר חֵרְפוּךָ אֲדֹנָי: וַאֲנַחְנוּ עַמְּךָ וְצֹאן מַרְעִיתֶךָ נוֹדֶה לְּךָ לְעוֹלָם לְדֹר וָדֹר נְסַפֵּר תְּהִלָּתֶךָ:

יש אומרים כאן ׳הוֹשִׁיעֵנוּ׳ בעמ׳ 105.

לבית האבל:

תהלים מט לַמְנַצֵּחַ לִבְנֵי־קֹרַח מִזְמוֹר: שִׁמְעוּ־זֹאת כָּל־הָעַמִּים, הַאֲזִינוּ כָּל־יֹשְׁבֵי חָלֶד: גַּם־בְּנֵי אָדָם, גַּם־בְּנֵי־אִישׁ, יַחַד עָשִׁיר וְאֶבְיוֹן: פִּי יְדַבֵּר חָכְמוֹת, וְהָגוּת לִבִּי תְבוּנוֹת: אַטֶּה לְמָשָׁל אָזְנִי, אֶפְתַּח בְּכִנּוֹר חִידָתִי: לָמָּה אִירָא בִּימֵי רָע, עֲוֺן עֲקֵבַי יְסֻבֵּנִי: הַבֹּטְחִים עַל־חֵילָם, וּבְרֹב עָשְׁרָם יִתְהַלָּלוּ: אָח לֹא־פָדֹה יִפְדֶּה אִישׁ, לֹא־יִתֵּן לֵאלֹהִים כָּפְרוֹ: וְיֵקַר פִּדְיוֹן נַפְשָׁם, וְחָדַל לְעוֹלָם: וִיחִי־עוֹד לָנֶצַח, לֹא יִרְאֶה הַשָּׁחַת: כִּי יִרְאֶה חֲכָמִים יָמוּתוּ, יַחַד כְּסִיל וָבַעַר יֹאבֵדוּ, וְעָזְבוּ לַאֲחֵרִים חֵילָם: קִרְבָּם בָּתֵּימוֹ לְעוֹלָם, מִשְׁכְּנֹתָם לְדֹר וָדֹר, קָרְאוּ בִשְׁמוֹתָם עֲלֵי אֲדָמוֹת: וְאָדָם בִּיקָר בַּל־יָלִין, נִמְשַׁל כַּבְּהֵמוֹת נִדְמוּ: זֶה דַרְכָּם, כֵּסֶל לָמוֹ, וְאַחֲרֵיהֶם בְּפִיהֶם יִרְצוּ סֶלָה: כַּצֹּאן לִשְׁאוֹל שַׁתּוּ, מָוֶת יִרְעֵם, וַיִּרְדּוּ בָם יְשָׁרִים לַבֹּקֶר, וְצוּרָם לְבַלּוֹת שְׁאוֹל מִזְּבֻל לוֹ: אַךְ־אֱלֹהִים יִפְדֶּה נַפְשִׁי מִיַּד שְׁאוֹל, כִּי יִקָּחֵנִי סֶלָה: אַל־תִּירָא כִּי־יַעֲשִׁר אִישׁ, כִּי־יִרְבֶּה כְּבוֹד בֵּיתוֹ: כִּי לֹא בְמוֹתוֹ יִקַּח הַכֹּל, לֹא־יֵרֵד אַחֲרָיו כְּבוֹדוֹ: כִּי־נַפְשׁוֹ בְּחַיָּיו יְבָרֵךְ, וְיוֹדֻךָ כִּי־תֵיטִיב לָךְ: תָּבוֹא עַד־דּוֹר אֲבוֹתָיו, עַד־נֵצַח לֹא יִרְאוּ־אוֹר: אָדָם בִּיקָר וְלֹא יָבִין, נִמְשַׁל כַּבְּהֵמוֹת נִדְמוּ:

תהלים לז וּתְשׁוּעַת צַדִּיקִים מֵיְהוָה, מָעוּזָּם בְּעֵת צָרָה: וַיַּעְזְרֵם יְהוָה וַיְפַלְּטֵם, יְפַלְּטֵם מֵרְשָׁעִים וְיוֹשִׁיעֵם כִּי־חָסוּ בוֹ: יש אומרים כאן ׳הוֹשִׁיעֵנוּ׳ בעמ׳ 105.

בראש חודש אומרים מזמור זה מכיוון שנזכר בו ׳עָשָׂה יָרֵחַ לְמוֹעֲדִים׳ (ספר המנהיג), ונוהגים לאומרו אחר מוסף (אבודרהם).

תהלים קד בָּרְכִי נַפְשִׁי אֶת־יְהוָה, יְהוָה אֱלֹהַי גָּדַלְתָּ מְּאֹד, הוֹד וְהָדָר לָבָשְׁתָּ: עֹטֶה־אוֹר כַּשַּׂלְמָה, נוֹטֶה שָׁמַיִם כַּיְרִיעָה: הַמְקָרֶה בַמַּיִם עֲלִיּוֹתָיו, הַשָּׂם־עָבִים רְכוּבוֹ, הַמְהַלֵּךְ עַל־כַּנְפֵי־רוּחַ: עֹשֶׂה מַלְאָכָיו רוּחוֹת, מְשָׁרְתָיו אֵשׁ לֹהֵט: יָסַד־אֶרֶץ עַל־מְכוֹנֶיהָ, בַּל־תִּמּוֹט עוֹלָם וָעֶד: תְּהוֹם כַּלְּבוּשׁ כִּסִּיתוֹ, עַל־הָרִים יַעַמְדוּ־מָיִם: מִן־גַּעֲרָתְךָ יְנוּסוּן, מִן־קוֹל רַעַמְךָ יֵחָפֵזוּן: יַעֲלוּ הָרִים, יֵרְדוּ בְקָעוֹת, אֶל־מְקוֹם זֶה

יָסַדְתָּ לָהֶם: גְּבוּל־שַׂמְתָּ בַּל־יַעֲבֹרוּן, בַּל־יְשׁוּבוּן לְכַסּוֹת הָאָרֶץ: הַמְשַׁלֵּחַ מַעְיָנִים בַּנְּחָלִים, בֵּין הָרִים יְהַלֵּכוּן: יַשְׁקוּ כָּל־חַיְתוֹ שָׂדָי, יִשְׁבְּרוּ פְרָאִים צְמָאָם: עֲלֵיהֶם עוֹף־הַשָּׁמַיִם יִשְׁכּוֹן, מִבֵּין עֳפָאיִם יִתְּנוּ־קוֹל: מַשְׁקֶה הָרִים מֵעֲלִיּוֹתָיו, מִפְּרִי מַעֲשֶׂיךָ תִּשְׂבַּע הָאָרֶץ: מַצְמִיחַ חָצִיר לַבְּהֵמָה, וְעֵשֶׂב לַעֲבֹדַת הָאָדָם, לְהוֹצִיא לֶחֶם מִן־הָאָרֶץ: וְיַיִן יְשַׂמַּח לְבַב־אֱנוֹשׁ, לְהַצְהִיל פָּנִים מִשָּׁמֶן, וְלֶחֶם לְבַב־אֱנוֹשׁ יִסְעָד: יִשְׂבְּעוּ עֲצֵי יְהוָה, אַרְזֵי לְבָנוֹן אֲשֶׁר נָטָע: אֲשֶׁר־שָׁם צִפֳּרִים יְקַנֵּנוּ, חֲסִידָה בְּרוֹשִׁים בֵּיתָהּ: הָרִים הַגְּבֹהִים לַיְּעֵלִים, סְלָעִים מַחְסֶה לַשְׁפַנִּים: עָשָׂה יָרֵחַ לְמוֹעֲדִים, שֶׁמֶשׁ יָדַע מְבוֹאוֹ: תָּשֶׁת־חֹשֶׁךְ וִיהִי לָיְלָה, בּוֹ־תִרְמֹשׂ כָּל־חַיְתוֹ־יָעַר: הַכְּפִירִים שֹׁאֲגִים לַטָּרֶף, וּלְבַקֵּשׁ מֵאֵל אָכְלָם: תִּזְרַח הַשֶּׁמֶשׁ יֵאָסֵפוּן, וְאֶל־מְעוֹנֹתָם יִרְבָּצוּן: יֵצֵא אָדָם לְפָעֳלוֹ, וְלַעֲבֹדָתוֹ עֲדֵי־עָרֶב: מָה־רַבּוּ מַעֲשֶׂיךָ יְהוָה, כֻּלָּם בְּחָכְמָה עָשִׂיתָ, מָלְאָה הָאָרֶץ קִנְיָנֶךָ: זֶה הַיָּם גָּדוֹל וּרְחַב יָדָיִם, שָׁם־רֶמֶשׂ וְאֵין מִסְפָּר, חַיּוֹת קְטַנּוֹת עִם־גְּדֹלוֹת: שָׁם אֳנִיּוֹת יְהַלֵּכוּן, לִוְיָתָן זֶה־יָצַרְתָּ לְשַׂחֶק־בּוֹ: כֻּלָּם אֵלֶיךָ יְשַׂבֵּרוּן, לָתֵת אָכְלָם בְּעִתּוֹ: תִּתֵּן לָהֶם יִלְקֹטוּן, תִּפְתַּח יָדְךָ יִשְׂבְּעוּן טוֹב: תַּסְתִּיר פָּנֶיךָ יִבָּהֵלוּן, תֹּסֵף רוּחָם יִגְוָעוּן, וְאֶל־עֲפָרָם יְשׁוּבוּן: תְּשַׁלַּח רוּחֲךָ יִבָּרֵאוּן, וּתְחַדֵּשׁ פְּנֵי אֲדָמָה: יְהִי כְבוֹד יְהוָה לְעוֹלָם, יִשְׂמַח יְהוָה בְּמַעֲשָׂיו: הַמַּבִּיט לָאָרֶץ וַתִּרְעָד, יִגַּע בֶּהָרִים וְיֶעֱשָׁנוּ: אָשִׁירָה לַיהוָה בְּחַיָּי, אֲזַמְּרָה לֵאלֹהַי בְּעוֹדִי: יֶעֱרַב עָלָיו שִׂיחִי, אָנֹכִי אֶשְׂמַח בַּיהוָה: יִתַּמּוּ חַטָּאִים מִן־הָאָרֶץ, וּרְשָׁעִים עוֹד אֵינָם, בָּרְכִי נַפְשִׁי אֶת־יְהוָה, הַלְלוּיָהּ:

בקהילות שבהן אין אומרים שיר של יום בראש חודש,
אומרים כאן בראש חודש טבת גם את מזמור ל (עמ׳ 107).

יש אומרים כאן ׳הוֹשִׁיעֵנוּ׳ בעמ׳ 105.

## קדיש יהא שלמא

הַמְקַדֵּשׁ (האומר קדיש) כורע במילים המסומנות ב־°.
נוהגים שאם יש אבל הוא אומר קדיש זה.

מקדש: °יִתְגַּדַּל וְיִתְקַדַּשׁ שְׁמֵיהּ רַבָּא (קהל: אָמֵן)
בְּעָלְמָא דִּי בְרָא כִרְעוּתֵהּ
וְיַמְלִיךְ מַלְכוּתֵהּ וְיַצְמַח פֻּרְקָנֵהּ וִיקָרֵב מְשִׁיחֵהּ (קהל: אָמֵן)
בְּחַיֵּיכוֹן וּבְיוֹמֵיכוֹן וּבְחַיֵּי דְכָל בֵּית יִשְׂרָאֵל
בַּעֲגָלָא וּבִזְמַן קָרִיב
וְאִמְרוּ אָמֵן. (קהל: אָמֵן)

קהל ומקדש: יְהֵא שְׁמֵיהּ °רַבָּא מְבָרַךְ לְעָלַם לְעָלְמֵי עָלְמַיָּא °יִתְבָּרַךְ
וְיִשְׁתַּבַּח וְיִתְפָּאַר וְיִתְרוֹמַם וְיִתְנַשֵּׂא
וְיִתְהַדָּר וְיִתְעַלֶּה וְיִתְהַלָּל
שְׁמֵיהּ דְּקֻדְשָׁא °בְּרִיךְ הוּא (קהל: אָמֵן)
לְעֵלָּא מִן כָּל בִּרְכָתָא
שִׁירָתָא, תֻּשְׁבְּחָתָא וְנֶחֱמָתָא
דַּאֲמִירָן בְּעָלְמָא
וְאִמְרוּ °אָמֵן. (קהל: אָמֵן)

מקדש: יְהֵא שְׁלָמָא רַבָּא מִן שְׁמַיָּא
חַיִּים וְשָׂבָע וִישׁוּעָה וְנֶחָמָה
וְשֵׁיזָבָא וּרְפוּאָה וּגְאֻלָּה וּסְלִיחָה וְכַפָּרָה, וְרֶוַח וְהַצָּלָה
לָנוּ וּלְכָל עַמּוֹ יִשְׂרָאֵל
וְאִמְרוּ אָמֵן. (קהל: אָמֵן)

עֹשֶׂה שָׁלוֹם בִּמְרוֹמָיו
הוּא בְּרַחֲמָיו יַעֲשֶׂה שָׁלוֹם עָלֵינוּ
וְעַל כָּל עַמּוֹ יִשְׂרָאֵל, וְאִמְרוּ אָמֵן. (קהל: אָמֵן)

תהלים כז קַוֵּה אֶל־יְהֹוָה, חֲזַק וְיַאֲמֵץ לִבֶּךָ, וְקַוֵּה אֶל־יְהֹוָה:

שמואל א׳ ב אֵין־קָדוֹשׁ כַּיהֹוָה, כִּי־אֵין בִּלְתֶּךָ, וְאֵין צוּר כֵּאלֹהֵינוּ:

תהלים יח כִּי מִי אֱלוֹהַּ מִבַּלְעֲדֵי יְהֹוָה, וּמִי צוּר זוּלָתִי אֱלֹהֵינוּ:

בסדר רב עמרם גאון מובא פיוט זה כפתיחה לסדר ׳פִּטּוּם הַקְּטֹרֶת׳.

אֵין כֵּאלֹהֵינוּ, אֵין כַּאדוֹנֵינוּ, אֵין כְּמַלְכֵּנוּ, אֵין כְּמוֹשִׁיעֵנוּ.
מִי כֵאלֹהֵינוּ, מִי כַאדוֹנֵינוּ, מִי כְמַלְכֵּנוּ, מִי כְמוֹשִׁיעֵנוּ.
נוֹדֶה לֵאלֹהֵינוּ, נוֹדֶה לַאדוֹנֵינוּ, נוֹדֶה לְמַלְכֵּנוּ, נוֹדֶה לְמוֹשִׁיעֵנוּ.
בָּרוּךְ אֱלֹהֵינוּ, בָּרוּךְ אֲדוֹנֵינוּ, בָּרוּךְ מַלְכֵּנוּ, בָּרוּךְ מוֹשִׁיעֵנוּ.
אַתָּה הוּא אֱלֹהֵינוּ, אַתָּה הוּא אֲדוֹנֵינוּ,
אַתָּה הוּא מַלְכֵּנוּ, אַתָּה הוּא מוֹשִׁיעֵנוּ.
אַתָּה תוֹשִׁיעֵנוּ

תהלים קב אַתָּה תָקוּם תְּרַחֵם צִיּוֹן, כִּי־עֵת לְחֶנְנָהּ, כִּי־בָא מוֹעֵד:

ברוב הקהילות נוהגים לומר כאן את סדר ׳פִּטּוּם הַקְּטֹרֶת׳ משום דברי הזוהר (פנחס, רכד ע״ב), שאמירתו לאחר התפילה, יש בכוחה לגונן על האדם.

אַתָּה הוּא יְהֹוָה אֱלֹהֵינוּ שֶׁהִקְטִירוּ אֲבוֹתֵינוּ לְפָנֶיךָ אֶת קְטֹרֶת הַסַּמִּים בִּזְמַן שֶׁבֵּית הַמִּקְדָּשׁ קַיָּם, כַּאֲשֶׁר צִוִּיתָ אוֹתָם עַל יַד מֹשֶׁה נְבִיאָךְ, כַּכָּתוּב בְּתוֹרָתָךְ:

פרשת הקטורת

שמות ל וַיֹּאמֶר יְהֹוָה אֶל־מֹשֶׁה קַח־לְךָ סַמִּים נָטָף ׀ וּשְׁחֵלֶת וְחֶלְבְּנָה סַמִּים וּלְבֹנָה זַכָּה בַּד בְּבַד יִהְיֶה: וְעָשִׂיתָ אֹתָהּ קְטֹרֶת רֹקַח מַעֲשֵׂה רוֹקֵחַ מְמֻלָּח טָהוֹר קֹדֶשׁ: וְשָׁחַקְתָּ מִמֶּנָּה הָדֵק וְנָתַתָּה מִמֶּנָּה לִפְנֵי הָעֵדֻת בְּאֹהֶל מוֹעֵד אֲשֶׁר אִוָּעֵד לְךָ שָׁמָּה קֹדֶשׁ קָדָשִׁים תִּהְיֶה לָכֶם:

וְנֶאֱמַר

וְהִקְטִיר עָלָיו אַהֲרֹן קְטֹרֶת סַמִּים בַּבֹּקֶר בַּבֹּקֶר בְּהֵיטִיבוֹ אֶת־הַנֵּרֹת יַקְטִירֶנָּה: וּבְהַעֲלֹת אַהֲרֹן אֶת־הַנֵּרֹת בֵּין הָעַרְבַּיִם יַקְטִירֶנָּה קְטֹרֶת תָּמִיד לִפְנֵי יְהֹוָה לְדֹרֹתֵיכֶם:

סדר 'פִּטּוּם הַקְּטֹרֶת' מיוסד על דברי הברייתא בכריתות ו ע"א והירושלמי יומא פ"ד ה"ה (שו"ת רדב"ז ח"ב, תרנג; ב"י, קלג). נוהגים למנות את סממני הקטורת באצבעות ('מורה באצבע' ג, עג).

תָּנוּ רַבָּנָן: פִּטּוּם הַקְּטֹרֶת כֵּיצַד. שְׁלֹשׁ מֵאוֹת וְשִׁשִּׁים וּשְׁמוֹנָה מָנִים הָיוּ בָהּ. שְׁלֹשׁ מֵאוֹת וְשִׁשִּׁים וַחֲמִשָּׁה כְּמִנְיַן יְמוֹת הַחַמָּה, מָנֶה בְּכָל יוֹם, מַחֲצִיתוֹ בַּבֹּקֶר וּמַחֲצִיתוֹ בָּעֶרֶב. וּשְׁלֹשָׁה מָנִים יְתֵרִים, שֶׁמֵּהֶם מַכְנִיס כֹּהֵן גָּדוֹל וְנוֹטֵל מֵהֶם מְלֹא חָפְנָיו בְּיוֹם הַכִּפּוּרִים, מַחֲזִירָן לַמַּכְתֶּשֶׁת בְּעֶרֶב יוֹם הַכִּפּוּרִים כְּדֵי לְקַיֵּם מִצְוַת דַּקָּה מִן הַדַּקָּה. וְאַחַד עָשָׂר סַמָּנִים הָיוּ בָהּ, וְאֵלּוּ הֵן: א הַצֳּרִי ב וְהַצִּפֹּרֶן ג וְהַחֶלְבְּנָה ד וְהַלְּבוֹנָה, מִשְׁקַל שִׁבְעִים שִׁבְעִים מָנֶה. ה מֹר ו וּקְצִיעָה ז וְשִׁבֹּלֶת נֵרְדְּ ח וְכַרְכֹּם, מִשְׁקַל שִׁשָּׁה עָשָׂר שִׁשָּׁה עָשָׂר מָנֶה. ט קֹשְׁטְ שְׁנֵים עָשָׂר י קִלּוּפָה שְׁלֹשָׁה יא קִנָּמוֹן תִּשְׁעָה. בֹּרִית כַּרְשִׁינָא תִּשְׁעָה קַבִּין, יֵין קַפְרִיסִין סְאִין תְּלָת וְקַבִּין תְּלָתָא, וְאִם לֹא מָצָא יֵין קַפְרִיסִין מֵבִיא חֲמַר חִוַּר עַתִּיק. מֶלַח סְדוֹמִית רֹבַע, מַעֲלֶה עָשָׁן כָּל שֶׁהוּא. רִבִּי נָתָן הַבַּבְלִי אוֹמֵר, אַף כִּפַּת הַיַּרְדֵּן כָּל שֶׁהִיא. אִם נָתַן בָּהּ דְּבַשׁ פְּסָלָהּ, וְאִם חִסַּר אַחַת מִכָּל סַמָּנֶיהָ חַיָּב מִיתָה.

רַבָּן שִׁמְעוֹן בֶּן גַּמְלִיאֵל אוֹמֵר, הַצֳּרִי אֵינוֹ אֶלָּא שְׂרָף הַנּוֹטֵף מֵעֲצֵי הַקְּטָף. בֹּרִית כַּרְשִׁינָא לְמָה הִיא בָאָה, כְּדֵי לְשַׁפּוֹת בָּהּ אֶת הַצִּפֹּרֶן כְּדֵי שֶׁתְּהֵא נָאָה. יֵין קַפְרִיסִין לְמָה הוּא בָא, כְּדֵי לִשְׁרוֹת בּוֹ אֶת הַצִּפֹּרֶן כְּדֵי שֶׁתְּהֵא עַזָּה. וַהֲלֹא מֵי רַגְלַיִם יָפִין לָהּ, אֶלָּא שֶׁאֵין מַכְנִיסִין מֵי רַגְלַיִם בַּמִּקְדָּשׁ מִפְּנֵי הַכָּבוֹד.

תַּנְיָא, רִבִּי נָתָן אוֹמֵר, כְּשֶׁהוּא שׁוֹחֵק אוֹמֵר, הָדֵק הֵיטֵב, הֵיטֵב הָדֵק, מִפְּנֵי שֶׁהַקּוֹל יָפֶה לַבְּשָׂמִים. פִּטְּמָהּ לַחֲצָאִין כְּשֵׁרָה, לִשְׁלִישׁ וְלִרְבִיעַ לֹא שָׁמַעְנוּ. אָמַר רִבִּי יְהוּדָה, זֶה הַכְּלָל, אִם כְּמִדָּתָהּ כְּשֵׁרָה לַחֲצָאִין, וְאִם חִסַּר אַחַת מִכָּל סַמָּנֶיהָ חַיָּב מִיתָה.

תָּנֵי בַּר קַפָּרָא: אַחַת לְשִׁשִּׁים אוֹ לְשִׁבְעִים שָׁנָה הָיְתָה בָּאָה שֶׁל
שִׁירַיִם לַחֲצָאִין. וְעוֹד תָּנֵי בַּר קַפָּרָא: אִלּוּ הָיָה נוֹתֵן בָּהּ קָרְטוֹב
שֶׁל דְּבַשׁ אֵין אָדָם יָכוֹל לַעֲמֹד מִפְּנֵי רֵיחָהּ, וְלָמָּה אֵין מְעָרְבִין בָּהּ
ויקרא ב דְּבַשׁ, מִפְּנֵי שֶׁהַתּוֹרָה אָמְרָה: כִּי כָל־שְׂאֹר וְכָל־דְּבַשׁ לֹא־תַקְטִירוּ
מִמֶּנּוּ אִשֶּׁה לַיהוָה:

תהלים ג (לַיהוָה הַיְשׁוּעָה, עַל־עַמְּךָ בִרְכָתֶךָ סֶּלָה:)

תהלים מו יְהוָה צְבָאוֹת עִמָּנוּ, מִשְׂגָּב לָנוּ אֱלֹהֵי יַעֲקֹב סֶלָה:
תהלים פד יְהוָה צְבָאוֹת, אַשְׁרֵי אָדָם בֹּטֵחַ בָּךְ:
תהלים כ יְהוָה הוֹשִׁיעָה, הַמֶּלֶךְ יַעֲנֵנוּ בְיוֹם־קָרְאֵנוּ:

איכה ה (הֲשִׁיבֵנוּ יְהוָה אֵלֶיךָ וְנָשׁוּבָה, חַדֵּשׁ יָמֵינוּ כְּקֶדֶם:)
מלאכי ג (וְעָרְבָה לַיהוָה מִנְחַת יְהוּדָה וִירוּשָׁלָםִ כִּימֵי עוֹלָם וּכְשָׁנִים קַדְמֹנִיּוֹת:)

מגילה כח: תָּנָא דְבֵי אֵלִיָּהוּ:
כָּל הַשּׁוֹנֶה הֲלָכוֹת בְּכָל יוֹם, מֻבְטָח לוֹ שֶׁהוּא בֶּן הָעוֹלָם הַבָּא
חבקוק ג שֶׁנֶּאֱמַר, הֲלִיכוֹת עוֹלָם לוֹ: אַל תִּקְרֵי הֲלִיכוֹת אֶלָּא הֲלָכוֹת.

"הרִבּוּי של השלום הוא, שיתראו כל הצדדים וכל השיטות, ויתבררו איך כולם יש להם מקום, כל אחד לפי ערכו, מקומו וענינו... על כן תַּלְמִידֵי חֲכָמִים מַרְבִּים שָׁלוֹם', כי במה שהם מרחיבים ומבארים ומילדים דברי חכמה חדשים, בפנים מפנים שונים, שיש בהם רבוי וחילוק ענינים, בזה הם מרבים שלום, שנאמר 'וְכָל־בָּנַיִךְ לִמּוּדֵי ה'" (עין איה, ברכות שסא).

ברכות סד. אָמַר רַבִּי אֶלְעָזָר, אָמַר רַבִּי חֲנִינָא: תַּלְמִידֵי חֲכָמִים מַרְבִּים שָׁלוֹם
ישעיה נד בָּעוֹלָם, שֶׁנֶּאֱמַר וְכָל־בָּנַיִךְ לִמּוּדֵי יְהוָה, וְרַב שְׁלוֹם בָּנָיִךְ: אַל
תהלים קכב תִּקְרֵי בָּנָיִךְ, אֶלָּא בּוֹנָיִךְ. יְהִי־שָׁלוֹם בְּחֵילֵךְ, שַׁלְוָה בְּאַרְמְנוֹתָיִךְ:
לְמַעַן אַחַי וְרֵעָי אֲדַבְּרָה־נָּא שָׁלוֹם בָּךְ: לְמַעַן בֵּית־יְהוָה אֱלֹהֵינוּ
תהלים קכח תהלים קיט אֲבַקְשָׁה טוֹב לָךְ: וּרְאֵה־בָנִים לְבָנֶיךָ שָׁלוֹם עַל־יִשְׂרָאֵל: שָׁלוֹם
תהלים כט רָב לְאֹהֲבֵי תוֹרָתֶךָ, וְאֵין־לָמוֹ מִכְשׁוֹל: יְהוָה עֹז לְעַמּוֹ יִתֵּן, יְהוָה
יְבָרֵךְ אֶת־עַמּוֹ בַשָּׁלוֹם:

## קדיש דרבנן

הַמְקַדֵּשׁ (האומר קדיש) כורע במילים המסומנות ב׳.
נוהגים שאם יש אבל הוא אומר קדיש זה (שעה״כ, עניין הקדיש).

מקדש: ׳יִתְגַּדַּל וְיִתְקַדַּשׁ שְׁמֵהּ רַבָּא (קהל: אָמֵן)
בְּעָלְמָא דִּי בְרָא כִרְעוּתֵהּ
וְיַמְלִיךְ מַלְכוּתֵהּ
וְיַצְמַח פֻּרְקָנֵהּ וִיקָרֵב מְשִׁיחֵהּ (קהל: אָמֵן)
בְּחַיֵּיכוֹן וּבְיוֹמֵיכוֹן וּבְחַיֵּי דְכָל בֵּית יִשְׂרָאֵל
בַּעֲגָלָא וּבִזְמַן קָרִיב
וְאִמְרוּ אָמֵן. (קהל: אָמֵן)

קהל ומקדש: יְהֵא שְׁמֵהּ ׳רַבָּא מְבָרַךְ לְעָלַם לְעָלְמֵי עָלְמַיָּא ׳יִתְבָּרַךְ
וְיִשְׁתַּבַּח וְיִתְפָּאַר וְיִתְרוֹמַם וְיִתְנַשֵּׂא
וְיִתְהַדָּר וְיִתְעַלֶּה וְיִתְהַלָּל
שְׁמֵהּ דְקֻדְשָׁא ׳בְּרִיךְ הוּא (קהל: אָמֵן)
לְעֵלָּא מִן כָּל בִּרְכָתָא
שִׁירָתָא, תֻּשְׁבְּחָתָא וְנֶחֱמָתָא, דַּאֲמִירָן בְּעָלְמָא
וְאִמְרוּ ׳אָמֵן. (קהל: אָמֵן)

מקדש: עַל יִשְׂרָאֵל וְעַל רַבָּנָן
וְעַל תַּלְמִידֵיהוֹן וְעַל כָּל תַּלְמִידֵי תַלְמִידֵיהוֹן
דְּעָסְקִין בְּאוֹרַיְתָא קַדִּישְׁתָּא
דִּי בְאַתְרָא הָדֵין וְדִי בְכָל אֲתַר וַאֲתַר
יְהֵא לָנָא וּלְהוֹן וּלְכוֹן חִנָּא וְחִסְדָּא
וְרַחֲמֵי מִן קֳדָם מָארֵי שְׁמַיָּא וְאַרְעָא
וְאִמְרוּ אָמֵן. (קהל: אָמֵן)

יְהֵא שְׁלָמָא רַבָּא מִן שְׁמַיָּא
חַיִּים וְשָׂבָע וִישׁוּעָה וְנֶחָמָה
וְשֵׁיזָבָא וּרְפוּאָה וּגְאֻלָּה, וּסְלִיחָה וְכַפָּרָה, וְרֶוַח וְהַצָּלָה
לָנוּ וּלְכָל עַמּוֹ יִשְׂרָאֵל, וְאִמְרוּ אָמֵן. (קהל: אָמֵן)

עֹשֶׂה שָׁלוֹם בִּמְרוֹמָיו
הוּא בְּרַחֲמָיו יַעֲשֶׂה שָׁלוֹם עָלֵינוּ
וְעַל כָּל עַמּוֹ יִשְׂרָאֵל, וְאִמְרוּ אָמֵן. (קהל: אָמֵן)

המקדש מוסיף (ראה הלכה 238 ו־77):

בָּרְכוּ אֶת יְהֹוָה הַמְבֹרָךְ.

הקהל עונה: בָּרוּךְ יְהֹוָה הַמְבֹרָךְ לְעוֹלָם וָעֶד.

המקדש חוזר: בָּרוּךְ יְהֹוָה הַמְבֹרָךְ לְעוֹלָם וָעֶד.

לאחר קדיש דרבנן אומרים 'עָלֵינוּ', שהיא התפילה הפותחת את פסוקי מלכויות במוסף של ראש השנה. ומימות הראשונים נהגו לאומרה בסוף התפילה כדי לחזק בלבנו את האמונה בקב״ה ובגאולה העתידית (ב״ח, קלג).

אומרים 'עָלֵינוּ' בעמידה (טור, שם),
וכשמגיעים לתיבות 'וַאֲנַחְנוּ מִשְׁתַּחֲוִים' (מסומן ב־'), הקהל כורע.
ברוב הקהילות ממשיכים 'עַל כֵּן נְקַוֶּה', כדעת האר״י (שעה״כ).

עָלֵינוּ לְשַׁבֵּחַ לַאֲדוֹן הַכֹּל, לָתֵת גְּדֻלָּה לְיוֹצֵר בְּרֵאשִׁית
שֶׁלֹּא עָשָׂנוּ כְּגוֹיֵי הָאֲרָצוֹת, וְלֹא שָׂמָנוּ כְּמִשְׁפְּחוֹת הָאֲדָמָה
שֶׁלֹּא שָׂם חֶלְקֵנוּ כָּהֶם וְגוֹרָלֵנוּ כְּכָל הֲמוֹנָם.
שֶׁהֵם מִשְׁתַּחֲוִים לְהֶבֶל וָרִיק וּמִתְפַּלְלִים אֶל־אֵל לֹא יוֹשִׁיעַ.
'וַאֲנַחְנוּ מִשְׁתַּחֲוִים לִפְנֵי מֶלֶךְ מַלְכֵי הַמְּלָכִים
הַקָּדוֹשׁ בָּרוּךְ הוּא
שֶׁהוּא נוֹטֶה שָׁמַיִם וְיוֹסֵד אָרֶץ
וּמוֹשַׁב יְקָרוֹ בַּשָּׁמַיִם מִמַּעַל, וּשְׁכִינַת עֻזּוֹ בְּגָבְהֵי מְרוֹמִים.

הוּא אֱלֹהֵינוּ, וְאֵין עוֹד אַחֵר
אֱמֶת מַלְכֵּנוּ, וְאֶפֶס זוּלָתוֹ
כַּכָּתוּב בַּתּוֹרָה, וְיָדַעְתָּ הַיּוֹם וַהֲשֵׁבֹתָ אֶל־לְבָבֶךָ דברים ד
כִּי יְהֹוָה הוּא הָאֱלֹהִים בַּשָּׁמַיִם מִמַּעַל וְעַל־הָאָרֶץ מִתָּחַת
אֵין עוֹד:

עַל כֵּן נְקַוֶּה לְךָ, יְהֹוָה אֱלֹהֵינוּ, לִרְאוֹת מְהֵרָה בְּתִפְאֶרֶת עֻזֶּךָ
לְהַעֲבִיר גִּלּוּלִים מִן הָאָרֶץ וְהָאֱלִילִים כָּרוֹת יִכָּרֵתוּן
לְתַקֵּן עוֹלָם בְּמַלְכוּת שַׁדַּי
וְכָל בְּנֵי בָשָׂר יִקְרְאוּ בִשְׁמֶךָ לְהַפְנוֹת אֵלֶיךָ כָּל רִשְׁעֵי אָרֶץ
יַכִּירוּ וְיֵדְעוּ כָּל יוֹשְׁבֵי תֵבֵל
כִּי לְךָ תִּכְרַע כָּל בֶּרֶךְ, תִּשָּׁבַע כָּל לָשׁוֹן.
לְפָנֶיךָ יְהֹוָה אֱלֹהֵינוּ יִכְרְעוּ וְיִפֹּלוּ, וְלִכְבוֹד שִׁמְךָ יְקָר יִתֵּנוּ
וִיקַבְּלוּ כֻלָּם אֶת עוֹל מַלְכוּתֶךָ
וְתִמְלֹךְ עֲלֵיהֶם מְהֵרָה לְעוֹלָם וָעֶד
כִּי הַמַּלְכוּת שֶׁלְּךָ הִיא וּלְעוֹלְמֵי עַד תִּמְלֹךְ בְּכָבוֹד
כַּכָּתוּב בְּתוֹרָתֶךָ, יְהֹוָה יִמְלֹךְ לְעֹלָם וָעֶד: שמות טו
וְנֶאֱמַר, וְהָיָה יְהֹוָה לְמֶלֶךְ עַל־כָּל־הָאָרֶץ זכריה יד
בַּיּוֹם הַהוּא יִהְיֶה יְהֹוָה אֶחָד וּשְׁמוֹ אֶחָד:

בכמה מקהילות המערב נוהגים לומר כאן חצי קדיש בעמ׳ 126.

יש מוסיפים פסוקים אלה, שבהם נתבשר מרדכי שישראל יינצלו
מגזרת המן (אסתר רבה ז, ג מובא בסידור תלמידי רבינו יונה ובט״ז קלב, ב).

אַל־תִּירָא מִפַּחַד פִּתְאֹם וּמִשֹּׁאַת רְשָׁעִים כִּי תָבֹא: משלי ג
עֻצוּ עֵצָה וְתֻפָר, דַּבְּרוּ דָבָר וְלֹא יָקוּם, כִּי עִמָּנוּ אֵל: ישעיה ח
וְעַד־זִקְנָה אֲנִי הוּא, וְעַד־שֵׂיבָה אֲנִי אֶסְבֹּל, אֲנִי עָשִׂיתִי וַאֲנִי אֶשָּׂא, וַאֲנִי אֶסְבֹּל וַאֲמַלֵּט: ישעיה מו

בגמרא (ברכות מד ע״ב) מובא, שבני ארץ ישראל סברו שיש מצווה לחלוץ את התפילין קודם הלילה, ולכן נהגו לברך ׳לִשְׁמֹר חֻקָּיו׳. אך ההלכה אינה כמותם ואין מברכים ברכה זו (טור וב״י, כט). וב׳שער הכוונות׳ מובאים פסוקים אלו לאמרם קודם חליצת התפילין, ובאמירתם יש זכר לברכה זו (׳רוח חיים׳ כט, א).

שמות טו וַיֹּאמֶר אִם־שָׁמוֹעַ תִּשְׁמַע לְקוֹל יְהוָה אֱלֹהֶיךָ, וְהַיָּשָׁר בְּעֵינָיו תַּעֲשֶׂה,
וְהַאֲזַנְתָּ לְמִצְוֺתָיו וְשָׁמַרְתָּ כָּל־חֻקָּיו, כָּל־הַמַּחֲלָה אֲשֶׁר־שַׂמְתִּי בְמִצְרַיִם
משלי ג לֹא־אָשִׂים עָלֶיךָ, כִּי אֲנִי יְהוָה רֹפְאֶךָ: עֵץ־חַיִּים הִיא לַמַּחֲזִיקִים בָּהּ,
משלי יח וְתֹמְכֶיהָ מְאֻשָּׁר: דְּרָכֶיהָ דַרְכֵי־נֹעַם וְכָל־נְתִיבוֹתֶיהָ שָׁלוֹם: מִגְדַּל־עֹז שֵׁם
משלי ט יְהוָה, בּוֹ־יָרוּץ צַדִּיק וְנִשְׂגָּב: כִּי־בִי יִרְבּוּ יָמֶיךָ וְיוֹסִיפוּ לְּךָ שְׁנוֹת חַיִּים:

בחודש אלול (מלבד בערב ראש השנה) יש תוקעים כאן תשר״ת
(רמ״א תקפא, א, בשם מנהגי מהר״י טירנא).

במדרש שוחר טוב דרשו מזמור זה על מועדי תשרי. וכתב החיד״א שיש לאומרו אחר כל תפילה מר״ח אלול עד מוצאי יוה״כ, וכן בהושענא רבה. וטוב לאומרו אחר כל תפילה כל השנה, ולפחות אחרי שחרית (׳יוסף בסדר׳, יב).

תהלים כז לְדָוִד, יְהוָה אוֹרִי וְיִשְׁעִי, מִמִּי אִירָא, יְהוָה מָעוֹז־חַיַּי, מִמִּי אֶפְחָד: בִּקְרֹב עָלַי מְרֵעִים לֶאֱכֹל אֶת־בְּשָׂרִי, צָרַי וְאֹיְבַי לִי, הֵמָּה כָשְׁלוּ וְנָפָלוּ: אִם־תַּחֲנֶה עָלַי מַחֲנֶה, לֹא־יִירָא לִבִּי, אִם־תָּקוּם עָלַי מִלְחָמָה, בְּזֹאת אֲנִי בוֹטֵחַ: אַחַת שָׁאַלְתִּי מֵאֵת־יְהוָה, אוֹתָהּ אֲבַקֵּשׁ, שִׁבְתִּי בְּבֵית־יְהוָה כָּל־יְמֵי חַיַּי, לַחֲזוֹת בְּנֹעַם־יְהוָה, וּלְבַקֵּר בְּהֵיכָלוֹ: כִּי יִצְפְּנֵנִי בְּסֻכֹּה בְּיוֹם רָעָה, יַסְתִּרֵנִי בְּסֵתֶר אָהֳלוֹ, בְּצוּר יְרוֹמְמֵנִי: וְעַתָּה יָרוּם רֹאשִׁי עַל אֹיְבַי סְבִיבוֹתַי, וְאֶזְבְּחָה בְאָהֳלוֹ זִבְחֵי תְרוּעָה, אָשִׁירָה וַאֲזַמְּרָה לַיהוָה: שְׁמַע־יְהוָה קוֹלִי אֶקְרָא, וְחָנֵּנִי וַעֲנֵנִי: לְךָ אָמַר לִבִּי בַּקְּשׁוּ פָנָי, אֶת־פָּנֶיךָ יְהוָה אֲבַקֵּשׁ: אַל־תַּסְתֵּר פָּנֶיךָ מִמֶּנִּי, אַל תַּט־בְּאַף עַבְדֶּךָ, עֶזְרָתִי הָיִיתָ, אַל־תִּטְּשֵׁנִי וְאַל־תַּעַזְבֵנִי, אֱלֹהֵי יִשְׁעִי: כִּי־אָבִי וְאִמִּי עֲזָבוּנִי, וַיהוָה יַאַסְפֵנִי: הוֹרֵנִי יְהוָה דַּרְכֶּךָ, וּנְחֵנִי בְּאֹרַח מִישׁוֹר, לְמַעַן שׁוֹרְרָי: אַל־תִּתְּנֵנִי בְּנֶפֶשׁ צָרָי, כִּי קָמוּ־בִי עֵדֵי־שֶׁקֶר, וִיפֵחַ חָמָס: לוּלֵא הֶאֱמַנְתִּי לִרְאוֹת בְּטוּב־יְהוָה בְּאֶרֶץ חַיִּים: קַוֵּה אֶל־יְהוָה, חֲזַק וְיַאֲמֵץ לִבֶּךָ, וְקַוֵּה אֶל־יְהוָה:

יש אומרים קדיש יהא שלמא (עמ׳ 111).

# אמירות לאחר התפילה

## שלושה עשר עיקרים

כתב המבי״ט (אגרת דרך ה׳ א, א), שעל האדם להעלות במחשבתו בכל יום את שלושה עשר עיקרי האמונה שמנה הרמב״ם (פירוש המשניות, הקדמה לפרק ׳חלק׳).

הֲרֵי אֲנִי מַאֲמִין בֶּאֱמוּנָה שְׁלֵמָה
בִּשְׁלֹשָׁה עָשָׂר עִקָּרִים שֶׁל הַתּוֹרָה הַקְּדוֹשָׁה.

א שֶׁהַקָּדוֹשׁ בָּרוּךְ הוּא נִמְצָא וּמַשְׁגִּיחַ.

ב וְהוּא אֶחָד.

ג וְאֵין לוֹ גוּף וְאֵין לוֹ דְּמוּת הַגּוּף.

ד וְשֶׁהוּא קַדְמוֹן לְכָל קְדוּמִים.

ה וְאֵין עֲבוֹדָה לְזוּלָתוֹ.

ו וְיוֹדֵעַ מַחְשְׁבוֹת בְּנֵי אָדָם.

ז וּנְבוּאַת מֹשֶׁה רַבֵּנוּ עָלָיו הַשָּׁלוֹם אֱמֶת.

ח וְשֶׁהוּא אָדוֹן לְכָל הַנְּבִיאִים.

ט וְשֶׁהַתּוֹרָה נְתוּנָה מִן הַשָּׁמַיִם.

י וְשֶׁלֹּא תִשְׁתַּנֶּה בְּשׁוּם זְמַן חַס וְשָׁלוֹם.

יא וְשֶׁהַקָּדוֹשׁ בָּרוּךְ הוּא מַעֲנִישׁ לָרְשָׁעִים,
וּמְשַׁלֵּם שָׂכָר לַצַּדִּיקִים.

יב וְשֶׁיָּבֹא מֶלֶךְ הַמָּשִׁיחַ.

יג וְשֶׁהַמֵּתִים עֲתִידִים לְהֵחָיוֹת.

יְהִי רָצוֹן מִלְּפָנֶיךָ
יְהוָה אֱלֹהֵינוּ וֵאלֹהֵי אֲבוֹתֵינוּ
שֶׁתָּכֹף יִצְרֵנוּ לַעֲבוֹדָתֶךָ כָּל יְמֵי חַיֵּינוּ תָּמִיד,
כֵּן יְהִי רָצוֹן.

## עשר זכירות

בעשרה מקומות נצטווינו בתורה ובנביאים על הזכירה, ולכן נוהגים לומר את
עשר הזכירות אחר התפילה (׳יוסף אומץ׳ כג על פי ׳תורת כהנים׳ ומגילה יח ע״א).

נוסח זה מובא ב׳ציפורן שמיר׳ (א, ד):

לְשֵׁם יִחוּד קֻדְשָׁא בְּרִיךְ הוּא וּשְׁכִינְתֵּהּ.
הֲרֵי אֲנִי מְקַיֵּם מִצְוַת עֶשֶׂר זְכִירוֹת
שֶׁחַיָּב כָּל אָדָם לִזְכֹּר בְּכָל יוֹם,
וְאֵלּוּ הֵן:

א יְצִיאַת מִצְרַיִם.

ב וְהַשַּׁבָּת.

ג וְהַמָּן.

ד וּמַעֲשֵׂה עֲמָלֵק.

ה וּמַעֲמַד הַר סִינַי.

ו וּמַה שֶּׁהִקְצִיפוּ אֲבוֹתֵינוּ
לְהַקָּדוֹשׁ בָּרוּךְ הוּא בַּמִּדְבָּר וּבִפְרָט בָּעֵגֶל.

ז וּמַה שֶּׁיָּעֲצוּ בָּלָק וּבִלְעָם לַעֲשׂוֹת לַאֲבוֹתֵינוּ
מיכה ו לְמַעַן דַּעַת צִדְקוֹת יְהֹוָה:

ח וּמַעֲשֵׂה מִרְיָם הַנְּבִיאָה.

דברים ח ט וּמִצְוַת וְזָכַרְתָּ אֶת־יְהֹוָה אֱלֹהֶיךָ
כִּי הוּא הַנֹּתֵן לְךָ כֹּחַ לַעֲשׂוֹת חָיִל:

י וּזְכִירַת יְרוּשָׁלַיִם, תִּבָּנֶה וְתִכּוֹנֵן בִּמְהֵרָה בְיָמֵינוּ, אָמֵן.

בצאתו מבית הכנסת אומר (סדר רב עמרם גאון):

תהלים ה יְהֹוָה נְחֵנִי בְצִדְקָתֶךָ לְמַעַן שׁוֹרְרָי, הַיְשַׁר לְפָנַי דַּרְכֶּךָ:

בראשית לב וְיַעֲקֹב הָלַךְ לְדַרְכּוֹ, וַיִּפְגְּעוּ־בוֹ מַלְאֲכֵי אֱלֹהִים: וַיֹּאמֶר יַעֲקֹב כַּאֲשֶׁר רָאָם
מַחֲנֵה אֱלֹהִים זֶה, וַיִּקְרָא שֵׁם־הַמָּקוֹם הַהוּא מַחֲנָיִם:

# מנחה לחול

רבים נוהגים לומר קודם התפילה את ׳פתיחת אליהו הנביא׳ (עמ׳ 22).

יש אומרים:

**לְשֵׁם יִחוּד קֻדְשָׁא בְּרִיךְ הוּא וּשְׁכִינְתֵּהּ, בִּדְחִילוּ וּרְחִימוּ וּרְחִימוּ וּדְחִילוּ, לְיַחֲדָא אוֹתִיּוֹת י״ה בְּאוֹתִיּוֹת ו״ה בְּיִחוּדָא שְׁלִים בְּשֵׁם כָּל יִשְׂרָאֵל, הִנֵּה אֲנַחְנוּ בָּאִים לְהִתְפַּלֵּל תְּפִלַּת מִנְחָה שֶׁתִּקֵּן יִצְחָק אָבִינוּ עָלָיו הַשָּׁלוֹם, עִם כָּל הַמִּצְוֹת הַכְּלוּלוֹת בָּהּ, לְתַקֵּן אֶת שָׁרְשָׁהּ בְּמָקוֹם עֶלְיוֹן וְלַעֲשׂוֹת נַחַת רוּחַ לְיוֹצְרֵנוּ. וִיהִי** תהלים צ
**נֹעַם אֲדֹנָי אֱלֹהֵינוּ עָלֵינוּ, וּמַעֲשֵׂה יָדֵינוּ כּוֹנְנָה עָלֵינוּ, וּמַעֲשֵׂה יָדֵינוּ כּוֹנְנֵהוּ:**

״לעולם יהא זריז אדם בתפילת המנחה שהרי עשאה הכתוב כקטורת, שנאמר (תהלים קמא, ב): ׳תִּכּוֹן תְּפִלָּתִי קְטֹרֶת לְפָנֶיךָ מַשְׂאַת כַּפַּי מִנְחַת־עָרֶב׳. ואף אליהו הנביא ע״ה לא נענה אלא בתפילת המנחה, שנאמר (מלכים א׳ יח, לו): ׳וַיְהִי בַּעֲלוֹת הַמִּנְחָה, וַיִּגַּשׁ אֵלִיָּהוּ הַנָּבִיא, וַיֹּאמַר׳״ (ספר המנהיג על פי הירושלמי).

נוהגים לפתוח את תפילת המנחה במזמור זה (ב״י, רלד):

לַמְנַצֵּחַ עַל־הַגִּתִּית לִבְנֵי־קֹרַח מִזְמוֹר: תהלים פד
מַה־יְּדִידוֹת מִשְׁכְּנוֹתֶיךָ יְהוָה צְבָאוֹת:
נִכְסְפָה וְגַם־כָּלְתָה נַפְשִׁי לְחַצְרוֹת יְהוָה
לִבִּי וּבְשָׂרִי יְרַנְּנוּ אֶל אֵל־חָי:
גַּם־צִפּוֹר מָצְאָה בַיִת
וּדְרוֹר קֵן לָהּ אֲשֶׁר־שָׁתָה אֶפְרֹחֶיהָ
אֶת־מִזְבְּחוֹתֶיךָ יְהוָה צְבָאוֹת, מַלְכִּי וֵאלֹהָי:
אַשְׁרֵי יוֹשְׁבֵי בֵיתֶךָ, עוֹד יְהַלְלוּךָ סֶּלָה:
אַשְׁרֵי אָדָם עוֹז־לוֹ בָךְ, מְסִלּוֹת בִּלְבָבָם:
עֹבְרֵי בְּעֵמֶק הַבָּכָא מַעְיָן יְשִׁיתוּהוּ
גַּם־בְּרָכוֹת יַעְטֶה מוֹרֶה:
יֵלְכוּ מֵחַיִל אֶל־חָיִל יֵרָאֶה אֶל־אֱלֹהִים בְּצִיּוֹן:

יְהֹוָה אֱלֹהִים צְבָאוֹת, שְׁמְעָה תְפִלָּתִי
הַאֲזִינָה אֱלֹהֵי יַעֲקֹב סֶלָה:
מָגִנֵּנוּ רְאֵה אֱלֹהִים וְהַבֵּט פְּנֵי מְשִׁיחֶךָ:
כִּי טוֹב־יוֹם בַּחֲצֵרֶיךָ מֵאָלֶף
בָּחַרְתִּי הִסְתּוֹפֵף בְּבֵית אֱלֹהַי מִדּוּר בְּאָהֳלֵי־רֶשַׁע:
כִּי שֶׁמֶשׁ וּמָגֵן יְהֹוָה אֱלֹהִים
חֵן וְכָבוֹד יִתֵּן יְהֹוָה
לֹא יִמְנַע־טוֹב לַהֹלְכִים בְּתָמִים:
יְהֹוָה צְבָאוֹת, אַשְׁרֵי אָדָם בֹּטֵחַ בָּךְ:

גם לפני תפילת מנחה ראוי לומר את פרשת התמיד (אגרת התשובה לר׳ יונה, ע)
ואת פרשת הקטורת (סידור הרמ״ק, השער השמיני).

פרשת קרבן התמיד

במדבר כח וַיְדַבֵּר יְהֹוָה אֶל־מֹשֶׁה לֵּאמֹר: צַו אֶת־בְּנֵי יִשְׂרָאֵל וְאָמַרְתָּ
אֲלֵהֶם אֶת־קָרְבָּנִי לַחְמִי לְאִשַּׁי רֵיחַ נִיחֹחִי תִּשְׁמְרוּ לְהַקְרִיב
לִי בְּמוֹעֲדוֹ: וְאָמַרְתָּ לָהֶם זֶה הָאִשֶּׁה אֲשֶׁר תַּקְרִיבוּ לַיהֹוָה
כְּבָשִׂים בְּנֵי־שָׁנָה תְמִימִם שְׁנַיִם לַיּוֹם עֹלָה תָמִיד: אֶת־
הַכֶּבֶשׂ אֶחָד תַּעֲשֶׂה בַבֹּקֶר וְאֵת הַכֶּבֶשׂ הַשֵּׁנִי תַּעֲשֶׂה בֵּין
הָעַרְבָּיִם: וַעֲשִׂירִית הָאֵיפָה סֹלֶת לְמִנְחָה בְּלוּלָה בְּשֶׁמֶן
כָּתִית רְבִיעִת הַהִין: עֹלַת תָּמִיד הָעֲשֻׂיָה בְּהַר סִינַי לְרֵיחַ
נִיחֹחַ אִשֶּׁה לַיהֹוָה: וְנִסְכּוֹ רְבִיעִת הַהִין לַכֶּבֶשׂ הָאֶחָד
בַּקֹּדֶשׁ הַסֵּךְ נֶסֶךְ שֵׁכָר לַיהֹוָה: וְאֵת הַכֶּבֶשׂ הַשֵּׁנִי תַּעֲשֶׂה
בֵּין הָעַרְבָּיִם כְּמִנְחַת הַבֹּקֶר וּכְנִסְכּוֹ תַּעֲשֶׂה אִשֵּׁה רֵיחַ
נִיחֹחַ לַיהֹוָה:

אַתָּה הוּא יְהֹוָה אֱלֹהֵינוּ שֶׁהִקְטִירוּ אֲבוֹתֵינוּ לְפָנֶיךָ אֶת קְטֹרֶת הַסַּמִּים בִּזְמַן שֶׁבֵּית הַמִּקְדָּשׁ קַיָּם, כַּאֲשֶׁר צִוִּיתָ אוֹתָם עַל יַד מֹשֶׁה נְבִיאֶךָ, כַּכָּתוּב בְּתוֹרָתֶךָ:

פרשת הקטורת

וַיֹּאמֶר יְהֹוָה אֶל־מֹשֶׁה קַח־לְךָ סַמִּים נָטָף ׀ וּשְׁחֵלֶת וְחֶלְבְּנָה סַמִּים וּלְבֹנָה זַכָּה בַּד בְּבַד יִהְיֶה: וְעָשִׂיתָ אֹתָהּ קְטֹרֶת רֹקַח מַעֲשֵׂה רוֹקֵחַ מְמֻלָּח טָהוֹר קֹדֶשׁ: וְשָׁחַקְתָּ מִמֶּנָּה הָדֵק וְנָתַתָּה מִמֶּנָּה לִפְנֵי הָעֵדֻת בְּאֹהֶל מוֹעֵד אֲשֶׁר אִוָּעֵד לְךָ שָׁמָּה קֹדֶשׁ קָדָשִׁים תִּהְיֶה לָכֶם: שמות ל

וְנֶאֱמַר

וְהִקְטִיר עָלָיו אַהֲרֹן קְטֹרֶת סַמִּים בַּבֹּקֶר בַּבֹּקֶר בְּהֵיטִיבוֹ אֶת־הַנֵּרֹת יַקְטִירֶנָּה: וּבְהַעֲלֹת אַהֲרֹן אֶת־הַנֵּרֹת בֵּין הָעַרְבַּיִם יַקְטִירֶנָּה קְטֹרֶת תָּמִיד לִפְנֵי יְהֹוָה לְדֹרֹתֵיכֶם:

סדר 'פִּטּוּם הַקְּטֹרֶת' מיוסד על דברי הברייתא בכריתות ו ע"א והירושלמי יומא פ"ד ה"ה (שו"ת רדב"ז ח"ב, תרנג; ב"י, קלג). נוהגים למנות את סממני הקטורת באצבעות ('מורה באצבע' ג, עג).

תָּנוּ רַבָּנָן: פִּטּוּם הַקְּטֹרֶת כֵּיצַד. שְׁלֹשׁ מֵאוֹת וְשִׁשִּׁים וּשְׁמוֹנָה מָנִים הָיוּ בָהּ. שְׁלֹשׁ מֵאוֹת וְשִׁשִּׁים וַחֲמִשָּׁה כְּמִנְיַן יְמוֹת הַחַמָּה, מָנֶה בְּכָל יוֹם, מַחֲצִיתוֹ בַּבֹּקֶר וּמַחֲצִיתוֹ בָּעֶרֶב. וּשְׁלֹשָׁה מָנִים יְתֵרִים, שֶׁמֵּהֶם מַכְנִיס כֹּהֵן גָּדוֹל וְנוֹטֵל מֵהֶם מְלֹא חָפְנָיו בְּיוֹם הַכִּפּוּרִים, מַחֲזִירָן לְמַכְתֶּשֶׁת בְּעֶרֶב יוֹם הַכִּפּוּרִים כְּדֵי לְקַיֵּם מִצְוַת דַּקָּה מִן הַדַּקָּה. וְאַחַד עָשָׂר סַמָּנִים הָיוּ בָהּ, וְאֵלּוּ הֵן: א הַצֳּרִי ב וְהַצִּפֹּרֶן ג וְהַחֶלְבְּנָה ד וְהַלְּבוֹנָה, מִשְׁקַל שִׁבְעִים שִׁבְעִים מָנֶה. ה מֹר ו וּקְצִיעָה ז וְשִׁבֹּלֶת נֵרְדְּ ח וְכַרְכֹּם, מִשְׁקַל שִׁשָּׁה עָשָׂר שִׁשָּׁה עָשָׂר מָנֶה. ט קֹשְׁטְ שְׁנֵים עָשָׂר י קִלּוּפָה שְׁלֹשָׁה יא קִנָּמוֹן תִּשְׁעָה. בֹּרִית כַּרְשִׁינָא תִּשְׁעָה קַבִּין, יֵין קַפְרִיסִין סְאִין תְּלָת וְקַבִּין תְּלָתָא, וְאִם לֹא מָצָא יֵין קַפְרִיסִין מֵבִיא חֲמַר חִוַּר עַתִּיק. מֶלַח סְדוֹמִית

רֹבַע, מַעֲלֶה עָשָׁן כָּל שֶׁהוּא. רַבִּי נָתָן הַבַּבְלִי אוֹמֵר, אַף כִּפַּת הַיַּרְדֵּן כָּל שֶׁהִיא. אִם נָתַן בָּהּ דְּבַשׁ פְּסָלָהּ, וְאִם חִסֵּר אַחַת מִכָּל סַמְמָנֶיהָ חַיָּב מִיתָה.

רַבָּן שִׁמְעוֹן בֶּן גַּמְלִיאֵל אוֹמֵר, הַצֳּרִי אֵינוֹ אֶלָּא שְׂרָף הַנּוֹטֵף מֵעֲצֵי הַקְּטָף. בֹּרִית כַּרְשִׁינָה לְמָה הִיא בָאָה, כְּדֵי לְשַׁפּוֹת בָּהּ אֶת הַצִּפֹּרֶן כְּדֵי שֶׁתְּהֵא נָאָה. יֵין קַפְרִיסִין לְמָה הוּא בָא, כְּדֵי לִשְׁרוֹת בּוֹ אֶת הַצִּפֹּרֶן כְּדֵי שֶׁתְּהֵא עַזָּה. וַהֲלֹא מֵי רַגְלַיִם יָפִין לָהּ, אֶלָּא שֶׁאֵין מַכְנִיסִין מֵי רַגְלַיִם בַּמִּקְדָּשׁ מִפְּנֵי הַכָּבוֹד.

תַּנְיָא, רַבִּי נָתָן אוֹמֵר, כְּשֶׁהוּא שׁוֹחֵק אוֹמֵר, הָדֵק הֵיטֵב, הֵיטֵב הָדֵק, מִפְּנֵי שֶׁהַקּוֹל יָפֶה לַבְּשָׂמִים. פִּטְּמָהּ לַחֲצָאִין כְּשֵׁרָה, לְשָׁלִישׁ וּלְרָבִיעַ לֹא שָׁמַעְנוּ. אָמַר רַבִּי יְהוּדָה, זֶה הַכְּלָל, אִם כְּמִדָּתָהּ כְּשֵׁרָה לַחֲצָאִין, וְאִם חִסֵּר אַחַת מִכָּל סַמְמָנֶיהָ חַיָּב מִיתָה.

תָּנֵי בַר קַפָּרָא: אַחַת לְשִׁשִּׁים אוֹ לְשִׁבְעִים שָׁנָה הָיְתָה בָאָה שֶׁל שִׁירַיִם לַחֲצָאִין. וְעוֹד תָּנֵי בַר קַפָּרָא: אִלּוּ הָיָה נוֹתֵן בָּהּ קָרְטוֹב שֶׁל דְּבַשׁ אֵין אָדָם יָכוֹל לַעֲמֹד מִפְּנֵי רֵיחָהּ, וְלָמָּה אֵין מְעָרְבִין בָּהּ
ויקרא ב דְּבַשׁ, מִפְּנֵי שֶׁהַתּוֹרָה אָמְרָה: כִּי כָל־שְׂאֹר וְכָל־דְּבַשׁ לֹא־תַקְטִירוּ מִמֶּנּוּ אִשֶּׁה לַיהוָה:

תהלים ג (לַיהוָה הַיְשׁוּעָה, עַל־עַמְּךָ בִרְכָתֶךָ סֶּלָה:)

תהלים מו יְהוָה צְבָאוֹת עִמָּנוּ, מִשְׂגָּב לָנוּ אֱלֹהֵי יַעֲקֹב סֶלָה:

תהלים פד יְהוָה צְבָאוֹת, אַשְׁרֵי אָדָם בֹּטֵחַ בָּךְ:

תהלים כ יְהוָה הוֹשִׁיעָה, הַמֶּלֶךְ יַעֲנֵנוּ בְיוֹם־קָרְאֵנוּ:

איכה ה (הֲשִׁיבֵנוּ יְהוָה אֵלֶיךָ וְנָשׁוּבָה, חַדֵּשׁ יָמֵינוּ כְּקֶדֶם:)

מלאכי ג וְעָרְבָה לַיהוָה מִנְחַת יְהוּדָה וִירוּשָׁלָםִ
כִּימֵי עוֹלָם וּכְשָׁנִים קַדְמֹנִיּוֹת:

אין עומדים להתפלל אלא מתוך שמחה, כגון דברי תנחומים של תורה, סמוך לגאולת מצרים או ל׳תְּהִלָּה לְדָוִד׳ שכתוב בו ׳רְצוֹן־יְרֵאָיו יַעֲשֶׂה׳ ו׳שׁוֹמֵר ה׳ אֶת־כָּל־אֹהֲבָיו׳ (רש״י, ברכות לא ע״א; שו״ע צג, א).

״אמר רבי אלעזר בר אבינא: כל האומר ׳תְּהִלָּה לְדָוִד׳ בכל יום (שלוש פעמים) – מובטח לו שהוא בן העולם הבא״ (ברכות ד ע״ב).

**אַשְׁרֵי יוֹשְׁבֵי בֵיתֶךָ, עוֹד יְהַלְלוּךָ סֶּלָה:** תהלים פד

**אַשְׁרֵי הָעָם שֶׁכָּכָה לּוֹ, אַשְׁרֵי הָעָם שֶׁיהוה אֱלֹהָיו:** תהלים קמד

תְּהִלָּה לְדָוִד תהלים קמה

אֲרוֹמִמְךָ אֱלוֹהַי הַמֶּלֶךְ, וַאֲבָרְכָה שִׁמְךָ לְעוֹלָם וָעֶד:
בְּכָל־יוֹם אֲבָרְכֶךָּ, וַאֲהַלְלָה שִׁמְךָ לְעוֹלָם וָעֶד:
גָּדוֹל יהוה וּמְהֻלָּל מְאֹד, וְלִגְדֻלָּתוֹ אֵין חֵקֶר:
דּוֹר לְדוֹר יְשַׁבַּח מַעֲשֶׂיךָ, וּגְבוּרֹתֶיךָ יַגִּידוּ:
הֲדַר כְּבוֹד הוֹדֶךָ, וְדִבְרֵי נִפְלְאֹתֶיךָ אָשִׂיחָה:
וֶעֱזוּז נוֹרְאֹתֶיךָ יֹאמֵרוּ, וּגְדוּלָּתְךָ אֲסַפְּרֶנָּה:
זֵכֶר רַב־טוּבְךָ יַבִּיעוּ, וְצִדְקָתְךָ יְרַנֵּנוּ:
חַנּוּן וְרַחוּם יהוה, אֶרֶךְ אַפַּיִם וּגְדָל־חָסֶד:
טוֹב־יהוה לַכֹּל, וְרַחֲמָיו עַל־כָּל־מַעֲשָׂיו:
יוֹדוּךָ יהוה כָּל־מַעֲשֶׂיךָ, וַחֲסִידֶיךָ יְבָרְכוּכָה:
כְּבוֹד מַלְכוּתְךָ יֹאמֵרוּ, וּגְבוּרָתְךָ יְדַבֵּרוּ:
לְהוֹדִיעַ לִבְנֵי הָאָדָם גְּבוּרֹתָיו, וּכְבוֹד הֲדַר מַלְכוּתוֹ:
מַלְכוּתְךָ מַלְכוּת כָּל־עֹלָמִים, וּמֶמְשַׁלְתְּךָ בְּכָל־דּוֹר וָדֹר:
סוֹמֵךְ יהוה לְכָל־הַנֹּפְלִים, וְזוֹקֵף לְכָל־הַכְּפוּפִים:
עֵינֵי־כֹל אֵלֶיךָ יְשַׂבֵּרוּ, וְאַתָּה נוֹתֵן־לָהֶם אֶת־אָכְלָם בְּעִתּוֹ:
פּוֹתֵחַ אֶת־יָדֶךָ, וּמַשְׂבִּיעַ לְכָל־חַי רָצוֹן:
צַדִּיק יהוה בְּכָל־דְּרָכָיו, וְחָסִיד בְּכָל־מַעֲשָׂיו:
קָרוֹב יהוה לְכָל־קֹרְאָיו, לְכֹל אֲשֶׁר יִקְרָאֻהוּ בֶאֱמֶת:

רְצוֹן־יְרֵאָיו יַעֲשֶׂה, וְאֶת־שַׁוְעָתָם יִשְׁמַע, וְיוֹשִׁיעֵם:
שׁוֹמֵר יְהֹוָה אֶת־כָּל־אֹהֲבָיו, וְאֵת כָּל־הָרְשָׁעִים יַשְׁמִיד:
תְּהִלַּת יְהֹוָה יְדַבֶּר פִּי, וִיבָרֵךְ כָּל־בָּשָׂר שֵׁם קָדְשׁוֹ לְעוֹלָם וָעֶד:
תהלים קטו וַאֲנַחְנוּ נְבָרֵךְ יָהּ מֵעַתָּה וְעַד־עוֹלָם, הַלְלוּיָהּ:

בתעניות אומרים כאן חצי קדיש, מוציאים ספר תורה (עמ׳ 92)
וקוראים בפרשת ״וַיְחַל״ (עמ׳ 721), ויש קהילות הנוהגות גם להפטיר (עמ׳ 722).
מחזירים את ספר התורה להיכל (עמ׳ 96) וממשיכים כבכל יום:

תהלים קמא תִּכּוֹן תְּפִלָּתִי קְטֹרֶת לְפָנֶיךָ, מַשְׂאַת כַּפַּי מִנְחַת־עָרֶב:
תהלים ה הַקְשִׁיבָה לְקוֹל שַׁוְעִי מַלְכִּי וֵאלֹהָי, כִּי־אֵלֶיךָ אֶתְפַּלָּל:

### חצי קדיש

שליח הציבור כורע במילים המסומנות ב׳.

ש״ץ: יִתְגַּדַּל וְיִתְקַדַּשׁ שְׁמֵהּ רַבָּא (קהל: אָמֵן)
בְּעָלְמָא דִּי בְרָא כִרְעוּתֵהּ
וְיַמְלִיךְ מַלְכוּתֵהּ וְיַצְמַח פֻּרְקָנֵהּ וִיקָרֵב מְשִׁיחֵהּ (קהל: אָמֵן)
בְּחַיֵּיכוֹן וּבְיוֹמֵיכוֹן וּבְחַיֵּי דְכָל בֵּית יִשְׂרָאֵל
בַּעֲגָלָא וּבִזְמַן קָרִיב
וְאִמְרוּ אָמֵן. (קהל: אָמֵן)

קהל וש״ץ: יְהֵא שְׁמֵהּ רַבָּא מְבָרַךְ לְעָלַם לְעָלְמֵי עָלְמַיָּא יִתְבָּרַךְ
וְיִשְׁתַּבַּח וְיִתְפָּאַר וְיִתְרוֹמַם וְיִתְנַשֵּׂא
וְיִתְהַדָּר וְיִתְעַלֶּה וְיִתְהַלָּל
שְׁמֵהּ דְּקֻדְשָׁא בְּרִיךְ הוּא (קהל: אָמֵן)
לְעֵלָּא מִן כָּל בִּרְכָתָא
שִׁירָתָא, תֻּשְׁבְּחָתָא וְנֶחֱמָתָא
דַּאֲמִירָן בְּעָלְמָא
וְאִמְרוּ אָמֵן. (קהל: אָמֵן)

# עמידה

"המתפלל צריך שיכוין בלבו פירוש המלות שמוציא בשפתיו; ויחשוב כאלו שכינה כנגדו ויסיר כל המחשבות הטורדות אותו עד שתשאר מחשבתו וכוונתו זכה בתפלתו" (שו"ע צח, א).

יש נוהגים לפסוע שלוש פסיעות לפנים, כמי שנכנס לפני המלך (ספר הפרדס)
עומד ומתפלל בלחש מכאן ועד 'בְּלֵבָב שָׁלֵם' בעמ' 139.

שוחין בברכת אבות תחילה וסוף (ברכות לד ע"א; שו"ע קיג, א),
כורע בתיבת 'בָּרוּךְ', קד לפנים בתיבת 'אַתָּה' וזוקף בשם ('רעיא מהימנא', עקב).

אֲדֹנָי, שְׂפָתַי תִּפְתָּח, וּפִי יַגִּיד תְּהִלָּתֶךָ: תהלים נא

אבות

בָּרוּךְ אַתָּה יְהֹוָה, אֱלֹהֵינוּ וֵאלֹהֵי אֲבוֹתֵינוּ
אֱלֹהֵי אַבְרָהָם, אֱלֹהֵי יִצְחָק, וֵאלֹהֵי יַעֲקֹב
הָאֵל הַגָּדוֹל הַגִּבּוֹר וְהַנּוֹרָא, אֵל עֶלְיוֹן
גּוֹמֵל חֲסָדִים טוֹבִים, קוֹנֵה הַכֹּל
וְזוֹכֵר חַסְדֵי אָבוֹת
וּמֵבִיא גוֹאֵל לִבְנֵי בְנֵיהֶם לְמַעַן שְׁמוֹ בְּאַהֲבָה.

בעשרת ימי תשובה: זָכְרֵנוּ לְחַיִּים, מֶלֶךְ חָפֵץ בַּחַיִּים
כָּתְבֵנוּ בְּסֵפֶר חַיִּים, לְמַעַנְךָ אֱלֹהִים חַיִּים.
אם שכח אינו חוזר.

מֶלֶךְ עוֹזֵר וּמוֹשִׁיעַ וּמָגֵן.
בָּרוּךְ אַתָּה יְהֹוָה, מָגֵן אַבְרָהָם.

גבורות

אַתָּה גִּבּוֹר לְעוֹלָם, אֲדֹנָי
מְחַיֵּה מֵתִים אַתָּה, רַב לְהוֹשִׁיעַ

אומרים 'מַשִּׁיב הָרוּחַ' ממוסף של שמיני עצרת עד שחרית של יו"ט ראשון של פסח. וממוסף של יו"ט ראשון של פסח ועד שחרית של שמיני עצרת, אומרים 'מוֹרִיד הַטָּל'. ראה הלכה 144-145.

בחורף: מַשִּׁיב הָרוּחַ וּמוֹרִיד הַגָּשֶׁם / בקיץ: מוֹרִיד הַטָּל

מְכַלְכֵּל חַיִּים בְּחֶסֶד
מְחַיֵּה מֵתִים בְּרַחֲמִים רַבִּים
סוֹמֵךְ נוֹפְלִים, וְרוֹפֵא חוֹלִים, וּמַתִּיר אֲסוּרִים
וּמְקַיֵּם אֱמוּנָתוֹ לִישֵׁנֵי עָפָר.
מִי כָמוֹךָ, בַּעַל גְּבוּרוֹת
וּמִי דּוֹמֶה לָּךְ
מֶלֶךְ מֵמִית וּמְחַיֶּה וּמַצְמִיחַ יְשׁוּעָה.

בעשרת ימי תשובה: מִי כָמוֹךָ אָב הָרַחֲמָן, זוֹכֵר יְצוּרָיו בְּרַחֲמִים לְחַיִּים.
אם שכח אינו חוזר.

וְנֶאֱמָן אַתָּה לְהַחֲיוֹת מֵתִים.
בָּרוּךְ אַתָּה יְהֹוָה, מְחַיֵּה הַמֵּתִים.

בתפילת לחש ממשיך 'אַתָּה קָדוֹשׁ' בעמוד הבא.

---

קדושה

את ברכת קדושת השם בחזרת הש״ץ פותחים בקדושה (סדר התפילה להרמב״ם)
ראה הלכה 168–170.

במקומות המסומנים ב׳, המתפלל מתרומם על קצות אצבעותיו
(טוב״י, קכה ושעה״כ בשם מדרש תנחומא; ברכ״י בשם הרדב״ז).

נַקְדִּישָׁךְ וְנַעֲרִיצָךְ כְּנֹעַם שִׂיחַ סוֹד שַׂרְפֵי קֹדֶשׁ, הַמְשַׁלְּשִׁים לְךָ קְדֻשָּׁה
ישעיה ו וְכֵן כָּתוּב עַל יַד נְבִיאָךְ: וְקָרָא זֶה אֶל־זֶה וְאָמַר

קהל ואחריו שליח הציבור:

׳קָדוֹשׁ, ׳קָדוֹשׁ, ׳קָדוֹשׁ, יְהֹוָה צְבָאוֹת, מְלֹא כָל־הָאָרֶץ כְּבוֹדוֹ:
לְעֻמָּתָם מְשַׁבְּחִים וְאוֹמְרִים

קהל ואחריו שליח הציבור:

יחזקאל ג ׳בָּרוּךְ כְּבוֹד־יְהֹוָה מִמְּקוֹמוֹ:
וּבְדִבְרֵי קָדְשְׁךָ כָּתוּב לֵאמֹר

קהל ואחריו שליח הציבור:

תהלים קמו ׳יִמְלֹךְ יְהֹוָה לְעוֹלָם, אֱלֹהַיִךְ צִיּוֹן לְדֹר וָדֹר, הַלְלוּיָהּ:

קדושת השם

**אַתָּה קָדוֹשׁ וְשִׁמְךָ קָדוֹשׁ**
**וּקְדוֹשִׁים בְּכָל יוֹם יְהַלְלוּךָ סֶּלָה.**
**בָּרוּךְ אַתָּה יְהֹוָה, הָאֵל הַקָּדוֹשׁ.** / בעשרת ימי תשובה: **הַמֶּלֶךְ הַקָּדוֹשׁ.**/

אם שכח ולא נזכר תוך כדי דיבור חוזר לראש התפילה,
ובחזרה יש אומרים ששליח הציבור חוזר לראש הברכה.
ראה הלכה 562.

דעת

**אַתָּה חוֹנֵן לְאָדָם דַּעַת**
**וּמְלַמֵּד לֶאֱנוֹשׁ בִּינָה.**
**וְחָנֵּנוּ מֵאִתְּךָ חָכְמָה בִּינָה וָדָעַת.**
**בָּרוּךְ אַתָּה יְהֹוָה, חוֹנֵן הַדָּעַת.**

תשובה

**הֲשִׁיבֵנוּ אָבִינוּ לְתוֹרָתֶךָ**
**וְקָרְבֵנוּ מַלְכֵּנוּ לַעֲבוֹדָתֶךָ**
**וְהַחֲזִירֵנוּ בִּתְשׁוּבָה שְׁלֵמָה לְפָנֶיךָ.**
**בָּרוּךְ אַתָּה יְהֹוָה, הָרוֹצֶה בִּתְשׁוּבָה.**

סליחה

יש נוהגים להכות כנגד הלב במקומות המסומנים ב° (סידור יעב״ץ בשם השל״ה).

**סְלַח לָנוּ אָבִינוּ כִּי °חָטָאנוּ**
**מְחוֹל לָנוּ מַלְכֵּנוּ כִּי °פָשָׁעְנוּ**
**כִּי אֵל טוֹב וְסַלָּח אָתָּה.**
**בָּרוּךְ אַתָּה יְהֹוָה, חַנּוּן הַמַּרְבֶּה לִסְלֹחַ.**

## גאולה

רְאֵה נָא בְעָנְיֵנוּ, וְרִיבָה רִיבֵנוּ
וּמַהֵר לְגָאֳלֵנוּ גְּאֻלָּה שְׁלֵמָה לְמַעַן שְׁמֶךָ
כִּי אֵל גּוֹאֵל חָזָק אָתָּה.
בָּרוּךְ אַתָּה יְהֹוָה, גּוֹאֵל יִשְׂרָאֵל.

בְּתַעֲנִית צִבּוּר שְׁלִיחַ הַצִּבּוּר מוֹסִיף:

עֲנֵנוּ אָבִינוּ עֲנֵנוּ בְּיוֹם צוֹם הַתַּעֲנִית הַזֶּה, כִּי בְצָרָה גְדוֹלָה
אֲנָחְנוּ. אַל תֵּפֶן לְרִשְׁעֵנוּ, וְאַל תִּתְעַלַּם מַלְכֵּנוּ מִבַּקָּשָׁתֵנוּ. הֱיֵה
נָא קָרוֹב לְשַׁוְעָתֵנוּ. טֶרֶם נִקְרָא אֵלֶיךָ אַתָּה תַעֲנֶה, נְדַבֵּר וְאַתָּה
תִשְׁמָע, כַּדָּבָר שֶׁנֶּאֱמַר: וְהָיָה טֶרֶם יִקְרָאוּ וַאֲנִי אֶעֱנֶה, עוֹד הֵם
מְדַבְּרִים וַאֲנִי אֶשְׁמָע: כִּי אַתָּה יְהֹוָה פּוֹדֶה וּמַצִּיל וְעוֹנֶה וּמְרַחֵם
בְּכָל עֵת צָרָה וְצוּקָה. בָּרוּךְ אַתָּה יְהֹוָה, הָעוֹנֶה לְעַמּוֹ יִשְׂרָאֵל
בְּעֵת צָרָה.

ישעיה סה

## רפואה

רְפָאֵנוּ יְהֹוָה וְנֵרָפֵא
הוֹשִׁיעֵנוּ וְנִוָּשֵׁעָה, כִּי תְהִלָּתֵנוּ אָתָּה
וְהַעֲלֵה אֲרוּכָה וּמַרְפֵּא לְכָל תַּחֲלוּאֵינוּ
וּלְכָל מַכְאוֹבֵינוּ וּלְכָל מַכּוֹתֵינוּ

הַמִּתְפַּלֵּל עַל חוֹלֶה מוֹסִיף כָּאן:

יְהִי רָצוֹן מִלְּפָנֶיךָ, יְהֹוָה אֱלֹהַי וֵאלֹהֵי אֲבוֹתַי, שֶׁתִּשְׁלַח מְהֵרָה
רְפוּאָה שְׁלֵמָה מִן הַשָּׁמַיִם, רְפוּאַת הַנֶּפֶשׁ וּרְפוּאַת הַגּוּף, לַחוֹלֶה/
לַחוֹלָה פְּלוֹנִי/ת בֶּן/בַּת פְּלוֹנִית בְּתוֹךְ שְׁאָר חוֹלֵי יִשְׂרָאֵל

כִּי אֵל רוֹפֵא רַחֲמָן וְנֶאֱמָן אָתָּה.
בָּרוּךְ אַתָּה יְהֹוָה, רוֹפֵא חוֹלֵי עַמּוֹ יִשְׂרָאֵל.

ברכת השנים

בקיץ

מפסח עד ליל ז׳ במרחשוון אומרים (ראה הלכה 147):

בָּרְכֵנוּ יְהֹוָה אֱלֹהֵינוּ בְּכָל מַעֲשֵׂי יָדֵינוּ
וּבָרֵךְ שְׁנָתֵנוּ בְּטַלְלֵי רָצוֹן בְּרָכָה וּנְדָבָה
וּתְהִי אַחֲרִיתָהּ חַיִּים וְשָׂבָע וְשָׁלוֹם
כַּשָּׁנִים הַטּוֹבוֹת לִבְרָכָה
כִּי אֵל טוֹב וּמֵטִיב אַתָּה וּמְבָרֵךְ הַשָּׁנִים.
בָּרוּךְ אַתָּה יְהֹוָה, מְבָרֵךְ הַשָּׁנִים.

בחורף

מליל ז׳ במרחשוון עד ערב פסח אומרים (ראה הלכה 146):

בָּרֵךְ עָלֵינוּ יְהֹוָה אֱלֹהֵינוּ אֶת הַשָּׁנָה הַזֹּאת
וְאֶת כָּל מִינֵי תְבוּאָתָהּ לְטוֹבָה
וְתֵן טַל וּמָטָר לִבְרָכָה עַל כָּל פְּנֵי הָאֲדָמָה
וְרַוֵּה פְּנֵי תֵבֵל, וְשַׂבַּע אֶת הָעוֹלָם כֻּלּוֹ מִטּוּבָךְ
וּמַלֵּא יָדֵינוּ מִבִּרְכוֹתֶיךָ, וּמֵעֹשֶׁר מַתְּנוֹת יָדֶיךָ
שָׁמְרָה וְהַצִּילָה שָׁנָה זוֹ מִכָּל דָּבָר רָע
וּמִכָּל מִינֵי מַשְׁחִית, וּמִכָּל מִינֵי פֻרְעָנוּת
וַעֲשֵׂה לָהּ תִּקְוָה טוֹבָה וְאַחֲרִית שָׁלוֹם
חוּס וְרַחֵם עָלֶיהָ וְעַל כָּל תְּבוּאָתָהּ וּפֵרוֹתֶיהָ
וּבָרְכָהּ בְּגִשְׁמֵי רָצוֹן בְּרָכָה וּנְדָבָה
וּתְהִי אַחֲרִיתָהּ חַיִּים וְשָׂבָע וְשָׁלוֹם
כַּשָּׁנִים הַטּוֹבוֹת לִבְרָכָה
כִּי אֵל טוֹב וּמֵטִיב אַתָּה וּמְבָרֵךְ הַשָּׁנִים.
בָּרוּךְ אַתָּה יְהֹוָה, מְבָרֵךְ הַשָּׁנִים.

קיבוץ גלויות

תְּקַע בְּשׁוֹפָר גָּדוֹל לְחֵרוּתֵנוּ, וְשָׂא נֵס לְקַבֵּץ גָּלֻיּוֹתֵינוּ
וְקַבְּצֵנוּ יַחַד מֵאַרְבַּע כַּנְפוֹת הָאָרֶץ לְאַרְצֵנוּ.
בָּרוּךְ אַתָּה יְהוָה, מְקַבֵּץ נִדְחֵי עַמּוֹ יִשְׂרָאֵל.

השבת המשפט

הָשִׁיבָה שׁוֹפְטֵינוּ כְּבָרִאשׁוֹנָה וְיוֹעֲצֵינוּ כְּבַתְּחִלָּה
וְהָסֵר מִמֶּנּוּ יָגוֹן וַאֲנָחָה
וּמְלֹךְ עָלֵינוּ מְהֵרָה אַתָּה יְהוָה לְבַדְּךָ
בְּחֶסֶד וּבְרַחֲמִים בְּצֶדֶק וּבְמִשְׁפָּט.
בָּרוּךְ אַתָּה יְהוָה, מֶלֶךְ אוֹהֵב צְדָקָה וּמִשְׁפָּט.
/ בעשרת ימי תשובה: הַמֶּלֶךְ הַמִּשְׁפָּט./

אם שכח ולא נזכר תוך כדי דיבור חוזר ל״הָשִׁיבָה״, ואם עקר רגליו חוזר לראש התפילה (שו״ע תקפב, א), ויש אומרים שאינו חוזר (רמ״א קיח; בא״ח). ראה הלכה 598.

ברכת המינים

לַמִּינִים וְלַמַּלְשִׁינִים אַל תְּהִי תִקְוָה
וְכָל הַזֵּדִים כְּרֶגַע יֹאבֵדוּ
וְכָל אוֹיְבֶיךָ וְכָל שׂוֹנְאֶיךָ מְהֵרָה יִכָּרֵתוּ
וּמַלְכוּת הָרִשְׁעָה מְהֵרָה תְעַקֵּר וּתְשַׁבֵּר
וּתְכַלֵּם וְתַכְנִיעֵם בִּמְהֵרָה בְיָמֵינוּ.
בָּרוּךְ אַתָּה יְהוָה, שׁוֹבֵר אוֹיְבִים וּמַכְנִיעַ זֵדִים.

על הצדיקים

עַל הַצַּדִּיקִים וְעַל הַחֲסִידִים
וְעַל שְׁאֵרִית עַמְּךָ בֵּית יִשְׂרָאֵל (וְעַל זִקְנֵיהֶם)
וְעַל פְּלֵטַת בֵּית סוֹפְרֵיהֶם וְעַל גֵּרֵי הַצֶּדֶק וְעָלֵינוּ
יֶהֱמוּ נָא רַחֲמֶיךָ יְהוָה אֱלֹהֵינוּ

וְתֵן שָׂכָר טוֹב לְכָל הַבּוֹטְחִים בְּשִׁמְךָ בֶּאֱמֶת
וְשִׂים חֶלְקֵנוּ עִמָּהֶם
וּלְעוֹלָם לֹא נֵבוֹשׁ כִּי בְךָ בָּטָחְנוּ
וְעַל חַסְדְּךָ הַגָּדוֹל בֶּאֱמֶת נִשְׁעָנְנוּ.
בָּרוּךְ אַתָּה יְהוָֹה, מִשְׁעָן וּמִבְטָח לַצַּדִּיקִים.

בניין ירושלים

תִּשְׁכּוֹן בְּתוֹךְ יְרוּשָׁלַיִם עִירְךָ כַּאֲשֶׁר דִּבַּרְתָּ
וְכִסֵּא דָוִד עַבְדְּךָ מְהֵרָה בְּתוֹכָהּ תָּכִין
וּבְנֵה אוֹתָהּ בִּנְיַן עוֹלָם בִּמְהֵרָה בְיָמֵינוּ.*
בָּרוּךְ אַתָּה יְהוָֹה, בּוֹנֵה יְרוּשָׁלָיִם.

* בתשעה באב (שו"ע תקנז, א על פי הירושלמי):

נַחֵם יְהוָֹה אֱלֹהֵינוּ אֶת אֲבֵלֵי צִיּוֹן וְאֶת אֲבֵלֵי יְרוּשָׁלַיִם וְאֶת הָעִיר הַחֲרֵבָה וְהַבְּזוּיָה וְהַשּׁוֹמֵמָה, מִבְּלִי בָנֶיהָ הִיא יוֹשֶׁבֶת, וְרֹאשָׁהּ חָפוּי כְּאִשָּׁה עֲקָרָה שֶׁלֹּא יָלָדָה. וַיְבַלְּעוּהָ לִגְיוֹנִים, וַיִּירָשׁוּהָ עוֹבְדֵי פְסִילִים, וַיָּטִילוּ אֶת עַמְּךָ יִשְׂרָאֵל לֶחָרֶב, וַיַּהַרְגוּ בְזָדוֹן חֲסִידֵי עֶלְיוֹן. עַל כֵּן צִיּוֹן בְּמַר תִּבְכֶּה וִירוּשָׁלַיִם תִּתֵּן קוֹלָהּ. לִבִּי לִבִּי עַל חַלְלֵיהֶם, מֵעַי מֵעַי עַל הֲרוּגֵיהֶם. כִּי אַתָּה יְהוָֹה בָּאֵשׁ הִצַּתָּהּ וּבָאֵשׁ אַתָּה עָתִיד לִבְנוֹתָהּ, כַּכָּתוּב: וַאֲנִי אֶהְיֶה־לָּהּ, נְאֻם־יְהוָֹה, חוֹמַת אֵשׁ סָבִיב, זכריה ב
וּלְכָבוֹד אֶהְיֶה בְתוֹכָהּ: בָּרוּךְ אַתָּה יְהוָֹה, מְנַחֵם צִיּוֹן בְּבִנְיַן יְרוּשָׁלָיִם.

מלכות בית דוד

אֶת צֶמַח דָּוִד עַבְדְּךָ מְהֵרָה תַצְמִיחַ
וְקַרְנוֹ תָּרוּם בִּישׁוּעָתֶךָ
כִּי לִישׁוּעָתְךָ קִוִּינוּ כָּל הַיּוֹם.
בָּרוּךְ אַתָּה יְהוָֹה, מַצְמִיחַ קֶרֶן יְשׁוּעָה.

שומע תפילה

שְׁמַע קוֹלֵנוּ יְהֹוָה אֱלֹהֵינוּ, אָב הָרַחֲמָן חוּס וְרַחֵם עָלֵינוּ
וְקַבֵּל בְּרַחֲמִים וּבְרָצוֹן אֶת תְּפִלָּתֵנוּ*
כִּי אֵל שׁוֹמֵעַ תְּפִלּוֹת וְתַחֲנוּנִים אָתָּה
וּמִלְּפָנֶיךָ מַלְכֵּנוּ רֵיקָם אַל תְּשִׁיבֵנוּ
חָנֵּנוּ וַעֲנֵנוּ וּשְׁמַע תְּפִלָּתֵנוּ**
כִּי אַתָּה שׁוֹמֵעַ תְּפִלַּת כָּל פֶּה.
בָּרוּךְ אַתָּה יְהֹוָה, שׁוֹמֵעַ תְּפִלָּה.

* יש נוהגים להתוודות כאן ולבקש על הפרנסה (עמ׳ 896, וראה הלכה 152).
** בתענית ציבור היחיד אומר כאן ׳עֲנֵנוּ׳ (ואם שכח ואמר ׳בָּרוּךְ אַתָּה ה׳׳, אינו חוזר).

עֲנֵנוּ אָבִינוּ עֲנֵנוּ בְּיוֹם צוֹם הַתַּעֲנִית הַזֶּה, כִּי בְצָרָה גְדוֹלָה אֲנָחְנוּ. אַל תֵּפֶן לְרִשְׁעֵנוּ, וְאַל תִּתְעַלַּם מַלְכֵּנוּ מִבַּקָּשָׁתֵנוּ. הֱיֵה נָא קָרוֹב לְשַׁוְעָתֵנוּ, טֶרֶם נִקְרָא אֵלֶיךָ אַתָּה תַעֲנֶה, נְדַבֵּר וְאַתָּה
ישעיה סה תִשְׁמַע, כַּדָּבָר שֶׁנֶּאֱמַר: וְהָיָה טֶרֶם יִקְרָאוּ וַאֲנִי אֶעֱנֶה, עוֹד הֵם מְדַבְּרִים וַאֲנִי אֶשְׁמָע: כִּי אַתָּה יְהֹוָה פּוֹדֶה וּמַצִּיל וְעוֹנֶה וּמְרַחֵם בְּכָל עֵת צָרָה וְצוּקָה. כִּי אַתָּה שׁוֹמֵעַ תְּפִלַּת כָּל פֶּה. בָּרוּךְ אַתָּה יְהֹוָה, שׁוֹמֵעַ תְּפִלָּה. וממשיך ׳רְצֵה׳ למטה.

עבודה

רְצֵה יְהֹוָה אֱלֹהֵינוּ בְּעַמְּךָ יִשְׂרָאֵל, וְלִתְפִלָּתָם שְׁעֵה
וְהָשֵׁב הָעֲבוֹדָה לִדְבִיר בֵּיתֶךָ
וְאִשֵּׁי יִשְׂרָאֵל וּתְפִלָּתָם מְהֵרָה בְּאַהֲבָה תְקַבֵּל בְּרָצוֹן
וּתְהִי לְרָצוֹן תָּמִיד עֲבוֹדַת יִשְׂרָאֵל עַמֶּךָ.

בראש חודש ובחול המועד מוסיפים:

אֱלֹהֵינוּ וֵאלֹהֵי אֲבוֹתֵינוּ, יַעֲלֶה וְיָבוֹא, יַגִּיעַ יֵרָאֶה וְיֵרָצֶה, יִשָּׁמַע יִפָּקֵד וְיִזָּכֵר זִכְרוֹנֵנוּ וְזִכְרוֹן אֲבוֹתֵינוּ, זִכְרוֹן יְרוּשָׁלַיִם עִירֶךָ, וְזִכְרוֹן מָשִׁיחַ בֶּן דָּוִד עַבְדֶּךָ, וְזִכְרוֹן כָּל עַמְּךָ בֵּית יִשְׂרָאֵל, לְפָנֶיךָ, לִפְלֵיטָה לְטוֹבָה, לְחֵן, לְחֶסֶד וּלְרַחֲמִים (לְחַיִּים טוֹבִים וּלְשָׁלוֹם), בְּיוֹם

בראש חודש: רֹאשׁ הַחֹדֶשׁ הַזֶּה.

בפסח: חַג הַמַּצּוֹת הַזֶּה, בְּיוֹם מִקְרָא קֹדֶשׁ הַזֶּה.

בסוכות: חַג הַסֻּכּוֹת הַזֶּה, בְּיוֹם מִקְרָא קֹדֶשׁ הַזֶּה.

לְרַחֵם בּוֹ עָלֵינוּ וּלְהוֹשִׁיעֵנוּ. זָכְרֵנוּ יְהוָה אֱלֹהֵינוּ בּוֹ לְטוֹבָה, וּפָקְדֵנוּ בוֹ לִבְרָכָה, וְהוֹשִׁיעֵנוּ בוֹ לְחַיִּים טוֹבִים. בִּדְבַר יְשׁוּעָה וְרַחֲמִים חוּס וְחָנֵּנוּ וַחֲמוֹל וְרַחֵם עָלֵינוּ וְהוֹשִׁיעֵנוּ, כִּי אֵלֶיךָ עֵינֵינוּ, כִּי אֵל מֶלֶךְ חַנּוּן וְרַחוּם אָתָּה.

אם שכח חוזר. ראה הלכה 375.

---

וְאַתָּה בְּרַחֲמֶיךָ הָרַבִּים תַּחְפֹּץ בָּנוּ וְתִרְצֵנוּ

וְתֶחֱזֶינָה עֵינֵינוּ בְּשׁוּבְךָ לְצִיּוֹן בְּרַחֲמִים.

בָּרוּךְ אַתָּה יְהוָה, הַמַּחֲזִיר שְׁכִינָתוֹ לְצִיּוֹן.

**הודאה**

שוחין בברכת ההודאה תחילה וסוף (ברכות לד ע״א) ואינו זוקף עד אמירת השם (רמב״ם).

מוֹדִים אֲנַחְנוּ לָךְ

שָׁאַתָּה הוּא יְהוָה אֱלֹהֵינוּ

וֵאלֹהֵי אֲבוֹתֵינוּ לְעוֹלָם וָעֶד.

צוּרֵנוּ, צוּר חַיֵּינוּ וּמָגֵן יִשְׁעֵנוּ

אַתָּה הוּא לְדוֹר וָדוֹר

נוֹדֶה לְּךָ וּנְסַפֵּר תְּהִלָּתֶךָ

עַל חַיֵּינוּ הַמְּסוּרִים בְּיָדֶךָ

וְעַל נִשְׁמוֹתֵינוּ הַפְּקוּדוֹת לָךְ

וְעַל נִסֶּיךָ שֶׁבְּכָל יוֹם עִמָּנוּ

וְעַל נִפְלְאוֹתֶיךָ וְטוֹבוֹתֶיךָ שֶׁבְּכָל עֵת

עֶרֶב וָבֹקֶר וְצָהֳרָיִם.

הַטּוֹב, כִּי לֹא כָלוּ רַחֲמֶיךָ

הַמְרַחֵם, כִּי לֹא תַמּוּ חֲסָדֶיךָ

כִּי מֵעוֹלָם קִוִּינוּ לָךְ.

כשהש״ץ אומר ׳מודים׳, הקהל אומר בלחש ׳מודים דרבנן׳ (סוטה מ ע״א):

מוֹדִים אֲנַחְנוּ לָךְ

שָׁאַתָּה הוּא יְהוָה אֱלֹהֵינוּ

וֵאלֹהֵי אֲבוֹתֵינוּ

אֱלֹהֵי כָל בָּשָׂר

יוֹצְרֵנוּ יוֹצֵר בְּרֵאשִׁית.

בְּרָכוֹת וְהוֹדָאוֹת

לְשִׁמְךָ הַגָּדוֹל וְהַקָּדוֹשׁ

עַל שֶׁהֶחֱיִיתָנוּ וְקִיַּמְתָּנוּ.

כֵּן תְּחַיֵּנוּ וּתְחָנֵּנוּ

וְתֶאֱסֹף גָּלֻיּוֹתֵינוּ לְחַצְרוֹת

קָדְשֶׁךָ לִשְׁמֹר חֻקֶּיךָ

וְלַעֲשׂוֹת רְצוֹנֶךָ

וּלְעָבְדְּךָ בְּלֵבָב שָׁלֵם

עַל שֶׁאֲנַחְנוּ מוֹדִים לָךְ.

בָּרוּךְ אֵל הַהוֹדָאוֹת.

בחנוכה:

עַל הַנִּסִּים וְעַל הַפֻּרְקָן וְעַל הַגְּבוּרוֹת וְעַל הַתְּשׁוּעוֹת וְעַל הַנִּפְלָאוֹת וְעַל הַנֶּחָמוֹת שֶׁעָשִׂיתָ לַאֲבוֹתֵינוּ בַּיָּמִים הָהֵם בַּזְּמַן הַזֶּה.

בִּימֵי מַתִּתְיָה בֶּן יוֹחָנָן כֹּהֵן גָּדוֹל חַשְׁמוֹנַאי וּבָנָיו, כְּשֶׁעָמְדָה מַלְכוּת יָוָן הָרְשָׁעָה עַל עַמְּךָ יִשְׂרָאֵל לְשַׁכְּחָם תּוֹרָתֶךָ וּלְהַעֲבִירָם מֵחֻקֵּי רְצוֹנֶךָ, וְאַתָּה בְּרַחֲמֶיךָ הָרַבִּים עָמַדְתָּ לָהֶם בְּעֵת צָרָתָם, רַבְתָּ אֶת רִיבָם, דַּנְתָּ אֶת דִּינָם, נָקַמְתָּ אֶת נִקְמָתָם, מָסַרְתָּ גִבּוֹרִים בְּיַד חַלָּשִׁים, וְרַבִּים בְּיַד מְעַטִּים, וּרְשָׁעִים בְּיַד צַדִּיקִים, וּטְמֵאִים בְּיַד טְהוֹרִים, וְזֵדִים בְּיַד עוֹסְקֵי תוֹרָתֶךָ. לְךָ עָשִׂיתָ שֵׁם גָּדוֹל וְקָדוֹשׁ בְּעוֹלָמֶךָ, וּלְעַמְּךָ יִשְׂרָאֵל עָשִׂיתָ תְּשׁוּעָה גְדוֹלָה וּפֻרְקָן כְּהַיּוֹם הַזֶּה. וְאַחַר כָּךְ בָּאוּ בָנֶיךָ לִדְבִיר בֵּיתֶךָ, וּפִנּוּ אֶת הֵיכָלֶךָ, וְטִהֲרוּ אֶת מִקְדָּשֶׁךָ, וְהִדְלִיקוּ נֵרוֹת בְּחַצְרוֹת קָדְשֶׁךָ, וְקָבְעוּ שְׁמוֹנַת יְמֵי חֲנֻכָּה אֵלּוּ, בְּהַלֵּל וּבְהוֹדָאָה, וְעָשִׂיתָ עִמָּהֶם נִסִּים וְנִפְלָאוֹת, וְנוֹדֶה לְשִׁמְךָ הַגָּדוֹל, סֶלָה.

וממשיך ׳וְעַל כֻּלָּם׳.

בפורים:

עַל הַנִּסִּים וְעַל הַפֻּרְקָן וְעַל הַגְּבוּרוֹת וְעַל הַתְּשׁוּעוֹת וְעַל הַנִּפְלָאוֹת וְעַל הַנֶּחָמוֹת שֶׁעָשִׂיתָ לַאֲבוֹתֵינוּ בַּיָּמִים הָהֵם בַּזְּמַן הַזֶּה.

בִּימֵי מָרְדְּכַי וְאֶסְתֵּר בְּשׁוּשַׁן הַבִּירָה, כְּשֶׁעָמַד עֲלֵיהֶם הָמָן הָרָשָׁע,
אסתר ג בִּקֵּשׁ לְהַשְׁמִיד לַהֲרֹג וּלְאַבֵּד אֶת־כָּל־הַיְּהוּדִים מִנַּעַר וְעַד־זָקֵן טַף וְנָשִׁים בְּיוֹם אֶחָד, בִּשְׁלוֹשָׁה עָשָׂר לְחֹדֶשׁ שְׁנֵים־עָשָׂר, הוּא־חֹדֶשׁ אֲדָר, וּשְׁלָלָם לָבוֹז: וְאַתָּה בְּרַחֲמֶיךָ הָרַבִּים הֵפַרְתָּ אֶת עֲצָתוֹ, וְקִלְקַלְתָּ אֶת מַחֲשַׁבְתּוֹ, וַהֲשֵׁבוֹתָ לּוֹ גְּמוּלוֹ בְּרֹאשׁוֹ, וְתָלוּ אוֹתוֹ וְאֶת בָּנָיו עַל הָעֵץ, וְעָשִׂיתָ עִמָּהֶם נִסִּים וְנִפְלָאוֹת, וְנוֹדֶה לְשִׁמְךָ הַגָּדוֹל, סֶלָה.

וממשיך ׳וְעַל כֻּלָּם׳.

וְעַל כֻּלָּם
יִתְבָּרַךְ וְיִתְרוֹמַם וְיִתְנַשֵּׂא תָּמִיד שִׁמְךָ מַלְכֵּנוּ לְעוֹלָם וָעֶד
וְכָל הַחַיִּים יוֹדוּךָ סֶּלָה

בעשרת ימי תשובה: וּכְתֹב לְחַיִּים טוֹבִים כָּל בְּנֵי בְרִיתֶךָ.

וִיהַלְלוּ וִיבָרְכוּ אֶת שִׁמְךָ הַגָּדוֹל בֶּאֱמֶת לְעוֹלָם כִּי טוֹב
הָאֵל יְשׁוּעָתֵנוּ וְעֶזְרָתֵנוּ סֶלָה, הָאֵל הַטּוֹב.
•בָּרוּךְ אַתָּה יְהֹוָה, הַטּוֹב שִׁמְךָ וּלְךָ נָאֶה לְהוֹדוֹת.

לא אמר ׳עַל הַנִּסִּים׳ או ׳וּכְתֹב לְחַיִּים׳ ונזכר לאחר שאמר ׳בָּרוּךְ אַתָּה ה׳׳, אינו חוזר.

---

**ברכת כוהנים לתענית ציבור:**

בתענית ציבור כשמתפללים מנחה סמוך לשקיעה, הכוהנים נושאים את כפיהם (ראה הלכה 595).

הכוהנים אומרים בלחש (סוטה לט ע״א):

יְהִי רָצוֹן מִלְּפָנֶיךָ, יְהֹוָה אֱלֹהֵינוּ וֵאלֹהֵי אֲבוֹתֵינוּ, שֶׁתְּהֵא הַבְּרָכָה הַזֹּאת שֶׁצִּוִּיתָנוּ לְבָרֵךְ אֶת עַמְּךָ יִשְׂרָאֵל בְּרָכָה שְׁלֵמָה וְלֹא יִהְיֶה בָּהּ מִכְשׁוֹל וְעָוֹן מֵעַתָּה וְעַד עוֹלָם.

אם יש יותר מכוהן אחד, שליח הציבור קורא:

## כֹּהֲנִים

(יש עונים: עַם קְדוֹשֶׁךָ, כָּאָמוּר.)

הכוהנים מברכים:

בָּרוּךְ אַתָּה יְהֹוָה, אֱלֹהֵינוּ מֶלֶךְ הָעוֹלָם
אֲשֶׁר קִדְּשָׁנוּ בִּקְדֻשָּׁתוֹ שֶׁל אַהֲרֹן, וְצִוָּנוּ לְבָרֵךְ אֶת עַמּוֹ יִשְׂרָאֵל בְּאַהֲבָה.

שליח הציבור מקריא מילה במילה, והכוהנים אחריו:

יְבָרֶכְךָ יְהֹוָה וְיִשְׁמְרֶךָ: קהל: אָמֵן במדבר ו
יָאֵר יְהֹוָה פָּנָיו אֵלֶיךָ וִיחֻנֶּךָּ: קהל: אָמֵן
יִשָּׂא יְהֹוָה פָּנָיו אֵלֶיךָ וְיָשֵׂם לְךָ שָׁלוֹם: קהל: אָמֵן

שליח הציבור ממשיך ׳שִׂים שָׁלוֹם׳ בעמוד הבא.

הכוהנים אומרים בלחש (סוטה, שם):

דברים כו רִבּוֹן הָעוֹלָמִים, עָשִׂינוּ מַה שֶּׁגָּזַרְתָּ עָלֵינוּ, עֲשֵׂה אַתָּה מַה שֶּׁהִבְטַחְתָּנוּ, הַשְׁקִיפָה מִמְּעוֹן קָדְשְׁךָ מִן־הַשָּׁמַיִם וּבָרֵךְ אֶת־עַמְּךָ אֶת־יִשְׂרָאֵל:

הרואה חלום ונפשו עגומה, אומר בשעת נשיאת כפיים את הבקשה ׳רִבּוֹנוֹ שֶׁל עוֹלָם׳ בעמ׳ 897.

אם אין כוהנים העולים לדוכן, שליח הציבור אומר:

אֱלֹהֵינוּ וֵאלֹהֵי אֲבוֹתֵינוּ, בָּרְכֵנוּ בַּבְּרָכָה הַמְשֻׁלֶּשֶׁת בַּתּוֹרָה, הַכְּתוּבָה עַל יְדֵי מֹשֶׁה עַבְדֶּךָ, הָאֲמוּרָה מִפִּי אַהֲרֹן וּבָנָיו כֹּהֲנִים עַם קְדוֹשֶׁיךָ, כָּאָמוּר

יְבָרֶכְךָ יְהֹוָה וְיִשְׁמְרֶךָ: קהל: כֵּן יְהִי רָצוֹן במדבר ו
יָאֵר יְהֹוָה פָּנָיו אֵלֶיךָ וִיחֻנֶּךָּ: קהל: כֵּן יְהִי רָצוֹן
יִשָּׂא יְהֹוָה פָּנָיו אֵלֶיךָ וְיָשֵׂם לְךָ שָׁלוֹם: קהל: כֵּן יְהִי רָצוֹן
(וְנֶאֱמַר) וְשָׂמוּ אֶת־שְׁמִי עַל־בְּנֵי יִשְׂרָאֵל, וַאֲנִי אֲבָרְכֵם:

שלום

שִׂים שָׁלוֹם טוֹבָה וּבְרָכָה, חַיִּים חֵן וָחֶסֶד, צְדָקָה וְרַחֲמִים
עָלֵינוּ וְעַל כָּל יִשְׂרָאֵל עַמֶּךָ.
וּבָרְכֵנוּ אָבִינוּ כֻּלָּנוּ כְּאֶחָד בְּאוֹר פָּנֶיךָ
כִּי בְאוֹר פָּנֶיךָ נָתַתָּ לָּנוּ יְהֹוָה אֱלֹהֵינוּ תּוֹרָה וְחַיִּים
אַהֲבָה וָחֶסֶד, צְדָקָה וְרַחֲמִים, בְּרָכָה וְשָׁלוֹם.
וְטוֹב בְּעֵינֶיךָ לְבָרְכֵנוּ וּלְבָרֵךְ אֶת כָּל עַמְּךָ יִשְׂרָאֵל
בְּרֹב עֹז וְשָׁלוֹם.

בעשרת ימי תשובה: וּבְסֵפֶר חַיִּים, בְּרָכָה וְשָׁלוֹם, וּפַרְנָסָה טוֹבָה
וִישׁוּעָה וְנֶחָמָה, וּגְזֵרוֹת טוֹבוֹת נִזָּכֵר וְנִכָּתֵב לְפָנֶיךָ
אֲנַחְנוּ וְכָל עַמְּךָ יִשְׂרָאֵל, לְחַיִּים טוֹבִים וּלְשָׁלוֹם.
אם שכח אינו חוזר.

בָּרוּךְ אַתָּה יְהֹוָה, הַמְבָרֵךְ אֶת עַמּוֹ יִשְׂרָאֵל בַּשָּׁלוֹם. אָמֵן.

תהלים יט יִהְיוּ לְרָצוֹן אִמְרֵי־פִי וְהֶגְיוֹן לִבִּי לְפָנֶיךָ, יְהֹוָה צוּרִי וְגֹאֲלִי:

כאן מסתיימת חזרת הש״ץ, ובתפילת לחש היחיד ממשיך בתחינות שלמטה.

יש אומרים כאן את מזמור קכא בעמ׳ 171 (׳שלמי ציבור׳ בשם הרמ״ע מפאנו, וראה הלכה 154).

הרוצה להתענות למחר, אומר את הבקשה שבעמוד הבא.
לפני מוצאי התענית היחיד אומר כאן את הבקשה שבעמוד הבא.

אֱלֹהַי
נְצֹר לְשׁוֹנִי מֵרָע וּשְׂפָתַי מִדַּבֵּר מִרְמָה
וְלִמְקַלְלַי נַפְשִׁי תִדֹּם, וְנַפְשִׁי כֶּעָפָר לַכֹּל תִּהְיֶה.
פְּתַח לִבִּי בְּתוֹרָתֶךָ, וְאַחֲרֵי מִצְוֹתֶיךָ תִּרְדֹּף נַפְשִׁי.
וְכָל הַקָּמִים עָלַי לְרָעָה, מְהֵרָה הָפֵר עֲצָתָם וְקַלְקֵל מַחְשְׁבוֹתָם.
תהלים לה (יִהְיוּ כְּמֹץ לִפְנֵי־רוּחַ וּמַלְאַךְ יְהֹוָה דּוֹחֶה:)
עֲשֵׂה לְמַעַן שְׁמֶךָ, עֲשֵׂה לְמַעַן יְמִינֶךָ
עֲשֵׂה לְמַעַן תּוֹרָתֶךָ, עֲשֵׂה לְמַעַן קְדֻשָּׁתֶךָ.
תהלים ס לְמַעַן יֵחָלְצוּן יְדִידֶיךָ, הוֹשִׁיעָה יְמִינְךָ וַעֲנֵנִי:
תהלים יט יִהְיוּ לְרָצוֹן אִמְרֵי־פִי וְהֶגְיוֹן לִבִּי לְפָנֶיךָ, יְהֹוָה צוּרִי וְגֹאֲלִי:

כורע ופוסע שלוש פסיעות לאחור. קד לשמאל, לימין ולפנים באמירת:

**עֹשֶׂה שָׁלוֹם/** בעשרת ימי תשובה: **הַשָּׁלוֹם/ בִּמְרוֹמָיו**
**הוּא בְּרַחֲמָיו יַעֲשֶׂה שָׁלוֹם עָלֵינוּ וְעַל כָּל עַמּוֹ יִשְׂרָאֵל, (וְאִמְרוּ) אָמֵן.**

**יְהִי רָצוֹן מִלְּפָנֶיךָ, יְהוָה אֱלֹהֵינוּ וֵאלֹהֵי אֲבוֹתֵינוּ, שֶׁתִּבָּנֶה בֵּית הַמִּקְדָּשׁ בִּמְהֵרָה בְיָמֵינוּ, וְתֵן חֶלְקֵנוּ בְּתוֹרָתֶךָ, לַעֲשׂוֹת חֻקֵּי רְצוֹנֶךָ וּלְעָבְדְךָ בְּלֵבָב שָׁלֵם.**

שליח הציבור חוזר על התפילה בקול רם (ראה הלכה 160–167).
בעשרת ימי תשובה לאחר חזרת הש״ץ אומרים כאן ׳אָבִינוּ מַלְכֵּנוּ׳ (עמ׳ 79).

---

הרוצה להתענות תענית יחיד למחר, אומר בקשה זו אחרי ׳יִהְיוּ לְרָצוֹן׳.

**רִבּוֹן הָעוֹלָמִים הֲרֵינִי לְפָנֶיךָ עַל תְּנַאי בְּתַעֲנִית נְדָבָה לְמָחָר מֵעֲלוֹת הַשַּׁחַר עַד אַחַר תְּפִלַּת עַרְבִית. וְאִם לֹא אוּכַל אוֹ לֹא אֶרְצֶה, כְּשֶׁאֹמַר: מִזְמוֹר לְדָוִד** תהלים כג
**יְהוָה רֹעִי: אוּכַל לְהַפְסִיק וְלֹא יִהְיֶה בִּי שׁוּם עָוֹן. אֲבָל יְהִי רָצוֹן מִלְּפָנֶיךָ, יְהוָה אֱלֹהַי וֵאלֹהֵי אֲבוֹתַי, שֶׁתִּתֵּן בִּי כֹּחַ וּבְרִיאוּת, וְאֶזְכֶּה לְהִתְעַנּוֹת לְמָחָר, וּתְקַבְּלֵנִי בְּאַהֲבָה וּבְרָצוֹן, וּתְזַכֵּנִי לָשׁוּב בִּתְשׁוּבָה שְׁלֵמָה, וְתַעֲנֶה עֲתִירָתִי, וְתִשְׁמַע תְּפִלָּתִי, כִּי אַתָּה שׁוֹמֵעַ תְּפִלַּת כָּל פֶּה. בָּרוּךְ שׁוֹמֵעַ תְּפִלָּה.**

בתפילת מנחה קטנה שלפני מוצאי תענית, ובתענית יחיד אומר ׳רִבּוֹן הָעוֹלָמִים׳ אחרי ׳יִהְיוּ לְרָצוֹן׳ (שו״ע תקסה, ד). ויש נוהגים לומר תחינה זו בערבית של מוצאי התענית.

**רִבּוֹן הָעוֹלָמִים כְּבָר הִתְעַנֵּיתִי בְּתַעֲנִית הַיּוֹם לְפָנֶיךָ, גָּלוּי וְיָדוּעַ לְפָנֵי כִּסֵּא כְבוֹדֶךָ שֶׁבִּזְמַן שֶׁבֵּית הַמִּקְדָּשׁ קַיָּם אָדָם חוֹטֵא וּמֵבִיא לְפָנֶיךָ קָרְבָּן וְאֵין מַקְרִיבִין מִמֶּנּוּ רַק חֶלְבּוֹ וְדָמוֹ וּמִתְכַּפֵּר. וְעַכְשָׁו בַּעֲוֹנוֹתֵינוּ הָרַבִּים אֵין לָנוּ לֹא מִקְדָּשׁ וְלֹא מִזְבֵּחַ וְלֹא כֹהֵן שֶׁיְּכַפֵּר בַּעֲדֵנוּ. יְהִי רָצוֹן מִלְּפָנֶיךָ, יְהוָה אֱלֹהַי וֵאלֹהֵי אֲבוֹתַי שֶׁיְּהֵא מִעוּט חֶלְבִּי וְדָמִי שֶׁנִּתְמַעֵט הַיּוֹם לְפָנֶיךָ בְּתַעֲנִיתִי חָשׁוּב וּמְקֻבָּל לִפְנֵי כִּסֵּא כְבוֹדֶךָ כְּאִלּוּ הִקְרַבְתִּיו עַל גַּבֵּי מִזְבְּחֶךָ, וְתִרְצֵנִי בְּרַחֲמֶיךָ הָרַבִּים.**

---

בימים שאין אומרים בהם תחנון, שליח הציבור אומר ׳ה׳ אֲדֹנֵינוּ׳ וקדיש תתקבל בעמ׳ 143.

אלו הימים שאין אומרים בהם תחנונים במנחה (לפי המנהג המקובל בארץ ישראל):
ערב שבת, ערב ראש חודש וראש חודש, כל חודש ניסן, ערב יום העצמאות ויום העצמאות, פסח שני (ויש שאינם אומרים גם בערב פסח שני), ערב ל״ג לעומר ול״ג לעומר, ערב יום ירושלים ויום ירושלים, מערב ראש חודש סיוון ועד י״ב בו, ערב ט׳ באב וט׳ באב, ערב ט״ו באב וט״ו באב, ערב ראש השנה, מערב יום הכיפורים עד ר״ח מרחשוון, ערב חנוכה וחנוכה, ערב ט״ו בשבט וט״ו בשבט, י״ג-ט״ו באדר א׳ וערב פורים עד שושן פורים.

כמו כן, אין אומרים תחנונים בבית כנסת שעתידה להתקיים בו ברית מילה באותו יום, או שאחד מבעלי הברית (אבי הבן, המוהל או הסנדק) מתפללים בו, או שחתן בשבעת ימי המשתה מתפלל בו. ופשט המנהג שלא לומר תחנונים גם כשיש בר־מצווה בבית הכנסת ונוהגים שלא לומר תחנונים בבית האבל (ראה הלכה 203–207).

# וידוי ונפילת אפיים

"לאחר שמתפללין נופלין על פניהם לתחינה, דכתיב (מלכים א׳ ח, נד):
'וַיְהִי כְּכַלּוֹת שְׁלֹמֹה, לְהִתְפַּלֵּל אֶל ה׳, אֵת כָּל הַתְּפִלָּה וְהַתְּחִנָּה הַזֹּאת'
אלמא תחינה אחר תפילה" (הרוקח, שכד; טור, קלא).
בזוהר מובא שיש להקדים י״ג מידות לתחינה,
וברוב הקהילות מתחילים בווידוי כדעת האר״י.

בעמידה

אָנָּא יְהֹוָה אֱלֹהֵינוּ וֵאלֹהֵי אֲבוֹתֵינוּ
תָּבֹא לְפָנֶיךָ תְּפִלָּתֵנוּ
וְאַל תִּתְעַלַּם מַלְכֵּנוּ מִתְּחִנָּתֵנוּ
שֶׁאֵין אֲנַחְנוּ עַזֵּי פָנִים וּקְשֵׁי עֹרֶף לוֹמַר לְפָנֶיךָ
יְהֹוָה אֱלֹהֵינוּ וֵאלֹהֵי אֲבוֹתֵינוּ
צַדִּיקִים אֲנַחְנוּ וְלֹא חָטָאנוּ
אֲבָל חָטָאנוּ, עָוִינוּ, פָּשַׁעְנוּ
אֲנַחְנוּ וַאֲבוֹתֵינוּ וְאַנְשֵׁי בֵיתֵנוּ.

כשמתוודה, מכה באגרופו על החזה כנגד הלב (מג״א תרז, ג בשם מדרש קהלת והאר״י).

אָשַׁמְנוּ, בָּגַדְנוּ, גָּזַלְנוּ, דִּבַּרְנוּ דֹפִי וְלָשׁוֹן הָרָע
הֶעֱוִינוּ וְהִרְשַׁעְנוּ, זַדְנוּ, חָמַסְנוּ, טָפַלְנוּ שֶׁקֶר וּמִרְמָה
יָעַצְנוּ עֵצוֹת רָעוֹת, כִּזַּבְנוּ, כָּעַסְנוּ, לַצְנוּ
מָרַדְנוּ, מָרִינוּ דְבָרֶיךָ, נִאַצְנוּ, נִאַפְנוּ, סָרַרְנוּ, עָוִינוּ
פָּשַׁעְנוּ, פָּגַמְנוּ, צָרַרְנוּ, צִעַרְנוּ אָב וָאֵם, קִשִּׁינוּ עֹרֶף
רָשַׁעְנוּ, שִׁחַתְנוּ, תִּעַבְנוּ, תָּעִינוּ וְתִעְתָּעְנוּ
וְסַרְנוּ מִמִּצְוֹתֶיךָ וּמִמִּשְׁפָּטֶיךָ הַטּוֹבִים וְלֹא שָׁוָה לָנוּ.
וְאַתָּה צַדִּיק עַל כָּל־הַבָּא עָלֵינוּ נחמיה ט
כִּי־אֱמֶת עָשִׂיתָ וַאֲנַחְנוּ הִרְשָׁעְנוּ:

מי שמתפלל ביחידות, אינו אומר י״ג מידות דרך תחינה
אבל יכול לאומרן בטעמים כקורא בתורה (שו״ע תקסה, ה). אחר ששליח הציבור אומר
׳וַיַּעֲבֹר ה׳ עַל־פָּנָיו וַיִּקְרָא׳, הקהל אומר ׳ה׳ ה׳׳ וכו׳ (רא״ש, ראש השנה פ״א, ה).

אֵל אֶרֶךְ אַפַּיִם אַתָּה וּבַעַל הָרַחֲמִים
גְּדֻלַּת רַחֲמֶיךָ וַחֲסָדֶיךָ תִּזְכּוֹר הַיּוֹם לְזֶרַע יְדִידֶיךָ
כְּמוֹ שֶׁהוֹדַעְתָּ לֶעָנָו מִקֶּדֶם
וְכֵן כָּתוּב בְּתוֹרָתָךְ:
וַיֵּרֶד יְהוָה בֶּעָנָן וַיִּתְיַצֵּב עִמּוֹ שָׁם וַיִּקְרָא בְשֵׁם יְהוָה: שמות לד
וְשָׁם נֶאֱמַר:
וַיַּעֲבֹר יְהוָה ׀ עַל־פָּנָיו וַיִּקְרָא
יְהוָה ׀ יְהוָה אֵל רַחוּם וְחַנּוּן אֶרֶךְ אַפַּיִם וְרַב־חֶסֶד וֶאֱמֶת:
נֹצֵר חֶסֶד לָאֲלָפִים נֹשֵׂא עָוֹן וָפֶשַׁע וְחַטָּאָה וְנַקֵּה:

רַחוּם וְחַנּוּן, חָטָאנוּ לְפָנֶיךָ רַחֵם עָלֵינוּ וְהוֹשִׁיעֵנוּ.

יושב ואומר (ויש הנוהגים ליפול על פניהם, ראה הלכה 196):

תהלים כה לְדָוִד, אֵלֶיךָ יְהוָה נַפְשִׁי אֶשָּׂא: אֱלֹהַי בְּךָ בָטַחְתִּי אַל־אֵבוֹשָׁה, אַל־יַעַלְצוּ אוֹיְבַי לִי: גַּם כָּל־קוֶֹיךָ לֹא יֵבֹשׁוּ, יֵבֹשׁוּ הַבּוֹגְדִים רֵיקָם: דְּרָכֶיךָ יְהוָה הוֹדִיעֵנִי, אֹרְחוֹתֶיךָ לַמְּדֵנִי: הַדְרִיכֵנִי בַאֲמִתֶּךָ וְלַמְּדֵנִי כִּי־אַתָּה אֱלֹהֵי יִשְׁעִי, אוֹתְךָ קִוִּיתִי כָּל־הַיּוֹם: זְכֹר־רַחֲמֶיךָ יְהוָה וַחֲסָדֶיךָ, כִּי מֵעוֹלָם הֵמָּה: חַטֹּאות נְעוּרַי וּפְשָׁעַי אַל־תִּזְכֹּר, כְּחַסְדְּךָ זְכָר־לִי־אַתָּה לְמַעַן טוּבְךָ יְהוָה: טוֹב־וְיָשָׁר יְהוָה, עַל־כֵּן יוֹרֶה חַטָּאִים בַּדָּרֶךְ: יַדְרֵךְ עֲנָוִים בַּמִּשְׁפָּט, וִילַמֵּד עֲנָוִים דַּרְכּוֹ: כָּל־אָרְחוֹת יְהוָה חֶסֶד וֶאֱמֶת לְנֹצְרֵי בְרִיתוֹ וְעֵדֹתָיו: לְמַעַן־שִׁמְךָ יְהוָה, וְסָלַחְתָּ לַעֲוֹנִי כִּי רַב־הוּא: מִי־זֶה הָאִישׁ יְרֵא יְהוָה, יוֹרֶנּוּ בְּדֶרֶךְ יִבְחָר: נַפְשׁוֹ בְּטוֹב תָּלִין, וְזַרְעוֹ יִירַשׁ אָרֶץ: סוֹד יְהוָה לִירֵאָיו, וּבְרִיתוֹ לְהוֹדִיעָם: עֵינַי תָּמִיד

אֶל־יְהֹוָה כִּי הוּא־יוֹצִיא מֵרֶשֶׁת רַגְלָי: פְּנֵה־אֵלַי וְחָנֵּנִי כִּי־יָחִיד
וְעָנִי אָנִי: צָרוֹת לְבָבִי הִרְחִיבוּ, מִמְּצוּקוֹתַי הוֹצִיאֵנִי: רְאֵה עָנְיִי
וַעֲמָלִי, וְשָׂא לְכָל־חַטֹּאותָי: רְאֵה־אוֹיְבַי כִּי־רָבּוּ, וְשִׂנְאַת חָמָס
שְׂנֵאוּנִי: שָׁמְרָה נַפְשִׁי וְהַצִּילֵנִי, אַל־אֵבוֹשׁ כִּי־חָסִיתִי בָךְ: תֹּם־
וָיֹשֶׁר יִצְּרוּנִי כִּי קִוִּיתִיךָ: פְּדֵה אֱלֹהִים אֶת־יִשְׂרָאֵל מִכֹּל צָרוֹתָיו:
וְהוּא יִפְדֶּה אֶת־יִשְׂרָאֵל, מִכֹּל עֲוֹנוֹתָיו: תהלים קל

יְהֹוָה אֱלֹהֵי יִשְׂרָאֵל
שׁוּב מֵחֲרוֹן אַפֶּךָ וְהִנָּחֵם עַל־הָרָעָה לְעַמֶּךָ: שמות לב

אָבִינוּ מַלְכֵּנוּ, אָבִינוּ אָתָּה. תענית כה:
אָבִינוּ מַלְכֵּנוּ, אֵין לָנוּ מֶלֶךְ אֶלָּא אָתָּה.
אָבִינוּ מַלְכֵּנוּ, רַחֵם עָלֵינוּ.
אָבִינוּ מַלְכֵּנוּ, חָנֵּנוּ וַעֲנֵנוּ, כִּי אֵין בָּנוּ מַעֲשִׂים
עֲשֵׂה עִמָּנוּ חֶסֶד לְמַעַן שִׁמְךָ הַגָּדוֹל וְהוֹשִׁיעֵנוּ.

יש נוהגים לעמוד במקום המסומן ב־• (מג״א קלא, ד בשם השל״ה).

וַאֲנַחְנוּ לֹא נֵדַע •מַה־נַּעֲשֶׂה, כִּי עָלֶיךָ עֵינֵינוּ: זְכֹר־רַחֲמֶיךָ יְהֹוָה דה״ב כ תהלים כה
וַחֲסָדֶיךָ, כִּי מֵעוֹלָם הֵמָּה: יְהִי־חַסְדְּךָ יְהֹוָה עָלֵינוּ, כַּאֲשֶׁר יִחַלְנוּ תהלים לג
לָךְ: אַל־תִּזְכָּר־לָנוּ עֲוֹנֹת רִאשֹׁנִים, מַהֵר יְקַדְּמוּנוּ רַחֲמֶיךָ כִּי דַלּוֹנוּ תהלים עט
מְאֹד: עֶזְרֵנוּ בְּשֵׁם יְהֹוָה, עֹשֵׂה שָׁמַיִם וָאָרֶץ: חָנֵּנוּ יְהֹוָה חָנֵּנוּ, תהלים קכד תהלים קכג
כִּי־רַב שָׂבַעְנוּ בוּז: בְּרֹגֶז, רַחֵם תִּזְכּוֹר: בְּרֹגֶז, אַהֲבָה תִּזְכֹּר. בְּרֹגֶז, חבקוק ג
עֲקֵדָה תִּזְכֹּר. בְּרֹגֶז, תְּמִימוּת תִּזְכֹּר. יְהֹוָה הוֹשִׁיעָה, הַמֶּלֶךְ יַעֲנֵנוּ תהלים כ
בְיוֹם־קָרְאֵנוּ: כִּי־הוּא יָדַע יִצְרֵנוּ, זָכוּר כִּי־עָפָר אֲנָחְנוּ: עָזְרֵנוּ תהלים קג תהלים עט
אֱלֹהֵי יִשְׁעֵנוּ עַל־דְּבַר כְּבוֹד־שְׁמֶךָ וְהַצִּילֵנוּ וְכַפֵּר עַל־חַטֹּאתֵינוּ
לְמַעַן שְׁמֶךָ:

בימים שאין אומרים בהם תחנון, שליח הציבור אומר:

יְהוָה אֲדֹנֵינוּ, מָה־אַדִּיר שִׁמְךָ בְּכָל־הָאָרֶץ: תהלים ח

## קדיש תתקבל

שליח הציבור כורע במילים המסומנות ב־°.

ש״ץ: °יִתְגַּדַּל וְיִתְקַדַּשׁ שְׁמֵהּ רַבָּא (קהל: אָמֵן)
בְּעָלְמָא דִּי בְרָא כִרְעוּתֵהּ
וְיַמְלִיךְ מַלְכוּתֵהּ וְיַצְמַח פֻּרְקָנֵהּ וִיקָרֵב מְשִׁיחֵהּ (קהל: אָמֵן)
בְּחַיֵּיכוֹן וּבְיוֹמֵיכוֹן וּבְחַיֵּי דְכָל בֵּית יִשְׂרָאֵל
בַּעֲגָלָא וּבִזְמַן קָרִיב, וְאִמְרוּ אָמֵן. (קהל: אָמֵן)

קהל וש״ץ: יְהֵא שְׁמֵהּ °רַבָּא מְבָרַךְ לְעָלַם לְעָלְמֵי עָלְמַיָּא °יִתְבָּרַךְ
וְיִשְׁתַּבַּח וְיִתְפָּאַר וְיִתְרוֹמַם וְיִתְנַשֵּׂא
וְיִתְהַדָּר וְיִתְעַלֶּה וְיִתְהַלָּל
שְׁמֵהּ דְּקֻדְשָׁא °בְּרִיךְ הוּא (קהל: אָמֵן)
לְעֵלָּא מִן כָּל בִּרְכָתָא, שִׁירָתָא, תֻּשְׁבְּחָתָא וְנֶחֱמָתָא
דַּאֲמִירָן בְּעָלְמָא, וְאִמְרוּ °אָמֵן. (קהל: אָמֵן)

ש״ץ: תִּתְקַבַּל צְלוֹתְהוֹן וּבָעוּתְהוֹן
עִם צְלוֹתְהוֹן וּבָעוּתְהוֹן דְּכָל בֵּית יִשְׂרָאֵל
קֳדָם אֲבוּהוֹן דְּבִשְׁמַיָּא, וְאִמְרוּ אָמֵן. (קהל: אָמֵן)

יְהֵא שְׁלָמָא רַבָּא מִן שְׁמַיָּא
חַיִּים וְשָׂבָע וִישׁוּעָה וְנֶחָמָה
וְשֵׁיזָבָא וּרְפוּאָה, וּגְאֻלָּה וּסְלִיחָה וְכַפָּרָה, וְרֶוַח וְהַצָּלָה
לָנוּ וּלְכָל עַמּוֹ יִשְׂרָאֵל, וְאִמְרוּ אָמֵן. (קהל: אָמֵן)

כורע ופוסע שלוש פסיעות לאחור, קד לשמאל, לימין ולפנים באמירת:

עֹשֶׂה שָׁלוֹם / בעשרת ימי תשובה: הַשָּׁלוֹם/ בִּמְרוֹמָיו
הוּא בְּרַחֲמָיו יַעֲשֶׂה שָׁלוֹם
עָלֵינוּ וְעַל כָּל עַמּוֹ יִשְׂרָאֵל, וְאִמְרוּ אָמֵן. (קהל: אָמֵן)

בסיום תפילת המנחה נוהגים לומר את מזמור סז, המכונה מזמור המנורה, לפי שהדלקת המנורה במקדש הייתה העבודה האחרונה ביום (פתח הדביר).

בערב שבת ובתענית ציבור אין אומרים 'לַמְנַצֵּחַ בִּנְגִינֹת', אלא את המזמורים המובאים למטה. בתענית אסתר ובפורים אומרים מזמור כב בעמ' 147, ויש אומרים מזמורים מיוחדים לכל מועד ומועד (עמ' 147–148).

תהלים סז לַמְנַצֵּחַ בִּנְגִינֹת, מִזְמוֹר שִׁיר: אֱלֹהִים יְחָנֵּנוּ וִיבָרְכֵנוּ, יָאֵר פָּנָיו אִתָּנוּ סֶלָה: לָדַעַת בָּאָרֶץ דַּרְכֶּךָ, בְּכָל־גּוֹיִם יְשׁוּעָתֶךָ: יוֹדוּךָ עַמִּים אֱלֹהִים, יוֹדוּךָ עַמִּים כֻּלָּם: יִשְׂמְחוּ וִירַנְּנוּ לְאֻמִּים, כִּי־תִשְׁפֹּט עַמִּים מִישֹׁר, וּלְאֻמִּים בָּאָרֶץ תַּנְחֵם סֶלָה: יוֹדוּךָ עַמִּים אֱלֹהִים, יוֹדוּךָ עַמִּים כֻּלָּם: אֶרֶץ נָתְנָה יְבוּלָהּ, יְבָרְכֵנוּ אֱלֹהִים אֱלֹהֵינוּ: יְבָרְכֵנוּ אֱלֹהִים, וְיִירְאוּ אוֹתוֹ כָּל־אַפְסֵי־אָרֶץ:

בערב שבת אומרים:

תהלים צג יְהוָה מָלָךְ, גֵּאוּת לָבֵשׁ, לָבֵשׁ יְהוָה עֹז הִתְאַזָּר אַף־תִּכּוֹן תֵּבֵל בַּל־תִּמּוֹט: נָכוֹן כִּסְאֲךָ מֵאָז, מֵעוֹלָם אָתָּה: נָשְׂאוּ נְהָרוֹת יְהוָה, נָשְׂאוּ נְהָרוֹת קוֹלָם, יִשְׂאוּ נְהָרוֹת דָּכְיָם: מִקֹּלוֹת מַיִם רַבִּים, אַדִּירִים מִשְׁבְּרֵי־יָם, אַדִּיר בַּמָּרוֹם יְהוָה: עֵדֹתֶיךָ נֶאֶמְנוּ מְאֹד, לְבֵיתְךָ נַאֲוָה־קֹדֶשׁ, יְהוָה לְאֹרֶךְ יָמִים:

בתענית ציבור אומרים:

תהלים קב תְּפִלָּה לְעָנִי כִי־יַעֲטֹף וְלִפְנֵי יְהוָה יִשְׁפֹּךְ שִׂיחוֹ: יְהוָה שִׁמְעָה תְפִלָּתִי וְשַׁוְעָתִי אֵלֶיךָ תָבוֹא: אַל־תַּסְתֵּר פָּנֶיךָ מִמֶּנִּי בְּיוֹם צַר לִי הַטֵּה־אֵלַי אָזְנֶךָ בְּיוֹם אֶקְרָא מַהֵר עֲנֵנִי: כִּי־כָלוּ בְעָשָׁן יָמָי וְעַצְמוֹתַי כְּמוֹקֵד נִחָרוּ: הוּכָּה כָעֵשֶׂב וַיִּבַשׁ לִבִּי כִּי־שָׁכַחְתִּי מֵאֲכֹל לַחְמִי: מִקּוֹל אַנְחָתִי דָּבְקָה עַצְמִי לִבְשָׂרִי: דָּמִיתִי לִקְאַת מִדְבָּר הָיִיתִי כְּכוֹס חֳרָבוֹת: שָׁקַדְתִּי וָאֶהְיֶה כְּצִפּוֹר בּוֹדֵד עַל־גָּג: כָּל־הַיּוֹם חֵרְפוּנִי אוֹיְבָי מְהוֹלָלַי בִּי נִשְׁבָּעוּ: כִּי־אֵפֶר כַּלֶּחֶם אָכָלְתִּי וְשִׁקֻּוַי בִּבְכִי מָסָכְתִּי: מִפְּנֵי־זַעַמְךָ וְקִצְפֶּךָ כִּי נְשָׂאתַנִי וַתַּשְׁלִיכֵנִי: יָמַי כְּצֵל נָטוּי וַאֲנִי כָּעֵשֶׂב אִיבָשׁ: וְאַתָּה יְהוָה לְעוֹלָם תֵּשֵׁב וְזִכְרְךָ לְדֹר וָדֹר: אַתָּה תָקוּם תְּרַחֵם צִיּוֹן כִּי־עֵת לְחֶנְנָהּ כִּי־בָא מוֹעֵד: כִּי־רָצוּ עֲבָדֶיךָ אֶת־אֲבָנֶיהָ וְאֶת־עֲפָרָהּ יְחֹנֵנוּ: וְיִירְאוּ גוֹיִם אֶת־שֵׁם יְהוָה וְכָל־מַלְכֵי הָאָרֶץ אֶת־כְּבוֹדֶךָ: כִּי־בָנָה יְהוָה צִיּוֹן נִרְאָה בִּכְבוֹדוֹ: פָּנָה אֶל־תְּפִלַּת הָעַרְעָר וְלֹא־בָזָה אֶת־תְּפִלָּתָם: תִּכָּתֶב זֹאת לְדוֹר אַחֲרוֹן וְעַם נִבְרָא יְהַלֶּל־יָהּ:

כִּי־הִשְׁקִיף מִמְּרוֹם קָדְשׁוֹ יְהֹוָה מִשָּׁמַיִם אֶל־אֶרֶץ הִבִּיט: לִשְׁמֹעַ אֶנְקַת אָסִיר לְפַתֵּחַ בְּנֵי תְמוּתָה: לְסַפֵּר בְּצִיּוֹן שֵׁם יְהֹוָה וּתְהִלָּתוֹ בִּירוּשָׁלָםִ: בְּהִקָּבֵץ עַמִּים יַחְדָּו וּמַמְלָכוֹת לַעֲבֹד אֶת־יְהֹוָה: עִנָּה בַדֶּרֶךְ כֹּחִי קִצַּר יָמָי: אֹמַר, אֵלִי אַל־תַּעֲלֵנִי בַּחֲצִי יָמָי בְּדוֹר דּוֹרִים שְׁנוֹתֶיךָ: לְפָנִים הָאָרֶץ יָסַדְתָּ וּמַעֲשֵׂה יָדֶיךָ שָׁמָיִם: הֵמָּה יֹאבֵדוּ וְאַתָּה תַעֲמֹד וְכֻלָּם כַּבֶּגֶד יִבְלוּ כַּלְּבוּשׁ תַּחֲלִיפֵם וְיַחֲלֹפוּ: וְאַתָּה־הוּא וּשְׁנוֹתֶיךָ לֹא יִתָּמּוּ: בְּנֵי־עֲבָדֶיךָ יִשְׁכּוֹנוּ וְזַרְעָם לְפָנֶיךָ יִכּוֹן:

## קדיש יהא שלמא

הַמְקַדֵּשׁ (האומר קדיש) כורע במילים המסומנות ב׳.
נוהגים שאם יש אבל הוא אומר קדיש זה.

מקדש: ׳יִתְגַּדַּל וְיִתְקַדַּשׁ שְׁמֵהּ רַבָּא (קהל: אָמֵן)
בְּעָלְמָא דִּי בְרָא כִרְעוּתֵהּ
וְיַמְלִיךְ מַלְכוּתֵהּ וְיַצְמַח פֻּרְקָנֵהּ וִיקָרֵב מְשִׁיחֵהּ (קהל: אָמֵן)
בְּחַיֵּיכוֹן וּבְיוֹמֵיכוֹן וּבְחַיֵּי דְכָל בֵּית יִשְׂרָאֵל
בַּעֲגָלָא וּבִזְמַן קָרִיב, וְאִמְרוּ אָמֵן. (קהל: אָמֵן)

קהל ומקדש: יְהֵא שְׁמֵהּ ׳רַבָּא מְבָרַךְ לְעָלַם לְעָלְמֵי עָלְמַיָּא ׳יִתְבָּרַךְ
וְיִשְׁתַּבַּח וְיִתְפָּאַר וְיִתְרוֹמַם וְיִתְנַשֵּׂא וְיִתְהַדָּר וְיִתְעַלֶּה וְיִתְהַלָּל
שְׁמֵהּ דְּקֻדְשָׁא ׳בְּרִיךְ הוּא (קהל: אָמֵן)
לְעֵלָּא מִן כָּל בִּרְכָתָא, שִׁירָתָא, תֻּשְׁבְּחָתָא וְנֶחֱמָתָא
דַּאֲמִירָן בְּעָלְמָא, וְאִמְרוּ ׳אָמֵן. (קהל: אָמֵן)

מקדש: יְהֵא שְׁלָמָא רַבָּא מִן שְׁמַיָּא, חַיִּים וְשָׂבָע וִישׁוּעָה וְנֶחָמָה
וְשֵׁיזָבָא וּרְפוּאָה וּגְאֻלָּה וּסְלִיחָה וְכַפָּרָה, וְרֶוַח וְהַצָּלָה
לָנוּ וּלְכָל עַמּוֹ יִשְׂרָאֵל, וְאִמְרוּ אָמֵן. (קהל: אָמֵן)

עֹשֶׂה שָׁלוֹם בִּמְרוֹמָיו
הוּא בְּרַחֲמָיו יַעֲשֶׂה שָׁלוֹם עָלֵינוּ
וְעַל כָּל עַמּוֹ יִשְׂרָאֵל, וְאִמְרוּ אָמֵן. (קהל: אָמֵן)

עומדים ואומרים ׳עָלֵינוּ׳ כדי לחזק בלבנו את האמונה בקב״ה ובגאולה (טור וב״ח, קלג), וכורעים במקום המסומן ב°. ברוב הקהילות ממשיכים ׳עַל כֵּן נְקַוֶּה׳, כדעת האר״י.

עָלֵינוּ לְשַׁבֵּחַ לַאֲדוֹן הַכֹּל, לָתֵת גְּדֻלָּה לְיוֹצֵר בְּרֵאשִׁית
שֶׁלֹּא עָשָׂנוּ כְּגוֹיֵי הָאֲרָצוֹת, וְלֹא שָׂמָנוּ כְּמִשְׁפְּחוֹת הָאֲדָמָה
שֶׁלֹּא שָׂם חֶלְקֵנוּ כָּהֶם וְגוֹרָלֵנוּ כְּכָל הֲמוֹנָם.
שֶׁהֵם מִשְׁתַּחֲוִים לְהֶבֶל וָרִיק וּמִתְפַּלְלִים אֶל־אֵל לֹא יוֹשִׁיעַ.
°וַאֲנַחְנוּ מִשְׁתַּחֲוִים לִפְנֵי מֶלֶךְ מַלְכֵי הַמְּלָכִים
הַקָּדוֹשׁ בָּרוּךְ הוּא
שֶׁהוּא נוֹטֶה שָׁמַיִם וְיוֹסֵד אָרֶץ
וּמוֹשַׁב יְקָרוֹ בַּשָּׁמַיִם מִמַּעַל, וּשְׁכִינַת עֻזּוֹ בְּגָבְהֵי מְרוֹמִים.
הוּא אֱלֹהֵינוּ, וְאֵין עוֹד אַחֵר
אֱמֶת מַלְכֵּנוּ, וְאֶפֶס זוּלָתוֹ
דברים ד כַּכָּתוּב בַּתּוֹרָה, וְיָדַעְתָּ הַיּוֹם וַהֲשֵׁבֹתָ אֶל־לְבָבֶךָ
כִּי יְהוָה הוּא הָאֱלֹהִים בַּשָּׁמַיִם מִמַּעַל וְעַל־הָאָרֶץ מִתָּחַת אֵין עוֹד:

עַל כֵּן נְקַוֶּה לְּךָ, יְהוָה אֱלֹהֵינוּ, לִרְאוֹת מְהֵרָה בְּתִפְאֶרֶת עֻזֶּךָ
לְהַעֲבִיר גִּלּוּלִים מִן הָאָרֶץ וְהָאֱלִילִים כָּרוֹת יִכָּרֵתוּן
לְתַקֵּן עוֹלָם בְּמַלְכוּת שַׁדַּי
וְכָל בְּנֵי בָשָׂר יִקְרְאוּ בִשְׁמֶךָ לְהַפְנוֹת אֵלֶיךָ כָּל רִשְׁעֵי אָרֶץ
יַכִּירוּ וְיֵדְעוּ כָּל יוֹשְׁבֵי תֵבֵל
כִּי לְךָ תִּכְרַע כָּל בֶּרֶךְ, תִּשָּׁבַע כָּל לָשׁוֹן.
לְפָנֶיךָ יְהוָה אֱלֹהֵינוּ יִכְרְעוּ וְיִפֹּלוּ, וְלִכְבוֹד שִׁמְךָ יְקָר יִתֵּנוּ
וִיקַבְּלוּ כֻלָּם אֶת עוֹל מַלְכוּתֶךָ, וְתִמְלֹךְ עֲלֵיהֶם מְהֵרָה לְעוֹלָם וָעֶד
כִּי הַמַּלְכוּת שֶׁלְּךָ הִיא וּלְעוֹלְמֵי עַד תִּמְלֹךְ בְּכָבוֹד
שמות טו כַּכָּתוּב בְּתוֹרָתֶךָ, יְהוָה יִמְלֹךְ לְעֹלָם וָעֶד:
זכריה יד וְנֶאֱמַר, וְהָיָה יְהוָה לְמֶלֶךְ עַל־כָּל־הָאָרֶץ
בַּיּוֹם הַהוּא יִהְיֶה יְהוָה אֶחָד וּשְׁמוֹ אֶחָד:

בכמה מקהילות המערב נוהגים לומר כאן חצי קדיש עמ׳ 126.

בתענית אסתר ובפורים:

לַמְנַצֵּחַ עַל־אַיֶּלֶת הַשַּׁחַר מִזְמוֹר לְדָוִד: אֵלִי אֵלִי לָמָה עֲזַבְתָּנִי, רָחוֹק מִישׁוּעָתִי תהלים כב
דִּבְרֵי שַׁאֲגָתִי: אֱלֹהַי אֶקְרָא יוֹמָם וְלֹא תַעֲנֶה, וְלַיְלָה וְלֹא־דוּמִיָּה לִי: וְאַתָּה
קָדוֹשׁ, יוֹשֵׁב תְּהִלּוֹת יִשְׂרָאֵל: בְּךָ בָּטְחוּ אֲבֹתֵינוּ, בָּטְחוּ וַתְּפַלְּטֵמוֹ: אֵלֶיךָ זָעֲקוּ
וְנִמְלָטוּ, בְּךָ בָטְחוּ וְלֹא־בוֹשׁוּ: וְאָנֹכִי תוֹלַעַת וְלֹא־אִישׁ חֶרְפַּת אָדָם וּבְזוּי עָם:
כָּל־רֹאַי יַלְעִגוּ לִי, יַפְטִירוּ בְשָׂפָה, יָנִיעוּ רֹאשׁ: גֹּל אֶל־יְהֹוָה יְפַלְּטֵהוּ, יַצִּילֵהוּ כִּי
חָפֵץ בּוֹ: כִּי־אַתָּה גֹחִי מִבָּטֶן, מַבְטִיחִי עַל־שְׁדֵי אִמִּי: עָלֶיךָ הָשְׁלַכְתִּי מֵרָחֶם,
מִבֶּטֶן אִמִּי אֵלִי אָתָּה: אַל־תִּרְחַק מִמֶּנִּי כִּי־צָרָה קְרוֹבָה כִּי־אֵין עוֹזֵר: סְבָבוּנִי
פָּרִים רַבִּים, אַבִּירֵי בָשָׁן כִּתְּרוּנִי: פָּצוּ עָלַי פִּיהֶם, אַרְיֵה טֹרֵף וְשֹׁאֵג: כַּמַּיִם
נִשְׁפַּכְתִּי וְהִתְפָּרְדוּ כָּל־עַצְמוֹתָי, הָיָה לִבִּי כַּדּוֹנָג, נָמֵס בְּתוֹךְ מֵעָי: יָבֵשׁ כַּחֶרֶשׂ
כֹּחִי, וּלְשׁוֹנִי מֻדְבָּק מַלְקוֹחָי, וְלַעֲפַר־מָוֶת תִּשְׁפְּתֵנִי: כִּי סְבָבוּנִי כְּלָבִים, עֲדַת
מְרֵעִים הִקִּיפוּנִי, כָּאֲרִי יָדַי וְרַגְלָי: אֲסַפֵּר כָּל־עַצְמוֹתָי הֵמָּה יַבִּיטוּ יִרְאוּ־בִי:
יְחַלְּקוּ בְגָדַי לָהֶם וְעַל־לְבוּשִׁי יַפִּילוּ גוֹרָל: וְאַתָּה יְהֹוָה אַל־תִּרְחָק, אֱיָלוּתִי
לְעֶזְרָתִי חוּשָׁה: הַצִּילָה מֵחֶרֶב נַפְשִׁי, מִיַּד־כֶּלֶב יְחִידָתִי: הוֹשִׁיעֵנִי מִפִּי אַרְיֵה,
וּמִקַּרְנֵי רֵמִים עֲנִיתָנִי: אֲסַפְּרָה שִׁמְךָ לְאֶחָי, בְּתוֹךְ קָהָל אֲהַלְלֶךָּ: יִרְאֵי יְהֹוָה
הַלְלוּהוּ, כָּל־זֶרַע יַעֲקֹב כַּבְּדוּהוּ, וְגוּרוּ מִמֶּנּוּ כָּל־זֶרַע יִשְׂרָאֵל: כִּי לֹא־בָזָה וְלֹא
שִׁקַּץ עֱנוּת עָנִי, וְלֹא־הִסְתִּיר פָּנָיו מִמֶּנּוּ, וּבְשַׁוְּעוֹ אֵלָיו שָׁמֵעַ: מֵאִתְּךָ תְּהִלָּתִי,
בְּקָהָל רָב נְדָרַי אֲשַׁלֵּם נֶגֶד יְרֵאָיו: יֹאכְלוּ עֲנָוִים וְיִשְׂבָּעוּ, יְהַלְלוּ יְהֹוָה דֹּרְשָׁיו,
יְחִי לְבַבְכֶם לָעַד: יִזְכְּרוּ וְיָשֻׁבוּ אֶל־יְהֹוָה כָּל־אַפְסֵי־אָרֶץ וְיִשְׁתַּחֲווּ לְפָנֶיךָ כָּל־
מִשְׁפְּחוֹת גּוֹיִם: כִּי לַיהֹוָה הַמְּלוּכָה, וּמֹשֵׁל בַּגּוֹיִם: אָכְלוּ וַיִּשְׁתַּחֲווּ כָּל־דִּשְׁנֵי־אֶרֶץ,
לְפָנָיו יִכְרְעוּ כָּל־יוֹרְדֵי עָפָר, וְנַפְשׁוֹ לֹא חִיָּה: זֶרַע יַעַבְדֶנּוּ, יְסֻפַּר לַאדֹנָי לַדּוֹר:
יָבֹאוּ וְיַגִּידוּ צִדְקָתוֹ, לְעַם נוֹלָד כִּי עָשָׂה:

קדיש יהא שלמא (עמ׳ 145) ו׳עָלֵינוּ׳

בחול המועד סוכות יש אומרים מזמור זה ויש אומרים את מזמור מג (בעמוד הבא):

שִׁיר הַמַּעֲלוֹת לְדָוִד, שָׂמַחְתִּי בְּאֹמְרִים לִי בֵּית יְהֹוָה נֵלֵךְ: עֹמְדוֹת הָיוּ רַגְלֵינוּ, תהלים קכב
בִּשְׁעָרַיִךְ יְרוּשָׁלָיִם: יְרוּשָׁלַיִם הַבְּנוּיָה, כְּעִיר שֶׁחֻבְּרָה־לָּהּ יַחְדָּו: שֶׁשָּׁם עָלוּ
שְׁבָטִים שִׁבְטֵי־יָהּ, עֵדוּת לְיִשְׂרָאֵל, לְהֹדוֹת לְשֵׁם יְהֹוָה: כִּי שָׁמָּה יָשְׁבוּ כִסְאוֹת
לְמִשְׁפָּט, כִּסְאוֹת לְבֵית דָּוִד: שַׁאֲלוּ שְׁלוֹם יְרוּשָׁלָיִם, יִשְׁלָיוּ אֹהֲבָיִךְ: יְהִי־שָׁלוֹם
בְּחֵילֵךְ, שַׁלְוָה בְּאַרְמְנוֹתָיִךְ: לְמַעַן אַחַי וְרֵעָי, אֲדַבְּרָה־נָּא שָׁלוֹם בָּךְ: לְמַעַן
בֵּית־יְהֹוָה אֱלֹהֵינוּ, אֲבַקְשָׁה טוֹב לָךְ:

קדיש יהא שלמא (עמ׳ 145) ו׳עָלֵינוּ׳

תהלים מג שְׁפְטֵנִי אֱלֹהִים וְרִיבָה רִיבִי מִגּוֹי לֹא־חָסִיד מֵאִישׁ־מִרְמָה וְעַוְלָה תְפַלְּטֵנִי: כִּי־
אַתָּה אֱלֹהֵי מָעוּזִּי לָמָה זְנַחְתָּנִי לָמָּה־קֹדֵר אֶתְהַלֵּךְ בְּלַחַץ אוֹיֵב: שְׁלַח־אוֹרְךָ
וַאֲמִתְּךָ הֵמָּה יַנְחוּנִי יְבִיאוּנִי אֶל־הַר־קָדְשְׁךָ וְאֶל־מִשְׁכְּנוֹתֶיךָ: וְאָבוֹאָה אֶל־
מִזְבַּח אֱלֹהִים אֶל־אֵל שִׂמְחַת גִּילִי וְאוֹדְךָ בְכִנּוֹר אֱלֹהִים אֱלֹהָי: מַה־תִּשְׁתּוֹחֲחִי
נַפְשִׁי וּמַה־תֶּהֱמִי עָלָי הוֹחִילִי לֵאלֹהִים כִּי־עוֹד אוֹדֶנּוּ יְשׁוּעֹת פָּנַי וֵאלֹהָי:

קדיש יהא שלמא (עמ׳ 145) ו״עָלֵינוּ״

בחול המועד פסח יש אומרים מזמור זה ויש אומרים את סוף מזמור קז:

תהלים קיד בְּצֵאת יִשְׂרָאֵל מִמִּצְרָיִם, בֵּית יַעֲקֹב מֵעַם לֹעֵז: הָיְתָה יְהוּדָה לְקָדְשׁוֹ, יִשְׂרָאֵל
מַמְשְׁלוֹתָיו: הַיָּם רָאָה וַיָּנֹס, הַיַּרְדֵּן יִסֹּב לְאָחוֹר: הֶהָרִים רָקְדוּ כְאֵילִים, גְּבָעוֹת
כִּבְנֵי־צֹאן: מַה־לְּךָ הַיָּם כִּי תָנוּס, הַיַּרְדֵּן תִּסֹּב לְאָחוֹר: הֶהָרִים תִּרְקְדוּ כְאֵילִים,
גְּבָעוֹת כִּבְנֵי־צֹאן: מִלִּפְנֵי אָדוֹן חוּלִי אָרֶץ, מִלִּפְנֵי אֱלוֹהַּ יַעֲקֹב: הַהֹפְכִי הַצּוּר
אֲגַם־מָיִם, חַלָּמִישׁ לְמַעְיְנוֹ־מָיִם: קדיש יהא שלמא (עמ׳ 145) ו״עָלֵינוּ״

תהלים קז וִירוֹמְמוּהוּ בִּקְהַל־עָם, וּבְמוֹשַׁב זְקֵנִים יְהַלְלוּהוּ: יָשֵׂם נְהָרוֹת לְמִדְבָּר, וּמֹצָאֵי
מַיִם לְצִמָּאוֹן: אֶרֶץ פְּרִי לִמְלֵחָה, מֵרָעַת יוֹשְׁבֵי בָהּ: יָשֵׂם מִדְבָּר לַאֲגַם־מַיִם,
וְאֶרֶץ צִיָּה לְמֹצָאֵי מָיִם: וַיּוֹשֶׁב שָׁם רְעֵבִים, וַיְכוֹנְנוּ עִיר מוֹשָׁב: וַיִּזְרְעוּ שָׂדוֹת,
וַיִּטְּעוּ כְרָמִים, וַיַּעֲשׂוּ פְּרִי תְבוּאָה: וַיְבָרְכֵם וַיִּרְבּוּ מְאֹד, וּבְהֶמְתָּם לֹא יַמְעִיט:
וַיִּמְעֲטוּ וַיָּשֹׁחוּ, מֵעֹצֶר רָעָה וְיָגוֹן: שֹׁפֵךְ בּוּז עַל־נְדִיבִים, וַיַּתְעֵם בְּתֹהוּ לֹא־דָרֶךְ:
וַיְשַׂגֵּב אֶבְיוֹן מֵעוֹנִי, וַיָּשֶׂם כַּצֹּאן מִשְׁפָּחוֹת: יִרְאוּ יְשָׁרִים וְיִשְׂמָחוּ, וְכָל־עַוְלָה
קָפְצָה פִּיהָ: מִי־חָכָם וְיִשְׁמָר־אֵלֶּה, וְיִתְבּוֹנְנוּ חַסְדֵי יְהוָה:

קדיש יהא שלמא (עמ׳ 145) ו״עָלֵינוּ״

בראש חודש:

תהלים ח לַמְנַצֵּחַ עַל־הַגִּתִּית מִזְמוֹר לְדָוִד: יְהוָה אֲדֹנֵינוּ מָה־אַדִּיר שִׁמְךָ בְּכָל־הָאָרֶץ
אֲשֶׁר־תְּנָה הוֹדְךָ עַל־הַשָּׁמָיִם: מִפִּי עוֹלְלִים וְיֹנְקִים יִסַּדְתָּ עֹז לְמַעַן צוֹרְרֶיךָ
לְהַשְׁבִּית אוֹיֵב וּמִתְנַקֵּם: כִּי־אֶרְאֶה שָׁמֶיךָ מַעֲשֵׂה אֶצְבְּעֹתֶיךָ יָרֵחַ וְכוֹכָבִים
אֲשֶׁר כּוֹנָנְתָּה: מָה־אֱנוֹשׁ כִּי־תִזְכְּרֶנּוּ וּבֶן־אָדָם כִּי תִפְקְדֶנּוּ: וַתְּחַסְּרֵהוּ מְּעַט
מֵאֱלֹהִים וְכָבוֹד וְהָדָר תְּעַטְּרֵהוּ: תַּמְשִׁילֵהוּ בְּמַעֲשֵׂי יָדֶיךָ כֹּל שַׁתָּה תַחַת־רַגְלָיו:
צֹנֶה וַאֲלָפִים כֻּלָּם וְגַם בַּהֲמוֹת שָׂדָי: צִפּוֹר שָׁמַיִם וּדְגֵי הַיָּם עֹבֵר אָרְחוֹת יַמִּים:
יְהוָה אֲדֹנֵינוּ מָה־אַדִּיר שִׁמְךָ בְּכָל־הָאָרֶץ: קדיש יהא שלמא (עמ׳ 145) ו״עָלֵינוּ״

# מזמורים לפני ערבית

בחול המועד יש נוהגים לומר את מזמור הרגל בעמ׳ 415–418.
בחנוכה את מזמור ל, בפורים את מזמור כב ובבית האבל את מזמור מט בעמ׳ 107–108.
בליל ראש חודש נוהגים לומר מזמור זה:

תהלים קד בָּרְכִי נַפְשִׁי אֶת־יְהֹוָה, יְהֹוָה אֱלֹהַי גָּדַלְתָּ מְּאֹד, הוֹד וְהָדָר לָבָשְׁתָּ: עֹטֶה־אוֹר כַּשַּׂלְמָה, נוֹטֶה שָׁמַיִם כַּיְרִיעָה: הַמְקָרֶה בַמַּיִם עֲלִיּוֹתָיו, הַשָּׂם־עָבִים רְכוּבוֹ, הַמְהַלֵּךְ עַל־כַּנְפֵי־רוּחַ: עֹשֶׂה מַלְאָכָיו רוּחוֹת, מְשָׁרְתָיו אֵשׁ לֹהֵט: יָסַד־אֶרֶץ עַל־מְכוֹנֶיהָ, בַּל־תִּמּוֹט עוֹלָם וָעֶד: תְּהוֹם כַּלְּבוּשׁ כִּסִּיתוֹ, עַל־הָרִים יַעַמְדוּ־מָיִם: מִן־גַּעֲרָתְךָ יְנוּסוּן, מִן־קוֹל רַעַמְךָ יֵחָפֵזוּן: יַעֲלוּ הָרִים, יֵרְדוּ בְקָעוֹת, אֶל־מְקוֹם זֶה יָסַדְתָּ לָהֶם: גְּבוּל־שַׂמְתָּ בַּל־יַעֲבֹרוּן, בַּל־יְשׁוּבוּן לְכַסּוֹת הָאָרֶץ: הַמְשַׁלֵּחַ מַעְיָנִים בַּנְּחָלִים, בֵּין הָרִים יְהַלֵּכוּן: יַשְׁקוּ כָּל־חַיְתוֹ שָׂדָי, יִשְׁבְּרוּ פְרָאִים צְמָאָם: עֲלֵיהֶם עוֹף־הַשָּׁמַיִם יִשְׁכּוֹן, מִבֵּין עֳפָאיִם יִתְּנוּ־קוֹל: מַשְׁקֶה הָרִים מֵעֲלִיּוֹתָיו, מִפְּרִי מַעֲשֶׂיךָ תִּשְׂבַּע הָאָרֶץ: מַצְמִיחַ חָצִיר לַבְּהֵמָה, וְעֵשֶׂב לַעֲבֹדַת הָאָדָם, לְהוֹצִיא לֶחֶם מִן־הָאָרֶץ: וְיַיִן יְשַׂמַּח לְבַב־אֱנוֹשׁ, לְהַצְהִיל פָּנִים מִשָּׁמֶן, וְלֶחֶם לְבַב־אֱנוֹשׁ יִסְעָד: יִשְׂבְּעוּ עֲצֵי יְהֹוָה, אַרְזֵי לְבָנוֹן אֲשֶׁר נָטָע: אֲשֶׁר־שָׁם צִפֳּרִים יְקַנֵּנוּ, חֲסִידָה בְּרוֹשִׁים בֵּיתָהּ: הָרִים הַגְּבֹהִים לַיְּעֵלִים, סְלָעִים מַחְסֶה לַשְׁפַנִּים: עָשָׂה יָרֵחַ לְמוֹעֲדִים, שֶׁמֶשׁ יָדַע מְבוֹאוֹ: תָּשֶׁת־חֹשֶׁךְ וִיהִי לָיְלָה, בּוֹ־תִרְמֹשׂ כָּל־חַיְתוֹ־יָעַר: הַכְּפִירִים שֹׁאֲגִים לַטָּרֶף, וּלְבַקֵּשׁ מֵאֵל אָכְלָם: תִּזְרַח הַשֶּׁמֶשׁ יֵאָסֵפוּן, וְאֶל־מְעוֹנֹתָם יִרְבָּצוּן: יֵצֵא אָדָם לְפָעֳלוֹ, וְלַעֲבֹדָתוֹ עֲדֵי־עָרֶב: מָה־רַבּוּ מַעֲשֶׂיךָ יְהֹוָה, כֻּלָּם בְּחָכְמָה עָשִׂיתָ, מָלְאָה הָאָרֶץ קִנְיָנֶךָ: זֶה הַיָּם גָּדוֹל וּרְחַב יָדָיִם, שָׁם־רֶמֶשׂ וְאֵין מִסְפָּר, חַיּוֹת קְטַנּוֹת עִם־גְּדֹלוֹת: שָׁם אֳנִיּוֹת יְהַלֵּכוּן, לִוְיָתָן זֶה־יָצַרְתָּ לְשַׂחֶק־בּוֹ: כֻּלָּם אֵלֶיךָ יְשַׂבֵּרוּן, לָתֵת אָכְלָם בְּעִתּוֹ: תִּתֵּן לָהֶם יִלְקֹטוּן, תִּפְתַּח יָדְךָ יִשְׂבְּעוּן טוֹב: תַּסְתִּיר פָּנֶיךָ יִבָּהֵלוּן, תֹּסֵף רוּחָם יִגְוָעוּן, וְאֶל־עֲפָרָם יְשׁוּבוּן: תְּשַׁלַּח רוּחֲךָ יִבָּרֵאוּן, וּתְחַדֵּשׁ פְּנֵי אֲדָמָה: יְהִי כְבוֹד יְהֹוָה לְעוֹלָם, יִשְׂמַח יְהֹוָה בְּמַעֲשָׂיו: הַמַּבִּיט לָאָרֶץ וַתִּרְעָד, יִגַּע בֶּהָרִים וְיֶעֱשָׁנוּ: אָשִׁירָה לַיהֹוָה בְּחַיָּי, אֲזַמְּרָה לֵאלֹהַי בְּעוֹדִי: יֶעֱרַב עָלָיו שִׂיחִי, אָנֹכִי אֶשְׂמַח בַּיהֹוָה: יִתַּמּוּ חַטָּאִים מִן־הָאָרֶץ, וּרְשָׁעִים עוֹד אֵינָם, בָּרְכִי נַפְשִׁי אֶת־יְהֹוָה, הַלְלוּיָהּ:

מנהג קדום בקהילות המזרח לומר מזמורים לפני ערבית,
ולדעת המקובלים יש להימנע מאמירת מזמורים אחר צאת הכוכבים (שעה״כ).

תהלים כז לְדָוִד, יְהֹוָה אוֹרִי וְיִשְׁעִי, מִמִּי אִירָא, יְהֹוָה מָעוֹז־חַיַּי, מִמִּי אֶפְחָד: בִּקְרֹב
עָלַי מְרֵעִים לֶאֱכֹל אֶת־בְּשָׂרִי, צָרַי וְאֹיְבַי לִי, הֵמָּה כָשְׁלוּ וְנָפָלוּ: אִם־תַּחֲנֶה
עָלַי מַחֲנֶה, לֹא־יִירָא לִבִּי, אִם־תָּקוּם עָלַי מִלְחָמָה, בְּזֹאת אֲנִי בוֹטֵחַ: אַחַת
שָׁאַלְתִּי מֵאֵת־יְהֹוָה, אוֹתָהּ אֲבַקֵּשׁ, שִׁבְתִּי בְּבֵית־יְהֹוָה כָּל־יְמֵי חַיַּי, לַחֲזוֹת
בְּנֹעַם־יְהֹוָה, וּלְבַקֵּר בְּהֵיכָלוֹ: כִּי יִצְפְּנֵנִי בְּסֻכֹּה בְּיוֹם רָעָה, יַסְתִּרֵנִי בְּסֵתֶר
אָהֳלוֹ, בְּצוּר יְרוֹמְמֵנִי: וְעַתָּה יָרוּם רֹאשִׁי עַל אֹיְבַי סְבִיבוֹתַי, וְאֶזְבְּחָה
בְאָהֳלוֹ זִבְחֵי תְרוּעָה, אָשִׁירָה וַאֲזַמְּרָה לַיהֹוָה: שְׁמַע־יְהֹוָה קוֹלִי אֶקְרָא,
וְחָנֵּנִי וַעֲנֵנִי: לְךָ אָמַר לִבִּי בַּקְּשׁוּ פָנָי, אֶת־פָּנֶיךָ יְהֹוָה אֲבַקֵּשׁ: אַל־תַּסְתֵּר
פָּנֶיךָ מִמֶּנִּי, אַל תַּט־בְּאַף עַבְדֶּךָ, עֶזְרָתִי הָיִיתָ, אַל־תִּטְּשֵׁנִי וְאַל־תַּעַזְבֵנִי,
אֱלֹהֵי יִשְׁעִי: כִּי־אָבִי וְאִמִּי עֲזָבוּנִי, וַיהֹוָה יַאַסְפֵנִי: הוֹרֵנִי יְהֹוָה דַּרְכֶּךָ,
וּנְחֵנִי בְּאֹרַח מִישׁוֹר, לְמַעַן שׁוֹרְרָי: אַל־תִּתְּנֵנִי בְּנֶפֶשׁ צָרָי, כִּי קָמוּ־בִי
עֵדֵי־שֶׁקֶר, וִיפֵחַ חָמָס: לוּלֵא הֶאֱמַנְתִּי לִרְאוֹת בְּטוּב־יְהֹוָה בְּאֶרֶץ חַיִּים:
קַוֵּה אֶל־יְהֹוָה, חֲזַק וְיַאֲמֵץ לִבֶּךָ, וְקַוֵּה אֶל־יְהֹוָה:

תהלים קלד שִׁיר הַמַּעֲלוֹת
הִנֵּה בָּרְכוּ אֶת־יְהֹוָה כָּל־עַבְדֵי יְהֹוָה, הָעֹמְדִים בְּבֵית־יְהֹוָה בַּלֵּילוֹת:
שְׂאוּ־יְדֵכֶם קֹדֶשׁ, וּבָרְכוּ אֶת־יְהֹוָה:
יְבָרֶכְךָ יְהֹוָה מִצִּיּוֹן, עֹשֵׂה שָׁמַיִם וָאָרֶץ:

תהלים מו יְהֹוָה צְבָאוֹת עִמָּנוּ, מִשְׂגָּב לָנוּ אֱלֹהֵי יַעֲקֹב סֶלָה:
תהלים פד יְהֹוָה צְבָאוֹת, אַשְׁרֵי אָדָם בֹּטֵחַ בָּךְ:
תהלים כ יְהֹוָה הוֹשִׁיעָה, הַמֶּלֶךְ יַעֲנֵנוּ בְיוֹם־קָרְאֵנוּ:

יש מוסיפים:
תהלים ד בְּשָׁלוֹם יַחְדָּו אֶשְׁכְּבָה וְאִישָׁן, כִּי־אַתָּה יְהֹוָה לְבָדָד, לָבֶטַח תּוֹשִׁיבֵנִי:
תהלים טז תהלים יד תּוֹדִיעֵנִי אֹרַח חַיִּים, שֹׂבַע שְׂמָחוֹת אֶת־פָּנֶיךָ, נְעִמוֹת בִּימִינְךָ נֶצַח: מִי יִתֵּן
מִצִּיּוֹן יְשׁוּעַת יִשְׂרָאֵל, בְּשׁוּב יְהֹוָה שְׁבוּת עַמּוֹ, יָגֵל יַעֲקֹב, יִשְׂמַח יִשְׂרָאֵל:
תהלים מב תהלים לז יוֹמָם יְצַוֶּה יְהֹוָה חַסְדּוֹ, וּבַלַּיְלָה שִׁירֹה עִמִּי, תְּפִלָּה לְאֵל חַיָּי: וּתְשׁוּעַת
צַדִּיקִים מֵיְהֹוָה, מָעוּזָּם בְּעֵת צָרָה: וַיַּעְזְרֵם יְהֹוָה וַיְפַלְּטֵם, יְפַלְּטֵם מֵרְשָׁעִים
תהלים לא וְיוֹשִׁיעֵם כִּי־חָסוּ בוֹ: (חִזְקוּ וְיַאֲמֵץ לְבַבְכֶם, כָּל־הַמְיַחֲלִים לַיהֹוָה:)

במוצאי שבת נוהגים לומר מזמורים קודם ערבית כדי ללוות את המלכה בשירות ובתשבחות (אבודרהם). ראה הלכה 343.

תהלים טז מִכְתָּם לְדָוִד, שָׁמְרֵנִי אֵל כִּי־חָסִיתִי בָךְ: אָמַרְתְּ לַיהוָה, אֲדֹנָי אָתָּה, טוֹבָתִי בַּל־עָלֶיךָ: לִקְדוֹשִׁים אֲשֶׁר־בָּאָרֶץ הֵמָּה, וְאַדִּירֵי כָּל־חֶפְצִי־בָם: יִרְבּוּ עַצְּבוֹתָם אַחֵר מָהָרוּ, בַּל־אַסִּיךְ נִסְכֵּיהֶם מִדָּם, וּבַל־אֶשָּׂא אֶת־שְׁמוֹתָם עַל־שְׂפָתָי: יְהוָה, מְנָת־חֶלְקִי וְכוֹסִי, אַתָּה תּוֹמִיךְ גּוֹרָלִי: חֲבָלִים נָפְלוּ־לִי בַּנְּעִמִים, אַף־נַחֲלָת שָׁפְרָה עָלָי: אֲבָרֵךְ אֶת־יְהוָה אֲשֶׁר יְעָצָנִי, אַף־לֵילוֹת יִסְּרוּנִי כִלְיוֹתָי: שִׁוִּיתִי יְהוָה לְנֶגְדִּי תָמִיד, כִּי מִימִינִי בַּל־אֶמּוֹט: לָכֵן שָׂמַח לִבִּי וַיָּגֶל כְּבוֹדִי, אַף־בְּשָׂרִי יִשְׁכֹּן לָבֶטַח: כִּי לֹא־תַעֲזֹב נַפְשִׁי לִשְׁאוֹל, לֹא־תִתֵּן חֲסִידְךָ לִרְאוֹת שָׁחַת: תּוֹדִיעֵנִי אֹרַח חַיִּים, שֹׂבַע שְׂמָחוֹת אֶת־פָּנֶיךָ, נְעִמוֹת בִּימִינְךָ נֶצַח:

תהלים קמד לְדָוִד, בָּרוּךְ יְהוָה צוּרִי הַמְלַמֵּד יָדַי לַקְרָב, אֶצְבְּעוֹתַי לַמִּלְחָמָה: חַסְדִּי וּמְצוּדָתִי מִשְׂגַּבִּי וּמְפַלְטִי לִי מָגִנִּי וּבוֹ חָסִיתִי הָרוֹדֵד עַמִּי תַחְתָּי: יְהוָה מָה־אָדָם וַתֵּדָעֵהוּ, בֶּן־אֱנוֹשׁ וַתְּחַשְּׁבֵהוּ: אָדָם לַהֶבֶל דָּמָה יָמָיו כְּצֵל עוֹבֵר: יְהוָה הַט־שָׁמֶיךָ וְתֵרֵד גַּע בֶּהָרִים וְיֶעֱשָׁנוּ: בְּרוֹק בָּרָק וּתְפִיצֵם, שְׁלַח חִצֶּיךָ וּתְהֻמֵּם: שְׁלַח יָדֶיךָ מִמָּרוֹם פְּצֵנִי וְהַצִּילֵנִי מִמַּיִם רַבִּים מִיַּד בְּנֵי נֵכָר: אֲשֶׁר פִּיהֶם דִּבֶּר־שָׁוְא, וִימִינָם יְמִין שָׁקֶר: אֱלֹהִים שִׁיר חָדָשׁ אָשִׁירָה לָּךְ, בְּנֵבֶל עָשׂוֹר אֲזַמְּרָה־לָּךְ: הַנּוֹתֵן תְּשׁוּעָה לַמְּלָכִים הַפּוֹצֶה אֶת־דָּוִד עַבְדּוֹ מֵחֶרֶב רָעָה: פְּצֵנִי וְהַצִּילֵנִי מִיַּד בְּנֵי־נֵכָר אֲשֶׁר־פִּיהֶם דִּבֶּר־שָׁוְא וִימִינָם יְמִין שָׁקֶר: אֲשֶׁר בָּנֵינוּ כִּנְטִעִים מְגֻדָּלִים בִּנְעוּרֵיהֶם בְּנוֹתֵינוּ כְזָוִיֹּת מְחֻטָּבוֹת תַּבְנִית הֵיכָל: מְזָוֵינוּ מְלֵאִים מְפִיקִים מִזַּן אֶל־זַן צֹאונֵנוּ מַאֲלִיפוֹת מְרֻבָּבוֹת בְּחוּצוֹתֵינוּ: אַלּוּפֵינוּ מְסֻבָּלִים אֵין פֶּרֶץ וְאֵין יוֹצֵאת וְאֵין צְוָחָה בִּרְחֹבֹתֵינוּ: אַשְׁרֵי הָעָם שֶׁכָּכָה לּוֹ אַשְׁרֵי הָעָם שֶׁיְהוָה אֱלֹהָיו:

תהלים סז לַמְנַצֵּחַ בִּנְגִינֹת, מִזְמוֹר שִׁיר: אֱלֹהִים יְחָנֵּנוּ וִיבָרְכֵנוּ, יָאֵר פָּנָיו אִתָּנוּ סֶלָה: לָדַעַת בָּאָרֶץ דַּרְכֶּךָ, בְּכָל־גּוֹיִם יְשׁוּעָתֶךָ: יוֹדוּךָ עַמִּים אֱלֹהִים, יוֹדוּךָ עַמִּים כֻּלָּם: יִשְׂמְחוּ וִירַנְּנוּ לְאֻמִּים, כִּי־תִשְׁפֹּט עַמִּים מִישֹׁר, וּלְאֻמִּים בָּאָרֶץ תַּנְחֵם סֶלָה: יוֹדוּךָ עַמִּים אֱלֹהִים, יוֹדוּךָ עַמִּים כֻּלָּם: אֶרֶץ נָתְנָה יְבוּלָהּ, יְבָרְכֵנוּ אֱלֹהִים אֱלֹהֵינוּ: יְבָרְכֵנוּ אֱלֹהִים, וְיִירְאוּ אוֹתוֹ כָּל־אַפְסֵי־אָרֶץ:

# ערבית לחול ולמוצאי שבת ויום טוב

"זָכַרְתִּי בַלַּיְלָה שִׁמְךָ ה' וָאֶשְׁמְרָה תּוֹרָתֶךָ" (תהלים קיט, נה).

יש אומרים:

לְשֵׁם יִחוּד קֻדְשָׁא בְּרִיךְ הוּא וּשְׁכִינְתֵּהּ, בִּדְחִילוּ וּרְחִימוּ וּרְחִימוּ וּדְחִילוּ, לְיַחֲדָא אוֹתִיּוֹת י"ה בְּאוֹתִיּוֹת ו"ה בְּיִחוּדָא שְׁלִים בְּשֵׁם כָּל יִשְׂרָאֵל, הִנֵּה אֲנַחְנוּ בָּאִים לְהִתְפַּלֵּל תְּפִלַּת עַרְבִית שֶׁתִּקֵּן יַעֲקֹב אָבִינוּ עָלָיו הַשָּׁלוֹם, עִם כָּל הַמִּצְוֹת
תהלים צ הַכְּלוּלוֹת בָּהּ, לְתַקֵּן אֶת שָׁרְשָׁהּ בְּמָקוֹם עֶלְיוֹן וְלַעֲשׂוֹת נַחַת רוּחַ לְיוֹצְרֵנוּ. וִיהִי נֹעַם אֲדֹנָי אֱלֹהֵינוּ עָלֵינוּ, וּמַעֲשֵׂה יָדֵינוּ כּוֹנְנָה עָלֵינוּ, וּמַעֲשֵׂה יָדֵינוּ כּוֹנְנֵהוּ:

מנהג האר"י היה, שלא לומר מזמורים קודם ערבית אלא פסוקים אלו בלבד (שעה"כ).

תהלים מו יְהוָה צְבָאוֹת עִמָּנוּ, מִשְׂגָּב לָנוּ אֱלֹהֵי יַעֲקֹב סֶלָה:

תהלים פד יְהוָה צְבָאוֹת, אַשְׁרֵי אָדָם בֹּטֵחַ בָּךְ:

תהלים כ יְהוָה הוֹשִׁיעָה, הַמֶּלֶךְ יַעֲנֵנוּ בְיוֹם־קָרְאֵנוּ:

## חצי קדיש

שליח הציבור כורע במילים המסומנות ב°.

ש"ץ: יִתְגַּדַּל וְיִתְקַדַּשׁ שְׁמֵיהּ רַבָּא (קהל: אָמֵן)
בְּעָלְמָא דִּי בְרָא כִרְעוּתֵהּ
וְיַמְלִיךְ מַלְכוּתֵהּ וְיַצְמַח פֻּרְקָנֵהּ וִיקָרֵב מְשִׁיחֵהּ (קהל: אָמֵן)
בְּחַיֵּיכוֹן וּבְיוֹמֵיכוֹן וּבְחַיֵּי דְכָל בֵּית יִשְׂרָאֵל
בַּעֲגָלָא וּבִזְמַן קָרִיב, וְאִמְרוּ אָמֵן. (קהל: אָמֵן)

קהל וש"ץ: יְהֵא שְׁמֵיהּ °רַבָּא מְבָרַךְ לְעָלַם לְעָלְמֵי עָלְמַיָּא °יִתְבָּרַךְ
וְיִשְׁתַּבַּח וְיִתְפָּאַר וְיִתְרוֹמַם וְיִתְנַשֵּׂא וְיִתְהַדָּר וְיִתְעַלֶּה וְיִתְהַלָּל
שְׁמֵיהּ דְּקֻדְשָׁא °בְּרִיךְ הוּא (קהל: אָמֵן)
לְעֵלָּא מִן כָּל בִּרְכָתָא, שִׁירָתָא, תֻּשְׁבְּחָתָא וְנֶחָמָתָא
דַּאֲמִירָן בְּעָלְמָא, וְאִמְרוּ °אָמֵן. (קהל: אָמֵן)

והקהל אומרים 'כִּי אֵל רַחוּם' שהוא פסוק להבטחה גדולה שלא ירפנו אלא יחזיק בידינו כְּאָב המחזיק ביד בנו (סידור תלמידי ר' יונה). ראה הלכה 253.

דברים ד כִּי אֵל רַחוּם יְהוָה אֱלֹהֶיךָ לֹא יַרְפְּךָ וְלֹא יַשְׁחִיתֶךָ
וְלֹא יִשְׁכַּח אֶת־בְּרִית אֲבֹתֶיךָ אֲשֶׁר נִשְׁבַּע לָהֶם:

"׳צֶדֶק יָלִין בָּהּ׳ (ישעיה א, כא) – מעולם לא לן אדם בירושלים ובידו עוון, שכן תמיד של שחר מכפר על עברות של הלילה ותמיד של בין ערביים מכפר על עברות היום" (פסיקתא דרב כהנא). תפילות שחרית ומנחה כנגד תמיד תיקנום, ולפי שתפילת ערבית לא נתקנה כנגד הקרבן, נהגו לומר לפניה ׳וְהוּא רַחוּם׳ (ספר המנהיג).

וְהוּא רַחוּם, יְכַפֵּר עָוֹן וְלֹא־יַשְׁחִית תהלים עח
וְהִרְבָּה לְהָשִׁיב אַפּוֹ, וְלֹא־יָעִיר כָּל־חֲמָתוֹ:
יְהוָה הוֹשִׁיעָה, הַמֶּלֶךְ יַעֲנֵנוּ בְיוֹם־קָרְאֵנוּ: תהלים כ

## קריאת שמע וברכותיה

שליח הציבור אומר ׳בָּרְכוּ׳ כדי לקרוא לציבור להתפלל עמו (ראב״ן, עג).
כורע בתיבת ׳בָּרְכוּ׳ וזוקף בשם (כלבו), וכורע שוב כאשר הוא חוזר אחרי הקהל.

ש״ץ: בָּרְכוּ
אֶת יְהוָה הַמְבֹרָךְ.

קהל: בָּרוּךְ יְהוָה הַמְבֹרָךְ לְעוֹלָם וָעֶד.

ש״ץ: בָּרוּךְ יְהוָה הַמְבֹרָךְ לְעוֹלָם וָעֶד.

"אומרים בברכות קריאת שמע של ערבית ׳אֲשֶׁר בִּדְבָרוֹ מַעֲרִיב עֲרָבִים בְּחָכְמָה׳ ו׳וּמְסַדֵּר אֶת הַכּוֹכָבִים׳ והנמשך לזה, להודות על כל מפעליו כי בראם וסדרם בחכמה ובתבונה שאין יד שֵׂכֶל האדם משגת להתבונן כח מפעליו ולהגיע לידיעת חלק אחד מכמה אלפי אלפים מהטובות המגיעות ליושבי תבל בסידורם ובוריחתם ושקיעתם" (׳צדה לדרך׳, מאמר ראשון א, לח).

בָּרוּךְ אַתָּה יְהוָה, אֱלֹהֵינוּ מֶלֶךְ הָעוֹלָם
אֲשֶׁר בִּדְבָרוֹ מַעֲרִיב עֲרָבִים בְּחָכְמָה
פּוֹתֵחַ שְׁעָרִים בִּתְבוּנָה, מְשַׁנֶּה עִתִּים וּמַחֲלִיף אֶת הַזְּמַנִּים
וּמְסַדֵּר אֶת הַכּוֹכָבִים בְּמִשְׁמְרוֹתֵיהֶם בָּרָקִיעַ כִּרְצוֹנוֹ.
בּוֹרֵא יוֹמָם וָלָיְלָה, גּוֹלֵל אוֹר מִפְּנֵי חֹשֶׁךְ וְחֹשֶׁךְ מִפְּנֵי אוֹר
הַמַּעֲבִיר יוֹם וּמֵבִיא לָיְלָה, וּמַבְדִּיל בֵּין יוֹם וּבֵין לָיְלָה
יְהוָה צְבָאוֹת שְׁמוֹ: ירמיה לא
בָּרוּךְ אַתָּה יְהוָה, הַמַּעֲרִיב עֲרָבִים.

אַהֲבַת עוֹלָם בֵּית יִשְׂרָאֵל עַמְּךָ אָהָבְתָּ
תּוֹרָה וּמִצְוֹת חֻקִּים וּמִשְׁפָּטִים אוֹתָנוּ לִמַּדְתָּ
עַל כֵּן יְהוָה אֱלֹהֵינוּ בְּשָׁכְבֵנוּ וּבְקוּמֵנוּ נָשִׂיחַ בְּחֻקֶּיךָ
וְנִשְׂמַח וְנַעֲלֹז בְּדִבְרֵי תַלְמוּד תּוֹרָתֶךָ
וּבְמִצְוֹתֶיךָ וְחֻקּוֹתֶיךָ לְעוֹלָם וָעֶד
כִּי הֵם חַיֵּינוּ וְאֹרֶךְ יָמֵינוּ וּבָהֶם נֶהְגֶּה יוֹמָם וָלָיְלָה.
וְאַהֲבָתְךָ לֹא תָסוּר מִמֶּנּוּ לְעוֹלָמִים.
בָּרוּךְ אַתָּה יְהוָה, אוֹהֵב אֶת עַמּוֹ יִשְׂרָאֵל.

״יקרא קריאת שמע בכוונה – באימה, ביראה, ברתת וזיע״ (שו״ע סא, א).

קריאת שמע צריכה כוונה מיוחדת בכל שלוש פרשיותיה,
ומכל מקום אם לא כיוון בפסוק הראשון, צריך לחזור ולקוראו שנית (שו״ע סג, ד),
ראה הלכה 105-106.

מכסה את עיניו בידו ואומר בכוונה ובקול רם:

דברים ו שְׁמַע יִשְׂרָאֵל, יְהוָה אֱלֹהֵינוּ, יְהוָה ׀ אֶחָד:

בלחש: בָּרוּךְ שֵׁם כְּבוֹד מַלְכוּתוֹ לְעוֹלָם וָעֶד.

דברים ו וְאָהַבְתָּ אֵת יְהוָה אֱלֹהֶיךָ, בְּכָל־לְבָבְךָ וּבְכָל־נַפְשְׁךָ וּבְכָל־
מְאֹדֶךָ: וְהָיוּ הַדְּבָרִים הָאֵלֶּה, אֲשֶׁר אָנֹכִי מְצַוְּךָ הַיּוֹם, עַל־לְבָבֶךָ:
וְשִׁנַּנְתָּם לְבָנֶיךָ וְדִבַּרְתָּ בָּם, בְּשִׁבְתְּךָ בְּבֵיתֶךָ וּבְלֶכְתְּךָ בַדֶּרֶךְ,
וּבְשָׁכְבְּךָ וּבְקוּמֶךָ: וּקְשַׁרְתָּם לְאוֹת עַל־יָדֶךָ וְהָיוּ לְטֹטָפֹת בֵּין
עֵינֶיךָ: וּכְתַבְתָּם עַל־מְזֻזוֹת בֵּיתֶךָ וּבִשְׁעָרֶיךָ:

דברים יא וְהָיָה אִם־שָׁמֹעַ תִּשְׁמְעוּ אֶל־מִצְוֹתַי אֲשֶׁר אָנֹכִי מְצַוֶּה אֶתְכֶם
הַיּוֹם, לְאַהֲבָה אֶת־יְהוָה אֱלֹהֵיכֶם וּלְעָבְדוֹ, בְּכָל־לְבַבְכֶם וּבְכָל־
נַפְשְׁכֶם: וְנָתַתִּי מְטַר־אַרְצְכֶם בְּעִתּוֹ, יוֹרֶה וּמַלְקוֹשׁ, וְאָסַפְתָּ

דְגָנֶךָ וְתִירֹשְׁךָ וְיִצְהָרֶךָ: וְנָתַתִּי עֵשֶׂב בְּשָׂדְךָ לִבְהֶמְתֶּךָ, וְאָכַלְתָּ וְשָׂבָעְתָּ: הִשָּׁמְרוּ לָכֶם פֶּן־יִפְתֶּה לְבַבְכֶם, וְסַרְתֶּם וַעֲבַדְתֶּם אֱלֹהִים אֲחֵרִים וְהִשְׁתַּחֲוִיתֶם לָהֶם: וְחָרָה אַף־יְהוָה בָּכֶם, וְעָצַר אֶת־הַשָּׁמַיִם וְלֹא־יִהְיֶה מָטָר, וְהָאֲדָמָה לֹא תִתֵּן אֶת־יְבוּלָהּ, וַאֲבַדְתֶּם מְהֵרָה מֵעַל הָאָרֶץ הַטֹּבָה אֲשֶׁר יְהוָה נֹתֵן לָכֶם: וְשַׂמְתֶּם אֶת־דְּבָרַי אֵלֶּה עַל־לְבַבְכֶם וְעַל־נַפְשְׁכֶם, וּקְשַׁרְתֶּם אֹתָם לְאוֹת עַל־יֶדְכֶם, וְהָיוּ לְטוֹטָפֹת בֵּין עֵינֵיכֶם: וְלִמַּדְתֶּם אֹתָם אֶת־בְּנֵיכֶם לְדַבֵּר בָּם, בְּשִׁבְתְּךָ בְּבֵיתֶךָ וּבְלֶכְתְּךָ בַדֶּרֶךְ, וּבְשָׁכְבְּךָ וּבְקוּמֶךָ: וּכְתַבְתָּם עַל־מְזוּזוֹת בֵּיתֶךָ וּבִשְׁעָרֶיךָ: לְמַעַן יִרְבּוּ יְמֵיכֶם וִימֵי בְנֵיכֶם עַל הָאֲדָמָה אֲשֶׁר נִשְׁבַּע יְהוָה לַאֲבֹתֵיכֶם לָתֵת לָהֶם, כִּימֵי הַשָּׁמַיִם עַל־הָאָרֶץ:

וַיֹּאמֶר יְהוָה אֶל־מֹשֶׁה לֵּאמֹר: דַּבֵּר אֶל־בְּנֵי יִשְׂרָאֵל וְאָמַרְתָּ במדבר טו
אֲלֵהֶם, וְעָשׂוּ לָהֶם צִיצִת עַל־כַּנְפֵי בִגְדֵיהֶם לְדֹרֹתָם, וְנָתְנוּ עַל־צִיצִת הַכָּנָף פְּתִיל תְּכֵלֶת: וְהָיָה לָכֶם לְצִיצִת, וּרְאִיתֶם אֹתוֹ וּזְכַרְתֶּם אֶת־כָּל־מִצְוֹת יְהוָה וַעֲשִׂיתֶם אֹתָם, וְלֹא תָתוּרוּ אַחֲרֵי לְבַבְכֶם וְאַחֲרֵי עֵינֵיכֶם, אֲשֶׁר־אַתֶּם זֹנִים אַחֲרֵיהֶם: לְמַעַן תִּזְכְּרוּ וַעֲשִׂיתֶם אֶת־כָּל־מִצְוֹתָי, וִהְיִיתֶם קְדֹשִׁים לֵאלֹהֵיכֶם: אֲנִי יְהוָה אֱלֹהֵיכֶם, אֲשֶׁר הוֹצֵאתִי אֶתְכֶם מֵאֶרֶץ מִצְרַיִם, לִהְיוֹת לָכֶם לֵאלֹהִים, אֲנִי יְהוָה אֱלֹהֵיכֶם:

*שליח הציבור והקהל אומרים (ראה הלכה 123):*

## אֱמֶת

*שליח הציבור חוזר ואומר:*

**יְהוָה אֱלֹהֵיכֶם אֱמֶת**

בבוקר האדם מתפנה לענייניו החברתיים, והוא מתפלל על היציבות – וְיַצִּיב, לבל ייסחף הרחק מעבודת ה׳. ובערב, כשהוא נח בצל קורת ביתו, הוא מבקש ׳אֱמוּנָה׳ כדי שיהיה לו כוח לקדש את חייו הפרטיים (עולת ראיה, ליקוטים).

וֶאֱמוּנָה כָּל זֹאת וְקַיָּם עָלֵינוּ
כִּי הוּא יְהוָה אֱלֹהֵינוּ וְאֵין זוּלָתוֹ, וַאֲנַחְנוּ יִשְׂרָאֵל עַמּוֹ.
הַפּוֹדֵנוּ מִיַּד מְלָכִים, הַגּוֹאֲלֵנוּ מַלְכֵּנוּ מִכַּף כָּל עָרִיצִים
הָאֵל הַנִּפְרָע לָנוּ מִצָּרֵינוּ
הַמְשַׁלֵּם גְּמוּל לְכָל אוֹיְבֵי נַפְשֵׁנוּ.
הַשָּׂם נַפְשֵׁנוּ בַּחַיִּים, וְלֹא־נָתַן לַמּוֹט רַגְלֵנוּ: תהלים סו
הַמַּדְרִיכֵנוּ עַל בָּמוֹת אוֹיְבֵינוּ
וַיָּרֶם קַרְנֵנוּ עַל כָּל שׂוֹנְאֵינוּ.
הָאֵל הָעוֹשֶׂה לָּנוּ נְקָמָה בְּפַרְעֹה
בְּאוֹתוֹת וּבְמוֹפְתִים בְּאַדְמַת בְּנֵי חָם.
הַמַּכֶּה בְעֶבְרָתוֹ כָּל בְּכוֹרֵי מִצְרָיִם
וַיּוֹצֵא אֶת עַמּוֹ יִשְׂרָאֵל מִתּוֹכָם לְחֵרוּת עוֹלָם.
הַמַּעֲבִיר בָּנָיו בֵּין גִּזְרֵי יַם סוּף
וְאֶת רוֹדְפֵיהֶם וְאֶת שׂוֹנְאֵיהֶם בִּתְהוֹמוֹת טִבַּע.
רָאוּ בָנִים אֶת גְּבוּרָתוֹ
שִׁבְּחוּ וְהוֹדוּ לִשְׁמוֹ
וּמַלְכוּתוֹ בְּרָצוֹן קִבְּלוּ עֲלֵיהֶם.
מֹשֶׁה וּבְנֵי יִשְׂרָאֵל לְךָ עָנוּ שִׁירָה בְּשִׂמְחָה רַבָּה
וְאָמְרוּ כֻלָּם
מִי־כָמֹכָה בָּאֵלִם יְהוָה שמות טו
מִי כָּמֹכָה נֶאְדָּר בַּקֹּדֶשׁ
נוֹרָא תְהִלֹּת עֹשֵׂה פֶלֶא:

מַלְכוּתְךָ יְהֹוָה אֱלֹהֵינוּ רָאוּ בָנֶיךָ עַל הַיָּם
יַחַד כֻּלָּם הוֹדוּ וְהִמְלִיכוּ וְאָמְרוּ
יְהֹוָה יִמְלֹךְ לְעֹלָם וָעֶד: שמות טו
וְנֶאֱמַר
כִּי־פָדָה יְהֹוָה אֶת־יַעֲקֹב וּגְאָלוֹ מִיַּד חָזָק מִמֶּנּוּ: ירמיה לא
בָּרוּךְ אַתָּה יְהֹוָה, גָּאַל יִשְׂרָאֵל.

"אמר ר׳ יוחנן, איזהו בן העולם הבא? – זה הסומך גאולה לתפילה של ערבית...
כיון דתקינו רבנן הַשְׁכִּיבֵנוּ, כגאולה אריכתא דמיא" (ברכות ד ע"ב).

"׳הַשְׁכִּיבֵנוּ׳ – מעין גאולה היא, כי בעת שיצאו ישראל ממצרים ואכלו את הפסח ואמר להם ׳לֹא תֵצְאוּ אִישׁ מִפֶּתַח־בֵּיתוֹ עַד־בֹּקֶר׳ וגם הבטיחן שלא יתן המשחית לבא אל בתיהן, היו מתפללין זאת התפילה ׳הַשְׁכִּיבֵנוּ... וּשְׁמֹר צֵאתֵנוּ וּבוֹאֵנוּ׳ שהוא מענין שהיו צריכים" (ספר האשכול בשם ר׳ יצחק בן מרואן הלוי).

"׳הַשְׁכִּיבֵנוּ אָבִינוּ׳ – כמו האב החומל על בנו שמשכיבו בין זרועותיו, כך השכיבנו אתה בצל כנפי שלומך. ׳וְהַעֲמִידֵנוּ מַלְכֵּנוּ׳ – בחזרת נשמותינו תראה מלכותו עלינו" (אבודרהם).

הַשְׁכִּיבֵנוּ אָבִינוּ לְשָׁלוֹם
וְהַעֲמִידֵנוּ מַלְכֵּנוּ לְחַיִּים טוֹבִים וּלְשָׁלוֹם
וּפְרֹשׂ עָלֵינוּ סֻכַּת שְׁלוֹמֶךָ
וְתַקְּנֵנוּ מַלְכֵּנוּ בְּעֵצָה טוֹבָה מִלְּפָנֶיךָ
וְהוֹשִׁיעֵנוּ מְהֵרָה לְמַעַן שְׁמֶךָ.
וְהָגֵן בַּעֲדֵנוּ, וְהָסֵר מֵעָלֵינוּ מַכַּת אוֹיֵב, דֶּבֶר, חֶרֶב, חֳלִי
צָרָה, רָעָה, רָעָב וְיָגוֹן וּמַשְׁחִית וּמַגֵּפָה.
שְׁבֹר וְהָסֵר הַשָּׂטָן מִלְּפָנֵינוּ וּמֵאַחֲרֵינוּ וּבְצֵל כְּנָפֶיךָ תַּסְתִּירֵנוּ.
וּשְׁמֹר צֵאתֵנוּ וּבוֹאֵנוּ לְחַיִּים טוֹבִים וּלְשָׁלוֹם מֵעַתָּה וְעַד עוֹלָם
כִּי אֵל שׁוֹמְרֵנוּ וּמַצִּילֵנוּ אַתָּה מִכָּל דָּבָר רָע וּמִפַּחַד לַיְלָה.
בָּרוּךְ אַתָּה יְהֹוָה, שׁוֹמֵר אֶת עַמּוֹ יִשְׂרָאֵל לָעַד. אָמֵן.

בחו"ל יש נוהגים לומר כאן י"ח פסוקים וברכת ׳הַמּוֹלֵךְ בִּכְבוֹדוֹ׳,
ויש נוהגים להתחיל מ׳יִרְאוּ עֵינֵינוּ׳ בעמ׳ 895 (ראה הלכה 255).

## חצי קדיש

שליח הציבור כורע במילים המסומנות ב˚.

ש״ץ: ˚יִתְגַּדַּל וְיִתְקַדַּשׁ שְׁמֵהּ רַבָּא (קהל: אָמֵן)
בְּעָלְמָא דִּי בְרָא כִרְעוּתֵהּ
וְיַמְלִיךְ מַלְכוּתֵהּ וְיַצְמַח פֻּרְקָנֵהּ וִיקָרֵב מְשִׁיחֵהּ (קהל: אָמֵן)
בְּחַיֵּיכוֹן וּבְיוֹמֵיכוֹן וּבְחַיֵּי דְכָל בֵּית יִשְׂרָאֵל
בַּעֲגָלָא וּבִזְמַן קָרִיב
וְאִמְרוּ אָמֵן. (קהל: אָמֵן)

קהל וש״ץ: יְהֵא שְׁמֵהּ ˚רַבָּא מְבָרַךְ לְעָלַם לְעָלְמֵי עָלְמַיָּא ˚יִתְבָּרַךְ
וְיִשְׁתַּבַּח וְיִתְפָּאַר וְיִתְרוֹמַם וְיִתְנַשֵּׂא
וְיִתְהַדָּר וְיִתְעַלֶּה וְיִתְהַלָּל שְׁמֵהּ דְּקֻדְשָׁא ˚בְּרִיךְ הוּא (קהל: אָמֵן)
לְעֵלָּא מִן כָּל בִּרְכָתָא, שִׁירָתָא, תֻּשְׁבְּחָתָא וְנֶחֱמָתָא
דַּאֲמִירָן בְּעָלְמָא
וְאִמְרוּ ˚אָמֵן. (קהל: אָמֵן)

# עמידה

״המתפלל צריך שיכוין בלבו פירוש המלות שמוציא בשפתיו; ויחשוב כאלו שכינה כנגדו ויסיר כל המחשבות הטורדות אותו עד שתשאר מחשבתו וכוונתו זכה בתפלתו״ (שו״ע צח, א).

יש נוהגים לפסוע שלוש פסיעות לפנים, כמי שנכנס לפני המלך (ספר הפרדס; קש״ג בשם הרוקח); עומד ומתפלל בלחש מכאן ועד ׳בְּלֵבָב שָׁלֵם׳ בעמ׳ 169.

שוחין בברכת אבות תחילה וסוף (ברכות לד ע״א; שו״ע קיג, א),
כורע בתיבת ׳בָּרוּךְ׳, קד לפנים בתיבת ׳אַתָּה׳ וזוקף בשם (׳רעיא מהימנא׳, עקב).

תהלים נא אֲדֹנָי, שְׂפָתַי תִּפְתָּח, וּפִי יַגִּיד תְּהִלָּתֶךָ:

### אבות

˚בָּרוּךְ אַתָּה יְהֹוָה, אֱלֹהֵינוּ וֵאלֹהֵי אֲבוֹתֵינוּ
אֱלֹהֵי אַבְרָהָם, אֱלֹהֵי יִצְחָק, וֵאלֹהֵי יַעֲקֹב
הָאֵל הַגָּדוֹל הַגִּבּוֹר וְהַנּוֹרָא, אֵל עֶלְיוֹן

גּוֹמֵל חֲסָדִים טוֹבִים, קוֹנֵה הַכֹּל
וְזוֹכֵר חַסְדֵי אָבוֹת
וּמֵבִיא גוֹאֵל לִבְנֵי בְנֵיהֶם לְמַעַן שְׁמוֹ בְּאַהֲבָה.

בעשרת ימי תשובה: זָכְרֵנוּ לְחַיִּים, מֶלֶךְ חָפֵץ בַּחַיִּים
כָּתְבֵנוּ בְּסֵפֶר חַיִּים, לְמַעַנְךָ אֱלֹהִים חַיִּים.
אם שכח אינו חוזר.

מֶלֶךְ עוֹזֵר וּמוֹשִׁיעַ וּמָגֵן.
*בָּרוּךְ אַתָּה יְהֹוָה, מָגֵן אַבְרָהָם.

גבורות

אַתָּה גִּבּוֹר לְעוֹלָם, אֲדֹנָי
מְחַיֵּה מֵתִים אַתָּה, רַב לְהוֹשִׁיעַ

אומרים 'מַשִּׁיב הָרוּחַ' ממוסף של שמיני עצרת עד שחרית של יו"ט ראשון של פסח. וממוסף של יו"ט ראשון של פסח ועד שחרית של שמיני עצרת, אומרים 'מוֹרִיד הַטָּל'. ראה הלכה 144-145.

בחורף: מַשִּׁיב הָרוּחַ וּמוֹרִיד הַגֶּשֶׁם / בקיץ: מוֹרִיד הַטָּל

מְכַלְכֵּל חַיִּים בְּחֶסֶד, מְחַיֵּה מֵתִים בְּרַחֲמִים רַבִּים
סוֹמֵךְ נוֹפְלִים, וְרוֹפֵא חוֹלִים, וּמַתִּיר אֲסוּרִים
וּמְקַיֵּם אֱמוּנָתוֹ לִישֵׁנֵי עָפָר.
מִי כָמוֹךָ, בַּעַל גְּבוּרוֹת
וּמִי דּוֹמֶה לָּךְ, מֶלֶךְ מֵמִית וּמְחַיֶּה וּמַצְמִיחַ יְשׁוּעָה.

בעשרת ימי תשובה: מִי כָמוֹךָ אָב הָרַחֲמָן
זוֹכֵר יְצוּרָיו בְּרַחֲמִים לְחַיִּים.
אם שכח אינו חוזר.

וְנֶאֱמָן אַתָּה לְהַחֲיוֹת מֵתִים.
בָּרוּךְ אַתָּה יְהֹוָה, מְחַיֵּה הַמֵּתִים.

קדושת השם

אַתָּה קָדוֹשׁ וְשִׁמְךָ קָדוֹשׁ
וּקְדוֹשִׁים בְּכָל יוֹם יְהַלְלוּךָ סֶּלָה.
בָּרוּךְ אַתָּה יְהוָה, הָאֵל הַקָּדוֹשׁ. / בעשרת ימי תשובה: הַמֶּלֶךְ הַקָּדוֹשׁ./

אם שכח ולא נזכר תוך כדי דיבור חוזר לראש התפילה.

דעת

אַתָּה חוֹנֵן לְאָדָם דַּעַת
וּמְלַמֵּד לֶאֱנוֹשׁ בִּינָה.

---

במוצאי שבת ובמוצאי יום טוב:

אַתָּה חוֹנַנְתָּנוּ יְהוָה אֱלֹהֵינוּ, מַדָּע וְהַשְׂכֵּל. אַתָּה אָמַרְתָּ לְהַבְדִּיל בֵּין קֹדֶשׁ לְחֹל וּבֵין אוֹר לְחֹשֶׁךְ וּבֵין יִשְׂרָאֵל לָעַמִּים וּבֵין יוֹם הַשְּׁבִיעִי לְשֵׁשֶׁת יְמֵי הַמַּעֲשֶׂה. כְּשֵׁם שֶׁהִבְדַּלְתָּנוּ יְהוָה אֱלֹהֵינוּ מֵעַמֵּי הָאֲרָצוֹת וּמִמִּשְׁפְּחוֹת הָאֲדָמָה, כָּךְ פְּדֵנוּ וְהַצִּילֵנוּ מִשָּׂטָן רָע, וּמִפֶּגַע רָע, וּמִכָּל גְּזֵרוֹת קָשׁוֹת וְרָעוֹת הַמִּתְרַגְּשׁוֹת לָבוֹא בָּעוֹלָם.

---

וְחָנֵּנוּ מֵאִתְּךָ חָכְמָה בִּינָה וָדָעַת.
בָּרוּךְ אַתָּה יְהוָה, חוֹנֵן הַדָּעַת.

אם שכח להוסיף 'אַתָּה חוֹנַנְתָּנוּ' אינו חוזר.

תשובה

הֲשִׁיבֵנוּ אָבִינוּ לְתוֹרָתֶךָ
וְקָרְבֵנוּ מַלְכֵּנוּ לַעֲבוֹדָתֶךָ
וְהַחֲזִירֵנוּ בִּתְשׁוּבָה שְׁלֵמָה לְפָנֶיךָ.
בָּרוּךְ אַתָּה יְהוָה, הָרוֹצֶה בִּתְשׁוּבָה.

סליחה

יש נוהגים להכות כנגד הלב במקומות המסומנים ב° (סידור יעב״ץ בשם השל״ה).

סְלַח לָנוּ אָבִינוּ כִּי °חָטָאנוּ
מְחוֹל לָנוּ מַלְכֵּנוּ כִּי °פָשָׁעְנוּ
כִּי אֵל טוֹב וְסַלָּח אָתָּה.
בָּרוּךְ אַתָּה יְהוָה, חַנּוּן הַמַּרְבֶּה לִסְלֹחַ.

גאולה

רְאֵה נָא בְעָנְיֵנוּ, וְרִיבָה רִיבֵנוּ
וּמַהֵר לְגָאֳלֵנוּ גְאֻלָּה שְׁלֵמָה לְמַעַן שְׁמֶךָ
כִּי אֵל גּוֹאֵל חָזָק אָתָּה.
בָּרוּךְ אַתָּה יְהוָה, גּוֹאֵל יִשְׂרָאֵל.

רפואה

רְפָאֵנוּ יְהוָה וְנֵרָפֵא
הוֹשִׁיעֵנוּ וְנִוָּשֵׁעָה, כִּי תְהִלָּתֵנוּ אָתָּה
וְהַעֲלֵה אֲרוּכָה וּמַרְפֵּא לְכָל תַּחֲלוּאֵינוּ
וּלְכָל מַכְאוֹבֵינוּ וּלְכָל מַכּוֹתֵינוּ

המתפלל על חולה, מוסיף כאן:

יְהִי רָצוֹן מִלְּפָנֶיךָ, יְהוָה אֱלֹהַי וֵאלֹהֵי אֲבוֹתַי, שֶׁתִּשְׁלַח מְהֵרָה רְפוּאָה שְׁלֵמָה מִן הַשָּׁמַיִם, רְפוּאַת הַנֶּפֶשׁ וּרְפוּאַת הַגּוּף, לַחוֹלֶה/לַחוֹלָה פלוני/ת בֶּן/בַּת פלונית בְּתוֹךְ שְׁאָר חוֹלֵי יִשְׂרָאֵל

כִּי אֵל רוֹפֵא רַחֲמָן וְנֶאֱמָן אָתָּה.
בָּרוּךְ אַתָּה יְהוָה, רוֹפֵא חוֹלֵי עַמּוֹ יִשְׂרָאֵל.

ברכת השנים

בקיץ

מפסח עד ליל ז׳ במרחשוון אומרים (ראה הלכה 147):

בָּרְכֵנוּ יְהֹוָה אֱלֹהֵינוּ בְּכָל מַעֲשֵׂי יָדֵינוּ
וּבָרֵךְ שְׁנָתֵנוּ בְּטַלְלֵי רָצוֹן בְּרָכָה וּנְדָבָה
וּתְהִי אַחֲרִיתָהּ חַיִּים וְשָׂבָע וְשָׁלוֹם
כַּשָּׁנִים הַטּוֹבוֹת לִבְרָכָה
כִּי אֵל טוֹב וּמֵטִיב אַתָּה וּמְבָרֵךְ הַשָּׁנִים.
בָּרוּךְ אַתָּה יְהֹוָה, מְבָרֵךְ הַשָּׁנִים.

בחורף

מליל ז׳ במרחשוון עד ערב פסח אומרים (ראה הלכה 146):

בָּרֵךְ עָלֵינוּ יְהֹוָה אֱלֹהֵינוּ אֶת הַשָּׁנָה הַזֹּאת
וְאֶת כָּל מִינֵי תְבוּאָתָהּ לְטוֹבָה
וְתֵן טַל וּמָטָר לִבְרָכָה עַל כָּל פְּנֵי הָאֲדָמָה
וְרַוֵּה פְּנֵי תֵבֵל, וְשַׂבַּע אֶת הָעוֹלָם כֻּלּוֹ מִטּוּבָךְ
וּמַלֵּא יָדֵינוּ מִבִּרְכוֹתֶיךָ, וּמֵעֹשֶׁר מַתְּנוֹת יָדֶיךָ
שָׁמְרָה וְהַצִּילָה שָׁנָה זוֹ מִכָּל דָּבָר רָע
וּמִכָּל מִינֵי מַשְׁחִית, וּמִכָּל מִינֵי פֻרְעָנוּת
וַעֲשֵׂה לָהּ תִּקְוָה טוֹבָה וְאַחֲרִית שָׁלוֹם
חוּס וְרַחֵם עָלֶיהָ וְעַל כָּל תְּבוּאָתָהּ וּפֵרוֹתֶיהָ
וּבָרְכָהּ בְּגִשְׁמֵי רָצוֹן בְּרָכָה וּנְדָבָה
וּתְהִי אַחֲרִיתָהּ חַיִּים וְשָׂבָע וְשָׁלוֹם
כַּשָּׁנִים הַטּוֹבוֹת לִבְרָכָה
כִּי אֵל טוֹב וּמֵטִיב אַתָּה וּמְבָרֵךְ הַשָּׁנִים.
בָּרוּךְ אַתָּה יְהֹוָה, מְבָרֵךְ הַשָּׁנִים.

קיבוץ גלויות

תְּקַע בְּשׁוֹפָר גָּדוֹל לְחֵרוּתֵנוּ
וְשָׂא נֵס לְקַבֵּץ גָּלֻיּוֹתֵינוּ
וְקַבְּצֵנוּ יַחַד מֵאַרְבַּע כַּנְפוֹת הָאָרֶץ לְאַרְצֵנוּ.
בָּרוּךְ אַתָּה יְהֹוָה, מְקַבֵּץ נִדְחֵי עַמּוֹ יִשְׂרָאֵל.

השבת המשפט

הָשִׁיבָה שׁוֹפְטֵינוּ כְּבָרִאשׁוֹנָה
וְיוֹעֲצֵינוּ כְּבַתְּחִלָּה
וְהָסֵר מִמֶּנּוּ יָגוֹן וַאֲנָחָה
וּמְלֹךְ עָלֵינוּ מְהֵרָה
אַתָּה יְהֹוָה לְבַדְּךָ
בְּחֶסֶד וּבְרַחֲמִים בְּצֶדֶק וּבְמִשְׁפָּט.
בָּרוּךְ אַתָּה יְהֹוָה, מֶלֶךְ אוֹהֵב צְדָקָה וּמִשְׁפָּט.

/ בעשרת ימי תשובה: **הַמֶּלֶךְ הַמִּשְׁפָּט.**/

אם שכח ולא נזכר תוך כדי דיבור חוזר ל"הָשִׁיבָה", ואם עקר רגליו חוזר לראש התפילה (שו"ע תקפב, א), ויש אומרים שאינו חוזר (רמ"א קיח; בא"ח). ראה הלכה 598.

ברכת המינים

לַמִּינִים וְלַמַּלְשִׁינִים אַל תְּהִי תִקְוָה
וְכָל הַזֵּדִים כְּרֶגַע יֹאבֵדוּ
וְכָל אוֹיְבֶיךָ וְכָל שׂוֹנְאֶיךָ מְהֵרָה יִכָּרֵתוּ
וּמַלְכוּת הָרִשְׁעָה מְהֵרָה תְעַקֵּר וּתְשַׁבֵּר
וּתְכַלֵּם וְתַכְנִיעֵם בִּמְהֵרָה בְיָמֵינוּ.
בָּרוּךְ אַתָּה יְהֹוָה, שׁוֹבֵר אוֹיְבִים וּמַכְנִיעַ זֵדִים.

על הצדיקים

עַל הַצַּדִּיקִים וְעַל הַחֲסִידִים
וְעַל שְׁאֵרִית עַמְּךָ בֵּית יִשְׂרָאֵל (וְעַל זִקְנֵיהֶם)
וְעַל פְּלֵטַת בֵּית סוֹפְרֵיהֶם וְעַל גֵּרֵי הַצֶּדֶק וְעָלֵינוּ
יֶהֱמוּ נָא רַחֲמֶיךָ יְהוָה אֱלֹהֵינוּ
וְתֵן שָׂכָר טוֹב לְכָל הַבּוֹטְחִים בְּשִׁמְךָ בֶּאֱמֶת
וְשִׂים חֶלְקֵנוּ עִמָּהֶם
וּלְעוֹלָם לֹא נֵבוֹשׁ
כִּי בְךָ בָטָחְנוּ
וְעַל חַסְדְּךָ הַגָּדוֹל בֶּאֱמֶת נִשְׁעָנְנוּ.
בָּרוּךְ אַתָּה יְהוָה, מִשְׁעָן וּמִבְטָח לַצַּדִּיקִים.

בניין ירושלים

תִּשְׁכּוֹן בְּתוֹךְ יְרוּשָׁלַיִם עִירְךָ כַּאֲשֶׁר דִּבַּרְתָּ
וְכִסֵּא דָוִד עַבְדְּךָ מְהֵרָה בְּתוֹכָהּ תָּכִין
וּבְנֵה אוֹתָהּ בִּנְיַן עוֹלָם בִּמְהֵרָה בְיָמֵינוּ.*
בָּרוּךְ אַתָּה יְהוָה, בּוֹנֵה יְרוּשָׁלָיִם.

* בליל תשעה באב יש אומרים כאן ׳נַחֵם׳ (טור, תקנו פר״ח וברכ״י; ראה הלכה 862):

נַחֵם יְהוָה אֱלֹהֵינוּ אֶת אֲבֵלֵי צִיּוֹן וְאֶת אֲבֵלֵי יְרוּשָׁלַיִם וְאֶת הָעִיר הַחֲרֵבָה וְהַבְּזוּיָה וְהַשּׁוֹמֵמָה, מִבְּלִי בָנֶיהָ הִיא יוֹשֶׁבֶת, וְרֹאשָׁהּ חָפוּי כְּאִשָּׁה עֲקָרָה שֶׁלֹּא יָלָדָה. וַיְבַלְּעוּהָ לִגְיוֹנִים, וַיִּירָשׁוּהָ עוֹבְדֵי פְסִילִים, וַיָּטִילוּ אֶת עַמְּךָ יִשְׂרָאֵל לֶחָרֶב, וַיַּהַרְגוּ בְזָדוֹן חֲסִידֵי עֶלְיוֹן. עַל כֵּן צִיּוֹן בְּמַר תִּבְכֶּה וִירוּשָׁלַיִם תִּתֵּן קוֹלָהּ. לִבִּי לִבִּי עַל חַלְלֵיהֶם, מֵעַי מֵעַי עַל הֲרוּגֵיהֶם. כִּי אַתָּה יְהוָה בָּאֵשׁ הִצַּתָּהּ וּבָאֵשׁ אַתָּה עָתִיד לִבְנוֹתָהּ, כַּכָּתוּב: וַאֲנִי אֶהְיֶה־לָּהּ, נְאֻם־יְהוָה, חוֹמַת אֵשׁ סָבִיב, וּלְכָבוֹד אֶהְיֶה בְתוֹכָהּ: זכריה ב
בָּרוּךְ אַתָּה יְהוָה, מְנַחֵם צִיּוֹן בְּבִנְיַן יְרוּשָׁלָיִם.

מלכות בית דוד

אֶת צֶמַח דָּוִד עַבְדְּךָ מְהֵרָה תַצְמִיחַ
וְקַרְנוֹ תָּרוּם בִּישׁוּעָתֶךָ
כִּי לִישׁוּעָתְךָ קִוִּינוּ כָּל הַיּוֹם.
בָּרוּךְ אַתָּה יְהֹוָה, מַצְמִיחַ קֶרֶן יְשׁוּעָה.

שומע תפילה

שְׁמַע קוֹלֵנוּ יְהֹוָה אֱלֹהֵינוּ, אָב הָרַחֲמָן חוּס וְרַחֵם עָלֵינוּ
וְקַבֵּל בְּרַחֲמִים וּבְרָצוֹן אֶת תְּפִלָּתֵנוּ
כִּי אֵל שׁוֹמֵעַ תְּפִלּוֹת וְתַחֲנוּנִים אָתָּה
וּמִלְּפָנֶיךָ מַלְכֵּנוּ רֵיקָם אַל תְּשִׁיבֵנוּ
חָנֵּנוּ וַעֲנֵנוּ וּשְׁמַע תְּפִלָּתֵנוּ*
כִּי אַתָּה שׁוֹמֵעַ תְּפִלַּת כָּל פֶּה.
בָּרוּךְ אַתָּה יְהֹוָה, שׁוֹמֵעַ תְּפִלָּה.

* בליל תשעה באב (ואם שכח ואמר 'בָּרוּךְ אַתָּה ה'', אינו חוזר):
עֲנֵנוּ אָבִינוּ עֲנֵנוּ בְּיוֹם צוֹם הַתַּעֲנִית הַזֶּה, כִּי בְצָרָה גְדוֹלָה אֲנָחְנוּ. אַל תֵּפֶן
לְרִשְׁעֵנוּ, וְאַל תִּתְעַלַּם מַלְכֵּנוּ מִבַּקָּשָׁתֵנוּ. הֱיֵה נָא קָרוֹב לְשַׁוְעָתֵנוּ, טֶרֶם
נִקְרָא אֵלֶיךָ אַתָּה תַעֲנֶה, נְדַבֵּר וְאַתָּה תִשְׁמַע, כַּדָּבָר שֶׁנֶּאֱמַר: וְהָיָה טֶרֶם ישעיה סה
יִקְרָאוּ וַאֲנִי אֶעֱנֶה, עוֹד הֵם מְדַבְּרִים וַאֲנִי אֶשְׁמָע: כִּי אַתָּה יְהֹוָה פּוֹדֶה
וּמַצִּיל וְעוֹנֶה וּמְרַחֵם בְּכָל עֵת צָרָה וְצוּקָה. כִּי אַתָּה שׁוֹמֵעַ תְּפִלַּת כָּל פֶּה.
בָּרוּךְ אַתָּה יְהֹוָה, שׁוֹמֵעַ תְּפִלָּה.
וממשיך 'רְצֵה' למטה.

עבודה

רְצֵה יְהֹוָה אֱלֹהֵינוּ בְּעַמְּךָ יִשְׂרָאֵל, וְלִתְפִלָּתָם שְׁעֵה
וְהָשֵׁב הָעֲבוֹדָה לִדְבִיר בֵּיתֶךָ
וְאִשֵּׁי יִשְׂרָאֵל וּתְפִלָּתָם מְהֵרָה בְּאַהֲבָה תְקַבֵּל בְּרָצוֹן
וּתְהִי לְרָצוֹן תָּמִיד עֲבוֹדַת יִשְׂרָאֵל עַמֶּךָ.

בראש חודש ובחול המועד מוסיפים:

אֱלֹהֵינוּ וֵאלֹהֵי אֲבוֹתֵינוּ, יַעֲלֶה וְיָבוֹא, יַגִּיעַ יֵרָאֶה וְיֵרָצֶה, יִשָּׁמַע יִפָּקֵד וְיִזָּכֵר זִכְרוֹנֵנוּ וְזִכְרוֹן אֲבוֹתֵינוּ, זִכְרוֹן יְרוּשָׁלַיִם עִירָךְ, וְזִכְרוֹן מָשִׁיחַ בֶּן דָּוִד עַבְדָּךְ, וְזִכְרוֹן כָּל עַמְּךָ בֵּית יִשְׂרָאֵל, לְפָנֶיךָ, לִפְלֵטָה לְטוֹבָה, לְחֵן, לְחֶסֶד וּלְרַחֲמִים (לְחַיִּים טוֹבִים וּלְשָׁלוֹם), בְּיוֹם

בראש חודש: רֹאשׁ הַחֹדֶשׁ הַזֶּה.

בפסח: חַג הַמַּצּוֹת הַזֶּה, בְּיוֹם מִקְרָא קֹדֶשׁ הַזֶּה.

בסוכות: חַג הַסֻּכּוֹת הַזֶּה, בְּיוֹם מִקְרָא קֹדֶשׁ הַזֶּה.

לְרַחֵם בּוֹ עָלֵינוּ וּלְהוֹשִׁיעֵנוּ. זָכְרֵנוּ יְהוָה אֱלֹהֵינוּ בּוֹ לְטוֹבָה, וּפָקְדֵנוּ בוֹ לִבְרָכָה, וְהוֹשִׁיעֵנוּ בוֹ לְחַיִּים טוֹבִים. בִּדְבַר יְשׁוּעָה וְרַחֲמִים חוּס וְחָנֵּנוּ וַחֲמוֹל וְרַחֵם עָלֵינוּ וְהוֹשִׁיעֵנוּ, כִּי אֵלֶיךָ עֵינֵינוּ, כִּי אֵל מֶלֶךְ חַנּוּן וְרַחוּם אָתָּה.

אם שכח בראש חודש וכבר אמר ׳בָּרוּךְ אַתָּה ה׳׳, אינו חוזר, ובחול המועד חוזר. ראה הלכה 375 ו־418.

וְאַתָּה בְּרַחֲמֶיךָ הָרַבִּים תַּחְפֹּץ בָּנוּ וְתִרְצֵנוּ
וְתֶחֱזֶינָה עֵינֵינוּ בְּשׁוּבְךָ לְצִיּוֹן בְּרַחֲמִים.
בָּרוּךְ אַתָּה יְהוָה, הַמַּחֲזִיר שְׁכִינָתוֹ לְצִיּוֹן.

הודאה

שוחין בברכת ההודאה תחילה וסוף (ברכות לד ע״א) ואינו זוקף עד אמירת השם (רמב״ם).

מוֹדִים אֲנַחְנוּ לָךְ
שָׁאַתָּה הוּא יְהוָה אֱלֹהֵינוּ וֵאלֹהֵי אֲבוֹתֵינוּ לְעוֹלָם וָעֶד.
צוּרֵנוּ, צוּר חַיֵּינוּ וּמָגֵן יִשְׁעֵנוּ אַתָּה הוּא
לְדוֹר וָדוֹר נוֹדֶה לְּךָ וּנְסַפֵּר תְּהִלָּתֶךָ
עַל חַיֵּינוּ הַמְּסוּרִים בְּיָדֶךָ
וְעַל נִשְׁמוֹתֵינוּ הַפְּקוּדוֹת לָךְ
וְעַל נִסֶּיךָ שֶׁבְּכָל יוֹם עִמָּנוּ
וְעַל נִפְלְאוֹתֶיךָ וְטוֹבוֹתֶיךָ שֶׁבְּכָל עֵת, עֶרֶב וָבֹקֶר וְצָהֳרָיִם.

הַטּוֹב, כִּי לֹא כָלוּ רַחֲמֶיךָ
הַמְרַחֵם, כִּי לֹא תַמּוּ חֲסָדֶיךָ
כִּי מֵעוֹלָם קִוִּינוּ לָךְ.

בחנוכה:

עַל הַנִּסִּים וְעַל הַפֻּרְקָן וְעַל הַגְּבוּרוֹת וְעַל הַתְּשׁוּעוֹת וְעַל הַנִּפְלָאוֹת וְעַל הַנֶּחָמוֹת שֶׁעָשִׂיתָ לַאֲבוֹתֵינוּ בַּיָּמִים הָהֵם בַּזְּמַן הַזֶּה.

בִּימֵי מַתִּתְיָה בֶּן יוֹחָנָן כֹּהֵן גָּדוֹל חַשְׁמוֹנַאי וּבָנָיו, כְּשֶׁעָמְדָה מַלְכוּת יָוָן הָרְשָׁעָה עַל עַמְּךָ יִשְׂרָאֵל לְשַׁכְּחָם תּוֹרָתֶךָ וּלְהַעֲבִירָם מֵחֻקֵּי רְצוֹנֶךָ, וְאַתָּה בְּרַחֲמֶיךָ הָרַבִּים עָמַדְתָּ לָהֶם בְּעֵת צָרָתָם, רַבְתָּ אֶת רִיבָם, דַּנְתָּ אֶת דִּינָם, נָקַמְתָּ אֶת נִקְמָתָם, מָסַרְתָּ גִבּוֹרִים בְּיַד חַלָּשִׁים, וְרַבִּים בְּיַד מְעַטִּים, וּרְשָׁעִים בְּיַד צַדִּיקִים, וּטְמֵאִים בְּיַד טְהוֹרִים, וְזֵדִים בְּיַד עוֹסְקֵי תוֹרָתֶךָ. לְךָ עָשִׂיתָ שֵׁם גָּדוֹל וְקָדוֹשׁ בְּעוֹלָמֶךָ, וּלְעַמְּךָ יִשְׂרָאֵל עָשִׂיתָ תְּשׁוּעָה גְדוֹלָה וּפֻרְקָן כְּהַיּוֹם הַזֶּה. וְאַחַר כָּךְ בָּאוּ בָנֶיךָ לִדְבִיר בֵּיתֶךָ, וּפִנּוּ אֶת הֵיכָלֶךָ, וְטִהֲרוּ אֶת מִקְדָּשֶׁךָ, וְהִדְלִיקוּ נֵרוֹת בְּחַצְרוֹת קָדְשֶׁךָ, וְקָבְעוּ שְׁמוֹנַת יְמֵי חֲנֻכָּה אֵלּוּ, בְּהַלֵּל וּבְהוֹדָאָה, וְעָשִׂיתָ עִמָּהֶם נִסִּים וְנִפְלָאוֹת, וְנוֹדֶה לְשִׁמְךָ הַגָּדוֹל, סֶלָה.

וממשיך ׳וְעַל כֻּלָּם׳ בעמוד הבא.

בפורים:

עַל הַנִּסִּים וְעַל הַפֻּרְקָן וְעַל הַגְּבוּרוֹת וְעַל הַתְּשׁוּעוֹת וְעַל הַנִּפְלָאוֹת וְעַל הַנֶּחָמוֹת שֶׁעָשִׂיתָ לַאֲבוֹתֵינוּ בַּיָּמִים הָהֵם בַּזְּמַן הַזֶּה.

בִּימֵי מָרְדְּכַי וְאֶסְתֵּר בְּשׁוּשַׁן הַבִּירָה, כְּשֶׁעָמַד עֲלֵיהֶם הָמָן הָרָשָׁע,
בִּקֵּשׁ לְהַשְׁמִיד לַהֲרֹג וּלְאַבֵּד אֶת־כָּל־הַיְּהוּדִים מִנַּעַר וְעַד־זָקֵן טַף אסתר ג
וְנָשִׁים בְּיוֹם אֶחָד, בִּשְׁלוֹשָׁה עָשָׂר לְחֹדֶשׁ שְׁנֵים־עָשָׂר, הוּא־חֹדֶשׁ אֲדָר, וּשְׁלָלָם לָבוֹז: וְאַתָּה בְּרַחֲמֶיךָ הָרַבִּים הֵפַרְתָּ אֶת עֲצָתוֹ, וְקִלְקַלְתָּ אֶת מַחֲשַׁבְתּוֹ, וַהֲשֵׁבוֹתָ לּוֹ גְּמוּלוֹ בְּרֹאשׁוֹ, וְתָלוּ אוֹתוֹ וְאֶת בָּנָיו עַל הָעֵץ, וְעָשִׂיתָ עִמָּהֶם נִסִּים וְנִפְלָאוֹת, וְנוֹדֶה לְשִׁמְךָ הַגָּדוֹל, סֶלָה.

וממשיך ׳וְעַל כֻּלָּם׳ בעמוד הבא.

וְעַל כֻּלָּם
יִתְבָּרַךְ וְיִתְרוֹמַם וְיִתְנַשֵּׂא תָּמִיד שִׁמְךָ מַלְכֵּנוּ לְעוֹלָם וָעֶד
וְכָל הַחַיִּים יוֹדְוּךָ סֶּלָה

בעשרת ימי תשובה: וּכְתֹב לְחַיִּים טוֹבִים כָּל בְּנֵי בְרִיתֶךָ.

וִיהַלְלוּ וִיבָרְכוּ אֶת שִׁמְךָ הַגָּדוֹל בֶּאֱמֶת לְעוֹלָם כִּי טוֹב
הָאֵל יְשׁוּעָתֵנוּ וְעֶזְרָתֵנוּ סֶלָה, הָאֵל הַטּוֹב.
בָּרוּךְ אַתָּה יְהֹוָה, הַטּוֹב שִׁמְךָ וּלְךָ נָאֶה לְהוֹדוֹת.

לא אמר 'עַל הַנִּסִּים' ונזכר לאחר שאמר 'בָּרוּךְ אַתָּה ה'', אינו חוזר.
לא אמר 'וּכְתֹב לְחַיִּים' ונזכר לאחר שאמר 'בָּרוּךְ אַתָּה ה'', אינו חוזר.

שלום
שִׂים שָׁלוֹם טוֹבָה וּבְרָכָה, חַיִּים חֵן וָחֶסֶד
צְדָקָה וְרַחֲמִים עָלֵינוּ וְעַל כָּל יִשְׂרָאֵל עַמֶּךָ.
וּבָרְכֵנוּ אָבִינוּ כֻּלָּנוּ כְּאֶחָד בְּאוֹר פָּנֶיךָ
כִּי בְאוֹר פָּנֶיךָ נָתַתָּ לָּנוּ יְהֹוָה אֱלֹהֵינוּ תּוֹרָה וְחַיִּים
אַהֲבָה וָחֶסֶד, צְדָקָה וְרַחֲמִים, בְּרָכָה וְשָׁלוֹם.
וְטוֹב בְּעֵינֶיךָ לְבָרְכֵנוּ וּלְבָרֵךְ אֶת כָּל עַמְּךָ יִשְׂרָאֵל
בְּרֹב עֹז וְשָׁלוֹם.

בעשרת ימי תשובה: וּבְסֵפֶר חַיִּים, בְּרָכָה וְשָׁלוֹם, וּפַרְנָסָה טוֹבָה
וִישׁוּעָה וְנֶחָמָה, וּגְזֵרוֹת טוֹבוֹת נִזָּכֵר וְנִכָּתֵב לְפָנֶיךָ
אֲנַחְנוּ וְכָל עַמְּךָ יִשְׂרָאֵל, לְחַיִּים טוֹבִים וּלְשָׁלוֹם.
אם שכח אינו חוזר.

בָּרוּךְ אַתָּה יְהֹוָה, הַמְבָרֵךְ אֶת עַמּוֹ יִשְׂרָאֵל בַּשָּׁלוֹם. אָמֵן.
תהלים יט יִהְיוּ לְרָצוֹן אִמְרֵי־פִי וְהֶגְיוֹן לִבִּי לְפָנֶיךָ, יְהֹוָה צוּרִי וְגוֹאֲלִי:

יש אומרים כאן את מזמור קכא בעמ' 171 ('שלמי ציבור' בשם הרמ"ע מפאנו, וראה הלכה 154).
יש נוהגים לומר בערבית של מוצאי התענית את התחינה בעמוד הבא.

אֱלֹהַי, נְצֹר לְשׁוֹנִי מֵרָע וּשְׂפָתַי מִדַּבֵּר מִרְמָה ברכות יז
וְלִמְקַלְלַי נַפְשִׁי תִדֹּם, וְנַפְשִׁי כֶּעָפָר לַכֹּל תִּהְיֶה.
פְּתַח לִבִּי בְּתוֹרָתֶךָ, וְאַחֲרֵי מִצְוֹתֶיךָ תִּרְדֹּף נַפְשִׁי.
וְכָל הַקָּמִים עָלַי לְרָעָה, מְהֵרָה הָפֵר עֲצָתָם וְקַלְקֵל מַחְשְׁבוֹתָם.
(יִהְיוּ כְּמֹץ לִפְנֵי־רוּחַ וּמַלְאַךְ יְהוָה דֹּחֶה:) תהלים לה
עֲשֵׂה לְמַעַן שְׁמֶךָ, עֲשֵׂה לְמַעַן יְמִינֶךָ
עֲשֵׂה לְמַעַן תּוֹרָתֶךָ, עֲשֵׂה לְמַעַן קְדֻשָּׁתֶךָ.
לְמַעַן יֵחָלְצוּן יְדִידֶיךָ, הוֹשִׁיעָה יְמִינְךָ וַעֲנֵנִי: תהלים ס
יִהְיוּ לְרָצוֹן אִמְרֵי־פִי וְהֶגְיוֹן לִבִּי לְפָנֶיךָ, יְהוָה צוּרִי וְגֹאֲלִי: תהלים יט

כורע ופוסע שלוש פסיעות לאחור. קד לשמאל, לימין ולפנים באמירת:

עֹשֶׂה שָׁלוֹם/ בעשרת ימי תשובה: הַשָּׁלוֹם/ בִּמְרוֹמָיו
הוּא בְּרַחֲמָיו יַעֲשֶׂה שָׁלוֹם עָלֵינוּ וְעַל כָּל עַמּוֹ יִשְׂרָאֵל, (וְאִמְרוּ) אָמֵן.

יְהִי רָצוֹן מִלְּפָנֶיךָ, יְהוָה אֱלֹהֵינוּ וֵאלֹהֵי אֲבוֹתֵינוּ, שֶׁתִּבָּנֶה בֵּית הַמִּקְדָּשׁ בִּמְהֵרָה בְיָמֵינוּ, וְתֵן חֶלְקֵנוּ בְּתוֹרָתֶךָ, לַעֲשׂוֹת חֻקֵּי רְצוֹנֶךָ וּלְעָבְדְךָ בְּלֵבָב שָׁלֵם.

---

במנחה קטנה של תענית אומר תחינה זו אחרי ׳יִהְיוּ לְרָצוֹן׳ (שו״ע תקסה, ד).
ויש נוהגים לאומרה בערבית של מוצאי התענית.

רִבּוֹן הָעוֹלָמִים כְּבָר הִתְעַנֵּיתִי בְּתַעֲנִית הַיּוֹם לְפָנֶיךָ, גָּלוּי וְיָדוּעַ לִפְנֵי כִסֵּא כְבוֹדֶךָ שֶׁבִּזְמַן שֶׁבֵּית הַמִּקְדָּשׁ קַיָּם אָדָם חוֹטֵא וּמֵבִיא לְפָנֶיךָ קָרְבָּן וְאֵין מַקְרִיבִין מִמֶּנּוּ רַק חֶלְבּוֹ וְדָמוֹ וּמִתְכַּפֵּר. וְעַכְשָׁו בַּעֲוֹנוֹתֵינוּ הָרַבִּים אֵין לָנוּ לֹא מִקְדָּשׁ וְלֹא מִזְבֵּחַ וְלֹא כֹהֵן שֶׁיְּכַפֵּר בַּעֲדֵנוּ. יְהִי רָצוֹן מִלְּפָנֶיךָ, יְהוָה אֱלֹהַי וֵאלֹהֵי אֲבוֹתַי שֶׁיְּהֵא מִעוּט חֶלְבִּי וְדָמִי שֶׁנִּתְמַעֵט הַיּוֹם לְפָנֶיךָ בְּתַעֲנִיתִי חָשׁוּב וּמְקֻבָּל לִפְנֵי כִסֵּא כְבוֹדֶךָ כְּאִלּוּ הִקְרַבְתִּיו עַל גַּבֵּי מִזְבְּחֶךָ, וְתִרְצֵנִי בְּרַחֲמֶיךָ הָרַבִּים.

---

שליח הציבור אומר:

יְהִי שֵׁם יְהוָה מְבֹרָךְ מֵעַתָּה וְעַד־עוֹלָם: מִמִּזְרַח־שֶׁמֶשׁ עַד־מְבוֹאוֹ תהלים קיג
מְהֻלָּל שֵׁם יְהוָה: רָם עַל־כָּל־גּוֹיִם יְהוָה עַל הַשָּׁמַיִם כְּבוֹדוֹ:
יְהוָה אֲדֹנֵינוּ, מָה־אַדִּיר שִׁמְךָ בְּכָל־הָאָרֶץ: תהלים ח

במוצאי שבת ממשיכים בחצי קדיש בעמ׳ 173.
בפורים אומרים חצי קדיש וקוראים את מגילת אסתר בברכה (עמ׳ 549). בט׳ באב אומרים חצי קדיש ויש אומרים קדיש תתקבל (ראה הלכה 865), ואחר כך קינות בעמ׳ 659.

קדיש תתקבל

שליח הציבור כורע במילים המסומנות ב׳.

ש״ץ: יִתְגַּדַּל וְיִתְקַדַּשׁ שְׁמֵהּ רַבָּא (קהל: אָמֵן)
בְּעָלְמָא דִּי בְרָא כִרְעוּתֵהּ
וְיַמְלִיךְ מַלְכוּתֵהּ וְיַצְמַח פֻּרְקָנֵהּ וִיקָרֵב מְשִׁיחֵהּ (קהל: אָמֵן)
בְּחַיֵּיכוֹן וּבְיוֹמֵיכוֹן וּבְחַיֵּי דְכָל בֵּית יִשְׂרָאֵל
בַּעֲגָלָא וּבִזְמַן קָרִיב
וְאִמְרוּ אָמֵן. (קהל: אָמֵן)

קהל וש״ץ: יְהֵא שְׁמֵהּ רַבָּא מְבָרַךְ לְעָלַם לְעָלְמֵי עָלְמַיָּא יִתְבָּרַךְ
וְיִשְׁתַּבַּח וְיִתְפָּאַר וְיִתְרוֹמַם וְיִתְנַשֵּׂא
וְיִתְהַדָּר וְיִתְעַלֶּה וְיִתְהַלָּל
שְׁמֵהּ דְּקֻדְשָׁא בְּרִיךְ הוּא (קהל: אָמֵן)
לְעֵלָּא מִן כָּל בִּרְכָתָא, שִׁירָתָא, תֻּשְׁבְּחָתָא וְנֶחֱמָתָא
דַּאֲמִירָן בְּעָלְמָא
וְאִמְרוּ אָמֵן. (קהל: אָמֵן)

ש״ץ: תִּתְקַבַּל צְלוֹתְהוֹן וּבָעוּתְהוֹן
עִם צְלוֹתְהוֹן וּבָעוּתְהוֹן דְּכָל בֵּית יִשְׂרָאֵל
קֳדָם אֲבוּהוֹן דִּבִשְׁמַיָּא, וְאִמְרוּ אָמֵן. (קהל: אָמֵן)

יְהֵא שְׁלָמָא רַבָּא מִן שְׁמַיָּא, חַיִּים וְשָׂבָע וִישׁוּעָה וְנֶחָמָה
וְשֵׁיזָבָא וּרְפוּאָה, וּגְאֻלָּה וּסְלִיחָה וְכַפָּרָה, וְרֶוַח וְהַצָּלָה
לָנוּ וּלְכָל עַמּוֹ יִשְׂרָאֵל
וְאִמְרוּ אָמֵן. (קהל: אָמֵן)

יש נוהגים לכרוע ולפסוע שלוש פסיעות לאחור. קד לשמאל, לימין ולפנים באמירת:

עֹשֶׂה שָׁלוֹם בִּמְרוֹמָיו
הוּא בְּרַחֲמָיו יַעֲשֶׂה שָׁלוֹם עָלֵינוּ
וְעַל כָּל עַמּוֹ יִשְׂרָאֵל, וְאִמְרוּ אָמֵן. (קהל: אָמֵן)

ביום העצמאות ממשיכים ׳שְׁמַע יִשְׂרָאֵל׳ (עמ׳ 563).

בערבית אומרים מזמור זה המסוגל לשמירה (סידור הרמ״ק). בחול המועד סוכות יש אומרים במקומו את מזמור קכב ובחול המועד פסח את מזמור קיד (עמ׳ 147-148).

תהלים קכא שִׁיר לַמַּעֲלוֹת, אֶשָּׂא עֵינַי אֶל־הֶהָרִים, מֵאַיִן יָבֹא עֶזְרִי: עֶזְרִי מֵעִם יְהֹוָה, עֹשֵׂה שָׁמַיִם וָאָרֶץ: אַל־יִתֵּן לַמּוֹט רַגְלֶךָ, אַל־יָנוּם שֹׁמְרֶךָ: הִנֵּה לֹא־יָנוּם וְלֹא יִישָׁן שׁוֹמֵר יִשְׂרָאֵל: יְהֹוָה שֹׁמְרֶךָ, יְהֹוָה צִלְּךָ עַל־יַד יְמִינֶךָ: יוֹמָם הַשֶּׁמֶשׁ לֹא־יַכֶּכָּה, וְיָרֵחַ בַּלָּיְלָה: יְהֹוָה יִשְׁמָרְךָ מִכָּל־רָע, יִשְׁמֹר אֶת־נַפְשֶׁךָ: יְהֹוָה יִשְׁמָר־צֵאתְךָ וּבוֹאֶךָ, מֵעַתָּה וְעַד־עוֹלָם:

## קדיש יהא שלמא

הַמְקַדֵּשׁ (האומר קדיש) כורע במילים המסומנות ב׳.
נוהגים שאם יש אבל הוא אומר קדיש זה.

מקדש: ׳יִתְגַּדַּל וְיִתְקַדַּשׁ שְׁמֵהּ רַבָּא (קהל: אָמֵן)
בְּעָלְמָא דִּי בְרָא כִרְעוּתֵהּ
וְיַמְלִיךְ מַלְכוּתֵהּ וְיַצְמַח פֻּרְקָנֵהּ וִיקָרֵב מְשִׁיחֵהּ (קהל: אָמֵן)
בְּחַיֵּיכוֹן וּבְיוֹמֵיכוֹן וּבְחַיֵּי דְכָל בֵּית יִשְׂרָאֵל
בַּעֲגָלָא וּבִזְמַן קָרִיב, וְאִמְרוּ אָמֵן. (קהל: אָמֵן)

קהל ומקדש: יְהֵא שְׁמֵהּ ׳רַבָּא מְבָרַךְ לְעָלַם לְעָלְמֵי עָלְמַיָּא ׳יִתְבָּרַךְ
וְיִשְׁתַּבַּח וְיִתְפָּאַר וְיִתְרוֹמַם וְיִתְנַשֵּׂא
וְיִתְהַדָּר וְיִתְעַלֶּה וְיִתְהַלָּל שְׁמֵהּ דְּקֻדְשָׁא ׳בְּרִיךְ הוּא (קהל: אָמֵן)
לְעֵלָּא מִן כָּל בִּרְכָתָא, שִׁירָתָא, תֻּשְׁבְּחָתָא וְנֶחָמָתָא
דַּאֲמִירָן בְּעָלְמָא, וְאִמְרוּ ׳אָמֵן. (קהל: אָמֵן)

מקדש: יְהֵא שְׁלָמָא רַבָּא מִן שְׁמַיָּא, חַיִּים וְשָׂבָע וִישׁוּעָה וְנֶחָמָה
וְשֵׁיזָבָא וּרְפוּאָה וּגְאֻלָּה וּסְלִיחָה וְכַפָּרָה, וְרֶוַח וְהַצָּלָה
לָנוּ וּלְכָל עַמּוֹ יִשְׂרָאֵל, וְאִמְרוּ אָמֵן. (קהל: אָמֵן)

עֹשֶׂה שָׁלוֹם בִּמְרוֹמָיו הוּא בְּרַחֲמָיו יַעֲשֶׂה שָׁלוֹם עָלֵינוּ
וְעַל כָּל עַמּוֹ יִשְׂרָאֵל, וְאִמְרוּ אָמֵן. (קהל: אָמֵן)

המקדש מוסיף: בָּרְכוּ אֶת יְהֹוָה הַמְבֹרָךְ.
והקהל עונה: בָּרוּךְ יְהֹוָה הַמְבֹרָךְ לְעוֹלָם וָעֶד.
המקדש חוזר ואומר: בָּרוּךְ יְהֹוָה הַמְבֹרָךְ לְעוֹלָם וָעֶד.

עומדים ואומרים 'עָלֵינוּ' כדי לחזק בלבנו את האמונה בקב״ה ובגאולה (טור וב״ח, קלג), וכורעים במקום המסומן ב°. ברוב הקהילות ממשיכים 'עַל כֵּן נְקַוֶּה', כדעת האר״י.

עָלֵינוּ לְשַׁבֵּחַ לַאֲדוֹן הַכֹּל, לָתֵת גְּדֻלָּה לְיוֹצֵר בְּרֵאשִׁית
שֶׁלֹּא עָשָׂנוּ כְּגוֹיֵי הָאֲרָצוֹת, וְלֹא שָׂמָנוּ כְּמִשְׁפְּחוֹת הָאֲדָמָה
שֶׁלֹּא שָׂם חֶלְקֵנוּ כָּהֶם וְגוֹרָלֵנוּ כְּכָל הֲמוֹנָם.
שֶׁהֵם מִשְׁתַּחֲוִים לְהֶבֶל וָרִיק וּמִתְפַּלְלִים אֶל־אֵל לֹא יוֹשִׁיעַ.
°וַאֲנַחְנוּ מִשְׁתַּחֲוִים לִפְנֵי מֶלֶךְ מַלְכֵי הַמְּלָכִים הַקָּדוֹשׁ בָּרוּךְ הוּא
שֶׁהוּא נוֹטֶה שָׁמַיִם וְיוֹסֵד אָרֶץ
וּמוֹשַׁב יְקָרוֹ בַּשָּׁמַיִם מִמַּעַל, וּשְׁכִינַת עֻזּוֹ בְּגָבְהֵי מְרוֹמִים.
הוּא אֱלֹהֵינוּ, וְאֵין עוֹד אַחֵר
אֱמֶת מַלְכֵּנוּ, וְאֶפֶס זוּלָתוֹ
דברים ד כַּכָּתוּב בַּתּוֹרָה, וְיָדַעְתָּ הַיּוֹם וַהֲשֵׁבֹתָ אֶל־לְבָבֶךָ
כִּי יְהוָה הוּא הָאֱלֹהִים בַּשָּׁמַיִם מִמַּעַל וְעַל־הָאָרֶץ מִתָּחַת אֵין עוֹד:

עַל כֵּן נְקַוֶּה לְךָ, יְהוָה אֱלֹהֵינוּ, לִרְאוֹת מְהֵרָה בְּתִפְאֶרֶת עֻזֶּךָ
לְהַעֲבִיר גִּלּוּלִים מִן הָאָרֶץ וְהָאֱלִילִים כָּרוֹת יִכָּרֵתוּן
לְתַקֵּן עוֹלָם בְּמַלְכוּת שַׁדַּי
וְכָל בְּנֵי בָשָׂר יִקְרְאוּ בִשְׁמֶךָ לְהַפְנוֹת אֵלֶיךָ כָּל רִשְׁעֵי אָרֶץ
יַכִּירוּ וְיֵדְעוּ כָּל יוֹשְׁבֵי תֵבֵל
כִּי לְךָ תִּכְרַע כָּל בֶּרֶךְ, תִּשָּׁבַע כָּל לָשׁוֹן.
לְפָנֶיךָ יְהוָה אֱלֹהֵינוּ יִכְרְעוּ וְיִפֹּלוּ, וְלִכְבוֹד שִׁמְךָ יְקָר יִתֵּנוּ
וִיקַבְּלוּ כֻלָּם אֶת עוֹל מַלְכוּתֶךָ, וְתִמְלֹךְ עֲלֵיהֶם מְהֵרָה לְעוֹלָם וָעֶד
כִּי הַמַּלְכוּת שֶׁלְּךָ הִיא וּלְעוֹלְמֵי עַד תִּמְלֹךְ בְּכָבוֹד
שמות טו כַּכָּתוּב בְּתוֹרָתֶךָ, יְהוָה יִמְלֹךְ לְעֹלָם וָעֶד:
זכריה יד וְנֶאֱמַר, וְהָיָה יְהוָה לְמֶלֶךְ עַל־כָּל־הָאָרֶץ
בַּיּוֹם הַהוּא יִהְיֶה יְהוָה אֶחָד וּשְׁמוֹ אֶחָד:

בכמה מקהילות המערב נוהגים לומר כאן חצי קדיש בעמוד הבא.

ממוצאי יום טוב ראשון של פסח עד ערב שבועות סופרים ספירת העומר (עמ' 179).

# ערבית למוצאי שבת

"אוֹתָנוּ הִבְדַּלְתָּ לִהְיוֹת לְךָ לְעָם, כִּי אַהֲבָתְךָ עָרְבָה לְפָנֶיךָ"
(ברכת 'אַהֲבַת עוֹלָם' למוצאי שבת, סידור רס"ג).

**חצי קדיש**

שליח הציבור כורע במילים המסומנות ב'.

ש"ץ: 'יִתְגַּדַּל וְיִתְקַדַּשׁ שְׁמֵהּ רַבָּא (קהל: אָמֵן)
בְּעָלְמָא דִּי בְרָא כִרְעוּתֵהּ
וְיַמְלִיךְ מַלְכוּתֵהּ וְיַצְמַח פֻּרְקָנֵהּ וִיקָרֵב מְשִׁיחֵהּ (קהל: אָמֵן)
בְּחַיֵּיכוֹן וּבְיוֹמֵיכוֹן וּבְחַיֵּי דְכָל בֵּית יִשְׂרָאֵל
בַּעֲגָלָא וּבִזְמַן קָרִיב, וְאִמְרוּ אָמֵן. (קהל: אָמֵן)

קהל וש"ץ: יְהֵא שְׁמֵהּ 'רַבָּא מְבָרַךְ לְעָלַם לְעָלְמֵי עָלְמַיָּא 'יִתְבָּרַךְ
וְיִשְׁתַּבַּח וְיִתְפָּאַר וְיִתְרוֹמַם וְיִתְנַשֵּׂא וְיִתְהַדָּר וְיִתְעַלֶּה וְיִתְהַלָּל
שְׁמֵהּ דְּקֻדְשָׁא 'בְּרִיךְ הוּא (קהל: אָמֵן)
לְעֵלָּא מִן כָּל בִּרְכָתָא, שִׁירָתָא, תֻּשְׁבְּחָתָא וְנֶחָמָתָא
דַּאֲמִירָן בְּעָלְמָא, וְאִמְרוּ 'אָמֵן. (קהל: אָמֵן)

במוצאי שבת אומרים פסוק 'וִיהִי נֹעַם' ואת מזמור צא (סידור רס"ג), המכונים 'שיר שלפגועים' (שבועות טו ע"ב), משום שהשבת מגנה ומצילה, וכעת כשנכנסים לימי החול צריכים שמירה ('שיבולי הלקט' על פי פסיקתא דרב כהנא).

'וִיהִי נֹעַם' אומרים בעמידה, 'וְאַתָּה קָדוֹשׁ' בישיבה (שעה"כ, עניין ויהי נעם).
כופלים את הפסוק 'אֹרֶךְ יָמִים אַשְׂבִּיעֵהוּ, וְאַרְאֵהוּ בִּישׁוּעָתִי' (טור, רצה).

כאשר אין אומרים 'וִיהִי נֹעַם', אין אומרים 'וְאַתָּה קָדוֹשׁ'
(סדר רב עמרם גאון בשם רב שר שלום גאון)

בקהילות הספרדים נהגו להתחיל מפסוק 'שׁוּבָה' (מובא במחזור רומניא):

שׁוּבָה יְהֹוָה עַד־מָתָי, וְהִנָּחֵם עַל־עֲבָדֶיךָ: תהלים צ
שַׂבְּעֵנוּ בַבֹּקֶר חַסְדֶּךָ, וּנְרַנְּנָה וְנִשְׂמְחָה בְּכָל־יָמֵינוּ:
שַׂמְּחֵנוּ כִּימוֹת עִנִּיתָנוּ, שְׁנוֹת רָאִינוּ רָעָה:
יֵרָאֶה אֶל־עֲבָדֶיךָ פָעֳלֶךָ, וַהֲדָרְךָ עַל־בְּנֵיהֶם:
וִיהִי נֹעַם אֲדֹנָי אֱלֹהֵינוּ עָלֵינוּ
וּמַעֲשֵׂה יָדֵינוּ כּוֹנְנָה עָלֵינוּ וּמַעֲשֵׂה יָדֵינוּ כּוֹנְנֵהוּ:

יֹשֵׁב בְּסֵתֶר עֶלְיוֹן, בְּצֵל שַׁדַּי יִתְלוֹנָן: אֹמַר לַיהוָֹה מַחְסִי וּמְצוּדָתִי, תהלים צא
אֱלֹהַי אֶבְטַח־בּוֹ: כִּי הוּא יַצִּילְךָ מִפַּח יָקוּשׁ, מִדֶּבֶר הַוּוֹת:
בְּאֶבְרָתוֹ יָסֶךְ לָךְ, וְתַחַת־כְּנָפָיו תֶּחְסֶה, צִנָּה וְסֹחֵרָה אֲמִתּוֹ:
לֹא־תִירָא מִפַּחַד לָיְלָה, מֵחֵץ יָעוּף יוֹמָם: מִדֶּבֶר בָּאֹפֶל יַהֲלֹךְ,
מִקֶּטֶב יָשׁוּד צָהֳרָיִם: יִפֹּל מִצִּדְּךָ אֶלֶף, וּרְבָבָה מִימִינֶךָ, אֵלֶיךָ
לֹא יִגָּשׁ: רַק בְּעֵינֶיךָ תַבִּיט, וְשִׁלֻּמַת רְשָׁעִים תִּרְאֶה: כִּי־אַתָּה
יְהוָֹה מַחְסִי, עֶלְיוֹן שַׂמְתָּ מְעוֹנֶךָ: לֹא־תְאֻנֶּה אֵלֶיךָ רָעָה, וְנֶגַע
לֹא־יִקְרַב בְּאָהֳלֶךָ: כִּי מַלְאָכָיו יְצַוֶּה־לָּךְ, לִשְׁמָרְךָ בְּכָל־דְּרָכֶיךָ:
עַל־כַּפַּיִם יִשָּׂאוּנְךָ, פֶּן־תִּגֹּף בָּאֶבֶן רַגְלֶךָ: עַל־שַׁחַל וָפֶתֶן תִּדְרֹךְ,
תִּרְמֹס כְּפִיר וְתַנִּין: כִּי בִי חָשַׁק וַאֲפַלְּטֵהוּ, אֲשַׂגְּבֵהוּ כִּי־יָדַע
שְׁמִי: יִקְרָאֵנִי וְאֶעֱנֵהוּ, עִמּוֹ אָנֹכִי בְצָרָה, אֲחַלְּצֵהוּ וַאֲכַבְּדֵהוּ:
אֹרֶךְ יָמִים אַשְׂבִּיעֵהוּ, וְאַרְאֵהוּ בִּישׁוּעָתִי:
אֹרֶךְ יָמִים אַשְׂבִּיעֵהוּ, וְאַרְאֵהוּ בִּישׁוּעָתִי:

נהגו להאריך במזמורים ובדרשות כדי להוסיף מן החול על הקודש ולומר אחריהם קדושה דסידרא (סדר רב עמרם גאון). אין אומרים 'וּבָא לְצִיּוֹן גּוֹאֵל' מכיוון שאין גאולה בלילה, שנאמר "בְּעֶצֶם הַיּוֹם הַזֶּה" (שמות יב, יז) – בעיצומו של יום (ספר המנהיג, הלכות מגילה).

וְאַתָּה קָדוֹשׁ יוֹשֵׁב תְּהִלּוֹת יִשְׂרָאֵל: וְקָרָא זֶה אֶל־זֶה וְאָמַר תהלים כב ישעיה ו
קָדוֹשׁ, קָדוֹשׁ, קָדוֹשׁ, יְהוָֹה צְבָאוֹת, מְלֹא כָל־הָאָרֶץ כְּבוֹדוֹ:

וּמְקַבְּלִין דֵּין מִן דֵּין וְאָמְרִין, קַדִּישׁ בִּשְׁמֵי מְרוֹמָא עִלָּאָה בֵּית שְׁכִינְתֵהּ, תרגום יונתן שם
קַדִּישׁ עַל אַרְעָא עוֹבַד גְּבוּרְתֵהּ, קַדִּישׁ לְעָלַם וּלְעָלְמֵי עָלְמַיָּא, יְהוָֹה צְבָאוֹת,
מַלְיָא כָל אַרְעָא זִיו יְקָרֵהּ.

וַתִּשָּׂאֵנִי רוּחַ, וָאֶשְׁמַע אַחֲרַי קוֹל רַעַשׁ גָּדוֹל יחזקאל ג
בָּרוּךְ כְּבוֹד־יְהוָֹה מִמְּקוֹמוֹ:

וּנְטָלַתְנִי רוּחָא, וְשִׁמְעֵית בַּתְרַי קָל זִיעַ סַגִּיא, דִּמְשַׁבְּחִין וְאָמְרִין, בְּרִיךְ יְקָרָא תרגום יונתן שם
דַיהוָֹה מֵאֲתַר בֵּית שְׁכִינְתֵהּ.

יְהוָה יִמְלֹךְ לְעֹלָם וָעֶד: שמות טו
יְהוָה מַלְכוּתֵהּ קָאֵם לְעָלַם וּלְעָלְמֵי עָלְמַיָּא. תרגום אונקלוס שם

יְהוָה אֱלֹהֵי אַבְרָהָם יִצְחָק וְיִשְׂרָאֵל אֲבֹתֵינוּ, שָׁמְרָה־זֹּאת לְעוֹלָם דברי הימים א׳ כט
לְיֵצֶר מַחְשְׁבוֹת לְבַב עַמֶּךָ, וְהָכֵן לְבָבָם אֵלֶיךָ: וְהוּא רַחוּם יְכַפֵּר תהלים עח
עָוֹן וְלֹא־יַשְׁחִית, וְהִרְבָּה לְהָשִׁיב אַפּוֹ, וְלֹא־יָעִיר כָּל־חֲמָתוֹ:
כִּי־אַתָּה אֲדֹנָי טוֹב וְסַלָּח, וְרַב־חֶסֶד לְכָל־קֹרְאֶיךָ: צִדְקָתְךָ תהלים פו תהלים קיט
צֶדֶק לְעוֹלָם וְתוֹרָתְךָ אֱמֶת: תִּתֵּן אֱמֶת לְיַעֲקֹב, חֶסֶד לְאַבְרָהָם, מיכה ז
אֲשֶׁר־נִשְׁבַּעְתָּ לַאֲבֹתֵינוּ מִימֵי קֶדֶם: בָּרוּךְ אֲדֹנָי יוֹם יוֹם יַעֲמָס־ תהלים סח
לָנוּ, הָאֵל יְשׁוּעָתֵנוּ סֶלָה: יְהוָה צְבָאוֹת עִמָּנוּ, מִשְׂגָּב לָנוּ אֱלֹהֵי תהלים מו
יַעֲקֹב סֶלָה: יְהוָה צְבָאוֹת, אַשְׁרֵי אָדָם בֹּטֵחַ בָּךְ: יְהוָה הוֹשִׁיעָה, תהלים פד תהלים כ
הַמֶּלֶךְ יַעֲנֵנוּ בְיוֹם־קָרְאֵנוּ:

בָּרוּךְ אֱלֹהֵינוּ שֶׁבְּרָאָנוּ לִכְבוֹדוֹ, וְהִבְדִּילָנוּ מִן הַתּוֹעִים, וְנָתַן לָנוּ תּוֹרַת אֱמֶת, וְחַיֵּי עוֹלָם נָטַע בְּתוֹכֵנוּ. הוּא יִפְתַּח לִבֵּנוּ בְּתוֹרָתוֹ, וְיָשִׂים בְּלִבֵּנוּ אַהֲבָתוֹ וְיִרְאָתוֹ לַעֲשׂוֹת רְצוֹנוֹ וּלְעָבְדוֹ בְּלֵבָב שָׁלֵם, לְמַעַן לֹא נִיגַע לָרִיק וְלֹא נֵלֵד לַבֶּהָלָה.

יְהִי רָצוֹן מִלְּפָנֶיךָ, יְהוָה אֱלֹהֵינוּ וֵאלֹהֵי אֲבוֹתֵינוּ, שֶׁנִּשְׁמֹר
חֻקֶּיךָ בָּעוֹלָם הַזֶּה, וְנִזְכֶּה וְנִחְיֶה וְנִירַשׁ טוֹבָה וּבְרָכָה, לְחַיֵּי
הָעוֹלָם הַבָּא. לְמַעַן יְזַמֶּרְךָ כָבוֹד וְלֹא יִדֹּם, יְהוָה אֱלֹהַי, לְעוֹלָם תהלים ל
אוֹדֶךָּ: יְהוָה חָפֵץ לְמַעַן צִדְקוֹ, יַגְדִּיל תּוֹרָה וְיַאְדִּיר: וְיִבְטְחוּ ישעיה מב תהלים ט
בְךָ יוֹדְעֵי שְׁמֶךָ, כִּי לֹא־עָזַבְתָּ דֹרְשֶׁיךָ, יְהוָה: יְהוָה אֲדֹנֵינוּ מָה־ תהלים ח
אַדִּיר שִׁמְךָ בְּכָל־הָאָרֶץ: חִזְקוּ וְיַאֲמֵץ לְבַבְכֶם, כָּל־הַמְיַחֲלִים תהלים לא
לַיהוָה:

## קדיש תתקבל

שליח הציבור כורע במילים המסומנות ב°.

ש״ץ: °יִתְגַּדַּל וְיִתְקַדַּשׁ שְׁמֵהּ רַבָּא (קהל: אָמֵן)
בְּעָלְמָא דִּי בְרָא כִרְעוּתֵהּ
וְיַמְלִיךְ מַלְכוּתֵהּ וְיַצְמַח פֻּרְקָנֵהּ וִיקָרֵב מְשִׁיחֵהּ (קהל: אָמֵן)
בְּחַיֵּיכוֹן וּבְיוֹמֵיכוֹן וּבְחַיֵּי דְכָל בֵּית יִשְׂרָאֵל
בַּעֲגָלָא וּבִזְמַן קָרִיב, וְאִמְרוּ אָמֵן. (קהל: אָמֵן)

קהל וש״ץ: יְהֵא שְׁמֵהּ °רַבָּא מְבָרַךְ לְעָלַם לְעָלְמֵי עָלְמַיָּא °יִתְבָּרַךְ
וְיִשְׁתַּבַּח וְיִתְפָּאַר וְיִתְרוֹמַם וְיִתְנַשֵּׂא
וְיִתְהַדָּר וְיִתְעַלֶּה וְיִתְהַלָּל
שְׁמֵהּ דְּקֻדְשָׁא °בְּרִיךְ הוּא (קהל: אָמֵן)
לְעֵלָּא מִן כָּל בִּרְכָתָא, שִׁירָתָא, תֻּשְׁבְּחָתָא וְנֶחֱמָתָא
דַּאֲמִירָן בְּעָלְמָא, וְאִמְרוּ °אָמֵן. (קהל: אָמֵן)

ש״ץ: תִּתְקַבַּל צְלוֹתְהוֹן וּבָעוּתְהוֹן... תִּתְקַבַּל צְלוֹתָנָא וּבָעוּתָנָא
עִם צְלוֹתְהוֹן וּבָעוּתְהוֹן דְּכָל בֵּית יִשְׂרָאֵל
קֳדָם אֲבוּנָא דִבִשְׁמַיָּא, וְאִמְרוּ אָמֵן. (קהל: אָמֵן)

יְהֵא שְׁלָמָא רַבָּא מִן שְׁמַיָּא, חַיִּים וְשָׂבָע וִישׁוּעָה וְנֶחָמָה
וְשֵׁיזָבָא וּרְפוּאָה, וּגְאֻלָּה וּסְלִיחָה וְכַפָּרָה, וְרֶוַח וְהַצָּלָה
לָנוּ וּלְכָל עַמּוֹ יִשְׂרָאֵל, וְאִמְרוּ אָמֵן. (קהל: אָמֵן)

כורע ופוסע שלוש פסיעות לאחור. קד לשמאל, לימין ולפנים באמירת:
עֹשֶׂה שָׁלוֹם בִּמְרוֹמָיו
הוּא בְּרַחֲמָיו יַעֲשֶׂה שָׁלוֹם
עָלֵינוּ וְעַל כָּל עַמּוֹ יִשְׂרָאֵל, וְאִמְרוּ אָמֵן. (קהל: אָמֵן)

תהלים קכא שִׁיר לַמַּעֲלוֹת, אֶשָּׂא עֵינַי אֶל־הֶהָרִים, מֵאַיִן יָבֹא עֶזְרִי: עֶזְרִי מֵעִם
יְהוָה, עֹשֵׂה שָׁמַיִם וָאָרֶץ: אַל־יִתֵּן לַמּוֹט רַגְלֶךָ, אַל־יָנוּם שֹׁמְרֶךָ: הִנֵּה
לֹא־יָנוּם וְלֹא יִישָׁן שׁוֹמֵר יִשְׂרָאֵל: יְהוָה שֹׁמְרֶךָ, יְהוָה צִלְּךָ עַל־יַד

יְמִינֶךָ: יוֹמָם הַשֶּׁמֶשׁ לֹא־יַכֶּכָּה, וְיָרֵחַ בַּלָּיְלָה: יְהוָה יִשְׁמָרְךָ מִכָּל־רָע,
יִשְׁמֹר אֶת־נַפְשֶׁךָ: יְהוָה יִשְׁמָר־צֵאתְךָ וּבוֹאֶךָ, מֵעַתָּה וְעַד־עוֹלָם:

קדיש יהא שלמא

הַמְקַדֵּשׁ (האומר קדיש) כורע במילים המסומנות ב׳.
נוהגים שאם יש אבל הוא אומר קדיש זה.

מקדש: ׳יִתְגַּדַּל וְיִתְקַדַּשׁ שְׁמֵיהּ רַבָּא (קהל: אָמֵן)
בְּעָלְמָא דִּי בְרָא כִרְעוּתֵהּ
וְיַמְלִיךְ מַלְכוּתֵהּ וְיַצְמַח פֻּרְקָנֵהּ וִיקָרֵב מְשִׁיחֵהּ (קהל: אָמֵן)
בְּחַיֵּיכוֹן וּבְיוֹמֵיכוֹן וּבְחַיֵּי דְכָל בֵּית יִשְׂרָאֵל
בַּעֲגָלָא וּבִזְמַן קָרִיב, וְאִמְרוּ אָמֵן. (קהל: אָמֵן)

קהל ומקדש: יְהֵא שְׁמֵיהּ ׳רַבָּא מְבָרַךְ לְעָלַם לְעָלְמֵי עָלְמַיָּא ׳יִתְבָּרַךְ
וְיִשְׁתַּבַּח וְיִתְפָּאַר וְיִתְרוֹמַם וְיִתְנַשֵּׂא
וְיִתְהַדָּר וְיִתְעַלֶּה וְיִתְהַלָּל
שְׁמֵיהּ דְּקֻדְשָׁא ׳בְּרִיךְ הוּא (קהל: אָמֵן)
לְעֵלָּא מִן כָּל בִּרְכָתָא, שִׁירָתָא, תֻּשְׁבְּחָתָא וְנֶחֱמָתָא
דַּאֲמִירָן בְּעָלְמָא, וְאִמְרוּ ׳אָמֵן. (קהל: אָמֵן)

מקדש: יְהֵא שְׁלָמָא רַבָּא מִן שְׁמַיָּא, חַיִּים וְשָׂבָע וִישׁוּעָה וְנֶחָמָה
וְשֵׁיזָבָא וּרְפוּאָה וּגְאֻלָּה וּסְלִיחָה וְכַפָּרָה, וְרֶוַח וְהַצָּלָה
לָנוּ וּלְכָל עַמּוֹ יִשְׂרָאֵל, וְאִמְרוּ אָמֵן. (קהל: אָמֵן)

עֹשֶׂה שָׁלוֹם בִּמְרוֹמָיו
הוּא בְּרַחֲמָיו יַעֲשֶׂה שָׁלוֹם עָלֵינוּ
וְעַל כָּל עַמּוֹ יִשְׂרָאֵל, וְאִמְרוּ אָמֵן. (קהל: אָמֵן)

המקדש מוסיף: בָּרְכוּ אֶת יְהוָה הַמְבֹרָךְ.
והקהל עונה: בָּרוּךְ יְהוָה הַמְבֹרָךְ לְעוֹלָם וָעֶד.
המקדש חוזר ואומר: בָּרוּךְ יְהוָה הַמְבֹרָךְ לְעוֹלָם וָעֶד.

אומרים 'עָלֵינוּ' בעמידה וכורעים במקום המסומן ב°

עָלֵינוּ לְשַׁבֵּחַ לַאֲדוֹן הַכֹּל, לָתֵת גְּדֻלָּה לְיוֹצֵר בְּרֵאשִׁית
שֶׁלֹּא עָשָׂנוּ כְּגוֹיֵי הָאֲרָצוֹת, וְלֹא שָׂמָנוּ כְּמִשְׁפְּחוֹת הָאֲדָמָה
שֶׁלֹּא שָׂם חֶלְקֵנוּ כָּהֶם וְגוֹרָלֵנוּ כְּכָל הֲמוֹנָם.
שֶׁהֵם מִשְׁתַּחֲוִים לְהֶבֶל וָרִיק וּמִתְפַּלְלִים אֶל־אֵל לֹא יוֹשִׁיעַ.
°וַאֲנַחְנוּ מִשְׁתַּחֲוִים לִפְנֵי מֶלֶךְ מַלְכֵי הַמְּלָכִים הַקָּדוֹשׁ בָּרוּךְ הוּא
שֶׁהוּא נוֹטֶה שָׁמַיִם וְיוֹסֵד אָרֶץ
וּמוֹשַׁב יְקָרוֹ בַּשָּׁמַיִם מִמַּעַל, וּשְׁכִינַת עֻזּוֹ בְּגָבְהֵי מְרוֹמִים.
הוּא אֱלֹהֵינוּ, וְאֵין עוֹד אַחֵר
אֱמֶת מַלְכֵּנוּ, וְאֶפֶס זוּלָתוֹ
דברים ד כַּכָּתוּב בְּתוֹרָה, וְיָדַעְתָּ הַיּוֹם וַהֲשֵׁבֹתָ אֶל־לְבָבֶךָ
כִּי יְהוָה הוּא הָאֱלֹהִים בַּשָּׁמַיִם מִמַּעַל וְעַל־הָאָרֶץ מִתָּחַת אֵין עוֹד:

עַל כֵּן נְקַוֶּה לְּךָ, יְהוָה אֱלֹהֵינוּ, לִרְאוֹת מְהֵרָה בְּתִפְאֶרֶת עֻזֶּךָ
לְהַעֲבִיר גִּלּוּלִים מִן הָאָרֶץ וְהָאֱלִילִים כָּרוֹת יִכָּרֵתוּן
לְתַקֵּן עוֹלָם בְּמַלְכוּת שַׁדַּי
וְכָל בְּנֵי בָשָׂר יִקְרְאוּ בִשְׁמֶךָ לְהַפְנוֹת אֵלֶיךָ כָּל רִשְׁעֵי אָרֶץ
יַכִּירוּ וְיֵדְעוּ כָּל יוֹשְׁבֵי תֵבֵל
כִּי לְךָ תִּכְרַע כָּל בֶּרֶךְ, תִּשָּׁבַע כָּל לָשׁוֹן.
לְפָנֶיךָ יְהוָה אֱלֹהֵינוּ יִכְרְעוּ וְיִפֹּלוּ, וְלִכְבוֹד שִׁמְךָ יְקָר יִתֵּנוּ
וִיקַבְּלוּ כֻלָּם אֶת עוֹל מַלְכוּתֶךָ, וְתִמְלֹךְ עֲלֵיהֶם מְהֵרָה לְעוֹלָם וָעֶד
כִּי הַמַּלְכוּת שֶׁלְּךָ הִיא וּלְעוֹלְמֵי עַד תִּמְלֹךְ בְּכָבוֹד
שמות טו כַּכָּתוּב בְּתוֹרָתֶךָ, יְהוָה יִמְלֹךְ לְעֹלָם וָעֶד:
זכריה יד וְנֶאֱמַר, וְהָיָה יְהוָה לְמֶלֶךְ עַל־כָּל־הָאָרֶץ
בַּיּוֹם הַהוּא יִהְיֶה יְהוָה אֶחָד וּשְׁמוֹ אֶחָד:

בכמה מקהילות המערב נוהגים לומר כאן חצי קדיש בעמ׳ 173.

ממוצאי יום טוב ראשון של פסח עד ערב שבועות סופרים ספירת העומר.
סדר הבדלה בבית הכנסת בעמ׳ 184.

# סדר ספירת העומר

ממוצאי יו״ט ראשון של פסח ועד ערב שבועות, סופרים את העומר. ראה הלכה 259–264.

לפני ספירת העומר יש אומרים:

לְשֵׁם יִחוּד קֻדְשָׁא בְּרִיךְ הוּא וּשְׁכִינְתֵּהּ, בִּדְחִילוּ וּרְחִימוּ וּרְחִימוּ וּדְחִילוּ, לְיַחֲדָא אוֹתִיּוֹת י״ה בְּאוֹתִיּוֹת ו״ה בְּיִחוּדָא שְׁלִים בְּשֵׁם כָּל יִשְׂרָאֵל.

הִנֵּה אֲנַחְנוּ בָּאִים לְקַיֵּם מִצְוַת סְפִירַת הָעֹמֶר (יש מוסיפים: כִּדְכְתִיב, וּסְפַרְתֶּם ויקרא כג
לָכֶם מִמָּחֳרַת הַשַּׁבָּת, מִיּוֹם הֲבִיאֲכֶם אֶת־עֹמֶר הַתְּנוּפָה, שֶׁבַע שַׁבָּתוֹת
תְּמִימֹת תִּהְיֶינָה: עַד מִמָּחֳרַת הַשַּׁבָּת הַשְּׁבִיעִת תִּסְפְּרוּ חֲמִשִּׁים יוֹם,
וְהִקְרַבְתֶּם מִנְחָה חֲדָשָׁה לַיהוָה:) לְתַקֵּן אֶת שָׁרְשָׁהּ בְּמָקוֹם עֶלְיוֹן לַעֲשׂוֹת
נַחַת רוּחַ לְיוֹצְרֵנוּ. וִיהִי נֹעַם אֲדֹנָי אֱלֹהֵינוּ עָלֵינוּ, וּמַעֲשֵׂה יָדֵינוּ כּוֹנְנָה תהלים צ
עָלֵינוּ, וּמַעֲשֵׂה יָדֵינוּ כּוֹנְנֵהוּ: (יש מוסיפים: יְהוָה יִגְמֹר בַּעֲדִי, יְהוָה חַסְדְּךָ תהלים קלח
לְעוֹלָם, מַעֲשֵׂי יָדֶיךָ אַל־תֶּרֶף: אֶקְרָא לֵאלֹהִים עֶלְיוֹן, לָאֵל גֹּמֵר עָלָי: תהלים נז
וָאֶעֱבֹר עָלַיִךְ וָאֶרְאֵךְ מִתְבּוֹסֶסֶת בְּדָמָיִךְ, וָאֹמַר לָךְ בְּדָמַיִךְ חֲיִי, וָאֹמַר יחזקאל טז
לָךְ בְּדָמַיִךְ חֲיִי: בָּרְכִי נַפְשִׁי אֶת־יְהוָה, יְהוָה אֱלֹהַי גָּדַלְתָּ מְּאֹד, הוֹד וְהָדָר תהלים קד
לָבָשְׁתָּ: עֹטֶה־אוֹר כַּשַּׂלְמָה, נוֹטֶה שָׁמַיִם כַּיְרִיעָה:)

שליח ציבור אומר:

בִּרְשׁוּת מוֹרַי וְרַבּוֹתַי.

והקהל עונה:

בִּרְשׁוּת שָׁמַיִם.

בָּרוּךְ אַתָּה יְהוָה, אֱלֹהֵינוּ מֶלֶךְ הָעוֹלָם אֲשֶׁר קִדְּשָׁנוּ בְּמִצְוֹתָיו וְצִוָּנוּ עַל סְפִירַת הָעֹמֶר.

ט״ז בניסן, יום שני של פסח

1. הַיּוֹם יוֹם אֶחָד לָעֹמֶר.

חסד שבחסד

י״ז בניסן, יום שלישי של פסח

2. הַיּוֹם שְׁנֵי יָמִים לָעֹמֶר.

גבורה שבחסד

י״ח בניסן, יום רביעי של פסח

3. הַיּוֹם שְׁלֹשָׁה יָמִים לָעֹמֶר.

תפארת שבחסד

י״ט בניסן, יום חמישי של פסח

4. הַיּוֹם אַרְבָּעָה יָמִים לָעֹמֶר.

נצח שבחסד

כ׳ בניסן, יום שישי של פסח

5. הַיּוֹם חֲמִשָּׁה יָמִים לָעֹמֶר.

הוד שבחסד

כ״א בניסן, שביעי של פסח

6. הַיּוֹם שִׁשָּׁה יָמִים לָעֹמֶר.

יסוד שבחסד

כ״ב בניסן

7. הַיּוֹם שִׁבְעָה יָמִים לָעֹמֶר
שֶׁהֵם שָׁבוּעַ אֶחָד.

מלכות שבחסד

כ״ג בניסן

8. הַיּוֹם שְׁמוֹנָה יָמִים לָעֹמֶר
שֶׁהֵם שָׁבוּעַ אֶחָד וְיוֹם אֶחָד.

חסד שבגבורה

כ״ד בניסן

9. הַיּוֹם תִּשְׁעָה יָמִים לָעֹמֶר
שֶׁהֵם שָׁבוּעַ אֶחָד וּשְׁנֵי יָמִים.

גבורה שבגבורה

כ״ה בניסן

10. הַיּוֹם עֲשָׂרָה יָמִים לָעֹמֶר
שֶׁהֵם שָׁבוּעַ אֶחָד
וּשְׁלֹשָׁה יָמִים.

תפארת שבגבורה

כ״ו בניסן

11. הַיּוֹם אַחַד עָשָׂר יוֹם לָעֹמֶר
שֶׁהֵם שָׁבוּעַ אֶחָד
וְאַרְבָּעָה יָמִים.

נצח שבגבורה

כ״ז בניסן

12. הַיּוֹם שְׁנֵים עָשָׂר יוֹם לָעֹמֶר
שֶׁהֵם שָׁבוּעַ אֶחָד
וַחֲמִשָּׁה יָמִים.

הוד שבגבורה

כ״ח בניסן

13. הַיּוֹם שְׁלֹשָׁה עָשָׂר יוֹם לָעֹמֶר
שֶׁהֵם שָׁבוּעַ אֶחָד וְשִׁשָּׁה יָמִים.

יסוד שבגבורה

כ״ט בניסן

14. הַיּוֹם אַרְבָּעָה עָשָׂר יוֹם לָעֹמֶר
שֶׁהֵם שְׁנֵי שָׁבוּעוֹת.

מלכות שבגבורה

ל׳ בניסן, א׳ דראש חודש

15. הַיּוֹם חֲמִשָּׁה עָשָׂר יוֹם לָעֹמֶר
שֶׁהֵם שְׁנֵי שָׁבוּעוֹת וְיוֹם אֶחָד.

חסד שבתפארת

א׳ באייר, ב׳ דראש חודש

16. הַיּוֹם שִׁשָּׁה עָשָׂר יוֹם לָעֹמֶר
שֶׁהֵם שְׁנֵי שָׁבוּעוֹת וּשְׁנֵי יָמִים.

גבורה שבתפארת

ב׳ באייר

17. הַיּוֹם שִׁבְעָה עָשָׂר יוֹם לָעֹמֶר
שֶׁהֵם שְׁנֵי שָׁבוּעוֹת
וּשְׁלֹשָׁה יָמִים.

תפארת שבתפארת

ג׳ באייר

18. הַיּוֹם שְׁמוֹנָה עָשָׂר יוֹם לָעֹמֶר
שֶׁהֵם שְׁנֵי שָׁבוּעוֹת
וְאַרְבָּעָה יָמִים.

נצח שבתפארת

ד׳ באייר

19. הַיּוֹם תִּשְׁעָה עָשָׂר יוֹם לָעֹמֶר
שֶׁהֵם שְׁנֵי שָׁבוּעוֹת
וַחֲמִשָּׁה יָמִים. הוד שבתפארת

ה׳ באייר, יום העצמאות

20. הַיּוֹם עֶשְׂרִים יוֹם לָעֹמֶר
שֶׁהֵם שְׁנֵי שָׁבוּעוֹת
וְשִׁשָּׁה יָמִים. יסוד שבתפארת

ו׳ באייר

21. הַיּוֹם אֶחָד וְעֶשְׂרִים יוֹם לָעֹמֶר
שֶׁהֵם שְׁלֹשָׁה שָׁבוּעוֹת.
מלכות שבתפארת

ז׳ באייר

22. הַיּוֹם שְׁנַיִם וְעֶשְׂרִים יוֹם לָעֹמֶר
שֶׁהֵם שְׁלֹשָׁה שָׁבוּעוֹת
וְיוֹם אֶחָד. חסד שבנצח

ח׳ באייר

23. הַיּוֹם שְׁלֹשָׁה וְעֶשְׂרִים יוֹם לָעֹמֶר
שֶׁהֵם שְׁלֹשָׁה שָׁבוּעוֹת
וּשְׁנֵי יָמִים. גבורה שבנצח

ט׳ באייר

24. הַיּוֹם אַרְבָּעָה וְעֶשְׂרִים יוֹם לָעֹמֶר
שֶׁהֵם שְׁלֹשָׁה שָׁבוּעוֹת
וּשְׁלֹשָׁה יָמִים. תפארת שבנצח

י׳ באייר

25. הַיּוֹם חֲמִשָּׁה וְעֶשְׂרִים יוֹם לָעֹמֶר
שֶׁהֵם שְׁלֹשָׁה שָׁבוּעוֹת
וְאַרְבָּעָה יָמִים. נצח שבנצח

י״א באייר

26. הַיּוֹם שִׁשָּׁה וְעֶשְׂרִים יוֹם לָעֹמֶר
שֶׁהֵם שְׁלֹשָׁה שָׁבוּעוֹת
וַחֲמִשָּׁה יָמִים. הוד שבנצח

י״ב באייר

27. הַיּוֹם שִׁבְעָה וְעֶשְׂרִים יוֹם לָעֹמֶר
שֶׁהֵם שְׁלֹשָׁה שָׁבוּעוֹת
וְשִׁשָּׁה יָמִים. יסוד שבנצח

י״ג באייר

28. הַיּוֹם שְׁמוֹנָה וְעֶשְׂרִים יוֹם
לָעֹמֶר שֶׁהֵם אַרְבָּעָה שָׁבוּעוֹת.
מלכות שבנצח

י״ד באייר, פסח שני

29. הַיּוֹם תִּשְׁעָה וְעֶשְׂרִים יוֹם לָעֹמֶר
שֶׁהֵם אַרְבָּעָה שָׁבוּעוֹת
וְיוֹם אֶחָד. חסד שבהוד

ט״ו באייר

30. הַיּוֹם שְׁלֹשִׁים יוֹם לָעֹמֶר
שֶׁהֵם אַרְבָּעָה שָׁבוּעוֹת
וּשְׁנֵי יָמִים. גבורה שבהוד

ט״ז באייר

31. הַיּוֹם אֶחָד וּשְׁלֹשִׁים יוֹם לָעֹמֶר
שֶׁהֵם אַרְבָּעָה שָׁבוּעוֹת
וּשְׁלֹשָׁה יָמִים. תפארת שבהוד

י״ז באייר

32. הַיּוֹם שְׁנַיִם וּשְׁלֹשִׁים יוֹם לָעֹמֶר
שֶׁהֵם אַרְבָּעָה שָׁבוּעוֹת
וְאַרְבָּעָה יָמִים. נצח שבהוד

י״ח באייר, לג לעומר

33. הַיּוֹם שְׁלֹשָׁה וּשְׁלֹשִׁים יוֹם לָעֹמֶר
שֶׁהֵם אַרְבָּעָה שָׁבוּעוֹת
וַחֲמִשָּׁה יָמִים. הוד שבהוד

י״ט באייר

34. הַיּוֹם אַרְבָּעָה וּשְׁלֹשִׁים יוֹם לָעֹמֶר
שֶׁהֵם אַרְבָּעָה שָׁבוּעוֹת
וְשִׁשָּׁה יָמִים. יסוד שבהוד

כ׳ באייר

35. הַיּוֹם חֲמִשָּׁה וּשְׁלֹשִׁים יוֹם
לָעֹמֶר שֶׁהֵם חֲמִשָּׁה שָׁבוּעוֹת.
מלכות שבהוד

כ״א באייר

36. הַיּוֹם שִׁשָּׁה וּשְׁלֹשִׁים יוֹם לָעֹמֶר
שֶׁהֵם חֲמִשָּׁה שָׁבוּעוֹת
וְיוֹם אֶחָד. חסד שביסוד

כ״ב באייר

37. הַיּוֹם שִׁבְעָה וּשְׁלֹשִׁים יוֹם לָעֹמֶר
שֶׁהֵם חֲמִשָּׁה שָׁבוּעוֹת
וּשְׁנֵי יָמִים. גבורה שביסוד

כ״ג באייר

38. הַיּוֹם שְׁמוֹנָה וּשְׁלֹשִׁים יוֹם לָעֹמֶר
שֶׁהֵם חֲמִשָּׁה שָׁבוּעוֹת
וּשְׁלֹשָׁה יָמִים. תפארת שביסוד

כ״ד באייר

39. הַיּוֹם תִּשְׁעָה וּשְׁלֹשִׁים יוֹם לָעֹמֶר
שֶׁהֵם חֲמִשָּׁה שָׁבוּעוֹת
וְאַרְבָּעָה יָמִים. נצח שביסוד

כ״ה באייר

40. הַיּוֹם אַרְבָּעִים יוֹם לָעֹמֶר
שֶׁהֵם חֲמִשָּׁה שָׁבוּעוֹת
וַחֲמִשָּׁה יָמִים. הוד שביסוד

כ״ו באייר

41. הַיּוֹם אֶחָד וְאַרְבָּעִים יוֹם לָעֹמֶר
שֶׁהֵם חֲמִשָּׁה שָׁבוּעוֹת
וְשִׁשָּׁה יָמִים. יסוד שביסוד

כ״ז באייר

42. הַיּוֹם שְׁנַיִם וְאַרְבָּעִים יוֹם לָעֹמֶר
שֶׁהֵם שִׁשָּׁה שָׁבוּעוֹת.
מלכות שביסוד

כ״ח באייר, יום ירושלים

43. הַיּוֹם שְׁלֹשָׁה וְאַרְבָּעִים יוֹם לָעֹמֶר
שֶׁהֵם שִׁשָּׁה שָׁבוּעוֹת וְיוֹם אֶחָד.
חסד שבמלכות

כ״ט באייר

44. הַיּוֹם אַרְבָּעָה וְאַרְבָּעִים יוֹם לָעֹמֶר
שֶׁהֵם שִׁשָּׁה שָׁבוּעוֹת
וּשְׁנֵי יָמִים.
גבורה שבמלכות

א׳ בסיון, ראש חודש

45. הַיּוֹם חֲמִשָּׁה וְאַרְבָּעִים יוֹם לָעֹמֶר
שֶׁהֵם שִׁשָּׁה שָׁבוּעוֹת
וּשְׁלֹשָׁה יָמִים. תפארת שבמלכות

ב׳ בסיון

46. הַיּוֹם שִׁשָּׁה וְאַרְבָּעִים יוֹם לָעֹמֶר
שֶׁהֵם שִׁשָּׁה שָׁבוּעוֹת
וְאַרְבָּעָה יָמִים. נצח שבמלכות

ג׳ בסיון

47. הַיּוֹם שִׁבְעָה וְאַרְבָּעִים יוֹם לָעְֽמֶר
שֶׁהֵם שִׁשָּׁה שָׁבוּעוֹת
וַחֲמִשָּׁה יָמִים. הוד שבמלכות

ד׳ בסיון

48. הַיּוֹם שְׁמוֹנָה וְאַרְבָּעִים יוֹם לָעְֽמֶר
שֶׁהֵם שִׁשָּׁה שָׁבוּעוֹת
וְשִׁשָּׁה יָמִים. יסוד שבמלכות

ה׳ בסיון, ערב שבועות

49. הַיּוֹם תִּשְׁעָה וְאַרְבָּעִים יוֹם לָעְֽמֶר
שֶׁהֵם שִׁבְעָה שָׁבוּעוֹת. מלכות שבמלכות

הָרַחֲמָן יַחֲזִיר עֲבוֹדַת בֵּית הַמִּקְדָּשׁ לִמְקוֹמָהּ
בִּמְהֵרָה בְיָמֵֽינוּ, אָמֵן.

בימי הספירה נוהגים לומר מזמור זה הנקרא מזמור המנורה (׳עקידת יצחק׳, אמור סו, ד).

לַמְנַצֵּֽחַ בִּנְגִינֹת, מִזְמוֹר שִׁיר: אֱלֹהִים יְחָנֵּֽנוּ וִיבָרְכֵֽנוּ, יָאֵר פָּנָיו תהלים סז
אִתָּֽנוּ סֶֽלָה: לָדַֽעַת בָּאָֽרֶץ דַּרְכֶּֽךָ, בְּכָל־גּוֹיִם יְשׁוּעָתֶֽךָ: יוֹדֽוּךָ
עַמִּים אֱלֹהִים, יוֹדֽוּךָ עַמִּים כֻּלָּם: יִשְׂמְחוּ וִירַנְּנוּ לְאֻמִּים, כִּי־
תִשְׁפֹּט עַמִּים מִישֹׁר, וּלְאֻמִּים בָּאָֽרֶץ תַּנְחֵם סֶֽלָה: יוֹדֽוּךָ עַמִּים
אֱלֹהִים, יוֹדֽוּךָ עַמִּים כֻּלָּם: אֶֽרֶץ נָתְנָה יְבוּלָהּ, יְבָרְכֵֽנוּ אֱלֹהִים
אֱלֹהֵֽינוּ: יְבָרְכֵֽנוּ אֱלֹהִים, וְיִירְאוּ אוֹתוֹ כָּל־אַפְסֵי־אָֽרֶץ:

אָנָּא, בְּכֹֽחַ גְּדֻלַּת יְמִינְךָ, תַּתִּיר צְרוּרָה.
קַבֵּל רִנַּת עַמְּךָ, שַׂגְּבֵֽנוּ, טַהֲרֵֽנוּ, נוֹרָא.
נָא גִבּוֹר, דּוֹרְשֵׁי יִחוּדְךָ כְּבָבַת שָׁמְרֵם.
בָּרְכֵם, טַהֲרֵם, רַחֲמֵם, צִדְקָתְךָ תָּמִיד גָּמְלֵם.
חֲסִין קָדוֹשׁ, בְּרֹב טוּבְךָ נַהֵל עֲדָתֶֽךָ.
יָחִיד גֵּאֶה, לְעַמְּךָ פְּנֵה, זוֹכְרֵי קְדֻשָּׁתֶֽךָ.
שַׁוְעָתֵֽנוּ קַבֵּל וּשְׁמַע צַעֲקָתֵֽנוּ, יוֹדֵֽעַ תַּעֲלוּמוֹת.
בָּרוּךְ, שֵׁם כְּבוֹד מַלְכוּתוֹ, לְעוֹלָם וָעֶד.

# סדר הבדלה בבית הכנסת

במוצאי יום טוב שאינו מוצאי שבת, אין אומרים פסוקים אלה, ומתחילים ׳סַבְרִי מָרָנָן׳ ואין מברכים על הנר ועל הבשמים. ראה הלכה 406.

המבדיל לוקח כוס יין ביד ימינו ובשמים בשמאלו ואומר:

ישעיה מא רִאשׁוֹן לְצִיּוֹן הִנֵּה הִנָּם, וְלִירוּשָׁלַםִ מְבַשֵּׂר אֶתֵּן:

מיכה ז אַל־תִּשְׂמְחִי אֹיַבְתִּי לִי כִּי נָפַלְתִּי קָמְתִּי, כִּי־אֵשֵׁב בַּחֹשֶׁךְ יְהֹוָה אוֹר לִי:
בראשית ו וְנֹחַ מָצָא חֵן בְּעֵינֵי יְהֹוָה: כֵּן נִמְצָא חֵן וְשֵׂכֶל טוֹב בְּעֵינֵי אֱלֹהִים וְאָדָם.
ישעיה ס קוּמִי אוֹרִי כִּי בָא אוֹרֵךְ וּכְבוֹד יְהֹוָה עָלַיִךְ זָרָח: כִּי־הִנֵּה הַחֹשֶׁךְ יְכַסֶּה־אֶרֶץ וַעֲרָפֶל לְאֻמִּים, וְעָלַיִךְ יִזְרַח יְהֹוָה וּכְבוֹדוֹ עָלַיִךְ יֵרָאֶה:

תהלים קטז כּוֹס־יְשׁוּעוֹת אֶשָּׂא וּבְשֵׁם יְהֹוָה אֶקְרָא:
תהלים קיח אָנָּא יְהֹוָה הוֹשִׁיעָה נָּא, אָנָּא יְהֹוָה הַצְלִיחָה נָא:

הַצְלִיחֵנוּ, הַצְלִיחַ דְּרָכֵינוּ, הַצְלִיחַ לִמּוּדֵנוּ. וּשְׁלַח בְּרָכָה, רְוָחָה וְהַצְלָחָה
תהלים כד בְּכָל מַעֲשֵׂה יָדֵינוּ, כְּדִכְתִיב, יִשָּׂא בְרָכָה מֵאֵת יְהֹוָה, וּצְדָקָה מֵאֱלֹהֵי יִשְׁעוֹ:
אסתר ח שמואל א׳ יח לַיְּהוּדִים הָיְתָה אוֹרָה וְשִׂמְחָה וְשָׂשֹׂן וִיקָר: וּכְתִיב, וַיְהִי דָוִד לְכָל־דְּרָכָו מַשְׂכִּיל, וַיהֹוָה עִמּוֹ: כֵּן יִהְיֶה עִמָּנוּ תָּמִיד.

סַבְרִי מָרָנָן (עונים: לְחַיִּים)

בָּרוּךְ אַתָּה יְהֹוָה, אֱלֹהֵינוּ מֶלֶךְ הָעוֹלָם, בּוֹרֵא פְּרִי הַגָּפֶן.

מעביר את הבשמים ליד ימינו ואת הכוס לשמאלו ומברך:

בָּרוּךְ אַתָּה יְהֹוָה, אֱלֹהֵינוּ מֶלֶךְ הָעוֹלָם
בּוֹרֵא / עֲצֵי / עִשְׂבֵי / מִינֵי / בְשָׂמִים.

לאחר שהריח את הבשמים, מניחם מידו ומברך על הנר:

בָּרוּךְ אַתָּה יְהֹוָה, אֱלֹהֵינוּ מֶלֶךְ הָעוֹלָם, בּוֹרֵא מְאוֹרֵי הָאֵשׁ.

המבדיל מסתכל בכפות ידיו ובציפורניו לאור הנר, כדי ליהנות מהאור (שו״ע ורמ״א רחצ, ג).

אחר כך מעביר את הכוס ליד ימינו ומברך:

בָּרוּךְ אַתָּה יְהֹוָה, אֱלֹהֵינוּ מֶלֶךְ הָעוֹלָם, הַמַּבְדִּיל בֵּין קֹדֶשׁ לְחֹל, בֵּין אוֹר לְחֹשֶׁךְ, בֵּין יִשְׂרָאֵל לָעַמִּים, בֵּין יוֹם הַשְּׁבִיעִי לְשֵׁשֶׁת יְמֵי הַמַּעֲשֶׂה. בָּרוּךְ אַתָּה יְהֹוָה, הַמַּבְדִּיל בֵּין קֹדֶשׁ לְחֹל.

סדר הבדלה בבית בעמ׳ 831.

# סדר ברכת הלבנה

אומרים ברכת הלבנה תחת כיפת השמים בזמן שהלבנה נראית, משבעה ימים לאחר המולד ועד חמישה עשר בחודש. ראה הלכה 347–352.

אם התחילו לברך ואחר כך נתכסתה הלבנה בעננים, יש לסיים את הברכה.

בקהילות המזרח נוהגים להתחיל ממזמור זה (מחזור ארם צובה).

תהלים יט לַמְנַצֵּחַ מִזְמוֹר לְדָוִד: הַשָּׁמַיִם מְסַפְּרִים כְּבוֹד־אֵל, וּמַעֲשֵׂה יָדָיו מַגִּיד הָרָקִיעַ: יוֹם לְיוֹם יַבִּיעַ אֹמֶר, וְלַיְלָה לְּלַיְלָה יְחַוֶּה־דָּעַת: אֵין־אֹמֶר וְאֵין דְּבָרִים, בְּלִי נִשְׁמָע קוֹלָם: בְּכָל־הָאָרֶץ יָצָא קַוָּם, וּבִקְצֵה תֵבֵל מִלֵּיהֶם לַשֶּׁמֶשׁ שָׂם־אֹהֶל בָּהֶם: וְהוּא כְּחָתָן יֹצֵא מֵחֻפָּתוֹ, יָשִׂישׂ כְּגִבּוֹר לָרוּץ אֹרַח: מִקְצֵה הַשָּׁמַיִם מוֹצָאוֹ, וּתְקוּפָתוֹ עַל־קְצוֹתָם וְאֵין נִסְתָּר מֵחַמָּתוֹ: תּוֹרַת יְהוָה תְּמִימָה, מְשִׁיבַת נָפֶשׁ, עֵדוּת יְהוָה נֶאֱמָנָה מַחְכִּימַת פֶּתִי: פִּקּוּדֵי יְהוָה יְשָׁרִים, מְשַׂמְּחֵי־לֵב, מִצְוַת יְהוָה בָּרָה מְאִירַת עֵינָיִם: יִרְאַת יְהוָה טְהוֹרָה, עוֹמֶדֶת לָעַד, מִשְׁפְּטֵי־יְהוָה אֱמֶת צָדְקוּ יַחְדָּו: הַנֶּחֱמָדִים מִזָּהָב וּמִפַּז רָב, וּמְתוּקִים מִדְּבַשׁ וְנֹפֶת צוּפִים: גַּם־עַבְדְּךָ נִזְהָר בָּהֶם, בְּשָׁמְרָם עֵקֶב רָב: שְׁגִיאוֹת מִי־יָבִין, מִנִּסְתָּרוֹת נַקֵּנִי: גַּם מִזֵּדִים חֲשֹׂךְ עַבְדֶּךָ, אַל־יִמְשְׁלוּ־בִי אָז אֵיתָם וְנִקֵּיתִי מִפֶּשַׁע רָב: יִהְיוּ לְרָצוֹן אִמְרֵי־פִי וְהֶגְיוֹן לִבִּי לְפָנֶיךָ, יְהוָה צוּרִי וְגֹאֲלִי:

צוּרִי בָּעוֹלָם הַזֶּה, וְגוֹאֲלִי לָעוֹלָם הַבָּא.

תהלים עה וְכָל־קַרְנֵי רְשָׁעִים אֲגַדֵּעַ, תְּרוֹמַמְנָה קַרְנוֹת צַדִּיק:

נוהגים לומר מזמור זה עד ׳חָק־נָתַן וְלֹא יַעֲבוֹר׳.

תהלים קמח הַלְלוּיָהּ, הַלְלוּ אֶת־יְהוָה מִן־הַשָּׁמַיִם, הַלְלוּהוּ בַּמְּרוֹמִים: הַלְלוּהוּ כָל־מַלְאָכָיו, הַלְלוּהוּ כָּל־צְבָאָו: הַלְלוּהוּ שֶׁמֶשׁ וְיָרֵחַ, הַלְלוּהוּ כָּל־כּוֹכְבֵי אוֹר: הַלְלוּהוּ שְׁמֵי הַשָּׁמָיִם, וְהַמַּיִם אֲשֶׁר מֵעַל הַשָּׁמָיִם: יְהַלְלוּ אֶת־שֵׁם יְהוָה, כִּי הוּא צִוָּה וְנִבְרָאוּ: וַיַּעֲמִידֵם לָעַד לְעוֹלָם, חָק־נָתַן וְלֹא יַעֲבוֹר:

קודם הברכה מסתכל בלבנה, ויש המקדימים לברכה פסוקים אלה:

תהלים ח כִּי־אֶרְאֶה שָׁמֶיךָ מַעֲשֵׂה אֶצְבְּעֹתֶיךָ יָרֵחַ וְכוֹכָבִים אֲשֶׁר כּוֹנָנְתָּה:

תהלים ח יְהוָה אֲדֹנֵינוּ, מָה־אַדִּיר שִׁמְךָ בְּכָל־הָאָרֶץ:

בָּרוּךְ אַתָּה יְהוָה, אֱלֹהֵינוּ מֶלֶךְ הָעוֹלָם, אֲשֶׁר בְּמַאֲמָרוֹ בָּרָא שְׁחָקִים, וּבְרוּחַ פִּיו כָּל צְבָאָם, חֹק וּזְמַן נָתַן לָהֶם שֶׁלֹּא יְשַׁנּוּ אֶת תַּפְקִידָם. שָׂשִׂים וּשְׂמֵחִים לַעֲשׂוֹת רְצוֹן קוֹנֵיהֶם, פּוֹעֵל אֱמֶת שֶׁפְּעֻלָּתוֹ אֱמֶת. וְלַלְּבָנָה אָמַר שֶׁתִּתְחַדֵּשׁ, עֲטֶרֶת תִּפְאֶרֶת לַעֲמוּסֵי בָטֶן, שֶׁהֵם עֲתִידִים לְהִתְחַדֵּשׁ כְּמוֹתָהּ וּלְפָאֵר לְיוֹצְרָם עַל שֵׁם כְּבוֹד מַלְכוּתוֹ. בָּרוּךְ אַתָּה יְהוָה, מְחַדֵּשׁ חֳדָשִׁים.

אחרי ברכת הלבנה אומר (מסכת סופרים יט, י):

שלוש פעמים: סִימָן טוֹב תְּהֵא לָנוּ וּלְכָל יִשְׂרָאֵל.

בָּרוּךְ יוֹצְרֵךְ, בָּרוּךְ עוֹשֵׂךְ, בָּרוּךְ קוֹנֵךְ, בָּרוּךְ בּוֹרְאֵךְ.

כשאומר ׳כְּשֵׁם שֶׁאֲנַחְנוּ מְרַקְּדִים׳ מרקד כנגד הלבנה שלוש פעמים.

כְּשֵׁם שֶׁאֲנַחְנוּ מְרַקְּדִים כְּנֶגְדֵּךְ, וְאֵין אֲנַחְנוּ יְכוֹלִים לִגַּע בָּךְ
כָּךְ אִם יְרַקְּדוּ אֲחֵרִים כְּנֶגְדֵּנוּ לְהַזִּיקֵנוּ, לֹא יוּכְלוּ לִגַּע בָּנוּ
וְלֹא יִשְׁלְטוּ בָּנוּ, וְלֹא יַעֲשׂוּ בָנוּ שׁוּם רֹשֶׁם.

שמות טו תִּפֹּל עֲלֵיהֶם אֵימָתָה וָפַחַד, בִּגְדֹל זְרוֹעֲךָ יִדְּמוּ כָּאָבֶן:

אומר את הפסוק הקודם גם בסדר הפוך (מסכת סופרים):

כָּאָבֶן יִדְּמוּ זְרוֹעֲךָ בִּגְדֹל, וָפַחַד אֵימָתָה עֲלֵיהֶם תִּפֹּל.

חוזר ואומר את הסדר מ׳סִימָן טוֹב׳ פעמיים נוספות.

ומזכירים את מלכות דוד, שנמשלה ללבנה (רמ״א תכו, א, על פי ר׳ בחיי לבראשית לח, ל):

שלוש פעמים: דָּוִד מֶלֶךְ יִשְׂרָאֵל חַי וְקַיָּם.

אָמֵן, אָמֵן, אָמֵן. נֶצַח, נֶצַח, נֶצַח. סֶלָה, סֶלָה, סֶלָה. וָעֶד, וָעֶד, וָעֶד.

ואומר שבע פעמים:

לֵב טָהוֹר בְּרָא־לִי אֱלֹהִים, וְרוּחַ נָכוֹן חַדֵּשׁ בְּקִרְבִּי: תהלים נא

נוהגים להוסיף שני מזמורים אלה (מג״א תכו, י בשם השל״ה; סידור הרש״ש):

שִׁיר לַמַּעֲלוֹת, אֶשָּׂא עֵינַי אֶל־הֶהָרִים, מֵאַיִן יָבֹא עֶזְרִי: עֶזְרִי תהלים קכא
מֵעִם יְהוָה, עֹשֵׂה שָׁמַיִם וָאָרֶץ: אַל־יִתֵּן לַמּוֹט רַגְלֶךָ, אַל־יָנוּם
שֹׁמְרֶךָ: הִנֵּה לֹא־יָנוּם וְלֹא יִישָׁן שׁוֹמֵר יִשְׂרָאֵל: יְהוָה שֹׁמְרֶךָ,
יְהוָה צִלְּךָ עַל־יַד יְמִינֶךָ: יוֹמָם הַשֶּׁמֶשׁ לֹא־יַכֶּכָּה, וְיָרֵחַ בַּלָּיְלָה:
יְהוָה יִשְׁמָרְךָ מִכָּל־רָע, יִשְׁמֹר אֶת־נַפְשֶׁךָ: יְהוָה יִשְׁמָר־צֵאתְךָ
וּבוֹאֶךָ, מֵעַתָּה וְעַד־עוֹלָם:

הַלְלוּיָהּ, הַלְלוּ־אֵל בְּקָדְשׁוֹ, הַלְלְוּהוּ בִּרְקִיעַ עֻזּוֹ: הַלְלְוּהוּ תהלים קנ
בִגְבוּרֹתָיו, הַלְלְוּהוּ כְּרֹב גֻּדְלוֹ: הַלְלְוּהוּ בְּתֵקַע שׁוֹפָר, הַלְלְוּהוּ
בְּנֵבֶל וְכִנּוֹר: הַלְלְוּהוּ בְתֹף וּמָחוֹל, הַלְלְוּהוּ בְּמִנִּים וְעֻגָב:
הַלְלְוּהוּ בְצִלְצְלֵי־שָׁמַע, הַלְלְוּהוּ בְּצִלְצְלֵי תְרוּעָה: כֹּל הַנְּשָׁמָה
תְּהַלֵּל יָהּ, הַלְלוּיָהּ:

תָּנָא דְבֵי רַבִּי יִשְׁמָעֵאל: אִלְמָלֵא לֹא זָכוּ בְּנֵי יִשְׂרָאֵל אֶלָּא סנהדרין מב.
לְהַקְבִּיל פְּנֵי אֲבִיהֶם שֶׁבַּשָּׁמַיִם פַּעַם אַחַת בַּחֹדֶשׁ, דַּיָּם. אָמַר
אַבַּיֵי: הִלְכָּךְ נֵימְרִינְהוּ מֵעֹמֶד.

### קדיש דרבנן

אם יש אבל בקהל, נוהגים שהוא אומר קדיש זה.
האומר קדיש כורע במילים המסומנות ב״.

מקדש: יִתְגַּדַּל וְיִתְקַדַּשׁ שְׁמֵהּ רַבָּא (קהל: אָמֵן)
בְּעָלְמָא דִּי בְרָא כִרְעוּתֵהּ
וְיַמְלִיךְ מַלְכוּתֵהּ וְיַצְמַח פֻּרְקָנֵהּ וִיקָרֵב מְשִׁיחֵהּ (קהל: אָמֵן)
בְּחַיֵּיכוֹן וּבְיוֹמֵיכוֹן וּבְחַיֵּי דְכָל בֵּית יִשְׂרָאֵל
בַּעֲגָלָא וּבִזְמַן קָרִיב, וְאִמְרוּ אָמֵן. (קהל: אָמֵן)

קהל ומקדש: יְהֵא שְׁמֵהּ רַבָּא מְבָרַךְ לְעָלַם לְעָלְמֵי עָלְמַיָּא. יִתְבָּרַךְ
וְיִשְׁתַּבַּח וְיִתְפָּאַר וְיִתְרוֹמַם וְיִתְנַשֵּׂא
וְיִתְהַדָּר וְיִתְעַלֶּה וְיִתְהַלָּל
שְׁמֵהּ דְּקֻדְשָׁא בְּרִיךְ הוּא (קהל: אָמֵן)
לְעֵלָּא מִן כָּל בִּרְכָתָא, שִׁירָתָא, תֻּשְׁבְּחָתָא וְנֶחָמָתָא
דַּאֲמִירָן בְּעָלְמָא, וְאִמְרוּ אָמֵן. (קהל: אָמֵן)

מקדש: עַל יִשְׂרָאֵל וְעַל רַבָּנָן
וְעַל תַּלְמִידֵיהוֹן וְעַל כָּל תַּלְמִידֵי תַלְמִידֵיהוֹן
דְּעָסְקִין בְּאוֹרַיְתָא קַדִּישְׁתָּא
דִּי בְאַתְרָא הָדֵין וְדִי בְכָל אֲתַר וַאֲתַר
יְהֵא לְהוֹן וּלְכוֹן שְׁלָמָא רַבָּא
וְרַחֲמֵי מִן קֳדָם מָארֵי שְׁמַיָּא וְאַרְעָא, וְאִמְרוּ אָמֵן. (קהל: אָמֵן)

יְהֵא שְׁלָמָא רַבָּא מִן שְׁמַיָּא
חַיִּים וְשָׂבָע וִישׁוּעָה וְנֶחָמָה
וְשֵׁיזָבָא וּרְפוּאָה וּגְאֻלָּה וּסְלִיחָה וְכַפָּרָה וְרֶוַח וְהַצָּלָה
לָנוּ וּלְכָל עַמּוֹ יִשְׂרָאֵל, וְאִמְרוּ אָמֵן. (קהל: אָמֵן)
עֹשֶׂה שָׁלוֹם בִּמְרוֹמָיו, הוּא בְּרַחֲמָיו יַעֲשֶׂה שָׁלוֹם עָלֵינוּ
וְעַל כָּל עַמּוֹ יִשְׂרָאֵל, וְאִמְרוּ אָמֵן. (קהל: אָמֵן)

אחרי ברכת הלבנה טוב לומר פסוק זה (באר היטב, ש״ש ויקרא, כן בשם הרח״ו):

ישעיה ל וְהָיָה אוֹר־הַלְּבָנָה כְּאוֹר הַחַמָּה, וְאוֹר הַחַמָּה יִהְיֶה שִׁבְעָתַיִם כְּאוֹר שִׁבְעַת הַיָּמִים, בְּיוֹם חֲבֹשׁ יְהוָה אֶת־שֶׁבֶר עַמּוֹ, וּמַחַץ מַכָּתוֹ יִרְפָּא:

ויש מוסיפים גם פסוק זה:

יחזקאל טז וַתַּעְדִּי זָהָב וָכֶסֶף, וּמַלְבּוּשֵׁךְ שֵׁשׁ וָמֶשִׁי וְרִקְמָה, סֹלֶת וּדְבַשׁ וָשֶׁמֶן אָכָלְתְּ, וַתִּיפִי בִּמְאֹד מְאֹד, וַתִּצְלְחִי לִמְלוּכָה:

מברך שלוש פעמים את חברו (מסכת סופרים):

שָׁלוֹם עֲלֵיכֶם

# סדר קריאת שמע שעל המיטה

"אמר ר' שמעון בן אלעזר: 'וְהִנֵּה טוֹב מְאֹד' (בראשית א, לא) והנה טובה שינה. וכי שינה טובה מאד?...אלא מתוך שאדם ישן קמעא, הוא עומד ויגע בתורה הרבה" (בראשית רבה פ"ט, ו).

במגילה כח ע"א מובא שמר זוטרא, לפני שעלה על מיטתו, אמר שהוא סולח לכל מי שפגע בו באותו היום. מקורו של נוסח מחילה זה הוא על פי הרמ"ק.

רִבּוֹנוֹ שֶׁל עוֹלָם, הֲרֵינִי מוֹחֵל לְכָל מִי שֶׁהִכְעִיס וְהִקְנִיט אוֹתִי אוֹ שֶׁחָטָא כְּנֶגְדִּי, בֵּין בְּגוּפִי בֵּין בְּמָמוֹנִי בֵּין בִּכְבוֹדִי בֵּין בְּכָל אֲשֶׁר לִי, בֵּין בְּאֹנֶס בֵּין בְּרָצוֹן, בֵּין בְּשׁוֹגֵג בֵּין בְּמֵזִיד, בֵּין בְּדִבּוּר בֵּין בְּמַעֲשֶׂה, בֵּין בְּגִלְגּוּל זֶה, בֵּין בְּגִלְגּוּל אַחֵר, לְכָל בַּר יִשְׂרָאֵל. וְלֹא יֵעָנֵשׁ שׁוּם אָדָם בְּסִבָּתִי.

אחרי שהאדם מחל למי שפגע בו, מבקש מה' שימחל לו על חטאיו שלו
ואומר ('סולת בלולה', רלח):

יְהִי רָצוֹן מִלְּפָנֶיךָ, יְהוָה אֱלֹהַי וֵאלֹהֵי אֲבוֹתַי
שֶׁלֹּא אֶחֱטָא עוֹד, וּמַה שֶּׁחָטָאתִי לְפָנֶיךָ מְחֹק בְּרַחֲמֶיךָ הָרַבִּים
אֲבָל לֹא עַל יְדֵי יִסּוּרִין וָחֳלָאִים רָעִים.
יִהְיוּ לְרָצוֹן אִמְרֵי־פִי וְהֶגְיוֹן לִבִּי לְפָנֶיךָ, יְהוָה צוּרִי וְגֹאֲלִי: תהלים יט

בברכות ס ע"ב מובא, שיש לברך ברכה זו קודם השינה לאחר קריאת שמע, וכן משמע בשו"ע.
ובירושלמי ברכות פ"א ה"א מובא, שאומרים את הברכה קודם קריאת שמע,
וכן פסקו רב האיי גאון (אבודרהם) והרמב"ם (תפילה פ"ז ה"א וה"ב), וכך המנהג הנפוץ.

אם הולך לישון אחר חצות אומר ברכה זו בלי שם ומלכות,
ויש הנוהגים לאומרה תמיד בלי שם ומלכות (ראה הלכה 269).

בָּרוּךְ אַתָּה יְהוָה, אֱלֹהֵינוּ מֶלֶךְ הָעוֹלָם, הַמַּפִּיל חֶבְלֵי שֵׁנָה עַל עֵינַי וּתְנוּמָה עַל עַפְעַפָּי, וּמֵאִיר לְאִישׁוֹן בַּת עָיִן. יְהִי רָצוֹן מִלְּפָנֶיךָ, יְהוָה אֱלֹהַי וֵאלֹהֵי אֲבוֹתַי, שֶׁתַּשְׁכִּיבֵנִי לְשָׁלוֹם וְתַעֲמִידֵנִי לְחַיִּים טוֹבִים וּלְשָׁלוֹם, וְתֵן חֶלְקִי בְּתוֹרָתֶךָ, וְתַרְגִּילֵנִי לִדְבַר מִצְוָה, וְאַל תַּרְגִּילֵנִי לִדְבַר עֲבֵרָה, וְאַל תְּבִיאֵנִי לִידֵי חֵטְא, וְלֹא לִידֵי נִסָּיוֹן וְלֹא לִידֵי בִזָּיוֹן, וְיִשְׁלֹט בִּי יֵצֶר הַטּוֹב וְאַל יִשְׁלֹט בִּי יֵצֶר הָרָע, וְתַצִּילֵנִי מִיֵּצֶר הָרָע וּמֵחֳלָאִים רָעִים, וְאַל יַבְהִילוּנִי חֲלוֹמוֹת רָעִים וְהִרְהוּרִים רָעִים, וּתְהֵא מִטָּתִי שְׁלֵמָה לְפָנֶיךָ, וְהָאֵר עֵינַי פֶּן אִישַׁן הַמָּוֶת. בָּרוּךְ אַתָּה יְהוָה, הַמֵּאִיר לָעוֹלָם כֻּלּוֹ בִּכְבוֹדוֹ.

הרא״ש נהג לומר על מיטתו ׳הַשְׁכִּיבֵנוּ׳ עד סמוך לחתימה (טור, רלט),
האבודרהם סידרו אחרי מזמורים צא ו־ג (בעמ׳ 192), ובשו״ע הוא מובא לאחר ברכת כוהנים.

הַשְׁכִּיבֵנוּ אָבִינוּ לְשָׁלוֹם, וְהַעֲמִידֵנוּ מַלְכֵּנוּ לְחַיִּים טוֹבִים וּלְשָׁלוֹם
וּפְרֹשׂ עָלֵינוּ סֻכַּת שְׁלוֹמֶךָ, וְתַקְּנֵנוּ מַלְכֵּנוּ בְּעֵצָה טוֹבָה מִלְּפָנֶיךָ
וְהוֹשִׁיעֵנוּ מְהֵרָה לְמַעַן שְׁמֶךָ.
וְהָגֵן בַּעֲדֵנוּ, וְהָסֵר מֵעָלֵינוּ מַכַּת אוֹיֵב, דֶּבֶר, חֶרֶב
חֳלִי, צָרָה, רָעָה, רָעָב וְיָגוֹן וּמַשְׁחִית וּמַגֵּפָה.
שְׁבֹר וְהָסֵר הַשָּׂטָן מִלְּפָנֵינוּ וּמֵאַחֲרֵינוּ
וּבְצֵל כְּנָפֶיךָ תַּסְתִּירֵנוּ.
וּשְׁמֹר צֵאתֵנוּ וּבוֹאֵנוּ לְחַיִּים טוֹבִים וּלְשָׁלוֹם מֵעַתָּה וְעַד עוֹלָם
כִּי אֵל שׁוֹמְרֵנוּ וּמַצִּילֵנוּ אַתָּה, מִכָּל דָּבָר רָע וּמִפַּחַד לַיְלָה.

הרמב״ם והשו״ע פסקו (ע״פ ברכות ס ע״ב), שהאדם יקרא על מיטתו פרשה ראשונה של שמע.
לדעת רבינו חננאל יש לקרוא גם את הפרשה השנייה.
והאר״י כתב שיקרא את כל שלוש הפרשיות.
קורא קריאת שמע כשהוא יושב או שוכב על צדו לגמרי (ראה הלכה 270).

יש המקדימים באמירת ׳אֵל מֶלֶךְ נֶאֱמָן׳,
ויש שאינם עושים כן אלא כופלים ׳ה׳ אֱלֹהֵיכֶם אֱמֶת׳.
שני המנהגים מובאים ב׳שער הכוונות׳.

אֵל מֶלֶךְ נֶאֱמָן

מכסה את עיניו בידו ואומר בכוונה:

דברים ו שְׁמַע יִשְׂרָאֵל, יְהֹוָה אֱלֹהֵינוּ, יְהֹוָה ׀ אֶחָד:

בלחש: בָּרוּךְ שֵׁם כְּבוֹד מַלְכוּתוֹ לְעוֹלָם וָעֶד.

דברים ו וְאָהַבְתָּ אֵת יְהֹוָה אֱלֹהֶיךָ, בְּכָל־לְבָבְךָ וּבְכָל־נַפְשְׁךָ וּבְכָל־
מְאֹדֶךָ: וְהָיוּ הַדְּבָרִים הָאֵלֶּה, אֲשֶׁר אָנֹכִי מְצַוְּךָ הַיּוֹם, עַל־לְבָבֶךָ:
וְשִׁנַּנְתָּם לְבָנֶיךָ וְדִבַּרְתָּ בָּם, בְּשִׁבְתְּךָ בְּבֵיתֶךָ וּבְלֶכְתְּךָ בַדֶּרֶךְ,
וּבְשָׁכְבְּךָ וּבְקוּמֶךָ: וּקְשַׁרְתָּם לְאוֹת עַל־יָדֶךָ וְהָיוּ לְטֹטָפֹת בֵּין
עֵינֶיךָ: וּכְתַבְתָּם עַל־מְזֻזוֹת בֵּיתֶךָ וּבִשְׁעָרֶיךָ:

דברים יא

וְהָיָה אִם־שָׁמֹעַ תִּשְׁמְעוּ אֶל־מִצְוֺתַי אֲשֶׁר אָנֹכִי מְצַוֶּה אֶתְכֶם
הַיּוֹם, לְאַהֲבָה אֶת־יְהֹוָה אֱלֹהֵיכֶם וּלְעָבְדוֹ, בְּכָל־לְבַבְכֶם וּבְכָל־
נַפְשְׁכֶם: וְנָתַתִּי מְטַר־אַרְצְכֶם בְּעִתּוֹ, יוֹרֶה וּמַלְקוֹשׁ, וְאָסַפְתָּ
דְגָנֶךָ וְתִירֹשְׁךָ וְיִצְהָרֶךָ: וְנָתַתִּי עֵשֶׂב בְּשָׂדְךָ לִבְהֶמְתֶּךָ, וְאָכַלְתָּ
וְשָׂבָעְתָּ: הִשָּׁמְרוּ לָכֶם פֶּן־יִפְתֶּה לְבַבְכֶם, וְסַרְתֶּם וַעֲבַדְתֶּם
אֱלֹהִים אֲחֵרִים וְהִשְׁתַּחֲוִיתֶם לָהֶם: וְחָרָה אַף־יְהֹוָה בָּכֶם, וְעָצַר
אֶת־הַשָּׁמַיִם וְלֹא־יִהְיֶה מָטָר, וְהָאֲדָמָה לֹא תִתֵּן אֶת־יְבוּלָהּ,
וַאֲבַדְתֶּם מְהֵרָה מֵעַל הָאָרֶץ הַטֹּבָה אֲשֶׁר יְהֹוָה נֹתֵן לָכֶם:
וְשַׂמְתֶּם אֶת־דְּבָרַי אֵלֶּה עַל־לְבַבְכֶם וְעַל־נַפְשְׁכֶם, וּקְשַׁרְתֶּם
אֹתָם לְאוֹת עַל־יֶדְכֶם, וְהָיוּ לְטוֹטָפֹת בֵּין עֵינֵיכֶם: וְלִמַּדְתֶּם
אֹתָם אֶת־בְּנֵיכֶם לְדַבֵּר בָּם, בְּשִׁבְתְּךָ בְּבֵיתֶךָ וּבְלֶכְתְּךָ בַדֶּרֶךְ,
וּבְשָׁכְבְּךָ וּבְקוּמֶךָ: וּכְתַבְתָּם עַל־מְזוּזוֹת בֵּיתֶךָ וּבִשְׁעָרֶיךָ: לְמַעַן
יִרְבּוּ יְמֵיכֶם וִימֵי בְנֵיכֶם עַל הָאֲדָמָה אֲשֶׁר נִשְׁבַּע יְהֹוָה לַאֲבֹתֵיכֶם
לָתֵת לָהֶם, כִּימֵי הַשָּׁמַיִם עַל־הָאָרֶץ:

במדבר טו

וַיֹּאמֶר יְהֹוָה אֶל־מֹשֶׁה לֵּאמֹר: דַּבֵּר אֶל־בְּנֵי יִשְׂרָאֵל וְאָמַרְתָּ
אֲלֵהֶם, וְעָשׂוּ לָהֶם צִיצִת עַל־כַּנְפֵי בִגְדֵיהֶם לְדֹרֹתָם, וְנָתְנוּ
עַל־צִיצִת הַכָּנָף פְּתִיל תְּכֵלֶת: וְהָיָה לָכֶם לְצִיצִת, וּרְאִיתֶם אֹתוֹ
וּזְכַרְתֶּם אֶת־כָּל־מִצְוֺת יְהֹוָה וַעֲשִׂיתֶם אֹתָם, וְלֹא תָתוּרוּ אַחֲרֵי
לְבַבְכֶם וְאַחֲרֵי עֵינֵיכֶם, אֲשֶׁר־אַתֶּם זֹנִים אַחֲרֵיהֶם: לְמַעַן תִּזְכְּרוּ
וַעֲשִׂיתֶם אֶת־כָּל־מִצְוֺתָי, וִהְיִיתֶם קְדֹשִׁים לֵאלֹהֵיכֶם: אֲנִי יְהֹוָה
אֱלֹהֵיכֶם, אֲשֶׁר הוֹצֵאתִי אֶתְכֶם מֵאֶרֶץ מִצְרַיִם, לִהְיוֹת לָכֶם
לֵאלֹהִים, אֲנִי יְהֹוָה אֱלֹהֵיכֶם:

יֵשׁ חוֹזְרִים וְאוֹמְרִים:

יְהֹוָה אֱלֹהֵיכֶם אֱמֶת

״א״ר יצחק כל הקורא קריאת שמע על מטתו כאילו אוחז חרב פיפיות בידו
שנאמר: ׳יְרַנְּנוּ עַל־מִשְׁכְּבוֹתָם׳ וכתיב בתריה ׳וְחֶרֶב פִּיפִיּוֹת בְּיָדָם״ (שבת ה ע״א).

תהלים קמט יַעְלְזוּ חֲסִידִים בְּכָבוֹד, יְרַנְּנוּ עַל־מִשְׁכְּבוֹתָם:
רוֹמְמוֹת אֵל בִּגְרוֹנָם, וְחֶרֶב פִּיפִיּוֹת בְּיָדָם:

אומר פסוקים אלה שלוש פעמים (שעה״כ, עניין שכיבת הלילה).

שיר השירים ג הִנֵּה מִטָּתוֹ שֶׁלִּשְׁלֹמֹה, שִׁשִּׁים גִּבֹּרִים סָבִיב לָהּ, מִגִּבֹּרֵי יִשְׂרָאֵל:
כֻּלָּם אֲחֻזֵי חֶרֶב, מְלֻמְּדֵי מִלְחָמָה
אִישׁ חַרְבּוֹ עַל־יְרֵכוֹ מִפַּחַד בַּלֵּילוֹת:

אומר ברכת כוהנים (סידור רש״י).
ומהר״ם אלמושנינו כתב לומר פסוקים אלו שלוש פעמים וכל פסוק שלוש פעמים
בפני עצמו, ובשו״ע כתב לאומרם אחרי הפסוק ׳בְּיָדְךָ אַפְקִיד רוּחִי׳ בעמוד הבא.

במדבר ו יְבָרֶכְךָ יְהוָה וְיִשְׁמְרֶךָ:
יָאֵר יְהוָה פָּנָיו אֵלֶיךָ וִיחֻנֶּךָּ:
יִשָּׂא יְהוָה פָּנָיו אֵלֶיךָ וְיָשֵׂם לְךָ שָׁלוֹם:

בשבועות טו ע״ב מובא, שר׳ יהושע בן לוי נהג לומר את מזמור צא ואת מזמור ג לפני שנתו
משום שיש בהם דברים המעוררים את הנפש לחסות בה׳ ולשים בו כל מבטחו (החינוך, תקיב).

נחלקו הפוסקים איזה חלק מן המזמור יש לומר:
יש שפסקו לומר דווקא עד ׳כִּי־אַתָּה ה׳ מַחְסִי׳, ובמזמור ג עד ׳לַה׳ הַיְשׁוּעָה׳
כדי להגיע למניין שישים תיבות (ראה ירושלמי, שבת פ״ו ה״ב),
ומרן כתב להשלים את הפסוק בכל מזמור (ב״י, רלט).

תהלים צא יֹשֵׁב בְּסֵתֶר עֶלְיוֹן, בְּצֵל שַׁדַּי יִתְלוֹנָן:
אֹמַר לַיהוָה מַחְסִי וּמְצוּדָתִי, אֱלֹהַי אֶבְטַח־בּוֹ:
כִּי הוּא יַצִּילְךָ מִפַּח יָקוּשׁ, מִדֶּבֶר הַוּוֹת:
בְּאֶבְרָתוֹ יָסֶךְ לָךְ, וְתַחַת־כְּנָפָיו תֶּחְסֶה, צִנָּה וְסֹחֵרָה אֲמִתּוֹ:
לֹא־תִירָא מִפַּחַד לָיְלָה, מֵחֵץ יָעוּף יוֹמָם:
מִדֶּבֶר בָּאֹפֶל יַהֲלֹךְ, מִקֶּטֶב יָשׁוּד צָהֳרָיִם:
יִפֹּל מִצִּדְּךָ אֶלֶף, וּרְבָבָה מִימִינֶךָ, אֵלֶיךָ לֹא יִגָּשׁ:
רַק בְּעֵינֶיךָ תַבִּיט, וְשִׁלֻּמַת רְשָׁעִים תִּרְאֶה:
כִּי־אַתָּה יְהוָה מַחְסִי* עֶלְיוֹן שַׂמְתָּ מְעוֹנֶךָ:

ב'שער הכוונות' לא הוזכר מזמור זה בסדר קריאת שמע שעל המיטה,
ולכן יש המשמיטים אותו (ויש אומרים עד 'לַה' הַיְשׁוּעָה').

יְהֹוָה מָה־רַבּוּ צָרָי, רַבִּים קָמִים עָלָי: רַבִּים אֹמְרִים לְנַפְשִׁי, אֵין תהלים ג
יְשׁוּעָתָה לּוֹ בֵאלֹהִים, סֶלָה: וְאַתָּה יְהֹוָה מָגֵן בַּעֲדִי, כְּבוֹדִי וּמֵרִים
רֹאשִׁי: קוֹלִי אֶל־יְהֹוָה אֶקְרָא, וַיַּעֲנֵנִי מֵהַר קָדְשׁוֹ, סֶלָה: אֲנִי שָׁכַבְתִּי
וָאִישָׁנָה, הֱקִיצוֹתִי כִּי יְהֹוָה יִסְמְכֵנִי: לֹא־אִירָא מֵרִבְבוֹת עָם, אֲשֶׁר
סָבִיב שָׁתוּ עָלָי: קוּמָה יְהֹוָה, הוֹשִׁיעֵנִי אֱלֹהַי, כִּי־הִכִּיתָ אֶת־כָּל־אֹיְבַי
לֶחִי, שִׁנֵּי רְשָׁעִים שִׁבַּרְתָּ: לַיהֹוָה הַיְשׁוּעָה* עַל־עַמְּךָ בִרְכָתֶךָ סֶּלָה:

לדעת מרן (שו"ע רלט, א על פי הטור ורב עמרם גאון), יש לומר כאן פסוקים אלו
ולאחריהן ממשיכים בברכת כוהנים (בעמוד הקודם) וב'הַשְׁכִּיבֵנוּ' (עמ' 190).
וב'שער הכוונות' לא נזכרו פסוקים אלו ולכן יש המשמיטים אותם.

בָּרוּךְ יְהֹוָה בַּיּוֹם, בָּרוּךְ יְהֹוָה בַּלָּיְלָה
בָּרוּךְ יְהֹוָה בְּשָׁכְבֵנוּ, בָּרוּךְ יְהֹוָה בְּקוּמֵנוּ.

וַיֹּאמֶר יְהֹוָה אֶל־הַשָּׂטָן, יִגְעַר יְהֹוָה בְּךָ הַשָּׂטָן זכריה ג
וְיִגְעַר יְהֹוָה בְּךָ הַבֹּחֵר בִּירוּשָׁלָםִ, הֲלוֹא זֶה אוּד מֻצָּל מֵאֵשׁ:
יְהֹוָה שֹׁמְרֶךָ, יְהֹוָה צִלְּךָ עַל־יַד יְמִינֶךָ: תהלים קכא
יוֹמָם הַשֶּׁמֶשׁ לֹא־יַכֶּכָּה, וְיָרֵחַ בַּלָּיְלָה:
יְהֹוָה יִשְׁמָרְךָ מִכָּל־רָע, יִשְׁמֹר אֶת־נַפְשֶׁךָ:
יְהֹוָה יִשְׁמָר־צֵאתְךָ וּבוֹאֶךָ, מֵעַתָּה וְעַד־עוֹלָם:
בְּיָדְךָ אַפְקִיד רוּחִי, פָּדִיתָה אוֹתִי יְהֹוָה אֵל אֱמֶת: תהלים לא

כתב מהר"מ אלמושנינו שהאדם יתוודה קודם שישן ('תפילה למשה', מאמר שלישי).
אומר וידוי עד 'וַאֲנַחְנוּ הִרְשָׁעְנוּ', ואם יש חטא שיודע שעשה, מתוודה עליו בפרטות (שעה"כ).
בימים שאין אומרים בהם תחנון – אין אומרים וידוי.

אָנָּא יְהֹוָה אֱלֹהֵינוּ וֵאלֹהֵי אֲבוֹתֵינוּ
תָּבֹא לְפָנֶיךָ תְּפִלָּתֵנוּ, וְאַל תִּתְעַלַּם מַלְכֵּנוּ מִתְּחִנָּתֵנוּ
שֶׁאֵין אֲנַחְנוּ עַזֵּי פָנִים וּקְשֵׁי עֹרֶף לוֹמַר לְפָנֶיךָ
יְהֹוָה אֱלֹהֵינוּ וֵאלֹהֵי אֲבוֹתֵינוּ, צַדִּיקִים אֲנַחְנוּ וְלֹא חָטָאנוּ
אֲבָל חָטָאנוּ, עָוִינוּ, פָּשַׁעְנוּ אֲנַחְנוּ וַאֲבוֹתֵינוּ וְאַנְשֵׁי בֵיתֵנוּ.

אָשַׁמְנוּ, בָּגַדְנוּ, גָּזַלְנוּ, דִּבַּרְנוּ דֹפִי וְלָשׁוֹן הָרָע, הֶעֱוִינוּ, וְהִרְשַׁעְנוּ
זַדְנוּ, חָמַסְנוּ, טָפַלְנוּ שֶׁקֶר וּמִרְמָה, יָעַצְנוּ עֵצוֹת רָעוֹת
כִּזַּבְנוּ, כָּעַסְנוּ, לַצְנוּ, מָרַדְנוּ, מָרִינוּ דְּבָרֶיךָ
נִאַצְנוּ, נִאַפְנוּ, סָרַרְנוּ, עָוִינוּ, פָּשַׁעְנוּ, פָּגַמְנוּ
צָרַרְנוּ, צִעַרְנוּ אָב וָאֵם, קִשִּׁינוּ עֹרֶף
רָשַׁעְנוּ, שִׁחַתְנוּ, תִּעַבְנוּ, תָּעִינוּ וְתִעְתָּעְנוּ
וְסַרְנוּ מִמִּצְוֹתֶיךָ וּמִמִּשְׁפָּטֶיךָ הַטּוֹבִים וְלֹא שָׁוָה לָנוּ.
נחמיה ט וְאַתָּה צַדִּיק עַל כָּל־הַבָּא עָלֵינוּ,
כִּי־אֱמֶת עָשִׂיתָ, וַאֲנַחְנוּ הִרְשָׁעְנוּ:

אומר 'אָנָּא, בְּכֹחַ' כולו,
ואחר כך חוזר ואומר את הפסוק השייך לאותו הלילה שלוש פעמים (שעה״כ).

| | | | |
|---|---|---|---|
| ליל א׳ | אָנָּא, בְּכֹחַ | גְּדֻלַּת יְמִינְךָ, | תַּתִּיר צְרוּרָה. |
| ליל ב׳ | קַבֵּל רִנַּת | עַמְּךָ, שַׂגְּבֵנוּ, | טַהֲרֵנוּ, נוֹרָא. |
| ליל ג׳ | נָא גִבּוֹר, | דּוֹרְשֵׁי יִחוּדְךָ | כְּבָבַת שָׁמְרֵם. |
| ליל ד׳ | בָּרְכֵם, טַהֲרֵם, | רַחֲמֵי צִדְקָתְךָ | תָּמִיד גָּמְלֵם. |
| ליל ה׳ | חֲסִין קָדוֹשׁ, | בְּרֹב טוּבְךָ | נַהֵל עֲדָתֶךָ. |
| ליל ו׳ | יָחִיד גֵּאֶה, | לְעַמְּךָ פְּנֵה, | זוֹכְרֵי קְדֻשָּׁתֶךָ. |
| ליל שבת | שַׁוְעָתֵנוּ קַבֵּל וּשְׁמַע צַעֲקָתֵנוּ, יוֹדֵעַ תַּעֲלוּמוֹת. | | |

אחר כך אומר בלחש: בָּרוּךְ, שֵׁם כְּבוֹד מַלְכוּתוֹ, לְעוֹלָם וָעֶד.

תהלים קב אַתָּה תָקוּם תְּרַחֵם צִיּוֹן, כִּי־עֵת לְחֶנְנָהּ כִּי־בָא מוֹעֵד:
תהלים צז אוֹר זָרֻעַ לַצַּדִּיק וּלְיִשְׁרֵי־לֵב שִׂמְחָה:
בראשית מט גָּד גְּדוּד יְגוּדֶנּוּ, וְהוּא יָגֻד עָקֵב:
ראש השנה כה. דָּוִד מֶלֶךְ יִשְׂרָאֵל חַי וְקַיָּם.
תהלים לא בְּיָדְךָ אַפְקִיד רוּחִי, פָּדִיתָה אוֹתִי יְהוָה אֵל אֱמֶת:

# סדר תיקון חצות

״והנה החסיד כזה, מלבד העבודה שהוא עובד במעשה מצותיו... הנה ודאי צריך שיצטער
תמיד צער ממש על הגלות ועל החורבן... ועל העדר זה הדבר התרעם הנביא
(ישעיה נט, טז): ׳וַיַּרְא כִּי אֵין אִישׁ וַיִּשְׁתּוֹמֵם כִּי אֵין מַפְגִּיעַ׳, ואמר (שם סג, ה):
׳וְאַבִּיט וְאֵין עֹזֵר וְאֶשְׁתּוֹמֵם וְאֵין סוֹמֵךְ׳, ואמר (ירמיה ל, יז): ׳צִיּוֹן הִיא דֹּרֵשׁ אֵין לָהּ׳,
ופירשו ז״ל (סוכה מא ע״א): מכלל דבעיא דרישה״ (׳מסילת ישרים׳ פי״ט).

הגמרא (ברכות ג ע״א) מספרת, כי בזמנים שמשמרות הלילה משתנות הקב״ה מצר על החורבן,
ולכן ראוי לכל ירא שמים שיהא מצר ודואג באותה שעה ושופך תחנונים על חורבן בית המקדש
(רא״ש, שם ב), ובאותה שעה התפילה על החורבן והגלות רצויה וקרובה להתקבל (טור, א).
לפיכך רבים נוהגים לערוך ׳תיקון חצות׳ ובו מקוננים על החורבן ומתפללים על הבניין.
הלכות ׳תיקון חצות׳ בעמ׳ 1023.

מי שישן שנת קבע קודם לכן, צריך לברך ברכות השחר וברכות התורה
לפני אמירת התיקון (ראה הלכה 23 ו־28).

## תיקון רחל

בעשרת ימי תשובה, בימי ספירת העומר ובימים שאין אומרים בהם תחנון – אין אומרים תיקון רחל, למעט ט׳ באב שאומרים בו רק תיקון רחל. ובארץ ישראל אין אומרים תיקון רחל בשנת השמיטה. בימי בין המצרים יש הנוהגים לומר תיקון רחל גם אחר חצות היום (אגרות הרמ״ז, יז), מלבד יום ט׳ באב שממילא אומרים בו קינות (שו״ת ׳יוסף אומץ׳, כא).

### וידוי

בעמידה

אָנָּא יְהוָה אֱלֹהֵינוּ וֵאלֹהֵי אֲבוֹתֵינוּ
תָּבֹא לְפָנֶיךָ תְּפִלָּתֵנוּ וְאַל תִּתְעַלַּם מַלְכֵּנוּ מִתְּחִנָּתֵנוּ
שֶׁאֵין אֲנַחְנוּ עַזֵּי פָנִים וּקְשֵׁי עֹרֶף לוֹמַר לְפָנֶיךָ
יְהוָה אֱלֹהֵינוּ וֵאלֹהֵי אֲבוֹתֵינוּ, צַדִּיקִים אֲנַחְנוּ וְלֹא חָטָאנוּ
אֲבָל חָטָאנוּ, עָוִינוּ, פָּשַׁעְנוּ אֲנַחְנוּ וַאֲבוֹתֵינוּ וְאַנְשֵׁי בֵיתֵנוּ.

אָשַׁמְנוּ, בָּגַדְנוּ, גָּזַלְנוּ, דִּבַּרְנוּ דֹפִי וְלָשׁוֹן הָרָע, הֶעֱוִינוּ וְהִרְשַׁעְנוּ
זַדְנוּ, חָמַסְנוּ, טָפַלְנוּ שֶׁקֶר וּמִרְמָה, יָעַצְנוּ עֵצוֹת רָעוֹת, כִּזַּבְנוּ, כָּעַסְנוּ
לַצְנוּ, מָרַדְנוּ, מָרִינוּ דְּבָרֶיךָ, נִאַצְנוּ, נִאַפְנוּ, סָרַרְנוּ, עָוִינוּ, פָּשַׁעְנוּ, פָּגַמְנוּ
צָרַרְנוּ, צִעַרְנוּ אָב וָאֵם, קִשִּׁינוּ עֹרֶף, רָשַׁעְנוּ, שִׁחַתְנוּ, תִּעַבְנוּ, תָּעִינוּ
וְתִעְתָּעְנוּ וְסַרְנוּ מִמִּצְוֹתֶיךָ וּמִמִּשְׁפָּטֶיךָ הַטּוֹבִים וְלֹא שָׁוָה לָנוּ.
וְאַתָּה צַדִּיק עַל כָּל־הַבָּא עָלֵינוּ, כִּי־אֱמֶת עָשִׂיתָ וַאֲנַחְנוּ הִרְשָׁעְנוּ: נחמיה ט

מַה נֹּאמַר לְפָנֶיךָ יוֹשֵׁב מָרוֹם, וּמַה נְּסַפֵּר לְפָנֶיךָ שׁוֹכֵן שְׁחָקִים, הֲלֹא כָּל הַנִּסְתָּרוֹת וְהַנִּגְלוֹת אַתָּה יוֹדֵעַ. אַתָּה יוֹדֵעַ רָזֵי עוֹלָם, וְתַעֲלוּמוֹת סִתְרֵי כָּל חָי. אַתָּה חוֹפֵשׂ כָּל חַדְרֵי בָטֶן, רוֹאֶה כְלָיוֹת וָלֵב. אֵין דָּבָר נֶעְלָם מִמָּךְ, וְאֵין נִסְתָּר מִנֶּגֶד עֵינֶיךָ.

יְהִי רָצוֹן מִלְּפָנֶיךָ, יְהֹוָה אֱלֹהֵינוּ וֵאלֹהֵי אֲבוֹתֵינוּ שֶׁתִּמְחוֹל לָנוּ אֶת כָּל חַטֹּאתֵינוּ, וּתְכַפֵּר לָנוּ אֶת כָּל עֲוֹנוֹתֵינוּ, וְתִמְחוֹל וְתִסְלַח לְכָל פְּשָׁעֵינוּ.

במזמור זה מבכים את חורבן בית המקדש (רמ״ז).

תהלים קלז עַל־נַהֲרוֹת בָּבֶל, שָׁם יָשַׁבְנוּ גַּם־בָּכִינוּ, בְּזָכְרֵנוּ אֶת־צִיּוֹן: עַל־
עֲרָבִים בְּתוֹכָהּ תָּלִינוּ כִּנֹּרוֹתֵינוּ: כִּי שָׁם שְׁאֵלוּנוּ שׁוֹבֵינוּ דִּבְרֵי־שִׁיר
וְתוֹלָלֵינוּ שִׂמְחָה, שִׁירוּ לָנוּ מִשִּׁיר צִיּוֹן: אֵיךְ נָשִׁיר אֶת־שִׁיר־יְהֹוָה
עַל אַדְמַת נֵכָר: אִם־אֶשְׁכָּחֵךְ יְרוּשָׁלָםִ, תִּשְׁכַּח יְמִינִי: תִּדְבַּק לְשׁוֹנִי
לְחִכִּי אִם־לֹא אֶזְכְּרֵכִי, אִם־לֹא אַעֲלֶה אֶת־יְרוּשָׁלַםִ עַל רֹאשׁ
שִׂמְחָתִי: זְכֹר יְהֹוָה לִבְנֵי אֱדוֹם אֵת יוֹם יְרוּשָׁלָםִ, הָאֹמְרִים עָרוּ
עָרוּ עַד הַיְסוֹד בָּהּ: בַּת־בָּבֶל הַשְּׁדוּדָה, אַשְׁרֵי שֶׁיְשַׁלֶּם־לָךְ אֶת־
גְּמוּלֵךְ שֶׁגָּמַלְתְּ לָנוּ: אַשְׁרֵי שֶׁיֹּאחֵז, וְנִפֵּץ אֶת־עֹלָלַיִךְ אֶל־הַסָּלַע:

במזמורים אלו מבכים את הריגת הצדיקים (רמ״ז).

תהלים עט מִזְמוֹר לְאָסָף אֱלֹהִים בָּאוּ גוֹיִם בְּנַחֲלָתֶךָ טִמְּאוּ אֶת־הֵיכַל קָדְשֶׁךָ
שָׂמוּ אֶת־יְרוּשָׁלַםִ לְעִיִּים: נָתְנוּ אֶת־נִבְלַת עֲבָדֶיךָ מַאֲכָל לְעוֹף
הַשָּׁמָיִם בְּשַׂר חֲסִידֶיךָ לְחַיְתוֹ־אָרֶץ: שָׁפְכוּ דָמָם כַּמַּיִם סְבִיבוֹת
יְרוּשָׁלָםִ וְאֵין קוֹבֵר: הָיִינוּ חֶרְפָּה לִשְׁכֵנֵינוּ לַעַג וָקֶלֶס לִסְבִיבוֹתֵינוּ:
עַד־מָה יְהֹוָה תֶּאֱנַף לָנֶצַח תִּבְעַר כְּמוֹ־אֵשׁ קִנְאָתֶךָ: שְׁפֹךְ חֲמָתְךָ
אֶל־הַגּוֹיִם אֲשֶׁר לֹא־יְדָעוּךָ וְעַל מַמְלָכוֹת אֲשֶׁר בְּשִׁמְךָ לֹא קָרָאוּ:
כִּי אָכַל אֶת־יַעֲקֹב וְאֶת־נָוֵהוּ הֵשַׁמּוּ: אַל־תִּזְכָּר־לָנוּ עֲוֹנֹת רִאשֹׁנִים

מַהֵר יְקַדְּמוּנוּ רַחֲמֶיךָ כִּי דַלּוֹנוּ מְאֹד: עָזְרֵנוּ אֱלֹהֵי יִשְׁעֵנוּ עַל־דְּבַר כְּבוֹד־שְׁמֶךָ וְהַצִּילֵנוּ וְכַפֵּר עַל־חַטֹּאתֵינוּ לְמַעַן שְׁמֶךָ: לָמָּה יֹאמְרוּ הַגּוֹיִם אַיֵּה אֱלֹהֵיהֶם יִוָּדַע בַּגּוֹיִם לְעֵינֵינוּ נִקְמַת דַּם־עֲבָדֶיךָ הַשָּׁפוּךְ: תָּבוֹא לְפָנֶיךָ אֶנְקַת אָסִיר כְּגֹדֶל זְרוֹעֲךָ הוֹתֵר בְּנֵי תְמוּתָה: וְהָשֵׁב לִשְׁכֵנֵינוּ שִׁבְעָתַיִם אֶל־חֵיקָם חֶרְפָּתָם אֲשֶׁר חֵרְפוּךָ אֲדֹנָי: וַאֲנַחְנוּ עַמְּךָ וְצֹאן מַרְעִיתֶךָ נוֹדֶה לְּךָ לְעוֹלָם לְדוֹר וָדֹר נְסַפֵּר תְּהִלָּתֶךָ:

כתב הרמ״ז לומר בימי בין המצרים ׳אוי, מֶה־הָיָה־לָנוּ׳ אחר כל חלק מחלקי הפסוקים הבאים עד ׳שׁוּעָלִים הִלְּכוּ־בוֹ׳ (תיקון חצות לימי בין המצרים).

זְכֹר יְהֹוָה מֶה־הָיָה לָנוּ, הַבִּיטָה וּרְאֵה אֶת־חֶרְפָּתֵנוּ: נַחֲלָתֵנוּ איכה ה
נֶהֶפְכָה לְזָרִים, בָּתֵּינוּ לְנָכְרִים: יְתוֹמִים הָיִינוּ וְאֵין אָב, אִמֹּתֵינוּ כְּאַלְמָנוֹת: מֵימֵינוּ בְּכֶסֶף שָׁתִינוּ, עֵצֵינוּ בִּמְחִיר יָבֹאוּ: עַל צַוָּארֵנוּ נִרְדָּפְנוּ, יָגַעְנוּ וְלֹא הוּנַח־לָנוּ: מִצְרַיִם נָתַנּוּ יָד, אַשּׁוּר לִשְׂבֹּעַ לָחֶם: אֲבֹתֵינוּ חָטְאוּ וְאֵינָם, וַאֲנַחְנוּ עֲוֹנֹתֵיהֶם סָבָלְנוּ: עֲבָדִים מָשְׁלוּ בָנוּ, פֹּרֵק אֵין מִיָּדָם: בְּנַפְשֵׁנוּ נָבִיא לַחְמֵנוּ, מִפְּנֵי חֶרֶב הַמִּדְבָּר: עוֹרֵנוּ כְּתַנּוּר נִכְמָרוּ, מִפְּנֵי זַלְעֲפוֹת רָעָב: נָשִׁים בְּצִיּוֹן עִנּוּ, בְּתֻלֹת בְּעָרֵי יְהוּדָה: שָׂרִים בְּיָדָם נִתְלוּ, פְּנֵי זְקֵנִים לֹא נֶהְדָּרוּ: בַּחוּרִים טְחוֹן נָשָׂאוּ, וּנְעָרִים בָּעֵץ כָּשָׁלוּ: זְקֵנִים מִשַּׁעַר שָׁבָתוּ, בַּחוּרִים מִנְּגִינָתָם: שָׁבַת מְשׂוֹשׂ לִבֵּנוּ, נֶהְפַּךְ לְאֵבֶל מְחוֹלֵנוּ: נָפְלָה עֲטֶרֶת רֹאשֵׁנוּ, אוֹי־נָא לָנוּ כִּי חָטָאנוּ: עַל־זֶה הָיָה דָוֶה לִבֵּנוּ, עַל־אֵלֶּה חָשְׁכוּ עֵינֵינוּ: עַל הַר־צִיּוֹן שֶׁשָּׁמֵם, שׁוּעָלִים הִלְּכוּ־בוֹ: אַתָּה יְהֹוָה לְעוֹלָם תֵּשֵׁב, כִּסְאֲךָ לְדוֹר וָדוֹר: לָמָּה לָנֶצַח תִּשְׁכָּחֵנוּ, תַּעַזְבֵנוּ לְאֹרֶךְ יָמִים: הֲשִׁיבֵנוּ יְהֹוָה אֵלֶיךָ וְנָשׁוּבָה, חַדֵּשׁ יָמֵינוּ כְּקֶדֶם: כִּי אִם־מָאֹס מְאַסְתָּנוּ, קָצַפְתָּ עָלֵינוּ עַד־מְאֹד:

הֲשִׁיבֵנוּ יְהֹוָה אֵלֶיךָ וְנָשׁוּבָה, חַדֵּשׁ יָמֵינוּ כְּקֶדֶם:

פסוקי בקשה ותחינה

ישעיה סג הַבֵּט מִשָּׁמַיִם וּרְאֵה מִזְּבֻל קָדְשְׁךָ וְתִפְאַרְתֶּךָ, אַיֵּה קִנְאָתְךָ
וּגְבוּרֹתֶיךָ הֲמוֹן מֵעֶיךָ וְרַחֲמֶיךָ אֵלַי הִתְאַפָּקוּ: כִּי־אַתָּה אָבִינוּ, כִּי
אַבְרָהָם לֹא יְדָעָנוּ וְיִשְׂרָאֵל לֹא יַכִּירָנוּ, אַתָּה יְהֹוָה אָבִינוּ, גֹּאֲלֵנוּ
מֵעוֹלָם שְׁמֶךָ: לָמָּה תַתְעֵנוּ יְהֹוָה מִדְּרָכֶיךָ, תַּקְשִׁיחַ לִבֵּנוּ מִיִּרְאָתֶךָ,
שׁוּב לְמַעַן עֲבָדֶיךָ שִׁבְטֵי נַחֲלָתֶךָ: לַמִּצְעָר יָרְשׁוּ עַם־קָדְשֶׁךָ, צָרֵינוּ
בּוֹסְסוּ מִקְדָּשֶׁךָ:

ישעיה סד וְעַתָּה יְהֹוָה אָבִינוּ אָתָּה, אֲנַחְנוּ הַחֹמֶר וְאַתָּה יֹצְרֵנוּ, וּמַעֲשֵׂה
יָדְךָ כֻּלָּנוּ: אַל־תִּקְצֹף יְהֹוָה עַד־מְאֹד וְאַל־לָעַד תִּזְכֹּר עָוֺן, הֵן
הַבֶּט־נָא עַמְּךָ כֻלָּנוּ: עָרֵי קָדְשְׁךָ הָיוּ מִדְבָּר, צִיּוֹן מִדְבָּר הָיָתָה,
יְרוּשָׁלַיִם שְׁמָמָה: בֵּית קָדְשֵׁנוּ וְתִפְאַרְתֵּנוּ אֲשֶׁר הִלְלוּךָ אֲבֹתֵינוּ,
הָיָה לִשְׂרֵפַת אֵשׁ, וְכָל־מַחֲמַדֵּינוּ הָיָה לְחָרְבָּה: הַעַל־אֵלֶּה תִתְאַפַּק
יְהֹוָה, תֶּחֱשֶׁה וּתְעַנֵּנוּ עַד־מְאֹד:

יש מוסיפים פסוקים וקינות אלו בפרט בימי בין המצרים.

ירמיה יד הֲמָאֹס מָאַסְתָּ אֶת־יְהוּדָה אִם־בְּצִיּוֹן גָּעֲלָה נַפְשֶׁךָ, מַדּוּעַ הִכִּיתָנוּ וְאֵין
לָנוּ מַרְפֵּא, קַוֵּה לְשָׁלוֹם וְאֵין טוֹב, וּלְעֵת מַרְפֵּא וְהִנֵּה בְעָתָה: יָדַעְנוּ
יְהֹוָה רִשְׁעֵנוּ עֲוֺן אֲבוֹתֵינוּ, כִּי חָטָאנוּ לָךְ: אַל־תִּנְאַץ לְמַעַן שִׁמְךָ, אַל־
ירמיה לא תְּנַבֵּל כִּסֵּא כְבוֹדֶךָ, זְכֹר אַל־תָּפֵר בְּרִיתְךָ אִתָּנוּ: כֹּה אָמַר יְהֹוָה, קוֹל
בְּרָמָה נִשְׁמָע נְהִי בְּכִי תַמְרוּרִים, רָחֵל מְבַכָּה עַל־בָּנֶיהָ, מֵאֲנָה לְהִנָּחֵם
ירמיה כה עַל־בָּנֶיהָ כִּי אֵינֶנּוּ: יְהֹוָה מִמָּרוֹם יִשְׁאָג וּמִמְּעוֹן קָדְשׁוֹ יִתֵּן קוֹלוֹ, שָׁאֹג
ישעיה כב יִשְׁאַג עַל־נָוֵהוּ: וַיִּקְרָא אֲדֹנָי יֱהֹוִה צְבָאוֹת בַּיּוֹם הַהוּא לִבְכִי וּלְמִסְפֵּד
איכה א וּלְקָרְחָה וְלַחֲגֹר שָׂק: עַל־אֵלֶּה אֲנִי בוֹכִיָּה, עֵינִי עֵינִי יֹרְדָה מַּיִם, כִּי־רָחַק
ירמיה ח מִמֶּנִּי מְנַחֵם מֵשִׁיב נַפְשִׁי, הָיוּ בָנַי שׁוֹמֵמִים, כִּי גָבַר אוֹיֵב: עַל־שֶׁבֶר בַּת־
עַמִּי הָשְׁבָּרְתִּי, קָדַרְתִּי, שַׁמָּה הֶחֱזִקָתְנִי: מִי־יִתֵּן רֹאשִׁי מַיִם וְעֵינִי מְקוֹר
ישעיה נ דִּמְעָה, וְאֶבְכֶּה יוֹמָם וָלַיְלָה אֵת חַלְלֵי בַת־עַמִּי: אַלְבִּישׁ שָׁמַיִם קַדְרוּת
ישעיה לג וְשַׂק אָשִׂים כְּסוּתָם: הֵן אֶרְאֶלָּם צָעֲקוּ חֻצָה, מַלְאֲכֵי שָׁלוֹם מַר יִבְכָּיוּן:

כתב החיד"א לומר יללה זו אחרי פסוקי הקינות (׳מורה באצבע׳ ב, מה):

אוֹי לִי עַל גָּלוּת הַשְּׁכִינָה, אוֹי לִי עַל חֻרְבַּן בֵּית הַמִּקְדָּשׁ, אוֹי לִי עַל שְׂרֵפַת הַתּוֹרָה, אוֹי לִי עַל הֲרִיגַת הַצַּדִּיקִים, אוֹי לִי עַל חִלּוּל שְׁמוֹ הַגָּדוֹל וְתוֹרָתוֹ הַקְּדוֹשָׁה, אוֹי לִי כִּי גָבַר אוֹיֵב, אוֹי לִי עַל צַעַר כָּל הָעוֹלָמוֹת, אוֹי לִי עַל צַעַר הָאָבוֹת הַקְּדוֹשִׁים וְהָאִמָּהוֹת הַקְּדוֹשׁוֹת, אוֹי לִי עַל צַעַר הַנְּבִיאִים וְהַחֲסִידִים וְהַצַּדִּיקִים אֲשֶׁר בְּגַן עֵדֶן, אוֹי לִי עַל צַעֲרוֹ שֶׁל מָשִׁיחַ. עֲוֹנוֹתֵינוּ הִטּוּ אֵלֶּה וּפְשָׁעֵינוּ הֶאֱרִיכוּ קִצֵּנוּ וְחַטֹּאתֵינוּ מָנְעוּ הַטּוֹב מִמֶּנּוּ, אוֹי לָהֶם לַבָּנִים שֶׁגָּלוּ מֵעַל שֻׁלְחַן אֲבִיהֶם זֶה כַּמָּה אֹרֶךְ יָמִים וְשָׁנִים רַבִּים וְרָעִים כָּל דּוֹר שֶׁלֹּא נִבְנָה בֵּית הַמִּקְדָּשׁ בְּיָמָיו כְּאִלּוּ נֶחֱרַב בְּיָמָיו.

קינה לרבי משה אלשיך (מתוך ספר ׳אילת השחר׳)

הִקָּבְצוּ וְשִׁמְעוּ בְּנֵי יַעֲקֹב כֻּלְּכֶם
וְקִרְעוּ לְבַבְכֶם וְאַל־בִּגְדֵיכֶם
כִּי בְּפִשְׁעֵיכֶם שֻׁלְּחָה אִמְּכֶם
וּתְנוּ כָּבוֹד לַיהוָה אֱלֹהֵיכֶם.

מִי־הָאִישׁ הֶחָפֵץ חַיִּים, אֹכֶל יִטְעַם־לוֹ
אֹהֵב יָמִים לִרְאוֹת טוֹב וּלְבַקֵּר בְּהֵיכָלוֹ
וְהָאֱלֹהִים יִרְאֶה־לּוֹ לִשְׁכֹּן בְּאָהֳלוֹ מִבְּלִי־לוֹ
אֲשֶׁר לֹא עָמַל בּוֹ וְלֹא גִדְּלוֹ.

אָנָה הָלַךְ דּוֹדֵךְ תַּרְקִיעַ עִמּוֹ לִשְׁחָקִים
אָנֹכִי חָטָאתִי וְאָסוּר בָּאזִקִּים
וְעַל זֹאת סִפְדוּ וְהֵילִילוּ בֹּאוּ לִינוּ בַשַּׂקִּים
בָּרְחֹבוֹת וּבַשְּׁוָקִים.

כְּנֶסֶת יִשְׂרָאֵל אוֹמֶרֶת קַלֵּנִי מֵרֹאשִׁי
הַגְּדֻלָּה וְהַגְּבוּרָה וְהַתִּפְאֶרֶת עָבְרוּ רֹאשִׁי
וְהַנֵּצַח וְהַהוֹד, אֵין דּוֹרֵשׁ לְנַפְשִׁי
וַתִּזְנַח מִשָּׁלוֹם נַפְשִׁי:

עַל־זֹאת אֶסְפְּדָה וְאֵילִילָה
אֲסַלְּדָה בְחִילָה קוֹל כְּחוֹלָה
מֵעַי מֵעַי אוֹחִילָה, לְמַעַנְכֶם שֻׁלַּחְתִּי בָבֶלָה
וַאֲנִי בְתוֹךְ־הַגּוֹלָה:

עֲוֹנוֹתֵיכֶם הִטּוּ־אֵלֶּה וְחַטֹּאותֵיכֶם
הִגְלֵיתִי אֶתְכֶם לְיַסְּרָה אֶתְכֶם
וַיִּתְעַבֵּר יְהֹוָה בִּי לְמַעַנְכֶם
וַיִּשְׁלָחֵנִי אֱלֹהִים לִפְנֵיכֶם:

בְּבֵית יִשְׂרָאֵל רָאִיתִי שַׁעֲרוּרִיָּה
אֵין אִישׁ שָׂם עַל־לֵב שַׁלָּמָה אֶהְיֶה כְּעֹטְיָה
כְּקִיר נָטוּי גָּדֵר הַדְּחוּיָה
הֲמִדְבָּר הָיִיתִי לְיִשְׂרָאֵל אִם אֶרֶץ מַאְפֵּלְיָה:

יָדַעְנוּ יְהֹוָה רִשְׁעֵנוּ עֲוֹן אֲבוֹתֵינוּ
הִנְנוּ אָתָנוּ לָךְ כִּי אַתָּה יְהֹוָה אֱלֹהֵינוּ
שׁוּב לְמַעַן עֲבָדֶיךָ, וְסָלַחְתָּ לַעֲוֹנֵנוּ
תָּשׁוּב תְּרַחֲמֵנוּ תִּכְבּוֹשׁ עֲוֹנוֹתֵינוּ.

וַיֹּאמֶר יְהֹוָה אָהַבְתִּי אֶתְכֶם
כָּל־יִשְׁעִי וְכָל־חֵפֶץ אָשׁוּב לְרַחֶמְכֶם
שׁוּבוּ אֵלַי וְאָשׁוּבָה אֲלֵיכֶם
אָנֹכִי אָנֹכִי הוּא מְנַחֶמְכֶם:

אִמְרוּ לְבַת־צִיּוֹן כֹּה־אָמַר אֲדֹנָיִךְ
תַּחַת הֱיוֹתֵךְ עֲזוּבָה יִבְעָלוּךְ בָּנָיִךְ
וּכְמְשׂוֹשׂ חָתָן עַל־כַּלָּה יָשִׂישׂ עָלַיִךְ אֱלֹהָיִךְ
וְהָיִית עֲטֶרֶת תִּפְאֶרֶת בְּיַד־יְהֹוָה וּצְנִיף מְלוּכָה בְּכַף־אֱלֹהָיִךְ:

קינה לר׳ יהודה בן שמואל אבן עבאס

עַל הֵיכָלִי אֶבְכֶּה יוֹמָם וָלַיְלָה
וּלְתִפְאֶרֶת צִיּוֹן, עִיר הַהֻלָּלָה.

בְּכִי נַפְשִׁי עַל חָרְבַּן פַּעֲמַיִם
אֶרֶץ צְבִי, צְבִי יְרוּשָׁלַיִם
וְעַל עַמָּהּ אֲשֶׁר הָלַךְ בַּגּוֹלָה
וּלְתִפְאֶרֶת צִיּוֹן, עִיר הַהֻלָּלָה.

בֵּית תִּפְאַרְתִּי שָׂם אוֹיֵב לְשַׁמָּה
הוֹשִׁיבַנִי בִּידֵי נְבָיוֹת וְשַׁמָּה
עַל זֹאת אֶבְכֶּה תָּמִיד בְּקוֹל יְלָלָה
וּלְתִפְאֶרֶת צִיּוֹן, עִיר הַהֻלָּלָה.

סִפְדִי תוֹרָה כִּי חֻלְּלָה תִפְאַרְתֵּךְ
נָפַל נִזְרֵךְ מִיּוֹם שֶׁחָרַב בֵּיתֵךְ
וּשְׂאִי קִינָה עַל אָהֳלִיבָה וְאָהֳלָה
וּלְתִפְאֶרֶת צִיּוֹן, עִיר הַהֻלָּלָה.

חִזְקוּ עַמִּי מַהֵר אֶבְנֶה דְבִירְכֶם
נָקָם אֶלְבַּשׁ וְאָשִׁיב אֶת שְׁבוּתְכֶם
תּוֹךְ הֵיכָלִי אֶשְׁכֹּן כְּבַתְּחִלָּה
כִּי מִצִּיּוֹן תֵּצֵא, תּוֹרָה וּתְהִלָּה.

עוּרָה נָּא יְמִינְךָ רָמָה וְלִזְעוּמָה קְרָא נֶחָמָה
וֶיֱאָמֵר לְעַם דַּלָּה וַעֲגוּמָה: עֲנִיָּה סֹעֲרָה נֻחָמָה.
עוּרָה נָּא חֲשׂוֹף זְרוֹעֲךָ וִיגַלֶּה קֵץ יִשְׁעֲךָ
וֶיֱאָמֵר לְשֶׂה נֶאֱלָמָה: עֲנִיָּה סֹעֲרָה נֻחָמָה.
עוּרָה נָּא יְמִינְךָ הָאֵל וּפְדֵה בְּרַחֲמֶיךָ יִשְׂרָאֵל
וֶיֱאָמֵר לְעַם דַּל הַשּׁוֹאֵל: וּבָא לְצִיּוֹן גּוֹאֵל.
עוּרָה נָּא יְמִינְךָ עֶלְיוֹן וּבְנֵה בְּרַחֲמֶיךָ אֶת צִיּוֹן
וֶיֱאָמֵר לְעַם דַּל וְאֶבְיוֹן: כִּי נִחַם יְהֹוָה צִיּוֹן.

פסוקי נחמה

ישעיה נא כִּדְכְתִיב: כִּי־נִחַם יְהֹוָה צִיּוֹן, נִחַם כׇּל־חׇרְבֹתֶיהָ, וַיָּשֶׂם מִדְבָּרָהּ כְּעֵדֶן
וְעַרְבָתָהּ כְּגַן־יְהֹוָה, שָׂשׂוֹן וְשִׂמְחָה יִמָּצֵא בָהּ, תּוֹדָה וְקוֹל זִמְרָה:
ישעיה סב עַל־חוֹמֹתַיִךְ יְרוּשָׁלַםִ הִפְקַדְתִּי שֹׁמְרִים, כׇּל־הַיּוֹם וְכׇל־הַלַּיְלָה תָּמִיד
לֹא יֶחֱשׁוּ, הַמַּזְכִּרִים אֶת־יְהֹוָה אַל־דֳּמִי לָכֶם: וְאַל־תִּתְּנוּ דֳמִי לוֹ,
עַד־יְכוֹנֵן וְעַד־יָשִׂים אֶת־יְרוּשָׁלַםִ תְּהִלָּה בָּאָרֶץ: נִשְׁבַּע יְהֹוָה בִּימִינוֹ
וּבִזְרוֹעַ עֻזּוֹ, אִם־אֶתֵּן אֶת־דְּגָנֵךְ עוֹד מַאֲכָל לְאֹיְבַיִךְ וְאִם־יִשְׁתּוּ בְנֵי־
נֵכָר תִּירוֹשֵׁךְ אֲשֶׁר יָגַעַתְּ בּוֹ: כִּי מְאַסְפָיו יֹאכְלֻהוּ וְהִלְלוּ אֶת־יְהֹוָה,
וּמְקַבְּצָיו יִשְׁתֻּהוּ בְּחַצְרוֹת קׇדְשִׁי:

תהלים קב אַתָּה תָקוּם, תְּרַחֵם צִיּוֹן, כִּי־עֵת לְחֶנְנָהּ, כִּי־בָא מוֹעֵד:
כִּי־רָצוּ עֲבָדֶיךָ אֶת־אֲבָנֶיהָ, וְאֶת־עֲפָרָהּ יְחֹנֵנוּ:
תהלים קמז בּוֹנֵה יְרוּשָׁלַםִ יְהֹוָה, נִדְחֵי יִשְׂרָאֵל יְכַנֵּס:

# תיקון לאה

בכל יום אומרים תיקון לאה מלבד שבתות, ימים טובים, ימים נוראים וחול המועד פסח.

תהלים מב לַמְנַצֵּחַ מַשְׂכִּיל לִבְנֵי־קֹרַח: כְּאַיָּל תַּעֲרֹג עַל־אֲפִיקֵי־מָיִם, כֵּן נַפְשִׁי
תַעֲרֹג אֵלֶיךָ אֱלֹהִים: צָמְאָה נַפְשִׁי לֵאלֹהִים לְאֵל חָי, מָתַי אָבוֹא
וְאֵרָאֶה פְּנֵי אֱלֹהִים: הָיְתָה־לִּי דִמְעָתִי לֶחֶם יוֹמָם וָלָיְלָה, בֶּאֱמֹר
אֵלַי כׇּל־הַיּוֹם אַיֵּה אֱלֹהֶיךָ: אֵלֶּה אֶזְכְּרָה וְאֶשְׁפְּכָה עָלַי נַפְשִׁי, כִּי
אֶעֱבֹר בַּסָּךְ אֶדַּדֵּם עַד־בֵּית אֱלֹהִים, בְּקוֹל־רִנָּה וְתוֹדָה הָמוֹן חוֹגֵג:
מַה־תִּשְׁתּוֹחֲחִי נַפְשִׁי וַתֶּהֱמִי עָלָי, הוֹחִלִי לֵאלֹהִים כִּי־עוֹד אוֹדֶנּוּ,
יְשׁוּעוֹת פָּנָיו: אֱלֹהַי עָלַי נַפְשִׁי תִשְׁתּוֹחָח, עַל־כֵּן אֶזְכׇּרְךָ מֵאֶרֶץ יַרְדֵּן,
וְחֶרְמוֹנִים מֵהַר מִצְעָר: תְּהוֹם־אֶל־תְּהוֹם קוֹרֵא לְקוֹל צִנּוֹרֶיךָ, כׇּל־
מִשְׁבָּרֶיךָ וְגַלֶּיךָ עָלַי עָבָרוּ: יוֹמָם יְצַוֶּה יְהֹוָה חַסְדּוֹ, וּבַלַּיְלָה שִׁירֹה
עִמִּי, תְּפִלָּה לְאֵל חַיָּי: אוֹמְרָה לְאֵל סַלְעִי לָמָה שְׁכַחְתָּנִי, לָמָּה־קֹדֵר
אֵלֵךְ בְּלַחַץ אוֹיֵב: בְּרֶצַח בְּעַצְמוֹתַי חֵרְפוּנִי צוֹרְרָי, בְּאׇמְרָם אֵלַי כׇּל־

הַיּוֹם אַיֵּה אֱלֹהֶיךָ: מַה־תִּשְׁתּוֹחֲחִי נַפְשִׁי וּמַה־תֶּהֱמִי עָלָי, הוֹחִילִי לֵאלֹהִים כִּי־עוֹד אוֹדֶנּוּ, יְשׁוּעֹת פָּנַי וֵאלֹהָי:

תהלים מג שָׁפְטֵנִי אֱלֹהִים וְרִיבָה רִיבִי מִגּוֹי לֹא־חָסִיד, מֵאִישׁ־מִרְמָה וְעַוְלָה תְפַלְּטֵנִי: כִּי־אַתָּה אֱלֹהֵי מָעוּזִּי לָמָה זְנַחְתָּנִי, לָמָּה־קֹדֵר אֶתְהַלֵּךְ בְּלַחַץ אוֹיֵב: שְׁלַח־אוֹרְךָ וַאֲמִתְּךָ הֵמָּה יַנְחוּנִי, יְבִיאוּנִי אֶל־הַר־קָדְשְׁךָ וְאֶל־מִשְׁכְּנוֹתֶיךָ: וְאָבוֹאָה אֶל־מִזְבַּח אֱלֹהִים אֶל־אֵל שִׂמְחַת גִּילִי, וְאוֹדְךָ בְכִנּוֹר אֱלֹהִים אֱלֹהָי: מַה־תִּשְׁתּוֹחֲחִי נַפְשִׁי וּמַה־תֶּהֱמִי עָלָי, הוֹחִילִי לֵאלֹהִים כִּי־עוֹד אוֹדֶנּוּ, יְשׁוּעֹת פָּנַי וֵאלֹהָי:

בימים שאין אומרים בהם תחנון, מדלגים על מזמור זה.

תהלים כ לַמְנַצֵּחַ מִזְמוֹר לְדָוִד: יַעַנְךָ יְהוָֹה בְּיוֹם צָרָה, יְשַׂגֶּבְךָ שֵׁם אֱלֹהֵי יַעֲקֹב: יִשְׁלַח־עֶזְרְךָ מִקֹּדֶשׁ, וּמִצִּיּוֹן יִסְעָדֶךָּ: יִזְכֹּר כָּל־מִנְחֹתֶיךָ, וְעוֹלָתְךָ יְדַשְּׁנֶה סֶלָה: יִתֶּן־לְךָ כִלְבָבֶךָ, וְכָל־עֲצָתְךָ יְמַלֵּא: נְרַנְּנָה בִּישׁוּעָתֶךָ, וּבְשֵׁם־אֱלֹהֵינוּ נִדְגֹּל, יְמַלֵּא יְהוָֹה כָּל־מִשְׁאֲלוֹתֶיךָ: עַתָּה יָדַעְתִּי כִּי הוֹשִׁיעַ יְהוָֹה מְשִׁיחוֹ, יַעֲנֵהוּ מִשְּׁמֵי קָדְשׁוֹ, בִּגְבֻרוֹת יֵשַׁע יְמִינוֹ: אֵלֶּה בָרֶכֶב וְאֵלֶּה בַסּוּסִים, וַאֲנַחְנוּ בְּשֵׁם־יְהוָֹה אֱלֹהֵינוּ נַזְכִּיר: הֵמָּה כָּרְעוּ וְנָפָלוּ, וַאֲנַחְנוּ קַּמְנוּ וַנִּתְעוֹדָד: יְהוָֹה הוֹשִׁיעָה, הַמֶּלֶךְ יַעֲנֵנוּ בְיוֹם־קָרְאֵנוּ:

תהלים כד לְדָוִד מִזְמוֹר, לַיהוָֹה הָאָרֶץ וּמְלוֹאָהּ, תֵּבֵל וְיֹשְׁבֵי בָהּ: כִּי־הוּא עַל־יַמִּים יְסָדָהּ, וְעַל־נְהָרוֹת יְכוֹנְנֶהָ: מִי־יַעֲלֶה בְהַר־יְהוָֹה, וּמִי־יָקוּם בִּמְקוֹם קָדְשׁוֹ: נְקִי כַפַּיִם וּבַר־לֵבָב, אֲשֶׁר לֹא־נָשָׂא לַשָּׁוְא נַפְשִׁי, וְלֹא נִשְׁבַּע לְמִרְמָה: יִשָּׂא בְרָכָה מֵאֵת יְהוָֹה, וּצְדָקָה מֵאֱלֹהֵי יִשְׁעוֹ: זֶה דּוֹר דֹּרְשָׁו, מְבַקְשֵׁי פָנֶיךָ יַעֲקֹב סֶלָה: שְׂאוּ שְׁעָרִים רָאשֵׁיכֶם, וְהִנָּשְׂאוּ פִּתְחֵי עוֹלָם, וְיָבוֹא מֶלֶךְ הַכָּבוֹד: מִי זֶה מֶלֶךְ הַכָּבוֹד, יְהוָֹה עִזּוּז וְגִבּוֹר, יְהוָֹה גִּבּוֹר מִלְחָמָה: שְׂאוּ שְׁעָרִים רָאשֵׁיכֶם, וּשְׂאוּ פִּתְחֵי עוֹלָם, וְיָבֹא מֶלֶךְ הַכָּבוֹד: מִי הוּא זֶה מֶלֶךְ הַכָּבוֹד, יְהוָֹה צְבָאוֹת הוּא מֶלֶךְ הַכָּבוֹד סֶלָה:

תהלים סז לַמְנַצֵּחַ בִּנְגִינֹת, מִזְמוֹר שִׁיר: אֱלֹהִים יְחָנֵּנוּ וִיבָרְכֵנוּ, יָאֵר פָּנָיו אִתָּנוּ סֶלָה: לָדַעַת בָּאָרֶץ דַּרְכֶּךָ, בְּכָל־גּוֹיִם יְשׁוּעָתֶךָ: יוֹדוּךָ עַמִּים אֱלֹהִים, יוֹדוּךָ עַמִּים כֻּלָּם: יִשְׂמְחוּ וִירַנְּנוּ לְאֻמִּים, כִּי־תִשְׁפֹּט עַמִּים מִישֹׁר, וּלְאֻמִּים בָּאָרֶץ תַּנְחֵם סֶלָה: יוֹדוּךָ עַמִּים אֱלֹהִים, יוֹדוּךָ עַמִּים כֻּלָּם: אֶרֶץ נָתְנָה יְבוּלָהּ, יְבָרְכֵנוּ אֱלֹהִים אֱלֹהֵינוּ: יְבָרְכֵנוּ אֱלֹהִים, וְיִירְאוּ אוֹתוֹ כָּל־אַפְסֵי־אָרֶץ:

תהלים קיא הַלְלוּיָהּ, אוֹדֶה יְהֹוָה בְּכָל־לֵבָב, בְּסוֹד יְשָׁרִים וְעֵדָה: גְּדֹלִים מַעֲשֵׂי יְהֹוָה, דְּרוּשִׁים לְכָל־חֶפְצֵיהֶם: הוֹד־וְהָדָר פָּעֳלוֹ, וְצִדְקָתוֹ עֹמֶדֶת לָעַד: זֵכֶר עָשָׂה לְנִפְלְאֹתָיו, חַנּוּן וְרַחוּם יְהֹוָה: טֶרֶף נָתַן לִירֵאָיו, יִזְכֹּר לְעוֹלָם בְּרִיתוֹ: כֹּחַ מַעֲשָׂיו הִגִּיד לְעַמּוֹ, לָתֵת לָהֶם נַחֲלַת גּוֹיִם: מַעֲשֵׂי יָדָיו אֱמֶת וּמִשְׁפָּט, נֶאֱמָנִים כָּל־פִּקּוּדָיו: סְמוּכִים לָעַד לְעוֹלָם, עֲשׂוּיִם בֶּאֱמֶת וְיָשָׁר: פְּדוּת, שָׁלַח לְעַמּוֹ, צִוָּה לְעוֹלָם בְּרִיתוֹ, קָדוֹשׁ וְנוֹרָא שְׁמוֹ: רֵאשִׁית חָכְמָה, יִרְאַת יְהֹוָה, שֵׂכֶל טוֹב לְכָל־עֹשֵׂיהֶם, תְּהִלָּתוֹ עֹמֶדֶת לָעַד:

ישעיה כד נוֹעַ תָּנוּעַ אֶרֶץ כַּשִּׁכּוֹר וְהִתְנוֹדְדָה כַּמְּלוּנָה, וְכָבַד עָלֶיהָ פִּשְׁעָהּ, וְנָפְלָה וְלֹא־תֹסִיף קוּם: וְהָיָה בַּיּוֹם הַהוּא יִפְקֹד יְהֹוָה עַל־צְבָא הַמָּרוֹם בַּמָּרוֹם, וְעַל־מַלְכֵי הָאֲדָמָה עַל־הָאֲדָמָה:

במזמור זה יבקש מה׳ יתברך שימחל על חטאיו (שעה״כ, דרוש תיקון חצות).

תהלים נא לַמְנַצֵּחַ מִזְמוֹר לְדָוִד: בְּבוֹא־אֵלָיו נָתָן הַנָּבִיא כַּאֲשֶׁר־בָּא אֶל־בַּת־שָׁבַע: חָנֵּנִי אֱלֹהִים כְּחַסְדֶּךָ, כְּרֹב רַחֲמֶיךָ מְחֵה פְשָׁעָי: הֶרֶב כַּבְּסֵנִי מֵעֲוֺנִי, וּמֵחַטָּאתִי טַהֲרֵנִי: כִּי־פְשָׁעַי אֲנִי אֵדָע, וְחַטָּאתִי נֶגְדִּי תָמִיד: לְךָ לְבַדְּךָ חָטָאתִי וְהָרַע בְּעֵינֶיךָ עָשִׂיתִי, לְמַעַן תִּצְדַּק בְּדָבְרֶךָ תִּזְכֶּה בְשָׁפְטֶךָ: הֵן־בְּעָווֹן חוֹלָלְתִּי, וּבְחֵטְא יֶחֱמַתְנִי אִמִּי: הֵן־אֱמֶת חָפַצְתָּ בַטֻּחוֹת, וּבְסָתֻם חָכְמָה תוֹדִיעֵנִי: תְּחַטְּאֵנִי בְאֵזוֹב וְאֶטְהָר, תְּכַבְּסֵנִי וּמִשֶּׁלֶג אַלְבִּין: תַּשְׁמִיעֵנִי שָׂשׂוֹן וְשִׂמְחָה, תָּגֵלְנָה עֲצָמוֹת דִּכִּיתָ:

הַסְתֵּר פָּנֶיךָ מֵחֲטָאָי וְכָל־עֲוֹנֹתַי מְחֵה: לֵב טָהוֹר בְּרָא־לִי אֱלֹהִים, וְרוּחַ נָכוֹן חַדֵּשׁ בְּקִרְבִּי: אַל־תַּשְׁלִיכֵנִי מִלְּפָנֶיךָ וְרוּחַ קָדְשְׁךָ אַל־תִּקַּח מִמֶּנִּי: הָשִׁיבָה לִּי שְׂשׂוֹן יִשְׁעֶךָ, וְרוּחַ נְדִיבָה תִסְמְכֵנִי: אֲלַמְּדָה פֹשְׁעִים דְּרָכֶיךָ, וְחַטָּאִים אֵלֶיךָ יָשׁוּבוּ: הַצִּילֵנִי מִדָּמִים אֱלֹהִים אֱלֹהֵי תְּשׁוּעָתִי תְּרַנֵּן לְשׁוֹנִי צִדְקָתֶךָ: אֲדֹנָי שְׂפָתַי תִּפְתָּח, וּפִי יַגִּיד תְּהִלָּתֶךָ: כִּי לֹא־תַחְפֹּץ זֶבַח וְאֶתֵּנָה, עוֹלָה לֹא תִרְצֶה: זִבְחֵי אֱלֹהִים רוּחַ נִשְׁבָּרָה, לֵב־נִשְׁבָּר וְנִדְכֶּה, אֱלֹהִים לֹא תִבְזֶה: הֵיטִיבָה בִרְצוֹנְךָ אֶת־צִיּוֹן, תִּבְנֶה חוֹמוֹת יְרוּשָׁלָםִ: אָז תַּחְפֹּץ זִבְחֵי־צֶדֶק עוֹלָה וְכָלִיל, אָז יַעֲלוּ עַל־מִזְבַּחֲךָ פָרִים:

בימים שאין אומרים בהם תיקון רחל, מדלגים על 'עַד אָנָה'
וממשיכים 'תָּקוּם תְּרַחֵם'.

### עַד אָנָה בְּכִיָּה בְּצִיּוֹן וּמִסְפֵּד בִּירוּשָׁלָיִם.
### תָּקוּם תְּרַחֵם צִיּוֹן, תִּבְנֶה חוֹמוֹת יְרוּשָׁלָיִם.

יש מוסיפים בקשה זו הנאמרת כברכה בתפילות המועדים, ואחריה אומרים מזמור קכו.

אֱלֹהֵינוּ וֵאלֹהֵי אֲבוֹתֵינוּ, מֶלֶךְ רַחֲמָן רַחֵם עָלֵינוּ, טוֹב וּמֵטִיב הִדָּרֶשׁ לָנוּ, שׁוּבָה עָלֵינוּ בַּהֲמוֹן רַחֲמֶיךָ בִּגְלַל אָבוֹת שֶׁעָשׂוּ רְצוֹנֶךָ. בְּנֵה בֵיתְךָ כְּבַתְּחִלָּה, כּוֹנֵן בֵּית מִקְדָּשְׁךָ עַל מְכוֹנוֹ, הַרְאֵנוּ בְּבִנְיָנוֹ, שַׂמְּחֵנוּ בְּתִקּוּנוֹ, וְהָשֵׁב שְׁכִינָתְךָ לְתוֹכוֹ. וְהָשֵׁב כֹּהֲנִים לַעֲבוֹדָתָם וּלְוִיִּם לְדוּכָנָם לְשִׁירָם וּלְזִמְרָם, וְהָשֵׁב יִשְׂרָאֵל לִנְוֵיהֶם, וְשָׁם נַעֲלֶה וְנֵרָאֶה וְנִשְׁתַּחֲוֶה לְפָנֶיךָ. יְהִי רָצוֹן מִלְּפָנֶיךָ, יְהוָה אֱלֹהֵינוּ וֵאלֹהֵי אֲבוֹתֵינוּ, שֶׁתַּעֲלֵנוּ בְשִׂמְחָה לְאַרְצֵנוּ וְתִטָּעֵנוּ בִּגְבוּלֵנוּ, וְשָׁם נַעֲשֶׂה לְפָנֶיךָ אֶת קָרְבְּנוֹת חוֹבוֹתֵינוּ, תְּמִידִים כְּסִדְרָם וּמוּסָפִים כְּהִלְכָתָם.

תהלים קכו שִׁיר הַמַּעֲלוֹת, בְּשׁוּב יְהוָה אֶת־שִׁיבַת צִיּוֹן, הָיִינוּ כְּחֹלְמִים: אָז יִמָּלֵא שְׂחוֹק פִּינוּ וּלְשׁוֹנֵנוּ רִנָּה, אָז יֹאמְרוּ בַגּוֹיִם הִגְדִּיל יְהוָה לַעֲשׂוֹת עִם־אֵלֶּה: הִגְדִּיל יְהוָה לַעֲשׂוֹת עִמָּנוּ, הָיִינוּ שְׂמֵחִים: שׁוּבָה יְהוָה אֶת־שְׁבִיתֵנוּ, כַּאֲפִיקִים בַּנֶּגֶב: הַזֹּרְעִים בְּדִמְעָה בְּרִנָּה יִקְצֹרוּ: הָלוֹךְ יֵלֵךְ וּבָכֹה נֹשֵׂא מֶשֶׁךְ־הַזָּרַע, בֹּא־יָבֹא בְרִנָּה נֹשֵׂא אֲלֻמֹּתָיו:

# שבת


עירובין 208

הדלקת נרות 209

שיר השירים 210

קבלת שבת 216

ערבית לשבת וליום טוב 225

שחרית לשבת וליום טוב 244

סדר קריאת התורה 286

מוסף לשבת 306

מנחה לשבת וליום טוב 326

פרקי אבות 347

# ערב שבת ויום טוב

## עירוב תחומין

"וּמַדֹּתֶם מִחוּץ לָעִיר אֶת־פְּאַת־קֵדְמָה אַלְפַּיִם בָּאַמָּה... וְהָעִיר בַּתָּוֶךְ, זֶה יִהְיֶה לָהֶם מִגְרְשֵׁי הֶעָרִים" (במדבר לה, ה). מכאן למדו חכמים (עירובין נא ע"א), שלכל מקום יישוב ישנו תחום של אלפיים אמה, ואין לצאת ממנו בשבת וביום טוב. אך אדם יכול להגדיר מקום אחר כמקום שביתתו, וכך לשנות את גבולות התחום שבו הוא רשאי ללכת (רמב"ם, עירובין פ"ו ה"א). פעולה זו נקראת 'עירוב תחומין'. ואין מערבין עירובי תחומין אלא לדבר מצווה (שו"ע תטו, א).

מניח מזון המספיק לשתי סעודות, במרחק קטן מאלפיים אמה מהמקום שיקבל בו שבת ומהמקום שרוצה להגיע אליו בשבת, ומברך:

**בָּרוּךְ אַתָּה יְהוָה, אֱלֹהֵינוּ מֶלֶךְ הָעוֹלָם**
**אֲשֶׁר קִדְּשָׁנוּ בְּמִצְוֹתָיו וְצִוָּנוּ עַל מִצְוַת עֵרוּב.**

ואומר:

בארמית: **בְּדֵין עֵרוּבָא יְהֵא שְׁרֵי לִי לְמֵיזַל מֵאַתְרָא הָדֵין תְּרֵין אַלְפִין אַמִּין לְכָל רוּחָא.**

או בעברית: **בְּעֵרוּב זֶה יְהֵא מֻתָּר לִי לָלֶכֶת מִמָּקוֹם זֶה אַלְפַּיִם אַמָּה לְכָל רוּחַ.**

## עירוב חצרות

בשבת אסור להוציא חפץ מרשות היחיד לרשות הרבים ולהפך, או לטלטלו ארבע אמות ברשות הרבים (שבת צו ע"ב). וחכמים אסרו לטלטל גם ברשות היחיד המשותפת לכמה יהודים, אם לא השתתפו לפני שבת ב'עירוב חצרות' (רמב"ם, עירובין פ"א ה"ב–ה"ו).

במקומות רבים נוהגים שהרב המקומי מערב לכל תושבי השכונה או העיר, ויש שמערערים על המנהג.

במקום שאין בו עירוב תקין, אדם הבקי בהלכות עירובין מערב לכולם ומברך:

**בָּרוּךְ אַתָּה יְהוָה, אֱלֹהֵינוּ מֶלֶךְ הָעוֹלָם**
**אֲשֶׁר קִדְּשָׁנוּ בְּמִצְוֹתָיו וְצִוָּנוּ עַל מִצְוַת עֵרוּב.**

ואומר:

בארמית: **בְּדֵין עֵרוּבָא יְהֵא שְׁרֵי לָנָא לְטַלְטוּלֵי וּלְאַפּוּקֵי וּלְעַיּוּלֵי מִן הַבָּתִּים לֶחָצֵר וּמִן הֶחָצֵר לַבָּתִּים וּמִבַּיִת לְבַיִת לְכָל הַבָּתִּים שֶׁבֶּחָצֵר.**

או בעברית: **בְּעֵרוּב זֶה יְהֵא מֻתָּר לָנוּ לְטַלְטֵל, לְהוֹצִיא וּלְהַכְנִיס מִן הַבָּתִּים לֶחָצֵר וּמִן הֶחָצֵר לַבָּתִּים וּמִבַּיִת לְבַיִת לְכָל הַבָּתִּים שֶׁבֶּחָצֵר.**

# הדלקת נרות

הלכות הדלקת נרות בעמ׳ 1023.

בערב שבת:

**בָּרוּךְ אַתָּה יְהֹוָה, אֱלֹהֵינוּ מֶלֶךְ הָעוֹלָם**
**אֲשֶׁר קִדְּשָׁנוּ בְּמִצְוֹתָיו וְצִוָּנוּ לְהַדְלִיק נֵר שֶׁל שַׁבָּת.**

בערב יום טוב (בשבת יש להוסיף את המילים בסוגריים):

**בָּרוּךְ אַתָּה יְהֹוָה, אֱלֹהֵינוּ מֶלֶךְ הָעוֹלָם**
**אֲשֶׁר קִדְּשָׁנוּ בְּמִצְוֹתָיו**
**וְצִוָּנוּ לְהַדְלִיק נֵר שֶׁל (שַׁבָּת וְ) יוֹם טוֹב.**

בערב יום הכיפורים (בערב שבת יש להוסיף את המילים בסוגריים):

**בָּרוּךְ אַתָּה יְהֹוָה, אֱלֹהֵינוּ מֶלֶךְ הָעוֹלָם**
**אֲשֶׁר קִדְּשָׁנוּ בְּמִצְוֹתָיו**
**וְצִוָּנוּ לְהַדְלִיק נֵר שֶׁל (שַׁבָּת וְ) יוֹם הַכִּפּוּרִים.**

בערב יום טוב (לרבות בערב יום הכיפורים ולמעט בערב שביעי של פסח)
יש נוהגים לברך ׳שֶׁהֶחֱיָנוּ׳ (ראה הלכה 392):

**בָּרוּךְ אַתָּה יְהֹוָה, אֱלֹהֵינוּ מֶלֶךְ הָעוֹלָם**
**שֶׁהֶחֱיָנוּ וְקִיְּמָנוּ, וְהִגִּיעָנוּ לַזְּמַן הַזֶּה.**

אחרי שהדליקה נרות, צריכה האישה להתפלל על משפחתה (רבינו בחיי, שמות יט, ג על פי שבת כג ע״ב). נוסח זה מקורו בכה״ח (רסג, לז):

**יְהִי רָצוֹן מִלְּפָנֶיךָ יְהֹוָה אֱלֹהַי וֵאלֹהֵי אֲבוֹתַי, שֶׁתָּחוּס וּתְרַחֵם עָלַי, וְתַגְדִּיל חַסְדְּךָ עִמָּדִי, לָתֵת לִי זֶרַע אֲנָשִׁים עוֹשֵׂי רְצוֹנֶךָ וְעוֹסְקִים בְּתוֹרָתְךָ לִשְׁמָהּ, וְיִהְיוּ מְאִירִים בְּתוֹרָה בִּזְכוּת נֵרוֹת הַשַּׁבָּת הַלָּלוּ, כְּמוֹ שֶׁכָּתוּב:**
**כִּי נֵר מִצְוָה וְתוֹרָה אוֹר:** (אישה נשואה מוסיפה: **וְגַם תָּחוּס וּתְרַחֵם עַל בַּעְלִי** משלי ו
פלוני בן פלוני **וְתִתֵּן לוֹ אֹרֶךְ יָמִים וּשְׁנוֹת חַיִּים עִם בְּרָכָה וְהַצְלָחָה, וּתְסַיְּעֵהוּ**
**לַעֲשׂוֹת רְצוֹנְךָ בִּשְׁלֵמוּת) כֵּן יְהִי רָצוֹן, אָמֵן. וִיהִי נֹעַם אֲדֹנָי אֱלֹהֵינוּ עָלֵינוּ,** תהלים צ
**וּמַעֲשֵׂה יָדֵינוּ כּוֹנְנָה עָלֵינוּ, וּמַעֲשֵׂה יָדֵינוּ כּוֹנְנֵהוּ: יִהְיוּ לְרָצוֹן אִמְרֵי־פִי** תהלים יט
**וְהֶגְיוֹן לִבִּי לְפָנֶיךָ, יְהֹוָה צוּרִי וְגֹאֲלִי:**

# שיר השירים

חז״ל דרשו את שיר השירים על גאולת מצרים שהיא התחלת הגאולה השלמה,
ולכן נוהגים לומר בערב שבת שיר השירים כיון שאם ישראל ישמרו
שתי שבתות מיד הן נגאלים (׳כיסא רחמים׳, סופרים פי״ב ה״ב).

יש אומרים קודם שיר השירים:

לְשֵׁם יִחוּד קֻדְשָׁא בְּרִיךְ הוּא וּשְׁכִינְתֵּהּ, בִּדְחִילוּ וּרְחִימוּ וּרְחִימוּ וּדְחִילוּ,
לְיַחֲדָא אוֹתִיּוֹת י״ה בְּאוֹתִיּוֹת ו״ה בְּיִחוּדָא שְׁלִים בְּשֵׁם כָּל יִשְׂרָאֵל, הִנֵּה
אֲנַחְנוּ בָּאִים לְשׁוֹרֵר בְּקוֹל נָעִים שִׁיר הַשִּׁירִים, קֹדֶשׁ קָדָשִׁים, לְעוֹרֵר
חֲבַצֶּלֶת הַשָּׁרוֹן, לָשִׁיר בְּקוֹל נָעִים גִּילַת וְרַנֵּן כְּבוֹד הַלְּבָנוֹן, וּלְחַבֵּר אֵשֶׁת
ישעיה נא נְעוּרִים עִם דּוֹדָהּ, בְּאַהֲבָה וּרְעוּתָא וְחֶדְוְתָא דִלְבָא, שָׂשׂוֹן וְשִׂמְחָה יִמָּצֵא
בָהּ, תּוֹדָה וְקוֹל זִמְרָה: וְתַעֲלֶה לְפָנֶיךָ קְרִיאַת שִׁיר הַשִּׁירִים כְּאִלּוּ אֲמָרוֹ
תהלים צ שְׁלֹמֹה הַמֶּלֶךְ בְּעַצְמוֹ, וּכְאִלּוּ הִשַּׂגְנוּ כָּל הַסּוֹדוֹת הַחֲתוּמִים בּוֹ. וִיהִי נֹעַם
תהלים יט אֲדֹנָי אֱלֹהֵינוּ עָלֵינוּ, וּמַעֲשֵׂה יָדֵינוּ כּוֹנְנָה עָלֵינוּ, וּמַעֲשֵׂה יָדֵינוּ כּוֹנְנֵהוּ: יִהְיוּ
לְרָצוֹן אִמְרֵי־פִי וְהֶגְיוֹן לִבִּי לְפָנֶיךָ, יְהוָה צוּרִי וְגֹאֲלִי:

שִׁיר הַשִּׁירִים אֲשֶׁר לִשְׁלֹמֹה: יִשָּׁקֵנִי מִנְּשִׁיקוֹת פִּיהוּ כִּי־טוֹבִים דֹּדֶיךָ
מִיָּיִן: לְרֵיחַ שְׁמָנֶיךָ טוֹבִים שֶׁמֶן תּוּרַק שְׁמֶךָ עַל־כֵּן עֲלָמוֹת אֲהֵבוּךָ:
מָשְׁכֵנִי אַחֲרֶיךָ נָּרוּצָה הֱבִיאַנִי הַמֶּלֶךְ חֲדָרָיו נָגִילָה וְנִשְׂמְחָה בָּךְ
נַזְכִּירָה דֹדֶיךָ מִיַּיִן מֵישָׁרִים אֲהֵבוּךָ: שְׁחוֹרָה אֲנִי וְנָאוָה
בְּנוֹת יְרוּשָׁלָ͏ִם כְּאָהֳלֵי קֵדָר כִּירִיעוֹת שְׁלֹמֹה: אַל־תִּרְאוּנִי שֶׁאֲנִי
שְׁחַרְחֹרֶת שֶׁשְּׁזָפַתְנִי הַשָּׁמֶשׁ בְּנֵי אִמִּי נִחֲרוּ־בִי שָׂמֻנִי נֹטֵרָה אֶת־
הַכְּרָמִים כַּרְמִי שֶׁלִּי לֹא נָטָרְתִּי: הַגִּידָה לִּי שֶׁאָהֲבָה נַפְשִׁי אֵיכָה
תִרְעֶה אֵיכָה תַּרְבִּיץ בַּצָּהֳרָיִם שַׁלָּמָה אֶהְיֶה כְּעֹטְיָה עַל עֶדְרֵי חֲבֵרֶיךָ:
אִם־לֹא תֵדְעִי לָךְ הַיָּפָה בַּנָּשִׁים צְאִי־לָךְ בְּעִקְבֵי הַצֹּאן וּרְעִי אֶת־
גְּדִיֹּתַיִךְ עַל מִשְׁכְּנוֹת הָרֹעִים: לְסֻסָתִי בְּרִכְבֵי פַרְעֹה
דִּמִּיתִיךְ רַעְיָתִי: נָאווּ לְחָיַיִךְ בַּתֹּרִים צַוָּארֵךְ בַּחֲרוּזִים: תּוֹרֵי זָהָב
נַעֲשֶׂה־לָּךְ עִם נְקֻדּוֹת הַכָּסֶף: עַד־שֶׁהַמֶּלֶךְ בִּמְסִבּוֹ נִרְדִּי נָתַן רֵיחוֹ:
צְרוֹר הַמֹּר ׀ דּוֹדִי לִי בֵּין שָׁדַי יָלִין: אֶשְׁכֹּל הַכֹּפֶר ׀ דּוֹדִי לִי בְּכַרְמֵי
עֵין גֶּדִי: הִנָּךְ יָפָה רַעְיָתִי הִנָּךְ יָפָה עֵינַיִךְ יוֹנִים: הִנְּךָ יָפֶה

דּוֹדִי אַף נָעִים אַף־עַרְשֵׂנוּ רַעֲנָנָה: קֹרוֹת בָּתֵּינוּ אֲרָזִים רְחִיטֵנוּ **דַּהִיטֵנוּ**

ב בְּרוֹתִים: אֲנִי חֲבַצֶּלֶת הַשָּׁרוֹן שׁוֹשַׁנַּת הָעֲמָקִים: כְּשׁוֹשַׁנָּה בֵּין

הַחוֹחִים כֵּן רַעְיָתִי בֵּין הַבָּנוֹת: כְּתַפּוּחַ בַּעֲצֵי הַיַּעַר כֵּן דּוֹדִי בֵּין הַבָּנִים

בְּצִלּוֹ חִמַּדְתִּי וְיָשַׁבְתִּי וּפִרְיוֹ מָתוֹק לְחִכִּי: הֱבִיאַנִי אֶל־בֵּית הַיַּיִן וְדִגְלוֹ

עָלַי אַהֲבָה: סַמְּכוּנִי בָּאֲשִׁישׁוֹת רַפְּדוּנִי בַּתַּפּוּחִים כִּי־חוֹלַת אַהֲבָה

אָנִי: שְׂמֹאלוֹ תַּחַת לְרֹאשִׁי וִימִינוֹ תְּחַבְּקֵנִי: הִשְׁבַּעְתִּי אֶתְכֶם בְּנוֹת

יְרוּשָׁלַ͏ִם בִּצְבָאוֹת אוֹ בְּאַיְלוֹת הַשָּׂדֶה אִם־תָּעִירוּ ׀ וְאִם־תְּעוֹרְרוּ

אֶת־הָאַהֲבָה עַד שֶׁתֶּחְפָּץ: קוֹל דּוֹדִי הִנֵּה־זֶה בָּא מְדַלֵּג

עַל־הֶהָרִים מְקַפֵּץ עַל־הַגְּבָעוֹת: דּוֹמֶה דוֹדִי לִצְבִי אוֹ לְעֹפֶר הָאַיָּלִים

הִנֵּה־זֶה עוֹמֵד אַחַר כָּתְלֵנוּ מַשְׁגִּיחַ מִן־הַחַלֹּנוֹת מֵצִיץ מִן־הַחֲרַכִּים:

עָנָה דוֹדִי וְאָמַר לִי קוּמִי לָךְ רַעְיָתִי יָפָתִי וּלְכִי־לָךְ: כִּי־הִנֵּה הַסְּתָו

עָבָר הַגֶּשֶׁם חָלַף הָלַךְ לוֹ: הַנִּצָּנִים נִרְאוּ בָאָרֶץ עֵת הַזָּמִיר הִגִּיעַ

וְקוֹל הַתּוֹר נִשְׁמַע בְּאַרְצֵנוּ: הַתְּאֵנָה חָנְטָה פַגֶּיהָ וְהַגְּפָנִים ׀ סְמָדַר

נָתְנוּ רֵיחַ קוּמִי לְכִי רַעְיָתִי יָפָתִי וּלְכִי־לָךְ: יוֹנָתִי בְּחַגְוֵי לָךְ

הַסֶּלַע בְּסֵתֶר הַמַּדְרֵגָה הַרְאִינִי אֶת־מַרְאַיִךְ הַשְׁמִיעִנִי אֶת־קוֹלֵךְ

כִּי־קוֹלֵךְ עָרֵב וּמַרְאֵיךְ נָאוֶה: אֶחֱזוּ־לָנוּ שׁוּעָלִים שֻׁעָלִים

קְטַנִּים מְחַבְּלִים כְּרָמִים וּכְרָמֵינוּ סְמָדַר: דּוֹדִי לִי וַאֲנִי לוֹ הָרֹעֶה

בַּשּׁוֹשַׁנִּים: עַד שֶׁיָּפוּחַ הַיּוֹם וְנָסוּ הַצְּלָלִים סֹב דְּמֵה־לְךָ דוֹדִי לִצְבִי

ג אוֹ לְעֹפֶר הָאַיָּלִים עַל־הָרֵי בָתֶר: עַל־מִשְׁכָּבִי בַּלֵּילוֹת

בִּקַּשְׁתִּי אֵת שֶׁאָהֲבָה נַפְשִׁי בִּקַּשְׁתִּיו וְלֹא מְצָאתִיו: אָקוּמָה נָּא

וַאֲסוֹבְבָה בָעִיר בַּשְּׁוָקִים וּבָרְחֹבוֹת אֲבַקְשָׁה אֵת שֶׁאָהֲבָה נַפְשִׁי

בִּקַּשְׁתִּיו וְלֹא מְצָאתִיו: מְצָאוּנִי הַשֹּׁמְרִים הַסֹּבְבִים בָּעִיר אֵת שֶׁאָהֲבָה

נַפְשִׁי רְאִיתֶם: כִּמְעַט שֶׁעָבַרְתִּי מֵהֶם עַד שֶׁמָּצָאתִי אֵת שֶׁאָהֲבָה

נַפְשִׁי אֲחַזְתִּיו וְלֹא אַרְפֶּנּוּ עַד־שֶׁהֲבֵיאתִיו אֶל־בֵּית אִמִּי וְאֶל־חֶדֶר

הוֹרָתִי: הִשְׁבַּעְתִּי אֶתְכֶם בְּנוֹת יְרוּשָׁלַ͏ִם בִּצְבָאוֹת אוֹ בְּאַיְלוֹת הַשָּׂדֶה

אִם־תָּעִירוּ ׀ וְאִם־תְּעוֹרְרוּ אֶת־הָאַהֲבָה עַד שֶׁתֶּחְפָּץ: מִי

זֹאת עֹלָה מִן־הַמִּדְבָּר כְּתִימֲרוֹת עָשָׁן מְקֻטֶּרֶת מֹר וּלְבוֹנָה מִכֹּל

אַבְקַת רוֹכֵל: הִנֵּה מִטָּתוֹ שֶׁלִּשְׁלֹמֹה שִׁשִּׁים גִּבֹּרִים סָבִיב לָהּ מִגִּבֹּרֵי
יִשְׂרָאֵל: כֻּלָּם אֲחֻזֵי חֶרֶב מְלֻמְּדֵי מִלְחָמָה אִישׁ חַרְבּוֹ עַל־יְרֵכוֹ מִפַּחַד
בַּלֵּילוֹת: אַפִּרְיוֹן עָשָׂה לוֹ הַמֶּלֶךְ שְׁלֹמֹה מֵעֲצֵי הַלְּבָנוֹן:
עַמּוּדָיו עָשָׂה כֶסֶף רְפִידָתוֹ זָהָב מֶרְכָּבוֹ אַרְגָּמָן תּוֹכוֹ רָצוּף אַהֲבָה
מִבְּנוֹת יְרוּשָׁלִָם: צְאֶינָה | וּרְאֶינָה בְּנוֹת צִיּוֹן בַּמֶּלֶךְ שְׁלֹמֹה בָּעֲטָרָה
שֶׁעִטְּרָה־לּוֹ אִמּוֹ בְּיוֹם חֲתֻנָּתוֹ וּבְיוֹם שִׂמְחַת לִבּוֹ: הִנָּךְ ד
יָפָה רַעְיָתִי הִנָּךְ יָפָה עֵינַיִךְ יוֹנִים מִבַּעַד לְצַמָּתֵךְ שַׂעְרֵךְ כְּעֵדֶר הָעִזִּים
שֶׁגָּלְשׁוּ מֵהַר גִּלְעָד: שִׁנַּיִךְ כְּעֵדֶר הַקְּצוּבוֹת שֶׁעָלוּ מִן־הָרַחְצָה שֶׁכֻּלָּם
מַתְאִימוֹת וְשַׁכֻּלָה אֵין בָּהֶם: כְּחוּט הַשָּׁנִי שִׂפְתֹתַיִךְ וּמִדְבָּרֵיךְ נָאוֶה
כְּפֶלַח הָרִמּוֹן רַקָּתֵךְ מִבַּעַד לְצַמָּתֵךְ: כְּמִגְדַּל דָּוִיד צַוָּארֵךְ בָּנוּי
לְתַלְפִּיּוֹת אֶלֶף הַמָּגֵן תָּלוּי עָלָיו כֹּל שִׁלְטֵי הַגִּבֹּרִים: שְׁנֵי שָׁדַיִךְ כִּשְׁנֵי
עֳפָרִים תְּאוֹמֵי צְבִיָּה הָרוֹעִים בַּשּׁוֹשַׁנִּים: עַד שֶׁיָּפוּחַ הַיּוֹם וְנָסוּ
הַצְּלָלִים אֵלֶךְ לִי אֶל־הַר הַמּוֹר וְאֶל־גִּבְעַת הַלְּבוֹנָה: כֻּלָּךְ יָפָה רַעְיָתִי
וּמוּם אֵין בָּךְ: אִתִּי מִלְּבָנוֹן כַּלָּה אִתִּי מִלְּבָנוֹן תָּבוֹאִי
תָּשׁוּרִי | מֵרֹאשׁ אֲמָנָה מֵרֹאשׁ שְׂנִיר וְחֶרְמוֹן מִמְּעֹנוֹת אֲרָיוֹת מֵהַרְרֵי
נְמֵרִים: לִבַּבְתִּנִי אֲחֹתִי כַלָּה לִבַּבְתִּנִי באחד מֵעֵינַיִךְ בְּאַחַד עֲנָק בְּאַחַת
מִצַּוְּרֹנָיִךְ: מַה־יָּפוּ דֹדַיִךְ אֲחֹתִי כַלָּה מַה־טֹּבוּ דֹדַיִךְ מִיַּיִן וְרֵיחַ שְׁמָנַיִךְ
מִכָּל־בְּשָׂמִים: נֹפֶת תִּטֹּפְנָה שִׂפְתוֹתַיִךְ כַּלָּה דְּבַשׁ וְחָלָב תַּחַת לְשׁוֹנֵךְ
וְרֵיחַ שַׂלְמֹתַיִךְ כְּרֵיחַ לְבָנוֹן: גַּן | נָעוּל אֲחֹתִי כַלָּה גַּל נָעוּל
מַעְיָן חָתוּם: שְׁלָחַיִךְ פַּרְדֵּס רִמּוֹנִים עִם פְּרִי מְגָדִים כְּפָרִים עִם־נְרָדִים:
נֵרְדְּ | וְכַרְכֹּם קָנֶה וְקִנָּמוֹן עִם כָּל־עֲצֵי לְבוֹנָה מֹר וַאֲהָלוֹת עִם
כָּל־רָאשֵׁי בְשָׂמִים: מַעְיַן גַּנִּים בְּאֵר מַיִם חַיִּים וְנֹזְלִים מִן־לְבָנוֹן:
עוּרִי צָפוֹן וּבוֹאִי תֵימָן הָפִיחִי גַנִּי יִזְּלוּ בְשָׂמָיו יָבֹא דוֹדִי לְגַנּוֹ וְיֹאכַל
פְּרִי מְגָדָיו: בָּאתִי לְגַנִּי אֲחֹתִי כַלָּה אָרִיתִי מוֹרִי עִם־בְּשָׂמִי אָכַלְתִּי ה
יַעְרִי עִם־דִּבְשִׁי שָׁתִיתִי יֵינִי עִם־חֲלָבִי אִכְלוּ רֵעִים שְׁתוּ וְשִׁכְרוּ
דּוֹדִים: אֲנִי יְשֵׁנָה וְלִבִּי עֵר קוֹל | דּוֹדִי דוֹפֵק פִּתְחִי־לִי
אֲחֹתִי רַעְיָתִי יוֹנָתִי תַמָּתִי שֶׁרֹּאשִׁי נִמְלָא־טָל קְוֻצּוֹתַי רְסִיסֵי לָיְלָה:

פָּשַׁטְתִּי אֶת־כֻּתָּנְתִּי אֵיכָכָה אֶלְבָּשֶׁנָּה רָחַצְתִּי אֶת־רַגְלַי אֵיכָכָה
אֲטַנְּפֵם: דּוֹדִי שָׁלַח יָדוֹ מִן־הַחוֹר וּמֵעַי הָמוּ עָלָיו: קַמְתִּי אֲנִי לִפְתֹּחַ
לְדוֹדִי וְיָדַי נָטְפוּ־מוֹר וְאֶצְבְּעֹתַי מוֹר עֹבֵר עַל כַּפּוֹת הַמַּנְעוּל: פָּתַחְתִּי
אֲנִי לְדוֹדִי וְדוֹדִי חָמַק עָבָר נַפְשִׁי יָצְאָה בְדַבְּרוֹ בִּקַּשְׁתִּיהוּ וְלֹא
מְצָאתִיהוּ קְרָאתִיו וְלֹא עָנָנִי: מְצָאֻנִי הַשֹּׁמְרִים הַסֹּבְבִים בָּעִיר הִכּוּנִי
פְצָעוּנִי נָשְׂאוּ אֶת־רְדִידִי מֵעָלַי שֹׁמְרֵי הַחֹמוֹת: הִשְׁבַּעְתִּי אֶתְכֶם
בְּנוֹת יְרוּשָׁלָםִ אִם־תִּמְצְאוּ אֶת־דּוֹדִי מַה־תַּגִּידוּ לוֹ שֶׁחוֹלַת אַהֲבָה
אָנִי: מַה־דּוֹדֵךְ מִדּוֹד הַיָּפָה בַּנָּשִׁים מַה־דּוֹדֵךְ מִדּוֹד שֶׁכָּכָה
הִשְׁבַּעְתָּנוּ: דּוֹדִי צַח וְאָדוֹם דָּגוּל מֵרְבָבָה: רֹאשׁוֹ כֶּתֶם פָּז קְוֻצּוֹתָיו
תַּלְתַּלִּים שְׁחֹרוֹת כָּעוֹרֵב: עֵינָיו כְּיוֹנִים עַל־אֲפִיקֵי מָיִם רֹחֲצוֹת בֶּחָלָב
יֹשְׁבוֹת עַל־מִלֵּאת: לְחָיָו כַּעֲרוּגַת הַבֹּשֶׂם מִגְדְּלוֹת מֶרְקָחִים שִׂפְתוֹתָיו
שׁוֹשַׁנִּים נֹטְפוֹת מוֹר עֹבֵר: יָדָיו גְּלִילֵי זָהָב מְמֻלָּאִים בַּתַּרְשִׁישׁ מֵעָיו
עֶשֶׁת שֵׁן מְעֻלֶּפֶת סַפִּירִים: שׁוֹקָיו עַמּוּדֵי שֵׁשׁ מְיֻסָּדִים עַל־אַדְנֵי־פָז
מַרְאֵהוּ כַּלְּבָנוֹן בָּחוּר כָּאֲרָזִים: חִכּוֹ מַמְתַקִּים וְכֻלּוֹ מַחֲמַדִּים זֶה דוֹדִי
ו וְזֶה רֵעִי בְּנוֹת יְרוּשָׁלָםִ: אָנָה הָלַךְ דּוֹדֵךְ הַיָּפָה בַּנָּשִׁים אָנָה פָּנָה
דוֹדֵךְ וּנְבַקְשֶׁנּוּ עִמָּךְ: דּוֹדִי יָרַד לְגַנּוֹ לַעֲרֻגוֹת הַבֹּשֶׂם לִרְעוֹת בַּגַּנִּים
וְלִלְקֹט שׁוֹשַׁנִּים: אֲנִי לְדוֹדִי וְדוֹדִי לִי הָרֹעֶה בַּשּׁוֹשַׁנִּים:
יָפָה אַתְּ רַעְיָתִי כְּתִרְצָה נָאוָה כִּירוּשָׁלָםִ אֲיֻמָּה כַּנִּדְגָּלוֹת: הָסֵבִּי עֵינַיִךְ
מִנֶּגְדִּי שֶׁהֵם הִרְהִיבֻנִי שַׂעְרֵךְ כְּעֵדֶר הָעִזִּים שֶׁגָּלְשׁוּ מִן־הַגִּלְעָד: שִׁנַּיִךְ
כְּעֵדֶר הָרְחֵלִים שֶׁעָלוּ מִן־הָרַחְצָה שֶׁכֻּלָּם מַתְאִימוֹת וְשַׁכֻּלָה אֵין
בָּהֶם: כְּפֶלַח הָרִמּוֹן רַקָּתֵךְ מִבַּעַד לְצַמָּתֵךְ: שִׁשִּׁים הֵמָּה מְלָכוֹת
וּשְׁמֹנִים פִּילַגְשִׁים וַעֲלָמוֹת אֵין מִסְפָּר: אַחַת הִיא יוֹנָתִי תַמָּתִי אַחַת
הִיא לְאִמָּהּ בָּרָה הִיא לְיוֹלַדְתָּהּ רָאוּהָ בָנוֹת וַיְאַשְּׁרוּהָ מְלָכוֹת
וּפִילַגְשִׁים וַיְהַלְלוּהָ: מִי־זֹאת הַנִּשְׁקָפָה כְּמוֹ־שָׁחַר יָפָה
כַלְּבָנָה בָּרָה כַּחַמָּה אֲיֻמָּה כַּנִּדְגָּלוֹת: אֶל־גִּנַּת אֱגוֹז יָרַדְתִּי לִרְאוֹת
בְּאִבֵּי הַנָּחַל לִרְאוֹת הֲפָרְחָה הַגֶּפֶן הֵנֵצוּ הָרִמֹּנִים: לֹא יָדַעְתִּי נַפְשִׁי
ז שָׂמַתְנִי מַרְכְּבוֹת עַמִּי נָדִיב: שׁוּבִי שׁוּבִי הַשּׁוּלַמִּית שׁוּבִי

וְנֶחֱזֶה־בָּךְ מַה־תֶּחֱזוּ בַּשּׁוּלַמִּית כִּמְחֹלַת הַמַּחֲנָיִם: מַה־יָּפוּ פְעָמַיִךְ
בַּנְּעָלִים בַּת־נָדִיב חַמּוּקֵי יְרֵכַיִךְ כְּמוֹ חֲלָאִים מַעֲשֵׂה יְדֵי אָמָּן: שָׁרְרֵךְ
אַגַּן הַסַּהַר אַל־יֶחְסַר הַמָּזֶג בִּטְנֵךְ עֲרֵמַת חִטִּים סוּגָה בַּשּׁוֹשַׁנִּים: שְׁנֵי
שָׁדַיִךְ כִּשְׁנֵי עֳפָרִים תָּאֳמֵי צְבִיָּה: צַוָּארֵךְ כְּמִגְדַּל הַשֵּׁן עֵינַיִךְ בְּרֵכוֹת
בְּחֶשְׁבּוֹן עַל־שַׁעַר בַּת־רַבִּים אַפֵּךְ כְּמִגְדַּל הַלְּבָנוֹן צוֹפֶה פְּנֵי דַמָּשֶׂק:
רֹאשֵׁךְ עָלַיִךְ כַּכַּרְמֶל וְדַלַּת רֹאשֵׁךְ כָּאַרְגָּמָן מֶלֶךְ אָסוּר בָּרְהָטִים:
מַה־יָּפִית וּמַה־נָּעַמְתְּ אַהֲבָה בַּתַּעֲנוּגִים: זֹאת קוֹמָתֵךְ דָּמְתָה לְתָמָר
וְשָׁדַיִךְ לְאַשְׁכֹּלוֹת: אָמַרְתִּי אֶעֱלֶה בְתָמָר אֹחֲזָה בְּסַנְסִנָּיו וְיִהְיוּ־נָא
שָׁדַיִךְ כְּאֶשְׁכְּלוֹת הַגֶּפֶן וְרֵיחַ אַפֵּךְ כַּתַּפּוּחִים: וְחִכֵּךְ כְּיֵין הַטּוֹב הוֹלֵךְ
לְדוֹדִי לְמֵישָׁרִים דּוֹבֵב שִׂפְתֵי יְשֵׁנִים: אֲנִי לְדוֹדִי וְעָלַי תְּשׁוּקָתוֹ:
לְכָה דוֹדִי נֵצֵא הַשָּׂדֶה נָלִינָה בַּכְּפָרִים: נַשְׁכִּימָה לַכְּרָמִים נִרְאֶה
אִם־פָּרְחָה הַגֶּפֶן פִּתַּח הַסְּמָדַר הֵנֵצוּ הָרִמּוֹנִים שָׁם אֶתֵּן אֶת־דֹּדַי לָךְ:
הַדּוּדָאִים נָתְנוּ־רֵיחַ וְעַל־פְּתָחֵינוּ כָּל־מְגָדִים חֲדָשִׁים גַּם־יְשָׁנִים דּוֹדִי
צָפַנְתִּי לָךְ: מִי יִתֶּנְךָ כְּאָח לִי יוֹנֵק שְׁדֵי אִמִּי אֶמְצָאֲךָ בַחוּץ אֶשָּׁקְךָ ח
גַּם לֹא־יָבֻזוּ לִי: אֶנְהָגֲךָ אֲבִיאֲךָ אֶל־בֵּית אִמִּי תְּלַמְּדֵנִי אַשְׁקְךָ מִיַּיִן
הָרֶקַח מֵעֲסִיס רִמֹּנִי: שְׂמֹאלוֹ תַּחַת רֹאשִׁי וִימִינוֹ תְּחַבְּקֵנִי: הִשְׁבַּעְתִּי
אֶתְכֶם בְּנוֹת יְרוּשָׁלָםִ מַה־תָּעִירוּ ׀ וּמַה־תְּעֹרְרוּ אֶת־הָאַהֲבָה עַד
שֶׁתֶּחְפָּץ: מִי זֹאת עֹלָה מִן־הַמִּדְבָּר מִתְרַפֶּקֶת עַל־דּוֹדָהּ
תַּחַת הַתַּפּוּחַ עוֹרַרְתִּיךָ שָׁמָּה חִבְּלַתְךָ אִמֶּךָ שָׁמָּה חִבְּלָה יְלָדַתְךָ:
שִׂימֵנִי כַחוֹתָם עַל־לִבֶּךָ כַּחוֹתָם עַל־זְרוֹעֶךָ כִּי־עַזָּה כַמָּוֶת אַהֲבָה
קָשָׁה כִשְׁאוֹל קִנְאָה רְשָׁפֶיהָ רִשְׁפֵּי אֵשׁ שַׁלְהֶבֶתְיָה: מַיִם רַבִּים לֹא
יוּכְלוּ לְכַבּוֹת אֶת־הָאַהֲבָה וּנְהָרוֹת לֹא יִשְׁטְפוּהָ אִם־יִתֵּן אִישׁ אֶת־
כָּל־הוֹן בֵּיתוֹ בָּאַהֲבָה בּוֹז יָבוּזוּ לוֹ: אָחוֹת לָנוּ קְטַנָּה
וְשָׁדַיִם אֵין לָהּ מַה־נַּעֲשֶׂה לַאֲחֹתֵנוּ בַּיּוֹם שֶׁיְּדֻבַּר־בָּהּ: אִם־חוֹמָה
הִיא נִבְנֶה עָלֶיהָ טִירַת כָּסֶף וְאִם־דֶּלֶת הִיא נָצוּר עָלֶיהָ לוּחַ אָרֶז:
אֲנִי חוֹמָה וְשָׁדַי כַּמִּגְדָּלוֹת אָז הָיִיתִי בְעֵינָיו כְּמוֹצְאֵת שָׁלוֹם: כֶּרֶם

הָיָה לִשְׁלֹמֹה בְּבַעַל הָמוֹן נָתַן אֶת־הַכֶּרֶם לַנֹּטְרִים אִישׁ יָבִא בְּפִרְיוֹ
אֶלֶף כָּסֶף: כַּרְמִי שֶׁלִּי לְפָנָי הָאֶלֶף לְךָ שְׁלֹמֹה וּמָאתַיִם לְנֹטְרִים אֶת־
פִּרְיוֹ: הַיּוֹשֶׁבֶת בַּגַּנִּים חֲבֵרִים מַקְשִׁיבִים לְקוֹלֵךְ הַשְׁמִיעִנִי: בְּרַח ׀
דּוֹדִי וּדְמֵה־לְךָ לִצְבִי אוֹ לְעֹפֶר הָאַיָּלִים עַל הָרֵי בְשָׂמִים:

הַיּוֹשֶׁבֶת בַּגַּנִּים חֲבֵרִים מַקְשִׁיבִים לְקוֹלֵךְ הַשְׁמִיעִנִי:

אחר קריאת שיר השירים יש אומרים ׳יְהִי רָצוֹן׳ זה:

רִבּוֹן כָּל הָעוֹלָמִים, יְהִי רָצוֹן מִלְּפָנֶיךָ, יְהוָה אֱלֹהַי וֵאלֹהֵי אֲבוֹתַי, שֶׁבִּזְכוּת שִׁיר הַשִּׁירִים אֲשֶׁר קָרֶאנוּ וְלָמַדְנוּ שֶׁהוּא קֹדֶשׁ קָדָשִׁים, בִּזְכוּת פְּסוּקָיו וּבִזְכוּת תֵּבוֹתָיו וּבִזְכוּת אוֹתִיּוֹתָיו וּבִזְכוּת נְקֻדּוֹתָיו, וּבִזְכוּת טְעָמָיו וְצֵרוּפָיו וּרְמָזָיו וְסוֹדוֹתָיו הַקְּדוֹשִׁים הַטְּהוֹרִים הַנּוֹרָאִים הַיּוֹצְאִים מִמֶּנּוּ, שֶׁתְּהֵא הַשָּׁעָה הַזֹּאת שְׁעַת רַחֲמִים, שְׁעַת הַקְשָׁבָה, שְׁעַת הַאֲזָנָה. נִקְרָאֲךָ וְתַעֲנֵנוּ, נַעְתִּיר לְךָ וְתֵעָתֵר לָנוּ. וּתְהֵא עוֹלָה לְפָנֶיךָ קְרִיאַת וְלִמּוּד שִׁיר הַשִּׁירִים כְּאִלּוּ הִשַּׂגְנוּ כָּל הַסּוֹדוֹת הַנִּפְלָאִים וְהַנּוֹרָאִים אֲשֶׁר הֵם חֲתוּמִים וּסְתוּמִים בּוֹ בְּכָל תְּנָאָיו, וְנִזְכֶּה לְמָקוֹם שֶׁהַנְּפָשׁוֹת הָרוּחוֹת וְהַנְּשָׁמוֹת נֶחְצָבוֹת מִשָּׁם, וּכְאִלּוּ עָשִׂינוּ כָּל מַה שֶּׁמּוּטָל עָלֵינוּ לְהַשִּׂיג בֵּין בְּגִלְגּוּל זֶה בֵּין בְּגִלְגּוּלִים אֲחֵרִים, וְלִהְיוֹת מִן הָעוֹלִים וְהַזּוֹכִים לָעוֹלָם הַבָּא עִם שְׁאָר צַדִּיקִים וַחֲסִידִים. וּמַלֵּא כָּל מִשְׁאֲלוֹת לִבֵּנוּ לְטוֹבָה לַעֲבוֹדָתֶךָ וּלְיִרְאָתֶךָ, וּתְהֵא עִם לְבָבֵנוּ וְאִמְרֵי פִינוּ בְּעֵת מַחְשְׁבוֹתֵינוּ וְעִם יָדֵינוּ בְּעֵת מַעְבָּדֵינוּ. וְתִשְׁלַח בְּרָכָה וְהַצְלָחָה וְהַרְוָחָה בְּכָל מַעֲשֵׂי יָדֵינוּ, וּמֵעָפָר עֲנִיֵּנוּ תְּקִימֵנוּ, וּמֵאַשְׁפּוֹת דַּלּוּתֵנוּ תְּרוֹמְמֵנוּ, וְתָשִׁיב שְׁכִינָתְךָ לְעִיר קָדְשָׁךְ בִּמְהֵרָה בְיָמֵינוּ, אָמֵן.

יש אומרים כאן קדיש יהא שלמא (עמ׳ 240).

״צריך לקרות שיר השירים בערב שבת מן המנחה ולמעלה בבגדי שבת
ולפחות מי שאין לו שהות, יקרא ד׳ פסוקים אלה שהם ר״ת יעק״ב
ועל זה נאמר (ישעיה נח,יד): ׳וְהַאֲכַלְתִּיךָ נַחֲלַת יעק״ב אָבִיךָ׳״ (ר׳ אברהם הלוי, תיקוני שבת יב).

שיר השירים א יִשָּׁקֵנִי מִנְּשִׁיקוֹת פִּיהוּ כִּי־טוֹבִים דֹּדֶיךָ מִיָּיִן: עוּרִי צָפוֹן וּבוֹאִי תֵימָן, הָפִיחִי
שם ד גַנִּי, יִזְּלוּ בְשָׂמָיו יָבֹא דוֹדִי לְגַנּוֹ וְיֹאכַל פְּרִי מְגָדָיו: קוֹל דּוֹדִי הִנֵּה־זֶה בָּא,
שם ב מְדַלֵּג עַל־הֶהָרִים, מְקַפֵּץ עַל־הַגְּבָעוֹת: בָּאתִי לְגַנִּי אֲחֹתִי כַלָּה, אָרִיתִי מוֹרִי
שם ה עִם־בְּשָׂמִי אָכַלְתִּי יַעְרִי עִם־דִּבְשִׁי, שָׁתִיתִי יֵינִי עִם־חֲלָבִי אִכְלוּ רֵעִים, שְׁתוּ
וְשִׁכְרוּ דּוֹדִים:

# קבלת שבת

״רבי ינאי לביש מאניה מעלי שבת (לבש בגדיו בערב שבת),
ואמר: בואי כלה בואי כלה״ (שבת קיט ע״א).

מנהג אמירת מזמורים צה–צט בשעת קבלת השבת נזכר לראשונה ב׳סדר היום׳,
וביאר מהר״ם אלבאו על דרך הסוד: ״כי כל אלו המזמורים יורו על קבלת השבת
ומלכות שמים שנתפשטה ליל שבת בכל העולם״ (׳היכל הקודש׳ נ).
ויש נוהגים להתחיל מ׳מִזְמוֹר לְדָוִד׳ (עמ׳ 218 וראה הלכה 287).

בשבת שחל בה יום טוב, מוצאי יום טוב או חול המועד,
מתחילים ׳מִזְמוֹר לְדָוִד׳ בעמ׳ 218. ראה הלכה 398.

״׳לְכוּ נְרַנְּנָה׳ פירוש: לכו בבתי כנסיות ונרננה לה׳״ (׳כף הקטורת׳ צה).

תהלים צה לְכוּ נְרַנְּנָה לַיהוָה, נָרִיעָה לְצוּר יִשְׁעֵנוּ: נְקַדְּמָה פָנָיו בְּתוֹדָה, בִּזְמִרוֹת
נָרִיעַ לוֹ: כִּי אֵל גָּדוֹל יְהוָה, וּמֶלֶךְ גָּדוֹל עַל־כָּל־אֱלֹהִים: אֲשֶׁר בְּיָדוֹ
מֶחְקְרֵי־אָרֶץ, וְתוֹעֲפוֹת הָרִים לוֹ: אֲשֶׁר־לוֹ הַיָּם וְהוּא עָשָׂהוּ, וְיַבֶּשֶׁת
יָדָיו יָצָרוּ: בֹּאוּ נִשְׁתַּחֲוֶה וְנִכְרָעָה, נִבְרְכָה לִפְנֵי־יְהוָה עֹשֵׂנוּ: כִּי הוּא
אֱלֹהֵינוּ, וַאֲנַחְנוּ עַם מַרְעִיתוֹ וְצֹאן יָדוֹ, הַיּוֹם אִם־בְּקֹלוֹ תִשְׁמָעוּ: אַל־
תַּקְשׁוּ לְבַבְכֶם כִּמְרִיבָה, כְּיוֹם מַסָּה בַּמִּדְבָּר: אֲשֶׁר נִסּוּנִי אֲבוֹתֵיכֶם,
בְּחָנוּנִי גַּם רָאוּ פָעֳלִי: אַרְבָּעִים שָׁנָה אָקוּט בְּדוֹר, וָאֹמַר עַם תֹּעֵי לֵבָב
הֵם, וְהֵם לֹא־יָדְעוּ דְרָכָי: אֲשֶׁר־נִשְׁבַּעְתִּי בְאַפִּי, אִם־יְבֹאוּן אֶל מְנוּחָתִי:

תהלים צו שִׁירוּ לַיהוָה שִׁיר חָדָשׁ, שִׁירוּ לַיהוָה כָּל־הָאָרֶץ: שִׁירוּ לַיהוָה, בָּרְכוּ
שְׁמוֹ, בַּשְּׂרוּ מִיּוֹם־לְיוֹם יְשׁוּעָתוֹ: סַפְּרוּ בַגּוֹיִם כְּבוֹדוֹ, בְּכָל־הָעַמִּים
נִפְלְאוֹתָיו: כִּי גָדוֹל יְהוָה וּמְהֻלָּל מְאֹד, נוֹרָא הוּא עַל־כָּל־אֱלֹהִים: כִּי
כָּל־אֱלֹהֵי הָעַמִּים אֱלִילִים, וַיהוָה שָׁמַיִם עָשָׂה: הוֹד־וְהָדָר לְפָנָיו, עֹז
וְתִפְאֶרֶת בְּמִקְדָּשׁוֹ: הָבוּ לַיהוָה מִשְׁפְּחוֹת עַמִּים, הָבוּ לַיהוָה כָּבוֹד
וָעֹז: הָבוּ לַיהוָה כְּבוֹד שְׁמוֹ, שְׂאוּ־מִנְחָה וּבֹאוּ לְחַצְרוֹתָיו: הִשְׁתַּחֲווּ
לַיהוָה בְּהַדְרַת־קֹדֶשׁ, חִילוּ מִפָּנָיו כָּל־הָאָרֶץ: אִמְרוּ בַגּוֹיִם יְהוָה מָלָךְ,
אַף־תִּכּוֹן תֵּבֵל בַּל־תִּמּוֹט, יָדִין עַמִּים בְּמֵישָׁרִים: יִשְׂמְחוּ הַשָּׁמַיִם
וְתָגֵל הָאָרֶץ, יִרְעַם הַיָּם וּמְלֹאוֹ: יַעֲלֹז שָׂדַי וְכָל־אֲשֶׁר־בּוֹ, אָז יְרַנְּנוּ
כָּל־עֲצֵי־יָעַר: לִפְנֵי יְהוָה כִּי בָא, כִּי בָא לִשְׁפֹּט הָאָרֶץ, יִשְׁפֹּט־תֵּבֵל
בְּצֶדֶק, וְעַמִּים בֶּאֱמוּנָתוֹ:

תהלים צז יְהֹוָה מָלָךְ תָּגֵל הָאָרֶץ, יִשְׂמְחוּ אִיִּים רַבִּים: עָנָן וַעֲרָפֶל סְבִיבָיו, צֶדֶק וּמִשְׁפָּט מְכוֹן כִּסְאוֹ: אֵשׁ לְפָנָיו תֵּלֵךְ, וּתְלַהֵט סָבִיב צָרָיו: הֵאִירוּ בְרָקָיו תֵּבֵל, רָאֲתָה וַתָּחֵל הָאָרֶץ: הָרִים כַּדּוֹנַג נָמַסּוּ מִלִּפְנֵי יְהֹוָה, מִלִּפְנֵי אֲדוֹן כָּל־הָאָרֶץ: הִגִּידוּ הַשָּׁמַיִם צִדְקוֹ, וְרָאוּ כָל־הָעַמִּים כְּבוֹדוֹ: יֵבֹשׁוּ כָּל־עֹבְדֵי פֶסֶל הַמִּתְהַלְלִים בָּאֱלִילִים, הִשְׁתַּחֲווּ־לוֹ כָּל־אֱלֹהִים: שָׁמְעָה וַתִּשְׂמַח צִיּוֹן, וַתָּגֵלְנָה בְּנוֹת יְהוּדָה, לְמַעַן מִשְׁפָּטֶיךָ יְהֹוָה: כִּי־אַתָּה יְהֹוָה עֶלְיוֹן עַל־כָּל־הָאָרֶץ, מְאֹד נַעֲלֵיתָ עַל־כָּל־אֱלֹהִים: אֹהֲבֵי יְהֹוָה שִׂנְאוּ רָע, שֹׁמֵר נַפְשׁוֹת חֲסִידָיו, מִיַּד רְשָׁעִים יַצִּילֵם: אוֹר זָרֻעַ לַצַּדִּיק, וּלְיִשְׁרֵי־לֵב שִׂמְחָה: שִׂמְחוּ צַדִּיקִים בַּיהֹוָה, וְהוֹדוּ לְזֵכֶר קָדְשׁוֹ:

תהלים צח מִזְמוֹר, שִׁירוּ לַיהֹוָה שִׁיר חָדָשׁ כִּי־נִפְלָאוֹת עָשָׂה, הוֹשִׁיעָה־לּוֹ יְמִינוֹ וּזְרוֹעַ קָדְשׁוֹ: הוֹדִיעַ יְהֹוָה יְשׁוּעָתוֹ, לְעֵינֵי הַגּוֹיִם גִּלָּה צִדְקָתוֹ: זָכַר חַסְדּוֹ וֶאֱמוּנָתוֹ לְבֵית יִשְׂרָאֵל, רָאוּ כָל־אַפְסֵי־אָרֶץ אֵת יְשׁוּעַת אֱלֹהֵינוּ: הָרִיעוּ לַיהֹוָה כָּל־הָאָרֶץ, פִּצְחוּ וְרַנְּנוּ וְזַמֵּרוּ: זַמְּרוּ לַיהֹוָה בְּכִנּוֹר, בְּכִנּוֹר וְקוֹל זִמְרָה: בַּחֲצֹצְרוֹת וְקוֹל שׁוֹפָר, הָרִיעוּ לִפְנֵי הַמֶּלֶךְ יְהֹוָה: יִרְעַם הַיָּם וּמְלֹאוֹ, תֵּבֵל וְיֹשְׁבֵי בָהּ: נְהָרוֹת יִמְחֲאוּ־כָף, יַחַד הָרִים יְרַנֵּנוּ: לִפְנֵי יְהֹוָה כִּי בָא לִשְׁפֹּט הָאָרֶץ, יִשְׁפֹּט־תֵּבֵל בְּצֶדֶק, וְעַמִּים בְּמֵישָׁרִים:

תהלים צט יְהֹוָה מָלָךְ יִרְגְּזוּ עַמִּים, יֹשֵׁב כְּרוּבִים תָּנוּט הָאָרֶץ: יְהֹוָה בְּצִיּוֹן גָּדוֹל, וְרָם הוּא עַל־כָּל־הָעַמִּים: יוֹדוּ שִׁמְךָ גָּדוֹל וְנוֹרָא קָדוֹשׁ הוּא: וְעֹז מֶלֶךְ מִשְׁפָּט אָהֵב, אַתָּה כּוֹנַנְתָּ מֵישָׁרִים, מִשְׁפָּט וּצְדָקָה בְּיַעֲקֹב אַתָּה עָשִׂיתָ: רוֹמְמוּ יְהֹוָה אֱלֹהֵינוּ, וְהִשְׁתַּחֲווּ לַהֲדֹם רַגְלָיו, קָדוֹשׁ הוּא: מֹשֶׁה וְאַהֲרֹן בְּכֹהֲנָיו, וּשְׁמוּאֵל בְּקֹרְאֵי שְׁמוֹ, קֹרְאִים אֶל־יְהֹוָה וְהוּא יַעֲנֵם: בְּעַמּוּד עָנָן יְדַבֵּר אֲלֵיהֶם, שָׁמְרוּ עֵדֹתָיו וְחֹק נָתַן־לָמוֹ: יְהֹוָה אֱלֹהֵינוּ אַתָּה עֲנִיתָם, אֵל נֹשֵׂא הָיִיתָ לָהֶם, וְנֹקֵם עַל־עֲלִילוֹתָם: רוֹמְמוּ יְהֹוָה אֱלֹהֵינוּ, וְהִשְׁתַּחֲווּ לְהַר קָדְשׁוֹ, כִּי־קָדוֹשׁ יְהֹוָה אֱלֹהֵינוּ:

בספר 'תיקוני שבת' מובא שמזמורי קבלת שבת הם כנגד ימות השבוע, וה'בית מנוחה' הוסיף מזמור זה כנגד יום השישי.

תהלים ק מִזְמוֹר לְתוֹדָה, הָרִיעוּ לַיהוָה כָּל־הָאָרֶץ: עִבְדוּ אֶת־יְהוָה בְּשִׂמְחָה, בֹּאוּ לְפָנָיו בִּרְנָנָה: דְּעוּ כִּי־יְהוָה הוּא אֱלֹהִים, הוּא עָשָׂנוּ וְלוֹ אֲנַחְנוּ, עַמּוֹ וְצֹאן מַרְעִיתוֹ: בֹּאוּ שְׁעָרָיו בְּתוֹדָה, חֲצֵרֹתָיו בִּתְהִלָּה, הוֹדוּ לוֹ, בָּרְכוּ שְׁמוֹ: כִּי־טוֹב יְהוָה, לְעוֹלָם חַסְדּוֹ, וְעַד־דֹּר וָדֹר אֱמוּנָתוֹ:

יש אומרים כאן 'בַּמֶּה מַדְלִיקִין', 'אָמַר רַבִּי אֶלְעָזָר' וקדיש דרבנן (עמ' 221).

"שבע של שבת מניין? אמר ר' יצחק: כנגד ז' קולות שכתוב ב'הָבוּ לַה' בְּנֵי אֵלִים' א"ר יודן אנתוריא כנגד ז' אזכרות שכתוב ב'מִזְמוֹר שִׁיר לְיוֹם הַשַּׁבָּת'" (ירושלמי, ברכות פ"ד ה"ג).

הרמ"ק נהג לקבל את פני השבת באמירת מזמור זה, ולדעת האר"י יש לאומרו מעומד.

תהלים כט מִזְמוֹר לְדָוִד, הָבוּ לַיהוָה בְּנֵי אֵלִים, הָבוּ לַיהוָה כָּבוֹד וָעֹז: הָבוּ לַיהוָה כְּבוֹד שְׁמוֹ, הִשְׁתַּחֲווּ לַיהוָה בְּהַדְרַת־קֹדֶשׁ: קוֹל יְהוָה עַל־הַמָּיִם, אֵל־הַכָּבוֹד הִרְעִים, יְהוָה עַל־מַיִם רַבִּים: קוֹל־יְהוָה בַּכֹּחַ, קוֹל יְהוָה בֶּהָדָר: קוֹל יְהוָה שֹׁבֵר אֲרָזִים, וַיְשַׁבֵּר יְהוָה אֶת־אַרְזֵי הַלְּבָנוֹן: וַיַּרְקִידֵם כְּמוֹ־עֵגֶל, לְבָנוֹן וְשִׂרְיוֹן כְּמוֹ בֶן־רְאֵמִים: קוֹל־יְהוָה חֹצֵב לַהֲבוֹת אֵשׁ: קוֹל יְהוָה יָחִיל מִדְבָּר, יָחִיל יְהוָה מִדְבַּר קָדֵשׁ: קוֹל יְהוָה יְחוֹלֵל אַיָּלוֹת וַיֶּחֱשֹׂף יְעָרוֹת, וּבְהֵיכָלוֹ, כֻּלּוֹ אֹמֵר כָּבוֹד: יְהוָה לַמַּבּוּל יָשָׁב, וַיֵּשֶׁב יְהוָה מֶלֶךְ לְעוֹלָם: יְהוָה עֹז לְעַמּוֹ יִתֵּן, יְהוָה יְבָרֵךְ אֶת־עַמּוֹ בַשָּׁלוֹם:

יש נוהגים לומר כאן 'אָנָּא, בְּכֹחַ' ('בית מנוחה'):

אָנָּא, בְּכֹחַ גְּדֻלַּת יְמִינְךָ, תַּתִּיר צְרוּרָה.
קַבֵּל רִנַּת עַמְּךָ, שַׂגְּבֵנוּ, טַהֲרֵנוּ, נוֹרָא.
נָא גִבּוֹר, דּוֹרְשֵׁי יִחוּדְךָ, כְּבָבַת שָׁמְרֵם.
בָּרְכֵם, טַהֲרֵם, רַחֲמֵי צִדְקָתְךָ, תָּמִיד גָּמְלֵם.
חֲסִין קָדוֹשׁ, בְּרֹב טוּבְךָ, נַהֵל עֲדָתֶךָ.
יָחִיד גֵּאֶה, לְעַמְּךָ פְּנֵה, זוֹכְרֵי קְדֻשָּׁתֶךָ.
שַׁוְעָתֵנוּ קַבֵּל, וּשְׁמַע צַעֲקָתֵנוּ, יוֹדֵעַ תַּעֲלוּמוֹת.
בָּרוּךְ, שֵׁם כְּבוֹד מַלְכוּתוֹ, לְעוֹלָם וָעֶד.

יש אומרים כאן 'בַּמֶּה מַדְלִיקִין', 'אָמַר רַבִּי אֶלְעָזָר' וקדיש דרבנן (עמ' 221).

"רבי חנינא מיעטף (רש"י: בבגדים נאים) וקאי אפניא דמעלי שבתא
(בערב שבת), אמר: בואו ונצא לקראת שבת המלכה" (שבת קיט ע"א).

פיוטים שונים לקבלת שבת נכתבו במרוצת הדורות,
באחדים מהם נבחרו המילים 'לְכָה דוֹדִי' כקריאה ליציאה לקראת השבת,
על פי הפסוק "לְכָה דוֹדִי נֵצֵא הַשָּׂדֶה" (שיר השירים ז, יא).
ובכל קהילות ישראל פשט המנהג לשיר פיוט זה
לרבי שלמה הלוי אלקבץ ממקובלי צפת.
יש קהילות שבהן אומרים רק את ארבעת הבתים הראשונים ואת הבית האחרון.

לְכָה דוֹדִי לִקְרַאת כַּלָּה
פְּנֵי שַׁבָּת נְקַבְּלָה.

שָׁמוֹר וְזָכוֹר בְּדִבּוּר אֶחָד
הִשְׁמִיעָנוּ אֵל הַמְיֻחָד
יְהֹוָה אֶחָד וּשְׁמוֹ אֶחָד
לְשֵׁם וּלְתִפְאֶרֶת וְלִתְהִלָּה.
לְכָה דוֹדִי לִקְרַאת כַּלָּה, פְּנֵי שַׁבָּת נְקַבְּלָה.

לִקְרַאת שַׁבָּת לְכוּ וְנֵלְכָה
כִּי הִיא מְקוֹר הַבְּרָכָה
מֵרֹאשׁ מִקֶּדֶם נְסוּכָה
סוֹף מַעֲשֶׂה בְּמַחֲשָׁבָה תְּחִלָּה.
לְכָה דוֹדִי לִקְרַאת כַּלָּה, פְּנֵי שַׁבָּת נְקַבְּלָה.

מִקְדַּשׁ מֶלֶךְ עִיר מְלוּכָה
קוּמִי צְאִי מִתּוֹךְ הַהֲפֵכָה
רַב לָךְ שֶׁבֶת בְּעֵמֶק הַבָּכָא
וְהוּא יַחֲמֹל עָלַיִךְ חֶמְלָה.
לְכָה דוֹדִי לִקְרַאת כַּלָּה, פְּנֵי שַׁבָּת נְקַבְּלָה.

הִתְנַעֲרִי, מֵעָפָר קוּמִי
לִבְשִׁי בִּגְדֵי תִפְאַרְתֵּךְ עַמִּי
עַל יַד בֶּן יִשַׁי בֵּית הַלַּחְמִי
קָרְבָה אֶל נַפְשִׁי, גְּאָלָהּ.
לְכָה דוֹדִי לִקְרַאת כַּלָּה, פְּנֵי שַׁבָּת נְקַבְּלָה.

הִתְעוֹרְרִי הִתְעוֹרְרִי
כִּי בָא אוֹרֵךְ קוּמִי אוֹרִי
עוּרִי עוּרִי, שִׁיר דַּבֵּרִי
כְּבוֹד יְהוָה עָלַיִךְ נִגְלָה.
לְכָה דוֹדִי לִקְרַאת כַּלָּה, פְּנֵי שַׁבָּת נְקַבְּלָה.

לֹא תֵבֹשִׁי וְלֹא תִכָּלְמִי
מַה תִּשְׁתּוֹחֲחִי וּמַה תֶּהֱמִי
בָּךְ יֶחֱסוּ עֲנִיֵּי עַמִּי
וְנִבְנְתָה עִיר עַל תִּלָּהּ.
לְכָה דוֹדִי לִקְרַאת כַּלָּה, פְּנֵי שַׁבָּת נְקַבְּלָה.

וְהָיוּ לִמְשִׁסָּה שֹׁאסָיִךְ
וְרָחֲקוּ כָּל מְבַלְּעָיִךְ
יָשִׂישׂ עָלַיִךְ אֱלֹהָיִךְ
כִּמְשׂוֹשׂ חָתָן עַל כַּלָּה.
לְכָה דוֹדִי לִקְרַאת כַּלָּה, פְּנֵי שַׁבָּת נְקַבְּלָה.

יָמִין וּשְׂמֹאל תִּפְרֹצִי
וְאֶת יְהוָה תַּעֲרִיצִי
עַל יַד אִישׁ בֶּן פַּרְצִי
וְנִשְׂמְחָה וְנָגִילָה.
לְכָה דוֹדִי לִקְרַאת כַּלָּה, פְּנֵי שַׁבָּת נְקַבְּלָה.

הקהל עומד ופונה אל פתח בית הכנסת כדי לקבל את פני השבת (משנ״ב רסב, י, על פי הכנה״ג).
באמירת ׳בּוֹאִי כַלָּה׳ הראשון פונה לימין, בשני לשמאל (סידור יעב״ץ בשם אביו)
ובשלישי לפנים, ואומרו בלחש (נגיד ומצווה).

**בּוֹאִי בְשָׁלוֹם עֲטֶרֶת בַּעְלָהּ**
**גַּם בְּשִׂמְחָה בְּרִנָּה וּבְצָהֳלָה**
**תּוֹךְ אֱמוּנֵי עַם סְגֻלָּה**
**בּוֹאִי כַלָּה, בּוֹאִי כַלָּה.**

בלחש: **תּוֹךְ אֱמוּנֵי עַם סְגֻלָּה**
**בּוֹאִי כַלָּה, שַׁבָּת מַלְכְּתָא.**

אם לא אמרו ׳שיר השירים׳ יש נוהגים לומר כאן ארבעה פסוקים ׳יִשָּׁקֵנִי׳ וכו׳ (בעמ׳ 215).
יש אומרים כאן ׳אָמַר רַבִּי אֶלְעָזָר׳ וקדיש דרבנן בעמוד הבא.

בשבת שחל בה יום טוב, מוצאי יום טוב או חול המועד וכן בערב שבת חנוכה אין אומרים
׳בַּמֶּה מַדְלִיקִין׳ אלא מתחילין ׳אָמַר רַבִּי אֶלְעָזָר׳ (בעמוד הבא).
ובבית האבל רח״ל יש מנהגים שונים, ראה הלכה 534.

יש מקדימים את אמירת מזמורים צב–צג (עמ׳ 224) לאמירת ׳בַּמֶּה מַדְלִיקִין׳.

סנהדרין צ. כָּל יִשְׂרָאֵל יֵשׁ לָהֶם חֵלֶק לָעוֹלָם הַבָּא שֶׁנֶּאֱמַר:
ישעיה ס וְעַמֵּךְ כֻּלָּם צַדִּיקִים לְעוֹלָם יִירְשׁוּ אָרֶץ, נֵצֶר מַטָּעַי מַעֲשֵׂה יָדַי לְהִתְפָּאֵר:

משנה שבת פרק שני
א בַּמֶּה מַדְלִיקִין וּבַמָּה אֵין מַדְלִיקִין. אֵין מַדְלִיקִין לֹא בְלֶכֶשׁ, וְלֹא
בְחֹסֶן, וְלֹא בְכַלָּךְ, וְלֹא בִּפְתִילַת הָאִידָן, וְלֹא בִּפְתִילַת הַמִּדְבָּר,
וְלֹא בִירוֹקָה שֶׁעַל פְּנֵי הַמָּיִם. וְלֹא בְזֶפֶת וְלֹא בְשַׁעֲוָה וְלֹא בְשֶׁמֶן
קִיק וְלֹא בְשֶׁמֶן שְׂרֵפָה וְלֹא בְאַלְיָה וְלֹא בְחֵלֶב. נַחוּם הַמָּדִי אוֹמֵר:
מַדְלִיקִין בְּחֵלֶב מְבֻשָּׁל, וַחֲכָמִים אוֹמְרִים: אֶחָד מְבֻשָּׁל וְאֶחָד שֶׁאֵינוֹ
מְבֻשָּׁל, אֵין מַדְלִיקִין בּוֹ.

ב אֵין מַדְלִיקִין בְּשֶׁמֶן שְׂרֵפָה בְּיוֹם טוֹב. רַבִּי יִשְׁמָעֵאל אוֹמֵר: אֵין
מַדְלִיקִין בְּעִטְרָן מִפְּנֵי כְּבוֹד הַשַּׁבָּת. וַחֲכָמִים מַתִּירִין בְּכָל הַשְּׁמָנִים,
בְּשֶׁמֶן שֻׁמְשְׁמִין, בְּשֶׁמֶן אֱגוֹזִים, בְּשֶׁמֶן צְנוֹנוֹת, בְּשֶׁמֶן דָּגִים, בְּשֶׁמֶן
פַּקּוּעוֹת, בְּעִטְרָן וּבְנֵפְטְ. רַבִּי טַרְפוֹן אוֹמֵר: אֵין מַדְלִיקִין אֶלָּא בְּשֶׁמֶן
זַיִת בִּלְבָד.

ג כָּל הַיּוֹצֵא מִן הָעֵץ אֵין מַדְלִיקִין בּוֹ, אֶלָּא פִשְׁתָּן. וְכָל הַיּוֹצֵא מִן הָעֵץ אֵינוֹ מִטַּמֵּא טֻמְאַת אֹהָלִים, אֶלָּא פִשְׁתָּן. פְּתִילַת הַבֶּגֶד שֶׁקִּפְּלָהּ וְלֹא הִבְהֲבָהּ, רַבִּי אֱלִיעֶזֶר אוֹמֵר: טְמֵאָה הִיא, וְאֵין מַדְלִיקִין בָּהּ. רַבִּי עֲקִיבָא אוֹמֵר: טְהוֹרָה הִיא, וּמַדְלִיקִין בָּהּ.

ד לֹא יִקֹּב אָדָם שְׁפוֹפֶרֶת שֶׁל בֵּיצָה וִימַלְּאֶנָּה שֶׁמֶן וְיִתְּנֶנָּה עַל פִּי הַנֵּר, בִּשְׁבִיל שֶׁתְּהֵא מְנַטֶּפֶת, וַאֲפִלּוּ הִיא שֶׁל חֶרֶס. וְרַבִּי יְהוּדָה מַתִּיר. אֲבָל אִם חִבְּרָהּ הַיּוֹצֵר מִתְּחִלָּה מֻתָּר, מִפְּנֵי שֶׁהוּא כְּלִי אֶחָד. לֹא יְמַלֵּא אָדָם קְעָרָה שֶׁמֶן וְיִתְּנֶנָּה בְּצַד הַנֵּר וְיִתֵּן רֹאשׁ הַפְּתִילָה בְּתוֹכָהּ, בִּשְׁבִיל שֶׁתְּהֵא שׁוֹאֶבֶת. וְרַבִּי יְהוּדָה מַתִּיר.

ה הַמְכַבֶּה אֶת הַנֵּר מִפְּנֵי שֶׁהוּא מִתְיָרֵא מִפְּנֵי גוֹיִם, מִפְּנֵי לִסְטִים, מִפְּנֵי רוּחַ רָעָה, וְאִם בִּשְׁבִיל הַחוֹלֶה שֶׁיִּישַׁן, פָּטוּר. כְּחָס עַל הַנֵּר, כְּחָס עַל הַשֶּׁמֶן, כְּחָס עַל הַפְּתִילָה, חַיָּב. וְרַבִּי יוֹסֵי פּוֹטֵר בְּכֻלָּן חוּץ מִן הַפְּתִילָה, מִפְּנֵי שֶׁהוּא עוֹשָׂה פֶּחָם.

ו עַל שָׁלֹשׁ עֲבֵרוֹת נָשִׁים מֵתוֹת בִּשְׁעַת לֵדָתָן, עַל שֶׁאֵינָן זְהִירוֹת בְּנִדָּה, וּבְחַלָּה וּבְהַדְלָקַת הַנֵּר.

ז שְׁלֹשָׁה דְבָרִים צָרִיךְ אָדָם לוֹמַר בְּתוֹךְ בֵּיתוֹ עֶרֶב שַׁבָּת עִם חֲשֵׁכָה: עִשַּׂרְתֶּם, עֵרַבְתֶּם, הַדְלִיקוּ אֶת הַנֵּר. סָפֵק חֲשֵׁכָה סָפֵק אֵינָהּ חֲשֵׁכָה, אֵין מְעַשְּׂרִין אֶת הַוַּדַּאי, וְאֵין מַטְבִּילִין אֶת הַכֵּלִים, וְאֵין מַדְלִיקִין אֶת הַנֵּרוֹת. אֲבָל מְעַשְּׂרִין אֶת הַדְּמַאי, וּמְעָרְבִין וְטוֹמְנִין אֶת הַחַמִּין.

יש נוהגים לומר ׳רַבִּי חֲנִינָא׳ (בעמ׳ 349) במקום ׳אָמַר רַבִּי אֶלְעָזָר׳.

אָמַר רַבִּי אֶלְעָזָר, אָמַר רַבִּי חֲנִינָא: תַּלְמִידֵי חֲכָמִים מַרְבִּים שָׁלוֹם ברכות סד.
בָּעוֹלָם, שֶׁנֶּאֱמַר, וְכָל־בָּנַיִךְ לִמּוּדֵי יְהוָה, וְרַב שְׁלוֹם בָּנָיִךְ: אַל תִּקְרֵי ישעיה נד
בָּנָיִךְ, אֶלָּא בּוֹנָיִךְ. יְהִי־שָׁלוֹם בְּחֵילֵךְ, שַׁלְוָה בְּאַרְמְנוֹתָיִךְ: לְמַעַן אַחַי תהלים קכב
וְרֵעָי אֲדַבְּרָה־נָּא שָׁלוֹם בָּךְ: לְמַעַן בֵּית־יְהוָה אֱלֹהֵינוּ אֲבַקְשָׁה טוֹב
לָךְ: וּרְאֵה־בָנִים לְבָנֶיךָ שָׁלוֹם עַל־יִשְׂרָאֵל: שָׁלוֹם רָב לְאֹהֲבֵי תוֹרָתֶךָ, תהלים קכח תהלים קיט
וְאֵין־לָמוֹ מִכְשׁוֹל: יְהוָה עֹז לְעַמּוֹ יִתֵּן, יְהוָה יְבָרֵךְ אֶת־עַמּוֹ בַשָּׁלוֹם: תהלים כט

## קדיש דרבנן

הַמְקַדֵּשׁ (האומר קדיש) כורע במילים המסומנות ב־׳.
נוהגים שאם יש אבל הוא אומר קדיש זה.

מקדש: ׳יִתְגַּדַּל וְיִתְקַדַּשׁ שְׁמֵיהּ רַבָּא (קהל: אָמֵן)
בְּעָלְמָא דִּי בְרָא כִרְעוּתֵהּ
וְיַמְלִיךְ מַלְכוּתֵהּ וְיַצְמַח פֻּרְקָנֵהּ וִיקָרֵב מְשִׁיחֵהּ (קהל: אָמֵן)
בְּחַיֵּיכוֹן וּבְיוֹמֵיכוֹן וּבְחַיֵּי דְכָל בֵּית יִשְׂרָאֵל
בַּעֲגָלָא וּבִזְמַן קָרִיב, וְאִמְרוּ אָמֵן. (קהל: אָמֵן)

קהל ומקדש: יְהֵא שְׁמֵיהּ ׳רַבָּא מְבָרַךְ לְעָלַם לְעָלְמֵי עָלְמַיָּא ׳יִתְבָּרַךְ
וְיִשְׁתַּבַּח וְיִתְפָּאַר וְיִתְרוֹמַם וְיִתְנַשֵּׂא
וְיִתְהַדָּר וְיִתְעַלֶּה וְיִתְהַלָּל
שְׁמֵיהּ דְּקֻדְשָׁא ׳בְּרִיךְ הוּא (קהל: אָמֵן)
לְעֵלָּא מִן כָּל בִּרְכָתָא, שִׁירָתָא, תֻּשְׁבְּחָתָא וְנֶחֱמָתָא
דַּאֲמִירָן בְּעָלְמָא, וְאִמְרוּ ׳אָמֵן. (קהל: אָמֵן)

מקדש: עַל יִשְׂרָאֵל וְעַל רַבָּנָן
וְעַל תַּלְמִידֵיהוֹן וְעַל כָּל תַּלְמִידֵי תַלְמִידֵיהוֹן
דְּעָסְקִין בְּאוֹרַיְתָא קַדִּשְׁתָּא
דִּי בְאַתְרָא הָדֵין וְדִי בְכָל אֲתַר וַאֲתַר
יְהֵא לְנָא וּלְהוֹן וּלְכוֹן חִנָּא וְחִסְדָּא
וְרַחֲמֵי מִן קֳדָם מָארֵי שְׁמַיָּא וְאַרְעָא, וְאִמְרוּ אָמֵן. (קהל: אָמֵן)

יְהֵא שְׁלָמָא רַבָּא מִן שְׁמַיָּא, חַיִּים וְשָׂבָע וִישׁוּעָה וְנֶחָמָה
וְשֵׁיזָבָא וּרְפוּאָה וּגְאֻלָּה וּסְלִיחָה וְכַפָּרָה, וְרֶוַח וְהַצָּלָה
לָנוּ וּלְכָל עַמּוֹ יִשְׂרָאֵל, וְאִמְרוּ אָמֵן. (קהל: אָמֵן)

עֹשֶׂה שָׁלוֹם בִּמְרוֹמָיו, הוּא בְּרַחֲמָיו יַעֲשֶׂה שָׁלוֹם
עָלֵינוּ וְעַל כָּל עַמּוֹ יִשְׂרָאֵל, וְאִמְרוּ אָמֵן. (קהל: אָמֵן)

"וַיְכַל אֱלֹהִים בַּיּוֹם הַשְּׁבִיעִי" מה העולם חסר? מנוחה. באת שבת באת מנוחה.
באת שבת, אמר הקב"ה בואו ואמרו שירה, פנים חדשות באו לכאן
וזהו 'מִזְמוֹר שִׁיר לְיוֹם הַשַּׁבָּת'" (ספר המנהיג, הלכות אירוסין ונישואין, בשם בראשית רבה).

תהלים צב מִזְמוֹר שִׁיר לְיוֹם הַשַּׁבָּת:
טוֹב לְהֹדוֹת לַיהוָה, וּלְזַמֵּר לְשִׁמְךָ עֶלְיוֹן:
לְהַגִּיד בַּבֹּקֶר חַסְדֶּךָ, וֶאֱמוּנָתְךָ בַּלֵּילוֹת:
עֲלֵי־עָשׂוֹר וַעֲלֵי־נָבֶל, עֲלֵי הִגָּיוֹן בְּכִנּוֹר:
כִּי שִׂמַּחְתַּנִי יְהוָה בְּפָעֳלֶךָ, בְּמַעֲשֵׂי יָדֶיךָ אֲרַנֵּן:
מַה־גָּדְלוּ מַעֲשֶׂיךָ יְהוָה, מְאֹד עָמְקוּ מַחְשְׁבֹתֶיךָ:
אִישׁ־בַּעַר לֹא יֵדָע, וּכְסִיל לֹא־יָבִין אֶת־זֹאת:
בִּפְרֹחַ רְשָׁעִים כְּמוֹ עֵשֶׂב, וַיָּצִיצוּ כָּל־פֹּעֲלֵי אָוֶן לְהִשָּׁמְדָם עֲדֵי־עַד:
וְאַתָּה מָרוֹם לְעֹלָם יְהוָה:
כִּי הִנֵּה אֹיְבֶיךָ יְהוָה, כִּי־הִנֵּה אֹיְבֶיךָ יֹאבֵדוּ יִתְפָּרְדוּ כָּל־פֹּעֲלֵי אָוֶן:
וַתָּרֶם כִּרְאֵים קַרְנִי, בַּלֹּתִי בְּשֶׁמֶן רַעֲנָן:
וַתַּבֵּט עֵינִי בְּשׁוּרָי, בַּקָּמִים עָלַי מְרֵעִים תִּשְׁמַעְנָה אָזְנָי:
צַדִּיק כַּתָּמָר יִפְרָח, כְּאֶרֶז בַּלְּבָנוֹן יִשְׂגֶּה:
שְׁתוּלִים בְּבֵית יְהוָה, בְּחַצְרוֹת אֱלֹהֵינוּ יַפְרִיחוּ:
עוֹד יְנוּבוּן בְּשֵׂיבָה, דְּשֵׁנִים וְרַעֲנַנִּים יִהְיוּ:
לְהַגִּיד כִּי־יָשָׁר יְהוָה, צוּרִי, וְלֹא־עַוְלָתָה בּוֹ:
תהלים צג יְהוָה מָלָךְ, גֵּאוּת לָבֵשׁ
לָבֵשׁ יְהוָה עֹז הִתְאַזָּר אַף־תִּכּוֹן תֵּבֵל בַּל־תִּמּוֹט:
נָכוֹן כִּסְאֲךָ מֵאָז, מֵעוֹלָם אָתָּה:
נָשְׂאוּ נְהָרוֹת יְהוָה, נָשְׂאוּ נְהָרוֹת קוֹלָם, יִשְׂאוּ נְהָרוֹת דָּכְיָם:
מִקֹּלוֹת מַיִם רַבִּים, אַדִּירִים מִשְׁבְּרֵי־יָם, אַדִּיר בַּמָּרוֹם יְהוָה:
עֵדֹתֶיךָ נֶאֶמְנוּ מְאֹד, לְבֵיתְךָ נַאֲוָה־קֹדֶשׁ, יְהוָה לְאֹרֶךְ יָמִים:

יש אומרים כאן 'בַּמֶּה מַדְלִיקִין', 'אָמַר רַבִּי אֶלְעָזָר' וקדיש דרבנן (עמ' 221).

# ערבית לשבת וליום טוב

בליל יום טוב אומרים כאן את מזמור הרגל (עמ׳ 415).
בליל ראש חודש יש נוהגים לומר לפני ערבית את מזמור קד (עמ׳ 149).
בקצת קהילות נוהגים שאם נולד בן בקהילה באחד מימי השבוע,
שרים כאן את הפיוט ׳יְהִי שָׁלוֹם בְּחֵילֵנוּ׳ (עמ׳ 863).

יש אומרים:

לְשֵׁם יִחוּד קֻדְשָׁא בְּרִיךְ הוּא וּשְׁכִינְתֵּהּ, בִּדְחִילוּ וּרְחִימוּ וּרְחִימוּ וּדְחִילוּ, לְיַחֲדָא אוֹתִיּוֹת י״ה בְּאוֹתִיּוֹת ו״ה בְּיִחוּדָא שְׁלִים בְּשֵׁם כָּל יִשְׂרָאֵל, הִנֵּה אֲנַחְנוּ בָּאִים לְהִתְפַּלֵּל תְּפִלַּת עַרְבִית שֶׁל שַׁבַּת קֹדֶשׁ שֶׁתִּקֵּן יַעֲקֹב אָבִינוּ עָלָיו הַשָּׁלוֹם, עִם כָּל הַמִּצְוֹת הַכְּלוּלוֹת בָּהּ לְתַקֵּן אֶת שָׁרְשָׁהּ בְּמָקוֹם עֶלְיוֹן, וְלַעֲשׂוֹת נַחַת רוּחַ לְיוֹצְרֵנוּ.
וִיהִי נֹעַם אֲדֹנָי אֱלֹהֵינוּ עָלֵינוּ, וּמַעֲשֵׂה יָדֵינוּ כּוֹנְנָה עָלֵינוּ, וּמַעֲשֵׂה יָדֵינוּ כּוֹנְנֵהוּ: תהלים צ

יש אומרים קודם קדיש פסוקים אלו:

יִמְלֹךְ יְהוָה לְעוֹלָם, אֱלֹהַיִךְ צִיּוֹן לְדֹר וָדֹר, הַלְלוּיָהּ: תהלים קמו
יוֹמָם יְצַוֶּה יְהוָה חַסְדּוֹ, וּבַלַּיְלָה שִׁירֹה עִמִּי, תְּפִלָּה לְאֵל חַיָּי: תהלים מב
כֹּל הַנְּשָׁמָה תְּהַלֵּל יָהּ, הַלְלוּיָהּ: תהלים קנ
וִיבָרְכוּ שֵׁם כְּבֹדֶךָ, וּמְרוֹמַם עַל־כָּל־בְּרָכָה וּתְהִלָּה: נחמיה ט

נוהגים לעמוד בקדיש זה וב׳בָּרְכוּ׳ שאחריו (בא״ח, ש״ש וירא ג).

## חצי קדיש

שליח הציבור כורע במילים המסומנות ב׳.

ש״ץ: ׳יִתְגַּדַּל וְיִתְקַדַּשׁ שְׁמֵהּ רַבָּא (קהל: אָמֵן)
בְּעָלְמָא דִּי בְרָא כִרְעוּתֵהּ
וְיַמְלִיךְ מַלְכוּתֵהּ וְיַצְמַח פֻּרְקָנֵהּ וִיקָרֵב מְשִׁיחֵהּ (קהל: אָמֵן)
בְּחַיֵּיכוֹן וּבְיוֹמֵיכוֹן וּבְחַיֵּי דְכָל בֵּית יִשְׂרָאֵל
בַּעֲגָלָא וּבִזְמַן קָרִיב, וְאִמְרוּ אָמֵן. (קהל: אָמֵן)

קהל וש״ץ: יְהֵא שְׁמֵהּ ׳רַבָּא מְבָרַךְ לְעָלַם לְעָלְמֵי עָלְמַיָּא ׳יִתְבָּרַךְ
וְיִשְׁתַּבַּח וְיִתְפָּאַר וְיִתְרוֹמַם וְיִתְנַשֵּׂא
וְיִתְהַדָּר וְיִתְעַלֶּה וְיִתְהַלָּל שְׁמֵהּ דְּקֻדְשָׁא ׳בְּרִיךְ הוּא (קהל: אָמֵן)
לְעֵלָּא מִן כָּל בִּרְכָתָא, שִׁירָתָא, תֻּשְׁבְּחָתָא וְנֶחֱמָתָא
דַּאֲמִירָן בְּעָלְמָא, וְאִמְרוּ ׳אָמֵן. (קהל: אָמֵן)

״מַעֲרֶב עַד־עֶרֶב תִּשְׁבְּתוּ שַׁבַּתְּכֶם״ (ויקרא כג, לב).

״אֲשֶׁר כִּלָּה מַעֲשָׂיו בַּיּוֹם הַשְּׁבִיעִי וַיִּקְרָאֵהוּ עֹנֶג שַׁבַּת קָדְשׁוֹ
מֵעֶרֶב עַד־עֶרֶב הִתְקִין מְנוּחָה לְעַמּוֹ יִשְׂרָאֵל״
(ברכת ׳הַמַּעֲרִיב עֲרָבִים׳ לשבת, סידור רס״ג).

## קריאת שמע וברכותיה

אין אומרים ׳וְהוּא רַחוּם׳ בליל שבת ובליל יום טוב,
מכיוון שאלה פסוקי תחינה, ואין מתחננים בשבת (הרוקח).

שליח הציבור אומר ׳בָּרְכוּ׳ כדי לקרוא לציבור להתפלל עמו (ראב״ן, עג).
כורע בתיבת ׳בָּרְכוּ׳ וזוקף בשם (כלבו), וכורע שוב כאשר הוא חוזר אחרי הקהל.

ש״ץ: **בָּרְכוּ**
אֶת יְהֹוָה הַמְבֹרָךְ.

כשהש״ץ מאריך בבָּרְכוּ, נוהגים בקצת קהילות
לומר בלחש שבח זה (טור ולבוש, נז; שעה״כ).
ויש נוהגים לאומרו בערבית בלבד (פתח הדביר שם).

יִשְׁתַּבַּח וְיִתְפָּאַר שְׁמוֹ שֶׁל מֶלֶךְ מַלְכֵי הַמְּלָכִים
הַקָּדוֹשׁ בָּרוּךְ הוּא שֶׁהוּא רִאשׁוֹן וְהוּא אַחֲרוֹן
וּמִבַּלְעָדָיו אֵין אֱלֹהִים, יְהִי שֵׁם יְהֹוָה מְבֹרָךְ מֵעַתָּה
וְעַד־עוֹלָם: וּמְרוֹמָם עַל־כָּל־בְּרָכָה וּתְהִלָּה:

קהל: בָּרוּךְ יְהֹוָה הַמְבֹרָךְ לְעוֹלָם וָעֶד.

ש״ץ: בָּרוּךְ יְהֹוָה הַמְבֹרָךְ לְעוֹלָם וָעֶד.

בָּרוּךְ אַתָּה יְהֹוָה, אֱלֹהֵינוּ מֶלֶךְ הָעוֹלָם
אֲשֶׁר בִּדְבָרוֹ מַעֲרִיב עֲרָבִים בְּחָכְמָה
פּוֹתֵחַ שְׁעָרִים בִּתְבוּנָה, מְשַׁנֶּה עִתִּים וּמַחֲלִיף אֶת הַזְּמַנִּים
וּמְסַדֵּר אֶת הַכּוֹכָבִים בְּמִשְׁמְרוֹתֵיהֶם בָּרָקִיעַ כִּרְצוֹנוֹ.
בּוֹרֵא יוֹמָם וָלָיְלָה, גּוֹלֵל אוֹר מִפְּנֵי חֹשֶׁךְ וְחֹשֶׁךְ מִפְּנֵי אוֹר
הַמַּעֲבִיר יוֹם וּמֵבִיא לָיְלָה, וּמַבְדִּיל בֵּין יוֹם וּבֵין לָיְלָה
ירמיה לא יְהֹוָה צְבָאוֹת שְׁמוֹ:
בָּרוּךְ אַתָּה יְהֹוָה, הַמַּעֲרִיב עֲרָבִים.

אַהֲבַת עוֹלָם בֵּית יִשְׂרָאֵל עַמְּךָ אָהָבְתָּ
תּוֹרָה וּמִצְוֹת חֻקִּים וּמִשְׁפָּטִים אוֹתָנוּ לִמַּדְתָּ
עַל כֵּן יְהֹוָה אֱלֹהֵינוּ בְּשָׁכְבֵנוּ וּבְקוּמֵנוּ נָשִׂיחַ בְּחֻקֶּיךָ
וְנִשְׂמַח וְנַעֲלֹז בְּדִבְרֵי תַלְמוּד תּוֹרָתֶךָ
וּבְמִצְוֹתֶיךָ וְחֻקּוֹתֶיךָ לְעוֹלָם וָעֶד
כִּי הֵם חַיֵּינוּ וְאֹרֶךְ יָמֵינוּ וּבָהֶם נֶהְגֶּה יוֹמָם וָלָיְלָה.
וְאַהֲבָתְךָ לֹא תָסוּר מִמֶּנּוּ לְעוֹלָמִים.
בָּרוּךְ אַתָּה יְהֹוָה, אוֹהֵב אֶת עַמּוֹ יִשְׂרָאֵל.

"יקרא קריאת שמע בכוונה – באימה, ביראה, ברתת וזיע" (שו"ע סא, א).
קריאת שמע צריכה כוונה מיוחדת בכל שלוש פרשיותיה,
ומכל מקום אם לא כיוון בפסוק הראשון, צריך לחזור ולקוראו שנית (שו"ע סג, ד).
ראה הלכה 105-106.

מכסה את עיניו בידו ואומר בכוונה ובקול רם:

שְׁמַע יִשְׂרָאֵל, יְהֹוָה אֱלֹהֵינוּ, יְהֹוָה | אֶחָד: דברים ו

בלחש: בָּרוּךְ שֵׁם כְּבוֹד מַלְכוּתוֹ לְעוֹלָם וָעֶד.

וְאָהַבְתָּ אֵת יְהֹוָה אֱלֹהֶיךָ, בְּכָל־לְבָבְךָ וּבְכָל־נַפְשְׁךָ וּבְכָל־ דברים ו
מְאֹדֶךָ: וְהָיוּ הַדְּבָרִים הָאֵלֶּה, אֲשֶׁר אָנֹכִי מְצַוְּךָ הַיּוֹם, עַל־לְבָבֶךָ:
וְשִׁנַּנְתָּם לְבָנֶיךָ וְדִבַּרְתָּ בָּם, בְּשִׁבְתְּךָ בְּבֵיתֶךָ וּבְלֶכְתְּךָ בַדֶּרֶךְ,
וּבְשָׁכְבְּךָ וּבְקוּמֶךָ: וּקְשַׁרְתָּם לְאוֹת עַל־יָדֶךָ וְהָיוּ לְטֹטָפֹת בֵּין
עֵינֶיךָ: וּכְתַבְתָּם עַל־מְזֻזוֹת בֵּיתֶךָ וּבִשְׁעָרֶיךָ:

וְהָיָה אִם־שָׁמֹעַ תִּשְׁמְעוּ אֶל־מִצְוֹתַי אֲשֶׁר אָנֹכִי מְצַוֶּה אֶתְכֶם
הַיּוֹם, לְאַהֲבָה אֶת־יְהֹוָה אֱלֹהֵיכֶם וּלְעָבְדוֹ, בְּכָל־לְבַבְכֶם וּבְכָל־
נַפְשְׁכֶם: וְנָתַתִּי מְטַר־אַרְצְכֶם בְּעִתּוֹ, יוֹרֶה וּמַלְקוֹשׁ, וְאָסַפְתָּ

דְגָנֶךָ וְתִירֹשְׁךָ וְיִצְהָרֶךָ: וְנָתַתִּי עֵשֶׂב בְּשָׂדְךָ לִבְהֶמְתֶּךָ, וְאָכַלְתָּ
וְשָׂבָעְתָּ: הִשָּׁמְרוּ לָכֶם פֶּן־יִפְתֶּה לְבַבְכֶם, וְסַרְתֶּם וַעֲבַדְתֶּם
אֱלֹהִים אֲחֵרִים וְהִשְׁתַּחֲוִיתֶם לָהֶם: וְחָרָה אַף־יְהוָה בָּכֶם, וְעָצַר
אֶת־הַשָּׁמַיִם וְלֹא־יִהְיֶה מָטָר, וְהָאֲדָמָה לֹא תִתֵּן אֶת־יְבוּלָהּ,
וַאֲבַדְתֶּם מְהֵרָה מֵעַל הָאָרֶץ הַטֹּבָה אֲשֶׁר יְהוָה נֹתֵן לָכֶם:
וְשַׂמְתֶּם אֶת־דְּבָרַי אֵלֶּה עַל־לְבַבְכֶם וְעַל־נַפְשְׁכֶם, וּקְשַׁרְתֶּם
אֹתָם לְאוֹת עַל־יֶדְכֶם, וְהָיוּ לְטוֹטָפֹת בֵּין עֵינֵיכֶם: וְלִמַּדְתֶּם
אֹתָם אֶת־בְּנֵיכֶם לְדַבֵּר בָּם, בְּשִׁבְתְּךָ בְּבֵיתֶךָ וּבְלֶכְתְּךָ בַדֶּרֶךְ,
וּבְשָׁכְבְּךָ וּבְקוּמֶךָ: וּכְתַבְתָּם עַל־מְזוּזוֹת בֵּיתֶךָ וּבִשְׁעָרֶיךָ: לְמַעַן
יִרְבּוּ יְמֵיכֶם וִימֵי בְנֵיכֶם עַל הָאֲדָמָה אֲשֶׁר נִשְׁבַּע יְהוָה לַאֲבֹתֵיכֶם
לָתֵת לָהֶם, כִּימֵי הַשָּׁמַיִם עַל־הָאָרֶץ:

במדבר טו וַיֹּאמֶר יְהוָה אֶל־מֹשֶׁה לֵּאמֹר: דַּבֵּר אֶל־בְּנֵי יִשְׂרָאֵל וְאָמַרְתָּ
אֲלֵהֶם, וְעָשׂוּ לָהֶם צִיצִת עַל־כַּנְפֵי בִגְדֵיהֶם לְדֹרֹתָם, וְנָתְנוּ
עַל־צִיצִת הַכָּנָף פְּתִיל תְּכֵלֶת: וְהָיָה לָכֶם לְצִיצִת, וּרְאִיתֶם אֹתוֹ
וּזְכַרְתֶּם אֶת־כָּל־מִצְוֹת יְהוָה וַעֲשִׂיתֶם אֹתָם, וְלֹא תָתוּרוּ אַחֲרֵי
לְבַבְכֶם וְאַחֲרֵי עֵינֵיכֶם, אֲשֶׁר־אַתֶּם זֹנִים אַחֲרֵיהֶם: לְמַעַן תִּזְכְּרוּ
וַעֲשִׂיתֶם אֶת־כָּל־מִצְוֹתָי, וִהְיִיתֶם קְדֹשִׁים לֵאלֹהֵיכֶם: אֲנִי יְהוָה
אֱלֹהֵיכֶם, אֲשֶׁר הוֹצֵאתִי אֶתְכֶם מֵאֶרֶץ מִצְרַיִם, לִהְיוֹת לָכֶם
לֵאלֹהִים, אֲנִי יְהוָה אֱלֹהֵיכֶם:

שליח הציבור והקהל אומרים (ראה הלכה 123):

## אֱמֶת

שליח הציבור חוזר ואומר:

### יְהוָה אֱלֹהֵיכֶם אֱמֶת

"כל שלא אמר 'אֱמֶת וְיַצִּיב' שחרית ו'אֱמֶת וֶאֱמוּנָה' ערבית – לא יצא ידי חובתו, שנאמר (תהלים צב, ג): 'לְהַגִּיד בַּבֹּקֶר חַסְדֶּךָ וֶאֱמוּנָתְךָ בַּלֵּילוֹת'" (ברכות יב ע"א).

"ברכת 'אֱמֶת וְיַצִּיב' כולה על חסד שעשה עם אבותינו היא, שהוציאם ממצרים ובקע להם הים והעבירם, וברכת 'אֱמֶת וֶאֱמוּנָה' מדבר בה אף על העתידות, שאנו מצפים שיקיים לנו הבטחתו ואמונתו לגאלנו מיד מלכים ומיד עריצים ולשום נפשנו בחיים, ולהדריכנו על במות אויבינו, כל אלה הנסים התדירים תמיד" (רש"י שם).

וֶאֱמוּנָה כָּל זֹאת וְקַיָּם עָלֵינוּ

כִּי הוּא יְהוָה אֱלֹהֵינוּ וְאֵין זוּלָתוֹ, וַאֲנַחְנוּ יִשְׂרָאֵל עַמּוֹ.
הַפּוֹדֵנוּ מִיַּד מְלָכִים, הַגּוֹאֲלֵנוּ מַלְכֵּנוּ מִכַּף כָּל עָרִיצִים
הָאֵל הַנִּפְרָע לָנוּ מִצָּרֵינוּ, הַמְשַׁלֵּם גְּמוּל לְכָל אוֹיְבֵי נַפְשֵׁנוּ.
הַשָּׂם נַפְשֵׁנוּ בַּחַיִּים, וְלֹא־נָתַן לַמּוֹט רַגְלֵנוּ: תהלים סו
הַמַּדְרִיכֵנוּ עַל בָּמוֹת אוֹיְבֵינוּ, וַיָּרֶם קַרְנֵנוּ עַל כָּל שׂוֹנְאֵינוּ.
הָאֵל הָעוֹשֶׂה לָּנוּ נְקָמָה בְּפַרְעֹה
בְּאוֹתוֹת וּבְמוֹפְתִים בְּאַדְמַת בְּנֵי חָם.
הַמַּכֶּה בְעֶבְרָתוֹ כָּל בְּכוֹרֵי מִצְרָיִם
וַיּוֹצֵא אֶת עַמּוֹ יִשְׂרָאֵל מִתּוֹכָם לְחֵרוּת עוֹלָם.
הַמַּעֲבִיר בָּנָיו בֵּין גִּזְרֵי יַם סוּף
וְאֶת רוֹדְפֵיהֶם וְאֶת שׂוֹנְאֵיהֶם בִּתְהוֹמוֹת טִבַּע.
רָאוּ בָנִים אֶת גְּבוּרָתוֹ, שִׁבְּחוּ וְהוֹדוּ לִשְׁמוֹ
וּמַלְכוּתוֹ בְּרָצוֹן קִבְּלוּ עֲלֵיהֶם.
מֹשֶׁה וּבְנֵי יִשְׂרָאֵל לְךָ עָנוּ שִׁירָה בְּשִׂמְחָה רַבָּה
וְאָמְרוּ כֻלָּם

מִי־כָמֹכָה בָּאֵלִם יְהוָה, מִי כָּמֹכָה נֶאְדָּר בַּקֹּדֶשׁ שמות טו
נוֹרָא תְהִלֹּת עֹשֵׂה פֶלֶא:

מַלְכוּתְךָ יְהוָה אֱלֹהֵינוּ רָאוּ בָנֶיךָ עַל הַיָּם
יַחַד כֻּלָּם הוֹדוּ וְהִמְלִיכוּ וְאָמְרוּ
יְהוָה יִמְלֹךְ לְעֹלָם וָעֶד: שמות טו

וְנֶאֱמַר
ירמיה לא כִּי־פָדָה יְהוָה אֶת־יַעֲקֹב, וּגְאָלוֹ מִיַּד חָזָק מִמֶּנּוּ:
בָּרוּךְ אַתָּה יְהוָה, גָּאַל יִשְׂרָאֵל.

מנהג ארץ ישראל היה לחתום בערבית 'הַפּוֹרֵשׂ סֻכַּת שָׁלוֹם' בכל יום (ירושלמי, ברכות פ"ד ה"ה).
וגאוני בבל נהגו לחתום כך רק בלילי שבתות וימים טובים (העתים, קלו בשם רב נטרונאי גאון),
כיוון שזוכות שמירת השבת סוככת על עם ישראל (ספר הפרדס).

הַשְׁכִּיבֵנוּ אָבִינוּ לְשָׁלוֹם
וְהַעֲמִידֵנוּ מַלְכֵּנוּ לְחַיִּים טוֹבִים וּלְשָׁלוֹם
וּפְרֹשׂ עָלֵינוּ סֻכַּת שְׁלוֹמֶךָ
וְתַקְּנֵנוּ מַלְכֵּנוּ בְּעֵצָה טוֹבָה מִלְּפָנֶיךָ
וְהוֹשִׁיעֵנוּ מְהֵרָה לְמַעַן שְׁמֶךָ
וְהָגֵן בַּעֲדֵנוּ
וּפְרֹשׂ עָלֵינוּ וְעַל יְרוּשָׁלַיִם עִירָךְ סֻכַּת (רַחֲמִים וְ) שָׁלוֹם.
בָּרוּךְ אַתָּה יְהוָה הַפּוֹרֵשׂ סֻכַּת שָׁלוֹם עָלֵינוּ
וְעַל כָּל עַמּוֹ יִשְׂרָאֵל וְעַל יְרוּשָׁלָיִם. אָמֵן.

נוהגים לומר פסוקים אלו קודם העמידה שהם מעניין הגאולה לומר,
שאם ישמרו ישראל שתי שבתות כראוי – מיד נגאלין (טור, רסז).

שמות לא וְשָׁמְרוּ בְנֵי־יִשְׂרָאֵל אֶת־הַשַּׁבָּת
לַעֲשׂוֹת אֶת־הַשַּׁבָּת לְדֹרֹתָם בְּרִית עוֹלָם:
בֵּינִי וּבֵין בְּנֵי יִשְׂרָאֵל, אוֹת הִוא לְעֹלָם
כִּי־שֵׁשֶׁת יָמִים עָשָׂה יְהוָה אֶת־הַשָּׁמַיִם וְאֶת־הָאָרֶץ
וּבַיּוֹם הַשְּׁבִיעִי שָׁבַת וַיִּנָּפַשׁ:

ביום טוב אומרים פסוקים אלו (ספר המנהיג).

ויקרא כג אֵלֶּה מוֹעֲדֵי יְהוָה מִקְרָאֵי קֹדֶשׁ אֲשֶׁר־תִּקְרְאוּ אֹתָם בְּמוֹעֲדָם:
וַיְדַבֵּר מֹשֶׁה אֶת־מֹעֲדֵי יְהוָה אֶל־בְּנֵי יִשְׂרָאֵל:

**חצי קדיש**

שליח הציבור כורע במילים המסומנות ב°.

ש״ץ: °יִתְגַּדַּל וְיִתְקַדַּשׁ שְׁמֵהּ רַבָּא (קהל: אָמֵן)
בְּעָלְמָא דִּי בְרָא כִרְעוּתֵהּ
וְיַמְלִיךְ מַלְכוּתֵהּ וְיַצְמַח פֻּרְקָנֵהּ וִיקָרֵב מְשִׁיחֵהּ (קהל: אָמֵן)
בְּחַיֵּיכוֹן וּבְיוֹמֵיכוֹן וּבְחַיֵּי דְכָל בֵּית יִשְׂרָאֵל
בַּעֲגָלָא וּבִזְמַן קָרִיב, וְאִמְרוּ אָמֵן. (קהל: אָמֵן)

קהל וש״ץ: יְהֵא שְׁמֵהּ °רַבָּא מְבָרַךְ לְעָלַם לְעָלְמֵי עָלְמַיָּא °יִתְבָּרַךְ
וְיִשְׁתַּבַּח וְיִתְפָּאַר וְיִתְרוֹמַם וְיִתְנַשֵּׂא
וְיִתְהַדָּר וְיִתְעַלֶּה וְיִתְהַלָּל שְׁמֵהּ דְּקֻדְשָׁא °בְּרִיךְ הוּא (קהל: אָמֵן)
לְעֵלָּא מִן כָּל בִּרְכָתָא, שִׁירָתָא, תֻּשְׁבְּחָתָא וְנֶחֱמָתָא
דַּאֲמִירָן בְּעָלְמָא, וְאִמְרוּ °אָמֵן. (קהל: אָמֵן)

ביום טוב (אף אם חל בשבת) מתפללים תפילת עמידה של יום טוב (עמ׳ 419).

# עמידה

״המתפלל צריך שיכוין בלבו פירוש המלות שמוציא בשפתיו; ויחשוב כאלו שכינה כנגדו ויסיר כל המחשבות הטורדות אותו עד שתשאר מחשבתו וכוונתו זכה בתפלתו״ (שו״ע צח, א).
יש נוהגים לפסוע שלוש פסיעות לפנים, כמי שנכנס לפני המלך (ספר הפרדס; קש״ג בשם הרוקח); עומד ומתפלל בלחש מכאן ועד ׳בְּלֵבָב שָׁלֵם׳ בעמ׳ 237.
שוחין בברכת אבות תחילה וסוף (ברכות לד ע״א; שו״ע קיג, א),
כורע בתיבת ׳בָּרוּךְ׳, קד לפנים בתיבת ׳אַתָּה׳ וזוקף בשם (׳רעיא מהימנא׳, עקב).

אֲדֹנָי, שְׂפָתַי תִּפְתָּח, וּפִי יַגִּיד תְּהִלָּתֶךָ: תהלים נא

**אבות**

°בָּרוּךְ אַתָּה יְהֹוָה, אֱלֹהֵינוּ וֵאלֹהֵי אֲבוֹתֵינוּ
אֱלֹהֵי אַבְרָהָם, אֱלֹהֵי יִצְחָק, וֵאלֹהֵי יַעֲקֹב
הָאֵל הַגָּדוֹל הַגִּבּוֹר וְהַנּוֹרָא, אֵל עֶלְיוֹן
גּוֹמֵל חֲסָדִים טוֹבִים, קוֹנֵה הַכֹּל

וְזוֹכֵר חַסְדֵי אָבוֹת

וּמֵבִיא גוֹאֵל לִבְנֵי בְנֵיהֶם לְמַעַן שְׁמוֹ בְּאַהֲבָה.

בשבת תשובה: זָכְרֵנוּ לְחַיִּים, מֶלֶךְ חָפֵץ בַּחַיִּים

כָּתְבֵנוּ בְּסֵפֶר חַיִּים, לְמַעַנְךָ אֱלֹהִים חַיִּים.

אם שכח אינו חוזר.

מֶלֶךְ עוֹזֵר וּמוֹשִׁיעַ וּמָגֵן.

בָּרוּךְ אַתָּה יְהוָה, מָגֵן אַבְרָהָם.

גבורות

אַתָּה גִּבּוֹר לְעוֹלָם, אֲדֹנָי

מְחַיֵּה מֵתִים אַתָּה, רַב לְהוֹשִׁיעַ

אומרים 'מַשִּׁיב הָרוּחַ' ממוסף של שמיני עצרת עד שחרית של יו"ט ראשון של פסח. וממוסף של יו"ט ראשון של פסח ועד שחרית של שמיני עצרת, אומרים 'מוֹרִיד הַטָּל'. ראה הלכה 144-145.

בחורף: מַשִּׁיב הָרוּחַ וּמוֹרִיד הַגֶּשֶׁם / בקיץ: מוֹרִיד הַטָּל

מְכַלְכֵּל חַיִּים בְּחֶסֶד, מְחַיֵּה מֵתִים בְּרַחֲמִים רַבִּים

סוֹמֵךְ נוֹפְלִים, וְרוֹפֵא חוֹלִים, וּמַתִּיר אֲסוּרִים

וּמְקַיֵּם אֱמוּנָתוֹ לִישֵׁנֵי עָפָר.

מִי כָמוֹךָ, בַּעַל גְּבוּרוֹת

וּמִי דּוֹמֶה לָּךְ, מֶלֶךְ מֵמִית וּמְחַיֶּה וּמַצְמִיחַ יְשׁוּעָה.

בשבת תשובה: מִי כָמוֹךָ אַב הָרַחֲמָן, זוֹכֵר יְצוּרָיו בְּרַחֲמִים לְחַיִּים.

אם שכח אינו חוזר.

וְנֶאֱמָן אַתָּה לְהַחֲיוֹת מֵתִים.

בָּרוּךְ אַתָּה יְהוָה, מְחַיֵּה הַמֵּתִים.

קדושת השם

אַתָּה קָדוֹשׁ וְשִׁמְךָ קָדוֹשׁ

וּקְדוֹשִׁים בְּכָל יוֹם יְהַלְלוּךָ סֶּלָה.

בָּרוּךְ אַתָּה יְהוָה, הָאֵל הַקָּדוֹשׁ. / בשבת תשובה: הַמֶּלֶךְ הַקָּדוֹשׁ./

אם שכח ולא נזכר תוך כדי דיבור חוזר לראש התפילה.

קדושת היום

"אפילו יחיד המתפלל בערב שבת צריך לומר 'וַיְכֻלּוּ' דאמר רב המנונא כל המתפלל בערב שבת ואומר 'וַיְכֻלּוּ' מעלה עליו הכתוב כאילו נעשה שותף לקב"ה" (שבת קיט ע"ב).
ברוב קהילות ישראל נוהגים לומר בליל שבת 'אַתָּה קִדַּשְׁתָּ' ולא 'וּמֵאַהֲבָתְךָ' כנוסח הגאונים, כדי להזכיר פרשת 'וַיְכֻלּוּ' (ספר המנהיג), המתארת את השבת הראשונה שלאחר הבריאה (ספר התרומה, רמז; אבודרהם בשם רבינו קלונימוס).

אַתָּה קִדַּשְׁתָּ אֶת יוֹם הַשְּׁבִיעִי לִשְׁמֶךָ
תַּכְלִית מַעֲשֵׂה שָׁמַיִם וָאָרֶץ
וּבֵרַכְתּוֹ מִכָּל הַיָּמִים, וְקִדַּשְׁתּוֹ מִכָּל הַזְּמַנִּים
וְכֵן כָּתוּב בְּתוֹרָתֶךָ

וַיְכֻלּוּ הַשָּׁמַיִם וְהָאָרֶץ וְכָל־צְבָאָם: בראשית ב
וַיְכַל אֱלֹהִים בַּיּוֹם הַשְּׁבִיעִי מְלַאכְתּוֹ אֲשֶׁר עָשָׂה
וַיִּשְׁבֹּת בַּיּוֹם הַשְּׁבִיעִי מִכָּל־מְלַאכְתּוֹ אֲשֶׁר עָשָׂה:
וַיְבָרֶךְ אֱלֹהִים אֶת־יוֹם הַשְּׁבִיעִי, וַיְקַדֵּשׁ אֹתוֹ
כִּי בוֹ שָׁבַת מִכָּל־מְלַאכְתּוֹ, אֲשֶׁר־בָּרָא אֱלֹהִים לַעֲשׂוֹת:

יִשְׂמְחוּ בְמַלְכוּתְךָ שׁוֹמְרֵי שַׁבָּת וְקוֹרְאֵי עֹנֶג.
עַם מְקַדְּשֵׁי שְׁבִיעִי, כֻּלָּם יִשְׂבְּעוּ וְיִתְעַנְּגוּ מִטּוּבֶךָ
וְהַשְּׁבִיעִי רָצִיתָ בּוֹ וְקִדַּשְׁתּוֹ
חֶמְדַּת יָמִים אוֹתוֹ קָרָאתָ, זֵכֶר לְמַעֲשֵׂה בְרֵאשִׁית.

אֱלֹהֵינוּ וֵאלֹהֵי אֲבוֹתֵינוּ, רְצֵה נָא בִמְנוּחָתֵנוּ
קַדְּשֵׁנוּ בְּמִצְוֹתֶיךָ, שִׂים חֶלְקֵנוּ בְּתוֹרָתֶךָ
שַׂבְּעֵנוּ מִטּוּבֶךָ, שַׂמַּח נַפְשֵׁנוּ בִּישׁוּעָתֶךָ
וְטַהֵר לִבֵּנוּ לְעָבְדְּךָ בֶּאֱמֶת.
וְהַנְחִילֵנוּ, יְהוָה אֱלֹהֵינוּ, בְּאַהֲבָה וּבְרָצוֹן שַׁבַּת קָדְשֶׁךָ
וְיָנוּחוּ בָהּ כָּל יִשְׂרָאֵל מְקַדְּשֵׁי שְׁמֶךָ.
בָּרוּךְ אַתָּה יְהוָה, מְקַדֵּשׁ הַשַּׁבָּת.

עבודה

רְצֵה יְהֹוָה אֱלֹהֵינוּ בְּעַמְּךָ יִשְׂרָאֵל, וְלִתְפִלָּתָם שְׁעֵה
וְהָשֵׁב הָעֲבוֹדָה לִדְבִיר בֵּיתֶךָ
וְאִשֵּׁי יִשְׂרָאֵל וּתְפִלָּתָם מְהֵרָה בְּאַהֲבָה תְקַבֵּל בְּרָצוֹן
וּתְהִי לְרָצוֹן תָּמִיד עֲבוֹדַת יִשְׂרָאֵל עַמֶּךָ.

---

בראש חודש ובשבת חול המועד מוסיפים:

אֱלֹהֵינוּ וֵאלֹהֵי אֲבוֹתֵינוּ, יַעֲלֶה וְיָבוֹא, יַגִּיעַ יֵרָאֶה וְיֵרָצֶה, יִשָּׁמַע יִפָּקֵד וְיִזָּכֵר זִכְרוֹנֵנוּ וְזִכְרוֹן אֲבוֹתֵינוּ, זִכְרוֹן יְרוּשָׁלַיִם עִירֶךָ, וְזִכְרוֹן מָשִׁיחַ בֶּן דָּוִד עַבְדֶּךָ, וְזִכְרוֹן כָּל עַמְּךָ בֵּית יִשְׂרָאֵל, לְפָנֶיךָ, לִפְלֵטָה לְטוֹבָה, לְחֵן לְחֶסֶד וּלְרַחֲמִים (לְחַיִּים טוֹבִים וּלְשָׁלוֹם), בְּיוֹם

בראש חודש: רֹאשׁ הַחֹדֶשׁ הַזֶּה.

בפסח: חַג הַמַּצּוֹת הַזֶּה, בְּיוֹם מִקְרָא קֹדֶשׁ הַזֶּה.

בסוכות: חַג הַסֻּכּוֹת הַזֶּה, בְּיוֹם מִקְרָא קֹדֶשׁ הַזֶּה.

לְרַחֵם בּוֹ עָלֵינוּ וּלְהוֹשִׁיעֵנוּ. זָכְרֵנוּ יְהֹוָה אֱלֹהֵינוּ בּוֹ לְטוֹבָה, וּפָקְדֵנוּ בוֹ לִבְרָכָה, וְהוֹשִׁיעֵנוּ בוֹ לְחַיִּים טוֹבִים. בִּדְבַר יְשׁוּעָה וְרַחֲמִים חוּס וְחָנֵּנוּ וַחֲמוֹל וְרַחֵם עָלֵינוּ וְהוֹשִׁיעֵנוּ, כִּי אֵלֶיךָ עֵינֵינוּ, כִּי אֵל מֶלֶךְ חַנּוּן וְרַחוּם אָתָּה.

אם שכח בראש חודש וכבר אמר 'בָּרוּךְ אַתָּה ה'', אינו חוזר, ובחול המועד חוזר. ראה הלכה 375 ו־418.

---

וְאַתָּה בְּרַחֲמֶיךָ הָרַבִּים תַּחְפֹּץ בָּנוּ וְתִרְצֵנוּ
וְתֶחֱזֶינָה עֵינֵינוּ בְּשׁוּבְךָ לְצִיּוֹן בְּרַחֲמִים.
בָּרוּךְ אַתָּה יְהֹוָה, הַמַּחֲזִיר שְׁכִינָתוֹ לְצִיּוֹן.

הודאה

שוחין בברכת ההודאה תחילה וסוף (ברכות לד ע"א) ואינו זוקף עד אמירת השם (רמב"ם).

מוֹדִים אֲנַחְנוּ לָךְ
שָׁאַתָּה הוּא יְהֹוָה אֱלֹהֵינוּ וֵאלֹהֵי אֲבוֹתֵינוּ לְעוֹלָם וָעֶד.
צוּרֵנוּ, צוּר חַיֵּינוּ וּמָגֵן יִשְׁעֵנוּ אַתָּה הוּא

לְדוֹר וָדוֹר נוֹדֶה לְּךָ וּנְסַפֵּר תְּהִלָּתֶךָ
עַל חַיֵּינוּ הַמְּסוּרִים בְּיָדֶךָ וְעַל נִשְׁמוֹתֵינוּ הַפְּקוּדוֹת לָךְ
וְעַל נִסֶּיךָ שֶׁבְּכָל יוֹם עִמָּנוּ
וְעַל נִפְלְאוֹתֶיךָ וְטוֹבוֹתֶיךָ שֶׁבְּכָל עֵת, עֶרֶב וָבֹקֶר וְצָהֳרָיִם.
הַטּוֹב, כִּי לֹא כָלוּ רַחֲמֶיךָ, הַמְרַחֵם, כִּי לֹא תַמּוּ חֲסָדֶיךָ
כִּי מֵעוֹלָם קִוִּינוּ לָךְ.

---

בחנוכה ובפורים המשולש בירושלים:

עַל הַנִּסִּים וְעַל הַפֻּרְקָן וְעַל הַגְּבוּרוֹת וְעַל הַתְּשׁוּעוֹת וְעַל הַנִּפְלָאוֹת וְעַל הַנֶּחָמוֹת שֶׁעָשִׂיתָ לַאֲבוֹתֵינוּ בַּיָּמִים הָהֵם בַּזְּמַן הַזֶּה.

בחנוכה:

בִּימֵי מַתִּתְיָה בֶּן יוֹחָנָן כֹּהֵן גָּדוֹל חַשְׁמוֹנַאי וּבָנָיו, כְּשֶׁעָמְדָה מַלְכוּת יָוָן הָרְשָׁעָה עַל עַמְּךָ יִשְׂרָאֵל לְשַׁכְּחָם תּוֹרָתֶךָ וּלְהַעֲבִירָם מֵחֻקֵּי רְצוֹנֶךָ, וְאַתָּה בְּרַחֲמֶיךָ הָרַבִּים עָמַדְתָּ לָהֶם בְּעֵת צָרָתָם, רַבְתָּ אֶת רִיבָם, דַּנְתָּ אֶת דִּינָם, נָקַמְתָּ אֶת נִקְמָתָם, מָסַרְתָּ גִבּוֹרִים בְּיַד חַלָּשִׁים, וְרַבִּים בְּיַד מְעַטִּים, וּרְשָׁעִים בְּיַד צַדִּיקִים, וּטְמֵאִים בְּיַד טְהוֹרִים, וְזֵדִים בְּיַד עוֹסְקֵי תוֹרָתֶךָ. לְךָ עָשִׂיתָ שֵׁם גָּדוֹל וְקָדוֹשׁ בְּעוֹלָמֶךָ, וּלְעַמְּךָ יִשְׂרָאֵל עָשִׂיתָ תְּשׁוּעָה גְדוֹלָה וּפֻרְקָן כְּהַיּוֹם הַזֶּה. וְאַחַר כָּךְ בָּאוּ בָנֶיךָ לִדְבִיר בֵּיתֶךָ, וּפִנּוּ אֶת הֵיכָלֶךָ, וְטִהֲרוּ אֶת מִקְדָּשֶׁךָ, וְהִדְלִיקוּ נֵרוֹת בְּחַצְרוֹת קָדְשֶׁךָ, וְקָבְעוּ שְׁמוֹנַת יְמֵי חֲנֻכָּה אֵלּוּ, בְּהַלֵּל וּבְהוֹדָאָה, וְעָשִׂיתָ עִמָּהֶם נִסִּים וְנִפְלָאוֹת, וְנוֹדֶה לְשִׁמְךָ הַגָּדוֹל, סֶלָה.

וממשיך ׳וְעַל כֻּלָּם׳ בעמוד הבא.

בפורים המשולש בירושלים:

בִּימֵי מָרְדְּכַי וְאֶסְתֵּר בְּשׁוּשַׁן הַבִּירָה, כְּשֶׁעָמַד עֲלֵיהֶם הָמָן הָרָשָׁע,
בִּקֵּשׁ לְהַשְׁמִיד לַהֲרֹג וּלְאַבֵּד אֶת־כָּל־הַיְּהוּדִים מִנַּעַר וְעַד־זָקֵן טַף אסתר ג
וְנָשִׁים בְּיוֹם אֶחָד, בִּשְׁלוֹשָׁה עָשָׂר לְחֹדֶשׁ שְׁנֵים־עָשָׂר, הוּא־חֹדֶשׁ אֲדָר,
וּשְׁלָלָם לָבוֹז: וְאַתָּה בְּרַחֲמֶיךָ הָרַבִּים הֵפַרְתָּ אֶת עֲצָתוֹ, וְקִלְקַלְתָּ אֶת
מַחֲשַׁבְתּוֹ, וַהֲשֵׁבוֹתָ לּוֹ גְּמוּלוֹ בְּרֹאשׁוֹ, וְתָלוּ אוֹתוֹ וְאֶת בָּנָיו עַל הָעֵץ,
וְעָשִׂיתָ עִמָּהֶם נִסִּים וְנִפְלָאוֹת, וְנוֹדֶה לְשִׁמְךָ הַגָּדוֹל, סֶלָה.

וממשיך ׳וְעַל כֻּלָּם׳ בעמוד הבא.

וְעַל כֻּלָּם
יִתְבָּרַךְ וְיִתְרוֹמַם וְיִתְנַשֵּׂא תָּמִיד שִׁמְךָ מַלְכֵּנוּ לְעוֹלָם וָעֶד
וְכָל הַחַיִּים יוֹדוּךָ סֶּלָה

בשבת תשובה: וּכְתֹב לְחַיִּים טוֹבִים כָּל בְּנֵי בְרִיתֶךָ.

וִיהַלְלוּ וִיבָרְכוּ אֶת שִׁמְךָ הַגָּדוֹל בֶּאֱמֶת לְעוֹלָם כִּי טוֹב
הָאֵל יְשׁוּעָתֵנוּ וְעֶזְרָתֵנוּ סֶלָה, הָאֵל הַטּוֹב.
בָּרוּךְ אַתָּה יְהֹוָה, הַטּוֹב שִׁמְךָ וּלְךָ נָאֶה לְהוֹדוֹת.

לא אמר ׳עַל הַנִּסִּים׳ ונזכר לאחר שאמר ׳בָּרוּךְ אַתָּה ה׳׳, אינו חוזר.
לא אמר ׳וּכְתֹב לְחַיִּים׳ ונזכר לאחר שאמר ׳בָּרוּךְ אַתָּה ה׳׳, אינו חוזר.

שלום
שִׂים שָׁלוֹם טוֹבָה וּבְרָכָה
חַיִּים חֵן וָחֶסֶד, צְדָקָה וְרַחֲמִים
עָלֵינוּ וְעַל כָּל יִשְׂרָאֵל עַמֶּךָ.
וּבָרְכֵנוּ אָבִינוּ כֻּלָּנוּ כְּאֶחָד בְּאוֹר פָּנֶיךָ
כִּי בְאוֹר פָּנֶיךָ נָתַתָּ לָּנוּ, יְהֹוָה אֱלֹהֵינוּ
תּוֹרָה וְחַיִּים, אַהֲבָה וָחֶסֶד, צְדָקָה וְרַחֲמִים, בְּרָכָה וְשָׁלוֹם.
וְטוֹב בְּעֵינֶיךָ לְבָרְכֵנוּ
וּלְבָרֵךְ אֶת כָּל עַמְּךָ יִשְׂרָאֵל
בְּרֹב עֹז וְשָׁלוֹם.

בשבת תשובה: וּבְסֵפֶר חַיִּים, בְּרָכָה וְשָׁלוֹם, וּפַרְנָסָה טוֹבָה, וִישׁוּעָה וְנֶחָמָה, וּגְזֵרוֹת טוֹבוֹת, נִזָּכֵר וְנִכָּתֵב לְפָנֶיךָ, אֲנַחְנוּ וְכָל עַמְּךָ יִשְׂרָאֵל, לְחַיִּים טוֹבִים וּלְשָׁלוֹם.
אם שכח אינו חוזר.

בָּרוּךְ אַתָּה יְהֹוָה, הַמְבָרֵךְ אֶת עַמּוֹ יִשְׂרָאֵל בַּשָּׁלוֹם. אָמֵן.

תהלים יט יִהְיוּ לְרָצוֹן אִמְרֵי־פִי וְהֶגְיוֹן לִבִּי לְפָנֶיךָ, יְהֹוָה צוּרִי וְגֹאֲלִי:

אֱלֹהַי ברכות יז
נְצֹר לְשׁוֹנִי מֵרָע וּשְׂפָתַי מִדַּבֵּר מִרְמָה
וְלִמְקַלְלַי נַפְשִׁי תִדֹּם, וְנַפְשִׁי כֶּעָפָר לַכֹּל תִּהְיֶה.
פְּתַח לִבִּי בְּתוֹרָתֶךָ, וְאַחֲרֵי מִצְוֹתֶיךָ תִּרְדֹּף נַפְשִׁי.
וְכָל הַקָּמִים עָלַי לְרָעָה
מְהֵרָה הָפֵר עֲצָתָם וְקַלְקֵל מַחְשְׁבוֹתָם.
(יִהְיוּ כְּמֹץ לִפְנֵי־רוּחַ וּמַלְאַךְ יְהוָה דֹּחֶה:) תהלים לה
עֲשֵׂה לְמַעַן שְׁמֶךָ, עֲשֵׂה לְמַעַן יְמִינֶךָ
עֲשֵׂה לְמַעַן תּוֹרָתֶךָ, עֲשֵׂה לְמַעַן קְדֻשָּׁתֶךָ.
לְמַעַן יֵחָלְצוּן יְדִידֶיךָ, הוֹשִׁיעָה יְמִינְךָ וַעֲנֵנִי: תהלים ס
יִהְיוּ לְרָצוֹן אִמְרֵי־פִי וְהֶגְיוֹן לִבִּי לְפָנֶיךָ, יְהוָה צוּרִי וְגֹאֲלִי: תהלים יט
כורע ופוסע שלוש פסיעות לאחור. קד לשמאל, לימין ולפנים באמירת:
עֹשֶׂה שָׁלוֹם/ בשבת תשובה: הַשָּׁלוֹם/ בִּמְרוֹמָיו
הוּא בְּרַחֲמָיו יַעֲשֶׂה שָׁלוֹם עָלֵינוּ וְעַל כָּל עַמּוֹ יִשְׂרָאֵל, (וְאִמְרוּ) אָמֵן.

יְהִי רָצוֹן מִלְּפָנֶיךָ, יְהוָה אֱלֹהֵינוּ וֵאלֹהֵי אֲבוֹתֵינוּ, שֶׁתִּבָּנֶה בֵּית הַמִּקְדָּשׁ בִּמְהֵרָה בְיָמֵינוּ, וְתֵן חֶלְקֵנוּ בְּתוֹרָתֶךָ, לַעֲשׂוֹת חֻקֵּי רְצוֹנֶךָ וּלְעָבְדְךָ בְּלֵבָב שָׁלֵם.

הקהל עומד ואומר עם שליח הציבור (ספר המנהיג, על פי שבת קיט ע״ב):
וַיְכֻלּוּ הַשָּׁמַיִם וְהָאָרֶץ וְכָל־צְבָאָם: בראשית ב
וַיְכַל אֱלֹהִים בַּיּוֹם הַשְּׁבִיעִי מְלַאכְתּוֹ אֲשֶׁר עָשָׂה
וַיִּשְׁבֹּת בַּיּוֹם הַשְּׁבִיעִי מִכָּל־מְלַאכְתּוֹ אֲשֶׁר עָשָׂה:
וַיְבָרֶךְ אֱלֹהִים אֶת־יוֹם הַשְּׁבִיעִי, וַיְקַדֵּשׁ אֹתוֹ
כִּי בוֹ שָׁבַת מִכָּל־מְלַאכְתּוֹ, אֲשֶׁר־בָּרָא אֱלֹהִים לַעֲשׂוֹת:

שליח הציבור ממשיך בברכה אחת מעין שבע (בעמוד הבא),
פרט למקום שאינו קבוע לתפילה,
ופרט ליום טוב ראשון של פסח שחל בשבת.
ויש נוהגים ששליח הציבור אומר ברכה זו בכל שבת. ראה הלכה 294.
בליל יום טוב ראשון של פסח אומרים כאן הלל שלם (עמ׳ 370).

## חזרת הש״ץ

אחר תפילת לחש ואמירת וַיְכֻלּוּ
שליח הציבור אומר ברכה אחת מעין שבע (שבת כד ע״ב):

בָּרוּךְ אַתָּה יְהוָה, אֱלֹהֵינוּ וֵאלֹהֵי אֲבוֹתֵינוּ
אֱלֹהֵי אַבְרָהָם, אֱלֹהֵי יִצְחָק, וֵאלֹהֵי יַעֲקֹב
הָאֵל הַגָּדוֹל הַגִּבּוֹר וְהַנּוֹרָא, אֵל עֶלְיוֹן
קוֹנֵה בְּרַחֲמָיו שָׁמַיִם וָאָרֶץ.

מָגֵן אָבוֹת בִּדְבָרוֹ, מְחַיֵּה מֵתִים בְּמַאֲמָרוֹ
הָאֵל/ בשבת תשובה: הַמֶּלֶךְ/ הַקָּדוֹשׁ שֶׁאֵין כָּמוֹהוּ
הַמֵּנִיחַ לְעַמּוֹ בְּיוֹם שַׁבַּת קָדְשׁוֹ
כִּי בָם רָצָה לְהָנִיחַ לָהֶם
לְפָנָיו נַעֲבֹד בְּיִרְאָה וָפַחַד
וְנוֹדֶה לִשְׁמוֹ בְּכָל יוֹם תָּמִיד מֵעֵין הַבְּרָכוֹת וְהַהוֹדָאוֹת
לַאֲדוֹן הַשָּׁלוֹם, מְקַדֵּשׁ הַשַּׁבָּת וּמְבָרֵךְ הַשְּׁבִיעִי
וּמֵנִיחַ בִּקְדֻשָּׁה לְעַם מְדֻשְּׁנֵי עֹנֶג
זֵכֶר לְמַעֲשֵׂה בְרֵאשִׁית.

אֱלֹהֵינוּ וֵאלֹהֵי אֲבוֹתֵינוּ, רְצֵה נָא בִמְנוּחָתֵנוּ.
קַדְּשֵׁנוּ בְּמִצְוֹתֶיךָ, שִׂים חֶלְקֵנוּ בְּתוֹרָתֶךָ
שַׂבְּעֵנוּ מִטּוּבֶךָ, שַׂמַּח נַפְשֵׁנוּ בִּישׁוּעָתֶךָ
וְטַהֵר לִבֵּנוּ לְעָבְדְּךָ בֶּאֱמֶת.
וְהַנְחִילֵנוּ, יְהוָה אֱלֹהֵינוּ
בְּאַהֲבָה וּבְרָצוֹן שַׁבַּת קָדְשֶׁךָ
וְיָנוּחוּ בָהּ כָּל יִשְׂרָאֵל מְקַדְּשֵׁי שְׁמֶךָ.
בָּרוּךְ אַתָּה יְהוָה, מְקַדֵּשׁ הַשַּׁבָּת.

## קדיש תתקבל

שליח הציבור כורע במילים המסומנות ב׳.

ש״ץ: ׳יִתְגַּדַּל וְיִתְקַדַּשׁ שְׁמֵהּ רַבָּא (קהל: אָמֵן)
בְּעָלְמָא דִּי בְרָא כִרְעוּתֵהּ
וְיַמְלִיךְ מַלְכוּתֵהּ וְיַצְמַח פֻּרְקָנֵהּ וִיקָרֵב מְשִׁיחֵהּ (קהל: אָמֵן)
בְּחַיֵּיכוֹן וּבְיוֹמֵיכוֹן וּבְחַיֵּי דְכָל בֵּית יִשְׂרָאֵל
בַּעֲגָלָא וּבִזְמַן קָרִיב, וְאִמְרוּ אָמֵן. (קהל: אָמֵן)

קהל וש״ץ: יְהֵא שְׁמֵהּ ׳רַבָּא מְבָרַךְ לְעָלַם לְעָלְמֵי עָלְמַיָּא ׳יִתְבָּרַךְ
וְיִשְׁתַּבַּח וְיִתְפָּאַר וְיִתְרוֹמַם וְיִתְנַשֵּׂא וְיִתְהַדָּר וְיִתְעַלֶּה וְיִתְהַלָּל
שְׁמֵהּ דְּקֻדְשָׁא ׳בְּרִיךְ הוּא (קהל: אָמֵן)
לְעֵלָּא מִן כָּל בִּרְכָתָא, שִׁירָתָא, תֻּשְׁבְּחָתָא וְנֶחֱמָתָא
דַּאֲמִירָן בְּעָלְמָא, וְאִמְרוּ ׳אָמֵן. (קהל: אָמֵן)

ש״ץ: תִּתְקַבַּל צְלוֹתְהוֹן וּבָעוּתְנָא
עִם צְלוֹתְהוֹן וּבָעוּתְהוֹן דְּכָל בֵּית יִשְׂרָאֵל
קֳדָם אֲבוּנָא דְבִשְׁמַיָּא, וְאִמְרוּ אָמֵן. (קהל: אָמֵן)

יְהֵא שְׁלָמָא רַבָּא מִן שְׁמַיָּא, חַיִּים וְשָׂבָע וִישׁוּעָה וְנֶחָמָה
וְשֵׁיזָבָא וּרְפוּאָה, וּגְאֻלָּה וּסְלִיחָה וְכַפָּרָה, וְרֵוַח וְהַצָּלָה
לָנוּ וּלְכָל עַמּוֹ יִשְׂרָאֵל, וְאִמְרוּ אָמֵן. (קהל: אָמֵן)

עֹשֶׂה שָׁלוֹם/ בשבת תשובה: הַשָּׁלוֹם/ בִּמְרוֹמָיו
הוּא בְּרַחֲמָיו יַעֲשֶׂה שָׁלוֹם עָלֵינוּ
וְעַל כָּל עַמּוֹ יִשְׂרָאֵל, וְאִמְרוּ אָמֵן. (קהל: אָמֵן)

בליל שבת אומרים מזמור זה במקום ׳שִׁיר לַמַּעֲלוֹת׳. בליל יום טוב אומרים את מזמור קכב ובפסח את מזמור קיד (עמ׳ 147-148). ואם חל בשבת אומרים אותם אחרי מזמור זה.

מִזְמוֹר לְדָוִד, יְהֹוָה רֹעִי לֹא אֶחְסָר: בִּנְאוֹת דֶּשֶׁא יַרְבִּיצֵנִי, עַל־מֵי מְנֻחוֹת תהלים כג
יְנַהֲלֵנִי: נַפְשִׁי יְשׁוֹבֵב, יַנְחֵנִי בְמַעְגְּלֵי־צֶדֶק לְמַעַן שְׁמוֹ: גַּם כִּי־אֵלֵךְ בְּגֵיא
צַלְמָוֶת לֹא־אִירָא רָע, כִּי־אַתָּה עִמָּדִי, שִׁבְטְךָ וּמִשְׁעַנְתֶּךָ הֵמָּה יְנַחֲמֻנִי:
תַּעֲרֹךְ לְפָנַי שֻׁלְחָן נֶגֶד צֹרְרָי, דִּשַּׁנְתָּ בַשֶּׁמֶן רֹאשִׁי, כּוֹסִי רְוָיָה: אַךְ טוֹב
וָחֶסֶד יִרְדְּפוּנִי כָּל־יְמֵי חַיָּי, וְשַׁבְתִּי בְּבֵית־יְהֹוָה לְאֹרֶךְ יָמִים:

## קדיש יהא שלמא

הַמְקַדֵּשׁ (האומר קדיש) כורע במילים המסומנות ב־ׄ.
נוהגים שאם יש אבל הוא אומר קדיש זה.

מקדש: ׄיִתְגַּדַּל וְיִתְקַדַּשׁ שְׁמֵיהּ רַבָּא (קהל: אָמֵן)
בְּעָלְמָא דִּי בְרָא כִרְעוּתֵהּ
וְיַמְלִיךְ מַלְכוּתֵהּ וְיַצְמַח פֻּרְקָנֵהּ וִיקָרֵב מְשִׁיחֵהּ (קהל: אָמֵן)
בְּחַיֵּיכוֹן וּבְיוֹמֵיכוֹן וּבְחַיֵּי דְכָל בֵּית יִשְׂרָאֵל
בַּעֲגָלָא וּבִזְמַן קָרִיב
וְאִמְרוּ אָמֵן. (קהל: אָמֵן)

קהל ומקדש: יְהֵא שְׁמֵיהּ ׄרַבָּא מְבָרַךְ לְעָלַם לְעָלְמֵי עָלְמַיָּא ׄיִתְבָּרַךְ
וְיִשְׁתַּבַּח וְיִתְפָּאַר וְיִתְרוֹמַם וְיִתְנַשֵּׂא
וְיִתְהַדָּר וְיִתְעַלֶּה וְיִתְהַלָּל שְׁמֵיהּ דְּקֻדְשָׁא ׄבְּרִיךְ הוּא (קהל: אָמֵן)
לְעֵלָּא מִן כָּל בִּרְכָתָא, שִׁירָתָא, תֻּשְׁבְּחָתָא וְנֶחֱמָתָא
דַּאֲמִירָן בְּעָלְמָא
וְאִמְרוּ ׄאָמֵן. (קהל: אָמֵן)

מקדש: יְהֵא שְׁלָמָא רַבָּא מִן שְׁמַיָּא
חַיִּים וְשָׂבָע וִישׁוּעָה וְנֶחָמָה
וְשֵׁיזָבָא וּרְפוּאָה וּגְאֻלָּה וּסְלִיחָה וְכַפָּרָה, וְרֶוַח וְהַצָּלָה
לָנוּ וּלְכָל עַמּוֹ יִשְׂרָאֵל, וְאִמְרוּ אָמֵן. (קהל: אָמֵן)

עֹשֶׂה שָׁלוֹם בִּמְרוֹמָיו
הוּא בְּרַחֲמָיו יַעֲשֶׂה שָׁלוֹם עָלֵינוּ
וְעַל כָּל עַמּוֹ יִשְׂרָאֵל
וְאִמְרוּ אָמֵן. (קהל: אָמֵן)

המקדש מוסיף: בָּרְכוּ אֶת יְהוָה הַמְבֹרָךְ.
והקהל עונה: בָּרוּךְ יְהוָה הַמְבֹרָךְ לְעוֹלָם וָעֶד.
המקדש חוזר: בָּרוּךְ יְהוָה הַמְבֹרָךְ לְעוֹלָם וָעֶד.

עומדים ואומרים ׳עָלֵינוּ׳ כדי לחזק בלבנו את האמונה בקב״ה ובגאולה (טור וב״ת, קלג), וכורעים במקום המסומן ב°. ברוב הקהילות ממשיכים ׳עַל כֵּן נְקַוֶּה׳, כדעת האר״י.

עָלֵינוּ לְשַׁבֵּחַ לַאֲדוֹן הַכֹּל, לָתֵת גְּדֻלָּה לְיוֹצֵר בְּרֵאשִׁית
שֶׁלֹּא עָשָׂנוּ כְּגוֹיֵי הָאֲרָצוֹת, וְלֹא שָׂמָנוּ כְּמִשְׁפְּחוֹת הָאֲדָמָה
שֶׁלֹּא שָׂם חֶלְקֵנוּ כָּהֶם וְגוֹרָלֵנוּ כְּכָל הֲמוֹנָם.
שֶׁהֵם מִשְׁתַּחֲוִים לְהֶבֶל וָרִיק וּמִתְפַּלְּלִים אֶל־אֵל לֹא יוֹשִׁיעַ.
°וַאֲנַחְנוּ מִשְׁתַּחֲוִים לִפְנֵי מֶלֶךְ מַלְכֵי הַמְּלָכִים, הַקָּדוֹשׁ בָּרוּךְ הוּא
שֶׁהוּא נוֹטֶה שָׁמַיִם וְיוֹסֵד אָרֶץ
וּמוֹשַׁב יְקָרוֹ בַּשָּׁמַיִם מִמַּעַל, וּשְׁכִינַת עֻזּוֹ בְּגָבְהֵי מְרוֹמִים.
הוּא אֱלֹהֵינוּ, וְאֵין עוֹד אַחֵר
אֱמֶת מַלְכֵּנוּ, וְאֶפֶס זוּלָתוֹ
כַּכָּתוּב בְּתוֹרָתוֹ, וְיָדַעְתָּ הַיּוֹם וַהֲשֵׁבֹתָ אֶל־לְבָבֶךָ דברים ד
כִּי יְהוָה הוּא הָאֱלֹהִים בַּשָּׁמַיִם מִמַּעַל וְעַל־הָאָרֶץ מִתָּחַת, אֵין עוֹד:

עַל כֵּן נְקַוֶּה לְּךָ, יְהוָה אֱלֹהֵינוּ, לִרְאוֹת מְהֵרָה בְּתִפְאֶרֶת עֻזֶּךָ
לְהַעֲבִיר גִּלּוּלִים מִן הָאָרֶץ וְהָאֱלִילִים כָּרוֹת יִכָּרֵתוּן
לְתַקֵּן עוֹלָם בְּמַלְכוּת שַׁדַּי
וְכָל בְּנֵי בָשָׂר יִקְרְאוּ בִשְׁמֶךָ לְהַפְנוֹת אֵלֶיךָ כָּל רִשְׁעֵי אָרֶץ
יַכִּירוּ וְיֵדְעוּ כָּל יוֹשְׁבֵי תֵבֵל
כִּי לְךָ תִּכְרַע כָּל בֶּרֶךְ, תִּשָּׁבַע כָּל לָשׁוֹן.
לְפָנֶיךָ יְהוָה אֱלֹהֵינוּ יִכְרְעוּ וְיִפֹּלוּ, וְלִכְבוֹד שִׁמְךָ יְקָר יִתֵּנוּ
וִיקַבְּלוּ כֻלָּם אֶת עוֹל מַלְכוּתֶךָ, וְתִמְלֹךְ עֲלֵיהֶם מְהֵרָה לְעוֹלָם וָעֶד
כִּי הַמַּלְכוּת שֶׁלְּךָ הִיא וּלְעוֹלְמֵי עַד תִּמְלֹךְ בְּכָבוֹד
כַּכָּתוּב בְּתוֹרָתֶךָ, יְהוָה יִמְלֹךְ לְעֹלָם וָעֶד: שמות טו
וְנֶאֱמַר, וְהָיָה יְהוָה לְמֶלֶךְ עַל־כָּל־הָאָרֶץ זכריה יד
בַּיּוֹם הַהוּא יִהְיֶה יְהוָה אֶחָד וּשְׁמוֹ אֶחָד:

בכמה מקהילות המערב נוהגים לומר כאן חצי קדיש (עמ׳ 231).

ממוצאי יו״ט ראשון של פסח עד ערב שבועות סופרים כאן ספירת העומר (עמ׳ 179).

יִגְדַּל אֱלֹהִים חַי וְיִשְׁתַּבַּח, נִמְצָא וְאֵין עֵת אֶל מְצִיאוּתוֹ.
אֶחָד וְאֵין יָחִיד כְּיִחוּדוֹ, נֶעְלָם וְגַם אֵין סוֹף לְאַחְדוּתוֹ.
אֵין לוֹ דְּמוּת הַגּוּף וְאֵינוֹ גוּף, לֹא נַעֲרֹךְ אֵלָיו קְדֻשָּׁתוֹ.
קַדְמוֹן לְכָל דָּבָר אֲשֶׁר נִבְרָא, רִאשׁוֹן וְאֵין רֵאשִׁית לְרֵאשִׁיתוֹ.
הִנּוֹ אֲדוֹן עוֹלָם, וְכָל נוֹצָר יוֹרֶה גְדֻלָּתוֹ וּמַלְכוּתוֹ.
שֶׁפַע נְבוּאָתוֹ נְתָנוֹ אֶל־אַנְשֵׁי סְגֻלָּתוֹ וְתִפְאַרְתּוֹ.
לֹא קָם בְּיִשְׂרָאֵל כְּמֹשֶׁה עוֹד נָבִיא וּמַבִּיט אֶת תְּמוּנָתוֹ.
תּוֹרַת אֱמֶת נָתַן לְעַמּוֹ אֵל, עַל יַד נְבִיאוֹ נֶאֱמַן בֵּיתוֹ.
לֹא יַחֲלִיף הָאֵל וְלֹא יָמִיר דָּתוֹ לְעוֹלָמִים לְזוּלָתוֹ.
צוֹפֶה וְיוֹדֵעַ סְתָרֵינוּ, מַבִּיט לְסוֹף דָּבָר בְּקַדְמוּתוֹ.
גּוֹמֵל לְאִישׁ חֶסֶד כְּמִפְעָלוֹ, נוֹתֵן לְרָשָׁע רָע כְּרִשְׁעָתוֹ.
יִשְׁלַח לְקֵץ יָמִין מְשִׁיחֵנוּ, לִפְדּוֹת מְחַכֵּי קֵץ יְשׁוּעָתוֹ.
מֵתִים יְחַיֶּה אֵל בְּרֹב חַסְדּוֹ, בָּרוּךְ עֲדֵי עַד שֵׁם תְּהִלָּתוֹ.
אֵלֶּה שְׁלֹשׁ עֶשְׂרֵה לְעִקָּרִים, הֵן הֵם יְסוֹד דַּת אֵל וְתוֹרָתוֹ.
תּוֹרַת מֹשֶׁה אֱמֶת וּנְבוּאָתוֹ, בָּרוּךְ עֲדֵי עַד שֵׁם תְּהִלָּתוֹ.

אֲדוֹן עוֹלָם אֲשֶׁר מָלַךְ בְּטֶרֶם כָּל־יְצִיר נִבְרָא.
לְעֵת נַעֲשָׂה בְחֶפְצוֹ כֹּל, אֲזַי מֶלֶךְ שְׁמוֹ נִקְרָא.
וְאַחֲרֵי כִּכְלוֹת הַכֹּל, לְבַדּוֹ יִמְלֹךְ נוֹרָא.
וְהוּא הָיָה וְהוּא הֹוֶה וְהוּא יִהְיֶה בְּתִפְאָרָה.
וְהוּא אֶחָד וְאֵין שֵׁנִי לְהַמְשִׁיל לוֹ לְהַחְבִּירָה.
בְּלִי רֵאשִׁית, בְּלִי תַכְלִית, וְלוֹ הָעֹז וְהַמִּשְׂרָה.
בְּלִי עֵרֶךְ, בְּלִי דִמְיוֹן, בְּלִי שִׁנּוּי וּתְמוּרָה.
בְּלִי חִבּוּר, בְּלִי פֵרוּד, גְּדָל כֹּחַ וּגְבוּרָה.
וְהוּא אֵלִי וְחַי גּוֹאֲלִי, וְצוּר חֶבְלִי בְּעֵת צָרָה.
וְהוּא נִסִּי וּמָנוּסִי, מְנָת כּוֹסִי בְּיוֹם אֶקְרָא.
(וְהוּא רוֹפֵא וְהוּא מְרַפֵּא וְהוּא צוֹפֶה וְהוּא עֶזְרָה).
בְּיָדוֹ אַפְקִיד רוּחִי בְּעֵת אִישַׁן וְאָעִירָה.
וְעִם רוּחִי גְּוִיָּתִי, יְהֹוָה לִי וְלֹא אִירָא.
(בְּמִקְדָּשׁוֹ תָּגֵל נַפְשִׁי, מְשִׁיחֵנוּ יִשְׁלַח מְהֵרָה.
וְאָז נָשִׁיר בְּבֵית קָדְשִׁי, אָמֵן אָמֵן שֵׁם הַנּוֹרָא).

# שחרית לשבת וליום טוב

## זמירות

מתפללים תפילת השחר עד עמ׳ 44.

בשבת מוסיפים מזמורים אלו שהם מעניין מעשה בראשית שהושלם בשבת, ומזמורים המדברים על הגאולה שתבוא בזכות השבת (ספר המנהיג, כב).

תהלים יט לַמְנַצֵּחַ מִזְמוֹר לְדָוִד: הַשָּׁמַיִם מְסַפְּרִים כְּבוֹד־אֵל, וּמַעֲשֵׂה יָדָיו מַגִּיד הָרָקִיעַ: יוֹם לְיוֹם יַבִּיעַ אֹמֶר, וְלַיְלָה לְּלַיְלָה יְחַוֶּה־דָּעַת: אֵין־אֹמֶר וְאֵין דְּבָרִים, בְּלִי נִשְׁמָע קוֹלָם: בְּכָל־הָאָרֶץ יָצָא קַוָּם, וּבִקְצֵה תֵבֵל מִלֵּיהֶם, לַשֶּׁמֶשׁ שָׂם־אֹהֶל בָּהֶם: וְהוּא כְּחָתָן יֹצֵא מֵחֻפָּתוֹ, יָשִׂישׂ כְּגִבּוֹר לָרוּץ אֹרַח: מִקְצֵה הַשָּׁמַיִם מוֹצָאוֹ, וּתְקוּפָתוֹ עַל־קְצוֹתָם, וְאֵין נִסְתָּר מֵחַמָּתוֹ: תּוֹרַת יְהֹוָה תְּמִימָה, מְשִׁיבַת נָפֶשׁ, עֵדוּת יְהֹוָה נֶאֱמָנָה, מַחְכִּימַת פֶּתִי: פִּקּוּדֵי יְהֹוָה יְשָׁרִים, מְשַׂמְּחֵי־לֵב, מִצְוַת יְהֹוָה בָּרָה, מְאִירַת עֵינָיִם: יִרְאַת יְהֹוָה טְהוֹרָה, עוֹמֶדֶת לָעַד, מִשְׁפְּטֵי־יְהֹוָה אֱמֶת, צָדְקוּ יַחְדָּו: הַנֶּחֱמָדִים מִזָּהָב וּמִפַּז רָב, וּמְתוּקִים מִדְּבַשׁ וְנֹפֶת צוּפִים: גַּם־עַבְדְּךָ נִזְהָר בָּהֶם, בְּשָׁמְרָם עֵקֶב רָב: שְׁגִיאוֹת מִי־יָבִין, מִנִּסְתָּרוֹת נַקֵּנִי: גַּם מִזֵּדִים חֲשֹׂךְ עַבְדֶּךָ, אַל־יִמְשְׁלוּ־בִי אָז אֵיתָם, וְנִקֵּיתִי מִפֶּשַׁע רָב: יִהְיוּ לְרָצוֹן אִמְרֵי־פִי וְהֶגְיוֹן לִבִּי לְפָנֶיךָ, יְהֹוָה, צוּרִי וְגֹאֲלִי:

תהלים לג רַנְּנוּ צַדִּיקִים בַּיהֹוָה, לַיְשָׁרִים נָאוָה תְהִלָּה: הוֹדוּ לַיהֹוָה בְּכִנּוֹר, בְּנֵבֶל עָשׂוֹר זַמְּרוּ־לוֹ: שִׁירוּ־לוֹ שִׁיר חָדָשׁ, הֵיטִיבוּ נַגֵּן בִּתְרוּעָה: כִּי־יָשָׁר דְּבַר־יְהֹוָה, וְכָל־מַעֲשֵׂהוּ בֶּאֱמוּנָה: אֹהֵב צְדָקָה וּמִשְׁפָּט, חֶסֶד יְהֹוָה מָלְאָה הָאָרֶץ: בִּדְבַר יְהֹוָה שָׁמַיִם נַעֲשׂוּ, וּבְרוּחַ פִּיו כָּל־צְבָאָם: כֹּנֵס כַּנֵּד מֵי הַיָּם, נֹתֵן בְּאוֹצָרוֹת תְּהוֹמוֹת: יִירְאוּ מֵיְהֹוָה כָּל־הָאָרֶץ, מִמֶּנּוּ יָגוּרוּ כָּל־יֹשְׁבֵי תֵבֵל: כִּי הוּא אָמַר וַיֶּהִי, הוּא־צִוָּה וַיַּעֲמֹד: יְהֹוָה הֵפִיר עֲצַת־גּוֹיִם, הֵנִיא מַחְשְׁבוֹת עַמִּים: עֲצַת יְהֹוָה

לְעוֹלָם תַּעֲמֹד, מַחְשְׁבוֹת לִבּוֹ לְדֹר וָדֹר: אַשְׁרֵי הַגּוֹי אֲשֶׁר־יְהֹוָה
אֱלֹהָיו, הָעָם בָּחַר לְנַחֲלָה לוֹ: מִשָּׁמַיִם הִבִּיט יְהֹוָה, רָאָה אֶת־
כָּל־בְּנֵי הָאָדָם: מִמְּכוֹן־שִׁבְתּוֹ הִשְׁגִּיחַ, אֶל כָּל־יֹשְׁבֵי הָאָרֶץ: הַיֹּצֵר
יַחַד לִבָּם, הַמֵּבִין אֶל־כָּל־מַעֲשֵׂיהֶם: אֵין־הַמֶּלֶךְ נוֹשָׁע בְּרָב־חָיִל,
גִּבּוֹר לֹא־יִנָּצֵל בְּרָב־כֹּחַ: שֶׁקֶר הַסּוּס לִתְשׁוּעָה, וּבְרֹב חֵילוֹ לֹא
יְמַלֵּט: הִנֵּה עֵין יְהֹוָה אֶל־יְרֵאָיו, לַמְיַחֲלִים לְחַסְדּוֹ: לְהַצִּיל מִמָּוֶת
נַפְשָׁם, וּלְחַיּוֹתָם בָּרָעָב: נַפְשֵׁנוּ חִכְּתָה לַיהֹוָה, עֶזְרֵנוּ וּמָגִנֵּנוּ הוּא:
כִּי־בוֹ יִשְׂמַח לִבֵּנוּ, כִּי בְשֵׁם קָדְשׁוֹ בָטָחְנוּ: יְהִי־חַסְדְּךָ יְהֹוָה עָלֵינוּ,
כַּאֲשֶׁר יִחַלְנוּ לָךְ:

תהלים לד
לְדָוִד, בְּשַׁנּוֹתוֹ אֶת־טַעְמוֹ לִפְנֵי אֲבִימֶלֶךְ, וַיְגָרְשֵׁהוּ וַיֵּלַךְ: אֲבָרְכָה
אֶת־יְהֹוָה בְּכָל־עֵת, תָּמִיד תְּהִלָּתוֹ בְּפִי: בַּיהֹוָה תִּתְהַלֵּל נַפְשִׁי,
יִשְׁמְעוּ עֲנָוִים וְיִשְׂמָחוּ: גַּדְּלוּ לַיהֹוָה אִתִּי, וּנְרוֹמְמָה שְׁמוֹ יַחְדָּו:
דָּרַשְׁתִּי אֶת־יְהֹוָה וְעָנָנִי, וּמִכָּל־מְגוּרוֹתַי הִצִּילָנִי: הִבִּיטוּ אֵלָיו וְנָהָרוּ,
וּפְנֵיהֶם אַל־יֶחְפָּרוּ: זֶה עָנִי קָרָא, וַיהֹוָה שָׁמֵעַ, וּמִכָּל־צָרוֹתָיו הוֹשִׁיעוֹ:
חֹנֶה מַלְאַךְ־יְהֹוָה סָבִיב לִירֵאָיו, וַיְחַלְּצֵם: טַעֲמוּ וּרְאוּ כִּי־טוֹב יְהֹוָה,
אַשְׁרֵי הַגֶּבֶר יֶחֱסֶה־בּוֹ: יְראוּ אֶת־יְהֹוָה קְדֹשָׁיו, כִּי־אֵין מַחְסוֹר
לִירֵאָיו: כְּפִירִים רָשׁוּ וְרָעֵבוּ, וְדֹרְשֵׁי יְהֹוָה לֹא־יַחְסְרוּ כָל־טוֹב:
לְכוּ־בָנִים שִׁמְעוּ־לִי, יִרְאַת יְהֹוָה אֲלַמֶּדְכֶם: מִי־הָאִישׁ הֶחָפֵץ חַיִּים,
אֹהֵב יָמִים לִרְאוֹת טוֹב: נְצֹר לְשׁוֹנְךָ מֵרָע, וּשְׂפָתֶיךָ מִדַּבֵּר מִרְמָה:
סוּר מֵרָע וַעֲשֵׂה־טוֹב, בַּקֵּשׁ שָׁלוֹם וְרָדְפֵהוּ: עֵינֵי יְהֹוָה אֶל־צַדִּיקִים,
וְאָזְנָיו אֶל־שַׁוְעָתָם: פְּנֵי יְהֹוָה בְּעֹשֵׂי רָע, לְהַכְרִית מֵאֶרֶץ זִכְרָם:
צָעֲקוּ וַיהֹוָה שָׁמֵעַ, וּמִכָּל־צָרוֹתָם הִצִּילָם: קָרוֹב יְהֹוָה לְנִשְׁבְּרֵי־לֵב,
וְאֶת־דַּכְּאֵי־רוּחַ יוֹשִׁיעַ: רַבּוֹת רָעוֹת צַדִּיק, וּמִכֻּלָּם יַצִּילֶנּוּ יְהֹוָה:
שֹׁמֵר כָּל־עַצְמוֹתָיו, אַחַת מֵהֵנָּה לֹא נִשְׁבָּרָה: תְּמוֹתֵת רָשָׁע רָעָה,
וְשֹׂנְאֵי צַדִּיק יֶאְשָׁמוּ: פּוֹדֶה יְהֹוָה נֶפֶשׁ עֲבָדָיו, וְלֹא יֶאְשְׁמוּ כָּל־
הַחֹסִים בּוֹ:

תפילה כללית שהתפלל משה רבינו על עם ישראל, ובה ביקש רחמים עליהם לכל זמן הגלות (אגרת הנחמה לרבי מימון הדיין אבי הרמב״ם).

תהלים צ
תְּפִלָּה לְמֹשֶׁה אִישׁ־הָאֱלֹהִים, אֲדֹנָי, מָעוֹן אַתָּה הָיִיתָ לָּנוּ בְּדֹר וָדֹר:
בְּטֶרֶם הָרִים יֻלָּדוּ, וַתְּחוֹלֵל אֶרֶץ וְתֵבֵל, וּמֵעוֹלָם עַד־עוֹלָם אַתָּה
אֵל: תָּשֵׁב אֱנוֹשׁ עַד־דַּכָּא, וַתֹּאמֶר שׁוּבוּ בְנֵי־אָדָם: כִּי אֶלֶף שָׁנִים
בְּעֵינֶיךָ, כְּיוֹם אֶתְמוֹל כִּי יַעֲבֹר, וְאַשְׁמוּרָה בַלָּיְלָה: זְרַמְתָּם, שֵׁנָה
יִהְיוּ, בַּבֹּקֶר כֶּחָצִיר יַחֲלֹף: בַּבֹּקֶר יָצִיץ וְחָלָף, לָעֶרֶב יְמוֹלֵל וְיָבֵשׁ:
כִּי־כָלִינוּ בְאַפֶּךָ, וּבַחֲמָתְךָ נִבְהָלְנוּ: שַׁתָּ עֲוֹנֹתֵינוּ לְנֶגְדֶּךָ, עֲלֻמֵנוּ
לִמְאוֹר פָּנֶיךָ: כִּי כָל־יָמֵינוּ פָּנוּ בְעֶבְרָתֶךָ, כִּלִּינוּ שָׁנֵינוּ כְמוֹ־הֶגֶה:
יְמֵי־שְׁנוֹתֵינוּ בָהֶם שִׁבְעִים שָׁנָה, וְאִם בִּגְבוּרֹת שְׁמוֹנִים שָׁנָה, וְרָהְבָּם
עָמָל וָאָוֶן, כִּי־גָז חִישׁ וַנָּעֻפָה: מִי־יוֹדֵעַ עֹז אַפֶּךָ, וּכְיִרְאָתְךָ עֶבְרָתֶךָ:
לִמְנוֹת יָמֵינוּ כֵּן הוֹדַע, וְנָבִא לְבַב חָכְמָה: שׁוּבָה יְהוָה עַד־מָתָי,
וְהִנָּחֵם עַל־עֲבָדֶיךָ: שַׂבְּעֵנוּ בַבֹּקֶר חַסְדֶּךָ, וּנְרַנְּנָה וְנִשְׂמְחָה בְּכָל־
יָמֵינוּ: שַׂמְּחֵנוּ כִּימוֹת עִנִּיתָנוּ, שְׁנוֹת רָאִינוּ רָעָה: יֵרָאֶה אֶל־עֲבָדֶיךָ
פָעֳלֶךָ, וַהֲדָרְךָ עַל־בְּנֵיהֶם: וִיהִי נֹעַם אֲדֹנָי אֱלֹהֵינוּ עָלֵינוּ, וּמַעֲשֵׂה
יָדֵינוּ כּוֹנְנָה עָלֵינוּ, וּמַעֲשֵׂה יָדֵינוּ כּוֹנְנֵהוּ:

מזמור זה מכונה ׳שיר שלפגועים׳, מפני שהוא עוסק בשמירתו של הקב״ה על האדם ובמידת הביטחון (שבועות טו ע״ב). ואמרו משה רבינו בשעה שעלה להר סיני לקבל את הלוחות (במדבר רבה יב, ג).

תהלים צא
יֹשֵׁב בְּסֵתֶר עֶלְיוֹן, בְּצֵל שַׁדַּי יִתְלוֹנָן: אֹמַר לַיהוָה מַחְסִי וּמְצוּדָתִי,
אֱלֹהַי אֶבְטַח־בּוֹ: כִּי הוּא יַצִּילְךָ מִפַּח יָקוּשׁ, מִדֶּבֶר הַוּוֹת: בְּאֶבְרָתוֹ
יָסֶךְ לָךְ, וְתַחַת־כְּנָפָיו תֶּחְסֶה, צִנָּה וְסֹחֵרָה אֲמִתּוֹ: לֹא־תִירָא מִפַּחַד
לָיְלָה, מֵחֵץ יָעוּף יוֹמָם: מִדֶּבֶר בָּאֹפֶל יַהֲלֹךְ, מִקֶּטֶב יָשׁוּד צָהֳרָיִם:
יִפֹּל מִצִּדְּךָ אֶלֶף, וּרְבָבָה מִימִינֶךָ, אֵלֶיךָ לֹא יִגָּשׁ: רַק בְּעֵינֶיךָ תַבִּיט,
וְשִׁלֻּמַת רְשָׁעִים תִּרְאֶה: כִּי־אַתָּה יְהוָה מַחְסִי, עֶלְיוֹן שַׂמְתָּ מְעוֹנֶךָ:
לֹא־תְאֻנֶּה אֵלֶיךָ רָעָה, וְנֶגַע לֹא־יִקְרַב בְּאָהֳלֶךָ: כִּי מַלְאָכָיו יְצַוֶּה־
לָּךְ, לִשְׁמָרְךָ בְּכָל־דְּרָכֶיךָ: עַל־כַּפַּיִם יִשָּׂאוּנְךָ, פֶּן־תִּגֹּף בָּאֶבֶן רַגְלֶךָ:

עַל־שַׁחַל וָפֶתֶן תִּדְרֹךְ, תִּרְמֹס כְּפִיר וְתַנִּין: כִּי בִי חָשַׁק וַאֲפַלְּטֵהוּ, אֲשַׂגְּבֵהוּ כִּי־יָדַע שְׁמִי: יִקְרָאֵנִי וְאֶעֱנֵהוּ, עִמּוֹ אָנֹכִי בְצָרָה, אֲחַלְּצֵהוּ וַאֲכַבְּדֵהוּ: אֹרֶךְ יָמִים אַשְׂבִּיעֵהוּ, וְאַרְאֵהוּ בִּישׁוּעָתִי:

ביום טוב מוסיפים כאן מזמור הרגל (עמ׳ 415).

תהלים צח מִזְמוֹר, שִׁירוּ לַיהוָה שִׁיר חָדָשׁ, כִּי־נִפְלָאוֹת עָשָׂה, הוֹשִׁיעָה־לּוֹ יְמִינוֹ וּזְרוֹעַ קָדְשׁוֹ: הוֹדִיעַ יְהוָה יְשׁוּעָתוֹ, לְעֵינֵי הַגּוֹיִם גִּלָּה צִדְקָתוֹ: זָכַר חַסְדּוֹ וֶאֱמוּנָתוֹ לְבֵית יִשְׂרָאֵל, רָאוּ כָל־אַפְסֵי־אָרֶץ אֵת יְשׁוּעַת אֱלֹהֵינוּ: הָרִיעוּ לַיהוָה כָּל־הָאָרֶץ, פִּצְחוּ וְרַנְּנוּ וְזַמֵּרוּ: זַמְּרוּ לַיהוָה בְּכִנּוֹר, בְּכִנּוֹר וְקוֹל זִמְרָה: בַּחֲצֹצְרוֹת וְקוֹל שׁוֹפָר, הָרִיעוּ לִפְנֵי הַמֶּלֶךְ יְהוָה: יִרְעַם הַיָּם וּמְלֹאוֹ, תֵּבֵל וְיֹשְׁבֵי בָהּ: נְהָרוֹת יִמְחֲאוּ־כָף, יַחַד הָרִים יְרַנֵּנוּ: לִפְנֵי יְהוָה כִּי בָא לִשְׁפֹּט הָאָרֶץ, יִשְׁפֹּט־תֵּבֵל בְּצֶדֶק, וְעַמִּים בְּמֵישָׁרִים:

תהלים קכא שִׁיר לַמַּעֲלוֹת, אֶשָּׂא עֵינַי אֶל־הֶהָרִים, מֵאַיִן יָבֹא עֶזְרִי: עֶזְרִי מֵעִם יְהוָה, עֹשֵׂה שָׁמַיִם וָאָרֶץ: אַל־יִתֵּן לַמּוֹט רַגְלֶךָ, אַל־יָנוּם שֹׁמְרֶךָ: הִנֵּה לֹא־יָנוּם וְלֹא יִישָׁן שׁוֹמֵר יִשְׂרָאֵל: יְהוָה שֹׁמְרֶךָ, יְהוָה צִלְּךָ עַל־יַד יְמִינֶךָ: יוֹמָם הַשֶּׁמֶשׁ לֹא־יַכֶּכָּה, וְיָרֵחַ בַּלָּיְלָה: יְהוָה יִשְׁמָרְךָ מִכָּל־רָע, יִשְׁמֹר אֶת־נַפְשֶׁךָ: יְהוָה יִשְׁמָר־צֵאתְךָ וּבוֹאֶךָ, מֵעַתָּה וְעַד־עוֹלָם:

תהלים קכב שִׁיר הַמַּעֲלוֹת לְדָוִד, שָׂמַחְתִּי בְּאֹמְרִים לִי בֵּית יְהוָה נֵלֵךְ: עֹמְדוֹת הָיוּ רַגְלֵינוּ, בִּשְׁעָרַיִךְ יְרוּשָׁלָםִ: יְרוּשָׁלַםִ הַבְּנוּיָה, כְּעִיר שֶׁחֻבְּרָה־לָּהּ יַחְדָּו: שֶׁשָּׁם עָלוּ שְׁבָטִים שִׁבְטֵי־יָהּ, עֵדוּת לְיִשְׂרָאֵל, לְהֹדוֹת לְשֵׁם יְהוָה: כִּי שָׁמָּה יָשְׁבוּ כִסְאוֹת לְמִשְׁפָּט, כִּסְאוֹת לְבֵית דָּוִד: שַׁאֲלוּ שְׁלוֹם יְרוּשָׁלָםִ, יִשְׁלָיוּ אֹהֲבָיִךְ: יְהִי־שָׁלוֹם בְּחֵילֵךְ, שַׁלְוָה בְּאַרְמְנוֹתָיִךְ: לְמַעַן אַחַי וְרֵעָי, אֲדַבְּרָה־נָּא שָׁלוֹם בָּךְ: לְמַעַן בֵּית־יְהוָה אֱלֹהֵינוּ, אֲבַקְשָׁה טוֹב לָךְ:

תהלים קכג שִׁיר הַמַּעֲלוֹת, אֵלֶיךָ נָשָׂאתִי אֶת־עֵינַי, הַיֹּשְׁבִי בַּשָּׁמָיִם: הִנֵּה כְעֵינֵי עֲבָדִים אֶל־יַד אֲדוֹנֵיהֶם, כְּעֵינֵי שִׁפְחָה אֶל־יַד גְּבִרְתָּהּ, כֵּן עֵינֵינוּ אֶל־יְהֹוָה אֱלֹהֵינוּ, עַד שֶׁיְּחָנֵּנוּ: חָנֵּנוּ יְהֹוָה חָנֵּנוּ, כִּי־רַב שָׂבַעְנוּ בוּז: רַבַּת שָׂבְעָה־לָּהּ נַפְשֵׁנוּ, הַלַּעַג הַשַּׁאֲנַנִּים, הַבּוּז לִגְאֵי יוֹנִים:

תהלים קכד שִׁיר הַמַּעֲלוֹת לְדָוִד, לוּלֵי יְהֹוָה שֶׁהָיָה לָנוּ, יֹאמַר־נָא יִשְׂרָאֵל: לוּלֵי יְהֹוָה שֶׁהָיָה לָנוּ, בְּקוּם עָלֵינוּ אָדָם: אֲזַי חַיִּים בְּלָעוּנוּ, בַּחֲרוֹת אַפָּם בָּנוּ: אֲזַי הַמַּיִם שְׁטָפוּנוּ, נַחְלָה עָבַר עַל־נַפְשֵׁנוּ: אֲזַי עָבַר עַל־נַפְשֵׁנוּ, הַמַּיִם הַזֵּידוֹנִים: בָּרוּךְ יְהֹוָה, שֶׁלֹּא נְתָנָנוּ טֶרֶף לְשִׁנֵּיהֶם: נַפְשֵׁנוּ כְּצִפּוֹר נִמְלְטָה מִפַּח יוֹקְשִׁים, הַפַּח נִשְׁבָּר וַאֲנַחְנוּ נִמְלָטְנוּ: עֶזְרֵנוּ בְּשֵׁם יְהֹוָה, עֹשֵׂה שָׁמַיִם וָאָרֶץ:

במזמור זה המשורר פונה לכוהנים וללוויים שיהללו את ה',
ובמזמור הבא, המקביל לו, הוא פונה לישראל שיעשו כן אף הם (ראב"ע).

תהלים קלה הַלְלוּיָהּ, הַלְלוּ אֶת־שֵׁם יְהֹוָה, הַלְלוּ עַבְדֵי יְהֹוָה: שֶׁעֹמְדִים בְּבֵית יְהֹוָה, בְּחַצְרוֹת בֵּית אֱלֹהֵינוּ: הַלְלוּיָהּ כִּי־טוֹב יְהֹוָה, זַמְּרוּ לִשְׁמוֹ כִּי נָעִים: כִּי־יַעֲקֹב בָּחַר לוֹ יָהּ, יִשְׂרָאֵל לִסְגֻלָּתוֹ: כִּי אֲנִי יָדַעְתִּי כִּי־גָדוֹל יְהֹוָה, וַאֲדֹנֵינוּ מִכָּל־אֱלֹהִים: כֹּל אֲשֶׁר־חָפֵץ יְהֹוָה עָשָׂה, בַּשָּׁמַיִם וּבָאָרֶץ, בַּיַּמִּים וְכָל־תְּהֹמוֹת: מַעֲלֶה נְשִׂאִים מִקְצֵה הָאָרֶץ בְּרָקִים לַמָּטָר עָשָׂה, מוֹצֵא־רוּחַ מֵאוֹצְרוֹתָיו: שֶׁהִכָּה בְּכוֹרֵי מִצְרָיִם, מֵאָדָם עַד־בְּהֵמָה: שָׁלַח אוֹתֹת וּמֹפְתִים בְּתוֹכֵכִי מִצְרָיִם, בְּפַרְעֹה וּבְכָל־עֲבָדָיו: שֶׁהִכָּה גּוֹיִם רַבִּים, וְהָרַג מְלָכִים עֲצוּמִים: לְסִיחוֹן מֶלֶךְ הָאֱמֹרִי, וּלְעוֹג מֶלֶךְ הַבָּשָׁן, וּלְכֹל מַמְלְכוֹת כְּנָעַן: וְנָתַן אַרְצָם נַחֲלָה, נַחֲלָה לְיִשְׂרָאֵל עַמּוֹ: יְהֹוָה שִׁמְךָ לְעוֹלָם, יְהֹוָה זִכְרְךָ לְדֹר־וָדֹר: כִּי־יָדִין יְהֹוָה עַמּוֹ, וְעַל־עֲבָדָיו יִתְנֶחָם: עֲצַבֵּי הַגּוֹיִם כֶּסֶף וְזָהָב, מַעֲשֵׂה יְדֵי אָדָם: פֶּה־לָהֶם וְלֹא יְדַבֵּרוּ, עֵינַיִם לָהֶם וְלֹא יִרְאוּ: אָזְנַיִם לָהֶם וְלֹא יַאֲזִינוּ, אַף אֵין־יֶשׁ־רוּחַ בְּפִיהֶם: כְּמוֹהֶם יִהְיוּ עֹשֵׂיהֶם, כֹּל אֲשֶׁר־בֹּטֵחַ בָּהֶם: בֵּית יִשְׂרָאֵל בָּרְכוּ אֶת־יְהֹוָה, בֵּית אַהֲרֹן בָּרְכוּ אֶת־יְהֹוָה: בֵּית הַלֵּוִי בָּרְכוּ אֶת־יְהֹוָה, יִרְאֵי יְהֹוָה בָּרְכוּ אֶת־יְהֹוָה: בָּרוּךְ יְהֹוָה מִצִּיּוֹן, שֹׁכֵן יְרוּשָׁלָםִ, הַלְלוּיָהּ:

מזמור זה מכונה בגמרא ׳הלל הגדול׳, מפני שהוא משבח את ה׳ על הבריאה, על הנסים שעשה לישראל, וגם על הפרנסה היום־יומית (פסחים קיח ע״א).

הוֹדוּ לַיהוָה כִּי־טוֹב   כִּי לְעוֹלָם חַסְדּוֹ: תהלים קלו
הוֹדוּ לֵאלֹהֵי הָאֱלֹהִים   כִּי לְעוֹלָם חַסְדּוֹ:
הוֹדוּ לַאֲדֹנֵי הָאֲדֹנִים   כִּי לְעוֹלָם חַסְדּוֹ:
לְעֹשֵׂה נִפְלָאוֹת גְּדֹלוֹת לְבַדּוֹ   כִּי לְעוֹלָם חַסְדּוֹ:
לְעֹשֵׂה הַשָּׁמַיִם בִּתְבוּנָה   כִּי לְעוֹלָם חַסְדּוֹ:
לְרֹקַע הָאָרֶץ עַל־הַמָּיִם   כִּי לְעוֹלָם חַסְדּוֹ:
לְעֹשֵׂה אוֹרִים גְּדֹלִים   כִּי לְעוֹלָם חַסְדּוֹ:
אֶת־הַשֶּׁמֶשׁ לְמֶמְשֶׁלֶת בַּיּוֹם   כִּי לְעוֹלָם חַסְדּוֹ:
אֶת־הַיָּרֵחַ וְכוֹכָבִים לְמֶמְשְׁלוֹת בַּלָּיְלָה   כִּי לְעוֹלָם חַסְדּוֹ:
לְמַכֵּה מִצְרַיִם בִּבְכוֹרֵיהֶם   כִּי לְעוֹלָם חַסְדּוֹ:
וַיּוֹצֵא יִשְׂרָאֵל מִתּוֹכָם   כִּי לְעוֹלָם חַסְדּוֹ:
בְּיָד חֲזָקָה וּבִזְרוֹעַ נְטוּיָה   כִּי לְעוֹלָם חַסְדּוֹ:
לְגֹזֵר יַם־סוּף לִגְזָרִים   כִּי לְעוֹלָם חַסְדּוֹ:
וְהֶעֱבִיר יִשְׂרָאֵל בְּתוֹכוֹ   כִּי לְעוֹלָם חַסְדּוֹ:
וְנִעֵר פַּרְעֹה וְחֵילוֹ בְיַם־סוּף   כִּי לְעוֹלָם חַסְדּוֹ:
לְמוֹלִיךְ עַמּוֹ בַּמִּדְבָּר   כִּי לְעוֹלָם חַסְדּוֹ:
לְמַכֵּה מְלָכִים גְּדֹלִים   כִּי לְעוֹלָם חַסְדּוֹ:
וַיַּהֲרֹג מְלָכִים אַדִּירִים   כִּי לְעוֹלָם חַסְדּוֹ:
לְסִיחוֹן מֶלֶךְ הָאֱמֹרִי   כִּי לְעוֹלָם חַסְדּוֹ:
וּלְעוֹג מֶלֶךְ הַבָּשָׁן   כִּי לְעוֹלָם חַסְדּוֹ:
וְנָתַן אַרְצָם לְנַחֲלָה   כִּי לְעוֹלָם חַסְדּוֹ:
נַחֲלָה לְיִשְׂרָאֵל עַבְדּוֹ   כִּי לְעוֹלָם חַסְדּוֹ:
שֶׁבְּשִׁפְלֵנוּ זָכַר לָנוּ   כִּי לְעוֹלָם חַסְדּוֹ:
וַיִּפְרְקֵנוּ מִצָּרֵינוּ   כִּי לְעוֹלָם חַסְדּוֹ:
נֹתֵן לֶחֶם לְכָל־בָּשָׂר   כִּי לְעוֹלָם חַסְדּוֹ:
הוֹדוּ לְאֵל הַשָּׁמָיִם   כִּי לְעוֹלָם חַסְדּוֹ:

קודם ׳בָּרוּךְ שֶׁאָמַר׳, נוהגים לומר בכמה מקהילות המערב את הפיוט ׳יִגְדַּל׳ בעמ׳ 242 (נהגו העם).

יש קהילות שבהן נוהגים לומר פיוט קדום זה שמקורו בפרקי היכלות,
ומנהג זה נזכר כבר בסידור תלמידי רבינו יונה.

ומהר״ם פאפירש הביא, שבשעה שישראל אומרים ׳בָּרוּךְ שֶׁאָמַר׳ המלאכים אומרים שבח זה (׳אור צדיקים׳, תיקון תפילה יז). ומהרי״ל כתב, שאין לאומרו בציבור כי אם ביום הכיפורים בלבד, כיון ששמות וסודות רבים כלולים בו (הלכות יוה״כ, ח).

הָאַדֶּרֶת וְהָאֱמוּנָה לְחַי עוֹלָמִים
הַבִּינָה וְהַבְּרָכָה לְחַי עוֹלָמִים
הַגַּאֲוָה וְהַגְּדֻלָּה לְחַי עוֹלָמִים
הַדֵּעָה וְהַדִּבּוּר לְחַי עוֹלָמִים
הַהוֹד וְהֶהָדָר לְחַי עוֹלָמִים
הַוַּעַד וְהַוָּתִיקוּת לְחַי עוֹלָמִים
הַזִּיו וְהַזֹּהַר לְחַי עוֹלָמִים
הַחַיִל וְהַחֹסֶן לְחַי עוֹלָמִים
הַטֶּכֶס וְהַטֹּהַר לְחַי עוֹלָמִים
הַיִּחוּד וְהַיִּרְאָה לְחַי עוֹלָמִים
הַכֶּתֶר וְהַכָּבוֹד לְחַי עוֹלָמִים
הַלֶּקַח וְהַלִּבּוּב לְחַי עוֹלָמִים
הַמְּלוּכָה וְהַמֶּמְשָׁלָה לְחַי עוֹלָמִים
הַנּוֹי וְהַנֵּצַח לְחַי עוֹלָמִים
הַשִּׂגּוּי וְהַשֶּׂגֶב לְחַי עוֹלָמִים
הָעֹז וְהָעֲנָוָה לְחַי עוֹלָמִים
הַפְּדוּת וְהַפְּאֵר לְחַי עוֹלָמִים
הַצְּבִי וְהַצֶּדֶק לְחַי עוֹלָמִים
הַקְּרִיאָה וְהַקְּדֻשָּׁה לְחַי עוֹלָמִים
הָרַחֲמִים וְהָרוֹמְמוּת לְחַי עוֹלָמִים
הַשִּׁיר וְהַשֶּׁבַח לְחַי עוֹלָמִים
הַתְּהִלָּה וְהַתִּפְאֶרֶת לְחַי עוֹלָמִים

## פסוקי דזמרה

מ׳בָּרוּךְ שֶׁאָמַר׳ ואילך אסור לדבר בדברי חול עד סוף התפילה.
אומרים ׳בָּרוּךְ שֶׁאָמַר׳ בעמידה, והמתפלל אוחז שתי ציציות לפניו.
בקצת קהילות נוהגים לומר בשבתות ובימים טובים נוסח אחר של ׳בָּרוּךְ שֶׁאָמַר׳ (בעמוד הבא),
וברוב הקהילות אומרים נוסח זה שנהג בו האר״י.

יש מוסיפים: בָּרוּךְ הַמַּנְחִיל מְנוּחָה לְעַמּוֹ יִשְׂרָאֵל בְּיוֹם שַׁבַּת קֹדֶשׁ.

# בָּרוּךְ שֶׁאָמַר

וְהָיָה הָעוֹלָם, בָּרוּךְ הוּא.
בָּרוּךְ אוֹמֵר וְעוֹשֶׂה
בָּרוּךְ גּוֹזֵר וּמְקַיֵּם
בָּרוּךְ עוֹשֶׂה בְרֵאשִׁית
בָּרוּךְ מְרַחֵם עַל הָאָרֶץ
בָּרוּךְ מְרַחֵם עַל הַבְּרִיּוֹת
בָּרוּךְ מְשַׁלֵּם שָׂכָר טוֹב לִירֵאָיו
בָּרוּךְ חַי לָעַד וְקַיָּם לָנֶצַח
בָּרוּךְ פּוֹדֶה וּמַצִּיל
בָּרוּךְ שְׁמוֹ.
בָּרוּךְ אַתָּה יְהוָה, אֱלֹהֵינוּ מֶלֶךְ הָעוֹלָם
הָאֵל אָב הָרַחֲמָן הַמְהֻלָּל בְּפֶה עַמּוֹ
מְשֻׁבָּח וּמְפֹאָר בִּלְשׁוֹן חֲסִידָיו וַעֲבָדָיו
וּבְשִׁירֵי דָוִד עַבְדֶּךָ נְהַלֶּלְךָ יְהוָה אֱלֹהֵינוּ, בִּשְׁבָחוֹת וּבִזְמִירוֹת
וּנְגַדֶּלְךָ וּנְשַׁבֵּחֲךָ וּנְפָאֶרְךָ וְנַמְלִיכְךָ
וְנַזְכִּיר שִׁמְךָ מַלְכֵּנוּ אֱלֹהֵינוּ, יָחִיד חֵי הָעוֹלָמִים
מֶלֶךְ מְשֻׁבָּח וּמְפֹאָר עֲדֵי עַד שְׁמוֹ הַגָּדוֹל.
בָּרוּךְ אַתָּה יְהוָה, מֶלֶךְ מְהֻלָּל בַּתִּשְׁבָּחוֹת.

מנשק הציציות ומניחן מידו (עד כאן בעמידה).

## ברוך שאמר בנוסח הארוך

בכמה מקהילות המערב נוהגים לומר בשבת וביום טוב 'בָּרוּךְ שֶׁאָמַר' בנוסח הארוך המובא בסידורי הגאונים והראשונים. ראה הלכה 83.

בָּרוּךְ שֶׁאָמַר וְהָיָה הָעוֹלָם
בָּרוּךְ אוֹמֵר וְעוֹשֶׂה
בָּרוּךְ גּוֹזֵר וּמְקַיֵּם
בָּרוּךְ עוֹשֶׂה בְרֵאשִׁית
בָּרוּךְ מְרַחֵם עַל הָאָרֶץ
בָּרוּךְ מְרַחֵם עַל הַבְּרִיּוֹת
בָּרוּךְ מְשַׁלֵּם שָׂכָר טוֹב לִירֵאָיו
בָּרוּךְ מַעֲבִיר אֲפֵלָה וּמֵבִיא אוֹרָה
בָּרוּךְ אֵל חַי לָעַד וְקַיָּם לָנֶצַח
בָּרוּךְ שֶׁאֵין לְפָנָיו עַוְלָה וְלֹא שִׁכְחָה וְלֹא מַשּׂוֹא פָנִים וְלֹא מִקַּח שֹׁחַד
צַדִּיק הוּא בְּכָל דְּרָכָיו וְחָסִיד בְּכָל מַעֲשָׂיו
בָּרוּךְ פּוֹדֶה וּמַצִּיל

בשבת: בָּרוּךְ הַמַּנְחִיל מְנוּחָה לְעַמּוֹ יִשְׂרָאֵל בְּיוֹם שַׁבַּת קֹדֶשׁ
ביום טוב: בָּרוּךְ שֶׁנָּתַן לְעַמּוֹ יִשְׂרָאֵל אֶת (בשבת: יוֹם הַשַּׁבָּת הַזֶּה וְאֶת)
בפסח: יוֹם חַג הַמַּצּוֹת הַזֶּה בשבועות: יוֹם חַג הַשָּׁבוּעוֹת הַזֶּה
בסוכות: יוֹם חַג הַסֻּכּוֹת הַזֶּה בשמ"ע: יוֹם שְׁמִינִי חַג עֲצֶרֶת הַזֶּה
אֶת יוֹם (טוֹב) מִקְרָא קֹדֶשׁ הַזֶּה

בָּרוּךְ הוּא וּבָרוּךְ שְׁמוֹ וּבָרוּךְ זִכְרוֹ לְעוֹלְמֵי עַד.
בָּרוּךְ אַתָּה יְהוָה, אֱלֹהֵינוּ מֶלֶךְ הָעוֹלָם
הַמֶּלֶךְ הַגָּדוֹל וְהַקָּדוֹשׁ אָב הָרַחֲמָן מְהֻלָּל בְּפִי עַמּוֹ
מְשֻׁבָּח וּמְפֹאָר בִּלְשׁוֹן כָּל חֲסִידָיו וַעֲבָדָיו
וּבְשִׁירֵי דָוִד עַבְדֶּךָ נְהַלֶּלְךָ יְהוָה אֱלֹהֵינוּ, בִּשְׁבָחוֹת וּבִזְמִירוֹת
נְהוֹדְךָ נְגַדֶּלְךָ נְשַׁבֵּחֲךָ נְפָאֶרְךָ נְרוֹמִמְךָ וְנַמְלִיכְךָ וְנַקְדִּישְׁךָ וְנַעֲרִיצְךָ
וְנַזְכִּיר שִׁמְךָ מַלְכֵּנוּ אֱלֹהֵינוּ, יָחִיד חַי הָעוֹלָמִים
מְשֻׁבָּח וּמְפֹאָר שְׁמוֹ עֲדֵי עַד.
בָּרוּךְ אַתָּה יְהוָה, מֶלֶךְ מְהֻלָּל בַּתִּשְׁבָּחוֹת.

"'כִּי שִׂמַּחְתַּנִי' – ביום השבת שמחתני בהתבונני בפעלך ובמעשה ידיך שהוא העולם ואשר בו, כי ביום זה יש לי פנאי להתבונן בהם ואז אשמח כשאשיג מהם וזה מנהג כל חכם כשמתבונן במעשה בראשית" (סידור תלמידי ר' יונה).

ביום טוב החל בחול יש המשמיטים פסוק 'מִזְמוֹר שִׁיר לְיוֹם הַשַּׁבָּת' (שני המנהגים הובאו בב"י, תרכ).

תהלים צב מִזְמוֹר שִׁיר לְיוֹם הַשַּׁבָּת: טוֹב לְהֹדוֹת לַיהוָה, וּלְזַמֵּר לְשִׁמְךָ
עֶלְיוֹן: לְהַגִּיד בַּבֹּקֶר חַסְדֶּךָ, וֶאֱמוּנָתְךָ בַּלֵּילוֹת: עֲלֵי־עָשׂוֹר
וַעֲלֵי־נָבֶל, עֲלֵי הִגָּיוֹן בְּכִנּוֹר: כִּי שִׂמַּחְתַּנִי יְהוָה בְּפָעֳלֶךָ, בְּמַעֲשֵׂי
יָדֶיךָ אֲרַנֵּן: מַה־גָּדְלוּ מַעֲשֶׂיךָ יְהוָה, מְאֹד עָמְקוּ מַחְשְׁבֹתֶיךָ:
אִישׁ־בַּעַר לֹא יֵדָע, וּכְסִיל לֹא־יָבִין אֶת־זֹאת: בִּפְרֹחַ רְשָׁעִים
כְּמוֹ עֵשֶׂב, וַיָּצִיצוּ כָּל־פֹּעֲלֵי אָוֶן, לְהִשָּׁמְדָם עֲדֵי־עַד: וְאַתָּה
מָרוֹם לְעֹלָם יְהוָה: כִּי הִנֵּה אֹיְבֶיךָ יְהוָה, כִּי־הִנֵּה אֹיְבֶיךָ יֹאבֵדוּ,
יִתְפָּרְדוּ כָּל־פֹּעֲלֵי אָוֶן: וַתָּרֶם כִּרְאֵים קַרְנִי, בַּלֹּתִי בְּשֶׁמֶן רַעֲנָן:
וַתַּבֵּט עֵינִי בְּשׁוּרָי, בַּקָּמִים עָלַי מְרֵעִים תִּשְׁמַעְנָה אָזְנָי: צַדִּיק
כַּתָּמָר יִפְרָח, כְּאֶרֶז בַּלְּבָנוֹן יִשְׂגֶּה: שְׁתוּלִים בְּבֵית יְהוָה, בְּחַצְרוֹת
אֱלֹהֵינוּ יַפְרִיחוּ: עוֹד יְנוּבוּן בְּשֵׂיבָה, דְּשֵׁנִים וְרַעֲנַנִּים יִהְיוּ: לְהַגִּיד
כִּי־יָשָׁר יְהוָה, צוּרִי, וְלֹא־עַוְלָתָה בּוֹ:
תהלים צג יְהוָה מָלָךְ, גֵּאוּת לָבֵשׁ, לָבֵשׁ יְהוָה עֹז הִתְאַזָּר, אַף־תִּכּוֹן תֵּבֵל
בַּל־תִּמּוֹט: נָכוֹן כִּסְאֲךָ מֵאָז, מֵעוֹלָם אָתָּה: נָשְׂאוּ נְהָרוֹת יְהוָה,
נָשְׂאוּ נְהָרוֹת קוֹלָם, יִשְׂאוּ נְהָרוֹת דָּכְיָם: מִקֹּלוֹת מַיִם רַבִּים,
אַדִּירִים מִשְׁבְּרֵי־יָם, אַדִּיר בַּמָּרוֹם יְהוָה: עֵדֹתֶיךָ נֶאֶמְנוּ מְאֹד
לְבֵיתְךָ נַאֲוָה־קֹדֶשׁ, יְהוָה לְאֹרֶךְ יָמִים:

"'יְהִי כְבוֹד ה'' – על זמן הגאולה, הנה הכל מעשיו וישמח בהם כיוון שהכל עושין רצונו ככתוב: 'כִּי־אָז אֶהְפֹּךְ אֶל־עַמִּים שָׂפָה בְרוּרָה, לִקְרֹא כֻלָּם בְּשֵׁם ה', לְעָבְדוֹ שְׁכֶם אֶחָד'" (סידור תר"י).

תהלים קד תהלים קיג יְהִי כְבוֹד יְהוָה לְעוֹלָם, יִשְׂמַח יְהוָה בְּמַעֲשָׂיו: יְהִי שֵׁם יְהוָה
מְבֹרָךְ, מֵעַתָּה וְעַד־עוֹלָם: מִמִּזְרַח־שֶׁמֶשׁ עַד־מְבוֹאוֹ, מְהֻלָּל
תהלים קלה שֵׁם יְהוָה: רָם עַל־כָּל־גּוֹיִם יְהוָה, עַל הַשָּׁמַיִם כְּבוֹדוֹ: יְהוָה

תהלים קג שִׁמְךָ לְעוֹלָם, יְהוָה זִכְרְךָ לְדֹר־וָדֹר: יְהוָה בַּשָּׁמַיִם הֵכִין כִּסְאוֹ,
דברי הימים א׳ טז וּמַלְכוּתוֹ בַּכֹּל מָשָׁלָה: יִשְׂמְחוּ הַשָּׁמַיִם וְתָגֵל הָאָרֶץ, וְיֹאמְרוּ
בַגּוֹיִם יְהוָה מָלָךְ: יְהוָה מֶלֶךְ, יְהוָה מָלָךְ, יְהוָה יִמְלֹךְ לְעוֹלָם וָעֶד.
תהלים י תהלים לג יְהוָה מֶלֶךְ עוֹלָם וָעֶד, אָבְדוּ גוֹיִם מֵאַרְצוֹ: יְהוָה הֵפִיר עֲצַת־גּוֹיִם,
משלי יט הֵנִיא מַחְשְׁבוֹת עַמִּים: רַבּוֹת מַחֲשָׁבוֹת בְּלֶב־אִישׁ, וַעֲצַת יְהוָה
תהלים לג הִיא תָקוּם: עֲצַת יְהוָה לְעוֹלָם תַּעֲמֹד, מַחְשְׁבוֹת לִבּוֹ לְדֹר וָדֹר:
כִּי הוּא אָמַר וַיֶּהִי, הוּא־צִוָּה וַיַּעֲמֹד: כִּי־בָחַר יְהוָה בְּצִיּוֹן, אִוָּהּ
תהלים קלה תהלים צד לְמוֹשָׁב לוֹ: כִּי־יַעֲקֹב בָּחַר לוֹ יָהּ, יִשְׂרָאֵל לִסְגֻלָּתוֹ: כִּי לֹא־יִטֹּשׁ
תהלים עח יְהוָה עַמּוֹ, וְנַחֲלָתוֹ לֹא יַעֲזֹב: וְהוּא רַחוּם, יְכַפֵּר עָוֹן וְלֹא־יַשְׁחִית,
תהלים כ וְהִרְבָּה לְהָשִׁיב אַפּוֹ, וְלֹא־יָעִיר כָּל־חֲמָתוֹ: יְהוָה הוֹשִׁיעָה, הַמֶּלֶךְ
יַעֲנֵנוּ בְיוֹם־קָרְאֵנוּ:

״כל האומר ׳תְּהִלָּה לְדָוִד׳ בכל יום (שלוש פעמים) – מובטח לו שהוא בן העולם הבא...
משום דאית ביה ׳פּוֹתֵחַ אֶת יָדֶךָ׳״, ויש לכוון במיוחד בפסוק זה,
ואם לא התכוון צריך לחזור ולאומרו שנית (ראה הלכה 88).

תהלים פד אַשְׁרֵי יוֹשְׁבֵי בֵיתֶךָ, עוֹד יְהַלְלוּךָ סֶּלָה:
תהלים קמד אַשְׁרֵי הָעָם שֶׁכָּכָה לּוֹ, אַשְׁרֵי הָעָם שֶׁיְהוָה אֱלֹהָיו:
תהלים קמה תְּהִלָּה לְדָוִד

אֲרוֹמִמְךָ אֱלוֹהַי הַמֶּלֶךְ, וַאֲבָרְכָה שִׁמְךָ לְעוֹלָם וָעֶד:
בְּכָל־יוֹם אֲבָרְכֶךָּ, וַאֲהַלְלָה שִׁמְךָ לְעוֹלָם וָעֶד:
גָּדוֹל יְהוָה וּמְהֻלָּל מְאֹד, וְלִגְדֻלָּתוֹ אֵין חֵקֶר:
דּוֹר לְדוֹר יְשַׁבַּח מַעֲשֶׂיךָ, וּגְבוּרֹתֶיךָ יַגִּידוּ:
הֲדַר כְּבוֹד הוֹדֶךָ, וְדִבְרֵי נִפְלְאֹתֶיךָ אָשִׂיחָה:
וֶעֱזוּז נוֹרְאֹתֶיךָ יֹאמֵרוּ, וּגְדוּלָּתְךָ אֲסַפְּרֶנָּה:
זֵכֶר רַב־טוּבְךָ יַבִּיעוּ, וְצִדְקָתְךָ יְרַנֵּנוּ:

חַנּוּן וְרַחוּם יְהֹוָה, אֶֽרֶךְ אַפַּֽיִם וּגְדָל־חָֽסֶד:
טוֹב־יְהֹוָה לַכֹּל, וְרַחֲמָיו עַל־כָּל־מַעֲשָׂיו:
יוֹדֽוּךָ יְהֹוָה כָּל־מַעֲשֶֽׂיךָ, וַחֲסִידֶֽיךָ יְבָרְכֽוּכָה:
כְּבוֹד מַלְכוּתְךָ יֹאמֵֽרוּ, וּגְבוּרָתְךָ יְדַבֵּֽרוּ:
לְהוֹדִֽיעַ לִבְנֵי הָאָדָם גְּבוּרֹתָיו, וּכְבוֹד הֲדַר מַלְכוּתוֹ:
מַלְכוּתְךָ מַלְכוּת כָּל־עֹלָמִים, וּמֶמְשַׁלְתְּךָ בְּכָל־דּוֹר וָדֹר:
סוֹמֵךְ יְהֹוָה לְכָל־הַנֹּפְלִים, וְזוֹקֵף לְכָל־הַכְּפוּפִים:
עֵינֵי־כֹל אֵלֶֽיךָ יְשַׂבֵּֽרוּ, וְאַתָּה נוֹתֵן־לָהֶם אֶת־אָכְלָם בְּעִתּוֹ:
פּוֹתֵֽחַ אֶת־יָדֶֽךָ, וּמַשְׂבִּֽיעַ לְכָל־חַי רָצוֹן:
צַדִּיק יְהֹוָה בְּכָל־דְּרָכָיו, וְחָסִיד בְּכָל־מַעֲשָׂיו:
קָרוֹב יְהֹוָה לְכָל־קֹרְאָיו, לְכֹל אֲשֶׁר יִקְרָאֻֽהוּ בֶאֱמֶת:
רְצוֹן־יְרֵאָיו יַעֲשֶׂה, וְאֶת־שַׁוְעָתָם יִשְׁמַע, וְיוֹשִׁיעֵם:
שׁוֹמֵר יְהֹוָה אֶת־כָּל־אֹהֲבָיו, וְאֵת כָּל־הָרְשָׁעִים יַשְׁמִיד:
תְּהִלַּת יְהֹוָה יְדַבֶּר פִּי, וִיבָרֵךְ כָּל־בָּשָׂר שֵׁם קָדְשׁוֹ לְעוֹלָם וָעֶד:
וַאֲנַֽחְנוּ נְבָרֵךְ יָהּ מֵעַתָּה וְעַד־עוֹלָם, הַלְלוּיָהּ: תהלים קטו

מזמור המשבח את ה׳ על עצם החיים

״הַלְלוּיָהּ, הַלְלִי נַפְשִׁי״ – הנפש שהיא העיקר הללי את ה׳ אשר בראך... הנה אנחנו ברחנו בעיר מינצברק בתתקמ״ח באדר השיני מפני הגוים אשר רצו לטבוח אותנו כצאן טבחה, והנחנו כל אשר לנו בין הגוים את ספרי התורה וספרים וערבונות, והשם ישמרנו מכף כל אויבינו, וכל בני העיירות ברחו בעיר מצור, ועל כל זאת אנחנו מהללים שמו״ (סידור הרוקח).

הַלְלוּיָהּ, הַלְלִי נַפְשִׁי אֶת־יְהֹוָה: אֲהַלְלָה יְהֹוָה בְּחַיָּי, אֲזַמְּרָה תהלים קמו
לֵאלֹהַי בְּעוֹדִי: אַל־תִּבְטְחוּ בִנְדִיבִים, בְּבֶן־אָדָם שֶׁאֵין לוֹ תְשׁוּעָה:
תֵּצֵא רוּחוֹ, יָשֻׁב לְאַדְמָתוֹ, בַּיּוֹם הַהוּא אָבְדוּ עֶשְׁתֹּנֹתָיו: אַשְׁרֵי
שֶׁאֵל יַעֲקֹב בְּעֶזְרוֹ, שִׂבְרוֹ עַל־יְהֹוָה אֱלֹהָיו: עֹשֶׂה שָׁמַיִם וָאָרֶץ,
אֶת־הַיָּם וְאֶת־כָּל־אֲשֶׁר־בָּם, הַשֹּׁמֵר אֱמֶת לְעוֹלָם: עֹשֶׂה מִשְׁפָּט
לַעֲשׁוּקִים, נֹתֵן לֶחֶם לָרְעֵבִים, יְהֹוָה מַתִּיר אֲסוּרִים: יְהֹוָה פֹּקֵחַ

עִוְרִים, יְהֹוָה זֹקֵף כְּפוּפִים, יְהֹוָה אֹהֵב צַדִּיקִים: יְהֹוָה שֹׁמֵר אֶת־
גֵּרִים, יָתוֹם וְאַלְמָנָה יְעוֹדֵד, וְדֶרֶךְ רְשָׁעִים יְעַוֵּת: יִמְלֹךְ יְהֹוָה
לְעוֹלָם, אֱלֹהַיִךְ צִיּוֹן לְדֹר וָדֹר, הַלְלוּיָהּ:

הַמְשׁוֹרֵר מְהַלֵּל אֶת ה' עַל הַטּוֹבָה הֶעָתִּידִית, גְּאֻלַּת יִשְׂרָאֵל (רַדַּ"ק).

תהלים קמז

הַלְלוּיָהּ, כִּי־טוֹב זַמְּרָה אֱלֹהֵינוּ, כִּי־נָעִים נָאוָה תְהִלָּה: בּוֹנֵה
יְרוּשָׁלַ͏ִם יְהֹוָה, נִדְחֵי יִשְׂרָאֵל יְכַנֵּס: הָרֹפֵא לִשְׁבוּרֵי לֵב, וּמְחַבֵּשׁ
לְעַצְּבוֹתָם: מוֹנֶה מִסְפָּר לַכּוֹכָבִים, לְכֻלָּם שֵׁמוֹת יִקְרָא: גָּדוֹל
אֲדוֹנֵינוּ וְרַב־כֹּחַ, לִתְבוּנָתוֹ אֵין מִסְפָּר: מְעוֹדֵד עֲנָוִים יְהֹוָה,
מַשְׁפִּיל רְשָׁעִים עֲדֵי־אָרֶץ: עֱנוּ לַיהֹוָה בְּתוֹדָה, זַמְּרוּ לֵאלֹהֵינוּ
בְכִנּוֹר: הַמְכַסֶּה שָׁמַיִם בְּעָבִים, הַמֵּכִין לָאָרֶץ מָטָר, הַמַּצְמִיחַ
הָרִים חָצִיר: נוֹתֵן לִבְהֵמָה לַחְמָהּ, לִבְנֵי עֹרֵב אֲשֶׁר יִקְרָאוּ: לֹא
בִגְבוּרַת הַסּוּס יֶחְפָּץ, לֹא־בְשׁוֹקֵי הָאִישׁ יִרְצֶה: רוֹצֶה יְהֹוָה אֶת־
יְרֵאָיו, אֶת־הַמְיַחֲלִים לְחַסְדּוֹ: שַׁבְּחִי יְרוּשָׁלַ͏ִם אֶת־יְהֹוָה, הַלְלִי
אֱלֹהַיִךְ צִיּוֹן: כִּי־חִזַּק בְּרִיחֵי שְׁעָרָיִךְ, בֵּרַךְ בָּנַיִךְ בְּקִרְבֵּךְ: הַשָּׂם־
גְּבוּלֵךְ שָׁלוֹם, חֵלֶב חִטִּים יַשְׂבִּיעֵךְ: הַשֹּׁלֵחַ אִמְרָתוֹ אָרֶץ, עַד־
מְהֵרָה יָרוּץ דְּבָרוֹ: הַנֹּתֵן שֶׁלֶג כַּצָּמֶר, כְּפוֹר כָּאֵפֶר יְפַזֵּר: מַשְׁלִיךְ
קַרְחוֹ כְפִתִּים, לִפְנֵי קָרָתוֹ מִי יַעֲמֹד: יִשְׁלַח דְּבָרוֹ וְיַמְסֵם, יַשֵּׁב
רוּחוֹ יִזְּלוּ־מָיִם: מַגִּיד דְּבָרָיו לְיַעֲקֹב, חֻקָּיו וּמִשְׁפָּטָיו לְיִשְׂרָאֵל:
לֹא עָשָׂה כֵן לְכָל־גּוֹי, וּמִשְׁפָּטִים בַּל־יְדָעוּם, הַלְלוּיָהּ:

מִזְמוֹר הַמְתָאֵר אֶת גְּדֻלַּת ה' כְּפִי שֶׁהִיא בְּעוֹלָם שֶׁבָּרָא (רַאֲבַ"ע).

תהלים קמח

הַלְלוּיָהּ, הַלְלוּ אֶת־יְהֹוָה מִן־הַשָּׁמַיִם, הַלְלוּהוּ בַּמְּרוֹמִים: הַלְלוּהוּ
כָל־מַלְאָכָיו, הַלְלוּהוּ כָּל־צְבָאָיו: הַלְלוּהוּ שֶׁמֶשׁ וְיָרֵחַ, הַלְלוּהוּ כָּל־
כּוֹכְבֵי אוֹר: הַלְלוּהוּ שְׁמֵי הַשָּׁמָיִם, וְהַמַּיִם אֲשֶׁר מֵעַל הַשָּׁמָיִם:
יְהַלְלוּ אֶת־שֵׁם יְהֹוָה, כִּי הוּא צִוָּה וְנִבְרָאוּ: וַיַּעֲמִידֵם לָעַד לְעוֹלָם,

חָק־נָתַן וְלֹא יַעֲבוֹר: הַלְלוּ אֶת־יְהוָה מִן־הָאָרֶץ, תַּנִּינִים וְכָל־
תְּהֹמוֹת: אֵשׁ וּבָרָד שֶׁלֶג וְקִיטוֹר, רוּחַ סְעָרָה עֹשָׂה דְבָרוֹ: הֶהָרִים
וְכָל־גְּבָעוֹת, עֵץ פְּרִי וְכָל־אֲרָזִים: הַחַיָּה וְכָל־בְּהֵמָה, רֶמֶשׂ וְצִפּוֹר
כָּנָף: מַלְכֵי־אֶרֶץ וְכָל־לְאֻמִּים, שָׂרִים וְכָל־שֹׁפְטֵי אָרֶץ: בַּחוּרִים
וְגַם־בְּתוּלוֹת, זְקֵנִים עִם־נְעָרִים: יְהַלְלוּ אֶת־שֵׁם יְהוָה, כִּי־נִשְׂגָּב
שְׁמוֹ לְבַדּוֹ, הוֹדוֹ עַל־אֶרֶץ וְשָׁמָיִם: וַיָּרֶם קֶרֶן לְעַמּוֹ, תְּהִלָּה לְכָל־
חֲסִידָיו, לִבְנֵי יִשְׂרָאֵל עַם קְרֹבוֹ, הַלְלוּיָהּ:

לקראת סוף ספר תהלים המשורר קורא לא להסתפק במזמורים אלו,
אלא להמשיך ולחדש שירות לה׳ על כל גאולה וגאולה (רד״ק).

הַלְלוּיָהּ, שִׁירוּ לַיהוָה שִׁיר חָדָשׁ, תְּהִלָּתוֹ בִּקְהַל חֲסִידִים: יִשְׂמַח תהלים קמט
יִשְׂרָאֵל בְּעֹשָׂיו, בְּנֵי־צִיּוֹן יָגִילוּ בְמַלְכָּם: יְהַלְלוּ שְׁמוֹ בְמָחוֹל, בְּתֹף
וְכִנּוֹר יְזַמְּרוּ־לוֹ: כִּי־רוֹצֶה יְהוָה בְּעַמּוֹ, יְפָאֵר עֲנָוִים בִּישׁוּעָה: יַעְלְזוּ
חֲסִידִים בְּכָבוֹד, יְרַנְּנוּ עַל־מִשְׁכְּבוֹתָם: רוֹמְמוֹת אֵל בִּגְרוֹנָם, וְחֶרֶב
פִּיפִיּוֹת בְּיָדָם: לַעֲשׂוֹת נְקָמָה בַּגּוֹיִם, תּוֹכֵחוֹת בַּלְאֻמִּים: לֶאְסֹר
מַלְכֵיהֶם בְּזִקִּים, וְנִכְבְּדֵיהֶם בְּכַבְלֵי בַרְזֶל: לַעֲשׂוֹת בָּהֶם מִשְׁפָּט
כָּתוּב, הָדָר הוּא לְכָל־חֲסִידָיו, הַלְלוּיָהּ:

״אמר ר׳ מאיר: על כל נשימה ונשימה שאדם מעלה,
חייב לקלס את יוצרו... שנאמר ׳כֹּל הַנְּשָׁמָה תְּהַלֵּל יָהּ׳״ (דברים רבה ב, לז).

הַלְלוּיָהּ, הַלְלוּ־אֵל בְּקָדְשׁוֹ הַלְלוּהוּ בִּרְקִיעַ עֻזּוֹ: תהלים קנ
הַלְלוּהוּ בִגְבוּרֹתָיו הַלְלוּהוּ כְּרֹב גֻּדְלוֹ:
הַלְלוּהוּ בְּתֵקַע שׁוֹפָר הַלְלוּהוּ בְּנֵבֶל וְכִנּוֹר:
הַלְלוּהוּ בְתֹף וּמָחוֹל הַלְלוּהוּ בְּמִנִּים וְעֻגָב:
הַלְלוּהוּ בְצִלְצְלֵי־שָׁמַע הַלְלוּהוּ בְּצִלְצְלֵי תְרוּעָה:
כֹּל הַנְּשָׁמָה תְּהַלֵּל יָהּ, הַלְלוּיָהּ:
כֹּל הַנְּשָׁמָה תְּהַלֵּל יָהּ, הַלְלוּיָהּ:

פסוקי הסיום של ספרי תהלים:

תהלים פט בָּרוּךְ יְהוָה לְעוֹלָם, אָמֵן וְאָמֵן:

תהלים קלה בָּרוּךְ יְהוָה מִצִּיּוֹן, שֹׁכֵן יְרוּשָׁלָםִ, הַלְלוּיָהּ:

תהלים עב בָּרוּךְ יְהוָה אֱלֹהִים אֱלֹהֵי יִשְׂרָאֵל, עֹשֵׂה נִפְלָאוֹת לְבַדּוֹ:

וּבָרוּךְ שֵׁם כְּבוֹדוֹ לְעוֹלָם

וְיִמָּלֵא כְבוֹדוֹ אֶת־כָּל־הָאָרֶץ, אָמֵן וְאָמֵן:

נוהגים לעמוד מכאן ועד למקום המסומן ב*.

דברי הימים א׳ כט וַיְבָרֶךְ דָּוִיד אֶת־יְהוָה לְעֵינֵי כָּל־הַקָּהָל, וַיֹּאמֶר דָּוִיד, בָּרוּךְ אַתָּה יְהוָה, אֱלֹהֵי יִשְׂרָאֵל אָבִינוּ, מֵעוֹלָם וְעַד־עוֹלָם: לְךָ יְהוָה הַגְּדֻלָּה וְהַגְּבוּרָה וְהַתִּפְאֶרֶת וְהַנֵּצַח וְהַהוֹד, כִּי־כֹל בַּשָּׁמַיִם וּבָאָרֶץ, לְךָ יְהוָה הַמַּמְלָכָה וְהַמִּתְנַשֵּׂא לְכֹל לְרֹאשׁ: וְהָעֹשֶׁר וְהַכָּבוֹד מִלְּפָנֶיךָ, וְאַתָּה מוֹשֵׁל בַּכֹּל, וּבְיָדְךָ כֹּחַ וּגְבוּרָה, וּבְיָדְךָ לְגַדֵּל וּלְחַזֵּק לַכֹּל: וְעַתָּה אֱלֹהֵינוּ מוֹדִים אֲנַחְנוּ לָךְ, וּמְהַלְלִים לְשֵׁם

נחמיה ט תִּפְאַרְתֶּךָ: וִיבָרְכוּ שֵׁם כְּבֹדֶךָ, וּמְרוֹמַם עַל־כָּל־בְּרָכָה וּתְהִלָּה: אַתָּה־הוּא יְהוָה לְבַדֶּךָ, אַתָּה עָשִׂיתָ אֶת־הַשָּׁמַיִם, שְׁמֵי הַשָּׁמַיִם וְכָל־צְבָאָם, הָאָרֶץ וְכָל־אֲשֶׁר עָלֶיהָ, הַיַּמִּים וְכָל־אֲשֶׁר בָּהֶם, וְאַתָּה מְחַיֶּה אֶת־כֻּלָּם, וּצְבָא הַשָּׁמַיִם לְךָ מִשְׁתַּחֲוִים: אַתָּה הוּא יְהוָה הָאֱלֹהִים* אֲשֶׁר בָּחַרְתָּ בְּאַבְרָם, וְהוֹצֵאתוֹ מֵאוּר כַּשְׂדִּים, וְשַׂמְתָּ שְּׁמוֹ אַבְרָהָם: וּמָצָאתָ אֶת־לְבָבוֹ נֶאֱמָן לְפָנֶיךָ, וְכָרוֹת עִמּוֹ הַבְּרִית לָתֵת אֶת־אֶרֶץ הַכְּנַעֲנִי הַחִתִּי הָאֱמֹרִי וְהַפְּרִזִּי וְהַיְבוּסִי וְהַגִּרְגָּשִׁי, לָתֵת לְזַרְעוֹ, וַתָּקֶם אֶת־דְּבָרֶיךָ, כִּי צַדִּיק אָתָּה: וַתֵּרֶא אֶת־עֳנִי אֲבֹתֵינוּ בְּמִצְרָיִם, וְאֶת־זַעֲקָתָם שָׁמַעְתָּ עַל־יַם־סוּף: וַתִּתֵּן אֹתֹת וּמֹפְתִים בְּפַרְעֹה וּבְכָל־עֲבָדָיו וּבְכָל־עַם אַרְצוֹ, כִּי יָדַעְתָּ כִּי הֵזִידוּ עֲלֵיהֶם, וַתַּעַשׂ־לְךָ שֵׁם כְּהַיּוֹם הַזֶּה: וְהַיָּם בָּקַעְתָּ לִפְנֵיהֶם, וַיַּעַבְרוּ בְתוֹךְ־הַיָּם בַּיַּבָּשָׁה, וְאֶת־רֹדְפֵיהֶם הִשְׁלַכְתָּ בִמְצוֹלֹת כְּמוֹ־אֶבֶן, בְּמַיִם עַזִּים:

״והראשונים תקנו לומר השירה בכל יום אחר פסוקי דזמרה כדי להזכיר נסים ונפלאות שעשה עמנו בעבור שמו הגדול... ומתחילין מ׳וַיּוֹשַׁע׳ שמשם עיקר הנס״ (ספר הפרדס).

בשבת שירה ובשביעי של פסח יש האומרים מכאן עד ׳אֲנִי ה׳ רֹפְאֶךָ׳ (תפילת החודש בעמ׳ 744-746).

שמות יד וַיּוֹשַׁע יְהוָה בַּיּוֹם הַהוּא אֶת־יִשְׂרָאֵל מִיַּד מִצְרָיִם וַיַּרְא יִשְׂרָאֵל אֶת־מִצְרַיִם מֵת עַל־שְׂפַת הַיָּם: וַיַּרְא יִשְׂרָאֵל אֶת־הַיָּד הַגְּדֹלָה אֲשֶׁר עָשָׂה יְהוָה בְּמִצְרַיִם וַיִּירְאוּ הָעָם אֶת־יְהוָה וַיַּאֲמִינוּ בַּיהוָה וּבְמֹשֶׁה עַבְדּוֹ:

בזוהר הפליגו במעלת אמירת שירת הים - ״ועל כן צריך לאומרה בשמחה רבה ובנעימה, ויצייר בדעתו כאלו עומד ביבשה בתוך הים״ (׳ציפורן שמיר׳ ב, כד).

שמות טו אָז יָשִׁיר־מֹשֶׁה וּבְנֵי יִשְׂרָאֵל אֶת־הַשִּׁירָה הַזֹּאת לַיהוָה וַיֹּאמְרוּ
לֵאמֹר    אָשִׁירָה לַיהוָה כִּי־גָאֹה גָּאָה    סוּס
וְרֹכְבוֹ רָמָה בַיָּם:    עָזִּי וְזִמְרָת יָהּ וַיְהִי־לִי
לִישׁוּעָה    זֶה אֵלִי וְאַנְוֵהוּ    אֱלֹהֵי
אָבִי וַאֲרֹמְמֶנְהוּ:    יְהוָה אִישׁ מִלְחָמָה יְהוָה
שְׁמוֹ:    מַרְכְּבֹת פַּרְעֹה וְחֵילוֹ יָרָה בַיָּם    וּמִבְחַר
שָׁלִשָׁיו טֻבְּעוּ בְיַם־סוּף:    תְּהֹמֹת יְכַסְיֻמוּ יָרְדוּ בִמְצוֹלֹת כְּמוֹ־
אָבֶן:    יְמִינְךָ יְהוָה נֶאְדָּרִי בַּכֹּחַ    יְמִינְךָ
יְהוָה תִּרְעַץ אוֹיֵב:    וּבְרֹב גְּאוֹנְךָ תַּהֲרֹס
קָמֶיךָ    תְּשַׁלַּח חֲרֹנְךָ יֹאכְלֵמוֹ כַּקַּשׁ:    וּבְרוּחַ
אַפֶּיךָ נֶעֶרְמוּ מַיִם    נִצְּבוּ כְמוֹ־נֵד
נֹזְלִים    קָפְאוּ תְהֹמֹת בְּלֶב־יָם:    אָמַר
אוֹיֵב אֶרְדֹּף אַשִּׂיג    אֲחַלֵּק שָׁלָל תִּמְלָאֵמוֹ
נַפְשִׁי    אָרִיק חַרְבִּי תּוֹרִישֵׁמוֹ יָדִי:    נָשַׁפְתָּ
בְרוּחֲךָ כִּסָּמוֹ יָם    צָלְלוּ כַּעוֹפֶרֶת בְּמַיִם
אַדִּירִים:    מִי־כָמֹכָה בָּאֵלִם יְהוָה    מִי
כָּמֹכָה נֶאְדָּר בַּקֹּדֶשׁ    נוֹרָא תְהִלֹּת עֹשֵׂה

פֶּלֶא: נָטִיתָ יְמִינְךָ תִּבְלָעֵמוֹ אָרֶץ: נָחִיתָ
בְחַסְדְּךָ עַם־זוּ גָּאָלְתָּ נֵהַלְתָּ בְעָזְּךָ אֶל־נְוֵה
קָדְשֶׁךָ: שָׁמְעוּ עַמִּים יִרְגָּזוּן חִיל
אָחַז יֹשְׁבֵי פְּלָשֶׁת: אָז נִבְהֲלוּ אַלּוּפֵי
אֱדוֹם אֵילֵי מוֹאָב יֹאחֲזֵמוֹ רָעַד נָמֹגוּ
כֹּל יֹשְׁבֵי כְנָעַן: תִּפֹּל עֲלֵיהֶם אֵימָתָה
וָפַחַד בִּגְדֹל זְרוֹעֲךָ יִדְּמוּ כָּאָבֶן עַד־
יַעֲבֹר עַמְּךָ יְהֹוָה עַד־יַעֲבֹר עַם־זוּ
קָנִיתָ: תְּבִאֵמוֹ וְתִטָּעֵמוֹ בְּהַר נַחֲלָתְךָ מָכוֹן
לְשִׁבְתְּךָ פָּעַלְתָּ יְהֹוָה מִקְּדָשׁ אֲדֹנָי כּוֹנְנוּ
יָדֶיךָ: יְהֹוָה ׀ יִמְלֹךְ לְעֹלָם וָעֶד:
יְהֹוָה יִמְלֹךְ לְעֹלָם וָעֶד:
תרגום אונקלוס שם יְהֹוָה מַלְכוּתֵהּ קָאֵם לְעָלַם וּלְעָלְמֵי עָלְמַיָּא.
כִּי
בָא סוּס פַּרְעֹה בְּרִכְבּוֹ וּבְפָרָשָׁיו בַּיָּם וַיָּשֶׁב יְהֹוָה עֲלֵהֶם אֶת־מֵי
הַיָּם וּבְנֵי יִשְׂרָאֵל הָלְכוּ בַיַּבָּשָׁה בְּתוֹךְ הַיָּם:

אחרי השירה מוסיפים שלושה פסוקים,
המתארים את מלכות ה׳ על העולם כולו (סידור חסידי אשכנז).

תהלים כב כִּי לַיהֹוָה הַמְּלוּכָה, וּמֹשֵׁל בַּגּוֹיִם:
עובדיה א וְעָלוּ מוֹשִׁעִים בְּהַר צִיּוֹן לִשְׁפֹּט אֶת־הַר עֵשָׂו
וְהָיְתָה לַיהֹוָה הַמְּלוּכָה:
זכריה יד וְהָיָה יְהֹוָה לְמֶלֶךְ עַל־כָּל־הָאָרֶץ
בַּיּוֹם הַהוּא יִהְיֶה יְהֹוָה אֶחָד וּשְׁמוֹ אֶחָד:

׳נִשְׁמַת כָּל חַי׳ הוא פיוט עתיק, שר׳ יוחנן כינהו ׳ברכת השיר׳ (פסחים קיח ע״א; ברכות נט ע״ב).
בתשובות הגאונים הוא מיוחס ל׳חכמי התלמוד׳, ויש שהקדימו את זמן חיבורו
וייחסוהו לאנשי כנסת הגדולה (מרדכי, פסחים תריא).

# נִשְׁמַת כָּל חַי

תְּבָרֵךְ אֶת שִׁמְךָ, יְהֹוָה אֱלֹהֵינוּ
וְרוּחַ כָּל בָּשָׂר תְּפָאֵר וּתְרוֹמֵם זִכְרְךָ מַלְכֵּנוּ תָּמִיד
מִן הָעוֹלָם וְעַד הָעוֹלָם אַתָּה אֵל
וּמִבַּלְעָדֶיךָ אֵין לָנוּ מֶלֶךְ גּוֹאֵל וּמוֹשִׁיעַ
פּוֹדֶה וּמַצִּיל וְעוֹנֶה וּמְרַחֵם
בְּכָל עֵת צָרָה וְצוּקָה, אֵין לָנוּ מֶלֶךְ עוֹזֵר וְסוֹמֵךְ אֶלָּא אָתָּה.
אֱלֹהֵי הָרִאשׁוֹנִים וְהָאַחֲרוֹנִים
אֱלוֹהַּ כָּל בְּרִיּוֹת, אֲדוֹן כָּל תּוֹלָדוֹת
הַמְהֻלָּל בְּכָל הַתִּשְׁבָּחוֹת
הַמְנַהֵג עוֹלָמוֹ בְּחֶסֶד וּבְרִיּוֹתָיו בְּרַחֲמִים.
וַיהֹוָה אֱלֹהִים אֱמֶת, לֹא יָנוּם וְלֹא יִישָׁן
הַמְעוֹרֵר יְשֵׁנִים וְהַמֵּקִיץ נִרְדָּמִים
מְחַיֵּה מֵתִים, וְרוֹפֵא חוֹלִים, פּוֹקֵחַ עִוְרִים, וְזוֹקֵף כְּפוּפִים
הַמֵּשִׂיחַ אִלְּמִים וְהַמְפַעְנֵחַ נֶעֱלָמִים, וּלְךָ לְבַדְּךָ אֲנַחְנוּ מוֹדִים.

וְאִלּוּ פִינוּ מָלֵא שִׁירָה כַּיָּם
וּלְשׁוֹנֵנוּ רִנָּה כַּהֲמוֹן גַּלָּיו
וְשִׂפְתוֹתֵינוּ שֶׁבַח כְּמֶרְחֲבֵי רָקִיעַ
וְעֵינֵינוּ מְאִירוֹת כַּשֶּׁמֶשׁ וְכַיָּרֵחַ
וְיָדֵינוּ פְרוּשׂוֹת כְּנִשְׁרֵי שָׁמָיִם
וְרַגְלֵינוּ קַלּוֹת כָּאַיָּלוֹת

אֵין אֲנַחְנוּ מַסְפִּיקִין לְהוֹדוֹת לְךָ, יְהוָה אֱלֹהֵינוּ
וּלְבָרֵךְ אֶת שִׁמְךָ, מַלְכֵּנוּ
עַל אַחַת מֵאֶלֶף אַלְפֵי אֲלָפִים וְרֹב רִבֵּי רְבָבוֹת פְּעָמִים
הַטּוֹבוֹת, נִסִּים וְנִפְלָאוֹת שֶׁעָשִׂיתָ עִמָּנוּ וְעִם אֲבוֹתֵינוּ מִלְּפָנִים

מִמִּצְרַיִם גְּאַלְתָּנוּ, יְהוָה אֱלֹהֵינוּ
מִבֵּית עֲבָדִים פְּדִיתָנוּ
בְּרָעָב זַנְתָּנוּ, וּבְשָׂבָע כִּלְכַּלְתָּנוּ
מֵחֶרֶב הִצַּלְתָּנוּ, מִדֶּבֶר מִלַּטְתָּנוּ
וּמֵחֳלָאִים רָעִים וְרַבִּים דִּלִּיתָנוּ.
עַד הֵנָּה עֲזָרוּנוּ רַחֲמֶיךָ, וְלֹא עֲזָבוּנוּ חֲסָדֶיךָ
עַל כֵּן, אֵבָרִים שֶׁפִּלַּגְתָּ בָּנוּ
וְרוּחַ וּנְשָׁמָה שֶׁנָּפַחְתָּ בְּאַפֵּינוּ
וְלָשׁוֹן אֲשֶׁר שַׂמְתָּ בְּפִינוּ
הֵן הֵם יוֹדוּ וִיבָרְכוּ וִישַׁבְּחוּ וִיפָאֲרוּ (וִישׁוֹרְרוּ)
אֶת שִׁמְךָ מַלְכֵּנוּ תָּמִיד
כִּי כָל פֶּה לְךָ יוֹדֶה, וְכָל לָשׁוֹן לְךָ תְשַׁבֵּחַ
וְכָל עַיִן לְךָ תְצַפֶּה
וְכָל בֶּרֶךְ לְךָ תִכְרַע, וְכָל קוֹמָה לְפָנֶיךָ תִשְׁתַּחֲוֶה
וְהַלְּבָבוֹת יִירָאוּךָ
וְכָל קֶרֶב וּכְלָיוֹת יְזַמְּרוּ לִשְׁמֶךָ
כַּדָּבָר שֶׁנֶּאֱמַר
כָּל עַצְמֹתַי תֹּאמַרְנָה, יְהוָה מִי כָמוֹךָ תהלים לה
מַצִּיל עָנִי מֵחָזָק מִמֶּנּוּ, וְעָנִי וְאֶבְיוֹן מִגֹּזְלוֹ:
שַׁוְעַת עֲנִיִּים אַתָּה תִשְׁמַע, צַעֲקַת הַדַּל תַּקְשִׁיב וְתוֹשִׁיעַ

וְכָתוּב
רַנְּנוּ צַדִּיקִים בַּיהוָה, לַיְשָׁרִים נָאוָה תְהִלָּה: תהלים לג
בְּפִי יְ שָׁרִים תִּתְ רוֹמָם
וּבְשִׂפְתֵי צַ דִּיקִים תִּתְ בָּ רַךְ
וּבִלְשׁוֹן חֲ סִידִים תִּתְ קַ דָּשׁ
וּבְקֶרֶב קְ דוֹשִׁים תִּתְ הַ לָּל
בְּמִקְהֲלוֹת רִבְבוֹת עַמְּךָ בֵּית יִשְׂרָאֵל
שֶׁכֵּן חוֹבַת כָּל הַיְצוּרִים לְפָנֶיךָ יְהוָה אֱלֹהֵינוּ וֵאלֹהֵי אֲבוֹתֵינוּ
לְהוֹדוֹת, לְהַלֵּל, לְשַׁבֵּחַ, לְפָאֵר, לְרוֹמֵם, לְהַדֵּר וּלְנַצֵּחַ
עַל כָּל דִּבְרֵי שִׁירוֹת וְתִשְׁבְּחוֹת דָּוִד בֶּן יִשַׁי, עַבְדְּךָ מְשִׁיחֶךָ.

וּבְכֵן יִשְׁתַּבַּח שִׁמְךָ לָעַד מַלְכֵּנוּ
הָאֵל הַמֶּלֶךְ הַגָּדוֹל וְהַקָּדוֹשׁ בַּשָּׁמַיִם וּבָאָרֶץ
כִּי לְךָ נָאֶה, יְהוָה אֱלֹהֵינוּ וֵאלֹהֵי אֲבוֹתֵינוּ לְעוֹלָם וָעֶד
שִׁיר וּשְׁבָחָה, הַלֵּל וְזִמְרָה
עֹז וּמֶמְשָׁלָה, נֶצַח, גְּדֻלָּה וּגְבוּרָה
תְּהִלָּה וְתִפְאֶרֶת, קְדֻשָּׁה וּמַלְכוּת
בְּרָכוֹת וְהוֹדָאוֹת לְשִׁמְךָ הַגָּדוֹל וְהַקָּדוֹשׁ
וּמֵעוֹלָם עַד־עוֹלָם אַתָּה אֵל: תהלים צ
בָּרוּךְ אַתָּה יְהוָה
מֶלֶךְ גָּדוֹל וּמְהֻלָּל בַּתִּשְׁבָּחוֹת
אֵל הַהוֹדָאוֹת, אֲדוֹן הַנִּפְלָאוֹת
בּוֹרֵא כָּל הַנְּשָׁמוֹת, רִבּוֹן כָּל הַמַּעֲשִׂים
הַבּוֹחֵר בְּשִׁירֵי זִמְרָה
מֶלֶךְ, אֵל, חֵי הָעוֹלָמִים. אָמֵן.

בשבת תשובה אומרים (שעה״כ):

תהלים קל שִׁיר הַמַּעֲלוֹת, מִמַּעֲמַקִּים קְרָאתִיךָ יְהוָה: אֲדֹנָי שִׁמְעָה בְקוֹלִי,
תִּהְיֶינָה אָזְנֶיךָ קַשֻּׁבוֹת לְקוֹל תַּחֲנוּנָי: אִם־עֲוֹנוֹת תִּשְׁמָר־יָהּ, אֲדֹנָי
מִי יַעֲמֹד: כִּי־עִמְּךָ הַסְּלִיחָה, לְמַעַן תִּוָּרֵא: קִוִּיתִי יְהוָה קִוְּתָה נַפְשִׁי,
וְלִדְבָרוֹ הוֹחָלְתִּי: נַפְשִׁי לַאדֹנָי, מִשֹּׁמְרִים לַבֹּקֶר, שֹׁמְרִים לַבֹּקֶר:
יַחֵל יִשְׂרָאֵל אֶל־יְהוָה, כִּי־עִם־יְהוָה הַחֶסֶד, וְהַרְבֵּה עִמּוֹ פְדוּת:
וְהוּא יִפְדֶּה אֶת־יִשְׂרָאֵל, מִכֹּל עֲוֹנוֹתָיו:

חצי קדיש

שליח הציבור כורע במילים המסומנות ב׳.

ש״ץ: ׳יִתְגַּדַּל וְיִתְקַדַּשׁ שְׁמֵהּ רַבָּא (קהל: אָמֵן)
בְּעָלְמָא דִּי בְרָא כִרְעוּתֵהּ
וְיַמְלִיךְ מַלְכוּתֵהּ
וְיַצְמַח פֻּרְקָנֵהּ וִיקָרֵב מְשִׁיחֵהּ (קהל: אָמֵן)
בְּחַיֵּיכוֹן וּבְיוֹמֵיכוֹן וּבְחַיֵּי דְכָל בֵּית יִשְׂרָאֵל
בַּעֲגָלָא וּבִזְמַן קָרִיב
וְאִמְרוּ אָמֵן. (קהל: אָמֵן)

קהל וש״ץ: יְהֵא שְׁמֵהּ ׳רַבָּא מְבָרַךְ לְעָלַם לְעָלְמֵי עָלְמַיָּא ׳יִתְבָּרַךְ
וְיִשְׁתַּבַּח וְיִתְפָּאַר וְיִתְרוֹמַם וְיִתְנַשֵּׂא
וְיִתְהַדָּר וְיִתְעַלֶּה וְיִתְהַלָּל
שְׁמֵהּ דְּקֻדְשָׁא ׳בְּרִיךְ הוּא (קהל: אָמֵן)
לְעֵלָּא מִן כָּל בִּרְכָתָא
שִׁירָתָא, תֻּשְׁבְּחָתָא וְנֶחֱמָתָא
דַּאֲמִירָן בְּעָלְמָא
וְאִמְרוּ ׳אָמֵן. (קהל: אָמֵן)

## קריאת שמע וברכותיה

שליח הציבור אומר 'בָּרְכוּ' כדי לקרוא לציבור להתפלל עמו (ראב"ן, עג),
כורע בתיבת 'בָּרְכוּ' וזוקף בשם (כלבו), וכורע שוב כאשר הוא חוזר אחרי הקהל.

ש"ץ: **בָּרְכוּ**
אֶת יְהֹוָה הַמְבֹרָךְ.

כשהש"ץ מאריך ב'בָּרְכוּ',
יש אומרים בלחש (טור ולבוש, נז; שעה"כ):
יִשְׁתַּבַּח וְיִתְפָּאַר שְׁמוֹ שֶׁל מֶלֶךְ מַלְכֵי הַמְּלָכִים
הַקָּדוֹשׁ בָּרוּךְ הוּא שֶׁהוּא רִאשׁוֹן וְהוּא אַחֲרוֹן
וּמִבַּלְעָדָיו אֵין אֱלֹהִים, יְהִי שֵׁם יְהֹוָה מְבֹרָךְ תהלים קיג
מֵעַתָּה וְעַד־עוֹלָם: וּמְרוֹמָם עַל־כָּל־בְּרָכָה וּתְהִלָּה: נחמיה ט

קהל: בָּרוּךְ יְהֹוָה הַמְבֹרָךְ לְעוֹלָם וָעֶד.

ש"ץ: בָּרוּךְ יְהֹוָה הַמְבֹרָךְ לְעוֹלָם וָעֶד.

בשבת אומרים נוסח מורחב לברכת יוצר ומזכירים בו גם את השבת
(זוהר, תרומה קלב ע"א; 'אור זרוע' ח"ב, מב).

בָּרוּךְ אַתָּה יְהֹוָה, אֱלֹהֵינוּ מֶלֶךְ הָעוֹלָם
יוֹצֵר אוֹר וּבוֹרֵא חֹשֶׁךְ, עֹשֶׂה שָׁלוֹם וּבוֹרֵא אֶת הַכֹּל.

הַכֹּל יוֹדוּךָ וְהַכֹּל יְשַׁבְּחוּךָ, וְהַכֹּל יֹאמְרוּ אֵין קָדוֹשׁ כַּיהֹוָה
הַכֹּל יְרוֹמְמוּךָ סֶּלָה, יוֹצֵר הַכֹּל.
הָאֵל הַפּוֹתֵחַ בְּכָל יוֹם דַּלְתוֹת שַׁעֲרֵי מִזְרָח וּבוֹקֵעַ חַלּוֹנֵי רָקִיעַ
מוֹצִיא חַמָּה מִמְּקוֹמָהּ וּלְבָנָה מִמְּכוֹן שִׁבְתָּהּ
וּמֵאִיר לָעוֹלָם כֻּלּוֹ וּלְיוֹשְׁבָיו שֶׁבָּרָא בְּמִדַּת הָרַחֲמִים.
הַמֵּאִיר לָאָרֶץ וְלַדָּרִים עָלֶיהָ בְּרַחֲמִים
וּבְטוּבוֹ מְחַדֵּשׁ בְּכָל יוֹם תָּמִיד מַעֲשֵׂה בְרֵאשִׁית.
מָה־רַבּוּ מַעֲשֶׂיךָ, יְהֹוָה, כֻּלָּם בְּחָכְמָה עָשִׂיתָ תהלים קד
מָלְאָה הָאָרֶץ קִנְיָנֶךָ:
הַמֶּלֶךְ הַמְרוֹמָם לְבַדּוֹ מֵאָז
הַמְשֻׁבָּח וְהַמְפֹאָר וְהַמִּתְנַשֵּׂא מִימוֹת עוֹלָם.

אֱלֹהֵי עוֹלָם
בְּרַחֲמֶיךָ הָרַבִּים רַחֵם עָלֵינוּ
אֲדוֹן עֻזֵּנוּ, צוּר מִשְׂגַּבֵּנוּ, מָגֵן יִשְׁעֵנוּ, מִשְׂגָּב בַּעֲדֵנוּ.

אֵין עֲרוֹךְ לְךָ
וְאֵין זוּלָתֶךָ
אֶפֶס בִּלְתֶּךָ
וּמִי דּוֹמֶה לָּךְ.

אֵין עֲרוֹךְ לְךָ, יְהוָה אֱלֹהֵינוּ, בָּעוֹלָם הַזֶּה
וְאֵין זוּלָתְךָ, מַלְכֵּנוּ, לְחַיֵּי הָעוֹלָם הַבָּא
אֶפֶס בִּלְתְּךָ, גּוֹאֲלֵנוּ, לִימוֹת הַמָּשִׁיחַ
וּמִי דּוֹמֶה לָּךְ, מוֹשִׁיעֵנוּ, לִתְחִיַּת הַמֵּתִים.

אֵל אָדוֹן עַל כָּל הַמַּעֲשִׂים
בָּרוּךְ וּמְבֹרָךְ בְּפִי כָּל הַנְּשָׁמָה.
גָּדְלוֹ וְטוּבוֹ מָלֵא עוֹלָם
דַּעַת וּתְבוּנָה סוֹבְבִים הוֹדוֹ.
הַמִּתְגָּאֶה עַל חַיּוֹת הַקֹּדֶשׁ
וְנֶהְדָּר בְּכָבוֹד עַל הַמֶּרְכָּבָה.
זְכוּת וּמִישׁוֹר לִפְנֵי כִסְאוֹ
חֶסֶד וְרַחֲמִים מָלֵא כְבוֹדוֹ.
טוֹבִים מְאוֹרוֹת שֶׁבָּרָא אֱלֹהֵינוּ
יְצָרָם בְּדַעַת בְּבִינָה וּבְהַשְׂכֵּל.
כֹּחַ וּגְבוּרָה נָתַן בָּהֶם
לִהְיוֹת מוֹשְׁלִים בְּקֶרֶב תֵּבֵל.

מְלֵאִים זִיו וּמְפִיקִים נֹגַהּ
נָאֶה זִיוָם בְּכָל הָעוֹלָם.

שְׂמֵחִים בְּצֵאתָם שָׂשִׂים בְּבוֹאָם
עוֹשִׂים בְּאֵימָה רְצוֹן קוֹנֵיהֶם.

פְּאֵר וְכָבוֹד נוֹתְנִים לִשְׁמוֹ
צָהֳלָה וְרִנָּה לְזֵכֶר מַלְכוּתוֹ.

קָרָא לַשֶּׁמֶשׁ וַיִּזְרַח אוֹר
רָאָה וְהִתְקִין צוּרַת הַלְּבָנָה.

שֶׁבַח נוֹתְנִים לוֹ כָּל צְבָא מָרוֹם
תִּפְאֶרֶת וּגְדֻלָּה שְׂרָפִים וְחַיּוֹת וְאוֹפַנֵּי הַקֹּדֶשׁ.

ביום טוב החל בחול מדלגים:

לָאֵל אֲשֶׁר שָׁבַת מִכָּל הַמַּעֲשִׂים
וּבַיּוֹם הַשְּׁבִיעִי נִתְעַלָּה וְיָשַׁב עַל כִּסֵּא כְבוֹדוֹ.
תִּפְאֶרֶת עָטָה לְיוֹם הַמְּנוּחָה
עֹנֶג קָרָא לְיוֹם הַשַּׁבָּת.
זֶה שֶׁבַח שֶׁל יוֹם הַשְּׁבִיעִי
שֶׁבּוֹ שָׁבַת אֵל מִכָּל מְלַאכְתּוֹ.
וְיוֹם הַשְּׁבִיעִי מְשַׁבֵּחַ וְאוֹמֵר
מִזְמוֹר שִׁיר לְיוֹם הַשַּׁבָּת: תהלים צב

לְפִיכָךְ יְפָאֲרוּ לָאֵל כָּל יְצוּרָיו
שֶׁבַח וִיקָר וּגְדֻלָּה וְכָבוֹד יִתְּנוּ לַמֶּלֶךְ יוֹצֵר כֹּל
הַמַּנְחִיל מְנוּחָה לְעַמּוֹ יִשְׂרָאֵל בִּקְדֻשָּׁתוֹ בְּיוֹם שַׁבַּת קֹדֶשׁ.

עד כאן.

שִׁמְךָ יְהוָה אֱלֹהֵינוּ יִתְקַדַּשׁ
וְזִכְרְךָ יִתְפָּאַר מַלְכֵּנוּ
בַּשָּׁמַיִם מִמַּעַל וְעַל הָאָרֶץ מִתָּחַת
עַל כָּל שֶׁבַח מַעֲשֵׂה יָדֶיךָ
וְעַל מְאוֹרֵי אוֹר שֶׁיָּצַרְתָּ
הֵמָּה יְפָאֲרוּךָ סֶּלָה.

תִּתְבָּרַךְ לָנֶצַח צוּרֵנוּ מַלְכֵּנוּ וְגוֹאֲלֵנוּ
בּוֹרֵא קְדוֹשִׁים
יִשְׁתַּבַּח שִׁמְךָ לָעַד מַלְכֵּנוּ, יוֹצֵר מְשָׁרְתִים
וַאֲשֶׁר מְשָׁרְתָיו כֻּלָּם, עוֹמְדִים בְּרוּם עוֹלָם
וּמַשְׁמִיעִים בְּיִרְאָה יַחַד בְּקוֹל, דִּבְרֵי אֱלֹהִים חַיִּים וּמֶלֶךְ עוֹלָם.
כֻּלָּם אֲהוּבִים כֻּלָּם בְּרוּרִים
כֻּלָּם גִּבּוֹרִים כֻּלָּם קְדוֹשִׁים
כֻּלָּם עוֹשִׂים בְּאֵימָה וּבְיִרְאָה רְצוֹן קוֹנֵיהֶם
וְכֻלָּם פּוֹתְחִים אֶת פִּיהֶם
בִּקְדֻשָּׁה וּבְטָהֳרָה בְּשִׁירָה וּבְזִמְרָה
וּמְבָרְכִין וּמְשַׁבְּחִין וּמְפָאֲרִין
וּמַקְדִּישִׁין וּמַעֲרִיצִין וּמַמְלִיכִין
אֶת שֵׁם הָאֵל הַמֶּלֶךְ הַגָּדוֹל, הַגִּבּוֹר וְהַנּוֹרָא
קָדוֹשׁ הוּא.
וְכֻלָּם מְקַבְּלִים עֲלֵיהֶם עֹל מַלְכוּת שָׁמַיִם זֶה מִזֶּה
וְנוֹתְנִים רְשׁוּת זֶה לָזֶה
לְהַקְדִּישׁ לְיוֹצְרָם בְּנַחַת רוּחַ

בְּשָׂפָה בְרוּרָה וּבִנְעִימָה

קְדֻשָּׁה כֻּלָּם כְּאֶחָד עוֹנִים בְּאֵימָה וְאוֹמְרִים בְּיִרְאָה

יש פוסקים הסבורים שקדושת יוצר היא חובת ציבור ואין לאומרה ביחידות (רס״ג והרשב״א), ולכן המתפלל יחידי אומר את הפסוקים ׳קָדוֹשׁ׳ ו׳בָּרוּךְ׳ בטעמים כקורא בתורה (שו״ע נט, ג). יש לומר קדושה זו בישיבה (זוהר, תרומה קלב ע״ב).

הציבור אומר ביחד (׳לבוש׳ שם):

קָדוֹשׁ ׀ קָדוֹשׁ קָדוֹשׁ יְהוָה צְבָאוֹת ישעיה ו

מְלֹא כָל־הָאָרֶץ כְּבוֹדוֹ:

וְהָאוֹפַנִּים וְחַיּוֹת הַקֹּדֶשׁ

בְּרַעַשׁ גָּדוֹל מִתְנַשְּׂאִים לְעֻמַּת הַשְּׂרָפִים

לְעֻמָּתָם מְשַׁבְּחִים וְאוֹמְרִים

הציבור אומר ביחד (שם):

בָּרוּךְ כְּבוֹד־יְהוָה מִמְּקוֹמוֹ: יחזקאל ג

לָאֵל בָּרוּךְ, נְעִימוֹת יִתֵּנוּ

לַמֶּלֶךְ אֵל חַי וְקַיָּם, זְמִירוֹת יֹאמֵרוּ וְתִשְׁבָּחוֹת יַשְׁמִיעוּ

כִּי הוּא לְבַדּוֹ מָרוֹם וְקָדוֹשׁ

פּוֹעֵל גְּבוּרוֹת, עוֹשֶׂה חֲדָשׁוֹת

בַּעַל מִלְחָמוֹת, זוֹרֵעַ צְדָקוֹת

מַצְמִיחַ יְשׁוּעוֹת, בּוֹרֵא רְפוּאוֹת

נוֹרָא תְהִלּוֹת, אֲדוֹן הַנִּפְלָאוֹת

הַמְחַדֵּשׁ בְּטוּבוֹ בְּכָל יוֹם תָּמִיד מַעֲשֵׂה בְרֵאשִׁית

כָּאָמוּר

לְעֹשֵׂה אוֹרִים גְּדֹלִים, כִּי לְעוֹלָם חַסְדּוֹ: תהלים קלו

בָּרוּךְ אַתָּה יְהוָה, יוֹצֵר הַמְּאוֹרוֹת.

״סמכו ׳אַהֲבַת עוֹלָם׳ ל׳יוֹצֵר הַמְּאוֹרוֹת׳ שבה מזכיר יחוד שמו של הקב״ה ונתינת התורה המאירה מכל המאורות, שהשמש אינו מאיר אלא ביום והתורה מאירה בין ביום ובין בלילה, ואחזו דרך מזמור (יט): ׳הַשָּׁמַיִם מְסַפְּרִים כְּבוֹד־אֵל׳... ׳תּוֹרַת ה׳ תְּמִימָה׳ ואחרי כן ׳עֵדוּת ה׳ נֶאֱמָנָה׳ שאנו חייבין להעיד על יחודו האמיתי״ (ספר המנהגות).

אַהֲבַת עוֹלָם אֲהַבְתָּנוּ, יְהֹוָה אֱלֹהֵינוּ
חֶמְלָה גְדוֹלָה וִיתֵרָה חָמַלְתָּ עָלֵינוּ.
אָבִינוּ מַלְכֵּנוּ
בַּעֲבוּר שִׁמְךָ הַגָּדוֹל וּבַעֲבוּר אֲבוֹתֵינוּ שֶׁבָּטְחוּ בָךְ
וַתְּלַמְּדֵמוֹ חֻקֵּי חַיִּים, לַעֲשׂוֹת רְצוֹנְךָ בְּלֵבָב שָׁלֵם
כֵּן תְּחָנֵּנוּ אָבִינוּ, אָב הָרַחֲמָן
הַמְרַחֵם, רַחֵם נָא עָלֵינוּ
וְתֵן בְּלִבֵּנוּ בִּינָה לְהָבִין, לְהַשְׂכִּיל, לִשְׁמֹעַ, לִלְמֹד וּלְלַמֵּד
לִשְׁמֹר וְלַעֲשׂוֹת וּלְקַיֵּם אֶת כָּל דִּבְרֵי תַלְמוּד תּוֹרָתְךָ בְּאַהֲבָה.
וְהָאֵר עֵינֵינוּ בְּתוֹרָתֶךָ וְדַבֵּק לִבֵּנוּ בְּמִצְוֹתֶיךָ
וְיַחֵד לְבָבֵנוּ לְאַהֲבָה וּלְיִרְאָה אֶת שְׁמֶךָ.
לֹא נֵבוֹשׁ וְלֹא נִכָּלֵם וְלֹא נִכָּשֵׁל לְעוֹלָם וָעֶד
כִּי בְשֵׁם קָדְשְׁךָ הַגָּדוֹל הַגִּבּוֹר וְהַנּוֹרָא בָּטָחְנוּ
נָגִילָה וְנִשְׂמְחָה בִּישׁוּעָתֶךָ.
וְרַחֲמֶיךָ יְהֹוָה אֱלֹהֵינוּ וַחֲסָדֶיךָ הָרַבִּים
אַל יַעַזְבוּנוּ נֶצַח סֶלָה וָעֶד.

״מצוה לאחוז הציצית ביד שמאלית כנגד לבו בשעת קריאת שמע״ (שו״ע כד, ב על פי שוחר טוב). לדעת האר״י, יש לאוספן ולאוחזן בין קמיצה לזרת ולהניחן על הלב כשמגיע ל׳מֵאַרְבַּע כַּנְפוֹת׳. יש נוהגים לאחוז את ארבעתן (הרדב״ז והאר״י), ויש נוהגים לאחוז רק שתיים כדי להישאר מסובב במצוות (ראבי״ה, ב״י בשם הרקנטי, מהרש״ל והגר״א).

מַהֵר וְהָבֵא עָלֵינוּ בְּרָכָה וְשָׁלוֹם
(מְהֵרָה) מֵאַרְבַּע כַּנְפוֹת כָּל הָאָרֶץ
וּשְׁבוֹר עֹל הַגּוֹיִם מֵעַל צַוָּארֵנוּ
וְהוֹלִיכֵנוּ מְהֵרָה קוֹמְמִיּוּת לְאַרְצֵנוּ.

כִּי אֵל פּוֹעֵל יְשׁוּעוֹת אָתָּה, וּבָנוּ בָחַרְתָּ מִכָּל עַם וְלָשׁוֹן
וְקֵרַבְתָּנוּ מַלְכֵּנוּ לְשִׁמְךָ הַגָּדוֹל בְּאַהֲבָה
לְהוֹדוֹת לְךָ וּלְיַחֶדְךָ, לְיִרְאָה וּלְאַהֲבָה אֶת שְׁמֶךָ.
בָּרוּךְ אַתָּה יְהֹוָה, הַבּוֹחֵר בְּעַמּוֹ יִשְׂרָאֵל בְּאַהֲבָה.

"יקרא קריאת שמע בכוונה – באימה, ביראה, ברתת וזיע" (שו"ע סא, א).
קריאת שמע צריכה כוונה מיוחדת בכל שלוש פרשיותיה,
ומכל מקום אם לא כיוון בפסוק הראשון, צריך לחזור ולקוראו שנית (שו"ע סג, ד).
מכסה את עיניו בידו ואומר בכוונה ובקול רם:

# שְׁמַע יִשְׂרָאֵל, יְהֹוָה אֱלֹהֵינוּ, יְהֹוָה ׀ אֶחָד:

בלחש: בָּרוּךְ שֵׁם כְּבוֹד מַלְכוּתוֹ לְעוֹלָם וָעֶד.

דברים ו וְאָהַבְתָּ אֵת יְהֹוָה אֱלֹהֶיךָ, בְּכָל־לְבָבְךָ וּבְכָל־נַפְשְׁךָ וּבְכָל־
מְאֹדֶךָ: וְהָיוּ הַדְּבָרִים הָאֵלֶּה, אֲשֶׁר אָנֹכִי מְצַוְּךָ הַיּוֹם, עַל־לְבָבֶךָ:
וְשִׁנַּנְתָּם לְבָנֶיךָ וְדִבַּרְתָּ בָּם, בְּשִׁבְתְּךָ בְּבֵיתֶךָ וּבְלֶכְתְּךָ בַדֶּרֶךְ,
וּבְשָׁכְבְּךָ וּבְקוּמֶךָ: וּקְשַׁרְתָּם לְאוֹת עַל־יָדֶךָ וְהָיוּ לְטֹטָפֹת בֵּין
עֵינֶיךָ: וּכְתַבְתָּם עַל־מְזֻזוֹת בֵּיתֶךָ וּבִשְׁעָרֶיךָ:

דברים יא וְהָיָה אִם־שָׁמֹעַ תִּשְׁמְעוּ אֶל־מִצְוֹתַי אֲשֶׁר אָנֹכִי מְצַוֶּה אֶתְכֶם
הַיּוֹם, לְאַהֲבָה אֶת־יְהֹוָה אֱלֹהֵיכֶם וּלְעָבְדוֹ, בְּכָל־לְבַבְכֶם וּבְכָל־
נַפְשְׁכֶם: וְנָתַתִּי מְטַר־אַרְצְכֶם בְּעִתּוֹ, יוֹרֶה וּמַלְקוֹשׁ, וְאָסַפְתָּ
דְגָנֶךָ וְתִירֹשְׁךָ וְיִצְהָרֶךָ: וְנָתַתִּי עֵשֶׂב בְּשָׂדְךָ לִבְהֶמְתֶּךָ, וְאָכַלְתָּ
וְשָׂבָעְתָּ: הִשָּׁמְרוּ לָכֶם פֶּן־יִפְתֶּה לְבַבְכֶם, וְסַרְתֶּם וַעֲבַדְתֶּם
אֱלֹהִים אֲחֵרִים וְהִשְׁתַּחֲוִיתֶם לָהֶם: וְחָרָה אַף־יְהֹוָה בָּכֶם, וְעָצַר
אֶת־הַשָּׁמַיִם וְלֹא־יִהְיֶה מָטָר, וְהָאֲדָמָה לֹא תִתֵּן אֶת־יְבוּלָהּ,
וַאֲבַדְתֶּם מְהֵרָה מֵעַל הָאָרֶץ הַטֹּבָה אֲשֶׁר יְהֹוָה נֹתֵן לָכֶם:
וְשַׂמְתֶּם אֶת־דְּבָרַי אֵלֶּה עַל־לְבַבְכֶם וְעַל־נַפְשְׁכֶם, וּקְשַׁרְתֶּם

אֹתָם לְאוֹת עַל־יֶדְכֶם, וְהָיוּ לְטוֹטָפֹת בֵּין עֵינֵיכֶם: וְלִמַּדְתֶּם
אֹתָם אֶת־בְּנֵיכֶם לְדַבֵּר בָּם, בְּשִׁבְתְּךָ בְּבֵיתֶךָ וּבְלֶכְתְּךָ בַדֶּרֶךְ,
וּבְשָׁכְבְּךָ וּבְקוּמֶךָ: וּכְתַבְתָּם עַל־מְזוּזוֹת בֵּיתֶךָ וּבִשְׁעָרֶיךָ: לְמַעַן
יִרְבּוּ יְמֵיכֶם וִימֵי בְנֵיכֶם עַל הָאֲדָמָה אֲשֶׁר נִשְׁבַּע יְהוָה לַאֲבֹתֵיכֶם
לָתֵת לָהֶם, כִּימֵי הַשָּׁמַיִם עַל־הָאָרֶץ:

°וכשיגיע אל ׳וַיֹּאמֶר׳ תקח ראשי חוטי הד׳ ציציות ביד ימין, ושרשם הנאחזות בכנפי הטלית יהיו ביד שמאל ותניחה כך נתונה על הלב לצד שמאל. וכל עוד שאתה אומר פרשת ציצית, תהיה מביט ומסתכל בציציות ההם, וכשתגיע אל °׳וּרְאִיתֶם אֹתוֹ׳ תעבירם על גבי עיניך ותנשקם״ (שעה״כ). וכשמגיע לתיבת °׳עֵינֵיכֶם׳ מנשקן ומעבירן על גבי עיניו (שם). ויש נוהגים לנשקן ולהעבירן על גבי העיניים גם אחרי ׳וַעֲשִׂיתֶם אֹתָם׳ (יעב״ץ) ואחרי ׳אֶת־כָּל־מִצְוֹתָי׳ (תכלאל עץ חיים).

במדבר טו וַיֹּאמֶר יְהוָה אֶל־מֹשֶׁה לֵּאמֹר: דַּבֵּר אֶל־בְּנֵי יִשְׂרָאֵל וְאָמַרְתָּ
אֲלֵהֶם, וְעָשׂוּ לָהֶם צִיצִת עַל־כַּנְפֵי בִגְדֵיהֶם לְדֹרֹתָם, וְנָתְנוּ
עַל־צִיצִת הַכָּנָף פְּתִיל תְּכֵלֶת: וְהָיָה לָכֶם לְצִיצִת, °וּרְאִיתֶם
אֹתוֹ וּזְכַרְתֶּם אֶת־כָּל־מִצְוֹת יְהוָה וַעֲשִׂיתֶם אֹתָם, וְלֹא תָתוּרוּ
אַחֲרֵי לְבַבְכֶם וְאַחֲרֵי °עֵינֵיכֶם, אֲשֶׁר־אַתֶּם זֹנִים אַחֲרֵיהֶם: לְמַעַן
תִּזְכְּרוּ וַעֲשִׂיתֶם אֶת־כָּל־מִצְוֹתָי, וִהְיִיתֶם קְדֹשִׁים לֵאלֹהֵיכֶם: אֲנִי
יְהוָה אֱלֹהֵיכֶם, אֲשֶׁר הוֹצֵאתִי אֶתְכֶם מֵאֶרֶץ מִצְרַיִם, לִהְיוֹת
לָכֶם לֵאלֹהִים, אֲנִי יְהוָה אֱלֹהֵיכֶם:

שליח הציבור והקהל אומרים (ראה הלכה 123):

## אֱמֶת

שליח הציבור חוזר ואומר:

### יְהוָה אֱלֹהֵיכֶם אֱמֶת

וְיַצִּיב, וְנָכוֹן וְקַיָּם, וְיָשָׁר וְנֶאֱמָן, וְאָהוּב וְחָבִיב
וְנֶחְמָד וְנָעִים, וְנוֹרָא וְאַדִּיר
וּמְתֻקָּן וּמְקֻבָּל, וְטוֹב וְיָפֶה
הַדָּבָר הַזֶּה עָלֵינוּ לְעוֹלָם וָעֶד.

אֱמֶת אֱלֹהֵי עוֹלָם מַלְכֵּנוּ
צוּר יַעֲקֹב מָגֵן יִשְׁעֵנוּ
לְדוֹר וָדוֹר הוּא קַיָּם וּשְׁמוֹ קַיָּם
וְכִסְאוֹ נָכוֹן
וּמַלְכוּתוֹ וֶאֱמוּנָתוֹ לָעַד קַיֶּמֶת

כשאומר ׳לָעַד׳, מנשק את הציציות,
מעבירן על גבי עיניו ומניחן (שעה״כ).

וּדְבָרָיו חַיִים וְקַיָּמִים
וְנֶאֱמָנִים וְנֶחֱמָדִים
°לָעַד וּלְעוֹלְמֵי עוֹלָמִים
עַל אֲבוֹתֵינוּ, עָלֵינוּ
וְעַל בָּנֵינוּ וְעַל דּוֹרוֹתֵינוּ
וְעַל כָּל דּוֹרוֹת זֶרַע יִשְׂרָאֵל עֲבָדֶיךָ
עַל הָרִאשׁוֹנִים וְעַל הָאַחֲרוֹנִים
דָּבָר טוֹב וְקַיָּם
בֶּאֱמֶת וּבֶאֱמוּנָה, חֹק וְלֹא יַעֲבֹר.

אֱמֶת שָׁאַתָּה הוּא יְהוָֹה
אֱלֹהֵינוּ וֵאלֹהֵי אֲבוֹתֵינוּ
מַלְכֵּנוּ מֶלֶךְ אֲבוֹתֵינוּ
גּוֹאֲלֵנוּ גּוֹאֵל אֲבוֹתֵינוּ
יוֹצְרֵנוּ צוּר יְשׁוּעָתֵנוּ
פּוֹדֵנוּ וּמַצִּילֵנוּ מֵעוֹלָם הוּא שְׁמֶךָ
וְאֵין לָנוּ עוֹד אֱלֹהִים זוּלָתְךָ
סֶלָה.

עֶזְרַת אֲבוֹתֵינוּ אַתָּה הוּא מֵעוֹלָם
מָגֵן וּמוֹשִׁיעַ לָהֶם וְלִבְנֵיהֶם אַחֲרֵיהֶם
בְּכָל דּוֹר וָדוֹר.
בְּרוּם עוֹלָם מוֹשָׁבֶךָ
וּמִשְׁפָּטֶיךָ וְצִדְקָתְךָ עַד אַפְסֵי אָרֶץ.

אֱמֶת אַשְׁרֵי אִישׁ שֶׁיִּשְׁמַע לְמִצְוֹתֶיךָ
וְתוֹרָתְךָ וּדְבָרְךָ יָשִׂים עַל לִבּוֹ.

אֱמֶת שֶׁאַתָּה הוּא אָדוֹן לְעַמֶּךָ
וּמֶלֶךְ גִּבּוֹר לָרִיב רִיבָם
לְאָבוֹת וּבָנִים.

אֱמֶת אַתָּה הוּא רִאשׁוֹן
וְאַתָּה הוּא אַחֲרוֹן
וּמִבַּלְעָדֶיךָ אֵין לָנוּ מֶלֶךְ גּוֹאֵל וּמוֹשִׁיעַ.

אֱמֶת מִמִּצְרַיִם גְּאַלְתָּנוּ, יְהוָה אֱלֹהֵינוּ
מִבֵּית עֲבָדִים פְּדִיתָנוּ
כָּל בְּכוֹרֵיהֶם הָרָגְתָּ
וּבְכוֹרְךָ יִשְׂרָאֵל גָּאָלְתָּ
וְיַם סוּף לָהֶם בָּקַעְתָּ
וְזֵדִים טִבַּעְתָּ
וִידִידִים עָבְרוּ יָם
וַיְכַסּוּ־מַיִם צָרֵיהֶם תהלים קו
אֶחָד מֵהֶם לֹא נוֹתָר:

עַל זֹאת שִׁבְּחוּ אֲהוּבִים וְרוֹמְמוּ לָאֵל
וְנָתְנוּ יְדִידִים זְמִירוֹת, שִׁירוֹת וְתִשְׁבָּחוֹת
בְּרָכוֹת וְהוֹדָאוֹת לַמֶּלֶךְ אֵל חַי וְקַיָּם
רָם וְנִשָּׂא, גָּדוֹל וְנוֹרָא
מַשְׁפִּיל גֵּאִים עֲדֵי אָרֶץ, מַגְבִּיהַּ שְׁפָלִים עַד מָרוֹם
מוֹצִיא אֲסִירִים, פּוֹדֶה עֲנָוִים, עוֹזֵר דַּלִּים
הָעוֹנֶה לְעַמּוֹ יִשְׂרָאֵל בְּעֵת שַׁוְּעָם אֵלָיו.

כאן עומדים כהכנה לתפילת העמידה (מהרי״ל, על פי רש״י לברכות לא ע״א; שעה״כ).

תְּהִלּוֹת לָאֵל עֶלְיוֹן גּוֹאֲלָם
בָּרוּךְ הוּא וּמְבֹרָךְ
מֹשֶׁה וּבְנֵי יִשְׂרָאֵל
לְךָ עָנוּ שִׁירָה בְּשִׂמְחָה רַבָּה
וְאָמְרוּ כֻלָּם
מִי־כָמֹכָה בָּאֵלִם, יְהוָה שמות טו
מִי כָּמֹכָה נֶאְדָּר בַּקֹּדֶשׁ
נוֹרָא תְהִלֹּת, עֹשֵׂה פֶלֶא:

שִׁירָה חֲדָשָׁה שִׁבְּחוּ גְאוּלִים
לְשִׁמְךָ הַגָּדוֹל עַל שְׂפַת הַיָּם
יַחַד כֻּלָּם הוֹדוּ וְהִמְלִיכוּ
וְאָמְרוּ
יְהוָה יִמְלֹךְ לְעֹלָם וָעֶד: שמות טו
וְנֶאֱמַר
גֹּאֲלֵנוּ יְהוָה צְבָאוֹת שְׁמוֹ, קְדוֹשׁ יִשְׂרָאֵל: ישעיה מז
בָּרוּךְ אַתָּה יְהוָה, גָּאַל יִשְׂרָאֵל.

ביום טוב מתפללים תפילת עמידה של יום טוב (עמ׳ 419), אף אם חל בשבת.

# עמידה

"המתפלל צריך שיכוין בלבו פירוש המלות שמוציא בשפתיו; ויחשוב כאלו שכינה כנגדו ויסיר כל המחשבות הטורדות אותו עד שתשאר מחשבתו וכוונתו זכה בתפלתו" (שו״ע צח, א).

יש נוהגים לפסוע שלוש פסיעות לפנים, כמי שנכנס לפני המלך
(ספר הפרדס; קש״ג יב, טו בשם הרוקח).

עומד ומתפלל בלחש מכאן ועד 'בְּלֵבָב שָׁלֵם' בעמ' 284.
שוחין בברכת אבות תחילה וסוף (ברכות לד ע״א; שו״ע קיג, א),
כורע בתיבת 'בָּרוּךְ', קד לפנים בתיבת 'אַתָּה' וזוקף בשם ('רעיא מהימנא', עקב).

תהלים נא אֲדֹנָי, שְׂפָתַי תִּפְתָּח, וּפִי יַגִּיד תְּהִלָּתֶךָ:

אבות

בָּרוּךְ אַתָּה יְהֹוָה, אֱלֹהֵינוּ וֵאלֹהֵי אֲבוֹתֵינוּ
אֱלֹהֵי אַבְרָהָם, אֱלֹהֵי יִצְחָק, וֵאלֹהֵי יַעֲקֹב
הָאֵל הַגָּדוֹל הַגִּבּוֹר וְהַנּוֹרָא, אֵל עֶלְיוֹן
גּוֹמֵל חֲסָדִים טוֹבִים, קוֹנֵה הַכֹּל
וְזוֹכֵר חַסְדֵי אָבוֹת
וּמֵבִיא גוֹאֵל לִבְנֵי בְנֵיהֶם לְמַעַן שְׁמוֹ בְּאַהֲבָה.

בשבת תשובה: זָכְרֵנוּ לְחַיִּים, מֶלֶךְ חָפֵץ בַּחַיִּים
כָּתְבֵנוּ בְּסֵפֶר הַחַיִּים לְמַעַנְךָ אֱלֹהִים חַיִּים.
אם שכח אינו חוזר.

מֶלֶךְ עוֹזֵר וּמוֹשִׁיעַ וּמָגֵן.
בָּרוּךְ אַתָּה יְהֹוָה, מָגֵן אַבְרָהָם.

גבורות

אַתָּה גִּבּוֹר לְעוֹלָם, אֲדֹנָי
מְחַיֵּה מֵתִים אַתָּה, רַב לְהוֹשִׁיעַ

אומרים 'מַשִּׁיב הָרוּחַ' ממוסף של שמיני עצרת עד שחרית של יו״ט ראשון של פסח. וממוסף של יו״ט ראשון של פסח ועד שחרית של שמיני עצרת, אומרים 'מוֹרִיד הַטָּל'. ראה הלכה 145-144.

בחורף: מַשִּׁיב הָרוּחַ וּמוֹרִיד הַגֶּשֶׁם / בקיץ: מוֹרִיד הַטָּל

מְכַלְכֵּל חַיִּים בְּחֶסֶד, מְחַיֵּה מֵתִים בְּרַחֲמִים רַבִּים
סוֹמֵךְ נוֹפְלִים, וְרוֹפֵא חוֹלִים, וּמַתִּיר אֲסוּרִים
וּמְקַיֵּם אֱמוּנָתוֹ לִישֵׁנֵי עָפָר.
מִי כָמוֹךָ, בַּעַל גְּבוּרוֹת
וּמִי דּוֹמֶה לָּךְ, מֶלֶךְ מֵמִית וּמְחַיֶּה וּמַצְמִיחַ יְשׁוּעָה.

בשבת תשובה: מִי כָמוֹךָ אָב הָרַחֲמָן
זוֹכֵר יְצוּרָיו בְּרַחֲמִים לְחַיִּים. אם שכח אינו חוזר.

וְנֶאֱמָן אַתָּה לְהַחֲיוֹת מֵתִים.
בָּרוּךְ אַתָּה יְהוָה, מְחַיֵּה הַמֵּתִים.

בתפילת לחש ממשיך 'אַתָּה קָדוֹשׁ' בעמוד הבא.

---

קדושה

את ברכת קדושת השם בחזרת הש"ץ פותחים בקדושה (סדר התפילה להרמב"ם),
ראה הלכה 168-170.

במקומות המסומנים ב', המתפלל מתרומם על קצות אצבעותיו
(טוב"י, קכה ושעה"כ בשם מדרש תנחומא; ברכ"י בשם הרדב"ז).

נַקְדִּישָׁךְ וְנַעֲרִיצָךְ כְּנֹעַם שִׂיחַ סוֹד שַׂרְפֵי קֹדֶשׁ, הַמְשַׁלְּשִׁים לְךָ קְדֻשָּׁה
וְכֵן כָּתוּב עַל יַד נְבִיאָךְ: וְקָרָא זֶה אֶל־זֶה וְאָמַר ישעיה ו

קהל ואחריו שליח הציבור:

'קָדוֹשׁ, 'קָדוֹשׁ, 'קָדוֹשׁ, יְהוָה צְבָאוֹת, מְלֹא כָל־הָאָרֶץ כְּבוֹדוֹ:
לְעֻמָּתָם מְשַׁבְּחִים וְאוֹמְרִים

קהל ואחריו שליח הציבור:

'בָּרוּךְ כְּבוֹד־יְהוָה מִמְּקוֹמוֹ: יחזקאל ג
וּבְדִבְרֵי קָדְשְׁךָ כָּתוּב לֵאמֹר

קהל ואחריו שליח הציבור:

'יִמְלֹךְ יְהוָה לְעוֹלָם, אֱלֹהַיִךְ צִיּוֹן לְדֹר וָדֹר, הַלְלוּיָהּ: תהלים קמו

שליח הציבור ממשיך 'אַתָּה קָדוֹשׁ' בעמוד הבא.

קדושת השם

אַתָּה קָדוֹשׁ וְשִׁמְךָ קָדוֹשׁ
וּקְדוֹשִׁים בְּכָל יוֹם יְהַלְלוּךָ סֶּלָה.
בָּרוּךְ אַתָּה יְהוָה, הָאֵל הַקָּדוֹשׁ. /בשבת תשובה: הַמֶּלֶךְ הַקָּדוֹשׁ./

אם שכח ולא נזכר תוך כדי דיבור חוזר לראש התפילה,
ובחזרה יש אומרים ששליח הציבור חוזר לראש הברכה (ראה הלכה 562).

קדושת היום

בשבת בבוקר ניתנה תורה לישראל (שבת פו ע״ב), ולכן תיקנו לומר בשחרית לשבת
׳יִשְׂמַח מֹשֶׁה׳, העוסק במתן תורה (ר׳ יהודה ב״ר יקר). ראה הלכה 307.

יִשְׂמַח מֹשֶׁה בְּמַתְּנַת חֶלְקוֹ  כִּי עֶבֶד נֶאֱמָן קָרָאתָ לּוֹ
כְּלִיל תִּפְאֶרֶת בְּרֹאשׁוֹ נָתַתָּ  בְּעָמְדוֹ לְפָנֶיךָ עַל הַר סִינַי
שְׁנֵי לוּחוֹת אֲבָנִים הוֹרִיד בְּיָדוֹ  וְכָתוּב בָּהֶם שְׁמִירַת שַׁבָּת
וְכֵן כָּתוּב בְּתוֹרָתֶךָ

שמות לא וְשָׁמְרוּ בְנֵי־יִשְׂרָאֵל אֶת־הַשַּׁבָּת
לַעֲשׂוֹת אֶת־הַשַּׁבָּת לְדֹרֹתָם בְּרִית עוֹלָם:
בֵּינִי וּבֵין בְּנֵי יִשְׂרָאֵל אוֹת הִוא לְעֹלָם
כִּי־שֵׁשֶׁת יָמִים עָשָׂה יְהוָה אֶת־הַשָּׁמַיִם וְאֶת־הָאָרֶץ
וּבַיּוֹם הַשְּׁבִיעִי שָׁבַת וַיִּנָּפַשׁ:

וְלֹא נְתַתּוֹ, יְהוָה אֱלֹהֵינוּ, לְגוֹיֵי הָאֲרָצוֹת
וְלֹא הִנְחַלְתּוֹ, מַלְכֵּנוּ, לְעוֹבְדֵי אֱלִילִים
גַּם בִּמְנוּחָתוֹ לֹא יִשְׁכְּנוּ עֲרֵלִים
כִּי לְעַמְּךָ יִשְׂרָאֵל נְתַתּוֹ בְּאַהֲבָה
לְזֶרַע יַעֲקֹב אֲשֶׁר בָּם בָּחָרְתָּ

יִשְׂמְחוּ בְמַלְכוּתְךָ שׁוֹמְרֵי שַׁבָּת וְקוֹרְאֵי עֹנֶג
עַם מְקַדְּשֵׁי שְׁבִיעִי, כֻּלָּם יִשְׂבְּעוּ וְיִתְעַנְּגוּ מִטּוּבֶךָ
וְהַשְּׁבִיעִי רָצִיתָ בּוֹ וְקִדַּשְׁתּוֹ, חֶמְדַּת יָמִים אוֹתוֹ קָרָאתָ.

אֱלֹהֵינוּ וֵאלֹהֵי אֲבוֹתֵינוּ, רְצֵה נָא בִמְנוּחָתֵנוּ
קַדְּשֵׁנוּ בְּמִצְוֹתֶיךָ, שִׂים חֶלְקֵנוּ בְּתוֹרָתֶךָ
שַׂבְּעֵנוּ מִטּוּבֶךָ, שַׂמֵּחַ נַפְשֵׁנוּ בִּישׁוּעָתֶךָ
וְטַהֵר לִבֵּנוּ לְעָבְדְּךָ בֶּאֱמֶת.
וְהַנְחִילֵנוּ, יְהוָֹה אֱלֹהֵינוּ, בְּאַהֲבָה וּבְרָצוֹן שַׁבַּת קָדְשֶׁךָ
וְיָנוּחוּ בוֹ כָּל יִשְׂרָאֵל מְקַדְּשֵׁי שְׁמֶךָ.
בָּרוּךְ אַתָּה יְהוָֹה, מְקַדֵּשׁ הַשַּׁבָּת.

עבודה

רְצֵה יְהוָֹה אֱלֹהֵינוּ בְּעַמְּךָ יִשְׂרָאֵל
וְלִתְפִלָּתָם שְׁעֵה
וְהָשֵׁב הָעֲבוֹדָה לִדְבִיר בֵּיתֶךָ
וְאִשֵּׁי יִשְׂרָאֵל וּתְפִלָּתָם מְהֵרָה בְּאַהֲבָה תְקַבֵּל בְּרָצוֹן
וּתְהִי לְרָצוֹן תָּמִיד עֲבוֹדַת יִשְׂרָאֵל עַמֶּךָ.

---

בראש חודש ובשבת חול המועד מוסיפים:

אֱלֹהֵינוּ וֵאלֹהֵי אֲבוֹתֵינוּ, יַעֲלֶה וְיָבוֹא, יַגִּיעַ יֵרָאֶה וְיֵרָצֶה, יִשָּׁמַע יִפָּקֵד וְיִזָּכֵר זִכְרוֹנֵנוּ וְזִכְרוֹן אֲבוֹתֵינוּ, זִכְרוֹן יְרוּשָׁלַיִם עִירֶךָ, וְזִכְרוֹן מָשִׁיחַ בֶּן דָּוִד עַבְדֶּךָ, וְזִכְרוֹן כָּל עַמְּךָ בֵּית יִשְׂרָאֵל לְפָנֶיךָ, לִפְלֵטָה, לְטוֹבָה, לְחֵן, לְחֶסֶד וּלְרַחֲמִים (לְחַיִּים טוֹבִים וּלְשָׁלוֹם), בְּיוֹם

בראש חודש: רֹאשׁ הַחֹדֶשׁ הַזֶּה.

בפסח: חַג הַמַּצּוֹת הַזֶּה, בְּיוֹם מִקְרָא קֹדֶשׁ הַזֶּה.

בסוכות: חַג הַסֻּכּוֹת הַזֶּה, בְּיוֹם מִקְרָא קֹדֶשׁ הַזֶּה.

לְרַחֵם בּוֹ עָלֵינוּ וּלְהוֹשִׁיעֵנוּ. זָכְרֵנוּ יְהֹוָה אֱלֹהֵינוּ בּוֹ לְטוֹבָה, וּפָקְדֵנוּ בוֹ לִבְרָכָה, וְהוֹשִׁיעֵנוּ בוֹ לְחַיִּים טוֹבִים. בִּדְבַר יְשׁוּעָה וְרַחֲמִים חוּס וְחָנֵּנוּ וַחֲמוֹל וְרַחֵם עָלֵינוּ וְהוֹשִׁיעֵנוּ, כִּי אֵלֶיךָ עֵינֵינוּ, כִּי אֵל מֶלֶךְ חַנּוּן וְרַחוּם אָתָּה.

אם שכח חוזר. ראה הלכה 375.

וְאַתָּה בְּרַחֲמֶיךָ הָרַבִּים תַּחְפֹּץ בָּנוּ וְתִרְצֵנוּ
וְתֶחֱזֶינָה עֵינֵינוּ בְּשׁוּבְךָ לְצִיּוֹן בְּרַחֲמִים.
בָּרוּךְ אַתָּה יְהֹוָה, הַמַּחֲזִיר שְׁכִינָתוֹ לְצִיּוֹן.

## הודאה

שוחין בברכת ההודאה תחילה וסוף (ברכות לד ע״א) ואינו זוקף עד אמירת השם (רמב״ם).

מוֹדִים אֲנַחְנוּ לָךְ
שָׁאַתָּה הוּא יְהֹוָה אֱלֹהֵינוּ
וֵאלֹהֵי אֲבוֹתֵינוּ לְעוֹלָם וָעֶד.
צוּרֵנוּ, צוּר חַיֵּינוּ וּמָגֵן יִשְׁעֵנוּ
אַתָּה הוּא לְדוֹר וָדוֹר
נוֹדֶה לְּךָ וּנְסַפֵּר תְּהִלָּתֶךָ
עַל חַיֵּינוּ הַמְּסוּרִים בְּיָדֶךָ
וְעַל נִשְׁמוֹתֵינוּ הַפְּקוּדוֹת לָךְ
וְעַל נִסֶּיךָ שֶׁבְּכָל יוֹם עִמָּנוּ
וְעַל נִפְלְאוֹתֶיךָ וְטוֹבוֹתֶיךָ
שֶׁבְּכָל עֵת עֶרֶב וָבֹקֶר וְצָהֳרָיִם.
הַטּוֹב, כִּי לֹא כָלוּ רַחֲמֶיךָ
הַמְרַחֵם, כִּי לֹא תַמּוּ חֲסָדֶיךָ
כִּי מֵעוֹלָם קִוִּינוּ לָךְ.

כשהש״ץ אומר ׳מודים׳, הקהל אומר בלחש ׳מודים דרבנן׳ (סוטה מ ע״א):

מוֹדִים אֲנַחְנוּ לָךְ
שָׁאַתָּה הוּא יְהֹוָה אֱלֹהֵינוּ
וֵאלֹהֵי אֲבוֹתֵינוּ
אֱלֹהֵי כָל בָּשָׂר
יוֹצְרֵנוּ יוֹצֵר בְּרֵאשִׁית.
בְּרָכוֹת וְהוֹדָאוֹת
לְשִׁמְךָ הַגָּדוֹל וְהַקָּדוֹשׁ
עַל שֶׁהֶחֱיִיתָנוּ וְקִיַּמְתָּנוּ.
כֵּן תְּחַיֵּנוּ וּתְחָנֵּנוּ
וְתֶאֱסֹף גָּלֻיּוֹתֵינוּ לְחַצְרוֹת
קָדְשֶׁךָ, לִשְׁמֹר חֻקֶּיךָ
וְלַעֲשׂוֹת רְצוֹנֶךָ
וּלְעָבְדְּךָ בְּלֵבָב שָׁלֵם
עַל שֶׁאֲנַחְנוּ מוֹדִים לָךְ.
בָּרוּךְ אֵל הַהוֹדָאוֹת.

בחנוכה:

עַל הַנִּסִּים וְעַל הַפֻּרְקָן וְעַל הַגְּבוּרוֹת וְעַל הַתְּשׁוּעוֹת וְעַל הַנִּפְלָאוֹת וְעַל הַנֶּחָמוֹת שֶׁעָשִׂיתָ לַאֲבוֹתֵינוּ בַּיָּמִים הָהֵם בַּזְּמַן הַזֶּה.

בִּימֵי מַתִּתְיָה בֶּן יוֹחָנָן כֹּהֵן גָּדוֹל חַשְׁמוֹנַאי וּבָנָיו, כְּשֶׁעָמְדָה מַלְכוּת יָוָן הָרְשָׁעָה עַל עַמְּךָ יִשְׂרָאֵל לְשַׁכְּחָם תּוֹרָתֶךָ וּלְהַעֲבִירָם מֵחֻקֵּי רְצוֹנֶךָ, וְאַתָּה בְּרַחֲמֶיךָ הָרַבִּים עָמַדְתָּ לָהֶם בְּעֵת צָרָתָם, רַבְתָּ אֶת רִיבָם, דַּנְתָּ אֶת דִּינָם, נָקַמְתָּ אֶת נִקְמָתָם, מָסַרְתָּ גִבּוֹרִים בְּיַד חַלָּשִׁים, וְרַבִּים בְּיַד מְעַטִּים, וּרְשָׁעִים בְּיַד צַדִּיקִים, וּטְמֵאִים בְּיַד טְהוֹרִים, וְזֵדִים בְּיַד עוֹסְקֵי תוֹרָתֶךָ. לְךָ עָשִׂיתָ שֵׁם גָּדוֹל וְקָדוֹשׁ בְּעוֹלָמֶךָ, וּלְעַמְּךָ יִשְׂרָאֵל עָשִׂיתָ תְּשׁוּעָה גְדוֹלָה וּפֻרְקָן כְּהַיּוֹם הַזֶּה. וְאַחַר כָּךְ בָּאוּ בָנֶיךָ לִדְבִיר בֵּיתֶךָ, וּפִנּוּ אֶת הֵיכָלֶךָ, וְטִהֲרוּ אֶת מִקְדָּשֶׁךָ, וְהִדְלִיקוּ נֵרוֹת בְּחַצְרוֹת קָדְשֶׁךָ, וְקָבְעוּ שְׁמוֹנַת יְמֵי חֲנֻכָּה אֵלּוּ, בְּהַלֵּל וּבְהוֹדָאָה, וְעָשִׂיתָ עִמָּהֶם נִסִּים וְנִפְלָאוֹת, וְנוֹדֶה לְשִׁמְךָ הַגָּדוֹל, סֶלָה.

וממשיך ׳וְעַל כֻּלָּם׳.

בפורים המשולש בירושלים:

עַל הַנִּסִּים וְעַל הַפֻּרְקָן וְעַל הַגְּבוּרוֹת וְעַל הַתְּשׁוּעוֹת וְעַל הַנִּפְלָאוֹת וְעַל הַנֶּחָמוֹת שֶׁעָשִׂיתָ לַאֲבוֹתֵינוּ בַּיָּמִים הָהֵם בַּזְּמַן הַזֶּה.

בִּימֵי מָרְדְּכַי וְאֶסְתֵּר בְּשׁוּשַׁן הַבִּירָה, כְּשֶׁעָמַד עֲלֵיהֶם הָמָן הָרָשָׁע,
בִּקֵּשׁ לְהַשְׁמִיד לַהֲרֹג וּלְאַבֵּד אֶת־כָּל־הַיְּהוּדִים מִנַּעַר וְעַד־זָקֵן טַף אסתר ג
וְנָשִׁים בְּיוֹם אֶחָד, בִּשְׁלוֹשָׁה עָשָׂר לְחֹדֶשׁ שְׁנֵים־עָשָׂר, הוּא־חֹדֶשׁ אֲדָר,
וּשְׁלָלָם לָבוֹז: וְאַתָּה בְּרַחֲמֶיךָ הָרַבִּים הֵפַרְתָּ אֶת עֲצָתוֹ, וְקִלְקַלְתָּ אֶת
מַחֲשַׁבְתּוֹ, וַהֲשֵׁבוֹתָ לּוֹ גְּמוּלוֹ בְּרֹאשׁוֹ, וְתָלוּ אוֹתוֹ וְאֶת בָּנָיו עַל הָעֵץ,
וְעָשִׂיתָ עִמָּהֶם נִסִּים וְנִפְלָאוֹת, וְנוֹדֶה לְשִׁמְךָ הַגָּדוֹל, סֶלָה.

וממשיך ׳וְעַל כֻּלָּם׳.

וְעַל כֻּלָּם
יִתְבָּרַךְ וְיִתְרוֹמַם וְיִתְנַשֵּׂא תָּמִיד שִׁמְךָ מַלְכֵּנוּ לְעוֹלָם וָעֶד
וְכָל הַחַיִּים יוֹדְוּךָ סֶּלָה

בשבת תשובה: וּכְתֹב לְחַיִּים טוֹבִים כָּל בְּנֵי בְרִיתֶךָ.

וִיהַלְלוּ וִיבָרְכוּ אֶת שִׁמְךָ הַגָּדוֹל בֶּאֱמֶת לְעוֹלָם כִּי טוֹב
הָאֵל יְשׁוּעָתֵנוּ וְעֶזְרָתֵנוּ סֶלָה, הָאֵל הַטּוֹב.
׳בָּרוּךְ אַתָּה יְהֹוָה, הַטּוֹב שִׁמְךָ וּלְךָ נָאֶה לְהוֹדוֹת.
לא אמר ׳עַל הַנִּסִּים׳ או ׳וּכְתֹב לְחַיִּים׳ ונזכר לאחר שאמר ׳בָּרוּךְ אַתָּה ה׳׳, אינו חוזר.

---

**ברכת כוהנים:**

הכוהנים אומרים בלחש (סוטה לט ע״א):

יְהִי רָצוֹן מִלְּפָנֶיךָ, יְהֹוָה אֱלֹהֵינוּ וֵאלֹהֵי אֲבוֹתֵינוּ, שֶׁתְּהֵא הַבְּרָכָה הַזֹּו שֶׁצִּוִּיתָנוּ לְבָרֵךְ אֶת עַמְּךָ יִשְׂרָאֵל בְּרָכָה שְׁלֵמָה וְלֹא יִהְיֶה בָּהּ מִכְשׁוֹל וְעָוֹן מֵעַתָּה וְעַד עוֹלָם.

אם יש יותר מכוהן אחד, שליח הציבור קורא:

כֹּהֲנִים

(יש עונים: עַם קְדוֹשֶׁךָ, כָּאָמוּר.)

הכוהנים מברכים:

בָּרוּךְ אַתָּה יְהֹוָה, אֱלֹהֵינוּ מֶלֶךְ הָעוֹלָם
אֲשֶׁר קִדְּשָׁנוּ בִּקְדֻשָּׁתוֹ שֶׁל אַהֲרֹן, וְצִוָּנוּ לְבָרֵךְ אֶת עַמּוֹ יִשְׂרָאֵל בְּאַהֲבָה.

שליח הציבור מקריא מילה במילה, והכוהנים אחריו:

במדבר ו יְבָרֶכְךָ יְהֹוָה וְיִשְׁמְרֶךָ: קהל: אָמֵן
יָאֵר יְהֹוָה פָּנָיו אֵלֶיךָ וִיחֻנֶּךָּ: קהל: אָמֵן
יִשָּׂא יְהֹוָה פָּנָיו אֵלֶיךָ וְיָשֵׂם לְךָ שָׁלוֹם: קהל: אָמֵן

שליח הציבור ממשיך ׳שִׂים שָׁלוֹם׳ בעמוד הבא.

הכוהנים אומרים בלחש (סוטה, שם):

דברים כו רִבּוֹן הָעוֹלָמִים, עָשִׂינוּ מַה שֶּׁגָּזַרְתָּ עָלֵינוּ, עֲשֵׂה אַתָּה מַה שֶּׁהִבְטַחְתָּנוּ, הַשְׁקִיפָה
מִמְּעוֹן קָדְשְׁךָ מִן־הַשָּׁמַיִם וּבָרֵךְ אֶת־עַמְּךָ אֶת־יִשְׂרָאֵל:

הרואה חלום ונפשו עגומה, אומר בשעת נשיאת כפיים את הבקשה ׳רִבּוֹנוֹ שֶׁל עוֹלָם׳ (בעמ׳ 897).

אם אין כוהנים העולים לדוכן, שליח הציבור אומר:

אֱלֹהֵינוּ וֵאלֹהֵי אֲבוֹתֵינוּ, בָּרְכֵנוּ בַּבְּרָכָה הַמְשֻׁלֶּשֶׁת בַּתּוֹרָה, הַכְּתוּבָה עַל יְדֵי מֹשֶׁה עַבְדֶּךָ, הָאֲמוּרָה מִפִּי אַהֲרֹן וּבָנָיו כֹּהֲנִים עַם קְדוֹשֶׁךָ, כָּאָמוּר

במדבר ו יְבָרֶכְךָ יְהֹוָה וְיִשְׁמְרֶךָ: קהל: כֵּן יְהִי רָצוֹן
יָאֵר יְהֹוָה פָּנָיו אֵלֶיךָ וִיחֻנֶּךָּ: קהל: כֵּן יְהִי רָצוֹן
יִשָּׂא יְהֹוָה פָּנָיו אֵלֶיךָ וְיָשֵׂם לְךָ שָׁלוֹם: קהל: כֵּן יְהִי רָצוֹן
(וְנֶאֱמַר) וְשָׂמוּ אֶת־שְׁמִי עַל־בְּנֵי יִשְׂרָאֵל, וַאֲנִי אֲבָרְכֵם:

---

שלום
שִׂים שָׁלוֹם טוֹבָה וּבְרָכָה
חַיִּים חֵן וָחֶסֶד, צְדָקָה וְרַחֲמִים עָלֵינוּ וְעַל כָּל יִשְׂרָאֵל עַמֶּךָ.
וּבָרְכֵנוּ אָבִינוּ כֻּלָּנוּ כְּאֶחָד בְּאוֹר פָּנֶיךָ
כִּי בְאוֹר פָּנֶיךָ נָתַתָּ לָּנוּ יהוה אֱלֹהֵינוּ תּוֹרָה וְחַיִּים
אַהֲבָה וָחֶסֶד, צְדָקָה וְרַחֲמִים, בְּרָכָה וְשָׁלוֹם.
וְטוֹב בְּעֵינֶיךָ לְבָרְכֵנוּ וּלְבָרֵךְ אֶת כָּל עַמְּךָ יִשְׂרָאֵל
בְּרֹב עֹז וְשָׁלוֹם.

בשבת תשובה: וּבְסֵפֶר חַיִּים, בְּרָכָה וְשָׁלוֹם, וּפַרְנָסָה טוֹבָה
וִישׁוּעָה וְנֶחָמָה, וּגְזֵרוֹת טוֹבוֹת, נִזָּכֵר וְנִכָּתֵב לְפָנֶיךָ אֲנַחְנוּ
וְכָל עַמְּךָ יִשְׂרָאֵל, לְחַיִּים טוֹבִים וּלְשָׁלוֹם. אם שכח אינו חוזר.

בָּרוּךְ אַתָּה יהוה, הַמְבָרֵךְ אֶת עַמּוֹ יִשְׂרָאֵל בַּשָּׁלוֹם. אָמֵן.
יִהְיוּ לְרָצוֹן אִמְרֵי־פִי וְהֶגְיוֹן לִבִּי לְפָנֶיךָ, יהוה צוּרִי וְגֹאֲלִי: תהלים יט

כאן מסתיימת חזרת הש״ץ, ובתפילת לחש היחיד ממשיך בתחינות שלמטה.

אֱלֹהַי ברכות יז
נְצֹר לְשׁוֹנִי מֵרָע וּשְׂפָתַי מִדַּבֵּר מִרְמָה
וְלִמְקַלְלַי נַפְשִׁי תִדֹּם, וְנַפְשִׁי כֶּעָפָר לַכֹּל תִּהְיֶה.
פְּתַח לִבִּי בְּתוֹרָתֶךָ, וְאַחֲרֵי מִצְוֹתֶיךָ תִּרְדֹּף נַפְשִׁי.
וְכָל הַקָּמִים עָלַי לְרָעָה מְהֵרָה הָפֵר עֲצָתָם וְקַלְקֵל מַחְשְׁבוֹתָם.
(יִהְיוּ כְּמֹץ לִפְנֵי־רוּחַ וּמַלְאַךְ יהוה דּוֹחֶה:) תהלים לה
עֲשֵׂה לְמַעַן שְׁמֶךָ, עֲשֵׂה לְמַעַן יְמִינֶךָ
עֲשֵׂה לְמַעַן תּוֹרָתֶךָ, עֲשֵׂה לְמַעַן קְדֻשָּׁתֶךָ.
לְמַעַן יֵחָלְצוּן יְדִידֶיךָ, הוֹשִׁיעָה יְמִינְךָ וַעֲנֵנִי: תהלים ס
יִהְיוּ לְרָצוֹן אִמְרֵי־פִי וְהֶגְיוֹן לִבִּי לְפָנֶיךָ, יהוה צוּרִי וְגֹאֲלִי: תהלים יט

כורע ופוסע שלוש פסיעות לאחור. קד לשמאל, לימין ולפנים באמירת:
עֹשֶׂה שָׁלוֹם/ בשבת תשובה: הַשָּׁלוֹם/ בִּמְרוֹמָיו
הוּא בְּרַחֲמָיו יַעֲשֶׂה שָׁלוֹם עָלֵינוּ וְעַל כָּל עַמּוֹ יִשְׂרָאֵל (וְאִמְרוּ) אָמֵן.

יְהִי רָצוֹן מִלְּפָנֶיךָ, יְהוָה אֱלֹהֵינוּ וֵאלֹהֵי אֲבוֹתֵינוּ, שֶׁתִּבָּנֶה בֵּית הַמִּקְדָּשׁ בִּמְהֵרָה בְיָמֵינוּ, וְתֵן חֶלְקֵנוּ בְּתוֹרָתֶךָ, לַעֲשׂוֹת חֻקֵּי רְצוֹנֶךָ וּלְעָבְדְךָ בְּלֵבָב שָׁלֵם.

בראש חודש, בשבת חול המועד ובחנוכה אומרים אחרי חזרת הש״ץ הלל (עמ׳ 370).
בשאר שבתות שליח הציבור אומר ׳ה׳ אֲדֹנֵינוּ׳ (בעמוד הבא).

בשבת תשובה אומרים כאן ׳אָבִינוּ מַלְכֵּנוּ׳,
וברוב קהילות המערב נהגו שלא לאומרו (ראה הלכה 569).

אָבִינוּ מַלְכֵּנוּ, אֵין לָנוּ מֶלֶךְ אֶלָּא אָתָּה.
אָבִינוּ מַלְכֵּנוּ, עֲשֵׂה עִמָּנוּ לְמַעַן שְׁמֶךָ.
אָבִינוּ מַלְכֵּנוּ, חַדֵּשׁ עָלֵינוּ שָׁנָה טוֹבָה.
אָבִינוּ מַלְכֵּנוּ, בַּטֵּל מֵעָלֵינוּ כָּל גְּזֵרוֹת קָשׁוֹת וְרָעוֹת.
אָבִינוּ מַלְכֵּנוּ, בַּטֵּל מַחְשְׁבוֹת שׂוֹנְאֵינוּ.
אָבִינוּ מַלְכֵּנוּ, הָפֵר עֲצַת אוֹיְבֵינוּ.
אָבִינוּ מַלְכֵּנוּ, כַּלֵּה כָּל צַר וּמַשְׂטִין מֵעָלֵינוּ.
אָבִינוּ מַלְכֵּנוּ, כַּלֵּה דֶּבֶר וְחֶרֶב וְרָעָה וְרָעָב וּשְׁבִי וּבִזָּה וּמַשְׁחִית וּמַגֵּפָה
וְיֵצֶר הָרָע וָחֳלָאִים רָעִים מִבְּנֵי בְרִיתֶךָ.
אָבִינוּ מַלְכֵּנוּ, שְׁלַח רְפוּאָה שְׁלֵמָה לְכָל חוֹלֵי עַמֶּךָ.
אָבִינוּ מַלְכֵּנוּ, מְנַע מַגֵּפָה מִנַּחֲלָתֶךָ.
אָבִינוּ מַלְכֵּנוּ, זְכוֹר כִּי עָפָר אֲנָחְנוּ.
אָבִינוּ מַלְכֵּנוּ, קְרַע רֹעַ גְּזַר דִּינֵנוּ.
אָבִינוּ מַלְכֵּנוּ, מְחֹק בְּרַחֲמֶיךָ הָרַבִּים כָּל שִׁטְרֵי חוֹבוֹתֵינוּ.
אָבִינוּ מַלְכֵּנוּ, כָּתְבֵנוּ בְּסֵפֶר חַיִּים טוֹבִים.
אָבִינוּ מַלְכֵּנוּ, כָּתְבֵנוּ בְּסֵפֶר צַדִּיקִים וַחֲסִידִים.
אָבִינוּ מַלְכֵּנוּ, כָּתְבֵנוּ בְּסֵפֶר יְשָׁרִים וּתְמִימִים.
אָבִינוּ מַלְכֵּנוּ, כָּתְבֵנוּ בְּסֵפֶר פַּרְנָסָה וְכַלְכָּלָה טוֹבָה.
אָבִינוּ מַלְכֵּנוּ, כָּתְבֵנוּ בְּסֵפֶר גְּאֻלָּה וִישׁוּעָה.
אָבִינוּ מַלְכֵּנוּ, זָכְרֵנוּ בְּזִכְרוֹן טוֹב מִלְּפָנֶיךָ.
אָבִינוּ מַלְכֵּנוּ, הַצְמַח לָנוּ יְשׁוּעָה בְּקָרוֹב.
אָבִינוּ מַלְכֵּנוּ, הָרֵם קֶרֶן יִשְׂרָאֵל עַמֶּךָ.
אָבִינוּ מַלְכֵּנוּ, וְהָרֵם קֶרֶן מְשִׁיחֶךָ.
אָבִינוּ מַלְכֵּנוּ, חָנֵּנוּ וַעֲנֵנוּ.
אָבִינוּ מַלְכֵּנוּ, הַחֲזִירֵנוּ בִּתְשׁוּבָה שְׁלֵמָה לְפָנֶיךָ.
אָבִינוּ מַלְכֵּנוּ, שְׁמַע קוֹלֵנוּ חוּס וְרַחֵם עָלֵינוּ.

אָבִינוּ מַלְכֵּנוּ, עֲשֵׂה לְמַעַנְךָ אִם לֹא לְמַעֲנֵנוּ.
אָבִינוּ מַלְכֵּנוּ, קַבֵּל בְּרַחֲמִים וּבְרָצוֹן אֶת תְּפִלָּתֵנוּ.
אָבִינוּ מַלְכֵּנוּ, אַל תְּשִׁיבֵנוּ רֵיקָם מִלְּפָנֶיךָ.

אחרי חזרת העמידה שליח הציבור אומר:

יְהוָה אֲדֹנֵינוּ, מָה־אַדִּיר שִׁמְךָ בְּכָל־הָאָרֶץ: תהלים ח

## קדיש תתקבל

שליח הציבור כורע במילים המסומנות ב׳.

ש״ץ: יִתְגַּדַּל וְיִתְקַדַּשׁ שְׁמֵהּ רַבָּא (קהל: אָמֵן)
בְּעָלְמָא דִּי בְרָא כִרְעוּתֵהּ
וְיַמְלִיךְ מַלְכוּתֵהּ וְיַצְמַח פֻּרְקָנֵהּ וִיקָרֵב מְשִׁיחֵהּ (קהל: אָמֵן)
בְּחַיֵּיכוֹן וּבְיוֹמֵיכוֹן וּבְחַיֵּי דְכָל בֵּית יִשְׂרָאֵל
בַּעֲגָלָא וּבִזְמַן קָרִיב, וְאִמְרוּ אָמֵן. (קהל: אָמֵן)

קהל וש״ץ: יְהֵא שְׁמֵהּ רַבָּא מְבָרַךְ לְעָלַם לְעָלְמֵי עָלְמַיָּא יִתְבָּרַךְ
וְיִשְׁתַּבַּח וְיִתְפָּאַר וְיִתְרוֹמַם וְיִתְנַשֵּׂא
וְיִתְהַדָּר וְיִתְעַלֶּה וְיִתְהַלָּל שְׁמֵהּ דְּקֻדְשָׁא בְּרִיךְ הוּא (קהל: אָמֵן)
לְעֵלָּא מִן כָּל בִּרְכָתָא, שִׁירָתָא, תֻּשְׁבְּחָתָא וְנֶחֱמָתָא
דַּאֲמִירָן בְּעָלְמָא, וְאִמְרוּ אָמֵן. (קהל: אָמֵן)

ש״ץ: תִּתְקַבַּל צְלוֹתְנָא וּבָעוּתַנָא
עִם צְלוֹתְהוֹן וּבָעוּתְהוֹן דְּכָל בֵּית יִשְׂרָאֵל
קֳדָם אֲבוּנָא דְבִשְׁמַיָּא, וְאִמְרוּ אָמֵן. (קהל: אָמֵן)

יְהֵא שְׁלָמָא רַבָּא מִן שְׁמַיָּא, חַיִּים וְשָׂבָע וִישׁוּעָה וְנֶחָמָה
וְשֵׁיזָבָא וּרְפוּאָה, וּגְאֻלָּה וּסְלִיחָה וְכַפָּרָה, וְרֶוַח וְהַצָּלָה
לָנוּ וּלְכָל עַמּוֹ יִשְׂרָאֵל, וְאִמְרוּ אָמֵן. (קהל: אָמֵן)

כורע ופוסע שלוש פסיעות לאחור. קד לשמאל, לימין ולפנים באמירת:

עֹשֶׂה שָׁלוֹם / בשבת תשובה: הַשָּׁלוֹם/ בִּמְרוֹמָיו
הוּא בְּרַחֲמָיו יַעֲשֶׂה שָׁלוֹם
עָלֵינוּ וְעַל כָּל עַמּוֹ יִשְׂרָאֵל, וְאִמְרוּ אָמֵן. (קהל: אָמֵן)

בשבת זכור (שבת שלפני פורים) יש אומרים כאן את הפיוט ׳מִי כָמוֹךָ׳ בעמ׳ 542.

# פתיחת ההיכל

בשבת נוהגים לומר בעת פתיחת ההיכל שמונה פסוקים כנגד שבעת העולים לתורה והמפטיר.
ביום טוב שחל בחול, עולים חמישה, ולכן מתחילים מהפסוק השלישי.

פותחים את ההיכל. הקהל עומד על רגליו.

דברים ד אַתָּה הָרְאֵתָ לָדַעַת, כִּי יְהוָה הוּא הָאֱלֹהִים, אֵין עוֹד מִלְּבַדּוֹ:
תהלים פו אֵין־כָּמוֹךָ בָאֱלֹהִים, אֲדֹנָי, וְאֵין כְּמַעֲשֶׂיךָ:
מלכים א׳ ח יְהִי יְהוָה אֱלֹהֵינוּ עִמָּנוּ כַּאֲשֶׁר הָיָה עִם־אֲבֹתֵינוּ
אַל־יַעַזְבֵנוּ וְאַל־יִטְּשֵׁנוּ:
תהלים כח הוֹשִׁיעָה אֶת־עַמֶּךָ וּבָרֵךְ אֶת־נַחֲלָתֶךָ, וּרְעֵם וְנַשְּׂאֵם עַד־הָעוֹלָם:
במדבר י וַיְהִי בִּנְסֹעַ הָאָרֹן וַיֹּאמֶר מֹשֶׁה
קוּמָה יְהוָה וְיָפֻצוּ אֹיְבֶיךָ, וְיָנֻסוּ מְשַׂנְאֶיךָ מִפָּנֶיךָ:
תהלים קלב קוּמָה יְהוָה לִמְנוּחָתֶךָ, אַתָּה וַאֲרוֹן עֻזֶּךָ:
כֹּהֲנֶיךָ יִלְבְּשׁוּ־צֶדֶק, וַחֲסִידֶיךָ יְרַנֵּנוּ:
בַּעֲבוּר דָּוִד עַבְדֶּךָ, אַל־תָּשֵׁב פְּנֵי מְשִׁיחֶךָ:

יש מוסיפים פסוקים אלו:

תהלים קיח פִּתְחוּ־לִי שַׁעֲרֵי־צֶדֶק, אָבֹא־בָם אוֹדֶה יָהּ:
זֶה־הַשַּׁעַר לַיהוָה, צַדִּיקִים יָבֹאוּ בוֹ:
ישעיה ב כִּי מִצִּיּוֹן תֵּצֵא תוֹרָה, וּדְבַר־יְהוָה מִירוּשָׁלָיִם:

באלול ובימים טובים יש אומרים כאן בקשות מהאר״י ויש המוסיפים י״ג מידות לפניהן (עמ׳ 899).

בזוהר (ויקהל רו ע״א) נאמר שבשעה שמוציאים ספר תורה לקרוא בו בציבור,
נפתחים שערי הרחמים שבשמים ועל האדם לומר אז ׳בְּרִיךְ שְׁמֵהּ׳ (ראה הלכה 312).

זוהר ויקהל בְּרִיךְ שְׁמֵהּ דְּמָרֵא עָלְמָא, בְּרִיךְ כִּתְרָךְ וְאַתְרָךְ. יְהֵא רְעוּתָךְ עִם עַמָּךְ יִשְׂרָאֵל לְעָלַם, וּפֻרְקַן יְמִינָךְ אַחֲזֵי לְעַמָּךְ בְּבֵית מַקְדְּשָׁךְ, וּלְאַמְטוֹיֵי לַנָא מִטּוּב נְהוֹרָךְ, וּלְקַבֵּל צְלוֹתַנָא בְּרַחֲמִין. יְהֵא רַעֲוָא קֳדָמָךְ דְּתוֹרִיךְ לַן חַיִּין בְּטִיבוּ, וְלֶהֱוֵי אֲנָא עַבְדָּךְ פְּקִידָא בְּגוֹ צַדִּיקַיָּא, לְמִרְחַם עֲלַי וּלְמִנְטַר יָתִי וְיַת כָּל דִּי לִי וְדִי לְעַמָּךְ יִשְׂרָאֵל. אַנְתְּ הוּא זָן לְכֹלָּא וּמְפַרְנֵס לְכֹלָּא, אַנְתְּ הוּא שַׁלִּיט עַל כֹּלָּא, אַנְתְּ הוּא דְּשַׁלִּיט עַל מַלְכַיָּא, וּמַלְכוּתָא דִּילָךְ הִיא.

אֲנָא עַבְדָּא דְקֻדְשָׁא בְּרִיךְ הוּא, דְּסָגֵדְנָא קַמֵּהּ מִקַּמֵּי דִּיקַר אוֹרַיְתֵהּ
בְּכָל עִדָּן וְעִדָּן. לָא עַל אֱנָשׁ רָחִיצְנָא וְלָא עַל בַּר אֱלָהִין סָמִיכְנָא, אֶלָּא
בֶּאֱלָהָא דִשְׁמַיָּא, דְּהוּא אֱלָהָא דִקְשׁוֹט, וְאוֹרַיְתֵהּ קְשׁוֹט, וּנְבִיאוֹהִי
קְשׁוֹט, וּמַסְגֵּא לְמֶעְבַּד טַבְוָן וּקְשׁוֹט. בֵּהּ אֲנָא רָחִיץ, וְלִשְׁמֵהּ יַקִּירָא קַדִּישָׁא
אֲנָא אֵמַר תֻּשְׁבְּחָן. יְהֵא רַעֲוָא קֳדָמָךְ דְּתִפְתַּח לִבַּאי בְּאוֹרַיְתָךְ (וְתִיהַב
לִי בְּנִין דִּכְרִין דְּעָבְדִין רְעוּתָךְ), וְתַשְׁלִים מִשְׁאֲלִין דְּלִבַּאי וְלִבָּא דְכָל עַמָּךְ
יִשְׂרָאֵל לְטָב וּלְחַיִּין וְלִשְׁלָם, אָמֵן.

בשבת מברכין יש המכריזים כאן על ראש חודש (עמ׳ 305).

מי שברך לחיילי צה״ל

מִי שֶׁבֵּרַךְ אֲבוֹתֵינוּ אַבְרָהָם יִצְחָק וְיַעֲקֹב הוּא יְבָרֵךְ אֶת חַיָּלֵי צְבָא
הַהֲגָנָה לְיִשְׂרָאֵל וְאַנְשֵׁי כֹּחוֹת הַבִּטָּחוֹן, הָעוֹמְדִים עַל מִשְׁמַר אַרְצֵנוּ
וְעָרֵי אֱלֹהֵינוּ, מִגְּבוּל הַלְּבָנוֹן וְעַד מִדְבַּר מִצְרַיִם וּמִן הַיָּם הַגָּדוֹל עַד לְבוֹא
הָעֲרָבָה וּבְכָל מָקוֹם שֶׁהֵם, בַּיַּבָּשָׁה, בָּאֲוִיר וּבַיָּם. יִתֵּן יְהֹוָה אֶת אוֹיְבֵינוּ
הַקָּמִים עָלֵינוּ נִגָּפִים לִפְנֵיהֶם. הַקָּדוֹשׁ בָּרוּךְ הוּא יִשְׁמֹר וְיַצִּיל אֶת חַיָּלֵינוּ
מִכָּל צָרָה וְצוּקָה וּמִכָּל נֶגַע וּמַחֲלָה, וְיִשְׁלַח בְּרָכָה וְהַצְלָחָה בְּכָל מַעֲשֵׂי
יְדֵיהֶם. יַדְבֵּר שׂוֹנְאֵינוּ תַּחְתֵּיהֶם וִיעַטְּרֵם בְּכֶתֶר יְשׁוּעָה וּבַעֲטֶרֶת נִצָּחוֹן.
וִיקֻיַּם בָּהֶם הַכָּתוּב: כִּי יְהֹוָה אֱלֹהֵיכֶם הַהֹלֵךְ עִמָּכֶם לְהִלָּחֵם לָכֶם עִם־ דברים כ
אֹיְבֵיכֶם לְהוֹשִׁיעַ אֶתְכֶם: וְנֹאמַר אָמֵן.

יש האומרים כאן תפילה לשלום המדינה (עמ׳ 304).

---

תרגום לבריך שמה

ברוך שמו של אדון העולם, ברוך כתרך ומקומך. יהי רצונך עם עמך ישראל לעולם, ויישע ימינך הראה לעמך בבית מקדשך, ולהשפיע לנו מטוב אורך, ולקבל תפילותינו ברחמים. יהי רצון מלפניך שתאריך לנו חיים בחסד, ואהיה אני עבדך נמנה בין הצדיקים, לרחם עלי ולשמור אותי ואת כל אשר לי ואשר לעמך ישראל. אתה הוא זן לכל ומפרנס לכל, אתה הוא שליט על הכל, אתה הוא השליט על המלכים, והמלכות שלך היא. אני עבדו של הקדוש ברוך הוא, ומשתחוה אני לפניו מלפני כבוד תורתו בכל עת ועת. לא על אדם אני בטוח ולא על בן אלהים אני סמוך, אלא באלהי השמים, שהוא אלהים אמת, ותורתו אמת, ונביאיו אמת, ורב חסד ואמת. בו אני בטוח, ולשמו הנכבד הקדוש אני אומר תשבחות. יהי רצון מלפניך שתפתח לבי בתורתך (ותתן לי בנים זכרים שעושים רצונך), ותמלא משאלות לבי ולב כל עמך ישראל לטובה ולחיים ולשלום, אמן.

מי שברך לחולֶה

אומרים 'מי שברך' לחולים גם בשבת שיש בו דברי ברכה וחיזוק לחולה (אבקת רוכל, יא–יב):

מִי שֶׁבֵּרַךְ אֲבוֹתֵינוּ הַקְּדוֹשִׁים וְהַטְּהוֹרִים, אַבְרָהָם יִצְחָק וְיַעֲקֹב מֹשֶׁה וְאַהֲרֹן דָּוִד וּשְׁלֹמֹה, הוּא יְבָרֵךְ אֶת (פלוני בֶּן פלונית) וְיִשְׁלַח לוֹ רְפוּאָה שְׁלֵמָה בִּרְמ״ח אֵבָרָיו וּבְשס״ה גִּידָיו. אֵל נָא רְפָא נָא לוֹ, אֵל נָא רְפָא נָא לוֹ, אֵל נָא רְפָא נָא לוֹ. וְהַחֲלִימֵהוּ וְהַחֲזִיקֵהוּ וְהַבְרִיאֵהוּ וְהַחֲזִירֵהוּ לְאֵיתָנוֹ הָרִאשׁוֹן, שַׁבָּת הִיא (ביו״ט: יוֹם טוֹב הוּא) מִלִּזְעֹק וּרְפוּאָה קְרוֹבָה לָבוֹא, הַשְׁתָּא בַּעֲגָלָא וּבִזְמַן קָרִיב, וְכֵן יְהִי רָצוֹן, וְנֹאמַר אָמֵן.

מי שברך לחולָה

מִי שֶׁבֵּרַךְ אִמּוֹתֵינוּ הַקְּדוֹשׁוֹת וְהַטְּהוֹרוֹת, שָׂרָה רִבְקָה רָחֵל וְלֵאָה, מִרְיָם הַנְּבִיאָה וַאֲבִיגַיִל וְאֶסְתֵּר בַּת אֲבִיחַיִל, הוּא יְבָרֵךְ אֶת (פלונית בַּת פלונית)
במדבר יב וְיִשְׁלַח לָהּ רְפוּאָה שְׁלֵמָה בִּרְנ״ב אֵבָרֶיהָ וּבְשס״ה גִּידֶיהָ. אֵל נָא רְפָא
נָא לָהּ: אֵל נָא רְפָא נָא לָהּ: אֵל נָא רְפָא נָא לָהּ: וְהַחֲלִימֶהָ וְהַחֲזִיקֶהָ וְהַבְרִיאֶהָ וְהַחֲזִירֶהָ לְאֵיתָנָהּ הָרִאשׁוֹן, שַׁבָּת הִיא (ביו״ט: יוֹם טוֹב הוּא) מִלִּזְעֹק וּרְפוּאָה קְרוֹבָה לָבוֹא, הַשְׁתָּא בַּעֲגָלָא וּבִזְמַן קָרִיב, וְכֵן יְהִי רָצוֹן, וְנֹאמַר אָמֵן.

במחזור ארם צובה מובאים פסוקים כעין אלה לאומרם בשעת הוצאת ספר תורה.
כיום יש הנוהגים לומר סדר זה כשמוצאים שלושה ספרי תורה (סידור הרי״א):

ירמיה י מִי לֹא יִרָאֲךָ מֶלֶךְ הַגּוֹיִם כִּי לְךָ יָאָתָה, כִּי בְכָל־חַכְמֵי הַגּוֹיִם וּבְכָל־מַלְכוּתָם
מֵאֵין כָּמוֹךָ: מֵאֵין כָּמוֹךָ יְהוָה, גָּדוֹל אַתָּה וְגָדוֹל שִׁמְךָ בִּגְבוּרָה: וַיהוָה
אֱלֹהִים אֱמֶת, הוּא־אֱלֹהִים חַיִּים וּמֶלֶךְ עוֹלָם, מִקִּצְפּוֹ תִּרְעַשׁ הָאָרֶץ וְלֹא־
דניאל ג יָכִלוּ גוֹיִם זַעְמוֹ: אָתוֹהִי כְּמָה רַבְרְבִין וְתִמְהוֹהִי כְּמָה תַקִּיפִין, מַלְכוּתֵהּ
מַלְכוּת עָלַם וְשָׁלְטָנֵהּ עִם־דָּר וְדָר:

דברים ו שְׁמַע יִשְׂרָאֵל, יְהוָה אֱלֹהֵינוּ, יְהוָה אֶחָד:
יְהוָה מֶלֶךְ, יְהוָה מָלָךְ, יְהוָה יִמְלֹךְ לְעוֹלָם וָעֶד.
יְהוָה מֶלֶךְ, יְהוָה מָלָךְ, יְהוָה יִמְלֹךְ לְעוֹלָם וָעֶד.
תהלים קיח אָנָּא יְהוָה הוֹשִׁיעָה נָּא: אָנָּא יְהוָה הוֹשִׁיעָה נָּא:
אָנָּא יְהוָה הַצְלִיחָה נָא: אָנָּא יְהוָה הַצְלִיחָה נָא: עד כאן.

## הוצאת ספר תורה

מוציאים את ספר התורה ואומרים:

צְאֶינָה וּרְאֶינָה בְּנוֹת צִיּוֹן בַּמֶּלֶךְ שְׁלֹמֹה שיר השירים ג
בָּעֲטָרָה שֶׁעִטְּרָה־לּוֹ אִמּוֹ בְּיוֹם חֲתֻנָּתוֹ וּבְיוֹם שִׂמְחַת לִבּוֹ:

בָּרוּךְ הַמָּקוֹם שֶׁנָּתַן תּוֹרָה לְעַמּוֹ יִשְׂרָאֵל בָּרוּךְ הוּא.
אַשְׁרֵי הָעָם שֶׁכָּכָה לּוֹ, אַשְׁרֵי הָעָם שֶׁיהוָה אֱלֹהָיו: תהלים קמד

כשמוליכים את ספר התורה מן ההיכל לתיבה, שליח הציבור אומר עם הקהל:

גַּדְּלוּ לַיהוָה אִתִּי, וּנְרוֹמְמָה שְׁמוֹ יַחְדָּו: תהלים לד

רוֹמְמוּ יְהוָה אֱלֹהֵינוּ וְהִשְׁתַּחֲווּ לַהֲדֹם רַגְלָיו, קָדוֹשׁ הוּא: רוֹמְמוּ תהלים צט
יְהוָה אֱלֹהֵינוּ וְהִשְׁתַּחֲווּ לְהַר קָדְשׁוֹ, כִּי־קָדוֹשׁ יְהוָה אֱלֹהֵינוּ:
אֵין־קָדוֹשׁ כַּיהוָה כִּי־אֵין בִּלְתֶּךָ, וְאֵין צוּר כֵּאלֹהֵינוּ: כִּי מִי אֱלוֹהַּ שמואל א׳ ב תהלים יח
מִבַּלְעֲדֵי יְהוָה, וּמִי צוּר זוּלָתִי אֱלֹהֵינוּ: תּוֹרָה צִוָּה־לָנוּ מֹשֶׁה, דברים לג
מוֹרָשָׁה קְהִלַּת יַעֲקֹב: עֵץ־חַיִּים הִיא לַמַּחֲזִיקִים בָּהּ, וְתֹמְכֶיהָ משלי ג
מְאֻשָּׁר: דְּרָכֶיהָ דַרְכֵי־נֹעַם וְכָל־נְתִיבוֹתֶיהָ שָׁלוֹם: שָׁלוֹם רָב לְאֹהֲבֵי תהלים קיט
תוֹרָתֶךָ, וְאֵין־לָמוֹ מִכְשׁוֹל: יְהוָה עֹז לְעַמּוֹ יִתֵּן, יְהוָה יְבָרֵךְ אֶת־ תהלים כט
עַמּוֹ בַשָּׁלוֹם:

יש מוסיפים (על פי מסכת סופרים):

יִשְׂמְחוּ הַשָּׁמַיִם וְתָגֵל הָאָרֶץ, וְיֹאמְרוּ בַגּוֹיִם יְהוָה מָלָךְ: דברי הימים א׳ טז
יִשְׂמַח הַר־צִיּוֹן תָּגֵלְנָה בְּנוֹת יְהוּדָה, לְמַעַן מִשְׁפָּטֶיךָ: תהלים מח

עַל הַכֹּל יִתְגַּדַּל וְיִתְקַדַּשׁ יִתְבָּרַךְ וְיִתְרוֹמַם וְיִתְנַשֵּׂא שְׁמוֹ שֶׁל מֶלֶךְ מַלְכֵי מסכת סופרים יד, ו
הַמְּלָכִים הַקָּדוֹשׁ בָּרוּךְ הוּא בָּעוֹלָמוֹת שֶׁבָּרָא, הָעוֹלָם הַזֶּה וְהָעוֹלָם הַבָּא,
כִּרְצוֹנוֹ וְכִרְצוֹן יְרֵאָיו וְכִרְצוֹן כָּל עַמּוֹ בֵּית יִשְׂרָאֵל.

תִּגָּלֶה וְתֵרָאֶה מַלְכוּתוֹ עָלֵינוּ בִּמְהֵרָה. וְיָחֹן וְיָחוּס וִירַחֵם עַל פְּלֵיטָתֵנוּ
וּפְלֵיטַת עַמּוֹ בֵּית יִשְׂרָאֵל בְּחֵן בְּחֶסֶד בְּרַחֲמִים וּבְרָצוֹן. וְאִמְרוּ כָּל הָעָם אָמֵן.

הָרַחֲמָן הוּא יַחֲזִיר שְׁבִיתֵנוּ וּשְׁבִית עַמּוֹ בֵּית יִשְׂרָאֵל בִּמְהֵרָה. וְיוֹצִיאֵנוּ
מִכָּל צָרוֹתֵינוּ לִרְוָחָה. וּמֵאֲפֵלָה לְאוֹרָה בְּקָרוֹב. וְיֹאמְרוּ כָּל הָעָם אָמֵן.

דברים לב כִּי שֵׁם יְהֹוָה אֶקְרָא, הָבוּ גֹדֶל לֵאלֹהֵינוּ:
הַכֹּל תְּנוּ עֹז לֵאלֹהִים וּתְנוּ כָבוֹד לַתּוֹרָה.

מגביה את ספר התורה "ומראה פני כתיבתו לעם העומדים לימינו ולשמאלו, ומחזירו לפניו ולאחריו, שמצוה לכל אנשים ונשים לראות הכתב ולכרוע לומר 'וְזֹאת הַתּוֹרָה' וכו'" (מסכת סופרים יד, ח):

דברים ד וְזֹאת הַתּוֹרָה אֲשֶׁר־שָׂם מֹשֶׁה לִפְנֵי בְּנֵי יִשְׂרָאֵל:
דברים לג תּוֹרָה צִוָּה־לָנוּ מֹשֶׁה, מוֹרָשָׁה קְהִלַּת יַעֲקֹב:
תהלים יח הָאֵל תָּמִים דַּרְכּוֹ, אִמְרַת־יְהֹוָה צְרוּפָה
מָגֵן הוּא לְכֹל הַחוֹסִים בּוֹ:

## ברכות התורה

קודם הברכה על העולה לראות היכן קוראים (מגילה לב ע"א) ולנשק את ספר התורה (שערי אפרים). בשעת הברכה אוחז בעמודי הספר באמצעות מטפחת (שו"ע קלט, יא על פי ראבי"ה והמנהיג; שם קמו, א). ראה הלכה 219.
יש נוהגים שבר־מצווה, קודם שעולה לתורה, אומר תפילה בעמ' 874.

עולה: יְהֹוָה עִמָּכֶם
קהל: יְבָרֶכְךָ יְהֹוָה

עולה: (רַבָּנָן) בָּרְכוּ אֶת יְהֹוָה הַמְבֹרָךְ.
קהל: בָּרוּךְ יְהֹוָה הַמְבֹרָךְ לְעוֹלָם וָעֶד.
עולה: בָּרוּךְ יְהֹוָה הַמְבֹרָךְ לְעוֹלָם וָעֶד.

בָּרוּךְ אַתָּה יְהֹוָה, אֱלֹהֵינוּ מֶלֶךְ הָעוֹלָם
אֲשֶׁר בָּחַר בָּנוּ מִכָּל הָעַמִּים, וְנָתַן לָנוּ אֶת תּוֹרָתוֹ.
בָּרוּךְ אַתָּה יְהֹוָה, נוֹתֵן הַתּוֹרָה.

לאחר הקריאה העולה מנשק את ספר התורה ומברך:

בָּרוּךְ אַתָּה יְהֹוָה, אֱלֹהֵינוּ מֶלֶךְ הָעוֹלָם
אֲשֶׁר נָתַן לָנוּ (אֶת) תּוֹרָתוֹ תּוֹרַת אֱמֶת
וְחַיֵּי עוֹלָם נָטַע בְּתוֹכֵנוּ.
בָּרוּךְ אַתָּה יְהֹוָה, נוֹתֵן הַתּוֹרָה.

## ברכת הגומל

מי שהיה בסכנה וניצל ממנה (ראה הלכה 227), מברך 'הַגּוֹמֵל':

אוֹדֶה יְהוָה בְּכָל־לֵבָב, בְּסוֹד יְשָׁרִים וְעֵדָה: תהלים קיא

בָּרוּךְ אַתָּה יְהוָה, אֱלֹהֵינוּ מֶלֶךְ הָעוֹלָם
הַגּוֹמֵל לְחַיָּבִים טוֹבוֹת, שֶׁגְּמָלַנִי כָּל טוֹב.

והקהל עונה: אָמֵן. הָאֵל אֲשֶׁר גְּמָלְךָ (לאישה: גְּמָלֵךְ) כָּל טוֹב וְחֵן וָחֶסֶד וְחֶמְלָה
יִתְבָּרַךְ וְיִתְרוֹמַם עַל כָּל בְּרָכָה וּתְהִלָּה
הוּא בְּרַחֲמָיו יִשְׁמָרְךָ וְיִגְמָלְךָ (לאישה: יִשְׁמְרֵךְ וְיִגְמְלֵךְ)
לָעַד כָּל טוֹב, סֶלָה.

ויש עונים: אָמֵן. הָאֵל שֶׁגְּמָלְךָ (לאישה: שֶׁגְּמָלֵךְ) כָּל טוֹב
הוּא יִגְמָלְךָ (לאישה: יִגְמְלֵךְ) כָּל טוֹב, סֶלָה.

השכבות בעמ' 300.

## לשבת חתן

נוהגים לקרוא לחתן לספר תורה באמירת פיוט זה:

חָתָן נָעִים עֲלֵה בְּתוֹךְ עַם אֱמוּנַי / לִקְרֹא בְּסֵפֶר תּוֹרַת יְהוָה
יְבָרֶכְךָ הָאֵל מִשְּׁמֵי עֲלִיָּה / בְּמָמוֹן וּבְשֵׁם בִּפְרִיָּה וּרְבִיָּה
אֶשְׁתְּךָ תִּהְיֶה כְּגֶפֶן פּוֹרִיָּה / כֵּן יְבֹרַךְ גָּבֶר יְרֵא יְהוָה: תהלים קכח

ויש אומרים פיוט זה:

יִשְׂמַח חֲתָנִי בִּקְהַל אֱמוּנַי / יִשָּׂא בְרָכָה מֵאֵת יְהוָה: תהלים כד

שַׁדַּי יְמַלֵּא תַּאֲוַת לִבּוֹ / מָגֵן וְצִנָּה יִהְיֶה סְבִיבוֹ
וְיָאֵר אוֹתוֹ וִייַשֵּׁר נְתִיבוֹ / לִגְמֹר וְלִשְׁמֹר דַּרְכֵי יְהוָה
יִשְׂמַח חֲתָנִי בִּקְהַל אֱמוּנַי / יִשָּׂא בְרָכָה מֵאֵת יְהוָה:

לְרֹאשׁוֹ יְצַוֶּה בְּרָכוֹת עֲצוּמוֹת / וְיִסַּע בְּכָל עֵת כִּנְהַר שְׁלוֹמוֹת
בֹּא יָבֹא בְרִנָּה נוֹשֵׂא אֲלֻמֹּת / יִזְכֶּה וְיִרְאֶה יְשׁוּעַת יְהוָה
יִשְׂמַח חֲתָנִי בִּקְהַל אֱמוּנַי / יִשָּׂא בְרָכָה מֵאֵת יְהוָה:

לאחר שהחתן עולה לתורה ומברך ברכה אחרונה, נוהגים לקרוא לו פרשת 'וְאַבְרָהָם זָקֵן', ומתרגמים פסוק פסוק בנעימה. וכיום נוהגים לקרוא לו פרשה זו מתוך החומש (ראה הלכה 516).

**בִּרְשׁוּת אֵל חַי אֱמֶת וְיַצִּיב, אֲתַרְגֵּם פָּרָשַׁת וְאַבְרָהָם סִיב.**

בראשית כד **וְאַבְרָהָם זָקֵן בָּא בַּיָּמִים וַיהוָה בֵּרַךְ אֶת־אַבְרָהָם בַּכֹּל:**

תרגום אונקלוס שם וְאַבְרָהָם סִיב עָל בְּיוֹמִין, וַיהוָה בָּרֵיךְ יָת אַבְרָהָם בְּכֹלָּא.

**וַיֹּאמֶר אַבְרָהָם אֶל־עַבְדּוֹ זְקַן בֵּיתוֹ הַמֹּשֵׁל בְּכָל־אֲשֶׁר־לוֹ שִׂים־נָא יָדְךָ תַּחַת יְרֵכִי:**

וַאֲמַר אַבְרָהָם לְעַבְדֵּהּ סָבָא דְבֵיתֵהּ, דְּשַׁלִּיט בְּכָל דִּי לֵהּ, שַׁוִּי כְעַן יְדָךְ תְּחוֹת יַרְכִּי.

**וְאַשְׁבִּיעֲךָ בַּיהוָה אֱלֹהֵי הַשָּׁמַיִם וֵאלֹהֵי הָאָרֶץ אֲשֶׁר לֹא־תִקַּח אִשָּׁה לִבְנִי מִבְּנוֹת הַכְּנַעֲנִי אֲשֶׁר אָנֹכִי יוֹשֵׁב בְּקִרְבּוֹ:**

וַאֲקַיֵּם עֲלָךְ בְּמֵימְרָא דַּיהוָה אֱלָהָא דִּשְׁמַיָּא וֵאלָהָא דְּאַרְעָא, דְּלָא תִסַּב אִתְּתָא לִבְרִי מִבְּנָת כְּנַעֲנָאֵי דִּי אֲנָא יָתֵב בֵּינֵיהוֹן.

**כִּי אֶל־אַרְצִי וְאֶל־מוֹלַדְתִּי תֵּלֵךְ וְלָקַחְתָּ אִשָּׁה לִבְנִי לְיִצְחָק:**

אֱלָהֵין לְאַרְעִי וּלְיַלָּדוּתִי תֵּיזִיל, וְתִסַּב אִתְּתָא לִבְרִי לְיִצְחָק.

**וַיֹּאמֶר אֵלָיו הָעֶבֶד אוּלַי לֹא־תֹאבֶה הָאִשָּׁה לָלֶכֶת אַחֲרַי אֶל־הָאָרֶץ הַזֹּאת הֶהָשֵׁב אָשִׁיב אֶת־בִּנְךָ אֶל־הָאָרֶץ אֲשֶׁר־יָצָאתָ מִשָּׁם:**

וַאֲמַר לֵהּ עַבְדָּא, מָאִים לָא תֵיבֵי אִתְּתָא לְמֵיתֵי בָּתְרַי לְאַרְעָא הָדָא, הַאֲתָבָא אָתֵיב יָת בְּרָךְ לְאַרְעָא דִּי נְפַקְתָּ מִתַּמָּן.

**וַיֹּאמֶר אֵלָיו אַבְרָהָם הִשָּׁמֶר לְךָ פֶּן־תָּשִׁיב אֶת־בְּנִי שָׁמָּה:**

וַאֲמַר לֵהּ אַבְרָהָם, אִסְתְּמַר לָךְ, דִּלְמָא תְתֵיב יָת בְּרִי לְתַמָּן.

**יְהוָה ׀ אֱלֹהֵי הַשָּׁמַיִם אֲשֶׁר לְקָחַנִי מִבֵּית אָבִי וּמֵאֶרֶץ מוֹלַדְתִּי וַאֲשֶׁר דִּבֶּר־לִי וַאֲשֶׁר נִשְׁבַּע־לִי לֵאמֹר לְזַרְעֲךָ אֶתֵּן אֶת־הָאָרֶץ הַזֹּאת הוּא יִשְׁלַח מַלְאָכוֹ לְפָנֶיךָ וְלָקַחְתָּ אִשָּׁה לִבְנִי מִשָּׁם:**

יְהוָה אֱלָהָא דִשְׁמַיָּא, דִּי דַבְּרַנִי מִבֵּית אַבָּא וּמֵאֲרַע יַלָּדוּתִי, וְדִי מַלֵּיל לִי וְדִי קַיֵּים לִי לְמֵימַר, לִבְנָךְ אֶתֵּן יָת אַרְעָא הָדָא, הוּא יִשְׁלַח מַלְאֲכֵהּ קֳדָמָךְ וְתִסַּב אִתְּתָא לִבְרִי מִתַּמָּן.

יְהֹוָה ׀ אֱלֹהֵי הַשָּׁמַיִם אֲשֶׁר לְקָחַנִי מִבֵּית אָבִי וּמֵאֶרֶץ מוֹלַדְתִּי וַאֲשֶׁר דִּבֶּר־לִי וַאֲשֶׁר נִשְׁבַּע־לִי לֵאמֹר לְזַרְעֲךָ אֶתֵּן אֶת־הָאָרֶץ הַזֹּאת הוּא יִשְׁלַח מַלְאָכוֹ לְפָנֶיךָ וְלָקַחְתָּ אִשָּׁה לִבְנִי מִשָּׁם:

וכשחוזר החתן למקומו, החזן אומר:

לֵךְ לְשָׁלוֹם בִּמְקוֹמְךָ, יִרְצֶה הָאֱלֹהִים אֶת מַעֲשֶׂיךָ.

בָּרוּךְ אַתָּה בְּבֹאֶךָ וּבָרוּךְ אַתָּה בְּצֵאתֶךָ: דברים כח

מי שברך לעולה, לחתן ולבר־מצווה

מִי שֶׁבֵּרַךְ אֲבוֹתֵינוּ הַקְּדוֹשִׁים וְהַטְּהוֹרִים, אַבְרָהָם יִצְחָק וְיַעֲקֹב, מֹשֶׁה וְאַהֲרֹן, דָּוִד וּשְׁלֹמֹה, הוּא יְבָרֵךְ אֶת (לחתן: הֶחָתָן הַמְפֹאָר) הַשֵּׁם הַטּוֹב כְּבוֹד רַבִּי (פלוני בֶּן פלוני). מַלְכָּא דְעָלְמָא הוּא יְבָרֵךְ יָתֵהּ, וִיזַכֵּה יָתֵהּ, וְיִשְׁמַע בְּקָל צְלוֹתֵהּ, וְיִשְׁלַח בְּרָכָה רְוָחָה וְהַצְלָחָה בְּכָל מַעֲשֵׂי יָדָיו, וּמִכָּל צָרָה וָנֶזֶק יַצִּילֵהוּ, וִימַלֵּא כָּל מִשְׁאֲלוֹת לִבּוֹ לְטוֹבָה, וְיַאֲרִיךְ יָמָיו בַּטּוֹב וּשְׁנוֹתָיו בַּנְּעִימִים, אֶל כָּל אֲשֶׁר יִפְנֶה יַשְׂכִּיל וְיַצְלִיחַ, וּזְכוּת הַתּוֹרָה תָּגֵן בַּעֲדוֹ וּבְעַד בֵּיתוֹ וּבְעַד כָּל אֲשֶׁר לוֹ.

לבר־מצווה: וּכְשֵׁם שֶׁזָּכָה לְהִכָּנֵס לְמִצְוֹת כָּךְ יִזְכֶּה לַעֲשׂוֹת חַיִל בַּתּוֹרָה וּבְמַעֲשִׂים טוֹבִים, וִיזַכֵּהוּ הָאֵל לְחֻפָּתוֹ וּלְשִׂמְחָתוֹ בְּחַיֵּי כָּל קְרוֹבָיו וּבְנֵי מִשְׁפַּחְתּוֹ.
הַמַּלְאָךְ הַגֹּאֵל אֹתִי מִכָּל־רָע יְבָרֵךְ אֶת־הַנְּעָרִים וְיִקָּרֵא בָהֶם שְׁמִי בראשית מח
וְשֵׁם אֲבֹתַי אַבְרָהָם וְיִצְחָק, וְיִדְגּוּ לָרֹב בְּקֶרֶב הָאָרֶץ: בֵּן פֹּרָת יוֹסֵף, בראשית מט
בֵּן פֹּרָת עֲלֵי־עָיִן, בָּנוֹת צָעֲדָה עֲלֵי־שׁוּר: יְבָרֶכְךָ יְהֹוָה וְיִשְׁמְרֶךָ: יָאֵר במדבר ו
יְהֹוָה פָּנָיו אֵלֶיךָ וִיחֻנֶּךָּ: יִשָּׂא יְהֹוָה פָּנָיו אֵלֶיךָ וְיָשֵׂם לְךָ שָׁלוֹם:

וְיִתְכַּלְּלוּ בּוֹ כָּל הַבְּרָכוֹת כֻּלָּן. (בשבת תשובה: וְיִכְתְּבֵהוּ הָאֵל בְּסֵפֶר חַיִּים טוֹבִים), וְכֵן יְהִי רָצוֹן וְנֹאמַר אָמֵן.

כאשר נער עולה לתורה בפעם הראשונה במלאות לו שלוש עשרה שנה,
אביו מברך (רמ״א רכה, ב על פי בראשית רבה סג, י):

בָּרוּךְ שֶׁפְּטָרַנִי מֵעָנְשׁוֹ שֶׁלָּזֶה.

ויש נוהגים שהאב מברך בלשון זו (׳יין הטוב׳ ח״ב, ו על פי ׳ילקט יושר׳):

בְּרִיךְ רַחֲמָנָא אֱלָהָנָא מַלְכָּא דְעָלְמָא שֶׁפְּטָרַנִי מֵעָנְשׁוֹ שֶׁלָּזֶה.

יש נוהגים, שבר־המצווה אומר תפילה מיוחדת ביום שעולה לתורה (בעמ׳ 874).

מי שברך לאישה

מִי שֶׁבֵּרַךְ אִמּוֹתֵינוּ הַקְּדוֹשׁוֹת וְהַטְּהוֹרוֹת שָׂרָה וְרִבְקָה רָחֵל וְלֵאָה, מִרְיָם הַנְּבִיאָה וַאֲבִיגַיִל וְאֶסְתֵּר הַמַּלְכָּה בַּת אֲבִיחַיִל, הוּא יְבָרֵךְ אֶת הָאִשָּׁה הַצְּנוּעָה וְהַכְּבוּדָה (הַכַּלָּה/הַיּוֹלֶדֶת) הַנְּעִימָה מָרַת (פלונית בַּת פלוני). מַלְכָּא דְעָלְמָא הוּא יְבָרֵךְ יָתַהּ, וִיזַכֵּה יָתַהּ, וְיִשְׁמַע בְּקָל צְלוֹתַהּ, וְיִשְׁמֹר לָהּ כָּל אֲשֶׁר לָהּ, וְיַצִּילָהּ מִכָּל צָרָה וָנֶזֶק, וְיִשְׁלַח בְּרָכָה רְוָחָה וְהַצְלָחָה בְּכָל מַעֲשֵׂי יָדֶיהָ, וִימַלֵּא מִשְׁאֲלוֹת לִבָּהּ לְטוֹבָה, וְיַאֲרִיךְ יָמֶיהָ בְּטוֹב וּשְׁנוֹתֶיהָ בִּנְעִימִים. אֶל כָּל אֲשֶׁר תִּפְנֶה תַּשְׂכִּיל וְתַצְלִיחַ, וּזְכוּת הַתּוֹרָה תָּגֵן בַּעֲדָהּ וּבְעַד בֵּיתָהּ וּבְעַד בַּעְלָהּ (וּבְעַד בָּנֶיהָ) וּבְעַד כָּל מִשְׁפַּחְתָּהּ וְכָל אֲשֶׁר לָהּ.

לאישה יולדת: וְתִזְכֶּה לִרְאוֹת נַחַת מִכָּל יוֹצְאֵי חֲלָצֶיהָ
בִּבְרִיאוּת וּבְכָבוֹד דְּשֵׁנִים וְרַעֲנַנִּים בְּשֵׂיבָה יְנוּבוּן.

וְיִכָּלְלוּ בָהּ כָּל הַבְּרָכוֹת כֻּלָּן

בשבת תשובה: וְיִכְתְּבֶהָ הָאֵל בְּסֵפֶר חַיִּים טוֹבִים

וְכֵן יְהִי רָצוֹן וְנֹאמַר אָמֵן.

מי שברך לבת־מצווה

מִי שֶׁבֵּרַךְ אִמּוֹתֵינוּ הַקְּדוֹשׁוֹת וְהַטְּהוֹרוֹת שָׂרָה וְרִבְקָה רָחֵל וְלֵאָה, מִרְיָם הַנְּבִיאָה וַאֲבִיגַיִל וְאֶסְתֵּר הַמַּלְכָּה בַּת אֲבִיחַיִל, הוּא יְבָרֵךְ אֶת (פלונית בַּת פלוני) שֶׁמָּלְאוּ לָהּ שְׁתֵּים עֶשְׂרֵה שָׁנָה וְהִגִּיעָה לְמִצְוֹת, וְנוֹתֶנֶת שֶׁבַח וְהוֹדָיָה לְהַשֵּׁם יִתְבָּרַךְ עַל כָּל הַטּוֹבָה שֶׁגָּמַל אִתָּהּ. יִשְׁמְרֶהָ הַקָּדוֹשׁ בָּרוּךְ הוּא וִיחַיֶּהָ, וִיכוֹנֵן אֶת לִבָּהּ לִהְיוֹת שָׁלֵם עִם יְהוָה וְלָלֶכֶת בִּדְרָכָיו וְלִשְׁמֹר מִצְוֹתָיו כָּל הַיָּמִים, וְנֹאמַר אָמֵן.

## פיוטים לשבתות מיוחדות

לשבת ראש חודש

שִׁירוּ לָאֵל נְבוֹנַי / שִׁירֵי רְנָנַי
שַׁבָּת וְרֹאשׁ חֹדֶשׁ / יוֹם זֶה לַיהוָה.

יְקַר שְׁמוֹ הוֹדִיעוּ / לַכֹּל וְהַשְׁמִיעוּ
זַמְּרוּ הָרִיעוּ / לִפְנֵי הַמֶּלֶךְ יְהוָה.

עֹז לוֹ בְּמִקְדָּשׁוֹ / תְּנוּ חוּשׁוּ לְדָרְשׁוֹ
הִתְהַלְלוּ בְּשֵׁם קָדְשׁוֹ / יִשְׂמַח לֵב מְבַקְשֵׁי יְהוָה.

קְדוֹשִׁים שִׁמְךָ יוֹדוּ / וַחֲסָדֶיךָ יַגִּידוּ
אַף יְהַלְלוּ וְיוֹדוּ / שָׁמַיִם פִּלְאֲךָ יְהוָה.

בָּאתִי וְקִדַּשְׁתִּי / שִׁמְךָ וְשִׁירִים שַׁרְתִּי
וְאֵלֶּה הִגַּדְתִּי / בִּכּוּרִים לַיהוָה.

לשבת חנוכה

יָהּ הַצֵּל יוֹנָה מְחַכָּה / וְדִמְעָתָהּ לָךְ מְסַכָּה
וְתִשְׂמַח בָּךְ, אַתָּה מַלְכָּהּ / בִּשְׁמוֹנַת יְמֵי חֲנֻכָּה.

הוֹדוּ לְגֵאֶה עַל גֵּאִים / וְנוֹרָא עַל כָּל נוֹרָאִים
הִצִּיל אֶת נִין חַשְׁמוֹנָאִים / מִיַּד צַר כִּי בָהֶם הִכָּה.
וְתִשְׂמַח בָּךְ, אַתָּה מַלְכָּהּ / בִּשְׁמוֹנַת יְמֵי חֲנֻכָּה.

וְיָשִׁירוּ עַמְּךָ שִׁירוֹת / וּזְמִירוֹת מִפָּז יְקָרוֹת
בְּהַדְלִיקָם אֶת הַנֵּרוֹת / בִּשְׁמוֹנַת יְמֵי חֲנֻכָּה.
וְתִשְׂמַח בָּךְ, אַתָּה מַלְכָּהּ / בִּשְׁמוֹנַת יְמֵי חֲנֻכָּה.

דִּרְשׁוּ לָאֵל כָּל לְבָבוֹת / כִּי גָמַל עָלֵינוּ טוֹבוֹת
שִׂמְחוּ בָנִים עִם הָאָבוֹת / בְּדָת מִנִּי יָם אֲרֻכָּה.
וְתִשְׂמַח בָּךְ, אַתָּה מַלְכָּהּ / בִּשְׁמוֹנַת יְמֵי חֲנֻכָּה.

הָאֵל יָמֵינוּ יְחַדֵּשׁ / צַר לַהֲרִיגָה יְקַדֵּשׁ
יִשְׁלַח עֶזְרְךָ מִקֹּדֶשׁ / וּמִצִּיּוֹן יִסְעָדֶךָּ.
וְתִשְׂמַח בָּךְ, אַתָּה מַלְכָּהּ / בִּשְׁמוֹנַת יְמֵי חֲנֻכָּה.

## לשבת יתרו ולשבת ואתחנן

בכמה מקהילות המערב נוהגים לומר פיוט זה לרבי יצחק אבן גיאת:

| | | | |
|---|---|---|---|
| יוֹם מַעֲמַד סִינַי | עֵת בֹּא בְּרַעְיוֹנַי | יִמָּלְאוּ מָתְנַי | צִירִים וְחַלְחָלָה |
| צָפוֹן וְיָמִין חָל | יָם מַעֲרָב זָחַל | כֹּל מִמְּךָ דָּחַל | הוֹדְךָ בְּעֵת נִגְלָה |
| חֲסִין שִׁמְךָ מַלְכִּי | בְּפָתְחֲךָ בְּאָנֹכִי | הָסוּ יְצוּרִים כִּי | לֹא יָכְלוּ מִלָּה |
| קוֹלְךָ כְּמוֹ שָׁמְעוּ | שָׁחוּ וְנִכְנָעוּ | זָעוּ וְגַם נָעוּ | מַטָּה וְגַם מַעְלָה |
| חַי אֵל קְצוֹת גָּדְלָךְ | מִי יַעֲרֹךְ מוּלָךְ | כִּי אֵין תְּחִלָּה לָךְ | גַּם אֵין לְךָ תִּכְלָה |
| זֹאת בַּחֲזוֹת לִבִּי | יָחִיל בְּמוֹ קִרְבִּי | אֶפְחַד וְיָבוֹא בִּי | רַעַד וּבֶהָלָה |
| קוֹשֵׁר מְזִמָּתִי | חוֹקֵר עֲלוּמָתִי | רוּחִי וְנִשְׁמָתִי | תּוֹדֶה לְךָ סֶלָה |

ובכמה מקהילות המזרח נוהגים לומר פיוט זה:

יוֹם יוֹם אוֹדֶה לָאֵל אֲשֶׁר בָּחַר בָּנוּ / מִן הָעַמִּים, לִסְגֻלָּה לוֹ לְקָחָנוּ
עַל הַר סִינַי אֶת תּוֹרָתוֹ הִנְחִילָנוּ / עֲשֶׂרֶת דִּבְּרוֹת קָדְשׁוֹ הִשְׁמִיעָנוּ.

צְבָא מָרוֹם רִבּוֹתַיִם יָרְדוּ עִמּוֹ / בְּעֵת אֲשֶׁר נִגְלָה לְיִשְׂרָאֵל עַמּוֹ
מִסִּינַי בָּא וְזָרַח מִשֵּׂעִיר לָמוֹ / בְּקוֹל שׁוֹפָר חָזָק מְאֹד יַעֲנֵנוּ.

חָרַד וְרָגַז הַר סִינַי עֵת בִּיאָתוֹ / לְהַנְחִיל דָּת לְיִשְׂרָאֵל סְגֻלָּתוֹ
עַל יַד מֹשֶׁה עֶבֶד אֵל נֶאֱמַן בֵּיתוֹ / וְשָׁם עַיִן בְּעַיִן רָאֲתָה עֵינֵינוּ.

קָדוֹשׁ, כְּאָז תִּגָּלֶה מַלְכוּתְךָ עָלַי / לִמְקַדְּשֵׁי שׁוּבָה וּשְׁכֹן תּוֹךְ אָהֳלַי
וְלִי הַטֵּה שָׁלוֹם כְּמֵי נָהָר אוּלַי / וְעֵינֵינוּ יִרְאוּ וְיִשְׂמַח לִבֵּנוּ.

## לשבת שירה ולשביעי של פסח

לרבי ישראל נג'ארה

יָשִׁיר יִשְׂרָאֵל שִׁיר נֹעַם / וְיוֹדֶה אֵל בְּטוּב טַעַם
שמות יג בְּיוֹם בּוֹ הִקְשִׁיב קוֹל שַׁוְעָם / בְּשַׁלַּח פַּרְעֹה אֶת־הָעָם:
בְּיוֹם בּוֹ הִקְשִׁיב קוֹל שַׁוְעָם / בְּשַׁלַּח פַּרְעֹה אֶת־הָעָם:

שִׁירוּ לָאֵל גָּאֹה גָּאָה / וְעַל הַיָּם גָּדְלוֹ הֶרְאָה
תהלים קז יוֹדוּ יָדוֹ הַנִּפְלָאָה / וִירוֹמְמוּהוּ בִּקְהַל־עָם:
יוֹדוּ יָדוֹ הַנִּפְלָאָה / וִירוֹמְמוּהוּ בִּקְהַל־עָם:
בְּיוֹם בּוֹ הִקְשִׁיב קוֹל שַׁוְעָם / בְּשַׁלַּח פַּרְעֹה אֶת־הָעָם:

רַב עֹז שָׁמַר חֲזוֹן אֵיתָן / וְהוֹצִיא גּוֹי מִגּוֹי אֵיתָן
וּבְרֹב חֲסָדָיו אָז נָתַן / עֹז וְתַעֲצֻמוֹת לָעָם: תהלים סח
וּבְרֹב חֲסָדָיו אָז נָתַן / עֹז וְתַעֲצֻמוֹת לָעָם:
בְּיוֹם בּוֹ הִקְשִׁיב קוֹל שַׁוְעָם / בְּשַׁלַּח פַּרְעֹה אֶת־הָעָם:

אָז נִבְהֲלוּ אֵילֵי מוֹאָב / וּבְשָׂרָם עֲלֵיהֶם יִכְאָב
בִּרְאוֹת עָצְמוּ רַחֲמֵי אָב / יֶחֱזוּ יֵבֹשׁוּ קִנְאַת־עָם: ישעיה כו
בִּרְאוֹת עָצְמוּ רַחֲמֵי אָב / יֶחֱזוּ יֵבֹשׁוּ קִנְאַת־עָם:
בְּיוֹם בּוֹ הִקְשִׁיב קוֹל שַׁוְעָם / בְּשַׁלַּח פַּרְעֹה אֶת־הָעָם:

לָכֵן אוֹמְרָה אֵין כָּמוֹהוּ / בָּאֵלִים עָצְמוֹ גָּבְהוּ
אִם יָקוּם עָלַי אוֹרֵהוּ / לֹא־אִירָא מֵרִבְבוֹת עָם: תהלים ג
אִם יָקוּם עָלַי אוֹרֵהוּ / לֹא־אִירָא מֵרִבְבוֹת עָם:
בְּיוֹם בּוֹ הִקְשִׁיב קוֹל שַׁוְעָם / בְּשַׁלַּח פַּרְעֹה אֶת־הָעָם:

הוּא יַעֲשֶׂה לִי נוֹרָאוֹת / וּכְאָז יַרְאֵנִי נִפְלָאוֹת
אָז לְכָל עַם אֶהְיֶה לְאוֹת / יִשְׂאוּ הָרִים שָׁלוֹם לָעָם: תהלים עב
אָז לְכָל עַם אֶהְיֶה לְאוֹת / יִשְׂאוּ הָרִים שָׁלוֹם לָעָם:
בְּיוֹם בּוֹ הִקְשִׁיב קוֹל שַׁוְעָם / בְּשַׁלַּח פַּרְעֹה אֶת־הָעָם:

## לשבת זכור

שִׂימֵנִי רֹאשׁ עַל כָּל אוֹיְבַי וּתְשַׂמְּחֵנִי
כִּימֵי מָרְדְּכַי בֶּן יָאִיר אֵל חַנּוּן וְחָנֵּנִי.
מְחֵה תִמְחֵהוּ לֶאֱדוֹם, הַכֵּהוּ אֵם עַל בָּנִים.

לְבַשְׁתָּ מַלְכוּת לַהֲדַסָּה וְהִצַּלְתַּנִי
בְּקוּם הָמָן הָאֲגָגִי כְּתַנִּין לְבַלְּעֵנִי.
מְחֵה תִמְחֵהוּ לֶאֱדוֹם, הַכֵּהוּ אֵם עַל בָּנִים.

מִמָּרוֹם רוּחַ שָׁלַחְתָּ וַתּוֹשִׁיעֵנִי
יַסֹּר יִסְּרַנִּי יָּהּ וְלַמָּוֶת לֹא נְתָנָנִי: תהלים קיח
מְחֵה תִמְחֵהוּ לֶאֱדוֹם, הַכֵּהוּ אֵם עַל בָּנִים.

הָמָן חָשַׁב לְאַבְּדֵנִי וּלְהַשְׁמִידֵנִי
דָּחֹה דְחִיתַנִי לִנְפֹּל וַיהוָה עֲזָרָנִי: שם
מָחֹה תִמְחֵהוּ לֶאֱדוֹם, הַכֵּהוּ אֵם עַל בָּנִים.

חַזֵּק לֵב עַבְדְּךָ כְּקֶדֶם וְאַמְּצֵנִי
בִּזְכוּת יִצְחָק עֲקֵדֶךָ הֲשִׁיבֵנִי עַל כַּנִּי
בִּזְכוּת אַבְרָהָם אֲהוּבֶךָ הֲשִׁיבֵנִי עַל כַּנִּי
בִּזְכוּת יַעֲקֹב תְּמִימֶךָ הֲשִׁיבֵנִי עַל כַּנִּי

## לשבת החודש

לרבי משה ב״ר צדקה חוצין

מֶלֶךְ גּוֹאֵל וּמוֹשִׁיעַ / אֵל נַעֲרָץ בְּסוֹד קְדוֹשִׁים
וּלְאֵין אוֹנִים עָצְמָה יַרְבֶּה / מַחֲזִיק רִפְיוֹן יְדֵי רָשִׁים
כִּי הוֹצִיא בְּחֹדֶשׁ אָבִיב / בְּנֵי יִשְׂרָאֵל חֲמוּשִׁים.
הוֹדוּ לָאֵל, כִּי הַחֹדֶשׁ הַזֶּה לָכֶם רֹאשׁ חֳדָשִׁים.

שְׁמוֹ יַחְדָּו נְרוֹמְמָה / עֲלֵי נֵבֶל וַעֲלֵי עָשׂוֹר
כִּי זָכַר אֶת דְּבַר קָדְשׁוֹ / וַיּוֹצִיא עַמּוֹ מִמָּצוֹר
וְהוּא צִוָּה אֱלֵי עַמּוֹ / קְחוּ לָכֶם שֶׂה בֶּעָשׂוֹר
לְהוֹדִיעַ כִּי הוּא יָשָׁר / עַל אֱלֹהִים וַאֲנָשִׁים.
הוֹדוּ לָאֵל, כִּי הַחֹדֶשׁ הַזֶּה לָכֶם רֹאשׁ חֳדָשִׁים.

הָעָם עָשׂוּ אֶת פִּסְחֵיהֶם / בִּלְתִּי פַּחַד מִמִּצְרַיִם
בְּשִׁירֵי זִמְרָה וּתְהִלָּה / בְּשָׁלֹשׁ כִּתּוֹת מַחֲנַיִם
אָכְלוּ אוֹתוֹ עֲלֵי מַצּוֹת / וּמְרוֹרִים בְּהָעַרְבַּיִם
בִּלְתִּי מְבֻשָּׁל בַּמַּיִם / וָנָא, כִּי אִם צְלִי אִשִּׁים.
הוֹדוּ לָאֵל, כִּי הַחֹדֶשׁ הַזֶּה לָכֶם רֹאשׁ חֳדָשִׁים.

חֹסֶן יֶשַׁע יְמִינוֹ, אֵל / הֶרְאָה לְהוֹשִׁיעַ לָמוֹ
כִּי הִשְׁקִיף מִמְּעוֹן קָדְשׁוֹ / הָעָם מִתְבּוֹסֵס בְּדָמוֹ
דַּם פֶּסַח וְדַם הַמִּילָה / אֲזַי עָבַר הוּא בְּעַצְמוֹ
לְמִצְרַיִם, וְאֶת עַמּוֹ / הוֹצִיא מֵעֲבָדוּת לְחָפְשִׁים.
הוֹדוּ לָאֵל, כִּי הַחֹדֶשׁ הַזֶּה לָכֶם רֹאשׁ חֳדָשִׁים.

חֲזָק, חוּשָׁה שְׁלַח זָרִים / לִבְנֵי אֱדוֹם וּפִילַגְשִׁים
שִׂימֵם כְּמַהְפֵּכַת עָרִים / עָרֵי אַשּׁוּרִים וּלְטוּשִׁים
וְתַכְנִיעַ גְּאוֹן זָרִים / וּשְׁלַח לְעַם לְךָ דּוֹרְשִׁים
הָאָדוֹן אֲשֶׁר מְבַקְשִׁים / בְּנִיסָן רֹאשׁ הֶחֳדָשִׁים.
הוֹדוּ לָאֵל, כִּי הַחֹדֶשׁ הַזֶּה לָכֶם רֹאשׁ חֳדָשִׁים.

## לשבת הגדול

לרבי ששון ב״ר מרדכי

שַׁבָּת זֶה שַׁבַּת הַגָּדוֹל    בּוֹ יְשׁוּעוֹת מַלְכּוֹ מַגְדּוֹל
הֵאִיר בּוֹ מָאוֹר הַגָּדוֹל    לְבֵן בְּכוֹר רָם וְגָדוֹל.

שָׁלַח מֹשֶׁה הָאִישׁ גָּדוֹל    וְאַף הֵן עוֹד הַיּוֹם גָּדוֹל
פָּדָה עַם עָצוּם וְגָדוֹל    לְמִקָּטֹן וְעַד גָּדוֹל.

וַיְּהִיוּ שָׁם לְגוֹי גָּדוֹל    בַּחֹשֶׁךְ רָאוּ אוֹר גָּדוֹל
וַיּוֹצִיאֵם בִּרְכוּשׁ גָּדוֹל    בְּמוֹפְתִים וּבְמוֹרָא גָּדוֹל.

נַחֵם בֵּן אֵינֶנּוּ גָּדוֹל    וְלֹא תֶהְדַּר פְּנֵי גָדוֹל
יִתָּקַע בְּשׁוֹפָר גָּדוֹל    וַיְמַן יְהֹוָה דָּג גָּדוֹל.

אָשִׁירָה נָּא לְאֵל גָּדוֹל    וְלוֹ אֶקְרָא בְּקוֹל גָּדוֹל
כִּי חַסְדְּךָ עָלַי גָּדוֹל    כִּפְרָת הַנָּהָר הַגָּדוֹל.

מֶה חֳרִי הָאַף הַגָּדוֹל    אַחַר אֶת יוֹם הַגָּדוֹל
אִם חֲטָאַי מִנְּשֹׂא גָּדוֹל    עֲשֵׂה לְשִׁמְךָ הַגָּדוֹל.

גַּדְּלוּ לַיהֹוָה אִתִּי    גָּדוֹל יִהְיֶה כְּבוֹד בֵּיתִי
תִּסֹּב תֶּרֶב גְּדֻלָּתִי    וַתֵּלֶךְ הָלֹךְ וְגָדוֹל.

עוֹשֶׂה אֵין חֵקֶר גְּדוֹלוֹת    לְךָ יְהֹוָה הַגְּדֻלּוֹת
הַרְאֵה מַסּוֹת הַגְּדוֹלוֹת    לְעַם קָטֹן וְשֵׁם גָּדוֹל.

# השכבות

בשבת נוהגים להזכיר נשמות הנפטרים (׳שיבולי הלקט׳ על פי המדרש).

## השכבה לאיש

קודם ההשכבה מוסיפים פסוקים כגון אלה.

אם הנפטר הוא תלמיד חכם, מתחילים מכאן:

איוב כח וְהַחָכְמָה מֵאַיִן תִּמָּצֵא, וְאֵי זֶה מְקוֹם בִּינָה: אַשְׁרֵי אָדָם מָצָא
משלי ג חָכְמָה, וְאָדָם יָפִיק תְּבוּנָה: מָה רַב טוּבְךָ אֲשֶׁר־צָפַנְתָּ לִּירֵאֶיךָ,
תהלים לא פָּעַלְתָּ לַחוֹסִים בָּךְ נֶגֶד בְּנֵי אָדָם: מַה־יָּקָר חַסְדְּךָ אֱלֹהִים, וּבְנֵי
תהלים לו אָדָם בְּצֵל כְּנָפֶיךָ יֶחֱסָיוּן: יִרְוְיֻן מִדֶּשֶׁן בֵּיתֶךָ, וְנַחַל עֲדָנֶיךָ תַשְׁקֵם:

קהלת ז טוֹב שֵׁם מִשֶּׁמֶן טוֹב, וְיוֹם הַמָּוֶת מִיּוֹם הִוָּלְדוֹ: סוֹף דָּבָר הַכֹּל נִשְׁמָע,
קהלת יב אֶת־הָאֱלֹהִים יְרָא, וְאֶת־מִצְוֹתָיו שְׁמוֹר, כִּי־זֶה כָּל־הָאָדָם: יַעְלְזוּ חֲסִידִים
תהלים קמט בְּכָבוֹד, יְרַנְּנוּ עַל־מִשְׁכְּבוֹתָם:

יש נוהגים להמשיך כאן ולומר השכבה בנוסח זה:

מְנוּחָה נְכוֹנָה בִּישִׁיבָה עֶלְיוֹנָה, תַּחַת כַּנְפֵי הַשְּׁכִינָה, בְּמַעֲלַת קְדוֹשִׁים וּטְהוֹרִים, כְּזֹהַר הָרָקִיעַ מְאִירִים וּמַזְהִירִים, וְחִלּוּץ עֲצָמִים וְכַפָּרַת אֲשָׁמִים, וְהַרְחָקַת פֶּשַׁע וְהַקְרָבַת יֶשַׁע, וְחֶמְלָה וַחֲנִינָה מִלִּפְנֵי שׁוֹכֵן מְעוֹנָה, וְחוּלָקָא טָבָא לְחַיֵּי הָעוֹלָם הַבָּא, שָׁם תְּהֵא מְנָת וּמְחִצַּת וִישִׁיבַת נֶפֶשׁ הַשֵּׁם הַטּוֹב רַבִּי (פלוני בן פלונית). רוּחַ יְהוָה תְּנִיחֶנּוּ בְּגַן עֵדֶן, דְּאִתְפְּטַר מִן עָלְמָא הָדֵין, כִּרְעוּת אֱלָהָא מָרֵא שְׁמַיָּא וְאַרְעָא. הַמֶּלֶךְ בְּרַחֲמָיו יָחוּס וְיַחְמֹל וִירַחֵם עָלָיו, וְיִלָּוֶה אֵלָיו
ישעיה נז הַשָּׁלוֹם, וְעַל מִשְׁכָּבוֹ יִהְיֶה שָׁלוֹם, כִּדְכְתִיב: יָבוֹא שָׁלוֹם, יָנוּחוּ
עַל־מִשְׁכְּבוֹתָם, הֹלֵךְ נְכֹחוֹ: הוּא וְכָל בְּנֵי יִשְׂרָאֵל הַשּׁוֹכְבִים עִמּוֹ בִּכְלַל הָרַחֲמִים וְהַסְּלִיחוֹת, וְכֵן יְהִי רָצוֹן וְנֹאמַר אָמֵן.

טוב לומר השכבה בקיצור (׳שער המצוות׳ בשם האר״י):

תהלים קיב אַשְׁרֵי־אִישׁ יָרֵא אֶת־יְהוָה בְּמִצְוֹתָיו חָפֵץ מְאֹד: הַמְרַחֵם עַל כָּל בְּרִיּוֹתָיו הוּא יָחוּס וְיַחְמֹל עַל נֶפֶשׁ רוּחַ וּנְשָׁמָה שֶׁל (פלוני בן פלונית) רוּחַ יְהוָה תְּנִיחֶנּוּ בְּגַן עֵדֶן, הוּא וְכָל בְּנֵי יִשְׂרָאֵל הַשּׁוֹכְבִים עִמּוֹ, בִּכְלַל הָרַחֲמִים וְהַסְּלִיחוֹת וְכֵן יְהִי רָצוֹן וְנֹאמַר אָמֵן.

### השכבה לאישה

משלי לא אֵשֶׁת־חַיִל מִי יִמְצָא, וְרָחֹק מִפְּנִינִים מִכְרָהּ: תְּנוּ־לָהּ מִפְּרִי יָדֶיהָ, וִיהַלְלְוּהָ
בַשְּׁעָרִים מַעֲשֶׂיהָ: רַחֲמָנָא דְּרַחֲמָנוּתָא דִּי לֵהּ הִיא, וּבְמֵימְרֵהּ אִתְבְּרִיאוּ
עָלְמַיָּא, עָלְמָא הָדֵין וְעָלְמָא דְּאָתֵי, וּגְנַז בֵּהּ צִדְקָנִיּוֹת וַחֲסִידָנִיּוֹת דְּעָבְדָן
רְעוּתֵהּ, וּבְמֵימְרֵהּ וּבִיקָרֵהּ וּבְתָקְפֵּהּ יֵאמַר לְמֵיעַל קֳדָמוֹהִי, דּוּכְרַן נֶפֶשׁ
הָאִשָּׁה הַכְּבוּדָה וְהַצְּנוּעָה וְהַנִּכְבֶּדֶת, מָרַת (פלונית בַּת פלונית), רוּחַ יְהֹוָה
תְּנִיחֶנָּה בְּגַן עֵדֶן, דְּאִתְפְּטַרַת מִן עָלְמָא הָדֵין, כִּרְעוּת אֱלָהָא מָרֵא שְׁמַיָּא
וְאַרְעָא. הַמֶּלֶךְ בְּרַחֲמָיו יָחוּס וְיַחְמֹל וְיִרַחֵם עָלֶיהָ, וְיִלָּוֶה אֵלֶיהָ הַשָּׁלוֹם,
ישעיה נז וְעַל מִשְׁכָּבָהּ יִהְיֶה שָׁלוֹם, כְּדִכְתִיב: יָבוֹא שָׁלוֹם, יָנוּחוּ עַל־מִשְׁכְּבוֹתָם,
הֹלֵךְ נְכֹחוֹ: הִיא וְכָל בְּנוֹת יִשְׂרָאֵל הַשּׁוֹכְבוֹת עִמָּהּ, בִּכְלַל הָרַחֲמִים
וְהַסְּלִיחוֹת, וְכֵן יְהִי רָצוֹן וְנֹאמַר אָמֵן.

יש נוהגים לומר בקיצור:

משלי לא אֵשֶׁת־חַיִל מִי יִמְצָא, וְרָחֹק מִפְּנִינִים מִכְרָהּ: הַמְרַחֵם עַל כָּל בְּרִיּוֹתָיו הוּא
יָחוּס וְיַחְמֹל עַל נֶפֶשׁ רוּחַ וּנְשָׁמָה שֶׁל (פלונית בַּת פלונית). רוּחַ יְהֹוָה תְּנִיחֶנָּה
בְּגַן עֵדֶן, הִיא וְכָל בְּנוֹת יִשְׂרָאֵל הַשּׁוֹכְבוֹת עִמָּהּ, בִּכְלַל הָרַחֲמִים וְהַסְּלִיחוֹת,
וְכֵן יְהִי רָצוֹן וְנֹאמַר אָמֵן.

### חצי קדיש

אחרי קריאת התורה אומרים קדיש (ספר העתים, קפ בשם רב מתתיה),
ונוהגים שהעולה שביעי אומרו.

מקדש: ״יִתְגַּדַּל וְיִתְקַדַּשׁ שְׁמֵהּ רַבָּא (קהל: אָמֵן)
בְּעָלְמָא דִּי בְרָא כִרְעוּתֵהּ
וְיַמְלִיךְ מַלְכוּתֵהּ וְיַצְמַח פֻּרְקָנֵהּ וִיקָרֵב מְשִׁיחֵהּ (קהל: אָמֵן)
בְּחַיֵּיכוֹן וּבְיוֹמֵיכוֹן וּבְחַיֵּי דְכָל בֵּית יִשְׂרָאֵל
בַּעֲגָלָא וּבִזְמַן קָרִיב, וְאִמְרוּ אָמֵן. (קהל: אָמֵן)

קהל ומקדש: יְהֵא שְׁמֵהּ ״רַבָּא מְבָרַךְ לְעָלַם לְעָלְמֵי עָלְמַיָּא ״יִתְבָּרַךְ
וְיִשְׁתַּבַּח וְיִתְפָּאַר וְיִתְרוֹמַם וְיִתְנַשֵּׂא וְיִתְהַדָּר וְיִתְעַלֶּה וְיִתְהַלָּל
שְׁמֵהּ דְּקֻדְשָׁא ״בְּרִיךְ הוּא (קהל: אָמֵן)
לְעֵלָּא מִן כָּל בִּרְכָתָא, שִׁירָתָא, תֻּשְׁבְּחָתָא וְנֶחֱמָתָא
דַּאֲמִירָן בְּעָלְמָא, וְאִמְרוּ ״אָמֵן. (קהל: אָמֵן)

## ברכות ההפטרה

לפני קריאת ההפטרה בנביא המפטיר מברך:

מסכת סופרים יג, ז בָּרוּךְ אַתָּה יְהֹוָה אֱלֹהֵינוּ מֶלֶךְ הָעוֹלָם אֲשֶׁר בָּחַר בִּנְבִיאִים טוֹבִים, וְרָצָה בְדִבְרֵיהֶם הַנֶּאֱמָרִים בֶּאֱמֶת. בָּרוּךְ אַתָּה יְהֹוָה, הַבּוֹחֵר בַּתּוֹרָה וּבְמֹשֶׁה עַבְדּוֹ וּבְיִשְׂרָאֵל עַמּוֹ וּבִנְבִיאֵי הָאֱמֶת וָצֶדֶק.

אחר קריאת ההפטרה המפטיר מוסיף פסוק זה, קודם הברכה:

ישעיה מז גֹּאֲלֵנוּ יְהֹוָה צְבָאוֹת שְׁמוֹ, קְדוֹשׁ יִשְׂרָאֵל:

בָּרוּךְ אַתָּה יְהֹוָה, אֱלֹהֵינוּ מֶלֶךְ הָעוֹלָם, צוּר כָּל הָעוֹלָמִים, צַדִּיק בְּכָל הַדּוֹרוֹת, הָאֵל הַנֶּאֱמָן, הָאוֹמֵר וְעוֹשֶׂה, מְדַבֵּר וּמְקַיֵּם, כִּי כָל דְּבָרָיו אֱמֶת וָצֶדֶק. נֶאֱמָן אַתָּה הוּא יְהֹוָה אֱלֹהֵינוּ וְנֶאֱמָנִים דְּבָרֶיךָ, וְדָבָר אֶחָד מִדְּבָרֶיךָ אָחוֹר לֹא יָשׁוּב רֵיקָם, כִּי אֵל מֶלֶךְ נֶאֱמָן (וְרַחֲמָן) אָתָּה. בָּרוּךְ אַתָּה יְהֹוָה, הָאֵל הַנֶּאֱמָן בְּכָל דְּבָרָיו.

רַחֵם עַל צִיּוֹן כִּי הִיא בֵּית חַיֵּינוּ, וְלַעֲלוּבַת נֶפֶשׁ תּוֹשִׁיעַ בִּמְהֵרָה בְיָמֵינוּ. בָּרוּךְ אַתָּה יְהֹוָה, מְשַׂמֵּחַ צִיּוֹן בְּבָנֶיהָ.

שַׂמְּחֵנוּ יְהֹוָה אֱלֹהֵינוּ בְּאֵלִיָּהוּ הַנָּבִיא עַבְדֶּךָ, וּבְמַלְכוּת בֵּית דָּוִד מְשִׁיחֶךָ, בִּמְהֵרָה יָבוֹא וְיָגֵל לִבֵּנוּ. עַל כִּסְאוֹ לֹא יֵשֵׁב זָר, וְלֹא יִנְחֲלוּ עוֹד אֲחֵרִים אֶת כְּבוֹדוֹ, כִּי בְשֵׁם קָדְשְׁךָ נִשְׁבַּעְתָּ לּוֹ שֶׁלֹּא יִכְבֶּה נֵרוֹ לְעוֹלָם וָעֶד. בָּרוּךְ אַתָּה יְהֹוָה, מָגֵן דָּוִד.

בשבת מסיימים בברכה זו, וביום טוב מסיימים בברכה שבעמוד הבא, אף אם חל בשבת. בשבת חוה״מ סוכות יש מסיימים כביום טוב. ראה הלכה 644.

עַל הַתּוֹרָה וְעַל הָעֲבוֹדָה וְעַל הַנְּבִיאִים וְעַל יוֹם הַשַּׁבָּת הַזֶּה, שֶׁנָּתַתָּ לָּנוּ, יְהֹוָה אֱלֹהֵינוּ, לִקְדֻשָּׁה וְלִמְנוּחָה, לְכָבוֹד וּלְתִפְאָרֶת. עַל הַכֹּל יְהֹוָה אֱלֹהֵינוּ אֲנַחְנוּ מוֹדִים לָךְ וּמְבָרְכִים אוֹתָךְ, יִתְבָּרַךְ שִׁמְךָ בְּפִי כָּל חַי תָּמִיד לְעוֹלָם וָעֶד. בָּרוּךְ אַתָּה יְהֹוָה, מְקַדֵּשׁ הַשַּׁבָּת. אָמֵן.

ביום טוב מסיימים:

עַל הַתּוֹרָה וְעַל הָעֲבוֹדָה וְעַל הַנְּבִיאִים (בשבת: וְעַל יוֹם הַשַּׁבָּת הַזֶּה), וְעַל יוֹם

בפסח: חַג הַמַּצּוֹת הַזֶּה, וְעַל יוֹם טוֹב מִקְרָא קֹדֶשׁ הַזֶּה

בשבועות: חַג הַשָּׁבוּעוֹת הַזֶּה, וְעַל יוֹם טוֹב מִקְרָא קֹדֶשׁ הַזֶּה

בסוכות: חַג הַסֻּכּוֹת הַזֶּה, וְעַל יוֹם טוֹב מִקְרָא קֹדֶשׁ הַזֶּה

בשמיני עצרת ובש״ת: שְׁמִינִי חַג עֲצֶרֶת הַזֶּה, וְעַל יוֹם טוֹב מִקְרָא קֹדֶשׁ הַזֶּה

שֶׁנָּתַתָּ לָּנוּ, יְהוָֹה אֱלֹהֵינוּ (בשבת: לִקְדֻשָּׁה וְלִמְנוּחָה) לְשָׂשׂוֹן וּלְשִׂמְחָה, לְכָבוֹד וּלְתִפְאָרֶת. עַל הַכֹּל יְהוָֹה אֱלֹהֵינוּ אֲנַחְנוּ מוֹדִים לָךְ וּמְבָרְכִים אוֹתָךְ. יִתְבָּרַךְ שִׁמְךָ בְּפִי כָּל חַי תָּמִיד לְעוֹלָם וָעֶד.

בָּרוּךְ אַתָּה יְהוָֹה, מְקַדֵּשׁ (בשבת: הַשַּׁבָּת וְ)יִשְׂרָאֵל וְהַזְּמַנִּים. אָמֵן.

### ברכה לקהל

אחרי קריאת התורה שליח הציבור מברך את הקהל,
כמו שנאמר בשלמה המלך (מלכים א׳ ח, יד): ״וַיְבָרֶךְ אֵת כָּל־קְהַל יִשְׂרָאֵל״ (אבודרהם).

מִי שֶׁבֵּרַךְ אֲבוֹתֵינוּ אַבְרָהָם יִצְחָק וְיַעֲקֹב, וּמֹשֶׁה וְאַהֲרֹן וְדָוִד וּשְׁלֹמֹה, וְכָל הַקְּהִלּוֹת הַקְּדוֹשׁוֹת וְהַטְּהוֹרוֹת, הוּא יְבָרֵךְ אֶת כָּל הַקָּהָל הַקָּדוֹשׁ הַזֶּה, גְּדוֹלִים וּקְטַנִּים, הֵם וּנְשֵׁיהֶם וּבְנֵיהֶם וְתַלְמִידֵיהֶם וְכָל אֲשֶׁר לָהֶם. מַלְכָּא דְעָלְמָא הוּא יְבָרֵךְ יָתְכוֹן, וִיזַכֶּה יָתְכוֹן, וְיִשְׁמַע בְּקָל צְלוֹתְכוֹן. תִּתְפָּרְקוּן וְתִשְׁתֵּזְבוּן מִכָּל צָרָה וְעַקְתָּא, וִיהֵא מֵימְרָא דַיהוָֹה בְּסַעְדְּכֶם, וְיָגֵן בַּעַדְכֶם, וְיִפְרֹשׂ סֻכַּת שְׁלוֹמוֹ עֲלֵיכֶם, וְיִטַּע בֵּינֵיכֶם אַהֲבָה וְאַחֲוָה, שָׁלוֹם וְרֵעוּת, וִיסַלֵּק שִׂנְאַת חִנָּם מִבֵּינֵיכֶם, וְיִשְׁבֹּר עֹל הַגּוֹיִם מֵעַל
צַוְּארֵיכֶם, וִיקַיֵּם בָּכֶם מִקְרָא שֶׁכָּתוּב, יְהוָֹה אֱלֹהֵי אֲבוֹתֵכֶם דברים א
יֹסֵף עֲלֵיכֶם כָּכֶם אֶלֶף פְּעָמִים, וִיבָרֵךְ אֶתְכֶם כַּאֲשֶׁר דִּבֶּר לָכֶם: (בשבת תשובה: וְיִכְתָּבְכֶם הָאֵל בְּסֵפֶר חַיִּים טוֹבִים). וְכֵן יְהִי רָצוֹן, וְנֹאמַר אָמֵן.

## תפילה לשלום המדינה

״רבי חנינא סגן הכהנים אומר: הוי מתפלל בשלומה של מלכות, שאלמלא מוראה, איש את רעהו חיים בלעו״ (משנה, אבות ג, ב).

בעקבות דברי המשנה, נהגו דורות רבים לברך את המלך ולהתפלל שהקב״ה ייתן בלבו לעשות טובה עם ישראל (׳כלבו׳, קריאת התורה; אבודרהם), ומשהוקמה מדינת ישראל חיברו ראש הרבנים הריא״ה הרצוג והראשון לציון בצמ״ח עוזיאל תפילה זו:

אָבִינוּ שֶׁבַּשָּׁמַיִם, צוּר יִשְׂרָאֵל וְגוֹאֲלוֹ, בָּרֵךְ אֶת מְדִינַת יִשְׂרָאֵל, רֵאשִׁית צְמִיחַת גְּאֻלָּתֵנוּ. הָגֵן עָלֶיהָ בְּאֶבְרַת חַסְדֶּךָ וּפְרֹשׂ עָלֶיהָ סֻכַּת שְׁלוֹמֶךָ וּשְׁלַח אוֹרְךָ וַאֲמִתְּךָ לְרָאשֶׁיהָ, שָׂרֶיהָ וְיוֹעֲצֶיהָ, וְתַקְּנֵם בְּעֵצָה טוֹבָה מִלְּפָנֶיךָ.

חַזֵּק אֶת יְדֵי מְגִנֵּי אֶרֶץ קָדְשֵׁנוּ, וְהַנְחִילֵם אֱלֹהֵינוּ יְשׁוּעָה וַעֲטֶרֶת נִצָּחוֹן תְּעַטְּרֵם, וְנָתַתָּ שָׁלוֹם בָּאָרֶץ וְשִׂמְחַת עוֹלָם לְיוֹשְׁבֶיהָ.

וְאֶת אַחֵינוּ כָּל בֵּית יִשְׂרָאֵל פְּקָד נָא בְּכָל אַרְצוֹת פְּזוּרֵיהֶם,
וְתוֹלִיכֵם מְהֵרָה קוֹמְמִיּוּת לְצִיּוֹן עִירֶךָ וְלִירוּשָׁלַיִם מִשְׁכַּן
דברים ל שְׁמֶךָ, כַּכָּתוּב בְּתוֹרַת מֹשֶׁה עַבְדֶּךָ: אִם־יִהְיֶה נִדַּחֲךָ בִּקְצֵה
הַשָּׁמָיִם, מִשָּׁם יְקַבֶּצְךָ יְהוָה אֱלֹהֶיךָ וּמִשָּׁם יִקָּחֶךָ: וֶהֱבִיאֲךָ
יְהוָה אֱלֹהֶיךָ אֶל־הָאָרֶץ אֲשֶׁר־יָרְשׁוּ אֲבֹתֶיךָ וִירִשְׁתָּהּ, וְהֵיטִבְךָ
וְהִרְבְּךָ מֵאֲבֹתֶיךָ: וּמָל יְהוָה אֱלֹהֶיךָ אֶת־לְבָבְךָ וְאֶת־לְבַב זַרְעֶךָ,
לְאַהֲבָה אֶת־יְהוָה אֱלֹהֶיךָ בְּכָל־לְבָבְךָ וּבְכָל־נַפְשְׁךָ, לְמַעַן חַיֶּיךָ:
וְיַחֵד לְבָבֵנוּ לְאַהֲבָה וּלְיִרְאָה אֶת שְׁמֶךָ, וְלִשְׁמֹר אֶת כָּל דִּבְרֵי
תוֹרָתֶךָ, וּשְׁלַח לָנוּ מְהֵרָה בֶּן דָּוִד מְשִׁיחַ צִדְקֶךָ, לִפְדּוֹת מְחַכֵּי
קֵץ יְשׁוּעָתֶךָ.

וְהוֹפַע בַּהֲדַר גְּאוֹן עֻזֶּךָ עַל כָּל יוֹשְׁבֵי תֵבֵל אַרְצֶךָ וְיֹאמַר כֹּל אֲשֶׁר נְשָׁמָה בְאַפּוֹ, יְהוָה אֱלֹהֵי יִשְׂרָאֵל מֶלֶךְ וּמַלְכוּתוֹ בַּכֹּל מָשָׁלָה, אָמֵן סֶלָה.

הכרזת ראש חודש

בזמן הגאונים נהגו לברך את החודש בראש חודש עצמו אחרי קריאת התורה (סדר רב עמרם גאון), ונהגים להקדים ולהכריז עליו בשבת קודם לכן, משום שאז הקהל מתכנס (שיבולי הלקט, קע). בשבת מברכין שקודם ראש חודש אב יש אומרים את הנוסח שלמטה במקום ׳יְהִי רָצוֹן׳.

יְהִי רָצוֹן מִלִּפְנֵי אֱלֹהֵי הַשָּׁמַיִם לְכוֹנֵן אֶת בֵּית חַיֵּינוּ
וּלְהָשִׁיב שְׁכִינָתוֹ לְתוֹכוֹ בִּמְהֵרָה בְיָמֵינוּ, וְאִמְרוּ אָמֵן.

יְהִי רָצוֹן מִלִּפְנֵי אֱלֹהֵי הַשָּׁמַיִם לְרַחֵם עַל פְּלֵיטָתֵנוּ
וְלַעֲצֹר הַמַּגֵּפָה וְהַמַּשְׁחִית וְהַחֶרֶב וְהָרָעָב וְהַשְּׁבִי וְהַבִּזָּה
מֵעָלֵינוּ וּמֵעַל כָּל עַמּוֹ יִשְׂרָאֵל, וְאִמְרוּ אָמֵן.

יְהִי רָצוֹן מִלִּפְנֵי אֱלֹהֵי הַשָּׁמַיִם לְקַיֶּם לָנוּ אֶת כָּל חַכְמֵי יִשְׂרָאֵל
הֵם וּנְשֵׁיהֶם וּבְנֵיהֶם וְתַלְמִידֵיהֶם בְּכָל מְקוֹמוֹת מוֹשְׁבוֹתֵיהֶם
וְאִמְרוּ אָמֵן.

יְהִי רָצוֹן מִלִּפְנֵי אֱלֹהֵי הַשָּׁמַיִם שֶׁנִּשְׁמַע וְנִתְבַּשֵּׂר בְּשׂוֹרוֹת טוֹבוֹת
בְּשׂוֹרוֹת יְשׁוּעוֹת וְנֶחָמוֹת, מֵאַרְבַּע כַּנְפוֹת הָאָרֶץ, וְאִמְרוּ אָמֵן.

יש נוהגים להכריז כאן את זמן המולד.

מִי שֶׁעָשָׂה נִסִּים לַאֲבוֹתֵינוּ וּמִמִּצְרַיִם גְּאָלָם
הוּא יִגְאַל אוֹתָנוּ וִישִׁיב בָּנִים לִגְבוּלָם.
בְּסִימָן טוֹב יְהֵא לָנוּ
רֹאשׁ חֹדֶשׁ (פלוני) בְּיוֹם (פלוני) (וּלְמָחֳרָתוֹ בְּיוֹם פלוני)

יְחַדְּשֵׁהוּ הַקָּדוֹשׁ בָּרוּךְ הוּא עָלֵינוּ וְעַל עַמּוֹ יִשְׂרָאֵל בְּכָל מָקוֹם שֶׁהֵם
לְטוֹבָה וְלִבְרָכָה, לְשָׂשׂוֹן וּלְשִׂמְחָה לִישׁוּעָה וּלְנֶחָמָה
לְפַרְנָסָה וּלְכַלְכָּלָה טוֹבָה לִשְׁמוּעוֹת טוֹבוֹת, וְלִבְשׂוֹרוֹת טוֹבוֹת
בחורף: וְלִגְשָׁמִים בְּעִתָּם / בקיץ: וּלְטַלְלֵי בְרָכָה
וְלִרְפוּאָה שְׁלֵמָה וְלִגְאֻלָּה קְרוֹבָה, וְאִמְרוּ אָמֵן.

בשבת שקודם ראש חודש אב, יש האומרים במקום ׳יְהִי רָצוֹן׳
את סופו של הפיוט ׳אֲשַׁחֵר עֲדָתִי׳ לר׳ יהודה הלוי.

מְחַדֵּשׁ חֳדָשִׁים / יְקַבֵּץ קְדוֹשִׁים / אֲנָשִׁים וְנָשִׁים / לְעִיר הַבְּנוּיָה
וְזֶה הַחֹדֶשׁ / לְטוֹבָה יְחַדֵּשׁ / וְרָצוֹן יְצַו אֵל / רַב הָעֲלִילִיָּה.

**הכרזת צומות**

בשבת שלפני צום י״ז בתמוז ובשבת שלפני עשרה בטבת נוהגים להכריז על הצום (כלבו, לז; אבודרהם).

**אַחֵינוּ בֵּית יִשְׂרָאֵל שְׁמָעוּ.**

**צוֹם** (י״ז בתמוז: **הָרְבִיעִי**) (עשרה בטבת: **הָעֲשִׂירִי**) **יִהְיֶה בְּיוֹם** (פלוני).

**יַהֲפֹךְ אוֹתוֹ הַקָּדוֹשׁ בָּרוּךְ הוּא לְשָׂשׂוֹן וּלְשִׂמְחָה.**

זכריה ח **כִּדְכְתִיב, כֹּה־אָמַר יְהוָה צְבָאוֹת**

**צוֹם הָרְבִיעִי** (י״ז בתמוז) **וְצוֹם הַחֲמִישִׁי** (תשעה באב)

**וְצוֹם הַשְּׁבִיעִי** (צום גדליה) **וְצוֹם הָעֲשִׂירִי** (עשרה בטבת)

**יִהְיֶה לְבֵית־יְהוּדָה לְשָׂשׂוֹן וּלְשִׂמְחָה וּלְמֹעֲדִים טוֹבִים**

**וְהָאֱמֶת וְהַשָּׁלוֹם אֱהָבוּ:**

# מוסף לשבת וליום טוב

ביום טוב ראשון של פסח אומרים כאן ברוב הקהילות ׳תיקון הטל׳ (עמ׳ 435), ובשמיני עצרת – ׳תיקון הגשם׳ (עמ׳ 438).

״מנהג כל ישראל בשבת בשחרית ובמועדות ובראשי חדשים אחרי קריאת התורה לומר ׳תְּהִלָּה לְדָוִד׳ להפסיק בין יוצר למוסף, שב׳תְּהִלָּה׳ מתחילין למוסף״ (המנהיג).

תהלים לג **יְהִי־חַסְדְּךָ יְהוָה עָלֵינוּ, כַּאֲשֶׁר יִחַלְנוּ לָךְ:**

תהלים פד **אַשְׁרֵי יוֹשְׁבֵי בֵיתֶךָ, עוֹד יְהַלְלוּךָ סֶּלָה:**

תהלים קמד **אַשְׁרֵי הָעָם שֶׁכָּכָה לּוֹ, אַשְׁרֵי הָעָם שֶׁיְהוָה אֱלֹהָיו:**

תהלים קמה **תְּהִלָּה לְדָוִד**

**אֲרוֹמִמְךָ אֱלוֹהַי הַמֶּלֶךְ, וַאֲבָרְכָה שִׁמְךָ לְעוֹלָם וָעֶד:**

**בְּכָל־יוֹם אֲבָרְכֶךָּ, וַאֲהַלְלָה שִׁמְךָ לְעוֹלָם וָעֶד:**

**גָּדוֹל יְהוָה וּמְהֻלָּל מְאֹד, וְלִגְדֻלָּתוֹ אֵין חֵקֶר:**

**דּוֹר לְדוֹר יְשַׁבַּח מַעֲשֶׂיךָ, וּגְבוּרֹתֶיךָ יַגִּידוּ:**

**הֲדַר כְּבוֹד הוֹדֶךָ, וְדִבְרֵי נִפְלְאֹתֶיךָ אָשִׂיחָה:**

**וֶעֱזוּז נוֹרְאֹתֶיךָ יֹאמֵרוּ, וּגְדוּלָּתְךָ אֲסַפְּרֶנָּה:**

**זֵכֶר רַב־טוּבְךָ יַבִּיעוּ, וְצִדְקָתְךָ יְרַנֵּנוּ:**

**חַנּוּן וְרַחוּם יְהוָה, אֶרֶךְ אַפַּיִם וּגְדָל־חָסֶד:**

טוֹב־יְהֹוָה לַכֹּל, וְרַחֲמָיו עַל־כָּל־מַעֲשָׂיו:
יוֹדֽוּךָ יְהֹוָה כָּל־מַעֲשֶׂיךָ, וַחֲסִידֶיךָ יְבָרְכֽוּכָה:
כְּבוֹד מַלְכוּתְךָ יֹאמֵֽרוּ, וּגְבוּרָתְךָ יְדַבֵּֽרוּ:
לְהוֹדִֽיעַ לִבְנֵי הָאָדָם גְּבוּרֹתָיו, וּכְבוֹד הֲדַר מַלְכוּתוֹ:
מַלְכוּתְךָ מַלְכוּת כָּל־עֹלָמִים, וּמֶמְשַׁלְתְּךָ בְּכָל־דּוֹר וָדֹר:
סוֹמֵךְ יְהֹוָה לְכָל־הַנֹּפְלִים, וְזוֹקֵף לְכָל־הַכְּפוּפִים:
עֵינֵי־כֹל אֵלֶֽיךָ יְשַׂבֵּֽרוּ, וְאַתָּה נוֹתֵן־לָהֶם אֶת־אָכְלָם בְּעִתּוֹ:
פּוֹתֵֽחַ אֶת־יָדֶֽךָ, וּמַשְׂבִּֽיעַ לְכָל־חַי רָצוֹן:
צַדִּיק יְהֹוָה בְּכָל־דְּרָכָיו, וְחָסִיד בְּכָל־מַעֲשָׂיו:
קָרוֹב יְהֹוָה לְכָל־קֹרְאָיו, לְכֹל אֲשֶׁר יִקְרָאֻֽהוּ בֶאֱמֶת:
רְצוֹן־יְרֵאָיו יַעֲשֶׂה, וְאֶת־שַׁוְעָתָם יִשְׁמַע, וְיוֹשִׁיעֵם:
שׁוֹמֵר יְהֹוָה אֶת־כָּל־אֹהֲבָיו, וְאֵת כָּל־הָרְשָׁעִים יַשְׁמִיד:
תְּהִלַּת יְהֹוָה יְדַבֶּר־פִּי, וִיבָרֵךְ כָּל־בָּשָׂר שֵׁם קָדְשׁוֹ לְעוֹלָם וָעֶד:
וַאֲנַֽחְנוּ נְבָרֵךְ יָהּ מֵעַתָּה וְעַד־עוֹלָם, הַלְלוּיָהּ:

תהלים קמה

מנהג טוב לומר פסוקים אלו כשמחזירים את ספר התורה למקומו (ספר העתים, קפט).
ביום טוב נוהגין בחול, נדעים להתחיל מהפסוק השני.

בָּרוּךְ יְהֹוָה אֲשֶׁר נָתַן מְנוּחָה לְעַמּוֹ יִשְׂרָאֵל, כְּכֹל אֲשֶׁר דִּבֵּר לֹא־נָפַל

מלכים א ח

דָּבָר אֶחָד מִכֹּל דְּבָרוֹ הַטּוֹב אֲשֶׁר דִּבֶּר בְּיַד מֹשֶׁה עַבְדּוֹ: יְהִי יְהֹוָה
אֱלֹהֵֽינוּ עִמָּֽנוּ כַּאֲשֶׁר הָיָה עִם־אֲבֹתֵֽינוּ, אַל־יַעַזְבֵֽנוּ וְאַל־יִטְּשֵֽׁנוּ: לְהַטּוֹת
לְבָבֵֽנוּ אֵלָיו, לָלֶֽכֶת בְּכָל־דְּרָכָיו וְלִשְׁמֹר מִצְוֹתָיו וְחֻקָּיו וּמִשְׁפָּטָיו אֲשֶׁר
צִוָּה אֶת־אֲבֹתֵֽינוּ: וְיִהְיוּ דְבָרַי אֵֽלֶּה אֲשֶׁר הִתְחַנַּֽנְתִּי לִפְנֵי יְהֹוָה, קְרֹבִים
אֶל־יְהֹוָה אֱלֹהֵֽינוּ יוֹמָם וָלָֽיְלָה, לַעֲשׂוֹת מִשְׁפַּט עַבְדּוֹ וּמִשְׁפַּט עַמּוֹ
יִשְׂרָאֵל דְּבַר־יוֹם בְּיוֹמוֹ: לְמַֽעַן דַּֽעַת כָּל־עַמֵּי הָאָֽרֶץ, כִּי יְהֹוָה הוּא
הָאֱלֹהִים, אֵין עוֹד: לֹא־יָמוּשׁ סֵֽפֶר הַתּוֹרָה הַזֶּה מִפִּֽיךָ, וְהָגִֽיתָ בּוֹ יוֹמָם

יהושע א

וָלַֽיְלָה, לְמַֽעַן תִּשְׁמֹר לַעֲשׂוֹת כְּכָל־הַכָּתוּב בּוֹ, כִּי־אָז תַּצְלִֽיחַ אֶת־דְּרָכֶֽךָ
וְאָז תַּשְׂכִּיל: הֲלוֹא צִוִּיתִֽיךָ, חֲזַק וֶאֱמָץ, אַל־תַּעֲרֹץ וְאַל־תֵּחָת, כִּי עִמְּךָ
יְהֹוָה אֱלֹהֶֽיךָ בְּכֹל אֲשֶׁר תֵּלֵךְ:

## הכנסת ספר תורה

פותחים את ההיכל והקהל עומד על רגליו.
שליח הציבור נוטל את ספר התורה ואומר פסוק זה:

תהלים קמו יִמְלֹךְ יְהוָה לְעוֹלָם, אֱלֹהַיִךְ צִיּוֹן לְדֹר וָדֹר, הַלְלוּיָהּ:

והקהל חוזר אחריו:

יִמְלֹךְ יְהוָה לְעוֹלָם, אֱלֹהַיִךְ צִיּוֹן לְדֹר וָדֹר, הַלְלוּיָהּ:

מלווים את ספר התורה להיכל באמירת מזמור זה שדרשוהו חז"ל על מתן תורה
(ספר המנהיג, מא על פי זבחים קטז, א).

תהלים כט מִזְמוֹר לְדָוִד, הָבוּ לַיהוָה בְּנֵי אֵלִים, הָבוּ לַיהוָה כָּבוֹד וָעֹז:
הָבוּ לַיהוָה כְּבוֹד שְׁמוֹ, הִשְׁתַּחֲווּ לַיהוָה בְּהַדְרַת־קֹדֶשׁ:
קוֹל יְהוָה עַל־הַמָּיִם, אֵל־הַכָּבוֹד הִרְעִים, יְהוָה עַל־מַיִם רַבִּים:
קוֹל־יְהוָה בַּכֹּחַ, קוֹל יְהוָה בֶּהָדָר:
קוֹל יְהוָה שֹׁבֵר אֲרָזִים, וַיְשַׁבֵּר יְהוָה אֶת־אַרְזֵי הַלְּבָנוֹן:
וַיַּרְקִידֵם כְּמוֹ־עֵגֶל, לְבָנוֹן וְשִׂרְיוֹן כְּמוֹ בֶן־רְאֵמִים:
קוֹל־יְהוָה חֹצֵב לַהֲבוֹת אֵשׁ:
קוֹל יְהוָה יָחִיל מִדְבָּר, יָחִיל יְהוָה מִדְבַּר קָדֵשׁ:
קוֹל יְהוָה יְחוֹלֵל אַיָּלוֹת וַיֶּחֱשֹׂף יְעָרוֹת, וּבְהֵיכָלוֹ, כֻּלּוֹ אֹמֵר כָּבוֹד:
יְהוָה לַמַּבּוּל יָשָׁב, וַיֵּשֶׁב יְהוָה מֶלֶךְ לְעוֹלָם:
יְהוָה עֹז לְעַמּוֹ יִתֵּן, יְהוָה יְבָרֵךְ אֶת־עַמּוֹ בַשָּׁלוֹם:

מכניסים את ספר התורה להיכל ואומרים:

שׁוּבָה לִמְעוֹנְךָ וּשְׁכֹן בְּבֵית מַאֲוַיֶּךָ,
כִּי כָל פֶּה וְכָל לָשׁוֹן יִתְּנוּ הוֹד וְהָדָר לְמַלְכוּתָךְ.
במדבר י וּבְנֻחֹה יֹאמַר, שׁוּבָה יְהוָה רִבְבוֹת אַלְפֵי יִשְׂרָאֵל:
איכה ה הֲשִׁיבֵנוּ יְהוָה אֵלֶיךָ וְנָשׁוּבָה, חַדֵּשׁ יָמֵינוּ כְּקֶדֶם:

**חצי קדיש**

שליח הציבור כורע במילים המסומנות ב°.

ש״ץ: °יִתְגַּדַּל וְיִתְקַדַּשׁ שְׁמֵהּ רַבָּא (קהל: אָמֵן)
בְּעָלְמָא דִּי בְרָא כִרְעוּתֵהּ
וְיַמְלִיךְ מַלְכוּתֵהּ וְיַצְמַח פֻּרְקָנֵהּ וִיקָרֵב מְשִׁיחֵהּ (קהל: אָמֵן)
בְּחַיֵּיכוֹן וּבְיוֹמֵיכוֹן וּבְחַיֵּי דְכָל בֵּית יִשְׂרָאֵל
בַּעֲגָלָא וּבִזְמַן קָרִיב, וְאִמְרוּ אָמֵן. (קהל: אָמֵן)

קהל וש״ץ: יְהֵא שְׁמֵהּ °רַבָּא מְבָרַךְ לְעָלַם לְעָלְמֵי עָלְמַיָּא °יִתְבָּרַךְ
וְיִשְׁתַּבַּח וְיִתְפָּאַר וְיִתְרוֹמַם וְיִתְנַשֵּׂא
וְיִתְהַדָּר וְיִתְעַלֶּה וְיִתְהַלָּל
שְׁמֵהּ דְּקֻדְשָׁא °בְּרִיךְ הוּא (קהל: אָמֵן)
לְעֵלָּא מִן כָּל בִּרְכָתָא, שִׁירָתָא, תֻּשְׁבְּחָתָא וְנֶחֱמָתָא
דַּאֲמִירָן בְּעָלְמָא, וְאִמְרוּ °אָמֵן. (קהל: אָמֵן)

ביום טוב ובשבת חול המועד מתפללים תפילת מוסף לשלוש רגלים (עמ׳ 443).

# עמידה למוסף של שבת
## ולשבת ראש חודש

״המתפלל צריך שיכוין בלבו פירוש המלות שמוציא בשפתיו; ויחשוב כאלו שכינה כנגדו ויסיר כל המחשבות הטורדות אותו עד שתשאר מחשבתו וכוונתו זכה בתפלתו״ (שו״ע צח, א).

יש נוהגים לפסוע שלוש פסיעות לפנים, כמי שנכנס לפני המלך (ספר הפרדס; ׳קשר גודל׳ בשם הרוקח) עומד ומתפלל בלחש מכאן ועד ׳בְּלֵבָב שָׁלֵם׳ בעמ׳ 319.

שוחין בברכת אבות תחילה וסוף (ברכות לד ע״א; שו״ע קיג, א),
כורע בתיבת ׳בָּרוּךְ׳, קד לפנים בתיבת ׳אַתָּה׳ וזוקף בשם (׳רעיא מהימנא׳, עקב).

אֲדֹנָי, שְׂפָתַי תִּפְתָּח, וּפִי יַגִּיד תְּהִלָּתֶךָ: תהלים נא

**אבות**

°בָּרוּךְ אַתָּה יְהוָה, אֱלֹהֵינוּ וֵאלֹהֵי אֲבוֹתֵינוּ
אֱלֹהֵי אַבְרָהָם, אֱלֹהֵי יִצְחָק, וֵאלֹהֵי יַעֲקֹב
הָאֵל הַגָּדוֹל הַגִּבּוֹר וְהַנּוֹרָא, אֵל עֶלְיוֹן

גּוֹמֵל חֲסָדִים טוֹבִים, קוֹנֵה הַכֹּל
וְזוֹכֵר חַסְדֵי אָבוֹת
וּמֵבִיא גוֹאֵל לִבְנֵי בְנֵיהֶם לְמַעַן שְׁמוֹ בְּאַהֲבָה.

בשבת תשובה: זָכְרֵנוּ לְחַיִּים, מֶלֶךְ חָפֵץ בַּחַיִּים
כָּתְבֵנוּ בְּסֵפֶר חַיִּים, לְמַעַנְךָ אֱלֹהִים חַיִּים.
אם שכח אינו חוזר.

מֶלֶךְ עוֹזֵר וּמוֹשִׁיעַ וּמָגֵן.
ׄבָּרוּךְ אַתָּה יְהוָה, מָגֵן אַבְרָהָם.

גבורות

אַתָּה גִּבּוֹר לְעוֹלָם, אֲדֹנָי
מְחַיֵּה מֵתִים אַתָּה, רַב לְהוֹשִׁיעַ

אומרים 'מַשִּׁיב הָרוּחַ' ממוסף של שמיני עצרת עד שחרית של יו"ט ראשון של פסח. וממוסף של יו"ט ראשון של פסח ועד שחרית של שמיני עצרת, אומרים 'מוֹרִיד הַטָּל'. ראה הלכה 144-145.

בחורף: מַשִּׁיב הָרוּחַ וּמוֹרִיד הַגֶּשֶׁם / בקיץ: מוֹרִיד הַטָּל

מְכַלְכֵּל חַיִּים בְּחֶסֶד
מְחַיֵּה מֵתִים בְּרַחֲמִים רַבִּים
סוֹמֵךְ נוֹפְלִים, וְרוֹפֵא חוֹלִים, וּמַתִּיר אֲסוּרִים
וּמְקַיֵּם אֱמוּנָתוֹ לִישֵׁנֵי עָפָר.
מִי כָמוֹךָ, בַּעַל גְּבוּרוֹת
וּמִי דּוֹמֶה לָּךְ, מֶלֶךְ מֵמִית וּמְחַיֶּה וּמַצְמִיחַ יְשׁוּעָה.

בשבת תשובה: מִי כָמוֹךָ אַב הָרַחֲמִים
זוֹכֵר יְצוּרָיו בְּרַחֲמִים לְחַיִּים. אם שכח אינו חוזר.

וְנֶאֱמָן אַתָּה לְהַחֲיוֹת מֵתִים.
בָּרוּךְ אַתָּה יְהוָה, מְחַיֵּה הַמֵּתִים.

בתפילת לחש ממשיך 'אַתָּה קָדוֹשׁ' בעמ' 312.

קדושה רבה

"משרתיך יכתירו כתרים לך וישירו לך שיר חדש' (פרקי היכלות)
והשבת שמשבחים לה' הוא מכנה אותו בלשון כֶּתֶר" (אבודרהם),
ובשבת יכולים לעשות כן גם עם ישראל, כיוון שיש בהם נשמה יתרה (זוהר, פנחס רמב ע"ב).

במקומות המסומנים ב*, המתפלל מתרומם על קצות אצבעותיו.

כֶּתֶר יִתְּנוּ לְךָ, יְהוָה אֱלֹהֵינוּ
מַלְאָכִים הֲמוֹנֵי מַעְלָה, עִם עַמְּךָ יִשְׂרָאֵל קְבוּצֵי מַטָּה.
יַחַד כֻּלָּם קְדֻשָּׁה לְךָ יְשַׁלֵּשׁוּ
כַּדָּבָר הָאָמוּר עַל יַד נְבִיאֶךָ: וְקָרָא זֶה אֶל־זֶה וְאָמַר ישעיה ו

קהל ואחריו שליח הציבור:

*קָדוֹשׁ, *קָדוֹשׁ, *קָדוֹשׁ, יְהוָה צְבָאוֹת, מְלֹא כָל־הָאָרֶץ כְּבוֹדוֹ:
כְּבוֹדוֹ מָלֵא עוֹלָם, וּמְשָׁרְתָיו שׁוֹאֲלִים
*אַיֵּה מְקוֹם כְּבוֹדוֹ, לְהַעֲרִיצוֹ
לְעֻמָּתָם מְשַׁבְּחִים וְאוֹמְרִים

קהל ואחריו שליח הציבור:

*בָּרוּךְ כְּבוֹד־יְהוָה מִמְּקוֹמוֹ: יחזקאל ג
מִמְּקוֹמוֹ, הוּא יִפֶן בְּרַחֲמָיו לְעַמּוֹ, הַמְיַחֲדִים שְׁמוֹ
עֶרֶב וָבֹקֶר בְּכָל יוֹם תָּמִיד
אוֹמְרִים פַּעֲמַיִם בְּאַהֲבָה

קהל ואחריו שליח הציבור:

שְׁמַע יִשְׂרָאֵל, יְהוָה אֱלֹהֵינוּ, יְהוָה אֶחָד: דברים ו
הוּא אֱלֹהֵינוּ, הוּא אָבִינוּ, הוּא מַלְכֵּנוּ, הוּא מוֹשִׁיעֵנוּ
הוּא יוֹשִׁיעֵנוּ וְיִגְאָלֵנוּ שֵׁנִית וְיַשְׁמִיעֵנוּ בְּרַחֲמָיו לְעֵינֵי כָּל חַי, לֵאמֹר
הֵן גָּאַלְתִּי אֶתְכֶם אַחֲרִית כְּבְרֵאשִׁית
לִהְיוֹת לָכֶם לֵאלֹהִים, אֲנִי יְהוָה אֱלֹהֵיכֶם: במדבר טו
וּבְדִבְרֵי קָדְשְׁךָ כָּתוּב לֵאמֹר

קהל ואחריו שליח הציבור:

*יִמְלֹךְ יְהוָה לְעוֹלָם, אֱלֹהַיִךְ צִיּוֹן לְדֹר וָדֹר, הַלְלוּיָהּ: תהלים קמו

שליח הציבור ממשיך 'אַתָּה קָדוֹשׁ' בעמוד הבא.

קדושת השם

אַתָּה קָדוֹשׁ וְשִׁמְךָ קָדוֹשׁ וּקְדוֹשִׁים בְּכָל יוֹם יְהַלְלְוּךָ סֶּלָה.
בָּרוּךְ אַתָּה יְהוָה, הָאֵל הַקָּדוֹשׁ. /בשבת תשובה: הַמֶּלֶךְ הַקָּדוֹשׁ./

אם שכח ולא נזכר תוך כדי דיבור חוזר לראש התפילה (ראה הלכה 562).

בשבת ראש חודש אומרים 'אַתָּה יָצַרְתָּ' (מתחת לקו).

קדושת היום

במוסף תיקנו לומר 'תִּכַּנְתָּ שַׁבָּת' כנגד מצוות השבת שניתנו במרה (מחזור ויטרי, קלט), ובקצת מקהילות המערב נוהגים לומר 'לְמֹשֶׁה צִוִּיתָ' במקום 'תִּכַּנְתָּ שַׁבָּת' (ראה הלכה 325).

תִּכַּנְתָּ שַׁבָּת, רָצִיתָ קָרְבְּנוֹתֶיהָ
צִוִּיתָ פֵּרוּשֶׁיהָ עִם סִדּוּרֵי נְסָכֶיהָ
מְעַנְּגֶיהָ לְעוֹלָם כָּבוֹד יִנְחָלוּ
טוֹעֲמֶיהָ חַיִּים זָכוּ
וְגַם הָאוֹהֲבִים דְּבָרֶיהָ גְּדֻלָּה בָּחָרוּ
אָז מִסִּינַי נִצְטַוּוּ צִוּוּיֵי פְעָלֶיהָ כָּרָאוּי.

בקצת מקהילות המערב נוהגים לומר נוסח עתיק זה המובא ברמב״ם.

לְמֹשֶׁה צִוִּיתָ עַל הַר סִינַי מִצְוַת שַׁבָּת זָכוֹר וְשָׁמוֹר
וּבוֹ צִוִּיתָנוּ יְהוָה אֱלֹהֵינוּ לְהַקְרִיב בָּהּ קָרְבַּן מוּסַף שַׁבָּת כָּרָאוּי.

---

בשבת ראש חודש:

אַתָּה יָצַרְתָּ עוֹלָמְךָ מִקֶּדֶם, כִּלִּיתָ מְלַאכְתְּךָ בַּיּוֹם הַשְּׁבִיעִי
בָּחַרְתָּ בָּנוּ מִכָּל הָאֻמּוֹת, וְרָצִיתָ בָּנוּ מִכָּל הַלְּשׁוֹנוֹת
וְקִדַּשְׁתָּנוּ בְּמִצְוֹתֶיךָ, וְקֵרַבְתָּנוּ מַלְכֵּנוּ לַעֲבוֹדָתֶךָ
וְשִׁמְךָ הַגָּדוֹל וְהַקָּדוֹשׁ עָלֵינוּ קָרָאתָ.
וַתִּתֶּן לָנוּ, יְהוָה אֱלֹהֵינוּ, בְּאַהֲבָה שַׁבָּתוֹת לִמְנוּחָה וְרָאשֵׁי חֳדָשִׁים לְכַפָּרָה.
וּלְפִי שֶׁחָטָאנוּ לְפָנֶיךָ, יְהוָה אֱלֹהֵינוּ וֵאלֹהֵי אֲבוֹתֵינוּ
חָרְבָה עִירֵנוּ וְשָׁמֵם מִקְדָּשֵׁנוּ וְגָלָה יְקָרֵנוּ וְנִטַּל כָּבוֹד מִבֵּית חַיֵּינוּ
וְאֵין אֲנַחְנוּ יְכוֹלִים לְהַקְרִיב לְפָנֶיךָ קָרְבָּן, וְלֹא כֹהֵן שֶׁיְּכַפֵּר בַּעֲדֵנוּ.
יְהִי רָצוֹן מִלְּפָנֶיךָ, יְהוָה אֱלֹהֵינוּ וֵאלֹהֵי אֲבוֹתֵינוּ
שֶׁתַּעֲלֵנוּ בְשִׂמְחָה לְאַרְצֵנוּ, וְתִטָּעֵנוּ בִּגְבוּלֵנוּ

וממשיך מתחת לקו בעמוד הבא.

יְהִי רָצוֹן מִלְּפָנֶיךָ, יְהֹוָה אֱלֹהֵינוּ וֵאלֹהֵי אֲבוֹתֵינוּ
שֶׁתַּעֲלֵנוּ בְשִׂמְחָה לְאַרְצֵנוּ, וְתִטָּעֵנוּ בִּגְבוּלֵנוּ
וְשָׁם נַעֲשֶׂה לְפָנֶיךָ אֶת קָרְבְּנוֹת חוֹבוֹתֵינוּ
תְּמִידִים כְּסִדְרָם וּמוּסָפִים כְּהִלְכָתָם.

אֶת מוּסַף יוֹם הַשַּׁבָּת הַזֶּה
נַעֲשֶׂה וְנַקְרִיב לְפָנֶיךָ בְּאַהֲבָה כְּמִצְוַת רְצוֹנֶךָ
כְּמוֹ שֶׁכָּתַבְתָּ עָלֵינוּ בְּתוֹרָתֶךָ עַל יְדֵי מֹשֶׁה עַבְדֶּךָ
כָּאָמוּר

במדבר כח

וּבְיוֹם הַשַּׁבָּת שְׁנֵי־כְבָשִׂים בְּנֵי־שָׁנָה תְּמִימִם
וּשְׁנֵי עֶשְׂרֹנִים סֹלֶת מִנְחָה בְּלוּלָה בַשֶּׁמֶן וְנִסְכּוֹ:
עֹלַת שַׁבַּת בְּשַׁבַּתּוֹ, עַל־עֹלַת הַתָּמִיד וְנִסְכָּהּ:

וְשָׁם נַעֲשֶׂה לְפָנֶיךָ אֶת קָרְבְּנוֹת חוֹבוֹתֵינוּ
תְּמִידִים כְּסִדְרָם וּמוּסָפִים כְּהִלְכָתָם.

אֶת מוּסְפֵי יוֹם הַשַּׁבָּת הַזֶּה וְיוֹם רֹאשׁ חֹדֶשׁ הַזֶּה
נַעֲשֶׂה וְנַקְרִיב לְפָנֶיךָ בְּאַהֲבָה כְּמִצְוַת רְצוֹנֶךָ
כְּמוֹ שֶׁכָּתַבְתָּ עָלֵינוּ בְּתוֹרָתֶךָ עַל יְדֵי מֹשֶׁה עַבְדֶּךָ
כָּאָמוּר

במדבר כח

וּבְיוֹם הַשַּׁבָּת שְׁנֵי־כְבָשִׂים בְּנֵי־שָׁנָה תְּמִימִם
וּשְׁנֵי עֶשְׂרֹנִים סֹלֶת מִנְחָה בְּלוּלָה בַשֶּׁמֶן וְנִסְכּוֹ:
עֹלַת שַׁבַּת בְּשַׁבַּתּוֹ, עַל־עֹלַת הַתָּמִיד וְנִסְכָּהּ:
וּבְרָאשֵׁי חָדְשֵׁיכֶם תַּקְרִיבוּ עֹלָה לַיהֹוָה, פָּרִים בְּנֵי־בָקָר שְׁנַיִם
וְאַיִל אֶחָד, כְּבָשִׂים בְּנֵי־שָׁנָה שִׁבְעָה, תְּמִימִם:
וּמִנְחָתָם וְנִסְכֵּיהֶם כִּמְדֻבָּר, שְׁלֹשָׁה עֶשְׂרֹנִים לַפָּר, וּשְׁנֵי עֶשְׂרֹנִים לָאַיִל
וְעִשָּׂרוֹן לַכֶּבֶשׂ, וְיַיִן כְּנִסְכּוֹ, וְשָׂעִיר לְכַפֵּר, וּשְׁנֵי תְמִידִים כְּהִלְכָתָם.

וּמַמְשִׁיךְ מִתַּחַת לָךְ בְּעַמּוּד הַבָּא.

יִשְׂמְחוּ בְמַלְכוּתְךָ שׁוֹמְרֵי שַׁבָּת וְקוֹרְאֵי עֹנֶג
עַם מְקַדְּשֵׁי שְׁבִיעִי, כֻּלָּם יִשְׂבְּעוּ וְיִתְעַנְּגוּ מִטּוּבֶךָ
וְהַשְּׁבִיעִי רָצִיתָ בּוֹ וְקִדַּשְׁתּוֹ
חֶמְדַּת יָמִים אוֹתוֹ קָרָאתָ, זֵכֶר לְמַעֲשֵׂה בְרֵאשִׁית.

אֱלֹהֵינוּ וֵאלֹהֵי אֲבוֹתֵינוּ, רְצֵה נָא בִמְנוּחָתֵנוּ
קַדְּשֵׁנוּ בְּמִצְוֹתֶיךָ, שִׂים חֶלְקֵנוּ בְּתוֹרָתֶךָ
שַׂבְּעֵנוּ מִטּוּבֶךָ, שַׂמֵּחַ נַפְשֵׁנוּ בִּישׁוּעָתֶךָ
וְטַהֵר לִבֵּנוּ לְעָבְדְּךָ בֶּאֱמֶת
וְהַנְחִילֵנוּ, יְהֹוָה אֱלֹהֵינוּ, בְּאַהֲבָה וּבְרָצוֹן שַׁבַּת קָדְשֶׁךָ
וְיָנוּחוּ בוֹ כָּל יִשְׂרָאֵל מְקַדְּשֵׁי שְׁמֶךָ.
בָּרוּךְ אַתָּה יְהֹוָה, מְקַדֵּשׁ הַשַּׁבָּת

---

אֱלֹהֵינוּ וֵאלֹהֵי אֲבוֹתֵינוּ, חַדֵּשׁ עָלֵינוּ אֶת הַחֹדֶשׁ הַזֶּה לְטוֹבָה וְלִבְרָכָה, לְשָׂשׂוֹן וּלְשִׂמְחָה, לִישׁוּעָה וּלְנֶחָמָה, לְפַרְנָסָה וּלְכַלְכָּלָה (לְחַיִּים טוֹבִים וּלְשָׁלוֹם), לִמְחִילַת חֵטְא וְלִסְלִיחַת עָוֹן (בשנת העיבור: וּלְכַפָּרַת פָּשַׁע). וִיהִיֶה רֹאשׁ הַחֹדֶשׁ הַזֶּה סוֹף וָקֵץ לְכָל צָרוֹתֵינוּ, תְּחִלָּה וְרֹאשׁ לְפִדְיוֹן נַפְשֵׁנוּ, כִּי בְעַמְּךָ יִשְׂרָאֵל מִכָּל הָאֻמּוֹת בָּחַרְתָּ, וְחֻקֵּי רָאשֵׁי חֳדָשִׁים לָהֶם קָבָעְתָּ.

יִשְׂמְחוּ בְמַלְכוּתְךָ שׁוֹמְרֵי שַׁבָּת וְקוֹרְאֵי עֹנֶג.
עַם מְקַדְּשֵׁי שְׁבִיעִי, כֻּלָּם יִשְׂבְּעוּ וְיִתְעַנְּגוּ מִטּוּבֶךָ
וְהַשְּׁבִיעִי רָצִיתָ בּוֹ וְקִדַּשְׁתּוֹ
חֶמְדַּת יָמִים אוֹתוֹ קָרָאתָ, זֵכֶר לְמַעֲשֵׂה בְרֵאשִׁית.

אֱלֹהֵינוּ וֵאלֹהֵי אֲבוֹתֵינוּ, רְצֵה נָא בִמְנוּחָתֵנוּ, קַדְּשֵׁנוּ בְּמִצְוֹתֶיךָ, שִׂים חֶלְקֵנוּ בְּתוֹרָתֶךָ, שַׂבְּעֵנוּ מִטּוּבֶךָ, שַׂמֵּחַ נַפְשֵׁנוּ בִּישׁוּעָתֶךָ, וְטַהֵר לִבֵּנוּ לְעָבְדְּךָ בֶּאֱמֶת. וְהַנְחִילֵנוּ, יְהֹוָה אֱלֹהֵינוּ, בְּאַהֲבָה וּבְרָצוֹן שַׁבַּת קָדְשֶׁךָ וְיָנוּחוּ בוֹ כָּל יִשְׂרָאֵל מְקַדְּשֵׁי שְׁמֶךָ. בָּרוּךְ אַתָּה יְהֹוָה, מְקַדֵּשׁ הַשַּׁבָּת וְיִשְׂרָאֵל וְרָאשֵׁי חֳדָשִׁים.

וממשיך 'רְצֵה' בעמוד הבא.

עבודה

רְצֵה יְהֹוָה אֱלֹהֵינוּ בְּעַמְּךָ יִשְׂרָאֵל
וְלִתְפִלָּתָם שְׁעֵה
וְהָשֵׁב הָעֲבוֹדָה לִדְבִיר בֵּיתֶךָ
וְאִשֵּׁי יִשְׂרָאֵל וּתְפִלָּתָם מְהֵרָה בְּאַהֲבָה תְקַבֵּל בְּרָצוֹן
וּתְהִי לְרָצוֹן תָּמִיד עֲבוֹדַת יִשְׂרָאֵל עַמֶּךָ.
וְאַתָּה בְּרַחֲמֶיךָ הָרַבִּים תַּחְפֹּץ בָּנוּ וְתִרְצֵנוּ
וְתֶחֱזֶינָה עֵינֵינוּ בְּשׁוּבְךָ לְצִיּוֹן בְּרַחֲמִים.
בָּרוּךְ אַתָּה יְהֹוָה, הַמַּחֲזִיר שְׁכִינָתוֹ לְצִיּוֹן.

הודאה

שוחין בברכת ההודאה תחילה וסוף (ברכות לד ע״א) ואינו זוקף עד אמירת השם (רמב״ם).

*מוֹדִים אֲנַחְנוּ לָךְ
שָׁאַתָּה הוּא יְהֹוָה אֱלֹהֵינוּ
וֵאלֹהֵי אֲבוֹתֵינוּ לְעוֹלָם וָעֶד.
צוּרֵנוּ, צוּר חַיֵּינוּ וּמָגֵן יִשְׁעֵנוּ
אַתָּה הוּא לְדוֹר וָדוֹר
נוֹדֶה לְּךָ וּנְסַפֵּר תְּהִלָּתֶךָ
עַל חַיֵּינוּ הַמְּסוּרִים בְּיָדֶךָ
וְעַל נִשְׁמוֹתֵינוּ הַפְּקוּדוֹת לָךְ
וְעַל נִסֶּיךָ שֶׁבְּכָל יוֹם עִמָּנוּ
וְעַל נִפְלְאוֹתֶיךָ וְטוֹבוֹתֶיךָ
שֶׁבְּכָל עֵת עֶרֶב וָבֹקֶר וְצָהֳרָיִם.
הַטּוֹב, כִּי לֹא כָלוּ רַחֲמֶיךָ
הַמְרַחֵם, כִּי לֹא תַמּוּ חֲסָדֶיךָ
כִּי מֵעוֹלָם קִוִּינוּ לָךְ.

*כשהש״ץ אומר ׳מודים׳, הקהל אומר בלחש ׳מודים דרבנן׳ (סוטה מ ע״א):

מוֹדִים אֲנַחְנוּ לָךְ
שָׁאַתָּה הוּא יְהֹוָה אֱלֹהֵינוּ
וֵאלֹהֵי אֲבוֹתֵינוּ
אֱלֹהֵי כָל בָּשָׂר
יוֹצְרֵנוּ יוֹצֵר בְּרֵאשִׁית.
בְּרָכוֹת וְהוֹדָאוֹת
לְשִׁמְךָ הַגָּדוֹל וְהַקָּדוֹשׁ
עַל שֶׁהֶחֱיִיתָנוּ וְקִיַּמְתָּנוּ.
כֵּן תְּחַיֵּנוּ וּתְחָנֵּנוּ
וְתֶאֱסֹף גָּלֻיּוֹתֵינוּ לְחַצְרוֹת
קָדְשֶׁךָ, לִשְׁמֹר חֻקֶּיךָ
וְלַעֲשׂוֹת רְצוֹנֶךָ
וּלְעָבְדְּךָ בְּלֵבָב שָׁלֵם
עַל שֶׁאֲנַחְנוּ מוֹדִים לָךְ.
בָּרוּךְ אֵל הַהוֹדָאוֹת.

בחנוכה:

עַל הַנִּסִּים וְעַל הַפֻּרְקָן וְעַל הַגְּבוּרוֹת וְעַל הַתְּשׁוּעוֹת וְעַל הַנִּפְלָאוֹת וְעַל הַנֶּחָמוֹת שֶׁעָשִׂיתָ לַאֲבוֹתֵינוּ בַּיָּמִים הָהֵם בַּזְּמַן הַזֶּה.

בִּימֵי מַתִּתְיָה בֶּן יוֹחָנָן כֹּהֵן גָּדוֹל חַשְׁמוֹנַאי וּבָנָיו, כְּשֶׁעָמְדָה מַלְכוּת יָוָן הָרְשָׁעָה עַל עַמְּךָ יִשְׂרָאֵל לְשַׁכְּחָם תּוֹרָתֶךָ וּלְהַעֲבִירָם מֵחֻקֵּי רְצוֹנֶךָ, וְאַתָּה בְּרַחֲמֶיךָ הָרַבִּים עָמַדְתָּ לָהֶם בְּעֵת צָרָתָם, רַבְתָּ אֶת רִיבָם, דַּנְתָּ אֶת דִּינָם, נָקַמְתָּ אֶת נִקְמָתָם, מָסַרְתָּ גִבּוֹרִים בְּיַד חַלָּשִׁים, וְרַבִּים בְּיַד מְעַטִּים, וּרְשָׁעִים בְּיַד צַדִּיקִים, וּטְמֵאִים בְּיַד טְהוֹרִים, וְזֵדִים בְּיַד עוֹסְקֵי תוֹרָתֶךָ. לְךָ עָשִׂיתָ שֵׁם גָּדוֹל וְקָדוֹשׁ בְּעוֹלָמֶךָ, וּלְעַמְּךָ יִשְׂרָאֵל עָשִׂיתָ תְּשׁוּעָה גְדוֹלָה וּפֻרְקָן כְּהַיּוֹם הַזֶּה. וְאַחַר כָּךְ בָּאוּ בָנֶיךָ לִדְבִיר בֵּיתֶךָ, וּפִנּוּ אֶת הֵיכָלֶךָ, וְטִהֲרוּ אֶת מִקְדָּשֶׁךָ, וְהִדְלִיקוּ נֵרוֹת בְּחַצְרוֹת קָדְשֶׁךָ, וְקָבְעוּ שְׁמוֹנַת יְמֵי חֲנֻכָּה אֵלּוּ, בְּהַלֵּל וּבְהוֹדָאָה, וְעָשִׂיתָ עִמָּהֶם נִסִּים וְנִפְלָאוֹת, וְנוֹדֶה לְשִׁמְךָ הַגָּדוֹל, סֶלָה.

וממשיך ׳וְעַל כֻּלָּם׳.

בפורים המשולש בירושלים:

עַל הַנִּסִּים וְעַל הַפֻּרְקָן וְעַל הַגְּבוּרוֹת וְעַל הַתְּשׁוּעוֹת וְעַל הַנִּפְלָאוֹת וְעַל הַנֶּחָמוֹת שֶׁעָשִׂיתָ לַאֲבוֹתֵינוּ בַּיָּמִים הָהֵם בַּזְּמַן הַזֶּה.

בִּימֵי מָרְדְּכַי וְאֶסְתֵּר בְּשׁוּשַׁן הַבִּירָה, כְּשֶׁעָמַד עֲלֵיהֶם הָמָן הָרָשָׁע,
אסתר ג בִּקֵּשׁ לְהַשְׁמִיד לַהֲרֹג וּלְאַבֵּד אֶת־כָּל־הַיְּהוּדִים מִנַּעַר וְעַד־זָקֵן טַף
וְנָשִׁים בְּיוֹם אֶחָד, בִּשְׁלוֹשָׁה עָשָׂר לְחֹדֶשׁ שְׁנֵים־עָשָׂר, הוּא־חֹדֶשׁ אֲדָר,
וּשְׁלָלָם לָבוֹז: וְאַתָּה בְּרַחֲמֶיךָ הָרַבִּים הֵפַרְתָּ אֶת עֲצָתוֹ, וְקִלְקַלְתָּ אֶת מַחֲשַׁבְתּוֹ, וַהֲשֵׁבוֹתָ לּוֹ גְּמוּלוֹ בְּרֹאשׁוֹ, וְתָלוּ אוֹתוֹ וְאֶת בָּנָיו עַל הָעֵץ, וְעָשִׂיתָ עִמָּהֶם נִסִּים וְנִפְלָאוֹת, וְנוֹדֶה לְשִׁמְךָ הַגָּדוֹל, סֶלָה.

וממשיך ׳וְעַל כֻּלָּם׳.

וְעַל כֻּלָּם
יִתְבָּרַךְ וְיִתְרוֹמַם וְיִתְנַשֵּׂא תָּמִיד שִׁמְךָ מַלְכֵּנוּ לְעוֹלָם וָעֶד
וְכָל הַחַיִּים יוֹדְוּךָ סֶּלָה

בשבת תשובה: וּכְתֹב לְחַיִּים טוֹבִים כָּל בְּנֵי בְרִיתֶךָ.

**וִיהַלְלוּ וִיבָרְכוּ אֶת שִׁמְךָ הַגָּדוֹל בֶּאֱמֶת לְעוֹלָם כִּי טוֹב**
**הָאֵל יְשׁוּעָתֵנוּ וְעֶזְרָתֵנוּ סֶלָה, הָאֵל הַטּוֹב.**
**°בָּרוּךְ אַתָּה יְהוָה, הַטּוֹב שִׁמְךָ וּלְךָ נָאֶה לְהוֹדוֹת.**

°לא אמר ׳עַל הַנִּסִּים׳ או ׳וּכְתֹב לְחַיִּים׳ ונזכר לאחר שאמר ׳בָּרוּךְ אַתָּה ה׳״, אינו חוזר.

**ברכת כוהנים:**

הכוהנים אומרים בלחש (סוטה לט ע״א):

**יְהִי רָצוֹן מִלְּפָנֶיךָ, יְהוָה אֱלֹהֵינוּ וֵאלֹהֵי אֲבוֹתֵינוּ, שֶׁתְּהֵא הַבְּרָכָה הַזֹּאת שֶׁצִּוִּיתָנוּ לְבָרֵךְ אֶת עַמְּךָ יִשְׂרָאֵל בְּרָכָה שְׁלֵמָה וְלֹא יִהְיֶה בָּהּ מִכְשׁוֹל וְעָוֹן מֵעַתָּה וְעַד עוֹלָם.**

אם יש יותר מכוהן אחד, שליח הציבור קורא:

**כֹּהֲנִים**

(יש עונים: **עַם קְדוֹשֶׁךָ, כָּאָמוּר.**)

הכוהנים מברכים:

**בָּרוּךְ אַתָּה יְהוָה, אֱלֹהֵינוּ מֶלֶךְ הָעוֹלָם**
**אֲשֶׁר קִדְּשָׁנוּ בִּקְדֻשָּׁתוֹ שֶׁל אַהֲרֹן, וְצִוָּנוּ לְבָרֵךְ אֶת עַמּוֹ יִשְׂרָאֵל בְּאַהֲבָה.**

שליח הציבור מקריא מילה במילה, והכוהנים אחריו:

**יְבָרֶכְךָ יְהוָה וְיִשְׁמְרֶךָ:** קהל: **אָמֵן** במדבר ו
**יָאֵר יְהוָה פָּנָיו אֵלֶיךָ וִיחֻנֶּךָּ:** קהל: **אָמֵן**
**יִשָּׂא יְהוָה פָּנָיו אֵלֶיךָ וְיָשֵׂם לְךָ שָׁלוֹם:** קהל: **אָמֵן**

שליח הציבור ממשיך ׳שִׂים שָׁלוֹם׳ בעמוד הבא.

הכוהנים אומרים בלחש (סוטה, שם):

**רִבּוֹן הָעוֹלָמִים, עָשִׂינוּ מַה שֶּׁגָּזַרְתָּ עָלֵינוּ, עֲשֵׂה אַתָּה מַה שֶּׁהִבְטַחְתָּנוּ, הַשְׁקִיפָה** דברים כו
**מִמְּעוֹן קָדְשְׁךָ מִן־הַשָּׁמַיִם וּבָרֵךְ אֶת־עַמְּךָ אֶת־יִשְׂרָאֵל:**

הרואה חלום ונפשו עגומה, אומר בשעת נשיאת כפיים את הבקשה ׳רִבּוֹנוֹ שֶׁל עוֹלָם׳ בעמ׳ 897.

אם אין כוהנים העולים לדוכן, שליח הציבור אומר:

**אֱלֹהֵינוּ וֵאלֹהֵי אֲבוֹתֵינוּ, בָּרְכֵנוּ בַּבְּרָכָה הַמְשֻׁלֶּשֶׁת בַּתּוֹרָה, הַכְּתוּבָה עַל יְדֵי מֹשֶׁה עַבְדֶּךָ, הָאֲמוּרָה מִפִּי אַהֲרֹן וּבָנָיו כֹּהֲנִים עַם קְדוֹשֶׁךָ, כָּאָמוּר**

**יְבָרֶכְךָ יְהוָה וְיִשְׁמְרֶךָ:** קהל: **כֵּן יְהִי רָצוֹן** במדבר ו
**יָאֵר יְהוָה פָּנָיו אֵלֶיךָ וִיחֻנֶּךָּ:** קהל: **כֵּן יְהִי רָצוֹן**
**יִשָּׂא יְהוָה פָּנָיו אֵלֶיךָ וְיָשֵׂם לְךָ שָׁלוֹם:** קהל: **כֵּן יְהִי רָצוֹן**
**(וְנֶאֱמַר) וְשָׂמוּ אֶת־שְׁמִי עַל־בְּנֵי יִשְׂרָאֵל, וַאֲנִי אֲבָרְכֵם:**

שלום

שִׂים שָׁלוֹם טוֹבָה וּבְרָכָה

חַיִּים חֵן וָחֶסֶד, צְדָקָה וְרַחֲמִים עָלֵינוּ וְעַל כָּל יִשְׂרָאֵל עַמֶּךָ.

וּבָרְכֵנוּ אָבִינוּ כֻּלָּנוּ כְּאֶחָד בְּאוֹר פָּנֶיךָ

כִּי בְאוֹר פָּנֶיךָ נָתַתָּ לָּנוּ יְהוָה אֱלֹהֵינוּ תּוֹרָה וְחַיִּים

אַהֲבָה וָחֶסֶד, צְדָקָה וְרַחֲמִים, בְּרָכָה וְשָׁלוֹם.

וְטוֹב בְּעֵינֶיךָ לְבָרְכֵנוּ וּלְבָרֵךְ אֶת כָּל עַמְּךָ יִשְׂרָאֵל

בְּרֹב עֹז וְשָׁלוֹם.

בשבת תשובה: וּבְסֵפֶר חַיִּים, בְּרָכָה וְשָׁלוֹם, וּפַרְנָסָה טוֹבָה

וִישׁוּעָה וְנֶחָמָה, וּגְזֵרוֹת טוֹבוֹת, נִזָּכֵר וְנִכָּתֵב לְפָנֶיךָ

אֲנַחְנוּ וְכָל עַמְּךָ יִשְׂרָאֵל, לְחַיִּים טוֹבִים וּלְשָׁלוֹם.

אם שכח אינו חוזר.

בָּרוּךְ אַתָּה יְהוָה, הַמְבָרֵךְ אֶת עַמּוֹ יִשְׂרָאֵל בַּשָּׁלוֹם. אָמֵן.

תהלים יט יִהְיוּ לְרָצוֹן אִמְרֵי־פִי וְהֶגְיוֹן לִבִּי לְפָנֶיךָ, יְהוָה צוּרִי וְגֹאֲלִי:

כאן מסתיימת חזרת הש״ץ, ובתפילת לחש היחיד ממשיך בתחינות שלמטה.

ברכות יז. אֱלֹהַי, נְצֹר לְשׁוֹנִי מֵרָע וּשְׂפָתַי מִדַּבֵּר מִרְמָה

וְלִמְקַלְלַי נַפְשִׁי תִדֹּם, וְנַפְשִׁי כֶּעָפָר לַכֹּל תִּהְיֶה.

פְּתַח לִבִּי בְּתוֹרָתֶךָ, וְאַחֲרֵי מִצְוֹתֶיךָ תִּרְדֹּף נַפְשִׁי.

וְכָל הַקָּמִים עָלַי לְרָעָה, מְהֵרָה הָפֵר עֲצָתָם וְקַלְקֵל מַחְשְׁבוֹתָם.

תהלים לה (יִהְיוּ כְּמֹץ לִפְנֵי־רוּחַ וּמַלְאַךְ יְהוָה דֹּחֶה:)

עֲשֵׂה לְמַעַן שְׁמֶךָ, עֲשֵׂה לְמַעַן יְמִינֶךָ

עֲשֵׂה לְמַעַן תּוֹרָתֶךָ, עֲשֵׂה לְמַעַן קְדֻשָּׁתֶךָ.

תהלים ס לְמַעַן יֵחָלְצוּן יְדִידֶיךָ, הוֹשִׁיעָה יְמִינְךָ וַעֲנֵנִי:

תהלים יט יִהְיוּ לְרָצוֹן אִמְרֵי־פִי וְהֶגְיוֹן לִבִּי לְפָנֶיךָ, יְהוָה צוּרִי וְגֹאֲלִי:

כורע ופוסע שלוש פסיעות לאחור. קד לשמאל, לימין ולפנים באמירת:

עֹשֶׂה שָׁלוֹם/ בשבת תשובה: הַשָּׁלוֹם/ בִּמְרוֹמָיו

הוּא בְּרַחֲמָיו יַעֲשֶׂה שָׁלוֹם עָלֵינוּ וְעַל כָּל עַמּוֹ יִשְׂרָאֵל (וְאִמְרוּ) אָמֵן.

יְהִי רָצוֹן מִלְּפָנֶיךָ, יְהֹוָה אֱלֹהֵינוּ וֵאלֹהֵי אֲבוֹתֵינוּ, שֶׁתִּבְנֶה בֵּית הַמִּקְדָּשׁ בִּמְהֵרָה בְיָמֵינוּ, וְתֵן חֶלְקֵנוּ בְּתוֹרָתֶךָ, לַעֲשׂוֹת חֻקֵּי רְצוֹנֶךָ וּלְעָבְדְךָ בְּלֵבָב שָׁלֵם.

אחרי חזרת העמידה שליח הציבור אומר:

יְהֹוָה אֲדֹנֵינוּ, מָה־אַדִּיר שִׁמְךָ בְּכָל־הָאָרֶץ: תהלים ח

## קדיש תתקבל

שליח הציבור כורע במילים המסומנות ב׳.

ש״ץ: ׳יִתְגַּדַּל וְיִתְקַדַּשׁ שְׁמֵהּ רַבָּא (קהל: אָמֵן)
בְּעָלְמָא דִּי בְרָא כִרְעוּתֵהּ
וְיַמְלִיךְ מַלְכוּתֵהּ וְיַצְמַח פֻּרְקָנֵהּ וִיקָרֵב מְשִׁיחֵהּ (קהל: אָמֵן)
בְּחַיֵּיכוֹן וּבְיוֹמֵיכוֹן וּבְחַיֵּי דְכָל בֵּית יִשְׂרָאֵל
בַּעֲגָלָא וּבִזְמַן קָרִיב, וְאִמְרוּ אָמֵן. (קהל: אָמֵן)

קהל וש״ץ: יְהֵא שְׁמֵהּ ׳רַבָּא מְבָרַךְ לְעָלַם לְעָלְמֵי עָלְמַיָּא ׳יִתְבָּרַךְ
וְיִשְׁתַּבַּח וְיִתְפָּאַר וְיִתְרוֹמַם וְיִתְנַשֵּׂא וְיִתְהַדָּר וְיִתְעַלֶּה וְיִתְהַלָּל
שְׁמֵהּ דְּקֻדְשָׁא ׳בְּרִיךְ הוּא (קהל: אָמֵן)
לְעֵלָּא מִן כָּל בִּרְכָתָא, שִׁירָתָא, תִּשְׁבְּחָתָא וְנֶחֱמָתָא
דַּאֲמִירָן בְּעָלְמָא, וְאִמְרוּ ׳אָמֵן. (קהל: אָמֵן)

ש״ץ: תִּתְקַבַּל צְלוֹתְהוֹן וּבָעוּתְהוֹן
עִם צְלוֹתְהוֹן וּבָעוּתְהוֹן דְּכָל בֵּית יִשְׂרָאֵל
קֳדָם אֲבוּנָא דִּבִשְׁמַיָּא, וְאִמְרוּ אָמֵן. (קהל: אָמֵן)

יְהֵא שְׁלָמָא רַבָּא מִן שְׁמַיָּא, חַיִּים וְשָׂבָע וִישׁוּעָה וְנֶחָמָה
וְשֵׁיזָבָא וּרְפוּאָה, וּגְאֻלָּה וּסְלִיחָה וְכַפָּרָה, וְרֶוַח וְהַצָּלָה
לָנוּ וּלְכָל עַמּוֹ יִשְׂרָאֵל, וְאִמְרוּ אָמֵן. (קהל: אָמֵן)

עֹשֶׂה שָׁלוֹם / בשבת תשובה: הַשָּׁלוֹם/ בִּמְרוֹמָיו
הוּא בְּרַחֲמָיו יַעֲשֶׂה שָׁלוֹם עָלֵינוּ
וְעַל כָּל עַמּוֹ יִשְׂרָאֵל, וְאִמְרוּ אָמֵן. (קהל: אָמֵן)

# סיום התפילה

״לא נִתְּנוּ שבתות וימים טובים אלא לעסוק בהן בדברי תורה״ (ירושלמי, שבת פט״ו ה״ג).

בספרד נהגו ללמוד אחר התפילה פרק משנה בכל שבת ובכל יום טוב,
ולפיכך נהגו לומר אחר כך ׳אָמַר רַבִּי יְהוּדָה׳ (אבודרהם).

סנהדרין צ. ישעיה ס כָּל יִשְׂרָאֵל יֵשׁ לָהֶם חֵלֶק לָעוֹלָם הַבָּא, שֶׁנֶּאֱמַר, וְעַמֵּךְ כֻּלָּם
צַדִּיקִים, לְעוֹלָם יִירְשׁוּ אָרֶץ, נֵצֶר מַטָּעַי, מַעֲשֵׂה יָדַי לְהִתְפָּאֵר:

ברכות יז. אָמַר רַבִּי יְהוּדָה: אַשְׁרֵי מִי שֶׁעֲמָלוֹ בַּתּוֹרָה וְעוֹשֶׂה נַחַת רוּחַ
לְיוֹצְרוֹ, גָּדַל בְּשֵׁם טוֹב וְנִפְטַר בְּשֵׁם טוֹב מִן הָעוֹלָם. וְעָלָיו אָמַר
קהלת ז שְׁלֹמֹה בְּחָכְמָתוֹ: טוֹב שֵׁם מִשֶּׁמֶן טוֹב, וְיוֹם הַמָּוֶת מִיּוֹם הִוָּלְדוֹ:
לְמֹד תּוֹרָה הַרְבֵּה וְיִתְּנוּ לְךָ שָׂכָר הַרְבֵּה, וְדַע מַתַּן שְׂכָרָן שֶׁל
צַדִּיקִים לֶעָתִיד לָבוֹא.

מכות כג: רַבִּי חֲנַנְיָא בֶּן עֲקַשְׁיָא אוֹמֵר: רָצָה הַקָּדוֹשׁ בָּרוּךְ הוּא לְזַכּוֹת אֶת
ישעיה מב יִשְׂרָאֵל, לְפִיכָךְ הִרְבָּה לָהֶם תּוֹרָה וּמִצְוֹת, שֶׁנֶּאֱמַר: יְהוָה חָפֵץ
לְמַעַן צִדְקוֹ, יַגְדִּיל תּוֹרָה וְיַאְדִּיר:

אֵין כֵּאלֹהֵינוּ, אֵין כַּאדוֹנֵינוּ, אֵין כְּמַלְכֵּנוּ, אֵין כְּמוֹשִׁיעֵנוּ.
מִי כֵאלֹהֵינוּ, מִי כַּאדוֹנֵינוּ, מִי כְּמַלְכֵּנוּ, מִי כְּמוֹשִׁיעֵנוּ.
נוֹדֶה לֵאלֹהֵינוּ, נוֹדֶה לַאדוֹנֵינוּ, נוֹדֶה לְמַלְכֵּנוּ, נוֹדֶה לְמוֹשִׁיעֵנוּ.
בָּרוּךְ אֱלֹהֵינוּ, בָּרוּךְ אֲדוֹנֵינוּ, בָּרוּךְ מַלְכֵּנוּ, בָּרוּךְ מוֹשִׁיעֵנוּ.
אַתָּה הוּא אֱלֹהֵינוּ, אַתָּה הוּא אֲדוֹנֵינוּ,
אַתָּה הוּא מַלְכֵּנוּ, אַתָּה הוּא מוֹשִׁיעֵנוּ.
אַתָּה תוֹשִׁיעֵנוּ

תהלים קב אַתָּה תָקוּם תְּרַחֵם צִיּוֹן, כִּי־עֵת לְחֶנְנָהּ כִּי־בָא מוֹעֵד:

ברוב הקהילות נוהגים לומר כאן את סדר ׳פִּטּוּם הַקְּטֹרֶת׳ משום דברי הזוהר (פנחס, רכד ע״ב),
שאמירתו לאחר התפילה, יש בכוחה לגונן על האדם.

אַתָּה הוּא יְהוָה אֱלֹהֵינוּ שֶׁהִקְטִירוּ אֲבוֹתֵינוּ לְפָנֶיךָ אֶת קְטֹרֶת הַסַּמִּים
בִּזְמַן שֶׁבֵּית הַמִּקְדָּשׁ קַיָּם, כַּאֲשֶׁר צִוִּיתָ אוֹתָם עַל יַד מֹשֶׁה נְבִיאָךְ,
כַּכָּתוּב בְּתוֹרָתָךְ:

פרשת הקטורת

שמות ל וַיֹּאמֶר יְהֹוָה אֶל־מֹשֶׁה קַח־לְךָ סַמִּים נָטָף | וּשְׁחֵלֶת וְחֶלְבְּנָה סַמִּים וּלְבֹנָה זַכָּה בַּד בְּבַד יִהְיֶה: וְעָשִׂיתָ אֹתָהּ קְטֹרֶת רֹקַח מַעֲשֵׂה רוֹקֵחַ מְמֻלָּח טָהוֹר קֹדֶשׁ: וְשָׁחַקְתָּ מִמֶּנָּה הָדֵק וְנָתַתָּה מִמֶּנָּה לִפְנֵי הָעֵדֻת בְּאֹהֶל מוֹעֵד אֲשֶׁר אִוָּעֵד לְךָ שָׁמָּה קֹדֶשׁ קָדָשִׁים תִּהְיֶה לָכֶם:

וְנֶאֱמַר

וְהִקְטִיר עָלָיו אַהֲרֹן קְטֹרֶת סַמִּים בַּבֹּקֶר בַּבֹּקֶר בְּהֵיטִיבוֹ אֶת־הַנֵּרֹת יַקְטִירֶנָּה: וּבְהַעֲלֹת אַהֲרֹן אֶת־הַנֵּרֹת בֵּין הָעַרְבַּיִם יַקְטִירֶנָּה קְטֹרֶת תָּמִיד לִפְנֵי יְהֹוָה לְדֹרֹתֵיכֶם:

סדר 'פִּטּוּם הַקְּטֹרֶת' מיוסד על דברי הברייתא בכריתות ו ע"א והירושלמי יומא פ"ד ה"ה (שו"ת רדב"ז ח"ב, תרנג; ב"י, קלג). נוהגים למנות את סממני הקטורת באצבעות ('מורה באצבע' ג, עג).

תָּנוּ רַבָּנָן: פִּטּוּם הַקְּטֹרֶת כֵּיצַד. שְׁלֹשׁ מֵאוֹת וְשִׁשִּׁים וּשְׁמוֹנָה מָנִים הָיוּ בָהּ. שְׁלֹשׁ מֵאוֹת וְשִׁשִּׁים וַחֲמִשָּׁה כְּמִנְיַן יְמוֹת הַחַמָּה, מָנֶה בְּכָל יוֹם, מַחֲצִיתוֹ בַּבֹּקֶר וּמַחֲצִיתוֹ בָּעֶרֶב. וּשְׁלֹשָׁה מָנִים יְתֵרִים, שֶׁמֵּהֶם מַכְנִיס כֹּהֵן גָּדוֹל וְנוֹטֵל מֵהֶם מְלֹא חָפְנָיו בְּיוֹם הַכִּפּוּרִים, מַחֲזִירָן לְמַכְתֶּשֶׁת בְּעֶרֶב יוֹם הַכִּפּוּרִים כְּדֵי לְקַיֵּם מִצְוַת דַּקָּה מִן הַדַּקָּה. וְאַחַד עָשָׂר סַמָּנִים הָיוּ בָהּ, וְאֵלּוּ הֵן: א הַצֳּרִי ב וְהַצִּפֹּרֶן ג וְהַחֶלְבְּנָה ד וְהַלְּבוֹנָה, מִשְׁקַל שִׁבְעִים שִׁבְעִים מָנֶה. ה מֹר ו וּקְצִיעָה ז וְשִׁבֹּלֶת נֵרְדְּ ח וְכַרְכֹּם, מִשְׁקַל שִׁשָּׁה עָשָׂר שִׁשָּׁה עָשָׂר מָנֶה. ט קֹשְׁטְ שְׁנֵים עָשָׂר י קִלּוּפָה שְׁלֹשָׁה יא קִנָּמוֹן תִּשְׁעָה. בֹּרִית כַּרְשִׁינָא תִּשְׁעָה קַבִּין, יֵין קַפְרִיסִין סְאִין תְּלָת וְקַבִּין תְּלָתָא, וְאִם לֹא מָצָא יֵין קַפְרִיסִין מֵבִיא חֲמַר חִוַּר עַתִּיק. מֶלַח סְדוֹמִית רֹבַע, מַעֲלֶה עָשָׁן כָּל שֶׁהוּא. רַבִּי נָתָן הַבַּבְלִי אוֹמֵר, אַף כִּפַּת הַיַּרְדֵּן כָּל שֶׁהִיא. אִם נָתַן בָּהּ דְּבַשׁ פְּסָלָהּ, וְאִם חִסַּר אַחַת מִכָּל סַמְמָנֶיהָ חַיָּב מִיתָה.

רַבָּן שִׁמְעוֹן בֶּן גַּמְלִיאֵל אוֹמֵר, הַצֳּרִי אֵינוֹ אֶלָּא שְׂרָף הַנּוֹטֵף מֵעֲצֵי הַקְּטָף. בֹּרִית כַּרְשִׁינָא לְמָה הִיא בָאָה, כְּדֵי לְשַׁפּוֹת בָּהּ אֶת הַצִּפֹּרֶן כְּדֵי שֶׁתְּהֵא נָאָה. יֵין קַפְרִיסִין לְמָה הוּא בָא, כְּדֵי לִשְׁרוֹת בּוֹ אֶת

הַצִּפֹּרֶן כְּדֵי שֶׁתְּהֵא עַזָּה. וַהֲלֹא מֵי רַגְלַיִם יָפִין לָהּ, אֶלָּא שֶׁאֵין מַכְנִיסִין מֵי רַגְלַיִם בַּמִּקְדָּשׁ מִפְּנֵי הַכָּבוֹד.

תַּנְיָא, רַבִּי נָתָן אוֹמֵר, כְּשֶׁהוּא שׁוֹחֵק אוֹמֵר, הָדֵק הֵיטֵב, הֵיטֵב הָדֵק, מִפְּנֵי שֶׁהַקּוֹל יָפֶה לַבְּשָׂמִים. פִּטְּמָהּ לַחֲצָאִין כְּשֵׁרָה, לְשָׁלִישׁ וּלְרָבִיעַ לֹא שָׁמַעְנוּ. אָמַר רַבִּי יְהוּדָה, זֶה הַכְּלָל, אִם כְּמִדָּתָהּ כְּשֵׁרָה לַחֲצָאִין, וְאִם חִסֵּר אַחַת מִכָּל סַמָּנֶיהָ חַיָּב מִיתָה.

תָּנֵי בַר קַפָּרָא: אַחַת לְשִׁשִּׁים אוֹ לְשִׁבְעִים שָׁנָה הָיְתָה בָאָה שֶׁל שִׁירַיִם לַחֲצָאִין. וְעוֹד תָּנֵי בַר קַפָּרָא: אִלּוּ הָיָה נוֹתֵן בָּהּ קוֹרְטוֹב שֶׁל דְּבַשׁ אֵין אָדָם יָכוֹל לַעֲמֹד מִפְּנֵי רֵיחָהּ, וְלָמָּה אֵין מְעָרְבִין בָּהּ דְּבַשׁ,
מִפְּנֵי שֶׁהַתּוֹרָה אָמְרָה: כִּי כָל־שְׂאֹר וְכָל־דְּבַשׁ לֹא־תַקְטִירוּ מִמֶּנּוּ ויקרא ב
אִשֶּׁה לַיהוָה:

(לַיהוָה הַיְשׁוּעָה, עַל־עַמְּךָ בִרְכָתֶךָ סֶּלָה:) תהלים ג

יְהוָה צְבָאוֹת עִמָּנוּ, מִשְׂגָּב לָנוּ אֱלֹהֵי יַעֲקֹב סֶלָה: תהלים מו

יְהוָה צְבָאוֹת, אַשְׁרֵי אָדָם בֹּטֵחַ בָּךְ: תהלים פד

יְהוָה הוֹשִׁיעָה, הַמֶּלֶךְ יַעֲנֵנוּ בְיוֹם־קָרְאֵנוּ: תהלים כ

(הֲשִׁיבֵנוּ יְהוָה אֵלֶיךָ וְנָשׁוּבָה, חַדֵּשׁ יָמֵינוּ כְּקֶדֶם:) איכה ה

(וְעָרְבָה לַיהוָה מִנְחַת יְהוּדָה וִירוּשָׁלָםִ כִּימֵי עוֹלָם וּכְשָׁנִים קַדְמֹנִיּוֹת:) מלאכי ג

תָּנָא דְבֵי אֵלִיָּהוּ: מגילה כח:
כָּל הַשּׁוֹנֶה הֲלָכוֹת בְּכָל יוֹם, מֻבְטָח לוֹ שֶׁהוּא בֶּן הָעוֹלָם הַבָּא
שֶׁנֶּאֱמַר הֲלִיכוֹת עוֹלָם לוֹ: אַל תִּקְרֵי הֲלִיכוֹת אֶלָּא הֲלָכוֹת. חבקוק ג

אָמַר רַבִּי אֶלְעָזָר, אָמַר רַבִּי חֲנִינָא: תַּלְמִידֵי חֲכָמִים מַרְבִּים שָׁלוֹם בָּעוֹלָם, ברכות סד.
שֶׁנֶּאֱמַר וְכָל־בָּנַיִךְ לִמּוּדֵי יְהוָה, וְרַב שְׁלוֹם בָּנָיִךְ: אַל תִּקְרֵי בָּנָיִךְ, אֶלָּא ישעיה נד
בּוֹנָיִךְ. יְהִי־שָׁלוֹם בְּחֵילֵךְ, שַׁלְוָה בְּאַרְמְנוֹתָיִךְ: לְמַעַן אַחַי וְרֵעָי אֲדַבְּרָה־ תהלים קכב
נָּא שָׁלוֹם בָּךְ: לְמַעַן בֵּית־יְהוָה אֱלֹהֵינוּ אֲבַקְשָׁה טוֹב לָךְ: וּרְאֵה־בָנִים תהלים קכח
לְבָנֶיךָ שָׁלוֹם עַל־יִשְׂרָאֵל: שָׁלוֹם רָב לְאֹהֲבֵי תוֹרָתֶךָ, וְאֵין־לָמוֹ מִכְשׁוֹל: תהלים קיט
יְהוָה עֹז לְעַמּוֹ יִתֵּן, יְהוָה יְבָרֵךְ אֶת־עַמּוֹ בַשָּׁלוֹם: תהלים כט

## קדיש דרבנן

הַמְקַדֵּשׁ (האומר קדיש) כורע במילים המסומנות ב״.
נוהגים שאם יש אבל הוא אומר קדיש זה (שעה״כ, עניין הקדיש).

מקדש: יִתְגַּדַּל וְיִתְקַדַּשׁ שְׁמֵהּ רַבָּא (קהל: אָמֵן)
בְּעָלְמָא דִּי בְרָא כִרְעוּתֵהּ
וְיַמְלִיךְ מַלְכוּתֵהּ
וְיַצְמַח פֻּרְקָנֵהּ וִיקָרֵב מְשִׁיחֵהּ (קהל: אָמֵן)
בְּחַיֵּיכוֹן וּבְיוֹמֵיכוֹן וּבְחַיֵּי דְכָל בֵּית יִשְׂרָאֵל
בַּעֲגָלָא וּבִזְמַן קָרִיב, וְאִמְרוּ אָמֵן. (קהל: אָמֵן)

קהל ומקדש: יְהֵא שְׁמֵהּ רַבָּא מְבָרַךְ לְעָלַם לְעָלְמֵי עָלְמַיָּא יִתְבָּרַךְ
וְיִשְׁתַּבַּח וְיִתְפָּאַר וְיִתְרוֹמַם וְיִתְנַשֵּׂא
וְיִתְהַדָּר וְיִתְעַלֶּה וְיִתְהַלָּל
שְׁמֵהּ דְּקֻדְשָׁא בְּרִיךְ הוּא (קהל: אָמֵן)
לְעֵלָּא מִן כָּל בִּרְכָתָא, שִׁירָתָא, תֻּשְׁבְּחָתָא וְנֶחָמָתָא
דַּאֲמִירָן בְּעָלְמָא, וְאִמְרוּ אָמֵן. (קהל: אָמֵן)

מקדש: עַל יִשְׂרָאֵל וְעַל רַבָּנָן
וְעַל תַּלְמִידֵיהוֹן וְעַל כָּל תַּלְמִידֵי תַלְמִידֵיהוֹן
דְּעָסְקִין בְּאוֹרַיְתָא קַדִּישְׁתָּא
דִּי בְאַתְרָא הָדֵין וְדִי בְכָל אֲתַר וַאֲתַר
יְהֵא לְנָא וּלְהוֹן וּלְכוֹן חִנָּא וְחִסְדָּא
וְרַחֲמֵי מִן קֳדָם מָארֵי שְׁמַיָּא וְאַרְעָא, וְאִמְרוּ אָמֵן. (קהל: אָמֵן)

יְהֵא שְׁלָמָא רַבָּא מִן שְׁמַיָּא, חַיִּים וְשָׂבָע וִישׁוּעָה וְנֶחָמָה
וְשֵׁיזָבָא וּרְפוּאָה וּגְאֻלָּה וּסְלִיחָה וְכַפָּרָה, וְרֶוַח וְהַצָּלָה
לָנוּ וּלְכָל עַמּוֹ יִשְׂרָאֵל, וְאִמְרוּ אָמֵן. (קהל: אָמֵן)

עֹשֶׂה שָׁלוֹם בִּמְרוֹמָיו, הוּא בְּרַחֲמָיו יַעֲשֶׂה שָׁלוֹם עָלֵינוּ
וְעַל כָּל עַמּוֹ יִשְׂרָאֵל, וְאִמְרוּ אָמֵן. (קהל: אָמֵן)

בקצת קהילות נוהגים, שלא לומר בשבת ובימים טובים ׳בָּרְכוּ׳ בתרא, כדעת מרן (שו״ע רפו, ה על פי הריב״ש). ראה הלכה 238.

המקדש מוסיף: **בָּרְכוּ אֶת יְהֹוָה הַמְבֹרָךְ.**

והקהל עונה: **בָּרוּךְ יְהֹוָה הַמְבֹרָךְ לְעוֹלָם וָעֶד.**

המקדש חוזר: **בָּרוּךְ יְהֹוָה הַמְבֹרָךְ לְעוֹלָם וָעֶד.**

עומדים ואומרים ׳עָלֵינוּ׳ כדי לחזק בלבנו את האמונה בקב״ה ובגאולה (טור וב״ח, קלג), וכורעים במקום המסומן ב׳. ברוב הקהילות ממשיכים ׳עַל כֵּן נְקַוֶּה׳, כדעת האר״י.

עָלֵינוּ לְשַׁבֵּחַ לַאֲדוֹן הַכֹּל, לָתֵת גְּדֻלָּה לְיוֹצֵר בְּרֵאשִׁית
שֶׁלֹּא עָשָׂנוּ כְּגוֹיֵי הָאֲרָצוֹת, וְלֹא שָׂמָנוּ כְּמִשְׁפְּחוֹת הָאֲדָמָה
שֶׁלֹּא שָׂם חֶלְקֵנוּ כָּהֶם וְגוֹרָלֵנוּ כְּכָל הֲמוֹנָם.
שֶׁהֵם מִשְׁתַּחֲוִים לְהֶבֶל וָרִיק וּמִתְפַּלְּלִים אֶל־אֵל לֹא יוֹשִׁיעַ.
׳וַאֲנַחְנוּ מִשְׁתַּחֲוִים לִפְנֵי מֶלֶךְ מַלְכֵי הַמְּלָכִים
הַקָּדוֹשׁ בָּרוּךְ הוּא
שֶׁהוּא נוֹטֶה שָׁמַיִם וְיוֹסֵד אָרֶץ
וּמוֹשַׁב יְקָרוֹ בַּשָּׁמַיִם מִמַּעַל
וּשְׁכִינַת עֻזּוֹ בְּגָבְהֵי מְרוֹמִים.
הוּא אֱלֹהֵינוּ, וְאֵין עוֹד אַחֵר
אֱמֶת מַלְכֵּנוּ, וְאֶפֶס זוּלָתוֹ
דברים ד כַּכָּתוּב בַּתּוֹרָה, וְיָדַעְתָּ הַיּוֹם וַהֲשֵׁבֹתָ אֶל־לְבָבֶךָ
כִּי יְהֹוָה הוּא הָאֱלֹהִים בַּשָּׁמַיִם מִמַּעַל
וְעַל־הָאָרֶץ מִתָּחַת אֵין עוֹד:

עַל כֵּן נְקַוֶּה לְךָ, יְהֹוָה אֱלֹהֵינוּ
לִרְאוֹת מְהֵרָה בְּתִפְאֶרֶת עֻזָּךְ
לְהַעֲבִיר גִּלּוּלִים מִן הָאָרֶץ, וְהָאֱלִילִים כָּרוֹת יִכָּרֵתוּן

לְתַקֵּן עוֹלָם בְּמַלְכוּת שַׁדַּי

וְכָל בְּנֵי בָשָׂר יִקְרְאוּ בִשְׁמֶךָ לְהַפְנוֹת אֵלֶיךָ כָּל רִשְׁעֵי אָרֶץ

יַכִּירוּ וְיֵדְעוּ כָּל יוֹשְׁבֵי תֵבֵל

כִּי לְךָ תִּכְרַע כָּל בֶּרֶךְ, תִּשָּׁבַע כָּל לָשׁוֹן.

לְפָנֶיךָ יְהוָה אֱלֹהֵינוּ יִכְרְעוּ וְיִפֹּלוּ

וְלִכְבוֹד שִׁמְךָ יְקָר יִתֵּנוּ

וִיקַבְּלוּ כֻלָּם אֶת עוֹל מַלְכוּתֶךָ

וְתִמְלֹךְ עֲלֵיהֶם מְהֵרָה לְעוֹלָם וָעֶד

כִּי הַמַּלְכוּת שֶׁלְּךָ הִיא, וּלְעוֹלְמֵי עַד תִּמְלֹךְ בְּכָבוֹד

כַּכָּתוּב בְּתוֹרָתֶךָ, יְהוָה יִמְלֹךְ לְעֹלָם וָעֶד: שמות טו

וְנֶאֱמַר, וְהָיָה יְהוָה לְמֶלֶךְ עַל־כָּל־הָאָרֶץ זכריה יד

בַּיּוֹם הַהוּא יִהְיֶה יְהוָה אֶחָד וּשְׁמוֹ אֶחָד:

בכמה מקהילות המערב נוהגים לומר כאן חצי קדיש (עמ׳ 301).

בשבת יש אומרים מזמור זה, והוא השיר שהיו הלוויים אומרים במקדש בשבת (תמיד פ״ז מ״ד).

מִזְמוֹר שִׁיר לְיוֹם הַשַּׁבָּת: טוֹב לְהֹדוֹת לַיהוָה, וּלְזַמֵּר לְשִׁמְךָ עֶלְיוֹן: תהלים צב

לְהַגִּיד בַּבֹּקֶר חַסְדֶּךָ, וֶאֱמוּנָתְךָ בַּלֵּילוֹת: עֲלֵי־עָשׂוֹר וַעֲלֵי־נָבֶל, עֲלֵי

הִגָּיוֹן בְּכִנּוֹר: כִּי שִׂמַּחְתַּנִי יְהוָה בְּפָעֳלֶךָ, בְּמַעֲשֵׂי יָדֶיךָ אֲרַנֵּן: מַה־גָּדְלוּ

מַעֲשֶׂיךָ יְהוָה, מְאֹד עָמְקוּ מַחְשְׁבֹתֶיךָ: אִישׁ־בַּעַר לֹא יֵדָע, וּכְסִיל לֹא־

יָבִין אֶת־זֹאת: בִּפְרֹחַ רְשָׁעִים כְּמוֹ עֵשֶׂב, וַיָּצִיצוּ כָּל־פֹּעֲלֵי אָוֶן לְהִשָּׁמְדָם

עֲדֵי־עַד: וְאַתָּה מָרוֹם לְעֹלָם יְהוָה: כִּי הִנֵּה אֹיְבֶיךָ יְהוָה, כִּי־הִנֵּה אֹיְבֶיךָ

יֹאבֵדוּ יִתְפָּרְדוּ כָּל־פֹּעֲלֵי אָוֶן: וַתָּרֶם כִּרְאֵים קַרְנִי, בַּלֹּתִי בְּשֶׁמֶן רַעֲנָן:

וַתַּבֵּט עֵינִי בְּשׁוּרָי, בַּקָּמִים עָלַי מְרֵעִים תִּשְׁמַעְנָה אָזְנָי: צַדִּיק כַּתָּמָר

יִפְרָח, כְּאֶרֶז בַּלְּבָנוֹן יִשְׂגֶּה: שְׁתוּלִים בְּבֵית יְהוָה, בְּחַצְרוֹת אֱלֹהֵינוּ

יַפְרִיחוּ: עוֹד יְנוּבוּן בְּשֵׂיבָה, דְּשֵׁנִים וְרַעֲנַנִּים יִהְיוּ: לְהַגִּיד כִּי־יָשָׁר יְהוָה,

צוּרִי, וְלֹא־עַוְלָתָה בּוֹ:

אומרים קדיש יהא שלמא, ויש נוהגים לשיר ׳אֲדוֹן עוֹלָם׳ בעמ׳ 243.

# מנחה לשבת ויום טוב

״לעולם יהא זריז אדם בתפילת המנחה שהרי עשאה הכתוב כקטורת,
שנאמר (תהלים קמא, ב): ׳תִּכּוֹן תְּפִלָּתִי קְטֹרֶת לְפָנֶיךָ מַשְׂאַת כַּפַּי מִנְחַת־עָרֶב׳.
ואף אליהו הנביא ע״ה לא נענה אלא בתפילת המנחה, שנאמר (מלכים א׳ יח, לו):
׳וַיְהִי בַּעֲלוֹת הַמִּנְחָה, וַיִּגַּשׁ אֵלִיָּהוּ הַנָּבִיא, וַיֹּאמַר׳״ (ספר המנהיג על פי הירושלמי).

רבים נוהגים לומר כאן מאמר ׳פָּתַח אֵלִיָּהוּ׳ (בעמ׳ 22)
המסוגל לקבלת התפילה (׳מורה באצבע׳; ׳שלמי ציבור׳ בשם הרמ״ק).

יש אומרים:

**לְשֵׁם יִחוּד קֻדְשָׁא בְּרִיךְ הוּא וּשְׁכִינְתֵּהּ, בִּדְחִילוּ וּרְחִימוּ וּרְחִימוּ וּדְחִילוּ, לְיַחֲדָא אוֹתִיּוֹת י״ה בְּאוֹתִיּוֹת ו״ה בְּיִחוּדָא שְׁלִים בְּשֵׁם כָּל יִשְׂרָאֵל, הִנֵּה אֲנַחְנוּ בָּאִים לְהִתְפַּלֵּל תְּפִלַּת מִנְחָה שֶׁל שַׁבַּת קֹדֶשׁ שֶׁתִּקֵּן יִצְחָק אָבִינוּ עָלָיו הַשָּׁלוֹם, עִם כָּל הַמִּצְוֹת הַכְּלוּלוֹת בָּהּ, לְתַקֵּן אֶת שָׁרְשָׁהּ בְּמָקוֹם עֶלְיוֹן וְלַעֲשׂוֹת נַחַת רוּחַ לְיוֹצְרֵנוּ.**
תהלים צ **וִיהִי נֹעַם אֲדֹנָי אֱלֹהֵינוּ עָלֵינוּ, וּמַעֲשֵׂה יָדֵינוּ כּוֹנְנָה עָלֵינוּ, וּמַעֲשֵׂה יָדֵינוּ כּוֹנְנֵהוּ:**

״אלמלי משמרין ישראל שתי שבתות כהלכתן מיד נגאלין שנאמר: ׳כִּי־כֹה אָמַר ה׳ לַסָּרִיסִים אֲשֶׁר יִשְׁמְרוּ אֶת־שַׁבְּתוֹתַי׳ וכתיב בתריה: ׳וַהֲבִיאוֹתִים אֶל־הַר קָדְשִׁי׳״ (שבת קיח ע״ב).

על יסוד דברי הגמרא האלו כתב בעל ׳שיבולי הלקט׳ (קכו), שנוהגים לומר פסוקי נחמה קודם תפילת מנחה של שבת, כיוון שבמדרש נאמר שהגאולה תתחיל בשעת מנחה של שבת.
ובכמה מקהילות המערב נהגו לומר פסוקים אלו (ראה הלכה 332):

ישעיה מז **גֹּאֲלֵנוּ יְהֹוָה צְבָאוֹת שְׁמוֹ, קְדוֹשׁ יִשְׂרָאֵל: יִשְׂרָאֵל נוֹשַׁע בַּיהֹוָה תְּשׁוּעַת**
ישעיה מה
ישעיה נא **עוֹלָמִים, לֹא־תֵבֹשׁוּ וְלֹא־תִכָּלְמוּ עַד־עוֹלְמֵי עַד: כִּי־נִחַם יְהֹוָה צִיּוֹן,**
**נִחַם כָּל־חָרְבֹתֶיהָ, וַיָּשֶׂם מִדְבָּרָהּ כְּעֵדֶן וְעַרְבָתָהּ כְּגַן־יְהֹוָה, שָׂשׂוֹן**
ישעיה לה **וְשִׂמְחָה יִמָּצֵא בָהּ, תּוֹדָה וְקוֹל זִמְרָה: וּפְדוּיֵי יְהֹוָה יְשֻׁבוּן וּבָאוּ צִיּוֹן**
**בְּרִנָּה, וְשִׂמְחַת עוֹלָם עַל־רֹאשָׁם, שָׂשׂוֹן וְשִׂמְחָה יַשִּׂיגוּ, וְנָסוּ יָגוֹן**
ירמיה לא **וַאֲנָחָה: כִּי־פָדָה יְהֹוָה אֶת־יַעֲקֹב, וּגְאָלוֹ מִיַּד חָזָק מִמֶּנּוּ: וְרִוֵּיתִי נֶפֶשׁ**
ישעיה סה **הַכֹּהֲנִים דָּשֶׁן, וְעַמִּי אֶת־טוּבִי יִשְׂבָּעוּ, נְאֻם־יְהֹוָה: כֹּה אָמַר יְהֹוָה,**
**כַּאֲשֶׁר יִמָּצֵא הַתִּירוֹשׁ בָּאֶשְׁכּוֹל, וְאָמַר אַל־תַּשְׁחִיתֵהוּ, כִּי בְרָכָה**
**בּוֹ, כֵּן אֶעֱשֶׂה לְמַעַן עֲבָדַי לְבִלְתִּי הַשְׁחִית הַכֹּל: וְהוֹצֵאתִי מִיַּעֲקֹב**
דברים ד **זֶרַע וּמִיהוּדָה יוֹרֵשׁ הָרָי, וִירֵשׁוּהָ בְחִירַי וַעֲבָדַי יִשְׁכְּנוּ־שָׁמָּה: וְאַתֶּם**
תהלים פט **הַדְּבֵקִים בַּיהוָה אֱלֹהֵיכֶם חַיִּים כֻּלְּכֶם הַיּוֹם: בָּרוּךְ יְהֹוָה לְעוֹלָם,**
**אָמֵן וְאָמֵן:**

נוהגים לפתוח את תפילת המנחה במזמור זה (ב״י, רל״ד)

תהלים פד

לַמְנַצֵּחַ עַל־הַגִּתִּית לִבְנֵי־קֹרַח מִזְמוֹר:

מַה־יְּדִידוֹת מִשְׁכְּנוֹתֶיךָ יְהֹוָה צְבָאוֹת:

נִכְסְפָה וְגַם־כָּלְתָה נַפְשִׁי לְחַצְרוֹת יְהֹוָה
לִבִּי וּבְשָׂרִי יְרַנְּנוּ אֶל אֵל־חָי:

גַּם־צִפּוֹר מָצְאָה בַיִת וּדְרוֹר קֵן לָהּ אֲשֶׁר־שָׁתָה אֶפְרֹחֶיהָ
אֶת־מִזְבְּחוֹתֶיךָ יְהֹוָה צְבָאוֹת מַלְכִּי וֵאלֹהָי:

אַשְׁרֵי יוֹשְׁבֵי בֵיתֶךָ עוֹד יְהַלְלוּךָ סֶּלָה:

אַשְׁרֵי אָדָם עוֹז־לוֹ בָךְ מְסִלּוֹת בִּלְבָבָם:

עֹבְרֵי בְּעֵמֶק הַבָּכָא מַעְיָן יְשִׁיתוּהוּ גַּם־בְּרָכוֹת יַעְטֶה מוֹרֶה:

יֵלְכוּ מֵחַיִל אֶל־חָיִל יֵרָאֶה אֶל־אֱלֹהִים בְּצִיּוֹן:

יְהֹוָה אֱלֹהִים צְבָאוֹת שִׁמְעָה תְפִלָּתִי
הַאֲזִינָה אֱלֹהֵי יַעֲקֹב סֶלָה:

מָגִנֵּנוּ רְאֵה אֱלֹהִים וְהַבֵּט פְּנֵי מְשִׁיחֶךָ:

כִּי טוֹב־יוֹם בַּחֲצֵרֶיךָ מֵאָלֶף
בָּחַרְתִּי הִסְתּוֹפֵף בְּבֵית אֱלֹהַי מִדּוּר בְּאָהֳלֵי־רֶשַׁע:

כִּי שֶׁמֶשׁ וּמָגֵן יְהֹוָה אֱלֹהִים
חֵן וְכָבוֹד יִתֵּן יְהֹוָה לֹא יִמְנַע־טוֹב לַהֹלְכִים בְּתָמִים:

יְהֹוָה צְבָאוֹת אַשְׁרֵי אָדָם בֹּטֵחַ בָּךְ:

פרשת קרבן התמיד

במדבר כח

וַיְדַבֵּר יְהֹוָה אֶל־מֹשֶׁה לֵּאמֹר: צַו אֶת־בְּנֵי יִשְׂרָאֵל וְאָמַרְתָּ אֲלֵהֶם אֶת־קָרְבָּנִי לַחְמִי לְאִשַּׁי רֵיחַ נִיחֹחִי תִּשְׁמְרוּ לְהַקְרִיב לִי בְּמוֹעֲדוֹ: וְאָמַרְתָּ לָהֶם זֶה הָאִשֶּׁה אֲשֶׁר תַּקְרִיבוּ לַיהֹוָה כְּבָשִׂים בְּנֵי־שָׁנָה תְמִימִם שְׁנַיִם לַיּוֹם עֹלָה תָמִיד: אֶת־הַכֶּבֶשׂ אֶחָד תַּעֲשֶׂה בַבֹּקֶר וְאֵת הַכֶּבֶשׂ הַשֵּׁנִי תַּעֲשֶׂה בֵּין הָעַרְבָּיִם:

וַעֲשִׂירִית הָאֵיפָה סֹלֶת לְמִנְחָה בְּלוּלָה בְּשֶׁמֶן כָּתִית רְבִיעִת הַהִין: עֹלַת תָּמִיד הָעֲשֻׂיָה בְּהַר סִינַי לְרֵיחַ נִיחֹחַ אִשֶּׁה לַיהוָה: וְנִסְכּוֹ רְבִיעִת הַהִין לַכֶּבֶשׂ הָאֶחָד בַּקֹּדֶשׁ הַסֵּךְ נֶסֶךְ שֵׁכָר לַיהוָה: וְאֵת הַכֶּבֶשׂ הַשֵּׁנִי תַּעֲשֶׂה בֵּין הָעַרְבָּיִם כְּמִנְחַת הַבֹּקֶר וּכְנִסְכּוֹ תַּעֲשֶׂה אִשֵּׁה רֵיחַ נִיחֹחַ לַיהוָה:

אַתָּה הוּא יְהוָה אֱלֹהֵינוּ שֶׁהִקְטִירוּ אֲבוֹתֵינוּ לְפָנֶיךָ אֶת קְטֹרֶת הַסַּמִּים בִּזְמַן שֶׁבֵּית הַמִּקְדָּשׁ קַיָּם, כַּאֲשֶׁר צִוִּיתָ אוֹתָם עַל יַד מֹשֶׁה נְבִיאָךְ, כַּכָּתוּב בְּתוֹרָתָךְ:

פרשת הקטורת

שמות ל וַיֹּאמֶר יְהוָה אֶל־מֹשֶׁה קַח־לְךָ סַמִּים נָטָף ׀ וּשְׁחֵלֶת וְחֶלְבְּנָה סַמִּים וּלְבֹנָה זַכָּה בַּד בְּבַד יִהְיֶה: וְעָשִׂיתָ אֹתָהּ קְטֹרֶת רֹקַח מַעֲשֵׂה רוֹקֵחַ מְמֻלָּח טָהוֹר קֹדֶשׁ: וְשָׁחַקְתָּ מִמֶּנָּה הָדֵק וְנָתַתָּה מִמֶּנָּה לִפְנֵי הָעֵדֻת בְּאֹהֶל מוֹעֵד אֲשֶׁר אִוָּעֵד לְךָ שָׁמָּה קֹדֶשׁ קָדָשִׁים תִּהְיֶה לָכֶם:

וְנֶאֱמַר

וְהִקְטִיר עָלָיו אַהֲרֹן קְטֹרֶת סַמִּים בַּבֹּקֶר בַּבֹּקֶר בְּהֵיטִיבוֹ אֶת־הַנֵּרֹת יַקְטִירֶנָּה: וּבְהַעֲלֹת אַהֲרֹן אֶת־הַנֵּרֹת בֵּין הָעַרְבַּיִם יַקְטִירֶנָּה קְטֹרֶת תָּמִיד לִפְנֵי יְהוָה לְדֹרֹתֵיכֶם:

סדר ׳פִּטּוּם הַקְּטֹרֶת׳ מיוסד על דברי הברייתא בכריתות ו ע״א והירושלמי יומא פ״ד ה״ה (שו״ת רדב״ז ח״ב, תרנג; ב״י, קלג). נוהגים למנות את סממני הקטורת באצבעות (׳מורה באצבע׳ ג, עג).

תָּנוּ רַבָּנָן: פִּטּוּם הַקְּטֹרֶת כֵּיצַד. שְׁלֹשׁ מֵאוֹת וְשִׁשִּׁים וּשְׁמוֹנָה מָנִים הָיוּ בָהּ. שְׁלֹשׁ מֵאוֹת וְשִׁשִּׁים וַחֲמִשָּׁה כְּמִנְיַן יְמוֹת הַחַמָּה, מָנֶה בְּכָל יוֹם, מַחֲצִיתוֹ בַּבֹּקֶר וּמַחֲצִיתוֹ בָּעֶרֶב. וּשְׁלֹשָׁה מָנִים יְתֵרִים, שֶׁמֵּהֶם מַכְנִיס כֹּהֵן גָּדוֹל וְנוֹטֵל מֵהֶם מְלֹא חָפְנָיו בְּיוֹם הַכִּפּוּרִים, מַחֲזִירָן לְמַכְתֶּשֶׁת בְּעֶרֶב יוֹם הַכִּפּוּרִים כְּדֵי לְקַיֵּם מִצְוַת דַּקָּה מִן הַדַּקָּה. וְאַחַד עָשָׂר סַמָּנִים הָיוּ בָהּ, וְאֵלּוּ הֵן: א הַצֳּרִי ב וְהַצִּפֹּרֶן ג וְהַחֶלְבְּנָה ד וְהַלְּבוֹנָה, מִשְׁקַל שִׁבְעִים שִׁבְעִים מָנֶה. ה מֹר ו וּקְצִיעָה ז וְשִׁבֹּלֶת נֵרְדְּ ח וְכַרְכֹּם, מִשְׁקַל

שִׁשָּׁה עָשָׂר שִׁשָּׁה עָשָׂר מָנֶה. ט קֹשְׁטְ שְׁנֵים עָשָׂר י קִלּוּפָה שְׁלֹשָׁה יא קִנָּמוֹן תִּשְׁעָה. בֹּרִית כַּרְשִׁינָא תִּשְׁעָה קַבִּין, יֵין קַפְרִיסִין סְאִין תְּלָת וְקַבִּין תְּלָתָא, וְאִם לֹא מָצָא יֵין קַפְרִיסִין מֵבִיא חֲמַר חִוַּר עַתִּיק. מֶלַח סְדוֹמִית רֹבַע, מַעֲלֶה עָשָׁן כָּל שֶׁהוּא. רַבִּי נָתָן הַבַּבְלִי אוֹמֵר, אַף כִּפַּת הַיַּרְדֵּן כָּל שֶׁהִיא. אִם נָתַן בָּהּ דְּבַשׁ פְּסָלָהּ, וְאִם חִסֵּר אַחַת מִכָּל סַמְמָנֶיהָ חַיָּב מִיתָה.

רַבָּן שִׁמְעוֹן בֶּן גַּמְלִיאֵל אוֹמֵר, הַצֳּרִי אֵינוֹ אֶלָּא שְׂרָף הַנּוֹטֵף מֵעֲצֵי הַקְּטָף. בֹּרִית כַּרְשִׁינָא לְמָה הִיא בָאָה, כְּדֵי לְשַׁפּוֹת בָּהּ אֶת הַצִּפֹּרֶן כְּדֵי שֶׁתְּהֵא נָאָה. יֵין קַפְרִיסִין לְמָה הוּא בָא, כְּדֵי לִשְׁרוֹת בּוֹ אֶת הַצִּפֹּרֶן כְּדֵי שֶׁתְּהֵא עַזָּה. וַהֲלֹא מֵי רַגְלַיִם יָפִין לָהּ, אֶלָּא שֶׁאֵין מַכְנִיסִין מֵי רַגְלַיִם בַּמִּקְדָּשׁ מִפְּנֵי הַכָּבוֹד.

תַּנְיָא, רַבִּי נָתָן אוֹמֵר, כְּשֶׁהוּא שׁוֹחֵק אוֹמֵר, הָדֵק הֵיטֵב, הֵיטֵב הָדֵק, מִפְּנֵי שֶׁהַקּוֹל יָפֶה לַבְּשָׂמִים. פִּטְּמָהּ לַחֲצָאִין כְּשֵׁרָה, לִשְׁלִישׁ וְלִרְבִיעַ לֹא שָׁמַעְנוּ. אָמַר רַבִּי יְהוּדָה, זֶה הַכְּלָל, אִם כְּמִדָּתָהּ כְּשֵׁרָה לַחֲצָאִין, וְאִם חִסֵּר אַחַת מִכָּל סַמְמָנֶיהָ חַיָּב מִיתָה.

תָּנֵי בַר קַפָּרָא: אַחַת לְשִׁשִּׁים אוֹ לְשִׁבְעִים שָׁנָה הָיְתָה בָאָה שֶׁל שִׁירַיִם לַחֲצָאִין. וְעוֹד תָּנֵי בַר קַפָּרָא: אִלּוּ הָיָה נוֹתֵן בָּהּ קוֹרְטוֹב שֶׁל דְּבַשׁ אֵין אָדָם יָכוֹל לַעֲמֹד מִפְּנֵי רֵיחָהּ, וְלָמָּה אֵין מְעָרְבִין בָּהּ דְּבַשׁ, מִפְּנֵי שֶׁהַתּוֹרָה אָמְרָה: כִּי כָל־שְׂאֹר וְכָל־דְּבַשׁ לֹא־תַקְטִירוּ מִמֶּנּוּ אִשֶּׁה לַיהֹוָה: ויקרא ב

(לַיהֹוָה הַיְשׁוּעָה, עַל־עַמְּךָ בִרְכָתֶךָ סֶּלָה:) תהלים ג

יְהֹוָה צְבָאוֹת עִמָּנוּ, מִשְׂגָּב לָנוּ אֱלֹהֵי יַעֲקֹב סֶלָה: תהלים מו

יְהֹוָה צְבָאוֹת, אַשְׁרֵי אָדָם בֹּטֵחַ בָּךְ: תהלים פד

יְהֹוָה הוֹשִׁיעָה, הַמֶּלֶךְ יַעֲנֵנוּ בְיוֹם־קָרְאֵנוּ: תהלים כ

(הֲשִׁיבֵנוּ יְהֹוָה אֵלֶיךָ וְנָשׁוּבָה, חַדֵּשׁ יָמֵינוּ כְּקֶדֶם:) איכה ה

וְעָרְבָה לַיהֹוָה מִנְחַת יְהוּדָה וִירוּשָׁלָיִם מלאכי ג
כִּימֵי עוֹלָם וּכְשָׁנִים קַדְמֹנִיּוֹת:

אין עומדים להתפלל אלא מתוך שמחה, כגון דברי תנחומים של תורה, סמוך לגאולת מצרים או לִ׳תְהִלָּה לְדָוִד׳ שכתוב בו ׳רְצוֹן־יְרֵאָיו יַעֲשֶׂה׳ ו׳שׁוֹמֵר ה׳ אֶת־כָּל־אֹהֲבָיו׳ (רש״י, ברכות לא ע״א).

תהלים פד **אַשְׁרֵי יוֹשְׁבֵי בֵיתֶךָ, עוֹד יְהַלְלוּךָ סֶּלָה:**

תהלים קמד **אַשְׁרֵי הָעָם שֶׁכָּכָה לּוֹ, אַשְׁרֵי הָעָם שֶׁיהוָה אֱלֹהָיו:**

תהלים קמה **תְּהִלָּה לְדָוִד**

אֲרוֹמִמְךָ אֱלוֹהַי הַמֶּלֶךְ, וַאֲבָרְכָה שִׁמְךָ לְעוֹלָם וָעֶד:
בְּכָל־יוֹם אֲבָרְכֶךָּ, וַאֲהַלְלָה שִׁמְךָ לְעוֹלָם וָעֶד:
גָּדוֹל יְהוָה וּמְהֻלָּל מְאֹד, וְלִגְדֻלָּתוֹ אֵין חֵקֶר:
דּוֹר לְדוֹר יְשַׁבַּח מַעֲשֶׂיךָ, וּגְבוּרֹתֶיךָ יַגִּידוּ:
הֲדַר כְּבוֹד הוֹדֶךָ, וְדִבְרֵי נִפְלְאֹתֶיךָ אָשִׂיחָה:
וֶעֱזוּז נוֹרְאֹתֶיךָ יֹאמֵרוּ, וּגְדוּלָּתְךָ אֲסַפְּרֶנָּה:
זֵכֶר רַב־טוּבְךָ יַבִּיעוּ, וְצִדְקָתְךָ יְרַנֵּנוּ:
חַנּוּן וְרַחוּם יְהוָה, אֶרֶךְ אַפַּיִם וּגְדָל־חָסֶד:
טוֹב־יְהוָה לַכֹּל, וְרַחֲמָיו עַל־כָּל־מַעֲשָׂיו:
יוֹדוּךָ יְהוָה כָּל־מַעֲשֶׂיךָ, וַחֲסִידֶיךָ יְבָרְכוּכָה:
כְּבוֹד מַלְכוּתְךָ יֹאמֵרוּ, וּגְבוּרָתְךָ יְדַבֵּרוּ:
לְהוֹדִיעַ לִבְנֵי הָאָדָם גְּבוּרֹתָיו, וּכְבוֹד הֲדַר מַלְכוּתוֹ:
מַלְכוּתְךָ מַלְכוּת כָּל־עֹלָמִים, וּמֶמְשַׁלְתְּךָ בְּכָל־דּוֹר וָדֹר:
סוֹמֵךְ יְהוָה לְכָל־הַנֹּפְלִים, וְזוֹקֵף לְכָל־הַכְּפוּפִים:
עֵינֵי־כֹל אֵלֶיךָ יְשַׂבֵּרוּ, וְאַתָּה נוֹתֵן־לָהֶם אֶת־אָכְלָם בְּעִתּוֹ:
פּוֹתֵחַ אֶת־יָדֶךָ, וּמַשְׂבִּיעַ לְכָל־חַי רָצוֹן:
צַדִּיק יְהוָה בְּכָל־דְּרָכָיו, וְחָסִיד בְּכָל־מַעֲשָׂיו:
קָרוֹב יְהוָה לְכָל־קֹרְאָיו, לְכֹל אֲשֶׁר יִקְרָאֻהוּ בֶאֱמֶת:
רְצוֹן־יְרֵאָיו יַעֲשֶׂה, וְאֶת־שַׁוְעָתָם יִשְׁמַע, וְיוֹשִׁיעֵם:
שׁוֹמֵר יְהוָה אֶת־כָּל־אֹהֲבָיו, וְאֵת כָּל־הָרְשָׁעִים יַשְׁמִיד:
תְּהִלַּת יְהוָה יְדַבֶּר פִּי, וִיבָרֵךְ כָּל־בָּשָׂר שֵׁם קָדְשׁוֹ לְעוֹלָם וָעֶד:

תהלים קטו **וַאֲנַחְנוּ נְבָרֵךְ יָהּ מֵעַתָּה וְעַד־עוֹלָם, הַלְלוּיָהּ:**

בשבת וביום טוב אומרים את קדושת 'וּבָא לְצִיּוֹן' במנחה.

יש הסבורים שאומרים קדושה זו בכל יום כדי להזכיר דברי נביאים. ואף על פי שבשבתות ובימים טובים מפטירים בנביא, היא נדחית למנחה כדי לא לשנות מן הסדר ('שיבולי הלקט', מד בשם רש"י). לעומתם יש הסבורים שקדושה זו נתקנה להיאמר בשחרית, אך בשבתות וימים טובים התפילות בבוקר מרובות, וכדי שלא להטריח את הציבור היא נדחית למנחה (ספר הרוקח, שסב).

וּבָא לְצִיּוֹן גּוֹאֵל, וּלְשָׁבֵי פֶשַׁע בְּיַעֲקֹב, נְאֻם יְהוָה: ישעיה נט
וַאֲנִי זֹאת בְּרִיתִי אוֹתָם, אָמַר יְהוָה
רוּחִי אֲשֶׁר עָלֶיךָ וּדְבָרַי אֲשֶׁר־שַׂמְתִּי בְּפִיךָ
לֹא־יָמוּשׁוּ מִפִּיךָ וּמִפִּי זַרְעֲךָ וּמִפִּי זֶרַע זַרְעֲךָ, אָמַר יְהוָה
מֵעַתָּה וְעַד־עוֹלָם:

וְאַתָּה קָדוֹשׁ יוֹשֵׁב תְּהִלּוֹת יִשְׂרָאֵל: וְקָרָא זֶה אֶל־זֶה וְאָמַר תהלים כב ישעיה ו
קָדוֹשׁ, קָדוֹשׁ, קָדוֹשׁ, יְהוָה צְבָאוֹת, מְלֹא כָל־הָאָרֶץ כְּבוֹדוֹ:
וּמְקַבְּלִין דֵּין מִן דֵּין וְאָמְרִין, קַדִּישׁ בִּשְׁמֵי מְרוֹמָא עִלָּאָה בֵּית שְׁכִינְתֵהּ תרגום יונתן שם
קַדִּישׁ עַל אַרְעָא עוֹבַד גְּבוּרְתֵהּ, קַדִּישׁ לְעָלַם וּלְעָלְמֵי עָלְמַיָּא, יְהוָה צְבָאוֹת
מַלְיָא כָל אַרְעָא זִיו יְקָרֵהּ.

וַתִּשָּׂאֵנִי רוּחַ, וָאֶשְׁמַע אַחֲרַי קוֹל רַעַשׁ גָּדוֹל יחזקאל ג
בָּרוּךְ כְּבוֹד־יְהוָה מִמְּקוֹמוֹ:
וּנְטָלַתְנִי רוּחָא, וּשְׁמָעִית בַּתְרַי קָל זִיעַ סַגִּיא, דִּמְשַׁבְּחִין וְאָמְרִין, תרגום יונתן שם
בְּרִיךְ יְקָרָא דַיהוָה מֵאֲתַר בֵּית שְׁכִינְתֵהּ.

יְהוָה יִמְלֹךְ לְעֹלָם וָעֶד: שמות טו
יְהוָה מַלְכוּתֵהּ קָאֵם לְעָלַם וּלְעָלְמֵי עָלְמַיָּא. תרגום אונקלוס שם

יְהוָה אֱלֹהֵי אַבְרָהָם יִצְחָק וְיִשְׂרָאֵל אֲבֹתֵינוּ, שָׁמְרָה־זֹּאת לְעוֹלָם דברי הימים א׳ כט
לְיֵצֶר מַחְשְׁבוֹת לְבַב עַמֶּךָ, וְהָכֵן לְבָבָם אֵלֶיךָ: וְהוּא רַחוּם יְכַפֵּר תהלים עח
עָוֹן וְלֹא־יַשְׁחִית, וְהִרְבָּה לְהָשִׁיב אַפּוֹ, וְלֹא־יָעִיר כָּל־חֲמָתוֹ: כִּי־ תהלים פו
אַתָּה אֲדֹנָי טוֹב וְסַלָּח, וְרַב־חֶסֶד לְכָל־קֹרְאֶיךָ: צִדְקָתְךָ צֶדֶק תהלים קיט
לְעוֹלָם וְתוֹרָתְךָ אֱמֶת: תִּתֵּן אֱמֶת לְיַעֲקֹב, חֶסֶד לְאַבְרָהָם, אֲשֶׁר־ מיכה ז
נִשְׁבַּעְתָּ לַאֲבֹתֵינוּ מִימֵי קֶדֶם: בָּרוּךְ אֲדֹנָי יוֹם יוֹם יַעֲמָס־לָנוּ, הָאֵל תהלים סח

תהלים מו יְשׁוּעָתֵנוּ סֶלָה: יְהֹוָה צְבָאוֹת עִמָּנוּ, מִשְׂגָּב לָנוּ אֱלֹהֵי יַעֲקֹב סֶלָה:
תהלים פד יְהֹוָה צְבָאוֹת, אַשְׁרֵי אָדָם בֹּטֵחַ בָּךְ: יְהֹוָה הוֹשִׁיעָה, הַמֶּלֶךְ יַעֲנֵנוּ
תהלים כ בְיוֹם־קָרְאֵנוּ:

בָּרוּךְ אֱלֹהֵינוּ שֶׁבְּרָאָנוּ לִכְבוֹדוֹ, וְהִבְדִּילָנוּ מִן הַתּוֹעִים, וְנָתַן לָנוּ תּוֹרַת אֱמֶת, וְחַיֵּי עוֹלָם נָטַע בְּתוֹכֵנוּ. הוּא יִפְתַּח לִבֵּנוּ בְּתוֹרָתוֹ, וְיָשֵׂם בְּלִבֵּנוּ אַהֲבָתוֹ וְיִרְאָתוֹ וְלַעֲשׂוֹת רְצוֹנוֹ וּלְעָבְדוֹ בְּלֵבָב שָׁלֵם, לְמַעַן לֹא נִיגַע לָרִיק וְלֹא נֵלֵד לַבֶּהָלָה.

יְהִי רָצוֹן מִלְּפָנֶיךָ, יְהֹוָה אֱלֹהֵינוּ וֵאלֹהֵי אֲבוֹתֵינוּ, שֶׁנִּשְׁמֹר חֻקֶּיךָ
בָּעוֹלָם הַזֶּה, וְנִזְכֶּה וְנִחְיֶה וְנִרְאֶה וְנִירַשׁ טוֹבָה וּבְרָכָה, לְחַיֵּי הָעוֹלָם הַבָּא.
תהלים ל לְמַעַן יְזַמֶּרְךָ כָבוֹד וְלֹא יִדֹּם, יְהֹוָה אֱלֹהַי, לְעוֹלָם אוֹדֶךָּ: יְהֹוָה חָפֵץ
ישעיה מב
תהלים ט לְמַעַן צִדְקוֹ, יַגְדִּיל תּוֹרָה וְיַאְדִּיר: וְיִבְטְחוּ בְךָ יוֹדְעֵי שְׁמֶךָ, כִּי לֹא־
תהלים ח עָזַבְתָּ דֹרְשֶׁיךָ, יְהֹוָה: יְהֹוָה אֲדֹנֵינוּ מָה־אַדִּיר שִׁמְךָ בְּכָל־הָאָרֶץ:
תהלים לא חִזְקוּ וְיַאֲמֵץ לְבַבְכֶם, כָּל־הַמְיַחֲלִים לַיהֹוָה:

חצי קדיש

*שליח הציבור כורע במילים המסומנות ב׳.*

ש״ץ: יִתְגַּדַּל וְיִתְקַדַּשׁ שְׁמֵהּ רַבָּא (קהל: אָמֵן)
בְּעָלְמָא דִּי בְרָא כִרְעוּתֵהּ
וְיַמְלִיךְ מַלְכוּתֵהּ וְיַצְמַח פֻּרְקָנֵהּ וִיקָרֵב מְשִׁיחֵהּ (קהל: אָמֵן)
בְּחַיֵּיכוֹן וּבְיוֹמֵיכוֹן וּבְחַיֵּי דְכָל בֵּית יִשְׂרָאֵל
בַּעֲגָלָא וּבִזְמַן קָרִיב, וְאִמְרוּ אָמֵן. (קהל: אָמֵן)

קהל וש״ץ: יְהֵא שְׁמֵהּ רַבָּא מְבָרַךְ לְעָלַם לְעָלְמֵי עָלְמַיָּא יִתְבָּרַךְ
וְיִשְׁתַּבַּח וְיִתְפָּאַר וְיִתְרוֹמַם וְיִתְנַשֵּׂא וְיִתְהַדָּר וְיִתְעַלֶּה וְיִתְהַלָּל
שְׁמֵהּ דְּקֻדְשָׁא בְּרִיךְ הוּא (קהל: אָמֵן)
לְעֵלָּא מִן כָּל בִּרְכָתָא, שִׁירָתָא, תֻּשְׁבְּחָתָא וְנֶחֱמָתָא
דַּאֲמִירָן בְּעָלְמָא, וְאִמְרוּ אָמֵן. (קהל: אָמֵן)

ביום טוב החל בחול, מתפללים כאן עמידה לשלוש רגלים (עמ׳ 419).

# פתיחת ההיכל

אומרים פסוק זה לפני קריאת התורה, "לפי שכתוב למעלה הימנו 'יָשִׂיחוּ בִי יֹשְׁבֵי שַׁעַר וּנְגִינוֹת שׁוֹתֵי שֵׁכָר' – אמר דוד לפני הקב"ה: ריבונו של עולם, ביום שמחתם וביום אידן הם שותין ומשתכרין ומנגנים בבית משתאותם כל היום ואינן מזכירין שמך, אבל אנו לא כן – ביום שהגדלת השמחה לישראל ובא יום המנוחה ושמחתי, לאחר שאני שבע מעונג ומפונק איני שוכחך אלא כשמגיע זמן התפילה אני פוסק בית משתיי ותענוגי וקופץ אני לתפלתי בעת הרצון ושעה הקבועה ונותן הודאה על חלקי" (שיבולי הלקט, קכו בשם רש"י על פי המדרש). "ובספרד נוהגין לכופלו" (טור, רצב).

וַאֲנִי תְפִלָּתִי־לְךָ יְהוָה, עֵת רָצוֹן תהלים סט

אֱלֹהִים, בְּרָב־חַסְדֶּךָ עֲנֵנִי בֶּאֱמֶת יִשְׁעֶךָ:

פותחים את ההיכל. הקהל עומד על רגליו.

פִּתְחוּ־לִי שַׁעֲרֵי־צֶדֶק, אָבֹא־בָם אוֹדֶה יָהּ: תהלים קיח

זֶה־הַשַּׁעַר לַיהוָה, צַדִּיקִים יָבֹאוּ בוֹ:

כִּי מִצִּיּוֹן תֵּצֵא תוֹרָה, וּדְבַר־יְהוָה מִירוּשָׁלָםִ: ישעיה ב

בזוהר (ויקהל רו ע"א) נאמר שבשעה שמוציאים ספר תורה לקרוא בו בציבור, נפתחים שערי הרחמים שבשמים ועל האדם לומר אז 'בְּרִיךְ שְׁמֵהּ'. ועיקר אמירתו היא במנחה של שבת (הרמ"ז). ראה הלכה 312.

בְּרִיךְ שְׁמֵהּ דְּמָרֵא עָלְמָא, בְּרִיךְ כִּתְרָךְ וְאַתְרָךְ. יְהֵא רְעוּתָךְ עִם עַמָּךְ יִשְׂרָאֵל לְעָלַם, וּפֻרְקַן יְמִינָךְ אַחֲזֵי לְעַמָּךְ בְּבֵית מַקְדְּשָׁךְ, וּלְאַמְטוֹיֵי לָנָא מִטּוּב נְהוֹרָךְ, וּלְקַבֵּל צְלוֹתָנָא בְּרַחֲמִין. יְהֵא רַעֲוָא קֳדָמָךְ דְּתוֹרִיךְ לַן חַיִּין בְּטִיבוּ, וְלֶהֱוֵי אֲנָא עַבְדָּךְ פְּקִידָא בְּגוֹ צַדִּיקַיָּא, לְמִרְחַם עֲלַי וּלְמִנְטַר יָתִי וְיָת כָּל דִּי לִי וְדִי לְעַמָּךְ יִשְׂרָאֵל. אַנְתְּ הוּא זָן לְכֹלָּא וּמְפַרְנֵס לְכֹלָּא, אַנְתְּ הוּא שַׁלִּיט עַל כֹּלָּא, אַנְתְּ הוּא דְּשַׁלִּיט עַל מַלְכַיָּא, וּמַלְכוּתָא דִּילָךְ הִיא. אֲנָא עַבְדָּא דְקֻדְשָׁא בְּרִיךְ הוּא, דְּסָגֵדְנָא קַמֵּהּ וּמִקַּמֵּי דִּיקַר אוֹרָיְתֵהּ בְּכָל עִדָּן וְעִדָּן. לָא עַל אֱנָשׁ רָחִיצְנָא וְלָא עַל בַּר אֱלָהִין סָמִיכְנָא, אֶלָּא בֶּאֱלָהָא דִשְׁמַיָּא, דְּהוּא אֱלָהָא דִקְשׁוֹט, וְאוֹרָיְתֵהּ קְשׁוֹט, וּנְבִיאוֹהִי קְשׁוֹט, וּמַסְגֵּא לְמֶעְבַּד טַבְוָן וּקְשׁוֹט. בֵּהּ אֲנָא רָחִיץ, וְלִשְׁמֵהּ יַקִּירָא קַדִּישָׁא אֲנָא אֵמַר תֻּשְׁבְּחָן. יְהֵא רַעֲוָא קֳדָמָךְ דְּתִפְתַּח לִבַּאי בְּאוֹרָיְתָךְ (וְתִיהַב לִי בְּנִין דִּכְרִין דְּעָבְדִין רְעוּתָךְ), וְתַשְׁלִים מִשְׁאֲלִין דְּלִבַּאי וְלִבָּא דְכָל עַמָּךְ יִשְׂרָאֵל לְטָב וּלְחַיִּין וְלִשְׁלָם, אָמֵן. זוהר ויקהל

מוציאים את ספר התורה ואומרים:

בָּרוּךְ הַמָּקוֹם שֶׁנָּתַן תּוֹרָה לְעַמּוֹ יִשְׂרָאֵל, בָּרוּךְ הוּא.

תהלים קמד אַשְׁרֵי הָעָם שֶׁכָּכָה לּוֹ, אַשְׁרֵי הָעָם שֶׁיהוָה אֱלֹהָיו:

כשמוליכים את ספר התורה מן ההיכל לתיבה, שליח הציבור אומר עם הקהל:

תהלים לד גַּדְּלוּ לַיהוָה אִתִּי, וּנְרוֹמְמָה שְׁמוֹ יַחְדָּו:

תהלים צט רוֹמְמוּ יְהוָה אֱלֹהֵינוּ וְהִשְׁתַּחֲווּ לַהֲדֹם רַגְלָיו, קָדוֹשׁ הוּא: רוֹמְמוּ יְהוָה
אֱלֹהֵינוּ וְהִשְׁתַּחֲווּ לְהַר קָדְשׁוֹ, כִּי־קָדוֹשׁ יְהוָה אֱלֹהֵינוּ:

שמואל א׳ ב אֵין־קָדוֹשׁ כַּיהוָה כִּי־אֵין בִּלְתֶּךָ, וְאֵין צוּר כֵּאלֹהֵינוּ: כִּי מִי אֱלוֹהַּ
תהלים יח מִבַּלְעֲדֵי יְהוָה, וּמִי צוּר זוּלָתִי אֱלֹהֵינוּ: תּוֹרָה צִוָּה־לָנוּ מֹשֶׁה, מוֹרָשָׁה
דברים לג קְהִלַּת יַעֲקֹב: עֵץ־חַיִּים הִיא לַמַּחֲזִיקִים בָּהּ, וְתֹמְכֶיהָ מְאֻשָּׁר: דְּרָכֶיהָ
משלי ג דַרְכֵי־נֹעַם וְכָל־נְתִיבוֹתֶיהָ שָׁלוֹם: שָׁלוֹם רָב לְאֹהֲבֵי תוֹרָתֶךָ, וְאֵין־לָמוֹ
תהלים קיט מִכְשׁוֹל: יְהוָה עֹז לְעַמּוֹ יִתֵּן, יְהוָה יְבָרֵךְ אֶת־עַמּוֹ בַשָּׁלוֹם:
תהלים כט

יש אומרים:

מסכת סופרים יד, ו עַל הַכֹּל יִתְגַּדַּל וְיִתְקַדַּשׁ יִתְבָּרַךְ וְיִתְרוֹמַם וְיִתְנַשֵּׂא שְׁמוֹ שֶׁל מֶלֶךְ מַלְכֵי הַמְּלָכִים הַקָּדוֹשׁ בָּרוּךְ הוּא בָּעוֹלָמוֹת שֶׁבָּרָא הָעוֹלָם הַזֶּה וְהָעוֹלָם הַבָּא כִּרְצוֹנוֹ וְכִרְצוֹן יְרֵאָיו וְכִרְצוֹן כָּל עַמּוֹ בֵּית יִשְׂרָאֵל. תִּגָּלֶה וְתֵרָאֶה מַלְכוּתוֹ עָלֵינוּ בִּמְהֵרָה. וְיָחֹן וְיָחוּס וְיִרַחֵם עַל פְּלֵיטָתֵנוּ וּפְלֵיטַת עַמּוֹ בֵּית יִשְׂרָאֵל בְּחֵן בְּחֶסֶד בְּרַחֲמִים וּבְרָצוֹן. וְאִמְרוּ כָּל הָעָם אָמֵן. הָרַחֲמָן הוּא יַחֲזִיר שְׁבִיתֵנוּ וְשְׁבִית עַמּוֹ בֵּית יִשְׂרָאֵל בִּמְהֵרָה. וְיוֹצִיאֵנוּ מִכָּל צָרוֹתֵינוּ לִרְוָחָה. וּמֵאֲפֵלָה לְאוֹרָה בְּקָרוֹב. וְיֹאמְרוּ כָּל הָעָם אָמֵן.

דברים לב כִּי שֵׁם יְהוָה אֶקְרָא, הָבוּ גֹדֶל לֵאלֹהֵינוּ:
הַכֹּל תְּנוּ עֹז לֵאלֹהִים, וּתְנוּ כָבוֹד לַתּוֹרָה.

כאשר מגביהים את ספר התורה, הקהל אומר:

דברים ד וְזֹאת הַתּוֹרָה אֲשֶׁר־שָׂם מֹשֶׁה לִפְנֵי בְּנֵי יִשְׂרָאֵל:

דברים לג תּוֹרָה צִוָּה־לָנוּ מֹשֶׁה, מוֹרָשָׁה קְהִלַּת יַעֲקֹב:

תהלים יח הָאֵל תָּמִים דַּרְכּוֹ אִמְרַת־יְהוָה צְרוּפָה
מָגֵן הוּא לְכֹל הַחוֹסִים בּוֹ:

## ברכות התורה

קריאת התורה בעמ׳ 677.

קודם הברכה על העולה לראות היכן קוראים (מגילה לב ע״א) ולנשק את ספר התורה (שערי אפרים). בשעת הברכה אוחז בעמודי הספר באמצעות המטפחת (שו״ע קלט, יא על פי ראבי״ה והמנהיג; שם קמז, א). ראה הלכה 218–219.

עולה: **יְהֹוָה עִמָּכֶם** קהל: **יְבָרֶכְךָ יְהֹוָה**

עולה: **(רַבָּנָן) בָּרְכוּ אֶת יְהֹוָה הַמְבֹרָךְ.**

קהל: **בָּרוּךְ יְהֹוָה הַמְבֹרָךְ לְעוֹלָם וָעֶד.**

עולה: **בָּרוּךְ יְהֹוָה הַמְבֹרָךְ לְעוֹלָם וָעֶד.**

**בָּרוּךְ אַתָּה יְהֹוָה, אֱלֹהֵינוּ מֶלֶךְ הָעוֹלָם**
**אֲשֶׁר בָּחַר בָּנוּ מִכָּל הָעַמִּים, וְנָתַן לָנוּ אֶת תּוֹרָתוֹ.**
**בָּרוּךְ אַתָּה יְהֹוָה, נוֹתֵן הַתּוֹרָה.**

לאחר הקריאה העולה מנשק את ספר התורה ומברך:

**בָּרוּךְ אַתָּה יְהֹוָה, אֱלֹהֵינוּ מֶלֶךְ הָעוֹלָם**
**אֲשֶׁר נָתַן לָנוּ (אֶת) תּוֹרָתוֹ תּוֹרַת אֱמֶת, וְחַיֵּי עוֹלָם נָטַע בְּתוֹכֵנוּ.**
**בָּרוּךְ אַתָּה יְהֹוָה, נוֹתֵן הַתּוֹרָה.**

אין אומרים קדיש אחרי קריאת התורה במנחה כיוון שהיא סמוכה לעמידה.

לאחר קריאת התורה אומרים:

**מִזְמוֹר שִׁיר לְיוֹם הַשַּׁבָּת: טוֹב לְהֹדוֹת לַיהֹוָה, וּלְזַמֵּר לְשִׁמְךָ עֶלְיוֹן: לְהַגִּיד בַּבֹּקֶר חַסְדֶּךָ, וֶאֱמוּנָתְךָ בַּלֵּילוֹת: עֲלֵי־עָשׂוֹר וַעֲלֵי־נָבֶל, עֲלֵי הִגָּיוֹן בְּכִנּוֹר: כִּי שִׂמַּחְתַּנִי יְהֹוָה בְּפָעֳלֶךָ, בְּמַעֲשֵׂי יָדֶיךָ אֲרַנֵּן: מַה־גָּדְלוּ מַעֲשֶׂיךָ יְהֹוָה, מְאֹד עָמְקוּ מַחְשְׁבֹתֶיךָ: אִישׁ־בַּעַר לֹא יֵדָע, וּכְסִיל לֹא־יָבִין אֶת־זֹאת: בִּפְרֹחַ רְשָׁעִים כְּמוֹ עֵשֶׂב, וַיָּצִיצוּ כָּל־פֹּעֲלֵי אָוֶן, לְהִשָּׁמְדָם עֲדֵי־עַד: וְאַתָּה מָרוֹם לְעֹלָם יְהֹוָה: כִּי הִנֵּה אֹיְבֶיךָ יְהֹוָה, כִּי־הִנֵּה אֹיְבֶיךָ יֹאבֵדוּ, יִתְפָּרְדוּ כָּל־פֹּעֲלֵי אָוֶן: וַתָּרֶם כִּרְאֵים קַרְנִי, בַּלֹּתִי בְּשֶׁמֶן רַעֲנָן: וַתַּבֵּט עֵינִי בְּשׁוּרָי, בַּקָּמִים עָלַי מְרֵעִים תִּשְׁמַעְנָה אָזְנָי: צַדִּיק כַּתָּמָר יִפְרָח, כְּאֶרֶז בַּלְּבָנוֹן יִשְׂגֶּה: שְׁתוּלִים בְּבֵית יְהֹוָה, בְּחַצְרוֹת אֱלֹהֵינוּ יַפְרִיחוּ: עוֹד יְנוּבוּן בְּשֵׂיבָה, דְּשֵׁנִים וְרַעֲנַנִּים יִהְיוּ: לְהַגִּיד כִּי־יָשָׁר יְהֹוָה, צוּרִי, וְלֹא־עַוְלָתָה בּוֹ:** תהלים צב

## הכנסת ספר תורה

פותחים את ההיכל ומוליכים את ספר התורה למקומו באמירת פסוקים אלה:

תהלים קמח יְהַלְלוּ אֶת־שֵׁם יְהֹוָה, כִּי־נִשְׂגָּב שְׁמוֹ לְבַדּוֹ, הוֹדוֹ עַל־אֶרֶץ וְשָׁמָיִם:
וַיָּרֶם קֶרֶן לְעַמּוֹ תְּהִלָּה לְכָל־חֲסִידָיו לִבְנֵי יִשְׂרָאֵל עַם קְרֹבוֹ, הַלְלוּיָהּ:
מלכים א׳ יח יְהֹוָה הוּא הָאֱלֹהִים, יְהֹוָה הוּא הָאֱלֹהִים: בַּשָּׁמַיִם מִמַּעַל וְעַל־הָאָרֶץ
דברים ד מִתָּחַת, אֵין עוֹד: אֵין־כָּמוֹךָ בָאֱלֹהִים, אֲדֹנָי, וְאֵין כְּמַעֲשֶׂיךָ: וּבְנֻחֹה
תהלים פו
במדבר י
איכה ה יֹאמַר, שׁוּבָה יְהֹוָה רִבְבוֹת אַלְפֵי יִשְׂרָאֵל: הֲשִׁיבֵנוּ יְהֹוָה אֵלֶיךָ וְנָשׁוּבָה,
חַדֵּשׁ יָמֵינוּ כְּקֶדֶם:

אחר שמכניסים את ספר התורה להיכל, שליח הציבור אומר:

משלי ד כִּי לֶקַח טוֹב נָתַתִּי לָכֶם, תּוֹרָתִי אַל־תַּעֲזֹבוּ:

תהלים קמא תִּכּוֹן תְּפִלָּתִי קְטֹרֶת לְפָנֶיךָ, מַשְׂאַת כַּפַּי מִנְחַת־עָרֶב:
תהלים ה הַקְשִׁיבָה לְקוֹל שַׁוְעִי מַלְכִּי וֵאלֹהָי, כִּי־אֵלֶיךָ אֶתְפַּלָּל:

### חצי קדיש

שליח הציבור כורע במילים המסומנות ב׳.

ש״ץ: ׳יִתְגַּדַּל וְיִתְקַדַּשׁ שְׁמֵהּ רַבָּא (קהל: אָמֵן)
בְּעָלְמָא דִּי בְרָא כִרְעוּתֵהּ
וְיַמְלִיךְ מַלְכוּתֵהּ וְיַצְמַח פֻּרְקָנֵהּ וִיקָרֵב מְשִׁיחֵהּ (קהל: אָמֵן)
בְּחַיֵּיכוֹן וּבְיוֹמֵיכוֹן וּבְחַיֵּי דְכָל בֵּית יִשְׂרָאֵל
בַּעֲגָלָא וּבִזְמַן קָרִיב, וְאִמְרוּ אָמֵן. (קהל: אָמֵן)

קהל וש״ץ: יְהֵא שְׁמֵהּ ׳רַבָּא מְבָרַךְ לְעָלַם לְעָלְמֵי עָלְמַיָּא ׳יִתְבָּרַךְ
וְיִשְׁתַּבַּח וְיִתְפָּאַר וְיִתְרוֹמַם וְיִתְנַשֵּׂא וְיִתְהַדָּר וְיִתְעַלֶּה וְיִתְהַלָּל
שְׁמֵהּ דְּקֻדְשָׁא ׳בְּרִיךְ הוּא (קהל: אָמֵן)
לְעֵלָּא מִן כָּל בִּרְכָתָא, שִׁירָתָא, תֻּשְׁבְּחָתָא וְנֶחֱמָתָא
דַּאֲמִירָן בְּעָלְמָא, וְאִמְרוּ ׳אָמֵן. (קהל: אָמֵן)

ביום טוב החל בשבת, מתפללים עמידה לשלוש רגלים בעמ׳ 419.

# עמידה

"המתפלל צריך שיכוין בלבו פירוש המלות שמוציא בשפתיו; ויחשוב כאלו שכינה כנגדו, ויסיר כל המחשבות הטורדות אותו עד שתשאר מחשבתו וכוונתו זכה בתפלתו" (שו״ע צח, א).

יש נוהגים לפסוע שלוש פסיעות לפנים,
כמי שנכנס לפני המלך (ספר הפרדס; קש״ג בשם הרוקח).

עומד ומתפלל בלחש מכאן ועד 'בְּלֵבָב שָׁלֵם' בעמ' 343.

שוחין בברכת אבות תחילה וסוף (ברכות לד ע״א; שו״ע קיג, א),
כורע בתיבת 'בָּרוּךְ', קד לפנים בתיבת 'אַתָּה' וזוקף בשם ('רעיא מהימנא', עקב).

אֲדֹנָי, שְׂפָתַי תִּפְתָּח, וּפִי יַגִּיד תְּהִלָּתֶךָ: תהלים נא

אבות

ºבָּרוּךְ אַתָּה יְהֹוָה, אֱלֹהֵינוּ וֵאלֹהֵי אֲבוֹתֵינוּ
אֱלֹהֵי אַבְרָהָם, אֱלֹהֵי יִצְחָק, וֵאלֹהֵי יַעֲקֹב
הָאֵל הַגָּדוֹל הַגִּבּוֹר וְהַנּוֹרָא, אֵל עֶלְיוֹן
גּוֹמֵל חֲסָדִים טוֹבִים, קוֹנֵה הַכֹּל
וְזוֹכֵר חַסְדֵי אָבוֹת
וּמֵבִיא גוֹאֵל לִבְנֵי בְנֵיהֶם לְמַעַן שְׁמוֹ בְּאַהֲבָה.

בשבת תשובה: זָכְרֵנוּ לְחַיִּים, מֶלֶךְ חָפֵץ בַּחַיִּים
כָּתְבֵנוּ בְּסֵפֶר הַחַיִּים לְמַעַנְךָ אֱלֹהִים חַיִּים.

אם שכח אינו חוזר.

מֶלֶךְ עוֹזֵר וּמוֹשִׁיעַ וּמָגֵן.
ºבָּרוּךְ אַתָּה יְהֹוָה, מָגֵן אַבְרָהָם.

גבורות

אַתָּה גִּבּוֹר לְעוֹלָם, אֲדֹנָי
מְחַיֵּה מֵתִים אַתָּה, רַב לְהוֹשִׁיעַ

אומרים 'מַשִּׁיב הָרוּחַ' ממוסף של שמיני עצרת עד שחרית של יו״ט ראשון של פסח. וממוסף של יו״ט ראשון של פסח ועד שחרית של שמיני עצרת, אומרים 'מוֹרִיד הַטָּל'. ראה הלכה 144-145.

בחורף: מַשִּׁיב הָרוּחַ וּמוֹרִיד הַגֶּשֶׁם / בקיץ: מוֹרִיד הַטָּל

מְכַלְכֵּל חַיִּים בְּחֶסֶד, מְחַיֵּה מֵתִים בְּרַחֲמִים רַבִּים
סוֹמֵךְ נוֹפְלִים, וְרוֹפֵא חוֹלִים, וּמַתִּיר אֲסוּרִים
וּמְקַיֵּם אֱמוּנָתוֹ לִישֵׁנֵי עָפָר.
מִי כָמוֹךָ, בַּעַל גְּבוּרוֹת
וּמִי דּוֹמֶה לָּךְ
מֶלֶךְ מֵמִית וּמְחַיֶּה וּמַצְמִיחַ יְשׁוּעָה.

בשבת תשובה: מִי כָמוֹךָ אָב הָרַחֲמִים
זוֹכֵר יְצוּרָיו בְּרַחֲמִים לְחַיִּים. אם שכח אינו חוזר.

וְנֶאֱמָן אַתָּה לְהַחֲיוֹת מֵתִים.
בָּרוּךְ אַתָּה יְהוָה, מְחַיֵּה הַמֵּתִים.

בתפילת לחש ממשיך 'אַתָּה קָדוֹשׁ' בעמוד הבא.

---

קדושה

את ברכת קדושת השם בחזרת הש"ץ פותחים בקדושה (סדר התפילה להרמב"ם), ראה הלכה 168-170.

במקומות המסומנים ב־ˑ, המתפלל מתרומם על קצות אצבעותיו.

נַקְדִּישָׁךְ וְנַעֲרִיצָךְ כְּנֹעַם שִׂיחַ סוֹד שַׂרְפֵי קֹדֶשׁ, הַמְשַׁלְּשִׁים לְךָ קְדֻשָּׁה
ישעיה ו וְכֵן כָּתוּב עַל יַד נְבִיאָךְ: וְקָרָא זֶה אֶל־זֶה וְאָמַר
קהל ואחריו שליח הציבור:
ˑקָדוֹשׁ, ˑקָדוֹשׁ, ˑקָדוֹשׁ, יְהוָה צְבָאוֹת, מְלֹא כָל־הָאָרֶץ כְּבוֹדוֹ:
לְעֻמָּתָם מְשַׁבְּחִים וְאוֹמְרִים
קהל ואחריו שליח הציבור:
יחזקאל ג ˑבָּרוּךְ כְּבוֹד־יְהוָה מִמְּקוֹמוֹ:
וּבְדִבְרֵי קָדְשָׁךְ כָּתוּב לֵאמֹר
קהל ואחריו שליח הציבור:
תהלים קמו ˑיִמְלֹךְ יְהוָה לְעוֹלָם, אֱלֹהַיִךְ צִיּוֹן לְדֹר וָדֹר, הַלְלוּיָהּ:

שליח הציבור ממשיך 'אַתָּה קָדוֹשׁ' בעמוד הבא.

קדושת השם

אַתָּה קָדוֹשׁ וְשִׁמְךָ קָדוֹשׁ
וּקְדוֹשִׁים בְּכָל יוֹם יְהַלְלְוּךָ סֶּלָה.
בָּרוּךְ אַתָּה יְהוָה, הָאֵל הַקָּדוֹשׁ. /בשבת תשובה: הַמֶּלֶךְ הַקָּדוֹשׁ./

אם שכח ולא נזכר תוך כדי דיבור חוזר לראש התפילה,
ובחזרה יש אומרים שהש״ץ חוזר לראש הברכה (ראה הלכה 562).

קדושת היום

תיקנו לומר במנחה של שבת ׳אַתָּה אֶחָד׳ כנגד השבת שלעתיד לבוא (טור, רצב).

אַתָּה אֶחָד וְשִׁמְךָ אֶחָד
וּמִי כְּעַמְּךָ כְּיִשְׂרָאֵל גּוֹי אֶחָד בָּאָרֶץ: שמואל ב׳ ז
תִּפְאֶרֶת גְּדֻלָּה וַעֲטֶרֶת יְשׁוּעָה
יוֹם מְנוּחָה וּקְדֻשָּׁה לְעַמְּךָ נָתָתָּ.
אַבְרָהָם יָגֵל, יִצְחָק יְרַנֵּן, יַעֲקֹב וּבָנָיו יָנְוּחוּ בוֹ
מְנוּחַת אַהֲבָה וּנְדָבָה
מְנוּחַת אֱמֶת וֶאֱמוּנָה
מְנוּחַת שָׁלוֹם, הַשְׁקֵט וָבֶטַח
מְנוּחָה שְׁלֵמָה שֶׁאַתָּה רוֹצֶה בָּהּ.
יַכִּירוּ בָנֶיךָ וְיֵדְעוּ, כִּי מֵאִתְּךָ הִיא מְנוּחָתָם
וְעַל מְנוּחָתָם יַקְדִּישׁוּ אֶת שְׁמֶךָ.

אֱלֹהֵינוּ וֵאלֹהֵי אֲבוֹתֵינוּ
רְצֵה נָא בִּמְנוּחָתֵנוּ
קַדְּשֵׁנוּ בְּמִצְוֹתֶיךָ, שִׂים חֶלְקֵנוּ בְּתוֹרָתֶךָ
שַׂבְּעֵנוּ מִטּוּבֶךָ, שַׂמַּח נַפְשֵׁנוּ בִּישׁוּעָתֶךָ
וְטַהֵר לִבֵּנוּ לְעָבְדְּךָ בֶּאֱמֶת.

וְהַנְחִילֵנוּ, יְהוָה אֱלֹהֵינוּ, בְּאַהֲבָה וּבְרָצוֹן שַׁבְּתוֹת קָדְשֶׁךָ
וְיָנוּחוּ בָם כָּל יִשְׂרָאֵל מְקַדְּשֵׁי שְׁמֶךָ.
בָּרוּךְ אַתָּה יְהוָה, מְקַדֵּשׁ הַשַּׁבָּת.

עבודה

רְצֵה יְהוָה אֱלֹהֵינוּ בְּעַמְּךָ יִשְׂרָאֵל
וְלִתְפִלָּתָם שְׁעֵה
וְהָשֵׁב הָעֲבוֹדָה לִדְבִיר בֵּיתֶךָ
וְאִשֵּׁי יִשְׂרָאֵל וּתְפִלָּתָם מְהֵרָה בְּאַהֲבָה תְקַבֵּל בְּרָצוֹן
וּתְהִי לְרָצוֹן תָּמִיד עֲבוֹדַת יִשְׂרָאֵל עַמֶּךָ.

---

בראש חודש ובשבת חול המועד מוסיפים:

אֱלֹהֵינוּ וֵאלֹהֵי אֲבוֹתֵינוּ, יַעֲלֶה וְיָבוֹא, יַגִּיעַ יֵרָאֶה וְיֵרָצֶה, יִשָּׁמַע יִפָּקֵד וְיִזָּכֵר זִכְרוֹנֵנוּ וְזִכְרוֹן אֲבוֹתֵינוּ, זִכְרוֹן יְרוּשָׁלַיִם עִירֶךָ, וְזִכְרוֹן מָשִׁיחַ בֶּן דָּוִד עַבְדֶּךָ, וְזִכְרוֹן כָּל עַמְּךָ בֵּית יִשְׂרָאֵל לְפָנֶיךָ, לִפְלֵטָה, לְטוֹבָה, לְחֵן, לְחֶסֶד וּלְרַחֲמִים (לְחַיִּים טוֹבִים וּלְשָׁלוֹם), בְּיוֹם

בראש חודש: רֹאשׁ הַחֹדֶשׁ הַזֶּה.

בפסח: חַג הַמַּצּוֹת הַזֶּה, בְּיוֹם מִקְרָא קֹדֶשׁ הַזֶּה.

בסוכות: חַג הַסֻּכּוֹת הַזֶּה, בְּיוֹם מִקְרָא קֹדֶשׁ הַזֶּה.

לְרַחֵם בּוֹ עָלֵינוּ וּלְהוֹשִׁיעֵנוּ. זָכְרֵנוּ יְהוָה אֱלֹהֵינוּ בּוֹ לְטוֹבָה, וּפָקְדֵנוּ בוֹ לִבְרָכָה, וְהוֹשִׁיעֵנוּ בוֹ לְחַיִּים טוֹבִים. בִּדְבַר יְשׁוּעָה וְרַחֲמִים חוּס וְחָנֵּנוּ וַחֲמוֹל וְרַחֵם עָלֵינוּ וְהוֹשִׁיעֵנוּ, כִּי אֵלֶיךָ עֵינֵינוּ, כִּי אֵל מֶלֶךְ חַנּוּן וְרַחוּם אָתָּה.

אם שכח חוזר (ראה הלכה 375).

---

וְאַתָּה בְּרַחֲמֶיךָ הָרַבִּים תַּחְפֹּץ בָּנוּ וְתִרְצֵנוּ
וְתֶחֱזֶינָה עֵינֵינוּ בְּשׁוּבְךָ לְצִיּוֹן בְּרַחֲמִים.
בָּרוּךְ אַתָּה יְהוָה, הַמַּחֲזִיר שְׁכִינָתוֹ לְצִיּוֹן.

## הודאה

שוחין בברכת ההודאה תחילה וסוף (ברכות לד ע״א) ואינו זוקף עד אמירת השם (רמב״ם).

ימוֹדִים אֲנַחְנוּ לָךְ
שָׁאַתָּה הוּא יְהוָה אֱלֹהֵינוּ
וֵאלֹהֵי אֲבוֹתֵינוּ לְעוֹלָם וָעֶד.
צוּרֵנוּ, צוּר חַיֵּינוּ וּמָגֵן יִשְׁעֵנוּ
אַתָּה הוּא לְדוֹר וָדוֹר
נוֹדֶה לְּךָ וּנְסַפֵּר תְּהִלָּתֶךָ
עַל חַיֵּינוּ הַמְּסוּרִים בְּיָדֶךָ
וְעַל נִשְׁמוֹתֵינוּ הַפְּקוּדוֹת לָךְ
וְעַל נִסֶּיךָ שֶׁבְּכָל יוֹם עִמָּנוּ
וְעַל נִפְלְאוֹתֶיךָ וְטוֹבוֹתֶיךָ
שֶׁבְּכָל עֵת, עֶרֶב וָבֹקֶר וְצָהֳרָיִם.
הַטּוֹב, כִּי לֹא כָלוּ רַחֲמֶיךָ
הַמְרַחֵם, כִּי לֹא תַמּוּ חֲסָדֶיךָ
כִּי מֵעוֹלָם קִוִּינוּ לָךְ.

כשהש״ץ אומר ׳מודים׳, הקהל אומר בלחש ׳מודים דרבנן׳ (סוטה מ ע״א):

מוֹדִים אֲנַחְנוּ לָךְ
שָׁאַתָּה הוּא יְהוָה אֱלֹהֵינוּ
וֵאלֹהֵי אֲבוֹתֵינוּ
אֱלֹהֵי כָל בָּשָׂר
יוֹצְרֵנוּ יוֹצֵר בְּרֵאשִׁית.
בְּרָכוֹת וְהוֹדָאוֹת
לְשִׁמְךָ הַגָּדוֹל וְהַקָּדוֹשׁ
עַל שֶׁהֶחֱיִיתָנוּ וְקִיַּמְתָּנוּ.
כֵּן תְּחַיֵּנוּ וּתְחָנֵּנוּ
וְתֶאֱסֹף גָּלֻיּוֹתֵינוּ לְחַצְרוֹת
קָדְשֶׁךָ לִשְׁמֹר חֻקֶּיךָ
וְלַעֲשׂוֹת רְצוֹנֶךָ
וּלְעָבְדְּךָ בְּלֵבָב שָׁלֵם
עַל שֶׁאֲנַחְנוּ מוֹדִים לָךְ.
בָּרוּךְ אֵל הַהוֹדָאוֹת.

---

בחנוכה:

עַל הַנִּסִּים וְעַל הַפֻּרְקָן וְעַל הַגְּבוּרוֹת וְעַל הַתְּשׁוּעוֹת וְעַל הַנִּפְלָאוֹת וְעַל הַנֶּחָמוֹת שֶׁעָשִׂיתָ לַאֲבוֹתֵינוּ בַּיָּמִים הָהֵם בִּזְּמַן הַזֶּה.

בִּימֵי מַתִּתְיָה בֶּן יוֹחָנָן כֹּהֵן גָּדוֹל חַשְׁמוֹנַאי וּבָנָיו, כְּשֶׁעָמְדָה מַלְכוּת יָוָן הָרְשָׁעָה עַל עַמְּךָ יִשְׂרָאֵל לְשַׁכְּחָם תּוֹרָתֶךָ וּלְהַעֲבִירָם מֵחֻקֵּי רְצוֹנֶךָ, וְאַתָּה בְּרַחֲמֶיךָ הָרַבִּים עָמַדְתָּ לָהֶם בְּעֵת צָרָתָם, רַבְתָּ אֶת רִיבָם, דַּנְתָּ אֶת דִּינָם, נָקַמְתָּ אֶת נִקְמָתָם, מָסַרְתָּ גִבּוֹרִים בְּיַד חַלָּשִׁים, וְרַבִּים בְּיַד מְעַטִּים, וּרְשָׁעִים בְּיַד צַדִּיקִים, וּטְמֵאִים בְּיַד טְהוֹרִים, וְזֵדִים בְּיַד עוֹסְקֵי תוֹרָתֶךָ. לְךָ עָשִׂיתָ שֵׁם גָּדוֹל וְקָדוֹשׁ בְּעוֹלָמֶךָ, וּלְעַמְּךָ יִשְׂרָאֵל עָשִׂיתָ תְּשׁוּעָה גְדוֹלָה וּפֻרְקָן כְּהַיּוֹם הַזֶּה. וְאַחַר כָּךְ בָּאוּ בָנֶיךָ

לִדְבִיר בֵּיתֶךָ, וּפִנּוּ אֶת הֵיכָלֶךָ, וְטִהֲרוּ אֶת מִקְדָּשֶׁךָ, וְהִדְלִיקוּ נֵרוֹת בְּחַצְרוֹת קָדְשֶׁךָ, וְקָבְעוּ שְׁמוֹנַת יְמֵי חֲנֻכָּה אֵלּוּ, בְּהַלֵּל וּבְהוֹדָאָה, וְעָשִׂיתָ עִמָּהֶם נִסִּים וְנִפְלָאוֹת, וְנוֹדֶה לְשִׁמְךָ הַגָּדוֹל, סֶלָה.

וממשיך ׳וְעַל כֻּלָּם׳.

בפורים המשולש בירושלים:

עַל הַנִּסִּים וְעַל הַפֻּרְקָן וְעַל הַגְּבוּרוֹת וְעַל הַתְּשׁוּעוֹת וְעַל הַנִּפְלָאוֹת וְעַל הַנֶּחָמוֹת שֶׁעָשִׂיתָ לַאֲבוֹתֵינוּ בַּיָּמִים הָהֵם בַּזְּמַן הַזֶּה.

בִּימֵי מָרְדְּכַי וְאֶסְתֵּר בְּשׁוּשַׁן הַבִּירָה, כְּשֶׁעָמַד עֲלֵיהֶם הָמָן הָרָשָׁע,
אסתר ג בִּקֵּשׁ לְהַשְׁמִיד לַהֲרֹג וּלְאַבֵּד אֶת־כָּל־הַיְּהוּדִים מִנַּעַר וְעַד־זָקֵן טַף
וְנָשִׁים בְּיוֹם אֶחָד, בִּשְׁלוֹשָׁה עָשָׂר לְחֹדֶשׁ שְׁנֵים־עָשָׂר, הוּא־חֹדֶשׁ אֲדָר,
וּשְׁלָלָם לָבוֹז: וְאַתָּה בְּרַחֲמֶיךָ הָרַבִּים הֵפַרְתָּ אֶת עֲצָתוֹ, וְקִלְקַלְתָּ אֶת מַחֲשַׁבְתּוֹ, וַהֲשֵׁבוֹתָ לּוֹ גְּמוּלוֹ בְּרֹאשׁוֹ, וְתָלוּ אוֹתוֹ וְאֶת בָּנָיו עַל הָעֵץ, וְעָשִׂיתָ עִמָּהֶם נִסִּים וְנִפְלָאוֹת, וְנוֹדֶה לְשִׁמְךָ הַגָּדוֹל, סֶלָה.

וממשיך ׳וְעַל כֻּלָּם׳.

---

וְעַל כֻּלָּם

יִתְבָּרַךְ וְיִתְרוֹמַם וְיִתְנַשֵּׂא תָּמִיד שִׁמְךָ מַלְכֵּנוּ לְעוֹלָם וָעֶד

וְכָל הַחַיִּים יוֹדְוּךָ סֶּלָה

בשבת תשובה: וּכְתֹב לְחַיִּים טוֹבִים כָּל בְּנֵי בְרִיתֶךָ.

וִיהַלְלוּ וִיבָרְכוּ אֶת שִׁמְךָ הַגָּדוֹל בֶּאֱמֶת לְעוֹלָם כִּי טוֹב

הָאֵל יְשׁוּעָתֵנוּ וְעֶזְרָתֵנוּ סֶלָה, הָאֵל הַטּוֹב.

׳בָּרוּךְ אַתָּה יְהוָה, הַטּוֹב שִׁמְךָ וּלְךָ נָאֶה לְהוֹדוֹת.

לא אמר ׳עַל הַנִּסִּים׳ או ׳וּכְתֹב לְחַיִּים׳
ונזכר לאחר שאמר ׳בָּרוּךְ אַתָּה ה׳׳, אינו חוזר.

שלום

שִׂים שָׁלוֹם טוֹבָה וּבְרָכָה

חַיִּים חֵן וָחֶסֶד, צְדָקָה וְרַחֲמִים עָלֵינוּ וְעַל כָּל יִשְׂרָאֵל עַמֶּךָ.

וּבָרְכֵנוּ אָבִינוּ כֻּלָּנוּ כְּאֶחָד בְּאוֹר פָּנֶיךָ

כִּי בְאוֹר פָּנֶיךָ נָתַתָּ לָּנוּ יְהוָה אֱלֹהֵינוּ תּוֹרָה וְחַיִּים

אַהֲבָה וָחֶסֶד, צְדָקָה וְרַחֲמִים, בְּרָכָה וְשָׁלוֹם.
וְטוֹב בְּעֵינֶיךָ לְבָרְכֵנוּ וּלְבָרֵךְ אֶת כָּל עַמְּךָ יִשְׂרָאֵל
בְּרֹב עֹז וְשָׁלוֹם.

בשבת תשובה: וּבְסֵפֶר חַיִּים, בְּרָכָה וְשָׁלוֹם, וּפַרְנָסָה טוֹבָה
וִישׁוּעָה וְנֶחָמָה, וּגְזֵרוֹת טוֹבוֹת, נִזָּכֵר וְנִכָּתֵב לְפָנֶיךָ
אֲנַחְנוּ וְכָל עַמְּךָ יִשְׂרָאֵל, לְחַיִּים טוֹבִים וּלְשָׁלוֹם.

אם שכח אינו חוזר.

בָּרוּךְ אַתָּה יְהוָה, הַמְבָרֵךְ אֶת עַמּוֹ יִשְׂרָאֵל בַּשָּׁלוֹם. אָמֵן.

יִהְיוּ לְרָצוֹן אִמְרֵי־פִי וְהֶגְיוֹן לִבִּי לְפָנֶיךָ, יְהוָה צוּרִי וְגֹאֲלִי: תהלים יט

כאן מסתיימת חזרת הש"ץ, ובתפילת לחש היחיד ממשיך בתחינות שלמטה.

אֱלֹהַי ברכות יז
נְצֹר לְשׁוֹנִי מֵרָע וּשְׂפָתַי מִדַּבֵּר מִרְמָה
וְלִמְקַלְלַי נַפְשִׁי תִדֹּם, וְנַפְשִׁי כֶּעָפָר לַכֹּל תִּהְיֶה.
פְּתַח לִבִּי בְּתוֹרָתֶךָ, וְאַחֲרֵי מִצְוֹתֶיךָ תִּרְדֹּף נַפְשִׁי.
וְכָל הַקָּמִים עָלַי לְרָעָה, מְהֵרָה הָפֵר עֲצָתָם וְקַלְקֵל מַחְשְׁבוֹתָם.
(יִהְיוּ כְּמֹץ לִפְנֵי־רוּחַ וּמַלְאַךְ יְהוָה דּוֹחֶה:) תהלים לה
עֲשֵׂה לְמַעַן שְׁמֶךָ, עֲשֵׂה לְמַעַן יְמִינֶךָ
עֲשֵׂה לְמַעַן תּוֹרָתֶךָ, עֲשֵׂה לְמַעַן קְדֻשָּׁתֶךָ.
לְמַעַן יֵחָלְצוּן יְדִידֶיךָ, הוֹשִׁיעָה יְמִינְךָ וַעֲנֵנִי: תהלים ס
יִהְיוּ לְרָצוֹן אִמְרֵי־פִי וְהֶגְיוֹן לִבִּי לְפָנֶיךָ, יְהוָה צוּרִי וְגֹאֲלִי: תהלים יט

כורע ופוסע שלוש פסיעות לאחור. קד לשמאל, לימין ולפנים באמירת:

עֹשֶׂה שָׁלוֹם / בשבת תשובה: הַשָּׁלוֹם/ בִּמְרוֹמָיו
הוּא בְּרַחֲמָיו יַעֲשֶׂה שָׁלוֹם עָלֵינוּ וְעַל כָּל עַמּוֹ יִשְׂרָאֵל (וְאִמְרוּ) אָמֵן.

יְהִי רָצוֹן מִלְּפָנֶיךָ, יְהוָה אֱלֹהֵינוּ וֵאלֹהֵי אֲבוֹתֵינוּ
שֶׁתִּבָּנֶה בֵּית הַמִּקְדָּשׁ בִּמְהֵרָה בְיָמֵינוּ
וְתֵן חֶלְקֵנוּ בְּתוֹרָתֶךָ, לַעֲשׂוֹת חֻקֵּי רְצוֹנֶךָ וּלְעָבְדְךָ בְּלֵבָב שָׁלֵם.

בשבת תשובה אחרי חזרת הש"ץ יש אומרים 'אָבִינוּ מַלְכֵּנוּ' בעמ' 284.

אומרים שלושה פסוקי צידוק הדין במנחה של שבת, מפני שבשעה זו מתו
משה רבינו (רב שר שלום גאון; סידור רס״ג), יוסף ודוד (ב״ח, רצב בשם הזוהר).
ואין אומרים ׳צִדְקָתְךָ׳ בימים שאין אומרים בהם תחנון בחול (טור, שם).

תהלים לו צִדְקָתְךָ כְּהַרְרֵי־אֵל, מִשְׁפָּטֶךָ תְּהוֹם רַבָּה, אָדָם וּבְהֵמָה תוֹשִׁיעַ יְהוָה:
תהלים עא וְצִדְקָתְךָ אֱלֹהִים עַד־מָרוֹם, אֲשֶׁר־עָשִׂיתָ גְדֹלוֹת, אֱלֹהִים מִי כָמוֹךָ:
תהלים קיט צִדְקָתְךָ צֶדֶק לְעוֹלָם וְתוֹרָתְךָ אֱמֶת:

כשאין אומרים ׳צִדְקָתְךָ׳, אומרים:

תהלים ח יְהוָה אֲדֹנֵינוּ, מָה־אַדִּיר שִׁמְךָ בְּכָל־הָאָרֶץ:

קדיש תתקבל

שליח הציבור כורע במילים המסומנות ב׳.

ש״ץ: יִתְגַּדַּל וְיִתְקַדַּשׁ שְׁמֵהּ רַבָּא (קהל: אָמֵן)
בְּעָלְמָא דִּי בְרָא כִרְעוּתֵהּ
וְיַמְלִיךְ מַלְכוּתֵהּ וְיַצְמַח פֻּרְקָנֵהּ וִיקָרֵב מְשִׁיחֵהּ (קהל: אָמֵן)
בְּחַיֵּיכוֹן וּבְיוֹמֵיכוֹן וּבְחַיֵּי דְכָל בֵּית יִשְׂרָאֵל
בַּעֲגָלָא וּבִזְמַן קָרִיב, וְאִמְרוּ אָמֵן. (קהל: אָמֵן)

קהל וש״ץ: יְהֵא שְׁמֵהּ רַבָּא מְבָרַךְ לְעָלַם לְעָלְמֵי עָלְמַיָּא ׳יִתְבָּרַךְ
וְיִשְׁתַּבַּח וְיִתְפָּאַר וְיִתְרוֹמַם וְיִתְנַשֵּׂא
וְיִתְהַדָּר וְיִתְעַלֶּה וְיִתְהַלָּל שְׁמֵהּ דְּקֻדְשָׁא ׳בְּרִיךְ הוּא (קהל: אָמֵן)
לְעֵלָּא מִן כָּל בִּרְכָתָא, שִׁירָתָא, תֻּשְׁבְּחָתָא וְנֶחֱמָתָא
דַּאֲמִירָן בְּעָלְמָא, וְאִמְרוּ ׳אָמֵן. (קהל: אָמֵן)

ש״ץ: תִּתְקַבַּל צְלוֹתְהוֹן וּבָעוּתְהוֹן
עִם צְלוֹתְהוֹן וּבָעוּתְהוֹן דְּכָל בֵּית יִשְׂרָאֵל
קֳדָם אֲבוּהוֹן דְּבִשְׁמַיָּא, וְאִמְרוּ אָמֵן. (קהל: אָמֵן)

יְהֵא שְׁלָמָא רַבָּא מִן שְׁמַיָּא, חַיִּים וְשָׂבָע וִישׁוּעָה וְנֶחָמָה
וְשֵׁיזָבָא וּרְפוּאָה, וּגְאֻלָּה וּסְלִיחָה וְכַפָּרָה, וְרֶוַח וְהַצָּלָה
לָנוּ וּלְכָל עַמּוֹ יִשְׂרָאֵל, וְאִמְרוּ אָמֵן. (קהל: אָמֵן)

עֹשֶׂה שָׁלוֹם / בשבת תשובה: הַשָּׁלוֹם/ בִּמְרוֹמָיו
הוּא בְּרַחֲמָיו יַעֲשֶׂה שָׁלוֹם עָלֵינוּ
וְעַל כָּל עַמּוֹ יִשְׂרָאֵל, וְאִמְרוּ אָמֵן. (קהל: אָמֵן)

בזמן הקרבת תמיד של בין הערביים היו הלוויים אומרים חצי משירת הים בשבת ראשונה, חצי בשבת שנייה, ובשבת השלישית את שירת הבאר (ראש השנה לא ע״א). מכיוון שאין אנו יודעים איזה חלק צריך להיאמר בכל שבת ושבת, אומרים מזמור זה, שכן ״מי שאינו בקיא בהן אומר ׳אוֹדֶה ה׳ בְּכָל־לֵבָב׳ ודיו״ (שו״ת הרמ״ע מפאנו, כה על פי מסכת סופרים יח, יא).

ביום טוב אומרים במקומו את מזמור קכב בעמ׳ 147, ובפסח את מזמור קיד בעמ׳ 148, ובקהילות המערב נוהגים לומר את מזמור הרגל (עמ׳ 415–418).

תהלים קיא הַלְלוּיָהּ, אוֹדֶה יְהוָה בְּכָל־לֵבָב, בְּסוֹד יְשָׁרִים וְעֵדָה: גְּדֹלִים מַעֲשֵׂי יְהוָה, דְּרוּשִׁים לְכָל־חֶפְצֵיהֶם: הוֹד־וְהָדָר פָּעֳלוֹ, וְצִדְקָתוֹ עֹמֶדֶת לָעַד: זֵכֶר עָשָׂה לְנִפְלְאֹתָיו, חַנּוּן וְרַחוּם יְהוָה: טֶרֶף נָתַן לִירֵאָיו, יִזְכֹּר לְעוֹלָם בְּרִיתוֹ: כֹּחַ מַעֲשָׂיו הִגִּיד לְעַמּוֹ, לָתֵת לָהֶם נַחֲלַת גּוֹיִם: מַעֲשֵׂי יָדָיו אֱמֶת וּמִשְׁפָּט, נֶאֱמָנִים כָּל־פִּקּוּדָיו: סְמוּכִים לָעַד לְעוֹלָם, עֲשׂוּיִם בֶּאֱמֶת וְיָשָׁר: פְּדוּת שָׁלַח לְעַמּוֹ, צִוָּה־לְעוֹלָם בְּרִיתוֹ, קָדוֹשׁ וְנוֹרָא שְׁמוֹ: רֵאשִׁית חָכְמָה יִרְאַת יְהוָה, שֵׂכֶל טוֹב לְכָל־עֹשֵׂיהֶם, תְּהִלָּתוֹ עֹמֶדֶת לָעַד:

## קדיש יהא שלמא

הַמְקַדֵּשׁ (האומר קדיש) כורע במילים המסומנות ב׳. אם יש אבל הוא אומר קדיש זה.

מקדש: ׳יִתְגַּדַּל וְיִתְקַדַּשׁ שְׁמֵהּ רַבָּא (קהל: אָמֵן)
בְּעָלְמָא דִּי בְרָא כִרְעוּתֵהּ
וְיַמְלִיךְ מַלְכוּתֵהּ וְיַצְמַח פֻּרְקָנֵהּ וִיקָרֵב מְשִׁיחֵהּ (קהל: אָמֵן)
בְּחַיֵּיכוֹן וּבְיוֹמֵיכוֹן וּבְחַיֵּי דְכָל בֵּית יִשְׂרָאֵל
בַּעֲגָלָא וּבִזְמַן קָרִיב, וְאִמְרוּ אָמֵן. (קהל: אָמֵן)

קהל ומקדש: יְהֵא שְׁמֵהּ ׳רַבָּא מְבָרַךְ לְעָלַם לְעָלְמֵי עָלְמַיָּא ׳יִתְבָּרַךְ
וְיִשְׁתַּבַּח וְיִתְפָּאַר וְיִתְרוֹמַם וְיִתְנַשֵּׂא
וְיִתְהַדָּר וְיִתְעַלֶּה וְיִתְהַלָּל שְׁמֵהּ דְּקֻדְשָׁא ׳בְּרִיךְ הוּא (קהל: אָמֵן)
לְעֵלָּא מִן כָּל בִּרְכָתָא, שִׁירָתָא, תֻּשְׁבְּחָתָא וְנֶחֱמָתָא
דַּאֲמִירָן בְּעָלְמָא, וְאִמְרוּ ׳אָמֵן. (קהל: אָמֵן)

מקדש: יְהֵא שְׁלָמָא רַבָּא מִן שְׁמַיָּא, חַיִּים וְשָׂבָע וִישׁוּעָה וְנֶחָמָה
וְשֵׁיזָבָא וּרְפוּאָה וּגְאֻלָּה וּסְלִיחָה וְכַפָּרָה, וְרֶוַח וְהַצָּלָה
לָנוּ וּלְכָל עַמּוֹ יִשְׂרָאֵל, וְאִמְרוּ אָמֵן. (קהל: אָמֵן)
עֹשֶׂה שָׁלוֹם בִּמְרוֹמָיו, הוּא בְּרַחֲמָיו יַעֲשֶׂה שָׁלוֹם עָלֵינוּ
וְעַל כָּל עַמּוֹ יִשְׂרָאֵל, וְאִמְרוּ אָמֵן. (קהל: אָמֵן)

אומרים ׳עָלֵינוּ׳ בעמידה וכורעים במקום המסומן ב*.

עָלֵינוּ לְשַׁבֵּחַ לַאֲדוֹן הַכֹּל, לָתֵת גְּדֻלָּה לְיוֹצֵר בְּרֵאשִׁית
שֶׁלֹּא עָשָׂנוּ כְּגוֹיֵי הָאֲרָצוֹת, וְלֹא שָׂמָנוּ כְּמִשְׁפְּחוֹת הָאֲדָמָה
שֶׁלֹּא שָׂם חֶלְקֵנוּ כָּהֶם וְגוֹרָלֵנוּ כְּכָל הֲמוֹנָם.
שֶׁהֵם מִשְׁתַּחֲוִים לְהֶבֶל וָרִיק וּמִתְפַּלְלִים אֶל־אֵל לֹא יוֹשִׁיעַ.
*וַאֲנַחְנוּ מִשְׁתַּחֲוִים לִפְנֵי מֶלֶךְ מַלְכֵי הַמְּלָכִים, הַקָּדוֹשׁ בָּרוּךְ הוּא
שֶׁהוּא נוֹטֶה שָׁמַיִם וְיוֹסֵד אָרֶץ
וּמוֹשַׁב יְקָרוֹ בַּשָּׁמַיִם מִמַּעַל, וּשְׁכִינַת עֻזּוֹ בְּגָבְהֵי מְרוֹמִים.
הוּא אֱלֹהֵינוּ, וְאֵין עוֹד אַחֵר
אֱמֶת מַלְכֵּנוּ, וְאֶפֶס זוּלָתוֹ
דברים ד כַּכָּתוּב בְּתוֹרָתוֹ, וְיָדַעְתָּ הַיּוֹם וַהֲשֵׁבֹתָ אֶל־לְבָבֶךָ
כִּי יְהוָה הוּא הָאֱלֹהִים בַּשָּׁמַיִם מִמַּעַל וְעַל־הָאָרֶץ מִתָּחַת, אֵין עוֹד:

עַל כֵּן נְקַוֶּה לְךָ, יְהוָה אֱלֹהֵינוּ, לִרְאוֹת מְהֵרָה בְּתִפְאֶרֶת עֻזֶּךָ
לְהַעֲבִיר גִּלּוּלִים מִן הָאָרֶץ וְהָאֱלִילִים כָּרוֹת יִכָּרֵתוּן
לְתַקֵּן עוֹלָם בְּמַלְכוּת שַׁדַּי
וְכָל בְּנֵי בָשָׂר יִקְרְאוּ בִשְׁמֶךָ לְהַפְנוֹת אֵלֶיךָ כָּל רִשְׁעֵי אָרֶץ
יַכִּירוּ וְיֵדְעוּ כָּל יוֹשְׁבֵי תֵבֵל
כִּי לְךָ תִּכְרַע כָּל בֶּרֶךְ, תִּשָּׁבַע כָּל לָשׁוֹן.
לְפָנֶיךָ יְהוָה אֱלֹהֵינוּ יִכְרְעוּ וְיִפֹּלוּ, וְלִכְבוֹד שִׁמְךָ יְקָר יִתֵּנוּ
וִיקַבְּלוּ כֻלָּם אֶת עוֹל מַלְכוּתֶךָ
וְתִמְלֹךְ עֲלֵיהֶם מְהֵרָה לְעוֹלָם וָעֶד
כִּי הַמַּלְכוּת שֶׁלְּךָ הִיא וּלְעוֹלְמֵי עַד תִּמְלֹךְ בְּכָבוֹד
שמות טו כַּכָּתוּב בְּתוֹרָתֶךָ, יְהוָה יִמְלֹךְ לְעֹלָם וָעֶד:
זכריה יד וְנֶאֱמַר, וְהָיָה יְהוָה לְמֶלֶךְ עַל־כָּל־הָאָרֶץ
בַּיּוֹם הַהוּא יִהְיֶה יְהוָה אֶחָד וּשְׁמוֹ אֶחָד:

בכמה מקהילות המערב נוהגים לומר כאן חצי קדיש בעמ׳ 336.

# פרקי אבות

מימות הגאונים נהגו ללמוד פרקי אבות בשבת אחרי תפילת מנחה (׳שערי תשובה׳ רכ; סידור רס״ג), ונוהגים ללומדם בשבתות שבין פסח לעצרת: ״לפי שבעצרת ניתנה תורה... תקנו ללומדה קודם עצרת כדי שיהיה לב כל אחד מישראל מוכן לקבל התורה בלב שלם ולהתנהג בה כדת וכשורה״ (הקדמת ׳מדרש שמואל׳; ׳ארחות חיים׳).

לפני כל פרק שלומדים, יש אומרים את המשנה הראשונה בפרק ׳חלק׳ כדי לחזק את ידיהם של בעלי תשובה (כלבו) ומכיוון שזוהי תכלית קיום דברי המוסר הנזכרים במסכת זו (׳מטה משה׳ בשם ר״מ אלמושנינו). ולאחר כל פרק אומרים את המשנה האחרונה במסכת מכות.

כָּל יִשְׂרָאֵל יֵשׁ לָהֶם חֵלֶק לָעוֹלָם הַבָּא. סנהדרין צ.
שֶׁנֶּאֱמַר: וְעַמֵּךְ כֻּלָּם צַדִּיקִים, לְעוֹלָם יִירְשׁוּ אָרֶץ ישעיה ס
נֵצֶר מַטָּעַי, מַעֲשֵׂה יָדַי לְהִתְפָּאֵר:

פרק ראשון

א מֹשֶׁה קִבֵּל תּוֹרָה מִסִּינַי וּמְסָרָהּ לִיהוֹשֻׁעַ, וִיהוֹשֻׁעַ לִזְקֵנִים, וּזְקֵנִים לִנְבִיאִים, וּנְבִיאִים מְסָרוּהָ לְאַנְשֵׁי כְנֶסֶת הַגְּדוֹלָה. הֵם אָמְרוּ שְׁלֹשָׁה דְבָרִים: הֱווּ מְתוּנִים בַּדִּין, וְהַעֲמִידוּ תַלְמִידִים הַרְבֵּה, וַעֲשׂוּ סְיָג לַתּוֹרָה.

ב שִׁמְעוֹן הַצַּדִּיק הָיָה מִשְּׁיָרֵי כְנֶסֶת הַגְּדוֹלָה. הוּא הָיָה אוֹמֵר: עַל שְׁלֹשָׁה דְבָרִים הָעוֹלָם עוֹמֵד, עַל הַתּוֹרָה, וְעַל הָעֲבוֹדָה, וְעַל גְּמִילוּת חֲסָדִים.

ג אַנְטִיגְנוֹס אִישׁ סוֹכוֹ קִבֵּל מִשִּׁמְעוֹן הַצַּדִּיק. הוּא הָיָה אוֹמֵר: אַל תִּהְיוּ כַּעֲבָדִים הַמְשַׁמְּשִׁים אֶת הָרַב עַל מְנָת לְקַבֵּל פְּרָס, אֶלָּא הֱווּ כַּעֲבָדִים הַמְשַׁמְּשִׁים אֶת הָרַב שֶׁלֹּא עַל מְנָת לְקַבֵּל פְּרָס, וִיהִי מוֹרָא שָׁמַיִם עֲלֵיכֶם.

ד יוֹסֵי בֶּן יוֹעֶזֶר אִישׁ צְרֵדָה וְיוֹסֵי בֶּן יוֹחָנָן אִישׁ יְרוּשָׁלַיִם קִבְּלוּ מֵהֶם. יוֹסֵי בֶּן יוֹעֶזֶר אִישׁ צְרֵדָה אוֹמֵר: יְהִי בֵיתְךָ בֵּית וַעַד לַחֲכָמִים, וֶהֱוֵי מִתְאַבֵּק בַּעֲפַר רַגְלֵיהֶם, וֶהֱוֵי שׁוֹתֶה בַצָּמָא אֶת דִּבְרֵיהֶם.

ה יוֹסֵי בֶּן יוֹחָנָן אִישׁ יְרוּשָׁלַיִם אוֹמֵר: יְהִי בֵיתְךָ פָּתוּחַ לִרְוָחָה, וְיִהְיוּ עֲנִיִּים בְּנֵי בֵיתֶךָ, וְאַל תַּרְבֶּה שִׂיחָה עִם הָאִשָּׁה. בְּאִשְׁתּוֹ אָמְרוּ, קַל וָחֹמֶר

בְּאֵשֶׁת חֲבֵרוֹ. מִכָּאן אָמְרוּ חֲכָמִים: כָּל הַמַּרְבֶּה שִׂיחָה עִם הָאִשָּׁה, גּוֹרֵם רָעָה לְעַצְמוֹ, וּבוֹטֵל מִדִּבְרֵי תוֹרָה, וְסוֹפוֹ יוֹרֵשׁ גֵּיהִנֹּם.

ו יְהוֹשֻׁעַ בֶּן פְּרַחְיָה וְנִתַּאי הָאַרְבֵּלִי קִבְּלוּ מֵהֶם. יְהוֹשֻׁעַ בֶּן פְּרַחְיָה אוֹמֵר: עֲשֵׂה לְךָ רַב, וּקְנֵה לְךָ חָבֵר, וֶהֱוֵי דָן אֶת כָּל הָאָדָם לְכַף זְכוּת.

ז נִתַּאי הָאַרְבֵּלִי אוֹמֵר: הַרְחֵק מִשָּׁכֵן רָע, וְאַל תִּתְחַבֵּר לָרָשָׁע, וְאַל תִּתְיָאֵשׁ מִן הַפֻּרְעָנוּת.

ח יְהוּדָה בֶּן טַבַּאי וְשִׁמְעוֹן בֶּן שָׁטָח קִבְּלוּ מֵהֶם. יְהוּדָה בֶּן טַבַּאי אוֹמֵר: אַל תַּעַשׂ עַצְמְךָ כְּעוֹרְכֵי הַדַּיָּנִין, וּכְשֶׁיִּהְיוּ בַּעֲלֵי הַדִּין עוֹמְדִים לְפָנֶיךָ יִהְיוּ בְעֵינֶיךָ כִּרְשָׁעִים, וּכְשֶׁנִּפְטָרִים מִלְּפָנֶיךָ יִהְיוּ בְעֵינֶיךָ כְּזַכָּאִין, כְּשֶׁקִּבְּלוּ עֲלֵיהֶם אֶת הַדִּין.

ט שִׁמְעוֹן בֶּן שָׁטָח אוֹמֵר: הֱוֵי מַרְבֶּה לַחֲקֹר אֶת הָעֵדִים, וֶהֱוֵי זָהִיר בִּדְבָרֶיךָ, שֶׁמָּא מִתּוֹכָם יִלְמְדוּ לְשַׁקֵּר.

י שְׁמַעְיָה וְאַבְטַלְיוֹן קִבְּלוּ מֵהֶם. שְׁמַעְיָה אוֹמֵר: אֱהֹב אֶת הַמְּלָאכָה, וּשְׂנָא אֶת הָרַבָּנוּת, וְאַל תִּתְוַדַּע לָרָשׁוּת.

יא אַבְטַלְיוֹן אוֹמֵר: חֲכָמִים הִזָּהֲרוּ בְּדִבְרֵיכֶם, שֶׁמָּא תָחוֹבוּ חוֹבַת גָּלוּת, וְתִגְלוּ לִמְקוֹם מַיִם הָרָעִים, וְיִשְׁתּוּ הַתַּלְמִידִים הַבָּאִים אַחֲרֵיכֶם וְיָמוּתוּ, וְנִמְצָא שֵׁם שָׁמַיִם מִתְחַלֵּל.

יב הִלֵּל וְשַׁמַּאי קִבְּלוּ מֵהֶם. הִלֵּל אוֹמֵר: הֱוֵי מִתַּלְמִידָיו שֶׁל אַהֲרֹן, אוֹהֵב שָׁלוֹם וְרוֹדֵף שָׁלוֹם, אוֹהֵב אֶת הַבְּרִיּוֹת וּמְקָרְבָן לַתּוֹרָה.

יג הוּא הָיָה אוֹמֵר: נְגַד שְׁמָא אֲבַד שְׁמֵהּ, וּדְלָא מוֹסִיף יָסֵיף, וּדְלָא יָלֵיף קְטָלָא חַיָּב, וּדְאִשְׁתַּמַּשׁ בְּתָגָא חֲלָף.

יד הוּא הָיָה אוֹמֵר: אִם אֵין אֲנִי לִי מִי לִי, וּכְשֶׁאֲנִי לְעַצְמִי מָה אֲנִי, וְאִם לֹא עַכְשָׁו אֵימָתַי.

טו שַׁמַּאי אוֹמֵר: עֲשֵׂה תוֹרָתְךָ קֶבַע, אֱמֹר מְעַט וַעֲשֵׂה הַרְבֵּה, וֶהֱוֵי מְקַבֵּל אֶת כָּל הָאָדָם בְּסֵבֶר פָּנִים יָפוֹת.

טז רַבָּן גַּמְלִיאֵל אוֹמֵר: עֲשֵׂה לְךָ רַב, וְהִסְתַּלֵּק מִן הַסָּפֵק, וְאַל תַּרְבֶּה לְעַשֵּׂר אֻמָּדוֹת.

יז שִׁמְעוֹן בְּנוֹ אוֹמֵר: כָּל יָמַי גָּדַלְתִּי בֵּין הַחֲכָמִים, וְלֹא מָצָאתִי לַגּוּף טוֹב מִשְּׁתִיקָה, וְלֹא הַמִּדְרָשׁ עִקָּר אֶלָּא הַמַּעֲשֶׂה, וְכָל הַמַּרְבֶּה דְבָרִים מֵבִיא חֵטְא.

יח רַבָּן שִׁמְעוֹן בֶּן גַּמְלִיאֵל אוֹמֵר: עַל שְׁלֹשָׁה דְבָרִים הָעוֹלָם קַיָּם, עַל הַדִּין, וְעַל הָאֱמֶת, וְעַל הַשָּׁלוֹם. שֶׁנֶּאֱמַר: אֱמֶת וּמִשְׁפַּט שָׁלוֹם שִׁפְטוּ בְּשַׁעֲרֵיכֶם: זכריה ח

רַבִּי חֲנַנְיָא בֶּן עֲקַשְׁיָא אוֹמֵר: רָצָה הַקָּדוֹשׁ בָּרוּךְ הוּא לְזַכּוֹת אֶת יִשְׂרָאֵל, לְפִיכָךְ הִרְבָּה לָהֶם תּוֹרָה וּמִצְוֹת. שֶׁנֶּאֱמַר: יְהוָה חָפֵץ לְמַעַן צִדְקוֹ, יַגְדִּיל תּוֹרָה וְיַאְדִּיר: מכות כג: ישעיה מב

* * *

כָּל יִשְׂרָאֵל יֵשׁ לָהֶם חֵלֶק לָעוֹלָם הַבָּא. סנהדרין צ.
שֶׁנֶּאֱמַר: וְעַמֵּךְ כֻּלָּם צַדִּיקִים, לְעוֹלָם יִירְשׁוּ אָרֶץ ישעיה ס
נֵצֶר מַטָּעַי, מַעֲשֵׂה יָדַי לְהִתְפָּאֵר:

פרק שני

א רַבִּי אוֹמֵר: אֵיזוֹ הִיא דֶרֶךְ יְשָׁרָה שֶׁיָּבֹר לוֹ הָאָדָם, כָּל שֶׁהִיא תִּפְאֶרֶת לְעֹשֶׂיהָ וְתִפְאֶרֶת לוֹ מִן הָאָדָם. וֶהֱוֵי זָהִיר בְּמִצְוָה קַלָּה כְּבַחֲמוּרָה, שֶׁאֵין אַתָּה יוֹדֵעַ מַתַּן שְׂכָרָן שֶׁל מִצְוֹת. וֶהֱוֵי מְחַשֵּׁב הֶפְסֵד מִצְוָה כְּנֶגֶד שְׂכָרָהּ, וּשְׂכַר עֲבֵרָה כְּנֶגֶד הֶפְסֵדָהּ. הִסְתַּכֵּל בִּשְׁלֹשָׁה דְבָרִים, וְאֵין אַתָּה בָא לִידֵי עֲבֵרָה. דַּע מַה לְמַעְלָה מִמְּךָ, עַיִן רוֹאָה, וְאֹזֶן שׁוֹמַעַת, וְכָל מַעֲשֶׂיךָ בַּסֵּפֶר נִכְתָּבִים.

ב רַבָּן גַּמְלִיאֵל בְּנוֹ שֶׁל רַבִּי יְהוּדָה הַנָּשִׂיא אוֹמֵר: יָפֶה תַלְמוּד תּוֹרָה עִם דֶּרֶךְ אֶרֶץ, שֶׁיְּגִיעַת שְׁנֵיהֶם מְשַׁכַּחַת עָוֹן. וְכָל תּוֹרָה שֶׁאֵין עִמָּהּ מְלָאכָה, סוֹפָהּ בְּטֵלָה וְגוֹרֶרֶת עָוֹן. וְכָל הָעוֹסְקִים עִם הַצִּבּוּר, יִהְיוּ עוֹסְקִים עִמָּהֶם לְשֵׁם שָׁמַיִם, שֶׁזְּכוּת אֲבוֹתָם מְסַיַּעְתָּם, וְצִדְקָתָם עוֹמֶדֶת לָעַד. וְאַתֶּם, מַעֲלֶה אֲנִי עֲלֵיכֶם שָׂכָר הַרְבֵּה כְּאִלּוּ עֲשִׂיתֶם.

ג הֱווּ זְהִירִין בָּרָשׁוּת, שֶׁאֵין מְקָרְבִין לוֹ לָאָדָם אֶלָּא לְצֹרֶךְ עַצְמָן. נִרְאִין כְּאוֹהֲבִין בִּשְׁעַת הֲנָאָתָן, וְאֵין עוֹמְדִין לוֹ לָאָדָם בִּשְׁעַת דָּחֳקוֹ.

ד הוּא הָיָה אוֹמֵר: עֲשֵׂה רְצוֹנוֹ כִּרְצוֹנְךָ, כְּדֵי שֶׁיַּעֲשֶׂה רְצוֹנְךָ כִּרְצוֹנוֹ. בַּטֵּל
רְצוֹנְךָ מִפְּנֵי רְצוֹנוֹ, כְּדֵי שֶׁיְּבַטֵּל רְצוֹן אֲחֵרִים מִפְּנֵי רְצוֹנֶךָ.

ה הִלֵּל אוֹמֵר: אַל תִּפְרֹשׁ מִן הַצִּבּוּר, וְאַל תַּאֲמִין בְּעַצְמְךָ עַד יוֹם מוֹתְךָ,
וְאַל תָּדִין אֶת חֲבֵרְךָ עַד שֶׁתַּגִּיעַ לִמְקוֹמוֹ. וְאַל תֹּאמַר דָּבָר שֶׁאִי אֶפְשָׁר
לִשְׁמֹעַ, שֶׁסּוֹפוֹ לְהִשָּׁמַע. וְאַל תֹּאמַר לִכְשֶׁאֶפָּנֶה אֶשְׁנֶה, שֶׁמָּא לֹא תִפָּנֶה.

ו הוּא הָיָה אוֹמֵר: אֵין בּוּר יְרֵא חֵטְא, וְלֹא עַם הָאָרֶץ חָסִיד, וְלֹא הַבַּיְשָׁן
לָמֵד, וְלֹא הַקַּפְּדָן מְלַמֵּד, וְלֹא כָל הַמַּרְבֶּה בִסְחוֹרָה מַחְכִּים. וּבְמָקוֹם
שֶׁאֵין אֲנָשִׁים, הִשְׁתַּדֵּל לִהְיוֹת אִישׁ.

ז אַף הוּא רָאָה גֻּלְגֹּלֶת אַחַת שֶׁצָּפָה עַל פְּנֵי הַמָּיִם. אָמַר לָהּ: עַל דַּאֲטֵפְתְּ
אַטְפוּךְ, וְסוֹף מְטִיפַיִךְ יְטוּפוּן.

ח הוּא הָיָה אוֹמֵר: מַרְבֶּה בָשָׂר, מַרְבֶּה רִמָּה. מַרְבֶּה נְכָסִים, מַרְבֶּה דְאָגָה.
מַרְבֶּה נָשִׁים, מַרְבֶּה כְשָׁפִים. מַרְבֶּה שְׁפָחוֹת, מַרְבֶּה זִמָּה. מַרְבֶּה עֲבָדִים,
מַרְבֶּה גָזֵל. מַרְבֶּה תוֹרָה, מַרְבֶּה חַיִּים. מַרְבֶּה יְשִׁיבָה, מַרְבֶּה חָכְמָה.
מַרְבֶּה עֵצָה, מַרְבֶּה תְבוּנָה. מַרְבֶּה צְדָקָה, מַרְבֶּה שָׁלוֹם. קָנָה שֵׁם טוֹב,
קָנָה לְעַצְמוֹ. קָנָה לוֹ דִבְרֵי תוֹרָה, קָנָה לוֹ חַיֵּי הָעוֹלָם הַבָּא.

ט רַבָּן יוֹחָנָן בֶּן זַכַּאי קִבֵּל מֵהִלֵּל וּמִשַּׁמַּאי. הוּא הָיָה אוֹמֵר: אִם לָמַדְתָּ
תּוֹרָה הַרְבֵּה, אַל תַּחֲזִיק טוֹבָה לְעַצְמְךָ, כִּי לְכָךְ נוֹצָרְתָּ.

י חֲמִשָּׁה תַלְמִידִים הָיוּ לְרַבָּן יוֹחָנָן בֶּן זַכַּאי. וְאֵלּוּ הֵן: רַבִּי אֱלִיעֶזֶר בֶּן
הוּרְקָנוֹס, רַבִּי יְהוֹשֻׁעַ בֶּן חֲנַנְיָה, רַבִּי יוֹסֵי הַכֹּהֵן, רַבִּי שִׁמְעוֹן בֶּן נְתַנְאֵל,
רַבִּי אֶלְעָזָר בֶּן עֲרָךְ.

יא הוּא הָיָה מוֹנֶה שִׁבְחָם: אֱלִיעֶזֶר בֶּן הוּרְקָנוֹס, בּוֹר סוּד שֶׁאֵינוֹ מְאַבֵּד
טִפָּה. יְהוֹשֻׁעַ בֶּן חֲנַנְיָה, אַשְׁרֵי יוֹלַדְתּוֹ. יוֹסֵי הַכֹּהֵן, חָסִיד. שִׁמְעוֹן בֶּן
נְתַנְאֵל, יְרֵא חֵטְא. אֶלְעָזָר בֶּן עֲרָךְ, כְּמַעְיָן הַמִּתְגַּבֵּר.

יב הוּא הָיָה אוֹמֵר: אִם יִהְיוּ כָּל חַכְמֵי יִשְׂרָאֵל בְּכַף מֹאזְנַיִם, וֶאֱלִיעֶזֶר בֶּן
הוּרְקָנוֹס בְּכַף שְׁנִיָּה, מַכְרִיעַ אֶת כֻּלָּם. אַבָּא שָׁאוּל אוֹמֵר מִשְּׁמוֹ: אִם
יִהְיוּ כָּל חַכְמֵי יִשְׂרָאֵל בְּכַף מֹאזְנַיִם, וֶאֱלִיעֶזֶר בֶּן הוּרְקָנוֹס אַף עִמָּהֶם,
וְאֶלְעָזָר בֶּן עֲרָךְ בְּכַף שְׁנִיָּה, מַכְרִיעַ אֶת כֻּלָּם.

יג אָמַר לָהֶם: צְאוּ וּרְאוּ אֵיזוֹ הִיא דֶּרֶךְ טוֹבָה, שֶׁיִּדְבַּק בָּהּ הָאָדָם. רַבִּי
אֱלִיעֶזֶר אוֹמֵר: עַיִן טוֹבָה. רַבִּי יְהוֹשֻׁעַ אוֹמֵר: חָבֵר טוֹב. רַבִּי יוֹסֵי אוֹמֵר:
שָׁכֵן טוֹב. רַבִּי שִׁמְעוֹן אוֹמֵר: הָרוֹאֶה אֶת הַנּוֹלָד. רַבִּי אֶלְעָזָר אוֹמֵר:
לֵב טוֹב. אָמַר לָהֶם, רוֹאֶה אֲנִי אֶת דִּבְרֵי אֶלְעָזָר בֶּן עֲרָךְ מִדִּבְרֵיכֶם,
שֶׁבִּכְלַל דְּבָרָיו דִּבְרֵיכֶם.

יד אָמַר לָהֶם: צְאוּ וּרְאוּ, אֵיזוֹ הִיא דֶּרֶךְ רָעָה, שֶׁיִּתְרַחֵק מִמֶּנָּה הָאָדָם. רַבִּי
אֱלִיעֶזֶר אוֹמֵר: עַיִן רָעָה. רַבִּי יְהוֹשֻׁעַ אוֹמֵר: חָבֵר רָע. רַבִּי יוֹסֵי אוֹמֵר:
שָׁכֵן רָע. רַבִּי שִׁמְעוֹן אוֹמֵר: הַלֹּוֶה וְאֵינוֹ מְשַׁלֵּם, אֶחָד הַלֹּוֶה מִן הָאָדָם
כְּלֹוֶה מִן הַמָּקוֹם, שֶׁנֶּאֱמַר: לֹוֶה רָשָׁע וְלֹא יְשַׁלֵּם, וְצַדִּיק חוֹנֵן וְנוֹתֵן: תהלים לז
רַבִּי אֶלְעָזָר אוֹמֵר: לֵב רָע. אָמַר לָהֶם: רוֹאֶה אֲנִי אֶת דִּבְרֵי אֶלְעָזָר בֶּן
עֲרָךְ מִדִּבְרֵיכֶם, שֶׁבִּכְלַל דְּבָרָיו דִּבְרֵיכֶם.

טו הֵם אָמְרוּ שְׁלֹשָׁה דְבָרִים. רַבִּי אֱלִיעֶזֶר אוֹמֵר: יְהִי כְבוֹד חֲבֵרְךָ חָבִיב
עָלֶיךָ כְּשֶׁלָּךְ, וְאַל תְּהִי נוֹחַ לִכְעֹס. וְשׁוּב יוֹם אֶחָד לִפְנֵי מִיתָתְךָ. וֶהֱוֵי
מִתְחַמֵּם כְּנֶגֶד אוּרָן שֶׁל חֲכָמִים, וֶהֱוֵי זָהִיר בְּגַחַלְתָּן שֶׁלֹּא תִכָּוֶה,
שֶׁנְּשִׁיכָתָן נְשִׁיכַת שׁוּעָל, וַעֲקִיצָתָן עֲקִיצַת עַקְרָב, וּלְחִישָׁתָן לְחִישַׁת
שָׂרָף, וְכָל דִּבְרֵיהֶם כְּגַחֲלֵי אֵשׁ.

טז רַבִּי יְהוֹשֻׁעַ אוֹמֵר: עַיִן הָרָע וְיֵצֶר הָרָע וְשִׂנְאַת הַבְּרִיּוֹת, מוֹצִיאִין אֶת
הָאָדָם מִן הָעוֹלָם.

יז רַבִּי יוֹסֵי אוֹמֵר: יְהִי מָמוֹן חֲבֵרְךָ חָבִיב עָלֶיךָ כְּשֶׁלָּךְ. וְהַתְקֵן עַצְמְךָ
לִלְמֹד תּוֹרָה, שֶׁאֵינָהּ יְרֻשָּׁה לָךְ. וְכָל מַעֲשֶׂיךָ יִהְיוּ לְשֵׁם שָׁמָיִם.

יח רַבִּי שִׁמְעוֹן אוֹמֵר: הֱוֵי זָהִיר בִּקְרִיאַת שְׁמַע וּבִתְפִלָּה. וּכְשֶׁאַתָּה מִתְפַּלֵּל
אַל תַּעַשׂ תְּפִלָּתְךָ קֶבַע, אֶלָּא רַחֲמִים וְתַחֲנוּנִים לִפְנֵי הַמָּקוֹם, שֶׁנֶּאֱמַר:
כִּי־חַנּוּן וְרַחוּם הוּא, אֶרֶךְ אַפַּיִם וְרַב־חֶסֶד וְנִחָם עַל־הָרָעָה: וְאַל תְּהִי יואל ב
רָשָׁע בִּפְנֵי עַצְמֶךָ.

יט רַבִּי אֶלְעָזָר אוֹמֵר: הֱוֵי שָׁקוּד לִלְמֹד תּוֹרָה. וְדַע מַה שֶּׁתָּשִׁיב לְאֶפִּיקוֹרוֹס.
וְדַע לִפְנֵי מִי אַתָּה עָמֵל, וּמִי הוּא בַּעַל מְלַאכְתְּךָ, שֶׁיְּשַׁלֶּם לְךָ שְׂכַר
פְּעֻלָּתֶךָ.

כ רַבִּי טַרְפוֹן אוֹמֵר: הַיּוֹם קָצָר, וְהַמְּלָאכָה מְרֻבָּה, וְהַפּוֹעֲלִים עֲצֵלִים,
וְהַשָּׂכָר הַרְבֵּה, וּבַעַל הַבַּיִת דּוֹחֵק.

כא הוּא הָיָה אוֹמֵר: לֹא עָלֶיךָ הַמְּלָאכָה לִגְמֹר, וְלֹא אַתָּה בֶן חוֹרִין לִבָּטֵל
מִמֶּנָּה. אִם לָמַדְתָּ תּוֹרָה הַרְבֵּה, נוֹתְנִין לְךָ שָׂכָר הַרְבֵּה. וְנֶאֱמָן הוּא
בַּעַל מְלַאכְתְּךָ, שֶׁיְּשַׁלֶּם לְךָ שְׂכַר פְּעֻלָּתֶךָ. וְדַע, שֶׁמַּתַּן שְׂכָרָן שֶׁל
צַדִּיקִים לֶעָתִיד לָבוֹא.

מכות כג: רַבִּי חֲנַנְיָא בֶּן עֲקַשְׁיָא אוֹמֵר: רָצָה הַקָּדוֹשׁ בָּרוּךְ הוּא לְזַכּוֹת אֶת יִשְׂרָאֵל,
ישעיה מב לְפִיכָךְ הִרְבָּה לָהֶם תּוֹרָה וּמִצְוֹת. שֶׁנֶּאֱמַר: יְהוָה חָפֵץ לְמַעַן צִדְקוֹ, יַגְדִּיל
תּוֹרָה וְיַאְדִּיר:

* * *

סנהדרין צ. כָּל יִשְׂרָאֵל יֵשׁ לָהֶם חֵלֶק לָעוֹלָם הַבָּא.
ישעיה ס שֶׁנֶּאֱמַר: וְעַמֵּךְ כֻּלָּם צַדִּיקִים, לְעוֹלָם יִירְשׁוּ אָרֶץ
נֵצֶר מַטָּעַי, מַעֲשֵׂה יָדַי לְהִתְפָּאֵר:

## פרק שלישי

א עֲקַבְיָא בֶּן מַהֲלַלְאֵל אוֹמֵר: הִסְתַּכֵּל בִּשְׁלֹשָׁה דְבָרִים, וְאֵין אַתָּה בָא
לִידֵי עֲבֵרָה. דַּע מֵאַיִן בָּאתָ, וּלְאָן אַתָּה הוֹלֵךְ, וְלִפְנֵי מִי אַתָּה עָתִיד
לִתֵּן דִּין וְחֶשְׁבּוֹן. מֵאַיִן בָּאתָ, מִטִּפָּה סְרוּחָה. וּלְאָן אַתָּה הוֹלֵךְ, לִמְקוֹם
עָפָר, רִמָּה וְתוֹלֵעָה. וְלִפְנֵי מִי אַתָּה עָתִיד לִתֵּן דִּין וְחֶשְׁבּוֹן, לִפְנֵי מֶלֶךְ
מַלְכֵי הַמְּלָכִים, הַקָּדוֹשׁ בָּרוּךְ הוּא.

ב רַבִּי חֲנִינָא סְגַן הַכֹּהֲנִים אוֹמֵר: הֱוֵי מִתְפַּלֵּל בִּשְׁלוֹמָהּ שֶׁל מַלְכוּת,
שֶׁאִלְמָלֵא מוֹרָאָהּ, אִישׁ אֶת רֵעֵהוּ חַיִּים בְּלָעוֹ.

ג רַבִּי חֲנִינָא בֶּן תְּרַדְיוֹן אוֹמֵר: שְׁנַיִם שֶׁיּוֹשְׁבִין, וְאֵין בֵּינֵיהֶם דִּבְרֵי תוֹרָה,
תהלים א הֲרֵי זֶה מוֹשַׁב לֵצִים, שֶׁנֶּאֱמַר: וּבְמוֹשַׁב לֵצִים לֹא יָשָׁב: אֲבָל שְׁנַיִם
שֶׁיּוֹשְׁבִין, וְיֵשׁ בֵּינֵיהֶם דִּבְרֵי תוֹרָה, שְׁכִינָה שְׁרוּיָה בֵינֵיהֶם, שֶׁנֶּאֱמַר:
מלאכי ג אָז נִדְבְּרוּ יִרְאֵי יְהוָה אִישׁ אֶל־רֵעֵהוּ, וַיַּקְשֵׁב יְהוָה וַיִּשְׁמָע, וַיִּכָּתֵב
סֵפֶר זִכָּרוֹן לְפָנָיו לְיִרְאֵי יְהוָה וּלְחֹשְׁבֵי שְׁמוֹ: אֵין לִי אֶלָּא שְׁנַיִם, מִנַּיִן

אֲפִלּוּ אֶחָד שֶׁיּוֹשֵׁב וְעוֹסֵק בַּתּוֹרָה שֶׁהַקָּדוֹשׁ בָּרוּךְ הוּא קוֹבֵעַ לוֹ שָׂכָר,
שֶׁנֶּאֱמַר: יָשַׁב בָּדָד וְיִדֹּם כִּי נָטַל עָלָיו: איכה ג

ד רַבִּי שִׁמְעוֹן אוֹמֵר: שְׁלֹשָׁה שֶׁאָכְלוּ עַל שֻׁלְחָן אֶחָד וְלֹא אָמְרוּ עָלָיו
דִּבְרֵי תוֹרָה, כְּאִלּוּ אָכְלוּ מִזִּבְחֵי מֵתִים, שֶׁנֶּאֱמַר: כִּי כָּל־שֻׁלְחָנוֹת מָלְאוּ ישעיה כח
קִיא צֹאָה בְּלִי מָקוֹם: אֲבָל שְׁלֹשָׁה שֶׁאָכְלוּ עַל שֻׁלְחָן אֶחָד, וְאָמְרוּ
עָלָיו דִּבְרֵי תוֹרָה, כְּאִלּוּ אָכְלוּ מִשֻּׁלְחָנוֹ שֶׁל מָקוֹם, שֶׁנֶּאֱמַר: וַיְדַבֵּר יחזקאל מא
אֵלַי, זֶה הַשֻּׁלְחָן אֲשֶׁר לִפְנֵי יְהוָה:

ה רַבִּי חֲנִינָא בֶּן חֲכִינַאי אוֹמֵר: הַנֵּעוֹר בַּלַּיְלָה, וְהַמְהַלֵּךְ בַּדֶּרֶךְ יְחִידִי,
וְהַמְפַנֶּה לִבּוֹ לְבַטָּלָה, הֲרֵי זֶה מִתְחַיֵּב בְּנַפְשׁוֹ.

ו רַבִּי נְחוּנְיָא בֶּן הַקָּנָה אוֹמֵר: כָּל הַמְקַבֵּל עָלָיו עֹל תּוֹרָה, מַעֲבִירִין מִמֶּנּוּ
עֹל מַלְכוּת וְעֹל דֶּרֶךְ אֶרֶץ. וְכָל הַפּוֹרֵק מִמֶּנּוּ עֹל תּוֹרָה, נוֹתְנִין עָלָיו
עֹל מַלְכוּת וְעֹל דֶּרֶךְ אֶרֶץ.

ז רַבִּי חֲלַפְתָּא בֶּן דּוֹסָא אִישׁ כְּפַר חֲנַנְיָה אוֹמֵר: עֲשָׂרָה שֶׁיּוֹשְׁבִין וְעוֹסְקִין
בַּתּוֹרָה שְׁכִינָה שְׁרוּיָה בֵינֵיהֶם, שֶׁנֶּאֱמַר: אֱלֹהִים נִצָּב בַּעֲדַת־אֵל: וּמִנַּיִן תהלים פב
אֲפִלּוּ חֲמִשָּׁה, שֶׁנֶּאֱמַר: וַאֲגֻדָּתוֹ עַל־אֶרֶץ יְסָדָהּ: וּמִנַּיִן אֲפִלּוּ שְׁלֹשָׁה, עמוס ט
שֶׁנֶּאֱמַר: בְּקֶרֶב אֱלֹהִים יִשְׁפֹּט: וּמִנַּיִן אֲפִלּוּ שְׁנַיִם, שֶׁנֶּאֱמַר: אָז נִדְבְּרוּ תהלים פב מלאכי ג
יִרְאֵי יְהוָה אִישׁ אֶל־רֵעֵהוּ, וַיַּקְשֵׁב יְהוָה וַיִּשְׁמָע: וּמִנַּיִן אֲפִלּוּ אֶחָד,
שֶׁנֶּאֱמַר: בְּכָל־הַמָּקוֹם אֲשֶׁר אַזְכִּיר אֶת־שְׁמִי, אָבוֹא אֵלֶיךָ וּבֵרַכְתִּיךָ: שמות כ

ח רַבִּי אֶלְעָזָר אִישׁ בַּרְתּוֹתָא אוֹמֵר: תֶּן לוֹ מִשֶּׁלּוֹ, שֶׁאַתָּה וְשֶׁלְּךָ שֶׁלּוֹ.
וְכֵן בְּדָוִד הוּא אוֹמֵר: כִּי־מִמְּךָ הַכֹּל, וּמִיָּדְךָ נָתַנּוּ לָךְ: דברי הימים א׳ כט

ט רַבִּי יַעֲקֹב אוֹמֵר: הַמְהַלֵּךְ בַּדֶּרֶךְ וְשׁוֹנֶה, וּמַפְסִיק מִמִּשְׁנָתוֹ וְאוֹמֵר, מַה
נָּאֶה אִילָן זֶה, מַה נָּאֶה נִיר זֶה, מַעֲלֶה עָלָיו הַכָּתוּב כְּאִלּוּ מִתְחַיֵּב בְּנַפְשׁוֹ.

י רַבִּי דוֹסְתַּאי בְּרַבִּי יַנַּאי מִשּׁוּם רַבִּי מֵאִיר אוֹמֵר: כָּל הַשּׁוֹכֵחַ דָּבָר
אֶחָד מִמִּשְׁנָתוֹ, מַעֲלֶה עָלָיו הַכָּתוּב כְּאִלּוּ מִתְחַיֵּב בְּנַפְשׁוֹ, שֶׁנֶּאֱמַר:
רַק הִשָּׁמֶר לְךָ וּשְׁמֹר נַפְשְׁךָ מְאֹד, פֶּן־תִּשְׁכַּח אֶת־הַדְּבָרִים אֲשֶׁר־רָאוּ דברים ד

עֵינֶיךָ: יָכוֹל אֲפִלּוּ תָּקְפָה עָלָיו מִשְׁנָתוֹ, תַּלְמוּד לוֹמַר: וּפֶן יָסוּרוּ מִלְּבָבְךָ דברים ד
כֹּל יְמֵי חַיֶּיךָ: הָא אֵינוֹ מִתְחַיֵּב בְּנַפְשׁוֹ, עַד שֶׁיֵּשֵׁב וִיסִירֵם מִלִּבּוֹ.

יא רַבִּי חֲנִינָא בֶּן דּוֹסָא אוֹמֵר: כָּל שֶׁיִּרְאַת חֶטְאוֹ קוֹדֶמֶת לְחָכְמָתוֹ, חָכְמָתוֹ
מִתְקַיֶּמֶת. וְכָל שֶׁחָכְמָתוֹ קוֹדֶמֶת לְיִרְאַת חֶטְאוֹ, אֵין חָכְמָתוֹ מִתְקַיֶּמֶת.

יב הוּא הָיָה אוֹמֵר: כָּל שֶׁמַּעֲשָׂיו מְרֻבִּין מֵחָכְמָתוֹ, חָכְמָתוֹ מִתְקַיֶּמֶת. וְכָל
שֶׁחָכְמָתוֹ מְרֻבָּה מִמַּעֲשָׂיו, אֵין חָכְמָתוֹ מִתְקַיֶּמֶת.

יג הוּא הָיָה אוֹמֵר: כָּל שֶׁרוּחַ הַבְּרִיּוֹת נוֹחָה הֵימֶנּוּ, רוּחַ הַמָּקוֹם נוֹחָה
הֵימֶנּוּ. וְכָל שֶׁאֵין רוּחַ הַבְּרִיּוֹת נוֹחָה הֵימֶנּוּ, אֵין רוּחַ הַמָּקוֹם נוֹחָה
הֵימֶנּוּ.

יד רַבִּי דוֹסָא בֶּן הָרְכִּינָס אוֹמֵר: שֵׁנָה שֶׁל שַׁחֲרִית, וְיַיִן שֶׁל צָהֳרַיִם, וְשִׂיחַת
הַיְלָדִים, וִישִׁיבַת בָּתֵּי כְנֵסִיּוֹת שֶׁל עַמֵּי הָאָרֶץ, מוֹצִיאִין אֶת הָאָדָם
מִן הָעוֹלָם.

טו רַבִּי אֶלְעָזָר הַמּוֹדָעִי אוֹמֵר: הַמְחַלֵּל אֶת הַקֳּדָשִׁים, וְהַמְבַזֶּה אֶת
הַמּוֹעֲדוֹת, וְהַמַּלְבִּין פְּנֵי חֲבֵרוֹ בָּרַבִּים, וְהַמֵּפֵר בְּרִיתוֹ שֶׁל אַבְרָהָם
אָבִינוּ, וְהַמְגַלֶּה פָנִים בַּתּוֹרָה שֶׁלֹּא כַהֲלָכָה, אַף עַל פִּי שֶׁיֵּשׁ בְּיָדוֹ
תּוֹרָה וּמַעֲשִׂים טוֹבִים, אֵין לוֹ חֵלֶק לָעוֹלָם הַבָּא.

טז רַבִּי יִשְׁמָעֵאל אוֹמֵר: הֱוֵי קַל לְרֹאשׁ וְנוֹחַ לְתִשְׁחֹרֶת, וֶהֱוֵי מְקַבֵּל אֶת
כָּל הָאָדָם בְּשִׂמְחָה.

יז רַבִּי עֲקִיבָא אוֹמֵר: שְׂחוֹק וְקַלּוּת רֹאשׁ מַרְגִּילִין אֶת הָאָדָם לְעֶרְוָה.
מָסֹרֶת סְיָג לַתּוֹרָה, מַעְשְׂרוֹת סְיָג לָעֹשֶׁר, נְדָרִים סְיָג לַפְּרִישׁוּת, סְיָג
לַחָכְמָה שְׁתִיקָה.

יח הוּא הָיָה אוֹמֵר, חָבִיב אָדָם שֶׁנִּבְרָא בְצֶלֶם, חִבָּה יְתֵרָה נוֹדַעַת לוֹ
שֶׁנִּבְרָא בְצֶלֶם, שֶׁנֶּאֱמַר: כִּי בְּצֶלֶם אֱלֹהִים עָשָׂה אֶת־הָאָדָם: חֲבִיבִין בראשית ט
יִשְׂרָאֵל שֶׁנִּקְרְאוּ בָנִים לַמָּקוֹם, חִבָּה יְתֵרָה נוֹדַעַת לָהֶם שֶׁנִּקְרְאוּ בָנִים
לַמָּקוֹם, שֶׁנֶּאֱמַר: בָּנִים אַתֶּם לַיהוָה אֱלֹהֵיכֶם: חֲבִיבִין יִשְׂרָאֵל שֶׁנִּתַּן דברים יד
לָהֶם כְּלִי חֶמְדָּה, חִבָּה יְתֵרָה נוֹדַעַת לָהֶם שֶׁנִּתַּן לָהֶם כְּלִי חֶמְדָּה שֶׁבּוֹ
נִבְרָא הָעוֹלָם, שֶׁנֶּאֱמַר: כִּי לֶקַח טוֹב נָתַתִּי לָכֶם, תּוֹרָתִי אַל־תַּעֲזֹבוּ: משלי ד

יט הַכֹּל צָפוּי, וְהָרְשׁוּת נְתוּנָה, וּבְטוּב הָעוֹלָם נִדּוֹן, וְהַכֹּל לְפִי רֹב הַמַּעֲשֶׂה.

כ הוּא הָיָה אוֹמֵר: הַכֹּל נָתוּן בְּעֵרָבוֹן, וּמְצוּדָה פְרוּסָה עַל כָּל הַחַיִּים.
הֶחָנוּת פְּתוּחָה, וְהַחֶנְוָנִי מַקִּיף, וְהַפִּנְקָס פָּתוּחַ, וְהַיָּד כּוֹתֶבֶת, וְכָל
הָרוֹצֶה לִלְווֹת יָבֹא וְיִלְוֶה. וְהַגַּבָּאִין מַחֲזִירִין תָּדִיר בְּכָל יוֹם, וְנִפְרָעִין
מִן הָאָדָם מִדַּעְתּוֹ וְשֶׁלֹּא מִדַּעְתּוֹ, וְיֵשׁ לָהֶם עַל מַה שֶּׁיִּסְמֹכוּ. וְהַדִּין,
דִּין אֱמֶת. וְהַכֹּל מְתֻקָּן לִסְעוּדָה.

כא רַבִּי אֶלְעָזָר בֶּן עֲזַרְיָה אוֹמֵר: אִם אֵין תּוֹרָה אֵין דֶּרֶךְ אֶרֶץ, אִם אֵין דֶּרֶךְ
אֶרֶץ אֵין תּוֹרָה. אִם אֵין חָכְמָה אֵין יִרְאָה, אִם אֵין יִרְאָה אֵין חָכְמָה.
אִם אֵין דַּעַת אֵין בִּינָה, אִם אֵין בִּינָה אֵין דַּעַת. אִם אֵין קֶמַח אֵין
תּוֹרָה, אִם אֵין תּוֹרָה אֵין קֶמַח.

כב הוּא הָיָה אוֹמֵר: כֹּל שֶׁחָכְמָתוֹ מְרֻבָּה מִמַּעֲשָׂיו, לְמָה הוּא דוֹמֶה, לְאִילָן
שֶׁעֲנָפָיו מְרֻבִּין וְשָׁרָשָׁיו מֻעָטִין, וְהָרוּחַ בָּאָה וְעוֹקַרְתּוֹ וְהוֹפַכְתּוֹ עַל
פָּנָיו. שֶׁנֶּאֱמַר, וְהָיָה כְּעַרְעָר בָּעֲרָבָה, וְלֹא יִרְאֶה כִּי־יָבוֹא טוֹב, וְשָׁכַן ירמיה יז
חֲרֵרִים בַּמִּדְבָּר, אֶרֶץ מְלֵחָה וְלֹא תֵשֵׁב: אֲבָל כֹּל שֶׁמַּעֲשָׂיו מְרֻבִּין
מֵחָכְמָתוֹ, לְמָה הוּא דוֹמֶה, לְאִילָן שֶׁעֲנָפָיו מֻעָטִין וְשָׁרָשָׁיו מְרֻבִּין,
שֶׁאֲפִלּוּ כָּל הָרוּחוֹת שֶׁבָּעוֹלָם בָּאוֹת וְנוֹשְׁבוֹת בּוֹ, אֵין מְזִיזִין אוֹתוֹ
מִמְּקוֹמוֹ. שֶׁנֶּאֱמַר: וְהָיָה כְּעֵץ שָׁתוּל עַל־מַיִם, וְעַל־יוּבַל יְשַׁלַּח שָׁרָשָׁיו, שם
וְלֹא יִרְאֶ כִּי־יָבֹא חֹם, וְהָיָה עָלֵהוּ רַעֲנָן, וּבִשְׁנַת בַּצֹּרֶת לֹא יִדְאָג, וְלֹא
יָמִישׁ מֵעֲשׂוֹת פֶּרִי:

כג רַבִּי אֶלְעָזָר בֶּן חִסְמָא אוֹמֵר: קִנִּין וּפִתְחֵי נִדָּה הֵן הֵן גּוּפֵי הֲלָכוֹת,
תְּקוּפוֹת וְגִימַטְרִיָּאוֹת פַּרְפְּרָאוֹת לַחָכְמָה.

רַבִּי חֲנַנְיָא בֶּן עֲקַשְׁיָא אוֹמֵר: רָצָה הַקָּדוֹשׁ בָּרוּךְ הוּא לְזַכּוֹת אֶת יִשְׂרָאֵל, מכות כג:
לְפִיכָךְ הִרְבָּה לָהֶם תּוֹרָה וּמִצְוֹת. שֶׁנֶּאֱמַר: יְהֹוָה חָפֵץ לְמַעַן צִדְקוֹ, יַגְדִּיל ישעיה מב
תּוֹרָה וְיַאְדִּיר:

* * *

כָּל יִשְׂרָאֵל יֵשׁ לָהֶם חֵלֶק לָעוֹלָם הַבָּא. סנהדרין צ.
שֶׁנֶּאֱמַר: וְעַמֵּךְ כֻּלָּם צַדִּיקִים, לְעוֹלָם יִירְשׁוּ אָרֶץ ישעיה ס
נֵצֶר מַטָּעַי, מַעֲשֵׂה יָדַי לְהִתְפָּאֵר:

## פרק רביעי

א בֶּן זוֹמָא אוֹמֵר: אֵיזֶהוּ חָכָם, הַלּוֹמֵד מִכָּל אָדָם, שֶׁנֶּאֱמַר: מִכָּל־מְלַמְּדַי תהלים קיט
הִשְׂכַּלְתִּי, כִּי עֵדְוֹתֶיךָ שִׂיחָה לִּי: אֵיזֶהוּ גִבּוֹר, הַכּוֹבֵשׁ אֶת יִצְרוֹ, שֶׁנֶּאֱמַר:
טוֹב אֶרֶךְ אַפַּיִם מִגִּבּוֹר וּמֹשֵׁל בְּרוּחוֹ מִלֹּכֵד עִיר: אֵיזֶהוּ עָשִׁיר, הַשָּׂמֵחַ משלי טז
בְּחֶלְקוֹ, שֶׁנֶּאֱמַר: יְגִיעַ כַּפֶּיךָ כִּי תֹאכֵל אַשְׁרֶיךָ וְטוֹב לָךְ: אַשְׁרֶיךָ בָּעוֹלָם תהלים קכח
הַזֶּה וְטוֹב לָךְ לָעוֹלָם הַבָּא. אֵיזֶהוּ מְכֻבָּד, הַמְכַבֵּד אֶת הַבְּרִיּוֹת,
שֶׁנֶּאֱמַר: כִּי־מְכַבְּדַי אֲכַבֵּד, וּבֹזַי יֵקָלּוּ: שמואל א׳ ב

ב בֶּן עַזַּאי אוֹמֵר: הֱוֵי רָץ לְמִצְוָה קַלָּה וּבוֹרֵחַ מִן הָעֲבֵרָה. שֶׁמִּצְוָה גוֹרֶרֶת
מִצְוָה, וַעֲבֵרָה גוֹרֶרֶת עֲבֵרָה. שֶׁשְּׂכַר מִצְוָה מִצְוָה, וּשְׂכַר עֲבֵרָה עֲבֵרָה.

ג הוּא הָיָה אוֹמֵר: אַל תְּהִי בָז לְכָל אָדָם, וְאַל תְּהִי מַפְלִיג לְכָל דָּבָר.
שֶׁאֵין לְךָ אָדָם שֶׁאֵין לוֹ שָׁעָה, וְאֵין לְךָ דָבָר שֶׁאֵין לוֹ מָקוֹם.

ד רַבִּי לְוִיטַס אִישׁ יַבְנֶה אוֹמֵר: מְאֹד מְאֹד הֱוֵי שְׁפַל רוּחַ, שֶׁתִּקְוַת אֱנוֹשׁ
רִמָּה.

ה רַבִּי יוֹחָנָן בֶּן בְּרוֹקָא אוֹמֵר: כָּל הַמְחַלֵּל שֵׁם שָׁמַיִם בַּסֵּתֶר, נִפְרָעִין
מִמֶּנּוּ בַּגָּלוּי. אֶחָד שׁוֹגֵג וְאֶחָד מֵזִיד בְּחִלּוּל הַשֵּׁם.

ו רַבִּי יִשְׁמָעֵאל בְּנוֹ אוֹמֵר: הַלּוֹמֵד עַל מְנָת לְלַמֵּד, מַסְפִּיקִין בְּיָדוֹ לִלְמֹד
וּלְלַמֵּד. וְהַלּוֹמֵד עַל מְנָת לַעֲשׂוֹת, מַסְפִּיקִין בְּיָדוֹ לִלְמֹד וּלְלַמֵּד, לִשְׁמֹר
וְלַעֲשׂוֹת.

ז רַבִּי צָדוֹק אוֹמֵר: אַל תִּפְרֹשׁ מִן הַצִּבּוּר, וְאַל תַּעַשׂ עַצְמְךָ כְּעוֹרְכֵי הַדַּיָּנִין,
וְאַל תַּעֲשֶׂהָ עֲטָרָה לְהִתְגַּדֶּל בָּהּ, וְלֹא קַרְדֹּם לַחְפֹּר בָּהּ. וְכָךְ הָיָה הִלֵּל
אוֹמֵר: וּדְאִשְׁתַּמֵּשׁ בְּתָגָא חֲלָף. הָא לָמַדְתָּ, כָּל הַנֶּהֱנֶה מִדִּבְרֵי תוֹרָה,
נוֹטֵל חַיָּיו מִן הָעוֹלָם.

ח רַבִּי יוֹסֵי אוֹמֵר: כָּל הַמְכַבֵּד אֶת הַתּוֹרָה, גּוּפוֹ מְכֻבָּד עַל הַבְּרִיּוֹת. וְכָל
הַמְחַלֵּל אֶת הַתּוֹרָה, גּוּפוֹ מְחֻלָּל עַל הַבְּרִיּוֹת.

ט רַבִּי יִשְׁמָעֵאל בְּנוֹ אוֹמֵר: הַחוֹשֵׂךְ עַצְמוֹ מִן הַדִּין, פּוֹרֵק מִמֶּנּוּ אֵיבָה
וְגָזֵל וּשְׁבוּעַת שָׁוְא. וְהַגַּס לִבּוֹ בְּהוֹרָאָה, שׁוֹטֶה, רָשָׁע וְגַס רוּחַ.

י הוּא הָיָה אוֹמֵר: אַל תְּהִי דָן יְחִידִי, שֶׁאֵין דָּן יְחִידִי אֶלָּא אֶחָד. וְאַל
תֹּאמַר קַבְּלוּ דַעְתִּי, שֶׁהֵן רַשָּׁאִין וְלֹא אָתָּה.

יא רַבִּי יוֹנָתָן אוֹמֵר: כָּל הַמְקַיֵּם אֶת הַתּוֹרָה מֵעֹנִי, סוֹפוֹ לְקַיְּמָהּ מֵעֹשֶׁר.
וְכָל הַמְבַטֵּל אֶת הַתּוֹרָה מֵעֹשֶׁר, סוֹפוֹ לְבַטְּלָהּ מֵעֹנִי.

יב רַבִּי מֵאִיר אוֹמֵר: הֱוֵי מְמַעֵט בְּעֵסֶק וַעֲסֹק בַּתּוֹרָה, וֶהֱוֵי שְׁפַל רוּחַ בִּפְנֵי
כָל אָדָם. וְאִם בָּטַלְתָּ מִן הַתּוֹרָה, יֵשׁ לְךָ בְּטֵלִים הַרְבֵּה כְּנֶגְדָּךְ. וְאִם
עָמַלְתָּ בַּתּוֹרָה, יֶשׁ לוֹ שָׂכָר הַרְבֵּה לִתֶּן לָךְ.

יג רַבִּי אֱלִיעֶזֶר בֶּן יַעֲקֹב אוֹמֵר: הָעוֹשֶׂה מִצְוָה אַחַת, קוֹנֶה לוֹ פְּרַקְלִיט
אֶחָד. וְהָעוֹבֵר עֲבֵרָה אַחַת, קוֹנֶה לוֹ קַטֵּגוֹר אֶחָד. תְּשׁוּבָה וּמַעֲשִׂים
טוֹבִים, כִּתְרִיס בִּפְנֵי הַפֻּרְעָנוּת.

יד רַבִּי יוֹחָנָן הַסַּנְדְּלָר אוֹמֵר: כָּל כְּנֵסִיָּה שֶׁהִיא לְשֵׁם שָׁמַיִם, סוֹפָהּ
לְהִתְקַיֵּם. וְשֶׁאֵינָהּ לְשֵׁם שָׁמַיִם, אֵין סוֹפָהּ לְהִתְקַיֵּם.

טו רַבִּי אֶלְעָזָר בֶּן שַׁמּוּעַ אוֹמֵר: יְהִי כְבוֹד תַּלְמִידְךָ חָבִיב עָלֶיךָ כְּשֶׁלָּךְ,
וּכְבוֹד חֲבֵרְךָ כְּמוֹרָא רַבָּךְ, וּמוֹרָא רַבָּךְ כְּמוֹרָא שָׁמָיִם.

טז רַבִּי יְהוּדָה אוֹמֵר: הֱוֵי זָהִיר בְּתַלְמוּד, שֶׁשִּׁגְגַת תַּלְמוּד עוֹלָה זָדוֹן.

יז רַבִּי שִׁמְעוֹן אוֹמֵר: שְׁלֹשָׁה כְתָרִים הֵן, כֶּתֶר תּוֹרָה וְכֶתֶר כְּהֻנָּה וְכֶתֶר
מַלְכוּת, וְכֶתֶר שֵׁם טוֹב עוֹלֶה עַל גַּבֵּיהֶן.

יח רַבִּי נְהוֹרַאי אוֹמֵר: הֱוֵי גוֹלֶה לִמְקוֹם תּוֹרָה. וְאַל תֹּאמַר שֶׁהִיא תָבוֹא
אַחֲרֶיךָ, שֶׁחֲבֵרֶיךָ יְקַיְּמוּהָ בְיָדֶךָ. וְאֶל־בִּינָתְךָ אַל־תִּשָּׁעֵן: משלי ג

יט רַבִּי יַנַּאי אוֹמֵר: אֵין בְּיָדֵינוּ לֹא מִשַּׁלְוַת הָרְשָׁעִים וְאַף לֹא מִיִּסּוּרֵי הַצַּדִּיקִים.

כ רַבִּי מַתְיָא בֶּן חָרָשׁ אוֹמֵר: הֱוֵי מַקְדִּים בִּשְׁלוֹם כָּל אָדָם, וֶהֱוֵי זָנָב
לָאֲרָיוֹת, וְאַל תְּהִי רֹאשׁ לַשּׁוּעָלִים.

כא רַבִּי יַעֲקֹב אוֹמֵר: הָעוֹלָם הַזֶּה דּוֹמֶה לִפְרוֹזְדוֹר בִּפְנֵי הָעוֹלָם הַבָּא.
הַתְקֵן עַצְמְךָ בִּפְרוֹזְדוֹר, כְּדֵי שֶׁתִּכָּנֵס לַטְּרַקְלִין.

כב הוּא הָיָה אוֹמֵר: יָפָה שָׁעָה אַחַת בִּתְשׁוּבָה וּמַעֲשִׂים טוֹבִים בָּעוֹלָם הַזֶּה, מִכֹּל חַיֵּי הָעוֹלָם הַבָּא. וְיָפָה שָׁעָה אַחַת שֶׁל קוֹרַת רוּחַ בָּעוֹלָם הַבָּא, מִכֹּל חַיֵּי הָעוֹלָם הַזֶּה.

כג רַבִּי שִׁמְעוֹן בֶּן אֶלְעָזָר אוֹמֵר: אַל תְּרַצֶּה אֶת חֲבֵרְךָ בִּשְׁעַת כַּעְסוֹ, וְאַל תְּנַחֲמֶהוּ בְּשָׁעָה שֶׁמֵּתוֹ מֻטָּל לְפָנָיו, וְאַל תִּשְׁאַל לוֹ בִּשְׁעַת נִדְרוֹ, וְאַל תִּשְׁתַּדֵּל לִרְאוֹתוֹ בִּשְׁעַת קַלְקָלָתוֹ.

משלי כד כד שְׁמוּאֵל הַקָּטָן אוֹמֵר: בִּנְפֹל אוֹיִבְךָ אַל־תִּשְׂמָח, וּבִכָּשְׁלוֹ אַל־יָגֵל לִבֶּךָ: פֶּן־יִרְאֶה יְהוָה וְרַע בְּעֵינָיו, וְהֵשִׁיב מֵעָלָיו אַפּוֹ:

כה אֱלִישָׁע בֶּן אֲבוּיָה אוֹמֵר: הַלּוֹמֵד יֶלֶד, לְמָה הוּא דוֹמֶה, לִדְיוֹ כְתוּבָה עַל נְיָר חָדָשׁ. וְהַלּוֹמֵד זָקֵן, לְמָה הוּא דוֹמֶה, לִדְיוֹ כְתוּבָה עַל נְיָר מָחוּק.

כו רַבִּי יוֹסֵי בַּר יְהוּדָה אִישׁ כְּפַר הַבַּבְלִי אוֹמֵר: הַלּוֹמֵד מִן הַקְּטַנִּים, לְמָה הוּא דוֹמֶה, לְאוֹכֵל עֲנָבִים קֵהוֹת וְשׁוֹתֶה יַיִן מִגִּתּוֹ. וְהַלּוֹמֵד מִן הַזְּקֵנִים, לְמָה הוּא דוֹמֶה, לְאוֹכֵל עֲנָבִים בְּשׁוּלוֹת וְשׁוֹתֶה יַיִן יָשָׁן.

כז רַבִּי מֵאִיר אוֹמֵר: אַל תִּסְתַּכֵּל בַּקַּנְקַן, אֶלָּא בְּמַה שֶּׁיֵּשׁ בּוֹ. יֵשׁ קַנְקַן חָדָשׁ מָלֵא יָשָׁן, וְיָשָׁן שֶׁאֲפִלּוּ חָדָשׁ אֵין בּוֹ.

כח רַבִּי אֶלְעָזָר הַקַּפָּר אוֹמֵר: הַקִּנְאָה וְהַתַּאֲוָה וְהַכָּבוֹד, מוֹצִיאִין אֶת הָאָדָם מִן הָעוֹלָם.

כט הוּא הָיָה אוֹמֵר: הַיִּלּוֹדִים לָמוּת, וְהַמֵּתִים לְחִיוֹת, וְהַחַיִּים לִדּוֹן, לֵידַע וּלְהוֹדִיעַ וּלְהִוָּדַע, שֶׁהוּא אֵל, הוּא הַיּוֹצֵר, הוּא הַבּוֹרֵא, הוּא הַמֵּבִין, הוּא הַדַּיָּן, הוּא הָעֵד, הוּא בַּעַל דִּין, הוּא עָתִיד לָדוּן. בָּרוּךְ הוּא, שֶׁאֵין לְפָנָיו לֹא עַוְלָה וְלֹא שִׁכְחָה, וְלֹא מַשּׂוֹא פָנִים וְלֹא מִקַּח שֹׁחַד, שֶׁהַכֹּל שֶׁלּוֹ. וְדַע, שֶׁהַכֹּל לְפִי הַחֶשְׁבּוֹן. וְאַל יַבְטִיחֲךָ יִצְרְךָ שֶׁהַשְּׁאוֹל בֵּית מָנוֹס לָךְ, שֶׁעַל כָּרְחֲךָ אַתָּה נוֹצָר, וְעַל כָּרְחֲךָ אַתָּה נוֹלָד, וְעַל כָּרְחֲךָ אַתָּה חַי, וְעַל כָּרְחֲךָ אַתָּה מֵת, וְעַל כָּרְחֲךָ אַתָּה עָתִיד לִתֵּן דִּין וְחֶשְׁבּוֹן לִפְנֵי מֶלֶךְ מַלְכֵי הַמְּלָכִים הַקָּדוֹשׁ בָּרוּךְ הוּא.

מכות כג: רַבִּי חֲנַנְיָא בֶּן עֲקַשְׁיָא אוֹמֵר: רָצָה הַקָּדוֹשׁ בָּרוּךְ הוּא לְזַכּוֹת אֶת יִשְׂרָאֵל,
ישעיה מב לְפִיכָךְ הִרְבָּה לָהֶם תּוֹרָה וּמִצְוֹת. שֶׁנֶּאֱמַר: יְהוָה חָפֵץ לְמַעַן צִדְקוֹ, יַגְדִּיל תּוֹרָה וְיַאְדִּיר:

* * *

כָּל יִשְׂרָאֵל יֵשׁ לָהֶם חֵלֶק לָעוֹלָם הַבָּא. סנהדרין צ.
שֶׁנֶּאֱמַר: וְעַמֵּךְ כֻּלָּם צַדִּיקִים, לְעוֹלָם יִירְשׁוּ אָרֶץ ישעיה ס
נֵצֶר מַטָּעַי, מַעֲשֵׂה יָדַי לְהִתְפָּאֵר:

פרק חמישי

א בַּעֲשָׂרָה מַאֲמָרוֹת נִבְרָא הָעוֹלָם. וּמַה תַּלְמוּד לוֹמַר, וַהֲלֹא בְּמַאֲמָר אֶחָד יָכוֹל לְהִבָּרְאוֹת, אֶלָּא לְהִפָּרַע מִן הָרְשָׁעִים, שֶׁמְּאַבְּדִין אֶת הָעוֹלָם שֶׁנִּבְרָא בַּעֲשָׂרָה מַאֲמָרוֹת, וְלִתֵּן שָׂכָר טוֹב לַצַּדִּיקִים, שֶׁמְּקַיְּמִין אֶת הָעוֹלָם שֶׁנִּבְרָא בַּעֲשָׂרָה מַאֲמָרוֹת.

ב עֲשָׂרָה דוֹרוֹת מֵאָדָם וְעַד נֹחַ, לְהוֹדִיעַ כַּמָּה אֶרֶךְ אַפַּיִם לְפָנָיו, שֶׁכָּל הַדּוֹרוֹת הָיוּ מַכְעִיסִין וּבָאִין, עַד שֶׁהֵבִיא עֲלֵיהֶם אֶת מֵי הַמַּבּוּל.

ג עֲשָׂרָה דוֹרוֹת מִנֹּחַ וְעַד אַבְרָהָם, לְהוֹדִיעַ כַּמָּה אֶרֶךְ אַפַּיִם לְפָנָיו, שֶׁכָּל הַדּוֹרוֹת הָיוּ מַכְעִיסִין וּבָאִין, עַד שֶׁבָּא אַבְרָהָם אָבִינוּ וְקִבֵּל שְׂכַר כֻּלָּם.

ד עֲשָׂרָה נִסְיוֹנוֹת נִתְנַסָּה אַבְרָהָם אָבִינוּ וְעָמַד בְּכֻלָּם, לְהוֹדִיעַ כַּמָּה חִבָּתוֹ שֶׁל אַבְרָהָם אָבִינוּ.

ה עֲשָׂרָה נִסִּים נַעֲשׂוּ לַאֲבוֹתֵינוּ בְּמִצְרַיִם, וַעֲשָׂרָה עַל הַיָּם. עֶשֶׂר מַכּוֹת הֵבִיא הַקָּדוֹשׁ בָּרוּךְ הוּא עַל הַמִּצְרִיִּים בְּמִצְרַיִם, וְעֶשֶׂר עַל הַיָּם.

ו עֲשָׂרָה נִסְיוֹנוֹת נִסּוּ אֲבוֹתֵינוּ אֶת הַקָּדוֹשׁ בָּרוּךְ הוּא בַּמִּדְבָּר, שֶׁנֶּאֱמַר:
וַיְנַסּוּ אֹתִי זֶה עֶשֶׂר פְּעָמִים, וְלֹא שָׁמְעוּ בְּקוֹלִי: במדבר יד

ז עֲשָׂרָה נִסִּים נַעֲשׂוּ לַאֲבוֹתֵינוּ בְּבֵית הַמִּקְדָּשׁ. לֹא הִפִּילָה אִשָּׁה מֵרֵיחַ בְּשַׂר הַקֹּדֶשׁ, וְלֹא הִסְרִיחַ בְּשַׂר הַקֹּדֶשׁ מֵעוֹלָם, וְלֹא נִרְאָה זְבוּב בְּבֵית הַמִּטְבְּחַיִם, וְלֹא אֵרַע קֶרִי לְכֹהֵן גָּדוֹל בְּיוֹם הַכִּפּוּרִים, וְלֹא כִבּוּ הַגְּשָׁמִים אֵשׁ שֶׁל עֲצֵי הַמַּעֲרָכָה, וְלֹא נִצְּחָה הָרוּחַ אֶת עַמּוּד הֶעָשָׁן, וְלֹא נִמְצָא פְסוּל בָּעֹמֶר וּבִשְׁתֵּי הַלֶּחֶם וּבְלֶחֶם הַפָּנִים, עוֹמְדִים צְפוּפִים וּמִשְׁתַּחֲוִים רְוָחִים, וְלֹא הִזִּיק נָחָשׁ וְעַקְרָב בִּירוּשָׁלַיִם מֵעוֹלָם, וְלֹא אָמַר אָדָם לַחֲבֵרוֹ: צַר לִי הַמָּקוֹם שֶׁאָלִין בִּירוּשָׁלַיִם.

ח עֲשָׂרָה דְבָרִים נִבְרְאוּ בְּעֶרֶב שַׁבָּת בֵּין הַשְּׁמָשׁוֹת. וְאֵלּוּ הֵן, פִּי הָאָרֶץ, פִּי הַבְּאֵר, פִּי הָאָתוֹן, הַקֶּשֶׁת, וְהַמָּן, וְהַמַּטֶּה, וְהַשָּׁמִיר, הַכְּתָב, וְהַמִּכְתָּב, וְהַלּוּחוֹת. וְיֵשׁ אוֹמְרִים, אַף הַמַּזִּיקִין, וּקְבוּרָתוֹ שֶׁל מֹשֶׁה, וְאֵילוֹ שֶׁל אַבְרָהָם אָבִינוּ. וְיֵשׁ אוֹמְרִים, אַף צְבַת בִּצְבַת עֲשׂוּיָה.

ט שִׁבְעָה דְבָרִים בְּגֹלֶם, וְשִׁבְעָה בְּחָכָם. חָכָם אֵינוֹ מְדַבֵּר לִפְנֵי מִי שֶׁגָּדוֹל מִמֶּנּוּ בְּחָכְמָה, וְאֵינוֹ נִכְנָס לְתוֹךְ דִּבְרֵי חֲבֵרוֹ, וְאֵינוֹ נִבְהָל לְהָשִׁיב, שׁוֹאֵל כָּעִנְיָן וּמֵשִׁיב כַּהֲלָכָה, וְאוֹמֵר עַל רִאשׁוֹן רִאשׁוֹן וְעַל אַחֲרוֹן אַחֲרוֹן, וְעַל מַה שֶּׁלֹּא שָׁמַע אוֹמֵר לֹא שָׁמַעְתִּי, וּמוֹדֶה עַל הָאֱמֶת. וְחִלּוּפֵיהֶן בְּגֹלֶם.

י שִׁבְעָה מִינֵי פֻרְעָנִיּוֹת בָּאִין לָעוֹלָם עַל שִׁבְעָה גוּפֵי עֲבֵרָה. מִקְצָתָן מְעַשְּׂרִין וּמִקְצָתָן אֵינָן מְעַשְּׂרִין, רָעָב שֶׁל בַּצֹּרֶת בָּא, מִקְצָתָן רְעֵבִים וּמִקְצָתָן שְׂבֵעִים. גָּמְרוּ שֶׁלֹּא לְעַשֵּׂר, רָעָב שֶׁל מְהוּמָה וְשֶׁל בַּצֹּרֶת בָּא. וְשֶׁלֹּא לִטּוֹל אֶת הַחַלָּה, רָעָב שֶׁל כְּלָיָה בָּא.

יא דֶּבֶר בָּא לָעוֹלָם עַל מִיתוֹת הָאֲמוּרוֹת בַּתּוֹרָה שֶׁלֹּא נִמְסְרוּ לְבֵית דִּין, וְעַל פֵּרוֹת שְׁבִיעִית. חֶרֶב בָּאָה לָעוֹלָם עַל עִנּוּי הַדִּין, וְעַל עִוּוּת הַדִּין, וְעַל הַמּוֹרִים בַּתּוֹרָה שֶׁלֹּא כַהֲלָכָה.

יב חַיָּה רָעָה בָּאָה לָעוֹלָם עַל שְׁבוּעַת שָׁוְא וְעַל חִלּוּל הַשֵּׁם. גָּלוּת בָּאָה לָעוֹלָם עַל עֲבוֹדָה זָרָה, וְעַל גִּלּוּי עֲרָיוֹת, וְעַל שְׁפִיכוּת דָּמִים, וְעַל שְׁמִטַּת הָאָרֶץ.

יג בְּאַרְבָּעָה פְרָקִים הַדֶּבֶר מִתְרַבֶּה, בָּרְבִיעִית, וּבַשְּׁבִיעִית, וּבְמוֹצָאֵי שְׁבִיעִית, וּבְמוֹצָאֵי הֶחָג שֶׁבְּכָל שָׁנָה וְשָׁנָה. בָּרְבִיעִית, מִפְּנֵי מַעְשַׂר עָנִי שֶׁבַּשְּׁלִישִׁית. בַּשְּׁבִיעִית, מִפְּנֵי מַעְשַׂר עָנִי שֶׁבַּשִּׁשִּׁית. בְּמוֹצָאֵי שְׁבִיעִית, מִפְּנֵי פֵּרוֹת שְׁבִיעִית. בְּמוֹצָאֵי הֶחָג שֶׁבְּכָל שָׁנָה וְשָׁנָה, מִפְּנֵי גֶזֶל מַתְּנוֹת עֲנִיִּים.

יד אַרְבַּע מִדּוֹת בָּאָדָם. הָאוֹמֵר שֶׁלִּי שֶׁלִּי וְשֶׁלְּךָ שֶׁלָּךְ, זוֹ מִדָּה בֵינוֹנִית, וְיֵשׁ אוֹמְרִים, זוֹ מִדַּת סְדוֹם. שֶׁלִּי שֶׁלָּךְ וְשֶׁלְּךָ שֶׁלִּי, עַם הָאָרֶץ. שֶׁלִּי שֶׁלָּךְ וְשֶׁלְּךָ שֶׁלָּךְ, חָסִיד. שֶׁלְּךָ שֶׁלִּי וְשֶׁלִּי שֶׁלִּי, רָשָׁע.

טו אַרְבַּע מִדּוֹת בַּדֵּעוֹת. נוֹחַ לִכְעֹס וְנוֹחַ לִרְצוֹת, יָצָא הֶפְסֵדוֹ בִּשְׂכָרוֹ. קָשֶׁה לִכְעֹס וְקָשֶׁה לִרְצוֹת, יָצָא שְׂכָרוֹ בְּהֶפְסֵדוֹ. קָשֶׁה לִכְעֹס וְנוֹחַ לִרְצוֹת, חָסִיד. נוֹחַ לִכְעֹס וְקָשֶׁה לִרְצוֹת, רָשָׁע.

טז אַרְבַּע מִדּוֹת בַּתַּלְמִידִים. מָהִיר לִשְׁמֹעַ וּמָהִיר לְאַבֵּד, יָצָא שְׂכָרוֹ בְּהֶפְסֵדוֹ. קָשֶׁה לִשְׁמֹעַ וְקָשֶׁה לְאַבֵּד, יָצָא הֶפְסֵדוֹ בִּשְׂכָרוֹ. מָהִיר לִשְׁמֹעַ וְקָשֶׁה לְאַבֵּד, זֶה חֵלֶק טוֹב. קָשֶׁה לִשְׁמֹעַ וּמָהִיר לְאַבֵּד, זֶה חֵלֶק רָע.

יז אַרְבַּע מִדּוֹת בְּנוֹתְנֵי צְדָקָה. הָרוֹצֶה שֶׁיִּתֵּן וְלֹא יִתְּנוּ אֲחֵרִים, עֵינוֹ רָעָה בְּשֶׁל אֲחֵרִים. יִתְּנוּ אֲחֵרִים וְהוּא לֹא יִתֵּן, עֵינוֹ רָעָה בְּשֶׁלּוֹ. יִתֵּן וְיִתְּנוּ אֲחֵרִים, חָסִיד. לֹא יִתֵּן וְלֹא יִתְּנוּ אֲחֵרִים, רָשָׁע.

יח אַרְבַּע מִדּוֹת בְּהוֹלְכֵי בֵית הַמִּדְרָשׁ. הוֹלֵךְ וְאֵינוֹ עוֹשֶׂה, שְׂכַר הֲלִיכָה בְּיָדוֹ. עוֹשֶׂה וְאֵינוֹ הוֹלֵךְ, שְׂכַר מַעֲשֶׂה בְּיָדוֹ. הוֹלֵךְ וְעוֹשֶׂה, חָסִיד. לֹא הוֹלֵךְ וְלֹא עוֹשֶׂה, רָשָׁע.

יט אַרְבַּע מִדּוֹת בְּיוֹשְׁבִים לִפְנֵי חֲכָמִים, סְפוֹג, וּמַשְׁפֵּךְ, מְשַׁמֶּרֶת, וְנָפָה. סְפוֹג, שֶׁהוּא סוֹפֵג אֶת הַכֹּל. וּמַשְׁפֵּךְ, שֶׁמַּכְנִיס בְּזוֹ וּמוֹצִיא בְזוֹ. מְשַׁמֶּרֶת, שֶׁמּוֹצִיאָה אֶת הַיַּיִן וְקוֹלֶטֶת אֶת הַשְּׁמָרִים. וְנָפָה, שֶׁמּוֹצִיאָה אֶת הַקֶּמַח וְקוֹלֶטֶת אֶת הַסֹּלֶת.

כ כָּל אַהֲבָה שֶׁהִיא תְלוּיָה בְדָבָר, בָּטֵל דָּבָר, בְּטֵלָה אַהֲבָה. וְשֶׁאֵינָהּ תְּלוּיָה בְדָבָר, אֵינָהּ בְּטֵלָה לְעוֹלָם. אֵיזוֹ הִיא אַהֲבָה שֶׁהִיא תְלוּיָה בְדָבָר, זוֹ אַהֲבַת אַמְנוֹן וְתָמָר. וְשֶׁאֵינָהּ תְּלוּיָה בְדָבָר, זוֹ אַהֲבַת דָּוִד וִיהוֹנָתָן.

כא כָּל מַחֲלֹקֶת שֶׁהִיא לְשֵׁם שָׁמַיִם, סוֹפָהּ לְהִתְקַיֵּם. וְשֶׁאֵינָהּ לְשֵׁם שָׁמַיִם, אֵין סוֹפָהּ לְהִתְקַיֵּם. אֵיזוֹ הִיא מַחֲלֹקֶת שֶׁהִיא לְשֵׁם שָׁמַיִם, זוֹ מַחֲלֹקֶת הִלֵּל וְשַׁמַּאי. וְשֶׁאֵינָהּ לְשֵׁם שָׁמַיִם, זוֹ מַחֲלֹקֶת קֹרַח וְכָל עֲדָתוֹ.

כב כָּל הַמְזַכֶּה אֶת הָרַבִּים, אֵין חֵטְא בָּא עַל יָדוֹ. וְכָל הַמַּחֲטִיא אֶת הָרַבִּים, אֵין מַסְפִּיקִין בְּיָדוֹ לַעֲשׂוֹת תְּשׁוּבָה. מֹשֶׁה זָכָה וְזִכָּה אֶת הָרַבִּים, זְכוּת הָרַבִּים תָּלוּי בּוֹ, שֶׁנֶּאֱמַר: צִדְקַת יְהֹוָה עָשָׂה וּמִשְׁפָּטָיו עִם־יִשְׂרָאֵל: דברים לג

יָרָבְעָם בֶּן נְבָט, חָטָא וְהֶחֱטִיא אֶת הָרַבִּים, חֵטְא הָרַבִּים תָּלוּי בּוֹ,
מלכים א׳ טו שֶׁנֶּאֱמַר: עַל־חַטֹּאות יָרָבְעָם אֲשֶׁר חָטָא וַאֲשֶׁר הֶחֱטִיא אֶת־יִשְׂרָאֵל:

כג כָּל מִי שֶׁיֵּשׁ בּוֹ שְׁלֹשָׁה דְבָרִים הַלָּלוּ, הוּא מִתַּלְמִידָיו שֶׁל אַבְרָהָם
אָבִינוּ, וּשְׁלֹשָׁה דְבָרִים אֲחֵרִים, הוּא מִתַּלְמִידָיו שֶׁל בִּלְעָם הָרָשָׁע.
עַיִן טוֹבָה, וְרוּחַ נְמוּכָה, וְנֶפֶשׁ שְׁפָלָה, תַּלְמִידָיו שֶׁל אַבְרָהָם אָבִינוּ.
עַיִן רָעָה, וְרוּחַ גְּבוֹהָה וְנֶפֶשׁ רְחָבָה, תַּלְמִידָיו שֶׁל בִּלְעָם הָרָשָׁע. מַה
בֵּין תַּלְמִידָיו שֶׁל אַבְרָהָם אָבִינוּ לְתַלְמִידָיו שֶׁל בִּלְעָם הָרָשָׁע. תַּלְמִידָיו
שֶׁל אַבְרָהָם אָבִינוּ אוֹכְלִין בָּעוֹלָם הַזֶּה וְנוֹחֲלִין הָעוֹלָם הַבָּא, שֶׁנֶּאֱמַר:
משלי ח לְהַנְחִיל אֹהֲבַי יֵשׁ וְאֹצְרֹתֵיהֶם אֲמַלֵּא: אֲבָל תַּלְמִידָיו שֶׁל בִּלְעָם
תהלים נה הָרָשָׁע יוֹרְשִׁין גֵּיהִנָּם וְיוֹרְדִין לִבְאֵר שַׁחַת, שֶׁנֶּאֱמַר: וְאַתָּה אֱלֹהִים
תּוֹרִדֵם לִבְאֵר שַׁחַת, אַנְשֵׁי דָמִים וּמִרְמָה לֹא־יֶחֱצוּ יְמֵיהֶם, וַאֲנִי
אֶבְטַח־בָּךְ:

כד יְהוּדָה בֶּן תֵּימָא אוֹמֵר: הֱוֵי עַז כַּנָּמֵר וְקַל כַּנֶּשֶׁר, רָץ כַּצְּבִי וְגִבּוֹר כָּאֲרִי,
לַעֲשׂוֹת רְצוֹן אָבִיךָ שֶׁבַּשָּׁמָיִם. הוּא הָיָה אוֹמֵר: עַז פָּנִים לְגֵיהִנָּם, וּבֹשֶׁת
פָּנִים לְגַן עֵדֶן. יְהִי רָצוֹן מִלְּפָנֶיךָ, יְהֹוָה אֱלֹהֵינוּ וֵאלֹהֵי אֲבוֹתֵינוּ, שֶׁיִּבָּנֶה
בֵּית הַמִּקְדָּשׁ בִּמְהֵרָה בְיָמֵינוּ, וְתֵן חֶלְקֵנוּ בְּתוֹרָתֶךָ.

כה הוּא הָיָה אוֹמֵר: בֶּן חָמֵשׁ שָׁנִים לַמִּקְרָא, בֶּן עֶשֶׂר שָׁנִים לַמִּשְׁנָה, בֶּן
שְׁלֹשׁ עֶשְׂרֵה לַמִּצְוֹת, בֶּן חֲמֵשׁ עֶשְׂרֵה לַגְּמָרָא, בֶּן שְׁמוֹנֶה עֶשְׂרֵה לַחֻפָּה,
בֶּן עֶשְׂרִים לִרְדֹּף, בֶּן שְׁלֹשִׁים לַכֹּחַ, בֶּן אַרְבָּעִים לַבִּינָה, בֶּן חֲמִשִּׁים
לָעֵצָה, בֶּן שִׁשִּׁים לַזִּקְנָה, בֶּן שִׁבְעִים לַשֵּׂיבָה, בֶּן שְׁמוֹנִים לַגְּבוּרָה, בֶּן
תִּשְׁעִים לָשׁוּחַ, בֶּן מֵאָה כְּאִלּוּ מֵת וְעָבַר וּבָטֵל מִן הָעוֹלָם.

כו בֶּן בַּג בַּג אוֹמֵר: הֲפֹךְ בָּהּ וַהֲפֹךְ בָּהּ דְּכֹלָּא בַהּ, וּבַהּ תֶּחֱזֵי, וְסִיב וּבְלֵה
בַהּ, וּמִנַּהּ לָא תְזוּעַ, שֶׁאֵין לְךָ מִדָּה טוֹבָה הֵימֶנָּה. בֶּן הֵא הֵא אוֹמֵר:
לְפוּם צַעֲרָא אַגְרָא.

מכות כג: רַבִּי חֲנַנְיָא בֶּן עֲקַשְׁיָא אוֹמֵר: רָצָה הַקָּדוֹשׁ בָּרוּךְ הוּא לְזַכּוֹת אֶת יִשְׂרָאֵל,
ישעיה מב לְפִיכָךְ הִרְבָּה לָהֶם תּוֹרָה וּמִצְוֹת. שֶׁנֶּאֱמַר: יְהֹוָה חָפֵץ לְמַעַן צִדְקוֹ, יַגְדִּיל
תּוֹרָה וְיַאְדִּיר:

* * *

כָּל יִשְׂרָאֵל יֵשׁ לָהֶם חֵלֶק לָעוֹלָם הַבָּא. סנהדרין צ.
שֶׁנֶּאֱמַר: וְעַמֵּךְ כֻּלָּם צַדִּיקִים, לְעוֹלָם יִירְשׁוּ אָרֶץ ישעיה ס
נֵצֶר מַטָּעַי, מַעֲשֵׂה יָדַי לְהִתְפָּאֵר:

פרק שישי

שָׁנוּ חֲכָמִים בִּלְשׁוֹן הַמִּשְׁנָה, בָּרוּךְ שֶׁבָּחַר בָּהֶם וּבְמִשְׁנָתָם.

א רַבִּי מֵאִיר אוֹמֵר: כָּל הָעוֹסֵק בַּתּוֹרָה לִשְׁמָהּ, זוֹכֶה לִדְבָרִים הַרְבֵּה. וְלֹא עוֹד, אֶלָּא שֶׁכָּל הָעוֹלָם כֻּלּוֹ כְּדַאי הוּא לוֹ. נִקְרָא רֵעַ, אוֹהֵב אֶת הַמָּקוֹם, אוֹהֵב אֶת הַבְּרִיּוֹת, מְשַׂמֵּחַ אֶת הַמָּקוֹם, מְשַׂמֵּחַ אֶת הַבְּרִיּוֹת, וּמַלְבַּשְׁתּוֹ עֲנָוָה וְיִרְאָה, וּמַכְשַׁרְתּוֹ לִהְיוֹת צַדִּיק, חָסִיד, יָשָׁר, וְנֶאֱמָן, וּמְרַחַקְתּוֹ מִן הַחֵטְא, וּמְקָרַבְתּוֹ לִידֵי זְכוּת, וְנֶהֱנִין מִמֶּנּוּ עֵצָה וְתוּשִׁיָּה,
בִּינָה וּגְבוּרָה, שֶׁנֶּאֱמַר: לִי־עֵצָה וְתוּשִׁיָּה, אֲנִי בִינָה, לִי גְבוּרָה: וְנוֹתֶנֶת לוֹ משלי ח
מַלְכוּת וּמֶמְשָׁלָה, וְחִקּוּר דִּין, וּמְגַלִּין לוֹ רָזֵי תוֹרָה, וְנַעֲשֶׂה כְּמַעְיָן הַמִּתְגַּבֵּר וּכְנָהָר שֶׁאֵינוֹ פוֹסֵק, וְהֹוֶה צָנוּעַ, וְאֶרֶךְ רוּחַ, וּמוֹחֵל עַל עֶלְבּוֹנוֹ, וּמְגַדַּלְתּוֹ וּמְרוֹמַמְתּוֹ עַל כָּל הַמַּעֲשִׂים.

ב אָמַר רַבִּי יְהוֹשֻׁעַ בֶּן לֵוִי: בְּכָל יוֹם וָיוֹם, בַּת קוֹל יוֹצֵאת מֵהַר חוֹרֵב וּמַכְרֶזֶת וְאוֹמֶרֶת, אוֹי לָהֶם לַבְּרִיּוֹת מֵעֶלְבּוֹנָהּ שֶׁל תּוֹרָה, שֶׁכָּל מִי
שֶׁאֵינוֹ עוֹסֵק בַּתּוֹרָה נִקְרָא נָזוּף, שֶׁנֶּאֱמַר: נֶזֶם זָהָב בְּאַף חֲזִיר, אִשָּׁה משלי יא
יָפָה וְסָרַת טָעַם: וְאוֹמֵר: וְהַלֻּחֹת מַעֲשֵׂה אֱלֹהִים הֵמָּה, וְהַמִּכְתָּב מִכְתַּב שמות לב
אֱלֹהִים הוּא, חָרוּת עַל־הַלֻּחֹת: אַל תִּקְרָא חָרוּת אֶלָּא חֵרוּת, שֶׁאֵין לְךָ בֶּן חוֹרִין אֶלָּא מִי שֶׁעוֹסֵק בְּתַלְמוּד תּוֹרָה. וְכָל מִי שֶׁעוֹסֵק בְּתַלְמוּד
תּוֹרָה, הֲרֵי זֶה מִתְעַלֶּה, שֶׁנֶּאֱמַר: וּמִמַּתָּנָה נַחֲלִיאֵל, וּמִנַּחֲלִיאֵל בָּמוֹת: במדבר כא

ג הַלּוֹמֵד מֵחֲבֵרוֹ פֶּרֶק אֶחָד, אוֹ הֲלָכָה אַחַת, אוֹ פָּסוּק אֶחָד, אוֹ דִבּוּר אֶחָד, אוֹ אֲפִלּוּ אוֹת אַחַת, צָרִיךְ לִנְהָג בּוֹ כָּבוֹד. שֶׁכֵּן מָצִינוּ בְּדָוִד מֶלֶךְ יִשְׂרָאֵל, שֶׁלֹּא לָמַד מֵאֲחִיתֹפֶל אֶלָּא שְׁנֵי דְבָרִים בִּלְבָד, קְרָאוֹ רַבּוֹ אַלּוּפוֹ
וּמְיֻדָּעוֹ, שֶׁנֶּאֱמַר: וְאַתָּה אֱנוֹשׁ כְּעֶרְכִּי, אַלּוּפִי וּמְיֻדָּעִי: וַהֲלֹא דְבָרִים קַל תהלים נה
וָחֹמֶר. וּמַה דָּוִד מֶלֶךְ יִשְׂרָאֵל, שֶׁלֹּא לָמַד מֵאֲחִיתֹפֶל אֶלָּא שְׁנֵי דְבָרִים

בִּלְבָד, קְרָאוֹ רַבּוֹ אַלּוּפוֹ וּמְיֻדָּעוֹ, הַלּוֹמֵד מֵחֲבֵרוֹ פֶּרֶק אֶחָד, אוֹ הֲלָכָה
אַחַת, אוֹ פָּסוּק אֶחָד, אוֹ דִּבּוּר אֶחָד, אוֹ אֲפִלּוּ אוֹת אַחַת, עַל אַחַת
משלי ג כַּמָּה וְכַמָּה שֶׁצָּרִיךְ לִנְהֹג בּוֹ כָּבוֹד. וְאֵין כָּבוֹד אֶלָּא תוֹרָה, שֶׁנֶּאֱמַר: כָּבוֹד
משלי כח חֲכָמִים יִנְחָלוּ: וּתְמִימִים יִנְחֲלוּ־טוֹב: וְאֵין טוֹב אֶלָּא תוֹרָה, שֶׁנֶּאֱמַר:
משלי ד כִּי לֶקַח טוֹב נָתַתִּי לָכֶם, תּוֹרָתִי אַל־תַּעֲזֹבוּ:

ד כָּךְ הִיא דַּרְכָּהּ שֶׁל תּוֹרָה. פַּת בַּמֶּלַח תֹּאכֵל, וּמַיִם בַּמְּשׂוּרָה תִּשְׁתֶּה,
וְעַל הָאָרֶץ תִּישַׁן, וְחַיֵּי צַעַר תִּחְיֶה, וּבַתּוֹרָה אַתָּה עָמֵל. אִם אַתָּה
עוֹשֶׂה כֵּן, אַשְׁרֶיךָ וְטוֹב לָךְ, אַשְׁרֶיךָ בָּעוֹלָם הַזֶּה, וְטוֹב לָךְ לָעוֹלָם הַבָּא.

ה אַל תְּבַקֵּשׁ גְּדֻלָּה לְעַצְמְךָ, וְאַל תַּחְמֹד כָּבוֹד. יוֹתֵר מִלִּמּוּדְךָ עֲשֵׂה.
וְאַל תִּתְאַוֶּה לְשֻׁלְחָנָם שֶׁל מְלָכִים, שֶׁשֻּׁלְחָנְךָ גָּדוֹל מִשֻּׁלְחָנָם, וְכִתְרְךָ
גָּדוֹל מִכִּתְרָם. וְנֶאֱמָן הוּא בַּעַל מְלַאכְתְּךָ, שֶׁיְּשַׁלֶּם לְךָ שְׂכַר פְּעֻלָּתֶךָ.

ו גְּדוֹלָה תוֹרָה יוֹתֵר מִן הַכְּהֻנָּה וּמִן הַמַּלְכוּת. שֶׁהַמַּלְכוּת נִקְנֵית
בִּשְׁלֹשִׁים מַעֲלוֹת, וְהַכְּהֻנָּה בְּעֶשְׂרִים וְאַרְבַּע, וְהַתּוֹרָה נִקְנֵית בְּאַרְבָּעִים
וּשְׁמוֹנָה דְבָרִים. וְאֵלּוּ הֵן, בְּתַלְמוּד, בִּשְׁמִיעַת הָאֹזֶן, בַּעֲרִיכַת שְׂפָתַיִם,
בְּבִינַת הַלֵּב, בְּאֵימָה, בְּיִרְאָה, בַּעֲנָוָה, בְּשִׂמְחָה, בְּטָהֳרָה, בְּשִׁמּוּשׁ
חֲכָמִים, בְּדִקְדּוּק חֲבֵרִים, בְּפִלְפּוּל הַתַּלְמִידִים, בְּיִשּׁוּב, בְּמִקְרָא,
בְּמִשְׁנָה, בְּמִעוּט סְחוֹרָה, בְּמִעוּט דֶּרֶךְ אֶרֶץ, בְּמִעוּט תַּעֲנוּג, בְּמִעוּט
שֵׁנָה, בְּמִעוּט שִׂיחָה, בְּמִעוּט שְׂחוֹק, בְּאֶרֶךְ אַפַּיִם, בְּלֵב טוֹב, בֶּאֱמוּנַת
חֲכָמִים, בְּקַבָּלַת הַיִּסּוּרִין, הַמַּכִּיר אֶת מְקוֹמוֹ, וְהַשָּׂמֵחַ בְּחֶלְקוֹ,
וְהָעוֹשֶׂה סְיָג לִדְבָרָיו, וְאֵינוֹ מַחֲזִיק טוֹבָה לְעַצְמוֹ, אָהוּב, אוֹהֵב אֶת
הַמָּקוֹם, אוֹהֵב אֶת הַבְּרִיּוֹת, אוֹהֵב אֶת הַצְּדָקוֹת, אוֹהֵב אֶת הַמֵּישָׁרִים,
אוֹהֵב אֶת הַתּוֹכָחוֹת, וּמִתְרַחֵק מִן הַכָּבוֹד, וְלֹא מֵגִיס לִבּוֹ בְּתַלְמוּדוֹ,
וְאֵינוֹ שָׂמֵחַ בְּהוֹרָאָה, נוֹשֵׂא בְעֹל עִם חֲבֵרוֹ, וּמַכְרִיעוֹ לְכַף זְכוּת,
וּמַעֲמִידוֹ עַל הָאֱמֶת, וּמַעֲמִידוֹ עַל הַשָּׁלוֹם, וּמִתְיַשֵּׁב לִבּוֹ בְּתַלְמוּדוֹ,
שׁוֹאֵל וּמֵשִׁיב, שׁוֹמֵעַ וּמוֹסִיף, הַלּוֹמֵד עַל מְנָת לְלַמֵּד, וְהַלּוֹמֵד עַל
מְנָת לַעֲשׂוֹת, הַמַּחְכִּים אֶת רַבּוֹ, וְהַמְכַוֵּן אֶת שְׁמוּעָתוֹ, וְהָאוֹמֵר דָּבָר
בְּשֵׁם אוֹמְרוֹ. הָא לָמַדְתָּ, כָּל הָאוֹמֵר דָּבָר בְּשֵׁם אוֹמְרוֹ, מֵבִיא גְאֻלָּה
אסתר ב לָעוֹלָם, שֶׁנֶּאֱמַר: וַתֹּאמֶר אֶסְתֵּר לַמֶּלֶךְ בְּשֵׁם מָרְדְּכָי:

ז גְּדוֹלָה תוֹרָה, שֶׁהִיא נוֹתֶנֶת חַיִּים לְעוֹשֶׂיהָ בָּעוֹלָם הַזֶּה וּבָעוֹלָם הַבָּא,
שֶׁנֶּאֱמַר: כִּי־חַיִּים הֵם לְמֹצְאֵיהֶם, וּלְכָל־בְּשָׂרוֹ מַרְפֵּא: וְאוֹמֵר: רִפְאוּת משלי ד משלי ג
תְּהִי לְשָׁרֶּךָ, וְשִׁקּוּי לְעַצְמוֹתֶיךָ: וְאוֹמֵר: עֵץ־חַיִּים הִיא לַמַּחֲזִיקִים בָּהּ,
וְתֹמְכֶיהָ מְאֻשָּׁר: וְאוֹמֵר: כִּי לִוְיַת חֵן הֵם לְרֹאשֶׁךָ, וַעֲנָקִים לְגַרְגְּרֹתֶיךָ: משלי א
וְאוֹמֵר: תִּתֵּן לְרֹאשְׁךָ לִוְיַת־חֵן, עֲטֶרֶת תִּפְאֶרֶת תְּמַגְּנֶךָּ: וְאוֹמֵר: כִּי־בִי משלי ט משלי ד
יִרְבּוּ יָמֶיךָ, וְיוֹסִיפוּ לְךָ שְׁנוֹת חַיִּים: וְאוֹמֵר: אֹרֶךְ יָמִים בִּימִינָהּ, משלי ג
בִּשְׂמֹאולָהּ עֹשֶׁר וְכָבוֹד: וְאוֹמֵר: כִּי אֹרֶךְ יָמִים וּשְׁנוֹת חַיִּים וְשָׁלוֹם משלי ג
יוֹסִיפוּ לָךְ:

ח רַבִּי שִׁמְעוֹן בֶּן מְנַסְיָא מִשּׁוּם רַבִּי שִׁמְעוֹן בֶּן יוֹחַאי אוֹמֵר: הַנּוֹי, וְהַכֹּחַ,
וְהָעֹשֶׁר, וְהַכָּבוֹד, וְהַחָכְמָה, וְהַזִּקְנָה, וְהַשֵּׂיבָה, וְהַבָּנִים, נָאֶה לַצַּדִּיקִים
וְנָאֶה לָעוֹלָם, שֶׁנֶּאֱמַר: עֲטֶרֶת תִּפְאֶרֶת שֵׂיבָה, בְּדֶרֶךְ צְדָקָה תִּמָּצֵא: משלי טז
וְאוֹמֵר: עֲטֶרֶת חֲכָמִים עָשְׁרָם: וְאוֹמֵר: עֲטֶרֶת זְקֵנִים בְּנֵי בָנִים, וְתִפְאֶרֶת משלי יז משלי יד
בָּנִים אֲבוֹתָם: וְאוֹמֵר: תִּפְאֶרֶת בַּחוּרִים כֹּחָם, וַהֲדַר זְקֵנִים שֵׂיבָה: משלי כ
וְאוֹמֵר: וְחָפְרָה הַלְּבָנָה וּבוֹשָׁה הַחַמָּה, כִּי־מָלַךְ יְהֹוָה צְבָאוֹת בְּהַר צִיּוֹן ישעיה כד
וּבִירוּשָׁלַםִ, וְנֶגֶד זְקֵנָיו כָּבוֹד: רַבִּי שִׁמְעוֹן בֶּן מְנַסְיָא אוֹמֵר: אֵלּוּ שֶׁבַע
מִדּוֹת שֶׁמָּנוּ חֲכָמִים לַצַּדִּיקִים, כֻּלָּם נִתְקַיְּמוּ בְּרַבִּי וּבְבָנָיו.

ט אָמַר רַבִּי יוֹסֵי בֶּן קִסְמָא: פַּעַם אַחַת הָיִיתִי מְהַלֵּךְ בַּדֶּרֶךְ, וּפָגַע בִּי
אָדָם אֶחָד, וְנָתַן לִי שָׁלוֹם וְהֶחֱזַרְתִּי לוֹ שָׁלוֹם. אָמַר לִי, רַבִּי, מֵאֵיזֶה
מָקוֹם אָתָּה. אָמַרְתִּי לוֹ, מֵעִיר גְּדוֹלָה שֶׁל חֲכָמִים וְשֶׁל סוֹפְרִים אָנִי.
אָמַר לִי, רַבִּי, רְצוֹנְךָ שֶׁתָּדוּר עִמָּנוּ בִּמְקוֹמֵנוּ, וַאֲנִי אֶתֵּן לְךָ אֶלֶף אֲלָפִים
דִּינְרֵי זָהָב וַאֲבָנִים טוֹבוֹת וּמַרְגָּלִיּוֹת. אָמַרְתִּי לוֹ, אִם אַתָּה נוֹתֵן לִי כָּל
כֶּסֶף וְזָהָב וַאֲבָנִים טוֹבוֹת וּמַרְגָּלִיּוֹת שֶׁבָּעוֹלָם, אֵינִי דָר אֶלָּא בִּמְקוֹם
תּוֹרָה, וְכֵן כָּתוּב בְּסֵפֶר תְּהִלִּים עַל יְדֵי דָוִד מֶלֶךְ יִשְׂרָאֵל: טוֹב־לִי תהלים קיט
תוֹרַת־פִּיךָ מֵאַלְפֵי זָהָב וָכָסֶף: וְלֹא עוֹד, אֶלָּא שֶׁבִּשְׁעַת פְּטִירָתוֹ שֶׁל
אָדָם, אֵין מְלַוִּין לוֹ לְאָדָם לֹא כֶסֶף וְלֹא זָהָב וְלֹא אֲבָנִים טוֹבוֹת
וּמַרְגָּלִיּוֹת, אֶלָּא תּוֹרָה וּמַעֲשִׂים טוֹבִים בִּלְבָד, שֶׁנֶּאֱמַר: בְּהִתְהַלֶּכְךָ משלי ו
תַּנְחֶה אֹתָךְ, בְּשָׁכְבְּךָ תִּשְׁמֹר עָלֶיךָ, וַהֲקִיצוֹתָ הִיא תְשִׂיחֶךָ:
בְּהִתְהַלֶּכְךָ תַּנְחֶה אֹתָךְ, בָּעוֹלָם הַזֶּה. בְּשָׁכְבְּךָ תִּשְׁמֹר עָלֶיךָ, בַּקֶּבֶר.

חגי ב וְהַקִּיצוֹת הִיא תְשִׂיחֶךָ, לָעוֹלָם הַבָּא. וְאוֹמֵר: לִי הַכֶּסֶף וְלִי הַזָּהָב,
נְאֻם יְהוָה צְבָאוֹת:

י חֲמִשָּׁה קִנְיָנִים קָנָה הַקָּדוֹשׁ בָּרוּךְ הוּא בְּעוֹלָמוֹ. וְאֵלּוּ הֵן, תּוֹרָה קִנְיָן
אֶחָד, שָׁמַיִם וָאָרֶץ קִנְיָן אֶחָד, אַבְרָהָם קִנְיָן אֶחָד, יִשְׂרָאֵל קִנְיָן אֶחָד,
משלי ח בֵּית הַמִּקְדָּשׁ קִנְיָן אֶחָד. תּוֹרָה מִנַּיִן, דִּכְתִיב: יְהוָה קָנָנִי רֵאשִׁית דַּרְכּוֹ,
ישעיה סו קֶדֶם מִפְעָלָיו מֵאָז: שָׁמַיִם וָאָרֶץ מִנַּיִן, דִּכְתִיב: כֹּה אָמַר יְהוָה הַשָּׁמַיִם
כִּסְאִי וְהָאָרֶץ הֲדֹם רַגְלָי, אֵי־זֶה בַיִת אֲשֶׁר תִּבְנוּ־לִי, וְאֵי־זֶה מָקוֹם
תהלים קד מְנוּחָתִי: וְאוֹמֵר: מָה־רַבּוּ מַעֲשֶׂיךָ יְהוָה, כֻּלָּם בְּחָכְמָה עָשִׂיתָ, מָלְאָה
בראשית יד הָאָרֶץ קִנְיָנֶךָ: אַבְרָהָם מִנַּיִן, דִּכְתִיב: וַיְבָרְכֵהוּ וַיֹּאמַר, בָּרוּךְ אַבְרָם
שמות טו לְאֵל עֶלְיוֹן, קֹנֵה שָׁמַיִם וָאָרֶץ: יִשְׂרָאֵל מִנַּיִן, דִּכְתִיב: עַד־יַעֲבֹר עַמְּךָ יְהוָה,
תהלים טז עַד־יַעֲבֹר עַם־זוּ קָנִיתָ: וְאוֹמֵר: לִקְדוֹשִׁים אֲשֶׁר־בָּאָרֶץ הֵמָּה, וְאַדִּירֵי
שמות טו כָּל־חֶפְצִי־בָם: בֵּית הַמִּקְדָּשׁ מִנַּיִן, דִּכְתִיב: מָכוֹן לְשִׁבְתְּךָ פָּעַלְתָּ יְהוָה,
תהלים עח מִקְּדָשׁ אֲדֹנָי כּוֹנְנוּ יָדֶיךָ: וְאוֹמֵר: וַיְבִיאֵם אֶל־גְּבוּל קָדְשׁוֹ, הַר־זֶה
קָנְתָה יְמִינוֹ:

יא כָּל מַה שֶּׁבָּרָא הַקָּדוֹשׁ בָּרוּךְ הוּא בְּעוֹלָמוֹ, לֹא בְרָאוֹ אֶלָּא לִכְבוֹדוֹ,
ישעיה מג שֶׁנֶּאֱמַר: כֹּל הַנִּקְרָא בִשְׁמִי וְלִכְבוֹדִי בְּרָאתִיו, יְצַרְתִּיו אַף־עֲשִׂיתִיו:
שמות טו וְאוֹמֵר: יְהוָה יִמְלֹךְ לְעֹלָם וָעֶד:

מכות כג: רַבִּי חֲנַנְיָא בֶּן עֲקַשְׁיָא אוֹמֵר: רָצָה הַקָּדוֹשׁ בָּרוּךְ הוּא לְזַכּוֹת אֶת יִשְׂרָאֵל,
ישעיה מב לְפִיכָךְ הִרְבָּה לָהֶם תּוֹרָה וּמִצְוֹת. שֶׁנֶּאֱמַר: יְהוָה חָפֵץ לְמַעַן צִדְקוֹ, יַגְדִּיל
תּוֹרָה וְיַאְדִּיר:

אם יש מנין, אומרים קדיש דרבנן (עמ׳ 323).

"כך היה מנהג הצדיקים הראשונים, מתפלל אדם בשבת שחרית ומוסף בבית הכנסת ויבוא לביתו ויסעוד סעודה שניה. וילך לבית המדרש יקרא וישנה עד המנחה ויתפלל מנחה ואחר כך יקבע סעודה שלישית על היין ויאכל וישתה עד מוצאי שבת" (רמב"ם, שבת פ"ל ה"י).

בזוהר לפרשת יתרו נאמר, שזמן זה הוא "רעוא דרעוין" ו"כל איש כאשר הגיע לסעודה שלישית ועוד מעט הוא הולך לימי המעשה צריך לקשר את עצמו בשבת קודש בקשר חזק ובתוספת אהבה ורצון, ועל ידי אהבה זו הוא מעורר כח אהבה ורצון מלמעלה גם כן ביתר שאת, וזהו רעוא דרעוין" (שם משמואל, לך לך).

# חגים ומועדים


נטילת לולב 369

הלל 370

סדר ראש חודש 375

סדר הנשיאים לחודש ניסן 393

מזמורי הרגלים 415

עמידה לשלוש רגלים 419

סדר הקפות לשמחת תורה 427

תיקון הטל 435

תיקון הגשם 438

מוסף לשלוש רגלים 443

אזהרות 452

מגילת רות 462

הושענות 466

סדר חבטת ערבה 523

קריאת התורה לחול המועד סוכות 524

הושענות לשבת 525

חנוכה 538

שבת זכור 542

פורים 549

מגילת אסתר 551

יום העצמאות 561

# סדר נטילת לולב

בכל ימי חג הסוכות (מלבד שבת) נוטלים את הלולב. נוהגים ליטול את ארבעת המינים קודם ההלל, ולאחוז אותם עד אחרי ההושענות. ראה הלכה 630.

יש אומרים תחינה זו (מספר 'שערי ציון'):

יְהִי רָצוֹן מִלְּפָנֶיךָ, יְהֹוָה אֱלֹהַי וֵאלֹהֵי אֲבוֹתַי, בִּפְרִי עֵץ הָדָר וְכַפֹּת תְּמָרִים וַעֲנַף עֵץ עָבוֹת וְעַרְבֵי נַחַל, אוֹתִיּוֹת שִׁמְךָ הַמְּיֻחָד תְּקָרֵב אֶחָד אֶל אֶחָד וְהָיוּ לַאֲחָדִים בְּיָדִי, וְלֵידַע אֵיךְ שִׁמְךָ נִקְרָא עָלַי וְיִירְאוּ מִגֶּשֶׁת אֵלַי. וּבְנַעֲנוּעִי אוֹתָם תַּשְׁפִּיעַ שֶׁפַע בְּרָכוֹת מִדַּעַת עֶלְיוֹן לִנְוֵה אַפִּרְיוֹן לִמְכוֹן בֵּית אֱלֹהֵינוּ, וּתְהֵא חֲשׁוּבָה לְפָנֶיךָ מִצְוַת אַרְבָּעָה מִינִים אֵלּוּ כְּאִלּוּ קִיַּמְתִּיהָ בְּכָל פְּרָטוֹתֶיהָ וְשָׁרָשֶׁיהָ וְתַרְיַ"ג מִצְוֹת הַתְּלוּיוֹת בָּהּ, כִּי כַוָּנָתִי לְיַחֲדָא שְׁמָא דְקֻדְשָׁא בְּרִיךְ הוּא וּשְׁכִינְתֵּהּ בִּדְחִילוּ וּרְחִימוּ, לְיַחֵד אוֹתִיּוֹת י"ה בְּאוֹתִיּוֹת ו"ה בְּיִחוּדָא שְׁלִים בְּשֵׁם כָּל יִשְׂרָאֵל,
אָמֵן. בָּרוּךְ יְהֹוָה לְעוֹלָם, אָמֵן וְאָמֵן: תהלים פט

נוטל שלושה מינים ביד ימינו – הלולב באמצע, ההדסים מימינו והערבות משמאלו. מניח את האתרוג לפניו, (או נוטלו בשמאלו ופיטמתו כלפי מטה), ומברך:

בָּרוּךְ אַתָּה יְהֹוָה, אֱלֹהֵינוּ מֶלֶךְ הָעוֹלָם
אֲשֶׁר קִדְּשָׁנוּ בְּמִצְוֹתָיו, וְצִוָּנוּ עַל נְטִילַת לוּלָב.

בפעם הראשונה שנוטל לולב, מברך:

בָּרוּךְ אַתָּה יְהֹוָה, אֱלֹהֵינוּ מֶלֶךְ הָעוֹלָם
שֶׁהֶחֱיָנוּ וְקִיְּמָנוּ וְהִגִּיעָנוּ לַזְּמַן הַזֶּה.

נוטל את האתרוג (או הופכו כך שפיטמתו למעלה), ומנענע את ארבעת המינים - מוליך ומביא שלוש פעמים לכל רוח בסדר זה: דרום, צפון, מזרח, מעלה, מטה ומערב (שעה"כ על פי סוכה לז ע"ב). ראה הלכה 631.

# סדר הלל

"שמונה עשר יום בשנה יחיד גומר בהם את ההלל..." (תענית כח ע"ב).

אלו הימים שגומרים בהם את ההלל: יו"ט ראשון של פסח, שבועות, כל ימי סוכות, שמיני עצרת וכל ימי חנוכה, ובארץ ישראל נתקבל המנהג לומר הלל בציבור גם בליל פסח (שו"ע תפז, ד). בראש חודש, בחול המועד פסח ובשביעי של פסח קוראים הלל בדילוג. ראה הלכה 366. כמו כן נוהגים לומר הלל ביום העצמאות וביום ירושלים. ראה הלכה 362.

אין להפסיק בדיבור באמצע הלל פרט לדברים שבקדושה (ראה טבלה בעמ' 1096).

המנהג בארץ ישראל וסביבותיה שאין מברכים על ההלל בימי הדילוג (שו"ע תכב, ב), ובקצת קהילות נוהגים ששליח הציבור מברך בימי הדילוג ברכה זו (ראה הלכה 367):

בָּרוּךְ אַתָּה יְהוָה, אֱלֹהֵינוּ מֶלֶךְ הָעוֹלָם
אֲשֶׁר קִדְּשָׁנוּ בְּמִצְוֹתָיו, וְצִוָּנוּ לִקְרֹא אֶת הַהַלֵּל.

בימים שגומרים בהם את ההלל, מברכים:

**בָּרוּךְ אַתָּה יְהוָה, אֱלֹהֵינוּ מֶלֶךְ הָעוֹלָם**
**אֲשֶׁר קִדְּשָׁנוּ בְּמִצְוֹתָיו, וְצִוָּנוּ לִגְמֹר אֶת הַהַלֵּל.**

תהלים קיג הַלְלוּיָהּ, הַלְלוּ עַבְדֵי יְהוָה, הַלְלוּ אֶת־שֵׁם יְהוָה: יְהִי שֵׁם יְהוָה
מְבֹרָךְ, מֵעַתָּה וְעַד־עוֹלָם: מִמִּזְרַח־שֶׁמֶשׁ עַד־מְבוֹאוֹ, מְהֻלָּל
שֵׁם יְהוָה: רָם עַל־כָּל־גּוֹיִם יְהוָה, עַל הַשָּׁמַיִם כְּבוֹדוֹ: מִי כַּיהוָה
אֱלֹהֵינוּ, הַמַּגְבִּיהִי לָשָׁבֶת: הַמַּשְׁפִּילִי לִרְאוֹת, בַּשָּׁמַיִם וּבָאָרֶץ:
מְקִימִי מֵעָפָר דָּל, מֵאַשְׁפֹּת יָרִים אֶבְיוֹן: לְהוֹשִׁיבִי עִם־נְדִיבִים, עִם
נְדִיבֵי עַמּוֹ: מוֹשִׁיבִי עֲקֶרֶת הַבַּיִת, אֵם־הַבָּנִים שְׂמֵחָה, הַלְלוּיָהּ:

תהלים קיד בְּצֵאת יִשְׂרָאֵל מִמִּצְרָיִם, בֵּית יַעֲקֹב מֵעַם לֹעֵז: הָיְתָה יְהוּדָה
לְקָדְשׁוֹ, יִשְׂרָאֵל מַמְשְׁלוֹתָיו: הַיָּם רָאָה וַיָּנֹס, הַיַּרְדֵּן יִסֹּב לְאָחוֹר:
הֶהָרִים רָקְדוּ כְאֵילִים, גְּבָעוֹת כִּבְנֵי־צֹאן: מַה־לְּךָ הַיָּם כִּי תָנוּס,
הַיַּרְדֵּן תִּסֹּב לְאָחוֹר: הֶהָרִים תִּרְקְדוּ כְאֵילִים, גְּבָעוֹת כִּבְנֵי־צֹאן:
מִלִּפְנֵי אָדוֹן חוּלִי אָרֶץ, מִלִּפְנֵי אֱלוֹהַּ יַעֲקֹב: הַהֹפְכִי הַצּוּר אֲגַם־
מָיִם, חַלָּמִישׁ לְמַעְיְנוֹ־מָיִם:

בראש חודש (פרט לראש חודש טבת).

בחול המועד פסח ובשביעי של פסח ממשיכים ה׳ זְכָרָנוּ יְבָרֵךְ:

לֹא לָנוּ יְהֹוָה לֹא לָנוּ, כִּי־לְשִׁמְךָ תֵּן כָּבוֹד, עַל־חַסְדְּךָ עַל־אֲמִתֶּךָ: תהלים קטו

לָמָּה יֹאמְרוּ הַגּוֹיִם אַיֵּה־נָא אֱלֹהֵיהֶם: וֵאלֹהֵינוּ בַשָּׁמָיִם, כֹּל אֲשֶׁר־

חָפֵץ עָשָׂה: עֲצַבֵּיהֶם כֶּסֶף וְזָהָב, מַעֲשֵׂה יְדֵי אָדָם: פֶּה־לָהֶם וְלֹא

יְדַבֵּרוּ, עֵינַיִם לָהֶם וְלֹא יִרְאוּ: אָזְנַיִם לָהֶם וְלֹא יִשְׁמָעוּ, אַף לָהֶם

וְלֹא יְרִיחוּן: יְדֵיהֶם וְלֹא יְמִישׁוּן, רַגְלֵיהֶם וְלֹא יְהַלֵּכוּ, לֹא־יֶהְגּוּ

בִּגְרוֹנָם: כְּמוֹהֶם יִהְיוּ עֹשֵׂיהֶם, כֹּל אֲשֶׁר־בֹּטֵחַ בָּהֶם: יִשְׂרָאֵל בְּטַח

בַּיהֹוָה, עֶזְרָם וּמָגִנָּם הוּא: בֵּית אַהֲרֹן בִּטְחוּ בַיהֹוָה, עֶזְרָם וּמָגִנָּם

הוּא: יִרְאֵי יְהֹוָה בִּטְחוּ בַיהֹוָה, עֶזְרָם וּמָגִנָּם הוּא:

יְהֹוָה זְכָרָנוּ יְבָרֵךְ, יְבָרֵךְ אֶת־בֵּית יִשְׂרָאֵל, יְבָרֵךְ אֶת־בֵּית אַהֲרֹן:

יְבָרֵךְ יִרְאֵי יְהֹוָה, הַקְּטַנִּים עִם־הַגְּדֹלִים: יֹסֵף יְהֹוָה עֲלֵיכֶם,

עֲלֵיכֶם וְעַל־בְּנֵיכֶם: בְּרוּכִים אַתֶּם לַיהֹוָה, עֹשֵׂה שָׁמַיִם וָאָרֶץ:

הַשָּׁמַיִם שָׁמַיִם לַיהֹוָה, וְהָאָרֶץ נָתַן לִבְנֵי־אָדָם: לֹא הַמֵּתִים

יְהַלְלוּ־יָהּ, וְלֹא כָּל־יֹרְדֵי דוּמָה: וַאֲנַחְנוּ נְבָרֵךְ יָהּ, מֵעַתָּה וְעַד־

עוֹלָם, הַלְלוּיָהּ:

בראש חודש (פרט לראש חודש טבת).

בחול המועד פסח ובשביעי של פסח ממשיכים מֶה־אָשִׁיב לַה׳ בעמוד הבא.

אָהַבְתִּי, כִּי־יִשְׁמַע יְהֹוָה, אֶת־קוֹלִי תַּחֲנוּנָי: כִּי־הִטָּה אָזְנוֹ לִי, תהלים קטז

וּבְיָמַי אֶקְרָא: אֲפָפוּנִי חֶבְלֵי־מָוֶת, וּמְצָרֵי שְׁאוֹל מְצָאוּנִי, צָרָה

וְיָגוֹן אֶמְצָא: וּבְשֵׁם־יְהֹוָה אֶקְרָא, אָנָּה יְהֹוָה מַלְּטָה נַפְשִׁי: חַנּוּן

יְהֹוָה וְצַדִּיק, וֵאלֹהֵינוּ מְרַחֵם: שֹׁמֵר פְּתָאיִם יְהֹוָה, דַּלּוֹתִי וְלִי

יְהוֹשִׁיעַ: שׁוּבִי נַפְשִׁי לִמְנוּחָיְכִי, כִּי־יְהֹוָה גָּמַל עָלָיְכִי: כִּי חִלַּצְתָּ

נַפְשִׁי מִמָּוֶת, אֶת־עֵינִי מִן־דִּמְעָה, אֶת־רַגְלִי מִדֶּחִי: אֶתְהַלֵּךְ לִפְנֵי

יְהֹוָה, בְּאַרְצוֹת הַחַיִּים: הֶאֱמַנְתִּי כִּי אֲדַבֵּר, אֲנִי עָנִיתִי מְאֹד: אֲנִי

אָמַרְתִּי בְחָפְזִי, כָּל־הָאָדָם כֹּזֵב:

מָה־אָשִׁיב לַיהוָה, כָּל־תַּגְמוּלוֹהִי עָלָי: כּוֹס־יְשׁוּעוֹת אֶשָּׂא,
וּבְשֵׁם יְהוָה אֶקְרָא: נְדָרַי לַיהוָה אֲשַׁלֵּם, נֶגְדָה־נָּא לְכָל־עַמּוֹ:
יָקָר בְּעֵינֵי יְהוָה, הַמָּוְתָה לַחֲסִידָיו: אָנָּה יְהוָה כִּי־אֲנִי עַבְדֶּךָ,
אֲנִי־עַבְדְּךָ בֶּן־אֲמָתֶךָ, פִּתַּחְתָּ לְמוֹסֵרָי: לְךָ־אֶזְבַּח זֶבַח תּוֹדָה,
וּבְשֵׁם יְהוָה אֶקְרָא: נְדָרַי לַיהוָה אֲשַׁלֵּם, נֶגְדָה־נָּא לְכָל־עַמּוֹ:
בְּחַצְרוֹת בֵּית יְהוָה, בְּתוֹכֵכִי יְרוּשָׁלָםִ, הַלְלוּיָהּ:

תהלים קיז הַלְלוּ אֶת־יְהוָה כָּל־גּוֹיִם, שַׁבְּחוּהוּ כָּל־הָאֻמִּים:
כִּי גָבַר עָלֵינוּ חַסְדּוֹ, וֶאֱמֶת־יְהוָה לְעוֹלָם, הַלְלוּיָהּ:

״ומתחיל החזן ומקריא ׳הודו לַה׳ כִּי־טוֹב כִּי לְעוֹלָם חַסְדּוֹ׳ ועונין אחריו.
ושני מנהגות הם, יש שעונים אחריו מה שהוא אומר, ויש שעונים אחריו ׳הודו לַה׳ כִּי־טוֹב
כִּי לְעוֹלָם חַסְדּוֹ׳ בכל פסוק ופסוק״ (סדר רב עמרם גאון; ׳העיטור׳, הלל).
הרי״ץ גיאת העיד שבספרד נהגו כמנהג השני (׳מאה שערים׳, הלל).

במרוצת הדורות רבו בזה המנהגים (רמב״ם, חנוכה פ״ג הי״ד),
ומרן כתב שהקהל עונה כל מקום לפי מנהגו (שו״ע תכב, ג).

בסוכות נוהגים לנענע את ארבעת המינים בפסוק הראשון
כסדר שנענעו בשעת הברכה (עמ׳ 369).

תהלים קיח הוֹדוּ לַיהוָה כִּי־טוֹב כִּי לְעוֹלָם חַסְדּוֹ:
יֹאמַר־נָא יִשְׂרָאֵל כִּי לְעוֹלָם חַסְדּוֹ:
יֹאמְרוּ־נָא בֵית־אַהֲרֹן כִּי לְעוֹלָם חַסְדּוֹ:
יֹאמְרוּ־נָא יִרְאֵי יְהוָה כִּי לְעוֹלָם חַסְדּוֹ:

מִן־הַמֵּצַר קָרָאתִי יָּהּ, עָנָנִי בַמֶּרְחָב יָהּ: יְהוָה לִי לֹא אִירָא, מַה־
יַּעֲשֶׂה לִי אָדָם: יְהוָה לִי בְּעֹזְרָי, וַאֲנִי אֶרְאֶה בְשֹׂנְאָי: טוֹב לַחֲסוֹת
בַּיהוָה, מִבְּטֹחַ בָּאָדָם: טוֹב לַחֲסוֹת בַּיהוָה, מִבְּטֹחַ בִּנְדִיבִים:
כָּל־גּוֹיִם סְבָבוּנִי, בְּשֵׁם יְהוָה כִּי אֲמִילַם: סַבּוּנִי גַם־סְבָבוּנִי, בְּשֵׁם
יְהוָה כִּי אֲמִילַם: סַבּוּנִי כִדְבֹרִים, דֹּעֲכוּ כְּאֵשׁ קוֹצִים, בְּשֵׁם יְהוָה

כִּי אֲמִילַם: דָּחֹה דְחִיתַנִי לִנְפֹּל, וַיהוָה עֲזָרָנִי: עָזִּי וְזִמְרָת יָהּ, וַיְהִי־לִי לִישׁוּעָה: קוֹל רִנָּה וִישׁוּעָה בְּאָהֳלֵי צַדִּיקִים, יְמִין יְהוָה עֹשָׂה חָיִל: יְמִין יְהוָה רוֹמֵמָה, יְמִין יְהוָה עֹשָׂה חָיִל: לֹא־אָמוּת כִּי־אֶחְיֶה, וַאֲסַפֵּר מַעֲשֵׂי יָהּ: יַסֹּר יִסְּרַנִּי יָּהּ, וְלַמָּוֶת לֹא נְתָנָנִי: פִּתְחוּ־לִי שַׁעֲרֵי־צֶדֶק, אָבֹא־בָם אוֹדֶה יָהּ: זֶה־הַשַּׁעַר לַיהוָה, צַדִּיקִים יָבֹאוּ בוֹ:

בפסחים קיט ע״ב מובא שרבי נהג לכפול את הפסוקים מ׳אוֹדְךָ׳ ועד ׳אָנָּא ה׳ הַצְלִיחָה נָּא׳, ורבי אלעזר בן פרטא היה כופל עד סוף הפרק (רי״ץ אבן גיאת, דיני הלל; ראה הלכה 364).

אוֹדְךָ כִּי עֲנִיתָנִי, וַתְּהִי־לִי לִישׁוּעָה:

אוֹדְךָ כִּי עֲנִיתָנִי, וַתְּהִי־לִי לִישׁוּעָה:

אֶבֶן מָאֲסוּ הַבּוֹנִים, הָיְתָה לְרֹאשׁ פִּנָּה:

אֶבֶן מָאֲסוּ הַבּוֹנִים, הָיְתָה לְרֹאשׁ פִּנָּה:

מֵאֵת יְהוָה הָיְתָה זֹּאת, הִיא נִפְלָאת בְּעֵינֵינוּ:

מֵאֵת יְהוָה הָיְתָה זֹּאת, הִיא נִפְלָאת בְּעֵינֵינוּ:

זֶה־הַיּוֹם עָשָׂה יְהוָה, נָגִילָה וְנִשְׂמְחָה בוֹ:

זֶה־הַיּוֹם עָשָׂה יְהוָה, נָגִילָה וְנִשְׂמְחָה בוֹ:

הפסוק ׳אָנָּא ה׳ הוֹשִׁיעָה נָּא, אָנָּא ה׳ הַצְלִיחָה נָּא׳ מחולק לשניים וכופלים כל אחד מחלקיו (אבודרהם). ונוהגים ששליח הציבור אומרו ואחריו הקהל.

בסוכות מנענעים בלולב כסדר שנענעו בשעת הברכה, רק ב׳אָנָּא יְהוָה הוֹשִׁיעָה נָּא׳ (משנה, סוכה לז ע״ב).

אָנָּא יְהוָה הוֹשִׁיעָה נָּא:

אָנָּא יְהוָה הוֹשִׁיעָה נָּא:

אָנָּא יְהוָה הַצְלִיחָה נָּא:

אָנָּא יְהוָה הַצְלִיחָה נָּא:

יש קהילות שבהן נוהגים לכפול גם פסוקים אלו (טור, תכב; שעה״כ, דרוש חג הסוכות), ויש נוהגים שלא לכפול (׳יוסף אומץ׳ בשם הרי״ץ אבן גיאת) אלא פסוק ׳הודו׳ בלבד (ריב״ש).

בסוכות נוהגים לנענע בלולב כסדר שנענעו בשעת הברכה,
ב׳הודו לַה׳ כִּי־טוֹב, כִּי לְעוֹלָם חַסְדּוֹ׳.

**בָּרוּךְ הַבָּא בְּשֵׁם יְהֹוָה, בֵּרַכְנוּכֶם מִבֵּית יְהֹוָה:**

**בָּרוּךְ הַבָּא בְּשֵׁם יְהֹוָה, בֵּרַכְנוּכֶם מִבֵּית יְהֹוָה:**

**אֵל יְהֹוָה וַיָּאֶר לָנוּ, אִסְרוּ־חַג בַּעֲבֹתִים עַד־קַרְנוֹת הַמִּזְבֵּחַ:**

**אֵל יְהֹוָה וַיָּאֶר לָנוּ, אִסְרוּ־חַג בַּעֲבֹתִים עַד־קַרְנוֹת הַמִּזְבֵּחַ:**

**אֵלִי אַתָּה וְאוֹדֶךָּ, אֱלֹהַי אֲרוֹמְמֶךָּ:**

**אֵלִי אַתָּה וְאוֹדֶךָּ, אֱלֹהַי אֲרוֹמְמֶךָּ:**

**הוֹדוּ לַיהֹוָה כִּי־טוֹב, כִּי לְעוֹלָם חַסְדּוֹ:**

**הוֹדוּ לַיהֹוָה כִּי־טוֹב, כִּי לְעוֹלָם חַסְדּוֹ:**

בימים שגומרים בהם את ההלל, חותמים בברכה זו.
ובקצת קהילות שנהגו שהש״ץ מברך על ההלל בימי הדילוג – מברך הש״ץ ברכה זו בימי הדילוג.

**יְהַלְלוּךָ יְהֹוָה אֱלֹהֵינוּ כָּל מַעֲשֶׂיךָ, וַחֲסִידֶיךָ וְצַדִּיקִים עוֹשֵׂי רְצוֹנֶךָ, וְעַמְּךָ בֵּית יִשְׂרָאֵל כֻּלָּם בְּרִנָּה יוֹדוּ וִיבָרְכוּ וִישַׁבְּחוּ וִיפָאֲרוּ אֶת שֵׁם כְּבוֹדֶךָ, כִּי לְךָ טוֹב לְהוֹדוֹת וּלְשִׁמְךָ נָעִים לְזַמֵּר**
תהלים צ **וּמֵעוֹלָם עַד עוֹלָם אַתָּה אֵל: בָּרוּךְ אַתָּה יְהֹוָה, מֶלֶךְ מְהֻלָּל בַּתִּשְׁבָּחוֹת. אָמֵן.**

בימים טובים ובשבתות אומרים קדיש תתקבל בעמוד הבא
וממשיכים בהוצאת ספר התורה (עמ׳ 286).

בראש חודש ובחול המועד פסח אומרים קדיש תתקבל בעמוד הבא
וממשיכים בהוצאת ספר התורה בעמ׳ 376.

בסוכות נוהגים ברוב הקהילות לומר כאן, לפני אמירת הקדיש, הושענות
(עמ׳ 466, וראה הלכה 635).

בליל יום טוב ראשון של פסח (ובחו״ל גם בליל יום טוב שני) אומרים קדיש תתקבל
וממשיכים בסוף תפילת ערבית ליום טוב (עמ׳ 239).

בחנוכה (פרט לשבת ולראש חודש טבת), ביום העצמאות וביום ירושלים
אומרים חצי קדיש (עמ׳ 91) וממשיכים כסדר התפילה לחול.

## קדיש תתקבל

שליח הציבור כורע במילים המסומנות בּ׳.

ש״ץ: ׳יִתְגַּדַּל וְיִתְקַדַּשׁ שְׁמֵהּ רַבָּא (קהל: אָמֵן)
בְּעָלְמָא דִּי בְרָא כִרְעוּתֵהּ
וְיַמְלִיךְ מַלְכוּתֵהּ וְיַצְמַח פֻּרְקָנֵהּ וִיקָרֵב מְשִׁיחֵהּ (קהל: אָמֵן)
בְּחַיֵּיכוֹן וּבְיוֹמֵיכוֹן וּבְחַיֵּי דְכָל בֵּית יִשְׂרָאֵל
בַּעֲגָלָא וּבִזְמַן קָרִיב, וְאִמְרוּ אָמֵן. (קהל: אָמֵן)

קהל וש״ץ: יְהֵא שְׁמֵהּ ׳רַבָּא מְבָרַךְ לְעָלַם לְעָלְמֵי עָלְמַיָּא ׳יִתְבָּרַךְ
וְיִשְׁתַּבַּח וְיִתְפָּאַר וְיִתְרוֹמַם וְיִתְנַשֵּׂא
וְיִתְהַדָּר וְיִתְעַלֶּה וְיִתְהַלָּל שְׁמֵהּ דְּקֻדְשָׁא ׳בְּרִיךְ הוּא (קהל: אָמֵן)
לְעֵלָּא מִן כָּל בִּרְכָתָא, שִׁירָתָא, תֻּשְׁבְּחָתָא וְנֶחֱמָתָא
דַּאֲמִירָן בְּעָלְמָא, וְאִמְרוּ ׳אָמֵן. (קהל: אָמֵן)

בימים שמתפללים בהם מוסף, שליח הציבור מוסיף:

ש״ץ: תִּתְקַבַּל צְלוֹתְהוֹן וּבָעוּתְהוֹן... 

עִם צְלוֹתְהוֹן וּבָעוּתְהוֹן דְּכָל בֵּית יִשְׂרָאֵל
קֳדָם אֲבוּנָא דִבִשְׁמַיָּא, וְאִמְרוּ אָמֵן. (קהל: אָמֵן)

יְהֵא שְׁלָמָא רַבָּא מִן שְׁמַיָּא, חַיִּים וְשָׂבָע וִישׁוּעָה וְנֶחָמָה
וְשֵׁיזָבָא וּרְפוּאָה, וּגְאֻלָּה וּסְלִיחָה וְכַפָּרָה, וְרֶוַח וְהַצָּלָה
לָנוּ וּלְכָל עַמּוֹ יִשְׂרָאֵל, וְאִמְרוּ אָמֵן. (קהל: אָמֵן)

כורע ופוסע שלוש פסיעות לאחור. קד לשמאל, לימין ולפנים באמירת:

עֹשֶׂה שָׁלוֹם בִּמְרוֹמָיו
הוּא בְּרַחֲמָיו יַעֲשֶׂה שָׁלוֹם
עָלֵינוּ וְעַל כָּל עַמּוֹ יִשְׂרָאֵל, וְאִמְרוּ אָמֵן. (קהל: אָמֵן)

בראש חודש אחרי קדיש תתקבל יש נוהגים לומר את הפסוק הזה
ואת הבקשה שאחריו שלוש פעמים כסגולה לאריכות ימים (משנת חסידים).

וְאַבְרָהָם זָקֵן בָּא בַּיָּמִים, וַיהוָה בֵּרַךְ אֶת־אַבְרָהָם בַּכֹּל׃ בראשית כד

מכוון: (זְבַדְיָה) ואומר: יִשְׁמְרֵנִי וִיחַיֵּנִי, כֵּן יְהִי רָצוֹן מִלְּפָנֶיךָ אֱלֹהִים חַיִּים
וּמֶלֶךְ עוֹלָם אֲשֶׁר בְּיָדוֹ נֶפֶשׁ כָּל חָי. אָמֵן כֵּן יְהִי רָצוֹן.

# פתיחת ההיכל

מלכים א׳ ח יְהִי יְהֹוָה אֱלֹהֵינוּ עִמָּנוּ כַּאֲשֶׁר הָיָה עִם־אֲבֹתֵינוּ אַל־יַעַזְבֵנוּ וְאַל־יִטְּשֵׁנוּ:
תהלים כח הוֹשִׁיעָה אֶת־עַמֶּךָ וּבָרֵךְ אֶת־נַחֲלָתֶךָ וּרְעֵם וְנַשְּׂאֵם עַד־הָעוֹלָם:

במדבר י וַיְהִי בִּנְסֹעַ הָאָרֹן וַיֹּאמֶר מֹשֶׁה, קוּמָה יְהֹוָה וְיָפֻצוּ אֹיְבֶיךָ, וְיָנֻסוּ מְשַׂנְאֶיךָ מִפָּנֶיךָ:
תהלים קלב קוּמָה יְהֹוָה לִמְנוּחָתֶךָ, אַתָּה וַאֲרוֹן עֻזֶּךָ: כֹּהֲנֶיךָ יִלְבְּשׁוּ־צֶדֶק, וַחֲסִידֶיךָ יְרַנֵּנוּ:

תהלים קיח בַּעֲבוּר דָּוִד עַבְדֶּךָ, אַל־תָּשֵׁב פְּנֵי מְשִׁיחֶךָ: פִּתְחוּ־לִי שַׁעֲרֵי־צֶדֶק, אָבֹא־בָם אוֹדֶה יָהּ: זֶה־הַשַּׁעַר לַיהֹוָה, צַדִּיקִים יָבֹאוּ בוֹ:

בקהילות רבות נוהגים לומר ׳בְּרִיךְ שְׁמֵהּ׳ בראש חודש ובחול המועד
(בא״ח ש״ש, תולדות טו בשם ׳כיסא אליהו׳, וראה הלכה 312).

זוהר ויקהל בְּרִיךְ שְׁמֵהּ דְּמָרֵא עָלְמָא, בְּרִיךְ כִּתְרָךְ וְאַתְרָךְ. יְהֵא רְעוּתָךְ עִם עַמָּךְ יִשְׂרָאֵל לְעָלַם, וּפֻרְקַן יְמִינָךְ אַחֲזֵי לְעַמָּךְ בְּבֵית מַקְדְּשָׁךְ, וּלְאַמְטוּיֵי לָנָא מִטּוּב נְהוֹרָךְ, וּלְקַבֵּל צְלוֹתָנָא בְּרַחֲמִין. יְהֵא רַעֲוָא קֳדָמָךְ דְּתוֹרִיךְ לָן חַיִּין בְּטִיבוּ, וְלֶהֱוֵי אֲנָא עַבְדָּךְ פְּקִידָא בְּגוֹ צַדִּיקַיָּא, לְמִרְחַם עֲלַי וּלְמִנְטַר יָתִי וְיָת כָּל דִּי לִי וְדִי לְעַמָּךְ יִשְׂרָאֵל. אַנְתְּ הוּא זָן לְכֹלָּא וּמְפַרְנֵס לְכֹלָּא, אַנְתְּ הוּא שַׁלִּיט עַל כֹּלָּא, אַנְתְּ הוּא דְּשַׁלִּיט עַל מַלְכַיָּא, וּמַלְכוּתָא דִּילָךְ הִיא. אֲנָא עַבְדָּא דְקֻדְשָׁא בְּרִיךְ הוּא, דְּסָגֵידְנָא קַמֵּהּ מִקַּמֵּי דִּיקַר אוֹרָיְתֵהּ בְּכָל עִדָּן וְעִדָּן. לָא עַל אֱנָשׁ רָחִיצְנָא וְלָא עַל בַּר אֱלָהִין סָמִיכְנָא, אֶלָּא בֶּאֱלָהָא דִשְׁמַיָּא, דְּהוּא אֱלָהָא דִקְשׁוֹט, וְאוֹרָיְתֵהּ קְשׁוֹט, וּנְבִיאוֹהִי קְשׁוֹט, וּמַסְגֵּא לְמֶעְבַּד טַבְוָן וּקְשׁוֹט. בֵּהּ אֲנָא רָחִיץ, וְלִשְׁמֵהּ יַקִּירָא קַדִּישָׁא אֲנָא אֵמַר תֻּשְׁבְּחָן. יְהֵא רַעֲוָא קֳדָמָךְ דְּתִפְתַּח לִבַּאי בְּאוֹרָיְתָךְ (וְתִיהַב לִי בְּנִין דִּכְרִין דְּעָבְדִין רְעוּתָךְ) וְתַשְׁלִים מִשְׁאֲלִין דְּלִבַּאי וְלִבָּא דְכָל עַמָּךְ יִשְׂרָאֵל לְטָב וּלְחַיִּין וְלִשְׁלָם, אָמֵן.

יש נוהגים לומר ביום הראשון של ראש חודש בפתיחת ההיכל בקשה זו מספר ׳חמדת ימים׳.

בראשית כד יְהִי רָצוֹן מִלְּפָנֶיךָ, יְהֹוָה אֱלֹהֵי אַבְרָהָם וּפַחַד יִצְחָק אֲבִיר יַעֲקֹב, אֱלֹהֵי
הַשָּׁמַיִם וֵאלֹהֵי הָאָרֶץ: שֶׁתְּהֵא שָׁעָה זוֹ שְׁעַת רַחֲמִים לְקַבֵּל תְּפִלּוֹתֵינוּ
משלי כו לְפָנֶיךָ בְּרָצוֹן, לִהְיוֹת מַיִין נוּקְבִין, לְעוֹרֵר אַהֲבַת דּוֹדִים לְמַעְלָה, אִישׁ יַחַד

פְּנֵי־רֵעֵהוּ: וְיִתְרַבֶּה הַשֶּׁפַע בְּכָל הָעוֹלָמוֹת. וּבְכֹחַ סְגֻלַּת תְּפִלָּתֵנוּ הָאִירָה
פָּנֶיךָ בְּמִשְׁפַּט הָאוּרִים וְהָיוּ לִמְאוֹרוֹת, עַל־כִּסֵּא דָוִד וְעַל־מַמְלַכְתּוֹ, לְהָכִין ישעיה ט
אֹתָהּ וּלְסַעֲדָהּ בְּמִשְׁפָּט וּבִצְדָקָה: שָׂשׂוֹן וְשִׂמְחָה יִמָּצֵא בָהּ: עַד־יֵצֵא ישעיה נא ישעיה סב
כַנֹּגַהּ צִדְקָהּ: וְכָאָרֶץ תּוֹצִיא צִמְחָהּ וּכְגַנָּה זֵרוּעֶיהָ תַצְמִיחַ: וְתָרוּם וְתִנָּשֵׂא ישעיה סא
עַד הֱיוֹת לִוְיַת חֵן לְרֹאשׁ שְׁנֵי מַלְאָכִים בְּכֶתֶר אֶחָד. וּמִזִּיו הַשֶּׁפַע הַהוּא
יְשַׁפַּע עָלֵינוּ, לָנוּ בְּנֵי מְלָכִים, בְּנֵי רָחֵל אִמֵּנוּ, שֶׁפַע יְשׁוּעָה וְרַחֲמִים עַל
נר״ן, לְכוֹנֵן אֶת לְבָבֵנוּ לְאַהֲבָה וּלְיִרְאָה אֶת שְׁמֶךָ, יִרְאַת הָרוֹמְמוּת,
וּלְעָבְדְּךָ בֶּאֱמֶת אֲנַחְנוּ וְזַרְעֵנוּ וְזֶרַע זַרְעֵנוּ. וֶהֱיֵה נָא לְצוּר מָעוֹז לִשְׁנֵי
מַלְאָכֶיךָ הַקְּדוֹשִׁים שָׂרֵי הַחֶסֶד וְהַגְּבוּרָה, מְלִיצֵי יֹשֶׁר עַל עַם בְּחִירֶךָ
כְּהַיּוֹם הַזֶּה, לַעֲמֹד נֶגֶד ס״מ הָרָשָׁע הַמַּשְׂטִין עָלֵינוּ וְצָמֵא לְמַיִם גְּנוּבִים
וּלְדַם נְקִיִּים. וּבְרֹב גְּאוֹנְךָ תַּהֲרֹס קָמֶיךָ: תִּזְרֵם וְרוּחַ תִּשָּׂאֵם: וְיֵרָצֶה נָא שמות טו ישעיה מא
לְפָנֶיךָ שִׂיחַ שִׂפְתוֹתֵינוּ בִּתְפִלָּתֵנוּ הַיּוֹם, דֻּגְמַת קָרְבַּן הַשָּׂעִיר לְהָפִיץ עֻזּוֹ
הַמְקַטְרֵג עָלֵינוּ. וִיהֵא הַחֹדֶשׁ הַזֶּה סוֹף וְקֵץ לְכָל צָרוֹתֵינוּ, תְּחִלָּה וְרֹאשׁ
לְפִדְיוֹן נַפְשֵׁנוּ אַהֲבַת עוֹלָם תָּבִיא לְעַמְּךָ עֲדַת סְגֻלָּתֶךָ וּבְרִית אָבוֹת
לַבָּנִים תִּזְכֹּר. וְהָיָה מִדֵּי־חֹדֶשׁ בְּחָדְשׁוֹ וּמִדֵּי שַׁבָּת בְּשַׁבַּתּוֹ יָבוֹא כָל־בָּשָׂר ישעיה סו
לְהִשְׁתַּחֲווֹת מוּל הֲדַרַת כְּבוֹדְךָ בִּירוּשָׁלָיִם. וְאֶת צֶמַח דָּוִד עַבְדְּךָ מְהֵרָה
תַצְמִיחַ וְקַרְנוֹ תָּרוּם בִּישׁוּעָתֶךָ. יִרְאוּ עֵינֵינוּ וְיָגֵל כְּבוֹדֵנוּ. וְעָלוּ מוֹשִׁעִים עובדיה א
בְּהַר צִיּוֹן לִשְׁפֹּט אֶת־הַר עֵשָׂו, וְהָיְתָה לַיהוָה הַמְּלוּכָה: וְהָיָה יְהוָה לְמֶלֶךְ זכריה יד
עַל־כָּל־הָאָרֶץ, בַּיּוֹם הַהוּא יִהְיֶה יְהוָה אֶחָד וּשְׁמוֹ אֶחָד: עֲשֵׂה לְמַעַן
שְׁמֶךָ עֲשֵׂה לְמַעַן יְמִינֶךָ עֲשֵׂה לְמַעַן תּוֹרָתֶךָ, עֲשֵׂה לְמַעַן קְדֻשָּׁתֶךָ וּלְמַעַן
קְדֻשַּׁת שְׁנֵים עָשָׂר צֵרוּפֵי שְׁמוֹת הוי״ה וּשְׁנֵים עָשָׂר צֵרוּפֵי שְׁמוֹת אהי״ה
הַמְּאִירִים בִּשְׁנֵים עָשָׂר רָאשֵׁי חֳדָשִׁים. יִהְיוּ לְרָצוֹן אִמְרֵי־פִי וְהֶגְיוֹן לִבִּי תהלים יט
לְפָנֶיךָ, יְהוָה צוּרִי וְגֹאֲלִי: וִיהִי נֹעַם אֲדֹנָי אֱלֹהֵינוּ עָלֵינוּ, וּמַעֲשֵׂה יָדֵינוּ תהלים צ
כּוֹנְנָה עָלֵינוּ, וּמַעֲשֵׂה יָדֵינוּ כּוֹנְנֵהוּ:

ואומרים שלוש פעמים:

וַאֲנִי תְפִלָּתִי־לְךָ יְהוָה עֵת רָצוֹן, אֱלֹהִים בְּרָב־חַסְדֶּךָ עֲנֵנִי בֶּאֱמֶת יִשְׁעֶךָ: תהלים סט

בָּרוּךְ הַמָּקוֹם שֶׁנָּתַן תּוֹרָה לְעַמּוֹ יִשְׂרָאֵל בָּרוּךְ הוּא.
אַשְׁרֵי הָעָם שֶׁכָּכָה לּוֹ, אַשְׁרֵי הָעָם שֶׁיהוָה אֱלֹהָיו: תהלים קמד

כשמוליכים את ספר התורה מן ההיכל לתיבה, שליח הציבור אומר עם הקהל:

תהלים לד **גַּדְּלוּ לַיהוָה אִתִּי, וּנְרוֹמְמָה שְׁמוֹ יַחְדָּו:**

תהלים צט **רוֹמְמוּ יְהוָה אֱלֹהֵינוּ וְהִשְׁתַּחֲווּ לַהֲדֹם רַגְלָיו, קָדוֹשׁ הוּא: רוֹמְמוּ**
**יְהוָה אֱלֹהֵינוּ וְהִשְׁתַּחֲווּ לְהַר קָדְשׁוֹ, כִּי־קָדוֹשׁ יְהוָה אֱלֹהֵינוּ:**
שמואל א׳ ב **אֵין־קָדוֹשׁ כַּיהוָה כִּי־אֵין בִּלְתֶּךָ, וְאֵין צוּר כֵּאלֹהֵינוּ: כִּי מִי אֱלוֹהַּ**
תהלים יח **מִבַּלְעֲדֵי יְהוָה, וּמִי צוּר זוּלָתִי אֱלֹהֵינוּ: תּוֹרָה צִוָּה־לָנוּ מֹשֶׁה,**
דברים לג **מוֹרָשָׁה קְהִלַּת יַעֲקֹב: עֵץ־חַיִּים הִיא לַמַּחֲזִיקִים בָּהּ, וְתֹמְכֶיהָ**
משלי ג **מְאֻשָּׁר: דְּרָכֶיהָ דַרְכֵי־נֹעַם וְכָל־נְתִיבוֹתֶיהָ שָׁלוֹם: שָׁלוֹם רָב לְאֹהֲבֵי**
תהלים קיט **תוֹרָתֶךָ, וְאֵין־לָמוֹ מִכְשׁוֹל: יְהוָה עֹז לְעַמּוֹ יִתֵּן, יְהוָה יְבָרֵךְ אֶת־**
תהלים כט **עַמּוֹ בַשָּׁלוֹם:**

יש אומרים:

מסכת סופרים יד, ו עַל הַכֹּל יִתְגַּדַּל וְיִתְקַדַּשׁ יִתְבָּרַךְ וְיִתְרוֹמַם וְיִתְנַשֵּׂא שְׁמוֹ שֶׁל מֶלֶךְ מַלְכֵי
הַמְּלָכִים הַקָּדוֹשׁ בָּרוּךְ הוּא בָּעוֹלָמוֹת שֶׁבָּרָא, הָעוֹלָם הַזֶּה וְהָעוֹלָם הַבָּא,
כִּרְצוֹנוֹ וְכִרְצוֹן יְרֵאָיו וְכִרְצוֹן כָּל עַמּוֹ בֵּית יִשְׂרָאֵל.

תִּגָּלֶה וְתֵרָאֶה מַלְכוּתוֹ עָלֵינוּ בִּמְהֵרָה. וְיָחֹן וְיָחוּס וִירַחֵם עַל פְּלֵיטָתֵנוּ וּפְלֵיטַת עַמּוֹ בֵּית יִשְׂרָאֵל בְּחֵן בְּחֶסֶד בְּרַחֲמִים וּבְרָצוֹן. וְאִמְרוּ כָּל הָעָם אָמֵן.

הָרַחֲמָן הוּא יַחֲזִיר שְׁבִיתֵנוּ וְשְׁבִית עַמּוֹ בֵּית יִשְׂרָאֵל בִּמְהֵרָה. וְיוֹצִיאֵנוּ מִכָּל צָרוֹתֵינוּ לִרְוָחָה. וּמֵאֲפֵלָה לְאוֹרָה בְּקָרוֹב. וְיֹאמְרוּ כָּל הָעָם אָמֵן.

דברים לב **כִּי שֵׁם יְהוָה אֶקְרָא, הָבוּ גֹדֶל לֵאלֹהֵינוּ:**
**הַכֹּל תְּנוּ עֹז לֵאלֹהִים וּתְנוּ כָבוֹד לַתּוֹרָה.**

מגביה את ספר התורה ומראה פני כתיבתו לקהל.

דברים ד **וְזֹאת הַתּוֹרָה אֲשֶׁר־שָׂם מֹשֶׁה לִפְנֵי בְּנֵי יִשְׂרָאֵל:**
דברים לג **תּוֹרָה צִוָּה־לָנוּ מֹשֶׁה, מוֹרָשָׁה קְהִלַּת יַעֲקֹב:**
תהלים יח **הָאֵל תָּמִים דַּרְכּוֹ, אִמְרַת־יְהוָה צְרוּפָה**
**מָגֵן הוּא לְכֹל הַחוֹסִים בּוֹ:**

## ברכות התורה

עולה: יְהוָה עִמָּכֶם קהל: יְבָרֶכְךָ יְהוָה

עולה: (רַבָּנָן) בָּרְכוּ אֶת יְהוָה הַמְבֹרָךְ.

קהל: בָּרוּךְ יְהוָה הַמְבֹרָךְ לְעוֹלָם וָעֶד.

עולה: בָּרוּךְ יְהוָה הַמְבֹרָךְ לְעוֹלָם וָעֶד.

עולה: בָּרוּךְ אַתָּה יְהוָה, אֱלֹהֵינוּ מֶלֶךְ הָעוֹלָם, אֲשֶׁר בָּחַר בָּנוּ מִכָּל הָעַמִּים, וְנָתַן לָנוּ אֶת תּוֹרָתוֹ. בָּרוּךְ אַתָּה יְהוָה, נוֹתֵן הַתּוֹרָה.

קריאה לחול המועד פסח בעמ׳ 729.
קריאה לחול המועד סוכות בעמ׳ 524.

לאחר הקריאה העולה מנשק את ספר התורה ומברך:

בָּרוּךְ אַתָּה יְהוָה, אֱלֹהֵינוּ מֶלֶךְ הָעוֹלָם אֲשֶׁר נָתַן לָנוּ (אֶת) תּוֹרָתוֹ תּוֹרַת אֱמֶת וְחַיֵּי עוֹלָם נָטַע בְּתוֹכֵנוּ. בָּרוּךְ אַתָּה יְהוָה, נוֹתֵן הַתּוֹרָה.

## קריאה לראש חודש

בראש חודש המנהג המקובל הוא שהכוהן קורא שלושה פסוקים עד ׳עֹלָה תָמִיד׳, הלוי חוזר על הפסוק ׳וְאָמַרְתָּ לָהֶם׳, וקורא עד ׳רְבִיעִת הַהִין׳.

בראש חודש טבת הכוהן קורא עד ׳רְבִיעִת הַהִין׳, הלוי קורא את הקריאה לשלישי, השלישי קורא את הקריאה לרביעי, והרביעי קורא את הקריאה לחנוכה המתאימה לאותו יום בעמ׳ 718.

וַיְדַבֵּר יְהוָה אֶל־מֹשֶׁה לֵּאמֹר: צַו אֶת־בְּנֵי יִשְׂרָאֵל וְאָמַרְתָּ אֲלֵהֶם אֶת־ במדבר כח, א–טו
קָרְבָּנִי לַחְמִי לְאִשַּׁי רֵיחַ נִיחֹחִי תִּשְׁמְרוּ לְהַקְרִיב לִי בְּמוֹעֲדוֹ: *וְאָמַרְתָּ לוי
לָהֶם זֶה הָאִשֶּׁה אֲשֶׁר תַּקְרִיבוּ לַיהוָה כְּבָשִׂים בְּנֵי־שָׁנָה תְמִימִם שְׁנַיִם לַיּוֹם
עֹלָה תָמִיד:* אֶת־הַכֶּבֶשׂ אֶחָד תַּעֲשֶׂה בַבֹּקֶר וְאֵת הַכֶּבֶשׂ הַשֵּׁנִי תַּעֲשֶׂה עד כאן לכוהן
בֵּין הָעַרְבָּיִם: וַעֲשִׂירִית הָאֵיפָה סֹלֶת לְמִנְחָה בְּלוּלָה בְּשֶׁמֶן כָּתִית רְבִיעִת
הַהִין: *עֹלַת תָּמִיד הָעֲשֻׂיָה בְּהַר סִינַי לְרֵיחַ נִיחֹחַ אִשֶּׁה לַיהוָה: וְנִסְכּוֹ שלישי
רְבִיעִת הַהִין לַכֶּבֶשׂ הָאֶחָד בַּקֹּדֶשׁ הַסֵּךְ נֶסֶךְ שֵׁכָר לַיהוָה: וְאֵת הַכֶּבֶשׂ
הַשֵּׁנִי תַּעֲשֶׂה בֵּין הָעַרְבָּיִם כְּמִנְחַת הַבֹּקֶר וּכְנִסְכּוֹ תַּעֲשֶׂה אִשֵּׁה רֵיחַ נִיחֹחַ
לַיהוָה: וּבְיוֹם הַשַּׁבָּת שְׁנֵי־כְבָשִׂים בְּנֵי־שָׁנָה תְּמִימִם וּשְׁנֵי עֶשְׂרֹנִים
סֹלֶת מִנְחָה בְּלוּלָה בַשֶּׁמֶן וְנִסְכּוֹ: עֹלַת שַׁבַּת בְּשַׁבַּתּוֹ עַל־עֹלַת הַתָּמִיד
וְנִסְכָּהּ:

רביעי וּבְרָאשֵׁי חָדְשֵׁיכֶם תַּקְרִיבוּ עֹלָה לַיהוָה פָּרִים בְּנֵי־בָקָר שְׁנַיִם וְאַיִל אֶחָד
כְּבָשִׂים בְּנֵי־שָׁנָה שִׁבְעָה תְּמִימִם: וּשְׁלֹשָׁה עֶשְׂרֹנִים סֹלֶת מִנְחָה בְּלוּלָה
בַשֶּׁמֶן לַפָּר הָאֶחָד וּשְׁנֵי עֶשְׂרֹנִים סֹלֶת מִנְחָה בְּלוּלָה בַשֶּׁמֶן לָאַיִל
הָאֶחָד: וְעִשָּׂרֹן עִשָּׂרוֹן סֹלֶת מִנְחָה בְּלוּלָה בַשֶּׁמֶן לַכֶּבֶשׂ הָאֶחָד עֹלָה
רֵיחַ נִיחֹחַ אִשֶּׁה לַיהוָה: וְנִסְכֵּיהֶם חֲצִי הַהִין יִהְיֶה לַפָּר וּשְׁלִישִׁת הַהִין
לָאַיִל וּרְבִיעִת הַהִין לַכֶּבֶשׂ יָיִן זֹאת עֹלַת חֹדֶשׁ בְּחָדְשׁוֹ לְחָדְשֵׁי הַשָּׁנָה:
וּשְׂעִיר עִזִּים אֶחָד לְחַטָּאת לַיהוָה עַל־עֹלַת הַתָּמִיד יֵעָשֶׂה וְנִסְכּוֹ:

העולה רביעי אומר חצי קדיש בעמ׳ 383.
לאחר מכן ממשיכים ׳אַשְׁרֵי׳ ו׳וּבָא לְצִיּוֹן׳.

# מוסף לראש חודש ולחול המועד

תהלים לג יְהִי־חַסְדְּךָ יְהוָה עָלֵינוּ, כַּאֲשֶׁר יִחַלְנוּ לָךְ:
תהלים פד אַשְׁרֵי יוֹשְׁבֵי בֵיתֶךָ, עוֹד יְהַלְלוּךָ סֶּלָה:
תהלים קמד אַשְׁרֵי הָעָם שֶׁכָּכָה לּוֹ, אַשְׁרֵי הָעָם שֶׁיהוָה אֱלֹהָיו:
תהלים קמה תְּהִלָּה לְדָוִד

אֲרוֹמִמְךָ אֱלוֹהַי הַמֶּלֶךְ, וַאֲבָרְכָה שִׁמְךָ לְעוֹלָם וָעֶד:
בְּכָל־יוֹם אֲבָרְכֶךָּ, וַאֲהַלְלָה שִׁמְךָ לְעוֹלָם וָעֶד:
גָּדוֹל יְהוָה וּמְהֻלָּל מְאֹד, וְלִגְדֻלָּתוֹ אֵין חֵקֶר:
דּוֹר לְדוֹר יְשַׁבַּח מַעֲשֶׂיךָ, וּגְבוּרֹתֶיךָ יַגִּידוּ:
הֲדַר כְּבוֹד הוֹדֶךָ, וְדִבְרֵי נִפְלְאֹתֶיךָ אָשִׂיחָה:
וֶעֱזוּז נוֹרְאֹתֶיךָ יֹאמֵרוּ, וּגְדוּלָּתְךָ אֲסַפְּרֶנָּה:
זֵכֶר רַב־טוּבְךָ יַבִּיעוּ, וְצִדְקָתְךָ יְרַנֵּנוּ:
חַנּוּן וְרַחוּם יְהוָה, אֶרֶךְ אַפַּיִם וּגְדָל־חָסֶד:
טוֹב־יְהוָה לַכֹּל, וְרַחֲמָיו עַל־כָּל־מַעֲשָׂיו:
יוֹדוּךָ יְהוָה כָּל־מַעֲשֶׂיךָ, וַחֲסִידֶיךָ יְבָרְכוּכָה:
כְּבוֹד מַלְכוּתְךָ יֹאמֵרוּ, וּגְבוּרָתְךָ יְדַבֵּרוּ:

לְהוֹדִיעַ לִבְנֵי הָאָדָם גְּבוּרֹתָיו, וּכְבוֹד הֲדַר מַלְכוּתוֹ:
מַלְכוּתְךָ מַלְכוּת כָּל־עֹלָמִים, וּמֶמְשַׁלְתְּךָ בְּכָל־דּוֹר וָדֹר:
סוֹמֵךְ יְהוָה לְכָל־הַנֹּפְלִים, וְזוֹקֵף לְכָל־הַכְּפוּפִים:
עֵינֵי־כֹל אֵלֶיךָ יְשַׂבֵּרוּ, וְאַתָּה נוֹתֵן־לָהֶם אֶת־אָכְלָם בְּעִתּוֹ:
פּוֹתֵחַ אֶת־יָדֶךָ, וּמַשְׂבִּיעַ לְכָל־חַי רָצוֹן:
צַדִּיק יְהוָה בְּכָל־דְּרָכָיו, וְחָסִיד בְּכָל־מַעֲשָׂיו:
קָרוֹב יְהוָה לְכָל־קֹרְאָיו, לְכֹל אֲשֶׁר יִקְרָאֻהוּ בֶאֱמֶת:
רְצוֹן־יְרֵאָיו יַעֲשֶׂה, וְאֶת־שַׁוְעָתָם יִשְׁמַע, וְיוֹשִׁיעֵם:
שׁוֹמֵר יְהוָה אֶת־כָּל־אֹהֲבָיו, וְאֵת כָּל־הָרְשָׁעִים יַשְׁמִיד:
תְּהִלַּת יְהוָה יְדַבֶּר פִּי, וִיבָרֵךְ כָּל־בָּשָׂר שֵׁם קָדְשׁוֹ לְעוֹלָם וָעֶד:
וַאֲנַחְנוּ נְבָרֵךְ יָהּ מֵעַתָּה וְעַד־עוֹלָם, הַלְלוּיָהּ: תהלים קטו

קדושה דסידרא

וּבָא לְצִיּוֹן גּוֹאֵל, וּלְשָׁבֵי פֶשַׁע בְּיַעֲקֹב, נְאֻם יְהוָה: ישעיה נט
וַאֲנִי זֹאת בְּרִיתִי אוֹתָם, אָמַר יְהוָה, רוּחִי אֲשֶׁר עָלֶיךָ וּדְבָרַי אֲשֶׁר־
שַׂמְתִּי בְּפִיךָ, לֹא־יָמוּשׁוּ מִפִּיךָ וּמִפִּי זַרְעֲךָ וּמִפִּי זֶרַע זַרְעֲךָ אָמַר
יְהוָה, מֵעַתָּה וְעַד־עוֹלָם:

וְאַתָּה קָדוֹשׁ יוֹשֵׁב תְּהִלּוֹת יִשְׂרָאֵל: וְקָרָא זֶה אֶל־זֶה וְאָמַר תהלים כב ישעיה ו
קָדוֹשׁ, קָדוֹשׁ, קָדוֹשׁ, יְהוָה צְבָאוֹת, מְלֹא כָל־הָאָרֶץ כְּבוֹדוֹ:
וּמְקַבְּלִין דֵּין מִן דֵּין וְאָמְרִין, קַדִּישׁ בִּשְׁמֵי מְרוֹמָא עִלָּאָה בֵּית שְׁכִינְתֵּהּ, תרגום יונתן שם
קַדִּישׁ עַל אַרְעָא עוֹבַד גְּבוּרְתֵּהּ, קַדִּישׁ לְעָלַם וּלְעָלְמֵי עָלְמַיָּא, יְהוָה
צְבָאוֹת, מַלְיָא כָל אַרְעָא זִיו יְקָרֵהּ.

וַתִּשָּׂאֵנִי רוּחַ, וָאֶשְׁמַע אַחֲרַי קוֹל רַעַשׁ גָּדוֹל יחזקאל ג
בָּרוּךְ כְּבוֹד־יְהוָה מִמְּקוֹמוֹ:
וּנְטָלַתְנִי רוּחָא, וְשִׁמְעֵית בַּתְרַי קָל זִיעַ סַגִּיא, דִּמְשַׁבְּחִין וְאָמְרִין, בְּרִיךְ תרגום יונתן שם
יְקָרָא דַיהוָה מֵאֲתַר בֵּית שְׁכִינְתֵּהּ.

שמות טו יְהוָה יִמְלֹךְ לְעֹלָם וָעֶד:

תרגום אונקלוס שם יְהוָה מַלְכוּתֵהּ קָאֵם לְעָלַם וּלְעָלְמֵי עָלְמַיָּא.

דברי הימים א׳ כט יְהוָה אֱלֹהֵי אַבְרָהָם יִצְחָק וְיִשְׂרָאֵל אֲבֹתֵינוּ, שָׁמְרָה־זֹּאת לְעוֹלָם
תהלים עח לְיֵצֶר מַחְשְׁבוֹת לְבַב עַמֶּךָ, וְהָכֵן לְבָבָם אֵלֶיךָ: וְהוּא רַחוּם יְכַפֵּר
תהלים פו עָוֹן וְלֹא־יַשְׁחִית, וְהִרְבָּה לְהָשִׁיב אַפּוֹ, וְלֹא־יָעִיר כָּל־חֲמָתוֹ: כִּי־
תהלים קיט אַתָּה אֲדֹנָי טוֹב וְסַלָּח, וְרַב־חֶסֶד לְכָל־קֹרְאֶיךָ: צִדְקָתְךָ צֶדֶק
מיכה ז לְעוֹלָם וְתוֹרָתְךָ אֱמֶת: תִּתֵּן אֱמֶת לְיַעֲקֹב, חֶסֶד לְאַבְרָהָם, אֲשֶׁר־
תהלים סח נִשְׁבַּעְתָּ לַאֲבֹתֵינוּ מִימֵי קֶדֶם: בָּרוּךְ אֲדֹנָי יוֹם יוֹם יַעֲמָס־לָנוּ, הָאֵל
יְשׁוּעָתֵנוּ סֶלָה: יְהוָה צְבָאוֹת עִמָּנוּ, מִשְׂגָּב לָנוּ אֱלֹהֵי יַעֲקֹב סֶלָה:
תהלים פד תהלים כ יְהוָה צְבָאוֹת, אַשְׁרֵי אָדָם בֹּטֵחַ בָּךְ: יְהוָה הוֹשִׁיעָה, הַמֶּלֶךְ יַעֲנֵנוּ
בְיוֹם־קָרְאֵנוּ:

בָּרוּךְ אֱלֹהֵינוּ שֶׁבְּרָאָנוּ לִכְבוֹדוֹ, וְהִבְדִּילָנוּ מִן הַתּוֹעִים, וְנָתַן לָנוּ
תּוֹרַת אֱמֶת, וְחַיֵּי עוֹלָם נָטַע בְּתוֹכֵנוּ. הוּא יִפְתַּח לִבֵּנוּ בְּתוֹרָתוֹ,
וְיָשִׂים בְּלִבֵּנוּ אַהֲבָתוֹ וְיִרְאָתוֹ לַעֲשׂוֹת רְצוֹנוֹ וּלְעָבְדוֹ בְּלֵבָב שָׁלֵם,
לְמַעַן לֹא נִיגַע לָרִיק וְלֹא נֵלֵד לַבֶּהָלָה. יְהִי רָצוֹן מִלְּפָנֶיךָ, יְהוָה
אֱלֹהֵינוּ וֵאלֹהֵי אֲבוֹתֵינוּ, שֶׁנִּשְׁמֹר חֻקֶּיךָ בָּעוֹלָם הַזֶּה, וְנִזְכֶּה וְנִחְיֶה
תהלים ל וְנִירַשׁ טוֹבָה וּבְרָכָה, לְחַיֵּי הָעוֹלָם הַבָּא. לְמַעַן יְזַמֶּרְךָ כָבוֹד וְלֹא
יִדֹּם, יְהוָה אֱלֹהַי, לְעוֹלָם אוֹדֶךָּ: יְהוָה חָפֵץ לְמַעַן צִדְקוֹ, יַגְדִּיל
ישעיה מב תהלים ט תּוֹרָה וְיַאְדִּיר: וְיִבְטְחוּ בְךָ יוֹדְעֵי שְׁמֶךָ, כִּי לֹא־עָזַבְתָּ דֹרְשֶׁיךָ, יְהוָה:
תהלים ח יְהוָה אֲדֹנֵינוּ מָה־אַדִּיר שִׁמְךָ בְּכָל־הָאָרֶץ: חִזְקוּ וְיַאֲמֵץ לְבַבְכֶם,
תהלים לא כָּל־הַמְיַחֲלִים לַיהוָה:

יש נוהגים להמשיך: ׳בֵּית יַעֲקֹב׳, ׳שִׁיר הַמַּעֲלוֹת לְדָוִד׳, שיר של יום ו׳הוֹשִׁיעֵנוּ׳ (עמ׳ 101 ואילך), ואחר כך אומרים ׳יְהַלְלוּ׳ (בעמוד הבא), ומכניסים את ספר התורה להיכל (ראה הלכה 381).
ויש נוהגים לדלג על מזמורים אלו ולהמשיך ׳יְהַלְלוּ׳.

מחזירים את ספר התורה למקומו ואומרים:

יְהַלְלוּ אֶת־שֵׁם יְהוָה, כִּי־נִשְׂגָּב שְׁמוֹ לְבַדּוֹ, הוֹדוֹ עַל־אֶרֶץ וְשָׁמָיִם: תהלים קמח
וַיָּרֶם קֶרֶן לְעַמּוֹ, תְּהִלָּה לְכָל־חֲסִידָיו, לִבְנֵי יִשְׂרָאֵל עַם קְרֹבוֹ הַלְלוּיָהּ:
יְהוָה הוּא הָאֱלֹהִים, יְהוָה הוּא הָאֱלֹהִים: בַּשָּׁמַיִם מִמַּעַל וְעַל־הָאָרֶץ מלכים א׳ יח דברים ד
מִתָּחַת, אֵין עוֹד: אֵין־כָּמוֹךָ בָאֱלֹהִים, אֲדֹנָי, וְאֵין כְּמַעֲשֶׂיךָ: וּבְנֻחֹה תהלים פו במדבר י
יֹאמַר, שׁוּבָה יְהוָה רִבְבוֹת אַלְפֵי יִשְׂרָאֵל: הֲשִׁיבֵנוּ יְהוָה אֵלֶיךָ וְנָשׁוּבָה, איכה ה
חַדֵּשׁ יָמֵינוּ כְּקֶדֶם:

קודם עמידה של מוסף חולצים את התפילין, ״שתפילת מוסף הוא במקום קורבן מוסף, ובעת הקרבת המוסף הוא כמו יום טוב ממש ואין צריך אות״ (׳לבוש׳, תכג, ד).
יש נוהגים לחולצן לפני הקדיש, והמנהג הנפוץ לחולצן אחר הקדיש, כמובא ב׳שער הכוונות׳.

**חצי קדיש**

ש״ץ: יִתְגַּדַּל וְיִתְקַדַּשׁ שְׁמֵהּ רַבָּא (קהל: אָמֵן)
בְּעָלְמָא דִּי בְרָא כִרְעוּתֵהּ
וְיַמְלִיךְ מַלְכוּתֵהּ וְיַצְמַח פֻּרְקָנֵהּ וִיקָרֵב מְשִׁיחֵהּ (קהל: אָמֵן)
בְּחַיֵּיכוֹן וּבְיוֹמֵיכוֹן וּבְחַיֵּי דְכָל בֵּית יִשְׂרָאֵל
בַּעֲגָלָא וּבִזְמַן קָרִיב
וְאִמְרוּ אָמֵן. (קהל: אָמֵן)

קהל וש״ץ: יְהֵא שְׁמֵהּ רַבָּא מְבָרַךְ לְעָלַם לְעָלְמֵי עָלְמַיָּא יִתְבָּרַךְ
וְיִשְׁתַּבַּח וְיִתְפָּאַר וְיִתְרוֹמַם וְיִתְנַשֵּׂא
וְיִתְהַדָּר וְיִתְעַלֶּה וְיִתְהַלָּל
שְׁמֵהּ דְּקֻדְשָׁא בְּרִיךְ הוּא (קהל: אָמֵן)
לְעֵלָּא מִן כָּל בִּרְכָתָא, שִׁירָתָא, תֻּשְׁבְּחָתָא וְנֶחֱמָתָא
דַּאֲמִירָן בְּעָלְמָא
וְאִמְרוּ אָמֵן. (קהל: אָמֵן)

מוסף לראש חודש בעמוד הבא.
מוסף לחול המועד בעמ׳ 443.

# עמידה למוסף ראש חודש

"המתפלל צריך שיכוין בלבו פירוש המלות שמוציא בשפתיו; ויחשוב כאלו שכינה כנגדו ויסיר כל המחשבות הטורדות אותו עד שתשאר מחשבתו וכוונתו זכה בתפלתו" (שו"ע צח, א).

יש נוהגים לפסוע שלש פסיעות לפנים, כמי שנכנס לפני המלך (ספר הפרדס; קש"ג בשם הרוקח).

עומד ומתפלל בלחש מכאן ועד 'בְּלֵבָב שָׁלֵם' בעמ' 391.

שוחין בברכת אבות תחילה וסוף (ברכות לד ע"א; שו"ע קיג, א),
כורע בתיבת 'בָּרוּךְ', קד לפנים בתיבת 'אַתָּה' וזוקף בשם ('רעיא מהימנא', עקב).

תהלים נא **אֲדֹנָי, שְׂפָתַי תִּפְתָּח, וּפִי יַגִּיד תְּהִלָּתֶךָ:**

אבות

**בָּרוּךְ אַתָּה יְהֹוָה, אֱלֹהֵינוּ וֵאלֹהֵי אֲבוֹתֵינוּ**
**אֱלֹהֵי אַבְרָהָם, אֱלֹהֵי יִצְחָק, וֵאלֹהֵי יַעֲקֹב**
**הָאֵל הַגָּדוֹל הַגִּבּוֹר וְהַנּוֹרָא, אֵל עֶלְיוֹן**
**גּוֹמֵל חֲסָדִים טוֹבִים, קוֹנֵה הַכֹּל**
**וְזוֹכֵר חַסְדֵי אָבוֹת**
**וּמֵבִיא גוֹאֵל לִבְנֵי בְנֵיהֶם לְמַעַן שְׁמוֹ בְּאַהֲבָה.**
**מֶלֶךְ עוֹזֵר וּמוֹשִׁיעַ וּמָגֵן.**
**בָּרוּךְ אַתָּה יְהֹוָה, מָגֵן אַבְרָהָם.**

גבורות

**אַתָּה גִּבּוֹר לְעוֹלָם, אֲדֹנָי**
**מְחַיֶּה מֵתִים אַתָּה, רַב לְהוֹשִׁיעַ**

אומרים 'מַשִּׁיב הָרוּחַ' ממוסף של שמיני עצרת עד שחרית של יו"ט ראשון של פסח. וממוסף של יו"ט ראשון של פסח ועד שחרית של שמיני עצרת, אומרים 'מוֹרִיד הַטָּל'. ראה הלכה 144-145.

בחורף: **מַשִּׁיב הָרוּחַ וּמוֹרִיד הַגֶּשֶׁם** / בקיץ: **מוֹרִיד הַטָּל**
**מְכַלְכֵּל חַיִּים בְּחֶסֶד**
**מְחַיֵּה מֵתִים בְּרַחֲמִים רַבִּים**

סוֹמֵךְ נוֹפְלִים, וְרוֹפֵא חוֹלִים, וּמַתִּיר אֲסוּרִים
וּמְקַיֵּם אֱמוּנָתוֹ לִישֵׁנֵי עָפָר.
מִי כָמְוֹךָ, בַּעַל גְּבוּרוֹת
וּמִי דּוֹמֶה לָּךְ, מֶלֶךְ מֵמִית וּמְחַיֶּה וּמַצְמִיחַ יְשׁוּעָה.
וְנֶאֱמָן אַתָּה לְהַחֲיוֹת מֵתִים.
בָּרוּךְ אַתָּה יְהוָה, מְחַיֵּה הַמֵּתִים.

בתפילת לחש ממשיך 'אַתָּה קָדוֹשׁ' למטה.

---

קדושה

בתפילות המוספים של ראשי חודשים וחול המועד אומרים קדושת כתר קצרה (ב"י, תכג), וכיוון שבראש חודש הקדושה של המלאכים עיקר, אומרים 'וְעַמְּךָ יִשְׂרָאֵל' (׳גן המלך׳, קלד בשם ר׳ דוד גרשון).

כֶּתֶר יִתְּנוּ לְךָ יְהוָה אֱלֹהֵינוּ
מַלְאָכִים הֲמוֹנֵי מַעְלָה וְעַמְּךָ יִשְׂרָאֵל קְבוּצֵי מַטָּה.
יַחַד כֻּלָּם קְדֻשָּׁה לְךָ יְשַׁלֵּשׁוּ כַּדָּבָר הָאָמוּר עַל יַד נְבִיאָךְ:
וְקָרָא זֶה אֶל־זֶה וְאָמַר ישעיה ו

קהל ואחר כך שליח הציבור:

״קָדוֹשׁ, ״קָדוֹשׁ, ״קָדוֹשׁ, יְהוָה צְבָאוֹת, מְלֹא כָל־הָאָרֶץ כְּבוֹדוֹ:
לְעֻמָּתָם מְשַׁבְּחִים וְאוֹמְרִים

קהל ואחר כך שליח הציבור:

״בָּרוּךְ כְּבוֹד־יְהוָה מִמְּקוֹמוֹ: יחזקאל ג
וּבְדִבְרֵי קָדְשְׁךָ כָּתוּב לֵאמֹר

קהל ואחר כך שליח ציבור:

״יִמְלֹךְ יְהוָה לְעוֹלָם, אֱלֹהַיִךְ צִיּוֹן לְדֹר וָדֹר, הַלְלוּיָהּ: תהלים קמו

---

קדושת השם

אַתָּה קָדוֹשׁ וְשִׁמְךָ קָדוֹשׁ
וּקְדוֹשִׁים בְּכָל יוֹם יְהַלְלוּךָ סֶּלָה.
בָּרוּךְ אַתָּה יְהוָה, הָאֵל הַקָּדוֹשׁ.

קדושת היום

ראש חודש מבטא את הציפייה להתחדשות, כפי שהלבנה מתחדשת,
ומשום כך בתפילת מוסף אנו מייחלים לבניית המזבח החדש בירושלים (רש״ר הירש).

רָאשֵׁי חֳדָשִׁים לְעַמְּךָ נָתַתָּ
זְמַן כַּפָּרָה לְכָל תּוֹלְדוֹתָם
בִּהְיוֹתָם מַקְרִיבִים לְפָנֶיךָ זִבְחֵי רָצוֹן
שְׂעִירֵי חַטָּאת לְכַפֵּר בַּעֲדָם.
זִכָּרוֹן לְכֻלָּם יִהְיֶה, תְּשׁוּעַת נַפְשָׁם מִיַּד שׂוֹנֵא.
מִזְבֵּחַ חָדָשׁ בְּצִיּוֹן תָּכִין
וְעוֹלַת רֹאשׁ חֹדֶשׁ נַעֲלֶה עָלָיו
וּשְׂעִיר עִזִּים נַעֲשֶׂה בְרָצוֹן
וּבַעֲבוֹדַת בֵּית הַמִּקְדָּשׁ נִשְׂמַח כֻּלָּנוּ
וּבְשִׁירֵי דָוִד עַבְדְּךָ נִשְׁמַע בְּעִירֶךָ
הָאֲמוּרִים לִפְנֵי מִזְבְּחֶךָ.
אַהֲבַת עוֹלָם תָּבִיא לָהֶם
וּבְרִית אָבוֹת לַבָּנִים תִּזְכֹּר.

יְהִי רָצוֹן מִלְּפָנֶיךָ, יְהֹוָה אֱלֹהֵינוּ וֵאלֹהֵי אֲבוֹתֵינוּ
שֶׁתַּעֲלֵנוּ בְשִׂמְחָה לְאַרְצֵנוּ, וְתִטָּעֵנוּ בִּגְבוּלֵנוּ
וְשָׁם נַעֲשֶׂה לְפָנֶיךָ אֶת קָרְבְּנוֹת חוֹבוֹתֵינוּ
תְּמִידִים כְּסִדְרָם וּמוּסָפִים כְּהִלְכָתָם.

אֶת מוּסַף יוֹם רֹאשׁ הַחֹדֶשׁ הַזֶּה
נַעֲשֶׂה וְנַקְרִיב לְפָנֶיךָ בְּאַהֲבָה כְּמִצְוַת רְצוֹנֶךָ

כְּמוֹ שֶׁכָּתַבְתָּ עָלֵינוּ בְּתוֹרָתֶךָ עַל יְדֵי מֹשֶׁה עַבְדֶּךָ
מִפִּי כְבוֹדֶךָ כָּאָמוּר
וּבְרָאשֵׁי חָדְשֵׁיכֶם תַּקְרִיבוּ עֹלָה לַיהוָה במדבר כח
פָּרִים בְּנֵי־בָקָר שְׁנַיִם וְאַיִל אֶחָד
כְּבָשִׂים בְּנֵי־שָׁנָה שִׁבְעָה, תְּמִימִם:

וּמִנְחָתָם וְנִסְכֵּיהֶם כִּמְדֻבָּר
שְׁלֹשָׁה עֶשְׂרֹנִים לַפָּר, וּשְׁנֵי עֶשְׂרֹנִים לָאַיִל, וְעִשָּׂרוֹן לַכֶּבֶשׂ
וְיַיִן כְּנִסְכּוֹ, וְשָׂעִיר לְכַפֵּר
וּשְׁנֵי תְמִידִים כְּהִלְכָתָם.

אֱלֹהֵינוּ וֵאלֹהֵי אֲבוֹתֵינוּ
חַדֵּשׁ עָלֵינוּ אֶת הַחֹדֶשׁ הַזֶּה לְטוֹבָה וְלִבְרָכָה
לְשָׂשׂוֹן וּלְשִׂמְחָה, לִישׁוּעָה וּלְנֶחָמָה
לְפַרְנָסָה וּלְכַלְכָּלָה
(לְחַיִּים טוֹבִים וּלְשָׁלוֹם)
לִמְחִילַת חֵטְא וְלִסְלִיחַת עָוֹן
(בשנה מעוברת: וּלְכַפָּרַת פָּשַׁע)
וִיהִיֶה רֹאשׁ הַחֹדֶשׁ הַזֶּה סוֹף וָקֵץ לְכָל צָרוֹתֵינוּ
תְּחִלָּה וָרֹאשׁ לְפִדְיוֹן נַפְשֵׁנוּ
כִּי בְעַמְּךָ יִשְׂרָאֵל מִכָּל הָאֻמּוֹת בָּחַרְתָּ
וְחֻקֵּי רָאשֵׁי חֳדָשִׁים לָהֶם קָבָעְתָּ.
בָּרוּךְ אַתָּה יְהוָה, מְקַדֵּשׁ יִשְׂרָאֵל וְרָאשֵׁי חֳדָשִׁים.

עבודה

רְצֵה יְהֹוָה אֱלֹהֵינוּ בְּעַמְּךָ יִשְׂרָאֵל, וְלִתְפִלָּתָם שְׁעֵה
וְהָשֵׁב הָעֲבוֹדָה לִדְבִיר בֵּיתֶךָ
וְאִשֵּׁי יִשְׂרָאֵל וּתְפִלָּתָם מְהֵרָה בְּאַהֲבָה תְקַבֵּל בְּרָצוֹן
וּתְהִי לְרָצוֹן תָּמִיד עֲבוֹדַת יִשְׂרָאֵל עַמֶּךָ.
וְאַתָּה בְּרַחֲמֶיךָ הָרַבִּים תַּחְפֹּץ בָּנוּ וְתִרְצֵנוּ
וְתֶחֱזֶינָה עֵינֵינוּ בְּשׁוּבְךָ לְצִיּוֹן בְּרַחֲמִים.
בָּרוּךְ אַתָּה יְהֹוָה, הַמַּחֲזִיר שְׁכִינָתוֹ לְצִיּוֹן.

הודאה

שוחין בברכת ההודאה תחילה וסוף (ברכות לד ע"א) ואינו זוקף עד אמירת השם (רמב"ם).

מוֹדִים אֲנַחְנוּ לָךְ
שָׁאַתָּה הוּא יְהֹוָה אֱלֹהֵינוּ
וֵאלֹהֵי אֲבוֹתֵינוּ לְעוֹלָם וָעֶד.
צוּרֵנוּ, צוּר חַיֵּינוּ וּמָגֵן יִשְׁעֵנוּ
אַתָּה הוּא לְדוֹר וָדוֹר
נוֹדֶה לְּךָ וּנְסַפֵּר תְּהִלָּתֶךָ
עַל חַיֵּינוּ הַמְּסוּרִים בְּיָדֶךָ
וְעַל נִשְׁמוֹתֵינוּ הַפְּקוּדוֹת לָךְ
וְעַל נִסֶּיךָ שֶׁבְּכָל יוֹם עִמָּנוּ
וְעַל נִפְלְאוֹתֶיךָ וְטוֹבוֹתֶיךָ שֶׁבְּכָל עֵת
עֶרֶב וָבֹקֶר וְצָהֳרָיִם.
הַטּוֹב, כִּי לֹא כָלוּ רַחֲמֶיךָ
הַמְרַחֵם, כִּי לֹא תַמּוּ חֲסָדֶיךָ
כִּי מֵעוֹלָם קִוִּינוּ לָךְ.

כשהש"ץ אומר 'מודים', הקהל אומר בלחש 'מודים דרבנן' (סוטה מ ע"א):

מוֹדִים אֲנַחְנוּ לָךְ
שָׁאַתָּה הוּא יְהֹוָה אֱלֹהֵינוּ
וֵאלֹהֵי אֲבוֹתֵינוּ
אֱלֹהֵי כָל בָּשָׂר
יוֹצְרֵנוּ יוֹצֵר בְּרֵאשִׁית.
בְּרָכוֹת וְהוֹדָאוֹת
לְשִׁמְךָ הַגָּדוֹל וְהַקָּדוֹשׁ
עַל שֶׁהֶחֱיִיתָנוּ וְקִיַּמְתָּנוּ.
כֵּן תְּחַיֵּנוּ וּתְחָנֵּנוּ
וְתֶאֱסֹף גָּלֻיּוֹתֵינוּ לְחַצְרוֹת
קָדְשֶׁךָ, לִשְׁמֹר חֻקֶּיךָ
וְלַעֲשׂוֹת רְצוֹנֶךָ
וּלְעָבְדְּךָ בְּלֵבָב שָׁלֵם
עַל שֶׁאֲנַחְנוּ מוֹדִים לָךְ.
בָּרוּךְ אֵל הַהוֹדָאוֹת.

בחנוכה:

עַל הַנִּסִּים וְעַל הַפֻּרְקָן וְעַל הַגְּבוּרוֹת וְעַל הַתְּשׁוּעוֹת וְעַל הַנִּפְלָאוֹת וְעַל הַנֶּחָמוֹת שֶׁעָשִׂיתָ לַאֲבוֹתֵינוּ בַּיָּמִים הָהֵם בַּזְּמַן הַזֶּה.

בִּימֵי מַתִּתְיָה בֶּן יוֹחָנָן כֹּהֵן גָּדוֹל חַשְׁמוֹנַאי וּבָנָיו, כְּשֶׁעָמְדָה מַלְכוּת יָוָן הָרְשָׁעָה עַל עַמְּךָ יִשְׂרָאֵל לְשַׁכְּחָם תּוֹרָתֶךָ וּלְהַעֲבִירָם מֵחֻקֵּי רְצוֹנֶךָ, וְאַתָּה בְּרַחֲמֶיךָ הָרַבִּים עָמַדְתָּ לָהֶם בְּעֵת צָרָתָם, רַבְתָּ אֶת רִיבָם, דַּנְתָּ אֶת דִּינָם, נָקַמְתָּ אֶת נִקְמָתָם, מָסַרְתָּ גִּבּוֹרִים בְּיַד חַלָּשִׁים, וְרַבִּים בְּיַד מְעַטִּים, וּרְשָׁעִים בְּיַד צַדִּיקִים, וּטְמֵאִים בְּיַד טְהוֹרִים, וְזֵדִים בְּיַד עוֹסְקֵי תוֹרָתֶךָ. לְךָ עָשִׂיתָ שֵׁם גָּדוֹל וְקָדוֹשׁ בְּעוֹלָמֶךָ, וּלְעַמְּךָ יִשְׂרָאֵל עָשִׂיתָ תְּשׁוּעָה גְדוֹלָה וּפֻרְקָן כְּהַיּוֹם הַזֶּה. וְאַחַר כָּךְ בָּאוּ בָנֶיךָ לִדְבִיר בֵּיתֶךָ, וּפִנּוּ אֶת הֵיכָלֶךָ, וְטִהֲרוּ אֶת מִקְדָּשֶׁךָ, וְהִדְלִיקוּ נֵרוֹת בְּחַצְרוֹת קָדְשֶׁךָ, וְקָבְעוּ שְׁמוֹנַת יְמֵי חֲנֻכָּה אֵלּוּ, בְּהַלֵּל וּבְהוֹדָאָה, וְעָשִׂיתָ עִמָּהֶם נִסִּים וְנִפְלָאוֹת, וְנוֹדֶה לְשִׁמְךָ הַגָּדוֹל, סֶלָה.

וממשיך ׳וְעַל כֻּלָּם׳.

וְעַל כֻּלָּם
יִתְבָּרַךְ וְיִתְרוֹמַם וְיִתְנַשֵּׂא תָּמִיד שִׁמְךָ מַלְכֵּנוּ לְעוֹלָם וָעֶד
וְכָל הַחַיִּים יוֹדוּךָ סֶּלָה
וִיהַלְלוּ וִיבָרְכוּ אֶת שִׁמְךָ הַגָּדוֹל בֶּאֱמֶת לְעוֹלָם כִּי טוֹב
הָאֵל יְשׁוּעָתֵנוּ וְעֶזְרָתֵנוּ סֶלָה
הָאֵל הַטּוֹב.
בָּרוּךְ אַתָּה יְהוָה, הַטּוֹב שִׁמְךָ וּלְךָ נָאֶה לְהוֹדוֹת.

היחיד ממשיך ׳שִׂים שָׁלוֹם׳ בעמוד הבא.
לא אמר ׳עַל הַנִּסִּים׳ ונזכר לאחר שאמר ׳בָּרוּךְ אַתָּה ה׳״, אינו חוזר.

ברכת כוהנים:

הכוהנים אומרים בלחש (סוטה לט ע״א):

יְהִי רָצוֹן מִלְּפָנֶיךָ, יְהוָה אֱלֹהֵינוּ וֵאלֹהֵי אֲבוֹתֵינוּ, שֶׁתְּהֵא הַבְּרָכָה הַזּוֹ שֶׁצִּוִּיתָנוּ לְבָרֵךְ אֶת עַמְּךָ יִשְׂרָאֵל בְּרָכָה שְׁלֵמָה וְלֹא יִהְיֶה בָּהּ מִכְשׁוֹל וְעָוֹן מֵעַתָּה וְעַד עוֹלָם.

אם יש יותר מכוהן אחד, שליח הציבור קורא:

כֹּהֲנִים

(יש עונים: עַם קְדוֹשֶׁךָ, כָּאָמוּר.)

הכוהנים מברכים:

בָּרוּךְ אַתָּה יְהוָה, אֱלֹהֵינוּ מֶלֶךְ הָעוֹלָם
אֲשֶׁר קִדְּשָׁנוּ בִּקְדֻשָּׁתוֹ שֶׁל אַהֲרֹן, וְצִוָּנוּ לְבָרֵךְ אֶת עַמּוֹ יִשְׂרָאֵל בְּאַהֲבָה.

שליח הציבור מקריא מילה במילה, והכוהנים אחריו:

במדבר ו יְבָרֶכְךָ יְהוָה וְיִשְׁמְרֶךָ: קהל: אָמֵן
יָאֵר יְהוָה פָּנָיו אֵלֶיךָ וִיחֻנֶּךָּ: קהל: אָמֵן
יִשָּׂא יְהוָה פָּנָיו אֵלֶיךָ וְיָשֵׂם לְךָ שָׁלוֹם: קהל: אָמֵן

שליח הציבור ממשיך ׳שִׂים שָׁלוֹם׳.

הכוהנים אומרים בלחש (סוטה, שם):

דברים כו רִבּוֹן הָעוֹלָמִים, עָשִׂינוּ מַה שֶּׁגָּזַרְתָּ עָלֵינוּ, עֲשֵׂה אַתָּה מַה שֶּׁהִבְטַחְתָּנוּ. הַשְׁקִיפָה מִמְּעוֹן קָדְשְׁךָ מִן־הַשָּׁמַיִם וּבָרֵךְ אֶת־עַמְּךָ אֶת־יִשְׂרָאֵל:

הרואה חלום ונפשו עגומה, אומר בשעת נשיאת כפיים את הבקשה ׳רִבּוֹנוֹ שֶׁל עוֹלָם׳ (בעמ׳ 897).

אם אין כוהנים העולים לדוכן, שליח הציבור אומר:

אֱלֹהֵינוּ וֵאלֹהֵי אֲבוֹתֵינוּ, בָּרְכֵנוּ בַּבְּרָכָה הַמְשֻׁלֶּשֶׁת בַּתּוֹרָה, הַכְּתוּבָה עַל יְדֵי מֹשֶׁה עַבְדֶּךָ, הָאֲמוּרָה מִפִּי אַהֲרֹן וּבָנָיו כֹּהֲנִים עַם קְדוֹשֶׁיךָ, כָּאָמוּר

במדבר ו יְבָרֶכְךָ יְהוָה וְיִשְׁמְרֶךָ: קהל: כֵּן יְהִי רָצוֹן
יָאֵר יְהוָה פָּנָיו אֵלֶיךָ וִיחֻנֶּךָּ: קהל: כֵּן יְהִי רָצוֹן
יִשָּׂא יְהוָה פָּנָיו אֵלֶיךָ וְיָשֵׂם לְךָ שָׁלוֹם: קהל: כֵּן יְהִי רָצוֹן
(וְנֶאֱמַר) וְשָׂמוּ אֶת־שְׁמִי עַל־בְּנֵי יִשְׂרָאֵל, וַאֲנִי אֲבָרְכֵם:

שלום

שִׂים שָׁלוֹם טוֹבָה וּבְרָכָה
חַיִּים חֵן וָחֶסֶד, צְדָקָה וְרַחֲמִים עָלֵינוּ וְעַל כָּל יִשְׂרָאֵל עַמֶּךָ.
וּבָרְכֵנוּ אָבִינוּ כֻּלָּנוּ כְּאֶחָד בְּאוֹר פָּנֶיךָ

כִּי בְאוֹר פָּנֶיךָ נָתַתָּ לָּנוּ יְהֹוָה אֱלֹהֵינוּ תּוֹרָה וְחַיִּים
אַהֲבָה וָחֶסֶד, צְדָקָה וְרַחֲמִים, בְּרָכָה וְשָׁלוֹם.
וְטוֹב בְּעֵינֶיךָ לְבָרְכֵנוּ וּלְבָרֵךְ אֶת כָּל עַמְּךָ יִשְׂרָאֵל
בְּרֹב עֹז וְשָׁלוֹם.
בָּרוּךְ אַתָּה יְהֹוָה, הַמְבָרֵךְ אֶת עַמּוֹ יִשְׂרָאֵל בַּשָּׁלוֹם. אָמֵן.
יִהְיוּ לְרָצוֹן אִמְרֵי־פִי וְהֶגְיוֹן לִבִּי לְפָנֶיךָ, יְהֹוָה צוּרִי וְגֹאֲלִי: תהלים יט

כאן מסתיימת חזרת הש״ץ, ובתפילת לחש היחיד ממשיך בתחינות שלמטה.

אֱלֹהַי ברכות יז
נְצֹר לְשׁוֹנִי מֵרָע וּשְׂפָתַי מִדַּבֵּר מִרְמָה
וְלִמְקַלְלַי נַפְשִׁי תִדֹּם, וְנַפְשִׁי כֶּעָפָר לַכֹּל תִּהְיֶה.
פְּתַח לִבִּי בְּתוֹרָתֶךָ, וְאַחֲרֵי מִצְוֹתֶיךָ תִּרְדֹּף נַפְשִׁי.
וְכָל הַקָּמִים עָלַי לְרָעָה
מְהֵרָה הָפֵר עֲצָתָם וְקַלְקֵל מַחְשְׁבוֹתָם.
(יִהְיוּ כְּמֹץ לִפְנֵי־רוּחַ וּמַלְאַךְ יְהֹוָה דּוֹחֶה:) תהלים לה
עֲשֵׂה לְמַעַן שְׁמֶךָ, עֲשֵׂה לְמַעַן יְמִינֶךָ
עֲשֵׂה לְמַעַן תּוֹרָתֶךָ, עֲשֵׂה לְמַעַן קְדֻשָּׁתֶךָ.
לְמַעַן יֵחָלְצוּן יְדִידֶיךָ, הוֹשִׁיעָה יְמִינְךָ וַעֲנֵנִי: תהלים ס
יִהְיוּ לְרָצוֹן אִמְרֵי־פִי וְהֶגְיוֹן לִבִּי לְפָנֶיךָ, יְהֹוָה צוּרִי וְגֹאֲלִי: תהלים יט

כורע ופוסע שלוש פסיעות לאחור. קד לשמאל, לימין ולפנים באמירת:
עֹשֶׂה שָׁלוֹם בִּמְרוֹמָיו, הוּא בְּרַחֲמָיו יַעֲשֶׂה שָׁלוֹם עָלֵינוּ
וְעַל כָּל עַמּוֹ יִשְׂרָאֵל, (וְאִמְרוּ) אָמֵן.

יְהִי רָצוֹן מִלְּפָנֶיךָ, יְהֹוָה אֱלֹהֵינוּ וֵאלֹהֵי אֲבוֹתֵינוּ,
שֶׁתִּבָּנֶה בֵּית הַמִּקְדָּשׁ בִּמְהֵרָה בְיָמֵינוּ, וְתֵן חֶלְקֵנוּ בְּתוֹרָתֶךָ,
לַעֲשׂוֹת חֻקֵּי רְצוֹנֶךָ וּלְעָבְדְךָ בְּלֵבָב שָׁלֵם.

## קדיש תתקבל

שליח הציבור כורע במילים המסומנות ב׳.

ש״ץ: יִתְגַּדַּל וְיִתְקַדַּשׁ שְׁמֵהּ רַבָּא (קהל: אָמֵן)
בְּעָלְמָא דִּי בְרָא כִרְעוּתֵהּ
וְיַמְלִיךְ מַלְכוּתֵהּ וְיַצְמַח פֻּרְקָנֵהּ וִיקָרֵב מְשִׁיחֵהּ (קהל: אָמֵן)
בְּחַיֵּיכוֹן וּבְיוֹמֵיכוֹן וּבְחַיֵּי דְכָל בֵּית יִשְׂרָאֵל
בַּעֲגָלָא וּבִזְמַן קָרִיב, וְאִמְרוּ אָמֵן. (קהל: אָמֵן)

קהל וש״ץ: יְהֵא שְׁמֵהּ ׳רַבָּא מְבָרַךְ לְעָלַם לְעָלְמֵי עָלְמַיָּא ׳יִתְבָּרַךְ
וְיִשְׁתַּבַּח וְיִתְפָּאַר וְיִתְרוֹמַם וְיִתְנַשֵּׂא
וְיִתְהַדָּר וְיִתְעַלֶּה וְיִתְהַלָּל
שְׁמֵהּ דְּקֻדְשָׁא ׳בְּרִיךְ הוּא (קהל: אָמֵן)
לְעֵלָּא מִן כָּל בִּרְכָתָא, שִׁירָתָא, תֻּשְׁבְּחָתָא וְנֶחֱמָתָא
דַּאֲמִירָן בְּעָלְמָא, וְאִמְרוּ ׳אָמֵן. (קהל: אָמֵן)

ש״ץ: תִּתְקַבַּל צְלוֹתְהוֹן וּבָעוּתְהוֹן
עִם צְלוֹתְהוֹן וּבָעוּתְהוֹן דְּכָל בֵּית יִשְׂרָאֵל
קֳדָם אֲבוּנָא דְּבִשְׁמַיָּא, וְאִמְרוּ אָמֵן. (קהל: אָמֵן)

יְהֵא שְׁלָמָא רַבָּא מִן שְׁמַיָּא, חַיִּים וְשָׂבָע וִישׁוּעָה וְנֶחָמָה
וְשֵׁיזָבָא וּרְפוּאָה, וּגְאֻלָּה וּסְלִיחָה וְכַפָּרָה, וְרֶוַח וְהַצָּלָה
לָנוּ וּלְכָל עַמּוֹ יִשְׂרָאֵל, וְאִמְרוּ אָמֵן. (קהל: אָמֵן)

כורע ופוסע שלוש פסיעות לאחור. קד לשמאל, לימין ולפנים באמירת:

עֹשֶׂה שָׁלוֹם בִּמְרוֹמָיו
הוּא בְּרַחֲמָיו יַעֲשֶׂה שָׁלוֹם
עָלֵינוּ וְעַל כָּל עַמּוֹ יִשְׂרָאֵל, וְאִמְרוּ אָמֵן. (קהל: אָמֵן)

אומרים ׳בָּרְכִי נַפְשִׁי׳ בעמ׳ 109 וממשיכים משם עד סוף התפילה.

# סדר הנשיאים לחודש ניסן

נוהגים לקרוא בפרשת הנשיאים מראש חודש ניסן ואילך, בכל יום פרשה של אותו נשיא (של״ה, פסחים, נר מצוה ז-ח).

ויש נוהגים לקרוא בכל יום את פרשת ׳וַיָּבִיאוּ אֶת הַמִּשְׁכָּן׳ ואת פרשת ׳וַיְהִי בְּיוֹם כַּלּוֹת מֹשֶׁה׳, לפני שקוראים את קורבן הנשיא לאותו יום.

שמות לט וַיָּבִיאוּ אֶת־הַמִּשְׁכָּן אֶל־מֹשֶׁה אֶת־הָאֹהֶל וְאֶת־כָּל־כֵּלָיו קְרָסָיו קְרָשָׁיו בְּרִיחָו וְעַמֻּדָיו וַאֲדָנָיו׃ וְאֶת־מִכְסֵה עוֹרֹת הָאֵילִם הַמְאָדָּמִים וְאֶת־מִכְסֵה עֹרֹת הַתְּחָשִׁים וְאֵת פָּרֹכֶת הַמָּסָךְ׃ אֶת־אֲרוֹן הָעֵדֻת וְאֶת־בַּדָּיו וְאֵת הַכַּפֹּרֶת׃ אֶת־הַשֻּׁלְחָן אֶת־כָּל־כֵּלָיו וְאֵת לֶחֶם הַפָּנִים׃ אֶת־הַמְּנֹרָה הַטְּהֹרָה אֶת־נֵרֹתֶיהָ נֵרֹת הַמַּעֲרָכָה וְאֶת־כָּל־כֵּלֶיהָ וְאֵת שֶׁמֶן הַמָּאוֹר׃ וְאֵת מִזְבַּח הַזָּהָב וְאֵת שֶׁמֶן הַמִּשְׁחָה וְאֵת קְטֹרֶת הַסַּמִּים וְאֵת מָסַךְ פֶּתַח הָאֹהֶל׃ אֵת ׀ מִזְבַּח הַנְּחֹשֶׁת וְאֶת־מִכְבַּר הַנְּחֹשֶׁת אֲשֶׁר־לוֹ אֶת־בַּדָּיו וְאֶת־כָּל־כֵּלָיו אֶת־הַכִּיֹּר וְאֶת־כַּנּוֹ׃ אֵת קַלְעֵי הֶחָצֵר אֶת־עַמֻּדֶיהָ וְאֶת־אֲדָנֶיהָ וְאֶת־הַמָּסָךְ לְשַׁעַר הֶחָצֵר אֶת־מֵיתָרָיו וִיתֵדֹתֶיהָ וְאֵת כָּל־כְּלֵי עֲבֹדַת הַמִּשְׁכָּן לְאֹהֶל מוֹעֵד׃ אֶת־בִּגְדֵי הַשְּׂרָד לְשָׁרֵת בַּקֹּדֶשׁ אֶת־בִּגְדֵי הַקֹּדֶשׁ לְאַהֲרֹן הַכֹּהֵן וְאֶת־בִּגְדֵי בָנָיו לְכַהֵן׃ כְּכֹל אֲשֶׁר־צִוָּה יְהוָה אֶת־מֹשֶׁה כֵּן עָשׂוּ בְּנֵי יִשְׂרָאֵל אֵת כָּל־הָעֲבֹדָה׃ וַיַּרְא מֹשֶׁה אֶת־כָּל־הַמְּלָאכָה וְהִנֵּה עָשׂוּ אֹתָהּ כַּאֲשֶׁר צִוָּה יְהוָה כֵּן עָשׂוּ וַיְבָרֶךְ אֹתָם מֹשֶׁה׃

שמות מ וַיְדַבֵּר יְהוָה אֶל־מֹשֶׁה לֵּאמֹר׃ בְּיוֹם־הַחֹדֶשׁ הָרִאשׁוֹן בְּאֶחָד לַחֹדֶשׁ תָּקִים אֶת־מִשְׁכַּן אֹהֶל מוֹעֵד׃ וְשַׂמְתָּ שָׁם אֵת אֲרוֹן הָעֵדוּת וְסַכֹּתָ עַל־הָאָרֹן אֶת־הַפָּרֹכֶת׃ וְהֵבֵאתָ אֶת־הַשֻּׁלְחָן וְעָרַכְתָּ אֶת־עֶרְכּוֹ וְהֵבֵאתָ אֶת־הַמְּנֹרָה וְהַעֲלֵיתָ אֶת־נֵרֹתֶיהָ׃ וְנָתַתָּה אֶת־מִזְבַּח הַזָּהָב לִקְטֹרֶת לִפְנֵי אֲרוֹן הָעֵדֻת וְשַׂמְתָּ אֶת־מָסַךְ הַפֶּתַח לַמִּשְׁכָּן׃ וְנָתַתָּה אֵת מִזְבַּח הָעֹלָה לִפְנֵי פֶּתַח מִשְׁכַּן אֹהֶל־מוֹעֵד׃ וְנָתַתָּ אֶת־הַכִּיֹּר בֵּין־אֹהֶל מוֹעֵד וּבֵין הַמִּזְבֵּחַ וְנָתַתָּ שָׁם מָיִם׃ וְשַׂמְתָּ אֶת־הֶחָצֵר סָבִיב וְנָתַתָּ אֶת־מָסַךְ שַׁעַר הֶחָצֵר׃ וְלָקַחְתָּ אֶת־שֶׁמֶן הַמִּשְׁחָה וּמָשַׁחְתָּ אֶת־הַמִּשְׁכָּן וְאֶת־כָּל־אֲשֶׁר־בּוֹ וְקִדַּשְׁתָּ אֹתוֹ וְאֶת־כָּל־כֵּלָיו וְהָיָה קֹדֶשׁ׃ וּמָשַׁחְתָּ אֶת־מִזְבַּח הָעֹלָה וְאֶת־כָּל־כֵּלָיו וְקִדַּשְׁתָּ אֶת־הַמִּזְבֵּחַ וְהָיָה הַמִּזְבֵּחַ קֹדֶשׁ קָדָשִׁים׃ וּמָשַׁחְתָּ אֶת־הַכִּיֹּר וְאֶת־כַּנּוֹ וְקִדַּשְׁתָּ אֹתוֹ׃ וְהִקְרַבְתָּ אֶת־אַהֲרֹן וְאֶת־בָּנָיו אֶל־פֶּתַח אֹהֶל מוֹעֵד וְרָחַצְתָּ אֹתָם בַּמָּיִם׃ וְהִלְבַּשְׁתָּ אֶת־אַהֲרֹן אֵת בִּגְדֵי הַקֹּדֶשׁ וּמָשַׁחְתָּ אֹתוֹ וְקִדַּשְׁתָּ אֹתוֹ וְכִהֵן לִי׃ וְאֶת־בָּנָיו

תַּקְרִיב וְהִלְבַּשְׁתָּ אֹתָם כֻּתֳּנֹת: וּמָשַׁחְתָּ אֹתָם כַּאֲשֶׁר מָשַׁחְתָּ אֶת־אֲבִיהֶם
וְכִהֲנוּ לִי וְהָיְתָה לִהְיֹת לָהֶם מָשְׁחָתָם לִכְהֻנַּת עוֹלָם לְדֹרֹתָם: וַיַּעַשׂ מֹשֶׁה
כְּכֹל אֲשֶׁר צִוָּה יְהֹוָה אֹתוֹ כֵּן עָשָׂה:    וַיְהִי בַּחֹדֶשׁ הָרִאשׁוֹן בַּשָּׁנָה
הַשֵּׁנִית בְּאֶחָד לַחֹדֶשׁ הוּקַם הַמִּשְׁכָּן: וַיָּקֶם מֹשֶׁה אֶת־הַמִּשְׁכָּן וַיִּתֵּן אֶת־אֲדָנָיו
וַיָּשֶׂם אֶת־קְרָשָׁיו וַיִּתֵּן אֶת־בְּרִיחָיו וַיָּקֶם אֶת־עַמּוּדָיו: וַיִּפְרֹשׂ אֶת־הָאֹהֶל
עַל־הַמִּשְׁכָּן וַיָּשֶׂם אֶת־מִכְסֵה הָאֹהֶל עָלָיו מִלְמָעְלָה כַּאֲשֶׁר צִוָּה יְהֹוָה אֶת־
מֹשֶׁה:    וַיִּקַּח וַיִּתֵּן אֶת־הָעֵדֻת אֶל־הָאָרֹן וַיָּשֶׂם אֶת־הַבַּדִּים עַל־הָאָרֹן
וַיִּתֵּן אֶת־הַכַּפֹּרֶת עַל־הָאָרֹן מִלְמָעְלָה: וַיָּבֵא אֶת־הָאָרֹן אֶל־הַמִּשְׁכָּן וַיָּשֶׂם
אֵת פָּרֹכֶת הַמָּסָךְ וַיָּסֶךְ עַל אֲרוֹן הָעֵדוּת כַּאֲשֶׁר צִוָּה יְהֹוָה אֶת־מֹשֶׁה:
וַיִּתֵּן אֶת־הַשֻּׁלְחָן בְּאֹהֶל מוֹעֵד עַל יֶרֶךְ הַמִּשְׁכָּן צָפֹנָה מִחוּץ לַפָּרֹכֶת: וַיַּעֲרֹךְ
עָלָיו עֵרֶךְ לֶחֶם לִפְנֵי יְהֹוָה כַּאֲשֶׁר צִוָּה יְהֹוָה אֶת־מֹשֶׁה:    וַיָּשֶׂם
אֶת־הַמְּנֹרָה בְּאֹהֶל מוֹעֵד נֹכַח הַשֻּׁלְחָן עַל יֶרֶךְ הַמִּשְׁכָּן נֶגְבָּה: וַיַּעַל הַנֵּרֹת
לִפְנֵי יְהֹוָה כַּאֲשֶׁר צִוָּה יְהֹוָה אֶת־מֹשֶׁה:    וַיָּשֶׂם אֶת־מִזְבַּח הַזָּהָב
בְּאֹהֶל מוֹעֵד לִפְנֵי הַפָּרֹכֶת: וַיַּקְטֵר עָלָיו קְטֹרֶת סַמִּים כַּאֲשֶׁר צִוָּה יְהֹוָה
אֶת־מֹשֶׁה:    וַיָּשֶׂם אֶת־מָסַךְ הַפֶּתַח לַמִּשְׁכָּן: וְאֵת מִזְבַּח הָעֹלָה
שָׂם פֶּתַח מִשְׁכַּן אֹהֶל־מוֹעֵד וַיַּעַל עָלָיו אֶת־הָעֹלָה וְאֶת־הַמִּנְחָה כַּאֲשֶׁר צִוָּה
יְהֹוָה אֶת־מֹשֶׁה:    וַיָּשֶׂם אֶת־הַכִּיֹּר בֵּין־אֹהֶל מוֹעֵד וּבֵין הַמִּזְבֵּחַ
וַיִּתֵּן שָׁמָּה מַיִם לְרָחְצָה: וְרָחֲצוּ מִמֶּנּוּ מֹשֶׁה וְאַהֲרֹן וּבָנָיו אֶת־יְדֵיהֶם וְאֶת־
רַגְלֵיהֶם: בְּבֹאָם אֶל־אֹהֶל מוֹעֵד וּבְקָרְבָתָם אֶל־הַמִּזְבֵּחַ יִרְחָצוּ כַּאֲשֶׁר צִוָּה
יְהֹוָה אֶת־מֹשֶׁה:    וַיָּקֶם אֶת־הֶחָצֵר סָבִיב לַמִּשְׁכָּן וְלַמִּזְבֵּחַ וַיִּתֵּן
אֶת־מָסַךְ שַׁעַר הֶחָצֵר וַיְכַל מֹשֶׁה אֶת־הַמְּלָאכָה:    וַיְכַס הֶעָנָן אֶת־
אֹהֶל מוֹעֵד וּכְבוֹד יְהֹוָה מָלֵא אֶת־הַמִּשְׁכָּן: וְלֹא־יָכֹל מֹשֶׁה לָבוֹא אֶל־אֹהֶל
מוֹעֵד כִּי־שָׁכַן עָלָיו הֶעָנָן וּכְבוֹד יְהֹוָה מָלֵא אֶת־הַמִּשְׁכָּן: וּבְהֵעָלוֹת הֶעָנָן
מֵעַל הַמִּשְׁכָּן יִסְעוּ בְּנֵי יִשְׂרָאֵל בְּכֹל מַסְעֵיהֶם: וְאִם־לֹא יֵעָלֶה הֶעָנָן וְלֹא
יִסְעוּ עַד־יוֹם הֵעָלֹתוֹ: כִּי עֲנַן יְהֹוָה עַל־הַמִּשְׁכָּן יוֹמָם וְאֵשׁ תִּהְיֶה לַיְלָה בּוֹ
לְעֵינֵי כָל־בֵּית־יִשְׂרָאֵל בְּכָל־מַסְעֵיהֶם:

במדבר ז   וַיְהִי בְּיוֹם כַּלּוֹת מֹשֶׁה לְהָקִים אֶת־הַמִּשְׁכָּן וַיִּמְשַׁח אֹתוֹ וַיְקַדֵּשׁ אֹתוֹ וְאֶת־
כָּל־כֵּלָיו וְאֶת־הַמִּזְבֵּחַ וְאֶת־כָּל־כֵּלָיו וַיִּמְשָׁחֵם וַיְקַדֵּשׁ אֹתָם: וַיַּקְרִיבוּ נְשִׂיאֵי
יִשְׂרָאֵל רָאשֵׁי בֵּית אֲבֹתָם הֵם נְשִׂיאֵי הַמַּטֹּת הֵם הָעֹמְדִים עַל־הַפְּקֻדִים:

וַיָּבִיאוּ אֶת־קָרְבָּנָם לִפְנֵי יְהוָה שֵׁשׁ־עֶגְלֹת צָב וּשְׁנֵי־עָשָׂר בָּקָר עֲגָלָה עַל־שְׁנֵי הַנְּשִׂאִים וְשׁוֹר לְאֶחָד וַיַּקְרִיבוּ אוֹתָם לִפְנֵי הַמִּשְׁכָּן: וַיֹּאמֶר יְהוָה אֶל־מֹשֶׁה לֵּאמֹר: קַח מֵאִתָּם וְהָיוּ לַעֲבֹד אֶת־עֲבֹדַת אֹהֶל מוֹעֵד וְנָתַתָּה אוֹתָם אֶל־הַלְוִיִּם אִישׁ כְּפִי עֲבֹדָתוֹ: וַיִּקַּח מֹשֶׁה אֶת־הָעֲגָלֹת וְאֶת־הַבָּקָר וַיִּתֵּן אוֹתָם אֶל־הַלְוִיִּם: אֵת ׀ שְׁתֵּי הָעֲגָלוֹת וְאֵת אַרְבַּעַת הַבָּקָר נָתַן לִבְנֵי גֵרְשׁוֹן כְּפִי עֲבֹדָתָם: וְאֵת ׀ אַרְבַּע הָעֲגָלֹת וְאֵת שְׁמֹנַת הַבָּקָר נָתַן לִבְנֵי מְרָרִי כְּפִי עֲבֹדָתָם בְּיַד אִיתָמָר בֶּן־אַהֲרֹן הַכֹּהֵן: וְלִבְנֵי קְהָת לֹא נָתָן כִּי־עֲבֹדַת הַקֹּדֶשׁ עֲלֵהֶם בַּכָּתֵף יִשָּׂאוּ: וַיַּקְרִיבוּ הַנְּשִׂאִים אֵת חֲנֻכַּת הַמִּזְבֵּחַ בְּיוֹם הִמָּשַׁח אֹתוֹ וַיַּקְרִיבוּ הַנְּשִׂיאִם אֶת־קָרְבָּנָם לִפְנֵי הַמִּזְבֵּחַ: וַיֹּאמֶר יְהוָה אֶל־מֹשֶׁה נָשִׂיא אֶחָד לַיּוֹם נָשִׂיא אֶחָד לַיּוֹם יַקְרִיבוּ אֶת־קָרְבָּנָם לַחֲנֻכַּת הַמִּזְבֵּחַ:

## באחד בניסן

וַיְהִי הַמַּקְרִיב בַּיּוֹם הָרִאשׁוֹן אֶת־קָרְבָּנוֹ נַחְשׁוֹן בֶּן־עַמִּינָדָב לְמַטֵּה יְהוּדָה: וְקָרְבָּנוֹ קַעֲרַת־כֶּסֶף אַחַת שְׁלֹשִׁים וּמֵאָה מִשְׁקָלָהּ מִזְרָק אֶחָד כֶּסֶף שִׁבְעִים שֶׁקֶל בְּשֶׁקֶל הַקֹּדֶשׁ שְׁנֵיהֶם ׀ מְלֵאִים סֹלֶת בְּלוּלָה בַשֶּׁמֶן לְמִנְחָה: כַּף אַחַת עֲשָׂרָה זָהָב מְלֵאָה קְטֹרֶת: פַּר אֶחָד בֶּן־בָּקָר אַיִל אֶחָד כֶּבֶשׂ־אֶחָד בֶּן־שְׁנָתוֹ לְעֹלָה: שְׂעִיר־עִזִּים אֶחָד לְחַטָּאת: וּלְזֶבַח הַשְּׁלָמִים בָּקָר שְׁנַיִם אֵילִם חֲמִשָּׁה עַתֻּדִים חֲמִשָּׁה כְּבָשִׂים בְּנֵי־שָׁנָה חֲמִשָּׁה זֶה קָרְבַּן נַחְשׁוֹן בֶּן־עַמִּינָדָב:

יש אומרים בקשה זו ויש הנמנעים מלאומרה.

יְהִי רָצוֹן מִלְּפָנֶיךָ, יְהוָה אֱלֹהֵינוּ וֵאלֹהֵי אֲבוֹתֵינוּ, שֶׁתְּהֵא חֲשׁוּבָה וּרְצוּיָה קְרִיאָתֵנוּ בַּתּוֹרָה סֵדֶר קָרְבַּן נְשִׂיא נַחְשׁוֹן בֶּן עַמִּינָדָב מִשֵּׁבֶט יְהוּדָה, הֶחָתוּם בַּמַּלְכוּת, קָרְבָּנוֹ אֲשֶׁר הִקְרִיב לַחֲנֻכַּת מִזְבַּחֲךָ הַקָּדוֹשׁ. וְתַעֲלֶה לָנוּ כְּאִלּוּ הִשַּׂגְנוּ כָּל הַסּוֹדוֹת וְכָל שְׁמוֹת הַקֹּדֶשׁ הַיּוֹצְאִים מֵרָאשֵׁי תֵבוֹת וְסוֹפֵי תֵבוֹת שֶׁל מִקְרָאֵי קֹדֶשׁ אֵלֶּה, וּנְשַׁלְּמָה פָרִים שְׂפָתֵינוּ: וְיֵאִירוּ נָא עָלֵינוּ הושע יד
וְעַל כָּל בֵּית יִשְׂרָאֵל אַחֵינוּ כָּל נִיצוֹצוֹת הַקְּדֻשָּׁה וְכָל הָאוֹרוֹת הַקְּדוֹשִׁים הַכְּלוּלִים בִּקְדֻשַּׁת זֶה הַשֵּׁבֶט. וְנִהְיֶה מְלֻבָּשִׁים בִּקְדֻשַּׁת זֶה הַשֵּׁבֶט לְהָבִין וּלְהַשְׂכִּיל בְּתוֹרָתְךָ וּבְיִרְאָתְךָ יִרְאַת הָרוֹמְמוּת לַעֲשׂוֹת רְצוֹנְךָ כִּרְצוֹנְךָ כָּל יְמֵי חַיֵּינוּ אֲנַחְנוּ וְזַרְעֵנוּ וְזֶרַע זַרְעֵנוּ.

וּכְשֵׁם שֶׁבַּחֹדֶשׁ הַזֶּה פָּדִיתָ אֶת עַמְּךָ שִׁבְטֵי נַחֲלָתֶךָ מִכּוּר הַבַּרְזֶל מִמִּצְרַיִם
וְזָכִיתָ בְּאַהֲבָה לִתְהִלָּה לְשֵׁם וּלְתִפְאֶרֶת לִשְׁמוֹת מַטּוֹת אֲבוֹתָם, עַל הַנִּסִּים
עַל הַפֻּרְקָן עַל הַגְּבוּרוֹת וְעַל הַתְּשׁוּעוֹת שֶׁעָשִׂיתָ עִמָּהֶם, כֵּן יְהֹוָה אֱלֹהֵינוּ
וֵאלֹהֵי אֲבוֹתֵינוּ צֹאנְךָ בְּרַחֲמִים תִּפְקֹד וּזְכֹר לָנוּ אַהֲבַת הַקַּדְמוֹנִים שִׁבְטֵי
יָהּ (בְּגָלוּת הַחֵל הַזֶּה), שֵׁבֶט יְהוּדָה בְּדֹחַק וּבְצַעַר. וּכְשֵׁם שֶׁהוֹדוּ לַיהֹוָה
חַסְדּוֹ בִּיצִיאַת מִצְרַיִם בִּזְכוּת יְהוּדָה, כֵּן נוֹדֶה לְךָ יְהֹוָה אֱלֹהֵינוּ וֵאלֹהֵי
בראשית מט אֲבוֹתֵינוּ עַל גְּאֻלָּתֵנוּ וְעַל פְּדוּת נַפְשֵׁנוּ בִּזְכוּת יְהוּדָה מֶלֶךְ בְּאֶחָיו, וְלֹא־
יָסוּר שֵׁבֶט מִיהוּדָה וּמְחֹקֵק מִבֵּין רַגְלָיו: זַרְעוֹ לְעוֹלָם יִהְיֶה וְכִסְאוֹ כַּשֶּׁמֶשׁ
נֶגְדֶּךָ. מֶלֶךְ בְּיָפְיוֹ תֶּחֱזֶינָה עֵינֵינוּ וְיִשְׂמַח לִבֵּנוּ. וְתִמְלֹךְ אַתָּה יְהֹוָה אֱלֹהֵינוּ
מְהֵרָה עַל כָּל מַעֲשֶׂיךָ בְּהַר צִיּוֹן מִשְׁכַּן כְּבוֹדֶךָ וּבִירוּשָׁלַיִם עִיר מִקְדָּשֶׁךָ.
תהלים קמו כַּכָּתוּב בְּדִבְרֵי קָדְשֶׁךָ, יִמְלֹךְ יְהֹוָה לְעוֹלָם, אֱלֹהַיִךְ צִיּוֹן לְדֹר וָדֹר, הַלְלוּיָהּ:
תהלים כב וְנֶאֱמַר, כִּי לַיהֹוָה הַמְּלוּכָה וּמֹשֵׁל בַּגּוֹיִם: וְעָלוּ מוֹשִׁעִים בְּהַר צִיּוֹן לִשְׁפֹּט
עובדיה א אֶת־הַר עֵשָׂו, וְהָיְתָה לַיהֹוָה הַמְּלוּכָה: וְהָיָה יְהֹוָה לְמֶלֶךְ עַל־כָּל־הָאָרֶץ,
זכריה יד בַּיּוֹם הַהוּא יִהְיֶה יְהֹוָה אֶחָד וּשְׁמוֹ אֶחָד: שַׁוְעָתֵנוּ קַבֵּל וּשְׁמַע צַעֲקָתֵנוּ,
תהלים יט יוֹדֵעַ תַּעֲלוּמוֹת. יִהְיוּ לְרָצוֹן אִמְרֵי־פִי וְהֶגְיוֹן לִבִּי לְפָנֶיךָ, יְהֹוָה צוּרִי וְגֹאֲלִי:

יש מוסיפים פרקים מיחזקאל, מתהלים ומהזוהר (עמ׳ 411),
ולאחר מכן יש אומרים תפילה לעילוי הנשמות (עמ׳ 413).

## בשניים בניסן

במדבר ז, יח–כג בַּיּוֹם הַשֵּׁנִי הִקְרִיב נְתַנְאֵל בֶּן־צוּעָר נְשִׂיא יִשָּׂשכָר: הִקְרִב אֶת־קָרְבָּנוֹ
קַעֲרַת־כֶּסֶף אַחַת שְׁלֹשִׁים וּמֵאָה מִשְׁקָלָהּ מִזְרָק אֶחָד כֶּסֶף שִׁבְעִים שֶׁקֶל
בְּשֶׁקֶל הַקֹּדֶשׁ שְׁנֵיהֶם ׀ מְלֵאִים סֹלֶת בְּלוּלָה בַשֶּׁמֶן לְמִנְחָה: כַּף אַחַת
עֲשָׂרָה זָהָב מְלֵאָה קְטֹרֶת: פַּר אֶחָד בֶּן־בָּקָר אַיִל אֶחָד כֶּבֶשׂ־אֶחָד בֶּן־
שְׁנָתוֹ לְעֹלָה: שְׂעִיר־עִזִּים אֶחָד לְחַטָּאת: וּלְזֶבַח הַשְּׁלָמִים בָּקָר שְׁנַיִם
אֵילִם חֲמִשָּׁה עַתֻּדִים חֲמִשָּׁה כְּבָשִׂים בְּנֵי־שָׁנָה חֲמִשָּׁה זֶה קָרְבַּן נְתַנְאֵל
בֶּן־צוּעָר:

יש אומרים בקשה זו ויש הנמנעים מלאומרה.

יְהִי רָצוֹן מִלְּפָנֶיךָ, יְהֹוָה אֱלֹהֵינוּ וֵאלֹהֵי אֲבוֹתֵינוּ, שֶׁתְּהֵא חֲשׁוּבָה וּרְצוּיָה
קְרִיאָתֵנוּ בַּתּוֹרָה סֵדֶר קָרְבַּן נְשִׂיא נְתַנְאֵל בֶּן צוּעָר מִשֵּׁבֶט יִשָּׂשכָר, הֶחָתוּם
בְּמִדַּת הַנֵּצַח דְּמַלְכוּת, קָרְבָּנוֹ אֲשֶׁר הִקְרִיב לַחֲנֻכַּת מִזְבַּחֲךָ הַקָּדוֹשׁ.

וְתַעֲלֶה לָנוּ כְּאִלּוּ הִשַּׂגְנוּ כָּל הַסּוֹדוֹת וְכָל שְׁמוֹת הַקֹּדֶשׁ הַיּוֹצְאִים מֵרָאשֵׁי
תֵבוֹת וְסוֹפֵי תֵבוֹת שֶׁל מִקְרָאֵי קֹדֶשׁ אֵלֶּה, וּנְשַׁלְּמָה פָרִים שְׂפָתֵינוּ: וְיֵאָירוּ הושע יד
נָא עָלֵינוּ וְעַל כָּל בֵּית יִשְׂרָאֵל אַחֵינוּ כָּל נִיצוֹצוֹת הַקְּדֻשָּׁה וְכָל הָאוֹרוֹת
הַקְּדוֹשִׁים הַכְּלוּלִים בִּקְדֻשַּׁת זֶה הַשֵּׁבֶט. וְנִהְיֶה מְלֻבָּשִׁים בִּקְדֻשַּׁת זֶה
הַשֵּׁבֶט לְהָבִין וּלְהַשְׂכִּיל בְּתוֹרָתְךָ וּבְיִרְאָתְךָ יִרְאַת הָרוֹמְמוּת לַעֲשׂוֹת
רְצוֹנְךָ כִּרְצוֹנְךָ כָּל יְמֵי חַיֵּינוּ אֲנַחְנוּ וְזַרְעֵנוּ וְזֶרַע זַרְעֵנוּ.

וּכְשֵׁם שֶׁבַּחֹדֶשׁ הַזֶּה פָּדִיתָ אֶת עַמְּךָ שִׁבְטֵי נַחֲלָתְךָ מִכּוּר הַבַּרְזֶל מִמִּצְרַיִם,
וְזָכַרְתָּ בְּאַהֲבָה לִתְהִלָּה לְשֵׁם וּלְתִפְאֶרֶת לִשְׁמוֹת מַטּוֹת אֲבוֹתָם עַל הַנִּסִּים
עַל הַפֻּרְקָן עַל הַגְּבוּרוֹת וְעַל הַתְּשׁוּעוֹת שֶׁעָשִׂיתָ עִמָּהֶם, כֵּן יְהֹוָה אֱלֹהֵינוּ
וֵאלֹהֵי אֲבוֹתֵינוּ צֹאנְךָ בְּרַחֲמִים תִּפְקֹד וּזְכֹר לָנוּ אַהֲבַת הַקַּדְמוֹנִים שִׁבְטֵי
יָהּ (בְּגָלוּת הַחֵל הַזֶּה). וּכְשֵׁם שֶׁהִרְבֵּיתָ שְׂכָרָם שֶׁל אֲבוֹתֵינוּ בַּיָּמִים הָאֵלֶּה
וּבַזְּמַן הַזֶּה בִּזְכוּת יִשָּׂשכָר וְאַחֲרֵי כֵן יָצְאוּ בִּרְכוּשׁ גָּדוֹל, כֵּן יְהֹוָה אֱלֹהֵינוּ
וֵאלֹהֵי אֲבוֹתֵינוּ נְקַבָּה שְׂכָרְךָ לְעַמְּךָ (הַדְּוּוּיִים וּסְחוּפִים בְּגָלוּת הַחֵל הַזֶּה),
וְתֵן שָׂכָר טוֹב לְכָל הַבּוֹטְחִים בְּשִׁמְךָ בֶּאֱמֶת, וּלְעוֹלָם לֹא נֵבוֹשׁ כִּי בְךָ
בָּטָחְנוּ וְלִישׁוּעָתְךָ קִוִּינוּ כָּל הַיּוֹם בִּזְכוּת יִשָּׂשכָר וּבִרְכָתוֹ, וַיַּרְא מְנֻחָה כִּי בראשית מט
טוֹב וְאֶת־הָאָרֶץ כִּי נָעֵמָה: חֲזֵה צִיּוֹן קִרְיַת מוֹעֲדֵנוּ, עֵינֶיךָ תִרְאֶינָה יְרוּשָׁלִַם ישעיה לג
נָוֶה שַׁאֲנָן, אֹהֶל בַּל־יִצְעָן בַּל־יִסַּע יְתֵדֹתָיו לָנֶצַח, וְכָל־חֲבָלָיו בַּל־יִנָּתֵקוּ:
יְהֹוָה צְבָאוֹת, הָאֵר פָּנֶיךָ וְנִוָּשֵׁעָה: בָּרְכֵם טַהֲרֵם, רַחֲמֵי צִדְקָתְךָ, תָּמִיד תהלים פ
גָּמְלֵם. יִהְיוּ לְרָצוֹן אִמְרֵי־פִי וְהֶגְיוֹן לִבִּי לְפָנֶיךָ, יְהֹוָה צוּרִי וְגֹאֲלִי: תהלים יט

יש מוסיפים פרקים מיחזקאל, מתהלים ומהזוהר (עמ' 411),
ולאחר מכן יש אומרים תפילה לעילוי הנשמות (עמ' 413).

## בשלושה בניסן

בַּיּוֹם הַשְּׁלִישִׁי נָשִׂיא לִבְנֵי זְבוּלֻן אֱלִיאָב בֶּן־חֵלֹן: קָרְבָּנוֹ קַעֲרַת־כֶּסֶף אַחַת במדבר ז, כד–כט
שְׁלֹשִׁים וּמֵאָה מִשְׁקָלָהּ מִזְרָק אֶחָד כֶּסֶף שִׁבְעִים שֶׁקֶל בְּשֶׁקֶל הַקֹּדֶשׁ
שְׁנֵיהֶם ׀ מְלֵאִים סֹלֶת בְּלוּלָה בַשֶּׁמֶן לְמִנְחָה: כַּף אַחַת עֲשָׂרָה זָהָב מְלֵאָה
קְטֹרֶת: פַּר אֶחָד בֶּן־בָּקָר אַיִל אֶחָד כֶּבֶשׂ־אֶחָד בֶּן־שְׁנָתוֹ לְעֹלָה: שְׂעִיר־
עִזִּים אֶחָד לְחַטָּאת: וּלְזֶבַח הַשְּׁלָמִים בָּקָר שְׁנַיִם אֵילִם חֲמִשָּׁה עַתֻּדִים
חֲמִשָּׁה כְּבָשִׂים בְּנֵי־שָׁנָה חֲמִשָּׁה זֶה קָרְבַּן אֱלִיאָב בֶּן־חֵלֹן:

יש אומרים בקשה זו ויש הנמנעים מלאומרה.

יְהִי רָצוֹן מִלְּפָנֶיךָ, יְהוָה אֱלֹהֵינוּ וֵאלֹהֵי אֲבוֹתֵינוּ, שֶׁתְּהֵא חֲשׁוּבָה וּרְצוּיָה
קְרִיאָתֵנוּ בַּתּוֹרָה סֵדֶר קָרְבַּן נָשִׂיא אֱלִיאָב בֶּן חֵלֹן מִשֵּׁבֶט זְבוּלוּן, הֶחָתוּם
בְּמִדַּת הוֹד מַלְכוּת, קָרְבָּנוֹ אֲשֶׁר הִקְרִיב לַחֲנֻכַּת מִזְבַּחֲךָ הַקָּדוֹשׁ. וְתַעֲלֶה
לָנוּ כְּאִלּוּ הִשַּׂגְנוּ כָּל הַסּוֹדוֹת וְכָל שְׁמוֹת הַקֹּדֶשׁ הַיּוֹצְאִים מֵרָאשֵׁי תֵבוֹת
הושע יד וְסוֹפֵי תֵבוֹת שֶׁל מִקְרָאֵי קֹדֶשׁ אֵלֶּה, וּנְשַׁלְּמָה פָרִים שְׂפָתֵינוּ: וְיָאִירוּ נָא
עָלֵינוּ וְעַל כָּל בֵּית יִשְׂרָאֵל אַחֵינוּ כָּל נִיצוֹצוֹת הַקְּדֻשָּׁה וְכָל הָאוֹרוֹת
הַקְּדוֹשִׁים הַכְּלוּלִים בִּקְדֻשַּׁת זֶה הַשֵּׁבֶט. וְנִהְיֶה מְלֻבָּשִׁים בִּקְדֻשַּׁת זֶה
הַשֵּׁבֶט לְהָבִין וּלְהַשְׂכִּיל בְּתוֹרָתְךָ וּבְיִרְאָתְךָ יִרְאַת הָרוֹמְמוּת לַעֲשׂוֹת
רְצוֹנְךָ כִּרְצוֹנְךָ כָּל יְמֵי חַיֵּינוּ אֲנַחְנוּ וְזַרְעֵנוּ וְזֶרַע זַרְעֵנוּ.

וּכְשֵׁם שֶׁפָּדִיתָ אֶת אֲבוֹתֵינוּ מִמִּצְרַיִם וְהִשְׁכַּנְתָּ שְׁכִינָתְךָ בְּקִרְבָּם בְּבֵית
זְבוּלְךָ בִּזְכוּת זְבוּלוּן, כֵּן יְהוָה אֱלֹהֵינוּ וֵאלֹהֵי אֲבוֹתֵינוּ זְכֹר עֲדָתְךָ קָנִיתָ
קֶּדֶם (בְּגָלוּת הַחֵל הַזֶּה הַמַּר וְהַנִּמְהָר), וּבִזְכוּת זְבוּלוּן הָשֵׁב שְׁכִינָתְךָ
בְּבֵית זְבוּל תִּפְאַרְתֶּךָ. תִּשְׁכֹּן בְּתוֹךְ יְרוּשָׁלַיִם עִירְךָ כַּאֲשֶׁר דִּבַּרְתָּ, וְכִסֵּא
דָּוִד מְהֵרָה בְּתוֹכָהּ תָּכִין. וּפְקֹד גֶּפֶן זֹאת דָּוָה כָּל הַיּוֹם וְהַרְאֵנוּ הוֹד
תהלים קו לְטוֹבָה. הוֹשִׁיעֵנוּ יְהוָה אֱלֹהֵינוּ וְקַבְּצֵנוּ מִן־הַגּוֹיִם, לְהוֹדוֹת לְשֵׁם קָדְשֶׁךָ,
דברים לג לְהִשְׁתַּבֵּחַ בִּתְהִלָּתֶךָ: וְהָקֵם לַעֲבָדֶיךָ בִּרְכַּת זְבוּלוּן. עַמִּים הַר־יִקְרָאוּ שָׁם
תהלים מו יִזְבְּחוּ זִבְחֵי־צֶדֶק, כִּי שֶׁפַע יַמִּים יִינָקוּ וּשְׂפֻנֵי טְמוּנֵי חוֹל: יְהוָה צְבָאוֹת
עִמָּנוּ, מִשְׂגָּב לָנוּ אֱלֹהֵי יַעֲקֹב סֶלָה: חֲסִין קָדוֹשׁ, בְּרֹב טוּבְךָ, נַהֵל עֲדָתֶךָ.
תהלים יט יִהְיוּ לְרָצוֹן אִמְרֵי־פִי וְהֶגְיוֹן לִבִּי לְפָנֶיךָ, יְהוָה צוּרִי וְגֹאֲלִי:

יש מוסיפים פרקים מיחזקאל, מתהלים ומהזוהר (עמ' 411),
ולאחר מכן יש אומרים תפילה לעילוי הנשמות (עמ' 413).

# באורבעה בניסן

במדבר ז, ל–לה בַּיּוֹם הָרְבִיעִי נָשִׂיא לִבְנֵי רְאוּבֵן אֱלִיצוּר בֶּן־שְׁדֵיאוּר: קָרְבָּנוֹ קַעֲרַת־כֶּסֶף
אַחַת שְׁלֹשִׁים וּמֵאָה מִשְׁקָלָהּ מִזְרָק אֶחָד כֶּסֶף שִׁבְעִים שֶׁקֶל בְּשֶׁקֶל
הַקֹּדֶשׁ שְׁנֵיהֶם ׀ מְלֵאִים סֹלֶת בְּלוּלָה בַשֶּׁמֶן לְמִנְחָה: כַּף אַחַת עֲשָׂרָה זָהָב
מְלֵאָה קְטֹרֶת: פַּר אֶחָד בֶּן־בָּקָר אַיִל אֶחָד כֶּבֶשׂ־אֶחָד בֶּן־שְׁנָתוֹ לְעֹלָה:
שְׂעִיר־עִזִּים אֶחָד לְחַטָּאת: וּלְזֶבַח הַשְּׁלָמִים בָּקָר שְׁנַיִם אֵילִם חֲמִשָּׁה
עַתֻּדִים חֲמִשָּׁה כְּבָשִׂים בְּנֵי־שָׁנָה חֲמִשָּׁה זֶה קָרְבַּן אֱלִיצוּר בֶּן־שְׁדֵיאוּר:

יש אומרים בקשה זו ויש הנמנעים מלאומרה.

יְהִי רָצוֹן מִלְּפָנֶיךָ, יְהֹוָה אֱלֹהֵינוּ וֵאלֹהֵי אֲבוֹתֵינוּ, שֶׁתְּהֵא חֲשׁוּבָה וּרְצוּיָה
קְרִיאָתֵנוּ בַּתּוֹרָה סֵדֶר קָרְבַּן נְשִׂיא אֱלִיצוּר בֶּן שְׁדֵיאוּר מִשֵּׁבֶט רְאוּבֵן,
הֶחָתוּם בְּמִדַּת חֶסֶד דְּמַלְכוּת, קָרְבָּנוֹ אֲשֶׁר הִקְרִיב לַחֲנֻכַּת מִזְבַּחֲךָ הַקָּדוֹשׁ.
וְתַעֲלֶה לָּנוּ כְּאִלּוּ הִשַּׂגְנוּ כָּל הַסּוֹדוֹת וְכָל שְׁמוֹת הַקֹּדֶשׁ הַיּוֹצְאִים מֵרָאשֵׁי
תֵבוֹת וְסוֹפֵי תֵבוֹת שֶׁל מִקְרָאֵי קֹדֶשׁ אֵלֶּה, וּנְשַׁלְּמָה פָרִים שְׂפָתֵינוּ: וְיָאִירוּ הושע יד
נָא עָלֵינוּ וְעַל כָּל בֵּית יִשְׂרָאֵל אַחֵינוּ כָּל נִיצוֹצוֹת הַקְּדֻשָּׁה וְכָל הָאוֹרוֹת
הַקְּדוֹשִׁים הַכְּלוּלִים בִּקְדֻשַּׁת זֶה הַשֵּׁבֶט. וְנִהְיֶה מְלֻבָּשִׁים בִּקְדֻשַּׁת זֶה
הַשֵּׁבֶט לְהָבִין וּלְהַשְׂכִּיל בְּתוֹרָתֶךָ וּבְיִרְאָתְךָ יִרְאַת הָרוֹמְמוּת לַעֲשׂוֹת
רְצוֹנְךָ כִּרְצוֹנְךָ כָּל יְמֵי חַיֵּינוּ אֲנַחְנוּ וְזַרְעֵנוּ וְזֶרַע זַרְעֵנוּ. וּכְשֵׁם שֶׁרָאִיתָ אֶת
עֳנִי עַמְּךָ צֹאן מַרְעִיתֶךָ יִשְׂרָאֵל בְּמִצְרַיִם בַּיָּמִים הָאֵלֶּה וּבַזְּמַן הַזֶּה בִּזְכוּת
רְאוּבֵן, כֵּן, יְהֹוָה אֱלֹהֵינוּ וֵאלֹהֵי אֲבוֹתֵינוּ (בְּגָלוּת הַחֵל הַזֶּה), הַבִּיטָה וּרְאֵה איכה ה
אֶת־חֶרְפָּתֵנוּ: וּבִזְכוּת רְאוּבֵן רְאֵה נָא בְעָנְיֵנוּ וְרִיבָה רִיבֵנוּ וּמַהֵר לְגָאֳלֵנוּ
גְּאֻלָּה שְׁלֵמָה. אָנָּא, בְּכֹחַ גְּדֻלַּת יְמִינְךָ, תַּתִּיר צְרוּרָה. קוּמָה עֶזְרָתָה לָּנוּ, תהלים מד
וּפְדֵנוּ לְמַעַן חַסְדֶּךָ: הַפְלֵה חֲסָדֶיךָ מוֹשִׁיעַ חוֹסִים, מִמִּתְקוֹמְמִים בִּימִינֶךָ: תהלים יז
יְהִי־חַסְדְּךָ יְהֹוָה עָלֵינוּ, כַּאֲשֶׁר יִחַלְנוּ לָךְ: יִהְיוּ לְרָצוֹן אִמְרֵי־פִי וְהֶגְיוֹן לִבִּי תהלים לג תהלים יט
לְפָנֶיךָ, יְהֹוָה צוּרִי וְגֹאֲלִי:

יש מוסיפים פרקים מיחזקאל, מתהלים ומהזוהר (עמ׳ 411),
ולאחר מכן יש אומרים תפילה לעילוי הנשמות (עמ׳ 413).

## בחמישה בניסן

בַּיּוֹם הַחֲמִישִׁי נָשִׂיא לִבְנֵי שִׁמְעוֹן שְׁלֻמִיאֵל בֶּן־צוּרִישַׁדָּי: קָרְבָּנוֹ קַעֲרַת־ במדבר ז, לו–מא
כֶּסֶף אַחַת שְׁלֹשִׁים וּמֵאָה מִשְׁקָלָהּ מִזְרָק אֶחָד כֶּסֶף שִׁבְעִים שֶׁקֶל בְּשֶׁקֶל
הַקֹּדֶשׁ שְׁנֵיהֶם ׀ מְלֵאִים סֹלֶת בְּלוּלָה בַשֶּׁמֶן לְמִנְחָה: כַּף אַחַת עֲשָׂרָה
זָהָב מְלֵאָה קְטֹרֶת: פַּר אֶחָד בֶּן־בָּקָר אַיִל אֶחָד כֶּבֶשׂ־אֶחָד בֶּן־שְׁנָתוֹ
לְעֹלָה: שְׂעִיר־עִזִּים אֶחָד לְחַטָּאת: וּלְזֶבַח הַשְּׁלָמִים בָּקָר שְׁנַיִם אֵילִם
חֲמִשָּׁה עַתֻּדִים חֲמִשָּׁה כְּבָשִׂים בְּנֵי־שָׁנָה חֲמִשָּׁה זֶה קָרְבַּן שְׁלֻמִיאֵל
בֶּן־צוּרִישַׁדָּי:

יש אומרים בקשה זו ויש הנמנעים מלאומרה.

יְהִי רָצוֹן מִלְּפָנֶיךָ, יְהוָה אֱלֹהֵינוּ וֵאלֹהֵי אֲבוֹתֵינוּ, שֶׁתְּהֵא חֲשׁוּבָה וּרְצוּיָה קְרִיאָתֵנוּ בַּתּוֹרָה סֵדֶר קָרְבַּן נָשִׂיא שְׁלֻמִיאֵל בֶּן צוּרִישַׁדָּי מִשֵּׁבֶט שִׁמְעוֹן, הֶחָתוּם בְּמִדַּת גְּבוּרָה דְּמַלְכוּת, קָרְבָּנוֹ אֲשֶׁר הִקְרִיב לַחֲנֻכַּת מִזְבַּחֲךָ הַקָּדוֹשׁ. וְתַעֲלֶה לָנוּ כְּאִלּוּ הִשַּׂגְנוּ כָּל הַסּוֹדוֹת וְכָל שְׁמוֹת הַקֹּדֶשׁ הַיּוֹצְאִים
הושע יד מֵרָאשֵׁי תֵבוֹת וְסוֹפֵי תֵבוֹת שֶׁל מִקְרָאֵי קֹדֶשׁ אֵלֶּה, וּנְשַׁלְּמָה פָרִים שְׂפָתֵינוּ: וְיָאִירוּ נָא עָלֵינוּ וְעַל כָּל בֵּית יִשְׂרָאֵל אַחֵינוּ כָּל נִיצוֹצוֹת הַקְּדֻשָּׁה וְכָל הָאוֹרוֹת הַקְּדוֹשִׁים הַכְּלוּלִים בִּקְדֻשַּׁת זֶה הַשֵּׁבֶט. וְנִהְיֶה מְלֻבָּשִׁים בִּקְדֻשַּׁת זֶה הַשֵּׁבֶט לְהָבִין וּלְהַשְׂכִּיל בְּתוֹרָתְךָ וּבְיִרְאָתְךָ יִרְאַת הָרוֹמְמוּת לַעֲשׂוֹת רְצוֹנְךָ כִּרְצוֹנֶךָ כָּל יְמֵי חַיֵּינוּ אֲנַחְנוּ וְזַרְעֵנוּ וְזֶרַע זַרְעֵנוּ.

וּכְשֵׁם שֶׁשָּׁמַעְתָּ נַאֲקַת בְּנֵי יִשְׂרָאֵל עַמְּךָ בְּמִצְרַיִם בַּיָּמִים הָאֵלֶּה וּבַזְּמַן הַזֶּה בִּזְכוּת שִׁמְעוֹן, כֵּן יְהוָה אֱלֹהֵינוּ וֵאלֹהֵי אֲבוֹתֵינוּ פָּקְדֵנוּ בִּפְקֻדַּת יְשׁוּעָה וְרַחֲמִים (בְּגָלוּת הַמַּר וְהַנִּמְהָר הַזֶּה), וּבִזְכוּת שִׁמְעוֹן קַבֵּל רִנַּת עַמְּךָ שַׂגְּבֵנוּ טַהֲרֵנוּ נוֹרָא. שְׁמַע קוֹלֵנוּ וְקַבֵּל בְּרַחֲמִים וּבְרָצוֹן אֶת תְּפִלָּתֵנוּ, (הַנּוֹאֲקִים מִבּוֹר גָּלוּת וּמֵאֶרֶץ שִׁבְיָה). אֵל, הַבִּיטָה דַל כְּבוֹדֵנוּ בַּגּוֹיִם וְשִׁקְּצוּנוּ כְּטֻמְאַת הַנִּדָּה. עַד מָתַי עֻזְּךָ בַּשְּׁבִי וְתִפְאַרְתְּךָ בְּיַד צָר. הֵמָּה יִרְאוּ וְיֵבֹשׁוּ וְיֵחַתּוּ
ישעיה מב מִגְּבוּרָתָם. עוֹרְרָה אֶת גְּבוּרָתֶךָ וְהוֹשִׁיעֵנוּ לְמַעַן שְׁמֶךָ. יְהוָה כַּגִּבּוֹר יֵצֵא,
תהלים יט כְּאִישׁ מִלְחָמוֹת יָעִיר קִנְאָה, יָרִיעַ אַף־יַצְרִיחַ, עַל־אֹיְבָיו יִתְגַּבָּר: יִהְיוּ לְרָצוֹן אִמְרֵי־פִי וְהֶגְיוֹן לִבִּי לְפָנֶיךָ, יְהוָה צוּרִי וְגֹאֲלִי:

יש מוסיפים פרקים מיחזקאל, מתהלים ומהזוהר (עמ׳ 411), ולאחר מכן יש אומרים תפילה לעילוי הנשמות (עמ׳ 413).

## בשישה בניסן

במדבר ז, מב–מז בַּיּוֹם֙ הַשִּׁשִּׁ֔י נָשִׂ֖יא לִבְנֵ֣י גָ֑ד אֶלְיָסָ֖ף בֶּן־דְּעוּאֵֽל: קָרְבָּנ֞וֹ קַֽעֲרַת־כֶּ֣סֶף אַחַ֗ת שְׁלֹשִׁ֣ים וּמֵאָה֮ מִשְׁקָלָהּ֒ מִזְרָ֤ק אֶחָד֙ כֶּ֔סֶף שִׁבְעִ֥ים שֶׁ֖קֶל בְּשֶׁ֣קֶל הַקֹּ֑דֶשׁ שְׁנֵיהֶ֣ם ׀ מְלֵאִ֗ים סֹ֛לֶת בְּלוּלָ֥ה בַשֶּׁ֖מֶן לְמִנְחָֽה: כַּ֥ף אַחַ֛ת עֲשָׂרָ֥ה זָהָ֖ב מְלֵאָ֥ה קְטֹֽרֶת: פַּ֣ר אֶחָ֞ד בֶּן־בָּקָ֗ר אַ֧יִל אֶחָ֛ד כֶּֽבֶשׂ־אֶחָ֥ד בֶּן־שְׁנָת֖וֹ לְעֹלָֽה: שְׂעִיר־עִזִּ֥ים אֶחָ֖ד לְחַטָּֽאת: וּלְזֶ֣בַח הַשְּׁלָמִים֮ בָּקָ֣ר שְׁנַ֒יִם֒ אֵילִ֤ם חֲמִשָּׁה֙ עַתֻּדִ֣ים חֲמִשָּׁ֔ה כְּבָשִׂ֥ים בְּנֵֽי־שָׁנָ֖ה חֲמִשָּׁ֑ה זֶ֛ה קָרְבַּ֥ן אֶלְיָסָ֖ף בֶּן־דְּעוּאֵֽל:

יש אומרים בקשה זו ויש הנמנעים מלאומרה.

יְהִי רָצוֹן מִלְּפָנֶיךָ, יְהוָה אֱלֹהֵינוּ וֵאלֹהֵי אֲבוֹתֵינוּ, שֶׁתְּהֵא חֲשׁוּבָה וּרְצוּיָה קְרִיאָתֵנוּ בַּתּוֹרָה סֵדֶר קָרְבַּן נָשִׂיא אֶלְיָסָף בֶּן דְּעוּאֵל מִשֵּׁבֶט גָּד, הֶחָתוּם בְּמִדַּת הוֹד דְּמַלְכוּת, קָרְבָּנוֹ אֲשֶׁר הִקְרִיב לַחֲנֻכַּת מִזְבַּחֲךָ הַקָּדוֹשׁ. וְתַעֲלֶה לָנוּ כְּאִלּוּ הִשַּׂגְנוּ כָּל הַסּוֹדוֹת וְכָל שְׁמוֹת הַקֹּדֶשׁ הַיּוֹצְאִים מֵרָאשֵׁי תֵבוֹת
וְסוֹפֵי תֵבוֹת שֶׁל מִקְרָאֵי קֹדֶשׁ אֵלֶּה, וּנְשַׁלְּמָה פָרִים שְׂפָתֵינוּ: וְיָאִירוּ נָא הושע יד
עָלֵינוּ וְעַל כָּל בֵּית יִשְׂרָאֵל אַחֵינוּ כָּל נִיצוֹצוֹת הַקְּדֻשָּׁה וְכָל הָאוֹרוֹת הַקְּדוֹשִׁים הַכְּלוּלִים בִּקְדֻשַּׁת זֶה הַשֵּׁבֶט. וְנִהְיֶה מְלֻבָּשִׁים בִּקְדֻשַּׁת זֶה הַשֵּׁבֶט לְהָבִין וּלְהַשְׂכִּיל בְּתוֹרָתְךָ וּבְיִרְאָתְךָ יִרְאַת הָרוֹמְמוּת לַעֲשׂוֹת רְצוֹנְךָ כִּרְצוֹנֶךָ כָּל יְמֵי חַיֵּינוּ אֲנַחְנוּ וְזַרְעֵנוּ וְזֶרַע זַרְעֵנוּ.

וּכְשֵׁם שֶׁבְּצֵאת יִשְׂרָאֵל מִמִּצְרַיִם הוֹרַדְתָּ לָהֶם הַמָּן מִן שְׁמֵי מְרוֹמֶיךָ וְהוּא כְּזֶרַע גַּד בִּזְכוּת גָּד, כֵּן יְהוָה אֱלֹהֵינוּ וֵאלֹהֵי אֲבוֹתֵינוּ חֲסִין קָדוֹשׁ בְּרֹב טוּבְךָ נַהֵל עֲדָתֶךָ (בְּגָלוּת הַחֵל הַזֶּה), פְּתַח לָנוּ אוֹצְרוֹת טַלָּא עִלָּאָה חִוָּרָא מִתְּרֵין מַזָּלִין נוֹצֵר וְנַקֵּה דֶּרֶךְ חֵיךְ וְגָרוֹן לְאַבָּא וְאִמָּא, וּמִן אַבָּא וְאִמָּא לִזְעֵיר אַנְפִּין, וּמִזְּעֵיר אַנְפִּין לַחֲקַל תַּפּוּחִין קַדִּישִׁין. דְּמִתַּמָּן אִתְיְהִיב מְזוֹנָא עִלָּאָה מֵרַחְיָא דְּטָחֲנִין תַּמָּן מַנָּא לְצַדִּיקַיָּא. וְשַׂבַּע אֶת הָעוֹלָם כֻּלּוֹ מִטּוּבֶךָ. וְתֵן
טַל וּמָטָר לִבְרָכָה עַל כָּל פְּנֵי הָאֲדָמָה, מִמֶּגֶד שָׁמַיִם מִטָּל וּמִתְּהוֹם רֹבֶצֶת דברים לג
תָּחַת: וּבִזְכוּת גָּד הֶחָתוּם בְּעֵקֶב הוֹד מַלְכוּתֶךָ, אֶהְיֶה כַטַּל לְיִשְׂרָאֵל יִפְרַח הושע יד
כַּשּׁוֹשַׁנָּה וְיַךְ שָׁרָשָׁיו כַּלְּבָנוֹן: יֵלְכוּ יוֹנְקוֹתָיו וִיהִי כַזַּיִת הוֹדוֹ וְרֵיחַ לוֹ כַּלְּבָנוֹן:
וּבִישׁוּעָתְךָ תָּרוּם מַלְכֵּנוּ וְתַגְבִּיהַּ קֶרֶן מָשִׁיחַ בֶּן דָּוִד עַבְדֶּךָ, וְנָתַתָּה מֵהוֹדְךָ במדבר כז
עָלָיו: גָּדוֹל כְּבוֹדוֹ בִּישׁוּעָתֶךָ, הוֹד וְהָדָר תְּשַׁוֶּה עָלָיו: יִהְיוּ לְרָצוֹן אִמְרֵי־פִי תהלים כא תהלים יט
וְהֶגְיוֹן לִבִּי לְפָנֶיךָ, יְהוָה צוּרִי וְגֹאֲלִי:

יש מוסיפים פרקים מיחזקאל, מתהלים ומהזוהר (עמ׳ 411),
ולאחר מכן יש אומרים תפילה לעילוי הנשמות (עמ׳ 413).

## בשבעה בניסן

בַּיּוֹם֙ הַשְּׁבִיעִ֔י נָשִׂ֖יא לִבְנֵ֣י אֶפְרָ֑יִם אֱלִישָׁמָ֖ע בֶּן־עַמִּיהֽוּד: קָרְבָּנ֞וֹ קַעֲרַת־ במדבר ז, מח–נג
כֶּ֣סֶף אַחַ֗ת שְׁלֹשִׁ֣ים וּמֵאָה֮ מִשְׁקָלָהּ֒ מִזְרָ֤ק אֶחָד֙ כֶּ֔סֶף שִׁבְעִ֥ים שֶׁ֖קֶל בְּשֶׁ֣קֶל
הַקֹּ֑דֶשׁ שְׁנֵיהֶ֣ם ׀ מְלֵאִ֗ים סֹ֛לֶת בְּלוּלָ֥ה בַשֶּׁ֖מֶן לְמִנְחָֽה: כַּ֥ף אַחַ֛ת עֲשָׂרָ֥ה זָהָ֖ב

מְלֵאָה קְטֹרֶת: פַּר אֶחָד בֶּן־בָּקָר אַיִל אֶחָד כֶּבֶשׂ־אֶחָד בֶּן־שְׁנָתוֹ לְעֹלָה:
שְׂעִיר־עִזִּים אֶחָד לְחַטָּאת: וּלְזֶבַח הַשְּׁלָמִים בָּקָר שְׁנַיִם אֵילִם חֲמִשָּׁה
עַתֻּדִים חֲמִשָּׁה כְּבָשִׂים בְּנֵי־שָׁנָה חֲמִשָּׁה זֶה קָרְבַּן אֱלִישָׁמָע בֶּן־עַמִּיהוּד:

יש אומרים בקשה זו ויש הנמנעים מלאומרה.

יְהִי רָצוֹן מִלְּפָנֶיךָ, יְהֹוָה אֱלֹהֵינוּ וֵאלֹהֵי אֲבוֹתֵינוּ, שֶׁתְּהֵא חֲשׁוּבָה וּרְצוּיָה
קְרִיאָתֵנוּ בַּתּוֹרָה סֵדֶר קָרְבַּן נְשִׂיא אֱלִישָׁמָע בֶּן עַמִּיהוּד מִשֵּׁבֶט אֶפְרַיִם,
הֶחָתוּם בַּעֲטֶרֶת הַיְסוֹד דִּזְעֵיר אַנְפִּין, קָרְבָּנוֹ אֲשֶׁר הִקְרִיב לַחֲנֻכַּת מִזְבַּחֲךָ
הַקָּדוֹשׁ. וְתַעֲלֶה לָנוּ כְּאִלּוּ הִשַּׂגְנוּ כָּל הַסּוֹדוֹת וְכָל שְׁמוֹת הַקֹּדֶשׁ הַיּוֹצְאִים
הושע יד מֵרָאשֵׁי תֵבוֹת וְסוֹפֵי תֵבוֹת שֶׁל מִקְרָאֵי קֹדֶשׁ אֵלֶּה, וּנְשַׁלְּמָה פָרִים שְׂפָתֵינוּ:
וְיָאִירוּ נָא עָלֵינוּ וְעַל כָּל בֵּית יִשְׂרָאֵל אַחֵינוּ כָּל נִיצוֹצוֹת הַקְּדֻשָּׁה וְכָל
הָאוֹרוֹת הַקְּדוֹשִׁים הַכְּלוּלִים בִּקְדֻשַּׁת זֶה הַשֵּׁבֶט. וְנִהְיֶה מְלֻבָּשִׁים בִּקְדֻשַּׁת
זֶה הַשֵּׁבֶט לְהָבִין וּלְהַשְׂכִּיל בְּתוֹרָתֶךָ וּבְיִרְאָתֶךָ יִרְאַת הָרוֹמְמוּת לַעֲשׂוֹת
רְצוֹנְךָ כִּרְצוֹנֶךָ, כָּל יְמֵי חַיֵּינוּ אֲנַחְנוּ וְזַרְעֵנוּ וְזֶרַע זַרְעֵנוּ. יָחִיד גֵּאֶה לְעַמְּךָ
תהלים פ פְּנֵה זוֹכְרֵי קְדֻשָּׁתֶךָ. לִפְנֵי אֶפְרַיִם וּבִנְיָמִן וּמְנַשֶּׁה עוֹרְרָה אֶת־גְּבוּרָתֶךָ, וּלְכָה
לִישֻׁעָתָה לָּנוּ: וְכִסֵּא מַלְכוּת מָשִׁיחַ בֶּן אֶפְרַיִם בְּתוֹךְ יְרוּשָׁלַיִם מְהֵרָה
תָּכִין. וְאַל תְּהִי צָרָה וְיָגוֹן בִּגְאֻלָּתֵנוּ. שֶׁלֹּא יֵהָרֵג מָשִׁיחַ בֶּן אֶפְרַיִם אֲשֶׁר
תהלים כא יַתְחִיל לְנַחֲמֵנוּ וּלְהָרִים דִּגְלֵנוּ עַל הַגּוֹיִם עַל יְדֵי אַרְמִילוּס הָרָשָׁע. חַיִּים
שָׁאַל מִמְּךָ נָתַתָּה לּוֹ, אֹרֶךְ יָמִים עוֹלָם וָעֶד: אֲשֶׁר כְּבִרְכָתוֹ בֵּרַךְ אוֹתוֹ,
דברים לג בְּכוֹר שׁוֹרוֹ הָדָר לוֹ וְקַרְנֵי רְאֵם קַרְנָיו, בָּהֶם עַמִּים יְנַגַּח יַחְדָּו אַפְסֵי־אָרֶץ,
וְהֵם רִבְבוֹת אֶפְרַיִם וְהֵם אַלְפֵי מְנַשֶּׁה: וּבִזְכוּת אֶפְרַיִם הֶחָתוּם בַּעֲטֶרֶת
תהלים קלז יְסוֹד זְעֵיר אַנְפִּין, זְכֹר יְהֹוָה לִבְנֵי אֱדוֹם אֵת יוֹם יְרוּשָׁלָיִם, הָאֹמְרִים עָרוּ עָרוּ
עַד הַיְסוֹד בָּהּ: וְכָל קַרְנֵי רְשָׁעִים תְּגַדַּע תְּרוֹמַמְנָה קַרְנוֹת צַדִּיק. כִּי אַתָּה
תהלים קב תְּבָרֵךְ צַדִּיק, יְהֹוָה, כַּצִּנָּה רָצוֹן תַּעְטְרֶנּוּ. אַתָּה תָקוּם תְּרַחֵם צִיּוֹן כִּי־עֵת
לְחֶנְנָהּ כִּי־בָא מוֹעֵד: וּמִי שֶׁגָּאַל אֶת הָאָבוֹת בְּצֵאת יִשְׂרָאֵל מִמִּצְרַיִם,
תהלים קמט יוֹסִיף יְהֹוָה שֵׁנִית לִגְאֹל אֶת הַבָּנִים. יִשְׂמַח יִשְׂרָאֵל בְּעֹשָׂיו בְּנֵי־צִיּוֹן יָגִילוּ
ישעיה יא בְמַלְכָּם: וְסָרָה קִנְאַת אֶפְרַיִם וְצֹרְרֵי יְהוּדָה יִכָּרֵתוּ, אֶפְרַיִם לֹא־יְקַנֵּא
תהלים יט אֶת־יְהוּדָה וִיהוּדָה לֹא־יָצֹר אֶת־אֶפְרָיִם: יִהְיוּ לְרָצוֹן אִמְרֵי־פִי וְהֶגְיוֹן לִבִּי
לְפָנֶיךָ, יְהֹוָה צוּרִי וְגֹאֲלִי:

יש מוסיפים פרקים מיחזקאל, מתהלים ומהזוהר (עמ׳ 411),
ולאחר מכן יש אומרים תפילה לעילוי הנשמות (עמ׳ 413).

# בשמונה בניסן

במדבר ז, נד–נט בַּיּוֹם הַשְּׁמִינִי נָשִׂיא לִבְנֵי מְנַשֶּׁה גַּמְלִיאֵל בֶּן־פְּדָהצוּר: קָרְבָּנוֹ קַעֲרַת־כֶּסֶף אַחַת שְׁלֹשִׁים וּמֵאָה מִשְׁקָלָהּ מִזְרָק אֶחָד כֶּסֶף שִׁבְעִים שֶׁקֶל בְּשֶׁקֶל הַקֹּדֶשׁ שְׁנֵיהֶם | מְלֵאִים סֹלֶת בְּלוּלָה בַשֶּׁמֶן לְמִנְחָה: כַּף אַחַת עֲשָׂרָה זָהָב מְלֵאָה קְטֹרֶת: פַּר אֶחָד בֶּן־בָּקָר אַיִל אֶחָד כֶּבֶשׂ־אֶחָד בֶּן־שְׁנָתוֹ לְעֹלָה: שְׂעִיר־עִזִּים אֶחָד לְחַטָּאת: וּלְזֶבַח הַשְּׁלָמִים בָּקָר שְׁנַיִם אֵילִם חֲמִשָּׁה עַתֻּדִים חֲמִשָּׁה כְּבָשִׂים בְּנֵי־שָׁנָה חֲמִשָּׁה זֶה קָרְבַּן גַּמְלִיאֵל בֶּן־פְּדָהצוּר:

יש אומרים בקשה זו ויש הנמנעים מלאומרה.

יְהִי רָצוֹן מִלְּפָנֶיךָ, יְהוָה אֱלֹהֵינוּ וֵאלֹהֵי אֲבוֹתֵינוּ, שֶׁתְּהֵא חֲשׁוּבָה וּרְצוּיָה קְרִיאָתֵנוּ בַּתּוֹרָה סֵדֶר קָרְבַּן נָשִׂיא גַּמְלִיאֵל בֶּן פְּדָהצוּר מִשֵּׁבֶט מְנַשֶּׁה, הֶחָתוּם בִּבְחִינַת הַיְסוֹד, קָרְבָּנוֹ אֲשֶׁר הִקְרִיב לַחֲנֻכַּת מִזְבַּחֲךָ הַקָּדוֹשׁ. וְתַעֲלֶה לָנוּ כְּאִלּוּ הִשַּׂגְנוּ כָּל הַסּוֹדוֹת וְכָל שְׁמוֹת הַקֹּדֶשׁ הַיּוֹצְאִים מֵרָאשֵׁי תֵּבוֹת וְסוֹפֵי תֵבוֹת שֶׁל מִקְרָאֵי קֹדֶשׁ אֵלֶּה, וּנְשַׁלְּמָה פָרִים שְׂפָתֵינוּ: הושע יד וְיָאִירוּ נָא עָלֵינוּ וְעַל כָּל בֵּית יִשְׂרָאֵל אַחֵינוּ כָּל נִיצוֹצוֹת הַקְּדֻשָּׁה וְכָל הָאוֹרוֹת הַקְּדוֹשִׁים הַכְּלוּלִים בִּקְדֻשַּׁת זֶה הַשֵּׁבֶט. וְנִהְיֶה מְלֻבָּשִׁים בִּקְדֻשַּׁת זֶה הַשֵּׁבֶט לְהָבִין וּלְהַשְׂכִּיל בְּתוֹרָתְךָ וּבְיִרְאָתְךָ יִרְאַת הָרוֹמְמוּת לַעֲשׂוֹת רְצוֹנְךָ כִּרְצוֹנֶךָ כָּל יְמֵי חַיֵּינוּ אֲנַחְנוּ וְזַרְעֵנוּ וְזֶרַע זַרְעֵנוּ.

וּכְשֵׁם שֶׁנָּשִׁיתָ לְיִשְׂרָאֵל אֶת כָּל עֲמָלָם וְהַסִּירוֹתָ מִסֵּבֶל שִׁכְמָם בְּמִצְרַיִם בַּיָּמִים הָאֵלֶּה וּבַזְּמַן הַזֶּה בִּזְכוּת מְנַשֶּׁה, כֵּן יְהוָה אֱלֹהֵינוּ וֵאלֹהֵי אֲבוֹתֵינוּ אַתָּה הָאֵל לֹא תִנָּשֵׁנוּ (בְּגָלוּת הַחֵל הַזֶּה), וּרְאֵה כִּי עַמְּךָ הַגּוֹי הַגָּדוֹל הַזֶּה, לֹא תִהְיֶה לוֹ כְּנִשֶּׁה בְּאֶרֶץ נְשִׁיָּה. וְהוֹצִיאָה מִמַּסְגֵּר נַפְשֵׁנוּ לְהוֹדוֹת אֶת שְׁמֶךָ. וְעַל כֵּן נְקַוֶּה לְךָ, יְהוָה אֱלֹהֵינוּ, לִרְאוֹת מְהֵרָה בְּתִפְאֶרֶת עֻזֶּךָ לְהַעֲבִיר גִּלּוּלִים מִן הָאָרֶץ וְהָאֱלִילִים כָּרוֹת יִכָּרֵתוּן, לְתַקֵּן עוֹלָם בְּמַלְכוּת
תהלים מח שַׁדַּי. יִשְׂמַח הַר־צִיּוֹן תָּגֵלְנָה בְּנוֹת יְהוּדָה, לְמַעַן מִשְׁפָּטֶיךָ: וּלְצִיּוֹן יֵאָמַר
תהלים פז אִישׁ וְאִישׁ יֻלַּד־בָּהּ, וְהוּא יְכוֹנְנֶהָ עֶלְיוֹן: לִפְנֵי אֶפְרַיִם וּבִנְיָמִן וּמְנַשֶּׁה תהלים פ
עוֹרְרָה אֶת־גְּבוּרָתֶךָ וּלְכָה לִישֻׁעָתָה לָּנוּ: יִהְיוּ לְרָצוֹן אִמְרֵי־פִי וְהֶגְיוֹן לִבִּי תהלים יט
לְפָנֶיךָ, יְהוָה צוּרִי וְגֹאֲלִי:

יש מוסיפים פרקים מיחזקאל, מתהלים ומהזוהר (עמ׳ 411), ולאחר מכן יש אומרים תפילה לעילוי הנשמות (עמ׳ 413).

# בתשעה בניסן

במדבר ז, ס-סה בַּיּוֹם֙ הַתְּשִׁיעִ֔י נָשִׂ֖יא לִבְנֵ֣י בִנְיָמִ֑ן אֲבִידָ֖ן בֶּן־גִּדְעֹנִֽי: קָרְבָּנ֞וֹ קַֽעֲרַת־כֶּ֣סֶף
אַחַ֗ת שְׁלֹשִׁ֣ים וּמֵאָה֮ מִשְׁקָלָהּ֒ מִזְרָ֤ק אֶחָד֙ כֶּ֔סֶף שִׁבְעִ֥ים שֶׁ֖קֶל בְּשֶׁ֣קֶל
הַקֹּ֑דֶשׁ שְׁנֵיהֶ֣ם ׀ מְלֵאִ֗ים סֹ֛לֶת בְּלוּלָ֥ה בַשֶּׁ֖מֶן לְמִנְחָֽה: כַּ֥ף אַחַ֛ת עֲשָׂרָ֥ה
זָהָ֖ב מְלֵאָ֥ה קְטֹֽרֶת: פַּ֣ר אֶחָ֞ד בֶּן־בָּקָ֗ר אַ֧יִל אֶחָ֛ד כֶּֽבֶשׂ־אֶחָ֥ד בֶּן־שְׁנָת֖וֹ
לְעֹלָֽה: שְׂעִיר־עִזִּ֥ים אֶחָ֖ד לְחַטָּֽאת: וּלְזֶ֣בַח הַשְּׁלָמִים֮ בָּקָ֣ר שְׁנַ֒יִם֒ אֵילִ֤ם
חֲמִשָּׁה֙ עַתֻּדִ֣ים חֲמִשָּׁ֔ה כְּבָשִׂ֥ים בְּנֵֽי־שָׁנָ֖ה חֲמִשָּׁ֑ה זֶ֛ה קָרְבַּ֥ן אֲבִידָ֖ן בֶּן־גִּדְעֹנִֽי:

יש אומרים בקשה זו ויש הנמנעים מלאומרה.

יְהִי רָצוֹן מִלְּפָנֶיךָ, יְהֹוָה אֱלֹהֵינוּ וֵאלֹהֵי אֲבוֹתֵינוּ, שֶׁתְּהֵא חֲשׁוּבָה וּרְצוּיָה קְרִיאָתֵנוּ בַּתּוֹרָה סֵדֶר קָרְבַּן נָשִׂיא אֲבִידָן בֶּן גִּדְעֹנִי מִשֵּׁבֶט בִּנְיָמִין, הֶחָתוּם בִּנְקֻדַּת צִיּוֹן, קָרְבָּנוֹ אֲשֶׁר הִקְרִיב לַחֲנֻכַּת מִזְבַּחֲךָ הַקָּדוֹשׁ. וְתַעֲלֶה לָנוּ כְּאִלּוּ הִשַּׂגְנוּ כָּל הַסּוֹדוֹת וְכָל שְׁמוֹת הַקֹּדֶשׁ הַיּוֹצְאִים מֵרָאשֵׁי תֵבוֹת וְסוֹפֵי
הושע יד תֵבוֹת שֶׁל מִקְרָאֵי קֹדֶשׁ אֵלֶּה, וּנְשַׁלְּמָה פָרִים שְׂפָתֵינוּ: וְיֵאִירוּ נָא עָלֵינוּ וְעַל כָּל בֵּית יִשְׂרָאֵל אַחֵינוּ כָּל נִיצוֹצוֹת הַקְּדֻשָּׁה וְכָל הָאוֹרוֹת הַקְּדוֹשִׁים הַכְּלוּלִים בִּקְדֻשַּׁת זֶה הַשֵּׁבֶט. וְנִהְיֶה מְלֻבָּשִׁים בִּקְדֻשַּׁת זֶה הַשֵּׁבֶט לְהָבִין וּלְהַשְׂכִּיל בְּתוֹרָתְךָ וּבְיִרְאָתְךָ יִרְאַת הָרוֹמְמוּת לַעֲשׂוֹת רְצוֹנְךָ כִּרְצוֹנְךָ כָּל יְמֵי חַיֵּינוּ אֲנַחְנוּ וְזַרְעֵנוּ וְזֶרַע זַרְעֵנוּ.

וּכְשֵׁם שֶׁנָּקַמְתָּ אֶת נִקְמַת בְּנֵי יִשְׂרָאֵל מֵאֵת הַמִּצְרִיִּים, וְיָצָאתָ לְיֵשַׁע עַמֶּךָ
שמות טו בְּכֹחֲךָ הַגָּדוֹל, יְמִינְךָ יְהֹוָה נֶאְדָּרִי בַּכֹּחַ, יְמִינְךָ יְהֹוָה תִּרְעַץ אוֹיֵב: נָטִיתָ
יְמִינְךָ תִּבְלָעֵמוֹ אָרֶץ: בִּזְכוּת בִּנְיָמִין הַצַּדִּיק, כֵּן יְהֹוָה אֱלֹהֵינוּ וֵאלֹהֵי
תהלים כא אֲבוֹתֵינוּ (בְּגָלוּת הַמַּר וְהַנִּמְהָר הַזֶּה), תִּמְצָא יָדְךָ לְכָל־אֹיְבֶיךָ, יְמִינְךָ
תהלים קיח תהלים פ תִּמְצָא שֹׂנְאֶיךָ: יְמִין יְהֹוָה רוֹמֵמָה, יְמִין יְהֹוָה עֹשָׂה חָיִל: הַבֵּט מִשָּׁמַיִם
וּרְאֵה וּפְקֹד גֶּפֶן זֹאת: וְכַנָּה אֲשֶׁר־נָטְעָה יְמִינֶךָ, וְעַל־בֵּן אִמַּצְתָּה לָּךְ:
שמות טו תְּבִאֵמוֹ וְתִטָּעֵמוֹ בְּהַר נַחֲלָתְךָ, מָכוֹן לְשִׁבְתְּךָ פָּעַלְתָּ יְהֹוָה, מִקְּדָשׁ, אֲדֹנָי,
דברים לג כּוֹנְנוּ יָדֶיךָ: בְּחֶלְקוֹ שֶׁל בִּנְיָמִין, כַּדָּבָר הָאָמוּר, לְבִנְיָמִן אָמַר, יְדִיד יְהֹוָה
יִשְׁכֹּן לָבֶטַח עָלָיו, חֹפֵף עָלָיו כָּל־הַיּוֹם וּבֵין כְּתֵפָיו שָׁכֵן: וְיַסֵּד יְסוֹד צִיּוֹן
אֲשֶׁר כִּלִּיתָ אֶת חֲמָתְךָ בָּהּ וַתַּצֶּת אֵשׁ וַתֹּאכַל יְסוֹדוֹתֶיהָ, וְצֵא נָא לְיֵשַׁע
תהלים פט אֶת מְשִׁיחֶךָ וּמָחַץ רֹאשׁ מִבֵּית רָשָׁע עָרוֹת יְסוֹד עַד צַוָּאר סֶלָה. וּלְצִיּוֹן

יֵאָמַר אִישׁ וְאִישׁ יֻלַּד־בָּהּ, וְהוּא יְכוֹנְנֶהָ עֶלְיוֹן: יָחִיד גֵּאֶה, לְעַמְּךָ פְּנֵה, זוֹכְרֵי קְדֻשָּׁתֶךָ. יִהְיוּ לְרָצוֹן אִמְרֵי־פִי וְהֶגְיוֹן לִבִּי לְפָנֶיךָ, יְהֹוָה צוּרִי וְגֹאֲלִי: תהלים יט

יש מוסיפים פרקים מיחזקאל, מתהלים ומהזוהר (עמ׳ 411),
ולאחר מכן יש אומרים תפילה לעילוי הנשמות (עמ׳ 413).

## בעשרה בניסן

בַּיּוֹם֙ הָֽעֲשִׂירִ֔י נָשִׂ֖יא לִבְנֵ֣י דָ֑ן אֲחִיעֶ֖זֶר בֶּן־עַמִּישַׁדָּֽי׃ קָרְבָּנ֞וֹ קַֽעֲרַת־כֶּ֣סֶף במדבר ז, סו-עא
אַחַ֗ת שְׁלֹשִׁ֣ים וּמֵאָה֮ מִשְׁקָלָהּ֒ מִזְרָ֤ק אֶחָד֙ כֶּ֔סֶף שִׁבְעִ֥ים שֶׁ֖קֶל בְּשֶׁ֣קֶל הַקֹּ֑דֶשׁ שְׁנֵיהֶ֣ם ׀ מְלֵאִ֗ים סֹ֛לֶת בְּלוּלָ֥ה בַשֶּׁ֖מֶן לְמִנְחָֽה׃ כַּ֧ף אַחַ֛ת עֲשָׂרָ֥ה זָהָ֖ב מְלֵאָ֥ה קְטֹֽרֶת׃ פַּ֣ר אֶחָ֞ד בֶּן־בָּקָ֗ר אַ֧יִל אֶחָ֛ד כֶּֽבֶשׂ־אֶחָ֥ד בֶּן־שְׁנָת֖וֹ לְעֹלָֽה׃ שְׂעִיר־עִזִּ֥ים אֶחָ֖ד לְחַטָּֽאת׃ וּלְזֶ֣בַח הַשְּׁלָמִים֮ בָּקָ֣ר שְׁנַ֒יִם֒ אֵילִ֤ם חֲמִשָּׁה֙ עַתֻּדִ֣ים חֲמִשָּׁ֔ה כְּבָשִׂ֥ים בְּנֵי־שָׁנָ֖ה חֲמִשָּׁ֑ה זֶ֛ה קָרְבַּ֥ן אֲחִיעֶ֖זֶר בֶּן־עַמִּישַׁדָּֽי׃

יש אומרים בקשה זו ויש הנמנעים מלאומרה.

יְהִי רָצוֹן מִלְּפָנֶיךָ, יְהֹוָה אֱלֹהֵינוּ וֵאלֹהֵי אֲבוֹתֵינוּ, שֶׁתְּהֵא חֲשׁוּבָה וּרְצוּיָה קְרִיאָתֵנוּ בַּתּוֹרָה סֵדֶר קָרְבַּן נְשִׂיא אֲחִיעֶזֶר בֶּן עַמִּישַׁדָּי מִשֵּׁבֶט דָּן, הֶחָתוּם בַּפֶּרֶק הַתַּחְתּוֹן דְּהוֹד דְּמַלְכוּת, קָרְבָּנוֹ אֲשֶׁר הִקְרִיב לַחֲנֻכַּת מִזְבַּחֲךָ הַקָּדוֹשׁ. וְתַעֲלֶה לָנוּ כְּאִלּוּ הִשַּׂגְנוּ כָּל הַסּוֹדוֹת וְכָל שְׁמוֹת הַקֹּדֶשׁ הַיּוֹצְאִים מֵרָאשֵׁי תֵבוֹת וְסוֹפֵי תֵבוֹת שֶׁל מִקְרָאֵי קֹדֶשׁ אֵלֶּה, וּנְשַׁלְּמָה פָרִים שְׂפָתֵינוּ: הושע יד
וְיָאִירוּ נָא עָלֵינוּ וְעַל כָּל בֵּית יִשְׂרָאֵל אַחֵינוּ כָּל נִיצוֹצוֹת הַקְּדֻשָּׁה וְכָל הָאוֹרוֹת הַקְּדוֹשִׁים הַכְּלוּלִים בִּקְדֻשַּׁת זֶה הַשֵּׁבֶט. וְנִהְיֶה מְלֻבָּשִׁים בִּקְדֻשַּׁת זֶה הַשֵּׁבֶט לְהָבִין וּלְהַשְׂכִּיל בְּתוֹרָתְךָ וּבְיִרְאָתְךָ יִרְאַת הָרוֹמְמוּת לַעֲשׂוֹת רְצוֹנְךָ כִּרְצוֹנְךָ כָּל יְמֵי חַיֵּינוּ אֲנַחְנוּ וְזַרְעֵנוּ וְזֶרַע זַרְעֵנוּ.

וּכְשֵׁם שֶׁעָמַדְתָּ לָהֶם לְעַמְּךָ יִשְׂרָאֵל בְּעֵת צָרָתָם בְּאֶרֶץ מִצְרַיִם וְרַבְתָּ אֶת רִיבָם וְדַנְתָּ אֶת דִּינָם בִּזְכוּת דָּן, כֵּן יְהֹוָה אֱלֹהֵינוּ וֵאלֹהֵי אֲבוֹתֵינוּ הָרֵם קֶרֶן מָשִׁיחַ בֶּן דָּוִד עַבְדֶּךָ אֲשֶׁר לָקַחְתָּ מִזַּרְעוֹ שֶׁל דָּן מוֹשְׁלִים עִם אִמּוֹ שֶׁל
דָּוִד. יָדִין בַּגּוֹיִם מָלֵא גְוִיּוֹת, מָחַץ רֹאשׁ עַל־אֶרֶץ רַבָּה: וְשָׁפַט בְּצֶדֶק דַּלִּים תהלים קי ישעיה יא
וְהוֹכִיחַ בְּמִישׁוֹר לְעַנְוֵי־אָרֶץ, וְהִכָּה־אֶרֶץ בְּשֵׁבֶט פִּיו וּבְרוּחַ שְׂפָתָיו יָמִית
רָשָׁע: הִנָּשֵׂא שֹׁפֵט הָאָרֶץ, הָשֵׁב גְּמוּל עַל־גֵּאִים: לֶאְסֹר מַלְכֵיהֶם בְּזִקִּים, תהלים צד תהלים קמט

עובדיה א וְנִכְבְּדֵיהֶם בְּכַבְלֵי בַרְזֶל: לַעֲשׂוֹת בָּהֶם מִשְׁפָּט כָּתוּב: וְעָלוּ מוֹשִׁעִים בְּהַר
תהלים קכב צִיּוֹן לִשְׁפֹּט אֶת־הַר עֵשָׂו וְהָיְתָה לַיהוָה הַמְּלוּכָה: כִּי שָׁמָּה יָשְׁבוּ כִסְאוֹת
ישעיה ל לְמִשְׁפָּט, כִּסְאוֹת לְבֵית דָּוִד: וְהִשְׁמִיעַ יְהוָה אֶת־הוֹד קוֹלוֹ, וְנַחַת זְרוֹעוֹ
תהלים פ יַרְאֶה: אֱלֹהִים צְבָאוֹת הֲשִׁיבֵנוּ, וְהָאֵר פָּנֶיךָ וְנִוָּשֵׁעָה: יִהְיוּ לְרָצוֹן אִמְרֵי־פִי
תהלים יט וְהֶגְיוֹן לִבִּי לְפָנֶיךָ, יְהוָה צוּרִי וְגֹאֲלִי:

יש מוסיפים פרקים מיחזקאל, מתהלים ומהזוהר (עמ' 411),
ולאחר מכן יש אומרים תפילה לעילוי הנשמות (עמ' 413).

## באחד עשר בניסן

במדבר ז, עב-עז בְּיוֹם עַשְׁתֵּי עָשָׂר יוֹם נָשִׂיא לִבְנֵי אָשֵׁר פַּגְעִיאֵל בֶּן־עָכְרָן: קָרְבָּנוֹ קַעֲרַת־כֶּסֶף אַחַת שְׁלֹשִׁים וּמֵאָה מִשְׁקָלָהּ מִזְרָק אֶחָד כֶּסֶף שִׁבְעִים שֶׁקֶל בְּשֶׁקֶל הַקֹּדֶשׁ שְׁנֵיהֶם | מְלֵאִים סֹלֶת בְּלוּלָה בַשֶּׁמֶן לְמִנְחָה: כַּף אַחַת עֲשָׂרָה זָהָב מְלֵאָה קְטֹרֶת: פַּר אֶחָד בֶּן־בָּקָר אַיִל אֶחָד כֶּבֶשׂ־אֶחָד בֶּן־שְׁנָתוֹ לְעֹלָה: שְׂעִיר־עִזִּים אֶחָד לְחַטָּאת: וּלְזֶבַח הַשְּׁלָמִים בָּקָר שְׁנַיִם אֵילִם חֲמִשָּׁה עַתֻּדִים חֲמִשָּׁה כְּבָשִׂים בְּנֵי־שָׁנָה חֲמִשָּׁה זֶה קָרְבַּן פַּגְעִיאֵל בֶּן־עָכְרָן:

יש אומרים בקשה זו ויש הנמנעים מלאומרה.

יְהִי רָצוֹן מִלְּפָנֶיךָ, יְהוָה אֱלֹהֵינוּ וֵאלֹהֵי אֲבוֹתֵינוּ, שֶׁתְּהֵא חֲשׁוּבָה וּרְצוּיָה קְרִיאָתֵנוּ בַּתּוֹרָה סֵדֶר קָרְבַּן נָשִׂיא פַּגְעִיאֵל בֶּן עָכְרָן מִשֵּׁבֶט אָשֵׁר, הֶחָתוּם בְּמִדַּת עָקֵב נֶצַח דְּמַלְכוּת, קָרְבָּנוֹ אֲשֶׁר הִקְרִיב לַחֲנֻכַּת מִזְבַּחֲךָ הַקָּדוֹשׁ. וְתַעֲלֶה לָנוּ כְּאִלּוּ הִשַּׂגְנוּ כָּל הַסּוֹדוֹת וְכָל שְׁמוֹת הַקֹּדֶשׁ הַיּוֹצְאִים מֵרָאשֵׁי
הושע יד תֵבוֹת וְסוֹפֵי תֵבוֹת שֶׁל מִקְרָאֵי קֹדֶשׁ אֵלֶּה, וּנְשַׁלְּמָה פָרִים שְׂפָתֵינוּ: וְיֵאִירוּ נָא עָלֵינוּ וְעַל כָּל בֵּית יִשְׂרָאֵל אַחֵינוּ כָּל נִיצוֹצוֹת הַקְּדֻשָּׁה וְכָל הָאוֹרוֹת הַקְּדוֹשִׁים הַכְּלוּלִים בִּקְדֻשַּׁת זֶה הַשֵּׁבֶט. וְנִהְיֶה מְלֻבָּשִׁים בִּקְדֻשַּׁת זֶה הַשֵּׁבֶט לְהָבִין וּלְהַשְׂכִּיל בְּתוֹרָתְךָ וּבְיִרְאָתְךָ יִרְאַת הָרוֹמְמוּת לַעֲשׂוֹת רְצוֹנְךָ כִּרְצוֹנְךָ כָּל יְמֵי חַיֵּינוּ אֲנַחְנוּ וְזַרְעֵנוּ וְזֶרַע זַרְעֵנוּ.

וּכְשֵׁם שֶׁגָּאַלְתָּ אֶת עַמְּךָ בֵּית יִשְׂרָאֵל מִכּוּר הַבַּרְזֶל מִמִּצְרַיִם בַּיָּמִים הָאֵלֶּה
נחמיה ט וּבַזְּמַן הַזֶּה, וַתַּעַשׂ־לְךָ שֵׁם כְּהַיּוֹם הַזֶּה: וְאֹזֶן שָׁמְעָה וַתְּאַשְּׁרֵנוּ לֵאמֹר, אַשְׁרֵי הָעָם שֶׁכָּכָה לּוֹ בִּזְכוּת אָשֵׁר, כֵּן יְהוָה אֱלֹהֵינוּ וֵאלֹהֵי אֲבוֹתֵינוּ, קָרֵב לָנוּ קֵץ הַגְּאֻלָּה וַעֲשֵׂה עִמָּנוּ אוֹת לְטוֹבָה וְאוֹת לִישׁוּעָה וְאוֹת לְרַחֲמִים. יִרְאוּ

שׂוֹנְאֵינוּ וְיֵבֹשׁוּ, יֶחֱזוּ אוֹיְבֵינוּ וְיִכָּלְמוּ, כִּי אַתָּה יְהֹוָה עֲזַרְתָּנוּ וְנִחַמְתָּנוּ. אָז תהלים קטו
יֹאמְרוּ בַגּוֹיִם הִגְדִּיל יְהֹוָה לַעֲשׂוֹת עִם־אֵלֶּה: אַשְׁרֶיךָ יִשְׂרָאֵל מִי כָמוֹךָ דברים לג
עַם נוֹשַׁע בַּיהֹוָה: אַשְׁרֵי הַגּוֹי אֲשֶׁר־יְהֹוָה אֱלֹהָיו, הָעָם בָּחַר לְנַחֲלָה לוֹ: תהלים לג
וְהַצְמַח קֶרֶן לְדָוִד עַבְדֶּךָ וַעֲרִיכַת נֵר לְבֶן יִשַׁי מְשִׁיחֶךָ בִּמְהֵרָה בְיָמֵינוּ,
וְאֻשַּׁר בָּאָרֶץ. וְיֵרְדְּ מִיָּם עַד־יָם וּמִנָּהָר עַד־אַפְסֵי־אָרֶץ: לְפָנָיו יִכְרְעוּ תהלים עב
צִיִּים, וְאֹיְבָיו עָפָר יְלַחֵכוּ: מַלְכֵי תַרְשִׁישׁ וְאִיִּים מִנְחָה יָשִׁיבוּ, מַלְכֵי שְׁבָא
וּסְבָא אֶשְׁכָּר יַקְרִיבוּ: וְיִשְׁתַּחֲווּ־לוֹ כָל־מְלָכִים, כָּל־גּוֹיִם יַעַבְדוּהוּ: יְהִי
שְׁמוֹ לְעוֹלָם לִפְנֵי־שֶׁמֶשׁ יִנּוֹן שְׁמוֹ וְיִתְבָּרְכוּ בוֹ, כָּל־גּוֹיִם יְאַשְּׁרוּהוּ: אֱלֹהִים תהלים פ
צְבָאוֹת הֲשִׁיבֵנוּ, וְהָאֵר פָּנֶיךָ וְנִוָּשֵׁעָה: יִהְיוּ לְרָצוֹן אִמְרֵי־פִי וְהֶגְיוֹן לִבִּי תהלים יט
לְפָנֶיךָ, יְהֹוָה צוּרִי וְגֹאֲלִי:

יש מוסיפים פרקים מיחזקאל, מתהלים ומהזוהר (עמ׳ 411),
ולאחר מכן יש אומרים תפילה לעילוי הנשמות (עמ׳ 413).

## בשנים עשר בניסן

בַּיּוֹם שְׁנֵים עָשָׂר יוֹם נָשִׂיא לִבְנֵי נַפְתָּלִי אֲחִירַע בֶּן־עֵינָן: קָרְבָּנוֹ קַעֲרַת־ במדבר ז, עח-פג
כֶּסֶף אַחַת שְׁלֹשִׁים וּמֵאָה מִשְׁקָלָהּ מִזְרָק אֶחָד כֶּסֶף שִׁבְעִים שֶׁקֶל בְּשֶׁקֶל
הַקֹּדֶשׁ שְׁנֵיהֶם ׀ מְלֵאִים סֹלֶת בְּלוּלָה בַשֶּׁמֶן לְמִנְחָה: כַּף אַחַת עֲשָׂרָה
זָהָב מְלֵאָה קְטֹרֶת: פַּר אֶחָד בֶּן־בָּקָר אַיִל אֶחָד כֶּבֶשׂ־אֶחָד בֶּן־שְׁנָתוֹ
לְעֹלָה: שְׂעִיר־עִזִּים אֶחָד לְחַטָּאת: וּלְזֶבַח הַשְּׁלָמִים בָּקָר שְׁנַיִם אֵילִם
חֲמִשָּׁה עַתֻּדִים חֲמִשָּׁה כְּבָשִׂים בְּנֵי־שָׁנָה חֲמִשָּׁה זֶה קָרְבַּן אֲחִירַע בֶּן־עֵינָן:

יש אומרים בקשה זו ויש הנמנעים מלאומרה.

יְהִי רָצוֹן מִלְּפָנֶיךָ, יְהֹוָה אֱלֹהֵינוּ וֵאלֹהֵי אֲבוֹתֵינוּ, שֶׁתְּהֵא חֲשׁוּבָה וּרְצוּיָה
קְרִיאָתֵנוּ בַּתּוֹרָה סֵדֶר קָרְבַּן נָשִׂיא אֲחִירַע בֶּן עֵינָן מִשֵּׁבֶט נַפְתָּלִי, הֶחָתוּם
בְּמִדַּת פֶּרֶק הַתַּחְתּוֹן דְּנֶצַח דְּמַלְכוּת, קָרְבָּנוֹ אֲשֶׁר הִקְרִיב לַחֲנֻכַּת מִזְבֵּחַךָ
הַקָּדוֹשׁ. וְתַעֲלֶה לָנוּ כְּאִלּוּ הִשַּׂגְנוּ כָּל הַסּוֹדוֹת וְכָל שְׁמוֹת הַקֹּדֶשׁ הַיּוֹצְאִים
מֵרָאשֵׁי תֵבוֹת וְסוֹפֵי תֵבוֹת שֶׁל מִקְרָאֵי קֹדֶשׁ אֵלֶּה, וּנְשַׁלְּמָה פָרִים שְׂפָתֵינוּ: הושע יד
וְיָאִירוּ נָא עָלֵינוּ וְעַל כָּל בֵּית יִשְׂרָאֵל אַחֵינוּ כָּל נִיצוֹצוֹת הַקְּדֻשָּׁה וְכָל
הָאוֹרוֹת הַקְּדוֹשִׁים הַכְּלוּלִים בִּקְדֻשַּׁת זֶה הַשֵּׁבֶט. וְנִהְיֶה מְלֻבָּשִׁים בִּקְדֻשַּׁת
זֶה הַשֵּׁבֶט לְהָבִין וּלְהַשְׂכִּיל בְּתוֹרָתֶךָ וּבְיִרְאָתֶךָ יִרְאַת הָרוֹמְמוּת לַעֲשׂוֹת
רְצוֹנְךָ כִּרְצוֹנְךָ כָּל יְמֵי חַיֵּינוּ אֲנַחְנוּ וְזַרְעֵנוּ וְזֶרַע זַרְעֵנוּ.

וּכְשֵׁם שֶׁבְּצֵאת יִשְׂרָאֵל מִמִּצְרַיִם בַּיָּמִים הָאֵלֶּה וּבַזְּמַן הַזֶּה, בָּנוּ בָחַרְתָּ מִכָּל
הָעַמִּים וְתִלְמַדְתָּנוּ תּוֹרָה וּמִצְוֹת מְתוּקִים מִדְּבַשׁ וְנֹפֶת צוּפִים בִּזְכוּת נַפְתָּלִי,
כֵּן יְהוָה אֱלֹהֵינוּ וֵאלֹהֵי אֲבוֹתֵינוּ קַדְּשֵׁנוּ בְּמִצְוֹתֶיךָ, שִׂים חֶלְקֵנוּ בְּתוֹרָתֶךָ
(בְּגָלוּת הַחֵל הַזֶּה), כִּי לֹא תִשָּׁכַח מִפִּי זַרְעֵנוּ, וְהַעֲרֶב נָא יְהוָה אֱלֹהֵינוּ וֵאלֹהֵי
אֲבוֹתֵינוּ אֶת דִּבְרֵי תוֹרָתְךָ בְּפִינוּ וּבְפִיפִיּוֹת עַמְּךָ בֵּית יִשְׂרָאֵל, וְתֵן בְּלִבֵּנוּ
בִּינָה לְהָבִין וּלְהַשְׂכִּיל לִשְׁמֹעַ לִלְמֹד וּלְלַמֵּד לִשְׁמֹר וְלַעֲשׂוֹת וּלְקַיֵּם אֶת כָּל
דִּבְרֵי תַלְמוּד תּוֹרָתְךָ בְּאַהֲבָה, וְהָאֵר עֵינֵינוּ בְּתַלְמוּד תּוֹרָתֶךָ, וּפְתַח לִבֵּנוּ
לִדְרֹשׁ וְלָתוּר בְּחָכְמָה. חֹסֶן יְשׁוּעוֹת חָכְמָה וָדָעַת, לִהְיוֹת בְּפִינוּ כַּדְּבַשׁ,
משלי טז מָתוֹק לַנֶּפֶשׁ וּמַרְפֵּא לָעָצֶם: וַחֲמֹל עַל עַמְּךָ וְרַחֵם עַל נַחֲלָתֶךָ. וְיָצָא חֹטֶר
ישעיה יא מִגֵּזַע יִשָׁי, וְנֵצֶר מִשָּׁרָשָׁיו יִפְרֶה: וְנָחָה עָלָיו רוּחַ יְהוָה, רוּחַ חָכְמָה וּבִינָה
ישעיה ב רוּחַ עֵצָה וּגְבוּרָה, רוּחַ דַּעַת וְיִרְאַת יְהוָה: כִּי מִצִּיּוֹן תֵּצֵא תוֹרָה וּדְבַר־יְהוָה
תהלים פ מִירוּשָׁלָֽםִ: אֱלֹהִים צְבָאוֹת שׁוּב נָא, הַבֵּט מִשָּׁמַיִם וּרְאֵה, וּפְקֹד גֶּפֶן זֹאת:
תהלים יט יִהְיוּ לְרָצוֹן אִמְרֵי־פִי וְהֶגְיוֹן לִבִּי לְפָנֶיךָ, יְהוָה צוּרִי וְגֹאֲלִי:

יש מוסיפים פרקים מיחזקאל, מתהלים ומהזוהר (עמ׳ 411),
ולאחר מכן יש אומרים תפילה לעילוי הנשמות (עמ׳ 413).

# בשלושה עשר בניסן

במדבר ח, א־ד וַיְדַבֵּ֥ר יְהוָ֖ה אֶל־מֹשֶׁ֥ה לֵּאמֹֽר׃ דַּבֵּר֙ אֶֽל־אַהֲרֹ֔ן וְאָמַרְתָּ֖ אֵלָ֑יו בְּהַעֲלֹֽתְךָ֙
אֶת־הַנֵּרֹ֔ת אֶל־מוּל֙ פְּנֵ֣י הַמְּנוֹרָ֔ה יָאִ֖ירוּ שִׁבְעַ֥ת הַנֵּרֽוֹת׃ וַיַּ֤עַשׂ כֵּן֙ אַהֲרֹ֔ן
אֶל־מוּל֙ פְּנֵ֣י הַמְּנוֹרָ֔ה הֶעֱלָ֖ה נֵרֹתֶ֑יהָ כַּאֲשֶׁ֛ר צִוָּ֥ה יְהוָ֖ה אֶת־מֹשֶֽׁה׃ וְזֶ֨ה
מַעֲשֵׂ֤ה הַמְּנֹרָה֙ מִקְשָׁ֣ה זָהָ֔ב עַד־יְרֵכָ֥הּ עַד־פִּרְחָ֖הּ מִקְשָׁ֣ה הִ֑וא כַּמַּרְאֶ֗ה
אֲשֶׁ֨ר הֶרְאָ֤ה יְהוָה֙ אֶת־מֹשֶׁ֔ה כֵּ֥ן עָשָׂ֖ה אֶת־הַמְּנֹרָֽה׃

בשלושה עשר בניסן יש נוהגים להוסיף פסוקים אלו מנבואת זכריה ואת מזמור קלג.

זכריה ב־ד רָנִּ֥י וְשִׂמְחִ֖י בַּת־צִיּ֑וֹן כִּ֧י הִנְנִי־בָ֛א וְשָׁכַנְתִּ֥י בְתוֹכֵ֖ךְ נְאֻם־יְהוָֽה׃ וְנִלְווּ֩ גוֹיִ֨ם
רַבִּ֤ים אֶל־יְהוָה֙ בַּיּ֣וֹם הַה֔וּא וְהָ֥יוּ לִ֖י לְעָ֑ם וְשָׁכַנְתִּ֣י בְתוֹכֵ֔ךְ וְיָדַ֕עַתְּ כִּֽי־
יְהוָ֥ה צְבָא֖וֹת שְׁלָחַ֥נִי אֵלָֽיִךְ׃ וְנָחַ֨ל יְהוָ֤ה אֶת־יְהוּדָה֙ חֶלְק֔וֹ עַ֖ל אַדְמַ֣ת
הַקֹּ֑דֶשׁ וּבָחַ֥ר ע֖וֹד בִּירוּשָׁלִָֽם׃ הַ֥ס כָּל־בָּשָׂ֖ר מִפְּנֵ֣י יְהוָ֑ה כִּ֥י נֵע֖וֹר מִמְּע֥וֹן
קָדְשֽׁוֹ׃ וַיַּרְאֵ֗נִי אֶת־יְהוֹשֻׁ֙עַ֙ הַכֹּהֵ֣ן הַגָּד֔וֹל עֹמֵ֖ד לִפְנֵ֣י מַלְאַ֣ךְ

יְהוָה וְהַשָּׂטָן עֹמֵד עַל־יְמִינוֹ לְשִׂטְנוֹ: וַיֹּאמֶר יְהוָה אֶל־הַשָּׂטָן יִגְעַר יְהוָה
בְּךָ הַשָּׂטָן וְיִגְעַר יְהוָה בְּךָ הַבֹּחֵר בִּירוּשָׁלָםִ הֲלוֹא זֶה אוּד מֻצָּל מֵאֵשׁ:
וִיהוֹשֻׁעַ הָיָה לָבֻשׁ בְּגָדִים צוֹאִים וְעֹמֵד לִפְנֵי הַמַּלְאָךְ: וַיַּעַן וַיֹּאמֶר אֶל־
הָעֹמְדִים לְפָנָיו לֵאמֹר הָסִירוּ הַבְּגָדִים הַצֹּאִים מֵעָלָיו וַיֹּאמֶר אֵלָיו רְאֵה
הֶעֱבַרְתִּי מֵעָלֶיךָ עֲוֺנֶךָ וְהַלְבֵּשׁ אֹתְךָ מַחֲלָצוֹת: וָאֹמַר יָשִׂימוּ צָנִיף טָהוֹר
עַל־רֹאשׁוֹ וַיָּשִׂימוּ הַצָּנִיף הַטָּהוֹר עַל־רֹאשׁוֹ וַיַּלְבִּשֻׁהוּ בְּגָדִים וּמַלְאַךְ
יְהוָה עֹמֵד: וַיָּעַד מַלְאַךְ יְהוָה בִּיהוֹשֻׁעַ לֵאמֹר: כֹּה־אָמַר יְהוָה צְבָאוֹת
אִם־בִּדְרָכַי תֵּלֵךְ וְאִם אֶת־מִשְׁמַרְתִּי תִשְׁמֹר וְגַם־אַתָּה תָּדִין אֶת־בֵּיתִי וְגַם
תִּשְׁמֹר אֶת־חֲצֵרָי וְנָתַתִּי לְךָ מַהְלְכִים בֵּין הָעֹמְדִים הָאֵלֶּה: שְׁמַע־נָא
יְהוֹשֻׁעַ ׀ הַכֹּהֵן הַגָּדוֹל אַתָּה וְרֵעֶיךָ הַיֹּשְׁבִים לְפָנֶיךָ כִּי־אַנְשֵׁי מוֹפֵת הֵמָּה
כִּי־הִנְנִי מֵבִיא אֶת־עַבְדִּי צֶמַח: כִּי ׀ הִנֵּה הָאֶבֶן אֲשֶׁר נָתַתִּי לִפְנֵי יְהוֹשֻׁעַ
עַל־אֶבֶן אַחַת שִׁבְעָה עֵינָיִם הִנְנִי מְפַתֵּחַ פִּתֻּחָהּ נְאֻם יְהוָה צְבָאוֹת וּמַשְׁתִּי
אֶת־עֲוֺן הָאָרֶץ־הַהִיא בְּיוֹם אֶחָד: בַּיּוֹם הַהוּא נְאֻם יְהוָה צְבָאוֹת תִּקְרְאוּ
אִישׁ לְרֵעֵהוּ אֶל־תַּחַת גֶּפֶן וְאֶל־תַּחַת תְּאֵנָה: וַיָּשָׁב הַמַּלְאָךְ
הַדֹּבֵר בִּי וַיְעִירֵנִי כְּאִישׁ אֲשֶׁר־יֵעוֹר מִשְּׁנָתוֹ: וַיֹּאמֶר אֵלַי מָה אַתָּה רֹאֶה
ויאמר רָאִיתִי וְהִנֵּה מְנוֹרַת זָהָב כֻּלָּהּ וְגֻלָּהּ עַל־רֹאשָׁהּ וְשִׁבְעָה נֵרֹתֶיהָ וָאֹמַר
עָלֶיהָ שִׁבְעָה וְשִׁבְעָה מוּצָקוֹת לַנֵּרוֹת אֲשֶׁר עַל־רֹאשָׁהּ: וּשְׁנַיִם זֵיתִים
עָלֶיהָ אֶחָד מִימִין הַגֻּלָּה וְאֶחָד עַל־שְׂמֹאלָהּ: וָאַעַן וָאֹמַר אֶל־הַמַּלְאָךְ
הַדֹּבֵר בִּי לֵאמֹר מָה־אֵלֶּה אֲדֹנִי: וַיַּעַן הַמַּלְאָךְ הַדֹּבֵר בִּי וַיֹּאמֶר אֵלַי הֲלוֹא
יָדַעְתָּ מָה־הֵמָּה אֵלֶּה וָאֹמַר לֹא אֲדֹנִי: וַיַּעַן וַיֹּאמֶר אֵלַי לֵאמֹר זֶה דְּבַר־
יְהוָה אֶל־זְרֻבָּבֶל לֵאמֹר לֹא בְחַיִל וְלֹא בְכֹחַ כִּי אִם־בְּרוּחִי אָמַר יְהוָה
צְבָאוֹת: מִי־אַתָּה הַר־הַגָּדוֹל לִפְנֵי זְרֻבָּבֶל לְמִישֹׁר וְהוֹצִיא אֶת־הָאֶבֶן
הָרֹאשָׁה תְּשֻׁאוֹת חֵן ׀ חֵן לָהּ:

שִׁיר הַמַּעֲלוֹת לְדָוִד, הִנֵּה מַה־טּוֹב וּמַה־נָּעִים, שֶׁבֶת אַחִים גַּם־יָחַד: תהלים קלג
כַּשֶּׁמֶן הַטּוֹב עַל־הָרֹאשׁ, יֹרֵד עַל־הַזָּקָן, זְקַן־אַהֲרֹן שֶׁיֹּרֵד עַל־פִּי מִדּוֹתָיו:
כְּטַל־חֶרְמוֹן שֶׁיֹּרֵד עַל־הַרְרֵי צִיּוֹן, כִּי שָׁם צִוָּה יְהוָה אֶת־הַבְּרָכָה, חַיִּים
עַד־הָעוֹלָם:

יש אומרים בקשה זו ויש הנמנעים מלאומרה.

יְהִי רָצוֹן מִלְּפָנֶיךָ, יְהֹוָה אֱלֹהֵינוּ וֵאלֹהֵי אֲבוֹתֵינוּ, שֶׁתְּהֵא חֲשׁוּבָה וּרְצוּיָה
קְרִיאָתֵנוּ בַּתּוֹרָה, קְרִיאַת פָּרָשַׁת הַנֵּרוֹת שֶׁנָּתַתָּ בְּאַהֲבָה לְאַהֲרֹן קְדוֹשֶׁךָ,
נְשִׂיא שֵׁבֶט הַלֵּוִי, הֶחָתוּם בְּתִפְאֶרֶת דְּמַלְכוּת, וְתַעֲלֶה לָנוּ כְּאִלּוּ הִשַּׂגְנוּ
כָּל סוֹדוֹתֶיהָ וְכָל שְׁמוֹת הַקֹּדֶשׁ הַיּוֹצְאִים מֵרָאשֵׁי תֵבוֹת וְסוֹפֵי תֵבוֹת שֶׁל
הושע יד מִקְרָאֵי קֹדֶשׁ אֵלֶּה, וּנְשַׁלְּמָה פָרִים שְׂפָתֵינוּ: וְיֵאִירוּ נָא עָלֵינוּ וְעַל כָּל בֵּית
יִשְׂרָאֵל אַחֵינוּ כָּל נִיצוֹצוֹת הַקְּדֻשָּׁה וְכָל הָאוֹרוֹת הַקְּדוֹשִׁים הַכְּלוּלִים
בִּקְדֻשַּׁת זֶה הַשֵּׁבֶט. וְנִהְיֶה מְלֻבָּשִׁים בִּקְדֻשַּׁת זֶה הַשֵּׁבֶט לְהָבִין וּלְהַשְׂכִּיל
בְּתוֹרָתְךָ וּבְיִרְאָתְךָ יִרְאַת הָרוֹמְמוּת לַעֲשׂוֹת רְצוֹנְךָ כִּרְצוֹנֶךָ כָּל יְמֵי חַיֵּינוּ
אֲנַחְנוּ וְזַרְעֵנוּ וְזֶרַע זַרְעֵנוּ.

וּכְשֵׁם שֶׁרָאִיתָ אֶת עֳנִי עַמְּךָ צֹאן מַרְעִיתְךָ בְּכוּר הַבַּרְזֶל בְּמִצְרַיִם וְנִתְחַבַּרְתָּ
וְנִתְלַוֵּיתָ עִמָּהֶם בְּכָל צָרָתָם בַּסְּנֶה בִּזְכוּת לֵוִי, כֵּן יְהֹוָה אֱלֹהֵינוּ וֵאלֹהֵי
אֲבוֹתֵינוּ, אֶהְיֶה אֲשֶׁר אֶהְיֶה, נָא גִּבּוֹר, דּוֹרְשֵׁי יִחוּדֶךָ, כְּבָבַת שָׁמְרֵם
(בְּגָלוּת הַחֵל הַזֶּה), וּבְטוּבְךָ הַגָּדוֹל יָשֹׁב חֲרוֹן אַפְּךָ מֵעַמְּךָ וּמֵעִירְךָ וּמֵאַרְצְךָ
וּמִנַּחֲלָתְךָ. וְקַיֶּם לָנוּ אֶת הַדָּבָר שֶׁהִבְטַחְתָּנוּ עַל יְדֵי מֹשֶׁה עַבְדֶּךָ לֵאמֹר,
ויקרא כו אֶהְיֶה אֲשֶׁר אֶהְיֶה, עֶזְרָה בְּצָרוֹת. וְנֶאֱמַר, וְאַף גַּם־זֹאת בִּהְיוֹתָם בְּאֶרֶץ
אֹיְבֵיהֶם לֹא־מְאַסְתִּים וְלֹא־גְעַלְתִּים לְכַלֹּתָם לְהָפֵר בְּרִיתִי אִתָּם, כִּי אֲנִי
ישעיה סג יְהֹוָה אֱלֹהֵיהֶם: וְנֶאֱמַר, בְּכָל־צָרָתָם לוֹ צָר וּמַלְאַךְ פָּנָיו הוֹשִׁיעָם, בְּאַהֲבָתוֹ
וּבְחֶמְלָתוֹ הוּא גְאָלָם, וַיְנַטְּלֵם וַיְנַשְּׂאֵם כָּל־יְמֵי עוֹלָם: וְהָשֵׁב כֹּהֲנִים
לַעֲבוֹדָתָם וּלְוִיִּם לְדוּכָנָם וְיִשְׂרָאֵל לְמַעֲמָדָם. וְיִלָּווּ אֵלֶיךָ וִישָׁרְתוּךָ. וְעַל
כֵּן נְקַוֶּה לְּךָ יְהֹוָה אֱלֹהֵינוּ לִרְאוֹת מְהֵרָה בְּתִפְאֶרֶת עֻזֶּךָ, כַּדָּבָר שֶׁנֶּאֱמַר,
משלי ד ישעיה נב תִּתֵּן לְרֹאשְׁךָ לִוְיַת־חֵן, עֲטֶרֶת תִּפְאֶרֶת תְּמַגְּנֶךָּ: עוּרִי עוּרִי, לִבְשִׁי בִּגְדֵי
ישעיה סב תִפְאַרְתֵּךְ יְרוּשָׁלַיִם עִיר הַקֹּדֶשׁ: וְהָיִית עֲטֶרֶת תִּפְאֶרֶת בְּיַד־יְהֹוָה וּצְנִיף
דברים כו מְלוּכָה בְּכַף־אֱלֹהָיִךְ: וּלְעַמְּךָ בֵּית יִשְׂרָאֵל הָקֵם אֶת דְּבָרְךָ לֵאמֹר, וּלְתִתְּךָ
תהלים פט עֶלְיוֹן עַל כָּל־הַגּוֹיִם אֲשֶׁר עָשָׂה לִתְהִלָּה וּלְשֵׁם וּלְתִפְאָרֶת: כִּי־תִפְאֶרֶת
תהלים יט עֻזָּמוֹ אָתָּה וּבִרְצוֹנְךָ תָּרוּם קַרְנֵנוּ: יִהְיוּ לְרָצוֹן אִמְרֵי־פִי וְהֶגְיוֹן לִבִּי לְפָנֶיךָ,
יְהֹוָה צוּרִי וְגֹאֲלִי:

יש מוסיפים פרקים מיחזקאל, מתהלים ומהזוהר (בעמוד הבא),
ולאחר מכן יש אומרים תפילה לעילוי הנשמות (עמ' 413).

יחזקאל לז וַיְהִי דְבַר־יְהֹוָה אֵלַי לֵאמֹר: וְאַתָּה בֶן־אָדָם קַח־לְךָ עֵץ אֶחָד וּכְתֹב עָלָיו לִיהוּדָה וְלִבְנֵי יִשְׂרָאֵל חֲבֵרָו וּלְקַח עֵץ אֶחָד וּכְתוֹב עָלָיו לְיוֹסֵף עֵץ אֶפְרַיִם וְכָל־בֵּית יִשְׂרָאֵל חֲבֵרָו: וְקָרַב אֹתָם אֶחָד אֶל־אֶחָד לְךָ לְעֵץ אֶחָד וְהָיוּ לַאֲחָדִים בְּיָדֶךָ: וְכַאֲשֶׁר יֹאמְרוּ אֵלֶיךָ בְּנֵי עַמְּךָ לֵאמֹר הֲלוֹא־תַגִּיד לָנוּ מָה־אֵלֶּה לָּךְ: דַּבֵּר אֲלֵהֶם כֹּה־אָמַר אֲדֹנָי יֱהֹוִה הִנֵּה אֲנִי לֹקֵחַ אֶת־עֵץ יוֹסֵף אֲשֶׁר בְּיַד־אֶפְרַיִם וְשִׁבְטֵי יִשְׂרָאֵל חֲבֵרָו וְנָתַתִּי אוֹתָם עָלָיו אֶת־עֵץ יְהוּדָה וַעֲשִׂיתִם לְעֵץ אֶחָד וְהָיוּ אֶחָד בְּיָדִי: וְהָיוּ הָעֵצִים אֲשֶׁר־תִּכְתֹּב עֲלֵיהֶם בְּיָדְךָ לְעֵינֵיהֶם: וְדַבֵּר אֲלֵיהֶם כֹּה־אָמַר אֲדֹנָי יֱהֹוִה הִנֵּה אֲנִי לֹקֵחַ אֶת־בְּנֵי יִשְׂרָאֵל מִבֵּין הַגּוֹיִם אֲשֶׁר הָלְכוּ־שָׁם וְקִבַּצְתִּי אֹתָם מִסָּבִיב וְהֵבֵאתִי אוֹתָם אֶל־אַדְמָתָם: וְעָשִׂיתִי אֹתָם לְגוֹי אֶחָד בָּאָרֶץ בְּהָרֵי יִשְׂרָאֵל וּמֶלֶךְ אֶחָד יִהְיֶה לְכֻלָּם לְמֶלֶךְ וְלֹא יִהְיוּ־עוֹד לִשְׁנֵי גוֹיִם וְלֹא יֵחָצוּ עוֹד לִשְׁתֵּי מַמְלָכוֹת עוֹד: וְלֹא יִטַּמְּאוּ עוֹד בְּגִלּוּלֵיהֶם וּבְשִׁקּוּצֵיהֶם וּבְכֹל פִּשְׁעֵיהֶם וְהוֹשַׁעְתִּי אֹתָם מִכֹּל מוֹשְׁבֹתֵיהֶם אֲשֶׁר חָטְאוּ בָהֶם וְטִהַרְתִּי אוֹתָם וְהָיוּ־לִי לְעָם וַאֲנִי אֶהְיֶה לָהֶם לֵאלֹהִים: וְעַבְדִּי דָוִד מֶלֶךְ עֲלֵיהֶם וְרוֹעֶה אֶחָד יִהְיֶה לְכֻלָּם וּבְמִשְׁפָּטַי יֵלֵכוּ וְחֻקּוֹתַי יִשְׁמְרוּ וְעָשׂוּ אוֹתָם: וְיָשְׁבוּ עַל־הָאָרֶץ אֲשֶׁר נָתַתִּי לְעַבְדִּי לְיַעֲקֹב אֲשֶׁר יָשְׁבוּ־בָהּ אֲבוֹתֵיכֶם וְיָשְׁבוּ עָלֶיהָ הֵמָּה וּבְנֵיהֶם וּבְנֵי בְנֵיהֶם עַד־עוֹלָם וְדָוִד עַבְדִּי נָשִׂיא לָהֶם לְעוֹלָם: וְכָרַתִּי לָהֶם בְּרִית שָׁלוֹם בְּרִית עוֹלָם יִהְיֶה אוֹתָם וּנְתַתִּים וְהִרְבֵּיתִי אוֹתָם וְנָתַתִּי אֶת־מִקְדָּשִׁי בְּתוֹכָם לְעוֹלָם: וְהָיָה מִשְׁכָּנִי עֲלֵיהֶם וְהָיִיתִי לָהֶם לֵאלֹהִים וְהֵמָּה יִהְיוּ־לִי לְעָם: וְיָדְעוּ הַגּוֹיִם כִּי אֲנִי יְהֹוָה מְקַדֵּשׁ אֶת־יִשְׂרָאֵל בִּהְיוֹת מִקְדָּשִׁי בְּתוֹכָם לְעוֹלָם:

תהלים קכב שִׁיר הַמַּעֲלוֹת לְדָוִד, שָׂמַחְתִּי בְּאֹמְרִים לִי בֵּית יְהֹוָה נֵלֵךְ: עֹמְדוֹת הָיוּ רַגְלֵינוּ, בִּשְׁעָרַיִךְ יְרוּשָׁלָםִ: יְרוּשָׁלַםִ הַבְּנוּיָה, כְּעִיר שֶׁחֻבְּרָה־לָּהּ יַחְדָּו: שֶׁשָּׁם עָלוּ שְׁבָטִים שִׁבְטֵי־יָהּ, עֵדוּת לְיִשְׂרָאֵל, לְהֹדוֹת לְשֵׁם יְהֹוָה: כִּי שָׁמָּה יָשְׁבוּ כִסְאוֹת לְמִשְׁפָּט, כִּסְאוֹת לְבֵית דָּוִד: שַׁאֲלוּ שְׁלוֹם יְרוּשָׁלָםִ, יִשְׁלָיוּ אֹהֲבָיִךְ: יְהִי־שָׁלוֹם בְּחֵילֵךְ, שַׁלְוָה בְּאַרְמְנוֹתָיִךְ: לְמַעַן אַחַי וְרֵעָי, אֲדַבְּרָה־נָּא שָׁלוֹם בָּךְ: לְמַעַן בֵּית־יְהֹוָה אֱלֹהֵינוּ, אֲבַקְשָׁה טוֹב לָךְ:

זוהר, במדבר קיח במדבר ב — אִישׁ עַל־דִּגְלוֹ בְאֹתֹת: אִלֵּין אַרְבַּע מַשִּׁרְיָין דִּכְנֶסֶת יִשְׂרָאֵל דְּאִנּוּן תְּרֵיסַר
תהלים קכב — שִׁבְטִין תְּרֵיסַר תְּחוּמִין סְחוֹר סְחוֹר לָהּ כֹּלָּא כְּגַוְונָא דִּלְעֵילָּא. כְּתִיב, שֶׁשָּׁם
עָלוּ שְׁבָטִים שִׁבְטֵי־יָהּ עֵדוּת לְיִשְׂרָאֵל: שֶׁשָּׁם עָלוּ שְׁבָטִים אִלֵּין י״ב שִׁבְטִין
י״ב תְּחוּמִין דִּלְתַתָּא. שִׁבְטֵי יָהּ הָא אוֹקְמוּהָ בְּגִין דְּיָ״הּ עֵדוּת לְיִשְׂרָאֵל
וַדַּאי. וּבְגִין דָּא הָרְאוּבֵנִי הַשִּׁמְעוֹנִי יָ״הּ בְּכָל חַד וְחַד. אֲבָל וַדַּאי הָכִי הוּא
יחזקאל א — דְּהָא אִילָנָא עִלָּאָה קַדִּישָׁא אַחְתִּם בְּחוֹתָמוֹי וְאוֹקְמוּהָ דִּכְתִיב, וּדְמוּת
פְּנֵיהֶם פְּנֵי אָדָם, וּפְנֵי אַרְיֵה אֶל־הַיָּמִין לְאַרְבַּעְתָּם וגו׳. דְּיוּקְנָא דְּאָדָם
אִתְכְּלִיל בְּכֻלְּהוּ. וְאַפִּין הֲווֹ לְאַרְבַּע סִטְרִין דְּעָלְמָא וּמִתְפָּרְשָׁן בְּדִיוּקְנֵיהוֹן,
וְכֻלְּהוּ כְּלִילָן בֵּהּ בְּאָדָם. מִיכָאֵל מִימִינָא, גַּבְרִיאֵל מִשְּׂמָאלָא, אוּרִיאֵל
לְקַדָּמֵיהּוּ, רְפָאֵל לַאֲחוֹרֵיהוּ, שְׁכִינְתָּא עֲלֵיהוּ. תְּרֵין מִכָּאן, וּתְרֵין מִכָּאן.
וְהִיא בְּאֶמְצָעִיתָא. כְּגַוְונָא דָּא בְּאַרְעָא דִּלְתַתָּא. תְּרֵין מִכָּאן וּתְרֵין מִכָּאן
במדבר ב — וְיָ״הּ בֵּינַיְיהוּ. כֵּיוָן דְּנָטְלִין תְּרֵין דְּגָלִין מַה כְּתִיב, וְנָסַע אֹהֶל־מוֹעֵד מַחֲנֵה
הַלְוִיִּם וגו׳. וּלְבָתַר אִנּוּן תְּרֵין אָחֳרָנִין, אַרְבַּע מַשִּׁרְיָין אִנּוּן לְאַרְבַּע סִטְרֵי
עָלְמָא וְאִשְׁתַּכְּחוּ תְּרֵיסַר. אוּף הָכִי לְתַתָּא כְּגַוְונָא דִּלְעֵילָּא. וְנָסַע בָּרִאשׁוֹנָה
דֶּגֶל מַחֲנֵה יְהוּדָה לְקָבֵל מַשִּׁרְיָא דְּאוּרִיאֵל, וּמַחֲנֵה רְאוּבֵן לָקֳבֵל מַשִּׁרְיָא
דְּמִיכָאֵל, דָּא לְדָרוֹם וְדָא לְמִזְרָח. מִזְבֵּחַ הָכִי נַמִי דְּרוֹמִית מִזְרָחִית, וּמַחֲנֵה
דָּן לַצָּפוֹן. מַחֲנֵה אֶפְרַיִם יָמָּה. מַחֲנֵה דָּן לָקֳבֵל מַשִּׁרְיָא דְּגַבְרִיאֵל וּמַחֲנֵה
אֶפְרַיִם לְמַעֲרָב לָקֳבֵל מַשִּׁרְיָא דִּרְפָאֵל. מִזְבֵּחַ הָכִי נַמִי צְפוֹנִית מַעֲרָבִית.
כֹּלָּא אֲחִיד דָּא בְּדָא עַד דְּסָלְקָא כֹּלָּא וְאִתְאַחַד בִּשְׁמָא קַדִּישָׁא דְּאִיהוּ
שֵׁירוּתָא דְּכֹלָּא, עִלָּאָה דְּכֹלָּא, קַדִּישָׁא דְּכֹלָּא, כֹּלָּא אִתְכְּלִיל בֵּהּ. יו״ד
מִזְרָח הוּא שֵׁירוּתָא דִּנְהוֹרָא אָזִיל וְשָׁאט וְאַפִּיק לַדָּרוֹם, וְדָרוֹם נָפִיק
וְתַלְיָא בְּשֵׁירוּתָא דְּמִזְרָח. ה״א דָּרוֹם מִנֵּהּ נָפִיק דָּרוֹם בְּעָלְמָא וְעָיֵיל יו״ד
בְּשֵׁירוּתָא דְּמִזְרָח וְאַפִּיק לֵהּ. וּמִן ה״א תַּלְיָין דָּרוֹם וְצָפוֹן (וא״ו) וְהַהוּא
דְּבֵינַיְיהוּ, יו״ד מִזְרָח, ה״א דָּרוֹם וְצָפוֹן תַּלְיָין בֵּהּ. וא״ו בְּאֶמְצָעִיתָא וְדָא
הוּא בֵּן דְּכַר. בְּגִין כָּךְ אִיהוּ בֵּין צָפוֹן לְדָרוֹם. וְעַל דָּא תָּנִינָן, מַאן דְּיָהֵיב
מִטָּתֵהּ בֵּין צָפוֹן לְדָרוֹם הָוְיָין לֵהּ בָּנִים זְכָרִים. דְּהָא בֵּן דְּכַר אִיהוּ בֵּין
צָפוֹן לְדָרוֹם. ה״א עִלָּאָה בָּהּ תַּלְיָין צָפוֹן וְדָרוֹם וּבֵן דְּכַר בֵּינַיְיהוּ בְּרָזָא

דְּיו״ה. ה״א בַּתְרָאָה מַעֲרָב. וְעַל דָּא דָּרוֹם אֲחִיד בְּמִזְרָח דְּאִיהוּ שֵׁירוּתָא דְּשִׁמְשָׁא וְתַלְיָא בֵּהּ. וְעַל דָּא תָּנֵינָא מִסִּטְרָא דְּאַבָּא אֲחִיד וְתַלְיָא חֶסֶד עִלָּאָה, מִסִּטְרָא דְּאִמָּא תַּלְיָא גְּבוּרָא. כְּגַוְנָא דָּא אֲחִיד כֹּלָּא דָּא בְּדָא. זִוּוּגָא דְּמַדְבְּחָא הָכִי נָמֵי אִסְתַּחַר, וּבָא לוֹ לְקֶרֶן דְּרוֹמִית מִזְרָחִית, דְּדָרוֹם תְּקִיפֵהּ בְּמִזְרָח דְּאִיהוּ שֵׁירוּתָא דְּשִׁמְשָׁא, וְתָקְפָּא דְּשִׁמְשָׁא לָא שַׁרְיָא אֶלָּא בְּשֵׁירוּתָא מִזְרָחִית צְפוֹנִית. כֵּיוָן דְּדָרוֹם נָטִיל תְּקִיפֵהּ דְּמִזְרָח, הוּא אַנְהִיר לִצְפוֹן, וְצָפוֹן אִתְכְּלִיל בְּדָרוֹם, דְּהָא שְׂמָאלָא אִתְכְּלִיל בִּימִינָא. צְפוֹנִית מַעֲרָבִית דְּהָא מַעֲרָב דְּאִיהִי ה״א בַּתְרָאָה נָטְלָא מִצָּפוֹן, וְעַל דָּא צָפוֹן אָזִיל לְמַעֲרָב. מַעֲרָבִית דְּרוֹמִית הִיא אָזְלָא לְאִתְחַבְּקָא בְּדָרוֹם, כְּמָה דְּדָרוֹם תַּלְיָא בְּמִזְרָח וְתָקְפֵהּ אָזִיל בְּשֵׁירוּתָא, הָכִי נָמֵי מַעֲרָב אָזְלָא לְאִתְחַבְּקָא בְּדָרוֹם. הָדָא הוּא דִּכְתִיב, וִימִינוֹ תְּחַבְּקֵנִי: וִימִינוֹ דָּא הוּא דָּרוֹם. בְּגִין כָּךְ יָנְקָא מִתְּרֵין סִטְרִין, מִצָּפוֹן וּמִדָּרוֹם. הָדָא הוּא דִּכְתִיב, שְׂמֹאלוֹ תַּחַת לְרֹאשִׁי וִימִינוֹ תְּחַבְּקֵנִי: שְׂמֹאלוֹ דָּא הוּא צָפוֹן, וִימִינוֹ דָּא הוּא דָּרוֹם. וְרָזָא דָּא אוֹלִיפְנָא קֻדְשָׁא בְּרִיךְ הוּא יָהֵיב מִטָּתֵהּ בֵּין צָפוֹן לְדָרוֹם וַאֲחִידַת לְהַאי בֵּין וַדַּאי, וְעַל דָּא אִית לְהוּ לִבְנֵי נָשָׁא לְמֵיהַב מִטָּתַיְהוּ בֵּין צָפוֹן לְדָרוֹם. וְהָכִי אוֹלִיף לִי אַבָּא, דְּיַהֲבִין לְהוּ בְּנִין דִּכְרִין. דְּהָא אִיהוּ אִתְכַּוַּן כְּלַפֵּי מְהֵימְנוּתָא שְׁלִימָא עִלָּאָה בִּשְׁלֵימוּתָא דְּכֹלָּא, לְגַבֵּי קֻדְשָׁא בְּרִיךְ הוּא דְּאִיהוּ בֵּין צָפוֹן לְדָרוֹם, וּלְגַבֵּי כְּנֶסֶת יִשְׂרָאֵל דְּאִיהִי בֵּין צָפוֹן לְדָרוֹם, וַדַּאי יֶהֱוֵין לֵהּ בְּנִין דִּכְרִין. וּבְכֹלָּא בָּעֵי לְאַחֲזָאָה עוֹבָדָא כְּגַוְנָא דִּלְעֵלָּא. וּכְמָא דְּאַחְזֵי עוֹבָדָא לְתַתָּא הָכִי נָמֵי אִתְּעַר לְעֵלָּא וְאוֹקְמוּהָ. שְׁמַע רַבִּי פִּינְחָס וְנַשְׁקֵהּ לְרַבִּי אֶלְעָזָר, וּבְכָה וְחַיִּיךְ, אָמַר, זַכָּאָה חוּלָקִי בְּהַאי עָלְמָא וּבְעָלְמָא דְּאָתֵי.

שיר השירים ב

יש נוהגים לומר בכל יום בקשה זו מספר ׳חמדת ימים׳ ויש הנמנעים מלאומרה.

יְהִי רָצוֹן מִלְּפָנֶיךָ, יְהוָה אֱלֹהֵינוּ וֵאלֹהֵי אֲבוֹתֵינוּ, שֶׁתָּאִיר הַיּוֹם בְּחַסְדְּךָ הַגָּדוֹל עַל הַנְּשָׁמוֹת הַקְּדוֹשׁוֹת הָעוֹמְדוֹת בְּשָׁלֹשׁ שׁוּרוֹת שֶׁבְּעֵדֶן, הַמְצַפְצְפִין בְּקוֹלָם כְּצִפֳּרִים. וְכָל נִשְׁמָתָם תְּהַלֵּל יָהּ לְשַׁבֵּחַ וּלְפָאֵר אֶת הוֹד שִׁמְךָ מַלְכֵּנוּ, וּמַעֲתִירִים עֲטֶרֶת הַחַיִּים וְהַשָּׁלוֹם עָלֵינוּ בְּנֵי יְדִידֶיךָ. אָנָּא, בְּכֹחַ

גְּדֻלַּת רַחֲמֶיךָ, תִּהְיֶינָה אָזְנֶיךָ קַשֻּׁבוֹת אֲלֵיהֶם, וְלִתְפִלָּתָם שְׁעֵה בְּרַחֲמִים,
לְבַטֵּל מֵעָלֵינוּ וּמֵעַל כָּל בֵּית יִשְׂרָאֵל, כָּל חֲרוֹן אַף וְכָל מִינֵי מַשְׁחִית וְכָל
מִינֵי פֻּרְעָנוּת, וְתַאֲרִיךְ יָמֵינוּ בַּטּוֹב וּשְׁנוֹתֵינוּ בַּנְּעִימִים, חַיִּים שֶׁל שָׁלוֹם,
חַיִּים שֶׁל שַׁלְוָה, חַיִּים שֶׁל טוֹבָה, חַיִּים שֶׁל בְּרָכָה, חַיִּים שֶׁל פַּרְנָסָה טוֹבָה,
חַיִּים שֶׁל חִלּוּץ עֲצָמוֹת, חַיִּים שֶׁיֵּשׁ בָּהֶם יִרְאַת חֵטְא, חַיִּים שֶׁאֵין בָּהֶם
בּוּשָׁה וּכְלִמָּה, חַיִּים שֶׁל עֹשֶׁר וְכָבוֹד לַעֲבוֹדָתֶךָ, חַיִּים שֶׁתְּהֵא בָנוּ אַהֲבַת
תּוֹרָה לִשְׁמָהּ, חַיִּים שֶׁתְּמַלֵּא כָּל מִשְׁאֲלוֹת לִבֵּנוּ לְטוֹבָה.

וִיהִי נָא חַסְדְּךָ עַל הַנְּשָׁמוֹת הַקְּדוֹשׁוֹת הָאֵלֶּה, וְיַעֲלֶה וְיָבוֹא יַגִּיעַ יֵרָאֶה
וְיֵרָצֶה, יִשָּׁמַע יִפָּקֵד וְיִזָּכֵר זִכְרוֹנָן הַטּוֹב לִפְנֵי כִּסֵּא כְבוֹדֶךָ, וּמְצֶאנָה מְנוּחָה,
ישעיה סד וְתִצָּרֵרְנָה נִשְׁמָתָם לְפָנֶיךָ וְלִפְנִים אֶל מְקוֹם הַקֹּדֶשׁ, עַיִן לֹא־רָאָתָה אֱלֹהִים
תהלים לו זוּלָתְךָ: וְתַשְׂבִּיעַ בְּצַחְצָחוֹת נַפְשׁוֹתָם. יִרְוְיֻן מִדֶּשֶׁן בֵּיתֶךָ וְנַחַל עֲדָנֶיךָ תַשְׁקֵם:
וְשִׂים חֶלְקֵנוּ עִמָּהֶם. וְנִזְכֶּה וְנִחְיֶה וְנִירַשׁ טוֹבָה וּבְרָכָה לְחַיֵּי הָעוֹלָם הַבָּא.
וְאוֹתָן הַנְּשָׁמוֹת הַנִּדָּחוֹת הַפּוֹרְחוֹת בַּאֲוִיר הָעוֹלָם, וְאוֹתָם שֶׁמֵּתוּ קֹדֶם
תהלים עב זְמַנָּם וְלֹא נִמְסְרוּ לְדוּמָה, וְאוֹתָם הַטְּמוּנִים בָּאָרֶץ, וְיָצִיצוּ מֵעִיר כְּעֵשֶׂב
הָאָרֶץ: שֶׁלֹּא עָצְרוּ כֹּחַ עֲדַיִן לָבוֹא אֶל מְנוּחָתָם, אַתָּה הָאֵל הַמֵּאִיר לָאָרֶץ
וְלַדָּרִים עָלֶיהָ בְּרַחֲמִים, הָאֵר פָּנֶיךָ וּתְכַסֶּה עַל עֲוֹנָם וּפִשְׁעָם. וְתֹאמַר
לַמַּלְאָךְ הַמְּמֻנֶּה עֲלֵיהֶם לְהָקֵל מֵעֲלֵיהֶם מִשְׁפָּטָם וְדִינָם וְעֹל סִבְלָם. יִתֵּן
יְהֹוָה לָהֶם וּמְצֶאןָ מְנוּחָה נְכוֹנָה אִישׁ עַל מַחֲנֵהוּ בִּמְנוּחַת שָׁלוֹם הַשְׁקֵט
וָבֶטַח עַד עוֹלָם, וּבְצֵל שַׁדַּי יִתְלוֹנְנוּ תַּחַת כַּנְפֵי הַכְּרוּבִים, מִמַּדְרֵגָה לְמַדְרֵגָה
וּמִמַּעֲלָה לְמַעֲלָה יָקוּמוּ וְיַעֲלוּ. וַאֲשֶׁר אֵין לוֹ זָכִיּוֹת לַעֲלוֹת עֲשֵׂה עִמּוֹ
שמות לג חֶסֶד מַתְּנַת חִנָּם, כְּמוֹ שֶׁנֶּאֱמַר: וַיֹּאמֶר, אֲנִי אַעֲבִיר כָּל־טוּבִי עַל־פָּנֶיךָ
וְקָרָאתִי בְשֵׁם יְהֹוָה לְפָנֶיךָ, וְחַנֹּתִי אֶת־אֲשֶׁר אָחֹן וְרִחַמְתִּי אֶת־אֲשֶׁר אֲרַחֵם:
תהלים יט יִהְיוּ לְרָצוֹן אִמְרֵי־פִי וְהֶגְיוֹן לִבִּי לְפָנֶיךָ, יְהֹוָה צוּרִי וְגֹאֲלִי:

# שלוש רגלים

## מזמורי הרגל

לפני תפילת ערבית של יום טוב (וחול המועד) נוהגים לומר מזמורים אלה במנגינה של יום טוב.

### מזמור לפסח

בערבית של חול המועד פסח יש נוהגים להתחיל 'וַיְרֹמְמוּהוּ' (בעמוד הבא).

תהלים קז

הֹדוּ לַיהוָה כִּי־טוֹב, כִּי לְעוֹלָם חַסְדּוֹ: יֹאמְרוּ גְּאוּלֵי יְהוָה, אֲשֶׁר גְּאָלָם מִיַּד־צָר: וּמֵאֲרָצוֹת קִבְּצָם, מִמִּזְרָח וּמִמַּעֲרָב, מִצָּפוֹן וּמִיָּם: תָּעוּ בַמִּדְבָּר, בִּישִׁימוֹן דָּרֶךְ, עִיר מוֹשָׁב לֹא מָצָאוּ: רְעֵבִים גַּם־צְמֵאִים, נַפְשָׁם בָּהֶם תִּתְעַטָּף: וַיִּצְעֲקוּ אֶל־יְהוָה בַּצַּר לָהֶם, מִמְּצוּקוֹתֵיהֶם יַצִּילֵם: וַיַּדְרִיכֵם בְּדֶרֶךְ יְשָׁרָה, לָלֶכֶת אֶל־עִיר מוֹשָׁב: יוֹדוּ לַיהוָה חַסְדּוֹ, וְנִפְלְאוֹתָיו לִבְנֵי אָדָם: כִּי־הִשְׂבִּיעַ נֶפֶשׁ שֹׁקֵקָה, וְנֶפֶשׁ רְעֵבָה מִלֵּא־טוֹב: יֹשְׁבֵי חֹשֶׁךְ וְצַלְמָוֶת, אֲסִירֵי עֳנִי וּבַרְזֶל: כִּי־הִמְרוּ אִמְרֵי־אֵל, וַעֲצַת עֶלְיוֹן נָאָצוּ: וַיַּכְנַע בֶּעָמָל לִבָּם, כָּשְׁלוּ וְאֵין עֹזֵר: וַיִּזְעֲקוּ אֶל־יְהוָה בַּצַּר לָהֶם, מִמְּצֻקוֹתֵיהֶם יוֹשִׁיעֵם: יוֹצִיאֵם מֵחֹשֶׁךְ וְצַלְמָוֶת, וּמוֹסְרוֹתֵיהֶם יְנַתֵּק: יוֹדוּ לַיהוָה חַסְדּוֹ, וְנִפְלְאוֹתָיו לִבְנֵי אָדָם: כִּי־שִׁבַּר דַּלְתוֹת נְחֹשֶׁת, וּבְרִיחֵי בַרְזֶל גִּדֵּעַ: אֱוִלִים מִדֶּרֶךְ פִּשְׁעָם, וּמֵעֲוֹנֹתֵיהֶם יִתְעַנּוּ: כָּל־אֹכֶל תְּתַעֵב נַפְשָׁם, וַיַּגִּיעוּ עַד־שַׁעֲרֵי מָוֶת: וַיִּזְעֲקוּ אֶל־יְהוָה בַּצַּר לָהֶם, מִמְּצֻקוֹתֵיהֶם יוֹשִׁיעֵם: יִשְׁלַח דְּבָרוֹ וְיִרְפָּאֵם, וִימַלֵּט מִשְּׁחִיתוֹתָם: יוֹדוּ לַיהוָה חַסְדּוֹ, וְנִפְלְאוֹתָיו לִבְנֵי אָדָם: וְיִזְבְּחוּ זִבְחֵי תוֹדָה וִיסַפְּרוּ מַעֲשָׂיו בְּרִנָּה: יוֹרְדֵי הַיָּם בָּאֳנִיּוֹת, עֹשֵׂי מְלָאכָה בְּמַיִם רַבִּים: הֵמָּה רָאוּ מַעֲשֵׂי יְהוָה, וְנִפְלְאוֹתָיו בִּמְצוּלָה: וַיֹּאמֶר, וַיַּעֲמֵד רוּחַ סְעָרָה, וַתְּרוֹמֵם גַּלָּיו: יַעֲלוּ שָׁמַיִם, יֵרְדוּ תְהוֹמוֹת, נַפְשָׁם בְּרָעָה תִתְמוֹגָג: יָחוֹגּוּ וְיָנוּעוּ כַּשִּׁכּוֹר, וְכָל־חָכְמָתָם תִּתְבַּלָּע: וַיִּצְעֲקוּ אֶל־יְהוָה בַּצַּר לָהֶם, וּמִמְּצוּקֹתֵיהֶם יוֹצִיאֵם: יָקֵם סְעָרָה לִדְמָמָה, וַיֶּחֱשׁוּ

גַּלֵּיהֶם: וַיִּשְׂמְחוּ כִי־יִשְׁתֹּקוּ, וַיַּנְחֵם אֶל־מְחוֹז חֶפְצָם: יוֹדוּ לַיהוָה חַסְדּוֹ, וְנִפְלְאוֹתָיו לִבְנֵי אָדָם: וִירֹמְמוּהוּ בִּקְהַל־עָם, וּבְמוֹשַׁב זְקֵנִים יְהַלְלוּהוּ: יָשֵׂם נְהָרוֹת לְמִדְבָּר, וּמֹצָאֵי מַיִם לְצִמָּאוֹן: אֶרֶץ פְּרִי לִמְלֵחָה, מֵרָעַת יוֹשְׁבֵי בָהּ: יָשֵׂם מִדְבָּר לַאֲגַם־מַיִם, וְאֶרֶץ צִיָּה לְמֹצָאֵי מָיִם: וַיּוֹשֶׁב שָׁם רְעֵבִים, וַיְכוֹנְנוּ עִיר מוֹשָׁב: וַיִּזְרְעוּ שָׂדוֹת, וַיִּטְּעוּ כְרָמִים, וַיַּעֲשׂוּ פְּרִי תְבוּאָה: וַיְבָרְכֵם וַיִּרְבּוּ מְאֹד, וּבְהֶמְתָּם לֹא יַמְעִיט: וַיִּמְעֲטוּ וַיָּשֹׁחוּ, מֵעֹצֶר רָעָה וְיָגוֹן: שֹׁפֵךְ בּוּז עַל־נְדִיבִים, וַיַּתְעֵם בְּתֹהוּ לֹא־דָרֶךְ: וַיְשַׂגֵּב אֶבְיוֹן מֵעוֹנִי, וַיָּשֶׂם כַּצֹּאן מִשְׁפָּחוֹת: יִרְאוּ יְשָׁרִים וְיִשְׂמָחוּ, וְכָל־עַוְלָה קָפְצָה פִּיהָ: מִי־חָכָם וְיִשְׁמָר־אֵלֶּה, וְיִתְבּוֹנְנוּ חַסְדֵי יְהוָה:

מזמור לשבועות

תהלים סח לַמְנַצֵּחַ לְדָוִד מִזְמוֹר שִׁיר: יָקוּם אֱלֹהִים יָפוּצוּ אוֹיְבָיו וְיָנוּסוּ מְשַׂנְאָיו מִפָּנָיו: כְּהִנְדֹּף עָשָׁן תִּנְדֹּף כְּהִמֵּס דּוֹנַג מִפְּנֵי־אֵשׁ יֹאבְדוּ רְשָׁעִים מִפְּנֵי אֱלֹהִים: וְצַדִּיקִים יִשְׂמְחוּ יַעַלְצוּ לִפְנֵי אֱלֹהִים וְיָשִׂישׂוּ בְשִׂמְחָה: שִׁירוּ לֵאלֹהִים זַמְּרוּ שְׁמוֹ סֹלּוּ לָרֹכֵב בָּעֲרָבוֹת בְּיָהּ שְׁמוֹ וְעִלְזוּ לְפָנָיו: אֲבִי יְתוֹמִים וְדַיַּן אַלְמָנוֹת אֱלֹהִים בִּמְעוֹן קָדְשׁוֹ: אֱלֹהִים מוֹשִׁיב יְחִידִים בַּיְתָה מוֹצִיא אֲסִירִים בַּכּוֹשָׁרוֹת אַךְ סוֹרְרִים שָׁכְנוּ צְחִיחָה: אֱלֹהִים בְּצֵאתְךָ לִפְנֵי עַמֶּךָ בְּצַעְדְּךָ בִישִׁימוֹן סֶלָה: אֶרֶץ רָעָשָׁה אַף־שָׁמַיִם נָטְפוּ מִפְּנֵי אֱלֹהִים זֶה סִינַי מִפְּנֵי אֱלֹהִים אֱלֹהֵי יִשְׂרָאֵל: גֶּשֶׁם נְדָבוֹת תָּנִיף אֱלֹהִים נַחֲלָתְךָ וְנִלְאָה אַתָּה כוֹנַנְתָּהּ: חַיָּתְךָ יָשְׁבוּ־בָהּ תָּכִין בְּטוֹבָתְךָ לֶעָנִי אֱלֹהִים: אֲדֹנָי יִתֶּן־אֹמֶר הַמְבַשְּׂרוֹת צָבָא רָב: מַלְכֵי צְבָאוֹת יִדֹּדוּן יִדֹּדוּן וּנְוַת־בַּיִת תְּחַלֵּק שָׁלָל: אִם־תִּשְׁכְּבוּן בֵּין שְׁפַתָּיִם כַּנְפֵי יוֹנָה נֶחְפָּה בַכֶּסֶף וְאֶבְרוֹתֶיהָ בִּירַקְרַק חָרוּץ: בְּפָרֵשׂ שַׁדַּי מְלָכִים בָּהּ תַּשְׁלֵג בְּצַלְמוֹן: הַר־אֱלֹהִים הַר־בָּשָׁן הַר גַּבְנֻנִּים הַר־בָּשָׁן: לָמָּה

תְּרַצְּדוּן הָרִים גַּבְנֻנִּים הָהָר חָמַד אֱלֹהִים לְשִׁבְתּוֹ אַף־יְהוָה יִשְׁכֹּן לָנֶצַח׃ רֶכֶב אֱלֹהִים רִבֹּתַיִם אַלְפֵי שִׁנְאָן אֲדֹנָי בָם סִינַי בַּקֹּדֶשׁ׃ עָלִיתָ לַמָּרוֹם שָׁבִיתָ שֶּׁבִי לָקַחְתָּ מַתָּנוֹת בָּאָדָם וְאַף סוֹרְרִים לִשְׁכֹּן יָהּ אֱלֹהִים׃ בָּרוּךְ אֲדֹנָי יוֹם יוֹם יַעֲמָס־לָנוּ הָאֵל יְשׁוּעָתֵנוּ סֶלָה׃ הָאֵל לָנוּ אֵל לְמוֹשָׁעוֹת וְלֵיהוִה אֲדֹנָי לַמָּוֶת תּוֹצָאוֹת׃ אַךְ־אֱלֹהִים יִמְחַץ רֹאשׁ אֹיְבָיו קָדְקֹד שֵׂעָר מִתְהַלֵּךְ בַּאֲשָׁמָיו׃ אָמַר אֲדֹנָי מִבָּשָׁן אָשִׁיב אָשִׁיב מִמְּצֻלוֹת יָם׃ לְמַעַן תִּמְחַץ רַגְלְךָ בְּדָם לְשׁוֹן כְּלָבֶיךָ מֵאֹיְבִים מִנֵּהוּ׃ רָאוּ הֲלִיכוֹתֶיךָ אֱלֹהִים הֲלִיכוֹת אֵלִי מַלְכִּי בַקֹּדֶשׁ׃ קִדְּמוּ שָׁרִים אַחַר נֹגְנִים בְּתוֹךְ עֲלָמוֹת תּוֹפֵפוֹת׃ בְּמַקְהֵלוֹת בָּרְכוּ אֱלֹהִים אֲדֹנָי מִמְּקוֹר יִשְׂרָאֵל׃ שָׁם בִּנְיָמִן צָעִיר רֹדֵם שָׂרֵי יְהוּדָה רִגְמָתָם שָׂרֵי זְבֻלוּן שָׂרֵי נַפְתָּלִי׃ צִוָּה אֱלֹהֶיךָ עֻזֶּךָ עוּזָּה אֱלֹהִים זוּ פָּעַלְתָּ לָּנוּ׃ מֵהֵיכָלֶךָ עַל־יְרוּשָׁלָםִ לְךָ יוֹבִילוּ מְלָכִים שָׁי׃ גְּעַר חַיַּת קָנֶה עֲדַת אַבִּירִים בְּעֶגְלֵי עַמִּים מִתְרַפֵּס בְּרַצֵּי־כָסֶף בִּזַּר עַמִּים קְרָבוֹת יֶחְפָּצוּ׃ יֶאֱתָיוּ חַשְׁמַנִּים מִנִּי מִצְרָיִם כּוּשׁ תָּרִיץ יָדָיו לֵאלֹהִים׃ מַמְלְכוֹת הָאָרֶץ שִׁירוּ לֵאלֹהִים זַמְּרוּ אֲדֹנָי סֶלָה׃ לָרֹכֵב בִּשְׁמֵי שְׁמֵי־קֶדֶם הֵן יִתֵּן בְּקוֹלוֹ קוֹל עֹז׃ תְּנוּ עֹז לֵאלֹהִים עַל־יִשְׂרָאֵל גַּאֲוָתוֹ וְעֻזּוֹ בַּשְּׁחָקִים׃ נוֹרָא אֱלֹהִים מִמִּקְדָּשֶׁיךָ אֵל יִשְׂרָאֵל הוּא נֹתֵן עֹז וְתַעֲצֻמוֹת לָעָם בָּרוּךְ אֱלֹהִים׃

מזמור לסוכות

בערבית של חול המועד סוכות יש נוהגים להתחיל ממזמור מג (בעמוד הבא).

לַמְנַצֵּחַ מַשְׂכִּיל לִבְנֵי־קֹרַח׃ כְּאַיָּל תַּעֲרֹג עַל־אֲפִיקֵי־מָיִם כֵּן נַפְשִׁי תהלים מב
תַעֲרֹג אֵלֶיךָ אֱלֹהִים׃ צָמְאָה נַפְשִׁי לֵאלֹהִים לְאֵל חָי מָתַי אָבוֹא וְאֵרָאֶה פְּנֵי אֱלֹהִים׃ הָיְתָה־לִּי דִמְעָתִי לֶחֶם יוֹמָם וָלָיְלָה בֶּאֱמֹר אֵלַי כָּל־הַיּוֹם אַיֵּה אֱלֹהֶיךָ׃ אֵלֶּה אֶזְכְּרָה וְאֶשְׁפְּכָה עָלַי נַפְשִׁי כִּי אֶעֱבֹר בַּסָּךְ אֶדַּדֵּם עַד־בֵּית אֱלֹהִים בְּקוֹל־רִנָּה וְתוֹדָה הָמוֹן חוֹגֵג׃

מַה־תִּשְׁתּוֹחֲחִי נַפְשִׁי וַתֶּהֱמִי עָלָי הוֹחִלִי לֵאלֹהִים כִּי־עוֹד אוֹדֶנּוּ יְשׁוּעוֹת פָּנָיו: אֱלֹהַי עָלַי נַפְשִׁי תִשְׁתּוֹחָח עַל־כֵּן אֶזְכָּרְךָ מֵאֶרֶץ יַרְדֵּן וְחֶרְמוֹנִים מֵהַר מִצְעָר: תְּהוֹם־אֶל־תְּהוֹם קוֹרֵא לְקוֹל צִנּוֹרֶיךָ כָּל־מִשְׁבָּרֶיךָ וְגַלֶּיךָ עָלַי עָבָרוּ: יוֹמָם יְצַוֶּה יְהֹוָה חַסְדּוֹ וּבַלַּיְלָה שִׁירֹה עִמִּי תְּפִלָּה לְאֵל חַיָּי: אוֹמְרָה לְאֵל סַלְעִי לָמָה שְׁכַחְתָּנִי לָמָּה־קֹדֵר אֵלֵךְ בְּלַחַץ אוֹיֵב: בְּרֶצַח בְּעַצְמוֹתַי חֵרְפוּנִי צוֹרְרָי בְּאָמְרָם אֵלַי כָּל־הַיּוֹם אַיֵּה אֱלֹהֶיךָ: מַה־תִּשְׁתּוֹחֲחִי נַפְשִׁי וּמַה־תֶּהֱמִי עָלָי הוֹחִילִי לֵאלֹהִים כִּי־עוֹד אוֹדֶנּוּ יְשׁוּעֹת פָּנַי וֵאלֹהָי:

תהלים מג שָׁפְטֵנִי אֱלֹהִים וְרִיבָה רִיבִי מִגּוֹי לֹא־חָסִיד מֵאִישׁ־מִרְמָה וְעַוְלָה תְפַלְּטֵנִי: כִּי־אַתָּה אֱלֹהֵי מָעוּזִּי לָמָה זְנַחְתָּנִי לָמָּה־קֹדֵר אֶתְהַלֵּךְ בְּלַחַץ אוֹיֵב: שְׁלַח־אוֹרְךָ וַאֲמִתְּךָ הֵמָּה יַנְחוּנִי יְבִיאוּנִי אֶל־הַר־קָדְשְׁךָ וְאֶל־מִשְׁכְּנוֹתֶיךָ: וְאָבוֹאָה אֶל־מִזְבַּח אֱלֹהִים אֶל־אֵל שִׂמְחַת גִּילִי וְאוֹדְךָ בְכִנּוֹר אֱלֹהִים אֱלֹהָי: מַה־תִּשְׁתּוֹחֲחִי נַפְשִׁי וּמַה־תֶּהֱמִי עָלָי הוֹחִילִי לֵאלֹהִים כִּי־עוֹד אוֹדֶנּוּ יְשׁוּעֹת פָּנַי וֵאלֹהָי:

מזמור לשמיני עצרת

תהלים יב לַמְנַצֵּחַ עַל־הַשְּׁמִינִית מִזְמוֹר לְדָוִד: הוֹשִׁיעָה יְהֹוָה כִּי־גָמַר חָסִיד כִּי־פַסּוּ אֱמוּנִים מִבְּנֵי אָדָם: שָׁוְא יְדַבְּרוּ אִישׁ אֶת־רֵעֵהוּ שְׂפַת חֲלָקוֹת בְּלֵב וָלֵב יְדַבֵּרוּ: יַכְרֵת יְהֹוָה כָּל־שִׂפְתֵי חֲלָקוֹת לָשׁוֹן מְדַבֶּרֶת גְּדֹלוֹת: אֲשֶׁר אָמְרוּ לִלְשֹׁנֵנוּ נַגְבִּיר שְׂפָתֵינוּ אִתָּנוּ מִי אָדוֹן לָנוּ: מִשֹּׁד עֲנִיִּים מֵאַנְקַת אֶבְיוֹנִים עַתָּה אָקוּם יֹאמַר יְהֹוָה אָשִׁית בְּיֵשַׁע יָפִיחַ לוֹ: אִמֲרוֹת יְהֹוָה אֲמָרוֹת טְהֹרוֹת כֶּסֶף צָרוּף בַּעֲלִיל לָאָרֶץ מְזֻקָּק שִׁבְעָתָיִם: אַתָּה־יְהֹוָה תִּשְׁמְרֵם תִּצְּרֶנּוּ מִן־הַדּוֹר זוּ לְעוֹלָם: סָבִיב רְשָׁעִים יִתְהַלָּכוּן כְּרֻם זֻלּוּת לִבְנֵי אָדָם:

# עמידה לשלוש רגלים

"הִנֵּה עַל־הֶהָרִים רַגְלֵי מְבַשֵּׂר מַשְׁמִיעַ שָׁלוֹם: חָגִּי יְהוּדָה חַגַּיִךְ" (נחום ב, א).

## עמידה לשחרית, מנחה וערבית של יום טוב

"המתפלל צריך שיכוין בלבו פירוש המלות שמוציא בשפתיו; ויחשוב כאלו שכינה כנגדו ויסיר כל המחשבות הטורדות אותו עד שתשאר מחשבתו וכוונתו זכה בתפלתו" (שו"ע צח, א).

יש נוהגים לפסוע שלוש פסיעות לפנים, כמי שנכנס לפני המלך (ספר הפרדס; קש"ג בשם הרוקח).

עומד ומתפלל בלחש מכאן ועד 'בְּלֵבָב שָׁלֵם' בעמ' 426.

שוחין בברכת אבות תחילה וסוף (ברכות לד ע"א; שו"ע קיג, א),
כורע בתיבת 'בָּרוּךְ', קד לפנים בתיבת 'אַתָּה' וזוקף בשם ('רעיא מהימנא', עקב).

אֲדֹנָי, שְׂפָתַי תִּפְתָּח, וּפִי יַגִּיד תְּהִלָּתֶךָ: תהלים נא

אבות

בָּרוּךְ אַתָּה יְהוָה, אֱלֹהֵינוּ וֵאלֹהֵי אֲבוֹתֵינוּ
אֱלֹהֵי אַבְרָהָם, אֱלֹהֵי יִצְחָק, וֵאלֹהֵי יַעֲקֹב
הָאֵל הַגָּדוֹל הַגִּבּוֹר וְהַנּוֹרָא, אֵל עֶלְיוֹן
גּוֹמֵל חֲסָדִים טוֹבִים, קוֹנֵה הַכֹּל, וְזוֹכֵר חַסְדֵי אָבוֹת
וּמֵבִיא גוֹאֵל לִבְנֵי בְנֵיהֶם לְמַעַן שְׁמוֹ בְּאַהֲבָה.
מֶלֶךְ עוֹזֵר וּמוֹשִׁיעַ וּמָגֵן.
בָּרוּךְ אַתָּה יְהוָה, מָגֵן אַבְרָהָם.

גבורות

אַתָּה גִּבּוֹר לְעוֹלָם, אֲדֹנָי
מְחַיֵּה מֵתִים אַתָּה, רַב לְהוֹשִׁיעַ

במנחה של שמחת תורה ובערבית ובשחרית של יום טוב ראשון של פסח:

מַשִּׁיב הָרוּחַ וּמוֹרִיד הַגֶּשֶׁם

בשאר תפילות:

מוֹרִיד הַטָּל

מְכַלְכֵּל חַיִּים בְּחֶסֶד, מְחַיֵּה מֵתִים בְּרַחֲמִים רַבִּים
סוֹמֵךְ נוֹפְלִים, וְרוֹפֵא חוֹלִים, וּמַתִּיר אֲסוּרִים
וּמְקַיֵּם אֱמוּנָתוֹ לִישֵׁנֵי עָפָר.
מִי כָמְוֹךָ, בַּעַל גְּבוּרוֹת
וּמִי דּוֹמֶה לָּךְ, מֶלֶךְ מֵמִית וּמְחַיֶּה וּמַצְמִיחַ יְשׁוּעָה.
וְנֶאֱמָן אַתָּה לְהַחֲיוֹת מֵתִים.
בָּרוּךְ אַתָּה יְהֹוָה, מְחַיֵּה הַמֵּתִים.

בתפילת לחש ממשיך 'אַתָּה קָדוֹשׁ' למטה.

---

קדושה לשחרית ולמנחה

את ברכת קדושת השם בחזרת הש״ץ פותחים בקדושה (סדר התפילה להרמב״ם), ראה הלכה 168–170.

במקומות המסומנים ב°, המתפלל מתרומם על קצות אצבעותיו (טוב״י, קכה ושעה״כ בשם מדרש תנחומא; ברכ״י בשם הרדב״ז).

נַקְדִּישָׁךְ וְנַעֲרִיצָךְ כְּנֹעַם שִׂיחַ סוֹד שַׂרְפֵי קֹדֶשׁ, הַמְשַׁלְּשִׁים לְךָ קְדֻשָּׁה
וְכֵן כָּתוּב עַל יַד נְבִיאָךְ: וְקָרָא זֶה אֶל־זֶה וְאָמַר ישעיה ו

קהל ואחריו שליח הציבור:

°קָדוֹשׁ, °קָדוֹשׁ, °קָדוֹשׁ, יְהֹוָה צְבָאוֹת, מְלֹא כָל־הָאָרֶץ כְּבוֹדוֹ:
לְעֻמָּתָם מְשַׁבְּחִים וְאוֹמְרִים

קהל ואחריו שליח הציבור:

°בָּרוּךְ כְּבוֹד־יְהֹוָה מִמְּקוֹמוֹ: יחזקאל ג
וּבְדִבְרֵי קָדְשְׁךָ כָּתוּב לֵאמֹר

קהל ואחריו שליח הציבור:

°יִמְלֹךְ יְהֹוָה לְעוֹלָם, אֱלֹהַיִךְ צִיּוֹן לְדֹר וָדֹר, הַלְלוּיָהּ: תהלים קמו

שליח הציבור ממשיך 'אַתָּה קָדוֹשׁ'.

---

קדושת השם

אַתָּה קָדוֹשׁ וְשִׁמְךָ קָדוֹשׁ
וּקְדוֹשִׁים בְּכָל יוֹם יְהַלְלְוּךָ סֶּלָה.
בָּרוּךְ אַתָּה יְהֹוָה, הָאֵל הַקָּדוֹשׁ.

### קדושת היום

קדושת הרגלים תלויה בקידוש החודשים על ידי ישראל, בניגוד לשבת שהתקדשה בששת ימי בראשית. לכן תפילות החגים פותחות בבחירת עם ישראל וחותמות 'מְקַדֵּשׁ יִשְׂרָאֵל וְהַזְּמַנִּים' (ראה רש"י, ביצה יז ע"א).

**אַתָּה בְחַרְתָּנוּ מִכָּל הָעַמִּים**
**אָהַבְתָּ אוֹתָנוּ וְרָצִיתָ בָּנוּ וְרוֹמַמְתָּנוּ מִכָּל הַלְּשׁוֹנוֹת**
**וְקִדַּשְׁתָּנוּ בְּמִצְוֹתֶיךָ**
**וְקֵרַבְתָּנוּ מַלְכֵּנוּ לַעֲבוֹדָתֶךָ**
**וְשִׁמְךָ הַגָּדוֹל וְהַקָּדוֹשׁ עָלֵינוּ קָרָאתָ.**

---

במוצאי שבת אומרים (על פי ברכות לג ע"א):

וַתּוֹדִיעֵנוּ מִשְׁפְּטֵי צִדְקֶךָ, וַתְּלַמְּדֵנוּ לַעֲשׂוֹת בָּהֶם חֻקֵּי רְצוֹנֶךָ,
וַתִּתֶּן לָנוּ יְהֹוָה אֱלֹהֵינוּ מִשְׁפָּטִים יְשָׁרִים וְתוֹרוֹת אֱמֶת, חֻקִּים נחמיה ט
וּמִצְוֹת טוֹבִים, וַתַּנְחִילֵנוּ זְמַנֵּי שָׂשׂוֹן וּמוֹעֲדֵי קֹדֶשׁ וְחַגֵּי נְדָבָה,
וַתּוֹרִישֵׁנוּ קְדֻשַּׁת שַׁבָּת וּכְבוֹד מוֹעֵד וַחֲגִיגַת הָרֶגֶל. בֵּין קְדֻשַּׁת
שַׁבָּת לִקְדֻשַּׁת יוֹם טוֹב הִבְדַּלְתָּ, וְאֶת יוֹם הַשְּׁבִיעִי מִשֵּׁשֶׁת
יְמֵי הַמַּעֲשֶׂה קִדַּשְׁתָּ וְהִבְדַּלְתָּ, וְהִקְדַּשְׁתָּ אֶת עַמְּךָ יִשְׂרָאֵל
בִּקְדֻשָּׁתֶךָ.

---

**וַתִּתֶּן לָנוּ יְהֹוָה אֱלֹהֵינוּ בְּאַהֲבָה**
**(שַׁבָּתוֹת לִמְנוּחָה וּ) מוֹעֲדִים לְשִׂמְחָה**
**חַגִּים וּזְמַנִּים לְשָׂשׂוֹן**
**אֶת יוֹם (הַשַּׁבָּת הַזֶּה וְאֶת יוֹם)**

בפסח: **חַג הַמַּצּוֹת הַזֶּה**
**אֶת יוֹם טוֹב מִקְרָא קֹדֶשׁ הַזֶּה, זְמַן חֵרוּתֵנוּ**
בשבועות: **חַג הַשָּׁבוּעוֹת הַזֶּה**
**אֶת יוֹם טוֹב מִקְרָא קֹדֶשׁ הַזֶּה, זְמַן מַתַּן תּוֹרָתֵנוּ**

בסוכות: חַג הַסֻּכּוֹת הַזֶּה
אֶת יוֹם טוֹב מִקְרָא קֹדֶשׁ הַזֶּה, זְמַן שִׂמְחָתֵנוּ
בשמיני עצרת: שְׁמִינִי חַג עֲצֶרֶת הַזֶּה
אֶת יוֹם טוֹב מִקְרָא קֹדֶשׁ הַזֶּה, זְמַן שִׂמְחָתֵנוּ

בְּאַהֲבָה מִקְרָא קֹדֶשׁ, זֵכֶר לִיצִיאַת מִצְרָיִם.

אֱלֹהֵינוּ וֵאלֹהֵי אֲבוֹתֵינוּ
יַעֲלֶה וְיָבוֹא, יַגִּיעַ יֵרָאֶה וְיֵרָצֶה
יִשָּׁמַע יִפָּקֵד וְיִזָּכֵר זִכְרוֹנֵנוּ וְזִכְרוֹן אֲבוֹתֵינוּ
זִכְרוֹן יְרוּשָׁלַיִם עִירָךְ וְזִכְרוֹן מָשִׁיחַ בֶּן דָּוִד עַבְדָּךְ
וְזִכְרוֹן כָּל עַמְּךָ בֵּית יִשְׂרָאֵל לְפָנֶיךָ
לִפְלֵיטָה, לְטוֹבָה לְחֵן, לְחֶסֶד וּלְרַחֲמִים
(לְחַיִּים טוֹבִים וּלְשָׁלוֹם)
בְּיוֹם (הַשַּׁבָּת הַזֶּה וּבְיוֹם)

בפסח: חַג הַמַּצּוֹת הַזֶּה, בְּיוֹם טוֹב מִקְרָא קֹדֶשׁ הַזֶּה
בשבועות: חַג הַשָּׁבוּעוֹת הַזֶּה, בְּיוֹם טוֹב מִקְרָא קֹדֶשׁ הַזֶּה
בסוכות: חַג הַסֻּכּוֹת הַזֶּה, בְּיוֹם טוֹב מִקְרָא קֹדֶשׁ הַזֶּה
בשמיני עצרת: שְׁמִינִי חַג עֲצֶרֶת הַזֶּה, בְּיוֹם טוֹב מִקְרָא קֹדֶשׁ הַזֶּה

לְרַחֵם בּוֹ עָלֵינוּ וּלְהוֹשִׁיעֵנוּ.
זָכְרֵנוּ, יְהוָה אֱלֹהֵינוּ, בּוֹ לְטוֹבָה וּפָקְדֵנוּ בוֹ לִבְרָכָה
וְהוֹשִׁיעֵנוּ בוֹ לְחַיִּים טוֹבִים.
בִּדְבַר יְשׁוּעָה וְרַחֲמִים חוּס וְחָנֵּנוּ
וַחֲמֹל וְרַחֵם עָלֵינוּ וְהוֹשִׁיעֵנוּ
כִּי אֵלֶיךָ עֵינֵינוּ, כִּי אֵל מֶלֶךְ חַנּוּן וְרַחוּם אָתָּה.

וְהַשִּׂיאֵנוּ יְהֹוָה אֱלֹהֵינוּ אֶת בִּרְכַּת מוֹעֲדֶיךָ
לְחַיִּים בְּשִׂמְחָה וּבְשָׁלוֹם.
כַּאֲשֶׁר רָצִיתָ וְאָמַרְתָּ לְבָרְכֵנוּ
כֵּן תְּבָרְכֵנוּ סֶלָה.
(בשבת יש מוסיפים: אֱלֹהֵינוּ וֵאלֹהֵי אֲבוֹתֵינוּ, רְצֵה נָא בִמְנוּחָתֵנוּ)
קַדְּשֵׁנוּ בְּמִצְוֹתֶיךָ, שִׂים חֶלְקֵנוּ בְּתוֹרָתֶךָ
שַׂבְּעֵנוּ מִטּוּבֶךָ, שַׂמַּח נַפְשֵׁנוּ בִּישׁוּעָתֶךָ
וְטַהֵר לִבֵּנוּ לְעָבְדְּךָ בֶּאֱמֶת.
וְהַנְחִילֵנוּ יְהֹוָה אֱלֹהֵינוּ
(בשבת: בְּאַהֲבָה וּבְרָצוֹן)
בְּשִׂמְחָה וּבְשָׂשׂוֹן (שַׁבְּתוֹת וּ) מוֹעֲדֵי קָדְשֶׁךָ
וְיִשְׂמְחוּ בְךָ כָּל יִשְׂרָאֵל מְקַדְּשֵׁי שְׁמֶךָ.
בָּרוּךְ אַתָּה יְהֹוָה, מְקַדֵּשׁ (הַשַּׁבָּת וְ) יִשְׂרָאֵל וְהַזְּמַנִּים.

עבודה

רְצֵה יְהֹוָה אֱלֹהֵינוּ בְּעַמְּךָ יִשְׂרָאֵל
וְלִתְפִלָּתָם שְׁעֵה
וְהָשֵׁב הָעֲבוֹדָה לִדְבִיר בֵּיתֶךָ
וְאִשֵּׁי יִשְׂרָאֵל וּתְפִלָּתָם מְהֵרָה בְּאַהֲבָה תְקַבֵּל בְּרָצוֹן
וּתְהִי לְרָצוֹן תָּמִיד עֲבוֹדַת יִשְׂרָאֵל עַמֶּךָ.
וְאַתָּה בְּרַחֲמֶיךָ הָרַבִּים תַּחְפֹּץ בָּנוּ וְתִרְצֵנוּ
וְתֶחֱזֶינָה עֵינֵינוּ בְּשׁוּבְךָ לְצִיּוֹן בְּרַחֲמִים.
בָּרוּךְ אַתָּה יְהֹוָה, הַמַּחֲזִיר שְׁכִינָתוֹ לְצִיּוֹן.

**הודאה**

שוחין בברכת ההודאה תחילה וסוף (ברכות לד ע״א)
ואינו זוקף עד אמירת השם (רמב״ם).

׳מוֹדִים אֲנַחְנוּ לָךְ
שָׁאַתָּה הוּא יְהֹוָה אֱלֹהֵינוּ
וֵאלֹהֵי אֲבוֹתֵינוּ לְעוֹלָם וָעֶד.
צוּרֵנוּ, צוּר חַיֵּינוּ וּמָגֵן יִשְׁעֵנוּ
אַתָּה הוּא לְדוֹר וָדוֹר
נוֹדֶה לְּךָ וּנְסַפֵּר תְּהִלָּתֶךָ
עַל חַיֵּינוּ הַמְּסוּרִים בְּיָדֶךָ
וְעַל נִשְׁמוֹתֵינוּ הַפְּקוּדוֹת לָךְ
וְעַל נִסֶּיךָ שֶׁבְּכָל יוֹם עִמָּנוּ
וְעַל נִפְלְאוֹתֶיךָ וְטוֹבוֹתֶיךָ שֶׁבְּכָל עֵת
עֶרֶב וָבֹקֶר וְצָהֳרָיִם.
הַטּוֹב, כִּי לֹא כָלוּ רַחֲמֶיךָ
הַמְרַחֵם, כִּי לֹא תַמּוּ חֲסָדֶיךָ
כִּי מֵעוֹלָם קִוִּינוּ לָךְ.

כשהש״ץ אומר ׳מודים׳, הקהל אומר
בלחש ׳מודים דרבנן׳ (סוטה מ ע״א):

מוֹדִים אֲנַחְנוּ לָךְ
שָׁאַתָּה הוּא יְהֹוָה אֱלֹהֵינוּ
וֵאלֹהֵי אֲבוֹתֵינוּ
אֱלֹהֵי כָל בָּשָׂר
יוֹצְרֵנוּ יוֹצֵר בְּרֵאשִׁית.
בְּרָכוֹת וְהוֹדָאוֹת
לְשִׁמְךָ הַגָּדוֹל וְהַקָּדוֹשׁ
עַל שֶׁהֶחֱיִיתָנוּ וְקִיַּמְתָּנוּ.
כֵּן תְּחַיֵּנוּ וּתְחָנֵּנוּ
וְתֶאֱסֹף גָּלֻיּוֹתֵינוּ לְחַצְרוֹת
קָדְשֶׁךָ לִשְׁמֹר חֻקֶּיךָ
וְלַעֲשׂוֹת רְצוֹנֶךָ
וּלְעָבְדְּךָ בְּלֵבָב שָׁלֵם
עַל שֶׁאֲנַחְנוּ מוֹדִים לָךְ.
בָּרוּךְ אֵל הַהוֹדָאוֹת.

וְעַל כֻּלָּם
יִתְבָּרַךְ וְיִתְרוֹמַם וְיִתְנַשֵּׂא תָּמִיד שִׁמְךָ מַלְכֵּנוּ לְעוֹלָם וָעֶד
וְכָל הַחַיִּים יוֹדוּךָ סֶּלָה
וִיהַלְלוּ וִיבָרְכוּ אֶת שִׁמְךָ הַגָּדוֹל בֶּאֱמֶת לְעוֹלָם כִּי טוֹב
הָאֵל יְשׁוּעָתֵנוּ וְעֶזְרָתֵנוּ סֶלָה
הָאֵל הַטּוֹב.
׳בָּרוּךְ אַתָּה יְהֹוָה, הַטּוֹב שִׁמְךָ וּלְךָ נָאֶה לְהוֹדוֹת.

**ברכת כוהנים לשחרית:**

הכוהנים אומרים בלחש (סוטה לט ע״א):

יְהִי רָצוֹן מִלְּפָנֶיךָ, יְהֹוָה אֱלֹהֵינוּ וֵאלֹהֵי אֲבוֹתֵינוּ, שֶׁתְּהֵא הַבְּרָכָה הַזֹּאת שֶׁצִּוִּיתָנוּ לְבָרֵךְ אֶת עַמְּךָ יִשְׂרָאֵל בְּרָכָה שְׁלֵמָה וְלֹא יִהְיֶה בָּהּ מִכְשׁוֹל וְעָוֹן מֵעַתָּה וְעַד עוֹלָם.

אם יש יותר מכוהן אחד, שליח הציבור קורא:

כֹּהֲנִים

(יש עונים: עַם קְדוֹשֶׁךָ, כָּאָמוּר.)

הכוהנים מברכים:

בָּרוּךְ אַתָּה יְהֹוָה, אֱלֹהֵינוּ מֶלֶךְ הָעוֹלָם
אֲשֶׁר קִדְּשָׁנוּ בִּקְדֻשָּׁתוֹ שֶׁל אַהֲרֹן, וְצִוָּנוּ לְבָרֵךְ אֶת עַמּוֹ יִשְׂרָאֵל בְּאַהֲבָה.

שליח הציבור מקריא מילה במילה, והכוהנים אחריו:

יְבָרֶכְךָ יְהֹוָה וְיִשְׁמְרֶךָ: קהל: אָמֵן במדבר ו
יָאֵר יְהֹוָה פָּנָיו אֵלֶיךָ וִיחֻנֶּךָּ: קהל: אָמֵן
יִשָּׂא יְהֹוָה פָּנָיו אֵלֶיךָ וְיָשֵׂם לְךָ שָׁלוֹם: קהל: אָמֵן

שליח הציבור ממשיך ׳שִׂים שָׁלוֹם׳.

הכוהנים אומרים בלחש (סוטה, שם):

רִבּוֹן הָעוֹלָמִים, עָשִׂינוּ מַה שֶּׁגָּזַרְתָּ עָלֵינוּ, עֲשֵׂה אַתָּה מַה שֶּׁהִבְטַחְתָּנוּ, הַשְׁקִיפָה דברים כו
מִמְּעוֹן קָדְשְׁךָ מִן־הַשָּׁמַיִם וּבָרֵךְ אֶת־עַמְּךָ אֶת־יִשְׂרָאֵל:

הרואה חלום ונפשו עגומה, אומר בשעת נשיאת כפיים את הבקשה ׳רִבּוֹנוֹ שֶׁל עוֹלָם׳ (בעמ׳ 897).

אם אין כוהנים העולים לדוכן, שליח הציבור אומר:

אֱלֹהֵינוּ וֵאלֹהֵי אֲבוֹתֵינוּ, בָּרְכֵנוּ בַּבְּרָכָה הַמְשֻׁלֶּשֶׁת בַּתּוֹרָה, הַכְּתוּבָה עַל יְדֵי מֹשֶׁה עַבְדֶּךָ, הָאֲמוּרָה מִפִּי אַהֲרֹן וּבָנָיו כֹּהֲנִים עַם קְדוֹשֶׁךָ, כָּאָמוּר

יְבָרֶכְךָ יְהֹוָה וְיִשְׁמְרֶךָ: קהל: כֵּן יְהִי רָצוֹן במדבר ו
יָאֵר יְהֹוָה פָּנָיו אֵלֶיךָ וִיחֻנֶּךָּ: קהל: כֵּן יְהִי רָצוֹן
יִשָּׂא יְהֹוָה פָּנָיו אֵלֶיךָ וְיָשֵׂם לְךָ שָׁלוֹם: קהל: כֵּן יְהִי רָצוֹן
(וְנֶאֱמַר) וְשָׂמוּ אֶת־שְׁמִי עַל־בְּנֵי יִשְׂרָאֵל, וַאֲנִי אֲבָרְכֵם:

שלום

שִׂים שָׁלוֹם טוֹבָה וּבְרָכָה
חַיִּים חֵן וָחֶסֶד, צְדָקָה וְרַחֲמִים עָלֵינוּ וְעַל כָּל יִשְׂרָאֵל עַמֶּךָ.
וּבָרְכֵנוּ אָבִינוּ כֻּלָּנוּ כְּאֶחָד בְּאוֹר פָּנֶיךָ

כִּי בְאוֹר פָּנֶיךָ נָתַתָּ לָּנוּ יְהוָה אֱלֹהֵינוּ תּוֹרָה וְחַיִּים
אַהֲבָה וָחֶסֶד, צְדָקָה וְרַחֲמִים, בְּרָכָה וְשָׁלוֹם.
וְטוֹב בְּעֵינֶיךָ לְבָרְכֵנוּ וּלְבָרֵךְ אֶת כָּל עַמְּךָ יִשְׂרָאֵל בְּרֹב עֹז וְשָׁלוֹם.
בָּרוּךְ אַתָּה יְהוָה, הַמְבָרֵךְ אֶת עַמּוֹ יִשְׂרָאֵל בַּשָּׁלוֹם. אָמֵן.

תהלים יט יִהְיוּ לְרָצוֹן אִמְרֵי־פִי וְהֶגְיוֹן לִבִּי לְפָנֶיךָ, יְהוָה צוּרִי וְגֹאֲלִי:

כאן מסתיימת חזרת הש״ץ, ובתפילת לחש היחיד ממשיך בתחינות שלמטה.

ברכות יז אֱלֹהַי
נְצֹר לְשׁוֹנִי מֵרָע וּשְׂפָתַי מִדַּבֵּר מִרְמָה
וְלִמְקַלְלַי נַפְשִׁי תִדֹּם, וְנַפְשִׁי כֶּעָפָר לַכֹּל תִּהְיֶה.
פְּתַח לִבִּי בְּתוֹרָתֶךָ, וְאַחֲרֵי מִצְוֹתֶיךָ תִּרְדֹּף נַפְשִׁי.
וְכָל הַקָּמִים עָלַי לְרָעָה
מְהֵרָה הָפֵר עֲצָתָם וְקַלְקֵל מַחְשְׁבוֹתָם.
תהלים לה (יִהְיוּ כְּמֹץ לִפְנֵי־רוּחַ וּמַלְאַךְ יְהוָה דּוֹחֶה:)
עֲשֵׂה לְמַעַן שְׁמֶךָ, עֲשֵׂה לְמַעַן יְמִינֶךָ
עֲשֵׂה לְמַעַן קְדֻשָּׁתֶךָ, עֲשֵׂה לְמַעַן תּוֹרָתֶךָ.
תהלים ס לְמַעַן יֵחָלְצוּן יְדִידֶיךָ, הוֹשִׁיעָה יְמִינְךָ וַעֲנֵנִי:
תהלים יט יִהְיוּ לְרָצוֹן אִמְרֵי־פִי וְהֶגְיוֹן לִבִּי לְפָנֶיךָ, יְהוָה צוּרִי וְגֹאֲלִי:

כורע ופוסע שלוש פסיעות לאחור. קד לשמאל, לימין ולפנים באמירת:

עֹשֶׂה שָׁלוֹם בִּמְרוֹמָיו
הוּא בְּרַחֲמָיו יַעֲשֶׂה שָׁלוֹם עָלֵינוּ וְעַל כָּל עַמּוֹ יִשְׂרָאֵל (וְאִמְרוּ) אָמֵן.

יְהִי רָצוֹן מִלְּפָנֶיךָ, יְהוָה אֱלֹהֵינוּ וֵאלֹהֵי אֲבוֹתֵינוּ, שֶׁתִּבָּנֶה בֵּית הַמִּקְדָּשׁ בִּמְהֵרָה בְיָמֵינוּ, וְתֵן חֶלְקֵנוּ בְּתוֹרָתֶךָ, לַעֲשׂוֹת חֻקֵּי רְצוֹנֶךָ וּלְעָבְדְךָ בְּלֵבָב שָׁלֵם.

בליל שבת אומרים ׳וַיְכֻלּוּ׳ וברכה מעין שבע (עמ׳ 237),
ובליל פסח החל בשבת יש מנהגים שונים. ראה הלכה 774.
בליל פסח ממשיכים בהלל (עמ׳ 370). ראה הלכה 775.
בשאר ימים טובים ממשיכים בקדיש ובערבית של יום טוב (עמ׳ 239),
אך בשמיני עצרת, אחרי הקדיש, מתחילים הקפות בעמוד הבא.
בשחרית קוראים כאן את ההלל (עמ׳ 370).
במנחה ממשיכים בקדיש תתקבל (עמ׳ 344).

# סדר הקפות לשמחת תורה

מנהג הוצאת כל ספרי התורה ביום שמחת תורה נזכר במחזור ויטרי,
והמנהג להוציאם בליל שמחת תורה מובא במנהגי מהר״י טירנא.
מקובלי צפת נהגו גם להקיף את התיבה וספרי התורה בידיהם (שעה״כ).

בעת ההקפות נוהגים לומר בקשות אלה שחיבר החיד״א (בספרו ׳ציפורן שמיר׳ יב).

לְשֵׁם יִחוּד קֻדְשָׁא בְּרִיךְ הוּא וּשְׁכִינְתֵּהּ, בִּדְחִילוּ וּרְחִימוּ וּרְחִימוּ וּדְחִילוּ, לְיַחֲדָא אוֹתִיּוֹת י״ה בְּאוֹתִיּוֹת ו״ה בְּיִחוּדָא שְׁלִים בְּשֵׁם כָּל יִשְׂרָאֵל, הִנֵּה אֲנַחְנוּ בָּאִים לְקַיֵּם מִנְהַג יִשְׂרָאֵל קְדוֹשִׁים לְהַקִּיף שֶׁבַע הַקָּפוֹת לַתֵּבָה שֶׁבָּהּ הַסֵּפֶר תּוֹרָה, וּלְהַרְבּוֹת בְּשִׂמְחַת הַתּוֹרָה, לְתַקֵּן אֶת שָׁרְשָׁן בְּמָקוֹם עֶלְיוֹן. וִיהִי רָצוֹן מִלְּפָנֶיךָ, יְהוָה אֱלֹהֵינוּ וֵאלֹהֵי אֲבוֹתֵינוּ, שֶׁבְּכֹחַ הַקָּפוֹת אֵלּוּ, תַּפִּיל חוֹמַת בַּרְזֶל הַמַּפְסֶקֶת בֵּינֵינוּ לְבֵינֶךָ. וְנִהְיֶה מֻקָּפִים מִתּוֹרָה וּמִצְוֹת מִבַּיִת וּמִחוּץ. וְנִדְבַּק בְּךָ וּבְתוֹרָתְךָ תָּמִיד, אֲנַחְנוּ וְזַרְעֵנוּ וְזֶרַע זַרְעֵנוּ. ואומר פעמיים:

וִיהִי נֹעַם אֲדֹנָי אֱלֹהֵינוּ עָלֵינוּ, וּמַעֲשֵׂה יָדֵינוּ כּוֹנְנָה עָלֵינוּ, וּמַעֲשֵׂה יָדֵינוּ כּוֹנְנֵהוּ: תהלים צ

בשעה שמקיפים כל אחת משבע ההקפות אומרים מזמור זה:

מִזְמוֹר לְדָוִד, הָבוּ לַיהוָה בְּנֵי אֵלִים, הָבוּ לַיהוָה כָּבוֹד וָעֹז: הָבוּ לַיהוָה כְּבוֹד שְׁמוֹ, הִשְׁתַּחֲווּ לַיהוָה בְּהַדְרַת־קֹדֶשׁ: קוֹל יְהוָה עַל־הַמָּיִם, אֵל־הַכָּבוֹד הִרְעִים, יְהוָה עַל־מַיִם רַבִּים: קוֹל־יְהוָה בַּכֹּחַ, קוֹל יְהוָה בֶּהָדָר: קוֹל יְהוָה שֹׁבֵר אֲרָזִים, וַיְשַׁבֵּר יְהוָה אֶת־אַרְזֵי הַלְּבָנוֹן: וַיַּרְקִידֵם כְּמוֹ־עֵגֶל, לְבָנוֹן וְשִׂרְיוֹן כְּמוֹ בֶן־רְאֵמִים: קוֹל־יְהוָה חֹצֵב לַהֲבוֹת אֵשׁ: קוֹל יְהוָה יָחִיל מִדְבָּר, יָחִיל יְהוָה מִדְבַּר קָדֵשׁ: קוֹל יְהוָה יְחוֹלֵל אַיָּלוֹת וַיֶּחֱשֹׂף יְעָרוֹת, וּבְהֵיכָלוֹ, כֻּלּוֹ אֹמֵר כָּבוֹד: יְהוָה לַמַּבּוּל יָשָׁב, וַיֵּשֶׁב יְהוָה מֶלֶךְ לְעוֹלָם: יְהוָה עֹז לְעַמּוֹ יִתֵּן, יְהוָה יְבָרֵךְ אֶת־עַמּוֹ בַשָּׁלוֹם: תהלים כט

אחר כל הקפה שליח הציבור אוחז ספר תורה בימינו ואומר פסוקים אלו, והקהל חוזר אחריו:

יְמִין יְהוָה רוֹמֵמָה, יְמִין יְהוָה עֹשָׂה חָיִל: תהלים קיח
שְׁמַע יִשְׂרָאֵל, יְהוָה אֱלֹהֵינוּ יְהוָה אֶחָד: דברים ו
יְהוָה מֶלֶךְ, יְהוָה מָלָךְ, יְהוָה יִמְלֹךְ לְעֹלָם וָעֶד.
אָנָּא יְהוָה הוֹשִׁיעָה נָּא: תהלים קיח
אָנָּא יְהוָה הַצְלִיחָה נָא:

וממשיכים בפסוקים ובבקשות שונות לכל אחת מההקפות בעמודים הבאים.

אחר הקפה ראשונה

תהלים לג תהלים מד יְהִי־חַסְדְּךָ יְהוָה עָלֵינוּ, כַּאֲשֶׁר יִחַלְנוּ לָךְ: קוּמָה עֶזְרָתָה לָּנוּ, וּפְדֵנוּ לְמַעַן
תהלים קג חַסְדֶּךָ: וְחֶסֶד יְהוָה מֵעוֹלָם וְעַד־עוֹלָם עַל־יְרֵאָיו, וְצִדְקָתוֹ לִבְנֵי בָנִים:

אָנָּא, בְּכֹחַ גְּדֻלַּת יְמִינְךָ, תַּתִּיר צְרוּרָה.

יְהִי רָצוֹן מִלְּפָנֶיךָ, יְהוָה אֱלֹהֵינוּ וֵאלֹהֵי אֲבוֹתֵינוּ, אַב הָרַחֲמִים, שֶׁבִּזְכוּת
תהלים לג הַקָּפָה רִאשׁוֹנָה, הָרוֹמֶזֶת לְחֶסֶד, שֶׁהִקַּפְנוּ לַתֵּבָה בְּשִׂמְחַת תּוֹרָתֶךָ, יְהִי־חַסְדְּךָ
יְהוָה עָלֵינוּ: וּתְזַכֵּנוּ לְעָבְדְךָ בְּיִרְאָה וְאַהֲבָה, וּתְהֵא אַהֲבָתְךָ תְּקוּעָה בְּלִבֵּנוּ
תָּמִיד כָּל יְמֵי חַיֵּינוּ, וּתְהִיֶה יִרְאָתְךָ עַל פָּנֵינוּ לְבִלְתִּי נֶחֱטָא. וּבְכָל מִדָּה וּמִדָּה
שֶׁתְּמוֹדֵד לָנוּ, נוֹדֶה לְּךָ בִּמְאֹד מְאֹד. וּתְזַכֵּנוּ לְהַשְׂכִּיל לְהֵיטִיב וְלִגְמֹל חֶסֶד
בְּכָל כֹּחֵנוּ, בְּגוּפֵנוּ וּמָמוֹנֵנוּ בְּלֵב שָׁלֵם. וְיִהְיוּ כָּל מַעֲשֵׂינוּ לִשְׁמֶךָ וּלְזִכְרְךָ תַּאֲוַת
נָפֶשׁ. וּתְזַכֵּנוּ לְהִתְרַחֵק מֵהַקִּנְאָה וְאַכְזָרִיּוּת וָכַעַס. וְלִקְנוֹת מִדַּת הַחֶסֶד בְּקִנְיָן
גָּמוּר. וּלְמַעַן תּוֹרָתְךָ הַקְּדוֹשָׁה הַנִּתֶּנֶת בַּיָּמִין, וּלְמַעַן אַבְרָהָם אֲהוּבְךָ אִישׁ
הַחֶסֶד, תְּמַלֵּא מִשְׁאֲלוֹת לִבֵּנוּ לְטוֹבָה. יוֹדֵעַ לְעֵינֵי הַכֹּל טוּבְךָ וְחַסְדְּךָ עִמָּנוּ.

פסוקים בראשי תיבות חסד.

תהלים פט חַסְדֵי יְהוָה עוֹלָם אָשִׁירָה לְדֹר וָדֹר אוֹדִיעַ אֱמוּנָתְךָ בְּפִי:

תהלים קיט סִתְרִי וּמָגִנִּי אָתָּה לִדְבָרְךָ יִחָלְתִּי:

תהלים כה דְּרָכֶיךָ יְהוָה הוֹדִיעֵנִי אֹרְחוֹתֶיךָ לַמְּדֵנִי:

תהלים יט יִהְיוּ לְרָצוֹן אִמְרֵי־פִי וְהֶגְיוֹן לִבִּי לְפָנֶיךָ, יְהוָה צוּרִי וְגֹאֲלִי:

אחר הקפה שנייה

תהלים פ תהלים פט עוֹרְרָה אֶת־גְּבוּרָתֶךָ וּלְכָה לִישֻׁעָתָה לָּנוּ: לְךָ זְרוֹעַ עִם־גְּבוּרָה, תָּעֹז
תהלים כ יָדְךָ תָּרוּם יְמִינֶךָ: עַתָּה יָדַעְתִּי כִּי הוֹשִׁיעַ יְהוָה מְשִׁיחוֹ, יַעֲנֵהוּ מִשְּׁמֵי
קָדְשׁוֹ בִּגְבֻרוֹת יֵשַׁע יְמִינוֹ:

קַבֵּל רִנַּת עַמְּךָ, שַׂגְּבֵנוּ, טַהֲרֵנוּ, נוֹרָא.

יְהִי רָצוֹן מִלְּפָנֶיךָ, יְהוָה אֱלֹהֵינוּ וֵאלֹהֵי אֲבוֹתֵינוּ, שֶׁבִּזְכוּת הַקָּפָה הַזֹּאת
הַשֵּׁנִית הָרוֹמֶזֶת לִגְבוּרָה, תְּזַכֵּנוּ לְהִתְגַּבֵּר עַל יִצְרֵנוּ, וְתֵן בָּנוּ כֹּחַ לִכְבֹּשׁ
תהלים פ תַּאֲוֹתֵינוּ הַגּוּפָנִיּוֹת. וּלְמַעַן יִצְחָק עֲקֵדֶךָ נֶאְזָר בִּגְבוּרָה, עוֹרְרָה אֶת־גְּבוּרָתֶךָ,

וּלְכָה לִישֻׁעָתָה לָּנוּ: וּכְמוֹ שֶׁכָּבַשׁ אַבְרָהָם אָבִינוּ אֶת רַחֲמָיו לַעֲשׂוֹת רְצוֹנְךָ בְּלֵבָב שָׁלֵם, כֵּן יִכְבְּשׁוּ רַחֲמֶיךָ אֶת כַּעַסְךָ, וְיִגֹּלּוּ רַחֲמֶיךָ עַל מִדּוֹתֶיךָ, וְתִתְנַהֵג עִמָּנוּ, יְהוָֹה אֱלֹהֵינוּ, בְּמִדַּת הַחֶסֶד (וּבְמִדַּת הָרַחֲמִים), וְתִכָּנֵס לָנוּ לִפְנִים מִשּׁוּרַת הַדִּין, וּבְטוּבְךָ הַגָּדוֹל יָשׁוּב חֲרוֹן אַפְּךָ מֵעַמְּךָ וּמֵעִירְךָ וּמֵאַרְצְךָ וּמִנַּחֲלָתֶךָ. וּתְבַטֵּל מֵעָלֵינוּ כָּל גְּזֵרוֹת קָשׁוֹת וְרָעוֹת, וְתִגְזֹר עָלֵינוּ גְּזֵרוֹת טוֹבוֹת כְּרֹב רַחֲמֶיךָ.

פסוקים בראשי תיבות גבורה.

גַּם מִזֵּדִים חֲשֹׂךְ עַבְדֶּךָ אַל־יִמְשְׁלוּ־בִי, אָז אֵיתָם וְנִקֵּיתִי מִפֶּשַׁע רָב: תהלים יט
בְּאֶבְרָתוֹ יָסֶךְ לָךְ וְתַחַת־כְּנָפָיו תֶּחְסֶה, צִנָּה וְסֹחֵרָה אֲמִתּוֹ: תהלים צא
וַאֲנַחְנוּ עַמְּךָ וְצֹאן מַרְעִיתֶךָ, נוֹדֶה לְּךָ לְעוֹלָם, לְדוֹר וָדֹר נְסַפֵּר תְּהִלָּתֶךָ: תהלים עט
רֹעֵה יִשְׂרָאֵל הַאֲזִינָה, נֹהֵג כַּצֹּאן יוֹסֵף, יֹשֵׁב הַכְּרוּבִים הוֹפִיעָה: תהלים פ
הוֹרֵנִי יְהוָֹה דַּרְכֶּךָ, אֲהַלֵּךְ בַּאֲמִתֶּךָ, יַחֵד לְבָבִי לְיִרְאָה שְׁמֶךָ: תהלים פו
יִהְיוּ לְרָצוֹן אִמְרֵי־פִי וְהֶגְיוֹן לִבִּי לְפָנֶיךָ, יְהוָֹה צוּרִי וְגֹאֲלִי: תהלים יט

אחר הקפה שלישית

כִּי־תִפְאֶרֶת עֻזָּמוֹ אָתָּה וּבִרְצוֹנְךָ תָּרוּם קַרְנֵנוּ: תִּתֵּן לְרֹאשְׁךָ לִוְיַת־ תהלים פט משלי ד
חֵן, עֲטֶרֶת תִּפְאֶרֶת תְּמַגְּנֶךָּ: וּלְתִתְּךָ עֶלְיוֹן עַל כָּל־הַגּוֹיִם אֲשֶׁר עָשָׂה, דברים כו
לִתְהִלָּה וּלְשֵׁם וּלְתִפְאָרֶת, וְלִהְיֹתְךָ עַם־קָדֹשׁ לַיהוָֹה אֱלֹהֶיךָ כַּאֲשֶׁר דִּבֵּר:

נָא גִבּוֹר, דּוֹרְשֵׁי יִחוּדֶךָ, כְּבָבַת שָׁמְרֵם.

יְהִי רָצוֹן מִלְּפָנֶיךָ, יְהוָֹה אֱלֹהֵינוּ וֵאלֹהֵי אֲבוֹתֵינוּ, שֶׁבִּזְכוּת הַקָּפָה שְׁלִישִׁית
הָרוֹמֶזֶת לְתִפְאֶרֶת, תְּזַכֵּנוּ לִהְיוֹת מֵעֲבָדֶיךָ הַנֶּאֱמַר עֲלֵיהֶם: יִשְׂרָאֵל אֲשֶׁר־בְּךָ ישעיה מט
אֶתְפָּאָר: וּתְזַכֵּנוּ לַעֲסֹק בְּתוֹרָתְךָ הַקְּדוֹשָׁה תּוֹרַת אֱמֶת, וּתְהֵא כָּל מְגַמָּתֵנוּ
לְבַקֵּשׁ הָאֱמֶת, וּתְחָנֵּנוּ לְמַעַן דַּעַת אֲמִתּוּת דִּינֵי הַתּוֹרָה. וּתְזַכֵּנוּ לְהִתְרַחֵק
מֵהַשֶּׁקֶר וְהַכָּזָב, וְכָל פּוֹנוֹת שֶׁנִּפְנֶה, יִהְיוּ עַל דְּבַר אֱמֶת. וּבִזְכוּת תּוֹרַת אֱמֶת,
וּזְכוּת יַעֲקֹב אָבִינוּ הֶחָתוּם בְּתִפְאֶרֶת מִדַּת אֱמֶת, וּכְתִיב: תִּתֵּן אֱמֶת לְיַעֲקֹב: מיכה ז
תַּעֲנֵנוּ וְתַעֲשֶׂה בַּקָּשָׁתֵנוּ. וְנִקְרָאָה יְרוּשָׁלַיִם עִיר הָאֱמֶת, עַל כֵּן נְקַוֶּה לְּךָ, יְהוָֹה אֱלֹהֵינוּ, לִרְאוֹת מְהֵרָה בְּתִפְאֶרֶת עֻזֶּךָ.

פסוקים בראשי תיבות תפארת.

תהלים קיט תִּקְרַב רִנָּתִי לְפָנֶיךָ יְהוָה, כִּדְבָרְךָ הֲבִינֵנִי:

פְּעָמַי הָכֵן בְּאִמְרָתֶךָ וְאַל־תַּשְׁלֶט־בִּי כָל־אָוֶן:

תהלים פד אַשְׁרֵי אָדָם עוֹז־לוֹ בָךְ, מְסִלּוֹת בִּלְבָבָם:

תהלים קיט רַחֲמֶיךָ רַבִּים יְהוָה, כְּמִשְׁפָּטֶיךָ חַיֵּנִי:

תהלים קמה תְּהִלַּת יְהוָה יְדַבֶּר פִּי, וִיבָרֵךְ כָּל־בָּשָׂר שֵׁם קָדְשׁוֹ לְעוֹלָם וָעֶד:

תהלים יט יִהְיוּ לְרָצוֹן אִמְרֵי־פִי וְהֶגְיוֹן לִבִּי לְפָנֶיךָ, יְהוָה צוּרִי וְגֹאֲלִי:

אחר הקפה רביעית

תהלים פ יְהוָה אֱלֹהִים צְבָאוֹת הֲשִׁיבֵנוּ, הָאֵר פָּנֶיךָ וְנִוָּשֵׁעָה: תּוֹדִיעֵנִי אֹרַח חַיִּים,
תהלים טז שֹׂבַע שְׂמָחוֹת אֶת־פָּנֶיךָ, נְעִמוֹת בִּימִינְךָ נֶצַח:

בָּרְכֵם, טַהֲרֵם, רַחֲמֵי צִדְקָתֶךָ, תָּמִיד גָּמְלֵם.

יְהִי רָצוֹן מִלְּפָנֶיךָ, יְהוָה אֱלֹהֵינוּ וֵאלֹהֵי אֲבוֹתֵינוּ, אֵל מָלֵא רַחֲמִים, שֶׁתַּעֲשֶׂה
לְמַעַן זְכוּת הַקָּפָה רְבִיעִית הָרוֹמֶזֶת לְמִדַּת נֶצַח, וְרַחֲמֶיךָ הָרַבִּים אַל יַעַזְבוּנוּ
נֶצַח סֶלָה וָעֶד. וְנִשְׂמְחָה וְנִרְאֶה נְעִימוֹת בִּימִינְךָ נֶצַח. וּתְזַכֵּנוּ לְכָל הַבְטָחוֹת
שמואל א׳ טו וְנֶחָמוֹת שֶׁהִבְטַחְתָּנוּ עַל יְדֵי נְבִיאֶיךָ הַקְּדוֹשִׁים. וְגַם נֵצַח יִשְׂרָאֵל לֹא יְשַׁקֵּר
וְלֹא יִנָּחֵם: וּתְחַזְּקֵנוּ וּתְאַמְּצֵנוּ לָנֶצַח, וּתְנַצַּח אוֹיְבֵינוּ, וְתִסְתֹּם וְתַחְתֹּם פִּי
כָּל הַמְקַטְרְגִים עָלֵינוּ. וּלְמַעַן זְכוּת מֹשֶׁה רַעְיָא מְהֵימְנָא, הֶחָתוּם בְּמִדַּת
הַנֶּצַח, תָּאִיר עֵינֵינוּ בְּתוֹרָתֶךָ, וְאַחֲרֵי מִצְוֹתֶיךָ תִּרְדֹּף נַפְשֵׁנוּ. וְתִגְאָלֵנוּ גְּאֻלַּת
עוֹלָם מִגָּלוּת הַחֵל הַזֶּה, בִּזְכוּת מֹשֶׁה רַעְיָא מְהֵימְנָא. וְתִבָּנֶה בֵּית הַמִּקְדָּשׁ
תהלים פא בִּמְהֵרָה בְיָמֵינוּ, וְקוֹל בֶּן לֵוִי תְּסוֹבֵב עַל שִׁירָה וּנְבָלָה עִמּוֹ, כִּנּוֹר נָעִים עִם־נָבֶל,
עזרא ג לְנַצֵּחַ עַל מְלֶאכֶת בֵּית יְהוָה:

פסוקים בראשי תיבות נצח.

תהלים עו נוֹדָע בִּיהוּדָה אֱלֹהִים, בְּיִשְׂרָאֵל גָּדוֹל שְׁמוֹ:

תהלים פה צֶדֶק לְפָנָיו יְהַלֵּךְ, וְיָשֵׂם לְדֶרֶךְ פְּעָמָיו:

תהלים פו חָנֵּנִי אֲדֹנָי כִּי־אֵלֶיךָ אֶקְרָא כָּל־הַיּוֹם:

תהלים יט יִהְיוּ לְרָצוֹן אִמְרֵי־פִי וְהֶגְיוֹן לִבִּי לְפָנֶיךָ, יְהוָה צוּרִי וְגֹאֲלִי:

אחר הקפה חמישית

יְהֹוָה אֲדֹנֵינוּ, מָה־אַדִּיר שִׁמְךָ בְּכָל־הָאָרֶץ, אֲשֶׁר־תְּנָה הוֹדְךָ עַל־ תהלים ח
הַשָּׁמָיִם: גָּדוֹל כְּבוֹדוֹ בִּישׁוּעָתֶךָ, הוֹד וְהָדָר תְּשַׁוֶּה עָלָיו: תהלים כא

חֲסִין קָדוֹשׁ, בְּרֹב טוּבְךָ, נַהֵל עֲדָתֶךָ.

יְהִי רָצוֹן מִלְּפָנֶיךָ, יְהֹוָה אֱלֹהֵינוּ וֵאלֹהֵי אֲבוֹתֵינוּ, שֶׁתַּעֲשֶׂה לְמַעַן רַחֲמֶיךָ וּלְמַעַן הַקָּפָה חֲמִישִׁית הָרוֹמֶזֶת לְהוֹד, וּתְזַכֵּנוּ לְכַבֵּד הַתּוֹרָה וְלוֹמְדֶיהָ, וּלְהַחֲזִיק וּלְאַמֵּץ בִּרְכַּיִם כּוֹשְׁלוֹת, הַנֵּי בִּרְכֵּי דְרַבָּנָן דְּשַׁלְהֵי. וּתְזַכֵּנוּ שֶׁלֹּא נֵלֵךְ בַּעֲצַת רְשָׁעִים, וְלֹא נִהְיֶה מֵהוֹלְכֵי רָכִיל. וּלְמַעַן זְכוּת אַהֲרֹן קְדוֹשׁ יְהֹוָה, הֶחָתוּם בְּמִדַּת הוֹד לְטוֹבָה, תְּזַכֵּנוּ לִרְדֹּף שָׁלוֹם וּלְבַקֵּשׁ שָׁלוֹם, וְלָשִׂים שָׁלוֹם, וּלְהַרְבּוֹת שָׁלוֹם בָּעוֹלָם, וּלְמֶעְבַּד עוֹבָדָא דְאַהֲרֹן. וְתָשִׂים שָׁלוֹם בֵּינֵינוּ, וּתְבָרְכֵנוּ לְחַיִּים טוֹבִים וּלְשָׁלוֹם, וּבָא לְצִיּוֹן גּוֹאֵל: גָּדוֹל כְּבוֹדוֹ בִּישׁוּעָתֶךָ, ישעיה נט תהלים כא
הוֹד וְהָדָר תְּשַׁוֶּה עָלָיו, בִּמְהֵרָה בְיָמֵינוּ.

פסוקים בראשי תיבות הוד.

הַשָּׂם נַפְשֵׁנוּ בַּחַיִּים וְלֹא־נָתַן לַמּוֹט רַגְלֵנוּ: תהלים סו

וַיְהִי יְהֹוָה לִי לְמִשְׂגָּב, וֵאלֹהַי לְצוּר מַחְסִי: תהלים צד

דֶּרֶךְ־מִצְוֹתֶיךָ אָרוּץ, כִּי תַרְחִיב לִבִּי: תהלים קיט

יִהְיוּ לְרָצוֹן אִמְרֵי־פִי וְהֶגְיוֹן לִבִּי לְפָנֶיךָ, יְהֹוָה צוּרִי וְגֹאֲלִי: תהלים יט

אחר הקפה שישית

צַדִּיק אַתָּה יְהֹוָה וְיָשָׁר מִשְׁפָּטֶיךָ: יָצָאתָ לְיֵשַׁע עַמֶּךָ, לְיֵשַׁע אֶת־מְשִׁיחֶךָ, תהלים קיט חבקוק ג
מָחַצְתָּ רֹאשׁ מִבֵּית רָשָׁע, עָרוֹת יְסוֹד עַד־צַוָּאר סֶלָה:

יָחִיד גֵּאֶה, לְעַמְּךָ פְּנֵה, זוֹכְרֵי קְדֻשָּׁתֶךָ.

יְהִי רָצוֹן מִלְּפָנֶיךָ, יְהֹוָה אֱלֹהֵינוּ וֵאלֹהֵי אֲבוֹתֵינוּ, שֶׁתַּעֲשֶׂה לְמַעַן רַחֲמֶיךָ וּלְמַעַן זְכוּת הַקָּפָה הַשִּׁשִּׁית הָרוֹמֶזֶת לַיְסוֹד, וְתַצִּילֵנוּ מִכָּל חֵטְא וְעָוֹן וְהִרְהוּר רָע. וְאַתָּה בְּטוּבְךָ הַגָּדוֹל תְּלַקֵּט אֲשֶׁר פִּזַּרְנוּ, וּתְיַחֵד אֲשֶׁר הִפְרַדְנוּ, וּתְתַקֵּן אֲשֶׁר עִוַּתְנוּ, וְתוֹצִיא לָאוֹר כָּל הַנִּיצוֹצוֹת שֶׁל קְדֻשָּׁה אֲשֶׁר נִטְמְעוּ בֵּין הַקְּלִפּוֹת,

איוב כ חֵיל בָּלַע וַיְקִאֶנּוּ, מִבִּטְנוֹ יֹרִשֶׁנּוּ אֵל: וּתְזַכֵּנוּ לִשְׁמֹר עַצְמֵנוּ וּדְרָכֵינוּ מִכָּל
זַרְעֵנוּ זֶרַע קֹדֶשׁ. וּבִזְכוּת יוֹסֵף צַדִּיקֶךָ הֶחָתוּם בְּמִדַּת הַיְסוֹד, תְּרַחֵם עָלֵינוּ.
תהלים עה ישעיה יא אֵל שַׁדַּי, יַסֵּד יְסוֹד צִיּוֹן, תְּרוֹמֵמְנָה קַרְנוֹת צַדִּיק: וּבִזְכוּת יוֹסֵף, יוֹסִיף אֲדֹנָי
שֵׁנִית יָדוֹ, וְיִגְאָלֵנוּ גְּאֻלַּת עוֹלָם, בִּמְהֵרָה בְיָמֵינוּ.

פסוקים בראשי תיבות יסוד.

תהלים כד יִשָּׂא בְרָכָה מֵאֵת יְהֹוָה, וּצְדָקָה מֵאֱלֹהֵי יִשְׁעוֹ:

תהלים לד סוּר מֵרָע וַעֲשֵׂה־טוֹב, בַּקֵּשׁ שָׁלוֹם וְרָדְפֵהוּ:

תהלים א וְהָיָה כְּעֵץ שָׁתוּל עַל־פַּלְגֵי מָיִם, אֲשֶׁר פִּרְיוֹ יִתֵּן בְּעִתּוֹ
וְעָלֵהוּ לֹא־יִבּוֹל, וְכֹל אֲשֶׁר־יַעֲשֶׂה יַצְלִיחַ:

תהלים קיט דְּרָכַי סִפַּרְתִּי וַתַּעֲנֵנִי, לַמְּדֵנִי חֻקֶּיךָ:

תהלים יט יִהְיוּ לְרָצוֹן אִמְרֵי־פִי וְהֶגְיוֹן לִבִּי לְפָנֶיךָ, יְהֹוָה צוּרִי וְגֹאֲלִי:

אחר הקפה שביעית

תהלים פו תהלים קמה כִּי־אַתָּה אֲדֹנָי טוֹב וְסַלָּח וְרַב־חֶסֶד לְכָל־קֹרְאֶיךָ: מַלְכוּתְךָ מַלְכוּת
דברי הימים א׳ כט כָּל־עֹלָמִים וּמֶמְשַׁלְתְּךָ בְּכָל־דּוֹר וָדֹר: לְךָ יְהֹוָה הַגְּדֻלָּה וְהַגְּבוּרָה
וְהַתִּפְאֶרֶת וְהַנֵּצַח וְהַהוֹד, כִּי־כֹל בַּשָּׁמַיִם וּבָאָרֶץ, לְךָ יְהֹוָה הַמַּמְלָכָה
וְהַמִּתְנַשֵּׂא לְכֹל לְרֹאשׁ:

שַׁוְעָתֵנוּ קַבֵּל, וּשְׁמַע צַעֲקָתֵנוּ, יוֹדֵעַ תַּעֲלוּמוֹת.

יְהִי רָצוֹן מִלְּפָנֶיךָ, יְהֹוָה אֱלֹהֵינוּ וֵאלֹהֵי אֲבוֹתֵינוּ, אֵל מָלֵא רַחֲמִים, שֶׁתַּעֲשֶׂה
לְמַעַן רַחֲמֶיךָ וּבִזְכוּת הַקָּפָה שְׁבִיעִית הָרוֹמֶזֶת לַמַּלְכוּת, תִּגָּלֶה וְתֵרָאֶה
עובדיה א מַלְכוּתְךָ עָלֵינוּ מְהֵרָה, וּמְלֹךְ עַל כָּל הָעוֹלָם כֻּלּוֹ בִּכְבוֹדֶךָ, וְהָיְתָה לַיהֹוָה
זכריה יד הַמְּלוּכָה: וְהָיָה יְהֹוָה לְמֶלֶךְ עַל־כָּל־הָאָרֶץ, בַּיּוֹם הַהוּא יִהְיֶה יְהֹוָה אֶחָד
וּשְׁמוֹ אֶחָד: וַעֲשֵׂה לְמַעַן דָּוִד הַמֶּלֶךְ עָלָיו הַשָּׁלוֹם, הֶחָתוּם בְּמִדַּת מַלְכוּת,
מלכים א׳ ח וְתַשְׁרֶה שְׁכִינָתְךָ עָלֵינוּ. יְהִי יְהֹוָה אֱלֹהֵינוּ עִמָּנוּ כַּאֲשֶׁר הָיָה עִם־אֲבֹתֵינוּ,
אַל־יַעַזְבֵנוּ וְאַל־יִטְּשֵׁנוּ:

פסוקים בראשי תיבות מלכות.

מְהֻלָּל אֶקְרָא יְהֹוָה וּמִן־אֹיְבַי אִוָּשֵׁעַ: תהלים יח

לְעוֹלָם יְהֹוָה דְּבָרְךָ נִצָּב בַּשָּׁמָיִם: תהלים קיט

כִּי־חַסְדְּךָ גָּדוֹל עָלָי, וְהִצַּלְתָּ נַפְשִׁי מִשְּׁאוֹל תַּחְתִּיָּה: תהלים פו

וַאֲנִי כְּזַיִת רַעֲנָן בְּבֵית אֱלֹהִים, בָּטַחְתִּי בְחֶסֶד־אֱלֹהִים עוֹלָם וָעֶד: תהלים נב

תַּאֲוַת עֲנָוִים שָׁמַעְתָּ יְהֹוָה, תָּכִין לִבָּם תַּקְשִׁיב אָזְנֶךָ: תהלים י

יִהְיוּ לְרָצוֹן אִמְרֵי־פִי וְהֶגְיוֹן לִבִּי לְפָנֶיךָ, יְהֹוָה צוּרִי וְגֹאֲלִי: תהלים יט

אחר ההקפות אומרים בקשה זו:

רִבּוֹנוֹ שֶׁל עוֹלָם, מוֹדִים אֲנַחְנוּ לָךְ עַל אֲשֶׁר קִדַּשְׁתָּנוּ בְּמִצְוֹתֶיךָ, וּבָחַרְתָּ בָּנוּ מִכָּל הָעַמִּים, אָהַבְתָּ אוֹתָנוּ וְרָצִיתָ בָּנוּ, וַתִּתֶּן לָנוּ אֶת תּוֹרָתְךָ הַקְּדוֹשָׁה, תּוֹרָה שֶׁבִּכְתָב וְתוֹרָה שֶׁבְּעַל פֶּה, וְקֵרַבְתָּנוּ לַעֲבוֹדָתֶךָ. מָה אֲנַחְנוּ, מֶה חַיֵּינוּ, אֲשֶׁר עָשִׂיתָ עִמָּנוּ חֲסָדִים גְּדוֹלִים רַבִּים וַעֲצוּמִים כָּאֵלֶּה. לְפִיכָךְ אֲנַחְנוּ חַיָּבִים לְהוֹדוֹת לְךָ תָּמִיד, וְלוֹמַר לְפָנֶיךָ שִׁירָה בְּכָל יוֹם תָּמִיד.

וַהֲרֵי אֲנַחְנוּ מְקַבְּלִים עָלֵינוּ מִצְוַת עֲשֵׂה שֶׁל הַתְּשׁוּבָה, כַּכָּתוּב בַּתּוֹרָה: וְשַׁבְתָּ עַד־יְהֹוָה אֱלֹהֶיךָ, וְשָׁמַעְתָּ בְקֹלוֹ: וַהֲרֵי אֲנַחְנוּ מִתְחָרְטִים עַל אֲשֶׁר נִתְרַשַּׁלְנוּ מִלַּעֲסֹק בְּתוֹרָתְךָ הַקְּדוֹשָׁה. וְאַתָּה, אֵל רַחוּם וְחַנּוּן, הַטּוֹב וְהַמֵּטִיב, בּוֹחֵן לִבּוֹת וּכְלָיוֹת, גָּלוּי וְיָדוּעַ לְפָנֶיךָ שֶׁרְצוֹנֵנוּ לַעֲשׂוֹת רְצוֹנֶךָ, וְלַעֲסֹק בְּתוֹרָתְךָ הַקְּדוֹשָׁה כְּדַת מַה־לַּעֲשׂוֹת, אֶלָּא שֶׁיִּצְרֵנוּ הָרָע הוּא מְעַכֵּב. דברים ל

וּבְכֵן, אֵין לָנוּ גּוֹאֵל וּמוֹשִׁיעַ בִּלְתֶּךָ. הַנְּשָׁמָה לָךְ וְהַגּוּף פָּעֳלָךְ, חוּסָה עַל עֲמָלָךְ. וּבְכֹחַ שֶׁבַע הַקָּפוֹת שֶׁהִקַּפְנוּ לַתֵּבָה שֶׁבָּהּ סֵפֶר הַתּוֹרָה, וְשִׂמְחָתֵנוּ לִכְבוֹד תּוֹרָתֶךָ, תִּתְמַלֵּא רַחֲמִים עָלֵינוּ. הֲשִׁיבֵנוּ אָבִינוּ לְתוֹרָתֶךָ, וְקָרְבֵנוּ מַלְכֵּנוּ לַעֲבוֹדָתֶךָ. וְיִתְמַתְּקוּ הַדִּינִים, וְיִכְבְּשׁוּ רַחֲמֶיךָ אֶת כַּעַסְךָ, וְיִגֹּלּוּ רַחֲמֶיךָ עַל מִדּוֹתֶיךָ. וְתוֹצִיא לָאוֹר כָּל נִיצוֹצֵי תּוֹרָתֵנוּ וּמִצְוֹתֵינוּ, וְיָשׁוּב הַכֹּל לְאֵיתָנוֹ הָרִאשׁוֹן, וְלֹא יִדַּח מִמֶּנּוּ נִדָּח. וּתְזַכֵּנוּ לַעֲסֹק בַּתּוֹרָה לִשְׁמָהּ, לִלְמֹד וּלְלַמֵּד, לִשְׁמֹר וְלַעֲשׂוֹת, וּלְהוֹצִיא לָאוֹר כָּל חֶלְקֵי פַּרְדֵּ״ס תּוֹרָתֵנוּ, הַשַּׁיָּכִים לְנַפְשֵׁנוּ רוּחֵנוּ וְנִשְׁמָתֵנוּ. וּתְחָנֵּנוּ מֵאִתְּךָ חָכְמָה וּבִינָה וָדַעַת, לְחַדֵּשׁ חִדּוּשִׁים רַבִּים

אֲמִתִּיִּים בְּפַרְדֵּ"ס תּוֹרָתְךָ הַקְּדוֹשָׁה, וְקֻשְׁיוֹת וַהֲוָיוֹת, וְיִשּׁוּבִים אֲמִתִּיִּים, וְחִדּוּשֵׁי דִינִים לַאֲמִתָּהּ שֶׁל תּוֹרָה. וּבְרֹב רַחֲמֶיךָ תְּזַכֵּנוּ לְזֶרַע קֹדֶשׁ, בָּנִים חֲכָמִים וַחֲסִידִים, זֶרַע אֲנָשִׁים וּבָרִיא מַזָּלֵיהוּ. וְלֹא יִמָּצֵא בָּנוּ וְלֹא בְזַרְעֵנוּ שׁוּם פְּגַם וְשׁוּם פְּסוּל. וְאַתָּה, בְּרֹב רַחֲמֶיךָ תִּתֶּן בָּנוּ כֹּחַ וּבְרִיאוּת וִיכֹלֶת מַסְפִּיק, וְחֹזֶק וְאֹמֶץ בְּאֵיבָרֵינוּ וְגִידֵינוּ וְגוּפֵנוּ, לַעֲמֹד עַל הַמִּשְׁמָר, וְלֹא יֶאֱרַע לָנוּ שׁוּם מֵחוּשׁ וְשׁוּם כְּאֵב, וְנִהְיֶה שְׂמֵחִים וְטוֹבִים וּבְרִיאִים לַעֲבוֹדָתֶךָ, וְתַצִּילֵנוּ מִכָּל רָע.

אֱלֹהֵינוּ וֵאלֹהֵי אֲבוֹתֵינוּ, מְלֹךְ עַל כָּל הָעוֹלָם כֻּלּוֹ בִּכְבוֹדֶךָ, וְהִנָּשֵׂא עַל כָּל הָעוֹלָם כֻּלּוֹ בִּיקָרֶךָ, וְהוֹפַע בַּהֲדַר גְּאוֹן עֻזֶּךָ עַל כָּל יוֹשְׁבֵי תֵבֵל אַרְצֶךָ. וְיֵדַע כָּל פָּעוּל, כִּי אַתָּה פְעַלְתּוֹ, וְיָבִין כָּל יָצוּר, כִּי אַתָּה יְצַרְתּוֹ, וְיֹאמַר כֹּל אֲשֶׁר נְשָׁמָה בְאַפּוֹ: יְהוָה אֱלֹהֵי יִשְׂרָאֵל מֶלֶךְ, וּמַלְכוּתוֹ בַּכֹּל מָשָׁלָה. קַדְּשֵׁנוּ בְּמִצְוֹתֶיךָ, שִׂים חֶלְקֵנוּ בְּתוֹרָתֶךָ, שַׂבְּעֵנוּ מִטּוּבֶךָ, שַׂמַּח נַפְשֵׁנוּ בִּישׁוּעָתֶךָ, וְטַהֵר לִבֵּנוּ לְעָבְדְּךָ בֶּאֱמֶת. וְאַל תַּדִּיחֵנוּ מִפְּנֵי שׁוּם נִבְרָא שֶׁבָּעוֹלָם. וְתַאֲרִיךְ יָמֵינוּ בַּטּוֹב וּשְׁנוֹתֵינוּ בַּנְּעִימִים, וּמַלֵּא שְׁנוֹתֵינוּ, וְנִזְכֶּה לְחַיִּים אֲרֻכִּים, טוֹבִים וּמְתֻקָּנִים, אֹרֶךְ יָמִים וּשְׁנוֹת חַיִּים תּוֹסִיף לָנוּ לַעֲבוֹדָתֶךָ. וּבְצֵל כְּנָפֶיךָ תַּסְתִּירֵנוּ, וְתַצִּילֵנוּ לָנוּ וּלְכָל בְּנֵי בֵיתֵנוּ מִכָּל גְּזֵרוֹת קָשׁוֹת וְרָעוֹת, וּתְחַדֵּשׁ עָלֵינוּ שָׁנָה
תהלים לו טוֹבָה. וְנִהְיֶה שְׁקֵטִים וְשַׁאֲנַנִּים, דְּשֵׁנִים וְרַעֲנַנִּים לַעֲבוֹדָתֶךָ וּלְיִרְאָתֶךָ. כִּי
תהלים לג עִמְּךָ מְקוֹר חַיִּים, בְּאוֹרְךָ נִרְאֶה־אוֹר: יְהִי־חַסְדְּךָ יְהוָה עָלֵינוּ, כַּאֲשֶׁר יִחַלְנוּ
תהלים פה תהלים יג לָךְ: הַרְאֵנוּ יְהוָה חַסְדֶּךָ, וְיֶשְׁעֲךָ תִּתֶּן־לָנוּ: וַאֲנִי בְּחַסְדְּךָ בָטַחְתִּי יָגֵל לִבִּי
ישעיה יב בִּישׁוּעָתֶךָ, אָשִׁירָה לַיהוָה כִּי גָמַל עָלָי: הִנֵּה אֵל יְשׁוּעָתִי אֶבְטַח וְלֹא אֶפְחָד, כִּי־עָזִּי וְזִמְרָת יָהּ יְהוָה, וַיְהִי־לִי לִישׁוּעָה:

יש אומרים שבע פעמים:

קוֹל מְבַשֵּׂר מְבַשֵּׂר וְאוֹמֵר

מכניסים את ספר התורה להיכל ואומרים:

שׁוּבָה לִמְעוֹנְךָ וּשְׁכֹן בְּבֵית מְאוֹוַיךְ
כִּי כָל פֶּה וְכָל לָשׁוֹן יִתְּנוּ הוֹד וְהָדָר לְמַלְכוּתָךְ.
במדבר י וּבְנֻחֹה יֹאמַר, שׁוּבָה יְהוָה רִבְבוֹת אַלְפֵי יִשְׂרָאֵל:
איכה ה הֲשִׁיבֵנוּ יְהוָה אֵלֶיךָ וְנָשׁוּבָה, חַדֵּשׁ יָמֵינוּ כְּקֶדֶם:

# תיקון הטל
# ליום טוב ראשון של פסח

בתפילת מוסף יום טוב ראשון של פסח מתחילים להזכיר גבורות טללים.
בירושלמי נאמר, שאין להזכיר ׳מוֹרִיד הַטָּל׳ עד שיזכיר שליח ציבור. וביאר הראב״ד כדי שלא יהיה מעורב ביניהם זה מזכיר וזה אינו מזכיר (טור, קיד). ולפיכך נהגו בקהילות המזרח לומר נוסח זה, ובו שליח הציבור מזכיר לקהל שבא זמן אמירת ׳מוֹרִיד הַטָּל׳ (מחזור ארם צובה).

**מַדְכַּר עַבְדְּכוֹן קֳדָמֵיכוֹן, דְּעָבַר זְמַן הַגֶּשֶׁם וּבָא זְמַן הַטָּל.**

**לְחַיִּים וְלֹא לְמָוֶת, לְשָׂבָע וְלֹא לְרָעָב**
**לִבְרָכָה וְלֹא לִקְלָלָה, לְשָׁלוֹם וְלֹא לְמִלְחָמָה**
**לְחֵרוּת וְלֹא לְעַבְדוּת.**
**יוֹשֵׁב בְּסֵתֶר עֶלְיוֹן, תַּזִּיל טַלֵּינוּ בְּעִתָּם.**

פיוטים אלו נתחברו כהרחבה לחזרת הש״ץ של מוסף יום טוב ראשון של פסח,
ופשט המנהג לאומרם לפני ׳אַשְׁרֵי׳ (ראה הלכה 402 ו־658).
ובקצת קהילות שנוהגים לאומרם בתוך חזרת הש״ץ, את הבית הראשון אומרים אחרי ׳לְמַעַן שְׁמוֹ בְּאַהֲבָה׳, ואחרי ׳מְחַיֵּה מֵתִים אַתָּה׳ ממשיכים מהבית השני והלאה.

ל׳מָגֵן אַבְרָהָם׳: **שְׁזוּפַת שֶׁמֶשׁ, לְחוּצַת פַּתְרוּסִים**
**מְרוּדֶיהָ תְּנוֹבֵב בְּטַלְלֵי רְסִיסִים**
**הָאֵל הָעוֹנֶה בְּעֵת רָצוֹן עֲמוּסִים**
**מָגֵן הוּא לְכֹל הַחוֹסִים:** תהלים יח

ל׳מְחַיֵּה הַמֵּתִים׳: **שְׁלַח רוּחֲךָ הַטּוֹב לְהַחֲיוֹת גְּוִיֵּינוּ**
**לְקַדְמוּתָהּ תָּשִׁיב נַחֲלַת צִבְיֵנוּ**
**מִמְּךָ, טוֹב לַכֹּל, יִמָּצֵא פִּרְיֵנוּ**
**הֲלֹא־אַתָּה תָּשׁוּב תְּחַיֵּנוּ:** תהלים פה

פזמון

ש״ץ: **מִבְטַח כָּל הַיְצוּר וּמָעֻזָּם וְצִלָּם**
**הַמֵּכִין טֶרֶף וּמָזוֹן לְכֻלָּם**
**שְׁנָתֵנוּ תְּעַטֵּר בְּעַב מַלְקוֹשׁ וְתַשְׁלֵם**
קהל: **וְהַשָּׁמַיִם יִתְּנוּ טַלָּם:** זכריה ח

ש״ץ: רְאֵה קָמָה לְמַלֹּאת בְּרְסִיסֵי בְרָכָה
לֶחֶם לָאוֹכֵל וּמַרְפֵּא וַאֲרוּכָה
הֱיוֹת הוֹגֵי דָת נְסוּכָה כְּכוֹכָבִים בְּהִלָּם
קהל: וְהַשָּׁמַיִם יִתְּנוּ טַלָּם:

ש״ץ: יִרְעֲפוּ נְאוֹת מִדְבָּר, וְגַם תַּחְגֹּרְנָה גְבָעוֹת גִּיל
וּבִפְטוּרֵי צִצִּים תְּאֻזַּרְנָה פְתִיגִיל
יְרַנְּנוּ יַחְדָּו רֹב חֲסָדֶיךָ בְּמִלָּם
קהל: וְהַשָּׁמַיִם יִתְּנוּ טַלָּם:

ש״ץ: לְמַלְבִּישׁ סוּת סְמָדַר עַרְמֵי שׂוֹרֵקָה
וּמַשְׂבִּיעַ בְּטוּבוֹ נֶפֶשׁ שׁוֹקֵקָה
וּרְעֵבָה וְרֵיקָה, בְּמַעֲדַנָּיו מְמַלְּאָם
קהל: וְהַשָּׁמַיִם יִתְּנוּ טַלָּם:

ש״ץ: יִשְׂבְּעוּ עֲצֵי יְהוָה בַּשְּׁפֵלָה וּבָהָר
וּמָלְאוּ הַגְּרָנוֹת בָּר וְהַיְקָבִים תִּירוֹשׁ וְיִצְהָר
תְּרַנֵּנָּה פְרָזוֹת עוֹמְדוֹת עַל תִּלָּם
קהל: וְהַשָּׁמַיִם יִתְּנוּ טַלָּם:

רשות

לְשׁוֹנִי בּוֹנַנְתָּ אֱלֹהַי וַתִּבְחַר / בְּשִׁירִים שֶׁשַּׂמְתָּ בְּפִי טוֹב מִמִּסְחָר.
וְנֶגְדְּךָ כּוֹנַנְתָּ צְעָדַי מִמִּשְׁחָר / וְלִי גָרוֹן תַּתָּה, בְּקָרְאִי לֹא נִחָר.
וְיִצְרִי הִלְבַּנְתָּ כְּמוֹ צֶמֶר צַחַר / וְלָכֵן לֹא שָׁתָה לְבָבִי בִּי, סְחַרְחַר.
תהלים מ הֱיֵה סִתְרִי עַתָּה כְּאֶתְמוֹל וּכְמָחָר / וּמָגִנִּי, אַתָּה אֱלֹהַי אַל־תְּאַחַר:

לֵךְ לְשָׁלוֹם גֶּשֶׁם וּבֹא בְשָׁלוֹם טַל
כִּי רַב לְהוֹשִׁיעַ וּמוֹרִיד הַטָּל.
אָשִׁיר שִׁירָתִי וְאָשִׂים דִּבְרָתִי
וְאַגְבִּירָה שְׂפָתַי לְצוּר יְשׁוּעָתִי
וּבְיוֹם אִמְרָתִי תִּזַּל כַּטָּל
כִּי רַב לְהוֹשִׁיעַ וּמוֹרִיד הַטָּל.
כִּי שֵׁם כְּבוֹדְךָ הָאֵל, שׁוֹכֵן בְּתוֹךְ עַם אֵל
וְתַעֲמִיד מִיכָאֵל וְתִהְיֶה לוֹ לְגוֹאֵל
הַיּוֹם לְיִשְׂרָאֵל אֶהְיֶה כַטָּל
כִּי רַב לְהוֹשִׁיעַ וּמוֹרִיד הַטָּל.

אֱלֹהֵינוּ וֵאלֹהֵי אֲבוֹתֵינוּ
בְּטַלְלֵי אוֹרָה תָּאִיר אֲדָמָה
בְּטַלְלֵי בְרָכָה תְּבָרֵךְ אֲדָמָה
בְּטַלְלֵי גִילָה תָּגִיל אֲדָמָה
בְּטַלְלֵי דִיצָה תְּדַשֵּׁן אֲדָמָה
בְּטַלְלֵי הוֹד תְּהַדֵּר אֲדָמָה
בְּטַלְלֵי וַעַד טוֹב תְּוַעֵד אֲדָמָה
בְּטַלְלֵי זִמְרָה תְּזַמֵּר אֲדָמָה
בְּטַלְלֵי חַיִּים תְּחַיֶּה אֲדָמָה
בְּטַלְלֵי טוֹבָה תֵּיטִיב אֲדָמָה
בְּטַלְלֵי יְשׁוּעָה תּוֹשִׁיעַ אֲדָמָה
בְּטַלְלֵי כַלְכָּלָה תְּכַלְכֵּל אֲדָמָה

כְּמוֹ שֶׁאַתָּה הוּא, יְהֹוָה אֱלֹהֵינוּ, רַב לְהוֹשִׁיעַ, מוֹרִיד הַטַּל לִבְרָכָה. אָנָּא הוֹרִידֵהוּ לְאוֹרָה, לִבְרָכָה, לְגִילָה, לְדִיצָה, לְהוֹד, לְוַעַד טוֹב, לְזִמְרָה, לְחַיִּים טוֹבִים, לְטוֹבָה, לִישׁוּעָה, לְכַלְכָּלָה.

ברוב הקהילות ממשיכים ׳אַשְׁרֵי׳. בקצת קהילות שאומרים בהן תיקון הטל
בחזרת הש״ץ, שליח הציבור ממשיך ׳מְכַלְכֵּל חַיִּים בְּחֶסֶד׳ בעמ׳ 443.

# תיקון הגשם
# לשמיני עצרת

בתפילת מוסף של שמיני עצרת מתחילים להזכיר גבורות גשמים (תענית, פ״א מ״א).
בירושלמי נאמר, שאין להזכיר ׳מַשִּׁיב הָרְוּחַ וּמוֹרִיד הַגֶּשֶׁם׳ עד שיזכיר שליח ציבור.
וביאר הראב״ד כדי שלא יהיה מעורב ביניהם זה מזכיר וזה אינו מזכיר (טור, קיד).
לפיכך נהגו בקהילות המזרח לומר נוסח זה, ובו שליח הציבור
מזכיר לקהל שבא זמן מוריד הגשם (מחזור ארם צובה).

**מְדַבַּר עַבְדְּכוֹן קָדָמֵיכוֹן, דְּעָבַר זְמַן הַטָּל וּבָא זְמַן הַגֶּשֶׁם.**

**לְחַיִּים וְלֹא לְמָוֶת, לְשָׂבָע וְלֹא לְרָעָב**
**לִבְרָכָה וְלֹא לִקְלָלָה, לְשָׁלוֹם וְלֹא לְמִלְחָמָה**
**לְחֵרוּת וְלֹא לַעַבְדוּת.**

**יוֹשֵׁב בְּסֵתֶר עֶלְיוֹן, תּוֹרִיד גִּשְׁמֵינוּ בְּעִתָּם.**

פיוטים אלו נתחברו כהרחבה לחזרת הש״ץ של מוסף בשמיני עצרת,
ופשט המנהג לאומרם לפני ׳אַשְׁרֵי׳ (ראה הלכה 658).
ובקצת קהילות שנוהגים לאומרם בתוך חזרת הש״ץ,
אומרים את שלושת הפיוטים הראשונים אחרי ׳לְמַעַן שְׁמוֹ בְּאַהֲבָה׳,
ואחרי ׳מְחַיֵּה מֵתִים אַתָּה׳ ממשיכים מהפיוט הרביעי והלאה.

לְמָגֵן אַבְרָהָם: **שִׁפְעַת רְבִיבִים יוֹרִיד מִזְּבוּלָיו**
**לְחַיּוֹת זֶרַע וְלָתֵת פְּרִי יְבוּלָיו.**

**מָטָר יוֹרֶה וּמַלְקוֹשׁ יוֹרִיד עִם אֶגְלָיו**
**הֱיוֹת דָּשֵׁן וְשָׁמֵן כָּל פְּרִי עֵץ וְעָלָיו.**

**חִישׁ וּשְׁלַח עֹפֶר, טֶרֶם יָנוּסוּן צְלָלָיו**
**זָכוּר יִזָּכֵר לִי נוֹטֵעַ אֲשָׁלָיו.**

**קוֹמֵם גַּן נָעוּל וּפַרְדֵּס רִמּוֹן שְׁתִילָיו**
**קִרְיַת חָנָה דָוִד וּמִגְדַּל עֹז חֲיָלָיו.**

**שׁוֹבֵב לְצַוָּאר הַשֵּׁן מְלוּאֵי הוֹד כְּלִילָיו**
**בָּנוּי לְתַלְפִּיּוֹת וְנָהֲרוּ כָּל הַגּוֹיִם אֵלָיו**
**אֶלֶף הַמָּגֵן תָּלוּי עָלָיו:** שיר השירים ד

פזמון

ש״ץ: מְכַסֶּה שָׁמַיִם בְּעָבִים וּמַלְבִּישֵׁם
וּמַחֲלִיף זְמַנִּים עֲלֵי חֹק וָרֶשֶׁם
אוֹצָרְךָ הַטּוֹב פְּתַח נָא, לְהַחֲיוֹת בּוֹ כָּל נְפוּחֵי נֶשֶׁם
קהל: מַשִּׁיב הָרְוּחַ וּמוֹרִיד הַגֶּשֶׁם.

ש״ץ: אֵלֶיךָ יְשַׁבֵּרוּ מִקְּצוֹת הָאָרֶץ וְעַד קְצוֹת
אָדָם וּבְהֵמָה וְכָל יְצוּרֵי אֲרָצוֹת
מַשִּׁיב הָרְוּחַ לְעִתּוֹת קְצוּצוֹת
וְשֹׁלֵחַ מַיִם עַל־פְּנֵי חוּצוֹת: איוב ה
אוֹצָרְךָ הַטּוֹב פְּתַח נָא, לְהַחֲיוֹת בּוֹ כָּל נְפוּחֵי נֶשֶׁם
קהל: מַשִּׁיב הָרְוּחַ וּמוֹרִיד הַגֶּשֶׁם.

ש״ץ: צִמָּאוֹן וְשָׁרָב וְכָל חֳרָבוֹת קָטוֹב
תְּשַׁלַּח רוּחֲךָ וְיִהְיוּ כְּגַן רָטֹב
אָדָם וּבְהֵמָה, אֲשֶׁר הֶחֱשׁוּ מִטּוֹב
תִּפְתַּח יָדְךָ יִשְׂבְּעוּן טוֹב: תהלים קד
אוֹצָרְךָ הַטּוֹב פְּתַח נָא, לְהַחֲיוֹת בּוֹ כָּל נְפוּחֵי נֶשֶׁם
קהל: מַשִּׁיב הָרְוּחַ וּמוֹרִיד הַגֶּשֶׁם.

ש״ץ: תַּלְמֵי צִיָּה אֲשֶׁר נוֹתְרָה עֲרֻמָּה
מִתְּנוּבַת שָׂדֶה, חָצִיר וְקָמָה
תַּפְרִיחַ נִצָּנֶיהָ וְתַלְבִּישָׁהּ רִקְמָה
וּתְחַדֵּשׁ פְּנֵי אֲדָמָה: תהלים קד
אוֹצָרְךָ הַטּוֹב פְּתַח נָא, לְהַחֲיוֹת בּוֹ כָּל נְפוּחֵי נֶשֶׁם
קהל: מַשִּׁיב הָרְוּחַ וּמוֹרִיד הַגֶּשֶׁם.

ש״ץ: אָב רַחְמָן, נוֹשֵׂא חוֹבַת לֵב עָקוֹשׁ
פְּדֵה נֶפֶשׁ תּוֹרֶךָ מִיַּד יָקוֹשׁ
הַשְׁלִימָה נָּא דְּבָרֶךָ, וְאִם אֵין בָּנוּ מִתְקוֹשֵׁשׁ וָקוֹשׁ
דברים יא וְנָתַתִּי מְטַר־אַרְצְכֶם בְּעִתּוֹ, יוֹרֶה וּמַלְקוֹשׁ:
אוֹצָרְךָ הַטּוֹב פְּתַח נָא, לְהַחֲיוֹת בּוֹ כָּל נְפוּחֵי נֶשֶׁם
קהל: מַשִּׁיב הָרוּחַ וּמוֹרִיד הַגֶּשֶׁם.

רשות

לְשׁוֹנִי בּוֹנַנְתָּ אֱלֹהַי וַתִּבְחַר / בְּשִׁירִים שֶׁשַּׂמְתָּ בְּפִי טוֹב מִמִּסְחָר.
וְנֶגְדְּךָ כּוֹנַנְתָּ צְעָדַי מִמִּשְׁחָר / וְלִי גָּרוֹן תַּתָּה, בְּקָרְאִי לֹא נִחָר.
וְיִצְרִי הִלְבַּנְתָּ כְּמוֹ צֶמֶר צָחַר / וְלָכֵן לֹא שַׁתָּה לְבָבִי בִּי, סְחַרְחַר.
תהלים מ הֱיֵה סִתְרִי עַתָּה כְּאֶתְמוֹל וּכְמָחָר / וּמָגִנִּי, אַתָּה אֱלֹהַי אַל־תְּאַחַר:

לִמְחַיֵּה הַמֵּתִים: יִשְׂבְּעוּן יְדִידֶיךָ מֵאוֹצְרוֹת שָׁמַיִם
וְשַׂבַּע אֲדָמָה לֹא שָׂבְעָה מַיִם
פְּדוּת תְּשַׁלַּח לִשְׁחוּיִים פַּעֲמַיִם
הושע ו יְחַיֵּנוּ מִיֹּמָיִם:

פזמון

ש״ץ: אֵל חַי יִפְתַּח אוֹצְרוֹת שָׁמַיִם
תהלים קמז קהל: יַשֵּׁב רוּחוֹ יִזְּלוּ־מָיִם:

ש״ץ: בְּגִשְׁמֵי רָצוֹן תְּבָרֵךְ עֵדָה
בְּפַחֵי יָגוֹן כְּצִפּוֹר לְכוּדָה
בְּצִדְקַת אַב הָמוֹן הֵכִין סְעוּדָה
וְאָמַר יֻקַּח־נָא מְעַט־מַיִם
קהל: יַשֵּׁב רוּחוֹ יִזְּלוּ־מָיִם:

ש״ץ: גֶּשֶׁם נְדָבוֹת מִשְּׁמֵי עֲלִיָּה
תּוֹרִיד בְּצִיָּה רַב עֲלִילִיָּה
בְּצִדְקַת נֶעֱקַד בְּהַר הַמּוֹרִיָּה
וְשָׁב וְחָפַר בְּאֵרוֹת הַמָּיִם
קהל: יַשֵּׁב רוּחוֹ יִזְּלוּ־מָיִם:

ש״ץ: דָּלֵה מִמְּהוּמָה עַמְּךָ וְהַצֵּל
וְרוּחַ קָדְשְׁךָ עָלָיו הַאֲצֵל
בְּצִדְקַת אִישׁ תָּם מַקְלוֹת פִּצֵּל
בָּרְהָטִים בְּשִׁקֲתוֹת הַמָּיִם
קהל: יַשֵּׁב רוּחוֹ יִזְּלוּ־מָיִם:

ש״ץ: הָאֵר פָּנֶיךָ עַל דַּל בְּשַׁוְעוֹ
נִלְכַּד וְעַל כֵּן אַחַר יִשְׁעוֹ
בְּצִדְקַת עָנָו נָס מִפַּרְעֹה
וַיֵּשֶׁב עַל בְּאֵר הַמָּיִם
קהל: יַשֵּׁב רוּחוֹ יִזְּלוּ־מָיִם:

ש״ץ: וְתַזִּיל מִטְרוֹת עֹז מִמְּעוֹנִים
וּפֵרוֹת שָׁנָה יִהְיוּ דְשֵׁנִים
בְּצִדְקַת נִכְנַס לִפְנַי וְלִפְנִים
אֲשֶׁר צִוָּה עַל נִסּוּךְ הַמָּיִם
קהל: יַשֵּׁב רוּחוֹ יִזְּלוּ־מָיִם:

ש״ץ: זְכֹר רַחֲמֶיךָ יוֹצֵר מְאוֹרוֹת
וְצַוֵּה עָבֶיךָ יְרִיקוּן אוֹרוֹת
בְּצִדְקַת מֶלֶךְ נְעִים זְמִירוֹת
אֲשֶׁר אָמַר: מִי יַשְׁקֵנִי מַיִם
קהל: יַשֵּׁב רוּחוֹ יִזְּלוּ־מָיִם:

ש״ץ: חַשְׁרַת מַיִם עַל יַבָּשָׁה
תַּזִּיל, וְתוֹצִיא אֶבֶן הָרֹאשָׁה
בְּצִדְקַת לָקַח צְלוֹחִית חֲדָשָׁה
וְעַל יָדוֹ נִרְפְּאוּ הַמָּיִם
קהל: יַשֵּׁב רוּחוֹ יִזְּלוּ־מָיִם:

ש״ץ: טַרְפֵּי צֶמַח אֲדָמָה הַמְצִיא
הָפֵק רְצוֹנִי חִזְקִי וְאִמְצִי
בְּגִשְׁמֵי נְדָבוֹת לְמַעַן מוֹצִיא
מֵחַלָּמִישׁ מַעְיְנוֹ מָיִם
קהל: יַשֵּׁב רוּחוֹ יִזְּלוּ־מָיִם:

אֱלֹהֵינוּ וֵאלֹהֵי אֲבוֹתֵינוּ

| | |
|---|---|
| בְּגִשְׁמֵי אוֹרָה | תָּאִיר אֲדָמָה |
| בְּגִשְׁמֵי בְרָכָה | תְּבָרֵךְ אֲדָמָה |
| בְּגִשְׁמֵי גִילָה | תָּגִיל אֲדָמָה |
| בְּגִשְׁמֵי דִיצָה | תְּדַשֵּׁן אֲדָמָה |
| בְּגִשְׁמֵי הוֹד | תְּהַדֵּר אֲדָמָה |
| בְּגִשְׁמֵי וַעַד טוֹב | תְּוַעֵד אֲדָמָה |
| בְּגִשְׁמֵי זִמְרָה | תְּזַמֵּר אֲדָמָה |
| בְּגִשְׁמֵי חַיִּים | תְּחַיֶּה אֲדָמָה |
| בְּגִשְׁמֵי טוֹבָה | תֵּיטִיב אֲדָמָה |
| בְּגִשְׁמֵי יְשׁוּעָה | תּוֹשִׁיעַ אֲדָמָה |
| בְּגִשְׁמֵי כַלְכָּלָה | תְּכַלְכֵּל אֲדָמָה |

כְּמוֹ שֶׁאַתָּה הוּא, יְהוָה אֱלֹהֵינוּ, רַב לְהוֹשִׁיעַ, מַשִּׁיב הָרְוּחַ וּמוֹרִיד הַגֶּשֶׁם לִבְרָכָה. אָנָּא הוֹרִידֵהוּ לְאוֹרָה, לִבְרָכָה, לְגִילָה, לְדִיצָה, לְהוֹד, לְוַעַד טוֹב, לְזִמְרָה, לְחַיִּים טוֹבִים, לְטוֹבָה, לִישׁוּעָה, לְכַלְכָּלָה.

ברוב הקהילות ממשיכים ׳אַשְׁרֵי׳. בקצת קהילות שאומרים בהן תיקון הגשם בחזרת הש״ץ, שליח הציבור ממשיך ׳מְכַלְכֵּל חַיִּים בְּחֶסֶד׳ בעמוד הבא.

# מוסף לשלוש רגלים

## ליום טוב, לחול המועד ולשבת חול המועד

״המתפלל צריך שיכוין בלבו פירוש המלות שמוציא בשפתיו; ויחשוב כאלו שכינה כנגדו ויסיר כל המחשבות הטורדות אותו עד שתשאר מחשבתו וכוונתו זכה בתפלתו״ (שו״ע צח, א).

יש נוהגים לפסוע שלוש פסיעות לפנים, כמי שנכנס לפני המלך (ספר הפרדס).

שוחין בברכת אבות תחילה וסוף (ברכות לד ע״א; שו״ע קיג, א),
כורע בתיבת ׳בָּרוּךְ׳, קד לפנים בתיבת ׳אַתָּה׳ וזוקף בשם (׳רעיא מהימנא׳, עקב).

אֲדֹנָי, שְׂפָתַי תִּפְתָּח, וּפִי יַגִּיד תְּהִלָּתֶךָ: תהלים נא

אבות

בָּרוּךְ אַתָּה יְהֹוָה, אֱלֹהֵינוּ וֵאלֹהֵי אֲבוֹתֵינוּ
אֱלֹהֵי אַבְרָהָם, אֱלֹהֵי יִצְחָק, וֵאלֹהֵי יַעֲקֹב
הָאֵל הַגָּדוֹל הַגִּבּוֹר וְהַנּוֹרָא, אֵל עֶלְיוֹן
גּוֹמֵל חֲסָדִים טוֹבִים, קוֹנֵה הַכֹּל, וְזוֹכֵר חַסְדֵי אָבוֹת
וּמֵבִיא גוֹאֵל לִבְנֵי בְנֵיהֶם לְמַעַן שְׁמוֹ בְּאַהֲבָה.
מֶלֶךְ עוֹזֵר וּמוֹשִׁיעַ וּמָגֵן.
בָּרוּךְ אַתָּה יְהֹוָה, מָגֵן אַבְרָהָם.

גבורות

אַתָּה גִּבּוֹר לְעוֹלָם, אֲדֹנָי, מְחַיֵּה מֵתִים אַתָּה, רַב לְהוֹשִׁיעַ
מוֹרִיד הַטָּל / בשמיני עצרת: מַשִּׁיב הָרוּחַ וּמוֹרִיד הַגֶּשֶׁם /
מְכַלְכֵּל חַיִּים בְּחֶסֶד, מְחַיֵּה מֵתִים בְּרַחֲמִים רַבִּים
סוֹמֵךְ נוֹפְלִים, וְרוֹפֵא חוֹלִים, וּמַתִּיר אֲסוּרִים
וּמְקַיֵּם אֱמוּנָתוֹ לִישֵׁנֵי עָפָר.
מִי כָמוֹךָ, בַּעַל גְּבוּרוֹת
וּמִי דּוֹמֶה לָּךְ, מֶלֶךְ מֵמִית וּמְחַיֶּה וּמַצְמִיחַ יְשׁוּעָה.
וְנֶאֱמָן אַתָּה לְהַחֲיוֹת מֵתִים.
בָּרוּךְ אַתָּה יְהֹוָה, מְחַיֵּה הַמֵּתִים.

בתפילת לחש ממשיך ׳אַתָּה קָדוֹשׁ׳ בעמ׳ 445.

קדושה רבה לימים טובים ולשבת חול המועד

בקהילות המערב נוהגים לומר קדושה זו גם בהושענא רבה (ראה הלכה 646).
בחזרת התפילה אומר כאן הש״ץ קדושה רבה (ראה הלכה 168–170).
במקומות המסומנים ב־˙, המתפלל מתרומם על קצות אצבעותיו.

כֶּתֶר יִתְּנוּ לְךָ, יְהוָה אֱלֹהֵינוּ
מַלְאָכִים הֲמוֹנֵי מַעְלָה עִם עַמְּךָ יִשְׂרָאֵל קְבוּצֵי מַטָּה.
יַחַד כֻּלָּם קְדֻשָּׁה לְךָ יְשַׁלֵּשׁוּ
ישעיה ו כַּדָּבָר הָאָמוּר עַל יַד נְבִיאָךְ: וְקָרָא זֶה אֶל־זֶה וְאָמַר

קהל ואחריו שליח הציבור:

˙קָדוֹשׁ, ˙קָדוֹשׁ, ˙קָדוֹשׁ, יְהוָה צְבָאוֹת, מְלֹא כָל הָאָרֶץ כְּבוֹדוֹ:
כְּבוֹדוֹ מָלֵא עוֹלָם, וּמְשָׁרְתָיו שׁוֹאֲלִים
˙אַיֵּה מְקוֹם כְּבוֹדוֹ לְהַעֲרִיצוֹ
לְעֻמָּתָם מְשַׁבְּחִים וְאוֹמְרִים

קהל ואחריו שליח הציבור:

יחזקאל ג ˙בָּרוּךְ כְּבוֹד־יְהוָה מִמְּקוֹמוֹ:
מִמְּקוֹמוֹ הוּא יִפֶן בְּרַחֲמָיו לְעַמּוֹ
הַמְיַחֲדִים שְׁמוֹ עֶרֶב וָבֹקֶר בְּכָל יוֹם תָּמִיד
אוֹמְרִים פַּעֲמַיִם בְּאַהֲבָה

קהל ואחריו שליח הציבור:

דברים ו שְׁמַע יִשְׂרָאֵל, יְהוָה אֱלֹהֵינוּ, יְהוָה אֶחָד:

הוּא אֱלֹהֵינוּ, הוּא אָבִינוּ, הוּא מַלְכֵּנוּ, הוּא מוֹשִׁיעֵנוּ
הוּא יוֹשִׁיעֵנוּ וְיִגְאָלֵנוּ שֵׁנִית וְיַשְׁמִיעֵנוּ בְּרַחֲמָיו לְעֵינֵי כָּל חַי לֵאמֹר
הֵן גָּאַלְתִּי אֶתְכֶם אַחֲרִית כְּרֵאשִׁית
במדבר טו לִהְיוֹת לָכֶם לֵאלֹהִים אֲנִי יְהוָה אֱלֹהֵיכֶם:
וּבְדִבְרֵי קָדְשְׁךָ כָּתוּב לֵאמֹר

קהל ואחריו שליח הציבור:

תהלים קמו ˙יִמְלֹךְ יְהוָה לְעוֹלָם, אֱלֹהַיִךְ צִיּוֹן לְדֹר וָדֹר, הַלְלוּיָהּ:

בחזרה ממשיך הש״ץ ׳אַתָּה קָדוֹשׁ׳ בעמוד הבא.

קדושה לחול המועד

בחזרת התפילה אומר כאן הש״ץ קדושת כתר קצרה (ראה הלכה 168–170 ו־421).
במקומות המסומנים ב־׳, המתפלל מתרומם על קצות אצבעותיו.

כֶּתֶר יִתְּנוּ לְךָ יְהוָה אֱלֹהֵינוּ
מַלְאָכִים הֲמוֹנֵי מַעְלָה עִם עַמְּךָ יִשְׂרָאֵל קְבוּצֵי מַטָּה.
יַחַד כֻּלָּם קְדֻשָּׁה לְךָ יְשַׁלֵּשׁוּ
כַּדָּבָר הָאָמוּר עַל יַד נְבִיאֶךָ: וְקָרָא זֶה אֶל־זֶה וְאָמַר ישעיה ו

קהל ואחריו שליח הציבור:

׳קָדוֹשׁ, ׳קָדוֹשׁ, ׳קָדוֹשׁ, יְהוָה צְבָאוֹת, מְלֹא כָל־הָאָרֶץ כְּבוֹדוֹ:
לְעֻמָּתָם מְשַׁבְּחִים וְאוֹמְרִים

קהל ואחריו שליח הציבור:

׳בָּרוּךְ כְּבוֹד־יְהוָה מִמְּקוֹמוֹ: יחזקאל ג
וּבְדִבְרֵי קָדְשְׁךָ כָּתוּב לֵאמֹר

קהל ואחריו שליח הציבור:

׳יִמְלֹךְ יְהוָה לְעוֹלָם, אֱלֹהַיִךְ צִיּוֹן לְדֹר וָדֹר, הַלְלוּיָהּ: תהלים קמו

---

קדושת השם

אַתָּה קָדוֹשׁ וְשִׁמְךָ קָדוֹשׁ
וּקְדוֹשִׁים בְּכָל יוֹם יְהַלְלוּךָ סֶּלָה.
בָּרוּךְ אַתָּה יְהוָה, הָאֵל הַקָּדוֹשׁ.

קדושת היום

בירושלמי (ברכות פ״ד ה״ו) נאמר: ״רב אמר צריך לחדש בה דבר... מהו לחדש בה דבר?
אמר ליה, אפילו אמר ׳ונעשה לפניך את חובותינו תמידי יום וקרבן מוסף׳ יצא״,
וביאר הרידב״ז שצריך להזכיר את שם המועד בפירוש.

אַתָּה בְחַרְתָּנוּ מִכָּל הָעַמִּים
אָהַבְתָּ אוֹתָנוּ וְרָצִיתָ בָּנוּ, וְרוֹמַמְתָּנוּ מִכָּל הַלְּשׁוֹנוֹת
וְקִדַּשְׁתָּנוּ בְּמִצְוֹתֶיךָ, וְקֵרַבְתָּנוּ מַלְכֵּנוּ לַעֲבוֹדָתֶךָ
וְשִׁמְךָ הַגָּדוֹל וְהַקָּדוֹשׁ עָלֵינוּ קָרָאתָ.

וַתִּתֶּן לָנוּ יְהֹוָה אֱלֹהֵינוּ בְּאַהֲבָה
(בשבת: שַׁבָּתוֹת לִמְנוּחָה וּ) מוֹעֲדִים לְשִׂמְחָה
חַגִּים וּזְמַנִּים לְשָׂשׂוֹן
אֶת יוֹם (בשבת: הַשַּׁבָּת הַזֶּה וְאֶת יוֹם)

בפסח: חַג הַמַּצּוֹת הַזֶּה
אֶת יוֹם (ביו״ט: טוֹב) מִקְרָא קֹדֶשׁ הַזֶּה, זְמַן חֵרוּתֵנוּ
בשבועות: חַג הַשָּׁבוּעוֹת הַזֶּה
אֶת יוֹם טוֹב מִקְרָא קֹדֶשׁ הַזֶּה, זְמַן מַתַּן תּוֹרָתֵנוּ
בסוכות: חַג הַסֻּכּוֹת הַזֶּה
אֶת יוֹם (ביו״ט: טוֹב) מִקְרָא קֹדֶשׁ הַזֶּה, זְמַן שִׂמְחָתֵנוּ
בשמיני עצרת: שְׁמִינִי חַג עֲצֶרֶת הַזֶּה
אֶת יוֹם טוֹב מִקְרָא קֹדֶשׁ הַזֶּה, זְמַן שִׂמְחָתֵנוּ
בְּאַהֲבָה מִקְרָא קֹדֶשׁ, זֵכֶר לִיצִיאַת מִצְרָיִם.

אֱלֹהֵינוּ וֵאלֹהֵי אֲבוֹתֵינוּ
מִפְּנֵי חֲטָאֵינוּ גָּלִינוּ מֵאַרְצֵנוּ, וְנִתְרַחַקְנוּ מֵעַל אַדְמָתֵנוּ
וְאֵין אֲנַחְנוּ יְכוֹלִים לַעֲלוֹת וְלֵרָאוֹת וּלְהִשְׁתַּחֲווֹת לְפָנֶיךָ
בְּבֵית בְּחִירָתֶךָ בַּנָּוֶה הֶהָדָר
בַּבַּיִת הַגָּדוֹל וְהַקָּדוֹשׁ שֶׁנִּקְרָא שִׁמְךָ עָלָיו
מִפְּנֵי הַיָּד שֶׁנִּשְׁתַּלְּחָה בְּמִקְדָּשֶׁךָ.
יְהִי רָצוֹן מִלְּפָנֶיךָ, יְהֹוָה אֱלֹהֵינוּ וֵאלֹהֵי אֲבוֹתֵינוּ, מֶלֶךְ רַחֲמָן
שֶׁתָּשׁוּב וּתְרַחֵם עָלֵינוּ
וְעַל מִקְדָּשְׁךָ בְּרַחֲמֶיךָ הָרַבִּים
וְתִבְנֵהוּ מְהֵרָה וּתְגַדֵּל כְּבוֹדוֹ.

אָבִינוּ מַלְכֵּנוּ אֱלֹהֵינוּ
גַּלֵּה כְּבוֹד מַלְכוּתְךָ עָלֵינוּ מְהֵרָה
וְהוֹפַע וְהִנָּשֵׂא עָלֵינוּ לְעֵינֵי כָּל חָי
וְקָרֵב פְּזוּרֵינוּ מִבֵּין הַגּוֹיִם, וּנְפוּצוֹתֵינוּ כַּנֵּס מִיַּרְכְּתֵי אָרֶץ.
וַהֲבִיאֵנוּ יְהֹוָה אֱלֹהֵינוּ לְצִיּוֹן עִירְךָ בְּרִנָּה
וְלִירוּשָׁלַיִם עִיר מִקְדָּשְׁךָ בְּשִׂמְחַת עוֹלָם
אָנָּא אֱלֹהֵינוּ
וְשָׁם נַעֲשֶׂה לְפָנֶיךָ אֶת קָרְבְּנוֹת חוֹבוֹתֵינוּ
תְּמִידִים כְּסִדְרָם וּמוּסָפִים כְּהִלְכָתָם
אֶת מוּסַף יוֹם /בשבת: אֶת מוּסְפֵי יוֹם הַשַּׁבָּת הַזֶּה וְאֶת יוֹם/

בפסח: חַג הַמַּצּוֹת הַזֶּה, אֶת יוֹם (ביו"ט: טוֹב) מִקְרָא קֹדֶשׁ הַזֶּה
בשבועות: חַג הַשָּׁבוּעוֹת הַזֶּה, אֶת יוֹם טוֹב מִקְרָא קֹדֶשׁ הַזֶּה
בסוכות: חַג הַסֻּכּוֹת הַזֶּה, אֶת יוֹם (ביו"ט: טוֹב) מִקְרָא קֹדֶשׁ הַזֶּה
בשמיני עצרת: שְׁמִינִי חַג עֲצֶרֶת הַזֶּה, אֶת יוֹם טוֹב מִקְרָא קֹדֶשׁ הַזֶּה

נַעֲשֶׂה וְנַקְרִיב לְפָנֶיךָ בְּאַהֲבָה כְּמִצְוַת רְצוֹנֶךָ
כְּמוֹ שֶׁכָּתַבְתָּ עָלֵינוּ בְּתוֹרָתֶךָ עַל יְדֵי מֹשֶׁה עַבְדֶּךָ.

אֱלֹהֵינוּ וֵאלֹהֵי אֲבוֹתֵינוּ
מֶלֶךְ רַחֲמָן רַחֵם עָלֵינוּ, טוֹב וּמֵטִיב הִדָּרֶשׁ לָנוּ
שׁוּבָה עָלֵינוּ בַּהֲמוֹן רַחֲמֶיךָ, בִּגְלַל אָבוֹת שֶׁעָשׂוּ רְצוֹנֶךָ.
בְּנֵה בֵיתְךָ כְּבַתְּחִלָּה, כּוֹנֵן בֵּית מִקְדָּשְׁךָ עַל מְכוֹנוֹ
הַרְאֵנוּ בְּבִנְיָנוֹ, שַׂמְּחֵנוּ בְּתִקּוּנוֹ, וְהָשֵׁב שְׁכִינָתְךָ לְתוֹכוֹ
וְהָשֵׁב כֹּהֲנִים לַעֲבוֹדָתָם, וּלְוִיִּם לְדוּכָנָם לְשִׁירָם וּלְזִמְרָם
וְהָשֵׁב יִשְׂרָאֵל לִנְוֵיהֶם.

וְשָׁם נַעֲלֶה וְנֵרָאֶה וְנִשְׁתַּחֲוֶה לְפָנֶיךָ
בְּשָׁלֹשׁ פַּעֲמֵי רְגָלֵינוּ בְּכָל שָׁנָה וְשָׁנָה
כַּכָּתוּב בְּתוֹרָה:
דברים טז שָׁלוֹשׁ פְּעָמִים בַּשָּׁנָה יֵרָאֶה כָל־זְכוּרְךָ אֶת־פְּנֵי יְהֹוָה אֱלֹהֶיךָ
בַּמָּקוֹם אֲשֶׁר יִבְחָר, בְּחַג הַמַּצּוֹת, וּבְחַג הַשָּׁבֻעוֹת, וּבְחַג הַסֻּכּוֹת
וְלֹא יֵרָאֶה אֶת־פְּנֵי יְהֹוָה רֵיקָם:
אִישׁ כְּמַתְּנַת יָדוֹ, כְּבִרְכַּת יְהֹוָה אֱלֹהֶיךָ אֲשֶׁר נָתַן־לָךְ:

וְהַשִּׂיאֵנוּ יְהֹוָה אֱלֹהֵינוּ אֶת בִּרְכַּת מוֹעֲדֶיךָ
לְחַיִּים בְּשִׂמְחָה וּבְשָׁלוֹם
כַּאֲשֶׁר רָצִיתָ וְאָמַרְתָּ לְבָרְכֵנוּ
כֵּן תְּבָרְכֵנוּ סֶלָה.
(בשבת יש מוסיפים: אֱלֹהֵינוּ וֵאלֹהֵי אֲבוֹתֵינוּ, רְצֵה נָא בִמְנוּחָתֵנוּ)
קַדְּשֵׁנוּ בְּמִצְוֹתֶיךָ, שִׂים חֶלְקֵנוּ בְּתוֹרָתֶךָ
שַׂבְּעֵנוּ מִטּוּבֶךָ, שַׂמֵּחַ נַפְשֵׁנוּ בִּישׁוּעָתֶךָ
וְטַהֵר לִבֵּנוּ לְעָבְדְּךָ בֶּאֱמֶת
וְהַנְחִילֵנוּ יְהֹוָה אֱלֹהֵינוּ (בשבת: בְּאַהֲבָה וּבְרָצוֹן)
בְּשִׂמְחָה וּבְשָׂשׂוֹן (שַׁבָּתוֹת וּ) מוֹעֲדֵי קָדְשֶׁךָ
וְיִשְׂמְחוּ בְךָ כָּל יִשְׂרָאֵל מְקַדְּשֵׁי שְׁמֶךָ.
בָּרוּךְ אַתָּה יְהֹוָה, מְקַדֵּשׁ (הַשַּׁבָּת וְ) יִשְׂרָאֵל וְהַזְּמַנִּים.

עבודה

רְצֵה יְהֹוָה אֱלֹהֵינוּ בְּעַמְּךָ יִשְׂרָאֵל, וְלִתְפִלָּתָם שְׁעֵה
וְהָשֵׁב הָעֲבוֹדָה לִדְבִיר בֵּיתֶךָ
וְאִשֵּׁי יִשְׂרָאֵל וּתְפִלָּתָם מְהֵרָה בְּאַהֲבָה תְקַבֵּל בְּרָצוֹן
וּתְהִי לְרָצוֹן תָּמִיד עֲבוֹדַת יִשְׂרָאֵל עַמֶּךָ.

וְאַתָּה בְּרַחֲמֶיךָ הָרַבִּים תַּחְפֹּץ בָּנוּ וְתִרְצֵנוּ
וְתֶחֱזֶינָה עֵינֵינוּ בְּשׁוּבְךָ לְצִיּוֹן בְּרַחֲמִים.
בָּרוּךְ אַתָּה יְהֹוָה, הַמַּחֲזִיר שְׁכִינָתוֹ לְצִיּוֹן.

הודאה

שוחין בברכת ההודאה תחילה וסוף (ברכות לד ע״א) ואינו זוקף עד אמירת השם (רמב״ם).

מוֹדִים אֲנַחְנוּ לָךְ
שָׁאַתָּה הוּא יְהֹוָה אֱלֹהֵינוּ
וֵאלֹהֵי אֲבוֹתֵינוּ לְעוֹלָם וָעֶד.
צוּרֵנוּ, צוּר חַיֵּינוּ וּמָגֵן יִשְׁעֵנוּ
אַתָּה הוּא לְדוֹר וָדוֹר
נוֹדֶה לְּךָ וּנְסַפֵּר תְּהִלָּתֶךָ
עַל חַיֵּינוּ הַמְּסוּרִים בְּיָדֶךָ
וְעַל נִשְׁמוֹתֵינוּ הַפְּקוּדוֹת לָךְ
וְעַל נִסֶּיךָ שֶׁבְּכָל יוֹם עִמָּנוּ
וְעַל נִפְלְאוֹתֶיךָ וְטוֹבוֹתֶיךָ שֶׁבְּכָל עֵת
עֶרֶב וָבֹקֶר וְצָהֳרָיִם.
הַטּוֹב, כִּי לֹא כָלוּ רַחֲמֶיךָ
הַמְרַחֵם, כִּי לֹא תַמּוּ חֲסָדֶיךָ
כִּי מֵעוֹלָם קִוִּינוּ לָךְ.

כשהש״ץ אומר ׳מודים׳, הקהל אומר בלחש ׳מודים דרבנן׳ (סוטה מ ע״א):

מוֹדִים אֲנַחְנוּ לָךְ
שָׁאַתָּה הוּא יְהֹוָה אֱלֹהֵינוּ
וֵאלֹהֵי אֲבוֹתֵינוּ
אֱלֹהֵי כָל בָּשָׂר
יוֹצְרֵנוּ יוֹצֵר בְּרֵאשִׁית.
בְּרָכוֹת וְהוֹדָאוֹת
לְשִׁמְךָ הַגָּדוֹל וְהַקָּדוֹשׁ
עַל שֶׁהֶחֱיִיתָנוּ וְקִיַּמְתָּנוּ.
כֵּן תְּחַיֵּנוּ וּתְחָנֵּנוּ
וְתֶאֱסֹף גָּלֻיּוֹתֵינוּ לְחַצְרוֹת
קָדְשֶׁךָ לִשְׁמֹר חֻקֶּיךָ
וְלַעֲשׂוֹת רְצוֹנֶךָ
וּלְעָבְדְּךָ בְּלֵבָב שָׁלֵם
עַל שֶׁאֲנַחְנוּ מוֹדִים לָךְ
בָּרוּךְ אֵל הַהוֹדָאוֹת.

וְעַל כֻּלָּם
יִתְבָּרַךְ וְיִתְרוֹמַם וְיִתְנַשֵּׂא תָּמִיד שִׁמְךָ מַלְכֵּנוּ לְעוֹלָם וָעֶד
וְכָל הַחַיִּים יוֹדוּךָ סֶּלָה
וִיהַלְלוּ וִיבָרְכוּ אֶת שִׁמְךָ הַגָּדוֹל בֶּאֱמֶת לְעוֹלָם כִּי טוֹב
הָאֵל יְשׁוּעָתֵנוּ וְעֶזְרָתֵנוּ סֶלָה, הָאֵל הַטּוֹב.
בָּרוּךְ אַתָּה יְהֹוָה, הַטּוֹב שִׁמְךָ וּלְךָ נָאֶה לְהוֹדוֹת.

ברכת כוהנים לשחרית:

הכוהנים אומרים בלחש (סוטה לט ע״א):

יְהִי רָצוֹן מִלְּפָנֶיךָ, יְהֹוָה אֱלֹהֵינוּ וֵאלֹהֵי אֲבוֹתֵינוּ, שֶׁתְּהֵא הַבְּרָכָה הַזֹּאת שֶׁצִּוִּיתָנוּ לְבָרֵךְ אֶת עַמְּךָ יִשְׂרָאֵל בְּרָכָה שְׁלֵמָה וְלֹא יִהְיֶה בָּהּ מִכְשׁוֹל וְעָוֹן מֵעַתָּה וְעַד עוֹלָם.

אם יש יותר מכוהן אחד, שליח הציבור קורא:

## כֹּהֲנִים

(יש עונים: עַם קְדוֹשֶׁךָ, כָּאָמוּר.)

הכוהנים מברכים:

בָּרוּךְ אַתָּה יְהֹוָה, אֱלֹהֵינוּ מֶלֶךְ הָעוֹלָם
אֲשֶׁר קִדְּשָׁנוּ בִּקְדֻשָּׁתוֹ שֶׁל אַהֲרֹן, וְצִוָּנוּ לְבָרֵךְ אֶת עַמּוֹ יִשְׂרָאֵל בְּאַהֲבָה.

שליח הציבור מקריא מילה במילה, והכוהנים אחריו:

במדבר ו יְבָרֶכְךָ יְהֹוָה וְיִשְׁמְרֶךָ: קהל: אָמֵן
יָאֵר יְהֹוָה פָּנָיו אֵלֶיךָ וִיחֻנֶּךָּ: קהל: אָמֵן
יִשָּׂא יְהֹוָה פָּנָיו אֵלֶיךָ וְיָשֵׂם לְךָ שָׁלוֹם: קהל: אָמֵן

שליח הציבור ממשיך ׳שִׂים שָׁלוֹם׳.

הכוהנים אומרים בלחש (סוטה, שם):

דברים כו רִבּוֹן הָעוֹלָמִים, עָשִׂינוּ מַה שֶּׁגָּזַרְתָּ עָלֵינוּ, עֲשֵׂה אַתָּה מַה שֶּׁהִבְטַחְתָּנוּ, הַשְׁקִיפָה מִמְּעוֹן קָדְשְׁךָ מִן־הַשָּׁמַיִם וּבָרֵךְ אֶת־עַמְּךָ אֶת־יִשְׂרָאֵל:

הרואה חלום ונפשו עגומה, אומר בשעת נשיאת כפיים את הבקשה ׳רִבּוֹנוֹ שֶׁל עוֹלָם׳ (בעמ׳ 897).

אם אין כוהנים העולים לדוכן, שליח הציבור אומר:

אֱלֹהֵינוּ וֵאלֹהֵי אֲבוֹתֵינוּ, בָּרְכֵנוּ בַּבְּרָכָה הַמְשֻׁלֶּשֶׁת בַּתּוֹרָה, הַכְּתוּבָה עַל יְדֵי מֹשֶׁה עַבְדֶּךָ, הָאֲמוּרָה מִפִּי אַהֲרֹן וּבָנָיו כֹּהֲנִים עַם קְדוֹשֶׁךָ, כָּאָמוּר

במדבר ו יְבָרֶכְךָ יְהֹוָה וְיִשְׁמְרֶךָ: קהל: כֵּן יְהִי רָצוֹן
יָאֵר יְהֹוָה פָּנָיו אֵלֶיךָ וִיחֻנֶּךָּ: קהל: כֵּן יְהִי רָצוֹן
יִשָּׂא יְהֹוָה פָּנָיו אֵלֶיךָ וְיָשֵׂם לְךָ שָׁלוֹם: קהל: כֵּן יְהִי רָצוֹן
(וְנֶאֱמַר) וְשָׂמוּ אֶת־שְׁמִי עַל־בְּנֵי יִשְׂרָאֵל, וַאֲנִי אֲבָרְכֵם:

שלום

שִׂים שָׁלוֹם טוֹבָה וּבְרָכָה
חַיִּים חֵן וָחֶסֶד, צְדָקָה וְרַחֲמִים עָלֵינוּ וְעַל כָּל יִשְׂרָאֵל עַמֶּךָ.
וּבָרְכֵנוּ אָבִינוּ כֻּלָּנוּ כְּאֶחָד בְּאוֹר פָּנֶיךָ

כִּי בְאוֹר פָּנֶיךָ נָתַתָּ לָּנוּ יְהוָה אֱלֹהֵינוּ תּוֹרָה וְחַיִּים
אַהֲבָה וָחֶסֶד, צְדָקָה וְרַחֲמִים, בְּרָכָה וְשָׁלוֹם.
וְטוֹב בְּעֵינֶיךָ לְבָרְכֵנוּ וּלְבָרֵךְ אֶת כָּל עַמְּךָ יִשְׂרָאֵל
בְּרֹב עֹז וְשָׁלוֹם.
בָּרוּךְ אַתָּה יְהוָה, הַמְבָרֵךְ אֶת עַמּוֹ יִשְׂרָאֵל בַּשָּׁלוֹם. אָמֵן.
יִהְיוּ לְרָצוֹן אִמְרֵי־פִי וְהֶגְיוֹן לִבִּי לְפָנֶיךָ, יְהוָה צוּרִי וְגֹאֲלִי: תהלים יט

כאן מסתיימת חזרת הש״ץ, ובתפילת לחש היחיד ממשיך בתחינות שלמטה.

אֱלֹהַי ברכות יז
נְצֹר לְשׁוֹנִי מֵרָע וּשְׂפָתַי מִדַּבֵּר מִרְמָה
וְלִמְקַלְלַי נַפְשִׁי תִדֹּם, וְנַפְשִׁי כֶּעָפָר לַכֹּל תִּהְיֶה.
פְּתַח לִבִּי בְּתוֹרָתֶךָ, וְאַחֲרֵי מִצְוֹתֶיךָ תִּרְדֹּף נַפְשִׁי.
וְכָל הַקָּמִים עָלַי לְרָעָה
מְהֵרָה הָפֵר עֲצָתָם וְקַלְקֵל מַחְשְׁבוֹתָם.
(יִהְיוּ כְּמֹץ לִפְנֵי־רוּחַ וּמַלְאַךְ יְהוָה דֹּחֶה:) תהלים לה
עֲשֵׂה לְמַעַן שְׁמֶךָ, עֲשֵׂה לְמַעַן יְמִינֶךָ
עֲשֵׂה לְמַעַן קְדֻשָּׁתֶךָ, עֲשֵׂה לְמַעַן תּוֹרָתֶךָ.
לְמַעַן יֵחָלְצוּן יְדִידֶיךָ, הוֹשִׁיעָה יְמִינְךָ וַעֲנֵנִי: תהלים ס
יִהְיוּ לְרָצוֹן אִמְרֵי־פִי וְהֶגְיוֹן לִבִּי לְפָנֶיךָ, יְהוָה צוּרִי וְגֹאֲלִי: תהלים יט

כורע ופוסע שלוש פסיעות לאחור. קד לשמאל, לימין ולפנים באמירת:

עֹשֶׂה שָׁלוֹם בִּמְרוֹמָיו
הוּא בְּרַחֲמָיו יַעֲשֶׂה שָׁלוֹם עָלֵינוּ
וְעַל כָּל עַמּוֹ יִשְׂרָאֵל, (וְאִמְרוּ) אָמֵן.

יְהִי רָצוֹן מִלְּפָנֶיךָ, יְהוָה אֱלֹהֵינוּ וֵאלֹהֵי אֲבוֹתֵינוּ, שֶׁתִּבָּנֶה בֵּית הַמִּקְדָּשׁ
בִּמְהֵרָה בְיָמֵינוּ, וְתֵן חֶלְקֵנוּ בְּתוֹרָתֶךָ, לַעֲשׂוֹת חֻקֵּי רְצוֹנֶךָ וּלְעָבְדְךָ בְּלֵבָב שָׁלֵם.

ממשיכים כבכל שבת, שליח הציבור אומר קדיש תתקבל, ׳כָּל יִשְׂרָאֵל׳ וכו׳ (עמ׳ 319).
בחול המועד אומרים כאן את מזמור הרגל בעמ׳ 415 וממשיכים ׳קַוֵּה׳ בעמ׳ 112.
בקהילות הנוהגות לומר בסוכות הושענות אחרי מוסף, אומרים אותן קודם קדיש תתקבל.

# אזהרות לשבועות

״ונוהגין בכל המקומות לקרוא בשני ימים טובים של חג השבועות אזהרות החכם המשורר רבי שלמה אבן גבירול ז״ל, שעשה על מנין המצוות... ורוב שלוחי ציבור אומרים אותם כשחוזרין תפילת מוסף, כשמגיעין עד ׳עַל יְדֵי מֹשֶׁה עַבְדֶּךָ׳... ויש אומרים אותם אחר שמסיימין חזרת התפילה, כדי שלא להפסיק בתוך התפילה, ונכון הוא״ (אבודרהם, תפילות שבועות).

כיום יש נוהגים לאומרם אחרי מוסף, לפני מנחה או לאחריה, ורבים נוהגים לאומרם בשעת תיקון ליל שבועות. בקהילות צפון אפריקה נוהגים לומר את אזהרותיו של רבי יצחק בן ראובן אלברגלוני (ראה הלכה 834).

## רשות לאזהרות

לרבי דויד בן אלעזר בקודה

אָמוֹן יוֹם זֶה נָחֲלוּ עַם זֶה עַל יַד חוֹזֶה אִישׁ הָאֱלֹהִים
נוֹטֶה עֲלִיָּה וְיִוַּסֵּד נְשִׁיָּה לְךָ דוּמִיָּה תְּהִלָּה אֱלֹהִים
יוֹם נִגְלֵיתָ וְדַת הוֹרֵיתָ מְאֹד נַעֲלֵיתָ עַל כָּל אֱלֹהִים
דִּבֵּר אֵל שָׁמְעוּ עַם נוֹשָׁעוּ וְחָלוּ וְזָעוּ מִפְּנֵי אֱלֹהִים
וְהִפְלִיא עֵצָה גְּדוֹל הָעֵצָה לְעַם חֵן מָצָא בְּעֵינֵי אֱלֹהִים
יְקָרָה נְעִימָה תּוֹרָה תְּמִימָה לְהַנְחִיל אֲיֻמָּה בָּא הָאֱלֹהִים
דָּת הוֹדִיעָם וְקוֹל הִשְׁמִיעָם רָאוּ הֲשָׁמַע עָם קוֹל אֱלֹהִים
בְּאָזְנֵי הֲמוֹנַי דִּבֵּר בְּסִינַי הֲלֹא אֲנִי יְהוָֹה וְאֵין עוֹד אֱלֹהִים
נְטֹשׁ זָר וּפִסְלוֹ וְצָא תְּאַמַּר לוֹ הֲיַעֲשֶׂה לוֹ אָדָם אֱלֹהִים
אֶת שֵׁם הָאֵל לַשָּׁוְא אַל תּוֹאֵל כִּי עַל כָּל אֵל גָּדוֹל אֱלֹהִים
לְכַבֵּד שַׁבָּת רוּץ נָא בְּחִבַּת כִּי בוֹ שָׁבַת וַיְכַל אֱלֹהִים
עֲנֹג אוֹמְנִים בְּטוּב מַעֲדַנִּים וְתַאֲרִיךְ שָׁנִים לִפְנֵי אֱלֹהִים
זֵדֶה שׁוֹפְכֵי דָם וְאַל תְּהִי בְּסוֹדָם כִּי הָאָדָם בְּצֶלֶם אֱלֹהִים
רַחֵק זִמָּה וּמֹאזְנֵי מִרְמָה פֶּן בְּאַף וְחֵמָה יִפְקֹד אֱלֹהִים
בְּרֵעֲךָ לֹא תַעֲנֶה שָׁוְא כְּמִתְאַנֶּה כִּי שֵׁשׁ שָׂנֵא יְהוָֹה אֱלֹהִים
קִנְיַן אָח לֹא תַחְמֹד, גַּם לֹא תִּתְאַו אֲשֶׁר לוֹ נָתַן אֱלֹהִים
וְהָעָם חָרְדוּ וְתָמְהוּ וּפָחֲדוּ רָאוּ וַיַּגִּידוּ פֹּעַל אֱלֹהִים
דִּבְּרוּ בְּכֹשֶׁר נְדִיבֵי יֹשֶׁר נַעֲשֶׂה כָּל אֲשֶׁר צִוָּה אֱלֹהִים
הֲמוֹנֵי עַם זוּ בְּדַת אֵל עָלְזוּ וְאִמְרוּ לְכוּ חֲזוּ מִפְעֲלוֹת אֱלֹהִים
חַי גּוֹאֲלֵנוּ זְקֹף יָדֵינוּ וְחִישׁ הַרְאֵנוּ בְּיֵשַׁע אֱלֹהִים

# אזהרות – מצוות עשה

בחו״ל נוהגים לומר ביום טוב ראשון של שבועות את מצוות עשה
וביום טוב שני את מצוות לא תעשה (אבודרהם).

לרבי שלמה אבן גבירול

שְׁמֹר לִבִּי מַעֲנֶה   הֱיֵה בְּמְאֹד נַעֲנֶה   יְרָא הָאֵל וּמְנֵה   דְּבָרָיו הַיְשָׁרִים
וְהוּא יִסְלַח אַשְׁמָה   וְהוּא יַרְבֶּה עָצְמָה   וְהוּא יִתֵּן חָכְמָה   לְהָבִין נִמְהָרִים
אֲסַפֵּר תּוּשִׁיּוֹת   מְתוּקוֹת לַפִּיּוֹת   וְאַצִּיב תַּלְפִּיּוֹת   לְיַשֵּׁר הָעוֹבְרִים
וְאַזְכִּיר מִצְוֹת עֲשֵׂה   בְּדָת מָעוֹז וּמַחְסֶה   וְעַל פְּשָׁעַי יְכַסֶּה   מְגַלֶּה נִסְתָּרִים
שְׁמוֹנֶה וְאַרְבָּעִים   וּמָאתַיִם נְטוּעִים   כְּמוֹ מַסְמְרוֹת תְּקוּעִים   בְּמִסְפַּר אֵיבָרִים
בְּסִינַי נוֹדָעוּ   וּמֵרוֹם נִשְׁמָעוּ   וַיַּחְדָּו הָטְבָּעוּ   בְּתוֹךְ עֲשֶׂרֶת דְּבָרִים
אֲשֶׁר הָתְווּ הַתְּוֹת   בְּתֵיבוֹת נִשְׁתָּווֹת   בְּמִסְפַּר הַמִּצְוֹת   וּבָהֶם נֶאֱמָרִים
וְהַמּוֹשִׁיעֲךָ   וְהַמּוֹדִיעֲךָ   עֲדֵי אֲשֶׁר לְרֵעֲךָ   נְתָנָם נֶחְקָרִים
וְהִרְעִים אֵל דֵּעוֹת   בְּקוֹל הִפְלִיא זְוָעוֹת   מְקַפֵּץ עַל גְּבָעוֹת   מְדַלֵּג עַל הָרִים
וְעֵת קָרָא אוֹתָם   רְעָדָה אֲחָזָתַם   וַיָּצְאָה נִשְׁמָתָם   בְּרֶתֶת וּשְׁבָרִים
וְהוֹרִיד טַל אֲדָיו   לְעַמּוֹ וַעֲבָדָיו   וְהֵשִׁיב בַּחֲסָדָיו   נְשָׁמוֹת לִפְגָרִים
אֲנִי הוֹצֵאתִיךָ   אֲנִי הִזְהַרְתִּיךָ   אֲנִי הִדְרַכְתִּיךָ   בְּדַרְכֵי מֵישָׁרִים
לְיַחֵד אֵל אָיֹם   שְׁתֵּי פְּעָמִים בַּיּוֹם   לְהִתְפַּלֵּל יוֹם יוֹם   עֲרָבִים וּשְׁחָרִים
לְעָבְדוֹ וּלְאָהֲבוֹ   בְּלֵב, וּלְדָבְקָה בוֹ   וְלִתְמֹךְ בִּנְתִיבוֹ   פְּעָמִים וַאֲשׁוּרִים
לְקַדֵּשׁ תַּעֲצוּמוֹ   לְיִרְאָה מִזַּעְמוֹ   לְהִשָּׁבַע בִּשְׁמוֹ   בְּלִי שָׁוְא וּשְׁקָרִים
לְצַדֵּק דִּינֵהוּ   וְלִרְדֹּף צִדְקֵהוּ   וְלִשְׁמֹר דָּתֵהוּ   וְלַעֲשׂוֹת מַאֲמָרִים
דְּבָרָיו שִׂים מַרְפֵּא   עֲלֵי לֵב גַּם עַל פֶּה   וְכָתְבֵם עַל סִפֵּי   מְזוּזוֹת וּשְׁעָרִים
וְשִׁנַּנְתָּם תָּמִיד   לְבִנְךָ וּלְתַלְמִיד   וּמִבְּרָכוֹת תַּצְמִיד   מְאַת הַנִּגְמָרִים
בְּכוֹר בָּנִים תִּפְדֶּה   וְטוֹטָפוֹת תַּעְדֶּה   וּבַכְּנַעֲנִי תִּרְדֶּה   וְתָמוּל בִּבְשָׂרִים
וְתִפְדֶּה פֶּטֶר חֲמוֹר   וְהַשַּׁבָּת תִּשְׁמֹר   וְהַהַלֵּל תִּגְמֹר   בְּיָמִים נִסְפָּרִים
וְעַל כַּנְפֵי בִגְדְּךָ   גְּדִילִים תַּעֲשֶׂה לָּךְ   וְתַלְוֶה דַּל וָדָךְ   תְּפַיֵּס בִּדְבָרִים
קְבַע בִּרְכַּת מָזוֹן   בְּאַט וּבְחִפָּזוֹן   וְלֹא תִמְצָא רָזוֹן   בְּעִנּוּי כִּפּוּרִים
עֲבוֹט עָנִי הָשֵׁב   וְאִתְּךָ אַל יֵשֵׁב   וְהַגְּזֵלָה תָּשֵׁב   וְעֹשֶׁק מְסַחֲרִים
הֱיֵה לַשָּׁב עָנְיוֹ   לְשִׂכְלוֹ וּלְשָׁנָיו   וְתָקוּם מִפָּנָיו   וּפָנָיו נֶהְדָּרִים
וְתִלְמֹד וּתְלַמֵּד   וְהוֹרֶיךָ תְּכַבֵּד   וְתָשִׁיב כְּלִי אוֹבֵד   וְתַקְדִּישׁ מִבְּכָרִים

וְהַדַּלִּים תְּרַחֵם   וְהַחוֹלִים תְּשִׂיחֵם   וְהָאֲבֵלִים תְּנַחֵם   וְתִקְבֹּר נִגְזָרִים
וְלִפְתֹּחַ וְלָתֵת   לְאֶבְיוֹן יֶחֱתַת   וְלַשְׁמִיד וּלְמוֹתֵת   עֲמָלֵק רֹאשׁ צָרִים
לְבַעֵר מַחְמֶצֶת   בְּכָלָה נֶחֱרֶצֶת   וְלִשְׂרֹף מִפְלֶצֶת   אֱלִילִים וַאֲשֵׁרִים
לְעַנֵּג יוֹם מְנוּחָה   בְּהַשְׁקֵט וּבְבִטְחָה   וְלָחֹג וּלְשִׂמְחָה   וְלֶאֱהֹב הַגֵּרִים
וְהַצְּדָקָה לַעֲשׂוֹת   כְּפִי יָד וּכְמִסּוֹת   וּמַשָּׂאוֹת מַעֲמָסוֹת   לְהָקִים וּלְהָרִים
וְתַלְמִיד שַׁעֲשׁוּעִים   לְהַדֵּר וּלְהַנְעִים   וְתוֹכַחַת רֵעִים   וְאַהֲבַת הַחֲבֵרִים
וְתֻמָּה וַעֲנָוָה   וְיֵין קִדּוּשׁ וְחֶדְוָה   וְיִרְאַת מִקְדַּשׁ יְ־   חֲכָמִים עִם הוֹרִים
וְלִמּוּד נֶאֱמָנָה   לְבָנִים בִּרְנָנָה   לְיָתוֹם וְאַלְמָנָה   וְלֵוִי עִם גֵּרִים
שְׁמֹר מַעְשַׂר עָנִי   וְגַם מַעֲשֵׂר שֵׁנִי   וְרִאשׁוֹן וּשְׁמִינִי   תְּקַדֵּשׁ בַּהֲדָרִים
וּמַעֲשֵׂר מִמַּעֲשֵׂר   וְגַם וִדּוּי מַעֲשֵׂר   וּמִבְּהֵמָה תְּעַשֵּׂר   וְרֹאשׁ גֵּז מֵעֲדָרִים
וְקָדְשֵׁי מַתָּנִי   וְגַם מַעֲשֵׂר שֵׁנִי   תֹּאכְלֵם בִּמְעוֹנִי   וְהַחַלָּה תָּרִים
וְחַזֵּק מָךְ יָמוּט   וְלָעַד לֹא תָמוּט   וּבַשְּׁבִיעִית תִּשְׁמֹט   סְפִיחִים וּנְזִירִים
וְתִשְׁמֹט מַשָּׁאוֹת   וְשִׁכְחָה עִם פֵּאוֹת   בְּאִילָן וּתְבוּאוֹת   וְעוֹלֵלוֹת מִבְּצִירִים
וְלֶקֶט הַקָּצִיר   וּפֶרֶט הַבָּצִיר   עֲזֹב לִבְלִי תָצִיר   לְדַלִּים נְעָרִים
וֶאֱלֵימוֹ הַבֵּט   בְּהַעֲנֵק וּבְהַעֲבֵט   וְתֵן פֶּן תִּלָּבֵט   נְדָבוֹת וּנְדָרִים
שְׂמַח וֶאֱמֹר הֶאָח   בְּהַחֲיוֹתְךָ הָאָח   וְהַנּוֹתָר בָּאָח   יְהָשְׁלַךְ עַל אוּרִים
וּפִגּוּל כִּי יָבְאַשׁ   יִשָּׂרֵף בָּאֵשׁ   וּפֶסַח בִּצְלִי אֵשׁ   וּמַצּוֹת וּמְרוֹרִים
וְרִאשׁוֹן וּשְׁבִיעִי   תְּקַדֵּשׁ בְּחַג יִשְׁעִי   וּמִקְרָא שָׁבוּעִי   בְּבִכּוּרֵי קְצִירִים
וְיוֹם זִכְרוֹן תְּרוּעָה   וְיוֹם כִּפּוּר תּוֹעָה   וְסֻכָּה וְאַרְבָּעָה   צְמָחִים נִבְחָרִים
עֲרָבִים כִּסְמָדָר   וְעֵץ עָבוֹת נֶהְדָּר   וּפְרִי עֵץ הָדָר   וְכַפּוֹת הַתְּמָרִים
וְכֹהֵן הוּקַם עָל   בְּאַלְמָנָה יִגְעַל   וּבִבְתוּלָה יִבְעַל   וְיָדֵיהוּ יָרִים
וְיֵדַע הָעִתִּים   לְטַהֵר סוּת וּבָתִּים   וּפָתוֹת הַפִּתִּים   וְהַגֵּשׁ מְקַטְּרִים
וְנִשְׁלַח נִשְׁלָחַ   לְהַקְטִיר וְלִמְלֹחַ   לְכַפֵּר וְלִסְלֹחַ   פְּשָׁעִים נֶעְתָּרִים
וְלִצֹק וּלְבַלְבֵּל   וְלִשְׁחֹט פַּר וְיוּבַל   וְלִמְלֹק וּלְקַבֵּל   וְלִקְמֹץ אַזְכָּרִים
וְכֵן יִלְמַד עִם זֶה   לְהָנִיף וּלְהַזֶּה   וְהַשּׁוֹק וְהֶחָזֶה   לְחָקּוֹ נֶעְצָרִים
וְיָכִין לִמְלֶאכֶת   שְׂרָד, וּבְעֵת לֶכֶת   לְבֵית הַפָּרֹכֶת   בְּגָדִים מְשֻׁזָּרִים
וְתַבְנִית הַמִּשְׁכָּן   וְלֶחֶם הַנִּתְכָּן   וְשֶׁמֶן הַמְּתֻקָּן   לְמִשְׁחָה וְלִמְאוֹרִים
חֲנֻכָּה וּמְלֶאכֶת   קְטֹרֶת נִסֶּכֶת   וְשֵׁשׁ הַמַּעֲרֶכֶת   וּשְׁתֵּי כִכָּרִים
וּשְׁלָמִים וּמָנוֹת   וְעוֹלוֹת וְקָרְבָּנוֹת   וְשָׁלֹשׁ מַתָּנוֹת   בְּמוֹעֲדִים נִזְכָּרִים

וְהָעֹמֶר לְנַהֵל וְנֵר שַׁבָּת יָהֵל וּפָרָשַׁת הַקָּהֵל וְשׁוֹפְטִים עִם שׁוֹטְרִים
לְמַחְלְקוֹת רִיבוֹת נְפָשׁוֹת וּמַעֲרָבוֹת וְדִין אַרְבַּע אָבוֹת נְזִיקִים נִשְׁמָרִים
וְקֶצֶב וּתְבוּנָה לְחָדְשֵׁי הַשָּׁנָה וּמַתְּנוֹת כְּהֻנָּה אַרְבָּעָה וְעֶשְׂרִים
וְהַתְּקוּפוֹת לְמַלֹּאת וְנֵר חֲנֻכָּה לְהַעֲלוֹת וְלֵרָאוֹת וְלַעֲלוֹת בִּשְׁנֵי מַעֲשָׂרִים
לְהַנְעִים חֲמִשִּׁים וְגַם לִהְיוֹת קְדוֹשִׁים וְלִטְבֹּל נִפְרָשִׁים בְּעִתִּים נִגְזָרִים
וְשֶׁבֶת בִּבְהֵמָה וְעֶבֶד עִם אָמָה וּבִכּוּרֵי אֲדָמָה וּמִקְרָא בִכּוּרִים
וְזֵרוּז מַתָּנִים וְצֶדֶק מֹאזְנַיִם וּמַתַּת פִּי שְׁנַיִם לְבָנִים הַבְּכוֹרִים
וְחֹק אֵיפוֹתַיִם וְגַם מִדּוֹתַיִם וּמוֹצָא שְׂפָתַיִם וּפִדְיוֹן נִמְכָּרִים
וְחֹפֶשׁ הָאָמָה בְּסִימָן נִכְתָּמָה וְדִין עָרֵי חוֹמָה וּבָתֵּי הַחֲצֵרִים
וְאָדָם לֹא יָדוֹן בְּנִמְכַּר עַל זָדוֹן בְּיוֹבֵל וּמֵת אָדוֹן יְשַׁלַּח לִדְרוֹרִים
וְצֵאת עִבְרִית חָפְשִׁית בְּיוֹבֵל וְצֵאת שִׁשִּׁית וְעוֹרוֹת וַחֲמִישִׁית וְהַבְדֵּל שֵׁשׁ עָרִים
וְדִין שִׁפְחָה חֲרוּפָה וְסוֹד עֶגְלָה עֲרוּפָה וּפֶסַח לִתְרוּפָה לְלֹא הֵמָּה טְהוֹרִים
וְטָהֳרַת הַדָּווֹת בְּמֵימֵי הַמִּקְווֹת וּפָר בָּא עַל מִצְוֹת וּפַר הַכִּפּוּרִים
וְטָהֳרַת הַטֻּמְאָה בְּקָרְבַּן הַנִּרְאָה וְקָרְבַּן חַטָּאָה וּמוּסָפִין עֲשׂוּרִים
וְיוֹרֵד גַּם עוֹלֶה וְוַדַּאי גַּם נִתְלֶה וְחֵרֶם הַמֻּפְלָא וְעֵרֶךְ הַנּוֹדְרִים
וְיָד וְיָתֵד לַחְפֹּר וְהָעֹמֶר לִסְפֹּר וְאֵם קַן הַצִּפּוֹר לְשַׁלַּח בִּיעָרִים
וְכָל טֻמְאָה לְהַפְלוֹת בְּשֶׁקֶץ וּנְבֵלוֹת וְאָדָם עִם מִכְלוֹת וּמַשְׁקִים נִגָּרִים
וְהֶסֵּט וְשׁוֹכֶבֶת וּמִקְרֶה מַחֲשֶׁבֶת וְיִבּוּם נֶעֱזֶבֶת וְאִגֶּרֶת פּוּרִים
וְחִלּוּץ וָרֹקֶת לְאִשָּׁה נִתֶּקֶת וְקֹץ כַּף מַחֲזֶקֶת בִּמְבוּשֵׁי גְּבָרִים
וְדִין אֵשֶׁת שְׁבִיָּה וְחֹק פְּרִיָּה וּרְבִיָּה וְתִלְבֹּשֶׁת עֶרְיָה וְנִסּוּךְ מֵי קָרִים
וְעָרְלָה וְהִלּוּלִים וּמִשְׁנֶה לַמּוֹשְׁלִים וּבְיוֹמָם לְהַשְׁלִים שְׂכַר הַנִּשְׂכָּרִים
בְּרָכוֹת וּקְלָלוֹת וּמֶכֶס וּנְחָלוֹת וְשִׂיד אֲבָנִים גְּדוֹלוֹת וְיוֹבֵל לִדְרוֹרִים
וַחֲצוֹצְרוֹת עֵדָה וּמוּרָם מִתּוֹדָה וְטִבּוּל יוֹלֵדָה מִדְּמֵי הַמְּקוֹרִים
וּפָרָה לִשְׂרֵפָה וְחָזֶה לִתְנוּפָה וּמַעֲשַׂר הָאֵיפָה וְהַתְּרוּמָה לְהָרִים
וְעִיר יַד שׁוֹלַחַת לְמַלֵּט מִשַּׁחַת וְעַם עִיר נִדַּחַת לְהַחֲרִיב וּלְהַחֲרִים
וְעִיר כִּי תְסַגֵּר אֲבָנֶיהָ תְּגַר וְתֵת נְבֵלָה לַגֵּר וּמָכוֹר לְנָכְרִים
דְּמֵי כֹּפֶר תִּשְׁקֹל וְהַמַּסִּית תִּסְקֹל בְּיַעַן הֵרִים קוֹל לַעֲבֹדָה לַאֲחֵרִים
וְחוֹלֵם וְעֵד זוֹמֵם כְּאֶחָד הַחֲרִימֵם לְבִלְתִּי יְרוֹמֵם לְהִנָּבֵא שְׁקָרִים
וּבִפְרָעוֹת תִּפְרַע הַמּוֹצִיא שֵׁם רַע וְאִישׁ זָב וּמְצֹרָע בְּהַזּוֹת נִטְהָרִים

וּבָזֶה יֵרָפֵא טָמֵא מֵת אוֹ נִסְפֶּה וּמַדִּיחַ תִּסְפֶּה וְיִירְאוּ נִשְׁאָרִים
וְחוֹבֵל בַּחֲמִשָּׁה תְּכַסֵּהוּ בוּשָׁה וְדָם עַל יַבָּשָׁה תְּכַסֶּה בֶּעָפָרִים
וְהַסּוֹטָה תַּשְׁקֶה לְמַעַן תִּנָּקֶה וְעָשִׂיתָ מַעֲקֶה לְהָסִיר מִכְמוֹרִים
וְחָתָן כָּל שְׁנָתוֹ יְהִי נָקִי לְבֵיתוֹ וְיוֹחֵר מְצֵאתוֹ וְלֹא יַעֲבוֹר דְּבָרִים
וְיָנִיף יָד רָמָה מְשׁוּחַ מִלְחָמָה לְבַל תִּפֹּל אֵימָה בְּלֵב הַנֶּחְגָּרִים
אֵלֶּה מִצְוֹתַי וְאֵלֶּה חֻקּוֹתַי וְאֵלֶּה תּוֹרוֹתַי תְּמִימִים וִישָׁרִים
תְּחִיֶּינָה מָהִיר וְתִסְפֶּינָה יָהִיר וְהַמּוֹהִיר יַזְהִיר כְּזֹהַר הַמְּאוֹרִים
וְלַנִּזְהָר יִקְרַב בְּשָׁמְרָם עֵקֶב רַב וּבָאוֹר הַנֶּעֱרָב יְשָׁרִים מַכְתִּירִים

## אזהרות – מצוות לא תעשה

בְּצֵל שַׁדַּי אֶחֱסֶה וְצִדְקוֹ לֹא אֲכַסֶּה בְּמִצְוֹת לֹא תַעֲשֶׂה וְאַגִּיד מֵישָׁרִים
כְּתוּבִים בֶּאֱמוּנָה בְּעֵדוּת נֶאֱמָנָה וְכִימֵי הַשָּׁנָה בְּמִסְפָּר נֶחְקָרִים
יְקָרִים מִפְּנִינִים עֲתִידִים וּצְפוּנִים לְבַת הָאֵיתָנִים בְּעֶדְיֵי קְשׁוּרִים
צְאִי נָא לִקְרָאתִי אֲחוֹתִי רַעְיָתִי וְשִׁמְעִי תּוֹרָתִי וְלִקְחִי מוּסָרִים
חֲשַׁקְתִּיךְ וְאֹהַב פְּדִיתִיךְ מִלַּהַב כְּמוֹ תוֹרֵי זָהָב צְרוּפִים וּטְהוֹרִים
בְּצֵאתִי נִצָּבָה בְּאֶלֶף וּרְבָבָה וְקוֹל דּוֹדִי זֶה בָא מְדַלֵּג עַל הָרִים
אָנֹכִי יְהוָה קְרָאתִיךָ בְּסִינַי וְלֹא יִהְיֶה עַל פָּנַי לְךָ, אֱלֹהִים אֲחֵרִים
וְלֹא תַעֲשֶׂה פֶּסֶל בְּרֶשַׁע וּבְכֶסֶל וְלֹא תָשִׂים כֶּסֶל לְהַקְנִיאוֹ בְזָרִים
וְגוּר מִלֶּהָבָה לְהָבִיא תוֹעֵבָה וְלִבְנוֹת מַצֵּבָה וְלָטַעַת אֲשֵׁרִים
וְסוּר מִשֵּׁמַע שָׁוְא וְהַאֲמֵן בַּשָּׁו וְלֹא תִשָּׂא לַשָּׁוְא שְׁמוֹתָיו הַיְקָרִים
וּמִצְוַת לֹא תִנְאָף שְׁמֹר פֶּן יֶחֱרֶה אַף וְלִגְנֹב לֹא תִשְׁאַף וְלֹא תַחְמֹד חֲבֵרִים
וְנֶפֶשׁ לֹא תְנַקֵּשׁ אֲשֶׁר דָּמָהּ אֲבַקֵּשׁ וְלֹא תִתֵּן מוֹקֵשׁ לְהַכְשִׁיל הָעִוְרִים
וְשֶׁקֶר לֹא תַעֲנֶה וְיָתוֹם לֹא תְעַנֶּה וְאַרְצָךְ לֹא תִזְנֶה כְּאַרְצוֹת הַזָּרִים
וְהַגֵּר לֹא תוֹנֶה וְגָזִית לֹא תִבְנֶה וְעַל רִיב לֹא תַעֲנֶה לְחַרְחֵר מִתְגָּרִים
אֱלֹהִים לֹא תְקַלֵּל וְהַשֵּׁם לֹא תְחַלֵּל וְכַרְמְךָ לֹא תְעוֹלֵל וּפֶרֶט הַבְּצִירִים
וְלֹא תְקַלֵּל חֵרֵשׁ חֲמָסוֹ יִדָּרֵשׁ וְלֹא יַצְמִיד חוֹרֵשׁ שְׁוָרִים וַחֲמוֹרִים
וְלֹא תְאַחֵר בְּבִצְעֲךָ מְלֵאָתְךָ וְדִמְעֲךָ וְלֹא תַעֲשֹׁק רֵעֲךָ וְלֹא תְאַחֵר נְדָרִים
וְלֹא תַעֲשֹׁק שְׂכִירְךָ וְלֹא תְלַקֵּט קְצִירְךָ וְלֹא תַחְסֹם שׁוֹרְךָ בְּדִישׁוֹ הָעֳמָרִים
וְלֹא תְפָאֵר זֵיתְךָ וְלֹא תְכַלֶּה פְּאָתְךָ וְלֹא תוֹנֶה עֲמִיתְךָ בְּמִקָּח וּדְבָרִים

וְלֹא תִשָּׂא חֶטְאוֹ אֲשֶׁר לִבּוֹ מְלָאוֹ וְלֹא תַחְשֹׁב לְשָׂנְאוֹ כְּמַשְׂטֵמַת עָרִים
וְלֹא תִקֹּם עַמְּךָ לְבַל אֶקֹּם מִמְּךָ וְלֹא תָלִין עִמְּךָ פְּעֻלַּת נִשְׂכָּרִים
וְלֹא תִטּוֹר אֵיבוֹת וְלֹא תִשְׁאַל אוֹבוֹת וְלֹא יוּמְתוּ אָבוֹת וּבָנִים עַל הוֹרִים
וְלֹא תִשְׁמַע דִּבְרֵי נְבִיא שֶׁקֶר מוֹרֶה וְלֹא תִהְיֶה אַחֲרֵי מְסִיתִים נִבְעָרִים
וְעֶבֶד לֹא תַסְגִּיר וּפָנִים לֹא תַכִּיר וְעַל פֶּה לֹא תַזְכִּיר שֵׁם אֱלֹהִים אֲחֵרִים
וְכַסְפָּם לֹא תַחְמֹד וְעַל דָּם לֹא תַעֲמֹד וְהֶחָדֵל לִלְמֹד שְׁבוּעוֹת לִשְׁקָרִים
נְצֹר חֻקֵּי עַל דַּל וְלֹא תִשָּׂא פְּנֵי דַל וּמִנֶּשֶׁךְ תֶּחְדַּל לְרַבּוֹת בִּמְחִירִים
וּמִצְוַת לֹא תַטֶּה שְׁמֹר, פֶּן בָּהּ תִּשְׁטֶה וְדִין יָתוֹם מֻטֶּה וְאַלְמָנָה וְגֵרִים
וְלֹא תִקַּח שֹׁחַד וְלֹא יָעִיד אֶחָד וְלֹא תֹאכַל יַחַד נְפָשׁוֹת וּבְשָׂרִים
וְלֹא תַחְמֹד גְּזֵלָה אֲשֶׁר תִּקַּח אֲפֵלָה וְלֹא תֹאכַל נְבֵלָה וְזִבְחֵי הַשְּׂעִירִים
וְלֹא תֹאכַל טְרֵפָה וְתוֹעֵבָה הַדּוֹפָה וְלֹא תַקְטִין אֵיפָה לְהַפְקִיעַ שְׁעָרִים
וְלֹא תַעֲשֶׂה רָעוֹת בְּמִדַּת קַרְקָעוֹת וּמִשְׁקַל הַמָּעוֹת וְגַם לֹא בִמְשׂוּרִים
וְלֹא תִתֵּן אָכְלְךָ בְּמַרְבִּית, פֶּן אֲכָלְךָ וְלֹא תָרוּץ רַגְלְךָ מְלָשְׁנֵי בַסְּתָרִים
וְלֹא תָשִׁית יָד עִם רְשָׁעִים וּמְרֵעִים וְלֹא תִגַּשׁ רֵעִים וְאַחִים כְּנָכְרִים
עֲזֹב עֹמֶר שִׁכְחָתוֹ וְלֹא תָשׁוּב לְקַחְתּוֹ לְאַלְמָנָה נְתַתּוֹ וְלִיתוֹמִים וְגֵרִים
שְׁנַת שֶׁבַע תִּצֹּר וּבַיּוֹבֵל תַּעְצֹר סְפִיחִים לֹא תִקְצֹר וְלֹא תִבְצֹר נְזִירִים
וְלֹא תִזְרַע תַּלְמְךָ לְהוֹצִיא בוֹ לַחְמְךָ וְלֹא תִזְמֹר כַּרְמְךָ וְלֹא יַעֲלֶה סִירִים
וְלֹא תֹאכַל קָלִי וְלֶחֶם וְכַרְמֶלִי בְּטֶרֶם תָּבִיא לִי רֵאשִׁית הַקְּצִירִים
וְלֹא תֹאכַל עֲרֵלִים בְּטֶרֶם הִלּוּלִים וְלֹא תֶהְדַּר גְּדוֹלִים וְדַלִּים נֶחְפָּרִים
וְלֹא תִהְיֶה כְּנוֹשֶׁה לְאִישׁ עָנִי נִקְשֶׁה וְלֹא תִתְּנוּ אִשֶּׁה בְּעִוְרִים וּשְׁבוּרִים
וְלֹא יַעֲלֶה מְשִׁיחִי בְּמַעֲלוֹת עַל מִזְבְּחִי וְלֹא תִזְבַּח פִּסְחִי בְּאַחַד הַשְּׁעָרִים
וְהַכֵּלִים תְּמַשֵּׁשׁ וְהֶחָמֵץ תְּרוֹשֵׁשׁ וְתִשְׂרְפֶנּוּ בָּאֵשׁ עַד אֶחָד וְעֶשְׂרִים
וְלֹא תוֹצִיא לַחוּץ בְּשַׂר פֶּסַח נָחוּץ וְזָר וְעָרֵל מִחוּץ וְתוֹשָׁב וּשְׂכִירִים
וְזִבְחִי לֹא תְשַׁמֵּץ בְּזָבְחוֹ עַל חָמֵץ וְלִבְּךָ לֹא תְאַמֵּץ לְתִתֵּן מַחְסוֹרִים
וְנָשִׂיא לֹא תָאֹר וְלֹא יֵרָאֶה שְׂאֹר וְלֹא יָלִין עַד אוֹר בְּשַׂר לֵיל שִׁמּוּרִים
וְחֶלְבֵּי זִבְחֵיכֶם וְחֶלְבֵּי חַגֵּיכֶם וְתוֹדוֹת שַׁלְמֵיכֶם לְהוֹתִיר נֶאֱסָרִים
וְכִי יִגַּע בָּשָׂר בְּכָל טָמֵא נֶאֱסָר וְלֹא תֹאכַל מַעֲשַׂר דְּגָנְךָ בִּשְׁעָרִים
וְיֵינְךָ וְיִצְהָרְךָ וּבְכוֹרוֹת בְּקָרְךָ וּתְרוּמַת יָדֶךָ וּמִבְחַר הַנְּדָרִים
וְלֹא תֹאכַל עַל דָּם תְּמִידֵי הַנִּקְדָּם וְהַחֵלֶב וְהַדָּם שְׁנֵי אֵלֶּה אֲסוּרִים

וְדָג וְחַיָּה שְׁנֵיהֶם  וְעוֹפוֹת לְמִינֵיהֶם  בְּלֹא סִימָנֵיהֶם  אֲשֶׁר בָּם נִכָּרִים
וּמוּם בּוֹ לֹא יִקְרַב  לְהַקְרִיב שַׁי נֶעֱרַב  בְּגִבֵּן אוֹ גָרָב  וּפִסְחִים אוֹ עִוְרִים
וּמִיַּד בֶּן נֵכָר  לֹא תַקְרִיב אֶשְׁכָּר  וְלֹא יֵעָבֵד אִכָּר  בִּבְכוֹרֵי שְׁוָרִים
וְלֹא יַעֲלֶה לְרָצוֹן  בְּכָל מָקוֹם חִיצוֹן  וְלֹא תָגֹז בְּכוֹר צֹאן  בְּמַשְׁקֵה הָעֲדָרִים
וְלֹא תָמִיר בְּהֵמָה  מִקְדֶּשֶׁת חֲתוּמָה  וְלֹא יֹאכְלוּ תְּרוּמָה  טְמֵאִים עִם זָרִים
וְלֹא תָבִיא לְמָנָה  מְחִיר כֶּלֶב וְזוֹנָה  וְלֹא תִתֵּן לְבוֹנָה  בְּמִנְחַת הַשְּׂעוֹרִים
וְלֹא תִקְרַב לְמָשְׁחָה  בְּשֶׁמֶן הַמִּשְׁחָה  וְלֹא תָשִׂים קָרְחָה  וְשֶׂרֶט בִּבְשָׂרִים
קְטֹרֶת לֹא תִרְקַח  וְעֵינֶיךָ תִּפְקַח  וְכֹפֶר לֹא תִקַּח  לְרוֹצְחֵי מִסְתָּרִים
שְׁמֹר לְךָ פֶּן תִּנְשֶׁה  דְּבַר גִּיד הַנָּשֶׁה  וּמִצְוַת לֹא יִקְשֶׁה  בְּעֵינֶיךָ תָרִים
וְחֹק אוֹתוֹ וְאֶת בְּנוֹ  בִּלְבָבְךָ תִּצְפְּנוֹ  וּבִנְךָ לֹא תִתְּנוֹ  לְמֹלֶךְ אַכְזָרִים
וְכָל מְלָאכָה לְהַקְצוֹת  בְּשַׁבְּתוֹתַי לְרַצּוֹת  וּמִקְרָאֵי מַצּוֹת  וּמִקְרָא בִכּוּרִים
וּמִקְרָא זִכָּרוֹן  לְצֶדֶק וּלְכִשְׁרוֹן  וּמִקְרָאֵי הָרֹן  וּמִקְרָא כִּפּוּרִים
וְעֶצֶם לֹא תִשְׁבֹּר  בְּלֵיל צֵאתְךָ מִבּוֹר  וְתַעַר לֹא יַעֲבֹר  עַל רָאשֵׁי נְזִירִים
וְלֹא יֵצֵא מִפִּיו  לְהִטַּמֵּא לְאָבִיו  וְלַאֲחוֹתוֹ וּלְאָחִיו  וְיֶתֶר הַשְּׁאֵרִים
וְלֹא יִשְׁתֶּה יַיִן  לְחַכְלִילוּת עַיִן  וְלֹא חֹמֶץ יַיִן  וְיֶתֶר הַדְּבָרִים
וּכְתֹבֶת קַעֲקַע  בְּגוּפְךָ לֹא תִרְקַע  וְהַמְקַלֵּל יוּקַע  וְיוּבַל לִקְבָרִים
וּמִקְרֶה הַנִּרְאָה  בְּמַחֲנֶיךָ הַפְּאֵה  וְצוּרְךָ לֹא יִרְאֶה  בְּךָ, עֶרְוַת דְּבָרִים
וְנֶשֶׁךְ לֹא תְתַכֵּן  לְהָשִׂים עַל מִסְכֵּן  וְחֹק לֹא תַעֲשׂוּ כֵן  לְאַדִּיר אַדִּירִים
וְעֵינְךָ לֹא תַעֲלִים  בְּנִדָּחִים וְנוֹפְלִים  וְלֹא תַעֲשֶׂה אֱלִילִים  כְּהַבְלֵי הַנָּכְרִים
וְצֶמֶר לֹא תִלְבַּשׁ  בְּמוֹ פִשְׁתִּים נֶחְבָּשׁ  וְלֹא תַקְטִירוּ דְּבַשׁ  תְּמָרִים וּשְׂאוֹרִים
וְלֹא תַעֲלוּ לַחְמִי  וְלֹא תִסְּכוּ לִשְׁמִי  בְּמִזְבַּח פְּנִימִי  אֲשֶׁר לִפְנֵי עֲפָרִים
בְּצֵל נוֹף לֹא תֶחֱסוּ  וְכָהֶם לֹא תַעֲשׂוּ  וְהָאֵל לֹא תְנַסּוּ  כְּמַסַּת הַמּוֹרִים
וְחֹק לֹא יֵרָאוּ  דְּבָרָיו תִּירָאוּ  וְחַיִּים תִּמְצָאוּ  וְשָׁלוֹם כִּנְהָרִים
וּבְדָבָר לֹא תְשַׁקְּצוּ  מְאֹד חִזְקוּ וְאִמְצוּ  וְהַגֵּר לֹא תִלְחָצוּ  כִּי הֱיִיתֶם גֵּרִים
וּבְדָבָר לֹא תְנַחֲשׁוּ  מְאֹד חִקְרוּ וְדִרְשׁוּ  וּבְדָבָר לֹא תְכַחֲשׁוּ  כֶּאֱלֹהִים סָרִים
וּבְדָבָר לֹא תְבַשֵּׁל  חֲדַל מֵהִתְרַשֵּׁל  וְלֹא תֹאכַל בָּשֵׁל  וָנָא, לֵיל שִׁמּוּרִים
וּבְדָבָר לֹא תְעוֹנֵן  אֲשׁוּרֶיךָ כּוֹנֵן  וְהָעֲבָדִים תְּחוֹנֵן  בְּצֵאתָם לִדְרוֹרִים
וְלֹא תִגְרַע חֻקָּם  לְמַלֹּאת אֶת סִפְקָם  וְלֹא תְשַׁלְּחֵם רֵיקָם  מְרוּדִים וְנֵעוֹרִים
וְלֹא תַעֲבֹד בָּהֶם  עֲבוֹדַת עַבְדֵיהֶם  בְּיַעַן כִּי לִי הֵם  עֲבָדִים נִמְכָּרִים

וְלֹא תִקְפֹּץ כַּפְּךָ   וְלֹא תַקְשֶׁה עָרְפְּךָ   וְלֹא תִתֵּן כַּסְפְּךָ   בְּנֶשֶׁךְ, כַּיְּהִירִים
וְלֹא יֵרַע לְבָבְךָ   בְּתִתְּךָ לְתוֹשָׁבְךָ   וְלֹא יִמָּצֵא בְךָ   קֹסְמִים וַחֲבָרִים
וְלֹא תַעֲבִיר בִּנְךָ   וְלֹא תַשְׁחִית זְקָנְךָ   וְלֹא תָחוֹס עֵינְךָ   לְכַלּוֹת הַצּוֹרְרִים
וְלֹא תִכְרֹת לָהֶם   בְּרִית וְלֵאלֹהֵיהֶם   וְלֹא תַעֲשֶׂה כָּהֶם   בּוֹרוֹת נִשְׁבָּרִים
וְלֹא תֵלֵךְ אִתָּם   בְּחֻקּוֹת מִשְׁמַרְתָּם   וְלֹא תְחַיֶּה אוֹתָם   וְלֹא תָחֹן צָרִים
בְּאַרְצְכֶם לֹא יֵשְׁבוּ   וּבָם לֹא תִתְחַתְּנוּ   וּמַשְׂכִּית לֹא תִתְּנוּ   כְּהַבְלֵי שָׁוְא שׁוֹמְרִים
וְלֹא תַשְׁאִיר עוֹנָה   בְּעִיר עָלֵי תִּזְנֶה   וְהִיא לֹא תִבָּנֶה   אֲבָל הַחֵרֶם תַּחֲרִים
וְחֵרֶם עַם נָבָק   בְּיָדְךָ לֹא יִדְבַּק   וְהָיְתָה תֵּל אָבָק   כְּמַהְפֵּכַת זָרִים
וְעַמּוֹנִי תְּפַזֵּר   וּמוֹאָבִי תְּבַזֵּר   וְלֹא יָבֹא מַמְזֵר   בְּסוֹד עַם נִבְחָרִים
וְלֹא תִדְרֹשׁ שְׁלוֹמִים   לְאַכְזָרִים וְקָמִים   וְלֹא תָשִׂים דָּמִים   לְהַצִּיב מַכְמוֹרִים
וְלֹא תַהֲרֹג נְקִיִּם   וְצַדִּיקִים עֲנִיִּים   וְלֹא תַעֲזֹב לְוִיִּם   וְלֹא יִנָּחֲלוּ עָרִים
וְלֹא תִדְרֹשׁ אֶל מֵת   אֲשֶׁר אֵין עִמּוֹ אֱמֶת   וְהַמְכַשֵּׁף הַצְמֵת   אֲשֶׁר עָרֹם יַעְרִים
וְלֹא תַסִּיג כָּל גְּבוּל   בְּמִצְוַת שׁוֹכֵן זְבוּל   וְלֹא תַשְׁחִית עֵץ יְבוּל   בְּעֵת תִּבְנֶה מְצוֹרִים
וְלֹא תְחַלֵּל בִּתְּךָ   לְהַזְנוֹת מִדַּעְתְּךָ   וְלֹא תָשִׁיב אִשְׁתְּךָ   בְּלֶכְתָּהּ לַאֲחֵרִים
וְלֹא תִשְׁכַּב אוֹתָהּ   בְּנִדַּת טֻמְאָתָהּ   וְאִשָּׁה אֶל אֲחוֹתָהּ   לְגַלּוֹת הַמְּקוֹרִים
וְלֹא תִהְיֶה לְאִישׁ זָר   בְּעוּלַת אָח נִגְזָר   וְלֹא יֹאכַל מוּזָר   קֳדָשִׁים מֻזָּרִים
וְלֹא תִהְיֶה קְדֵשָׁה   בְּסוֹד עֵדָה קְדוֹשָׁה   וְלֹא יִהְיֶה עַל אִשָּׁה   לְבוּשֵׁי הַגְּבָרִים
וְלֹא יִלְבְּשׁוּ אֲנָשִׁים   לְבוּשֵׁי הַנָּשִׁים   וְלֹא יִהְיוּ קְדֵשִׁים   בְּבָנִים נִכְשָׁרִים
וְלֹא תִרְדֶּה בְּחָרִי   בְּאָחִיךָ הָעִבְרִי   וְלֹא תַמְלִיךְ נָכְרִי   אֲבָל כִּי בֶן חוֹרִים
וְלֹא יַרְבֶּה נָשִׁים   וְסוּסִים וּפָרָשִׁים   וְלֹא יָשִׁיב חָפְשִׁים   לְאֶרֶץ הַמִּצְרִים
וְלֹא יָסוּר לְבָבוֹ   בְּסוּסֵי מֶרְכָּבוֹ   וְכַסְפּוֹ וּזְהָבוֹ   וְחֶמְדַּת אוֹצָרִים
וְלֹא תִמְכֹּר עִבְרִי   כְּמִמְכֶּרֶת נָכְרִי   וְלֹא תְתַעֵב מִצְרִי   בְּבוֹאוֹ לִמְגוּרִים
וְלֹא תְתַעֵב אֲדוֹמִי   בְּבוֹאוֹ לְהִדּוֹמִי   וְלֹא יָבֹא בְעַמִּי   פְּצוּעִים וּשְׁבוּרִים
וְלֹא תֵצֵא עִבְרִית   אֲשֶׁר תִּקַּח בִּבְרִית   כְּצֵאת אָמָה נָכְרִית   בְּרָאשֵׁי אֵיבָרִים
וְאִם יִבְגֹּד גְּבִירָהּ   וְהֶפְדָּהּ בִּמְחִירָהּ   וְלֹא יִמְשֹׁל לְמָכְרָהּ   כְּיֶתֶר מִמְכָּרִים
וְלֹא יִגְרַע אוֹתָהּ   שְׁאֵרָהּ וּכְסוּתָהּ   וּמִשְׁכַּב עוֹנָתָהּ   בְּקַחְתּוֹ בַּת אֲחֵרִים
וְאַרְבַּע נָשִׁים הֵן   אֲסוּרוֹת לַכֹּהֵן   וְהָאַחַת מֵהֶן   כְּשֵׁרָה לַאֲחֵרִים
וְלֹא יְגַדֵּל פֶּרַע   וְלֹא יִפְרֹם קֶרַע   וְלֹא יְחַלֵּל זֶרַע   וּמִקְדָּשׁ מִבְצָרִים
וְלֹא יִטַּמָּא עַצְמוֹ   לְאָבִיו וּלְאִמּוֹ   אֲבָל עַל מֵת עִמּוֹ   אֲשֶׁר אֵין לוֹ קוֹבְרִים

וּבְדָבָר לֹא יֵצֵא   לְפָנָיו יֵרָצֶה   וְיָגִיל עֵת יֵצֵא   כְּחָתָן מֵחֲדָרִים
וּבְדָבָר לֹא תִכְבֶּה   גְּדֻלָּתוֹ תִרְבֶּה   וְנֵרוֹ לֹא יִכְבֶּה   וְזָרַח כִּמְאוֹרִים
וְלֹא תֹאכַל פִּתּוֹ   בְּקַחַת זָר בִּתּוֹ   אֲבָל תֹּאכַל אִתּוֹ   בְּשׁוּבָהּ כִּנְעוּרִים
וְגַם לֹא יֹאכַל בּוֹ   שְׂכִירוֹ וְתוֹשָׁבוֹ   וְעַל מֵת לֹא יָבֹא   בְּאָהֳלֵי תַמְרוּרִים
וְלֹא יֹאכַל פְּנִימִית   בְּזָדוֹן וּבִתְרוּמִית   וְלֹא יַבְדִּיל לְהַצְמִית   שְׂסוּעֵי הַתּוֹרִים
וְלֹא יֹאכַל מִנְחַת   כְּלִילוֹ פֶּן יֵחַת   וְלֹא יִזְבַּח מָשְׁחַת   בְּאֵילִים עִם כָּרִים
וְזָר לֹא יִתְגַּלַּע   רְאוֹת קֹדֶשׁ כְּבַלַּע   וְטָמֵא פֶּן יְבֻלַּע   בְּשָׁאוֹן וּשְׁבָרִים
וְלֹא יְעַבֵּט אֹרַח   וִיהִיֶה לָטֹרַח   וְלֹא יִהְיֶה קֵרֵחַ   וְרֵעָיו הַמַּמְרִים
וְלֵוִי הַזָּקֵן   עֲבוֹדָה לֹא יְתַקֵּן   וְלֹא תִקַּח אֵם קֵן   עַל פְּנֵי הַצִּפֳּרִים
וְיָמִין אַמְשִׁיךְ   בְּמִצְוַת לֹא תַשִּׁיךְ   וְאוֹרְךָ לֹא יַחְשִׁיךְ   בְּאֶרֶץ לֹא סְדָרִים
וְלֹא תָמוּט רַבַּת   בְּמִצְוַת גְּבוּל שַׁבָּת   וְחֹק מִנְחַת מַחֲבַת   וּמַאֲפֵה תַנּוּרִים
וּבֵיתְךָ לֹא יִסַּח   בְּמִצְוַת לֹא יֻזַּח   וּמִצְוַת פֶּן תִּשְׁכַּח   שְׁתַּיִם נֶאֱמָרִים
וּמִצְוַת לֹא תְבַעֲרוּ   וּמִצְוַת לֹא תְשַׁקְּרוּ   וּמִצְוַת לֹא תִמְכְּרוּ   שְׂדֵה מִגְרַשׁ עָרִים
וּמִצְוַת כִּלְאַיִם   וְרֶכֶב וְרֵחַיִם   וְאַבְנֵי מֹאזְנַיִם   בְּכִיסֵי מִסְחָרִים
וּמִצְוַת לֹא תָנִיף   לְעוֹלָם לֹא תַחֲנִיף   וּמִצְוַת פֶּן יוֹסִיף   לְהַכּוֹת נוֹסָרִים
וּמִצְוַת לֹא תַחְבֹּל   עֲלֵי כָתֵף תִּסְבֹּל   וְעָלְךָ לֹא יְבֹל   וְתִפְרַח כִּתְמָרִים
וּמִצְוַת לֹא תִגְרַע   לְעוֹלָם לֹא תִפְרַע   וְחֹק מוֹצִיא שֵׁם רָע   וְשָׂם עֲלִילוֹת דְּבָרִים
וְחֹק לֹא תוֹסִיפוּ   וְחֹק לֹא תַחֲנִיפוּ   וְחֹק לֹא תַקִּיפוּ   פְּאַת רֹאשׁ כִּבְמָרִים
וְחֹק לֹא תָתוּרוּ   וְחֹק לֹא תָגוּרוּ   וְחֹק לֹא יָסוּרוּ   וְחֹק שְׁבוּעוֹת אֲסָרִים
וְחֹק לֹא אָכַלְתִּי   וְחֹק לֹא בִעַרְתִּי   וְחֹק לֹא נָתַתִּי   לְמֵתִים נִגְזָרִים
וּבִתְעוּדַת הָעֲבוֹט   בְּמֵישָׁרִים תִּשְׁפֹּט   וּפָרָשַׁת הֶדְיוֹט   וּפָרָשַׁת שׁוֹטְרִים
וְכָל פָּרָשִׁיּוֹת   מְפִיקֵי תוּשִׁיּוֹת   אֲשֶׁר הֵם בַּצִּיּוֹת   מְקוֹם נְהָרִים יְאוֹרִים
וְאֶחָד וְשִׁבְעִים הֵם   חֲרוּצִים בְּמַעֲשֵׂיהֶם   וְאֵלֶּה פְּקוּדֵיהֶם   בְּמִכְתָּב נִזְכָּרִים
אֲשֶׁר יִתֵּן מִזַּרְעוֹ   לְמֹלֶךְ בְּרֹב רִשְׁעוֹ   וְהַמְגַדֵּף יִשְׁעוֹ   אֲשֶׁר יָדוֹ יָרִים
וּמֵסִית וּמְחַלֵּל   וּבֵן סוֹבֵא וְזוֹלֵל   וּמַכֶּה וּמְקַלֵּל   וּמַדִּיחַ עָרִים
וְהַדּוֹבֵר סָרָה   בְּשֵׁם עֲבוֹדָה זָרָה   וּבַעַל אוֹב לְזָרָא   וְיִדְּעוֹנֵי שְׁקָרִים
וְנֶפֶשׁ רוֹצַחַת   לְפַחַד וָפַחַת   וְעַם עִיר נִדַּחַת   בְּחֶרֶב נִדְקָרִים
וְנָבִיא מֵדַּעַת   תְּכַסֶּה תוֹלַעַת   וְאִשָּׁה נִרְבַּעַת   לְבֶהֱמַת הַיְּעָרִים
וְהַבָּא עַל אֲרוּסָה   וְעַל כַּלָּה כְּנוּסָה   וְעַל בְּהֵמָה אֲבוּסָה   וְהַבָּא עַל זְכָרִים

וּבָא עַל אֵשֶׁת אִישׁ מְאֹד יַחְפִּיר וְיַבְאִישׁ וְדוֹדָתוֹ מַבְאִישׁ שְׁנֵיהֶם נֵאָרִים
וּבָא עַל יוֹלַדְתּוֹ וּבַת בְּנוֹ וּבַת בִּתּוֹ וּבִתּוֹ וּבַת אִשְׁתּוֹ וּבָא עַל אֲחוֹת הוֹרִים
וְעַל אִשָּׁה וּבִתָּהּ וּבַת בְּנָהּ וּבַת בִּתָּהּ וְעַל נִדָּה בְּשִׁבְתָּהּ לְמַלֹּאת מִשְׁמָרִים
וְעַל אֵשֶׁת אָבִיו וְעַל אֵשֶׁת אָחִיו וְאֵם חֲמוֹתוֹ וְחָמִיו כָּל אֵלֶּה אֲסוּרִים
וְהַבָּא עַל אֲחוֹתוֹ וְהַבָּא עַל חֲמוֹתוֹ וּבָא עַל אֲחוֹת אִשְׁתּוֹ לְפִי שְׁאוֹל נִפְזָרִים
וּמִשְׁפַּט בְּנוֹת כֹּהֵן וּמִשְׁפַּט זוֹמְמֵיהֶן וּמִשְׁפַּט בּוֹעֲלֵיהֶן לְהַשְׁמִיד וּלְהַחֲרִים
וְהַבּוֹעֵל אֲרַמִּית בְּרָעָתוֹ לְהַצְמִית וְהַגּוֹנֵב בְּתַרְמִית קָשׁוֹת נִבְחָרִים
וְהַגּוֹנֵב אָדָם בְּשַׁחַת יֵרָדֵם וְאוֹכֵל חֵלֶב וָדָם יְהִי כִּיקַר כָּרִים
וְאָרוּר כָּל נוֹכֵל אֲשֶׁר פִּגּוּל יֹאכֵל וְהוּא רַק יֵאָכֵל בְּאִשֵּׁי כִּיוֹרִים
וְשִׁבְרוֹן מָתְנַיִם לְאוֹחֵז עֵינַיִם וְנִקָּיוֹן שִׁנַּיִם לְאוֹכֵל נוֹתָרִים
וְעוֹבֵד מִפְלֶצֶת לְכָלָה וְנֶחֱרֶצֶת וְאוֹכֵל מַחְמֶצֶת בְּיָמִים נִשְׁמָרִים
וּפֶסַח לֹא יַעֲשֶׂה בְּחֹשֶׁךְ שְׁמוֹ יְכֻסֶּה וְאִישׁ אוֹכֵל וְעוֹשֶׂה בְּיוֹם הַכִּפּוּרִים
וְאִישׁ סָךְ וּמְפַטֵּם בְּעֶבְרָתִי אֶשְׁפְּטֵם וְאִישׁ אָזְנוֹ יַאֲטֵם לְמִשְׁפַּט הַמּוֹרִים
וְהַשּׁוֹחֵט מִחוּץ וְהַמַּעֲלֶה בַּחוּץ וְשֶׁאֵינוֹ רָחוּץ בְּמֵימֵי כִּיּוֹרִים
וְעוֹבֵר עַל דַּם בְּרִית תְּהִי נַפְשׁוֹ לְהַכְרִית וְהִיא תִקְוָה וְאַחֲרִית לְשַׁלַּח הָאֲסִירִים
וְהַטָּמֵא יוֹדֵשׁ בְּבֹאוֹ לַמִּקְדָּשׁ וְהָאוֹכֵל נִקְדָּשׁ בְּטֻמְאַת הַבְּשָׂרִים
וְהָאוֹכֵל תְּרוּמָה תְּבוֹאֵהוּ מְהוּמָה וְכֹהֵן כִּי יִטְמָא בְּעָבְרוֹ מַאֲמָרִים
וְהָאוֹכֵל טֶבֶל יְבוֹאֵהוּ חֵבֶל וְיִיגַע לַהֶבֶל וִיאַחֲזוּהוּ צִירִים
וּמִתֶּבֶל יוּסַר טְבוּל יוֹם הַנִּמְסַר לְשַׁמֵּשׁ, וּמְחֻסַּר בְּגָדִים נִסְפָּרִים
וְהַזָּר הָעוֹבֵד בְּמוֹתוֹ אֶכְבֵּד וּמֵאֶרֶץ יֹאבֵד מְחֻסַּר כִּפּוּרִים
וְהַמָּוֶת רָתוּי לְפָרוּעַ וְשָׁתוּי וְטָמֵא הָאָתוּי לְשַׁמֵּשׁ בַּחֲדָרִים
כָּלוּ מִצְוֹת עֲשֵׂה וּמִצְוֹת לֹא תַעֲשֶׂה בְּעֶזְרַת צוּר מַחְסֶה וּמָגֵן לַיְשָׁרִים
וְאֵלֶּה הַתּוֹרוֹת יְסוֹדוֹת נִבְחָרוֹת וְלָהֵנָּה פֹּארוֹת כְּסַנְסִנֵּי תְמָרִים
יְמַהֵר אֵל עֶלְיוֹן לְקַבֵּץ עַם אֶבְיוֹן וְיִבְנֶה הַר צִיּוֹן וְעֵמֶק הַפְּגָרִים
וְיָקִים אֶת סֻכּוֹ וְיַגִּיהַּ חָשְׁכּוֹ וְיִתֵּן עֹז לְמַלְכּוֹ וְקַרְנֵנוּ יָרִים
וְיִרְאוּ מְתֵי מִסְפָּר בְּקוּם יְשֵׁנֵי עָפָר וְכִתְקֹעַ שׁוֹפָר וְכִנְשֹׂא נֵס הָרִים
וּמֵרֹאשׁ הוֹמִיּוֹת תְּרַנֵּנָּה פִּיּוֹת וּמִמְּעוֹנוֹת אֲרָיוֹת וּמֵהַרְרֵי נְמֵרִים
וְאָז כָּל עַם שׁוֹגֵג בְּרָעָה יִתְמוֹגֵג לְקוֹל הָמוֹן חוֹגֵג בְּשִׂמְחָה וּבְשִׁירִים
וְעַל הַר הַגָּלִיל נְהַלֵּךְ בֶּחָלִיל וְאָז תַּחְפֹּץ כָּלִיל וְאָז יַעֲלוּ פָּרִים

# רות

קודם שקיבלו עם ישראל את התורה הוצרכו להתגייר, ולכן בשבועות – חג מתן תורה, נוהגים לקרוא את מגילת רות המתארת את התגיירותה של רות וכניסתה תחת כנפי השכינה (ספר המנהיג). בחו״ל נוהגים לקרוא את חלקה הראשון של המגילה ביום טוב ראשון, וביום טוב שני את חלקה השני.

א וַיְהִי בִּימֵי שְׁפֹט הַשֹּׁפְטִים וַיְהִי רָעָב בָּאָרֶץ וַיֵּלֶךְ אִישׁ מִבֵּית לֶחֶם יְהוּדָה
לָגוּר בִּשְׂדֵי מוֹאָב הוּא וְאִשְׁתּוֹ וּשְׁנֵי בָנָיו: וְשֵׁם הָאִישׁ אֱלִימֶלֶךְ וְשֵׁם אִשְׁתּוֹ
נָעֳמִי וְשֵׁם שְׁנֵי־בָנָיו ׀ מַחְלוֹן וְכִלְיוֹן אֶפְרָתִים מִבֵּית לֶחֶם יְהוּדָה וַיָּבֹאוּ שְׂדֵי־
מוֹאָב וַיִּהְיוּ־שָׁם: וַיָּמָת אֱלִימֶלֶךְ אִישׁ נָעֳמִי וַתִּשָּׁאֵר הִיא וּשְׁנֵי בָנֶיהָ: וַיִּשְׂאוּ
לָהֶם נָשִׁים מֹאֲבִיּוֹת שֵׁם הָאַחַת עָרְפָּה וְשֵׁם הַשֵּׁנִית רוּת וַיֵּשְׁבוּ שָׁם כְּעֶשֶׂר
שָׁנִים: וַיָּמוּתוּ גַם־שְׁנֵיהֶם מַחְלוֹן וְכִלְיוֹן וַתִּשָּׁאֵר הָאִשָּׁה מִשְּׁנֵי יְלָדֶיהָ וּמֵאִישָׁהּ:
וַתָּקָם הִיא וְכַלֹּתֶיהָ וַתָּשָׁב מִשְּׂדֵי מוֹאָב כִּי שָׁמְעָה בִּשְׂדֵה מוֹאָב כִּי־פָקַד
יהוה אֶת־עַמּוֹ לָתֵת לָהֶם לָחֶם: וַתֵּצֵא מִן־הַמָּקוֹם אֲשֶׁר הָיְתָה־שָׁמָּה וּשְׁתֵּי
כַלֹּתֶיהָ עִמָּהּ וַתֵּלַכְנָה בַדֶּרֶךְ לָשׁוּב אֶל־אֶרֶץ יְהוּדָה: וַתֹּאמֶר נָעֳמִי לִשְׁתֵּי
כַלֹּתֶיהָ לֵכְנָה שֹּׁבְנָה אִשָּׁה לְבֵית אִמָּהּ יַעֲשֶׂה יהוה עִמָּכֶם חֶסֶד כַּאֲשֶׁר עֲשִׂיתֶם יעש
עִם־הַמֵּתִים וְעִמָּדִי: יִתֵּן יהוה לָכֶם וּמְצֶאןָ מְנוּחָה אִשָּׁה בֵּית אִישָׁהּ וַתִּשַּׁק
לָהֶן וַתִּשֶּׂאנָה קוֹלָן וַתִּבְכֶּינָה: וַתֹּאמַרְנָה־לָּהּ כִּי־אִתָּךְ נָשׁוּב לְעַמֵּךְ: וַתֹּאמֶר
נָעֳמִי שֹׁבְנָה בְנֹתַי לָמָּה תֵלַכְנָה עִמִּי הַעוֹד־לִי בָנִים בְּמֵעַי וְהָיוּ לָכֶם לַאֲנָשִׁים:
שֹׁבְנָה בְנֹתַי לֵכְןָ כִּי זָקַנְתִּי מִהְיוֹת לְאִישׁ כִּי אָמַרְתִּי יֶשׁ־לִי תִקְוָה גַּם הָיִיתִי
הַלַּיְלָה לְאִישׁ וְגַם יָלַדְתִּי בָנִים: הֲלָהֵן ׀ תְּשַׂבֵּרְנָה עַד אֲשֶׁר יִגְדָּלוּ הֲלָהֵן תֵּעָגֵנָה
לְבִלְתִּי הֱיוֹת לְאִישׁ אַל בְּנֹתַי כִּי־מַר־לִי מְאֹד מִכֶּם כִּי־יָצְאָה בִי יַד־יהוה:
וַתִּשֶּׂנָה קוֹלָן וַתִּבְכֶּינָה עוֹד וַתִּשַּׁק עָרְפָּה לַחֲמוֹתָהּ וְרוּת דָּבְקָה בָּהּ: וַתֹּאמֶר
הִנֵּה שָׁבָה יְבִמְתֵּךְ אֶל־עַמָּהּ וְאֶל־אֱלֹהֶיהָ שׁוּבִי אַחֲרֵי יְבִמְתֵּךְ: וַתֹּאמֶר רוּת
אַל־תִּפְגְּעִי־בִי לְעָזְבֵךְ לָשׁוּב מֵאַחֲרָיִךְ כִּי אֶל־אֲשֶׁר תֵּלְכִי אֵלֵךְ וּבַאֲשֶׁר תָּלִינִי
אָלִין עַמֵּךְ עַמִּי וֵאלֹהַיִךְ אֱלֹהָי: בַּאֲשֶׁר תָּמוּתִי אָמוּת וְשָׁם אֶקָּבֵר כֹּה יַעֲשֶׂה
יהוה לִי וְכֹה יֹסִיף כִּי הַמָּוֶת יַפְרִיד בֵּינִי וּבֵינֵךְ: וַתֵּרֶא כִּי־מִתְאַמֶּצֶת הִיא
לָלֶכֶת אִתָּהּ וַתֶּחְדַּל לְדַבֵּר אֵלֶיהָ: וַתֵּלַכְנָה שְׁתֵּיהֶם עַד־בּוֹאָנָה בֵּית לָחֶם
וַיְהִי כְּבוֹאָנָה בֵּית לֶחֶם וַתֵּהֹם כָּל־הָעִיר עֲלֵיהֶן וַתֹּאמַרְנָה הֲזֹאת נָעֳמִי:
וַתֹּאמֶר אֲלֵיהֶן אַל־תִּקְרֶאנָה לִי נָעֳמִי קְרֶאןָ לִי מָרָא כִּי־הֵמַר שַׁדַּי לִי מְאֹד:
אֲנִי מְלֵאָה הָלַכְתִּי וְרֵיקָם הֱשִׁיבַנִי יהוה לָמָּה תִקְרֶאנָה לִי נָעֳמִי וַיהוה עָנָה

כִּי וְשַׁדַּי הֵרַע לִי: וַתָּשָׁב נָעֳמִי וְרוּת הַמּוֹאֲבִיָּה כַלָּתָהּ עִמָּהּ הַשָּׁבָה מִשְּׂדֵי
ב מוֹאָב וְהֵמָּה בָּאוּ בֵּית לֶחֶם בִּתְחִלַּת קְצִיר שְׂעֹרִים: וּלְנָעֳמִי מידע לְאִישָׁהּ מוֹדַע
אִישׁ גִּבּוֹר חַיִל מִמִּשְׁפַּחַת אֱלִימֶלֶךְ וּשְׁמוֹ בֹּעַז: וַתֹּאמֶר רוּת הַמּוֹאֲבִיָּה אֶל־
נָעֳמִי אֵלְכָה־נָּא הַשָּׂדֶה וַאֲלַקֳטָה בַשִּׁבֳּלִים אַחַר אֲשֶׁר אֶמְצָא־חֵן בְּעֵינָיו
וַתֹּאמֶר לָהּ לְכִי בִתִּי: וַתֵּלֶךְ וַתָּבוֹא וַתְּלַקֵּט בַּשָּׂדֶה אַחֲרֵי הַקֹּצְרִים וַיִּקֶר
מִקְרֶהָ חֶלְקַת הַשָּׂדֶה לְבֹעַז אֲשֶׁר מִמִּשְׁפַּחַת אֱלִימֶלֶךְ: וְהִנֵּה־בֹעַז בָּא מִבֵּית
לֶחֶם וַיֹּאמֶר לַקּוֹצְרִים יהוה עִמָּכֶם וַיֹּאמְרוּ לוֹ יְבָרֶכְךָ יהוה: וַיֹּאמֶר בֹּעַז לְנַעֲרוֹ
הַנִּצָּב עַל־הַקּוֹצְרִים לְמִי הַנַּעֲרָה הַזֹּאת: וַיַּעַן הַנַּעַר הַנִּצָּב עַל־הַקּוֹצְרִים
וַיֹּאמַר נַעֲרָה מוֹאֲבִיָּה הִיא הַשָּׁבָה עִם־נָעֳמִי מִשְּׂדֵי מוֹאָב: וַתֹּאמֶר אֲלַקֳטָה־
נָּא וְאָסַפְתִּי בָעֳמָרִים אַחֲרֵי הַקּוֹצְרִים וַתָּבוֹא וַתַּעֲמוֹד מֵאָז הַבֹּקֶר וְעַד־עַתָּה
זֶה שִׁבְתָּהּ הַבַּיִת מְעָט: וַיֹּאמֶר בֹּעַז אֶל־רוּת הֲלוֹא שָׁמַעַתְּ בִּתִּי אַל־תֵּלְכִי
לִלְקֹט בְּשָׂדֶה אַחֵר וְגַם לֹא תַעֲבוּרִי מִזֶּה וְכֹה תִדְבָּקִין עִם־נַעֲרֹתָי: עֵינַיִךְ
בַּשָּׂדֶה אֲשֶׁר־יִקְצֹרוּן וְהָלַכְתְּ אַחֲרֵיהֶן הֲלוֹא צִוִּיתִי אֶת־הַנְּעָרִים לְבִלְתִּי נָגְעֵךְ
וְצָמִת וְהָלַכְתְּ אֶל־הַכֵּלִים וְשָׁתִית מֵאֲשֶׁר יִשְׁאֲבוּן הַנְּעָרִים: וַתִּפֹּל עַל־פָּנֶיהָ
וַתִּשְׁתַּחוּ אָרְצָה וַתֹּאמֶר אֵלָיו מַדּוּעַ מָצָאתִי חֵן בְּעֵינֶיךָ לְהַכִּירֵנִי וְאָנֹכִי
נָכְרִיָּה: וַיַּעַן בֹּעַז וַיֹּאמֶר לָהּ הֻגֵּד הֻגַּד לִי כֹּל אֲשֶׁר־עָשִׂית אֶת־חֲמוֹתֵךְ אַחֲרֵי
מוֹת אִישֵׁךְ וַתַּעַזְבִי אָבִיךְ וְאִמֵּךְ וְאֶרֶץ מוֹלַדְתֵּךְ וַתֵּלְכִי אֶל־עַם אֲשֶׁר לֹא־
יָדַעַתְּ תְּמוֹל שִׁלְשׁוֹם: יְשַׁלֵּם יהוה פָּעֳלֵךְ וּתְהִי מַשְׂכֻּרְתֵּךְ שְׁלֵמָה מֵעִם יהוה
אֱלֹהֵי יִשְׂרָאֵל אֲשֶׁר־בָּאת לַחֲסוֹת תַּחַת־כְּנָפָיו: וַתֹּאמֶר אֶמְצָא־חֵן בְּעֵינֶיךָ
אֲדֹנִי כִּי נִחַמְתָּנִי וְכִי דִבַּרְתָּ עַל־לֵב שִׁפְחָתֶךָ וְאָנֹכִי לֹא אֶהְיֶה כְּאַחַת שִׁפְחֹתֶיךָ:
וַיֹּאמֶר לָה בֹעַז לְעֵת הָאֹכֶל גֹּשִׁי הֲלֹם וְאָכַלְתְּ מִן־הַלֶּחֶם וְטָבַלְתְּ פִּתֵּךְ בַּחֹמֶץ
וַתֵּשֶׁב מִצַּד הַקֹּצְרִים וַיִּצְבָּט־לָהּ קָלִי וַתֹּאכַל וַתִּשְׂבַּע וַתֹּתַר: וַתָּקָם לְלַקֵּט
וַיְצַו בֹּעַז אֶת־נְעָרָיו לֵאמֹר גַּם בֵּין הָעֳמָרִים תְּלַקֵּט וְלֹא תַכְלִימוּהָ: וְגַם שֹׁל־
תָּשֹׁלּוּ לָהּ מִן־הַצְּבָתִים וַעֲזַבְתֶּם וְלִקְּטָה וְלֹא תִגְעֲרוּ־בָהּ: וַתְּלַקֵּט בַּשָּׂדֶה
עַד־הָעָרֶב וַתַּחְבֹּט אֵת אֲשֶׁר־לִקֵּטָה וַיְהִי כְּאֵיפָה שְׂעֹרִים: וַתִּשָּׂא וַתָּבוֹא
הָעִיר וַתֵּרֶא חֲמוֹתָהּ אֵת אֲשֶׁר־לִקֵּטָה וַתּוֹצֵא וַתִּתֶּן־לָהּ אֵת אֲשֶׁר־הוֹתִרָה
מִשָּׂבְעָהּ: וַתֹּאמֶר לָהּ חֲמוֹתָהּ אֵיפֹה לִקַּטְתְּ הַיּוֹם וְאָנָה עָשִׂית יְהִי מַכִּירֵךְ
בָּרוּךְ וַתַּגֵּד לַחֲמוֹתָהּ אֵת אֲשֶׁר־עָשְׂתָה עִמּוֹ וַתֹּאמֶר שֵׁם הָאִישׁ אֲשֶׁר עָשִׂיתִי
עִמּוֹ הַיּוֹם בֹּעַז: וַתֹּאמֶר נָעֳמִי לְכַלָּתָהּ בָּרוּךְ הוּא לַיהוה אֲשֶׁר לֹא־עָזַב חַסְדּוֹ

אֶת־הַחַיִּים וְאֶת־הַמֵּתִים וַתֹּאמֶר לָהּ נָעֳמִי קָרוֹב לָנוּ הָאִישׁ מִגֹּאֲלֵנוּ הוּא:
וַתֹּאמֶר רוּת הַמּוֹאֲבִיָּה גַּם ׀ כִּי־אָמַר אֵלַי עִם־הַנְּעָרִים אֲשֶׁר־לִי תִּדְבָּקִין עַד
אִם־כִּלּוּ אֵת כָּל־הַקָּצִיר אֲשֶׁר־לִי: וַתֹּאמֶר נָעֳמִי אֶל־רוּת כַּלָּתָהּ טוֹב בִּתִּי
כִּי תֵצְאִי עִם־נַעֲרוֹתָיו וְלֹא יִפְגְּעוּ־בָךְ בְּשָׂדֶה אַחֵר: וַתִּדְבַּק בְּנַעֲרוֹת בֹּעַז
לְלַקֵּט עַד־כְּלוֹת קְצִיר־הַשְּׂעֹרִים וּקְצִיר הַחִטִּים וַתֵּשֶׁב אֶת־חֲמוֹתָהּ: וַתֹּאמֶר ג
לָהּ נָעֳמִי חֲמוֹתָהּ בִּתִּי הֲלֹא אֲבַקֶּשׁ־לָךְ מָנוֹחַ אֲשֶׁר יִיטַב־לָךְ: וְעַתָּה הֲלֹא
בֹעַז מֹדַעְתָּנוּ אֲשֶׁר הָיִית אֶת־נַעֲרוֹתָיו הִנֵּה־הוּא זֹרֶה אֶת־גֹּרֶן הַשְּׂעֹרִים
שִׂמְלֹתַיִךְ וְיָרַדְתְּ הַלָּיְלָה: וְרָחַצְתְּ ׀ וָסַכְתְּ וְשַׂמְתְּ שמלתך עָלַיִךְ וירדתי הַגֹּרֶן אַל־תִּוָּדְעִי לָאִישׁ
עַד כַּלֹּתוֹ לֶאֱכֹל וְלִשְׁתּוֹת: וִיהִי בְשָׁכְבוֹ וְיָדַעַתְּ אֶת־הַמָּקוֹם אֲשֶׁר יִשְׁכַּב־שָׁם
וְשָׁכָבְתְּ וּבָאת וְגִלִּית מַרְגְּלֹתָיו ושכבתי וְהוּא יַגִּיד לָךְ אֵת אֲשֶׁר תַּעֲשִׂין: וַתֹּאמֶר
אֵלַי אֵלֶיהָ כֹּל אֲשֶׁר־תֹּאמְרִי אֶעֱשֶׂה: וַתֵּרֶד הַגֹּרֶן וַתַּעַשׂ כְּכֹל אֲשֶׁר־צִוַּתָּה
חֲמוֹתָהּ: וַיֹּאכַל בֹּעַז וַיֵּשְׁתְּ וַיִּיטַב לִבּוֹ וַיָּבֹא לִשְׁכַּב בִּקְצֵה הָעֲרֵמָה וַתָּבֹא
בַלָּט וַתְּגַל מַרְגְּלֹתָיו וַתִּשְׁכָּב:* וַיְהִי בַּחֲצִי הַלַּיְלָה וַיֶּחֱרַד הָאִישׁ וַיִּלָּפֵת וְהִנֵּה
אִשָּׁה שֹׁכֶבֶת מַרְגְּלֹתָיו: וַיֹּאמֶר מִי־אָתְּ וַתֹּאמֶר אָנֹכִי רוּת אֲמָתֶךָ וּפָרַשְׂתָּ
כְנָפֶךָ עַל־אֲמָתְךָ כִּי גֹאֵל אָתָּה: וַיֹּאמֶר בְּרוּכָה אַתְּ לַיהוה בִּתִּי הֵיטַבְתְּ חַסְדֵּךְ
הָאַחֲרוֹן מִן־הָרִאשׁוֹן לְבִלְתִּי־לֶכֶת אַחֲרֵי הַבַּחוּרִים אִם־דַּל וְאִם־עָשִׁיר:
וְעַתָּה בִּתִּי אַל־תִּירְאִי כֹּל אֲשֶׁר־תֹּאמְרִי אֶעֱשֶׂה־לָּךְ כִּי יוֹדֵעַ כָּל־שַׁעַר עַמִּי
כִּי אֵשֶׁת חַיִל אָתְּ: וְעַתָּה כִּי אָמְנָם כִּי אם גֹאֵל אָנֹכִי וְגַם יֵשׁ גֹּאֵל קָרוֹב מִמֶּנִּי:
לִינִי ׀ הַלַּיְלָה וְהָיָה בַבֹּקֶר אִם־יִגְאָלֵךְ טוֹב יִגְאָל וְאִם־לֹא יַחְפֹּץ לְגָאֳלֵךְ
וּגְאַלְתִּיךְ אָנֹכִי חַי־יהוה שִׁכְבִי עַד־הַבֹּקֶר: וַתִּשְׁכַּב מַרְגְּלוֹתָו עַד־הַבֹּקֶר
בְּטֶרֶם וַתָּקָם בטרום יַכִּיר אִישׁ אֶת־רֵעֵהוּ וַיֹּאמֶר אַל־יִוָּדַע כִּי־בָאָה הָאִשָּׁה הַגֹּרֶן:
וַיֹּאמֶר הָבִי הַמִּטְפַּחַת אֲשֶׁר־עָלַיִךְ וְאֶחֳזִי־בָהּ וַתֹּאחֶז בָּהּ וַיָּמָד שֵׁשׁ־שְׂעֹרִים
וַיָּשֶׁת עָלֶיהָ וַיָּבֹא הָעִיר: וַתָּבוֹא אֶל־חֲמוֹתָהּ וַתֹּאמֶר מִי־אַתְּ בִּתִּי וַתַּגֶּד־לָהּ
אֵת כָּל־אֲשֶׁר עָשָׂה־לָהּ הָאִישׁ: וַתֹּאמֶר שֵׁשׁ־הַשְּׂעֹרִים הָאֵלֶּה נָתַן לִי כִּי
אֵלַי אָמַר אַל־תָּבוֹאִי רֵיקָם אֶל־חֲמוֹתֵךְ: וַתֹּאמֶר שְׁבִי בִתִּי עַד אֲשֶׁר תֵּדְעִין
אֵיךְ יִפֹּל דָּבָר כִּי לֹא יִשְׁקֹט הָאִישׁ כִּי־אִם־כִּלָּה הַדָּבָר הַיּוֹם: וּבֹעַז עָלָה הַשַּׁעַר ד
וַיֵּשֶׁב שָׁם וְהִנֵּה הַגֹּאֵל עֹבֵר אֲשֶׁר דִּבֶּר־בֹּעַז וַיֹּאמֶר סוּרָה שְׁבָה־פֹּה פְּלֹנִי

* בחו״ל מסיימים כאן ביום טוב ראשון, וביום טוב שני מתחילים מהפסוק הבא.

אַלְמֹנִי וַיָּסַר וַיֵּשֵׁב: וַיִּקַּח עֲשָׂרָה אֲנָשִׁים מִזִּקְנֵי הָעִיר וַיֹּאמֶר שְׁבוּ־פֹה וַיֵּשֵׁבוּ:
וַיֹּאמֶר לַגֹּאֵל חֶלְקַת הַשָּׂדֶה אֲשֶׁר לְאָחִינוּ לֶאֱלִימֶלֶךְ מָכְרָה נָעֳמִי הַשָּׁבָה
מִשְּׂדֵה מוֹאָב: וַאֲנִי אָמַרְתִּי אֶגְלֶה אָזְנְךָ לֵאמֹר קְנֵה נֶגֶד הַיֹּשְׁבִים וְנֶגֶד זִקְנֵי
עַמִּי אִם־תִּגְאַל גְּאָל וְאִם־לֹא יִגְאַל הַגִּידָה לִּי וְאֵדַע כִּי אֵין זוּלָתְךָ לִגְאוֹל
וְאָנֹכִי אַחֲרֶיךָ וַיֹּאמֶר אָנֹכִי אֶגְאָל: וַיֹּאמֶר בֹּעַז בְּיוֹם־קְנוֹתְךָ הַשָּׂדֶה מִיַּד נָעֳמִי
וּמֵאֵת רוּת הַמּוֹאֲבִיָּה אֵשֶׁת־הַמֵּת קניתי לְהָקִים שֵׁם־הַמֵּת עַל־נַחֲלָתוֹ: קָנִיתָ
וַיֹּאמֶר הַגֹּאֵל לֹא אוּכַל לגאול־לִי פֶּן־אַשְׁחִית אֶת־נַחֲלָתִי גְּאַל־לְךָ אַתָּה לִגְאָל־
אֶת־גְּאֻלָּתִי כִּי לֹא־אוּכַל לִגְאֹל: וְזֹאת לְפָנִים בְּיִשְׂרָאֵל עַל־הַגְּאוּלָּה וְעַל־
הַתְּמוּרָה לְקַיֵּם כָּל־דָּבָר שָׁלַף אִישׁ נַעֲלוֹ וְנָתַן לְרֵעֵהוּ וְזֹאת הַתְּעוּדָה
בְּיִשְׂרָאֵל: וַיֹּאמֶר הַגֹּאֵל לְבֹעַז קְנֵה־לָךְ וַיִּשְׁלֹף נַעֲלוֹ: וַיֹּאמֶר בֹּעַז לַזְּקֵנִים
וְכָל־הָעָם עֵדִים אַתֶּם הַיּוֹם כִּי קָנִיתִי אֶת־כָּל־אֲשֶׁר לֶאֱלִימֶלֶךְ וְאֵת כָּל־אֲשֶׁר
לְכִלְיוֹן וּמַחְלוֹן מִיַּד נָעֳמִי: וְגַם אֶת־רוּת הַמֹּאֲבִיָּה אֵשֶׁת מַחְלוֹן קָנִיתִי לִי
לְאִשָּׁה לְהָקִים שֵׁם־הַמֵּת עַל־נַחֲלָתוֹ וְלֹא־יִכָּרֵת שֵׁם־הַמֵּת מֵעִם אֶחָיו וּמִשַּׁעַר
מְקוֹמוֹ עֵדִים אַתֶּם הַיּוֹם: וַיֹּאמְרוּ כָּל־הָעָם אֲשֶׁר־בַּשַּׁעַר וְהַזְּקֵנִים עֵדִים יִתֵּן
יהוה אֶת־הָאִשָּׁה הַבָּאָה אֶל־בֵּיתֶךָ כְּרָחֵל ׀ וּכְלֵאָה אֲשֶׁר בָּנוּ שְׁתֵּיהֶם אֶת־
בֵּית יִשְׂרָאֵל וַעֲשֵׂה־חַיִל בְּאֶפְרָתָה וּקְרָא־שֵׁם בְּבֵית לָחֶם: וִיהִי בֵיתְךָ כְּבֵית
פֶּרֶץ אֲשֶׁר־יָלְדָה תָמָר לִיהוּדָה מִן־הַזֶּרַע אֲשֶׁר יִתֵּן יהוה לְךָ מִן־הַנַּעֲרָה
הַזֹּאת: וַיִּקַּח בֹּעַז אֶת־רוּת וַתְּהִי־לוֹ לְאִשָּׁה וַיָּבֹא אֵלֶיהָ וַיִּתֵּן יהוה לָהּ הֵרָיוֹן
וַתֵּלֶד בֵּן: וַתֹּאמַרְנָה הַנָּשִׁים אֶל־נָעֳמִי בָּרוּךְ יהוה אֲשֶׁר לֹא הִשְׁבִּית לָךְ גֹּאֵל
הַיּוֹם וְיִקָּרֵא שְׁמוֹ בְּיִשְׂרָאֵל: וְהָיָה לָךְ לְמֵשִׁיב נֶפֶשׁ וּלְכַלְכֵּל אֶת־שֵׂיבָתֵךְ כִּי
כַלָּתֵךְ אֲשֶׁר־אֲהֵבַתֶךְ יְלָדַתּוּ אֲשֶׁר־הִיא טוֹבָה לָךְ מִשִּׁבְעָה בָּנִים: וַתִּקַּח
נָעֳמִי אֶת־הַיֶּלֶד וַתְּשִׁתֵהוּ בְחֵיקָהּ וַתְּהִי־לוֹ לְאֹמֶנֶת: וַתִּקְרֶאנָה לוֹ הַשְּׁכֵנוֹת
שֵׁם לֵאמֹר יֻלַּד־בֵּן לְנָעֳמִי וַתִּקְרֶאנָה שְׁמוֹ עוֹבֵד הוּא אֲבִי־יִשַׁי אֲבִי דָוִד:
וְאֵלֶּה תּוֹלְדוֹת פָּרֶץ פֶּרֶץ הוֹלִיד אֶת־חֶצְרוֹן: וְחֶצְרוֹן הוֹלִיד אֶת־רָם וְרָם
הוֹלִיד אֶת־עַמִּינָדָב: וְעַמִּינָדָב הוֹלִיד אֶת־נַחְשׁוֹן וְנַחְשׁוֹן הוֹלִיד אֶת־שַׂלְמָה:
וְשַׂלְמוֹן הוֹלִיד אֶת־בֹּעַז וּבֹעַז הוֹלִיד אֶת־עוֹבֵד: וְעֹבֵד הוֹלִיד אֶת־יִשָׁי וְיִשַׁי
הוֹלִיד אֶת־דָּוִד:

# סדר הושענות לסוכות

"משחרב בית המקדש התקין רבן יוחנן בן זכאי,
שיהא לולב ניטל במדינה שבעה, זכר למקדש" (סוכה פ"ג מ"ב).
"וכיון שהוטל עלינו חובה לעשות לולב זכר למקדש שבעה,
הנהיגונו להקיף בו כל שבעה זכר למקדש" (שו"ת רש"י, קכא).
מעמידים ספר תורה על התיבה ומקיפים את התיבה דרך הימין עם ארבעת המינים,
בכל יום פעם אחת ובהושענא רבה שבע פעמים, כמו שהיו מקיפים את
המזבח בזמן המקדש (רי"ץ אבן גיאת, 'מאה שערים', לולב).
ברוב הקהילות נוהגים כיום לומר הושענות מיד אחרי ההלל (סידור רס"ג),
וקודם לכן מוציאים ספר תורה בלי לומר את סדר ההוצאה.
יש קהילות שבהן אומרים את ההושענות אחרי קריאת התורה (מובא בטור, תרס)
או אחרי מוסף (אבודרהם). ראה הלכה 635.

בכל יום פותחים בהושענות אלו, לפני שמקיפים את התיבה.

אֶרְחַץ בְּנִקָּיוֹן כַּפָּי וַאֲסֹבְבָה אֶת־מִזְבַּחֲךָ יְהוָה: תהלים כו
לַשְׁמִעַ בְּקוֹל תּוֹדָה, וּלְסַפֵּר כָּל־נִפְלְאוֹתֶיךָ:

הוֹשַׁעְנָא הוֹשַׁעְנָא

לְמַעַנְךָ אֱלֹהֵינוּ
לְמַעַנְךָ בּוֹרְאֵנוּ
לְמַעַנְךָ גּוֹאֲלֵנוּ
לְמַעַנְךָ דּוֹרְשֵׁנוּ

הושענא לרב סעדיה גאון

לְמַעַנְךָ אַדִּיר אַדִּירִים.
לְמַעַנְךָ בּוֹרֵא רוּחַ, וְיוֹצֵר הָרִים.
לְמַעַנְךָ גְּדוֹל הָעֵצָה, מַשְׁפִּיל וּמֵרִים.
לְמַעַנְךָ דּוֹבֵר צֶדֶק, מַגִּיד מֵישָׁרִים.

לְמַעַנְךָ הַיּוֹדֵעַ וָעֵד, אִם יִסָּתֵר אִישׁ בַּמִּסְתָּרִים.
לְמַעַנְךָ וְהוּא בְאֶחָד, וּמִי יְשִׁיבֶנּוּ אֲמָרִים.
לְמַעַנְךָ זָךְ וְנָקִי, וּמִתְבָּרֵר עִם בָּרִים.
לְמַעַנְךָ חֹפֵשׂ מַצְפּוּן, וְחוֹקֵר כָּל חֲדָרִים.
לְמַעַנְךָ טִפְּחָה יְמִינוֹ שָׁמַיִם, וְעָשָׂה מְאוֹרִים.
לְמַעַנְךָ יָסַד אֶרֶץ, בַּצּוּרוֹת בִּקַּע יְאוֹרִים.
לְמַעַנְךָ כַּבִּיר כֹּחַ, מְכֻבָּד בָּאוּרִים.
לְמַעַנְךָ לֹא יִתַּמּוּ שְׁנוֹתָיו לְדוֹר דּוֹרִים.

המשך להושענא, כפי שמופיע בסידורו של רב סעדיה גאון.

לְמַעַנְךָ מַשְׁבִּיחַ שְׁאוֹן יַמִּים, חָרָה בִנְהָרִים.
לְמַעַנְךָ נוֹתֵן רוֹזְנִים לְאַיִן, וּמְלָכִים וְשָׂרִים.
לְמַעַנְךָ סוֹעֵד בְּחֶסֶד כִּסְאוֹ וּבַהֲדָרִים.
לְמַעַנְךָ עָנָן וַעֲרָפֶל סְבִיבָיו וְנֹגַהּ וִיקָרִים.
לְמַעַנְךָ פּוֹקֵחַ עִוְרִים וּמַתִּיר אֲסוּרִים.
לְמַעַנְךָ צוֹפֶה עֲתִידוֹת מַה יְּהִי בְּסוֹף דּוֹרִים.
לְמַעַנְךָ קָרוֹב לְנִשְׁבָּרִים דַּכְּאֵי רוּחַ נֶעֱזָרִים.
לְמַעַנְךָ רָם וְנִשָּׂא הַשְׁכִּין צְחִיחָה הַסּוֹרְרִים.
לְמַעַנְךָ שִׁמְךָ אֶחָד לֹא תִתֵּן כְּבוֹדְךָ לַאֲחֵרִים.
לְמַעַנְךָ תּוֹכֵן יְשׁוּעוֹת לְהוֹשִׁיעַ נִבְחָרִים.

## הוֹשַׁעְנָא הוֹשַׁעְנָא

ממשיכים בהושענות המיוחדות לכל יום.
ליום ראשון של סוכות בעמוד הבא, ליום שני של סוכות בעמ׳ 472,
ליום שלישי של סוכות בעמ׳ 476, ליום רביעי של סוכות בעמ׳ 480,
ליום חמישי של סוכות בעמ׳ 483, ליום שישי של סוכות בעמ׳ 486
ולהושענא רבה בעמ׳ 489.
בשבת חול המועד יש נוהגים לומר הושענות לשבת (עמ׳ 525).

# הושענות ליום טוב ראשון של סוכות

מקיפים את התיבה באמירת הושענא זו.

הושענא לרב סעדיה גאון

אָנָּא אֵל אֶחָד וּשְׁמוֹ אֶחָד
וּמִי יְשִׁיבֶנּוּ וְהוּא בְאֶחָד
קָרָא שָׁמַיִם וָאָרֶץ וַיַּעַמְדוּ כְּאֶחָד
הוֹשִׁיעֵנוּ בַּחֲגִיגַת יוֹם אֶחָד.

אָנָּא זְכֹר אָב יָרַשׁ אֶת הָאָרֶץ וְהָיָה אֶחָד
הֵכִין לַמּוֹרְדִים לֵב אֶחָד וְדֶרֶךְ אֶחָד
לִקְרֹא כֻלָּם בְּשֵׁם יְהוָה וּלְעָבְדוֹ שְׁכֶם אֶחָד
הוֹשִׁיעֵנוּ בַּחֲגִיגַת יוֹם אֶחָד.

אָנָּא זְכֹר בֵּן יָחִיד הָיָה לִפְנֵי אָבִיו אֶחָד
שְׁנֵיהֶם בְּנִסָּיוֹן הָלְכוּ כְּאֶחָד
נָתַתָּ כֹּפֶר תַּחְתָּיו אַיִל אֶחָד
הוֹשִׁיעֵנוּ בַּחֲגִיגַת יוֹם אֶחָד.

אָנָּא זְכֹר תָּם הוֹסִיף חֵלֶק שְׁכֶם אֶחָד
קִוָּה לְהַפְלִיט הַמַּחֲנֶה הָאֶחָד
אָסַף בָּנָיו לְקַבֵּל מַלְכוּת שָׁמַיִם פֶּה אֶחָד
הוֹשִׁיעֵנוּ בַּחֲגִיגַת יוֹם אֶחָד.

אָנָּא הַמַּשְׁמִיעֵנוּ שְׁתַּיִם בְּקוֹלוֹת וּבְרָקִים כְּאֶחָד
הַמַּנְחִילֵנוּ תּוֹרָה אַחַת וּמִשְׁפָּט אֶחָד
וּמִי כְּעַמְּךָ יִשְׂרָאֵל גּוֹי אֶחָד
הוֹשִׁיעֵנוּ בַּחֲגִיגַת יוֹם אֶחָד.

הוֹשַׁעְנָא הוֹשַׁעְנָא

הושענא לרבי יצחק בר ואליק

אֵל יִשְׁעֲךָ צָמֵאתִי וְאֶעֱרֹךְ נֶגְדֶּךָ
שַׂמֵּחַ נֶפֶשׁ עַבְדֶּךָ: תהלים פו

נָאוֹר אַתָּה אַדִּיר הֱיֵה לָנוּ לִישׁוּעָה
שַׂמְּחֵנוּ כִּימוֹת עִנִּיתָנוּ, שְׁנוֹת רָאִינוּ רָעָה: תהלים צ

יְשׁוּעוֹת חוֹמוֹת וָחֵל שִׁית לְסוּרָה וְגַלְמוּדָה
יִשְׂמַח הַר־צִיּוֹן תָּגֵלְנָה בְּנוֹת יְהוּדָה: תהלים מח

יָדְךָ תּוֹסִיף שֵׁנִית, חִישׁ לְנוֹחֲלֵי דַת אֲרִיאֵל
יָגֵל יַעֲקֹב יִשְׂמַח יִשְׂרָאֵל: תהלים נג

צַוֵּה יְשׁוּעוֹת יַעֲקֹב אֲשֶׁר לְיִשְׁעֲךָ כְּמֵהִים
וְצַדִּיקִים יִשְׂמְחוּ יַעַלְצוּ לִפְנֵי אֱלֹהִים: תהלים סח

חֶבֶל נַחֲלָתְךָ תּוֹשִׁיעַ, וְצִדְקָתְךָ יְשַׁנֵּנוּ
וְיִשְׂמְחוּ כָל־חוֹסֵי בָךְ לְעוֹלָם יְרַנֵּנוּ: תהלים ה

קוֹרְאִים בְּשִׁמְךָ, תְּשׁוֹבֵב לְבֵית מְנוּחָה
שָׂשׂוֹן וְשִׂמְחָה יַשִּׂיגוּ, וְנָסוּ יָגוֹן וַאֲנָחָה: ישעיה לה

בִּישׁוּעָתְךָ יְרַנֵּנוּ, וְרָנֵּי פַלֵּט בְּחִכָּם
יִשְׂמַח יִשְׂרָאֵל בְּעֹשָׂיו, בְּנֵי־צִיּוֹן יָגִילוּ בְמַלְכָּם: תהלים קמט

רַב לְהוֹשִׁיעַ יָרִיב רִיבָם וְיָצִיק לִמְצִיקָם
יִשְׂמַח צַדִּיק כִּי־חָזָה נָקָם: תהלים נח

וְיֵדְעוּ כִּי יָדְךָ זֹאת תְּשׁוּעָתְךָ לְשַׁנֵּן
כִּי שִׂמַּחְתַּנִי יְהוָה בְּפָעֳלֶךָ, בְּמַעֲשֵׂי יָדֶיךָ אֲרַנֵּן: תהלים צב

אִמְרָתְךָ תָּקִים יֶשַׁע לְהָחִישׁ לִפְדוּיִים
רָנּוּ לְיַעֲקֹב שִׂמְחָה, וְצַהֲלוּ בְּרֹאשׁ הַגּוֹיִם: ירמיה לא

לוֹבְשֵׁי בִּגְדֵי רִקְמָה יָרֹנּוּ בְּכָל אֲפִיקִים
שִׂמְחוּ בַיהוָה וְגִילוּ צַדִּיקִים: תהלים לב

יִרְאוּ עֲנָוִים וְיִשְׂמָחוּ בְּהוֹשִׁיעֲךָ אֶבְיוֹנַי

תהלים קה יִשְׂמַח לֵב מְבַקְשֵׁי יְהוָה:

קוֹרְאֵי מִקְרָא קֹדֶשׁ, יֶשַׁע יִקְרְאוּ בְּפֶצַח

תהלים טז שֹׂבַע שְׂמָחוֹת אֶת־פָּנֶיךָ, נְעִמוֹת בִּימִינְךָ נֶצַח:

בָּרִאשׁוֹן בְּחַגּוֹ כְּהַיּוֹם הוֹשַׁע צוּר בָּנָיו

תהלים קיח זֶה־הַיּוֹם עָשָׂה יְהוָה, נָגִילָה וְנִשְׂמְחָה בוֹ:

הוֹשַׁעְנָא

הושענות לרבי יוסף אבן אביתור

אָנָּא הוֹשִׁיעָה נָּא אָנָּא הוֹשִׁיעָה נָּא

אָנָּא אֵל אַחֲרוֹן וְרִאשׁוֹן / אֲמֵץ עַם נְצוּרִים כְּאִישׁוֹן
בְּצַעֲקָם הוֹשַׁעְנָא בְּלַחֲשׁוֹן / הַיּוֹם בְּיוֹם רִאשׁוֹן הוֹשִׁיעָה נָּא.
אָנָּא הוֹשִׁיעָה נָּא

אָנָּא גְּדַע נִינֵי דִישׁוֹן / גְּאַל מְיַחֲדֶיךָ בְּרַחֲשׁוֹן
וּנְטֵה לָנוּ שָׁלוֹם כְּמֵימֵי פִישׁוֹן / הַיּוֹם בְּיוֹם רִאשׁוֹן הוֹשִׁיעָה נָּא.
אָנָּא הוֹשִׁיעָה נָּא

אֲנִי וָהוּ הוֹשִׁיעָה נָּא אֲנִי וָהוּ הוֹשִׁיעָה נָּא

כְּהוֹשַׁעְתָּ יְרוּיֵי הַיְאוֹר / בְּשִׁמְךָ הַנָּאוֹר
וְתַבְרִיק מָאוֹר / לַעֲלוּטִים בְּאִישׁוֹן
וְגַם עַתָּה כְּמוֹ כֵן / אֵל שַׁחַק שׁוֹכֵן
פְּדוּת לְעַמְּךָ הָכֵן / נְהַלֶּלְךָ בְּיוֹם רִאשׁוֹן כֵּן הוֹשַׁעְנָא.
אֲנִי וָהוּ הוֹשִׁיעָה נָּא

כְּהוֹשַׁעְתָּ סֶגֶל / דֶּגֶל מוּל דֶּגֶל
וְרֹאשׁ מוֹעֲדֵי רֶגֶל / דִּשַּׁנְתָּ דָשׁוֹן
פְּדוּיֵי אָבִיב / נְקוּבֵי עַם חָבִיב
סוֹבְבֵי דָת סָבִיב / נְהַלֶּלְךָ בְּיוֹם רִאשׁוֹן כֵּן הוֹשַׁעְנָא.
אֲנִי וָהוּ הוֹשִׁיעָה נָּא

יש המייחסים פזמון זה לרבי משה אבן עזרא.

מוֹשִׁיעַ חוֹסִים / הוֹשַׁע נָא אֱמוּנַי
עַם בְּדָתְךָ דּוֹרְשִׁים / זֶרַע אֵיתָנַי
הַפַּעַם הַזֹּאת אוֹדֶה אֶת יְהֹוָה.

שַׁוְעָתָם רְצֵה נָא / שְׁעֵה נָא תְּפִלָּתָם
בְּפַעַם רִאשׁוֹנָה / הֱיֵה נָא אֱיָלוּתָם
עַם אֲשֶׁר בְּיוֹם כִּפּוּרִים / מִפֶּשַׁע פְּדִיתָם
מְהַלְלִים וְאוֹמְרִים / אֵין־קָדוֹשׁ כַּיהֹוָה
הַפַּעַם הַזֹּאת אוֹדֶה אֶת יְהֹוָה.

כְּהוֹשַׁעְתָּ מֵאָז עֲדָתֶךָ, כֵּן הוֹשִׁיעָה אֶת־עַמֶּךָ וּבָרֵךְ אֶת־נַחֲלָתֶךָ: תהלים כח

נְהַלֶּלְךָ בְּיוֹם רִאשׁוֹן     כֵּן הוֹשַׁעְנָא

אֲנִי וָהוֹ הוֹשִׁיעָה נָּא     אֲנִי וָהוֹ הוֹשִׁיעָה נָּא

כַּכָּתוּב: הוֹשִׁיעָה אֶת־עַמֶּךָ וּבָרֵךְ אֶת־נַחֲלָתֶךָ, וּרְעֵם וְנַשְּׂאֵם עַד־הָעוֹלָם: תהלים כח

יש מוסיפים פסוקים אלו:

וְנֶאֱמַר: וְיִהְיוּ דְבָרַי אֵלֶּה אֲשֶׁר הִתְחַנַּנְתִּי לִפְנֵי יְהֹוָה, קְרֹבִים אֶל־יְהֹוָה אֱלֹהֵינוּ יוֹמָם וָלָיְלָה, לַעֲשׂוֹת מִשְׁפַּט עַבְדּוֹ וּמִשְׁפַּט עַמּוֹ יִשְׂרָאֵל דְּבַר־יוֹם בְּיוֹמוֹ: לְמַעַן דַּעַת כָּל־עַמֵּי הָאָרֶץ כִּי יְהֹוָה הוּא הָאֱלֹהִים, אֵין עוֹד: מלכים א׳ ח

לֹא־יָמוּשׁ סֵפֶר הַתּוֹרָה הַזֶּה מִפִּיךָ וְהָגִיתָ בּוֹ יוֹמָם וָלַיְלָה, לְמַעַן תִּשְׁמֹר לַעֲשׂוֹת כְּכָל־הַכָּתוּב בּוֹ, כִּי־אָז תַּצְלִיחַ אֶת־דְּרָכֶךָ וְאָז תַּשְׂכִּיל: הֲלוֹא צִוִּיתִיךָ חֲזַק וֶאֱמָץ, אַל־תַּעֲרֹץ וְאַל־תֵּחָת, כִּי עִמְּךָ יְהֹוָה אֱלֹהֶיךָ בְּכֹל אֲשֶׁר תֵּלֵךְ: יהושע א

בקהילות שבהן אומרים הושענות מיד אחרי ההלל, אומרים כאן קדיש תתקבל בעמ׳ 285 ומוציאים את ספר התורה השני מן ההיכל (סדר הוצאת ספר תורה בעמ׳ 289). בראשון קוראים חמישה עולים (ובשבת שבעה) בפרשה בעמ׳ 729, והמפטיר קורא בפרשה בעמ׳ 731.

בקהילות שבהן אומרים הושענות אחר קריאת התורה, ממשיכים ׳אַשְׁרֵי׳ ומתפללים מוסף (עמ׳ 443). בקהילות שבהן אומרים הושענות אחרי מוסף, אומרים פסוקים אלו בשעה שמחזירים את ספר התורה להיכל, ואחר כך קדיש תתקבל ו׳כָל יִשְׂרָאֵל׳ בעמ׳ 319, ומסיימים את התפילה.

שׁוּבָה לִמְעוֹנְךָ וּשְׁכֹן בְּבֵית מַאֲוַיָךְ, כִּי כָל פֶּה וְכָל לָשׁוֹן יִתְּנוּ הוֹד וְהָדָר לְמַלְכוּתָךְ. וּבְנֻחֹה יֹאמַר, שׁוּבָה יְהֹוָה רִבְבוֹת אַלְפֵי יִשְׂרָאֵל: במדבר י

הֲשִׁיבֵנוּ יְהֹוָה אֵלֶיךָ וְנָשׁוּבָה, חַדֵּשׁ יָמֵינוּ כְּקֶדֶם: איכה ה

# הושענות ליום שני של סוכות

פותחים בהושענא בעמ׳ 466 ואחר כך מקיפים את התיבה באמירת הושענא זו.

הושענא לרב סעדיה גאון

אָנָּא אֵל אֶחָד וּמְבַיֵּשׁ אוֹמְרִים שְׁנַיִם
בַּחֲצִי הַשֵּׁם בָּרָא עוֹלָמוֹת בְּאוֹתִיּוֹת שְׁנַיִם
יָצַר הַכֹּל בַּעֲבוּר אָדָם וְעֶזְרוֹ שְׁנַיִם
הוֹשִׁיעֵנוּ בַּחֲגִיגַת יָמִים שְׁנַיִם.

אָנָּא זְכֹר אָב בָּנָה בְּבֵית אֵל מִזְבְּחוֹת שְׁנַיִם
בְּנִסָּיוֹן הָלַךְ עִם נְעָרִים שְׁנַיִם
וּקְרָאתוֹ מִן הַשָּׁמַיִם פְּעָמִים שְׁנַיִם
הוֹשִׁיעֵנוּ בַּחֲגִיגַת יָמִים שְׁנַיִם.

אָנָּא זְכֹר בֵּן הִכְמִיר רַחֲמֵי אָב בַּאֲמִירוֹת שְׁנַיִם
חֲנַנְתּוֹ גּוֹיִם שְׁנַיִם וּלְאֻמִּים שְׁנַיִם
וַיְבָרֶךְ הֱוֵה גְבִיר פְּעָמִים שְׁנַיִם
הוֹשִׁיעֵנוּ בַּחֲגִיגַת יָמִים שְׁנַיִם.

אָנָּא זְכֹר הָיָה צָעִיר וְנָחַל פִּי שְׁנַיִם
וְעָשָׂה מַטְעַמִּים גְּדָיִים שְׁנַיִם
עָבַר בְּמַקְלוֹ אֶת הַיַּרְדֵּן וְהָיָה לְמַחֲנוֹת שְׁנַיִם
הוֹשִׁיעֵנוּ בַּחֲגִיגַת יָמִים שְׁנַיִם.

אָנָּא הַמַּשְׁמִיעֵנוּ תּוֹרָה עַל יְדֵי רוֹעִים שְׁנַיִם
הַמַּנְחִילֵנוּ עֲשֶׂרֶת דְּבָרִים עַל לֻחוֹת שְׁנַיִם
הַמַּאֲזִין וּמֵעִיד בָּנוּ עֵדִים שְׁנַיִם
הוֹשִׁיעֵנוּ בַּחֲגִיגַת יָמִים שְׁנַיִם.

הוֹשַׁעְנָא הוֹשַׁעְנָא

הושענא לרבי יוסף אבן אביתור

(בדפוסים ישנים הבתים שבסוגריים אינם מופיעים).

אֱלֹהִים אֵלִי אַתָּה אֲשַׁחֲרֶךָּ, מֵאֶרֶץ שִׁבְיִי וּפְזוּרִי
אֶשָּׂא עֵינַי אֶל־הֶהָרִים, מֵאַיִן יָבֹא עֶזְרִי: תהלים קכא

בְּכָל־לִבִּי דְּרַשְׁתִּיךָ, הַדְּרֵשׁ לִי מֵעֶרֶץ
עֶזְרִי מֵעִם יְהֹוָה, עֹשֵׂה שָׁמַיִם וָאָרֶץ: תהלים קכא

גְּבוּרָתְךָ עוֹרְרָה, לְנֶאֱנָקִים בְּיַד רוֹדֵם
הָבָה־לָּנוּ עֶזְרָת מִצָּר, וְשָׁוְא תְּשׁוּעַת אָדָם: תהלים ס

גְּמֹל עַל עַבְדְּךָ אֶחְיֶה, חֲבֹשׁ לְנַפְשִׁי הָאֲנוּשָׁה
רְצֵה יְהֹוָה לְהַצִּילֵנִי, יְהֹוָה לְעֶזְרָתִי חוּשָׁה: תהלים מ

דָּבְקָה לֶעָפָר נַפְשֵׁנוּ בְּתִגְרַת קָמֶיךָ לְנֶגְדֶּךָ
קוּמָה עֶזְרָתָה לָּנוּ, וּפְדֵנוּ לְמַעַן חַסְדֶּךָ: תהלים מד

הִמָּצֵא לִי בְּקָרְאִי, צוּר יִשְׁעִי וְגוֹאֲלִי
שְׁמַע־יְהֹוָה וְחָנֵּנִי, יְהֹוָה הֱיֵה־עֹזֵר לִי: תהלים ל

וְאֶעֱנֶה חוֹרְפִי דָבָר, בְּעֻזְּךָ אֵל עוֹזֵר
יָתוֹם, אַתָּה הָיִיתָ עוֹזֵר: תהלים י

זְרוּיִים בְּקַצְוֵי אֶרֶץ, אֲשֶׁר בְּהֵיכַל דְּבִירְךָ יִנְהוּ
נַפְשֵׁנוּ חִכְּתָה לַיהֹוָה, עֶזְרֵנוּ וּמָגִנֵּנוּ הוּא: תהלים לג

חֲרֵדִים בְּקַצְוֵי אֶרֶץ, מֵהֲגוֹת גְּרוֹנָם נִחַר
עֶזְרָתִי וּמְפַלְטִי אַתָּה, אֱלֹהַי אַל־תְּאַחַר: תהלים מ

(טָרוּף בִּלּוּעַ בְּפִיהֶם, וּמִשָּׁם צִדְקָתְךָ אֲתַנֵּן
כִּי־הָיִיתָ עֶזְרָתָה לִּי, וּבְצֵל כְּנָפֶיךָ אֲרַנֵּן:) תהלים סג

יוֹדֵעַ וְחוֹקֵר כְּלָיוֹת, וּמַעֲשֵׂי יָדָיו וּמַעֲלָלוֹ
כִּי־יַצִּיל אֶבְיוֹן מְשַׁוֵּעַ, וְעָנִי וְאֵין־עֹזֵר לוֹ: תהלים עב

כָּלוּ עֵינַי מִיַּחֵל, שַׁוְעָה אֶת שַׁוְעָתִי
חוּשָׁה לְעֶזְרָתִי, אֲדֹנָי תְּשׁוּעָתִי: תהלים לח

לְךָ־אֲנִי הוֹשִׁיעֵנִי, מִשְׂגַּבִּי וּמֵרִים רֹאשִׁי
תהלים נד הִנֵּה אֱלֹהִים עֹזֵר לִי, אֲדֹנָי בְּסֹמְכֵי נַפְשִׁי:

(מִשֹּׁאֵיהֶם תָּשִׁיב נַפְשִׁי, וְשׁוֹבְבֵנִי
תהלים כז עֶזְרָתִי הָיִיתָ, אַל־תִּטְּשֵׁנִי וְאַל־תַּעַזְבֵנִי:

נְוֵה קָדְשְׁךָ כְּמֵאָז תְּשַׁכְלֵל, וּתִיקַר יְקָר
תהלים מו יַעְזְרֶהָ אֱלֹהִים לִפְנוֹת בֹּקֶר:)

שְׂרִידֵי יְהוּדָה תְּבַקֵּר, וּבְצֵל כְּנָפֶיךָ נְחִיֶה
דברים לג יָדָיו רָב לוֹ, וְעֵזֶר מִצָּרָיו תִּהְיֶה:

(עִיר מוֹעֲדֵנוּ, אֲשֶׁר מִשָּׁם נִצְעֲנוּ
עָזְרֵנוּ אֱלֹהֵי יִשְׁעֵנוּ, כִּי בְךָ נוֹשָׁעְנוּ)

פְּרַח תִּפְרַח וְתָגֵל מְחִיָּה, בְּתִתָּם קוֹלָם
כִּי עֶזְרַת אֲבוֹתֵינוּ, אַתָּה הוּא מֵעוֹלָם.

(צוּר, יוֹם רִאשׁוֹן בְּקַחְתֵּנוּ לְרוֹמְמֶךָ
תהלים עט עָזְרֵנוּ אֱלֹהֵי יִשְׁעֵנוּ, עַל־דְּבַר כְּבוֹד־שְׁמֶךָ:

קֶשֶׁר אֲגֻדָּה אֶשְׁלִים, לְהוֹדוֹת שִׁמְךָ אֲזָרֵתִי
תהלים כח בּוֹ בָטַח לִבִּי וְנֶעֱזָרְתִּי:

רְצִתִי בְּכַפּוֹת תְּמָרִים, רְצֵה לְהַעֲבִיר שִׁמְצָה
תהלים מו אֱלֹהִים לָנוּ מַחֲסֶה וָעֹז, עֶזְרָה בְצָרוֹת נִמְצָא:

שׁוֹקְדֵי עֲנַף עֲבוֹת, פְּרִי וְעַרְבֵי נַחַל‏ִי
ישעיה נ וַאדֹנָי יֶהוִֹה יַעֲזָר־לִי:

תַּעַשׂ עִמָּנוּ אוֹת לְטוֹבָה, וְיִתְאַשְּׁרוּן בָּךְ בְּחִירֶיךָ
דברים לג עַם נוֹשַׁע בַּיהוָה, מָגֵן עֶזְרֶךָ:

וְתֵרֶא אֹיַבְתִּי וְתֵבוֹשׁ, אֲשֶׁר גְּאַלְתָּנוּ
כִּי־אַתָּה יְהוָה, עֲזַרְתָּנוּ וְנִחַמְתָּנוּ.)

## הוֹשַׁעְנָא

אָנָּא הוֹשִׁיעָה נָּא אָנָּא הוֹשִׁיעָה נָּא

אָנָּא יוֹצְרִי דָּרְשֵׁנִי / וְכִימֵי עוֹלָם חָפְשֵׂנִי
וּמַדֵּי הוֹדְךָ תַּלְבִּישֵׁנִי / הַיּוֹם בְּיוֹם שֵׁנִי הוֹשִׁיעָה נָּא.
אָנָּא הוֹשִׁיעָה נָּא

אָנָּא סֹב נָא וְהַנְפִּישֵׁנִי / וּמִמֵּימֵי מְצוּלָה הַמְשֵׁנִי
פְּנֵה אֵלַי וְאַל תְּבִישֵׁנִי / הַיּוֹם בְּיוֹם שֵׁנִי הוֹשִׁיעָה נָּא.
אָנָּא הוֹשִׁיעָה נָּא

הושענא לרבי יוסף אבן אביתור

אֲנִי וָהוֹ הוֹשִׁיעָה נָּא אֲנִי וָהוֹ הוֹשִׁיעָה נָּא

כְּהוֹשַׁעְתָּ יְגִיעֵי נֶשֶׁם / וּמְכֵּי גֵו וָגֶשֶׁם
וַיֶּאְשְׁמוּ אָשֵׁם / אָצִים לְנָקְשֵׁנִי
סוֹחֲחֵי פִּלּוּל / פְּצוֹת לְךָ הִלּוּל
לְסַלְסֶלְךָ בְּמִלּוּל / נְהַלֶּלְךָ בְּיוֹם שֵׁנִי כֵּן הוֹשַׁעְנָא.
אֲנִי וָהוֹ הוֹשִׁיעָה נָּא

כְּהוֹשַׁעְתָּ יוֹצְאֵי חָנֵס / בְּמוֹפֵת וָנֵס
וְשִׁחַתָּ אוֹנֵס / חוֹשֵׁק לְכָבְשֵׁנִי
שְׂרִידֵי עֲדָתֶךָ / סוֹבְבֵי תְעוּדָתֶךָ
פּוֹצְחֵי אַפַּדְתֶּךָ / נְהַלֶּלְךָ בְּיוֹם שֵׁנִי כֵּן הוֹשַׁעְנָא.
אֲנִי וָהוֹ הוֹשִׁיעָה נָּא

פזמון

חִלְּתָה פְּנֵי אֲדוֹנֶיהָ / עַם עָצוּר בְּרֹב פַּחַד
וְסוֹבְבָה בְּבֵית אֱלֹהֶיהָ / שְׁתֵּי פְעָמִים בְּלֵב יַחַד
וְעָנְתָה כִּי טוֹבִים הַשְּׁנַיִם מִן־הָאֶחָד: קהלת ד

טוֹב תִּקַּח מִמֶּנּוּ / יָדְךָ תִּתְעַצְּמֶנּוּ
מִיּוֹמַיִם תְּחַיֵּנוּ / וּבַשְּׁלִישִׁי תְקִימֶנּוּ
הָאֵל אֲשֶׁר מִמֶּנּוּ / כָּל דָּבָר לֹא נִכְחָד
וְעָנְתָה כִּי טוֹבִים הַשְּׁנַיִם מִן־הָאֶחָד:

כְּהוֹשַׁעְתָּ מֵאָז עֲדָתֶךָ. כֵּן הוֹשִׁיעָה אֶת־עַמֶּךָ וּבָרֵךְ אֶת־נַחֲלָתֶךָ: תהלים כח
נְהַלֶּלְךָ בְּיוֹם שֵׁנִי כֵּן הוֹשַׁעְנָא.

אֲנִי וָהוֹ הוֹשִׁיעָה נָּא אֲנִי וָהוֹ הוֹשִׁיעָה נָּא

וממשיכים ׳כַּכָּתוּב: הוֹשִׁיעָה׳ בעמ׳ 479 (ובחו״ל ממשיכים ׳כַּכָּתוּב: הוֹשִׁיעָה׳ בעמ׳ 471).

## הושענות ליום שלישי של סוכות

פותחים בהושענא בעמ׳ 466 ואחר כך מקיפים את התיבה באמירת הושענא זו.

הושענא לרב סעדיה גאון

אָנָּא הָאֵל הַנִּקְדָּשׁ בִּקְדֻשּׁוֹת שְׁלֹשָׁה
בָּרָא בְּמַעֲשֵׂה בְרֵאשִׁית בְּכָל יוֹם שְׁלֹשָׁה
וּבַשִּׁשִּׁי וּבַשְּׁבִיעִי שְׁלֹשָׁה שְׁלֹשָׁה
הוֹשִׁיעֵנוּ בַּחֲגִיגַת יָמִים שְׁלֹשָׁה.

אָנָּא זְכֹר אָב רָאָה מַלְאָכִים שְׁלֹשָׁה
וַיְמַהֵר לְהַסְעִידָם סְאִים שְׁלֹשָׁה
הָלְכוּ אִתּוֹ בַּעֲלֵי בְרִית שְׁלֹשָׁה
הוֹשִׁיעֵנוּ בַּחֲגִיגַת יָמִים שְׁלֹשָׁה.

אָנָּא זְכֹר בֵּן הוּכַן לַעֲקֵדָה לְיָמִים שְׁלֹשָׁה
כָּרַת בְּרִית עִם מֶלֶךְ וּמֵרֵעֵהוּ וְשַׂר צְבָאוֹ שְׁלֹשָׁה
בִּזְכוּתוֹ נָחֲלוּ בָנָיו כְּתָרִים שְׁלֹשָׁה
הוֹשִׁיעֵנוּ בַּחֲגִיגַת יָמִים שְׁלֹשָׁה.

אָנָּא זְכֹר תָּם חָזָה סֻלָּם בְּעוֹלִים וְיוֹרְדִים שְׁלֹשָׁה
וּפִצֵּל בָּרְהָטִים מַקְלוֹת שְׁלֹשָׁה
וַיְשַׁלַּח בָּנָיו לְצֹעַן פְּעָמִים שְׁלֹשָׁה
הוֹשִׁיעֵנוּ בַּחֲגִיגַת יָמִים שְׁלֹשָׁה.

אָנָּא הַגּוֹאֲלֵנוּ עַל יְדֵי אַחִים שְׁלֹשָׁה
הַשָּׂם בָּנוּ מַעֲלוֹת כֹּהֲנִים וּלְוִיִּם וְיִשְׂרָאֵל שְׁלֹשָׁה
הַמַּנְחִילֵנוּ תּוֹרָה נְבִיאִים וּכְתוּבִים שְׁלֹשָׁה
הוֹשִׁיעֵנוּ בַּחֲגִיגַת יָמִים שְׁלֹשָׁה.

הוֹשַׁעְנָא הוֹשַׁעְנָא

הושענא לרבי יוסף אבן אביתור

אַמְּצֵנִי אֱלֹהַי בְּמוֹעֲדַי וַחֲגִיגַי
אֲמָרַי הַאֲזִינָה, יְהוָה, בִּינָה הֲגִיגִי: תהלים ה

בְּהִתְיַצְּבִי לְפָנֶיךָ כְּדַל שׁוֹאֵל לְדָרְשֶׁךָ
בְּנָשְׂאִי יָדַי אֶל־דְּבִיר קָדְשֶׁךָ: תהלים כח

גְּנֹן נוֹחֲלֵי דָת פְּלִילִיָּה
גְּדֹל הָעֵצָה וְרַב הָעֲלִילִיָּה: ירמיה לב

דְּבָרְךָ הָקֵם לִמְיַחֲלֵי רְצוֹנֶךָ
דּוֹר דֹּרְשָׁו מְבַקְשֵׁי פָנֶיךָ: תהלים כד

הֶמְיַת קוֹרְאֶיךָ לְשׁוֹחֲרֶיךָ שַׁחַר
הַקְשִׁיבָה וַעֲשֵׂה אַל־תְּאַחַר: דניאל ט

וּפִיהֶם לֹא יִכְלוּ מִיִּחוּד שְׁמֶךָ
אַתָּה יְהוָה לֹא־תִכְלָא רַחֲמֶיךָ: תהלים מ

זְכֹר דָּבָר לְעַבְדְּךָ עַל אֲשֶׁר יִחַלְתָּנוּ
זְכֹר אַל־תָּפֵר בְּרִיתְךָ אִתָּנוּ: ירמיה יד

חֹן שׁוֹטְחִים אֵלֶיךָ כַּפַּיִם
חַנּוּן וְרַחוּם יְהוָה, אֶרֶךְ אַפַּיִם: תהלים קמה

טוּבְךָ מְיַחֲלִים לָמוֹ תְּחִישֶׁנּוּ
טוֹב יְהוָה לְקֹוָו לְנֶפֶשׁ תִּדְרְשֶׁנּוּ: איכה ג

יָשִׂישׂוּ וְיִשְׂמְחוּ בְךָ דַּלַּי וְאֶבְיוֹנַי
יֹאמְרוּ תָמִיד יִגְדַּל יְהוָה: תהלים מ

כּוֹנֵן סְגֻלָּה אֲשֶׁר לְשִׁמְךָ שַׁתָּה
כִּי־תִפְאֶרֶת עֻזָּמוֹ אָתָּה: תהלים פט

מַגֵּר צוֹרְרֵי עַמְּךָ אֲשֶׁר תָּמִיד יְשִׁימֻנּוּ
מַצִּיל עָנִי מֵחָזָק מִמֶּנּוּ: תהלים לה

הוֹשַׁעְנָא

אָנָּא הוֹשִׁיעָה נָּא אָנָּא הוֹשִׁיעָה נָּא

אָנָּא יַסֵּד יְסוֹדוֹת מִקְדָּשִׁי / לַעֲרֹב בּוֹ נִיחוֹחֵי אִשִּׁי
וְתַזְרִיחַ אוֹר שִׁמְשִׁי / הַיּוֹם בְּיוֹם שְׁלִישִׁי הוֹשִׁיעָה נָּא.
אָנָּא הוֹשִׁיעָה נָּא

אָנָּא סְחֵה נָא מוֹקְשִׁי / וְשׁוֹבֵב מְעוֹן מִקְדָּשִׁי
פְּדֵה בְשָׁלוֹם נַפְשִׁי / הַיּוֹם בְּיוֹם שְׁלִישִׁי הוֹשִׁיעָה נָּא.
אָנָּא הוֹשִׁיעָה נָּא

הושענא לרבי יוסף אבן אביתור

אֲנִי וָהוּ הוֹשִׁיעָה נָּא אֲנִי וָהוּ הוֹשִׁיעָה נָּא

כְּהוֹשַׁעְתָּ יְדִידִים / מִכַּף מַעֲבִידִים
וַתִּמְחַץ לוֹדִים / בַּעֲלוֹת לְךָ רַחֲשִׁי
סְגֻלָּה מְאֻשֶּׁרֶת / אֲשֶׁר לְךָ שׁוֹבֶרֶת
פּוֹצַחַת לְךָ עֲתֶרֶת / נְהַלֶּלְךָ בְּיוֹם שְׁלִישִׁי כֵּן הוֹשַׁעְנָא.
אֲנִי וָהוּ הוֹשִׁיעָה נָּא

כְּהוֹשַׁעְתָּ יְפֵה נוֹף / מִמַּכְלְאֵי נוֹף
וַתְּאַנֵּף אָנֹף / עַד צֵאתִי חָפְשִׁי
שְׂרִידֵי הָעֵדֶר / מְאַדְּרִים אֶדֶר
פְּצוֹת לְךָ הוֹד וָהֶדֶר / נְהַלֶּלְךָ בְּיוֹם שְׁלִישִׁי כֵּן הוֹשַׁעְנָא.
אֲנִי וָהוּ הוֹשִׁיעָה נָּא

פזמון המיוחס לרבי משה אבן עזרא

מְיַחֲדִים שֵׁם הָאֵל / הַיּוֹם בְּשִׁירָה עֲרוּכָה
וּבְבִיאַת הַגּוֹאֵל / הַעֲלֵה לָנוּ אֲרוּכָה
מְשׁוֹרְרִים אֵין כָּאֵל / עִם לוֹ תְּאוֹת מְלוּכָה
יְהִיֶה לְיִשְׂרָאֵל שְׁלִישִׁיָּה בְּרָכָה.

סוֹבְבֵי תְעוּדָתֶךָ / הָאֵר אֲפֵלָתָם
הַיּוֹם בְּבֵיתֶךָ / תַּקְשִׁיב תְּחִנָּתָם
לָדִין בְּשִׁבְתֶּךָ / הַעֲבֵר חַטָּאתָם
הֲשִׁיבֵם לְקַדְמוּתָם / מַעֲרָכָה לִקְרַאת מַעֲרָכָה
יִהְיֶה לְיִשְׂרָאֵל שְׁלִישִׁיָּה בְּרָכָה.

כְּהוֹשַׁעְתָּ מֵאָז עֲדָתֶךָ, כֵּן הוֹשִׁיעָה אֶת־עַמֶּךָ וּבָרֵךְ אֶת־נַחֲלָתֶךָ: תהלים כח
נְהַלֶּלְךָ בְּיוֹם שְׁלִישִׁי כֵּן הוֹשַׁעְנָא.

אֲנִי וָהוֹ הוֹשִׁיעָה נָּא אֲנִי וָהוֹ הוֹשִׁיעָה נָּא

כַּכָּתוּב: הוֹשִׁיעָה אֶת־עַמֶּךָ וּבָרֵךְ אֶת־נַחֲלָתֶךָ, וּרְעֵם וְנַשְּׂאֵם עַד־הָעוֹלָם: תהלים כח

יש מוסיפים פסוקים אלו:

וְנֶאֱמַר: וְיִהְיוּ דְבָרַי אֵלֶּה אֲשֶׁר הִתְחַנַּנְתִּי לִפְנֵי יְהֹוָה, קְרֹבִים אֶל־יְהֹוָה מלכים א׳ ח
אֱלֹהֵינוּ יוֹמָם וָלָיְלָה, לַעֲשׂוֹת מִשְׁפַּט עַבְדּוֹ וּמִשְׁפַּט עַמּוֹ יִשְׂרָאֵל דְּבַר־
יוֹם בְּיוֹמוֹ: לְמַעַן דַּעַת כָּל־עַמֵּי הָאָרֶץ כִּי יְהֹוָה הוּא הָאֱלֹהִים, אֵין עוֹד: יהושע א
לֹא־יָמוּשׁ סֵפֶר הַתּוֹרָה הַזֶּה מִפִּיךָ וְהָגִיתָ בּוֹ יוֹמָם וָלַיְלָה, לְמַעַן תִּשְׁמֹר
לַעֲשׂוֹת כְּכָל־הַכָּתוּב בּוֹ, כִּי־אָז תַּצְלִיחַ אֶת־דְּרָכֶךָ וְאָז תַּשְׂכִּיל: הֲלוֹא
צִוִּיתִיךָ חֲזַק וֶאֱמָץ, אַל־תַּעֲרֹץ וְאַל־תֵּחָת, כִּי עִמְּךָ יְהֹוָה אֱלֹהֶיךָ בְּכֹל
אֲשֶׁר תֵּלֵךְ:

בקהילות שבהן אומרים הושענות מיד אחרי ההלל, אומרים כאן קדיש תתקבל (עמ׳ 100), ויש אומרים ׳בְּרִיךְ שְׁמֵהּ׳ בעמ׳ 93. מגביהים את ספר התורה (עמ׳ 94) וקוראים את הפרשה בעמ׳ 524. אחר כך אומרים ׳אַשְׁרֵי׳, ׳וּבָא לְצִיּוֹן׳, ויש אומרים גם ׳בֵּית יַעֲקֹב׳, שיר של יום ו׳הוֹשִׁיעֵנוּ׳ בעמ׳ 97 ואילך (ראה הלכה 381 ו־420).

שליח הציבור אומר חצי קדיש ומתפללים מוסף בעמ׳ 443.

בקהילות שבהן אומרים הושענות אחרי מוסף, אומרים פסוקים אלו בשעה שמחזירים את ספר התורה להיכל. אחר כך אומרים קדיש תתקבל בעמ׳ 100, מזמור הרגל בעמ׳ 417 ו׳קַוֵּה׳ בעמ׳ 112, ומסיימים את התפילה.

שׁוּבָה לִמְעוֹנְךָ וּשְׁכֹן בְּבֵית מַאֲוַיֶּךָ, כִּי כָל פֶּה וְכָל לָשׁוֹן יִתְּנוּ הוֹד וְהָדָר
לְמַלְכוּתֶךָ. וּבְנֻחֹה יֹאמַר, שׁוּבָה יְהֹוָה רִבְבוֹת אַלְפֵי יִשְׂרָאֵל: במדבר י
הֲשִׁיבֵנוּ יְהֹוָה אֵלֶיךָ וְנָשׁוּבָה, חַדֵּשׁ יָמֵינוּ כְּקֶדֶם: איכה ה

# הושענות ליום רביעי של סוכות

פותחים בהושענא בעמ׳ 466 ואחר כך מקיפים את התיבה באמירת הושענא זו.

הושענא לרב סעדיה גאון

אָנָּא הַבּוֹרֵא עוֹלָמוֹ בִּיסוֹדוֹת אַרְבָּעָה
הַנּוֹתֵן נוֹשְׂאֵי כִסְאוֹ חַיּוֹת אַרְבָּעָה
הַמַּצִּיב פִּנּוֹת אַרְבָּעָה וּתְקוּפוֹת אַרְבָּעָה
הוֹשִׁיעֵנוּ בַּחֲגִיגַת יָמִים אַרְבָּעָה.

אָנָּא זְכֹר אָב הָעִיר מִמִּזְרָח כָּאוֹר לְיָמִים אַרְבָּעָה
רָדַף וַיֵּחָלֵק עַל מְלָכִים אַרְבָּעָה
בִּשַּׂרְתּוֹ לָשׁוּב זַרְעוֹ לְדוֹרוֹת אַרְבָּעָה
הוֹשִׁיעֵנוּ בַּחֲגִיגַת יָמִים אַרְבָּעָה.

אָנָּא זְכֹר בֵּן הֻגַּשׁ לַעֲקֵדָה עַל קַרְנוֹת אַרְבָּעָה
וְחָפַר בִּפְלֶשֶׁת בְּאֵרוֹת אַרְבָּעָה
וַיַּעְתֵּק לְחֶבְרוֹן קִרְיַת אַרְבָּעָה
הוֹשִׁיעֵנוּ בַּחֲגִיגַת יָמִים אַרְבָּעָה.

אָנָּא זְכֹר תָּם נֶעֱזַר בְּאִמָּהוֹת אַרְבָּעָה
חֻנַּן לְהִנָּצֵל מִשְּׁפָטִים אַרְבָּעָה
בִּתְפִלָּתוֹ כִּלְכְּלָתָ בָּנָיו בִּדְבָרִים אַרְבָּעָה
הוֹשִׁיעֵנוּ בַּחֲגִיגַת יָמִים אַרְבָּעָה.

אָנָּא הַמּוֹלִיכֵנוּ בַּמִּדְבָּר בִּדְגָלִים אַרְבָּעָה
צִוָּה לְמַלֹּאת בַּחֹשֶׁן טוּרִים אַרְבָּעָה
הַמְצַוֵּנוּ לְהַלְלוֹ בֶּחָג בְּמִינִים אַרְבָּעָה
הוֹשִׁיעֵנוּ בַּחֲגִיגַת יָמִים אַרְבָּעָה.

הוֹשַׁעְנָא הוֹשַׁעְנָא

הושענות לרבי יוסף אבן אביתור

אֵל, פִּתְחָךְ יָרֹן שֶׂה אוֹבֵד בַּהֲדוּמָךְ
יְהֹוָה אֲדֹנֵינוּ, מָה־אַדִּיר שִׁמְךָ: תהלים ח

בִּיעֵר בָּעֲרָבָה בְּקוֹל יָעֹז
יְהֹוָה, בִּרְצוֹנְךָ הֶעֱמַדְתָּה לְהַרְרִי עֹז: תהלים ל

גַּמָּא צָמֵא לְיִשְׁעֲךָ פּוֹעֵר פִּיו לְמַלְקוֹשׁוֹ
יְהֹוָה גֹּאֵל יִשְׂרָאֵל קְדוֹשׁוֹ: ישעיה מט

דִּבֵּר וַיִּקְרָא אֶרֶץ דָּלָה אֲסִירֶיךָ מִמְּצָרִים
יְהֹוָה דֹּבֵר צֶדֶק מַגִּיד מֵישָׁרִים: ישעיה מה

הָבֵא שְׁנַת שִׁלּוּמִים לַאֲשֶׁר בַּדֶּשֶׁן נִדְשָׁנוּ
יְהֹוָה הַט־שָׁמֶיךָ וְתֵרֵד, גַּע בֶּהָרִים וְיֶעֱשָׁנוּ: תהלים קמד

וְהָרֵק חֲנִית וּסְגֹר לִקְרַאת רוֹדְפֵי כְּמֵהִים
יְהֹוָה וְאֵין עוֹד, זוּלָתִי אֵין אֱלֹהִים: ישעיה מה

זֶרַע אָדָם וְזֶרַע בְּהֵמָה חִישׁ לְגוּלַת אֲרִיאֵל
יְהֹוָה זְכָרָנוּ יְבָרֵךְ, יְבָרֵךְ אֶת־בֵּית יִשְׂרָאֵל: תהלים קטו

הוֹשַׁעְנָא

אָנָּא הוֹשִׁיעָה נָּא אָנָּא הוֹשִׁיעָה נָּא

אָנָּא יֶעֱרַב לְךָ שַׁוְעִי / בְּלוּלָבִי בְּנַעַנְעִי
וְקָרֵב נָא קֵץ יִשְׁעִי / הַיּוֹם בְּיוֹם רְבִיעִי הוֹשִׁיעָה נָּא.

אָנָּא הוֹשִׁיעָה נָּא

אָנָּא סֹב נָא לְהַרְגִּיעִי / וְכוֹנֵן אָרְחִי וְרִבְעִי
פְּעָלַי שְׁעֵה בְּהִשְׁתַּעַשְׁעִי / נַהֵל לִנְוֵה מַרְגּוֹעִי
הַיּוֹם בְּיוֹם רְבִיעִי הוֹשִׁיעָה נָּא.

אָנָּא הוֹשִׁיעָה נָּא

אֲנִי וָהוּ הוֹשִׁיעָה נָּא    אֲנִי וָהוּ הוֹשִׁיעָה נָּא

כְּהוֹשַׁעְתָּ   יַקִּיר / מְשֹׁד מְקַרְקַר קִיר
וַתַּךְ וַתַּעֲקִיר / שׁוֹקֵק שִׁקּוּעַי
גַּם עַתָּה חַלֵּץ / אָלוּץ מִמְּאַלֵּץ
וּמַדְוֵי לֵב תְּעַלֵּץ / נְהַלֶּלְךָ בְּיוֹם רְבִיעִי   כֵּן הוֹשַׁעְנָא.
אֲנִי וָהוּ הוֹשִׁיעָה נָּא

כְּהוֹשַׁעְתָּ   שׁוֹרֵק / מִכַּף צַר שׁוֹרֵק
אֲשֶׁר שִׁנָּיו חוֹרֵק / לְקַצֵּץ אֶת גְּזָעַי
פֶּתַע פִּתְאוֹם / נְאֻמַת נָאֹם
לְהַשְׁבִּיתוֹ מִלְּאֹם / נְהַלֶּלְךָ בְּיוֹם רְבִיעִי   כֵּן הוֹשַׁעְנָא.
אֲנִי וָהוּ הוֹשִׁיעָה נָּא

פזמון

יִשְׁעֲךָ הַרְאֵה יָהּ / הָאֵל גְּדוֹל דֵּעָה
מַהֵר קֵץ יְשׁוּעָה / לְאֹם נוֹשָׁעָה
סוֹבְבֵי תוֹרָתְךָ פְּעָמִים אַרְבָּעָה.

גּוֹאֵל יִשְׂרָאֵל / הֱיֵה נָא מוֹשִׁיעָם
וּבְעִתּוֹת כָּאֵל / הֱיֵה נָא מַרְגִּיעָם
גַּלֵּה קֵץ יִשְׁעָם / וּלְכָה לִישׁוּעָה
סוֹבְבֵי תוֹרָתְךָ פְּעָמִים אַרְבָּעָה.

תהלים כח   כְּהוֹשַׁעְתָּ מֵאָז עֲדָתֶךָ, כֵּן הוֹשִׁיעָה אֶת־עַמֶּךָ וּבָרֵךְ אֶת־נַחֲלָתֶךָ:
נְהַלֶּלְךָ בְּיוֹם רְבִיעִי, כֵּן הוֹשַׁעְנָא.
אֲנִי וָהוּ הוֹשִׁיעָה נָּא    אֲנִי וָהוּ הוֹשִׁיעָה נָּא

וממשיכים 'כַּכָּתוּב: הוֹשִׁיעָה' בעמ' 479.

# הוֹשַׁעְנוֹת לְיוֹם חֲמִישִׁי שֶׁל סוּכּוֹת

פותחים בהושענא בעמ' 466 ואחר כך מקיפים את התיבה באמירת הושענא זו.

הושענא לרב סעדיה גאון

אָנָּא הַמְיַחֵד לִכְבוֹדוֹ שֵׁמוֹת חֲמִשָּׁה
הַקּוֹנֶה בְּעוֹלָמוֹ קִנְיָנִים חֲמִשָּׁה
הַיּוֹצֵר בִּבְרִיּוֹתָיו גִּבּוֹרִים חֲמִשָּׁה
הוֹשִׁיעֵנוּ בַּחֲגִיגַת יָמִים חֲמִשָּׁה.

אָנָּא זְכֹר אָב כָּרַת בְּרִית בִּבְתָרִים חֲמִשָּׁה
וְהֵשִׁיב רְכוּשׁ לִמְלָכִים חֲמִשָּׁה
וְחִנֵּן עַל הֲפִיכַת עָרִים חֲמִשָּׁה
הוֹשִׁיעֵנוּ בַּחֲגִיגַת יָמִים חֲמִשָּׁה.

אָנָּא זְכֹר בֵּן נֶעֱקַד בְּהַר שְׁעָרִים חֲמִשָּׁה
יָרַשׁ מֵהוֹרוֹ בְּרָכוֹת חֲמִשָּׁה
וְהִשְׁלִים נֶפֶשׁ נְקוּבָה בְּשֵׁמוֹת חֲמִשָּׁה
הוֹשִׁיעֵנוּ בַּחֲגִיגַת יָמִים חֲמִשָּׁה.

אָנָּא זְכֹר תָּם נַעֲשׂוּ לוֹ נִסִּים חֲמִשָּׁה
וַיַּצֵּג מִבָּנָיו אַחִים חֲמִשָּׁה
כָּפְרוֹ שֵׁת לְנָזִיר הַמַּחֲלִיף חֲמִשָּׁה
הוֹשִׁיעֵנוּ בַּחֲגִיגַת יָמִים חֲמִשָּׁה.

אָנָּא הַמַּנְחִילֵנוּ דַּת סְפָרִים חֲמִשָּׁה
הַמַּשְׁמִיעֵנוּ דִּבְּרוֹתָיו בְּקוֹלוֹת חֲמִשָּׁה
הַכְּתוּבִים עַל הַלֻּחוֹת חֲמִשָּׁה חֲמִשָּׁה
הוֹשִׁיעֵנוּ בַּחֲגִיגַת יָמִים חֲמִשָּׁה.

הוֹשַׁעְנָא הוֹשַׁעְנָא

אֱמוּנֶיךָ מִתְחַנְּנִים לַחֲבשׁ מַחֲצָם כְּמֵאָז חָבַשְׁתָּ
יְהוָה אֱלֹהַי גָּדַלְתָּ מְּאֹד, הוֹד וְהָדָר לָבָשְׁתָּ: תהלים קד

נַהֲלֵנִי בְחֻקּוֹתֶיךָ לְמַעַן שְׁלשֶׁת הוֹרַי
יְהוָה נְחֵנִי בְצִדְקָתֶךָ לְמַעַן שׁוֹרְרָי: תהלים ה

יְרִיבֶיךָ יֹאבְדוּ אֲשֶׁר בְּתִגְרָתָם סִגַּרְתָּנוּ
יְהוָה, הָאֵר פָּנֶיךָ אִתָּנוּ.

יָהּ אֲשֶׁר אֵין לוֹ חֵקֶר שְׁלַח מְבַשֵּׂר צוּר עִילוּם
יְהוָה עֹז לְעַמּוֹ יִתֵּן, יְהוָה יְבָרֵךְ אֶת־עַמּוֹ בַשָּׁלוֹם: תהלים כט

צְפֵה גָלוּתִי וְעָנְיִי, אֵל נִדְרָשׁ לְכָל שׁוֹאֵל
יְהוָה צְבָאוֹת אֱלֹהֵי יִשְׂרָאֵל: שמואל ב׳ ז

חַנּוּן הַמְרַחֵם, מִי הִקְשָׁה אֵלָיו וַיִּשְׁלָם
יְהוָה חַסְדְּךָ לְעוֹלָם: תהלים קלח

קַבֵּל שַׁוְעִי מַלְכִּי וְגֹאֲלִי
יְהוָה קְרָאתִיךָ חוּשָׁה לִּי: תהלים קמא

הוֹשַׁעְנָא

אָנָּא הוֹשִׁיעָה נָּא     אָנָּא הוֹשִׁיעָה נָּא

אָנָּא יוֹצְרִי וּקְדוֹשִׁי / שְׁעֵה לַחֲשִׁי וְרַחֲשִׁי
וּמְחֵה וְהַעֲבֵר יוֹקְשִׁי / הַיּוֹם בְּיוֹם חֲמִישִׁי הוֹשִׁיעָה נָּא.
אָנָּא הוֹשִׁיעָה נָּא

אָנָּא סְחֵה נָא מוֹקְשִׁי / וְאַל תִּזְכֹּר עָנְשִׁי
פְּנֵה אֵלַי דוֹרְשִׁי / הַיּוֹם בְּיוֹם חֲמִישִׁי הוֹשִׁיעָה נָּא.
אָנָּא הוֹשִׁיעָה נָּא

אֲנִי וָהוּ הוֹשִׁיעָה נָּא    אֲנִי וָהוּ הוֹשִׁיעָה נָּא

כְּהוֹשַׁעְתָּ יְקוּשֵׁי מַלְבֵּן / מֵרְמִסַּת הַתֶּבֶן
וּכְהִדּוּשׁ מַתְבֵּן / דִּשַּׁשְׁתָּ דּוֹשְׁשֵׁי
סְפוּרֵי עֶשֶׂר / יָצְאוּ מִמַּאֲסֵר
פְּצֵם נָא מֵחֹסֶר / נְהַלֶּלְךָ בְּיוֹם חֲמִישִׁי    כֵּן הוֹשַׁעְנָא.

אֲנִי וָהוּ הוֹשִׁיעָה נָּא

כְּהוֹשַׁעְתָּ יְשׁוּרוּן / מִגּוֹי יְצִירוּן
וּלְךָ יְשׁוֹרְרוּן / אֵל מֵרִים רֹאשִׁי
שִׂפְתֵי רְנָנוֹת / פָּצוּ לְךָ נְגִינוֹת
בְּתוֹדָה וּבִתְחִנּוֹת / נְהַלֶּלְךָ בְּיוֹם חֲמִישִׁי    כֵּן הוֹשַׁעְנָא.

אֲנִי וָהוּ הוֹשִׁיעָה נָּא

פזמון

מָרוֹם שׁוֹכֵן עַד / נַעֲרָץ בְּקֹדֶשׁ
תִּתְבָּרַךְ לָעַד / שֵׁם אֵל רָם וְנִשָּׂא
מְשׁוֹרְרִים וּמְהַלְלִים / בְּשִׁירָה חֲדָשָׁה
סוֹבְבֵי תוֹרָתְךָ פְּעָמִים חֲמִשָּׁה.

הוֹשַׁע שְׂרִידֶיךָ / אֵל שׁוֹמֵר אֱמוּנִים
רַחוּם חֲסָדֶיךָ / חִישׁ נָא לְאֵיתָנִים
וּזְכֹר בְּרִיתֶךָ / לָנוּ וְלִבְנֵי בָנִים
לְהוֹשִׁיעָה לְהַרְגִּיעָה / אֶבֶן הָרֹאשָׁה
סוֹבְבֵי תוֹרָתְךָ פְּעָמִים חֲמִשָּׁה.

כְּהוֹשַׁעְתָּ מֵאָז עֲדָתֶךָ, כֵּן הוֹשִׁיעָה אֶת־עַמֶּךָ וּבָרֵךְ אֶת־נַחֲלָתֶךָ: תהלים כח
נְהַלֶּלְךָ בְּיוֹם חֲמִישִׁי    כֵּן הוֹשַׁעְנָא.

אֲנִי וָהוּ הוֹשִׁיעָה נָּא    אֲנִי וָהוּ הוֹשִׁיעָה נָּא

וממשיכים 'כַּכָּתוּב: הוֹשִׁיעָה' בעמ' 479.

## הושענות ליום השישי של סוכות

פותחים בהושענא בעמ׳ 466 ואחר כך מקיפים את התיבה באמירת הושענא זו.

הושענא לרב סעדיה גאון

אָנָּא הַבּוֹרֵא עוֹלָמוֹ בְּיָמִים שִׁשָּׁה
הַבּוֹנֶה שֵׁשׁ צְלָעוֹת לִצְדָדִים שִׁשָּׁה
הַיּוֹצֵר שְׂרָפִים בִּכְנָפִים שִׁשָּׁה
הוֹשִׁיעֵנוּ בַּחֲגִיגַת יָמִים שִׁשָּׁה.

אָנָּא זְכֹר אָב זָנַח תּוֹעֵבוֹת שִׁשָּׁה
אַחֲרֵי זְקוּנָיו נוֹלְדוּ לוֹ בָנִים שִׁשָּׁה
נָטַע אֶשֶׁל וּבֵרַךְ בְּקֵץ שָׁנִים שִׁשָּׁה
הוֹשִׁיעֵנוּ בַּחֲגִיגַת יָמִים שִׁשָּׁה.

אָנָּא זְכֹר בֵּן נֶעֱקַד בִּמְקוֹם מַעֲרָכוֹת שִׁשָּׁה
גּוֹנַנְתּוֹ וּמִלַּטְתּוֹ מִצָּרוֹת שִׁשָּׁה
כָּרָה מִקְוָאוֹת לְדוֹרְשֵׁי בָם מַעֲלוֹת שִׁשָּׁה
הוֹשִׁיעֵנוּ בַּחֲגִיגַת יָמִים שִׁשָּׁה.

אָנָּא זְכֹר תָּם הוֹלִיד מִן הַבְּכִירָה בָּנִים שִׁשָּׁה
וְצִוָּה קַחַת מִנְחָה מִמִּינִים שִׁשָּׁה
וְהִגְבִּיר אֲבִי שִׁשָּׁה וְהַמְבֹרָכִים בְּשִׁשָּׁה שִׁשָּׁה
הוֹשִׁיעֵנוּ בַּחֲגִיגַת יָמִים שִׁשָּׁה.

אָנָּא הַמְחַבֵּר לָאֵפוֹד שֵׁמוֹת שִׁשָּׁה שִׁשָּׁה
הַמַּצִּיל נְפָשׁוֹת בְּעָרֵי מִקְלָט שִׁשָּׁה
הַמּוֹרִישֵׁנוּ חָכְמַת סְדָרִים שִׁשָּׁה
הוֹשִׁיעֵנוּ בַּחֲגִיגַת יָמִים שִׁשָּׁה.

הוֹשַׁעְנָא הוֹשַׁעְנָא

לְמַעַן אָב אָץ לָבֹא בְּיִחוּד הַשֵּׁם, וּדְבַר הַמֶּלֶךְ הָיָה נָחוּץ
בּוֹא בְּרוּךְ יְהֹוָה, לָמָּה תַעֲמֹד בַּחוּץ: בראשית כד

לְמַעַן גָּעָה לִמְרִירוּת מַטְבֵּחַ, וּבִשֵּׂר בְּאֶהְיֶה אֲשֶׁר אֶהְיֶה
דִּבֶּר יְהֹוָה שָׁלוֹם יִהְיֶה: ירמיה כג

לְמַעַן הַבְּרִית אֲשֶׁר כָּרַתָּ לְאִישׁ תָּם יוֹשֵׁב אֹהָלָיו
וְהִנֵּה יְהֹוָה נִצָּב עָלָיו: בראשית כח

לְמַעַן זָךְ נִרְאֵיתָ לוֹ, בִּשֵּׂר לַהֲמוֹנַי
חִזְקוּ וְיַאֲמֵץ לְבַבְכֶם, כָּל־הַמְיַחֲלִים לַיהוָֹה: תהלים לא

לְמַעַן קוֹרְאֶיךָ בֶּעָשׂוֹר אֲנָשִׁים וְנָשִׁים וָטַף
רְעֵבִים גַּם־צְמֵאִים, נַפְשָׁם בָּהֶם תִּתְעַטָּף: תהלים קז

לְמַעַן שֵׁם קָדְשֶׁךָ שְׁאוֹן יַמִּים תַּשְׁבִּיחַ
תִּפְתַּח־אֶרֶץ וְיִפְרוּ־יֶשַׁע וּצְדָקָה תַצְמִיחַ: ישעיה מה

הוֹשַׁעְנָא

אָנָּא הוֹשִׁיעָה נָּא אָנָּא הוֹשִׁיעָה נָּא

אָנָּא יַשֵּׁר מַעֲרָכַי / וְהַיְשֵׁר מַהֲלָכַי
וְכוֹנְנָה אֶת דְּרָכַי / לָלֶכֶת אֶל הַר קָדְשִׁי
וּקְרָא נָא דְּרוֹר / לִרְווּיֵי מַמְרוֹר
וְשִׂיחָם יֶעֱרַב כְּמוֹ מָר דְּרוֹר / הַיּוֹם בְּיוֹם שִׁשִּׁי הוֹשִׁיעָה נָּא.
אָנָּא הוֹשִׁיעָה נָּא

אָנָּא סַגֵּל סְגֻלָּתֶךָ / וְקַבֵּץ קְהִלָּתֶךָ
לְהַר נַחֲלָתֶךָ / מְקוֹם מִקְדָּשִׁי
פְּזוּרִים תְּקַבֵּץ / לְנָוֶה מַרְבֵּץ
וְתַלְבִּישֵׁם תַּשְׁבֵּץ / הַיּוֹם בְּיוֹם שִׁשִּׁי הוֹשִׁיעָה נָּא.
אָנָּא הוֹשִׁיעָה נָּא

אֲנִי וָהוּ הוֹשִׁיעָה נָּא אֲנִי וָהוּ הוֹשִׁיעָה נָּא

כְּהוֹשַׁעְתָּ יְלִידֵי אַהַב / מֵאוּר הַלַּהַב.
וּמָחַצְתָּ רַהַב / לְכַלּוֹת אֶת קְדֹשַׁי.
סָלוּל וּמְסֻלּוּל / פְּתַחְתָּ בְמַצְלוּל
לַעֲבוֹר עַם כָּלוּל / נְהַלֶּלְךָ בְּיוֹם שִׁשִּׁי כֵּן הוֹשַׁעְנָא.

אֲנִי וָהוּ הוֹשִׁיעָה נָּא

כְּהוֹשַׁעְתָּ יְחִילֵי תוֹר / מֵאֶרֶץ כַּפְתּוֹר
וַתָּשֶׂם מִסְתּוֹר / עָלֵימוֹ, קְדוֹשִׁי.
סְגֻפַּתְ פּוּט / פֶּגַע נָפוּט
לְחַלֵּץ עַם שָׁפוּט / נְהַלֶּלְךָ בְּיוֹם שִׁשִּׁי כֵּן הוֹשַׁעְנָא.

אֲנִי וָהוּ הוֹשִׁיעָה נָּא

פזמון לרבי משה אבן עזרא

שְׁעֵה עֶלְיוֹן לַחֲשִׁי / נַעֲרָץ בִּקְדֻשָּׁה
הַיּוֹם לְךָ בְּדָרְשִׁי / בְּשִׁירָה חֲדָשָׁה
כְּבֹשׁ נָא אֶת כּוֹבְשַׁי / וּרְפָא מַכָּה אֲנוּשָׁה
סוֹבְבֵי תוֹרָתְךָ זֹאת הַפַּעַם שִׁשָּׁה.

הַקְשֵׁב נָא קוֹל אֶבְיוֹן / בְּקָרְאוֹ מִן מְצָרִים
עַם הוֹמֶה בְּצִיּוֹן / בְּיַד עַמִּים וְצָרִים
וְחִישׁ יֶשַׁע וּפִדְיוֹן / לְעַם בְּלֹא הוֹן נִמְכָּרִים
וּשְׁבוּת גְּאֻלָּתָם / תְּמַהֵר תָּחִישָׁה
סוֹבְבֵי תוֹרָתְךָ זֹאת הַפַּעַם שִׁשָּׁה.

כְּהוֹשַׁעְתָּ מֵאָז עֲדָתֶךָ, כֵּן הוֹשִׁיעָה אֶת־עַמֶּךָ וּבָרֵךְ אֶת־נַחֲלָתֶךָ: תהלים כח
נְהַלֶּלְךָ בְּיוֹם שִׁשִּׁי כֵּן הוֹשַׁעְנָא.

אֲנִי וָהוּ הוֹשִׁיעָה נָּא אֲנִי וָהוּ הוֹשִׁיעָה נָּא

וממשיכים 'כַּכָּתוּב הוֹשִׁיעָה' בעמ' 479.

# הושענות להושענא רבה

יום השביעי של סוכות הוא יום הושענא רבה הנקרא גם יום החותם. ראה הלכה 645-647.
ביום זה מקיפים את התיבה שבע פעמים ומוסיפים סליחות ודברי ריצוי על הגשמים.
מתחילים בהושענא בעמ׳ 466.

**הקפה ראשונה – אברהם**

אָנָּא אֵל אֶחָד וּשְׁמוֹ אֶחָד
וּמִי יְשִׁיבֶנּוּ וְהוּא בְּאֶחָד
קָרָא שָׁמַיִם וָאָרֶץ וַיַּעַמְדוּ כְּאֶחָד
הוֹשִׁיעֵנוּ בְּהַקָּפַת פַּעַם אַחַת.

אָנָּא זְכֹר אָב יָרַשׁ אֶת הָאָרֶץ וְהָיָה אֶחָד
הֵכִין לַמּוֹרְדִים לֵב אֶחָד וְדֶרֶךְ אֶחָד
לִקְרֹא כֻלָּם בְּשֵׁם יְהֹוָה וּלְעָבְדוֹ שְׁכֶם אֶחָד
הוֹשִׁיעֵנוּ בְּהַקָּפַת פַּעַם אַחַת.

אָנָּא זְכֹר בֵּן יָחִיד הָיָה לִפְנֵי אָבִיו אֶחָד
שְׁנֵיהֶם בְּנִסָּיוֹן הָלְכוּ כְּאֶחָד
נָתַתָּ כֹּפֶר תַּחְתָּיו אַיִל אֶחָד
הוֹשִׁיעֵנוּ בְּהַקָּפַת פַּעַם אַחַת.

אָנָּא זְכֹר תָּם הוֹסִיף חֵלֶק שְׁכֶם אֶחָד
קִוָּה לְהַפְלִיט הַמַּחֲנֶה הָאֶחָד
אָסַף בָּנָיו לְקַבֵּל מַלְכוּת שָׁמַיִם פֶּה אֶחָד
הוֹשִׁיעֵנוּ בְּהַקָּפַת פַּעַם אַחַת.

אָנָּא הַמַּשְׁמִיעֵנוּ שְׁתַּיִם בְּקוֹלוֹת וּבְרָקִים כְּאֶחָד
הַמַּנְחִילֵנוּ תּוֹרָה אַחַת וּמִשְׁפָּט אֶחָד
וּמִי כְּעַמְּךָ יִשְׂרָאֵל גּוֹי אֶחָד
הוֹשִׁיעֵנוּ בְּהַקָּפַת פַּעַם אַחַת.

הוֹשַׁעְנָא הוֹשַׁעְנָא

יָהּ אָיֹם זְכֹר הַיּוֹם בְּרִית שִׁבְעַת תְּמִימֶיךָ
בְּרִית אֶזְרָח אֲשֶׁר אָרַח בְּחֻקּוֹת דַּת נְאוּמֶיךָ
אָב רַחְמָן קָרֵב זְמַן פְּדוּתֵנוּ, בְּרַחֲמֶיךָ.

זָכְרֵנוּ יְהֹוָה בִּרְצוֹן עַמֶּךָ

מְחוֹלֵל כֹּל וְכֹל יָכוֹל הֱיֵה נִדְרָשׁ לְדוֹרְשֶׁיךָ
וְהִמָּצֵא וְהִתְרַצֶּה לְעַם דּוֹפְקֵי דְלָתֶיךָ
בְּהַזְכִּירָם זְכוּת אַבְרָהָם וְצִדְקַת כָּל חֲסִידֶיךָ
שְׁעֵה נִיבָם בְּהִתְקָרְבָם בְּלוּלָבָם לְשַׁחֲרֶךָ.

זָכְרֵנוּ יְהֹוָה בִּרְצוֹן עַמֶּךָ

ברוב הקהילות אין אומרים י״ג מידות בהושענא רבה בעקבות
דברי האר״י (שעה״כ, עניין חג הסוכות), ולכן אחרי ׳רַחֲמָנָא׳ עונים ׳אָמֵן׳.
ובקצת קהילות שנוהגים לומר בהן י״ג מידות, עונים ׳בְּדִיל וַיַּעֲבֹר׳. ראה הלכה 647.

רַחֲמָנָא אִדְּכַר לָן קְיָימֵהּ דְּאַבְרָהָם רְחִימָא אָמֵן
רַחֲמָנָא אֲרֵים יְמִינָךְ וְאַצְמַח פֻּרְקָנָךְ אָמֵן
רַחֲמָנָא חַתְמִינַן בְּסִפְרָא דְחַיֵּי אָמֵן
רַחֲמָנָא חַתְמִינַן בְּסִפְרָא דְרַחֲמֵי אָמֵן
רַחֲמָנָא חַתְמִינַן בְּסִפְרָא דְצַדִּיקֵי וַחֲסִידֵי אָמֵן
רַחֲמָנָא חַתְמִינַן בְּסִפְרָא דִישָׁרֵי וּתְמִימֵי אָמֵן
רַחֲמָנָא חַתְמִינַן בְּסִפְרָא דְפַרְנָסָתָא טָבְתָא וּמְזוֹנֵי טָבֵי אָמֵן
רַחֲמָנָא פְּתַח שְׁמַיָּא לִצְלוֹתִין אָמֵן
רַחֲמָנָא תּוּב מֵרֻגְזָךְ אָמֵן
רַחֲמָנָא וְלָא נֶהְדַּר רֵיקָם מִן קֳדָמָךְ אָמֵן

בקצת קהילות נוהגים לומר י״ג מידות, ומכל מקום אם מתפלל ביחידות אינו אומר.

שמות לד וַיַּעֲבֹר יְהֹוָה ׀ עַל־פָּנָיו וַיִּקְרָא
יְהֹוָה ׀ יְהֹוָה אֵל רַחוּם וְחַנּוּן אֶרֶךְ אַפַּיִם וְרַב־חֶסֶד וֶאֱמֶת:
נֹצֵר חֶסֶד לָאֲלָפִים נֹשֵׂא עָוֺן וָפֶשַׁע וְחַטָּאָה וְנַקֵּה:
תהלים טז תּוֹדִיעֵנִי אֹרַח חַיִּים, שֹׂבַע שְׂמָחוֹת אֶת־פָּנֶיךָ, נְעִמוֹת בִּימִינְךָ נֶצַח:

שְׁמַע יִשְׂרָאֵל, יְהֹוָה אֱלֹהֵינוּ, יְהֹוָה אֶחָד: דברים ו

יְהֹוָה הוּא הָאֱלֹהִים, יְהֹוָה הוּא הָאֱלֹהִים: פעמיים מלכים א׳ יח

יְהֹוָה מֶלֶךְ, יְהֹוָה מָלָךְ, יְהֹוָה יִמְלֹךְ לְעֹלָם וָעֶד: פעמיים

אֱלֹהֵינוּ שֶׁבַּשָּׁמַיִם שְׁמַע קוֹלֵנוּ וְקַבֵּל תְּפִלָּתֵנוּ בְּרָצוֹן.

אֱלֹהֵינוּ שֶׁבַּשָּׁמַיִם אַל תְּאַבְּדֵנוּ בְּאֹרֶךְ גָּלוּתֵנוּ.

אַבֵּד וְהַשְׁמֵד כָּל הַקָּמִים עָלֵינוּ לְרָעָה.

אֱלֹהֵינוּ שֶׁבַּשָּׁמַיִם חָתְמֵנוּ בְּסֵפֶר חַיִּים טוֹבִים.

חָתְמֵנוּ בְּסֵפֶר צַדִּיקִים וַחֲסִידִים.

חָתְמֵנוּ בְּסֵפֶר יְשָׁרִים וּתְמִימִים.

חָתְמֵנוּ בְּסֵפֶר מְזוֹנוֹת וּפַרְנָסָה טוֹבָה.

אֱלֹהֵינוּ שֶׁבַּשָּׁמַיִם קָרְבֵנוּ לַעֲבוֹדָתֶךָ.

אֱלֹהֵינוּ שֶׁבַּשָּׁמַיִם רְפָא כָּל חוֹלֵי עַמְּךָ יִשְׂרָאֵל.

עֲנֵנוּ אֱלֹהֵי אַבְרָהָם עֲנֵנוּ, עֲנֵנוּ הָעוֹנֶה בְּעֵת רָצוֹן עֲנֵנוּ

עֲנֵנוּ רַחוּם וְחַנּוּן עֲנֵנוּ, (עֲנֵנוּ הָעוֹנֶה בְּעֵת רַחֲמִים עֲנֵנוּ).

יְהֹוָה חָנֵּנוּ וַהֲקִימֵנוּ    וּבְסֵפֶר חַיִּים זָכְרֵנוּ וְחָתְמֵנוּ

(יְהֹוָה אוֹר פָּנֶיךָ הַיּוֹם נְסָה עָלֵינוּ    וּבְסֵפֶר חַיִּים זָכְרֵנוּ וְחָתְמֵנוּ).

יְהֹוָה עֲשֵׂה לְמַעַן שְׁמֶךָ    וְחוּסָה עַל יִשְׂרָאֵל עַמֶּךָ ירמיה יד

יְהֹוָה עֲשֵׂה לְמַעַן אברהם אֶזְרַח תְּמִימֶךָ    וְחוּסָה עַל יִשְׂרָאֵל עַמֶּךָ

יְהֹוָה עֲשֵׂה לְמַעַן הֲרוּגִים וּשְׂרוּפִים

עַל יִחוּד קְדֻשַּׁת שְׁמֶךָ    וְחוּסָה עַל יִשְׂרָאֵל עַמֶּךָ.

דְּעָנֵי לְאַבְרָהָם אָבִינוּ בְּהַר הַמּוֹרִיָּה    עֲנֵינָן

דְּעָנֵי לְצַדִּיקֵי וַחֲסִידֵי וּתְמִימֵי דִּי בְּכָל דָּר וָדָר    עֲנֵינָן.

תּוֹדִיעֵנִי אֹרַח חַיִּים, שֹׂבַע שְׂמָחוֹת אֶת־פָּנֶיךָ, נְעִמוֹת בִּימִינְךָ נֶצַח: תהלים טז

אָנָּא, בְּכֹחַ גְּדֻלַּת יְמִינְךָ, תַּתִּיר צְרוּרָה.

הקפה שנייה – יצחק

הוֹשַׁעְנָא הוֹשַׁעְנָא

אָנָּא אֵל אֶחָד וּמְבַיֵּשׁ אוֹמְרִים שְׁנַיִם
בַּחֲצִי הַשֵּׁם בָּרָא עוֹלָמוֹת בְּאוֹתִיּוֹת שְׁנַיִם
יָצַר הַכֹּל בַּעֲבוּר אָדָם וְעֶזְרוֹ שְׁנַיִם
הוֹשִׁיעֵנוּ בְּהַקָּפַת פְּעָמִים שְׁנַיִם.

אָנָּא זְכֹר אָב בָּנָה בְּבֵית אֵל מִזְבְּחוֹת שְׁנַיִם
בְּנִסָּיוֹן הָלַךְ עִם נְעָרִים שְׁנַיִם
וּקְרָאתוֹ מִן הַשָּׁמַיִם פְּעָמִים שְׁנַיִם
הוֹשִׁיעֵנוּ בְּהַקָּפַת פְּעָמִים שְׁנַיִם.

אָנָּא זְכֹר בֵּן הִכְמִיר רַחֲמֵי אָב בַּאֲמִירוֹת שְׁנַיִם
חֲנַנְתּוֹ גוֹיִם שְׁנַיִם וּלְאֻמִּים שְׁנַיִם
וַיְבָרֶךְ הֱוֵה גְבִיר פְּעָמִים שְׁנַיִם
הוֹשִׁיעֵנוּ בְּהַקָּפַת פְּעָמִים שְׁנַיִם.

אָנָּא זְכֹר הָיָה צָעִיר וְנָחַל פִּי שְׁנַיִם
וְעָשָׂה מַטְעַמִּים גְּדָיִים שְׁנַיִם
עָבַר בְּמַקְלוֹ אֶת הַיַּרְדֵּן וְהָיָה לְמַחֲנוֹת שְׁנַיִם
הוֹשִׁיעֵנוּ בְּהַקָּפַת פְּעָמִים שְׁנַיִם.

אָנָּא הַמַּשְׁמִיעֵנוּ תּוֹרָה עַל יְדֵי רוֹעִים שְׁנַיִם
הַמַּנְחִילֵנוּ עֲשֶׂרֶת דְּבָרִים עַל לֻחוֹת שְׁנַיִם
הַמַּאֲזִין וּמֵעִיד בָּנוּ עֵדִים שְׁנַיִם
הוֹשִׁיעֵנוּ בְּהַקָּפַת פְּעָמִים שְׁנַיִם.

הוֹשַׁעְנָא הוֹשַׁעְנָא

| | | |
|---|---|---|
| בְּרִית נִפְקַד | אֲשֶׁר נֶעֱקַד | לְהַעֲלוֹת לְפָנֶיךָ |
| כְּשֶׂה נֶאֱסַר | וְגַם נִמְסַר | עֲשׂוֹת הַטּוֹב בְּעֵינֶיךָ |
| רְצֵה גִזְעוֹ | וְחֹן זַרְעוֹ | בְּעֵת בּוֹאָם לְפָנֶיךָ |
| וְאֹם חוֹבָם | עֲנֵה בָם | עֲשֵׂה נָא לְמַעַן שְׁמֶךָ. |

זָכְרֵנוּ יְהֹוָה בִּרְצוֹן עַמֶּךָ

| | | |
|---|---|---|
| זְכוּת יִצְחָק | בְּשַׁחַק | חָתוּם בְּמִדַּת הַגְּבוּרָה |
| תִּזְכֹּר אֵלִי | צוּר גּוֹאֲלִי | לְעַם שׁוֹאֵל מִמְּךָ עֶזְרָה |
| עֲקֵדָתוֹ | וְצִדְקָתוֹ | מְשֹׁךְ לְעַם בְּשִׁמְךָ נִקְרָא |
| חָתְמֵם לְטוֹבָה | בִּנְדָבָה | אֵל נֶאְזָר בִּגְבוּרָה |
| מִנַּחֲלָתְךָ | וּסְגֻלָּתְךָ | לֹא־תִכְלָא רַחֲמֶיךָ. |

זָכְרֵנוּ יְהֹוָה בִּרְצוֹן עַמֶּךָ

אחר 'רַחֲמָנָא' עונים 'אָמֵן', ובקצת קהילות שנוהגים לומר בהן י"ג מידות, עונים 'בְּדִיל וַיַּעֲבֹר'.

רַחֲמָנָא אִדְּכַר לַן קְיָימֵהּ דְּיִצְחָק עֲקֵידָא אָמֵן
רַחֲמָנָא בְּכִסּוּפֵי אַפִּין אָתֵינָא לְמִקְרֵי קַמָּךְ רַחֵם עֲלַן אָמֵן
רַחֲמָנָא חַתְמִינַן בְּסִפְרָא דְחַיֵּי אָמֵן
רַחֲמָנָא חַתְמִינַן בְּסִפְרָא דְרַחֲמֵי אָמֵן
רַחֲמָנָא חַתְמִינַן בְּסִפְרָא דְצַדִּיקֵי וַחֲסִידֵי אָמֵן
רַחֲמָנָא חַתְמִינַן בְּסִפְרָא דִישָׁרֵי וּתְמִימֵי אָמֵן
רַחֲמָנָא חַתְמִינַן בְּסִפְרָא דְפַרְנָסָתָא טָבְתָא וּמְזוֹנֵי טָבֵי אָמֵן
רַחֲמָנָא פְּתַח שְׁמַיָּא לִצְלוֹתִין אָמֵן
רַחֲמָנָא תּוּב מֵרֻגְזָךְ אָמֵן
רַחֲמָנָא וְלָא נֶהְדַּר רֵיקָם מִן קֳדָמָךְ אָמֵן

יש אומרים:

וַיַּעֲבֹר יְהֹוָה ׀ עַל־פָּנָיו וַיִּקְרָא, יְהֹוָה ׀ יְהֹוָה אֵל רַחוּם וְחַנּוּן אֶרֶךְ אַפַּיִם שמות לד
וְרַב־חֶסֶד וֶאֱמֶת: נֹצֵר חֶסֶד לָאֲלָפִים נֹשֵׂא עָוֺן וָפֶשַׁע וְחַטָּאָה וְנַקֵּה:

תּוֹדִיעֵנִי אֹרַח חַיִּים, שֹׂבַע שְׂמָחוֹת אֶת־פָּנֶיךָ, נְעִמוֹת בִּימִינְךָ נֶצַח: תהלים טז

דברים ו שְׁמַע יִשְׂרָאֵל, יְהוָה אֱלֹהֵינוּ, יְהוָה אֶחָד:
מלכים א׳ יח יְהוָה הוּא הָאֱלֹהִים, יְהוָה הוּא הָאֱלֹהִים: פעמיים
יְהוָה מֶלֶךְ, יְהוָה מָלָךְ, יְהוָה יִמְלֹךְ לְעֹלָם וָעֶד: פעמיים

אֱלֹהֵינוּ שֶׁבַּשָּׁמַיִם שְׁמַע קוֹלֵנוּ וְקַבֵּל תְּפִלָּתֵנוּ בְּרָצוֹן.
אֱלֹהֵינוּ שֶׁבַּשָּׁמַיִם בְּרִיתְךָ זְכֹר וְאַל תַּשְׁכִּחֵנוּ.
בָּרֵךְ אֶת לַחְמֵנוּ וְאֶת מֵימֵינוּ.
אֱלֹהֵינוּ שֶׁבַּשָּׁמַיִם חָתְמֵנוּ בְּסֵפֶר חַיִּים טוֹבִים.
חָתְמֵנוּ בְּסֵפֶר צַדִּיקִים וַחֲסִידִים.
חָתְמֵנוּ בְּסֵפֶר יְשָׁרִים וּתְמִימִים.
חָתְמֵנוּ בְּסֵפֶר מְזוֹנוֹת וּפַרְנָסָה טוֹבָה.
אֱלֹהֵינוּ שֶׁבַּשָּׁמַיִם קָרְבֵנוּ לַעֲבוֹדָתֶךָ.
אֱלֹהֵינוּ שֶׁבַּשָּׁמַיִם רְפָא כָּל חוֹלֵי עַמְּךָ יִשְׂרָאֵל.

עֲנֵנוּ וּפַחַד יִצְחָק עֲנֵנוּ, עֲנֵנוּ הָעוֹנֶה בְּעֵת צָרָה עֲנֵנוּ
עֲנֵנוּ רַחוּם וְחַנּוּן עֲנֵנוּ, (עֲנֵנוּ הָעוֹנֶה בְּעֵת רַחֲמִים עֲנֵנוּ).

יְהוָה חָנֵּנוּ וַהֲקִימֵנוּ וּבְסֵפֶר חַיִּים זָכְרֵנוּ וְחָתְמֵנוּ
יְהוָה בְּיוֹם יְשׁוּעָתָהּ בַּשְּׂרֵנוּ וְרַחֲמֵנוּ וּבְסֵפֶר חַיִּים זָכְרֵנוּ וְחָתְמֵנוּ.

ירמיה יד יְהוָה עֲשֵׂה לְמַעַן שְׁמֶךָ וְחוּסָה עַל יִשְׂרָאֵל עַמֶּךָ
יְהוָה עֲשֵׂה לְמַעַן יצחק נֶעֱקַד בְּאוּלָמֶךָ וְחוּסָה עַל יִשְׂרָאֵל עַמֶּךָ
יְהוָה עֲשֵׂה לְמַעַן הֲרוּגִים וּשְׂרוּפִים
עַל יִחוּד קְדֻשַּׁת שְׁמֶךָ וְחוּסָה עַל יִשְׂרָאֵל עַמֶּךָ.

דְּעָנֵי לְיִצְחָק עַל גַּבֵּי מַדְבְּחָא עֲנֵינָן
דְּעָנֵי לְצַדִּיקֵי וַחֲסִידֵי וּתְמִימֵי דִּי בְכָל דָּר וָדָר עֲנֵינָן.

תהלים טז תּוֹדִיעֵנִי אֹרַח חַיִּים, שֹׂבַע שְׂמָחוֹת אֶת־פָּנֶיךָ, נְעִמוֹת בִּימִינְךָ נֶצַח:
קַבֵּל רִנַּת עַמְּךָ, שַׂגְּבֵנוּ, טַהֲרֵנוּ, נוֹרָא.

הקפה שלישית – יעקב

הוֹשַׁעְנָא הוֹשַׁעְנָא

אָנָּא הָאֵל הַנִּקְדָּשׁ בִּקְדֻשּׁוֹת שְׁלֹשָׁה
בָּרָא בְּמַעֲשֵׂה בְרֵאשִׁית בְּכָל יוֹם שְׁלֹשָׁה
וּבַשִּׁשִּׁי וּבַשְּׁבִיעִי שְׁלֹשָׁה שְׁלֹשָׁה
הוֹשִׁיעֵנוּ בְּהַקָּפַת פְּעָמִים שְׁלֹשָׁה.

אָנָּא זְכֹר אָב רָאָה מַלְאָכִים שְׁלֹשָׁה
וַיְמַהֵר לְהַסְעִידָם סְאִים שְׁלֹשָׁה
הָלְכוּ אִתּוֹ בַּעֲלֵי בְרִית שְׁלֹשָׁה
הוֹשִׁיעֵנוּ בְּהַקָּפַת פְּעָמִים שְׁלֹשָׁה.

אָנָּא זְכֹר בֵּן הוּכַן לַעֲקֵדָה לְיָמִים שְׁלֹשָׁה
כָּרַת בְּרִית עִם מֶלֶךְ וּמֵרֵעֵהוּ וְשַׂר צְבָאוֹ שְׁלֹשָׁה
בִּזְכוּתוֹ נָחֲלוּ בָנָיו כְּתָרִים שְׁלֹשָׁה
הוֹשִׁיעֵנוּ בְּהַקָּפַת פְּעָמִים שְׁלֹשָׁה.

אָנָּא זְכֹר תָּם חָזָה סֻלָּם בְּעוֹלִים וְיוֹרְדִים שְׁלֹשָׁה
וּפִצֵּל בָּרְהָטִים מַקְלוֹת שְׁלֹשָׁה
וַיְשַׁלַּח בָּנָיו לְצוֹעַן פְּעָמִים שְׁלֹשָׁה
הוֹשִׁיעֵנוּ בְּהַקָּפַת פְּעָמִים שְׁלֹשָׁה.

אָנָּא הַגּוֹאֲלֵנוּ עַל יְדֵי אַחִים שְׁלֹשָׁה
הַשָּׂם בָּנוּ מַעֲלוֹת כֹּהֲנִים וּלְוִיִּם וְיִשְׂרָאֵל שְׁלֹשָׁה
הַמַּנְחִילֵנוּ תּוֹרָה נְבִיאִים וּכְתוּבִים שְׁלֹשָׁה
הוֹשִׁיעֵנוּ בְּהַקָּפַת פְּעָמִים שְׁלֹשָׁה.

הוֹשַׁעְנָא הוֹשַׁעְנָא

לְמוֹדָךְ   וְגַם יְדִידָךְ   יִשְׂרָאֵל לָךְ מְקוֹרָא
אֲשֶׁר חָלַם   וְהֵן סֻלָּם   בַּמָּרוֹם לוֹ מוֹרָא
אֵל אֶחָד   לָךְ פָּחַד   וַיֹּאמֶר מַה נּוֹרָא
זְכֹר צִדְקוֹ   וְגַם נַאֲקוֹ   לִשְׁאֵרִית נִשְׁאָרָה
נֶהֱלָאָה   אֲשֶׁר נָשְׂאָה   זֶה כַּמָּה, אֵימֶךָ.

זָכְרֵנוּ יְהֹוָה בִּרְצוֹן עַמֶּךָ

זְכֹר אָחוּז   וְגַם שָׁבוּץ   חָתוּם בְּמִדַּת תִּפְאֶרֶת
מִדַּת אֱמֶת   בֶּאֱמֶת   יְרֻשָּׁה לוֹ וְכוֹתֶרֶת
תִּפְאַרְתּוֹ   בְּתָמָּתוֹ   תָּמִיד בּוֹ נִקְשֶׁרֶת
וּדְמוּתוֹ   וְצוּרָתוֹ   חֲקוּקָה בָּעֲטֶרֶת
הוּא אִישׁ תָּם   בְּשִׁמְךָ נֶחְתָּם   שַׁמְתּוֹ עַל כֵּס רַחֲמֶיךָ.

זָכְרֵנוּ יְהֹוָה בִּרְצוֹן עַמֶּךָ

אחר 'רַחֲמָנָא' עונים 'אָמֵן', ובקצת קהילות שנוהגים לומר בהן י"ג מידות, עונים 'בְּדִיל וַיַּעֲבֹר'.

רַחֲמָנָא אִדְּכַר לַן קְיָימֵהּ דְּיַעֲקֹב שְׁלֵימָא   אָמֵן
רַחֲמָנָא גַּלֵּי גְבוּרְתָךְ עֲלַן   אָמֵן
רַחֲמָנָא חַתְמִינַן בְּסִפְרָא דְחַיֵּי   אָמֵן
רַחֲמָנָא חַתְמִינַן בְּסִפְרָא דְרַחֲמֵי   אָמֵן
רַחֲמָנָא חַתְמִינַן בְּסִפְרָא דְצַדִּיקֵי וַחֲסִידֵי   אָמֵן
רַחֲמָנָא חַתְמִינַן בְּסִפְרָא דִישָׁרֵי וּתְמִימֵי   אָמֵן
רַחֲמָנָא חַתְמִינַן בְּסִפְרָא דְפַרְנָסָתָא טָבְתָא וּמְזוֹנֵי טָבֵי   אָמֵן
רַחֲמָנָא פְּתַח שְׁמַיָּא לִצְלוֹתִין   אָמֵן
רַחֲמָנָא תּוּב מֵרֻגְזָךְ   אָמֵן
רַחֲמָנָא וְלָא נֶהְדַּר רֵיקָם מִן קֳדָמָךְ   אָמֵן

יש אומרים:

שמות לד וַיַּעֲבֹר יְהֹוָה ׀ עַל־פָּנָיו וַיִּקְרָא, יְהֹוָה ׀ יְהֹוָה אֵל רַחוּם וְחַנּוּן אֶרֶךְ אַפַּיִם
וְרַב־חֶסֶד וֶאֱמֶת: נֹצֵר חֶסֶד לָאֲלָפִים נֹשֵׂא עָוֺן וָפֶשַׁע וְחַטָּאָה וְנַקֵּה:

תהלים טז תּוֹדִיעֵנִי אֹרַח חַיִּים, שֹׂבַע שְׂמָחוֹת אֶת־פָּנֶיךָ, נְעִמוֹת בִּימִינְךָ נֶצַח:

שְׁמַע יִשְׂרָאֵל, יְהוָה אֱלֹהֵינוּ, יְהוָה אֶחָד: דברים ו
יְהוָה הוּא הָאֱלֹהִים, יְהוָה הוּא הָאֱלֹהִים: פעמיים מלכים א׳ יח
יְהוָה מֶלֶךְ, יְהוָה מָלָךְ, יְהוָה יִמְלֹךְ לְעֹלָם וָעֶד: פעמיים

אֱלֹהֵינוּ שֶׁבַּשָּׁמַיִם גַּלֵּה כְּבוֹד מַלְכוּתְךָ עָלֵינוּ מְהֵרָה.
אֱלֹהֵינוּ שֶׁבַּשָּׁמַיִם חָתְמֵנוּ בְּסֵפֶר חַיִּים טוֹבִים.
חָתְמֵנוּ בְּסֵפֶר צַדִּיקִים וַחֲסִידִים.
חָתְמֵנוּ בְּסֵפֶר יְשָׁרִים וּתְמִימִים.
חָתְמֵנוּ בְּסֵפֶר מְזוֹנוֹת וּפַרְנָסָה טוֹבָה.
אֱלֹהֵינוּ שֶׁבַּשָּׁמַיִם קָרְבֵנוּ לַעֲבוֹדָתֶךָ.
אֱלֹהֵינוּ שֶׁבַּשָּׁמַיִם רְפָא כָּל חוֹלֵי עַמְּךָ יִשְׂרָאֵל.

עֲנֵנוּ אֲבִיר יַעֲקֹב עֲנֵנוּ, עֲנֵנוּ רַחוּם וְחַנּוּן עֲנֵנוּ.
(עֲנֵנוּ הָעוֹנֶה בְּעֵת רַחֲמִים עֲנֵנוּ).

יְהוָה חָנֵּנוּ וַהֲקִימֵנוּ וּבְסֵפֶר חַיִּים זָכְרֵנוּ וְחָתְמֵנוּ
יְהוָה גַּלְגֵּל הֲמוֹן רַחֲמֶיךָ עָלֵינוּ וּבְסֵפֶר חַיִּים זָכְרֵנוּ וְחָתְמֵנוּ.

יְהוָה עֲשֵׂה לְמַעַן שְׁמֶךָ וְחוּסָה עַל יִשְׂרָאֵל עַמֶּךָ ירמיה יד
יְהוָה עֲשֵׂה לְמַעַן יעקב נֶעֱנָה בְּסֻלָּם מִמְּרוֹמֶיךָ וְחוּסָה עַל יִשְׂרָאֵל עַמֶּךָ
יְהוָה עֲשֵׂה לְמַעַן הֲרוּגִים וּשְׂרוּפִים
עַל יִחוּד קְדֻשַּׁת שְׁמֶךָ וְחוּסָה עַל יִשְׂרָאֵל עַמֶּךָ.

דְּעָנֵי לְיַעֲקֹב בְּבֵית אֵל עֲנֵינָן
דְּעָנֵי לְצַדִּיקֵי וַחֲסִידֵי וּתְמִימֵי דִּי בְּכָל דָּר וְדָר עֲנֵינָן.

תּוֹדִיעֵנִי אֹרַח חַיִּים, שֹׂבַע שְׂמָחוֹת אֶת־פָּנֶיךָ, נְעִמוֹת בִּימִינְךָ נֶצַח: תהלים טז
נָא גִּבּוֹר, דּוֹרְשֵׁי יִחוּדְךָ כְּבָבַת שָׁמְרֵם.

הקפה רביעית – משה

הוֹשַׁעְנָא הוֹשַׁעְנָא

אָנָּא הַבּוֹרֵא עוֹלָמוֹ בִּיסוֹדוֹת אַרְבָּעָה
הַנּוֹתֵן נוֹשְׂאֵי כִסְאוֹ חַיּוֹת אַרְבָּעָה
הַמַּצִּיב פִּנּוֹת אַרְבָּעָה וּתְקוּפוֹת אַרְבָּעָה
הוֹשִׁיעֵנוּ בְּהַקָּפַת פְּעָמִים אַרְבָּעָה.

אָנָּא זְכֹר אָב הָעִיר מִמִּזְרָח כָּאוֹר לַיָּמִים אַרְבָּעָה
רָדַף וַיֵּחָלֵק עַל מְלָכִים אַרְבָּעָה
בִּשַּׂרְתּוֹ לָשׁוּב זַרְעוֹ לְדוֹרוֹת אַרְבָּעָה
הוֹשִׁיעֵנוּ בְּהַקָּפַת פְּעָמִים אַרְבָּעָה.

אָנָּא זְכֹר בֵּן הֻגַּשׁ לַעֲקֵדָה עַל קְרָנוֹת אַרְבָּעָה
וְחָפַר בִּפְלֶשֶׁת בְּאֵרוֹת אַרְבָּעָה
וַיַּעְתֵּק לְחֶבְרוֹן קִרְיַת אַרְבָּעָה
הוֹשִׁיעֵנוּ בְּהַקָּפַת פְּעָמִים אַרְבָּעָה.

אָנָּא זְכֹר תָּם נֶעֱזַר בְּאִמָּהוֹת אַרְבָּעָה
חֻנַּן לְהִנָּצֵל מִשְּׁפָטִים אַרְבָּעָה
בִּתְפִלָּתוֹ כִּלְכֵּלְתָּ בָנָיו בִּדְבָרִים אַרְבָּעָה
הוֹשִׁיעֵנוּ בְּהַקָּפַת פְּעָמִים אַרְבָּעָה.

אָנָּא הַמּוֹלִיכֵנוּ בַּמִּדְבָּר בִּדְגָלִים אַרְבָּעָה
צִוָּה לְמַלֹּאת בַּחֹשֶׁן טוּרִים אַרְבָּעָה
הַמְצַוֵּנוּ לְהַלְּלוֹ בֶּחָג בְּמִינִים אַרְבָּעָה
הוֹשִׁיעֵנוּ בְּהַקָּפַת פְּעָמִים אַרְבָּעָה.

הוֹשַׁעְנָא הוֹשַׁעְנָא

זְכוּת מֹשֶׁה אַל תִּנְשֶׁה חָתוּם בְּמִדַּת הַנֶּצַח
בִּזְכוּתוֹ וְעַנְוָתוֹ אֹיְבֵינוּ תְּנַצַּח
וּבְהַר הַמּוֹר שִׁיר מִזְמוֹר נָשִׁיר וְלַמְנַצֵּחַ
אֵל נֶצַח לָנֶצַח רַחֵם עַם רוֹמְמֶךָ.

זָכְרֵנוּ יְהוָה בִּרְצוֹן עַמֶּךָ

תּוֹרָה תְּמִימָה וּנְעִימָה יָרַשׁ עָנָו בְּהַר סִינַי
עִם אֵל אָיֹם אַרְבָּעִים יוֹם עָמַד שָׁם עִם יְהוָה
לְקַבֵּל תּוֹרָה זַכָּה וּבָרָה מִשְּׁמֵי מְעוֹנַי
אֵל אֱמֶת תּוֹרַת אֱמֶת הִנְחִיל לְעַם נֶאֱמָנַי
צִדְקָתוֹ וְתוֹרָתוֹ זְכֹר נָא מְשָׁמֶיךָ.

זָכְרֵנוּ יְהוָה בִּרְצוֹן עַמֶּךָ

אחר ׳רַחֲמָנָא׳ עונים ׳אָמֵן׳, ובקצת קהילות שנוהגים לומר בהן י״ג מידות, עונים ׳בְּדִיל וַיַּעֲבֹר׳.

רַחֲמָנָא אִדְּכַר לַן קְיָימֵהּ דְּמֹשֶׁה נְבִיאָה אָמֵן
רַחֲמָנָא דִּינַן אַפֵּיק לִנְהוֹרָא אָמֵן
רַחֲמָנָא חַתְמִינַן בְּסִפְרָא דְחַיֵּי אָמֵן
רַחֲמָנָא חַתְמִינַן בְּסִפְרָא דְרַחֲמֵי אָמֵן
רַחֲמָנָא חַתְמִינַן בְּסִפְרָא דְצַדִּיקֵי וַחֲסִידֵי אָמֵן
רַחֲמָנָא חַתְמִינַן בְּסִפְרָא דִישָׁרֵי וּתְמִימֵי אָמֵן
רַחֲמָנָא חַתְמִינַן בְּסִפְרָא דְפַרְנָסְתָא טַבְתָא וּמְזוֹנֵי טָבֵי אָמֵן
רַחֲמָנָא פְּתַח שְׁמַיָּא לִצְלוֹתִין אָמֵן
רַחֲמָנָא תּוּב מֵרֻגְזָךְ אָמֵן
רַחֲמָנָא וְלָא נֶהְדַּר רֵיקָם מִן קֳדָמָךְ אָמֵן

יש אומרים:

שמות לד וַיַּעֲבֹר יְהוָה ׀ עַל־פָּנָיו וַיִּקְרָא, יְהוָה ׀ יְהוָה אֵל רַחוּם וְחַנּוּן אֶרֶךְ אַפַּיִם
וְרַב־חֶסֶד וֶאֱמֶת: נֹצֵר חֶסֶד לָאֲלָפִים נֹשֵׂא עָוֹן וָפֶשַׁע וְחַטָּאָה וְנַקֵּה:
תהלים טז תּוֹדִיעֵנִי אֹרַח חַיִּים, שֹׂבַע שְׂמָחוֹת אֶת־פָּנֶיךָ, נְעִמוֹת בִּימִינְךָ נֶצַח:

דברים ו שְׁמַע יִשְׂרָאֵל, יְהֹוָה אֱלֹהֵינוּ, יְהֹוָה אֶחָד:

מלכים א׳ יח יְהֹוָה הוּא הָאֱלֹהִים, יְהֹוָה הוּא הָאֱלֹהִים: פעמיים

יְהֹוָה מֶלֶךְ, יְהֹוָה מָלָךְ, יְהֹוָה יִמְלֹךְ לְעֹלָם וָעֶד: פעמיים

אֱלֹהֵינוּ שֶׁבַּשָּׁמַיִם דְּרַשְׁנוּךָ הִמָּצֵא לָנוּ.
אֱלֹהֵינוּ שֶׁבַּשָּׁמַיִם חָתְמֵנוּ בְּסֵפֶר חַיִּים טוֹבִים.
חָתְמֵנוּ בְּסֵפֶר צַדִּיקִים וַחֲסִידִים.
חָתְמֵנוּ בְּסֵפֶר יְשָׁרִים וּתְמִימִים.
חָתְמֵנוּ בְּסֵפֶר מְזוֹנוֹת וּפַרְנָסָה טוֹבָה.
אֱלֹהֵינוּ שֶׁבַּשָּׁמַיִם קָרְבֵנוּ לַעֲבוֹדָתֶךָ.
אֱלֹהֵינוּ שֶׁבַּשָּׁמַיִם רְפָא כָּל חוֹלֵי עַמְּךָ יִשְׂרָאֵל.

עֲנֵנוּ הָעוֹנֶה בְּעֵת רָצוֹן עֲנֵנוּ
עֲנֵנוּ רַחוּם וְחַנּוּן עֲנֵנוּ.
(עֲנֵנוּ הָעוֹנֶה בְּעֵת רַחֲמִים עֲנֵנוּ).

יְהֹוָה חָנֵּנוּ וַהֲקִימֵנוּ וּבְסֵפֶר חַיִּים זָכְרֵנוּ וְחָתְמֵנוּ
יְהֹוָה חֲסָדֶיךָ יְקַדְּמוּנוּ וְרַחֲמֵנוּ וּבְסֵפֶר חַיִּים זָכְרֵנוּ וְחָתְמֵנוּ.

ירמיה יד יְהֹוָה עֲשֵׂה לְמַעַן שְׁמֶךָ וְחוּסָה עַל יִשְׂרָאֵל עַמֶּךָ
יְהֹוָה עֲשֵׂה לְמַעַן משה נֶאֱמָן בְּכָל בֵּיתֶךָ וְחוּסָה עַל יִשְׂרָאֵל עַמֶּךָ
יְהֹוָה עֲשֵׂה לְמַעַן הֲרוּגִים וּשְׂרוּפִים
עַל יִחוּד קְדֻשַּׁת שְׁמֶךָ וְחוּסָה עַל יִשְׂרָאֵל עַמֶּךָ.

דְּעָנֵי לְמֹשֶׁה וַאֲבוֹתֵינוּ עַל יַם סוּף עֲנֵינָן
דְּעָנֵי לְצַדִּיקֵי וַחֲסִידֵי וּתְמִימֵי דִּי בְּכָל דָּר וְדָר עֲנֵינָן.

תהלים טז תּוֹדִיעֵנִי אֹרַח חַיִּים, שֹׂבַע שְׂמָחוֹת אֶת־פָּנֶיךָ, נְעִמוֹת בִּימִינְךָ נֶצַח:
בָּרְכֵם טַהֲרֵם, רַחֲמֵי צִדְקָתְךָ, תָּמִיד גָּמְלֵם.

הקפה חמישית – אהרן

הוֹשַׁעְנָא הוֹשַׁעְנָא

אָנָּא הַמְיַחֵד לִכְבוֹדוֹ שֵׁמוֹת חֲמִשָּׁה
הַקּוֹנֶה בְּעוֹלָמוֹ קִנְיָנִים חֲמִשָּׁה
הַיּוֹצֵר בִּבְרִיּוֹתָיו גִּבּוֹרִים חֲמִשָּׁה
הוֹשִׁיעֵנוּ בְּהַקָּפַת פְּעָמִים חֲמִשָּׁה.

אָנָּא זְכֹר אָב כָּרַת בְּרִית בִּבְתָרִים חֲמִשָּׁה
וְהֵשִׁיב רְכוּשׁ לִמְלָכִים חֲמִשָּׁה
וְחִנֵּן עַל הֲפֵיכַת עָרִים חֲמִשָּׁה
הוֹשִׁיעֵנוּ בְּהַקָּפַת פְּעָמִים חֲמִשָּׁה.

אָנָּא זְכֹר בֵּן נֶעֱקַד בְּהַר שְׁעָרִים חֲמִשָּׁה
יָרַשׁ מֵהוֹרוֹ בְּרָכוֹת חֲמִשָּׁה
וְהִשְׁלִים נֶפֶשׁ נְקוּבָה בְּשֵׁמוֹת חֲמִשָּׁה
הוֹשִׁיעֵנוּ בְּהַקָּפַת פְּעָמִים חֲמִשָּׁה.

אָנָּא זְכֹר תָּם נַעֲשׂוּ לוֹ נִסִּים חֲמִשָּׁה
וַיַּצֵּג מִבָּנָיו אַחִים חֲמִשָּׁה
כִּפְרוֹ שֵׁת לְנָזִיר הַמַּחֲלִיף חֲמִשָּׁה
הוֹשִׁיעֵנוּ בְּהַקָּפַת פְּעָמִים חֲמִשָּׁה.

אָנָּא הַמַּנְחִילֵנוּ דַּת סְפָרִים חֲמִשָּׁה
הַמַּשְׁמִיעֵנוּ דִּבְּרוֹתָיו בְּקוֹלוֹת חֲמִשָּׁה
הַכְּתוּבִים עַל הַלֻּחוֹת חֲמִשָּׁה חֲמִשָּׁה
הוֹשִׁיעֵנוּ בְּהַקָּפַת פְּעָמִים חֲמִשָּׁה.

הוֹשַׁעְנָא הוֹשַׁעְנָא

בִּזְכוּת אַהֲרֹן רֹן יָרֹן עַמְּךָ, בְּאָמְרָם הוֹשַׁעְנָא
נֶחְתָּם בְּכָבוֹד בְּמִצְנֶפֶת הוֹד לְשַׁמֵּשׁ בִּכְהֻנָּה
בִּגְדֵי פְאֵר לְפָאֵר שִׁמְךָ, לָבַשׁ בֶּאֱמוּנָה
הוֹדוֹ הֵרָאָה לְעַם נִכְאֶה רָם שׁוֹכֵן בִּמְעוֹנָה
וּבִזְכוּתוֹ וּתְפִלָּתוֹ תּוֹשִׁיעַ לְזוֹעֲמֶיךָ.

זָכְרֵנוּ יְהוָה בִּרְצוֹן עַמֶּךָ

בִּגְדֵי קֹדֶשׁ לָקַח לְקַדֵּשׁ לְשָׁרֵת בָּם לִפְנִים לִפְנַי
וּלְבָשָׁם בְּבוֹאוֹ שָׁם כְּקָדוֹשׁ כְּמַלְאַךְ יְהוָה
בְּקָרְבְּנוֹתָיו וְעוֹלוֹתָיו הָיָה מְכַפֵּר עַל עֲוֹנַי
תְּפִלּוֹתָיו וּתְחִנּוֹתָיו זְכֹר הַיּוֹם לְעַם אֱמוּנַי
וְתִטְעֵם וְתַרְגִּיעֵם בְּמִקְדַּשׁ הֲדוֹמֶךָ.

זָכְרֵנוּ יְהוָה בִּרְצוֹן עַמֶּךָ

אחר 'רַחֲמָנָא' עונים 'אָמֵן', ובקצת קהילות שנוהגים לומר בהן י"ג מידות, עונים 'וַיַּעֲבֹר'.

רַחֲמָנָא אִדְּכַר לַן קְיָימֵהּ דְּאַהֲרֹן כָּהֲנָא אָמֵן
רַחֲמָנָא הַדְרָךְ שַׁוֵּי עֲלַן אָמֵן
רַחֲמָנָא חַתְמִינַן בְּסִפְרָא דְחַיֵּי אָמֵן
רַחֲמָנָא חַתְמִינַן בְּסִפְרָא דְרַחֲמֵי אָמֵן
רַחֲמָנָא חַתְמִינַן בְּסִפְרָא דְצַדִּיקֵי וַחֲסִידֵי אָמֵן
רַחֲמָנָא חַתְמִינַן בְּסִפְרָא דִישָׁרֵי וּתְמִימֵי אָמֵן
רַחֲמָנָא חַתְמִינַן בְּסִפְרָא דְּפַרְנָסָתָא טָבְתָא וּמְזוֹנֵי טָבֵי אָמֵן
רַחֲמָנָא פְּתַח שְׁמַיָּא לִצְלוֹתִין אָמֵן
רַחֲמָנָא תּוּב מֵרֻגְזָךְ אָמֵן
רַחֲמָנָא וְלָא נֶהְדַּר רֵיקָם מִן קֳדָמָךְ אָמֵן

יש אומרים:

שמות לד וַיַּעֲבֹר יְהוָה ׀ עַל־פָּנָיו וַיִּקְרָא, יְהוָה ׀ יְהוָה ׀ אֵל רַחוּם וְחַנּוּן אֶרֶךְ אַפַּיִם
וְרַב־חֶסֶד וֶאֱמֶת: נֹצֵר חֶסֶד לָאֲלָפִים נֹשֵׂא עָוֹן וָפֶשַׁע וְחַטָּאָה וְנַקֵּה:
תהלים טז תּוֹדִיעֵנִי אֹרַח חַיִּים, שֹׂבַע שְׂמָחוֹת אֶת־פָּנֶיךָ, נְעִמוֹת בִּימִינְךָ נֶצַח:

שְׁמַע יִשְׂרָאֵל, יְהוָה אֱלֹהֵינוּ, יְהוָה אֶחָד: דברים ו
יְהוָה הוּא הָאֱלֹהִים, יְהוָה הוּא הָאֱלֹהִים: פעמיים מלכים א׳ יח
יְהוָה מֶלֶךְ, יְהוָה מָלָךְ, יְהוָה יִמְלֹךְ לְעֹלָם וָעֶד: פעמיים

אֱלֹהֵינוּ שֶׁבַּשָּׁמַיִם הֵעָתֵר לָנוּ הַיּוֹם וּבְכָל יוֹם וָיוֹם בִּתְפִלָּתֵנוּ.
אֱלֹהֵינוּ שֶׁבַּשָּׁמַיִם חָתְמֵנוּ בְּסֵפֶר חַיִּים טוֹבִים.
חָתְמֵנוּ בְּסֵפֶר צַדִּיקִים וַחֲסִידִים.
חָתְמֵנוּ בְּסֵפֶר יְשָׁרִים וּתְמִימִים.
חָתְמֵנוּ בְּסֵפֶר מְזוֹנוֹת וּפַרְנָסָה טוֹבָה.
אֱלֹהֵינוּ שֶׁבַּשָּׁמַיִם קָרְבֵנוּ לַעֲבוֹדָתֶךָ.
אֱלֹהֵינוּ שֶׁבַּשָּׁמַיִם רְפָא כָּל חוֹלֵי עַמְּךָ יִשְׂרָאֵל.

עֲנֵנוּ הָעוֹנֶה בְּעֵת צָרָה עֲנֵנוּ, (עֲנֵנוּ הָעוֹנֶה בְּעֵת רָצוֹן עֲנֵנוּ)
עֲנֵנוּ רַחוּם וְחַנּוּן עֲנֵנוּ, (עֲנֵנוּ הָעוֹנֶה בְּעֵת רַחֲמִים עֲנֵנוּ).

יְהוָה חָנֵּנוּ וַהֲקִימֵנוּ וּבְסֵפֶר חַיִּים זָכְרֵנוּ וְחָתְמֵנוּ
יְהוָה יֶהֱמוּ נָא רַחֲמֶיךָ עָלֵינוּ וּבְסֵפֶר חַיִּים זָכְרֵנוּ וְחָתְמֵנוּ
יְהוָה כַּחוֹתָם עַל לֵב הַיּוֹם שִׂימֵנוּ וּבְסֵפֶר חַיִּים זָכְרֵנוּ וְחָתְמֵנוּ.

יְהוָה עֲשֵׂה לְמַעַן שְׁמֶךָ וְחוּסָה עַל יִשְׂרָאֵל עַמֶּךָ ירמיה יד
יְהוָה עֲשֵׂה לְמַעַן אהרן כֹּהֵן בְּאוּרֶיךָ וְתֻמֶּיךָ וְחוּסָה עַל יִשְׂרָאֵל עַמֶּךָ
יְהוָה עֲשֵׂה לְמַעַן הֲרוּגִים וּשְׂרוּפִים
עַל יִחוּד קְדֻשַּׁת שְׁמֶךָ וְחוּסָה עַל יִשְׂרָאֵל עַמֶּךָ.

דְּעָנֵי לְאַהֲרֹן בְּמַחְתָּה עֲנֵינָן
דְּעָנֵי לְצַדִּיקֵי וַחֲסִידֵי וּתְמִימֵי דִּי בְּכָל דָּר וְדָר עֲנֵינָן.

תּוֹדִיעֵנִי אֹרַח חַיִּים, שֹׂבַע שְׂמָחוֹת אֶת־פָּנֶיךָ, נְעִמוֹת בִּימִינְךָ נֶצַח: תהלים טז
חֲסִין קָדוֹשׁ, בְּרֹב טוּבְךָ נַהֵל עֲדָתֶךָ.

הקפה שישית – יוסף ופינחס

הוֹשַׁעְנָא הוֹשַׁעְנָא

אָנָּא הַבּוֹרֵא עוֹלָמוֹ בְּיָמִים שִׁשָּׁה
הַבּוֹנֶה שֵׁשׁ צְלָעוֹת לִצְדָדִים שִׁשָּׁה
הַיּוֹצֵר שְׂרָפִים בִּכְנָפַיִם שִׁשָּׁה
הוֹשִׁיעֵנוּ בְּהַקָּפַת פְּעָמִים שִׁשָּׁה.

אָנָּא זְכֹר אָב זָנַח תּוֹעֵבוֹת שִׁשָּׁה
אַחֲרֵי זְקוּנָיו נוֹלְדוּ לוֹ בָנִים שִׁשָּׁה
נָטַע אֶשֶׁל וּבֵרַךְ בְּקֵץ שָׁנִים שִׁשָּׁה
הוֹשִׁיעֵנוּ בְּהַקָּפַת פְּעָמִים שִׁשָּׁה.

אָנָּא זְכֹר בֵּן נֶעֱקַד בִּמְקוֹם מַעֲרָכוֹת שִׁשָּׁה
גּוֹנַנְתּוֹ וּמִלַּטְתּוֹ מִצָּרוֹת שִׁשָּׁה
כָּרָה מִקְוָאוֹת לְדוֹרְשֵׁי בָם מַעֲלוֹת שִׁשָּׁה
הוֹשִׁיעֵנוּ בְּהַקָּפַת פְּעָמִים שִׁשָּׁה.

אָנָּא זְכֹר תָּם הוֹלִיד מִן הַבְּכִירָה בָּנִים שִׁשָּׁה
וְצִוָּה קָהַת מִנְחָה מִמִּינִים שִׁשָּׁה
וְהִגְבִּיר אֲבִי שִׁשָּׁה וְהַמְבֹרָכִים בְּשִׁשָּׁה שִׁשָּׁה
הוֹשִׁיעֵנוּ בְּהַקָּפַת פְּעָמִים שִׁשָּׁה.

אָנָּא הַמְחַבֵּר לָאֵפוֹד שֵׁמוֹת שִׁשָּׁה
הַמַּצִּיל נְפָשׁוֹת בְּעָרֵי מִקְלָט שִׁשָּׁה
הַמּוֹרִישֵׁנוּ חָכְמַת סְדָרִים שִׁשָּׁה
הוֹשִׁיעֵנוּ בְּהַקָּפַת פְּעָמִים שִׁשָּׁה.

הוֹשַׁעְנָא הוֹשַׁעְנָא

זְכוּת נִשְׁמַר   בְּרִית שָׁמַר   בְּמִדַּת הַיְסוֹד חָתוּם
לְמֶלֶךְ זָכָה   וּבִמְלוּכָה   לוֹ נִגְלָה כָּל סָתוּם
וּבִזְכוּתוֹ   לְאֻמָּתוֹ   גַּלֵּה קֵץ הֶחָתוּם
וְתִרְדֹּף   וְגַם תַּהֲדֹף   לִרְשָׁעִים יְסִיתוּם
זְכוּת אָבוֹת   רוֹכֵב עֲרָבוֹת   זְכֹר הַיּוֹם לְרוֹמְמֶךָ.

זָכְרֵנוּ יְהוָה בִּרְצוֹן עַמֶּךָ

בִּזְכוּת יוֹסֵף   הֱיֵה מְאַסֵּף   נַחֲלָתְךָ, בְּבֵית קָדְשֶׁךָ
וּרְצֵה אֵל חַי   בְּנִיחוֹחַי   תְּפִלַּת עַם מְקַדְּשֶׁךָ
וּבְרִיתוֹ   וּזְכוּתוֹ   זְכֹר לְעַם מְגֹרָשֶׁךָ
חָתְמֵם לְגִילָה   וְצָהֳלָה   וְקַבְּצֵם לְמִגְרָשֶׁךָ
הוֹשַׁעְנָא   וְרַחֵם נָא   בִּזְכוּתוֹ לְאֻמֶּךָ.

זָכְרֵנוּ יְהוָה בִּרְצוֹן עַמֶּךָ

הרמ״ע מפאנו הוסיף בתים אלו כנגד פינחס, שהוא משבעה כורתי ברית, במקום הבתים הקודמים המדברים על יוסף (שאינו נזכר בין שבעת כורתי ברית). כיום נוהגים לומר את ארבעת הבתים גם יחד.

זְכוּת פִּינְחָס   הַמְיֻחָס   לְמִדַּת צַדִּיק יְסוֹד עוֹלָם
לִבְרִית קִנֵּא   וַיְפַלֵּל עִם קוֹנֶה   הַמֵּבִיא בְּמִשְׁפָּט עַל כָּל־נֶעְלָם
וַתֵּעָצַר   מִשְׁלַחַת צַר   וְהוּא נִתְבַּצַּר בְּרוּם עוֹלָם
הֲגַם הֲלֹם   בְּרִית שָׁלוֹם   חַיִּים לְעִילּוּם לִכְהֻנַּת עוֹלָם
וּבִזְכוּתוֹ   לַעֲדָתוֹ   קָרֵב קֵץ יְמִינֶךָ

זָכְרֵנוּ יְהוָה בִּרְצוֹן עַמֶּךָ.

בִּזְכוּת מְקַנֵּא   הֱיֵה עוֹנֶה   לְשַׁוְעַת מְקַדְּשֶׁיךָ
רְצֵה אֵל חַי   בְּנִיחוֹחַי   חֵלֶף קָרְבָּנֵי לַחְמֵי לְאִשֶּׁךָ
וְשֶׂה פְּזוּרָה   שַׁי לַמּוֹרָא   יוֹבִילוּ אֶל נְוֵה קָדְשֶׁךָ
חָתְמֵם לְגִילָה   וְצָהֳלָה   וְקַבְּצֵם לְמִגְרָשֶׁךָ
הוֹשַׁעְנָא   וְרַחֵם נָא   לְכַנָּה אֲשֶׁר נָטְעָה יְמִינֶךָ

זָכְרֵנוּ יְהוָה בִּרְצוֹן עַמֶּךָ.

אחר רַחֲמָנָא עוֹנִים 'אָמֵן', וּבִקְצָת קְהִלּוֹת שֶׁנּוֹהֲגִים לוֹמַר י״ג מִדּוֹת, עוֹנִים 'בְּדִיל וַיַּעֲבֹר'.

| | |
|---|---|
| אָמֵן | רַחֲמָנָא אִדְכַר לָן זְכוּתֵיהּ דְּיוֹסֵף צַדִּיקָא |
| אָמֵן | רַחֲמָנָא אִדְכַר לָן קְיָמֵהּ דְּפִינְחָס קַנָּאָה |
| אָמֵן | רַחֲמָנָא וְלָא תִתְפְּרַע כְּעוֹבָדָנָא בִּישִׁין מִנָּן |
| אָמֵן | רַחֲמָנָא חַתְמִינָן בְּסִפְרָא דְחַיֵּי |
| אָמֵן | רַחֲמָנָא חַתְמִינָן בְּסִפְרָא דְרַחֲמֵי |
| אָמֵן | רַחֲמָנָא חַתְמִינָן בְּסִפְרָא דְּצַדִּיקֵי וַחֲסִידֵי |
| אָמֵן | רַחֲמָנָא חַתְמִינָן בְּסִפְרָא דִּישָׁרֵי וּתְמִימֵי |
| אָמֵן | רַחֲמָנָא חַתְמִינָן בְּסִפְרָא דְפַרְנָסָתָא טָבָתָא וּמְזוֹנֵי טָבֵי |
| אָמֵן | רַחֲמָנָא פְּתַח שְׁמַיָּא לִצְלוֹתִין |
| אָמֵן | רַחֲמָנָא תּוּב מֵרוּגְזָךְ |
| אָמֵן | רַחֲמָנָא וְלָא נֶהְדַּר רֵיקָם מִן קַמָּךְ |

יֵשׁ אוֹמְרִים:

שמות לד

וַיַּעֲבֹר יְהֹוָה עַל־פָּנָיו וַיִּקְרָא, יְהֹוָה ׀ יְהֹוָה אֵל רַחוּם וְחַנּוּן אֶרֶךְ אַפַּיִם וְרַב־חֶסֶד וֶאֱמֶת: נֹצֵר חֶסֶד לָאֲלָפִים נֹשֵׂא עָוֹן וָפֶשַׁע וְחַטָּאָה וְנַקֵּה:

תהלים טז

תּוֹדִיעֵנִי אֹרַח חַיִּים, שֹׂבַע שְׂמָחוֹת אֶת־פָּנֶיךָ, נְעִמוֹת בִּימִינְךָ נֶצַח:

דברים ו

שְׁמַע יִשְׂרָאֵל, יְהֹוָה אֱלֹהֵינוּ, יְהֹוָה אֶחָד:

מלכים א יח

יְהֹוָה הוּא הָאֱלֹהִים, יְהֹוָה הוּא הָאֱלֹהִים: פעמיים

יְהֹוָה מֶלֶךְ, יְהֹוָה מָלָךְ, יְהֹוָה יִמְלֹךְ לְעֹלָם וָעֶד: פעמיים

אֱלֹהֵינוּ שֶׁבַּשָּׁמַיִם וְאַל תְּבִישֵׁנוּ מִשִּׂבְרֵנוּ. וְנִקְרָא וְאַתָּה תַעֲנֵנוּ.

אֱלֹהֵינוּ שֶׁבַּשָּׁמַיִם חָתְמֵנוּ בְּסֵפֶר חַיִּים טוֹבִים.
חָתְמֵנוּ בְּסֵפֶר צַדִּיקִים וַחֲסִידִים.
חָתְמֵנוּ בְּסֵפֶר יְשָׁרִים וּתְמִימִים.
חָתְמֵנוּ בְּסֵפֶר מְזוֹנוֹת וּפַרְנָסָה טוֹבָה.
אֱלֹהֵינוּ שֶׁבַּשָּׁמַיִם קָרְבֵנוּ לַעֲבוֹדָתֶךָ.
אֱלֹהֵינוּ שֶׁבַּשָּׁמַיִם רְפָא כָּל חוֹלֵי עַמְּךָ יִשְׂרָאֵל.

עֲנֵנוּ הָעוֹנֶה בְּעֵת רָצוֹן עֲנֵנוּ
עֲנֵנוּ רַחוּם וְחַנּוּן עֲנֵנוּ
(עֲנֵנוּ הָעוֹנֶה בְּעֵת רַחֲמִים עֲנֵנוּ).

יְהֹוָה חָנֵּנוּ וַהֲקִימֵנוּ וּבְסֵפֶר חַיִּים זָכְרֵנוּ וְחָתְמֵנוּ
יְהֹוָה הֵטִיבָה אַחֲרִיתֵנוּ מֵרֵאשִׁיתֵנוּ וּבְסֵפֶר חַיִּים זָכְרֵנוּ וְחָתְמֵנוּ
יְהֹוָה רִיבָה רִיבֵנוּ וּלְחַם לוֹחֲמֵנוּ וּבְסֵפֶר חַיִּים זָכְרֵנוּ וְחָתְמֵנוּ.

יְהֹוָה עֲשֵׂה לְמַעַן שְׁמֶךָ וְחוּסָה עַל יִשְׂרָאֵל עַמֶּךָ ירמיה יד
יְהֹוָה עֲשֵׂה לְמַעַן זְכוּת יוסף אַבִּיר צַדִּיקֶךָ וְחוּסָה עַל יִשְׂרָאֵל עַמֶּךָ
יְהֹוָה עֲשֵׂה לְמַעַן פינחס זַךְ קַנָּא לִשְׁמֶךָ וְחוּסָה עַל יִשְׂרָאֵל עַמֶּךָ
יְהֹוָה עֲשֵׂה לְמַעַן הֲרוּגִים וּשְׂרוּפִים
עַל יִחוּד קְדֻשַּׁת שְׁמֶךָ וְחוּסָה עַל יִשְׂרָאֵל עַמֶּךָ.

דְּעָנֵי לְיוֹסֵף בְּבֵית אֲסִירֵי עֲנֵינָן
דְּעָנֵי לְפִינְחָס בַּשִּׁטִּים עֲנֵינָן
דְּעָנֵי לְצַדִּיקֵי וַחֲסִידֵי וּתְמִימֵי דִּי בְּכָל דָּר וְדָר עֲנֵינָן.

תּוֹדִיעֵנִי אֹרַח חַיִּים, שֹׂבַע שְׂמָחוֹת אֶת־פָּנֶיךָ, נְעִמוֹת בִּימִינְךָ נֶצַח: תהלים טז
יָחִיד גֵּאֶה, לְעַמְּךָ פְּנֵה, זוֹכְרֵי קְדֻשָּׁתֶךָ.

## הקפה שביעית – דוד

הושענא לרב סעדיה גאון

### הוֹשַׁעְנָא הוֹשַׁעְנָא

אָנָּא הַמַּקְדִּים לָעוֹלָם דְּבָרִים שִׁבְעָה
הַסּוֹדֵר בְּרֵאשִׁית לְיָמִים שִׁבְעָה
הַנּוֹטֶה שָׁמַיִם שִׁבְעָה וְרוֹקַע אֲרָצוֹת שִׁבְעָה
הוֹשִׁיעֵנוּ בַּחֲגִיגַת יָמִים שִׁבְעָה וּבְהַקָּפַת פְּעָמִים שִׁבְעָה.

אָנָּא זְכֹר אָב הִבְטַחְתּוֹ לָרֶשֶׁת אַרְצוֹת עֲמָמִים שִׁבְעָה
בָּנָה בַּיִת לְחָכְמָה וְחָצַב עַמּוּדֶיהָ שִׁבְעָה
כָּרַת בְּרִית לְנָגִיד בִּכְבָשׂוֹת שִׁבְעָה
הוֹשִׁיעֵנוּ בַּחֲגִיגַת יָמִים שִׁבְעָה וּבְהַקָּפַת פְּעָמִים שִׁבְעָה.

אָנָּא זְכֹר בֵּן יָחִיד בְּשַׂרְתּוֹ לְקֵץ נִסִּים שִׁבְעָה
הֶעֱלָה עַל הַר שְׁבִיעִי לֶהָרִים שִׁבְעָה
שָׂמַח בְּמָצְאוֹ מַיִם וַיִּקְרָא אוֹתָהּ שִׁבְעָה
הוֹשִׁיעֵנוּ בַּחֲגִיגַת יָמִים שִׁבְעָה וּבְהַקָּפַת פְּעָמִים שִׁבְעָה.

אָנָּא זְכֹר תָּם הַמִּשְׁתַּחֲוֶה אַרְצָה פְּעָמִים שִׁבְעָה
עַל שֵׁם, יִפּוֹל צַדִּיק וָקָם שִׁבְעָה
צְרָפְתּוֹ בִּשְׁנֵי שָׂבָע שִׁבְעָה וְרָעָב שִׁבְעָה
הוֹשִׁיעֵנוּ בַּחֲגִיגַת יָמִים שִׁבְעָה וּבְהַקָּפַת פְּעָמִים שִׁבְעָה.

אָנָּא הַפּוֹדֵנוּ עַל יַד שְׁבִיעִי לְרוֹעִים שִׁבְעָה
הַמּוֹלִיכֵנוּ בְּמִדְבָּרוֹת שִׁבְעָה
הַסּוֹכְכֵנוּ בַּעֲנָנִים שִׁבְעָה
הוֹשִׁיעֵנוּ בַּחֲגִיגַת יָמִים שִׁבְעָה וּבְהַקָּפַת פְּעָמִים שִׁבְעָה.

אָנָּא הַמַּנְחִילֵנוּ שַׁבַּת לְיָמִים שִׁבְעָה
וּשְׁנַת הַשְּׁמִטָּה לְשָׁנִים שִׁבְעָה
וּשְׁנַת הַיּוֹבֵל לְקֵץ שָׁבוּעִים שִׁבְעָה
הוֹשִׁיעֵנוּ בַּחֲגִיגַת יָמִים שִׁבְעָה וּבְהַקָּפַת פְּעָמִים שִׁבְעָה.

אָנָּא הַחוֹקֵק זְמַן חֵרוּתֵנוּ יָמִים שִׁבְעָה
וְחַג הַבִּכּוּרִים לְשָׁבֻעִים שִׁבְעָה
וְלוּלָב וְחַג וְסֻכָּה וְנִסּוּךְ הַמַּיִם שִׁבְעָה
הוֹשִׁיעֵנוּ בַּחֲגִיגַת יָמִים שִׁבְעָה וּבְהַקָּפַת פְּעָמִים שִׁבְעָה.

הוֹשַׁעְנָא הוֹשַׁעְנָא

זְכֹר סֶגֶן אֲשֶׁר נִגֵּן עֲלֵי עָשׂוֹר וְגַם נֶבֶל
בְּשִׁירוֹתָיו וּזְמִירוֹתָיו יְהוֹדוּן לָךְ בְּכָל תֵּבֵל
לָךְ נִמְשַׁח וְנֶגְדָּךְ שַׁח נָשׂוֹא לָךְ עֹל וְגַם סֵבֶל
פְּדֵה נְכֵאָה מְקוֹרָאָה לָךְ נַחֲלָה וְגַם חֶבֶל
לְהוֹשִׁיעָהּ לְהַרְגִּיעָהּ תִּגָּלֶה מִמְּרוֹמֶיךָ.

זָכְרֵנוּ יְהוָה בִּרְצוֹן עַמֶּךָ

בִּזְכוּת דָּוִד אִישׁ יָדִיד נֶחְתַּם בְּכֶתֶר מַלְכוּתֶךָ
תְּרַחֵם וְגַם תְּנַחֵם עַמְּךָ וְנַחֲלָתֶךָ
בִּזְכוּתוֹ הַרְאֵה לְעַם נִכְאֶה בִּנְיַן בֵּיתְךָ וְנָוֶתְךָ
וּזְכוּת אָבוֹת מֵעֲרָבוֹת זְכֹר נָא לַעֲדָתֶךָ
וְנַטְּלֵם וְנַשְּׂאֵם בִּזְכוּת שִׁבְעָה תְּמִימֶיךָ.

זָכְרֵנוּ יְהוָה בִּרְצוֹן עַמֶּךָ

זְכֹר לָנוּ אֱלֹהֵינוּ זְכוּת דָּוִד בְּנוֹ יִשַׁי
וּמִגִּזְעוֹ תְּצִו חֹטֶר לְקַבֵּץ אֶת מְגֹרָשַׁי
וּבִזְכוּתוֹ אֱסֹף נִדָּחוֹ וְאֶת בָּנַי וְאֶת נָשַׁי
וְנָגִילָה בְּמַלְכוּתֶךָ וּבְדִבְרֵי נִפְלְאוֹתֶיךָ.

זָכְרֵנוּ יְהוָה בִּרְצוֹן עַמֶּךָ

אחר 'רַחֲמָנָא' עונים 'אָמֵן', ובקצת קהילות שנוהגים לומר בהן י"ג מידות, עונים 'בְּדִיל וַיַּעֲבֹר'.

רַחֲמָנָא אִדְּכַר לַן קְיָימֵהּ דְּדָוִיד מְשִׁיחָא אָמֵן
רַחֲמָנָא אִדְּכַר לַן צְלוֹתֵהּ דִּשְׁלֹמֹה מַלְכָּא אָמֵן
רַחֲמָנָא זִיוָךְ אַשְׁרֵי עֲלַן אָמֵן

רַחֲמָנָא זַכְוָן חַפֵּשׂ לָן אָמֵן
רַחֲמָנָא חַתְמִינַן בְּסִפְרָא דְחַיֵּי אָמֵן
רַחֲמָנָא חַתְמִינַן בְּסִפְרָא דְרַחֲמֵי אָמֵן
רַחֲמָנָא חַתְמִינַן בְּסִפְרָא דְצַדִּיקֵי וַחֲסִידֵי אָמֵן
רַחֲמָנָא חַתְמִינַן בְּסִפְרָא דִישָׁרֵי וּתְמִימֵי אָמֵן
רַחֲמָנָא חַתְמִינַן בְּסִפְרָא דְפַרְנָסָתָא טָבְתָא וּמְזוֹנֵי טָבֵי אָמֵן

בקצת קהילות מדלגים על בתים אלו.

רַחֲמָנָא חֲשֹׁב עֲלָן טָבְוָן אָמֵן
רַחֲמָנָא טָבְוָן סַגִּיאָן אַיְתִי עֲלָן אָמֵן
רַחֲמָנָא יִתְגַּלְגְּלוּן רַחֲמָךְ עֲלָן אָמֵן
רַחֲמָנָא כְּבֹשׁ חֶמְתָּא וְרֻגְזָא מִנַּן אָמֵן
רַחֲמָנָא לָא תַעֲבֵד גְּמִרָא לָן אָמֵן
רַחֲמָנָא מְחֹל וּשְׁבֹק לְחוֹבִין וְלַעֲוָיַן אָמֵן
רַחֲמָנָא נְהוֹר טוּבָךְ אַנְהַר עֲלָן אָמֵן
רַחֲמָנָא סָעִיד וְסָמִיךְ הֱוֵי לָן אָמֵן
רַחֲמָנָא עֲבֵד עִמָּנָא אָתָא לְטָב אָמֵן

רַחֲמָנָא פְּתַח שְׁמַיָּא לִצְלוֹתִין אָמֵן

בקצת קהילות מדלגים על בתים אלו.

רַחֲמָנָא צְלוֹתָנָא קַבֵּל בְּרַעֲוָא אָמֵן
רַחֲמָנָא קַבֵּל צְלוֹתִין וּבָעוּתִין בְּעִדַּן עָקָתִין אָמֵן
רַחֲמָנָא רַחֵם עַל נִשְׁמָתִין אָמֵן
רַחֲמָנָא שַׁתָּא טָבְתָא אַיְתִי עֲלָן אָמֵן

רַחֲמָנָא תּוּב מֵרֻגְזָךְ אָמֵן
רַחֲמָנָא וְלָא נֶהְדַּר רֵיקָם מִן קֳדָמָךְ אָמֵן

יש אומרים:

שמות לד וַיַּעֲבֹר יְהוָה ׀ עַל־פָּנָיו וַיִּקְרָא, יְהוָה ׀ יְהוָה אֵל רַחוּם וְחַנּוּן אֶרֶךְ אַפַּיִם
וְרַב־חֶסֶד וֶאֱמֶת: נֹצֵר חֶסֶד לָאֲלָפִים נֹשֵׂא עָוֹן וָפֶשַׁע וְחַטָּאָה וְנַקֵּה:

תהלים טז תּוֹדִיעֵנִי אֹרַח חַיִּים, שֹׂבַע שְׂמָחוֹת אֶת־פָּנֶיךָ, נְעִמוֹת בִּימִינְךָ נֶצַח:

שְׁמַע יִשְׂרָאֵל, יְהֹוָה אֱלֹהֵינוּ, יְהֹוָה אֶחָד: דברים ו
יְהֹוָה הוּא הָאֱלֹהִים, יְהֹוָה הוּא הָאֱלֹהִים: פעמיים מלכים א׳ יח
יְהֹוָה מֶלֶךְ, יְהֹוָה מָלָךְ, יְהֹוָה יִמְלֹךְ לְעֹלָם וָעֶד: פעמיים

אֱלֹהֵינוּ שֶׁבַּשָּׁמַיִם זָכְרֵנוּ בְּזִכְרוֹן טוֹב מִלְּפָנֶיךָ.
אֱלֹהֵינוּ שֶׁבַּשָּׁמַיִם חֲמֹל עָלֵינוּ וְעַל טַפֵּנוּ וְעַל עוֹלָלֵינוּ.
אֱלֹהֵינוּ שֶׁבַּשָּׁמַיִם חָתְמֵנוּ בְּסֵפֶר חַיִּים טוֹבִים.
חָתְמֵנוּ בְּסֵפֶר צַדִּיקִים וַחֲסִידִים.
חָתְמֵנוּ בְּסֵפֶר יְשָׁרִים וּתְמִימִים.
חָתְמֵנוּ בְּסֵפֶר מְזוֹנוֹת וּפַרְנָסָה טוֹבָה.

בקצת קהילות מדלגים על בתים אלו וממשיכים ׳עֲנֵנוּ מָגֵן דָּוִד עֲנֵנוּ׳ בעמוד הבא.

אֱלֹהֵינוּ שֶׁבַּשָּׁמַיִם טַהֲרֵנוּ מֵעֲוֹנֵינוּ.
טַהֲרֵנוּ מִטֻּמְאוֹתֵינוּ.
אֱלֹהֵינוּ שֶׁבַּשָּׁמַיִם יֶהֱמוּ נָא רַחֲמֶיךָ עָלֵינוּ.
אֱלֹהֵינוּ שֶׁבַּשָּׁמַיִם כְּבֹשׁ אֶת כּוֹבְשֵׁינוּ.
כַּלֵּה אַל תַּעַשׂ עִמָּנוּ.
אֱלֹהֵינוּ שֶׁבַּשָּׁמַיִם לְמַעַנְךָ עֲשֵׂה אִם לֹא לְמַעֲנֵנוּ.
לְחַץ אֶת לוֹחֲצֵינוּ.
אֱלֹהֵינוּ שֶׁבַּשָּׁמַיִם מַלֵּא מִשְׁאֲלוֹת לִבֵּנוּ לְטוֹבָה לַעֲבוֹדָתֶךָ.
אֱלֹהֵינוּ שֶׁבַּשָּׁמַיִם נְקֹם אֶת נִקְמָתֵנוּ.
אֱלֹהֵינוּ שֶׁבַּשָּׁמַיִם סְמֹךְ אֶת נְפִילָתֵנוּ.
אֱלֹהֵינוּ שֶׁבַּשָּׁמַיִם עֲנֵה אֶת עֲתִירָתֵנוּ.
אֱלֹהֵינוּ שֶׁבַּשָּׁמַיִם פְּדֵנוּ מִידֵי כָּל אוֹיְבֵינוּ.
אֱלֹהֵינוּ שֶׁבַּשָּׁמַיִם צַוֵּה אִתָּנוּ בִּרְכוֹתֶיךָ.
צַוֵּה אִתָּנוּ יְשׁוּעוֹתֶיךָ.
צַדְּקֵנוּ בְּמִשְׁפָּטֶיךָ.

אֱלֹהֵינוּ שֶׁבַּשָּׁמַיִם קָרֵב לָנוּ קֵץ הַגְּאֻלָּה.
קָרֵב לָנוּ יוֹם הַיְשׁוּעָה.
קָרְבֵנוּ לַעֲבוֹדָתֶךָ וּלְיִרְאָתֶךָ.
אֱלֹהֵינוּ שֶׁבַּשָּׁמַיִם רְאֵה בָּעֳנִי עַמְּךָ יִשְׂרָאֵל.
רְפָא כָּל חוֹלֵי עַמְּךָ יִשְׂרָאֵל.
רְאֵה בְּדֹחַק הַשָּׁעָה.
אֱלֹהֵינוּ שֶׁבַּשָּׁמַיִם שְׁעֵה אֶת שַׁוְעָתֵנוּ.
שִׂית שָׁלוֹם בֵּינֵינוּ.
שִׂית שַׁלְוָה בְּאַרְמְנוֹתֵינוּ.
אֱלֹהֵינוּ שֶׁבַּשָּׁמַיִם תֵּן שָׁלוֹם בָּאָרֶץ.
תֵּן שָׁלוֹם בַּמַּלְכוּת.
תֵּן שָׂבָע בָּעוֹלָם.
תֵּן טַל וּמָטָר לִבְרָכָה בְּעִתָּם בָּאָרֶץ.
תֵּן זֶרַע לַזּוֹרֵעַ וְלֶחֶם לָאוֹכֵל.
תֵּן לֶחֶם לְפִי הַטַּף לָשֹׂבַע.
אֱלֹהֵינוּ שֶׁבַּשָּׁמַיִם תִּכּוֹן תְּפִלָּתֵנוּ קְטֹרֶת לְפָנֶיךָ.

עֲנֵנוּ מָגֵן דָּוִד עֲנֵנוּ
עֲנֵנוּ אֱלֹהֵי הַמֶּרְכָּבָה עֲנֵנוּ
עֲנֵנוּ רַחוּם וְחַנּוּן עֲנֵנוּ.

יְהֹוָה חָנֵּנוּ וַהֲקִימֵנוּ וּבְסֵפֶר חַיִּים זָכְרֵנוּ וְחָתְמֵנוּ

בקצת קהילות מדלגים:

יְהֹוָה כְּחוֹתָם עַל לֵב הַיּוֹם שִׂימֵנוּ וּבְסֵפֶר חַיִּים זָכְרֵנוּ וְחָתְמֵנוּ
יְהֹוָה רִיבָה רִיבֵנוּ וּלְחַם לוֹחֲמֵנוּ וּבְסֵפֶר חַיִּים זָכְרֵנוּ וְחָתְמֵנוּ

יְהֹוָה בָּרֵךְ אֶת לַחְמֵנוּ וְאֶת מֵימֵינוּ וּבְסֵפֶר חַיִּים זָכְרֵנוּ וְחָתְמֵנוּ.

יְהֹוָה עֲשֵׂה לְמַעַן שְׁמֶךָ     וְחוּסָה עַל יִשְׂרָאֵל עַמֶּךָ ירמיה יד
יְהֹוָה עֲשֵׂה לְמַעַן דוד נְעִים זְמִירוֹתֶיךָ     וְחוּסָה עַל יִשְׂרָאֵל עַמֶּךָ
יְהֹוָה עֲשֵׂה לְמַעַן שלמה מֶלֶךְ בָּנָה בַּיִת לִשְׁמֶךָ     וְחוּסָה עַל יִשְׂרָאֵל עַמֶּךָ
יְהֹוָה עֲשֵׂה לְמַעַן הֲרוּגִים וּשְׂרוּפִים
עַל יִחוּד קְדֻשַּׁת שְׁמֶךָ     וְחוּסָה עַל יִשְׂרָאֵל עַמֶּךָ.

דְּעָנֵי לְדָוִד וְלִשְׁלֹמֹה בְנוֹ בִּירוּשָׁלָיִם     עֲנֵינָן
דְּעָנֵי לְצַדִּיקֵי וַחֲסִידֵי וּתְמִימֵי דִּי בְּכָל דָּר וְדָר     עֲנֵינָן.

תּוֹדִיעֵנִי אֹרַח חַיִּים, שֹׂבַע שְׂמָחוֹת אֶת־פָּנֶיךָ, נְעִמוֹת בִּימִינְךָ נֶצַח: תהלים טז
שַׁוְעָתֵנוּ קַבֵּל וּשְׁמַע צַעֲקָתֵנוּ, יוֹדֵעַ תַּעֲלוּמוֹת.

הוֹשַׁעְנָא     הוֹשַׁעְנָא

אָנָּא הוֹשִׁיעָה נָּא     אָנָּא הוֹשִׁיעָה נָּא

אָנָּא יַשֵּׁר עַם בָּא / בְּהוֹשַׁעְנָא רַבָּה
לְסַלְסֶלְךָ בְּחִבָּה / אֵל מוֹשִׁיעִי
חִישׁ נָא פִּדְיוֹם / אֵל נוֹרָא וְאָיֹם
וּבִירוּשָׁלַיִם כְּהַיּוֹם / נְהַלֶּלְךָ בְּיוֹם שְׁבִיעִי     הוֹשִׁיעָה נָּא.
אָנָּא הוֹשִׁיעָה נָּא

אָנָּא סַחֵה נָא כָלִיל / מִמַּמְלְכוֹת הָאֱלִיל
וְאָרוֹן עֲלֵי חָלִיל / בְּחַג שַׁעֲשׁוּעִי
פְּדוּתִי רָאֵה / וְגַם גָּאֹה גָּאָה
וּבִירוּשָׁלַיִם לְשָׁנָה הַבָּאָה / נְהַלֶּלְךָ בְּיוֹם שְׁבִיעִי הוֹשִׁיעָה נָּא.
אָנָּא הוֹשִׁיעָה נָּא

אָנָּא בְּנֵה שַׁעַר הַשִּׁיר / וְשָׁם לְךָ אָשִׁיר
וְגַם שַׁי לְךָ אַתְשִׁיר / אֵל מַרְגּוֹעִי
בְּקַבֶּצְךָ נֶאֱנָקִים / מִמֶּרְחַקִּים
וְסֻכָּתְךָ תָּקִים / נְהַלֶּלְךָ בְּיוֹם שְׁבִיעִי     הוֹשִׁיעָה נָּא.
אָנָּא הוֹשִׁיעָה נָּא

אָנָּא רְצֵה נָא וְקוֹמֵם / הַר הַשָּׁמֵם
וּמִגְדָּלְךָ תְּרוֹמֵם / וְגַלֵּה קֵץ יִשְׁעִי
רוֹמְמוּתְךָ הַרְאֵה / לְעַם הַנִּבְאָה
וּמוּלְךָ יֵרָאֶה / נְהַלֶּלְךָ בְּיוֹם שְׁבִיעִי הוֹשִׁיעָה נָּא.

אָנָּא הוֹשִׁיעָה נָּא

אָנָּא יְדִידִים בְּטוּבְךָ רַוֵּה / וְהוֹדְךָ עָלָיו תְּשַׁוֶּה
וְטוּבְךָ אֲחַוֶּה / בְּתוֹךְ עַם נוֹשָׁעִי
צִיּוֹן מַלֵּא / מֵעַם אֵלֶּה
וְשָׁם לְךָ נַחֲלֶה / נְהַלֶּלְךָ בְּיוֹם שְׁבִיעִי הוֹשִׁיעָה נָּא.

אָנָּא הוֹשִׁיעָה נָּא

אָנָּא חֵילְךָ הַנְחֵל / חוֹמוֹת וָחֵל
וְקָמִים גַּחֵל / וְהַצְמַח יִשְׁעִי
קְהָלִי כּוֹנֵן / וְטוּבְךָ אֲשַׁנֵּן
וּלְשִׁמְךָ אֲרַנֵּן / נְהַלֶּלְךָ בְּיוֹם שְׁבִיעִי הוֹשִׁיעָה נָּא.

אָנָּא הוֹשִׁיעָה נָּא

הושענות לרבי יוסף אבן אביתור

אֲנִי וָהוּ הוֹשִׁיעָה נָּא אֲנִי וָהוּ הוֹשִׁיעָה נָּא

כְּהוֹשַׁעְתָּ יְדִידִים / מִכַּף מַעֲבִידִים
וַתִּמְחַץ לוּדִים / אֲצִים לְהַכְנִיעִי
עֲלוּבֵי עֹלֶב / הַמְהַלְלִים בְּכָל לֵב
בְּאֶתְרוֹג הַדּוֹמֶה לַלֵּב / נְהַלֶּלְךָ בְּיוֹם שְׁבִיעִי כֵּן הוֹשַׁעְנָא.

אֲנִי וָהוּ הוֹשִׁיעָה נָּא

כְּהוֹשַׁעְתָּ וַתַּעֲזֹר / אֲנוּשֵׁי מָזוֹר
וַתֶּאֱסֹר אֵזוֹר / לִשְׁפֹּט מַרְשִׁיעִי
יֶתֶר פְּזוּרָה / סוֹבְבֵי תוֹרָה
בְּלוּלָב הַדּוֹמֶה לַשִּׁדְרָה / נְהַלֶּלְךָ בְּיוֹם שְׁבִיעִי כֵּן הוֹשַׁעְנָא.

אֲנִי וָהוּ הוֹשִׁיעָה נָּא

כְּהוֹשַֽׁעְתָּ סְגוּרֵי צִנּוֹק / נוֹאֲקִים אָנוֹק
וַתַּעֲנִיק עָנוֹק / וְהִשְׁקַעְתָּ מַשְׁקִיעִי
סוֹבְבִים בְּמַחֲנַיִם / בְּמַזַּל מֹאזְנַיִם
בַּהֲדַס הַדּוֹמֶה לָעֵינַיִם / נְהַלֶּלְךָ בְּיוֹם שְׁבִיעִי כֵּן הוֹשַׁעְנָא.
אֲנִי וָהוֹ הוֹשִֽׁיעָה נָּא

כְּהוֹשַֽׁעְתָּ פְּדוּיֵי עַם זֶה / בְּיַד חוֹזֶה וּמַזֶּה
וַתֵּשֶׁת נִמְבְזֶה / חוֹשֵׁק לְהַטְבִּיעִי
פּוֹתְחֵי דְלָתַיִם / לְצַלְצֵל בִּמְצִלְתַּיִם
בַּעֲרָבָה הַדּוֹמָה לַשְּׂפָתַיִם / נְהַלֶּלְךָ בְּיוֹם שְׁבִיעִי כֵּן הוֹשַׁעְנָא.
אֲנִי וָהוֹ הוֹשִֽׁיעָה נָּא

## אָנָּא, אֵל נָא, הוֹשַׁעְנָא וְהוֹשִֽׁיעָה נָּא.

אֵל נָא אוֹצָרְךָ הַטּוֹב תִּפְתַּח מִזְּבֻלָה
וְהָאָֽרֶץ תִּתֵּן יְבוּלָהּ. הוֹשַׁעְנָא וְהוֹשִֽׁיעָה נָּא. יחזקאל לד

אֵל נָא נִטְפֵי נְדָבוֹת יִרְווּ דִּשְׁאֵי חָצִיר
וְהִשִּׂיג לָכֶם דַּֽיִשׁ אֶת־בָּצִיר. הוֹשַׁעְנָא וְהוֹשִֽׁיעָה נָּא. ויקרא כו

אֵל נָא יְבוּל הָאָֽרֶץ לְבָרֵךְ הֶעָתֵר
אָכוֹל וְשָׂבֽוֹעַ וְהוֹתֵר. הוֹשַׁעְנָא וְהוֹשִֽׁיעָה נָּא. דברי הימים ב׳ לא

אֵל נָא יוֹם זֶה חֲתֹם נָא חוֹתֶֽמֶת
וּבָרֵךְ חִטָּה וּשְׂעוֹרָה וְכֻסֶּֽמֶת. הוֹשַׁעְנָא וְהוֹשִֽׁיעָה נָּא.

אֵל נָא וְגֶֽשֶׁם נְדָבוֹת תְּחוֹלֵל רֽוּחַ צָפוֹן
וּבָרֵךְ שִׁבֹּֽלֶת שׁוּעָל וְשִׁיפוֹן. הוֹשַׁעְנָא וְהוֹשִֽׁיעָה נָּא.

אֵל נָא סַפֵּק סֶֽפֶק בְּכָל חֹֽדֶשׁ וָחֹֽדֶשׁ
וּבָרֵךְ אֹֽרֶז וְדֹֽחַן וּפוֹל וָעֲדָֽשׁ. הוֹשַׁעְנָא וְהוֹשִֽׁיעָה נָּא.

אֵל נָא פְּצֵה שָׁנָה זוֹ מִשָּׁמִיר וָשַֽׁיִת
וּבָרֵךְ עֵץ שֶֽׁמֶן וָזַֽיִת. הוֹשַׁעְנָא וְהוֹשִֽׁיעָה נָּא.

אֵל נָא בְּמָטָר רַוֵּה חֲרְבוֹנֵי יְשִׁימוֹן
וּבָרֵךְ גֶּפֶן וּתְאֵנָה וְרִמּוֹן. הוֹשַׁעְנָא וְהוֹשִׁיעָה נָּא.

אֵל נָא רוֹמֵם עֲצֶרֶת עוֹלְלֵי טִפּוּחִים
וּבָרֵךְ אֱגוֹז וְתָמָר וְתַפּוּחִים. הוֹשַׁעְנָא וְהוֹשִׁיעָה נָּא.

אֵל נָא יָדְךָ הַרְחֵב, וְרַבֵּה חֲזִיזֵי מְעוֹנִים
וּבָרֵךְ בָּטְנִים וּשְׁקֵדִים וְעַרְמוֹנִים. הוֹשַׁעְנָא וְהוֹשִׁיעָה נָּא.

אֵל נָא צִדְקָתְךָ מֵעַמְּךָ בַּל יִפָּסֵק
וּבָרֵךְ חָרוּב וּקְרוּסְטְמָל וַאֲפַרְסֵק. הוֹשַׁעְנָא וְהוֹשִׁיעָה נָּא.

אֵל נָא חַלֵּץ קְהִלָּה אֲשֶׁר סְבִיבֶיךָ תַּעֲרֹג
וּבָרֵךְ הַתּוּת וְהָאֱגוֹז וְהָאֶתְרוֹג. הוֹשַׁעְנָא וְהוֹשִׁיעָה נָּא.

אֵל נָא קְרָא נָא שָׁבַע בְּמִטְרוֹת רְקִיעִים
וּבָרֵךְ כָּל מִינֵי יְרָקוֹת וּזְרָעִים. הוֹשַׁעְנָא וְהוֹשִׁיעָה נָּא.

אָנָּא, אֵל נָא, הוֹשַׁעְנָא וְהַצְלִיחָה נָא.

אֵל נָא יוֹם זֶה עַל קֵץ תַּפְסִיעַ / וְחַלֵּץ שְׁסוּעָה מִכַּף מַשְׁסִיעַ
תהלים פ גֶּפֶן מִמִּצְרַיִם תַּסִּיעַ: הוֹשַׁעְנָא וְהַצְלִיחָה נָא.

אֵל נָא וּמְנוּף נַהֲלַת גְּזָעֶיהָ / וְתַפְרִיחַ זְמוֹרֵי זְרוּעֶיהָ
תְּגָרֵשׁ גּוֹיִם וַתִּטָּעֶהָ: הוֹשַׁעְנָא וְהַצְלִיחָה נָא.

אֵל נָא סְמָדַרֶיהָ הֲנִיצוֹת בְּמֶרֶץ / וּפִנִּית לְפָנֶיהָ שִׁבְעָה גוֹיִם בְּאֶרֶץ
וַתַּשְׁרֵשׁ שָׁרָשֶׁיהָ וַתְּמַלֵּא־אָרֶץ: הוֹשַׁעְנָא וְהַצְלִיחָה נָא.

אֵל נָא פֹּארֹת הַפְרָחַתָּ פְּרָיִם / וּבְטוּב הִשְׁבַּעְתָּ עֲדָיִם
תְּשַׁלַּח קְצִירֶהָ עַד־יָם: הוֹשַׁעְנָא וְהַצְלִיחָה נָא.

אֵל נָא הֲלֹא אַתָּה נְטַעְתָּהּ וַתִּצְּרֶהָ / וּמֵאָז נְצַרְתָּהּ וַתִּשְׁמְרֶהָ
לָמָּה פָרַצְתָּ גְּדֵרֶיהָ: הוֹשַׁעְנָא וְהַצְלִיחָה נָא.

אֵל נָא  קָדוֹשׁ רַב עֱזוּזוֹת / הַבֵּט מִשָּׁמַיִם לַחֲזוֹת
וּפְקֹד גֶּפֶן זֹאת:  הוֹשַׁעְנָא וְהַצְלִיחָה נָא.

אֵל נָא  טוּבְךָ גַּלֵּה לַעֲמוּסֵי מֵעַיִם / יִשְׂבְּעוּ טוּבְךָ נוֹחֲלֵי דַת יוֹמַיִם
וּמִמַּעַיְנֵי הַיְשׁוּעָה יִשְׁאֲבוּן מַיִם  הוֹשַׁעְנָא וְהַצְלִיחָה נָא.

**אָנָּא, אֵל נָא, הוֹשַׁעְנָא וְהַרְוִיחָה נָּא אָבִינוּ אָתָּה.**

אֵל נָא  לְמַעַן אָב אִמֵּץ מִמּוֹצְאֵי עֲלִילָה עַל  מַיִם
בְּצִלְּךָ גּוֹנַנְתּוֹ וְהִצַּלְתּוֹ מִשְּׁטִיפַת  מַיִם
בִּגְלָלוֹ נִשְׁבַּעְתָּ שֶׁלֹּא לְהָבִיא מַבּוּל  מַיִם
בַּעֲבוּרוֹ לֹא תִמְנַע מַיִם  הוֹשַׁעְנָא וְהַרְוִיחָה נָּא.

אֵל נָא  לְמַעַן אָב נָאַם, יֻקַּח־נָא מְעַט־  מַיִם
בּוֹגְדִים הִמְשִׁיךְ אַחֲרֶיךָ, אֵל מוֹדֵד בְּשָׁעֳלוֹ  מַיִם
בְּתֵק זָרִים עוֹבְדֵי אֵשׁ  וּמַיִם
בַּעֲבוּרוֹ לֹא תִמְנַע מַיִם  הוֹשַׁעְנָא וְהַרְוִיחָה נָּא.

אֵל נָא  לְמַעַן בֵּן הַנֶּעֱקַד וְחָפַר בְּאֵר  מַיִם
גָּר בִּגְרָר וְרָבוּ עַל  הַמַּיִם
בִּשְּׂרוּהוּ עֲבָדָיו מָצָאנוּ  מַיִם
בַּעֲבוּרוֹ לֹא תִמְנַע מַיִם  הוֹשַׁעְנָא וְהַרְוִיחָה נָּא.

אֵל נָא  לְמַעַן תָּם גָּל אֶבֶן מֵעַל בְּאֵר  מַיִם
דָּלָה וְהִשְׁקָה צֹאן לָבָן  מַיִם
וְהִצִּיג מַקְלוֹת בְּשִׁקְתוֹת  הַמַּיִם
בַּעֲבוּרוֹ לֹא תִמְנַע מַיִם  הוֹשַׁעְנָא וְהַרְוִיחָה נָּא.

אֵל נָא  לְמַעַן דָּגוּל מָשׁוּי  מִמַּיִם
הֶעֱבִיר חֶבְלְךָ בְּתוֹךְ גַּלֵּי  מַיִם
פָּתַח צוּר וַיָּזוּבוּ  מַיִם
בַּעֲבוּרוֹ לֹא תִמְנַע מַיִם  הוֹשַׁעְנָא וְהַרְוִיחָה נָּא.

אָנָּא, אֵל נָא, רְפָא נָא, סְלַח נָא,
הוֹשַׁעְנָא וְהוֹשִׁיעָה נָּא אָבִינוּ אָתָּה.

לְמַעַן אָב נִפְקַד וַיִּבָּחֵן / כִּכְלוֹת דּוֹר צוֹחֵן / וְנֹחַ מָצָא חֵן
בַּעֲבוּרוֹ תַּלְבִּישׁ תְּהִלָּה / לְעוֹרְכֵי לְךָ תְּפִלָּה.
הוֹשַׁעְנָא וְהוֹשִׁיעָה נָּא, אָבִינוּ אָתָּה.

לְמַעַן נֶאֱמָן אַמִּיץ בְּלִי חֵשֶׁל / וְנִצַּל מִכֶּשֶׁל / וַיִּטַּע אֵשֶׁל
בַּעֲבוּרוֹ הַיּוֹם תַּכְלֵל / גּוֹמְרֵי לְךָ הַלֵּל.
הוֹשַׁעְנָא וְהוֹשִׁיעָה נָּא, אָבִינוּ אָתָּה.

לְמַעַן יָחִיד מְקוֹרָאִי / בֵּרְכוֹ אֵל רָאִי / בִּבְאֵר לַחַי רֹאִי
בַּעֲבוּרוֹ הַיּוֹם יְכֻסַּף / יוֹסְפֵי לְךָ מוּסָף.
הוֹשַׁעְנָא וְהוֹשִׁיעָה נָּא, אָבִינוּ אָתָּה.

לְמַעַן יָשֵׁן בְּטַבּוּר עוֹלָם / וְסוֹד נֶעְלָם חָלַם / וַיַּחֲלֹם וְהִנֵּה סֻלָּם
בַּעֲבוּרוֹ תְּבָרֵךְ רֶבַע / סוֹבְבֵי שֶׁבַע.
הוֹשַׁעְנָא וְהוֹשִׁיעָה נָּא, אָבִינוּ אָתָּה.

לְמַעַן וָתִיק קָרַן עוֹר פָּנָיו / וְאוֹר עֵינָיו / וְהָאִישׁ מֹשֶׁה מְאֹד עָנָו
בַּעֲבוּרוֹ תְּבָרֵךְ שָׁנָה / לְצוֹעֲקֵי הוֹשַׁעְנָא.
הוֹשַׁעְנָא וְהוֹשִׁיעָה נָּא, אָבִינוּ אָתָּה.

לְמַעַן פּוֹעֲלֵי רָע הָלַם / וְשָׁלוֹם לוֹ הָשְׁלַם / בְּרִית כְּהֻנַּת עוֹלָם
בַּעֲבוּרוֹ גְּאוֹן עָרִיץ תְּחַסֵּר / וְתַשְׁמִיעַ מְבַשֵּׂר.
הוֹשַׁעְנָא וְהוֹשִׁיעָה נָּא, אָבִינוּ אָתָּה.

הושענא לרבי יוסף אבן אביתור

הוֹשִׁיעֵנוּ מוֹשִׁיעֵנוּ, כִּי לְךָ עֵינֵינוּ, וּלְכָה לִישׁוּעָתֵנוּ.

יוֹשֵׁב קֶדֶם אָיֹם וְנוֹרָא / יוֹם זֶה תְּאַמֵּץ סוֹבְבֵי תוֹרָה
וְשָׁנָה זוֹ תְּהֵא שְׁנַת אוֹרָה — כִּי לְךָ עֵינֵינוּ, וּלְכָה לִישׁוּעָתֵנוּ.

וְנוֹפֵף קוֹרְאֶיךָ בְּרוּחַ נְמוּכָה / סוֹבְבִים שִׁבְעָה הַיּוֹם נְסוּכָה
וְשָׁנָה זוֹ תְּהֵא שְׁנַת בְּרָכָה — כִּי לְךָ עֵינֵינוּ, וּלְכָה לִישׁוּעָתֵנוּ.

שַׂגֵּב שָׁנָה זוֹ מִכָּל מַחֲלָה / וְשִׁיתָהּ גְּשׁוּמָה דְּשׁוּנָה וּטְלוּלָה
וְשָׁנָה זוֹ תְּהֵא שְׁנַת גִּילָה    כִּי לְךָ עֵינֵינוּ, וּלְכָה לִישׁוּעָתֵנוּ.

פְּתָחֶיךָ הַרְחֵב לְאֹם יָפָה כְּתִרְצָה / מִתְחַנֶּנֶת לְפָנֶיךָ בְּהֶגְיוֹן מְלִיצָה
וְשָׁנָה זוֹ תְּהֵא שְׁנַת דִּיצָה    כִּי לְךָ עֵינֵינוּ, וּלְכָה לִישׁוּעָתֵנוּ.

הָאֵל לְמוֹשָׁעוֹת, עַם נוֹשַׁע בַּיהוָה
הוֹשַׁעְנָא בְחַסְדְּךָ מְיַחֲלִים לַיהוָה
כִּי לִישׁוּעָתְךָ קִוִּינוּ יְהוָה
אָדָם וּבְהֵמָה תוֹשִׁיעַ יְהוָה: תהלים לו

תִּפְתַּח אֶרֶץ וְיִפְרוּ יֶשַׁע
לְעַם אֲשֶׁר בְּכִפּוּרִים פְּדִיתָם מִפֶּשַׁע
תַּאֲוַת עֲנָוִים שָׁמַעְתָּ יְהוָה
כִּי לִישׁוּעָתְךָ קִוִּינוּ יְהוָה, אָדָם וּבְהֵמָה תוֹשִׁיעַ יְהוָה:

מִפֶּלֶג מָלֵא רַוֵּה לְאֻמֶּךָ
כְּיוֹם אֲשֶׁר יָצָאתָ לְיֵשַׁע עַמֶּךָ
יוֹם אֲשֶׁר נֶאֱמַר בּוֹ וַיּוֹשַׁע יְהוָה
כִּי לִישׁוּעָתְךָ קִוִּינוּ יְהוָה, אָדָם וּבְהֵמָה תוֹשִׁיעַ יְהוָה:

הֱיֵה נָא לִישׁוּעָה, צוּר עוֹנֶה בַּצַּר
פְּדוּתִי קָרֵב כִּי יָדְךָ לֹא תִקְצַר
רְאֵה כִּי תָאַבְתִּי יְשׁוּעָתְךָ יְהוָה
כִּי לִישׁוּעָתְךָ קִוִּינוּ יְהוָה, אָדָם וּבְהֵמָה תוֹשִׁיעַ יְהוָה:

הוֹשִׁיעָה אָסִיר צוֹעֵק מִבֵּית כֶּלֶא
לְשַׁוְעֵי הַמָּצָא, צוּר עֹשֵׂה פֶלֶא
פְּתַח פֶּלֶג מָלֵא, יִשְׂבְּעוּ עֲצֵי יְהוָה
כִּי לִישׁוּעָתְךָ קִוִּינוּ יְהוָה, אָדָם וּבְהֵמָה תוֹשִׁיעַ יְהוָה:

הַטֵּה אָזְנְךָ שְׁמַע נָא וְהוֹשַׁע נָא
נְפָשׁוֹת הַטְּרוּחוֹת בְּמַאֲרִיכֵי תְחִנָּה
שִׂפְתוֹתָם תַּבַּעְנָה יְשׁוּעָתָה לַיהוָֹה
כִּי לִישׁוּעָתְךָ קִוִּינוּ יְהוָֹה, אָדָם וּבְהֵמָה תוֹשִׁיעַ יְהוָֹה:

רְצֵה שַׁוְעַת אֲמֵלִים יְשׁוּעָתְךָ מְיַחֲלִים
וּמְזוֹנָם שׁוֹאֲלִים בְּיוֹם לוּלָב נוֹטְלִים
גְּשָׁמִים וּטְלָלִים תַּזִּיל מִזְּבוּלִים
וְחִישׁ יֵלְכוּ גְּאוּלִים וּפְדוּיֵי יְהוָֹה.
כִּי לִישׁוּעָתְךָ קִוִּינוּ יְהוָֹה, אָדָם וּבְהֵמָה תוֹשִׁיעַ יְהוָֹה:

הושענא לרבי יוסף אבן אביתור

## קוֹל מְבַשֵּׂר מְבַשֵּׂר וְאוֹמֵר שבע פעמים

יְפֵה נוֹף אֲנוֹפֵף בְּחֶזְיוֹן תְּעוּדָה
תהלים מח יִשְׂמַח הַר־צִיּוֹן תָּגֵלְנָה בְּנוֹת יְהוּדָה: מְבַשֵּׂר מְבַשֵּׂר וְאוֹמֵר

וָוֵי נָוֵךְ אֲפַסֵּג וְאַרְחִיב גְּבוּלֵךְ
ישעיה ס כִּי יְהוָֹה יִהְיֶה־לָּךְ לְאוֹר עוֹלָם וְשָׁלְמוּ יְמֵי אֶבְלֵךְ: מְבַשֵּׂר מְבַשֵּׂר וְאוֹמֵר

סֹבּוּ צִיּוֹן וְהַקִּיפוּהָ סִפְרוּ מִגְדָּלֶיהָ
ישעיה סו שִׂישׂוּ אִתָּהּ מָשׂוֹשׂ כָּל־הַמִּתְאַבְּלִים עָלֶיהָ: מְבַשֵּׂר מְבַשֵּׂר וְאוֹמֵר

פֶּתַע אַשְׁלִיךְ עַל אֱדוֹם נַעֲלַיִם
ישעיה נב פִּצְחוּ רַנְּנוּ יַחְדָּו חָרְבוֹת יְרוּשָׁלָםִ: מְבַשֵּׂר מְבַשֵּׂר וְאוֹמֵר

קֵץ יְשׁוּעָתִי חַשְׁתִּי מִמְּעוֹן שַׁחַק
ישעיה מו קֵרַבְתִּי צִדְקָתִי לֹא תִרְחָק: מְבַשֵּׂר מְבַשֵּׂר וְאוֹמֵר

הִתְעוֹרְרִי מִמִּזְרָח וּבוֹאִי מִמַּעֲרָב
תהלים מח הַר־צִיּוֹן יַרְכְּתֵי צָפוֹן קִרְיַת מֶלֶךְ רָב: מְבַשֵּׂר מְבַשֵּׂר וְאוֹמֵר

## קוֹל מְבַשֵּׂר מְבַשֵּׂר וְאוֹמֵר פעמיים

ישעיה נב כַּכָּתוּב: מַה־נָּאווּ עַל־הֶהָרִים רַגְלֵי מְבַשֵּׂר, מַשְׁמִיעַ שָׁלוֹם מְבַשֵּׂר טוֹב
מַשְׁמִיעַ יְשׁוּעָה, אֹמֵר לְצִיּוֹן מָלַךְ אֱלֹהָיִךְ: קוֹל צֹפַיִךְ נָשְׂאוּ קוֹל,

יַחְדָּו יְרַנֵּנוּ, כִּי עַיִן בְּעַיִן יִרְאוּ בְּשׁוּב יְהוָה צִיּוֹן: פִּצְחוּ רַנְּנוּ יַחְדָּו
חָרְבוֹת יְרוּשָׁלָםִ, כִּי־נִחַם יְהוָה עַמּוֹ, גָּאַל יְרוּשָׁלָםִ:

וְנֶאֱמַר: כִּי־נִחַם יְהוָה צִיּוֹן, נִחַם כָּל־חָרְבֹתֶיהָ, וַיָּשֶׂם מִדְבָּרָהּ כְּעֵדֶן וְעַרְבָתָהּ ישעיה נא
כְּגַן־יְהוָה, שָׂשׂוֹן וְשִׂמְחָה יִמָּצֵא בָהּ, תּוֹדָה וְקוֹל זִמְרָה:

וְנֶאֱמַר: רָנּוּ שָׁמַיִם וְגִילִי אָרֶץ וּפִצְחוּ הָרִים רִנָּה, כִּי־נִחַם יְהוָה עַמּוֹ וַעֲנִיָּו ישעיה מט
יְרַחֵם:

וְנֶאֱמַר: וְהָלְכוּ עַמִּים רַבִּים וְאָמְרוּ לְכוּ וְנַעֲלֶה אֶל־הַר־יְהוָה אֶל־בֵּית ישעיה ב
אֱלֹהֵי יַעֲקֹב, וְיֹרֵנוּ מִדְּרָכָיו וְנֵלְכָה בְּאֹרְחֹתָיו, כִּי מִצִּיּוֹן תֵּצֵא תוֹרָה
וּדְבַר־יְהוָה מִירוּשָׁלָםִ:

וְנֶאֱמַר: וּפְדוּיֵי יְהוָה יְשֻׁבוּן וּבָאוּ צִיּוֹן בְּרִנָּה, וְשִׂמְחַת עוֹלָם עַל־רֹאשָׁם, ישעיה לה
שָׂשׂוֹן וְשִׂמְחָה יַשִּׂיגוּ, וְנָסוּ יָגוֹן וַאֲנָחָה:

וְנֶאֱמַר: חָשַׂף יְהוָה אֶת־זְרוֹעַ קָדְשׁוֹ לְעֵינֵי כָּל־הַגּוֹיִם, וְרָאוּ כָּל־אַפְסֵי־אָרֶץ ישעיה נב
אֵת יְשׁוּעַת אֱלֹהֵינוּ:

וְנֶאֱמַר: וְיִהְיוּ דְבָרַי אֵלֶּה אֲשֶׁר הִתְחַנַּנְתִּי לִפְנֵי יְהוָה קְרֹבִים אֶל־יְהוָה מלכים א׳ ח
אֱלֹהֵינוּ יוֹמָם וָלָיְלָה, לַעֲשׂוֹת מִשְׁפַּט עַבְדּוֹ וּמִשְׁפַּט עַמּוֹ יִשְׂרָאֵל
דְּבַר־יוֹם בְּיוֹמוֹ: לְמַעַן דַּעַת כָּל־עַמֵּי הָאָרֶץ כִּי יְהוָה הוּא הָאֱלֹהִים,
אֵין עוֹד:

שליח הציבור אומר קדיש תתקבל, ויש קהילות שבהן מוסיפים בקדיש ׳תִּעָנוּ וְתֵעָתְרוּ׳.

קדיש תתקבל (׳תִּעָנוּ וְתֵעָתְרוּ׳)

שליח הציבור כורע במילים המסומנות ב׳.

ש״ץ: ׳יִתְגַּדַּל וְיִתְקַדַּשׁ שְׁמֵהּ רַבָּא (קהל: אָמֵן)
בְּעָלְמָא דִּי בְרָא כִרְעוּתֵהּ
וְיַמְלִיךְ מַלְכוּתֵהּ וְיַצְמַח פֻּרְקָנֵהּ וִיקָרֵב מְשִׁיחֵהּ (קהל: אָמֵן)
בְּחַיֵּיכוֹן וּבְיוֹמֵיכוֹן וּבְחַיֵּי דְכָל בֵּית יִשְׂרָאֵל
בַּעֲגָלָא וּבִזְמַן קָרִיב, וְאִמְרוּ אָמֵן. (קהל: אָמֵן)

קהל וש״ץ: יְהֵא שְׁמֵהּ ׳רַבָּא מְבָרַךְ לְעָלַם לְעָלְמֵי עָלְמַיָּא ׳יִתְבָּרַךְ
וְיִשְׁתַּבַּח וְיִתְפָּאַר וְיִתְרוֹמַם וְיִתְנַשֵּׂא
וְיִתְהַדָּר וְיִתְעַלֶּה וְיִתְהַלָּל שְׁמֵהּ דְּקֻדְשָׁא ׳בְּרִיךְ הוּא (קהל: אָמֵן)

לְעֵלָּא מִן כָּל בִּרְכָתָא, שִׁירָתָא, תֻּשְׁבְּחָתָא וְנֶחֱמָתָא
דַּאֲמִירָן בְּעָלְמָא, וְאִמְרוּ אָמֵן. (קהל: אָמֵן)

יש קהילות שנוהגים להוסיף בהן 'תִּעָנוּ וְתֵעָתְרוּ' בהושענא רבה,
ויש הנוהגים גם לתקוע תשר"ת תש"ת תר"ת.

ש"ץ: תֵּעָנוּ וְתֵעָתְרוּ בְּרַחֲמִים מִן הַשָּׁמַיִם
תְּקַבֵּל צַעֲקַתְכֶם, תִּשְׁמַע בְּרָצוֹן תְּפִלַּתְכֶם, וְיֵעָנֶה קוֹל עֲתִירַתְכֶם
וְיִפְתַּח יְהוָה אֱלֹהֵינוּ לָנוּ וּלְכָל יִשְׂרָאֵל, שַׁעֲרֵי אוֹרָה, שַׁעֲרֵי בְרָכָה,
שַׁעֲרֵי גִילָה, שַׁעֲרֵי דִיצָה, שַׁעֲרֵי הַצְלָחָה, שַׁעֲרֵי וַעַד טוֹב,
שַׁעֲרֵי זָכִיּוֹת, שַׁעֲרֵי חֶמְלָה, שַׁעֲרֵי טוֹבָה, שַׁעֲרֵי יְשׁוּעָה,
שַׁעֲרֵי כַפָּרָה, שַׁעֲרֵי לִמּוּד, שַׁעֲרֵי מְחִילָה, שַׁעֲרֵי נֶחָמָה,
שַׁעֲרֵי סְלִיחָה, שַׁעֲרֵי עֶזְרָה, שַׁעֲרֵי פְדוּת, שַׁעֲרֵי צְדָקָה,
שַׁעֲרֵי קַבָּלָה, שַׁעֲרֵי רְפוּאָה שְׁלֵמָה, שַׁעֲרֵי שָׁלוֹם, שַׁעֲרֵי שַׁלְוָה,
שַׁעֲרֵי תוֹרָה, שַׁעֲרֵי תְפִלָּה, וְיָסִיר מִתּוֹכְכֶם קִנְאָה וְשִׂנְאָה וְתַחֲרוּת.
וִיקַיֵּם בָּכֶם מִקְרָא שֶׁכָּתוּב:
דברים א יְהוָה אֱלֹהֵי אֲבוֹתֵכֶם יֹסֵף עֲלֵיכֶם כָּכֶם אֶלֶף פְּעָמִים
וִיבָרֵךְ אֶתְכֶם כַּאֲשֶׁר דִּבֶּר לָכֶם:
וְיַחְתָּמְכֶם הָאֵל בְּסֵפֶר חַיִּים טוֹבִים
וְכֵן יְהִי רָצוֹן וְנֹאמַר אָמֵן. (קהל: אָמֵן)

תִּתְקַבַּל צְלוֹתָנָא וּבָעוּתָנָא
עִם צְלוֹתְהוֹן וּבָעוּתְהוֹן דְּכָל בֵּית יִשְׂרָאֵל
קֳדָם אֲבוּנָא דְבִשְׁמַיָּא, וְאִמְרוּ אָמֵן. (קהל: אָמֵן)

יְהֵא שְׁלָמָא רַבָּא מִן שְׁמַיָּא, חַיִּים וְשָׂבָע וִישׁוּעָה וְנֶחָמָה
וְשֵׁיזָבָא וּרְפוּאָה, וּגְאֻלָּה וּסְלִיחָה וְכַפָּרָה, וְרֶוַח וְהַצָּלָה
לָנוּ וּלְכָל עַמּוֹ יִשְׂרָאֵל, וְאִמְרוּ אָמֵן. (קהל: אָמֵן)

עֹשֶׂה שָׁלוֹם בִּמְרוֹמָיו, הוּא בְּרַחֲמָיו יַעֲשֶׂה שָׁלוֹם עָלֵינוּ
וְעַל כָּל עַמּוֹ יִשְׂרָאֵל, וְאִמְרוּ אָמֵן. (קהל: אָמֵן)

יום הושענא רבה נקרא גם יום ערבה (סידור רס"ג) בשל המנהג לחבוט אותה על הקרקע
כזכר לחיבוטן בצד המזבח במקדש (סוכה פ"ד מ"ו).

אחרי ההושענות נטלים חמישה בדי ערבה וחובטין אותם בקרקע (ראה הלכה 649).

אחרי מוסף נוהגים בחלק מהקהילות לומר 'נִשְׁמַת' (עמ' 261) ואחר כך את הבקשה שבעמ' 524.

## סדר חבטת הערבה

לְשֵׁם יִחוּד קֻדְשָׁא בְּרִיךְ הוּא וּשְׁכִינְתֵּהּ, בִּדְחִילוּ וּרְחִימוּ וּרְחִימוּ וּדְחִילוּ, לְיַחֲדָא
אוֹתִיּוֹת י״ה בְּאוֹתִיּוֹת ו״ה בְּיִחוּדָא שְׁלִים בְּשֵׁם כָּל יִשְׂרָאֵל, הִנֵּה אֲנַחְנוּ בָּאִים
לְקַיֵּם מִצְוַת עֲרָבָה, מִנְהַג נְבִיאִים הָרִאשׁוֹנִים, אֲשֶׁר שָׁרְשָׁם פָּתוּחַ עַל עַרְבֵי נַחַל,
לְתַקֵּן אֶת שָׁרְשָׁהּ בְּמָקוֹם עֶלְיוֹן. וִיהִי נֹעַם אֲדֹנָי אֱלֹהֵינוּ עָלֵינוּ, וּמַעֲשֵׂה יָדֵינוּ כּוֹנְנָה תהלים צ
עָלֵינוּ, וּמַעֲשֵׂה יָדֵינוּ כּוֹנְנֵהוּ:

יְהִי רָצוֹן מִלְּפָנֶיךָ, יְהוָה אֱלֹהֵינוּ וֵאלֹהֵי אֲבוֹתֵינוּ, אֵל עֶלְיוֹן, רוֹכֵב בָּעֲרָבוֹת, הַבּוֹחֵר
בִּנְבִיאִים טוֹבִים וּבְמִנְהֲגֵיהֶם הַטּוֹבִים, שֶׁתְּצָרֵף מַחְשְׁבוֹתֵינוּ וַחֲבָטַת חֲמִשָּׁה בַּדֵּי
עֲרָבָה, כְּאִלּוּ כִּוַּנּוּ בְּכָל הַכַּוָּנוֹת כְּתִקְנָן. וּבְכֵן, עַל יְדֵי חֲבָטַת חֲמִשָּׁה בַּדֵּי עֲרָבָה
חָמֵשׁ פְּעָמִים בַּקַּרְקַע, נֶגֶד חָמֵשׁ אוֹתִיּוֹת מנצפ״ך, גְּבוּרוֹת אֲדֹנָי אֱלֹהִים. אָנָּא,
בְּכֹחַ סְגֻלַּת מִצְוַת עֲרָבָה זוֹ בְּמֶתֶק שְׂפָתַיִם, תּוֹסִיף לֶקַח שְׁכִינַת עֻזֵּנוּ חָמֵשׁ גְּבוּרוֹת
מְמֻתָּקוֹת בְּמֶתֶק הָאוֹר, טַל אוֹרֹת טַלֶּךָ: שֵׁם יו״ד ה״א וא״ו הָעוֹלֶה טַ״ל. וְכַכַּלָּה ישעיה כו ישעיה סא
תַּעְדֶּה כֵלֶיהָ: לְהִתְיַחֵד עִם דּוֹדָהּ בְּאַהֲבָה וְאַחֲוָה וְרֵעוּת. וְזְרוֹעֶיהָ תַּצְמִיחַ, זֶרַע קֹדֶשׁ ישעיה ו
מַצַּבְתָּהּ, לְעֶזְרַת יְהוָה בַּגִּבּוֹרִים. וְתוֹכָהּ רָצוּף אַהֲבָה, בִּשְׂפָתַיִם יִשַּׁק נְשִׁיקִין דִּרְחִימוּ. שופטים ה
וְלָנוּ, אֲנַחְנוּ עֲבָדֶיךָ הַמִּתְפַּלְּלִים לְפָנֶיךָ, תַּשְׁפִּיעַ לָנוּ מִשָּׁם אוֹר הַחַיִּים. וְגַם עַד־זִקְנָה תהלים עא
וְשֵׂיבָה אֱלֹהִים אַל־תַּעַזְבֵנִי, עַד־אַגִּיד זְרוֹעֲךָ לְדוֹר, לְכָל־יָבוֹא גְּבוּרָתֶךָ: וְתַאֲרִיךְ
יָמֵינוּ וּשְׁנוֹתֵינוּ בַּטּוֹב וּבַנְּעִימִים, דְּשֵׁנִים וְרַעֲנַנִּים. וְתֶן לָנוּ חַיִּים אֲרֻכִּים, חַיִּים שֶׁל
טוֹבָה, חַיִּים שֶׁל בְּרָכָה, חַיִּים שֶׁל שָׁלוֹם, חַיִּים שֶׁל פַּרְנָסָה טוֹבָה, חַיִּים שֶׁל חִלּוּץ
עֲצָמוֹת, חַיִּים שֶׁיֵּשׁ בָּהֶם יִרְאַת חֵטְא, חַיִּים שֶׁאֵין בָּהֶם בּוּשָׁה וּכְלִמָּה, חַיִּים שֶׁל
עֹשֶׁר וְכָבוֹד, חַיִּים שֶׁתְּהֵא בָנוּ אַהֲבַת תּוֹרָה וְיִרְאַת שָׁמַיִם, חַיִּים שֶׁתְּמַלֵּא מִשְׁאֲלוֹת
לִבֵּנוּ לְטוֹבָה לַעֲבוֹדָתֶךָ. וְאוֹצָרְךָ הַטּוֹב תִּפְתַּח לְהַשְׂבִּיעַ נֶפֶשׁ שׁוֹקֵקָה, וְרַוֵּה פְּנֵי
תֵבֵל, וְשַׂבַּע אֶת הָעוֹלָם כֻּלּוֹ מִטּוּבָךְ, וּמַלֵּא יָדֵינוּ מִבִּרְכוֹתֶיךָ, וּמֵעֹשֶׁר מַתְּנוֹת
יָדֶיךָ. וְקַיֵּם בָּנוּ מִקְרָא שֶׁכָּתוּב: יִפְתַּח יְהוָה לְךָ אֶת־אוֹצָרוֹ הַטּוֹב אֶת־הַשָּׁמַיִם לָתֵת דברים כח
מְטַר־אַרְצְךָ בְּעִתּוֹ, וּלְבָרֵךְ אֵת כָּל־מַעֲשֵׂה יָדֶךָ: וּפָקְדֵנוּ בִּפְקֻדַּת יְשׁוּעָה וְרַחֲמִים.
עוֹרְרָה אֶת־גְּבוּרָתֶךָ, וּלְכָה לִישֻׁעָתָה לָּנוּ: וְשָׂא נֵס לְקַבֵּץ גָּלֻיּוֹתֵינוּ מֵאַרְבַּע כַּנְפוֹת תהלים פ
הָאָרֶץ. וְהָיָה יְהוָה לְמֶלֶךְ עַל־כָּל־הָאָרֶץ, בַּיּוֹם הַהוּא יִהְיֶה יְהוָה אֶחָד וּשְׁמוֹ אֶחָד: זכריה יד

חובט בקרקע חמש פעמים כדי לקיים מנהג נביאים, ואומר (ראה הלכה 649):

## חֲבִיט חֲבִיט וְלָא בָּרִיךְ

בקהילות שבהן אומרים הושענות אחר ההלל, ממשיכים בקריאת התורה בעמוד הבא ואחר כך מחזירים את ספר התורה למקומו (עמ׳ 96). ראה הלכה 649

ובקהילות שבהן אומרים הושענות אחר קריאת התורה, מחזירים את ספר התורה למקומו.

ממשיכים ׳אַשְׁרֵי׳, ׳וּבָא לְצִיּוֹן׳ (ויש המוסיפים ׳בֵּית יַעֲקֹב׳, ׳שִׁיר הַמַּעֲלוֹת׳ ושיר של יום, ראה הלכה 381), חצי קדיש ומוסף בעמ׳ 443.

# קריאה לחול המועד סוכות

בחול המועד סוכות מעלים לתורה ארבעה קרואים, וכל אחד מהם קורא את מוסף אותו היום.

לא׳ דחוה״מ:

במדבר כט, יז–יט וּבַיּוֹם הַשֵּׁנִי פָּרִים בְּנֵי־בָקָר שְׁנֵים עָשָׂר אֵילִם שְׁנָיִם כְּבָשִׂים בְּנֵי־שָׁנָה אַרְבָּעָה
עָשָׂר תְּמִימִם: וּמִנְחָתָם וְנִסְכֵּיהֶם לַפָּרִים לָאֵילִם וְלַכְּבָשִׂים בְּמִסְפָּרָם כַּמִּשְׁפָּט:
וּשְׂעִיר־עִזִּים אֶחָד חַטָּאת מִלְּבַד עֹלַת הַתָּמִיד וּמִנְחָתָהּ וְנִסְכֵּיהֶם:

לב׳ דחוה״מ (בחו״ל: הראשון קורא ׳וּבַיּוֹם הַשֵּׁנִי׳, והרביעי קורא ׳וּבַיּוֹם הַשֵּׁנִי׳ ו׳וּבַיּוֹם הַשְּׁלִישִׁי׳):

במדבר כט, כ–כב וּבַיּוֹם הַשְּׁלִישִׁי פָּרִים עַשְׁתֵּי־עָשָׂר אֵילִם שְׁנָיִם כְּבָשִׂים בְּנֵי־שָׁנָה אַרְבָּעָה עָשָׂר
תְּמִימִם: וּמִנְחָתָם וְנִסְכֵּיהֶם לַפָּרִים לָאֵילִם וְלַכְּבָשִׂים בְּמִסְפָּרָם כַּמִּשְׁפָּט:
וּשְׂעִיר חַטָּאת אֶחָד מִלְּבַד עֹלַת הַתָּמִיד וּמִנְחָתָהּ וְנִסְכָּהּ:

לג׳ דחוה״מ (בחו״ל: הראשון קורא ׳וּבַיּוֹם הַשְּׁלִישִׁי׳, והרביעי קורא ׳וּבַיּוֹם הַשְּׁלִישִׁי׳ ו׳וּבַיּוֹם הָרְבִיעִי׳):

במדבר כט, כג–כה וּבַיּוֹם הָרְבִיעִי פָּרִים עֲשָׂרָה אֵילִם שְׁנָיִם כְּבָשִׂים בְּנֵי־שָׁנָה אַרְבָּעָה עָשָׂר
תְּמִימִם: מִנְחָתָם וְנִסְכֵּיהֶם לַפָּרִים לָאֵילִם וְלַכְּבָשִׂים בְּמִסְפָּרָם כַּמִּשְׁפָּט:
וּשְׂעִיר־עִזִּים אֶחָד חַטָּאת מִלְּבַד עֹלַת הַתָּמִיד מִנְחָתָהּ וְנִסְכָּהּ:

לד׳ דחוה״מ (בחו״ל: הראשון קורא ׳וּבַיּוֹם הָרְבִיעִי׳, והרביעי קורא ׳וּבַיּוֹם הָרְבִיעִי׳ ו׳וּבַיּוֹם הַחֲמִישִׁי׳):

במדבר כט, כו–כח וּבַיּוֹם הַחֲמִישִׁי פָּרִים תִּשְׁעָה אֵילִם שְׁנָיִם כְּבָשִׂים בְּנֵי־שָׁנָה אַרְבָּעָה עָשָׂר
תְּמִימִם: וּמִנְחָתָם וְנִסְכֵּיהֶם לַפָּרִים לָאֵילִם וְלַכְּבָשִׂים בְּמִסְפָּרָם כַּמִּשְׁפָּט:
וּשְׂעִיר חַטָּאת אֶחָד מִלְּבַד עֹלַת הַתָּמִיד וּמִנְחָתָהּ וְנִסְכָּהּ:

לה׳ דחוה״מ (בחו״ל: הראשון קורא ׳וּבַיּוֹם הַחֲמִישִׁי׳, והרביעי קורא ׳וּבַיּוֹם הַחֲמִישִׁי׳ ו׳וּבַיּוֹם הַשִּׁשִּׁי׳):

במדבר כט, כט–לא וּבַיּוֹם הַשִּׁשִּׁי פָּרִים שְׁמֹנָה אֵילִם שְׁנָיִם כְּבָשִׂים בְּנֵי־שָׁנָה אַרְבָּעָה עָשָׂר
תְּמִימִם: וּמִנְחָתָם וְנִסְכֵּיהֶם לַפָּרִים לָאֵילִם וְלַכְּבָשִׂים בְּמִסְפָּרָם כַּמִּשְׁפָּט:
וּשְׂעִיר חַטָּאת אֶחָד מִלְּבַד עֹלַת הַתָּמִיד מִנְחָתָהּ וּנְסָכֶיהָ:

להושענא רבה (בחו״ל: הראשון קורא ׳וּבַיּוֹם הַשִּׁשִּׁי׳, והרביעי קורא ׳וּבַיּוֹם הַשִּׁשִּׁי׳ ו׳וּבַיּוֹם הַשְּׁבִיעִי׳):

במדבר כט, לב–לד וּבַיּוֹם הַשְּׁבִיעִי פָּרִים שִׁבְעָה אֵילִם שְׁנָיִם כְּבָשִׂים בְּנֵי־שָׁנָה אַרְבָּעָה עָשָׂר
תְּמִימִם: וּמִנְחָתָם וְנִסְכֵּהֶם לַפָּרִים לָאֵילִם וְלַכְּבָשִׂים בְּמִסְפָּרָם כְּמִשְׁפָּטָם:
וּשְׂעִיר חַטָּאת אֶחָד מִלְּבַד עֹלַת הַתָּמִיד מִנְחָתָהּ וְנִסְכָּהּ:

בהושענא רבה בקהילות שבהן אין אומרים ׳נִשְׁמַת׳ בפסוקי דזמרה,
נוהגים לפתוח את ההיכל אחרי מוסף, לומר ׳נִשְׁמַת׳ (עמ׳ 261) ולאחריה בקשה זו:

הֲרֵי אֲנַחְנוּ מְקַבְּלִים עָלֵינוּ, בְּלִי נֶדֶר, כִּי לְשָׁנָה הַבָּאָה בְּעֵת הַזֹּאת וּבְעוֹנָה הַזֹּאת, נֹאמַר: נִשְׁמַת כָּל חַי. וִיהִי רָצוֹן מִלִּפְנֵי אֱלֹהֵי הַשָּׁמַיִם. שֶׁנִּזְכֶּה וְנִחְיֶה שָׁנִים רַבּוֹת נְעִימוֹת וְטוֹבוֹת, אָמֵן. כֵּן יְהִי רָצוֹן.

# הושענות ליום השבת

בשבת אין נוטלין לולב (סוכה מב ע"ב), ולפיכך אין מקיפים את התיבה.
עם זאת, לדעת רש"י, 'העיטור' ו'המנהיג', אומרים הושענות וכן דעת הטור (תרס),
ומרן כתב שכך המנהג (שו"ע שם, ג). אולם מקובלי בית אל נהגו שלא לומר
הושענות בשבת, ובעקבותיהם נהגו כך גם בירושלים (ברכ"י שם, ג).
כיום יש בזה מנהגים שונים, ראה הלכה 636.
פותחים בהושענא בעמ' 466 ואחר כך ממשיכים בהושענות אלו.

הוֹשַׁעְנָא הוֹשַׁעְנָא

אֹם נְצוּרָה כְּבָבַת. בָּנָה בְּהִלְכוֹת שַׁבָּת. גּוֹמֶרֶת דָּת נֶפֶשׁ מְשִׁיבַת. דּוֹרֶשֶׁת יְצִיאוֹת שַׁבָּת. הַקּוֹבַעַת אַלְפַּיִם תְּחוּם שַׁבָּת. וְעַל שְׁתֵּי כִּכָּרוֹת בּוֹצַעַת בְּשַׁבָּת. זָכוֹר וְשָׁמוֹר מְקַיֶּמֶת בְּשַׁבָּת. חוֹשֶׁבֶת וְטוֹרַחַת בְּהִלְכוֹת שַׁבָּת. טוֹעֶמֶת שָׁלֹשׁ סְעוּדוֹת בְּשַׁבָּת. יֹשֶׁר שֶׁבַע בְּרָכוֹת עוֹרֶכֶת בְּשַׁבָּת. כּוֹלֶלֶת שִׁיר מִזְמוֹר וְשֶׁבַח בְּשַׁבָּת. לְהַלֵּל לְשִׁמְךָ מַחְמֶדֶת בְּשַׁבָּת. מוֹאֶסֶת כָּל חֵפֶץ בְּיוֹם הַשַּׁבָּת. נוֹאֶמֶת מְחַלֵּל אֶת יוֹם הַשַּׁבָּת. סוֹבֶלֶת עֹל כָּבֵד בַּעֲבוּר יוֹם הַשַּׁבָּת. עוֹרֶכֶת מִזְמוֹר שִׁיר לְיוֹם הַשַּׁבָּת. פּוֹתַחַת יָד לַמְיַחֲדִים בְּשַׁבָּת. צְעָקָה וּבְכִיָּה מַרְחֶקֶת בְּשַׁבָּת. קוֹפֶצֶת כַּף מִלִּסְחוֹר בְּשַׁבָּת. רוֹשֶׁמֶת בִּכְתָב וְעַל פֶּה בְּשַׁבָּת. שׁוֹמֶרֶת עֹנֶג קֹדֶשׁ שַׁבָּת. תָּמִיד כֵּן תַּנְחִילֶנָּה עוֹלָם שֶׁכֻּלּוֹ שַׁבָּת.

הוֹשַׁעְנָא הוֹשַׁעְנָא

אֵל נַעֲרָץ בְּסוֹד קְדוֹשִׁים רַבַּת
מִזְמוֹר שִׁיר לְיוֹם הַשַּׁבָּת: תהלים צב

בּוֹרֵא נִיב שְׂפָתַיִם, מִסְתַּתֵּר בְּשַׁפְרִיר חֶבְיוֹן
טוֹב לְהֹדוֹת לַיהֹוָה, וּלְזַמֵּר לְשִׁמְךָ עֶלְיוֹן:

גָּדוֹל יְהֹוָה וּמְהֻלָּל מְאֹד, צוּר נוֹרָא עֲלִילוֹת
לְהַגִּיד בַּבֹּקֶר חַסְדֶּךָ, וֶאֱמוּנָתְךָ בַּלֵּילוֹת:

דּוֹבֵר צֶדֶק וּמַגִּיד מֵישָׁרִים, מְהֻלָּל בְּשַׁעַר נִיקָנוֹר
עֲלֵי־עָשׂוֹר וַעֲלֵי־נָבֶל, עֲלֵי הִגָּיוֹן בְּכִנּוֹר:

הוֹרֵנִי יְהוָה דַּרְכֶּךָ, וְצִדְקָתְךָ אֲשַׁנֵּן
כִּי שִׂמַּחְתַּנִי יְהוָה בְּפָעֳלֶךָ, בְּמַעֲשֵׂי יָדֶיךָ אֲרַנֵּן:

וַאֲנִי תְפִלָּתִי לְךָ יְהוָה, כִּי גָבְהוּ סוֹדוֹתֶיךָ
מַה־גָּדְלוּ מַעֲשֶׂיךָ יְהוָה, מְאֹד עָמְקוּ מַחְשְׁבֹתֶיךָ:

זְכֹר רַחֲמֶיךָ יְהוָה, כִּי אֵין עוֹד מִלְּבַדֶּךָ
קוּמָה עֶזְרָתָה לָּנוּ, וּפְדֵנוּ לְמַעַן חַסְדֶּךָ: תהלים מד

חָנֵּנוּ כִּי צַר אָכְלָנוּ
הַרְאֵנוּ יְהוָה חַסְדֶּךָ, וְיֶשְׁעֲךָ תִּתֶּן־לָנוּ: תהלים פה

טוֹב יְהוָה לַכֹּל, יְשִׁיבוּנִי רַעְיוֹנַי
יִהְיוּ לְרָצוֹן אִמְרֵי־פִי וְהֶגְיוֹן לִבִּי לְפָנֶיךָ יְהוָה: תהלים יט

הוֹשַׁעְנָא הוֹשַׁעְנָא

בְּיוֹם שַׁבַּת קֹדֶשׁ הָשֵׁב עַם סְגֻלָּה
אֶל־הַמְּנוּחָה וְאֶל־הַנַּחֲלָה: דברים יב

בְּיוֹם שַׁבַּת קֹדֶשׁ קַיֵּם יְהוָה מַאֲמַר חוֹזֶךָ
קוּמָה יְהוָה לִמְנוּחָתֶךָ, אַתָּה וַאֲרוֹן עֻזֶּךָ: תהלים קלב

בְּיוֹם שַׁבַּת קֹדֶשׁ תַּעֲנֶה עֵדָה פְּזוּרָה וְנִדָּחָה
יִתֵּן יְהוָה לָכֶם וּמְצֶאןָ מְנוּחָה: רות א

בְּיוֹם שַׁבַּת קֹדֶשׁ הַמְצֵא לְעַמְּךָ מָנוֹחַ
וְשָׁם יָנוּחוּ יְגִיעֵי כֹחַ: איוב ג

בְּיוֹם שַׁבַּת קֹדֶשׁ תִּקְרָא לְצוֹרֵר וְרוֹדֵף
זֹאת הַמְּנוּחָה הָנִיחוּ לֶעָיֵף: ישעיה כח

בְּיוֹם שַׁבַּת קֹדֶשׁ אֲבָרֵךְ צוּר פּוֹדֶה וְגוֹאֵל
בָּרוּךְ יְהוָה אֲשֶׁר נָתַן מְנוּחָה לְעַמּוֹ יִשְׂרָאֵל: מלכים א׳ ח

הוֹשַׁעְנָא

הושענות לרבי יוסף אבן אביתור

אָנָּא הוֹשִׁיעָה נָּא    אָנָּא הוֹשִׁיעָה נָּא

אָנָּא חִישׁ נָא יִשְׁעִי / בַּיּוֹם הַשְּׁבִיעִי
וּשְׁעֵה נָא שַׁוְעִי / כְּמִנְחַת מַחֲבַת
וְחֹן שׁוֹקְדֵי אָמוֹר / זָכוֹר וְשָׁמוֹר
הַמְזַמְּרִים מִזְמוֹר / שִׁיר לְיוֹם הַשַּׁבָּת
הַיּוֹם בְּיוֹם שַׁבָּת הוֹשִׁיעָה נָּא

אָנָּא הוֹשִׁיעָה נָּא

אָנָּא סוֹבֵב הַשְּׁבִיעִי / טוּבְךָ מַבִּיעִי
וּמַלֵּא גְּבִיעִי / חֹק בַּל יִשְׁבַּת
פְּזוּרֶיךָ שְׁחֹל / קֹדֶשׁ מֵחֹל / לְסַלְסְלָךְ עֲלֵי מָחוֹל
הַיּוֹם בְּיוֹם שַׁבָּת הוֹשִׁיעָה נָּא

אָנָּא הוֹשִׁיעָה נָּא

אֲנִי וָהוּ הוֹשִׁיעָה נָּא    אֲנִי וָהוּ הוֹשִׁיעָה נָּא

כְּהוֹשַׁעְתָּ יוֹצְאֵי פַּתְרוֹס / וְרָעַצְתָּ עָרוֹץ
וַתַּהֲרֹס הָרוֹס / לְסָרִיסֵי רַבָּת
שׁוֹרְרֵי לְךָ שִׁירוֹת / וְנוֹתְנֵי זְמִירוֹת
אֲמָרוֹת טְהוֹרוֹת / נְהַלֶּלְךָ בְּיוֹם שַׁבָּת    כֵּן הוֹשַׁעְנָא.

אֲנִי וָהוּ הוֹשִׁיעָה נָּא

כְּהוֹשַׁעְתָּ סְחוּפֵי סוֹחֵף / וַתְּסַגֵּל רוֹחֵף
יְדִיד שׁוֹכֵן וְחוֹפֵף / וַתְּצֹר כְּבָבַת
פּוֹצְחֵי רְנָנוֹת / וּמְנַגְּנֵי נְגִינוֹת
בִּתְפִלָּה וּבִתְחִנּוֹת / נְהַלֶּלְךָ בְּיוֹם שַׁבָּת    כֵּן הוֹשַׁעְנָא.

אֲנִי וָהוּ הוֹשִׁיעָה נָּא

פזמון

בָּאנוּ לְיַחֵד שֵׁם הָאֵל / הַיּוֹם בְּהַלֵּל וּשְׁבָחָה
אֵין לָנוּ לְהַלְּלוֹ / בְּמִינִים אַרְבָּעָה
צוּר פּוֹדֶה וְגוֹאֵל / יוֹצִיאֵנוּ לִרְוָחָה
רות א יִתֵּן יְהוָה לָכֶם וּמְצֶאןָ מְנוּחָה:

יוֹם קָדוֹשׁ וְנוֹרָא / נִכְבָּד מִכָּל יָמִים
הִנְחִילוֹ לְעַם קֹדֶשׁ / עֹנֶג לְשְׁנֵי עוֹלָמִים
בּוֹ שָׁבַת מִמְּלָאכָה / רֹקַע אֶרֶץ עַל יַמִּים
לִמְצוֹא בוֹ מַרְגּוֹעַ וְנֶפֶשׁ שְׂמֵחָה.
יִתֵּן יְהוָה לָכֶם וּמְצֶאןָ מְנוּחָה:

תהלים כח כְּהוֹשַׁעְתָּ מֵאָז עֵדָתֶךָ, כֵּן הוֹשִׁיעָה אֶת־עַמֶּךָ וּבָרֵךְ אֶת־נַחֲלָתֶךָ:
נְהַלֶּלְךָ בְּיוֹם שַׁבָּת כֵּן הוֹשַׁעְנָא.

אֲנִי וָהוֹ הוֹשִׁיעָה נָּא אֲנִי וָהוֹ הוֹשִׁיעָה נָּא

תהלים כח כַּכָּתוּב: הוֹשִׁיעָה אֶת־עַמֶּךָ וּבָרֵךְ אֶת־נַחֲלָתֶךָ, וּרְעֵם וְנַשְּׂאֵם עַד־הָעוֹלָם:

יש מוסיפים פסוקים אלו:

מלכים א׳ ח וְנֶאֱמַר: וְיִהְיוּ דְבָרַי אֵלֶּה אֲשֶׁר הִתְחַנַּנְתִּי לִפְנֵי יְהוָה, קְרֹבִים אֶל־יְהוָה
אֱלֹהֵינוּ יוֹמָם וָלָיְלָה, לַעֲשׂוֹת מִשְׁפַּט עַבְדּוֹ וּמִשְׁפַּט עַמּוֹ יִשְׂרָאֵל דְּבַר־יוֹם
יהושע א בְּיוֹמוֹ: לְמַעַן דַּעַת כָּל־עַמֵּי הָאָרֶץ כִּי יְהוָה הוּא הָאֱלֹהִים, אֵין עוֹד: לֹא־
יָמוּשׁ סֵפֶר הַתּוֹרָה הַזֶּה מִפִּיךָ וְהָגִיתָ בּוֹ יוֹמָם וָלַיְלָה, לְמַעַן תִּשְׁמֹר לַעֲשׂוֹת
כְּכָל־הַכָּתוּב בּוֹ, כִּי־אָז תַּצְלִיחַ אֶת־דְּרָכֶךָ וְאָז תַּשְׂכִּיל: הֲלוֹא צִוִּיתִיךָ חֲזַק
וֶאֱמָץ, אַל־תַּעֲרֹץ וְאַל־תֵּחָת, כִּי עִמְּךָ יְהוָה אֱלֹהֶיךָ בְּכֹל אֲשֶׁר תֵּלֵךְ:

בקהילות שבהן אומרים הושענות מיד אחרי ההלל, אומרים כאן קדיש תתקבל (עמ׳ 285) וממשיכים בהוצאת ספר תורה.

בקהילות שבהן אומרים הושענות אחר מוסף, מחזירים ספר תורה למקומו באמירת פסוקים אלו. אומרים קדיש תתקבל ״וְכָל יִשְׂרָאֵל״ בעמ׳ 319, ומסיימים את התפילה.

שׁוּבָה לִמְעוֹנָךְ וּשְׁכֹן בְּבֵית מַאֲוַיָּךְ, כִּי כָל פֶּה וְכָל לָשׁוֹן יִתְּנוּ הוֹד וְהָדָר
במדבר י לְמַלְכוּתָךְ. וּבְנֻחֹה יֹאמַר, שׁוּבָה יְהוָה רִבְבוֹת אַלְפֵי יִשְׂרָאֵל:
איכה ה הֲשִׁיבֵנוּ יְהוָה אֵלֶיךָ וְנָשׁוּבָה, חַדֵּשׁ יָמֵינוּ כְּקֶדֶם:

# קהלת

"יש מקומות שנוהגים לקרות קהלת ביום שמיני עצרת, לפי שכתוב בו (קהלת יא, ב): 'תֶּן־חֵלֶק לְשִׁבְעָה וְגַם לִשְׁמוֹנָה' אלו שבעה ימי החג ושמיני עצרת. וקיימא לן שלמה עליו השלום אמרו בהקהל, שנאמר (דברים לא, יא): 'בְּבוֹא כָל־יִשְׂרָאֵל לֵרָאוֹת' והוא בחג הסוכות הקהיל את העם, דכתיב (מלכים א' ח, ב): 'וַיִּקָּהֲלוּ אֶל־הַמֶּלֶךְ שְׁלֹמֹה כָּל־אִישׁ יִשְׂרָאֵל בְּיֶרַח הָאֵתָנִים בֶּחָג' ואז אמרו. על כן יתכן לאמרו בחג" ('מנורת המאור' אבוהב, קנג על פי ספר המנהיג).

א דִּבְרֵי קֹהֶלֶת בֶּן־דָּוִד מֶלֶךְ בִּירוּשָׁלִָם: הֲבֵל הֲבָלִים אָמַר קֹהֶלֶת הֲבֵל הֲבָלִים
הַכֹּל הָבֶל: מַה־יִּתְרוֹן לָאָדָם בְּכָל־עֲמָלוֹ שֶׁיַּעֲמֹל תַּחַת הַשָּׁמֶשׁ: דּוֹר הֹלֵךְ
וְדוֹר בָּא וְהָאָרֶץ לְעוֹלָם עֹמָדֶת: וְזָרַח הַשֶּׁמֶשׁ וּבָא הַשָּׁמֶשׁ וְאֶל־מְקוֹמוֹ שׁוֹאֵף
זוֹרֵחַ הוּא שָׁם: הוֹלֵךְ אֶל־דָּרוֹם וְסוֹבֵב אֶל־צָפוֹן סוֹבֵב | סֹבֵב הוֹלֵךְ הָרוּחַ
וְעַל־סְבִיבֹתָיו שָׁב הָרוּחַ: כָּל־הַנְּחָלִים הֹלְכִים אֶל־הַיָּם וְהַיָּם אֵינֶנּוּ מָלֵא אֶל־
מְקוֹם שֶׁהַנְּחָלִים הֹלְכִים שָׁם הֵם שָׁבִים לָלָכֶת: כָּל־הַדְּבָרִים יְגֵעִים לֹא־יוּכַל
אִישׁ לְדַבֵּר לֹא־תִשְׂבַּע עַיִן לִרְאוֹת וְלֹא־תִמָּלֵא אֹזֶן מִשְּׁמֹעַ: מַה־שֶּׁהָיָה הוּא
שֶׁיִּהְיֶה וּמַה־שֶּׁנַּעֲשָׂה הוּא שֶׁיֵּעָשֶׂה וְאֵין כָּל־חָדָשׁ תַּחַת הַשָּׁמֶשׁ: יֵשׁ דָּבָר
שֶׁיֹּאמַר רְאֵה־זֶה חָדָשׁ הוּא כְּבָר הָיָה לְעֹלָמִים אֲשֶׁר הָיָה מִלְּפָנֵנוּ: אֵין זִכְרוֹן
לָרִאשֹׁנִים וְגַם לָאַחֲרֹנִים שֶׁיִּהְיוּ לֹא־יִהְיֶה לָהֶם זִכָּרוֹן עִם שֶׁיִּהְיוּ לָאַחֲרֹנָה:
אֲנִי קֹהֶלֶת הָיִיתִי מֶלֶךְ עַל־יִשְׂרָאֵל בִּירוּשָׁלִָם: וְנָתַתִּי אֶת־לִבִּי לִדְרוֹשׁ וְלָתוּר
בַּחָכְמָה עַל כָּל־אֲשֶׁר נַעֲשָׂה תַּחַת הַשָּׁמָיִם הוּא | עִנְיַן רָע נָתַן אֱלֹהִים לִבְנֵי
הָאָדָם לַעֲנוֹת בּוֹ: רָאִיתִי אֶת־כָּל־הַמַּעֲשִׂים שֶׁנַּעֲשׂוּ תַּחַת הַשָּׁמֶשׁ וְהִנֵּה הַכֹּל
הֶבֶל וּרְעוּת רוּחַ: מְעֻוָּת לֹא־יוּכַל לִתְקֹן וְחֶסְרוֹן לֹא־יוּכַל לְהִמָּנוֹת: דִּבַּרְתִּי
אֲנִי עִם־לִבִּי לֵאמֹר אֲנִי הִנֵּה הִגְדַּלְתִּי וְהוֹסַפְתִּי חָכְמָה עַל כָּל־אֲשֶׁר־הָיָה לְפָנַי
עַל־יְרוּשָׁלִָם וְלִבִּי רָאָה הַרְבֵּה חָכְמָה וָדָעַת: וָאֶתְּנָה לִבִּי לָדַעַת חָכְמָה וְדַעַת
הוֹלֵלוֹת וְשִׂכְלוּת יָדַעְתִּי שֶׁגַּם־זֶה הוּא רַעְיוֹן רוּחַ: כִּי בְּרֹב חָכְמָה רָב־כָּעַס
ב וְיוֹסִיף דַּעַת יוֹסִיף מַכְאוֹב: אָמַרְתִּי אֲנִי בְּלִבִּי לְכָה־נָּא אֲנַסְּכָה בְשִׂמְחָה וּרְאֵה
בְטוֹב וְהִנֵּה גַם־הוּא הָבֶל: לִשְׂחוֹק אָמַרְתִּי מְהוֹלָל וּלְשִׂמְחָה מַה־זֹּה עֹשָׂה:
תַּרְתִּי בְלִבִּי לִמְשׁוֹךְ בַּיַּיִן אֶת־בְּשָׂרִי וְלִבִּי נֹהֵג בַּחָכְמָה וְלֶאֱחֹז בְּסִכְלוּת עַד
אֲשֶׁר־אֶרְאֶה אֵי־זֶה טוֹב לִבְנֵי הָאָדָם אֲשֶׁר יַעֲשׂוּ תַּחַת הַשָּׁמַיִם מִסְפַּר יְמֵי
חַיֵּיהֶם: הִגְדַּלְתִּי מַעֲשָׂי בָּנִיתִי לִי בָּתִּים נָטַעְתִּי לִי כְּרָמִים: עָשִׂיתִי לִי גַּנּוֹת
וּפַרְדֵּסִים וְנָטַעְתִּי בָהֶם עֵץ כָּל־פֶּרִי: עָשִׂיתִי לִי בְּרֵכוֹת מָיִם לְהַשְׁקוֹת מֵהֶם
יַעַר צוֹמֵחַ עֵצִים: קָנִיתִי עֲבָדִים וּשְׁפָחוֹת וּבְנֵי־בַיִת הָיָה לִי גַּם מִקְנֵה בָקָר

וְצֹאן הַרְבֵּה הָיָה לִי מִכֹּל שֶׁהָיוּ לְפָנַי בִּירוּשָׁלָםִ: כָּנַסְתִּי לִי גַּם־כֶּסֶף וְזָהָב
וּסְגֻלַּת מְלָכִים וְהַמְּדִינוֹת עָשִׂיתִי לִי שָׁרִים וְשָׁרוֹת וְתַעֲנוּגֹת בְּנֵי הָאָדָם שִׁדָּה
וְשִׁדּוֹת: וְגָדַלְתִּי וְהוֹסַפְתִּי מִכֹּל שֶׁהָיָה לְפָנַי בִּירוּשָׁלָםִ אַף חָכְמָתִי עָמְדָה לִּי:
וְכֹל אֲשֶׁר שָׁאֲלוּ עֵינַי לֹא אָצַלְתִּי מֵהֶם לֹא־מָנַעְתִּי אֶת־לִבִּי מִכָּל־שִׂמְחָה
כִּי־לִבִּי שָׂמֵחַ מִכָּל־עֲמָלִי וְזֶה־הָיָה חֶלְקִי מִכָּל־עֲמָלִי: וּפָנִיתִי אֲנִי בְּכָל־
מַעֲשַׂי שֶׁעָשׂוּ יָדַי וּבֶעָמָל שֶׁעָמַלְתִּי לַעֲשׂוֹת וְהִנֵּה הַכֹּל הֶבֶל וּרְעוּת רוּחַ
וְאֵין יִתְרוֹן תַּחַת הַשָּׁמֶשׁ: וּפָנִיתִי אֲנִי לִרְאוֹת חָכְמָה וְהוֹלֵלוֹת וְסִכְלוּת כִּי ׀
מֶה הָאָדָם שֶׁיָּבוֹא אַחֲרֵי הַמֶּלֶךְ אֵת אֲשֶׁר־כְּבָר עָשׂוּהוּ: וְרָאִיתִי אָנִי שֶׁיֵּשׁ
יִתְרוֹן לַחָכְמָה מִן־הַסִּכְלוּת כִּיתְרוֹן הָאוֹר מִן־הַחֹשֶׁךְ: הֶחָכָם עֵינָיו בְּרֹאשׁוֹ
וְהַכְּסִיל בַּחֹשֶׁךְ הוֹלֵךְ וְיָדַעְתִּי גַם־אָנִי שֶׁמִּקְרֶה אֶחָד יִקְרֶה אֶת־כֻּלָּם: וְאָמַרְתִּי
אֲנִי בְּלִבִּי כְּמִקְרֵה הַכְּסִיל גַּם־אֲנִי יִקְרֵנִי וְלָמָּה חָכַמְתִּי אֲנִי אָז יֹתֵר וְדִבַּרְתִּי
בְלִבִּי שֶׁגַּם־זֶה הָבֶל: כִּי אֵין זִכְרוֹן לֶחָכָם עִם־הַכְּסִיל לְעוֹלָם בְּשֶׁכְּבָר הַיָּמִים
הַבָּאִים הַכֹּל נִשְׁכָּח וְאֵיךְ יָמוּת הֶחָכָם עִם־הַכְּסִיל: וְשָׂנֵאתִי אֶת־הַחַיִּים כִּי
רַע עָלַי הַמַּעֲשֶׂה שֶׁנַּעֲשָׂה תַּחַת הַשָּׁמֶשׁ כִּי־הַכֹּל הֶבֶל וּרְעוּת רוּחַ: וְשָׂנֵאתִי
אֲנִי אֶת־כָּל־עֲמָלִי שֶׁאֲנִי עָמֵל תַּחַת הַשָּׁמֶשׁ שֶׁאַנִּיחֶנּוּ לָאָדָם שֶׁיִּהְיֶה אַחֲרָי:
וּמִי יוֹדֵעַ הֶחָכָם יִהְיֶה אוֹ סָכָל וְיִשְׁלַט בְּכָל־עֲמָלִי שֶׁעָמַלְתִּי וְשֶׁחָכַמְתִּי תַּחַת
הַשָּׁמֶשׁ גַּם־זֶה הָבֶל: וְסַבּוֹתִי אֲנִי לְיַאֵשׁ אֶת־לִבִּי עַל כָּל־הֶעָמָל שֶׁעָמַלְתִּי
תַּחַת הַשָּׁמֶשׁ: כִּי־יֵשׁ אָדָם שֶׁעֲמָלוֹ בְּחָכְמָה וּבְדַעַת וּבְכִשְׁרוֹן וּלְאָדָם שֶׁלֹּא
עָמַל־בּוֹ יִתְּנֶנּוּ חֶלְקוֹ גַּם־זֶה הֶבֶל וְרָעָה רַבָּה: כִּי מֶה־הֹוֶה לָאָדָם בְּכָל־עֲמָלוֹ
וּבְרַעְיוֹן לִבּוֹ שֶׁהוּא עָמֵל תַּחַת הַשָּׁמֶשׁ: כִּי כָל־יָמָיו מַכְאֹבִים וָכַעַס עִנְיָנוֹ
גַּם־בַּלַּיְלָה לֹא־שָׁכַב לִבּוֹ גַּם־זֶה הֶבֶל הוּא: אֵין־טוֹב בָּאָדָם שֶׁיֹּאכַל וְשָׁתָה
וְהֶרְאָה אֶת־נַפְשׁוֹ טוֹב בַּעֲמָלוֹ גַּם־זֹה רָאִיתִי אָנִי כִּי מִיַּד הָאֱלֹהִים הִיא:
כִּי מִי יֹאכַל וּמִי יָחוּשׁ חוּץ מִמֶּנִּי: כִּי לְאָדָם שֶׁטּוֹב לְפָנָיו נָתַן חָכְמָה וְדַעַת
וְשִׂמְחָה וְלַחוֹטֶא נָתַן עִנְיָן לֶאֱסֹף וְלִכְנוֹס לָתֵת לְטוֹב לִפְנֵי הָאֱלֹהִים גַּם־זֶה
הֶבֶל וּרְעוּת רוּחַ: לַכֹּל זְמָן וְעֵת לְכָל־חֵפֶץ תַּחַת הַשָּׁמָיִם: ג

עֵת לָלֶדֶת וְעֵת לָמוּת
עֵת לָטַעַת וְעֵת לַעֲקוֹר נָטוּעַ:
עֵת לַהֲרוֹג וְעֵת לִרְפּוֹא
עֵת לִפְרוֹץ וְעֵת לִבְנוֹת:

| | |
|---|---|
| עֵת לִבְכּוֹת | וְעֵת לִשְׂחוֹק |
| עֵת סְפוֹד | וְעֵת רְקוֹד: |
| עֵת לְהַשְׁלִיךְ אֲבָנִים | וְעֵת כְּנוֹס אֲבָנִים |
| עֵת לַחֲבוֹק | וְעֵת לִרְחֹק מֵחַבֵּק: |
| עֵת לְבַקֵּשׁ | וְעֵת לְאַבֵּד |
| עֵת לִשְׁמוֹר | וְעֵת לְהַשְׁלִיךְ: |
| עֵת לִקְרוֹעַ | וְעֵת לִתְפּוֹר |
| עֵת לַחֲשׁוֹת | וְעֵת לְדַבֵּר: |
| עֵת לֶאֱהֹב | וְעֵת לִשְׂנֹא |
| עֵת מִלְחָמָה | וְעֵת שָׁלוֹם: |

מַה־יִּתְרוֹן הָעוֹשֶׂה בַּאֲשֶׁר הוּא עָמֵל: רָאִיתִי אֶת־הָעִנְיָן אֲשֶׁר נָתַן אֱלֹהִים
לִבְנֵי הָאָדָם לַעֲנוֹת בּוֹ: אֶת־הַכֹּל עָשָׂה יָפֶה בְעִתּוֹ גַּם אֶת־הָעֹלָם נָתַן בְּלִבָּם
מִבְּלִי אֲשֶׁר לֹא־יִמְצָא הָאָדָם אֶת־הַמַּעֲשֶׂה אֲשֶׁר־עָשָׂה הָאֱלֹהִים מֵרֹאשׁ
וְעַד־סוֹף: יָדַעְתִּי כִּי אֵין טוֹב בָּם כִּי אִם־לִשְׂמוֹחַ וְלַעֲשׂוֹת טוֹב בְּחַיָּיו: וְגַם
כָּל־הָאָדָם שֶׁיֹּאכַל וְשָׁתָה וְרָאָה טוֹב בְּכָל־עֲמָלוֹ מַתַּת אֱלֹהִים הִיא: יָדַעְתִּי
כִּי כָּל־אֲשֶׁר יַעֲשֶׂה הָאֱלֹהִים הוּא יִהְיֶה לְעוֹלָם עָלָיו אֵין לְהוֹסִיף וּמִמֶּנּוּ אֵין
לִגְרוֹעַ וְהָאֱלֹהִים עָשָׂה שֶׁיִּרְאוּ מִלְּפָנָיו: מַה־שֶּׁהָיָה כְּבָר הוּא וַאֲשֶׁר לִהְיוֹת
כְּבָר הָיָה וְהָאֱלֹהִים יְבַקֵּשׁ אֶת־נִרְדָּף: וְעוֹד רָאִיתִי תַּחַת הַשָּׁמֶשׁ מְקוֹם
הַמִּשְׁפָּט שָׁמָּה הָרֶשַׁע וּמְקוֹם הַצֶּדֶק שָׁמָּה הָרָשַׁע: אָמַרְתִּי אֲנִי בְּלִבִּי אֶת־
הַצַּדִּיק וְאֶת־הָרָשָׁע יִשְׁפֹּט הָאֱלֹהִים כִּי־עֵת לְכָל־חֵפֶץ וְעַל כָּל־הַמַּעֲשֶׂה
שָׁם: אָמַרְתִּי אֲנִי בְּלִבִּי עַל־דִּבְרַת בְּנֵי הָאָדָם לְבָרָם הָאֱלֹהִים וְלִרְאוֹת שְׁהֶם־
בְּהֵמָה הֵמָּה לָהֶם: כִּי מִקְרֶה בְנֵי־הָאָדָם וּמִקְרֶה הַבְּהֵמָה וּמִקְרֶה אֶחָד לָהֶם
כְּמוֹת זֶה כֵּן מוֹת זֶה וְרוּחַ אֶחָד לַכֹּל וּמוֹתַר הָאָדָם מִן־הַבְּהֵמָה אָיִן כִּי הַכֹּל
הָבֶל: הַכֹּל הוֹלֵךְ אֶל־מָקוֹם אֶחָד הַכֹּל הָיָה מִן־הֶעָפָר וְהַכֹּל שָׁב אֶל־הֶעָפָר:
מִי יוֹדֵעַ רוּחַ בְּנֵי הָאָדָם הָעֹלָה הִיא לְמָעְלָה וְרוּחַ הַבְּהֵמָה הַיֹּרֶדֶת הִיא
לְמַטָּה לָאָרֶץ: וְרָאִיתִי כִּי אֵין טוֹב מֵאֲשֶׁר יִשְׂמַח הָאָדָם בְּמַעֲשָׂיו כִּי־הוּא
ד חֶלְקוֹ כִּי מִי יְבִיאֶנּוּ לִרְאוֹת בְּמֶה שֶׁיִּהְיֶה אַחֲרָיו: וְשַׁבְתִּי אֲנִי וָאֶרְאֶה אֶת־
כָּל־הָעֲשֻׁקִים אֲשֶׁר נַעֲשִׂים תַּחַת הַשָּׁמֶשׁ וְהִנֵּה ׀ דִּמְעַת הָעֲשֻׁקִים וְאֵין לָהֶם
מְנַחֵם וּמִיַּד עֹשְׁקֵיהֶם כֹּחַ וְאֵין לָהֶם מְנַחֵם: וְשַׁבֵּחַ אֲנִי אֶת־הַמֵּתִים שֶׁכְּבָר

מֵתוּ מִן־הַחַיִּים אֲשֶׁר הֵמָּה חַיִּים עֲדֶנָה: וְטוֹב מִשְּׁנֵיהֶם אֵת אֲשֶׁר־עֲדֶן לֹא
הָיָה אֲשֶׁר לֹא־רָאָה אֶת־הַמַּעֲשֶׂה הָרָע אֲשֶׁר נַעֲשָׂה תַּחַת הַשָּׁמֶשׁ: וְרָאִיתִי
אֲנִי אֶת־כָּל־עָמָל וְאֵת כָּל־כִּשְׁרוֹן הַמַּעֲשֶׂה כִּי הִיא קִנְאַת־אִישׁ מֵרֵעֵהוּ גַּם־
זֶה הֶבֶל וּרְעוּת רוּחַ: הַכְּסִיל חֹבֵק אֶת־יָדָיו וְאֹכֵל אֶת־בְּשָׂרוֹ: טוֹב מְלֹא כַף
נָחַת מִמְּלֹא חָפְנַיִם עָמָל וּרְעוּת רוּחַ: וְשַׁבְתִּי אֲנִי וָאֶרְאֶה הֶבֶל תַּחַת הַשָּׁמֶשׁ:
יֵשׁ אֶחָד וְאֵין שֵׁנִי גַּם בֵּן וָאָח אֵין־לוֹ וְאֵין קֵץ לְכָל־עֲמָלוֹ גַּם־עיניו לֹא־תִשְׂבַּע עֵינוֹ
עֹשֶׁר וּלְמִי ׀ אֲנִי עָמֵל וּמְחַסֵּר אֶת־נַפְשִׁי מִטּוֹבָה גַּם־זֶה הֶבֶל וְעִנְיַן רָע הוּא:
טוֹבִים הַשְּׁנַיִם מִן־הָאֶחָד אֲשֶׁר יֵשׁ־לָהֶם שָׂכָר טוֹב בַּעֲמָלָם: כִּי אִם־יִפֹּלוּ
הָאֶחָד יָקִים אֶת־חֲבֵרוֹ וְאִילוֹ הָאֶחָד שֶׁיִּפּוֹל וְאֵין שֵׁנִי לַהֲקִימוֹ: גַּם אִם־יִשְׁכְּבוּ
שְׁנַיִם וְחַם לָהֶם וּלְאֶחָד אֵיךְ יֵחָם: וְאִם־יִתְקְפוֹ הָאֶחָד הַשְּׁנַיִם יַעַמְדוּ נֶגְדּוֹ
וְהַחוּט הַמְשֻׁלָּשׁ לֹא בִמְהֵרָה יִנָּתֵק: טוֹב יֶלֶד מִסְכֵּן וְחָכָם מִמֶּלֶךְ זָקֵן וּכְסִיל
אֲשֶׁר לֹא־יָדַע לְהִזָּהֵר עוֹד: כִּי־מִבֵּית הָסוּרִים יָצָא לִמְלֹךְ כִּי גַּם בְּמַלְכוּתוֹ
נוֹלַד רָשׁ: רָאִיתִי אֶת־כָּל־הַחַיִּים הַמְהַלְּכִים תַּחַת הַשָּׁמֶשׁ עִם הַיֶּלֶד הַשֵּׁנִי
אֲשֶׁר יַעֲמֹד תַּחְתָּיו: אֵין־קֵץ לְכָל־הָעָם לְכֹל אֲשֶׁר־הָיָה לִפְנֵיהֶם גַּם הָאַחֲרוֹנִים
לֹא יִשְׂמְחוּ־בוֹ כִּי־גַם־זֶה הֶבֶל וְרַעְיוֹן רוּחַ: שְׁמֹר רגליך כַּאֲשֶׁר תֵּלֵךְ אֶל־בֵּית רַגְלְךָ
הָאֱלֹהִים וְקָרוֹב לִשְׁמֹעַ מִתֵּת הַכְּסִילִים זָבַח כִּי־אֵינָם יוֹדְעִים לַעֲשׂוֹת רָע:
ה אַל־תְּבַהֵל עַל־פִּיךָ וְלִבְּךָ אַל־יְמַהֵר לְהוֹצִיא דָבָר לִפְנֵי הָאֱלֹהִים כִּי הָאֱלֹהִים
בַּשָּׁמַיִם וְאַתָּה עַל־הָאָרֶץ עַל־כֵּן יִהְיוּ דְבָרֶיךָ מְעַטִּים: כִּי בָּא הַחֲלוֹם בְּרֹב
עִנְיָן וְקוֹל כְּסִיל בְּרֹב דְּבָרִים: כַּאֲשֶׁר תִּדֹּר נֶדֶר לֵאלֹהִים אַל־תְּאַחֵר לְשַׁלְּמוֹ
כִּי אֵין חֵפֶץ בַּכְּסִילִים אֵת אֲשֶׁר־תִּדֹּר שַׁלֵּם: טוֹב אֲשֶׁר לֹא־תִדֹּר מִשֶּׁתִּדּוֹר
וְלֹא תְשַׁלֵּם: אַל־תִּתֵּן אֶת־פִּיךָ לַחֲטִיא אֶת־בְּשָׂרֶךָ וְאַל־תֹּאמַר לִפְנֵי הַמַּלְאָךְ
כִּי שְׁגָגָה הִיא לָמָּה יִקְצֹף הָאֱלֹהִים עַל־קוֹלֶךָ וְחִבֵּל אֶת־מַעֲשֵׂה יָדֶיךָ: כִּי
בְרֹב חֲלֹמוֹת וַהֲבָלִים וּדְבָרִים הַרְבֵּה כִּי אֶת־הָאֱלֹהִים יְרָא: אִם־עֹשֶׁק רָשׁ
וְגֵזֶל מִשְׁפָּט וָצֶדֶק תִּרְאֶה בַמְּדִינָה אַל־תִּתְמַהּ עַל־הַחֵפֶץ כִּי גָבֹהַּ מֵעַל גָּבֹהַּ
שֹׁמֵר וּגְבֹהִים עֲלֵיהֶם: וְיִתְרוֹן אֶרֶץ בַּכֹּל היא מֶלֶךְ לְשָׂדֶה נֶעֱבָד: אֹהֵב כֶּסֶף הוּא
לֹא־יִשְׂבַּע כֶּסֶף וּמִי־אֹהֵב בֶּהָמוֹן לֹא תְבוּאָה גַּם־זֶה הָבֶל: בִּרְבוֹת הַטּוֹבָה
רַבּוּ אוֹכְלֶיהָ וּמַה־כִּשְׁרוֹן לִבְעָלֶיהָ כִּי אִם־ראית עֵינָיו: מְתוּקָה שְׁנַת הָעֹבֵד רְאוּת
אִם־מְעַט וְאִם־הַרְבֵּה יֹאכֵל וְהַשָּׂבָע לֶעָשִׁיר אֵינֶנּוּ מַנִּיחַ לוֹ לִישׁוֹן: יֵשׁ רָעָה
חוֹלָה רָאִיתִי תַּחַת הַשָּׁמֶשׁ עֹשֶׁר שָׁמוּר לִבְעָלָיו לְרָעָתוֹ: וְאָבַד הָעֹשֶׁר הַהוּא

בְּעִנְיַן רָע וְהוֹלִיד בֵּן וְאֵין בְּיָדוֹ מְאוּמָה: כַּאֲשֶׁר יָצָא מִבֶּטֶן אִמּוֹ עָרוֹם יָשׁוּב
לָלֶכֶת כְּשֶׁבָּא וּמְאוּמָה לֹא־יִשָּׂא בַעֲמָלוֹ שֶׁיֹּלֵךְ בְּיָדוֹ: וְגַם־זֹה רָעָה חוֹלָה
כָּל־עֻמַּת שֶׁבָּא כֵּן יֵלֵךְ וּמַה־יִּתְרוֹן לוֹ שֶׁיַּעֲמֹל לָרוּחַ: גַּם כָּל־יָמָיו בַּחֹשֶׁךְ
יֹאכֵל וְכָעַס הַרְבֵּה וְחָלְיוֹ וָקָצֶף: הִנֵּה אֲשֶׁר־רָאִיתִי אָנִי טוֹב אֲשֶׁר־יָפֶה לֶאֱכוֹל
וְלִשְׁתּוֹת וְלִרְאוֹת טוֹבָה בְּכָל־עֲמָלוֹ | שֶׁיַּעֲמֹל תַּחַת־הַשֶּׁמֶשׁ מִסְפַּר יְמֵי־חַיָּו
אֲשֶׁר־נָתַן־לוֹ הָאֱלֹהִים כִּי־הוּא חֶלְקוֹ: גַּם כָּל־הָאָדָם אֲשֶׁר נָתַן־לוֹ הָאֱלֹהִים
עֹשֶׁר וּנְכָסִים וְהִשְׁלִיטוֹ לֶאֱכֹל מִמֶּנּוּ וְלָשֵׂאת אֶת־חֶלְקוֹ וְלִשְׂמֹחַ בַּעֲמָלוֹ זֹה
מַתַּת אֱלֹהִים הִיא: כִּי לֹא הַרְבֵּה יִזְכֹּר אֶת־יְמֵי חַיָּיו כִּי הָאֱלֹהִים מַעֲנֶה
ו בְּשִׂמְחַת לִבּוֹ: יֵשׁ רָעָה אֲשֶׁר רָאִיתִי תַּחַת הַשָּׁמֶשׁ וְרַבָּה הִיא עַל־הָאָדָם:
אִישׁ אֲשֶׁר יִתֶּן־לוֹ הָאֱלֹהִים עֹשֶׁר וּנְכָסִים וְכָבוֹד וְאֵינֶנּוּ חָסֵר לְנַפְשׁוֹ | מִכֹּל
אֲשֶׁר־יִתְאַוֶּה וְלֹא־יַשְׁלִיטֶנּוּ הָאֱלֹהִים לֶאֱכֹל מִמֶּנּוּ כִּי אִישׁ נָכְרִי יֹאכְלֶנּוּ זֶה
הֶבֶל וָחֳלִי רָע הוּא: אִם־יוֹלִיד אִישׁ מֵאָה וְשָׁנִים רַבּוֹת יִחְיֶה וְרַב | שֶׁיִּהְיוּ
יְמֵי־שָׁנָיו וְנַפְשׁוֹ לֹא־תִשְׂבַּע מִן־הַטּוֹבָה וְגַם־קְבוּרָה לֹא־הָיְתָה לּוֹ אָמַרְתִּי
טוֹב מִמֶּנּוּ הַנָּפֶל: כִּי־בַהֶבֶל בָּא וּבַחֹשֶׁךְ יֵלֵךְ וּבַחֹשֶׁךְ שְׁמוֹ יְכֻסֶּה: גַּם־שֶׁמֶשׁ
לֹא־רָאָה וְלֹא יָדָע נַחַת לָזֶה מִזֶּה: וְאִלּוּ חָיָה אֶלֶף שָׁנִים פַּעֲמַיִם וְטוֹבָה לֹא
רָאָה הֲלֹא אֶל־מָקוֹם אֶחָד הַכֹּל הוֹלֵךְ: כָּל־עֲמַל הָאָדָם לְפִיהוּ וְגַם־הַנֶּפֶשׁ
לֹא תִמָּלֵא: כִּי מַה־יּוֹתֵר לֶחָכָם מִן־הַכְּסִיל מַה־לֶּעָנִי יוֹדֵעַ לַהֲלֹךְ נֶגֶד הַחַיִּים:
טוֹב מַרְאֵה עֵינַיִם מֵהֲלָךְ־נָפֶשׁ גַּם־זֶה הֶבֶל וּרְעוּת רוּחַ: מַה־שֶּׁהָיָה כְּבָר
נִקְרָא שְׁמוֹ וְנוֹדָע אֲשֶׁר־הוּא אָדָם וְלֹא־יוּכַל לָדִין עִם שהתקיף מִמֶּנּוּ: כִּי שֶׁתַּקִּיף
יֵשׁ־דְּבָרִים הַרְבֵּה מַרְבִּים הָבֶל מַה־יֹּתֵר לָאָדָם: כִּי מִי־יוֹדֵעַ מַה־טּוֹב לָאָדָם
בַּחַיִּים מִסְפַּר יְמֵי־חַיֵּי הֶבְלוֹ וְיַעֲשֵׂם כַּצֵּל אֲשֶׁר מִי־יַגִּיד לָאָדָם מַה־יִּהְיֶה
ז אַחֲרָיו תַּחַת הַשָּׁמֶשׁ: טוֹב שֵׁם מִשֶּׁמֶן טוֹב וְיוֹם הַמָּוֶת מִיּוֹם
הִוָּלְדוֹ: טוֹב לָלֶכֶת אֶל־בֵּית־אֵבֶל מִלֶּכֶת אֶל־בֵּית מִשְׁתֶּה בַּאֲשֶׁר הוּא סוֹף
כָּל־הָאָדָם וְהַחַי יִתֵּן אֶל־לִבּוֹ: טוֹב כַּעַס מִשְּׂחוֹק כִּי־בְרֹעַ פָּנִים יִיטַב לֵב: לֵב
חֲכָמִים בְּבֵית אֵבֶל וְלֵב כְּסִילִים בְּבֵית שִׂמְחָה: טוֹב לִשְׁמֹעַ גַּעֲרַת חָכָם
מֵאִישׁ שֹׁמֵעַ שִׁיר כְּסִילִים: כִּי כְקוֹל הַסִּירִים תַּחַת הַסִּיר כֵּן שְׂחֹק הַכְּסִיל
וְגַם־זֶה הָבֶל: כִּי הָעֹשֶׁק יְהוֹלֵל חָכָם וִיאַבֵּד אֶת־לֵב מַתָּנָה: טוֹב אַחֲרִית דָּבָר
מֵרֵאשִׁיתוֹ טוֹב אֶרֶךְ־רוּחַ מִגְּבַהּ־רוּחַ: אַל־תְּבַהֵל בְּרוּחֲךָ לִכְעוֹס כִּי כַעַס
בְּחֵיק כְּסִילִים יָנוּחַ: אַל־תֹּאמַר מֶה הָיָה שֶׁהַיָּמִים הָרִאשֹׁנִים הָיוּ טוֹבִים

מֵאֵלֶּה כִּי לֹא מֵחׇכְמָה שָׁאַלְתָּ עַל־זֶה: טוֹבָה חׇכְמָה עִם־נַחֲלָה וְיֹתֵר לְרֹאֵי
הַשָּׁמֶשׁ: כִּי בְּצֵל הַחׇכְמָה בְּצֵל הַכָּסֶף וְיִתְרוֹן דַּעַת הַחׇכְמָה תְּחַיֶּה בְעָלֶיהָ:
רְאֵה אֶת־מַעֲשֵׂה הָאֱלֹהִים כִּי מִי יוּכַל לְתַקֵּן אֵת אֲשֶׁר עִוְּתוֹ: בְּיוֹם טוֹבָה
הֱיֵה בְטוֹב וּבְיוֹם רָעָה רְאֵה גַּם אֶת־זֶה לְעֻמַּת־זֶה עָשָׂה הָאֱלֹהִים עַל־דִּבְרַת
שֶׁלֹּא יִמְצָא הָאָדָם אַחֲרָיו מְאוּמָה: אֶת־הַכֹּל רָאִיתִי בִּימֵי הֶבְלִי יֵשׁ צַדִּיק
אֹבֵד בְּצִדְקוֹ וְיֵשׁ רָשָׁע מַאֲרִיךְ בְּרָעָתוֹ: אַל־תְּהִי צַדִּיק הַרְבֵּה וְאַל־תִּתְחַכַּם
יוֹתֵר לָמָּה תִּשּׁוֹמֵם: אַל־תִּרְשַׁע הַרְבֵּה וְאַל־תְּהִי סָכָל לָמָּה תָמוּת בְּלֹא
עִתֶּךָ: טוֹב אֲשֶׁר תֶּאֱחֹז בָּזֶה וְגַם־מִזֶּה אַל־תַּנַּח אֶת־יָדֶךָ כִּי־יְרֵא אֱלֹהִים יֵצֵא
אֶת־כֻּלָּם: הַחׇכְמָה תָּעֹז לֶחָכָם מֵעֲשָׂרָה שַׁלִּיטִים אֲשֶׁר הָיוּ בָּעִיר: כִּי אָדָם
אֵין צַדִּיק בָּאָרֶץ אֲשֶׁר יַעֲשֶׂה־טּוֹב וְלֹא יֶחֱטָא: גַּם לְכׇל־הַדְּבָרִים אֲשֶׁר יְדַבֵּרוּ
אַל־תִּתֵּן לִבֶּךָ אֲשֶׁר לֹא־תִשְׁמַע אֶת־עַבְדְּךָ מְקַלְלֶךָ: כִּי גַּם־פְּעָמִים רַבּוֹת
יָדַע לִבֶּךָ אֲשֶׁר גַּם־אַתָּ קִלַּלְתָּ אֲחֵרִים: כׇּל־זֹה נִסִּיתִי בַחׇכְמָה אָמַרְתִּי אֶחְכָּמָה
וְהִיא רְחוֹקָה מִמֶּנִּי: רָחוֹק מַה־שֶּׁהָיָה וְעָמֹק | עָמֹק מִי יִמְצָאֶנּוּ: סַבּוֹתִי אֲנִי
וְלִבִּי לָדַעַת וְלָתוּר וּבַקֵּשׁ חׇכְמָה וְחֶשְׁבּוֹן וְלָדַעַת רֶשַׁע כֶּסֶל וְהַסִּכְלוּת
הוֹלֵלוֹת: וּמוֹצֶא אֲנִי מַר מִמָּוֶת אֶת־הָאִשָּׁה אֲשֶׁר־הִיא מְצוֹדִים וַחֲרָמִים לִבָּהּ
אֲסוּרִים יָדֶיהָ טוֹב לִפְנֵי הָאֱלֹהִים יִמָּלֵט מִמֶּנָּה וְחוֹטֵא יִלָּכֶד בָּהּ: רְאֵה זֶה
מָצָאתִי אָמְרָה קֹהֶלֶת אַחַת לְאַחַת לִמְצֹא חֶשְׁבּוֹן: אֲשֶׁר עוֹד־בִּקְשָׁה נַפְשִׁי
וְלֹא מָצָאתִי אָדָם אֶחָד מֵאֶלֶף מָצָאתִי וְאִשָּׁה בְכׇל־אֵלֶּה לֹא מָצָאתִי: לְבַד
רְאֵה־זֶה מָצָאתִי אֲשֶׁר עָשָׂה הָאֱלֹהִים אֶת־הָאָדָם יָשָׁר וְהֵמָּה בִקְשׁוּ חִשְּׁבֹנוֹת
רַבִּים: מִי כְּהֶחָכָם וּמִי יוֹדֵעַ פֵּשֶׁר דָּבָר חׇכְמַת אָדָם תָּאִיר פָּנָיו וְעֹז פָּנָיו יְשֻׁנֶּא: ח
אֲנִי פִּי־מֶלֶךְ שְׁמוֹר וְעַל דִּבְרַת שְׁבוּעַת אֱלֹהִים: אַל־תִּבָּהֵל מִפָּנָיו תֵּלֵךְ אַל־
תַּעֲמֹד בְּדָבָר רָע כִּי כׇּל־אֲשֶׁר יַחְפֹּץ יַעֲשֶׂה: בַּאֲשֶׁר דְּבַר־מֶלֶךְ שִׁלְטוֹן וּמִי
יֹאמַר־לוֹ מַה־תַּעֲשֶׂה: שׁוֹמֵר מִצְוָה לֹא יֵדַע דָּבָר רָע וְעֵת וּמִשְׁפָּט יֵדַע לֵב
חָכָם: כִּי לְכׇל־חֵפֶץ יֵשׁ עֵת וּמִשְׁפָּט כִּי־רָעַת הָאָדָם רַבָּה עָלָיו: כִּי־אֵינֶנּוּ יֹדֵעַ
מַה־שֶּׁיִּהְיֶה כִּי כַּאֲשֶׁר יִהְיֶה מִי יַגִּיד לוֹ: אֵין אָדָם שַׁלִּיט בָּרוּחַ לִכְלוֹא אֶת־
הָרוּחַ וְאֵין שִׁלְטוֹן בְּיוֹם הַמָּוֶת וְאֵין מִשְׁלַחַת בַּמִּלְחָמָה וְלֹא־יְמַלֵּט רֶשַׁע
אֶת־בְּעָלָיו: אֶת־כׇּל־זֶה רָאִיתִי וְנָתוֹן אֶת־לִבִּי לְכׇל־מַעֲשֶׂה אֲשֶׁר נַעֲשָׂה תַּחַת
הַשָּׁמֶשׁ עֵת אֲשֶׁר שָׁלַט הָאָדָם בְּאָדָם לְרַע לוֹ: וּבְכֵן רָאִיתִי רְשָׁעִים קְבֻרִים
וָבָאוּ וּמִמְּקוֹם קָדוֹשׁ יְהַלֵּכוּ וְיִשְׁתַּכְּחוּ בָעִיר אֲשֶׁר כֵּן־עָשׂוּ גַּם־זֶה הָבֶל: אֲשֶׁר

אֵין־נַעֲשָׂה פִתְגָם מַעֲשֵׂה הָרָעָה מְהֵרָה עַל־כֵּן מָלֵא לֵב בְּנֵי־הָאָדָם בָּהֶם
לַעֲשׂוֹת רָע: אֲשֶׁר חֹטֶא עֹשֶׂה רָע מְאַת וּמַאֲרִיךְ לוֹ כִּי גַּם־יוֹדֵעַ אָנִי אֲשֶׁר
יִהְיֶה־טּוֹב לְיִרְאֵי הָאֱלֹהִים אֲשֶׁר יִירְאוּ מִלְּפָנָיו: וְטוֹב לֹא־יִהְיֶה לָרָשָׁע וְלֹא־
יַאֲרִיךְ יָמִים כַּצֵּל אֲשֶׁר אֵינֶנּוּ יָרֵא מִלִּפְנֵי אֱלֹהִים: יֶשׁ־הֶבֶל אֲשֶׁר נַעֲשָׂה
עַל־הָאָרֶץ אֲשֶׁר ׀ יֵשׁ צַדִּיקִים אֲשֶׁר מַגִּיעַ אֲלֵהֶם כְּמַעֲשֵׂה הָרְשָׁעִים וְיֵשׁ
רְשָׁעִים שֶׁמַּגִּיעַ אֲלֵהֶם כְּמַעֲשֵׂה הַצַּדִּיקִים אָמַרְתִּי שֶׁגַּם־זֶה הָבֶל: וְשִׁבַּחְתִּי
אֲנִי אֶת־הַשִּׂמְחָה אֲשֶׁר אֵין־טוֹב לָאָדָם תַּחַת הַשֶּׁמֶשׁ כִּי אִם־לֶאֱכוֹל וְלִשְׁתּוֹת
וְלִשְׂמוֹחַ וְהוּא יִלְוֶנּוּ בַעֲמָלוֹ יְמֵי חַיָּיו אֲשֶׁר־נָתַן־לוֹ הָאֱלֹהִים תַּחַת הַשָּׁמֶשׁ:
כַּאֲשֶׁר נָתַתִּי אֶת־לִבִּי לָדַעַת חָכְמָה וְלִרְאוֹת אֶת־הָעִנְיָן אֲשֶׁר נַעֲשָׂה עַל־
הָאָרֶץ כִּי גַם בַּיּוֹם וּבַלַּיְלָה שֵׁנָה בְּעֵינָיו אֵינֶנּוּ רֹאֶה: וְרָאִיתִי אֶת־כָּל־מַעֲשֵׂה
הָאֱלֹהִים כִּי לֹא יוּכַל הָאָדָם לִמְצוֹא אֶת־הַמַּעֲשֶׂה אֲשֶׁר נַעֲשָׂה תַחַת־הַשֶּׁמֶשׁ
בְּשֶׁל אֲשֶׁר יַעֲמֹל הָאָדָם לְבַקֵּשׁ וְלֹא יִמְצָא וְגַם אִם־יֹאמַר הֶחָכָם לָדַעַת לֹא
ט יוּכַל לִמְצֹא: כִּי אֶת־כָּל־זֶה נָתַתִּי אֶל־לִבִּי וְלָבוּר אֶת־כָּל־זֶה אֲשֶׁר הַצַּדִּיקִים
וְהַחֲכָמִים וַעֲבָדֵיהֶם בְּיַד הָאֱלֹהִים גַּם־אַהֲבָה גַם־שִׂנְאָה אֵין יוֹדֵעַ הָאָדָם
הַכֹּל לִפְנֵיהֶם: הַכֹּל כַּאֲשֶׁר לַכֹּל מִקְרֶה אֶחָד לַצַּדִּיק וְלָרָשָׁע לַטּוֹב וְלַטָּהוֹר
וְלַטָּמֵא וְלַזֹּבֵחַ וְלַאֲשֶׁר אֵינֶנּוּ זֹבֵחַ כַּטּוֹב כַּחֹטֶא הַנִּשְׁבָּע כַּאֲשֶׁר שְׁבוּעָה יָרֵא:
זֶה ׀ רָע בְּכֹל אֲשֶׁר־נַעֲשָׂה תַּחַת הַשֶּׁמֶשׁ כִּי־מִקְרֶה אֶחָד לַכֹּל וְגַם לֵב בְּנֵי־
הָאָדָם מָלֵא־רָע וְהוֹלֵלוֹת בִּלְבָבָם בְּחַיֵּיהֶם וְאַחֲרָיו אֶל־הַמֵּתִים: כִּי־מִי אֲשֶׁר
יבחר אֶל כָּל־הַחַיִּים יֵשׁ בִּטָּחוֹן כִּי־לְכֶלֶב חַי הוּא טוֹב מִן־הָאַרְיֵה הַמֵּת: כִּי יְחֻבַּר
הַחַיִּים יוֹדְעִים שֶׁיָּמֻתוּ וְהַמֵּתִים אֵינָם יוֹדְעִים מְאוּמָה וְאֵין־עוֹד לָהֶם שָׂכָר
כִּי נִשְׁכַּח זִכְרָם: גַּם אַהֲבָתָם גַּם־שִׂנְאָתָם גַּם־קִנְאָתָם כְּבָר אָבָדָה וְחֵלֶק
אֵין־לָהֶם עוֹד לְעוֹלָם בְּכֹל אֲשֶׁר־נַעֲשָׂה תַּחַת הַשָּׁמֶשׁ: לֵךְ אֱכֹל בְּשִׂמְחָה
לַחְמֶךָ וּשְׁתֵה בְלֶב־טוֹב יֵינֶךָ כִּי כְבָר רָצָה הָאֱלֹהִים אֶת־מַעֲשֶׂיךָ: בְּכָל־עֵת
יִהְיוּ בְגָדֶיךָ לְבָנִים וְשֶׁמֶן עַל־רֹאשְׁךָ אַל־יֶחְסָר: רְאֵה חַיִּים עִם־אִשָּׁה אֲשֶׁר־
אָהַבְתָּ כָּל־יְמֵי חַיֵּי הֶבְלֶךָ אֲשֶׁר נָתַן־לְךָ תַּחַת הַשֶּׁמֶשׁ כֹּל יְמֵי הֶבְלֶךָ כִּי הוּא
חֶלְקְךָ בַּחַיִּים וּבַעֲמָלְךָ אֲשֶׁר־אַתָּה עָמֵל תַּחַת הַשָּׁמֶשׁ: כֹּל אֲשֶׁר תִּמְצָא יָדְךָ
לַעֲשׂוֹת בְּכֹחֲךָ עֲשֵׂה כִּי אֵין מַעֲשֶׂה וְחֶשְׁבּוֹן וְדַעַת וְחָכְמָה בִּשְׁאוֹל אֲשֶׁר
אַתָּה הֹלֵךְ שָׁמָּה: שַׁבְתִּי וְרָאֹה תַחַת־הַשֶּׁמֶשׁ כִּי לֹא לַקַּלִּים הַמֵּרוֹץ וְלֹא
לַגִּבּוֹרִים הַמִּלְחָמָה וְגַם לֹא לַחֲכָמִים לֶחֶם וְגַם לֹא לַנְּבֹנִים עֹשֶׁר וְגַם לֹא

לַיֹּדְעִים חֵן כִּי־עֵת וָפֶגַע יִקְרֶה אֶת־כֻּלָּם: כִּי גַּם לֹא־יֵדַע הָאָדָם אֶת־עִתּוֹ
כַּדָּגִים שֶׁנֶּאֱחָזִים בִּמְצוֹדָה רָעָה וְכַצִּפֳּרִים הָאֲחֻזוֹת בַּפָּח כָּהֵם יוּקָשִׁים בְּנֵי
הָאָדָם לְעֵת רָעָה כְּשֶׁתִּפּוֹל עֲלֵיהֶם פִּתְאֹם: גַּם־זֹה רָאִיתִי חָכְמָה תַּחַת
הַשָּׁמֶשׁ וּגְדוֹלָה הִיא אֵלָי: עִיר קְטַנָּה וַאֲנָשִׁים בָּהּ מְעָט וּבָא־אֵלֶיהָ מֶלֶךְ גָּדוֹל
וְסָבַב אֹתָהּ וּבָנָה עָלֶיהָ מְצוֹדִים גְּדֹלִים: וּמָצָא בָהּ אִישׁ מִסְכֵּן חָכָם וּמִלַּט־
הוּא אֶת־הָעִיר בְּחָכְמָתוֹ וְאָדָם לֹא זָכַר אֶת־הָאִישׁ הַמִּסְכֵּן הַהוּא: וְאָמַרְתִּי
אָנִי טוֹבָה חָכְמָה מִגְּבוּרָה וְחָכְמַת הַמִּסְכֵּן בְּזוּיָה וּדְבָרָיו אֵינָם נִשְׁמָעִים:
דִּבְרֵי חֲכָמִים בְּנַחַת נִשְׁמָעִים מִזַּעֲקַת מוֹשֵׁל בַּכְּסִילִים: טוֹבָה חָכְמָה מִכְּלֵי
י קְרָב וְחוֹטֶא אֶחָד יְאַבֵּד טוֹבָה הַרְבֵּה: זְבוּבֵי מָוֶת יַבְאִישׁ יַבִּיעַ שֶׁמֶן רוֹקֵחַ
יָקָר מֵחָכְמָה מִכָּבוֹד סִכְלוּת מְעָט: לֵב חָכָם לִימִינוֹ וְלֵב כְּסִיל לִשְׂמֹאלוֹ:
וְגַם־בַּדֶּרֶךְ כשהסכל הֹלֵךְ לִבּוֹ חָסֵר וְאָמַר לַכֹּל סָכָל הוּא: אִם־רוּחַ הַמּוֹשֵׁל כְּשֶׁסָּכָל
תַּעֲלֶה עָלֶיךָ מְקוֹמְךָ אַל־תַּנַּח כִּי מַרְפֵּא יַנִּיחַ חֲטָאִים גְּדוֹלִים: יֵשׁ רָעָה רָאִיתִי
תַּחַת הַשָּׁמֶשׁ כִּשְׁגָגָה שֶׁיֹּצָא מִלִּפְנֵי הַשַּׁלִּיט: נִתַּן הַסֶּכֶל בַּמְּרוֹמִים רַבִּים
וַעֲשִׁירִים בַּשֵּׁפֶל יֵשֵׁבוּ: רָאִיתִי עֲבָדִים עַל־סוּסִים וְשָׂרִים הֹלְכִים כַּעֲבָדִים
עַל־הָאָרֶץ: חֹפֵר גּוּמָּץ בּוֹ יִפּוֹל וּפֹרֵץ גָּדֵר יִשְּׁכֶנּוּ נָחָשׁ: מַסִּיעַ אֲבָנִים יֵעָצֵב
בָּהֶם בּוֹקֵעַ עֵצִים יִסָּכֶן בָּם: אִם־קֵהָה הַבַּרְזֶל וְהוּא לֹא־פָנִים קִלְקַל וַחֲיָלִים
יְגַבֵּר וְיִתְרוֹן הַכְשֵׁיר חָכְמָה: אִם־יִשֹּׁךְ הַנָּחָשׁ בְּלוֹא־לָחַשׁ וְאֵין יִתְרוֹן לְבַעַל
הַלָּשׁוֹן: דִּבְרֵי פִי־חָכָם חֵן וְשִׂפְתוֹת כְּסִיל תְּבַלְּעֶנּוּ: תְּחִלַּת דִּבְרֵי־פִיהוּ סִכְלוּת
וְאַחֲרִית פִּיהוּ הוֹלֵלוּת רָעָה: וְהַסָּכָל יַרְבֶּה דְבָרִים לֹא־יֵדַע הָאָדָם מַה־שֶּׁיִּהְיֶה
וַאֲשֶׁר יִהְיֶה מֵאַחֲרָיו מִי יַגִּיד לוֹ: עֲמַל הַכְּסִילִים תְּיַגְּעֶנּוּ אֲשֶׁר לֹא־יָדַע לָלֶכֶת
אֶל־עִיר: אִי־לָךְ אֶרֶץ שֶׁמַּלְכֵּךְ נָעַר וְשָׂרַיִךְ בַּבֹּקֶר יֹאכֵלוּ: אַשְׁרֵיךְ אֶרֶץ
שֶׁמַּלְכֵּךְ בֶּן־חוֹרִים וְשָׂרַיִךְ בָּעֵת יֹאכֵלוּ בִּגְבוּרָה וְלֹא בַשְּׁתִי: בַּעֲצַלְתַּיִם יִמַּךְ
הַמְּקָרֶה וּבְשִׁפְלוּת יָדַיִם יִדְלֹף הַבָּיִת: לִשְׂחוֹק עֹשִׂים לֶחֶם וְיַיִן יְשַׂמַּח חַיִּים
וְהַכֶּסֶף יַעֲנֶה אֶת־הַכֹּל: גַּם בְּמַדָּעֲךָ מֶלֶךְ אַל־תְּקַלֵּל וּבְחַדְרֵי מִשְׁכָּבְךָ אַל־
יא תְּקַלֵּל עָשִׁיר כִּי עוֹף הַשָּׁמַיִם יוֹלִיךְ אֶת־הַקּוֹל וּבַעַל הכנפים יַגֵּיד דָּבָר: שַׁלַּח כְּנָפַיִם
לַחְמְךָ עַל־פְּנֵי הַמָּיִם כִּי־בְרֹב הַיָּמִים תִּמְצָאֶנּוּ: תֶּן־חֵלֶק לְשִׁבְעָה וְגַם לִשְׁמוֹנָה
כִּי לֹא תֵדַע מַה־יִּהְיֶה רָעָה עַל־הָאָרֶץ: אִם־יִמָּלְאוּ הֶעָבִים גֶּשֶׁם עַל־הָאָרֶץ
יָרִיקוּ וְאִם־יִפּוֹל עֵץ בַּדָּרוֹם וְאִם בַּצָּפוֹן מְקוֹם שֶׁיִּפּוֹל הָעֵץ שָׁם יְהוּא: שֹׁמֵר
רוּחַ לֹא יִזְרָע וְרֹאֶה בֶעָבִים לֹא יִקְצוֹר: כַּאֲשֶׁר אֵינְךָ יוֹדֵעַ מַה־דֶּרֶךְ הָרוּחַ

כַּעֲצָמִים בְּבֶטֶן הַמְּלֵאָה כָּכָה לֹא תֵדַע אֶת־מַעֲשֵׂה הָאֱלֹהִים אֲשֶׁר יַעֲשֶׂה אֶת־הַכֹּל: בַּבֹּקֶר זְרַע אֶת־זַרְעֶךָ וְלָעֶרֶב אַל־תַּנַּח יָדֶךָ כִּי אֵינְךָ יוֹדֵעַ אֵי זֶה יִכְשָׁר הֲזֶה אוֹ־זֶה וְאִם־שְׁנֵיהֶם כְּאֶחָד טוֹבִים: וּמָתוֹק הָאוֹר וְטוֹב לַעֵינַיִם לִרְאוֹת אֶת־הַשָּׁמֶשׁ: כִּי אִם־שָׁנִים הַרְבֵּה יִחְיֶה הָאָדָם בְּכֻלָּם יִשְׂמָח וְיִזְכֹּר אֶת־יְמֵי הַחֹשֶׁךְ כִּי־הַרְבֵּה יִהְיוּ כָּל־שֶׁבָּא הָבֶל: שְׂמַח בָּחוּר בְּיַלְדוּתֶיךָ וִיטִיבְךָ לִבְּךָ בִּימֵי בְחוּרוֹתֶךָ וְהַלֵּךְ בְּדַרְכֵי לִבְּךָ וּבְמַרְאֵי עֵינֶיךָ וְדַע כִּי עַל־כָּל־אֵלֶּה יְבִיאֲךָ הָאֱלֹהִים בַּמִּשְׁפָּט: וְהָסֵר כַּעַס מִלִּבֶּךָ וְהַעֲבֵר רָעָה מִבְּשָׂרֶךָ כִּי־הַיַּלְדוּת

*וּבמראה*

וְהַשַּׁחֲרוּת הָבֶל: יב וּזְכֹר אֶת־בּוֹרְאֶיךָ בִּימֵי בְּחוּרֹתֶיךָ עַד אֲשֶׁר לֹא־יָבֹאוּ יְמֵי הָרָעָה וְהִגִּיעוּ שָׁנִים אֲשֶׁר תֹּאמַר אֵין־לִי בָהֶם חֵפֶץ: עַד אֲשֶׁר לֹא־תֶחְשַׁךְ הַשֶּׁמֶשׁ וְהָאוֹר וְהַיָּרֵחַ וְהַכּוֹכָבִים וְשָׁבוּ הֶעָבִים אַחַר הַגָּשֶׁם: בַּיּוֹם שֶׁיָּזֻעוּ שֹׁמְרֵי הַבַּיִת וְהִתְעַוְּתוּ אַנְשֵׁי הֶחָיִל וּבָטְלוּ הַטֹּחֲנוֹת כִּי מִעֵטוּ וְחָשְׁכוּ הָרֹאוֹת בָּאֲרֻבּוֹת: וְסֻגְּרוּ דְלָתַיִם בַּשּׁוּק בִּשְׁפַל קוֹל הַטַּחֲנָה וְיָקוּם לְקוֹל הַצִּפּוֹר וְיִשַּׁחוּ כָּל־בְּנוֹת הַשִּׁיר: גַּם מִגָּבֹהַּ יִרָאוּ וְחַתְחַתִּים בַּדֶּרֶךְ וְיָנֵאץ הַשָּׁקֵד וְיִסְתַּבֵּל הֶחָגָב וְתָפֵר הָאֲבִיּוֹנָה כִּי־הֹלֵךְ הָאָדָם אֶל־בֵּית עוֹלָמוֹ וְסָבְבוּ בַשּׁוּק הַסֹּפְדִים:

*ירתק*

עַד אֲשֶׁר לֹא־יֵרָחֵק חֶבֶל הַכֶּסֶף וְתָרֻץ גֻּלַּת הַזָּהָב וְתִשָּׁבֶר כַּד עַל־הַמַּבּוּעַ וְנָרֹץ הַגַּלְגַּל אֶל־הַבּוֹר: וְיָשֹׁב הֶעָפָר עַל־הָאָרֶץ כְּשֶׁהָיָה וְהָרוּחַ תָּשׁוּב אֶל־הָאֱלֹהִים אֲשֶׁר נְתָנָהּ: הֲבֵל הֲבָלִים אָמַר הַקּוֹהֶלֶת הַכֹּל הָבֶל: וְיֹתֵר שֶׁהָיָה קֹהֶלֶת חָכָם עוֹד לִמַּד־דַּעַת אֶת־הָעָם וְאִזֵּן וְחִקֵּר תִּקֵּן מְשָׁלִים הַרְבֵּה: בִּקֵּשׁ קֹהֶלֶת לִמְצֹא דִּבְרֵי־חֵפֶץ וְכָתוּב יֹשֶׁר דִּבְרֵי אֱמֶת: דִּבְרֵי חֲכָמִים כַּדָּרְבֹנוֹת וּכְמַשְׂמְרוֹת נְטוּעִים בַּעֲלֵי אֲסֻפּוֹת נִתְּנוּ מֵרֹעֶה אֶחָד: וְיֹתֵר מֵהֵמָּה בְּנִי הִזָּהֵר עֲשׂוֹת סְפָרִים הַרְבֵּה אֵין קֵץ וְלַהַג הַרְבֵּה יְגִעַת בָּשָׂר: סוֹף דָּבָר הַכֹּל נִשְׁמָע אֶת־הָאֱלֹהִים יְרָא וְאֶת־מִצְוֹתָיו שְׁמוֹר כִּי־זֶה כָּל־הָאָדָם: כִּי אֶת־כָּל־מַעֲשֶׂה הָאֱלֹהִים יָבִא בְמִשְׁפָּט עַל כָּל־נֶעְלָם אִם־טוֹב וְאִם־רָע:

סוֹף דָּבָר הַכֹּל נִשְׁמָע

אֶת הָאֱלֹהִים יְרָא וְאֶת מִצְוֹתָיו שְׁמוֹר כִּי זֶה כָּל הָאָדָם

# סדר הדלקת נרות חנוכה

בשמונת ימי חנוכה מדליקים נרות בלילה. בלילה הראשון נר אחד, בלילה השני שניים,
ומוסיף והולך בכל יום – עד שבלילה האחרון מדליק שמונה נרות (שבת כא ע״ב).

לפני ההדלקה מברך:

בָּרוּךְ אַתָּה יְהוָה, אֱלֹהֵינוּ מֶלֶךְ הָעוֹלָם
אֲשֶׁר קִדְּשָׁנוּ בְּמִצְוֹתָיו וְצִוָּנוּ לְהַדְלִיק נֵר חֲנֻכָּה.
בָּרוּךְ אַתָּה יְהוָה, אֱלֹהֵינוּ מֶלֶךְ הָעוֹלָם
שֶׁעָשָׂה נִסִּים לַאֲבוֹתֵינוּ בַּיָּמִים הָהֵם בַּזְּמַן הַזֶּה.

בערב הראשון מוסיף:

בָּרוּךְ אַתָּה יְהוָה, אֱלֹהֵינוּ מֶלֶךְ הָעוֹלָם
שֶׁהֶחֱיָנוּ וְקִיְּמָנוּ וְהִגִּיעָנוּ לַזְּמַן הַזֶּה.

אחר ההדלקה אומר ׳הַנֵּרוֹת הַלָּלוּ׳ (מהר״ם מרוטנבורג, הובא ברא״ש, שבת ח),
ויש נוהגים לומר נוסח אחר המובא בעמוד הבא.

מסכת סופרים כ, ו הַנֵּרוֹת הַלָּלוּ אָנַחְנוּ מַדְלִיקִין
עַל הַנִּסִּים וְעַל הַפֻּרְקָן וְעַל הַגְּבוּרוֹת
וְעַל הַתְּשׁוּעוֹת וְעַל הַנִּפְלָאוֹת וְעַל הַנֶּחָמוֹת
שֶׁעָשִׂיתָ לַאֲבוֹתֵינוּ בַּיָּמִים הָהֵם בַּזְּמַן הַזֶּה
עַל יְדֵי כֹּהֲנֶיךָ הַקְּדוֹשִׁים.
וְכָל שְׁמוֹנַת יְמֵי חֲנֻכָּה הַנֵּרוֹת הַלָּלוּ קֹדֶשׁ הֵם
וְאֵין לָנוּ רְשׁוּת לְהִשְׁתַּמֵּשׁ בָּהֶם אֶלָּא לִרְאוֹתָם בִּלְבַד
כְּדֵי לְהוֹדוֹת לִשְׁמְךָ עַל נִסֶּיךָ וְעַל נִפְלְאוֹתֶיךָ וְעַל יְשׁוּעוֹתֶיךָ.

יש אומרים נוסח זה שיש בו שלושים ושש תיבות (חוץ מהתיבות ׳הַנֵּרוֹת הַלָּלוּ׳), כמניין הנרות שמדליקים בכל החג (שו״ת מהרש״ל, פה).

הַנֵּרוֹת הַלָּלוּ אֲנַחְנוּ מַדְלִיקִין
עַל הַנִּסִּים וְעַל הַתְּשׁוּעוֹת וְעַל הַנִּפְלָאוֹת
שֶׁעָשִׂיתָ לַאֲבוֹתֵינוּ עַל יְדֵי כֹּהֲנֶיךָ הַקְּדוֹשִׁים.
וְכָל שְׁמוֹנַת יְמֵי חֲנֻכָּה הַנֵּרוֹת הַלָּלוּ קֹדֶשׁ
וְאֵין לָנוּ רְשׁוּת לְהִשְׁתַּמֵּשׁ בָּהֶם אֶלָּא לִרְאוֹתָם בִּלְבָד
כְּדֵי לְהוֹדוֹת לִשְׁמְךָ עַל נִסֶּיךָ וְנִפְלְאוֹתֶיךָ וִישׁוּעוֹתֶיךָ.

אחרי ׳הַנֵּרוֹת הַלָּלוּ׳ ראוי לומר תכף מזמור זה, ״ויכוון בהודאה של מזמור זה על התשועה שעשה עמנו יתברך שמו בימים האלו״ (יסוד ושורש העבודה). והמנהג לומר מזמור זה תכף אחר הדלקת הנרות נמצא כבר במחזור רומא.

מִזְמוֹר שִׁיר־חֲנֻכַּת הַבַּיִת לְדָוִד: אֲרוֹמִמְךָ יְהוָה כִּי דִלִּיתָנִי, תהלים ל
וְלֹא־שִׂמַּחְתָּ אֹיְבַי לִי: יְהוָה אֱלֹהָי, שִׁוַּעְתִּי אֵלֶיךָ וַתִּרְפָּאֵנִי:
יְהוָה, הֶעֱלִיתָ מִן־שְׁאוֹל נַפְשִׁי, חִיִּיתַנִי מִיָּרְדִי־בוֹר: זַמְּרוּ לַיהוָה
חֲסִידָיו, וְהוֹדוּ לְזֵכֶר קָדְשׁוֹ: כִּי רֶגַע בְּאַפּוֹ, חַיִּים בִּרְצוֹנוֹ, בָּעֶרֶב
יָלִין בֶּכִי וְלַבֹּקֶר רִנָּה: וַאֲנִי אָמַרְתִּי בְשַׁלְוִי, בַּל־אֶמּוֹט לְעוֹלָם:
יְהוָה, בִּרְצוֹנְךָ הֶעֱמַדְתָּה לְהַרְרִי עֹז, הִסְתַּרְתָּ פָנֶיךָ הָיִיתִי
נִבְהָל: אֵלֶיךָ יְהוָה אֶקְרָא, וְאֶל־אֲדֹנָי אֶתְחַנָּן: מַה־בֶּצַע בְּדָמִי,
בְּרִדְתִּי אֶל שָׁחַת, הֲיוֹדְךָ עָפָר, הֲיַגִּיד אֲמִתֶּךָ: שְׁמַע־יְהוָה וְחָנֵּנִי,
יְהוָה הֱיֵה־עֹזֵר לִי: הָפַכְתָּ מִסְפְּדִי לְמָחוֹל לִי, פִּתַּחְתָּ שַׂקִּי,
וַתְּאַזְּרֵנִי שִׂמְחָה: לְמַעַן יְזַמֶּרְךָ כָבוֹד וְלֹא יִדֹּם, יְהוָה אֱלֹהַי,
לְעוֹלָם אוֹדֶךָּ:

אחרי ׳מִזְמוֹר שִׁיר־חֲנֻכַּת הַבַּיִת לְדָוִד׳ נוהגים לשיר את הפזמון ׳מָעוֹז צוּר יְשׁוּעָתִי׳ בעמ׳ 541, ויש המקדימים לו ׳וִיהִי נֹעַם׳ ומזמור צא בעמוד הבא.

יש נוהגים לומר ׳וִיהִי נֹעַם׳ ומזמור צא שבע פעמים
כסגולה לשמירה (׳מועד לכל חי׳ כו, יג בשם ספר זכירה ועניני סגולות).

תהלים צ וִיהִי נֹעַם אֲדֹנָי אֱלֹהֵינוּ עָלֵינוּ
וּמַעֲשֵׂה יָדֵינוּ כּוֹנְנָה עָלֵינוּ וּמַעֲשֵׂה יָדֵינוּ כּוֹנְנֵהוּ:

תהלים צא יֹשֵׁב בְּסֵתֶר עֶלְיוֹן, בְּצֵל שַׁדַּי יִתְלוֹנָן:
אֹמַר לַיהֹוָה מַחְסִי וּמְצוּדָתִי, אֱלֹהַי אֶבְטַח־בּוֹ:
כִּי הוּא יַצִּילְךָ מִפַּח יָקוּשׁ, מִדֶּבֶר הַוּוֹת:
בְּאֶבְרָתוֹ יָסֶךְ לָךְ, וְתַחַת־כְּנָפָיו תֶּחְסֶה, צִנָּה וְסֹחֵרָה אֲמִתּוֹ:
לֹא־תִירָא מִפַּחַד לָיְלָה, מֵחֵץ יָעוּף יוֹמָם:
מִדֶּבֶר בָּאֹפֶל יַהֲלֹךְ, מִקֶּטֶב יָשׁוּד צָהֳרָיִם:
יִפֹּל מִצִּדְּךָ אֶלֶף, וּרְבָבָה מִימִינֶךָ, אֵלֶיךָ לֹא יִגָּשׁ:
רַק בְּעֵינֶיךָ תַבִּיט, וְשִׁלֻּמַת רְשָׁעִים תִּרְאֶה:
כִּי־אַתָּה יְהֹוָה מַחְסִי, עֶלְיוֹן שַׂמְתָּ מְעוֹנֶךָ:
לֹא־תְאֻנֶּה אֵלֶיךָ רָעָה, וְנֶגַע לֹא־יִקְרַב בְּאָהֳלֶךָ:
כִּי מַלְאָכָיו יְצַוֶּה־לָּךְ, לִשְׁמָרְךָ בְּכָל־דְּרָכֶיךָ:
עַל־כַּפַּיִם יִשָּׂאוּנְךָ, פֶּן־תִּגֹּף בָּאֶבֶן רַגְלֶךָ:
עַל־שַׁחַל וָפֶתֶן תִּדְרֹךְ, תִּרְמֹס כְּפִיר וְתַנִּין:
כִּי בִי חָשַׁק וַאֲפַלְּטֵהוּ, אֲשַׂגְּבֵהוּ כִּי־יָדַע שְׁמִי:
יִקְרָאֵנִי וְאֶעֱנֵהוּ, עִמּוֹ אָנֹכִי בְצָרָה, אֲחַלְּצֵהוּ וַאֲכַבְּדֵהוּ:
אֹרֶךְ יָמִים אַשְׂבִּיעֵהוּ, וְאַרְאֵהוּ בִּישׁוּעָתִי:

נוהגים לשיר לאחר הדלקת הנרות פיוט זה (הובא ב׳לקט יושר׳ הלכות חנוכה, כב).

מָעוֹז צוּר יְשׁוּעָתִי לְךָ נָאֶה לְשַׁבֵּחַ
תִּכּוֹן בֵּית תְּפִלָּתִי וְשָׁם תּוֹדָה נְזַבֵּחַ
לְעֵת תָּכִין מַטְבֵּחַ מִצָּר הַמְנַבֵּחַ
אָז אֶגְמֹר בְּשִׁיר מִזְמוֹר חֲנֻכַּת הַמִּזְבֵּחַ.

רָעוֹת שָׂבְעָה נַפְשִׁי בְּיָגוֹן כֹּחִי כָּלָה
חַיַּי מֵרְרוּ בְּקֹשִׁי בְּשִׁעְבּוּד מַלְכוּת עֶגְלָה
וּבְיָדוֹ הַגְּדוֹלָה הוֹצִיא אֶת הַסְּגֻלָּה
חֵיל פַּרְעֹה וְכָל זַרְעוֹ יָרְדוּ כְּאֶבֶן מְצוּלָה.

דְּבִיר קָדְשׁוֹ הֱבִיאַנִי וְגַם שָׁם לֹא שָׁקַטְתִּי
וּבָא נוֹגֵשׂ וְהִגְלַנִי כִּי זָרִים עָבַדְתִּי
וְיֵין רַעַל מָסַכְתִּי כִּמְעַט שֶׁעָבַרְתִּי
קֵץ בָּבֶל זְרֻבָּבֶל לְקֵץ שִׁבְעִים נוֹשַׁעְתִּי.

כְּרֹת קוֹמַת בְּרוֹשׁ בִּקֵּשׁ אֲגָגִי בֶּן הַמְּדָתָא
וְנִהְיָתָה לוֹ לְפַח וּלְמוֹקֵשׁ וְגַאֲוָתוֹ נִשְׁבָּתָה
רֹאשׁ יְמִינִי נִשֵּׂאתָ וְאוֹיֵב שְׁמוֹ מָחִיתָ
רֹב בָּנָיו וְקִנְיָנָיו עַל הָעֵץ תָּלִיתָ.

יְוָנִים נִקְבְּצוּ עָלַי אֲזַי בִּימֵי חַשְׁמַנִּים
וּפָרְצוּ חוֹמוֹת מִגְדָּלַי וְטִמְּאוּ כָּל הַשְּׁמָנִים
וּמִנּוֹתַר קַנְקַנִּים נַעֲשָׂה נֵס לַשּׁוֹשַׁנִּים
בְּנֵי בִינָה יְמֵי שְׁמוֹנָה קָבְעוּ שִׁיר וּרְנָנִים.

חֲשׂוֹף זְרוֹעַ קָדְשֶׁךָ וְקָרֵב קֵץ הַיְשׁוּעָה
נְקֹם נִקְמַת עֲבָדֶיךָ מֵאֻמָּה הָרְשָׁעָה
כִּי אָרְכָה לָנוּ הַשָּׁעָה וְאֵין קֵץ לִימֵי הָרָעָה
דְּחֵה אַדְמוֹן בְּצֵל צַלְמוֹן הָקֵם לָנוּ רוֹעִים שִׁבְעָה.

# שבת זכור

פיוט לרבי יהודה הלוי המחבר בין הגאולה בימי מרדכי ואסתר לגאולת מצרים.
במקורו נכתב לגשר בין הפסוק 'מִי־כָמֹכָה' לפסוק 'ה' יִמְלֹךְ לְעֹלָם וָעֶד' שבברכת גאל ישראל.
אולם האחרונים פסקו, שלא להפסיק בפיוטים בברכות קריאת שמע,
ולכן נוהגים לאומרו בתפילת שחרית אחרי חזרת הש"ץ וקדיש תתקבל.
ובקצת קהילות נוהגים לאומרו אחרי הפסוק 'ה' מִי כָמוֹךָ' שבִ'נִשְׁמַת' (ראה הלכה 716).

## מִי־כָמֹכָה וְאֵין כָּמוֹךָ, מִי דּוֹמֶה לָךְ וְאֵין דּוֹמֶה לָךְ.

סימן א"ב

אָדוֹן, חַסְדְּךָ בַּל יֶחְדַּל / אֲמִתְּךָ מִבְצַר עֹז וּמִגְדָּל
כִּי־הָיִיתָ מָעוֹז לַדָּל / מָעוֹז לָאֶבְיוֹן בַּצַּר־לוֹ: ישעיה כה

בִּימֵי חָרְפִּי מִקַּדְמוֹנַי / בִּי דִבֵּר רוּחַ יְהֹוָה
וְהַיּוֹם אִם גֵּרְשׁוּנִי עֲוֹנַי / דּוֹדִי לִי וַאֲנִי לוֹ: שיר השירים ב

גְּמָלַנִי מֵאָז טוֹבוֹת / גְּלוּיוֹת יְדוּעוֹת לַלְּבָבוֹת
גַּם אִם יִהְיוּ הַצָּרוֹת קְרוֹבוֹת / אַשְׁרֵי כָּל־חוֹכֵי לוֹ: ישעיה ל

דְּמֵי מִתְקוֹמְמַי אַזֶּה / וְדִגְלֵי אָרִים כִּדְבַר כָּל חוֹזֶה
הִנֵּה אֱלֹהֵינוּ זֶה / קִוִּינוּ לוֹ: ישעיה כה

הַיּוֹם אַבִּיעָה חִידוֹת / הָיוּ מִנִּי קֶדֶם עֲתִידוֹת
נִפְלָא בָם הַמֵּבִין צְפוּנֵי סוֹדוֹת / יֹצְרִי מִבֶּטֶן לְעֶבֶד לוֹ: ישעיה מט

וַיְהִי בִּימֵי אֲחַשְׁוֵרוֹשׁ / מֶלֶךְ הַקָּם עָל כִּבְרוֹשׁ
נִשָּׂא וָרָם עַל כָּל קָצִין וָרֹאשׁ / וַיהֹוָה הֵנִיחַ־לוֹ: שמואל ב' ז

זְמַן בִּשְׁנַת שָׁלֹשׁ לְמַלְכוּתוֹ / לְהַרְאוֹת לְכָל עֲבָדָיו תְּכוּנָתוֹ
וְאַבְנֵי נֵזֶר מִתְנוֹסְסוֹת עַל אַדְמָתוֹ / וְעַפְרֹת זָהָב לוֹ: איוב כח

חֵלֶק לְכָל בְּנֵי שׁוּשָׁן נָתַן / וְהִקְדִּישׁ קְרוּאָיו כְּחָתָן
בַּחֲצַר גִּנַּת בִּיתָן / אִוָּהּ לְמוֹשָׁב לוֹ: תהלים קלב

טַעַם עֲשׂוֹת רְצוֹן כָּל אִישׁ וְיִצְרוֹ / וְאֵין אֹנֵס לְאִישׁ יֵין עֲבָרוֹ
וְלָתֵת לְכָל שׁוֹאֵל דֵּי מַחְסֹרוֹ / אֲשֶׁר יֶחְסַר לוֹ: דברים טו

יַחַד אָסְפוּ כָּל הַנִּדְרָשִׁים / גַּם וַשְׁתִּי הַמַּלְכָּה עָשְׂתָה מִשְׁתֵּה נָשִׁים
וּמִשְׁתֵּה הַנָּשִׁים כָּאֲנָשִׁים / שִׁבְעַת יָמִים יִסְפְּרוּ־לוֹ: יחזקאל מד

כְּטוֹב לֵב הַמֶּלֶךְ בַּיַּיִן / אָמַר לְהָבִיא לְפָנָיו אֶת יְפַת הָעַיִן
וַתְּמָאֵן בִּדְבָרוֹ לֵאמֹר אָיִן / הֵעֵזָּה פָנֶיהָ וַתֹּאמַר לוֹ: משלי ז

לַקְּרוֹבִים אֵלָיו הַיּוֹשְׁבִים עֲלֵי כָן / שָׁאַל וַיִּעָצֵהוּ מְמוּכָן
הוּא הָמָן לְפֻרְעָנוּת מוּכָן / לִבּוֹ יִקְבָּץ־אָוֶן לוֹ: תהלים מא

מֵעֲצוֹתָיו כְּדַת נִתְּנוּת / הָיוּ לְעַמִּי רְפוּאוֹת צְפוּנוֹת
כִּי לוּלֵא אִגְּרוֹת רִאשׁוֹנוֹת / גַּם־פְּלֵיטָה לֹא־הָיְתָה לוֹ: יואל ב

נוֹעַץ לִקְרֹא לְכָל הֲמוֹנָיו / לְהָבִיא כָּל יְפַת תֹּאַר לְפָנָיו
וְהַנַּעֲרָה אֲשֶׁר תִּיטַב בְּעֵינָיו / מָהֹר יְמַהֲרֶנָּה לוֹ: שמות כב

סַנְסַן לְיָאִיר הֵאִיר וְזָרַח / יָשִׂישׂ כְּגִבּוֹר לָרוּץ אֹרַח
טֶרֶם מַכָּה צִיץ רְפוּאָה פָּרַח / כִּי־הִפְלָה יְהוָה חָסִיד לוֹ: תהלים ד

עִמּוֹ נֶאֱמְנָה הֲדַסָּה תַּמָּה / הִיא אֶסְתֵּר בַּת דּוֹדוֹ, בָּרָה כַּחַמָּה
וּבְמוֹת אָבִיהָ וְאִמָּהּ / לְקָחָהּ מָרְדְּכַי לוֹ: אסתר ב

פָּגְעָה חֵן וַתֵּלֶךְ וַהֲלוֹם / וַתִּלָּקַח אֶסְתֵּר אֶל בֵּית הַמֶּלֶךְ, גְּזֵרַת יַהֲלוֹם
וּמָרְדְּכַי צִוָּה לָהּ, לְכִי לְשָׁלוֹם / כִּי־הוּא אֲדֹנַיִךְ וְהִשְׁתַּחֲוִי־לוֹ: תהלים מה

צֶדֶק לָבְשָׁה בְּמַמְלַכְתָּהּ / לֹא הִגִּידָה אֶסְתֵּר עַמָּהּ וּמוֹלַדְתָּהּ
וְהַמֶּלֶךְ אֲהֵבָהּ וַיֶּרֶב תִּפְאַרְתָּהּ / כִּי מֵיְהוָה הָיְתָה לוֹ: מלכים א׳ ב

קֶשֶׁר רַב קָשַׁב צְרוֹר הַמֹּר / מִסָּרִיסֵי הַמֶּלֶךְ הַקְּבוּעִים לִשְׁמֹר
וְהִנָּם חוֹשְׁבִים עַל הַמֶּלֶךְ לֵאמֹר / הָבָה נִתְחַכְּמָה לוֹ: שמות א

רָחֲשָׁה אֶסְתֵּר לַמֶּלֶךְ בְּאִמְרֵי שֶׁפֶר / בְּשֵׁם מָרְדְּכַי וְנִכְתַּב בַּסֵּפֶר
בְּקַשׁ וְנִמְצָא לִפְנֵי צְבִי עֹפֶר / כִּי־בוּל הָרִים יִשְׂאוּ־לוֹ: איוב מ

שְׁנֵיהֶם נִתְלוּ עַל הָעֵץ / כִּי שָׁמַע מָרְדְּכַי לְשׁוֹנָם בְּהִוָּעֵץ
נַשְׁקָה לַמֶּלֶךְ סַם הַמָּוֶת רוֹעֵץ / אוּלַי יְפֻתֶּה וְנוּכְלָה לוֹ: ירמיה כ

תְּשׁוּעָה זֹאת צְפוּנָה לְדוֹר אַחֲרוֹן / נִכְתְּבָה עַל סֵפֶר הַזִּכָּרוֹן
לִהְיוֹת לוֹ מִן הַמֶּלֶךְ תַּגְמוּל וְיִתְרוֹן / כִּי פֹעַל אָדָם יְשַׁלֶּם־לוֹ: איוב לד

סימן אני יהודה הלוי הקטן ברבי שמואל הלוי

אַחַר כָּל אֵלֶּה הַדְּבָרִים / אֲחַשְׁוֵרוֹשׁ אֶת הָמָן הֵרִים
תהלים צה וַיְנַשְּׂאֵהוּ מֵעַל כָּל הַשָּׂרִים / וְתוֹעֲפוֹת הָרִים לוֹ:

נִמְנַע מָרְדְּכַי מִסְּגוֹד לָרָשָׁע / נִין עֲמָלֵק אֲשֶׁר מִבֶּטֶן פָּשַׁע
דברים כט וְזֶה הוֹסִיף עַל חַטָּאתוֹ פֶּשַׁע / לֹא־יֹאבֶה יְהוָה סְלֹחַ לוֹ:

יוֹם כָּרְעוּ לוֹ כָּל עַבְדֵי הַמֶּלֶךְ / וּמָרְדְּכַי בְּתֻמּוֹ הוֹלֵךְ
משלי כו בִּקֵּשׁ לְחַרְחֵר רִיב עַל עַם דַּל וְחֵלֶךְ / עֹבֵר מִתְעַבֵּר עַל־רִיב לֹא־לוֹ:

יָעַץ תַּחְבּוּלוֹת כְּשִׂכִּים בְּצִדּוֹ / וַיִּבֶז בְּעֵינָיו בִּגְאוֹן חֶמְדּוֹ
משלי יג לִשְׁלֹחַ יָד בְּמָרְדְּכַי לְבַדּוֹ / בָּז לְדָבָר יֵחָבֶל לוֹ:

הִרְבָּה כֶּסֶף וְזָהָב לִבְלִי חֹק / וַיֹּאמֶר בְּלִבּוֹ, זֶה עֵת לִשְׂחֹק
חבקוק א וַיָּבֵא עֵצוֹת מֵרָחוֹק / לָרֶשֶׁת מִשְׁכָּנוֹת לֹא־לוֹ:

וַיַּפֵּל פּוּר, וְיָדוֹ בַּגּוֹרָל הָדָה / וַיַּרְא כִּי בַּאֲדָר מֵת אֲבִי הַתְּעוּדָה
הושע יג וְלֹא זָכַר כִּי הִיא עֵת הַלֵּדָה / חֶבְלֵי יוֹלֵדָה יָבֹאוּ לוֹ:

דֹּב אוֹרֵב יְעָצוּהוּ רֵעוֹנָיו / וַיִּשְׁאַל שְׁאֵלָה מֵאֲדוֹנָיו
יואל א וְגַם הוּא שִׁנֵּי אֲרָיוֹת שִׁנָּיו / וּמְתַלְּעוֹת לָבִיא לוֹ:

הֵן עַם אָחוֹר נָזוֹרוּ / וְדָתֵיהֶם שׁוֹנוֹת, וְדָתְךָ בַּל יִנְצֹרוּ
הושע ח רוּחַ יִזְרָעוּ וְסוּפָתָה יִקְצֹרוּ / קָמָה אֵין־לוֹ:

הֲכִינוֹתִי כֶּסֶף לְגִנְזֶיךָ יַעַל / לְאַבֵּד זֶה הַגּוֹי הַנִּגְעָל
מלכים א׳ יט כָּל־הַבִּרְכַּיִם אֲשֶׁר לֹא־כָרְעוּ לַבַּעַל / וְכָל־הַפֶּה אֲשֶׁר לֹא־נָשַׁק לוֹ:

לְהָבִיא אֶל גִּנְזֵי הַמֶּלֶךְ אֹסֶף / עֲשֶׂרֶת אֲלָפִים כִּכְּרֵי כֶסֶף
שמואל א׳ כו וְנֶפֶשׁ אַכֶּה לְכָל בֵּית יוֹסֵף / פַּעַם אַחַת וְלֹא אֶשְׁנֶה לוֹ:

וַיֹּאמֶר לוֹ הַמֶּלֶךְ יְהִי לְךָ קִנְיָנֶךָ / וְזֹאת טַבַּעְתִּי עַל יַד יְמִינֶךָ
דניאל יא וְהָעָם לַעֲשׂוֹת בּוֹ כַּטּוֹב בְּעֵינֶיךָ / וּבָא עַד־קִצּוֹ וְאֵין עוֹזֵר לוֹ:

יָצְאוּ וְסוֹפְרֵי הַמֶּלֶךְ נִקְרָאוּ / וַיִּכְתְּבוּ כְּכָל אֲשֶׁר הוֹרָאוּ
מלכים א׳ כב וְאֶל כָּל עַם וָעָם רָצִים יָצָאוּ / שָׂרֵי הָרֶכֶב אֲשֶׁר־לוֹ:

הָיָה דְבָרוֹ נָחוּץ לֵאמֹר / כֶּרֶם חֶמֶר בְּיוֹם אֶחָד לִזְמֹר
עמוס ז בִּשְׁלֹשָׁה עָשָׂר בַּאֲדָר הָחֵל וְגָמוֹר / לֹא־אוֹסִיף עוֹד עֲבוֹר לוֹ:

קָרַע מָרְדְּכַי בְּגָדָיו לִפְנֵי אֵל / וַיִּצְעַק מַר עַל גּוֹלַת אֲרִיאֵל
הֲבָנִים אֵין לְיִשְׂרָאֵל / אִם־יוֹרֵשׁ אֵין לוֹ: ירמיה מט

טָרֹף טֹרַף שְׁאָר הֲמוֹנַי / מִי נָתַן לִמְשִׁסָּה יַעֲקֹב לְמוֹנָי
וְיִשְׂרָאֵל לְבִזְּזִים הֲלוֹא יְהֹוָה / זוּ חָטָאנוּ לוֹ: ישעיה מב

נַעֲרוֹת אֶסְתֵּר הִגִּידוּהָ דָבָר / שָׁמַעְנוּ צְעָקָה כַּיְעֵנִים בַּמִּדְבָּר
וּמָרְדְּכַי בִּלְבוּשׁ שַׂק עָבַר / לֹא יָדַעְנוּ מֶה־הָיָה לוֹ: שמות לב

בְּגָדִים שָׁלְחָה לְהַלְבִּישׁוֹ / וְלֹא קִבֵּל מִמְּרִירוּת נַפְשׁוֹ
וַתִּשְׁלַח לַהֲתָךְ לְחָקְרוֹ וּלְדָרְשׁוֹ / לְדֵעָה מַה־יֵּעָשֶׂה לוֹ: שמות ב

רוּחוֹ הוֹצִיא לַהֲתָךְ וְחִוָּה / וּפָרָשַׁת הַכֶּסֶף לְפָנָיו שִׁוָּה
וְהַפַּתְשֶׁגֶן שָׁלַח וְעַל אֶסְתֵּר צִוָּה / לָבוֹא אֶל־הַמֶּלֶךְ לְהִתְחַנֶּן־לוֹ: אסתר ד

בִּתְשׁוּבָתָהּ אָמְרָה לַהֲשִׁיבוֹ / דַּע כִּי בֶן מָוֶת אֲשֶׁר לֹא יִקָּרֵא וְיָבוֹא
לְבַד מֵאֲשֶׁר יוֹשִׁיט לוֹ הַמֶּלֶךְ אֶת שַׁרְבִיט זְהָבוֹ /בְּקֶרֶב־אִישׁ לְהִשְׁתַּחֲוֹת לוֹ: שמואל ב טו

יַקִּיר כְּשָׁמְעוֹ דִּבְרֵי הֲדַסָּה / זָעַק אֲהָהּ כִּי אֵין מְנוּסָה
זַעַף יְהֹוָה אֶשָּׂא / כִּי חָטָאתִי לוֹ: מיכה ז

שָׁלַח לָהּ לֵאמֹר אַל תְּדַמִּי / לְהִמָּלֵט בֵּית הַמֶּלֶךְ מִכָּל לְאֻמִּי
כִּי אַתְּ תֹּאבְדִי, וְאוּלָם עַמִּי / אַחֲרֵי נִמְכַּר גְּאֻלָּה תִּהְיֶה־לּוֹ: ויקרא כה

מִמָּקוֹם אַחֵר יִשְׁלַח שְׁלוֹמָיו / עוֹשֶׂה שָׁלוֹם בִּמְרוֹמָיו
כִּי לֹא־כָלוּ רַחֲמָיו / עַל־כֵּן אוֹחִיל לוֹ: איכה ג

וַתַּעֲנֵהוּ, לֵךְ כְּנוֹס כָּל חוֹכֵי פִדְיוֹם / וְצוּמוּ עָלַי שְׁלֹשֶׁת יָמִים, לַיְלָה וָיוֹם
וְרַחֲמִים בַּקְּשׁוּ מֵאֵל נוֹרָא וְאָיֹם / וְאַל־תִּתְּנוּ דֳמִי לוֹ: ישעיה סב

אֵל נִדְרָשׁ לְכָל לֵב יִדְרְשֻׁהוּ / כִּי נִכְמְרוּ רַחֲמָיו לְעַם יִקְרָאֻהוּ
וַיֹּאמֶר עוֹד זָכֹר אֶזְכְּרֶנּוּ / עַל־כֵּן הָמוּ מֵעַי לוֹ: ירמיה לא

לָבְשָׁה חֵן בַּיּוֹם הַשְּׁלִישִׁי וַתֵּלֶךְ / וַתִּיקַר עַד מְאֹד בְּעֵינֵי הַמֶּלֶךְ
וַיִּבֶז בְּכָל אֲשֶׁר הוּא מוֹלֵךְ / וְעַל כָּל־אֲשֶׁר יֶשׁ־לוֹ: בראשית לט

הַיָּפָה בַּנָּשִׁים, נֶטַע נַעֲמָן / מַה שְּׁאֵלָתֵךְ כִּי הַכֹּל מְזֻמָּן
וַתֹּאמֶר יָבוֹא הַמֶּלֶךְ וְהָמָן / אֶל־הַמִּשְׁתֶּה אֲשֶׁר־עָשִׂיתִי לוֹ: אסתר ה

לְמָחָר קְרָאתָם לְסוֹד נִכְמָס / וַיֵּצֵא הָמָן בַּיּוֹם הַהוּא שָׂמֵחַ וְנֶעֱלָס
וְהוּא בַּמְּלָכִים יִתְקַלָּס / וְרֹזְנִים מִשְׂחָק לוֹ: חבקוק א

וַיָּבֵא אֹהֲבָיו וְזֶרֶשׁ אִשְׁתּוֹ / וַיְסַפֵּר לָהֶם כְּבוֹדוֹ וּמֶמְשַׁלְתּוֹ
וּגְזֵרָה עוֹמֶדֶת לְעֻמָּתוֹ / הוֹי הַמַּרְבֶּה לֹּא־לוֹ: חבקוק ב

יְעָצוּהוּ עֲשׂוֹת עֵץ גָּבֹהַּ חֲמִשִּׁים / לִתְלוֹת עָלָיו קֹדֶשׁ קָדָשִׁים
וְלַהֲכִינוֹ כְּחֶפְצוֹ מִכָּל חָרָשִׁים / חָרָשׁ חָכָם יְבַקֶּשׁ־לוֹ: ישעיה מ

סימן א״ב

אֱלֹהִים, עֵדֶר צֹאנוּ בִּקֵּר / וַתִּדַּד שְׁנַת הַמֶּלֶךְ, עַד יְהִי חוֹקֵר
בְּסֵפֶר הַזִּכְרוֹנוֹת וְהָיָה בֹקֶר / וְיֹדַע יְהוָה אֶת־אֲשֶׁר־לוֹ: במדבר טז

בִּמְצֹאוֹ דְּבַר מָרְדְּכַי מְפוֹרָשׁ / מַה נַּעֲשָׂה יְקָר וּגְדֻלָּה, דָּרַשׁ
וַיֹּאמְרוּ כִּי לֹא פֹרַשׁ / מַה־יֵּעָשֶׂה לוֹ: במדבר טו

גִּלָּה אֹזֶן הָמָן בְּדַבְּרוֹ / מַה לַּעֲשׂוֹת בָּאִישׁ אֲשֶׁר הַמֶּלֶךְ חָפֵץ בִּיקָרוֹ
וַיַּעַן וַיִּנָּקֵשׁ בְּמַאֲמָרוֹ / פִּי־כְסִיל מְחִתָּה־לוֹ: משלי יח

דִּבֵּר לַעֲדוֹתוֹ בַּעֲדָיֵי מְלָכִים / וְלָלֶכֶת לְפָנָיו אֶחָד מֵהַנְּסִיכִים
וְלִבּוֹ בְּמַחֲשָׁבָיו הוֹלֵךְ חֲשֵׁכִים / וְאֵין נֹגַהּ לוֹ: ישעיה נ

הֱשִׁיבוֹ הַמֶּלֶךְ, כֵּן דִּבַּרְתָּ / עֲשֵׂה לְמָרְדְּכַי הַיְּהוּדִי כְּכָל אֲשֶׁר אָמַרְתָּ
כֵּן מִשְׁפָּטֶךָ אַתָּה חָרָצְתָּ / כַּמִּשְׁפָּט הַזֶּה יֵעָשֶׂה לוֹ: שמות כא

וַיָּשָׁב מָרְדְּכַי אֶל מִשְׁמַרְתּוֹ / וְהָמָן נִדְחַף אֶל בֵּיתוֹ
וַיִּוָּעֲדוּ אֹהֲבָיו וְזֶרֶשׁ אִשְׁתּוֹ / לָבוֹא לָנוּד־לוֹ: איוב ב

זֶרַע יְשֻׁרוּן זָכְרוּ נְבוֹנָיו / אִם יֵשׁ מָרְדְּכַי אֶחָד מִבָּנָיו
אֲשֶׁר הַחִלּוֹתָ לִנְפֹּל לְפָנָיו / לֹא־תוּכַל לוֹ: אסתר ו

חֲכָמָיו עוֹדָם מְדַבְּרִים עִמּוֹ / וְסָרִיסֵי הַמֶּלֶךְ הִבְהִילוּהוּ לַהֲקִימוֹ
וְלֹא רָאָה כִּי יָבֹא יוֹמוֹ / אֲדֹנָי יִשְׂחַק־לוֹ: תהלים לז

טֶרֶם כְּלוֹת מִשְׁתֵּה הַיַּיִן / אָמַר הַמֶּלֶךְ אֶל יְפַת הָעַיִן
שַׁאֲלִי כִּי הַכֹּל לְנֶגְדֵּךְ כְּאַיִן / וַתֵּבְךְּ וַתִּתְחַנֶּן־לוֹ: אסתר ח

יִנָּתֶן לִי נַפְשִׁי בִּשְׁאֵלָתִי / וְעַמִּי, אֲדֹנִי הַמֶּלֶךְ, בְּבַקָּשָׁתִי
כִּי נִמְכַּרְנוּ לְצוֹרֵר לְהַכְרִיתִי / תַּאֲוַת לִבּוֹ נָתַתָּה לּוֹ: תהלים כא

כִּי מַה חֶפְצִי אַחַר זֶה הַצַּעַר / וּכְלֵי הַקְּרָב שׁוֹת שָׁתוּ הַשָּׁעַר
הֲיִשְׁאַג אַרְיֵה בַּיַּעַר / וְטֶרֶף אֵין לוֹ: עמוס ג

לָהּ אָמַר, מִי הוּא זֶה מִכָּל אֲנָשַׁי / וְאֵי זֶה הוּא מִכָּל מְגָרְשַׁי
אוֹ מִי מִנּוֹשַׁי / אֲשֶׁר־מָכַרְתִּי אֶתְכֶם לוֹ: ישעיה נ

מִהֲרָה לַעֲנוֹת, הָמָן זֶה הָרָע / אֲשֶׁר פְּרָעוֹת בְּגוֹי צַדִּיק פָּרַע
אוֹי לְרָשָׁע רָע / כִּי־גְמוּל יָדָיו יֵעָשֶׂה לוֹ: ישעיה ג

נִמְלָא חֵמָה וְקָם אֶל גַּנּוֹ / וּבְשׁוּבוֹ רָאָהוּ נוֹפֵל עַל כַּנּוֹ
יְגַלּוּ שָׁמַיִם עֲוֹנוֹ / וְאֶרֶץ מִתְקוֹמָמָה לוֹ: איוב כ

סָרִיס אֶחָד גִּלָּה חַטָּאתוֹ / הֵן עֵץ עָשָׂה לְמָרְדְּכַי בְּבֵיתוֹ
וַיְצַו הַמֶּלֶךְ לִתְלוֹתוֹ / עַל־הָעֵץ אֲשֶׁר־הֵכִין לוֹ: אסתר ו

עָמְדָה אֶסְתֵּר לְבַקֵּשׁ עַל עַמָּהּ / לְהָשִׁיב סִפְרֵי הָאַף וְהַחֵמָה
כִּי נִחַם יְהוָה עַל מַכָּה עֲצוּמָה / וָשָׁב וְרָפָא לוֹ: ישעיה ו

פַּתְשֶׁגֶן הַכְּתָב לִהְיוֹת הַיְּהוּדִים / לַהֲרֹג בְּשׂוֹנְאֵיהֶם עֲתִידִים
כִּי נָפַל פַּחַד מָרְדְּכַי עַל הַמּוֹרְדִים / וְשָׁלוֹם הָיָה לוֹ: מלכים א׳ ה

צִוָּה מָרְדְּכַי עַל עַם לֹא אַלְמָן / מוֹשִׁיעַ וָרָב וְנָגִיד וְנֶאֱמָן
וְהָפְקַד עַל בֵּית הָמָן / וְעַל כָּל־אֲשֶׁר יֶשׁ־לוֹ: בראשית לט

קִדַּשְׁתִּי לְצוֹרְרֵי מִזְבֵּחַ / וְאָכִין לְבָנָיו מַטְבֵּחַ
בַּעֲוֹן אֲבִיהֶם הַמְרַצֵּחַ / וְאֵלֶּה שְׁמוֹת הַיְלָדִים לוֹ: שמואל ב׳ ה

רִצַּחְתִּי פַּרְשַׁנְדָּתָא דַּלְפוֹן אַסְפָּתָא / פּוֹרָתָא אֲדַלְיָא אֲרִידָתָא
פַּרְמַשְׁתָּא אֲרִיסַי אֲרִידַי וַיְזָתָא / וְגַם־קְבוּרָה לֹא־הָיְתָה לוֹ: קהלת ו

שָׁלְלְתִּי שִׁלְלִי וְאָרִיעַ רֵעַ / כִּי עָלָה מִשְּׁאוֹל אֶבְיוֹן גֹּוֵעַ
איוב כט וַיְמַלֵּט עָנִי מְשַׁוֵּעַ / וְיָתוֹם וְלֹא־עֹזֵר לוֹ:

תִּכָּתֵב זֹאת לְדוֹר אַחֲרוֹן / וְלִבְנֵי בָנִים תִּהְיֶה לְזִכָּרוֹן
תהלים קמד וְכָל הַמַּזְכִּיר אוֹתָהּ יָרֹן / אַשְׁרֵי הָעָם שֶׁכָּכָה לוֹ:

סימן אני יהודה

אִכְלוּ רֵעִים שְׁתוּ וְשִׁכְרוּ / וִימֵי הַפּוּרִים בְּשִׂמְחָה שִׁמְרוּ
נחמיה ח וְעִם שִׂמְחַתְכֶם הָאֶבְיוֹנִים זִכְרוּ / וְשִׁלְחוּ מָנוֹת לְאֵין נָכוֹן לוֹ:

נִסֵּי אֵל מֵאָז נְשָׂאוּנִי / וּבְנִבְכֵי הַיָּם הֶעֱבִירוּנִי
תהלים לז וְלָכֵן כִּלְיוֹתַי יִסְּרוּנִי / דּוֹם לַיהוָה וְהִתְחוֹלֵל לוֹ:

יוֹם צֵאת פַּרְעֹה אַחֲרַי / לִטְרֹף כְּאַרְיֵה עֲדָרַי
תהלים יח נִצְּבוּ כְּחוֹמָה מֵימֵי מִשְׁבָּרַי / וַיִּתְגָּעֲשׁוּ כִּי־חָרָה לוֹ:

יָצָא צַר אַחֲרֵי עַם קְדוֹשׁוֹ / וַיִּשְׁלַח צוּר עֲנָנוֹ לְהַפְרִישׁוֹ
יונה ד לִהְיוֹת צֵל עַל־רֹאשׁוֹ / לְהַצִּיל לוֹ:

הֶעֱבִירוֹ בַּיַּבָּשָׁה וְצָרָיו הֶחֱרִיד / בֵּינוֹ וּבֵין רוֹדְפָיו הִפְרִיד
ישעיה כב וּלְתַחְתִּיּוֹת מְצוּלָה אוֹתָם הוֹרִיד / חֹקְקִי בַסֶּלַע מִשְׁכָּן לוֹ:

וּבְשׁוּב הַיָּם לְאֵיתָנוֹ / נִטְבַּע פַּרְעֹה וְכָל הֲמוֹנוֹ
בראשית לב כִּי הַיָּם הִכְבִּיד מַרְכְּבוֹת גְּאוֹנוֹ / וַיַּרְא כִּי לֹא יָכֹל לוֹ:

דַּהֲרוֹת אַבִּירִים בְּאַדִּירִים נָפְלוּ / וְכַעוֹפֶרֶת בְּמַיִם רַבִּים צָלְלוּ
תהלים לג וְדוֹרְשֵׁי יְהוָה שְׁמוֹ יְהַלְלוּ / בְּנֵבֶל עָשׂוֹר זַמְּרוּ־לוֹ:

הֶרְאָנוּ יָדוֹ הַנִּפְלָאָה / עַל שְׂפַת הַיָּם נוֹרָאָה
תהלים צה אָשִׁירָה לַיהוָה כִּי גָאֹה גָּאָה / בִּזְמִרוֹת נָרִיעַ לוֹ:

דְּגָלִים עָבְרוּ בַּיַּבָּשָׁה / וְלִפְנֵיהֶם אֵל נַעֲרָץ בְּקֹדֶשׁ
שמות טו אָז שׁוֹרְרוּ שִׁירָה חֲדָשָׁה / מִי־כָמֹכָה בָּאֵלִם יְהוָה:

ממשיכים בהוצאת ספר תורה בעמ׳ 286 כבכל שבת.

בקצת קהילות שאומרים בהן ׳מִי־כָמֹכָה׳ בִּנִשְׁמַת, ממשיכים ׳מַצִּיל עָנִי מֵחָזָק מִמֶּנּוּ׳ (עמ׳ 262).

# סדר קריאת המגילה בפורים

יש נוהגים לומר לפני ברכות המגילה את הפיוט 'קוֹרְאֵי מְגִלָּה' (בעמוד הבא).

הקורא מברך ברכות אלו לפני הקריאה (מגילה כא ע"ב):

בָּרוּךְ אַתָּה יְהוָה, אֱלֹהֵינוּ מֶלֶךְ הָעוֹלָם
אֲשֶׁר קִדְּשָׁנוּ בְּמִצְוֹתָיו וְצִוָּנוּ עַל מִקְרָא מְגִלָּה.

בָּרוּךְ אַתָּה יְהוָה, אֱלֹהֵינוּ מֶלֶךְ הָעוֹלָם
שֶׁעָשָׂה נִסִּים לַאֲבוֹתֵינוּ בַּיָּמִים הָהֵם בַּזְּמַן הַזֶּה.

קודם קריאת המגילה בלילה מוסיף ברכה זו:

בָּרוּךְ אַתָּה יְהוָה, אֱלֹהֵינוּ מֶלֶךְ הָעוֹלָם
שֶׁהֶחֱיָנוּ וְקִיְּמָנוּ וְהִגִּיעָנוּ לַזְּמַן הַזֶּה.

קוראים מגילת אסתר בעמ' 551. אחר גמר הקריאה בציבור
גוללים את המגילה והקורא מברך (מגילה, שם):

בָּרוּךְ אַתָּה יְהוָה, אֱלֹהֵינוּ מֶלֶךְ הָעוֹלָם
הָרָב אֶת רִיבֵנוּ, וְהַדָּן אֶת דִּינֵנוּ, וְהַנּוֹקֵם אֶת נִקְמָתֵנוּ
וְהַמְשַׁלֵּם גְּמוּל לְכָל אוֹיְבֵי נַפְשֵׁנוּ, וְהַנִּפְרָע לָנוּ מִצָּרֵינוּ.
בָּרוּךְ אַתָּה יְהוָה, הַנִּפְרָע לְעַמּוֹ יִשְׂרָאֵל מִכָּל צָרֵיהֶם
הָאֵל הַמּוֹשִׁיעַ.

אחרי הברכה מוסיפים (ירושלמי, מגילה פ"ג ה"ז):

אָרוּר הָמָן, בָּרוּךְ מָרְדְּכַי.
אֲרוּרָה זֶרֶשׁ, בְּרוּכָה אֶסְתֵּר.
אֲרוּרִים כָּל הָרְשָׁעִים
בְּרוּכִים כָּל יִשְׂרָאֵל
וְגַם חַרְבוֹנָה זָכוּר לַטּוֹב.

אחרי קריאת המגילה יש אומרים את הפיוט הבא לרבי אברהם אבן עזרא,
ויש האומרים אותו קודם קריאת המגילה וברכותיה.

קוֹרְאֵי מְגִלָּה / הֵם יְרַנְּנוּ לָאֵל
כִּי מְקוֹם תְּהִלָּה / הָיְתָה לְיִשְׂרָאֵל

אַחֲרֵי בְלוֹתִי / וַאֲנִי בְּעִיר בָּבֶל
נִמְשְׁלָה עֲדָתִי / כְּאֳנִי בְּלִי חוֹבֵל
בָּא זְמַן פְּדוּתִי / עַל יְדֵי זְרֻבָּבֶל
נִבְדְּלָה קְהִלָּה / מֵעֲוִיל וּמִתְגָּאֵל
וַתְּהִי סְגֻלָּה / עִם שְׁתִיל שְׁאַלְתִּיאֵל

בָּא דְּבַר אֲגָגִי / הֶחֱזִיק בְּפוּר יָדוֹ
בַּאֲדָר לְהָרְגִי / נֶהֱפַךְ לְהַשְׁמִידוֹ
אֶתְּנָה הֲגִיגִי / בּוֹ וְאֶזְכְּרָה אֵידוֹ
וְאֱמֶת נִקְלָה / זֹאת לְאֵל וְכֵן יוֹאֵל
לַעֲשׂוֹת וְכַלֵּה / אַדְבְּאֵל וּמַגְדִּיאֵל

רוֹעֲצִים כְּעָשָׁן / נִמְשְׁלוּ בְּתוֹךְ כִּבְשָׁן
בֶּן אֲגָג כְּכוּשָׁן / קָם וְשָׁב כְּבֶן בָּשָׁן
מָרְדְּכַי בְּשׁוּשָׁן / מָר דְּרוֹר עֲלֵי שׁוֹשָׁן
כֵּן שְׁנַת גְּאֻלָּה / אֵל יְצַו לְעַם שׁוֹאֵל
עַד לְבֵית תְּפִלָּה / יַעֲלֶה לְהַרְרֵי אֵל

מַעֲשִׂים וְנִסִּים / שִׁית בְּךָ לְעֵד נֶאֱמָן
גַּם בְּחִכְּךָ שִׂים / צוּף וּמָן דְּבַר הָמָן
לֵךְ שְׁתֵה עֲסִיסִים / אַחֲרֵי אֱכֹל מַשְׁמָן
אֵל זְכֹר תְּחִלָּה / גַּם שְׁנֵה בְּמִיכָאֵל
לַחֲזֹר חֲלִילָה / קֵץ פְּדוּת וּבָא גוֹאֵל

בערב, אחרי קריאת המגילה,
אומרים ׳וְאַתָּה קָדוֹשׁ׳ (עמ׳ 174) וקדיש תתקבל, ׳שִׁיר הַמַּעֲלוֹת לְדָוִד לוּלֵי׳ (עמ׳ 102),
׳שִׁיר לַמַּעֲלוֹת אֶשָּׂא עֵינַי׳ (עמ׳ 176), ומסיימים כבכל יום.

ביום ממשיכים ׳וְאַתָּה קָדוֹשׁ׳ (עמ׳ 98) וגומרים התפילה כבכל יום.

# אסתר

א וַיְהִי בִּימֵי אֲחַשְׁוֵרוֹשׁ הוּא אֲחַשְׁוֵרוֹשׁ הַמֹּלֵךְ מֵהֹדּוּ וְעַד־כּוּשׁ שֶׁבַע וְעֶשְׂרִים
וּמֵאָה מְדִינָה׃ בַּיָּמִים הָהֵם כְּשֶׁבֶת ׀ הַמֶּלֶךְ אֲחַשְׁוֵרוֹשׁ עַל כִּסֵּא מַלְכוּתוֹ
אֲשֶׁר בְּשׁוּשַׁן הַבִּירָה׃ בִּשְׁנַת שָׁלוֹשׁ לְמָלְכוֹ עָשָׂה מִשְׁתֶּה לְכָל־שָׂרָיו וַעֲבָדָיו
חֵיל ׀ פָּרַס וּמָדַי הַפַּרְתְּמִים וְשָׂרֵי הַמְּדִינוֹת לְפָנָיו׃ בְּהַרְאֹתוֹ אֶת־עֹשֶׁר כְּבוֹד
מַלְכוּתוֹ וְאֶת־יְקָר תִּפְאֶרֶת גְּדוּלָּתוֹ יָמִים רַבִּים שְׁמוֹנִים וּמְאַת יוֹם׃ וּבִמְלוֹאת
׀ הַיָּמִים הָאֵלֶּה עָשָׂה הַמֶּלֶךְ לְכָל־הָעָם הַנִּמְצְאִים בְּשׁוּשַׁן הַבִּירָה לְמִגָּדוֹל
וְעַד־קָטָן מִשְׁתֶּה שִׁבְעַת יָמִים בַּחֲצַר גִּנַּת בִּיתַן הַמֶּלֶךְ׃ חוּר ׀ כַּרְפַּס וּתְכֵלֶת
אָחוּז בְּחַבְלֵי־בוּץ וְאַרְגָּמָן עַל־גְּלִילֵי כֶסֶף וְעַמּוּדֵי שֵׁשׁ מִטּוֹת ׀ זָהָב וָכֶסֶף
עַל רִצְפַת בַּהַט־וָשֵׁשׁ וְדַר וְסֹחָרֶת׃ וְהַשְׁקוֹת בִּכְלֵי זָהָב וְכֵלִים מִכֵּלִים שׁוֹנִים
וְיֵין מַלְכוּת רָב כְּיַד הַמֶּלֶךְ׃ וְהַשְּׁתִיָּה כַדָּת אֵין אֹנֵס כִּי־כֵן ׀ יִסַּד הַמֶּלֶךְ עַל
כָּל־רַב בֵּיתוֹ לַעֲשׂוֹת כִּרְצוֹן אִישׁ־וָאִישׁ׃ גַּם וַשְׁתִּי הַמַּלְכָּה עָשְׂתָה
מִשְׁתֵּה נָשִׁים בֵּית הַמַּלְכוּת אֲשֶׁר לַמֶּלֶךְ אֲחַשְׁוֵרוֹשׁ׃ בַּיּוֹם הַשְּׁבִיעִי כְּטוֹב
לֵב־הַמֶּלֶךְ בַּיָּיִן אָמַר לִמְהוּמָן בִּזְּתָא חַרְבוֹנָא בִּגְתָא וַאֲבַגְתָא זֵתַר וְכַרְכַּס
שִׁבְעַת הַסָּרִיסִים הַמְשָׁרְתִים אֶת־פְּנֵי הַמֶּלֶךְ אֲחַשְׁוֵרוֹשׁ׃ לְהָבִיא אֶת־וַשְׁתִּי
הַמַּלְכָּה לִפְנֵי הַמֶּלֶךְ בְּכֶתֶר מַלְכוּת לְהַרְאוֹת הָעַמִּים וְהַשָּׂרִים אֶת־יָפְיָהּ
כִּי־טוֹבַת מַרְאֶה הִיא׃ וַתְּמָאֵן הַמַּלְכָּה וַשְׁתִּי לָבוֹא בִּדְבַר הַמֶּלֶךְ אֲשֶׁר בְּיַד
הַסָּרִיסִים וַיִּקְצֹף הַמֶּלֶךְ מְאֹד וַחֲמָתוֹ בָּעֲרָה בוֹ׃ וַיֹּאמֶר הַמֶּלֶךְ
לַחֲכָמִים יֹדְעֵי הָעִתִּים כִּי־כֵן דְּבַר הַמֶּלֶךְ לִפְנֵי כָּל־יֹדְעֵי דָּת וָדִין׃ וְהַקָּרֹב
אֵלָיו כַּרְשְׁנָא שֵׁתָר אַדְמָתָא תַרְשִׁישׁ מֶרֶס מַרְסְנָא מְמוּכָן שִׁבְעַת שָׂרֵי ׀
פָּרַס וּמָדַי רֹאֵי פְּנֵי הַמֶּלֶךְ הַיֹּשְׁבִים רִאשֹׁנָה בַּמַּלְכוּת׃ כְּדָת מַה־לַּעֲשׂוֹת
בַּמַּלְכָּה וַשְׁתִּי עַל ׀ אֲשֶׁר לֹא־עָשְׂתָה אֶת־מַאֲמַר הַמֶּלֶךְ אֲחַשְׁוֵרוֹשׁ בְּיַד
הַסָּרִיסִים׃ וַיֹּאמֶר מומכן לִפְנֵי הַמֶּלֶךְ וְהַשָּׂרִים לֹא עַל־הַמֶּלֶךְ מְמוּכָן
לְבַדּוֹ עָוְתָה וַשְׁתִּי הַמַּלְכָּה כִּי עַל־כָּל־הַשָּׂרִים וְעַל־כָּל־הָעַמִּים אֲשֶׁר בְּכָל־
מְדִינוֹת הַמֶּלֶךְ אֲחַשְׁוֵרוֹשׁ׃ כִּי־יֵצֵא דְבַר־הַמַּלְכָּה עַל־כָּל־הַנָּשִׁים לְהַבְזוֹת
בַּעְלֵיהֶן בְּעֵינֵיהֶן בְּאָמְרָם הַמֶּלֶךְ אֲחַשְׁוֵרוֹשׁ אָמַר לְהָבִיא אֶת־וַשְׁתִּי הַמַּלְכָּה
לְפָנָיו וְלֹא־בָאָה׃ וְהַיּוֹם הַזֶּה תֹּאמַרְנָה ׀ שָׂרוֹת פָּרַס־וּמָדַי אֲשֶׁר שָׁמְעוּ
אֶת־דְּבַר הַמַּלְכָּה לְכֹל שָׂרֵי הַמֶּלֶךְ וּכְדַי בִּזָּיוֹן וָקָצֶף׃ אִם־עַל־הַמֶּלֶךְ טוֹב

יֵצֵא דְבַר־מַלְכוּת מִלְּפָנָיו וְיִכָּתֵב בְּדָתֵי פָרַס־וּמָדַי וְלֹא יַעֲבוֹר אֲשֶׁר לֹא־
תָבוֹא וַשְׁתִּי לִפְנֵי הַמֶּלֶךְ אֲחַשְׁוֵרוֹשׁ וּמַלְכוּתָהּ יִתֵּן הַמֶּלֶךְ לִרְעוּתָהּ הַטּוֹבָה
מִמֶּנָּה: וְנִשְׁמַע פִּתְגָם הַמֶּלֶךְ אֲשֶׁר־יַעֲשֶׂה בְּכָל־מַלְכוּתוֹ כִּי רַבָּה הִיא וְכָל־
הַנָּשִׁים יִתְּנוּ יְקָר לְבַעְלֵיהֶן לְמִגָּדוֹל וְעַד־קָטָן: וַיִּיטַב הַדָּבָר בְּעֵינֵי הַמֶּלֶךְ
וְהַשָּׂרִים וַיַּעַשׂ הַמֶּלֶךְ כִּדְבַר מְמוּכָן: וַיִּשְׁלַח סְפָרִים אֶל־כָּל־מְדִינוֹת הַמֶּלֶךְ
אֶל־מְדִינָה וּמְדִינָה כִּכְתָבָהּ וְאֶל־עַם וָעָם כִּלְשׁוֹנוֹ לִהְיוֹת כָּל־אִישׁ שֹׂרֵר
בְּבֵיתוֹ וּמְדַבֵּר כִּלְשׁוֹן עַמּוֹ: אַחַר הַדְּבָרִים הָאֵלֶּה כְּשֹׁךְ חֲמַת ב
הַמֶּלֶךְ אֲחַשְׁוֵרוֹשׁ זָכַר אֶת־וַשְׁתִּי וְאֵת אֲשֶׁר־עָשָׂתָה וְאֵת אֲשֶׁר־נִגְזַר עָלֶיהָ:
וַיֹּאמְרוּ נַעֲרֵי־הַמֶּלֶךְ מְשָׁרְתָיו יְבַקְשׁוּ לַמֶּלֶךְ נְעָרוֹת בְּתוּלוֹת טוֹבוֹת מַרְאֶה:
וְיַפְקֵד הַמֶּלֶךְ פְּקִידִים בְּכָל־מְדִינוֹת מַלְכוּתוֹ וְיִקְבְּצוּ אֶת־כָּל־נַעֲרָה־בְתוּלָה
טוֹבַת מַרְאֶה אֶל־שׁוּשַׁן הַבִּירָה אֶל־בֵּית הַנָּשִׁים אֶל־יַד הֵגֶא סְרִיס הַמֶּלֶךְ
שֹׁמֵר הַנָּשִׁים וְנָתוֹן תַּמְרוּקֵיהֶן: וְהַנַּעֲרָה אֲשֶׁר תִּיטַב בְּעֵינֵי הַמֶּלֶךְ תִּמְלֹךְ
תַּחַת וַשְׁתִּי וַיִּיטַב הַדָּבָר בְּעֵינֵי הַמֶּלֶךְ וַיַּעַשׂ כֵּן: אִישׁ יְהוּדִי הָיָה
בְּשׁוּשַׁן הַבִּירָה וּשְׁמוֹ מָרְדֳּכַי בֶּן יָאִיר בֶּן־שִׁמְעִי בֶּן־קִישׁ אִישׁ יְמִינִי: אֲשֶׁר
הָגְלָה מִירוּשָׁלַיִם עִם־הַגֹּלָה אֲשֶׁר הָגְלְתָה עִם יְכָנְיָה מֶלֶךְ־יְהוּדָה אֲשֶׁר
הֶגְלָה נְבוּכַדְנֶאצַּר מֶלֶךְ בָּבֶל: וַיְהִי אֹמֵן אֶת־הֲדַסָּה הִיא אֶסְתֵּר בַּת־דֹּדוֹ כִּי
אֵין לָהּ אָב וָאֵם וְהַנַּעֲרָה יְפַת־תֹּאַר וְטוֹבַת מַרְאֶה וּבְמוֹת אָבִיהָ וְאִמָּהּ
לְקָחָהּ מָרְדֳּכַי לוֹ לְבַת: וַיְהִי בְּהִשָּׁמַע דְּבַר־הַמֶּלֶךְ וְדָתוֹ וּבְהִקָּבֵץ נְעָרוֹת
רַבּוֹת אֶל־שׁוּשַׁן הַבִּירָה אֶל־יַד הֵגָי וַתִּלָּקַח אֶסְתֵּר אֶל־בֵּית הַמֶּלֶךְ אֶל־יַד
הֵגַי שֹׁמֵר הַנָּשִׁים: וַתִּיטַב הַנַּעֲרָה בְעֵינָיו וַתִּשָּׂא חֶסֶד לְפָנָיו וַיְבַהֵל אֶת־
תַּמְרוּקֶיהָ וְאֶת־מָנוֹתֶהָ לָתֶת לָהּ וְאֵת שֶׁבַע הַנְּעָרוֹת הָרְאֻיוֹת לָתֶת־לָהּ
מִבֵּית הַמֶּלֶךְ וַיְשַׁנֶּהָ וְאֶת־נַעֲרוֹתֶיהָ לְטוֹב בֵּית הַנָּשִׁים: לֹא־הִגִּידָה אֶסְתֵּר
אֶת־עַמָּהּ וְאֶת־מוֹלַדְתָּהּ כִּי מָרְדֳּכַי צִוָּה עָלֶיהָ אֲשֶׁר לֹא־תַגִּיד: וּבְכָל־יוֹם
וָיוֹם מָרְדֳּכַי מִתְהַלֵּךְ לִפְנֵי חֲצַר בֵּית־הַנָּשִׁים לָדַעַת אֶת־שְׁלוֹם אֶסְתֵּר וּמַה־
יֵּעָשֶׂה בָּהּ: וּבְהַגִּיעַ תֹּר נַעֲרָה וְנַעֲרָה לָבוֹא ׀ אֶל־הַמֶּלֶךְ אֲחַשְׁוֵרוֹשׁ מִקֵּץ
הֱיוֹת לָהּ כְּדָת הַנָּשִׁים שְׁנֵים עָשָׂר חֹדֶשׁ כִּי כֵּן יִמְלְאוּ יְמֵי מְרוּקֵיהֶן שִׁשָּׁה
חֳדָשִׁים בְּשֶׁמֶן הַמֹּר וְשִׁשָּׁה חֳדָשִׁים בַּבְּשָׂמִים וּבְתַמְרוּקֵי הַנָּשִׁים: וּבָזֶה
הַנַּעֲרָה בָּאָה אֶל־הַמֶּלֶךְ אֵת כָּל־אֲשֶׁר תֹּאמַר יִנָּתֵן לָהּ לָבוֹא עִמָּהּ מִבֵּית

הַנָּשִׁים עַד־בֵּית הַמֶּלֶךְ : בָּעֶ֣רֶב ׀ הִ֣יא בָאָ֗ה וּ֠בַבֹּקֶר הִ֣יא שָׁבָ֞ה אֶל־בֵּ֤ית
הַנָּשִׁים֙ שֵׁנִ֔י אֶל־יַ֛ד שַׁעֲשְׁגַ֥ז סְרִ֥יס הַמֶּ֖לֶךְ שֹׁמֵ֣ר הַפִּֽילַגְשִׁ֑ים לֹא־תָב֤וֹא עוֹד֙
אֶל־הַמֶּ֔לֶךְ כִּ֣י אִם־חָפֵ֥ץ בָּ֖הּ הַמֶּ֑לֶךְ וְנִקְרְאָ֥ה בְשֵֽׁם : וּבְהַגִּ֣יעַ תֹּר־אֶסְתֵּ֣ר בַּת־
אֲבִיחַ֣יִל ׀ דֹּ֣ד מָרְדֳּכַ֡י אֲשֶׁר֩ לָֽקַח־ל֨וֹ לְבַ֜ת לָב֣וֹא אֶל־הַמֶּ֗לֶךְ לֹ֤א בִקְשָׁה֙ דָּבָ֔ר
כִּ֠י אִם אֶת־אֲשֶׁ֥ר יֹאמַ֛ר הֵגַ֥י סְרִיס־הַמֶּ֖לֶךְ שֹׁמֵ֣ר הַנָּשִׁ֑ים וַתְּהִ֤י אֶסְתֵּר֙ נֹשֵׂ֣את
חֵ֔ן בְּעֵינֵ֖י כָּל־רֹאֶֽיהָ : וַתִּלָּקַ֨ח אֶסְתֵּ֜ר אֶל־הַמֶּ֤לֶךְ אֲחַשְׁוֵרוֹשׁ֙ אֶל־בֵּ֣ית מַלְכוּת֔וֹ
בַּחֹ֥דֶשׁ הָעֲשִׂירִ֖י הוּא־חֹ֣דֶשׁ טֵבֵ֑ת בִּשְׁנַת־שֶׁ֖בַע לְמַלְכוּתֽוֹ : וַיֶּאֱהַ֨ב הַמֶּ֤לֶךְ
אֶת־אֶסְתֵּר֙ מִכָּל־הַנָּשִׁ֔ים וַתִּשָּׂא־חֵ֥ן וָחֶ֛סֶד לְפָנָ֖יו מִכָּל־הַבְּתוּלֹ֑ת וַיָּ֤שֶׂם
כֶּֽתֶר־מַלְכוּת֙ בְּרֹאשָׁ֔הּ וַיַּמְלִיכֶ֖הָ תַּ֥חַת וַשְׁתִּֽי : וַיַּ֨עַשׂ הַמֶּ֜לֶךְ מִשְׁתֶּ֣ה גָד֗וֹל
לְכָל־שָׂרָיו֙ וַעֲבָדָ֔יו אֵ֖ת מִשְׁתֵּ֣ה אֶסְתֵּ֑ר וַהֲנָחָ֤ה לַמְּדִינוֹת֙ עָשָׂ֔ה וַיִּתֵּ֥ן מַשְׂאֵ֖ת
כְּיַ֥ד הַמֶּֽלֶךְ : וּבְהִקָּבֵ֥ץ בְּתוּלֹ֖ת שֵׁנִ֑ית וּמָרְדֳּכַ֖י יֹשֵׁ֥ב בְּשַֽׁעַר־הַמֶּֽלֶךְ : אֵ֣ין אֶסְתֵּ֗ר
מַגֶּ֤דֶת מֽוֹלַדְתָּהּ֙ וְאֶת־עַמָּ֔הּ כַּאֲשֶׁ֛ר צִוָּ֥ה עָלֶ֖יהָ מָרְדֳּכָ֑י וְאֶת־מַאֲמַ֤ר מָרְדֳּכַי֙
אֶסְתֵּ֣ר עֹשָׂ֔ה כַּאֲשֶׁ֛ר הָיְתָ֥ה בְאָמְנָ֖ה אִתּֽוֹ : בַּיָּמִ֣ים הָהֵ֔ם וּמָרְדֳּכַ֖י
יֹשֵׁ֣ב בְּשַֽׁעַר־הַמֶּ֑לֶךְ קָצַ֨ף בִּגְתָ֜ן וָתֶ֗רֶשׁ שְׁנֵֽי־סָרִיסֵ֤י הַמֶּ֙לֶךְ֙ מִשֹּֽׁמְרֵ֣י הַסַּ֔ף
וַיְבַקְשׁוּ֙ לִשְׁלֹ֣חַ יָ֔ד בַּמֶּ֖לֶךְ אֲחַשְׁוֵרֹֽשׁ : וַיִּוָּדַ֤ע הַדָּבָר֙ לְמָרְדֳּכַ֔י וַיַּגֵּ֖ד לְאֶסְתֵּ֣ר
הַמַּלְכָּ֑ה וַתֹּ֧אמֶר אֶסְתֵּ֛ר לַמֶּ֖לֶךְ בְּשֵׁ֥ם מָרְדֳּכָֽי : וַיְבֻקַּ֤שׁ הַדָּבָר֙ וַיִּמָּצֵ֔א וַיִּתָּל֛וּ
שְׁנֵיהֶ֖ם עַל־עֵ֑ץ וַיִּכָּתֵ֗ב בְּסֵ֛פֶר דִּבְרֵ֥י הַיָּמִ֖ים לִפְנֵ֥י הַמֶּֽלֶךְ :                          אַחַ֣ר ׀

ג   הַדְּבָרִ֣ים הָאֵ֗לֶּה גִּדַּל֩ הַמֶּ֨לֶךְ אֲחַשְׁוֵר֜וֹשׁ אֶת־הָמָ֧ן בֶּֽן־הַמְּדָ֛תָא הָאֲגָגִ֖י וַֽיְנַשְּׂאֵ֑הוּ
וַיָּ֙שֶׂם֙ אֶת־כִּסְא֔וֹ מֵעַ֕ל כָּל־הַשָּׂרִ֖ים אֲשֶׁ֥ר אִתּֽוֹ : וְכָל־עַבְדֵ֨י הַמֶּ֜לֶךְ אֲשֶׁר־בְּשַׁ֣עַר
הַמֶּ֗לֶךְ כֹּרְעִ֤ים וּמִֽשְׁתַּחֲוִים֙ לְהָמָ֔ן כִּי־כֵ֖ן צִוָּה־ל֣וֹ הַמֶּ֑לֶךְ וּמָ֨רְדֳּכַ֔י לֹ֥א יִכְרַ֖ע
וְלֹ֥א יִֽשְׁתַּחֲוֶֽה : וַיֹּ֨אמְר֜וּ עַבְדֵ֤י הַמֶּ֙לֶךְ֙ אֲשֶׁר־בְּשַׁ֣עַר הַמֶּ֔לֶךְ לְמָרְדֳּכָ֑י מַדּ֙וּעַ֙
אַתָּ֣ה עוֹבֵ֔ר אֵ֖ת מִצְוַ֥ת הַמֶּֽלֶךְ : וַיְהִ֗י כְּאָמְרָ֤ם אֵלָיו֙ י֣וֹם וָי֔וֹם וְלֹ֥א שָׁמַ֖ע אֲלֵיהֶ֑ם כְּאָמְרָ֗ם
וַיַּגִּ֣ידוּ לְהָמָ֗ן לִרְאוֹת֙ הֲיַֽעַמְדוּ֙ דִּבְרֵ֣י מָרְדֳּכַ֔י כִּֽי־הִגִּ֥יד לָהֶ֖ם אֲשֶׁר־ה֥וּא יְהוּדִֽי :
וַיַּ֣רְא הָמָ֔ן כִּֽי־אֵ֣ין מָרְדֳּכַ֔י כֹּרֵ֥עַ וּמִֽשְׁתַּחֲוֶ֖ה ל֑וֹ וַיִּמָּלֵ֥א הָמָ֖ן חֵמָֽה : וַיִּ֣בֶז בְּעֵינָ֗יו
לִשְׁלֹ֤חַ יָד֙ בְּמָרְדֳּכַ֣י לְבַדּ֔וֹ כִּֽי־הִגִּ֥ידוּ ל֖וֹ אֶת־עַ֣ם מָרְדֳּכָ֑י וַיְבַקֵּ֣שׁ הָמָ֗ן לְהַשְׁמִ֤יד
אֶֽת־כָּל־הַיְּהוּדִ֛ים אֲשֶׁ֛ר בְּכָל־מַלְכ֥וּת אֲחַשְׁוֵר֖וֹשׁ עַ֥ם מָרְדֳּכָֽי : בַּחֹ֤דֶשׁ הָרִאשׁוֹן֙
הוּא־חֹ֣דֶשׁ נִיסָ֔ן בִּשְׁנַת֙ שְׁתֵּ֣ים עֶשְׂרֵ֔ה לַמֶּ֖לֶךְ אֲחַשְׁוֵר֑וֹשׁ הִפִּ֣יל פּוּר֩ ה֨וּא
הַגּוֹרָ֜ל לִפְנֵ֣י הָמָ֗ן מִיּ֧וֹם ׀ לְי֛וֹם וּמֵחֹ֖דֶשׁ לְחֹ֥דֶשׁ שְׁנֵים־עָשָׂ֖ר הוּא־חֹ֥דֶשׁ

אֲדָר׃ וַיֹּאמֶר הָמָן לַמֶּלֶךְ אֲחַשְׁוֵרוֹשׁ יֶשְׁנוֹ עַם־אֶחָד מְפֻזָּר וּמְפֹרָד
בֵּין הָעַמִּים בְּכֹל מְדִינוֹת מַלְכוּתֶךָ וְדָתֵיהֶם שֹׁנוֹת מִכָּל־עָם וְאֶת־דָּתֵי הַמֶּלֶךְ
אֵינָם עֹשִׂים וְלַמֶּלֶךְ אֵין־שֹׁוֶה לְהַנִּיחָם׃ אִם־עַל־הַמֶּלֶךְ טוֹב יִכָּתֵב לְאַבְּדָם
וַעֲשֶׂרֶת אֲלָפִים כִּכַּר־כֶּסֶף אֶשְׁקוֹל עַל־יְדֵי עֹשֵׂי הַמְּלָאכָה לְהָבִיא אֶל־גִּנְזֵי
הַמֶּלֶךְ׃ וַיָּסַר הַמֶּלֶךְ אֶת־טַבַּעְתּוֹ מֵעַל יָדוֹ וַיִּתְּנָהּ לְהָמָן בֶּן־הַמְּדָתָא הָאֲגָגִי
צֹרֵר הַיְּהוּדִים׃ וַיֹּאמֶר הַמֶּלֶךְ לְהָמָן הַכֶּסֶף נָתוּן לָךְ וְהָעָם לַעֲשׂוֹת בּוֹ כַּטּוֹב
בְּעֵינֶיךָ׃ וַיִּקָּרְאוּ סֹפְרֵי הַמֶּלֶךְ בַּחֹדֶשׁ הָרִאשׁוֹן בִּשְׁלוֹשָׁה עָשָׂר יוֹם בּוֹ וַיִּכָּתֵב
כְּכָל־אֲשֶׁר־צִוָּה הָמָן אֶל אֲחַשְׁדַּרְפְּנֵי־הַמֶּלֶךְ וְאֶל־הַפַּחוֹת אֲשֶׁר ׀ עַל־מְדִינָה
וּמְדִינָה וְאֶל־שָׂרֵי עַם וָעָם מְדִינָה וּמְדִינָה כִּכְתָבָהּ וְעַם וָעָם כִּלְשׁוֹנוֹ בְּשֵׁם
הַמֶּלֶךְ אֲחַשְׁוֵרֹשׁ נִכְתָּב וְנֶחְתָּם בְּטַבַּעַת הַמֶּלֶךְ׃ וְנִשְׁלוֹחַ סְפָרִים בְּיַד הָרָצִים
אֶל־כָּל־מְדִינוֹת הַמֶּלֶךְ לְהַשְׁמִיד לַהֲרֹג וּלְאַבֵּד אֶת־כָּל־הַיְּהוּדִים מִנַּעַר
וְעַד־זָקֵן טַף וְנָשִׁים בְּיוֹם אֶחָד בִּשְׁלוֹשָׁה עָשָׂר לְחֹדֶשׁ שְׁנֵים־עָשָׂר הוּא־חֹדֶשׁ
אֲדָר וּשְׁלָלָם לָבוֹז׃ פַּתְשֶׁגֶן הַכְּתָב לְהִנָּתֵן דָּת בְּכָל־מְדִינָה וּמְדִינָה גָּלוּי
לְכָל־הָעַמִּים לִהְיוֹת עֲתִדִים לַיּוֹם הַזֶּה׃ הָרָצִים יָצְאוּ דְחוּפִים בִּדְבַר הַמֶּלֶךְ
וְהַדָּת נִתְּנָה בְּשׁוּשַׁן הַבִּירָה וְהַמֶּלֶךְ וְהָמָן יָשְׁבוּ לִשְׁתּוֹת וְהָעִיר שׁוּשָׁן
נָבוֹכָה׃ וּמָרְדֳּכַי יָדַע אֶת־כָּל־אֲשֶׁר נַעֲשָׂה וַיִּקְרַע מָרְדֳּכַי אֶת־ ד
בְּגָדָיו וַיִּלְבַּשׁ שַׂק וָאֵפֶר וַיֵּצֵא בְּתוֹךְ הָעִיר וַיִּזְעַק זְעָקָה גְדֹלָה וּמָרָה׃ וַיָּבוֹא
עַד לִפְנֵי שַׁעַר־הַמֶּלֶךְ כִּי אֵין לָבוֹא אֶל־שַׁעַר הַמֶּלֶךְ בִּלְבוּשׁ שָׂק׃ וּבְכָל־
מְדִינָה וּמְדִינָה מְקוֹם אֲשֶׁר דְּבַר־הַמֶּלֶךְ וְדָתוֹ מַגִּיעַ אֵבֶל גָּדוֹל לַיְּהוּדִים
וַתָּבוֹאנָה וְצוֹם וּבְכִי וּמִסְפֵּד שַׂק וָאֵפֶר יֻצַּע לָרַבִּים׃ וַתָּבוֹאינָה נַעֲרוֹת אֶסְתֵּר וְסָרִיסֶיהָ
וַיַּגִּידוּ לָהּ וַתִּתְחַלְחַל הַמַּלְכָּה מְאֹד וַתִּשְׁלַח בְּגָדִים לְהַלְבִּישׁ אֶת־מָרְדֳּכַי
וּלְהָסִיר שַׂקּוֹ מֵעָלָיו וְלֹא קִבֵּל׃ וַתִּקְרָא אֶסְתֵּר לַהֲתָךְ מִסָּרִיסֵי הַמֶּלֶךְ אֲשֶׁר
הֶעֱמִיד לְפָנֶיהָ וַתְּצַוֵּהוּ עַל־מָרְדֳּכָי לָדַעַת מַה־זֶּה וְעַל־מַה־זֶּה׃ וַיֵּצֵא הֲתָךְ
אֶל־מָרְדֳּכָי אֶל־רְחוֹב הָעִיר אֲשֶׁר לִפְנֵי שַׁעַר־הַמֶּלֶךְ׃ וַיַּגֶּד־לוֹ מָרְדֳּכַי אֵת
כָּל־אֲשֶׁר קָרָהוּ וְאֵת ׀ פָּרָשַׁת הַכֶּסֶף אֲשֶׁר אָמַר הָמָן לִשְׁקוֹל עַל־גִּנְזֵי הַמֶּלֶךְ
בַּיְּהוּדִים ביהודיים לְאַבְּדָם׃ וְאֶת־פַּתְשֶׁגֶן כְּתָב־הַדָּת אֲשֶׁר־נִתַּן בְּשׁוּשָׁן לְהַשְׁמִידָם
נָתַן לוֹ לְהַרְאוֹת אֶת־אֶסְתֵּר וּלְהַגִּיד לָהּ וּלְצַוּוֹת עָלֶיהָ לָבוֹא אֶל־הַמֶּלֶךְ
לְהִתְחַנֶּן־לוֹ וּלְבַקֵּשׁ מִלְּפָנָיו עַל־עַמָּהּ׃ וַיָּבוֹא הֲתָךְ וַיַּגֵּד לְאֶסְתֵּר אֵת דִּבְרֵי

מָרְדֳּכָי: וַתֹּאמֶר אֶסְתֵּר לַהֲתָךְ וַתְּצַוֵּהוּ אֶל־מָרְדֳּכָי: כָּל־עַבְדֵי הַמֶּלֶךְ וְעַם
מְדִינוֹת הַמֶּלֶךְ יֹדְעִים אֲשֶׁר כָּל־אִישׁ וְאִשָּׁה אֲשֶׁר יָבוֹא אֶל־הַמֶּלֶךְ אֶל־
הֶחָצֵר הַפְּנִימִית אֲשֶׁר לֹא־יִקָּרֵא אַחַת דָּתוֹ לְהָמִית לְבַד מֵאֲשֶׁר יוֹשִׁיט־לוֹ
הַמֶּלֶךְ אֶת־שַׁרְבִיט הַזָּהָב וְחָיָה וַאֲנִי לֹא נִקְרֵאתִי לָבוֹא אֶל־הַמֶּלֶךְ זֶה
שְׁלוֹשִׁים יוֹם: וַיַּגִּידוּ לְמָרְדֳּכָי אֵת דִּבְרֵי אֶסְתֵּר: וַיֹּאמֶר מָרְדֳּכַי לְהָשִׁיב אֶל־
אֶסְתֵּר אַל־תְּדַמִּי בְנַפְשֵׁךְ לְהִמָּלֵט בֵּית־הַמֶּלֶךְ מִכָּל־הַיְּהוּדִים: כִּי אִם־
הַחֲרֵשׁ תַּחֲרִישִׁי בָּעֵת הַזֹּאת רֶוַח וְהַצָּלָה יַעֲמוֹד לַיְּהוּדִים מִמָּקוֹם אַחֵר
וְאַתְּ וּבֵית־אָבִיךְ תֹּאבֵדוּ וּמִי יוֹדֵעַ אִם־לְעֵת כָּזֹאת הִגַּעַתְּ לַמַּלְכוּת: וַתֹּאמֶר
אֶסְתֵּר לְהָשִׁיב אֶל־מָרְדֳּכָי: לֵךְ כְּנוֹס אֶת־כָּל־הַיְּהוּדִים הַנִּמְצְאִים בְּשׁוּשָׁן
וְצוּמוּ עָלַי וְאַל־תֹּאכְלוּ וְאַל־תִּשְׁתּוּ שְׁלֹשֶׁת יָמִים לַיְלָה וָיוֹם גַּם־אֲנִי וְנַעֲרֹתַי
אָצוּם כֵּן וּבְכֵן אָבוֹא אֶל־הַמֶּלֶךְ אֲשֶׁר לֹא־כַדָּת וְכַאֲשֶׁר אָבַדְתִּי אָבָדְתִּי:
ה וַיַּעֲבֹר מָרְדֳּכָי וַיַּעַשׂ כְּכֹל אֲשֶׁר־צִוְּתָה עָלָיו אֶסְתֵּר: וַיְהִי ׀ בַּיּוֹם הַשְּׁלִישִׁי
וַתִּלְבַּשׁ אֶסְתֵּר מַלְכוּת וַתַּעֲמֹד בַּחֲצַר בֵּית־הַמֶּלֶךְ הַפְּנִימִית נֹכַח בֵּית הַמֶּלֶךְ
וְהַמֶּלֶךְ יוֹשֵׁב עַל־כִּסֵּא מַלְכוּתוֹ בְּבֵית הַמַּלְכוּת נֹכַח פֶּתַח הַבָּיִת: וַיְהִי
כִרְאוֹת הַמֶּלֶךְ אֶת־אֶסְתֵּר הַמַּלְכָּה עֹמֶדֶת בֶּחָצֵר נָשְׂאָה חֵן בְּעֵינָיו וַיּוֹשֶׁט
הַמֶּלֶךְ לְאֶסְתֵּר אֶת־שַׁרְבִיט הַזָּהָב אֲשֶׁר בְּיָדוֹ וַתִּקְרַב אֶסְתֵּר וַתִּגַּע בְּרֹאשׁ
הַשַּׁרְבִיט: וַיֹּאמֶר לָהּ הַמֶּלֶךְ מַה־לָּךְ אֶסְתֵּר הַמַּלְכָּה וּמַה־בַּקָּשָׁתֵךְ עַד־חֲצִי
הַמַּלְכוּת וְיִנָּתֵן לָךְ: וַתֹּאמֶר אֶסְתֵּר אִם־עַל־הַמֶּלֶךְ טוֹב יָבוֹא הַמֶּלֶךְ וְהָמָן
הַיּוֹם אֶל־הַמִּשְׁתֶּה אֲשֶׁר־עָשִׂיתִי לוֹ: וַיֹּאמֶר הַמֶּלֶךְ מַהֲרוּ אֶת־הָמָן לַעֲשׂוֹת
אֶת־דְּבַר אֶסְתֵּר וַיָּבֹא הַמֶּלֶךְ וְהָמָן אֶל־הַמִּשְׁתֶּה אֲשֶׁר־עָשְׂתָה אֶסְתֵּר:
וַיֹּאמֶר הַמֶּלֶךְ לְאֶסְתֵּר בְּמִשְׁתֵּה הַיַּיִן מַה־שְּׁאֵלָתֵךְ וְיִנָּתֵן לָךְ וּמַה־בַּקָּשָׁתֵךְ
עַד־חֲצִי הַמַּלְכוּת וְתֵעָשׂ: וַתַּעַן אֶסְתֵּר וַתֹּאמַר שְׁאֵלָתִי וּבַקָּשָׁתִי: אִם־
מָצָאתִי חֵן בְּעֵינֵי הַמֶּלֶךְ וְאִם־עַל־הַמֶּלֶךְ טוֹב לָתֵת אֶת־שְׁאֵלָתִי וְלַעֲשׂוֹת
אֶת־בַּקָּשָׁתִי יָבוֹא הַמֶּלֶךְ וְהָמָן אֶל־הַמִּשְׁתֶּה אֲשֶׁר אֶעֱשֶׂה לָהֶם וּמָחָר
אֶעֱשֶׂה כִּדְבַר הַמֶּלֶךְ: וַיֵּצֵא הָמָן בַּיּוֹם הַהוּא שָׂמֵחַ וְטוֹב לֵב וְכִרְאוֹת הָמָן
אֶת־מָרְדֳּכַי בְּשַׁעַר הַמֶּלֶךְ וְלֹא־קָם וְלֹא־זָע מִמֶּנּוּ וַיִּמָּלֵא הָמָן עַל־מָרְדֳּכַי
חֵמָה: וַיִּתְאַפַּק הָמָן וַיָּבוֹא אֶל־בֵּיתוֹ וַיִּשְׁלַח וַיָּבֵא אֶת־אֹהֲבָיו וְאֶת־זֶרֶשׁ
אִשְׁתּוֹ: וַיְסַפֵּר לָהֶם הָמָן אֶת־כְּבוֹד עָשְׁרוֹ וְרֹב בָּנָיו וְאֵת כָּל־אֲשֶׁר גִּדְּלוֹ

הַמֶּלֶךְ וְאֵת אֲשֶׁר נִשְּׂאוֹ עַל־הַשָּׂרִים וְעַבְדֵי הַמֶּלֶךְ: וַיֹּאמֶר הָמָן אַף לֹא־
הֵבִיאָה אֶסְתֵּר הַמַּלְכָּה עִם־הַמֶּלֶךְ אֶל־הַמִּשְׁתֶּה אֲשֶׁר־עָשָׂתָה כִּי אִם־אוֹתִי
וְגַם־לְמָחָר אֲנִי קָרוּא־לָהּ עִם־הַמֶּלֶךְ: וְכָל־זֶה אֵינֶנּוּ שֹׁוֶה לִי בְּכָל־עֵת אֲשֶׁר
אֲנִי רֹאֶה אֶת־מָרְדֳּכַי הַיְּהוּדִי יוֹשֵׁב בְּשַׁעַר הַמֶּלֶךְ: וַתֹּאמֶר לוֹ זֶרֶשׁ אִשְׁתּוֹ
וְכָל־אֹהֲבָיו יַעֲשׂוּ־עֵץ גָּבֹהַּ חֲמִשִּׁים אַמָּה וּבַבֹּקֶר ׀ אֱמֹר לַמֶּלֶךְ וְיִתְלוּ אֶת־
מָרְדֳּכַי עָלָיו וּבֹא עִם־הַמֶּלֶךְ אֶל־הַמִּשְׁתֶּה שָׂמֵחַ וַיִּיטַב הַדָּבָר לִפְנֵי הָמָן
וַיַּעַשׂ הָעֵץ: בַּלַּיְלָה הַהוּא נָדְדָה שְׁנַת הַמֶּלֶךְ וַיֹּאמֶר לְהָבִיא ו
אֶת־סֵפֶר הַזִּכְרֹנוֹת דִּבְרֵי הַיָּמִים וַיִּהְיוּ נִקְרָאִים לִפְנֵי הַמֶּלֶךְ: וַיִּמָּצֵא כָתוּב
אֲשֶׁר הִגִּיד מָרְדֳּכַי עַל־בִּגְתָנָא וָתֶרֶשׁ שְׁנֵי סָרִיסֵי הַמֶּלֶךְ מִשֹּׁמְרֵי הַסַּף אֲשֶׁר
בִּקְשׁוּ לִשְׁלֹחַ יָד בַּמֶּלֶךְ אֲחַשְׁוֵרוֹשׁ: וַיֹּאמֶר הַמֶּלֶךְ מַה־נַּעֲשָׂה יְקָר וּגְדוּלָּה
לְמָרְדֳּכַי עַל־זֶה וַיֹּאמְרוּ נַעֲרֵי הַמֶּלֶךְ מְשָׁרְתָיו לֹא־נַעֲשָׂה עִמּוֹ דָּבָר: וַיֹּאמֶר
הַמֶּלֶךְ מִי בֶחָצֵר וְהָמָן בָּא לַחֲצַר בֵּית־הַמֶּלֶךְ הַחִיצוֹנָה לֵאמֹר לַמֶּלֶךְ לִתְלוֹת
אֶת־מָרְדֳּכַי עַל־הָעֵץ אֲשֶׁר־הֵכִין לוֹ: וַיֹּאמְרוּ נַעֲרֵי הַמֶּלֶךְ אֵלָיו הִנֵּה הָמָן
עֹמֵד בֶּחָצֵר וַיֹּאמֶר הַמֶּלֶךְ יָבוֹא: וַיָּבוֹא הָמָן וַיֹּאמֶר לוֹ הַמֶּלֶךְ מַה־לַּעֲשׂוֹת
בָּאִישׁ אֲשֶׁר הַמֶּלֶךְ חָפֵץ בִּיקָרוֹ וַיֹּאמֶר הָמָן בְּלִבּוֹ לְמִי יַחְפֹּץ הַמֶּלֶךְ לַעֲשׂוֹת
יְקָר יוֹתֵר מִמֶּנִּי: וַיֹּאמֶר הָמָן אֶל־הַמֶּלֶךְ אִישׁ אֲשֶׁר הַמֶּלֶךְ חָפֵץ בִּיקָרוֹ:
יָבִיאוּ לְבוּשׁ מַלְכוּת אֲשֶׁר לָבַשׁ־בּוֹ הַמֶּלֶךְ וְסוּס אֲשֶׁר רָכַב עָלָיו הַמֶּלֶךְ
וַאֲשֶׁר נִתַּן כֶּתֶר מַלְכוּת בְּרֹאשׁוֹ: וְנָתוֹן הַלְּבוּשׁ וְהַסּוּס עַל־יַד־אִישׁ מִשָּׂרֵי
הַמֶּלֶךְ הַפַּרְתְּמִים וְהִלְבִּישׁוּ אֶת־הָאִישׁ אֲשֶׁר הַמֶּלֶךְ חָפֵץ בִּיקָרוֹ וְהִרְכִּיבֻהוּ
עַל־הַסּוּס בִּרְחוֹב הָעִיר וְקָרְאוּ לְפָנָיו כָּכָה יֵעָשֶׂה לָאִישׁ אֲשֶׁר הַמֶּלֶךְ חָפֵץ
בִּיקָרוֹ: וַיֹּאמֶר הַמֶּלֶךְ לְהָמָן מַהֵר קַח אֶת־הַלְּבוּשׁ וְאֶת־הַסּוּס כַּאֲשֶׁר דִּבַּרְתָּ
וַעֲשֵׂה־כֵן לְמָרְדֳּכַי הַיְּהוּדִי הַיּוֹשֵׁב בְּשַׁעַר הַמֶּלֶךְ אַל־תַּפֵּל דָּבָר מִכֹּל אֲשֶׁר
דִּבַּרְתָּ: וַיִּקַּח הָמָן אֶת־הַלְּבוּשׁ וְאֶת־הַסּוּס וַיַּלְבֵּשׁ אֶת־מָרְדֳּכָי וַיַּרְכִּיבֵהוּ
בִּרְחוֹב הָעִיר וַיִּקְרָא לְפָנָיו כָּכָה יֵעָשֶׂה לָאִישׁ אֲשֶׁר הַמֶּלֶךְ חָפֵץ בִּיקָרוֹ:
וַיָּשָׁב מָרְדֳּכַי אֶל־שַׁעַר הַמֶּלֶךְ וְהָמָן נִדְחַף אֶל־בֵּיתוֹ אָבֵל וַחֲפוּי רֹאשׁ:
וַיְסַפֵּר הָמָן לְזֶרֶשׁ אִשְׁתּוֹ וּלְכָל־אֹהֲבָיו אֵת כָּל־אֲשֶׁר קָרָהוּ וַיֹּאמְרוּ לוֹ חֲכָמָיו
וְזֶרֶשׁ אִשְׁתּוֹ אִם מִזֶּרַע הַיְּהוּדִים מָרְדֳּכַי אֲשֶׁר הַחִלּוֹתָ לִנְפֹּל לְפָנָיו לֹא־תוּכַל
לוֹ כִּי־נָפוֹל תִּפּוֹל לְפָנָיו: עוֹדָם מְדַבְּרִים עִמּוֹ וְסָרִיסֵי הַמֶּלֶךְ הִגִּיעוּ וַיַּבְהִלוּ
לְהָבִיא אֶת־הָמָן אֶל־הַמִּשְׁתֶּה אֲשֶׁר־עָשְׂתָה אֶסְתֵּר: וַיָּבֹא הַמֶּלֶךְ וְהָמָן ז

לִשְׁתּוֹת עִם־אֶסְתֵּר הַמַּלְכָּה: וַיֹּאמֶר הַמֶּלֶךְ לְאֶסְתֵּר גַּם בַּיּוֹם הַשֵּׁנִי בְּמִשְׁתֵּה
הַיַּיִן מַה־שְּׁאֵלָתֵךְ אֶסְתֵּר הַמַּלְכָּה וְתִנָּתֵן לָךְ וּמַה־בַּקָּשָׁתֵךְ עַד־חֲצִי הַמַּלְכוּת
וְתֵעָשׂ: וַתַּעַן אֶסְתֵּר הַמַּלְכָּה וַתֹּאמַר אִם־מָצָאתִי חֵן בְּעֵינֶיךָ הַמֶּלֶךְ וְאִם־
עַל־הַמֶּלֶךְ טוֹב תִּנָּתֶן־לִי נַפְשִׁי בִּשְׁאֵלָתִי וְעַמִּי בְּבַקָּשָׁתִי: כִּי נִמְכַּרְנוּ אֲנִי
וְעַמִּי לְהַשְׁמִיד לַהֲרוֹג וּלְאַבֵּד וְאִלּוּ לַעֲבָדִים וְלִשְׁפָחוֹת נִמְכַּרְנוּ הֶחֱרַשְׁתִּי
כִּי אֵין הַצָּר שֹׁוֶה בְּנֵזֶק הַמֶּלֶךְ: וַיֹּאמֶר הַמֶּלֶךְ אֲחַשְׁוֵרוֹשׁ וַיֹּאמֶר
לְאֶסְתֵּר הַמַּלְכָּה מִי הוּא זֶה וְאֵי־זֶה הוּא אֲשֶׁר־מְלָאוֹ לִבּוֹ לַעֲשׂוֹת כֵּן:
וַתֹּאמֶר אֶסְתֵּר אִישׁ צַר וְאוֹיֵב הָמָן הָרָע הַזֶּה וְהָמָן נִבְעַת מִלִּפְנֵי הַמֶּלֶךְ
וְהַמַּלְכָּה: וְהַמֶּלֶךְ קָם בַּחֲמָתוֹ מִמִּשְׁתֵּה הַיַּיִן אֶל־גִּנַּת הַבִּיתָן וְהָמָן עָמַד
לְבַקֵּשׁ עַל־נַפְשׁוֹ מֵאֶסְתֵּר הַמַּלְכָּה כִּי רָאָה כִּי־כָלְתָה אֵלָיו הָרָעָה מֵאֵת
הַמֶּלֶךְ: וְהַמֶּלֶךְ שָׁב מִגִּנַּת הַבִּיתָן אֶל־בֵּית ׀ מִשְׁתֵּה הַיַּיִן וְהָמָן נֹפֵל עַל־
הַמִּטָּה אֲשֶׁר אֶסְתֵּר עָלֶיהָ וַיֹּאמֶר הַמֶּלֶךְ הֲגַם לִכְבּוֹשׁ אֶת־הַמַּלְכָּה עִמִּי
בַּבָּיִת הַדָּבָר יָצָא מִפִּי הַמֶּלֶךְ וּפְנֵי הָמָן חָפוּ: וַיֹּאמֶר חַרְבוֹנָה אֶחָד מִן־
הַסָּרִיסִים לִפְנֵי הַמֶּלֶךְ גַּם הִנֵּה־הָעֵץ אֲשֶׁר־עָשָׂה הָמָן לְמָרְדֳּכַי אֲשֶׁר דִּבֶּר־
טוֹב עַל־הַמֶּלֶךְ עֹמֵד בְּבֵית הָמָן גָּבֹהַּ חֲמִשִּׁים אַמָּה וַיֹּאמֶר הַמֶּלֶךְ תְּלֻהוּ
עָלָיו: וַיִּתְלוּ אֶת־הָמָן עַל־הָעֵץ אֲשֶׁר־הֵכִין לְמָרְדֳּכָי וַחֲמַת הַמֶּלֶךְ
ח שָׁכָכָה: בַּיּוֹם הַהוּא נָתַן הַמֶּלֶךְ אֲחַשְׁוֵרוֹשׁ לְאֶסְתֵּר הַמַּלְכָּה
אֶת־בֵּית הָמָן צֹרֵר היהודיים וּמָרְדֳּכַי בָּא לִפְנֵי הַמֶּלֶךְ כִּי־הִגִּידָה אֶסְתֵּר מַה הַיְּהוּדִים
הוּא־לָהּ: וַיָּסַר הַמֶּלֶךְ אֶת־טַבַּעְתּוֹ אֲשֶׁר הֶעֱבִיר מֵהָמָן וַיִּתְּנָהּ לְמָרְדֳּכָי
וַתָּשֶׂם אֶסְתֵּר אֶת־מָרְדֳּכַי עַל־בֵּית הָמָן: וַתּוֹסֶף אֶסְתֵּר וַתְּדַבֵּר
לִפְנֵי הַמֶּלֶךְ וַתִּפֹּל לִפְנֵי רַגְלָיו וַתֵּבְךְּ וַתִּתְחַנֶּן־לוֹ לְהַעֲבִיר אֶת־רָעַת הָמָן
הָאֲגָגִי וְאֵת מַחֲשַׁבְתּוֹ אֲשֶׁר חָשַׁב עַל־הַיְּהוּדִים: וַיּוֹשֶׁט הַמֶּלֶךְ לְאֶסְתֵּר אֵת
שַׁרְבִט הַזָּהָב וַתָּקָם אֶסְתֵּר וַתַּעֲמֹד לִפְנֵי הַמֶּלֶךְ: וַתֹּאמֶר אִם־עַל־הַמֶּלֶךְ
טוֹב וְאִם־מָצָאתִי חֵן לְפָנָיו וְכָשֵׁר הַדָּבָר לִפְנֵי הַמֶּלֶךְ וְטוֹבָה אֲנִי בְּעֵינָיו
יִכָּתֵב לְהָשִׁיב אֶת־הַסְּפָרִים מַחֲשֶׁבֶת הָמָן בֶּן־הַמְּדָתָא הָאֲגָגִי אֲשֶׁר כָּתַב
לְאַבֵּד אֶת־הַיְּהוּדִים אֲשֶׁר בְּכָל־מְדִינוֹת הַמֶּלֶךְ: כִּי אֵיכָכָה אוּכַל וְרָאִיתִי בָּרָעָה
אֲשֶׁר־יִמְצָא אֶת־עַמִּי וְאֵיכָכָה אוּכַל וְרָאִיתִי בְּאָבְדַן מוֹלַדְתִּי: וַיֹּאמֶר
הַמֶּלֶךְ אֲחַשְׁוֵרֹשׁ לְאֶסְתֵּר הַמַּלְכָּה וּלְמָרְדֳּכַי הַיְּהוּדִי הִנֵּה בֵית־הָמָן נָתַתִּי
לְאֶסְתֵּר וְאֹתוֹ תָּלוּ עַל־הָעֵץ עַל אֲשֶׁר־שָׁלַח יָדוֹ ביהודיים: וְאַתֶּם כִּתְבוּ בַּיְּהוּדִים

עַל־הַיְּהוּדִים כַּטּוֹב בְּעֵינֵיכֶם בְּשֵׁם הַמֶּלֶךְ וְחִתְמוּ בְּטַבַּעַת הַמֶּלֶךְ כִּי־כְתָב
אֲשֶׁר־נִכְתָּב בְּשֵׁם־הַמֶּלֶךְ וְנַחְתּוֹם בְּטַבַּעַת הַמֶּלֶךְ אֵין לְהָשִׁיב׃ וַיִּקָּרְאוּ
סֹפְרֵי־הַמֶּלֶךְ בָּעֵת־הַהִיא בַּחֹדֶשׁ הַשְּׁלִישִׁי הוּא־חֹדֶשׁ סִיוָן בִּשְׁלוֹשָׁה וְעֶשְׂרִים
בּוֹ וַיִּכָּתֵב כְּכָל־אֲשֶׁר־צִוָּה מָרְדֳּכַי אֶל־הַיְּהוּדִים וְאֶל הָאֲחַשְׁדַּרְפְּנִים וְהַפַּחוֹת
וְשָׂרֵי הַמְּדִינוֹת אֲשֶׁר ׀ מֵהֹדּוּ וְעַד־כּוּשׁ שֶׁבַע וְעֶשְׂרִים וּמֵאָה מְדִינָה מְדִינָה
וּמְדִינָה כִּכְתָבָהּ וְעַם וָעָם כִּלְשֹׁנוֹ וְאֶל־הַיְּהוּדִים כִּכְתָבָם וְכִלְשׁוֹנָם׃ וַיִּכְתֹּב
בְּשֵׁם הַמֶּלֶךְ אֲחַשְׁוֵרֹשׁ וַיַּחְתֹּם בְּטַבַּעַת הַמֶּלֶךְ וַיִּשְׁלַח סְפָרִים בְּיַד הָרָצִים
בַּסּוּסִים רֹכְבֵי הָרֶכֶשׁ הָאֲחַשְׁתְּרָנִים בְּנֵי הָרַמָּכִים׃ אֲשֶׁר נָתַן הַמֶּלֶךְ לַיְּהוּדִים
׀ אֲשֶׁר ׀ בְּכָל־עִיר וָעִיר לְהִקָּהֵל וְלַעֲמֹד עַל־נַפְשָׁם לְהַשְׁמִיד וְלַהֲרֹג וּלְאַבֵּד
אֶת־כָּל־חֵיל עַם וּמְדִינָה הַצָּרִים אֹתָם טַף וְנָשִׁים וּשְׁלָלָם לָבוֹז׃ בְּיוֹם אֶחָד
בְּכָל־מְדִינוֹת הַמֶּלֶךְ אֲחַשְׁוֵרוֹשׁ בִּשְׁלוֹשָׁה עָשָׂר לְחֹדֶשׁ שְׁנֵים־עָשָׂר הוּא־
חֹדֶשׁ אֲדָר׃ פַּתְשֶׁגֶן הַכְּתָב לְהִנָּתֵן דָּת בְּכָל־מְדִינָה וּמְדִינָה גָּלוּי לְכָל־הָעַמִּים
וְלִהְיוֹת היהודיים עתודים לַיּוֹם הַזֶּה לְהִנָּקֵם מֵאֹיְבֵיהֶם׃ הָרָצִים רֹכְבֵי הָרֶכֶשׁ
הַיְּהוּדִים עֲתִידִים
הָאֲחַשְׁתְּרָנִים יָצְאוּ מְבֹהָלִים וּדְחוּפִים בִּדְבַר הַמֶּלֶךְ וְהַדָּת נִתְּנָה בְּשׁוּשַׁן
הַבִּירָה׃ וּמָרְדֳּכַי יָצָא ׀ מִלִּפְנֵי הַמֶּלֶךְ בִּלְבוּשׁ מַלְכוּת תְּכֵלֶת וָחוּר
וַעֲטֶרֶת זָהָב גְּדוֹלָה וְתַכְרִיךְ בּוּץ וְאַרְגָּמָן וְהָעִיר שׁוּשָׁן צָהֲלָה וְשָׂמֵחָה׃
לַיְּהוּדִים הָיְתָה אוֹרָה וְשִׂמְחָה וְשָׂשֹׂן וִיקָר׃ וּבְכָל־מְדִינָה וּמְדִינָה וּבְכָל־עִיר
וָעִיר מְקוֹם אֲשֶׁר דְּבַר־הַמֶּלֶךְ וְדָתוֹ מַגִּיעַ שִׂמְחָה וְשָׂשׂוֹן לַיְּהוּדִים מִשְׁתֶּה
וְיוֹם טוֹב וְרַבִּים מֵעַמֵּי הָאָרֶץ מִתְיַהֲדִים כִּי־נָפַל פַּחַד־הַיְּהוּדִים עֲלֵיהֶם׃
וּבִשְׁנֵים עָשָׂר חֹדֶשׁ הוּא־חֹדֶשׁ אֲדָר בִּשְׁלוֹשָׁה עָשָׂר יוֹם בּוֹ אֲשֶׁר הִגִּיעַ ט
דְּבַר־הַמֶּלֶךְ וְדָתוֹ לְהֵעָשׂוֹת בַּיּוֹם אֲשֶׁר שִׂבְּרוּ אֹיְבֵי הַיְּהוּדִים לִשְׁלוֹט בָּהֶם
וְנַהֲפוֹךְ הוּא אֲשֶׁר יִשְׁלְטוּ הַיְּהוּדִים הֵמָּה בְּשֹׂנְאֵיהֶם׃ נִקְהֲלוּ הַיְּהוּדִים
בְּעָרֵיהֶם בְּכָל־מְדִינוֹת הַמֶּלֶךְ אֲחַשְׁוֵרוֹשׁ לִשְׁלֹחַ יָד בִּמְבַקְשֵׁי רָעָתָם וְאִישׁ
לֹא־עָמַד לִפְנֵיהֶם כִּי־נָפַל פַּחְדָּם עַל־כָּל־הָעַמִּים׃ וְכָל־שָׂרֵי הַמְּדִינוֹת
וְהָאֲחַשְׁדַּרְפְּנִים וְהַפַּחוֹת וְעֹשֵׂי הַמְּלָאכָה אֲשֶׁר לַמֶּלֶךְ מְנַשְּׂאִים אֶת־הַיְּהוּדִים
כִּי־נָפַל פַּחַד־מָרְדֳּכַי עֲלֵיהֶם׃ כִּי־גָדוֹל מָרְדֳּכַי בְּבֵית
הַמֶּלֶךְ וְשָׁמְעוֹ הוֹלֵךְ בְּכָל־הַמְּדִינוֹת כִּי־הָאִישׁ מָרְדֳּכַי הוֹלֵךְ וְגָדוֹל׃
וַיַּכּוּ הַיְּהוּדִים בְּכָל־אֹיְבֵיהֶם מַכַּת־חֶרֶב וְהֶרֶג וְאַבְדָן וַיַּעֲשׂוּ

בְּשֹׂנְאֵיהֶם כִּרְצוֹנָם: וּבְשׁוּשַׁן הַבִּירָה הָרְגוּ הַיְּהוּדִים וְאַבֵּד חֲמֵשׁ מֵאוֹת

אִישׁ: וְאֵת ׀

פַּרְשַׁנְדָּתָא וְאֵת ׀

דַּלְפוֹן וְאֵת ׀

אַסְפָּתָא: וְאֵת ׀

פּוֹרָתָא וְאֵת ׀

אֲדַלְיָא וְאֵת ׀

אֲרִידָתָא: וְאֵת ׀

פַּרְמַשְׁתָּא וְאֵת ׀

אֲרִיסַי וְאֵת ׀

אֲרִידַי וְאֵת ׀

וַיְזָתָא: עֲשֶׂרֶת

בְּנֵי הָמָן בֶּן־הַמְּדָתָא צֹרֵר הַיְּהוּדִים הָרָגוּ וּבַבִּזָּה לֹא שָׁלְחוּ אֶת־יָדָם: בַּיּוֹם
הַהוּא בָּא מִסְפַּר הַהֲרוּגִים בְּשׁוּשַׁן הַבִּירָה לִפְנֵי הַמֶּלֶךְ: וַיֹּאמֶר הַמֶּלֶךְ
לְאֶסְתֵּר הַמַּלְכָּה בְּשׁוּשַׁן הַבִּירָה הָרְגוּ הַיְּהוּדִים וְאַבֵּד חֲמֵשׁ מֵאוֹת אִישׁ
וְאֵת עֲשֶׂרֶת בְּנֵי־הָמָן בִּשְׁאָר מְדִינוֹת הַמֶּלֶךְ מֶה עָשׂוּ וּמַה־שְּׁאֵלָתֵךְ וְיִנָּתֵן
לָךְ וּמַה־בַּקָּשָׁתֵךְ עוֹד וְתֵעָשׂ: וַתֹּאמֶר אֶסְתֵּר אִם־עַל־הַמֶּלֶךְ טוֹב יִנָּתֵן
גַּם־מָחָר לַיְּהוּדִים אֲשֶׁר בְּשׁוּשָׁן לַעֲשׂוֹת כְּדָת הַיּוֹם וְאֵת עֲשֶׂרֶת בְּנֵי־הָמָן
יִתְלוּ עַל־הָעֵץ: וַיֹּאמֶר הַמֶּלֶךְ לְהֵעָשׂוֹת כֵּן וַתִּנָּתֵן דָּת בְּשׁוּשָׁן וְאֵת עֲשֶׂרֶת
בְּנֵי־הָמָן תָּלוּ: וַיִּקָּהֲלוּ היהודיים אֲשֶׁר־בְּשׁוּשָׁן גַּם בְּיוֹם אַרְבָּעָה עָשָׂר הַיְּהוּדִים
לְחֹדֶשׁ אֲדָר וַיַּהַרְגוּ בְשׁוּשָׁן שְׁלֹשׁ מֵאוֹת אִישׁ וּבַבִּזָּה לֹא שָׁלְחוּ אֶת־יָדָם:
וּשְׁאָר הַיְּהוּדִים אֲשֶׁר בִּמְדִינוֹת הַמֶּלֶךְ נִקְהֲלוּ ׀ וְעָמֹד עַל־נַפְשָׁם וְנוֹחַ
מֵאֹיְבֵיהֶם וְהָרוֹג בְּשֹׂנְאֵיהֶם חֲמִשָּׁה וְשִׁבְעִים אָלֶף וּבַבִּזָּה לֹא שָׁלְחוּ אֶת־
יָדָם: בְּיוֹם־שְׁלוֹשָׁה עָשָׂר לְחֹדֶשׁ אֲדָר וְנוֹחַ בְּאַרְבָּעָה עָשָׂר בּוֹ וְעָשֹׂה אֹתוֹ
יוֹם מִשְׁתֶּה וְשִׂמְחָה: והיהודיים אֲשֶׁר־בְּשׁוּשָׁן נִקְהֲלוּ בִּשְׁלוֹשָׁה עָשָׂר בּוֹ וְהַיְּהוּדִים
וּבְאַרְבָּעָה עָשָׂר בּוֹ וְנוֹחַ בַּחֲמִשָּׁה עָשָׂר בּוֹ וְעָשֹׂה אֹתוֹ יוֹם מִשְׁתֶּה וְשִׂמְחָה:
עַל־כֵּן הַיְּהוּדִים הפרוזים הַיֹּשְׁבִים בְּעָרֵי הַפְּרָזוֹת עֹשִׂים אֵת יוֹם אַרְבָּעָה הַפְּרָזִים
עָשָׂר לְחֹדֶשׁ אֲדָר שִׂמְחָה וּמִשְׁתֶּה וְיוֹם טוֹב וּמִשְׁלֹחַ מָנוֹת אִישׁ לְרֵעֵהוּ:

וַיִּכְתֹּב מָרְדֳּכַי אֶת־הַדְּבָרִים הָאֵלֶּה וַיִּשְׁלַח סְפָרִים אֶל־כָּל־הַיְּהוּדִים אֲשֶׁר
בְּכָל־מְדִינוֹת הַמֶּלֶךְ אֲחַשְׁוֵרוֹשׁ הַקְּרוֹבִים וְהָרְחוֹקִים: לְקַיֵּם עֲלֵיהֶם לִהְיוֹת
עֹשִׂים אֵת יוֹם אַרְבָּעָה עָשָׂר לְחֹדֶשׁ אֲדָר וְאֵת יוֹם־חֲמִשָּׁה עָשָׂר בּוֹ בְּכָל־
שָׁנָה וְשָׁנָה: כַּיָּמִים אֲשֶׁר־נָחוּ בָהֶם הַיְּהוּדִים מֵאֹיְבֵיהֶם וְהַחֹדֶשׁ אֲשֶׁר נֶהְפַּךְ
לָהֶם מִיָּגוֹן לְשִׂמְחָה וּמֵאֵבֶל לְיוֹם טוֹב לַעֲשׂוֹת אוֹתָם יְמֵי מִשְׁתֶּה וְשִׂמְחָה
וּמִשְׁלֹחַ מָנוֹת אִישׁ לְרֵעֵהוּ וּמַתָּנוֹת לָאֶבְיֹנִים: וְקִבֵּל הַיְּהוּדִים אֵת אֲשֶׁר־
הֵחֵלּוּ לַעֲשׂוֹת וְאֵת אֲשֶׁר־כָּתַב מָרְדֳּכַי אֲלֵיהֶם: כִּי הָמָן בֶּן־הַמְּדָתָא הָאֲגָגִי
צֹרֵר כָּל־הַיְּהוּדִים חָשַׁב עַל־הַיְּהוּדִים לְאַבְּדָם וְהִפִּל פּוּר הוּא הַגּוֹרָל לְהֻמָּם
וּלְאַבְּדָם: וּבְבֹאָהּ לִפְנֵי הַמֶּלֶךְ אָמַר עִם־הַסֵּפֶר יָשׁוּב מַחֲשַׁבְתּוֹ הָרָעָה אֲשֶׁר־
חָשַׁב עַל־הַיְּהוּדִים עַל־רֹאשׁוֹ וְתָלוּ אֹתוֹ וְאֶת־בָּנָיו עַל־הָעֵץ: עַל־כֵּן קָרְאוּ
לַיָּמִים הָאֵלֶּה פוּרִים עַל־שֵׁם הַפּוּר עַל־כֵּן עַל־כָּל־דִּבְרֵי הָאִגֶּרֶת הַזֹּאת וּמָה־
רָאוּ עַל־כָּכָה וּמָה הִגִּיעַ אֲלֵיהֶם: קִיְּמוּ וְקִבְּלֻ הַיְּהוּדִים ׀ עֲלֵיהֶם ׀ וְעַל־זַרְעָם
וְעַל כָּל־הַנִּלְוִים עֲלֵיהֶם וְלֹא יַעֲבוֹר לִהְיוֹת עֹשִׂים אֶת־שְׁנֵי הַיָּמִים הָאֵלֶּה
כִּכְתָבָם וְכִזְמַנָּם בְּכָל־שָׁנָה וְשָׁנָה: וְהַיָּמִים הָאֵלֶּה נִזְכָּרִים וְנַעֲשִׂים בְּכָל־דּוֹר
וָדוֹר מִשְׁפָּחָה וּמִשְׁפָּחָה מְדִינָה וּמְדִינָה וְעִיר וָעִיר וִימֵי הַפּוּרִים הָאֵלֶּה
לֹא יַעַבְרוּ מִתּוֹךְ הַיְּהוּדִים וְזִכְרָם לֹא־יָסוּף מִזַּרְעָם: וַתִּכְתֹּב
אֶסְתֵּר הַמַּלְכָּה בַת־אֲבִיחַיִל וּמָרְדֳּכַי הַיְּהוּדִי אֶת־כָּל־תֹּקֶף לְקַיֵּם אֵת
אִגֶּרֶת הַפֻּרִים הַזֹּאת הַשֵּׁנִית: וַיִּשְׁלַח סְפָרִים אֶל־כָּל־הַיְּהוּדִים אֶל־שֶׁבַע
וְעֶשְׂרִים וּמֵאָה מְדִינָה מַלְכוּת אֲחַשְׁוֵרוֹשׁ דִּבְרֵי שָׁלוֹם וֶאֱמֶת: לְקַיֵּם אֶת־
יְמֵי הַפֻּרִים הָאֵלֶּה בִּזְמַנֵּיהֶם כַּאֲשֶׁר קִיַּם עֲלֵיהֶם מָרְדֳּכַי הַיְּהוּדִי וְאֶסְתֵּר
הַמַּלְכָּה וְכַאֲשֶׁר קִיְּמוּ עַל־נַפְשָׁם וְעַל־זַרְעָם דִּבְרֵי הַצּוֹמוֹת וְזַעֲקָתָם:
וּמַאֲמַר אֶסְתֵּר קִיַּם דִּבְרֵי הַפֻּרִים הָאֵלֶּה וְנִכְתָּב בַּסֵּפֶר: וַיָּשֶׂם י
אֲחַשְׁוֵרוֹשׁ הַמֶּלֶךְ אחשרש ׀ מַס עַל־הָאָרֶץ וְאִיֵּי הַיָּם: וְכָל־מַעֲשֵׂה תָקְפּוֹ וּגְבוּרָתוֹ
וּפָרָשַׁת גְּדֻלַּת מָרְדֳּכַי אֲשֶׁר גִּדְּלוֹ הַמֶּלֶךְ הֲלוֹא־הֵם כְּתוּבִים עַל־סֵפֶר דִּבְרֵי
הַיָּמִים לְמַלְכֵי מָדַי וּפָרָס: כִּי ׀ מָרְדֳּכַי הַיְּהוּדִי מִשְׁנֶה לַמֶּלֶךְ אֲחַשְׁוֵרוֹשׁ
וְגָדוֹל לַיְּהוּדִים וְרָצוּי לְרֹב אֶחָיו דֹּרֵשׁ טוֹב לְעַמּוֹ וְדֹבֵר שָׁלוֹם לְכָל־זַרְעוֹ:

# ערבית ליום העצמאות

לפני תפילת ערבית נהגים לומר מזמורים אלה במנגינה של יום טוב.

הֹדוּ לַיהֹוָה כִּי־טוֹב, כִּי לְעוֹלָם חַסְדּוֹ: יֹאמְרוּ גְּאוּלֵי יְהֹוָה, אֲשֶׁר גְּאָלָם תהלים קז
מִיַּד־צָר: וּמֵאֲרָצוֹת קִבְּצָם, מִמִּזְרָח וּמִמַּעֲרָב, מִצָּפוֹן וּמִיָּם: תָּעוּ
בַמִּדְבָּר, בִּישִׁימוֹן דָּרֶךְ, עִיר מוֹשָׁב לֹא מָצָאוּ: רְעֵבִים גַּם־צְמֵאִים,
נַפְשָׁם בָּהֶם תִּתְעַטָּף: וַיִּצְעֲקוּ אֶל־יְהֹוָה בַּצַּר לָהֶם, מִמְּצוּקוֹתֵיהֶם
יַצִּילֵם: וַיַּדְרִיכֵם בְּדֶרֶךְ יְשָׁרָה, לָלֶכֶת אֶל־עִיר מוֹשָׁב: יוֹדוּ לַיהֹוָה
חַסְדּוֹ, וְנִפְלְאוֹתָיו לִבְנֵי אָדָם: כִּי־הִשְׂבִּיעַ נֶפֶשׁ שֹׁקֵקָה, וְנֶפֶשׁ רְעֵבָה
מִלֵּא־טוֹב: יֹשְׁבֵי חֹשֶׁךְ וְצַלְמָוֶת, אֲסִירֵי עֳנִי וּבַרְזֶל: כִּי־הִמְרוּ אִמְרֵי־
אֵל, וַעֲצַת עֶלְיוֹן נָאָצוּ: וַיַּכְנַע בֶּעָמָל לִבָּם, כָּשְׁלוּ וְאֵין עֹזֵר: וַיִּזְעֲקוּ
אֶל־יְהֹוָה בַּצַּר לָהֶם, מִמְּצֻקוֹתֵיהֶם יוֹשִׁיעֵם: יוֹצִיאֵם מֵחֹשֶׁךְ וְצַלְמָוֶת,
וּמוֹסְרוֹתֵיהֶם יְנַתֵּק: יוֹדוּ לַיהֹוָה חַסְדּוֹ, וְנִפְלְאוֹתָיו לִבְנֵי אָדָם: כִּי־שִׁבַּר
דַּלְתוֹת נְחֹשֶׁת, וּבְרִיחֵי בַרְזֶל גִּדֵּעַ: אֱוִלִים מִדֶּרֶךְ פִּשְׁעָם, וּמֵעֲוֹנֹתֵיהֶם
יִתְעַנּוּ: כָּל־אֹכֶל תְּתַעֵב נַפְשָׁם, וַיַּגִּיעוּ עַד־שַׁעֲרֵי מָוֶת: וַיִּזְעֲקוּ אֶל־
יְהֹוָה בַּצַּר לָהֶם, מִמְּצֻקוֹתֵיהֶם יוֹשִׁיעֵם: יִשְׁלַח דְּבָרוֹ וְיִרְפָּאֵם, וִימַלֵּט
מִשְּׁחִיתוֹתָם: יוֹדוּ לַיהֹוָה חַסְדּוֹ, וְנִפְלְאוֹתָיו לִבְנֵי אָדָם: וְיִזְבְּחוּ זִבְחֵי
תוֹדָה, וִיסַפְּרוּ מַעֲשָׂיו בְּרִנָּה: יוֹרְדֵי הַיָּם בָּאֳנִיּוֹת, עֹשֵׂי מְלָאכָה בְּמַיִם
רַבִּים: הֵמָּה רָאוּ מַעֲשֵׂי יְהֹוָה, וְנִפְלְאוֹתָיו בִּמְצוּלָה: וַיֹּאמֶר וַיַּעֲמֵד
רוּחַ סְעָרָה, וַתְּרוֹמֵם גַּלָּיו: יַעֲלוּ שָׁמַיִם, יֵרְדוּ תְהוֹמוֹת, נַפְשָׁם בְּרָעָה
תִתְמוֹגָג: יָחוֹגּוּ וְיָנוּעוּ כַּשִּׁכּוֹר, וְכָל־חָכְמָתָם תִּתְבַּלָּע: וַיִּצְעֲקוּ אֶל־
יְהֹוָה בַּצַּר לָהֶם, וּמִמְּצוּקֹתֵיהֶם יוֹצִיאֵם: יָקֵם סְעָרָה לִדְמָמָה, וַיֶּחֱשׁוּ
גַּלֵּיהֶם: וַיִּשְׂמְחוּ כִי־יִשְׁתֹּקוּ, וַיַּנְחֵם אֶל־מְחוֹז חֶפְצָם: יוֹדוּ לַיהֹוָה
חַסְדּוֹ, וְנִפְלְאוֹתָיו לִבְנֵי אָדָם: וִירֹמְמוּהוּ בִּקְהַל־עָם, וּבְמוֹשַׁב זְקֵנִים
יְהַלְלוּהוּ: יָשֵׂם נְהָרוֹת לְמִדְבָּר, וּמֹצָאֵי מַיִם לְצִמָּאוֹן: אֶרֶץ פְּרִי
לִמְלֵחָה, מֵרָעַת יֹשְׁבֵי בָהּ: יָשֵׂם מִדְבָּר לַאֲגַם־מַיִם, וְאֶרֶץ צִיָּה

לְמֹצָאֵי מָיִם׃ וַיּוֹשֶׁב שָׁם רְעֵבִים, וַיְכוֹנְנוּ עִיר מוֹשָׁב׃ וַיִּזְרְעוּ שָׂדוֹת, וַיִּטְּעוּ כְרָמִים, וַיַּעֲשׂוּ פְּרִי תְבוּאָה׃ וַיְבָרְכֵם וַיִּרְבּוּ מְאֹד, וּבְהֶמְתָּם לֹא יַמְעִיט׃ וַיִּמְעֲטוּ וַיָּשֹׁחוּ, מֵעֹצֶר רָעָה וְיָגוֹן׃ שֹׁפֵךְ בּוּז עַל־נְדִיבִים, וַיַּתְעֵם בְּתֹהוּ לֹא־דָרֶךְ׃ וַיְשַׂגֵּב אֶבְיוֹן מֵעוֹנִי, וַיָּשֶׂם כַּצֹּאן מִשְׁפָּחוֹת׃ יִרְאוּ יְשָׁרִים וְיִשְׂמָחוּ, וְכָל־עַוְלָה קָפְצָה פִּיהָ׃ מִי־חָכָם וְיִשְׁמָר־אֵלֶּה, וְיִתְבּוֹנְנוּ חַסְדֵי יְהוָה׃

תהלים צז יְהוָה מָלָךְ תָּגֵל הָאָרֶץ, יִשְׂמְחוּ אִיִּים רַבִּים׃ עָנָן וַעֲרָפֶל סְבִיבָיו, צֶדֶק וּמִשְׁפָּט מְכוֹן כִּסְאוֹ׃ אֵשׁ לְפָנָיו תֵּלֵךְ, וּתְלַהֵט סָבִיב צָרָיו׃ הֵאִירוּ בְרָקָיו תֵּבֵל, רָאֲתָה וַתָּחֵל הָאָרֶץ׃ הָרִים כַּדּוֹנַג נָמַסּוּ מִלִּפְנֵי יְהוָה, מִלִּפְנֵי אֲדוֹן כָּל־הָאָרֶץ׃ הִגִּידוּ הַשָּׁמַיִם צִדְקוֹ, וְרָאוּ כָל־הָעַמִּים כְּבוֹדוֹ׃ יֵבֹשׁוּ כָּל־עֹבְדֵי פֶסֶל הַמִּתְהַלְלִים בָּאֱלִילִים, הִשְׁתַּחֲווּ־לוֹ כָּל־אֱלֹהִים׃ שָׁמְעָה וַתִּשְׂמַח צִיּוֹן, וַתָּגֵלְנָה בְּנוֹת יְהוּדָה, לְמַעַן מִשְׁפָּטֶיךָ יְהוָה׃ כִּי־אַתָּה יְהוָה עֶלְיוֹן עַל־כָּל־הָאָרֶץ, מְאֹד נַעֲלֵיתָ עַל־כָּל־אֱלֹהִים׃ אֹהֲבֵי יְהוָה שִׂנְאוּ רָע, שֹׁמֵר נַפְשׁוֹת חֲסִידָיו, מִיַּד רְשָׁעִים יַצִּילֵם׃ אוֹר זָרֻעַ לַצַּדִּיק, וּלְיִשְׁרֵי־לֵב שִׂמְחָה׃ שִׂמְחוּ צַדִּיקִים בַּיהוָה, וְהוֹדוּ לְזֵכֶר קָדְשׁוֹ׃

תהלים צח מִזְמוֹר, שִׁירוּ לַיהוָה שִׁיר חָדָשׁ, כִּי־נִפְלָאוֹת עָשָׂה, הוֹשִׁיעָה־לּוֹ יְמִינוֹ וּזְרוֹעַ קָדְשׁוֹ׃ הוֹדִיעַ יְהוָה יְשׁוּעָתוֹ, לְעֵינֵי הַגּוֹיִם גִּלָּה צִדְקָתוֹ׃ זָכַר חַסְדּוֹ וֶאֱמוּנָתוֹ לְבֵית יִשְׂרָאֵל, רָאוּ כָל־אַפְסֵי־אָרֶץ אֵת יְשׁוּעַת אֱלֹהֵינוּ׃ הָרִיעוּ לַיהוָה כָּל־הָאָרֶץ, פִּצְחוּ וְרַנְּנוּ וְזַמֵּרוּ׃ זַמְּרוּ לַיהוָה בְּכִנּוֹר, בְּכִנּוֹר וְקוֹל זִמְרָה׃ בַּחֲצֹצְרוֹת וְקוֹל שׁוֹפָר, הָרִיעוּ לִפְנֵי הַמֶּלֶךְ יְהוָה׃ יִרְעַם הַיָּם וּמְלֹאוֹ, תֵּבֵל וְיֹשְׁבֵי בָהּ׃ נְהָרוֹת יִמְחֲאוּ־כָף, יַחַד הָרִים יְרַנֵּנוּ׃ לִפְנֵי־יְהוָה כִּי בָא לִשְׁפֹּט הָאָרֶץ, יִשְׁפֹּט־תֵּבֵל בְּצֶדֶק, וְעַמִּים בְּמֵישָׁרִים׃

ונוהגים לשיר:

הִתְעוֹרְרִי הִתְעוֹרְרִי
כִּי בָא אוֹרֵךְ קוּמִי אוֹרִי
עוּרִי עוּרִי, שִׁיר דַּבֵּרִי
כְּבוֹד יְהוָה עָלַיִךְ נִגְלָה.
זֶה־הַיּוֹם עָשָׂה יְהוָה, נָגִילָה וְנִשְׂמְחָה בוֹ: תהלים קיח

לֹא תֵבֹשִׁי וְלֹא תִכָּלְמִי
מַה תִּשְׁתּוֹחֲחִי וּמַה תֶּהֱמִי
בָּךְ יֶחֱסוּ עֲנִיֵּי עַמִּי
וְנִבְנְתָה עִיר עַל תִּלָּהּ.
זֶה־הַיּוֹם עָשָׂה יְהוָה, נָגִילָה וְנִשְׂמְחָה בוֹ:

יָמִין וּשְׂמֹאל תִּפְרֹצִי
וְאֶת יְהוָה תַּעֲרִיצִי
עַל יַד אִישׁ בֶּן פַּרְצִי
וְנִשְׂמְחָה וְנָגִילָה.
זֶה־הַיּוֹם עָשָׂה יְהוָה, נָגִילָה וְנִשְׂמְחָה בוֹ:

מתפללים תפילת ערבית במנגינה של יום טוב (עמ׳ 152).
אחרי קדיש תתקבל יש נוהגים לומר הלל שלם בעמ׳ 370 (ראה הלכה 812).
נוהגים לפתוח את ההיכל, ושליח הציבור אומר והקהל אחריו:

**שְׁמַע יִשְׂרָאֵל, יְהוָה אֱלֹהֵינוּ, יְהוָה אֶחָד:** דברים ו

ואומרים פעמיים:

**יְהוָה הוּא הָאֱלֹהִים, יְהוָה הוּא הָאֱלֹהִים:** מלכים א׳ יח

שליח הציבור ואחריו הקהל:

מִי שֶׁעָשָׂה נִסִּים לַאֲבוֹתֵינוּ וְלָנוּ
וּגְאָלָנוּ מֵעַבְדוּת לְחֵרוּת
הוּא יִגְאָלֵנוּ גְּאֻלָּה שְׁלֵמָה בְּקָרוֹב
וִיקַבֵּץ נִדָּחֵינוּ מֵאַרְבַּע כַּנְפוֹת הָאָרֶץ
חֲבֵרִים כָּל יִשְׂרָאֵל, וְנֹאמַר אָמֵן.

שליח הציבור אומר:

במדבר י וְכִי־תָבֹאוּ מִלְחָמָה בְּאַרְצְכֶם עַל־הַצַּר הַצֹּרֵר אֶתְכֶם, וַהֲרֵעֹתֶם בַּחֲצֹצְרֹת, וְנִזְכַּרְתֶּם לִפְנֵי יְהוָה אֱלֹהֵיכֶם, וְנוֹשַׁעְתֶּם מֵאֹיְבֵיכֶם: וּבְיוֹם שִׂמְחַתְכֶם וּבְמוֹעֲדֵיכֶם וּבְרָאשֵׁי חָדְשֵׁכֶם, וּתְקַעְתֶּם בַּחֲצֹצְרֹת עַל עֹלֹתֵיכֶם וְעַל זִבְחֵי שַׁלְמֵיכֶם, וְהָיוּ לָכֶם לְזִכָּרוֹן לִפְנֵי אֱלֹהֵיכֶם, אֲנִי יְהוָה אֱלֹהֵיכֶם:

תוקעים תקיעה גדולה ואומרים:

לַשָּׁנָה הַבָּאָה בִּירוּשָׁלַיִם הַבְּנוּיָה.

יְהִי רָצוֹן מִלְּפָנֶיךָ, יְהוָה אֱלֹהֵינוּ וֵאלֹהֵי אֲבוֹתֵינוּ
שֶׁכְּשֵׁם שֶׁזָּכִינוּ לְאַתְחַלְתָּא דִגְאֻלָּה
כֵּן נִזְכֶּה לִשְׁמֹעַ קוֹל שׁוֹפָרוֹ שֶׁל מָשִׁיחַ צִדְקֵנוּ בִּמְהֵרָה בְיָמֵינוּ.

ושרים במנגינת ׳התקווה׳:

תהלים קכו שִׁיר הַמַּעֲלוֹת, בְּשׁוּב יְהוָה אֶת־שִׁיבַת צִיּוֹן, הָיִינוּ כְּחֹלְמִים: אָז יִמָּלֵא שְׂחוֹק פִּינוּ וּלְשׁוֹנֵנוּ רִנָּה, אָז יֹאמְרוּ בַגּוֹיִם הִגְדִּיל יְהוָה לַעֲשׂוֹת עִם־אֵלֶּה: הִגְדִּיל יְהוָה לַעֲשׂוֹת עִמָּנוּ, הָיִינוּ שְׂמֵחִים: שׁוּבָה יְהוָה אֶת־שְׁבִיתֵנוּ, כַּאֲפִיקִים בַּנֶּגֶב: הַזֹּרְעִים בְּדִמְעָה בְּרִנָּה יִקְצֹרוּ: הָלוֹךְ יֵלֵךְ וּבָכֹה נֹשֵׂא מֶשֶׁךְ־הַזָּרַע, בֹּא־יָבֹא בְרִנָּה נֹשֵׂא אֲלֻמֹּתָיו:

סופרים את העומר (עמ׳ 179) וממשיכים עד סוף תפילת ערבית.

שרים:

אֲנִי מַאֲמִין בֶּאֱמוּנָה שְׁלֵמָה בְּבִיאַת הַמָּשִׁיחַ
וְאַף עַל פִּי שֶׁיִּתְמַהְמֵהַּ
עִם כָּל זֶה אֲחַכֶּה לּוֹ בְּכָל יוֹם שֶׁיָּבוֹא.

יש הנוהגים לברך:

מוֹעֲדִים לְשִׂמְחָה לִגְאֻלָּה שְׁלֵמָה

# שחרית ליום העצמאות

קודם 'בָּרוּךְ שֶׁאָמַר' מוסיפים זמירות של יום טוב (עמ' 244).
אחר חזרת הש"ץ קוראים הלל שלם בעמ' 370 (ראה הלכה 812),
ואחרי חצי קדיש (או אחרי קריאת התורה, אם חל בשני או בחמישי)
קוראים בנביא בלא ברכה:

עוֹד הַיּוֹם בְּנֹב לַעֲמֹד יְנֹפֵף יָדוֹ הַר בַּת־צִיּוֹן גִּבְעַת ישעיה י,לב–יב,ו
יְרוּשָׁלִָם: הִנֵּה הָאָדוֹן יְהוָה צְבָאוֹת מְסָעֵף פֻּארָה
בְּמַעֲרָצָה וְרָמֵי הַקּוֹמָה גְּדֻעִים וְהַגְּבֹהִים יִשְׁפָּלוּ: וְנִקַּף סִבְכֵי
הַיַּעַר בַּבַּרְזֶל וְהַלְּבָנוֹן בְּאַדִּיר יִפּוֹל: וְיָצָא חֹטֶר מִגֵּזַע
יִשָׁי וְנֵצֶר מִשָּׁרָשָׁיו יִפְרֶה: וְנָחָה עָלָיו רוּחַ יְהוָה רוּחַ חָכְמָה וּבִינָה
רוּחַ עֵצָה וּגְבוּרָה רוּחַ דַּעַת וְיִרְאַת יְהוָה: וַהֲרִיחוֹ בְּיִרְאַת יְהוָה
וְלֹא־לְמַרְאֵה עֵינָיו יִשְׁפּוֹט וְלֹא־לְמִשְׁמַע אָזְנָיו יוֹכִיחַ: וְשָׁפַט
בְּצֶדֶק דַּלִּים וְהוֹכִיחַ בְּמִישׁוֹר לְעַנְוֵי־אָרֶץ וְהִכָּה־אֶרֶץ בְּשֵׁבֶט
פִּיו וּבְרוּחַ שְׂפָתָיו יָמִית רָשָׁע: וְהָיָה צֶדֶק אֵזוֹר מָתְנָיו וְהָאֱמוּנָה
אֵזוֹר חֲלָצָיו: וְגָר זְאֵב עִם־כֶּבֶשׂ וְנָמֵר עִם־גְּדִי יִרְבָּץ וְעֵגֶל וּכְפִיר
וּמְרִיא יַחְדָּו וְנַעַר קָטֹן נֹהֵג בָּם: וּפָרָה וָדֹב תִּרְעֶינָה יַחְדָּו יִרְבְּצוּ
יַלְדֵיהֶן וְאַרְיֵה כַּבָּקָר יֹאכַל־תֶּבֶן: וְשִׁעֲשַׁע יוֹנֵק עַל־חֻר פָּתֶן
וְעַל מְאוּרַת צִפְעוֹנִי גָּמוּל יָדוֹ הָדָה: לֹא־יָרֵעוּ וְלֹא־יַשְׁחִיתוּ
בְּכָל־הַר קָדְשִׁי כִּי־מָלְאָה הָאָרֶץ דֵּעָה אֶת־יְהוָה כַּמַּיִם לַיָּם
מְכַסִּים: וְהָיָה בַּיּוֹם הַהוּא שֹׁרֶשׁ יִשַׁי אֲשֶׁר עֹמֵד לְנֵס
עַמִּים אֵלָיו גּוֹיִם יִדְרֹשׁוּ וְהָיְתָה מְנֻחָתוֹ כָּבוֹד: וְהָיָה ׀
בַּיּוֹם הַהוּא יוֹסִיף אֲדֹנָי ׀ שֵׁנִית יָדוֹ לִקְנוֹת אֶת־שְׁאָר עַמּוֹ אֲשֶׁר
יִשָּׁאֵר מֵאַשּׁוּר וּמִמִּצְרַיִם וּמִפַּתְרוֹס וּמִכּוּשׁ וּמֵעֵילָם וּמִשִּׁנְעָר
וּמֵחֲמָת וּמֵאִיֵּי הַיָּם: וְנָשָׂא נֵס לַגּוֹיִם וְאָסַף נִדְחֵי יִשְׂרָאֵל וּנְפֻצוֹת
יְהוּדָה יְקַבֵּץ מֵאַרְבַּע כַּנְפוֹת הָאָרֶץ: וְסָרָה קִנְאַת אֶפְרַיִם וְצֹרְרֵי

יְהוּדָה יְכָּרֵתוּ אֶפְרַיִם לֹא־יְקַנֵּא אֶת־יְהוּדָה וִיהוּדָה לֹא־יָצֹר
אֶת־אֶפְרָיִם: וְעָפוּ בְכָתֵף פְּלִשְׁתִּים יָמָּה יַחְדָּו יָבֹזּוּ אֶת־בְּנֵי־
קֶדֶם אֱדוֹם וּמוֹאָב מִשְׁלוֹחַ יָדָם וּבְנֵי עַמּוֹן מִשְׁמַעְתָּם: וְהֶחֱרִים
יְהוָה אֵת לְשׁוֹן יָם־מִצְרַיִם וְהֵנִיף יָדוֹ עַל־הַנָּהָר בַּעְיָם רוּחוֹ
וְהִכָּהוּ לְשִׁבְעָה נְחָלִים וְהִדְרִיךְ בַּנְּעָלִים: וְהָיְתָה מְסִלָּה לִשְׁאָר
עַמּוֹ אֲשֶׁר יִשָּׁאֵר מֵאַשּׁוּר כַּאֲשֶׁר הָיְתָה לְיִשְׂרָאֵל בְּיוֹם עֲלֹתוֹ
מֵאֶרֶץ מִצְרָיִם: וְאָמַרְתָּ בַּיּוֹם הַהוּא אוֹדְךָ יְהוָה כִּי אָנַפְתָּ בִּי
יָשֹׁב אַפְּךָ וּתְנַחֲמֵנִי: הִנֵּה אֵל יְשׁוּעָתִי אֶבְטַח וְלֹא אֶפְחָד כִּי־
עָזִּי וְזִמְרָת יָהּ יְהוָה וַיְהִי־לִי לִישׁוּעָה: וּשְׁאַבְתֶּם־מַיִם בְּשָׂשׂוֹן
מִמַּעַיְנֵי הַיְשׁוּעָה: וַאֲמַרְתֶּם בַּיּוֹם הַהוּא הוֹדוּ לַיהוָה קִרְאוּ בִשְׁמוֹ
הוֹדִיעוּ בָעַמִּים עֲלִילֹתָיו הַזְכִּירוּ כִּי נִשְׂגָּב שְׁמוֹ: זַמְּרוּ יְהוָה כִּי
גֵאוּת עָשָׂה מוּדַעַת זֹאת בְּכָל־הָאָרֶץ: צַהֲלִי וָרֹנִּי יוֹשֶׁבֶת צִיּוֹן
כִּי־גָדוֹל בְּקִרְבֵּךְ קְדוֹשׁ יִשְׂרָאֵל:

אומרים תפילה לשלום המדינה (עמ׳ 304) ואזכרה לחללי צה״ל (עמ׳ 673),
וממשיכים ׳אַשְׁרֵי׳ (עמ׳ 97) עד סוף התפילה.

יש נוהגים לשיר בסוף התפילה:

אֲנִי מַאֲמִין בֶּאֱמוּנָה שְׁלֵמָה בְּבִיאַת הַמָּשִׁיחַ
וְאַף עַל פִּי שֶׁיִּתְמַהְמֵהַּ
עִם כָּל זֶה אֲחַכֶּה לּוֹ בְּכָל יוֹם שֶׁיָּבוֹא.

## יום חירות ירושלים

לפני תפילת ערבית אומרים את מזמור קכב ויש אומרים גם את מזמור קלב,
ומתפללים ערבית במנגינה של יום טוב.

בשחרית מוסיפים זמירות של יום טוב (עמ׳ 244).
אחרי חזרת הש״ץ קוראים הלל שלם בברכה בעמ׳ 370 (ראה הלכה 362 ו־824)
וממשיכים את התפילה כרגיל. בתפילת מנחה אין אומרים תחנונים.

# סליחות, תעניות וימי זיכרון

סדר הסליחות לימי הרחמים 569
התרת נדרים 617
סדר ארבע תעניות 621
סדר ליל תשעה באב 656
יום הזיכרון לקדושי השואה 672
יום הזיכרון לחללי מערכות ישראל 673

# סדר הסליחות לימי הרחמים

בראש חודש אלול עלה משה להר סיני כדי לקבל את הלוחות השניים
וביום הכיפורים הורידם. לפיכך נוהגים להרבות בסליחות ובתחנונים בימים
אלו (רי״ץ אבן גיאת, הלכות תשובה). דיני סליחות בעמ׳ 1056.

**פתיחה לסליחות**

לרבי יהודה הלוי

יָשֵׁן אַל תֵּרָדֵם / וַעֲזֹב הִתְלַהְלְהֶךָ
הַרְחֵק דַּרְכֵי אָדָם / וְשׁוּר דַּרְכֵי גְּבוֹהֶיךָ
וְרוּץ לַעֲבֹד צוּר קֶדֶם / כְּרוּץ כּוֹכְבֵי נְגוֹהֶיךָ
דַּי לָךְ מַה־לְּךָ נִרְדָּם / קוּם קְרָא אֶל־אֱלֹהֶיךָ: יונה א

הָקֵץ לִרְאוֹת שָׁמָיו / וְאֶת מַעֲשֵׂה אֶצְבְּעוֹתָיו
וְהַבֵּט אָהֳלֵי מְרוֹמָיו / תְּלוּיִים בִּזְרוֹעוֹתָיו
וְכוֹכָבִים חוֹתָמָיו / פִּתּוּחֵי טַבְּעוֹתָיו
וּפְחַד מִפְּנֵי אֵימָיו / וְיַחֵל אֶת יְשׁוּעוֹתָיו
פֶּן זְמַן יַגְבִּיהֶךָ / וְרָם לְבָבְךָ בְּגָבְהֶךָ
מַה־לְּךָ נִרְדָּם, קוּם קְרָא אֶל־אֱלֹהֶיךָ:

וְצֵא בַּחֲצוֹת הַלֵּילוֹת / בְּעִקְבֵי אַנְשֵׁי שֵׁמוֹת
אֲשֶׁר בִּלְשׁוֹנָם תְּהִלּוֹת / וְאֵין תּוֹכָם תֹּךְ וּמִרְמוֹת
לֵילוֹתֵיהֶם תְּפִלּוֹת / וִימוֹתֵיהֶם צוֹמוֹת
לָאֵל בִּלְבָבָם מְסִלּוֹת / וְלָהֶם בְּכִסְאוֹ מְקוֹמוֹת
דַּרְכָּם סֻלָּם לַעֲלוֹת / עַד־יְהֹוָה אֱלֹהֶיךָ
מַה־לְּךָ נִרְדָּם, קוּם קְרָא אֶל־אֱלֹהֶיךָ:

דְּמָעוֹת תַּזִּיל עֵינְךָ / וְתִתְחָרֵט עַל פְּשָׁעִים
וְהִתְחַנֵּן לְמוּל קוֹנְךָ / וְאַל־תִּתְחַר בַּמְּרֵעִים
וְהַשְׁפֵּל מְאֹד אֶת גְּאוֹנְךָ / וְקַח הַטּוֹב כִּי נָעִים
כַּבֵּד אֵל מֵהוֹנְךָ / לְעֵת יַעֲלוּ מוֹשִׁיעִים
וְיִשְׂאוּ קוֹל הֲמוֹנְךָ / הִכּוֹן לִקְרַאת־אֱלֹהֶיךָ
מַה־לְּךָ נִרְדָּם, קוּם קְרָא אֶל־אֱלֹהֶיךָ:

דַּלִּים עָפָר יְסוֹדָם / הַחָכְמָה מֵאַיִן
וּמוֹתַר הָאָדָם / מִן־הַבְּהֵמָה אָיִן
רַק לִרְאוֹת צוּר כְּבוֹדָם / רְאוּת לֵב לֹא רְאוּת עַיִן
וּמוֹצָא מַעְיְנֵי סוֹדָם / הַטּוֹבִים מִיַּיִן
כִּי כֵן בָּשָׂר וָדָם / תִּמְצָא אֶת אֱלֹהֶיךָ
מַה־לְּךָ נִרְדָּם, קוּם קְרָא אֶל־אֱלֹהֶיךָ:

יָהּ, אֶהְיֶה אֲשֶׁר אֶהְיֶה / אֲשֶׁר כָּל חֶפְצוֹ פָּעַל
הַמֵּמִית וּמְחַיֶּה / מוֹרִיד שְׁאוֹל וַיָּעַל
עֲמֹד לְמִשְׁפָּטוֹ וֶחְיֵה / וַעֲזֹב מֶרֶד וּמָעַל
לֵאמֹר מָתַי וְאַיֵּה / וּמַה לְּמַטָּה וּמַה לְּמָעַל
וְאוּלָם תָּמִים תִּהְיֶה / עִם יְהוָה אֱלֹהֶיךָ
מַה־לְּךָ נִרְדָּם, קוּם קְרָא אֶל־אֱלֹהֶיךָ:

יש נוהגים לומר כאן פרקי תהלים שעניינם תשובה: יז, נא, לב, סה, פה, קב. ויש מוסיפים: כז, לג, קג, קד.

בקהילות שבהן אומרים את הפיוט 'יְעִירוּנִי רַעְיוֹנַי', אומרים מזמורים אלו אחריו.

יש נוהגים לומר פיוט זה לרבי יהודה הלוי:

יְעִירוּנִי רַעְיוֹנַי / וְסוֹד לִבִּי וּמִשְׁאָלוֹ
הֲגוֹת דִּבְרֵי תַחֲנוּנַי / בְּזִמְרַת אֵל וּמַהֲלָלוֹ
וְלֹא אֶתֵּן שְׁנַת לְעֵינַי / חֲצוֹת לַיְלָה בִּגְלָלוֹ
תהלים כז לַחֲזוֹת בְּנֹעַם־יְהוָה / וּלְבַקֵּר בְּהֵיכָלוֹ:

הֱקִיצוֹתִי וַאֲחַשֵּׁב / מִי הוּא אֲשֶׁר הֱקִיצָנִי
וְהִנֵּה קָדוֹשׁ יוֹשֵׁב / תְּהִלּוֹתָיו הֶאִיצָנִי
וְנָתַן בְּאָזְנַי קֶשֶׁב / וְחִזְּקַנִי וְאִמְּצָנִי
וְכָל עוֹד רוּחִי הָשֵׁב / אֲבָרֵךְ אֲשֶׁר יְעָצָנִי
צוּר אֲשֶׁר הַנְּשָׁמָה לוֹ / וְהַגְּוִיָּה מִפְעָלוֹ
לַחֲזוֹת בְּנֹעַם־יְהוָה / וּלְבַקֵּר בְּהֵיכָלוֹ:

וְאֶתְפַּלֵּל לְפָנָיו / וּבִתְפִלָּה אֶתְעַנָּג
וּבָקְעוּ דִמְעֵי עֲנָנָיו / וּמָתְקוּ מִצּוּף וּפַנָּג
וְגָבְהָה לִבִּי בְּעֵינָיו / בְּעֵת נָמַס כַּדּוֹנָג
כְּעֶבֶד לִפְנֵי אֲדוֹנָיו / מִפַּחְדּוֹ יִתְמוֹגָג
וְכִי יִזְכֹּר מַחְמַלּוֹ / יִנְשֶׁה אֶת כָּל עֲמָלוֹ
לַחֲזוֹת בְּנֹעַם־יְהוָה / וּלְבַקֵּר בְּהֵיכָלוֹ:

דֹּם לֵיל וְהִכָּבֵד / וְאַחַר שַׁחַר מִבּוֹא
עַד יִתְרַצֶּה עֶבֶד / בְּתַחֲנוּנָיו אֶל רַבּוֹ
וְיִשְׁפֹּךְ דַּם לֵב וְכָבֵד / וְיַגִּיד נִגְעֵי לִבּוֹ
וְיִתְיַחֵד הָעוֹבֵד / עִם הַמֶּלֶךְ בִּמְסִבּוֹ
וְיָשִׁיר וְיִשָּׂא מְשָׁלוֹ / לְשֵׁם דִּגְלוֹ וּמִגְדָּלוֹ
לַחֲזוֹת בְּנֹעַם־יְהוָה / וּלְבַקֵּר בְּהֵיכָלוֹ:

הִנֵּה עֶבֶד עֲבָדִים / לִפְנֵי מֶלֶךְ מְלָכִים
עוֹמֵד וְיָדָיו כְּבֵדִים / וּדְמָעָיו נֶהֱלָכִים
לְךָ יְצוּרָיו נֶעֱבָדִים / בְּעוֹד חַיָּיו נִמְשָׁכִים
וְכָל אֵבָרָיו מוֹדִים / וּמִתְוַדִּים וּמְבָרְכִים
סְלַח לְרֹעַ מַעֲלָלוֹ / אֲשֶׁר כַּחוֹל מִשְׁקָלוֹ
לַחֲזוֹת בְּנֹעַם־יְהוָה / וּלְבַקֵּר בְּהֵיכָלוֹ:

פתיחה ל'אשרי'

לרבי משה אבן עזרא

קַמְתִּי בְּאַשְׁמֹרֶת / לְבַקֵּשׁ עַל עֲוֹנִי
וְנַפְשִׁי שְׁחַרְחֹרֶת / מִפְּנֵי רֹב זְדוֹנִי
רַחֵם עַל עֲדָתֶךָ / צֹאן מַרְעִיתֶךָ / אַשְׁרֵי יוֹשְׁבֵי בֵיתֶךָ: תהלים פד

מִכִּסֵּא כְבוֹד הוֹדָךְ / בַּשֵּׂר לְעַם סְגֻלָּה
שׁוּבָה שְׁבוּת קָדְשָׁךְ / וְתֵן כְּקֶדֶם סְגֻלָּה
הַפְלֵא נָא חַסְדָּךְ / וּבְנֵה עִיר תְּהִלָּה / עוֹד יְהַלְלוּךָ סֶּלָה:

תהלים פד אַשְׁרֵי יוֹשְׁבֵי בֵיתֶךָ, עוֹד יְהַלְלוּךָ סֶּלָה:
תהלים קמד אַשְׁרֵי הָעָם שֶׁכָּכָה לּוֹ, אַשְׁרֵי הָעָם שֶׁיהוָה אֱלֹהָיו:
תהלים קמה תְּהִלָּה לְדָוִד

אֲרוֹמִמְךָ אֱלוֹהַי הַמֶּלֶךְ, וַאֲבָרְכָה שִׁמְךָ לְעוֹלָם וָעֶד:
בְּכָל־יוֹם אֲבָרְכֶךָּ, וַאֲהַלְלָה שִׁמְךָ לְעוֹלָם וָעֶד:
גָּדוֹל יְהוָה וּמְהֻלָּל מְאֹד, וְלִגְדֻלָּתוֹ אֵין חֵקֶר:
דּוֹר לְדוֹר יְשַׁבַּח מַעֲשֶׂיךָ, וּגְבוּרֹתֶיךָ יַגִּידוּ:
הֲדַר כְּבוֹד הוֹדֶךָ, וְדִבְרֵי נִפְלְאֹתֶיךָ אָשִׂיחָה:
וֶעֱזוּז נוֹרְאֹתֶיךָ יֹאמֵרוּ, וּגְדוּלָּתְךָ אֲסַפְּרֶנָּה:
זֵכֶר רַב־טוּבְךָ יַבִּיעוּ, וְצִדְקָתְךָ יְרַנֵּנוּ:
חַנּוּן וְרַחוּם יְהוָה, אֶרֶךְ אַפַּיִם וּגְדָל־חָסֶד:
טוֹב־יְהוָה לַכֹּל, וְרַחֲמָיו עַל־כָּל־מַעֲשָׂיו:
יוֹדוּךָ יְהוָה כָּל־מַעֲשֶׂיךָ, וַחֲסִידֶיךָ יְבָרְכוּכָה:
כְּבוֹד מַלְכוּתְךָ יֹאמֵרוּ, וּגְבוּרָתְךָ יְדַבֵּרוּ:
לְהוֹדִיעַ לִבְנֵי הָאָדָם גְּבוּרֹתָיו, וּכְבוֹד הֲדַר מַלְכוּתוֹ:
מַלְכוּתְךָ מַלְכוּת כָּל־עֹלָמִים, וּמֶמְשַׁלְתְּךָ בְּכָל־דּוֹר וָדֹר:
סוֹמֵךְ יְהוָה לְכָל־הַנֹּפְלִים, וְזוֹקֵף לְכָל־הַכְּפוּפִים:
עֵינֵי־כֹל אֵלֶיךָ יְשַׂבֵּרוּ, וְאַתָּה נוֹתֵן־לָהֶם אֶת־אָכְלָם בְּעִתּוֹ:
פּוֹתֵחַ אֶת־יָדֶךָ, וּמַשְׂבִּיעַ לְכָל־חַי רָצוֹן:
צַדִּיק יְהוָה בְּכָל־דְּרָכָיו, וְחָסִיד בְּכָל־מַעֲשָׂיו:
קָרוֹב יְהוָה לְכָל־קֹרְאָיו, לְכֹל אֲשֶׁר יִקְרָאֻהוּ בֶאֱמֶת:
רְצוֹן־יְרֵאָיו יַעֲשֶׂה, וְאֶת־שַׁוְעָתָם יִשְׁמַע, וְיוֹשִׁיעֵם:
שׁוֹמֵר יְהוָה אֶת־כָּל־אֹהֲבָיו, וְאֵת כָּל־הָרְשָׁעִים יַשְׁמִיד:
תְּהִלַּת יְהוָה יְדַבֶּר פִּי, וִיבָרֵךְ כָּל־בָּשָׂר שֵׁם קָדְשׁוֹ לְעוֹלָם וָעֶד:
תהלים קטו וַאֲנַחְנוּ נְבָרֵךְ יָהּ מֵעַתָּה וְעַד־עוֹלָם, הַלְלוּיָהּ:

## חצי קדיש

שליח הציבור כורע במילים המסומנות ב°.

ש״ץ: °יִתְגַּדַּל וְיִתְקַדַּשׁ שְׁמֵהּ רַבָּא (קהל: אָמֵן)
בְּעָלְמָא דִּי בְרָא כִרְעוּתֵהּ
וְיַמְלִיךְ מַלְכוּתֵהּ וְיַצְמַח פֻּרְקָנֵהּ וִיקָרֵב מְשִׁיחֵהּ (קהל: אָמֵן)
בְּחַיֵּיכוֹן וּבְיוֹמֵיכוֹן וּבְחַיֵּי דְכָל בֵּית יִשְׂרָאֵל
בַּעֲגָלָא וּבִזְמַן קָרִיב, וְאִמְרוּ אָמֵן. (קהל: אָמֵן)

קהל וש״ץ: יְהֵא שְׁמֵהּ °רַבָּא מְבָרַךְ לְעָלַם לְעָלְמֵי עָלְמַיָּא °יִתְבָּרַךְ
וְיִשְׁתַּבַּח וְיִתְפָּאַר וְיִתְרוֹמַם וְיִתְנַשֵּׂא
וְיִתְהַדָּר וְיִתְעַלֶּה וְיִתְהַלָּל שְׁמֵהּ דְּקֻדְשָׁא °בְּרִיךְ הוּא (קהל: אָמֵן)
לְעֵלָּא מִן כָּל בִּרְכָתָא, שִׁירָתָא, תֻּשְׁבְּחָתָא וְנֶחֱמָתָא
דַּאֲמִירָן בְּעָלְמָא, וְאִמְרוּ °אָמֵן. (קהל: אָמֵן)

## פתיחה לפסוקי דרחמי

בֶּן אָדָם / מַה לְּךָ נִרְדָּם / קוּם קְרָא בְּתַחֲנוּנִים יונה א
שְׁפֹךְ שִׂיחָה / דְּרֹשׁ סְלִיחָה / מֵאֲדוֹן הָאֲדוֹנִים
רְחַץ וּטְהַר / וְאַל תְּאַחַר / בְּטֶרֶם יָמִים פּוֹנִים
וּמְהֵרָה / רוּץ לְעֶזְרָה / לִפְנֵי שׁוֹכֵן מְעוֹנִים
וּמִפֶּשַׁע / וְגַם רֶשַׁע / בְּרַח וּפְחַד מֵאֲסוֹנִים
אָנָּא שְׁעֵה / שִׁמְךָ יוֹדְעֵי / יִשְׂרָאֵל נֶאֱמָנִים
לְךָ אֲדֹנָי הַצְּדָקָה וְלָנוּ בֹּשֶׁת הַפָּנִים: דניאל ט

עֲמֹד כְּגֶבֶר / וְהִתְגַּבֵּר / לְהִתְוַדּוֹת עַל חֲטָאִים
יָהּ אֵל דְּרֹשׁ / בְּכֹבֶד רֹאשׁ / לְכַפֵּר עַל פְּשָׁעִים
כִּי לְעוֹלָם / לֹא נֶעְלָם / מִמֶּנּוּ נִפְלָאִים
וְכָל מַאֲמָר / אֲשֶׁר יֵאָמֵר / לְפָנָיו הֵם נִקְרָאִים
הַמְרַחֵם / הוּא יְרַחֵם / עָלֵינוּ כְּרַחֵם אָב עַל בָּנִים
לְךָ אֲדֹנָי הַצְּדָקָה וְלָנוּ בֹּשֶׁת הַפָּנִים:

**פסוקי דרחמי**

תחינה המיוסדת על פסוקי רחמים - "כשם שהקרוב"ץ אתם מנגנים במשך,
כך הפסוקים – שלא יהיו הפיוטים עיקר ואשר ברוח הקדש טפל" (ספר חסידים, רנו).

לְךָ אֲדֹנָי הַצְּדָקָה / וְלָנוּ בֹּשֶׁת הַפָּנִים: דניאל ט
מַה נִּתְאוֹנֵן וּמַה נֹּאמַר / מַה־נְּדַבֵּר וּמַה־נִּצְטַדָּק: בראשית מד
נַחְפְּשָׂה דְרָכֵינוּ וְנַחְקֹרָה וְנָשׁוּבָה אֵלֶיךָ / כִּי יְמִינְךָ פְשׁוּטָה לְקַבֵּל שָׁבִים
שָׁבִים אֵלֶיךָ בְּכָל לֵב / שַׁוְעָתָם תְּקַבֵּל בְּרַחֲמֶיךָ
בְּרַחֲמֶיךָ הָרַבִּים בָּאנוּ לְפָנֶיךָ / כְּדַלִּים וּכְרָשִׁים דָּפַקְנוּ דְלָתֶיךָ
דְּלָתֶיךָ דָּפַקְנוּ רַחוּם וְחַנּוּן / אַל תְּשִׁיבֵנוּ רֵיקָם מִלְּפָנֶיךָ
מִלְּפָנֶיךָ מַלְכֵּנוּ רֵיקָם אַל תְּשִׁיבֵנוּ / כִּי אַתָּה שׁוֹמֵעַ תְּפִלָּה.
שׁוֹמֵעַ תְּפִלָּה / עָדֶיךָ כָּל בָּשָׂר יָבוֹאוּ
שׁוֹמֵעַ תְּחִנָּה / אֵלֶיךָ כָּל הָרוּחוֹת יָבוֹאוּ
יָבוֹאוּ אֵלֶיךָ הָרוּחוֹת / וְכָל הַנְּשָׁמָה
הַנְּשָׁמָה לָךְ וְהַגּוּף פָּעֳלָךְ / (צוּר אֲשֶׁר אֵין דּוֹמֶה לָךְ) חוּסָה עַל עֲמָלָךְ
הַנְּשָׁמָה לָךְ וְהַגּוּף פָּעֳלָךְ / יְהוָה עֲשֵׂה לְמַעַן שְׁמֶךָ
אָתָאנוּ עַל שִׁמְךָ / יְהוָה עֲשֵׂה לְמַעַן שְׁמֶךָ: ירמיה יד
בַּעֲבוּר כְּבוֹד שִׁמְךָ / כִּי אֵל מֶלֶךְ חַנּוּן וְרַחוּם שְׁמֶךָ
שִׁמְךָ נִקְרָא עָלֵינוּ / יְהוָה אֱלֹהֵינוּ
שִׁמְךָ נִקְרָא בְּקִרְבֵּנוּ / אַל תַּנִּיחֵנוּ יְהוָה אֱלֹהֵינוּ
אֱלֹהֵינוּ בֹּשְׁנוּ בְּמַעֲשֵׂינוּ / וְנִכְלַמְנוּ בַּעֲוֹנוֹתֵינוּ
אֵין לָנוּ פֶּה לְהָשִׁיב / וְלֹא מֵצַח לְהָרִים רֹאשׁ
כִּי רַבּוּ מְשׁוּבֹתֵינוּ / לְךָ חָטָאנוּ
חָטָאנוּ עִם־אֲבֹתֵינוּ / הֶעֱוִינוּ הִרְשָׁעְנוּ: תהלים קו
מַה נֹּאמַר לְפָנֶיךָ יְהוָה אֱלֹהֵינוּ / מַה־נְּדַבֵּר וּמַה־נִּצְטַדָּק: בראשית מד
מַה נֹּאמַר לְפָנֶיךָ יוֹשֵׁב מָרוֹם / וּמַה נְּסַפֵּר לְפָנֶיךָ שׁוֹכֵן שְׁחָקִים
הֲלֹא הַנִּסְתָּרוֹת וְהַנִּגְלוֹת / אַתָּה יוֹדֵעַ
אַתָּה יוֹדֵעַ רָזֵי עוֹלָם / וְתַעֲלוּמוֹת סִתְרֵי כָּל חָי
אַתָּה חוֹפֵשׂ כָּל חַדְרֵי בָטֶן / רוֹאֶה כְלָיוֹת וָלֵב
אֵין כָּל דָּבָר נֶעְלָם מִמָּךְ / וְאֵין נִסְתָּר מִנֶּגֶד עֵינֶיךָ
אִם־עֲוֹנֵינוּ עָנוּ בָנוּ / יְהוָה עֲשֵׂה לְמַעַן שְׁמֶךָ: ירמיה יד

אִם־עֲוֺנוֹת תִּשְׁמָר־יָהּ / אֲדֹנָי מִי יַעֲמֹד: תהלים קל
כִּי־עִמְּךָ הַסְּלִיחָה / לְמַעַן תִּוָּרֵא:
כִּי־עִמְּךָ מְקוֹר חַיִּים / בְּאוֹרְךָ נִרְאֶה־אוֹר: תהלים לו
כִּי לֹא עַל־צִדְקֹתֵינוּ אֲנַחְנוּ מַפִּילִים תַּחֲנוּנֵינוּ לְפָנֶיךָ / דניאל ט
כִּי עַל־רַחֲמֶיךָ הָרַבִּים:

---

פזמון

בעשרת ימי תשובה יש מוסיפים פיוט זה לרבי דויד בן בקודה:

לְמַעַנְךָ אֱלֹהַי רְצֵה עַם לְךָ שִׁחֵר / לְחַלּוֹת פָּנֶיךָ בְּמַעֲמַד הַשַּׁחַר
אֲדֹנָי הַקְשִׁיבָה וַעֲשֵׂה אַל־תְּאַחַר: דניאל ט

לְמַעַנְךָ אֱלֹהַי דְּלֵה מִמְּצוּלוֹת יָם / שְׂבֵעֵי רוֹשׁ וְלַעַן בְּבֵית נוֹדָם וְשִׁבְיָם
וְשׁוּר לַחֲצָם וְעָנְיָם / וְאַל תֵּפֶן לְמֶרְיָם
וְהַט אָזְנְךָ לְשַׁוְעָם בִּתְפִלַּת הַשַּׁחַר
אֲדֹנָי הַקְשִׁיבָה וַעֲשֵׂה אַל־תְּאַחַר:

לְמַעַנְךָ אֱלֹהַי וַעֲשֵׂה לְטוֹבָה אוֹת / וְחֹן נְפָשׁוֹת עֲצוּבוֹת, לְמִי יֶשַׁע צְמֵאוֹת
וְקַבֵּץ נִדָּחִים, פְּזוּרִים בְּכָל פֵּאוֹת
אֲשֶׁר מֵרֹב תְּלָאוֹת עוֹרָם מְאֹד שָׁחַר
אֲדֹנָי הַקְשִׁיבָה וַעֲשֵׂה אַל־תְּאַחַר:

לְמַעַנְךָ אֱלֹהַי יֶהֱמוּ רַחֲמֶיךָ / וּמִמְּעוֹן שָׁמֶיךָ שְׁמַע קוֹל עַמֶּךָ
סוֹבְלֵי עֹל קִצְפְּךָ וְאַפְּךָ וְזַעְמֶךָ
וּמִנְּשׂוֹא אֵימֶיךָ לִבָּם מְאֹד סְחַרְחַר
אֲדֹנָי הַקְשִׁיבָה וַעֲשֵׂה אַל־תְּאַחַר:

לְמַעַנְךָ אֱלֹהַי דַּלֶּיךָ תְּרַחֵם / וְשַׂמְּחֵם מִיגוֹנָם, וּבַעֲצָתְךָ תַּנְחֵם
וְהַפְלֵא חֲסָדֶיךָ, וְחוּסָה נָא וְרַחֵם
עֲמוּסִים מִבֶּטֶן וּמֵרֶחֶם מִשְׁחָר
אֲדֹנָי הַקְשִׁיבָה וַעֲשֵׂה אַל תְּאַחַר:

עד כאן בעשרת ימי תשובה.

---

אֲדֹנָי שְׁמָעָה, אֲדֹנָי סְלָחָה, אֲדֹנָי הַקְשִׁיבָה / וַעֲשֵׂה אַל־תְּאַחַר דניאל ט
לְמַעַנְךָ אֱלֹהַי / כִּי־שִׁמְךָ נִקְרָא עַל־עִירְךָ וְעַל־עַמֶּךָ:
הֲשִׁיבֵנוּ יְהֹוָה אֵלֶיךָ וְנָשׁוּבָה / חַדֵּשׁ יָמֵינוּ כְּקֶדֶם: איכה ה

**פיוטי פתיחה לי״ג מידות**

יש אומרים פיוט זה, ויש אומרים את הפיוט 'שֵׁבֶט יְהוּדָה' (למטה).

ירמיה ג יְהֹוָה אֱלֹהֵי הַצְּבָאוֹת יוֹשֵׁב הַכְּרוּבִים / בָּטְיָת לְעַמְּךָ, שׁוּבוּ בָּנִים שׁוֹבָבִים:
גְּשׁוּ נָא אֵלַי בִּדְבָרִים עֲרֵבִים / דִּרְשׁוּנִי וִחְיוּ יָמִים רַבִּים
הֲלֹא דְבָרֶיךָ לְעוֹלָם נִצָּבִים / וּבָם אֲנַחְנוּ נִשְׁעָנִים וְנִקְרָבִים
זָכְרֵנוּ לְחַיִּים טוֹבִים / חָנֵּנוּ בַּחֲסָדֶיךָ הָרַבִּים
טוֹב אַתָּה לָרָעִים וְלַטּוֹבִים / יְמִינְךָ פְּשׁוּטָה לְקַבֵּל שָׁבִים
כִּי לֹא תַחְפֹּץ בְּמִיתַת חַיָּבִים / לָכֵן אֲנַחְנוּ מַשְׁכִּימִים וּמַעֲרִיבִים
מֶלֶךְ מְהֻלָּל בְּמַחֲנוֹת כְּרוּבִים / נַקֵּנוּ מֵחֵטְא וּמִכָּל חִיּוּבִים
סְלַח לָנוּ כִּי פְשָׁעֵינוּ מְרֻבִּים / עֲנֵנוּ לְמַעַן צוּרִים הַחֲצוּבִים
פִּתְחֵי תְשׁוּבָה בַּל יִהְיוּ מְשֻׁלָּבִים / צַעֲקוֹתֵינוּ לְפָנֶיךָ יִהְיוּ נִקְרָבִים
קָרְבֵנוּ אֵלֶיךָ חוֹצֵב לְהָבִים / רְצֵנוּ כְּעוֹלוֹת פָּרִים וּכְשָׂבִים
שַׁבְנוּ אֵלֶיךָ נְעָרִים וְשָׂבִים / תְּמוּכִים בְּטוּחִים עַל רַחֲמֶיךָ הָרַבִּים
(רַחֵם תְּרַחֵם עָלֵינוּ צוּר שׁוֹכֵן מְרוֹמִים / אֵל מֶלֶךְ יוֹשֵׁב עַל כִּסֵּא רַחֲמִים)

פתיחה לרבי שמעיה

עמוס ג שֵׁבֶט יְהוּדָה בְּדֹחַק וּבְצַעַר / הֲיִשְׁאַג אַרְיֵה בַּיַּעַר
ישעיה מא מְקַוִּים יְשׁוּעָתְךָ אָבוֹת וּבָנִים / הָעֲנִיִּים וְהָאֶבְיוֹנִים
תהלים י עֲמֹד בַּפֶּרֶץ בַּל נִהְיֶה לִשְׂחוֹק / לָמָּה יְהֹוָה תַּעֲמֹד בְּרָחוֹק
תהלים פ יוֹנָתְךָ עַד שַׁעֲרֵי מָוֶת הִגִּיעָה / יֹשֵׁב הַכְּרוּבִים הוֹפִיעָה
תהלים ס במדבר יא הָבָה־לָּנוּ עֶזְרָת מִצָּר / הֲיַד יְהֹוָה תִּקְצָר
תהלים מד חֲמֹל עָלֵינוּ בְּגָלוּת יָשָׁן / עוּרָה לָמָּה תִישַׁן
זְכֹר בָּנֶיךָ בְּאֶרֶץ לֹא לָהֶם / וְזָר לֹא יִקְרַב אֲלֵיהֶם
תהלים מח קֵץ הַנֶּחְתָּם גַּלֵּה לְגַלְמוּדָה / יִשְׂמַח הַר־צִיּוֹן תָּגֵלְנָה בְּנוֹת יְהוּדָה
שַׁוְעָתֵנוּ תַּעֲלֶה לִשְׁמֵי מְרוֹמִים / אֵל מֶלֶךְ יוֹשֵׁב עַל כִּסֵּא רַחֲמִים

"בית הלל אומרים וְרַב־חֶסֶד: מטה כלפי חסד. היכי עביד? תנא דבי ר' ישמעאל: מַעֲבִיר רִאשׁוֹן רִאשׁוֹן, וכן היא המדה" (ראש השנה יז ע"א).

"מַעֲבִיר רִאשׁוֹן רִאשׁוֹן – עון שבראשונים הבאים לתתם לכף, מעבירו ושומטו שאם היו מחצה על מחצה כיון שחסר אחד מהן יכריעו הזכויות, וכך היא המדה" (רש"י, שם).

"וַיַּעֲבֹר יְהֹוָה עַל־פָּנָיו וַיִּקְרָא' – אמר ר' יוחנן: אלמלא מקרא כתוב אי אפשר לאומרו, מלמד שנתעטף הקב"ה כשליח ציבור והראה למשה סדר תפלה, אמר לו: כל זמן שישראל חוטאין יעשו לפני כסדר הזה ואני מוחל להם" (ראש השנה יז ע"ב).

אֵל מֶלֶךְ יוֹשֵׁב עַל כִּסֵּא רַחֲמִים, וּמִתְנַהֵג בַּחֲסִידוּת
מוֹחֵל עֲוֹנוֹת עַמּוֹ, מַעֲבִיר רִאשׁוֹן רִאשׁוֹן
מַרְבֶּה מְחִילָה לַחַטָּאִים וּסְלִיחָה לַפּוֹשְׁעִים
עוֹשֶׂה צְדָקוֹת עִם כָּל בָּשָׂר וְרוּחַ, לֹא כְרָעָתָם לָהֶם גּוֹמֵל.
אֵל, הוֹרֵיתָנוּ לוֹמַר מִדּוֹת שְׁלֹשׁ עֶשְׂרֵה
זְכֹר לָנוּ הַיּוֹם בְּרִית שְׁלֹשׁ עֶשְׂרֵה
כְּמוֹ שֶׁהוֹדַעְתָּ לֶעָנָו מִקֶּדֶם, וְכֵן כָּתוּב בְּתוֹרָתָךְ:
וַיֵּרֶד יְהֹוָה בֶּעָנָן וַיִּתְיַצֵּב עִמּוֹ שָׁם וַיִּקְרָא בְשֵׁם יְהֹוָה: שמות לד

וְשָׁם נֶאֱמַר:
וַיַּעֲבֹר יְהֹוָה ׀ עַל־פָּנָיו וַיִּקְרָא
יְהֹוָה ׀ יְהֹוָה אֵל רַחוּם וְחַנּוּן אֶרֶךְ אַפַּיִם וְרַב־חֶסֶד וֶאֱמֶת:
נֹצֵר חֶסֶד לָאֲלָפִים נֹשֵׂא עָוֹן וָפֶשַׁע וְחַטָּאָה וְנַקֵּה:
וְסָלַחְתָּ לַעֲוֹנֵנוּ וּלְחַטָּאתֵנוּ וּנְחַלְתָּנוּ:

"אמר רב יהודה: ברית כרותה לי"ג מדות שאינן חוזרות ריקם" (ראש השנה יז ע"ב).
לפני אמירת י"ג מידות אומרים תחינה קדומה זו שיסודה בסידורי הגאונים,
ובה מבקשים שהקב"ה יזכור לנו זכותם של אבות האומה,
יחוס ויחמול עלינו ויושיענו בזכות י"ג מידות "שאינן חוזרות ריקם".

רַחֲמָנָא אִדְכַּר לַן קְיָמֵהּ דְּאַבְרָהָם רְחִימָא — בְּדִיל וַיַּעֲבֹר
רַחֲמָנָא אִדְכַּר לַן קְיָמֵהּ דְּיִצְחָק עֲקֵידָא — בְּדִיל וַיַּעֲבֹר
רַחֲמָנָא אִדְכַּר לַן קְיָמֵהּ דְּיַעֲקֹב שְׁלִימָא — בְּדִיל וַיַּעֲבֹר
רַחֲמָנָא אִדְכַּר לַן קְיָמֵהּ דְּמשֶׁה נְבִיאָה — בְּדִיל וַיַּעֲבֹר

רַחֲמָנָא אִדְּכַר לַן קְיָימֵהּ דְּאַהֲרֹן כָּהֲנָא בְּדִיל וַיַּעֲבֹר
רַחֲמָנָא אִדְּכַר לַן זְכוּתֵיהּ דְּיוֹסֵף צַדִּיקָא בְּדִיל וַיַּעֲבֹר
רַחֲמָנָא אִדְּכַר לַן קְיָימֵהּ דְּפִינְחָס קַנָּאָה בְּדִיל וַיַּעֲבֹר
רַחֲמָנָא אִדְּכַר לַן קְיָימֵהּ דְּדָוִיד מְשִׁיחָא בְּדִיל וַיַּעֲבֹר
רַחֲמָנָא אִדְּכַר לַן צְלוֹתֵהּ דִּשְׁלֹמֹה מַלְכָּא בְּדִיל וַיַּעֲבֹר
רַחֲמָנָא אֲרִים יְמִינָךְ וְאַצְמַח פֻּרְקָנָךְ בְּדִיל וַיַּעֲבֹר
רַחֲמָנָא בְּכִסּוּפֵי אַפִּין אָתֵינָא לְמִקְרֵי קָמָךְ רַחֵם עֲלַן בְּדִיל וַיַּעֲבֹר
רַחֲמָנָא גַּלֵּי גְבוּרְתָךְ עֲלַן בְּדִיל וַיַּעֲבֹר
רַחֲמָנָא דִּינַן אַפֵּיק לִנְהוֹרָא בְּדִיל וַיַּעֲבֹר
רַחֲמָנָא דִּינָא דְחַיֵּי גְּזוֹר עֲלַן בְּדִיל וַיַּעֲבֹר
רַחֲמָנָא הַדְרָךְ שַׁוֵּי עֲלַן בְּדִיל וַיַּעֲבֹר
רַחֲמָנָא וְלָא תִתְפְּרַע כְּעוֹבְדָנָא בִּישִׁין מִנַּן בְּדִיל וַיַּעֲבֹר
רַחֲמָנָא זִיוָךְ אַשְׁרֵי עֲלַן בְּדִיל וַיַּעֲבֹר
רַחֲמָנָא זָכְוָון חַפֵּשׂ לַן בְּדִיל וַיַּעֲבֹר
רַחֲמָנָא חֲשֹׁב עֲלַן טָבְוָן בְּדִיל וַיַּעֲבֹר
רַחֲמָנָא טָבְוָן סַגִּיאָן אַיְתִי עֲלַן בְּדִיל וַיַּעֲבֹר
רַחֲמָנָא יִתְגַּלְגְּלוּן רַחֲמָךְ עֲלַן בְּדִיל וַיַּעֲבֹר

בעשרת ימי תשובה מוסיפים:

רַחֲמָנָא כְּתֻבִינַן בְּסִפְרָא דְחַיֵּי בְּדִיל וַיַּעֲבֹר
רַחֲמָנָא כְּתֻבִינַן בְּסִפְרָא דְרַחֲמֵי בְּדִיל וַיַּעֲבֹר
רַחֲמָנָא כְּתֻבִינַן בְּסִפְרָא דְצַדִּיקֵי וַחֲסִידֵי בְּדִיל וַיַּעֲבֹר
רַחֲמָנָא כְּתֻבִינַן בְּסִפְרָא דִישָׁרֵי וּתְמִימֵי בְּדִיל וַיַּעֲבֹר
רַחֲמָנָא כְּתֻבִינַן בְּסִפְרָא דְפַרְנָסָתָא טָבְתָא וּמְזוֹנֵי טָבֵי בְּדִיל וַיַּעֲבֹר

רַחֲמָנָא כְּבֹשׁ חֵמְתָא וְרֻגְזָא מִנַּן בְּדִיל וַיַּעֲבֹר
רַחֲמָנָא לָא תַעֲבֵד גְּמִירָא לַן בְּדִיל וַיַּעֲבֹר

רַחֲמָנָא מְחֹל וּשְׁבֹק לְחוֹבִין וְלַעֲוָיָן  בְּדִיל וַיַּעֲבֹר
רַחֲמָנָא נְהוֹר טוּבָךְ אַנְהַר עֲלַן  בְּדִיל וַיַּעֲבֹר
רַחֲמָנָא סָעִיד וְסָמֵיךְ הֱוֵי לַן  בְּדִיל וַיַּעֲבֹר
רַחֲמָנָא עֲבֵד עִמָּנָא אָתָא לְטָב  בְּדִיל וַיַּעֲבֹר
רַחֲמָנָא פְּתַח שְׁמַיָּא לִצְלוֹתִין  בְּדִיל וַיַּעֲבֹר
רַחֲמָנָא צְלוֹתָנָא קַבֵּל בְּרַעֲוָא  בְּדִיל וַיַּעֲבֹר
רַחֲמָנָא קַבֵּל צְלוֹתִין וּבָעוּתִין בְּעִדָּן עָקְתִין  בְּדִיל וַיַּעֲבֹר
רַחֲמָנָא רַחֵם עַל נִשְׁמָתִין  בְּדִיל וַיַּעֲבֹר
רַחֲמָנָא שַׁתָּא טָבְתָא אַיְתִי עֲלַן  בְּדִיל וַיַּעֲבֹר
רַחֲמָנָא תּוּב מֵרֻגְזָךְ  בְּדִיל וַיַּעֲבֹר
רַחֲמָנָא וְלָא נֶהְדַּר רֵיקָם מִן קֳדָמָךְ  בְּדִיל וַיַּעֲבֹר

וַיַּעֲבֹר יְהוָה ׀ עַל־פָּנָיו וַיִּקְרָא  שמות לד
יְהוָה ׀ יְהוָה אֵל רַחוּם וְחַנּוּן אֶרֶךְ אַפַּיִם וְרַב־חֶסֶד וֶאֱמֶת:
נֹצֵר חֶסֶד לָאֲלָפִים נֹשֵׂא עָוֹן וָפֶשַׁע וְחַטָּאָה וְנַקֵּה:
וְסָלַחְתָּ לַעֲוֹנֵנוּ וּלְחַטָּאתֵנוּ וּנְחַלְתָּנוּ:

**פזמון**

לרבי משה אבן עזרא

אָנָּא כְּעָב זְדוֹנִי / תְּמְחֵהוּ
וְסָלַחְתָּ לַעֲוֹנִי / כִּי רַב־הוּא:  תהלים כה

אֵיךְ יִמָּחֶה, וְנִכְתַּב / לְמוּל אָבִי
כִּי אֵין בְּלִבּוֹ מַחְשָׁב / כְּמַחְשָׁבִי
לִמְחוֹת מֵאֲשֶׁר כָּתַב / לְיוֹם רִיבִי
כִּי, הַמִּכְתָּב מִכְתַּב / אֱלֹהִים הוּא:  שמות לב
וְסָלַחְתָּ לַעֲוֹנִי כִּי רַב־הוּא:

נָא אִם תַּחְקֹר וְתִפְרֹשׂ / צוּר, עֲלוּמָיו
אָוֶן בְּלֵילוֹ יַחֲרֹשׁ / וּבְיָמָיו
וְאִם לַחֲטָאָיו תִּדְרֹשׁ / וְלַאֲשָׁמָיו
מִכַּף רֶגֶל וְעַד רֹאשׁ / אָשָׁם הוּא: ויקרא ה
וְסָלַחְתָּ לַעֲוֹנִי כִּי רַב־הוּא:

יֶהֶרְסוּן וְיִבְנוּן / בִּי רַעְיוֹנַי
יוֹם בִּי חֲטָאַי יַעֲנוּן / וּבְפָנַי
אָכֵן סְעִפַּי יְבִינוּן / כִּי אֲדֹנָי
נוֹשֵׂא עָוֹן חַנּוּן / וְרַחוּם הוּא: יואל ב
וְסָלַחְתָּ לַעֲוֹנִי כִּי רַב־הוּא:

מֶה לִּידִידִי וּמַלְכִּי / יִסָּתֵר
וְאֶשְׁפֹּךְ עֲתֶרֶת חִכִּי / וְאֵין עוֹתֵר
וְאֶשְׁאַל בְּעַד חֲלוֹם חֶשְׁכִּי / וְאֵין פּוֹתֵר
וְאָמַר, לֹא אוּכַל כִּי / חָתוּם הוּא: ישעיה כט
וְסָלַחְתָּ לַעֲוֹנִי כִּי רַב־הוּא:

שׁוּבָה שִׁיבַת שְׁאֵרִית / עַם הוּעַם
וּשְׁלַח מְבַשֵּׂר בִּבְרִית / לְהוֹדִיעָם
אֵת אֲשֶׁר יִהְיֶה בְּאַחֲרִית / הַזָּעַם
וְנִחַם, וְאִם לֹא עַם־ / בִּינוֹת הוּא: ישעיה כז
וְסָלַחְתָּ לַעֲוֹנִי כִּי רַב־הוּא:

הוֹסֵף יָד וְצִיר מִשְׁנֶה / תַּשְׁלִיחַ
וְקֶרֶן לְנִגָּשׂ וְנַעֲנֶה / תַּצְמִיחַ
יִגְבַּר, וְכֹל אֲשֶׁר־יַעֲשֶׂה / יַצְלִיחַ
וְהוֹדַע כִּי־מְשִׁיחַ / אֱלֹהִים הוּא: שמואל א׳ כד
וְסָלַחְתָּ לַעֲוֹנִי כִּי רַב־הוּא:

אַנְשֵׁי אֱמוּנָה אָבָדוּ / בָּאִים בְּכֹחַ מַעֲשֵׂיהֶם.
גִּבּוֹרִים לַעֲמוֹד בַּפֶּרֶץ / דּוֹחִים אֶת הַגְּזֵרוֹת.
הָיוּ לָנוּ לְחוֹמָה / וּלְמַחְסֶה בְּיוֹם זָעַם.
זוֹעֲכִים אַף בְּלַחֲשָׁם / חֵמָה עָצְרוּ בְשַׁוְעָם.
טֶרֶם קְרָאוּךָ עֲנִיתָם / יוֹדְעִים לַעֲתוֹר וּלְרַצּוֹת.
כְּאָב רִחַמְתָּ לְמַעֲנָם / לֹא הֱשִׁיבוֹתָ פְּנֵיהֶם רֵיקָם.
מֵרֹב עֲוֹנֵינוּ אֲבַדְנוּם / נֶאֶסְפוּ מֶנּוּ בַּחֲטָאֵינוּ.
סָעוּ הֵמָּה לִמְנוּחוֹת / עָזְבוּ אוֹתָנוּ לַאֲנָחוֹת.
פַּסּוּ גוֹדְרֵי גָדֵר / צָמְתוּ מְשִׁיבֵי חֵמָה.
קָמִים בַּפֶּרֶץ אַיִן / רְאוּיִם לְרַצּוֹתְךָ אָפֵסוּ.
שׁוֹטַטְנוּ בְּאַרְבַּע פִּנּוֹת / תְּרוּפָה לֹא מָצָאנוּ.
שַׁבְנוּ אֵלֶיךָ בְּבֹשֶׁת פָּנֵינוּ / לְשַׁחֶרְךָ אֵל בְּעֵת צָרוֹתֵינוּ.

אֵל מֶלֶךְ יוֹשֵׁב עַל כִּסֵּא רַחֲמִים, וּמִתְנַהֵג בַּחֲסִידוּת
מוֹחֵל עֲוֹנוֹת עַמּוֹ, מַעֲבִיר רִאשׁוֹן רִאשׁוֹן
מַרְבֶּה מְחִילָה לְחַטָּאִים וּסְלִיחָה לְפוֹשְׁעִים
עוֹשֶׂה צְדָקוֹת עִם כָּל בָּשָׂר וָרוּחַ, לֹא כְרָעָתָם לָהֶם גּוֹמֵל.
אֵל, הוֹרֵיתָנוּ לוֹמַר מִדּוֹת שְׁלֹשׁ עֶשְׂרֵה
זְכֹר לָנוּ הַיּוֹם בְּרִית שְׁלֹשׁ עֶשְׂרֵה
כְּמוֹ שֶׁהוֹדַעְתָּ לֶעָנָו מִקֶּדֶם, וְכֵן כָּתוּב בְּתוֹרָתָךְ:
וַיֵּרֶד יְהֹוָה בֶּעָנָן וַיִּתְיַצֵּב עִמּוֹ שָׁם וַיִּקְרָא בְשֵׁם יְהֹוָה: שמות לד
וְשָׁם נֶאֱמַר:
וַיַּעֲבֹר יְהֹוָה ׀ עַל־פָּנָיו וַיִּקְרָא
יְהֹוָה ׀ יְהֹוָה אֵל רַחוּם וְחַנּוּן אֶרֶךְ אַפַּיִם וְרַב־חֶסֶד וֶאֱמֶת:
נֹצֵר חֶסֶד לָאֲלָפִים נֹשֵׂא עָוֺן וָפֶשַׁע וְחַטָּאָה וְנַקֵּה:
וְסָלַחְתָּ לַעֲוֹנֵנוּ וּלְחַטָּאתֵנוּ וּנְחַלְתָּנוּ:

תָּמַהְנוּ מֵרָעוֹת / תָּשַׁשׁ כֹּחֵנוּ מִצָּרוֹת.
שַׁחְנוּ עַד לִמְאֹד / שָׁפַלְנוּ עַד עָפָר.
רַחוּם כָּךְ הִיא מִדָּתֵנוּ / קְשֵׁי עֹרֶף וּמַמְרִים אֲנָחְנוּ.
צָעַקְנוּ בְּפִינוּ חָטָאנוּ / פְּתַלְתּוֹל וְעִקֵּשׁ לִבֵּנוּ.
עֶלְיוֹן רַחֲמֶיךָ מֵעוֹלָם / סְלִיחָה עִמְּךָ הִיא.
נִחָם עַל הָרָעָה / מַטֶּה כְּלַפֵּי חֶסֶד.
לֹא תִתְעַלַּם בְּעִתּוֹת כָּאֵל / כִּי בְצָרָה גְדוֹלָה אֲנָחְנוּ.
יִוָּדַע לְעֵינֵי הַכֹּל / טוּבְךָ וְחַסְדְּךָ עִמָּנוּ.
חֲתֹם פִּי שָׂטָן וְאַל יַשְׂטִין עָלֵינוּ / זְעֹם בּוֹ וְיִדּוֹם.
וְיַעֲמוֹד מֵלִיץ טוֹב לְצַדְּקֵנוּ / הוּא יַגִּיד יָשְׁרֵנוּ.
דְּרָכֶיךָ רַחוּם וְחַנּוּן / גִּלִּיתָ לְנֶאֱמַן בַּיִת.
בְּבַקְשׁוֹ אָז מִלְּפָנֶיךָ / אֱמוּנָתְךָ הוֹדַעְתָּ לוֹ.

אֵל מֶלֶךְ יוֹשֵׁב עַל כִּסֵּא רַחֲמִים, וּמִתְנַהֵג בַּחֲסִידוּת
מוֹחֵל עֲוֹנוֹת עַמּוֹ, מַעֲבִיר רִאשׁוֹן רִאשׁוֹן
מַרְבֶּה מְחִילָה לְחַטָּאִים וּסְלִיחָה לְפוֹשְׁעִים
עוֹשֶׂה צְדָקוֹת עִם כָּל בָּשָׂר וָרוּחַ, לֹא כְרָעָתָם לָהֶם גּוֹמֵל.
אֵל, הוֹרֵיתָנוּ לוֹמַר מִדּוֹת שְׁלֹשׁ עֶשְׂרֵה
זְכֹר לָנוּ הַיּוֹם בְּרִית שְׁלֹשׁ עֶשְׂרֵה
כְּמוֹ שֶׁהוֹדַעְתָּ לֶעָנָו מִקֶּדֶם, וְכֵן כָּתוּב בְּתוֹרָתֶךָ:
וַיֵּרֶד יְהוָה בֶּעָנָן וַיִּתְיַצֵּב עִמּוֹ שָׁם וַיִּקְרָא בְשֵׁם יְהוָה: שמות לד
וְשָׁם נֶאֱמַר:
וַיַּעֲבֹר יְהוָה ׀ עַל־פָּנָיו וַיִּקְרָא
יְהוָה ׀ יְהוָה אֵל רַחוּם וְחַנּוּן אֶרֶךְ אַפַּיִם וְרַב־חֶסֶד וֶאֱמֶת:
נֹצֵר חֶסֶד לָאֲלָפִים נֹשֵׂא עָוֺן וָפֶשַׁע וְחַטָּאָה וְנַקֵּה:
וְסָלַחְתָּ לַעֲוֹנֵנוּ וּלְחַטָּאתֵנוּ וּנְחַלְתָּנוּ:

אֱלֹהֵינוּ וֵאלֹהֵי אֲבוֹתֵינוּ
אַל תַּעַשׂ עִמָּנוּ כָּלָה / תֹּאחֵז יָדְךָ בַּמִּשְׁפָּט.
בְּבוֹא תוֹכֵחָה נֶגְדֶּךָ / שְׁמֵנוּ מִסִּפְרְךָ אַל תֶּמַח.
גִּשְׁתְּךָ לַחְקוֹר מוּסָר / רַחֲמֶיךָ יְקַדְּמוּ רָגְזָךְ.
דַּלּוּת מַעֲשִׂים בְּשׁוּרֶךָ / קָרֵב צֶדֶק מֵאֵלֶיךָ.
הוֹרֵנוּ בְּזַעֲקֵנוּ לָךְ / צַו יְשׁוּעָתֵנוּ בְּמַפְגִּיעַ.
וְתָשִׁיב שְׁבוּת אָהֳלֵי תָם / פְּתָחָיו רְאֵה כִּי שָׁמֵמוּ.
זְכוֹר נַמְתָּ / עֵדוּת לֹא תִשָּׁכַח מִפִּי זַרְעוֹ.
חוֹתֵם תְּעוּדָה תַּתִּיר / סוֹדְךָ שִׂים בְּלִמּוּדֶךָ.
טַבּוּר אַגַּן הַסַּהַר / נָא אַל יֶחְסַר הַמָּזֶג.
יָהּ דַּע אֶת יִשְׂרָאֵל אֲשֶׁר יְדָעוּךָ / מַגֵּר אֶת הַגּוֹיִם אֲשֶׁר לֹא יְדָעוּךָ.
כִּי תָשִׁיב לְבִצָּרוֹן / לְכוּדִים אֲסִירֵי הַתִּקְוָה.

יש אומרים את הווידוי בעמ׳ 584 לפני ׳רִבּוֹנוֹ שֶׁל עוֹלָם׳.

פתיחה לווידוי

רִבּוֹנוֹ שֶׁל עוֹלָם
אֶתְוַדֶּה עַל עֲבֵרוֹת קַלּוֹת וַחֲמוּרוֹת
בַּלַּיְלָה לְסוֹף אַשְׁמוּרוֹת

יִצְרִי עֲלִילוֹת בְּרֶשַׁע לְהִתְעוֹלֵל
שֹׁמֵר מַה־מִּלַּיְלָה שֹׁמֵר מַה־מִּלֵּיל: ישעיה כא

לִבִּי וְעֵינַי לַחֲטֹא יֵאוֹתוּ
וְיוֹם וָלַיְלָה לֹא יִשְׁבֹּתוּ: בראשית ח

וּשְׁאָר אֵבָרַי לַעֲשׂוֹת הָרַע בְּעֵינֶיךָ יִתְלַחֲשׁוּ
כָּל־הַיּוֹם וְכָל־הַלַּיְלָה, תָּמִיד לֹא יֶחֱשׁוּ: ישעיה סב

וְיַעַן אֲשֶׁר עָבַרְתִּי עַל מִצְוֹת עֲשֵׂה וְעַל מִצְוֹת לֹא תַעֲשֶׂה
אַשְׂחֶה בְכָל־לַיְלָה מִטָּתִי, בְּדִמְעָתִי עַרְשִׂי אַמְסֶה: תהלים ו

אוּלַי יִשְׁמַע קוֹל בִּכְיִי, נוֹרָא עֲלִילָה
תהלים פח יוֹם־צָעַקְתִּי בַלַּיְלָה:

אֶקְרָא יוֹמָם וְאָרִים קוֹלִי עַל פְּשָׁעַי וּמַעֲלִי
תהלים כב וְלַיְלָה וְלֹא־דוּמִיָּה לִי:

אֶת מִקְצָת חֲטָאַי אֲנִי מַזְכִּיר לִפְנֵי צוֹפֶה עֲתִידוֹת
תהלים קיט לַיְלָה אָקוּם לְהוֹדוֹת:

וְאוֹדֶה עֲלֵי פְשָׁעַי וּזְדוֹנַי
שמות יב הַלַּיְלָה הַזֶּה לַיהוָה:

**וידוי**

"כל המצוות שבתורה, בין עשה בין לא תעשה, אם עבר אדם על אחת מהן בין בזדון בין בשגגה – כשיעשה תשובה וישוב מחטאו חייב להתוודות לפני האל ברוך הוא...
כיצד מתודה? אומר 'אנא ה'! חטאתי, עויתי, פשעתי לפניך ועשיתי כך וכך; והרי ניחמתי ובשתי במעשיי, ולעולם איני חוזר לדבר זה' – זה עיקרו שלוידוי" (רמב"ם, תשובה פ"א ה"א).
"כל המתודה בדברים ולא גמר בלבו לעזוב – הרי זה דומה לטובל ושרץ בידו, שאין הטבילה מועלת לו עד שישליך השרץ. וכן הוא אומר (משלי כח, יג): 'וּמוֹדֶה וְעֹזֵב יְרֻחָם'" (שם, פ"ב ה"ג).

אָנָּא יְהוָה אֱלֹהֵינוּ וֵאלֹהֵי אֲבוֹתֵינוּ
תָּבֹא לְפָנֶיךָ תְּפִלָּתֵנוּ וְאַל תִּתְעַלַּם מַלְכֵּנוּ מִתְּחִנָּתֵנוּ
שֶׁאֵין אֲנַחְנוּ עַזֵּי פָנִים וּקְשֵׁי עֹרֶף לוֹמַר לְפָנֶיךָ
יְהוָה אֱלֹהֵינוּ וֵאלֹהֵי אֲבוֹתֵינוּ
צַדִּיקִים אֲנַחְנוּ וְלֹא חָטָאנוּ
אֲבָל חָטָאנוּ, עָוִינוּ, פָּשַׁעְנוּ
אֲנַחְנוּ וַאֲבוֹתֵינוּ וְאַנְשֵׁי בֵיתֵנוּ.
תהלים לב חַטָּאתִי אוֹדִיעֲךָ וַעֲוֹנִי לֹא־כִסִּיתִי
אָמַרְתִּי אוֹדֶה עֲלֵי פְשָׁעַי לַיהוָה
וְאַתָּה נָשָׂאתָ עֲוֹן חַטָּאתִי סֶלָה:
וְנֶאֱמַר:
משלי כח מְכַסֶּה פְשָׁעָיו לֹא יַצְלִיחַ, וּמוֹדֶה וְעֹזֵב יְרֻחָם:

יש האומרים את נוסח הווידוי הזה, ויש האומרים את נוסח הווידוי המפורט (למטה).

**אָשַׁמְנוּ, בָּגַדְנוּ, גָּזַלְנוּ, דִּבַּרְנוּ דֹפִי וְלָשׁוֹן הָרָע**
**הֶעֱוִינוּ, וְהִרְשַׁעְנוּ, זַדְנוּ, חָמַסְנוּ, טָפַלְנוּ שֶׁקֶר וּמִרְמָה**
**יָעַצְנוּ עֵצוֹת רָעוֹת, כִּזַּבְנוּ, כָּעַסְנוּ, לַצְנוּ**
**מָרַדְנוּ, מָרִינוּ דְּבָרֶיךָ, נִאַצְנוּ, נִאַפְנוּ, סָרַרְנוּ, עָוִינוּ**
**פָּשַׁעְנוּ, פָּגַמְנוּ, צָרַרְנוּ, צִעַרְנוּ אָב וָאֵם, קִשִּׁינוּ עֹרֶף**
**רָשַׁעְנוּ, שִׁחַתְנוּ, תִּעַבְנוּ, תָּעִינוּ וְתִעְתָּעְנוּ**
**וְסַרְנוּ מִמִּצְוֹתֶיךָ וּמִמִּשְׁפָּטֶיךָ הַטּוֹבִים וְלֹא שָׁוָה לָנוּ.**
**וְאַתָּה צַדִּיק עַל כָּל־הַבָּא עָלֵינוּ, כִּי־אֱמֶת עָשִׂיתָ, וַאֲנַחְנוּ הִרְשָׁעְנוּ:** נחמיה ט

וממשיכים ׳אָשַׁמְנוּ מִכָּל עָם׳ בעמ׳ 586.

יש אומרים וידוי מפורט זה, המבוסס על המובא ב׳כף אחת׳ לחיד״א.

| | |
|---|---|
| אָשַׁמְנוּ. | אָכַלְנוּ מַאֲכָלוֹת אֲסוּרוֹת. |
| בָּגַדְנוּ. | בִּטַּלְנוּ תּוֹרָתֶךָ. |
| גָּזַלְנוּ. | גָּנַבְנוּ. גָּאִינוּ. |
| דִּבַּרְנוּ דֹפִי וְלָשׁוֹן הָרָע. | דִּבַּרְנוּ אֶחָד בַּפֶּה וְאֶחָד בַּלֵּב. |
| הֶעֱוִינוּ. | הִרְהַרְנוּ הִרְהוּרִים רָעִים בַּיּוֹם<br>וּבָאנוּ לִידֵי טֻמְאַת קֶרִי בַּלָּיְלָה. |
| וְהִרְשַׁעְנוּ. | וְעַדְנוּ עַצְמֵנוּ לִדְבַר עֲבֵרָה. |
| זַדְנוּ. | זָנִינוּ אַחַר לִבֵּנוּ וְעֵינֵינוּ. |
| חָמַסְנוּ. | חָמַדְנוּ. |
| טָפַלְנוּ שֶׁקֶר וּמִרְמָה. | |
| יָעַצְנוּ עֵצוֹת רָעוֹת | עַד אֵין חֵקֶר. |
| כִּזַּבְנוּ. | כִּחַשְׁנוּ. כָּעַסְנוּ. |
| לַצְנוּ. | לוֹצַצְנוּ. |
| מָרַדְנוּ. | מָרִינוּ דְּבָרֶיךָ. מָרַדְנוּ בְּמַלְכוּת שָׁמַיִם.<br>מָרַדְנוּ בְּמַלְכוּת בֵּית דָּוִד.<br>מָאַסְנוּ בְּבֵית הַמִּקְדָּשׁ.<br>וּשְׁלָשְׁתָּם אֲנַחְנוּ מְבַקְשִׁים. |

נָאַצְנוּ. נִאַפְנוּ. נִשְׁבַּעְנוּ לַשָּׁוְא וְלַשֶּׁקֶר. נָדַרְנוּ וְלֹא שִׁלַּמְנוּ.
סָרַרְנוּ. סוֹרְרִים וּמוֹרִים הָיִינוּ.
עָוִינוּ. עָבַרְנוּ עַל מִצְוֹת עֲשֵׂה וְעַל מִצְוֹת לֹא תַעֲשֶׂה.
עָבַרְנוּ עַל כְּרֵיתוֹת וּמִיתוֹת בֵּית דִּין.
עָבַרְנוּ עַל חִלּוּל הַשֵּׁם.
פָּשַׁעְנוּ. פָּגַמְנוּ בְּאוֹת בְּרִית קֹדֶשׁ.
צָרַרְנוּ. צִעַרְנוּ אָב וָאֵם.
קִשִּׁינוּ עֹרֶף. קִלְקַלְנוּ צִנּוֹרוֹת הַשֶּׁפַע.
רָשַׁעְנוּ. רָעִים לַשָּׁמַיִם וְלַבְּרִיּוֹת הָיִינוּ.
שִׁחַתְנוּ. שִׁקַּרְנוּ. שִׁחַתְנוּ זֶרַע קֹדֶשׁ לְבַטָּלָה
וּבָרָאנוּ מַשְׁחִית לְחַבֵּל.
גַּם בִּכְנָפֵינוּ נִמְצְאוּ דַּם נַפְשׁוֹת אֶבְיוֹנִים נְקִיִּים.
וְהִנֵּה דִּמְעַת הָעֲשׁוּקִים, וְאֵין לָהֶם מְנַחֵם: קהלת ד
לִבִּי לִבִּי עַל חַלְלֵיהֶם, מֵעַי מֵעַי עַל הֲרוּגֵיהֶם.
אוֹי לְרָשָׁע רָע, כִּי־גְמוּל יָדָיו יֵעָשֶׂה לּוֹ: ישעיה ג

תִּעַבְנוּ, תָּעִינוּ וְתִעְתָּעְנוּ.
וְסַרְנוּ מִמִּצְוֹתֶיךָ וּמִמִּשְׁפָּטֶיךָ הַטּוֹבִים וְלֹא שָׁוָה לָנוּ.
וְאַתָּה צַדִּיק עַל כָּל־הַבָּא עָלֵינוּ, כִּי־אֱמֶת עָשִׂיתָ וַאֲנַחְנוּ הִרְשָׁעְנוּ: נחמיה ט

אָשַׁמְנוּ מִכָּל עָם / בֹּשְׁנוּ מִכָּל גּוֹי
גָּלָה מִמֶּנּוּ מָשׂוֹשׂ / דָּוֶה לִבֵּנוּ בַּחֲטָאֵינוּ
הָחְבַּל אִוְיֵנוּ / וְנִפְרַע פְּאֵרֵנוּ
זְבוּל מִקְדָּשֵׁנוּ / חָרֵב בַּעֲוֹנֵנוּ
טִירָתֵנוּ הָיְתָה לְשַׁמָּה / יְפִי אַדְמָתֵנוּ לְזָרִים / כֹּחֵנוּ לְנָכְרִים

לדעת האר״י, אין חוזרים על הווידוי ולכן ברוב הקהילות
ממשיכים ״לְעֵינֵינוּ עָשְׁקוּ עֲמָלֵנוּ״ בעמוד הבא.

ובקצת קהילות אומרים כאן ׳וַעֲדַיִן לֹא שַׁבְנוּ מִתָּעוּתֵנוּ׳, ואת הווידוי ׳אָשַׁמְנוּ בְּאֹמֶר וּבְפֹעַל׳
בעמוד הבא, ויש אומרים במקומו את הווידוי הרגיל בעמוד הקודם למעלה.

וידוי זה הוא חלק מן התוכחה ׳ה׳ שְׂפָתַי תִּפְתָּח וּלְשׁוֹנִי תְּצַחְצַח׳ לרבינו בחיי אבן בקודה, ונהגו לאומרו כאן כווידוי. אולם האר״י נהג שלא לאומרו וברוב הקהילות מדלגים עליו.

אָשַׁמְנוּ בְּאֹמֶר וּבְפֹעַל / בָּזִינוּ חֹק לְמַעְלָה מַעַל
גָּעַלְנוּ מִשְׁפָּט וָצֶדֶק / דְּרָכֵינוּ כִּמְשׂוּכַת חֵדֶק
הֵפַרְנוּ בְּרִית וָחֹק / וְהִרְבִּינוּ פֶּשַׁע לִבְלִי חֹק
זָנַחְנוּ טוּב הוֹרִית / חָרַשְׁנוּ רֶשַׁע שָׂנֵאת
טָפַלְנוּ שֶׁקֶר וּמִרְמָה / יָעַצְנוּ אָוֶן וְאַשְׁמָה
כִּלִּינוּ יָמֵינוּ בְּהַבְלֵי עוֹלָם / לֹא זָכַרְנוּ כִּי תְבִיאֵנוּ בְמִשְׁפָּט עַל כָּל נֶעְלָם
מָאַסְנוּ מוּסַר הַדַּעַת / נוֹאַלְנוּ מֵחָכְמָה וָדַעַת
סַרְנוּ מִמִּשְׁפְּטֵי צִדְקֶךָ / עָזַבְנוּ אָרְחוֹת חֻקֶּיךָ
פָּנִינוּ אֶל כָּל חֶמְדָּתֵנוּ / צָלַלְנוּ בִּמְצוּלוֹת תַּאֲוָתֵנוּ
קָפַצְנוּ פִּי חֲכָמִים מֵהוֹכִיחַ / רָחַב פִּינוּ בְּנִיב עַוְלָה יַצְרִיחַ
שׁוֹבַבְנוּ מְשׁוּבָה נִצַּחַת / תִּעַבְנוּ כָּל אִישׁ תּוֹכַחַת.
וְאַתָּה צַדִּיק עַל כָּל־הַבָּא עָלֵינוּ, כִּי־אֱמֶת עָשִׂיתָ וַאֲנַחְנוּ הִרְשָׁעְנוּ: נחמיה ט

לְעֵינֵינוּ עָשְׁקוּ עֲמָלֵנוּ / מְמֻשָּׁךְ וּמוֹרָט מִמֶּנּוּ
נָתְנוּ עֻלָּם עָלֵינוּ / סָבַלְנוּ עַל שִׁכְמֵנוּ
עֲבָדִים מָשְׁלוּ בָנוּ / פֹּרֵק אֵין מִיָּדָם איכה ה
צָרוֹת רַבּוֹת סְבָבוּנוּ / קְרָאנוּךָ יְהוָה אֱלֹהֵינוּ
רִחַקְתָּ מִמֶּנּוּ בַּעֲוֹנֵינוּ / שַׁבְנוּ מֵאַחֲרֶיךָ / תָּעִינוּ כַּצֹּאן וְאָבַדְנוּ

וַעֲדַיִן לֹא שַׁבְנוּ מִתָּעוּתֵנוּ
וְהֵיאַךְ נָעִיז פָּנֵינוּ, וְנַקְשֶׁה עָרְפֵּנוּ
לוֹמַר לְפָנֶיךָ יְהוָה אֱלֹהֵינוּ וֵאלֹהֵי אֲבוֹתֵינוּ
צַדִּיקִים אֲנַחְנוּ וְלֹא חָטָאנוּ
אֲבָל חָטָאנוּ אֲנַחְנוּ וַאֲבוֹתֵינוּ.

בקצת קהילות אומרים כאן שוב וידוי (עמ׳ 585 למעלה), ולדעת האר״י אין לאומרו.

יש נוהגים לומר פזמון זה לרבי יהודה הלוי בערב ראש השנה ובערב יום הכיפורים.

יְצַו הָאֵל / לְדַל שׁוֹאֵל / וְיִהְיוּ דְלָתָיו פְּתוּחוֹת
הֲמוֹן שִׂיחוֹ / בְּמַר רוּחוֹ / לְאֵל אֱלֹהֵי הָרוּחוֹת
אֲשֶׁר יִקְרָא / בְּעֵת יִירָא / מִשְׁפָּטִים וְתוֹכֵחוֹת
דניאל ט לַאדֹנָי אֱלֹהֵינוּ הָרַחֲמִים וְהַסְּלִחוֹת.

הֲיִמְצָא חֵן / בְּעֵין בּוֹחֵן / כְּלָיוֹת, אִישׁ מָלֵא מִרְמָה
אֲשֶׁר חוֹלֵל / וְהִתְגּוֹלֵל / בְּדַם עָוֹן וּמֵי אַשְׁמָה
וְסוֹף שִׁבְרוֹ / בְּבֵית קִבְרוֹ / יְצוּעַ גּוּשׁ וְסוּת רִמָּה
וְיִתְגַּבֵּר / לְלֹא דָבָר / וְיִשְׂמַח וּבַל יֵדַע מָה
וְכִי יִכְסֹף / יְקָר לֶאֱסֹף / וְלֹא יֵדַע לְמִי וְלָמָּה
וְיִשְׁכַּח יוֹם / בְּלִי פִדְיוֹם / יְהִי קוֹדֵר בְּלֹא חַמָּה
יוֹם מְגִלּוֹת נִפְתָּחוֹת / וְיִזָּכְרוּ נִשְׁכָּחוֹת
לַאדֹנָי אֱלֹהֵינוּ הָרַחֲמִים וְהַסְּלִחוֹת.

וְאֵיךְ יִגְבַּר / אֲשֶׁר חֻבַּר / בְּמֵי טִפָּה וְדַם נִדָּה
אֲשֶׁר נֶחְשַׁב / כְּגֵר תּוֹשָׁב / וְיֵלֶךְ לוֹ בְּלֹא חֶמְדָּה
וּמַטְעַמָּיו / וְגַם מֵימָיו / וְקֵץ יָמָיו בְּמוֹ מִדָּה
וְאֵין רֶגַע / בְּלִי נֶגַע / וְלֹא פֶגַע בְּלֹא חֲרָדָה
וְאֵין תָּמִים / בְּלִי דָמִים / וְאֵין אִישׁ מִשְּׁאוֹל נִפְדָּה
אֲבָל נִרְצָה / וְחֵן מָצָא / אֲשֶׁר חָטָא וְהִתְוַדָּה
וְקִדֵּם שִׁיר וְתִשְׁבָּחוֹת / מְקוֹם אָרוֹן וּמִזְבְּחוֹת
לַאדֹנָי אֱלֹהֵינוּ הָרַחֲמִים וְהַסְּלִחוֹת.

דּוֹרֵךְ עֹז / אֲשֶׁר יָעֹז / בְּמַעֲלָתוֹ וּמֶרְכָּבוֹ
וְשָׂם כִּסְלוֹ / יְמֵי הֶבְלוֹ / בְּרֹב חֵילוֹ וּבִזְהָבוֹ
הֲלֹא יִזְכֹּר / זְמַן יַעְכֹּר / הֲדַר גָּבְהוֹ וּמַצָּבוֹ
וְאֵיךְ יִשְׁכַּח / אֲשֶׁר יוּכַח / בְּמַכְאוֹב עַל מִשְׁכָּבוֹ
בְּעֵת יִדְאַב / וְגַם יִכְאַב / וְאֵין מַרְפֵּא לְמַכְאוֹבוֹ
וְעֵת יָמֵשׁ / מְאוֹר שֶׁמֶשׁ / וְאֵין הָדָר לְכוֹכָבוֹ
וְסָבְבוּ בַשּׁוּק אֲנָחוֹת / מִשְׁפָּחוֹת מִשְׁפָּחוֹת
לַאדֹנָי אֱלֹהֵינוּ הָרַחֲמִים וְהַסְּלִחוֹת.

הֲדַר תֵּבֵל / כְּצִיץ נוֹבֵל / וְאַחֲרִיתָהּ בְּאֵר שַׁחַת
לְבַד לֵב תָּם / לְאֵל נְחִתָּם / וְהוּא מִפְּנֵי שְׁמוֹ נִחַת
וְעֹל יִסְבֹּל / וְלֹא יִבֹּל / וְלֹא יָקֹץ בְּתוֹכַחַת
וּמִמּוֹקְשׁוֹ / תְּהִי נַפְשׁוֹ / כְּמוֹ שִׂמְחָה בּוֹרַחַת
וְתִתְנַשֵּׂא / עֲדֵי כִּסֵּא / וְתָסוּר מִשְּׁאוֹל תַּחַת
וְגוּף נֶעֱזָב / כְּמוֹ אַכְזָב / וְכָאֵזוֹר אֲשֶׁר נִשְׁחָת
תְּמוּנוֹת תָּאֳרוּ נִמְחוֹת / וְהֵם עַל כַּף מְפֻתָּחוֹת
לַאדֹנָי אֱלֹהֵינוּ הָרַחֲמִים וְהַסְּלִיחוֹת.

---

לַאדֹנָי אֱלֹהֵינוּ הָרַחֲמִים וְהַסְּלִיחוֹת, כִּי חָטָאנוּ לוֹ
לַאדֹנָי אֱלֹהֵינוּ הָרַחֲמִים וְהַסְּלִיחוֹת, כִּי מָרַדְנוּ בּוֹ: דניאל ט
אַל־נָא תָשֵׁת עָלֵינוּ חַטָּאת, אֲשֶׁר נוֹאַלְנוּ וַאֲשֶׁר חָטָאנוּ: במדבר יב
חָטָאנוּ צוּרֵנוּ, סְלַח לָנוּ יוֹצְרֵנוּ.
שְׁמַע יִשְׂרָאֵל יְהֹוָה אֱלֹהֵינוּ יְהֹוָה אֶחָד: דברים ו

יְהֹוָה הוּא הָאֱלֹהִים, יְהֹוָה הוּא הָאֱלֹהִים: מלכים א׳ יח
אֶרְאֶלֵּי מַעְלָה / אוֹמְרִים יְהֹוָה אֲדוֹנֵנוּ
בְּחִירֵי סְגֻלָּה / עוֹנִים וְאוֹמְרִים
יְהֹוָה הוּא הָאֱלֹהִים, יְהֹוָה הוּא הָאֱלֹהִים:
גַּלְגַּלֵּי מַעְלָה / אוֹמְרִים יְהֹוָה אֲדוֹנֵנוּ
דְּגוּלֵי סְגֻלָּה / עוֹנִים וְאוֹמְרִים
יְהֹוָה הוּא הָאֱלֹהִים, יְהֹוָה הוּא הָאֱלֹהִים:

יש מוסיפים:

הֲמוֹנֵי מַעְלָה / אוֹמְרִים יְהֹוָה אֲדוֹנֵנוּ
יִשְׂרָאֵל בְּצָרָתָם וּבְגָלוּתָם / עוֹנִים וְאוֹמְרִים
יְהֹוָה הוּא הָאֱלֹהִים, יְהֹוָה הוּא הָאֱלֹהִים:

שמות טו יְהֹוָה מֶלֶךְ, יְהֹוָה מָלָךְ, יְהֹוָה יִמְלֹךְ לְעֹלָם וָעֶד:

בְּטֶרֶם שְׁחָקִים וַאֲרָקִים נִמְתָּחוּ יְהֹוָה מֶלֶךְ
וְעַד לֹא מְאוֹרוֹת זָרָחוּ יְהֹוָה מָלָךְ
וְהָאָרֶץ כַּבֶּגֶד תִּבְלֶה וְשָׁמַיִם כֶּעָשָׁן נִמְלָחוּ יְהֹוָה יִמְלֹךְ לְעֹלָם וָעֶד:
יְהֹוָה מֶלֶךְ, יְהֹוָה מָלָךְ, יְהֹוָה יִמְלֹךְ לְעֹלָם וָעֶד:

וְעַד לֹא עָשָׂה אֶרֶץ וְחוּצוֹת יְהֹוָה מֶלֶךְ
וּבַהֲכִינוֹ יְצוּרִים עֲלֵי אֲרָצוֹת יְהֹוָה מָלָךְ
וְעֵת יְקַבֵּץ נְפוּצִים מֵאַרְבַּע תְּפוּצוֹת יְהֹוָה יִמְלֹךְ לְעוֹלָם וָעֶד:
יְהֹוָה מֶלֶךְ, יְהֹוָה מָלָךְ, יְהֹוָה יִמְלֹךְ לְעֹלָם וָעֶד:

מְיַחֵד בְּאֶהְיֶה אֲשֶׁר אֶהְיֶה
הוּא הָיָה וְהוּא הֹוֶה וְהוּא יִהְיֶה
הוּא מֵמִית וּמְחַיֶּה
לְפָנָיו לֹא נוֹצַר אֵל וְאַחֲרָיו לֹא יִהְיֶה.

אֶחָד אֱלֹהֵינוּ, גָּדוֹל אֲדוֹנֵנוּ, קָדוֹשׁ וְנוֹרָא שְׁמוֹ
תהלים קח כִּי־גָדוֹל מֵעַל־שָׁמַיִם חַסְדֶּךָ וְעַד־שְׁחָקִים אֲמִתֶּךָ:
תהלים פו כִּי־גָדוֹל אַתָּה וְעֹשֵׂה נִפְלָאוֹת, אַתָּה אֱלֹהִים לְבַדֶּךָ:
תהלים עט שְׁפֹךְ חֲמָתְךָ אֶל־הַגּוֹיִם אֲשֶׁר לֹא־יְדָעוּךָ
וְעַל מַמְלָכוֹת אֲשֶׁר בְּשִׁמְךָ לֹא קָרָאוּ:

לִקְדֻשַּׁת שִׁמְךָ עֲשֵׂה, וְלֹא לָנוּ
תהלים קטו לֹא לָנוּ יְהֹוָה לֹא לָנוּ
כִּי־לְשִׁמְךָ תֵּן כָּבוֹד עַל־חַסְדְּךָ עַל־אֲמִתֶּךָ:
לָמָּה יֹאמְרוּ הַגּוֹיִם, אַיֵּה־נָא אֱלֹהֵיהֶם:
וֵאלֹהֵינוּ בַשָּׁמָיִם.

אֶחָד אֱלֹהֵינוּ בַּשָּׁמַיִם
עֵדוּתֵנוּ בְּכָל יוֹם פַּעֲמַיִם
חַי וְקַיָּם הוּא
מָלֵא רַחֲמִים הוּא
מָלֵא זָכִיּוֹת הוּא
כֹּל אֲשֶׁר־חָפֵץ עָשָׂה, בַּשָּׁמַיִם וּבָאָרֶץ תהלים קטו
אֵין מִי יֹאמַר לוֹ מַה תַּעֲשֶׂה, וְאֵין מִי יֹאמַר לוֹ מַה תִּפְעַל
כִּי הַכֹּל מַעֲשֵׂה יָדָיו.

אֱלֹהֵינוּ שֶׁבַּשָּׁמַיִם שְׁמַע קוֹלֵנוּ וְקַבֵּל תְּפִלָּתֵנוּ בְּרָצוֹן.
אֱלֹהֵינוּ שֶׁבַּשָּׁמַיִם אַל תְּאַבְּדֵנוּ בְּאֹרֶךְ גָּלוּתֵנוּ
אַבֵּד וְהַשְׁמֵד כָּל הַקָּמִים עָלֵינוּ לְרָעָה.
אֱלֹהֵינוּ שֶׁבַּשָּׁמַיִם בְּרִיתְךָ זְכֹר וְאַל תִּשְׁכָּחֵנוּ
בָּרֵךְ אֶת לַחְמֵנוּ וְאֶת מֵימֵינוּ
בַּשְּׂרֵנוּ בְּשׂוֹרוֹת טוֹבוֹת
בַּטֵּל מֵעָלֵינוּ כָּל מִינֵי גְזֵרוֹת קָשׁוֹת וְרָעוֹת.
אֱלֹהֵינוּ שֶׁבַּשָּׁמַיִם גַּלֵּה כְּבוֹד מַלְכוּתְךָ עָלֵינוּ מְהֵרָה
גְּזֹר עָלֵינוּ גְּזֵרוֹת טוֹבוֹת.
אֱלֹהֵינוּ שֶׁבַּשָּׁמַיִם דְּרַשְׁנוּךָ, הִמָּצֵא לָנוּ
דְּרֹשׁ דָּמֵינוּ מִיַּד קָמֵינוּ.
אֱלֹהֵינוּ שֶׁבַּשָּׁמַיִם הֵעָתֵר לָנוּ הַיּוֹם וּבְכָל יוֹם וָיוֹם בִּתְפִלָּתֵנוּ
הַחֲזִירֵנוּ בִּתְשׁוּבָה שְׁלֵמָה לְפָנֶיךָ.
אֱלֹהֵינוּ שֶׁבַּשָּׁמַיִם וְאַל תְּבִישֵׁנוּ מִשִּׁבְרֵנוּ
וְנִקְרָא, וְאַתָּה תַעֲנֵנוּ.

אֱלֹהֵינוּ שֶׁבַּשָּׁמַיִם זָכְרֵנוּ בְּזִכְרוֹן טוֹב מִלְּפָנֶיךָ
זַכֵּנוּ בְּדִינֵנוּ.
אֱלֹהֵינוּ שֶׁבַּשָּׁמַיִם חֲמֹל עָלֵינוּ וְעַל טַפֵּנוּ וְעַל עוֹלָלֵינוּ
חוּס וְרַחֵם עָלֵינוּ.
אֱלֹהֵינוּ שֶׁבַּשָּׁמַיִם טַהֲרֵנוּ מֵעֲוֹנֵינוּ
טַהֲרֵנוּ מִטֻּמְאוֹתֵינוּ.
אֱלֹהֵינוּ שֶׁבַּשָּׁמַיִם יֶהֱמוּ נָא רַחֲמֶיךָ עָלֵינוּ.

בעשרת ימי תשובה מוסיפים:

אֱלֹהֵינוּ שֶׁבַּשָּׁמַיִם כָּתְבֵנוּ בְּסֵפֶר חַיִּים טוֹבִים
כָּתְבֵנוּ בְּסֵפֶר צַדִּיקִים וַחֲסִידִים
כָּתְבֵנוּ בְּסֵפֶר יְשָׁרִים וּתְמִימִים
כָּתְבֵנוּ בְּסֵפֶר זָכִיּוֹת
כָּתְבֵנוּ בְּסֵפֶר מְזוֹנוֹת וּפַרְנָסָה טוֹבָה
כָּתְבֵנוּ בְּסֵפֶר מְחִילָה וּסְלִיחָה וְכַפָּרָה
כָּתְבֵנוּ בְּסֵפֶר גְּאֻלָּה וִישׁוּעָה.

עד כאן בעשרת ימי תשובה.

אֱלֹהֵינוּ שֶׁבַּשָּׁמַיִם כְּבֹשׁ אֶת כּוֹבְשֵׁינוּ
כָּלָה אַל תַּעַשׂ עִמָּנוּ.
אֱלֹהֵינוּ שֶׁבַּשָּׁמַיִם לְמַעַנְךָ עֲשֵׂה אִם לֹא לְמַעֲנֵנוּ
לְחַץ אֶת לוֹחֲצֵינוּ
לְחַם אֶת לוֹחֲמֵינוּ.
אֱלֹהֵינוּ שֶׁבַּשָּׁמַיִם מַלֵּא מִשְׁאֲלוֹת לִבֵּנוּ לְטוֹבָה לַעֲבוֹדָתֶךָ.
אֱלֹהֵינוּ שֶׁבַּשָּׁמַיִם נְקֹם אֶת נִקְמָתֵנוּ.
אֱלֹהֵינוּ שֶׁבַּשָּׁמַיִם סְמֹךְ אֶת נְפִילָתֵנוּ
סְמֹךְ אֶת סֻכַּת דָּוִד הַנּוֹפֶלֶת.

אֱלֹהֵינוּ שֶׁבַּשָּׁמַיִם עֲנֵה אֶת עֲתִירָתֵנוּ
עֲנֵנוּ בְּיוֹם קָרְאֵנוּ
עֲנֵה מְעַנֵּנוּ.

אֱלֹהֵינוּ שֶׁבַּשָּׁמַיִם פְּדֵנוּ מִידֵי כָּל אוֹיְבֵינוּ
פְּדֵנוּ מִידֵי יִצְרֵנוּ הָרָע.

אֱלֹהֵינוּ שֶׁבַּשָּׁמַיִם צַוֵּה אִתָּנוּ בִּרְכוֹתֶיךָ
צַוֵּה אִתָּנוּ יְשׁוּעוֹתֶיךָ
צַדְּקֵנוּ בְּמִשְׁפָּטֶיךָ
צַדְּקֵנוּ בְּדִינֵנוּ.

אֱלֹהֵינוּ שֶׁבַּשָּׁמַיִם קָרֵב לָנוּ קֵץ הַגְּאֻלָּה
קָרֵב לָנוּ יוֹם הַיְשׁוּעָה
קָרְבֵנוּ לַעֲבוֹדָתֶךָ וּלְיִרְאָתֶךָ.

אֱלֹהֵינוּ שֶׁבַּשָּׁמַיִם רְאֵה בָּעֳנִי עַמְּךָ יִשְׂרָאֵל
רְפָא כָּל חוֹלֵי עַמְּךָ יִשְׂרָאֵל
רְאֵה בְּדֹחַק הַשָּׁעָה.

אֱלֹהֵינוּ שֶׁבַּשָּׁמַיִם שְׁעֵה אֶת שַׁוְעָתֵנוּ
שִׂית שָׁלוֹם בֵּינֵינוּ
שִׂית שַׁלְוָה בְּאַרְמְנוֹתֵינוּ.

אֱלֹהֵינוּ שֶׁבַּשָּׁמַיִם תֵּן שָׁלוֹם בָּאָרֶץ
תֵּן שָׂבָע בָּעוֹלָם
תֵּן שָׁלוֹם בַּמַּלְכוּת
תֵּן טַל וּמָטָר לִבְרָכָה בְּעִתָּם בָּאָרֶץ
תֵּן זֶרַע לַזּוֹרֵעַ וְלֶחֶם לָאוֹכֵל
תֵּן לֶחֶם לְפִי הַטַּף לָשֹׂבַע.

אֱלֹהֵינוּ שֶׁבַּשָּׁמַיִם תִּכּוֹן תְּפִלָּתֵנוּ קְטֹרֶת לְפָנֶיךָ.

אֱלֹהֵינוּ שֶׁבַּשָּׁמַיִם, עֲשֵׂה עִמָּנוּ אוֹת לְטוֹבָה
עֲשֵׂה עִמָּנוּ אוֹת לִישׁוּעָה, עֲשֵׂה עִמָּנוּ אוֹת לְרַחֲמִים
יִרְאוּ שׂוֹנְאֵינוּ וְיֵבֹשׁוּ, יֶחֱזוּ אוֹיְבֵינוּ וְיִכָּלְמוּ
כִּי אַתָּה יְהֹוָה עֲזַרְתָּנוּ וְנִחַמְתָּנוּ.

חבקוק ג בְּרֹגֶז רַחֵם תִּזְכּוֹר: בְּרֹגֶז אַהֲבָה תִּזְכּוֹר
בְּרֹגֶז עֲקֵדָה תִּזְכּוֹר, בְּרֹגֶז תְּמִימוּת תִּזְכּוֹר
ירמיה יד הַבֵּט לַבְּרִית, וְאַל־תָּפֵר בְּרִיתְךָ אִתָּנוּ:
עֲנֵנוּ בָּעֵת וּבָעוֹנָה הַזֹּאת.

פתיחה ל׳עננו׳

אֱלֹהִים אַתָּה יָדַעְתָּ / לְאִוַּלְתִּי וְאַשְׁמוֹתַי
מִמְּךָ לֹא נִכְחָדוּ / רֹב זְדוֹנוֹתַי
בְּהַעֲלוֹתִי עַל לְבָבִי / גֹּדֶל מְשׁוּבוֹתַי
תהלים כב כַּמַּיִם נִשְׁפַּכְתִּי / וְהִתְפָּרְדוּ כָּל־עַצְמוֹתָי

רַחֵם בְּרֹגֶז תִּזְכֹּר / לְדוֹפֵק שַׁעֲרֵי חֶמְלָתֶךָ
הָעוֹמֵד כְּדַל שׁוֹאֵל / מְבַקֵּשׁ סְלִיחָתֶךָ
קִדְּמוּ עֵינַי אַשְׁמֻרוֹת / לְסַפֵּר גְּדֻלָּתֶךָ
תהלים עא אַגִּיד זְרוֹעֲךָ לְדוֹר / לְכָל־יָבוֹא גְּבוּרָתֶךָ

גַּל עֵינַי וְאַבִּיטָה / מִתּוֹרָתְךָ נִפְלָאוֹת
יְזַמְּרוּ לְשִׁמְךָ / מְיַחֲלֵי קֵץ פְּלָאוֹת
תְּשׁוֹבֵב לִנְוֵיהֶם / פְּזוּרִים בְּכָל פֵּאוֹת
כִּי אַתָּה יְהֹוָה / אֱלֹהִים צְבָאוֹת

תהלים פ תהלים סה אֱלֹהִים צְבָאוֹת הֲשִׁיבֵנוּ / נוֹרָאוֹת בְּצֶדֶק תַּעֲנֵנוּ
תהלים פד הַבֵּט פְּנֵי מְשִׁיחֶךָ / וּרְאֵה מָגִנֵּנוּ
תהלים ה וְיִשְׂמְחוּ כָל־חוֹסֵי בָךְ / לְעוֹלָם יְרַנֵּנוּ
עֲנֵנוּ אָבִינוּ / עֲנֵנוּ

"מתריעין 'עֲנֵנוּ' בקול רם – היו צועקים 'עֲנֵנוּ אָבִינוּ עֲנֵנוּ'...
הכל כפי שאומרים בסוף הסליחות" (רש"י, תענית יד ע"א).

עֲנֵנוּ אָבִינוּ עֲנֵנוּ
עֲנֵנוּ בּוֹרְאֵנוּ עֲנֵנוּ
עֲנֵנוּ גּוֹאֲלֵנוּ עֲנֵנוּ
עֲנֵנוּ דּוֹרְשֵׁנוּ עֲנֵנוּ
עֲנֵנוּ הוֹד וְהָדָר עֲנֵנוּ
עֲנֵנוּ וָתִיק בְּנֶחָמוֹת עֲנֵנוּ
עֲנֵנוּ זַךְ וְיָשָׁר עֲנֵנוּ
עֲנֵנוּ חַי וְקַיָּם עֲנֵנוּ
עֲנֵנוּ טְהוֹר עֵינַיִם עֲנֵנוּ
עֲנֵנוּ יוֹשֵׁב שָׁמַיִם עֲנֵנוּ
עֲנֵנוּ כַּבִּיר כֹּחַ עֲנֵנוּ
עֲנֵנוּ לֹא אֵל חָפֵץ בְּרֶשַׁע עֲנֵנוּ
עֲנֵנוּ מֶלֶךְ מַלְכֵי הַמְּלָכִים עֲנֵנוּ
עֲנֵנוּ נוֹרָא וְנִשְׂגָּב עֲנֵנוּ
עֲנֵנוּ סוֹמֵךְ נוֹפְלִים עֲנֵנוּ
עֲנֵנוּ עוֹזֵר דַּלִּים עֲנֵנוּ
עֲנֵנוּ פּוֹדֶה וּמַצִּיל עֲנֵנוּ
עֲנֵנוּ צַדִּיק וּמַצְדִּיק עֲנֵנוּ
עֲנֵנוּ קָרוֹב לְכָל קוֹרְאָיו עֲנֵנוּ
עֲנֵנוּ רָם וְנִשָּׂא עֲנֵנוּ
עֲנֵנוּ שׁוֹכֵן שְׁחָקִים עֲנֵנוּ
עֲנֵנוּ תּוֹמֵךְ תְּמִימִים עֲנֵנוּ.

עֲנֵנוּ אֱלֹהֵי אַבְרָהָם עֲנֵנוּ
עֲנֵנוּ הָעוֹנֶה בְּעֵת רָצוֹן עֲנֵנוּ
עֲנֵנוּ וּפַחַד יִצְחָק עֲנֵנוּ
עֲנֵנוּ הָעוֹנֶה בְּעֵת צָרָה עֲנֵנוּ
עֲנֵנוּ אֲבִיר יַעֲקֹב עֲנֵנוּ
עֲנֵנוּ הָעוֹנֶה בְּעֵת רַחֲמִים עֲנֵנוּ
עֲנֵנוּ מָגֵן דָּוִד עֲנֵנוּ
עֲנֵנוּ אֱלֹהֵי הַמֶּרְכָּבָה עֲנֵנוּ

עֲנֵנוּ רַחוּם וְחַנּוּן עֲנֵנוּ.
רַחוּם וְחַנּוּן, חָטָאנוּ לְפָנֶיךָ, רַחֵם עָלֵינוּ.

אֲדוֹן הַסְּלִיחוֹת / בּוֹחֵן לְבָבוֹת
גּוֹלֶה עֲמוּקוֹת / דּוֹבֵר צְדָקוֹת
חָטָאנוּ לְפָנֶיךָ, רַחֵם עָלֵינוּ.

הָדוּר בְּנִפְלָאוֹת / וָתִיק בְּנֶחָמוֹת
זוֹכֵר בְּרִית אָבוֹת / חוֹקֵר כְּלָיוֹת
חָטָאנוּ לְפָנֶיךָ, רַחֵם עָלֵינוּ.

טוֹב וּמֵטִיב לַבְּרִיּוֹת / יוֹדֵעַ כָּל נִסְתָּרוֹת
כּוֹבֵשׁ עֲוֹנוֹת / לוֹבֵשׁ צְדָקוֹת
חָטָאנוּ לְפָנֶיךָ, רַחֵם עָלֵינוּ.

מָלֵא זָכִיּוֹת / נוֹרָא תְהִלּוֹת
סוֹלֵחַ עֲוֹנוֹת / עוֹנֶה בְּעֵת צָרוֹת
חָטָאנוּ לְפָנֶיךָ, רַחֵם עָלֵינוּ.

פּוֹעֵל יְשׁוּעוֹת / צוֹפֶה עֲתִידוֹת
קוֹרֵא הַדּוֹרוֹת / רוֹכֵב עֲרָבוֹת
שׁוֹמֵעַ תְּפִלּוֹת / תְּמִים דֵּעוֹת
חָטָאנוּ לְפָנֶיךָ, רַחֵם עָלֵינוּ.

אֵל רַחוּם שְׁמֶךָ. אֵל חַנּוּן שְׁמֶךָ. אֵל אֶרֶךְ אַפַּיִם שְׁמֶךָ
ירמיה יד מָלֵא רַחֲמִים שְׁמֶךָ. בָּנוּ נִקְרָא שְׁמֶךָ. יְהֹוָה עֲשֵׂה לְמַעַן שְׁמֶךָ:

בעשרת ימי תשובה יש מוסיפים פיוט זה:

אֵל רַחוּם שְׁמֶךָ אֵל חַנּוּן שְׁמֶךָ רְאֵה בָּעֳנִי עַמֶּךָ רַחֵם עַל עוֹלָמֶךָ
אֵל אַדִּיר שְׁמֶךָ אֵל בָּרוּךְ שְׁמֶךָ
אֵל גָּדוֹל שְׁמֶךָ אֵל דָּגוּל שְׁמֶךָ רְאֵה בָּעֳנִי עַמֶּךָ רַחֵם עַל עוֹלָמֶךָ
אֵל הָדוּר שְׁמֶךָ אֵל וָתִיק שְׁמֶךָ
אֵל זַכַּאי שְׁמֶךָ אֵל חַנּוּן שְׁמֶךָ רְאֵה בָּעֳנִי עַמֶּךָ רַחֵם עַל עוֹלָמֶךָ
אֵל טָהוֹר שְׁמֶךָ אֵל יָשָׁר שְׁמֶךָ
אֵל כַּבִּיר שְׁמֶךָ אֵל לָעַד שְׁמֶךָ רְאֵה בָּעֳנִי עַמֶּךָ רַחֵם עַל עוֹלָמֶךָ
אֵל מֶלֶךְ שְׁמֶךָ אֵל נוֹרָא שְׁמֶךָ
אֵל סוֹמֵךְ שְׁמֶךָ אֵל עוֹזֵר שְׁמֶךָ רְאֵה בָּעֳנִי עַמֶּךָ רַחֵם עַל עוֹלָמֶךָ
אֵל פּוֹדֶה שְׁמֶךָ אֵל צַדִּיק שְׁמֶךָ
אֵל קָדוֹשׁ שְׁמֶךָ אֵל רַחוּם שְׁמֶךָ רְאֵה בָּעֳנִי עַמֶּךָ רַחֵם עַל עוֹלָמֶךָ
אֵל שַׁדַּי שְׁמֶךָ אֵל שׁוֹמֵר שְׁמֶךָ
אֵל תּוֹמֵךְ שְׁמֶךָ אֵל תָּמִים שְׁמֶךָ רְאֵה בָּעֳנִי עַמֶּךָ רַחֵם עַל עוֹלָמֶךָ

עד כאן.

בעשרת ימי תשובה מוסיפים ׳ה׳ חָנֵּנוּ׳. ובחודש אלול ממשיכים ׳ה׳ עֲשֵׂה לְמַעַן שְׁמֶךָ׳ למטה.

יְהֹוָה חָנֵּנוּ וַהֲקִימֵנוּ — וּבְסֵפֶר חַיִּים זָכְרֵנוּ וְכָתְבֵנוּ
יְהֹוָה אוֹר פָּנֶיךָ הַיּוֹם נְסָה עָלֵינוּ — וּבְסֵפֶר חַיִּים זָכְרֵנוּ וְכָתְבֵנוּ
יְהֹוָה בְּיוֹם יְשׁוּעָתָה בַּשְּׂרֵנוּ וְרַחֲמֵנוּ — וּבְסֵפֶר חַיִּים זָכְרֵנוּ וְכָתְבֵנוּ
יְהֹוָה גַּלְגֵּל הֲמוֹן רַחֲמֶיךָ עָלֵינוּ — וּבְסֵפֶר חַיִּים זָכְרֵנוּ וְכָתְבֵנוּ
יְהֹוָה הֵטִיבָה אַחֲרִיתֵנוּ מֵרֵאשִׁיתֵנוּ — וּבְסֵפֶר חַיִּים זָכְרֵנוּ וְכָתְבֵנוּ
יְהֹוָה חֲסָדֶיךָ יְקַדְּמוּנוּ וְרַחֲמֵנוּ — וּבְסֵפֶר חַיִּים זָכְרֵנוּ וְכָתְבֵנוּ
יְהֹוָה יֶהֱמוּ נָא רַחֲמֶיךָ עָלֵינוּ — וּבְסֵפֶר חַיִּים זָכְרֵנוּ וְכָתְבֵנוּ
יְהֹוָה כַּחוֹתָם עַל לֵב הַיּוֹם שִׂימֵנוּ — וּבְסֵפֶר חַיִּים זָכְרֵנוּ וְכָתְבֵנוּ
יְהֹוָה רִיבָה רִיבֵנוּ וּלְחַם לוֹחֲמֵנוּ — וּבְסֵפֶר חַיִּים זָכְרֵנוּ וְכָתְבֵנוּ
יְהֹוָה בָּרֵךְ אֶת לַחְמֵנוּ וְאֶת מֵימֵינוּ — וּבְסֵפֶר חַיִּים זָכְרֵנוּ וְכָתְבֵנוּ

עד כאן בעשרת ימי תשובה.

יש שכתבו להזכיר במפורש את שמותיהם של הצדיקים בבקשה זו (רבי יוסף חיים, ׳תיקון תפילה׳).

יְהֹוָה עֲשֵׂה לְמַעַן שְׁמֶךָ — וְחוּסָה עַל יִשְׂרָאֵל עַמֶּךָ ירמיה יד
יְהֹוָה עֲשֵׂה לְמַעַן אברהם אֶזְרַח תְּמִימֶךָ — וְחוּסָה עַל יִשְׂרָאֵל עַמֶּךָ
יְהֹוָה עֲשֵׂה לְמַעַן יצחק נֶעֱקַד בְּאוּלָמֶךָ — וְחוּסָה עַל יִשְׂרָאֵל עַמֶּךָ
יְהֹוָה עֲשֵׂה לְמַעַן יעקב נֶעֱנָה בְּסֻלָּם מִמְּרוֹמֶיךָ — וְחוּסָה עַל יִשְׂרָאֵל עַמֶּךָ
יְהֹוָה עֲשֵׂה לְמַעַן משה נֶאֱמָן בְּכָל בֵּיתֶךָ — וְחוּסָה עַל יִשְׂרָאֵל עַמֶּךָ
יְהֹוָה עֲשֵׂה לְמַעַן אהרן כֹּהֵן בְּאוּרֶיךָ וְתֻמֶּיךָ — וְחוּסָה עַל יִשְׂרָאֵל עַמֶּךָ
יְהֹוָה עֲשֵׂה לְמַעַן זְכוּת יוסף אַבִּיר צַדִּיקֶךָ — וְחוּסָה עַל יִשְׂרָאֵל עַמֶּךָ
יְהֹוָה עֲשֵׂה לְמַעַן פינחס זָךְ קִנֵּא לִשְׁמֶךָ — וְחוּסָה עַל יִשְׂרָאֵל עַמֶּךָ
יְהֹוָה עֲשֵׂה לְמַעַן דוד נְעִים זְמִירוֹתֶיךָ — וְחוּסָה עַל יִשְׂרָאֵל עַמֶּךָ
יְהֹוָה עֲשֵׂה לְמַעַן שלמה מֶלֶךְ בָּנָה בַיִת לִשְׁמֶךָ — וְחוּסָה עַל יִשְׂרָאֵל עַמֶּךָ
יְהֹוָה עֲשֵׂה לְמַעַן הֲרוּגִים וּשְׂרוּפִים
עַל יִחוּד קְדֻשַּׁת שְׁמֶךָ — וְחוּסָה עַל יִשְׂרָאֵל עַמֶּךָ
יְהֹוָה עֲשֵׂה לְמַעַן שְׁמֶךָ — וְחוּסָה עַל יִשְׂרָאֵל עַמֶּךָ

## עֲשֵׂה לְמַעַן שְׁמֶךָ

עֲשֵׂה לְמַעַן אֲמִתָּךְ עֲשֵׂה לְמַעַן בְּרִיתָךְ
עֲשֵׂה לְמַעַן גָּדְלָךְ עֲשֵׂה לְמַעַן דָּתָךְ
עֲשֵׂה לְמַעַן הֲדָרָךְ עֲשֵׂה לְמַעַן וְעוּדָךְ
עֲשֵׂה לְמַעַן זִכְרָךְ עֲשֵׂה לְמַעַן חַסְדָּךְ
עֲשֵׂה לְמַעַן טוּבָךְ עֲשֵׂה לְמַעַן יָשְׁרָךְ
עֲשֵׂה לְמַעַן כְּבוֹדָךְ עֲשֵׂה לְמַעַן לִמּוּדָךְ
עֲשֵׂה לְמַעַן מַלְכוּתָךְ עֲשֵׂה לְמַעַן נִצְחָךְ
עֲשֵׂה לְמַעַן סוֹדָךְ עֲשֵׂה לְמַעַן עֻזָּךְ
עֲשֵׂה לְמַעַן פְּאֵרָךְ עֲשֵׂה לְמַעַן צִדְקָתָךְ
עֲשֵׂה לְמַעַן קְדֻשָּׁתָךְ עֲשֵׂה לְמַעַן רַחֲמָנוּתָךְ
עֲשֵׂה לְמַעַן שְׁכִינָתָךְ עֲשֵׂה לְמַעַן תּוֹרָתָךְ

עֲשֵׂה לְמַעַן אַבְרָהָם יִצְחָק וְיַעֲקֹב עֲשֵׂה לְמַעַן מֹשֶׁה וְאַהֲרֹן
עֲשֵׂה לְמַעַן יוֹסֵף דָּוִד וּשְׁלֹמֹה עֲשֵׂה לְמַעַן יְרוּשָׁלַיִם עִיר הַקֹּדֶשׁ
עֲשֵׂה לְמַעַן צִיּוֹן מִשְׁכַּן כְּבוֹדָךְ עֲשֵׂה לְמַעַן חָרְבַּן בֵּיתָךְ
עֲשֵׂה לְמַעַן שִׁמְמוֹת הֵיכָלָךְ עֲשֵׂה לְמַעַן יִשְׂרָאֵל הָעֲנִיִּים
עֲשֵׂה לְמַעַן יִשְׂרָאֵל הַדַּלִּים עֲשֵׂה לְמַעַן יִשְׂרָאֵל הַשְּׁרוּיִים בְּצָרוֹת
עֲשֵׂה לְמַעַן יְתוֹמִים וְאַלְמָנוֹת עֲשֵׂה לְמַעַן יוֹנְקֵי שָׁדַיִם
עֲשֵׂה לְמַעַן גְּמוּלֵי חָלָב עֲשֵׂה לְמַעַן תִּינוֹקוֹת שֶׁל בֵּית רַבָּן
שֶׁלֹּא חָטְאוּ

יש האומרים תחינה זו, שמקורה בפרקי היכלות דרבי ישמעאל. 'יומי לה' בבני אדם ידמה אליהם לעשות כמעשיהם ולהתפלל בתפילתם, כי יזכה להתברך בברכתם כי תפילה זו רצויה ומקובלת להתרצות אל השם כנועם שיח סוד שרפי קדש' (מאמר משרא קטרין, תפילה לאשמורת הבוקר).

עֲשֵׂה לְמַעַן מַלְאָכֶיךָ הַקְּדוֹשִׁים וְהַטְּהוֹרִים הַמְשָׁרְתִים פָּנֶיךָ, הַמְבַקְשִׁים רַחֲמִים עַל יִשְׂרָאֵל עַמֶּךָ. כַּת יֵשׁ לְמַעְלָה נִקְרָאִים מְבַטְּלֵי גְזֵרָה, מְפֵרֵי שְׁבוּעָה, מַעֲבִירֵי קִנְאָה, מְשִׁיבֵי חֵמָה, מַזְכִּירֵי אַהֲבָה, אַהֲבָתוֹ שֶׁל אַבְרָהָם אָבִינוּ לִפְנֵי בּוֹרְאָם. כְּשֶׁהֵם רוֹאִים שֶׁהוּא בְּכַעַס עַל בָּנָיו מִשְׁתַּטְּחִים לִפְנֵי כִּסֵּא כְבוֹדוֹ וּמִתְחַנְּנִים וְאוֹמְרִים: הַתֵּר הַתֵּר יוֹצֵר בְּרֵאשִׁית, מְחֹל מְחֹל אֲבִיר יַעֲקֹב, סְלַח סְלַח קְדוֹשׁ יִשְׂרָאֵל. כִּי אַדִּיר מְלָכִים אַתָּה, מֶלֶךְ אַדִּיר, מֶלֶךְ בָּרוּךְ, מֶלֶךְ גָּדוֹל, מֶלֶךְ דָּגוּל,

מֶלֶךְ הָדוּר, מֶלֶךְ וָתִיק, מֶלֶךְ זַךְ, מֶלֶךְ חַנּוּן, מֶלֶךְ טָהוֹר, מֶלֶךְ יָשָׁר, מֶלֶךְ כַּבִּיר, מֶלֶךְ לָעַד, מֶלֶךְ מְרַחֵם, מֶלֶךְ נוֹרָא, מֶלֶךְ סוֹמֵךְ, מֶלֶךְ עוֹזֵר, מֶלֶךְ פּוֹדֶה, מֶלֶךְ צַדִּיק, מֶלֶךְ צַח, מֶלֶךְ קָדוֹשׁ, מֶלֶךְ רָם, מֶלֶךְ שׁוֹמֵר, מֶלֶךְ תָּם. לָמָּה לְךָ אֵיבָה עִם זֶרַע אַבְרָהָם אוֹהֲבֶךָ, לָמָּה לְךָ קִנְאָה עִם זֶרַע יִצְחָק עֲקֵדֶךָ, לָמָּה לְךָ תַּחֲרוּת עִם זֶרַע יַעֲקֹב תְּמִימֶךָ, כִּי קֹנֵין שָׁמַיִם וָאָרֶץ קָרָאתָ אוֹתָם. מִיָּד יוֹצְאוֹת קַרְנוֹת הוֹד מִתַּחַת כִּסֵּא הַכָּבוֹד וּמַכְרִיזוֹת וְאוֹמְרוֹת: אַשְׁרֵיכֶם מְלַמְּדֵי זְכוּת עַל בָּנַי, שֶׁבַח לָכֶם מְשַׁלְשְׁלֵי זְכוּת אָבוֹת, כִּי כָל צְבָא הַשָּׁמַיִם וְהָאָרֶץ כָּבוֹד וּגְדֻלָּה יִתְּנוּ לָכֶם.

עֲשֵׂה לְמַעַנְךָ אִם לֹא לְמַעֲנֵנוּ, עֲשֵׂה לְמַעַנְךָ וְהוֹשִׁיעֵנוּ
הוֹשִׁיעֵנוּ וַעֲנֵנוּ הַיּוֹם וּבְכָל יוֹם וָיוֹם בִּתְפִלָּתֵנוּ, כִּי תְהִלָּתֵנוּ אָתָּה.

דְּעָנֵי לַעֲנִיֵּי עֲנֵינַן
דְּעָנֵי לַעֲשִׁיקֵי עֲנֵינַן
דְּעָנֵי לִתְבִירֵי לִבָּא עֲנֵינַן
דְּעָנֵי לִשְׁפְלֵי דַעְתָּא עֲנֵינַן
דְּעָנֵי לְמַכִּיכֵי רוּחָא עֲנֵינַן
דְּעָנֵי לְאַבְרָהָם אָבִינוּ בְּהַר הַמּוֹרִיָּה עֲנֵינַן
דְּעָנֵי לְיִצְחָק עַל גַּבֵּי מַדְבְּחָא עֲנֵינַן
דְּעָנֵי לְיַעֲקֹב בְּבֵית אֵל עֲנֵינַן
דְּעָנֵי לְמֹשֶׁה וַאֲבוֹתֵינוּ עַל יַם סוּף עֲנֵינַן
דְּעָנֵי לְאַהֲרֹן בְּמַחְתָּה עֲנֵינַן
דְּעָנֵי לְיוֹסֵף בְּבֵית אֲסִירֵי עֲנֵינַן
דְּעָנֵי לְפִינְחָס בַּשִּׁטִּים עֲנֵינַן
דְּעָנֵי לִיהוֹשֻׁעַ בַּגִּלְגָּל עֲנֵינַן
דְּעָנֵי לְעֵלִי בְּרָמָה עֲנֵינַן
דְּעָנֵי לִשְׁמוּאֵל בְּמִצְפָּה עֲנֵינַן
דְּעָנֵי לְדָוִד וְלִשְׁלֹמֹה בְנוֹ בִּירוּשָׁלַיִם עֲנֵינַן
דְּעָנֵי לְאֵלִיָּהוּ בְּהַר הַכַּרְמֶל עֲנֵינַן
דְּעָנֵי לֶאֱלִישָׁע בִּירִיחוֹ עֲנֵינַן

דְּעָנֵי לְיוֹנָה בִּמְעֵי הַדָּגָה עֲנֵינָן
דְּעָנֵי לְחִזְקִיָּהוּ בַּחֲלוֹתוֹ עֲנֵינָן
דְּעָנֵי לַחֲנַנְיָה מִישָׁאֵל וַעֲזַרְיָה בְּגוֹ אַתּוּן נוּרָא יָקִדְתָּא עֲנֵינָן
דְּעָנֵי לְדָנִיֵּאל בְּגֻבָּא דְאַרְיָוָתָא עֲנֵינָן
דְּעָנֵי לְמָרְדְּכַי וְאֶסְתֵּר בְּשׁוּשַׁן הַבִּירָה עֲנֵינָן
דְּעָנֵי לְעֶזְרָא בַּגּוֹלָה עֲנֵינָן
דְּעָנֵי לְחוֹנִי בַּמַּעְגָּל עֲנֵינָן
דְּעָנֵי לְצַדִּיקֵי וַחֲסִידֵי וּתְמִימֵי דִּי בְכָל דָּר וְדָר עֲנֵינָן

רַחֲמָנָא עֲנֵינָן, רַחֲמָנָא שֵׁיזִב, רַחֲמָנָא פְּרֹק
רַחֲמָנָא דְּאִתְמְלִי רַחֲמִין, רַחֵם עֲלָנָא וְעַל כָּל אַנְשֵׁי בֵיתָנָא
וְעַל כָּל יִשְׂרָאֵל אַחָנָא
וּמֵחֲשׁוֹכָא לִנְהוֹרָא אַפְּקִינַן, בְּדִיל שְׁמָךְ רַבָּא.

בעשרת ימי תשובה מוסיפים סליחה זו לרבי יהודה הלוי.

יָהּ, שְׁמַע אֶבְיוֹנֶיךָ / הַמְחַלִּים פָּנֶיךָ
אָבִינוּ, לְבָנֶיךָ / אַל תַּעְלֵם אָזְנֶךָ

יָהּ, עַם מִמַּעֲמַקִּים / יִקְרְאוּ מֵרֹב מְצוּקִים
אַל נָא תְשִׁיבֵם רֵקִים / הַיּוֹם מִלְּפָנֶיךָ

הַוּוֹתָם וַעֲווֹנָם / תִּמְחֶה, וְרִבֵּי זְדוֹנָם
אִם לֹא תַעֲשֶׂה לְמַעֲנָם / עֲשֵׂה צוּרִי לְמַעֲנֶךָ

וּמְחֵה הַיּוֹם חוֹבָם / וּרְצֵה כְּמוֹ שַׁי נִיבָם
וּלְךָ תָכִין לִבָּם / וְגַם תַּקְשִׁיב אָזְנֶךָ

דִּמְעַת פְּנֵיהֶם תִּשְׁעֶה / וְתֶאֱסֹף עֵדֶר תּוֹעֶה
וְתָקִים לָהֶם רוֹעֶה / וּפְקֹד בְּטוֹב צֹאנֶךָ

הוֹלְכֵי בְדֶרֶךְ נְכוֹחָה / תְּבַשְּׂרֵם הַיּוֹם סְלִיחָה
וּבִתְפִלַּת הַשַּׁחַר / הַמְצִיאֵם חִנֶּךָ.

עקידה לרבי אפרים מרגנשבורג

"אמר הקב"ה לאברהם: מבטיח אני לבניך שמזכירין עקידת יצחק, מעלה אני עליהם כאילו נעקדים לפני ואזכור להם זכות הנעקד" (מהרי"ל, הל' עשי"ת בשם המדרש).

אִם אָפֵס רְבַע הַקֵּן / אֹהֶל שִׁכֵּן אִם רֵקַן
אַל־נָא נֹאבְדָה כִּי עַל כֵּן / יֶשׁ־לָנוּ אָב זָקֵן: בראשית מד

פָּנִים לוֹ תַּכִּיר / וְצִדְקוֹ לְפָנֶיךָ נַזְכִּיר
קַח נָא בֵּן יַקִּיר / וְנִמְצָה דָמוֹ עַל קִיר: ויקרא א

רָץ אֶל הַנַּעַר לְהַקְדִּישׁוֹ / וְנַפְשׁוֹ קְשׁוּרָה בְנַפְשׁוֹ
עִטְּרוֹ בָעֵצִים וְאִשּׁוֹ / נֵזֶר אֱלֹהָיו עַל־רֹאשׁוֹ: במדבר ו

יָחִיד הוּקַל כַּצְּבִי / עָנָה וְאָמַר אָבִי
הִנֵּה הָאֵשׁ וְהָעֵצִים נָבִיא / וּתְשׁוּרָה אֵין־לְהָבִיא: שמואל א' ט

מִלִּים הֱשִׁיבוֹ מִלְּהַבְהִילוֹ / וַיַּעַן וַיֹּאמֶר לוֹ
בְּנִי, אֱלֹהִים יִרְאֶה־לּוֹ / וְיֹדַע יְהֹוָה אֶת־אֲשֶׁר־לוֹ: במדבר טז

בְּמִצְוָתְךָ שְׁנֵיהֶם נִזְהָרִים / וְאַחֲרֶיךָ לֹא מְהַרְהֲרִים
חָשׁוּ וְהָלְכוּ נִמְהָרִים / עַל אַחַד הֶהָרִים: בראשית כב

רָאוּ אֵד תְּלוּלָה / מִהֲרוּ עֲצֵי עוֹלָה
יַחַד בְּאַהֲבָה כְּלוּלָה / יַשְּׁרוּ בָּעֲרָבָה מְסִלָּה: ישעיה מ

רָאָה יָחִיד כִּי הוּא הַשֶּׂה / נָאַם לְהוֹרוֹ הַמְנַסֶּה
אָבִי, אוֹתִי כַּכֶּבֶשׂ תַּעֲשֶׂה / לֹא־תַחְמֹל וְלֹא־תְכַסֶּה: דברים יג

כִּי חָפֵץ וְנִכְסַף / לְדָבְבִי לוֹ לַחֲשׂף
אִם תְּמָנָעֵנִי סוּף / רוּחוֹ וְנִשְׁמָתוֹ אֵלָיו יֶאֱסֹף: איוב לד

יָדָיו וְרַגְלָיו עָקַד / וְחַרְבּוֹ עָלָיו פָּקַד
לְשׂוּמוֹ עַל הָעֵצִים שָׁקַד / וְהָאֵשׁ עַל־הַמִּזְבֵּחַ תּוּקַד: ויקרא ו

צַוָּאר פָּשַׁט מֵאֵלָיו / וְאָבִיו נִגַּשׁ אֵלָיו
לְשָׁחֲטוֹ לְשֵׁם בְּעָלָיו / וְהִנֵּה יְהֹוָה נִצָּב עָלָיו: בראשית כח

חָקַר אֶת כָּל אֲשֶׁר עָשָׂה / הָאָב עַל בְּנוֹ לֹא חָסָה
וְלִבּוֹ אֶל כַּפַּיִם נָשָׂא / וַיַּרְא אֱלֹהִים אֶת־כָּל־אֲשֶׁר עָשָׂה: בראשית א

קָרָא מֵרֶחֶם מִשְׁחָר / תָּמוּר בִּנְךָ הַנִּבְחָר
וְהִנֵּה־אַיִל אַחַר / וַעֲשֵׂה אַל־תְּאַחַר: דניאל ט

חֲלִיפֵי אַזְכָּרָתוֹ / תִּכּוֹן כְּהַקְטָרָתוֹ
וְתַעֲלֶה לְךָ תְּמִירָתוֹ / וְהָיָה־הוּא וּתְמוּרָתוֹ: ויקרא כז

זִכָּרוֹן לְפָנֶיךָ בַּשַּׁחַק / לָעַד בַּסֵּפֶר יוּחַק
בְּרִית עוֹלָם בַּל יְמֻחַק / אֶת אַבְרָהָם וְאֶת יִצְחָק. ויקרא כו

קוֹרְאֶיךָ בָּאִים לָקֹד / בְּצָרָה עֲקֵדָה תִּשְׁקֹד
וְצֹאנְךָ בְּרַחֲמִים תִּפְקֹד / פְּנֵי הַצֹּאן אֶל־עָקֹד: בראשית ל

עוֹרְרָה גְבוּרָתְךָ לְהָקִיץ נִרְדָּמִים / לְמַעַנְךָ תִּפְדֶּה חֲרֵדִים נִדְהָמִים
לְבַקֵּשׁ סְלִיחָתְךָ הַיּוֹם מַשְׁכִּימִים / אֵל מֶלֶךְ יוֹשֵׁב עַל כִּסֵּא רַחֲמִים.

אֵל מֶלֶךְ יוֹשֵׁב עַל כִּסֵּא רַחֲמִים, וּמִתְנַהֵג בַּחֲסִידוּת
מוֹחֵל עֲוֹנוֹת עַמּוֹ, מַעֲבִיר רִאשׁוֹן רִאשׁוֹן
מַרְבֶּה מְחִילָה לְחַטָּאִים וּסְלִיחָה לַפּוֹשְׁעִים
עוֹשֶׂה צְדָקוֹת עִם כָּל בָּשָׂר וָרוּחַ, לֹא כְרָעָתָם לָהֶם גּוֹמֵל.
אֵל, הוֹרֵיתָנוּ לוֹמַר מִדּוֹת שְׁלֹשׁ עֶשְׂרֵה
זְכֹר לָנוּ הַיּוֹם בְּרִית שְׁלֹשׁ עֶשְׂרֵה
כְּמוֹ שֶׁהוֹדַעְתָּ לֶעָנָו מִקֶּדֶם
וְכֵן כָּתוּב בְּתוֹרָתָךְ:
וַיֵּרֶד יְהוָה בֶּעָנָן וַיִּתְיַצֵּב עִמּוֹ שָׁם וַיִּקְרָא בְשֵׁם יְהוָה: שמות לד
וְשָׁם נֶאֱמַר:
וַיַּעֲבֹר יְהוָה עַל־פָּנָיו וַיִּקְרָא
יְהוָה יְהוָה אֵל רַחוּם וְחַנּוּן אֶרֶךְ אַפַּיִם וְרַב־חֶסֶד וֶאֱמֶת:
נֹצֵר חֶסֶד לָאֲלָפִים נֹשֵׂא עָוֹן וָפֶשַׁע וְחַטָּאָה וְנַקֵּה:
וְסָלַחְתָּ לַעֲוֹנֵנוּ וּלְחַטָּאתֵנוּ וּנְחַלְתָּנוּ:

## פיוטים לפני נפילת אפיים

יש האומרים פיוט זה לר׳ משה אבן עזרא.

לְמִתְוַדֶּה חַטֹּאתָיו / וּמוֹדֶה עַל רֹב אֲשָׁמָיו
אֲשֶׁר בַּהֶבֶל שְׁנוֹתָיו / כָּלוּ בְּיָגוֹן יָמָיו
צוֹעֵק מִצָּרוֹתָיו / וּמֵבִין תִּגְרַת קָמָיו
נִפְּלָה־נָּא בְיַד־יְהֹוָה / כִּי־רַבִּים רַחֲמָו: שמואל ב׳ כד

מִהְיוֹתִי מִשְׁכָּבִי / בְּחַבְלֵי הַשָּׁוְא עֲוֹנִי
לָכֵן שַׁבְתִּי וְנִחַמְתִּי / כִּי קָרוֹב יוֹם אֲסוֹנִי
וּשְׁאֵרִי הִקְרַבְתִּי / וְנִסַּכְתִּי מֵי עֵינִי
אוּלַי יְרַחֵם קוֹנִי / כִּי לֹא־כָלוּ רַחֲמָיו
נִפְּלָה־נָּא בְיַד־יְהֹוָה / כִּי־רַבִּים רַחֲמָו:

שְׁדֵי גִילִי צָמֵקוּ / וְאֵינַק רֹאשׁ פְּתָנִים
וּמֵי עֵינַי שָׁחֲקוּ / מֵעֹז כְּאֵבֵי אֲבָנִים
לְרַחֲמֵי אָב רָחֲקוּ / וְלֹא חָמַל עַל בָּנִים
וְאֵלַי הִתְאַפָּקוּ / הֲמוֹן מֵעָיו וְרַחֲמָיו
נִפְּלָה־נָּא בְיַד־יְהֹוָה / כִּי־רַבִּים רַחֲמָו:

הֱבִיאַנִי בְּבוֹר לְבָאִים / וְהִנְחִילַנִי קִצְפּוֹ
וְנִשְׁכַּחְתִּי בְּבֵית כְּלָאִים / וְטָבַעְתִּי בְּיַם זַעְפּוֹ
בְּכָל יוֹם אֵרֵד פְּלָאִים / וְלֹא הֶאֱרִיךְ לִי אַפּוֹ
הֲשָׁכַח חַנּוֹת אֵל / אִם־קָפַץ בְּאַף רַחֲמָיו
נִפְּלָה־נָּא בְיַד־יְהֹוָה / כִּי־רַבִּים רַחֲמָו:

יש האומרים פיוט זה לר׳ יהודה אבן בלעם.

בְּזָכְרִי עַל מִשְׁכָּבִי / זְדוֹן לִבִּי וַאֲשָׁמָיו
וְאָקוּמָה וְאָבוֹאָה / לְבֵית אֵלִי וַהֲדוֹמָיו
וְאֹמְרָה בִּנְשׂוֹאִי עַיִן / בְּתַחֲנוּנִים אֱלֵי שָׁמָיו
נִפְּלָה־נָּא בְיַד־יְהֹוָה / כִּי־רַבִּים רַחֲמָו: שמואל ב׳ כד

לְךָ אֵלִי, צוּר חֵילִי / מְנוּסָתִי בְּצָרָתִי
בְּךָ שִׂבְרִי וְתִקְוָתִי / אֱיָלוּתִי בְּגָלוּתִי
לְךָ כָּל מִשְׁאֲלוֹת לִבִּי / נֶגְדְּךָ כָּל־תַּאֲוָתִי
פְּדֵה עֶבֶד לְךָ צוֹעֵק / מִיַּד רוֹדָיו וְקָמָיו
נִפְּלָה־נָּא בְיַד־יְהוָה כִּי־רַבִּים רַחֲמָו:

מלכים א׳ יח עֲנֵנִי יְהוָה עֲנֵנִי / בְּקָרְאִי מִן הַמֵּצַר
וְיִוָּדַע בָּעַמִּים / כִּי יָדְךָ לֹא תִקְצַר
וְאַל תִּבְזֶה עֱנוּת עָנִי / צוֹעֵק מִתִּגְרַת צַר
וְיָשָׁר הֶעֱוָה מוֹדֶה / וּמִתְוַדֶּה עַל עֲלוּמָיו
נִפְּלָה־נָּא בְיַד־יְהוָה כִּי־רַבִּים רַחֲמָו:

מַה יִּתְאוֹנֵן וְיֹאמַר / מַה יְּדַבֵּר וְיִצְטַדָּק
יְצִיר חֹמֶר אֲשֶׁר נֶחְשָׁב / גְּוִיָּתוֹ כְּאָבָק דַּק
מַה יִּתֵּן לְךָ אָדָם / אִם יִרְשַׁע וְאִם יִצְדָּק
הֲלֹא מִלָּיו וּמִפְעָלָיו / כְּתוּבִים וּמִסְפַּר יָמָיו
נִפְּלָה־נָּא בְיַד־יְהוָה כִּי־רַבִּים רַחֲמָו:

בְּעוֹד לַיְלָה לְךָ קָמוּ / עֲבָדֶיךָ בְּמַהֲלָלָם
זְכוּת אָבוֹת זְכֹר לָהֶם / וְאַל תֵּפֶן לְמַעֲלָלָם
קְדוֹשׁ יַעֲקֹב, רְאֵה עָנְיָם / וְאַל תָּמֹד כְּמִפְעָלָם
וְהִנָּשֵׂא אֵל עוֹשֶׂה / הַשָּׁלוֹם בִּמְרוֹמָיו
נִפְּלָה־נָּא בְיַד־יְהוָה כִּי־רַבִּים רַחֲמָו:

רַחוּם וְחַנּוּן, חָטָאנוּ לְפָנֶיךָ, רַחֵם עָלֵינוּ וְהוֹשִׁיעֵנוּ.

יושב ואומר (יש נוהגים ליפול על פניהם, ראה הלכה 196).

תהלים כה לְדָוִד, אֵלֶיךָ יְהוָה נַפְשִׁי אֶשָּׂא: אֱלֹהַי בְּךָ בָטַחְתִּי אַל־אֵבוֹשָׁה, אַל־יַעַלְצוּ אוֹיְבַי לִי: גַּם כָּל־קוֶֹיךָ לֹא יֵבֹשׁוּ, יֵבֹשׁוּ הַבּוֹגְדִים רֵיקָם: דְּרָכֶיךָ יְהוָה הוֹדִיעֵנִי, אֹרְחוֹתֶיךָ לַמְּדֵנִי: הַדְרִיכֵנִי בַאֲמִתֶּךָ וְלַמְּדֵנִי כִּי־אַתָּה אֱלֹהֵי יִשְׁעִי, אוֹתְךָ קִוִּיתִי כָּל־הַיּוֹם: זְכֹר־רַחֲמֶיךָ יְהוָה וַחֲסָדֶיךָ, כִּי מֵעוֹלָם הֵמָּה: חַטֹּאות נְעוּרַי וּפְשָׁעַי אַל־תִּזְכֹּר, כְּחַסְדְּךָ

זְכָר־לִי־אַתָּה לְמַעַן טוּבְךָ יְהֹוָה: טוֹב־וְיָשָׁר יְהֹוָה, עַל־כֵּן יוֹרֶה חַטָּאִים בַּדָּרֶךְ: יַדְרֵךְ עֲנָוִים בַּמִּשְׁפָּט, וִילַמֵּד עֲנָוִים דַּרְכּוֹ: כָּל־אָרְחוֹת יְהֹוָה חֶסֶד וֶאֱמֶת, לְנֹצְרֵי בְרִיתוֹ וְעֵדֹתָיו: לְמַעַן־שִׁמְךָ יְהֹוָה, וְסָלַחְתָּ לַעֲוֹנִי כִּי רַב־הוּא: מִי־זֶה הָאִישׁ יְרֵא יְהֹוָה, יוֹרֶנּוּ בְּדֶרֶךְ יִבְחָר: נַפְשׁוֹ בְּטוֹב תָּלִין, וְזַרְעוֹ יִירַשׁ אָרֶץ: סוֹד יְהֹוָה לִירֵאָיו, וּבְרִיתוֹ לְהוֹדִיעָם: עֵינַי תָּמִיד אֶל־יְהֹוָה כִּי הוּא־יוֹצִיא מֵרֶשֶׁת רַגְלָי: פְּנֵה־אֵלַי וְחָנֵּנִי כִּי־יָחִיד וְעָנִי אָנִי: צָרוֹת לְבָבִי הִרְחִיבוּ, מִמְּצוּקוֹתַי הוֹצִיאֵנִי: רְאֵה עָנְיִי וַעֲמָלִי, וְשָׂא לְכָל־חַטֹּאותָי: רְאֵה־אוֹיְבַי כִּי־רָבּוּ, וְשִׂנְאַת חָמָס שְׂנֵאוּנִי: שָׁמְרָה נַפְשִׁי וְהַצִּילֵנִי, אַל־אֵבוֹשׁ כִּי־חָסִיתִי בָךְ: תֹּם־וָיֹשֶׁר יִצְּרוּנִי, כִּי קִוִּיתִיךָ: פְּדֵה אֱלֹהִים אֶת־יִשְׂרָאֵל מִכֹּל צָרוֹתָיו: וְהוּא יִפְדֶּה אֶת־יִשְׂרָאֵל, מִכֹּל עֲוֹנֹתָיו: תהלים קל

נוהגים לומר כאן תחינות לימות השבוע, ויש המדלגים וממשיכים ׳שׁוּב מֵחֲרוֹן אַפֶּךָ׳ עמ׳ 608.

## תחינות לששת ימי השבוע

תחינה ליום ראשון סימן שמואל חזק

יְהֹוָה, שַׁוְעַת עַמְּךָ הַקְשִׁיבָה / וַעֲשֵׂה עִמָּנוּ אוֹת לְטוֹבָה
וּמִי כְּעַמְּךָ יִשְׂרָאֵל גּוֹי אֶחָד: דברי הימים א׳ יז

מִבֵּין שְׁנֵי אֲרָיוֹת תְּחַלְּצֵם / וּמֵאַרְבַּע רוּחוֹת תְּקַבְּצֵם
וְקָרֵב אֹתָם אֶחָד אֶל־אֶחָד: יחזקאל לז

וְאֶת אֲבֵלֵי צִיּוֹן תְּנַחֵם / וְאֶת אָהֳלִיבָה הַנִּדּוֹדָה תְּרַחֵם
לְחַבֵּר אֶת־הָאֹהֶל לִהְיֹת אֶחָד: שמות לו

אֱדוֹם וּמוֹאָב צָמְתוּ בַבּוֹר חַיַּי / בְּחֶרְפָּה הִכּוּ לְחָיַי
מִזֶּה אֶחָד וּמִזֶּה אֶחָד: שמות יז

לְרַגְלַי טָמְנוּ פַּח וָפַחַת / וַיִּתְלַחֲשׁוּ עָלַי יַחַד
אֵין עֹשֵׂה־טוֹב אֵין גַּם־אֶחָד: תהלים יד

חַזֵּק עַמְּךָ שׁוֹכֵן שְׁמֵי עֶרֶץ / וְאוֹיְבֶיךָ יִהְיוּ לְכָלָה וְחֶרֶץ
וְהָיָה יְהֹוָה לְמֶלֶךְ עַל־כָּל־הָאָרֶץ זכריה יד
בַּיּוֹם הַהוּא יִהְיֶה יְהֹוָה אֶחָד וּשְׁמוֹ אֶחָד:

תחינה ליום שני סימן יהודה חזק

יְהוָה, יָחִיד לְבוֹת כָּל בְּנֵי אָדָם חוֹקֵר / עֹשֶׂה גְדֹלוֹת עַד־אֵין חֵקֶר
בראשית א וַיְהִי־עֶרֶב וַיְהִי־בֹקֶר יוֹם שֵׁנִי:

הַקְשֵׁב שִׂיחַת עַבְדְּךָ וְנַאֲמוֹ / סוֹבֵל גָּלוּת עַל שִׁכְמוֹ
קהלת ד וְיוֹם נָפְלוֹ לַהֲקִימוֹ / יֵשׁ אֶחָד וְאֵין שֵׁנִי:

וּזְכֹר בְּרִית יְדִידֶיךָ / לְעַם צוֹעֲקִים נֶגְדֶּךָ
בראשית לב בְּנֵי יַעֲקֹב עֲבָדֶיךָ / וַיְצַו גַּם אֶת־הַשֵּׁנִי:

דּוֹדִי הַקְשֵׁב תְּחִנּוֹת / וַחֲשֹׁב תְּפִלּוֹתָם כְּמָנוֹת
במדבר ז בִּזְכוּת מַקְרִיב קָרְבָּנוֹת / נְתַנְאֵל בֶּן־צוּעָר בַּיּוֹם הַשֵּׁנִי:

הַט אָזְנְךָ לִתְפִלַּת עַמֶּךָ / וּשְׁלַח לָנוּ מְשִׁיחַ צִדְקֶךָ
שמות כט וְנַקְרִיב קָרְבָּנוֹת לְפָנֶיךָ / אֶת־הַכֶּבֶשׂ אֶחָד בַּבֹּקֶר
וְאֵת הַכֶּבֶשׂ הַשֵּׁנִי:

חַזֵּק לִבִּי מַלְכִּי / וּמַהֵר לְהָאִיר חֶשְׁכִּי
אִם נִסְתְּרָה דַרְכִּי / הַצְלִיחָה נָּא לְעַבְדְּךָ בַּיּוֹם הַשֵּׁנִי.

תחינה ליום שלישי לרבי דויד אבן בקודה

שמואל ב׳ כב יְהוָה, דַּלּוּ עֵינַי לַמָּרוֹם / בַּצַּר־לִי אֶקְרָא יְהוָה:

וְהִתְעַטֵּף עָלַי רוּחִי / מֵרֹב כַּעְסִי וְשִׂיחִי
שמואל א׳ א וָאֶשְׁפֹּךְ אֶת־נַפְשִׁי לִפְנֵי יְהוָה:

יָהּ, הַקְשֵׁב נְאֻמִי / וַעֲשֵׂה אוֹת לְטוֹבָה עִמִּי
תהלים מ רַבּוֹת עָשִׂיתָ אַתָּה יְהוָה:

דַּלּוֹתִי וְלִי יְהוֹשִׁיעַ / אֵל־צַדִּיק וּמוֹשִׁיעַ
בראשית מט לִישׁוּעָתְךָ קִוִּיתִי יְהוָה:

בְּקוּם עָלַי אוֹיְבִי / לֹא־יִירָא לִבִּי
תהלים לא וַאֲנִי עָלֶיךָ בָטַחְתִּי יְהוָה:

רָמָה בְךָ יָדִי מִשְׂגַּבִּי / וְלֹא בְחַרְבִּי
שמואל א׳ יז כִּי־לֹא בְּחֶרֶב וּבַחֲנִית יְהוֹשִׁיעַ יְהוָה:

אוֹיְבַי גָּבְרוּ / וְעָלַי הִתְאַמָּרוּ
ישעיה סד הַעַל־אֵלֶּה תִתְאַפַּק יְהוָה:

לָמָּה־פָנֶיךָ תַסְתִּיר / וְאוֹיֵב עָלַי יַכְתִּיר
אֵל קַנּוֹא וְנֹקֵם יְהוָה: נחום א

עֵצוֹת בְּנַפְשִׁי אָשִׁימָה / וְעִם לְבָבִי אֶהֱמָיָה
הַלְעוֹלָמִים יִזְנַח אֲדֹנָי: תהלים עז

זֵדִים יְרִיבוּנִי / סְעִפַּי יְשִׁיבוּנִי
כִּי לֹא יִזְנַח לְעוֹלָם אֲדֹנָי: איכה ג

רַחֲמֶיךָ שִׂבַּרְתִּי / כִּי־לְךָ יְהוָה הוֹחָלְתִּי
אַתָּה תַעֲנֶה אֲדֹנָי: תהלים לח

תחינה ליום רביעי לרבי דויד אבן בקודה

יְהוָה, אִם גָּדַל עֲוֹנִי מִנְּשׂא / וְהִסְכַּלְתִּי עֲשׂה
אַל־תָּבוֹא בְמִשְׁפָּט אֶת־עַבְדֶּךָ: תהלים קמג

נִגְעֵי לְבָבִי הָבֵר / וְחַטֹּאת נְעוּרַי הַעֲבֵר
גַּם מִזֵּדִים חֲשֹׂךְ עַבְדֶּךָ: תהלים יט

יְגוֹנוֹתַי גָּבְרוּ / וְאַנְחוֹתַי לִבִּי שִׁבְּרוּ
שַׂמֵּחַ נֶפֶשׁ עַבְדֶּךָ: תהלים פו

דּוֹרְשֵׁי רָעָתִי עָלַי הִגְדִּילוּ / לְהַוּוֹתַי יָגִילוּ
אַל־תַּסְתֵּר פָּנֶיךָ מֵעַבְדֶּךָ: תהלים סט

וְעַד אָן אֲשַׁוַּע וְאֵין מִשְׁפָּט / מָתַי תַּעֲשֶׂה בְרֹדְפַי מִשְׁפָּט
כַּמָּה יְמֵי־עַבְדֶּךָ: תהלים קיט

יָשׁוּב אַפְּךָ לְרַחֲמֵנִי / יְהִי־נָא חַסְדְּךָ לְנַחֲמֵנִי
כְּאִמְרָתְךָ לְעַבְדֶּךָ: תהלים קיט

דְּרָכַי סִפַּרְתִּי / וְעָלֶיךָ מִבֶּטֶן נִסְמַכְתִּי
הָאִירָה פָנֶיךָ עַל־עַבְדֶּךָ: תהלים לא

קָטֹנְתִּי מִכֹּל הַחֲסָדִים / צוּר מוֹשִׁיב יְחִידִים
אֲשֶׁר עָשִׂיתָ אֶת־עַבְדֶּךָ: בראשית לב

טַהֲרֵנִי מֵחַטָּאתִי / אַל־תַּעְלֵם אָזְנְךָ לְרַוְחָתִי לְשַׁוְעָתִי
אָנָּה יְהוָה כִּי־אֲנִי עַבְדֶּךָ: תהלים קטז

נִפְלָאוֹת הַרְאֵנִי / אַל־תַּסְתֵּר פָּנֶיךָ מִמֶּנִּי
אַל תַּט־בְּאַף עַבְדֶּךָ: תהלים כז

תחינה ליום חמישי סימן שמואל

יְהוָה, שְׁעֵה נוֹדֵד מִקִּנּוֹ / וְעוֹרֵר שְׁנַת עֵינוֹ
וַיָּקָם בַּחֲצִי הַלַּיְלָה: שופטים טז

מִפְּנֵי בֹּשֶׁת אִשְׁתּוֹ / הָיְתָה לוֹ דִמְעָתוֹ
לֶחֶם יוֹמָם וָלָיְלָה: תהלים מב

וַיְהִי בְּשִׁבְיוֹ נֶהְדָּף / וּמֵהֵר לְגִבְעָה נִרְדָּף
לַחֹרֶב בַּיּוֹם וְלַקֶּרַח בַּלָּיְלָה: ירמיה לו

אוֹיְבִים אוֹתִי יִלְחָצוּ / וְעָלַי יִתְיָעֲצוּ
וַיִּתְחָרְשׁוּ כָל־הַלָּיְלָה: שופטים טז

לְפָנֶיךָ תָּבֹא תְפִלָּתִי / יְהוָה אֱלֹהֵי יְשׁוּעָתִי
יוֹם־צָעַקְתִּי בַלָּיְלָה: תהלים פח

תחינה ליום שישי סימן אברהם

יְהוָה, אֱלֹהִים מוֹשִׁיב יְחִידִים / שְׁעֵה לְעוֹמְדִים
בְּבֵית־יְהוָה בַּלֵּילוֹת: תהלים קלד

בְּךָ בָטַחְתִּי / וְשִׁמְךָ זָכַרְתִּי
עַל־מִשְׁכָּבִי בַּלֵּילוֹת: שיר השירים ג

רַחֵם עַל הוֹלֵךְ וּבָכֹה / אִישׁ חַרְבּוֹ עַל־יְרֵכוֹ
מִפַּחַד בַּלֵּילוֹת: שם

הִנְנִי הוֹלֵךְ שָׁחוֹחַ / לֹא מָצָאתִי מָנוֹחַ
יָמִים גַּם לֵילוֹת.

מַלֵּט צוֹעֵק נֶגְדֶּךָ / לְהַגִּיד בַּבֹּקֶר חַסְדֶּךָ
וֶאֱמוּנָתְךָ בַּלֵּילוֹת: תהלים צב

בכל הימים אחר התחינות ממשיכים כאן:

שׁוּב מֵחֲרוֹן אַפֶּךָ, וְהִנָּחֵם עַל־הָרָעָה לְעַמֶּךָ: שמות לב
אַל־תִּקְצֹף יְהוָה עַד־מְאֹד וְאַל־לָעַד תִּזְכֹּר עָוֹן, הֵן הַבֶּט־נָא עַמְּךָ כֻלָּנוּ: ישעיה סד
אַל־תִּנְאַץ לְמַעַן שִׁמְךָ אַל־תְּנַבֵּל כִּסֵּא כְבוֹדֶךָ, זְכֹר אַל־תָּפֵר בְּרִיתְךָ אִתָּנוּ: ירמיה יד
אִם־עֲוֹנֵינוּ עָנוּ בָנוּ יְהוָה עֲשֵׂה לְמַעַן שְׁמֶךָ, כִּי־רַבּוּ מְשׁוּבֹתֵינוּ לְךָ חָטָאנוּ:
אָדוֹן סְלַח לָנוּ.

פזמון

אִם אָשַׁמְנוּ כַּתּוֹלָע הָאָדִים / יְהֹוָה אֶת הֲמוֹן רַחֲמֶיךָ תַּקְדִּים
לְמַעַן אָב מֻצָּל מִכַּשְׂדִּים / גְּבוּרָתוֹ בְּעֵמֶק הַשִּׂדִּים.
אַהֲבָתוֹ זְכֹר הַיּוֹם לָנוּ / כִּי־רַבּוּ מְשׁוּבֹתֵינוּ, לְךָ חָטָאנוּ / אָדוֹן סְלַח לָנוּ. ירמיה יד

אִם חָטָאנוּ וְהִרְבֵּינוּ לָצוֹן / יְהֹוָה גַּלֵּה לָנוּ עֵת רָצוֹן
לְמַעַן דָּגוּל הַנֶּעֱקַד כַּצֹּאן / וְאַיִל הוּשַׁת כָּפְרוֹ לְרָצוֹן.
עֲקֵדָתוֹ זְכֹר הַיּוֹם לָנוּ / כִּי־רַבּוּ מְשׁוּבֹתֵינוּ, לְךָ חָטָאנוּ / אָדוֹן סְלַח לָנוּ.

אִם הִרְבֵּינוּ פֶּשַׁע וַעֲבֵרָה / יְהֹוָה הִתְרַצֵּה בַעֲתִירָה
לְמַעַן תָּם חָזָה סֻלָּם וַיִּירָא / וְלָן בַּמָּקוֹם מַה נּוֹרָא.
תֻּמָּתוֹ זְכֹר הַיּוֹם לָנוּ / כִּי־רַבּוּ מְשׁוּבֹתֵינוּ, לְךָ חָטָאנוּ / אָדוֹן סְלַח לָנוּ.

(אִם חָטָאנוּ וּמָרַדְנוּ בִּכְפָלַיִם / יְהֹוָה עֲנֵנוּ מִשָּׁמַיִם
לְמַעַן אָב מָשׁוּי מִמַּיִם / וְקִבֵּל דָּת קְדוּמַת יוֹמַיִם.
עַנְוְתָנוּתוֹ זְכֹר הַיּוֹם לָנוּ / כִּי־רַבּוּ מְשׁוּבֹתֵינוּ לְךָ חָטָאנוּ / אָדוֹן סְלַח לָנוּ)

פזמון

אָתָאנוּ לְחַלּוֹת פָּנֶיךָ
כִּי חֶסֶד וֶאֱמֶת יְקַדְּמוּ פָנֶיךָ: תהלים פט
נָא אַל תְּבִישֵׁנוּ, נָא אַל תְּשִׁיבֵנוּ רֵיקָם מִלְּפָנֶיךָ
סְלַח לָנוּ, וּשְׁלַח לָנוּ יְשׁוּעָה וְרַחֲמִים מִמְּעוֹנֶךָ.

אָתָאנוּ לְבַקֵּשׁ מִמְּךָ כַּפָּרָה
אָיֹם וְנוֹרָא, מִשְׂגָּב לְעִתּוֹת בַּצָּרָה: תהלים ט
תְּחַיֵּינוּ, תְּחָנֵּנוּ וּבְשִׁמְךָ נִקְרָא
סְלַח לָנוּ, וּשְׁלַח לָנוּ יְשׁוּעָה וְרַחֲמִים מִמְּעוֹנֶךָ.

יש מוסיפים:

אָבוֹא כְּעָנִי שׁוֹאֵל עַל פֶּתַח
בְּבַקָּשָׁה וּבְתַחֲנוּנִים תְּפִלָּה אֶפְתַּח
אָנָּא שַׁעֲרֵי רַחֲמִים לָנוּ תִּפְתַּח
סְלַח לָנוּ, וּשְׁלַח לָנוּ יְשׁוּעָה וְרַחֲמִים מִמְּעוֹנֶךָ.

מָרָנָא דְבִשְׁמַיָּא לָךְ מִתְחַנֵּנָן
כְּעַבְדָּא דְּמִתְחַנֵּן לְמָרֵיהּ
הַב לַן לִבָּא לְתִיוּבְתָּא
וְלָא נֶהְדַּר רֵיקָם מִן קֳמָךְ.

מָרָנָא דְבִשְׁמַיָּא לָךְ מִתְחַנֵּנָן
כְּבַר שִׁבְיָא דְּמִתְחַנֵּן לְמָרֵיהּ
כֻּלְּהוֹן בְּנֵי שִׁבְיָא בְּכַסְפָּא מִתְפָּרְקִין
וְעַמָּךְ בֵּית יִשְׂרָאֵל בִּצְלוֹתִין וּבְתַחֲנוּנִין
אֲרִים יְמִינָךְ וְאַצְמַח פֻּרְקָנָךְ
סַבְרָא דְחַיָּיא וּמֵתַיָּא.

מִתְרַצֶּה בְּרַחֲמִים, וּמִתְפַּיֵּס בְּתַחֲנוּנִים
הִתְרַצֶּה וְהִתְפַּיֵּס לְעַם עָנִי וּמְדֻלְדָּל
פָּרוֹקָנָא דְמֵעָלְמָא, מְשֵׁיזְבָנָא דְּמִלְּקַדְמִין
פְּרֹק יַעֲקֹב מֵאַרְעָא רְחִיקָא
וְאַסִּיק זַרְעֵיהּ מֵאַרְעָא דְשִׁבְיָא.

מַחֵי וּמַסֵּי, מְמִית וּמַחֵי / מַסִּיק מִן שְׁאוֹל לְחַיֵּי עָלְמָא
בְּרָא כַּד חָטֵי, אָבוּהִי לַקְיֵהּ / אָבוּהִי דְּחָיִס, אַסֵּי לִכְאֵבֵיהּ
עַבְדָּא דְמָרִיד וְנָפֵיק בְּקוֹלָר / לְמָרֵיהּ תָּאִיב יִתְבַּר קוֹלָרֵיהּ
בְּרָךְ בּוּכְרָךְ אֲנָן, וְחָטֵינָן קַמָּךְ / הָא רַוְיָא נַפְשִׁין בְּגִדִין וּמְרָרִין
עַבְדָּךְ אֲנַן וּמְרַדְנָן קַמָּךְ / הָא בְּבִזְּתָא וְשִׁבְיָא וְהָא בְּמַלְקְיוּתָא
בְּבָעוּ מִנָּךְ, בְּמָטוּ מִנָּךְ בְּרַחֲמָךְ דִּנְפִישִׁין
אַסֵּי לִכְאֵבִין דְּאִתְקְפוּ עֲלָן / עַד דְּלָא נֶהֱוֵי גְּמִירָא בְּשִׁבְיָא
מַחֵי וּמַסֵּי, מְמִית וּמַחֵי / מַסִּיק מִן שְׁאוֹל לְחַיֵּי עָלְמָא.

רַחֲמִים פְּשׁוּטִים בִּקַּשְׁנוּ מִמְּךָ, כִּי רַבִּים רַחֲמִים עִמָּךְ, צְדָקָה וָחֶסֶד עֲשֵׂה עִמָּנוּ לְמַעַן שְׁמֶךָ. אָנָּא יְהֹוָה אֱלֹהֵינוּ, הָסֵר מִמֶּנּוּ וּמִבָּתֵּינוּ וּמִבָּתֵּי כָּל עַמְּךָ בֵּית יִשְׂרָאֵל בְּכָל מָקוֹם שֶׁהֵם, דֶּבֶר וְחֶרֶב וְרָעָה וְרָעָב (וְרַעַשׁ) וּשְׁבִי וּבִזָּה וּמַשְׁחִית וּמַגֵּפָה וְשָׂטָן וְיֵצֶר הָרָע (וְעַיִן הָרָע) וָחֳלָאִים רָעִים וְצַר מֵעַמָּךְ.

חַיִּים טוֹבִים שָׁאַלְנוּ מִמְּךָ, כִּי מְקוֹר חַיִּים עִמָּךְ, צְדָקָה וָחֶסֶד עֲשֵׂה עִמָּנוּ לְמַעַן שְׁמֶךָ. אָנָּא יְהֹוָה אֱלֹהֵינוּ (מְנַע וְ)הָסֵר מִמֶּנּוּ וּמִבָּתֵּינוּ וּמִבָּתֵּי כָּל עַמְּךָ בֵּית יִשְׂרָאֵל בְּכָל מָקוֹם שֶׁהֵם, דֶּבֶר וְחֶרֶב וְרָעָה וְרָעָב (וְרַעַשׁ) וּשְׁבִי וּבִזָּה וּמַשְׁחִית וּמַגֵּפָה וְשָׂטָן וְיֵצֶר הָרָע (וְעַיִן הָרָע) וָחֳלָאִים רָעִים וְצַר מֵעַמָּךְ.

אֵלֶיךָ יְהֹוָה / נָשָׂאתִי עֵינַי / שְׁמַע קוֹל תַּחֲנוּנַי / כְּגֹדֶל חַסְדֶּךָ תהלים כח
בְּשִׁמְךָ בָּטַחְתִּי / וְכַפַּי שִׁטַּחְתִּי / דְּבָרִים לָקַחְתִּי / וּבָאתִי עָדֶיךָ
גָּבְרוּ יְגוֹנוֹתַי / וַיִּרְבּוּ אַנְחוֹתַי / כִּי כָל עֲוֹנוֹתַי / שַׁתָּה לְנֶגְדֶּךָ
דָּלְפָה מִתּוּגָה / נַפְשִׁי הָעֲגוּגָה / וְחַלֵּץ מִדְּאָגָה / וּמִתִּגְרַת יָדֶךָ
הַעֲבֵר חַטָּאתִי / אֱלֹהֵי יְשׁוּעָתִי / וְגַם אֶת דִּמְעָתִי / שִׂימָה בְנֹאדֶךָ
וּבְרֹגֶז רַחֵם / זָכְרָה וְהִנָּחֵם / וְשַׂמַּח וְנַחֵם / נֶפֶשׁ עַבְדֶּךָ
זְכָר־עָנְיִי וּמְרוּדִי / לַעֲנָה מְעוּדִי / עַד מָתַי לְנֶגְדִּי / תְּחַדֵּשׁ עֵדֶיךָ איכה ג
חֵרְפוּנִי צוֹרְרַי / אוֹיְבַי וְשׁוֹרְרַי / הַקְשֵׁב נָא אֲמָרַי / בְּבוֹאִי בְּפַחְדֶּךָ
טָמְנוּ לִי זֵדִים / פַּחִים וּמְצוֹדִים / וּבָהֶם נִלְכָּדִים / פַּעֲמֵי יְדִידֶיךָ
יְשִׁימוּן לִי מְצוֹדִים / וְשֶׁקֶר בִּי מְעִידִים / בְּעָלְוֹנִי זֵדִים / צוּר, בִּלְעָדֶיךָ
כְּבוֹדְךָ גַּלֵּה צוּר / לְעַם עָזוּב וְעָצוּר / וְטוּבְךָ הַנָּצוּר / תְּנָה לִשְׂרִידֶיךָ
לְחוּצִים בְּרֹב דֹּחַק / מֵהֶם אַל תִּרְחַק / זְכֹר לְאַבְרָהָם לְיִצְחָק / שמות לב
וּלְיִשְׂרָאֵל עֲבָדֶיךָ

מָרוֹם מִמְּרוֹמִים / רַחֵם עַל עֲגוּמִים / וְעַל זֶרַע רְחוּמִים / יְלִידֵי יְדִידֶיךָ
נוֹאֲקִים בְּבוֹר גָּלוּת / בְּךָ שָׂמוּ אֱיָלוּת / וְהָרֵם מִשִּׁפְלוּת / גֶּזַע חֲסִידֶיךָ
סוֹבְלֵי עֹל תְּצַהֵל / וְאוֹיְבֵיהֶם תְּבַהֵל / וּכְקֶדֶם תְּנַהֵל / דִּגְלֵי גְדוּדֶיךָ
עֲנֵה אֶת עֲתִירָתָם / סְמֹךְ אֶת נְפִילָתָם / וְהָשֵׁב אֶת שְׁבוּתָם /
מֵאַפְסֵי חֶלְדֶּךָ
פְּדֵה עַם לְךָ הוֹמֶה / וּכְאֵלֶּם דּוֹמֶה / בְּגָלוּת זֶה כַּמֶּה / שָׁבְעוּ נְדוּדֶיךָ
צַדִּיק בְּמִפְעָלוֹת / לְךָ נִתְכְּנוּ עֲלִילוֹת / דַּלֵּנוּ מִמְּצוּלוֹת / לְמַעַן חֲסָדֶיךָ
קַבֵּץ מְפֻזָּרִים / בְּכַבְלֵי צַר סְגוּרִים / בְּלָעוּם אַכְזָרִים / שָׂרְפוּ מוֹעֲדֶיךָ
רַחוּם הֱיֵה לְמִשְׁעָן / לְעַם רָוֶה לַעֲן / וַעֲשֵׂה נָא לְמַעַן / שְׁלֹשֶׁת עֲבָדֶיךָ
שַׁדַּי נִשְׂגַּבְתָּ / בְּכָל אֲשֶׁר פָּעַלְתָּ / כִּי צַדִּיק אָתָּה / וְצֶדֶק מַדֶּיךָ
תְּכַפֵּר עֲוֹנִי כִּי / שִׁבְרִי בְּךָ מַלְכִּי / וְכוֹנֵן אֶת דַּרְכִּי / אֱלֹהַי לְעָבְדֶּךָ
תִּשְׁעֶה תְּפִלָּתִי / וְשִׂיחַ רִנָּתִי / כִּי אַתָּה תִקְוָתִי / וּמִי יוֹעִידֶךָ
אֵלֶיךָ יְהֹוָה / נָשָׂאתִי עֵינַי / שְׁמַע קוֹל תַּחֲנוּנַי / כְּגֹדֶל חַסְדֶּךָ.

אָבִינוּ אָב הָרַחֲמָן וְהוֹשִׁיעֵנוּ לְמַעַן שְׁמֶךָ
אֱלֹהֵינוּ וֵאלֹהֵי אֲבוֹתֵינוּ וְהוֹשִׁיעֵנוּ לְמַעַן שְׁמֶךָ
בַּצַּר לָנוּ קְרָאנוּךָ וְהוֹשִׁיעֵנוּ לְמַעַן שְׁמֶךָ
גַּלְגֵּל הֲמוֹן רַחֲמֶיךָ עָלֵינוּ וְהוֹשִׁיעֵנוּ לְמַעַן שְׁמֶךָ
דְּרַשְׁנוּךָ הִמָּצֵא לָנוּ וְהוֹשִׁיעֵנוּ לְמַעַן שְׁמֶךָ
הֵעָתֵר לָנוּ הַיּוֹם בִּתְפִלָּתֵנוּ וְהוֹשִׁיעֵנוּ לְמַעַן שְׁמֶךָ
וְאַל תְּבִישֵׁנוּ מִשִּׂבְרֵנוּ וְהוֹשִׁיעֵנוּ לְמַעַן שְׁמֶךָ
זָכְרֵנוּ בְּזִכְרוֹן טוֹב מִלְּפָנֶיךָ וְהוֹשִׁיעֵנוּ לְמַעַן שְׁמֶךָ
חוּס וְרַחֵם עָלֵינוּ וְהוֹשִׁיעֵנוּ לְמַעַן שְׁמֶךָ
טַהֲרֵנוּ מֵעֲוֹנֵינוּ וְהוֹשִׁיעֵנוּ לְמַעַן שְׁמֶךָ
יֶהֱמוּ נָא רַחֲמֶיךָ עָלֵינוּ וְהוֹשִׁיעֵנוּ לְמַעַן שְׁמֶךָ

חֲמֹל עַל עַמֶּךָ וְרַחֵם עַל נַחֲלָתֶךָ
חוּסָה נָּא כְּרֹב רַחֲמֶיךָ חָנֵּנוּ מַלְכֵּנוּ וַעֲנֵנוּ.

אָבִֽינוּ מַלְכֵּֽנוּ / אָבִֽינוּ אָֽתָּה
אָבִֽינוּ מַלְכֵּֽנוּ / אֵין לָֽנוּ אֶלָּא אָֽתָּה
אָבִֽינוּ מַלְכֵּֽנוּ רַחֵם עָלֵֽינוּ

אִם הֵטַֽבְנוּ פֹּֽעַל / אָבִֽינוּ אָֽתָּה
וְאִם הֵרַֽעְנוּ מַֽעַל / אֵין לָֽנוּ אֶלָּא אָֽתָּה
אָבִֽינוּ מַלְכֵּֽנוּ רַחֵם עָלֵֽינוּ

אִם גָּבַר פִּשְׁעֵֽנוּ / אָבִֽינוּ אָֽתָּה
אַתָּה צוּר יִשְׁעֵֽנוּ / אֵין לָֽנוּ אֶלָּא אָֽתָּה
אָבִֽינוּ מַלְכֵּֽנוּ רַחֵם עָלֵֽינוּ

אִם הִרְבֵּֽינוּ אֹֽמֶר / אָבִֽינוּ אָֽתָּה
זְכֹר כִּי אֲנַֽחְנוּ חֹֽמֶר / אֵין לָֽנוּ אֶלָּא אָֽתָּה
אָבִֽינוּ מַלְכֵּֽנוּ רַחֵם עָלֵֽינוּ

אִם לְךָ חָטָֽאנוּ / אָבִֽינוּ אָֽתָּה
אָדוֹן סְלַח לָֽנוּ / אֵין לָֽנוּ אֶלָּא אָֽתָּה
אָבִֽינוּ מַלְכֵּֽנוּ רַחֵם עָלֵֽינוּ

לְךָ יְהֹוָה קִוִּֽינוּ / אָבִֽינוּ אָֽתָּה
כִּי אַתָּה אָבִֽינוּ / אֵין לָֽנוּ אֶלָּא אָֽתָּה
אָבִֽינוּ מַלְכֵּֽנוּ רַחֵם עָלֵֽינוּ

לְךָ פֵּרַֽשְׂנוּ שַֽׁעַל / אָבִֽינוּ אָֽתָּה
הַמְצִיא לָֽנוּ תַּֽעַל / אֵין לָֽנוּ אֶלָּא אָֽתָּה
אָבִֽינוּ מַלְכֵּֽנוּ רַחֵם עָלֵֽינוּ

חוּשָׁה שְׁלַח מָשִֽׁיחַ / אָבִֽינוּ אָֽתָּה
וְצִיץ יֶֽשַׁע תַּצְמִֽיחַ / אֵין לָֽנוּ אֶלָּא אָֽתָּה
אָבִֽינוּ מַלְכֵּֽנוּ רַחֵם עָלֵֽינוּ

אָבִֽינוּ מַלְכֵּֽנוּ / אָבִֽינוּ אָֽתָּה
אָבִֽינוּ מַלְכֵּֽנוּ / אֵין לָֽנוּ אֶלָּא אָֽתָּה
אָבִֽינוּ מַלְכֵּֽנוּ רַחֵם עָלֵֽינוּ

הגמרא (תענית כה ע״ב) מספרת, שבתפילה זו נענה רבי עקיבא,
לפיכך תיקנו לאומרה בכל יום ויום ובימי התשובה והסליחות (׳מנורת המאור׳, פרק התפילה).

תענית כה: אָבִֽינוּ מַלְכֵּֽנוּ, אָבִֽינוּ אָֽתָּה.
אָבִֽינוּ מַלְכֵּֽנוּ, אֵין לָֽנוּ מֶֽלֶךְ אֶלָּא אָֽתָּה.
אָבִֽינוּ מַלְכֵּֽנוּ, רַחֵם עָלֵֽינוּ.
אָבִֽינוּ מַלְכֵּֽנוּ, חָנֵּֽנוּ וַעֲנֵֽנוּ, כִּי אֵין בָּֽנוּ מַעֲשִׂים
עֲשֵׂה עִמָּֽנוּ חֶֽסֶד לְמַֽעַן שִׁמְךָ הַגָּדוֹל וְהוֹשִׁיעֵֽנוּ.

דה״ב כ תהלים כה וַאֲנַֽחְנוּ לֹא נֵדַע מַה־נַּעֲשֶׂה, כִּי עָלֶֽיךָ עֵינֵֽינוּ: זְכֹר־רַחֲמֶֽיךָ יְהוָה
תהלים לג וַחֲסָדֶֽיךָ, כִּי מֵעוֹלָם הֵֽמָּה: יְהִי־חַסְדְּךָ יְהוָה עָלֵֽינוּ, כַּאֲשֶׁר יִחַֽלְנוּ
תהלים עט לָךְ: אַל־תִּזְכָּר־לָֽנוּ עֲוֺנֹת רִאשׁוֹנִים, מַהֵר יְקַדְּמֽוּנוּ רַחֲמֶֽיךָ כִּי דַלּֽוֹנוּ
תהלים קכד תהלים קכג מְאֹד: עֶזְרֵֽנוּ בְּשֵׁם יְהוָה, עֹשֵׂה שָׁמַֽיִם וָאָֽרֶץ: חָנֵּֽנוּ יְהוָה חָנֵּֽנוּ, כִּי־רַב
חבקוק ג שָׂבַֽעְנוּ בוּז: בְּרֹֽגֶז, רַחֵם תִּזְכּוֹר: בְּרֹֽגֶז, אַהֲבָה תִּזְכֹּר. בְּרֹֽגֶז, עֲקֵדָה
תהלים כ תִּזְכֹּר. בְּרֹֽגֶז, תְּמִימוּת תִּזְכֹּר. יְהוָה הוֹשִֽׁיעָה, הַמֶּֽלֶךְ יַעֲנֵֽנוּ בְיוֹם־
תהלים קג תהלים עט קָרְאֵֽנוּ: כִּי־הוּא יָדַע יִצְרֵֽנוּ, זָכוּר כִּי־עָפָר אֲנָֽחְנוּ: עָזְרֵֽנוּ אֱלֹהֵי יִשְׁעֵֽנוּ
עַל־דְּבַר כְּבוֹד־שְׁמֶֽךָ וְהַצִּילֵֽנוּ וְכַפֵּר עַל־חַטֹּאתֵֽינוּ לְמַֽעַן שְׁמֶֽךָ:

שׁוֹמֵר יִשְׂרָאֵל, שְׁמֹר שְׁאֵרִית יִשְׂרָאֵל, וְאַל יֹאבַד יִשְׂרָאֵל
הָאוֹמְרִים בְּכָל יוֹם, שְׁמַע יִשְׂרָאֵל.

שׁוֹמֵר גּוֹי אֶחָד, שְׁמֹר שְׁאֵרִית גּוֹי אֶחָד, וְאַל יֹאבַד גּוֹי אֶחָד
הָאוֹמְרִים בְּכָל יוֹם, יְהוָה אֱלֹהֵֽינוּ, יְהוָה אֶחָד.

שׁוֹמֵר גּוֹי קָדוֹשׁ, שְׁמֹר שְׁאֵרִית גּוֹי קָדוֹשׁ, וְאַל יֹאבַד גּוֹי קָדוֹשׁ
הָאוֹמְרִים בְּכָל יוֹם, קָדוֹשׁ, קָדוֹשׁ, קָדוֹשׁ.

שׁוֹמֵר גּוֹי רַבָּא, שְׁמֹר שְׁאֵרִית גּוֹי רַבָּא, וְאַל יֹאבַד גּוֹי רַבָּא
הָאוֹמְרִים בְּכָל יוֹם, אָמֵן, יְהֵא שְׁמֵהּ רַבָּא.

שׁוֹמֵר גּוֹי מְבֹרָךְ, שְׁמֹר שְׁאֵרִית גּוֹי מְבֹרָךְ, וְאַל יֹאבַד גּוֹי מְבֹרָךְ,
הָאוֹמְרִים בְּכָל יוֹם, אָמֵן, שְׁמֵהּ רַבָּא מְבָרַךְ.

קדיש ׳תִּתְקַבַּל׳

שליח הציבור כורע במילים המסומנות ב׳.

ש״ץ: יִתְגַּדַּל וְיִתְקַדַּשׁ שְׁמֵהּ רַבָּא (קהל: אָמֵן)
בְּעָלְמָא דִּי בְרָא כִרְעוּתֵהּ
וְיַמְלִיךְ מַלְכוּתֵהּ וְיַצְמַח פֻּרְקָנֵהּ וִיקָרֵב מְשִׁיחֵהּ (קהל: אָמֵן)
בְּחַיֵּיכוֹן וּבְיוֹמֵיכוֹן וּבְחַיֵּי דְכָל בֵּית יִשְׂרָאֵל
בַּעֲגָלָא וּבִזְמַן קָרִיב, וְאִמְרוּ אָמֵן. (קהל: אָמֵן)

קהל וש״ץ: יְהֵא שְׁמֵהּ רַבָּא מְבָרַךְ לְעָלַם לְעָלְמֵי עָלְמַיָּא יִתְבָּרַךְ
וְיִשְׁתַּבַּח וְיִתְפָּאַר וְיִתְרוֹמַם וְיִתְנַשֵּׂא
וְיִתְהַדָּר וְיִתְעַלֶּה וְיִתְהַלָּל שְׁמֵהּ דְּקֻדְשָׁא בְּרִיךְ הוּא (קהל: אָמֵן)
לְעֵלָּא מִן כָּל בִּרְכָתָא, שִׁירָתָא, תֻּשְׁבְּחָתָא וְנֶחֱמָתָא
דַּאֲמִירָן בְּעָלְמָא, וְאִמְרוּ אָמֵן. (קהל: אָמֵן)

רבים נוהגים לתקוע כאן בשופר תשר״ת, ויש נוהגים תשר״ת תש״ת תר״ת.

ש״ץ: תֵּעָנוּ וְתֵעָתְרוּ בְּרַחֲמִים מִן הַשָּׁמַיִם
תְּקֻבַּל צַעֲקַתְכֶם, תִּשָּׁמַע תְּפִלַּתְכֶם בְּרָצוֹן, וְיֵעָנֶה קוֹל עֲתִירַתְכֶם
וִיקֻיַּם בָּכֶם מִקְרָא שֶׁכָּתוּב:
יְהוָה אֱלֹהֵי אֲבוֹתֵכֶם יֹסֵף עֲלֵיכֶם כָּכֶם אֶלֶף פְּעָמִים דברים א
וִיבָרֵךְ אֶתְכֶם כַּאֲשֶׁר דִּבֶּר לָכֶם:
(בעשרת ימי תשובה: וְיִכְתָּבְכֶם הָאֵל בְּסֵפֶר חַיִּים טוֹבִים)
וְכֵן יְהִי רָצוֹן וְנֹאמַר אָמֵן. (קהל: אָמֵן)

תִּתְקַבַּל צְלוֹתָנָא וּבָעוּתָנָא
עִם צְלוֹתְהוֹן וּבָעוּתְהוֹן דְּכָל בֵּית יִשְׂרָאֵל
קֳדָם אֲבוּנָא דְבִשְׁמַיָּא, וְאִמְרוּ אָמֵן. (קהל: אָמֵן)

יְהֵא שְׁלָמָא רַבָּא מִן שְׁמַיָּא, חַיִּים וְשָׂבָע וִישׁוּעָה וְנֶחָמָה
וְשֵׁיזָבָא וּרְפוּאָה, וּגְאֻלָּה וּסְלִיחָה וְכַפָּרָה, וְרֶוַח וְהַצָּלָה
לָנוּ וּלְכָל עַמּוֹ יִשְׂרָאֵל, וְאִמְרוּ אָמֵן. (קהל: אָמֵן)

עֹשֶׂה שָׁלוֹם בִּמְרוֹמָיו, הוּא בְּרַחֲמָיו יַעֲשֶׂה שָׁלוֹם עָלֵינוּ
וְעַל כָּל עַמּוֹ יִשְׂרָאֵל, וְאִמְרוּ אָמֵן. (קהל: אָמֵן)

תהלים קל שִׁיר הַמַּעֲלוֹת, מִמַּעֲמַקִּים קְרָאתִיךָ יְהוָה: אֲדֹנָי שִׁמְעָה בְקוֹלִי, תִּהְיֶינָה אָזְנֶיךָ קַשֻּׁבוֹת לְקוֹל תַּחֲנוּנָי: אִם־עֲוֹנוֹת תִּשְׁמָר־יָהּ, אֲדֹנָי מִי יַעֲמֹד: כִּי־עִמְּךָ הַסְּלִיחָה, לְמַעַן תִּוָּרֵא: קִוִּיתִי יְהוָה קִוְּתָה נַפְשִׁי, וְלִדְבָרוֹ הוֹחָלְתִּי: נַפְשִׁי לַאדֹנָי, מִשֹּׁמְרִים לַבֹּקֶר, שֹׁמְרִים לַבֹּקֶר: יַחֵל יִשְׂרָאֵל אֶל־יְהוָה, כִּי־עִם־יְהוָה הַחֶסֶד, וְהַרְבֵּה עִמּוֹ פְדוּת: וְהוּא יִפְדֶּה אֶת־יִשְׂרָאֵל, מִכֹּל עֲוֹנוֹתָיו:

קדיש יהא שלמא

האומר קדיש (מקדש) כורע במילים המסומנות ב׳.
אם יש אבל נוהגים שהוא אומר קדיש זה.

מקדש: ׳יִתְגַּדַּל וְיִתְקַדַּשׁ שְׁמֵהּ רַבָּא (קהל: אָמֵן)
בְּעָלְמָא דִּי בְרָא כִרְעוּתֵהּ
וְיַמְלִיךְ מַלְכוּתֵהּ וְיַצְמַח פֻּרְקָנֵהּ וִיקָרֵב מְשִׁיחֵהּ (קהל: אָמֵן)
בְּחַיֵּיכוֹן וּבְיוֹמֵיכוֹן וּבְחַיֵּי דְכָל בֵּית יִשְׂרָאֵל
בַּעֲגָלָא וּבִזְמַן קָרִיב, וְאִמְרוּ אָמֵן. (קהל: אָמֵן)

קהל ואחריו מקדש: יְהֵא שְׁמֵהּ ׳רַבָּא מְבָרַךְ לְעָלַם לְעָלְמֵי עָלְמַיָּא ׳יִתְבָּרַךְ
וְיִשְׁתַּבַּח וְיִתְפָּאַר וְיִתְרוֹמַם וְיִתְנַשֵּׂא
וְיִתְהַדָּר וְיִתְעַלֶּה וְיִתְהַלָּל
שְׁמֵהּ דְּקֻדְשָׁא ׳בְּרִיךְ הוּא (קהל: אָמֵן)
לְעֵלָּא מִן כָּל בִּרְכָתָא, שִׁירָתָא, תֻּשְׁבְּחָתָא וְנֶחֱמָתָא
דַּאֲמִירָן בְּעָלְמָא, וְאִמְרוּ ׳אָמֵן. (קהל: אָמֵן)

מקדש: יְהֵא שְׁלָמָא רַבָּא מִן שְׁמַיָּא, חַיִּים וְשָׂבָע וִישׁוּעָה וְנֶחָמָה
וְשֵׁיזָבָא וּרְפוּאָה וּגְאֻלָּה וּסְלִיחָה וְכַפָּרָה, וְרֶוַח וְהַצָּלָה
לָנוּ וּלְכָל עַמּוֹ יִשְׂרָאֵל, וְאִמְרוּ אָמֵן. (קהל: אָמֵן)

עֹשֶׂה שָׁלוֹם בִּמְרוֹמָיו
הוּא בְּרַחֲמָיו יַעֲשֶׂה שָׁלוֹם עָלֵינוּ
וְעַל כָּל עַמּוֹ יִשְׂרָאֵל, וְאִמְרוּ אָמֵן. (קהל: אָמֵן)

# התרת נדרים

נוהגים להתיר נדרים בערב ראש השנה ובערב יום הכיפורים (ראה הלכה 554).

המבקשים התרה, עומדים לפני שלושה אנשים ואומרים:

שִׁמְעוּ נָא רַבּוֹתֵינוּ, כָּל נֶדֶר אוֹ שְׁבוּעָה אוֹ אִסּוּר אוֹ קוֹנָם אוֹ חֵרֶם, שֶׁנָּדַרְנוּ אוֹ שֶׁנִּשְׁבַּעְנוּ בְּהָקִיץ אוֹ בַחֲלוֹם, אוֹ שֶׁנִּשְׁבַּעְנוּ בְּשֵׁמוֹת הַקְּדוֹשִׁים שֶׁאֵינָם נִמְחָקִים וּבְשֵׁם הוי״ה בָּרוּךְ הוּא, וְכָל מִינֵי נְזִירוּת שֶׁקִּבַּלְנוּ עָלֵינוּ וַאֲפִלּוּ נְזִירוּת שִׁמְשׁוֹן, וְכָל שׁוּם אִסּוּר וַאֲפִלּוּ אִסּוּר הֲנָאָה, שֶׁאָסַרְנוּ עָלֵינוּ אוֹ עַל אֲחֵרִים בְּכָל לָשׁוֹן שֶׁל אִסּוּר, בֵּין בִּלְשׁוֹן אִסּוּר אוֹ חֵרֶם אוֹ קוֹנָם. וְכָל שׁוּם קַבָּלָה אֲפִלּוּ שֶׁל מִצְוָה שֶׁקִּבַּלְנוּ עָלֵינוּ, בֵּין בִּלְשׁוֹן נֶדֶר בֵּין בִּלְשׁוֹן נְדָבָה בֵּין בִּלְשׁוֹן שְׁבוּעָה בֵּין בִּלְשׁוֹן נְזִירוּת בֵּין בְּכָל לָשׁוֹן, וְגַם הַנַּעֲשָׂה בִּתְקִיעַת כַּף, בֵּין כָּל נֶדֶר וּבֵין כָּל נְדָבָה וּבֵין שׁוּם מִנְהָג שֶׁל מִצְוָה שֶׁהִנְהַגְנוּ אֶת עַצְמֵנוּ. וְכָל מוֹצָא שְׂפָתֵינוּ שֶׁיָּצָא מִפִּינוּ, אוֹ שֶׁנָּדַרְנוּ וְגָמַרְנוּ בְלִבֵּנוּ לַעֲשׂוֹת שׁוּם מִצְוָה מֵהַמִּצְוֹת אוֹ אֵיזוֹ הַנְהָגָה טוֹבָה, אוֹ אֵיזֶה דָּבָר טוֹב שֶׁנָּהַגְנוּ שָׁלֹשׁ פְּעָמִים וְלֹא הִתְנֵינוּ שֶׁיְּהֵא זֶה בְּלִי נֶדֶר. הֵן דָּבָר שֶׁעָשִׂינוּ, הֵן עַל עַצְמֵנוּ הֵן עַל אֲחֵרִים, הֵן אוֹתָם הַיְּדוּעִים לָנוּ הֵן אוֹתָם שֶׁכְּבָר נִשְׁכְּחוּ מִמֶּנּוּ. בְּכֻלְּהוֹן אִתְחֲרַטְנָא בְהוֹן מֵעִקָּרָא, וְשׁוֹאֲלִים וּמְבַקְשִׁים אָנוּ מִמַּעֲלַתְכֶם הַתָּרָה עֲלֵיהֶם, כִּי יָרֵאנוּ פֶּן נִכָּשֵׁל וְנִלְכַּד חַס וְשָׁלוֹם בַּעֲוֹן נְדָרִים וּשְׁבוּעוֹת וּנְזִירוּת וַחֲרָמוֹת וְאִסּוּרִין וְקוֹנָמוֹת וְהַסְכָּמוֹת. וְאֵין אָנוּ תוֹהִים חַס וְשָׁלוֹם עַל קִיּוּם הַמַּעֲשִׂים הַטּוֹבִים הָהֵם שֶׁעָשִׂינוּ, רַק אָנוּ מִתְחָרְטִים עַל קַבָּלַת הָעִנְיָנִים בִּלְשׁוֹן נֶדֶר אוֹ שְׁבוּעָה אוֹ נְזִירוּת אוֹ אִסּוּר אוֹ חֵרֶם אוֹ קוֹנָם אוֹ הַסְכָּמָה אוֹ קַבָּלָה בְלֵב, וּמִתְחָרְטִים אָנוּ עַל זֶה שֶׁלֹּא אָמַרְנוּ הִנְנוּ עוֹשִׂים דָּבָר זֶה בְּלִי נֶדֶר וּשְׁבוּעָה וּנְזִירוּת וְחֵרֶם וְאִסּוּר וְקוֹנָם וְקַבָּלָה בְלֵב, וְלָכֵן אָנוּ שׁוֹאֲלִים הַתָּרָה בְּכֻלְּהוֹן. וְאָנוּ מִתְחָרְטִים עַל כָּל הַנִּזְכָּר, בֵּין אִם הָיוּ הַמַּעֲשִׂים מִדְּבָרִים הַנּוֹגְעִים בְּמָמוֹן, בֵּין מִדְּבָרִים הַנּוֹגְעִים בְּגוּף, בֵּין מִדְּבָרִים הַנּוֹגְעִים אֶל הַנְּשָׁמָה, בְּכֻלְּהוֹן אָנוּ מִתְחָרְטִים עַל לְשׁוֹן נֶדֶר וּשְׁבוּעָה וּנְזִירוּת וְאִסּוּר וְחֵרֶם וְקוֹנָם וְקַבָּלָה בְלֵב. וְהִנֵּה מִצַּד הַדִּין, הַמִּתְחָרֵט וְהַמְבַקֵּשׁ הַתָּרָה צָרִיךְ לִפְרֹט הַנֶּדֶר, אַךְ דְּעוּ נָא רַבּוֹתֵינוּ כִּי אִי אֶפְשָׁר לָנוּ לְפָרְטָם, כִּי רַבִּים הֵם. וְאֵין אָנוּ מְבַקְשִׁים הַתָּרָה עַל אוֹתָם הַנְּדָרִים שֶׁאֵין לְהַתִּיר אוֹתָם, עַל כֵּן יִהְיוּ נָא בְעֵינֵיכֶם כְּאִלּוּ הָיִינוּ פּוֹרְטִים אוֹתָם.

והמתירים אומרים:

כֻּלָּם מֻתָּרִים לָכֶם, כֻּלָּם מֻתָּרִים לָכֶם, כֻּלָּם מֻתָּרִים לָכֶם. כֻּלָּם מְחוּלִים לָכֶם, כֻּלָּם מְחוּלִים לָכֶם, כֻּלָּם מְחוּלִים לָכֶם. כֻּלָּם שְׁרוּיִים לָכֶם, כֻּלָּם שְׁרוּיִים לָכֶם, כֻּלָּם שְׁרוּיִים לָכֶם. אֵין כָּאן לֹא נְדָרִים וְלֹא שְׁבוּעוֹת וְלֹא קַבָּלוֹת וְלֹא הַסְכָּמוֹת וְלֹא מִנְהָגִים וְלֹא נְזִירוּת וְלֹא חֲרָמִים וְלֹא אִסּוּרִים וְלֹא קוֹנָמוֹת, אֲבָל יֵשׁ כָּאן מְחִילָה וּסְלִיחָה וְכַפָּרָה, הֻתְּרוּ כֻלָּם מֵעִקָּרָן. כְּשֵׁם שֶׁהִסְכִּימוּ וְהִתִּירוּ לָכֶם בֵּית דִּין שֶׁל מַטָּה, כָּךְ יַסְכִּימוּ וְיַתִּירוּ לָכֶם בֵּית דִּין שֶׁל מַעְלָה. וְסָר עֲוֺנְכֶם וְחַטַּאתְכֶם תְּכֻפָּר.

ואחר כך אומרים השואלים מודעה זו:

הֲרֵי אָנוּ מוֹסְרִים מוֹדָעָה לִפְנֵיכֶם רַבּוֹתֵינוּ, וַאֲנוּ מְבַטְּלִים מִכָּאן וּלְהַבָּא מַה שֶּׁנִּקְבַּל עָלֵינוּ, כָּל הַנְּדָרִים וְכָל שְׁבוּעוֹת וּנְזִירוּת וְאִסּוּרִין וְקוֹנָמוֹת וַחֲרָמוֹת וְהַסְכָּמוֹת וְקַבָּלָה בַּלֵּב, הֵן בְּהָקִיץ הֵן בַּחֲלוֹם, חוּץ מִנִּדְרֵי תַעֲנִית בִּשְׁעַת מִנְחָה. וּבְאִם שֶׁנִּשְׁכַּח לִתְנַאי מוֹדָעָא הַזֹּאת וְנִדֹּר מֵהַיּוֹם עוֹד, מֵעַתָּה אָנוּ מִתְחָרְטִים עֲלֵיהֶם מֵעִקָּרָא, וּמַתְנִים עֲלֵיהֶם שֶׁיִּהְיוּ כֻּלָּן בְּטֵלִין וּמְבֻטָּלִין, לָא שְׁרִירִין וְלָא קַיָּמִין, וְלָא יְהוֹן חָלִין כְּלָל וְעִקָּר. בְּכֻלְּהוֹן אִתְחֲרַטְנָא מֵעַתָּה וְעַד עוֹלָם:

והמתירים אומרים:

קִבַּלְנוּ מְסִירַת הַמּוֹדָעָה.

יש נוהגים לומר גם מודעה זו, שנהג החיד״א לומר בערב ראש השנה (׳ציפורן שמיר׳ יב):

וְעוֹד אֲנַחְנוּ מוֹסְרִים מוֹדָעָה לִפְנֵיכֶם רַבּוֹתֵינוּ, שֶׁכָּל מַחֲשָׁבָה רָעָה וְהִרְהוּר רַע וּרְעוּתָא דְלִבָּא, אִם יַעֲלֶה בְּלִבֵּנוּ וּמֹחֵנוּ וּבִפְרָט בְּעֵת הַתְּפִלָּה וְתַלְמוּד תּוֹרָה, בְּאֵיזֶה צַד וְאֹפֶן שֶׁאֵינוֹ לִכְבוֹד וּרְצוֹן הַבּוֹרֵא יִתְבָּרַךְ, מֵעַכְשָׁו אֲנַחְנוּ מְבַטְּלִים אוֹתָן מַחֲשָׁבוֹת וְהִרְהוּרִים רָעִים וּרְעוּתָא דְלִבָּא שֶׁהֵם נֶגֶד רְצוֹן קֻדְשָׁא בְּרִיךְ הוּא וּשְׁכִינְתֵּהּ, בִּטּוּל גָּמוּר כְּחֶרֶס הַנִּשְׁבָּר, וּמִכָּל שֶׁכֵּן אִם נְדַבֵּר אֵיזֶה דִּבּוּר רַע וְאָסוּר, מֵעַכְשָׁו יִהְיוּ הַכֹּל בְּטֵלִים וּמְבֻטָּלִים. וְעַתָּה אֲנַחְנוּ מְבָאֲרִים וּמְפָרְשִׁים בַּאֵר הֵיטֵב, וַאֲנַחְנוּ מְגַלִּים דַּעְתֵּנוּ וּרְצוֹנֵנוּ בְּכָל לִבֵּנוּ, כִּי רְצוֹנֵנוּ וּמַאֲוַיֵּנוּ וְכַוָּנָתֵנוּ לַעֲבֹד אֶת בּוֹרְאֵנוּ, אֱלֹהֵי אַבְרָהָם אֱלֹהֵי יִצְחָק וְיִשְׂרָאֵל, עֲבוֹדָה שְׁלֵמָה, עֲבוֹדָה תַּמָּה, בְּמַחֲשָׁבָה וְדִבּוּר
וּמַעֲשֶׂה, בְּיִרְאָה וְאַהֲבָה וְשִׂמְחָה, כַּדָּת מַה־לַּעֲשׂוֹת: וְכָל מַחֲשָׁבָה וְדִבּוּר אסתר א

וּמַעֲשֶׂה שֶׁהֵם נֶגֶד רְצוֹנוֹ יִתְבָּרַךְ, מֵעַכְשָׁו בְּטֵלִים וּמְבֻטָּלִים, כִּי הֵם מִצַּד יֵצֶר הָרָע, וְהַכֹּל הוּא לְשֵׁם יִחוּד קֻדְשָׁא בְּרִיךְ הוּא וּשְׁכִינְתֵּהּ. בִּדְחִילוּ וּרְחִימוּ וּרְחִימוּ וּדְחִילוּ, לְיַחֲדָא אוֹתִיּוֹת י״ה בְּאוֹתִיּוֹת ו״ה בְּיִחוּדָא שְׁלִים בְּשֵׁם כָּל יִשְׂרָאֵל. לְדַעַת רַבִּי שִׁמְעוֹן בֶּן יוֹחָאי וְרַבִּי אֶלְעָזָר בְּנוֹ, וּלְדַעַת רַבֵּנוּ יִצְחָק לוּרְיָא אַשְׁכְּנָזִי. הַמָּקוֹם בְּרַחֲמָיו יַעַזְרֵנוּ עַל דְּבַר כְּבוֹד
תהלים יט שְׁמוֹ מֵעַתָּה וְעַד עוֹלָם. יִהְיוּ לְרָצוֹן אִמְרֵי־פִי וְהֶגְיוֹן לִבִּי לְפָנֶיךָ, יְהֹוָה צוּרִי וְגֹאֲלִי:

והמתירים אומרים:

קִבַּלְנוּ מְסִירַת הַמּוֹדָעָה.

ואחר כך יאמרו השואלים:

יְהִי רָצוֹן מִלְּפָנֶיךָ, יְהֹוָה אֱלֹהֵינוּ וֵאלֹהֵי אֲבוֹתֵינוּ, שֶׁכָּל הַקְּלָלוֹת וְהָאֲרוּרִים וְהַחֲרָמוֹת וְהַשַּׁמְתּוֹת שֶׁקִּלַּלְנוּ אוֹ שֶׁאֵרַרְנוּ אוֹ שֶׁנִּשְׁבַּעְנוּ אוֹ שֶׁנִּדִּינוּ אוֹ שֶׁהֶחֱרַמְנוּ אוֹ שֶׁשִּׁמַּתְנוּ אֶת עַצְמֵנוּ אוֹ אֶת אֲחֵרִים אֲשֶׁר מִזֶּרַע יִשְׂרָאֵל הֵמָּה, אוֹ אֲחֵרִים שֶׁקִּלְּלוּ אוֹ שֶׁאֵרְרוּ אוֹ שֶׁהֶחֱרִימוּ אוֹ שֶׁשִּׁמְּתוּ אוֹתָנוּ אוֹ אֶת נָשֵׁינוּ אוֹ אֶת זַרְעֵנוּ אוֹ אֶת בְּנֵי בֵיתֵנוּ, וּבִפְרָט אִם עָבַרְנוּ עַל אַרְבָּעָה וְעֶשְׂרִים דְּבָרִים שֶׁבֵּית דִּין מְנַדִּים עֲלֵיהֶם, חַס וְשָׁלוֹם, וּפָתַחְנוּ פִּינוּ לְרָעָה. יְהִי רָצוֹן מִלְּפָנֶיךָ, יְהֹוָה אֱלֹהֵינוּ וֵאלֹהֵי אֲבוֹתֵינוּ, אֱלֹהֵינוּ שֶׁבַּשָּׁמַיִם וּבָאָרֶץ, שֶׁאַל יִשְׁלְטוּ בָּנוּ וְאַל יַעֲשׂוּ בָּנוּ שׁוּם רֹשֶׁם. וְכָל הַקְּלָלוֹת יִתְהַפְּכוּ עֲלֵיכֶם
דברים כג וְעָלֵינוּ לְטוֹבָה וְלִבְרָכָה, כִּדְכְתִיב, וַיַּהֲפֹךְ יְהֹוָה אֱלֹהֶיךָ לְּךָ אֶת־הַקְּלָלָה לִבְרָכָה, כִּי אֲהֵבְךָ יְהֹוָה אֱלֹהֶיךָ:

הֲרֵי אֲנַחְנוּ מְבַקְשִׁים מִמַּעֲלַתְכֶם לְהַתִּיר לָנוּ כָּל קְלָלוֹת וּנְזִיפוֹת וּדְבָרִים אֲסוּרִים, וּלְבַטֵּל עַיִן הָרָע הֵן וְכַיּוֹצֵא בָּהֶן.

והמתירים אומרים:

מֻתָּרִים יִהְיוּ כָּל קְלָלוֹת, אָלוֹת וְשַׁמְתּוֹת וַחֲרָמִים וְנִדּוּיִים וְאִרוּרִים וּנְזִיפוֹת וּבִטּוּיִים וּכְשָׁפִים וְכָל דְּבָרִים רָעִים, וְכָל חֲלוֹמוֹת רָעִים וּפִתְרוֹנוֹת רָעִים וּמְסִירַת דִּין וּפִתְחוֹן פֶּה לְרָעָה, וְכָל מִינֵי דְּבָרִים אֲסוּרִים, וְכָל מִינֵי גְּזֵרוֹת קָשׁוֹת וְרָעוֹת, וְכָל מִינֵי עַיִן הָרָע שֶׁהוּשְׂמוּ עֲלֵיכֶם אוֹ עַל שׁוּם אֶחָד מִבְּנֵי בֵיתְכֶם. וְכֵן קְלָלוֹת שֶׁקִּלְּלוּ אֶתְכֶם אֲחֵרִים אוֹ שֶׁקִּלַּלְתֶּם אֶת עַצְמְכֶם בְּכָל

אֹפֶן שֶׁיִּהְיֶה, אוֹ שֶׁנִּתְחַיַּבְתֶּם שׁוּם קְלָלָה אוֹ אִרוּר אוֹ חֵרֶם אוֹ נִדּוּי אוֹ נְזִיפָה,
אוֹ שׁוּם גְּזֵרָה רָעָה בְּאֵיזֶה צַד וְאֹפֶן שֶׁיִּהְיֶה. עַל הַכֹּל מֵעַכְשָׁו אֲנַחְנוּ מַתִּירִין
וּמְבַטְּלִים הַכֹּל, וְכָךְ אֲנַחְנוּ אוֹמְרִים:

(בְּצֵרוּף ו)בִּרְשׁוּת קֻדְשָׁא בְּרִיךְ הוּא וּשְׁכִינְתֵּיהּ, בִּרְשׁוּת בֵּית דִּין שֶׁל מַעְלָה
וּבִרְשׁוּת בֵּית דִּין שֶׁל מַטָּה, וּבִרְשׁוּת תּוֹרָתֵנוּ הַקְּדוֹשָׁה, וּבִרְשׁוּת סַנְהֶדְרֵי
גְּדוֹלָה וּבִרְשׁוּת סַנְהֶדְרֵי קְטַנָּה: מֻתָּרִים לָכֶם, מֻתָּרִים לָכֶם, מֻתָּרִים לָכֶם.
שְׁרוּיִים לָכֶם, שְׁרוּיִים לָכֶם, שְׁרוּיִים לָכֶם. מְחוּלִים לָכֶם, מְחוּלִים לָכֶם,
מְחוּלִים לָכֶם. אֵין כָּאן קְלָלוֹת, אֵין כָּאן אָלוֹת, אֵין כָּאן שַׁמְתּוֹת, אֵין
כָּאן אִרוּרִים, אֵין כָּאן חֲרָמִים, אֵין כָּאן נִדּוּיִים, אֵין כָּאן נְזִיפוֹת, אֵין כָּאן
בִּטּוּיִים, אֵין כָּאן כִּשּׁוּפִים, אֵין כָּאן פִּתְחוֹן פֶּה לְרָעָה, אֵין כָּאן מַחֲשָׁבוֹת
זָרוֹת וְהִרְהוּרִים רָעִים, אֵין כָּאן עַיִן הָרָע דַּאֲנָשִׁים, אֵין כָּאן עַיִן הָרָע דְּנָשִׁים,
אֵין כָּאן עַיִן הָרָע דְּשׂוֹנְאִים וַאֲהוּבִים. כֻּלָּם יִהְיוּ בְּטֵלִים וּמְבֻטָּלִים, וַחֲשׁוּבִים
כִּכְלִי חֶרֶס הַנִּשְׁבָּר וּכְדָבָר שֶׁאֵין בּוֹ מַמָּשׁ. וְכָל מִינֵי עַיִן הָרָע יוּסְרוּ מֵעֲלֵיכֶם
וּמִבָּתֵּיכֶם וְיֻשְׁלְכוּ לִמְצוּלוֹת יָם, כַּכָּתוּב, וְלֹא־יִדְבַּק בְּיָדְךָ מְאוּמָה מִן־הַחֵרֶם, דברים יג
לְמַעַן יָשׁוּב יְהֹוָה מֵחֲרוֹן אַפּוֹ וְנָתַן־לְךָ רַחֲמִים וְרִחַמְךָ וְהִרְבֶּךָ, כַּאֲשֶׁר נִשְׁבַּע
לַאֲבֹתֶיךָ:

אָנָּא יְהֹוָה הִתְמַלֵּא רַחֲמִים, וְיִכְבְּשׁוּ רַחֲמֶיךָ אֶת כַּעַסְךָ, וְיִגֹּלּוּ רַחֲמֶיךָ עַל
מִדּוֹתֶיךָ, וְיִתְמַתְּקוּ הַדִּינִים, וּזְכֹר לָנוּ עֲקֵדָתוֹ שֶׁל יִצְחָק אָבִינוּ עָלָיו הַשָּׁלוֹם
כְּאִלּוּ אֶפְרוֹ צָבוּר וּמֻנָּח עַל גַּבֵּי הַמִּזְבֵּחַ, וְהַבֵּט בְּאֶפְרוֹ לְהַצִּילֵנוּ לָנוּ וּלְכָל
יִשְׂרָאֵל מִכָּל רַע, וּתְבַטֵּל מֵעָלֵינוּ וּמֵעַל כָּל יִשְׂרָאֵל כָּל גְּזֵרוֹת קָשׁוֹת וְרָעוֹת
בְּשֵׁם (קר״ע שט״ן). וּכְשֵׁם שֶׁמַּסְכִּימִים וּמַתִּירִים לָכֶם בֵּית דִּין שֶׁל מַטָּה,
כָּךְ יַסְכִּימוּ וְיַתִּירוּ לָכֶם בֵּית דִּין שֶׁל מַעְלָה. וְכָל הַקְּלָלוֹת וַחֲלוֹמוֹת רָעִים
וּפִתְרוֹנִים רָעִים וּפִתְחוֹן פֶּה לְרָעָה וְכָל גְּזֵרוֹת רָעוֹת, כֻּלָּם יִתְהַפְּכוּ עֲלֵיכֶם
וְעָלֵינוּ לְטוֹבָה וְלִבְרָכָה, כַּכָּתוּב: וְלֹא־אָבָה יְהֹוָה אֱלֹהֶיךָ לִשְׁמֹעַ אֶל־בִּלְעָם, דברים כג
וַיַּהֲפֹךְ יְהֹוָה אֱלֹהֶיךָ לְּךָ אֶת־הַקְּלָלָה לִבְרָכָה, כִּי אֲהֵבְךָ יְהֹוָה אֱלֹהֶיךָ: וּכְתִיב:
וְאַתֶּם הַדְּבֵקִים בַּיהֹוָה אֱלֹהֵיכֶם, חַיִּים כֻּלְּכֶם הַיּוֹם: עֲשֵׂה לְמַעַן שְׁמֶךָ, עֲשֵׂה דברים ד
לְמַעַן יְמִינֶךָ, עֲשֵׂה לְמַעַן תּוֹרָתֶךָ, עֲשֵׂה לְמַעַן קְדֻשָּׁתֶךָ. יְהֹוָה עֹז לְעַמּוֹ יִתֵּן, תהלים כט
יְהֹוָה יְבָרֵךְ אֶת־עַמּוֹ בַשָּׁלוֹם:

# סדר ארבע תעניות

בארבע תעניות אומרים סליחות בשחרית אחרי וידוי ונפילת אפיים.
ובכמה מקהילות המערב נוהגים לאומרן מיד לאחר חזרת הש״ץ, קודם וידוי ונפילת אפיים.

״יש שם ימים שכל ישראל מתענים בהם מפני הצרות שאירעו בהן כדי לעורר הלבבות ולפתוח דרכי התשובה, ויהיה זה זכרון למעשינו הרעים ומעשה אבותינו שהיה כמעשינו עתה עד שגרם להם ולנו אותן הצרות. שבזכרון דברים אלו נשוב להיטיב, שנאמר (ויקרא כו, מ): ׳וְהִתְוַדּוּ אֶת־עֲוֺנָם וְאֶת־עֲוֺן אֲבֹתָם׳ וגו׳.

ואלו הן: יום שלישי בתשרי שבו נהרג גדליה בן אחיקם ונכבית גחלת ישראל הנשארה וסיבב להתם גלותן. ועשירי בטבת שבו סמך מלך בבל נבוכדנאצר הרשע על ירושלם והביאה במצור ובמצוק. ושבעה עשר בתמוז וחמשה דברים אירעו בו: נשתברו הלוחות, ובטל התמיד מבית ראשון והובקעה ירושלם בחורבן שני, ושרף אפוסטומוס הרשע את התורה, והעמיד צלם בהיכל.

ונהגו כל ישראל בזמנים אלו להתענות בשלשה עשר באדר זכר לתענית שהתענו בימי המן, שנאמר (אסתר ט, לא): ׳דִּבְרֵי הַצּוֹמוֹת וְזַעֲקָתָם׳״ (רמב״ם, תעניות פ״ה ה״א–ה״ב, ה״ה).

אָנָּא יְהֹוָה אֱלֹהֵינוּ וֵאלֹהֵי אֲבוֹתֵינוּ
תָּבֹא לְפָנֶיךָ תְּפִלָּתֵנוּ וְאַל תִּתְעַלַּם מַלְכֵּנוּ מִתְּחִנָּתֵנוּ
שֶׁאֵין אֲנַחְנוּ עַזֵּי פָנִים וּקְשֵׁי עֹרֶף לוֹמַר לְפָנֶיךָ
יְהֹוָה אֱלֹהֵינוּ וֵאלֹהֵי אֲבוֹתֵינוּ
צַדִּיקִים אֲנַחְנוּ וְלֹא חָטָאנוּ
אֲבָל חָטָאנוּ, עָוִינוּ, פָּשַׁעְנוּ, אֲנַחְנוּ וַאֲבוֹתֵינוּ וְאַנְשֵׁי בֵיתֵנוּ.

כשמתוודה, מכה באגרופו על החזה כנגד הלב.

אָשַׁמְנוּ, בָּגַדְנוּ, גָּזַלְנוּ, דִּבַּרְנוּ דֹפִי וְלָשׁוֹן הָרָע
הֶעֱוִינוּ וְהִרְשַׁעְנוּ, זַדְנוּ, חָמַסְנוּ, טָפַלְנוּ שֶׁקֶר וּמִרְמָה
יָעַצְנוּ עֵצוֹת רָעוֹת, כִּזַּבְנוּ, כָּעַסְנוּ, לַצְנוּ
מָרַדְנוּ, מָרִינוּ דְבָרֶיךָ, נִאַצְנוּ, נִאַפְנוּ, סָרַרְנוּ, עָוִינוּ
פָּשַׁעְנוּ, פָּגַמְנוּ, צָרַרְנוּ, צִעַרְנוּ אָב וָאֵם, קִשִּׁינוּ עֹרֶף
רָשַׁעְנוּ, שִׁחַתְנוּ, תִּעַבְנוּ, תָּעִינוּ וְתִעְתָּעְנוּ
וְסַרְנוּ מִמִּצְוֹתֶיךָ וּמִמִּשְׁפָּטֶיךָ הַטּוֹבִים וְלֹא שָׁוָה לָנוּ.
וְאַתָּה צַדִּיק עַל כָּל־הַבָּא עָלֵינוּ נחמיה ט
כִּי־אֱמֶת עָשִׂיתָ וַאֲנַחְנוּ הִרְשָׁעְנוּ:

בתעניות יש נוהגים לומר כאן את הווידוי 'מה נאמר', שהוא הווידוי שאמר רב בתפילתו ביום הכיפורים (יומא פז ע"ב), ויש נוהגים לאומרו לפני 'יהוא רחום' (ראה הלכה 198).

מַה נֹּאמַר לְפָנֶיךָ יוֹשֵׁב מָרוֹם, וּמַה נְּסַפֵּר לְפָנֶיךָ שׁוֹכֵן שְׁחָקִים, הֲלֹא כָּל הַנִּסְתָּרוֹת וְהַנִּגְלוֹת אַתָּה יוֹדֵעַ. אַתָּה יוֹדֵעַ רָזֵי עוֹלָם, וְתַעֲלוּמוֹת סִתְרֵי כָל חָי. אַתָּה חוֹפֵשׂ כָּל חַדְרֵי בָטֶן, רוֹאֶה כְלָיוֹת וָלֵב. אֵין דָּבָר נֶעְלָם מִמְּךָ וְאֵין נִסְתָּר מִנֶּגֶד עֵינֶיךָ.

יְהִי רָצוֹן מִלְּפָנֶיךָ, יְהוָה אֱלֹהֵינוּ וֵאלֹהֵי אֲבוֹתֵינוּ, שֶׁתִּמְחֹל לָנוּ
אֶת כָּל חַטֹּאתֵינוּ, וּתְכַפֵּר לָנוּ אֶת כָּל עֲוֹנוֹתֵינוּ, וְתִמְחֹל וְתִסְלַח
שמות לד לְכָל פְּשָׁעֵינוּ. וְסָלַחְתָּ לַעֲוֹנֵנוּ וּלְחַטָּאתֵנוּ וּנְחַלְתָּנוּ: סְלַח לָנוּ
תהלים פו אָבִינוּ כִּי חָטָאנוּ, מְחַל לָנוּ מַלְכֵּנוּ כִּי פָשָׁעְנוּ. כִּי־אַתָּה אֲדֹנָי
תהלים כה טוֹב וְסַלָּח, וְרַב־חֶסֶד לְכָל־קֹרְאֶיךָ: לְמַעַן־שִׁמְךָ יְהוָה, וְסָלַחְתָּ
תהלים קמג לַעֲוֹנִי כִּי רַב־הוּא: לְמַעַן־שִׁמְךָ יְהוָה תְּחַיֵּנִי, בְּצִדְקָתְךָ תוֹצִיא
תהלים מו מִצָּרָה נַפְשִׁי: יְהוָה צְבָאוֹת עִמָּנוּ, מִשְׂגָּב לָנוּ אֱלֹהֵי יַעֲקֹב סֶלָה:
תהלים פד תהלים כ יְהוָה צְבָאוֹת, אַשְׁרֵי אָדָם בֹּטֵחַ בָּךְ: יְהוָה הוֹשִׁיעָה, הַמֶּלֶךְ יַעֲנֵנוּ
איכה ה בְיוֹם־קָרְאֵנוּ: הֲשִׁיבֵנוּ יְהוָה אֵלֶיךָ וְנָשׁוּבָה, חַדֵּשׁ יָמֵינוּ כְּקֶדֶם:

"ויעבור ה' על פניו ויקרא' – אמר ר' יוחנן: אלמלא מקרא כתוב אי אפשר לאומרו,
מלמד שנתעטף הקב"ה כשליח ציבור והראה למשה סדר תפלה,
אמר לו: כל זמן שישראל חוטאין יעשו לפני כסדר הזה ואני מוחל להם' (ראש השנה יז ע"ב).
יאמרו לפני לא נאמר אלא יעשו לפני, שיעשו בפועל סדר המידות שלימד הקב"ה למשה.
דהיינו, מה הוא רחום אף אתה היה רחום, וכן לכל י"ג מדות
(מהר"ם אלשיך, 'רוממות אל', מזמור קג בשם 'לבנת הספיר').

אֵל אֶרֶךְ אַפַּיִם אַתָּה וּבַעַל הָרַחֲמִים
גְּדֻלַּת רַחֲמֶיךָ וַחֲסָדֶיךָ תִּזְכּוֹר הַיּוֹם לְזֶרַע יְדִידֶיךָ
כְּמוֹ שֶׁהוֹדַעְתָּ לֶעָנָו מִקֶּדֶם וְכֵן כָּתוּב בְּתוֹרָתְךָ:

שמות לד וַיֵּרֶד יְהוָה בֶּעָנָן וַיִּתְיַצֵּב עִמּוֹ שָׁם וַיִּקְרָא בְשֵׁם יְהוָה:
וְשָׁם נֶאֱמַר:

וַיַּעֲבֹר יְהֹוָה ׀ עַל־פָּנָיו וַיִּקְרָא
יְהֹוָה ׀ יְהֹוָה אֵל רַחוּם וְחַנּוּן אֶרֶךְ אַפַּיִם וְרַב־חֶסֶד וֶאֱמֶת:
נֹצֵר חֶסֶד לָאֲלָפִים נֹשֵׂא עָוֹן וָפֶשַׁע וְחַטָּאָה וְנַקֵּה:

רַחוּם וְחַנּוּן, חָטָאנוּ לְפָנֶיךָ, רַחֵם עָלֵינוּ וְהוֹשִׁיעֵנוּ.

יושב ואומר (יש נוהגים ליפול על פניהם, ראה הלכה 196):

תהלים כה לְדָוִד, אֵלֶיךָ יְהֹוָה נַפְשִׁי אֶשָּׂא: אֱלֹהַי בְּךָ בָטַחְתִּי אַל־אֵבוֹשָׁה,
אַל־יַעַלְצוּ אוֹיְבַי לִי: גַּם כָּל־קֹוֶיךָ לֹא יֵבֹשׁוּ, יֵבֹשׁוּ הַבּוֹגְדִים
רֵיקָם: דְּרָכֶיךָ יְהֹוָה הוֹדִיעֵנִי, אֹרְחוֹתֶיךָ לַמְּדֵנִי: הַדְרִיכֵנִי בַאֲמִתֶּךָ
וְלַמְּדֵנִי כִּי־אַתָּה אֱלֹהֵי יִשְׁעִי, אוֹתְךָ קִוִּיתִי כָּל־הַיּוֹם: זְכֹר־
רַחֲמֶיךָ יְהֹוָה וַחֲסָדֶיךָ, כִּי מֵעוֹלָם הֵמָּה: חַטֹּאות נְעוּרַי וּפְשָׁעַי
אַל־תִּזְכֹּר, כְּחַסְדְּךָ זְכָר־לִי־אַתָּה לְמַעַן טוּבְךָ יְהֹוָה: טוֹב־וְיָשָׁר
יְהֹוָה, עַל־כֵּן יוֹרֶה חַטָּאִים בַּדָּרֶךְ: יַדְרֵךְ עֲנָוִים בַּמִּשְׁפָּט, וִילַמֵּד
עֲנָוִים דַּרְכּוֹ: כָּל־אָרְחוֹת יְהֹוָה חֶסֶד וֶאֱמֶת לְנֹצְרֵי בְרִיתוֹ וְעֵדֹתָיו:
לְמַעַן־שִׁמְךָ יְהֹוָה, וְסָלַחְתָּ לַעֲוֹנִי כִּי רַב־הוּא: מִי־זֶה הָאִישׁ יְרֵא
יְהֹוָה, יוֹרֶנּוּ בְּדֶרֶךְ יִבְחָר: נַפְשׁוֹ בְּטוֹב תָּלִין, וְזַרְעוֹ יִירַשׁ אָרֶץ:
סוֹד יְהֹוָה לִירֵאָיו, וּבְרִיתוֹ לְהוֹדִיעָם: עֵינַי תָּמִיד אֶל־יְהֹוָה כִּי
הוּא־יוֹצִיא מֵרֶשֶׁת רַגְלָי: פְּנֵה־אֵלַי וְחָנֵּנִי כִּי־יָחִיד וְעָנִי אָנִי:
צָרוֹת לְבָבִי הִרְחִיבוּ, מִמְּצוּקוֹתַי הוֹצִיאֵנִי: רְאֵה עָנְיִי וַעֲמָלִי,
וְשָׂא לְכָל־חַטֹּאותָי: רְאֵה־אוֹיְבַי כִּי־רָבּוּ, וְשִׂנְאַת חָמָס שְׂנֵאוּנִי:
שָׁמְרָה נַפְשִׁי וְהַצִּילֵנִי, אַל־אֵבוֹשׁ כִּי־חָסִיתִי בָךְ: תֹּם־וָיֹשֶׁר יִצְּרוּנִי
תהלים קל כִּי קִוִּיתִיךָ: פְּדֵה אֱלֹהִים אֶת־יִשְׂרָאֵל מִכֹּל צָרוֹתָיו: וְהוּא יִפְדֶּה
אֶת־יִשְׂרָאֵל, מִכֹּל עֲוֹנוֹתָיו:

שמות לב יְהֹוָה אֱלֹהֵי יִשְׂרָאֵל, שׁוּב מֵחֲרוֹן אַפֶּךָ וְהִנָּחֵם עַל־הָרָעָה לְעַמֶּךָ:

בקהילות המזרח לא נהגו לומר תחינות אלו, וממשיכים 'אָבִינוּ מַלְכֵּנוּ' בעמוד הבא למטה.

לצום גדליה

יחזקאל כד יְהוָה, עַד מָתַי תֶּעְשַׁן חֲמָתֶךָ / בְּצֹאן מַרְעִיתֶךָ לְהַעֲלוֹת חֵמָה לִנְקֹם נָקָם:
תהלים כה שְׁדָדוּנוּ בְּאַף וְחֵמָה / וַיֹּאמְרוּ יָדֵנוּ רָמָה הַבּוֹגְדִים רֵיקָם:
ירמיה מא מוֹנֵי כַּאֲרָיוֹת שָׁאֲגוּ / בְּיוֹם זֶה וַיַּהַרְגוּ אֶת־גְּדַלְיָה בֶּן־אֲחִיקָם:
איכה ד וְהַפְּלֵטִים בְּרֹב מְהוּמָה / צָפוֹנָה וָקֵדְמָה פְּנֵי יְהוָה חִלְּקָם:
בראשית מז אֵלִי, מָתַי תָּשִׁיב לָהֶם / גְּמוּל כְּמַעֲשֵׂה יְדֵיהֶם וְאָכְלוּ אֶת־חֻקָּם:
בראשית יד לוּבִים וְכוּשִׁים נוֹעֲצוּ לְהַחֲרִימָם / גַּם אַשּׁוּר נִלְוָה עִמָּם הֵם יִקְחוּ חֶלְקָם:
תהלים עט הַרְאֵה יִשְׁעֲךָ לְעֵינֵינוּ / וְהָשֵׁב לִשְׁכֵנֵינוּ שִׁבְעָתַיִם אֶל־חֵיקָם:

לעשרה בטבת

יחזקאל כד יְהוָה, יְגוֹנַי קְרָאוּנִי אֶל אֵבֶל / יוֹם סָמַךְ מֶלֶךְ־בָּבֶל אֶל־יְרוּשָׁלָםִ:
יחזקאל כא הֶעֱבִיר הֲמוֹנוֹ / וְעֵרָה גְאוֹנוֹ בִּימֵינוּ הָיָה הַקֶּסֶם יְרוּשָׁלָםִ:
תהלים עט וְעֹשֵׂי מְלֶאכֶת שָׁמַיִם / שָׁפְכוּ דָמָם כַּמַּיִם סְבִיבוֹת יְרוּשָׁלָםִ:
ירמיה יג דָּוָה נְתָנַנִי וְגַלְמוּדָה / בְּהַשְׁחִיתוֹ אֶת־גְּאוֹן יְהוּדָה וְאֶת־גְּאוֹן יְרוּשָׁלָםִ:
עמוס ב הִפִּיל מִגְדָּל וְהִשְׁפִּיל אַפִּרְיוֹן / וַיַּצֶּת־אֵשׁ בְּצִיּוֹן וְאָכְלָה אַרְמְנוֹת יְרוּשָׁלָםִ:
מיכה א הָעִיר בְּנֵי בָבֶל עַל בָּנַי / כִּי־יָרַד רָע מֵאֵת יְהוָה לְשַׁעַר יְרוּשָׁלָםִ:
תהלים קלז לְקַדֵּר שַׁלֵּם גְּמוּל וְאַל תְּדֹּם / זְכֹר יְהוָה לִבְנֵי אֱדוֹם אֵת יוֹם יְרוּשָׁלָםִ:
ישעיה ג וּרְאֵה כִּי אֶפֶס עָזוּב וְעָצוּר / וְאוֹיְבֵי עָלַי יָצוּר כִּי כָשְׁלָה יְרוּשָׁלָםִ:
זכריה א יְחַלְּנוּ תַּחְבֹּשֶׁת וְהִנֵּה מְחִתָּה / עַד־מָתַי אַתָּה לֹא־תְרַחֵם אֶת־יְרוּשָׁלָםִ:

לתענית אסתר

אסתר א יְהוָה, אוֹיֵב גָּבַר / עַל עַם קָדוֹשׁ וְנִבָּר בִּימֵי אֲחַשְׁוֵרוֹשׁ:
תהלים פג נוֹעֲדוּ יַחְדָּו לְתַקֵּן / נַעַר וְזָקֵן וּמְשַׂנְאֶיךָ נָשְׂאוּ רֹאשׁ:
ירמיה ח יוֹם צוֹרֵר הַנִּגְעָל / הִרְוָנִי סַף רַעַל וַיַּשְׁקֵנוּ מֵי־רֹאשׁ:
אסתר ו הָעוֹנֶה בַּצָּר / הֵשִׁיב יָדוֹ עַל צָר וַיֵּלֶךְ אָבֵל וַחֲפוּי רֹאשׁ:
ישעיה מא דָּרַשׁ דָּרַשׁ לְעַמּוֹ / בְּרַחֲמִים לְנַחֲמוֹ קֹרֵא הַדֹּרוֹת מֵרֹאשׁ:
דברי הימים א׳ כט הֵקִים דְּבָרוֹ לָהֶם / בִּהְיוֹתָם בְּאֶרֶץ אֹיְבֵיהֶם, הָאֵל הַמִּתְנַשֵּׂא לְכֹל לְרֹאשׁ:

לשבעה עשר בתמוז

יְהוָה, שְׁטוּפָה חֲטוּפָה / וּמְמֻוֶּת קְטוּפָה   מִכְלַל יֹפִי מִצִּיּוֹן: תהלים נ
לִמְאֹד זָר הֶעֱצִים קִצְפּוֹ / וְשָׁלַח אֵשׁ בְּאַפּוֹ   בְּשַׁעֲרֵי בַת־צִיּוֹן: תהלים ט
מִקְדָּשִׁי הָיָה לְבִזָּה / בְּיַד שַׁמָּה וּמִזָּה   וַיַּצֶּת־אֵשׁ בְּצִיּוֹן: איכה ד
הִנֵּה אֲבֵלָה וְאֻמְלָלָה / בְּשָׁמְעָהּ קוֹל יְלָלָה
אֵיכָה יָעִיב בְּאַפּוֹ אֲדֹנָי אֶת־בַּת־צִיּוֹן: איכה ב
בָּכֹה נִבְכֶּה / וְכַף אֶל כַּף נַכֶּה   בְּזָכְרֵנוּ אֶת־צִיּוֹן: תהלים קלז
רֵעֲצוּנוּ מְחָצוּנוּ עוֹנֵינוּ / כִּי שָׁם שְׁאֵלוּנוּ שׁוֹבֵינוּ   שִׁירוּ לָנוּ מִשִּׁיר צִיּוֹן: שם
רַבּוּ וְגָדְלוּ יְגוֹנַי / אֵיךְ נָשִׁיר אֶת־שִׁיר־יְהוָה   וַתֹּאמֶר צִיּוֹן: ישעיה מט
בְּרֹב עֲוֹנֵינוּ, עוֹל גָּלוּת סָבַלְנוּ / וּבְכָל זֹאת יִחַלְנוּ   כִּי אֱלֹהִים יוֹשִׁיעַ צִיּוֹן: תהלים סט
נַחֵם תְּנַחֵם יְהוּדָה וְאֶפְרַיִם / וְתִבְנֶה חוֹמוֹת יְרוּשָׁלַיִם
הֵיטִיבָה בִרְצוֹנְךָ אֶת־צִיּוֹן: תהלים נא
קוֹל מְבַשֵּׂר תַּשְׁמִיעַ מְהֵרָה / לְאוֹם חִנָּם מְכוּרָה   צַהֲלִי וָרֹנִּי יוֹשֶׁבֶת צִיּוֹן: ישעיה יב
עֶלְיוֹן, מַהֵר חֶזְיוֹן נְחוּמִים / וְאָז הָיִינוּ כְּחֹלְמִים   בְּשׁוּב יְהוָה אֶת־שִׁיבַת צִיּוֹן: תהלים קכו

בכל הימים ממשיכים כאן:

שׁוּב מֵחֲרוֹן אַפֶּךָ, וְהִנָּחֵם עַל־הָרָעָה לְעַמֶּךָ: אַל־תִּקְצֹף יְהוָה עַד־מְאֹד, וְאַל־לָעַד תִּזְכֹּר עָוֹן, הֵן הַבֶּט־נָא עַמְּךָ כֻלָּנוּ: אִם־עֲוֹנֵינוּ עָנוּ בָנוּ, יְהוָה עֲשֵׂה לְמַעַן שְׁמֶךָ, כִּי־רַבּוּ מְשׁוּבֹתֵינוּ, לְךָ חָטָאנוּ: אָדוֹן סְלַח לָנוּ. שמות לב ישעיה סד ירמיה יד

עד כאן.

אָבִינוּ מַלְכֵּנוּ, אָבִינוּ אָתָּה. אָבִינוּ מַלְכֵּנוּ, אֵין לָנוּ מֶלֶךְ אֶלָּא אָתָּה. אָבִינוּ מַלְכֵּנוּ, רַחֵם עָלֵינוּ. אָבִינוּ מַלְכֵּנוּ, חָנֵּנוּ וַעֲנֵנוּ, כִּי אֵין בָּנוּ מַעֲשִׂים עֲשֵׂה עִמָּנוּ צְדָקָה וָחֶסֶד לְמַעַן שִׁמְךָ הַגָּדוֹל וְהוֹשִׁיעֵנוּ. תענית כה:

וַאֲנַחְנוּ לֹא נֵדַע מַה־נַּעֲשֶׂה, כִּי עָלֶיךָ עֵינֵינוּ: זְכֹר־רַחֲמֶיךָ יְהוָה וַחֲסָדֶיךָ, כִּי מֵעוֹלָם הֵמָּה: יְהִי־חַסְדְּךָ יְהוָה עָלֵינוּ, כַּאֲשֶׁר יִחַלְנוּ לָךְ: אַל־תִּזְכָּר־לָנוּ עֲוֹנֹת רִאשֹׁנִים, מַהֵר יְקַדְּמוּנוּ רַחֲמֶיךָ כִּי דַלּוֹנוּ מְאֹד: עֶזְרֵנוּ בְּשֵׁם יְהוָה, עֹשֵׂה שָׁמַיִם וָאָרֶץ: חָנֵּנוּ יְהוָה חָנֵּנוּ, כִּי־רַב שָׂבַעְנוּ בוּז: בְּרֹגֶז, רַחֵם תִּזְכּוֹר: בְּרֹגֶז, אַהֲבָה תִּזְכֹּר. בְּרֹגֶז, עֲקֵדָה תִּזְכֹּר. בְּרֹגֶז, תְּמִימוּת תִּזְכֹּר. יְהוָה הוֹשִׁיעָה, הַמֶּלֶךְ יַעֲנֵנוּ בְיוֹם־קָרְאֵנוּ: כִּי־הוּא יָדַע יִצְרֵנוּ, זָכוּר כִּי־עָפָר אֲנָחְנוּ: עָזְרֵנוּ אֱלֹהֵי יִשְׁעֵנוּ עַל־דְּבַר כְּבוֹד־שְׁמֶךָ, וְהַצִּילֵנוּ וְכַפֵּר עַל־חַטֹּאתֵינוּ לְמַעַן שְׁמֶךָ: דה״ב כ תהלים כה תהלים לג תהלים עט תהלים קכד תהלים קכג חבקוק ג תהלים כ תהלים עח תהלים קג תהלים עט

וממשיכים באמירת סליחות לצום גדליה בעמוד הבא, לעשרה בטבת בעמ׳ 630, לתענית אסתר בעמ׳ 636 ולשבעה עשר בתמוז בעמ׳ 642.

# סליחות לצום גדליה

מנהג קדום היה לומר בימי התענית סליחות כהרחבה לברכת 'סְלַח לָנוּ' בחזרת הש"ץ (אבודרהם). ומרן פסק לאומרן אחר החזרה (שו"ע תקסו, ד).

עַל יְדֵי רַחֲמֶיךָ הָרַבִּים סְלַח לָנוּ אָבִינוּ / כִּי בְּרֹב אִוַּלְתֵּנוּ שָׁגִינוּ
מְחֹל לָנוּ מַלְכֵּנוּ / כִּי רַבּוּ עֲוֹנֵינוּ

אֵל אֶרֶךְ אַפַּיִם אַתָּה / וְדֶרֶךְ תְּשׁוּבָה לָנוּ הוֹרֵיתָ
גְּדֻלַּת רַחֲמֶיךָ וַחֲסָדֶיךָ / תִּזְכֹּר הַיּוֹם לְזֶרַע יְדִידֶיךָ
תֵּפֶן אֵלֵינוּ בְּרַחֲמִים / כִּי אַתָּה בַּעַל הָרַחֲמִים
בְּתַחֲנוּן וּבִתְפִלָּה נְקַדֵּם / כְּמוֹ שֶׁהוֹדַעְתָּ לֶעָנָו מִקֶּדֶם
וּמֵחֲרוֹן אַפְּךָ תָּשׁוּב / כְּמוֹ בְּתוֹרָתְךָ כָּתוּב
וּבְצֵל כְּנָפֶיךָ נֶחֱסֶה וְנִתְלוֹנָן / כְּיוֹם וַיֵּרֶד יְהֹוָה בֶּעָנָן
תַּעֲבֹר עַל פֶּשַׁע וְתִמְחֹל אָשָׁם / כְּיוֹם וַיִּתְיַצֵּב עִמּוֹ שָׁם
תַּאֲזִין שַׁוְעָ וְתַקְשִׁיב בְּרָצוֹן מַאֲמָר / כְּיוֹם וַיִּקְרָא בְשֵׁם יְהֹוָה
וְשָׁם נֶאֱמַר:

שמות לד וַיַּעֲבֹר יְהֹוָה ׀ עַל־פָּנָיו וַיִּקְרָא
יְהֹוָה ׀ יְהֹוָה אֵל רַחוּם וְחַנּוּן אֶרֶךְ אַפַּיִם וְרַב־חֶסֶד וֶאֱמֶת:
נֹצֵר חֶסֶד לָאֲלָפִים נֹשֵׂא עָוֺן וָפֶשַׁע וְחַטָּאָה וְנַקֵּה:

סליחה לרב סעדיה גאון

אָבְלָה נַפְשִׁי וְחָשַׁךְ תָּאֳרִי
בֵּית תִּפְאַרְתִּי נִשְׂרַף בְּיַד הָאֲרִי
גַּם פְּלֵטִים אֲשֶׁר עָזְבוּ שְׁאֵרִי
דּוּעֲכוּ כְּהַיּוֹם בִּשְׁלֹשָׁה בְּתִשְׁרִי.

הַמַּיִם הַזֵּדוֹנִים שְׁטָפְוּנוּ בְּדָלְקָם
וּבוֹסְסוּ צָרִים מִקְדָּשִׁי וּבָזְזוּ חֶלְקָם
זִקְנֵי שְׁאֵרִית, אֲשֶׁר נִמְלְטוּ בְּיוֹם נָקָם
חֻבְּלוּ הַיּוֹם עִם גְּדַלְיָה בֶּן אֲחִיקָם.

טֹרְפוּ עֲנִיֵּי עַם הָאָרֶץ
יֶתֶר הַגָּזָם אָכַל הָאַרְבֶּה בְּמֶרֶץ
כּוֹרְמִים וְיוֹגְבִים, אֲשֶׁר הִפְקִיד נְגִיד הָאָרֶץ
לֻקְּטוּ הַיּוֹם, וְלֹא הָיָה בָהֶם גּוֹדֵר גָּדֵר וְעוֹמֵד בַּפָּרֶץ.

מָה אֲסַפֵּר, וְאַנְחוֹתַי עֲצוּמוֹת
נָקְטָה נַפְשִׁי וּמִקְהֲלוֹתַי עֲגוּמוֹת
שְׂרִידַי אֲשֶׁר נִשְׁאֲרוּ מֵחֶרֶב וְחֵמוֹת
עוֹד הֵם לֹא נִתְקַיְּמוּ, וְנִתְּצוּ בַּחוֹמוֹת.

פָּנֶיךָ עַד אָנָה מִמֶּנּוּ תַּסְתִּיר
צוּחָתֵנוּ תִּשְׁמַע וְכַבְלֵנוּ תַּתִּיר
קָדוֹשׁ, הַבִּיטָה בְעָנְיֵנוּ כִּי אֵין לָנוּ מַכְתִּיר
רְאֵה דַלּוּתֵנוּ, וְשֶׁבַח לְפָנֶיךָ נַעְתִּיר.

שֻׁדַּדְנוּ מִדּוֹר לְדוֹר וּמִקֵּץ לְקֵץ
שֹׁרֶשׁ צֶפַע אוֹתָנוּ עִקֵּץ
תַּקִּיף, לְמִשְׁפָּטֶיךָ הָעִירָה וְהָקֵץ
וּתְכַפֵּר חַטֹּאתֵנוּ וְתֹאמַר לְקָרֵב קֵץ.

יֶהֱמוּ רַחֲמֶיךָ עַל מְעוּטֵי עַמִּים / וְשַׂגְּבֵם בְּחַסְדְּךָ לְעֵינֵי כָּל לְאֻמִּים
פְּלָאֶיךָ הַרְאֵם, שׁוֹכֵן מְרוֹמִים / אֵל מֶלֶךְ יוֹשֵׁב עַל כִּסֵּא רַחֲמִים.

ממשיכים ׳אֵל מֶלֶךְ׳ בעמ׳ 649.
ובקצת קהילות אחרי שאומרים ׳אֵל מֶלֶךְ׳ וי״ג מידות, אומרים את הפיוטים שבעמודים הבאים.

בכמה מקהילות המערב נוהגים לומר פיוט זה,
אך החיד״א העיד שגדולים נהגו לדלג עליו, וכתב שכך ראוי לעשות (הגהות ׳תפילת ישרים׳).

יְקַם דַּם עֲבָדֶיךָ, אֱלֹהִים, יְקַם
וְהַצּוֹעֲקִים נֶגְדְּךָ אַל יָשׁוּבוּ רֵיקָם
וְאַל תִּשְׁכַּח יוֹם הֲרִיגַת גְּדַלְיָה בֶּן אֲחִיקָם
תהלים עט וְהָשֵׁב לִשְׁכֵנֵינוּ שִׁבְעָתַיִם אֶל־חֵיקָם:

אַתָּה אָמַרְתָּ אֲנִי מֵשִׂים חֵרֵשׁ וְאִלֵּם
וְאֶת דַּם יוֹנַת אֵלֶם אֶדְרֹשׁ וְלֹא אֶתְעַלֵּם
אָשִׁיב נָקָם לְצָרַי וְלִמְשַׂנְאַי אֲשַׁלֵּם
שׁוֹנְאֵי עַמִּי וּבֵיתִי הֵמָּה יִקְחוּ חֶלְקָם
וְהָשֵׁב לִשְׁכֵנֵינוּ שִׁבְעָתַיִם אֶל־חֵיקָם:

אַתָּה אָמַרְתָּ אֲנִי אֶדְרֹשׁ חֲמַס עֲנִיָּה
אַשְׁכִּיר חִצַּי מִדָּם עַל עֲצֶרֶת נָכְרִיָּה
וְחַרְבִּי תֹּאכַל בָּשָׂר מִדַּם חָלָל וְשִׁבְיָה
וְהַצּוֹעֲקִים נֶגְדְּךָ אַל יָשׁוּבוּ רֵיקָם
וְהָשֵׁב לִשְׁכֵנֵינוּ שִׁבְעָתַיִם אֶל־חֵיקָם:

אַתָּה אָמַרְתָּ אֲנִי אִמְרוֹתַי יְקוּמוּן קוֹם
וְאֶת אֹיְבְתִּי אֲכַלֶּה הָעוֹקֶמֶת עָקֹם
הַרְנִינוּ גוֹיִם עַמּוֹ כִּי דַם־עֲבָדָיו יִקּוֹם
וּמְהֵרָה, צוּר נוֹרָא, לְצָרָיו יָשִׁיב נָקָם
וְהָשֵׁב לִשְׁכֵנֵינוּ שִׁבְעָתַיִם אֶל־חֵיקָם:

אַתָּה אָמַרְתָּ אֲנִי בִּי נִשְׁבַּעְתִּי אֵל עֶלְיוֹן
הַשּׁוֹפְכִים דַּם נְקִיִּים, בָּם אֶעֱשֶׂה כִּלָּיוֹן
וְנִקֵּיתִי דָּמָם לֹא־נִקֵּיתִי, וַיהוָה שֹׁכֵן בְּצִיּוֹן
וְאַל תִּשְׁכַּח יוֹם הֲרִיגַת גְּדַלְיָה בֶּן אֲחִיקָם
וְהָשֵׁב לִשְׁכֵנֵינוּ שִׁבְעָתַיִם אֶל־חֵיקָם:

תהלים עט וְהָשֵׁב לִשְׁכֵנֵינוּ שִׁבְעָתַיִם אֶל־חֵיקָם, חֶרְפָּתָם אֲשֶׁר חֵרְפוּךָ אֲדֹנָי:
וַאֲנַחְנוּ עַמְּךָ וְצֹאן מַרְעִיתֶךָ נוֹדֶה לְּךָ לְעוֹלָם, לְדוֹר וָדוֹר נְסַפֵּר תְּהִלָּתֶךָ:

וממשיכים ׳אֵל מֶלֶךְ׳ בעמ׳ 649, ויש המקדימים לו את הפיוט הבא
או בית אחד ממנו, כפתיחה לי״ג מידות.

שְׁלֹשׁ עֶשְׂרֵה מִדּוֹת גְּמַר הֶעָנָו
וַיַּעֲבֹר יְהוָה עַל־פָּנָיו: שמות לד

אֱלֹהִים, בְּחֶמְלָה וַחֲנִינָה תְּדִינֵנוּ
סְגֻלָּה מִכָּל הָעַמִּים תְּשִׂימֵנוּ
וְחָכְמָה וָדַעַת וּבִינָה תְּבִינֵנוּ
כִּי חָכְמַת אָדָם תָּאִיר פָּנָיו. וַיַּעֲבֹר יְהוָה עַל־פָּנָיו:

מוֹחֵל שְׁגִיאוֹת עַמּוֹ וַעֲוֹנָיו
מַעֲבִיר רִאשׁוֹן רִאשׁוֹן לְמַעֲנָיו
מַעֲמַד הַר סִינַי תִּזְכֹּר לַהֲמוֹנָיו
כְּמֵאָז בְּעֵת רָצוֹן לֶאֱמוּנָיו. וַיַּעֲבֹר יְהוָה עַל־פָּנָיו:

שׁוֹפְכִים שִׂיחַ תְּקַבֵּל בְּרַחֲמֶיךָ
מִיַּד עָרִיצִים תַּצִּיל עַמֶּךָ
רַחוּם וְחַנּוּן הָרֵם פְּעָמֶיךָ
לְהָשִׁיב שְׁכִינָה וַהֲדוֹם לִמְכוֹנָיו. וַיַּעֲבֹר יְהוָה עַל־פָּנָיו:

הַצּוּר תָּמִים נֹצֵר לַאֲלָפִים
חֶסֶד, וְנֹשֵׂא עָוֹן לְעַם צוֹפִים
יֶשַׁע, כִּי מִזֵּדִים נִרְדָּפִים
שׁוֹאֵל יֹשֶׁר וּזְכוּת קַדְמוֹנָיו. וַיַּעֲבֹר יְהוָה עַל־פָּנָיו:

קַבֵּץ עַמְּךָ הָאֵל וְהוֹשִׁיעָה
וְתַקְשִׁיב שַׁוְעָתָם הוֹאֵל וְהַרְגִּיעָה
לְעַמְּךָ תִּבְנֶה אֲרִיאֵל וְתוֹפִיעַ
לְזַמֵּר לְשֵׁם הָאֵל לְהָפִיק רְצוֹנָיו. וַיַּעֲבֹר יְהוָה עַל־פָּנָיו:

בַּשֵּׂר לְעַמְּךָ הָאֵל בִּישׁוּעָה
וְתַקְשִׁיב שַׁוְעָתָם וְהוֹאֵל לְהוֹשִׁיעָה
לְעַמְּךָ בְּנֵה הַרְאֵל וְתַרְגִּיעַ
אָז יָשִׁיר בְּשִׁיר נָאֶה וְיַשְׁמִיעַ
כְּמוֹ שֶׁאָמַר הַנָּבִיא בְּפָנָיו. וַיַּעֲבֹר יְהוָה עַל־פָּנָיו:

וממשיכים ׳אֵל מֶלֶךְ׳ בעמ׳ 649.

# סליחות לעשרה בטבת

במקור נכתבו פיוטים אלו כהרחבות לחמש הברכות הראשונות בחזרת הש״ץ, ולאחריהן אמרו סליחות בברכת ׳סְלַח לָנוּ׳. כיום אומרים פיוטים וסליחות אלה אחרי וידוי ונפילת אפיים (עמ׳ 621), ובקצת קהילות מיד לאחר חזרת הש״ץ.

פתיחה וָאֶרֶץ שָׁפַל רוּמִי, וְגָדַל שִׁבְרִי
מְשׁוֹמֵם אֵשֵׁב יוֹם סָמַךְ הָאֲרִי
עַל צְבִי הַר קֹדֶשׁ צִיּוֹן עִירִי
לָכֵן אֲקוֹנֵן וְאֶתְאַבֵּל בַּחֹדֶשׁ הָעֲשִׂירִי.

לְמָגֵן אַבְרָהָם׳

בַּחֹדֶשׁ הָעֲשִׂירִי אַרְיֵה עָלָה בְחֵמָה
בֶּעָשׂוֹר לַחֹדֶשׁ בָּנָה עָלַי חוֹמָה
גָּשׁ הוּא וְכָל עַמּוֹ לַעֲשׂוֹת בְּעַמִּי נְקָמָה
בראשית יד וַיַּעַרְכוּ אִתָּם מִלְחָמָה:
מִלְחָמָה שִׁית, מִשְׂגַּבִּי וּמוֹשִׁיעִי
לְאוֹיְבִי וּמַכְנִיעִי
כּוֹס מָלֵא מֶסֶךְ הַשְׁקֵם, יְהוָה רוֹעִי
שמואל ב׳ כב מָגִנִּי וְקֶרֶן יִשְׁעִי:

לִמְחַיֵּה הַמֵּתִים׳

בַּחֹדֶשׁ הָעֲשִׂירִי דְּלָקַנִי אוֹיֵב בְּחֶרֶב
בֶּעָשׂוֹר לַחֹדֶשׁ הֵכִין עָלַי אוֹרֵב
וְעַל זֹאת אֲקוֹנֵן וְגִילִי עָרֵב
ירמיה ו אוֹי לָנוּ כִּי־פָנָה הַיּוֹם, כִּי־יִנָּטוּ צִלְלֵי־עָרֶב:
עֶרֶב יֵהָפֵךְ לְבֹקֶר, וּבוֹגְדִים אַל יַעֲלוּ עַל
חֵן עַל עַמְּךָ וְלִכְאֵבָם הַעֲלֵה תַעַל
זְכֹר לִי בְּרִית אָבוֹת בְּפָרְשִׂי לְךָ כַּף וְשַׁעַל
שמואל א׳ ב מֵמִית וּמְחַיֶּה, מוֹרִיד שְׁאוֹל וַיָּעַל:

לְיָהּ הָאֵל הַקָּדוֹשׁ'

בַּחֹדֶשׁ הָעֲשִׂירִי זְאֵב עֲרָבוֹת עַל עַמִּי נוֹהֵם
בֶּעָשׂוֹר לַחֹדֶשׁ (חָנָה בְחֵילוֹ עֲלֵיהֶם)
טָרֹף טֹרַף כָּל הַיּוֹצֵא מֵהֶם
נָמֵר שֹׁקֵד עַל־עָרֵיהֶם: ירמיה ה
עָרֵיהֶם שָׂרְפוּ בָאֵשׁ בְּרִבּוֹת תְּלָאוֹת
רוֹמָה יְהוָה בְּעֻזֶּךָ זֵדִים לְהַשְׁאוֹת
בּוֹשׁ יֵבוֹשׁוּ בַּעֲשׂוֹתְךָ עִמָּנוּ לְטוֹבָה אוֹת
קְדוֹשׁ יִשְׂרָאֵל יְהוָה צְבָאוֹת: ישעיה מז

לְחוֹנֵן הַדַּעַת'

בַּחֹדֶשׁ הָעֲשִׂירִי (יְדֵי צַר) הֶחֱזִיקוּ מָגֵן וְצִנָּה
בֶּעָשׂוֹר לַחֹדֶשׁ כְּאִישׁ עָרוּךְ לַמִּלְחָמָה עַל קִרְיָה נֶאֱמָנָה
לְזֹאת חִגְרִי שַׂק עֵדָה עֲדִינָה
גָּזִּי נִזְרֵךְ וְהַשְׁלִיכִי, וּשְׂאִי עַל־שְׁפָיִם קִינָה: ירמיה ז
קִינָה דוֹבֵר עַמְּךָ בְּיוֹם זֶה לְעֻמָּתֶךָ
וְעַפְעַפֵּינוּ יִזְּלוּ מַיִם עַל חָרְבַּן בֵּיתֶךָ
יוֹם נָקָם תָּעִיר לַצָּרִים הוֹמִים בְּבֵיתֶךָ
דְּרָכֶיךָ יְהוָה הוֹדִיעֵנִי וְלַמְּדֵנִי אֹרְחוֹתֶיךָ תהלים כה

לְהָרוֹצֶה בִּתְשׁוּבָה'

בַּחֹדֶשׁ הָעֲשִׂירִי מְנֵי שָׁפְכוּ עַל עִירִי סוֹלְלָה
בֶּעָשׂוֹר לַחֹדֶשׁ נִזְרִי הָשְׁלַךְ וְתִפְאַרְתִּי נָפְלָה
סְבָבוּנִי הָעוֹשִׂים מַכָּתִי נַחְלָה
מֵעַי מֵעַי אוֹחִילָה: ירמיה ד
אוֹחִילָה יוֹם זֶה לְנַעֲרָץ בְּסוֹד קְדוֹשִׁים רַבָּה
וַאֲחַלֶּה פָנָיו לַעֲבֹר עַל פֶּשַׁע וְחוֹבָה
אַל תֵּפֶן לְרִשְׁעֵנוּ וּמְחֵה חַטָּאת כְּתוּבָה
הֲשִׁיבֵנוּ יְהוָה אֵלֶיךָ וְנָשׁוּבָה: איכה ה

עַל יְדֵי רַחֲמֶיךָ הָרַבִּים סְלַח לָנוּ אָבִינוּ / כִּי בְּרֹב אִוַּלְתֵּנוּ שָׁגִינוּ
מְחֹל לָנוּ מַלְכֵּנוּ / כִּי רַבּוּ עֲוֹנֵינוּ

אֵל אֶרֶךְ אַפַּיִם אַתָּה / וְדֶרֶךְ תְּשׁוּבָה לָנוּ הוֹרֵיתָ
גְּדֻלַּת רַחֲמֶיךָ וַחֲסָדֶיךָ / תִּזְכֹּר הַיּוֹם לְזֶרַע יְדִידֶיךָ
תֵּפֶן אֵלֵינוּ בְּרַחֲמִים / כִּי אַתָּה בַּעַל הָרַחֲמִים
בְּתַחֲנוּן וּבִתְפִלָּה נְקַדֵּם / כְּמוֹ שֶׁהוֹדַעְתָּ לֶעָנָו מִקֶּדֶם
וּמֵחֲרוֹן אַפְּךָ תָּשׁוּב / כְּמוֹ בְּתוֹרָתְךָ כָּתוּב
וּבְצֵל כְּנָפֶיךָ נֶחֱסֶה וְנִתְלוֹנָן / כְּיוֹם וַיֵּרֶד יְהֹוָה בֶּעָנָן
תַּעֲבֹר עַל פֶּשַׁע וְתִמְחֹל אָשָׁם / כְּיוֹם וַיִּתְיַצֵּב עִמּוֹ שָׁם
תַּאֲזִין שַׁוְעֵנוּ וְתַקְשִׁיב מֶנּוּ מַאֲמָר / כְּיוֹם וַיִּקְרָא בְשֵׁם יְהֹוָה
וְשָׁם נֶאֱמַר:

שמות לד וַיַּעֲבֹר יְהֹוָה ׀ עַל־פָּנָיו וַיִּקְרָא
יְהֹוָה ׀ יְהֹוָה אֵל רַחוּם וְחַנּוּן אֶרֶךְ אַפַּיִם וְרַב־חֶסֶד וֶאֱמֶת:
נֹצֵר חֶסֶד לָאֲלָפִים נֹשֵׂא עָוֹן וָפֶשַׁע וְחַטָּאָה וְנַקֵּה:

פיוט זה מיוסד על נבואת יחזקאל (פרק כד) שנאמרה בעשרה בטבת.

אָז בְּבוֹא יוֹם פְּקֻדַּת גֵּיא הַמַּחֲזֶה
בַּחֲרוֹת אַף יְהֹוָה בְּרִשְׁפֵּי אֵזֶה
גֻּלָּה בְּיַד בֶּן בּוּזִי הַחוֹזֶה
יחזקאל כד כְּתָב־לְךָ אֶת־שֵׁם הַיּוֹם, אֶת־עֶצֶם הַיּוֹם הַזֶּה:

דִּבַּרְתִּי בְּאֵשׁ קִנְאָתִי בֵּית מְרִי לִסְפּוֹת
הִנְנִי אֵלֶיהָ וְרוּחַ זִלְעָפוֹת
וְשַׂמְתִּיהָ לְמָשָׁל וְלִשְׁנִינָה וְלַחֲרָפוֹת
שְׁפֹת הַסִּיר שְׁפֹת:

זַלְעָפָה אֲחָזָה צִיּוֹן וְהֵיכָלֶיהָ
חָרְדָה רוּחָהּ נָמוֹגוּ חֵילֶיהָ

טֹרַף לִבָּהּ עֵת קְרֹא אֵלֶיהָ
אֱסֹף נְתָחֶיהָ אֵלֶיהָ:

יְרִיבֶיהָ אֲעַנִיק שְׁבִי וּמַלְקוֹחַ
כֹּהֲנֶיהָ וּמְרַקְחֶיהָ אֲשֶׁר רָקְחָה רָקוֹחַ
לְשְׁבִי עוֹלָם מֵאֵין פְּקַח קוֹחַ
מִבְחַר הַצֹּאן לָקוֹחַ:

מָשְׁלוּ בָךְ לָעֲגוּ מוֹשֶׁלֶת עַמִּים
נִקְרֵאת אָז נוֹדַעַת מְאוּסַת עוֹלָמִים
שׁוֹטְנִים יַעֲנוּ בָךְ וְעָלַיִךְ נוֹאֲמִים
אוֹי עִיר הַדָּמִים:

עָבְרָה עֲבֵרָה, סָרָה, הֵפֵרָה בְּרִית יָהּ
פָּשְׁעָה, רָשְׁעָה, טָבְעָה בְּבוֹר תַּחְתִּיָּה
צָעֲקָה וְלֹא שָׁמַע אֵל בִּכְיָהּ
כִּי דָמָהּ בְּתוֹכָהּ הָיָה:

קוֹל עֲשׁוּקֶיהָ שָׁמַע מִיַּד עוֹשְׁקָם
רִגְשָׁתָם וְצַוְחָתָם לֹא תָשִׁיב רֵיקָם
שִׁבְעָתַיִם תְּשַׁלֵּם כְּפָעֳלָם אֶל חֵיקָם
שֶׁבַע יִפּוֹל צַדִּיק וָקָם: משלי כד

תָּעִינוּ בְּרִשְׁעֵנוּ, אֵל גָּדוֹל וְנוֹרָא
וְאִם גָּבְרוּ פְּשָׁעֵינוּ, חֶמְלָתְךָ גְּבֵרָה
רִחַמְתָּ וְכִמְעַט קָט כִּלִּיתָם בְּעֶבְרָה
צָרָה וְיָגוֹן אֶמְצָא וּבְשֵׁם־יְהֹוָה אֶקְרָא: תהלים קטז

יֶהֱמוּ רַחֲמֶיךָ עַל מְעוּטֵי עַמִּים / וְשַׂגְּבֵם בְּחַסְדְּךָ לְעֵינֵי כָל לְאֻמִּים
פְּלָאֶיךָ הַרְאֵם, צוּר שׁוֹכֵן מְרוֹמִים / אֵל מֶלֶךְ יוֹשֵׁב עַל כִּסֵּא רַחֲמִים.

יש נוהגים שלא לומר כאן ׳אֵל מֶלֶךְ׳ ו׳וַיַּעֲבֹר׳, וממשיכים ׳שְׁעֵה עֶלְיוֹן׳ (למטה).

אֵל מֶלֶךְ יוֹשֵׁב עַל כִּסֵּא רַחֲמִים, וּמִתְנַהֵג בַּחֲסִידוּת
מוֹחֵל עֲוֹנוֹת עַמּוֹ, מַעֲבִיר רִאשׁוֹן רִאשׁוֹן
מַרְבֶּה מְחִילָה לְחַטָּאִים וּסְלִיחָה לְפוֹשְׁעִים
עוֹשֶׂה צְדָקוֹת עִם כָּל בָּשָׂר וָרְוּחַ, לֹא כְרָעָתָם לָהֶם גּוֹמֵל.
אֵל, הוֹרֵיתָנוּ לוֹמַר מִדּוֹת שְׁלֹשׁ עֶשְׂרֵה
זְכֹר לָנוּ הַיּוֹם בְּרִית שְׁלֹשׁ עֶשְׂרֵה
כְּמוֹ שֶׁהוֹדַעְתָּ לֶעָנָו מִקֶּדֶם, וְכֵן כָּתוּב בְּתוֹרָתְךָ:
וַיֵּרֶד יְהוָה בֶּעָנָן וַיִּתְיַצֵּב עִמּוֹ שָׁם וַיִּקְרָא בְשֵׁם יְהוָה: שמות לד
וְשָׁם נֶאֱמַר:
וַיַּעֲבֹר יְהוָה ׀ עַל־פָּנָיו וַיִּקְרָא
יְהוָה ׀ יְהוָה אֵל רַחוּם וְחַנּוּן אֶרֶךְ אַפַּיִם וְרַב־חֶסֶד וֶאֱמֶת:
נֹצֵר חֶסֶד לָאֲלָפִים נֹשֵׂא עָוֹן וָפֶשַׁע וְחַטָּאָה וְנַקֵּה:

שְׁעֵה עֶלְיוֹן / לְקוֹל אֶבְיוֹן / וְשַׁוְעָתוֹ אַל תִּבְזֶה
לְבָבוֹ מַר / בְּיוֹם נֶאֱמַר / לְבֶן בּוּזִי הַחוֹזֶה
כְּתָב־לְךָ אֶת־שֵׁם הַיּוֹם / אֶת־עֶצֶם הַיּוֹם הַזֶּה: יחזקאל כד

יָהּ צְבָאוֹת / זְכֹר תְּלָאוֹת / אֲשֶׁר צַר לִי מְאֹד עֲלֵיהֶן
בְּמַזַּל גְּדִי / הֲלֹא בַעֲדִי / נֶאֶסְפוּ שְׁלָשְׁתֵּיהֶן
וּבוֹ שֵׁיּוֹת / הַדְּחוּיוֹת / חָל הַנֶּגֶף בָּהֶן
וּבוֹ סָמַךְ / מְנָאֵץ שִׁמְךָ / עַל קִרְיַת מְשׂוֹשֵׂיהֶן
וּבוֹ נֶאֱסַף / רֹאשׁ הַסָּף / הוּא עֶזְרָא הַכֹּהֵן
כָּל אֵלֶּה / קְרָאוּנִי / וְרַבּוֹת כָּזֹה וְכָזֶה.
כְּתָב־לְךָ אֶת־שֵׁם הַיּוֹם / אֶת־עֶצֶם הַיּוֹם הַזֶּה:

אֲרִי עָלַז / בְּיוֹם הַלָּז / וְחֵץ קִלְקֵל לְמוּל עִירִי
וְקָם עֲשִׂירִי / בַּעֲשִׂירִי / לְשַׁחֵת כָּל שְׁאָר הָעֲשִׂירִי
לְאַבֵּד כֹּל / פְּרִי אֶשְׁכֹּל / וְלִלְקֹט עִנְּבֵי נְזִירִי

וְעוֹד קָשׁוּר / אֲנִי לְאַשּׁוּר / אֲשֶׁר נִצָּב עַל צִירִי
אֲנִי נִגְדָּע / וְלֹא אֵדַע / לְמִי אֶבְכֶּה / הֲזֶה אוֹ זֶה.
כְּתָב־לְךָ אֶת־שֵׁם הַיּוֹם / אֶת־עֶצֶם הַיּוֹם הַזֶּה:
סְמֹךְ עַמְּךָ / בְּיוֹם סָמַךְ / אֲרִי עַל עִיר קֹדֶשׁ
שְׁעֵה שַׁוְעָם / מְחֵה פִּשְׁעָם / בְּעָשׂוֹר לַחֹדֶשׁ
וְהַמְּלוּכָה / הַנְּסוּכָה / כִּימֵי קֶדֶם חַדֵּשׁ
וְלִתְהִלָּה / כְּבַתְּחִלָּה / שִׁמְךָ יָהּ בָּנוּ קַדֵּשׁ
וְכָל שׂוֹנֵא / וּמִתְאַנֶּה / בְּעֹז אַפְּךָ הָדֵשׁ
וְיִלָּכְדוּ וְיֹאבְדוּ / כְּיוֹם בָּרָק בְּעִיר קֹדֶשׁ
וְשׁוּב עֶלְיוֹן / לְעִיר צִיּוֹן / עַיִן בְּעַיִן נֶחֱזֶה.
וְאָז נֹאמַר / בְּטוּב מַאֲמָר / הִנֵּה אֱלֹהֵינוּ זֶה: ישעיה כה

יוֹשֵׁב בַּשָּׁמַיִם, שְׁעֵה בָּאֵי בָאֵשׁ וּבַמַּיִם
וְחֹן עַל עַם אֲשֶׁר לָקוּ בְחַטֹּאתָם כִּפְלַיִם
בְּיוֹם הֵחֵל צַר לָצוּר מְחוֹלַת מַחֲנָיִם
סָמַךְ מֶלֶךְ־בָּבֶל אֶל־יְרוּשָׁלָיִם: יחזקאל כד
הָעוֹנֶה בַּמֵּצַר, עֱנוּת עָנִי אַל תִּבְזֶה
בְּיוֹם צוֹם הָעֲשִׂירִי עֱנוּתֵנוּ תֶּחֱזֶה
יוֹם הִזְהַרְתָּ בְּמַחֲזֶה לְבֶן בּוּזִי הַחוֹזֶה
כְּתָב־לְךָ אֶת־שֵׁם הַיּוֹם, אֶת־עֶצֶם הַיּוֹם הַזֶּה
יוֹם בּוֹ שָׁקַד שַׁחַל, וְנָמֵר עַל דְּלָתַיִם
סָמַךְ מֶלֶךְ־בָּבֶל אֶל־יְרוּשָׁלָיִם:
יוֹם סָמְכוּ עַל אַרְמוֹן נַחֲלַת צְבִי וָשֶׁפֶר
וּבוֹ הוּחַל הַנֶּגֶף בְּמִתְכַּפְּשֵׁי בָאֵפֶר
גַּם בּוֹ נֶאֱסַף עֶזְרָא הַכֹּהֵן הַסּוֹפֵר
וְלֵב מְתֵי קִרְיַת סֵפֶר בּוֹ הָיָה לַמַּיִם
סָמַךְ מֶלֶךְ־בָּבֶל אֶל־יְרוּשָׁלָיִם:

וממשיכים ׳אֵל מֶלֶךְ׳ בעמ׳ 649.

# סליחות לתענית אסתר

אחרי וידוי ונפילת אפיים (עמ׳ 621) אומרים סליחות אלו,
ובקצת קהילות נוהגים לאומרן מיד לאחר חזרת הש״ץ.

עַל יְדֵי רַחֲמֶיךָ הָרַבִּים סְלַח לָנוּ אָבִינוּ / כִּי בְּרֹב אִוַּלְתֵּנוּ שָׁגִינוּ
מְחַל לָנוּ מַלְכֵּנוּ / כִּי רַבּוּ עֲוֹנֵינוּ

אֵל אֶרֶךְ אַפַּיִם אַתָּה / וְדֶרֶךְ תְּשׁוּבָה לָנוּ הוֹרֵיתָ
גְּדֻלַּת רַחֲמֶיךָ וַחֲסָדֶיךָ / תִּזְכֹּר הַיּוֹם לְזֶרַע יְדִידֶיךָ
תֵּפֶן אֵלֵינוּ בְּרַחֲמִים / כִּי אַתָּה בַּעַל הָרַחֲמִים
בְּתַחֲנוּן וּבִתְפִלָּה נְקַדֵּם / כְּמוֹ שֶׁהוֹדַעְתָּ לֶעָנָו מִקֶּדֶם
וּמֵחֲרוֹן אַפְּךָ תָּשׁוּב / כְּמוֹ בְּתוֹרָתְךָ כָּתוּב
וּבְצֵל כְּנָפֶיךָ נֶחֱסֶה וְנִתְלוֹנָן / כְּיוֹם וַיֵּרֶד יְהוָה בֶּעָנָן
תַּעֲבֹר עַל פֶּשַׁע וְתִמְחֹל אָשָׁם / כְּיוֹם וַיִּתְיַצֵּב עִמּוֹ שָׁם
תַּאֲזִין שֶׁוַע וְתַקְשִׁיב בְּרָצוֹן מַאֲמָר / כְּיוֹם וַיִּקְרָא בְשֵׁם יְהוָה
וְשָׁם נֶאֱמַר:

שמות לד — וַיַּעֲבֹר יְהוָה ׀ עַל־פָּנָיו וַיִּקְרָא
יְהוָה ׀ יְהוָה אֵל רַחוּם וְחַנּוּן אֶרֶךְ אַפַּיִם וְרַב־חֶסֶד וֶאֱמֶת:
נֹצֵר חֶסֶד לָאֲלָפִים נֹשֵׂא עָוֹן וָפֶשַׁע וְחַטָּאָה וְנַקֵּה:

סליחה המיוחסת לרבי יוסף אבן אביתור

אֲגָגִי בְּהַעֲמִיקוֹ מַחֲשֶׁבֶת זְמָמוֹ
בְּהִוָּסְדוֹ עַל עַם קָדוֹשׁ לְאַבְּדוֹ וּלְהַחֲרִימוֹ
יְמִינִי גָּעָה בִּבְכִיָּה לְצוּר שׁוֹכֵן מְרוֹמוֹ
שמואל א׳ יב — כִּי לֹא־יִטֹּשׁ יְהוָה אֶת־עַמּוֹ:

אֲגָגִי דִּמָּה לְכַלּוֹת שְׁאֵרִית יִשְׂרָאֵל וּלְאַבְּדֵנוּ
הִפִּיל פּוּר הוּא הַגּוֹרָל בְּיוֹם זֶה לְגַדְּעֵנוּ.
יְמִינִי וְלֹא קָם וְלֹא זָע מִמֶּנּוּ
תהלים לב — וְהַבּוֹטֵחַ בַּיהוָה חֶסֶד יְסוֹבְבֶנּוּ:

אֲגָגִי זְדוֹנוֹ הִשִּׁיאוֹ בְּעֵצָה נִבְעָרָה
חָשׁ לִשְׁקֹל עֲשֶׂרֶת אֲלָפִים לְאַבֵּד שֶׂה פְזוּרָה
יְמִינִי טִהַר לִבּוֹ בְּצוֹם וַעֲצָרָה
טוֹב יְהוָה לְמָעוֹז בְּיוֹם צָרָה: נחום א

אֲגָגִי יָצָא שָׂמֵחַ מִבֵּית מַעֲדַנּוֹת
כּוֹנֵן עֵץ לִתְלוֹת עָלָיו אִישׁ אֱמוּנוֹת
יְמִינִי לָבַשׁ חֵן וְנִסְמַךְ עַל עוֹטֶה גְאוּנוֹת
אֲבִי יְתוֹמִים וְדַיַּן אַלְמָנוֹת: תהלים סח

אֲגָגִי מִהֵר קְרֹא חֲכָמָיו וּמִדְיָנֵי אִשָּׁה
נָפֹל תִּפֹּל לְפָנָיו יְעָצוּהוּ לְבוּשָׁה
יְמִינִי סוֹד הוֹדִיעַ לַהֲדַסָּה וּמַלְכוּת לָבְשָׁה
וֶאֱסָרָהּ אֲשֶׁר אָסְרָה עַל־נַפְשָׁהּ: במדבר ל

אֲגָגִי עֵת בּוֹאוֹ לְמִשְׁתֶּה מְסִבָּה
פִּיהָ פָּתְחָה בְחָכְמָה אֲהוּבָה נְדִיבָה
יְמִינִי צָהַל בִּרְאוֹתוֹ מַפֶּלֶת הָמָן בְּחִבָּה
אֵל נַעֲרָץ בְּסוֹד־קְדֹשִׁים רַבָּה: תהלים פט

קָדוֹשׁ הַנֶּעֱרָץ בְּסוֹד שַׂרְפֵי מְעוֹנַי
רוֹמְמוּתֶיךָ יִפְצְחוּ עֲדַת אֱמוּנַי
לִישׁוּעָתְךָ קִוִּיתִי יְהוָה
כֵּן יֹאבְדוּ כָל־אוֹיְבֶיךָ יְהוָה: שופטים ה

פתיחה לי״ג מידות המיוחסת לרבי יוסף אבן אביתור

יֶהֱמוּ רַחֲמֶיךָ עַל מְעוּטֵי עַמִּים / וְשַׂגְּבֵם בְּחַסְדְּךָ לְעֵינֵי כָל לְאֻמִּים
פְּלָאֶיךָ הַרְאֵם, צוּר שׁוֹכֵן מְרוֹמִים / אֵל מֶלֶךְ יוֹשֵׁב עַל כִּסֵּא רַחֲמִים.

רבים נוהגים שלא לומר כאן 'אֵל מֶלֶךְ' וְ'וַיַּעֲבֹר', וממשיכים 'יִחַלְתָּ עֲבָדֶיךָ' (למטה).

אֵל מֶלֶךְ יוֹשֵׁב עַל כִּסֵּא רַחֲמִים, וּמִתְנַהֵג בַּחֲסִידוּת
מוֹחֵל עֲוֹנוֹת עַמּוֹ, מַעֲבִיר רִאשׁוֹן רִאשׁוֹן
מַרְבֶּה מְחִילָה לְחַטָּאִים וּסְלִיחָה לַפּוֹשְׁעִים
עוֹשֶׂה צְדָקוֹת עִם כָּל בָּשָׂר וָרוּחַ, לֹא כְרָעָתָם לָהֶם גּוֹמֵל.
אֵל, הוֹרֵיתָנוּ לוֹמַר מִדּוֹת שְׁלֹשׁ עֶשְׂרֵה
זְכֹר לָנוּ הַיּוֹם בְּרִית שְׁלֹשׁ עֶשְׂרֵה
כְּמוֹ שֶׁהוֹדַעְתָּ לֶעָנָו מִקֶּדֶם
וְכֵן כָּתוּב בְּתוֹרָתָךְ:

שמות לד וַיֵּרֶד יְהֹוָה בֶּעָנָן וַיִּתְיַצֵּב עִמּוֹ שָׁם וַיִּקְרָא בְשֵׁם יְהֹוָה:
וְשָׁם נֶאֱמַר:
וַיַּעֲבֹר יְהֹוָה ׀ עַל־פָּנָיו וַיִּקְרָא
יְהֹוָה ׀ יְהֹוָה אֵל רַחוּם וְחַנּוּן אֶרֶךְ אַפַּיִם וְרַב־חֶסֶד וֶאֱמֶת:
נֹצֵר חֶסֶד לָאֲלָפִים נֹשֵׂא עָוֺן וָפֶשַׁע וְחַטָּאָה וְנַקֵּה:

סליחה המיוחסת לרבי יצחק אבן גיאת

יִחַלְתָּ עֲבָדֶיךָ בְּחֶזְיוֹנֵי כְתֻבֵיהֶם
לְתִתָּם לְרַחֲמִים לִפְנֵי כָל שׁוֹבֵיהֶם
וְדִבַּרְתָּ עַל לִבָּם לְרַפֹּאת מַכְאוֹבֵיהֶם
ויקרא כו וְאַף גַּם־זֹאת בִּהְיוֹתָם בְּאֶרֶץ אֹיְבֵיהֶם:

צִמַּתְנִי אָז אַרְיֵה מִגֶּפֶן פּוֹרִיָּה
הִגְלַנִי וְהֶעֱלַנִי אֶל אֶרֶץ מַאְפֵּלְיָה
הִקְדַּמְתָּ אַרְבָּעָה הוֹגֵי דַת תּוּשִׁיָּה
דָּנִיֵּאל חֲנַנְיָה מִישָׁאֵל וַעֲזַרְיָה
זֶה נִצַּל מֵאֲרָיוֹת וְאֵלֶּה מִלַּהֲבֵיהֶם
וְאַף גַּם־זֹאת בִּהְיוֹתָם בְּאֶרֶץ אֹיְבֵיהֶם:

חָשׁ הָאַיִל וְהַחֲזִיר בִּמְהוּמָה וּמְבוּסָה
כִּמְעַט אוֹרִי קִדֵּר וּמְאוֹר שִׁמְשִׁי כִּסָּה
תָּמַכְתָּ יַד יְמִינִי בִּימִינִי וַהֲדַסָּה
וְחִצִּים אֲשֶׁר דָּרְכוּ לִי, שָׁבוּ בְּלֵב רוֹבֵיהֶם
וְאַף גַּם־זֹאת בִּהְיוֹתָם בְּאֶרֶץ אֹיְבֵיהֶם:

קָם עָלַי בְּפִשְׁעִי, הַנָּבָל הַבַּעַר
גְּרוֹנוֹ עָלַי פָּעַר כַּחֲזִיר בְּתוֹךְ הַיַּעַר
הִקְדַּמְתָּ לִי מְשִׁיבֵי מִלְחָמֶת דַּת שַׁעַר
וְהִנְנִי מִשְׁתַּעֲשֵׁעַ בְּשִׂכְלָם וּבְנִיבֵיהֶם
וְאַף גַּם־זֹאת בִּהְיוֹתָם בְּאֶרֶץ אֹיְבֵיהֶם:

וְאַף גַּם־זֹאת בִּהְיוֹתָם בְּאֶרֶץ אֹיְבֵיהֶם, לֹא־מְאַסְתִּים וְלֹא־גְעַלְתִּים ויקרא כו
לְכַלֹּתָם, לְהָפֵר בְּרִיתִי אִתָּם, כִּי אֲנִי יְהוָה אֱלֹהֵיהֶם: וְזָכַרְתִּי אֶת־בְּרִיתִי
יַעֲקוֹב, וְאַף אֶת־בְּרִיתִי יִצְחָק וְאַף אֶת־בְּרִיתִי אַבְרָהָם אֶזְכֹּר, וְהָאָרֶץ
אֶזְכֹּר:

מִן־הַמֵּצַר קָרָאתִי יָּהּ, עָנָנִי בַמֶּרְחָב יָהּ: יְהוָה לִי לֹא אִירָא, מַה־יַּעֲשֶׂה תהלים קיח
לִי אָדָם: יְהוָה לִי בְּעֹזְרָי, וַאֲנִי אֶרְאֶה בְשֹׂנְאָי: טוֹב לַחֲסוֹת בַּיהוָה,
מִבְּטֹחַ בָּאָדָם: טוֹב לַחֲסוֹת בַּיהוָה, מִבְּטֹחַ בִּנְדִיבִים: כָּל־גּוֹיִם סְבָבוּנִי,
בְּשֵׁם יְהוָה כִּי אֲמִילַם: סַבּוּנִי גַם־סְבָבוּנִי, בְּשֵׁם יְהוָה כִּי אֲמִילַם: סַבּוּנִי
כִדְבֹרִים, דֹּעֲכוּ כְּאֵשׁ קוֹצִים, בְּשֵׁם יְהוָה כִּי אֲמִילַם: דָּחֹה דְחִיתַנִי
לִנְפֹּל, וַיהוָה עֲזָרָנִי:

יְהִירִים קָמוּ בְּכָל דּוֹר וְהָאֱלֹהִים שְׁמָרַנִי
עָלָה אַרְיֵה תְּחִלָּה בְּכָל פְּאוֹת זֵרַנִי
קָם אַחֲרָיו דֹּב שַׁכּוּל וְלַמְזַנֵּב מְכָרַנִי
דָּחֹה דְחִיתַנִי לִנְפֹּל וַיהוָה עֲזָרָנִי: תהלים קיח

אָז בְּצֵאתִי מִפֶּֽרֶךְ, בָּא נָחָשׁ עֲלֵי דֶֽרֶךְ
עַל עָיֵף וְיָגֵֽעַ, לְהָבִיא בִּלְבּוֹ מֹֽרֶךְ
גְּדַעְתָּ וְהִכִּֽיתָ אוֹתוֹ שׁוֹק עַל יָרֵךְ
יוֹם הָרִים יַד עָנֵו, עֲלֵיהֶם הִגְבַּֽרְתַּֽנִי
דָּחֹה דְחִיתַֽנִי לִנְפֹּל, וַיהוָה עֲזָרָֽנִי:

בְּקוּם הָמָן הָאֲגָגִי כְּתַנִּין לְבַלְּעֵֽנִי
וְכָתַב שִׂטְנָה עָלַי בְּיוֹם אֶחָד לְגַדְּעֵֽנִי
שָׁלַח מִשָּׁמַֽיִם אֵל וַיּוֹשִׁיעֵֽנִי
לִמְחַיָּה הִשְׁאִירַֽנִי, וְעֹז וְיֵֽשַׁע אִזְּרַֽנִי
דָּחֹה דְחִיתַֽנִי לִנְפֹּל, וַיהוָה עֲזָרָֽנִי:

שִׁמְךָ מִגְדַּל מִבְטַחִי, אֵל מִבֶּֽטֶן גֹּחִי
וְחִלַּֽצְתָּ אֶת רוּחִי מִמָּֽוֶת וּמְשָׁחִי
אֶת עֵינִי מִן דִּמְעָה וְאֶת רַגְלִי מִדֶּֽחִי
וּבְאֶֽרֶץ מַדּוּחַי אֵל אֱלֹהִים הִפְנַֽנִי
דָּחֹה דְחִיתַֽנִי לִנְפֹּל וַיהוָה עֲזָרָֽנִי:

תהלים קיח ‏ דָּחֹה דְחִיתַֽנִי לִנְפֹּל, וַיהוָה עֲזָרָֽנִי: עָזִּי וְזִמְרָת יָהּ, וַיְהִי־לִי לִישׁוּעָה: קוֹל
רִנָּה וִישׁוּעָה בְּאָהֳלֵי צַדִּיקִים, יְמִין יְהוָה עֹֽשָׂה חָֽיִל: יְמִין יְהוָה רוֹמֵמָה,
יְמִין יְהוָה עֹֽשָׂה חָֽיִל: לֹא־אָמוּת כִּי־אֶחְיֶה, וַאֲסַפֵּר מַעֲשֵׂי יָהּ: יַסֹּר יִסְּרַֽנִּי
יָּהּ, וְלַמָּֽוֶת לֹא נְתָנָֽנִי: פִּתְחוּ־לִי שַׁעֲרֵי־צֶֽדֶק, אָֽבֹא־בָם אוֹדֶה יָהּ: זֶה־
הַשַּֽׁעַר לַיהוָה, צַדִּיקִים יָבֹֽאוּ בוֹ: אוֹדְךָ כִּי עֲנִיתָֽנִי, וַתְּהִי־לִי לִישׁוּעָה:

תהלים קכד ‏ לוּלֵי יְהוָה שֶׁהָֽיָה לָֽנוּ, יֹֽאמַר־נָא יִשְׂרָאֵל:

אֵיךְ זֵרִים / אַכְזָרִים / כַּדֹּבִים סְבָבֽוּנוּ
בְּקוּם הָמָן / בְּזֶה הַזְּמָן / כְּשׁוֹד שַׁלְמָן שְׁדָדֽוּנוּ
בְּרָב מַֽעַל / סַף רַֽעַל / בְּלִי תַֽעַל הִשְׁקֽוּנוּ
לוּלֵי יְהוָה שֶׁהָֽיָה לָֽנוּ, אֲזַי חַיִּים בְּלָעֽוּנוּ:

אֵיךְ דָּמוּ / וְזָמְמוּ / בְּלִבָּם נִינָם יַחַד
בְּמַחֲשָׁבַת / לְהַחֲרִיב בַּת / יִשְׂרָאֵל גּוֹי אֶחָד
בְּסוֹד סוֹדָם / לְהַשְׁמִידָם / לְהַכְחִידָם כְּמוֹ כַחַד
וּבֵין תַּנּוּר / וְכִירַיִם / הַמַּיִם שְׁטָפוּנוּ
לוּלֵי יְהֹוָה שֶׁהָיָה לָנוּ, אֲזַי חַיִּים בְּלָעוּנוּ:

קָם צוֹרֵר / וְלִי עוֹרֵר / אֵיבָתוֹ וְשִׂנְאָתוֹ
וְדַת הֶעֱמִיד / וְקֵץ לַשְׁמִיד / עֲדַת שַׁדַּי וְנַחֲלָתוֹ
וְצוּר חָמַל / וְטוּב גָּמַל / וְהֶרְאָה אֶת גְּבוּרָתוֹ
לְהַאֲבִידוֹ / לְהַכְחִידוֹ / וּבָנָיו אֲשֶׁר עִנּוּנוּ
לוּלֵי יְהֹוָה שֶׁהָיָה לָנוּ, אֲזַי חַיִּים בְּלָעוּנוּ:

חָשַׁב צַר / בְּעֵת מֵצַר / וְהִפִּיל פּוּר גּוֹרָלוֹ
וְצוּר הִקְשִׁיב / וְאָז הֵשִׁיב / בְּרֹאשׁוֹ אֶת תַּגְמוּלוֹ
וְאֵל נֶאְדָּר / בְּחֹדֶשׁ אֲדָר / עֹז הֶרְאָה לִקְהָלוֹ
בְּמוֹ רֶצַח / עֲדֵי נֶצַח / הִכָּה אֲשֶׁר הִכּוּנוּ
לוּלֵי יְהֹוָה שֶׁהָיָה לָנוּ, אֲזַי חַיִּים בְּלָעוּנוּ:

תהלים קכד לוּלֵי יְהֹוָה שֶׁהָיָה לָנוּ, יֹאמַר־נָא יִשְׂרָאֵל: לוּלֵי יְהֹוָה שֶׁהָיָה לָנוּ, בְּקוּם עָלֵינוּ אָדָם: אֲזַי חַיִּים בְּלָעוּנוּ, בַּחֲרוֹת אַפָּם בָּנוּ: אֲזַי הַמַּיִם שְׁטָפוּנוּ, נַחְלָה עָבַר עַל־נַפְשֵׁנוּ: אֲזַי עָבַר עַל־נַפְשֵׁנוּ, הַמַּיִם הַזֵּידוֹנִים: בָּרוּךְ יְהֹוָה, שֶׁלֹּא נְתָנָנוּ טֶרֶף לְשִׁנֵּיהֶם: נַפְשֵׁנוּ כְּצִפּוֹר נִמְלְטָה מִפַּח יוֹקְשִׁים, הַפַּח נִשְׁבָּר וַאֲנַחְנוּ נִמְלָטְנוּ: עֶזְרֵנוּ בְּשֵׁם יְהֹוָה, עֹשֵׂה שָׁמַיִם וָאָרֶץ:

דניאל ט אֲדֹנָי שְׁמָעָה, אֲדֹנָי סְלָחָה, אֲדֹנָי הַקְשִׁיבָה וַעֲשֵׂה אַל־תְּאַחַר, לְמַעַנְךָ
איכה ה אֱלֹהַי, כִּי־שִׁמְךָ נִקְרָא עַל־עִירְךָ וְעַל־עַמֶּךָ: הֲשִׁיבֵנוּ יְהֹוָה אֵלֶיךָ וְנָשׁוּבָה, חַדֵּשׁ יָמֵינוּ כְּקֶדֶם:

וממשיכים 'אֵל מֶלֶךְ' בעמ' 649.

# סליחות לשבעה עשר בתמוז

במקור נכתבו פיוטים אלו כהרחבות לחמש הברכות הראשונות בחזרת הש״ץ, ולאחריהן אמרו סליחות בברכת ׳סְלַח לָנוּ׳. כיום אומרים פיוטים וסליחות אלה אחרי וידוי ונפילת אפיים (עמ׳ 621), ובקצת קהילות מיד לאחר חזרת הש״ץ.

פתיחה
וָאֶרֶץ שָׁפַל רוּמִי, יוֹם דִּמָּה רָשָׁע לְהַכְנִיעִי
מְשׁוֹשׁ לִבִּי שָׁבַת וְהִשְׁלַכְתִּי מִבֵּית מַרְגּוֹעִי
אָנוּ וְאָבְלוּ פְּתָחַי, יוֹם נֶאֱסַף נְדִיבִי וְשׁוֹעִי
לָכֵן אֲקוֹנֵן מִיָּמִים יָמִימָה בַּחֹדֶשׁ הָרְבִיעִי.

לְ׳מָגֵן אַבְרָהָם׳

בַּחֹדֶשׁ הָרְבִיעִי אָפְפוּ עָלַי רָעוֹת וַאֲנָחוֹת
בְּשִׁבְעָה עָשָׂר בּוֹ בְּאַנְחָתִי יָגַעְתִּי וְלֹא מָצָאתִי מְנוּחוֹת
גָּעָה גָעִיתִי בִּבְכִי וְעַל כָּל רֹאשׁ קָרְחוֹת
כִּי בְיוֹם זֶה נִשְׁתַּבְּרוּ הַלּוּחוֹת.
הַלּוּחוֹת, יְצָאוּנִי, וְסָבְבוּ עָלַי תְּלָאוֹת
וְגָבְרָה יַד צָרַי וְזֵרוּנִי בְּכָל פֵּאוֹת
סֹב נָא וְהָגֵן מְיַחֲלֵי קֵץ פְּלָאוֹת
תהלים פד כִּי שֶׁמֶשׁ וּמָגֵן יְהוָה צְבָאוֹת.

לְ׳מְחַיֵּה הַמֵּתִים׳

בַּחֹדֶשׁ הָרְבִיעִי דִּמִּיתִי עָלוֹת מִטִּיט הַיָּוֵן וְאֵין מַעֲמִיד
בְּשִׁבְעָה עָשָׂר בּוֹ הָיִיתִי לָבִזָּה לְמַאֲכָל וּלְהַשְׁמִיד
וְלֹא מָצָאתִי מָנוֹחַ וּמַכְאוֹבִי נֶגְדִּי תָמִיד
כִּי בוֹ בָּטַל הַתָּמִיד.
הַתָּמִיד יוֹם הוּסַר גָּבְרָה יִלְלָתִי כִּילְלַת אֶגְלַיִם
וּמִסְפְּדִי גָדַל כְּמִסְפַּד הֲדַדְרִמּוֹן כִּפְלַיִם
סֹב נָא וְהַחֲיֵה רְדוּמֵינוּ, אֵל שׁוֹכֵן שָׁמַיִם
הושע ו יְחַיֵּנוּ מִיֹּמָיִם:

לְהָאֵל הַקָּדוֹשׁ

בַּחֹדֶשׁ הָרְבִיעִי   זַעַם צוּר נָשָׂאתִי, וַחֲמָתוֹ בִּי הִבְעִיר
בְּשִׁבְעָה עָשָׂר בּוֹ   חַלְחָלָה אֲחָזַתְנִי וְסַעַר מְסָעִיר
טוֹבוֹת נָשִׁיתִי, וַתִּזְנַח מִשָּׁלוֹם נַפְשִׁי בְּתִגְרַת שֵׂעִיר
כִּי בוֹ הָבְקְעָה הָעִיר.
הָעִיר, יוֹם הָבְקְעָה בְּקוּם תֵּימָן וּמַגְדִּיאֵל
וְאָזְלַת יָדִי, וְלֹא מָצְאָה לָאֵל
סֹב נָא וְהַקְדֵּשׁ פְּלֵטַת אֲרִיאֵל
וְהִקְדִּישׁוּ אֶת־קְדוֹשׁ יַעֲקֹב וְאֶת־אֱלֹהֵי יִשְׂרָאֵל: ישעיה כט

לְחוֹנֵן הַדַּעַת

בַּחֹדֶשׁ הָרְבִיעִי   יוֹם הוֹ הוֹ, יוֹם תּוֹכֵחָה וְעֶבְרָה
בְּשִׁבְעָה עָשָׂר בּוֹ   כְּבוֹדִי גָּלָה וְתִפְאַרְתִּי הוּסָרָה
לְשִׁבְרִי אֵין כֵּהָה, וּמַכָּתִי נַחְלָה וְרוּחִי נִשְׁבָּרָה
כִּי בוֹ שָׂרַף אַפּוֹסְטְמוֹס אֶת הַתּוֹרָה.
הַתּוֹרָה, יוֹם נִשְׂרְפָה חֻדְּשׁוּ עָלַי יְגוֹנַי
וְשָׁבְתוּ מֵעִיר קֹדֶשׁ יְשִׁישַׁי וּזְקֵנַי
סֹב נָא וְחֹן בְּעֻזְּךָ עֲדַת אֱמוּנַי
רוּחַ דַּעַת וְיִרְאַת יְהוָה: ישעיה יא

לְהָרוֹצֶה בִּתְשׁוּבָה

בַּחֹדֶשׁ הָרְבִיעִי   מְעֻוָּתִי מָדַד זָר בְּסַאסְּאָה וּבָהּ כָּל
בְּשִׁבְעָה עָשָׂר בּוֹ   נְוֵי הֵשַׁם זָר וְאֶת יַעֲקֹב אָכַל
סְפוֹת שָׁנָה בְשָׁנָה בְּיוֹם זֶה מַמְרוֹר אֹכַל
כִּי בוֹ הָעֳמַד צֶלֶם בְּהֵיכָל.
בְּהֵיכָל, יוֹם הָעֳמַד פֶּסֶל קִנְאָה וְתוֹעֵבָה
וּבוֹ חֻבְּלָה רוּחִי וְתוֹחַלְתִּי נִכְזָבָה
סֹב נָא, וְרַפֵּא מְשׁוּבַת עַמְּךָ, וְתֹאהֲבֵם נְדָבָה
הֲשִׁיבֵנוּ יְהוָה אֵלֶיךָ וְנָשׁוּבָה: איכה ה

עַל יְדֵי רַחֲמֶיךָ הָרַבִּים סְלַח לָנוּ אָבִינוּ / כִּי בְּרֹב אִוַּלְתֵּנוּ שָׁגִינוּ
מְחֹל לָנוּ מַלְכֵּנוּ / כִּי רַבּוּ עֲוֹנֵינוּ

אֵל אֶרֶךְ אַפַּיִם אַתָּה / וְדֶרֶךְ תְּשׁוּבָה לָנוּ הוֹרֵיתָ
גְּדֻלַּת רַחֲמֶיךָ וַחֲסָדֶיךָ / תִּזְכֹּר הַיּוֹם לְזֶרַע יְדִידֶיךָ
תֵּפֶן אֵלֵינוּ בְּרַחֲמִים / כִּי אַתָּה בַּעַל הָרַחֲמִים
בְּתַחֲנוּן וּבִתְפִלָּה נְקַדֵּם / כְּמוֹ שֶׁהוֹדַעְתָּ לֶעָנָו מִקֶּדֶם
וּמֵחֲרוֹן אַפְּךָ תָּשׁוּב / כְּמוֹ בְּתוֹרָתְךָ כָּתוּב
וּבְצֵל כְּנָפֶיךָ נֶחְסֶה וְנִתְלוֹנָן / כְּיוֹם וַיֵּרֶד יְהוָה בֶּעָנָן
תַּעֲבֹר עַל פֶּשַׁע וְתִמְחֹל אָשָׁם / כְּיוֹם וַיִּתְיַצֵּב עִמּוֹ שָׁם
תַּאֲזִין שַׁוְעָתֵנוּ וְתַקְשִׁיב מֶנּוּ מַאֲמָר / כְּיוֹם וַיִּקְרָא בְשֵׁם יְהוָה
וְשָׁם נֶאֱמַר:

וַיַּעֲבֹר יְהוָה ׀ עַל־פָּנָיו וַיִּקְרָא
יְהוָה ׀ יְהוָה אֵל רַחוּם וְחַנּוּן אֶרֶךְ אַפַּיִם וְרַב־חֶסֶד וֶאֱמֶת:
נֹצֵר חֶסֶד לָאֲלָפִים נֹשֵׂא עָוֺן וָפֶשַׁע וְחַטָּאָה וְנַקֵּה:

אֲזַי בְּבִגְדֵי אָמְרֵי דָר מְעוֹנִי
בְּהִשְׂתָּרֵג עֲוֹנִי הִכְבִּיד עָלַי מוֹנִי
גָּבַר עָלַי צָר, בְּמַהֲלוּם לְהַלְמֵנִי
אַפּוֹ טָרַף וַיִּשְׂטְמֵנִי.

דְּרָכָיו זָנַחְתִּי אֲשֶׁר לִי הוֹרָה
הֵן עַל כֵּן הֵעִיר בִּי אַף וָזַעַם וְעֶבְרָה
זַעְמוֹ בִּי הֵרִיק וְחִצָּיו בִּי יָרָה
וַיְקִימֵנִי לוֹ לְמַטָּרָה.

חָלְפוּ עָלַי בְּיוֹם זֶה חָמֵשׁ תְּלָאוֹת
טָרְפוּ חַיָּתִי וַיְשִׁימוּנִי לְמַשּׁוּאוֹת
יָגְעָה נַפְשִׁי יָגוֹעַ וְהִלָּאוֹת
נַעֲוֵיתִי מִשְּׁמֹעַ נִבְהַלְתִּי מֵרְאוֹת.

כָּל אֵלֶּה בְּזָכְרִי יְעוֹרְרוּנִי אֲנָחוֹת
לֶהָבָה הֶשִּׁיקַתְנִי, מְלַהֶטֶת כֶּסֶף וְטוּחוֹת
מִסְפֵּד מַר אַגְדִּיל וְאַרְחִיק שְׂמָחוֹת
כִּי בְּיוֹם זֶה נִשְׁתַּבְּרוּ הַלּוּחוֹת.

נוֹעַד עָלַי צָר וַהֲמוֹנָיו הִצְמִיד
סַבּוּנִי כַּמַּיִם וְטָבַעְתִּי וְאֵין מַעֲמִיד
עַל כֵּן אֲיֵלִיל בְּמוֹ פִי וְנֶהִי אַתְמִיד
כִּי בְּיוֹם זֶה בֻּטַּל הַתָּמִיד.

פּוֹשְׁחַי הָמוּ כַּהֲמוֹת זֶרֶם מִיכַל
צָמְתוּ בַבּוֹר חַיַּי וַיִּתְנוּנִי לְמַאֲכָל
קָרָא עָלַי מוֹעֵד, וַהֲמוֹנַי שָׁכוֹל שָׁכַל
כִּי בְּיוֹם זֶה הָעֳמַד צֶלֶם בַּהֵיכָל.

רַבָּתִי עָם צַר הֵצַר, וּפִתְחֶיהָ פֵּתַח הֶעֱרָה
שָׁת גַּפְנִי לְשַׁמָּה בְּיוֹם זַעַם וְעֶבְרָה
תַּאֲוָתוֹ רָאָה צַר וְיָדוֹ בְּעֹז גָּבְרָה
כִּי בְּיוֹם זֶה שָׂרַף אַפּוֹסְטְמוֹס אֶת הַתּוֹרָה.

חָרְקוּ שֵׁן רְשָׁעִים בְּיוֹם אַף יְהֹוָה בִּי הֵעִיר
לֹא חָמַל צַר וְעִקֵּשׁ עַל יָשִׁישׁ וְצָעִיר
אַפּוֹ בִּי חָרָה וּרְשָׁפָיו בִּי הִבְעִיר
כִּי בְּיוֹם זֶה הָבְקְעָה הָעִיר.

רַחֵם יְהֹוָה וְדַבֵּר עַל לֵב עֲגוּמִים
בְּשִׁבְעָה עָשָׂר לַחֹדֶשׁ יוֹשְׁבִים מִשְׁתּוֹמְמִים
יָהּ, גַּלְגֵּל עֲלֵיהֶם הֲמוֹן רַחֲמֶיךָ מִמְּרוֹמִים
אֵל מֶלֶךְ יוֹשֵׁב עַל כִּסֵּא רַחֲמִים.

יש נוהגים שלא לומר כאן 'אֵל מֶלֶךְ' ו'וַיַּעֲבֹר', וממשיכים 'שְׁעֵה נֶאְסָר' (למטה).

אֵל מֶלֶךְ יוֹשֵׁב עַל כִּסֵּא רַחֲמִים, וּמִתְנַהֵג בַּחֲסִידוּת
מוֹחֵל עֲוֹנוֹת עַמּוֹ, מַעֲבִיר רִאשׁוֹן רִאשׁוֹן
מַרְבֶּה מְחִילָה לַחַטָּאִים וּסְלִיחָה לַפּוֹשְׁעִים
עוֹשֶׂה צְדָקוֹת עִם כָּל בָּשָׂר וָרוּחַ, לֹא כְרָעָתָם לָהֶם גּוֹמֵל.
אֵל, הוֹרֵיתָנוּ לוֹמַר מִדּוֹת שְׁלֹשׁ עֶשְׂרֵה
זְכֹר לָנוּ הַיּוֹם בְּרִית שְׁלֹשׁ עֶשְׂרֵה
כְּמוֹ שֶׁהוֹדַעְתָּ לֶעָנָו מִקֶּדֶם
וְכֵן כָּתוּב בְּתוֹרָתָךְ:

שמות לד וַיֵּרֶד יְהוָה בֶּעָנָן וַיִּתְיַצֵּב עִמּוֹ שָׁם וַיִּקְרָא בְשֵׁם יְהוָה:

וְשָׁם נֶאֱמַר:

וַיַּעֲבֹר יְהוָה ׀ עַל־פָּנָיו וַיִּקְרָא
יְהוָה ׀ יְהוָה אֵל רַחוּם וְחַנּוּן אֶרֶךְ אַפַּיִם וְרַב־חֶסֶד וֶאֱמֶת:
נֹצֵר חֶסֶד לָאֲלָפִים נֹשֵׂא עָוֹן וָפֶשַׁע וְחַטָּאָה וְנַקֵּה:

סליחה לרבי שלמה אבן גבירול, ובה בקשת תשועה
מעולן של ארבע המלכויות המתוארות בספר דניאל.

שְׁעֵה נֶאְסָר / אֲשֶׁר נִמְסָר / בְּיַד בָּבֶל וְגַם שֵׂעִיר
לְךָ יֶהֱמֶה / זֶה כַּמֶּה / וְיִתְחַנֵּן כְּבֵן צָעִיר
מוֹלְךָ צוּר / בְּלֵב עָצוּר / הֲמִית מֵעָיו יַסְעִיר
יוֹם גָּבַר הָאוֹיֵב וַתִּבָּקַע הָעִיר.

לְזֹאת אֶכַּף / וְאֶסְפֹּק כַּף / בְּיוֹם חָמֵשׁ קְרָאוּנִי
וְעַל רֶגֶל / הָעֵגֶל / הַלּוּחוֹת יְצָאוּנִי
וְלָכַד צָר / הַמִּבְצָר / וּבְמַסְגֵּר הֱבִיאָנִי
וְגַם הִשְׁמִיד / הַתָּמִיד / וּמַעֲשׂוֹתוֹ כְּלָאָנִי
וְהוּשַׂם אֱלִיל / בְּהֵיכַל כְּלִיל / וְדָתְךָ צַר בָּאֵשׁ הִבְעִיר
יוֹם גָּבַר הָאוֹיֵב וַתִּבָּקַע הָעִיר.

מְאֹד אֶתְחַל / וְאֶתְחַלְחַל / בְּיוֹם שַׁדַּי חֲשָׂפָנִי
וְהַשְּׁפִיפוֹן / מִצָּפוֹן / כְּשִׁבֹּלֶת שְׁטָפָנִי
וְנָהַג שְׁבִי / אֶרֶץ צְבִי / וְגַם כַּדּוּר צְנָפָנִי
יוֹם חָשַׁךְ / מְאוֹר שֶׁשַּׁךְ / לְיַד פָּרַס דְּחָפָנִי
וְשָׁלַח יָד / אִישׁ צַיָּד / וְהַצָּפִיר וְהַשָּׂעִיר
יוֹם גָּבַר הָאוֹיֵב וַתִּבָּקַע הָעִיר.

הֲלָעַד בִּי / מִשְׂגַּבִּי / הֲלָעַד אַפְּךָ יֶעְשַׁן
גְּדֹר פִּרְצִי / בְּבֶן פַּרְצִי / וּמֵחֶדֶק לְקֹט שׁוֹשָׁן
עַיִן פְּקַח / וְנָקָם קַח / מֵאֶצֶר וּמִדִּישָׁן
בְּנֵה בֵית זְבוּל / וְהָשֵׁב גְּבוּל / הַכַּרְמֶל וְהַבָּשָׁן
שְׁפֹט אִלֵּם / וְאָז יְשַׁלֵּם / הַמַּבְעֶה וְהַמַּבְעִיר
שְׁפֹט אִלֵּם וְאָז יְשַׁלֵּם הַמַּבְעֶה וְהַמַּבְעִיר.

סליחה לרבי יוסף אבן אביתור

אֱלֹהֵי יְשׁוּעָתֵנוּ, שְׁעֵה אֶל שַׁוְעָתֵנוּ
וּרְאֵה שׁוֹמְמוֹתֵינוּ וְאֹרֶךְ גָּלוּתֵנוּ
מִדֵּי שָׁנָה בְשָׁנָה בְּזָכְרֵנוּ עֲנוּתֵנוּ
בְּיוֹם חֲמִשָּׁה דְבָרִים אֵרְעוּ אֶת אֲבוֹתֵינוּ.

נָא אֱלֹהֵי הָרוּחוֹת וּבוֹחֵן סִתְרֵי טוּחוֹת
שְׁעֵה שֵׂיוֹת נִדָּחוֹת נְפוּצוֹת בְּאַרְבַּע רוּחוֹת
מִדֵּי שָׁנָה בְשָׁנָה בִּזְמַן זֶה נֶאֱנָחוֹת
בְּיוֹם עֵקֶב מַדּוּחוֹת נִשְׁתַּבְּרוּ הַלּוּחוֹת
וּבוֹ כָּל יְמֵי שְׁנוֹתֵינוּ נִמְרַר עַל יְגוֹנֵנוּ.
בְּיוֹם חֲמִשָּׁה דְבָרִים אֵרְעוּ אֶת אֲבוֹתֵינוּ.

דְּלֵה מְטִיט הַיָּוֵן טְבוּעִים בּוֹ וְאֵין מַעֲמִיד
עֵדֶר תַּתָּה לְמַאֲכָל לְבִזָּה וּלְהַשְׁמִיד

מִדֵּי שָׁנָה בְשָׁנָה בְּיוֹם זֶה עֶצֶב מַצְמִיד
יוֹם בּוֹ יַד צַר הֶאֱמִיר וּבוֹ בְּטַל הַתָּמִיד
עַל רֹב עֲוֹנוֹתֵינוּ וְעֹצֶם חַטֹּאתֵינוּ.
בְּיוֹם חֲמִשָּׁה דְבָרִים אֵרְעוּ אֶת אֲבוֹתֵינוּ.

יָהּ אֲשֶׁר הַכֹּל יוּכַל, פְּדֵה מִשְּׁכוֹל שָׁכַל
מִיַּד עִקֵּשׁ וְסָכָל וּשְׁאָר יַעֲקֹב אָכַל
מִדֵּי שָׁנָה בְשָׁנָה בְּיוֹם זֶה מַמְרוֹר אֹכַל
בְּהֶעֱמִיד צַר לְמוּלִי בּוֹ צֶלֶם בַּהֵיכָל
עַל כָּל קוֹרוֹתֵינוּ יִזְּלוּ דִמְעוֹתֵינוּ.
בְּיוֹם חֲמִשָּׁה דְבָרִים אֵרְעוּ אֶת אֲבוֹתֵינוּ.

שִׁבְרֵנוּ מַה נּוֹרָא, כִּי סַרְנוּ מִמּוֹרָא
נָאוֹר עוֹטֶה אוֹרָה גְּמוּלִי לַכֹּל הוֹרָה
מִדֵּי שָׁנָה בְשָׁנָה נְהִי בְּיוֹם זֶה אֶחְקוֹרָה
יַעַן כִּי בוֹ שָׂרַף אֲפּוֹסְטְמוֹס אֶת הַתּוֹרָה.
לְזֹאת נִשְׁכְּבָה בְּבָשְׁתֵּנוּ לְשׁוֹד בֵּית תִּפְאַרְתֵּנוּ.
בְּיוֹם חֲמִשָּׁה דְבָרִים אֵרְעוּ אֶת אֲבוֹתֵינוּ.

רַחוּם יְכַפֵּר עָוֹן וְכָל חֲמָתוֹ לֹא יָעִיר
פְּדֵה חִישׁ מִידֵי שָׂעִיר פְּזוּרֵי הַצֹּאן וְצָעִיר
מִדֵּי שָׁנָה בְשָׁנָה הֶמְיַת מֵעַי יַסְעִיר
יוֹם גָּבְרוּ הַזָּרִים וַתִּבָּקַע הָעִיר
כִּי הָיִינוּ לְלַעַג וָקֶלֶס לִסְבִיבוֹתֵינוּ.
בְּיוֹם חֲמִשָּׁה דְבָרִים אֵרְעוּ אֶת אֲבוֹתֵינוּ.

רַחֲמָן, בְּרַחֲמִים שׁוּבָה אֶל צִיּוֹן הָעֲלוּבָה
וְחִישׁ נָא לְאִשָּׁה עֲזוּבָה נֶחָמָה הַכְּתוּבָה
וְאָז שִׁירָה נָאוָה בִּבְנוֹתְךָ הַחֲרֵבָה
בְּקִבּוּץ נְפוּצוֹתֵינוּ וּבְשׁוּבְךָ אֶת שְׁבוּתֵנוּ.
בְּקִבּוּץ נְפוּצוֹתֵינוּ וּבְשׁוּבְךָ אֶת שְׁבוּתֵנוּ.

מכאן ממשיכים בכל התעניות.

אֵל מֶלֶךְ יוֹשֵׁב עַל כִּסֵּא רַחֲמִים, וּמִתְנַהֵג בַּחֲסִידוּת
מוֹחֵל עֲוֺנוֹת עַמּוֹ, מַעֲבִיר רִאשׁוֹן רִאשׁוֹן
מַרְבֶּה מְחִילָה לְחַטָּאִים וּסְלִיחָה לַפּוֹשְׁעִים
עוֹשֶׂה צְדָקוֹת עִם כָּל בָּשָׂר וָרְוּחַ, לֹא כְרָעָתָם לָהֶם גּוֹמֵל.
אֵל, הוֹרֵיתָנוּ לוֹמַר מִדּוֹת שְׁלֹשׁ עֶשְׂרֵה
זְכֹר לָנוּ הַיּוֹם בְּרִית שְׁלֹשׁ עֶשְׂרֵה
כְּמוֹ שֶׁהוֹדַעְתָּ לֶעָנָו מִקֶּדֶם
וְכֵן כָּתוּב בְּתוֹרָתָךְ:
וַיֵּרֶד יְהוָה בֶּעָנָן וַיִּתְיַצֵּב עִמּוֹ שָׁם וַיִּקְרָא בְשֵׁם יְהוָה: שמות לד
וְשָׁם נֶאֱמַר:
וַיַּעֲבֹר יְהוָה ׀ עַל־פָּנָיו וַיִּקְרָא
יְהוָה ׀ יְהוָה אֵל רַחוּם וְחַנּוּן אֶרֶךְ אַפַּיִם וְרַב־חֶסֶד וֶאֱמֶת:
נֹצֵר חֶסֶד לָאֲלָפִים נֹשֵׂא עָוֺן וָפֶשַׁע וְחַטָּאָה וְנַקֵּה:

אַנְשֵׁי אֱמוּנָה אָבָדוּ / בָּאִים בְּכֹחַ מַעֲשֵׂיהֶם.
גִּבּוֹרִים לַעֲמֹד בַּפֶּרֶץ / דּוֹחִים אֶת הַגְּזֵרוֹת.
הָיוּ לָנוּ לְחוֹמָה / וּלְמַחְסֶה בְּיוֹם זָעַם.
זוֹעֲכִים אַף בְּלַחֲשָׁם / חֵמָה עָצְרוּ בְשַׁוְעָם.
טֶרֶם קְרָאוּךָ עֲנִיתָם / יוֹדְעִים לַעְתֹּר וּלְרַצּוֹת.
כְּאָב רִחַמְתָּ לְמַעֲנָם / לֹא הֱשִׁיבוֹתָ פְּנֵיהֶם רֵיקָם.
מֵרֹב עֲוֺנֵינוּ אֲבַדְנוּם / נֶאֶסְפוּ מֶנּוּ בַּחֲטָאֵינוּ.
סָעוּ הֵמָּה לִמְנוּחוֹת / עָזְבוּ אוֹתָנוּ לַאֲנָחוֹת.
פַּסּוּ גוֹדְרֵי גָדֵר / צָמְתוּ מְשִׁיבֵי חֵמָה.
קָמִים בַּפֶּרֶץ אַיִן / רְאוּיִם לְרַצּוֹתְךָ אָפֵסוּ.
שׁוֹטַטְנוּ בְּאַרְבַּע פִּנּוֹת / תְּרוּפָה לֹא מָצָאנוּ.
שַׁבְנוּ אֵלֶיךָ בְּבֹשֶׁת פָּנֵינוּ / לְשַׁחֶרְךָ אֵל בְּעֵת צָרוֹתֵינוּ.

אֵל מֶלֶךְ יוֹשֵׁב עַל כִּסֵּא רַחֲמִים, וּמִתְנַהֵג בַּחֲסִידוּת
מוֹחֵל עֲוֹנוֹת עַמּוֹ, מַעֲבִיר רִאשׁוֹן רִאשׁוֹן
מַרְבֶּה מְחִילָה לְחַטָּאִים וּסְלִיחָה לְפוֹשְׁעִים
עוֹשֶׂה צְדָקוֹת עִם כָּל בָּשָׂר וָרוּחַ, לֹא כְרָעָתָם לָהֶם גּוֹמֵל.
אֵל, הוֹרֵיתָנוּ לוֹמַר מִדּוֹת שָׁלֹשׁ עֶשְׂרֵה
זְכֹר לָנוּ הַיּוֹם בְּרִית שְׁלֹשׁ עֶשְׂרֵה
כְּמוֹ שֶׁהוֹדַעְתָּ לֶעָנָו מִקֶּדֶם
וְכֵן כָּתוּב בְּתוֹרָתָךְ:
וַיֵּרֶד יְהוָה בֶּעָנָן וַיִּתְיַצֵּב עִמּוֹ שָׁם וַיִּקְרָא בְשֵׁם יְהוָה: שמות לד
וְשָׁם נֶאֱמַר:
וַיַּעֲבֹר יְהוָה ׀ עַל־פָּנָיו וַיִּקְרָא
יְהוָה ׀ יְהוָה אֵל רַחוּם וְחַנּוּן אֶרֶךְ אַפַּיִם וְרַב־חֶסֶד וֶאֱמֶת:
נֹצֵר חֶסֶד לָאֲלָפִים נֹשֵׂא עָוֹן וָפֶשַׁע וְחַטָּאָה וְנַקֵּה:

תָּמַהְנוּ מֵרָעוֹת / תָּשַׁשׁ כֹּחֵנוּ מִצָּרוֹת.
שַׁחְנוּ עַד לִמְאֹד / שָׁפַלְנוּ עַד עָפָר.
רַחוּם כָּךְ הִיא מִדָּתֵנוּ / קְשֵׁי עֹרֶף וּמַמְרִים אֲנָחְנוּ.
צָעַקְנוּ בְּפִינוּ חָטָאנוּ / פְּתַלְתֹּל וְעִקֵּשׁ לִבֵּנוּ.
עֶלְיוֹן רַחֲמֶיךָ מֵעוֹלָם / סְלִיחָה עִמְּךָ הִיא.
נִחָם עַל הָרָעָה / מַטֶּה כְלַפֵּי חֶסֶד.
לֹא תִתְעַלַּם בְּעִתּוֹת כָּאֵל / כִּי בְצָרָה גְדוֹלָה אֲנָחְנוּ.
יָוָדַע לְעֵינֵי הַכֹּל / טוּבְךָ וַחֲסָדְךָ עִמָּנוּ.
חֲתֹם פִּי שָׂטָן וְאַל יַשְׂטִין עָלֵינוּ / זְעֹם בּוֹ וְיִדֹּם.
וְיַעֲמֹד מֵלִיץ טוֹב לְצַדְּקֵנוּ / הוּא יַגִּיד יָשְׁרֵנוּ.
דְּרָכֶיךָ רַחוּם וְחַנּוּן / גִּלִּיתָ לְנֶאֱמַן בַּיִת.
בְּבַקְשׁוֹ אָז מִלְּפָנֶיךָ / אֱמוּנָתְךָ הוֹדַעְתָּ לּוֹ.

אֵל מֶלֶךְ יוֹשֵׁב עַל כִּסֵּא רַחֲמִים, וּמִתְנַהֵג בַּחֲסִידוּת
מוֹחֵל עֲוֹנוֹת עַמּוֹ, מַעֲבִיר רִאשׁוֹן רִאשׁוֹן
מַרְבֶּה מְחִילָה לְחַטָּאִים וּסְלִיחָה לְפוֹשְׁעִים
עוֹשֶׂה צְדָקוֹת עִם כָּל בָּשָׂר וָרְוּחַ, לֹא כְרָעָתָם לָהֶם גּוֹמֵל.
אֵל, הוֹרֵתָנוּ לוֹמַר מִדּוֹת שְׁלֹשׁ עֶשְׂרֵה
זְכֹר לָנוּ הַיּוֹם בְּרִית שְׁלֹשׁ עֶשְׂרֵה
כְּמוֹ שֶׁהוֹדַעְתָּ לֶעָנָו מִקֶּדֶם
וְכֵן כָּתוּב בְּתוֹרָתְךָ:
וַיֵּרֶד יְהוָה בֶּעָנָן וַיִּתְיַצֵּב עִמּוֹ שָׁם וַיִּקְרָא בְשֵׁם יְהוָה: שמות לד
וְשָׁם נֶאֱמַר:
וַיַּעֲבֹר יְהוָה ׀ עַל־פָּנָיו וַיִּקְרָא
יְהוָה ׀ יְהוָה אֵל רַחוּם וְחַנּוּן אֶרֶךְ אַפַּיִם וְרַב־חֶסֶד וֶאֱמֶת:
נֹצֵר חֶסֶד לָאֲלָפִים נֹשֵׂא עָוֹן וָפֶשַׁע וְחַטָּאָה וְנַקֵּה:

וּכְשֶׁחָטְאוּ יִשְׂרָאֵל בַּמִּדְבָּר
עָמַד מֹשֶׁה בִּתְפִלָּה לְפָנֶיךָ וּבִקֵּשׁ רַחֲמִים עַל עַמְּךָ יִשְׂרָאֵל
וְכָךְ אָמַר בִּתְפִלָּתוֹ:
סְלַח־נָא לַעֲוֹן הָעָם הַזֶּה כְּגֹדֶל חַסְדֶּךָ במדבר יד
וְכַאֲשֶׁר נָשָׂאתָה לָעָם הַזֶּה מִמִּצְרַיִם וְעַד־הֵנָּה:
אַף אַתָּה הֱשִׁיבוֹתָ לוֹ כְּדַרְכֵי טוּבְךָ, בִּשַּׂרְתּוֹ וְחִנַּנְתּוֹ וְאָמַרְתָּ לוֹ:
סָלַחְתִּי כִּדְבָרֶךָ: שם

דָּנִיֵּאל אִישׁ חֲמוּדוֹת אָמַר לְפָנֶיךָ:
הַטֵּה אֱלֹהַי אָזְנְךָ וּשְׁמָע דניאל ט
פְּקַח עֵינֶיךָ וּרְאֵה שֹׁמְמֹתֵינוּ וְהָעִיר אֲשֶׁר־נִקְרָא שִׁמְךָ עָלֶיהָ
כִּי לֹא עַל־צִדְקֹתֵינוּ אֲנַחְנוּ מַפִּילִים תַּחֲנוּנֵינוּ לְפָנֶיךָ
כִּי עַל־רַחֲמֶיךָ הָרַבִּים:

אֲדֹנָי שְׁמָעָה, אֲדֹנָי סְלָחָה, אֲדֹנָי הַקְשִׁיבָה
וַעֲשֵׂה אַל־תְּאַחַר, לְמַעַנְךָ אֱלֹהַי
כִּי־שִׁמְךָ נִקְרָא עַל־עִירְךָ וְעַל־עַמֶּךָ:

וְלִירוּשָׁלַיִם עִירְךָ אָמַרְתָּ לָהּ:
ירמיה ב הִנְנִי נִשְׁפָּט אוֹתָךְ, עַל־אָמְרֵךְ לֹא חָטָאתִי:
אֲנַחְנוּ בּוֹשְׁנוּ בְּמַעֲשֵׂינוּ וְנִכְלַמְנוּ בַּעֲוֹנוֹתֵינוּ.
אֵין לָנוּ פֶּה לְהָשִׁיב, וְלֹא מֵצַח לְהָרִים רֹאשׁ.

אֱלֹהֵינוּ וֵאלֹהֵי אֲבוֹתֵינוּ
אַל תַּעַשׂ עִמָּנוּ כָּלָה / תֹּאחֵז יָדְךָ בְּמִשְׁפָּט.
בְּבוֹא תוֹכֵחָה נֶגְדֶּךָ / שְׁמֵנוּ מִסִּפְרְךָ אַל תֶּמַח.
גִּשְׁתְּךָ לַחֲקוֹר מוּסָר / רַחֲמֶיךָ יְקַדְּמוּ רָגְזָךְ.
דַּלּוּת מַעֲשִׂים בְּשׁוּרְךָ / קָרֵב צֶדֶק מֵאֵלֶיךָ.
הוֹרֵנוּ בְזַעֲקֵנוּ לָךְ / צַו יְשׁוּעָתֵנוּ בְּמַפְגִּיעַ.
וְתָשִׁיב שְׁבוּת אָהֳלֵי תָם / פְּתָחָיו רְאֵה כִּי שָׁמֵמוּ.
דברים לא זְכוֹר נָאַמְתָּ / עֵדוּת לֹא תִשָּׁכַח מִפִּי זַרְעוֹ:
חוֹתֵם תְּעוּדָה תַּתִּיר / סוֹדְךָ שִׂים בְּלִמּוּדֶךָ.
שיר השירים ד טַבּוּר אַגַּן הַסַּהַר / נָא אַל יֶחְסַר הַמָּזֶג:
יָהּ דַּע אֶת אֲשֶׁר יְדָעוּךָ / מַגֵּר אֶת אֲשֶׁר לֹא יְדָעוּךָ.
כִּי תָשִׁיב לְבִצָּרוֹן / לְכוּדִים אֲסִירֵי הַתִּקְוָה.

בקצת קהילות שאין אומרים בהן וידוי אחרי חזרת הש״ץ, אומרים אותו כאן (עמ׳ 621).

אָשַׁמְנוּ מִכָּל עָם / בֹּשְׁנוּ מִכָּל גּוֹי
גָּלָה מִמֶּנּוּ מָשׂוֹשׂ / דָּוֶה לִבֵּנוּ בַּחֲטָאֵינוּ
הָחְבַּל אֶוְיֵנוּ / וְנִפְרַע פְּאֵרֵנוּ
זְבוּל מִקְדָּשֵׁנוּ / חָרֵב בַּעֲוֹנֵנוּ
טִירָתֵנוּ הָיְתָה לְשַׁמָּה / יְפִי אַדְמָתֵנוּ לְזָרִים / כֹּחֵנוּ לְנָכְרִים

ברוב הקהילות אין כופלים את הווידוי, כדעת האר״י.
ויש מקהילות המערב שבהן נוהגים לומר כאן עוד שני וידויים, כסדר הזה: ׳וַעֲדַיִן לֹא שַׁבְנוּ מִתַּעְיָתֵנוּ׳ (למטה), הווידוי ׳אָשַׁמְנוּ בְּאֹמֶר וּבְפֹעַל׳ (עמ׳ 587), ממשיכים ׳לְעֵינֵינוּ עָשְׁקוּ עֲמָלֵנוּ וכו׳׳, ולפני ׳עֶזְרָא הַסּוֹפֵר׳, אומרים בלחש ׳אָשַׁמְנוּ, בָּגַדְנוּ וכו׳׳ (עמ׳ 621).

לְעֵינֵינוּ עָשְׁקוּ עֲמָלֵנוּ / מְמֻשָּׁךְ וּמוֹרָט מִמֶּנּוּ
נָתְנוּ עֻלָּם עָלֵינוּ / סָבַלְנוּ עַל שִׁכְמֵנוּ
עֲבָדִים מָשְׁלוּ בָנוּ / פּוֹרֵק אֵין מִיָּדָם
צָרוֹת רַבּוֹת סְבָבוּנוּ / קְרָאנוּךָ יְהוָה אֱלֹהֵינוּ
רִחַקְתָּ מִמֶּנּוּ בַּעֲוֹנֵינוּ / שַׁבְנוּ מֵאַחֲרֶיךָ / תָּעִינוּ כַּצֹּאן וְאָבַדְנוּ

וַעֲדַיִן לֹא שַׁבְנוּ מִתַּעְיָתֵנוּ
וְהֵיאַךְ נָעִיז פָּנֵינוּ וְנַקְשֶׁה עָרְפֵּנוּ לוֹמַר לְפָנֶיךָ
יְהוָה אֱלֹהֵינוּ וֵאלֹהֵי אֲבוֹתֵינוּ צַדִּיקִים אֲנַחְנוּ וְלֹא חָטָאנוּ
אֲבָל חָטָאנוּ אֲנַחְנוּ וַאֲבוֹתֵינוּ.

עֶזְרָא הַסּוֹפֵר אָמַר לְפָנֶיךָ:
אֱלֹהַי בֹּשְׁתִּי וְנִכְלַמְתִּי, לְהָרִים אֱלֹהַי פָּנַי אֵלֶיךָ עזרא ט
כִּי עֲוֹנֹתֵינוּ רָבוּ לְמַעְלָה רֹּאשׁ, וְאַשְׁמָתֵנוּ גָדְלָה עַד לַשָּׁמָיִם:
וְאַתָּה אֱלוֹהַּ סְלִיחוֹת, חַנּוּן וְרַחוּם, אֶרֶךְ־אַפַּיִם וְרַב־חֶסֶד וְלֹא עֲזַבְתָּם: נחמיה ט
אַל תַּעַזְבֵנוּ אָבִינוּ, אַל תִּטְּשֵׁנוּ מַלְכֵּנוּ
וְאַל תִּשְׁכָּחֵנוּ יוֹצְרֵנוּ, וְאַל תַּעַשׂ עִמָּנוּ כָּלָה כְּחַטֹּאתֵנוּ.
וְקַיֶּם לָנוּ יְהוָה אֱלֹהֵינוּ אֶת הַדָּבָר שֶׁהִבְטַחְתָּנוּ
עַל יְדֵי יִרְמְיָה חוֹזָךְ כָּאָמוּר:
בַּיָּמִים הָהֵם וּבָעֵת הַהִיא נְאֻם־יְהוָה ירמיה נ
יְבֻקַּשׁ אֶת־עֲוֹן יִשְׂרָאֵל וְאֵינֶנּוּ
וְאֶת־חַטֹּאת יְהוּדָה וְלֹא תִמָּצֶאינָה, כִּי אֶסְלַח לַאֲשֶׁר אַשְׁאִיר:
וְאַל יְעַכֵּב לְפָנֶיךָ כָּל חֵטְא וְעָוֹן אֶת תְּפִלָּתֵנוּ.
וּמְחֹל וּסְלַח לְכָל עֲוֹנוֹתֵינוּ, כִּי אֵל טוֹב וְסַלָּח אָתָּה.

בקהילות שאין אומרים בהם ׳מַה נֹּאמַר׳ בתחילת הסליחות, יש אומרים אותו כאן (עמ׳ 622).

תהלים עח וְהוּא רַחוּם יְכַפֵּר עָוֹן וְלֹא־יַשְׁחִית, וְהִרְבָּה לְהָשִׁיב אַפּוֹ וְלֹא־יָעִיר כָּל
תהלים מ חֲמָתוֹ: אַתָּה יְהֹוָה לֹא־תִכְלָא רַחֲמֶיךָ מִמֶּנִּי, חַסְדְּךָ וַאֲמִתְּךָ תָּמִיד
תהלים קו יִצְּרוּנִי: הוֹשִׁיעֵנוּ יְהֹוָה אֱלֹהֵינוּ וְקַבְּצֵנוּ מִן־הַגּוֹיִם, לְהוֹדוֹת לְשֵׁם קָדְשֶׁךָ
תהלים קל לְהִשְׁתַּבֵּחַ בִּתְהִלָּתֶךָ: אִם־עֲוֹנוֹת תִּשְׁמָר־יָהּ, אֲדֹנָי מִי יַעֲמֹד: כִּי־עִמְּךָ
תהלים קג הַסְּלִיחָה לְמַעַן תִּוָּרֵא: לֹא כַחֲטָאֵינוּ עָשָׂה לָנוּ, וְלֹא כַעֲוֹנֹתֵינוּ גָּמַל
ירמיה יד תהלים כה עָלֵינוּ: אִם־עֲוֹנֵינוּ עָנוּ בָנוּ, יְהֹוָה עֲשֵׂה לְמַעַן שְׁמֶךָ: זְכֹר־רַחֲמֶיךָ יְהֹוָה
תהלים כ וַחֲסָדֶיךָ, כִּי מֵעוֹלָם הֵמָּה: יַעַנְךָ יְהֹוָה בְּיוֹם צָרָה, יְשַׂגֶּבְךָ שֵׁם אֱלֹהֵי
יַעֲקֹב: יְהֹוָה הוֹשִׁיעָה, הַמֶּלֶךְ יַעֲנֵנוּ בְיוֹם־קָרְאֵנוּ:

אָבִינוּ מַלְכֵּנוּ, חָנֵּנוּ וַעֲנֵנוּ כִּי אֵין בָּנוּ מַעֲשִׂים
עֲשֵׂה עִמָּנוּ צְדָקָה כְּרֹב רַחֲמֶיךָ, וְהוֹשִׁיעֵנוּ לְמַעַן שְׁמֶךָ.

דניאל ט וְעַתָּה אֲדֹנָי אֱלֹהֵינוּ, אֲשֶׁר הוֹצֵאתָ אֶת־עַמְּךָ מֵאֶרֶץ מִצְרַיִם בְּיָד חֲזָקָה
וַתַּעַשׂ־לְךָ שֵׁם כַּיּוֹם הַזֶּה, חָטָאנוּ רָשָׁעְנוּ: אֲדֹנָי, כְּכָל־צִדְקֹתֶךָ יָשָׁב־
נָא אַפְּךָ וַחֲמָתְךָ, מֵעִירְךָ יְרוּשָׁלַםִ הַר־קָדְשֶׁךָ, כִּי בַחֲטָאֵינוּ וּבַעֲוֹנוֹת
אֲבֹתֵינוּ, יְרוּשָׁלַםִ וְעַמְּךָ לְחֶרְפָּה לְכָל־סְבִיבֹתֵינוּ: וְעַתָּה שְׁמַע אֱלֹהֵינוּ
אֶל־תְּפִלַּת עַבְדְּךָ וְאֶל־תַּחֲנוּנָיו, וְהָאֵר פָּנֶיךָ עַל־מִקְדָּשְׁךָ הַשָּׁמֵם, לְמַעַן
אֲדֹנָי: הַטֵּה אֱלֹהַי אָזְנְךָ וּשְׁמָע, פְּקַח עֵינֶיךָ וּרְאֵה שֹׁמְמֹתֵינוּ וְהָעִיר
אֲשֶׁר־נִקְרָא שִׁמְךָ עָלֶיהָ, כִּי לֹא עַל־צִדְקֹתֵינוּ אֲנַחְנוּ מַפִּילִים תַּחֲנוּנֵינוּ
לְפָנֶיךָ, כִּי עַל־רַחֲמֶיךָ הָרַבִּים: אֲדֹנָי שְׁמָעָה, אֲדֹנָי סְלָחָה, אֲדֹנָי הַקְשִׁיבָה
וַעֲשֵׂה אַל־תְּאַחַר, לְמַעַנְךָ אֱלֹהַי, כִּי־שִׁמְךָ נִקְרָא עַל־עִירְךָ וְעַל־עַמֶּךָ:

אָבִינוּ אָב הָרַחֲמָן, הַרְאֵנוּ אוֹת לְטוֹבָה וְקַבֵּץ נְפוּצוֹתֵינוּ מֵאַרְבַּע כַּנְפוֹת
ישעיה סד הָאָרֶץ. יַכִּירוּ וְיֵדְעוּ כָּל הַגּוֹיִם, כִּי אַתָּה יְהֹוָה אָבִינוּ אָתָּה, אֲנַחְנוּ הַחֹמֶר
יואל ב וְאַתָּה יֹצְרֵנוּ וּמַעֲשֵׂה יָדְךָ כֻּלָּנוּ: אָבִינוּ מַלְכֵּנוּ צוּרֵנוּ וְגוֹאֲלֵנוּ, חוּסָה
יְהֹוָה עַל־עַמֶּךָ וְאַל־תִּתֵּן נַחֲלָתְךָ לְחֶרְפָּה לִמְשָׁל־בָּם גּוֹיִם, לָמָּה יֹאמְרוּ
בָעַמִּים אַיֵּה אֱלֹהֵיהֶם: יָדַעְנוּ יְהֹוָה כִּי חָטָאנוּ וְאֵין מִי יַעֲמֹד בַּעֲדֵנוּ,
אֶלָּא שִׁמְךָ הַגָּדוֹל יַעֲמָד לָנוּ בְּעֵת צָרָה, וּכְרַחֵם אָב עַל בָּנִים רַחֵם
עָלֵינוּ. חֲמֹל עַל עַמְּךָ, וְרַחֵם עַל נַחֲלָתְךָ, חוּסָה נָּא כְּרֹב רַחֲמֶיךָ, חָנֵּנוּ

מַלְכֵּנוּ וַעֲנֵנוּ. לְךָ אֲדֹנָי הַצְּדָקָה, עֹשֵׂה נִפְלָאוֹת בְּכָל עֵת וָעֵת. הַבֶּט נָא וְהוֹשִׁיעָה נָּא צֹאן מַרְעִיתֶךָ. אַל יִמְשָׁל בָּנוּ קֶצֶף, כִּי לְךָ יְהֹוָה הַיְשׁוּעָה. בְּךָ תוֹחַלְתֵּנוּ אֱלוֹהַּ סְלִיחוֹת, אָנָּא סְלַח נָא, כִּי אֵל טוֹב וְסַלָּח אָתָּה.

אָנָּא מֶלֶךְ רַחוּם וְחַנּוּן, זְכֹר וְהַבֵּט לִבְרִית בֵּין הַבְּתָרִים, וְתֵרָאֶה לְפָנֶיךָ עֲקֵדַת יָחִיד, וּלְמַעַן יִשְׂרָאֵל אָבִינוּ, אַל תַּעַזְבֵנוּ אָבִינוּ, וְאַל תִּטְּשֵׁנוּ מַלְכֵּנוּ, וְאַל תִּשְׁכָּחֵנוּ יוֹצְרֵנוּ, וְאַל תַּעַשׂ עִמָּנוּ כָּלָה כְּחַטֹּאתֵינוּ בְּגָלוּתֵנוּ, כִּי אֵל מֶלֶךְ חַנּוּן וְרַחוּם אָתָּה.

אֵין כָּמְוֹךָ חַנּוּן וְרַחוּם אֱלֹהֵינוּ. אֵין כָּמְוֹךָ אֵל אֶרֶךְ אַפַּיִם וְרַב חֶסֶד וֶאֱמֶת. הוֹשִׁיעֵנוּ וְרַחֲמֵנוּ, מֵרַעַשׁ וּמֵרֹגֶז הַצִּילֵנוּ. זְכֹר לַעֲבָדֶיךָ לְאַבְרָהָם דברים ט
לְיִצְחָק וּלְיַעֲקֹב, אַל־תֵּפֶן אֶל־קְשִׁי הָעָם הַזֶּה וְאֶל־רִשְׁעוֹ וְאֶל־חַטָּאתוֹ:
שׁוּב מֵחֲרוֹן אַפֶּךָ, וְהִנָּחֵם עַל־הָרָעָה לְעַמֶּךָ: וְהָסֵר מִמֶּנּוּ מַכַּת הַמָּוֶת כִּי שמות לב
רַחוּם אָתָּה, כִּי כֵן דַּרְכֶּךָ לַעֲשׂוֹת חֶסֶד חִנָּם בְּכָל דּוֹר וָדוֹר. אָנָּא יְהֹוָה תהלים קיח
הוֹשִׁיעָה נָּא, אָנָּא יְהֹוָה הַצְלִיחָה נָא: אָנָּא יְהֹוָה עֲנֵנוּ בְּיוֹם קָרְאֵנוּ. לְךָ יְהֹוָה קִוִּינוּ, לְךָ יְהֹוָה חִכִּינוּ, לְךָ יְהֹוָה נְיַחֵל. אַל תֶּחֱשֶׁה וּתְעַנֵּנוּ, כִּי נָאֲמוּ גוֹיִם אָבְדָה תִקְוָתָם. כָּל בֶּרֶךְ לְךָ תִכְרַע, וְכָל קוֹמָה לְפָנֶיךָ תִשְׁתַּחֲוֶה.

הַפּוֹתֵחַ יָד בִּתְשׁוּבָה לְקַבֵּל פּוֹשְׁעִים וְחַטָּאִים, נִבְהֲלָה נַפְשֵׁנוּ מֵרֹב עִצְּבוֹנֵנוּ, אַל תִּשְׁכָּחֵנוּ נֶצַח, קוּמָה וְהוֹשִׁיעֵנוּ. אַל תִּשְׁפֹּךְ חֲרוֹנְךָ עָלֵינוּ כִּי עַמְּךָ אֲנַחְנוּ בְּנֵי בְרִיתֶךָ. אֵל, הַבִּיטָה, דַּל כְּבוֹדֵנוּ בַּגּוֹיִם וְשִׁקְּצוּנוּ כְּטֻמְאַת הַנִּדָּה. עַד מָתַי עֻזְּךָ בַּשְּׁבִי וְתִפְאַרְתְּךָ בְּיַד צָר. הֵמָּה יִרְאוּ וְיֵבֹשׁוּ וְיֵחַתּוּ מִגְּבוּרָתָם. עוֹרְרָה גְבוּרָתְךָ וְהוֹשִׁיעֵנוּ לְמַעַן שְׁמֶךָ. אַל יִמְעֲטוּ לְפָנֶיךָ תְּלָאוֹתֵינוּ, מַהֵר יְקַדְּמוּנוּ רַחֲמֶיךָ בְּעֵת צָרוֹתֵינוּ. לֹא לְמַעֲנֵנוּ אֶלָּא לְמַעַנְךָ פְּעַל, וְאַל תַּשְׁחֵת אֶת זֵכֶר שְׁאֵרִיתֵנוּ, כִּי לְךָ מְיַחֲלוֹת עֵינֵינוּ, כִּי אֵל מֶלֶךְ חַנּוּן וְרַחוּם אָתָּה. וּזְכֹר עֵדוּתֵנוּ בְּכָל יוֹם תָּמִיד אוֹמְרִים פַּעֲמַיִם
בְּאַהֲבָה, שְׁמַע יִשְׂרָאֵל, יְהֹוָה אֱלֹהֵינוּ, יְהֹוָה אֶחָד: דברים ו

*שליח הציבור אומר חצי קדיש (עמ׳ 91), ובקהילות שאומרים בהן סליחות מיד לאחר חזרת הש״ץ, אומרים לפניו נפילת אפיים (עמ׳ 623–625).*

*מוציאים ספר תורה וקוראים בפרשת כי תשא ׳וַיְחַל מֹשֶׁה׳ (עמ׳ 721), וגומרים התפילה כבכל יום (עמ׳ 96).*

*לסדר תפילת מנחה של תעניות ראה הלכה 594–595.*

# סדר ליל תשעה באב

׳בתשעה באב נגזר על אבותינו שלא יכנסו לארץ, וחרב הבית בראשונה ובשניה, ונלכדה בתר, ונחרשה העיר. משנכנס אב ממעטין בשמחה׳ (משנה, תענית פ״ד מ״ו).

קודם תפילת ערבית קוראים את מזמור קלז ׳עַל נַהֲרוֹת בָּבֶל׳, ובקהילות המזרח נוהגים לקרוא גם את שירת ׳הַאֲזִינוּ׳.

תהלים קלז עַל־נַהֲרוֹת בָּבֶל, שָׁם יָשַׁבְנוּ גַּם־בָּכִינוּ, בְּזָכְרֵנוּ אֶת־צִיּוֹן: עַל־עֲרָבִים בְּתוֹכָהּ תָּלִינוּ כִּנֹּרוֹתֵינוּ: כִּי שָׁם שְׁאֵלוּנוּ שׁוֹבֵינוּ דִּבְרֵי־שִׁיר וְתוֹלָלֵינוּ שִׂמְחָה, שִׁירוּ לָנוּ מִשִּׁיר צִיּוֹן: אֵיךְ נָשִׁיר אֶת־שִׁיר־יְהוָה עַל אַדְמַת נֵכָר: אִם־אֶשְׁכָּחֵךְ יְרוּשָׁלָםִ, תִּשְׁכַּח יְמִינִי: תִּדְבַּק לְשׁוֹנִי לְחִכִּי אִם־לֹא אֶזְכְּרֵכִי, אִם־לֹא אַעֲלֶה אֶת־יְרוּשָׁלַםִ עַל רֹאשׁ שִׂמְחָתִי: זְכֹר יְהוָה לִבְנֵי אֱדוֹם אֵת יוֹם יְרוּשָׁלָםִ, הָאֹמְרִים עָרוּ עָרוּ עַד הַיְסוֹד בָּהּ: בַּת־בָּבֶל הַשְּׁדוּדָה, אַשְׁרֵי שֶׁיְשַׁלֶּם־לָךְ אֶת־גְּמוּלֵךְ שֶׁגָּמַלְתְּ לָנוּ: אַשְׁרֵי שֶׁיֹּאחֵז, וְנִפֵּץ אֶת־עֹלָלַיִךְ אֶל־הַסָּלַע:

יש אומרים קינה זו אחרי ׳עַל־נַהֲרוֹת בָּבֶל׳:

איכה א אוֹי כִּי יָרַד אֵשׁ מִן הַשָּׁמַיִם / לִירוּשָׁלַיִם, עֵינִי עֵינִי יֹרְדָה מַּיִם:

טִירַת קֹדֶשׁ אֵיךְ נָשַׁמָּה / יוֹשֵׁב בַּשָּׁמַיִם עַד מָה
בראשית לח בַּת מֶלֶךְ אָמָּה / הַקְּדֵשָׁה הִוא בָעֵינַיִם:

לִירוּשָׁלַיִם, עֵינִי עֵינִי יֹרְדָה מַּיִם:

יֶרַח אָב בּוֹ שִׁמְשִׁי קָדַר / אַהֲרֹן הַכֹּהֵן בּוֹ נֶעְדָּר
נחמיה יג וְגַם עִיר הֶהָדָר / בּוֹ חָרְבָה פַּעַם וּשְׁתַּיִם:

לִירוּשָׁלַיִם, עֵינִי עֵינִי יֹרְדָה מַּיִם:

מָרָה הַלַּיְלָה הַזֶּה אָרִים / וַיְהִי לִבְכִי לֵיל שִׁמּוּרִים
במדבר כג וְאוֹתִי הֶחֱרִים / אֵל מוֹצִיאָם מִמִּצְרָיִם:

לִירוּשָׁלַיִם, עֵינִי עֵינִי יֹרְדָה מַּיִם:

יִבָּקַע אוֹרִי, יָהּ, כַּשַּׁחַר / עַל אוֹיְבֵי צוּר אַפּוֹ יִחַר
זכריה ג וּבְעַמּוֹ יִבְחַר הַבֹּחֵר בִּירוּשָׁלָיִם:

וּבְעַמּוֹ יִבְחַר הַבֹּחֵר בִּירוּשָׁלָיִם.

| | |
|---|---|
| הַאֲזִינוּ הַשָּׁמַיִם וַאֲדַבֵּרָה | וְתִשְׁמַע הָאָרֶץ אִמְרֵי־פִי: |
| יַעֲרֹף כַּמָּטָר לִקְחִי | תִּזַּל כַּטַּל אִמְרָתִי |
| כִּשְׂעִירִם עֲלֵי־דֶשֶׁא | וְכִרְבִיבִים עֲלֵי־עֵשֶׂב: |
| כִּי שֵׁם יהוה אֶקְרָא | הָבוּ גֹדֶל לֵאלֹהֵינוּ: |
| הַצּוּר תָּמִים פָּעֳלוֹ | כִּי כָל־דְּרָכָיו מִשְׁפָּט |
| אֵל אֱמוּנָה וְאֵין עָוֶל | צַדִּיק וְיָשָׁר הוּא: |
| שִׁחֵת לוֹ לֹא בָּנָיו מוּמָם | דּוֹר עִקֵּשׁ וּפְתַלְתֹּל: |
| הַלְיהוה תִּגְמְלוּ־זֹאת | עַם נָבָל וְלֹא חָכָם |
| הֲלוֹא־הוּא אָבִיךָ קָּנֶךָ | הוּא עָשְׂךָ וַיְכֹנְנֶךָ: |
| זְכֹר יְמוֹת עוֹלָם | בִּינוּ שְׁנוֹת דֹּר־וָדֹר |
| שְׁאַל אָבִיךָ וְיַגֵּדְךָ | זְקֵנֶיךָ וְיֹאמְרוּ לָךְ: |
| בְּהַנְחֵל עֶלְיוֹן גּוֹיִם | בְּהַפְרִידוֹ בְּנֵי אָדָם |
| יַצֵּב גְּבֻלֹת עַמִּים | לְמִסְפַּר בְּנֵי יִשְׂרָאֵל: |
| כִּי חֵלֶק יהוה עַמּוֹ | יַעֲקֹב חֶבֶל נַחֲלָתוֹ: |
| יִמְצָאֵהוּ בְּאֶרֶץ מִדְבָּר | וּבְתֹהוּ יְלֵל יְשִׁמֹן |
| יְסֹבְבֶנְהוּ יְבוֹנְנֵהוּ | יִצְּרֶנְהוּ כְּאִישׁוֹן עֵינוֹ: |
| כְּנֶשֶׁר יָעִיר קִנּוֹ | עַל־גּוֹזָלָיו יְרַחֵף |
| יִפְרֹשׂ כְּנָפָיו יִקָּחֵהוּ | יִשָּׂאֵהוּ עַל־אֶבְרָתוֹ: |
| יהוה בָּדָד יַנְחֶנּוּ | וְאֵין עִמּוֹ אֵל נֵכָר: |
| יַרְכִּבֵהוּ עַל־בָּמֳתֵי אָרֶץ | וַיֹּאכַל תְּנוּבֹת שָׂדָי |
| וַיֵּנִקֵהוּ דְבַשׁ מִסֶּלַע | וְשֶׁמֶן מֵחַלְמִישׁ צוּר: |
| חֶמְאַת בָּקָר וַחֲלֵב צֹאן | עִם־חֵלֶב כָּרִים |
| וְאֵילִים בְּנֵי־בָשָׁן וְעַתּוּדִים | עִם־חֵלֶב כִּלְיוֹת חִטָּה |
| וְדַם־עֵנָב תִּשְׁתֶּה־חָמֶר: | וַיִּשְׁמַן יְשֻׁרוּן וַיִּבְעָט |
| שָׁמַנְתָּ עָבִיתָ כָּשִׂיתָ | וַיִּטֹּשׁ אֱלוֹהַּ עָשָׂהוּ |
| וַיְנַבֵּל צוּר יְשֻׁעָתוֹ: | יַקְנִאֻהוּ בְּזָרִים |
| בְּתוֹעֵבֹת יַכְעִיסֻהוּ: | יִזְבְּחוּ לַשֵּׁדִים לֹא אֱלֹהַּ |
| אֱלֹהִים לֹא יְדָעוּם | חֲדָשִׁים מִקָּרֹב בָּאוּ |
| לֹא שְׂעָרוּם אֲבֹתֵיכֶם: | צוּר יְלָדְךָ תֶּשִׁי |
| וַתִּשְׁכַּח אֵל מְחֹלְלֶךָ: | וַיַּרְא יהוה וַיִּנְאָץ |

מִכַּעַס בָּנָיו וּבְנֹתָיו: וַיֹּאמֶר אַסְתִּירָה פָנַי מֵהֶם
אֶרְאֶה מָה אַחֲרִיתָם כִּי דוֹר תַּהְפֻּכֹת הֵמָּה
בָּנִים לֹא־אֵמֻן בָּם: הֵם קִנְאוּנִי בְלֹא־אֵל
כִּעֲסוּנִי בְּהַבְלֵיהֶם וַאֲנִי אַקְנִיאֵם בְּלֹא־עָם
בְּגוֹי נָבָל אַכְעִיסֵם: כִּי־אֵשׁ קָדְחָה בְאַפִּי
וַתִּיקַד עַד־שְׁאוֹל תַּחְתִּית וַתֹּאכַל אֶרֶץ וִיבֻלָהּ
וַתְּלַהֵט מוֹסְדֵי הָרִים: אַסְפֶּה עָלֵימוֹ רָעוֹת
חִצַּי אֲכַלֶּה־בָּם: מְזֵי רָעָב וּלְחֻמֵי רֶשֶׁף
וְקֶטֶב מְרִירִי וְשֶׁן־בְּהֵמוֹת אֲשַׁלַּח־בָּם
עִם־חֲמַת זֹחֲלֵי עָפָר: מִחוּץ תְּשַׁכֶּל־חֶרֶב
וּמֵחֲדָרִים אֵימָה גַּם־בָּחוּר גַּם־בְּתוּלָה
יוֹנֵק עִם־אִישׁ שֵׂיבָה: אָמַרְתִּי אַפְאֵיהֶם
אַשְׁבִּיתָה מֵאֱנוֹשׁ זִכְרָם: לוּלֵי כַּעַס אוֹיֵב אָגוּר
פֶּן־יְנַכְּרוּ צָרֵימוֹ פֶּן־יֹאמְרוּ יָדֵנוּ רָמָה
וְלֹא יהוה פָּעַל כָּל־זֹאת: כִּי־גוֹי אֹבַד עֵצוֹת הֵמָּה
וְאֵין בָּהֶם תְּבוּנָה: לוּ חָכְמוּ יַשְׂכִּילוּ זֹאת
יָבִינוּ לְאַחֲרִיתָם: אֵיכָה יִרְדֹּף אֶחָד אֶלֶף
וּשְׁנַיִם יָנִיסוּ רְבָבָה אִם־לֹא כִּי־צוּרָם מְכָרָם
וַיהוה הִסְגִּירָם: כִּי לֹא כְצוּרֵנוּ צוּרָם
וְאֹיְבֵינוּ פְּלִילִים: כִּי־מִגֶּפֶן סְדֹם גַּפְנָם
וּמִשַּׁדְמֹת עֲמֹרָה עֲנָבֵמוֹ עִנְּבֵי־רוֹשׁ
אַשְׁכְּלֹת מְרֹרֹת לָמוֹ: חֲמַת תַּנִּינִם יֵינָם
וְרֹאשׁ פְּתָנִים אַכְזָר: הֲלֹא־הוּא כָּמֻס עִמָּדִי
חָתוּם בְּאוֹצְרֹתָי: לִי נָקָם וְשִׁלֵּם
לְעֵת תָּמוּט רַגְלָם כִּי קָרוֹב יוֹם אֵידָם
וְחָשׁ עֲתִדֹת לָמוֹ: כִּי־יָדִין יהוה עַמּוֹ
וְעַל־עֲבָדָיו יִתְנֶחָם כִּי יִרְאֶה כִּי־אָזְלַת יָד
וְאֶפֶס עָצוּר וְעָזוּב: וְאָמַר אֵי אֱלֹהֵימוֹ
צוּר חָסָיוּ בוֹ: אֲשֶׁר חֵלֶב זְבָחֵימוֹ יֹאכֵלוּ
יִשְׁתּוּ יֵין נְסִיכָם יָקוּמוּ וְיַעְזְרֻכֶם

יְהִי עֲלֵיכֶם סִתְרָה: רְאוּ עַתָּה כִּי אֲנִי אֲנִי הוּא
וְאֵין אֱלֹהִים עִמָּדִי אֲנִי אָמִית וַאֲחַיֶּה
מָחַצְתִּי וַאֲנִי אֶרְפָּא וְאֵין מִיָּדִי מַצִּיל:
כִּי־אֶשָּׂא אֶל־שָׁמַיִם יָדִי וְאָמַרְתִּי חַי אָנֹכִי לְעֹלָם:
אִם־שַׁנּוֹתִי בְּרַק חַרְבִּי וְתֹאחֵז בְּמִשְׁפָּט יָדִי
אָשִׁיב נָקָם לְצָרָי וְלִמְשַׂנְאַי אֲשַׁלֵּם:
אַשְׁכִּיר חִצַּי מִדָּם וְחַרְבִּי תֹּאכַל בָּשָׂר
מִדַּם חָלָל וְשִׁבְיָה מֵרֹאשׁ פַּרְעוֹת אוֹיֵב:
הַרְנִינוּ גוֹיִם עַמּוֹ כִּי דַם־עֲבָדָיו יִקּוֹם
וְנָקָם יָשִׁיב לְצָרָיו וְכִפֶּר אַדְמָתוֹ עַמּוֹ:

דברים ד בַּצַּר לְךָ וּמְצָאוּךָ כֹּל הַדְּבָרִים הָאֵלֶּה בְּאַחֲרִית הַיָּמִים וְשַׁבְתָּ עַד־יהוה אֱלֹהֶיךָ וְשָׁמַעְתָּ בְּקֹלוֹ: כִּי אֵל רַחוּם יהוה אֱלֹהֶיךָ לֹא יַרְפְּךָ וְלֹא יַשְׁחִיתֶךָ וְלֹא יִשְׁכַּח אֶת־בְּרִית אֲבֹתֶיךָ אֲשֶׁר נִשְׁבַּע לָהֶם:

ממשיכים בתפילת ערבית (בעמ׳ 152). אחרי העמידה שליח הציבור אומר חצי קדיש (ויש האומרים קדיש תתקבל), ויושבים לארץ ופותחים באמירת קינות.

במוצ״ש מברך על הנר: בָּרוּךְ אַתָּה יְהוָה, אֱלֹהֵינוּ מֶלֶךְ הָעוֹלָם, בּוֹרֵא מְאוֹרֵי הָאֵשׁ.

פתיחה לאיכה

לְמִי אֶבְכֶּה וְכַף אַכֶּה וּבִבְכִי אֲמָרֵר וַהֲמוֹן מֵעַי אֲשַׁנֵּן
הַלְמִקְדָּשׁ וְאָרוֹן אוֹ כְרוּבִים, אֲשֶׁר עוֹרְבִים וְקִפּוֹד שָׁם יְקַנֵּן
וְעַל דּוּכָן אֲשֶׁר הוּכַן לְלֵוִי לְנַצֵּחַ בְּשִׁיר לָאֵל וְרַנֵּן
אֱהִי מַשְׁמִים עֲלֵי אוּרִים וְתֻמִּים, אֲשֶׁר שָׁם כֹּהֲנֵי מִשְׁמָר יְכוֹנַן
וְעַל הֶרֶג חֲכָמִים בֵּית אֱלֹהִים, וּבָא קוֹסֵם קְסָמִים גַּם מְעוֹנֵן
וְאֵיכָה חָשְׁכָה אוֹר הַהֲלָכָה, וְהַתַּלְמוּד כְּגַלְמוּד מִי יְבוֹנֵן
וְסוֹד תּוֹרָה הֲיֵשׁ מוֹצִיא לְאוֹרָה, וּמִי הוּא זֶה עֲלֵי הַדּוֹר יְגוֹנֵן
חֲלָלִים נָפְלוּ עוֹלְלִים וְיוֹנְקִים, וְאֵין מֵקִים וְאֵין חוֹמֵל וְחוֹנֵן
לְזֹאת כָּל יוֹם וְכָל לֵיל אֲיֵלִיל בְּרָב חֵבֶל כְּמוֹ אָבֵל וְאוֹנֵן
וּמַר אֶסְפֹּד וְאָח אֶקְרָא לְקִפּוֹד, וּמִדְּמָעֵי עֲפַר צִיּוֹן אֲחוֹנֵן
וְאֶחְדַּל מִשְּׁמֹעַ קוֹל מְרַנֵּן, וְאֵיכָה יָשְׁבָה בָדָד אֲקוֹנֵן

# איכה

אֵיכָה ׀ יָשְׁבָה בָדָד הָעִיר רַבָּתִי עָם הָיְתָה כְּאַלְמָנָה רַבָּתִי בַגּוֹיִם שָׂרָתִי א
בַּמְּדִינוֹת הָיְתָה לָמַס׃ בָּכוֹ תִבְכֶּה בַּלַּיְלָה וְדִמְעָתָהּ עַל לֶחֱיָהּ אֵין־לָהּ
מְנַחֵם מִכָּל־אֹהֲבֶיהָ כָּל־רֵעֶיהָ בָּגְדוּ בָהּ הָיוּ לָהּ לְאֹיְבִים׃ גָּלְתָה יְהוּדָה
מֵעֹנִי וּמֵרֹב עֲבֹדָה הִיא יָשְׁבָה בַגּוֹיִם לֹא מָצְאָה מָנוֹחַ כָּל־רֹדְפֶיהָ הִשִּׂיגוּהָ
בֵּין הַמְּצָרִים׃ דַּרְכֵי צִיּוֹן אֲבֵלוֹת מִבְּלִי בָּאֵי מוֹעֵד כָּל־שְׁעָרֶיהָ שׁוֹמֵמִין
כֹּהֲנֶיהָ נֶאֱנָחִים בְּתוּלֹתֶיהָ נּוּגוֹת וְהִיא מַר־לָהּ׃ הָיוּ צָרֶיהָ לְרֹאשׁ אֹיְבֶיהָ
שָׁלוּ כִּי־יְהוָה הוֹגָהּ עַל־רֹב פְּשָׁעֶיהָ עוֹלָלֶיהָ הָלְכוּ שְׁבִי לִפְנֵי־צָר׃ וַיֵּצֵא
מן בת־צִיּוֹן כָּל־הֲדָרָהּ הָיוּ שָׂרֶיהָ כְּאַיָּלִים לֹא־מָצְאוּ מִרְעֶה וַיֵּלְכוּ בְלֹא־ מִבַּת־
כֹחַ לִפְנֵי רוֹדֵף׃ זָכְרָה יְרוּשָׁלִַם יְמֵי עָנְיָהּ וּמְרוּדֶיהָ כֹּל מַחֲמֻדֶיהָ אֲשֶׁר
הָיוּ מִימֵי קֶדֶם בִּנְפֹל עַמָּהּ בְּיַד־צָר וְאֵין עוֹזֵר לָהּ רָאוּהָ צָרִים שָׂחֲקוּ
עַל־מִשְׁבַּתֶּהָ׃ חֵטְא חָטְאָה יְרוּשָׁלִַם עַל־כֵּן לְנִידָה הָיָתָה כָּל־מְכַבְּדֶיהָ
הִזִּילוּהָ כִּי־רָאוּ עֶרְוָתָהּ גַּם־הִיא נֶאֶנְחָה וַתָּשָׁב אָחוֹר׃ טֻמְאָתָהּ בְּשׁוּלֶיהָ
לֹא זָכְרָה אַחֲרִיתָהּ וַתֵּרֶד פְּלָאִים אֵין מְנַחֵם לָהּ רְאֵה יְהוָה אֶת־עָנְיִי כִּי
הִגְדִּיל אוֹיֵב׃ יָדוֹ פָּרַשׂ צָר עַל כָּל־מַחֲמַדֶּיהָ כִּי־רָאֲתָה גוֹיִם בָּאוּ מִקְדָּשָׁהּ
אֲשֶׁר צִוִּיתָה לֹא־יָבֹאוּ בַקָּהָל לָךְ׃ כָּל־עַמָּהּ נֶאֱנָחִים מְבַקְּשִׁים לֶחֶם נָתְנוּ
מחמודיהם בְּאֹכֶל לְהָשִׁיב נָפֶשׁ רְאֵה יְהוָה וְהַבִּיטָה כִּי הָיִיתִי זוֹלֵלָה׃ לוֹא מַחֲמַדֵּיהֶם
אֲלֵיכֶם כָּל־עֹבְרֵי דֶרֶךְ הַבִּיטוּ וּרְאוּ אִם־יֵשׁ מַכְאוֹב כְּמַכְאֹבִי אֲשֶׁר עוֹלַל
לִי אֲשֶׁר הוֹגָה יְהוָה בְּיוֹם חֲרוֹן אַפּוֹ׃ מִמָּרוֹם שָׁלַח־אֵשׁ בְּעַצְמֹתַי וַיִּרְדֶּנָּה
פָּרַשׂ רֶשֶׁת לְרַגְלַי הֱשִׁיבַנִי אָחוֹר נְתָנַנִי שֹׁמֵמָה כָּל־הַיּוֹם דָּוָה׃ נִשְׂקַד
עֹל פְּשָׁעַי בְּיָדוֹ יִשְׂתָּרְגוּ עָלוּ עַל־צַוָּארִי הִכְשִׁיל כֹּחִי נְתָנַנִי אֲדֹנָי בִּידֵי
לֹא־אוּכַל קוּם׃ סִלָּה כָל־אַבִּירַי ׀ אֲדֹנָי בְּקִרְבִּי קָרָא עָלַי מוֹעֵד לִשְׁבֹּר
בַּחוּרָי גַּת דָּרַךְ אֲדֹנָי לִבְתוּלַת בַּת־יְהוּדָה׃ עַל־אֵלֶּה ׀ אֲנִי בוֹכִיָּה עֵינִי ׀
עֵינִי יֹרְדָה מַּיִם כִּי־רָחַק מִמֶּנִּי מְנַחֵם מֵשִׁיב נַפְשִׁי הָיוּ בָנַי שׁוֹמֵמִים כִּי גָבַר
אוֹיֵב׃ פֵּרְשָׂה צִיּוֹן בְּיָדֶיהָ אֵין מְנַחֵם לָהּ צִוָּה יְהוָה לְיַעֲקֹב סְבִיבָיו צָרָיו
הָיְתָה יְרוּשָׁלִַם לְנִדָּה בֵּינֵיהֶם׃ צַדִּיק הוּא יְהוָה כִּי פִיהוּ מָרִיתִי שִׁמְעוּ־נָא

כׇל־עַמִּים֙ וּרְא֣וּ מַכְאֹבִ֔י בְּתוּלֹתַ֥י וּבַחוּרַ֖י הָלְכ֥וּ בַשֶּֽׁבִי׃ קָרָ֤אתִי לַֽמְאַהֲבַי֙ הֵ֣מָּה רִמּ֔וּנִי כֹּהֲנַ֥י וּזְקֵנַ֖י בָּעִ֣יר גָּוָ֑עוּ כִּֽי־בִקְשׁ֥וּ אֹ֙כֶל֙ לָ֔מוֹ וְיָשִׁ֖יבוּ אֶת־נַפְשָֽׁם׃ רְאֵ֨ה יְהֹוָ֤ה כִּֽי־צַר־לִי֙ מֵעַ֣י חֳמַרְמָ֔רוּ נֶהְפַּ֤ךְ לִבִּי֙ בְּקִרְבִּ֔י כִּ֥י מָר֖וֹ מָרִ֑יתִי מִח֥וּץ שִׁכְּלָה־חֶ֖רֶב בַּבַּ֥יִת כַּמָּֽוֶת׃ שָׁמְע֞וּ כִּ֧י נֶאֱנָחָ֣ה אָ֗נִי אֵ֤ין מְנַחֵם֙ לִ֔י כׇּל־אֹ֨יְבַ֜י שָׁמְע֤וּ רָֽעָתִי֙ שָׂ֔שׂוּ כִּ֥י אַתָּ֖ה עָשִׂ֑יתָ הֵבֵ֛אתָ יוֹם־קָרָ֖אתָ וְיִֽהְי֥וּ כָמֽוֹנִי׃ תָּבֹ֨א כׇל־רָעָתָ֤ם לְפָנֶ֙יךָ֙ וְעוֹלֵ֣ל לָ֔מוֹ כַּאֲשֶׁ֥ר עוֹלַ֖לְתָּ לִ֑י עַ֖ל כׇּל־פְּשָׁעָ֑י כִּֽי־רַבּ֥וֹת אַנְחֹתַ֖י וְלִבִּ֥י דַוָּֽי׃

ב אֵיכָה֩ יָעִ֨יב בְּאַפּ֤וֹ ׀ אֲדֹנָי֙ אֶת־בַּת־צִיּ֔וֹן הִשְׁלִ֤יךְ מִשָּׁמַ֙יִם֙ אֶ֔רֶץ תִּפְאֶ֖רֶת יִשְׂרָאֵ֑ל וְלֹא־זָכַ֥ר הֲדֹם־רַגְלָ֖יו בְּי֥וֹם אַפּֽוֹ׃ בִּלַּ֨ע אֲדֹנָ֜י וְלֹ֣א חָמַ֗ל אֵ֚ת כׇּל־נְא֣וֹת יַעֲקֹ֔ב הָרַ֧ס בְּעֶבְרָת֛וֹ מִבְצְרֵ֥י בַת־יְהוּדָ֖ה הִגִּ֣יעַ לָאָ֑רֶץ חִלֵּ֥ל מַמְלָכָ֖ה וְשָׂרֶֽיהָ׃ גָּדַ֣ע בׇּחֳרִי־אַ֗ף כֹּ֚ל קֶ֣רֶן יִשְׂרָאֵ֔ל הֵשִׁ֥יב אָח֛וֹר יְמִינ֖וֹ מִפְּנֵ֣י אוֹיֵ֑ב וַיִּבְעַ֤ר בְּיַעֲקֹב֙ כְּאֵ֣שׁ לֶהָבָ֔ה אָכְלָ֖ה סָבִֽיב׃ דָּרַ֨ךְ קַשְׁתּ֜וֹ כְּאוֹיֵ֗ב נִצָּ֤ב יְמִינוֹ֙ כְּצָ֔ר וַֽיַּהֲרֹ֔ג כֹּ֖ל מַחֲמַדֵּי־עָ֑יִן בְּאֹ֙הֶל֙ בַּת־צִיּ֔וֹן שָׁפַ֥ךְ כָּאֵ֖שׁ חֲמָתֽוֹ׃ הָיָ֨ה אֲדֹנָ֤י ׀ כְּאוֹיֵב֙ בִּלַּ֣ע יִשְׂרָאֵ֔ל בִּלַּע֙ כׇּל־אַרְמְנוֹתֶ֔יהָ שִׁחֵ֖ת מִבְצָרָ֑יו וַיֶּ֙רֶב֙ בְּבַת־יְהוּדָ֔ה תַּאֲנִיָּ֖ה וַאֲנִיָּֽה׃ וַיַּחְמֹ֤ס כַּגַּן֙ שֻׂכּ֔וֹ שִׁחֵ֖ת מוֹעֲד֑וֹ שִׁכַּ֨ח יְהֹוָ֤ה ׀ בְּצִיּוֹן֙ מוֹעֵ֣ד וְשַׁבָּ֔ת וַיִּנְאַ֥ץ בְּזַֽעַם־אַפּ֖וֹ מֶ֥לֶךְ וְכֹהֵֽן׃ זָנַ֨ח אֲדֹנָ֤י ׀ מִזְבְּחוֹ֙ נִאֵ֣ר מִקְדָּשׁ֔וֹ הִסְגִּיר֙ בְּיַד־אוֹיֵ֔ב חוֹמֹ֖ת אַרְמְנוֹתֶ֑יהָ ק֛וֹל נָתְנ֥וּ בְּבֵית־יְהֹוָ֖ה כְּי֥וֹם מוֹעֵֽד׃ חָשַׁ֨ב יְהֹוָ֤ה ׀ לְהַשְׁחִית֙ חוֹמַ֣ת בַּת־צִיּ֔וֹן נָ֣טָה קָ֔ו לֹא־הֵשִׁ֥יב יָד֖וֹ מִבַּלֵּ֑עַ וַיַּֽאֲבֶל־חֵ֥ל וְחוֹמָ֖ה יַחְדָּ֥ו אֻמְלָֽלוּ׃ טָבְע֤וּ בָאָ֙רֶץ֙ שְׁעָרֶ֔יהָ אִבַּ֥ד וְשִׁבַּ֖ר בְּרִיחֶ֑יהָ מַלְכָּ֨הּ וְשָׂרֶ֤יהָ בַגּוֹיִם֙ אֵ֣ין תּוֹרָ֔ה גַּם־נְבִיאֶ֕יהָ לֹא־מָצְא֥וּ חָז֖וֹן מֵיְהֹוָֽה׃ יֵשְׁב֨וּ לָאָ֤רֶץ יִדְּמוּ֙ זִקְנֵ֣י בַת־צִיּ֔וֹן הֶֽעֱל֤וּ עָפָר֙ עַל־רֹאשָׁ֔ם חָגְר֖וּ שַׂקִּ֑ים הוֹרִ֤ידוּ לָאָ֙רֶץ֙ רֹאשָׁ֔ן בְּתוּלֹ֖ת יְרוּשָׁלָֽ͏ִם׃ כָּל֨וּ בַדְּמָע֤וֹת עֵינַי֙ חֳמַרְמְר֣וּ מֵעַ֔י נִשְׁפַּ֤ךְ לָאָ֙רֶץ֙ כְּבֵדִ֔י עַל־שֶׁ֖בֶר בַּת־עַמִּ֑י בֵּֽעָטֵ֤ף עוֹלֵל֙ וְיוֹנֵ֔ק בִּרְחֹב֖וֹת קִרְיָֽה׃ לְאִמֹּתָם֙ יֹֽאמְר֔וּ אַיֵּ֖ה דָּגָ֣ן וָיָ֑יִן בְּהִֽתְעַטְּפָ֤ם כֶּֽחָלָל֙ בִּרְחֹב֣וֹת עִ֔יר בְּהִשְׁתַּפֵּ֣ךְ נַפְשָׁ֔ם אֶל־חֵ֖יק אִמֹּתָֽם׃ מָֽה־אֲעִידֵ֞ךְ מָ֣ה אֲדַמֶּה־לָּ֗ךְ הַבַּת֙ יְר֣וּשָׁלַ֔͏ִם מָ֤ה אַשְׁוֶה־לָּךְ֙ וַאֲנַֽחֲמֵ֔ךְ בְּתוּלַ֖ת בַּת־צִיּ֑וֹן כִּֽי־גָד֥וֹל כַּיָּ֛ם שִׁבְרֵ֖ךְ מִ֥י יִרְפָּא־לָֽךְ׃ נְבִיאַ֗יִךְ חָ֤זוּ לָךְ֙ שָׁ֣וְא וְתָפֵ֔ל וְלֹֽא־גִלּ֥וּ עַל־עֲוֺנֵ֖ךְ לְהָשִׁ֣יב שְׁבוּתֵ֑ךְ וַיֶּֽחֱזוּ לָ֛ךְ מַשְׂא֥וֹת שָׁ֖וְא

וּמְדּוּחִים: סָפְקוּ עָלַיִךְ כַּפַּיִם כָּל־עֹבְרֵי דֶרֶךְ שָׁרְקוּ וַיָּנִעוּ רֹאשָׁם עַל־בַּת
יְרוּשָׁלָםִ הֲזֹאת הָעִיר שֶׁיֹּאמְרוּ כְּלִילַת יֹפִי מָשׂוֹשׂ לְכָל־הָאָרֶץ: פָּצוּ עָלַיִךְ
פִּיהֶם כָּל־אֹיְבַיִךְ שָׁרְקוּ וַיַּחַרְקוּ־שֵׁן אָמְרוּ בִּלָּעְנוּ אַךְ זֶה הַיּוֹם שֶׁקִּוִּינֻהוּ
מָצָאנוּ רָאִינוּ: עָשָׂה יהוה אֲשֶׁר זָמָם בִּצַּע אֶמְרָתוֹ אֲשֶׁר צִוָּה מִימֵי־קֶדֶם
הָרַס וְלֹא חָמָל וַיְשַׂמַּח עָלַיִךְ אוֹיֵב הֵרִים קֶרֶן צָרָיִךְ: צָעַק לִבָּם אֶל־אֲדֹנָי
חוֹמַת בַּת־צִיּוֹן הוֹרִידִי כַנַּחַל דִּמְעָה יוֹמָם וָלַיְלָה אַל־תִּתְּנִי פוּגַת לָךְ
אַל־תִּדֹּם בַּת־עֵינֵךְ: קוּמִי ׀ רֹנִּי בַלַּיִל לְרֹאשׁ אַשְׁמֻרוֹת שִׁפְכִי כַמַּיִם לִבֵּךְ
נֹכַח פְּנֵי אֲדֹנָי שְׂאִי אֵלָיו כַּפַּיִךְ עַל־נֶפֶשׁ עוֹלָלַיִךְ הָעֲטוּפִים בְּרָעָב בְּרֹאשׁ
כָּל־חוּצוֹת: רְאֵה יהוה וְהַבִּיטָה לְמִי עוֹלַלְתָּ כֹּה אִם־תֹּאכַלְנָה נָשִׁים פִּרְיָם
עֹלְלֵי טִפֻּחִים אִם־יֵהָרֵג בְּמִקְדַּשׁ אֲדֹנָי כֹּהֵן וְנָבִיא: שָׁכְבוּ לָאָרֶץ חוּצוֹת
נַעַר וְזָקֵן בְּתוּלֹתַי וּבַחוּרַי נָפְלוּ בֶחָרֶב הָרַגְתָּ בְּיוֹם אַפֶּךָ טָבַחְתָּ לֹא חָמָלְתָּ:
תִּקְרָא כְיוֹם מוֹעֵד מְגוּרַי מִסָּבִיב וְלֹא הָיָה בְּיוֹם אַף־יהוה פָּלִיט וְשָׂרִיד
אֲשֶׁר־טִפַּחְתִּי וְרִבִּיתִי אֹיְבִי כִלָּם:
ג אֲנִי הַגֶּבֶר רָאָה עֳנִי בְּשֵׁבֶט עֶבְרָתוֹ: אוֹתִי נָהַג וַיֹּלַךְ חֹשֶׁךְ וְלֹא־אוֹר: אַךְ
בִּי יָשֻׁב יַהֲפֹךְ יָדוֹ כָּל־הַיּוֹם: בִּלָּה בְשָׂרִי וְעוֹרִי שִׁבַּר עַצְמוֹתָי: בָּנָה עָלַי
וַיַּקַּף רֹאשׁ וּתְלָאָה: בְּמַחֲשַׁכִּים הוֹשִׁיבַנִי כְּמֵתֵי עוֹלָם: גָּדַר בַּעֲדִי וְלֹא
אֵצֵא הִכְבִּיד נְחָשְׁתִּי: גַּם כִּי אֶזְעַק וַאֲשַׁוֵּעַ שָׂתַם תְּפִלָּתִי: גָּדַר דְּרָכַי בְּגָזִית
נְתִיבֹתַי עִוָּה: דֹּב אֹרֵב הוּא לִי אריה בְּמִסְתָּרִים: דְּרָכַי סוֹרֵר וַיְפַשְּׁחֵנִי אֲרִי
שָׂמַנִי שֹׁמֵם: דָּרַךְ קַשְׁתּוֹ וַיַּצִּיבֵנִי כַּמַּטָּרָא לַחֵץ: הֵבִיא בְּכִלְיוֹתָי בְּנֵי
אַשְׁפָּתוֹ: הָיִיתִי שְּׂחֹק לְכָל־עַמִּי נְגִינָתָם כָּל־הַיּוֹם: הִשְׂבִּיעַנִי בַמְּרוֹרִים
הִרְוַנִי לַעֲנָה: וַיַּגְרֵס בֶּחָצָץ שִׁנָּי הִכְפִּישַׁנִי בָּאֵפֶר: וַתִּזְנַח מִשָּׁלוֹם נַפְשִׁי
נָשִׁיתִי טוֹבָה: וָאֹמַר אָבַד נִצְחִי וְתוֹחַלְתִּי מֵיהוה: זְכָר־עָנְיִי וּמְרוּדִי
לַעֲנָה וָרֹאשׁ: זָכוֹר תִּזְכּוֹר ותשיח עָלַי נַפְשִׁי: זֹאת אָשִׁיב אֶל־לִבִּי עַל־כֵּן וְתָשׁוֹחַ
אוֹחִיל: חַסְדֵי יהוה כִּי לֹא־תָמְנוּ כִּי לֹא־כָלוּ רַחֲמָיו: חֲדָשִׁים לַבְּקָרִים
רַבָּה אֱמוּנָתֶךָ: חֶלְקִי יהוה אָמְרָה נַפְשִׁי עַל־כֵּן אוֹחִיל לוֹ: טוֹב יהוה לְקֹוָו
לְנֶפֶשׁ תִּדְרְשֶׁנּוּ: טוֹב וְיָחִיל וְדוּמָם לִתְשׁוּעַת יהוה: טוֹב לַגֶּבֶר כִּי־יִשָּׂא עֹל
בִּנְעוּרָיו: יֵשֵׁב בָּדָד וְיִדֹּם כִּי נָטַל עָלָיו: יִתֵּן בֶּעָפָר פִּיהוּ אוּלַי יֵשׁ תִּקְוָה:
יִתֵּן לְמַכֵּהוּ לֶחִי יִשְׂבַּע בְּחֶרְפָּה: כִּי לֹא יִזְנַח לְעוֹלָם אֲדֹנָי: כִּי אִם־הוֹגָה

וְרִחַם כְּרֹב חֲסָדָו: כִּי לֹא עִנָּה מִלִּבּוֹ וַיַּגֶּה בְּנֵי־אִישׁ: לְדַכֵּא תַּחַת רַגְלָיו כֹּל
אֲסִירֵי אָרֶץ: לְהַטּוֹת מִשְׁפַּט־גָּבֶר נֶגֶד פְּנֵי עֶלְיוֹן: לְעַוֵּת אָדָם בְּרִיבוֹ אֲדֹנָי
לֹא רָאָה: מִי זֶה אָמַר וַתֶּהִי אֲדֹנָי לֹא צִוָּה: מִפִּי עֶלְיוֹן לֹא תֵצֵא הָרָעוֹת
וְהַטּוֹב: מַה־יִּתְאוֹנֵן אָדָם חָי גֶּבֶר עַל־חֲטָאָו: נַחְפְּשָׂה דְרָכֵינוּ וְנַחְקֹרָה
וְנָשׁוּבָה עַד־יְהוָה: נִשָּׂא לְבָבֵנוּ אֶל־כַּפָּיִם אֶל־אֵל בַּשָּׁמָיִם: נַחְנוּ פָשַׁעְנוּ
וּמָרִינוּ אַתָּה לֹא סָלָחְתָּ: סַכֹּתָה בָאַף וַתִּרְדְּפֵנוּ הָרַגְתָּ לֹא חָמָלְתָּ: סַכּוֹתָה
בֶעָנָן לָךְ מֵעֲבוֹר תְּפִלָּה: סְחִי וּמָאוֹס תְּשִׂימֵנוּ בְּקֶרֶב הָעַמִּים: פָּצוּ עָלֵינוּ
פִּיהֶם כָּל־אֹיְבֵינוּ: פַּחַד וָפַחַת הָיָה לָנוּ הַשֵּׁאת וְהַשָּׁבֶר: פַּלְגֵי־מַיִם תֵּרַד
עֵינִי עַל־שֶׁבֶר בַּת־עַמִּי: עֵינִי נִגְּרָה וְלֹא תִדְמֶה מֵאֵין הֲפֻגוֹת: עַד־יַשְׁקִיף
וְיֵרֶא יְהוָה מִשָּׁמָיִם: עֵינִי עוֹלְלָה לְנַפְשִׁי מִכֹּל בְּנוֹת עִירִי: צוֹד צָדוּנִי כַּצִּפּוֹר
אֹיְבַי חִנָּם: צָמְתוּ בַבּוֹר חַיָּי וַיַּדּוּ־אֶבֶן בִּי: צָפוּ־מַיִם עַל־רֹאשִׁי אָמַרְתִּי
נִגְזָרְתִּי: קָרָאתִי שִׁמְךָ יְהוָה מִבּוֹר תַּחְתִּיּוֹת: קוֹלִי שָׁמָעְתָּ אַל־תַּעְלֵם
אָזְנְךָ לְרַוְחָתִי לְשַׁוְעָתִי: קָרַבְתָּ בְּיוֹם אֶקְרָאֶךָּ אָמַרְתָּ אַל־תִּירָא: רַבְתָּ
אֲדֹנָי רִיבֵי נַפְשִׁי גָּאַלְתָּ חַיָּי: רָאִיתָה יְהוָה עַוָּתָתִי שָׁפְטָה מִשְׁפָּטִי: רָאִיתָה
כָּל־נִקְמָתָם כָּל־מַחְשְׁבֹתָם לִי: שָׁמַעְתָּ חֶרְפָּתָם יְהוָה כָּל־מַחְשְׁבֹתָם עָלָי:
שִׂפְתֵי קָמַי וְהֶגְיוֹנָם עָלַי כָּל־הַיּוֹם: שִׁבְתָּם וְקִימָתָם הַבִּיטָה אֲנִי מַנְגִּינָתָם:
תָּשִׁיב לָהֶם גְּמוּל יְהוָה כְּמַעֲשֵׂה יְדֵיהֶם: תִּתֵּן לָהֶם מְגִנַּת־לֵב תַּאֲלָתְךָ
לָהֶם: תִּרְדֹּף בְּאַף וְתַשְׁמִידֵם מִתַּחַת שְׁמֵי יְהוָה:
ד אֵיכָה יוּעַם זָהָב יִשְׁנֶא הַכֶּתֶם הַטּוֹב תִּשְׁתַּפֵּכְנָה אַבְנֵי־קֹדֶשׁ בְּרֹאשׁ
כָּל־חוּצוֹת: בְּנֵי צִיּוֹן הַיְקָרִים הַמְסֻלָּאִים בַּפָּז אֵיכָה נֶחְשְׁבוּ לְנִבְלֵי־חֶרֶשׂ
מַעֲשֵׂה יְדֵי יוֹצֵר: גַּם־תַּנִּין חָלְצוּ שַׁד הֵינִיקוּ גּוּרֵיהֶן בַּת־עַמִּי לְאַכְזָר כִּי תַּנִּים
ענים בַּמִּדְבָּר: דָּבַק לְשׁוֹן יוֹנֵק אֶל־חִכּוֹ בַּצָּמָא עוֹלָלִים שָׁאֲלוּ לֶחֶם פֹּרֵשׂ כַּיְעֵנִים
אֵין לָהֶם: הָאֹכְלִים לְמַעֲדַנִּים נָשַׁמּוּ בַּחוּצוֹת הָאֱמֻנִים עֲלֵי תוֹלָע חִבְּקוּ
אַשְׁפַּתּוֹת: וַיִּגְדַּל עֲוֺן בַּת־עַמִּי מֵחַטַּאת סְדֹם הַהֲפוּכָה כְמוֹ־רָגַע וְלֹא־
חָלוּ בָהּ יָדָיִם: זַכּוּ נְזִירֶיהָ מִשֶּׁלֶג צַחוּ מֵחָלָב אָדְמוּ עֶצֶם מִפְּנִינִים סַפִּיר
גִּזְרָתָם: חָשַׁךְ מִשְּׁחוֹר תָּאֳרָם לֹא נִכְּרוּ בַּחוּצוֹת צָפַד עוֹרָם עַל־עַצְמָם
יָבֵשׁ הָיָה כָעֵץ: טוֹבִים הָיוּ חַלְלֵי־חֶרֶב מֵחַלְלֵי רָעָב שֶׁהֵם יָזוּבוּ מְדֻקָּרִים
מִתְּנוּבֹת שָׂדָי: יְדֵי נָשִׁים רַחֲמָנִיּוֹת בִּשְּׁלוּ יַלְדֵיהֶן הָיוּ לְבָרוֹת לָמוֹ בְּשֶׁבֶר

בַּת־עַמִּי: כִּלָּה יהוה אֶת־חֲמָתוֹ שָׁפַךְ חֲרוֹן אַפּוֹ וַיַּצֶּת־אֵשׁ בְּצִיּוֹן וַתֹּאכַל
כֹּל יְסוֹדֹתֶיהָ: לֹא הֶאֱמִינוּ מַלְכֵי־אֶרֶץ וכל יֹשְׁבֵי תֵבֵל כִּי יָבֹא צַר וְאוֹיֵב בְּשַׁעֲרֵי
יְרוּשָׁלָםִ: מֵחַטֹּאת נְבִיאֶיהָ עֲוֺנוֹת כֹּהֲנֶיהָ הַשֹּׁפְכִים בְּקִרְבָּהּ דַּם צַדִּיקִים:
נָעוּ עִוְרִים בַּחוּצוֹת נְגֹאֲלוּ בַּדָּם בְּלֹא יוּכְלוּ יִגְּעוּ בִּלְבֻשֵׁיהֶם: סוּרוּ טָמֵא
קָרְאוּ לָמוֹ סוּרוּ סוּרוּ אַל־תִּגָּעוּ כִּי נָצוּ גַּם־נָעוּ אָמְרוּ בַּגּוֹיִם לֹא יוֹסִפוּ
וּזְקֵנִים לָגוּר: פְּנֵי יהוה חִלְּקָם לֹא יוֹסִיף לְהַבִּיטָם פְּנֵי כֹהֲנִים לֹא נָשָׂאוּ זקנים לֹא
עוֹדֵינוּ חָנָנוּ: עודינה תִּכְלֶינָה עֵינֵינוּ אֶל־עֶזְרָתֵנוּ הָבֶל בְּצִפִּיָּתֵנוּ צִפִּינוּ אֶל־גּוֹי
לֹא יוֹשִׁעַ: צָדוּ צְעָדֵינוּ מִלֶּכֶת בִּרְחֹבֹתֵינוּ קָרַב קִצֵּנוּ מָלְאוּ יָמֵינוּ כִּי־בָא
קִצֵּנוּ: קַלִּים הָיוּ רֹדְפֵינוּ מִנִּשְׁרֵי שָׁמָיִם עַל־הֶהָרִים דְּלָקֻנוּ בַּמִּדְבָּר אָרְבוּ
לָנוּ: רוּחַ אַפֵּינוּ מְשִׁיחַ יהוה נִלְכַּד בִּשְׁחִיתוֹתָם אֲשֶׁר אָמַרְנוּ בְּצִלּוֹ נִחְיֶה
יוֹשֶׁבֶת בַגּוֹיִם: שִׂישִׂי וְשִׂמְחִי בַּת־אֱדוֹם יושבתי בְּאֶרֶץ עוּץ גַּם־עָלַיִךְ תַּעֲבָר־
כּוֹס תִּשְׁכְּרִי וְתִתְעָרִי: תַּם־עֲוֺנֵךְ בַּת־צִיּוֹן לֹא יוֹסִיף לְהַגְלוֹתֵךְ פָּקַד עֲוֺנֵךְ
בַּת־אֱדוֹם גִּלָּה עַל־חַטֹּאתָיִךְ:

ה זְכֹר יהוה מֶה־הָיָה לָנוּ הַבִּיטָ וּרְאֵה אֶת־חֶרְפָּתֵנוּ: נַחֲלָתֵנוּ נֶהֶפְכָה לְזָרִים
וְאֵין בָּתֵּינוּ לְנָכְרִים: יְתוֹמִים הָיִינוּ אין אָב אִמֹּתֵינוּ כְּאַלְמָנוֹת: מֵימֵינוּ בְּכֶסֶף
וְלֹא שָׁתִינוּ עֵצֵינוּ בִּמְחִיר יָבֹאוּ: עַל צַוָּארֵנוּ נִרְדָּפְנוּ יָגַעְנוּ לא הוּנַח־לָנוּ:
וְאֵינָם וַאֲנַחְנוּ מִצְרַיִם נָתַנּוּ יָד אַשּׁוּר לִשְׂבֹּעַ לָחֶם: אֲבֹתֵינוּ חָטְאוּ אינם אנחנו עֲוֺנֹתֵיהֶם
סָבָלְנוּ: עֲבָדִים מָשְׁלוּ בָנוּ פֹּרֵק אֵין מִיָּדָם: בְּנַפְשֵׁנוּ נָבִיא לַחְמֵנוּ מִפְּנֵי
חֶרֶב הַמִּדְבָּר: עוֹרֵנוּ כְּתַנּוּר נִכְמָרוּ מִפְּנֵי זַלְעֲפוֹת רָעָב: נָשִׁים בְּצִיּוֹן עִנּוּ
בְּתֻלֹת בְּעָרֵי יְהוּדָה: שָׂרִים בְּיָדָם נִתְלוּ פְּנֵי זְקֵנִים לֹא נֶהְדָּרוּ: בַּחוּרִים
טְחוֹן נָשָׂאוּ וּנְעָרִים בָּעֵץ כָּשָׁלוּ: זְקֵנִים מִשַּׁעַר שָׁבָתוּ בַּחוּרִים מִנְּגִינָתָם:
שָׁבַת מְשׂוֹשׂ לִבֵּנוּ נֶהְפַּךְ לְאֵבֶל מְחֹלֵנוּ: נָפְלָה עֲטֶרֶת רֹאשֵׁנוּ אוֹי־נָא
לָנוּ כִּי חָטָאנוּ: עַל־זֶה הָיָה דָוֶה לִבֵּנוּ עַל־אֵלֶּה חָשְׁכוּ עֵינֵינוּ: עַל הַר־צִיּוֹן
שֶׁשָּׁמֵם שׁוּעָלִים הִלְּכוּ־בוֹ: אַתָּה יהוה לְעוֹלָם תֵּשֵׁב כִּסְאֲךָ לְדֹר וָדוֹר:
לָמָּה לָנֶצַח תִּשְׁכָּחֵנוּ תַּעַזְבֵנוּ לְאֹרֶךְ יָמִים: הֲשִׁיבֵנוּ יהוה ׀ אֵלֶיךָ וְנָשׁוּבָ
חַדֵּשׁ יָמֵינוּ כְּקֶדֶם: כִּי אִם־מָאֹס מְאַסְתָּנוּ קָצַפְתָּ עָלֵינוּ עַד־מְאֹד:

הֲשִׁיבֵנוּ יהוה אֵלֶיךָ וְנָשׁוּבָ חַדֵּשׁ יָמֵינוּ כְּקֶדֶם:

אחרי מגילת איכה נוהגים לומר קינות ולאחריהן קדושה דסידרא מתיבות ׳וְאַתָּה קָדוֹשׁ׳ (הלקי״ט ח״ב, קלט), ומסיימים בקדיש ׳דְּהוּא עָתִיד׳ ובהכרזת מניין השנים לחורבן הבית. כיום נפוץ המנהג לומר אחרי מגילת איכה את הקינה ׳אָז בַּחֲטָאֵינוּ׳, להמשיך ׳וְאַתָּה קָדוֹשׁ׳ וקדיש ׳דְּהוּא עָתִיד׳, ואז לומר את יתר הקינות.

בקהילות שבהן אומרים את כל הקינות לפני ׳וְאַתָּה קָדוֹשׁ׳, אומרים קינה זו ואת ההכרזה שלאחריה בסוף הסדר.

אָז בַּחֲטָאֵינוּ חָרַב מִקְדָּשׁ / וּבַעֲוֹנוֹתֵינוּ נִשְׂרַף הֵיכָל.
בְּעִיר שֶׁחֻבְּרָה לָּהּ, קָשְׁרוּ מִסְפֵּד / וּצְבָא הַשָּׁמַיִם נָשְׂאוּ קִינָה.
גַּם בָּכוּ בַּמָּרוֹם שִׁבְטֵי יַעֲקֹב / וְאַף מַזָּלוֹת יִזְּלוּ דִמְעָה.
דִּגְלֵי יְשֻׁרוּן חָפוּ רֹאשָׁם / כִּימָה וּכְסִיל קָדְרוּ פְנֵיהֶם.
הֶעְתִּירוּ אָבוֹת, וְאֵל כְּלֹא שׁוֹמֵעַ / צָעֲקוּ בָנִים וְלֹא עָנָה אָב.
וְקוֹל הַתּוֹר צוֹעֵק בַּמָּרָה / וְרוֹעֶה נֶאֱמָן לֹא הִטָּה אֹזֶן.
זֶרַע קֹדֶשׁ חָגְרוּ שַׂקִּים / וּצְבָא הַשָּׁמַיִם שַׂק הוּשַׁת כְּסוּתָם.
חָשַׁךְ הַשֶּׁמֶשׁ וְיָרֵחַ קָדַר / וְכוֹכָבִים אָסְפוּ נָגְהָם.

יש קהילות שבהן מדלגים על הבתים הבאים (׳זבחי צדק׳, החדשות כב):

טָלֶה רִאשׁוֹן צוֹעֵק בְּמַר נֶפֶשׁ / עַל כִּי כְבָשָׂיו לַטֶּבַח הוּבָלוּ.
יְלָלָה הִשְׁמִיעַ שׁוֹר בַּמְּרוֹמִים / עַל כִּי בְכוֹר שׁוֹר שַׁחוּ קַרְנָיו.
כּוֹכַב תְּאוֹמִים חָלָה מִכַּעַס / כִּי דַּם אַחִים נִשְׁפַּךְ כַּמַּיִם.
לָאָרֶץ בִּקֵּשׁ לִנְפֹּל סַרְטָן / כִּי הִתְעַלַּפְנוּ צִחֵי צָמָא.
מָרוֹם נִרְעַשׁ מִקּוֹל אַרְיֵה / כִּי שַׁאֲגָתֵנוּ עָלְתָה לַמָּרוֹם.
נֶהֶרְגוּ בְּתוּלוֹת גַּם בַּחוּרִים / עַל כֵּן בְּתוּלָה קָדְרוּ פָנֶיהָ.
סִבֵּב מֹאזְנַיִם וּבִקֵּשׁ תְּחִנָּה / כִּי נִכְרַע לָנוּ כַּף מָוֶת מֵחַיִּים.
עַקְרָב לָבַשׁ פַּחַד וּרְעָדָה / כִּי בְעַקְרַבִּים יִסְּרוּנוּ צָרֵינוּ.
פְּנֵי הַקֶּשֶׁת נֶהֶפְכוּ לְאָחוֹר / כִּי צוּר דָּרַךְ קַשְׁתּוֹ כְּאוֹיֵב.
צָרַח דְּלִי כִּי צָפוּ מַיִם עַל רֹאשֵׁנוּ / וּמִדְּלִי מָלֵא חִכֵּנוּ יָבֵשׁ.
קוֹל גְּדִי נִשְׁמַע בַּיְלָלָה כִּי אָפֵס קָרְבָּן / כִּי גְדִי נִגְדַּע וּשְׂעִיר חַטָּאת.
רָגַז וּפָחַד מַזַּל דָּגִים / כִּי כַדָּגִים נֶאֱחָזְנוּ בִּמְצוֹדָה רָעָה.
שַׁדַּי שׁוּר עָלְבּוֹנֵנוּ / תָּשׁוּב תְּרַחֲמֵנוּ, תְּכַבֵּס עֲוֹנוֹתֵינוּ.
תִּבָּנֶה בֵּית מִקְדָּשֵׁנוּ / יִרְאוּ עֵינֵינוּ וְיִשְׂמַח לִבֵּנוּ.

נוהגים לכבות את האורות ולהכריז על מנין השנים לחורבן הבית (תיקון יששכר):

שִׁמְעוּ נָא אַחֵינוּ בֵּית יִשְׂרָאֵל, כִּי בַּעֲוֹנוֹתֵינוּ וַעֲוֹנוֹת אֲבוֹתֵינוּ אֲנַחְנוּ מוֹנִים הַיּוֹם אֶלֶף וּתְשַׁע מֵאוֹת _______ שָׁנִים לְחֻרְבַּן בֵּית מִקְדָּשֵׁנוּ, וְלִשְׂרֵפַת הֵיכָלֵנוּ, וּלְגָלוּת שְׁכִינַת עֻזֵּנוּ, וְלִנְפִילַת עֲטֶרֶת רֹאשֵׁנוּ, וּלְפִזּוּר עַם הַקֹּדֶשׁ מִירוּשָׁלַיִם עִיר הַקֹּדֶשׁ. אוֹי לָנוּ עַל גָּלוּת הַשְּׁכִינָה, אוֹי לָנוּ עַל חֻרְבַּן בֵּית הַמִּקְדָּשׁ, אוֹי לָנוּ עַל שְׂרֵפַת הַתּוֹרָה, אוֹי לָנוּ עַל הֲרִיגַת הַצַּדִּיקִים, אוֹי לָנוּ עַל צַעֲרוֹ שֶׁל מָשִׁיחַ.

יש אומרים כאן ׳וְאַתָּה קָדוֹשׁ׳ וקדיש ׳דְּהוּא עָתִיד׳ (בעמוד הבא),
ויש האומרים אותם בסוף הקינות.

תהלים כב ישעיה ו וְאַתָּה קָדוֹשׁ יוֹשֵׁב תְּהִלּוֹת יִשְׂרָאֵל: וְקָרָא זֶה אֶל־זֶה וְאָמַר
קָדוֹשׁ, קָדוֹשׁ, קָדוֹשׁ, יְהוָה צְבָאוֹת, מְלֹא כָל־הָאָרֶץ כְּבוֹדוֹ:

תרגום יונתן שם וּמְקַבְּלִין דֵּין מִן דֵּין וְאָמְרִין, קַדִּישׁ בִּשְׁמֵי מְרוֹמָא עִלָּאָה בֵּית שְׁכִינְתֵהּ, קַדִּישׁ עַל אַרְעָא עוֹבַד גְּבוּרְתֵהּ, קַדִּישׁ לְעָלַם וּלְעָלְמֵי עָלְמַיָּא, יְהוָה צְבָאוֹת, מַלְיָא כָל אַרְעָא זִיו יְקָרֵהּ.

יחזקאל ג וַתִּשָּׂאֵנִי רוּחַ, וָאֶשְׁמַע אַחֲרַי קוֹל רַעַשׁ גָּדוֹל
בָּרוּךְ כְּבוֹד־יְהוָה מִמְּקוֹמוֹ:

תרגום יונתן שם וּנְטָלַתְנִי רוּחָא, וּשְׁמָעִית בַּתְרַי קָל זִיעַ סַגִּיא, דִּמְשַׁבְּחִין וְאָמְרִין, בְּרִיךְ יְקָרָא דַיהוָה מֵאֲתַר בֵּית שְׁכִינְתֵהּ.

שמות טו יְהוָה יִמְלֹךְ לְעֹלָם וָעֶד:

תרגום אונקלוס שם יְהוָה מַלְכוּתֵהּ קָאֵם לְעָלַם וּלְעָלְמֵי עָלְמַיָּא.

דברי הימים א׳ כט יְהוָה אֱלֹהֵי אַבְרָהָם יִצְחָק וְיִשְׂרָאֵל אֲבֹתֵינוּ, שָׁמְרָה־זֹּאת לְעוֹלָם לְיֵצֶר
תהלים עח מַחְשְׁבוֹת לְבַב עַמֶּךָ, וְהָכֵן לְבָבָם אֵלֶיךָ: וְהוּא רַחוּם יְכַפֵּר עָוֹן וְלֹא־
תהלים פו יַשְׁחִית, וְהִרְבָּה לְהָשִׁיב אַפּוֹ, וְלֹא־יָעִיר כָּל־חֲמָתוֹ: כִּי־אַתָּה אֲדֹנָי טוֹב
תהלים קיט וְסַלָּח, וְרַב־חֶסֶד לְכָל־קֹרְאֶיךָ: צִדְקָתְךָ צֶדֶק לְעוֹלָם וְתוֹרָתְךָ אֱמֶת:
מיכה ז תִּתֵּן אֱמֶת לְיַעֲקֹב, חֶסֶד לְאַבְרָהָם, אֲשֶׁר־נִשְׁבַּעְתָּ לַאֲבֹתֵינוּ מִימֵי קֶדֶם:
תהלים סח תהלים מו בָּרוּךְ אֲדֹנָי יוֹם יוֹם יַעֲמָס־לָנוּ, הָאֵל יְשׁוּעָתֵנוּ סֶלָה: יְהוָה צְבָאוֹת עִמָּנוּ,
תהלים פד תהלים כ מִשְׂגָּב לָנוּ אֱלֹהֵי יַעֲקֹב סֶלָה: יְהוָה צְבָאוֹת, אַשְׁרֵי אָדָם בֹּטֵחַ בָּךְ: יְהוָה
הוֹשִׁיעָה, הַמֶּלֶךְ יַעֲנֵנוּ בְיוֹם־קָרְאֵנוּ:

בָּרוּךְ אֱלֹהֵינוּ שֶׁבְּרָאָנוּ לִכְבוֹדוֹ, וְהִבְדִּילָנוּ מִן הַתּוֹעִים, וְנָתַן לָנוּ
תּוֹרַת אֱמֶת, וְחַיֵּי עוֹלָם נָטַע בְּתוֹכֵנוּ. הוּא יִפְתַּח לִבֵּנוּ בְּתוֹרָתוֹ,
וְיָשֵׂם בְּלִבֵּנוּ אַהֲבָתוֹ וְיִרְאָתוֹ וְלַעֲשׂוֹת רְצוֹנוֹ וּלְעָבְדוֹ בְּלֵבָב שָׁלֵם,
לְמַעַן לֹא נִיגַע לָרִיק וְלֹא נֵלֵד לַבֶּהָלָה. יְהִי רָצוֹן מִלְּפָנֶיךָ, יְהוָה אֱלֹהֵינוּ
וֵאלֹהֵי אֲבוֹתֵינוּ, שֶׁנִּשְׁמֹר חֻקֶּיךָ בָּעוֹלָם הַזֶּה, וְנִזְכֶּה וְנִחְיֶה וְנִירַשׁ טוֹבָה
וּבְרָכָה, לְחַיֵּי הָעוֹלָם הַבָּא. לְמַעַן יְזַמֶּרְךָ כָבוֹד וְלֹא יִדֹּם, יְהוָה אֱלֹהַי, תהלים ל
לְעוֹלָם אוֹדֶךָּ: יְהוָה חָפֵץ לְמַעַן צִדְקוֹ, יַגְדִּיל תּוֹרָה וְיַאְדִּיר: וְיִבְטְחוּ ישעיה מב תהלים ט
בְךָ יוֹדְעֵי שְׁמֶךָ, כִּי לֹא־עָזַבְתָּ דֹרְשֶׁיךָ, יְהוָה: יְהוָה אֲדֹנֵינוּ מָה־אַדִּיר תהלים ח
שִׁמְךָ בְּכָל־הָאָרֶץ: חִזְקוּ וְיַאֲמֵץ לְבַבְכֶם, כָּל־הַמְיַחֲלִים לַיהוָה: תהלים לא

קדיש דהוא עתיד

ש״ץ: יִתְגַּדַּל וְיִתְקַדַּשׁ שְׁמֵהּ רַבָּא (קהל: אָמֵן)
דְּהוּא עָתִיד לְחַדָּתָא עָלְמָא
וּלְאַחָאָה מֵיתַיָּא, וּלְשַׁכְלָלָא הֵיכְלָא, וּלְמִפְרַק חַיַּיָּא
וּלְמִבְנֵי קַרְתָּא דִירוּשְׁלֵם, וּלְמֶיעְקַר פֻּלְחָנָא נֻכְרָאָה מֵאַרְעָא
וּלְאָתָבָא פֻּלְחָנָא יַקִּירָא דִשְׁמַיָּא לְהַדְרֵיהּ וְזִיוֵיהּ וִיקָרֵיהּ
בְּחַיֵּיכוֹן וּבְיוֹמֵיכוֹן וּבְחַיֵּי דְכָל בֵּית יִשְׂרָאֵל
בַּעֲגָלָא וּבִזְמַן קָרִיב, וְאִמְרוּ אָמֵן. (קהל: אָמֵן)

קהל וש״ץ: יְהֵא שְׁמֵהּ רַבָּא מְבָרַךְ לְעָלַם לְעָלְמֵי עָלְמַיָּא יִתְבָּרַךְ
וְיִשְׁתַּבַּח וְיִתְפָּאַר וְיִתְרוֹמַם וְיִתְנַשֵּׂא וְיִתְהַדָּר וְיִתְעַלֶּה וְיִתְהַלָּל
שְׁמֵהּ דְּקֻדְשָׁא בְּרִיךְ הוּא, לְעֵלָּא מִן כָּל בִּרְכָתָא
שִׁירָתָא, תֻּשְׁבְּחָתָא וְנֶחֱמָתָא דַּאֲמִירָן בְּעָלְמָא, וְאִמְרוּ אָמֵן. (קהל: אָמֵן)

תִּתְכְּלֵי חַרְבָּא וְכַפְנָא וּמוֹתָנָא וּמַרְעִין בִּישִׁין
יַעֲדֵי מִנַּנָא וּמִנְּכוֹן וּמֵעַל עַמֵּיהּ יִשְׂרָאֵל, וְאִמְרוּ אָמֵן. (קהל: אָמֵן)

יְהֵא שְׁלָמָא רַבָּא מִן שְׁמַיָּא, חַיִּים וְשָׂבָע וִישׁוּעָה וְנֶחָמָה
וְשֵׁיזָבָא וּרְפוּאָה וּגְאֻלָּה וּסְלִיחָה וְכַפָּרָה וְרֶוַח וְהַצָּלָה
לָנוּ וּלְכָל עַמּוֹ יִשְׂרָאֵל, וְאִמְרוּ אָמֵן. (קהל: אָמֵן)

עֹשֶׂה שָׁלוֹם בִּמְרוֹמָיו, הוּא בְּרַחֲמָיו יַעֲשֶׂה שָׁלוֹם עָלֵינוּ
וְעַל כָּל עַמּוֹ יִשְׂרָאֵל, וְאִמְרוּ אָמֵן. (קהל: אָמֵן)

בְּלֵיל זֶה יִבְכָּיוּן וְיֵילִילוּ בָּנַי
לֵיל חָרַב בֵּיתִי וְנִשְׂרְפוּ אַרְמוֹנַי
וְכָל בֵּית יִשְׂרָאֵל יֶהְגּוּ בִיגוֹנַי
יִבְכּוּ הַשְּׂרֵפָה אֲשֶׁר שָׂרַף יְהוָה.

בְּלֵיל זֶה אֵרְעוּ לִי חֲמִשָּׁה דְבָרִים קָשִׁים
נִגְזַר עַל אָבוֹת וְהָיוּ נֶעֱנָשִׁים
לְבִלְתִּי יִכָּנְסוּ לְתוֹךְ אֶרֶץ קְדוֹשִׁים
וְנֶחֱרַב הַבַּיִת וְגַם חָרְשׁוּ חוֹרְשִׁים
רִאשׁוֹן גַּם שֵׁנִי יְשָׁנִים עִם חֲדָשִׁים
וְגַם נִלְכְּדָה בֵּיתֵר וְהָיְתָה לְפַח מוֹקְשִׁים
בְּלֵיל זֶה כִּי הָיְתָה סִבָּה מֵאֵת יְהוָה
יִבְכּוּ הַשְּׂרֵפָה אֲשֶׁר שָׂרַף יְהוָה.

בְּלֵיל זֶה תְּיַלֵּיל מַר עֲנִיָּה נִבְדֶּלֶת
וּמִבֵּית אָבִיהָ כְּהַיּוֹם נֶחְדֶּלֶת
וְעוֹרֶכֶת בָּכוֹת וְקִינִים מְיַלֶּלֶת
כִּי נִשְׂרַף בֵּיתָהּ בְּלַבַּת אוֹכֶלֶת
וְיָצְאָה גַּחֶלֶת וְאֵשׁ מֵאֵת יְהוָה
יִבְכּוּ הַשְּׂרֵפָה אֲשֶׁר שָׂרַף יְהוָה.

בְּלֵיל זֶה הִגְלַנִי וְאֶת בֵּיתִי הֶחֱרִיב
בְּתִשְׁעָה לַחֹדֶשׁ בְּשָׁעַת הַמַּעֲרִיב
אֲנִי עַל מִשְׁמַרְתִּי מִשְׁמֶרֶת יְהוֹיָרִיב
וְנִכְנַס הָאוֹיֵב וְאֶת זְבָחָיו הִקְרִיב
וּבָא אֶל מִקְדָּשִׁי וְלֹא צִוָּה יְהוָה
יִבְכּוּ הַשְּׂרֵפָה אֲשֶׁר שָׂרַף יְהוָה.

זְכֹר יְהֹוָה לִיהוּדָה וְאֶפְרַיִם
אֲשֶׁר שֻׁפַּךְ דָּמָם כַּמַּיִם
סְבִיבוֹת סְבִיבוֹת יְרוּשָׁלָיִם.

זְכֹר יְהֹוָה לַמָּשִׁיחַ הַנִּקְרָא
אֲשֶׁר עָשׂוּ אֶת גּוּפוֹ כִּכְבָרָה
וְלֹא נוֹתַר חֵץ אֲשֶׁר בּוֹ לֹא יָרָה
לָכֵן עָלָיו אֶבְכֶּה בְּנֶפֶשׁ מָרָה
לְשֶׁבֶר זֶה רָפוּ כָּל יָדַיִם
סְבִיבוֹת סְבִיבוֹת יְרוּשָׁלָיִם.

זְכֹר יְהֹוָה לְאָבוֹת וּפְרָחִים
אֲשֶׁר הָרַג רָשָׁע שַׂר טַבָּחִים
בְּדַם כֹּהֵן הַמַּקְרִיב הַזְּבָחִים
וְגַם צָדָם כְּצִפֳּרִים אֶל פַּחִים
לְשֶׁבֶר זֶה תְּצִלֶּינָה אָזְנַיִם
סְבִיבוֹת סְבִיבוֹת יְרוּשָׁלָיִם.

זְכֹר יְהֹוָה לִשְׁמוֹנִים אֶלֶף אֲצִילִים
אֲשֶׁר בָּרְחוּ וְהָלְכוּ לַיִּשְׁמְעֵאלִים
וְעֵת רָאוּם תָּקְעוּ שָׁם אֹהָלִים
עִם מַאֲכָל וּנְפוּחִים הַנְּבָלִים
וּבַצָּמָא הִשְׁקוּם מִבְּלִי מַיִם
סְבִיבוֹת סְבִיבוֹת יְרוּשָׁלָיִם.

זְכֹר יְהֹוָה לָאַלְמָנָה הַצְּנוּעָה
אֲשֶׁר הָרְגוּ אֶת בָּנֶיהָ שִׁבְעָה
בְּנֵי עַוְלָה מַלְכוּת יָוָן הָרְשָׁעָה
וְהִיא עַצְמָהּ נָפְלָה וְגַם שָׁקְעָה
וְעַל אֵלֶּה יֶהֱמוּ כָּל מֵעַיִם
סְבִיבוֹת סְבִיבוֹת יְרוּשָׁלָיִם.

זְכֹר יְהֹוָה לַעֲשָׂרָה הַיְשִׁישִׁים
אֲשֶׁר נָפְלוּ בִּידֵי אֲדוֹנִים קָשִׁים
לְחֶרֶב וּלְלַהֶבֶת אִשִּׁים
וְהִפְשִׁיטוּם כָּאֵילִים וּתְיָשִׁים
עַל קְדֻשַּׁת שֵׁם שׁוֹכֵן שָׁמַיִם
סְבִיבוֹת סְבִיבוֹת יְרוּשָׁלָיִם.

יש קהילות שבהן מדלגים על פיוט זה ואומרים רק את הבית האחרון 'הִתְנַחֲמוּ בְּגָלוּת':

אֲלֵיכֶם עֵדָה קְדוֹשָׁה אֶשְׁאַל מִכֶּם שְׁאֵלוֹת
מַה נִּשְׁתַּנָּה הַלַּיְלָה הַזֶּה מִכָּל הַלֵּילוֹת.

מַדּוּעַ בְּלֵיל פֶּסַח אוֹכְלִים מַצּוֹת וּמְרוֹרִים
עַתָּה הַלַּיְלָה הַזֶּה שָׂבַעְנוּ בּוּז וּמְרוֹרִים
עַל הֶרֶג הַכְּשֵׁרִים וְעַל זֶרַע יְשָׁרִים
עַל כֵּן בִּבְכִי תַמְרוּרִים אֶשָּׂא קוֹלִי כַּחוֹלוֹת
מַה נִּשְׁתַּנָּה הַלַּיְלָה הַזֶּה מִכָּל הַלֵּילוֹת.

מַדּוּעַ בְּלֵיל פֶּסַח שֻׁלְחָן עָרוּךְ בְּשִׂמְחָה
עַתָּה בַּעֲוֹנוֹתֵינוּ בְּלֵיל זֶה קוֹל אֲנָחָה
אֲהָהּ כִּי לֹא מָצָאנוּ לְכַף רַגְלֵנוּ מְנוּחָה
אוֹי כִּי בָאָה צָרָה, עַל כֵּן אֶשְׁכַּח מְחוֹלוֹת
מַה נִּשְׁתַּנָּה הַלַּיְלָה הַזֶּה מִכָּל הַלֵּילוֹת.

מַדּוּעַ בְּלֵיל פֶּסַח שׁוֹתִים כּוֹסוֹת בִּבְרָכָה
עַתָּה אֲנַחְנוּ בְּלֵיל זֶה נִקְרָא מְגִלַּת אֵיכָה
אֵיכָה בְּגָלוּת יָשַׁבְתִּי וּבָאתִי אֶרֶץ מְבוּכָה
לָכֵן אֲנִי עַל כָּכָה אֲעוֹרֵר קוֹל יְלָלוֹת
מַה נִּשְׁתַּנָּה הַלַּיְלָה הַזֶּה מִכָּל הַלֵּילוֹת.

מַדּוּעַ בְּלֵיל פֶּסַח קוֹרִין תָּמִיד הַגָּדָה
עַתָּה נֹאמַר בְּלֵיל זֶה בְּכִי תַמְרוּר וּקְפָדָה
אוֹיָה כִּי גַרְתִּי מֶשֶׁךְ וּבָא עֵת פְּקֻדָּה
אוֹי עַל קִרְיָה חֲמוּדָה וְעַל בָּתֵּי תְפִלּוֹת
מַה נִּשְׁתַּנָּה הַלַּיְלָה הַזֶּה מִכָּל הַלֵּילוֹת.

מַדּוּעַ בְּלֵיל פֶּסַח נִגְמֹר תָּמִיד הַהַלֵּל
עַתָּה אֲנַחְנוּ בְּלֵיל זֶה, נְהִי מִסְפֵּד וִילֵל
כִּי בַעֲוֹנוֹתֵינוּ עַתָּה לֹא נוּכַל לְהִתְפַּלֵּל
כִּי בֵית מִקְדָּשׁ מְחֻלָּל, וְגַם חָרְבוּ הֵיכָלוֹת
מַה נִּשְׁתַּנָּה הַלַּיְלָה הַזֶּה מִכָּל הַלֵּילוֹת.

מַדּוּעַ בְּלֵיל פֶּסַח אוֹמְרִים שְׁפֹךְ בְּזִמְרָה
עַתָּה בְּלֵיל זֶה שָׁתִינוּ לַעֲנָה רוֹשׁ וּמָרָה
אוֹי כִּי שִׂמְחָה נֶעְדָּרָה, דַּרְכֵי צִיּוֹן אֲבֵלוֹת
מַה נִּשְׁתַּנָּה הַלַּיְלָה הַזֶּה מִכָּל הַלֵּילוֹת.

הִתְנַחֲמוּ בְּגָלוּת, בָּנִים יוֹשְׁבִים בְּצִיּוֹן
אֲרוֹמִמְכֶם מִשִּׁפְלוּת, אָכִין עֲבוֹדַת צִיּוֹן
אֶבְנֶה נְוֵה אַפִּרְיוֹן, אָז תִּשְׂמְחוּ בְּגִילוֹת.

יש אומרים כאן את הפיוט ׳אָז בַּחֲטָאֵינוּ׳ (עמ׳ 665).

עַד אָנָה בְּכִיָּה בְּצִיּוֹן וּמִסְפֵּד בִּירוּשָׁלָיִם
תָּקוּם תְּרַחֵם צִיּוֹן, תִּבְנֶה חוֹמוֹת יְרוּשָׁלָיִם:

עוּרָה נָּא יְמִינְךָ רָמָה וְלִזְעוּמָה קְרָא נְחָמָה
וְיֵאָמֵר לְעַם דַּלָּה וַעֲגוּמָה: עֲנִיָּה סֹעֲרָה נְחָמָה.
עוּרָה נָּא חֲשֹׂף זְרוֹעֲךָ וִיגַלֶּה קֵץ יֶשְׁעֲךָ
וְיֵאָמֵר לְשֶׂה נֶאֱלָמָה: עֲנִיָּה סֹעֲרָה נְחָמָה.
עוּרָה נָּא יְמִינְךָ הָאֵל וּפְדֵה בְּרַחֲמֶיךָ יִשְׂרָאֵל
וְיֵאָמֵר לְעַם דַּל הַשּׁוֹאֵל: וּבָא לְצִיּוֹן גּוֹאֵל.
עוּרָה נָּא יְמִינְךָ עֶלְיוֹן וּבְנֵה בְּרַחֲמֶיךָ אֶת צִיּוֹן
וְיֵאָמֵר לְעַם דַּל וְאֶבְיוֹן: כִּי נִחַם יְהוָה צִיּוֹן.

יש אומרים כאן ׳וְאַתָּה קָדוֹשׁ׳ וקדיש ׳דְּהוּא עָתִיד׳,
ואחר כך מכריזים על מניין שנות החורבן (עמ׳ 666).

ישעיה נא כִּדְכְתִיב: כִּי־נִחַם יְהוָה צִיּוֹן, נִחַם כָּל־חָרְבֹתֶיהָ, וַיָּשֶׂם מִדְבָּרָהּ כְּעֵדֶן
וְעַרְבָתָהּ כְּגַן־יְהוָה, שָׂשׂוֹן וְשִׂמְחָה יִמָּצֵא בָהּ, תּוֹדָה וְקוֹל זִמְרָה:

ישעיה נב הִתְנַעֲרִי מֵעָפָר קוּמִי שְּׁבִי, יְרוּשָׁלָםִ
הִתְפַּתְּחִי מוֹסְרֵי צַוָּארֵךְ, שְׁבִיָּה בַּת־צִיּוֹן:

יש קהילות שבהן אומרים קדיש יהא שלמא ו׳עָלֵינוּ׳,
ויש קהילות שבהן אומרים את הקינה ׳עַל הֵיכָלִי׳ בעמ׳ 201.

# יום הזיכרון לקדושי השואה

## אזכרה לקדושי השואה

עשרה בטבת נקבע כיום הקדיש הכללי ויום כ״ז בניסן נקבע כיום הזיכרון לקדושי השואה.
אחרי קדיש תתקבל אומרים את מזמור צד (עמ׳ 104), ואחר כך אומרים:

יִזְכֹּר אֱלֹהִים אֶת כָּל הַנְּשָׁמוֹת שֶׁל קְהִלּוֹת עַמּוֹ בֵּית יִשְׂרָאֵל מִגּוֹלַת אֵירוֹפָּה שֶׁהֶעֱלוּ עַל מוֹקֵד קִדּוּשׁ שְׁמוֹ הַגָּדוֹל בִּשְׁנוֹת ת״ש-תש״ה, שִׁשָּׁה מִלְיוֹן אֲנָשִׁים וְנָשִׁים, יְלָדִים וִילָדוֹת, בַּחוּרִים וּבְתוּלוֹת, זָקֵן וָטַף, עוֹלְלִים וְיוֹנְקִים שֶׁנֶּהֶרְגוּ וְשֶׁנִּטְבְּחוּ בְּאַכְזָרִיּוּת אֲיֻמָּה וְנִרְצְחוּ בְּרֶצַח הֲמוֹנִי לְיַד קְבָרִים פְּתוּחִים בִּמְקוֹמוֹת מְגוּרֵיהֶם, בֶּעָרִים, בָּעֲיָרוֹת וּבַכְּפָרִים, וְיִתְרָם הוּבְלוּ כַּצֹּאן לַטֶּבַח לְמַחֲנוֹת הָרִכּוּז וְהוּמְתוּ בְּמִיתוֹת מְשֻׁנּוֹת וַאֲיֻמּוֹת, נִסְפּוּ בְּרָעָב וּבַצָּמָא, בַּעֲבוֹדָה מְפָרֶכֶת הַמְכַלָּה אֶת הַגּוּף וְהַנֶּפֶשׁ, בְּמַחֲלוֹת נוֹרָאוֹת, בָּאֵשׁ וּבַמַּיִם, בַּחֲנִיקָה וּבְהַרְעָלָה בְּתָאֵי גַּזִּים, וְנִשְׂרְפוּ לְאֵפֶר בְּכִבְשָׁנֵי הָאֵשׁ שֶׁל מַחֲנוֹת הַהַשְׁמָדָה הָאֲיֻמִּים בְּגֶרְמַנְיָה וּבְפּוֹלַנְיָה, מַחֲנוֹת מָוֶת שֶׁתִּכְנְנָה וְהֵקִימָה הַמֶּמְשָׁלָה הַנָּאצִית הַשְּׂטָנִית שֶׁל עַם הַמְרַצְּחִים הַגֶּרְמָנִי יַחַד עִם עוֹזְרֵיהֶם מִשְּׁאָר הָעַמִּים, שֶׁהָיוּ בְּעֵצָה וּבְמַטָּרָה אַחַת לְהַשְׁמִיד וְלַהֲרֹג וּלְאַבֵּד אֶת הָעָם הַיְּהוּדִי וְלִמְחוֹת אֶת זֵכֶר הַיַּהֲדוּת, וּלְכַלּוֹת כִּלָּיוֹן מֻחְלָט כָּל אֲשֶׁר בְּשֵׁם יִשְׂרָאֵל יִקָּרֵא.

אֵל נְקָמוֹת, שׁוֹפֵט הָאָרֶץ, הָשֵׁב גְּמוּל שִׁבְעָתַיִם לְצוֹרְרֵי עַמְּךָ. זְכֹר שַׁוְעַת שְׁמַע יִשְׂרָאֵל שֶׁזָּעֲקוּ הַלְּקוּחִים לַמָּוֶת, אַל תִּדֹּם לִדְמֵי אָבוֹת וּבָנִים, אִמָּהוֹת וְעוֹלְלֵיהֶם, רַבָּנָן אַרְזֵי הַלְּבָנוֹן, אַדִּירֵי הַתּוֹרָה וְתַלְמִידֵיהֶם, וְאֶנְקַת הַמְעֻנִּים תַּעֲלֶה לִפְנֵי כִּסֵּא כְבוֹדֶךָ לִנְקֹם בִּמְהֵרָה לְעֵינֵינוּ אֶת נִקְמַת דַּם בָּנֶיךָ וּבְנוֹתֶיךָ הַקְּדוֹשִׁים
דברים לב וְהַטְּהוֹרִים, שֶׁלֹּא זָכוּ לְקֶבֶר יִשְׂרָאֵל, כַּכָּתוּב, כִּי דַם־עֲבָדָיו יִקּוֹם, וְנָקָם יָשִׁיב לְצָרָיו, וְכִפֶּר אַדְמָתוֹ עַמּוֹ:

לאחר מכן אומרים השכבה:

אֵל מָלֵא רַחֲמִים שׁוֹכֵן בַּמְּרוֹמִים, הַמְצֵא מְנוּחָה נְכוֹנָה תַּחַת כַּנְפֵי הַשְּׁכִינָה בְּמַעֲלוֹת קְדוֹשִׁים וּטְהוֹרִים, כְּזֹהַר הָרָקִיעַ מַזְהִירִים, אֶת כָּל הַנְּשָׁמוֹת שֶׁל שֵׁשֶׁת מִלְיוֹנֵי הַיְּהוּדִים חַלְלֵי הַשּׁוֹאָה בְּאֵירוֹפָּה, שֶׁנֶּהֶרְגוּ, שֶׁנִּשְׁחֲטוּ, שֶׁנִּשְׂרְפוּ וְשֶׁנִּסְפּוּ עַל קִדּוּשׁ הַשֵּׁם, בִּידֵי הַמְרַצְּחִים הַגֶּרְמָנִים וְעוֹזְרֵיהֶם מִשְּׁאָר הָעַמִּים, בַּעֲבוּר שֶׁכָּל הַקָּהָל מִתְפַּלֵּל לְעִלּוּי נִשְׁמוֹתֵיהֶם. לָכֵן בַּעַל הָרַחֲמִים יַסְתִּירֵם בְּסֵתֶר כְּנָפָיו לְעוֹלָמִים וְיִצְרֹר בִּצְרוֹר הַחַיִּים אֶת נִשְׁמוֹתֵיהֶם, יְהוָה הוּא נַחֲלָתָם, בְּגַן עֵדֶן תְּהֵא מְנוּחָתָם, וְיָנוּחוּ בְּשָׁלוֹם עַל מִשְׁכְּבוֹתֵיהֶם, וְיַעַמְדוּ לְגוֹרָלָם לְקֵץ הַיָּמִין, וְנֹאמַר אָמֵן. ממשיכים ׳תְּפִלָּה לְדָוִד׳ עד סוף התפילה (עמ׳ 101).

# יום הזיכרון לחללי מערכות ישראל

ערב יום העצמאות נקבע כיום זיכרון לחללי מערכות ישראל ולנפגעי פעולות איבה.
נוהגים לפתוח את ההיכל אחרי קדיש תתקבל ולומר:

תהלים ט
לַמְנַצֵּחַ עַל־מוּת לַבֵּן מִזְמוֹר לְדָוִד: אוֹדֶה יְהֹוָה בְּכָל־לִבִּי, אֲסַפְּרָה כָּל־נִפְלְאוֹתֶיךָ: אֶשְׂמְחָה וְאֶעֶלְצָה בָךְ, אֲזַמְּרָה שִׁמְךָ עֶלְיוֹן: בְּשׁוּב־אוֹיְבַי אָחוֹר, יִכָּשְׁלוּ וְיֹאבְדוּ מִפָּנֶיךָ: כִּי־עָשִׂיתָ מִשְׁפָּטִי וְדִינִי, יָשַׁבְתָּ לְכִסֵּא שׁוֹפֵט צֶדֶק: גָּעַרְתָּ גוֹיִם אִבַּדְתָּ רָשָׁע, שְׁמָם מָחִיתָ לְעוֹלָם וָעֶד: הָאוֹיֵב תַּמּוּ חֳרָבוֹת לָנֶצַח, וְעָרִים נָתַשְׁתָּ, אָבַד זִכְרָם הֵמָּה: וַיהֹוָה לְעוֹלָם יֵשֵׁב, כּוֹנֵן לַמִּשְׁפָּט כִּסְאוֹ: וְהוּא יִשְׁפֹּט־תֵּבֵל בְּצֶדֶק, יָדִין לְאֻמִּים בְּמֵישָׁרִים: וִיהִי יְהֹוָה מִשְׂגָּב לַדָּךְ, מִשְׂגָּב לְעִתּוֹת בַּצָּרָה: וְיִבְטְחוּ בְךָ יוֹדְעֵי שְׁמֶךָ, כִּי לֹא־עָזַבְתָּ דֹרְשֶׁיךָ, יְהֹוָה: זַמְּרוּ לַיהֹוָה יֹשֵׁב צִיּוֹן, הַגִּידוּ בָעַמִּים עֲלִילוֹתָיו: כִּי־דֹרֵשׁ דָּמִים אוֹתָם זָכָר, לֹא־שָׁכַח צַעֲקַת עֲנָוִים: חָנְנֵנִי יְהֹוָה רְאֵה עָנְיִי מִשֹּׂנְאָי, מְרוֹמְמִי מִשַּׁעֲרֵי־מָוֶת: לְמַעַן אֲסַפְּרָה כָּל־תְּהִלָּתֶיךָ, בְּשַׁעֲרֵי בַת־צִיּוֹן אָגִילָה בִּישׁוּעָתֶךָ: טָבְעוּ גוֹיִם בְּשַׁחַת עָשׂוּ, בְּרֶשֶׁת־זוּ טָמָנוּ נִלְכְּדָה רַגְלָם: נוֹדַע יְהֹוָה מִשְׁפָּט עָשָׂה, בְּפֹעַל כַּפָּיו נוֹקֵשׁ רָשָׁע, הִגָּיוֹן סֶלָה: יָשׁוּבוּ רְשָׁעִים לִשְׁאוֹלָה, כָּל־גּוֹיִם שְׁכֵחֵי אֱלֹהִים: כִּי לֹא לָנֶצַח יִשָּׁכַח אֶבְיוֹן, תִּקְוַת עֲנִיִּים תֹּאבַד לָעַד: קוּמָה יְהֹוָה אַל־יָעֹז אֱנוֹשׁ, יִשָּׁפְטוּ גוֹיִם עַל־פָּנֶיךָ: שִׁיתָה יְהֹוָה מוֹרָה לָהֶם, יֵדְעוּ גוֹיִם, אֱנוֹשׁ הֵמָּה סֶּלָה:

סוגרים את ההיכל.

# אזכרה לחללי צה״ל

יִזְכֹּר אֱלֹהִים אֶת נִשְׁמוֹת חַיָּלֵי צְבָא הַהֲגַנָּה לְיִשְׂרָאֵל, שֶׁמָּסְרוּ נַפְשָׁם עַל קְדֻשַּׁת הַשֵּׁם, וְנָפְלוּ גִּבּוֹרִים בְּמַעַרְכוֹת יִשְׂרָאֵל לְמַעַן אַרְצֵנוּ הַקְּדוֹשָׁה, עִיר הָאֱלֹהִים וּמְקוֹם הַמִּקְדָּשׁ. מִנְּשָׁרִים קַלּוּ וּמֵאֲרָיוֹת גָּבֵרוּ בְּצֵאתָם לְהַנְחִיל נִצָּחוֹן עוֹלָם לְיִשְׂרָאֵל. זֵכֶר עֲקֵדָתָם וּמַעֲשֵׂה גְבוּרָתָם לֹא יָסוּפוּ מֵאִתָּנוּ לְעוֹלָמִים, וְנַפְשׁוֹתֵיהֶם תִּהְיֶינָה צְרוּרוֹת בִּצְרוֹר הַחַיִּים, עִם נִשְׁמוֹת אַבְרָהָם יִצְחָק וְיַעֲקֹב, וְעִם נִשְׁמוֹת שְׁאָר גִּבּוֹרֵי יִשְׂרָאֵל וּקְדוֹשָׁיו שֶׁבְּגַן עֵדֶן, וְנֹאמַר אָמֵן.

לאחר מכן אומרים השכבה בעמוד הבא.

אֵל מָלֵא רַחֲמִים שׁוֹכֵן בַּמְּרוֹמִים, הַמְצֵא מְנוּחָה נְכוֹנָה תַּחַת כַּנְפֵי הַשְּׁכִינָה, בְּמַעֲלוֹת קְדוֹשִׁים טְהוֹרִים וְגִבּוֹרִים, כְּזֹהַר הָרָקִיעַ מַזְהִירִים, לְנִשְׁמוֹת חַיָּלֵי צְבָא הַהֲגַנָּה לְיִשְׂרָאֵל שֶׁנָּפְלוּ בְּמִלְחֲמוֹת יִשְׂרָאֵל, בִּפְעֻלּוֹת הֲגַנָּה תַּגְמוּל וּבִטָּחוֹן, בְּעֵת מִלּוּי תַּפְקִידָם וּבְעֵת שֵׁרוּתָם. וּלְנִשְׁמוֹת כָּל לוֹחֲמֵי הַמַּחְתָּרוֹת וַחֲטִיבוֹת הַלּוֹחֲמִים בְּמַעַרְכוֹת הָעָם שֶׁחֵרְפוּ נַפְשָׁם לָמוּת עַל קְדֻשַּׁת הַשֵּׁם, וּבְעֶזְרַת אֱלֹהֵי מַעַרְכוֹת יִשְׂרָאֵל הֵבִיאוּ לִתְקוּמַת הָאֻמָּה וְהַמְּדִינָה, וְלִגְאֻלַּת הָאָרֶץ וְעִיר הָאֱלֹהִים, וְכָל אֵלֶּה שֶׁנִּרְצְחוּ בָּאָרֶץ וּמְחוּצָה לָהּ בִּידֵי הַמְרַצְּחִים מֵאִרְגּוּנֵי הַטֶּרוֹר, בַּעֲבוּר שֶׁאָנוּ מִתְפַּלְּלִים לְעִלּוּי נִשְׁמָתָם. לָכֵן בַּעַל הָרַחֲמִים יַסְתִּירֵם בְּסֵתֶר כְּנָפָיו לְעוֹלָמִים, וְיִצְרֹר בִּצְרוֹר הַחַיִּים אֶת נִשְׁמָתָם. יְהֹוָה הוּא נַחֲלָתָם, בְּגַן עֵדֶן תְּהֵא מְנוּחָתָם, וְיָנוּחוּ בְשָׁלוֹם עַל מִשְׁכָּבָם, וְיַעַמְדוּ לְגוֹרָלָם לְקֵץ הַיָּמִין, וְנֹאמַר אָמֵן.

ומסיימים במזמור זה:

לְדָוִד בָּרוּךְ יְהֹוָה צוּרִי הַמְלַמֵּד יָדַי לַקְרָב, אֶצְבְּעוֹתַי לַמִּלְחָמָה: חַסְדִּי תהלים קמד
וּמְצוּדָתִי מִשְׂגַּבִּי וּמְפַלְטִי לִי מָגִנִּי וּבוֹ חָסִיתִי הָרוֹדֵד עַמִּי תַחְתָּי: יְהֹוָה מָה־אָדָם וַתֵּדָעֵהוּ, בֶּן־אֱנוֹשׁ וַתְּחַשְּׁבֵהוּ: אָדָם לַהֶבֶל דָּמָה יָמָיו כְּצֵל עוֹבֵר: יְהֹוָה הַט־שָׁמֶיךָ וְתֵרֵד גַּע בֶּהָרִים וְיֶעֱשָׁנוּ: בְּרוֹק בָּרָק וּתְפִיצֵם, שְׁלַח חִצֶּיךָ וּתְהֻמֵּם: שְׁלַח יָדֶיךָ מִמָּרוֹם פְּצֵנִי וְהַצִּילֵנִי מִמַּיִם רַבִּים מִיַּד בְּנֵי נֵכָר: אֲשֶׁר פִּיהֶם דִּבֶּר־שָׁוְא, וִימִינָם יְמִין שָׁקֶר: אֱלֹהִים שִׁיר חָדָשׁ אָשִׁירָה לָּךְ, בְּנֵבֶל עָשׂוֹר אֲזַמְּרָה־לָּךְ: הַנּוֹתֵן תְּשׁוּעָה לַמְּלָכִים הַפּוֹצֶה אֶת־דָּוִד עַבְדּוֹ מֵחֶרֶב רָעָה: פְּצֵנִי וְהַצִּילֵנִי מִיַּד בְּנֵי־נֵכָר אֲשֶׁר פִּיהֶם דִּבֶּר־שָׁוְא וִימִינָם יְמִין שָׁקֶר: אֲשֶׁר בָּנֵינוּ כִּנְטִעִים מְגֻדָּלִים בִּנְעוּרֵיהֶם בְּנוֹתֵינוּ כְזָוִיֹּת מְחֻטָּבוֹת תַּבְנִית הֵיכָל: מְזָוֵינוּ מְלֵאִים מְפִיקִים מִזַּן אֶל־זַן צֹאונֵנוּ מַאֲלִיפוֹת מְרֻבָּבוֹת בְּחוּצוֹתֵינוּ: אַלּוּפֵינוּ מְסֻבָּלִים אֵין פֶּרֶץ וְאֵין יוֹצֵאת וְאֵין צְוָחָה בִּרְחֹבֹתֵינוּ: אַשְׁרֵי הָעָם שֶׁכָּכָה לּוֹ אַשְׁרֵי הָעָם שֶׁיְהֹוָה אֱלֹהָיו:

ממשיכים ׳תְּפִלָּה לְדָוִד׳ עד סוף התפילה (עמ׳ 101).

# קריאת התורה

לימי שני וחמישי
ומנחה של שבת 677
לחנוכה ולפורים 716
לתעניות ציבור 721
לשלוש רגלים 726

## קריאת התורה לימי שני וחמישי ולמנחה של שבת

ההפסקות סומנו לפי הנהוג ברוב הקהילות

יש נוהגים להפסיק במקומות אחרים, המסומנים בכוכבית (٭) ובהערה.

### בראשית

בְּרֵאשִׁ֖ית בָּרָ֣א אֱלֹהִ֑ים אֵ֥ת הַשָּׁמַ֖יִם וְאֵ֥ת הָאָֽרֶץ: וְהָאָ֗רֶץ הָיְתָ֥ה תֹ֨הוּ֙ וָבֹ֔הוּ
וְחֹ֖שֶׁךְ עַל־פְּנֵ֣י תְה֑וֹם וְר֣וּחַ אֱלֹהִ֔ים מְרַחֶ֖פֶת עַל־פְּנֵ֥י הַמָּֽיִם: וַיֹּ֥אמֶר אֱלֹהִ֖ים
יְהִ֣י א֑וֹר וַֽיְהִי־אֽוֹר: וַיַּ֧רְא אֱלֹהִ֛ים אֶת־הָא֖וֹר כִּי־ט֑וֹב וַיַּבְדֵּ֣ל אֱלֹהִ֔ים בֵּ֥ין הָא֖וֹר
וּבֵ֥ין הַחֹֽשֶׁךְ: וַיִּקְרָ֨א אֱלֹהִ֤ים ׀ לָאוֹר֙ י֔וֹם וְלַחֹ֖שֶׁךְ קָ֣רָא לָ֑יְלָה וַֽיְהִי־עֶ֥רֶב וַֽיְהִי־
בֹ֖קֶר י֥וֹם אֶחָֽד:

לוי
וַיֹּ֣אמֶר אֱלֹהִ֔ים יְהִ֥י רָקִ֖יעַ בְּת֣וֹךְ הַמָּ֑יִם וִיהִ֣י מַבְדִּ֔יל בֵּ֥ין מַ֖יִם לָמָֽיִם: וַיַּ֣עַשׂ
אֱלֹהִ֮ים אֶת־הָרָקִיעַ֒ וַיַּבְדֵּ֗ל בֵּ֤ין הַמַּ֨יִם֙ אֲשֶׁר֙ מִתַּ֣חַת לָרָקִ֔יעַ וּבֵ֣ין הַמַּ֔יִם אֲשֶׁ֖ר
מֵעַ֣ל לָרָקִ֑יעַ וַֽיְהִי־כֵֽן: וַיִּקְרָ֧א אֱלֹהִ֛ים לָֽרָקִ֖יעַ שָׁמָ֑יִם וַֽיְהִי־עֶ֥רֶב וַֽיְהִי־בֹ֖קֶר
י֥וֹם שֵׁנִֽי:

ישראל
וַיֹּ֣אמֶר אֱלֹהִ֗ים יִקָּו֣וּ הַמַּ֜יִם מִתַּ֤חַת הַשָּׁמַ֨יִם֙ אֶל־מָק֣וֹם אֶחָ֔ד וְתֵֽרָאֶ֖ה הַיַּבָּשָׁ֑ה
וַֽיְהִי־כֵֽן: וַיִּקְרָ֨א אֱלֹהִ֤ים ׀ לַיַּבָּשָׁה֙ אֶ֔רֶץ וּלְמִקְוֵ֥ה הַמַּ֖יִם קָרָ֣א יַמִּ֑ים וַיַּ֥רְא
אֱלֹהִ֖ים כִּי־טֽוֹב: וַיֹּ֣אמֶר אֱלֹהִ֗ים תַּֽדְשֵׁ֤א הָאָ֨רֶץ֙ דֶּ֗שֶׁא עֵ֚שֶׂב מַזְרִ֣יעַ זֶ֔רַע עֵ֣ץ
פְּרִ֞י עֹ֤שֶׂה פְּרִי֙ לְמִינ֔וֹ אֲשֶׁ֥ר זַרְעוֹ־ב֖וֹ עַל־הָאָ֑רֶץ וַֽיְהִי־כֵֽן: וַתּוֹצֵ֨א הָאָ֜רֶץ דֶּ֠שֶׁא
עֵ֣שֶׂב מַזְרִ֤יעַ זֶ֨רַע֙ לְמִינֵ֔הוּ וְעֵ֧ץ עֹֽשֶׂה־פְּרִ֛י אֲשֶׁ֥ר זַרְעוֹ־ב֖וֹ לְמִינֵ֑הוּ וַיַּ֥רְא אֱלֹהִ֖ים
כִּי־טֽוֹב: וַֽיְהִי־עֶ֥רֶב וַֽיְהִי־בֹ֖קֶר י֥וֹם שְׁלִישִֽׁי:

א,א-כג

### נח

אֵ֚לֶּה תּֽוֹלְדֹ֣ת נֹ֔חַ נֹ֗חַ אִ֥ישׁ צַדִּ֛יק תָּמִ֥ים הָיָ֖ה בְּדֹֽרֹתָ֑יו אֶת־הָֽאֱלֹהִ֖ים הִֽתְהַלֶּךְ־
נֹֽחַ: וַיּ֥וֹלֶד נֹ֖חַ שְׁלֹשָׁ֣ה בָנִ֑ים אֶת־שֵׁ֖ם אֶת־חָ֥ם וְאֶת־יָֽפֶת: וַתִּשָּׁחֵ֥ת הָאָ֖רֶץ
לִפְנֵ֣י הָֽאֱלֹהִ֑ים וַתִּמָּלֵ֥א הָאָ֖רֶץ חָמָֽס: וַיַּ֧רְא אֱלֹהִ֛ים אֶת־הָאָ֖רֶץ וְהִנֵּ֣ה נִשְׁחָ֑תָה
כִּֽי־הִשְׁחִ֧ית כָּל־בָּשָׂ֛ר אֶת־דַּרְכּ֖וֹ עַל־הָאָֽרֶץ: וַיֹּ֨אמֶר אֱלֹהִ֜ים
לְנֹ֗חַ קֵ֤ץ כָּל־בָּשָׂר֙ בָּ֣א לְפָנַ֔י כִּֽי־מָלְאָ֥ה הָאָ֛רֶץ חָמָ֖ס מִפְּנֵיהֶ֑ם וְהִנְנִ֥י מַשְׁחִיתָ֖ם
אֶת־הָאָֽרֶץ: עֲשֵׂ֤ה לְךָ֙ תֵּבַ֣ת עֲצֵי־גֹ֔פֶר קִנִּ֖ים תַּֽעֲשֶׂ֣ה אֶת־הַתֵּבָ֑ה וְכָֽפַרְתָּ֤ אֹתָהּ֙

מִבַּ֥יִת וּמִח֖וּץ בַּכֹּֽפֶר: וְזֶ֕ה אֲשֶׁ֣ר תַּעֲשֶׂ֖ה אֹתָ֑הּ שְׁלֹ֧שׁ מֵא֣וֹת אַמָּ֗ה אֹ֚רֶךְ הַתֵּבָ֔ה
חֲמִשִּׁ֤ים אַמָּה֙ רָחְבָּ֔הּ וּשְׁלֹשִׁ֥ים אַמָּ֖ה קוֹמָתָֽהּ: צֹ֣הַר ׀ תַּעֲשֶׂ֣ה לַתֵּבָ֗ה וְאֶל־אַמָּה֙
תְּכַלֶּ֣נָּה מִלְמַ֔עְלָה וּפֶ֥תַח הַתֵּבָ֖ה בְּצִדָּ֣הּ תָּשִׂ֑ים תַּחְתִּיִּ֛ם שְׁנִיִּ֥ם וּשְׁלִשִׁ֖ים תַּעֲשֶֽׂהָ:

לוי *וַאֲנִ֗י הִנְנִי֩ מֵבִ֨יא אֶת־הַמַּבּ֥וּל מַ֨יִם֙ עַל־הָאָ֔רֶץ לְשַׁחֵ֣ת כָּל־בָּשָׂ֗ר אֲשֶׁר־בּוֹ֙
ר֣וּחַ חַיִּ֔ים מִתַּ֖חַת הַשָּׁמָ֑יִם כֹּ֥ל אֲשֶׁר־בָּאָ֖רֶץ יִגְוָֽע: **וַהֲקִמֹתִ֥י אֶת־בְּרִיתִ֖י אִתָּ֑ךְ
וּבָאתָ֙ אֶל־הַתֵּבָ֔ה אַתָּ֕ה וּבָנֶ֛יךָ וְאִשְׁתְּךָ֥ וּנְשֵֽׁי־בָנֶ֖יךָ אִתָּֽךְ: **וּמִכָּל־הָחַ֡י מִֽכָּל־

ישראל בָּשָׂר֩ שְׁנַ֨יִם מִכֹּ֥ל תָּבִ֛יא אֶל־הַתֵּבָ֖ה לְהַחֲיֹ֣ת אִתָּ֑ךְ זָכָ֥ר וּנְקֵבָ֖ה יִהְיֽוּ: *מֵהָע֣וֹף
לְמִינֵ֗הוּ וּמִן־הַבְּהֵמָה֙ לְמִינָ֔הּ מִכֹּ֛ל רֶ֥מֶשׂ הָֽאֲדָמָ֖ה לְמִינֵ֑הוּ שְׁנַ֧יִם מִכֹּ֛ל יָבֹ֥אוּ
אֵלֶ֖יךָ לְהַחֲיֽוֹת: וְאַתָּ֣ה קַח־לְךָ֗ מִכָּל־מַֽאֲכָל֙ אֲשֶׁ֣ר יֵֽאָכֵ֔ל וְאָסַפְתָּ֖ אֵלֶ֑יךָ וְהָיָ֥ה
לְךָ֛ וְלָהֶ֖ם לְאָכְלָֽה: וַיַּ֖עַשׂ נֹ֑חַ כְּ֠כֹל אֲשֶׁ֨ר צִוָּ֥ה אֹת֛וֹ אֱלֹהִ֖ים כֵּ֥ן עָשָֽׂה:

## לך לך

בראשית וַיֹּ֤אמֶר יְהֹוָה֙ אֶל־אַבְרָ֔ם לֶךְ־לְךָ֛ מֵאַרְצְךָ֥ וּמִמּֽוֹלַדְתְּךָ֖ וּמִבֵּ֣ית אָבִ֑יךָ אֶל־הָאָ֖רֶץ
יב, א-ח אֲשֶׁ֥ר אַרְאֶֽךָּ: וְאֶֽעֶשְׂךָ֙ לְג֣וֹי גָּד֔וֹל וַאֲבָ֣רֶכְךָ֔ וַאֲגַדְּלָ֖ה שְׁמֶ֑ךָ וֶהְיֵ֖ה בְּרָכָֽה: וַאֲבָֽרְכָה֙
מְבָ֣רְכֶ֔יךָ וּמְקַלֶּלְךָ֖ אָאֹ֑ר וְנִבְרְכ֣וּ בְךָ֔ כֹּ֖ל מִשְׁפְּחֹ֥ת הָאֲדָמָֽה: *וַיֵּ֣לֶךְ אַבְרָ֗ם כַּאֲשֶׁ֨ר
לוי דִּבֶּ֤ר אֵלָיו֙ יְהֹוָ֔ה וַיֵּ֥לֶךְ אִתּ֖וֹ ל֑וֹט וְאַבְרָ֗ם בֶּן־חָמֵ֤שׁ שָׁנִים֙ וְשִׁבְעִ֣ים שָׁנָ֔ה בְּצֵאת֖וֹ
מֵחָרָֽן: וַיִּקַּ֣ח אַבְרָם֩ אֶת־שָׂרַ֨י אִשְׁתּ֜וֹ וְאֶת־ל֣וֹט בֶּן־אָחִ֗יו וְאֶת־כָּל־רְכוּשָׁם֙
אֲשֶׁ֣ר רָכָ֔שׁוּ וְאֶת־הַנֶּ֖פֶשׁ אֲשֶׁר־עָשׂ֣וּ בְחָרָ֑ן וַיֵּצְא֗וּ לָלֶ֙כֶת֙ אַ֣רְצָה כְּנַ֔עַן וַיָּבֹ֖אוּ
אַ֥רְצָה כְּנָֽעַן: וַיַּעֲבֹ֤ר אַבְרָם֙ בָּאָ֔רֶץ עַ֚ד מְק֣וֹם שְׁכֶ֔ם עַ֖ד אֵל֣וֹן מוֹרֶ֑ה וְהַֽכְּנַעֲנִ֖י

ישראל אָ֥ז בָּאָֽרֶץ: *וַיֵּרָ֤א יְהֹוָה֙ אֶל־אַבְרָ֔ם וַיֹּ֕אמֶר לְזַ֨רְעֲךָ֔ אֶתֵּ֖ן אֶת־הָאָ֣רֶץ הַזֹּ֑את
וַיִּ֤בֶן שָׁם֙ מִזְבֵּ֔חַ לַיהֹוָ֖ה הַנִּרְאֶ֥ה אֵלָֽיו: וַיַּעְתֵּ֨ק מִשָּׁ֜ם הָהָ֗רָה מִקֶּ֛דֶם לְבֵֽית־אֵ֖ל
וַיֵּ֣ט אָהֳלֹ֑ה בֵּֽית־אֵ֤ל מִיָּם֙ וְהָעַ֣י מִקֶּ֔דֶם וַיִּֽבֶן־שָׁ֤ם מִזְבֵּ֙חַ֙ לַֽיהֹוָ֔ה וַיִּקְרָ֖א בְּשֵׁ֥ם
יְהֹוָֽה: וַיִּסַּ֣ע אַבְרָ֔ם הָל֥וֹךְ וְנָס֖וֹעַ הַנֶּֽגְבָּה:

וַיְהִ֥י רָעָ֖ב בָּאָ֑רֶץ וַיֵּ֨רֶד אַבְרָ֤ם מִצְרַ֙יְמָה֙ לָג֣וּר שָׁ֔ם כִּֽי־כָבֵ֥ד הָרָעָ֖ב בָּאָֽרֶץ:
וַיְהִ֕י כַּאֲשֶׁ֥ר הִקְרִ֖יב לָב֣וֹא מִצְרָ֑יְמָה וַיֹּ֙אמֶר֙ אֶל־שָׂרַ֣י אִשְׁתּ֔וֹ הִנֵּה־נָ֣א יָדַ֔עְתִּי
כִּ֛י אִשָּׁ֥ה יְפַת־מַרְאֶ֖ה אָֽתְּ: וְהָיָ֗ה כִּֽי־יִרְא֤וּ אֹתָךְ֙ הַמִּצְרִ֔ים וְאָמְר֖וּ אִשְׁתּ֣וֹ זֹ֑את
וְהָרְג֥וּ אֹתִ֖י וְאֹתָ֥ךְ יְחַיּֽוּ: אִמְרִי־נָ֖א אֲחֹ֣תִי אָ֑תְּ לְמַ֙עַן֙ יִֽיטַב־לִ֣י בַעֲבוּרֵ֔ךְ וְחָיְתָ֥ה
נַפְשִׁ֖י בִּגְלָלֵֽךְ:

*לוי / **ישראל

## וירא

וַיֵּרָ֤א אֵלָיו֙ יְהוָ֔ה בְּאֵלֹנֵ֖י מַמְרֵ֑א וְה֛וּא יֹשֵׁ֥ב פֶּֽתַח־הָאֹ֖הֶל כְּחֹ֥ם הַיּֽוֹם׃ וַיִּשָּׂ֤א בראשית יח, א-יד
עֵינָיו֙ וַיַּ֔רְא וְהִנֵּה֙ שְׁלֹשָׁ֣ה אֲנָשִׁ֔ים נִצָּבִ֖ים עָלָ֑יו וַיַּ֗רְא וַיָּ֤רָץ לִקְרָאתָם֙ מִפֶּ֣תַח
הָאֹ֔הֶל וַיִּשְׁתַּ֖חוּ אָֽרְצָה׃ וַיֹּאמַ֑ר אֲדֹנָ֗י אִם־נָ֨א מָצָ֤אתִי חֵן֙ בְּעֵינֶ֔יךָ אַל־נָ֥א
תַעֲבֹ֖ר מֵעַ֥ל עַבְדֶּֽךָ׃ יֻקַּֽח־נָ֣א מְעַט־מַ֔יִם וְרַחֲצ֖וּ רַגְלֵיכֶ֑ם וְהִֽשָּׁעֲנ֖וּ תַּ֥חַת הָעֵֽץ׃
וְאֶקְחָ֨ה פַת־לֶ֜חֶם וְסַעֲד֣וּ לִבְּכֶ֗ם אַחַ֚ר תַּעֲבֹ֔רוּ כִּֽי־עַל־כֵּ֥ן עֲבַרְתֶּ֖ם עַֽל־עַבְדְּכֶ֑ם
וַיֹּ֣אמְר֔וּ כֵּ֥ן תַּעֲשֶׂ֖ה כַּאֲשֶׁ֥ר דִּבַּֽרְתָּ׃ *וַיְמַהֵ֧ר אַבְרָהָ֛ם הָאֹ֖הֱלָה אֶל־שָׂרָ֑ה וַיֹּ֗אמֶר לוי
מַהֲרִ֞י שְׁלֹ֤שׁ סְאִים֙ קֶ֣מַח סֹ֔לֶת ל֖וּשִׁי וַעֲשִׂ֥י עֻגֽוֹת׃ וְאֶל־הַבָּקָ֖ר רָ֣ץ אַבְרָהָ֑ם
וַיִּקַּ֨ח בֶּן־בָּקָ֜ר רַ֤ךְ וָטוֹב֙ וַיִּתֵּ֣ן אֶל־הַנַּ֔עַר וַיְמַהֵ֖ר לַעֲשׂ֥וֹת אֹתֽוֹ׃ וַיִּקַּ֨ח חֶמְאָ֜ה
וְחָלָ֗ב וּבֶן־הַבָּקָר֙ אֲשֶׁ֣ר עָשָׂ֔ה וַיִּתֵּ֖ן לִפְנֵיהֶ֑ם וְהֽוּא עֹמֵ֧ד עֲלֵיהֶ֛ם תַּ֥חַת הָעֵ֖ץ
וַיֹּאכֵֽלוּ׃ *וַיֹּאמְר֣וּ אֵלָ֔יו אַיֵּ֖ה שָׂרָ֣ה אִשְׁתֶּ֑ךָ וַיֹּ֖אמֶר הִנֵּ֥ה בָאֹֽהֶל׃ וַיֹּ֗אמֶר שׁ֣וֹב ישראל
אָשׁ֤וּב אֵלֶ֙יךָ֙ כָּעֵ֣ת חַיָּ֔ה וְהִנֵּה־בֵ֖ן לְשָׂרָ֣ה אִשְׁתֶּ֑ךָ וְשָׂרָ֥ה שֹׁמַ֛עַת פֶּ֥תַח הָאֹ֖הֶל
וְה֥וּא אַחֲרָֽיו׃ וְאַבְרָהָ֤ם וְשָׂרָה֙ זְקֵנִ֔ים בָּאִ֖ים בַּיָּמִ֑ים חָדַל֙ לִֽהְי֣וֹת לְשָׂרָ֔ה
אֹ֖רַח כַּנָּשִֽׁים׃ וַתִּצְחַ֥ק שָׂרָ֖ה בְּקִרְבָּ֣הּ לֵאמֹ֑ר אַחֲרֵ֤י בְלֹתִי֙ הָֽיְתָה־לִּ֣י עֶדְנָ֔ה
וַאדֹנִ֖י זָקֵֽן׃ וַיֹּ֥אמֶר יְהוָ֖ה אֶל־אַבְרָהָ֑ם לָ֣מָּה זֶּה֩ צָחֲקָ֨ה שָׂרָ֜ה לֵאמֹ֗ר הַאַ֥ף
אֻמְנָ֛ם אֵלֵ֖ד וַאֲנִ֥י זָקַֽנְתִּי׃ הֲיִפָּלֵ֥א מֵיְהוָ֖ה דָּבָ֑ר לַמּוֹעֵ֞ד אָשׁ֥וּב אֵלֶ֛יךָ כָּעֵ֥ת חַיָּ֖ה
וּלְשָׂרָ֥ה בֵֽן׃

## חיי שרה

וַיִּהְיוּ֙ חַיֵּ֣י שָׂרָ֔ה מֵאָ֥ה שָׁנָ֛ה וְעֶשְׂרִ֥ים שָׁנָ֖ה וְשֶׁ֣בַע שָׁנִ֑ים שְׁנֵ֖י חַיֵּ֥י שָׂרָֽה׃ וַתָּ֣מָת בראשית כג, א-טז
שָׂרָ֗ה בְּקִרְיַ֥ת אַרְבַּ֛ע הִ֥וא חֶבְר֖וֹן בְּאֶ֣רֶץ כְּנָ֑עַן וַיָּבֹא֙ אַבְרָהָ֔ם לִסְפֹּ֥ד לְשָׂרָ֖ה
וְלִבְכֹּתָֽהּ׃ וַיָּ֙קָם֙ אַבְרָהָ֔ם מֵעַ֖ל פְּנֵ֣י מֵת֑וֹ וַיְדַבֵּ֥ר אֶל־בְּנֵי־חֵ֖ת לֵאמֹֽר׃ גֵּר־וְתוֹשָׁ֥ב
אָנֹכִ֖י עִמָּכֶ֑ם תְּנ֨וּ לִ֤י אֲחֻזַּת־קֶ֙בֶר֙ עִמָּכֶ֔ם וְאֶקְבְּרָ֥ה מֵתִ֖י מִלְּפָנָֽי׃ וַיַּעֲנ֧וּ בְנֵי־חֵ֛ת
אֶת־אַבְרָהָ֖ם לֵאמֹ֥ר לֽוֹ׃ *שְׁמָעֵ֣נוּ ׀ אֲדֹנִ֗י נְשִׂ֨יא אֱלֹהִ֤ים אַתָּה֙ בְּתוֹכֵ֔נוּ בְּמִבְחַ֣ר
קְבָרֵ֔ינוּ קְבֹ֖ר אֶת־מֵתֶ֑ךָ אִ֣ישׁ מִמֶּ֔נּוּ אֶת־קִבְר֖וֹ לֹֽא־יִכְלֶ֥ה מִמְּךָ֖ מִקְּבֹ֥ר מֵתֶֽךָ׃
וַיָּ֧קָם אַבְרָהָ֛ם וַיִּשְׁתַּ֥חוּ לְעַם־הָאָ֖רֶץ לִבְנֵי־חֵֽת׃ *וַיְדַבֵּ֣ר אִתָּ֔ם לֵאמֹ֑ר אִם־יֵ֣שׁ לוי
אֶֽת־נַפְשְׁכֶ֗ם לִקְבֹּ֤ר אֶת־מֵתִי֙ מִלְּפָנַ֔י שְׁמָע֕וּנִי וּפִגְעוּ־לִ֖י בְּעֶפְר֥וֹן בֶּן־צֹֽחַר׃
וְיִתֶּן־לִ֗י אֶת־מְעָרַ֤ת הַמַּכְפֵּלָה֙ אֲשֶׁר־ל֔וֹ אֲשֶׁ֖ר בִּקְצֵ֣ה שָׂדֵ֑הוּ בְּכֶ֨סֶף מָלֵ֜א

*לוי

יִתְּנֶנָּה לִּי בְּתוֹכְכֶם לַאֲחֻזַּת־קָבֶר׃ וְעֶפְרוֹן יֹשֵׁב בְּתוֹךְ בְּנֵי־חֵת וַיַּעַן עֶפְרוֹן
הַחִתִּי אֶת־אַבְרָהָם בְּאָזְנֵי בְנֵי־חֵת לְכֹל בָּאֵי שַׁעַר־עִירוֹ לֵאמֹר׃ **לֹא־אֲדֹנִי
שְׁמָעֵנִי הַשָּׂדֶה נָתַתִּי לָךְ וְהַמְּעָרָה אֲשֶׁר־בּוֹ לְךָ נְתַתִּיהָ לְעֵינֵי בְנֵי־עַמִּי נְתַתִּיהָ
ישראל לָּךְ קְבֹר מֵתֶךָ׃ וַיִּשְׁתַּחוּ אַבְרָהָם לִפְנֵי עַם־הָאָרֶץ׃ *וַיְדַבֵּר אֶל־עֶפְרוֹן בְּאָזְנֵי
עַם־הָאָרֶץ לֵאמֹר אַךְ אִם־אַתָּה לוּ שְׁמָעֵנִי נָתַתִּי כֶּסֶף הַשָּׂדֶה קַח מִמֶּנִּי
וְאֶקְבְּרָה אֶת־מֵתִי שָׁמָּה׃ וַיַּעַן עֶפְרוֹן אֶת־אַבְרָהָם לֵאמֹר לוֹ׃ אֲדֹנִי שְׁמָעֵנִי
אֶרֶץ אַרְבַּע מֵאֹת שֶׁקֶל־כֶּסֶף בֵּינִי וּבֵינְךָ מַה־הִוא וְאֶת־מֵתְךָ קְבֹר׃ וַיִּשְׁמַע
אַבְרָהָם אֶל־עֶפְרוֹן וַיִּשְׁקֹל אַבְרָהָם לְעֶפְרֹן אֶת־הַכֶּסֶף אֲשֶׁר דִּבֶּר בְּאָזְנֵי
בְנֵי־חֵת אַרְבַּע מֵאוֹת שֶׁקֶל כֶּסֶף עֹבֵר לַסֹּחֵר׃

## תולדות

בראשית כה,יט-כו,ה וְאֵלֶּה תּוֹלְדֹת יִצְחָק בֶּן־אַבְרָהָם אַבְרָהָם הוֹלִיד אֶת־יִצְחָק׃ וַיְהִי יִצְחָק בֶּן־
אַרְבָּעִים שָׁנָה בְּקַחְתּוֹ אֶת־רִבְקָה בַּת־בְּתוּאֵל הָאֲרַמִּי מִפַּדַּן אֲרָם אֲחוֹת לָבָן
הָאֲרַמִּי לוֹ לְאִשָּׁה׃ וַיֶּעְתַּר יִצְחָק לַיהוָה לְנֹכַח אִשְׁתּוֹ כִּי עֲקָרָה הִוא וַיֵּעָתֶר
לוֹ יְהוָה וַתַּהַר רִבְקָה אִשְׁתּוֹ׃ וַיִּתְרֹצְצוּ הַבָּנִים בְּקִרְבָּהּ וַתֹּאמֶר אִם־כֵּן לָמָּה
לוי גוים זֶּה אָנֹכִי וַתֵּלֶךְ לִדְרֹשׁ אֶת־יְהוָה׃ *וַיֹּאמֶר יְהוָה לָהּ שְׁנֵי גיים בְּבִטְנֵךְ וּשְׁנֵי
לְאֻמִּים מִמֵּעַיִךְ יִפָּרֵדוּ וּלְאֹם מִלְאֹם יֶאֱמָץ וְרַב יַעֲבֹד צָעִיר׃ וַיִּמְלְאוּ יָמֶיהָ
לָלֶדֶת וְהִנֵּה תוֹמִם בְּבִטְנָהּ׃ וַיֵּצֵא הָרִאשׁוֹן אַדְמוֹנִי כֻּלּוֹ כְּאַדֶּרֶת שֵׂעָר וַיִּקְרְאוּ
שְׁמוֹ עֵשָׂו׃ וְאַחֲרֵי־כֵן יָצָא אָחִיו וְיָדוֹ אֹחֶזֶת בַּעֲקֵב עֵשָׂו וַיִּקְרָא שְׁמוֹ יַעֲקֹב
ישראל וְיִצְחָק בֶּן־שִׁשִּׁים שָׁנָה בְּלֶדֶת אֹתָם׃ *וַיִּגְדְּלוּ הַנְּעָרִים וַיְהִי עֵשָׂו אִישׁ יֹדֵעַ
צַיִד אִישׁ שָׂדֶה וְיַעֲקֹב אִישׁ תָּם יֹשֵׁב אֹהָלִים׃ וַיֶּאֱהַב יִצְחָק אֶת־עֵשָׂו כִּי־צַיִד
בְּפִיו וְרִבְקָה אֹהֶבֶת אֶת־יַעֲקֹב׃ וַיָּזֶד יַעֲקֹב נָזִיד וַיָּבֹא עֵשָׂו מִן־הַשָּׂדֶה וְהוּא
עָיֵף׃ וַיֹּאמֶר עֵשָׂו אֶל־יַעֲקֹב הַלְעִיטֵנִי נָא מִן־הָאָדֹם הָאָדֹם הַזֶּה כִּי עָיֵף אָנֹכִי
עַל־כֵּן קָרָא־שְׁמוֹ אֱדוֹם׃ וַיֹּאמֶר יַעֲקֹב מִכְרָה כַיּוֹם אֶת־בְּכֹרָתְךָ לִי׃ וַיֹּאמֶר
עֵשָׂו הִנֵּה אָנֹכִי הוֹלֵךְ לָמוּת וְלָמָּה־זֶּה לִי בְּכֹרָה׃ וַיֹּאמֶר יַעֲקֹב הִשָּׁבְעָה לִּי
כַּיּוֹם וַיִּשָּׁבַע לוֹ וַיִּמְכֹּר אֶת־בְּכֹרָתוֹ לְיַעֲקֹב׃ וְיַעֲקֹב נָתַן לְעֵשָׂו לֶחֶם וּנְזִיד
עֲדָשִׁים וַיֹּאכַל וַיֵּשְׁתְּ וַיָּקָם וַיֵּלַךְ וַיִּבֶז עֵשָׂו אֶת־הַבְּכֹרָה׃
וַיְהִי רָעָב בָּאָרֶץ מִלְּבַד הָרָעָב הָרִאשׁוֹן אֲשֶׁר הָיָה בִּימֵי אַבְרָהָם וַיֵּלֶךְ יִצְחָק
אֶל־אֲבִימֶלֶךְ מֶלֶךְ־פְּלִשְׁתִּים גְּרָרָה׃ וַיֵּרָא אֵלָיו יְהוָה וַיֹּאמֶר אַל־תֵּרֵד מִצְרָיְמָה

**ישראל

שְׁכֹן בָּאָרֶץ אֲשֶׁר אֹמַר אֵלֶיךָ: גּוּר בָּאָרֶץ הַזֹּאת וְאֶהְיֶה עִמְּךָ וַאֲבָרְכֶךָּ כִּי־לְךָ וּלְזַרְעֲךָ אֶתֵּן אֶת־כָּל־הָאֲרָצֹת הָאֵל וַהֲקִמֹתִי אֶת־הַשְּׁבֻעָה אֲשֶׁר נִשְׁבַּעְתִּי לְאַבְרָהָם אָבִיךָ: וְהִרְבֵּיתִי אֶת־זַרְעֲךָ כְּכוֹכְבֵי הַשָּׁמַיִם וְנָתַתִּי לְזַרְעֲךָ אֵת כָּל־הָאֲרָצֹת הָאֵל וְהִתְבָּרֲכוּ בְזַרְעֲךָ כֹּל גּוֹיֵי הָאָרֶץ: עֵקֶב אֲשֶׁר־שָׁמַע אַבְרָהָם בְּקֹלִי וַיִּשְׁמֹר מִשְׁמַרְתִּי מִצְוֹתַי חֻקּוֹתַי וְתוֹרֹתָי:

## ויצא

וַיֵּצֵא יַעֲקֹב מִבְּאֵר שָׁבַע וַיֵּלֶךְ חָרָנָה: וַיִּפְגַּע בַּמָּקוֹם וַיָּלֶן שָׁם כִּי־בָא הַשֶּׁמֶשׁ בראשית כח, י–כב
וַיִּקַּח מֵאַבְנֵי הַמָּקוֹם וַיָּשֶׂם מְרַאֲשֹׁתָיו וַיִּשְׁכַּב בַּמָּקוֹם הַהוּא: וַיַּחֲלֹם וְהִנֵּה
סֻלָּם מֻצָּב אַרְצָה וְרֹאשׁוֹ מַגִּיעַ הַשָּׁמָיְמָה וְהִנֵּה מַלְאֲכֵי אֱלֹהִים עֹלִים וְיֹרְדִים
בּוֹ: *וְהִנֵּה יהוה נִצָּב עָלָיו וַיֹּאמַר אֲנִי יהוה אֱלֹהֵי אַבְרָהָם אָבִיךָ וֵאלֹהֵי יִצְחָק לוי
הָאָרֶץ אֲשֶׁר אַתָּה שֹׁכֵב עָלֶיהָ לְךָ אֶתְּנֶנָּה וּלְזַרְעֶךָ: וְהָיָה זַרְעֲךָ כַּעֲפַר הָאָרֶץ
וּפָרַצְתָּ יָמָּה וָקֵדְמָה וְצָפֹנָה וָנֶגְבָּה וְנִבְרְכוּ בְךָ כָּל־מִשְׁפְּחֹת הָאֲדָמָה וּבְזַרְעֶךָ:
וְהִנֵּה אָנֹכִי עִמָּךְ וּשְׁמַרְתִּיךָ בְּכֹל אֲשֶׁר־תֵּלֵךְ וַהֲשִׁבֹתִיךָ אֶל־הָאֲדָמָה הַזֹּאת כִּי
לֹא אֶעֱזָבְךָ עַד אֲשֶׁר אִם־עָשִׂיתִי אֵת אֲשֶׁר־דִּבַּרְתִּי לָךְ: וַיִּיקַץ יַעֲקֹב מִשְּׁנָתוֹ
וַיֹּאמֶר אָכֵן יֵשׁ יהוה בַּמָּקוֹם הַזֶּה וְאָנֹכִי לֹא יָדָעְתִּי: וַיִּירָא וַיֹּאמַר מַה־נּוֹרָא
הַמָּקוֹם הַזֶּה אֵין זֶה כִּי אִם־בֵּית אֱלֹהִים וְזֶה שַׁעַר הַשָּׁמָיִם: *וַיַּשְׁכֵּם יַעֲקֹב ישראל
בַּבֹּקֶר וַיִּקַּח אֶת־הָאֶבֶן אֲשֶׁר־שָׂם מְרַאֲשֹׁתָיו וַיָּשֶׂם אֹתָהּ מַצֵּבָה וַיִּצֹק שֶׁמֶן
עַל־רֹאשָׁהּ: וַיִּקְרָא אֶת־שֵׁם־הַמָּקוֹם הַהוּא בֵּית־אֵל וְאוּלָם לוּז שֵׁם־הָעִיר
לָרִאשֹׁנָה: וַיִּדַּר יַעֲקֹב נֶדֶר לֵאמֹר אִם־יִהְיֶה אֱלֹהִים עִמָּדִי וּשְׁמָרַנִי בַּדֶּרֶךְ הַזֶּה
אֲשֶׁר אָנֹכִי הוֹלֵךְ וְנָתַן־לִי לֶחֶם לֶאֱכֹל וּבֶגֶד לִלְבֹּשׁ: וְשַׁבְתִּי בְשָׁלוֹם אֶל־בֵּית
אָבִי וְהָיָה יהוה לִי לֵאלֹהִים: וְהָאֶבֶן הַזֹּאת אֲשֶׁר־שַׂמְתִּי מַצֵּבָה יִהְיֶה בֵּית
אֱלֹהִים וְכֹל אֲשֶׁר תִּתֶּן־לִי עַשֵּׂר אֲעַשְּׂרֶנּוּ לָךְ:

## וישלח

וַיִּשְׁלַח יַעֲקֹב מַלְאָכִים לְפָנָיו אֶל־עֵשָׂו אָחִיו אַרְצָה שֵׂעִיר שְׂדֵה אֱדוֹם: וַיְצַו בראשית לב, ג–יב
אֹתָם לֵאמֹר כֹּה תֹאמְרוּן לַאדֹנִי לְעֵשָׂו כֹּה אָמַר עַבְדְּךָ יַעֲקֹב עִם־לָבָן גַּרְתִּי
וָאֵחַר עַד־עָתָּה: וַיְהִי־לִי שׁוֹר וַחֲמוֹר צֹאן וְעֶבֶד וְשִׁפְחָה וָאֶשְׁלְחָה לְהַגִּיד
לַאדֹנִי לִמְצֹא־חֵן בְּעֵינֶיךָ: *וַיָּשֻׁבוּ הַמַּלְאָכִים אֶל־יַעֲקֹב לֵאמֹר בָּאנוּ אֶל־ לוי

אָחִיךָ אֶל־עֵשָׂו וְגַם הֹלֵךְ לִקְרָאתְךָ וְאַרְבַּע־מֵאוֹת אִישׁ עִמּוֹ: וַיִּירָא יַעֲקֹב
מְאֹד וַיֵּצֶר לוֹ וַיַּחַץ אֶת־הָעָם אֲשֶׁר־אִתּוֹ וְאֶת־הַצֹּאן וְאֶת־הַבָּקָר וְהַגְּמַלִּים
לִשְׁנֵי מַחֲנוֹת: וַיֹּאמֶר אִם־יָבוֹא עֵשָׂו אֶל־הַמַּחֲנֶה הָאַחַת וְהִכָּהוּ וְהָיָה הַמַּחֲנֶה
ישראל הַנִּשְׁאָר לִפְלֵיטָה: *וַיֹּאמֶר יַעֲקֹב אֱלֹהֵי אָבִי אַבְרָהָם וֵאלֹהֵי אָבִי יִצְחָק יְהוָה
הָאֹמֵר אֵלַי שׁוּב לְאַרְצְךָ וּלְמוֹלַדְתְּךָ וְאֵיטִיבָה עִמָּךְ: קָטֹנְתִּי מִכֹּל הַחֲסָדִים
וּמִכָּל־הָאֱמֶת אֲשֶׁר עָשִׂיתָ אֶת־עַבְדֶּךָ כִּי בְמַקְלִי עָבַרְתִּי אֶת־הַיַּרְדֵּן הַזֶּה
וְעַתָּה הָיִיתִי לִשְׁנֵי מַחֲנוֹת: הַצִּילֵנִי נָא מִיַּד אָחִי מִיַּד עֵשָׂו כִּי־יָרֵא אָנֹכִי
אֹתוֹ פֶּן־יָבוֹא וְהִכַּנִי אֵם עַל־בָּנִים: וְאַתָּה אָמַרְתָּ הֵיטֵב אֵיטִיב עִמָּךְ וְשַׂמְתִּי
אֶת־זַרְעֲךָ כְּחוֹל הַיָּם אֲשֶׁר לֹא־יִסָּפֵר מֵרֹב:

## וישב

בראשית לז, א–יא וַיֵּשֶׁב יַעֲקֹב בְּאֶרֶץ מְגוּרֵי אָבִיו בְּאֶרֶץ כְּנָעַן: אֵלֶּה ׀ תֹּלְדוֹת יַעֲקֹב יוֹסֵף
בֶּן־שְׁבַע־עֶשְׂרֵה שָׁנָה הָיָה רֹעֶה אֶת־אֶחָיו בַּצֹּאן וְהוּא נַעַר אֶת־בְּנֵי בִלְהָה
וְאֶת־בְּנֵי זִלְפָּה נְשֵׁי אָבִיו וַיָּבֵא יוֹסֵף אֶת־דִּבָּתָם רָעָה אֶל־אֲבִיהֶם: וְיִשְׂרָאֵל
לוי אָהַב אֶת־יוֹסֵף מִכָּל־בָּנָיו כִּי־בֶן־זְקֻנִים הוּא לוֹ וְעָשָׂה לוֹ כְּתֹנֶת פַּסִּים: *וַיִּרְאוּ
אֶחָיו כִּי־אֹתוֹ אָהַב אֲבִיהֶם מִכָּל־אֶחָיו וַיִּשְׂנְאוּ אֹתוֹ וְלֹא יָכְלוּ דַּבְּרוֹ לְשָׁלֹם:
וַיַּחֲלֹם יוֹסֵף חֲלוֹם וַיַּגֵּד לְאֶחָיו וַיּוֹסִפוּ עוֹד שְׂנֹא אֹתוֹ: וַיֹּאמֶר אֲלֵיהֶם שִׁמְעוּ־
נָא הַחֲלוֹם הַזֶּה אֲשֶׁר חָלָמְתִּי: וְהִנֵּה אֲנַחְנוּ מְאַלְּמִים אֲלֻמִּים בְּתוֹךְ הַשָּׂדֶה
וְהִנֵּה קָמָה אֲלֻמָּתִי וְגַם־נִצָּבָה וְהִנֵּה תְסֻבֶּינָה אֲלֻמֹּתֵיכֶם וַתִּשְׁתַּחֲוֶיןָ לַאֲלֻמָּתִי:
ישראל *וַיֹּאמְרוּ לוֹ אֶחָיו הֲמָלֹךְ תִּמְלֹךְ עָלֵינוּ אִם־מָשׁוֹל תִּמְשֹׁל בָּנוּ וַיּוֹסִפוּ עוֹד
שְׂנֹא אֹתוֹ עַל־חֲלֹמֹתָיו וְעַל־דְּבָרָיו: וַיַּחֲלֹם עוֹד חֲלוֹם אַחֵר וַיְסַפֵּר אֹתוֹ
לְאֶחָיו וַיֹּאמֶר הִנֵּה חָלַמְתִּי חֲלוֹם עוֹד וְהִנֵּה הַשֶּׁמֶשׁ וְהַיָּרֵחַ וְאַחַד עָשָׂר
כּוֹכָבִים מִשְׁתַּחֲוִים לִי: וַיְסַפֵּר אֶל־אָבִיו וְאֶל־אֶחָיו וַיִּגְעַר־בּוֹ אָבִיו וַיֹּאמֶר לוֹ
מָה הַחֲלוֹם הַזֶּה אֲשֶׁר חָלָמְתָּ הֲבוֹא נָבוֹא אֲנִי וְאִמְּךָ וְאַחֶיךָ לְהִשְׁתַּחֲוֹת לְךָ
אָרְצָה: וַיְקַנְאוּ־בוֹ אֶחָיו וְאָבִיו שָׁמַר אֶת־הַדָּבָר:

## מקץ

בראשית מא, א–יד וַיְהִי מִקֵּץ שְׁנָתַיִם יָמִים וּפַרְעֹה חֹלֵם וְהִנֵּה עֹמֵד עַל־הַיְאֹר: וְהִנֵּה מִן־הַיְאֹר
עֹלֹת שֶׁבַע פָּרוֹת יְפוֹת מַרְאֶה וּבְרִיאֹת בָּשָׂר וַתִּרְעֶינָה בָּאָחוּ: וְהִנֵּה שֶׁבַע

פָּרוֹת אֲחֵרוֹת עֹלוֹת אַחֲרֵיהֶן מִן־הַיְאֹר רָעוֹת מַרְאֶה וְדַקּוֹת בָּשָׂר וַתַּעֲמֹדְנָה
אֵצֶל הַפָּרוֹת עַל־שְׂפַת הַיְאֹר׃ וַתֹּאכַלְנָה הַפָּרוֹת רָעוֹת הַמַּרְאֶה וְדַקֹּת הַבָּשָׂר
אֵת שֶׁבַע הַפָּרוֹת יְפֹת הַמַּרְאֶה וְהַבְּרִיאֹת וַיִּיקַץ פַּרְעֹה׃ *וַיִּישָׁן וַיַּחֲלֹם שֵׁנִית לוי
וְהִנֵּה ׀ שֶׁבַע שִׁבֳּלִים עֹלוֹת בְּקָנֶה אֶחָד בְּרִיאוֹת וְטֹבוֹת׃ וְהִנֵּה שֶׁבַע שִׁבֳּלִים
דַּקּוֹת וּשְׁדוּפֹת קָדִים צֹמְחוֹת אַחֲרֵיהֶן׃ וַתִּבְלַעְנָה הַשִּׁבֳּלִים הַדַּקּוֹת אֵת שֶׁבַע
הַשִּׁבֳּלִים הַבְּרִיאוֹת וְהַמְּלֵאוֹת וַיִּיקַץ פַּרְעֹה וְהִנֵּה חֲלוֹם׃ *וַיְהִי בַבֹּקֶר וַתִּפָּעֶם ישראל
רוּחוֹ וַיִּשְׁלַח וַיִּקְרָא אֶת־כָּל־חַרְטֻמֵּי מִצְרַיִם וְאֶת־כָּל־חֲכָמֶיהָ וַיְסַפֵּר פַּרְעֹה
לָהֶם אֶת־חֲלֹמוֹ וְאֵין־פּוֹתֵר אוֹתָם לְפַרְעֹה׃ וַיְדַבֵּר שַׂר הַמַּשְׁקִים אֶת־פַּרְעֹה
לֵאמֹר אֶת־חֲטָאַי אֲנִי מַזְכִּיר הַיּוֹם׃ פַּרְעֹה קָצַף עַל־עֲבָדָיו וַיִּתֵּן אֹתִי בְּמִשְׁמַר
בֵּית שַׂר הַטַּבָּחִים אֹתִי וְאֵת שַׂר הָאֹפִים׃ וַנַּחַלְמָה חֲלוֹם בְּלַיְלָה אֶחָד אֲנִי
וָהוּא אִישׁ כְּפִתְרוֹן חֲלֹמוֹ חָלָמְנוּ׃ וְשָׁם אִתָּנוּ נַעַר עִבְרִי עֶבֶד לְשַׂר הַטַּבָּחִים
וַנְּסַפֶּר־לוֹ וַיִּפְתָּר־לָנוּ אֶת־חֲלֹמֹתֵינוּ אִישׁ כַּחֲלֹמוֹ פָּתָר׃ וַיְהִי כַּאֲשֶׁר פָּתַר־
לָנוּ כֵּן הָיָה אֹתִי הֵשִׁיב עַל־כַּנִּי וְאֹתוֹ תָלָה׃ וַיִּשְׁלַח פַּרְעֹה וַיִּקְרָא אֶת־יוֹסֵף
וַיְרִיצֻהוּ מִן־הַבּוֹר וַיְגַלַּח וַיְחַלֵּף שִׂמְלֹתָיו וַיָּבֹא אֶל־פַּרְעֹה׃

## ויגש

וַיִּגַּשׁ אֵלָיו יְהוּדָה וַיֹּאמֶר בִּי אֲדֹנִי יְדַבֶּר־נָא עַבְדְּךָ דָבָר בְּאָזְנֵי אֲדֹנִי וְאַל־יִחַר בראשית מד, יח-ל
אַפְּךָ בְּעַבְדֶּךָ כִּי כָמוֹךָ כְּפַרְעֹה׃ אֲדֹנִי שָׁאַל אֶת־עֲבָדָיו לֵאמֹר הֲיֵשׁ־לָכֶם אָב
אוֹ־אָח׃ וַנֹּאמֶר אֶל־אֲדֹנִי יֶשׁ־לָנוּ אָב זָקֵן וְיֶלֶד זְקֻנִים קָטָן וְאָחִיו מֵת וַיִּוָּתֵר
הוּא לְבַדּוֹ לְאִמּוֹ וְאָבִיו אֲהֵבוֹ׃ *וַתֹּאמֶר אֶל־עֲבָדֶיךָ הוֹרִדֻהוּ אֵלָי וְאָשִׂימָה לוי
עֵינִי עָלָיו׃ וַנֹּאמֶר אֶל־אֲדֹנִי לֹא־יוּכַל הַנַּעַר לַעֲזֹב אֶת־אָבִיו וְעָזַב אֶת־אָבִיו
וָמֵת׃ וַתֹּאמֶר אֶל־עֲבָדֶיךָ אִם־לֹא יֵרֵד אֲחִיכֶם הַקָּטֹן אִתְּכֶם לֹא תֹסִפוּן
לִרְאוֹת פָּנָי׃ וַיְהִי כִּי עָלִינוּ אֶל־עַבְדְּךָ אָבִי וַנַּגֶּד־לוֹ אֵת דִּבְרֵי אֲדֹנִי׃ *וַיֹּאמֶר ישראל
אָבִינוּ שֻׁבוּ שִׁבְרוּ־לָנוּ מְעַט־אֹכֶל׃ וַנֹּאמֶר לֹא נוּכַל לָרֶדֶת אִם־יֵשׁ אָחִינוּ
הַקָּטֹן אִתָּנוּ וְיָרַדְנוּ כִּי־לֹא נוּכַל לִרְאוֹת פְּנֵי הָאִישׁ וְאָחִינוּ הַקָּטֹן אֵינֶנּוּ אִתָּנוּ׃
וַיֹּאמֶר עַבְדְּךָ אָבִי אֵלֵינוּ אַתֶּם יְדַעְתֶּם כִּי שְׁנַיִם יָלְדָה־לִּי אִשְׁתִּי׃ וַיֵּצֵא הָאֶחָד
מֵאִתִּי וָאֹמַר אַךְ טָרֹף טֹרָף וְלֹא רְאִיתִיו עַד־הֵנָּה׃ וּלְקַחְתֶּם גַּם־אֶת־זֶה מֵעִם
פָּנַי וְקָרָהוּ אָסוֹן וְהוֹרַדְתֶּם אֶת־שֵׂיבָתִי בְּרָעָה שְׁאֹלָה׃ וְעַתָּה כְּבֹאִי אֶל־עַבְדְּךָ
אָבִי וְהַנַּעַר אֵינֶנּוּ אִתָּנוּ וְנַפְשׁוֹ קְשׁוּרָה בְנַפְשׁוֹ׃

## ויחי

בראשית
מז, כח–מח, ט

וַיְחִ֤י יַעֲקֹב֙ בְּאֶ֣רֶץ מִצְרַ֔יִם שְׁבַ֥ע עֶשְׂרֵ֖ה שָׁנָ֑ה וַיְהִ֤י יְמֵי־יַעֲקֹב֙ שְׁנֵ֣י חַיָּ֔יו שֶׁ֤בַע
שָׁנִים֙ וְאַרְבָּעִ֣ים וּמְאַ֣ת שָׁנָֽה: וַיִּקְרְב֣וּ יְמֵֽי־יִשְׂרָאֵ֘ל לָמוּת֒ וַיִּקְרָ֣א ׀ לִבְנ֣וֹ לְיוֹסֵ֗ף
וַיֹּ֤אמֶר לוֹ֙ אִם־נָ֨א מָצָ֤אתִי חֵן֙ בְּעֵינֶ֔יךָ שִֽׂים־נָ֥א יָדְךָ֖ תַּ֣חַת יְרֵכִ֑י וְעָשִׂ֤יתָ עִמָּדִי֙
חֶ֣סֶד וֶאֱמֶ֔ת אַל־נָ֥א תִקְבְּרֵ֖נִי בְּמִצְרָֽיִם: וְשָֽׁכַבְתִּי֙ עִם־אֲבֹתַ֔י וּנְשָׂאתַ֨נִי֙ מִמִּצְרַ֔יִם
וּקְבַרְתַּ֖נִי בִּקְבֻֽרָתָ֑ם וַיֹּאמַ֕ר אָנֹכִ֖י אֶֽעֱשֶׂ֥ה כִדְבָרֶֽךָ: וַיֹּ֗אמֶר הִשָּֽׁבְעָה֙ לִ֔י וַיִּשָּׁבַ֖ע
ל֑וֹ וַיִּשְׁתַּ֥חוּ יִשְׂרָאֵ֖ל עַל־רֹ֥אשׁ הַמִּטָּֽה:

לוי
וַיְהִ֗י אַחֲרֵי֙ הַדְּבָרִ֣ים הָאֵ֔לֶּה וַיֹּ֣אמֶר לְיוֹסֵ֔ף הִנֵּ֥ה אָבִ֖יךָ חֹלֶ֑ה וַיִּקַּ֞ח אֶת־שְׁנֵ֤י
בָנָיו֙ עִמּ֔וֹ אֶת־מְנַשֶּׁ֖ה וְאֶת־אֶפְרָֽיִם: וַיַּגֵּ֣ד לְיַעֲקֹ֔ב וַיֹּ֕אמֶר הִנֵּ֛ה בִּנְךָ֥ יוֹסֵ֖ף בָּ֣א
אֵלֶ֑יךָ וַיִּתְחַזֵּק֙ יִשְׂרָאֵ֔ל וַיֵּ֖שֶׁב עַל־הַמִּטָּֽה: וַיֹּ֤אמֶר יַעֲקֹב֙ אֶל־יוֹסֵ֔ף אֵ֥ל שַׁדַּ֛י

ישראל
נִרְאָֽה־אֵלַ֥י בְּל֖וּז בְּאֶ֣רֶץ כְּנָ֑עַן וַיְבָ֖רֶךְ אֹתִֽי: וַיֹּ֣אמֶר אֵלַ֗י הִנְנִ֤י מַפְרְךָ֙ וְהִרְבִּיתִ֔ךָ
וּנְתַתִּ֖יךָ לִקְהַ֣ל עַמִּ֑ים וְנָ֨תַתִּ֜י אֶת־הָאָ֧רֶץ הַזֹּ֛את לְזַרְעֲךָ֥ אַחֲרֶ֖יךָ אֲחֻזַּ֥ת עוֹלָֽם:
וְעַתָּ֡ה שְׁנֵֽי־בָנֶיךָ֩ הַנּֽוֹלָדִ֨ים לְךָ֜ בְּאֶ֣רֶץ מִצְרַ֗יִם עַד־בֹּאִ֥י אֵלֶ֛יךָ מִצְרַ֖יְמָה לִי־הֵ֑ם
אֶפְרַ֨יִם֙ וּמְנַשֶּׁ֔ה כִּרְאוּבֵ֥ן וְשִׁמְע֖וֹן יִֽהְיוּ־לִֽי: וּמֽוֹלַדְתְּךָ֛ אֲשֶׁר־הוֹלַ֥דְתָּ אַחֲרֵיהֶ֖ם
לְךָ֣ יִהְי֑וּ עַ֣ל שֵׁ֧ם אֲחֵיהֶ֛ם יִקָּרְא֖וּ בְּנַחֲלָתָֽם:* וַאֲנִ֣י ׀ בְּבֹאִ֣י מִפַּדָּ֗ן מֵ֩תָה֩ עָלַ֨י
רָחֵ֜ל בְּאֶ֤רֶץ כְּנַ֨עַן֙ בַּדֶּ֔רֶךְ בְּע֥וֹד כִּבְרַת־אֶ֖רֶץ לָבֹ֣א אֶפְרָ֑תָה וָאֶקְבְּרֶ֤הָ שָּׁם֙
בְּדֶ֣רֶךְ אֶפְרָ֔ת הִ֖וא בֵּ֥ית לָֽחֶם: וַיַּ֥רְא יִשְׂרָאֵ֖ל אֶת־בְּנֵ֣י יוֹסֵ֑ף וַיֹּ֖אמֶר מִי־אֵֽלֶּה:
וַיֹּ֤אמֶר יוֹסֵף֙ אֶל־אָבִ֔יו בָּנַ֣י הֵ֔ם אֲשֶׁר־נָֽתַן־לִ֥י אֱלֹהִ֖ים בָּזֶ֑ה וַיֹּאמַ֕ר קָֽחֶם־נָ֥א אֵלַ֖י
וַאֲבָרֲכֵֽם:

## שמות

שמות
א, א–ח

וְאֵ֗לֶּה שְׁמוֹת֙ בְּנֵ֣י יִשְׂרָאֵ֔ל הַבָּאִ֖ים מִצְרָ֑יְמָה אֵ֣ת יַעֲקֹ֔ב אִ֥ישׁ וּבֵית֖וֹ בָּֽאוּ:
רְאוּבֵ֣ן שִׁמְע֔וֹן לֵוִ֖י וִֽיהוּדָֽה: יִשָּׂשכָ֥ר זְבוּלֻ֖ן וּבִנְיָמִֽן: דָּ֥ן וְנַפְתָּלִ֖י גָּ֥ד וְאָשֵֽׁר:
וַֽיְהִ֗י כָּל־נֶ֛פֶשׁ יֹצְאֵ֥י יֶֽרֶךְ־יַעֲקֹ֖ב שִׁבְעִ֣ים נָ֑פֶשׁ וְיוֹסֵ֖ף הָיָ֥ה בְמִצְרָֽיִם: וַיָּ֤מָת יוֹסֵף֙
וְכָל־אֶחָ֔יו וְכֹ֖ל הַדּ֥וֹר הַהֽוּא: וּבְנֵ֣י יִשְׂרָאֵ֗ל פָּר֧וּ וַֽיִּשְׁרְצ֛וּ וַיִּרְבּ֥וּ וַיַּֽעַצְמ֖וּ בִּמְאֹ֣ד
מְאֹ֑ד וַתִּמָּלֵ֥א הָאָ֖רֶץ אֹתָֽם:

לוי
וַיָּ֥קָם מֶֽלֶךְ־חָדָ֖שׁ עַל־מִצְרָ֑יִם אֲשֶׁ֥ר לֹֽא־יָדַ֖ע אֶת־יוֹסֵֽף: וַיֹּ֖אמֶר אֶל־עַמּ֑וֹ הִנֵּ֗ה עַ֚ם
בְּנֵ֣י יִשְׂרָאֵ֔ל רַ֥ב וְעָצ֖וּם מִמֶּֽנּוּ: הָ֥בָה נִֽתְחַכְּמָ֖ה ל֑וֹ פֶּן־יִרְבֶּ֗ה וְהָיָ֞ה כִּֽי־תִקְרֶ֤אנָה

_____
*יש מסיימים כאן.

מִלְחָמָה וְנוֹסַף גַּם־הוּא עַל־שֹׂנְאֵינוּ וְנִלְחַם־בָּנוּ וְעָלָה מִן־הָאָרֶץ׃ וַיָּשִׂימוּ עָלָיו שָׂרֵי מִסִּים לְמַעַן עַנֹּתוֹ בְּסִבְלֹתָם וַיִּבֶן עָרֵי מִסְכְּנוֹת לְפַרְעֹה אֶת־פִּתֹם וְאֶת־רַעַמְסֵס׃ *וְכַאֲשֶׁר יְעַנּוּ אֹתוֹ כֵּן יִרְבֶּה וְכֵן יִפְרֹץ וַיָּקֻצוּ מִפְּנֵי בְּנֵי יִשְׂרָאֵל׃

ישראל *וַיַּעֲבִדוּ מִצְרַיִם אֶת־בְּנֵי יִשְׂרָאֵל בְּפָרֶךְ׃ וַיְמָרְרוּ אֶת־חַיֵּיהֶם בַּעֲבֹדָה קָשָׁה בְּחֹמֶר וּבִלְבֵנִים וּבְכָל־עֲבֹדָה בַּשָּׂדֶה אֵת כָּל־עֲבֹדָתָם אֲשֶׁר־עָבְדוּ בָהֶם בְּפָרֶךְ׃ וַיֹּאמֶר מֶלֶךְ מִצְרַיִם לַמְיַלְּדֹת הָעִבְרִיֹּת אֲשֶׁר שֵׁם הָאַחַת שִׁפְרָה וְשֵׁם הַשֵּׁנִית פּוּעָה׃ וַיֹּאמֶר בְּיַלֶּדְכֶן אֶת־הָעִבְרִיּוֹת וּרְאִיתֶן עַל־הָאָבְנָיִם אִם־בֵּן הוּא וַהֲמִתֶּן אֹתוֹ וְאִם־בַּת הִוא וָחָיָה׃ וַתִּירֶאןָ הַמְיַלְּדֹת אֶת־הָאֱלֹהִים וְלֹא עָשׂוּ כַּאֲשֶׁר דִּבֶּר אֲלֵיהֶן מֶלֶךְ מִצְרָיִם וַתְּחַיֶּיןָ אֶת־הַיְלָדִים׃

## וארא

שמות ו, ב–ין וַיְדַבֵּר אֱלֹהִים אֶל־מֹשֶׁה וַיֹּאמֶר אֵלָיו אֲנִי יהוה׃ וָאֵרָא אֶל־אַבְרָהָם אֶל־יִצְחָק וְאֶל־יַעֲקֹב בְּאֵל שַׁדָּי וּשְׁמִי יהוה לֹא נוֹדַעְתִּי לָהֶם׃ וְגַם הֲקִמֹתִי אֶת־בְּרִיתִי אִתָּם לָתֵת לָהֶם אֶת־אֶרֶץ כְּנָעַן אֵת אֶרֶץ מְגֻרֵיהֶם אֲשֶׁר־גָּרוּ בָהּ׃ וְגַם ׀ אֲנִי שָׁמַעְתִּי אֶת־נַאֲקַת בְּנֵי יִשְׂרָאֵל אֲשֶׁר מִצְרַיִם מַעֲבִדִים אֹתָם וָאֶזְכֹּר אֶת־בְּרִיתִי׃

לוי *לָכֵן אֱמֹר לִבְנֵי־יִשְׂרָאֵל אֲנִי יהוה וְהוֹצֵאתִי אֶתְכֶם מִתַּחַת סִבְלֹת מִצְרַיִם וְהִצַּלְתִּי אֶתְכֶם מֵעֲבֹדָתָם וְגָאַלְתִּי אֶתְכֶם בִּזְרוֹעַ נְטוּיָה וּבִשְׁפָטִים גְּדֹלִים׃ וְלָקַחְתִּי אֶתְכֶם לִי לְעָם וְהָיִיתִי לָכֶם לֵאלֹהִים וִידַעְתֶּם כִּי אֲנִי יהוה אֱלֹהֵיכֶם הַמּוֹצִיא אֶתְכֶם מִתַּחַת סִבְלוֹת מִצְרָיִם׃ וְהֵבֵאתִי אֶתְכֶם אֶל־הָאָרֶץ אֲשֶׁר נָשָׂאתִי אֶת־יָדִי לָתֵת אֹתָהּ לְאַבְרָהָם לְיִצְחָק וּלְיַעֲקֹב וְנָתַתִּי אֹתָהּ לָכֶם מוֹרָשָׁה אֲנִי יהוה׃ וַיְדַבֵּר מֹשֶׁה כֵּן אֶל־בְּנֵי יִשְׂרָאֵל וְלֹא שָׁמְעוּ אֶל־מֹשֶׁה מִקֹּצֶר רוּחַ וּמֵעֲבֹדָה קָשָׁה׃

ישראל וַיְדַבֵּר יהוה אֶל־מֹשֶׁה לֵּאמֹר׃ בֹּא דַבֵּר אֶל־פַּרְעֹה מֶלֶךְ מִצְרָיִם וִישַׁלַּח אֶת־בְּנֵי־יִשְׂרָאֵל מֵאַרְצוֹ׃ וַיְדַבֵּר מֹשֶׁה לִפְנֵי יהוה לֵאמֹר הֵן בְּנֵי־יִשְׂרָאֵל לֹא־שָׁמְעוּ אֵלַי וְאֵיךְ יִשְׁמָעֵנִי פַרְעֹה וַאֲנִי עֲרַל שְׂפָתָיִם׃

וַיְדַבֵּר יהוה אֶל־מֹשֶׁה וְאֶל־אַהֲרֹן וַיְצַוֵּם אֶל־בְּנֵי יִשְׂרָאֵל וְאֶל־פַּרְעֹה מֶלֶךְ מִצְרָיִם לְהוֹצִיא אֶת־בְּנֵי־יִשְׂרָאֵל מֵאֶרֶץ מִצְרָיִם׃** אֵלֶּה רָאשֵׁי בֵית־אֲבֹתָם בְּנֵי רְאוּבֵן בְּכֹר יִשְׂרָאֵל חֲנוֹךְ וּפַלּוּא חֶצְרֹן וְכַרְמִי אֵלֶּה מִשְׁפְּחֹת

---

*ישראל / **ברוב הקהילות מסיימים כאן, ויש שקוראים ללוי עד כאן, ולישראל ממשיכים עד 'לִבְנִי וְשִׁמְעִי לְמִשְׁפְּחֹתָם'.

רְאוּבֵן: וּבְנֵי שִׁמְעוֹן יְמוּאֵל וְיָמִין וְאֹהַד וְיָכִין וְצֹחַר וְשָׁאוּל בֶּן־הַכְּנַעֲנִית
אֵלֶּה מִשְׁפְּחֹת שִׁמְעוֹן: וְאֵלֶּה שְׁמוֹת בְּנֵי־לֵוִי לְתֹלְדֹתָם גֵּרְשׁוֹן וּקְהָת
וּמְרָרִי וּשְׁנֵי חַיֵּי לֵוִי שֶׁבַע וּשְׁלֹשִׁים וּמְאַת שָׁנָה: בְּנֵי גֵרְשׁוֹן לִבְנִי וְשִׁמְעִי
לְמִשְׁפְּחֹתָם:

## בא

שמות י, א-כג וַיֹּאמֶר יהוה אֶל־מֹשֶׁה בֹּא אֶל־פַּרְעֹה כִּי־אֲנִי הִכְבַּדְתִּי אֶת־לִבּוֹ וְאֶת־לֵב
עֲבָדָיו לְמַעַן שִׁתִי אֹתֹתַי אֵלֶּה בְּקִרְבּוֹ: וּלְמַעַן תְּסַפֵּר בְּאָזְנֵי בִנְךָ וּבֶן־בִּנְךָ אֵת
אֲשֶׁר הִתְעַלַּלְתִּי בְּמִצְרַיִם וְאֶת־אֹתֹתַי אֲשֶׁר־שַׂמְתִּי בָם וִידַעְתֶּם כִּי־אֲנִי יהוה:
וַיָּבֹא מֹשֶׁה וְאַהֲרֹן אֶל־פַּרְעֹה וַיֹּאמְרוּ אֵלָיו כֹּה־אָמַר יהוה אֱלֹהֵי הָעִבְרִים
לוי עַד־מָתַי מֵאַנְתָּ לֵעָנֹת מִפָּנָי שַׁלַּח עַמִּי וְיַעַבְדֻנִי: *כִּי אִם־מָאֵן אַתָּה לְשַׁלֵּחַ
אֶת־עַמִּי הִנְנִי מֵבִיא מָחָר אַרְבֶּה בִּגְבֻלֶךָ: וְכִסָּה אֶת־עֵין הָאָרֶץ וְלֹא יוּכַל
לִרְאֹת אֶת־הָאָרֶץ וְאָכַל | אֶת־יֶתֶר הַפְּלֵטָה הַנִּשְׁאֶרֶת לָכֶם מִן־הַבָּרָד וְאָכַל
אֶת־כָּל־הָעֵץ הַצֹּמֵחַ לָכֶם מִן־הַשָּׂדֶה: וּמָלְאוּ בָתֶּיךָ וּבָתֵּי כָל־עֲבָדֶיךָ וּבָתֵּי
כָל־מִצְרַיִם אֲשֶׁר לֹא־רָאוּ אֲבֹתֶיךָ וַאֲבוֹת אֲבֹתֶיךָ מִיּוֹם הֱיוֹתָם עַל־הָאֲדָמָה
ישראל עַד הַיּוֹם הַזֶּה וַיִּפֶן וַיֵּצֵא מֵעִם פַּרְעֹה: *וַיֹּאמְרוּ עַבְדֵי פַרְעֹה אֵלָיו עַד־מָתַי
יִהְיֶה זֶה לָנוּ לְמוֹקֵשׁ שַׁלַּח אֶת־הָאֲנָשִׁים וְיַעַבְדוּ אֶת־יהוה אֱלֹהֵיהֶם הֲטֶרֶם
תֵּדַע כִּי אָבְדָה מִצְרָיִם: וַיּוּשַׁב אֶת־מֹשֶׁה וְאֶת־אַהֲרֹן אֶל־פַּרְעֹה וַיֹּאמֶר
אֲלֵהֶם לְכוּ עִבְדוּ אֶת־יהוה אֱלֹהֵיכֶם מִי וָמִי הַהֹלְכִים: *וַיֹּאמֶר מֹשֶׁה בִּנְעָרֵינוּ
וּבִזְקֵנֵינוּ נֵלֵךְ בְּבָנֵינוּ וּבִבְנוֹתֵנוּ בְּצֹאנֵנוּ וּבִבְקָרֵנוּ נֵלֵךְ כִּי חַג־יהוה לָנוּ: וַיֹּאמֶר
אֲלֵהֶם יְהִי כֵן יהוה עִמָּכֶם כַּאֲשֶׁר אֲשַׁלַּח אֶתְכֶם וְאֶת־טַפְּכֶם רְאוּ כִּי רָעָה
נֶגֶד פְּנֵיכֶם: לֹא כֵן לְכוּ־נָא הַגְּבָרִים וְעִבְדוּ אֶת־יהוה כִּי אֹתָהּ אַתֶּם מְבַקְשִׁים
וַיְגָרֶשׁ אֹתָם מֵאֵת פְּנֵי פַרְעֹה:** וַיֹּאמֶר יהוה אֶל־מֹשֶׁה נְטֵה
יָדְךָ עַל־אֶרֶץ מִצְרַיִם בָּאַרְבֶּה וְיַעַל עַל־אֶרֶץ מִצְרָיִם וְיֹאכַל אֶת־כָּל־עֵשֶׂב
הָאָרֶץ אֵת כָּל־אֲשֶׁר הִשְׁאִיר הַבָּרָד: וַיֵּט מֹשֶׁה אֶת־מַטֵּהוּ עַל־אֶרֶץ מִצְרַיִם
וַיהוה נִהַג רוּחַ־קָדִים בָּאָרֶץ כָּל־הַיּוֹם הַהוּא וְכָל־הַלָּיְלָה הַבֹּקֶר הָיָה וְרוּחַ
הַקָּדִים נָשָׂא אֶת־הָאַרְבֶּה: וַיַּעַל הָאַרְבֶּה עַל כָּל־אֶרֶץ מִצְרַיִם וַיָּנַח בְּכֹל גְּבוּל
מִצְרָיִם כָּבֵד מְאֹד לְפָנָיו לֹא־הָיָה כֵן אַרְבֶּה כָּמֹהוּ וְאַחֲרָיו לֹא יִהְיֶה־כֵּן: וַיְכַס
אֶת־עֵין כָּל־הָאָרֶץ וַתֶּחְשַׁךְ הָאָרֶץ וַיֹּאכַל אֶת־כָּל־עֵשֶׂב הָאָרֶץ וְאֵת כָּל־פְּרִי

*ישראל / **ברוב הקהילות מסיימים כאן.

הָעֵץ אֲשֶׁר הוֹתִיר הַבָּרָד וְלֹא־נוֹתַר כָּל־יֶרֶק בָּעֵץ וּבְעֵשֶׂב הַשָּׂדֶה בְּכָל־אֶרֶץ
מִצְרָיִם: וַיְמַהֵר פַּרְעֹה לִקְרֹא לְמֹשֶׁה וּלְאַהֲרֹן וַיֹּאמֶר חָטָאתִי לַיהוה אֱלֹהֵיכֶם
וְלָכֶם: וְעַתָּה שָׂא נָא חַטָּאתִי אַךְ הַפַּעַם וְהַעְתִּירוּ לַיהוה אֱלֹהֵיכֶם וְיָסֵר מֵעָלַי
רַק אֶת־הַמָּוֶת הַזֶּה: וַיֵּצֵא מֵעִם פַּרְעֹה וַיֶּעְתַּר אֶל־יהוה: וַיַּהֲפֹךְ יהוה רוּחַ־יָם
חָזָק מְאֹד וַיִּשָּׂא אֶת־הָאַרְבֶּה וַיִּתְקָעֵהוּ יָמָּה סּוּף לֹא נִשְׁאַר אַרְבֶּה אֶחָד בְּכֹל
גְּבוּל מִצְרָיִם: וַיְחַזֵּק יהוה אֶת־לֵב פַּרְעֹה וְלֹא שִׁלַּח אֶת־בְּנֵי יִשְׂרָאֵל:
וַיֹּאמֶר יהוה אֶל־מֹשֶׁה נְטֵה יָדְךָ עַל־הַשָּׁמַיִם וִיהִי חֹשֶׁךְ עַל־אֶרֶץ מִצְרָיִם
וְיָמֵשׁ חֹשֶׁךְ: וַיֵּט מֹשֶׁה אֶת־יָדוֹ עַל־הַשָּׁמָיִם וַיְהִי חֹשֶׁךְ־אֲפֵלָה בְּכָל־אֶרֶץ
מִצְרַיִם שְׁלֹשֶׁת יָמִים: לֹא־רָאוּ אִישׁ אֶת־אָחִיו וְלֹא־קָמוּ אִישׁ מִתַּחְתָּיו שְׁלֹשֶׁת
יָמִים וּלְכָל־בְּנֵי יִשְׂרָאֵל הָיָה אוֹר בְּמוֹשְׁבֹתָם:

## בשלח

שמות יג,יז–יד,ח
וַיְהִי בְּשַׁלַּח פַּרְעֹה אֶת־הָעָם וְלֹא־נָחָם אֱלֹהִים דֶּרֶךְ אֶרֶץ פְּלִשְׁתִּים כִּי קָרוֹב
הוּא כִּי ׀ אָמַר אֱלֹהִים פֶּן־יִנָּחֵם הָעָם בִּרְאֹתָם מִלְחָמָה וְשָׁבוּ מִצְרָיְמָה: וַיַּסֵּב
אֱלֹהִים ׀ אֶת־הָעָם דֶּרֶךְ הַמִּדְבָּר יַם־סוּף וַחֲמֻשִׁים עָלוּ בְנֵי־יִשְׂרָאֵל מֵאֶרֶץ
מִצְרָיִם: וַיִּקַּח מֹשֶׁה אֶת־עַצְמוֹת יוֹסֵף עִמּוֹ כִּי הַשְׁבֵּעַ הִשְׁבִּיעַ אֶת־בְּנֵי יִשְׂרָאֵל
לֵאמֹר פָּקֹד יִפְקֹד אֱלֹהִים אֶתְכֶם וְהַעֲלִיתֶם אֶת־עַצְמֹתַי מִזֶּה אִתְּכֶם: וַיִּסְעוּ
מִסֻּכֹּת וַיַּחֲנוּ בְאֵתָם בִּקְצֵה הַמִּדְבָּר: וַיהוה הֹלֵךְ לִפְנֵיהֶם יוֹמָם בְּעַמּוּד עָנָן
לַנְחֹתָם הַדֶּרֶךְ וְלַיְלָה בְּעַמּוּד אֵשׁ לְהָאִיר לָהֶם לָלֶכֶת יוֹמָם וָלָיְלָה: לֹא־יָמִישׁ
עַמּוּד הֶעָנָן יוֹמָם וְעַמּוּד הָאֵשׁ לָיְלָה לִפְנֵי הָעָם:
לוי
וַיְדַבֵּר יהוה אֶל־מֹשֶׁה לֵּאמֹר: דַּבֵּר אֶל־בְּנֵי יִשְׂרָאֵל וְיָשֻׁבוּ וְיַחֲנוּ לִפְנֵי פִּי
הַחִירֹת בֵּין מִגְדֹּל וּבֵין הַיָּם לִפְנֵי בַּעַל צְפֹן נִכְחוֹ תַחֲנוּ עַל־הַיָּם: וְאָמַר פַּרְעֹה
לִבְנֵי יִשְׂרָאֵל נְבֻכִים הֵם בָּאָרֶץ סָגַר עֲלֵיהֶם הַמִּדְבָּר: וְחִזַּקְתִּי אֶת־לֵב־פַּרְעֹה
וְרָדַף אַחֲרֵיהֶם וְאִכָּבְדָה בְּפַרְעֹה וּבְכָל־חֵילוֹ וְיָדְעוּ מִצְרַיִם כִּי־אֲנִי יהוה וַיַּעֲשׂוּ־
ישראל
כֵן: *וַיֻּגַּד לְמֶלֶךְ מִצְרַיִם כִּי בָרַח הָעָם וַיֵּהָפֵךְ לְבַב פַּרְעֹה וַעֲבָדָיו אֶל־הָעָם
וַיֹּאמְרוּ מַה־זֹּאת עָשִׂינוּ כִּי־שִׁלַּחְנוּ אֶת־יִשְׂרָאֵל מֵעָבְדֵנוּ: וַיֶּאְסֹר אֶת־רִכְבּוֹ
וְאֶת־עַמּוֹ לָקַח עִמּוֹ: וַיִּקַּח שֵׁשׁ־מֵאוֹת רֶכֶב בָּחוּר וְכֹל רֶכֶב מִצְרָיִם וְשָׁלִשִׁם
עַל־כֻּלּוֹ: וַיְחַזֵּק יהוה אֶת־לֵב פַּרְעֹה מֶלֶךְ מִצְרַיִם וַיִּרְדֹּף אַחֲרֵי בְּנֵי יִשְׂרָאֵל
וּבְנֵי יִשְׂרָאֵל יֹצְאִים בְּיָד רָמָה:

## יתרו

שמות יח, א-יב וַיִּשְׁמַע יִתְרוֹ כֹהֵן מִדְיָן חֹתֵן מֹשֶׁה אֵת כָּל־אֲשֶׁר עָשָׂה אֱלֹהִים לְמֹשֶׁה
וּלְיִשְׂרָאֵל עַמּוֹ כִּי־הוֹצִיא יהוה אֶת־יִשְׂרָאֵל מִמִּצְרָיִם: וַיִּקַּח יִתְרוֹ חֹתֵן
מֹשֶׁה אֶת־צִפֹּרָה אֵשֶׁת מֹשֶׁה אַחַר שִׁלּוּחֶיהָ: וְאֵת שְׁנֵי בָנֶיהָ אֲשֶׁר שֵׁם הָאֶחָד
גֵּרְשֹׁם כִּי אָמַר גֵּר הָיִיתִי בְּאֶרֶץ נָכְרִיָּה: וְשֵׁם הָאֶחָד אֱלִיעֶזֶר כִּי־אֱלֹהֵי אָבִי
לוי בְּעֶזְרִי וַיַּצִּלֵנִי מֵחֶרֶב פַּרְעֹה: *וַיָּבֹא יִתְרוֹ חֹתֵן מֹשֶׁה וּבָנָיו וְאִשְׁתּוֹ אֶל־מֹשֶׁה
אֶל־הַמִּדְבָּר אֲשֶׁר־הוּא חֹנֶה שָׁם הַר הָאֱלֹהִים: וַיֹּאמֶר אֶל־מֹשֶׁה אֲנִי חֹתֶנְךָ
יִתְרוֹ בָּא אֵלֶיךָ וְאִשְׁתְּךָ וּשְׁנֵי בָנֶיהָ עִמָּהּ: וַיֵּצֵא מֹשֶׁה לִקְרַאת חֹתְנוֹ וַיִּשְׁתַּחוּ
וַיִּשַּׁק־לוֹ וַיִּשְׁאֲלוּ אִישׁ־לְרֵעֵהוּ לְשָׁלוֹם וַיָּבֹאוּ הָאֹהֱלָה: וַיְסַפֵּר מֹשֶׁה לְחֹתְנוֹ
אֵת כָּל־אֲשֶׁר עָשָׂה יהוה לְפַרְעֹה וּלְמִצְרַיִם עַל אוֹדֹת יִשְׂרָאֵל אֵת כָּל־הַתְּלָאָה
ישראל אֲשֶׁר מְצָאָתַם בַּדֶּרֶךְ וַיַּצִּלֵם יהוה: *וַיִּחַדְּ יִתְרוֹ עַל כָּל־הַטּוֹבָה אֲשֶׁר־עָשָׂה
יהוה לְיִשְׂרָאֵל אֲשֶׁר הִצִּילוֹ מִיַּד מִצְרָיִם: וַיֹּאמֶר יִתְרוֹ בָּרוּךְ יהוה אֲשֶׁר הִצִּיל
אֶתְכֶם מִיַּד מִצְרַיִם וּמִיַּד פַּרְעֹה אֲשֶׁר הִצִּיל אֶת־הָעָם מִתַּחַת יַד־מִצְרָיִם:
עַתָּה יָדַעְתִּי כִּי־גָדוֹל יהוה מִכָּל־הָאֱלֹהִים כִּי בַדָּבָר אֲשֶׁר זָדוּ עֲלֵיהֶם: וַיִּקַּח
יִתְרוֹ חֹתֵן מֹשֶׁה עֹלָה וּזְבָחִים לֵאלֹהִים וַיָּבֹא אַהֲרֹן וְכֹל ׀ זִקְנֵי יִשְׂרָאֵל לֶאֱכָל־
לֶחֶם עִם־חֹתֵן מֹשֶׁה לִפְנֵי הָאֱלֹהִים:

## משפטים

שמות כא, א-יט וְאֵלֶּה הַמִּשְׁפָּטִים אֲשֶׁר תָּשִׂים לִפְנֵיהֶם: כִּי תִקְנֶה עֶבֶד עִבְרִי שֵׁשׁ שָׁנִים
יַעֲבֹד וּבַשְּׁבִעִת יֵצֵא לַחָפְשִׁי חִנָּם: אִם־בְּגַפּוֹ יָבֹא בְּגַפּוֹ יֵצֵא אִם־בַּעַל אִשָּׁה
הוּא וְיָצְאָה אִשְׁתּוֹ עִמּוֹ: *אִם־אֲדֹנָיו יִתֶּן־לוֹ אִשָּׁה וְיָלְדָה־לוֹ בָנִים אוֹ בָנוֹת
הָאִשָּׁה וִילָדֶיהָ תִּהְיֶה לַאדֹנֶיהָ וְהוּא יֵצֵא בְגַפּוֹ: וְאִם־אָמֹר יֹאמַר הָעֶבֶד
אָהַבְתִּי אֶת־אֲדֹנִי אֶת־אִשְׁתִּי וְאֶת־בָּנָי לֹא אֵצֵא חָפְשִׁי: וְהִגִּישׁוֹ אֲדֹנָיו
אֶל־הָאֱלֹהִים וְהִגִּישׁוֹ אֶל־הַדֶּלֶת אוֹ אֶל־הַמְּזוּזָה וְרָצַע אֲדֹנָיו אֶת־אָזְנוֹ
לוי בַּמַּרְצֵעַ וַעֲבָדוֹ לְעֹלָם: ** *וְכִי־יִמְכֹּר אִישׁ אֶת־בִּתּוֹ לְאָמָה לֹא
לוֹ תֵצֵא כְּצֵאת הָעֲבָדִים: אִם־רָעָה בְּעֵינֵי אֲדֹנֶיהָ אֲשֶׁר־לֹא יְעָדָהּ וְהֶפְדָּהּ לְעַם
נָכְרִי לֹא־יִמְשֹׁל לְמָכְרָהּ בְּבִגְדוֹ־בָהּ: וְאִם־לִבְנוֹ יִיעָדֶנָּה כְּמִשְׁפַּט הַבָּנוֹת
יַעֲשֶׂה־לָּהּ: אִם־אַחֶרֶת יִקַּח־לוֹ שְׁאֵרָהּ כְּסוּתָהּ וְעֹנָתָהּ לֹא יִגְרָע: וְאִם־שְׁלָשׁ־

*לוי / **ישראל

ישראל אֵלֶּה לֹא יַעֲשֶׂה לָהּ וְיָצְאָה חִנָּם אֵין כָּסֶף:*** *מַכֵּה אִישׁ וָמֵת מוֹת
יוּמָת: וַאֲשֶׁר לֹא צָדָה וְהָאֱלֹהִים אִנָּה לְיָדוֹ וְשַׂמְתִּי לְךָ מָקוֹם אֲשֶׁר יָנוּס
שָׁמָּה: וְכִי־יָזִד אִישׁ עַל־רֵעֵהוּ לְהָרְגוֹ בְעָרְמָה מֵעִם מִזְבְּחִי
תִּקָּחֶנּוּ לָמוּת: וּמַכֵּה אָבִיו וְאִמּוֹ מוֹת יוּמָת: וְגֹנֵב
אִישׁ וּמְכָרוֹ וְנִמְצָא בְיָדוֹ מוֹת יוּמָת: וּמְקַלֵּל אָבִיו וְאִמּוֹ מוֹת
יוּמָת: וְכִי־יְרִיבֻן אֲנָשִׁים וְהִכָּה־אִישׁ אֶת־רֵעֵהוּ בְּאֶבֶן אוֹ בְאֶגְרֹף
וְלֹא יָמוּת וְנָפַל לְמִשְׁכָּב: אִם־יָקוּם וְהִתְהַלֵּךְ בַּחוּץ עַל־מִשְׁעַנְתּוֹ וְנִקָּה הַמַּכֶּה
רַק שִׁבְתּוֹ יִתֵּן וְרַפֹּא יְרַפֵּא:

תרומה

שמות כה,א–טז וַיְדַבֵּר יהוה אֶל־מֹשֶׁה לֵּאמֹר: דַּבֵּר אֶל־בְּנֵי יִשְׂרָאֵל וְיִקְחוּ־לִי תְּרוּמָה מֵאֵת
כָּל־אִישׁ אֲשֶׁר יִדְּבֶנּוּ לִבּוֹ תִּקְחוּ אֶת־תְּרוּמָתִי: וְזֹאת הַתְּרוּמָה אֲשֶׁר תִּקְחוּ
מֵאִתָּם זָהָב וָכֶסֶף וּנְחֹשֶׁת: וּתְכֵלֶת וְאַרְגָּמָן וְתוֹלַעַת שָׁנִי וְשֵׁשׁ וְעִזִּים: וְעֹרֹת
לוי אֵילִם מְאָדָּמִים וְעֹרֹת תְּחָשִׁים וַעֲצֵי שִׁטִּים: *שֶׁמֶן לַמָּאֹר בְּשָׂמִים לְשֶׁמֶן
הַמִּשְׁחָה וְלִקְטֹרֶת הַסַּמִּים: אַבְנֵי־שֹׁהַם וְאַבְנֵי מִלֻּאִים לָאֵפֹד וְלַחֹשֶׁן: וְעָשׂוּ
לִי מִקְדָּשׁ וְשָׁכַנְתִּי בְּתוֹכָם: כְּכֹל אֲשֶׁר אֲנִי מַרְאֶה אוֹתְךָ אֵת תַּבְנִית הַמִּשְׁכָּן
ישראל וְאֵת תַּבְנִית כָּל־כֵּלָיו וְכֵן תַּעֲשׂוּ: *וְעָשׂוּ אֲרוֹן עֲצֵי שִׁטִּים אַמָּתַיִם
וָחֵצִי אָרְכּוֹ וְאַמָּה וָחֵצִי רָחְבּוֹ וְאַמָּה וָחֵצִי קֹמָתוֹ: וְצִפִּיתָ אֹתוֹ זָהָב טָהוֹר
מִבַּיִת וּמִחוּץ תְּצַפֶּנּוּ וְעָשִׂיתָ עָלָיו זֵר זָהָב סָבִיב: וְיָצַקְתָּ לּוֹ אַרְבַּע טַבְּעֹת
זָהָב וְנָתַתָּה עַל אַרְבַּע פַּעֲמֹתָיו וּשְׁתֵּי טַבָּעֹת עַל־צַלְעוֹ הָאֶחָת וּשְׁתֵּי טַבָּעֹת
עַל־צַלְעוֹ הַשֵּׁנִית: וְעָשִׂיתָ בַדֵּי עֲצֵי שִׁטִּים וְצִפִּיתָ אֹתָם זָהָב: וְהֵבֵאתָ אֶת־
הַבַּדִּים בַּטַּבָּעֹת עַל צַלְעֹת הָאָרֹן לָשֵׂאת אֶת־הָאָרֹן בָּהֶם: בְּטַבְּעֹת הָאָרֹן
יִהְיוּ הַבַּדִּים לֹא יָסֻרוּ מִמֶּנּוּ: וְנָתַתָּ אֶל־הָאָרֹן אֵת הָעֵדֻת אֲשֶׁר אֶתֵּן אֵלֶיךָ:

תצוה

שמות כז,כ–כח,יב וְאַתָּה תְּצַוֶּה ׀ אֶת־בְּנֵי יִשְׂרָאֵל וְיִקְחוּ אֵלֶיךָ שֶׁמֶן זַיִת זָךְ כָּתִית לַמָּאוֹר
לְהַעֲלֹת נֵר תָּמִיד: בְּאֹהֶל מוֹעֵד מִחוּץ לַפָּרֹכֶת אֲשֶׁר עַל־הָעֵדֻת יַעֲרֹךְ
אֹתוֹ אַהֲרֹן וּבָנָיו מֵעֶרֶב עַד־בֹּקֶר לִפְנֵי יהוה חֻקַּת עוֹלָם לְדֹרֹתָם מֵאֵת בְּנֵי

***יש מסיימים כאן.

יִשְׂרָאֵל׃ וְאַתָּה הַקְרֵב אֵלֶיךָ אֶת־אַהֲרֹן אָחִיךָ וְאֶת־בָּנָיו אִתּוֹ מִתּוֹךְ
בְּנֵי יִשְׂרָאֵל לְכַהֲנוֹ־לִי אַהֲרֹן נָדָב וַאֲבִיהוּא אֶלְעָזָר וְאִיתָמָר בְּנֵי אַהֲרֹן׃ וְעָשִׂיתָ
בִגְדֵי־קֹדֶשׁ לְאַהֲרֹן אָחִיךָ לְכָבוֹד וּלְתִפְאָרֶת׃ וְאַתָּה תְּדַבֵּר אֶל־כָּל־חַכְמֵי־לֵב
אֲשֶׁר מִלֵּאתִיו רוּחַ חָכְמָה וְעָשׂוּ אֶת־בִּגְדֵי אַהֲרֹן לְקַדְּשׁוֹ לְכַהֲנוֹ־לִי׃ וְאֵלֶּה
הַבְּגָדִים אֲשֶׁר יַעֲשׂוּ חֹשֶׁן וְאֵפוֹד וּמְעִיל וּכְתֹנֶת תַּשְׁבֵּץ מִצְנֶפֶת וְאַבְנֵט וְעָשׂוּ
בִגְדֵי־קֹדֶשׁ לְאַהֲרֹן אָחִיךָ וּלְבָנָיו לְכַהֲנוֹ־לִי׃ וְהֵם יִקְחוּ אֶת־הַזָּהָב וְאֶת־הַתְּכֵלֶת
וְאֶת־הָאַרְגָּמָן וְאֶת־תּוֹלַעַת הַשָּׁנִי וְאֶת־הַשֵּׁשׁ׃
לוי וְעָשׂוּ אֶת־הָאֵפֹד זָהָב תְּכֵלֶת וְאַרְגָּמָן תּוֹלַעַת שָׁנִי וְשֵׁשׁ מָשְׁזָר מַעֲשֵׂה חֹשֵׁב׃
שְׁתֵּי כְתֵפֹת חֹבְרֹת יִהְיֶה־לּוֹ אֶל־שְׁנֵי קְצוֹתָיו וְחֻבָּר׃ וְחֵשֶׁב אֲפֻדָּתוֹ אֲשֶׁר עָלָיו
כְּמַעֲשֵׂהוּ מִמֶּנּוּ יִהְיֶה זָהָב תְּכֵלֶת וְאַרְגָּמָן וְתוֹלַעַת שָׁנִי וְשֵׁשׁ מָשְׁזָר׃ וְלָקַחְתָּ
ישראל אֶת־שְׁתֵּי אַבְנֵי־שֹׁהַם וּפִתַּחְתָּ עֲלֵיהֶם שְׁמוֹת בְּנֵי יִשְׂרָאֵל׃ *שִׁשָּׁה מִשְּׁמֹתָם עַל
הָאֶבֶן הָאֶחָת וְאֶת־שְׁמוֹת הַשִּׁשָּׁה הַנּוֹתָרִים עַל־הָאֶבֶן הַשֵּׁנִית כְּתוֹלְדֹתָם׃
מַעֲשֵׂה חָרַשׁ אֶבֶן פִּתּוּחֵי חֹתָם תְּפַתַּח אֶת־שְׁתֵּי הָאֲבָנִים עַל־שְׁמֹת בְּנֵי
יִשְׂרָאֵל מֻסַבֹּת מִשְׁבְּצוֹת זָהָב תַּעֲשֶׂה אֹתָם׃ וְשַׂמְתָּ אֶת־שְׁתֵּי הָאֲבָנִים עַל
כִּתְפֹת הָאֵפֹד אַבְנֵי זִכָּרֹן לִבְנֵי יִשְׂרָאֵל וְנָשָׂא אַהֲרֹן אֶת־שְׁמוֹתָם לִפְנֵי יְהוָה
עַל־שְׁתֵּי כְתֵפָיו לְזִכָּרֹן׃

## כי תשא

שמות ל, יא-כא וַיְדַבֵּר יְהוָה אֶל־מֹשֶׁה לֵּאמֹר׃ כִּי תִשָּׂא אֶת־רֹאשׁ בְּנֵי־יִשְׂרָאֵל לִפְקֻדֵיהֶם
וְנָתְנוּ אִישׁ כֹּפֶר נַפְשׁוֹ לַיהוָה בִּפְקֹד אֹתָם וְלֹא־יִהְיֶה בָהֶם נֶגֶף בִּפְקֹד אֹתָם׃
זֶה ׀ יִתְּנוּ כָּל־הָעֹבֵר עַל־הַפְּקֻדִים מַחֲצִית הַשֶּׁקֶל בְּשֶׁקֶל הַקֹּדֶשׁ עֶשְׂרִים
לוי גֵּרָה הַשֶּׁקֶל מַחֲצִית הַשֶּׁקֶל תְּרוּמָה לַיהוָה׃ *כֹּל הָעֹבֵר עַל־הַפְּקֻדִים מִבֶּן
עֶשְׂרִים שָׁנָה וָמָעְלָה יִתֵּן תְּרוּמַת יְהוָה׃ הֶעָשִׁיר לֹא־יַרְבֶּה וְהַדַּל לֹא יַמְעִיט
מִמַּחֲצִית הַשָּׁקֶל לָתֵת אֶת־תְּרוּמַת יְהוָה לְכַפֵּר עַל־נַפְשֹׁתֵיכֶם׃ וְלָקַחְתָּ אֶת־
כֶּסֶף הַכִּפֻּרִים מֵאֵת בְּנֵי יִשְׂרָאֵל וְנָתַתָּ אֹתוֹ עַל־עֲבֹדַת אֹהֶל מוֹעֵד וְהָיָה לִבְנֵי
יִשְׂרָאֵל לְזִכָּרוֹן לִפְנֵי יְהוָה לְכַפֵּר עַל־נַפְשֹׁתֵיכֶם׃
ישראל וַיְדַבֵּר יְהוָה אֶל־מֹשֶׁה לֵּאמֹר׃ וְעָשִׂיתָ כִּיּוֹר נְחֹשֶׁת וְכַנּוֹ נְחֹשֶׁת לְרָחְצָה וְנָתַתָּ
אֹתוֹ בֵּין־אֹהֶל מוֹעֵד וּבֵין הַמִּזְבֵּחַ וְנָתַתָּ שָׁמָּה מָיִם׃ וְרָחֲצוּ אַהֲרֹן וּבָנָיו מִמֶּנּוּ
אֶת־יְדֵיהֶם וְאֶת־רַגְלֵיהֶם׃ בְּבֹאָם אֶל־אֹהֶל מוֹעֵד יִרְחֲצוּ־מַיִם וְלֹא יָמֻתוּ אוֹ

בְּגִשְׁתָּם אֶל־הַמִּזְבֵּחַ לְשָׁרֵת לְהַקְטִיר אִשֶּׁה לַיהוָה: וְרָחֲצוּ יְדֵיהֶם וְרַגְלֵיהֶם
וְלֹא יָמֻתוּ וְהָיְתָה לָהֶם חָק־עוֹלָם לוֹ וּלְזַרְעוֹ לְדֹרֹתָם:

ויקהל

שמות לה, א–כ וַיַּקְהֵל מֹשֶׁה אֶת־כָּל־עֲדַת בְּנֵי יִשְׂרָאֵל וַיֹּאמֶר אֲלֵהֶם אֵלֶּה הַדְּבָרִים אֲשֶׁר־
צִוָּה יְהוָה לַעֲשֹׂת אֹתָם: שֵׁשֶׁת יָמִים תֵּעָשֶׂה מְלָאכָה וּבַיּוֹם הַשְּׁבִיעִי יִהְיֶה
לָכֶם קֹדֶשׁ שַׁבַּת שַׁבָּתוֹן לַיהוָה כָּל־הָעֹשֶׂה בוֹ מְלָאכָה יוּמָת: לֹא־תְבַעֲרוּ
אֵשׁ בְּכֹל מֹשְׁבֹתֵיכֶם בְּיוֹם הַשַּׁבָּת:
לוי וַיֹּאמֶר מֹשֶׁה אֶל־כָּל־עֲדַת בְּנֵי־יִשְׂרָאֵל לֵאמֹר זֶה הַדָּבָר אֲשֶׁר־צִוָּה יְהוָה
לֵאמֹר: קְחוּ מֵאִתְּכֶם תְּרוּמָה לַיהוָה כֹּל נְדִיב לִבּוֹ יְבִיאֶהָ אֵת תְּרוּמַת יְהוָה
זָהָב וָכֶסֶף וּנְחֹשֶׁת: וּתְכֵלֶת וְאַרְגָּמָן וְתוֹלַעַת שָׁנִי וְשֵׁשׁ וְעִזִּים: וְעֹרֹת אֵילִם
מְאָדָּמִים וְעֹרֹת תְּחָשִׁים וַעֲצֵי שִׁטִּים: *וְשֶׁמֶן לַמָּאוֹר וּבְשָׂמִים לְשֶׁמֶן הַמִּשְׁחָה
וְלִקְטֹרֶת הַסַּמִּים: וְאַבְנֵי־שֹׁהַם וְאַבְנֵי מִלֻּאִים לָאֵפוֹד וְלַחֹשֶׁן: וְכָל־חֲכַם־
ישראל לֵב בָּכֶם יָבֹאוּ וְיַעֲשׂוּ אֵת כָּל־אֲשֶׁר צִוָּה יְהוָה:** *אֶת־הַמִּשְׁכָּן אֶת־אָהֳלוֹ
וְאֶת־מִכְסֵהוּ אֶת־קְרָסָיו וְאֶת־קְרָשָׁיו אֶת־בְּרִיחָו אֶת־עַמֻּדָיו וְאֶת־אֲדָנָיו:
אֶת־הָאָרֹן וְאֶת־בַּדָּיו אֶת־הַכַּפֹּרֶת וְאֵת פָּרֹכֶת הַמָּסָךְ: אֶת־הַשֻּׁלְחָן וְאֶת־בַּדָּיו
וְאֶת־כָּל־כֵּלָיו וְאֵת לֶחֶם הַפָּנִים: וְאֶת־מְנֹרַת הַמָּאוֹר וְאֶת־כֵּלֶיהָ וְאֶת־נֵרֹתֶיהָ
וְאֵת שֶׁמֶן הַמָּאוֹר: וְאֶת־מִזְבַּח הַקְּטֹרֶת וְאֶת־בַּדָּיו וְאֵת שֶׁמֶן הַמִּשְׁחָה וְאֵת
קְטֹרֶת הַסַּמִּים וְאֶת־מָסַךְ הַפֶּתַח לְפֶתַח הַמִּשְׁכָּן: אֵת ׀ מִזְבַּח הָעֹלָה וְאֶת־
מִכְבַּר הַנְּחֹשֶׁת אֲשֶׁר־לוֹ אֶת־בַּדָּיו וְאֶת־כָּל־כֵּלָיו אֶת־הַכִּיֹּר וְאֶת־כַּנּוֹ: אֵת
קַלְעֵי הֶחָצֵר אֶת־עַמֻּדָיו וְאֶת־אֲדָנֶיהָ וְאֵת מָסַךְ שַׁעַר הֶחָצֵר: אֶת־יִתְדֹת
הַמִּשְׁכָּן וְאֶת־יִתְדֹת הֶחָצֵר וְאֶת־מֵיתְרֵיהֶם: אֶת־בִּגְדֵי הַשְּׂרָד לְשָׁרֵת בַּקֹּדֶשׁ
אֶת־בִּגְדֵי הַקֹּדֶשׁ לְאַהֲרֹן הַכֹּהֵן וְאֶת־בִּגְדֵי בָנָיו לְכַהֵן: וַיֵּצְאוּ כָּל־עֲדַת בְּנֵי־
יִשְׂרָאֵל מִלִּפְנֵי מֹשֶׁה:

פקודי

שמות לח, כא–לט, א אֵלֶּה פְקוּדֵי הַמִּשְׁכָּן מִשְׁכַּן הָעֵדֻת אֲשֶׁר פֻּקַּד עַל־פִּי מֹשֶׁה עֲבֹדַת הַלְוִיִּם בְּיַד
אִיתָמָר בֶּן־אַהֲרֹן הַכֹּהֵן: וּבְצַלְאֵל בֶּן־אוּרִי בֶן־חוּר לְמַטֵּה יְהוּדָה עָשָׂה אֵת
כָּל־אֲשֶׁר־צִוָּה יְהוָה אֶת־מֹשֶׁה: וְאִתּוֹ אָהֳלִיאָב בֶּן־אֲחִיסָמָךְ לְמַטֵּה־דָן חָרָשׁ

*ישראל / **יש מסיימים כאן.

לוי וְחֹשֵׁב וְרֹקֵם בַּתְּכֵלֶת וּבָאַרְגָּמָן וּבְתוֹלַעַת הַשָּׁנִי וּבַשֵּׁשׁ׃ *כָּל־הַזָּהָב
הֶעָשׂוּי לַמְּלָאכָה בְּכֹל מְלֶאכֶת הַקֹּדֶשׁ וַיְהִי ׀ זְהַב הַתְּנוּפָה תֵּשַׁע וְעֶשְׂרִים
כִּכָּר וּשְׁבַע מֵאוֹת וּשְׁלֹשִׁים שֶׁקֶל בְּשֶׁקֶל הַקֹּדֶשׁ׃ וְכֶסֶף פְּקוּדֵי הָעֵדָה מְאַת
כִּכָּר וְאֶלֶף וּשְׁבַע מֵאוֹת וַחֲמִשָּׁה וְשִׁבְעִים שֶׁקֶל בְּשֶׁקֶל הַקֹּדֶשׁ׃ בֶּקַע לַגֻּלְגֹּלֶת
מַחֲצִית הַשֶּׁקֶל בְּשֶׁקֶל הַקֹּדֶשׁ לְכֹל הָעֹבֵר עַל־הַפְּקֻדִים מִבֶּן עֶשְׂרִים שָׁנָה
וָמַעְלָה לְשֵׁשׁ־מֵאוֹת אֶלֶף וּשְׁלֹשֶׁת אֲלָפִים וַחֲמֵשׁ מֵאוֹת וַחֲמִשִּׁים׃ וַיְהִי
מְאַת כִּכַּר הַכֶּסֶף לָצֶקֶת אֵת אַדְנֵי הַקֹּדֶשׁ וְאֵת אַדְנֵי הַפָּרֹכֶת מְאַת אֲדָנִים
ישראל לִמְאַת הַכִּכָּר כִּכָּר לָאָדֶן׃ *וְאֶת־הָאֶלֶף וּשְׁבַע הַמֵּאוֹת וַחֲמִשָּׁה וְשִׁבְעִים
עָשָׂה וָוִים לָעַמּוּדִים וְצִפָּה רָאשֵׁיהֶם וְחִשַּׁק אֹתָם׃ וּנְחֹשֶׁת הַתְּנוּפָה שִׁבְעִים
כִּכָּר וְאַלְפַּיִם וְאַרְבַּע־מֵאוֹת שָׁקֶל׃ וַיַּעַשׂ בָּהּ אֶת־אַדְנֵי פֶּתַח אֹהֶל מוֹעֵד
וְאֵת מִזְבַּח הַנְּחֹשֶׁת וְאֶת־מִכְבַּר הַנְּחֹשֶׁת אֲשֶׁר־לוֹ וְאֵת כָּל־כְּלֵי הַמִּזְבֵּחַ׃
וְאֶת־אַדְנֵי הֶחָצֵר סָבִיב וְאֶת־אַדְנֵי שַׁעַר הֶחָצֵר וְאֵת כָּל־יִתְדֹת הַמִּשְׁכָּן
וְאֶת־כָּל־יִתְדֹת הֶחָצֵר סָבִיב׃ וּמִן־הַתְּכֵלֶת וְהָאַרְגָּמָן וְתוֹלַעַת הַשָּׁנִי עָשׂוּ
בִגְדֵי־שְׂרָד לְשָׁרֵת בַּקֹּדֶשׁ וַיַּעֲשׂוּ אֶת־בִּגְדֵי הַקֹּדֶשׁ אֲשֶׁר לְאַהֲרֹן כַּאֲשֶׁר צִוָּה
יְהוָה אֶת־מֹשֶׁה׃

## ויקרא

ויקרא א,א-יג וַיִּקְרָא אֶל־מֹשֶׁה וַיְדַבֵּר יְהוָה אֵלָיו מֵאֹהֶל מוֹעֵד לֵאמֹר׃ דַּבֵּר אֶל־בְּנֵי יִשְׂרָאֵל
וְאָמַרְתָּ אֲלֵהֶם אָדָם כִּי־יַקְרִיב מִכֶּם קָרְבָּן לַיהוָה מִן־הַבְּהֵמָה מִן־הַבָּקָר
וּמִן־הַצֹּאן תַּקְרִיבוּ אֶת־קָרְבַּנְכֶם׃ אִם־עֹלָה קָרְבָּנוֹ מִן־הַבָּקָר זָכָר תָּמִים
יַקְרִיבֶנּוּ אֶל־פֶּתַח אֹהֶל מוֹעֵד יַקְרִיב אֹתוֹ לִרְצֹנוֹ לִפְנֵי יְהוָה׃ וְסָמַךְ יָדוֹ עַל
לוי רֹאשׁ הָעֹלָה וְנִרְצָה לוֹ לְכַפֵּר עָלָיו׃ *וְשָׁחַט אֶת־בֶּן הַבָּקָר לִפְנֵי יְהוָה וְהִקְרִיבוּ
בְּנֵי אַהֲרֹן הַכֹּהֲנִים אֶת־הַדָּם וְזָרְקוּ אֶת־הַדָּם עַל־הַמִּזְבֵּחַ סָבִיב אֲשֶׁר־פֶּתַח
אֹהֶל מוֹעֵד׃ וְהִפְשִׁיט אֶת־הָעֹלָה וְנִתַּח אֹתָהּ לִנְתָחֶיהָ׃ וְנָתְנוּ בְּנֵי אַהֲרֹן
הַכֹּהֵן אֵשׁ עַל־הַמִּזְבֵּחַ וְעָרְכוּ עֵצִים עַל־הָאֵשׁ׃ וְעָרְכוּ בְּנֵי אַהֲרֹן הַכֹּהֲנִים
אֵת הַנְּתָחִים אֶת־הָרֹאשׁ וְאֶת־הַפָּדֶר עַל־הָעֵצִים אֲשֶׁר עַל־הָאֵשׁ אֲשֶׁר עַל־
הַמִּזְבֵּחַ׃ וְקִרְבּוֹ וּכְרָעָיו יִרְחַץ בַּמָּיִם וְהִקְטִיר הַכֹּהֵן אֶת־הַכֹּל הַמִּזְבֵּחָה עֹלָה
ישראל אִשֵּׁה רֵיחַ־נִיחוֹחַ לַיהוָה׃ *וְאִם־מִן־הַצֹּאן קָרְבָּנוֹ מִן־הַכְּשָׂבִים

אוֹ מִן־הָעִזִּים לְעֹלָה זָכָר תָּמִים יַקְרִיבֶנּוּ: וְשָׁחַט אֹתוֹ עַל יֶרֶךְ הַמִּזְבֵּחַ צָפֹנָה
לִפְנֵי יהוה וְזָרְקוּ בְּנֵי אַהֲרֹן הַכֹּהֲנִים אֶת־דָּמוֹ עַל־הַמִּזְבֵּחַ סָבִיב: וְנִתַּח אֹתוֹ
לִנְתָחָיו וְאֶת־רֹאשׁוֹ וְאֶת־פִּדְרוֹ וְעָרַךְ הַכֹּהֵן אֹתָם עַל־הָעֵצִים אֲשֶׁר עַל־הָאֵשׁ
אֲשֶׁר עַל־הַמִּזְבֵּחַ: וְהַקֶּרֶב וְהַכְּרָעַיִם יִרְחַץ בַּמָּיִם וְהִקְרִיב הַכֹּהֵן אֶת־הַכֹּל
וְהִקְטִיר הַמִּזְבֵּחָה עֹלָה הוּא אִשֵּׁה רֵיחַ נִיחֹחַ לַיהוה:

## צו

וַיְדַבֵּר יהוה אֶל־מֹשֶׁה לֵּאמֹר: צַו אֶת־אַהֲרֹן וְאֶת־בָּנָיו לֵאמֹר זֹאת תּוֹרַת ויקרא ו, א–יא
הָעֹלָה הִוא הָעֹלָה עַל מוֹקְדָה עַל־הַמִּזְבֵּחַ כָּל־הַלַּיְלָה עַד־הַבֹּקֶר וְאֵשׁ הַמִּזְבֵּחַ
תּוּקַד בּוֹ: וְלָבַשׁ הַכֹּהֵן מִדּוֹ בַד וּמִכְנְסֵי־בַד יִלְבַּשׁ עַל־בְּשָׂרוֹ וְהֵרִים אֶת־הַדֶּשֶׁן
אֲשֶׁר תֹּאכַל הָאֵשׁ אֶת־הָעֹלָה עַל־הַמִּזְבֵּחַ וְשָׂמוֹ אֵצֶל הַמִּזְבֵּחַ: *וּפָשַׁט אֶת־ לוי
בְּגָדָיו וְלָבַשׁ בְּגָדִים אֲחֵרִים וְהוֹצִיא אֶת־הַדֶּשֶׁן אֶל־מִחוּץ לַמַּחֲנֶה אֶל־מָקוֹם
טָהוֹר: וְהָאֵשׁ עַל־הַמִּזְבֵּחַ תּוּקַד־בּוֹ לֹא תִכְבֶּה וּבִעֵר עָלֶיהָ הַכֹּהֵן עֵצִים בַּבֹּקֶר
בַּבֹּקֶר וְעָרַךְ עָלֶיהָ הָעֹלָה וְהִקְטִיר עָלֶיהָ חֶלְבֵי הַשְּׁלָמִים: אֵשׁ תָּמִיד תּוּקַד
עַל־הַמִּזְבֵּחַ לֹא תִכְבֶּה: *וְזֹאת תּוֹרַת הַמִּנְחָה הַקְרֵב אֹתָהּ ישראל
בְּנֵי־אַהֲרֹן לִפְנֵי יהוה אֶל־פְּנֵי הַמִּזְבֵּחַ: וְהֵרִים מִמֶּנּוּ בְּקֻמְצוֹ מִסֹּלֶת הַמִּנְחָה
וּמִשַּׁמְנָהּ וְאֵת כָּל־הַלְּבֹנָה אֲשֶׁר עַל־הַמִּנְחָה וְהִקְטִיר הַמִּזְבֵּחַ רֵיחַ נִיחֹחַ
אַזְכָּרָתָהּ לַיהוה: וְהַנּוֹתֶרֶת מִמֶּנָּה יֹאכְלוּ אַהֲרֹן וּבָנָיו מַצּוֹת תֵּאָכֵל בְּמָקוֹם
קָדֹשׁ בַּחֲצַר אֹהֶל־מוֹעֵד יֹאכְלוּהָ: לֹא תֵאָפֶה חָמֵץ חֶלְקָם נָתַתִּי אֹתָהּ מֵאִשָּׁי
קֹדֶשׁ קָדָשִׁים הִוא כַּחַטָּאת וְכָאָשָׁם: כָּל־זָכָר בִּבְנֵי אַהֲרֹן יֹאכְלֶנָּה חָק־עוֹלָם
לְדֹרֹתֵיכֶם מֵאִשֵּׁי יהוה כֹּל אֲשֶׁר־יִגַּע בָּהֶם יִקְדָּשׁ:

## שמיני

וַיְהִי בַּיּוֹם הַשְּׁמִינִי קָרָא מֹשֶׁה לְאַהֲרֹן וּלְבָנָיו וּלְזִקְנֵי יִשְׂרָאֵל: וַיֹּאמֶר אֶל־אַהֲרֹן ויקרא ט, א–טז
קַח־לְךָ עֵגֶל בֶּן־בָּקָר לְחַטָּאת וְאַיִל לְעֹלָה תְּמִימִם וְהַקְרֵב לִפְנֵי יהוה: וְאֶל־
בְּנֵי יִשְׂרָאֵל תְּדַבֵּר לֵאמֹר קְחוּ שְׂעִיר־עִזִּים לְחַטָּאת וְעֵגֶל וָכֶבֶשׂ בְּנֵי־שָׁנָה
תְּמִימִם לְעֹלָה: וְשׁוֹר וָאַיִל לִשְׁלָמִים לִזְבֹּחַ לִפְנֵי יהוה וּמִנְחָה בְּלוּלָה בַשָּׁמֶן
כִּי הַיּוֹם יהוה נִרְאָה אֲלֵיכֶם: *וַיִּקְחוּ אֵת אֲשֶׁר צִוָּה מֹשֶׁה אֶל־פְּנֵי אֹהֶל מוֹעֵד

*לוי

וַיִּקְרְב֣וּ כָּל־הָ֣עֵדָ֔ה וַיַּֽעַמְד֖וּ לִפְנֵ֣י יְהֹוָ֑ה וַיֹּ֤אמֶר מֹשֶׁה֙ זֶ֣ה הַדָּבָ֛ר אֲשֶׁר־צִוָּ֥ה יְהֹוָ֖ה

לוי תַּעֲשׂ֑וּ וְיֵרָ֥א אֲלֵיכֶ֖ם כְּב֥וֹד יְהֹוָֽה: וַיֹּ֨אמֶר מֹשֶׁ֜ה אֶֽל־אַהֲרֹ֗ן קְרַ֤ב אֶל־הַמִּזְבֵּ֙חַ֙

וַעֲשֵׂ֞ה אֶת־חַטָּֽאתְךָ֙ וְאֶת־עֹ֣לָתֶ֔ךָ וְכַפֵּ֥ר בַּֽעַדְךָ֖ וּבְעַ֣ד הָעָ֑ם וַעֲשֵׂ֞ה אֶת־קָרְבַּ֤ן

הָעָם֙ וְכַפֵּ֣ר בַּֽעֲדָ֔ם כַּֽאֲשֶׁ֖ר צִוָּ֥ה יְהֹוָֽה: וַיִּקְרַ֥ב אַֽהֲרֹ֖ן אֶל־הַמִּזְבֵּ֑חַ וַיִּשְׁחַ֛ט

אֶת־עֵ֥גֶל הַֽחַטָּ֖את אֲשֶׁר־לֽוֹ: וַ֠יַּקְרִ֠בוּ בְּנֵ֨י אַֽהֲרֹ֣ן אֶת־הַדָּם֮ אֵלָיו֒ וַיִּטְבֹּ֤ל אֶצְבָּעוֹ֙

בַּדָּ֔ם וַיִּתֵּ֖ן עַל־קַרְנ֣וֹת הַמִּזְבֵּ֑חַ וְאֶ֨ת־הַדָּ֣ם יָצַ֔ק אֶל־יְס֖וֹד הַמִּזְבֵּֽחַ: וְאֶת־הַחֵ֨לֶב

וְאֶת־הַכְּלָיֹ֜ת וְאֶת־הַיֹּתֶ֤רֶת מִן־הַכָּבֵד֙ מִן־הַֽחַטָּ֔את הִקְטִ֖יר הַמִּזְבֵּ֑חָה כַּֽאֲשֶׁ֛ר

ישראל צִוָּ֥ה יְהֹוָ֖ה אֶת־מֹשֶֽׁה: *** וְאֶת־הַבָּשָׂ֖ר וְאֶת־הָע֑וֹר שָׂרַ֣ף בָּאֵ֔שׁ מִח֖וּץ לַֽמַּחֲנֶֽה:

וַיִּשְׁחַ֖ט אֶת־הָֽעֹלָ֑ה וַ֠יַּמְצִ֠אוּ בְּנֵ֨י אַֽהֲרֹ֤ן אֵלָיו֙ אֶת־הַדָּ֔ם וַיִּזְרְקֵ֥הוּ עַל־הַמִּזְבֵּ֖חַ

סָבִֽיב: וְאֶת־הָֽעֹלָ֗ה הִמְצִ֤יאוּ אֵלָיו֙ לִנְתָחֶ֔יהָ וְאֶת־הָרֹ֑אשׁ וַיַּקְטֵ֖ר עַל־הַמִּזְבֵּֽחַ:

וַיִּרְחַ֥ץ אֶת־הַקֶּ֖רֶב וְאֶת־הַכְּרָעָ֑יִם וַיַּקְטֵ֥ר עַל־הָֽעֹלָ֖ה הַמִּזְבֵּֽחָה: וַיַּקְרֵב֮ אֵ֣ת קָרְבַּ֣ן

הָעָם֒ וַיִּקַּ֞ח אֶת־שְׂעִ֤יר הַֽחַטָּאת֙ אֲשֶׁ֣ר לָעָ֔ם וַיִּשְׁחָטֵ֥הוּ וַֽיְחַטְּאֵ֖הוּ כָּֽרִאשֽׁוֹן:

וַיַּקְרֵ֖ב אֶת־הָֽעֹלָ֑ה וַיַּֽעֲשֶׂ֖הָ כַּמִּשְׁפָּֽט:

תזריע

ויקרא וַיְדַבֵּ֥ר יְהֹוָ֖ה אֶל־מֹשֶׁ֥ה לֵּאמֹֽר: דַּבֵּ֞ר אֶל־בְּנֵ֤י יִשְׂרָאֵל֙ לֵאמֹ֔ר אִשָּׁה֙ כִּ֣י תַזְרִ֔יעַ

יב, א–ג, ה וְיָֽלְדָ֖ה זָכָ֑ר וְטָֽמְאָה֙ שִׁבְעַ֣ת יָמִ֔ים כִּימֵ֛י נִדַּ֥ת דְּוֺתָ֖הּ תִּטְמָֽא: וּבַיּ֖וֹם הַשְּׁמִינִ֑י

לוי יִמּ֖וֹל בְּשַׂ֣ר עָרְלָתֽוֹ: וּשְׁלֹשִׁ֤ים יוֹם֙ וּשְׁלֹ֣שֶׁת יָמִ֔ים תֵּשֵׁ֖ב בִּדְמֵ֣י טָֽהֳרָ֑ה בְּכָל־

קֹ֣דֶשׁ לֹֽא־תִגָּ֗ע וְאֶל־הַמִּקְדָּשׁ֙ לֹ֣א תָבֹ֔א עַד־מְלֹ֖את יְמֵ֥י טָֽהֳרָֽהּ: *וְאִם־נְקֵבָ֣ה

תֵלֵ֔ד וְטָֽמְאָ֥ה שְׁבֻעַ֖יִם כְּנִדָּתָ֑הּ וְשִׁשִּׁ֥ים יוֹם֙ וְשֵׁ֣שֶׁת יָמִ֔ים תֵּשֵׁ֖ב עַל־דְּמֵ֥י טָֽהֳרָֽה:

וּבִמְלֹ֣את ׀ יְמֵ֣י טָֽהֳרָ֗הּ לְבֵן֮ א֣וֹ לְבַת֒ תָּבִ֞יא כֶּ֤בֶשׂ בֶּן־שְׁנָתוֹ֙ לְעֹלָ֔ה וּבֶן־יוֹנָ֥ה

אֽוֹ־תֹ֖ר לְחַטָּ֑את אֶל־פֶּ֥תַח אֹֽהֶל־מוֹעֵ֖ד אֶל־הַכֹּהֵֽן: וְהִקְרִיב֞וֹ לִפְנֵ֤י יְהֹוָה֙ וְכִפֶּ֣ר

עָלֶ֔יהָ וְטָֽהֲרָ֖ה מִמְּקֹ֣ר דָּמֶ֑יהָ זֹ֤את תּוֹרַת֙ הַיֹּלֶ֔דֶת לַזָּכָ֖ר א֥וֹ לַנְּקֵבָֽה: וְאִם־לֹ֨א

תִמְצָ֣א יָדָהּ֮ דֵּ֣י שֶׂה֒ וְלָֽקְחָ֣ה שְׁתֵּֽי־תֹרִ֗ים א֤וֹ שְׁנֵי֙ בְּנֵ֣י יוֹנָ֔ה אֶחָ֥ד לְעֹלָ֖ה וְאֶחָ֣ד

לְחַטָּ֑את וְכִפֶּ֥ר עָלֶ֛יהָ הַכֹּהֵ֖ן וְטָהֵֽרָה:

ישראל וַיְדַבֵּ֣ר יְהֹוָ֔ה אֶל־מֹשֶׁ֥ה וְאֶֽל־אַהֲרֹ֖ן לֵאמֹֽר: אָדָ֗ם כִּֽי־יִֽהְיֶ֤ה בְעוֹר־בְּשָׂרוֹ֙ שְׂאֵ֤ת

אֽוֹ־סַפַּ֙חַת֙ א֣וֹ בַהֶ֔רֶת וְהָיָ֥ה בְעוֹר־בְּשָׂר֖וֹ לְנֶ֣גַע צָרָ֑עַת וְהוּבָא֙ אֶל־אַֽהֲרֹ֣ן הַכֹּהֵ֔ן

א֛וֹ אֶל־אַחַ֥ד מִבָּנָ֖יו הַכֹּֽהֲנִֽים: וְרָאָ֣ה הַכֹּהֵ֣ן אֶת־הַנֶּ֣גַע בְּעֽוֹר־הַ֠בָּשָׂ֠ר וְשֵׂעָ֨ר בַּנֶּ֜גַע

**ישראל / *** יש מפסיקים כאן.

הָפַךְ ׀ לָבָן וּמַרְאֵה הַנֶּגַע עָמֹק מֵעוֹר בְּשָׂרוֹ נֶגַע צָרַעַת הוּא וְרָאָהוּ הַכֹּהֵן
וְטִמֵּא אֹתוֹ: וְאִם־בַּהֶרֶת לְבָנָה הִוא בְּעוֹר בְּשָׂרוֹ וְעָמֹק אֵין־מַרְאֶהָ מִן־הָעוֹר
וּשְׂעָרָה לֹא־הָפַךְ לָבָן וְהִסְגִּיר הַכֹּהֵן אֶת־הַנֶּגַע שִׁבְעַת יָמִים: וְרָאָהוּ הַכֹּהֵן
בַּיּוֹם הַשְּׁבִיעִי וְהִנֵּה הַנֶּגַע עָמַד בְּעֵינָיו לֹא־פָשָׂה הַנֶּגַע בָּעוֹר וְהִסְגִּירוֹ הַכֹּהֵן
שִׁבְעַת יָמִים שֵׁנִית:

מצורע

ויקרא יד,א-יב וַיְדַבֵּר יְהוָה אֶל־מֹשֶׁה לֵּאמֹר: זֹאת תִּהְיֶה תּוֹרַת הַמְּצֹרָע בְּיוֹם טָהֳרָתוֹ
וְהוּבָא אֶל־הַכֹּהֵן: וְיָצָא הַכֹּהֵן אֶל־מִחוּץ לַמַּחֲנֶה וְרָאָה הַכֹּהֵן וְהִנֵּה נִרְפָּא
נֶגַע־הַצָּרַעַת מִן־הַצָּרוּעַ: וְצִוָּה הַכֹּהֵן וְלָקַח לַמִּטַּהֵר שְׁתֵּי־צִפֳּרִים חַיּוֹת
טְהֹרוֹת וְעֵץ אֶרֶז וּשְׁנִי תוֹלַעַת וְאֵזֹב: וְצִוָּה הַכֹּהֵן וְשָׁחַט אֶת־הַצִּפּוֹר הָאֶחָת
לוי אֶל־כְּלִי־חֶרֶשׂ עַל־מַיִם חַיִּים: *אֶת־הַצִּפֹּר הַחַיָּה יִקַּח אֹתָהּ וְאֶת־עֵץ הָאֶרֶז
וְאֶת־שְׁנִי הַתּוֹלַעַת וְאֶת־הָאֵזֹב וְטָבַל אוֹתָם וְאֵת ׀ הַצִּפֹּר הַחַיָּה בְּדַם הַצִּפֹּר
הַשְּׁחֻטָה עַל הַמַּיִם הַחַיִּים: וְהִזָּה עַל הַמִּטַּהֵר מִן־הַצָּרַעַת שֶׁבַע פְּעָמִים
וְטִהֲרוֹ וְשִׁלַּח אֶת־הַצִּפֹּר הַחַיָּה עַל־פְּנֵי הַשָּׂדֶה: וְכִבֶּס הַמִּטַּהֵר אֶת־בְּגָדָיו
וְגִלַּח אֶת־כָּל־שְׂעָרוֹ וְרָחַץ בַּמַּיִם וְטָהֵר וְאַחַר יָבוֹא אֶל־הַמַּחֲנֶה וְיָשַׁב מִחוּץ
לְאָהֳלוֹ שִׁבְעַת יָמִים: וְהָיָה בַיּוֹם הַשְּׁבִיעִי יְגַלַּח אֶת־כָּל־שְׂעָרוֹ אֶת־רֹאשׁוֹ
וְאֶת־זְקָנוֹ וְאֵת גַּבֹּת עֵינָיו וְאֶת־כָּל־שְׂעָרוֹ יְגַלֵּחַ וְכִבֶּס אֶת־בְּגָדָיו וְרָחַץ אֶת־
ישראל בְּשָׂרוֹ בַּמַּיִם וְטָהֵר: *וּבַיּוֹם הַשְּׁמִינִי יִקַּח שְׁנֵי־כְבָשִׂים תְּמִימִם וְכַבְשָׂה אַחַת
בַּת־שְׁנָתָהּ תְּמִימָה וּשְׁלֹשָׁה עֶשְׂרֹנִים סֹלֶת מִנְחָה בְּלוּלָה בַשֶּׁמֶן וְלֹג אֶחָד
שָׁמֶן: וְהֶעֱמִיד הַכֹּהֵן הַמְטַהֵר אֵת הָאִישׁ הַמִּטַּהֵר וְאֹתָם לִפְנֵי יְהוָה פֶּתַח
אֹהֶל מוֹעֵד: וְלָקַח הַכֹּהֵן אֶת־הַכֶּבֶשׂ הָאֶחָד וְהִקְרִיב אֹתוֹ לְאָשָׁם וְאֶת־לֹג
הַשָּׁמֶן וְהֵנִיף אֹתָם תְּנוּפָה לִפְנֵי יְהוָה:

אחרי מות

ויקרא טז,א-יז וַיְדַבֵּר יְהוָה אֶל־מֹשֶׁה אַחֲרֵי מוֹת שְׁנֵי בְּנֵי אַהֲרֹן בְּקָרְבָתָם לִפְנֵי־יְהוָה
וַיָּמֻתוּ: וַיֹּאמֶר יְהוָה אֶל־מֹשֶׁה דַּבֵּר אֶל־אַהֲרֹן אָחִיךָ וְאַל־יָבֹא בְכָל־עֵת
אֶל־הַקֹּדֶשׁ מִבֵּית לַפָּרֹכֶת אֶל־פְּנֵי הַכַּפֹּרֶת אֲשֶׁר עַל־הָאָרֹן וְלֹא יָמוּת כִּי

בֶּֽעָנָ֣ן אֵֽרָאֶ֖ה עַל־הַכַּפֹּֽרֶת: בְּזֹ֖את יָבֹ֣א אַהֲרֹ֣ן אֶל־הַקֹּ֑דֶשׁ בְּפַ֧ר בֶּן־בָּקָ֛ר לְחַטָּ֖את
וְאַ֥יִל לְעֹלָֽה: *כְּתֹֽנֶת־בַּ֨ד קֹ֜דֶשׁ יִלְבָּ֗שׁ וּמִכְנְסֵי־בַד֮ יִהְי֣וּ עַל־בְּשָׂרוֹ֒ וּבְאַבְנֵ֥ט
בַּ֣ד יַחְגֹּ֗ר וּבְמִצְנֶ֥פֶת בַּ֖ד יִצְנֹ֑ף בִּגְדֵי־קֹ֣דֶשׁ הֵ֔ם וְרָחַ֥ץ בַּמַּ֖יִם אֶת־בְּשָׂר֥וֹ וּלְבֵשָֽׁם:
וּמֵאֵ֗ת עֲדַת֙ בְּנֵ֣י יִשְׂרָאֵ֔ל יִקַּ֛ח שְׁנֵֽי־שְׂעִירֵ֥י עִזִּ֖ים לְחַטָּ֑את וְאַ֥יִל אֶחָ֖ד לְעֹלָֽה:

לוי ‏ וְהִקְרִ֧יב אַהֲרֹ֛ן אֶת־פַּ֥ר הַֽחַטָּ֖את אֲשֶׁר־ל֑וֹ וְכִפֶּ֥ר בַּֽעֲד֖וֹ וּבְעַ֥ד בֵּיתֽוֹ: **וְלָקַ֖ח
אֶת־שְׁנֵ֣י הַשְּׂעִירִ֑ם וְהֶעֱמִ֤יד אֹתָם֙ לִפְנֵ֣י יְהוָ֔ה פֶּ֖תַח אֹ֥הֶל מוֹעֵֽד: וְנָתַ֧ן אַהֲרֹ֛ן
עַל־שְׁנֵ֥י הַשְּׂעִירִ֖ם גֹּֽרָל֑וֹת גּוֹרָ֤ל אֶחָד֙ לַֽיהוָ֔ה וְגוֹרָ֥ל אֶחָ֖ד לַֽעֲזָאזֵֽל: וְהִקְרִ֤יב
אַהֲרֹן֙ אֶת־הַשָּׂעִ֔יר אֲשֶׁ֨ר עָלָ֥ה עָלָ֛יו הַגּוֹרָ֖ל לַֽיהוָ֑ה וְעָשָׂ֖הוּ חַטָּֽאת: וְהַשָּׂעִ֗יר
אֲשֶׁר֩ עָלָ֨ה עָלָ֤יו הַגּוֹרָל֙ לַֽעֲזָאזֵ֔ל יָֽעֳמַד־חַ֛י לִפְנֵ֥י יְהוָ֖ה לְכַפֵּ֣ר עָלָ֑יו לְשַׁלַּ֥ח
אֹת֛וֹ לַֽעֲזָאזֵ֖ל הַמִּדְבָּֽרָה: וְהִקְרִ֤יב אַהֲרֹן֙ אֶת־פַּ֣ר הַֽחַטָּ֔את אֲשֶׁר־ל֔וֹ וְכִפֶּ֥ר

ישראל ‏ בַּֽעֲד֖וֹ וּבְעַ֣ד בֵּית֑וֹ וְשָׁחַ֛ט אֶת־פַּ֥ר הַֽחַטָּ֖את אֲשֶׁר־לֽוֹ: ***וְלָקַ֣ח מְלֹֽא־
הַ֠מַּחְתָּ֠ה גַּֽחֲלֵי־אֵ֞שׁ מֵעַ֤ל הַמִּזְבֵּ֨חַ֙ מִלִּפְנֵ֣י יְהוָ֔ה וּמְלֹ֣א חָפְנָ֔יו קְטֹ֥רֶת סַמִּ֖ים דַּקָּ֑ה
וְהֵבִ֖יא מִבֵּ֥ית לַפָּרֹֽכֶת: וְנָתַ֧ן אֶֽת־הַקְּטֹ֛רֶת עַל־הָאֵ֖שׁ לִפְנֵ֣י יְהוָ֑ה וְכִסָּ֣ה ׀ עֲנַ֣ן
הַקְּטֹ֗רֶת אֶת־הַכַּפֹּ֛רֶת אֲשֶׁ֥ר עַל־הָֽעֵד֖וּת וְלֹ֥א יָמֽוּת: וְלָקַח֙ מִדַּ֣ם הַפָּ֔ר וְהִזָּ֧ה
בְאֶצְבָּע֛וֹ עַל־פְּנֵ֥י הַכַּפֹּ֖רֶת קֵ֑דְמָה וְלִפְנֵ֣י הַכַּפֹּ֗רֶת יַזֶּ֧ה שֶֽׁבַע־פְּעָמִ֛ים מִן־הַדָּ֖ם
בְּאֶצְבָּעֽוֹ: וְשָׁחַ֞ט אֶת־שְׂעִ֤יר הַֽחַטָּאת֙ אֲשֶׁ֣ר לָעָ֔ם וְהֵבִיא֙ אֶת־דָּמ֔וֹ אֶל־מִבֵּ֖ית
לַפָּרֹ֑כֶת וְעָשָׂ֣ה אֶת־דָּמ֗וֹ כַּֽאֲשֶׁ֤ר עָשָׂה֙ לְדַ֣ם הַפָּ֔ר וְהִזָּ֥ה אֹת֛וֹ עַל־הַכַּפֹּ֖רֶת וְלִפְנֵ֥י
הַכַּפֹּֽרֶת: וְכִפֶּ֣ר עַל־הַקֹּ֗דֶשׁ מִטֻּמְאֹת֙ בְּנֵ֣י יִשְׂרָאֵ֔ל וּמִפִּשְׁעֵיהֶ֖ם לְכָל־חַטֹּאתָ֑ם
וְכֵ֤ן יַֽעֲשֶׂה֙ לְאֹ֣הֶל מוֹעֵ֔ד הַשֹּׁכֵ֣ן אִתָּ֔ם בְּת֖וֹךְ טֻמְאֹתָֽם: וְכָל־אָדָ֞ם לֹא־יִֽהְיֶ֣ה ׀
בְּאֹ֣הֶל מוֹעֵ֗ד בְּבֹא֛וֹ לְכַפֵּ֥ר בַּקֹּ֖דֶשׁ עַד־צֵאת֑וֹ וְכִפֶּ֤ר בַּֽעֲדוֹ֙ וּבְעַ֣ד בֵּית֔וֹ וּבְעַ֖ד
כָּל־קְהַ֥ל יִשְׂרָאֵֽל:

## קדושים

ויקרא
יט, א–ח
‏ וַיְדַבֵּ֥ר יְהוָ֖ה אֶל־מֹשֶׁ֥ה לֵּאמֹֽר: דַּבֵּ֞ר אֶל־כָּל־עֲדַ֧ת בְּנֵֽי־יִשְׂרָאֵ֛ל וְאָֽמַרְתָּ֥ אֲלֵהֶ֖ם
קְדֹשִׁ֣ים תִּֽהְי֑וּ כִּ֣י קָד֔וֹשׁ אֲנִ֖י יְהוָ֥ה אֱלֹֽהֵיכֶֽם: אִ֣ישׁ אִמּ֤וֹ וְאָבִיו֙ תִּירָ֔אוּ וְאֶת־
שַׁבְּתֹתַ֖י תִּשְׁמֹ֑רוּ אֲנִ֖י יְהוָ֥ה אֱלֹֽהֵיכֶֽם: אַל־תִּפְנוּ֙ אֶל־הָ֣אֱלִילִ֔ם וֵֽאלֹהֵי֙ מַסֵּכָ֔ה

לוי
‏ לֹ֥א תַֽעֲשׂ֖וּ לָכֶ֑ם אֲנִ֖י יְהוָ֥ה אֱלֹֽהֵיכֶֽם: *וְכִ֧י תִזְבְּח֛וּ זֶ֥בַח שְׁלָמִ֖ים לַֽיהוָ֑ה לִֽרְצֹנְכֶ֖ם
תִּזְבָּחֻֽהוּ: בְּי֧וֹם זִבְחֲכֶ֛ם יֵֽאָכֵ֖ל וּמִֽמָּחֳרָ֑ת וְהַנּוֹתָר֙ עַד־י֣וֹם הַשְּׁלִישִׁ֔י בָּאֵ֖שׁ יִשָּׂרֵֽף:
וְאִ֛ם הֵֽאָכֹ֥ל יֵֽאָכֵ֖ל בַּיּ֣וֹם הַשְּׁלִישִׁ֑י פִּגּ֥וּל ה֖וּא לֹ֣א יֵֽרָצֶֽה: וְאֹֽכְלָיו֙ עֲוֹנ֣וֹ יִשָּׂ֔א כִּֽי־

*לוי / **ישראל / ***יש מוסיפים כאן.

אֶת־קֹדֶשׁ יְהֹוָה חִלֵּל וְנִכְרְתָה הַנֶּפֶשׁ הַהִוא מֵעַמֶּיהָ: וּבְקֻצְרְכֶם אֶת־קְצִיר
אַרְצְכֶם לֹא תְכַלֶּה פְּאַת שָׂדְךָ לִקְצֹר וְלֶקֶט קְצִירְךָ לֹא תְלַקֵּט: וְכַרְמְךָ לֹא
תְעוֹלֵל וּפֶרֶט כַּרְמְךָ לֹא תְלַקֵּט לֶעָנִי וְלַגֵּר תַּעֲזֹב אֹתָם אֲנִי יְהֹוָה אֱלֹהֵיכֶם:
*לֹא תִּגְנֹבוּ וְלֹא־תְכַחֲשׁוּ וְלֹא־תְשַׁקְּרוּ אִישׁ בַּעֲמִיתוֹ: וְלֹא־תִשָּׁבְעוּ בִשְׁמִי ישראל
לַשָּׁקֶר וְחִלַּלְתָּ אֶת־שֵׁם אֱלֹהֶיךָ אֲנִי יְהֹוָה: לֹא־תַעֲשֹׁק אֶת־רֵעֲךָ וְלֹא תִגְזֹל
לֹא־תָלִין פְּעֻלַּת שָׂכִיר אִתְּךָ עַד־בֹּקֶר: לֹא־תְקַלֵּל חֵרֵשׁ וְלִפְנֵי עִוֵּר לֹא תִתֵּן
מִכְשֹׁל וְיָרֵאתָ מֵּאֱלֹהֶיךָ אֲנִי יְהֹוָה:* לֹא־תַעֲשׂוּ עָוֶל בַּמִּשְׁפָּט לֹא־תִשָּׂא פְנֵי־
דָל וְלֹא תֶהְדַּר פְּנֵי גָדוֹל בְּצֶדֶק תִּשְׁפֹּט עֲמִיתֶךָ: לֹא־תֵלֵךְ רָכִיל בְּעַמֶּיךָ לֹא
תַעֲמֹד עַל־דַּם רֵעֶךָ אֲנִי יְהֹוָה: לֹא־תִשְׂנָא אֶת־אָחִיךָ בִּלְבָבֶךָ הוֹכֵחַ תּוֹכִיחַ
אֶת־עֲמִיתֶךָ וְלֹא־תִשָּׂא עָלָיו חֵטְא: לֹא־תִקֹּם וְלֹא־תִטֹּר אֶת־בְּנֵי עַמֶּךָ וְאָהַבְתָּ
לְרֵעֲךָ כָּמוֹךָ אֲנִי יְהֹוָה:

## אמר

וַיֹּאמֶר יְהֹוָה אֶל־מֹשֶׁה אֱמֹר אֶל־הַכֹּהֲנִים בְּנֵי אַהֲרֹן וְאָמַרְתָּ אֲלֵהֶם לְנֶפֶשׁ ויקרא כא, א–טו
לֹא־יִטַּמָּא בְּעַמָּיו: כִּי אִם־לִשְׁאֵרוֹ הַקָּרֹב אֵלָיו לְאִמּוֹ וּלְאָבִיו וְלִבְנוֹ וּלְבִתּוֹ
וּלְאָחִיו: וְלַאֲחֹתוֹ הַבְּתוּלָה הַקְּרוֹבָה אֵלָיו אֲשֶׁר לֹא־הָיְתָה לְאִישׁ לָהּ יִטַּמָּא:
לֹא יִטַּמָּא בַּעַל בְּעַמָּיו לְהֵחַלּוֹ: לֹא־יקרחה קָרְחָה בְּרֹאשָׁם וּפְאַת זְקָנָם יִקְרְחוּ
לֹא יְגַלֵּחוּ וּבִבְשָׂרָם לֹא יִשְׂרְטוּ שָׂרָטֶת: קְדֹשִׁים יִהְיוּ לֵאלֹהֵיהֶם וְלֹא יְחַלְּלוּ
שֵׁם אֱלֹהֵיהֶם כִּי אֶת־אִשֵּׁי יְהֹוָה לֶחֶם אֱלֹהֵיהֶם הֵם מַקְרִיבִם וְהָיוּ קֹדֶשׁ:
*אִשָּׁה זֹנָה וַחֲלָלָה לֹא יִקָּחוּ וְאִשָּׁה גְּרוּשָׁה מֵאִישָׁהּ לֹא יִקָּחוּ כִּי־קָדֹשׁ הוּא לוי
לֵאלֹהָיו: וְקִדַּשְׁתּוֹ כִּי־אֶת־לֶחֶם אֱלֹהֶיךָ הוּא מַקְרִיב קָדֹשׁ יִהְיֶה־לָּךְ כִּי קָדוֹשׁ
אֲנִי יְהֹוָה מְקַדִּשְׁכֶם: וּבַת אִישׁ כֹּהֵן כִּי תֵחֵל לִזְנוֹת אֶת־אָבִיהָ הִיא מְחַלֶּלֶת
בָּאֵשׁ תִּשָּׂרֵף: וְהַכֹּהֵן הַגָּדוֹל מֵאֶחָיו אֲשֶׁר־יוּצַק עַל־רֹאשׁוֹ ׀ שֶׁמֶן
הַמִּשְׁחָה וּמִלֵּא אֶת־יָדוֹ לִלְבֹּשׁ אֶת־הַבְּגָדִים אֶת־רֹאשׁוֹ לֹא יִפְרָע וּבְגָדָיו לֹא
יִפְרֹם: וְעַל כָּל־נַפְשֹׁת מֵת לֹא יָבֹא לְאָבִיו וּלְאִמּוֹ לֹא יִטַּמָּא: וּמִן־הַמִּקְדָּשׁ
לֹא יֵצֵא וְלֹא יְחַלֵּל אֵת מִקְדַּשׁ אֱלֹהָיו כִּי נֵזֶר שֶׁמֶן מִשְׁחַת אֱלֹהָיו עָלָיו אֲנִי
יְהֹוָה: *וְהוּא אִשָּׁה בִבְתוּלֶיהָ יִקָּח: אַלְמָנָה וּגְרוּשָׁה וַחֲלָלָה זֹנָה אֶת־אֵלֶּה ישראל
לֹא יִקָּח כִּי אִם־בְּתוּלָה מֵעַמָּיו יִקַּח אִשָּׁה: וְלֹא־יְחַלֵּל זַרְעוֹ בְּעַמָּיו כִּי אֲנִי
יְהֹוָה מְקַדְּשׁוֹ:

*ברוב הקהילות מסיימים כאן, ויש הנוהגים להעלות כאן ישראל ולהמשיך.

# בהר

ויקרא
כה, א-ג

וַיְדַבֵּ֤ר יְהֹוָה֙ אֶל־מֹשֶׁ֔ה בְּהַ֥ר סִינַ֖י לֵאמֹֽר: דַּבֵּ֞ר אֶל־בְּנֵ֤י יִשְׂרָאֵל֙ וְאָמַרְתָּ֣
אֲלֵהֶ֔ם כִּ֤י תָבֹ֙אוּ֙ אֶל־הָאָ֔רֶץ אֲשֶׁ֥ר אֲנִ֖י נֹתֵ֣ן לָכֶ֑ם וְשָׁבְתָ֣ה הָאָ֔רֶץ שַׁבָּ֖ת לַֽיהֹוָֽה:
שֵׁ֤שׁ שָׁנִים֙ תִּזְרַ֣ע שָׂדֶ֔ךָ וְשֵׁ֥שׁ שָׁנִ֖ים תִּזְמֹ֣ר כַּרְמֶ֑ךָ וְאָסַפְתָּ֖ אֶת־תְּבֽוּאָתָֽהּ:

לוי
*וּבַשָּׁנָ֣ה הַשְּׁבִיעִ֗ת שַׁבַּ֤ת שַׁבָּתוֹן֙ יִהְיֶ֣ה לָאָ֔רֶץ שַׁבָּ֖ת לַֽיהֹוָ֑ה שָֽׂדְךָ֙ לֹ֣א תִזְרָ֔ע
וְכַרְמְךָ֖ לֹ֥א תִזְמֹֽר: אֵ֣ת סְפִ֤יחַ קְצִֽירְךָ֙ לֹ֣א תִקְצ֔וֹר וְאֶת־עִנְּבֵ֥י נְזִירֶ֖ךָ לֹ֣א תִבְצֹ֑ר
שְׁנַ֥ת שַׁבָּת֖וֹן יִהְיֶ֥ה לָאָֽרֶץ: וְֽהָיְתָ֞ה שַׁבַּ֤ת הָאָ֙רֶץ֙ לָכֶ֣ם לְאׇכְלָ֔ה לְךָ֖ וּלְעַבְדְּךָ֣
וְלַאֲמָתֶ֑ךָ וְלִשְׂכִֽירְךָ֙ וּלְתֽוֹשָׁ֣בְךָ֔ הַגָּרִ֖ים עִמָּֽךְ: וְלִ֨בְהֶמְתְּךָ֔ וְלַֽחַיָּ֖ה אֲשֶׁ֣ר בְּאַרְצֶ֑ךָ
תִּהְיֶ֥ה כׇל־תְּבוּאָתָ֖הּ לֶאֱכֹֽל:

ישראל
וְסָפַרְתָּ֣ לְךָ֗ שֶׁ֚בַע שַׁבְּתֹ֣ת שָׁנִ֔ים
שֶׁ֥בַע שָׁנִ֖ים שֶׁ֣בַע פְּעָמִ֑ים וְהָי֣וּ לְךָ֗ יְמֵי֙ שֶׁ֚בַע שַׁבְּתֹ֣ת הַשָּׁנִ֔ים תֵּ֥שַׁע וְאַרְבָּעִ֖ים
שָׁנָֽה: וְהַֽעֲבַרְתָּ֞ שׁוֹפַ֤ר תְּרוּעָה֙ בַּחֹ֣דֶשׁ הַשְּׁבִעִ֔י בֶּֽעָשׂ֖וֹר לַחֹ֑דֶשׁ בְּיוֹם֙ הַכִּפֻּרִ֔ים
תַּעֲבִ֥ירוּ שׁוֹפָ֖ר בְּכׇל־אַרְצְכֶֽם: וְקִדַּשְׁתֶּ֗ם אֵ֣ת שְׁנַ֤ת הַחֲמִשִּׁים֙ שָׁנָ֔ה וּקְרָאתֶ֥ם
דְּר֛וֹר בָּאָ֖רֶץ לְכׇל־יֹשְׁבֶ֑יהָ יוֹבֵ֥ל הִוא֙ תִּהְיֶ֣ה לָכֶ֔ם וְשַׁבְתֶּ֗ם אִ֚ישׁ אֶל־אֲחֻזָּת֔וֹ
וְאִ֖ישׁ אֶל־מִשְׁפַּחְתּ֥וֹ תָּשֻֽׁבוּ: יוֹבֵ֣ל הִ֗וא שְׁנַ֛ת הַחֲמִשִּׁ֥ים שָׁנָ֖ה תִּהְיֶ֣ה לָכֶ֑ם לֹ֣א
תִזְרָ֔עוּ וְלֹ֤א תִקְצְרוּ֙ אֶת־סְפִיחֶ֔יהָ וְלֹ֥א תִבְצְר֖וּ אֶת־נְזִרֶֽיהָ: כִּ֚י יוֹבֵ֣ל הִ֔וא קֹ֖דֶשׁ
תִּהְיֶ֣ה לָכֶ֑ם מִ֨ן־הַשָּׂדֶ֔ה תֹּאכְל֖וּ אֶת־תְּבוּאָתָֽהּ: בִּשְׁנַ֛ת הַיּוֹבֵ֥ל הַזֹּ֖את תָּשֻׁ֑בוּ
אִ֖ישׁ אֶל־אֲחֻזָּתֽוֹ:

# בחקתי

ויקרא
כו, ג-ד

אִם־בְּחֻקֹּתַ֖י תֵּלֵ֑כוּ וְאֶת־מִצְוֺתַ֣י תִּשְׁמְר֔וּ וַעֲשִׂיתֶ֖ם אֹתָֽם: וְנָתַתִּ֥י גִשְׁמֵיכֶ֖ם בְּעִתָּ֑ם
וְנָתְנָ֤ה הָאָ֙רֶץ֙ יְבוּלָ֔הּ וְעֵ֥ץ הַשָּׂדֶ֖ה יִתֵּ֥ן פִּרְיֽוֹ: וְהִשִּׂ֨יג לָכֶ֥ם דַּ֙יִשׁ֙ אֶת־בָּצִ֔יר וּבָצִ֖יר

לוי
יַשִּׂ֣יג אֶת־זָ֑רַע וַאֲכַלְתֶּ֤ם לַחְמְכֶם֙ לָשֹׂ֔בַע וִֽישַׁבְתֶּ֥ם לָבֶ֖טַח בְּאַרְצְכֶֽם: וְנָתַתִּ֤י
שָׁלוֹם֙ בָּאָ֔רֶץ וּשְׁכַבְתֶּ֖ם וְאֵ֣ין מַחֲרִ֑יד וְהִשְׁבַּתִּ֞י חַיָּ֤ה רָעָה֙ מִן־הָאָ֔רֶץ וְחֶ֖רֶב
לֹא־תַעֲבֹ֥ר בְּאַרְצְכֶֽם: וּרְדַפְתֶּ֖ם אֶת־אֹיְבֵיכֶ֑ם וְנָפְל֥וּ לִפְנֵיכֶ֖ם לֶחָֽרֶב: וְרָדְפ֨וּ
מִכֶּ֤ם חֲמִשָּׁה֙ מֵאָ֔ה וּמֵאָ֥ה מִכֶּ֖ם רְבָבָ֣ה יִרְדֹּ֑פוּ וְנָפְל֧וּ אֹיְבֵיכֶ֛ם לִפְנֵיכֶ֖ם לֶחָֽרֶב:
וּפָנִ֣יתִי אֲלֵיכֶ֔ם וְהִפְרֵיתִ֣י אֶתְכֶ֔ם וְהִרְבֵּיתִ֖י אֶתְכֶ֑ם וַהֲקִימֹתִ֥י אֶת־בְּרִיתִ֖י אִתְּכֶֽם:

ישראל
*וַאֲכַלְתֶּ֥ם יָשָׁ֖ן נוֹשָׁ֑ן וְיָשָׁ֕ן מִפְּנֵ֥י חָדָ֖שׁ תּוֹצִֽיאוּ: וְנָתַתִּ֥י מִשְׁכָּנִ֖י בְּתוֹכְכֶ֑ם וְלֹֽא־
תִגְעַ֥ל נַפְשִׁ֖י אֶתְכֶֽם: וְהִתְהַלַּכְתִּי֙ בְּת֣וֹכְכֶ֔ם וְהָיִ֥יתִי לָכֶ֖ם לֵֽאלֹהִ֑ים וְאַתֶּ֖ם תִּהְיוּ־
לִ֥י לְעָֽם: אֲנִ֞י יְהֹוָ֣ה אֱלֹֽהֵיכֶ֗ם אֲשֶׁ֨ר הוֹצֵ֤אתִי אֶתְכֶם֙ מֵאֶ֣רֶץ מִצְרַ֔יִם מִֽהְיֹ֥ת לָהֶ֖ם
עֲבָדִ֑ים וָאֶשְׁבֹּר֙ מֹטֹ֣ת עֻלְּכֶ֔ם וָאוֹלֵ֥ךְ אֶתְכֶ֖ם קֽוֹמְמִיּֽוּת:

# במדבר · נשא

## במדבר

במדבר
א, א-יט

וַיְדַבֵּ֨ר יְהֹוָ֧ה אֶל־מֹשֶׁ֛ה בְּמִדְבַּ֥ר סִינַ֖י בְּאֹ֣הֶל מוֹעֵ֑ד בְּאֶחָד֩ לַחֹ֨דֶשׁ הַשֵּׁנִ֜י בַּשָּׁנָ֣ה הַשֵּׁנִ֗ית לְצֵאתָ֛ם מֵאֶ֥רֶץ מִצְרַ֖יִם לֵאמֹֽר: שְׂא֗וּ אֶת־רֹאשׁ֙ כָּל־עֲדַ֣ת בְּנֵֽי־יִשְׂרָאֵ֔ל לְמִשְׁפְּחֹתָ֖ם לְבֵ֣ית אֲבֹתָ֑ם בְּמִסְפַּ֣ר שֵׁמ֔וֹת כָּל־זָכָ֖ר לְגֻלְגְּלֹתָֽם: מִבֶּ֨ן עֶשְׂרִ֤ים שָׁנָה֙ וָמַ֔עְלָה כָּל־יֹצֵ֥א צָבָ֖א בְּיִשְׂרָאֵ֑ל תִּפְקְד֥וּ אֹתָ֛ם לְצִבְאֹתָ֖ם אַתָּ֥ה וְאַהֲרֹֽן: וְאִתְּכֶ֣ם יִהְי֔וּ אִ֥ישׁ אִ֖ישׁ לַמַּטֶּ֑ה אִ֛ישׁ רֹ֥אשׁ לְבֵית־אֲבֹתָ֖יו הֽוּא: לוי

וְאֵ֨לֶּה֙ שְׁמ֣וֹת הָֽאֲנָשִׁ֔ים אֲשֶׁ֥ר יַֽעַמְד֖וּ אִתְּכֶ֑ם לִרְאוּבֵ֕ן אֱלִיצ֖וּר בֶּן־שְׁדֵיאֽוּר: לְשִׁמְע֕וֹן שְׁלֻמִיאֵ֖ל בֶּן־צוּרִֽישַׁדָּֽי: לִֽיהוּדָ֕ה נַחְשׁ֖וֹן בֶּן־עַמִּֽינָדָֽב: לְיִ֨שָּׂשכָ֔ר נְתַנְאֵ֖ל בֶּן־צוּעָֽר: לִזְבוּלֻ֕ן אֱלִיאָ֖ב בֶּן־חֵלֹֽן: לִבְנֵ֣י יוֹסֵ֔ף לְאֶפְרַ֕יִם אֱלִֽישָׁמָ֖ע בֶּן־עַמִּיה֑וּד לִמְנַשֶּׁ֕ה גַּמְלִיאֵ֖ל בֶּן־פְּדָהצֽוּר: לְבִ֨נְיָמִ֔ן אֲבִידָ֖ן בֶּן־גִּדְעֹנִֽי: לְדָ֕ן אֲחִיעֶ֖זֶר בֶּן־עַמִּֽישַׁדָּֽי: לְאָשֵׁ֕ר פַּגְעִיאֵ֖ל בֶּן־עָכְרָֽן: לְגָ֕ד אֶלְיָסָ֖ף בֶּן־דְּעוּאֵֽל: לְנַפְתָּלִ֕י אֲחִירַ֖ע בֶּן־עֵינָֽן: אֵ֚לֶּה קְרוּאֵ֣י הָֽעֵדָ֔ה נְשִׂיאֵ֖י מַטּ֣וֹת אֲבוֹתָ֑ם רָאשֵׁ֛י אַלְפֵ֥י יִשְׂרָאֵ֖ל הֵֽם: קרואי ישראל

וַיִּקַּ֥ח מֹשֶׁ֖ה וְאַֽהֲרֹ֑ן אֵ֚ת הָֽאֲנָשִׁ֣ים הָאֵ֔לֶּה אֲשֶׁ֥ר נִקְּב֖וּ בְּשֵׁמֹֽת: וְאֵ֨ת כָּל־הָֽעֵדָ֜ה הִקְהִ֗ילוּ בְּאֶחָד֙ לַחֹ֣דֶשׁ הַשֵּׁנִ֔י וַיִּתְיַֽלְד֥וּ עַל־מִשְׁפְּחֹתָ֖ם לְבֵ֣ית אֲבֹתָ֑ם בְּמִסְפַּ֣ר שֵׁמ֗וֹת מִבֶּ֨ן עֶשְׂרִ֥ים שָׁנָ֛ה וָמַ֖עְלָה לְגֻלְגְּלֹתָֽם: כַּֽאֲשֶׁ֛ר צִוָּ֥ה יְהֹוָ֖ה אֶת־מֹשֶׁ֑ה וַֽיִּפְקְדֵ֖ם בְּמִדְבַּ֥ר סִינָֽי:

## נשא

במדבר
ד, כא-לג

וַיְדַבֵּ֥ר יְהֹוָ֖ה אֶל־מֹשֶׁ֥ה לֵּאמֹֽר: נָשֹׂ֗א אֶת־רֹ֛אשׁ בְּנֵ֥י גֵֽרְשׁ֖וֹן גַּם־הֵ֑ם לְבֵ֥ית אֲבֹתָ֖ם לְמִשְׁפְּחֹתָֽם: מִבֶּן֩ שְׁלֹשִׁ֨ים שָׁנָ֜ה וָמַ֗עְלָה עַ֛ד בֶּן־חֲמִשִּׁ֥ים שָׁנָ֖ה תִּפְקֹ֣ד אוֹתָ֑ם כָּל־הַבָּא֙ לִצְבֹ֣א צָבָ֔א לַֽעֲבֹ֥ד עֲבֹדָ֖ה בְּאֹ֥הֶל מוֹעֵֽד: זֹ֣את עֲבֹדַ֔ת מִשְׁפְּחֹ֖ת הַגֵּֽרְשֻׁנִּ֑י לַֽעֲבֹ֖ד וּלְמַשָּֽׂא: וְנָ֨שְׂא֜וּ אֶת־יְרִיעֹ֤ת הַמִּשְׁכָּן֙ וְאֶת־אֹ֣הֶל מוֹעֵ֔ד מִכְסֵ֕הוּ לוי

וּמִכְסֵ֛ה הַתַּ֥חַשׁ אֲשֶׁר־עָלָ֖יו מִלְמָ֑עְלָה וְאֶ֨ת־מָסַ֔ךְ פֶּ֖תַח אֹ֥הֶל מוֹעֵֽד: וְאֵת֩ קַלְעֵ֨י הֶֽחָצֵ֜ר וְאֶת־מָסַ֣ךְ ׀ פֶּ֣תַח ׀ שַׁ֣עַר הֶֽחָצֵ֗ר אֲשֶׁ֨ר עַל־הַמִּשְׁכָּ֤ן וְעַל־הַמִּזְבֵּ֨חַ֙ סָבִ֔יב וְאֵת֙ מֵֽיתְרֵיהֶ֔ם וְאֶֽת־כָּל־כְּלֵ֖י עֲבֹֽדָתָ֑ם וְאֵ֨ת כָּל־אֲשֶׁ֧ר יֵֽעָשֶׂ֛ה לָהֶ֖ם וְעָבָֽדוּ: עַל־פִּי֩ אַֽהֲרֹ֨ן וּבָנָ֜יו תִּֽהְיֶ֗ה כָּל־עֲבֹדַת֙ בְּנֵ֣י הַגֵּֽרְשֻׁנִּ֔י לְכָ֨ל־מַשָּׂאָ֔ם וּלְכֹ֖ל עֲבֹֽדָתָ֑ם וּפְקַדְתֶּ֤ם עֲלֵהֶם֙ בְּמִשְׁמֶ֔רֶת אֵ֖ת כָּל־מַשָּׂאָֽם: זֹ֣את עֲבֹדַ֗ת מִשְׁפְּחֹ֛ת בְּנֵ֥י הַגֵּֽרְשֻׁנִּ֖י בְּאֹ֣הֶל מוֹעֵ֑ד וּמִ֨שְׁמַרְתָּ֔ם בְּיַד֙ אִֽיתָמָ֔ר בֶּן־אַֽהֲרֹ֖ן הַכֹּהֵֽן: בְּנֵ֣י ישראל

מְרָרִ֔י לְמִשְׁפְּחֹתָ֥ם לְבֵית־אֲבֹתָ֖ם תִּפְקֹ֣ד אֹתָ֑ם מִבֶּן֩ שְׁלֹשִׁ֨ים שָׁנָ֜ה וָמַ֗עְלָה וְעַ֛ד בֶּן־חֲמִשִּׁ֥ים שָׁנָ֖ה תִּפְקְדֵ֑ם כָּל־הַבָּא֙ לַצָּבָ֔א לַֽעֲבֹ֕ד אֶת־עֲבֹדַ֖ת אֹ֥הֶל

מוֹעֵד: וְזֹאת מִשְׁמֶרֶת מַשָּׂאָם לְכָל־עֲבֹדָתָם בְּאֹהֶל מוֹעֵד קַרְשֵׁי הַמִּשְׁכָּן
וּבְרִיחָיו וְעַמּוּדָיו וַאֲדָנָיו: וְעַמּוּדֵי הֶחָצֵר סָבִיב וְאַדְנֵיהֶם וִיתֵדֹתָם וּמֵיתְרֵיהֶם
לְכָל־כְּלֵיהֶם וּלְכֹל עֲבֹדָתָם וּבְשֵׁמֹת תִּפְקְדוּ אֶת־כְּלֵי מִשְׁמֶרֶת מַשָּׂאָם: זֹאת
עֲבֹדַת מִשְׁפְּחֹת בְּנֵי מְרָרִי לְכָל־עֲבֹדָתָם בְּאֹהֶל מוֹעֵד בְּיַד אִיתָמָר בֶּן־אַהֲרֹן
הַכֹּהֵן: *וַיִּפְקֹד מֹשֶׁה וְאַהֲרֹן וּנְשִׂיאֵי הָעֵדָה אֶת־בְּנֵי הַקְּהָתִי לְמִשְׁפְּחֹתָם
וּלְבֵית אֲבֹתָם: מִבֶּן שְׁלֹשִׁים שָׁנָה וָמַעְלָה וְעַד בֶּן־חֲמִשִּׁים שָׁנָה כָּל־הַבָּא
לַצָּבָא לַעֲבֹדָה בְּאֹהֶל מוֹעֵד: וַיִּהְיוּ פְקֻדֵיהֶם לְמִשְׁפְּחֹתָם אַלְפַּיִם שְׁבַע מֵאוֹת
וַחֲמִשִּׁים: אֵלֶּה פְקוּדֵי מִשְׁפְּחֹת הַקְּהָתִי כָּל־הָעֹבֵד בְּאֹהֶל מוֹעֵד אֲשֶׁר פָּקַד
מֹשֶׁה וְאַהֲרֹן עַל־פִּי יְהוָה בְּיַד־מֹשֶׁה:

## בהעלותך

במדבר ח, א–יד וַיְדַבֵּר יְהוָה אֶל־מֹשֶׁה לֵּאמֹר: דַּבֵּר אֶל־אַהֲרֹן וְאָמַרְתָּ אֵלָיו בְּהַעֲלֹתְךָ אֶת־
הַנֵּרֹת אֶל־מוּל פְּנֵי הַמְּנוֹרָה יָאִירוּ שִׁבְעַת הַנֵּרוֹת: וַיַּעַשׂ כֵּן אַהֲרֹן אֶל־מוּל
פְּנֵי הַמְּנוֹרָה הֶעֱלָה נֵרֹתֶיהָ כַּאֲשֶׁר צִוָּה יְהוָה אֶת־מֹשֶׁה: וְזֶה מַעֲשֵׂה הַמְּנֹרָה
מִקְשָׁה זָהָב עַד־יְרֵכָהּ עַד־פִּרְחָהּ מִקְשָׁה הִוא כַּמַּרְאֶה אֲשֶׁר הֶרְאָה יְהוָה
אֶת־מֹשֶׁה כֵּן עָשָׂה אֶת־הַמְּנֹרָה:

לוי וַיְדַבֵּר יְהוָה אֶל־מֹשֶׁה לֵּאמֹר: קַח אֶת־הַלְוִיִּם מִתּוֹךְ בְּנֵי יִשְׂרָאֵל וְטִהַרְתָּ
אֹתָם: וְכֹה־תַעֲשֶׂה לָהֶם לְטַהֲרָם הַזֵּה עֲלֵיהֶם מֵי חַטָּאת וְהֶעֱבִירוּ תַעַר
עַל־כָּל־בְּשָׂרָם וְכִבְּסוּ בִגְדֵיהֶם וְהִטֶּהָרוּ: וְלָקְחוּ פַּר בֶּן־בָּקָר וּמִנְחָתוֹ סֹלֶת
בְּלוּלָה בַשָּׁמֶן וּפַר־שֵׁנִי בֶן־בָּקָר תִּקַּח לְחַטָּאת: וְהִקְרַבְתָּ אֶת־הַלְוִיִּם לִפְנֵי
ישראל אֹהֶל מוֹעֵד וְהִקְהַלְתָּ אֶת־כָּל־עֲדַת בְּנֵי יִשְׂרָאֵל: *וְהִקְרַבְתָּ אֶת־הַלְוִיִּם לִפְנֵי
יְהוָה וְסָמְכוּ בְנֵי־יִשְׂרָאֵל אֶת־יְדֵיהֶם עַל־הַלְוִיִּם: וְהֵנִיף אַהֲרֹן אֶת־הַלְוִיִּם
תְּנוּפָה לִפְנֵי יְהוָה מֵאֵת בְּנֵי יִשְׂרָאֵל וְהָיוּ לַעֲבֹד אֶת־עֲבֹדַת יְהוָה: וְהַלְוִיִּם
יִסְמְכוּ אֶת־יְדֵיהֶם עַל רֹאשׁ הַפָּרִים וַעֲשֵׂה אֶת־הָאֶחָד חַטָּאת וְאֶת־הָאֶחָד
עֹלָה לַיהוָה לְכַפֵּר עַל־הַלְוִיִּם: וְהַעֲמַדְתָּ אֶת־הַלְוִיִּם לִפְנֵי אַהֲרֹן וְלִפְנֵי בָנָיו
וְהֵנַפְתָּ אֹתָם תְּנוּפָה לַיהוָה: וְהִבְדַּלְתָּ אֶת־הַלְוִיִּם מִתּוֹךְ בְּנֵי יִשְׂרָאֵל וְהָיוּ לִי
הַלְוִיִּם:

*יש המאריכים את הקריאה לישראל כדי לסיים בסוף פרשייה.

## שלח

במדבר יג, א–כ וַיְדַבֵּר יְהוָה אֶל־מֹשֶׁה לֵּאמֹר: שְׁלַח־לְךָ אֲנָשִׁים וְיָתֻרוּ אֶת־אֶרֶץ כְּנַעַן אֲשֶׁר־
אֲנִי נֹתֵן לִבְנֵי יִשְׂרָאֵל אִישׁ אֶחָד אִישׁ אֶחָד לְמַטֵּה אֲבֹתָיו תִּשְׁלָחוּ כֹּל נָשִׂיא
בָהֶם: וַיִּשְׁלַח אֹתָם מֹשֶׁה מִמִּדְבַּר פָּארָן עַל־פִּי יְהוָה כֻּלָּם אֲנָשִׁים רָאשֵׁי
לוי בְּנֵי־יִשְׂרָאֵל הֵמָּה: *וְאֵלֶּה שְׁמוֹתָם לְמַטֵּה רְאוּבֵן שַׁמּוּעַ בֶּן־זַכּוּר: לְמַטֵּה
שִׁמְעוֹן שָׁפָט בֶּן־חוֹרִי: לְמַטֵּה יְהוּדָה כָּלֵב בֶּן־יְפֻנֶּה: לְמַטֵּה יִשָּׂשכָר יִגְאָל
בֶּן־יוֹסֵף: לְמַטֵּה אֶפְרָיִם הוֹשֵׁעַ בִּן־נוּן: לְמַטֵּה בִנְיָמִן פַּלְטִי בֶּן־רָפוּא: לְמַטֵּה
זְבוּלֻן גַּדִּיאֵל בֶּן־סוֹדִי: לְמַטֵּה יוֹסֵף לְמַטֵּה מְנַשֶּׁה גַּדִּי בֶּן־סוּסִי: לְמַטֵּה דָן
עַמִּיאֵל בֶּן־גְּמַלִּי: לְמַטֵּה אָשֵׁר סְתוּר בֶּן־מִיכָאֵל: לְמַטֵּה נַפְתָּלִי נַחְבִּי בֶּן־
וָפְסִי: לְמַטֵּה גָד גְּאוּאֵל בֶּן־מָכִי: אֵלֶּה שְׁמוֹת הָאֲנָשִׁים אֲשֶׁר־שָׁלַח מֹשֶׁה
ישראל לָתוּר אֶת־הָאָרֶץ וַיִּקְרָא מֹשֶׁה לְהוֹשֵׁעַ בִּן־נוּן יְהוֹשֻׁעַ: *וַיִּשְׁלַח אֹתָם מֹשֶׁה
לָתוּר אֶת־אֶרֶץ כְּנָעַן וַיֹּאמֶר אֲלֵהֶם עֲלוּ זֶה בַּנֶּגֶב וַעֲלִיתֶם אֶת־הָהָר: וּרְאִיתֶם
אֶת־הָאָרֶץ מַה־הִוא וְאֶת־הָעָם הַיֹּשֵׁב עָלֶיהָ הֶחָזָק הוּא הֲרָפֶה הַמְעַט הוּא
אִם־רָב: וּמָה הָאָרֶץ אֲשֶׁר־הוּא יֹשֵׁב בָּהּ הֲטוֹבָה הִוא אִם־רָעָה וּמָה הֶעָרִים
אֲשֶׁר־הוּא יוֹשֵׁב בָּהֵנָּה הַבְּמַחֲנִים אִם בְּמִבְצָרִים: וּמָה הָאָרֶץ הַשְּׁמֵנָה הִוא
אִם־רָזָה הֲיֵשׁ־בָּהּ עֵץ אִם־אַיִן וְהִתְחַזַּקְתֶּם וּלְקַחְתֶּם מִפְּרִי הָאָרֶץ וְהַיָּמִים
יְמֵי בִּכּוּרֵי עֲנָבִים:

## קרח

במדבר טז, א–יג וַיִּקַּח קֹרַח בֶּן־יִצְהָר בֶּן־קְהָת בֶּן־לֵוִי וְדָתָן וַאֲבִירָם בְּנֵי אֱלִיאָב וְאוֹן בֶּן־
פֶּלֶת בְּנֵי רְאוּבֵן: וַיָּקֻמוּ לִפְנֵי מֹשֶׁה וַאֲנָשִׁים מִבְּנֵי־יִשְׂרָאֵל חֲמִשִּׁים וּמָאתָיִם
נְשִׂיאֵי עֵדָה קְרִאֵי מוֹעֵד אַנְשֵׁי־שֵׁם: וַיִּקָּהֲלוּ עַל־מֹשֶׁה וְעַל־אַהֲרֹן וַיֹּאמְרוּ
אֲלֵהֶם רַב־לָכֶם כִּי כָל־הָעֵדָה כֻּלָּם קְדֹשִׁים וּבְתוֹכָם יְהוָה וּמַדּוּעַ תִּתְנַשְּׂאוּ
לוי עַל־קְהַל יְהוָה: *וַיִּשְׁמַע מֹשֶׁה וַיִּפֹּל עַל־פָּנָיו: וַיְדַבֵּר אֶל־קֹרַח וְאֶל־כָּל־עֲדָתוֹ
לֵאמֹר בֹּקֶר וְיֹדַע יְהוָה אֶת־אֲשֶׁר־לוֹ וְאֶת־הַקָּדוֹשׁ וְהִקְרִיב אֵלָיו וְאֵת אֲשֶׁר
יִבְחַר־בּוֹ יַקְרִיב אֵלָיו: זֹאת עֲשׂוּ קְחוּ־לָכֶם מַחְתּוֹת קֹרַח וְכָל־עֲדָתוֹ: וּתְנוּ־
בָהֵן ׀ אֵשׁ וְשִׂימוּ עֲלֵיהֶן ׀ קְטֹרֶת לִפְנֵי יְהוָה מָחָר וְהָיָה הָאִישׁ אֲשֶׁר־יִבְחַר
ישראל יְהוָה הוּא הַקָּדוֹשׁ רַב־לָכֶם בְּנֵי לֵוִי: *וַיֹּאמֶר מֹשֶׁה אֶל־קֹרַח שִׁמְעוּ־נָא בְּנֵי

לֵוִי: הַמְעַט מִכֶּם כִּי־הִבְדִּיל אֱלֹהֵי יִשְׂרָאֵל אֶתְכֶם מֵעֲדַת יִשְׂרָאֵל לְהַקְרִיב
אֶתְכֶם אֵלָיו לַעֲבֹד אֶת־עֲבֹדַת מִשְׁכַּן יהוה וְלַעֲמֹד לִפְנֵי הָעֵדָה לְשָׁרְתָם:
וַיַּקְרֵב אֹתְךָ וְאֶת־כָּל־אַחֶיךָ בְנֵי־לֵוִי אִתָּךְ וּבִקַּשְׁתֶּם גַּם־כְּהֻנָּה: לָכֵן אַתָּה
תַּלִּינוּ וְכָל־עֲדָתְךָ הַנֹּעָדִים עַל־יהוה וְאַהֲרֹן מַה־הוּא כִּי תלונו עָלָיו: וַיִּשְׁלַח מֹשֶׁה
לִקְרֹא לְדָתָן וְלַאֲבִירָם בְּנֵי אֱלִיאָב וַיֹּאמְרוּ לֹא נַעֲלֶה: הַמְעַט כִּי הֶעֱלִיתָנוּ
מֵאֶרֶץ זָבַת חָלָב וּדְבַשׁ לַהֲמִיתֵנוּ בַּמִּדְבָּר כִּי־תִשְׂתָּרֵר עָלֵינוּ גַּם־הִשְׂתָּרֵר:

## חקת

במדבר יט, א–יז וַיְדַבֵּר יהוה אֶל־מֹשֶׁה וְאֶל־אַהֲרֹן לֵאמֹר: זֹאת חֻקַּת הַתּוֹרָה אֲשֶׁר־צִוָּה יהוה
לֵאמֹר דַּבֵּר ׀ אֶל־בְּנֵי יִשְׂרָאֵל וְיִקְחוּ אֵלֶיךָ פָרָה אֲדֻמָּה תְּמִימָה אֲשֶׁר אֵין־בָּהּ
מוּם אֲשֶׁר לֹא־עָלָה עָלֶיהָ עֹל: וּנְתַתֶּם אֹתָהּ אֶל־אֶלְעָזָר הַכֹּהֵן וְהוֹצִיא אֹתָהּ
אֶל־מִחוּץ לַמַּחֲנֶה וְשָׁחַט אֹתָהּ לְפָנָיו: וְלָקַח אֶלְעָזָר הַכֹּהֵן מִדָּמָהּ בְּאֶצְבָּעוֹ
וְהִזָּה אֶל־נֹכַח פְּנֵי אֹהֶל־מוֹעֵד מִדָּמָהּ שֶׁבַע פְּעָמִים: וְשָׂרַף אֶת־הַפָּרָה לְעֵינָיו
אֶת־עֹרָהּ וְאֶת־בְּשָׂרָהּ וְאֶת־דָּמָהּ עַל־פִּרְשָׁהּ יִשְׂרֹף: וְלָקַח הַכֹּהֵן עֵץ אֶרֶז
לוי וְאֵזוֹב וּשְׁנִי תוֹלָעַת וְהִשְׁלִיךְ אֶל־תּוֹךְ שְׂרֵפַת הַפָּרָה: *וְכִבֶּס בְּגָדָיו הַכֹּהֵן
וְרָחַץ בְּשָׂרוֹ בַּמַּיִם וְאַחַר יָבֹא אֶל־הַמַּחֲנֶה וְטָמֵא הַכֹּהֵן עַד־הָעָרֶב: וְהַשֹּׂרֵף
אֹתָהּ יְכַבֵּס בְּגָדָיו בַּמַּיִם וְרָחַץ בְּשָׂרוֹ בַּמָּיִם וְטָמֵא עַד־הָעָרֶב: וְאָסַף ׀ אִישׁ
טָהוֹר אֵת אֵפֶר הַפָּרָה וְהִנִּיחַ מִחוּץ לַמַּחֲנֶה בְּמָקוֹם טָהוֹר וְהָיְתָה לַעֲדַת
ישראל בְּנֵי־יִשְׂרָאֵל לְמִשְׁמֶרֶת לְמֵי נִדָּה חַטָּאת הִוא: *וְכִבֶּס הָאֹסֵף אֶת־אֵפֶר הַפָּרָה
אֶת־בְּגָדָיו וְטָמֵא עַד־הָעָרֶב וְהָיְתָה לִבְנֵי יִשְׂרָאֵל וְלַגֵּר הַגָּר בְּתוֹכָם לְחֻקַּת
עוֹלָם: הַנֹּגֵעַ בְּמֵת לְכָל־נֶפֶשׁ אָדָם וְטָמֵא שִׁבְעַת יָמִים: הוּא יִתְחַטָּא־בוֹ
בַּיּוֹם הַשְּׁלִישִׁי וּבַיּוֹם הַשְּׁבִיעִי יִטְהָר וְאִם־לֹא יִתְחַטָּא בַּיּוֹם הַשְּׁלִישִׁי וּבַיּוֹם
הַשְּׁבִיעִי לֹא יִטְהָר: כָּל־הַנֹּגֵעַ בְּמֵת בְּנֶפֶשׁ הָאָדָם אֲשֶׁר־יָמוּת וְלֹא יִתְחַטָּא
אֶת־מִשְׁכַּן יהוה טִמֵּא וְנִכְרְתָה הַנֶּפֶשׁ הַהִוא מִיִּשְׂרָאֵל כִּי מֵי נִדָּה לֹא־זֹרַק
עָלָיו טָמֵא יִהְיֶה עוֹד טֻמְאָתוֹ בוֹ: זֹאת הַתּוֹרָה אָדָם כִּי־יָמוּת בְּאֹהֶל כָּל־
הַבָּא אֶל־הָאֹהֶל וְכָל־אֲשֶׁר בָּאֹהֶל יִטְמָא שִׁבְעַת יָמִים: וְכֹל כְּלִי פָתוּחַ אֲשֶׁר
אֵין־צָמִיד פָּתִיל עָלָיו טָמֵא הוּא: וְכֹל אֲשֶׁר־יִגַּע עַל־פְּנֵי הַשָּׂדֶה בַּחֲלַל־חֶרֶב
אוֹ בְמֵת אוֹ־בְעֶצֶם אָדָם אוֹ בְקָבֶר יִטְמָא שִׁבְעַת יָמִים: וְלָקְחוּ לַטָּמֵא מֵעֲפַר
שְׂרֵפַת הַחַטָּאת וְנָתַן עָלָיו מַיִם חַיִּים אֶל־כֶּלִי:

## בלק

במדבר כב,ב-יב וַיַּרְא בָּלָק בֶּן־צִפּוֹר אֵת כָּל־אֲשֶׁר־עָשָׂה יִשְׂרָאֵל לָאֱמֹרִי: וַיָּגָר מוֹאָב מִפְּנֵי
הָעָם מְאֹד כִּי רַב־הוּא וַיָּקָץ מוֹאָב מִפְּנֵי בְּנֵי יִשְׂרָאֵל: וַיֹּאמֶר מוֹאָב אֶל־זִקְנֵי
מִדְיָן עַתָּה יְלַחֲכוּ הַקָּהָל אֶת־כָּל־סְבִיבֹתֵינוּ כִּלְחֹךְ הַשּׁוֹר אֵת יֶרֶק הַשָּׂדֶה
לוי וּבָלָק בֶּן־צִפּוֹר מֶלֶךְ לְמוֹאָב בָּעֵת הַהִוא: *וַיִּשְׁלַח מַלְאָכִים אֶל־בִּלְעָם
בֶּן־בְּעוֹר פְּתוֹרָה אֲשֶׁר עַל־הַנָּהָר אֶרֶץ בְּנֵי־עַמּוֹ לִקְרֹא־לוֹ לֵאמֹר הִנֵּה עַם
יָצָא מִמִּצְרַיִם הִנֵּה כִסָּה אֶת־עֵין הָאָרֶץ וְהוּא יֹשֵׁב מִמֻּלִי: וְעַתָּה לְכָה־נָּא
אָרָה־לִּי אֶת־הָעָם הַזֶּה כִּי־עָצוּם הוּא מִמֶּנִּי אוּלַי אוּכַל נַכֶּה־בּוֹ וַאֲגָרְשֶׁנּוּ
מִן־הָאָרֶץ כִּי יָדַעְתִּי אֵת אֲשֶׁר־תְּבָרֵךְ מְבֹרָךְ וַאֲשֶׁר תָּאֹר יוּאָר: וַיֵּלְכוּ זִקְנֵי
מוֹאָב וְזִקְנֵי מִדְיָן וּקְסָמִים בְּיָדָם וַיָּבֹאוּ אֶל־בִּלְעָם וַיְדַבְּרוּ אֵלָיו דִּבְרֵי בָלָק:
ישראל *וַיֹּאמֶר אֲלֵיהֶם לִינוּ פֹה הַלַּיְלָה וַהֲשִׁבֹתִי אֶתְכֶם דָּבָר כַּאֲשֶׁר יְדַבֵּר יְהוָה אֵלָי
וַיֵּשְׁבוּ שָׂרֵי־מוֹאָב עִם־בִּלְעָם: וַיָּבֹא אֱלֹהִים אֶל־בִּלְעָם וַיֹּאמֶר מִי הָאֲנָשִׁים
הָאֵלֶּה עִמָּךְ: וַיֹּאמֶר בִּלְעָם אֶל־הָאֱלֹהִים בָּלָק בֶּן־צִפֹּר מֶלֶךְ מוֹאָב שָׁלַח
אֵלָי: הִנֵּה הָעָם הַיֹּצֵא מִמִּצְרַיִם וַיְכַס אֶת־עֵין הָאָרֶץ עַתָּה לְכָה קָבָה־לִּי אֹתוֹ
אוּלַי אוּכַל לְהִלָּחֶם בּוֹ וְגֵרַשְׁתִּיו: וַיֹּאמֶר אֱלֹהִים אֶל־בִּלְעָם לֹא תֵלֵךְ עִמָּהֶם
לֹא תָאֹר אֶת־הָעָם כִּי בָרוּךְ הוּא:

## פינחס

במדבר כה,י-כו,ד וַיְדַבֵּר יְהוָה אֶל־מֹשֶׁה לֵּאמֹר: פִּינְחָס בֶּן־אֶלְעָזָר בֶּן־אַהֲרֹן הַכֹּהֵן הֵשִׁיב
אֶת־חֲמָתִי מֵעַל בְּנֵי־יִשְׂרָאֵל בְּקַנְאוֹ אֶת־קִנְאָתִי בְּתוֹכָם וְלֹא־כִלִּיתִי אֶת־
לוי בְּנֵי־יִשְׂרָאֵל בְּקִנְאָתִי: לָכֵן אֱמֹר הִנְנִי נֹתֵן לוֹ אֶת־בְּרִיתִי שָׁלוֹם: *וְהָיְתָה לּוֹ
וּלְזַרְעוֹ אַחֲרָיו בְּרִית כְּהֻנַּת עוֹלָם תַּחַת אֲשֶׁר קִנֵּא לֵאלֹהָיו וַיְכַפֵּר עַל־בְּנֵי
יִשְׂרָאֵל: וְשֵׁם אִישׁ יִשְׂרָאֵל הַמֻּכֶּה אֲשֶׁר הֻכָּה אֶת־הַמִּדְיָנִית זִמְרִי בֶּן־סָלוּא
נְשִׂיא בֵית־אָב לַשִּׁמְעֹנִי: וְשֵׁם הָאִשָּׁה הַמֻּכָּה הַמִּדְיָנִית כָּזְבִּי בַת־צוּר רֹאשׁ
אֻמּוֹת בֵּית־אָב בְּמִדְיָן הוּא:
ישראל וַיְדַבֵּר יְהוָה אֶל־מֹשֶׁה לֵּאמֹר: צָרוֹר אֶת־הַמִּדְיָנִים וְהִכִּיתֶם אוֹתָם:
כִּי־צֹרְרִים הֵם לָכֶם בְּנִכְלֵיהֶם אֲשֶׁר־נִכְּלוּ לָכֶם עַל־דְּבַר פְּעוֹר וְעַל־דְּבַר
כָּזְבִּי בַת־נְשִׂיא מִדְיָן אֲחֹתָם הַמֻּכָּה בְיוֹם־הַמַּגֵּפָה עַל־דְּבַר פְּעוֹר: וַיְהִי
אַחֲרֵי הַמַּגֵּפָה
וַיֹּאמֶר יְהוָה אֶל־מֹשֶׁה וְאֶל אֶלְעָזָר בֶּן־אַהֲרֹן הַכֹּהֵן לֵאמֹר: שְׂאוּ אֶת־רֹאשׁ ׀

כָּל־עֲדַת בְּנֵי־יִשְׂרָאֵל מִבֶּן עֶשְׂרִים שָׁנָה וָמַעְלָה לְבֵית אֲבֹתָם כָּל־יֹצֵא צָבָא בְּיִשְׂרָאֵל: וַיְדַבֵּר מֹשֶׁה וְאֶלְעָזָר הַכֹּהֵן אֹתָם בְּעַרְבֹת מוֹאָב עַל־יַרְדֵּן יְרֵחוֹ לֵאמֹר: מִבֶּן עֶשְׂרִים שָׁנָה וָמָעְלָה כַּאֲשֶׁר צִוָּה יְהוָה אֶת־מֹשֶׁה וּבְנֵי יִשְׂרָאֵל הַיֹּצְאִים מֵאֶרֶץ מִצְרָיִם:

## מטות

במדבר ל,ב-יז וַיְדַבֵּר מֹשֶׁה אֶל־רָאשֵׁי הַמַּטּוֹת לִבְנֵי יִשְׂרָאֵל לֵאמֹר זֶה הַדָּבָר אֲשֶׁר צִוָּה
יְהוָה: אִישׁ כִּי־יִדֹּר נֶדֶר לַיהוָה אוֹ־הִשָּׁבַע שְׁבֻעָה לֶאְסֹר אִסָּר עַל־נַפְשׁוֹ לֹא
יַחֵל דְּבָרוֹ כְּכָל־הַיֹּצֵא מִפִּיו יַעֲשֶׂה: וְאִשָּׁה כִּי־תִדֹּר נֶדֶר לַיהוָה וְאָסְרָה אִסָּר
בְּבֵית אָבִיהָ בִּנְעֻרֶיהָ: וְשָׁמַע אָבִיהָ אֶת־נִדְרָהּ וֶאֱסָרָהּ אֲשֶׁר אָסְרָה עַל־
נַפְשָׁהּ וְהֶחֱרִישׁ לָהּ אָבִיהָ וְקָמוּ כָּל־נְדָרֶיהָ וְכָל־אִסָּר אֲשֶׁר־אָסְרָה עַל־נַפְשָׁהּ
יָקוּם: וְאִם־הֵנִיא אָבִיהָ אֹתָהּ בְּיוֹם שָׁמְעוֹ כָּל־נְדָרֶיהָ וֶאֱסָרֶיהָ אֲשֶׁר־אָסְרָה
עַל־נַפְשָׁהּ לֹא יָקוּם וַיהוָה יִסְלַח־לָהּ כִּי־הֵנִיא אָבִיהָ אֹתָהּ: *וְאִם־הָיוֹ תִהְיֶה
לְאִישׁ וּנְדָרֶיהָ עָלֶיהָ אוֹ מִבְטָא שְׂפָתֶיהָ אֲשֶׁר אָסְרָה עַל־נַפְשָׁהּ: וְשָׁמַע
אִישָׁהּ בְּיוֹם שָׁמְעוֹ וְהֶחֱרִישׁ לָהּ וְקָמוּ נְדָרֶיהָ וֶאֱסָרֶהָ אֲשֶׁר־אָסְרָה עַל־נַפְשָׁהּ
יָקֻמוּ: וְאִם בְּיוֹם שְׁמֹעַ אִישָׁהּ יָנִיא אוֹתָהּ וְהֵפֵר אֶת־נִדְרָהּ אֲשֶׁר עָלֶיהָ וְאֵת
לוי מִבְטָא שְׂפָתֶיהָ אֲשֶׁר אָסְרָה עַל־נַפְשָׁהּ וַיהוָה יִסְלַח־לָהּ: **וְנֵדֶר אַלְמָנָה
וּגְרוּשָׁה כֹּל אֲשֶׁר־אָסְרָה עַל־נַפְשָׁהּ יָקוּם עָלֶיהָ: וְאִם־בֵּית אִישָׁהּ נָדָרָה אוֹ־
אָסְרָה אִסָּר עַל־נַפְשָׁהּ בִּשְׁבֻעָה: וְשָׁמַע אִישָׁהּ וְהֶחֱרִשׁ לָהּ לֹא הֵנִיא אֹתָהּ
וְקָמוּ כָּל־נְדָרֶיהָ וְכָל־אִסָּר אֲשֶׁר־אָסְרָה עַל־נַפְשָׁהּ יָקוּם: וְאִם־הָפֵר יָפֵר
אֹתָם ׀ אִישָׁהּ בְּיוֹם שָׁמְעוֹ כָּל־מוֹצָא שְׂפָתֶיהָ לִנְדָרֶיהָ וּלְאִסַּר נַפְשָׁהּ לֹא יָקוּם
ישראל אִישָׁהּ הֲפֵרָם וַיהוָה יִסְלַח־לָהּ:*** *כָּל־נֵדֶר וְכָל־שְׁבֻעַת אִסָּר לְעַנֹּת נָפֶשׁ
אִישָׁהּ יְקִימֶנּוּ וְאִישָׁהּ יְפֵרֶנּוּ: וְאִם־הַחֲרֵשׁ יַחֲרִישׁ לָהּ אִישָׁהּ מִיּוֹם אֶל־יוֹם
וְהֵקִים אֶת־כָּל־נְדָרֶיהָ אוֹ אֶת־כָּל־אֱסָרֶיהָ אֲשֶׁר עָלֶיהָ הֵקִים אֹתָם כִּי־הֶחֱרִשׁ
לָהּ בְּיוֹם שָׁמְעוֹ: וְאִם־הָפֵר יָפֵר אֹתָם אַחֲרֵי שָׁמְעוֹ וְנָשָׂא אֶת־עֲוֺנָהּ: אֵלֶּה
הַחֻקִּים אֲשֶׁר צִוָּה יְהוָה אֶת־מֹשֶׁה בֵּין אִישׁ לְאִשְׁתּוֹ בֵּין־אָב לְבִתּוֹ בִּנְעֻרֶיהָ
בֵּית אָבִיהָ:

*לוי / **ישראל / ***יש מסיימים כאן.

## מסעי

אֵלֶּה מַסְעֵי בְנֵי־יִשְׂרָאֵל אֲשֶׁר יָצְאוּ מֵאֶרֶץ מִצְרַיִם לְצִבְאֹתָם בְּיַד־מֹשֶׁה במדבר לג, א–יג
וְאַהֲרֹן: וַיִּכְתֹּב מֹשֶׁה אֶת־מוֹצָאֵיהֶם לְמַסְעֵיהֶם עַל־פִּי יהוה וְאֵלֶּה מַסְעֵיהֶם
לְמוֹצָאֵיהֶם: וַיִּסְעוּ מֵרַעְמְסֵס בַּחֹדֶשׁ הָרִאשׁוֹן בַּחֲמִשָּׁה עָשָׂר יוֹם לַחֹדֶשׁ
הָרִאשׁוֹן מִמָּחֳרַת הַפֶּסַח יָצְאוּ בְנֵי־יִשְׂרָאֵל בְּיָד רָמָה לְעֵינֵי כָּל־מִצְרָיִם:
*וּמִצְרַיִם מְקַבְּרִים אֵת אֲשֶׁר הִכָּה יהוה בָּהֶם כָּל־בְּכוֹר וּבֵאלֹהֵיהֶם עָשָׂה לוי
יהוה שְׁפָטִים: וַיִּסְעוּ בְנֵי־יִשְׂרָאֵל מֵרַעְמְסֵס וַיַּחֲנוּ בְּסֻכֹּת: וַיִּסְעוּ מִסֻּכֹּת
וַיַּחֲנוּ בְאֵתָם אֲשֶׁר בִּקְצֵה הַמִּדְבָּר: *וַיִּסְעוּ מֵאֵתָם וַיָּשָׁב עַל־פִּי הַחִירֹת ישראל
אֲשֶׁר עַל־פְּנֵי בַּעַל צְפוֹן וַיַּחֲנוּ לִפְנֵי מִגְדֹּל: וַיִּסְעוּ מִפְּנֵי הַחִירֹת וַיַּעַבְרוּ בְתוֹךְ־
הַיָּם הַמִּדְבָּרָה וַיֵּלְכוּ דֶּרֶךְ שְׁלֹשֶׁת יָמִים בְּמִדְבַּר אֵתָם וַיַּחֲנוּ בְּמָרָה: וַיִּסְעוּ
מִמָּרָה וַיָּבֹאוּ אֵילִמָה וּבְאֵילִם שְׁתֵּים עֶשְׂרֵה עֵינֹת מַיִם וְשִׁבְעִים תְּמָרִים
וַיַּחֲנוּ־שָׁם: וַיִּסְעוּ מֵאֵילִם וַיַּחֲנוּ עַל־יַם־סוּף: וַיִּסְעוּ מִיַּם־סוּף וַיַּחֲנוּ בְּמִדְבַּר־
סִין: וַיִּסְעוּ מִמִּדְבַּר־סִין וַיַּחֲנוּ בְּדָפְקָה: וַיִּסְעוּ מִדָּפְקָה וַיַּחֲנוּ בְּאָלוּשׁ: וַיִּסְעוּ
מֵאָלוּשׁ וַיַּחֲנוּ בִּרְפִידִם וְלֹא־הָיָה שָׁם מַיִם לָעָם לִשְׁתּוֹת: וַיִּסְעוּ מֵרְפִידִם
וַיַּחֲנוּ בְּמִדְבַּר סִינָי:

## דברים

אֵלֶּה הַדְּבָרִים אֲשֶׁר דִּבֶּר מֹשֶׁה אֶל־כָּל־יִשְׂרָאֵל בְּעֵבֶר הַיַּרְדֵּן בַּמִּדְבָּר בָּעֲרָבָה דברים א, א–יא
מוֹל סוּף בֵּין־פָּארָן וּבֵין־תֹּפֶל וְלָבָן וַחֲצֵרֹת וְדִי זָהָב: אַחַד עָשָׂר יוֹם מֵחֹרֵב
דֶּרֶךְ הַר־שֵׂעִיר עַד קָדֵשׁ בַּרְנֵעַ: וַיְהִי בְּאַרְבָּעִים שָׁנָה בְּעַשְׁתֵּי־עָשָׂר חֹדֶשׁ
בְּאֶחָד לַחֹדֶשׁ דִּבֶּר מֹשֶׁה אֶל־בְּנֵי יִשְׂרָאֵל כְּכֹל אֲשֶׁר צִוָּה יהוה אֹתוֹ אֲלֵהֶם:
*אַחֲרֵי הַכֹּתוֹ אֵת סִיחֹן מֶלֶךְ הָאֱמֹרִי אֲשֶׁר יוֹשֵׁב בְּחֶשְׁבּוֹן וְאֵת עוֹג מֶלֶךְ לוי
הַבָּשָׁן אֲשֶׁר־יוֹשֵׁב בְּעַשְׁתָּרֹת בְּאֶדְרֶעִי: בְּעֵבֶר הַיַּרְדֵּן בְּאֶרֶץ מוֹאָב הוֹאִיל
מֹשֶׁה בֵּאֵר אֶת־הַתּוֹרָה הַזֹּאת לֵאמֹר: יהוה אֱלֹהֵינוּ דִּבֶּר אֵלֵינוּ בְּחֹרֵב לֵאמֹר
רַב־לָכֶם שֶׁבֶת בָּהָר הַזֶּה: פְּנוּ | וּסְעוּ לָכֶם וּבֹאוּ הַר הָאֱמֹרִי וְאֶל־כָּל־שְׁכֵנָיו
בָּעֲרָבָה בָהָר וּבַשְּׁפֵלָה וּבַנֶּגֶב וּבְחוֹף הַיָּם אֶרֶץ הַכְּנַעֲנִי וְהַלְּבָנוֹן עַד־הַנָּהָר
הַגָּדֹל נְהַר־פְּרָת: *רְאֵה נָתַתִּי לִפְנֵיכֶם אֶת־הָאָרֶץ בֹּאוּ וּרְשׁוּ אֶת־הָאָרֶץ ישראל
אֲשֶׁר נִשְׁבַּע יהוה לַאֲבֹתֵיכֶם לְאַבְרָהָם לְיִצְחָק וּלְיַעֲקֹב לָתֵת לָהֶם וּלְזַרְעָם

אַחֲרֵיהֶם: וָאֹמַר אֲלֵכֶם בָּעֵת הַהִוא לֵאמֹר לֹא־אוּכַל לְבַדִּי שְׂאֵת אֶתְכֶם:
יְהוָה אֱלֹהֵיכֶם הִרְבָּה אֶתְכֶם וְהִנְּכֶם הַיּוֹם כְּכוֹכְבֵי הַשָּׁמַיִם לָרֹב: יְהוָה אֱלֹהֵי
אֲבוֹתֵכֶם יֹסֵף עֲלֵיכֶם כָּכֶם אֶלֶף פְּעָמִים וִיבָרֵךְ אֶתְכֶם כַּאֲשֶׁר דִּבֶּר לָכֶם:

## ואתחנן

דברים ג,כג–ד,ח וָאֶתְחַנַּן אֶל־יְהוָה בָּעֵת הַהִוא לֵאמֹר: אֲדֹנָי יְהוִה אַתָּה הַחִלּוֹתָ לְהַרְאוֹת
אֶת־עַבְדְּךָ אֶת־גָּדְלְךָ וְאֶת־יָדְךָ הַחֲזָקָה אֲשֶׁר מִי־אֵל בַּשָּׁמַיִם וּבָאָרֶץ אֲשֶׁר־
יַעֲשֶׂה כְמַעֲשֶׂיךָ וְכִגְבוּרֹתֶךָ: אֶעְבְּרָה־נָּא וְאֶרְאֶה אֶת־הָאָרֶץ הַטּוֹבָה אֲשֶׁר
לוי בְּעֵבֶר הַיַּרְדֵּן הָהָר הַטּוֹב הַזֶּה וְהַלְּבָנֹן: *וַיִּתְעַבֵּר יְהוָה בִּי לְמַעַנְכֶם וְלֹא
שָׁמַע אֵלָי וַיֹּאמֶר יְהוָה אֵלַי רַב־לָךְ אַל־תּוֹסֶף דַּבֵּר אֵלַי עוֹד בַּדָּבָר הַזֶּה:
עֲלֵה | רֹאשׁ הַפִּסְגָּה וְשָׂא עֵינֶיךָ יָמָּה וְצָפֹנָה וְתֵימָנָה וּמִזְרָחָה וּרְאֵה בְעֵינֶיךָ
כִּי־לֹא תַעֲבֹר אֶת־הַיַּרְדֵּן הַזֶּה: וְצַו אֶת־יְהוֹשֻׁעַ וְחַזְּקֵהוּ וְאַמְּצֵהוּ כִּי־הוּא
יַעֲבֹר לִפְנֵי הָעָם הַזֶּה וְהוּא יַנְחִיל אוֹתָם אֶת־הָאָרֶץ אֲשֶׁר תִּרְאֶה: וַנֵּשֶׁב
בַּגָּיְא מוּל בֵּית פְּעוֹר:
וְעַתָּה יִשְׂרָאֵל שְׁמַע אֶל־הַחֻקִּים וְאֶל־הַמִּשְׁפָּטִים אֲשֶׁר אָנֹכִי מְלַמֵּד אֶתְכֶם
לַעֲשׂוֹת לְמַעַן תִּחְיוּ וּבָאתֶם וִירִשְׁתֶּם אֶת־הָאָרֶץ אֲשֶׁר יְהוָה אֱלֹהֵי אֲבֹתֵיכֶם
נֹתֵן לָכֶם: לֹא תֹסִפוּ עַל־הַדָּבָר אֲשֶׁר אָנֹכִי מְצַוֶּה אֶתְכֶם וְלֹא תִגְרְעוּ מִמֶּנּוּ
לִשְׁמֹר אֶת־מִצְוֹת יְהוָה אֱלֹהֵיכֶם אֲשֶׁר אָנֹכִי מְצַוֶּה אֶתְכֶם: עֵינֵיכֶם הָרֹאוֹת
אֵת אֲשֶׁר־עָשָׂה יְהוָה בְּבַעַל פְּעוֹר כִּי כָל־הָאִישׁ אֲשֶׁר הָלַךְ אַחֲרֵי בַעַל־פְּעוֹר
הִשְׁמִידוֹ יְהוָה אֱלֹהֶיךָ מִקִּרְבֶּךָ: וְאַתֶּם הַדְּבֵקִים בַּיהוָה אֱלֹהֵיכֶם חַיִּים כֻּלְּכֶם
ישראל הַיּוֹם: *רְאֵה | לִמַּדְתִּי אֶתְכֶם חֻקִּים וּמִשְׁפָּטִים כַּאֲשֶׁר צִוַּנִי יְהוָה אֱלֹהָי לַעֲשׂוֹת
כֵּן בְּקֶרֶב הָאָרֶץ אֲשֶׁר אַתֶּם בָּאִים שָׁמָּה לְרִשְׁתָּהּ: וּשְׁמַרְתֶּם וַעֲשִׂיתֶם כִּי
הִוא חָכְמַתְכֶם וּבִינַתְכֶם לְעֵינֵי הָעַמִּים אֲשֶׁר יִשְׁמְעוּן אֵת כָּל־הַחֻקִּים הָאֵלֶּה
וְאָמְרוּ רַק עַם־חָכָם וְנָבוֹן הַגּוֹי הַגָּדוֹל הַזֶּה: כִּי מִי־גוֹי גָּדוֹל אֲשֶׁר־לוֹ אֱלֹהִים
קְרֹבִים אֵלָיו כַּיהוָה אֱלֹהֵינוּ בְּכָל־קָרְאֵנוּ אֵלָיו: וּמִי גּוֹי גָּדוֹל אֲשֶׁר־לוֹ חֻקִּים
וּמִשְׁפָּטִים צַדִּיקִם כְּכֹל הַתּוֹרָה הַזֹּאת אֲשֶׁר אָנֹכִי נֹתֵן לִפְנֵיכֶם הַיּוֹם:

## עקב

דברים ז,יב–ח,י וְהָיָה | עֵקֶב תִּשְׁמְעוּן אֵת הַמִּשְׁפָּטִים הָאֵלֶּה וּשְׁמַרְתֶּם וַעֲשִׂיתֶם אֹתָם וְשָׁמַר
יְהוָה אֱלֹהֶיךָ לְךָ אֶת־הַבְּרִית וְאֶת־הַחֶסֶד אֲשֶׁר נִשְׁבַּע לַאֲבֹתֶיךָ: וַאֲהֵבְךָ

וּבֵרַכְךָ֣ וְהִרְבֶּ֒ךָ֒ וּבֵרַ֣ךְ פְּרִֽי־בִטְנְךָ֣ וּפְרִֽי־אַדְמָתֶ֠ךָ דְּגָ֨נְךָ֜ וְתִירֹֽשְׁךָ֣ וְיִצְהָרֶ֗ךָ שְׁגַר־
אֲלָפֶ֙יךָ֙ וְעַשְׁתְּרֹ֣ת צֹאנֶ֔ךָ עַ֚ל הָֽאֲדָמָ֔ה אֲשֶׁר־נִשְׁבַּ֥ע לַֽאֲבֹתֶ֖יךָ לָ֥תֶת לָֽךְ: בָּר֣וּךְ
תִּֽהְיֶ֖ה מִכָּל־הָֽעַמִּ֑ים לֹֽא־יִהְיֶ֥ה בְךָ֛ עָקָ֥ר וַֽעֲקָרָ֖ה וּבִבְהֶמְתֶּֽךָ: וְהֵסִ֧יר יהוֹה
מִמְּךָ֖ כָּל־חֹ֑לִי וְכָל־מַדְוֵי֩ מִצְרַ֨יִם הָֽרָעִ֜ים אֲשֶׁ֣ר יָדַ֗עְתָּ לֹ֤א יְשִׂימָם֙ בָּ֔ךְ וּנְתָנָ֖ם
בְּכָל־שֹֽׂנְאֶֽיךָ: וְאָֽכַלְתָּ֣ אֶת־כָּל־הָֽעַמִּ֗ים אֲשֶׁ֨ר יהוֹה אֱלֹהֶ֨יךָ֙ נֹתֵ֣ן לָ֔ךְ לֹֽא־תָחֹ֥ס
עֵֽינְךָ֖ עֲלֵיהֶ֑ם וְלֹ֤א תַֽעֲבֹד֙ אֶת־אֱלֹ֣הֵיהֶ֔ם כִּֽי־מוֹקֵ֥שׁ ה֖וּא לָֽךְ: כִּ֣י
תֹאמַ֣ר בִּלְבָ֣בְךָ֔ רַבִּ֛ים הַגּוֹיִ֥ם הָאֵ֖לֶּה מִמֶּ֑נִּי אֵיכָ֥ה אוּכַ֖ל לְהֽוֹרִישָֽׁם: לֹ֥א תִירָ֖א
מֵהֶ֑ם זָכֹ֣ר תִּזְכֹּ֗ר אֵ֤ת אֲשֶׁר־עָשָׂה֙ יהוֹה אֱלֹהֶ֔יךָ לְפַרְעֹ֖ה וּלְכָל־מִצְרָֽיִם: הַמַּסֹּ֨ת
הַגְּדֹלֹ֜ת אֲשֶׁר־רָא֣וּ עֵינֶ֗יךָ וְהָֽאֹתֹ֤ת וְהַמֹּֽפְתִים֙ וְהַיָּ֤ד הַֽחֲזָקָה֙ וְהַזְּרֹ֣עַ הַנְּטוּיָ֔ה
אֲשֶׁ֥ר הֽוֹצִֽאֲךָ֖ יהוֹה אֱלֹהֶ֑יךָ כֵּֽן־יַֽעֲשֶׂ֞ה יהוֹה אֱלֹהֶ֨יךָ֙ לְכָל־הָ֣עַמִּ֔ים אֲשֶׁר־אַתָּ֥ה
יָרֵ֖א מִפְּנֵיהֶֽם: וְגַם֙ אֶת־הַצִּרְעָ֔ה יְשַׁלַּ֛ח יהוֹה אֱלֹהֶ֖יךָ בָּ֑ם עַד־אֲבֹ֞ד הַנִּשְׁאָרִ֧ים
וְהַנִּסְתָּרִ֛ים מִפָּנֶֽיךָ: לֹ֥א תַֽעֲרֹ֖ץ מִפְּנֵיהֶ֑ם כִּֽי־יהוֹ֤ה אֱלֹהֶ֨יךָ֙ בְּקִרְבֶּ֔ךָ אֵ֥ל גָּד֖וֹל
וְנוֹרָֽא: וְנָשַׁל֩ יהוֹ֨ה אֱלֹהֶ֜יךָ אֶת־הַגּוֹיִ֥ם הָאֵ֛ל מִפָּנֶ֖יךָ מְעַ֣ט מְעָ֑ט לֹ֤א תוּכַל֙ לֹ֖ו
כַּלֹּתָ֣ם מַהֵ֔ר פֶּן־תִּרְבֶּ֥ה עָלֶ֖יךָ חַיַּ֥ת הַשָּׂדֶֽה: וּנְתָנָ֛ם יהוֹ֥ה אֱלֹהֶ֖יךָ לְפָנֶ֑יךָ וְהָמָם֙
מְהוּמָ֣ה גְדֹלָ֔ה עַ֖ד הִשָּֽׁמְדָֽם: וְנָתַ֤ן מַלְכֵיהֶם֙ בְּיָדֶ֔ךָ וְהַֽאֲבַדְתָּ֣ אֶת־שְׁמָ֔ם מִתַּ֖חַת
הַשָּׁמָ֑יִם לֹֽא־יִתְיַצֵּ֥ב אִישׁ֙ בְּפָנֶ֔יךָ עַ֥ד הִשְׁמִֽדְךָ֖ אֹתָֽם: פְּסִילֵ֤י אֱלֹֽהֵיהֶם֙ תִּשְׂרְפ֣וּן
בָּאֵ֔שׁ לֹֽא־תַחְמֹ֠ד כֶּ֣סֶף וְזָהָ֤ב עֲלֵיהֶם֙ וְלָֽקַחְתָּ֣ לָ֔ךְ פֶּ֚ן תִּוָּקֵ֣שׁ בּ֔וֹ כִּ֧י תֽוֹעֲבַ֛ת
יהוֹ֥ה אֱלֹהֶ֖יךָ הֽוּא: וְלֹֽא־תָבִ֤יא תֽוֹעֵבָה֙ אֶל־בֵּיתֶ֔ךָ וְהָיִ֥יתָ חֵ֖רֶם כָּמֹ֑הוּ שַׁקֵּ֧ץ ׀
תְּשַׁקְּצֶ֛נּוּ וְתַעֵ֥ב ׀ תְּתַֽעֲבֶ֖נּוּ כִּי־חֵ֥רֶם הֽוּא:
כָּל־הַמִּצְוָ֗ה אֲשֶׁ֨ר אָֽנֹכִ֧י מְצַוְּךָ֛ הַיּ֖וֹם תִּשְׁמְר֣וּן לַֽעֲשׂ֑וֹת לְמַ֨עַן תִּֽחְי֜וּן וּרְבִיתֶ֗ם
וּבָאתֶם֙ וִֽירִשְׁתֶּ֣ם אֶת־הָאָ֔רֶץ אֲשֶׁר־נִשְׁבַּ֥ע יהוֹ֖ה לַֽאֲבֹֽתֵיכֶֽם: וְזָֽכַרְתָּ֣ אֶת־כָּל־
הַדֶּ֗רֶךְ אֲשֶׁ֨ר הֽוֹלִֽיכֲךָ֜ יהוֹ֧ה אֱלֹהֶ֛יךָ זֶ֛ה אַרְבָּעִ֥ים שָׁנָ֖ה בַּמִּדְבָּ֑ר לְמַ֨עַן עַנֹּֽתְךָ֜
לְנַסֹּֽתְךָ֗ לָדַ֜עַת אֶת־אֲשֶׁ֧ר בִּֽלְבָבְךָ֛ הֲתִשְׁמֹ֥ר מִצְוֺתָ֖ו אִם־לֹֽא: וַֽיְעַנְּךָ֘ וַיַּרְעִבֶ֒ךָ֒
וַיַּֽאֲכִֽלְךָ֤ אֶת־הַמָּן֙ אֲשֶׁ֣ר לֹֽא־יָדַ֔עְתָּ וְלֹ֥א יָֽדְע֖וּן אֲבֹתֶ֑יךָ לְמַ֣עַן הֽוֹדִֽיעֲךָ֗ כִּ֠י
לֹ֣א עַל־הַלֶּ֤חֶם לְבַדּוֹ֙ יִחְיֶ֣ה הָֽאָדָ֔ם כִּ֛י עַל־כָּל־מוֹצָ֥א פִֽי־יהוֹ֖ה יִחְיֶ֥ה הָֽאָדָֽם:
שִׂמְלָ֨תְךָ֜ לֹ֤א בָֽלְתָה֙ מֵֽעָלֶ֔יךָ וְרַגְלְךָ֖ לֹ֣א בָצֵ֑קָה זֶ֖ה אַרְבָּעִ֥ים שָׁנָֽה: ישראל וְיָֽדַעְתָּ֖ עִם־
לְבָבֶ֑ךָ כִּ֗י כַּֽאֲשֶׁ֨ר יְיַסֵּ֥ר אִישׁ֙ אֶת־בְּנ֔וֹ יהוֹ֥ה אֱלֹהֶ֖יךָ מְיַסְּרֶֽךָּ: וְשָׁ֣מַרְתָּ֔ אֶת־מִצְוֺ֖ת
יהוֹ֣ה אֱלֹהֶ֑יךָ לָלֶ֥כֶת בִּדְרָכָ֖יו וּלְיִרְאָ֥ה אֹתֽוֹ: כִּ֚י יהוֹ֣ה אֱלֹהֶ֔יךָ מְבִֽיאֲךָ֖ אֶל־אֶ֣רֶץ
טוֹבָ֑ה אֶ֚רֶץ נַ֣חֲלֵי מָ֔יִם עֲיָנֹת֙ וּתְהֹמֹ֔ת יֹֽצְאִ֥ים בַּבִּקְעָ֖ה וּבָהָֽר: אֶ֤רֶץ חִטָּה֙
וּשְׂעֹרָ֔ה וְגֶ֥פֶן וּתְאֵנָ֖ה וְרִמּ֑וֹן אֶֽרֶץ־זֵ֥ית שֶׁ֖מֶן וּדְבָֽשׁ: אֶ֗רֶץ אֲשֶׁ֨ר לֹ֤א בְמִסְכֵּנֻת֙

תֹּאכַל־בָּהּ לֶחֶם לֹא־תֶחְסַר כֹּל בָּהּ אֶרֶץ אֲשֶׁר אֲבָנֶיהָ בַרְזֶל וּמֵהֲרָרֶיהָ תַּחְצֹב
נְחֹשֶׁת׃ וְאָכַלְתָּ וְשָׂבָעְתָּ וּבֵרַכְתָּ אֶת־יְהוָה אֱלֹהֶיךָ עַל־הָאָרֶץ הַטֹּבָה אֲשֶׁר
נָתַן־לָךְ׃

## ראה

דברים יא,כו-יב,י רְאֵה אָנֹכִי נֹתֵן לִפְנֵיכֶם הַיּוֹם בְּרָכָה וּקְלָלָה׃ אֶת־הַבְּרָכָה אֲשֶׁר תִּשְׁמְעוּ
אֶל־מִצְוֺת יְהוָה אֱלֹהֵיכֶם אֲשֶׁר אָנֹכִי מְצַוֶּה אֶתְכֶם הַיּוֹם׃ וְהַקְּלָלָה אִם־לֹא
תִשְׁמְעוּ אֶל־מִצְוֺת יְהוָה אֱלֹהֵיכֶם וְסַרְתֶּם מִן־הַדֶּרֶךְ אֲשֶׁר אָנֹכִי מְצַוֶּה אֶתְכֶם
הַיּוֹם לָלֶכֶת אַחֲרֵי אֱלֹהִים אֲחֵרִים אֲשֶׁר לֹא־יְדַעְתֶּם׃ וְהָיָה כִּי
יְבִיאֲךָ יְהוָה אֱלֹהֶיךָ אֶל־הָאָרֶץ אֲשֶׁר־אַתָּה בָא־שָׁמָּה לְרִשְׁתָּהּ וְנָתַתָּה אֶת־
הַבְּרָכָה עַל־הַר גְּרִזִים וְאֶת־הַקְּלָלָה עַל־הַר עֵיבָל׃ הֲלֹא־הֵמָּה בְּעֵבֶר הַיַּרְדֵּן
אַחֲרֵי דֶּרֶךְ מְבוֹא הַשֶּׁמֶשׁ בְּאֶרֶץ הַכְּנַעֲנִי הַיֹּשֵׁב בָּעֲרָבָה מוּל הַגִּלְגָּל אֵצֶל
אֵלוֹנֵי מֹרֶה׃ כִּי אַתֶּם עֹבְרִים אֶת־הַיַּרְדֵּן לָבֹא לָרֶשֶׁת אֶת־הָאָרֶץ אֲשֶׁר־יְהוָה
לוי אֱלֹהֵיכֶם נֹתֵן לָכֶם וִירִשְׁתֶּם אֹתָהּ וִישַׁבְתֶּם־בָּהּ׃ *וּשְׁמַרְתֶּם לַעֲשׂוֹת אֵת
כָּל־הַחֻקִּים וְאֶת־הַמִּשְׁפָּטִים אֲשֶׁר אָנֹכִי נֹתֵן לִפְנֵיכֶם הַיּוֹם׃ אֵלֶּה הַחֻקִּים
וְהַמִּשְׁפָּטִים אֲשֶׁר תִּשְׁמְרוּן לַעֲשׂוֹת בָּאָרֶץ אֲשֶׁר נָתַן יְהוָה אֱלֹהֵי אֲבֹתֶיךָ
לְךָ לְרִשְׁתָּהּ כָּל־הַיָּמִים אֲשֶׁר־אַתֶּם חַיִּים עַל־הָאֲדָמָה׃ אַבֵּד תְּאַבְּדוּן אֶת־
כָּל־הַמְּקֹמוֹת אֲשֶׁר עָבְדוּ־שָׁם הַגּוֹיִם אֲשֶׁר אַתֶּם יֹרְשִׁים אֹתָם אֶת־אֱלֹהֵיהֶם
עַל־הֶהָרִים הָרָמִים וְעַל־הַגְּבָעוֹת וְתַחַת כָּל־עֵץ רַעֲנָן׃ וְנִתַּצְתֶּם אֶת־מִזְבְּחֹתָם
וְשִׁבַּרְתֶּם אֶת־מַצֵּבֹתָם וַאֲשֵׁרֵיהֶם תִּשְׂרְפוּן בָּאֵשׁ וּפְסִילֵי אֱלֹהֵיהֶם תְּגַדֵּעוּן
וְאִבַּדְתֶּם אֶת־שְׁמָם מִן־הַמָּקוֹם הַהוּא׃ לֹא־תַעֲשׂוּן כֵּן לַיהוָה אֱלֹהֵיכֶם׃
כִּי אִם־אֶל־הַמָּקוֹם אֲשֶׁר־יִבְחַר יְהוָה אֱלֹהֵיכֶם מִכָּל־שִׁבְטֵיכֶם לָשׂוּם אֶת־
ישראל שְׁמוֹ שָׁם לְשִׁכְנוֹ תִדְרְשׁוּ וּבָאתָ שָׁמָּה׃ *וַהֲבֵאתֶם שָׁמָּה עֹלֹתֵיכֶם וְזִבְחֵיכֶם
וְאֵת מַעְשְׂרֹתֵיכֶם וְאֵת תְּרוּמַת יֶדְכֶם וְנִדְרֵיכֶם וְנִדְבֹתֵיכֶם וּבְכֹרֹת בְּקַרְכֶם
וְצֹאנְכֶם׃ וַאֲכַלְתֶּם־שָׁם לִפְנֵי יְהוָה אֱלֹהֵיכֶם וּשְׂמַחְתֶּם בְּכֹל מִשְׁלַח יֶדְכֶם
אַתֶּם וּבָתֵּיכֶם אֲשֶׁר בֵּרַכְךָ יְהוָה אֱלֹהֶיךָ׃ לֹא תַעֲשׂוּן כְּכֹל אֲשֶׁר אֲנַחְנוּ עֹשִׂים
פֹּה הַיּוֹם אִישׁ כָּל־הַיָּשָׁר בְּעֵינָיו׃ כִּי לֹא־בָאתֶם עַד־עָתָּה אֶל־הַמְּנוּחָה
וְאֶל־הַנַּחֲלָה אֲשֶׁר־יְהוָה אֱלֹהֶיךָ נֹתֵן לָךְ׃ וַעֲבַרְתֶּם אֶת־הַיַּרְדֵּן וִישַׁבְתֶּם
בָּאָרֶץ אֲשֶׁר־יְהוָה אֱלֹהֵיכֶם מַנְחִיל אֶתְכֶם וְהֵנִיחַ לָכֶם מִכָּל־אֹיְבֵיכֶם מִסָּבִיב
וִישַׁבְתֶּם־בֶּטַח׃

# שפטים

שֹׁפְטִים וְשֹׁטְרִים תִּתֶּן־לְךָ בְּכָל־שְׁעָרֶיךָ אֲשֶׁר יְהוָה אֱלֹהֶיךָ נֹתֵן לְךָ לִשְׁבָטֶיךָ דברים טז, יח–יז, כ
וְשָׁפְטוּ אֶת־הָעָם מִשְׁפַּט־צֶדֶק: לֹא־תַטֶּה מִשְׁפָּט לֹא תַכִּיר פָּנִים וְלֹא־תִקַּח
שֹׁחַד כִּי הַשֹּׁחַד יְעַוֵּר עֵינֵי חֲכָמִים וִיסַלֵּף דִּבְרֵי צַדִּיקִם: צֶדֶק צֶדֶק תִּרְדֹּף לְמַעַן
תִּחְיֶה וְיָרַשְׁתָּ אֶת־הָאָרֶץ אֲשֶׁר־יְהוָה אֱלֹהֶיךָ נֹתֵן לָךְ: *לֹא־ לוי
תִטַּע לְךָ אֲשֵׁרָה כָּל־עֵץ אֵצֶל מִזְבַּח יְהוָה אֱלֹהֶיךָ אֲשֶׁר תַּעֲשֶׂה־לָּךְ: וְלֹא־
תָקִים לְךָ מַצֵּבָה אֲשֶׁר שָׂנֵא יְהוָה אֱלֹהֶיךָ: לֹא־תִזְבַּח לַיהוָה
אֱלֹהֶיךָ שׁוֹר וָשֶׂה אֲשֶׁר יִהְיֶה בוֹ מוּם כֹּל דָּבָר רָע כִּי תוֹעֲבַת יְהוָה אֱלֹהֶיךָ
הוּא: כִּי־יִמָּצֵא בְקִרְבְּךָ בְּאַחַד שְׁעָרֶיךָ אֲשֶׁר־יְהוָה אֱלֹהֶיךָ נֹתֵן
לָךְ אִישׁ אוֹ־אִשָּׁה אֲשֶׁר יַעֲשֶׂה אֶת־הָרַע בְּעֵינֵי יְהוָה־אֱלֹהֶיךָ לַעֲבֹר בְּרִיתוֹ:
וַיֵּלֶךְ וַיַּעֲבֹד אֱלֹהִים אֲחֵרִים וַיִּשְׁתַּחוּ לָהֶם וְלַשֶּׁמֶשׁ ׀ אוֹ לַיָּרֵחַ אוֹ לְכָל־צְבָא
הַשָּׁמַיִם אֲשֶׁר לֹא־צִוִּיתִי: וְהֻגַּד־לְךָ וְשָׁמָעְתָּ וְדָרַשְׁתָּ הֵיטֵב וְהִנֵּה אֱמֶת נָכוֹן
הַדָּבָר נֶעֶשְׂתָה הַתּוֹעֵבָה הַזֹּאת בְּיִשְׂרָאֵל: וְהוֹצֵאתָ אֶת־הָאִישׁ הַהוּא אוֹ
אֶת־הָאִשָּׁה הַהִוא אֲשֶׁר עָשׂוּ אֶת־הַדָּבָר הָרָע הַזֶּה אֶל־שְׁעָרֶיךָ אֶת־הָאִישׁ
אוֹ אֶת־הָאִשָּׁה וּסְקַלְתָּם בָּאֲבָנִים וָמֵתוּ: עַל־פִּי ׀ שְׁנַיִם עֵדִים אוֹ שְׁלֹשָׁה
עֵדִים יוּמַת הַמֵּת לֹא יוּמַת עַל־פִּי עֵד אֶחָד: יַד הָעֵדִים תִּהְיֶה־בּוֹ בָרִאשֹׁנָה
לַהֲמִיתוֹ וְיַד כָּל־הָעָם בָּאַחֲרֹנָה וּבִעַרְתָּ הָרָע מִקִּרְבֶּךָ:
כִּי יִפָּלֵא מִמְּךָ דָבָר לַמִּשְׁפָּט בֵּין־דָּם ׀ לְדָם בֵּין־דִּין לְדִין וּבֵין נֶגַע לָנֶגַע דִּבְרֵי
רִיבֹת בִּשְׁעָרֶיךָ וְקַמְתָּ וְעָלִיתָ אֶל־הַמָּקוֹם אֲשֶׁר יִבְחַר יְהוָה אֱלֹהֶיךָ בּוֹ: וּבָאתָ
אֶל־הַכֹּהֲנִים הַלְוִיִּם וְאֶל־הַשֹּׁפֵט אֲשֶׁר יִהְיֶה בַּיָּמִים הָהֵם וְדָרַשְׁתָּ וְהִגִּידוּ לְךָ
אֵת דְּבַר הַמִּשְׁפָּט: וְעָשִׂיתָ עַל־פִּי הַדָּבָר אֲשֶׁר יַגִּידוּ לְךָ מִן־הַמָּקוֹם הַהוּא
אֲשֶׁר יִבְחַר יְהוָה וְשָׁמַרְתָּ לַעֲשׂוֹת כְּכֹל אֲשֶׁר יוֹרוּךָ: *עַל־פִּי הַתּוֹרָה אֲשֶׁר ישראל
יוֹרוּךָ וְעַל־הַמִּשְׁפָּט אֲשֶׁר־יֹאמְרוּ לְךָ תַּעֲשֶׂה לֹא תָסוּר מִן־הַדָּבָר אֲשֶׁר־יַגִּידוּ
לְךָ יָמִין וּשְׂמֹאל: וְהָאִישׁ אֲשֶׁר־יַעֲשֶׂה בְזָדוֹן לְבִלְתִּי שְׁמֹעַ אֶל־הַכֹּהֵן הָעֹמֵד
לְשָׁרֶת שָׁם אֶת־יְהוָה אֱלֹהֶיךָ אוֹ אֶל־הַשֹּׁפֵט וּמֵת הָאִישׁ הַהוּא וּבִעַרְתָּ הָרָע
מִיִּשְׂרָאֵל: וְכָל־הָעָם יִשְׁמְעוּ וְיִרָאוּ וְלֹא יְזִידוּן עוֹד: כִּי־תָבֹא אֶל־
הָאָרֶץ אֲשֶׁר יְהוָה אֱלֹהֶיךָ נֹתֵן לָךְ וִירִשְׁתָּהּ וְיָשַׁבְתָּה בָּהּ וְאָמַרְתָּ אָשִׂימָה
עָלַי מֶלֶךְ כְּכָל־הַגּוֹיִם אֲשֶׁר סְבִיבֹתָי: שׂוֹם תָּשִׂים עָלֶיךָ מֶלֶךְ אֲשֶׁר יִבְחַר
יְהוָה אֱלֹהֶיךָ בּוֹ מִקֶּרֶב אַחֶיךָ תָּשִׂים עָלֶיךָ מֶלֶךְ לֹא תוּכַל לָתֵת עָלֶיךָ אִישׁ
נָכְרִי אֲשֶׁר לֹא־אָחִיךָ הוּא: רַק לֹא־יַרְבֶּה־לּוֹ סוּסִים וְלֹא־יָשִׁיב אֶת־הָעָם

מִצְרַיְמָה לְמַעַן הַרְבּוֹת סוּס וַיהוה אָמַר לָכֶם לֹא תֹסִפוּן לָשׁוּב בַּדֶּרֶךְ הַזֶּה
עוֹד: וְלֹא יַרְבֶּה־לּוֹ נָשִׁים וְלֹא יָסוּר לְבָבוֹ וְכֶסֶף וְזָהָב לֹא יַרְבֶּה־לּוֹ מְאֹד:
וְהָיָה כְשִׁבְתּוֹ עַל כִּסֵּא מַמְלַכְתּוֹ וְכָתַב לוֹ אֶת־מִשְׁנֵה הַתּוֹרָה הַזֹּאת עַל־סֵפֶר
מִלִּפְנֵי הַכֹּהֲנִים הַלְוִיִּם: וְהָיְתָה עִמּוֹ וְקָרָא בוֹ כָּל־יְמֵי חַיָּיו לְמַעַן יִלְמַד לְיִרְאָה
אֶת־יהוה אֱלֹהָיו לִשְׁמֹר אֶת־כָּל־דִּבְרֵי הַתּוֹרָה הַזֹּאת וְאֶת־הַחֻקִּים הָאֵלֶּה
לַעֲשֹׂתָם: לְבִלְתִּי רוּם־לְבָבוֹ מֵאֶחָיו וּלְבִלְתִּי סוּר מִן־הַמִּצְוָה יָמִין וּשְׂמֹאול
לְמַעַן יַאֲרִיךְ יָמִים עַל־מַמְלַכְתּוֹ הוּא וּבָנָיו בְּקֶרֶב יִשְׂרָאֵל:

## כי תצא

דברים כא, י–כב ז כִּי־תֵצֵא לַמִּלְחָמָה עַל־אֹיְבֶיךָ וּנְתָנוֹ יהוה אֱלֹהֶיךָ בְּיָדֶךָ וְשָׁבִיתָ שִׁבְיוֹ: וְרָאִיתָ
בַּשִּׁבְיָה אֵשֶׁת יְפַת־תֹּאַר וְחָשַׁקְתָּ בָהּ וְלָקַחְתָּ לְךָ לְאִשָּׁה: וַהֲבֵאתָהּ אֶל־
תּוֹךְ בֵּיתֶךָ וְגִלְּחָה אֶת־רֹאשָׁהּ וְעָשְׂתָה אֶת־צִפָּרְנֶיהָ: וְהֵסִירָה אֶת־שִׂמְלַת
שִׁבְיָהּ מֵעָלֶיהָ וְיָשְׁבָה בְּבֵיתֶךָ וּבָכְתָה אֶת־אָבִיהָ וְאֶת־אִמָּהּ יֶרַח יָמִים
וְאַחַר כֵּן תָּבוֹא אֵלֶיהָ וּבְעַלְתָּהּ וְהָיְתָה לְךָ לְאִשָּׁה: וְהָיָה אִם־לֹא חָפַצְתָּ בָּהּ
וְשִׁלַּחְתָּהּ לְנַפְשָׁהּ וּמָכֹר לֹא־תִמְכְּרֶנָּה בַּכָּסֶף לֹא־תִתְעַמֵּר בָּהּ תַּחַת אֲשֶׁר
לוי עִנִּיתָהּ: *כִּי־תִהְיֶיןָ לְאִישׁ שְׁתֵּי נָשִׁים הָאַחַת אֲהוּבָה וְהָאַחַת
שְׂנוּאָה וְיָלְדוּ־לוֹ בָנִים הָאֲהוּבָה וְהַשְּׂנוּאָה וְהָיָה הַבֵּן הַבְּכֹר לַשְּׂנִיאָה: וְהָיָה
בְּיוֹם הַנְחִילוֹ אֶת־בָּנָיו אֵת אֲשֶׁר־יִהְיֶה לוֹ לֹא יוּכַל לְבַכֵּר אֶת־בֶּן־הָאֲהוּבָה
עַל־פְּנֵי בֶן־הַשְּׂנוּאָה הַבְּכֹר: כִּי אֶת־הַבְּכֹר בֶּן־הַשְּׂנוּאָה יַכִּיר לָתֶת לוֹ פִּי שְׁנַיִם
ישראל בְּכֹל אֲשֶׁר־יִמָּצֵא לוֹ כִּי־הוּא רֵאשִׁית אֹנוֹ לוֹ מִשְׁפַּט הַבְּכֹרָה: *כִּי־
יִהְיֶה לְאִישׁ בֵּן סוֹרֵר וּמוֹרֶה אֵינֶנּוּ שֹׁמֵעַ בְּקוֹל אָבִיו וּבְקוֹל אִמּוֹ וְיִסְּרוּ אֹתוֹ
וְלֹא יִשְׁמַע אֲלֵיהֶם: וְתָפְשׂוּ בוֹ אָבִיו וְאִמּוֹ וְהוֹצִיאוּ אֹתוֹ אֶל־זִקְנֵי עִירוֹ וְאֶל־
שַׁעַר מְקֹמוֹ: וְאָמְרוּ אֶל־זִקְנֵי עִירוֹ בְּנֵנוּ זֶה סוֹרֵר וּמֹרֶה אֵינֶנּוּ שֹׁמֵעַ בְּקֹלֵנוּ
זוֹלֵל וְסֹבֵא: וּרְגָמֻהוּ כָּל־אַנְשֵׁי עִירוֹ בָאֲבָנִים וָמֵת וּבִעַרְתָּ הָרָע מִקִּרְבֶּךָ
וְכָל־יִשְׂרָאֵל יִשְׁמְעוּ וְיִרָאוּ:* וְכִי־יִהְיֶה בְאִישׁ חֵטְא מִשְׁפַּט־מָוֶת
וְהוּמָת וְתָלִיתָ אֹתוֹ עַל־עֵץ: לֹא־תָלִין נִבְלָתוֹ עַל־הָעֵץ כִּי־קָבוֹר תִּקְבְּרֶנּוּ
בַּיּוֹם הַהוּא כִּי־קִלְלַת אֱלֹהִים תָּלוּי וְלֹא תְטַמֵּא אֶת־אַדְמָתְךָ אֲשֶׁר יהוה
אֱלֹהֶיךָ נֹתֵן לְךָ נַחֲלָה: לֹא־תִרְאֶה אֶת־שׁוֹר אָחִיךָ אוֹ אֶת־
שֵׂיוֹ נִדָּחִים וְהִתְעַלַּמְתָּ מֵהֶם הָשֵׁב תְּשִׁיבֵם לְאָחִיךָ: וְאִם־לֹא קָרוֹב אָחִיךָ

*ברוב הקהילות מסיימים כאן, ויש הנוהגים להעלות כאן ישראל ולהמשיך.

אֵלֶיךָ וְלֹא יְדַעְתּוֹ וַאֲסַפְתּוֹ אֶל־תּוֹךְ בֵּיתֶךָ וְהָיָה עִמְּךָ עַד דְּרֹשׁ אָחִיךָ אֹתוֹ
וַהֲשֵׁבֹתוֹ לוֹ: וְכֵן תַּעֲשֶׂה לַחֲמֹרוֹ וְכֵן תַּעֲשֶׂה לְשִׂמְלָתוֹ וְכֵן תַּעֲשֶׂה לְכָל־אֲבֵדַת
אָחִיךָ אֲשֶׁר־תֹּאבַד מִמֶּנּוּ וּמְצָאתָהּ לֹא תוּכַל לְהִתְעַלֵּם: לֹא־
תִרְאֶה אֶת־חֲמוֹר אָחִיךָ אוֹ שׁוֹרוֹ נֹפְלִים בַּדֶּרֶךְ וְהִתְעַלַּמְתָּ מֵהֶם הָקֵם תָּקִים
עִמּוֹ: לֹא־יִהְיֶה כְלִי־גֶבֶר עַל־אִשָּׁה וְלֹא־יִלְבַּשׁ גֶּבֶר שִׂמְלַת אִשָּׁה
כִּי תוֹעֲבַת יְהוָה אֱלֹהֶיךָ כָּל־עֹשֵׂה אֵלֶּה:
כִּי יִקָּרֵא קַן־צִפּוֹר ׀ לְפָנֶיךָ בַּדֶּרֶךְ בְּכָל־עֵץ ׀ אוֹ עַל־הָאָרֶץ אֶפְרֹחִים אוֹ בֵיצִים
וְהָאֵם רֹבֶצֶת עַל־הָאֶפְרֹחִים אוֹ עַל־הַבֵּיצִים לֹא־תִקַּח הָאֵם עַל־הַבָּנִים:
שַׁלֵּחַ תְּשַׁלַּח אֶת־הָאֵם וְאֶת־הַבָּנִים תִּקַּח־לָךְ לְמַעַן יִיטַב לָךְ וְהַאֲרַכְתָּ
יָמִים:

## כי תבוא

וְהָיָה כִּי־תָבוֹא אֶל־הָאָרֶץ אֲשֶׁר יְהוָה אֱלֹהֶיךָ נֹתֵן לְךָ נַחֲלָה וִירִשְׁתָּהּ וְיָשַׁבְתָּ דברים
בָּהּ: וְלָקַחְתָּ מֵרֵאשִׁית ׀ כָּל־פְּרִי הָאֲדָמָה אֲשֶׁר תָּבִיא מֵאַרְצְךָ אֲשֶׁר יְהוָה כו, א–טו
אֱלֹהֶיךָ נֹתֵן לָךְ וְשַׂמְתָּ בַטֶּנֶא וְהָלַכְתָּ אֶל־הַמָּקוֹם אֲשֶׁר יִבְחַר יְהוָה אֱלֹהֶיךָ
לְשַׁכֵּן שְׁמוֹ שָׁם: וּבָאתָ אֶל־הַכֹּהֵן אֲשֶׁר יִהְיֶה בַּיָּמִים הָהֵם וְאָמַרְתָּ אֵלָיו
הִגַּדְתִּי הַיּוֹם לַיהוָה אֱלֹהֶיךָ כִּי־בָאתִי אֶל־הָאָרֶץ אֲשֶׁר נִשְׁבַּע יְהוָה לַאֲבֹתֵינוּ
לָתֶת לָנוּ: *וְלָקַח הַכֹּהֵן הַטֶּנֶא מִיָּדֶךָ וְהִנִּיחוֹ לִפְנֵי מִזְבַּח יְהוָה אֱלֹהֶיךָ: וְעָנִיתָ לוי
וְאָמַרְתָּ לִפְנֵי ׀ יְהוָה אֱלֹהֶיךָ אֲרַמִּי אֹבֵד אָבִי וַיֵּרֶד מִצְרַיְמָה וַיָּגָר שָׁם בִּמְתֵי
מְעָט וַיְהִי־שָׁם לְגוֹי גָּדוֹל עָצוּם וָרָב: וַיָּרֵעוּ אֹתָנוּ הַמִּצְרִים וַיְעַנּוּנוּ וַיִּתְּנוּ עָלֵינוּ
עֲבֹדָה קָשָׁה: וַנִּצְעַק אֶל־יְהוָה אֱלֹהֵי אֲבֹתֵינוּ וַיִּשְׁמַע יְהוָה אֶת־קֹלֵנוּ וַיַּרְא
אֶת־עָנְיֵנוּ וְאֶת־עֲמָלֵנוּ וְאֶת־לַחֲצֵנוּ: וַיּוֹצִאֵנוּ יְהוָה מִמִּצְרַיִם בְּיָד חֲזָקָה וּבִזְרֹעַ
נְטוּיָה וּבְמֹרָא גָּדֹל וּבְאֹתוֹת וּבְמֹפְתִים: וַיְבִאֵנוּ אֶל־הַמָּקוֹם הַזֶּה וַיִּתֶּן־לָנוּ
אֶת־הָאָרֶץ הַזֹּאת אֶרֶץ זָבַת חָלָב וּדְבָשׁ: וְעַתָּה הִנֵּה הֵבֵאתִי אֶת־רֵאשִׁית
פְּרִי הָאֲדָמָה אֲשֶׁר־נָתַתָּה לִּי יְהוָה וְהִנַּחְתּוֹ לִפְנֵי יְהוָה אֱלֹהֶיךָ וְהִשְׁתַּחֲוִיתָ
לִפְנֵי יְהוָה אֱלֹהֶיךָ: וְשָׂמַחְתָּ בְכָל־הַטּוֹב אֲשֶׁר נָתַן־לְךָ יְהוָה אֱלֹהֶיךָ וּלְבֵיתֶךָ
אַתָּה וְהַלֵּוִי וְהַגֵּר אֲשֶׁר בְּקִרְבֶּךָ: *כִּי תְכַלֶּה לַעְשֵׂר אֶת־כָּל־ ישראל
מַעְשַׂר תְּבוּאָתְךָ בַּשָּׁנָה הַשְּׁלִישִׁת שְׁנַת הַמַּעֲשֵׂר וְנָתַתָּה לַלֵּוִי לַגֵּר לַיָּתוֹם
וְלָאַלְמָנָה וְאָכְלוּ בִשְׁעָרֶיךָ וְשָׂבֵעוּ: וְאָמַרְתָּ לִפְנֵי יְהוָה אֱלֹהֶיךָ בִּעַרְתִּי הַקֹּדֶשׁ

מִן־הַבַּ֗יִת וְגַ֨ם נְתַתִּ֤יו לַלֵּוִי֙ וְלַגֵּ֔ר לַיָּת֖וֹם וְלָאַלְמָנָ֑ה כְּכָל־מִצְוָתְךָ֖ אֲשֶׁ֣ר צִוִּיתָ֑נִי
לֹֽא־עָבַ֥רְתִּי מִמִּצְוֺתֶ֖יךָ וְלֹ֥א שָׁכָֽחְתִּי׃ לֹֽא־אָכַ֨לְתִּי בְאֹנִ֜י מִמֶּ֗נּוּ וְלֹֽא־בִעַ֤רְתִּי מִמֶּ֨נּוּ֙
בְּטָמֵ֔א וְלֹא־נָתַ֥תִּי מִמֶּ֖נּוּ לְמֵ֑ת שָׁמַ֗עְתִּי בְּקוֹל֙ יְהוָ֣ה אֱלֹהָ֔י עָשִׂ֕יתִי כְּכֹ֖ל אֲשֶׁ֥ר
צִוִּיתָֽנִי׃ הַשְׁקִ֩יפָה֩ מִמְּע֨וֹן קָדְשְׁךָ֜ מִן־הַשָּׁמַ֗יִם וּבָרֵ֤ךְ אֶֽת־עַמְּךָ֙ אֶת־יִשְׂרָאֵ֔ל
וְאֵת֙ הָאֲדָמָ֔ה אֲשֶׁ֥ר נָתַ֖תָּה לָ֑נוּ כַּאֲשֶׁ֤ר נִשְׁבַּ֨עְתָּ֙ לַאֲבֹתֵ֔ינוּ אֶ֛רֶץ זָבַ֥ת חָלָ֖ב
וּדְבָֽשׁ׃

## נצבים

דברים כט, ט–כח אַתֶּ֨ם נִצָּבִ֤ים הַיּוֹם֙ כֻּלְּכֶ֔ם לִפְנֵ֖י יְהוָ֣ה אֱלֹהֵיכֶ֑ם רָאשֵׁיכֶ֣ם שִׁבְטֵיכֶ֗ם זִקְנֵיכֶם֙
וְשֹׁ֣טְרֵיכֶ֔ם כֹּ֖ל אִ֥ישׁ יִשְׂרָאֵֽל׃ טַפְּכֶ֣ם נְשֵׁיכֶ֔ם וְגֵ֣רְךָ֔ אֲשֶׁ֖ר בְּקֶ֣רֶב מַחֲנֶ֑יךָ מֵחֹטֵ֣ב
עֵצֶ֔יךָ עַ֖ד שֹׁאֵ֥ב מֵימֶֽיךָ׃ לְעָבְרְךָ֗ בִּבְרִ֛ית יְהוָ֥ה אֱלֹהֶ֖יךָ וּבְאָלָת֑וֹ אֲשֶׁר֙ יְהוָ֣ה
לוי אֱלֹהֶ֔יךָ כֹּרֵ֥ת עִמְּךָ֖ הַיּֽוֹם׃ *לְמַ֣עַן הָקִֽים־אֹתְךָ֩ הַיּ֨וֹם ׀ ל֜וֹ לְעָ֗ם וְה֤וּא יִֽהְיֶה־לְּךָ֙
לֵֽאלֹהִ֔ים כַּאֲשֶׁ֖ר דִּבֶּר־לָ֑ךְ וְכַאֲשֶׁ֤ר נִשְׁבַּע֙ לַאֲבֹתֶ֔יךָ לְאַבְרָהָ֥ם לְיִצְחָ֖ק וּֽלְיַעֲקֹֽב׃
וְלֹ֥א אִתְּכֶ֖ם לְבַדְּכֶ֑ם אָנֹכִ֗י כֹּרֵת֙ אֶת־הַבְּרִ֣ית הַזֹּ֔את וְאֶת־הָאָלָ֖ה הַזֹּֽאת׃ כִּי֩
אֶת־אֲשֶׁ֨ר יֶשְׁנ֜וֹ פֹּ֗ה עִמָּ֨נוּ֙ עֹמֵ֣ד הַיּ֔וֹם לִפְנֵ֖י יְהוָ֣ה אֱלֹהֵ֑ינוּ וְאֵ֨ת אֲשֶׁ֥ר אֵינֶ֛נּוּ פֹּ֖ה
ישראל עִמָּ֥נוּ הַיּֽוֹם׃ *כִּֽי־אַתֶּ֣ם יְדַעְתֶּ֔ם אֵ֥ת אֲשֶׁר־יָשַׁ֖בְנוּ בְּאֶ֣רֶץ מִצְרָ֑יִם וְאֵ֧ת אֲשֶׁר־
עָבַ֛רְנוּ בְּקֶ֥רֶב הַגּוֹיִ֖ם אֲשֶׁ֥ר עֲבַרְתֶּֽם׃ וַתִּרְאוּ֙ אֶת־שִׁקּ֣וּצֵיהֶ֔ם וְאֵ֖ת גִּלֻּלֵיהֶ֑ם
עֵ֣ץ וָאֶ֔בֶן כֶּ֥סֶף וְזָהָ֖ב אֲשֶׁ֥ר עִמָּהֶֽם׃ פֶּן־יֵ֣שׁ בָּ֠כֶם אִ֣ישׁ אוֹ־אִשָּׁ֞ה א֧וֹ מִשְׁפָּחָ֣ה
אוֹ־שֵׁ֗בֶט אֲשֶׁר֩ לְבָב֨וֹ פֹנֶ֤ה הַיּוֹם֙ מֵעִם֙ יְהוָ֣ה אֱלֹהֵ֔ינוּ לָלֶ֣כֶת לַעֲבֹ֔ד אֶת־אֱלֹהֵ֖י
הַגּוֹיִ֣ם הָהֵ֑ם פֶּן־יֵ֣שׁ בָּכֶ֗ם שֹׁ֛רֶשׁ פֹּרֶ֥ה רֹ֖אשׁ וְלַעֲנָֽה׃ וְהָיָ֡ה בְּשָׁמְעוֹ֩ אֶת־דִּבְרֵ֨י
הָאָלָ֜ה הַזֹּ֗את וְהִתְבָּרֵ֨ךְ בִּלְבָב֤וֹ לֵאמֹר֙ שָׁל֣וֹם יִֽהְיֶה־לִּ֔י כִּ֛י בִּשְׁרִר֥וּת לִבִּ֖י אֵלֵ֑ךְ
לְמַ֛עַן סְפ֥וֹת הָרָוָ֖ה אֶת־הַצְּמֵאָֽה׃ לֹֽא־יֹאבֶ֣ה יְהוָה֮ סְלֹ֣חַֽ לוֹ֒ כִּ֣י אָ֠ז יֶעְשַׁ֨ן אַף־
יְהוָ֤ה וְקִנְאָתוֹ֙ בָּאִ֣ישׁ הַה֔וּא וְרָ֤בְצָה בּוֹ֙ כָּל־הָ֣אָלָ֔ה הַכְּתוּבָ֖ה בַּסֵּ֣פֶר הַזֶּ֑ה וּמָחָ֤ה
יְהוָה֙ אֶת־שְׁמ֔וֹ מִתַּ֖חַת הַשָּׁמָֽיִם׃ וְהִבְדִּיל֤וֹ יְהוָה֙ לְרָעָ֔ה מִכֹּ֖ל שִׁבְטֵ֣י יִשְׂרָאֵ֑ל
כְּכֹל֙ אָל֣וֹת הַבְּרִ֔ית הַכְּתוּבָ֕ה בְּסֵ֥פֶר הַתּוֹרָ֖ה הַזֶּֽה׃ וְאָמַ֞ר הַדּ֣וֹר הָאַחֲר֗וֹן בְּנֵיכֶם֙
אֲשֶׁ֤ר יָק֨וּמוּ֙ מֵאַחֲרֵיכֶ֔ם וְהַ֨נָּכְרִ֔י אֲשֶׁ֥ר יָבֹ֖א מֵאֶ֣רֶץ רְחוֹקָ֑ה וְֽרָא֞וּ אֶת־מַכּ֞וֹת
הָאָ֤רֶץ הַהִוא֙ וְאֶת־תַּ֣חֲלֻאֶ֔יהָ אֲשֶׁר־חִלָּ֥ה יְהוָ֖ה בָּֽהּ׃ גָּפְרִ֣ית וָמֶלַח֮ שְׂרֵפָ֣ה כָל־
אַרְצָהּ֒ לֹ֤א תִזָּרַע֙ וְלֹ֣א תַצְמִ֔חַ וְלֹא־יַעֲלֶ֥ה בָ֖הּ כָּל־עֵ֑שֶׂב כְּמַהְפֵּכַ֞ת סְדֹ֣ם וַעֲמֹרָ֗ה
וצבוים אַדְמָ֣ה וצביים אֲשֶׁר֙ הָפַ֣ךְ יְהוָ֔ה בְּאַפּ֖וֹ וּבַחֲמָתֽוֹ׃ וְאָמְרוּ֮ כָּל־הַגּוֹיִם֒ עַל־מֶ֨ה

עָשָׂה יהוה כָּכָה לָאָרֶץ הַזֹּאת מֶה חֳרִי הָאַף הַגָּדוֹל הַזֶּה׃ וְאָמְרוּ עַל אֲשֶׁר עָזְבוּ אֶת־בְּרִית יהוה אֱלֹהֵי אֲבֹתָם אֲשֶׁר כָּרַת עִמָּם בְּהוֹצִיאוֹ אֹתָם מֵאֶרֶץ מִצְרָיִם׃ וַיֵּלְכוּ וַיַּעַבְדוּ אֱלֹהִים אֲחֵרִים וַיִּשְׁתַּחֲווּ לָהֶם אֱלֹהִים אֲשֶׁר לֹא־יְדָעוּם וְלֹא חָלַק לָהֶם׃ וַיִּחַר־אַף יהוה בָּאָרֶץ הַהִוא לְהָבִיא עָלֶיהָ אֶת־כָּל־הַקְּלָלָה הַכְּתוּבָה בַּסֵּפֶר הַזֶּה׃ וַיִּתְּשֵׁם יהוה מֵעַל אַדְמָתָם בְּאַף וּבְחֵמָה וּבְקֶצֶף גָּדוֹל וַיַּשְׁלִכֵם אֶל־אֶרֶץ אַחֶרֶת כַּיּוֹם הַזֶּה׃ הַנִּסְתָּרֹת לַיהוה אֱלֹהֵינוּ וְהַנִּגְלֹת לָנוּ וּלְבָנֵינוּ עַד־עוֹלָם לַעֲשׂוֹת אֶת־כָּל־דִּבְרֵי הַתּוֹרָה הַזֹּאת׃

## וילך

וַיֵּלֶךְ מֹשֶׁה וַיְדַבֵּר אֶת־הַדְּבָרִים הָאֵלֶּה אֶל־כָּל־יִשְׂרָאֵל׃ וַיֹּאמֶר אֲלֵהֶם בֶּן־ דברים לא, א–יג
מֵאָה וְעֶשְׂרִים שָׁנָה אָנֹכִי הַיּוֹם לֹא־אוּכַל עוֹד לָצֵאת וְלָבוֹא וַיהוה אָמַר אֵלַי
לֹא תַעֲבֹר אֶת־הַיַּרְדֵּן הַזֶּה׃ יהוה אֱלֹהֶיךָ הוּא ׀ עֹבֵר לְפָנֶיךָ הוּא־יַשְׁמִיד
אֶת־הַגּוֹיִם הָאֵלֶּה מִלְּפָנֶיךָ וִירִשְׁתָּם יְהוֹשֻׁעַ הוּא עֹבֵר לְפָנֶיךָ כַּאֲשֶׁר דִּבֶּר
יהוה׃ *וְעָשָׂה יהוה לָהֶם כַּאֲשֶׁר עָשָׂה לְסִיחוֹן וּלְעוֹג מַלְכֵי הָאֱמֹרִי וּלְאַרְצָם לוי
אֲשֶׁר הִשְׁמִיד אֹתָם׃ וּנְתָנָם יהוה לִפְנֵיכֶם וַעֲשִׂיתֶם לָהֶם כְּכָל־הַמִּצְוָה אֲשֶׁר
צִוִּיתִי אֶתְכֶם׃ חִזְקוּ וְאִמְצוּ אַל־תִּירְאוּ וְאַל־תַּעַרְצוּ מִפְּנֵיהֶם כִּי ׀ יהוה אֱלֹהֶיךָ
הוּא הַהֹלֵךְ עִמָּךְ לֹא יַרְפְּךָ וְלֹא יַעַזְבֶךָּ׃ *וַיִּקְרָא מֹשֶׁה לִיהוֹשֻׁעַ ישראל
וַיֹּאמֶר אֵלָיו לְעֵינֵי כָל־יִשְׂרָאֵל חֲזַק וֶאֱמָץ כִּי אַתָּה תָּבוֹא אֶת־הָעָם הַזֶּה
אֶל־הָאָרֶץ אֲשֶׁר נִשְׁבַּע יהוה לַאֲבֹתָם לָתֵת לָהֶם וְאַתָּה תַּנְחִילֶנָּה אוֹתָם׃
וַיהוה הוּא ׀ הַהֹלֵךְ לְפָנֶיךָ הוּא יִהְיֶה עִמָּךְ לֹא יַרְפְּךָ וְלֹא יַעַזְבֶךָּ לֹא תִירָא וְלֹא
תֵחָת׃ וַיִּכְתֹּב מֹשֶׁה אֶת־הַתּוֹרָה הַזֹּאת וַיִּתְּנָהּ אֶל־הַכֹּהֲנִים בְּנֵי לֵוִי הַנֹּשְׂאִים
אֶת־אֲרוֹן בְּרִית יהוה וְאֶל־כָּל־זִקְנֵי יִשְׂרָאֵל׃ וַיְצַו מֹשֶׁה אוֹתָם לֵאמֹר מִקֵּץ ׀
שֶׁבַע שָׁנִים בְּמֹעֵד שְׁנַת הַשְּׁמִטָּה בְּחַג הַסֻּכּוֹת׃ בְּבוֹא כָל־יִשְׂרָאֵל לֵרָאוֹת
אֶת־פְּנֵי יהוה אֱלֹהֶיךָ בַּמָּקוֹם אֲשֶׁר יִבְחָר תִּקְרָא אֶת־הַתּוֹרָה הַזֹּאת נֶגֶד
כָּל־יִשְׂרָאֵל בְּאָזְנֵיהֶם׃ הַקְהֵל אֶת־הָעָם הָאֲנָשִׁים וְהַנָּשִׁים וְהַטַּף וְגֵרְךָ אֲשֶׁר
בִּשְׁעָרֶיךָ לְמַעַן יִשְׁמְעוּ וּלְמַעַן יִלְמְדוּ וְיָרְאוּ אֶת־יהוה אֱלֹהֵיכֶם וְשָׁמְרוּ
לַעֲשׂוֹת אֶת־כָּל־דִּבְרֵי הַתּוֹרָה הַזֹּאת׃ וּבְנֵיהֶם אֲשֶׁר לֹא־יָדְעוּ יִשְׁמְעוּ וְלָמְדוּ
לְיִרְאָה אֶת־יהוה אֱלֹהֵיכֶם כָּל־הַיָּמִים אֲשֶׁר אַתֶּם חַיִּים עַל־הָאֲדָמָה אֲשֶׁר
אַתֶּם עֹבְרִים אֶת־הַיַּרְדֵּן שָׁמָּה לְרִשְׁתָּהּ׃

## האזינו

דברים לב, א-יח הַאֲזִינוּ הַשָּׁמַיִם וַאֲדַבֵּרָה    וְתִשְׁמַע הָאָרֶץ אִמְרֵי־פִי:
יַעֲרֹף כַּמָּטָר לִקְחִי    תִּזַּל כַּטַּל אִמְרָתִי
כִּשְׂעִירִם עֲלֵי־דֶשֶׁא    וְכִרְבִיבִים עֲלֵי־עֵשֶׂב:
כִּי שֵׁם יהוה אֶקְרָא    הָבוּ גֹדֶל לֵאלֹהֵינוּ:
לוי *הַצּוּר תָּמִים פָּעֳלוֹ    כִּי כָל־דְּרָכָיו מִשְׁפָּט
אֵל אֱמוּנָה וְאֵין עָוֶל    צַדִּיק וְיָשָׁר הוּא:
שִׁחֵת לוֹ לֹא בָּנָיו מוּמָם    דּוֹר עִקֵּשׁ וּפְתַלְתֹּל:
הַ לַיהוה תִּגְמְלוּ־זֹאת    עַם נָבָל וְלֹא חָכָם
הֲלוֹא־הוּא אָבִיךָ קָּנֶךָ    הוּא עָשְׂךָ וַיְכֹנְנֶךָ:
ישראל **זְכֹר יְמוֹת עוֹלָם    בִּינוּ שְׁנוֹת דֹּר־וָדֹר
שְׁאַל אָבִיךָ וְיַגֵּדְךָ    זְקֵנֶיךָ וְיֹאמְרוּ לָךְ:
בְּהַנְחֵל עֶלְיוֹן גּוֹיִם    בְּהַפְרִידוֹ בְּנֵי אָדָם
יַצֵּב גְּבֻלֹת עַמִּים    לְמִסְפַּר בְּנֵי יִשְׂרָאֵל:
כִּי חֵלֶק יהוה עַמּוֹ    יַעֲקֹב חֶבֶל נַחֲלָתוֹ:
יִמְצָאֵהוּ בְּאֶרֶץ מִדְבָּר    וּבְתֹהוּ יְלֵל יְשִׁמֹן
יְסֹבְבֶנְהוּ יְבוֹנְנֵהוּ    יִצְּרֶנְהוּ כְּאִישׁוֹן עֵינוֹ:
כְּנֶשֶׁר יָעִיר קִנּוֹ    עַל־גּוֹזָלָיו יְרַחֵף
יִפְרֹשׂ כְּנָפָיו יִקָּחֵהוּ    יִשָּׂאֵהוּ עַל־אֶבְרָתוֹ:
יהוה בָּדָד יַנְחֶנּוּ    וְאֵין עִמּוֹ אֵל נֵכָר:**
בָּמֳתֵי *** *יַרְכִּבֵהוּ עַל־בָּמוֹתֵי אָרֶץ    וַיֹּאכַל תְּנוּבֹת שָׂדָי
וַיֵּנִקֵהוּ דְבַשׁ מִסֶּלַע    וְשֶׁמֶן מֵחַלְמִישׁ צוּר:
חֶמְאַת בָּקָר וַחֲלֵב צֹאן    עִם־חֵלֶב כָּרִים
וְאֵילִים בְּנֵי־בָשָׁן וְעַתּוּדִים    עִם־חֵלֶב כִּלְיוֹת חִטָּה
וְדַם־עֵנָב תִּשְׁתֶּה־חָמֶר:    וַיִּשְׁמַן יְשֻׁרוּן וַיִּבְעָט
שָׁמַנְתָּ עָבִיתָ כָּשִׂיתָ    וַיִּטֹּשׁ אֱלוֹהַ עָשָׂהוּ

*לוי / **עד כאן ברוב הקהילות / ***ויש המתחילים כאן את הקריאה לישראל כדי לקרוא כסדר הנזכר בר"ה לא ע"א (שו"ע תכח, ה).

וַיְנַבֵּל צוּר יְשֻׁעָתוֹ׃ יַקְנִאֻהוּ בְּזָרִים
בְּתוֹעֵבֹת יַכְעִיסֻהוּ׃ יִזְבְּחוּ לַשֵּׁדִים לֹא אֱלֹהַּ
אֱלֹהִים לֹא יְדָעוּם חֲדָשִׁים מִקָּרֹב בָּאוּ
לֹא שְׂעָרוּם אֲבֹתֵיכֶם׃ צוּר יְלָדְךָ תֶּשִׁי
וַתִּשְׁכַּח אֵל מְחֹלְלֶךָ׃

## וזאת הברכה

דברים לג, א–יז וְזֹאת הַבְּרָכָה אֲשֶׁר בֵּרַךְ מֹשֶׁה אִישׁ הָאֱלֹהִים אֶת־בְּנֵי יִשְׂרָאֵל לִפְנֵי מוֹתוֹ׃
וַיֹּאמַר יהוה מִסִּינַי בָּא וְזָרַח מִשֵּׂעִיר לָמוֹ הוֹפִיעַ מֵהַר פָּארָן וְאָתָה מֵרִבְבֹת
אֵשׁ דָּת קֹדֶשׁ מִימִינוֹ אשדת לָמוֹ׃ אַף חֹבֵב עַמִּים כָּל־קְדֹשָׁיו בְּיָדֶךָ וְהֵם תֻּכּוּ לְרַגְלֶךָ
יִשָּׂא מִדַּבְּרֹתֶיךָ׃ תּוֹרָה צִוָּה־לָנוּ מֹשֶׁה מוֹרָשָׁה קְהִלַּת יַעֲקֹב׃ וַיְהִי בִישֻׁרוּן
מֶלֶךְ בְּהִתְאַסֵּף רָאשֵׁי עָם יַחַד שִׁבְטֵי יִשְׂרָאֵל׃ יְחִי רְאוּבֵן וְאַל־יָמֹת וִיהִי מְתָיו
מִסְפָּר׃ וְזֹאת לִיהוּדָה וַיֹּאמַר שְׁמַע יהוה קוֹל יְהוּדָה וְאֶל־עַמּוֹ
תְּבִיאֶנּוּ יָדָיו רָב לוֹ וְעֵזֶר מִצָּרָיו תִּהְיֶה׃
לוי וּלְלֵוִי אָמַר תֻּמֶּיךָ וְאוּרֶיךָ לְאִישׁ חֲסִידֶךָ אֲשֶׁר נִסִּיתוֹ בְּמַסָּה תְּרִיבֵהוּ עַל־מֵי
מְרִיבָה׃ הָאֹמֵר לְאָבִיו וּלְאִמּוֹ לֹא רְאִיתִיו וְאֶת־אֶחָיו לֹא הִכִּיר וְאֶת־בָּנָו לֹא
יָדָע כִּי שָׁמְרוּ אִמְרָתֶךָ וּבְרִיתְךָ יִנְצֹרוּ׃ יוֹרוּ מִשְׁפָּטֶיךָ לְיַעֲקֹב וְתוֹרָתְךָ לְיִשְׂרָאֵל
יָשִׂימוּ קְטוֹרָה בְּאַפֶּךָ וְכָלִיל עַל־מִזְבְּחֶךָ׃ בָּרֵךְ יהוה חֵילוֹ וּפֹעַל יָדָיו תִּרְצֶה
מְחַץ מָתְנַיִם קָמָיו וּמְשַׂנְאָיו מִן־יְקוּמוּן׃ לְבִנְיָמִן אָמַר יְדִיד יהוה
ישראל יִשְׁכֹּן לָבֶטַח עָלָיו חֹפֵף עָלָיו כָּל־הַיּוֹם וּבֵין כְּתֵפָיו שָׁכֵן׃ *וּלְיוֹסֵף
אָמַר מְבֹרֶכֶת יהוה אַרְצוֹ מִמֶּגֶד שָׁמַיִם מִטָּל וּמִתְּהוֹם רֹבֶצֶת תָּחַת׃ וּמִמֶּגֶד
תְּבוּאֹת שָׁמֶשׁ וּמִמֶּגֶד גֶּרֶשׁ יְרָחִים׃ וּמֵרֹאשׁ הַרְרֵי־קֶדֶם וּמִמֶּגֶד גִּבְעוֹת עוֹלָם׃
וּמִמֶּגֶד אֶרֶץ וּמְלֹאָהּ וּרְצוֹן שֹׁכְנִי סְנֶה תָּבוֹאתָה לְרֹאשׁ יוֹסֵף וּלְקָדְקֹד נְזִיר
אֶחָיו׃ בְּכוֹר שׁוֹרוֹ הָדָר לוֹ וְקַרְנֵי רְאֵם קַרְנָיו בָּהֶם עַמִּים יְנַגַּח יַחְדָּו אַפְסֵי־
אָרֶץ וְהֵם רִבְבוֹת אֶפְרַיִם וְהֵם אַלְפֵי מְנַשֶּׁה׃

# קריאת התורה
# לחנוכה, לפורים ולתעניות ציבור

## קריאה ליום הראשון של חנוכה

מלאכת המשכן נסתיימה בכ״ה בכסלו, ולכן נוהגים לקרוא בפרשת הנשיאים בחנוכה.
נוהגים להתחיל את הקריאה ביום הראשון מברכת כוהנים, לפי שנס חנוכה נעשה על ידם.

במדבר ו,כב-כז וַיְדַבֵּר יְהוָה אֶל־מֹשֶׁה לֵּאמֹר: דַּבֵּר אֶל־אַהֲרֹן וְאֶל־בָּנָיו לֵאמֹר
כֹּה תְבָרְכוּ אֶת־בְּנֵי יִשְׂרָאֵל אָמוֹר לָהֶם: יְבָרֶכְךָ יְהוָה
וְיִשְׁמְרֶךָ: יָאֵר יְהוָה ׀ פָּנָיו אֵלֶיךָ וִיחֻנֶּךָּ: יִשָּׂא יְהוָה ׀
פָּנָיו אֵלֶיךָ וְיָשֵׂם לְךָ שָׁלוֹם: וְשָׂמוּ אֶת־שְׁמִי עַל־בְּנֵי יִשְׂרָאֵל וַאֲנִי
אֲבָרְכֵם:

וַיְהִי בְּיוֹם כַּלּוֹת מֹשֶׁה לְהָקִים אֶת־הַמִּשְׁכָּן וַיִּמְשַׁח אֹתוֹ וַיְקַדֵּשׁ אֹתוֹ וְאֶת־כָּל־
כֵּלָיו וְאֶת־הַמִּזְבֵּחַ וְאֶת־כָּל־כֵּלָיו וַיִּמְשָׁחֵם וַיְקַדֵּשׁ אֹתָם: וַיַּקְרִיבוּ נְשִׂיאֵי יִשְׂרָאֵל
רָאשֵׁי בֵּית אֲבֹתָם הֵם נְשִׂיאֵי הַמַּטֹּת הֵם הָעֹמְדִים עַל־הַפְּקֻדִים: וַיָּבִיאוּ אֶת־
קָרְבָּנָם לִפְנֵי יְהוָה שֵׁשׁ־עֶגְלֹת צָב וּשְׁנֵי־עָשָׂר בָּקָר עֲגָלָה עַל־שְׁנֵי הַנְּשִׂאִים
לוי וְשׁוֹר לְאֶחָד וַיַּקְרִיבוּ אוֹתָם לִפְנֵי הַמִּשְׁכָּן: *וַיֹּאמֶר יְהוָה אֶל־מֹשֶׁה לֵּאמֹר: קַח
מֵאִתָּם וְהָיוּ לַעֲבֹד אֶת־עֲבֹדַת אֹהֶל מוֹעֵד וְנָתַתָּה אוֹתָם אֶל־הַלְוִיִּם אִישׁ כְּפִי
עֲבֹדָתוֹ: וַיִּקַּח מֹשֶׁה אֶת־הָעֲגָלֹת וְאֶת־הַבָּקָר וַיִּתֵּן אוֹתָם אֶל־הַלְוִיִּם: אֵת ׀
שְׁתֵּי הָעֲגָלוֹת וְאֵת אַרְבַּעַת הַבָּקָר נָתַן לִבְנֵי גֵרְשׁוֹן כְּפִי עֲבֹדָתָם: וְאֵת ׀ אַרְבַּע
הָעֲגָלֹת וְאֵת שְׁמֹנַת הַבָּקָר נָתַן לִבְנֵי מְרָרִי כְּפִי עֲבֹדָתָם בְּיַד אִיתָמָר בֶּן־אַהֲרֹן
הַכֹּהֵן: וְלִבְנֵי קְהָת לֹא נָתָן כִּי־עֲבֹדַת הַקֹּדֶשׁ עֲלֵהֶם בַּכָּתֵף יִשָּׂאוּ: וַיַּקְרִיבוּ
הַנְּשִׂאִים אֵת חֲנֻכַּת הַמִּזְבֵּחַ בְּיוֹם הִמָּשַׁח אֹתוֹ וַיַּקְרִיבוּ הַנְּשִׂיאִם אֶת־קָרְבָּנָם
לִפְנֵי הַמִּזְבֵּחַ: וַיֹּאמֶר יְהוָה אֶל־מֹשֶׁה נָשִׂיא אֶחָד לַיּוֹם נָשִׂיא אֶחָד לַיּוֹם יַקְרִיבוּ
ישראל אֶת־קָרְבָּנָם לַחֲנֻכַּת הַמִּזְבֵּחַ: *וַיְהִי הַמַּקְרִיב בַּיּוֹם הָרִאשׁוֹן אֶת־
קָרְבָּנוֹ נַחְשׁוֹן בֶּן־עַמִּינָדָב לְמַטֵּה יְהוּדָה: וְקָרְבָּנוֹ קַעֲרַת־כֶּסֶף אַחַת שְׁלֹשִׁים
וּמֵאָה מִשְׁקָלָהּ מִזְרָק אֶחָד כֶּסֶף שִׁבְעִים שֶׁקֶל בְּשֶׁקֶל הַקֹּדֶשׁ שְׁנֵיהֶם ׀ מְלֵאִים
סֹלֶת בְּלוּלָה בַשֶּׁמֶן לְמִנְחָה: כַּף אַחַת עֲשָׂרָה זָהָב מְלֵאָה קְטֹרֶת: פַּר אֶחָד
בֶּן־בָּקָר אַיִל אֶחָד כֶּבֶשׂ־אֶחָד בֶּן־שְׁנָתוֹ לְעֹלָה: שְׂעִיר־עִזִּים אֶחָד לְחַטָּאת:

וּלְזֶ֣בַח הַשְּׁלָמִים֮ בָּקָ֣ר שְׁנַ֒יִם֒ אֵילִ֤ם חֲמִשָּׁה֙ עַתּוּדִ֣ים חֲמִשָּׁ֔ה כְּבָשִׂ֥ים בְּנֵי־שָׁנָ֖ה חֲמִשָּׁ֑ה זֶ֛ה קָרְבַּ֥ן נַחְשׁ֖וֹן בֶּן־עַמִּינָדָֽב׃

## קריאה ליום השני של חנוכה

במדבר ז, יח–כג בַּיּוֹם֙ הַשֵּׁנִ֔י הִקְרִ֖יב נְתַנְאֵ֣ל בֶּן־צוּעָ֑ר נְשִׂ֖יא יִשָּׂשכָֽר׃ הִקְרִ֨ב אֶת־קָרְבָּנ֜וֹ
קַֽעֲרַת־כֶּ֣סֶף אַחַ֗ת שְׁלֹשִׁ֣ים וּמֵאָה֮ מִשְׁקָלָהּ֒ מִזְרָ֤ק אֶחָד֙ כֶּ֔סֶף שִׁבְעִ֥ים שֶׁ֖קֶל
בְּשֶׁ֣קֶל הַקֹּ֑דֶשׁ שְׁנֵיהֶ֣ם ׀ מְלֵאִ֗ים סֹ֛לֶת בְּלוּלָ֥ה בַשֶּׁ֖מֶן לְמִנְחָֽה׃ כַּ֥ף אַחַ֛ת
לוי עֲשָׂרָ֥ה זָהָ֖ב מְלֵאָ֥ה קְטֹֽרֶת׃ *פַּ֣ר אֶחָ֞ד בֶּן־בָּקָ֗ר אַ֧יִל אֶחָ֛ד כֶּֽבֶשׂ־אֶחָ֥ד בֶּן־
שְׁנָת֖וֹ לְעֹלָֽה׃ שְׂעִיר־עִזִּ֥ים אֶחָ֖ד לְחַטָּֽאת׃ וּלְזֶ֣בַח הַשְּׁלָמִים֮ בָּקָ֣ר שְׁנַ֒יִם֒
אֵילִ֤ם חֲמִשָּׁה֙ עַתֻּדִ֣ים חֲמִשָּׁ֔ה כְּבָשִׂ֥ים בְּנֵי־שָׁנָ֖ה חֲמִשָּׁ֑ה זֶ֛ה קָרְבַּ֥ן נְתַנְאֵ֖ל
בֶּן־צוּעָֽר׃

השלישי חוזר וקורא את כל הפרשה, מ'בַּיּוֹם הַשֵּׁנִי' ועד 'נְתַנְאֵל בֶּן־צוּעָר'.

## קריאה ליום השלישי של חנוכה

במדבר ז, כד–כט בַּיּוֹם֙ הַשְּׁלִישִׁ֔י נָשִׂ֖יא לִבְנֵ֣י זְבוּלֻ֑ן אֱלִיאָ֖ב בֶּן־חֵלֹֽן׃ קָרְבָּנ֞וֹ קַֽעֲרַת־כֶּ֣סֶף אַחַ֗ת
שְׁלֹשִׁ֣ים וּמֵאָה֮ מִשְׁקָלָהּ֒ מִזְרָ֤ק אֶחָד֙ כֶּ֔סֶף שִׁבְעִ֥ים שֶׁ֖קֶל בְּשֶׁ֣קֶל הַקֹּ֑דֶשׁ שְׁנֵיהֶ֣ם ׀
מְלֵאִ֗ים סֹ֛לֶת בְּלוּלָ֥ה בַשֶּׁ֖מֶן לְמִנְחָֽה׃ כַּ֥ף אַחַ֛ת עֲשָׂרָ֥ה זָהָ֖ב מְלֵאָ֥ה קְטֹֽרֶת׃
לוי *פַּ֣ר אֶחָ֞ד בֶּן־בָּקָ֗ר אַ֧יִל אֶחָ֛ד כֶּֽבֶשׂ־אֶחָ֥ד בֶּן־שְׁנָת֖וֹ לְעֹלָֽה׃ שְׂעִיר־עִזִּ֥ים אֶחָ֖ד
לְחַטָּֽאת׃ וּלְזֶ֣בַח הַשְּׁלָמִים֮ בָּקָ֣ר שְׁנַ֒יִם֒ אֵילִ֤ם חֲמִשָּׁה֙ עַתֻּדִ֣ים חֲמִשָּׁ֔ה כְּבָשִׂ֥ים
בְּנֵי־שָׁנָ֖ה חֲמִשָּׁ֑ה זֶ֛ה קָרְבַּ֥ן אֱלִיאָ֖ב בֶּן־חֵלֹֽן׃

השלישי חוזר וקורא את כל הפרשה, מ'בַּיּוֹם הַשְּׁלִישִׁי' ועד 'אֱלִיאָב בֶּן־חֵלֹן'.

## קריאה ליום הרביעי של חנוכה

במדבר ז, ל–לה בַּיּוֹם֙ הָֽרְבִיעִ֔י נָשִׂ֖יא לִבְנֵ֣י רְאוּבֵ֑ן אֱלִיצ֖וּר בֶּן־שְׁדֵיאֽוּר׃ קָרְבָּנ֞וֹ קַֽעֲרַת־
כֶּ֣סֶף אַחַ֗ת שְׁלֹשִׁ֣ים וּמֵאָה֮ מִשְׁקָלָהּ֒ מִזְרָ֤ק אֶחָד֙ כֶּ֔סֶף שִׁבְעִ֥ים שֶׁ֖קֶל בְּשֶׁ֣קֶל
הַקֹּ֑דֶשׁ שְׁנֵיהֶ֣ם ׀ מְלֵאִ֗ים סֹ֛לֶת בְּלוּלָ֥ה בַשֶּׁ֖מֶן לְמִנְחָֽה׃ כַּ֥ף אַחַ֛ת עֲשָׂרָ֥ה
לוי זָהָ֖ב מְלֵאָ֥ה קְטֹֽרֶת׃ *פַּ֣ר אֶחָ֞ד בֶּן־בָּקָ֗ר אַ֧יִל אֶחָ֛ד כֶּֽבֶשׂ־אֶחָ֥ד בֶּן־שְׁנָת֖וֹ
לְעֹלָֽה׃ שְׂעִיר־עִזִּ֥ים אֶחָ֖ד לְחַטָּֽאת׃ וּלְזֶ֣בַח הַשְּׁלָמִים֮ בָּקָ֣ר שְׁנַ֒יִם֒ אֵילִ֤ם
חֲמִשָּׁה֙ עַתֻּדִ֣ים חֲמִשָּׁ֔ה כְּבָשִׂ֥ים בְּנֵי־שָׁנָ֖ה חֲמִשָּׁ֑ה זֶ֛ה קָרְבַּ֥ן אֱלִיצ֖וּר בֶּן־
שְׁדֵיאֽוּר׃

השלישי חוזר וקורא את כל הפרשה, מ'בַּיּוֹם הָרְבִיעִי' ועד 'אֱלִיצוּר בֶּן־שְׁדֵיאוּר'.

## קריאה ליום החמישי של חנוכה

במדבר ז, לו–מא בַּיּוֹם֙ הַחֲמִישִׁ֔י נָשִׂ֖יא לִבְנֵ֣י שִׁמְע֑וֹן שְׁלֻמִיאֵ֖ל בֶּן־צוּרִֽישַׁדָּֽי׃ קָרְבָּנ֞וֹ קַֽעֲרַת־כֶּ֣סֶף
אַחַ֗ת שְׁלֹשִׁ֣ים וּמֵאָה֮ מִשְׁקָלָהּ֒ מִזְרָ֤ק אֶחָד֙ כֶּ֔סֶף שִׁבְעִ֥ים שֶׁ֖קֶל בְּשֶׁ֣קֶל הַקֹּ֑דֶשׁ
שְׁנֵיהֶ֣ם ׀ מְלֵאִ֗ים סֹ֛לֶת בְּלוּלָ֥ה בַשֶּׁ֖מֶן לְמִנְחָֽה׃ כַּ֥ף אַחַ֛ת עֲשָׂרָ֥ה זָהָ֖ב מְלֵאָ֥ה
לוי קְטֹֽרֶת׃ *פַּ֣ר אֶחָ֞ד בֶּן־בָּקָ֗ר אַ֧יִל אֶחָ֛ד כֶּֽבֶשׂ־אֶחָ֥ד בֶּן־שְׁנָת֖וֹ לְעֹלָֽה׃ שְׂעִיר־
עִזִּ֥ים אֶחָ֖ד לְחַטָּֽאת׃ וּלְזֶ֣בַח הַשְּׁלָמִים֮ בָּקָ֣ר שְׁנַ֒יִם֒ אֵילִ֤ם חֲמִשָּׁה֙ עַתֻּדִ֣ים חֲמִשָּׁ֔ה
כְּבָשִׂ֥ים בְּנֵי־שָׁנָ֖ה חֲמִשָּׁ֑ה זֶ֛ה קָרְבַּ֥ן שְׁלֻמִיאֵ֖ל בֶּן־צוּרִֽישַׁדָּֽי׃

השלישי חוזר וקורא את כל הפרשה, מ'בַּיּוֹם הַחֲמִישִׁי' ועד 'שְׁלֻמִיאֵל בֶּן־צוּרִישַׁדָּי'.

## קריאה ליום השישי של חנוכה

היום השישי לחנוכה הוא ראש חודש טבת. מוציאים שני ספרי תורה, שלושה עולים קוראים את הקריאה לראש חודש (עמ' 379), והרביעי קורא מהספר השני 'בַּיּוֹם הַשִּׁשִּׁי':

במדבר ז, מב–מז בַּיּוֹם֙ הַשִּׁשִּׁ֔י נָשִׂ֖יא לִבְנֵ֣י גָ֑ד אֶלְיָסָ֖ף בֶּן־דְּעוּאֵֽל׃ קָרְבָּנ֞וֹ קַֽעֲרַת־כֶּ֣סֶף אַחַ֗ת
שְׁלֹשִׁ֣ים וּמֵאָה֮ מִשְׁקָלָהּ֒ מִזְרָ֤ק אֶחָד֙ כֶּ֔סֶף שִׁבְעִ֥ים שֶׁ֖קֶל בְּשֶׁ֣קֶל הַקֹּ֑דֶשׁ שְׁנֵיהֶ֣ם ׀
מְלֵאִ֗ים סֹ֛לֶת בְּלוּלָ֥ה בַשֶּׁ֖מֶן לְמִנְחָֽה׃ כַּ֥ף אַחַ֛ת עֲשָׂרָ֥ה זָהָ֖ב מְלֵאָ֥ה קְטֹֽרֶת׃
פַּ֣ר אֶחָ֞ד בֶּן־בָּקָ֗ר אַ֧יִל אֶחָ֛ד כֶּֽבֶשׂ־אֶחָ֥ד בֶּן־שְׁנָת֖וֹ לְעֹלָֽה׃ שְׂעִיר־עִזִּ֥ים אֶחָ֖ד
לְחַטָּֽאת׃ וּלְזֶ֣בַח הַשְּׁלָמִים֮ בָּקָ֣ר שְׁנַ֒יִם֒ אֵילִ֤ם חֲמִשָּׁה֙ עַתֻּדִ֣ים חֲמִשָּׁ֔ה כְּבָשִׂ֥ים
בְּנֵי־שָׁנָ֖ה חֲמִשָּׁ֑ה זֶ֛ה קָרְבַּ֥ן אֶלְיָסָ֖ף בֶּן־דְּעוּאֵֽל׃

## קריאה ליום השביעי של חנוכה

אם היום השביעי לחנוכה הוא ראש חדש טבת, מוציאים שני ספרי תורה, שלושה עולים קוראים את הקריאה לראש חודש (עמ' 379), והרביעי קורא מהספר השני 'בַּיּוֹם הַשְּׁבִיעִי':

במדבר ז, מח–נג בַּיּוֹם֙ הַשְּׁבִיעִ֔י נָשִׂ֖יא לִבְנֵ֣י אֶפְרָ֑יִם אֱלִישָׁמָ֖ע בֶּן־עַמִּיהֽוּד׃ קָרְבָּנ֞וֹ קַֽעֲרַת־כֶּ֣סֶף
אַחַ֗ת שְׁלֹשִׁ֣ים וּמֵאָה֮ מִשְׁקָלָהּ֒ מִזְרָ֤ק אֶחָד֙ כֶּ֔סֶף שִׁבְעִ֥ים שֶׁ֖קֶל בְּשֶׁ֣קֶל הַקֹּ֑דֶשׁ
שְׁנֵיהֶ֣ם ׀ מְלֵאִ֗ים סֹ֛לֶת בְּלוּלָ֥ה בַשֶּׁ֖מֶן לְמִנְחָֽה׃ כַּ֥ף אַחַ֛ת עֲשָׂרָ֥ה זָהָ֖ב מְלֵאָ֥ה
לוי קְטֹֽרֶת׃ *פַּ֣ר אֶחָ֞ד בֶּן־בָּקָ֗ר אַ֧יִל אֶחָ֛ד כֶּֽבֶשׂ־אֶחָ֥ד בֶּן־שְׁנָת֖וֹ לְעֹלָֽה׃ שְׂעִיר־
עִזִּ֥ים אֶחָ֖ד לְחַטָּֽאת׃ וּלְזֶ֣בַח הַשְּׁלָמִים֮ בָּקָ֣ר שְׁנַ֒יִם֒ אֵילִ֤ם חֲמִשָּׁה֙ עַתֻּדִ֣ים חֲמִשָּׁ֔ה
כְּבָשִׂ֥ים בְּנֵי־שָׁנָ֖ה חֲמִשָּׁ֑ה זֶ֛ה קָרְבַּ֥ן אֱלִישָׁמָ֖ע בֶּן־עַמִּיהֽוּד׃

אם היום השביעי אינו ראש חודש, השלישי חוזר וקורא את כל הפרשה, מ'בַּיּוֹם הַשְּׁבִיעִי' ועד 'אֱלִישָׁמָע בֶּן־עַמִּיהוּד'.

## קריאה ליום השמיני של חנוכה

המנהג הנפוץ שישראל חוזר וקורא מ׳בַּיּוֹם הַשְּׁמִינִי׳ עד ׳כֵּן עָשָׂה אֶת־הַמְּנֹרָה׳,
כדי שכל העולים יקראו את פרשת קרבן היום (שו״ת חיים שאל, ק על פי ׳פרי הארץ׳ ופר״ח).
ויש נוהגים שהשלישי קורא מ׳בַּיּוֹם הַתְּשִׁיעִי׳.

בַּיּוֹם֙ הַשְּׁמִינִ֔י נָשִׂ֖יא לִבְנֵ֣י מְנַשֶּׁ֑ה גַּמְלִיאֵ֖ל בֶּן־פְּדָהצֽוּר׃ קָרְבָּנ֞וֹ קַֽעֲרַת־כֶּ֣סֶף במדבר ז,נד-ח,ד
אַחַ֗ת שְׁלֹשִׁ֣ים וּמֵאָה֮ מִשְׁקָלָהּ֒ מִזְרָ֤ק אֶחָד֙ כֶּ֔סֶף שִׁבְעִ֥ים שֶׁ֖קֶל בְּשֶׁ֣קֶל הַקֹּ֑דֶשׁ
שְׁנֵיהֶ֣ם ׀ מְלֵאִ֗ים סֹ֛לֶת בְּלוּלָ֥ה בַשֶּׁ֖מֶן לְמִנְחָֽה׃ כַּ֥ף אַחַ֛ת עֲשָׂרָ֥ה זָהָ֖ב מְלֵאָ֥ה
קְטֹֽרֶת׃ *פַּ֣ר אֶחָ֞ד בֶּן־בָּקָ֗ר אַ֧יִל אֶחָ֛ד כֶּֽבֶשׂ־אֶחָ֥ד בֶּן־שְׁנָת֖וֹ לְעֹלָֽה׃ שְׂעִיר־עִזִּ֥ים לוי
אֶחָ֖ד לְחַטָּֽאת׃ וּלְזֶ֣בַח הַשְּׁלָמִים֮ בָּקָ֣ר שְׁנַ֒יִם֒ אֵילִ֤ם חֲמִשָּׁה֙ עַתֻּדִ֣ים חֲמִשָּׁ֔ה
כְּבָשִׂ֥ים בְּנֵֽי־שָׁנָ֖ה חֲמִשָּׁ֑ה זֶ֛ה קָרְבַּ֥ן גַּמְלִיאֵ֖ל בֶּן־פְּדָהצֽוּר׃ עד כאן ללוי.
בַּיּוֹם֙ הַתְּשִׁיעִ֔י נָשִׂ֖יא לִבְנֵ֣י בִנְיָמִ֑ן אֲבִידָ֖ן בֶּן־גִּדְעֹנִֽי׃ קָרְבָּנ֞וֹ קַֽעֲרַת־כֶּ֣סֶף אַחַ֗ת
שְׁלֹשִׁ֣ים וּמֵאָה֮ מִשְׁקָלָהּ֒ מִזְרָ֤ק אֶחָד֙ כֶּ֔סֶף שִׁבְעִ֥ים שֶׁ֖קֶל בְּשֶׁ֣קֶל הַקֹּ֑דֶשׁ שְׁנֵיהֶ֣ם ׀
מְלֵאִ֗ים סֹ֛לֶת בְּלוּלָ֥ה בַשֶּׁ֖מֶן לְמִנְחָֽה׃ כַּ֥ף אַחַ֛ת עֲשָׂרָ֥ה זָהָ֖ב מְלֵאָ֥ה קְטֹֽרֶת׃
פַּ֣ר אֶחָ֞ד בֶּן־בָּקָ֗ר אַ֧יִל אֶחָ֛ד כֶּֽבֶשׂ־אֶחָ֥ד בֶּן־שְׁנָת֖וֹ לְעֹלָֽה׃ שְׂעִיר־עִזִּ֥ים אֶחָ֖ד
לְחַטָּֽאת׃ וּלְזֶ֣בַח הַשְּׁלָמִים֮ בָּקָ֣ר שְׁנַ֒יִם֒ אֵילִ֤ם חֲמִשָּׁה֙ עַתֻּדִ֣ים חֲמִשָּׁ֔ה כְּבָשִׂ֥ים
בְּנֵֽי־שָׁנָ֖ה חֲמִשָּׁ֑ה זֶ֛ה קָרְבַּ֥ן אֲבִידָ֖ן בֶּן־גִּדְעֹנִֽי׃
בַּיּוֹם֙ הָֽעֲשִׂירִ֔י נָשִׂ֖יא לִבְנֵ֣י דָ֑ן אֲחִיעֶ֖זֶר בֶּן־עַמִּישַׁדָּֽי׃ קָרְבָּנ֞וֹ קַֽעֲרַת־כֶּ֣סֶף אַחַ֗ת
שְׁלֹשִׁ֣ים וּמֵאָה֮ מִשְׁקָלָהּ֒ מִזְרָ֤ק אֶחָד֙ כֶּ֔סֶף שִׁבְעִ֥ים שֶׁ֖קֶל בְּשֶׁ֣קֶל הַקֹּ֑דֶשׁ שְׁנֵיהֶ֣ם ׀
מְלֵאִ֗ים סֹ֛לֶת בְּלוּלָ֥ה בַשֶּׁ֖מֶן לְמִנְחָֽה׃ כַּ֥ף אַחַ֛ת עֲשָׂרָ֥ה זָהָ֖ב מְלֵאָ֥ה קְטֹֽרֶת׃
פַּ֣ר אֶחָ֞ד בֶּן־בָּקָ֗ר אַ֧יִל אֶחָ֛ד כֶּֽבֶשׂ־אֶחָ֥ד בֶּן־שְׁנָת֖וֹ לְעֹלָֽה׃ שְׂעִיר־עִזִּ֥ים אֶחָ֖ד
לְחַטָּֽאת׃ וּלְזֶ֣בַח הַשְּׁלָמִים֮ בָּקָ֣ר שְׁנַ֒יִם֒ אֵילִ֤ם חֲמִשָּׁה֙ עַתֻּדִ֣ים חֲמִשָּׁ֔ה כְּבָשִׂ֥ים
בְּנֵֽי־שָׁנָ֖ה חֲמִשָּׁ֑ה זֶ֛ה קָרְבַּ֥ן אֲחִיעֶ֖זֶר בֶּן־עַמִּישַׁדָּֽי׃
בְּיוֹם֙ עַשְׁתֵּ֣י עָשָׂ֣ר י֔וֹם נָשִׂ֖יא לִבְנֵ֣י אָשֵׁ֑ר פַּגְעִיאֵ֖ל בֶּן־עָכְרָֽן׃ קָרְבָּנ֞וֹ קַֽעֲרַת־כֶּ֣סֶף
אַחַ֗ת שְׁלֹשִׁ֣ים וּמֵאָה֮ מִשְׁקָלָהּ֒ מִזְרָ֤ק אֶחָד֙ כֶּ֔סֶף שִׁבְעִ֥ים שֶׁ֖קֶל בְּשֶׁ֣קֶל הַקֹּ֑דֶשׁ
שְׁנֵיהֶ֣ם ׀ מְלֵאִ֗ים סֹ֛לֶת בְּלוּלָ֥ה בַשֶּׁ֖מֶן לְמִנְחָֽה׃ כַּ֥ף אַחַ֛ת עֲשָׂרָ֥ה זָהָ֖ב מְלֵאָ֥ה
קְטֹֽרֶת׃ פַּ֣ר אֶחָ֞ד בֶּן־בָּקָ֗ר אַ֧יִל אֶחָ֛ד כֶּֽבֶשׂ־אֶחָ֥ד בֶּן־שְׁנָת֖וֹ לְעֹלָֽה׃ שְׂעִיר־עִזִּ֥ים
אֶחָ֖ד לְחַטָּֽאת׃ וּלְזֶ֣בַח הַשְּׁלָמִים֮ בָּקָ֣ר שְׁנַ֒יִם֒ אֵילִ֤ם חֲמִשָּׁה֙ עַתֻּדִ֣ים חֲמִשָּׁ֔ה
כְּבָשִׂ֥ים בְּנֵֽי־שָׁנָ֖ה חֲמִשָּׁ֑ה זֶ֛ה קָרְבַּ֥ן פַּגְעִיאֵ֖ל בֶּן־עָכְרָֽן׃
בְּיוֹם֙ שְׁנֵ֣ים עָשָׂ֣ר י֔וֹם נָשִׂ֖יא לִבְנֵ֣י נַפְתָּלִ֑י אֲחִירַ֖ע בֶּן־עֵינָֽן׃ קָרְבָּנ֞וֹ קַֽעֲרַת־כֶּ֣סֶף
אַחַ֗ת שְׁלֹשִׁ֣ים וּמֵאָה֮ מִשְׁקָלָהּ֒ מִזְרָ֤ק אֶחָד֙ כֶּ֔סֶף שִׁבְעִ֥ים שֶׁ֖קֶל בְּשֶׁ֣קֶל הַקֹּ֑דֶשׁ
שְׁנֵיהֶ֣ם ׀ מְלֵאִ֗ים סֹ֛לֶת בְּלוּלָ֥ה בַשֶּׁ֖מֶן לְמִנְחָֽה׃ כַּ֥ף אַחַ֛ת עֲשָׂרָ֥ה זָהָ֖ב מְלֵאָ֥ה

קְטֹֽרֶת׃ פַּר אֶחָד בֶּן־בָּקָר אַיִל אֶחָד כֶּבֶשׂ־אֶחָד בֶּן־שְׁנָתוֹ לְעֹלָה׃ שְׂעִיר־עִזִּים אֶחָד לְחַטָּאת׃ וּלְזֶבַח הַשְּׁלָמִים בָּקָר שְׁנַיִם אֵילִם חֲמִשָּׁה עַתֻּדִים חֲמִשָּׁה כְּבָשִׂים בְּנֵי־שָׁנָה חֲמִשָּׁה זֶה קָרְבַּן אֲחִירַע בֶּן־עֵינָן׃

זֹאת ׀ חֲנֻכַּת הַמִּזְבֵּחַ בְּיוֹם הִמָּשַׁח אֹתוֹ מֵאֵת נְשִׂיאֵי יִשְׂרָאֵל קַעֲרֹת כֶּסֶף שְׁתֵּים עֶשְׂרֵה מִזְרְקֵי־כֶסֶף שְׁנֵים עָשָׂר כַּפּוֹת זָהָב שְׁתֵּים עֶשְׂרֵה׃ שְׁלֹשִׁים וּמֵאָה הַקְּעָרָה הָאַחַת כֶּסֶף וְשִׁבְעִים הַמִּזְרָק הָאֶחָד כֹּל כֶּסֶף הַכֵּלִים אַלְפַּיִם וְאַרְבַּע־מֵאוֹת בְּשֶׁקֶל הַקֹּדֶשׁ׃ כַּפּוֹת זָהָב שְׁתֵּים־עֶשְׂרֵה מְלֵאֹת קְטֹרֶת עֲשָׂרָה עֲשָׂרָה הַכַּף בְּשֶׁקֶל הַקֹּדֶשׁ כָּל־זְהַב הַכַּפּוֹת עֶשְׂרִים וּמֵאָה׃ כָּל־הַבָּקָר לָעֹלָה שְׁנֵים עָשָׂר פָּרִים אֵילִם שְׁנֵים־עָשָׂר כְּבָשִׂים בְּנֵי־שָׁנָה שְׁנֵים עָשָׂר וּמִנְחָתָם וּשְׂעִירֵי עִזִּים שְׁנֵים עָשָׂר לְחַטָּאת׃ וְכֹל בְּקַר ׀ זֶבַח הַשְּׁלָמִים עֶשְׂרִים וְאַרְבָּעָה פָּרִים אֵילִם שִׁשִּׁים עַתֻּדִים שִׁשִּׁים כְּבָשִׂים בְּנֵי־שָׁנָה שִׁשִּׁים זֹאת חֲנֻכַּת הַמִּזְבֵּחַ אַחֲרֵי הִמָּשַׁח אֹתוֹ׃ וּבְבֹא מֹשֶׁה אֶל־אֹהֶל מוֹעֵד לְדַבֵּר אִתּוֹ וַיִּשְׁמַע אֶת־הַקּוֹל מִדַּבֵּר אֵלָיו מֵעַל הַכַּפֹּרֶת אֲשֶׁר עַל־אֲרֹן הָעֵדֻת מִבֵּין שְׁנֵי הַכְּרֻבִים וַיְדַבֵּר אֵלָיו׃

וַיְדַבֵּר יְהוָה אֶל־מֹשֶׁה לֵּאמֹר׃ דַּבֵּר אֶל־אַהֲרֹן וְאָמַרְתָּ אֵלָיו בְּהַעֲלֹתְךָ אֶת־הַנֵּרֹת אֶל־מוּל פְּנֵי הַמְּנוֹרָה יָאִירוּ שִׁבְעַת הַנֵּרוֹת׃ וַיַּעַשׂ כֵּן אַהֲרֹן אֶל־מוּל פְּנֵי הַמְּנוֹרָה הֶעֱלָה נֵרֹתֶיהָ כַּאֲשֶׁר צִוָּה יְהוָה אֶת־מֹשֶׁה׃ וְזֶה מַעֲשֵׂה הַמְּנֹרָה מִקְשָׁה זָהָב עַד־יְרֵכָהּ עַד־פִּרְחָהּ מִקְשָׁה הִוא כַּמַּרְאֶה אֲשֶׁר הֶרְאָה יְהוָה אֶת־מֹשֶׁה כֵּן עָשָׂה אֶת־הַמְּנֹרָה׃

## קריאה לפורים

בקריאה לפורים ישנם תשעה פסוקים (ירושלמי, תענית פ״ד ה״ג; מסכת סופרים כא, ה), ונוהגים לחזור פעמים על הפסוק האחרון כדי להשלים לעשרה פסוקים (שו״ע תרצג, ד בשם הרא״ש).

שמות יז, ח–טז וַיָּבֹא עֲמָלֵק וַיִּלָּחֶם עִם־יִשְׂרָאֵל בִּרְפִידִם׃ וַיֹּאמֶר מֹשֶׁה אֶל־יְהוֹשֻׁעַ בְּחַר־לָנוּ
אֲנָשִׁים וְצֵא הִלָּחֵם בַּעֲמָלֵק מָחָר אָנֹכִי נִצָּב עַל־רֹאשׁ הַגִּבְעָה וּמַטֵּה הָאֱלֹהִים
בְּיָדִי׃ וַיַּעַשׂ יְהוֹשֻׁעַ כַּאֲשֶׁר אָמַר־לוֹ מֹשֶׁה לְהִלָּחֵם בַּעֲמָלֵק וּמֹשֶׁה אַהֲרֹן וְחוּר
לוי עָלוּ רֹאשׁ הַגִּבְעָה׃ *וְהָיָה כַּאֲשֶׁר יָרִים מֹשֶׁה יָדוֹ וְגָבַר יִשְׂרָאֵל וְכַאֲשֶׁר יָנִיחַ
יָדוֹ וְגָבַר עֲמָלֵק׃ וִידֵי מֹשֶׁה כְּבֵדִים וַיִּקְחוּ־אֶבֶן וַיָּשִׂימוּ תַחְתָּיו וַיֵּשֶׁב עָלֶיהָ
וְאַהֲרֹן וְחוּר תָּמְכוּ בְיָדָיו מִזֶּה אֶחָד וּמִזֶּה אֶחָד וַיְהִי יָדָיו אֱמוּנָה עַד־בֹּא
הַשָּׁמֶשׁ׃ וַיַּחֲלֹשׁ יְהוֹשֻׁעַ אֶת־עֲמָלֵק וְאֶת־עַמּוֹ לְפִי־חָרֶב׃

ישראל וַיֹּאמֶר יְהוָה אֶל־מֹשֶׁה כְּתֹב זֹאת זִכָּרוֹן בַּסֵּפֶר וְשִׂים בְּאָזְנֵי יְהוֹשֻׁעַ כִּי־מָחֹה
אֶמְחֶה אֶת־זֵכֶר עֲמָלֵק מִתַּחַת הַשָּׁמָיִם: וַיִּבֶן מֹשֶׁה מִזְבֵּחַ וַיִּקְרָא שְׁמוֹ יְהוָה ׀
נִסִּי: *וַיֹּאמֶר כִּי־יָד עַל־כֵּס יָהּ מִלְחָמָה לַיהוָה בַּעֲמָלֵק מִדֹּר דֹּר:

## קריאה לתענית ציבור

קוראים פרשה זו בתענית ציבור בשחרית ובמנחה, ובמנחה לתשעה באב.
במנחה בתשעה באב השלישי קורא גם את ההפטרה בעמ׳ 725,
ובקצת קהילות נוהגים להפטיר בכל תענית ציבור (בעמוד הבא).

שמות לב, יא–יד וַיְחַל מֹשֶׁה אֶת־פְּנֵי יְהוָה אֱלֹהָיו וַיֹּאמֶר לָמָה יְהוָה יֶחֱרֶה אַפְּךָ בְּעַמֶּךָ אֲשֶׁר
הוֹצֵאתָ מֵאֶרֶץ מִצְרַיִם בְּכֹחַ גָּדוֹל וּבְיָד חֲזָקָה: לָמָּה יֹאמְרוּ מִצְרַיִם לֵאמֹר
בְּרָעָה הוֹצִיאָם לַהֲרֹג אֹתָם בֶּהָרִים וּלְכַלֹּתָם מֵעַל פְּנֵי הָאֲדָמָה שׁוּב מֵחֲרוֹן
אַפֶּךָ וְהִנָּחֵם עַל־הָרָעָה לְעַמֶּךָ: זְכֹר לְאַבְרָהָם לְיִצְחָק וּלְיִשְׂרָאֵל עֲבָדֶיךָ
אֲשֶׁר נִשְׁבַּעְתָּ לָהֶם בָּךְ וַתְּדַבֵּר אֲלֵהֶם אַרְבֶּה אֶת־זַרְעֲכֶם כְּכוֹכְבֵי הַשָּׁמָיִם
וְכָל־הָאָרֶץ הַזֹּאת אֲשֶׁר אָמַרְתִּי אֶתֵּן לְזַרְעֲכֶם וְנָחֲלוּ לְעֹלָם: וַיִּנָּחֶם יְהוָה
עַל־הָרָעָה אֲשֶׁר דִּבֶּר לַעֲשׂוֹת לְעַמּוֹ:

שמות לד, א–י
לוי וַיֹּאמֶר יְהוָה אֶל־מֹשֶׁה פְּסָל־לְךָ שְׁנֵי־לֻחֹת אֲבָנִים כָּרִאשֹׁנִים וְכָתַבְתִּי עַל־
הַלֻּחֹת אֶת־הַדְּבָרִים אֲשֶׁר הָיוּ עַל־הַלֻּחֹת הָרִאשֹׁנִים אֲשֶׁר שִׁבַּרְתָּ: וֶהְיֵה נָכוֹן
לַבֹּקֶר וְעָלִיתָ בַבֹּקֶר אֶל־הַר סִינַי וְנִצַּבְתָּ לִי שָׁם עַל־רֹאשׁ הָהָר: וְאִישׁ לֹא־
יַעֲלֶה עִמָּךְ וְגַם־אִישׁ אַל־יֵרָא בְּכָל־הָהָר גַּם־הַצֹּאן וְהַבָּקָר אַל־יִרְעוּ אֶל־מוּל
ישראל הָהָר הַהוּא: *וַיִּפְסֹל שְׁנֵי־לֻחֹת אֲבָנִים כָּרִאשֹׁנִים וַיַּשְׁכֵּם מֹשֶׁה בַבֹּקֶר וַיַּעַל
אֶל־הַר סִינַי כַּאֲשֶׁר צִוָּה יְהוָה אֹתוֹ וַיִּקַּח בְּיָדוֹ שְׁנֵי לֻחֹת אֲבָנִים: וַיֵּרֶד יְהוָה
בֶּעָנָן וַיִּתְיַצֵּב עִמּוֹ שָׁם וַיִּקְרָא בְשֵׁם יְהוָה: וַיַּעֲבֹר יְהוָה ׀ עַל־פָּנָיו וַיִּקְרָא יְהוָה ׀
יְהוָה אֵל רַחוּם וְחַנּוּן אֶרֶךְ אַפַּיִם וְרַב־חֶסֶד וֶאֱמֶת: נֹצֵר חֶסֶד לָאֲלָפִים נֹשֵׂא
עָוֺן וָפֶשַׁע וְחַטָּאָה וְנַקֵּה לֹא יְנַקֶּה פֹּקֵד ׀ עֲוֺן אָבוֹת עַל־בָּנִים וְעַל־בְּנֵי בָנִים
עַל־שִׁלֵּשִׁים וְעַל־רִבֵּעִים: וַיְמַהֵר מֹשֶׁה וַיִּקֹּד אַרְצָה וַיִּשְׁתָּחוּ: וַיֹּאמֶר אִם־נָא
מָצָאתִי חֵן בְּעֵינֶיךָ אֲדֹנָי יֵלֶךְ־נָא אֲדֹנָי בְּקִרְבֵּנוּ כִּי עַם־קְשֵׁה־עֹרֶף הוּא וְסָלַחְתָּ
לַעֲוֺנֵנוּ וּלְחַטָּאתֵנוּ וּנְחַלְתָּנוּ: וַיֹּאמֶר הִנֵּה אָנֹכִי כֹּרֵת בְּרִית נֶגֶד כָּל־עַמְּךָ
אֶעֱשֶׂה נִפְלָאֹת אֲשֶׁר לֹא־נִבְרְאוּ בְכָל־הָאָרֶץ וּבְכָל־הַגּוֹיִם וְרָאָה כָל־הָעָם
אֲשֶׁר־אַתָּה בְקִרְבּוֹ אֶת־מַעֲשֵׂה יְהוָה כִּי־נוֹרָא הוּא אֲשֶׁר אֲנִי עֹשֶׂה עִמָּךְ:

בתפילת מנחה אין אומרים קדיש לאחר הקריאה.

# הפטרה לתענית ציבור

ברוב קהילות הספרדים נוהגים כשיטת הרמב״ם שאין מפטירים בתעניות ציבור, ובקצת קהילות נוהגים להפטיר במנחה של תענית ציבור (ראה הלכה 594).
יש המפטירים הפטרה זו בארבע התעניות, ויש המפטירים בה רק בצום גדליה ובשאר תעניות מפטירים כבמנחה של תשעה באב (עמ׳ 725).

ברכת ההפטרה בעמ׳ 302.

ישעיה נה,ו–נו,ח דִּרְשׁוּ יְהוָה בְּהִמָּצְאוֹ קְרָאֻהוּ בִּהְיוֹתוֹ קָרוֹב: יַעֲזֹב רָשָׁע דַּרְכּוֹ וְאִישׁ אָוֶן מַחְשְׁבֹתָיו וְיָשֹׁב אֶל־יְהוָה וִירַחֲמֵהוּ וְאֶל־אֱלֹהֵינוּ כִּי־יַרְבֶּה לִסְלוֹחַ: כִּי לֹא מַחְשְׁבוֹתַי מַחְשְׁבוֹתֵיכֶם וְלֹא דַרְכֵיכֶם דְּרָכָי נְאֻם יְהוָה: כִּי־גָבְהוּ שָׁמַיִם מֵאָרֶץ כֵּן גָּבְהוּ דְרָכַי מִדַּרְכֵיכֶם וּמַחְשְׁבֹתַי מִמַּחְשְׁבֹתֵיכֶם: כִּי כַּאֲשֶׁר יֵרֵד הַגֶּשֶׁם וְהַשֶּׁלֶג מִן־הַשָּׁמַיִם וְשָׁמָּה לֹא יָשׁוּב כִּי אִם־הִרְוָה אֶת־הָאָרֶץ וְהוֹלִידָהּ וְהִצְמִיחָהּ וְנָתַן זֶרַע לַזֹּרֵעַ וְלֶחֶם לָאֹכֵל: כֵּן יִהְיֶה דְבָרִי אֲשֶׁר יֵצֵא מִפִּי לֹא־יָשׁוּב אֵלַי רֵיקָם כִּי אִם־עָשָׂה אֶת־אֲשֶׁר חָפַצְתִּי וְהִצְלִיחַ אֲשֶׁר שְׁלַחְתִּיו: כִּי־בְשִׂמְחָה תֵצֵאוּ וּבְשָׁלוֹם תּוּבָלוּן הֶהָרִים וְהַגְּבָעוֹת יִפְצְחוּ לִפְנֵיכֶם רִנָּה וְכָל־עֲצֵי הַשָּׂדֶה יִמְחֲאוּ־כָף: תַּחַת הַנַּעֲצוּץ יַעֲלֶה בְרוֹשׁ תַּחַת הַסִּרְפַּד יַעֲלֶה הֲדַס וְהָיָה לַיהוָה לְשֵׁם לְאוֹת עוֹלָם לֹא יִכָּרֵת: וְתַחַת

כֹּה אָמַר יְהוָה שִׁמְרוּ מִשְׁפָּט וַעֲשׂוּ צְדָקָה כִּי־קְרוֹבָה יְשׁוּעָתִי לָבוֹא וְצִדְקָתִי לְהִגָּלוֹת: אַשְׁרֵי אֱנוֹשׁ יַעֲשֶׂה־זֹּאת וּבֶן־אָדָם יַחֲזִיק בָּהּ שֹׁמֵר שַׁבָּת מֵחַלְּלוֹ וְשֹׁמֵר יָדוֹ מֵעֲשׂוֹת כָּל־רָע: וְאַל־יֹאמַר בֶּן־הַנֵּכָר הַנִּלְוָה אֶל־יְהוָה לֵאמֹר הַבְדֵּל יַבְדִּילַנִי יְהוָה מֵעַל עַמּוֹ וְאַל־יֹאמַר הַסָּרִיס הֵן אֲנִי עֵץ יָבֵשׁ:

כִּי־כֹה ׀ אָמַר יְהוָה לַסָּרִיסִים אֲשֶׁר יִשְׁמְרוּ אֶת־שַׁבְּתוֹתַי וּבָחֲרוּ בַּאֲשֶׁר חָפָצְתִּי וּמַחֲזִיקִים בִּבְרִיתִי: וְנָתַתִּי לָהֶם בְּבֵיתִי וּבְחוֹמֹתַי יָד וָשֵׁם טוֹב מִבָּנִים וּמִבָּנוֹת שֵׁם עוֹלָם אֶתֶּן־לוֹ אֲשֶׁר לֹא יִכָּרֵת:

וּבְנֵי הַנֵּכָר הַנִּלְוִים עַל־יְהוָה לְשָׁרְתוֹ וּלְאַהֲבָה אֶת־שֵׁם יְהוָה לִהְיוֹת לוֹ לַעֲבָדִים כָּל־שֹׁמֵר שַׁבָּת מֵחַלְּלוֹ וּמַחֲזִיקִים בִּבְרִיתִי: וַהֲבִיאוֹתִים אֶל־הַר קָדְשִׁי וְשִׂמַּחְתִּים בְּבֵית תְּפִלָּתִי עוֹלֹתֵיהֶם וְזִבְחֵיהֶם לְרָצוֹן עַל־מִזְבְּחִי כִּי בֵיתִי בֵּית־תְּפִלָּה יִקָּרֵא לְכָל־הָעַמִּים: נְאֻם אֲדֹנָי יְהוִה מְקַבֵּץ נִדְחֵי יִשְׂרָאֵל עוֹד אֲקַבֵּץ עָלָיו לְנִקְבָּצָיו:

אחרי ההפטרה מברך את שלוש הברכות שלאחר קריאת ההפטרה עד ׳מָגֵן דָּוִד׳ (בעמ׳ 302).

## קריאה לשחרית של תשעה באב

בשחרית קוראים ׳כִּי־תוֹלִיד׳. השלישי קורא גם את ההפטרה שבעמוד הבא.
במנחה קוראים כבשאר תעניות ציבור בעמ׳ 721.

דברים ד,כה-מ כִּי־תוֹלִיד בָּנִים וּבְנֵי בָנִים וְנוֹשַׁנְתֶּם בָּאָרֶץ וְהִשְׁחַתֶּם וַעֲשִׂיתֶם פֶּסֶל תְּמוּנַת
כֹּל וַעֲשִׂיתֶם הָרַע בְּעֵינֵי־יְהוָה אֱלֹהֶיךָ לְהַכְעִיסוֹ: הַעִידֹתִי בָכֶם הַיּוֹם אֶת־
הַשָּׁמַיִם וְאֶת־הָאָרֶץ כִּי־אָבֹד תֹּאבֵדוּן מַהֵר מֵעַל הָאָרֶץ אֲשֶׁר אַתֶּם עֹבְרִים
אֶת־הַיַּרְדֵּן שָׁמָּה לְרִשְׁתָּהּ לֹא־תַאֲרִיכֻן יָמִים עָלֶיהָ כִּי הִשָּׁמֵד תִּשָּׁמֵדוּן: וְהֵפִיץ
יְהוָה אֶתְכֶם בָּעַמִּים וְנִשְׁאַרְתֶּם מְתֵי מִסְפָּר בַּגּוֹיִם אֲשֶׁר יְנַהֵג יְהוָה אֶתְכֶם
שָׁמָּה: וַעֲבַדְתֶּם־שָׁם אֱלֹהִים מַעֲשֵׂה יְדֵי אָדָם עֵץ וָאֶבֶן אֲשֶׁר לֹא־יִרְאוּן וְלֹא
יִשְׁמְעוּן וְלֹא יֹאכְלוּן וְלֹא יְרִיחֻן: וּבִקַּשְׁתֶּם מִשָּׁם אֶת־יְהוָה אֱלֹהֶיךָ וּמָצָאתָ
לוי כִּי תִדְרְשֶׁנּוּ בְּכָל־לְבָבְךָ וּבְכָל־נַפְשֶׁךָ: *בַּצַּר לְךָ וּמְצָאוּךָ כֹּל הַדְּבָרִים הָאֵלֶּה
בְּאַחֲרִית הַיָּמִים וְשַׁבְתָּ עַד־יְהוָה אֱלֹהֶיךָ וְשָׁמַעְתָּ בְּקֹלוֹ: כִּי אֵל רַחוּם יְהוָה
אֱלֹהֶיךָ לֹא יַרְפְּךָ וְלֹא יַשְׁחִיתֶךָ וְלֹא יִשְׁכַּח אֶת־בְּרִית אֲבֹתֶיךָ אֲשֶׁר נִשְׁבַּע
לָהֶם: כִּי שְׁאַל־נָא לְיָמִים רִאשֹׁנִים אֲשֶׁר־הָיוּ לְפָנֶיךָ לְמִן־הַיּוֹם אֲשֶׁר בָּרָא
אֱלֹהִים ׀ אָדָם עַל־הָאָרֶץ וּלְמִקְצֵה הַשָּׁמַיִם וְעַד־קְצֵה הַשָּׁמָיִם הֲנִהְיָה כַּדָּבָר
הַגָּדוֹל הַזֶּה אוֹ הֲנִשְׁמַע כָּמֹהוּ: הֲשָׁמַע עָם קוֹל אֱלֹהִים מְדַבֵּר מִתּוֹךְ־הָאֵשׁ
כַּאֲשֶׁר־שָׁמַעְתָּ אַתָּה וַיֶּחִי: אוֹ ׀ הֲנִסָּה אֱלֹהִים לָבוֹא לָקַחַת לוֹ גוֹי מִקֶּרֶב גּוֹי
בְּמַסֹּת בְּאֹתֹת וּבְמוֹפְתִים וּבְמִלְחָמָה וּבְיָד חֲזָקָה וּבִזְרוֹעַ נְטוּיָה וּבְמוֹרָאִים
גְּדֹלִים כְּכֹל אֲשֶׁר־עָשָׂה לָכֶם יְהוָה אֱלֹהֵיכֶם בְּמִצְרַיִם לְעֵינֶיךָ: אַתָּה הָרְאֵתָ
ישראל לָדַעַת כִּי יְהוָה הוּא הָאֱלֹהִים אֵין עוֹד מִלְּבַדּוֹ: *מִן־הַשָּׁמַיִם הִשְׁמִיעֲךָ אֶת־
קֹלוֹ לְיַסְּרֶךָּ וְעַל־הָאָרֶץ הֶרְאֲךָ אֶת־אִשּׁוֹ הַגְּדוֹלָה וּדְבָרָיו שָׁמַעְתָּ מִתּוֹךְ
הָאֵשׁ: וְתַחַת כִּי אָהַב אֶת־אֲבֹתֶיךָ וַיִּבְחַר בְּזַרְעוֹ אַחֲרָיו וַיּוֹצִאֲךָ בְּפָנָיו בְּכֹחוֹ
הַגָּדֹל מִמִּצְרָיִם: לְהוֹרִישׁ גּוֹיִם גְּדֹלִים וַעֲצֻמִים מִמְּךָ מִפָּנֶיךָ לַהֲבִיאֲךָ לָתֶת־לְךָ
אֶת־אַרְצָם נַחֲלָה כַּיּוֹם הַזֶּה: וְיָדַעְתָּ הַיּוֹם וַהֲשֵׁבֹתָ אֶל־לְבָבֶךָ כִּי יְהוָה הוּא
הָאֱלֹהִים בַּשָּׁמַיִם מִמַּעַל וְעַל־הָאָרֶץ מִתָּחַת אֵין עוֹד: וְשָׁמַרְתָּ אֶת־חֻקָּיו וְאֶת־
מִצְוֹתָיו אֲשֶׁר אָנֹכִי מְצַוְּךָ הַיּוֹם אֲשֶׁר יִיטַב לְךָ וּלְבָנֶיךָ אַחֲרֶיךָ וּלְמַעַן תַּאֲרִיךְ
יָמִים עַל־הָאֲדָמָה אֲשֶׁר יְהוָה אֱלֹהֶיךָ נֹתֵן לְךָ כָּל־הַיָּמִים:

# הפטרה לשחרית של תשעה באב

מברך את הברכה על קריאת ההפטרה (עמ׳ 302), וקוראים את ההפטרה.

ירמיה ח,יג–ט,כג אָסֹף אֲסִיפֵם נְאֻם־יְהוָה אֵין עֲנָבִים בַּגֶּפֶן וְאֵין תְּאֵנִים בַּתְּאֵנָה וְהֶעָלֶה נָבֵל
וָאֶתֵּן לָהֶם יַעַבְרוּם: עַל־מָה אֲנַחְנוּ יֹשְׁבִים הֵאָסְפוּ וְנָבוֹא אֶל־עָרֵי הַמִּבְצָר
וְנִדְּמָה־שָּׁם כִּי יְהוָה אֱלֹהֵינוּ הֲדִמָּנוּ וַיַּשְׁקֵנוּ מֵי־רֹאשׁ כִּי חָטָאנוּ לַיהוָה: קַוֵּה
לְשָׁלוֹם וְאֵין טוֹב לְעֵת מַרְפֵּה וְהִנֵּה בְעָתָה: מִדָּן נִשְׁמַע נַחְרַת סוּסָיו מִקּוֹל
מִצְהֲלוֹת אַבִּירָיו רָעֲשָׁה כָּל־הָאָרֶץ וַיָּבוֹאוּ וַיֹּאכְלוּ אֶרֶץ וּמְלוֹאָהּ עִיר וְיֹשְׁבֵי
בָהּ: כִּי הִנְנִי מְשַׁלֵּחַ בָּכֶם נְחָשִׁים צִפְעֹנִים אֲשֶׁר אֵין־לָהֶם לָחַשׁ וְנִשְּׁכוּ אֶתְכֶם
נְאֻם־יְהוָה: מַבְלִיגִיתִי עֲלֵי יָגוֹן עָלַי לִבִּי דַוָּי: הִנֵּה־קוֹל שַׁוְעַת
בַּת־עַמִּי מֵאֶרֶץ מַרְחַקִּים הַיהוָה אֵין בְּצִיּוֹן אִם־מַלְכָּהּ אֵין בָּהּ מַדּוּעַ הִכְעִסוּנִי
בִּפְסִלֵיהֶם בְּהַבְלֵי נֵכָר: עָבַר קָצִיר כָּלָה קָיִץ וַאֲנַחְנוּ לוֹא נוֹשָׁעְנוּ: עַל־שֶׁבֶר
בַּת־עַמִּי הָשְׁבָּרְתִּי קָדַרְתִּי שַׁמָּה הֶחֱזִקָתְנִי: הַצֳּרִי אֵין בְּגִלְעָד אִם־רֹפֵא אֵין
שָׁם כִּי מַדּוּעַ לֹא עָלְתָה אֲרֻכַת בַּת־עַמִּי: מִי־יִתֵּן רֹאשִׁי מַיִם וְעֵינִי
מְקוֹר דִּמְעָה וְאֶבְכֶּה יוֹמָם וָלַיְלָה אֵת חַלְלֵי בַת־עַמִּי: מִי־יִתְּנֵנִי בַמִּדְבָּר מְלוֹן
אֹרְחִים וְאֶעֶזְבָה אֶת־עַמִּי וְאֵלְכָה מֵאִתָּם כִּי כֻלָּם מְנָאֲפִים עֲצֶרֶת בֹּגְדִים:
וַיַּדְרְכוּ אֶת־לְשׁוֹנָם קַשְׁתָּם שֶׁקֶר וְלֹא לֶאֱמוּנָה גָּבְרוּ בָאָרֶץ כִּי מֵרָעָה אֶל־
רָעָה ׀ יָצָאוּ וְאֹתִי לֹא־יָדָעוּ נְאֻם־יְהוָה: אִישׁ מֵרֵעֵהוּ הִשָּׁמֵרוּ וְעַל־כָּל־אָח
אַל־תִּבְטָחוּ כִּי כָל־אָח עָקוֹב יַעְקֹב וְכָל־רֵעַ רָכִיל יַהֲלֹךְ: וְאִישׁ בְּרֵעֵהוּ יְהָתֵלּוּ
וֶאֱמֶת לֹא יְדַבֵּרוּ לִמְּדוּ לְשׁוֹנָם דַּבֶּר־שֶׁקֶר הַעֲוֵה נִלְאוּ: שִׁבְתְּךָ בְּתוֹךְ מִרְמָה
בְּמִרְמָה מֵאֲנוּ דַעַת־אוֹתִי נְאֻם־יְהוָה: לָכֵן כֹּה אָמַר יְהוָה צְבָאוֹת
שָׁחוּט הִנְנִי צוֹרְפָם וּבְחַנְתִּים כִּי־אֵיךְ אֶעֱשֶׂה מִפְּנֵי בַּת־עַמִּי: חֵץ שׁוחט לְשׁוֹנָם מִרְמָה
דִבֵּר בְּפִיו שָׁלוֹם אֶת־רֵעֵהוּ יְדַבֵּר וּבְקִרְבּוֹ יָשִׂים אָרְבּוֹ: הַעַל־אֵלֶּה לֹא־אֶפְקָד־
בָּם נְאֻם־יְהוָה אִם בְּגוֹי אֲשֶׁר־כָּזֶה לֹא תִתְנַקֵּם נַפְשִׁי: עַל־הֶהָרִים
אֶשָּׂא בְכִי וָנֶהִי וְעַל־נְאוֹת מִדְבָּר קִינָה כִּי נִצְּתוּ מִבְּלִי־אִישׁ עֹבֵר וְלֹא שָׁמְעוּ
קוֹל מִקְנֶה מֵעוֹף הַשָּׁמַיִם וְעַד־בְּהֵמָה נָדְדוּ הָלָכוּ: וְנָתַתִּי אֶת־יְרוּשָׁלִַם
לְגַלִּים מְעוֹן תַּנִּים וְאֶת־עָרֵי יְהוּדָה אֶתֵּן שְׁמָמָה מִבְּלִי יוֹשֵׁב: מִי־
הָאִישׁ הֶחָכָם וְיָבֵן אֶת־זֹאת וַאֲשֶׁר דִּבֶּר פִּי־יְהוָה אֵלָיו וְיַגִּדָהּ עַל־מָה
אָבְדָה הָאָרֶץ נִצְּתָה כַמִּדְבָּר מִבְּלִי עֹבֵר: וַיֹּאמֶר יְהוָה עַל־עָזְבָם
אֶת־תּוֹרָתִי אֲשֶׁר נָתַתִּי לִפְנֵיהֶם וְלֹא־שָׁמְעוּ בְקוֹלִי וְלֹא־הָלְכוּ בָהּ: וַיֵּלְכוּ

אַחֲרֵי שְׁרִרוּת לִבָּם וְאַחֲרֵי הַבְּעָלִים אֲשֶׁר לִמְּדוּם אֲבוֹתָם: לָכֵן כֹּה־אָמַר יהוה צְבָאוֹת אֱלֹהֵי יִשְׂרָאֵל הִנְנִי מַאֲכִילָם אֶת־הָעָם הַזֶּה לַעֲנָה וְהִשְׁקִיתִים מֵי־רֹאשׁ: וַהֲפִצוֹתִים בַּגּוֹיִם אֲשֶׁר לֹא יָדְעוּ הֵמָּה וַאֲבוֹתָם וְשִׁלַּחְתִּי אַחֲרֵיהֶם אֶת־הַחֶרֶב עַד כַּלּוֹתִי אוֹתָם: כֹּה אָמַר יהוה צְבָאוֹת הִתְבּוֹנְנוּ וְקִרְאוּ לַמְקוֹנְנוֹת וּתְבוֹאֶינָה וְאֶל־הַחֲכָמוֹת שִׁלְחוּ וְתָבוֹאנָה: וּתְמַהֵרְנָה וְתִשֶּׂנָה עָלֵינוּ נֶהִי וְתֵרַדְנָה עֵינֵינוּ דִּמְעָה וְעַפְעַפֵּינוּ יִזְּלוּ־מָיִם: כִּי קוֹל נְהִי נִשְׁמַע מִצִּיּוֹן אֵיךְ שֻׁדָּדְנוּ בֹּשְׁנוּ מְאֹד כִּי־עָזַבְנוּ אָרֶץ כִּי הִשְׁלִיכוּ מִשְׁכְּנוֹתֵינוּ: כִּי־שְׁמַעְנָה נָשִׁים דְּבַר־יהוה וְתִקַּח אָזְנְכֶם דְּבַר־פִּיו וְלַמֵּדְנָה בְנוֹתֵיכֶם נֶהִי וְאִשָּׁה רְעוּתָהּ קִינָה: כִּי־עָלָה מָוֶת בְּחַלּוֹנֵינוּ בָּא בְּאַרְמְנוֹתֵינוּ לְהַכְרִית עוֹלָל מִחוּץ בַּחוּרִים מֵרְחֹבוֹת: דַּבֵּר כֹּה נְאֻם־יהוה וְנָפְלָה נִבְלַת הָאָדָם כְּדֹמֶן עַל־פְּנֵי הַשָּׂדֶה וּכְעָמִיר מֵאַחֲרֵי הַקֹּצֵר וְאֵין מְאַסֵּף: כֹּה ׀ אָמַר יהוה אַל־יִתְהַלֵּל חָכָם בְּחָכְמָתוֹ וְאַל־יִתְהַלֵּל הַגִּבּוֹר בִּגְבוּרָתוֹ אַל־יִתְהַלֵּל עָשִׁיר בְּעָשְׁרוֹ: כִּי אִם־בְּזֹאת יִתְהַלֵּל הַמִּתְהַלֵּל הַשְׂכֵּל וְיָדֹעַ אוֹתִי כִּי אֲנִי יהוה עֹשֶׂה חֶסֶד מִשְׁפָּט וּצְדָקָה בָּאָרֶץ כִּי־בְאֵלֶּה חָפַצְתִּי נְאֻם־יהוה:

אחרי ההפטרה מברך את שלוש הברכות הראשונות שלאחר קריאת ההפטרה עד ׳מָגֵן דָּוִד׳ בעמ׳ 302.

## הפטרה למנחה של תשעה באב

מברך את הברכה על קריאת ההפטרה בעמ׳ 302, וקוראים את ההפטרה.

הושע יד, ב-י שׁוּבָה יִשְׂרָאֵל עַד יהוה אֱלֹהֶיךָ כִּי כָשַׁלְתָּ בַּעֲוֺנֶךָ: קְחוּ עִמָּכֶם דְּבָרִים וְשׁוּבוּ אֶל־יהוה אִמְרוּ אֵלָיו כָּל־תִּשָּׂא עָוֺן וְקַח־טוֹב וּנְשַׁלְּמָה פָרִים שְׂפָתֵינוּ: אַשּׁוּר ׀ לֹא יוֹשִׁיעֵנוּ עַל־סוּס לֹא נִרְכָּב וְלֹא־נֹאמַר עוֹד אֱלֹהֵינוּ לְמַעֲשֵׂה יָדֵינוּ אֲשֶׁר־בְּךָ יְרֻחַם יָתוֹם: אֶרְפָּא מְשׁוּבָתָם אֹהֲבֵם נְדָבָה כִּי שָׁב אַפִּי מִמֶּנּוּ: אֶהְיֶה כַטַּל לְיִשְׂרָאֵל יִפְרַח כַּשּׁוֹשַׁנָּה וְיַךְ שָׁרָשָׁיו כַּלְּבָנוֹן: יֵלְכוּ יֹנְקוֹתָיו וִיהִי כַזַּיִת הוֹדוֹ וְרֵיחַ לוֹ כַּלְּבָנוֹן: יָשֻׁבוּ יֹשְׁבֵי בְצִלּוֹ יְחַיּוּ דָגָן וְיִפְרְחוּ כַגָּפֶן זִכְרוֹ כְּיֵין לְבָנוֹן: אֶפְרַיִם מַה־לִּי עוֹד לָעֲצַבִּים אֲנִי עָנִיתִי וַאֲשׁוּרֶנּוּ אֲנִי כִּבְרוֹשׁ רַעֲנָן מִמֶּנִּי פֶּרְיְךָ נִמְצָא: מִי חָכָם וְיָבֵן אֵלֶּה נָבוֹן וְיֵדָעֵם כִּי־יְשָׁרִים דַּרְכֵי יהוה וְצַדִּקִים יֵלְכוּ בָם וּפֹשְׁעִים יִכָּשְׁלוּ בָם:

אחרי ההפטרה מברך את שלוש הברכות הראשונות שלאחר קריאת ההפטרה עד ׳מָגֵן דָּוִד׳ (עמ׳ 302).

# קריאת התורה לשלוש רגלים:
# פסח, שבועות וסוכות

## קריאה ליום טוב ראשון של פסח

אם חל בשבת מתחילים מכאן

שמות יב, יד–נא וְהָיָה הַיּוֹם הַזֶּה לָכֶם לְזִכָּרוֹן וְחַגֹּתֶם אֹתוֹ חַג לַיהוָה לְדֹרֹתֵיכֶם חֻקַּת עוֹלָם
תְּחָגֻּהוּ: שִׁבְעַת יָמִים מַצּוֹת תֹּאכֵלוּ אַךְ בַּיּוֹם הָרִאשׁוֹן תַּשְׁבִּיתוּ שְּׂאֹר מִבָּתֵּיכֶם
כִּי | כָּל־אֹכֵל חָמֵץ וְנִכְרְתָה הַנֶּפֶשׁ הַהִוא מִיִּשְׂרָאֵל מִיּוֹם הָרִאשֹׁן עַד־יוֹם
הַשְּׁבִעִי: וּבַיּוֹם הָרִאשׁוֹן מִקְרָא־קֹדֶשׁ וּבַיּוֹם הַשְּׁבִיעִי מִקְרָא־קֹדֶשׁ יִהְיֶה לָכֶם
כָּל־מְלָאכָה לֹא־יֵעָשֶׂה בָהֶם אַךְ אֲשֶׁר יֵאָכֵל לְכָל־נֶפֶשׁ הוּא לְבַדּוֹ יֵעָשֶׂה לָכֶם:
וּשְׁמַרְתֶּם אֶת־הַמַּצּוֹת כִּי בְּעֶצֶם הַיּוֹם הַזֶּה הוֹצֵאתִי אֶת־צִבְאוֹתֵיכֶם מֵאֶרֶץ
מִצְרָיִם וּשְׁמַרְתֶּם אֶת־הַיּוֹם הַזֶּה לְדֹרֹתֵיכֶם חֻקַּת עוֹלָם: בָּרִאשֹׁן בְּאַרְבָּעָה
עָשָׂר יוֹם לַחֹדֶשׁ בָּעֶרֶב תֹּאכְלוּ מַצֹּת עַד יוֹם הָאֶחָד וְעֶשְׂרִים לַחֹדֶשׁ בָּעָרֶב:
שִׁבְעַת יָמִים שְׂאֹר לֹא יִמָּצֵא בְּבָתֵּיכֶם כִּי | כָּל־אֹכֵל מַחְמֶצֶת וְנִכְרְתָה הַנֶּפֶשׁ
הַהִוא מֵעֲדַת יִשְׂרָאֵל בַּגֵּר וּבְאֶזְרַח הָאָרֶץ: כָּל־מַחְמֶצֶת לֹא תֹאכֵלוּ בְּכֹל
מוֹשְׁבֹתֵיכֶם תֹּאכְלוּ מַצּוֹת: עד כאן מוסיפים כשחל בשבת.

וַיִּקְרָא מֹשֶׁה לְכָל־זִקְנֵי יִשְׂרָאֵל וַיֹּאמֶר אֲלֵהֶם מִשְׁכוּ וּקְחוּ לָכֶם צֹאן
לְמִשְׁפְּחֹתֵיכֶם וְשַׁחֲטוּ הַפָּסַח: וּלְקַחְתֶּם אֲגֻדַּת אֵזוֹב וּטְבַלְתֶּם בַּדָּם אֲשֶׁר־בַּסַּף
וְהִגַּעְתֶּם אֶל־הַמַּשְׁקוֹף וְאֶל־שְׁתֵּי הַמְּזוּזֹת מִן־הַדָּם אֲשֶׁר בַּסָּף וְאַתֶּם לֹא תֵצְאוּ
אִישׁ מִפֶּתַח־בֵּיתוֹ עַד־בֹּקֶר: וְעָבַר יְהוָה לִנְגֹּף אֶת־מִצְרַיִם וְרָאָה אֶת־הַדָּם
עַל־הַמַּשְׁקוֹף וְעַל שְׁתֵּי הַמְּזוּזֹת וּפָסַח יְהוָה עַל־הַפֶּתַח וְלֹא יִתֵּן הַמַּשְׁחִית
לָבֹא אֶל־בָּתֵּיכֶם לִנְגֹּף: וּשְׁמַרְתֶּם אֶת־הַדָּבָר הַזֶּה לְחָק־לְךָ וּלְבָנֶיךָ עַד־עוֹלָם:
לוי *וְהָיָה כִּי־תָבֹאוּ אֶל־הָאָרֶץ אֲשֶׁר יִתֵּן יְהוָה לָכֶם כַּאֲשֶׁר דִּבֵּר וּשְׁמַרְתֶּם אֶת־
הָעֲבֹדָה הַזֹּאת: וְהָיָה כִּי־יֹאמְרוּ אֲלֵיכֶם בְּנֵיכֶם מָה הָעֲבֹדָה הַזֹּאת לָכֶם:
וַאֲמַרְתֶּם זֶבַח־פֶּסַח הוּא לַיהוָה אֲשֶׁר פָּסַח עַל־בָּתֵּי בְנֵי־יִשְׂרָאֵל בְּמִצְרַיִם
בְּנָגְפּוֹ אֶת־מִצְרַיִם וְאֶת־בָּתֵּינוּ הִצִּיל וַיִּקֹּד הָעָם וַיִּשְׁתַּחֲווּ: וַיֵּלְכוּ וַיַּעֲשׂוּ בְּנֵי
שלישי יִשְׂרָאֵל כַּאֲשֶׁר צִוָּה יְהוָה אֶת־מֹשֶׁה וְאַהֲרֹן כֵּן עָשׂוּ: *וַיְהִי | בַּחֲצִי
הַלַּיְלָה וַיהוָה הִכָּה כָל־בְּכוֹר בְּאֶרֶץ מִצְרַיִם מִבְּכֹר פַּרְעֹה הַיֹּשֵׁב עַל־כִּסְאוֹ
עַד בְּכוֹר הַשְּׁבִי אֲשֶׁר בְּבֵית הַבּוֹר וְכֹל בְּכוֹר בְּהֵמָה: וַיָּקָם פַּרְעֹה לַיְלָה הוּא
וְכָל־עֲבָדָיו וְכָל־מִצְרַיִם וַתְּהִי צְעָקָה גְדֹלָה בְּמִצְרָיִם כִּי־אֵין בַּיִת אֲשֶׁר אֵין־

שָׁם מֵת: וַיִּקְרָא לְמֹשֶׁה וּלְאַהֲרֹן לַיְלָה וַיֹּאמֶר קוּמוּ צְּאוּ מִתּוֹךְ עַמִּי גַּם־אַתֶּם
גַּם־בְּנֵי יִשְׂרָאֵל וּלְכוּ עִבְדוּ אֶת־יהוה כְּדַבֶּרְכֶם: גַּם־צֹאנְכֶם גַּם־בְּקַרְכֶם קְחוּ
(בשבת רביעי) כַּאֲשֶׁר דִּבַּרְתֶּם וָלֵכוּ וּבֵרַכְתֶּם גַּם־אֹתִי: *וַתֶּחֱזַק מִצְרַיִם עַל־הָעָם לְמַהֵר
לְשַׁלְּחָם מִן־הָאָרֶץ כִּי אָמְרוּ כֻּלָּנוּ מֵתִים: וַיִּשָּׂא הָעָם אֶת־בְּצֵקוֹ טֶרֶם יֶחְמָץ
מִשְׁאֲרֹתָם צְרֻרֹת בְּשִׂמְלֹתָם עַל־שִׁכְמָם: וּבְנֵי־יִשְׂרָאֵל עָשׂוּ כִּדְבַר מֹשֶׁה
וַיִּשְׁאֲלוּ מִמִּצְרַיִם כְּלֵי־כֶסֶף וּכְלֵי זָהָב וּשְׂמָלֹת: וַיהוה נָתַן אֶת־חֵן הָעָם בְּעֵינֵי
מִצְרַיִם וַיַּשְׁאִלוּם וַיְנַצְּלוּ אֶת־מִצְרָיִם:

רביעי (בשבת חמישי) וַיִּסְעוּ בְנֵי־יִשְׂרָאֵל מֵרַעְמְסֵס סֻכֹּתָה כְּשֵׁשׁ־מֵאוֹת אֶלֶף רַגְלִי הַגְּבָרִים לְבַד
מִטָּף: וְגַם־עֵרֶב רַב עָלָה אִתָּם וְצֹאן וּבָקָר מִקְנֶה כָּבֵד מְאֹד: וַיֹּאפוּ אֶת־
הַבָּצֵק אֲשֶׁר הוֹצִיאוּ מִמִּצְרַיִם עֻגֹת מַצּוֹת כִּי לֹא חָמֵץ כִּי־גֹרְשׁוּ מִמִּצְרַיִם וְלֹא
יָכְלוּ לְהִתְמַהְמֵהַּ וְגַם־צֵדָה לֹא־עָשׂוּ לָהֶם: וּמוֹשַׁב בְּנֵי יִשְׂרָאֵל אֲשֶׁר יָשְׁבוּ
בְּמִצְרָיִם שְׁלֹשִׁים שָׁנָה וְאַרְבַּע מֵאוֹת שָׁנָה: וַיְהִי מִקֵּץ שְׁלֹשִׁים שָׁנָה וְאַרְבַּע
מֵאוֹת שָׁנָה וַיְהִי בְּעֶצֶם הַיּוֹם הַזֶּה יָצְאוּ כָּל־צִבְאוֹת יהוה מֵאֶרֶץ מִצְרָיִם:
לֵיל שִׁמֻּרִים הוּא לַיהוה לְהוֹצִיאָם מֵאֶרֶץ מִצְרָיִם הוּא־הַלַּיְלָה הַזֶּה לַיהוה
שִׁמֻּרִים לְכָל־בְּנֵי יִשְׂרָאֵל לְדֹרֹתָם:

חמישי (בשבת שישי) וַיֹּאמֶר יהוה אֶל־מֹשֶׁה וְאַהֲרֹן זֹאת חֻקַּת הַפָּסַח כָּל־בֶּן־נֵכָר לֹא־יֹאכַל בּוֹ: וְכָל־
עֶבֶד אִישׁ מִקְנַת־כָּסֶף וּמַלְתָּה אֹתוֹ אָז יֹאכַל בּוֹ: תּוֹשָׁב וְשָׂכִיר לֹא־יֹאכַל בּוֹ:
בְּבַיִת אֶחָד יֵאָכֵל לֹא־תוֹצִיא מִן־הַבַּיִת מִן־הַבָּשָׂר חוּצָה וְעֶצֶם לֹא תִשְׁבְּרוּ־
(בשבת שביעי) בוֹ: כָּל־עֲדַת יִשְׂרָאֵל יַעֲשׂוּ אֹתוֹ: *וְכִי־יָגוּר אִתְּךָ גֵּר וְעָשָׂה פֶסַח לַיהוה הִמּוֹל
לוֹ כָל־זָכָר וְאָז יִקְרַב לַעֲשֹׂתוֹ וְהָיָה כְּאֶזְרַח הָאָרֶץ וְכָל־עָרֵל לֹא־יֹאכַל בּוֹ:
תּוֹרָה אַחַת יִהְיֶה לָאֶזְרָח וְלַגֵּר הַגָּר בְּתוֹכְכֶם: וַיַּעֲשׂוּ כָּל־בְּנֵי יִשְׂרָאֵל כַּאֲשֶׁר
צִוָּה יהוה אֶת־מֹשֶׁה וְאֶת־אַהֲרֹן כֵּן עָשׂוּ: וַיְהִי בְּעֶצֶם הַיּוֹם הַזֶּה
הוֹצִיא יהוה אֶת־בְּנֵי יִשְׂרָאֵל מֵאֶרֶץ מִצְרַיִם עַל־צִבְאֹתָם:

אומר חצי קדיש (עמ׳ 301), והמפטיר קורא מספר התורה השני.

במדבר כח, טז–כה וּבַחֹדֶשׁ הָרִאשׁוֹן בְּאַרְבָּעָה עָשָׂר יוֹם לַחֹדֶשׁ פֶּסַח לַיהוה: וּבַחֲמִשָּׁה עָשָׂר
יוֹם לַחֹדֶשׁ הַזֶּה חָג שִׁבְעַת יָמִים מַצּוֹת יֵאָכֵל: בַּיּוֹם הָרִאשׁוֹן מִקְרָא־קֹדֶשׁ
כָּל־מְלֶאכֶת עֲבֹדָה לֹא תַעֲשׂוּ: וְהִקְרַבְתֶּם אִשֶּׁה עֹלָה לַיהוה פָּרִים בְּנֵי־בָקָר
שְׁנַיִם וְאַיִל אֶחָד וְשִׁבְעָה כְבָשִׂים בְּנֵי שָׁנָה תְּמִימִם יִהְיוּ לָכֶם: וּמִנְחָתָם סֹלֶת
בְּלוּלָה בַשָּׁמֶן שְׁלֹשָׁה עֶשְׂרֹנִים לַפָּר וּשְׁנֵי עֶשְׂרֹנִים לָאַיִל תַּעֲשׂוּ: עִשָּׂרוֹן עִשָּׂרוֹן
תַּעֲשֶׂה לַכֶּבֶשׂ הָאֶחָד לְשִׁבְעַת הַכְּבָשִׂים: וּשְׂעִיר חַטָּאת אֶחָד לְכַפֵּר עֲלֵיכֶם:

מִלְּבַד עֹלַת הַבֹּקֶר אֲשֶׁר לְעֹלַת הַתָּמִיד תַּעֲשׂוּ אֶת־אֵלֶּה: כָּאֵלֶּה תַּעֲשׂוּ לַיּוֹם שִׁבְעַת יָמִים לֶחֶם אִשֵּׁה רֵיחַ־נִיחֹחַ לַיהוָֹה עַל־עוֹלַת הַתָּמִיד יֵעָשֶׂה וְנִסְכּוֹ: וּבַיּוֹם הַשְּׁבִיעִי מִקְרָא־קֹדֶשׁ יִהְיֶה לָכֶם כָּל־מְלֶאכֶת עֲבֹדָה לֹא תַעֲשׂוּ:

אומר חצי קדיש בעמ׳ 301, ואחר כך קורא את ההפטרה.

## הפטרה ליום טוב ראשון של פסח

יהושע
ה,ב–ו,א

בָּעֵת הַהִיא אָמַר יְהוָֹה אֶל־יְהוֹשֻׁעַ עֲשֵׂה לְךָ חַרְבוֹת צֻרִים וְשׁוּב מֹל אֶת־בְּנֵי־יִשְׂרָאֵל שֵׁנִית: וַיַּעַשׂ־לוֹ יְהוֹשֻׁעַ חַרְבוֹת צֻרִים וַיָּמָל אֶת־בְּנֵי יִשְׂרָאֵל אֶל־גִּבְעַת הָעֲרָלוֹת: וְזֶה הַדָּבָר אֲשֶׁר־מָל יְהוֹשֻׁעַ כָּל־הָעָם הַיֹּצֵא מִמִּצְרַיִם הַזְּכָרִים כֹּל | אַנְשֵׁי הַמִּלְחָמָה מֵתוּ בַמִּדְבָּר בַּדֶּרֶךְ בְּצֵאתָם מִמִּצְרָיִם: כִּי־מֻלִים הָיוּ כָּל־הָעָם הַיֹּצְאִים וְכָל־הָעָם הַיִּלֹּדִים בַּמִּדְבָּר בַּדֶּרֶךְ בְּצֵאתָם מִמִּצְרַיִם לֹא־מָלוּ: כִּי | אַרְבָּעִים שָׁנָה הָלְכוּ בְנֵי־יִשְׂרָאֵל בַּמִּדְבָּר עַד־תֹּם כָּל־הַגּוֹי אַנְשֵׁי הַמִּלְחָמָה הַיֹּצְאִים מִמִּצְרַיִם אֲשֶׁר לֹא־שָׁמְעוּ בְּקוֹל יְהוָֹה אֲשֶׁר נִשְׁבַּע יְהוָֹה לָהֶם לְבִלְתִּי הַרְאוֹתָם אֶת־הָאָרֶץ אֲשֶׁר נִשְׁבַּע יְהוָֹה לַאֲבוֹתָם לָתֶת לָנוּ אֶרֶץ זָבַת חָלָב וּדְבָשׁ: וְאֶת־בְּנֵיהֶם הֵקִים תַּחְתָּם אֹתָם מָל יְהוֹשֻׁעַ כִּי־עֲרֵלִים הָיוּ כִּי לֹא־מָלוּ אוֹתָם בַּדָּרֶךְ: וַיְהִי כַּאֲשֶׁר־תַּמּוּ כָל־הַגּוֹי לְהִמּוֹל וַיֵּשְׁבוּ תַחְתָּם בַּמַּחֲנֶה עַד חֲיוֹתָם: וַיֹּאמֶר יְהוָֹה אֶל־יְהוֹשֻׁעַ הַיּוֹם גַּלּוֹתִי אֶת־חֶרְפַּת מִצְרַיִם מֵעֲלֵיכֶם וַיִּקְרָא שֵׁם הַמָּקוֹם הַהוּא גִּלְגָּל עַד הַיּוֹם הַזֶּה: וַיַּחֲנוּ בְנֵי־יִשְׂרָאֵל בַּגִּלְגָּל וַיַּעֲשׂוּ אֶת־הַפֶּסַח בְּאַרְבָּעָה עָשָׂר יוֹם לַחֹדֶשׁ בָּעֶרֶב בְּעַרְבוֹת יְרִיחוֹ: וַיֹּאכְלוּ מֵעֲבוּר הָאָרֶץ מִמָּחֳרַת הַפֶּסַח מַצּוֹת וְקָלוּי בְּעֶצֶם הַיּוֹם הַזֶּה: וַיִּשְׁבֹּת הַמָּן מִמָּחֳרָת בְּאָכְלָם מֵעֲבוּר הָאָרֶץ וְלֹא־הָיָה עוֹד לִבְנֵי יִשְׂרָאֵל מָן וַיֹּאכְלוּ מִתְּבוּאַת אֶרֶץ כְּנַעַן בַּשָּׁנָה הַהִיא: וַיְהִי בִּהְיוֹת יְהוֹשֻׁעַ בִּירִיחוֹ וַיִּשָּׂא עֵינָיו וַיַּרְא וְהִנֵּה־אִישׁ עֹמֵד לְנֶגְדּוֹ וְחַרְבּוֹ שְׁלוּפָה בְּיָדוֹ וַיֵּלֶךְ יְהוֹשֻׁעַ אֵלָיו וַיֹּאמֶר לוֹ הֲלָנוּ אַתָּה אִם־לְצָרֵינוּ: וַיֹּאמֶר | לֹא כִּי אֲנִי שַׂר־צְבָא־יְהוָֹה עַתָּה בָאתִי וַיִּפֹּל יְהוֹשֻׁעַ אֶל־פָּנָיו אַרְצָה וַיִּשְׁתָּחוּ וַיֹּאמֶר לוֹ מָה אֲדֹנִי מְדַבֵּר אֶל־עַבְדּוֹ: וַיֹּאמֶר שַׂר־צְבָא יְהוָֹה אֶל־יְהוֹשֻׁעַ שַׁל־נַעַלְךָ מֵעַל רַגְלֶךָ כִּי הַמָּקוֹם אֲשֶׁר אַתָּה עֹמֵד עָלָיו קֹדֶשׁ הוּא וַיַּעַשׂ יְהוֹשֻׁעַ כֵּן: וִירִיחוֹ סֹגֶרֶת וּמְסֻגֶּרֶת מִפְּנֵי בְּנֵי יִשְׂרָאֵל אֵין יוֹצֵא וְאֵין בָּא:

יש מוסיפים (רוב״ק גימא).

יהושע ו,כ  וַיְהִי יְהוָֹה אֶת־יְהוֹשֻׁעַ וַיְהִי שָׁמְעוֹ בְּכָל־הָאָרֶץ:

## קריאה ליום השני של פסח, וכן ליום טוב ראשון של סוכות, ובחוץ לארץ גם ליום טוב שני של סוכות

ויקרא כב, כו–כג, מד

וַיְדַבֵּר יְהוָה אֶל־מֹשֶׁה לֵּאמֹר: שׁוֹר אוֹ־כֶשֶׂב אוֹ־עֵז כִּי יִוָּלֵד וְהָיָה שִׁבְעַת יָמִים תַּחַת אִמּוֹ וּמִיּוֹם הַשְּׁמִינִי וָהָלְאָה יֵרָצֶה לְקָרְבַּן אִשֶּׁה לַיהוָה: וְשׁוֹר אוֹ־שֶׂה אֹתוֹ וְאֶת־בְּנוֹ לֹא תִשְׁחֲטוּ בְּיוֹם אֶחָד: וְכִי־תִזְבְּחוּ זֶבַח־תּוֹדָה לַיהוָה לִרְצֹנְכֶם תִּזְבָּחוּ: בַּיּוֹם הַהוּא יֵאָכֵל לֹא־תוֹתִירוּ מִמֶּנּוּ עַד־בֹּקֶר אֲנִי יְהוָה: וּשְׁמַרְתֶּם מִצְוֹתַי וַעֲשִׂיתֶם אֹתָם אֲנִי יְהוָה: וְלֹא תְחַלְּלוּ אֶת־שֵׁם קָדְשִׁי וְנִקְדַּשְׁתִּי בְּתוֹךְ בְּנֵי יִשְׂרָאֵל אֲנִי יְהוָה מְקַדִּשְׁכֶם: הַמּוֹצִיא אֶתְכֶם מֵאֶרֶץ מִצְרַיִם לִהְיוֹת לָכֶם לֵאלֹהִים אֲנִי יְהוָה:

(בשבת לוי)

וַיְדַבֵּר יְהוָה אֶל־מֹשֶׁה לֵּאמֹר: דַּבֵּר אֶל־בְּנֵי יִשְׂרָאֵל וְאָמַרְתָּ אֲלֵהֶם מוֹעֲדֵי יְהוָה אֲשֶׁר־תִּקְרְאוּ אֹתָם מִקְרָאֵי קֹדֶשׁ אֵלֶּה הֵם מוֹעֲדָי: שֵׁשֶׁת יָמִים תֵּעָשֶׂה מְלָאכָה וּבַיּוֹם הַשְּׁבִיעִי שַׁבַּת שַׁבָּתוֹן מִקְרָא־קֹדֶשׁ כָּל־מְלָאכָה לֹא תַעֲשׂוּ שַׁבָּת הִוא לַיהוָה בְּכֹל מוֹשְׁבֹתֵיכֶם:

לוי בסוכות (בשבת שלישי)

אֵלֶּה מוֹעֲדֵי יְהוָה מִקְרָאֵי קֹדֶשׁ אֲשֶׁר־תִּקְרְאוּ אֹתָם בְּמוֹעֲדָם: בַּחֹדֶשׁ הָרִאשׁוֹן בְּאַרְבָּעָה עָשָׂר לַחֹדֶשׁ בֵּין הָעַרְבָּיִם פֶּסַח לַיהוָה: וּבַחֲמִשָּׁה עָשָׂר יוֹם לַחֹדֶשׁ הַזֶּה חַג הַמַּצּוֹת לַיהוָה שִׁבְעַת יָמִים מַצּוֹת תֹּאכֵלוּ: בַּיּוֹם הָרִאשׁוֹן מִקְרָא־קֹדֶשׁ יִהְיֶה לָכֶם כָּל־מְלֶאכֶת עֲבֹדָה לֹא תַעֲשׂוּ: וְהִקְרַבְתֶּם אִשֶּׁה לַיהוָה שִׁבְעַת יָמִים בַּיּוֹם הַשְּׁבִיעִי מִקְרָא־קֹדֶשׁ כָּל־מְלֶאכֶת עֲבֹדָה לֹא תַעֲשׂוּ:

(בשבת רביעי לוי בחוה״מ פסח)

וַיְדַבֵּר יְהוָה אֶל־מֹשֶׁה לֵּאמֹר: דַּבֵּר אֶל־בְּנֵי יִשְׂרָאֵל וְאָמַרְתָּ אֲלֵהֶם כִּי־תָבֹאוּ אֶל־הָאָרֶץ אֲשֶׁר אֲנִי נֹתֵן לָכֶם וּקְצַרְתֶּם אֶת־קְצִירָהּ וַהֲבֵאתֶם אֶת־עֹמֶר רֵאשִׁית קְצִירְכֶם אֶל־הַכֹּהֵן: וְהֵנִיף אֶת־הָעֹמֶר לִפְנֵי יְהוָה לִרְצֹנְכֶם מִמָּחֳרַת הַשַּׁבָּת יְנִיפֶנּוּ הַכֹּהֵן: וַעֲשִׂיתֶם בְּיוֹם הֲנִיפְכֶם אֶת־הָעֹמֶר כֶּבֶשׂ תָּמִים בֶּן־שְׁנָתוֹ לְעֹלָה לַיהוָה: וּמִנְחָתוֹ שְׁנֵי עֶשְׂרֹנִים סֹלֶת בְּלוּלָה בַשֶּׁמֶן אִשֶּׁה לַיהוָה רֵיחַ נִיחֹחַ וְנִסְכֹּה יַיִן רְבִיעִת הַהִין: וְלֶחֶם וְקָלִי וְכַרְמֶל לֹא תֹאכְלוּ עַד־עֶצֶם הַיּוֹם הַזֶּה עַד הֲבִיאֲכֶם אֶת־קָרְבַּן אֱלֹהֵיכֶם חֻקַּת עוֹלָם לְדֹרֹתֵיכֶם בְּכֹל מֹשְׁבֹתֵיכֶם:

שלישי ביו״ט ובחוה״מ (בשבת חמישי)

*וּסְפַרְתֶּם לָכֶם מִמָּחֳרַת הַשַּׁבָּת מִיּוֹם הֲבִיאֲכֶם אֶת־עֹמֶר הַתְּנוּפָה שֶׁבַע שַׁבָּתוֹת תְּמִימֹת תִּהְיֶינָה: עַד מִמָּחֳרַת הַשַּׁבָּת הַשְּׁבִיעִת תִּסְפְּרוּ חֲמִשִּׁים יוֹם וְהִקְרַבְתֶּם מִנְחָה חֲדָשָׁה לַיהוָה: מִמּוֹשְׁבֹתֵיכֶם תָּבִיאוּ ׀

לֶחֶם תְּנוּפָה שְׁתַּיִם שְׁנֵי עֶשְׂרֹנִים סֹלֶת תִּהְיֶינָה חָמֵץ תֵּאָפֶינָה בִּכּוּרִים לַיהוה: וְהִקְרַבְתֶּם עַל־הַלֶּחֶם שִׁבְעַת כְּבָשִׂים תְּמִימִם בְּנֵי שָׁנָה וּפַר בֶּן־בָּקָר אֶחָד וְאֵילִם שְׁנָיִם יִהְיוּ עֹלָה לַיהוה וּמִנְחָתָם וְנִסְכֵּיהֶם אִשֵּׁה רֵיחַ־נִיחֹחַ לַיהוה: וַעֲשִׂיתֶם שְׂעִיר־עִזִּים אֶחָד לְחַטָּאת וּשְׁנֵי כְבָשִׂים בְּנֵי שָׁנָה לְזֶבַח שְׁלָמִים: וְהֵנִיף הַכֹּהֵן ׀ אֹתָם עַל לֶחֶם הַבִּכֻּרִים תְּנוּפָה לִפְנֵי יהוה עַל־שְׁנֵי כְּבָשִׂים קֹדֶשׁ יִהְיוּ לַיהוה לַכֹּהֵן: וּקְרָאתֶם בְּעֶצֶם ׀ הַיּוֹם הַזֶּה מִקְרָא־קֹדֶשׁ יִהְיֶה לָכֶם כָּל־מְלֶאכֶת עֲבֹדָה לֹא תַעֲשׂוּ חֻקַּת עוֹלָם בְּכָל־מוֹשְׁבֹתֵיכֶם לְדֹרֹתֵיכֶם: וּבְקֻצְרְכֶם אֶת־קְצִיר אַרְצְכֶם לֹא־תְכַלֶּה פְּאַת שָׂדְךָ בְּקֻצְרֶךָ וְלֶקֶט קְצִירְךָ לֹא תְלַקֵּט לֶעָנִי וְלַגֵּר תַּעֲזֹב אֹתָם אֲנִי יהוה אֱלֹהֵיכֶם:

רביעי (בשבת ששי) וַיְדַבֵּר יהוה אֶל־מֹשֶׁה לֵּאמֹר: דַּבֵּר אֶל־בְּנֵי יִשְׂרָאֵל לֵאמֹר בַּחֹדֶשׁ הַשְּׁבִיעִי בְּאֶחָד לַחֹדֶשׁ יִהְיֶה לָכֶם שַׁבָּתוֹן זִכְרוֹן תְּרוּעָה מִקְרָא־קֹדֶשׁ: כָּל־מְלֶאכֶת עֲבֹדָה לֹא תַעֲשׂוּ וְהִקְרַבְתֶּם אִשֶּׁה לַיהוה: וַיְדַבֵּר יהוה אֶל־מֹשֶׁה לֵּאמֹר: אַךְ בֶּעָשׂוֹר לַחֹדֶשׁ הַשְּׁבִיעִי הַזֶּה יוֹם הַכִּפֻּרִים הוּא מִקְרָא־קֹדֶשׁ יִהְיֶה לָכֶם וְעִנִּיתֶם אֶת־נַפְשֹׁתֵיכֶם וְהִקְרַבְתֶּם אִשֶּׁה לַיהוה: וְכָל־מְלָאכָה לֹא תַעֲשׂוּ בְּעֶצֶם הַיּוֹם הַזֶּה כִּי יוֹם כִּפֻּרִים הוּא לְכַפֵּר עֲלֵיכֶם לִפְנֵי יהוה אֱלֹהֵיכֶם: כִּי כָל־הַנֶּפֶשׁ אֲשֶׁר לֹא־תְעֻנֶּה בְּעֶצֶם הַיּוֹם הַזֶּה וְנִכְרְתָה מֵעַמֶּיהָ: וְכָל־הַנֶּפֶשׁ אֲשֶׁר תַּעֲשֶׂה כָּל־מְלָאכָה בְּעֶצֶם הַיּוֹם הַזֶּה וְהַאֲבַדְתִּי אֶת־הַנֶּפֶשׁ הַהִוא מִקֶּרֶב עַמָּהּ: כָּל־מְלָאכָה לֹא תַעֲשׂוּ חֻקַּת עוֹלָם לְדֹרֹתֵיכֶם בְּכֹל מֹשְׁבֹתֵיכֶם: שַׁבַּת שַׁבָּתוֹן הוּא לָכֶם וְעִנִּיתֶם אֶת־נַפְשֹׁתֵיכֶם בְּתִשְׁעָה לַחֹדֶשׁ בָּעֶרֶב מֵעֶרֶב עַד־עֶרֶב תִּשְׁבְּתוּ שַׁבַּתְּכֶם:

חמישי (בשבת שביעי) וַיְדַבֵּר יהוה אֶל־מֹשֶׁה לֵּאמֹר: דַּבֵּר אֶל־בְּנֵי יִשְׂרָאֵל לֵאמֹר בַּחֲמִשָּׁה עָשָׂר יוֹם לַחֹדֶשׁ הַשְּׁבִיעִי הַזֶּה חַג הַסֻּכּוֹת שִׁבְעַת יָמִים לַיהוה: בַּיּוֹם הָרִאשׁוֹן מִקְרָא־קֹדֶשׁ כָּל־מְלֶאכֶת עֲבֹדָה לֹא תַעֲשׂוּ: שִׁבְעַת יָמִים תַּקְרִיבוּ אִשֶּׁה לַיהוה בַּיּוֹם הַשְּׁמִינִי מִקְרָא־קֹדֶשׁ יִהְיֶה לָכֶם וְהִקְרַבְתֶּם אִשֶּׁה לַיהוה עֲצֶרֶת הִוא כָּל־מְלֶאכֶת עֲבֹדָה לֹא תַעֲשׂוּ: אֵלֶּה מוֹעֲדֵי יהוה אֲשֶׁר־תִּקְרְאוּ אֹתָם מִקְרָאֵי קֹדֶשׁ לְהַקְרִיב אִשֶּׁה לַיהוה עֹלָה וּמִנְחָה זֶבַח וּנְסָכִים דְּבַר־יוֹם בְּיוֹמוֹ: מִלְּבַד שַׁבְּתֹת יהוה וּמִלְּבַד מַתְּנוֹתֵיכֶם וּמִלְּבַד כָּל־נִדְרֵיכֶם וּמִלְּבַד כָּל־נִדְבֹתֵיכֶם אֲשֶׁר תִּתְּנוּ לַיהוה: אַךְ בַּחֲמִשָּׁה עָשָׂר יוֹם לַחֹדֶשׁ הַשְּׁבִיעִי בְּאָסְפְּכֶם אֶת־תְּבוּאַת הָאָרֶץ תָּחֹגּוּ אֶת־חַג־יהוה שִׁבְעַת יָמִים בַּיּוֹם הָרִאשׁוֹן שַׁבָּתוֹן וּבַיּוֹם הַשְּׁמִינִי

שַׁבָּתוֹן: וּלְקַחְתֶּם לָכֶם בַּיּוֹם הָרִאשׁוֹן פְּרִי עֵץ הָדָר כַּפֹּת תְּמָרִים וַעֲנַף עֵץ־עָבֹת וְעַרְבֵי־נָחַל וּשְׂמַחְתֶּם לִפְנֵי יהוה אֱלֹהֵיכֶם שִׁבְעַת יָמִים: וְחַגֹּתֶם אֹתוֹ חַג לַיהוה שִׁבְעַת יָמִים בַּשָּׁנָה חֻקַּת עוֹלָם לְדֹרֹתֵיכֶם בַּחֹדֶשׁ הַשְּׁבִיעִי תָּחֹגּוּ אֹתוֹ: בַּסֻּכֹּת תֵּשְׁבוּ שִׁבְעַת יָמִים כָּל־הָאֶזְרָח בְּיִשְׂרָאֵל יֵשְׁבוּ בַּסֻּכֹּת: לְמַעַן יֵדְעוּ דֹרֹתֵיכֶם כִּי בַסֻּכּוֹת הוֹשַׁבְתִּי אֶת־בְּנֵי יִשְׂרָאֵל בְּהוֹצִיאִי אוֹתָם מֵאֶרֶץ מִצְרָיִם אֲנִי יהוה אֱלֹהֵיכֶם: וַיְדַבֵּר מֹשֶׁה אֶת־מֹעֲדֵי יהוה אֶל־בְּנֵי יִשְׂרָאֵל:

ביום טוב אומר כאן חצי קדיש (עמ׳ 301).

בחול המועד פסח הרביעי קורא מהספר השני ׳וְהִקְרַבְתֶּם׳ (עמ׳ 738),
ואחר כך אומר חצי קדיש (עמ׳ 301).

ובחו״ל קורא את המפטיר של היום הראשון (עמ׳ 727),
אומר חצי קדיש אחריו וקורא את ההפטרה (עמ׳ 728).

בסוכות המפטיר קורא מספר התורה השני.

## מפטיר ליום טוב ראשון של סוכות (בחוץ לארץ גם ליום טוב שני)

וּבַחֲמִשָּׁה עָשָׂר יוֹם לַחֹדֶשׁ הַשְּׁבִיעִי מִקְרָא־קֹדֶשׁ יִהְיֶה לָכֶם כָּל־מְלֶאכֶת במדבר כט, יב–טז
עֲבֹדָה לֹא תַעֲשׂוּ וְחַגֹּתֶם חַג לַיהוה שִׁבְעַת יָמִים: וְהִקְרַבְתֶּם עֹלָה אִשֵּׁה רֵיחַ נִיחֹחַ לַיהוה פָּרִים בְּנֵי־בָקָר שְׁלֹשָׁה עָשָׂר אֵילִם שְׁנָיִם כְּבָשִׂים בְּנֵי־שָׁנָה אַרְבָּעָה עָשָׂר תְּמִימִם יִהְיוּ: וּמִנְחָתָם סֹלֶת בְּלוּלָה בַשָּׁמֶן שְׁלֹשָׁה עֶשְׂרֹנִים לַפָּר הָאֶחָד לִשְׁלֹשָׁה עָשָׂר פָּרִים שְׁנֵי עֶשְׂרֹנִים לָאַיִל הָאֶחָד לִשְׁנֵי הָאֵילִם: וְעִשָּׂרוֹן עִשָּׂרוֹן לַכֶּבֶשׂ הָאֶחָד לְאַרְבָּעָה עָשָׂר כְּבָשִׂים: וּשְׂעִיר־עִזִּים אֶחָד חַטָּאת מִלְּבַד עֹלַת הַתָּמִיד מִנְחָתָהּ וְנִסְכָּהּ: ואומר חצי קדיש (עמ׳ 301).

## הפטרה ליום טוב ראשון של סוכות

הִנֵּה יוֹם־בָּא לַיהוה וְחֻלַּק שְׁלָלֵךְ בְּקִרְבֵּךְ: וְאָסַפְתִּי אֶת־כָּל־הַגּוֹיִם ׀ אֶל־ זכריה יד, א–כא
יְרוּשָׁלִַם לַמִּלְחָמָה וְנִלְכְּדָה הָעִיר וְנָשַׁסּוּ הַבָּתִּים וְהַנָּשִׁים תשגלנה וְיָצָא חֲצִי תִּשָּׁכַבְנָה
הָעִיר בַּגּוֹלָה וְיֶתֶר הָעָם לֹא יִכָּרֵת מִן־הָעִיר: וְיָצָא יהוה וְנִלְחַם בַּגּוֹיִם הָהֵם כְּיוֹם הִלָּחֲמוֹ בְּיוֹם קְרָב: וְעָמְדוּ רַגְלָיו בַּיּוֹם־הַהוּא עַל־הַר הַזֵּיתִים אֲשֶׁר עַל־פְּנֵי יְרוּשָׁלִַם מִקֶּדֶם וְנִבְקַע הַר הַזֵּיתִים מֵחֶצְיוֹ מִזְרָחָה וָיָמָּה גֵּיא גְּדוֹלָה מְאֹד וּמָשׁ חֲצִי הָהָר צָפוֹנָה וְחֶצְיוֹ נֶגְבָּה: וְנַסְתֶּם גֵּיא־הָרַי כִּי־יַגִּיעַ גֵּי־הָרִים אֶל־אָצַל וְנַסְתֶּם כַּאֲשֶׁר נַסְתֶּם מִפְּנֵי הָרַעַשׁ בִּימֵי עֻזִּיָּה מֶלֶךְ־יְהוּדָה וּבָא יהוה
אֱלֹהַי כָּל־קְדֹשִׁים עִמָּךְ: וְהָיָה בַּיּוֹם הַהוּא לֹא־יִהְיֶה אוֹר יקרות יקפאון: וְהָיָה וְקִפָּאוֹן

יוֹם־אֶחָד הוּא יִוָּדַע לַיהוָה לֹא־יוֹם וְלֹא־לָיְלָה וְהָיָה לְעֵת־עֶרֶב יִהְיֶה־אוֹר:
וְהָיָה | בַּיּוֹם הַהוּא יֵצְאוּ מַיִם־חַיִּים מִירוּשָׁלִַם חֶצְיָם אֶל־הַיָּם הַקַּדְמוֹנִי וְחֶצְיָם
אֶל־הַיָּם הָאַחֲרוֹן בַּקַּיִץ וּבָחֹרֶף יִהְיֶה: וְהָיָה יְהוָה לְמֶלֶךְ עַל־כָּל־הָאָרֶץ בַּיּוֹם
הַהוּא יִהְיֶה יְהוָה אֶחָד וּשְׁמוֹ אֶחָד: יִסּוֹב כָּל־הָאָרֶץ כָּעֲרָבָה מִגֶּבַע לְרִמּוֹן
נֶגֶב יְרוּשָׁלִָם וְרָאֲמָה וְיָשְׁבָה תַחְתֶּיהָ לְמִשַּׁעַר בִּנְיָמִן עַד־מְקוֹם שַׁעַר הָרִאשׁוֹן
עַד־שַׁעַר הַפִּנִּים וּמִגְדַּל חֲנַנְאֵל עַד יִקְבֵי הַמֶּלֶךְ: וְיָשְׁבוּ בָהּ וְחֵרֶם לֹא יִהְיֶה־
עוֹד וְיָשְׁבָה יְרוּשָׁלִַם לָבֶטַח: וְזֹאת | תִּהְיֶה הַמַּגֵּפָה אֲשֶׁר יִגֹּף
יְהוָה אֶת־כָּל־הָעַמִּים אֲשֶׁר צָבְאוּ עַל־יְרוּשָׁלִָם הָמֵק | בְּשָׂרוֹ וְהוּא עֹמֵד עַל־
רַגְלָיו וְעֵינָיו תִּמַּקְנָה בְחֹרֵיהֶן וּלְשׁוֹנוֹ תִּמַּק בְּפִיהֶם: וְהָיָה בַּיּוֹם הַהוּא תִּהְיֶה
מְהוּמַת־יְהוָה רַבָּה בָּהֶם וְהֶחֱזִיקוּ אִישׁ יַד רֵעֵהוּ וְעָלְתָה יָדוֹ עַל־יַד רֵעֵהוּ:
וְגַם־יְהוּדָה תִּלָּחֵם בִּירוּשָׁלִָם וְאֻסַּף חֵיל כָּל־הַגּוֹיִם סָבִיב זָהָב וָכֶסֶף וּבְגָדִים
לָרֹב מְאֹד: וְכֵן תִּהְיֶה מַגֵּפַת הַסּוּס הַפֶּרֶד הַגָּמָל וְהַחֲמוֹר וְכָל־הַבְּהֵמָה אֲשֶׁר
יִהְיֶה בַּמַּחֲנוֹת הָהֵמָּה כַּמַּגֵּפָה הַזֹּאת: וְהָיָה כָּל־הַנּוֹתָר מִכָּל־הַגּוֹיִם הַבָּאִים
עַל־יְרוּשָׁלִָם וְעָלוּ מִדֵּי שָׁנָה בְשָׁנָה לְהִשְׁתַּחֲוֺת לְמֶלֶךְ יְהוָה צְבָאוֹת וְלָחֹג
אֶת־חַג הַסֻּכּוֹת: וְהָיָה אֲשֶׁר לֹא־יַעֲלֶה מֵאֵת מִשְׁפְּחוֹת הָאָרֶץ אֶל־יְרוּשָׁלִַם
לְהִשְׁתַּחֲוֺת לְמֶלֶךְ יְהוָה צְבָאוֹת וְלֹא עֲלֵיהֶם יִהְיֶה הַגָּשֶׁם: וְאִם־מִשְׁפַּחַת
מִצְרַיִם לֹא־תַעֲלֶה וְלֹא בָאָה וְלֹא עֲלֵיהֶם תִּהְיֶה הַמַּגֵּפָה אֲשֶׁר יִגֹּף יְהוָה אֶת־
הַגּוֹיִם אֲשֶׁר לֹא יַעֲלוּ לָחֹג אֶת־חַג הַסֻּכּוֹת: זֹאת תִּהְיֶה חַטַּאת מִצְרָיִם וְחַטַּאת
כָּל־הַגּוֹיִם אֲשֶׁר לֹא יַעֲלוּ לָחֹג אֶת־חַג הַסֻּכּוֹת: בַּיּוֹם הַהוּא יִהְיֶה עַל־מְצִלּוֹת
הַסּוּס קֹדֶשׁ לַיהוָה וְהָיָה הַסִּירוֹת בְּבֵית יְהוָה כַּמִּזְרָקִים לִפְנֵי הַמִּזְבֵּחַ: וְהָיָה
כָּל־סִיר בִּירוּשָׁלִַם וּבִיהוּדָה קֹדֶשׁ לַיהוָה צְבָאוֹת וּבָאוּ כָּל־הַזֹּבְחִים וְלָקְחוּ
מֵהֶם וּבִשְּׁלוּ בָהֶם וְלֹא־יִהְיֶה כְנַעֲנִי עוֹד בְּבֵית־יְהוָה־צְבָאוֹת בַּיּוֹם הַהוּא:

## הפטרה ליום טוב שני של סוכות בחוץ לארץ

מלכים א׳ ח,ב–כא וַיִּקָּהֲלוּ אֶל־הַמֶּלֶךְ שְׁלֹמֹה כָּל־אִישׁ יִשְׂרָאֵל בְּיֶרַח הָאֵתָנִים בֶּחָג הוּא הַחֹדֶשׁ
הַשְּׁבִיעִי: וַיָּבֹאוּ כֹּל זִקְנֵי יִשְׂרָאֵל וַיִּשְׂאוּ הַכֹּהֲנִים אֶת־הָאָרוֹן: וַיַּעֲלוּ אֶת־אֲרוֹן
יְהוָה וְאֶת־אֹהֶל מוֹעֵד וְאֶת־כָּל־כְּלֵי הַקֹּדֶשׁ אֲשֶׁר בָּאֹהֶל וַיַּעֲלוּ אֹתָם הַכֹּהֲנִים
וְהַלְוִיִּם: וְהַמֶּלֶךְ שְׁלֹמֹה וְכָל־עֲדַת יִשְׂרָאֵל הַנּוֹעָדִים עָלָיו אִתּוֹ לִפְנֵי הָאָרוֹן
מְזַבְּחִים צֹאן וּבָקָר אֲשֶׁר לֹא־יִסָּפְרוּ וְלֹא יִמָּנוּ מֵרֹב: וַיָּבִאוּ הַכֹּהֲנִים אֶת־אֲרוֹן

בְּרִית־יְהוָה אֶל־מְקוֹמוֹ אֶל־דְּבִיר הַבַּיִת אֶל־קֹדֶשׁ הַקֳּדָשִׁים אֶל־תַּחַת כַּנְפֵי הַכְּרוּבִים׃ כִּי הַכְּרוּבִים פֹּרְשִׂים כְּנָפַיִם אֶל־מְקוֹם הָאָרוֹן וַיָּסֹכּוּ הַכְּרֻבִים עַל־הָאָרוֹן וְעַל־בַּדָּיו מִלְמָעְלָה׃ וַיַּאֲרִכוּ הַבַּדִּים וַיֵּרָאוּ רָאשֵׁי הַבַּדִּים מִן־הַקֹּדֶשׁ עַל־פְּנֵי הַדְּבִיר וְלֹא יֵרָאוּ הַחוּצָה וַיִּהְיוּ שָׁם עַד הַיּוֹם הַזֶּה׃ אֵין בָּאָרוֹן רַק שְׁנֵי לֻחוֹת הָאֲבָנִים אֲשֶׁר הִנִּחַ שָׁם מֹשֶׁה בְּחֹרֵב אֲשֶׁר כָּרַת יהוה עִם־בְּנֵי יִשְׂרָאֵל בְּצֵאתָם מֵאֶרֶץ מִצְרָיִם׃ וַיְהִי בְּצֵאת הַכֹּהֲנִים מִן־הַקֹּדֶשׁ וְהֶעָנָן מָלֵא אֶת־בֵּית יהוה׃ וְלֹא־יָכְלוּ הַכֹּהֲנִים לַעֲמֹד לְשָׁרֵת מִפְּנֵי הֶעָנָן כִּי־מָלֵא כְבוֹד־יְהוָה אֶת־בֵּית יְהוָה׃

אָז אָמַר שְׁלֹמֹה יְהוָה אָמַר לִשְׁכֹּן בָּעֲרָפֶל׃ בָּנֹה בָנִיתִי בֵּית זְבֻל לָךְ מָכוֹן לְשִׁבְתְּךָ עוֹלָמִים׃ וַיַּסֵּב הַמֶּלֶךְ אֶת־פָּנָיו וַיְבָרֶךְ אֵת כָּל־קְהַל יִשְׂרָאֵל וְכָל־קְהַל יִשְׂרָאֵל עֹמֵד׃ וַיֹּאמֶר בָּרוּךְ יהוה אֱלֹהֵי יִשְׂרָאֵל אֲשֶׁר דִּבֶּר בְּפִיו אֵת דָּוִד אָבִי וּבְיָדוֹ מִלֵּא לֵאמֹר׃ מִן־הַיּוֹם אֲשֶׁר הוֹצֵאתִי אֶת־עַמִּי אֶת־יִשְׂרָאֵל מִמִּצְרַיִם לֹא־בָחַרְתִּי בְעִיר מִכֹּל שִׁבְטֵי יִשְׂרָאֵל לִבְנוֹת בַּיִת לִהְיוֹת שְׁמִי שָׁם וָאֶבְחַר בְּדָוִד לִהְיוֹת עַל־עַמִּי יִשְׂרָאֵל׃ וַיְהִי עִם־לְבַב דָּוִד אָבִי לִבְנוֹת בַּיִת לְשֵׁם יְהוָה אֱלֹהֵי יִשְׂרָאֵל׃ וַיֹּאמֶר יהוה אֶל־דָּוִד אָבִי יַעַן אֲשֶׁר הָיָה עִם־לְבָבְךָ לִבְנוֹת בַּיִת לִשְׁמִי הֱטִיבֹתָ כִּי הָיָה עִם־לְבָבֶךָ׃ רַק אַתָּה לֹא תִבְנֶה הַבָּיִת כִּי אִם־בִּנְךָ הַיֹּצֵא מֵחֲלָצֶיךָ הוּא־יִבְנֶה הַבַּיִת לִשְׁמִי׃ וַיָּקֶם יְהוָה אֶת־דְּבָרוֹ אֲשֶׁר דִּבֵּר וָאָקֻם תַּחַת דָּוִד אָבִי וָאֵשֵׁב ׀ עַל־כִּסֵּא יִשְׂרָאֵל כַּאֲשֶׁר דִּבֶּר יְהוָה וָאֶבְנֶה הַבַּיִת לְשֵׁם יְהוָה אֱלֹהֵי יִשְׂרָאֵל׃ וָאָשִׂם שָׁם מָקוֹם לָאָרוֹן אֲשֶׁר־שָׁם בְּרִית יְהוָה אֲשֶׁר כָּרַת עִם־אֲבֹתֵינוּ בְּהוֹצִיאוֹ אֹתָם מֵאֶרֶץ מִצְרָיִם׃

## הפטרה ליום טוב שני של פסח בחוץ לארץ

וַיִּשְׁלַח הַמֶּלֶךְ וַיַּאַסְפוּ אֵלָיו כָּל־זִקְנֵי יְהוּדָה וִירוּשָׁלִָם׃ וַיַּעַל הַמֶּלֶךְ בֵּית־יְהוָה מלכים ב כג, א–ט
וְכָל־אִישׁ יְהוּדָה וְכָל־יֹשְׁבֵי יְרוּשָׁלִַם אִתּוֹ וְהַכֹּהֲנִים וְהַנְּבִיאִים וְכָל־הָעָם לְמִקָּטֹן וְעַד־גָּדוֹל וַיִּקְרָא בְאָזְנֵיהֶם אֶת־כָּל־דִּבְרֵי סֵפֶר הַבְּרִית הַנִּמְצָא בְּבֵית יְהוָה׃ וַיַּעֲמֹד הַמֶּלֶךְ עַל־הָעַמּוּד וַיִּכְרֹת אֶת־הַבְּרִית ׀ לִפְנֵי יְהוָה לָלֶכֶת אַחַר יְהוָה וְלִשְׁמֹר מִצְוֺתָיו וְאֶת־עֵדְוֺתָיו וְאֶת־חֻקֹּתָיו בְּכָל־לֵב וּבְכָל־נֶפֶשׁ לְהָקִים אֶת־דִּבְרֵי הַבְּרִית הַזֹּאת הַכְּתֻבִים עַל־הַסֵּפֶר הַזֶּה וַיַּעֲמֹד כָּל־הָעָם בַּבְּרִית׃ *וַיְצַו הַמֶּלֶךְ אֶת־חִלְקִיָּהוּ הַכֹּהֵן הַגָּדוֹל וְאֶת־כֹּהֲנֵי הַמִּשְׁנֶה וְאֶת־שֹׁמְרֵי הַסַּף

להוֹצִיא מֵהֵיכַל יְהוָה אֵת כָּל־הַכֵּלִים הָעֲשׂוּיִם לַבַּעַל וְלָאֲשֵׁרָה וּלְכֹל צְבָא הַשָּׁמָיִם וַיִּשְׂרְפֵם מִחוּץ לִירוּשָׁלַ͏ִם בְּשַׁדְמוֹת קִדְרוֹן וְנָשָׂא אֶת־עֲפָרָם בֵּית־אֵל: וְהִשְׁבִּית אֶת־הַכְּמָרִים אֲשֶׁר נָתְנוּ מַלְכֵי יְהוּדָה וַיְקַטֵּר בַּבָּמוֹת בְּעָרֵי יְהוּדָה וּמְסִבֵּי יְרוּשָׁלָ͏ִם וְאֶת־הַמְקַטְּרִים לַבַּעַל לַשֶּׁמֶשׁ וְלַיָּרֵחַ וְלַמַּזָּלוֹת וּלְכֹל צְבָא הַשָּׁמָיִם: וַיֹּצֵא אֶת־הָאֲשֵׁרָה מִבֵּית יְהוָה מִחוּץ לִירוּשָׁלַ͏ִם אֶל־נַחַל קִדְרוֹן וַיִּשְׂרֹף אֹתָהּ בְּנַחַל קִדְרוֹן וַיָּדֶק לְעָפָר וַיַּשְׁלֵךְ אֶת־עֲפָרָהּ עַל־קֶבֶר בְּנֵי הָעָם: וַיִּתֹּץ אֶת־בָּתֵּי הַקְּדֵשִׁים אֲשֶׁר בְּבֵית יְהוָה אֲשֶׁר הַנָּשִׁים אֹרְגוֹת שָׁם בָּתִּים לָאֲשֵׁרָה: וַיָּבֵא אֶת־כָּל־הַכֹּהֲנִים מֵעָרֵי יְהוּדָה וַיְטַמֵּא אֶת־הַבָּמוֹת אֲשֶׁר קִטְּרוּ־שָׁמָּה הַכֹּהֲנִים מִגֶּבַע עַד־בְּאֵר שָׁבַע וְנָתַץ אֶת־בָּמוֹת הַשְּׁעָרִים אֲשֶׁר־פֶּתַח שַׁעַר יְהוֹשֻׁעַ שַׂר־הָעִיר אֲשֶׁר־עַל־שְׂמֹאול אִישׁ בְּשַׁעַר הָעִיר: אַךְ לֹא יַעֲלוּ כֹּהֲנֵי הַבָּמוֹת אֶל־מִזְבַּח יְהוָה בִּירוּשָׁלָ͏ִם כִּי אִם־אָכְלוּ מַצּוֹת בְּתוֹךְ אֲחֵיהֶם:

מלכים ב׳
כ״ג, כ״א-כ״ה

וַיְצַו הַמֶּלֶךְ אֶת־כָּל־הָעָם לֵאמֹר עֲשׂוּ פֶסַח לַיהוָה אֱלֹהֵיכֶם כַּכָּתוּב עַל סֵפֶר הַבְּרִית הַזֶּה: כִּי לֹא נַעֲשָׂה כַּפֶּסַח הַזֶּה מִימֵי הַשֹּׁפְטִים אֲשֶׁר שָׁפְטוּ אֶת־יִשְׂרָאֵל וְכֹל יְמֵי מַלְכֵי יִשְׂרָאֵל וּמַלְכֵי יְהוּדָה: כִּי אִם־בִּשְׁמֹנֶה עֶשְׂרֵה שָׁנָה לַמֶּלֶךְ יֹאשִׁיָּהוּ נַעֲשָׂה הַפֶּסַח הַזֶּה לַיהוָה בִּירוּשָׁלָ͏ִם: וְגַם אֶת־הָאֹבוֹת וְאֶת־הַיִּדְּעֹנִים וְאֶת־הַתְּרָפִים וְאֶת־הַגִּלֻּלִים וְאֵת כָּל־הַשִּׁקֻּצִים אֲשֶׁר נִרְאוּ בְּאֶרֶץ יְהוּדָה וּבִירוּשָׁלַ͏ִם בִּעֵר יֹאשִׁיָּהוּ לְמַעַן הָקִים אֶת־דִּבְרֵי הַתּוֹרָה הַכְּתֻבִים עַל־הַסֵּפֶר אֲשֶׁר מָצָא חִלְקִיָּהוּ הַכֹּהֵן בֵּית יְהוָה: וְכָמֹהוּ לֹא־הָיָה לְפָנָיו מֶלֶךְ אֲשֶׁר־שָׁב אֶל־יְהוָה בְּכָל־לְבָבוֹ וּבְכָל־נַפְשׁוֹ וּבְכָל־מְאֹדוֹ כְּכֹל תּוֹרַת מֹשֶׁה וְאַחֲרָיו לֹא־קָם כָּמֹהוּ:

---

## קריאה ליום השלישי של פסח

אם היום השלישי של פסח חל בשבת, קוראים את הקריאה לשבת חול המועד (עמ' 738).

שמות י״ג
א׳-ט״ז

וַיְדַבֵּר יְהוָה אֶל־מֹשֶׁה לֵּאמֹר: קַדֶּשׁ־לִי כָל־בְּכוֹר פֶּטֶר כָּל־רֶחֶם בִּבְנֵי יִשְׂרָאֵל בָּאָדָם וּבַבְּהֵמָה לִי הוּא: וַיֹּאמֶר מֹשֶׁה אֶל־הָעָם זָכוֹר אֶת־הַיּוֹם הַזֶּה אֲשֶׁר יְצָאתֶם מִמִּצְרַיִם מִבֵּית עֲבָדִים כִּי בְּחֹזֶק יָד הוֹצִיא יְהוָה אֶתְכֶם מִזֶּה וְלֹא יֵאָכֵל חָמֵץ: הַיּוֹם אַתֶּם יֹצְאִים בְּחֹדֶשׁ הָאָבִיב: וְהָיָה כִי־יְבִיאֲךָ יְהוָה אֶל־אֶרֶץ הַכְּנַעֲנִי וְהַחִתִּי וְהָאֱמֹרִי וְהַחִוִּי וְהַיְבוּסִי אֲשֶׁר נִשְׁבַּע לַאֲבֹתֶיךָ לָתֶת לָךְ אֶרֶץ

לוי

זָבַת חָלָב וּדְבָשׁ וְעָבַדְתָּ אֶת־הָעֲבֹדָה הַזֹּאת בַּחֹדֶשׁ הַזֶּה: שִׁבְעַת יָמִים תֹּאכַל מַצֹּת וּבַיּוֹם הַשְּׁבִיעִי חַג לַיהוה: מַצּוֹת יֵאָכֵל אֵת שִׁבְעַת הַיָּמִים וְלֹא־יֵרָאֶה לְךָ חָמֵץ וְלֹא־יֵרָאֶה לְךָ שְׂאֹר בְּכָל־גְּבֻלֶךָ: וְהִגַּדְתָּ לְבִנְךָ בַּיּוֹם הַהוּא לֵאמֹר בַּעֲבוּר זֶה עָשָׂה יהוה לִי בְּצֵאתִי מִמִּצְרָיִם: וְהָיָה לְךָ לְאוֹת עַל־יָדְךָ וּלְזִכָּרוֹן בֵּין עֵינֶיךָ לְמַעַן תִּהְיֶה תּוֹרַת יהוה בְּפִיךָ כִּי בְּיָד חֲזָקָה הוֹצִאֲךָ יהוה מִמִּצְרָיִם: וְשָׁמַרְתָּ אֶת־הַחֻקָּה הַזֹּאת לְמוֹעֲדָהּ מִיָּמִים יָמִימָה:

שלישי וְהָיָה כִּי־יְבִאֲךָ יהוה אֶל־אֶרֶץ הַכְּנַעֲנִי כַּאֲשֶׁר נִשְׁבַּע לְךָ וְלַאֲבֹתֶיךָ וּנְתָנָהּ לָךְ: וְהַעֲבַרְתָּ כָל־פֶּטֶר־רֶחֶם לַיהוה וְכָל־פֶּטֶר ׀ שֶׁגֶר בְּהֵמָה אֲשֶׁר יִהְיֶה לְךָ הַזְּכָרִים לַיהוה: וְכָל־פֶּטֶר חֲמֹר תִּפְדֶּה בְשֶׂה וְאִם־לֹא תִפְדֶּה וַעֲרַפְתּוֹ וְכֹל בְּכוֹר אָדָם בְּבָנֶיךָ תִּפְדֶּה: וְהָיָה כִּי־יִשְׁאָלְךָ בִנְךָ מָחָר לֵאמֹר מַה־זֹּאת וְאָמַרְתָּ אֵלָיו בְּחֹזֶק יָד הוֹצִיאָנוּ יהוה מִמִּצְרַיִם מִבֵּית עֲבָדִים: וַיְהִי כִּי־הִקְשָׁה פַרְעֹה לְשַׁלְּחֵנוּ וַיַּהֲרֹג יהוה כָּל־בְּכוֹר בְּאֶרֶץ מִצְרַיִם מִבְּכֹר אָדָם וְעַד־בְּכוֹר בְּהֵמָה עַל־כֵּן אֲנִי זֹבֵחַ לַיהוה כָּל־פֶּטֶר רֶחֶם הַזְּכָרִים וְכָל־בְּכוֹר בָּנַי אֶפְדֶּה: וְהָיָה לְאוֹת עַל־יָדְכָה וּלְטוֹטָפֹת בֵּין עֵינֶיךָ כִּי בְּחֹזֶק יָד הוֹצִיאָנוּ יהוה מִמִּצְרָיִם:

הרביעי קורא מספר התורה השני את פרשת 'וְהִקְרַבְתֶּם' (עמ' 738), ואחר כך אומר חצי קדיש (עמ' 301).

## קריאה ליום הרביעי של פסח

אם היום הרביעי של פסח חל ביום ראשון, קוראים 'קַדֶּשׁ־לִי כָל־בְּכוֹר' (בעמוד הקודם).

שמות כב, כד–כג, יט אִם־כֶּסֶף ׀ תַּלְוֶה אֶת־עַמִּי אֶת־הֶעָנִי עִמָּךְ לֹא־תִהְיֶה לוֹ כְּנֹשֶׁה לֹא־תְשִׂימוּן
עָלָיו נֶשֶׁךְ: אִם־חָבֹל תַּחְבֹּל שַׂלְמַת רֵעֶךָ עַד־בֹּא הַשֶּׁמֶשׁ תְּשִׁיבֶנּוּ לוֹ: כִּי הִוא
כְסוּתֹה לְבַדָּהּ הִוא שִׂמְלָתוֹ לְעֹרוֹ בַּמֶּה יִשְׁכָּב וְהָיָה כִּי־יִצְעַק אֵלַי וְשָׁמַעְתִּי
כִּי־חַנּוּן אָנִי: *אֱלֹהִים לֹא תְקַלֵּל וְנָשִׂיא בְעַמְּךָ לֹא תָאֹר: מְלֵאָתְךָ לוי
וְדִמְעֲךָ לֹא תְאַחֵר בְּכוֹר בָּנֶיךָ תִּתֶּן־לִי: כֵּן־תַּעֲשֶׂה לְשֹׁרְךָ לְצֹאנֶךָ שִׁבְעַת יָמִים
יִהְיֶה עִם־אִמּוֹ בַּיּוֹם הַשְּׁמִינִי תִּתְּנוֹ־לִי: וְאַנְשֵׁי־קֹדֶשׁ תִּהְיוּן לִי וּבָשָׂר בַּשָּׂדֶה
טְרֵפָה לֹא תֹאכֵלוּ לַכֶּלֶב תַּשְׁלִכוּן אֹתוֹ: לֹא תִשָּׂא שֵׁמַע שָׁוְא
אַל־תָּשֶׁת יָדְךָ עִם־רָשָׁע לִהְיֹת עֵד חָמָס: לֹא־תִהְיֶה אַחֲרֵי־רַבִּים לְרָעֹת וְלֹא־
תַעֲנֶה עַל־רִב לִנְטֹת אַחֲרֵי רַבִּים לְהַטֹּת: וְדָל לֹא תֶהְדַּר בְּרִיבוֹ: כִּי
תִפְגַּע שׁוֹר אֹיִבְךָ אוֹ חֲמֹרוֹ תֹּעֶה הָשֵׁב תְּשִׁיבֶנּוּ לוֹ: כִּי־תִרְאֶה חֲמוֹר
שֹׂנַאֲךָ רֹבֵץ תַּחַת מַשָּׂאוֹ וְחָדַלְתָּ מֵעֲזֹב לוֹ עָזֹב תַּעֲזֹב עִמּוֹ: *לֹא שלישי

תַטֶּה מִשְׁפַּט אֶבְיֹנְךָ בְּרִיבוֹ: מִדְּבַר־שֶׁקֶר תִּרְחָק וְנָקִי וְצַדִּיק אַל־תַּהֲרֹג כִּי לֹא־אַצְדִּיק רָשָׁע: וְשֹׁחַד לֹא תִקָּח כִּי הַשֹּׁחַד יְעַוֵּר פִּקְחִים וִיסַלֵּף דִּבְרֵי צַדִּיקִים: וְגֵר לֹא תִלְחָץ וְאַתֶּם יְדַעְתֶּם אֶת־נֶפֶשׁ הַגֵּר כִּי־גֵרִים הֱיִיתֶם בְּאֶרֶץ מִצְרָיִם: וְשֵׁשׁ שָׁנִים תִּזְרַע אֶת־אַרְצֶךָ וְאָסַפְתָּ אֶת־תְּבוּאָתָהּ: וְהַשְּׁבִיעִת תִּשְׁמְטֶנָּה וּנְטַשְׁתָּהּ וְאָכְלוּ אֶבְיֹנֵי עַמֶּךָ וְיִתְרָם תֹּאכַל חַיַּת הַשָּׂדֶה כֵּן־תַּעֲשֶׂה לְכַרְמְךָ לְזֵיתֶךָ: שֵׁשֶׁת יָמִים תַּעֲשֶׂה מַעֲשֶׂיךָ וּבַיּוֹם הַשְּׁבִיעִי תִּשְׁבֹּת לְמַעַן יָנוּחַ שׁוֹרְךָ וַחֲמֹרֶךָ וְיִנָּפֵשׁ בֶּן־אֲמָתְךָ וְהַגֵּר: וּבְכֹל אֲשֶׁר־אָמַרְתִּי אֲלֵיכֶם תִּשָּׁמֵרוּ וְשֵׁם אֱלֹהִים אֲחֵרִים לֹא תַזְכִּירוּ לֹא יִשָּׁמַע עַל־פִּיךָ: שָׁלֹשׁ רְגָלִים תָּחֹג לִי בַּשָּׁנָה: אֶת־חַג הַמַּצּוֹת תִּשְׁמֹר שִׁבְעַת יָמִים תֹּאכַל מַצּוֹת כַּאֲשֶׁר צִוִּיתִךָ לְמוֹעֵד חֹדֶשׁ הָאָבִיב כִּי־בוֹ יָצָאתָ מִמִּצְרָיִם וְלֹא־יֵרָאוּ פָנַי רֵיקָם: וְחַג הַקָּצִיר בִּכּוּרֵי מַעֲשֶׂיךָ אֲשֶׁר תִּזְרַע בַּשָּׂדֶה וְחַג הָאָסִף בְּצֵאת הַשָּׁנָה בְּאָסְפְּךָ אֶת־מַעֲשֶׂיךָ מִן־הַשָּׂדֶה: שָׁלֹשׁ פְּעָמִים בַּשָּׁנָה יֵרָאֶה כָּל־זְכוּרְךָ אֶל־פְּנֵי הָאָדֹן ׀ יהוה: לֹא־תִזְבַּח עַל־חָמֵץ דַּם־זִבְחִי וְלֹא־יָלִין חֵלֶב־חַגִּי עַד־בֹּקֶר: רֵאשִׁית בִּכּוּרֵי אַדְמָתְךָ תָּבִיא בֵּית יהוה אֱלֹהֶיךָ לֹא־תְבַשֵּׁל גְּדִי בַּחֲלֵב אִמּוֹ:

הרביעי קורא מספר התורה השני את פרשת ׳וְהִקְרַבְתֶּם׳ (עמ׳ 738), ואחר כך אומר חצי קדיש (עמ׳ 301).

## קריאה ליום החמישי של פסח

אם היום החמישי של פסח חל בשבת, קוראים את הקריאה לשבת חול המועד (עמ׳ 738), ואם חל ביום שני קוראים ׳אִם־כֶּסֶף׳ בעמוד הקודם.

שמות לד, א–כו וַיֹּאמֶר יהוה אֶל־מֹשֶׁה פְּסָל־לְךָ שְׁנֵי־לֻחֹת אֲבָנִים כָּרִאשֹׁנִים וְכָתַבְתִּי עַל־
הַלֻּחֹת אֶת־הַדְּבָרִים אֲשֶׁר הָיוּ עַל־הַלֻּחֹת הָרִאשֹׁנִים אֲשֶׁר שִׁבַּרְתָּ: וֶהְיֵה
נָכוֹן לַבֹּקֶר וְעָלִיתָ בַבֹּקֶר אֶל־הַר סִינַי וְנִצַּבְתָּ לִי שָׁם עַל־רֹאשׁ הָהָר: וְאִישׁ
לֹא־יַעֲלֶה עִמָּךְ וְגַם־אִישׁ אַל־יֵרָא בְּכָל־הָהָר גַּם־הַצֹּאן וְהַבָּקָר אַל־יִרְעוּ אֶל־
לוי מוּל הָהָר הַהוּא: ״וַיִּפְסֹל שְׁנֵי־לֻחֹת אֲבָנִים כָּרִאשֹׁנִים וַיַּשְׁכֵּם מֹשֶׁה בַבֹּקֶר
וַיַּעַל אֶל־הַר סִינַי כַּאֲשֶׁר צִוָּה יהוה אֹתוֹ וַיִּקַּח בְּיָדוֹ שְׁנֵי לֻחֹת אֲבָנִים: וַיֵּרֶד
יהוה בֶּעָנָן וַיִּתְיַצֵּב עִמּוֹ שָׁם וַיִּקְרָא בְשֵׁם יהוה: וַיַּעֲבֹר יהוה ׀ עַל־פָּנָיו וַיִּקְרָא
יהוה ׀ יהוה אֵל רַחוּם וְחַנּוּן אֶרֶךְ אַפַּיִם וְרַב־חֶסֶד וֶאֱמֶת: נֹצֵר חֶסֶד לָאֲלָפִים
נֹשֵׂא עָוֹן וָפֶשַׁע וְחַטָּאָה וְנַקֵּה לֹא יְנַקֶּה פֹּקֵד ׀ עֲוֹן אָבוֹת עַל־בָּנִים וְעַל־בְּנֵי
בָנִים עַל־שִׁלֵּשִׁים וְעַל־רִבֵּעִים: וַיְמַהֵר מֹשֶׁה וַיִּקֹּד אַרְצָה וַיִּשְׁתָּחוּ: וַיֹּאמֶר

אִם־נָ֨א מָצָ֤אתִי חֵן֙ בְּעֵינֶ֔יךָ אֲדֹנָ֔י יֵֽלֶךְ־נָ֥א אֲדֹנָ֖י בְּקִרְבֵּ֑נוּ כִּ֤י עַם־קְשֵׁה־עֹ֨רֶף֙
ה֔וּא וְסָלַחְתָּ֛ לַעֲוֹנֵ֥נוּ וּלְחַטָּאתֵ֖נוּ וּנְחַלְתָּֽנוּ: וַיֹּ֗אמֶר הִנֵּ֣ה אָנֹכִי֮ כֹּרֵ֣ת בְּרִית֒ נֶ֣גֶד
כָּֽל־עַמְּךָ֮ אֶעֱשֶׂ֣ה נִפְלָאֹת֒ אֲשֶׁ֧ר לֹֽא־נִבְרְא֛וּ בְכָל־הָאָ֖רֶץ וּבְכָל־הַגּוֹיִ֑ם וְרָאָ֣ה
כָל־הָ֠עָ֠ם אֲשֶׁר־אַתָּ֨ה בְקִרְבּ֜וֹ אֶת־מַעֲשֵׂ֤ה יְהוָה֙ כִּֽי־נוֹרָ֣א ה֔וּא אֲשֶׁ֥ר אֲנִ֖י עֹשֶׂ֥ה
שלישי    עִמָּֽךְ: *שְׁמָר־לְךָ֔ אֵ֛ת אֲשֶׁ֥ר אָנֹכִ֖י מְצַוְּךָ֣ הַיּ֑וֹם הִנְנִ֧י גֹרֵ֣שׁ מִפָּנֶ֗יךָ אֶת־הָאֱמֹרִי֙
וְהַֽכְּנַעֲנִ֔י וְהַֽחִתִּי֙ וְהַפְּרִזִּ֔י וְהַֽחִוִּ֖י וְהַיְבוּסִֽי: הִשָּׁ֣מֶר לְךָ֗ פֶּן־תִּכְרֹ֤ת בְּרִית֙ לְיוֹשֵׁ֣ב
הָאָ֔רֶץ אֲשֶׁ֥ר אַתָּ֖ה בָּ֣א עָלֶ֑יהָ פֶּן־יִהְיֶ֥ה לְמוֹקֵ֖שׁ בְּקִרְבֶּֽךָ: כִּ֤י אֶת־מִזְבְּחֹתָם֙
תִּתֹּצ֔וּן וְאֶת־מַצֵּבֹתָ֖ם תְּשַׁבֵּר֑וּן וְאֶת־אֲשֵׁרָ֖יו תִּכְרֹתֽוּן: כִּ֛י לֹ֥א תִֽשְׁתַּחֲוֶ֖ה לְאֵ֣ל
אַחֵ֑ר כִּ֤י יְהוָה֙ קַנָּ֣א שְׁמ֔וֹ אֵ֥ל קַנָּ֖א הֽוּא: פֶּן־תִּכְרֹ֥ת בְּרִ֖ית לְיוֹשֵׁ֣ב הָאָ֑רֶץ וְזָנ֣וּ ׀
אַחֲרֵ֣י אֱלֹֽהֵיהֶ֗ם וְזָבְחוּ֙ לֵאלֹ֣הֵיהֶ֔ם וְקָרָ֣א לְךָ֔ וְאָכַלְתָּ֖ מִזִּבְחֽוֹ: וְלָקַחְתָּ֣ מִבְּנֹתָ֔יו
לְבָנֶ֑יךָ וְזָנ֣וּ בְנֹתָ֗יו אַֽחֲרֵי֙ אֱלֹ֣הֵיהֶ֔ן וְהִזְנוּ֙ אֶת־בָּנֶ֔יךָ אַחֲרֵ֖י אֱלֹֽהֵיהֶֽן: אֱלֹהֵ֥י מַסֵּכָ֖ה
לֹ֣א תַֽעֲשֶׂה־לָּֽךְ: אֶת־חַ֣ג הַמַּצּוֹת֮ תִּשְׁמֹר֒ שִׁבְעַ֨ת יָמִ֜ים תֹּאכַ֤ל מַצּוֹת֙ אֲשֶׁ֣ר
צִוִּיתִ֔ךָ לְמוֹעֵ֖ד חֹ֣דֶשׁ הָאָבִ֑יב כִּ֚י בְּחֹ֣דֶשׁ הָֽאָבִ֔יב יָצָ֖אתָ מִמִּצְרָֽיִם: כָּל־פֶּ֥טֶר
רֶ֖חֶם לִ֑י וְכָֽל־מִקְנְךָ֙ תִּזָּכָ֔ר פֶּ֥טֶר שׁ֖וֹר וָשֶֽׂה: וּפֶ֤טֶר חֲמוֹר֙ תִּפְדֶּ֣ה בְשֶׂ֔ה וְאִם־
לֹ֥א תִפְדֶּ֖ה וַעֲרַפְתּ֑וֹ כֹּ֣ל בְּכ֤וֹר בָּנֶ֨יךָ֙ תִּפְדֶּ֔ה וְלֹֽא־יֵרָא֥וּ פָנַ֖י רֵיקָֽם: שֵׁ֤שֶׁת יָמִים֙
תַּעֲבֹ֔ד וּבַיּ֥וֹם הַשְּׁבִיעִ֖י תִּשְׁבֹּ֑ת בֶּחָרִ֥ישׁ וּבַקָּצִ֖יר תִּשְׁבֹּֽת: וְחַ֤ג שָׁבֻעֹת֙ תַּעֲשֶׂ֣ה
לְךָ֔ בִּכּוּרֵ֖י קְצִ֣יר חִטִּ֑ים וְחַג֙ הָֽאָסִ֔יף תְּקוּפַ֖ת הַשָּׁנָֽה: שָׁלֹ֥שׁ פְּעָמִ֖ים בַּשָּׁנָ֑ה
יֵֽרָאֶה֙ כָּל־זְכ֣וּרְךָ֔ אֶת־פְּנֵ֛י הָֽאָדֹ֥ן ׀ יְהוָ֖ה אֱלֹהֵ֥י יִשְׂרָאֵֽל: כִּֽי־אוֹרִ֤ישׁ גּוֹיִם֙ מִפָּנֶ֔יךָ
וְהִרְחַבְתִּ֖י אֶת־גְּבֻלֶ֑ךָ וְלֹא־יַחְמֹ֤ד אִישׁ֙ אֶֽת־אַרְצְךָ֔ בַּעֲלֹֽתְךָ֗ לֵרָאוֹת֙ אֶת־פְּנֵי֙
יְהוָ֣ה אֱלֹהֶ֔יךָ שָׁלֹ֥שׁ פְּעָמִ֖ים בַּשָּׁנָֽה: לֹֽא־תִשְׁחַ֥ט עַל־חָמֵ֖ץ דַּם־זִבְחִ֑י וְלֹֽא־יָלִ֣ין
לַבֹּ֔קֶר זֶ֖בַח חַ֥ג הַפָּֽסַח: רֵאשִׁ֗ית בִּכּוּרֵי֙ אַדְמָ֣תְךָ֔ תָּבִ֕יא בֵּ֖ית יְהוָ֣ה אֱלֹהֶ֑יךָ לֹֽא־
תְבַשֵּׁ֥ל גְּדִ֖י בַּחֲלֵ֥ב אִמּֽוֹ:

הרביעי קורא מספר התורה השני את פרשת וְהַקְרַבְתֶּם (עמ' 738),
ואחר כך אומר חצי קדיש (עמ' 50ג).

## קריאה ליום הששי של פסח

במדבר ט,
א–ד,יד    וַיְדַבֵּ֣ר יְהֹוָ֣ה אֶל־מֹשֶׁ֣ה בְמִדְבַּר־סִ֠ינַ֠י בַּשָּׁנָ֨ה הַשֵּׁנִ֜ית לְצֵאתָ֨ם מֵאֶ֧רֶץ מִצְרַ֛יִם
בַּחֹ֥דֶשׁ הָרִאשׁ֖וֹן לֵאמֹֽר: וְיַעֲשׂ֧וּ בְנֵֽי־יִשְׂרָאֵ֛ל אֶת־הַפָּ֖סַח בְּמוֹעֲדֽוֹ: בְּאַרְבָּעָ֣ה
עָשָׂר־י֠וֹם בַּחֹ֨דֶשׁ הַזֶּ֜ה בֵּ֧ין הָעַרְבַּ֛יִם תַּעֲשׂ֥וּ אֹת֖וֹ בְּמוֹעֲד֑וֹ כְּכָל־חֻקֹּתָ֥יו וּכְכָל־
מִשְׁפָּטָ֖יו תַּעֲשׂ֥וּ אֹתֽוֹ: וַיְדַבֵּ֥ר מֹשֶׁ֛ה אֶל־בְּנֵ֥י יִשְׂרָאֵ֖ל לַעֲשֹׂ֥ת הַפָּֽסַח: וַיַּעֲשׂ֣וּ

אֶת־הַפֶּסַח בָּרִאשׁוֹן בְּאַרְבָּעָה עָשָׂר יוֹם לַחֹדֶשׁ בֵּין הָעַרְבַּיִם בְּמִדְבַּר סִינָי
לוי כְּכֹל אֲשֶׁר צִוָּה יהוה אֶת־מֹשֶׁה כֵּן עָשׂוּ בְּנֵי יִשְׂרָאֵל: *וַיְהִי אֲנָשִׁים אֲשֶׁר הָיוּ
טְמֵאִים לְנֶפֶשׁ אָדָם וְלֹא־יָכְלוּ לַעֲשֹׂת־הַפֶּסַח בַּיּוֹם הַהוּא וַיִּקְרְבוּ לִפְנֵי מֹשֶׁה
וְלִפְנֵי אַהֲרֹן בַּיּוֹם הַהוּא: וַיֹּאמְרוּ הָאֲנָשִׁים הָהֵמָּה אֵלָיו אֲנַחְנוּ טְמֵאִים לְנֶפֶשׁ
אָדָם לָמָּה נִגָּרַע לְבִלְתִּי הַקְרִיב אֶת־קָרְבַּן יהוה בְּמֹעֲדוֹ בְּתוֹךְ בְּנֵי יִשְׂרָאֵל:
וַיֹּאמֶר אֲלֵהֶם מֹשֶׁה עִמְדוּ וְאֶשְׁמְעָה מַה־יְצַוֶּה יהוה לָכֶם:
שלישי וַיְדַבֵּר יהוה אֶל־מֹשֶׁה לֵּאמֹר: דַּבֵּר אֶל־בְּנֵי יִשְׂרָאֵל לֵאמֹר אִישׁ אִישׁ כִּי־
יִהְיֶה טָמֵא ׀ לָנֶפֶשׁ אוֹ בְדֶרֶךְ רְחֹקָה לָכֶם אוֹ לְדֹרֹתֵיכֶם וְעָשָׂה פֶסַח לַיהוה:
בַּחֹדֶשׁ הַשֵּׁנִי בְּאַרְבָּעָה עָשָׂר יוֹם בֵּין הָעַרְבַּיִם יַעֲשׂוּ אֹתוֹ עַל־מַצּוֹת וּמְרֹרִים
יֹאכְלֻהוּ: לֹא־יַשְׁאִירוּ מִמֶּנּוּ עַד־בֹּקֶר וְעֶצֶם לֹא יִשְׁבְּרוּ־בוֹ כְּכָל־חֻקַּת הַפֶּסַח
יַעֲשׂוּ אֹתוֹ: וְהָאִישׁ אֲשֶׁר־הוּא טָהוֹר וּבְדֶרֶךְ לֹא־הָיָה וְחָדַל לַעֲשׂוֹת הַפֶּסַח
וְנִכְרְתָה הַנֶּפֶשׁ הַהִוא מֵעַמֶּיהָ כִּי ׀ קָרְבַּן יהוה לֹא הִקְרִיב בְּמֹעֲדוֹ חֶטְאוֹ יִשָּׂא
הָאִישׁ הַהוּא: וְכִי־יָגוּר אִתְּכֶם גֵּר וְעָשָׂה פֶסַח לַיהוה כְּחֻקַּת הַפֶּסַח וּכְמִשְׁפָּטוֹ
כֵּן יַעֲשֶׂה חֻקָּה אַחַת יִהְיֶה לָכֶם וְלַגֵּר וּלְאֶזְרַח הָאָרֶץ:

בכל יום מימות חג הפסח המפטיר קורא מספר התורה השני.

במדבר כח, יט–כה וְהִקְרַבְתֶּם אִשֶּׁה עֹלָה לַיהוה פָּרִים בְּנֵי־בָקָר שְׁנַיִם וְאַיִל אֶחָד וְשִׁבְעָה כְבָשִׂים
בְּנֵי שָׁנָה תְּמִימִם יִהְיוּ לָכֶם: וּמִנְחָתָם סֹלֶת בְּלוּלָה בַשָּׁמֶן שְׁלֹשָׁה עֶשְׂרֹנִים
לַפָּר וּשְׁנֵי עֶשְׂרֹנִים לָאַיִל תַּעֲשׂוּ: עִשָּׂרוֹן עִשָּׂרוֹן תַּעֲשֶׂה לַכֶּבֶשׂ הָאֶחָד לְשִׁבְעַת
הַכְּבָשִׂים: וּשְׂעִיר חַטָּאת אֶחָד לְכַפֵּר עֲלֵיכֶם: מִלְּבַד עֹלַת הַבֹּקֶר אֲשֶׁר לְעֹלַת
הַתָּמִיד תַּעֲשׂוּ אֶת־אֵלֶּה: כָּאֵלֶּה תַּעֲשׂוּ לַיּוֹם שִׁבְעַת יָמִים לֶחֶם אִשֵּׁה רֵיחַ־
נִיחֹחַ לַיהוה עַל־עוֹלַת הַתָּמִיד יֵעָשֶׂה וְנִסְכּוֹ: וּבַיּוֹם הַשְּׁבִיעִי מִקְרָא־קֹדֶשׁ
יִהְיֶה לָכֶם כָּל־מְלֶאכֶת עֲבֹדָה לֹא תַעֲשׂוּ: ואומר חצי קדיש (עמ׳ 301).

## קריאה לשבת חול המועד פסח וסוכות

שמות לג, יב–לד, כו וַיֹּאמֶר מֹשֶׁה אֶל־יהוה רְאֵה אַתָּה אֹמֵר אֵלַי הַעַל אֶת־הָעָם הַזֶּה וְאַתָּה לֹא
הוֹדַעְתַּנִי אֵת אֲשֶׁר־תִּשְׁלַח עִמִּי וְאַתָּה אָמַרְתָּ יְדַעְתִּיךָ בְשֵׁם וְגַם־מָצָאתָ
חֵן בְּעֵינָי: וְעַתָּה אִם־נָא מָצָאתִי חֵן בְּעֵינֶיךָ הוֹדִעֵנִי נָא אֶת־דְּרָכֶךָ וְאֵדָעֲךָ
לְמַעַן אֶמְצָא־חֵן בְּעֵינֶיךָ וּרְאֵה כִּי עַמְּךָ הַגּוֹי הַזֶּה: וַיֹּאמַר פָּנַי יֵלֵכוּ וַהֲנִחֹתִי
לָךְ: וַיֹּאמֶר אֵלָיו אִם־אֵין פָּנֶיךָ הֹלְכִים אַל־תַּעֲלֵנוּ מִזֶּה: וּבַמֶּה ׀ יִוָּדַע אֵפוֹא

כִּי־מָצָאתִי חֵן בְּעֵינֶיךָ אֲנִי וְעַמֶּךָ הֲלוֹא בְּלֶכְתְּךָ עִמָּנוּ וְנִפְלֵינוּ אֲנִי וְעַמְּךָ
מִכָּל־הָעָם אֲשֶׁר עַל־פְּנֵי הָאֲדָמָה׃

לוי וַיֹּאמֶר יהוה אֶל־מֹשֶׁה גַּם אֶת־הַדָּבָר הַזֶּה אֲשֶׁר דִּבַּרְתָּ אֶעֱשֶׂה כִּי־מָצָאתָ
חֵן בְּעֵינַי וָאֵדָעֲךָ בְּשֵׁם׃ וַיֹּאמַר הַרְאֵנִי נָא אֶת־כְּבֹדֶךָ׃ וַיֹּאמֶר אֲנִי אַעֲבִיר
כָּל־טוּבִי עַל־פָּנֶיךָ וְקָרָאתִי בְשֵׁם יהוה לְפָנֶיךָ וְחַנֹּתִי אֶת־אֲשֶׁר אָחֹן וְרִחַמְתִּי
שלישי אֶת־אֲשֶׁר אֲרַחֵם׃ *וַיֹּאמֶר לֹא תוּכַל לִרְאֹת אֶת־פָּנָי כִּי לֹא־יִרְאַנִי הָאָדָם וָחָי׃
וַיֹּאמֶר יהוה הִנֵּה מָקוֹם אִתִּי וְנִצַּבְתָּ עַל־הַצּוּר׃ וְהָיָה בַּעֲבֹר כְּבֹדִי וְשַׂמְתִּיךָ
בְּנִקְרַת הַצּוּר וְשַׂכֹּתִי כַפִּי עָלֶיךָ עַד־עָבְרִי׃ וַהֲסִרֹתִי אֶת־כַּפִּי וְרָאִיתָ אֶת־
אֲחֹרָי וּפָנַי לֹא יֵרָאוּ׃

רביעי וַיֹּאמֶר יהוה אֶל־מֹשֶׁה פְּסָל־לְךָ שְׁנֵי־לֻחֹת אֲבָנִים כָּרִאשֹׁנִים וְכָתַבְתִּי עַל־
הַלֻּחֹת אֶת־הַדְּבָרִים אֲשֶׁר הָיוּ עַל־הַלֻּחֹת הָרִאשֹׁנִים אֲשֶׁר שִׁבַּרְתָּ׃ וֶהְיֵה
נָכוֹן לַבֹּקֶר וְעָלִיתָ בַבֹּקֶר אֶל־הַר סִינַי וְנִצַּבְתָּ לִי שָׁם עַל־רֹאשׁ הָהָר׃ וְאִישׁ
לֹא־יַעֲלֶה עִמָּךְ וְגַם־אִישׁ אַל־יֵרָא בְּכָל־הָהָר גַּם־הַצֹּאן וְהַבָּקָר אַל־יִרְעוּ אֶל־
חמישי מוּל הָהָר הַהוּא׃ *וַיִּפְסֹל שְׁנֵי־לֻחֹת אֲבָנִים כָּרִאשֹׁנִים וַיַּשְׁכֵּם מֹשֶׁה בַבֹּקֶר
וַיַּעַל אֶל־הַר סִינַי כַּאֲשֶׁר צִוָּה יהוה אֹתוֹ וַיִּקַּח בְּיָדוֹ שְׁנֵי לֻחֹת אֲבָנִים׃ וַיֵּרֶד
יהוה בֶּעָנָן וַיִּתְיַצֵּב עִמּוֹ שָׁם וַיִּקְרָא בְשֵׁם יהוה׃ וַיַּעֲבֹר יהוה ׀ עַל־פָּנָיו וַיִּקְרָא
יהוה ׀ יהוה אֵל רַחוּם וְחַנּוּן אֶרֶךְ אַפַּיִם וְרַב־חֶסֶד וֶאֱמֶת׃ נֹצֵר חֶסֶד לָאֲלָפִים
נֹשֵׂא עָוֺן וָפֶשַׁע וְחַטָּאָה וְנַקֵּה לֹא יְנַקֶּה פֹּקֵד ׀ עֲוֺן אָבוֹת עַל־בָּנִים וְעַל־בְּנֵי
בָנִים עַל־שִׁלֵּשִׁים וְעַל־רִבֵּעִים׃ וַיְמַהֵר מֹשֶׁה וַיִּקֹּד אַרְצָה וַיִּשְׁתָּחוּ׃ וַיֹּאמֶר
אִם־נָא מָצָאתִי חֵן בְּעֵינֶיךָ אֲדֹנָי יֵלֶךְ־נָא אֲדֹנָי בְּקִרְבֵּנוּ כִּי עַם־קְשֵׁה־עֹרֶף
הוּא וְסָלַחְתָּ לַעֲוֺנֵנוּ וּלְחַטָּאתֵנוּ וּנְחַלְתָּנוּ׃ וַיֹּאמֶר הִנֵּה אָנֹכִי כֹּרֵת בְּרִית נֶגֶד
כָּל־עַמְּךָ אֶעֱשֶׂה נִפְלָאֹת אֲשֶׁר לֹא־נִבְרְאוּ בְכָל־הָאָרֶץ וּבְכָל־הַגּוֹיִם וְרָאָה
כָל־הָעָם אֲשֶׁר־אַתָּה בְקִרְבּוֹ אֶת־מַעֲשֵׂה יהוה כִּי־נוֹרָא הוּא אֲשֶׁר אֲנִי עֹשֶׂה
שישי עִמָּךְ׃ *שְׁמָר־לְךָ אֵת אֲשֶׁר אָנֹכִי מְצַוְּךָ הַיּוֹם הִנְנִי גֹרֵשׁ מִפָּנֶיךָ אֶת־הָאֱמֹרִי
וְהַכְּנַעֲנִי וְהַחִתִּי וְהַפְּרִזִּי וְהַחִוִּי וְהַיְבוּסִי׃ הִשָּׁמֶר לְךָ פֶּן־תִּכְרֹת בְּרִית לְיוֹשֵׁב
הָאָרֶץ אֲשֶׁר אַתָּה בָּא עָלֶיהָ פֶּן־יִהְיֶה לְמוֹקֵשׁ בְּקִרְבֶּךָ׃ כִּי אֶת־מִזְבְּחֹתָם
תִּתֹּצוּן וְאֶת־מַצֵּבֹתָם תְּשַׁבֵּרוּן וְאֶת־אֲשֵׁרָיו תִּכְרֹתוּן׃ כִּי לֹא תִשְׁתַּחֲוֶה לְאֵל
אַחֵר כִּי יהוה קַנָּא שְׁמוֹ אֵל קַנָּא הוּא׃ פֶּן־תִּכְרֹת בְּרִית לְיוֹשֵׁב הָאָרֶץ וְזָנוּ ׀
אַחֲרֵי אֱלֹהֵיהֶם וְזָבְחוּ לֵאלֹהֵיהֶם וְקָרָא לְךָ וְאָכַלְתָּ מִזִּבְחוֹ׃ וְלָקַחְתָּ מִבְּנֹתָיו

לְבָנֶ֔יךָ וְזָנ֣וּ בְנֹתָ֗יו אַחֲרֵי֙ אֱלֹ֣הֵיהֶ֔ן וְהִזְנוּ֙ אֶת־בָּנֶ֔יךָ אַחֲרֵ֖י אֱלֹהֵיהֶֽן׃ אֱלֹהֵ֥י מַסֵּכָ֖ה
שביעי לֹ֥א תַעֲשֶׂה־לָּֽךְ׃ *אֶת־חַ֣ג הַמַּצּוֹת֮ תִּשְׁמֹר֒ שִׁבְעַ֨ת יָמִ֜ים תֹּאכַ֤ל מַצּוֹת֙ אֲשֶׁ֣ר
צִוִּיתִ֔ךָ לְמוֹעֵ֖ד חֹ֣דֶשׁ הָאָבִ֑יב כִּ֚י בְּחֹ֣דֶשׁ הָֽאָבִ֔יב יָצָ֖אתָ מִמִּצְרָֽיִם׃ כָּל־פֶּ֥טֶר
רֶ֖חֶם לִ֑י וְכָֽל־מִקְנְךָ֙ תִּזָּכָ֔ר פֶּ֖טֶר שׁ֥וֹר וָשֶֽׂה׃ וּפֶ֤טֶר חֲמוֹר֙ תִּפְדֶּ֣ה בְשֶׂ֔ה וְאִם־
לֹ֥א תִפְדֶּ֖ה וַעֲרַפְתּ֑וֹ כֹּ֣ל בְּכ֤וֹר בָּנֶ֙יךָ֙ תִּפְדֶּ֔ה וְלֹא־יֵרָא֥וּ פָנַ֖י רֵיקָֽם׃ שֵׁ֤שֶׁת יָמִים֙
תַּעֲבֹ֔ד וּבַיּ֥וֹם הַשְּׁבִיעִ֖י תִּשְׁבֹּ֑ת בֶּחָרִ֥ישׁ וּבַקָּצִ֖יר תִּשְׁבֹּֽת׃ וְחַ֤ג שָׁבֻעֹת֙ תַּעֲשֶׂ֣ה
לְךָ֔ בִּכּוּרֵ֖י קְצִ֣יר חִטִּ֑ים וְחַג֙ הָֽאָסִ֔יף תְּקוּפַ֖ת הַשָּׁנָֽה׃ שָׁלֹ֥שׁ פְּעָמִ֖ים בַּשָּׁנָ֑ה
יֵרָאֶה֙ כָּל־זְכ֣וּרְךָ֔ אֶת־פְּנֵ֛י הָֽאָדֹ֥ן ׀ יְהוָ֖ה אֱלֹהֵ֥י יִשְׂרָאֵֽל׃ כִּֽי־אוֹרִ֤ישׁ גּוֹיִם֙ מִפָּנֶ֔יךָ
וְהִרְחַבְתִּ֖י אֶת־גְּבֻלֶ֑ךָ וְלֹא־יַחְמֹ֥ד אִישׁ֙ אֶת־אַרְצְךָ֔ בַּעֲלֹֽתְךָ֗ לֵרָאוֹת֙ אֶת־פְּנֵי֙
יְהוָ֣ה אֱלֹהֶ֔יךָ שָׁלֹ֥שׁ פְּעָמִ֖ים בַּשָּׁנָֽה׃ לֹֽא־תִשְׁחַ֥ט עַל־חָמֵ֖ץ דַּם־זִבְחִ֑י וְלֹא־יָלִ֣ין
לַבֹּ֔קֶר זֶ֖בַח חַ֥ג הַפָּֽסַח׃ רֵאשִׁ֗ית בִּכּוּרֵי֙ אַדְמָ֣תְךָ֔ תָּבִ֕יא בֵּ֖ית יְהוָ֣ה אֱלֹהֶ֑יךָ לֹֽא־
תְבַשֵּׁ֥ל גְּדִ֖י בַּחֲלֵ֥ב אִמּֽוֹ׃ ואומר חצי קדיש (עמ׳ 301).

## מפטיר לשבת חול המועד פסח

במדבר כח, יט–כה וְהִקְרַבְתֶּ֨ם אִשֶּׁ֤ה עֹלָה֙ לַֽיהוָ֔ה פָּרִ֧ים בְּנֵי־בָקָ֛ר שְׁנַ֖יִם וְאַ֣יִל אֶחָ֑ד וְשִׁבְעָ֤ה כְבָשִׂים֙
בְּנֵ֣י שָׁנָ֔ה תְּמִימִ֖ם יִהְי֥וּ לָכֶֽם׃ וּמִ֨נְחָתָ֔ם סֹ֖לֶת בְּלוּלָ֣ה בַשָּׁ֑מֶן שְׁלֹשָׁ֨ה עֶשְׂרֹנִ֜ים
לַפָּ֗ר וּשְׁנֵ֧י עֶשְׂרֹנִ֛ים לָאַ֖יִל תַּעֲשֽׂוּ׃ עִשָּׂר֤וֹן עִשָּׂרוֹן֙ תַּעֲשֶׂ֔ה לַכֶּ֖בֶשׂ הָאֶחָ֑ד לְשִׁבְעַ֖ת
הַכְּבָשִֽׂים׃ וּשְׂעִ֥יר חַטָּ֖את אֶחָ֑ד לְכַפֵּ֖ר עֲלֵיכֶֽם׃ מִלְּבַד֙ עֹלַ֣ת הַבֹּ֔קֶר אֲשֶׁ֖ר לְעֹלַ֣ת
הַתָּמִ֑יד תַּעֲשׂ֖וּ אֶת־אֵֽלֶּה׃ כָּאֵ֜לֶּה תַּעֲשׂ֤וּ לַיּוֹם֙ שִׁבְעַ֣ת יָמִ֔ים לֶ֛חֶם אִשֵּׁ֥ה רֵֽיחַ־
נִיחֹ֖חַ לַֽיהוָ֑ה עַל־עוֹלַ֧ת הַתָּמִ֛יד יֵעָשֶׂ֖ה וְנִסְכּֽוֹ׃ וּבַיּוֹם֙ הַשְּׁבִיעִ֔י מִקְרָא־קֹ֖דֶשׁ
יִהְיֶ֣ה לָכֶ֑ם כָּל־מְלֶ֥אכֶת עֲבֹדָ֖ה לֹ֥א תַעֲשֽׂוּ׃

ואומר חצי קדיש (עמ׳ 301), וקורא את ההפטרה בעמוד הבא.

## מפטיר לשבת חול המועד סוכות

אם ב׳ דחוה״מ חל בשבת, מתחיל בחו״ל מכאן:

וּבַיּ֣וֹם הַשֵּׁנִ֗י פָּרִ֧ים בְּנֵי־בָקָ֛ר שְׁנֵ֥ים עָשָׂ֖ר אֵילִ֣ם שְׁנָ֑יִם כְּבָשִׂ֧ים בְּנֵי־שָׁנָ֛ה אַרְבָּעָ֥ה
עָשָׂ֖ר תְּמִימִֽם׃ וּמִנְחָתָ֣ם וְנִסְכֵּיהֶ֡ם לַ֠פָּרִים לָֽאֵילִ֧ם וְלַכְּבָשִׂ֛ים בְּמִסְפָּרָ֖ם כַּמִּשְׁפָּֽט׃
וּשְׂעִיר־עִזִּ֥ים אֶחָ֖ד חַטָּ֑את מִלְּבַד֙ עֹלַ֣ת הַתָּמִ֔יד וּמִנְחָתָ֖הּ וְנִסְכֵּיהֶֽם׃

לב׳ דחוה״מ (ובחו״ל קורא מכאן גם כשג׳ דחוה״מ חל בשבת):

במדבר כט, כ–כב וּבַיּ֧וֹם הַשְּׁלִישִׁ֛י פָּרִ֛ים עַשְׁתֵּי־עָשָׂ֖ר אֵילִ֣ם שְׁנָ֑יִם כְּבָשִׂ֧ים בְּנֵי־שָׁנָ֛ה אַרְבָּעָ֥ה עָשָׂ֖ר

תְּמִימִם: וּמִנְחָתָם וְנִסְכֵּיהֶם לַפָּרִים לָאֵילִם וְלַכְּבָשִׂים בְּמִסְפָּרָם כַּמִּשְׁפָּט:
וּשְׂעִיר חַטָּאת אֶחָד מִלְּבַד עֹלַת הַתָּמִיד וּמִנְחָתָהּ וְנִסְכָּהּ:

אם ג׳ דחוה״מ חל בשבת, מתחיל בחו״ל מכאן:

במדבר כט, כג–כה וּבַיּוֹם הָרְבִיעִי פָּרִים עֲשָׂרָה אֵילִם שְׁנָיִם כְּבָשִׂים בְּנֵי־שָׁנָה אַרְבָּעָה עָשָׂר
תְּמִימִם: מִנְחָתָם וְנִסְכֵּיהֶם לַפָּרִים לָאֵילִם וְלַכְּבָשִׂים בְּמִסְפָּרָם כַּמִּשְׁפָּט:
וּשְׂעִיר־עִזִּים אֶחָד חַטָּאת מִלְּבַד עֹלַת הַתָּמִיד מִנְחָתָהּ וְנִסְכָּהּ:

לד׳ דחוה״מ (ובחו״ל קורא מכאן גם כשה׳ דחוה״מ חל בשבת):

במדבר כט, כו–כח וּבַיּוֹם הַחֲמִישִׁי פָּרִים תִּשְׁעָה אֵילִם שְׁנָיִם כְּבָשִׂים בְּנֵי־שָׁנָה אַרְבָּעָה עָשָׂר
תְּמִימִם: וּמִנְחָתָם וְנִסְכֵּיהֶם לַפָּרִים לָאֵילִם וְלַכְּבָשִׂים בְּמִסְפָּרָם כַּמִּשְׁפָּט:
וּשְׂעִיר חַטָּאת אֶחָד מִלְּבַד עֹלַת הַתָּמִיד וּמִנְחָתָהּ וְנִסְכָּהּ:

לה׳ דחוה״מ:

במדבר כט, כט–לא וּבַיּוֹם הַשִּׁשִּׁי פָּרִים שְׁמֹנָה אֵילִם שְׁנָיִם כְּבָשִׂים בְּנֵי־שָׁנָה אַרְבָּעָה עָשָׂר
תְּמִימִם: וּמִנְחָתָם וְנִסְכֵּיהֶם לַפָּרִים לָאֵילִם וְלַכְּבָשִׂים בְּמִסְפָּרָם כַּמִּשְׁפָּט:
וּשְׂעִיר חַטָּאת אֶחָד מִלְּבַד עֹלַת הַתָּמִיד מִנְחָתָהּ וּנְסָכֶיהָ:

ואומר חצי קדיש (עמ׳ 301), וקורא את ההפטרה בעמוד הבא.

## הפטרה לשבת חול המועד פסח

יחזקאל לז, א–יד הָיְתָה עָלַי יַד־יְהוָה וַיּוֹצִאֵנִי בְרוּחַ יְהוָה וַיְנִיחֵנִי בְּתוֹךְ הַבִּקְעָה וְהִיא מְלֵאָה
עֲצָמוֹת: וְהֶעֱבִירַנִי עֲלֵיהֶם סָבִיב ׀ סָבִיב וְהִנֵּה רַבּוֹת מְאֹד עַל־פְּנֵי הַבִּקְעָה
וְהִנֵּה יְבֵשׁוֹת מְאֹד: וַיֹּאמֶר אֵלַי בֶּן־אָדָם הֲתִחְיֶינָה הָעֲצָמוֹת הָאֵלֶּה וָאֹמַר
אֲדֹנָי יֱהֹוִה אַתָּה יָדָעְתָּ: וַיֹּאמֶר אֵלַי הִנָּבֵא עַל־הָעֲצָמוֹת הָאֵלֶּה וְאָמַרְתָּ
אֲלֵיהֶם הָעֲצָמוֹת הַיְבֵשׁוֹת שִׁמְעוּ דְּבַר־יְהוָה: כֹּה אָמַר אֲדֹנָי יֱהֹוִה לָעֲצָמוֹת
הָאֵלֶּה הִנֵּה אֲנִי מֵבִיא בָכֶם רוּחַ וִחְיִיתֶם: וְנָתַתִּי עֲלֵיכֶם גִּידִים וְהַעֲלֵתִי
עֲלֵיכֶם בָּשָׂר וְקָרַמְתִּי עֲלֵיכֶם עוֹר וְנָתַתִּי בָכֶם רוּחַ וִחְיִיתֶם וִידַעְתֶּם כִּי־אֲנִי
יְהוָה: וְנִבֵּאתִי כַּאֲשֶׁר צֻוֵּיתִי וַיְהִי־קוֹל כְּהִנָּבְאִי וְהִנֵּה־רַעַשׁ וַתִּקְרְבוּ עֲצָמוֹת
עֶצֶם אֶל־עַצְמוֹ: וְרָאִיתִי וְהִנֵּה־עֲלֵיהֶם גִּדִים וּבָשָׂר עָלָה וַיִּקְרַם עֲלֵיהֶם עוֹר
מִלְמָעְלָה וְרוּחַ אֵין בָּהֶם: וַיֹּאמֶר אֵלַי הִנָּבֵא אֶל־הָרוּחַ הִנָּבֵא בֶן־אָדָם
וְאָמַרְתָּ אֶל־הָרוּחַ כֹּה־אָמַר ׀ אֲדֹנָי יֱהֹוִה מֵאַרְבַּע רוּחוֹת בֹּאִי הָרוּחַ וּפְחִי
בַּהֲרוּגִים הָאֵלֶּה וְיִחְיוּ: וְהִנַּבֵּאתִי כַּאֲשֶׁר צִוָּנִי וַתָּבוֹא בָהֶם הָרוּחַ וַיִּחְיוּ וַיַּעַמְדוּ
עַל־רַגְלֵיהֶם חַיִל גָּדוֹל מְאֹד מְאֹד: וַיֹּאמֶר אֵלַי בֶּן־אָדָם הָעֲצָמוֹת הָאֵלֶּה

כׇּל־בֵּית יִשְׂרָאֵל הֵמָּה הִנֵּה אֹמְרִים יָבְשׁוּ עַצְמוֹתֵינוּ וְאָבְדָה תִקְוָתֵנוּ נִגְזַרְנוּ לָנוּ׃ לָכֵן הִנָּבֵא וְאָמַרְתָּ אֲלֵיהֶם כֹּה־אָמַר אֲדֹנָי יֱהֹוִה הִנֵּה אֲנִי פֹתֵחַ אֶת־קִבְרוֹתֵיכֶם וְהַעֲלֵיתִי אֶתְכֶם מִקִּבְרוֹתֵיכֶם עַמִּי וְהֵבֵאתִי אֶתְכֶם אֶל־אַדְמַת יִשְׂרָאֵל׃ וִידַעְתֶּם כִּי־אֲנִי יְהֹוָה בְּפִתְחִי אֶת־קִבְרוֹתֵיכֶם וּבְהַעֲלוֹתִי אֶתְכֶם מִקִּבְרוֹתֵיכֶם עַמִּי׃ וְנָתַתִּי רוּחִי בָכֶם וִחְיִיתֶם וְהִנַּחְתִּי אֶתְכֶם עַל־אַדְמַתְכֶם וִידַעְתֶּם כִּי אֲנִי יְהֹוָה דִּבַּרְתִּי וְעָשִׂיתִי נְאֻם־יְהֹוָה׃

## הפטרה לשבת חול המועד סוכות

יחזקאל לח, יח–לט, טז

וְהָיָה ׀ בַּיּוֹם הַהוּא בְּיוֹם בּוֹא גוֹג עַל־אַדְמַת יִשְׂרָאֵל נְאֻם אֲדֹנָי יֱהֹוִה תַּעֲלֶה חֲמָתִי בְּאַפִּי׃ וּבְקִנְאָתִי בְאֵשׁ־עֶבְרָתִי דִּבַּרְתִּי אִם־לֹא ׀ בַּיּוֹם הַהוּא יִהְיֶה רַעַשׁ גָּדוֹל עַל אַדְמַת יִשְׂרָאֵל׃ וְרָעֲשׁוּ מִפָּנַי דְּגֵי הַיָּם וְעוֹף הַשָּׁמַיִם וְחַיַּת הַשָּׂדֶה וְכׇל־הָרֶמֶשׂ הָרֹמֵשׂ עַל־הָאֲדָמָה וְכֹל הָאָדָם אֲשֶׁר עַל־פְּנֵי הָאֲדָמָה וְנֶהֶרְסוּ הֶהָרִים וְנָפְלוּ הַמַּדְרֵגוֹת וְכׇל־חוֹמָה לָאָרֶץ תִּפּוֹל׃ וְקָרָאתִי עָלָיו לְכׇל־הָרַי חֶרֶב נְאֻם אֲדֹנָי יֱהֹוִה חֶרֶב אִישׁ בְּאָחִיו תִּהְיֶה׃ וְנִשְׁפַּטְתִּי אִתּוֹ בְּדֶבֶר וּבְדָם וְגֶשֶׁם שׁוֹטֵף וְאַבְנֵי אֶלְגָּבִישׁ אֵשׁ וְגׇפְרִית אַמְטִיר עָלָיו וְעַל־אֲגַפָּיו וְעַל־עַמִּים רַבִּים אֲשֶׁר אִתּוֹ׃ וְהִתְגַּדִּלְתִּי וְהִתְקַדִּשְׁתִּי וְנוֹדַעְתִּי לְעֵינֵי גּוֹיִם רַבִּים וְיָדְעוּ כִּי־אֲנִי יְהֹוָה׃ וְאַתָּה בֶן־אָדָם הִנָּבֵא עַל־גּוֹג וְאָמַרְתָּ כֹּה אָמַר אֲדֹנָי יֱהֹוִה הִנְנִי אֵלֶיךָ גּוֹג נְשִׂיא רֹאשׁ מֶשֶׁךְ וְתֻבָל׃ וְשֹׁבַבְתִּיךָ וְשִׁשֵּׁאתִיךָ וְהַעֲלִיתִיךָ מִיַּרְכְּתֵי צָפוֹן וַהֲבִאוֹתָךָ עַל־הָרֵי יִשְׂרָאֵל׃ וְהִכֵּיתִי קַשְׁתְּךָ מִיַּד שְׂמֹאולֶךָ וְחִצֶּיךָ מִיַּד יְמִינְךָ אַפִּיל׃ עַל־הָרֵי יִשְׂרָאֵל תִּפּוֹל אַתָּה וְכׇל־אֲגַפֶּיךָ וְעַמִּים אֲשֶׁר אִתָּךְ לְעֵיט צִפּוֹר כׇּל־כָּנָף וְחַיַּת הַשָּׂדֶה נְתַתִּיךָ לְאׇכְלָה׃ עַל־פְּנֵי הַשָּׂדֶה תִּפּוֹל כִּי אֲנִי דִבַּרְתִּי נְאֻם אֲדֹנָי יֱהֹוִה׃ וְשִׁלַּחְתִּי־אֵשׁ בְּמָגוֹג וּבְיֹשְׁבֵי הָאִיִּים לָבֶטַח וְיָדְעוּ כִּי־אֲנִי יְהֹוָה׃ וְאֶת־שֵׁם קׇדְשִׁי אוֹדִיעַ בְּתוֹךְ עַמִּי יִשְׂרָאֵל וְלֹא־אַחֵל אֶת־שֵׁם־קׇדְשִׁי עוֹד וְיָדְעוּ הַגּוֹיִם כִּי־אֲנִי יְהֹוָה קָדוֹשׁ בְּיִשְׂרָאֵל׃ הִנֵּה בָאָה וְנִהְיָתָה נְאֻם אֲדֹנָי יֱהֹוִה הוּא הַיּוֹם אֲשֶׁר דִּבַּרְתִּי׃ וְיָצְאוּ ׀ יֹשְׁבֵי עָרֵי יִשְׂרָאֵל וּבִעֲרוּ וְהִשִּׂיקוּ בְּנֶשֶׁק וּמָגֵן וְצִנָּה בְּקֶשֶׁת וּבְחִצִּים וּבְמַקֵּל יָד וּבְרֹמַח וּבִעֲרוּ בָהֶם אֵשׁ שֶׁבַע שָׁנִים׃ וְלֹא־יִשְׂאוּ עֵצִים מִן־הַשָּׂדֶה וְלֹא יַחְטְבוּ מִן־הַיְּעָרִים כִּי בַנֶּשֶׁק יְבַעֲרוּ־אֵשׁ וְשָׁלְלוּ אֶת־שֹׁלְלֵיהֶם וּבָזְזוּ אֶת־בֹּזְזֵיהֶם נְאֻם אֲדֹנָי יֱהֹוִה׃ וְהָיָה בַיּוֹם הַהוּא אֶתֵּן לְגוֹג ׀ מְקוֹם־שָׁם קֶבֶר

בְּיִשְׂרָאֵל גֵּי הָעֹבְרִים קִדְמַת הַיָּם וְחֹסֶמֶת הִיא אֶת־הָעֹבְרִים וְקָבְרוּ שָׁם אֶת־גּוֹג וְאֶת־כָּל־הֲמוֹנֹה וְקָרְאוּ גֵּיא הֲמוֹן גּוֹג: וּקְבָרוּם בֵּית יִשְׂרָאֵל לְמַעַן טַהֵר אֶת־הָאָרֶץ שִׁבְעָה חֳדָשִׁים: וְקָבְרוּ כָּל־עַם הָאָרֶץ וְהָיָה לָהֶם לְשֵׁם יוֹם הִכָּבְדִי נְאֻם אֲדֹנָי יֱהֹוִה: וְאַנְשֵׁי תָמִיד יַבְדִּילוּ עֹבְרִים בָּאָרֶץ מְקַבְּרִים אֶת־הָעֹבְרִים אֶת־הַנּוֹתָרִים עַל־פְּנֵי הָאָרֶץ לְטַהֲרָהּ מִקְצֵה שִׁבְעָה־חֳדָשִׁים יַחְקֹרוּ: וְעָבְרוּ הָעֹבְרִים בָּאָרֶץ וְרָאָה עֶצֶם אָדָם וּבָנָה אֶצְלוֹ צִיּוּן עַד קָבְרוּ אֹתוֹ הַמְקַבְּרִים אֶל־גֵּיא הֲמוֹן גּוֹג: וְגַם שֶׁם־עִיר הֲמוֹנָה וְטִהֲרוּ הָאָרֶץ:

## קריאה לשביעי של פסח

וַיְהִי בְּשַׁלַּח פַּרְעֹה אֶת־הָעָם וְלֹא־נָחָם אֱלֹהִים דֶּרֶךְ אֶרֶץ פְּלִשְׁתִּים כִּי קָרוֹב (שמות יג, יז–טו, כו)
הוּא כִּי | אָמַר אֱלֹהִים פֶּן־יִנָּחֵם הָעָם בִּרְאֹתָם מִלְחָמָה וְשָׁבוּ מִצְרָיְמָה: וַיַּסֵּב
אֱלֹהִים | אֶת־הָעָם דֶּרֶךְ הַמִּדְבָּר יַם־סוּף וַחֲמֻשִׁים עָלוּ בְנֵי־יִשְׂרָאֵל מֵאֶרֶץ
מִצְרָיִם: וַיִּקַּח מֹשֶׁה אֶת־עַצְמוֹת יוֹסֵף עִמּוֹ כִּי הַשְׁבֵּעַ הִשְׁבִּיעַ אֶת־בְּנֵי יִשְׂרָאֵל
לֵאמֹר פָּקֹד יִפְקֹד אֱלֹהִים אֶתְכֶם וְהַעֲלִיתֶם אֶת־עַצְמֹתַי מִזֶּה אִתְּכֶם: *וַיִּסְעוּ (בשבת לוי)
מִסֻּכֹּת וַיַּחֲנוּ בְאֵתָם בִּקְצֵה הַמִּדְבָּר: וַיהֹוָה הֹלֵךְ לִפְנֵיהֶם יוֹמָם בְּעַמּוּד עָנָן
לַנְחֹתָם הַדֶּרֶךְ וְלַיְלָה בְּעַמּוּד אֵשׁ לְהָאִיר לָהֶם לָלֶכֶת יוֹמָם וָלָיְלָה: לֹא־יָמִישׁ
עַמּוּד הֶעָנָן יוֹמָם וְעַמּוּד הָאֵשׁ לָיְלָה לִפְנֵי הָעָם:
וַיְדַבֵּר יהוה אֶל־מֹשֶׁה לֵּאמֹר: דַּבֵּר אֶל־בְּנֵי יִשְׂרָאֵל וְיָשֻׁבוּ וְיַחֲנוּ לִפְנֵי פִּי לוי
הַחִירֹת בֵּין מִגְדֹּל וּבֵין הַיָּם לִפְנֵי בַּעַל צְפֹן נִכְחוֹ תַחֲנוּ עַל־הַיָּם: וְאָמַר פַּרְעֹה (בשבת שלישי)
לִבְנֵי יִשְׂרָאֵל נְבֻכִים הֵם בָּאָרֶץ סָגַר עֲלֵיהֶם הַמִּדְבָּר: וְחִזַּקְתִּי אֶת־לֵב־פַּרְעֹה
וְרָדַף אַחֲרֵיהֶם וְאִכָּבְדָה בְּפַרְעֹה וּבְכָל־חֵילוֹ וְיָדְעוּ מִצְרַיִם כִּי־אֲנִי יהוה וַיַּעֲשׂוּ־
כֵן: *וַיֻּגַּד לְמֶלֶךְ מִצְרַיִם כִּי בָרַח הָעָם וַיֵּהָפֵךְ לְבַב פַּרְעֹה וַעֲבָדָיו אֶל־הָעָם (בשבת רביעי)
וַיֹּאמְרוּ מַה־זֹּאת עָשִׂינוּ כִּי־שִׁלַּחְנוּ אֶת־יִשְׂרָאֵל מֵעָבְדֵנוּ: וַיֶּאְסֹר אֶת־רִכְבּוֹ
וְאֶת־עַמּוֹ לָקַח עִמּוֹ: וַיִּקַּח שֵׁשׁ־מֵאוֹת רֶכֶב בָּחוּר וְכֹל רֶכֶב מִצְרָיִם וְשָׁלִשִׁם
עַל־כֻּלּוֹ: וַיְחַזֵּק יהוה אֶת־לֵב פַּרְעֹה מֶלֶךְ מִצְרַיִם וַיִּרְדֹּף אַחֲרֵי בְּנֵי יִשְׂרָאֵל
וּבְנֵי יִשְׂרָאֵל יֹצְאִים בְּיָד רָמָה: *וַיִּרְדְּפוּ מִצְרַיִם אַחֲרֵיהֶם וַיַּשִּׂיגוּ אוֹתָם חֹנִים שלישי
עַל־הַיָּם כָּל־סוּס רֶכֶב פַּרְעֹה וּפָרָשָׁיו וְחֵילוֹ עַל־פִּי הַחִירֹת לִפְנֵי בַּעַל צְפֹן: (בשבת חמישי)
וּפַרְעֹה הִקְרִיב וַיִּשְׂאוּ בְנֵי־יִשְׂרָאֵל אֶת־עֵינֵיהֶם וְהִנֵּה מִצְרַיִם | נֹסֵעַ אַחֲרֵיהֶם

וַיִּֽירְאוּ מְאֹד וַיִּצְעֲקוּ בְנֵֽי־יִשְׂרָאֵל אֶל־יְהוָה׃ וַיֹּֽאמְרוּ אֶל־מֹשֶׁה הֲֽמִבְּלִי אֵין־קְבָרִים בְּמִצְרַיִם לְקַחְתָּנוּ לָמוּת בַּמִּדְבָּר מַה־זֹּאת עָשִׂיתָ לָּנוּ לְהוֹצִיאָנוּ מִמִּצְרָֽיִם׃ הֲלֹא־זֶה הַדָּבָר אֲשֶׁר דִּבַּרְנוּ אֵלֶיךָ בְמִצְרַיִם לֵאמֹר חֲדַל מִמֶּנּוּ וְנַעַבְדָה אֶת־מִצְרָיִם כִּי טוֹב לָנוּ עֲבֹד אֶת־מִצְרַיִם מִמֻּתֵנוּ בַּמִּדְבָּֽר׃ וַיֹּאמֶר מֹשֶׁה אֶל־הָעָם אַל־תִּירָאוּ הִֽתְיַצְּבוּ וּרְאוּ אֶת־יְשׁוּעַת יְהוָה אֲשֶׁר־יַעֲשֶׂה לָכֶם הַיּוֹם כִּי אֲשֶׁר רְאִיתֶם אֶת־מִצְרַיִם הַיּוֹם לֹא תֹסִפוּ לִרְאֹתָם עוֹד עַד־עוֹלָֽם׃ יְהוָה יִלָּחֵם לָכֶם וְאַתֶּם תַּחֲרִשֽׁוּן׃

רביעי (בשבת שישי) וַיֹּאמֶר יְהוָה אֶל־מֹשֶׁה מַה־תִּצְעַק אֵלָי דַּבֵּר אֶל־בְּנֵֽי־יִשְׂרָאֵל וְיִסָּֽעוּ׃ וְאַתָּה הָרֵם אֶת־מַטְּךָ וּנְטֵה אֶת־יָדְךָ עַל־הַיָּם וּבְקָעֵהוּ וְיָבֹאוּ בְנֵֽי־יִשְׂרָאֵל בְּתוֹךְ הַיָּם בַּיַּבָּשָֽׁה׃ וַאֲנִי הִנְנִי מְחַזֵּק אֶת־לֵב מִצְרַיִם וְיָבֹאוּ אַחֲרֵיהֶם וְאִכָּבְדָה בְּפַרְעֹה וּבְכָל־חֵילוֹ בְּרִכְבּוֹ וּבְפָרָשָֽׁיו׃ וְיָדְעוּ מִצְרַיִם כִּֽי־אֲנִי יְהוָה בְּהִכָּבְדִי בְּפַרְעֹה בְּרִכְבּוֹ וּבְפָרָשָֽׁיו׃ וַיִּסַּע מַלְאַךְ הָאֱלֹהִים הַהֹלֵךְ לִפְנֵי מַחֲנֵה יִשְׂרָאֵל וַיֵּלֶךְ מֵאַחֲרֵיהֶם וַיִּסַּע עַמּוּד הֶֽעָנָן מִפְּנֵיהֶם וַיַּעֲמֹד מֵאַחֲרֵיהֶֽם׃ וַיָּבֹא בֵּין ׀ מַחֲנֵה מִצְרַיִם וּבֵין מַחֲנֵה יִשְׂרָאֵל וַיְהִי הֶעָנָן וְהַחֹשֶׁךְ וַיָּאֶר אֶת־הַלָּיְלָה וְלֹא־קָרַב זֶה אֶל־זֶה כָּל־הַלָּֽיְלָה׃ וַיֵּט מֹשֶׁה אֶת־יָדוֹ עַל־הַיָּם וַיּוֹלֶךְ יְהוָה ׀ אֶת־הַיָּם בְּרוּחַ קָדִים עַזָּה כָּל־הַלַּיְלָה וַיָּשֶׂם אֶת־הַיָּם לֶחָרָבָה וַיִּבָּקְעוּ הַמָּֽיִם׃ וַיָּבֹאוּ בְנֵֽי־יִשְׂרָאֵל בְּתוֹךְ הַיָּם בַּיַּבָּשָׁה וְהַמַּיִם לָהֶם חוֹמָה מִימִינָם וּמִשְּׂמֹאלָֽם׃ וַיִּרְדְּפוּ מִצְרַיִם וַיָּבֹאוּ אַחֲרֵיהֶם כֹּל סוּס פַּרְעֹה רִכְבּוֹ וּפָרָשָׁיו אֶל־תּוֹךְ הַיָּֽם׃ וַיְהִי בְּאַשְׁמֹרֶת הַבֹּקֶר וַיַּשְׁקֵף יְהוָה אֶל־מַחֲנֵה מִצְרַיִם בְּעַמּוּד אֵשׁ וְעָנָן וַיָּהָם אֵת מַחֲנֵה מִצְרָֽיִם׃ וַיָּסַר אֵת אֹפַן מַרְכְּבֹתָיו וַיְנַהֲגֵהוּ בִּכְבֵדֻת וַיֹּאמֶר מִצְרַיִם אָנוּסָה מִפְּנֵי יִשְׂרָאֵל כִּי יְהוָה נִלְחָם לָהֶם בְּמִצְרָֽיִם׃

חמישי (בשבת שביעי) וַיֹּאמֶר יְהוָה אֶל־מֹשֶׁה נְטֵה אֶת־יָדְךָ עַל־הַיָּם וְיָשֻׁבוּ הַמַּיִם עַל־מִצְרַיִם עַל־רִכְבּוֹ וְעַל־פָּרָשָֽׁיו׃ וַיֵּט מֹשֶׁה אֶת־יָדוֹ עַל־הַיָּם וַיָּשָׁב הַיָּם לִפְנוֹת בֹּקֶר לְאֵיתָנוֹ וּמִצְרַיִם נָסִים לִקְרָאתוֹ וַיְנַעֵר יְהוָה אֶת־מִצְרַיִם בְּתוֹךְ הַיָּֽם׃ וַיָּשֻׁבוּ הַמַּיִם וַיְכַסּוּ אֶת־הָרֶכֶב וְאֶת־הַפָּרָשִׁים לְכֹל חֵיל פַּרְעֹה הַבָּאִים אַחֲרֵיהֶם בַּיָּם לֹא־נִשְׁאַר בָּהֶם עַד־אֶחָֽד׃ וּבְנֵי יִשְׂרָאֵל הָלְכוּ בַיַּבָּשָׁה בְּתוֹךְ הַיָּם וְהַמַּיִם לָהֶם חֹמָה מִימִינָם וּמִשְּׂמֹאלָֽם׃ וַיּוֹשַׁע יְהוָה בַּיּוֹם הַהוּא אֶת־יִשְׂרָאֵל מִיַּד מִצְרָיִם וַיַּרְא יִשְׂרָאֵל אֶת־מִצְרַיִם מֵת עַל־שְׂפַת הַיָּֽם׃ וַיַּרְא יִשְׂרָאֵל אֶת־הַיָּד הַגְּדֹלָה אֲשֶׁר עָשָׂה יְהוָה בְּמִצְרַיִם וַיִּֽירְאוּ הָעָם אֶת־יְהוָה וַיַּאֲמִינוּ בַּֽיהוָה וּבְמֹשֶׁה עַבְדּֽוֹ׃

אָז יָשִׁיר־מֹשֶׁה וּבְנֵי יִשְׂרָאֵל אֶת־הַשִּׁירָה הַזֹּאת לַיהוָה וַיֹּאמְרוּ
לֵאמֹר אָשִׁירָה לַיהוָה כִּי־גָאֹה גָּאָה סוּס
וְרֹכְבוֹ רָמָה בַיָּם: עָזִּי וְזִמְרָת יָהּ וַיְהִי־לִי
לִישׁוּעָה זֶה אֵלִי וְאַנְוֵהוּ אֱלֹהֵי
אָבִי וַאֲרֹמְמֶנְהוּ: יְהוָה אִישׁ מִלְחָמָה יְהוָה
שְׁמוֹ: מַרְכְּבֹת פַּרְעֹה וְחֵילוֹ יָרָה בַיָּם וּמִבְחַר
שָׁלִשָׁיו טֻבְּעוּ בְיַם־סוּף: תְּהֹמֹת יְכַסְיֻמוּ יָרְדוּ בִמְצוֹלֹת כְּמוֹ־
אָבֶן: יְמִינְךָ יְהוָה נֶאְדָּרִי בַּכֹּחַ יְמִינְךָ
יְהוָה תִּרְעַץ אוֹיֵב: וּבְרֹב גְּאוֹנְךָ תַּהֲרֹס
קָמֶיךָ תְּשַׁלַּח חֲרֹנְךָ יֹאכְלֵמוֹ כַּקַּשׁ: וּבְרוּחַ
אַפֶּיךָ נֶעֶרְמוּ מַיִם נִצְּבוּ כְמוֹ־נֵד
נֹזְלִים קָפְאוּ תְהֹמֹת בְּלֶב־יָם: אָמַר
אוֹיֵב אֶרְדֹּף אַשִּׂיג אֲחַלֵּק שָׁלָל תִּמְלָאֵמוֹ
נַפְשִׁי אָרִיק חַרְבִּי תּוֹרִישֵׁמוֹ יָדִי: נָשַׁפְתָּ
בְרוּחֲךָ כִּסָּמוֹ יָם צָלְלוּ כַּעוֹפֶרֶת בְּמַיִם
אַדִּירִים: מִי־כָמֹכָה בָּאֵלִם יְהוָה מִי
כָּמֹכָה נֶאְדָּר בַּקֹּדֶשׁ נוֹרָא תְהִלֹּת עֹשֵׂה
פֶלֶא: נָטִיתָ יְמִינְךָ תִּבְלָעֵמוֹ אָרֶץ: נָחִיתָ
בְחַסְדְּךָ עַם־זוּ גָּאָלְתָּ נֵהַלְתָּ בְעָזְּךָ אֶל־נְוֵה
קָדְשֶׁךָ: שָׁמְעוּ עַמִּים יִרְגָּזוּן חִיל
אָחַז יֹשְׁבֵי פְּלָשֶׁת: אָז נִבְהֲלוּ אַלּוּפֵי
אֱדוֹם אֵילֵי מוֹאָב יֹאחֲזֵמוֹ רָעַד נָמֹגוּ
כֹּל יֹשְׁבֵי כְנָעַן: תִּפֹּל עֲלֵיהֶם אֵימָתָה
וָפַחַד בִּגְדֹל זְרוֹעֲךָ יִדְּמוּ כָּאָבֶן עַד־
יַעֲבֹר עַמְּךָ יְהוָה עַד־יַעֲבֹר עַם־זוּ
קָנִיתָ: תְּבִאֵמוֹ וְתִטָּעֵמוֹ בְּהַר נַחֲלָתְךָ מָכוֹן
לְשִׁבְתְּךָ פָּעַלְתָּ יְהוָה מִקְּדָשׁ אֲדֹנָי כּוֹנְנוּ
יָדֶיךָ: יְהוָה ׀ יִמְלֹךְ לְעֹלָם וָעֶד: כִּי
בָא סוּס פַּרְעֹה בְּרִכְבּוֹ וּבְפָרָשָׁיו בַּיָּם וַיָּשֶׁב יְהוָה עֲלֵהֶם אֶת־מֵי
הַיָּם וּבְנֵי יִשְׂרָאֵל הָלְכוּ בַיַּבָּשָׁה בְּתוֹךְ הַיָּם:

וַתִּקַּח מִרְיָם הַנְּבִיאָה אֲחוֹת אַהֲרֹן אֶת־הַתֹּף בְּיָדָהּ וַתֵּצֶאןָ כָל־הַנָּשִׁים אַחֲרֶיהָ
בְּתֻפִּים וּבִמְחֹלֹת׃ וַתַּעַן לָהֶם מִרְיָם שִׁירוּ לַיהוָה כִּי־גָאֹה גָּאָה סוּס וְרֹכְבוֹ
רָמָה בַיָּם׃ וַיַּסַּע מֹשֶׁה אֶת־יִשְׂרָאֵל מִיַּם־סוּף וַיֵּצְאוּ אֶל־מִדְבַּר־שׁוּר
וַיֵּלְכוּ שְׁלֹשֶׁת־יָמִים בַּמִּדְבָּר וְלֹא־מָצְאוּ מָיִם׃ וַיָּבֹאוּ מָרָתָה וְלֹא יָכְלוּ לִשְׁתֹּת
מַיִם מִמָּרָה כִּי מָרִים הֵם עַל־כֵּן קָרָא־שְׁמָהּ מָרָה׃ וַיִּלֹּנוּ הָעָם עַל־מֹשֶׁה לֵּאמֹר
מַה־נִּשְׁתֶּה׃ וַיִּצְעַק אֶל־יְהוָה וַיּוֹרֵהוּ יְהוָה עֵץ וַיַּשְׁלֵךְ אֶל־הַמַּיִם וַיִּמְתְּקוּ הַמָּיִם
שָׁם שָׂם לוֹ חֹק וּמִשְׁפָּט וְשָׁם נִסָּהוּ׃ וַיֹּאמֶר אִם־שָׁמוֹעַ תִּשְׁמַע לְקוֹל ׀ יְהוָה
אֱלֹהֶיךָ וְהַיָּשָׁר בְּעֵינָיו תַּעֲשֶׂה וְהַאֲזַנְתָּ לְמִצְוֺתָיו וְשָׁמַרְתָּ כָּל־חֻקָּיו כָּל־הַמַּחֲלָה
אֲשֶׁר־שַׂמְתִּי בְמִצְרַיִם לֹא־אָשִׂים עָלֶיךָ כִּי אֲנִי יְהוָה רֹפְאֶךָ׃

ואומר חצי קדיש (עמ׳ 301).

המפטיר קורא מספר התורה השני.

במדבר כח, יט–כה וְהִקְרַבְתֶּם אִשֶּׁה עֹלָה לַיהוָה פָּרִים בְּנֵי־בָקָר שְׁנַיִם וְאַיִל אֶחָד וְשִׁבְעָה כְבָשִׂים
בְּנֵי שָׁנָה תְּמִימִם יִהְיוּ לָכֶם׃ וּמִנְחָתָם סֹלֶת בְּלוּלָה בַשָּׁמֶן שְׁלֹשָׁה עֶשְׂרֹנִים
לַפָּר וּשְׁנֵי עֶשְׂרֹנִים לָאַיִל תַּעֲשׂוּ׃ עִשָּׂרוֹן עִשָּׂרוֹן תַּעֲשֶׂה לַכֶּבֶשׂ הָאֶחָד לְשִׁבְעַת
הַכְּבָשִׂים׃ וּשְׂעִיר חַטָּאת אֶחָד לְכַפֵּר עֲלֵיכֶם׃ מִלְּבַד עֹלַת הַבֹּקֶר אֲשֶׁר לְעֹלַת
הַתָּמִיד תַּעֲשׂוּ אֶת־אֵלֶּה׃ כָּאֵלֶּה תַּעֲשׂוּ לַיּוֹם שִׁבְעַת יָמִים לֶחֶם אִשֵּׁה רֵיחַ־
נִיחֹחַ לַיהוָה עַל־עוֹלַת הַתָּמִיד יֵעָשֶׂה וְנִסְכּוֹ׃ וּבַיּוֹם הַשְּׁבִיעִי מִקְרָא־קֹדֶשׁ
יִהְיֶה לָכֶם כָּל־מְלֶאכֶת עֲבֹדָה לֹא תַעֲשׂוּ׃ ואומר חצי קדיש (עמ׳ 301).

## הפטרה לשביעי של פסח

שמואל ב׳ כב, א–נא וַיְדַבֵּר דָּוִד לַיהוָה אֶת־דִּבְרֵי הַשִּׁירָה הַזֹּאת בְּיוֹם
הִצִּיל יְהוָה אֹתוֹ מִכַּף כָּל־אֹיְבָיו וּמִכַּף שָׁאוּל׃
וַיֹּאמַר יְהוָה סַלְעִי וּמְצֻדָתִי וּמְפַלְטִי־לִי׃ אֱלֹהֵי
צוּרִי אֶחֱסֶה־בּוֹ מָגִנִּי וְקֶרֶן יִשְׁעִי מִשְׂגַּבִּי
וּמְנוּסִי מֹשִׁעִי מֵחָמָס תֹּשִׁעֵנִי׃ מְהֻלָּל
אֶקְרָא יְהוָה וּמֵאֹיְבַי אִוָּשֵׁעַ׃ כִּי אֲפָפֻנִי מִשְׁבְּרֵי־
מָוֶת נַחֲלֵי בְלִיַּעַל יְבַעֲתֻנִי׃ חֶבְלֵי
שְׁאוֹל סַבֻּנִי קִדְּמֻנִי מֹקְשֵׁי־
מָוֶת׃ בַּצַּר־לִי אֶקְרָא יְהוָה וְאֶל־
אֱלֹהַי אֶקְרָא וַיִּשְׁמַע מֵהֵיכָלוֹ
קוֹלִי וְשַׁוְעָתִי בְּאָזְנָיו׃ וַיִּתְגָּעַשׁ ותגעש

וַתִּרְעַשׁ הָאָרֶץ     מוֹסְדוֹת הַשָּׁמַיִם
יִרְגָּזוּ     וַיִּתְגָּעֲשׁוּ כִּי־חָרָה לוֹ׃     עָלָה
עָשָׁן בְּאַפּוֹ     וְאֵשׁ מִפִּיו
תֹּאכֵל     גֶּחָלִים בָּעֲרוּ מִמֶּנּוּ׃     וַיֵּט
שָׁמַיִם וַיֵּרַד     וַעֲרָפֶל תַּחַת
רַגְלָיו׃     וַיִּרְכַּב עַל־כְּרוּב וַיָּעֹף     וַיֵּרָא
עַל־כַּנְפֵי־רוּחַ׃     וַיָּשֶׁת חֹשֶׁךְ סְבִיבֹתָיו
סֻכּוֹת     חַשְׁרַת־מַיִם עָבֵי שְׁחָקִים׃     מִנֹּגַהּ
נֶגְדּוֹ בָּעֲרוּ גַּחֲלֵי־אֵשׁ׃     יַרְעֵם מִן־שָׁמַיִם
יְהוָה     וְעֶלְיוֹן יִתֵּן קוֹלוֹ׃     וַיִּשְׁלַח
חִצִּים וַיְפִיצֵם בָּרָק ויהמם׃     וַיֵּרָאוּ אֲפִקֵי     וַיָּהֹם
יָם     יִגָּלוּ מֹסְדוֹת תֵּבֵל     בְּגַעֲרַת
יְהוָה מִנִּשְׁמַת רוּחַ אַפּוֹ׃     יִשְׁלַח מִמָּרוֹם
יִקָּחֵנִי     יַמְשֵׁנִי מִמַּיִם רַבִּים׃     יַצִּילֵנִי
מֵאֹיְבִי עָז     מִשֹּׂנְאַי כִּי אָמְצוּ
מִמֶּנִּי׃     יְקַדְּמֻנִי בְּיוֹם אֵידִי     וַיְהִי
יְהוָה מִשְׁעָן לִי׃     וַיֹּצֵא לַמֶּרְחָב
אֹתִי     יְחַלְּצֵנִי כִּי־חָפֵץ בִּי׃     יִגְמְלֵנִי
יְהוָה כְּצִדְקָתִי     כְּבֹר יָדַי יָשִׁיב
לִי׃     כִּי שָׁמַרְתִּי דַּרְכֵי יְהוָה     וְלֹא
רָשַׁעְתִּי מֵאֱלֹהָי׃     כִּי כָל־מִשְׁפָּטָו
לְנֶגְדִּי     וְחֻקֹּתָיו לֹא־אָסוּר מִמֶּנָּה׃     וָאֶהְיֶה
תָמִים לוֹ וָאֶשְׁתַּמְּרָה מֵעֲוֺנִי׃     וַיָּשֶׁב יְהוָה לִי
כְּצִדְקָתִי     כְּבֹרִי לְנֶגֶד עֵינָיו׃     עִם־
חָסִיד תִּתְחַסָּד     עִם־גְּבוֹר תָּמִים
תִּתַּמָּם׃     עִם־נָבָר תִּתָּבָר     וְעִם־
עִקֵּשׁ תִּתַּפָּל׃     וְאֶת־עַם עָנִי
תּוֹשִׁיעַ     וְעֵינֶיךָ עַל־רָמִים תַּשְׁפִּיל׃     כִּי־
אַתָּה נֵירִי יְהוָה     וַיהוָה יַגִּיהַּ
חָשְׁכִּי׃     כִּי בְכָה אָרוּץ גְּדוּד     בֵּאלֹהַי

אֲדַלֶּג־שׁוּר׃ הָאֵל תָּמִים
דַּרְכּוֹ אִמְרַת יְהוָה צְרוּפָה מָגֵן
הוּא לְכֹל הַחֹסִים בּוֹ׃ כִּי מִי־אֵל מִבַּלְעֲדֵי
יְהוָה וּמִי צוּר מִבַּלְעֲדֵי אֱלֹהֵינוּ׃ הָאֵל
מָעוּזִּי חָיִל וַיַּתֵּר תָּמִים
דַּרְכִּי רַגְלַי דרכו׃ מְשַׁוֶּה רגליו כָּאַיָּלוֹת וְעַל־
בָּמוֹתַי יַעֲמִדֵנִי׃ מְלַמֵּד יָדַי
לַמִּלְחָמָה וְנִחַת קֶשֶׁת־נְחוּשָׁה זְרֹעֹתָי׃ וַתִּתֶּן־
לִי מָגֵן יִשְׁעֶךָ וַעֲנֹתְךָ תַּרְבֵּנִי׃ תַּרְחִיב צַעֲדִי
תַּחְתֵּנִי וְלֹא מָעֲדוּ קַרְסֻלָּי׃ אֶרְדְּפָה
אֹיְבַי וָאַשְׁמִידֵם וְלֹא אָשׁוּב עַד־
כַּלּוֹתָם׃ וָאֲכַלֵּם וָאֶמְחָצֵם וְלֹא יְקוּמוּן וַיִּפְּלוּ
תַּחַת רַגְלָי׃ וַתַּזְרֵנִי חַיִל
לַמִּלְחָמָה תַּכְרִיעַ קָמַי תַּחְתֵּנִי׃ וְאֹיְבַי
תַּתָּה לִּי עֹרֶף מְשַׂנְאַי וָאַצְמִיתֵם׃ יִשְׁעוּ וְאֵין
מֹשִׁיעַ אֶל־יְהוָה וְלֹא עָנָם׃ וְאֶשְׁחָקֵם
כַּעֲפַר־אָרֶץ כְּטִיט־חוּצוֹת אֲדִקֵּם
אֶרְקָעֵם׃ וַתְּפַלְּטֵנִי מֵרִיבֵי עַמִּי תִּשְׁמְרֵנִי
לְרֹאשׁ גּוֹיִם עַם לֹא־יָדַעְתִּי
יַעַבְדֻנִי׃ בְּנֵי נֵכָר יִתְכַּחֲשׁוּ־לִי לִשְׁמוֹעַ
אֹזֶן יִשָּׁמְעוּ לִי׃ בְּנֵי נֵכָר יִבֹּלוּ וְיַחְגְּרוּ
מִמִּסְגְּרוֹתָם׃ חַי־יְהוָה וּבָרוּךְ צוּרִי וְיָרֻם
אֱלֹהֵי צוּר יִשְׁעִי׃ הָאֵל הַנֹּתֵן נְקָמֹת
לִי וּמוֹרִיד עַמִּים תַּחְתֵּנִי׃ וּמוֹצִיאִי
מֵאֹיְבָי וּמִקָּמַי תְּרוֹמְמֵנִי מֵאִישׁ חֲמָסִים
תַּצִּילֵנִי׃ עַל־כֵּן אוֹדְךָ יְהוָה בַּגּוֹיִם וּלְשִׁמְךָ
מִגְדּוֹל אֲזַמֵּר׃ מגדיל יְשׁוּעוֹת
מַלְכּוֹ וְעֹשֶׂה־חֶסֶד לִמְשִׁיחוֹ
לְדָוִד וּלְזַרְעוֹ עַד־עוֹלָם׃

## קריאה ליום אחרון של פסח או שבועות, ולשמיני עצרת בחוץ לארץ

בשבת מתחילים מכאן (אם חל בחול, מתחילים ׳כׇּל־הַבְּכוֹר׳ בעמוד הבא):

דברים יד,כב–טו,ז

עַשֵּׂר תְּעַשֵּׂר אֵת כׇּל־תְּבוּאַת זַרְעֶךָ הַיֹּצֵא הַשָּׂדֶה שָׁנָה שָׁנָה: וְאָכַלְתָּ לִפְנֵי ׀ יהוה אֱלֹהֶיךָ בַּמָּקוֹם אֲשֶׁר־יִבְחַר לְשַׁכֵּן שְׁמוֹ שָׁם מַעְשַׂר דְּגָנְךָ תִּירֹשְׁךָ וְיִצְהָרֶךָ וּבְכֹרֹת בְּקָרְךָ וְצֹאנֶךָ לְמַעַן תִּלְמַד לְיִרְאָה אֶת־יהוה אֱלֹהֶיךָ כׇּל־הַיָּמִים: וְכִי־יִרְבֶּה מִמְּךָ הַדֶּרֶךְ כִּי לֹא תוּכַל שְׂאֵתוֹ כִּי־יִרְחַק מִמְּךָ הַמָּקוֹם אֲשֶׁר יִבְחַר יהוה אֱלֹהֶיךָ לָשׂוּם שְׁמוֹ שָׁם כִּי יְבָרֶכְךָ יהוה אֱלֹהֶיךָ: וְנָתַתָּה בַּכָּסֶף וְצַרְתָּ הַכֶּסֶף בְּיָדְךָ וְהָלַכְתָּ אֶל־הַמָּקוֹם אֲשֶׁר יִבְחַר יהוה אֱלֹהֶיךָ בּוֹ: וְנָתַתָּה הַכֶּסֶף בְּכֹל אֲשֶׁר־תְּאַוֶּה נַפְשְׁךָ בַּבָּקָר וּבַצֹּאן וּבַיַּיִן וּבַשֵּׁכָר וּבְכֹל אֲשֶׁר תִּשְׁאָלְךָ נַפְשֶׁךָ וְאָכַלְתָּ שָּׁם לִפְנֵי יהוה אֱלֹהֶיךָ וְשָׂמַחְתָּ אַתָּה וּבֵיתֶךָ: וְהַלֵּוִי אֲשֶׁר־בִּשְׁעָרֶיךָ לֹא תַעַזְבֶנּוּ כִּי אֵין לוֹ חֵלֶק וְנַחֲלָה עִמָּךְ: מִקְצֵה ׀ שָׁלֹשׁ שָׁנִים תּוֹצִיא אֶת־כׇּל־מַעְשַׂר תְּבוּאָתְךָ בַּשָּׁנָה הַהִוא וְהִנַּחְתָּ בִּשְׁעָרֶיךָ: וּבָא הַלֵּוִי כִּי אֵין־לוֹ חֵלֶק וְנַחֲלָה עִמָּךְ וְהַגֵּר וְהַיָּתוֹם וְהָאַלְמָנָה אֲשֶׁר בִּשְׁעָרֶיךָ וְאָכְלוּ וְשָׂבֵעוּ לְמַעַן יְבָרֶכְךָ יהוה אֱלֹהֶיךָ בְּכׇל־מַעֲשֵׂה יָדְךָ אֲשֶׁר תַּעֲשֶׂה:

(בשבת לוי) *מִקֵּץ שֶׁבַע־שָׁנִים תַּעֲשֶׂה שְׁמִטָּה: וְזֶה דְּבַר הַשְּׁמִטָּה שָׁמוֹט כׇּל־בַּעַל מַשֵּׁה יָדוֹ אֲשֶׁר יַשֶּׁה בְּרֵעֵהוּ לֹא־יִגֹּשׂ אֶת־רֵעֵהוּ וְאֶת־אָחִיו כִּי־קָרָא שְׁמִטָּה לַיהוה: אֶת־הַנׇּכְרִי תִּגֹּשׂ וַאֲשֶׁר יִהְיֶה לְךָ אֶת־אָחִיךָ תַּשְׁמֵט יָדֶךָ: אֶפֶס כִּי לֹא יִהְיֶה־בְּךָ אֶבְיוֹן כִּי־בָרֵךְ יְבָרֶכְךָ יהוה בָּאָרֶץ אֲשֶׁר יהוה אֱלֹהֶיךָ נֹתֵן־לְךָ נַחֲלָה לְרִשְׁתָּהּ: רַק אִם־שָׁמוֹעַ תִּשְׁמַע בְּקוֹל יהוה אֱלֹהֶיךָ לִשְׁמֹר לַעֲשׂוֹת אֶת־כׇּל־הַמִּצְוָה הַזֹּאת אֲשֶׁר אָנֹכִי מְצַוְּךָ הַיּוֹם: כִּי־יהוה אֱלֹהֶיךָ בֵּרַכְךָ כַּאֲשֶׁר דִּבֶּר־לָךְ וְהַעֲבַטְתָּ גּוֹיִם רַבִּים וְאַתָּה לֹא תַעֲבֹט וּמָשַׁלְתָּ בְּגוֹיִם רַבִּים וּבְךָ לֹא יִמְשֹׁלוּ: כִּי־יִהְיֶה בְךָ אֶבְיוֹן מֵאַחַד אַחֶיךָ בְּאַחַד שְׁעָרֶיךָ בְּאַרְצְךָ אֲשֶׁר־יהוה אֱלֹהֶיךָ נֹתֵן לָךְ לֹא תְאַמֵּץ אֶת־לְבָבְךָ וְלֹא תִקְפֹּץ אֶת־יָדְךָ מֵאָחִיךָ הָאֶבְיוֹן: כִּי־פָתֹחַ תִּפְתַּח אֶת־יָדְךָ לוֹ וְהַעֲבֵט תַּעֲבִיטֶנּוּ דֵּי מַחְסֹרוֹ אֲשֶׁר יֶחְסַר לוֹ: הִשָּׁמֶר לְךָ פֶּן־יִהְיֶה דָבָר עִם־לְבָבְךָ בְלִיַּעַל לֵאמֹר קָרְבָה שְׁנַת־הַשֶּׁבַע שְׁנַת הַשְּׁמִטָּה וְרָעָה עֵינְךָ בְּאָחִיךָ הָאֶבְיוֹן וְלֹא תִתֵּן לוֹ וְקָרָא עָלֶיךָ אֶל־יהוה וְהָיָה בְךָ חֵטְא: נָתוֹן תִּתֵּן לוֹ וְלֹא־יֵרַע לְבָבְךָ בְּתִתְּךָ לוֹ כִּי בִּגְלַל ׀ הַדָּבָר הַזֶּה יְבָרֶכְךָ יהוה אֱלֹהֶיךָ בְּכׇל־מַעֲשֶׂךָ וּבְכֹל מִשְׁלַח יָדֶךָ: כִּי לֹא־יֶחְדַּל אֶבְיוֹן מִקֶּרֶב הָאָרֶץ עַל־כֵּן אָנֹכִי מְצַוְּךָ לֵאמֹר פָּתֹחַ תִּפְתַּח אֶת־יָדְךָ לְאָחִיךָ

לַעֲנִיֶּךָ וּלְאֶבְיֹנְךָ בְּאַרְצֶךָ׃ כִּי־יִמָּכֵר לְךָ אָחִיךָ הָעִבְרִי אוֹ הָעִבְרִיָּה
וַעֲבָדְךָ שֵׁשׁ שָׁנִים וּבַשָּׁנָה הַשְּׁבִיעִת תְּשַׁלְּחֶנּוּ חָפְשִׁי מֵעִמָּךְ׃ וְכִי־תְשַׁלְּחֶנּוּ
חָפְשִׁי מֵעִמָּךְ לֹא תְשַׁלְּחֶנּוּ רֵיקָם׃ הַעֲנֵיק תַּעֲנִיק לוֹ מִצֹּאנְךָ וּמִגָּרְנְךָ וּמִיִּקְבֶךָ
אֲשֶׁר בֵּרַכְךָ יהוה אֱלֹהֶיךָ תִּתֶּן־לוֹ׃ וְזָכַרְתָּ כִּי עֶבֶד הָיִיתָ בְּאֶרֶץ מִצְרַיִם וַיִּפְדְּךָ
יהוה אֱלֹהֶיךָ עַל־כֵּן אָנֹכִי מְצַוְּךָ אֶת־הַדָּבָר הַזֶּה הַיּוֹם׃ וְהָיָה כִּי־יֹאמַר אֵלֶיךָ
לֹא אֵצֵא מֵעִמָּךְ כִּי אֲהֵבְךָ וְאֶת־בֵּיתֶךָ כִּי־טוֹב לוֹ עִמָּךְ׃ וְלָקַחְתָּ אֶת־הַמַּרְצֵעַ
וְנָתַתָּה בְאָזְנוֹ וּבַדֶּלֶת וְהָיָה לְךָ עֶבֶד עוֹלָם וְאַף לַאֲמָתְךָ תַּעֲשֶׂה־כֵּן׃ לֹא־
יִקְשֶׁה בְעֵינֶךָ בְּשַׁלֵּחֲךָ אֹתוֹ חָפְשִׁי מֵעִמָּךְ כִּי מִשְׁנֶה שְׂכַר שָׂכִיר עֲבָדְךָ שֵׁשׁ
שָׁנִים וּבֵרַכְךָ יהוה אֱלֹהֶיךָ בְּכֹל אֲשֶׁר תַּעֲשֶׂה׃

אם חל בחול מתחילים כאן:

(בשבת כָּל־הַבְּכוֹר אֲשֶׁר יִוָּלֵד בִּבְקָרְךָ וּבְצֹאנְךָ הַזָּכָר תַּקְדִּישׁ לַיהוה אֱלֹהֶיךָ לֹא
שלישי) תַעֲבֹד בִּבְכֹר שׁוֹרֶךָ וְלֹא תָגֹז בְּכוֹר צֹאנֶךָ׃ לִפְנֵי יהוה אֱלֹהֶיךָ תֹאכְלֶנּוּ שָׁנָה
בְשָׁנָה בַּמָּקוֹם אֲשֶׁר־יִבְחַר יהוה אַתָּה וּבֵיתֶךָ׃ וְכִי־יִהְיֶה בוֹ מוּם פִּסֵּחַ אוֹ
עִוֵּר כֹּל מוּם רָע לֹא תִזְבָּחֶנּוּ לַיהוה אֱלֹהֶיךָ׃ בִּשְׁעָרֶיךָ תֹּאכְלֶנּוּ הַטָּמֵא
וְהַטָּהוֹר יַחְדָּו כַּצְּבִי וְכָאַיָּל׃ רַק אֶת־דָּמוֹ לֹא תֹאכֵל עַל־הָאָרֶץ תִּשְׁפְּכֶנּוּ
כַּמָּיִם׃

לוי שָׁמוֹר אֶת־חֹדֶשׁ הָאָבִיב וְעָשִׂיתָ פֶּסַח לַיהוה אֱלֹהֶיךָ כִּי בְּחֹדֶשׁ הָאָבִיב
(בשבת הוֹצִיאֲךָ יהוה אֱלֹהֶיךָ מִמִּצְרַיִם לָיְלָה׃ וְזָבַחְתָּ פֶּסַח לַיהוה אֱלֹהֶיךָ צֹאן
רביעי) וּבָקָר בַּמָּקוֹם אֲשֶׁר יִבְחַר יהוה לְשַׁכֵּן שְׁמוֹ שָׁם׃ לֹא־תֹאכַל עָלָיו חָמֵץ
שִׁבְעַת יָמִים תֹּאכַל־עָלָיו מַצּוֹת לֶחֶם עֹנִי כִּי בְחִפָּזוֹן יָצָאתָ מֵאֶרֶץ מִצְרַיִם
שלישי לְמַעַן תִּזְכֹּר אֶת־יוֹם צֵאתְךָ מֵאֶרֶץ מִצְרַיִם כֹּל יְמֵי חַיֶּיךָ׃ *וְלֹא־יֵרָאֶה לְךָ
(בשבת שְׂאֹר בְּכָל־גְּבֻלְךָ שִׁבְעַת יָמִים וְלֹא־יָלִין מִן־הַבָּשָׂר אֲשֶׁר תִּזְבַּח בָּעֶרֶב בַּיּוֹם
חמישי) הָרִאשׁוֹן לַבֹּקֶר׃ לֹא תוּכַל לִזְבֹּחַ אֶת־הַפָּסַח בְּאַחַד שְׁעָרֶיךָ אֲשֶׁר־יהוה
אֱלֹהֶיךָ נֹתֵן לָךְ׃ כִּי אִם־אֶל־הַמָּקוֹם אֲשֶׁר־יִבְחַר יהוה אֱלֹהֶיךָ לְשַׁכֵּן שְׁמוֹ
שָׁם תִּזְבַּח אֶת־הַפֶּסַח בָּעָרֶב כְּבוֹא הַשֶּׁמֶשׁ מוֹעֵד צֵאתְךָ מִמִּצְרָיִם׃ וּבִשַּׁלְתָּ
וְאָכַלְתָּ בַּמָּקוֹם אֲשֶׁר יִבְחַר יהוה אֱלֹהֶיךָ בּוֹ וּפָנִיתָ בַבֹּקֶר וְהָלַכְתָּ לְאֹהָלֶיךָ׃
שֵׁשֶׁת יָמִים תֹּאכַל מַצּוֹת וּבַיּוֹם הַשְּׁבִיעִי עֲצֶרֶת לַיהוה אֱלֹהֶיךָ לֹא תַעֲשֶׂה
רביעי מְלָאכָה׃ *שִׁבְעָה שָׁבֻעֹת תִּסְפָּר־לָךְ מֵהָחֵל חֶרְמֵשׁ בַּקָּמָה תָּחֵל
(בשבת לִסְפֹּר שִׁבְעָה שָׁבֻעוֹת׃ וְעָשִׂיתָ חַג שָׁבֻעוֹת לַיהוה אֱלֹהֶיךָ מִסַּת נִדְבַת יָדְךָ
ששי)

אֲשֶׁר תִּתֵּן כַּאֲשֶׁר יְבָרֶכְךָ יהוה אֱלֹהֶיךָ׃ וְשָׂמַחְתָּ לִפְנֵי ׀ יהוה אֱלֹהֶיךָ אַתָּה
וּבִנְךָ וּבִתֶּךָ וְעַבְדְּךָ וַאֲמָתֶךָ וְהַלֵּוִי אֲשֶׁר בִּשְׁעָרֶיךָ וְהַגֵּר וְהַיָּתוֹם וְהָאַלְמָנָה
אֲשֶׁר בְּקִרְבֶּךָ בַּמָּקוֹם אֲשֶׁר יִבְחַר יהוה אֱלֹהֶיךָ לְשַׁכֵּן שְׁמוֹ שָׁם׃ וְזָכַרְתָּ כִּי־
עֶבֶד הָיִיתָ בְּמִצְרָיִם וְשָׁמַרְתָּ וְעָשִׂיתָ אֶת־הַחֻקִּים הָאֵלֶּה׃
חַג הַסֻּכֹּת תַּעֲשֶׂה לְךָ שִׁבְעַת יָמִים בְּאָסְפְּךָ מִגָּרְנְךָ וּמִיִּקְבֶךָ׃ וְשָׂמַחְתָּ בְּחַגֶּךָ חמישי (בשבת שביעי)
אַתָּה וּבִנְךָ וּבִתֶּךָ וְעַבְדְּךָ וַאֲמָתֶךָ וְהַלֵּוִי וְהַגֵּר וְהַיָּתוֹם וְהָאַלְמָנָה אֲשֶׁר
בִּשְׁעָרֶיךָ׃ שִׁבְעַת יָמִים תָּחֹג לַיהוה אֱלֹהֶיךָ בַּמָּקוֹם אֲשֶׁר־יִבְחַר יהוה כִּי
יְבָרֶכְךָ יהוה אֱלֹהֶיךָ בְּכֹל תְּבוּאָתְךָ וּבְכֹל מַעֲשֵׂה יָדֶיךָ וְהָיִיתָ אַךְ שָׂמֵחַ׃
שָׁלוֹשׁ פְּעָמִים ׀ בַּשָּׁנָה יֵרָאֶה כָל־זְכוּרְךָ אֶת־פְּנֵי ׀ יהוה אֱלֹהֶיךָ בַּמָּקוֹם אֲשֶׁר
יִבְחָר בְּחַג הַמַּצּוֹת וּבְחַג הַשָּׁבֻעוֹת וּבְחַג הַסֻּכּוֹת וְלֹא יֵרָאֶה אֶת־פְּנֵי יהוה
רֵיקָם׃ אִישׁ כְּמַתְּנַת יָדוֹ כְּבִרְכַּת יהוה אֱלֹהֶיךָ אֲשֶׁר נָתַן־לָךְ׃

אומר חצי קדיש (עמ׳ 301).

בחו״ל ביום טוב אחרון של פסח המפטיר קורא ׳וְהִקְרַבְתֶּם׳ (עמ׳ 738) ואת ההפטרה בהמשך.
ביום טוב שני של שבועות המפטיר קורא ׳וּבְיוֹם הַבִּכּוּרִים׳ (עמ׳ 754) ואת ההפטרה בעמ׳ 756.
בשמיני עצרת בחו״ל המפטיר קורא ׳בַּיּוֹם הַשְּׁמִינִי׳ (עמ׳ 761) ואת ההפטרה בעמ׳ 757.

## הפטרה ליום אחרון של פסח

עוֹד הַיּוֹם בְּנֹב לַעֲמֹד יְנֹפֵף יָדוֹ הַר בֵּית־צִיּוֹן גִּבְעַת יְרוּשָׁלִָם׃ הִנֵּה בַּת־ ישעיהו י,לב–יב,ו
הָאָדוֹן יהוה צְבָאוֹת מְסָעֵף פֻּארָה בְּמַעֲרָצָה וְרָמֵי הַקּוֹמָה גְּדוּעִים וְהַגְּבֹהִים
יִשְׁפָּלוּ׃ וְנִקַּף סִבְכֵי הַיַּעַר בַּבַּרְזֶל וְהַלְּבָנוֹן בְּאַדִּיר יִפּוֹל׃ וְיָצָא
חֹטֶר מִגֵּזַע יִשָׁי וְנֵצֶר מִשָּׁרָשָׁיו יִפְרֶה׃ וְנָחָה עָלָיו רוּחַ יהוה רוּחַ חָכְמָה וּבִינָה
רוּחַ עֵצָה וּגְבוּרָה רוּחַ דַּעַת וְיִרְאַת יהוה׃ וַהֲרִיחוֹ בְּיִרְאַת יהוה וְלֹא־לְמַרְאֵה
עֵינָיו יִשְׁפּוֹט וְלֹא־לְמִשְׁמַע אָזְנָיו יוֹכִיחַ׃ וְשָׁפַט בְּצֶדֶק דַּלִּים וְהוֹכִיחַ בְּמִישׁוֹר
לְעַנְוֵי־אָרֶץ וְהִכָּה־אֶרֶץ בְּשֵׁבֶט פִּיו וּבְרוּחַ שְׂפָתָיו יָמִית רָשָׁע׃ וְהָיָה צֶדֶק אֵזוֹר
מָתְנָיו וְהָאֱמוּנָה אֵזוֹר חֲלָצָיו׃ וְגָר זְאֵב עִם־כֶּבֶשׂ וְנָמֵר עִם־גְּדִי יִרְבָּץ וְעֵגֶל
וּכְפִיר וּמְרִיא יַחְדָּו וְנַעַר קָטֹן נֹהֵג בָּם׃ וּפָרָה וָדֹב תִּרְעֶינָה יַחְדָּו יִרְבְּצוּ יַלְדֵיהֶן
וְאַרְיֵה כַּבָּקָר יֹאכַל־תֶּבֶן׃ וְשִׁעֲשַׁע יוֹנֵק עַל־חֻר פָּתֶן וְעַל מְאוּרַת צִפְעוֹנִי
גָּמוּל יָדוֹ הָדָה׃ לֹא־יָרֵעוּ וְלֹא־יַשְׁחִיתוּ בְּכָל־הַר קָדְשִׁי כִּי־מָלְאָה הָאָרֶץ דֵּעָה
אֶת־יהוה כַּמַּיִם לַיָּם מְכַסִּים׃ וְהָיָה בַּיּוֹם הַהוּא שֹׁרֶשׁ יִשַׁי אֲשֶׁר

עֹמֵד לְנֵס עַמִּים אֵלָיו גּוֹיִם יִדְרֹשׁוּ וְהָיְתָה מְנֻחָתוֹ כָּבוֹד׃ וְהָיָה ׀
בַּיּוֹם הַהוּא יוֹסִיף אֲדֹנָי ׀ שֵׁנִית יָדוֹ לִקְנוֹת אֶת־שְׁאָר עַמּוֹ אֲשֶׁר יִשָּׁאֵר מֵאַשּׁוּר
וּמִמִּצְרַיִם וּמִפַּתְרוֹס וּמִכּוּשׁ וּמֵעֵילָם וּמִשִּׁנְעָר וּמֵחֲמָת וּמֵאִיֵּי הַיָּם׃ וְנָשָׂא נֵס
לַגּוֹיִם וְאָסַף נִדְחֵי יִשְׂרָאֵל וּנְפֻצוֹת יְהוּדָה יְקַבֵּץ מֵאַרְבַּע כַּנְפוֹת הָאָרֶץ׃ וְסָרָה
קִנְאַת אֶפְרַיִם וְצֹרְרֵי יְהוּדָה יִכָּרֵתוּ אֶפְרַיִם לֹא־יְקַנֵּא אֶת־יְהוּדָה וִיהוּדָה לֹא־
יָצֹר אֶת־אֶפְרָיִם׃ וְעָפוּ בְכָתֵף פְּלִשְׁתִּים יָמָּה יַחְדָּו יָבֹזּוּ אֶת־בְּנֵי־קֶדֶם אֱדוֹם
וּמוֹאָב מִשְׁלוֹחַ יָדָם וּבְנֵי עַמּוֹן מִשְׁמַעְתָּם׃ וְהֶחֱרִים יהוה אֵת לְשׁוֹן יָם־מִצְרַיִם
וְהֵנִיף יָדוֹ עַל־הַנָּהָר בַּעְיָם רוּחוֹ וְהִכָּהוּ לְשִׁבְעָה נְחָלִים וְהִדְרִיךְ בַּנְּעָלִים׃
וְהָיְתָה מְסִלָּה לִשְׁאָר עַמּוֹ אֲשֶׁר יִשָּׁאֵר מֵאַשּׁוּר כַּאֲשֶׁר הָיְתָה לְיִשְׂרָאֵל בְּיוֹם
עֲלֹתוֹ מֵאֶרֶץ מִצְרָיִם׃ וְאָמַרְתָּ בַּיּוֹם הַהוּא אוֹדְךָ יהוה כִּי אָנַפְתָּ בִּי יָשֹׁב אַפְּךָ
וּתְנַחֲמֵנִי׃ הִנֵּה אֵל יְשׁוּעָתִי אֶבְטַח וְלֹא אֶפְחָד כִּי־עָזִּי וְזִמְרָת יָהּ יהוה וַיְהִי־
לִי לִישׁוּעָה׃ וּשְׁאַבְתֶּם־מַיִם בְּשָׂשׂוֹן מִמַּעַיְנֵי הַיְשׁוּעָה׃ וַאֲמַרְתֶּם בַּיּוֹם הַהוּא
הוֹדוּ לַיהוה קִרְאוּ בִשְׁמוֹ הוֹדִיעוּ בָעַמִּים עֲלִילֹתָיו הַזְכִּירוּ כִּי נִשְׂגָּב שְׁמוֹ׃
מוּדַעַת זַמְּרוּ יהוה כִּי גֵאוּת עָשָׂה מְידַעַת זֹאת בְּכָל־הָאָרֶץ׃ צַהֲלִי וָרֹנִּי יוֹשֶׁבֶת צִיּוֹן
כִּי־גָדוֹל בְּקִרְבֵּךְ קְדוֹשׁ יִשְׂרָאֵל׃

## קריאה לשבועות

שמות יט, א–כ, כג בַּחֹדֶשׁ הַשְּׁלִישִׁי לְצֵאת בְּנֵי־יִשְׂרָאֵל מֵאֶרֶץ מִצְרָיִם בַּיּוֹם הַזֶּה בָּאוּ מִדְבַּר סִינָי׃
וַיִּסְעוּ מֵרְפִידִים וַיָּבֹאוּ מִדְבַּר סִינַי וַיַּחֲנוּ בַּמִּדְבָּר וַיִּחַן־שָׁם יִשְׂרָאֵל נֶגֶד הָהָר׃
וּמֹשֶׁה עָלָה אֶל־הָאֱלֹהִים וַיִּקְרָא אֵלָיו יהוה מִן־הָהָר לֵאמֹר כֹּה תֹאמַר לְבֵית
יַעֲקֹב וְתַגֵּיד לִבְנֵי יִשְׂרָאֵל׃ אַתֶּם רְאִיתֶם אֲשֶׁר עָשִׂיתִי לְמִצְרָיִם וָאֶשָּׂא אֶתְכֶם
עַל־כַּנְפֵי נְשָׁרִים וָאָבִא אֶתְכֶם אֵלָי׃ וְעַתָּה אִם־שָׁמוֹעַ תִּשְׁמְעוּ בְּקֹלִי וּשְׁמַרְתֶּם
אֶת־בְּרִיתִי וִהְיִיתֶם לִי סְגֻלָּה מִכָּל־הָעַמִּים כִּי־לִי כָּל־הָאָרֶץ׃ וְאַתֶּם תִּהְיוּ־לִי
לוי מַמְלֶכֶת כֹּהֲנִים וְגוֹי קָדוֹשׁ אֵלֶּה הַדְּבָרִים אֲשֶׁר תְּדַבֵּר אֶל־בְּנֵי יִשְׂרָאֵל׃ *וַיָּבֹא
מֹשֶׁה וַיִּקְרָא לְזִקְנֵי הָעָם וַיָּשֶׂם לִפְנֵיהֶם אֵת כָּל־הַדְּבָרִים הָאֵלֶּה אֲשֶׁר צִוָּהוּ
יהוה׃ וַיַּעֲנוּ כָל־הָעָם יַחְדָּו וַיֹּאמְרוּ כֹּל אֲשֶׁר־דִּבֶּר יהוה נַעֲשֶׂה וַיָּשֶׁב מֹשֶׁה
אֶת־דִּבְרֵי הָעָם אֶל־יהוה׃ וַיֹּאמֶר יהוה אֶל־מֹשֶׁה הִנֵּה אָנֹכִי בָּא אֵלֶיךָ בְּעַב
הֶעָנָן בַּעֲבוּר יִשְׁמַע הָעָם בְּדַבְּרִי עִמָּךְ וְגַם־בְּךָ יַאֲמִינוּ לְעוֹלָם וַיַּגֵּד מֹשֶׁה אֶת־
דִּבְרֵי הָעָם אֶל־יהוה׃ וַיֹּאמֶר יהוה אֶל־מֹשֶׁה לֵךְ אֶל־הָעָם וְקִדַּשְׁתָּם הַיּוֹם

וּמָחָר וְכִבְּסוּ שִׂמְלֹתָם: וְהָיוּ נְכֹנִים לַיּוֹם הַשְּׁלִישִׁי כִּי ׀ בַּיּוֹם הַשְּׁלִשִׁי יֵרֵד יְהוָה
לְעֵינֵי כָל־הָעָם עַל־הַר סִינָי: וְהִגְבַּלְתָּ אֶת־הָעָם סָבִיב לֵאמֹר הִשָּׁמְרוּ לָכֶם
עֲלוֹת בָּהָר וּנְגֹעַ בְּקָצֵהוּ כָּל־הַנֹּגֵעַ בָּהָר מוֹת יוּמָת: לֹא־תִגַּע בּוֹ יָד כִּי־סָקוֹל
יִסָּקֵל אוֹ־יָרֹה יִיָּרֶה אִם־בְּהֵמָה אִם־אִישׁ לֹא יִחְיֶה בִּמְשֹׁךְ הַיֹּבֵל הֵמָּה יַעֲלוּ
בָהָר: *וַיֵּרֶד מֹשֶׁה מִן־הָהָר אֶל־הָעָם וַיְקַדֵּשׁ אֶת־הָעָם וַיְכַבְּסוּ שִׂמְלֹתָם: שלישי
וַיֹּאמֶר אֶל־הָעָם הֱיוּ נְכֹנִים לִשְׁלֹשֶׁת יָמִים אַל־תִּגְּשׁוּ אֶל־אִשָּׁה: וַיְהִי בַיּוֹם
הַשְּׁלִישִׁי בִּהְיֹת הַבֹּקֶר וַיְהִי קֹלֹת וּבְרָקִים וְעָנָן כָּבֵד עַל־הָהָר וְקֹל שֹׁפָר חָזָק
מְאֹד וַיֶּחֱרַד כָּל־הָעָם אֲשֶׁר בַּמַּחֲנֶה: וַיּוֹצֵא מֹשֶׁה אֶת־הָעָם לִקְרַאת הָאֱלֹהִים
מִן־הַמַּחֲנֶה וַיִּתְיַצְּבוּ בְּתַחְתִּית הָהָר: וְהַר סִינַי עָשַׁן כֻּלּוֹ מִפְּנֵי אֲשֶׁר יָרַד עָלָיו
יְהוָה בָּאֵשׁ וַיַּעַל עֲשָׁנוֹ כְּעֶשֶׁן הַכִּבְשָׁן וַיֶּחֱרַד כָּל־הָהָר מְאֹד: וַיְהִי קוֹל הַשֹּׁפָר
הוֹלֵךְ וְחָזֵק מְאֹד מֹשֶׁה יְדַבֵּר וְהָאֱלֹהִים יַעֲנֶנּוּ בְקוֹל: *וַיֵּרֶד יְהוָה עַל־הַר רביעי
סִינַי אֶל־רֹאשׁ הָהָר וַיִּקְרָא יְהוָה לְמֹשֶׁה אֶל־רֹאשׁ הָהָר וַיַּעַל מֹשֶׁה: וַיֹּאמֶר
יְהוָה אֶל־מֹשֶׁה רֵד הָעֵד בָּעָם פֶּן־יֶהֶרְסוּ אֶל־יְהוָה לִרְאוֹת וְנָפַל מִמֶּנּוּ רָב:
וְגַם הַכֹּהֲנִים הַנִּגָּשִׁים אֶל־יְהוָה יִתְקַדָּשׁוּ פֶּן־יִפְרֹץ בָּהֶם יְהוָה: וַיֹּאמֶר מֹשֶׁה
אֶל־יְהוָה לֹא־יוּכַל הָעָם לַעֲלֹת אֶל־הַר סִינָי כִּי־אַתָּה הַעֵדֹתָה בָּנוּ לֵאמֹר
הַגְבֵּל אֶת־הָהָר וְקִדַּשְׁתּוֹ: וַיֹּאמֶר אֵלָיו יְהוָה לֶךְ־רֵד וְעָלִיתָ אַתָּה וְאַהֲרֹן
עִמָּךְ וְהַכֹּהֲנִים וְהָעָם אַל־יֶהֶרְסוּ לַעֲלֹת אֶל־יְהוָה פֶּן־יִפְרָץ־בָּם: וַיֵּרֶד מֹשֶׁה
אֶל־הָעָם וַיֹּאמֶר אֲלֵהֶם: וַיְדַבֵּר אֱלֹהִים אֵת כָּל־הַדְּבָרִים הָאֵלֶּה
לֵאמֹר: אָנֹכִי יְהוָה אֱלֹהֶיךָ אֲשֶׁר הוֹצֵאתִיךָ מֵאֶרֶץ מִצְרַיִם מִבֵּית
עֲבָדִים: לֹא־יִהְיֶה לְךָ אֱלֹהִים אֲחֵרִים עַל־פָּנָי לֹא תַעֲשֶׂה־לְךָ פֶסֶל ׀ וְכָל־
תְּמוּנָה אֲשֶׁר בַּשָּׁמַיִם ׀ מִמַּעַל וַאֲשֶׁר בָּאָרֶץ מִתַּחַת וַאֲשֶׁר בַּמַּיִם ׀ מִתַּחַת
לָאָרֶץ לֹא־תִשְׁתַּחֲוֶה לָהֶם וְלֹא תָעָבְדֵם כִּי אָנֹכִי יְהוָה אֱלֹהֶיךָ אֵל קַנָּא פֹּקֵד
עֲוֺן אָבֹת עַל־בָּנִים עַל־שִׁלֵּשִׁים וְעַל־רִבֵּעִים לְשֹׂנְאָי וְעֹשֶׂה חֶסֶד לַאֲלָפִים
לְאֹהֲבַי וּלְשֹׁמְרֵי מִצְוֺתָי: לֹא תִשָּׂא אֶת־שֵׁם־יְהוָה אֱלֹהֶיךָ לַשָּׁוְא
כִּי לֹא יְנַקֶּה יְהוָה אֵת אֲשֶׁר־יִשָּׂא אֶת־שְׁמוֹ לַשָּׁוְא:
זָכוֹר אֶת־יוֹם הַשַּׁבָּת לְקַדְּשׁוֹ שֵׁשֶׁת יָמִים תַּעֲבֹד וְעָשִׂיתָ כָּל־מְלַאכְתֶּךָ
וְיוֹם הַשְּׁבִיעִי שַׁבָּת ׀ לַיהוָה אֱלֹהֶיךָ לֹא תַעֲשֶׂה כָל־מְלָאכָה אַתָּה וּבִנְךָ
וּבִתֶּךָ עַבְדְּךָ וַאֲמָתְךָ וּבְהֶמְתֶּךָ וְגֵרְךָ אֲשֶׁר בִּשְׁעָרֶיךָ כִּי שֵׁשֶׁת־יָמִים עָשָׂה
יְהוָה אֶת־הַשָּׁמַיִם וְאֶת־הָאָרֶץ אֶת־הַיָּם וְאֶת־כָּל־אֲשֶׁר־בָּם וַיָּנַח בַּיּוֹם

הַשְּׁבִיעִי עַל־כֵּן בֵּרַךְ יהוה אֶת־יוֹם הַשַּׁבָּת וַיְקַדְּשֵׁהוּ׃ כַּבֵּד
אֶת־אָבִיךָ וְאֶת־אִמֶּךָ לְמַעַן יַאֲרִכוּן יָמֶיךָ עַל הָאֲדָמָה אֲשֶׁר־יהוה אֱלֹהֶיךָ
נֹתֵן לָךְ׃ לֹא תִּרְצָח׃ לֹא
תִּנְאָף׃ לֹא תִּגְנֹב׃ לֹא־
תַעֲנֶה בְרֵעֲךָ עֵד שָׁקֶר׃ לֹא
תַחְמֹד בֵּית רֵעֶךָ לֹא־
תַחְמֹד אֵשֶׁת רֵעֶךָ וְעַבְדּוֹ וַאֲמָתוֹ וְשׁוֹרוֹ וַחֲמֹרוֹ וְכֹל אֲשֶׁר
לְרֵעֶךָ׃

חמישי וְכָל־הָעָם רֹאִים אֶת־הַקּוֹלֹת וְאֶת־הַלַּפִּידִם וְאֵת קוֹל הַשֹּׁפָר וְאֶת־הָהָר
עָשֵׁן וַיַּרְא הָעָם וַיָּנֻעוּ וַיַּעַמְדוּ מֵרָחֹק׃ וַיֹּאמְרוּ אֶל־מֹשֶׁה דַּבֵּר־אַתָּה עִמָּנוּ
וְנִשְׁמָעָה וְאַל־יְדַבֵּר עִמָּנוּ אֱלֹהִים פֶּן־נָמוּת׃ וַיֹּאמֶר מֹשֶׁה אֶל־הָעָם אַל־
תִּירָאוּ כִּי לְבַעֲבוּר נַסּוֹת אֶתְכֶם בָּא הָאֱלֹהִים וּבַעֲבוּר תִּהְיֶה יִרְאָתוֹ עַל־פְּנֵיכֶם
לְבִלְתִּי תֶחֱטָאוּ׃ וַיַּעֲמֹד הָעָם מֵרָחֹק וּמֹשֶׁה נִגַּשׁ אֶל־הָעֲרָפֶל אֲשֶׁר־שָׁם
הָאֱלֹהִים׃ וַיֹּאמֶר יהוה אֶל־מֹשֶׁה כֹּה תֹאמַר אֶל־בְּנֵי יִשְׂרָאֵל
אַתֶּם רְאִיתֶם כִּי מִן־הַשָּׁמַיִם דִּבַּרְתִּי עִמָּכֶם׃ לֹא תַעֲשׂוּן אִתִּי אֱלֹהֵי כֶסֶף
וֵאלֹהֵי זָהָב לֹא תַעֲשׂוּ לָכֶם׃ מִזְבַּח אֲדָמָה תַּעֲשֶׂה־לִּי וְזָבַחְתָּ עָלָיו אֶת־עֹלֹתֶיךָ
וְאֶת־שְׁלָמֶיךָ אֶת־צֹאנְךָ וְאֶת־בְּקָרֶךָ בְּכָל־הַמָּקוֹם אֲשֶׁר אַזְכִּיר אֶת־שְׁמִי
אָבוֹא אֵלֶיךָ וּבֵרַכְתִּיךָ׃ וְאִם־מִזְבַּח אֲבָנִים תַּעֲשֶׂה־לִּי לֹא־תִבְנֶה אֶתְהֶן גָּזִית
כִּי חַרְבְּךָ הֵנַפְתָּ עָלֶיהָ וַתְּחַלְלֶהָ׃ וְלֹא־תַעֲלֶה בְמַעֲלֹת עַל־מִזְבְּחִי אֲשֶׁר לֹא־
תִגָּלֶה עֶרְוָתְךָ עָלָיו׃ ואומר חצי קדיש (עמ' 301).

המפטיר קורא מספר התורה השני.

במדבר כח, כו-לא וּבְיוֹם הַבִּכּוּרִים בְּהַקְרִיבְכֶם מִנְחָה חֲדָשָׁה לַיהוה בְּשָׁבֻעֹתֵיכֶם מִקְרָא־
קֹדֶשׁ יִהְיֶה לָכֶם כָּל־מְלֶאכֶת עֲבֹדָה לֹא תַעֲשׂוּ׃ וְהִקְרַבְתֶּם עוֹלָה לְרֵיחַ
נִיחֹחַ לַיהוה פָּרִים בְּנֵי־בָקָר שְׁנַיִם אַיִל אֶחָד שִׁבְעָה כְבָשִׂים בְּנֵי שָׁנָה׃
וּמִנְחָתָם סֹלֶת בְּלוּלָה בַשָּׁמֶן שְׁלֹשָׁה עֶשְׂרֹנִים לַפָּר הָאֶחָד שְׁנֵי עֶשְׂרֹנִים
לָאַיִל הָאֶחָד׃ עִשָּׂרוֹן עִשָּׂרוֹן לַכֶּבֶשׂ הָאֶחָד לְשִׁבְעַת הַכְּבָשִׂים׃ שְׂעִיר עִזִּים
אֶחָד לְכַפֵּר עֲלֵיכֶם׃ מִלְּבַד עֹלַת הַתָּמִיד וּמִנְחָתוֹ תַּעֲשׂוּ תְּמִימִם יִהְיוּ־לָכֶם
וְנִסְכֵּיהֶם׃

ואומר חצי קדיש (עמ' 301).

## הפטרה לשבועות

יחזקאל א, א־כח
וַיְהִי ׀ בִּשְׁלֹשִׁים שָׁנָה בָּרְבִיעִי בַּחֲמִשָּׁה לַחֹדֶשׁ וַאֲנִי בְתוֹךְ־הַגּוֹלָה עַל־נְהַר־
כְּבָר נִפְתְּחוּ הַשָּׁמַיִם וָאֶרְאֶה מַרְאוֹת אֱלֹהִים׃ בַּחֲמִשָּׁה לַחֹדֶשׁ הִיא הַשָּׁנָה
הַחֲמִישִׁית לְגָלוּת הַמֶּלֶךְ יוֹיָכִין׃ הָיֹה הָיָה דְבַר־יְהוָה אֶל־יְחֶזְקֵאל בֶּן־בּוּזִי
הַכֹּהֵן בְּאֶרֶץ כַּשְׂדִּים עַל־נְהַר־כְּבָר וַתְּהִי עָלָיו שָׁם יַד־יְהוָה׃ וָאֵרֶא וְהִנֵּה רוּחַ
סְעָרָה בָּאָה מִן־הַצָּפוֹן עָנָן גָּדוֹל וְאֵשׁ מִתְלַקַּחַת וְנֹגַהּ לוֹ סָבִיב וּמִתּוֹכָהּ כְּעֵין
הַחַשְׁמַל מִתּוֹךְ הָאֵשׁ׃ וּמִתּוֹכָהּ דְּמוּת אַרְבַּע חַיּוֹת וְזֶה מַרְאֵיהֶן דְּמוּת אָדָם
לָהֵנָּה׃ וְאַרְבָּעָה פָנִים לְאֶחָת וְאַרְבַּע כְּנָפַיִם לְאַחַת לָהֶם׃ וְרַגְלֵיהֶם רֶגֶל יְשָׁרָה
וִידֵי וְכַף רַגְלֵיהֶם כְּכַף רֶגֶל עֵגֶל וְנֹצְצִים כְּעֵין נְחֹשֶׁת קָלָל׃ וידו אָדָם מִתַּחַת כַּנְפֵיהֶם
עַל אַרְבַּעַת רִבְעֵיהֶם וּפְנֵיהֶם וְכַנְפֵיהֶם לְאַרְבַּעְתָּם׃ חֹבְרֹת אִשָּׁה אֶל־אֲחוֹתָהּ
כַּנְפֵיהֶם לֹא־יִסַּבּוּ בְלֶכְתָּן אִישׁ אֶל־עֵבֶר פָּנָיו יֵלֵכוּ׃ וּדְמוּת פְּנֵיהֶם פְּנֵי אָדָם
וּפְנֵי אַרְיֵה אֶל־הַיָּמִין לְאַרְבַּעְתָּם וּפְנֵי־שׁוֹר מֵהַשְּׂמֹאול לְאַרְבַּעְתָּן וּפְנֵי־נֶשֶׁר
לְאַרְבַּעְתָּן׃ וּפְנֵיהֶם וְכַנְפֵיהֶם פְּרֻדוֹת מִלְמָעְלָה לְאִישׁ שְׁתַּיִם חֹבְרוֹת אִישׁ
וּשְׁתַּיִם מְכַסּוֹת אֵת גְּוִיֹתֵיהֶנָה׃ וְאִישׁ אֶל־עֵבֶר פָּנָיו יֵלֵכוּ אֶל אֲשֶׁר יִהְיֶה־שָּׁמָּה
הָרוּחַ לָלֶכֶת יֵלֵכוּ לֹא יִסַּבּוּ בְּלֶכְתָּן׃ וּדְמוּת הַחַיּוֹת מַרְאֵיהֶם כְּגַחֲלֵי־אֵשׁ
בֹּעֲרוֹת כְּמַרְאֵה הַלַּפִּדִים הִיא מִתְהַלֶּכֶת בֵּין הַחַיּוֹת וְנֹגַהּ לָאֵשׁ וּמִן־הָאֵשׁ
יוֹצֵא בָרָק׃ וְהַחַיּוֹת רָצוֹא וָשׁוֹב כְּמַרְאֵה הַבָּזָק׃ וָאֵרֶא הַחַיּוֹת וְהִנֵּה אוֹפַן
אֶחָד בָּאָרֶץ אֵצֶל הַחַיּוֹת לְאַרְבַּעַת פָּנָיו׃ מַרְאֵה הָאוֹפַנִּים וּמַעֲשֵׂיהֶם כְּעֵין
תַּרְשִׁישׁ וּדְמוּת אֶחָד לְאַרְבַּעְתָּן וּמַרְאֵיהֶם וּמַעֲשֵׂיהֶם כַּאֲשֶׁר יִהְיֶה הָאוֹפַן
בְּתוֹךְ הָאוֹפָן׃ עַל־אַרְבַּעַת רִבְעֵיהֶן בְּלֶכְתָּם יֵלֵכוּ לֹא יִסַּבּוּ בְּלֶכְתָּן׃ וְגַבֵּיהֶן
וְגֹבַהּ לָהֶם וְיִרְאָה לָהֶם וְגַבֹּתָם מְלֵאֹת עֵינַיִם סָבִיב לְאַרְבַּעְתָּן׃ וּבְלֶכֶת
הַחַיּוֹת יֵלְכוּ הָאוֹפַנִּים אֶצְלָם וּבְהִנָּשֵׂא הַחַיּוֹת מֵעַל הָאָרֶץ יִנָּשְׂאוּ הָאוֹפַנִּים׃
עַל אֲשֶׁר יִהְיֶה־שָּׁם הָרוּחַ לָלֶכֶת יֵלֵכוּ שָׁמָּה הָרוּחַ לָלֶכֶת וְהָאוֹפַנִּים יִנָּשְׂאוּ
לְעֻמָּתָם כִּי רוּחַ הַחַיָּה בָּאוֹפַנִּים׃ בְּלֶכְתָּם יֵלֵכוּ וּבְעָמְדָם יַעֲמֹדוּ וּבְהִנָּשְׂאָם
מֵעַל הָאָרֶץ יִנָּשְׂאוּ הָאוֹפַנִּים לְעֻמָּתָם כִּי רוּחַ הַחַיָּה בָּאוֹפַנִּים׃ וּדְמוּת עַל־
רָאשֵׁי הַחַיָּה רָקִיעַ כְּעֵין הַקֶּרַח הַנּוֹרָא נָטוּי עַל־רָאשֵׁיהֶם מִלְמָעְלָה׃ וְתַחַת
הָרָקִיעַ כַּנְפֵיהֶם יְשָׁרוֹת אִשָּׁה אֶל־אֲחוֹתָהּ לְאִישׁ שְׁתַּיִם מְכַסּוֹת לָהֵנָּה
וּלְאִישׁ שְׁתַּיִם מְכַסּוֹת לָהֵנָּה אֵת גְּוִיֹּתֵיהֶם׃ וָאֶשְׁמַע אֶת־קוֹל כַּנְפֵיהֶם כְּקוֹל
מַיִם רַבִּים כְּקוֹל־שַׁדַּי בְּלֶכְתָּם קוֹל הֲמֻלָּה כְּקוֹל מַחֲנֶה בְּעָמְדָם תְּרַפֶּינָה

כַּנְפֵיהֶֽן׃ וַֽיְהִי־קוֹל מֵעַל לָרָקִיעַ אֲשֶׁר עַל־רֹאשָׁם בְּעָמְדָם תְּרַפֶּינָה כַנְפֵיהֶֽן׃
וּמִמַּעַל לָרָקִיעַ אֲשֶׁר עַל־רֹאשָׁם כְּמַרְאֵה אֶֽבֶן־סַפִּיר דְּמוּת כִּסֵּא וְעַל דְּמוּת
הַכִּסֵּא דְּמוּת כְּמַרְאֵה אָדָם עָלָיו מִלְמָֽעְלָה׃ וָאֵרֶא ׀ כְּעֵין חַשְׁמַל כְּמַרְאֵה־
אֵשׁ בֵּֽית־לָהּ סָבִיב מִמַּרְאֵה מָתְנָיו וּלְמָעְלָה וּמִמַּרְאֵה מָתְנָיו וּלְמַטָּה רָאִיתִי
כְּמַרְאֵה־אֵשׁ וְנֹגַהּ לוֹ סָבִיב׃ כְּמַרְאֵה הַקֶּשֶׁת אֲשֶׁר יִהְיֶה בֶעָנָן בְּיוֹם הַגֶּשֶׁם
כֵּן מַרְאֵה הַנֹּגַהּ סָבִיב הוּא מַרְאֵה דְּמוּת כְּבוֹד־יְהוָה וָאֶרְאֶה וָאֶפֹּל עַל־פָּנַי
וָאֶשְׁמַע קוֹל מְדַבֵּֽר׃

ומוסיפים (סדר רב עמרם גאון):

יחזקאל ג,יב וַתִּשָּׂאֵנִי רוּחַ וָאֶשְׁמַע אַחֲרַי קוֹל רַעַשׁ גָּדוֹל בָּרוּךְ כְּבוֹד־יְהוָה מִמְּקוֹמוֹ׃

## הפטרה ליום טוב שני של שבועות

קריאת התורה ליום טוב שני של שבועות בעמ׳ 749.

חבקוק ב,כ–ג,יט וַיהוָה בְּהֵיכַל קָדְשׁוֹ הַס מִפָּנָיו כָּל־הָאָרֶץ׃ תְּפִלָּה לַחֲבַקּוּק הַנָּבִיא
עַל שִׁגְיֹנוֹת׃ יְהוָה שָׁמַעְתִּי שִׁמְעֲךָ יָרֵאתִי יְהוָה פָּעָלְךָ בְּקֶרֶב שָׁנִים חַיֵּיהוּ בְּקֶרֶב
שָׁנִים תּוֹדִיעַ בְּרֹגֶז רַחֵם תִּזְכּוֹר׃ אֱלוֹהַּ מִתֵּימָן יָבוֹא וְקָדוֹשׁ מֵהַר־פָּארָן סֶלָה
כִּסָּה שָׁמַיִם הוֹדוֹ וּתְהִלָּתוֹ מָלְאָה הָאָרֶץ׃ וְנֹגַהּ כָּאוֹר תִּהְיֶה קַרְנַיִם מִיָּדוֹ לוֹ
וְשָׁם חֶבְיוֹן עֻזֹּה׃ לְפָנָיו יֵלֶךְ דָּבֶר וְיֵצֵא רֶשֶׁף לְרַגְלָיו׃ עָמַד ׀ וַיְמֹדֶד אֶרֶץ רָאָה
וַיַּתֵּר גּוֹיִם וַיִּתְפֹּצְצוּ הַרְרֵי־עַד שַׁחוּ גִּבְעוֹת עוֹלָם הֲלִיכוֹת עוֹלָם לוֹ׃ תַּחַת
אָוֶן רָאִיתִי אָהֳלֵי כוּשָׁן יִרְגְּזוּן יְרִיעוֹת אֶרֶץ מִדְיָן׃ הֲבִנְהָרִים חָרָה
יְהוָה אִם בַּנְּהָרִים אַפֶּךָ אִם־בַּיָּם עֶבְרָתֶךָ כִּי תִרְכַּב עַל־סוּסֶיךָ מַרְכְּבֹתֶיךָ
יְשׁוּעָה׃ עֶרְיָה תֵעוֹר קַשְׁתֶּךָ שְׁבֻעוֹת מַטּוֹת אֹמֶר סֶלָה נְהָרוֹת תְּבַקַּע־אָרֶץ׃
רָאוּךָ יָחִילוּ הָרִים זֶרֶם מַיִם עָבָר נָתַן תְּהוֹם קוֹלוֹ רוֹם יָדֵיהוּ נָשָׂא׃ שֶׁמֶשׁ יָרֵחַ
עָמַד זְבֻלָה לְאוֹר חִצֶּיךָ יְהַלֵּכוּ לְנֹגַהּ בְּרַק חֲנִיתֶךָ׃ בְּזַעַם תִּצְעַד־אָרֶץ בְּאַף
תָּדוּשׁ גּוֹיִם׃ יָצָאתָ לְיֵשַׁע עַמֶּךָ לְיֵשַׁע אֶת־מְשִׁיחֶךָ מָחַצְתָּ רֹּאשׁ מִבֵּית רָשָׁע
עָרוֹת יְסוֹד עַד־צַוָּאר סֶלָה׃ נָקַבְתָּ בְמַטָּיו רֹאשׁ פְּרָזָו יִסְעֲרוּ
לַהֲפִיצֵנִי עֲלִיצֻתָם כְּמוֹ־לֶאֱכֹל עָנִי בַּמִּסְתָּר׃ דָּרַכְתָּ בַיָּם סוּסֶיךָ חֹמֶר מַיִם
רַבִּים׃ שָׁמַעְתִּי ׀ וַתִּרְגַּז בִּטְנִי לְקוֹל צָלְלוּ שְׂפָתַי יָבוֹא רָקָב בַּעֲצָמַי וְתַחְתַּי
אֶרְגָּז אֲשֶׁר אָנוּחַ לְיוֹם צָרָה לַעֲלוֹת לְעַם יְגוּדֶנּוּ׃ כִּי־תְאֵנָה לֹא־תִפְרָח וְאֵין

יְבוּל בַּגְּפָנִים כְּחַשׁ מַעֲשֵׂה־זַיִת וּשְׁדֵמוֹת לֹא־עָשָׂה אֹכֶל גָּזַר מִמִּכְלָה צֹאן
וְאֵין בָּקָר בָּרְפָתִים: וַאֲנִי בַּיהוָה אֶעְלוֹזָה אָגִילָה בֵּאלֹהֵי יִשְׁעִי: יְהוָה אֲדֹנָי
חֵילִי וַיָּשֶׂם רַגְלַי כָּאַיָּלוֹת וְעַל־בָּמוֹתַי יַדְרִכֵנִי לַמְנַצֵּחַ בִּנְגִינוֹתָי:

## הפטרה לשמיני עצרת בחוץ לארץ

קריאת התורה לשמיני עצרת בעמ' 749.

*מלכים א'*
*ח,נד–ט,א*

וַיְהִי כְּכַלּוֹת שְׁלֹמֹה לְהִתְפַּלֵּל אֶל־יְהוָה אֵת כָּל־הַתְּפִלָּה וְהַתְּחִנָּה הַזֹּאת
קָם מִלִּפְנֵי מִזְבַּח יְהוָה מִכְּרֹעַ עַל־בִּרְכָּיו וְכַפָּיו פְּרֻשׂוֹת הַשָּׁמָיִם: וַיַּעֲמֹד וַיְבָרֶךְ
אֵת כָּל־קְהַל יִשְׂרָאֵל קוֹל גָּדוֹל לֵאמֹר: בָּרוּךְ יְהוָה אֲשֶׁר נָתַן מְנוּחָה לְעַמּוֹ
יִשְׂרָאֵל כְּכֹל אֲשֶׁר דִּבֵּר לֹא־נָפַל דָּבָר אֶחָד מִכֹּל דְּבָרוֹ הַטּוֹב אֲשֶׁר דִּבֶּר בְּיַד
מֹשֶׁה עַבְדּוֹ: יְהִי יְהוָה אֱלֹהֵינוּ עִמָּנוּ כַּאֲשֶׁר הָיָה עִם־אֲבֹתֵינוּ אַל־יַעַזְבֵנוּ
וְאַל־יִטְּשֵׁנוּ: לְהַטּוֹת לְבָבֵנוּ אֵלָיו לָלֶכֶת בְּכָל־דְּרָכָיו וְלִשְׁמֹר מִצְוֹתָיו וְחֻקָּיו
וּמִשְׁפָּטָיו אֲשֶׁר צִוָּה אֶת־אֲבֹתֵינוּ: וְיִהְיוּ דְבָרַי אֵלֶּה אֲשֶׁר הִתְחַנַּנְתִּי לִפְנֵי יְהוָה
קְרֹבִים אֶל־יְהוָה אֱלֹהֵינוּ יוֹמָם וָלָיְלָה לַעֲשׂוֹת מִשְׁפַּט עַבְדּוֹ וּמִשְׁפַּט עַמּוֹ
יִשְׂרָאֵל דְּבַר־יוֹם בְּיוֹמוֹ: לְמַעַן דַּעַת כָּל־עַמֵּי הָאָרֶץ כִּי יְהוָה הוּא הָאֱלֹהִים
אֵין עוֹד: וְהָיָה לְבַבְכֶם שָׁלֵם עִם יְהוָה אֱלֹהֵינוּ לָלֶכֶת בְּחֻקָּיו וְלִשְׁמֹר מִצְוֹתָיו
כַּיּוֹם הַזֶּה: וְהַמֶּלֶךְ וְכָל־יִשְׂרָאֵל עִמּוֹ זֹבְחִים זֶבַח לִפְנֵי יְהוָה: וַיִּזְבַּח שְׁלֹמֹה
אֵת זֶבַח הַשְּׁלָמִים אֲשֶׁר זָבַח לַיהוָה בָּקָר עֶשְׂרִים וּשְׁנַיִם אֶלֶף וְצֹאן מֵאָה
וְעֶשְׂרִים אָלֶף וַיַּחְנְכוּ אֶת־בֵּית יְהוָה הַמֶּלֶךְ וְכָל־בְּנֵי יִשְׂרָאֵל: בַּיּוֹם הַהוּא קִדַּשׁ
הַמֶּלֶךְ אֶת־תּוֹךְ הֶחָצֵר אֲשֶׁר לִפְנֵי בֵית־יְהוָה כִּי־עָשָׂה שָׁם אֶת־הָעֹלָה וְאֶת־
הַמִּנְחָה וְאֵת חֶלְבֵי הַשְּׁלָמִים כִּי־מִזְבַּח הַנְּחֹשֶׁת אֲשֶׁר לִפְנֵי יְהוָה קָטֹן מֵהָכִיל
אֶת־הָעֹלָה וְאֶת־הַמִּנְחָה וְאֵת חֶלְבֵי הַשְּׁלָמִים: וַיַּעַשׂ שְׁלֹמֹה בָעֵת־הַהִיא
אֶת־הֶחָג וְכָל־יִשְׂרָאֵל עִמּוֹ קָהָל גָּדוֹל מִלְּבוֹא חֲמָת עַד־נַחַל מִצְרַיִם לִפְנֵי
יְהוָה אֱלֹהֵינוּ שִׁבְעַת יָמִים וְשִׁבְעַת יָמִים אַרְבָּעָה עָשָׂר יוֹם: בַּיּוֹם הַשְּׁמִינִי
שִׁלַּח אֶת־הָעָם וַיְבָרֲכוּ אֶת־הַמֶּלֶךְ וַיֵּלְכוּ לְאָהֳלֵיהֶם שְׂמֵחִים וְטוֹבֵי לֵב עַל
כָּל־הַטּוֹבָה אֲשֶׁר עָשָׂה יְהוָה לְדָוִד עַבְדּוֹ וּלְיִשְׂרָאֵל עַמּוֹ: וַיְהִי
כְּכַלּוֹת שְׁלֹמֹה לִבְנוֹת אֶת־בֵּית־יְהוָה וְאֶת־בֵּית הַמֶּלֶךְ וְאֵת כָּל־חֵשֶׁק שְׁלֹמֹה
אֲשֶׁר חָפֵץ לַעֲשׂוֹת:

# קריאה לשמחת תורה

דברים לג, א-כו וְזֹאת הַבְּרָכָה אֲשֶׁר בֵּרַךְ מֹשֶׁה אִישׁ הָאֱלֹהִים אֶת־בְּנֵי יִשְׂרָאֵל לִפְנֵי מוֹתוֹ:
וַיֹּאמַר יהוה מִסִּינַי בָּא וְזָרַח מִשֵּׂעִיר לָמוֹ הוֹפִיעַ מֵהַר פָּארָן וְאָתָה מֵרִבְבֹת
אֵשׁ דָּת קֹדֶשׁ מִימִינוֹ אשדת לָמוֹ: אַף חֹבֵב עַמִּים כָּל־קְדֹשָׁיו בְּיָדֶךָ וְהֵם תֻּכּוּ לְרַגְלֶךָ
יִשָּׂא מִדַּבְּרֹתֶיךָ: תּוֹרָה צִוָּה־לָנוּ מֹשֶׁה מוֹרָשָׁה קְהִלַּת יַעֲקֹב: וַיְהִי בִישֻׁרוּן
מֶלֶךְ בְּהִתְאַסֵּף רָאשֵׁי עָם יַחַד שִׁבְטֵי יִשְׂרָאֵל: יְחִי רְאוּבֵן וְאַל־יָמֹת וִיהִי מְתָיו
מִסְפָּר: וְזֹאת לִיהוּדָה וַיֹּאמַר שְׁמַע יהוה קוֹל יְהוּדָה וְאֶל־עַמּוֹ
תְּבִיאֶנּוּ יָדָיו רָב לוֹ וְעֵזֶר מִצָּרָיו תִּהְיֶה:
לוי וּלְלֵוִי אָמַר תֻּמֶּיךָ וְאוּרֶיךָ לְאִישׁ חֲסִידֶךָ אֲשֶׁר נִסִּיתוֹ בְּמַסָּה תְּרִיבֵהוּ עַל־מֵי
מְרִיבָה: הָאֹמֵר לְאָבִיו וּלְאִמּוֹ לֹא רְאִיתִיו וְאֶת־אֶחָיו לֹא הִכִּיר וְאֶת־בָּנוֹ לֹא
יָדָע כִּי שָׁמְרוּ אִמְרָתֶךָ וּבְרִיתְךָ יִנְצֹרוּ: יוֹרוּ מִשְׁפָּטֶיךָ לְיַעֲקֹב וְתוֹרָתְךָ לְיִשְׂרָאֵל
יָשִׂימוּ קְטוֹרָה בְּאַפֶּךָ וְכָלִיל עַל־מִזְבְּחֶךָ: בָּרֵךְ יהוה חֵילוֹ וּפֹעַל יָדָיו תִּרְצֶה
מְחַץ מָתְנַיִם קָמָיו וּמְשַׂנְאָיו מִן־יְקוּמוּן: לְבִנְיָמִן אָמַר יְדִיד יהוה
שלישי יִשְׁכֹּן לָבֶטַח עָלָיו חֹפֵף עָלָיו כָּל־הַיּוֹם וּבֵין כְּתֵפָיו שָׁכֵן: *וּלְיוֹסֵף
אָמַר מְבֹרֶכֶת יהוה אַרְצוֹ מִמֶּגֶד שָׁמַיִם מִטָּל וּמִתְּהוֹם רֹבֶצֶת תָּחַת: וּמִמֶּגֶד
תְּבוּאֹת שָׁמֶשׁ וּמִמֶּגֶד גֶּרֶשׁ יְרָחִים: וּמֵרֹאשׁ הַרְרֵי־קֶדֶם וּמִמֶּגֶד גִּבְעוֹת עוֹלָם:
וּמִמֶּגֶד אֶרֶץ וּמְלֹאָהּ וּרְצוֹן שֹׁכְנִי סְנֶה תָּבוֹאתָה לְרֹאשׁ יוֹסֵף וּלְקָדְקֹד נְזִיר
אֶחָיו: בְּכוֹר שׁוֹרוֹ הָדָר לוֹ וְקַרְנֵי רְאֵם קַרְנָיו בָּהֶם עַמִּים יְנַגַּח יַחְדָּו אַפְסֵי־אָרֶץ
רביעי וְהֵם רִבְבוֹת אֶפְרַיִם וְהֵם אַלְפֵי מְנַשֶּׁה: *וְלִזְבוּלֻן אָמַר שְׂמַח זְבוּלֻן
בְּצֵאתֶךָ וְיִשָּׂשכָר בְּאֹהָלֶיךָ: עַמִּים הַר־יִקְרָאוּ שָׁם יִזְבְּחוּ זִבְחֵי־צֶדֶק כִּי שֶׁפַע
יַמִּים יִינָקוּ וּשְׂפֻנֵי טְמוּנֵי חוֹל: וּלְגָד אָמַר בָּרוּךְ מַרְחִיב גָּד כְּלָבִיא
שָׁכֵן וְטָרַף זְרוֹעַ אַף־קָדְקֹד: וַיַּרְא רֵאשִׁית לוֹ כִּי־שָׁם חֶלְקַת מְחֹקֵק סָפוּן
וַיֵּתֵא רָאשֵׁי עָם צִדְקַת יהוה עָשָׂה וּמִשְׁפָּטָיו עִם־יִשְׂרָאֵל: וּלְדָן
אָמַר דָּן גּוּר אַרְיֵה יְזַנֵּק מִן־הַבָּשָׁן: וּלְנַפְתָּלִי אָמַר נַפְתָּלִי שְׂבַע רָצוֹן וּמָלֵא
חמישי בִּרְכַּת יהוה יָם וְדָרוֹם יְרָשָׁה: *וּלְאָשֵׁר אָמַר בָּרוּךְ מִבָּנִים אָשֵׁר
יְהִי רְצוּי אֶחָיו וְטֹבֵל בַּשֶּׁמֶן רַגְלוֹ: בַּרְזֶל וּנְחֹשֶׁת מִנְעָלֶךָ וּכְיָמֶיךָ דָּבְאֶךָ: אֵין
כָּאֵל יְשֻׁרוּן רֹכֵב שָׁמַיִם בְּעֶזְרֶךָ וּבְגַאֲוָתוֹ שְׁחָקִים:
שישי (חתן מענה) *מְעֹנָה אֱלֹהֵי קֶדֶם וּמִתַּחַת זְרֹעֹת עוֹלָם וַיְגָרֶשׁ מִפָּנֶיךָ אוֹיֵב וַיֹּאמֶר הַשְׁמֵד:
וַיִּשְׁכֹּן יִשְׂרָאֵל בֶּטַח בָּדָד עֵין יַעֲקֹב אֶל־אֶרֶץ דָּגָן וְתִירוֹשׁ אַף־שָׁמָיו יַעַרְפוּ־

טֶל: אַשְׁרֶיךָ יִשְׂרָאֵל מִי כָמוֹךָ עַם נוֹשַׁע בַּיהוָה מָגֵן עֶזְרֶךָ וַאֲשֶׁר־חֶרֶב גַּאֲוָתֶךָ וְיִכָּחֲשׁוּ אֹיְבֶיךָ לָךְ וְאַתָּה עַל־בָּמוֹתֵימוֹ תִדְרֹךְ:‏ ‏ וַיַּעַל מֹשֶׁה מֵעַרְבֹת מוֹאָב אֶל־הַר נְבוֹ רֹאשׁ הַפִּסְגָּה אֲשֶׁר עַל־פְּנֵי יְרֵחוֹ וַיַּרְאֵהוּ יְהוָה אֶת־כָּל־הָאָרֶץ אֶת־הַגִּלְעָד עַד־דָּן:‏ וְאֵת כָּל־נַפְתָּלִי וְאֶת־אֶרֶץ אֶפְרַיִם וּמְנַשֶּׁה וְאֵת כָּל־אֶרֶץ יְהוּדָה עַד הַיָּם הָאַחֲרוֹן:‏ וְאֶת־הַנֶּגֶב וְאֶת־הַכִּכָּר בִּקְעַת יְרֵחוֹ עִיר הַתְּמָרִים עַד־צֹעַר:‏ וַיֹּאמֶר יְהוָה אֵלָיו זֹאת הָאָרֶץ אֲשֶׁר נִשְׁבַּעְתִּי לְאַבְרָהָם לְיִצְחָק וּלְיַעֲקֹב לֵאמֹר לְזַרְעֲךָ אֶתְּנֶנָּה הֶרְאִיתִיךָ בְעֵינֶיךָ וְשָׁמָּה לֹא תַעֲבֹר:‏ וַיָּמָת שָׁם מֹשֶׁה עֶבֶד־יְהוָה בְּאֶרֶץ מוֹאָב עַל־פִּי יְהוָה:‏ וַיִּקְבֹּר אֹתוֹ בַגַּי בְּאֶרֶץ מוֹאָב מוּל בֵּית פְּעוֹר וְלֹא־יָדַע אִישׁ אֶת־קְבֻרָתוֹ עַד הַיּוֹם הַזֶּה:‏ וּמֹשֶׁה בֶּן־מֵאָה וְעֶשְׂרִים שָׁנָה בְּמֹתוֹ לֹא־כָהֲתָה עֵינוֹ וְלֹא־נָס לֵחֹה:‏ וַיִּבְכּוּ בְנֵי יִשְׂרָאֵל אֶת־מֹשֶׁה בְּעַרְבֹת מוֹאָב שְׁלֹשִׁים יוֹם וַיִּתְּמוּ יְמֵי בְכִי אֵבֶל מֹשֶׁה:‏ וִיהוֹשֻׁעַ בִּן־נוּן מָלֵא רוּחַ חָכְמָה כִּי־סָמַךְ מֹשֶׁה אֶת־יָדָיו עָלָיו וַיִּשְׁמְעוּ אֵלָיו בְּנֵי־יִשְׂרָאֵל וַיַּעֲשׂוּ כַּאֲשֶׁר צִוָּה יְהוָה אֶת־מֹשֶׁה:‏ וְלֹא־קָם נָבִיא עוֹד בְּיִשְׂרָאֵל כְּמֹשֶׁה אֲשֶׁר יְדָעוֹ יְהוָה פָּנִים אֶל־פָּנִים:‏ לְכָל־הָאֹתֹת וְהַמּוֹפְתִים אֲשֶׁר שְׁלָחוֹ יְהוָה לַעֲשׂוֹת בְּאֶרֶץ מִצְרָיִם לְפַרְעֹה וּלְכָל־עֲבָדָיו וּלְכָל־אַרְצוֹ:‏ וּלְכֹל הַיָּד הַחֲזָקָה וּלְכֹל הַמּוֹרָא הַגָּדוֹל אֲשֶׁר עָשָׂה מֹשֶׁה לְעֵינֵי כָּל־יִשְׂרָאֵל:‏

אֵין אוֹמְרִים כָּאן חֲצִי קַדִּישׁ אֶלָּא רַק אַחַר הַקְּרִיאָה בְּסֵפֶר הַשֵּׁנִי (רְאֵה הֲלָכָה 655).‏

קוֹדֶם שֶׁיְּבָרֵךְ חֲתַן בְּרֵאשִׁית, נֶהֱגִים לוֹמַר 'בְּסִימָנָא טָבָא', וְיֵשׁ הַמַּתִּירִים לַעֲשׂוֹת כֵּן גַּם אַחַר הַבְּרָכָה קוֹדֶם הַקְּרִיאָה (רְאֵה הֲלָכָה 654).‏

בְּרֵאשִׁית א,א-ב,ג

בְּרֵאשִׁית בָּרָא אֱלֹהִים אֵת הַשָּׁמַיִם וְאֵת הָאָרֶץ:‏ וְהָאָרֶץ הָיְתָה תֹהוּ וָבֹהוּ וְחֹשֶׁךְ עַל־פְּנֵי תְהוֹם וְרוּחַ אֱלֹהִים מְרַחֶפֶת עַל־פְּנֵי הַמָּיִם:‏ וַיֹּאמֶר אֱלֹהִים יְהִי אוֹר וַיְהִי־אוֹר:‏ וַיַּרְא אֱלֹהִים אֶת־הָאוֹר כִּי־טוֹב וַיַּבְדֵּל אֱלֹהִים בֵּין הָאוֹר וּבֵין הַחֹשֶׁךְ:‏ וַיִּקְרָא אֱלֹהִים לָאוֹר יוֹם וְלַחֹשֶׁךְ קָרָא לָיְלָה וַיְהִי־עֶרֶב וַיְהִי־בֹקֶר יוֹם אֶחָד:‏ ‏ וַיֹּאמֶר אֱלֹהִים יְהִי רָקִיעַ בְּתוֹךְ הַמָּיִם וִיהִי מַבְדִּיל בֵּין מַיִם לָמָיִם:‏ וַיַּעַשׂ אֱלֹהִים אֶת־הָרָקִיעַ וַיַּבְדֵּל בֵּין הַמַּיִם אֲשֶׁר מִתַּחַת לָרָקִיעַ וּבֵין הַמַּיִם אֲשֶׁר

---

* עַד כָּאן לַחֲתַן 'מְעֻנֶּה', אַחַר כָּךְ מַעֲלִים חֲתַן תּוֹרָה וְקוֹרֵא אֶת כָּל הַפָּרָשָׁה (רְאֵה הֲלָכָה 655).‏

מֵעַל לָרָקִיעַ וַיְהִי־כֵן׃ וַיִּקְרָא אֱלֹהִים לָרָקִיעַ שָׁמָיִם וַיְהִי־עֶרֶב וַיְהִי־בֹקֶר יוֹם שֵׁנִי׃

וַיֹּאמֶר אֱלֹהִים יִקָּווּ הַמַּיִם מִתַּחַת הַשָּׁמַיִם אֶל־מָקוֹם אֶחָד וְתֵרָאֶה הַיַּבָּשָׁה וַיְהִי־כֵן׃ וַיִּקְרָא אֱלֹהִים ׀ לַיַּבָּשָׁה אֶרֶץ וּלְמִקְוֵה הַמַּיִם קָרָא יַמִּים וַיַּרְא אֱלֹהִים כִּי־טוֹב׃ וַיֹּאמֶר אֱלֹהִים תַּדְשֵׁא הָאָרֶץ דֶּשֶׁא עֵשֶׂב מַזְרִיעַ זֶרַע עֵץ פְּרִי עֹשֶׂה פְּרִי לְמִינוֹ אֲשֶׁר זַרְעוֹ־בוֹ עַל־הָאָרֶץ וַיְהִי־כֵן׃ וַתּוֹצֵא הָאָרֶץ דֶּשֶׁא עֵשֶׂב מַזְרִיעַ זֶרַע לְמִינֵהוּ וְעֵץ עֹשֶׂה־פְּרִי אֲשֶׁר זַרְעוֹ־בוֹ לְמִינֵהוּ וַיַּרְא אֱלֹהִים כִּי־טוֹב׃ וַיְהִי־עֶרֶב וַיְהִי־בֹקֶר יוֹם שְׁלִישִׁי׃

וַיֹּאמֶר אֱלֹהִים יְהִי מְאֹרֹת בִּרְקִיעַ הַשָּׁמַיִם לְהַבְדִּיל בֵּין הַיּוֹם וּבֵין הַלָּיְלָה וְהָיוּ לְאֹתֹת וּלְמוֹעֲדִים וּלְיָמִים וְשָׁנִים׃ וְהָיוּ לִמְאוֹרֹת בִּרְקִיעַ הַשָּׁמַיִם לְהָאִיר עַל־הָאָרֶץ וַיְהִי־כֵן׃ וַיַּעַשׂ אֱלֹהִים אֶת־שְׁנֵי הַמְּאֹרֹת הַגְּדֹלִים אֶת־הַמָּאוֹר הַגָּדֹל לְמֶמְשֶׁלֶת הַיּוֹם וְאֶת־הַמָּאוֹר הַקָּטֹן לְמֶמְשֶׁלֶת הַלַּיְלָה וְאֵת הַכּוֹכָבִים׃ וַיִּתֵּן אֹתָם אֱלֹהִים בִּרְקִיעַ הַשָּׁמָיִם לְהָאִיר עַל־הָאָרֶץ׃ וְלִמְשֹׁל בַּיּוֹם וּבַלַּיְלָה וּֽלֲהַבְדִּיל בֵּין הָאוֹר וּבֵין הַחֹשֶׁךְ וַיַּרְא אֱלֹהִים כִּי־טוֹב׃ וַיְהִי־עֶרֶב וַיְהִי־בֹקֶר יוֹם רְבִיעִי׃

וַיֹּאמֶר אֱלֹהִים יִשְׁרְצוּ הַמַּיִם שֶׁרֶץ נֶפֶשׁ חַיָּה וְעוֹף יְעוֹפֵף עַל־הָאָרֶץ עַל־פְּנֵי רְקִיעַ הַשָּׁמָיִם׃ וַיִּבְרָא אֱלֹהִים אֶת־הַתַּנִּינִם הַגְּדֹלִים וְאֵת כָּל־נֶפֶשׁ הַחַיָּה ׀ הָרֹמֶשֶׂת אֲשֶׁר שָׁרְצוּ הַמַּיִם לְמִינֵהֶם וְאֵת כָּל־עוֹף כָּנָף לְמִינֵהוּ וַיַּרְא אֱלֹהִים כִּי־טוֹב׃ וַיְבָרֶךְ אֹתָם אֱלֹהִים לֵאמֹר פְּרוּ וּרְבוּ וּמִלְאוּ אֶת־הַמַּיִם בַּיַּמִּים וְהָעוֹף יִרֶב בָּאָרֶץ׃ וַיְהִי־עֶרֶב וַיְהִי־בֹקֶר יוֹם חֲמִישִׁי׃

וַיֹּאמֶר אֱלֹהִים תּוֹצֵא הָאָרֶץ נֶפֶשׁ חַיָּה לְמִינָהּ בְּהֵמָה וָרֶמֶשׂ וְחַיְתוֹ־אֶרֶץ לְמִינָהּ וַיְהִי־כֵן׃ וַיַּעַשׂ אֱלֹהִים אֶת־חַיַּת הָאָרֶץ לְמִינָהּ וְאֶת־הַבְּהֵמָה לְמִינָהּ וְאֵת כָּל־רֶמֶשׂ הָאֲדָמָה לְמִינֵהוּ וַיַּרְא אֱלֹהִים כִּי־טוֹב׃ וַיֹּאמֶר אֱלֹהִים נַעֲשֶׂה אָדָם בְּצַלְמֵנוּ כִּדְמוּתֵנוּ וְיִרְדּוּ בִדְגַת הַיָּם וּבְעוֹף הַשָּׁמַיִם וּבַבְּהֵמָה וּבְכָל־הָאָרֶץ וּבְכָל־הָרֶמֶשׂ הָרֹמֵשׂ עַל־הָאָרֶץ׃ וַיִּבְרָא אֱלֹהִים ׀ אֶת־הָאָדָם בְּצַלְמוֹ בְּצֶלֶם אֱלֹהִים בָּרָא אֹתוֹ זָכָר וּנְקֵבָה בָּרָא אֹתָם׃ וַיְבָרֶךְ אֹתָם אֱלֹהִים וַיֹּאמֶר לָהֶם אֱלֹהִים פְּרוּ וּרְבוּ וּמִלְאוּ אֶת־הָאָרֶץ וְכִבְשֻׁהָ וּרְדוּ בִּדְגַת הַיָּם וּבְעוֹף הַשָּׁמַיִם וּבְכָל־חַיָּה הָרֹמֶשֶׂת עַל־הָאָרֶץ׃ וַיֹּאמֶר אֱלֹהִים הִנֵּה נָתַתִּי לָכֶם אֶת־כָּל־עֵשֶׂב ׀ זֹרֵעַ זֶרַע אֲשֶׁר עַל־פְּנֵי כָל־הָאָרֶץ וְאֶת־כָּל־הָעֵץ אֲשֶׁר־בּוֹ

פְּרִי־עֵץ זֹרֵעַ זָרַע לָכֶם יִהְיֶה לְאָכְלָה: וּלְכָל־חַיַּת הָאָרֶץ וּלְכָל־עוֹף הַשָּׁמַיִם
וּלְכֹל ׀ רוֹמֵשׂ עַל־הָאָרֶץ אֲשֶׁר־בּוֹ נֶפֶשׁ חַיָּה אֶת־כָּל־יֶרֶק עֵשֶׂב לְאָכְלָה וַיְהִי־
כֵן: וַיַּרְא אֱלֹהִים אֶת־כָּל־אֲשֶׁר עָשָׂה וְהִנֵּה־טוֹב מְאֹד וַיְהִי־עֶרֶב וַיְהִי־בֹקֶר
יוֹם הַשִּׁשִּׁי:
וַיְכֻלּוּ הַשָּׁמַיִם וְהָאָרֶץ וְכָל־צְבָאָם: וַיְכַל אֱלֹהִים בַּיּוֹם הַשְּׁבִיעִי מְלַאכְתּוֹ
אֲשֶׁר עָשָׂה וַיִּשְׁבֹּת בַּיּוֹם הַשְּׁבִיעִי מִכָּל־מְלַאכְתּוֹ אֲשֶׁר עָשָׂה: וַיְבָרֶךְ אֱלֹהִים
אֶת־יוֹם הַשְּׁבִיעִי וַיְקַדֵּשׁ אֹתוֹ כִּי בוֹ שָׁבַת מִכָּל־מְלַאכְתּוֹ אֲשֶׁר־בָּרָא אֱלֹהִים
לַעֲשׂוֹת:

יש נוהגים שחתן תורה אומר כאן 'הַדְרָן', ויש הנמנעים מלאומרו.

הַדְרָן עֲלָךְ אוֹרָיְתָא קַדִּישְׁתָּא (וְהַדְרָךְ עֲלָן אוֹרָיְתָא קַדִּישְׁתָּא). דַּעְתָּן עֲלָךְ
וְדַעְתָּךְ עֲלָן, אוֹרָיְתָא קַדִּישְׁתָּא. לָא נִתְנְשֵׁי מִנָּךְ, וְלָא תִתְנְשֵׁי מִנַּן, לָא
בְּעָלְמָא דֵין וְלָא בְּעָלְמָא דְאָתֵי.

וִיהֵא רַעֲוָא קֳדָמָךְ, לְמֶהֱוֵי עִמָּנָא לְעָלְמָא דְאָתֵי מֹשֶׁה רַעְיָא מְהֵימְנָא.
וְ(ויפיא"ל) רַב מְמֻנָּא, וַחֲמִשִּׁין וּתְלָת רְתִיכִּין דִּתְחוֹת יְדֵהּ דִּמְמֻנֵּי בְּשִׁמּוּשָׁא
דְּאוֹרָיְתָא כָּל חַד וְחַד עַל מַטְרְתֵהּ, וְסָלְקִין לְכָל פַּרְשְׁתָא וּפַרְשְׁתָא, לְאִתְעַטְּרָא
קַמֵּי קֻדְשָׁא בְּרִיךְ הוּא לְאִתְיַחֲדָא לְעֵלָּא לְעֵלָּא.

וִיהֵא רַעֲוָא קַמָּךְ, דְּיִתְכַּלְּלוּן הַשְׁתָּא בִּשְׁלֵמוּתָא דְּאוֹרָיְתָא, כֻּלְּהוּ כְּלָלָא
חֲדָא, לְאִתְעַטְּרָא בְּגוֹ כֻּרְסְיָא קַדִּישָׁא, עִם מְמֻנִּין רְתִיכִּין שַׁמָּשִׁין דִּילְהוֹן.
זַכָּאָה חוּלָקָנָא וְזַכָּאָה חוּלָקְהוֹן דְּיִשְׂרָאֵל. דִּכְתִיב: כִּי חֵלֶק יהוה עַמּוֹ, יַעֲקֹב דברים לב
חֶבֶל נַחֲלָתוֹ: אָמֵן כֵּן יְהִי רָצוֹן.

## מפטיר לשמחת תורה

המפטיר קורא מספר התורה השלישי.

בַּיּוֹם הַשְּׁמִינִי עֲצֶרֶת תִּהְיֶה לָכֶם כָּל־מְלֶאכֶת עֲבֹדָה לֹא תַעֲשׂוּ: וְהִקְרַבְתֶּם במדבר כט, לה–ל, א
עֹלָה אִשֵּׁה רֵיחַ נִיחֹחַ לַיהוה פַּר אֶחָד אַיִל אֶחָד כְּבָשִׂים בְּנֵי־שָׁנָה שִׁבְעָה
תְּמִימִם: מִנְחָתָם וְנִסְכֵּיהֶם לַפָּר לָאַיִל וְלַכְּבָשִׂים בְּמִסְפָּרָם כַּמִּשְׁפָּט: וּשְׂעִיר
חַטָּאת אֶחָד מִלְּבַד עֹלַת הַתָּמִיד וּמִנְחָתָהּ וְנִסְכָּהּ: אֵלֶּה תַּעֲשׂוּ לַיהוה
בְּמוֹעֲדֵיכֶם לְבַד מִנִּדְרֵיכֶם וְנִדְבֹתֵיכֶם לְעֹלֹתֵיכֶם וּלְמִנְחֹתֵיכֶם וּלְנִסְכֵּיכֶם
וּלְשַׁלְמֵיכֶם: וַיֹּאמֶר מֹשֶׁה אֶל־בְּנֵי יִשְׂרָאֵל כְּכֹל אֲשֶׁר־צִוָּה יהוה אֶת־
מֹשֶׁה:

ואומר חצי קדיש (עמ' 301).

# הפטרה לשמחת תורה

יהושע א, א–יח וַיְהִי אַחֲרֵי מוֹת מֹשֶׁה עֶבֶד יְהוָה וַיֹּאמֶר יְהוָה אֶל־יְהוֹשֻׁעַ בִּן־נוּן מְשָׁרֵת מֹשֶׁה לֵאמֹר׃ מֹשֶׁה עַבְדִּי מֵת וְעַתָּה קוּם עֲבֹר אֶת־הַיַּרְדֵּן הַזֶּה אַתָּה וְכָל־הָעָם הַזֶּה אֶל־הָאָרֶץ אֲשֶׁר אָנֹכִי נֹתֵן לָהֶם לִבְנֵי יִשְׂרָאֵל׃ כָּל־מָקוֹם אֲשֶׁר תִּדְרֹךְ כַּף־רַגְלְכֶם בּוֹ לָכֶם נְתַתִּיו כַּאֲשֶׁר דִּבַּרְתִּי אֶל־מֹשֶׁה׃ מֵהַמִּדְבָּר וְהַלְּבָנוֹן הַזֶּה וְעַד־הַנָּהָר הַגָּדוֹל נְהַר־פְּרָת כֹּל אֶרֶץ הַחִתִּים וְעַד־הַיָּם הַגָּדוֹל מְבוֹא הַשָּׁמֶשׁ יִהְיֶה גְּבוּלְכֶם׃ לֹא־יִתְיַצֵּב אִישׁ לְפָנֶיךָ כֹּל יְמֵי חַיֶּיךָ כַּאֲשֶׁר הָיִיתִי עִם־מֹשֶׁה אֶהְיֶה עִמָּךְ לֹא אַרְפְּךָ וְלֹא אֶעֶזְבֶךָּ׃ חֲזַק וֶאֱמָץ כִּי אַתָּה תַּנְחִיל אֶת־הָעָם הַזֶּה אֶת־הָאָרֶץ אֲשֶׁר־נִשְׁבַּעְתִּי לַאֲבוֹתָם לָתֵת לָהֶם׃ רַק חֲזַק וֶאֱמַץ מְאֹד לִשְׁמֹר לַעֲשׂוֹת כְּכָל־הַתּוֹרָה אֲשֶׁר צִוְּךָ מֹשֶׁה עַבְדִּי אַל־תָּסוּר מִמֶּנּוּ יָמִין וּשְׂמֹאול לְמַעַן תַּשְׂכִּיל בְּכֹל אֲשֶׁר תֵּלֵךְ׃ לֹא־יָמוּשׁ סֵפֶר הַתּוֹרָה הַזֶּה מִפִּיךָ וְהָגִיתָ בּוֹ יוֹמָם וָלַיְלָה לְמַעַן תִּשְׁמֹר לַעֲשׂוֹת כְּכָל־הַכָּתוּב בּוֹ כִּי־אָז תַּצְלִיחַ אֶת־דְּרָכֶךָ וְאָז תַּשְׂכִּיל׃ הֲלוֹא צִוִּיתִיךָ חֲזַק וֶאֱמָץ אַל־תַּעֲרֹץ וְאַל־תֵּחָת כִּי עִמְּךָ יְהוָה אֱלֹהֶיךָ בְּכֹל אֲשֶׁר תֵּלֵךְ׃*

וַיְצַו יְהוֹשֻׁעַ אֶת־שֹׁטְרֵי הָעָם לֵאמֹר׃ עִבְרוּ ׀ בְּקֶרֶב הַמַּחֲנֶה וְצַוּוּ אֶת־הָעָם לֵאמֹר הָכִינוּ לָכֶם צֵדָה כִּי בְּעוֹד ׀ שְׁלֹשֶׁת יָמִים אַתֶּם עֹבְרִים אֶת־הַיַּרְדֵּן הַזֶּה לָבוֹא לָרֶשֶׁת אֶת־הָאָרֶץ אֲשֶׁר יְהוָה אֱלֹהֵיכֶם נֹתֵן לָכֶם לְרִשְׁתָּהּ׃

וְלָרֽאוּבֵנִי וְלַגָּדִי וְלַחֲצִי שֵׁבֶט הַמְנַשֶּׁה אָמַר יְהוֹשֻׁעַ לֵאמֹר׃ זָכוֹר אֶת־הַדָּבָר אֲשֶׁר צִוָּה אֶתְכֶם מֹשֶׁה עֶבֶד־יְהוָה לֵאמֹר יְהוָה אֱלֹהֵיכֶם מֵנִיחַ לָכֶם וְנָתַן לָכֶם אֶת־הָאָרֶץ הַזֹּאת׃ נְשֵׁיכֶם טַפְּכֶם וּמִקְנֵיכֶם יֵשְׁבוּ בָּאָרֶץ אֲשֶׁר נָתַן לָכֶם מֹשֶׁה בְּעֵבֶר הַיַּרְדֵּן וְאַתֶּם תַּעַבְרוּ חֲמֻשִׁים לִפְנֵי אֲחֵיכֶם כֹּל גִּבּוֹרֵי הַחַיִל וַעֲזַרְתֶּם אוֹתָם׃ עַד אֲשֶׁר־יָנִיחַ יְהוָה ׀ לַאֲחֵיכֶם כָּכֶם וְיָרְשׁוּ גַם־הֵמָּה אֶת־הָאָרֶץ אֲשֶׁר־יְהוָה אֱלֹהֵיכֶם נֹתֵן לָהֶם וְשַׁבְתֶּם לְאֶרֶץ יְרֻשַּׁתְכֶם וִירִשְׁתֶּם אוֹתָהּ אֲשֶׁר ׀ נָתַן לָכֶם מֹשֶׁה עֶבֶד יְהוָה בְּעֵבֶר הַיַּרְדֵּן מִזְרַח הַשָּׁמֶשׁ׃ וַיַּעֲנוּ אֶת־יְהוֹשֻׁעַ לֵאמֹר כֹּל אֲשֶׁר־צִוִּיתָנוּ נַעֲשֶׂה וְאֶל־כָּל־אֲשֶׁר תִּשְׁלָחֵנוּ נֵלֵךְ׃ כְּכֹל אֲשֶׁר־שָׁמַעְנוּ אֶל־מֹשֶׁה כֵּן נִשְׁמַע אֵלֶיךָ רַק יִהְיֶה יְהוָה אֱלֹהֶיךָ עִמָּךְ כַּאֲשֶׁר הָיָה עִם־מֹשֶׁה׃ כָּל־אִישׁ אֲשֶׁר־יַמְרֶה אֶת־פִּיךָ וְלֹא־יִשְׁמַע אֶת־דְּבָרֶיךָ לְכֹל אֲשֶׁר־תְּצַוֶּנּוּ יוּמָת רַק חֲזַק וֶאֱמָץ׃

*יש מסיימים כאן.

# ברכות


סדר סעודת ליל שבת 765

סדר סעודת יום השבת 770

סדר סעודה שלישית 774

סדר סעודה 775

מסכת שבת 776

זמירות שבת 796

ברכת המזון 816

ברכות הנהנין 826

סדר הבדלה 828

ביעור חמץ ועירוב תבשילין 840

סדר אושפיזין 841

קידוש לשלוש רגלים 844

סדר ברכות 847

תפילת הביננו 851

סדר ברכת האילנות 852

תפילת הדרך 854

חנוכת הבית 856

# סדר קידוש וזמירות

## סדר סעודת ליל שבת

הגמרא מתארת כיצד שני מלאכי שרת מלווים את האדם מבית הכנסת לביתו, וכשרואים את הבית מוכן לשבת, הם מברכים אותו (שבת קיט ע״ב). מנהג קבלת פני המלאכים נזכר כבר בראשונים (׳מנהג טוב׳ לו), ובספר ׳תיקוני שבת׳ מובא הפיוט הבא. נוהגים לשיר כל בית פעמיים, ויש נוהגים לשיר שלוש פעמים.

שָׁלוֹם עֲלֵיכֶם
מַלְאֲכֵי הַשָּׁרֵת מַלְאֲכֵי עֶלְיוֹן
מֶלֶךְ מַלְכֵי הַמְּלָכִים הַקָּדוֹשׁ בָּרוּךְ הוּא.

בּוֹאֲכֶם לְשָׁלוֹם
מַלְאֲכֵי הַשָּׁלוֹם מַלְאֲכֵי עֶלְיוֹן
מֶלֶךְ מַלְכֵי הַמְּלָכִים הַקָּדוֹשׁ בָּרוּךְ הוּא.

בָּרְכוּנִי לְשָׁלוֹם
מַלְאֲכֵי הַשָּׁלוֹם מַלְאֲכֵי עֶלְיוֹן
מֶלֶךְ מַלְכֵי הַמְּלָכִים הַקָּדוֹשׁ בָּרוּךְ הוּא.

בְּשִׁבְתְּכֶם לְשָׁלוֹם
מַלְאֲכֵי הַשָּׁלוֹם מַלְאֲכֵי עֶלְיוֹן
מֶלֶךְ מַלְכֵי הַמְּלָכִים הַקָּדוֹשׁ בָּרוּךְ הוּא.

בְּצֵאתְכֶם לְשָׁלוֹם
מַלְאֲכֵי הַשָּׁלוֹם מַלְאֲכֵי עֶלְיוֹן
מֶלֶךְ מַלְכֵי הַמְּלָכִים הַקָּדוֹשׁ בָּרוּךְ הוּא.

כִּי מַלְאָכָיו יְצַוֶּה־לָּךְ, לִשְׁמָרְךָ בְּכָל־דְּרָכֶיךָ: תהלים צא
יְהֹוָה יִשְׁמָר־צֵאתְךָ וּבוֹאֶךָ, מֵעַתָּה וְעַד־עוֹלָם: תהלים קכא

המזמור 'אֵשֶׁת־חַיִל' חותם את ספר משלי ומשבח את האישה האידאלית.
יש שראו במזמור זה רמז לתורה (הגר"א) או לשכינה (של"ה).
ועל פי פשוטו נאמר כשיר שבח לאישה שטרחה והכינה את ביתה לכבוד השבת.

משלי לא אֵשֶׁת־חַיִל מִי יִמְצָא, וְרָחֹק מִפְּנִינִים מִכְרָהּ:
בָּטַח בָּהּ לֵב בַּעְלָהּ, וְשָׁלָל לֹא יֶחְסָר:
גְּמָלַתְהוּ טוֹב וְלֹא־רָע, כֹּל יְמֵי חַיֶּיהָ:
דָּרְשָׁה צֶמֶר וּפִשְׁתִּים, וַתַּעַשׂ בְּחֵפֶץ כַּפֶּיהָ:
הָיְתָה כָּאֳנִיּוֹת סוֹחֵר, מִמֶּרְחָק תָּבִיא לַחְמָהּ:
וַתָּקָם בְּעוֹד לַיְלָה, וַתִּתֵּן טֶרֶף לְבֵיתָהּ, וְחֹק לְנַעֲרֹתֶיהָ:
זָמְמָה שָׂדֶה וַתִּקָּחֵהוּ, מִפְּרִי כַפֶּיהָ נָטְעָ כָּרֶם:
חָגְרָה בְעוֹז מָתְנֶיהָ, וַתְּאַמֵּץ זְרוֹעֹתֶיהָ:
טָעֲמָה כִּי־טוֹב סַחְרָהּ, לֹא־יִכְבֶּה בַלַּיְלָ נֵרָהּ:
יָדֶיהָ שִׁלְּחָה בַכִּישׁוֹר, וְכַפֶּיהָ תָּמְכוּ פָלֶךְ:
כַּפָּהּ פָּרְשָׂה לֶעָנִי, וְיָדֶיהָ שִׁלְּחָה לָאֶבְיוֹן:
לֹא־תִירָא לְבֵיתָהּ מִשָּׁלֶג, כִּי כָל־בֵּיתָהּ לָבֻשׁ שָׁנִים:
מַרְבַדִּים עָשְׂתָה־לָּהּ, שֵׁשׁ וְאַרְגָּמָן לְבוּשָׁהּ:
נוֹדָע בַּשְּׁעָרִים בַּעְלָהּ, בְּשִׁבְתּוֹ עִם־זִקְנֵי־אָרֶץ:
סָדִין עָשְׂתָה וַתִּמְכֹּר, וַחֲגוֹר נָתְנָה לַכְּנַעֲנִי:
עֹז־וְהָדָר לְבוּשָׁהּ, וַתִּשְׂחַק לְיוֹם אַחֲרוֹן:
פִּיהָ פָּתְחָה בְחָכְמָה, וְתוֹרַת־חֶסֶד עַל־לְשׁוֹנָהּ:
צוֹפִיָּה הֲלִיכוֹת בֵּיתָהּ, וְלֶחֶם עַצְלוּת לֹא תֹאכֵל:
קָמוּ בָנֶיהָ וַיְאַשְּׁרוּהָ, בַּעְלָהּ וַיְהַלְלָהּ:
רַבּוֹת בָּנוֹת עָשׂוּ חָיִל, וְאַתְּ עָלִית עַל־כֻּלָּנָה:
שֶׁקֶר הַחֵן וְהֶבֶל הַיֹּפִי, אִשָּׁה יִרְאַת־יְהוָה הִיא תִתְהַלָּל:
תְּנוּ־לָהּ מִפְּרִי יָדֶיהָ, וִיהַלְלוּהָ בַשְּׁעָרִים מַעֲשֶׂיהָ:

תהלים סט אֲהַלְלָה שֵׁם־אֱלֹהִים בְּשִׁיר, וַאֲגַדְּלֶנּוּ בְתוֹדָה:
תהלים כח יְהוָה עֻזִּי וּמָגִנִּי, בּוֹ בָטַח לִבִּי וְנֶעֱזָרְתִּי, וַיַּעֲלֹז לִבִּי, וּמִשִּׁירִי אֲהוֹדֶנּוּ:

יש אומרים (על פי הזוהר, יתרו פח ע״א):

אַתְקִינוּ סְעוּדָתָא דִמְהֵימְנוּתָא שְׁלִימְתָא
חֶדְוָתָא דְמַלְכָּא קַדִּישָׁא.
אַתְקִינוּ סְעוּדָתָא דְמַלְכָּא.

דָּא הִיא סְעוּדָתָא דַחֲקַל תַּפּוּחִין קַדִּישִׁין
וּזְעֵיר אַנְפִּין וְעַתִּיקָא קַדִּישָׁא אָתַיִן לְסַעֲדָה בַּהֲדָהּ.

זמר שחיבר האר״י לסעודת ליל שבת, ופשט המנהג לשוררו קודם הקידוש (מחב״ר, קסו א, ג).

אֲזַמֵּר בִּשְׁבָחִין לְמֵעַל גּוֹ פִתְחִין דְּבַחֲקַל תַּפּוּחִין דְּאִנּוּן קַדִּישִׁין.
נְזַמֵּן לַהּ הַשְׁתָּא בְּפָתוֹרָא חַדְתָּא וּבִמְנָרְתָא טָבְתָא דְּנַהֲרָה עַל רֵישִׁין.
יְמִינָא וּשְׂמָאלָא וּבֵינַיְהוּ כַלָּה בְּקִשּׁוּטִין אָזְלָא וּמָנִין וּלְבוּשִׁין.
יְחַבֵּק לַהּ בַּעְלָהּ וּבִיסוֹדָא דִי לַהּ דְּעָבֵד נַיְחָא לַהּ יְהֵא כָתֵשׁ כְּתִישִׁין.
צְוָחִין אוּף עָקְתִין בְּטִילִין וּשְׁבִיתִין בְּרַם אַנְפִּין חַדְתִּין וְרוּחִין עִם נַפְשִׁין.
חֲדוּ סַגִּי יֵיתֵי וְעַל חֲדָה תַרְתֵּי נְהוֹרָא לַהּ יַמְטֵי וּבִרְכָן דִּנְפִישִׁין.
קְרִיבוּ שׁוֹשְׁבִינִין עֲבִידוּ תִקּוּנִין לְאַפָּשָׁה זֵינִין וְנוּנִין עִם רַחֲשִׁין.
לְמֶעְבַּד נִשְׁמָתִין וְרוּחִין חַדְתִּין בְּתַרְתֵּי וּתְלָתִין וּבִתְלָתָא שִׁבְשִׁין.
וְעִטְרִין שַׁבְעִין לַהּ וּמַלְכָּא דִלְעֵלָּא דְּיִתְעַטַּר כֹּלָּא בְּקַדִּישׁ קַדִּישִׁין.
רְשִׁימִין וּסְתִימִין בְּגַוַּהּ כָּל עָלְמִין בְּרַם עַתִּיק יוֹמִין הֲלָא בָטֵשׁ בְּטִישִׁין.
יְהֵא רַעֲוָה קַמֵּהּ דְּתִשְׁרֵי עַל עַמֵּהּ דְּיִתְעַנַּג לִשְׁמֵהּ בְּמִתְקִין וְדֻבְשִׁין.
אֲסַדֵּר לִדְרוֹמָא מְנָרְתָא דִסְתִימָא וְשֻׁלְחָן עִם נַהֲמָא בִּצְפוּנָא אַדְשִׁין.
בְּחַמְרָא גּוֹ כָסָא וּמְדָנֵי אָסָא לְאָרוּס וַאְרוּסָה לְאַתְקָפָא חַלָּשִׁין.
נְעַבֵּד לוֹן כִּתְרִין בְּמִלִּין יַקִּירִין בְּשַׁבְעִין עִטּוּרִין דְּעַל גַּבֵּי חַמְשִׁין.
שְׁכִינְתָא תִתְעַטַּר בְּשִׁית נַהֲמֵי לִסְטַר בְּוָוִין תִּתְקַטַּר וְזֵינִין דִּכְנִישִׁין.
(שְׁבִיתִין וּשְׁבִיקִין מְסָאְבִין דְּדָחֲקִין חֲבִילִין דִּמְעִיקִין וְכָל זֵינֵי חַרְשִׁין.)
לְמִבְצַע עַל רִיפְתָּא כְּזֵיתָא וּכְבֵיעֲתָא תְּרֵין יוּדִין נָקְטָא סְתִימִין וּפְרִישִׁין.
מְשַׁח זֵיתָא דָכְיָא דְּטָחֲנִין רֵיחַיָּא וְנָגְדִין נַחְלַיָּא בְּגַוַּהּ בִּלְחִישִׁין.
הֲלָא נֵימָא רָזִין וּמִלִּין דִּגְנִיזִין דְּלֵיתֵיהוֹן מִתְחֲזִין טְמִירִין וּכְבִישִׁין.
לְאַעְטָרָה כַלָּה בְּרָזִין דִּלְעֵלָּא בְּגוֹ הַאי הִלּוּלָה דְּעִירִין קַדִּישִׁין.

בקשה זו מיוסדת על דברי הזוהר שצריך האדם להתפלל קודם הסעודה. יש משמיטים את הבקשה הנמצאת בסוגריים משום 'אל ישאל אדם צרכיו בשבת' (שו"ת יוסף אומץ, מד) והרי"ח כתב שיכול לומר אף את הבקשה משום שהוא דבר קבוע ותמידי לכל שבת ('רב פעלים' ח"ב, מו).

**וִיהֵא רַעֲוָא מִן קֳדָם עַתִּיקָא קַדִּישָׁא דְּכָל קַדִּישִׁין, טְמִירָא דְּכָל טְמִירִין, סְתִימָא דְּכֹלָּא, דְּיִתְמְשַׁךְ טַלָּא עִלָּאָה מִנֵּהּ לְמַלְיָא רֵישֵׁהּ דִּזְעֵיר אַנְפִּין, וּלְהַטִּיל בַּחֲקַל תַּפּוּחִין קַדִּישִׁין בִּנְהִירוּ דְאַנְפִּין בִּרְעוּ וּבְחֶדְוְתָא דְכֹלָּא. וְיִתְמְשַׁךְ מִן קֳדָם עַתִּיקָא קַדִּישָׁא דְּכָל קַדִּישִׁין, טְמִירָא דְּכָל טְמִירִין, סְתִימָא דְּכֹלָּא, רְעוּתָא וְרַחֲמֵי, חִנָּא וְחִסְדָּא, בִּנְהִירוּ עִלָּאָה, בִּרְעוּתָא וְחֶדְוְתָא, עָלַי וְעַל כָּל בְּנֵי בֵיתִי וְעַל כָּל הַנִּלְוִים אֵלַי וְעַל כָּל בְּנֵי יִשְׂרָאֵל עַמֵּהּ, (וְיִפְרְקִנָּן מִכָּל עָקְתִין בִּישִׁין דְּיֵיתוּן לְעָלְמָא. וְיַזְמִין וְיִתְיְהֵב לָנָא מְזוֹנָא וּפַרְנָסָתָא טָבְתָא מִמַּזָּלָא דְּכָל מְזוֹנֵי בֵּהּ תַּלְיָא, וִישֵׁזְבִנָן מֵעֵינָא בִישָׁא וּמֵחַרְבָּא דְמַלְאַךְ הַמָּוֶת וּמִדִּינָהּ שֶׁל גֵּיהִנֹּם, וְיֵיתֵי לָנָא וּלְכָל נַפְשָׁתָנָא, חִנָּא וְחִסְדָּא וְחַיֵּי אֲרִיכֵי וּמְזוֹנֵי רְוִיחֵי וְרַחֲמֵי מִן קֳדָמֵהּ). אָמֵן כֵּן יְהִי רָצוֹן, אָמֵן וְאָמֵן.**

מזמור המדבר בביטחונו של האדם בקב"ה באספקת מזונותיו ושאר דברים (קיצור השל"ה). נוהגים לומר מזמור זה קודם הסעודה, ורבים נוהגים לאומרו קודם הקידוש.

תהלים כג
**מִזְמוֹר לְדָוִד, יְהֹוָה רֹעִי לֹא אֶחְסָר: בִּנְאוֹת דֶּשֶׁא יַרְבִּיצֵנִי, עַל־מֵי מְנֻחוֹת יְנַהֲלֵנִי: נַפְשִׁי יְשׁוֹבֵב, יַנְחֵנִי בְמַעְגְּלֵי־צֶדֶק לְמַעַן שְׁמוֹ: גַּם כִּי־אֵלֵךְ בְּגֵיא צַלְמָוֶת לֹא־אִירָא רָע, כִּי־אַתָּה עִמָּדִי שִׁבְטְךָ וּמִשְׁעַנְתֶּךָ הֵמָּה יְנַחֲמֻנִי: תַּעֲרֹךְ לְפָנַי שֻׁלְחָן נֶגֶד צֹרְרָי, דִּשַּׁנְתָּ בַשֶּׁמֶן רֹאשִׁי, כּוֹסִי רְוָיָה: אַךְ טוֹב וָחֶסֶד יִרְדְּפוּנִי כָּל־יְמֵי חַיָּי, וְשַׁבְתִּי בְּבֵית־יְהֹוָה לְאֹרֶךְ יָמִים:**

# קידוש לליל שבת

"אית תרי קדושתי דאית לנו לאדכרא, חד 'וַיְכֻלּוּ' וחד קידוש. 'וַיְכֻלּוּ' אית ביה תלתין וחמש תבין, ובקדושה דאנן מקדשין תלתין וחמש תבין" (הקדמת הזוהר, ה ע"ב). וביאר הרמ"ק, שעל הקידוש שהוא כנגד תורה שבעל־פה, להיות שקול לקידוש האמור בתורה שבכתב.

כתב האר"י, שאין לומר תיבות 'כִּי בָנוּ בָחַרְתָּ' וכו' (המופיעות בסידורי הראשונים) כדי להגיע למניין שלושים וחמש תיבות.

נוהגים לעמוד בזמן הקידוש.

בראשית א
בראשית ב
**יוֹם הַשִּׁשִּׁי: וַיְכֻלּוּ הַשָּׁמַיִם וְהָאָרֶץ וְכָל־צְבָאָם:**
**וַיְכַל אֱלֹהִים בַּיּוֹם הַשְּׁבִיעִי מְלַאכְתּוֹ אֲשֶׁר עָשָׂה**
**וַיִּשְׁבֹּת בַּיּוֹם הַשְּׁבִיעִי מִכָּל־מְלַאכְתּוֹ אֲשֶׁר עָשָׂה:**
**וַיְבָרֶךְ אֱלֹהִים אֶת־יוֹם הַשְּׁבִיעִי, וַיְקַדֵּשׁ אֹתוֹ**
**כִּי בוֹ שָׁבַת מִכָּל־מְלַאכְתּוֹ, אֲשֶׁר־בָּרָא אֱלֹהִים לַעֲשׂוֹת:**

המקדש לאחרים, מוסיף:

סַבְרִי מָרָנָן

(עונים: לְחַיִּים)

בָּרוּךְ אַתָּה יְהֹוָה, אֱלֹהֵינוּ מֶלֶךְ הָעוֹלָם
בּוֹרֵא פְּרִי הַגָּפֶן.

בָּרוּךְ אַתָּה יְהֹוָה, אֱלֹהֵינוּ מֶלֶךְ הָעוֹלָם
אֲשֶׁר קִדְּשָׁנוּ בְּמִצְוֹתָיו, וְרָצָה בָנוּ
וְשַׁבַּת קָדְשׁוֹ בְּאַהֲבָה וּבְרָצוֹן הִנְחִילָנוּ
זִכָּרוֹן לְמַעֲשֵׂה בְרֵאשִׁית
תְּחִלָּה לְמִקְרָאֵי קֹדֶשׁ
זֵכֶר לִיצִיאַת מִצְרָיִם.
(כִּי בָנוּ בָחַרְתָּ וְאוֹתָנוּ קִדַּשְׁתָּ מִכָּל הָעַמִּים)
וְשַׁבַּת קָדְשְׁךָ בְּאַהֲבָה וּבְרָצוֹן הִנְחַלְתָּנוּ.
בָּרוּךְ אַתָּה יְהֹוָה, מְקַדֵּשׁ הַשַּׁבָּת.

**ברכת הבנים**

בליל שבת רבים נוהגים לברך את הילדים בשובם מבית הכנסת
('מעבר יבוק', שפתי רננות פמ"ג), ויש מברכים אחר 'שָׁלוֹם עֲלֵיכֶם'.

לזכר:
יְשִׂמְךָ אֱלֹהִים
כְּאֶפְרַיִם וְכִמְנַשֶּׁה:

לנקבה:
יְשִׂימֵךְ אֱלֹהִים
כְּשָׂרָה רִבְקָה רָחֵל וְלֵאָה. בראשית מח

יְבָרֶכְךָ יְהֹוָה וְיִשְׁמְרֶךָ: במדבר ו
יָאֵר יְהֹוָה פָּנָיו אֵלֶיךָ וִיחֻנֶּךָּ:
יִשָּׂא יְהֹוָה פָּנָיו אֵלֶיךָ וְיָשֵׂם לְךָ שָׁלוֹם:

נטילת ידיים וסדר סעודה וברכותיה בעמ' 775.

# סדר סעודת יום השבת

"החסידים ואנשי מעשה החפצים לעבוד את ה' בכל נפשם ירוצו ולא ייגעו למצוא דברי חפץ וחפצים לאור באור החיים ומצאו את לבבם שלם לקרא בכל שבת על שלחנם קודם שמקדשים קידושא רבא, פרק שביעי ממסכת שבת כי בו יזדרזו לבלתי יכשלו בשום אב מלאכה ח"ו. ועוד... במסכת כלים בפרק ראשון... כי בזה יקשרו קשר אמיץ תורה וארץ ישראל וירושלים וביהמ"ק ושבת וה' בראשם וכל המרבה לעשות הטוב והישר יצפה לטוב הצפון ליראיו" (סידור ויניציאה שד"מ).

כלים א,ו עֶשֶׂר קְדֻשּׁוֹת הֵן.

אֶרֶץ יִשְׂרָאֵל מְקֻדֶּשֶׁת מִכָּל הָאֲרָצוֹת. וּמַה הִיא קְדֻשָּׁתָהּ, שֶׁמְּבִיאִים מִמֶּנָּה הָעֹמֶר וְהַבִּכּוּרִים וּשְׁתֵּי הַלֶּחֶם, מַה שֶּׁאֵין מְבִיאִין כֵּן מִכָּל הָאֲרָצוֹת.

ז עֲיָרוֹת הַמֻּקָּפוֹת חוֹמָה מְקֻדָּשׁוֹת מִמֶּנָּה, שֶׁמְּשַׁלְּחִין מִתּוֹכָן אֶת הַמְּצֹרָעִים, וּמְסַבְּבִין לְתוֹכָן מֵת עַד שֶׁיִּרְצוּ. יָצָא, אֵין מַחֲזִירִין אוֹתוֹ.

ח לִפְנִים מִן הַחוֹמָה מְקֻדָּשׁ מֵהֶם, שֶׁאוֹכְלִין שָׁם קָדָשִׁים קַלִּים וּמַעֲשֵׂר שֵׁנִי.

הַר הַבַּיִת מְקֻדָּשׁ מִמֶּנּוּ, שֶׁאֵין זָבִים וְזָבוֹת נִדּוֹת וְיוֹלְדוֹת נִכְנָסִים לְשָׁם.

הַחֵיל מְקֻדָּשׁ מִמֶּנּוּ, שֶׁאֵין גּוֹיִם וּטְמֵא מֵת נִכְנָסִים לְשָׁם.

עֶזְרַת נָשִׁים מְקֻדֶּשֶׁת מִמֶּנּוּ, שֶׁאֵין טְבוּל יוֹם נִכְנָס לְשָׁם, וְאֵין חַיָּבִין עָלֶיהָ חַטָּאת.

עֶזְרַת יִשְׂרָאֵל מְקֻדֶּשֶׁת מִמֶּנָּה, שֶׁאֵין מְחֻסַּר כִּפּוּרִים נִכְנָס לְשָׁם, וְחַיָּבִין עָלֶיהָ חַטָּאת.

עֶזְרַת הַכֹּהֲנִים מְקֻדֶּשֶׁת מִמֶּנָּה, שֶׁאֵין יִשְׂרָאֵל נִכְנָסִין לְשָׁם אֶלָּא בִּשְׁעַת צָרְכֵיהֶם, לִסְמִיכָה, לִשְׁחִיטָה וְלִתְנוּפָה.

ט בֵּין הָאוּלָם וְלַמִּזְבֵּחַ מְקֻדָּשׁ מִמֶּנָּה, שֶׁאֵין בַּעֲלֵי מוּמִין וּפְרוּעֵי רֹאשׁ נִכְנָסִים לְשָׁם.

הַהֵיכָל מְקֻדָּשׁ מִמֶּנּוּ, שֶׁאֵין נִכְנָס לְשָׁם שֶׁלֹּא רְחוּץ יָדַיִם וְרַגְלַיִם.

קֹדֶשׁ הַקֳּדָשִׁים מְקֻדָּשׁ מֵהֶן, שֶׁאֵין נִכְנָס לְשָׁם אֶלָּא כֹּהֵן גָּדוֹל בְּיוֹם הַכִּפּוּרִים בִּשְׁעַת הָעֲבוֹדָה. אָמַר רַבִּי יוֹסֵי, בַּחֲמִשָּׁה דְּבָרִים בֵּין הָאוּלָם וְלַמִּזְבֵּחַ שָׁוֶה לַהֵיכָל, שֶׁאֵין בַּעֲלֵי מוּמִין, וּפְרוּעֵי רֹאשׁ, וּשְׁתוּיֵי יַיִן, וְשֶׁלֹּא רְחוּץ יָדַיִם וְרַגְלַיִם נִכְנָסִים לְשָׁם, וּפוֹרְשִׁין מִבֵּין הָאוּלָם וְלַמִּזְבֵּחַ בִּשְׁעַת הַקְטָרָה.

כלים ב,א כְּלֵי עֵץ וּכְלֵי עוֹר וּכְלֵי עֶצֶם וּכְלֵי זְכוּכִית, פְּשׁוּטֵיהֶן טְהוֹרִים וּמְקַבְּלֵיהֶן טְמֵאִים. נִשְׁבְּרוּ, טָהֲרוּ. חָזַר וְעָשָׂה מֵהֶם כֵּלִים, מְקַבְּלִים טֻמְאָה מִכָּאן וּלְהַבָּא.

כְּלֵי חֶרֶס וּכְלֵי נֶתֶר טֻמְאָתָן שָׁוָה, מִתְטַמְּאִין וּמְטַמְּאִין בָּאֲוִיר, וּמִטַּמְּאִין מֵאֲחוֹרֵיהֶן, וְאֵינָן מִטַּמְּאִין מִגַּבֵּיהֶן, וּשְׁבִירָתָן הִיא טַהֲרָתָן.

בְּיוֹמָא דְשַׁבַּתָּא בִּסְעוּדְתָא תִּנְיָנָא כְּתִיב: אָז תִּתְעַנַּג עַל־יְהֹוָה: עַל יְהֹוָה זוהר יתרו ישעיה נח
וַדַּאי, דְּהַהִיא שַׁעְתָּא אִתְגַּלְיָא עַתִּיקָא קַדִּישָׁא וְכֻלְּהוּ עָלְמִין בְּחֶדְוְתָא
וּשְׁלִימוּ וְחֶדְוְתָא דְעַתִּיקָא עָבְדִינָן, וּסְעוּדְתָא דִילֵהּ הִיא וַדַּאי. בִּסְעוּדְתָא
תְּלִיתָאָה דְשַׁבַּתָּא כְּתִיב: וְהַאֲכַלְתִּיךָ נַחֲלַת יַעֲקֹב אָבִיךָ: דָּא הִיא סְעוּדְתָא
דִזְעֵיר אַנְפִּין דַּהֲוֵי בִּשְׁלִימוּתָא, וְכֻלְּהוּ שִׁתָּא יוֹמִין מֵהַהוּא שְׁלִימוּ מִתְבָּרְכָאן.
וּבָעֵי בַּר נָשׁ לְמֶחֱדֵי בִּסְעוּדָתֵהּ וּלְאַשְׁלָמָא אִלֵּין סְעוּדָתֵי, דְּאִנּוּן סְעוּדָתֵי
מְהֵימְנוּתָא שְׁלֵימָתָא דְזַרְעָא קַדִּישָׁא דְיִשְׂרָאֵל דִּי מְהֵימְנוּתָא עִלָּאָה.
דָּא דִילְהוֹן וְלָא דְעַמִּין עוֹבְדֵי עֲבוֹדָה זָרָה, וּבְגִין כַּךְ אָמַר: בֵּינִי וּבֵין בְּנֵי שמות לא
יִשְׂרָאֵל: תָּא חֲזֵי, בִּסְעוּדָתֵי אִלֵּין אִשְׁתְּמוֹדְעָן יִשְׂרָאֵל דְּאִנּוּן בְּנֵי מַלְכָּא,
דְּאִנּוּן מֵהֵיכָלָא דְמַלְכָּא, דְּאִנּוּן בְּנֵי מְהֵימְנוּתָא. וּמַאן דְּפָגִים חַד סְעוּדְתָא
מִנַּיְהוּ, אַחֲזֵי פְּגִימוּתָא לְעֵלָּא, וְאַחֲזֵי גַּרְמֵהּ דְּלָאו מִבְּנֵי מַלְכָּא עִלָּאָה הוּא,
דְּלָאו מִבְּנֵי הֵיכָלָא דְמַלְכָּא הוּא, דְּלָאו מִזַּרְעָא קַדִּישָׁא דְיִשְׂרָאֵל הוּא.
וְיַהֲבִין עֲלֵהּ חוּמְרָא דִתְלַת מִלִּין דִּינָא דְגֵיהִנָּם וכו׳. וְתָא חֲזֵי, בְּכֻלְּהוּ שְׁאָר
זִמְנִין וְחַגִּין בָּעֵי בַּר נָשׁ לְמֶחֱדֵי וּלְמַחֲדֵי לְמִסְכְּנֵי, וְאִי הוּא חָדֵי בִּלְחוֹדוֹי וְלָא
יָהִיב לְמִסְכְּנֵי עוֹנְשֵׁהּ סַגִּי, דְּהָא בִּלְחוֹדוֹי חָדֵי וְלָא יָהִיב חֶדְוָה לְאָחֳרָא, עֲלֵהּ
כְּתִיב: וְזֵרִיתִי פֶרֶשׁ עַל־פְּנֵיכֶם פֶּרֶשׁ חַגֵּיכֶם: וְאִי אִיהוּ בְּשַׁבַּתָּא חָדֵי, אַף עַל מלאכי ב
גַּב דְּלָא יָהִיב לְאָחֳרָא, לָא יַהֲבִין עֲלֵהּ עוֹנְשָׁא כִּשְׁאָר זִמְנִין וְחַגִּין, דִּכְתִיב:
פֶּרֶשׁ חַגֵּיכֶם, פֶּרֶשׁ חַגֵּיכֶם קָאָמַר וְלָא פֶּרֶשׁ שַׁבַּתְּכֶם, וּכְתִיב: חָדְשֵׁיכֶם ישעיה א
וּמוֹעֲדֵיכֶם שָׂנְאָה נַפְשִׁי: וְאִלּוּ שַׁבָּת לָא קָאָמַר. וּבְגִין כַּךְ כְּתִיב: בֵּינִי וּבֵין שמות לא
בְּנֵי יִשְׂרָאֵל: וּמִשּׁוּם דְּכָל מְהֵימְנוּתָא אִשְׁתְּכַח בְּשַׁבַּתָּא, יַהֲבִין לֵיהּ לְבַר נָשׁ
נִשְׁמְתָא אַחֲרָא, נִשְׁמְתָא עִלָּאָה נִשְׁמְתָא דְּכָל שְׁלִימוּ בָהּ כְּדוּגְמָא דְעָלְמָא
דְאָתֵי, וּבְגִין כַּךְ אִקְרֵי שַׁבָּת, מַהוּ שַׁבָּת, שְׁמָא דְקֻדְשָׁא בְּרִיךְ הוּא, שְׁמָא
דְאִיהוּ שְׁלִים מִכָּל סִטְרוֹי. אָמַר רִבִּי יוֹסֵי: וַדַּאי כַּךְ הוּא, וַי לֵהּ לְבַר נָשׁ דְּלָא
אַשְׁלִים חֶדְוָתָא דְמַלְכָּא קַדִּישָׁא. וּמַאן חֶדְוְתָא דִילֵהּ, אִלֵּין תְּלַת סְעוּדָתֵי
מְהֵימְנוּתָא, סְעוּדָתֵי דְאַבְרָהָם יִצְחָק וְיַעֲקֹב כְּלִילָן בְּהוּ, וְכֻלְּהוּ חֶדְוָה עַל חֶדְוָה
מְהֵימְנוּתָא שְׁלֵימוּתָא מִכָּל סִטְרוֹי. תָּאנָא: בְּהַהוּא יוֹמָא מִתְעַטְּרִין אֲבָהָן,
וְכָל בְּנִין יָנְקִין, מַה דְּלָאו הָכִי בְּכָל שְׁאָר חַגִּין וְזִמְנִין. בְּהַהוּא יוֹמָא חַיָּבַיָּא
דְגֵיהִנָּם נַיְחִין. בְּהַהוּא יוֹמָא כָּל דִּינִין אִתְכַּפְיָין וְלָא מִתְעָרִין בְּעָלְמָא. בְּהַהוּא
יוֹמָא אוֹרַיְתָא מִתְעַטְּרָא בְּעִטְרִין שְׁלֵמִין. בְּהַהוּא יוֹמָא חֶדְוָתָא וְתַפְנוּקָא
אִשְׁתְּמַע בְּמָאתָן וְחַמְשִׁין עָלְמִין. בָּרוּךְ יְהֹוָה לְעוֹלָם אָמֵן וְאָמֵן: תהלים פט

יש אומרים: אַתְקִינוּ סְעוּדָתָא דִמְהֵימְנוּתָא שְׁלִימְתָא, חֶדְוָתָא דְמַלְכָּא קַדִּישָׁא.
אַתְקִינוּ סְעוּדָתָא דְמַלְכָּא. דָּא הִיא סְעוּדָתָא דְעַתִּיקָא קַדִּישָׁא,
וּזְעֵיר אַנְפִּין וַחֲקַל תַּפּוּחִין קַדִּישִׁין אָתְיָן לְסַעֲדָה בַּהֲדֵהּ.

זמר שחיבר האר"י לסעודת היום

אֲסַדֵּר לִסְעוּדָתָא בְּצַפְרָא דְשַׁבַּתָּא וְאַזְמִין בַּהּ הַשְׁתָּא עַתִּיקָא קַדִּישָׁא.
נְהוֹרֵהּ יִשְׁרֵי בַהּ בְּקִדּוּשָׁא רַבָּה וּמֵחַמְרָא טָבָא דְבֵהּ תֶּחְדֵּי נַפְשָׁא.
יְשַׁדַּר לָן שִׁפְרֵהּ וְנֶחֱזֵי בִיקָרֵהּ וְיַחֲוֵי לָן סִתְרֵהּ דְּמִתְמַר בִּלְחִישָׁה.
יְגַלֵּה לַן טַעֲמֵי דְבִתְרֵיסַר נַהֲמֵי דְּאִנּוּן אָת בִּשְׁמֵהּ כְּפִילָה וּקְלִישָׁא.
צְרוֹרָא דִלְעֵלָּא דְבֵהּ חַיֵּי כֹלָּא וְיִתְרַבֵּי חֵילָא וְתִסַּק עַד רֵישָׁא.
חֲדוּ חַצְדֵי חַקְלָא בְּדִבּוּר וּבְקָלָא וּמַלִּלוּ מִלָּה מְתִיקָא כְּדֻבְשָׁא.
קֳדָם רִבּוֹן עָלְמִין בְּמִלִּין סְתִימִין תְּגַלּוּן פִּתְגָּמִין וְתֵימְרוּן חִדּוּשָׁא.
לְעַטֵּר פָּתוֹרָא בְּרָזָא יַקִּירָא עֲמִיקָא וּטְמִירָא וְלָאו מִלְּתָא אֲוּשָׁא.
וְאִלֵּין מִלַּיָּא יְהוֹן לִרְקִיעַיָּא חַדְתִּין וּשְׁמַיָּא בְּכֵן הַהוּא שִׁמְשָׁא.
רְבוּ יַתִּיר יִסְגֵּי לְעֵלָּא מִן דַּרְגֵּהּ וְיִסַּב בַּת זוּגֵהּ דַּהֲוָת פְּרִישָׁא.
יְדֵי אַסְחֵי אֲנָא לְגַבֵּי חַד מָנָא לְסִטְרָא חוֹרָנָא דְּלֵית בֵּהּ מַמָּשָׁא.
אֲזַמֵּן בִּתְלָתָא בְּכָסָא דִבְרִכְתָא לְעִלַּת עִלָּתָא עַתִּיקָא קַדִּישָׁא.

חַי יְהוָה וּבָרוּךְ צוּרִי, בַּיהוָה תִּתְהַלֵּל נַפְשִׁי
כִּי יְהוָה יָאִיר נֵרִי, בְּהִלּוֹ נֵרוֹ עֲלֵי רֹאשִׁי.

יְהוָה רוֹעִי לֹא אֶחְסָר, עַל מֵי מְנוּחוֹת יְנַהֲלֵנִי
נוֹתֵן לֶחֶם לְכָל בָּשָׂר, לֶחֶם חֻקִּי הַטְרִיפֵנִי.

יְהִי רָצוֹן מִלְּפָנֶיךָ, אַתָּה אֱלֹהַי קְדוֹשִׁי
תַּעֲרֹךְ לְפָנַי שֻׁלְחָנֶךָ, תְּדַשֵּׁן בַּשֶּׁמֶן רֹאשִׁי.

מִי יִתֵּן מְנוּחָתִי, לִפְנֵי אֲדוֹן הַשָּׁלוֹם
וְהָיְתָה שְׁלֵמָה מִטָּתִי, הַחַיִּים וְהַשָּׁלוֹם.

יִשְׁלַח מַלְאָכוֹ לְפָנַי, לְלַוּוֹתִי לְוָיָה
בְּכוֹס יְשׁוּעוֹת אֶשָּׂא פָנַי, מְנָת כּוֹסִי רְוָיָה.

צָמְאָה נַפְשִׁי אֶל יְהוָה, יְמַלֵּא שֹׂבַע אֲסָמַי
אֶל הֶהָרִים אֶשָּׂא עֵינַי, כְּהִלֵּל וְלֹא כְשַׁמַּאי.

חֶדְוַת יָמִים וּשְׁנוֹת עוֹלָמִים, עוּרָה כְבוֹדִי עוּרָה
וְעַל רֹאשִׁי יִהְיוּ תַמִּים, נֵר מִצְוָה וְאוֹר תּוֹרָה.

קוּמָה יְהוָה לִמְנוּחָתִי, אַתָּה וַאֲרוֹן עֻזֶּךָ
קַח נָא אֵל אֶת בִּרְכָתִי, וְהַחֲזֵק מָגֵן חוֹזֶךָ.

# קידוש ליום שבת

קִדּוּשָׁא דְיוֹמָא, הָא אוֹקְמוּהָ בּוֹרֵא פְּרִי הַגָּפֶן וְלָא יָתִיר. דְּהָא יוֹמָא קָאִים זוהר ויקהל
לְקַדְּשָׁא לֵיהּ, מַה דְּלֵית הָכִי בְּלֵילְיָא, דַּאֲנַן צְרִיכִין לְקַדְּשָׁא לֵיהּ בְּהָנֵי מִלִּין, כְּמָה
דְאוֹקִימְנָא, וְלָא אִתְקַדַּשׁ הַאי לֵילְיָא אֶלָּא בְעַמָּא קַדִּישָׁא לְתַתָּא, כַּד שַׁרְיָא
עֲלַיְהוּ הַהוּא רוּחָא עִלָּאָה, וַאֲנַן בָּעֵינַן לְקַדְּשָׁא לֵיהּ בִּרְעוּתָא דְלִבָּא וּלְכַוָּנָא
דַעְתָּא לְהַאי. וְיוֹמָא אִיהוּ קָא מְקַדְּשָׁא לֵיהּ, וְיִשְׂרָאֵל מִתְקַדְּשִׁין בִּצְלוֹתִין וּבָעוּתִין,
וּמִתְקַדְּשִׁין בִּקְדוּשְּׁתֵהּ בְּהַאי יוֹמָא. זַכָּאִין יִשְׂרָאֵל עַמָּא קַדִּישָׁא דְּאַחְסִינוּ יוֹמָא
דָא אַחְסָנַת יְרוּתָא לְעָלְמִין. בָּרוּךְ יְהֹוָה לְעוֹלָם אָמֵן וְאָמֵן: תהלים פט

מקדש בישיבה ויש פותחים במזמור זה:

מִזְמוֹר לְדָוִד, יְהֹוָה רֹעִי לֹא אֶחְסָר: בִּנְאוֹת דֶּשֶׁא יַרְבִּיצֵנִי, עַל־מֵי מְנֻחוֹת תהלים כג
יְנַהֲלֵנִי: נַפְשִׁי יְשׁוֹבֵב, יַנְחֵנִי בְמַעְגְּלֵי־צֶדֶק לְמַעַן שְׁמוֹ: גַּם כִּי־אֵלֵךְ בְּגֵיא
צַלְמָוֶת לֹא־אִירָא רָע כִּי־אַתָּה עִמָּדִי, שִׁבְטְךָ וּמִשְׁעַנְתֶּךָ הֵמָּה יְנַחֲמֻנִי:
תַּעֲרֹךְ לְפָנַי שֻׁלְחָן נֶגֶד צֹרְרָי, דִּשַּׁנְתָּ בַשֶּׁמֶן רֹאשִׁי, כּוֹסִי רְוָיָה: אַךְ טוֹב
וָחֶסֶד יִרְדְּפוּנִי כָּל־יְמֵי חַיָּי, וְשַׁבְתִּי בְּבֵית־יְהֹוָה לְאֹרֶךְ יָמִים:

יש מתחילים מכאן:

אִם־תָּשִׁיב מִשַּׁבָּת רַגְלֶךָ עֲשׂוֹת חֲפָצֶךָ בְּיוֹם קָדְשִׁי, וְקָרָאתָ לַשַּׁבָּת ישעיה נח
עֹנֶג לִקְדוֹשׁ יְהֹוָה מְכֻבָּד, וְכִבַּדְתּוֹ מֵעֲשׂוֹת דְּרָכֶיךָ מִמְּצוֹא חֶפְצְךָ
וְדַבֵּר דָּבָר: אָז תִּתְעַנַּג עַל־יְהֹוָה, וְהִרְכַּבְתִּיךָ עַל־בָּמֳתֵי אָרֶץ,
וְהַאֲכַלְתִּיךָ נַחֲלַת יַעֲקֹב אָבִיךָ, כִּי פִּי יְהֹוָה דִּבֵּר:

וְשָׁמְרוּ בְנֵי־יִשְׂרָאֵל אֶת־הַשַּׁבָּת לַעֲשׂוֹת אֶת־הַשַּׁבָּת לְדֹרֹתָם בְּרִית שמות לא
עוֹלָם: בֵּינִי וּבֵין בְּנֵי יִשְׂרָאֵל אוֹת הִוא לְעֹלָם, כִּי־שֵׁשֶׁת יָמִים עָשָׂה
יְהֹוָה אֶת־הַשָּׁמַיִם וְאֶת־הָאָרֶץ, וּבַיּוֹם הַשְּׁבִיעִי שָׁבַת וַיִּנָּפַשׁ:

עַל־כֵּן בֵּרַךְ יְהֹוָה אֶת־יוֹם הַשַּׁבָּת, וַיְקַדְּשֵׁהוּ: שמות כ

המקדש לאחרים, מוסיף:

סַבְרִי מָרָנָן (עונים: לְחַיִּים)

בָּרוּךְ אַתָּה יְהֹוָה, אֱלֹהֵינוּ מֶלֶךְ הָעוֹלָם, בּוֹרֵא פְּרִי הַגָּפֶן.

נטילת ידיים וסדר סעודה וברכותיה בעמ׳ 775.

# סעודה שלישית

יש אומרים:

אַתְקִינוּ סְעוּדְתָא דִמְהֵימְנוּתָא שְׁלִימְתָא, חֶדְוָתָא דְמַלְכָּא קַדִּישָׁא. אַתְקִינוּ סְעוּדְתָא דְמַלְכָּא. דָּא הִיא סְעוּדְתָא דִזְעֵיר אַנְפִּין, וְעַתִּיקָא קַדִּישָׁא וַחֲקַל תַּפּוּחִין קַדִּישִׁין אָתַיִן לְסַעֲדָה בַּהֲדֵהּ.

זמר שחיבר האר״י לסעודה שלישית

בְּנֵי הֵיכְלָא דִּכְסִיפִין לְמֶחֱזֵי זִיו זְעֵיר אַנְפִּין.
יְהוֹן הָכָא בְּהַאי תַּכָּא דְּבֵהּ מַלְכָּא בְּגִלּוּפִין.
צְבוּ לַחֲדָא בְּהַאי וַעֲדָא בְּגוֹ עִירִין וְכָל גַּדְפִין.
חֲדוּ הַשְׁתָּא בְּהַאי שַׁעְתָּא דְּבֵהּ רַעֲוָא וְלֵית זַעֲפִין.
קְרִיבוּ לִי חֲזוּ חֵילִי דְּלֵית דִּינִין דְּתַקִּיפִין.
לְבַר נָטְלִין וְלָא עָלִין הָנֵי כַלְבִין דַּחֲצִיפִין.
וְהָא אַזְמִין עַתִּיק יוֹמִין לְמִצְחֵהּ עַד יְהוֹן חַלְפִין.
רְעוּ דִי לֵהּ דְּגַלֵּי לֵהּ לְבַטָּלָה בְּכָל קְלִיפִין.
יְשַׁוֵּי לוֹן בְּנִקְבְּהוֹן וְיִטַּמְרוּן בְּגוֹ כֵפִין.
אֲרֵי הַשְׁתָּא בְּמִנְחָתָא בְּחֶדְוָתָא דִּזְעֵיר אַנְפִּין.

תהלים כג מִזְמוֹר לְדָוִד, יְהוָה רֹעִי לֹא אֶחְסָר: בִּנְאוֹת דֶּשֶׁא יַרְבִּיצֵנִי, עַל־מֵי מְנֻחוֹת
יְנַהֲלֵנִי: נַפְשִׁי יְשׁוֹבֵב, יַנְחֵנִי בְמַעְגְּלֵי־צֶדֶק לְמַעַן שְׁמוֹ: גַּם כִּי־אֵלֵךְ בְּגֵיא
צַלְמָוֶת לֹא־אִירָא רָע, כִּי־אַתָּה עִמָּדִי שִׁבְטְךָ וּמִשְׁעַנְתֶּךָ הֵמָּה יְנַחֲמֻנִי:
תַּעֲרֹךְ לְפָנַי שֻׁלְחָן נֶגֶד צֹרְרָי דִּשַּׁנְתָּ בַשֶּׁמֶן רֹאשִׁי, כּוֹסִי רְוָיָה: אַךְ טוֹב
וָחֶסֶד יִרְדְּפוּנִי כָּל־יְמֵי חַיָּי וְשַׁבְתִּי בְּבֵית־יְהוָה לְאֹרֶךְ יָמִים:

נטילת ידיים וסדר סעודה וברכותיה בעמוד הבא.

אין חובה לקדש בסעודה שלישית. אך יש הנוהגים לומר סדר זה בשעת הסעודה (השל״ה):

שמות טז וַיֹּאמֶר מֹשֶׁה, אִכְלֻהוּ הַיּוֹם, כִּי־שַׁבָּת הַיּוֹם לַיהוָה, הַיּוֹם לֹא תִמְצָאֻהוּ
בַּשָּׂדֶה: רְאוּ כִּי־יְהוָה נָתַן לָכֶם הַשַּׁבָּת עַל־כֵּן הוּא נֹתֵן לָכֶם בַּיּוֹם הַשִּׁשִּׁי
לֶחֶם יוֹמָיִם, שְׁבוּ אִישׁ תַּחְתָּיו אַל־יֵצֵא אִישׁ מִמְּקֹמוֹ בַּיּוֹם הַשְּׁבִיעִי:
שמות כ וַיִּשְׁבְּתוּ הָעָם בַּיּוֹם הַשְּׁבִעִי: עַל־כֵּן בֵּרַךְ יְהוָה אֶת־יוֹם הַשַּׁבָּת וַיְקַדְּשֵׁהוּ:

ואם מוציא אחרים בברכתו, מוסיף:

סַבְרִי מָרָנָן (עונים: לְחַיִּים)

בָּרוּךְ אַתָּה יְהוָה, אֱלֹהֵינוּ מֶלֶךְ הָעוֹלָם, בּוֹרֵא פְּרִי הַגָּפֶן.

# סדר סעודה וברכותיה

## נטילת ידיים

נוטלים את הידיים. יש נוהגים לומר פסוק זה לפני הניגוב:

שְׂאוּ־יְדֵכֶם קֹדֶשׁ וּבָרְכוּ אֶת־יְהֹוָה: תהלים קלד

קודם שינגב ידיו יברך:

בָּרוּךְ אַתָּה יְהֹוָה, אֱלֹהֵינוּ מֶלֶךְ הָעוֹלָם
אֲשֶׁר קִדְּשָׁנוּ בְּמִצְוֹתָיו, וְצִוָּנוּ עַל נְטִילַת יָדָיִם.

יש אומרים מזמור זה קודם ברכת 'המוציא':

מִזְמוֹר לְדָוִד, יְהֹוָה רֹעִי לֹא אֶחְסָר: בִּנְאוֹת דֶּשֶׁא יַרְבִּיצֵנִי, עַל־מֵי מְנֻחוֹת תהלים כג
יְנַהֲלֵנִי: נַפְשִׁי יְשׁוֹבֵב, יַנְחֵנִי בְמַעְגְּלֵי־צֶדֶק לְמַעַן שְׁמוֹ: גַּם כִּי־אֵלֵךְ בְּגֵיא
צַלְמָוֶת לֹא־אִירָא רָע, כִּי־אַתָּה עִמָּדִי שִׁבְטְךָ וּמִשְׁעַנְתֶּךָ הֵמָּה יְנַחֲמֻנִי:
תַּעֲרֹךְ לְפָנַי שֻׁלְחָן נֶגֶד צֹרְרָי דִּשַּׁנְתָּ בַשֶּׁמֶן רֹאשִׁי, כּוֹסִי רְוָיָה: אַךְ טוֹב
וָחֶסֶד יִרְדְּפוּנִי כָּל־יְמֵי חַיָּי וְשַׁבְתִּי בְּבֵית־יְהֹוָה לְאֹרֶךְ יָמִים:

בשבת יש אומרים בכל אחת מהסעודות את סיומו של הפיוט 'אֲזַמֵּר בִּשְׁבָחִין' אחר הנטילה (מחב"ר, קסו א, ג):

לְמִבְצַע עַל רִיפְתָּא כְּזֵיתָא וּכְבֵיעֲתָא תְּרֵין יוֹדִין נְקָטָא סְתִימִין וּפְרִישִׁין.
מְשַׁח זֵיתָא דָּכְיָא דְּטָחֲנִין רֵיחַיָּא וְנָגְדִין נַחְלַיָּא בְּגַוָּהּ בִּלְחִישִׁין.
הֲלָא נֵימָא רָזִין וּמִלִּין דִּגְנִיזִין דְּלֵיתֵיהוֹן מִתְחֲזִין טְמִירִין וּכְבִישִׁין.
לְאַעְטָרָה כַלָּה בְּרָזִין דִּלְעֵלָּא בְּגוֹ הַאי הִלּוּלָה דְּעִירִין קַדִּישִׁין.

## ברכת המוציא

מניח אצבעותיו על שתי כיכרות הלחם, מגביהן ואומר:

עֵינֵי־כֹל אֵלֶיךָ יְשַׂבֵּרוּ, וְאַתָּה נוֹתֵן־לָהֶם אֶת־אָכְלָם בְּעִתּוֹ: תהלים קמה
פּוֹתֵחַ אֶת־יָדֶךָ, וּמַשְׂבִּיעַ לְכָל־חַי רָצוֹן:
בשבת מוסיפים: בָּרוּךְ מְקַדֵּשׁ הַשַּׁבָּת וְיִשְׂרָאֵל.

בָּרוּךְ אַתָּה יְהֹוָה, אֱלֹהֵינוּ מֶלֶךְ הָעוֹלָם
הַמּוֹצִיא לֶחֶם מִן הָאָרֶץ.

סדר ברכת המזון בעמ' 816.

# מסכת שבת

"בַּיּוֹם הַשְּׁבִיעִי כְּטוֹב לֵב־הַמֶּלֶךְ בַּיָּיִן" (אסתר א, ט) – אמר רבא: יום השביעי שבת היה שישראל אוכלין ושותין מתחילין בדברי תורה ובדברי תשבחות" (מגילה יב ע"ב).

נוהגים ללמוד בשבתות מסכת שבת שהיא מענייני דיומא (ספר העתים, קצא).
ורבים נוהגים ללומדה בעת סעודות השבת, כמנהג האר"י (שעה"כ, עניין השולחן).

א יְצִיאוֹת הַשַּׁבָּת שְׁתַּיִם שֶׁהֵן אַרְבַּע בִּפְנִים, וּשְׁתַּיִם שֶׁהֵן אַרְבַּע בַּחוּץ. כֵּיצַד? הֶעָנִי עוֹמֵד בַּחוּץ וּבַעַל הַבַּיִת בִּפְנִים; פָּשַׁט הֶעָנִי אֶת יָדוֹ לִפְנִים וְנָתַן לְתוֹךְ יָדוֹ שֶׁל בַּעַל הַבַּיִת, אוֹ שֶׁנָּטַל מִתּוֹכָהּ וְהוֹצִיא – הֶעָנִי חַיָּב וּבַעַל הַבַּיִת פָּטוּר. פָּשַׁט בַּעַל הַבַּיִת אֶת יָדוֹ לַחוּץ וְנָתַן לְתוֹךְ יָדוֹ שֶׁל עָנִי, אוֹ שֶׁנָּטַל מִתּוֹכָהּ וְהִכְנִיס – בַּעַל הַבַּיִת חַיָּב וְהֶעָנִי פָּטוּר. פָּשַׁט הֶעָנִי אֶת יָדוֹ לִפְנִים וְנָטַל בַּעַל הַבַּיִת מִתּוֹכָהּ, אוֹ שֶׁנָּתַן לְתוֹכָהּ וְהוֹצִיא – שְׁנֵיהֶן פְּטוּרִין. פָּשַׁט בַּעַל הַבַּיִת אֶת יָדוֹ לַחוּץ וְנָטַל הֶעָנִי מִתּוֹכָהּ, אוֹ שֶׁנָּתַן לְתוֹכָהּ וְהִכְנִיס – שְׁנֵיהֶם פְּטוּרִין.

ב לֹא יֵשֵׁב אָדָם לִפְנֵי הַסַּפָּר סָמוּךְ לַמִּנְחָה, עַד שֶׁיִּתְפַּלֵּל. לֹא יִכָּנֵס אָדָם לַמֶּרְחָץ וְלֹא לַבֻּרְסְקִי וְלֹא לֶאֱכוֹל וְלֹא לָדִין. וְאִם הִתְחִילוּ – אֵין מַפְסִיקִים. מַפְסִיקִים לִקְרוֹת קְרִיאַת שְׁמַע, וְאֵין מַפְסִיקִין לִתְפִלָּה.

ג לֹא יֵצֵא הַחַיָּט בְּמַחְטוֹ סָמוּךְ לַחֲשֵׁכָה, שֶׁמָּא יִשְׁכַּח וְיֵצֵא, וְלֹא הַלַּבְלָר בְּקֻלְמוֹסוֹ. וְלֹא יְפַלֶּה אֶת כֵּלָיו, וְלֹא יִקְרָא לְאוֹר הַנֵּר. בֶּאֱמֶת אָמְרוּ: הַחַזָּן רוֹאֶה הֵיכָן הַתִּינוֹקוֹת קוֹרְאִים, אֲבָל הוּא לֹא יִקְרָא. כַּיּוֹצֵא בוֹ, לֹא יֹאכַל הַזָּב עִם הַזָּבָה, מִפְּנֵי הֶרְגֵּל עֲבֵרָה.

ד אֵלּוּ מִן הַהֲלָכוֹת שֶׁאָמְרוּ בַעֲלִיַּת חֲנַנְיָה בֶּן חִזְקִיָּה בֶּן גֻּרְיוֹן כְּשֶׁעָלוּ לְבַקְּרוֹ. נִמְנוּ וְרַבּוּ בֵית שַׁמַּאי עַל בֵּית הִלֵּל, וּשְׁמוֹנָה עָשָׂר דְּבָרִים גָּזְרוּ בוֹ בַיּוֹם.

ה בֵּית שַׁמַּאי אוֹמְרִים: אֵין שׁוֹרִין דְּיוֹ וְסַמְמָנִים וְכַרְשִׁינִים, אֶלָּא כְּדֵי שֶׁיִּשּׁוֹרוּ מִבְּעוֹד יוֹם; וּבֵית הִלֵּל מַתִּירִין.

ו בֵּית שַׁמַּאי אוֹמְרִים: אֵין נוֹתְנִין אוּנִין שֶׁל פִּשְׁתָּן לְתוֹךְ הַתַּנּוּר, אֶלָּא כְּדֵי שֶׁיַּהְבִילוּ מִבְּעוֹד יוֹם; וְלֹא אֶת הַצֶּמֶר לַיּוֹרָה, אֶלָּא כְּדֵי שֶׁיִּקְלֹט הָעַיִן; וּבֵית הִלֵּל מַתִּירִין. בֵּית שַׁמַּאי אוֹמְרִים: אֵין פּוֹרְשִׂין מְצוּדוֹת חַיָּה וְעוֹפוֹת וְדָגִים, אֶלָּא כְּדֵי שֶׁיִּצּוֹדוּ מִבְּעוֹד יוֹם; וּבֵית הִלֵּל מַתִּירִין.

ז בֵּית שַׁמַּאי אוֹמְרִים: אֵין מוֹכְרִין לַנָּכְרִי וְאֵין טוֹעֲנִין עִמּוֹ וְאֵין מַגְבִּיהִין עָלָיו, אֶלָּא כְּדֵי שֶׁיַּגִּיעַ לְמָקוֹם קָרוֹב; וּבֵית הִלֵּל מַתִּירִין.

ח בֵּית שַׁמַּאי אוֹמְרִים: אֵין נוֹתְנִין עוֹרוֹת לָעַבְּדָן וְלֹא כֵלִים לְכוֹבֵס נָכְרִי, אֶלָּא כְּדֵי שֶׁיֵּעָשׂוּ מִבְּעוֹד יוֹם; וּבְכֻלָּן בֵּית הִלֵּל מַתִּירִין עִם הַשֶּׁמֶשׁ.

ט אָמַר רַבָּן שִׁמְעוֹן בֶּן גַּמְלִיאֵל: נוֹהֲגִין הָיוּ בֵּית אַבָּא, שֶׁהָיוּ נוֹתְנִין כְּלֵי לָבָן לְכוֹבֵס נָכְרִי שְׁלֹשָׁה יָמִים קֹדֶם לַשַּׁבָּת. וְשָׁוִין אֵלּוּ וָאֵלּוּ, שֶׁטּוֹעֲנִים קוֹרוֹת בֵּית הַבַּד וְעִגּוּלֵי הַגַּת.

י אֵין צוֹלִין בָּשָׂר, בָּצָל וּבֵיצָה, אֶלָּא כְּדֵי שֶׁיִּצּוֹלוּ מִבְּעוֹד יוֹם. אֵין נוֹתְנִין אֶת הַפַּת לַתַּנּוּר עִם חֲשֵׁכָה וְלֹא אֶת הַחֲרָרָה עַל גַּבֵּי הַגֶּחָלִים, אֶלָּא כְּדֵי שֶׁיִּקְרְמוּ פָנֶיהָ מִבְּעוֹד יוֹם. רַבִּי אֱלִיעֶזֶר אוֹמֵר: כְּדֵי שֶׁיִּקְרֹם הַתַּחְתּוֹן שֶׁלָּהּ.

יא מְשַׁלְשְׁלִין אֶת הַפֶּסַח בַּתַּנּוּר עִם חֲשֵׁכָה, וּמַאֲחִיזִין אֶת הָאוּר בִּמְדוּרַת בֵּית הַמּוֹקֵד; וּבַגְּבוּלִין - כְּדֵי שֶׁתֶּאֱחֹז הָאוּר בְּרֻבָּן. רַבִּי יְהוּדָה אוֹמֵר: בַּפֶּחָמִין כָּל שֶׁהֵן.

פרק שני

א בַּמֶּה מַדְלִיקִין וּבַמָּה אֵין מַדְלִיקִין? אֵין מַדְלִיקִין לֹא בְלֶכֶשׁ, וְלֹא בְחֹסֶן, וְלֹא בְכָלָךְ, וְלֹא בִפְתִילַת הָאִידָן, וְלֹא בִפְתִילַת הַמִּדְבָּר, וְלֹא בִירוֹקָה שֶׁעַל פְּנֵי הַמָּיִם, וְלֹא בְזֶפֶת, וְלֹא בְשַׁעֲוָה וְלֹא בְשֶׁמֶן קִיק, וְלֹא בְשֶׁמֶן שְׂרֵפָה, וְלֹא בְאַלְיָה, וְלֹא בְחֵלֶב, נַחוּם הַמָּדִי אוֹמֵר: מַדְלִיקִין בְּחֵלֶב מְבֻשָּׁל, וַחֲכָמִים אוֹמְרִים: אֶחָד מְבֻשָּׁל אֶחָד שֶׁאֵינוֹ מְבֻשָּׁל - אֵין מַדְלִיקִין בּוֹ.

ב אֵין מַדְלִיקִין בְּשֶׁמֶן שְׂרֵפָה בְּיוֹם טוֹב. רַבִּי יִשְׁמָעֵאל אוֹמֵר: אֵין מַדְלִיקִין בְּעִטְרָן, מִפְּנֵי כְבוֹד הַשַּׁבָּת. וַחֲכָמִים מַתִּירִין בְּכָל הַשְּׁמָנִים: בְּשֶׁמֶן שֻׁמְשְׁמִין, בְּשֶׁמֶן אֱגוֹזִים, בְּשֶׁמֶן צְנוֹנוֹת, בְּשֶׁמֶן דָּגִים, בְּשֶׁמֶן פַּקּוּעוֹת, בְּעִטְרָן וּבְנֵפְטְ. רַבִּי טַרְפוֹן אוֹמֵר: אֵין מַדְלִיקִין אֶלָּא בְשֶׁמֶן זַיִת בִּלְבָד.

ג כָּל הַיּוֹצֵא מִן הָעֵץ אֵין מַדְלִיקִין בּוֹ אֶלָּא פִשְׁתָּן. וְכָל הַיּוֹצֵא מִן הָעֵץ אֵינוֹ מִטַּמֵּא טֻמְאַת אֹהָלִים אֶלָּא פִשְׁתָּן. פְּתִילַת הַבֶּגֶד, שֶׁקִּפְּלָהּ וְלֹא הִבְהֲבָהּ - רַבִּי אֱלִיעֶזֶר אוֹמֵר: טְמֵאָה, וְאֵין מַדְלִיקִין בָּהּ. רַבִּי עֲקִיבָא אוֹמֵר: טְהוֹרָה, וּמַדְלִיקִין בָּהּ.

ד לֹא יִקֹּב אָדָם שְׁפוֹפֶרֶת שֶׁל בֵּיצָה וִימַלְּאֶנָּה שֶׁמֶן וְיִתְּנֶנָּה עַל פִּי הַנֵּר, בִּשְׁבִיל שֶׁתְּהֵא מְנַטֶּפֶת, אֲפִלּוּ הִיא שֶׁל חֶרֶס; וְרַבִּי יְהוּדָה מַתִּיר. אֲבָל אִם חִבְּרָהּ הַיּוֹצֵר מִתְּחִלָּה - מֻתָּר, מִפְּנֵי שֶׁהוּא כְלִי אֶחָד. לֹא יְמַלֵּא אָדָם אֶת הַקְּעָרָה

שֶׁמֶן וְיִתְנֶנָּה בְּצַד הַנֵּר וְיִתֵּן רֹאשׁ הַפְּתִילָה בְּתוֹכָהּ, בִּשְׁבִיל שֶׁתְּהֵא שׁוֹאֶבֶת.
וְרַבִּי יְהוּדָה מַתִּיר.
ה הַמְכַבֶּה אֶת הַנֵּר מִפְּנֵי שֶׁהוּא מִתְיָרֵא מִפְּנֵי גוֹיִם, מִפְּנֵי לִסְטִים, מִפְּנֵי רוּחַ
רָעָה, וְאִם בִּשְׁבִיל הַחוֹלֶה שֶׁיִּישַׁן - פָּטוּר; כְּחָס עַל הַנֵּר, כְּחָס עַל הַשֶּׁמֶן,
כְּחָס עַל הַפְּתִילָה חַיָּב. וְרַבִּי יוֹסֵי פּוֹטֵר בְּכֻלָּן חוּץ מִן הַפְּתִילָה, מִפְּנֵי שֶׁהוּא
עוֹשָׂה פֶּחָם.
ו עַל שָׁלֹשׁ עֲבֵרוֹת נָשִׁים מֵתוֹת בִּשְׁעַת לֵדָתָן: עַל שֶׁאֵינָן זְהִירוֹת בַּנִּדָּה,
וּבַחַלָּה וּבְהַדְלָקַת הַנֵּר.
ז שְׁלֹשָׁה דְבָרִים צָרִיךְ אָדָם לוֹמַר בְּתוֹךְ בֵּיתוֹ עֶרֶב שַׁבָּת עִם חֲשֵׁכָה: עִשַּׂרְתֶּם?
עֵרַבְתֶּם? הַדְלִיקוּ אֶת הַנֵּר! סָפֵק חֲשֵׁכָה, סָפֵק לֹא חֲשֵׁכָה - אֵין מְעַשְּׂרִין
אֶת הַוַּדַּאי, וְאֵין מַטְבִּילִין אֶת הַכֵּלִים, וְאֵין מַדְלִיקִין אֶת הַנֵּרוֹת; אֲבָל
מְעַשְּׂרִין אֶת הַדְּמַאי, וּמְעָרְבִין וְטוֹמְנִין אֶת הַחַמִּין.

פרק שלישי

א כִּירָה שֶׁהִסִּיקוּהָ בְּקַשׁ וּבִגְבָבָא, נוֹתְנִים עָלֶיהָ תַּבְשִׁיל; בְּגֶפֶת וּבָעֵצִים,
לֹא יִתֵּן עַד שֶׁיִּגְרֹף, אוֹ עַד שֶׁיִּתֵּן אֶת הָאֵפֶר. בֵּית שַׁמַּאי אוֹמְרִים: חַמִּין,
אֲבָל לֹא תַבְשִׁיל; וּבֵית הִלֵּל אוֹמְרִים: חַמִּין וְתַבְשִׁיל. בֵּית שַׁמַּאי אוֹמְרִים:
נוֹטְלִין, אֲבָל לֹא מַחֲזִירִין; וּבֵית הִלֵּל אוֹמְרִים: אַף מַחֲזִירִין.
ב תַּנּוּר שֶׁהִסִּיקוּהוּ בְּקַשׁ וּבִגְבָבָא, לֹא יִתֵּן בֵּין מִתּוֹכוֹ בֵּין מֵעַל גַּבָּיו. כֻּפָּח
שֶׁהִסִּיקוּהוּ בְּקַשׁ וּבִגְבָבָא, הֲרֵי זֶה כְּכִירַיִם; בְּגֶפֶת וּבְעֵצִים, הֲרֵי הוּא כְּתַנּוּר.
ג אֵין נוֹתְנִין בֵּיצָה בְּצַד הַמֵּחַם בִּשְׁבִיל שֶׁתִּתְגַּלְגֵּל, וְלֹא יַפְקִיעֶנָּה בְּסוּדָרִין;
וְרַבִּי יוֹסֵי מַתִּיר. וְלֹא יַטְמִינֶנָּה בַּחוֹל וּבַאֲבַק דְּרָכִים בִּשְׁבִיל שֶׁתִּצָּלֶה.
ד מַעֲשֶׂה שֶׁעָשׂוּ אַנְשֵׁי טְבֶרְיָא וְהֵבִיאוּ סִילוֹן שֶׁל צוֹנֵן לְתוֹךְ אַמָּה שֶׁל חַמִּין.
אָמְרוּ לָהֶן חֲכָמִים: אִם בַּשַּׁבָּת, כְּחַמִּין שֶׁהוּחַמּוּ בַּשַּׁבָּת - אֲסוּרִין בִּרְחִיצָה
וּבִשְׁתִיָּה; בְּיוֹם טוֹב, כְּחַמִּין שֶׁהוּחַמּוּ בְּיוֹם טוֹב - אֲסוּרִים בִּרְחִיצָה וּמֻתָּרִין
בִּשְׁתִיָּה. מֻלְיָאר הַגָּרוּף שׁוֹתִין הֵימֶנּוּ בַּשַּׁבָּת. אַנְטִיכִי, אַף עַל פִּי שֶׁגְּרוּפָה,
אֵין שׁוֹתִין מִמֶּנָּה.
ה הַמֵּחַם שֶׁפִּנָּהוּ, לֹא יִתֵּן לְתוֹכוֹ צוֹנֵן בִּשְׁבִיל שֶׁיֵּחַמּוּ, אֲבָל נוֹתֵן הוּא לְתוֹכוֹ
אוֹ לְתוֹךְ הַכּוֹס כְּדֵי לְהַפְשִׁירָן. הָאִלְפָּס וְהַקְּדֵרָה שֶׁהֶעֱבִירָן מְרֻתָּחִין, לֹא

יִתֵּן לְתוֹכָן תְּבָלִין; אֲבָל נוֹתֵן הוּא לְתוֹךְ הַקְּעָרָה אוֹ לְתוֹךְ הַתַּמְחוּי. רַבִּי
יְהוּדָה אוֹמֵר: לַכֹּל הוּא נוֹתֵן, חוּץ מִדָּבָר שֶׁיֵּשׁ בּוֹ חֹמֶץ וָצִיר.

ו אֵין נוֹתְנִין כְּלִי תַּחַת הַנֵּר לְקַבֵּל בּוֹ אֶת הַשֶּׁמֶן, וְאִם נְתָנוֹ מִבְּעוֹד יוֹם – מֻתָּר.
וְאֵין נֵאוֹתִין מִמֶּנּוּ, לְפִי שֶׁאֵינוֹ מִן הַמּוּכָן. מְטַלְטְלִין נֵר חָדָשׁ, אֲבָל לֹא יָשָׁן.
רַבִּי שִׁמְעוֹן אוֹמֵר: כָּל הַנֵּרוֹת מִטַּלְטְלִין, חוּץ מִן הַנֵּר הַדּוֹלֵק בְּשַׁבָּת. נוֹתְנִין
כְּלִי תַּחַת הַנֵּר לְקַבֵּל נִיצוֹצוֹת; וְלֹא יִתֵּן לְתוֹכוֹ מַיִם, מִפְּנֵי שֶׁהוּא מְכַבֶּה.

## פרק רביעי

א בַּמֶּה טוֹמְנִין וּבַמָּה אֵין טוֹמְנִין? אֵין טוֹמְנִין לֹא בַגֶּפֶת וְלֹא בַזֶּבֶל, לֹא בַמֶּלַח
וְלֹא בַסִּיד וְלֹא בַחוֹל, בֵּין לַחִים בֵּין יְבֵשִׁים; לֹא בַתֶּבֶן וְלֹא בַזַּגִּים וְלֹא
בַמּוֹכִים וְלֹא בָעֲשָׂבִים בִּזְמַן שֶׁהֵן לַחִים, אֲבָל טוֹמְנִין בָּהֶן כְּשֶׁהֵן יְבֵשִׁין.
טוֹמְנִין בִּכְסוּת וּבְפֵרוֹת, בְּכַנְפֵי יוֹנָה וּבִנְסֹרֶת שֶׁל חָרָשִׁים וּבִנְעֹרֶת שֶׁל פִּשְׁתָּן
דַּקָּה. רַבִּי יְהוּדָה אוֹסֵר בְּדַקָּה וּמַתִּיר בְּגַסָּה.

ב טוֹמְנִין בְּשְׁלָחִין וּמְטַלְטְלִין אוֹתָן, בְּגִזֵּי צֶמֶר וְאֵין מְטַלְטְלִין אוֹתָן. כֵּיצַד הוּא
עוֹשֶׂה? נוֹטֵל אֶת הַכִּסּוּי, וְהֵן נוֹפְלוֹת. רַבִּי אֶלְעָזָר בֶּן עֲזַרְיָה אוֹמֵר: קֻפָּה –
מַטֶּה עַל צִדָּהּ וְנוֹטֵל, שֶׁמָּא יִטֹּל וְאֵינוֹ יָכוֹל לְהַחֲזִיר. וַחֲכָמִים אוֹמְרִים: נוֹטֵל
וּמַחֲזִיר. לֹא כִסָּהוּ מִבְּעוֹד יוֹם, לֹא יְכַסֶּנּוּ מִשֶּׁתֶּחְשַׁךְ. כִּסָּהוּ וְנִתְגַּלָּה, מֻתָּר
לְכַסּוֹתוֹ. מְמַלֵּא אֶת הַקִּיתוֹן וְנוֹתֵן לְתַחַת הַכַּר אוֹ תַּחַת הַכֶּסֶת.

## פרק חמישי

א בַּמֶּה בְהֵמָה יוֹצְאָה וּבַמָּה אֵינָהּ יוֹצְאָה? יוֹצֵא הַגָּמָל בְּאַפְסָר, וְהַנָּאקָה
בַחֲטָם, וְהַלְּבְדְּקִים בִּפְרֻמְבְּיָא, וְהַסּוּס בְּשֵׁיר, וְכָל בַּעֲלֵי הַשֵּׁיר יוֹצְאִים
בַּשֵּׁיר וְנִמְשָׁכִים בַּשֵּׁיר, וּמַזִּין עֲלֵיהֶם וְטוֹבְלִין בִּמְקוֹמָן.

ב חֲמוֹר יוֹצֵא בְמַרְדַּעַת, בִּזְמַן שֶׁהִיא קְשׁוּרָה לוֹ; הַזְּכָרִים יוֹצְאִין לְבוּבִין;
הָרְחֵלוֹת יוֹצְאוֹת שְׁחוּזוֹת, כְּבוּלוֹת וּכְבוּנוֹת; הָעִזִּים יוֹצְאוֹת צְרוּרוֹת.
רַבִּי יוֹסֵי אוֹסֵר בְּכֻלָּן, חוּץ מִן הָרְחֵלִין הַכְּבוּנוֹת. רַבִּי יְהוּדָה אוֹמֵר: הָעִזִּים
יוֹצְאוֹת צְרוּרוֹת לְיַבֵּשׁ, אֲבָל לֹא לֶחָלָב.

ג וּבַמָּה אֵינָהּ יוֹצְאָה? לֹא יֵצֵא הַגָּמָל בִּמְטוּטֶלֶת, לֹא עָקוּד וְלֹא רָגוּל, וְכֵן
שְׁאָר כָּל הַבְּהֵמוֹת. לֹא יִקְשֹׁר גְּמַלִּים זֶה בָּזֶה וְיִמְשֹׁךְ. אֲבָל מַכְנִיס חֲבָלִים
לְתוֹךְ יָדוֹ וְיִמְשֹׁךְ, וּבִלְבַד שֶׁלֹּא יִכְרֹךְ.

ד אֵין חֲמוֹר יוֹצֵא בְּמַרְדַּעַת, בִּזְמַן שֶׁאֵינָהּ קְשׁוּרָה לוֹ; וְלֹא בְּזוּג, אַף עַל פִּי שֶׁהוּא פָּקוּק; וְלֹא בְּסֻלָּם שֶׁבְּצַוָּארוֹ, וְלֹא בִרְצוּעָה שֶׁבְּרַגְלוֹ. וְאֵין הַתַּרְנְגוֹלִין יוֹצְאִין בְּחוּטִין וְלֹא בִרְצוּעוֹת שֶׁבְּרַגְלֵיהֶם; וְאֵין הַזְּכָרִים יוֹצְאִין בָּעֲגָלָה שֶׁתַּחַת הָאַלְיָה שֶׁלָּהֶן; וְאֵין הָרְחֵלִים יוֹצְאוֹת חֲנוּנוֹת; וְאֵין הָעֵגֶל יוֹצֵא בַּגִּימוֹן וְלֹא פָרָה בְּעוֹר הַקֻּפָּד, וְלֹא בִרְצוּעָה שֶׁבֵּין קַרְנֶיהָ. פָּרָתוֹ שֶׁל רַבִּי אֶלְעָזָר בֶּן עֲזַרְיָה הָיְתָה יוֹצְאָה בִרְצוּעָה שֶׁבֵּין קַרְנֶיהָ, שֶׁלֹּא בִרְצוֹן חֲכָמִים.

## פרק ששי

א בַּמֶּה אִשָּׁה יוֹצְאָה וּבַמָּה אֵינָהּ יוֹצְאָה? לֹא תֵצֵא אִשָּׁה לֹא בְחוּטֵי צֶמֶר, וְלֹא בְחוּטֵי פִשְׁתָּן, וְלֹא בִרְצוּעוֹת שֶׁבְּרֹאשָׁהּ, וְלֹא תִטְבֹּל בָּהֶן עַד שֶׁתְּרַפֵּם, וְלֹא בְטוֹטֶפֶת, וְלֹא בְסַנְבּוּטִין בִּזְמַן שֶׁאֵינָן תְּפוּרִין, וְלֹא בְכָבוּל לִרְשׁוּת הָרַבִּים, וְלֹא בְעִיר שֶׁל זָהָב, וְלֹא בְקַטְלָא, וְלֹא בִנְזָמִים, וְלֹא בְטַבַּעַת שֶׁאֵין עָלֶיהָ חוֹתָם, וְלֹא בְמַחַט שֶׁאֵינָהּ נְקוּבָה. וְאִם יָצְאת, אֵינָהּ חַיֶּבֶת חַטָּאת.

ב לֹא יֵצֵא הָאִישׁ בְּסַנְדָּל הַמְסֻמָּר, וְלֹא בְיָחִיד בִּזְמַן שֶׁאֵין בְּרַגְלוֹ מַכָּה, וְלֹא בִתְפִלִּין, וְלֹא בְקָמֵיעַ בִּזְמַן שֶׁאֵינוֹ מִן הַמֻּמְחֶה, וְלֹא בְשִׁרְיוֹן, וְלֹא בְקַסְדָּא, וְלֹא בְמַגָּפַיִם. וְאִם יָצָא, אֵינוֹ חַיָּב חַטָּאת.

ג לֹא תֵצֵא אִשָּׁה בְּמַחַט הַנְּקוּבָה, וְלֹא בְטַבַּעַת שֶׁיֵּשׁ עָלֶיהָ חוֹתָם, וְלֹא בְכָלְיָאר, וְלֹא בְכוֹבֶלֶת, וְלֹא בִצְלוֹחִית שֶׁל פַּלְיָטוֹן. וְאִם יָצְתָה, חַיֶּבֶת חַטָּאת; דִּבְרֵי רַבִּי מֵאִיר. וַחֲכָמִים פּוֹטְרִין בְּכוֹבֶלֶת וּבִצְלוֹחִית שֶׁל פַּלְיָטוֹן.

ד לֹא יֵצֵא הָאִישׁ לֹא בְסַיִף, וְלֹא בְקֶשֶׁת, וְלֹא בִתְרִיס, וְלֹא בְאַלָּה, וְלֹא בְרֹמַח. וְאִם יָצָא, חַיָּב חַטָּאת. רַבִּי אֱלִיעֶזֶר אוֹמֵר: תַּכְשִׁיטִין הֵן לוֹ. וַחֲכָמִים אוֹמְרִים: אֵינָן אֶלָּא לִגְנַאי, שֶׁנֶּאֱמַר: וְכִתְּתוּ חַרְבוֹתָם לְאִתִּים וַחֲנִיתוֹתֵיהֶם לְמַזְמֵרוֹת, ישעיה ב
לֹא־יִשָּׂא גוֹי אֶל־גּוֹי חֶרֶב וְלֹא־יִלְמְדוּ עוֹד מִלְחָמָה: בִּירִית טְהוֹרָה, וְיוֹצְאִין בָּהּ בְּשַׁבָּת. כְּבָלִים טְמֵאִין, וְאֵין יוֹצְאִין בָּהֶם בְּשַׁבָּת.

ה יוֹצְאָה אִשָּׁה בְּחוּטֵי שֵׂעָר בֵּין מִשֶּׁלָּהּ בֵּין מִשֶּׁל חֲבֶרְתָּהּ בֵּין מִשֶּׁל בְּהֵמָה, וּבְטוֹטֶפֶת, וּבְסַנְבּוּטִין בִּזְמַן שֶׁהֵן תְּפוּרִין, בְּכָבוּל, וּבְפֵאָה נָכְרִית לֶחָצֵר, בְּמוֹךְ שֶׁבְּאָזְנָהּ, וּבְמוֹךְ שֶׁבְּסַנְדָּלָהּ, וּבְמוֹךְ שֶׁהִתְקִינָה לְנִדָּתָהּ, בְּפִלְפֵּל, וּבְגַרְגִּיר מֶלַח, וּבְכָל דָּבָר שֶׁתִּתֵּן לְתוֹךְ פִּיהָ, וּבִלְבַד שֶׁלֹּא תִתֵּן לְכַתְּחִלָּה בְּשַׁבָּת. וְאִם נָפַל, לֹא תַחֲזִיר. שֵׁן תּוֹתֶבֶת וְשֵׁן שֶׁל זָהָב – רַבִּי מַתִּיר, וַחֲכָמִים אוֹסְרִים.

ו יוֹצְאָה בְּסֶלַע שֶׁעַל הַצִּינִית, הַבָּנוֹת (קְטַנּוֹת) יוֹצְאוֹת בְּחוּטִין, וַאֲפִלּוּ בְּקִיסְמִין שֶׁבְּאָזְנֵיהֶן. עַרְבִיּוֹת יוֹצְאוֹת רְעוּלוֹת, וּמָדִיּוֹת פְּרוּפוֹת. וְכָל אָדָם, אֶלָּא שֶׁדִּבְּרוּ חֲכָמִים בַּהוֹוֶה.

ז פּוֹרֶפֶת עַל הָאֶבֶן וְעַל הָאֱגוֹז וְעַל הַמַּטְבֵּעַ, וּבִלְבַד שֶׁלֹּא תִפְרֹף לְכַתְּחִלָּה בַּשַּׁבָּת.

ח הַקִּטֵּעַ יוֹצֵא בְּקַב שֶׁלּוֹ; דִּבְרֵי רַבִּי מֵאִיר. וְרַבִּי יוֹסֵי אוֹסֵר. וְאִם יֶשׁ לוֹ בֵית קִבּוּל כְּתוּתִים – טָמֵא. סָמוֹכוֹת שֶׁלּוֹ טְמֵאִין מִדְרָס, וְיוֹצְאִין בָּהֶן בַּשַּׁבָּת, וְנִכְנָסִין בָּהֶן בָּעֲזָרָה. כִּסֵּא וְסָמוֹכוֹת שֶׁלּוֹ טְמֵאִין מִדְרָס, וְאֵין יוֹצְאִין בָּהֶם בַּשַּׁבָּת, וְאֵין נִכְנָסִין בָּהֶן בָּעֲזָרָה. אַנְקָטְמִין טְהוֹרִין, וְאֵין יוֹצְאִין בָּהֶן.

ט הַבָּנִים יוֹצְאִין בְּקְשָׁרִים, וּבְנֵי מְלָכִים בְּזוֹגִין. וְכָל אָדָם, אֶלָּא שֶׁדִּבְּרוּ חֲכָמִים בַּהוֹוֶה.

י יוֹצְאִין בְּבֵיצַת הַחַרְגּוֹל, וּבְשֵׁן שֶׁל שׁוּעָל, וּבְמַסְמֵר הַצָּלוּב, מִשּׁוּם רְפוּאָה; דִּבְרֵי רַבִּי מֵאִיר. וַחֲכָמִים אוֹמְרִים: אַף בַּחֹל אָסוּר, מִשּׁוּם דַּרְכֵי הָאֱמוֹרִי.

## פרק שביעי

א כְּלָל גָּדוֹל אָמְרוּ בַשַּׁבָּת: כָּל הַשּׁוֹכֵחַ עִקַּר שַׁבָּת וְעָשָׂה מְלָאכוֹת הַרְבֵּה בְּשַׁבָּתוֹת הַרְבֵּה, אֵינוֹ חַיָּב אֶלָּא חַטָּאת אַחַת; הַיּוֹדֵעַ עִקַּר שַׁבָּת וְעָשָׂה מְלָאכוֹת הַרְבֵּה בְּשַׁבָּתוֹת הַרְבֵּה, חַיָּב עַל כָּל שַׁבָּת וְשַׁבָּת; הַיּוֹדֵעַ שֶׁהוּא שַׁבָּת וְעָשָׂה מְלָאכוֹת הַרְבֵּה בְּשַׁבָּתוֹת הַרְבֵּה, חַיָּב עַל כָּל אַב מְלָאכָה וּמְלָאכָה; הָעוֹשֶׂה מְלָאכוֹת הַרְבֵּה מֵעֵין מְלָאכָה אַחַת, אֵינוֹ חַיָּב אֶלָּא חַטָּאת אַחַת.

ב אֲבוֹת מְלָאכוֹת אַרְבָּעִים חָסֵר אַחַת: הַזּוֹרֵעַ, וְהַחוֹרֵשׁ, וְהַקּוֹצֵר, וְהַמְעַמֵּר; הַדָּשׁ, וְהַזּוֹרֶה; הַבּוֹרֵר, הַטּוֹחֵן, וְהַמְרַקֵּד, וְהַלָּשׁ, וְהָאוֹפֶה; הַגּוֹזֵז אֶת הַצֶּמֶר, הַמְלַבְּנוֹ, וְהַמְנַפְּצוֹ, וְהַצּוֹבְעוֹ, וְהַטּוֹוֶה, וְהַמֵּסֵךְ, וְהָעוֹשֶׂה שְׁנֵי בָתֵּי נִירִין, וְהָאוֹרֵג שְׁנֵי חוּטִין, וְהַפּוֹצֵעַ שְׁנֵי חוּטִין; הַקּוֹשֵׁר, וְהַמַּתִּיר, וְהַתּוֹפֵר שְׁתֵּי תְפִירוֹת; הַקּוֹרֵעַ עַל מְנַת לִתְפּוֹר שְׁתֵּי תְפִירוֹת; הַצָּד צְבִי, הַשּׁוֹחֲטוֹ, וְהַמַּפְשִׁיטוֹ, הַמּוֹלְחוֹ, וְהַמְעַבֵּד אֶת עוֹרוֹ, וְהַמּוֹחֲקוֹ, וְהַמְחַתְּכוֹ; הַכּוֹתֵב שְׁתֵּי אוֹתִיּוֹת, וְהַמּוֹחֵק עַל מְנַת לִכְתּוֹב שְׁתֵּי אוֹתִיּוֹת; הַבּוֹנֶה, וְהַסּוֹתֵר; הַמְכַבֶּה, וְהַמַּבְעִיר; הַמַּכֶּה בַפַּטִּישׁ; הַמּוֹצִיא מֵרְשׁוּת לִרְשׁוּת – הֲרֵי אֵלּוּ אֲבוֹת מְלָאכוֹת אַרְבָּעִים חָסֵר אַחַת.

ג וְעוֹד כְּלָל אַחֵר אָמְרוּ: כָּל הַכָּשֵׁר לְהַצְנִיעַ וּמַצְנִיעִין כָּמוֹהוּ וְהוֹצִיאוֹ בְּשַׁבָּת - חַיָּב עָלָיו חַטָּאת; וְכָל שֶׁאֵינוֹ כָּשֵׁר לְהַצְנִיעַ וְאֵין מַצְנִיעִין כָּמוֹהוּ וְהוֹצִיאוֹ בְּשַׁבָּת - אֵינוֹ חַיָּב אֶלָּא הַמַּצְנִיעוֹ.

א הַמּוֹצִיא תֶּבֶן כִּמְלֹא פִי פָרָה; עֵצָה כִּמְלֹא פִי גָמָל; עָמִיר כִּמְלֹא פִי טָלֶה; עֲשָׂבִים כִּמְלֹא פִי גְדִי; עֲלֵי שׁוּם וַעֲלֵי בְצָלִים לַחִים כִּגְרוֹגֶרֶת; יְבֵשִׁים כִּמְלֹא פִי גְדִי - וְאֵין מִצְטָרְפִין זֶה עִם זֶה, מִפְּנֵי שֶׁלֹּא שָׁווּ בְּשִׁעוּרֵיהֶן. הַמּוֹצִיא אֳכָלִים כַּגְּרוֹגֶרֶת, חַיָּב; וּמִצְטָרְפִין זֶה עִם זֶה, מִפְּנֵי שֶׁשָּׁווּ בְּשִׁעוּרֵיהֶן, חוּץ מִקְּלִפֵּיהֶן וְגַרְעִינֵיהֶן וְעֻקְצֵיהֶן וְסֻבָּן וּמֻרְסָנָן. רַבִּי יְהוּדָה אוֹמֵר: חוּץ מִקְּלִפֵּי עֲדָשִׁים שֶׁמִּתְבַּשְּׁלוֹת עִמָּהֶן.

פרק שמיני

א הַמּוֹצִיא יַיִן כְּדֵי מְזִיגַת הַכּוֹס; חָלָב כְּדֵי גְמִיעָה; דְּבַשׁ כְּדֵי לִתֵּן עַל הַכָּתִית; שֶׁמֶן כְּדֵי לָסוּךְ אֵבֶר קָטָן; מַיִם כְּדֵי לָשׁוּף בָּהֶם אֶת הַקִּלּוֹר. וּשְׁאָר כָּל הַמַּשְׁקִין בְּרְבִיעִית, וְכָל הַשּׁוֹפְכִין בְּרְבִיעִית. רַבִּי שִׁמְעוֹן אוֹמֵר: כֻּלָּן בִּרְבִיעִית. וְלֹא אָמְרוּ כָל הַשִּׁעוּרִין הַלָּלוּ אֶלָּא לְמַצְנִיעֵיהֶן.

ב הַמּוֹצִיא חֶבֶל כְּדֵי לַעֲשׂוֹת אֹזֶן לְקֻפָּה; גֶּמִי כְּדֵי לַעֲשׂוֹת תְּלַאי לְנָפָה וְלִכְבָרָה. רַבִּי יְהוּדָה אוֹמֵר: כְּדֵי לִטּוֹל מִמֶּנּוּ מִדַּת מִנְעָל לְקָטָן. נְיָר כְּדֵי לִכְתּוֹב עָלָיו קֶשֶׁר מוֹכְסִין. וְהַמּוֹצִיא קֶשֶׁר מוֹכְסִין - חַיָּב. נְיָר מָחוּק כְּדֵי לִכְרוֹךְ עַל פִּי צְלוֹחִית קְטַנָּה שֶׁלְּפַלְיָטוֹן.

ג עוֹר כְּדֵי לַעֲשׂוֹת קָמֵיעַ; קְלַף כְּדֵי לִכְתּוֹב עָלָיו פָּרָשָׁה קְטַנָּה שֶׁבִּתְפִלִּין, שֶׁהִיא ׳שְׁמַע יִשְׂרָאֵל׳; דְּיוֹ כְּדֵי לִכְתּוֹב שְׁתֵּי אוֹתִיּוֹת; כָּחוֹל כְּדֵי לִכְחוֹל עַיִן אַחַת.

ד דֶּבֶק כְּדֵי לִתֵּן בְּרֹאשׁ הַשַּׁבְשֶׁבֶת; זֶפֶת וְגָפְרִית כְּדֵי לַעֲשׂוֹת נֶקֶב; שַׁעֲוָה כְּדֵי לִתֵּן עַל פִּי נֶקֶב קָטָן; חַרְסִית כְּדֵי לַעֲשׂוֹת פִּי כוּר שֶׁלְּצוֹרְפֵי זָהָב. רַבִּי יְהוּדָה אוֹמֵר: כְּדֵי לַעֲשׂוֹת פִּטְפּוּט. סֻבִּין כְּדֵי לִתֵּן עַל פִּי כוּר שֶׁלְּצוֹרְפֵי זָהָב; סִיד כְּדֵי לָסוּד קְטַנָּה שֶׁבַּבָּנוֹת. רַבִּי יְהוּדָה אוֹמֵר: כְּדֵי לַעֲשׂוֹת כִּלְכּוּל. רַבִּי נְחֶמְיָה אוֹמֵר: כְּדֵי לַעֲשׂוֹת אַנְדִּיפִי.

ה אֲדָמָה, כְּחוֹתַם הַמַּרְצוּפִים; דִּבְרֵי רַבִּי עֲקִיבָא. וַחֲכָמִים אוֹמְרִים: כְּחוֹתַם הָאִגְּרוֹת. זֶבֶל וְחוֹל הַדַּק כְּדֵי לְזַבֵּל קֶלַח שֶׁלִּכְרוּב; דִּבְרֵי רַבִּי עֲקִיבָא. וַחֲכָמִים אוֹמְרִים: כְּדֵי לְזַבֵּל כְּרֵישָׁא. חוֹל הַגַּס כְּדֵי לִתֵּן עַל מְלֹא כַף סִיד.

קָנֶה כְּדֵי לַעֲשׂוֹת קֻלְמוֹס; וְאִם הָיָה עָבֶה אוֹ מְרֻסָּס, כְּדֵי לְבַשֵּׁל בּוֹ בֵּיצָה קַלָּה שֶׁבַּבֵּיצִים, טְרוּפָה וּנְתוּנָה בָּאִלְפָּס.

ו עֶצֶם כְּדֵי לַעֲשׂוֹת תַּרְוָד. רַבִּי יְהוּדָה אוֹמֵר: כְּדֵי לַעֲשׂוֹת מִמֶּנּוּ חָף. זְכוּכִית כְּדֵי לִגְרוֹר בּוֹ רֹאשׁ הַכַּרְכַּר; צְרוֹר אוֹ אֶבֶן כְּדֵי לִזְרוֹק בָּעוֹף. רַבִּי אֱלִיעֶזֶר בַּר יַעֲקֹב אוֹמֵר: כְּדֵי לִזְרוֹק בַּבְּהֵמָה.

ז חֶרֶס כְּדֵי לִתֵּן בֵּין פַּצִּים לַחֲבֵרוֹ; דִּבְרֵי רַבִּי יְהוּדָה. רַבִּי מֵאִיר אוֹמֵר: כְּדֵי לַחְתּוֹת בּוֹ אֶת הָאוּר. רַבִּי יוֹסֵי אוֹמֵר: כְּדֵי לְקַבֵּל בּוֹ רְבִיעִית. אָמַר רַבִּי מֵאִיר: אַף עַל פִּי שֶׁאֵין רְאָיָה לַדָּבָר, זֵכֶר לַדָּבָר: וְלֹא־יִמָּצֵא בִמְכִתָּתוֹ חֶרֶשׂ לַחְתּוֹת אֵשׁ מִיָּקוּד: אָמַר לוֹ רַבִּי יוֹסֵי: מִשָּׁם רְאָיָה 'וְלַחְשֹׂף מַיִם מִגֶּבֶא:' ישעיה ל

## פרק תשיעי

א אָמַר רַבִּי עֲקִיבָא: מִנַּיִן לַעֲבוֹדָה זָרָה שֶׁמְּטַמְּאָה בְמַשָּׂא כְּנִדָּה? שֶׁנֶּאֱמַר: תִּזְרֵם כְּמוֹ דָוָה, צֵא תֹּאמַר לוֹ: – מָה הַנִּדָּה מְטַמְּאָה בְמַשָּׂא, אַף עֲבוֹדָה זָרָה מְטַמְּאָה בְמַשָּׂא. ישעיה ל

ב מִנַּיִן לִסְפִינָה שֶׁהִיא טְהוֹרָה? שֶׁנֶּאֱמַר: דֶּרֶךְ־אֳנִיָּה בְלֶב־יָם: מִנַּיִן לַעֲרוּגָה שֶׁהִיא שִׁשָּׁה עַל שִׁשָּׁה טְפָחִים, שֶׁזּוֹרְעִין בְּתוֹכָהּ חֲמִשָּׁה זֵרְעוֹנִין, אַרְבָּעָה בְּאַרְבַּע רוּחוֹת הָעֲרוּגָה וְאֶחָד בָּאֶמְצַע? שֶׁנֶּאֱמַר: כִּי כָאָרֶץ תּוֹצִיא צִמְחָהּ וּכְגַנָּה זֵרוּעֶיהָ תַצְמִיחַ: – זַרְעָהּ לֹא נֶאֱמַר, אֶלָּא זֵרוּעֶיהָ. משלי ל, ישעיה סא

ג מִנַּיִן לַפּוֹלֶטֶת שִׁכְבַת זֶרַע בַּיּוֹם הַשְּׁלִישִׁי שֶׁהִיא טְמֵאָה? שֶׁנֶּאֱמַר: הֱיוּ נְכֹנִים לִשְׁלֹשֶׁת יָמִים: מִנַּיִן שֶׁמַּרְחִיצִין אֶת הַמִּילָה בַּיּוֹם הַשְּׁלִישִׁי שֶׁחָל לִהְיוֹת בַּשַּׁבָּת? שֶׁנֶּאֱמַר: וַיְהִי בַיּוֹם הַשְּׁלִישִׁי בִּהְיוֹתָם כֹּאֲבִים: מִנַּיִן שֶׁקּוֹשְׁרִין לָשׁוֹן שֶׁל זְהוֹרִית בְּרֹאשׁ שָׂעִיר הַמִּשְׁתַּלֵּחַ? שֶׁנֶּאֱמַר: אִם־יִהְיוּ חֲטָאֵיכֶם כַּשָּׁנִים, כַּשֶּׁלֶג יַלְבִּינוּ: שמות יט, בראשית לה, ישעיה א

ד מִנַּיִן לְסִיכָה שֶׁהִיא כִשְׁתִיָּה בְּיוֹם הַכִּפּוּרִים? אַף עַל פִּי שֶׁאֵין רְאָיָה לַדָּבָר, זֵכֶר לַדָּבָר, שֶׁנֶּאֱמַר: וַתָּבֹא כַמַּיִם בְּקִרְבּוֹ וְכַשֶּׁמֶן בְּעַצְמוֹתָיו: תהלים קט

ה הַמּוֹצִיא עֵצִים כְּדֵי לְבַשֵּׁל בֵּיצָה קַלָּה, תַּבְלִין כְּדֵי לְתַבֵּל בֵּיצָה קַלָּה, וּמִצְטָרְפִין זֶה עִם זֶה. קְלִפֵּי אֱגוֹזִים, קְלִפֵּי רִמּוֹנִים, אִסְטִיס וּפוּאָה, כְּדֵי לִצְבּוֹעַ בָּהֶן בֶּגֶד קָטָן בְּסַבְכָה. מֵי רַגְלַיִם, נֶתֶר וּבוֹרִית, קִמוֹנְיָא וְאַשְׁלָג, כְּדֵי לְכַבֵּס בָּהֶן בֶּגֶד קָטָן בְּסַבְכָה. רַבִּי יְהוּדָה אוֹמֵר: כְּדֵי לְהַעֲבִיר עַל הַכֶּתֶם.

ו פִּלְפֶּלֶת כָּל שֶׁהִיא, וְעִטְרָן כָּל שֶׁהוּא. מִינֵי בְשָׂמִים וּמִינֵי מַתָּכוֹת כָּל שֶׁהֵן; מֵאַבְנֵי הַמִּזְבֵּחַ וּמֵעֲפַר הַמִּזְבֵּחַ, מֶקֶק סְפָרִים וּמֶקֶק מִטְפְּחוֹתֵיהֶם כָּל שֶׁהֵן, שֶׁמַּצְנִיעִין אוֹתָן לְגָנְזָן. רַבִּי יְהוּדָה אוֹמֵר: אַף הַמּוֹצִיא מִמְּשַׁמְּשֵׁי עֲבוֹדָה זָרָה כָּל שֶׁהוּא, שֶׁנֶּאֱמַר: וְלֹא־יִדְבַּק בְּיָדְךָ מְאוּמָה מִן־הַחֵרֶם: דברים יג

ז הַמּוֹצִיא קֻפַּת הָרוֹכְלִין, אַף עַל פִּי שֶׁיֵּשׁ בָּהּ מִינִין הַרְבֵּה, אֵינוֹ חַיָּב אֶלָּא חַטָּאת אַחַת. זֵרְעוֹנֵי גִנָּה פָּחוֹת מִכַּגְּרוֹגֶרֶת. רַבִּי יְהוּדָה בֶּן בְּתֵירָא אוֹמֵר: חֲמִשָּׁה. זֶרַע קִשּׁוּאִין שְׁנַיִם; זֶרַע דִּלּוּעִין שְׁנַיִם; זֶרַע פּוֹל הַמִּצְרִי שְׁנַיִם. חָגָב חַי טָהוֹר כָּל שֶׁהוּא, מֵת כַּגְּרוֹגֶרֶת. צִפֹּרֶת כְּרָמִים, בֵּין חַיָּה בֵּין מֵתָה, כָּל שֶׁהִיא, שֶׁמַּצְנִיעִין אוֹתָהּ לִרְפוּאָה. רַבִּי יְהוּדָה אוֹמֵר: אַף הַמּוֹצִיא חָגָב חַי טָמֵא כָּל שֶׁהוּא, שֶׁמַּצְנִיעִין אוֹתוֹ לַקָּטָן לְשַׂחֵק בּוֹ.

פרק עשירי

א הַמַּצְנִיעַ לְזֶרַע וּלְדֻגְמָא וְלִרְפוּאָה וְהוֹצִיאוֹ בְשַׁבָּת, חַיָּב בְּכָל שֶׁהוּא. וְכָל אָדָם אֵין חַיָּב עָלָיו אֶלָּא כְשִׁעוּרוֹ. חָזַר וְהִכְנִיסוֹ, אֵינוֹ חַיָּב אֶלָּא כְשִׁעוּרוֹ.

ב הַמּוֹצִיא אֳכָלִין וּנְתָנָן עַל הָאִסְקֻפָּה, בֵּין שֶׁחָזַר וְהוֹצִיאָן בֵּין שֶׁהוֹצִיאָן אַחֵר – פָּטוּר, מִפְּנֵי שֶׁלֹּא עָשָׂה מְלַאכְתּוֹ בְּבַת אַחַת. קֻפָּה שֶׁהִיא מְלֵאָה פֵרוֹת וּנְתָנָהּ עַל הָאִסְקֻפָּה הַחִיצוֹנָה, אַף עַל פִּי שֶׁרֹב הַפֵּרוֹת מִבַּחוּץ – פָּטוּר, עַד שֶׁיּוֹצִיא אֶת כָּל הַקֻּפָּה.

ג הַמּוֹצִיא בֵּין בִּימִינוֹ בֵּין בִּשְׂמֹאלוֹ, בְּתוֹךְ חֵיקוֹ, אוֹ עַל כְּתֵפוֹ – חַיָּב, שֶׁכֵּן מַשָּׂא בְנֵי קְהָת; כִּלְאַחַר יָדוֹ, בְּרַגְלוֹ, בְּפִיו וּבְמַרְפְּקוֹ, בְּאָזְנוֹ וּבִשְׂעָרוֹ, וּבְפֻנְדָּתוֹ וּפִיהָ לְמַטָּה, בֵּין פֻּנְדָּתוֹ לַחֲלוּקוֹ וּבִשְׂפַת חֲלוּקוֹ, בְּמִנְעָלוֹ, בְּסַנְדָּלוֹ – פָּטוּר, שֶׁלֹּא הוֹצִיא כְּדֶרֶךְ הַמּוֹצִיאִין.

ד הַמִּתְכַּוֵּן לְהוֹצִיא לְפָנָיו וּבָא לוֹ לְאַחֲרָיו, פָּטוּר; לְאַחֲרָיו וּבָא לוֹ לְפָנָיו, חַיָּב. בֶּאֱמֶת אָמְרוּ: הָאִשָּׁה הַחוֹגֶרֶת בְּסִינָר בֵּין מִלְּפָנֶיהָ וּבֵין מִלְּאַחֲרֶיהָ – חַיֶּבֶת, שֶׁכֵּן רָאוּי לִהְיוֹת חוֹזֵר. רַבִּי יְהוּדָה אוֹמֵר: אַף מְקַבְּלֵי פִתְקִין.

ה הַמּוֹצִיא כִּכָּר לִרְשׁוּת הָרַבִּים חַיָּב. הוֹצִיאוּהוּ שְׁנַיִם פְּטוּרִין. לֹא יָכֹל אֶחָד לְהוֹצִיאוֹ וְהוֹצִיאוּהוּ שְׁנַיִם, חַיָּבִים; וְרַבִּי שִׁמְעוֹן פּוֹטֵר. הַמּוֹצִיא אֳכָלִין פָּחוֹת מִכַּשִּׁעוּר בִּכְלִי, פָּטוּר אַף עַל הַכְּלִי, שֶׁהַכְּלִי טְפֵלָה לוֹ; אֶת הַחַי בַּמִּטָּה, פָּטוּר אַף עַל הַמִּטָּה, שֶׁהַמִּטָּה טְפֵלָה לוֹ; אֶת הַמֵּת בַּמִּטָּה, חַיָּב. וְכֵן כַּזַּיִת מִן הַמֵּת וְכַזַּיִת מִן הַנְּבֵלָה וְכָעֲדָשָׁה מִן הַשֶּׁרֶץ, חַיָּב; וְרַבִּי שִׁמְעוֹן פּוֹטֵר.

ו הַנּוֹטֵל צִפָּרְנָיו זוֹ בָזוֹ, אוֹ בְשִׁנָּיו, וְכֵן שְׂעָרוֹ, וְכֵן שְׂפָמוֹ, וְכֵן זְקָנוֹ, וְכֵן הַגּוֹדֶלֶת, וְכֵן הַכּוֹחֶלֶת, וְכֵן הַפּוֹקֶסֶת - רַבִּי אֱלִיעֶזֶר מְחַיֵּב; וַחֲכָמִים אוֹסְרִין מִשּׁוּם שְׁבוּת. הַתּוֹלֵשׁ מֵעָצִיץ נָקוּב - חַיָּב, וְשֶׁאֵינוֹ נָקוּב - פָּטוּר. וְרַבִּי שִׁמְעוֹן פּוֹטֵר בָּזֶה וּבָזֶה.

פרק אחד עשר

א הַזּוֹרֵק מֵרְשׁוּת הַיָּחִיד לִרְשׁוּת הָרַבִּים, מֵרְשׁוּת הָרַבִּים לִרְשׁוּת הַיָּחִיד - חַיָּב; מֵרְשׁוּת הַיָּחִיד לִרְשׁוּת הַיָּחִיד וּרְשׁוּת הָרַבִּים בָּאֶמְצַע - רַבִּי עֲקִיבָא מְחַיֵּב, וַחֲכָמִים פּוֹטְרִין.

ב כֵּיצַד? שְׁתֵּי גְזֻזְטְרָאוֹת זוֹ כְּנֶגֶד זוֹ בִּרְשׁוּת הָרַבִּים, הַמּוֹשִׁיט וְהַזּוֹרֵק מִזּוֹ לָזוֹ, פָּטוּר. הָיוּ שְׁתֵּיהֶן בְּדְיוֹטָא אַחַת, הַמּוֹשִׁיט חַיָּב וְהַזּוֹרֵק פָּטוּר, שֶׁכָּךְ הָיְתָה עֲבוֹדַת הַלְוִיִּם: שְׁתֵּי עֲגָלוֹת זוֹ אַחַר זוֹ בִּרְשׁוּת הָרַבִּים, מוֹשִׁיטִין הַקְּרָשִׁים מִזּוֹ לָזוֹ, אֲבָל לֹא זוֹרְקִין. חֻלְיַת הַבּוֹר וְהַסֶּלַע שֶׁהֵן גְּבוֹהִין עֲשָׂרָה וְרָחְבָּן אַרְבָּעָה, הַנּוֹטֵל מֵהֶן וְהַנּוֹתֵן עַל גַּבָּן - חַיָּב; פָּחוֹת מִכֵּן, פָּטוּר.

ג הַזּוֹרֵק אַרְבַּע אַמּוֹת בַּכֹּתֶל - לְמַעְלָה מֵעֲשָׂרָה טְפָחִים כְּזוֹרֵק בָּאֲוִיר, לְמַטָּה מֵעֲשָׂרָה טְפָחִים כְּזוֹרֵק בָּאָרֶץ. הַזּוֹרֵק בָּאָרֶץ אַרְבַּע אַמּוֹת, חַיָּב. זָרַק לְתוֹךְ אַרְבַּע אַמּוֹת וְנִתְגַּלְגֵּל חוּץ לְאַרְבַּע אַמּוֹת, פָּטוּר; חוּץ לְאַרְבַּע אַמּוֹת וְנִתְגַּלְגֵּל לְתוֹךְ אַרְבַּע אַמּוֹת, חַיָּב.

ד הַזּוֹרֵק בַּיָּם אַרְבַּע אַמּוֹת, פָּטוּר. אִם הָיָה רְקַק מַיִם וּרְשׁוּת הָרַבִּים מְהַלֶּכֶת בּוֹ, הַזּוֹרֵק לְתוֹכוֹ אַרְבַּע אַמּוֹת - חַיָּב. וְכַמָּה הוּא רְקַק מַיִם? פָּחוֹת מֵעֲשָׂרָה טְפָחִים. רְקַק מַיִם וּרְשׁוּת הָרַבִּים מְהַלֶּכֶת בּוֹ, הַזּוֹרֵק בְּתוֹכוֹ אַרְבַּע אַמּוֹת - חַיָּב.

ה הַזּוֹרֵק מִן הַיָּם לַיַּבָּשָׁה וּמִן הַיַּבָּשָׁה לַיָּם, וּמִן הַיָּם לַסְּפִינָה וּמִן הַסְּפִינָה לַיָּם, וּמִן הַסְּפִינָה לַחֲבֶרְתָּהּ - פָּטוּר. סְפִינוֹת קְשׁוּרוֹת זוֹ בָזוֹ מְטַלְטְלִין מִזּוֹ לָזוֹ. אִם אֵינָן קְשׁוּרוֹת, אַף עַל פִּי שֶׁמֻּקָּפוֹת, אֵין מְטַלְטְלִין מִזּוֹ לָזוֹ.

ו הַזּוֹרֵק וְנִזְכַּר לְאַחַר שֶׁיָּצְתָה מִיָּדוֹ, קְלָטָהּ אַחֵר, קְלָטָהּ כֶּלֶב, אוֹ שֶׁנִּשְׂרְפָה - פָּטוּר. זָרַק לַעֲשׂוֹת חַבּוּרָה, בֵּין בָּאָדָם וּבֵין בַּבְּהֵמָה, וְנִזְכַּר עַד שֶׁלֹּא נַעֲשֵׂית חַבּוּרָה - פָּטוּר. זֶה הַכְּלָל: כָּל חַיָּבֵי חַטָּאוֹת אֵינָן חַיָּבִין עַד שֶׁתְּהֵא תְחִלָּתָן וְסוֹפָן שְׁגָגָה. תְּחִלָּתָן שְׁגָגָה וְסוֹפָן זָדוֹן, תְּחִלָּתָן זָדוֹן וְסוֹפָן שְׁגָגָה - פְּטוּרִין, עַד שֶׁתְּהֵא תְחִלָּתָן וְסוֹפָן שְׁגָגָה.

## פרק שנים עשר

א הַבּוֹנֶה כַּמָּה יִבְנֶה וִיהֵא חַיָּב? הַבּוֹנֶה כָּל שֶׁהוּא, וְהַמְסַתֵּת, וְהַמַּכֶּה בְּפַטִּישׁ וּבְמַעֲצָד, הַקּוֹדֵחַ כָּל שֶׁהוּא - חַיָּב. זֶה הַכְּלָל: כָּל הָעוֹשֶׂה מְלָאכָה וּמְלַאכְתּוֹ מִתְקַיֶּמֶת בַּשַּׁבָּת, חַיָּב. רַבָּן שִׁמְעוֹן בֶּן גַּמְלִיאֵל אוֹמֵר: אַף הַמַּכֶּה בַקֻּרְנָס עַל הַסַּדָּן בִּשְׁעַת מְלָאכָה - חַיָּב, מִפְּנֵי שֶׁהוּא כִמְתַקֵּן מְלָאכָה.

ב הַחוֹרֵשׁ כָּל שֶׁהוּא, הַמְנַכֵּשׁ וְהַמְקַרְסֵם וְהַמְזָרֵד כָּל שֶׁהוּא - חַיָּב. הַמְלַקֵּט עֵצִים, אִם לְתַקֵּן - כָּל שֶׁהֵן, אִם לְהֶסֵּק - כְּדֵי לְבַשֵּׁל בֵּיצָה קַלָּה. הַמְלַקֵּט עֲשָׂבִים, אִם לְתַקֵּן - כָּל שֶׁהֵן, אִם לַבְּהֵמָה - כִּמְלֹא פִּי הַגְּדִי.

ג הַכּוֹתֵב שְׁתֵּי אוֹתִיּוֹת, בֵּין בִּימִינוֹ בֵּין בִּשְׂמֹאלוֹ, בֵּין מִשֵּׁם אֶחָד בֵּין מִשְּׁנֵי שֵׁמוֹת, בֵּין מִשְּׁנֵי סַמְמָנִיּוֹת בְּכָל לָשׁוֹן - חַיָּב. אָמַר רַבִּי יוֹסֵי: לֹא חִיְּבוּ שְׁתֵּי אוֹתִיּוֹת אֶלָּא מִשּׁוּם רֹשֶׁם, שֶׁכָּךְ הָיוּ כוֹתְבִין עַל קַרְשֵׁי הַמִּשְׁכָּן, לֵידַע אֵיזֶהוּ בֶן זוּגוֹ. אָמַר רַבִּי: מָצִינוּ שֵׁם קָטָן מִשֵּׁם גָּדוֹל, שֵׁם מִשִּׁמְעוֹן וּשְׁמוּאֵל, נֹחַ מִנָּחוֹר, דָּן מִדָּנִיֵּאל, גָּד מִגַּדִּיאֵל.

ד הַכּוֹתֵב שְׁתֵּי אוֹתִיּוֹת בְּהֶעְלֵם אֶחָד - חַיָּב. כָּתַב בִּדְיוֹ, בְּסַם, בְּסִקְרָא, בְּקוֹמוֹס וּבְקַנְקַנְתּוֹם, וּבְכָל דָּבָר שֶׁהוּא רוֹשֵׁם, עַל שְׁנֵי כָּתְלֵי זָוִיּוֹת וְעַל שְׁנֵי לוּחֵי פִנְקָס, וְהֵן נֶהְגִּין זֶה עִם זֶה - חַיָּב. הַכּוֹתֵב עַל בְּשָׂרוֹ - חַיָּב. הַמְסָרֵט עַל בְּשָׂרוֹ - רַבִּי אֱלִיעֶזֶר מְחַיֵּב חַטָּאת, וְרַבִּי יְהוֹשֻׁעַ פּוֹטֵר.

ה כָּתַב בְּמַשְׁקִין, בְּמֵי פֵרוֹת, בַּאֲבַק דְּרָכִים, בַּאֲבַק סוֹפְרִים, וּבְכָל דָּבָר שֶׁאֵינוֹ מִתְקַיֵּם - פָּטוּר; לְאַחַר יָדוֹ, בְּרַגְלוֹ, בְּפִיו וּבְמַרְפְּקוֹ; כָּתַב אוֹת אַחַת סָמוּךְ לִכְתָב; כָּתַב עַל גַּבֵּי כְתָב; נִתְכַּוֵּן לִכְתּוֹב חי״ת וְכָתַב שְׁנֵי זייני״ן; אֶחָד בָּאָרֶץ וְאֶחָד בַּקּוֹרָה; כָּתַב עַל שְׁנֵי כָתְלֵי הַבַּיִת, עַל שְׁנֵי דַפֵּי פִנְקָס וְאֵין נֶהְגִּין זֶה עִם זֶה - פָּטוּר. כָּתַב אוֹת אַחַת נוֹטָרִיקוֹן - רַבִּי יְהוֹשֻׁעַ בֶּן בְּתֵירָא מְחַיֵּב, וַחֲכָמִים פּוֹטְרִין.

ו הַכּוֹתֵב שְׁתֵּי אוֹתִיּוֹת בִּשְׁנֵי הֶעְלֵמוֹת, אַחַת שַׁחֲרִית וְאַחַת בֵּין הָעַרְבַּיִם - רַבָּן גַּמְלִיאֵל מְחַיֵּב, וַחֲכָמִים פּוֹטְרִין.

## פרק שלושה עשר

א רַבִּי אֱלִיעֶזֶר אוֹמֵר: הָאוֹרֵג שְׁלֹשָׁה חוּטִין בַּתְּחִלָּה וְאֶחָד עַל הָאָרִיג, חַיָּב. וַחֲכָמִים אוֹמְרִים: בֵּין בַּתְּחִלָּה בֵּין בַּסּוֹף, שִׁעוּרוֹ שְׁנֵי חוּטִין.

ב הָעוֹשֶׂה שְׁנֵי בָתֵּי נִירִין, בַּנִּירִין, בַּקֵּירוֹס, בַּנָּפָה, בַּכְּבָרָה וּבַסַּל - חַיָּב; וְהַתּוֹפֵר שְׁתֵּי תְפִירוֹת, וְהַקּוֹרֵעַ עַל מְנָת לִתְפּוֹר שְׁתֵּי תְפִירוֹת.

ג הַקּוֹרֵעַ בַּחֲמָתוֹ וְעַל מֵתוֹ, וְכָל הַמְקַלְקְלִין - פְּטוּרִין. וְהַמְקַלְקֵל עַל מְנָת לְתַקֵּן, שִׁעוּרוֹ כִּמְתַקֵּן.

ד שִׁעוּר הַמְלַבֵּן וְהַמְנַפֵּץ וְהַצּוֹבֵעַ וְהַטּוֹוֶה - כִּמְלֹא רֹחַב הַסִּיט כָּפוּל. וְהָאוֹרֵג שְׁנֵי חוּטִין - שִׁעוּרוֹ כִּמְלֹא הַסִּיט.

ה רַבִּי יְהוּדָה אוֹמֵר: הַצָּד צִפּוֹר לַמִּגְדָּל וּצְבִי לַבַּיִת, חַיָּב. וַחֲכָמִים אוֹמְרִים: צִפּוֹר לַמִּגְדָּל, וּצְבִי לַבַּיִת וְלֶחָצֵר וְלַבִּיבָרִין. רַבָּן שִׁמְעוֹן בֶּן גַּמְלִיאֵל אוֹמֵר: לֹא כָל הַבִּיבָרִין שָׁוִין. זֶה הַכְּלָל: מְחֻסַּר צִידָה - פָּטוּר, וְשֶׁאֵינוֹ מְחֻסַּר צִידָה - חַיָּב.

ו צְבִי שֶׁנִּכְנַס לַבַּיִת וְנָעַל אֶחָד בְּפָנָיו, חַיָּב. נָעֲלוּ שְׁנַיִם, פְּטוּרִין. לֹא יָכֹל אֶחָד לִנְעוֹל וְנָעֲלוּ שְׁנַיִם, חַיָּבִין. וְרַבִּי שִׁמְעוֹן פּוֹטֵר.

ז יָשַׁב הָאֶחָד עַל הַפֶּתַח וְלֹא מִלְאָהוּ, יָשַׁב הַשֵּׁנִי וּמִלְאָהוּ - הַשֵּׁנִי חַיָּב. יָשַׁב הָרִאשׁוֹן עַל הַפֶּתַח וּמִלְאָהוּ, וּבָא הַשֵּׁנִי וְיָשַׁב בְּצִדּוֹ, אַף עַל פִּי שֶׁעָמַד הָרִאשׁוֹן וְהָלַךְ לוֹ - הָרִאשׁוֹן חַיָּב וְהַשֵּׁנִי פָּטוּר. הָא לְמָה זֶה דוֹמֶה? לְנוֹעֵל אֶת בֵּיתוֹ לְשָׁמְרוֹ וְנִמְצָא צְבִי שָׁמוּר בְּתוֹכוֹ.

פרק ארבעה עשר

א שְׁמוֹנָה שְׁרָצִים הָאֲמוּרִים בַּתּוֹרָה, הַצָּדָן וְהַחוֹבֵל בָּהֶן - חַיָּב; וּשְׁאָר שְׁקָצִים וּרְמָשִׂים, הַחוֹבֵל בָּהֶן פָּטוּר. הַצָּדָן לְצֹרֶךְ, חַיָּב, שֶׁלֹּא לְצֹרֶךְ, פָּטוּר. חַיָּה וָעוֹף שֶׁבִּרְשׁוּתוֹ, הַצָּדָן - פָּטוּר; וְהַחוֹבֵל בָּהֶן, חַיָּב.

ב אֵין עוֹשִׂין הִילְמֵי בַּשַּׁבָּת, אֲבָל עוֹשֶׂה הוּא אֶת מֵי הַמֶּלַח וְטוֹבֵל בָּהֶן פִּתּוֹ וְנוֹתֵן לְתוֹךְ הַתַּבְשִׁיל. אָמַר רַבִּי יוֹסֵי: וַהֲלֹא הוּא הִילְמֵי, בֵּין מְרֻבֶּה וּבֵין מֻעָט? וְאֵלּוּ הֵן מֵי מֶלַח הַמֻּתָּרִין? נוֹתֵן שֶׁמֶן בַּתְּחִלָּה לְתוֹךְ הַמַּיִם אוֹ לְתוֹךְ הַמֶּלַח.

ג אֵין אוֹכְלִין אֵזוֹבְיוֹן בַּשַּׁבָּת, לְפִי שֶׁאֵינוֹ מַאֲכַל בְּרִיאִים, אֲבָל אוֹכֵל הוּא אֶת יוֹעֶזֶר וְשׁוֹתֶה אַבּוּב רוֹעֶה. כָּל הָאֳכָלִין אוֹכֵל אָדָם לִרְפוּאָה, וְכָל הַמַּשְׁקִין הוּא שׁוֹתֶה, חוּץ מִמֵּי דְקָלִים וְכוֹס עִקָּרִים, מִפְּנֵי שֶׁהֵן לִירוֹקָה; אֲבָל שׁוֹתֶה הוּא מֵי דְקָלִים לִצְמָאוֹ, וְסָךְ שֶׁמֶן עִקָּרִין שֶׁלֹּא לִרְפוּאָה.

ד הַחוֹשֵׁשׁ בְּשִׁנָּיו, לֹא יְגַמַּע בָּהֶן אֶת הַחֹמֶץ; אֲבָל מְטַבֵּל הוּא כְּדַרְכּוֹ, וְאִם נִתְרַפֵּא – נִתְרַפֵּא. הַחוֹשֵׁשׁ בְּמָתְנָיו, לֹא יָסוּךְ יַיִן וְחֹמֶץ; אֲבָל סָךְ הוּא אֶת הַשֶּׁמֶן, וְלֹא שֶׁמֶן וֶרֶד. בְּנֵי מְלָכִים סָכִין שֶׁמֶן וֶרֶד עַל מַכּוֹתֵיהֶן, שֶׁכֵּן דַּרְכָּם לָסוּךְ בַּחֹל. רַבִּי שִׁמְעוֹן אוֹמֵר: כָּל יִשְׂרָאֵל בְּנֵי מְלָכִים הֵם.

פרק חמישה עשר

א אֵלּוּ קְשָׁרִין שֶׁחַיָּבִין עֲלֵיהֶן? קֶשֶׁר הַגַּמָּלִין וְקֶשֶׁר הַסַּפָּנִין. וּכְשֵׁם שֶׁהוּא חַיָּב עַל קִשּׁוּרָן, כָּךְ הוּא חַיָּב עַל הֶתֵּרָן. רַבִּי מֵאִיר אוֹמֵר: כָּל קֶשֶׁר שֶׁהוּא יָכוֹל לְהַתִּירוֹ בְּאַחַת מִיָּדָיו, אֵין חַיָּבִין עָלָיו.

ב יֵשׁ לְךָ קְשָׁרִים, שֶׁאֵין חַיָּבִין עֲלֵיהֶן כְּקֶשֶׁר הַגַּמָּלִין וּכְקֶשֶׁר הַסַּפָּנִין. קוֹשֶׁרֶת אִשָּׁה מִפְתַּח חֲלוּקָהּ, וְחוּטֵי סְבָכָה וְשֶׁל פְּסִיקְיָא, וּרְצוּעוֹת מִנְעָל וְסַנְדָּל, וְנוֹדוֹת יַיִן וָשֶׁמֶן, וּקְדֵרָה שֶׁל בָּשָׂר. רַבִּי אֱלִיעֶזֶר בֶּן יַעֲקֹב אוֹמֵר: קוֹשְׁרִין לִפְנֵי הַבְּהֵמָה בִּשְׁבִיל שֶׁלֹּא תֵצֵא. קוֹשְׁרִין דְּלִי בִּפְסִיקְיָא, אֲבָל לֹא בְחֶבֶל; רַבִּי יְהוּדָה מַתִּיר. כְּלָל אָמַר רַבִּי יְהוּדָה: כָּל קֶשֶׁר שֶׁאֵינוֹ שֶׁל קַיָּמָא, אֵין חַיָּבִין עָלָיו.

ג מְקַפְּלִין אֶת הַכֵּלִים אֲפִלּוּ אַרְבָּעָה וַחֲמִשָּׁה פְעָמִים, וּמַצִּיעִין אֶת הַמִּטּוֹת מִלֵּילֵי שַׁבָּת לַשַּׁבָּת, אֲבָל לֹא מִשַּׁבָּת לְמוֹצָאֵי שַׁבָּת. רַבִּי יִשְׁמָעֵאל אוֹמֵר: מְקַפְּלִין אֶת הַכֵּלִים וּמַצִּיעִין אֶת הַמִּטּוֹת מִיּוֹם הַכִּפּוּרִים לַשַּׁבָּת, וְחֶלְבֵי שַׁבָּת קְרֵבִין בְּיוֹם הַכִּפּוּרִים. רַבִּי עֲקִיבָא אוֹמֵר: לֹא שֶׁל שַׁבָּת קְרֵבִין בְּיוֹם הַכִּפּוּרִים, וְלֹא שֶׁל יוֹם הַכִּפּוּרִים קְרֵבִין בַּשַּׁבָּת.

פרק שישה עשר

א כָּל כִּתְבֵי הַקֹּדֶשׁ מַצִּילִין אוֹתָן מִפְּנֵי הַדְּלֵקָה, בֵּין שֶׁקּוֹרִין בָּהֶן וּבֵין שֶׁאֵין קוֹרִין בָּהֶן. וְאַף עַל פִּי שֶׁכְּתוּבִים בְּכָל לָשׁוֹן, טְעוּנִים גְּנִיזָה. וּמִפְּנֵי מָה אֵין קוֹרִין בָּהֶם? מִפְּנֵי בִטּוּל בֵּית הַמִּדְרָשׁ. מַצִּילִין תִּיק הַסֵּפֶר עִם הַסֵּפֶר, וְתִיק הַתְּפִלִּין עִם הַתְּפִלִּין, וְאַף עַל פִּי שֶׁיֵּשׁ בְּתוֹכָן מָעוֹת. וּלְהֵיכָן מַצִּילִין אוֹתָן? לְמָבוֹי שֶׁאֵינוֹ מְפֻלָּשׁ. בֶּן בְּתֵירָא אוֹמֵר: אַף לִמְפֻלָּשׁ.

ב מַצִּילִין מְזוֹן שָׁלֹשׁ סְעוּדוֹת; הָרָאוּי לָאָדָם לָאָדָם, הָרָאוּי לַבְּהֵמָה לַבְּהֵמָה. כֵּיצַד? נָפְלָה דְלֵקָה בְּלֵילֵי שַׁבָּת, מַצִּילִין מְזוֹן שָׁלֹשׁ סְעוּדוֹת; בַּשַּׁחֲרִית – מַצִּילִין מְזוֹן שְׁתֵּי סְעוּדוֹת; בַּמִּנְחָה – מְזוֹן סְעוּדָה אַחַת. רַבִּי יוֹסֵי אוֹמֵר: לְעוֹלָם מַצִּילִין מְזוֹן שָׁלֹשׁ סְעוּדוֹת.

ג מַצִּילִין סַל מָלֵא כִכָּרוֹת, וְאַף עַל פִּי שֶׁיֵּשׁ בּוֹ מֵאָה סְעוּדוֹת, וְעִגּוּל שֶׁלְּדְבֵלָה וְחָבִית שֶׁלַּיַּיִן. וְאוֹמֵר לַאֲחֵרִים: בּוֹאוּ וְהַצִּילוּ לָכֶם. וְאִם הָיוּ פִקְחִין, עוֹשִׂין עִמּוֹ חֶשְׁבּוֹן אַחַר הַשַּׁבָּת. לְהֵיכָן מַצִּילִין אוֹתָן? לְחָצֵר הַמְעֹרֶבֶת. בֶּן בְּתֵירָא אוֹמֵר: אַף לְשֶׁאֵינָהּ מְעֹרֶבֶת.

ד וּלְשָׁם הוּא מוֹצִיא כָל כְּלֵי תַשְׁמִישׁוֹ, וְלוֹבֵשׁ כָּל מַה שֶּׁיָּכוֹל לִלְבּוֹשׁ, וְעוֹטֵף כָּל מַה שֶּׁיָּכוֹל לַעֲטוֹף. רַבִּי יוֹסֵי אוֹמֵר: שְׁמוֹנָה עָשָׂר כֵּלִים. וְחוֹזֵר וְלוֹבֵשׁ וּמוֹצִיא, וְאוֹמֵר לַאֲחֵרִים: בּוֹאוּ וְהַצִּילוּ עִמִּי.

ה רַבִּי שִׁמְעוֹן בֶּן נַנָּס אוֹמֵר: פּוֹרְסִין עוֹר שֶׁלִּגְּדִי עַל גַּבֵּי שִׁדָּה תֵּיבָה וּמִגְדָּל, שֶׁאָחַז בָּהֶן אֶת הָאוּר, מִפְּנֵי שֶׁהוּא מְחָרֵךְ. וְעוֹשִׂין מְחִצָּה בְּכָל הַכֵּלִים, בֵּין מְלֵאִים בֵּין רֵיקָנִים, בִּשְׁבִיל שֶׁלֹּא תַעֲבֹר הַדְּלֵקָה. רַבִּי יוֹסֵי אוֹסֵר בִּכְלֵי חֶרֶשׂ חֲדָשִׁים מְלֵאִין מַיִם, לְפִי שֶׁאֵין יְכוֹלִין לְקַבֵּל אֶת הָאוּר, וְהֵן מִתְבַּקְּעִין וּמְכַבִּין אֶת הַדְּלֵקָה.

ו נָכְרִי שֶׁבָּא לְכַבּוֹת, אֵין אוֹמְרִים לוֹ: 'כַּבֵּה' וְ'אַל תְּכַבֶּה', מִפְּנֵי שֶׁאֵין שְׁבִיתָתוֹ עֲלֵיהֶן; אֲבָל קָטָן שֶׁבָּא לְכַבּוֹת, אֵין שׁוֹמְעִין לוֹ, מִפְּנֵי שֶׁשְּׁבִיתָתוֹ עֲלֵיהֶן.

ז כּוֹפִין קְעָרָה עַל גַּבֵּי הַנֵּר בִּשְׁבִיל שֶׁלֹּא תֶאֱחֹז בַּקּוֹרָה, וְעַל צוֹאָה שֶׁלְּקָטָן, וְעַל עַקְרָב שֶׁלֹּא תִשָּׁךְ. אָמַר רַבִּי יְהוּדָה: מַעֲשֶׂה בָא לִפְנֵי רַבָּן יוֹחָנָן בֶּן זַכַּאי בַּעֲרָב, וְאָמַר: חוֹשְׁשָׁנִי לוֹ מֵחַטָּאת.

ח נָכְרִי שֶׁהִדְלִיק אֶת הַנֵּר, מִשְׁתַּמֵּשׁ לְאוֹרוֹ יִשְׂרָאֵל; וְאִם בִּשְׁבִיל יִשְׂרָאֵל – אָסוּר. מִלֵּא מַיִם לְהַשְׁקוֹת בְּהֶמְתּוֹ, מַשְׁקֶה אַחֲרָיו יִשְׂרָאֵל; וְאִם בִּשְׁבִיל יִשְׂרָאֵל – אָסוּר. עָשָׂה גוֹי כֶּבֶשׁ לֵירֵד בּוֹ, יוֹרֵד אַחֲרָיו יִשְׂרָאֵל; וְאִם בִּשְׁבִיל יִשְׂרָאֵל – אָסוּר. מַעֲשֶׂה בְּרַבָּן גַּמְלִיאֵל וּזְקֵנִים, שֶׁהָיוּ בָאִין בִּסְפִינָה, וְעָשָׂה גוֹי כֶּבֶשׁ לֵירֵד בּוֹ, וְיָרְדוּ בוֹ רַבָּן גַּמְלִיאֵל וְהַזְּקֵנִים.

## פרק שבעה עשר

א כָּל הַכֵּלִים נִטָּלִין בַּשַּׁבָּת וְדַלְתוֹתֵיהֶן עִמָּהֶן, אַף עַל פִּי שֶׁנִּתְפָּרְקוּ בַּשַּׁבָּת; שֶׁאֵינָן דּוֹמִין לְדַלְתוֹת הַבַּיִת, לְפִי שֶׁאֵינָן מִן הַמּוּכָן.

ב נוֹטֵל אָדָם קֻרְנָס לְפַצֵּעַ בּוֹ אֶת הָאֱגוֹזִים, וְקֻרְדֹּם לַחְתּוֹךְ אֶת הַדְּבֵלָה, מְגֵרָה לָגְרוֹר בָּהּ אֶת הַגְּבִינָה, מַגְרֵפָה לִגְרוֹף בָּהּ אֶת הַגְּרוֹגְרוֹת. אֶת הָרַחַת וְאֶת הַמַּזְלֵג לָתֵת עָלָיו לַקָּטָן, אֶת הַכּוּשׁ וְאֶת הַכַּרְכָּר לִתְחוֹב בּוֹ. מַחַט שֶׁל יָד לִטּוֹל בּוֹ אֶת הַקּוֹץ, וְשֶׁל סַקָּאִים לִפְתּוֹחַ בּוֹ אֶת הַדֶּלֶת.

ג קָנֶה שֶׁל זֵיתִים, אִם יֵשׁ קֶשֶׁר בְּרֹאשׁוֹ, מְקַבֵּל טֻמְאָה; וְאִם לָאו, אֵין מְקַבֵּל טֻמְאָה. בֵּין כָּךְ וּבֵין כָּךְ, נִטָּל בַּשַּׁבָּת.

ד רַבִּי יוֹסֵי אוֹמֵר: כָּל הַכֵּלִים נִטָּלִין, חוּץ מִן הַמַּסָּר הַגָּדוֹל וְיָתֵד שֶׁל מַחֲרֵשָׁה. כָּל הַכֵּלִים נִטָּלִין לְצֹרֶךְ וְשֶׁלֹּא לְצֹרֶךְ. רַבִּי נְחֶמְיָה אוֹמֵר: אֵין נִטָּלִין אֶלָּא לְצֹרֶךְ.

ה כָּל הַכֵּלִים הַנִּטָּלִין בַּשַּׁבָּת, שִׁבְרֵיהֶן נִטָּלִין עִמָּהֶן, וּבִלְבַד שֶׁיִּהְיוּ עוֹשִׂין מֵעֵין מְלָאכָה: שִׁבְרֵי עֲרֵבָה לְכַסּוֹת בָּהֶן אֶת פִּי הֶחָבִית, שִׁבְרֵי זְכוּכִית לְכַסּוֹת בָּהֶן אֶת פִּי הַפַּךְ. רַבִּי יְהוּדָה אוֹמֵר: וּבִלְבַד שֶׁיִּהְיוּ עוֹשִׂין מֵעֵין מְלַאכְתָּן: שִׁבְרֵי עֲרֵבָה לָצוּק לְתוֹכָן מִקְפָּה, וְשֶׁל זְכוּכִית לָצוּק לְתוֹכָן שֶׁמֶן.

ו הָאֶבֶן שֶׁבַּקֵּרוּיָה, אִם מְמַלְּאִין בָּהּ וְאֵינָהּ נוֹפֶלֶת, מְמַלְּאִין בָּהּ; וְאִם לָאו, אֵין מְמַלְּאִין בָּהּ. זְמוֹרָה שֶׁהִיא קְשׁוּרָה בַּטְּפִיחַ, מְמַלְּאִין בָּהּ בַּשַּׁבָּת.

ז פְּקַק הַחַלּוֹן – רַבִּי אֱלִיעֶזֶר אוֹמֵר: בִּזְמַן שֶׁהוּא קָשׁוּר וְתָלוּי, פּוֹקְקִין בּוֹ; וְאִם לָאו, אֵין פּוֹקְקִין בּוֹ. וַחֲכָמִים אוֹמְרִים: בֵּין כָּךְ וּבֵין כָּךְ, פּוֹקְקִין בּוֹ.

ח כָּל כִּסּוּיֵי הַכֵּלִים שֶׁיֵּשׁ לָהֶם בֵּית אֲחִיזָה, נִטָּלִים בַּשַּׁבָּת. אָמַר רַבִּי יוֹסֵי: בַּמֶּה דְבָרִים אֲמוּרִים? בְּכִסּוּיֵי הַקַּרְקָעוֹת; אֲבָל בְּכִסּוּיֵי הַכֵּלִים, בֵּין כָּךְ וּבֵין כָּךְ, נִטָּלִים בַּשַּׁבָּת.

## פרק שמונה עשר

א מְפַנִּין אֲפִלּוּ אַרְבַּע וְחָמֵשׁ קֻפּוֹת שֶׁל תֶּבֶן וְשֶׁל תְּבוּאָה, מִפְּנֵי הָאוֹרְחִים וּמִפְּנֵי בִּטּוּל בֵּית הַמִּדְרָשׁ, אֲבָל לֹא אֶת הָאוֹצָר. מְפַנִּין תְּרוּמָה טְהוֹרָה, וּדְמַאי, וּמַעֲשֵׂר רִאשׁוֹן שֶׁנִּטְּלָה תְרוּמָתוֹ, וּמַעֲשֵׂר שֵׁנִי וְהֶקְדֵּשׁ שֶׁנִּפְדּוּ, וְהַתֻּרְמוֹס הַיָּבֵשׁ, מִפְּנֵי שֶׁהוּא מַאֲכָל לַעֲנִיִּים; אֲבָל לֹא אֶת הַטֶּבֶל, וְלֹא

מַעֲשֵׂר רִאשׁוֹן שֶׁלֹּא נִטְּלָה תְרוּמָתוֹ וְלֹא אֶת מַעֲשֵׂר שֵׁנִי וְהֶקְדֵּשׁ שֶׁלֹּא נִפְדּוּ, וְלֹא אֶת הַלּוּף, וְלֹא אֶת הַחַרְדָּל. רַבָּן שִׁמְעוֹן בֶּן גַּמְלִיאֵל מַתִּיר בַּלּוּף, מִפְּנֵי שֶׁהוּא מַאֲכַל עוֹרְבִין.

ב חֲבִילֵי קַשׁ וַחֲבִילֵי עֵצִים וַחֲבִילֵי זְרָדִים, אִם הִתְקִינָן לְמַאֲכַל בְּהֵמָה, מְטַלְטְלִין אוֹתָן; וְאִם לָאו, אֵין מְטַלְטְלִין אוֹתָן. כּוֹפִין אֶת הַסַּל לִפְנֵי הָאֶפְרוֹחִים, כְּדֵי שֶׁיַּעֲלוּ וְיֵרְדוּ. תַּרְנְגֹלֶת שֶׁבָּרְחָה, דּוֹחִין אוֹתָהּ עַד שֶׁתִּכָּנֵס. מְדַדִּין עֲגָלִין וּסְיָחִין בִּרְשׁוּת הָרַבִּים. וְהָאִשָּׁה מְדַדָּה אֶת בְּנָהּ. אָמַר רַבִּי יְהוּדָה: אֵימָתַי? בִּזְמַן שֶׁהוּא נוֹטֵל אַחַת וּמַנִּיחַ אַחַת; אֲבָל אִם הָיָה גוֹרֵר – אָסוּר.

ג אֵין מְיַלְּדִין אֶת הַבְּהֵמָה בְּיוֹם טוֹב, אֲבָל מְסַעֲדִין. וּמְיַלְּדִין אֶת הָאִשָּׁה בַּשַּׁבָּת, וְקוֹרִין לָהּ חֲכָמָה מִמָּקוֹם לְמָקוֹם, וּמְחַלְּלִין עָלֶיהָ אֶת הַשַּׁבָּת, וְקוֹשְׁרִין אֶת הַטַּבּוּר. רַבִּי יוֹסֵי אוֹמֵר: אַף חוֹתְכִין. וְכָל צָרְכֵי מִילָה עוֹשִׂין בַּשַּׁבָּת.

פרק תשעה עשר

א רַבִּי אֱלִיעֶזֶר אוֹמֵר: אִם לֹא הֵבִיא כְלִי מֵעֶרֶב שַׁבָּת, מְבִיאוֹ בַשַּׁבָּת מְגֻלֶּה; וּבַסַּכָּנָה, מְכַסֵּהוּ עַל פִּי עֵדִים. וְעוֹד אָמַר רַבִּי אֱלִיעֶזֶר: כּוֹרְתִין עֵצִים לַעֲשׂוֹת פֶּחָמִין וְלַעֲשׂוֹת כְּלִי בַרְזֶל. כְּלָל אָמַר רַבִּי עֲקִיבָא: כָּל מְלָאכָה שֶׁאֶפְשָׁר לַעֲשׂוֹתָהּ מֵעֶרֶב שַׁבָּת, אֵינָהּ דּוֹחָה אֶת הַשַּׁבָּת, וְשֶׁאִי אֶפְשָׁר לַעֲשׂוֹתָהּ מֵעֶרֶב שַׁבָּת, דּוֹחָה אֶת הַשַּׁבָּת.

ב עוֹשִׂין כָּל צָרְכֵי מִילָה בַּשַּׁבָּת: מוֹהֲלִין, וּפוֹרְעִין, וּמוֹצְצִין, וְנוֹתְנִין עָלֶיהָ אִסְפְּלָנִית וְכַמּוֹן. אִם לֹא שָׁחַק מֵעֶרֶב שַׁבָּת, לוֹעֵס בְּשִׁנָּיו וְנוֹתֵן. אִם לֹא טָרַף יַיִן וָשֶׁמֶן מֵעֶרֶב שַׁבָּת, יִנָּתֵן זֶה בְעַצְמוֹ וְזֶה בְעַצְמוֹ. וְאֵין עוֹשִׂין לָהּ חָלוּק לְכַתְּחִלָּה, אֲבָל כּוֹרֵךְ עָלֶיהָ סְמַרְטוּט. אִם לֹא הִתְקִין מֵעֶרֶב שַׁבָּת, כּוֹרֵךְ עַל אֶצְבָּעוֹ וּמֵבִיא, וַאֲפִלּוּ מֵחָצֵר אַחֶרֶת.

ג מַרְחִיצִין אֶת הַקָּטָן, בֵּין לִפְנֵי הַמִּילָה וּבֵין לְאַחַר הַמִּילָה, וּמְזַלְּפִין עָלָיו בַּיָּד, אֲבָל לֹא בִכְלִי. רַבִּי אֶלְעָזָר בֶּן עֲזַרְיָה אוֹמֵר: מַרְחִיצִין אֶת הַקָּטָן בַּיּוֹם הַשְּׁלִישִׁי שֶׁחָל לִהְיוֹת בַּשַּׁבָּת, שֶׁנֶּאֱמַר: וַיְהִי בַיּוֹם הַשְּׁלִישִׁי בִּהְיוֹתָם כֹּאֲבִים. סָפֵק וְאַנְדְּרוֹגִינוֹס אֵין מְחַלְּלִין עָלָיו אֶת הַשַּׁבָּת; וְרַבִּי יְהוּדָה מַתִּיר בְּאַנְדְּרוֹגִינוֹס.

ד מִי שֶׁהָיוּ לוֹ שְׁנֵי תִינוֹקוֹת, אֶחָד לָמוּל אַחַר הַשַּׁבָּת וְאֶחָד לָמוּל בַּשַּׁבָּת,
וְשָׁכַח וּמָל אֶת שֶׁלְּאַחַר הַשַּׁבָּת בַּשַּׁבָּת - חַיָּב; אֶחָד לָמוּל בְּעֶרֶב שַׁבָּת
וְאֶחָד לָמוּל בַּשַּׁבָּת, וְשָׁכַח וּמָל אֶת שֶׁלְּעֶרֶב שַׁבָּת בַּשַּׁבָּת - רַבִּי אֱלִיעֶזֶר
מְחַיֵּב חַטָּאת, וְרַבִּי יְהוֹשֻׁעַ פּוֹטֵר.

ה קָטָן נִמּוֹל לִשְׁמוֹנָה, לְתִשְׁעָה, וְלַעֲשָׂרָה, וּלְאַחַד עָשָׂר, וְלִשְׁנֵים עָשָׂר - לֹא
פָחוּת וְלֹא יוֹתֵר. הָא כֵיצַד? כְּדַרְכּוֹ, לִשְׁמוֹנָה; נוֹלַד לְבֵין הַשְּׁמָשׁוֹת, נִמּוֹל
לְתִשְׁעָה; בֵּין הַשְּׁמָשׁוֹת שֶׁלְּעֶרֶב שַׁבָּת, נִמּוֹל לַעֲשָׂרָה; יוֹם טוֹב לְאַחַר
הַשַּׁבָּת, נִמּוֹל לְאַחַד עָשָׂר; שְׁנֵי יָמִים טוֹבִים שֶׁלְּרֹאשׁ הַשָּׁנָה, נִמּוֹל לִשְׁנֵים
עָשָׂר. קָטָן הַחוֹלֶה, אֵין מוֹהֲלִין אוֹתוֹ עַד שֶׁיַּבְרִיא.

ו אֵלּוּ הֵן צִיצִין הַמְעַכְּבִין אֶת הַמִּילָה: בָּשָׂר הַחוֹפֶה אֶת רֹב הָעֲטָרָה. וְאֵינוֹ
אוֹכֵל בַּתְּרוּמָה. וְאִם הָיָה בַעַל בָּשָׂר, מְתַקְּנוֹ מִפְּנֵי מַרְאִית הָעַיִן. מָל וְלֹא
פָרַע אֶת הַמִּילָה, כְּאִלּוּ לֹא מָל.

## פרק עשרים

א רַבִּי אֱלִיעֶזֶר אוֹמֵר: תּוֹלִין אֶת הַמְשַׁמֶּרֶת בְּיוֹם טוֹב, וְנוֹתְנִין לַתְּלוּיָה בַּשַּׁבָּת.
וַחֲכָמִים אוֹמְרִים: אֵין תּוֹלִין אֶת הַמְשַׁמֶּרֶת בְּיוֹם טוֹב, וְאֵין נוֹתְנִין לַתְּלוּיָה
בַּשַּׁבָּת, אֲבָל נוֹתְנִין לַתְּלוּיָה בְּיוֹם טוֹב.

ב נוֹתְנִין מַיִם עַל גַּבֵּי הַשְּׁמָרִים בִּשְׁבִיל שֶׁיִּצֵלוּ, וּמְסַנְּנִין אֶת הַיַּיִן בַּסּוּדָרִין
וּבִכְפִיפָה מִצְרִית, וְנוֹתְנִין בֵּיצָה בְּמְסַנֶּנֶת שֶׁלְּחַרְדָּל, וְעוֹשִׂין אֲנוּמְלִין בַּשַּׁבָּת.
רַבִּי יְהוּדָה אוֹמֵר: בַּשַּׁבָּת - בַּכּוֹס, בְּיוֹם טוֹב - בַּלָּגִין, וּבַמּוֹעֵד - בֶּחָבִית.
רַבִּי צָדוֹק אוֹמֵר: הַכֹּל לְפִי הָאוֹרְחִין.

ג אֵין שׁוֹרִין אֶת הַחִלְתִּית בְּפוֹשְׁרִין, אֲבָל נוֹתֵן לְתוֹךְ הַחֹמֶץ, וְאֵין שׁוֹרִין אֶת
הַכַּרְשִׁינִין וְלֹא שָׁפִין אוֹתָן, אֲבָל נוֹתֵן לְתוֹךְ הַכְּבָרָה אוֹ לְתוֹךְ הַכַּלְכָּלָה. אֵין
כּוֹבְרִין אֶת הַתֶּבֶן בַּכְּבָרָה, וְלֹא יִתְּנֶנּוּ עַל גַּבֵּי מָקוֹם גָּבוֹהַּ בִּשְׁבִיל שֶׁיֵּרֵד
הַמּוֹץ, אֲבָל נוֹטֵל הוּא בַכְּבָרָה וְנוֹתֵן לְתוֹךְ הָאֵבוּס.

ד גּוֹרְפִין מִלִּפְנֵי הַפְּטָם, וּמְסַלְּקִין לַצְּדָדִין מִפְּנֵי הָרְעִי; דִּבְרֵי רַבִּי דוֹסָא. וַחֲכָמִים
אוֹסְרִין. נוֹטְלִין מִלִּפְנֵי בְהֵמָה זוֹ וְנוֹתְנִין לִפְנֵי בְהֵמָה זוֹ בַּשַּׁבָּת.

ה הַקַּשׁ שֶׁעַל גַּבֵּי הַמִּטָּה לֹא יְנַעְנְעוֹ בְּיָדוֹ, אֶלָּא מְנַעְנְעוֹ בְּגוּפוֹ; וְאִם הָיָה
מַאֲכַל בְּהֵמָה, אוֹ שֶׁהָיָה עָלָיו כַּר אוֹ סָדִין - מְנַעְנְעוֹ בְיָדוֹ. מַכְבֵּשׁ שֶׁלְּבַעֲלֵי
בָתִּים מַתִּירִין, אֲבָל לֹא כוֹבְשִׁין; וְשֶׁלַּכּוֹבְסִין, לֹא יִגַּע בּוֹ. רַבִּי יְהוּדָה אוֹמֵר:
אִם הָיָה מֻתָּר מֵעֶרֶב שַׁבָּת, מַתִּיר אֶת כֻּלּוֹ וְשׁוֹמְטוֹ.

## פרק עשרים ואחד

א נוֹטֵל אָדָם אֶת בְּנוֹ וְהָאֶבֶן בְּיָדוֹ, וְכַלְכָּלָה וְהָאֶבֶן בְּתוֹכָהּ. וּמְטַלְטְלִין תְּרוּמָה
טְמֵאָה עִם הַטְּהוֹרָה וְעִם הַחֻלִּין. רַבִּי יְהוּדָה אוֹמֵר: אַף מַעֲלִין אֶת הַמְדֻמָּע
בְּאֶחָד וּמֵאָה.
ב הָאֶבֶן שֶׁעַל פִּי הֶחָבִית, מַטָּהּ עַל צִדָּהּ וְהִיא נוֹפֶלֶת. הָיְתָה בֵּין הֶחָבִיּוֹת,
מַגְבִּיהָהּ וּמַטָּהּ עַל צִדָּהּ וְהִיא נוֹפֶלֶת. מָעוֹת שֶׁעַל הַכַּר, נוֹעֵר אֶת הַכַּר וְהֵן
נוֹפְלוֹת. הָיְתָה עָלָיו לִשְׁלֶשֶׁת, מְקַנְּחָהּ בִּסְמַרְטוּט. הָיְתָה שֶׁלָּעוֹר, נוֹתְנִין
עָלֶיהָ מַיִם עַד שֶׁתִּכְלֶה.
ג בֵּית שַׁמַּאי אוֹמְרִים: מַגְבִּיהִין מִן הַשֻּׁלְחָן עֲצָמוֹת וּקְלִפִּין. וּבֵית הִלֵּל
אוֹמְרִים: נוֹטֵל אֶת הַטַּבְלָה כֻּלָּהּ וּמְנַעֲרָהּ. מַעֲבִירִין מִלִּפְנֵי הַשֻּׁלְחָן פֵּרוּרִין
פָּחוֹת מִכַּזַּיִת, וְשֵׂעָר שֶׁלָּאֲפוּנִין וְשֵׂעָר שֶׁלָּעֲדָשִׁים, מִפְּנֵי שֶׁהוּא מַאֲכַל
בְּהֵמָה. סְפוֹג, אִם יֵשׁ לוֹ בֵּית אֲחִיזָה, מְקַנְּחִין בּוֹ; וְאִם לָאו, אֵין מְקַנְּחִין
בּוֹ. וַחֲכָמִים אוֹמְרִים: בֵּין כָּךְ וּבֵין כָּךְ, נִטָּל בַּשַּׁבָּת, וְאֵינוֹ מְקַבֵּל טֻמְאָה.

## פרק עשרים ושנים

א חָבִית שֶׁנִּשְׁבְּרָה, מַצִּילִין הֵימֶנָּה מְזוֹן שָׁלֹשׁ סְעוּדוֹת. וְאוֹמֵר לַאֲחֵרִים:
בּוֹאוּ וְהַצִּילוּ לָכֶם, וּבִלְבַד שֶׁלֹּא יְסַפֵּג. אֵין סוֹחֲטִין אֶת הַפֵּרוֹת לְהוֹצִיא
מֵהֶן מַשְׁקִין; וְאִם יָצְאוּ מֵעַצְמָן, אֲסוּרִין. רַבִּי יְהוּדָה אוֹמֵר: אִם לָאֳכָלִין -
הַיּוֹצֵא מֵהֶן מֻתָּר, וְאִם לַמַּשְׁקִין - הַיּוֹצֵא מֵהֶן אָסוּר. חַלּוֹת דְּבַשׁ שֶׁרִסְּקָן
מֵעֶרֶב שַׁבָּת וְיָצְאוּ מֵעַצְמָן, אֲסוּרִים; וְרַבִּי אֶלְעָזָר מַתִּיר.
ב כָּל שֶׁבָּא בַחַמִּין מֵעֶרֶב שַׁבָּת, שׁוֹרִין אוֹתוֹ בַחַמִּין בַּשַּׁבָּת; וְכָל שֶׁלֹּא בָא
בַחַמִּין מֵעֶרֶב שַׁבָּת, מְדִיחִין אוֹתוֹ בַחַמִּין בַּשַּׁבָּת - חוּץ מִן הַמָּלִיחַ הַיָּשָׁן
וְדָגִים מְלוּחִים קְטַנִּים וְקוּלְיָס הָאִסְפָּנִין, שֶׁהֲדָחָתָן זוֹ הִיא גְּמַר מְלַאכְתָּן.

ג שׁוֹבֵר אָדָם אֶת הֶחָבִית לֶאֱכוֹל הֵימֶנָּה גְרוֹגְרוֹת, וּבִלְבַד שֶׁלֹּא יִתְכַּוֵּן לַעֲשׂוֹת כֶּלִי. וְאֵין נוֹקְבִים מְגוּפָה שֶׁלֶּחָבִית; דִּבְרֵי רַבִּי יְהוּדָה. וַחֲכָמִים מַתִּירִין. וְלֹא יִקְבֶנָּה מִצִּדָּהּ; וְאִם הָיְתָה נְקוּבָה, לֹא יִתֵּן עָלֶיהָ שַׁעֲוָה, מִפְּנֵי שֶׁהוּא מְמָרֵחַ. אָמַר רַבִּי יְהוּדָה: מַעֲשֶׂה בָא לִפְנֵי רַבָּן יוֹחָנָן בֶּן זַכַּאי בַּעֲרָב, וְאָמַר: חוֹשְׁשַׁנִי לוֹ מֵחַטָּאת.

ד נוֹתְנִין תַּבְשִׁיל לְתוֹךְ הַבּוֹר בִּשְׁבִיל שֶׁיְּהֵא שָׁמוּר, וְאֶת הַמַּיִם הַיָּפִים בָּרָעִים בִּשְׁבִיל שֶׁיֵּצֵּנּוּ, וְאֶת הַצּוֹנֵן בַּחַמָּה בִּשְׁבִיל שֶׁיֵּחַמּוּ. מִי שֶׁנָּשְׁרוּ כֵלָיו בַּדֶּרֶךְ בַּמַּיִם, מְהַלֵּךְ בָּהֶן וְאֵינוֹ חוֹשֵׁשׁ. הִגִּיעַ לֶחָצֵר הַחִיצוֹנָה, שׁוֹטְחָן בַּחַמָּה, אֲבָל לֹא כְנֶגֶד הָעָם.

ה הָרוֹחֵץ בְּמֵי מְעָרָה וּבְמֵי טְבֶרְיָא וְנִסְתַּפֵּג, אֲפִלּוּ בְעֶשֶׂר אֲלֻנְטִיאוֹת, לֹא יְבִיאֵם בְּיָדוֹ; אֲבָל עֲשָׂרָה בְנֵי אָדָם מִסְתַּפְּגִין בַּאֲלֻנְטִית אַחַת פְּנֵיהֶם יְדֵיהֶם וְרַגְלֵיהֶם, וּמְבִיאִין אוֹתָהּ בְּיָדָן.

ו סָכִין וּמְמַשְׁמְשִׁין בִּבְנֵי מֵעַיִם, אֲבָל לֹא מִתְעַמְּלִין וְלֹא מִתְגָּרְדִין. אֵין יוֹרְדִין לְקוֹרְדִימָה, וְאֵין עוֹשִׂין אַפִּקְטְוִיזִין, וְאֵין מְעַצְּבִין אֶת הַקָּטָן, וְאֵין מַחֲזִירִין אֶת הַשֶּׁבֶר. מִי שֶׁנִּפְרְקָה יָדוֹ וְרַגְלוֹ, לֹא יִטְרְפֵם בְּצוֹנֵן; אֲבָל רוֹחֵץ הוּא כְדַרְכּוֹ, וְאִם נִתְרַפָּא – נִתְרַפָּא.

פרק עשרים ושלושה

א שׁוֹאֵל אָדָם מֵחֲבֵרוֹ כַּדֵּי יַיִן וְכַדֵּי שֶׁמֶן, וּבִלְבַד שֶׁלֹּא יֹאמַר לוֹ: הַלְוֵנִי, וְכֵן הָאִשָּׁה מֵחֲבֶרְתָּהּ כִּכָּרוֹת. וְאִם אֵינוֹ מַאֲמִינוֹ, מַנִּיחַ טַלִּיתוֹ אֶצְלוֹ וְעוֹשֶׂה עִמּוֹ חֶשְׁבּוֹן לְאַחַר הַשַּׁבָּת. וְכֵן עֶרֶב פֶּסַח בִּירוּשָׁלַיִם שֶׁחָל לִהְיוֹת בַּשַּׁבָּת: מַנִּיחַ טַלִּיתוֹ אֶצְלוֹ וְנוֹטֵל אֶת פִּסְחוֹ וְעוֹשֶׂה עִמּוֹ חֶשְׁבּוֹן לְאַחַר יוֹם טוֹב.

ב מוֹנֶה אָדָם אֶת אוֹרְחָיו וְאֶת פַּרְפְּרוֹתָיו מִפִּיו, אֲבָל לֹא מִן הַכְּתָב. וּמֵפִיס עִם בָּנָיו וְעִם בְּנֵי בֵיתוֹ עַל הַשֻּׁלְחָן, וּבִלְבַד שֶׁלֹּא יִתְכַּוֵּן לַעֲשׂוֹת מָנָה גְדוֹלָה כְּנֶגֶד קְטַנָּה, מִשּׁוּם קֻבְיָא. וּמַטִּילִין חֲלָשִׁים עַל הַקֳּדָשִׁים בְּיוֹם טוֹב, אֲבָל לֹא עַל הַמָּנוֹת.

ג לֹא יִשְׂכּוֹר אָדָם פּוֹעֲלִים בַּשַּׁבָּת, וְלֹא יֹאמַר אָדָם לַחֲבֵרוֹ לִשְׂכּוֹר לוֹ פוֹעֲלִים. אֵין מַחְשִׁיכִין עַל הַתְּחוּם לִשְׂכּוֹר פּוֹעֲלִים וּלְהָבִיא פֵרוֹת, אֲבָל מַחְשִׁיךְ הוּא לִשְׁמוֹר, וּמֵבִיא פֵרוֹת בְּיָדוֹ. כְּלָל אָמַר אַבָּא שָׁאוּל: כָּל שֶׁאֲנִי זַכַּאי בַּאֲמִירָתוֹ, רַשַּׁאי אֲנִי לְהַחְשִׁיךְ עָלָיו.

ד מַחְשִׁיכִין עַל הַתְּחוּם לְפַקֵּחַ עַל עִסְקֵי הַכַּלָּה, וְעַל עִסְקֵי הַמֵּת לְהָבִיא לוֹ אָרוֹן וְתַכְרִיכִין. גּוֹי שֶׁהֵבִיא חֲלִילִין בְּשַׁבָּת, לֹא יִסְפֹּד בָּהֶן יִשְׂרָאֵל, אֶלָּא אִם כֵּן בָּאוּ מִמָּקוֹם קָרוֹב. עָשׂוּ לוֹ אָרוֹן וְחָפְרוּ לוֹ קֶבֶר, יִקָּבֵר בּוֹ יִשְׂרָאֵל; וְאִם בִּשְׁבִיל יִשְׂרָאֵל, לֹא יִקָּבֵר בּוֹ עוֹלָמִית.

ה עוֹשִׂין כָּל צָרְכֵי הַמֵּת, סָכִין וּמְדִיחִין אוֹתוֹ, וּבִלְבַד שֶׁלֹּא יָזִיזוּ בוֹ אֵבֶר. שׁוֹמְטִין אֶת הַכַּר מִתַּחְתָּיו, וּמַטִּילִין אוֹתוֹ עַל הַחוֹל בִּשְׁבִיל שֶׁיַּמְתִּין. קוֹשְׁרִים אֶת הַלֶּחִי - לֹא שֶׁיַּעֲלֶה, אֶלָּא שֶׁלֹּא יוֹסִיף. וְכֵן קוֹרָה שֶׁנִּשְׁבְּרָה, סוֹמְכִין אוֹתָהּ בְּסַפְסָל אוֹ בַאֲרוּכוֹת הַמִּטָּה - לֹא שֶׁתַּעֲלֶה, אֶלָּא שֶׁלֹּא תוֹסִיף. אֵין מְעַמְּצִין אֶת הַמֵּת בְּשַׁבָּת, וְלֹא בַחֹל עִם יְצִיאַת נֶפֶשׁ. וְהַמְעַמֵּץ עִם יְצִיאַת נֶפֶשׁ, הֲרֵי זֶה שׁוֹפֵךְ דָּמִים.

## פרק עשרים וארבעה

א מִי שֶׁהֶחְשִׁיךְ בַּדֶּרֶךְ, נוֹתֵן כִּיסוֹ לְנָכְרִי; וְאִם אֵין עִמּוֹ נָכְרִי, מַנִּיחוֹ עַל הַחֲמוֹר. הִגִּיעַ לֶחָצֵר הַחִיצוֹנָה, נוֹטֵל אֶת הַכֵּלִים הַנִּטָּלִין בְּשַׁבָּת; וְשֶׁאֵינָן נִטָּלִין בְּשַׁבָּת - מַתִּיר אֶת הַחֲבָלִים וְהַשַּׂקִּין נוֹפְלִין מֵאֲלֵיהֶם.

ב מַתִּירִין פְּקִיעֵי עָמִיר לִפְנֵי בְהֵמָה, וּמְפַסְפְּסִים אֶת הַכִּיפִין, אֲבָל לֹא אֶת הַזִּירִין. אֵין מְרַסְּקִין לֹא אֶת הַשַּׁחַת וְלֹא אֶת הֶחָרוּבִין לִפְנֵי בְהֵמָה, בֵּין דַּקָּה בֵּין גַּסָּה; רַבִּי יְהוּדָה מַתִּיר בֶּחָרוּבִין לְדַקָּה.

ג אֵין אוֹבְסִין אֶת הַגָּמָל, וְלֹא דוֹרְסִין, אֲבָל מַלְעִיטִין. וְאֵין מַמְרִים אֶת הָעֲגָלִים, אֲבָל מַלְעִיטִין. וּמְהַלְקְטִין לַתַּרְנְגוֹלִין, וְנוֹתְנִין מַיִם לַמֻּרְסָן, אֲבָל לֹא גוֹבְלִין. וְאֵין נוֹתְנִין מַיִם לִפְנֵי דְבוֹרִים וְלִפְנֵי יוֹנִים שֶׁבַּשּׁוֹבָךְ, אֲבָל נוֹתְנִין לִפְנֵי אֲוָזִין וְתַרְנְגוֹלִים וְלִפְנֵי יוֹנֵי הַרְדִּסִיּוֹת.

ד מְחַתְּכִין אֶת הַדִּלּוּעִין לִפְנֵי הַבְּהֵמָה, וְאֶת הַנְּבֵלָה לִפְנֵי הַכְּלָבִים. רַבִּי יְהוּדָה אוֹמֵר: אִם לֹא הָיְתָה נְבֵלָה מֵעֶרֶב שַׁבָּת - אֲסוּרָה, לְפִי שֶׁאֵינָהּ מִן הַמּוּכָן.

ה מְפִירִין נְדָרִין בְּשַׁבָּת, וְנִשְׁאָלִין לִדְבָרִים שֶׁהֵן לְצֹרֶךְ הַשַּׁבָּת. פּוֹקְקִין אֶת הַמָּאוֹר, וּמוֹדְדִין אֶת הַמַּטְלִית וְאֶת הַמִּקְוֶה. וּמַעֲשֶׂה בִּימֵי אָבִיו שֶׁל רַבִּי צָדוֹק וּבִימֵי אַבָּא שָׁאוּל בֶּן בָּטְנִית, שֶׁפָּקְקוּ אֶת הַמָּאוֹר בְּטָפִיחַ וְקָשְׁרוּ אֶת הַמְּקֵדָה בְּגֶמִי, לֵידַע אִם יֵשׁ בַּגִּיגִית פּוֹתֵחַ טֶפַח אִם לָאו. וּמִדִּבְרֵיהֶן לָמַדְנוּ, שֶׁפּוֹקְקִין וּמוֹדְדִין וְקוֹשְׁרִין בְּשַׁבָּת.

# זמירות לשבת

"וַיַּקְשֵׁב ה' וַיִּשְׁמָע" (מלאכי ג טז) ...כשישראל אוכלים ושותים ומברכין ומשבחין ומקלסין להקדוש ברוך הוא – מקשיב לקולם ומתרצה" (שיר השירים רבה ח, טו).

פיוט לרבי שמעון לביא
המקובלים נהגו לשוררו בקבלת שבת על קבר רשב"י במירון,
וכיום נוהגים לשיר אותו בסעודת ליל שבת.

בַּר יוֹחַאי, נִמְשַׁחְתָּ אַשְׁרֶיךָ, שֶׁמֶן שָׂשׂוֹן מֵחֲבֵרֶיךָ.

בַּר יוֹחַאי, שֶׁמֶן מִשְׁחַת קֹדֶשׁ
נִמְשַׁחְתָּ מִמִּדַּת הַקֹּדֶשׁ
נָשָׂאתָ צִיץ נֵזֶר הַקֹּדֶשׁ
חָבוּשׁ עַל רֹאשְׁךָ, פְּאֵרֶךָ
בַּר יוֹחַאי, נִמְשַׁחְתָּ אַשְׁרֶיךָ / שֶׁמֶן שָׂשׂוֹן מֵחֲבֵרֶיךָ.

בַּר יוֹחַאי, מוֹשַׁב טוֹב יָשַׁבְתָּ
יוֹם נַסְתָּ, יוֹם אֲשֶׁר בָּרַחְתָּ
בִּמְעָרַת צוּרִים שֶׁעָמַדְתָּ
שָׁם קָנִיתָ הוֹדְךָ וַהֲדָרֶךָ
בַּר יוֹחַאי, נִמְשַׁחְתָּ אַשְׁרֶיךָ / שֶׁמֶן שָׂשׂוֹן מֵחֲבֵרֶיךָ.

בַּר יוֹחַאי, עֲצֵי שִׁטִּים עוֹמְדִים
לִמּוּדֵי יְהֹוָה הֵם לוֹמְדִים
אוֹר מֻפְלָא, אוֹר הַיְקוֹד הֵם יוֹקְדִים
הֲלֹא הֵמָּה יוֹרוּךָ, מוֹרֶיךָ
בַּר יוֹחַאי, נִמְשַׁחְתָּ אַשְׁרֶיךָ / שֶׁמֶן שָׂשׂוֹן מֵחֲבֵרֶיךָ.

בַּר יוֹחַאי, וְלִשְׂדֵה תַּפּוּחִים
עָלִיתָ לִלְקֹט בּוֹ מֶרְקָחִים
סוֹד תּוֹרָה כְּצִיצִים וּפְרָחִים
נַעֲשֶׂה אָדָם, נֶאֱמַר בַּעֲבוּרֶךָ
בַּר יוֹחַאי, נִמְשַׁחְתָּ אַשְׁרֶיךָ / שֶׁמֶן שָׂשׂוֹן מֵחֲבֵרֶיךָ.

בַּר יוֹחַאי, נֶאֱזַרְתָּ בִגְבוּרָה
וּבְמִלְחֶמֶת אֵשׁ דַּת הַשַּׁעְרָה

וְחֶרֶב הוֹצֵאתָ מִתַּעְרָהּ
שָׁלַפְתָּ נֶגֶד צוֹרְרֶיךָ
בַּר יוֹחַאי, נִמְשַׁחְתָּ אַשְׁרֶיךָ / שֶׁמֶן שָׂשׂוֹן מֵחֲבֵרֶיךָ.

בַּר יוֹחַאי, לִמְקוֹם אַבְנֵי שַׁיִשׁ
הִגַּעְתָּ לִפְנֵי אַרְיֵה לַיִשׁ
גַּם גֻּלַּת כֹּתֶרֶת עַל עַיִשׁ
תָּשׁוּרִי, וּמִי יְשׁוּרֶךָ
בַּר יוֹחַאי, נִמְשַׁחְתָּ אַשְׁרֶיךָ / שֶׁמֶן שָׂשׂוֹן מֵחֲבֵרֶיךָ.

בַּר יוֹחַאי, בְּקֹדֶשׁ הַקֳּדָשִׁים
קַו יָרֹק מְחַדֵּשׁ חֳדָשִׁים
שֶׁבַע שַׁבָּתוֹת, סוֹד חֲמִשִּׁים
קָשַׁרְתָּ קִשְׁרֵי שִׁי"ן קְשָׁרֶיךָ
בַּר יוֹחַאי, נִמְשַׁחְתָּ אַשְׁרֶיךָ / שֶׁמֶן שָׂשׂוֹן מֵחֲבֵרֶיךָ.

בַּר יוֹחַאי, יוּ"ד חָכְמָה קְדוּמָה
הִשְׁקַפְתָּ, לִכְבוּדוֹ פְּנִימָה
ל"ב נְתִיבוֹת, רֵאשִׁית תְּרוּמָה
אַתְּ כְּרוּב מִמְשַׁח זִיו אוֹרֶךָ
בַּר יוֹחַאי, נִמְשַׁחְתָּ אַשְׁרֶיךָ / שֶׁמֶן שָׂשׂוֹן מֵחֲבֵרֶיךָ.

בַּר יוֹחַאי, אוֹר מֻפְלָא, רוּם מַעְלָה
יָרֵאתָ מִלְּהַבִּיט, כִּי רַב לָהּ
תַּעֲלוּמָה, וְאַיִן קוֹרֵא לָהּ
נַמְתָּ: עַיִן לֹא תְשׁוּרֶךָ
בַּר יוֹחַאי, נִמְשַׁחְתָּ אַשְׁרֶיךָ / שֶׁמֶן שָׂשׂוֹן מֵחֲבֵרֶיךָ.

בַּר יוֹחַאי, אַשְׁרֵי יוֹלַדְתֶּךָ
אַשְׁרֵי הָעָם, הֵם לוֹמְדֶיךָ
וְאַשְׁרֵי הָעוֹמְדִים עַל סוֹדֶךָ
לְבוּשֵׁי חֹשֶׁן תֻּמֶּיךָ וְאוּרֶיךָ.
בַּר יוֹחַאי, נִמְשַׁחְתָּ אַשְׁרֶיךָ / שֶׁמֶן שָׂשׂוֹן מֵחֲבֵרֶיךָ.

זמר לשבת, חובר בידי פייטן בשם משה, ושמו חתום בשלוש החרוזות הראשונות.

מְנוּחָה וְשִׂמְחָה אוֹר לַיְּהוּדִים
יוֹם שַׁבָּתוֹן, יוֹם מַחֲמַדִּים
שׁוֹמְרָיו וְזוֹכְרָיו הֵמָּה מְעִידִים
כִּי לְשִׁשָּׁה כֹּל בְּרוּאִים וְעוֹמְדִים.

שְׁמֵי שָׁמַיִם, אֶרֶץ וְיַמִּים
כָּל צְבָא מָרוֹם גְּבוֹהִים וְרָמִים
תַּנִּין וְאָדָם וְחַיַּת רְאֵמִים
כִּי בְּיָהּ יְהֹוָה צוּר עוֹלָמִים.

הוּא אֲשֶׁר דִּבֶּר לְעַם סְגֻלָּתוֹ
שָׁמוֹר לְקַדְּשׁוֹ מִבּוֹאוֹ עַד צֵאתוֹ
שַׁבַּת קֹדֶשׁ יוֹם חֶמְדָּתוֹ
כִּי בוֹ שָׁבַת אֵל מִכָּל מְלַאכְתּוֹ.

בְּמִצְוַת שַׁבָּת אֵל יַחֲלִיצָךְ
קוּם קְרָא אֵלָיו, יָחִישׁ לְאַמְּצָךְ
נִשְׁמַת כָּל חַי וְגַם נַעֲרִיצָךְ
אֱכֹל בְּשִׂמְחָה כִּי כְבָר רָצָךְ.

בְּמִשְׁנֶה לֶחֶם וְקִדּוּשׁ רַבָּה
בְּרֹב מַטְעַמִּים וְרוּחַ נְדִיבָה
יִזְכּוּ לְרַב טוּב הַמִּתְעַנְּגִים בָּהּ
בְּבִיאַת גּוֹאֵל לְחַיֵּי הָעוֹלָם הַבָּא.

מַה־יְּדִידוּת מְנוּחָתֵךְ, אַתְּ שַׁבָּת הַמַּלְכָּה
בְּכֵן נָרוּץ לִקְרָאתֵךְ, בּוֹאִי כַלָּה נְסוּכָה
לְבוּשׁ בִּגְדֵי חֲמוּדוֹת, לְהַדְלִיק נֵר בִּבְרָכָה
וַתֵּכֶל כָּל הָעֲבוֹדוֹת, לֹא תַעֲשׂוּ מְלָאכָה.
לְהִתְעַנֵּג בְּתַעֲנוּגִים בַּרְבּוּרִים וּשְׂלָו וְדָגִים.

מֵעֶרֶב מַזְמִינִים כָּל מִינֵי מַטְעַמִּים
מִבְּעוֹד יוֹם מוּכָנִים תַּרְנְגוֹלִים מְפֻטָּמִים
וְלַעֲרֹךְ כַּמָּה מִינִים, שְׁתוֹת יֵינוֹת מְבֻשָּׂמִים
וְתַפְנוּקֵי מַעֲדַנִּים בְּכָל שָׁלֹשׁ פְּעָמִים.
לְהִתְעַנֵּג בְּתַעֲנוּגִים בַּרְבּוּרִים וּשְׂלָו וְדָגִים.

נַחֲלַת יַעֲקֹב יִירָשׁ, בְּלִי מְצָרִים נַחֲלָה
וִיכַבְּדוּהוּ עָשִׁיר וָרָשׁ, וְתִזְכּוּ לִגְאֻלָּה
יוֹם שַׁבָּת אִם תְּכַבְּדוּ וִהְיִיתֶם לִי סְגֻלָּה
שֵׁשֶׁת יָמִים תַּעֲבֹדוּ וּבַשְּׁבִיעִי נָגִילָה.
לְהִתְעַנֵּג בְּתַעֲנוּגִים בַּרְבּוּרִים וּשְׂלָו וְדָגִים.

חֲפָצֶיךָ אֲסוּרִים וְגַם לַחְשֹׁב חֶשְׁבּוֹנוֹת
הִרְהוּרִים מֻתָּרִים וּלְשַׁדֵּךְ הַבָּנוֹת
וְתִינוֹק לְלַמְּדוֹ סֵפֶר, לַמְנַצֵּחַ בִּנְגִינוֹת
וְלַהֲגוֹת בְּאִמְרֵי שֶׁפֶר בְּכָל פִּנּוֹת וּמַחֲנוֹת.
לְהִתְעַנֵּג בְּתַעֲנוּגִים בַּרְבּוּרִים וּשְׂלָו וְדָגִים.

הִלּוּכָךְ יְהֵא בְנַחַת, עֹנֶג קְרָא לַשַּׁבָּת
וְהַשֵּׁנָה מְשֻׁבַּחַת כְּדָת נֶפֶשׁ מְשִׁיבַת
בְּכֵן נַפְשִׁי לְךָ עָרְגָה וְלָנוּחַ בְּחִבַּת
כַּשּׁוֹשַׁנִּים סוּגָה, בּוֹ יָנוּחוּ בֵּן וּבַת.
לְהִתְעַנֵּג בְּתַעֲנוּגִים בַּרְבּוּרִים וּשְׂלָו וְדָגִים.

מֵעֵין עוֹלָם הַבָּא יוֹם שַׁבָּת מְנוּחָה
כָּל הַמִּתְעַנְּגִים בָּהּ יִזְכּוּ לְרֹב שִׂמְחָה
מֵחֶבְלֵי מָשִׁיחַ יֻצָּלוּ לִרְוָחָה
פְּדוּתֵנוּ תַצְמִיחַ, וְנָס יָגוֹן וַאֲנָחָה.
לְהִתְעַנֵּג בְּתַעֲנוּגִים בַּרְבּוּרִים וּשְׂלָו וְדָגִים.

זמר זה, חיברו ר' יצחק סלמה החזן, פייטן ממגורשי ספרד שהתיישב ככל הנראה בשאלוניקי. פייטן אחר עיבד אותו, החליף כמה מבתי השיר והוסיף עליהם, ואף על פי שחתימתו החדשה של הפיוט היא יצחק לוריא חזק – המעבד איננו האר"י.
בצורתו החדשה נדפס הפיוט לראשונה בסידור 'תפילת ישרים' אמשטרדם, תקלט.

**יוֹם זֶה לְיִשְׂרָאֵל אוֹרָה וְשִׂמְחָה, שַׁבַּת מְנוּחָה.**

צִוִּיתָ פִּקּוּדִים בְּמַעֲמַד סִינַי
שַׁבָּת וּמוֹעֲדִים לִשְׁמֹר בְּכָל שָׁנַי
לַעֲרֹךְ לְפָנַי מַשְׂאֵת וַאֲרוּחָה שַׁבַּת מְנוּחָה.
יוֹם זֶה לְיִשְׂרָאֵל אוֹרָה וְשִׂמְחָה, שַׁבַּת מְנוּחָה.

חֶמְדַּת הַלְּבָבוֹת לְאֻמָּה שְׁבוּרָה
לִנְפָשׁוֹת נִכְאָבוֹת נְשָׁמָה יְתֵרָה
לְנֶפֶשׁ מְצֵרָה יָסִיר אֲנָחָה שַׁבַּת מְנוּחָה.
יוֹם זֶה לְיִשְׂרָאֵל אוֹרָה וְשִׂמְחָה, שַׁבַּת מְנוּחָה.

קִדַּשְׁתָּ בֵּרַכְתָּ אוֹתוֹ מִכָּל יָמִים
בְּשֵׁשֶׁת כִּלִּיתָ מְלֶאכֶת עוֹלָמִים
בּוֹ מָצְאוּ עֲגוּמִים הַשְׁקֵט וּבִטְחָה שַׁבַּת מְנוּחָה.
יוֹם זֶה לְיִשְׂרָאֵל אוֹרָה וְשִׂמְחָה, שַׁבַּת מְנוּחָה.

לְאִסּוּר מְלָאכָה צִוִּיתָנוּ נוֹרָא
אֶזְכֶּה הוֹד מְלוּכָה אִם שַׁבָּת אֶשְׁמֹרָה
אַקְרִיב שַׁי לַמּוֹרָא מִנְחָה מֶרְקָחָה שַׁבַּת מְנוּחָה.
יוֹם זֶה לְיִשְׂרָאֵל אוֹרָה וְשִׂמְחָה, שַׁבַּת מְנוּחָה.

וְשִׁיר אֶעֱרֹךְ לְךָ בִּנְגוּן וּנְעִימָה
מוּל תִּפְאֶרֶת גָּדְלָךְ נַפְשִׁי לְךָ כָּמַהּ
לִסְגֻלָּה תְמִימָה קַיֵּם הַבְטָחָה שַׁבַּת מְנוּחָה.
יוֹם זֶה לְיִשְׂרָאֵל אוֹרָה וְשִׂמְחָה, שַׁבַּת מְנוּחָה.

רְצֵה תְפִלָּתִי   כְּמוֹ קָרְבַּן נַחְשׁוֹן
וְיוֹם מְנוּחָתִי   בְּשִׂמְחָה וּבְשָׂשׂוֹן
חָבִיב כְּבַת אִישׁוֹן   בְּרֹב הַצְלָחָה   שַׁבָּת מְנוּחָה.
יוֹם זֶה לְיִשְׂרָאֵל אוֹרָה וְשִׂמְחָה, שַׁבַּת מְנוּחָה.

יֶשְׁעֲךָ קִוִּינוּ   יָהּ אַדִּיר אַדִּירִים
בֶּן דָּוִד מַלְכֵּנוּ   שְׁלַח נָא לָעִבְרִים
וְיִקְרָא לִדְרוֹרִים   רֶוַח וַהֲנָחָה   שַׁבָּת מְנוּחָה.
יוֹם זֶה לְיִשְׂרָאֵל אוֹרָה וְשִׂמְחָה, שַׁבַּת מְנוּחָה.

אָנָּא עֶלְיוֹן נוֹרָא   הַבִּיטָה עָנְיֵנוּ
פְּדֵנוּ בִמְהֵרָה   חָנֵּנוּ וַעֲנֵנוּ
שַׂמַּח נַפְשֵׁנוּ   בְּאוֹר וְשִׂמְחָה   שַׁבָּת מְנוּחָה.
יוֹם זֶה לְיִשְׂרָאֵל אוֹרָה וְשִׂמְחָה, שַׁבַּת מְנוּחָה.

חַדֵּשׁ מִקְדָּשֵׁנוּ   זָכְרָה נֶחֱרֶבֶת
טוּבְךָ, מוֹשִׁיעֵנוּ   תְּנָה לַנֶּעֱצֶבֶת
בְּשַׁבָּת יוֹשֶׁבֶת   בְּזֶמֶר וּשְׁבָחָה   שַׁבָּת מְנוּחָה.
יוֹם זֶה לְיִשְׂרָאֵל אוֹרָה וְשִׂמְחָה, שַׁבַּת מְנוּחָה.

זְכֹר, קָדוֹשׁ, לָנוּ   בִּזְכוּת יְקֻרַת הַיּוֹם
שְׁמָר נָא אוֹתָנוּ   בְּיוֹם זֶה וּבְכָל יוֹם
דּוֹדִי צַח וְאָיוֹם   תָּבִיא רְוָחָה   שַׁבָּת מְנוּחָה.
יוֹם זֶה לְיִשְׂרָאֵל אוֹרָה וְשִׂמְחָה, שַׁבַּת מְנוּחָה.

קוֹל רִנָּה וִישׁוּעָה   לְיִשְׂרָאֵל הַשְׁמִיעָה
בְּבֹא חִזָּיוֹן תְּשׁוּעָה   צוּר, מַצְמִיחַ יְשׁוּעָה
אוֹר שִׁמְשִׁי הוֹפִיעָה   תָּמִיד הַזְרִיחָה   שַׁבָּת מְנוּחָה.
יוֹם זֶה לְיִשְׂרָאֵל אוֹרָה וְשִׂמְחָה, שַׁבַּת מְנוּחָה.

זמר זה חיברו ר׳ ישראל נג׳ארה, גדול המשוררים האחרונים, שבאחרית ימיו כיהן כרבה של עזה. שלושת הבתים הראשונים משבחים את גדולת ה׳, ושני האחרים מבקשים שיגאל את עמו.

יָהּ רִבּוֹן עָלַם וְעָלְמַיָּא
אַנְתְּ הוּא מַלְכָּא מֶלֶךְ מַלְכַיָּא
עוֹבַד גְּבוּרְתָּךְ וְתִמְהַיָּא
שְׁפַר קֳדָמָךְ לְהַחֲוָיָא.
יָהּ רִבּוֹן עָלַם וְעָלְמַיָּא, אַנְתְּ הוּא מַלְכָּא מֶלֶךְ מַלְכַיָּא.

שְׁבָחִין אֲסַדֵּר צַפְרָא וְרַמְשָׁא
לָךְ אֱלָהָא קַדִּישָׁא דִּי בְרָא כָּל נַפְשָׁא
עִירִין קַדִּישִׁין וּבְנֵי אֱנָשָׁא
חֵיוַת בָּרָא וְעוֹפֵי שְׁמַיָּא.
יָהּ רִבּוֹן עָלַם וְעָלְמַיָּא, אַנְתְּ הוּא מַלְכָּא מֶלֶךְ מַלְכַיָּא.

רַבְרְבִין עוֹבְדָיךְ וְתַקִּיפִין
מָכֵךְ רָמַיָּא וְזָקֵף כְּפִיפִין
לוּ יְחֵי גְבַר שְׁנִין אַלְפִין
לָא יֵעֹל גְּבוּרְתָּךְ בְּחֻשְׁבְּנַיָּא.
יָהּ רִבּוֹן עָלַם וְעָלְמַיָּא, אַנְתְּ הוּא מַלְכָּא מֶלֶךְ מַלְכַיָּא.

אֱלָהָא דִּי לֵהּ יְקָר וּרְבוּתָא
פְּרֹק יָת עָנָךְ מִפֻּם אַרְיָוָתָא
וְאַפֵּק יָת עַמָּךְ מִגּוֹ גָלוּתָא
עַמָּא דִּי בְחַרְתְּ מִכָּל אֻמַּיָּא.
יָהּ רִבּוֹן עָלַם וְעָלְמַיָּא, אַנְתְּ הוּא מַלְכָּא מֶלֶךְ מַלְכַיָּא.

לְמַקְדְּשָׁךְ תּוּב וּלְקֹדֶשׁ קֻדְשִׁין
אֲתַר דִּי בֵהּ יֶחֱדוּן רוּחִין וְנַפְשִׁין
וִיזַמְּרוּן לָךְ שִׁירִין וְרַחֲשִׁין
בִּירוּשְׁלֵם קַרְתָּא דְשֻׁפְרַיָּא.
יָהּ רִבּוֹן עָלַם וְעָלְמַיָּא, אַנְתְּ הוּא מַלְכָּא מֶלֶךְ מַלְכַיָּא.

פיוט לרבי אברהם אבן עזרא, במקורו נכתב כרשות לינִשְׁמַת׳ בבוקר שמיני עצרת.
החת״ם סופר התפעל מאוד מפיוט זה ונהג לומר רק ׳אֵשֶׁת חַיִל׳ ופיוט זה,
מכיוון ״שבלי ספק רוח הקודש שרה עליו כאשר חיברו״ (חוט המשולש).

צָמְאָה נַפְשִׁי לֵאלֹהִים לְאֵל חָי: לִבִּי וּבְשָׂרִי יְרַנְּנוּ אֶל אֵל־חָי: תהלים מב תהלים פד
אֵל אֶחָד בְּרָאַנִי, וְאָמַר חַי אָנִי כִּי לֹא־יִרְאַנִי הָאָדָם וָחָי: שמות לג
צָמְאָה נַפְשִׁי לֵאלֹהִים לְאֵל חָי, לִבִּי וּבְשָׂרִי יְרַנְּנוּ אֶל אֵל־חָי.

בָּרָא כֹל בְּחָכְמָה, בְּעֵצָה וּבִמְזִמָּה מְאֹד נֶעְלָמָה מֵעֵינֵי כָּל־חָי: איוב כח
רָם עַל כֹּל כְּבוֹדוֹ, כָּל פֶּה יְחַוֶּה הוֹדוֹ בָּרוּךְ אֲשֶׁר בְּיָדוֹ נֶפֶשׁ כָּל־חָי: איוב יב
צָמְאָה נַפְשִׁי לֵאלֹהִים לְאֵל חָי, לִבִּי וּבְשָׂרִי יְרַנְּנוּ אֶל אֵל־חָי.

הִבְדִּיל נִינֵי תָם, חֻקִּים לְהוֹרוֹתָם אֲשֶׁר יַעֲשֶׂה אוֹתָם הָאָדָם וָחָי: ויקרא יח
מִי זֶה יִצְטַדָּק, נִמְשַׁל לְאָבָק דָּק אֱמֶת, כִּי לֹא־יִצְדַּק לְפָנֶיךָ כָל־חָי: תהלים קמג
צָמְאָה נַפְשִׁי לֵאלֹהִים לְאֵל חָי, לִבִּי וּבְשָׂרִי יְרַנְּנוּ אֶל אֵל־חָי.

בְּלֵב יֵצֶר חָשׁוּב כִּדְמוּת חֲמַת עַכְשׁוּב וְאֵיכָכָה יָשׁוּב הַבָּשָׂר הֶחָי: ויקרא יג
נְסוֹגִים אִם אָבוּ, וּמִדַּרְכָּם שָׁבוּ טֶרֶם יִשְׁכָּבוּ בֵּית מוֹעֵד לְכָל־חָי: איוב ל
צָמְאָה נַפְשִׁי לֵאלֹהִים לְאֵל חָי, לִבִּי וּבְשָׂרִי יְרַנְּנוּ אֶל אֵל־חָי.

עַל כֹּל אֲהוֹדֶךָ, כָּל פֶּה תְּיַחֲדֶךָ פּוֹתֵחַ אֶת־יָדֶךָ וּמַשְׂבִּיעַ לְכָל־חָי: תהלים קמה
זְכֹר אַהֲבַת קְדוּמִים, וְהַחֲיֵה נִרְדָּמִים וְקָרֵב הַיָּמִים אֲשֶׁר בֶּן־יִשַׁי חָי: שמואל א׳ כ
צָמְאָה נַפְשִׁי לֵאלֹהִים לְאֵל חָי, לִבִּי וּבְשָׂרִי יְרַנְּנוּ אֶל אֵל־חָי.

רְאֵה לִגְבֶרֶת אֱמֶת, שִׁפְחָה נוֹאֱמֶת לֹא כִי, בְּנֵךְ הַמֵּת וּבְנִי הֶחָי: מלכים א׳ ג
(הֲלֹא חֶלְקְךָ מֵרֹאשׁ, חָלָק דָּמוֹ דְּרֹשׁ שְׁפֹךְ אַף עַל־רֹאשׁ, הַשָּׂעִיר הֶחָי:) ויקרא טז
אֶקֹּד עַל אַפִּי, וְאֶפְרֹשׂ לְךָ כַּפִּי עֵת אֶפְתַּח פִּי בְּנִשְׁמַת כָּל חָי.
צָמְאָה נַפְשִׁי לֵאלֹהִים לְאֵל חָי, לִבִּי וּבְשָׂרִי יְרַנְּנוּ אֶל אֵל־חָי.

צוּר מִשֶּׁלּוֹ אָכַלְנוּ  בָּרְכוּ אֱמוּנַי
שָׂבַעְנוּ וְהוֹתַרְנוּ  כִּדְבַר יְהוָה: מלכים ב׳ ד

הַזָּן אֶת עוֹלָמוֹ  רוֹעֵנוּ אָבִינוּ
אָכַלְנוּ אֶת לַחְמוֹ  וְיֵינוֹ שָׁתִינוּ
עַל כֵּן נוֹדֶה לִשְׁמוֹ  וּנְהַלְלוֹ בְּפִינוּ
אָמַרְנוּ וְעָנִינוּ  אֵין־קָדוֹשׁ כַּיהוָה: שמואל א׳ ב

צוּר מִשֶּׁלּוֹ אָכַלְנוּ, בָּרְכוּ אֱמוּנַי, שָׂבַעְנוּ וְהוֹתַרְנוּ כִּדְבַר יְהוָה.

בְּשִׁיר וְקוֹל תּוֹדָה  נְבָרֵךְ אֱלֹהֵינוּ
עַל אֶרֶץ חֶמְדָּה  שֶׁהִנְחִיל לַאֲבוֹתֵינוּ
מָזוֹן וְצֵידָה  הִשְׂבִּיעַ לְנַפְשֵׁנוּ
חַסְדּוֹ גָּבַר עָלֵינוּ  וֶאֱמֶת־יְהוָה: תהלים קיז

צוּר מִשֶּׁלּוֹ אָכַלְנוּ, בָּרְכוּ אֱמוּנַי, שָׂבַעְנוּ וְהוֹתַרְנוּ כִּדְבַר יְהוָה.

רַחֵם בְּחַסְדֶּךָ  עַל עַמְּךָ צוּרֵנוּ
עַל צִיּוֹן מִשְׁכַּן כְּבוֹדֶךָ  זְבוּל בֵּית תִּפְאַרְתֵּנוּ
בֶּן דָּוִד עַבְדֶּךָ  יָבוֹא וְיִגְאָלֵנוּ
רוּחַ אַפֵּינוּ  מְשִׁיחַ יְהוָה: איכה ד

צוּר מִשֶּׁלּוֹ אָכַלְנוּ, בָּרְכוּ אֱמוּנַי, שָׂבַעְנוּ וְהוֹתַרְנוּ כִּדְבַר יְהוָה.

יִבָּנֶה הַמִּקְדָּשׁ  עִיר צִיּוֹן תְּמַלֵּא
וְשָׁם נָשִׁיר שִׁיר חָדָשׁ  וּבִרְנָנָה נַעֲלֶה
הָרַחֲמָן הַנִּקְדָּשׁ  יִתְבָּרַךְ וְיִתְעַלֶּה
עַל כּוֹס יַיִן מָלֵא  כְּבִרְכַּת יְהוָה: דברים טז

צוּר מִשֶּׁלּוֹ אָכַלְנוּ, בָּרְכוּ אֱמוּנַי, שָׂבַעְנוּ וְהוֹתַרְנוּ כִּדְבַר יְהוָה.

זמר שחיבר רבי ברוך ב״ר שמואל ממגנצא מתלמידיו של בעל ספר יראים.

בָּרוּךְ אֵל עֶלְיוֹן אֲשֶׁר נָתַן מְנוּחָה, לְנַפְשֵׁנוּ פִדְיוֹן מִשֵּׁאת וַאֲנָחָה
וְהוּא יִדְרֹשׁ לְצִיּוֹן, עִיר הַנִּדָּחָה, עַד אָנָה תּוּגְיוֹן נֶפֶשׁ נֶאֱנָחָה.
הַשּׁוֹמֵר שַׁבָּת הַבֵּן עִם הַבַּת, לָאֵל יֵרָצוּ כְּמִנְחָה עַל מַחֲבַת.

רוֹכֵב בָּעֲרָבוֹת, מֶלֶךְ עוֹלָמִים, אֶת עַמּוֹ לִשְׁבֹּת אִזֵּן בַּנְּעִימִים
בְּמַאֲכָלוֹת עֲרֵבוֹת בְּמִינֵי מַטְעַמִּים, בְּמַלְבּוּשֵׁי כָבוֹד זֶבַח מִשְׁפָּחָה.
הַשּׁוֹמֵר שַׁבָּת הַבֵּן עִם הַבַּת, לָאֵל יֵרָצוּ כְּמִנְחָה עַל מַחֲבַת.

וְאַשְׁרֵי כָּל חוֹכֶה לְתַשְׁלוּמֵי כֵפֶל, מֵאֵת כֹּל סוֹכֶה, שׁוֹכֵן בָּעֲרָפֶל
נַחֲלָה לוֹ יִזְכֶּה בָּהָר וּבַשָּׁפֶל, נַחֲלָה וּמְנוּחָה כַּשֶּׁמֶשׁ לוֹ זָרְחָה.
הַשּׁוֹמֵר שַׁבָּת הַבֵּן עִם הַבַּת, לָאֵל יֵרָצוּ כְּמִנְחָה עַל מַחֲבַת.

כָּל שׁוֹמֵר שַׁבָּת כַּדָּת מֵחַלְּלוֹ, הֵן הֶכְשַׁר חִבַּת קֹדֶשׁ גּוֹרָלוֹ
וְאִם יֵצֵא חוֹבַת הַיּוֹם, אַשְׁרֵי לוֹ, אֶל אֵל אָדוֹן מְחוֹלְלוֹ, מִנְחָה הִיא שְׁלוּחָה.
הַשּׁוֹמֵר שַׁבָּת הַבֵּן עִם הַבַּת, לָאֵל יֵרָצוּ כְּמִנְחָה עַל מַחֲבַת.

חֶמְדַּת הַיָּמִים קְרָאוֹ אֵלִי צוּר, וְאַשְׁרֵי לִתְמִימִים אִם יִהְיֶה נָצוּר
כֶּתֶר הִלּוּמִים עַל רֹאשָׁם יָצוּר, צוּר הָעוֹלָמִים, רוּחוֹ בָּם נָחָה.
הַשּׁוֹמֵר שַׁבָּת הַבֵּן עִם הַבַּת, לָאֵל יֵרָצוּ כְּמִנְחָה עַל מַחֲבַת.

זָכוֹר אֶת יוֹם הַשַּׁבָּת לְקַדְּשׁוֹ, קַרְנוֹ כִּי גָבְהָה נֵזֶר עַל רֹאשׁוֹ
עַל כֵּן יִתֵּן הָאָדָם לְנַפְשׁוֹ, עֹנֶג וְגַם שִׂמְחָה בָּהֶם לְמָשְׁחָה.
הַשּׁוֹמֵר שַׁבָּת הַבֵּן עִם הַבַּת, לָאֵל יֵרָצוּ כְּמִנְחָה עַל מַחֲבַת.

קֹדֶשׁ הִיא לָכֶם שַׁבָּת הַמַּלְכָּה, אֶל תּוֹךְ בָּתֵּיכֶם לְהָנִיחַ בְּרָכָה
בְּכָל מוֹשְׁבוֹתֵיכֶם לֹא תַעֲשׂוּ מְלָאכָה, בְּנֵיכֶם וּבְנוֹתֵיכֶם, עֶבֶד וְגַם שִׁפְחָה.
הַשּׁוֹמֵר שַׁבָּת הַבֵּן עִם הַבַּת, לָאֵל יֵרָצוּ כְּמִנְחָה עַל מַחֲבַת.

זמר זה מבוסס על הפסוק "וְקָרָאתָ לַשַּׁבָּת עֹנֶג, לִקְדוֹשׁ ה' מְכֻבָּד" (ישעיה נח, יג).

יוֹם זֶה מְכֻבָּד מִכָּל יָמִים, כִּי בוֹ שָׁבַת צוּר עוֹלָמִים.

שֵׁשֶׁת יָמִים תַּעֲשֶׂה מְלַאכְתֶּךָ
וְיוֹם הַשְּׁבִיעִי לֵאלֹהֶיךָ
שַׁבָּת לֹא תַעֲשֶׂה בוֹ מְלָאכָה
כִּי כֹל עָשָׂה שֵׁשֶׁת יָמִים.
יוֹם זֶה מְכֻבָּד מִכָּל יָמִים, כִּי בוֹ שָׁבַת צוּר עוֹלָמִים.

רִאשׁוֹן הוּא לְמִקְרָאֵי קֹדֶשׁ
יוֹם שַׁבָּתוֹן יוֹם שַׁבַּת קֹדֶשׁ
עַל כֵּן כָּל אִישׁ בְּיֵינוֹ יְקַדֵּשׁ
עַל שְׁתֵּי לֶחֶם יִבְצְעוּ תְמִימִים.
יוֹם זֶה מְכֻבָּד מִכָּל יָמִים, כִּי בוֹ שָׁבַת צוּר עוֹלָמִים.

אֱכֹל מַשְׁמַנִּים, שְׁתֵה מַמְתַּקִּים
כִּי אֵל יִתֵּן לְכֹל בּוֹ דְבֵקִים
בֶּגֶד לִלְבֹּשׁ, לֶחֶם חֻקִּים
בָּשָׂר וְדָגִים וְכָל מַטְעַמִּים.
יוֹם זֶה מְכֻבָּד מִכָּל יָמִים, כִּי בוֹ שָׁבַת צוּר עוֹלָמִים.

לֹא תֶחְסַר כֹּל בּוֹ, וְאָכַלְתָּ
וְשָׂבָעְתָּ וּבֵרַכְתָּ
אֶת יְהוָה אֱלֹהֶיךָ אֲשֶׁר אָהַבְתָּ
כִּי בֵרַכְךָ מִכָּל הָעַמִּים.
יוֹם זֶה מְכֻבָּד מִכָּל יָמִים, כִּי בוֹ שָׁבַת צוּר עוֹלָמִים.

הַשָּׁמַיִם מְסַפְּרִים כְּבוֹדוֹ
וְגַם הָאָרֶץ מָלְאָה חַסְדּוֹ
רְאוּ כָּל אֵלֶּה עָשְׂתָה יָדוֹ
כִּי הוּא הַצּוּר פָּעֳלוֹ תָמִים.
יוֹם זֶה מְכֻבָּד מִכָּל יָמִים, כִּי בוֹ שָׁבַת צוּר עוֹלָמִים.

זמר שחיבר רבי יהודה הלוי, ובו תיאור הגלות ותפילה להינצל ממנה.
הבתים השלישי והרביעי שונו כנראה מפני דרכי שלום, ובגרסתם החדשה,
המקובלת כיום, מתארים את מעמד הר סיני.

יוֹם שַׁבָּתוֹן אֵין לִשְׁכֹּחַ
זִכְרוֹ כְּרֵיחַ הַנִּיחֹחַ
יוֹנָה מָצְאָה בוֹ מָנוֹחַ
וְשָׁם יָנוּחוּ יְגִיעֵי כֹחַ.

הַיּוֹם נִכְבָּד לִבְנֵי אֱמוּנִים
זְהִירִים לְשָׁמְרוֹ אָבוֹת וּבָנִים
חָקוּק בִּשְׁנֵי לוּחוֹת אֲבָנִים
מֵרֹב אוֹנִים וְאַמִּיץ כֹּחַ.
יוֹנָה מָצְאָה בוֹ מָנוֹחַ וְשָׁם יָנוּחוּ יְגִיעֵי כֹחַ.

וּבָאוּ כֻלָּם בִּבְרִית יַחַד
נַעֲשֶׂה וְנִשְׁמַע אָמְרוּ כְּאֶחָד
וּפָתְחוּ וְעָנוּ יְהֹוָה אֶחָד
בָּרוּךְ נֹתֵן לַיָּעֵף כֹּחַ.
יוֹנָה מָצְאָה בוֹ מָנוֹחַ וְשָׁם יָנוּחוּ יְגִיעֵי כֹחַ.

דִּבֶּר בְּקָדְשׁוֹ בְּהַר הַמֹּר
יוֹם הַשְּׁבִיעִי זָכוֹר וְשָׁמוֹר
וְכָל פִּקּוּדָיו יַחַד לִגְמֹר
חַזֵּק מָתְנַיִם וְאַמֵּץ כֹּחַ.
יוֹנָה מָצְאָה בוֹ מָנוֹחַ וְשָׁם יָנוּחוּ יְגִיעֵי כֹחַ.

הָעָם אֲשֶׁר נָע, כַּצֹּאן תָּעָה
יִזְכֹּר לְפָקְדוֹ בְּרִית וּשְׁבוּעָה
לְבַל יַעֲבָר בָּם מִקְרֵה רָעָה
כַּאֲשֶׁר נִשְׁבַּעְתָּ עַל מֵי נֹחַ.
יוֹנָה מָצְאָה בוֹ מָנוֹחַ וְשָׁם יָנוּחוּ יְגִיעֵי כֹחַ.

פיוט זה שם מחברו שלמה וחתם את שמו בראשי הבתים.

שִׁמְרוּ שַׁבְּתוֹתַי, לְמַעַן תִּינְקוּ וּשְׂבַעְתֶּם
מִזִּיו בִּרְכוֹתַי, אֶל הַמְּנוּחָה כִּי בָאתֶם
וּלְווּ עָלַי בָּנַי וְעִדְנוּ מַעֲדָנַי שַׁבָּת הַיּוֹם לַיהוָה.

וּלְווּ עָלַי בָּנַי, וְעִדְנוּ מַעֲדָנַי, שַׁבָּת הַיּוֹם לַיהוָה.

לְעָמֵל קִרְאוּ דְרוֹר וְנָתַתִּי אֶת בִּרְכָתִי
אִשָּׁה אֶל אֲחוֹתָהּ לִצְרוֹר לְגַלּוֹת עַל יוֹם שִׂמְחָתִי
בִּגְדֵי שֵׁשׁ עִם שָׁנִי וְהִתְבּוֹנְנוּ מִזְּקֵנַי שַׁבָּת הַיּוֹם לַיהוָה.

וּלְווּ עָלַי בָּנַי, וְעִדְנוּ מַעֲדָנַי, שַׁבָּת הַיּוֹם לַיהוָה.

מַהֲרוּ אֶת הַמָּנֶה לַעֲשׂוֹת אֶת דְּבַר אֶסְתֵּר
וְחִשְׁבוּ עִם הַקּוֹנֶה לְשַׁלֵּם אָכוֹל וְהוֹתֵר
בִּטְחוּ בִי אֱמוּנַי וּשְׁתוּ יֵין מִשְׁמַנַּי שַׁבָּת הַיּוֹם לַיהוָה.

וּלְווּ עָלַי בָּנַי, וְעִדְנוּ מַעֲדָנַי, שַׁבָּת הַיּוֹם לַיהוָה.

הִנֵּה יוֹם גְּאֻלָּה יוֹם שַׁבָּת אִם תִּשְׁמֹרוּ
וִהְיִיתֶם לִי סְגֻלָּה לִינוּ וְאַחַר תַּעֲבֹרוּ
וְאָז תִּחְיוּ לְפָנַי וּתְמַלְּאוּ צְפוּנַי שַׁבָּת הַיּוֹם לַיהוָה.

וּלְווּ עָלַי בָּנַי, וְעִדְנוּ מַעֲדָנַי, שַׁבָּת הַיּוֹם לַיהוָה.

חַזֵּק קִרְיָתִי אֵל אֱלֹהִים עֶלְיוֹן
וְהָשֵׁב אֶת נָוָתִי בְּשִׂמְחָה וּבְהִגָּיוֹן
יְשׁוֹרְרוּ שָׁם רְנָנַי, לְוִיַּי וְכֹהֲנַי
אָז תִּתְעַנַּג עַל יְהוָה שַׁבָּת הַיּוֹם לַיהוָה.

וּלְווּ עָלַי בָּנַי, וְעִדְנוּ מַעֲדָנַי, שַׁבָּת הַיּוֹם לַיהוָה.

זמר לרבי אברהם אבן עזרא שנהגו לאומרו באשמורת הבוקר של שבת.

כִּי אֶשְׁמְרָה שַׁבָּת אֵל יִשְׁמְרֵנִי.
אוֹת הִיא לְעוֹלְמֵי עַד בֵּינוֹ וּבֵינִי.

אָסוּר מְצֹא חֵפֶץ, עֲשׂוֹת דְּרָכִים
גַּם מִלְּדַבֵּר בּוֹ דִּבְרֵי צְרָכִים
דִּבְרֵי סְחוֹרָה אַף דִּבְרֵי מְלָכִים
אֶהְגֶּה בְּתוֹרַת אֵל וּתְחַכְּמֵנִי.
אוֹת הִיא לְעוֹלְמֵי עַד בֵּינוֹ וּבֵינִי.

בּוֹ אֶמְצָא תָמִיד נֹפֶשׁ לְנַפְשִׁי
הִנֵּה לְדוֹר רִאשׁוֹן נָתַן קְדוֹשִׁי
מוֹפֵת, בְּתֵת לֶחֶם מִשְׁנֶה בַּשִּׁשִּׁי
כָּכָה בְּכָל שִׁשִּׁי יַכְפִּיל מְזוֹנִי.
אוֹת הִיא לְעוֹלְמֵי עַד בֵּינוֹ וּבֵינִי.

רָשַׁם בְּדַת הָאֵל חֹק אֶל סְגָנָיו
בּוֹ לַעֲרֹךְ לֶחֶם פָּנִים בְּפָנָיו
עַל כֵּן לְהִתְעַנּוֹת בּוֹ עַל פִּי נְבוֹנָיו
אָסוּר, לְבַד מִיּוֹם כִּפּוּר עֲוֹנִי.
אוֹת הִיא לְעוֹלְמֵי עַד בֵּינוֹ וּבֵינִי.

הוּא יוֹם מְכֻבָּד, הוּא יוֹם תַּעֲנוּגִים
לֶחֶם וְיַיִן טוֹב, בָּשָׂר וְדָגִים
הַמִּתְאַבְּלִים בּוֹ אָחוֹר נְסוֹגִים
כִּי יוֹם שְׂמָחוֹת הוּא וּתְשַׂמְּחֵנִי.
אוֹת הִיא לְעוֹלְמֵי עַד בֵּינוֹ וּבֵינִי.

מֵחֵל מְלָאכָה בּוֹ סוֹפוֹ לְהַכְרִית
עַל כֵּן אֲכַבֵּס בּוֹ לִבִּי כְּבוֹרִית
וְאֶתְפַּלְלָה אֶל אֵל עַרְבִית וְשַׁחֲרִית
מוּסָף וְגַם מִנְחָה הוּא יַעֲנֵנִי.
אוֹת הִיא לְעוֹלְמֵי עַד בֵּינוֹ וּבֵינִי.

זמר לרבי ישראל נג׳ארה

יוֹדְוּךָ רַעְיוֹנַי, יְהֹוָה רוֹעִי
בְּיוֹם שַׁבַּת קֹדֶשׁ, יוֹם הַשְּׁבִיעִי

יוֹם אֲשֶׁר כִּלִּיתָ בּוֹ כָּל מְלַאכְתֶּךָ
אוֹמַר כִּי שָׁרִיתָ עַל כָּל זוּלָתֶךָ
וּמַעֲשִׂים עָשִׂיתָ אֵין לְבִלְתֶּךָ
לִי בֶּן אֲמָתֶךָ חִישׁ לְהַרְגִּיעִי
יוֹדְוּךָ רַעְיוֹנַי, יְהֹוָה רוֹעִי, בְּיוֹם שַׁבַּת קֹדֶשׁ, יוֹם הַשְּׁבִיעִי

שְׁבִיעִי בָּחַרְתָּ מִכָּל הַמִּנְיָנִים
וְאוֹתוֹ קִדַּשְׁתָּ בְּשָׁבוּעוֹת וְשָׁנִים
חִישׁ אֲשֶׁר נָשָׂאתָ לְגֶזַע אֱמוּנִים
וּפְדֵם מֵאֲסוּנִים אָרְחִי וְרִבְעִי
יוֹדְוּךָ רַעְיוֹנַי, יְהֹוָה רוֹעִי, בְּיוֹם שַׁבַּת קֹדֶשׁ, יוֹם הַשְּׁבִיעִי

רְצֵה בִמְנוּחָתִי יוֹם זֶה יוֹם מְנוּחָה
וּבְיוֹם עֲבוֹדָתִי הַמְצֵא לִי הַרְוָחָה
וְהָכֵן לְשַׁבִּיתָתִי מַשְׂאֵת וַאֲרוּחָה
וְשָׂשׂוֹן וְשִׂמְחָה יִהְיוּ שַׁעֲשׁוּעִי
יוֹדְוּךָ רַעְיוֹנַי, יְהֹוָה רוֹעִי, בְּיוֹם שַׁבַּת קֹדֶשׁ, יוֹם הַשְּׁבִיעִי

אֵל, עוֹלָם שֶׁכֻּלּוֹ שַׁבָּת תְּזַכֵּנִי
וְנֵרְךָ בְּהִלּוֹ שִׂים אוֹר בְּעֵדֶנִי
וְאֶל מִשְׁכַּן שִׁילֹה תָּשׁוּב תַּעֲלֵנִי
מְהֵרָה עֲנֵנִי אוֹרִי וְיִשְׁעִי
יוֹדְוּךָ רַעְיוֹנַי, יְהֹוָה רוֹעִי, בְּיוֹם שַׁבַּת קֹדֶשׁ, יוֹם הַשְּׁבִיעִי

זמר שחיבר רבי יהודה הלוי, ובו תיאור הכיסופים אל השבת כל ימי השבוע. במקורו נכתב כנראה כזמר למוצאי שבת, וכיום רבים נוהגים לשוררו בשבת.

עַל אַהֲבָתֶךָ אֶשְׁתֶּה גְבִיעִי
שָׁלוֹם לָךְ, שָׁלוֹם, יוֹם הַשְּׁבִיעִי

שֵׁשֶׁת יְמֵי מַעֲשֶׂה לָךְ כַּעֲבָדִים
אִם אֶעֱבֹד בָּהֶם, אֶשְׂבַּע נְדוּדִים
כֻּלָּם בְּעֵינַי הֵם יָמִים אֲחָדִים
מֵאַהֲבָתִי בָךְ, יוֹם שַׁעֲשׁוּעִי

אֵצֵא בְּיוֹם רִאשׁוֹן לַעֲשׂוֹת מְלָאכָה
לַעֲרֹךְ לְיוֹם שַׁבָּת הַמַּעֲרָכָה
כִּי הָאֱלֹהִים שָׂם שָׁם בְּרָכָה
אַתָּה לְבַד, חֶלְקִי מִכָּל יְגִיעִי

מָאוֹר לְיוֹם קָדְשִׁי מֵאוֹר קְדוֹשִׁי
שֶׁמֶשׁ וְכוֹכָבִים קִנְאוּ לְשִׁמְשִׁי
מַה לִּי לְיוֹם שֵׁנִי, אוֹ לַשְּׁלִישִׁי
יַסְתִּיר מְאוֹרוֹתָיו יוֹם הָרְבִיעִי

אֶשְׁמַע מְבַשֵּׂר טוֹב מִיּוֹם חֲמִישִׁי
כִּי מָחֳרָת יִהְיֶה נֹפֶשׁ לְנַפְשִׁי
בֹּקֶר לַעֲבֹדוּתִי, עֶרֶב לְחָפְשִׁי
קָרוּא אֱלֵי שֻׁלְחַן מַלְכִּי וְרוֹעִי

אֶמְצָא בְּיוֹם שִׁשִּׁי נַפְשִׁי שְׂמֵחָה
כִּי קָרְבָה אֵלַי עֵת הַמְּנוּחָה
אִם נָע וְנָד אֵלֵךְ לִמְצוֹא רְוָחָה
עֶרֶב, וְאֶשְׁכַּח כָּל נוֹדִי וְנוֹעִי

מַה נָּעֲמָה לִי עֵת בֵּין הַשְּׁמָשׁוֹת
לִרְאוֹת פְּנֵי שַׁבָּת, פָּנִים חֲדָשׁוֹת
בּוֹאוּ בְתַפּוּחִים, הַרְבּוּ אֲשִׁישׁוֹת
זֶה יוֹם מְנוּחָתִי, זֶה דּוֹדִי וְרֵעִי.

בקשה לבוקר יום השבת המופיעה כבר בספרי הבקשות הקדומים, ושם מחברה מנצור.

יוֹם הַשַּׁבָּת אֵין כָּמוֹהוּ, בֵּרְכוֹ אֱלֹהִים וַיְקַדְּשֵׁהוּ

מִיּוֹם רִאשׁוֹן עַד יוֹם שִׁשִּׁי
לִקְרַאת שַׁבָּת נִכְסְפָה נַפְשִׁי
כִּי בַשַּׁבָּת אֵצֵא חָפְשִׁי
וְכִי יוֹם מְנוּחָה אֶקְרָאֵהוּ
בֵּרְכוֹ אֱלֹהִים וַיְקַדְּשֵׁהוּ

צִוָּה לַעֲשׂוֹת שַׁבָּת כַּהֲלָכָה
אָז מִסִּינַי מִצְוָה עֲרוּכָה
גַּם הִיא לְשׁוֹמְרָהּ כֶּתֶר מְלוּכָה
וְכָבוֹד וְהָדָר תְּעַטְּרֶהוּ
בֵּרְכוֹ אֱלֹהִים וַיְקַדְּשֵׁהוּ

נָגִיל וְנִשְׂמַח כִּי טוֹב לְהוֹדוֹת
וּלְזַמֵּר עֶלְיוֹן עַל כָּל אוֹדוֹת
כִּי הַשַּׁבָּת לָנוּ חֲמוּדוֹת
אִישׁ בַּעַר לֹא יֵדָעֵהוּ
בֵּרְכוֹ אֱלֹהִים וַיְקַדְּשֵׁהוּ

וּמְאַהֲבֶיהָ יָמִים יַאֲרִיכוּ
וְגַם טוֹעֲמֶיהָ חַיִּים זָכוּ
וּבִנְתִיב יֹשֶׁר הֵמָּה יֵלֵכוּ
עֵדֹתָיו בְּכָל לֵב יִדְרְשׁוּהוּ
בֵּרְכוֹ אֱלֹהִים וַיְקַדְּשֵׁהוּ

רָצָה יְהֹוָה וּבָחַר בָּנוּ
וּמִכָּל לָשׁוֹן הִבְדִּילָנוּ
וּקְדֻשַּׁת הַשַּׁבָּת הִנְחִיל לָנוּ
כָּל זֶרַע יַעֲקֹב כַּבְּדוּהוּ
בֵּרְכוֹ אֱלֹהִים וַיְקַדְּשֵׁהוּ

זמר לרבי משה הלוי

אָשִׁיר לָאֵל אֲשֶׁר שָׁבַת / מִמְּלַאכְתּוֹ בְּיוֹם שַׁבָּת
נְתָנוֹ לְעַם, כְּבָבַת / עַיִן תָּמִיד יִנְצְרֶנְהוּ
שִׁמְרוּ יִשְׂרָאֵל שַׁבָּת, כִּי אוֹת בֵּינִי וּבֵינֵיכֶם הוּא

מְכֻבָּד הוּא מִכָּל יָמִים / כִּי בוֹ שָׁבַת צוּר עוֹלָמִים
יָנוּחַ בּוֹ לֵב עֲגוּמִים / שַׂמֵּחַ יְשַׂמְּחֵנְהוּ
שִׁמְרוּ יִשְׂרָאֵל שַׁבָּת, כִּי אוֹת בֵּינִי וּבֵינֵיכֶם הוּא

שַׁבַּת קֹדֶשׁ יוֹם מְנוּחָה / בּוֹ נָסוּ יָגוֹן וַאֲנָחָה
עַם אֵל בְּהַשְׁקֵט וּבְבִטְחָה / שַׁבַּת עֹנֶג יִקְרָאוּהוּ
שִׁמְרוּ יִשְׂרָאֵל שַׁבָּת, כִּי אוֹת בֵּינִי וּבֵינֵיכֶם הוּא

הָאֵל אֲשֶׁר בָּחַר בָּנוּ / שַׁבַּת קָדְשׁוֹ הִנְחִילָנוּ
מִן הָעַמִּים הִבְדִּילָנוּ / לִהְיוֹת לָנוּ לֵאלֹהִים הוּא
שִׁמְרוּ יִשְׂרָאֵל שַׁבָּת, כִּי אוֹת בֵּינִי וּבֵינֵיכֶם הוּא

הַלְוִיִּם רִנָּה יִפְצְחוּ / לִכְבוֹד שַׁבָּת כִּי בוֹ נָחוּ
כָּל יִשְׂרָאֵל בּוֹ יִשְׂמָחוּ / שִׂמְחַת עוֹלָם עַל רֹאשָׁם הוּא
שִׁמְרוּ יִשְׂרָאֵל שַׁבָּת, כִּי אוֹת בֵּינִי וּבֵינֵיכֶם הוּא

חָזָק יִשְׁלַח מְשִׁיחֵנוּ / וְיָשִׁיב אֶת שְׁבִיתֵנוּ
וְאָז נִשְׁבֹּת שַׁבָּתֵנוּ / עוֹלָם שֶׁכֻּלּוֹ שַׁבָּת הוּא
שִׁמְרוּ יִשְׂרָאֵל שַׁבָּת, כִּי אוֹת בֵּינִי וּבֵינֵיכֶם הוּא

זמר לדונש אבן לברט – מדקדק ומשורר, מתלמידיו של רב סעדיה גאון.

דְּרוֹר יִקְרָא לְבֵן עִם בַּת / וְיִנְצָרְכֶם כְּמוֹ בָבַת
נְעִים שִׁמְכֶם וְלֹא יֻשְׁבַּת / שְׁבוּ נוּחוּ בְּיוֹם שַׁבָּת

דְּרֹשׁ נָוִי וְאוּלַמִּי / וְאוֹת יֶשַׁע עֲשֵׂה עִמִּי
נְטַע שׂוֹרֵק בְּתוֹךְ כַּרְמִי / שְׁעֵה שַׁוְעַת בְּנֵי עַמִּי.

דְּרֹךְ פּוּרָה בְּתוֹךְ בָּצְרָה / וְגַם בָּבֶל אֲשֶׁר גָּבְרָה
נְתֹץ צָרַי בְּאַף עֶבְרָה / שְׁמַע קוֹלִי בְּיוֹם אֶקְרָא.

אֱלֹהִים תֵּן בַּמִּדְבָּר הַר / הֲדַס שִׁטָּה בְּרוֹשׁ תִּדְהָר
וְלַמַּזְהִיר וְלַנִּזְהָר / שְׁלוֹמִים תֵּן כְּמֵי נָהָר.

הֲדֹךְ קָמַי, אֵל קַנָּא / בְּמוֹג לֵבָב וּבִמְגִנָּה
וְנַרְחִיב פֶּה וּנְמַלְּאֶנָּה / לְשׁוֹנֵנוּ לְךָ רִנָּה.

דְּעֵה חָכְמָה לְנַפְשֶׁךָ / וְהִיא כֶתֶר לְרֹאשֶׁךָ
נְצֹר מִצְוַת קְדוֹשֶׁךָ / שְׁמֹר שַׁבַּת קָדְשֶׁךָ.

בקשה לרבי אלעזר אזיכרי

יְדִיד נֶפֶשׁ, אָב הָרַחֲמָן, מְשׁוֹךְ עַבְדְּךָ אֶל רְצוֹנָךְ.
יָרוּץ עַבְדְּךָ כְּמוֹ אַיָּל, יִשְׁתַּחֲוֶה מוּל הֲדָרָךְ.
כִּי יֶעֱרַב לוֹ יְדִידוּתָךְ, מִנֹּפֶת צוּף וְכָל טָעַם.
כִּי יֶעֱרַב לוֹ יְדִידוּתָךְ, מִנֹּפֶת צוּף וְכָל טָעַם.

הָדוּר, נָאֶה, זִיו הָעוֹלָם, נַפְשִׁי חוֹלַת אַהֲבָתָךְ.
אָנָּא, אֵל נָא, רְפָא נָא לָהּ, בְּהַרְאוֹת לָהּ נֹעַם זִיוָךְ.
אָז תִּתְחַזֵּק וְתִתְרַפֵּא, וְהָיְתָה לָךְ שִׁפְחַת עוֹלָם.
אָז תִּתְחַזֵּק וְתִתְרַפֵּא, וְהָיְתָה לָךְ שִׁפְחַת עוֹלָם.

וָתִיק, יֶהֱמוּ רַחֲמֶיךָ, וְחוּס נָא עַל בֵּן אוֹהֲבָךְ.
כִּי זֶה כַּמֶּה נִכְסֹף נִכְסַף לִרְאוֹת בְּתִפְאֶרֶת עֻזָּךְ.
אָנָּא, אֵלִי, מַחְמַד לִבִּי, חוּשָׁה נָּא, וְאַל תִּתְעַלָּם.
אָנָּא, אֵלִי, מַחְמַד לִבִּי, חוּשָׁה נָּא, וְאַל תִּתְעַלָּם.

הִגָּלֶה נָא וּפְרוֹשׂ, חָבִיב, עָלַי אֶת סֻכַּת שְׁלוֹמָךְ.
תָּאִיר אֶרֶץ מִכְּבוֹדָךְ, נָגִילָה וְנִשְׂמְחָה בָךְ.
מַהֵר, אָהוּב, כִּי בָא מוֹעֵד, וְחָנֵּנִי כִּימֵי עוֹלָם.
מַהֵר, אָהוּב, כִּי בָא מוֹעֵד, וְחָנֵּנִי כִּימֵי עוֹלָם.

פיוט המבוסס על עשר הספירות, חיברו רבי אברהם מימון ממקובלי צפת.

אֵל מִסְתַּתֵּר בְּשַׁפְרִיר חֶבְיוֹן, הַשֵּׂכֶל הַנֶּעְלָם מִכָּל רַעְיוֹן
עִלַּת הָעִלּוֹת מֻכְתָּר בְּכֶתֶר עֶלְיוֹן, כֶּתֶר יִתְּנוּ לְךָ יְהֹוָה.

בְּרֵאשִׁית תּוֹרָתְךָ הַקְּדוּמָה, רְשׁוּמָה חָכְמָתְךָ הַסְּתוּמָה
מֵאַיִן תִּמָּצֵא וְהִיא נֶעְלָמָה, רֵאשִׁית חָכְמָה יִרְאַת יְהֹוָה: תהלים קיא

רְחוֹבוֹת הַנָּהָר נַחֲלֵי אֱמוּנָה, מַיִם עֲמֻקִּים יִדְלֵם אִישׁ תְּבוּנָה
תּוֹצְאוֹתֶיהָ חֲמִשִּׁים שַׁעֲרֵי בִינָה, אֱמוּנִים נֹצֵר יְהֹוָה: תהלים לא

הָאֵל הַגָּדוֹל עֵינֵי כֹל נֶגְדֶּךָ, רַב חֶסֶד גָּדוֹל מֵעַל שָׁמַיִם חַסְדֶּךָ
אֱלֹהֵי אַבְרָהָם זְכֹר דְּבַר לְעַבְדֶּךָ, חַסְדֵי יְהֹוָה אַזְכִּיר תְּהִלֹּת יְהֹוָה: ישעיה סג

מָרוֹם נֶאְדָּר בְּכֹחַ וּגְבוּרָה, מוֹצִיא אוֹרָה מֵאֵין תְּמוּרָה
פַּחַד יִצְחָק מִשְׁפָּטֵנוּ הָאִירָה, אַתָּה גִּבּוֹר לְעוֹלָם יְהֹוָה.

מִי אֵל כָּמוֹךָ עוֹשֶׂה גְדוֹלוֹת, אֲבִיר יַעֲקֹב נוֹרָא תְהִלּוֹת
תִּפְאֶרֶת יִשְׂרָאֵל שׁוֹמֵעַ תְּפִלּוֹת, כִּי־שֹׁמֵעַ אֶל־אֶבְיוֹנִים יְהֹוָה: תהלים סט

יָהּ, זְכוּת אָבוֹת יָגֵן עָלֵינוּ, נֵצַח יִשְׂרָאֵל, מִצָּרוֹתֵינוּ גָּאָלֵנוּ
וּמִבּוֹר גָּלוּת דְּלֵנוּ וְהַעֲלֵנוּ, לְנַצֵּחַ עַל־מְלֶאכֶת בֵּית־יְהֹוָה: דברי הימים א׳ כג

מִיָּמִין וּמִשְּׂמֹאל יְנִיקַת הַנְּבִיאִים, נֶצַח וָהוֹד בָּהֶם נִמְצָאִים
יָכִין וּבֹעַז בְּשֵׁם נִקְרָאִים, וְכָל־בָּנַיִךְ לִמּוּדֵי יְהֹוָה: ישעיה נד

וִיסוֹד צַדִּיק בְּשִׁבְעָה נֶעְלָם, אוֹת בְּרִית הִיא לְעוֹלָם
מַעְיַן הַבְּרָכוֹת צַדִּיק יְסוֹד עוֹלָם, צַדִּיק אַתָּה יְהֹוָה: תהלים קיט

נָא הָקֵם מַלְכוּת דָּוִד וּשְׁלֹמֹה, בָּעֲטָרָה שֶׁעִטְּרָה לוֹ אִמּוֹ
כְּנֶסֶת יִשְׂרָאֵל כַּלָּה קְרוּאָה בִנְעִימוֹ, עֲטֶרֶת תִּפְאֶרֶת בְּיַד־יְהֹוָה: ישעיה סב

חָזָק מְיַחֵד כְּאֶחָד עֶשֶׂר סְפִירוֹת, מַפְרִיד אַלּוּף לֹא יִרְאֶה מְאוֹרוֹת
סַפִּיר גִּזְרָתָם יַחַד מְאִירוֹת, תִּקְרַב רִנָּתִי לְפָנֶיךָ יְהֹוָה: תהלים קיט

# סדר ברכת המזון

קודם ברכת המזון יש ליטול את הידיים במעט מים כדי להעביר את הלכלוך שעליהן. ראה הלכה 450–452.

בשבת יש אומרים קודם מים אחרונים את שני הבתים האחרונים של הפיוט ׳אֲסַדֵּר לִסְעוּדְתָא׳, המדברים בעניין זימון ומים אחרונים.

יְדֵי אַסְחֵי אֲנָא לְגַבֵּי חַד מָנָא לְסִטְרָא חוֹרָנָא דְּלֵית בֵּהּ מַמָּשָׁא
אֲזַמֵּן בִּתְלָתָא בְּכָסָא דְבִרְכְתָא לְעִלַּת עִלָּתָא עַתִּיקָא קַדִּישָׁא

צריך להעלות על שולחנו את זכר ירושלים ולהצטער על חורבנה (זוהר, תרומה קנז ע״ב). לפיכך, יש נוהגים לומר את מזמור קלז (וכשאין אומרים תחנון, את מזמור קכו) ובשבת את מזמור פז (׳וזאת ליהודה׳ בשם השל״ה). והאר״י נהג לומר קודם הזימון מזמור זה (שער המצוות, עקב).

תהלים סז לַמְנַצֵּחַ בִּנְגִינֹת, מִזְמוֹר שִׁיר: אֱלֹהִים יְחָנֵּנוּ וִיבָרְכֵנוּ, יָאֵר פָּנָיו אִתָּנוּ סֶלָה:
לָדַעַת בָּאָרֶץ דַּרְכֶּךָ, בְּכָל־גּוֹיִם יְשׁוּעָתֶךָ: יוֹדוּךָ עַמִּים אֱלֹהִים, יוֹדוּךָ עַמִּים
כֻּלָּם: יִשְׂמְחוּ וִירַנְּנוּ לְאֻמִּים, כִּי־תִשְׁפֹּט עַמִּים מִישֹׁר, וּלְאֻמִּים בָּאָרֶץ תַּנְחֵם
סֶלָה: יוֹדוּךָ עַמִּים אֱלֹהִים, יוֹדוּךָ עַמִּים כֻּלָּם: אֶרֶץ נָתְנָה יְבוּלָהּ, יְבָרְכֵנוּ
אֱלֹהִים אֱלֹהֵינוּ: יְבָרְכֵנוּ אֱלֹהִים, וְיִירְאוּ אוֹתוֹ כָּל־אַפְסֵי־אָרֶץ:

יש אומרים פסוקים אלו במקום ׳הַב וְנִבְרִיךְ׳ שלמטה (שער המצוות, שם בשם האר״י):

תהלים לד אֲבָרְכָה אֶת־יְהוָה בְּכָל־עֵת, תָּמִיד תְּהִלָּתוֹ בְּפִי: סוֹף דָּבָר הַכֹּל נִשְׁמָע, אֶת־
קהלת יב
תהלים קמה הָאֱלֹהִים יְרָא וְאֶת־מִצְוֹתָיו שְׁמוֹר, כִּי־זֶה כָּל־הָאָדָם: תְּהִלַּת יְהוָה יְדַבֶּר פִּי,
תהלים קטו וִיבָרֵךְ כָּל־בָּשָׂר שֵׁם קָדְשׁוֹ, לְעוֹלָם וָעֶד: וַאֲנַחְנוּ נְבָרֵךְ יָהּ, מֵעַתָּה וְעַד־עוֹלָם,
יחזקאל מא הַלְלוּיָהּ: וַיְדַבֵּר אֵלַי, זֶה הַשֻּׁלְחָן, אֲשֶׁר לִפְנֵי יְהוָה:

## סדר הזימון

שלושה שאכלו כאחד חייבים לזמן (משנה, ברכות פ״ז מ״א).
אם עשרה אכלו יחד מזמנים בשם.
בבית האבל אומרים זימון וברכת המזון בנוסח מיוחד (עמ׳ 894).

יש המתחילים מכאן (׳היכל הקודש׳ לט; מג״א קצב, א על פי הזוהר, בלק, וראה הלכה 453):

המזמן: הַב (לָן) וְנִבְרִיךְ לְמַלְכָּא עִלָּאָה קַדִּישָׁא

המסובים: שָׁמַיִם

המזמן: בִּרְשׁוּת מַלְכָּא עִלָּאָה קַדִּישָׁא

בשבת: וּבִרְשׁוּת שַׁבָּת מַלְכְּתָא

ביום טוב: וּבִרְשׁוּת יוֹמָא טָבָא קַדִּישָׁא

בסוכות: וּבִרְשׁוּת שִׁבְעָה אֻשְׁפִּיזִין עִלָּאִין קַדִּישִׁין

וממשיכים ׳וּבִרְשׁוּת מוֹרַי וְרַבּוֹתַי וּבִרְשׁוּתְכֶם נְבָרֵךְ׳.

ויש המתחילים מכאן:

המזמן: **בִּרְשׁוּת מוֹרַי וְרַבּוֹתַי וּבִרְשׁוּתְכֶם** והשומעים עונים: **בִּרְשׁוּת שָׁמַיִם**

המזמן: **נְבָרֵךְ** (במניין: **אֱלֹהֵינוּ**) (בסעודת נישואין: **שֶׁהַשִּׂמְחָה בִּמְעוֹנוֹ**) **שֶׁאָכַלְנוּ מִשֶּׁלּוֹ.**

המסובים: **בָּרוּךְ** (במניין: **אֱלֹהֵינוּ**) (בסעודת נישואין: **שֶׁהַשִּׂמְחָה בִּמְעוֹנוֹ**)
**שֶׁאָכַלְנוּ מִשֶּׁלּוֹ וּבְטוּבוֹ חָיִינוּ.**

המזמן: **בָּרוּךְ** (במניין: **אֱלֹהֵינוּ**) (בסעודת נישואין: **שֶׁהַשִּׂמְחָה בִּמְעוֹנוֹ**)
**שֶׁאָכַלְנוּ מִשֶּׁלּוֹ וּבְטוּבוֹ חָיִינוּ.**

יש אומרים: **בָּרוּךְ הוּא וּבָרוּךְ שְׁמוֹ, וּבָרוּךְ זִכְרוֹ לְעוֹלְמֵי עַד.**

ברכה אחת מן התורה / צוה לנו משה מורשה
ודבר בחוון / על ברכת המזון — כאמור ׳וְאָכַלְתָּ וְשָׂבָעְתָּ וּבֵרַכְתָּ׳.
ישראל קדושים בתומם / דקדקו על עצמם
עד כזית ועד כביצה / והאל יתברך מעשיהם רצה
ובחר בהם ודבריהם / ונשא פנים להם — כאמור ׳יִשָּׂא ה׳ פָּנָיו אֵלֶיךָ׳.

(׳כלי מחזיק ברכה׳ לרבי ישראל נג׳ארה)

## ברכת המזון

ברכת הזן

בָּרוּךְ אַתָּה יְהוָה, אֱלֹהֵינוּ מֶלֶךְ הָעוֹלָם
(הַזָּנֵנוּ וְלֹא מִמַּעֲשֵׂינוּ, הַמְפַרְנְסֵנוּ וְלֹא מִצִּדְקוֹתֵינוּ, הַמַּעֲדִיף טוּבוֹ עָלֵינוּ)
(הָאֵל) הַזָּן אוֹתָנוּ וְאֶת הָעוֹלָם כֻּלּוֹ בְּטוּבוֹ
בְּחֵן בְּחֶסֶד בְּרֶוַח וּבְרַחֲמִים רַבִּים
נֹתֵן לֶחֶם לְכָל־בָּשָׂר כִּי לְעוֹלָם חַסְדּוֹ: תהלים קלו
וּבְטוּבוֹ הַגָּדוֹל, תָּמִיד לֹא חָסַר לָנוּ
וְאַל יֶחְסַר לָנוּ מָזוֹן תָּמִיד לְעוֹלָם וָעֶד
כִּי הוּא אֵל זָן וּמְפַרְנֵס לַכֹּל, וְשֻׁלְחָנוֹ עָרוּךְ לַכֹּל
וְהִתְקִין מִחְיָה וּמָזוֹן לְכָל בְּרִיּוֹתָיו אֲשֶׁר בָּרָא
בְּרַחֲמָיו וּבְרֹב חֲסָדָיו
כָּאָמוּר: פּוֹתֵחַ אֶת־יָדֶךָ וּמַשְׂבִּיעַ לְכָל־חַי רָצוֹן: תהלים קמה
בָּרוּךְ אַתָּה יְהוָה, הַזָּן (בְּרַחֲמָיו) אֶת הַכֹּל.

### ברכת הארץ

כשמשמיעים על הכוס מוזגים לתוכו מים בברכת הארץ (רמב״ם, ברכות פ״ז הי״ד על פי הירושלמי),
ועושים כן כשמגיעים לתיבת אֶ֫ת שבפסוק וְאָכַלְתָּ וְשָׂבָ֫עְתָּ (שער המצוות, עקב).

(עַל אַרְצֵנוּ וְעַל נַחֲלַת אֲבוֹתֵינוּ)

נ֫וֹדֶה לְּךָ, יְהֹוָה אֱלֹהֵינוּ

עַל שֶׁהִנְחַ֫לְתָּ לַאֲבוֹתֵ֫ינוּ אֶ֫רֶץ חֶמְדָּה טוֹבָה וּרְחָבָה

בְּרִית וְתוֹרָה, חַיִּים וּמָזוֹן

עַל שֶׁהוֹצֵאתָ֫נוּ מֵאֶ֫רֶץ מִצְרַ֫יִם וּפְדִיתָ֫נוּ מִבֵּית עֲבָדִים

וְעַל בְּרִיתְךָ שֶׁחָתַ֫מְתָּ בִּבְשָׂרֵ֫נוּ

וְעַל תּוֹרָתְךָ שֶׁלִּמַּדְתָּ֫נוּ וְעַל חֻקֶּ֫יךָ שֶׁהוֹדַעְתָּ֫נוּ

וְעַל חַיִּים וּמָזוֹן שָׁאַתָּה זָן וּמְפַרְנֵס אוֹתָ֫נוּ.

בחנוכה ובפורים:

עַל הַנִּסִּים וְעַל הַפֻּרְקָן וְעַל הַגְּבוּרוֹת וְעַל הַתְּשׁוּעוֹת וְעַל הַנִּפְלָאוֹת
וְעַל הַנֶּחָמוֹת שֶׁעָשִׂ֫יתָ לַאֲבוֹתֵ֫ינוּ בַּיָּמִים הָהֵם בַּזְּמַן הַזֶּה.

בחנוכה:

בִּימֵי מַתִּתְיָ֫הוּ בֶּן יוֹחָנָן כֹּהֵן גָּדוֹל חַשְׁמוֹנַאי וּבָנָיו, כְּשֶׁעָמְדָה מַלְכוּת
יָוָן הָרְשָׁעָה עַל עַמְּךָ יִשְׂרָאֵל לְשַׁכְּחָם תּוֹרָתֶ֫ךָ וּלְהַעֲבִירָם מֵחֻקֵּי
רְצוֹנֶ֫ךָ, וְאַתָּה בְּרַחֲמֶ֫יךָ הָרַבִּים עָמַ֫דְתָּ לָהֶם בְּעֵת צָרָתָם, רַ֫בְתָּ
אֶת רִיבָם, דַּ֫נְתָּ אֶת דִּינָם, נָקַ֫מְתָּ אֶת נִקְמָתָם, מָסַ֫רְתָּ גִבּוֹרִים בְּיַד
חַלָּשִׁים, וְרַבִּים בְּיַד מְעַטִּים, וּרְשָׁעִים בְּיַד צַדִּיקִים, וּטְמֵאִים בְּיַד
טְהוֹרִים, וְזֵדִים בְּיַד עוֹסְקֵי תוֹרָתֶ֫ךָ. לְךָ עָשִׂ֫יתָ שֵׁם גָּדוֹל וְקָדוֹשׁ
בְּעוֹלָמֶ֫ךָ, וּלְעַמְּךָ יִשְׂרָאֵל עָשִׂ֫יתָ תְּשׁוּעָה גְדוֹלָה וּפֻרְקָן כְּהַיּוֹם
הַזֶּה. וְאַחַר כָּךְ בָּ֫אוּ בָנֶ֫יךָ לִדְבִיר בֵּיתֶ֫ךָ, וּפִנּוּ אֶת הֵיכָלֶ֫ךָ, וְטִהֲרוּ
אֶת מִקְדָּשֶׁ֫ךָ, וְהִדְלִ֫יקוּ נֵרוֹת בְּחַצְרוֹת קָדְשֶׁ֫ךָ, וְקָבְעוּ שְׁמוֹנַת יְמֵי
חֲנֻכָּה אֵ֫לּוּ, בְּהַלֵּל וּבְהוֹדָאָה, וְעָשִׂ֫יתָ עִמָּהֶם נִסִּים וְנִפְלָאוֹת, וְנוֹדֶה
לְשִׁמְךָ הַגָּדוֹל, סֶ֫לָה.

וממשיך (ז)וְעַל הַכֹּל בעמוד הבא.

בפורים:

בִּימֵי מָרְדְּכַי וְאֶסְתֵּר בְּשׁוּשַׁן הַבִּירָה, כְּשֶׁעָמַד עֲלֵיהֶם הָמָן הָרָשָׁע, בִּקֵּשׁ לְהַשְׁמִיד לַהֲרֹג וּלְאַבֵּד אֶת־כָּל־הַיְּהוּדִים מִנַּעַר וְעַד־זָקֵן טַף וְנָשִׁים בְּיוֹם אֶחָד, בִּשְׁלוֹשָׁה עָשָׂר לְחֹדֶשׁ שְׁנֵים־עָשָׂר, הוּא־חֹדֶשׁ אֲדָר, וּשְׁלָלָם לָבוֹז: וְאַתָּה בְּרַחֲמֶיךָ הָרַבִּים הֵפַרְתָּ אֶת עֲצָתוֹ, וְקִלְקַלְתָּ אֶת מַחֲשַׁבְתּוֹ, וַהֲשֵׁבוֹתָ לּוֹ גְּמוּלוֹ בְּרֹאשׁוֹ, וְתָלוּ אוֹתוֹ וְאֶת בָּנָיו עַל הָעֵץ, וְעָשִׂיתָ עִמָּהֶם נִסִּים וְנִפְלָאוֹת, וְנוֹדֶה לְשִׁמְךָ הַגָּדוֹל, סֶלָה. אסתר ג

וממשיך ״(וְ)עַל הַכֹּל״.

(וְ)עַל הַכֹּל, יְהֹוָה אֱלֹהֵינוּ
אֲנַחְנוּ מוֹדִים לָךְ וּמְבָרְכִים אֶת שְׁמָךְ
כָּאָמוּר: וְאָכַלְתָּ וְשָׂבָעְתָּ דברים ח
וּבֵרַכְתָּ אֶת־יְהֹוָה אֱלֹהֶיךָ עַל־הָאָרֶץ הַטֹּבָה אֲשֶׁר נָתַן־לָךְ:
בָּרוּךְ אַתָּה יְהֹוָה, עַל הָאָרֶץ וְעַל הַמָּזוֹן.

ברכת ירושלים

רַחֵם יְהֹוָה אֱלֹהֵינוּ עָלֵינוּ וְעַל יִשְׂרָאֵל עַמָּךְ
וְעַל יְרוּשָׁלַיִם עִירָךְ וְעַל הַר צִיּוֹן מִשְׁכַּן כְּבוֹדָךְ
וְעַל הֵיכָלָךְ וְעַל מְעוֹנָךְ וְעַל דְּבִירָךְ
וְעַל הַבַּיִת הַגָּדוֹל וְהַקָּדוֹשׁ שֶׁנִּקְרָא שִׁמְךָ עָלָיו
אָבִינוּ, רְעֵנוּ, זוּנֵנוּ, פַּרְנְסֵנוּ, כַּלְכְּלֵנוּ
הַרְוִיחֵנוּ, הַרְוַח לָנוּ מְהֵרָה מִכָּל צָרוֹתֵינוּ
וְאַל תַּצְרִיכֵנוּ, יְהֹוָה אֱלֹהֵינוּ לִידֵי מַתְּנוֹת בָּשָׂר וָדָם
וְלֹא לִידֵי הַלְוָאָתָם (שֶׁמַּתְּנָתָם מְעוּטָה וְחֶרְפָּתָם מְרֻבָּה)
אֶלָּא לְיָדְךָ הַמְּלֵאָה וְהָרְחָבָה, הָעֲשִׁירָה וְהַפְּתוּחָה.
יְהִי רָצוֹן שֶׁלֹּא נֵבוֹשׁ בָּעוֹלָם הַזֶּה, וְלֹא נִכָּלֵם לָעוֹלָם הַבָּא
וּמַלְכוּת בֵּית דָּוִד מְשִׁיחָךְ תַּחֲזִירֶנָּה לִמְקוֹמָהּ בִּמְהֵרָה בְיָמֵינוּ.

בשבת מוסיפים:

רְצֵה וְהַחֲלִיצֵנוּ, יְהוָה אֱלֹהֵינוּ, בְּמִצְוֹתֶיךָ
וּבְמִצְוַת יוֹם הַשְּׁבִיעִי, הַשַּׁבָּת הַגָּדוֹל וְהַקָּדוֹשׁ הַזֶּה
כִּי יוֹם גָּדוֹל וְקָדוֹשׁ הוּא מִלְּפָנֶיךָ.
נִשְׁבֹּת בּוֹ וְנָנוּחַ בּוֹ (וְנִתְעַנֵּג בּוֹ) כְּמִצְוַת חֻקֵּי רְצוֹנֶךָ
וְאַל תְּהִי צָרָה וְיָגוֹן בְּיוֹם מְנוּחָתֵנוּ
וְהַרְאֵנוּ בְּנֶחָמַת צִיּוֹן בִּמְהֵרָה בְיָמֵינוּ
כִּי אַתָּה הוּא בַּעַל הַנֶּחָמוֹת.
וְהֲגַם שֶׁאָכַלְנוּ וְשָׁתִינוּ
חָרְבַּן בֵּיתְךָ הַגָּדוֹל וְהַקָּדוֹשׁ לֹא שָׁכַחְנוּ.
אַל תִּשְׁכָּחֵנוּ לָנֶצַח וְאַל תִּזְנָחֵנוּ לָעַד
כִּי אֵל מֶלֶךְ גָּדוֹל וְקָדוֹשׁ אָתָּה.

---

במועדים, בחול המועד ובראש חודש מוסיפים:

אֱלֹהֵינוּ וֵאלֹהֵי אֲבוֹתֵינוּ
יַעֲלֶה וְיָבוֹא, יַגִּיעַ יֵרָאֶה וְיֵרָצֶה
יִשָּׁמַע יִפָּקֵד וְיִזָּכֵר זִכְרוֹנֵנוּ וְזִכְרוֹן אֲבוֹתֵינוּ
זִכְרוֹן יְרוּשָׁלַיִם עִירֶךָ וְזִכְרוֹן מָשִׁיחַ בֶּן דָּוִד עַבְדֶּךָ
וְזִכְרוֹן כָּל עַמְּךָ בֵּית יִשְׂרָאֵל
לְפָנֶיךָ, לִפְלֵיטָה לְטוֹבָה, לְחֵן וּלְחֶסֶד וּלְרַחֲמִים
(לְחַיִּים טוֹבִים וּלְשָׁלוֹם) בְּיוֹם

בראש חודש: רֹאשׁ הַחֹדֶשׁ הַזֶּה

בפסח: חַג הַמַּצּוֹת הַזֶּה, בְּיוֹם (ביו"ט: טוֹב) מִקְרָא קֹדֶשׁ הַזֶּה.

בשבועות: חַג הַשָּׁבוּעוֹת הַזֶּה, בְּיוֹם טוֹב מִקְרָא קֹדֶשׁ הַזֶּה.

בסוכות: חַג הַסֻּכּוֹת הַזֶּה, בְּיוֹם (ביו"ט: טוֹב) מִקְרָא קֹדֶשׁ הַזֶּה.

בשמיני עצרת: שְׁמִינִי חַג עֲצֶרֶת הַזֶּה, בְּיוֹם טוֹב מִקְרָא קֹדֶשׁ הַזֶּה.

בראש השנה: הַזִּכָּרוֹן הַזֶּה, בְּיוֹם טוֹב מִקְרָא קֹדֶשׁ הַזֶּה.

לְרַחֵם בּוֹ עָלֵינוּ וּלְהוֹשִׁיעֵנוּ.
זָכְרֵנוּ יְהֹוָה אֱלֹהֵינוּ בּוֹ לְטוֹבָה
וּפָקְדֵנוּ בוֹ לִבְרָכָה וְהוֹשִׁיעֵנוּ בוֹ לְחַיִּים טוֹבִים.
וּבִדְבַר יְשׁוּעָה וְרַחֲמִים, חוּס וְחָנֵּנוּ
וַחֲמוֹל וְרַחֵם עָלֵינוּ, וְהוֹשִׁיעֵנוּ
כִּי אֵלֶיךָ עֵינֵינוּ, כִּי אֵל מֶלֶךְ חַנּוּן וְרַחוּם אָתָּה.

---

בבית האבל ממשיכים בעמ׳ 894 (ראה הלכה 533).

וְתִבְנֶה יְרוּשָׁלַיִם עִירְךָ בִּמְהֵרָה בְיָמֵינוּ.
בָּרוּךְ אַתָּה יְהֹוָה, בּוֹנֵה (בְּרַחֲמָיו בִּנְיַן) יְרוּשָׁלָיִם. בלחש: אָמֵן.

(בְּחַיֵּינוּ וּבְחַיֵּי כָל קְהַל בֵּית יִשְׂרָאֵל
תִּבָּנֶה עִיר צִיּוֹן בְּרִנָּה, וְתִכּוֹן עֲבוֹדַת הַקֹּדֶשׁ בִּירוּשָׁלַיִם
וְאַרְמוֹן עַל מִשְׁפָּטוֹ יֵשֵׁב בְּקָרוֹב כְּבָרִאשׁוֹנָה)

---

אם שכח לומר בשבת ׳רְצֵה וְהַחֲלִיצֵנוּ׳ ונזכר קודם שהתחיל ברכת הטוב והמיטיב אומר ברכה זו, ואם לא נזכר חוזר לראש ברכת המזון (ראה הלכה 463).

בָּרוּךְ אַתָּה יְהֹוָה, אֱלֹהֵינוּ מֶלֶךְ הָעוֹלָם אֲשֶׁר נָתַן שַׁבָּתוֹת לִמְנוּחָה לְעַמּוֹ יִשְׂרָאֵל בְּאַהֲבָה לְאוֹת וְלִבְרִית. בָּרוּךְ אַתָּה יְהֹוָה מְקַדֵּשׁ הַשַּׁבָּת.

אם שכח לומר ביום טוב או בראש השנה ׳יַעֲלֶה וְיָבוֹא׳ ונזכר קודם שהתחיל ברכת הטוב והמיטיב אומר ברכה זו, ואם לא נזכר יש אומרים שחוזר לראש ברכת המזון (ראה הלכה 463–464).

בָּרוּךְ אַתָּה יְהֹוָה, אֱלֹהֵינוּ מֶלֶךְ הָעוֹלָם אֲשֶׁר נָתַן (שַׁבָּתוֹת לִמְנוּחָה לְעַמּוֹ יִשְׂרָאֵל בְּאַהֲבָה לְאוֹת וְלִבְרִית וְ) יָמִים טוֹבִים לְעַמּוֹ יִשְׂרָאֵל לְשָׂשׂוֹן וּלְשִׂמְחָה אֶת יוֹם חַג הַמַּצּוֹת הַזֶּה / חַג הַשָּׁבוּעוֹת הַזֶּה / חַג הַסֻּכּוֹת הַזֶּה / שְׁמִינִי חַג עֲצֶרֶת הַזֶּה. בָּרוּךְ אַתָּה יְהֹוָה מְקַדֵּשׁ (הַשַּׁבָּת וְ) יִשְׂרָאֵל וְהַזְּמַנִּים.

בראש השנה:

בָּרוּךְ אַתָּה יְהֹוָה, אֱלֹהֵינוּ מֶלֶךְ הָעוֹלָם אֲשֶׁר נָתַן יָמִים טוֹבִים לְעַמּוֹ יִשְׂרָאֵל אֶת יוֹם הַזִּכָּרוֹן הַזֶּה. בָּרוּךְ אַתָּה יְהֹוָה מְקַדֵּשׁ יִשְׂרָאֵל וְיוֹם הַזִּכָּרוֹן.

שכח לומר ׳יַעֲלֶה וְיָבוֹא׳ בר״ח או בחוה״מ מזכיר כאן, ואם התחיל הטוב והמיטיב אינו חוזר:

בָּרוּךְ שֶׁנָּתַן
רָאשֵׁי חֳדָשִׁים לְעַמּוֹ יִשְׂרָאֵל לְזִכָּרוֹן / מוֹעֲדִים לְעַמּוֹ יִשְׂרָאֵל לְשָׂשׂוֹן וּלְשִׂמְחָה.

ברכת הטוב והמטיב

בָּרוּךְ אַתָּה יְהוָה, אֱלֹהֵינוּ מֶלֶךְ הָעוֹלָם (לָעַד)
הָאֵל אָבִינוּ, מַלְכֵּנוּ, אַדִּירֵנוּ
בּוֹרְאֵנוּ, גּוֹאֲלֵנוּ, קְדוֹשֵׁנוּ, קְדוֹשׁ יַעֲקֹב
רוֹעֵנוּ, רוֹעֵה יִשְׂרָאֵל, הַמֶּלֶךְ הַטּוֹב וְהַמֵּיטִיב לַכֹּל
שֶׁבְּכָל יוֹם וָיוֹם
הוּא הֵיטִיב לָנוּ, הוּא מֵיטִיב לָנוּ, הוּא יֵיטִיב לָנוּ
הוּא גְמָלָנוּ, הוּא גוֹמְלֵנוּ, הוּא יִגְמְלֵנוּ לָעַד
חֵן וָחֶסֶד וְרַחֲמִים, וְרֶוַח וְהַצָּלָה וְכָל טוֹב.

הָרַחֲמָן הוּא יִשְׁתַּבַּח עַל כִּסֵּא כְבוֹדוֹ.

הָרַחֲמָן הוּא יִשְׁתַּבַּח בַּשָּׁמַיִם וּבָאָרֶץ.

הָרַחֲמָן הוּא יִשְׁתַּבַּח בָּנוּ לְדוֹר דּוֹרִים.

הָרַחֲמָן הוּא קֶרֶן לְעַמּוֹ יָרִים.

הָרַחֲמָן הוּא יִתְפָּאַר בָּנוּ לְנֵצַח נְצָחִים.

הָרַחֲמָן הוּא יְפַרְנְסֵנוּ בְּכָבוֹד וְלֹא בְּבִזּוּי (בְּהֶתֵּר וְלֹא בְאִסּוּר)
בְּנַחַת וְלֹא בְּצַעַר (בְּרֶוַח וְלֹא בְצִמְצוּם).

הָרַחֲמָן הוּא יִתֵּן שָׁלוֹם בֵּינֵינוּ.

הָרַחֲמָן הוּא יִשְׁלַח בְּרָכָה רְוָחָה וְהַצְלָחָה בְּכָל מַעֲשֵׂה יָדֵינוּ.

הָרַחֲמָן הוּא יַצְלִיחַ אֶת דְּרָכֵינוּ.

הָרַחֲמָן הוּא יִשְׁבֹּר עֹל הַגּוֹיִם מְהֵרָה מֵעַל צַוָּארֵינוּ.

הָרַחֲמָן הוּא יוֹלִיכֵנוּ מְהֵרָה קוֹמְמִיּוּת לְאַרְצֵנוּ.

הָרַחֲמָן הוּא יְרַפְּאֵנוּ רְפוּאָה שְׁלֵמָה
רְפוּאַת הַנֶּפֶשׁ וּרְפוּאַת הַגּוּף.

הָרַחֲמָן הוּא יִפְתַּח לָנוּ אֶת יָדוֹ הָרְחָבָה.

הָרַחֲמָן הוּא יְבָרֵךְ כָּל אֶחָד וְאֶחָד מִמֶּנּוּ בִּשְׁמוֹ הַגָּדוֹל
כְּמוֹ שֶׁנִּתְבָּרְכוּ אֲבוֹתֵינוּ (הַקְּדוֹשִׁים וְהַטְּהוֹרִים)
אַבְרָהָם יִצְחָק וְיַעֲקֹב, בַּכֹּל, מִכֹּל, כֹּל
כֵּן יְבָרֵךְ אוֹתָנוּ יַחַד בְּרָכָה שְׁלֵמָה
וְכֵן יְהִי רָצוֹן וְנֹאמַר אָמֵן.

הָרַחֲמָן הוּא יִפְרֹשׂ עָלֵינוּ סֻכַּת שְׁלוֹמוֹ.

בשבת: הָרַחֲמָן הוּא יַנְחִילֵנוּ עוֹלָם שֶׁכֻּלּוֹ שַׁבָּת וּמְנוּחָה
לְחַיֵּי הָעוֹלָמִים.

בראש חודש: הָרַחֲמָן הוּא יְחַדֵּשׁ עָלֵינוּ אֶת הַחֹדֶשׁ הַזֶּה לְטוֹבָה וְלִבְרָכָה.

בראש השנה: הָרַחֲמָן הוּא יְחַדֵּשׁ עָלֵינוּ אֶת הַשָּׁנָה הַזֹּאת לְטוֹבָה וְלִבְרָכָה.

בסוכות: הָרַחֲמָן הוּא יְזַכֵּנוּ לֵישֵׁב בְּסֻכַּת עוֹרוֹ שֶׁל לִוְיָתָן.
הָרַחֲמָן הוּא יַשְׁפִּיעַ עָלֵינוּ שֶׁפַע קְדֻשָּׁה וְטָהֳרָה מִשִּׁבְעָה
אֻשְׁפִּיזִין עִלָּאִין קַדִּישִׁין
זְכוּתָם תְּהֵא מָגֵן וְצִנָּה עָלֵינוּ.
הָרַחֲמָן הוּא יָקִים לָנוּ אֶת סֻכַּת דָּוִיד הַנּוֹפֶלֶת.

במועדים: הָרַחֲמָן הוּא יַגִּיעֵנוּ לְמוֹעֲדִים אֲחֵרִים
הַבָּאִים לִקְרָאתֵנוּ לְשָׁלוֹם.

ביום טוב: הָרַחֲמָן הוּא יַנְחִילֵנוּ לְיוֹם שֶׁכֻּלּוֹ טוֹב.

הָרַחֲמָן הוּא יִטַּע תּוֹרָתוֹ וְאַהֲבָתוֹ בְּלִבֵּנוּ
וְתִהְיֶה יִרְאָתוֹ עַל פָּנֵינוּ לְבִלְתִּי נֶחֱטָא
וְיִהְיוּ כָל מַעֲשֵׂינוּ לְשֵׁם שָׁמָיִם.

ברכת האורח:

הָרַחֲמָן הוּא יְבָרֵךְ אֶת הַשֻּׁלְחָן הַזֶּה שֶׁאָכַלְנוּ עָלָיו וִיסַדֵּר בּוֹ כָּל מַעֲדַנֵּי עוֹלָם, וְיִהְיֶה כְּשֻׁלְחָנוֹ שֶׁל אַבְרָהָם אָבִינוּ, כָּל רָעֵב מִמֶּנּוּ יֹאכַל וְכָל צָמֵא מִמֶּנּוּ יִשְׁתֶּה, וְאַל יֶחְסַר מִמֶּנּוּ כָּל טוּב לָעַד וּלְעוֹלְמֵי עוֹלָמִים, אָמֵן.

ברכות מו. הָרַחֲמָן הוּא יְבָרֵךְ אֶת בַּעַל הַבַּיִת הַזֶּה וּבַעַל הַסְּעֻדָּה הַזֹּאת, הוּא וּבָנָיו

דברים לג וְאִשְׁתּוֹ וְכָל אֲשֶׁר לוֹ, בְּבָנִים שֶׁיִּחְיוּ וּבִנְכָסִים שֶׁיִּרְבּוּ. בָּרֵךְ יְהֹוָה חֵילוֹ וּפֹעַל יָדָיו תִּרְצֶה: וְיִהְיוּ נְכָסָיו וּנְכָסֵינוּ מֻצְלָחִים וּקְרוֹבִים לָעִיר, וְאַל יִזְדַּקֵּק לְפָנָיו וְלֹא לְפָנֵינוּ שׁוּם דְּבַר חֵטְא וְהִרְהוּר עָוֹן. וְיִהְיֶה שָׂשׂ וְשָׂמֵחַ כָּל הַיָּמִים, בְּעֹשֶׁר וְכָבוֹד, מֵעַתָּה וְעַד עוֹלָם. לֹא יֵבוֹשׁ בָּעוֹלָם הַזֶּה וְלֹא יִכָּלֵם לָעוֹלָם הַבָּא. אָמֵן כֵּן יְהִי רָצוֹן.

---

בסעודת המילה:

הָרַחֲמָן הוּא יְבָרֵךְ אֶת בַּעַל הַבַּיִת הַזֶּה אֲבִי הַבֵּן
הוּא וְאִשְׁתּוֹ הַיּוֹלֶדֶת, מֵעַתָּה וְעַד עוֹלָם.

הָרַחֲמָן הוּא יְבָרֵךְ אֶת הַיֶּלֶד הַנּוֹלָד
וּכְשֵׁם שֶׁזִּכָּהוּ הַקָּדוֹשׁ בָּרוּךְ הוּא לְמִילָה
כָּךְ יְזַכֵּהוּ לִכָּנֵס לַתּוֹרָה וּלְחֻפָּה
וּלְמִצְוֹת וּלְמַעֲשִׂים טוֹבִים
וְכֵן יְהִי רָצוֹן וְנֹאמַר אָמֵן.

הָרַחֲמָן הוּא יְבָרֵךְ אֶת מַעֲלַת הַסַּנְדָּק וְהַמּוֹהֵל
וּשְׁאָר הַמִּשְׁתַּדְּלִים בַּמִּצְוָה, הֵם וְכָל אֲשֶׁר לָהֶם.

בסעודת החתן:

הָרַחֲמָן הוּא יְבָרֵךְ אֶת הֶחָתָן וְהַכַּלָּה בְּבָנִים וּבְבָנוֹת
בְּעֹשֶׁר וּבְכָבוֹד, לַעֲבוֹדָתוֹ יִתְבָּרַךְ.

הָרַחֲמָן הוּא יְבָרֵךְ אֶת כָּל הַמְּסֻבִּין בַּשֻּׁלְחָן הַזֶּה
וִימַלֵּא יְהֹוָה כָּל מִשְׁאֲלוֹת לִבָּם לְטוֹבָה.

הָרַחֲמָן הוּא יְחַיֵּינוּ וִיזַכֵּנוּ וִיקָרְבֵנוּ לִימוֹת הַמָּשִׁיחַ וּלְבִנְיַן בֵּית
הַמִּקְדָּשׁ וּלְחַיֵּי הָעוֹלָם הַבָּא.

מַגְדִּל / בשבת, מועדים, ראש חודש, חנוכה ופורים: מִגְדּוֹל / יְשׁוּעוֹת מַלְכּוֹ תהלים יח/ שמואל ב׳ כב
וְעֹשֶׂה־חֶסֶד לִמְשִׁיחוֹ לְדָוִד וּלְזַרְעוֹ עַד־עוֹלָם:
כְּפִירִים רָשׁוּ וְרָעֵבוּ, וְדֹרְשֵׁי יְהוָה לֹא־יַחְסְרוּ כָל־טוֹב: תהלים לד
נַעַר הָיִיתִי גַּם־זָקַנְתִּי, וְלֹא־רָאִיתִי צַדִּיק נֶעֱזָב וְזַרְעוֹ מְבַקֶּשׁ־לָחֶם: תהלים לז
כָּל־הַיּוֹם חוֹנֵן וּמַלְוֶה, וְזַרְעוֹ לִבְרָכָה:
מַה שֶּׁאָכַלְנוּ יִהְיֶה לְשָׂבְעָה
וּמַה שֶּׁשָּׁתִינוּ יִהְיֶה לִרְפוּאָה
וּמַה שֶּׁהוֹתַרְנוּ יִהְיֶה לִבְרָכָה
כְּדִכְתִיב:
וַיִּתֵּן לִפְנֵיהֶם וַיֹּאכְלוּ וַיּוֹתִרוּ כִּדְבַר יְהוָה: מלכים ב׳ ד
בְּרוּכִים אַתֶּם לַיהוָה, עֹשֵׂה שָׁמַיִם וָאָרֶץ: תהלים קטו
בָּרוּךְ הַגֶּבֶר אֲשֶׁר יִבְטַח בַּיהוָה, וְהָיָה יְהוָה מִבְטַחוֹ: ירמיה יז
יְהוָה עֹז לְעַמּוֹ יִתֵּן, יְהוָה יְבָרֵךְ אֶת־עַמּוֹ בַשָּׁלוֹם: תהלים כט

עוֹשֶׂה שָׁלוֹם בִּמְרוֹמָיו, הוּא בְּרַחֲמָיו יַעֲשֶׂה שָׁלוֹם עָלֵינוּ
וְעַל כָּל עַמּוֹ יִשְׂרָאֵל, וְאִמְרוּ אָמֵן.

בסעודת נישואין או בשבעת ימי המשתה
מברכים אחר ברכת המזון שבע ברכות (עמ׳ 878),
מתחילים בברכת ׳שֶׁהַכֹּל בָּרָא לִכְבוֹדוֹ׳ ומסיימים בברכת הגפן.

אם בירכו ברכת המזון על כוס יין, המזמן אומר:

כּוֹס־יְשׁוּעוֹת אֶשָּׂא וּבְשֵׁם יְהוָה אֶקְרָא: תהלים קטז

סַבְרִי מָרָנָן (ועונים: לְחַיִּים)

בָּרוּךְ אַתָּה יְהוָה, אֱלֹהֵינוּ מֶלֶךְ הָעוֹלָם, בּוֹרֵא פְּרִי הַגָּפֶן.

ישתה רביעית ויברך ברכה מעין שלוש (בעמוד הבא).

## ברכות הנהנין

על תבשיל או על מאפה (חוץ מלחם) מחמשת מיני דגן או מאורז (ראה הלכה 436) מברך:

**בָּרוּךְ אַתָּה יְהוָה, אֱלֹהֵינוּ מֶלֶךְ הָעוֹלָם, בּוֹרֵא מִינֵי מְזוֹנוֹת.**

על יין (או על מיץ ענבים) מברך:

**בָּרוּךְ אַתָּה יְהוָה, אֱלֹהֵינוּ מֶלֶךְ הָעוֹלָם, בּוֹרֵא פְּרִי הַגָּפֶן.**

על פרי העץ (מעצים רב־שנתיים) מברך:

**בָּרוּךְ אַתָּה יְהוָה, אֱלֹהֵינוּ מֶלֶךְ הָעוֹלָם, בּוֹרֵא פְּרִי הָעֵץ.**

על ירקות (ועל פירות שאינם כלולים בברכה שלמעלה) מברך:

**בָּרוּךְ אַתָּה יְהוָה, אֱלֹהֵינוּ מֶלֶךְ הָעוֹלָם, בּוֹרֵא פְּרִי הָאֲדָמָה.**

על משקה חוץ מן היין ועל אוכל שאינו מן הצומח, מברך:

**בָּרוּךְ אַתָּה יְהוָה, אֱלֹהֵינוּ מֶלֶךְ הָעוֹלָם, שֶׁהַכֹּל נִהְיָה בִּדְבָרוֹ.**

כשאוכלים בפעם הראשונה פירות חדשים שגדלו השנה, מוסיפים לאחר ברכת הפרי:

**בָּרוּךְ אַתָּה יְהוָה, אֱלֹהֵינוּ מֶלֶךְ הָעוֹלָם**
**שֶׁהֶחֱיָנוּ וְקִיְּמָנוּ וְהִגִּיעָנוּ לַזְּמַן הַזֶּה.**

## ברכה מעין שלוש

אחרי אכילת מזונות מחמשת מיני דגן, שתיית יין או אכילת פירות משבעת המינים מברך ברכה מעין שלוש.

אם אכל משני סוגים או משלושה מזכיר אותם יחד בפתיחה.

**בָּרוּךְ אַתָּה יְהוָה, אֱלֹהֵינוּ מֶלֶךְ הָעוֹלָם**

על מזונות: **עַל הַמִּחְיָה וְעַל הַכַּלְכָּלָה**

על יין: **(וְ)עַל הַגֶּפֶן וְעַל פְּרִי הַגֶּפֶן**

על פירות משבעת המינים: **(וְ)עַל הָעֵץ וְעַל פְּרִי הָעֵץ**

**וְעַל תְּנוּבַת הַשָּׂדֶה וְעַל אֶרֶץ חֶמְדָּה טוֹבָה וּרְחָבָה, שֶׁרָצִיתָ וְהִנְחַלְתָּ לַאֲבוֹתֵינוּ לֶאֱכֹל מִפִּרְיָהּ וְלִשְׂבֹּעַ מִטּוּבָהּ. רַחֵם יְהוָה אֱלֹהֵינוּ עָלֵינוּ וְעַל יִשְׂרָאֵל עַמֶּךָ וְעַל יְרוּשָׁלַיִם עִירֶךָ וְעַל הַר צִיּוֹן מִשְׁכַּן כְּבוֹדֶךָ וְעַל מִזְבְּחֶךָ וְעַל הֵיכָלֶךָ. וּבְנֵה יְרוּשָׁלַיִם עִיר הַקֹּדֶשׁ בִּמְהֵרָה בְיָמֵינוּ, וְהַעֲלֵנוּ לְתוֹכָהּ וְשַׂמְּחֵנוּ בְּבִנְיָנָהּ וּנְבָרֶכְךָ עָלֶיהָ בִּקְדֻשָּׁה וּבְטָהֳרָה.**

בשבת: וּרְצֵה וְהַחֲלִיצֵנוּ בְּיוֹם הַשַּׁבָּת הַזֶּה

בראש חודש: וְזָכְרֵנוּ לְטוֹבָה בְּיוֹם רֹאשׁ הַחֹדֶשׁ הַזֶּה

בראש השנה: וְזָכְרֵנוּ לְטוֹבָה בְּיוֹם הַזִּכָּרוֹן הַזֶּה

בפסח: וְשַׂמְּחֵנוּ בְּיוֹם חַג הַמַּצּוֹת הַזֶּה

בשבועות: וְשַׂמְּחֵנוּ בְּיוֹם חַג הַשָּׁבוּעוֹת הַזֶּה

בסוכות: וְשַׂמְּחֵנוּ בְּיוֹם חַג הַסֻּכּוֹת הַזֶּה

בשמיני עצרת: וְשַׂמְּחֵנוּ בְּיוֹם שְׁמִינִי חַג עֲצֶרֶת הַזֶּה

ביום טוב: בְּיוֹם טוֹב מִקְרָא קֹדֶשׁ הַזֶּה.

בחוה״מ: בְּיוֹם מִקְרָא קֹדֶשׁ הַזֶּה.

אם אכל משני סוגים או משלושה מזכיר אותם יחד גם בחתימה.

כִּי אַתָּה טוֹב וּמֵטִיב לַכֹּל
וְנוֹדֶה לְּךָ (יְהוָֹה אֱלֹהֵינוּ) עַל הָאָרֶץ

על מוונות מהארץ: וְעַל מִחְיָתָהּ וְעַל כַּלְכָּלָתָהּ./ מחו״ל: וְעַל הַמִּחְיָה וְעַל הַכַּלְכָּלָה.

על יין מהארץ: וְעַל פְּרִי גַפְנָהּ. / מחו״ל: וְעַל פְּרִי הַגָּפֶן.

על פירות משבעת המינים מהארץ: וְעַל פֵּרוֹתֶיהָ. / מחו״ל: וְעַל הַפֵּרוֹת.

בָּרוּךְ אַתָּה יְהוָֹה, עַל הָאָרֶץ

על מוונות מהארץ: וְעַל מִחְיָתָהּ. /מחו״ל: וְעַל הַמִּחְיָה.

על יין מהארץ: וְעַל פְּרִי גַפְנָהּ. /מחו״ל: וְעַל פְּרִי הַגָּפֶן.

על פירות משבעת המינים מהארץ: וְעַל פֵּרוֹתֶיהָ. /מחו״ל: וְעַל הַפֵּרוֹת.

## בורא נפשות

אחרי אכילת פירות האדמה, פירות העץ שאינם משבעת המינים,
או מזון שאינו מן הצומח, וכן אחרי שתיית משקה חוץ מיין מברך:

בָּרוּךְ אַתָּה יְהוָֹה, אֱלֹהֵינוּ מֶלֶךְ הָעוֹלָם
בּוֹרֵא נְפָשׁוֹת רַבּוֹת וְחֶסְרוֹנָן, עַל כָּל מַה שֶּׁבָּרָאתָ
לְהַחֲיוֹת בָּהֶם נֶפֶשׁ כָּל חָי. בָּרוּךְ חֵי הָעוֹלָמִים.

# פיוטים להבדלה

"וזה שמשוררין בכל גבול ישראל מאליהו הנביא לפי שהוא המבשר שיבוא לנו במהרה לפני המשיח" (ספר המנהיג).

אֵלִיָּהוּ הַנָּבִיא, אֵלִיָּהוּ הַתִּשְׁבִּי, אֵלִיָּהוּ הַגִּלְעָדִי
בִּמְהֵרָה יָבוֹא אֵלֵינוּ עִם מָשִׁיחַ בֶּן דָּוִד.

אִישׁ אֲשֶׁר קִנֵּא לְשֵׁם הָאֵל
אִישׁ בֻּשַּׂר שָׁלוֹם עַל יַד יְקוּתִיאֵל
אִישׁ גָּשׁ וַיְכַפֵּר עַל בְּנֵי יִשְׂרָאֵל.
אֵלִיָּהוּ הַנָּבִיא, אֵלִיָּהוּ הַתִּשְׁבִּי, אֵלִיָּהוּ הַגִּלְעָדִי
בִּמְהֵרָה יָבוֹא אֵלֵינוּ עִם מָשִׁיחַ בֶּן דָּוִד.

אִישׁ דּוֹרוֹת שְׁנֵים עָשָׂר רָאוּ עֵינָיו
אִישׁ הַנִּקְרָא בַּעַל שֵׂעָר בְּסִימָנָיו
אִישׁ וְאֵזוֹר עוֹר אָזוּר בְּמָתְנָיו.
אֵלִיָּהוּ הַנָּבִיא, אֵלִיָּהוּ הַתִּשְׁבִּי, אֵלִיָּהוּ הַגִּלְעָדִי
בִּמְהֵרָה יָבוֹא אֵלֵינוּ עִם מָשִׁיחַ בֶּן דָּוִד.

אִישׁ זָעַף עַל עוֹבְדֵי חַמָּנִים
אִישׁ חָשׁ וְנִשְׁבַּע מִהְיוֹת גִּשְׁמֵי מְעוֹנִים
אִישׁ טַל וּמָטָר עָצַר שָׁלֹשׁ שָׁנִים.
אֵלִיָּהוּ הַנָּבִיא, אֵלִיָּהוּ הַתִּשְׁבִּי, אֵלִיָּהוּ הַגִּלְעָדִי
בִּמְהֵרָה יָבוֹא אֵלֵינוּ עִם מָשִׁיחַ בֶּן דָּוִד.

אִישׁ יָצָא לִמְצֹא לְנַפְשׁוֹ נַחַת
אִישׁ כִּלְכְּלוּהוּ הָעוֹרְבִים וְלֹא מֵת לַשַּׁחַת
אִישׁ לְמַעֲנוֹ נִתְבָּרְכוּ כַּד וְצַפַּחַת.
אֵלִיָּהוּ הַנָּבִיא, אֵלִיָּהוּ הַתִּשְׁבִּי, אֵלִיָּהוּ הַגִּלְעָדִי
בִּמְהֵרָה יָבוֹא אֵלֵינוּ עִם מָשִׁיחַ בֶּן דָּוִד.

אִישׁ מוּסָרָיו הִקְשִׁיבוּ כְמֵהִים
אִישׁ נַעֲנָה בָאֵשׁ מִשְּׁמֵי גְבוֹהִים
אִישׁ סָחוּ אַחֲרָיו יְהוָה הוּא הָאֱלֹהִים.
אֵלִיָּהוּ הַנָּבִיא, אֵלִיָּהוּ הַתִּשְׁבִּי, אֵלִיָּהוּ הַגִּלְעָדִי
בִּמְהֵרָה יָבוֹא אֵלֵינוּ עִם מָשִׁיחַ בֶּן דָּוִד.

אִישׁ עָתִיד לְהִשְׁתַּלֵּחַ מִשְּׁמֵי עֲרָבוֹת
אִישׁ פָּקִיד עַל כָּל בְּשׂוֹרוֹת טוֹבוֹת
אִישׁ צִיר נֶאֱמָן לְהָשִׁיב לֵב בָּנִים עַל אָבוֹת.
אֵלִיָּהוּ הַנָּבִיא, אֵלִיָּהוּ הַתִּשְׁבִּי, אֵלִיָּהוּ הַגִּלְעָדִי
בִּמְהֵרָה יָבוֹא אֵלֵינוּ עִם מָשִׁיחַ בֶּן דָּוִד.

אִישׁ קָרָא קַנֹּא קִנֵּאתִי לַיהוָה בְּתִפְאָרָה
אִישׁ רָכַב עַל סוּסֵי אֵשׁ בִּסְעָרָה
אִישׁ שֶׁלֹּא טָעַם טַעַם מִיתָה וּקְבוּרָה.
אֵלִיָּהוּ הַנָּבִיא, אֵלִיָּהוּ הַתִּשְׁבִּי, אֵלִיָּהוּ הַגִּלְעָדִי
בִּמְהֵרָה יָבוֹא אֵלֵינוּ עִם מָשִׁיחַ בֶּן דָּוִד.

אִישׁ תִּשְׁבִּי תַּצִּילֵנוּ מִפִּי אֲרָיוֹת
תְּבַשְּׂרֵנוּ בְּשׂוֹרוֹת טוֹבוֹת
תְּשַׂמְּחֵנוּ בָּנִים עַל אָבוֹת בְּמוֹצָאֵי שַׁבָּתוֹת.
אֵלִיָּהוּ הַנָּבִיא, אֵלִיָּהוּ הַתִּשְׁבִּי, אֵלִיָּהוּ הַגִּלְעָדִי
בִּמְהֵרָה יָבוֹא אֵלֵינוּ עִם מָשִׁיחַ בֶּן דָּוִד.

אִישׁ תִּשְׁבִּי עַל שְׁמוֹ נִקְרָא
תַּצְלִיחֵנוּ עַל יָדוֹ בַּתּוֹרָה
תַּשְׁמִיעֵנוּ מִפִּיו בְּשׂוֹרָה טוֹבָה בִּמְהֵרָה
תּוֹצִיאֵנוּ מֵאֲפֵלָה לְאוֹרָה.
אֵלִיָּהוּ הַנָּבִיא, אֵלִיָּהוּ הַתִּשְׁבִּי, אֵלִיָּהוּ הַגִּלְעָדִי
בִּמְהֵרָה יָבוֹא אֵלֵינוּ עִם מָשִׁיחַ בֶּן דָּוִד.

אַשְׁרֵי מִי שֶׁרָאָה פָנָיו בַּחֲלוֹם
אַשְׁרֵי מִי שֶׁנָּתַן לוֹ שָׁלוֹם וְהֶחֱזִיר לוֹ שָׁלוֹם
יְהוָה יְבָרֵךְ אֶת עַמּוֹ בַשָּׁלוֹם.
אֵלִיָּהוּ הַנָּבִיא, אֵלִיָּהוּ הַתִּשְׁבִּי, אֵלִיָּהוּ הַגִּלְעָדִי
בִּמְהֵרָה יָבוֹא אֵלֵינוּ עִם מָשִׁיחַ בֶּן דָּוִד.

כַּכָּתוּב: הִנֵּה אָנֹכִי שֹׁלֵחַ לָכֶם אֵת אֵלִיָּה הַנָּבִיא, לִפְנֵי בּוֹא יוֹם יְהוָה הַגָּדוֹל מלאכי ג
וְהַנּוֹרָא: וְהֵשִׁיב לֵב־אָבוֹת עַל־בָּנִים, וְלֵב בָּנִים עַל־אֲבוֹתָם:

״ר׳ זעירא בשם רבי חייא בר אשי: צריך לומר הָחֵל עָלֵינוּ אֶת הַיָּמִים שֵׁשֶׁת יְמֵי הַמַּעֲשֶׂה הַבָּאִים לִקְרָאתֵנוּ לְשָׁלוֹם, ר׳ אבא מוסיף וְהַשְׁמִיעֵנוּ בָּהֶן שָׂשׂוֹן וְשִׂמְחָה״ (ירושלמי, ברכות פ״ה ה״ב). על סמך מנהגם של בני ארץ ישראל בנוסח ההבדלה, נהגו בספרד לומר בקשות אלו קודם ההבדלה או לאחריה (ספר המנהיג; ארחות חיים).

אֱלֹהֵינוּ וֵאלֹהֵי אֲבוֹתֵינוּ, בְּסִימָן טוֹב וּבְמַזָּל טוֹב הָחֵל עָלֵינוּ אֶת (שֵׁשֶׁת) יְמֵי הַמַּעֲשֶׂה הַבָּאִים לִקְרָאתֵנוּ לְשָׁלוֹם, חֲשׂוּכִים מִכָּל חֵטְא וָפֶשַׁע וּמְנֻקִּים מִכָּל עָוֹן וְאַשְׁמָה וָרֶשַׁע, וּמְדֻבָּקִים בְּתַלְמוּד תּוֹרָה וּמַעֲשִׂים טוֹבִים, וְחָנּוּנִים דֵּעָה וּבִינָה וְהַשְׂכֵּל מֵאִתָּךְ, וְתַשְׁמִיעֵנוּ בָהֶם שָׂשׂוֹן וְשִׂמְחָה, וְלֹא תַעֲלֶה קִנְאָתֵנוּ עַל לֵב אָדָם, וְלֹא קִנְאַת אָדָם תַּעֲלֶה עַל לִבֵּנוּ. מַלְכֵּנוּ וֵאלֹהֵינוּ, שִׂים בְּרָכָה רְוָחָה וְהַצְלָחָה בְּכָל מַעֲשֵׂה יָדֵינוּ. וְכָל הַיּוֹעֵץ עָלֵינוּ וְעַל עַמְּךָ בֵּית יִשְׂרָאֵל עֵצָה טוֹבָה וּמַחֲשָׁבָה טוֹבָה אַמְּצוֹ, בָּרְכוֹ, גַּדְּלוֹ, קַיְּמוֹ, קַיֵּם
עֲצָתוֹ, כַּדָּבָר שֶׁנֶּאֱמַר: יִתֶּן לְךָ כִלְבָבֶךָ, וְכָל עֲצָתְךָ יְמַלֵּא: וְנֶאֱמַר: וְתִגְזַר־ תהלים כ איוב כב
אֹמֶר וְיָקָם לָךְ, וְעַל־דְּרָכֶיךָ נָגַהּ אוֹר: וְכָל הַיּוֹעֵץ עָלֵינוּ וְעַל עַמְּךָ בֵּית יִשְׂרָאֵל עֵצָה שֶׁאֵינָהּ טוֹבָה וּמַחֲשָׁבָה שֶׁאֵינָהּ טוֹבָה, אַבְּדוֹ, בַּטְּלוֹ, גַּדְּעוֹ,
הָפֵרוֹ, הָפֵר עֲצָתוֹ, כַּדָּבָר שֶׁנֶּאֱמַר: יְהוָה הֵפִיר עֲצַת־גּוֹיִם, הֵנִיא מַחְשְׁבוֹת תהלים לג
עַמִּים: וְנֶאֱמַר: עֻצוּ עֵצָה וְתֻפָר, דַּבְּרוּ דָבָר וְלֹא יָקוּם, כִּי עִמָּנוּ אֵל: ישעיה ח

וּפְתַח לָנוּ יְהוָה אֱלֹהֵינוּ בְּזֶה הַשָּׁבוּעַ וּבְכָל שָׁבוּעַ וְשָׁבוּעַ, שַׁעֲרֵי אוֹרָה, שַׁעֲרֵי בְרָכָה, שַׁעֲרֵי גִילָה, שַׁעֲרֵי דִיצָה, שַׁעֲרֵי דֵעָה, שַׁעֲרֵי הוֹד וְהָדָר, שַׁעֲרֵי וַעַד טוֹב, שַׁעֲרֵי זִמְרָה, שַׁעֲרֵי חֶדְוָה, שַׁעֲרֵי חֶמְלָה, שַׁעֲרֵי חֵן וָחֶסֶד, שַׁעֲרֵי חַיִּים טוֹבִים, שַׁעֲרֵי טוֹבָה, שַׁעֲרֵי יְשׁוּעָה, שַׁעֲרֵי כַּפָּרָה, שַׁעֲרֵי כַלְכָּלָה, שַׁעֲרֵי לִמּוּד תּוֹרָה לִשְׁמָהּ, שַׁעֲרֵי מָזוֹן, שַׁעֲרֵי מְחִילָה, שַׁעֲרֵי נֶחָמָה, שַׁעֲרֵי סְלִיחָה, שַׁעֲרֵי עֶזְרָה, שַׁעֲרֵי פְדוּת, שַׁעֲרֵי פַרְנָסָה טוֹבָה, שַׁעֲרֵי צְדָקָה, שַׁעֲרֵי צָהֳלָה, שַׁעֲרֵי קוֹמְמִיּוּת, שַׁעֲרֵי רְפוּאָה שְׁלֵמָה, שַׁעֲרֵי שָׁלוֹם, שַׁעֲרֵי שַׁלְוָה, שַׁעֲרֵי תוֹרָה, שַׁעֲרֵי תְפִלָּה, שַׁעֲרֵי תְשׁוּבָה, שַׁעֲרֵי תְשׁוּעָה, כִּדְכְתִיב:
וּתְשׁוּעַת צַדִּיקִים מֵיְהוָה, מָעוּזָּם בְּעֵת צָרָה: וַיַּעְזְרֵם יְהוָה וַיְפַלְּטֵם, יְפַלְּטֵם תהלים לז
מֵרְשָׁעִים וְיוֹשִׁיעֵם, כִּי־חָסוּ בוֹ: וְנֶאֱמַר: חָשַׂף יְהוָה אֶת־זְרוֹעַ קָדְשׁוֹ לְעֵינֵי ישעיה נב
כָּל־הַגּוֹיִם, וְרָאוּ כָּל־אַפְסֵי־אָרֶץ אֵת יְשׁוּעַת אֱלֹהֵינוּ: וְנֶאֱמַר: קוֹל צֹפַיִךְ שם
נָשְׂאוּ קוֹל, יַחְדָּו יְרַנֵּנוּ, כִּי עַיִן בְּעַיִן יִרְאוּ בְּשׁוּב יְהוָה צִיּוֹן: וְקַיֵּם לָנוּ יְהוָה
אֱלֹהֵינוּ מִקְרָא שֶׁכָּתוּב: מַה־נָּאווּ עַל־הֶהָרִים רַגְלֵי מְבַשֵּׂר, מַשְׁמִיעַ שָׁלוֹם שם
מְבַשֵּׂר טוֹב, מַשְׁמִיעַ יְשׁוּעָה, אֹמֵר לְצִיּוֹן מָלַךְ אֱלֹהָיִךְ:

# סדר הבדלה בבית

במוצאי יום טוב שאינו מוצאי שבת, אין אומרים פסוקים אלה, ומתחילים ׳סַבְרִי מָרָנָן׳
ואין מברכים על הנר ועל הבשמים. ראה הלכה 406.

המבדיל לוקח כוס יין ביד ימינו ובשמים בשמאלו ואומר:

**רִאשׁוֹן לְצִיּוֹן הִנֵּה הִנָּם וְלִירוּשָׁלַםִ מְבַשֵּׂר אֶתֵּן:** ישעיה מא

אַל־תִּשְׂמְחִי אֹיַבְתִּי לִי כִּי נָפַלְתִּי קָמְתִּי, כִּי־אֵשֵׁב בַּחֹשֶׁךְ יְהֹוָה אוֹר לִי: מיכה ז
וְנֹחַ מָצָא חֵן בְּעֵינֵי יְהֹוָה: כֵּן נִמְצָא חֵן וְשֵׂכֶל טוֹב בְּעֵינֵי אֱלֹהִים וְאָדָם. קוּמִי בראשית ו ישעיה ס
אוֹרִי כִּי בָא אוֹרֵךְ, וּכְבוֹד יְהֹוָה עָלַיִךְ זָרָח: כִּי־הִנֵּה הַחֹשֶׁךְ יְכַסֶּה־אֶרֶץ וַעֲרָפֶל
לְאֻמִּים, וְעָלַיִךְ יִזְרַח יְהֹוָה וּכְבוֹדוֹ עָלַיִךְ יֵרָאֶה:

**כּוֹס־יְשׁוּעוֹת אֶשָּׂא וּבְשֵׁם יְהֹוָה אֶקְרָא:** תהלים קטז

**אָנָּא יְהֹוָה הוֹשִׁיעָה נָּא, אָנָּא יְהֹוָה הַצְלִיחָה נָא:** תהלים קיח

הַצְלִיחֵנוּ, הַצְלִיחַ דְּרָכֵינוּ, הַצְלִיחַ לִמּוּדֵנוּ. וּשְׁלַח בְּרָכָה, רְוָחָה וְהַצְלָחָה
בְּכָל מַעֲשֵׂה יָדֵינוּ, כִּדְכְתִיב: יִשָּׂא בְרָכָה מֵאֵת יְהֹוָה, וּצְדָקָה מֵאֱלֹהֵי יִשְׁעוֹ: תהלים כד
לַיְּהוּדִים הָיְתָה אוֹרָה וְשִׂמְחָה וְשָׂשֹׂן וִיקָר: וּכְתִיב: וַיְהִי דָוִד לְכָל־דְּרָכָו אסתר ח שמואל א׳ יח
מַשְׂכִּיל וַיהֹוָה עִמּוֹ: כֵּן יִהְיֶה עִמָּנוּ תָּמִיד.

המבדיל לאחרים, מוסיף:

סַבְרִי מָרָנָן (עונים: לְחַיִּים)

**בָּרוּךְ אַתָּה יְהֹוָה, אֱלֹהֵינוּ מֶלֶךְ הָעוֹלָם, בּוֹרֵא פְּרִי הַגָּפֶן.**

מעביר את הבשמים ליד ימינו ואת הכוס לשמאלו ומברך:

**בָּרוּךְ אַתָּה יְהֹוָה, אֱלֹהֵינוּ מֶלֶךְ הָעוֹלָם**
**בּוֹרֵא / עֲצֵי / עִשְׂבֵּי / מִינֵי / בְשָׂמִים.**

לאחר שהריח את הבשמים, מניחם מידו ומברך על הנר:

**בָּרוּךְ אַתָּה יְהֹוָה, אֱלֹהֵינוּ מֶלֶךְ הָעוֹלָם, בּוֹרֵא מְאוֹרֵי הָאֵשׁ.**

המבדיל מסתכל בכפות ידיו ובציפורניו לאור הנר, כדי ליהנות מהאור (שו״ע ורמ״א רחצ, ג).

אחר כך מעביר את הכוס ליד ימינו ומברך:

**בָּרוּךְ אַתָּה יְהֹוָה, אֱלֹהֵינוּ מֶלֶךְ הָעוֹלָם, הַמַּבְדִּיל בֵּין קֹדֶשׁ לְחֹל, בֵּין אוֹר לְחֹשֶׁךְ, בֵּין יִשְׂרָאֵל לָעַמִּים, בֵּין יוֹם הַשְּׁבִיעִי לְשֵׁשֶׁת יְמֵי הַמַּעֲשֶׂה. בָּרוּךְ אַתָּה יְהֹוָה, הַמַּבְדִּיל בֵּין קֹדֶשׁ לְחֹל.**

## פסוקי ברכה

המנהג לומר פסוקי ברכה אלו לקראת השבוע הבא, נזכר כבר במחזור ויטרי.
נהגו לומר פסוקים אלו בבית הכנסת אחר ההבדלה (מחזור ויטרי; ר״י ב״ר יקר),
וכיום נוהגים לומר ׳וְיִתֶּן־לְךָ׳ בבית אחרי ההבדלה כמנהג האר״י (שעה״כ).

בראשית כז וְיִתֶּן־לְךָ הָאֱלֹהִים מִטַּל הַשָּׁמַיִם וּמִשְׁמַנֵּי הָאָרֶץ, וְרֹב דָּגָן וְתִירֹשׁ:
יַעַבְדוּךָ עַמִּים וְיִשְׁתַּחֲוֻ לְךָ לְאֻמִּים, הֱוֵה גְבִיר לְאַחֶיךָ וְיִשְׁתַּחֲווּ
לְךָ בְּנֵי אִמֶּךָ, אֹרְרֶיךָ אָרוּר וּמְבָרְכֶיךָ בָּרוּךְ:

בראשית כח וְאֵל שַׁדַּי יְבָרֵךְ אֹתְךָ וְיַפְרְךָ וְיַרְבֶּךָ, וְהָיִיתָ לִקְהַל עַמִּים: וְיִתֶּן־לְךָ
אֶת־בִּרְכַּת אַבְרָהָם, לְךָ וּלְזַרְעֲךָ אִתָּךְ, לְרִשְׁתְּךָ אֶת־אֶרֶץ מְגֻרֶיךָ
בראשית מט אֲשֶׁר־נָתַן אֱלֹהִים לְאַבְרָהָם: מֵאֵל אָבִיךָ וְיַעְזְרֶךָּ וְאֵת שַׁדַּי וִיבָרְכֶךָּ,
בִּרְכֹת שָׁמַיִם מֵעָל בִּרְכֹת תְּהוֹם רֹבֶצֶת תָּחַת, בִּרְכֹת שָׁדַיִם וָרָחַם:
בִּרְכֹת אָבִיךָ גָּבְרוּ עַל־בִּרְכֹת הוֹרַי עַד־תַּאֲוַת גִּבְעֹת עוֹלָם, תִּהְיֶיןָ
דברים ז לְרֹאשׁ יוֹסֵף וּלְקָדְקֹד נְזִיר אֶחָיו: וַאֲהֵבְךָ וּבֵרַכְךָ וְהִרְבֶּךָ, וּבֵרַךְ
פְּרִי־בִטְנְךָ וּפְרִי־אַדְמָתֶךָ, דְּגָנְךָ וְתִירֹשְׁךָ וְיִצְהָרֶךָ, שְׁגַר־אֲלָפֶיךָ
וְעַשְׁתְּרֹת צֹאנֶךָ, עַל הָאֲדָמָה אֲשֶׁר־נִשְׁבַּע לַאֲבֹתֶיךָ לָתֶת לָךְ:
בָּרוּךְ תִּהְיֶה מִכָּל־הָעַמִּים, לֹא־יִהְיֶה בְךָ עָקָר וַעֲקָרָה וּבִבְהֶמְתֶּךָ:
וְהֵסִיר יְהוָה מִמְּךָ כָּל־חֹלִי, וְכָל־מַדְוֵי מִצְרַיִם הָרָעִים אֲשֶׁר יָדַעְתָּ,
לֹא יְשִׂימָם בָּךְ, וּנְתָנָם בְּכָל־שֹׂנְאֶיךָ:

דברים כח בָּרוּךְ אַתָּה בָּעִיר, וּבָרוּךְ אַתָּה בַּשָּׂדֶה: בָּרוּךְ אַתָּה בְּבֹאֶךָ, וּבָרוּךְ
אַתָּה בְּצֵאתֶךָ: בָּרוּךְ טַנְאֲךָ וּמִשְׁאַרְתֶּךָ: בָּרוּךְ פְּרִי־בִטְנְךָ וּפְרִי
אַדְמָתְךָ וּפְרִי בְהֶמְתֶּךָ, שְׁגַר אֲלָפֶיךָ וְעַשְׁתְּרוֹת צֹאנֶךָ: יְצַו יְהוָה
אִתְּךָ אֶת־הַבְּרָכָה בַּאֲסָמֶיךָ וּבְכֹל מִשְׁלַח יָדֶךָ, וּבֵרַכְךָ בָּאָרֶץ
אֲשֶׁר־יְהוָה אֱלֹהֶיךָ נֹתֵן לָךְ: יִפְתַּח יְהוָה לְךָ אֶת־אוֹצָרוֹ הַטּוֹב
אֶת־הַשָּׁמַיִם, לָתֵת מְטַר־אַרְצְךָ בְּעִתּוֹ, וּלְבָרֵךְ אֵת כָּל־מַעֲשֵׂה

יָדֶךָ, וְהִלְוִיתָ גּוֹיִם רַבִּים וְאַתָּה לֹא תִלְוֶה: כִּי־יְהֹוָה אֱלֹהֶיךָ בֵּרַכְךָ דברים טו
כַּאֲשֶׁר דִּבֶּר־לָךְ, וְהַעֲבַטְתָּ גּוֹיִם רַבִּים וְאַתָּה לֹא תַעֲבֹט, וּמָשַׁלְתָּ
בְּגוֹיִם רַבִּים וּבְךָ לֹא יִמְשֹׁלוּ: אַשְׁרֶיךָ יִשְׂרָאֵל, מִי כָמוֹךָ, עַם נוֹשַׁע דברים לג
בַּיהֹוָה, מָגֵן עֶזְרֶךָ וַאֲשֶׁר־חֶרֶב גַּאֲוָתֶךָ, וְיִכָּחֲשׁוּ אֹיְבֶיךָ לָךְ, וְאַתָּה
עַל־בָּמוֹתֵימוֹ תִדְרֹךְ:

יִשְׂרָאֵל נוֹשַׁע בַּיהֹוָה תְּשׁוּעַת עוֹלָמִים, לֹא־תֵבֹשׁוּ וְלֹא־תִכָּלְמוּ ישעיה מה
עַד־עוֹלְמֵי עַד: וַאֲכַלְתֶּם אָכוֹל וְשָׂבוֹעַ, וְהִלַּלְתֶּם אֶת־שֵׁם יְהֹוָה יואל ב
אֱלֹהֵיכֶם אֲשֶׁר־עָשָׂה עִמָּכֶם לְהַפְלִיא, וְלֹא־יֵבֹשׁוּ עַמִּי לְעוֹלָם:
וִידַעְתֶּם כִּי בְקֶרֶב יִשְׂרָאֵל אָנִי, וַאֲנִי יְהֹוָה אֱלֹהֵיכֶם וְאֵין עוֹד, וְלֹא־
יֵבֹשׁוּ עַמִּי לְעוֹלָם: כִּי־בְשִׂמְחָה תֵצֵאוּ וּבְשָׁלוֹם תּוּבָלוּן, הֶהָרִים ישעיה נה
וְהַגְּבָעוֹת יִפְצְחוּ לִפְנֵיכֶם רִנָּה, וְכָל־עֲצֵי הַשָּׂדֶה יִמְחֲאוּ־כָף: הִנֵּה ישעיה יב
אֵל יְשׁוּעָתִי אֶבְטַח, וְלֹא אֶפְחָד, כִּי־עָזִּי וְזִמְרָת יָהּ יְהֹוָה, וַיְהִי־לִי
לִישׁוּעָה: וּשְׁאַבְתֶּם־מַיִם בְּשָׂשׂוֹן, מִמַּעַיְנֵי הַיְשׁוּעָה: וַאֲמַרְתֶּם
בַּיּוֹם הַהוּא, הוֹדוּ לַיהֹוָה קִרְאוּ בִשְׁמוֹ, הוֹדִיעוּ בָעַמִּים עֲלִילֹתָיו,
הַזְכִּירוּ כִּי נִשְׂגָּב שְׁמוֹ: זַמְּרוּ יְהֹוָה כִּי גֵאוּת עָשָׂה, מוּדַעַת זֹאת בְּכָל־
הָאָרֶץ: צַהֲלִי וָרֹנִּי יוֹשֶׁבֶת צִיּוֹן, כִּי־גָדוֹל בְּקִרְבֵּךְ קְדוֹשׁ יִשְׂרָאֵל:
וְאָמַר בַּיּוֹם הַהוּא, הִנֵּה אֱלֹהֵינוּ זֶה קִוִּינוּ לוֹ וְיוֹשִׁיעֵנוּ, זֶה יְהֹוָה ישעיה כה
קִוִּינוּ לוֹ, נָגִילָה וְנִשְׂמְחָה בִּישׁוּעָתוֹ:

בּוֹרֵא נִיב שְׂפָתָיִם, שָׁלוֹם שָׁלוֹם לָרָחוֹק וְלַקָּרוֹב אָמַר יְהֹוָה, ישעיה נז
וּרְפָאתִיו: וְרוּחַ לָבְשָׁה אֶת־עֲמָשַׂי רֹאשׁ הַשָּׁלִישִׁים, לְךָ דָוִיד דברי הימים א׳ יב
וְעִמְּךָ בֶן־יִשַׁי, שָׁלוֹם שָׁלוֹם לְךָ וְשָׁלוֹם לְעֹזְרֶךָ, כִּי עֲזָרְךָ אֱלֹהֶיךָ,
וַיְקַבְּלֵם דָּוִיד וַיִּתְּנֵם בְּרָאשֵׁי הַגְּדוּד: וַאֲמַרְתֶּם כֹּה לֶחָי, וְאַתָּה שמואל א׳ כה
שָׁלוֹם וּבֵיתְךָ שָׁלוֹם וְכֹל אֲשֶׁר־לְךָ שָׁלוֹם: יְהֹוָה עֹז לְעַמּוֹ יִתֵּן, יְהֹוָה תהלים כט
יְבָרֵךְ אֶת־עַמּוֹ בַשָּׁלוֹם:

פיוט לנעילה של יום הכיפורים, ופשט המנהג לאומרו במוצאי שבתות.
במרוצת הדורות נוספו לו שישה בתים.

סימן יצחק הקטן

הַמַּבְדִּיל בֵּין קֹדֶשׁ לְחֹל, חַטֹּאתֵינוּ הוּא יִמְחֹל
זַרְעֵנוּ וְכַסְפֵּנוּ יַרְבֶּה, כַּחוֹל וְכַכּוֹכָבִים בַּלָּיְלָה.

יוֹם פָּנָה כְּצֵל תֹּמֶר, אֶקְרָא לָאֵל עָלַי גּוֹמֵר
ישעיה כא אָמַר שֹׁמֵר, אָתָא בֹקֶר וְגַם־לָיְלָה:

צִדְקָתְךָ כְּהַר תָּבוֹר, עַל חֲטָאַי עָבוֹר תַּעֲבֹר
תהלים צ כְּיוֹם אֶתְמוֹל כִּי יַעֲבֹר, וְאַשְׁמוּרָה בַלָּיְלָה:

חָלְפָה עוֹנַת מִנְחָתִי, מִי יִתֵּן מְנוּחָתִי
תהלים ו יָגַעְתִּי בְאַנְחָתִי, אַשְׂחֶה בְכָל־לַיְלָה:

קוֹלִי בַּל יֻנְטַל, פְּתַח לִי שַׁעַר הַמְנֻטָּל
שיר השירים ה שֶׁרֹּאשִׁי נִמְלָא טָל, קְוֻצּוֹתַי רְסִיסֵי לָיְלָה:

הֵעָתֵר נוֹרָא וְאָיֹם, אֲשַׁוֵּעַ, תְּנָה פִדְיוֹם
משלי ז בְּנֶשֶׁף־בְּעֶרֶב יוֹם, בְּאִישׁוֹן לָיְלָה:

קְרָאתִיךָ יָהּ, הוֹשִׁיעֵנִי, אֹרַח חַיִּים תּוֹדִיעֵנִי
מִדַּלָּה תְבַצְּעֵנִי, מִיּוֹם עַד לָיְלָה.

טַהֵר טִנּוּף מַעֲשַׂי, פֶּן יֹאמְרוּ מַכְעִיסַי
איוב לה אַיֵּה אֱלוֹהַּ עֹשָׂי, נֹתֵן זְמִרוֹת בַּלָּיְלָה:

נַחְנוּ בְיָדְךָ כַּחֹמֶר, סְלַח נָא עַל קַל וָחֹמֶר
תהלים יט יוֹם לְיוֹם יַבִּיעַ אֹמֶר, וְלַיְלָה לְּלַיְלָה:

אֵל פּוֹדֶה מִכָּל צָר, קְרָאנוּךָ מִן הַמֵּצַר
זכריה יד יָדְךָ לֹא תִקְצַר, לֹא־יוֹם וְלֹא־לָיְלָה:

מִיכָאֵל שַׂר יִשְׂרָאֵל, אֵלִיָּהוּ וְגַבְרִיאֵל
בֹּאוּ נָא עִם הַגּוֹאֵל, קוּמוּ בַּחֲצִי הַלָּיְלָה.

מִימִינֵנוּ מִיכָאֵל, וּמִשְּׂמֹאלֵנוּ גַבְרִיאֵל
וְעַל רָאשֵׁינוּ שְׁכִינַת אֵל, בְּכָל יוֹם וּבְכָל לָיְלָה.

תְּנָה לָנוּ שָׁבוּעַ טוֹב, רַעֲנָן כְּגַן רָטוֹב
ישעיה סב וּמֵיהוָֹה יָבֹא הַטּוֹב, כָּל־הַיּוֹם וְכָל־הַלָּיְלָה:

יְבָרֵךְ הַבַּיִת הַזֶּה, מִפִּי נָבִיא וְגַם חוֹזֶה
כִּי כֵן יְצַוֶּה אֱלֹהֵינוּ זֶה, לְשָׁמְרוֹ יוֹמָם וָלַיְלָה.

הַמַּבְדִּיל בֵּין מַיִם לְמָיִם, יְחַיֵּינוּ מִיּוֹמָיִם
יִרְאֵנוּ בְּטוּב יְרוּשָׁלַיִם, וְלִמְשֹׁל בַּיּוֹם וּבַלַּיְלָה: בראשית א

פיוט לרבי אברהם אבן עזרא

אֵל אֵלִיָּהוּ, אֵל אֵלִיָּהוּ
בִּזְכוּת אֵלִיָּהוּ, הַנָּבִיא הָבֵא נָא.

בּוֹ יִרְתֹּם רִכְבּוֹ, נָע בַּשְּׁבִי כִּי בוֹ
לֹא שָׁכַב לִבּוֹ, גַּם לֹא רָאָה שֵׁנָה.
אֵל אֵלִיָּהוּ, אֵל אֵלִיָּהוּ
בִּזְכוּת אֵלִיָּהוּ, הַנָּבִיא הָבֵא נָא.

רַב מַחֲלִי בְּרָאוֹת, כַּחְשִׁי וּמְשַׁנְּאוֹת
יָפוֹת וּבְרִיאוֹת, בָּשָׂר וַתִּרְעֶנָה.
אֵל אֵלִיָּהוּ, אֵל אֵלִיָּהוּ
בִּזְכוּת אֵלִיָּהוּ, הַנָּבִיא הָבֵא נָא.

הִשְׁקָה צוּר מֵי רֹאשׁ, צָר עֵינָיו יִלְטֹשׁ
יוֹם עֵינֵי לִקְדוֹשׁ, יִשְׂרָאֵל תִּשְׁעֶינָה.
אֵל אֵלִיָּהוּ, אֵל אֵלִיָּהוּ
בִּזְכוּת אֵלִיָּהוּ, הַנָּבִיא הָבֵא נָא.

מָתַי תֵּרָאֶה אוֹת, יֶשַׁע אֵל קוֹרְאוֹת
לָךְ וּלְךָ נוֹשְׂאוֹת, קוֹלָן וַתָּרֹנָּה.
אֵל אֵלִיָּהוּ, אֵל אֵלִיָּהוּ
בִּזְכוּת אֵלִיָּהוּ, הַנָּבִיא הָבֵא נָא.

הַמַּלְאָךְ הַגּוֹאֵל, לִפְנֵי דַל שׁוֹאֵל
אָנָּא הָאֵל אֵל, אַבְרָהָם הַקְרֵה נָא.
אֵל אֵלִיָּהוּ, אֵל אֵלִיָּהוּ
בִּזְכוּת אֵלִיָּהוּ, הַנָּבִיא הָבֵא נָא.

אָגִיל וְאֶשְׂמַח בִּלְבָבִי
בִּרְאוֹתִי כִּי כְלָבִיא
תָּרִיב רִיבִי
וּלְצִיּוֹן גּוֹאֵל תָּבִיא
אִישׁ צֶמַח תַּצְמִיחַ.
אֵלִיָּהוּ הַנָּבִיא וּמֶלֶךְ הַמָּשִׁיחַ.

לָכֵן בְּלִי פַחַד
תִּפֹּל אֵימָה וָפַחַד
כָּל לֵב יִפְחַד
בְּעֵת יַעֲלֶה גּוֹי אֶחָד
וַאֲרָחוֹתָיו יַצְלִיחַ.
אֵלִיָּהוּ הַנָּבִיא וּמֶלֶךְ הַמָּשִׁיחַ.

עוֹד מִמִּזְרַח לְמַעֲרָב
עוֹד לַעֲשׂוֹת צֶדֶק רָב
עַמִּי יֶעֱרַב
לַעֲרֹךְ מִלְחָמָה וּקְרָב
עַל אוֹיְבָיו יַצְרִיחַ.
אֵלִיָּהוּ הַנָּבִיא וּמֶלֶךְ הַמָּשִׁיחַ.

פיוט לרבי יעקב מלוניל

בְּמוֹצָאֵי יוֹם מְנוּחָה, הַמְצִיא לְעַמְּךָ רְוָחָה
שְׁלַח תִּשְׁבִּי לְנֶאֱנָחָה, וְנָסוּ יָגוֹן וַאֲנָחָה.

יָאֲתָה לְךָ צוּרִי, לְקַבֵּץ עַם מְפוּזָּרִי
מִיַּד גּוֹי אַכְזָרִי, אֲשֶׁר כָּרָה לִי שׁוּחָה.

עֵת דּוֹדִים תְּעוֹרֵר אֵל, לְמַלֵּט עַם אֲשֶׁר שׁוֹאֵל
רְאוֹת טוּבְךָ בְּבוֹא גוֹאֵל, לְשֶׂה פְזוּרָה נִדָּחָה.

קְרָא יֶשַׁע לְעַם נְדָבָה, אֵל דָּגוּל מֵרְבָבָה
יְהִי הַשָּׁבוּעַ הַבָּא, לִישׁוּעָה וְלִרְוָחָה.

בַּת צִיּוֹן הַשְּׁכוּלָה, אֲשֶׁר הִיא הַיּוֹם גְּעוּלָה
מְהֵרָה תִּהְיֶה בְעוּלָה, אֵם הַבָּנִים שְׂמֵחָה.

מַעְיָנוֹת אֲזַי יְזוּבוּן, וּפְדוּיִים עוֹד יְשׁוּבוּן
וּמֵי יֶשַׁע יִשְׁאָבוּן, וְהַצָּרָה נִשְׁכָּחָה.

נְחֵה עַמְּךָ כְּאָב רַחֲמָן, יְצַפְצְפוּ עַם לֹא אַלְמָן
דְּבַר יְהֹוָה אֲשֶׁר נֶאֱמָן, בַּהֲקִימְךָ הַבְטָחָה.

יְהִי הַחֹדֶשׁ הַזֶּה, כִּנְבוּאַת אֲבִי חוֹזֶה
וְיִשָּׁמַע בְּבַיִת זֶה, קוֹל שָׂשׂוֹן וְקוֹל שִׂמְחָה.

רְפָא נָא יָהּ כְּאֵבִי, וְרֹב פְּשָׁעַי וְרֹב חוֹבִי
לְמַעַנְךָ עֲשֵׂה נָא אָבִי, וְהוֹשִׁיעָה נָּא וְהַצְלִיחָה.

יְדִידִים פְּלִיטֵי חֶרֶץ, נְגִינָתָם יִפְצְחוּ בְמֶרֶץ
בְּלִי צְוָחָה וּבְלִי פֶרֶץ, אֵין יוֹצֵאת וְאֵין צְוָחָה.

חָזָק יְמַלֵּא מִשְׁאֲלוֹתֵינוּ, אַמִּיץ יַעֲשֶׂה בַּקָּשָׁתֵנוּ
וְהוּא יִשְׁלַח בְּכָל מַעֲשֵׂה יָדֵינוּ, בְּרָכָה רְוָחָה וְהַצְלָחָה.

וּרְאֵה עָנְיִי וְאַל קָשְׁיִי, סְלַח מֶרְיִי וְעִוּוּיִי
קְשׁוֹר נָא כְּאֵבִי בְּבֵית אִוּוּיִי, בְּקוֹל תּוֹדָה לְךָ אֶזְבְּחָה.

בְּנֵה חוֹמוֹת אַרְמוֹנַי, וְיָשִׁירוּ שָׁם כֹּהֲנַי
וְקוֹל הוֹדוּ אֶת יְהֹוָה, בְּקוֹל שָׂשׂוֹן וְקוֹל שִׂמְחָה.

אָמַר יְהוָה לְיַעֲקֹב, אַל תִּירָא עַבְדִּי יַעֲקֹב.<br>
בָּחַר יְהוָה בְּיַעֲקֹב, אַל תִּירָא עַבְדִּי יַעֲקֹב.<br>
גָּאַל יְהוָה אֶת יַעֲקֹב, אַל תִּירָא עַבְדִּי יַעֲקֹב.<br>
דָּרַךְ כּוֹכָב מִיַּעֲקֹב, אַל תִּירָא עַבְדִּי יַעֲקֹב.<br>
הַבָּאִים יַשְׁרֵשׁ יַעֲקֹב, אַל תִּירָא עַבְדִּי יַעֲקֹב.<br>
וְיֵרְדְּ מִיַּעֲקֹב, אַל תִּירָא עַבְדִּי יַעֲקֹב.<br>
זְכֹר זֹאת לְיַעֲקֹב, אַל תִּירָא עַבְדִּי יַעֲקֹב.<br>
חֶדְוַת יְשׁוּעוֹת יַעֲקֹב, אַל תִּירָא עַבְדִּי יַעֲקֹב.<br>
טֹבוּ אֹהָלֶיךָ יַעֲקֹב, אַל תִּירָא עַבְדִּי יַעֲקֹב.<br>
יוֹרוּ מִשְׁפָּטֶיךָ לְיַעֲקֹב, אַל תִּירָא עַבְדִּי יַעֲקֹב.<br>
כִּי לֹא נַחַשׁ בְּיַעֲקֹב, אַל תִּירָא עַבְדִּי יַעֲקֹב.<br>
לֹא הִבִּיט אָוֶן בְּיַעֲקֹב, אַל תִּירָא עַבְדִּי יַעֲקֹב.<br>
מִי מָנָה עֲפַר יַעֲקֹב, אַל תִּירָא עַבְדִּי יַעֲקֹב.<br>
נִשְׁבַּע יְהוָה לְיַעֲקֹב, אַל תִּירָא עַבְדִּי יַעֲקֹב.<br>
סְלַח נָא לַעֲוֹן יַעֲקֹב, אַל תִּירָא עַבְדִּי יַעֲקֹב.<br>
עַתָּה הָשֵׁב שְׁבוּת יַעֲקֹב, אַל תִּירָא עַבְדִּי יַעֲקֹב.<br>
פָּדָה יְהוָה אֶת יַעֲקֹב, אַל תִּירָא עַבְדִּי יַעֲקֹב.<br>
צַוֵּה יְשׁוּעוֹת יַעֲקֹב, אַל תִּירָא עַבְדִּי יַעֲקֹב.<br>
קוֹל קוֹל יַעֲקֹב, אַל תִּירָא עַבְדִּי יַעֲקֹב.<br>
רָנּוּ שִׂמְחָה לְיַעֲקֹב, אַל תִּירָא עַבְדִּי יַעֲקֹב.<br>
שָׁב יְהוָה אֶת גְּאוֹן יַעֲקֹב, אַל תִּירָא עַבְדִּי יַעֲקֹב.<br>
תִּתֵּן אֱמֶת לְיַעֲקֹב, אַל תִּירָא עַבְדִּי יַעֲקֹב.

פיוט לרבי יוסף חיים מבגדד

עַל בַּיִת זֶה וְיוֹשְׁבֵהוּ, תִּהְיֶה בִּרְכַּת אֵלִיָּהוּ.

אֵלִיָּהוּ בַּעַל הָאוֹת, מַלְאַךְ יְהֹוָה צְבָאוֹת
זָכָה וְעָשָׂה נִפְלָאוֹת, אַשְׁרֵי הָעַיִן רָאָתְהוּ.
עַל בַּיִת זֶה וְיוֹשְׁבֵהוּ, תִּהְיֶה בִּרְכַּת אֵלִיָּהוּ.

לָבַשׁ קִנְאָה בְּתוֹךְ עַמּוֹ, וְהָיָה יְהֹוָה עִמּוֹ
זָכָה וְלָקַח לְעַצְמוֹ, נֶפֶשׁ נָדָב וַאֲבִיהוּא.
עַל בַּיִת זֶה וְיוֹשְׁבֵהוּ, תִּהְיֶה בִּרְכַּת אֵלִיָּהוּ.

יָדָיו רַב לוֹ בְּקִנְאָתוֹ, נָתַן לוֹ הָאֵל בְּרִיתוֹ
הַחַיִּים וְהַשָּׁלוֹם אִתּוֹ, רוּחַ יְהֹוָה תְּנִחֶהוּ.
עַל בַּיִת זֶה וְיוֹשְׁבֵהוּ, תִּהְיֶה בִּרְכַּת אֵלִיָּהוּ.

הוּא בְּאַרְבַּע עֲפִיפָתוֹ, וּבִשְׁמֵי מְרוֹמִים בֵּיתוֹ
אַשְׁרֵי אִישׁ יִזְכֶּה לִרְאוֹתוֹ, וְיִלְמַד תּוֹרָה מִפִּיהוּ.
עַל בַּיִת זֶה וְיוֹשְׁבֵהוּ, תִּהְיֶה בִּרְכַּת אֵלִיָּהוּ.

וְאַשְׁרֵי נוֹתֵן לוֹ שָׁלוֹם, וְהוּא מַחֲזִיר לוֹ שָׁלוֹם
הַלְוַאי נִרְאֵהוּ בַּחֲלוֹם, וְנִשְׂבַּע מֵאוֹר פָּנֵיהוּ.
עַל בַּיִת זֶה וְיוֹשְׁבֵהוּ, תִּהְיֶה בִּרְכַּת אֵלִיָּהוּ.

חַי וְקַיָּם בְּעֹז וָאֵל, יַמְלִיץ טוֹב בְּעַד יִשְׂרָאֵל
וְחִישׁ יָבֹא עִם הַגּוֹאֵל, נָאווּ עַל הָרִים רַגְלֵהוּ.
עַל בַּיִת זֶה וְיוֹשְׁבֵהוּ, תִּהְיֶה בִּרְכַּת אֵלִיָּהוּ.

זְכוּתוֹ יָגֵן עָלֵינוּ, הוּא יִכְתֹּב זָכִיּוֹתֵינוּ
בְּמוֹצָאֵי שַׁבָּתֵנוּ, בְּעֵץ הַחַיִּים יוֹשֵׁב הוּא.
עַל בַּיִת זֶה וְיוֹשְׁבֵהוּ, תִּהְיֶה בִּרְכַּת אֵלִיָּהוּ.

קוֹל אֵלִיָּהוּ יַשְׁמִיעַ, שָׁלוֹם וִישׁוּעָה יַזְרִיעַ
כִּי עֵת הַזָּמִיר הִגִּיעַ, נָחָה רוּחַ אֵלִיָּהוּ.
עַל בַּיִת זֶה וְיוֹשְׁבֵהוּ, תִּהְיֶה בִּרְכַּת אֵלִיָּהוּ.

# סדר שלוש רגלים

## ביעור חמץ

"אור לארבעה עשר בודקין את החמץ לאור הנר" (משנה, פסחים פ"א מ"א).

בערב י"ד ניסן, מיד לאחר צאת הכוכבים, בודקין את החמץ לאור הנר ולפני הבדיקה מברכים:

**בָּרוּךְ אַתָּה יְהוָה, אֱלֹהֵינוּ מֶלֶךְ הָעוֹלָם**
**אֲשֶׁר קִדְּשָׁנוּ בְּמִצְוֹתָיו וְצִוָּנוּ עַל בִּעוּר חָמֵץ.**

אחר הבדיקה מבטלים את החמץ שלא נמצא, ואומרים (שלוש פעמים):

בארמית:

**כָּל חֲמִירָא דְּאִכָּא בִרְשׁוּתִי, דְּלָא חֲזִיתֵהּ וּדְלָא בִעַרְתֵּהּ לִבְטִיל וְלֶהֱוֵי (הֶפְקֵר) כְּעַפְרָא דְאַרְעָא**

או בעברית:

**כָּל חָמֵץ שֶׁיֵּשׁ בִּרְשׁוּתִי, שֶׁלֹּא רְאִיתִיו וְלֹא בִעַרְתִּיו, יִבָּטֵל וְיִהְיֶה (הֶפְקֵר) כַּעֲפַר הָאָרֶץ.**

בערב פסח בבוקר, לאחר שרפת החמץ (ובערב פסח שחל בשבת, לאחר ביעורו, ראה הלכה 770), מבטל את החמץ שוב ואומר (שלוש פעמים):

בארמית:

**כָּל חֲמִירָא דְאִכָּא בִרְשׁוּתִי דַּחֲזִיתֵהּ וּדְלָא חֲזִיתֵהּ, דְּבִעַרְתֵּהּ וּדְלָא בִעַרְתֵּהּ לִבְטִיל וְלֶהֱוֵי הֶפְקֵר כְּעַפְרָא דְאַרְעָא.**

או בעברית:

**כָּל חָמֵץ וּשְׂאוֹר שֶׁיֵּשׁ בִּרְשׁוּתִי, שֶׁרְאִיתִיו וְשֶׁלֹּא רְאִיתִיו שֶׁבִּעַרְתִּיו וְשֶׁלֹּא בִעַרְתִּיו, יִבָּטֵל וְיִהְיֶה הֶפְקֵר כַּעֲפַר הָאָרֶץ.**

## עירוב תבשילין

אם יום טוב חל בערב שבת (או שראש השנה חל ביום חמישי), אסור להכין מיום טוב לשבת, אלא אם כן הניחו 'עירובי תבשילין' (שו"ע תקכז, א).

המערב לוקח בערב יום טוב פת ותבשיל שהוא מייעד לאוכלם בשבת, ומברך:

**בָּרוּךְ אַתָּה יְהוָה, אֱלֹהֵינוּ מֶלֶךְ הָעוֹלָם**
**אֲשֶׁר קִדְּשָׁנוּ בְּמִצְוֹתָיו וְצִוָּנוּ עַל מִצְוַת עֵרוּב.**

לאחר הברכה אומר:

בארמית:

**בְּדֵין עֵרוּבָא יְהֵא שְׁרֵי לָנָא לַאֲפוּיֵי וּלְבַשּׁוּלֵי וּלְאַטְמוּנֵי וּלְתַקּוּנֵי וּלְאַדְלוּקֵי שְׁרָגָא וּלְמֶעְבַּד כָּל צָרְכָנָא, מִיּוֹם טוֹב לְשַׁבָּת לָנוּ וּלְכָל יִשְׂרָאֵל הַדָּרִים בָּעִיר הַזֹּאת.**

או בעברית:

**בְּעֵרוּב זֶה יְהֵא מֻתָּר לָנוּ לֶאֱפוֹת וּלְבַשֵּׁל וּלְהַטְמִין וּלְתַקֵּן וּלְהַדְלִיק נֵר, וּלְהָכִין כָּל צְרָכֵינוּ מִיּוֹם טוֹב לְשַׁבָּת לָנוּ וּלְכָל יִשְׂרָאֵל הַדָּרִים בָּעִיר הַזֹּאת.**

# תפילה כשנכנסין לסוכה

בספר הזוהר (אמור קג ע״ב) מסופר שרב המנונא סבא נהג לעמוד בפתח הסוכה ולהזמין את האושפיזין באמירת ״תיבו אושפיזין עלאין תיבו״.

יש נוהגים לומר קודם הכניסה לסוכה בקשה זו, הלקוחה מסידור השל״ה.

הֲרֵינִי מוּכָן וּמְזֻמָּן לְקַיֵּם מִצְוַת סֻכָּה, כַּאֲשֶׁר צִוַּנִי הַבּוֹרֵא יִתְבָּרַךְ
שְׁמוֹ: בַּסֻּכֹּת תֵּשְׁבוּ שִׁבְעַת יָמִים, כָּל־הָאֶזְרָח בְּיִשְׂרָאֵל יֵשְׁבוּ בַּסֻּכֹּת: ויקרא כג
לְמַעַן יֵדְעוּ דֹרֹתֵיכֶם, כִּי בַסֻּכּוֹת הוֹשַׁבְתִּי אֶת־בְּנֵי יִשְׂרָאֵל, בְּהוֹצִיאִי
אוֹתָם מֵאֶרֶץ מִצְרָיִם:

תִּיבוּ תִּיבוּ אֻשְׁפִּיזִין עִלָּאִין, תִּיבוּ תִּיבוּ אֻשְׁפִּיזִין קַדִּישִׁין, תִּיבוּ תִּיבוּ
אֻשְׁפִּיזִין דִּמְהֵימְנוּתָא. זַכָּאָה חֻלְקְהוֹן דְּיִשְׂרָאֵל, דִּכְתִיב: כִּי חֵלֶק דברים לב
יְהוָה עַמּוֹ, יַעֲקֹב חֶבֶל נַחֲלָתוֹ:

יְהִי רָצוֹן מִלְּפָנֶיךָ, יְהוָה אֱלֹהַי וֵאלֹהֵי אֲבוֹתַי, שֶׁתַּשְׁרֶה שְׁכִינָתְךָ בֵּינֵינוּ, וְתִפְרֹס עָלֵינוּ סֻכַּת שְׁלוֹמֶךָ, בִּזְכוּת מִצְוַת סֻכָּה שֶׁאֲנַחְנוּ מְקַיְּמִין לְיַחֲדָא שְׁמָא דְקֻדְשָׁא בְּרִיךְ הוּא וּשְׁכִינְתֵּהּ בִּדְחִילוּ וּרְחִימוּ, לְיַחֲדָא אוֹתִיּוֹת י״ה בְּאוֹתִיּוֹת ו״ה בְּיִחוּדָא שְׁלִים בְּשֵׁם כָּל יִשְׂרָאֵל, וּלְהַקִּיף אוֹתָהּ מִזִּיו כְּבוֹדְךָ הַקָּדוֹשׁ וְהַטָּהוֹר, נָטוּי עַל רָאשֵׁיהֶם מִלְמַעְלָה כְּנֶשֶׁר יָעִיר קִנּוֹ, וּמִשָּׁם יַשְׁפִּיעַ שֶׁפַע הַחַיִּים לְעַבְדְּךָ (פלוני בן פלונית אֲמָתֶךָ). וּבִזְכוּת צֵאתִי מִבֵּיתִי הַחוּצָה וְדֶרֶךְ מִצְוֹתֶיךָ אָרוּצָה, יֵחָשֵׁב לִי זֹאת כְּאִלּוּ הִרְחַקְתִּי נְדוֹד, וְהֶרֶב כַּבְּסֵנִי מֵעֲוֹנִי וּמֵחַטָּאתִי טַהֲרֵנִי, וּמֵאֻשְׁפִּיזִין עִלָּאִין אֻשְׁפִּיזִין דִּמְהֵימְנוּתָא תִּהְיֶינָה אָזְנֶיךָ קַשֻּׁבוֹת רַב בְּרָכוֹת, וְלָרְעֵבִים גַּם צְמֵאִים תֵּן לַחְמָם וּמֵימָם הַנֶּאֱמָנִים, וְתִתֶּן לִי זְכוּת לָשֶׁבֶת וְלַחֲסוֹת בְּסֵתֶר צֵל כְּנָפֶיךָ בְּעֵת פְּטִירָתִי מִן הָעוֹלָם, וְלַחֲסוֹת מִזֶּרֶם וּמִמָּטָר, כִּי תַמְטִיר עַל רְשָׁעִים פַּחִים. וּתְהֵא חֲשׁוּבָה מִצְוַת סֻכָּה זוֹ שֶׁאֲנִי מְקַיֵּם, כְּאִלּוּ קִיַּמְתִּיהָ בְּכָל פְּרָטֶיהָ וְדִקְדּוּקֶיהָ וּתְנָאֶיהָ וְכָל מִצְוֹת הַתְּלוּיוֹת בָּהּ. וְתֵיטִיב לָנוּ הַחֲתִימָה, וּתְזַכֵּנוּ לֵישֵׁב יָמִים רַבִּים עַל הָאֲדָמָה אַדְמַת
קֹדֶשׁ, בַּעֲבוֹדָתְךָ וּבְיִרְאָתֶךָ. בָּרוּךְ יְהוָה לְעוֹלָם אָמֵן וְאָמֵן: תהלים פט

בכל לילה לפני הסעודה נוהגים להזמין אחד מהצדיקים להיות האורח של אותו היום.
לדעת האר״י, סדר האושפיזין הוא: אברהם, יצחק, יעקב, משה, אהרן, יוסף ודוד.

**עוּלוּ אֻשְׁפִּיזִין עִלָּאִין קַדִּישִׁין. עוּלוּ אֲבָהָן עִלָּאִין קַדִּישִׁין, לְמֵיתַב בְּצִלָּא דִמְהֵימְנוּתָא עִלָּאָה, בְּצִלָּא דְקֻדְשָׁא בְּרִיךְ הוּא.**

ליל א׳ **לִיעוּל אַבְרָהָם רְחִימָא אַבָּא קַדִּישָׁא.**
**וְלִיעוּל עִמֵּהּ: יִצְחָק וְיַעֲקֹב, מֹשֶׁה, אַהֲרֹן, יוֹסֵף וְדָוִד.**

ליל ב׳ **לִיעוּל יִצְחָק עֲקִידָא אַבָּא קַדִּישָׁא.**
**וְלִיעוּל עִמֵּהּ: אַבְרָהָם וְיַעֲקֹב, מֹשֶׁה, אַהֲרֹן, יוֹסֵף וְדָוִד.**

ליל ג׳ **לִיעוּל יַעֲקֹב שְׁלִימָא אַבָּא קַדִּישָׁא.**
**וְלִיעוּל עִמֵּהּ: אַבְרָהָם, יִצְחָק, מֹשֶׁה, אַהֲרֹן, יוֹסֵף וְדָוִד.**

ליל ד׳ **לִיעוּל מֹשֶׁה רַעְיָא מְהֵימְנָא.**
**וְלִיעוּל עִמֵּהּ: אַבְרָהָם יִצְחָק וְיַעֲקֹב, אַהֲרֹן, יוֹסֵף וְדָוִד.**

ליל ה׳ **לִיעוּל אַהֲרֹן כַּהֲנָא.**
**וְלִיעוּל עִמֵּהּ: אַבְרָהָם יִצְחָק וְיַעֲקֹב, מֹשֶׁה, יוֹסֵף וְדָוִד.**

ליל ו׳ **לִיעוּל יוֹסֵף צַדִּיקָא.**
**וְלִיעוּל עִמֵּהּ: אַבְרָהָם יִצְחָק וְיַעֲקֹב, מֹשֶׁה, אַהֲרֹן וְדָוִד.**

ליל ז׳ **לִיעוּל דָּוִד מַלְכָּא מְשִׁיחָא.**
**וְלִיעוּל עִמֵּהּ: אַבְרָהָם יִצְחָק וְיַעֲקֹב, מֹשֶׁה, אַהֲרֹן וְיוֹסֵף.**

ויקרא כג **בַּסֻּכֹּת תֵּשְׁבוּ שִׁבְעַת יָמִים:**

**תִּיבוּ אֻשְׁפִּיזִין עִלָּאִין קַדִּישִׁין, תִּיבוּ אֲבָהָן עִלָּאִין קַדִּישִׁין, לְמֵיתַב בְּצִלָּא**
**דִמְהֵימְנוּתָא עִלָּאָה, בְּצִלָּא דְקֻדְשָׁא בְּרִיךְ הוּא. זַכָּאָה חוּלָקָנָא וְזַכָּאָה**
דברים לב **חוּלָקְהוֹן דְּיִשְׂרָאֵל, דִּכְתִיב: כִּי חֵלֶק יְהֹוָה עַמּוֹ, יַעֲקֹב חֶבֶל נַחֲלָתוֹ:**

נוהגים להכין כיסא לכבוד האושפיזין ועליו להניח ספרי קודש
ולכסותם במפה מפוארת (׳מורה באצבע׳ ט, רפט על פי זוהר, לך לך;
כה״ח תרלט, ח). ויש נוהגים שכשנכנס לסוכה בכל לילה,
מניח את ידיו על כיסא האושפיזין ואומר (׳בניהו׳, תיקון כב):

**זֶה הַכִּסֵּא שֶׁל שִׁבְעָה אֻשְׁפִּיזִין עִלָּאִין.**

יש נוהגים לומר פסוקים אלה לכל אחד מהלילות, אחר שיושבים בסוכה (׳לשון חכמים׳ ח״א, י).

ליל א׳ וְאַבְרָהָם זָקֵן בָּא בַּיָּמִים וַיהוָה בֵּרַךְ אֶת־אַבְרָהָם בַּכֹּל: (ז׳ פעמים) בראשית כד

ליל ב׳ וַיִּזְרַע יִצְחָק בָּאָרֶץ הַהִוא וַיִּמְצָא בַּשָּׁנָה הַהִוא מֵאָה שְׁעָרִים וַיְבָרְכֵהוּ בראשית כו
יְהוָה: (ז׳ פעמים)

ליל ג׳ מַה־טֹּבוּ אֹהָלֶיךָ יַעֲקֹב מִשְׁכְּנֹתֶיךָ יִשְׂרָאֵל: (ז׳ פעמים) במדבר כד

ליל ד׳ תּוֹרָה צִוָּה־לָנוּ מֹשֶׁה מוֹרָשָׁה קְהִלַּת יַעֲקֹב: (ג׳ פעמים) וְהָאִישׁ מֹשֶׁה דברים לג / במדבר יב
עָנָו מְאֹד מִכֹּל הָאָדָם אֲשֶׁר עַל־פְּנֵי הָאֲדָמָה: (ג׳ פעמים) וְלֹא־קָם דברים לד
נָבִיא עוֹד בְּיִשְׂרָאֵל כְּמֹשֶׁה אֲשֶׁר יְדָעוֹ יְהוָה פָּנִים אֶל־פָּנִים: (ג׳ פעמים)

ליל ה׳ וַיְדַבֵּר יְהוָה אֶל־מֹשֶׁה לֵּאמֹר: דַּבֵּר אֶל־אַהֲרֹן וְאֶל־בָּנָיו לֵאמֹר כֹּה במדבר ו
תְבָרְכוּ אֶת־בְּנֵי יִשְׂרָאֵל אָמוֹר לָהֶם: יְבָרֶכְךָ יְהוָה וְיִשְׁמְרֶךָ: יָאֵר
יְהוָה ׀ פָּנָיו אֵלֶיךָ וִיחֻנֶּךָּ: יִשָּׂא יְהוָה ׀ פָּנָיו אֵלֶיךָ וְיָשֵׂם לְךָ שָׁלוֹם:
וְשָׂמוּ אֶת־שְׁמִי עַל־בְּנֵי יִשְׂרָאֵל וַאֲנִי אֲבָרְכֵם: (ג׳ פעמים)

ליל ו׳ וַיִּצְבֹּר יוֹסֵף בָּר כְּחוֹל הַיָּם הַרְבֵּה מְאֹד עַד כִּי־חָדַל לִסְפֹּר כִּי־אֵין בראשית מא
מִסְפָּר: (ג׳ פעמים) בֵּן פֹּרָת יוֹסֵף בֵּן פֹּרָת עֲלֵי־עָיִן בָּנוֹת צָעֲדָה עֲלֵי־ בראשית מט
שׁוּר: (ג׳ פעמים) וּלְיוֹסֵף אָמַר מְבֹרֶכֶת יְהוָה אַרְצוֹ מִמֶּגֶד שָׁמַיִם מִטָּל דברים לג
וּמִתְּהוֹם רֹבֶצֶת תָּחַת: וּמִמֶּגֶד תְּבוּאֹת שָׁמֶשׁ וּמִמֶּגֶד גֶּרֶשׁ יְרָחִים:
וּמֵרֹאשׁ הַרְרֵי־קֶדֶם וּמִמֶּגֶד גִּבְעוֹת עוֹלָם: וּמִמֶּגֶד אֶרֶץ וּמְלֹאָהּ וּרְצוֹן
שֹׁכְנִי סְנֶה תָּבוֹאתָה לְרֹאשׁ יוֹסֵף וּלְקָדְקֹד נְזִיר אֶחָיו: (ג׳ פעמים)

ליל ז׳ וַיְהִי דָוִד לְכָל־דְּרָכָו מַשְׂכִּיל וַיהוָה עִמּוֹ: (ג׳ פעמים) מִגְדּוֹל יְשׁוּעוֹת שמואל א׳ יח / שמואל ב׳ כב
מַלְכּוֹ וְעֹשֶׂה־חֶסֶד לִמְשִׁיחוֹ לְדָוִד וּלְזַרְעוֹ עַד־עוֹלָם: (ג׳ פעמים)

כשיוצא מן הסוכה בערב שמיני עצרת, אומר (׳כלבו׳ ע בשם מהר״ם):

יְהִי רָצוֹן מִלְּפָנֶיךָ, יְהוָה אֱלֹהֵינוּ וֵאלֹהֵי אֲבוֹתֵינוּ
כְּשֵׁם שֶׁקִּיַּמְתִּי וְיָשַׁבְתִּי בְּסֻכָּה זוֹ
כֵּן אֶזְכֶּה לְשָׁנָה הַבָּאָה לֵישֵׁב בְּסֻכַּת עוֹרוֹ שֶׁל לִוְיָתָן.

# קידוש לליל יום טוב

בזמן הקידוש עומדים.

כשיום טוב חל בשבת, קודם שאומרים 'אֵלֶּה מוֹעֲדֵי', מוסיפים:

בראשית א יוֹם הַשִּׁשִּׁי:

בראשית ב וַיְכֻלּוּ הַשָּׁמַיִם וְהָאָרֶץ וְכָל־צְבָאָם:
וַיְכַל אֱלֹהִים בַּיּוֹם הַשְּׁבִיעִי מְלַאכְתּוֹ אֲשֶׁר עָשָׂה
וַיִּשְׁבֹּת בַּיּוֹם הַשְּׁבִיעִי מִכָּל־מְלַאכְתּוֹ אֲשֶׁר עָשָׂה:
וַיְבָרֶךְ אֱלֹהִים אֶת־יוֹם הַשְּׁבִיעִי, וַיְקַדֵּשׁ אֹתוֹ
כִּי בוֹ שָׁבַת מִכָּל־מְלַאכְתּוֹ, אֲשֶׁר־בָּרָא אֱלֹהִים, לַעֲשׂוֹת:

ביום טוב שחל בחול, מתחילים מכאן:

ויקרא כג אֵלֶּה מוֹעֲדֵי יְהֹוָה מִקְרָאֵי קֹדֶשׁ אֲשֶׁר־תִּקְרְאוּ אֹתָם בְּמוֹעֲדָם:
וַיְדַבֵּר מֹשֶׁה אֶת־מֹעֲדֵי יְהֹוָה אֶל־בְּנֵי יִשְׂרָאֵל:

המקדש להוציא אחרים ידי חובתם, מוסיף:

סַבְרִי מָרָנָן (עונים: לְחַיִּים)

בָּרוּךְ אַתָּה יְהֹוָה, אֱלֹהֵינוּ מֶלֶךְ הָעוֹלָם, בּוֹרֵא פְּרִי הַגָּפֶן.

כשיום טוב חל בשבת, מוסיף את המילים המופיעות בסוגריים.

בָּרוּךְ אַתָּה יְהֹוָה, אֱלֹהֵינוּ מֶלֶךְ הָעוֹלָם
אֲשֶׁר בָּחַר בָּנוּ מִכָּל עָם
וְרוֹמְמָנוּ מִכָּל לָשׁוֹן, וְקִדְּשָׁנוּ בְּמִצְוֹתָיו
וַתִּתֶּן לָנוּ יְהֹוָה אֱלֹהֵינוּ בְּאַהֲבָה
(שַׁבָּתוֹת לִמְנוּחָה וּ) מוֹעֲדִים לְשִׂמְחָה
חַגִּים וּזְמַנִּים לְשָׂשׂוֹן, אֶת יוֹם (הַשַּׁבָּת הַזֶּה וְאֶת יוֹם)

בפסח: חַג הַמַּצּוֹת הַזֶּה

אֶת יוֹם טוֹב מִקְרָא קֹדֶשׁ הַזֶּה, זְמַן חֵרוּתֵנוּ

בשבועות: חַג הַשָּׁבוּעוֹת הַזֶּה
אֶת יוֹם טוֹב מִקְרָא קֹדֶשׁ הַזֶּה, זְמַן מַתַּן תּוֹרָתֵנוּ
בסוכות: חַג הַסֻּכּוֹת הַזֶּה
אֶת יוֹם טוֹב מִקְרָא קֹדֶשׁ הַזֶּה, זְמַן שִׂמְחָתֵנוּ
בשמיני עצרת: שְׁמִינִי חַג עֲצֶרֶת הַזֶּה
אֶת יוֹם טוֹב מִקְרָא קֹדֶשׁ הַזֶּה, זְמַן שִׂמְחָתֵנוּ

בְּאַהֲבָה מִקְרָא קֹדֶשׁ, זֵכֶר לִיצִיאַת מִצְרָיִם.

כִּי בָנוּ בָחַרְתָּ וְאוֹתָנוּ קִדַּשְׁתָּ מִכָּל הָעַמִּים. (וְשַׁבָּתוֹת) וּמוֹעֲדֵי קָדְשֶׁךָ (בְּאַהֲבָה וּבְרָצוֹן) בְּשִׂמְחָה וּבְשָׂשׂוֹן הִנְחַלְתָּנוּ. בָּרוּךְ אַתָּה יְהוָֹה מְקַדֵּשׁ (הַשַּׁבָּת וְ) יִשְׂרָאֵל וְהַזְּמַנִּים.

כשיום טוב חל במוצאי שבת, מברך על הנר וחותם בברכת 'הַמַּבְדִּיל בֵּין קֹדֶשׁ לְקֹדֶשׁ':

בָּרוּךְ אַתָּה יְהוָֹה, אֱלֹהֵינוּ מֶלֶךְ הָעוֹלָם, בּוֹרֵא מְאוֹרֵי הָאֵשׁ.

בָּרוּךְ אַתָּה יְהוָֹה, אֱלֹהֵינוּ מֶלֶךְ הָעוֹלָם, הַמַּבְדִּיל בֵּין קֹדֶשׁ לְחוֹל וּבֵין אוֹר לְחֹשֶׁךְ, בֵּין יִשְׂרָאֵל לָעַמִּים וּבֵין יוֹם הַשְּׁבִיעִי לְשֵׁשֶׁת יְמֵי הַמַּעֲשֶׂה. בֵּין קְדֻשַּׁת שַׁבָּת לִקְדֻשַּׁת יוֹם טוֹב הִבְדַּלְתָּ, וְאֶת יוֹם הַשְּׁבִיעִי מִשֵּׁשֶׁת יְמֵי הַמַּעֲשֶׂה הִקְדַּשְׁתָּ וְהִבְדַּלְתָּ, וְהִקְדַּשְׁתָּ אֶת עַמְּךָ יִשְׂרָאֵל בִּקְדֻשָּׁתֶךָ. בָּרוּךְ אַתָּה יְהוָֹה, הַמַּבְדִּיל בֵּין קֹדֶשׁ לְקֹדֶשׁ.

בסוכות מברך מעומד:

בָּרוּךְ אַתָּה יְהוָֹה, אֱלֹהֵינוּ מֶלֶךְ הָעוֹלָם
אֲשֶׁר קִדְּשָׁנוּ בְּמִצְוֹתָיו, וְצִוָּנוּ לֵישֵׁב בַּסֻּכָּה. ויושב ומברך 'שֶׁהֶחֱיָנוּ'.

בשביעי של פסח אין אומרים 'שֶׁהֶחֱיָנוּ' (סוכה מו ע"א).

בָּרוּךְ אַתָּה יְהוָֹה, אֱלֹהֵינוּ מֶלֶךְ הָעוֹלָם
שֶׁהֶחֱיָנוּ וְקִיְּמָנוּ וְהִגִּיעָנוּ לַזְּמַן הַזֶּה.

# קידושא רבה ליום טוב

בשבת חול המועד אומרים את הקידוש לשבת (עמ׳ 773).

ביום טוב החל בשבת, מתחילים כאן:

אִם־תָּשִׁיב מִשַּׁבָּת רַגְלֶךָ עֲשׂוֹת חֲפָצֶךָ בְּיוֹם קָדְשִׁי, וְקָרָאתָ ישעיה נח
לַשַּׁבָּת עֹנֶג לִקְדוֹשׁ יְהֹוָה מְכֻבָּד, וְכִבַּדְתּוֹ מֵעֲשׂוֹת דְּרָכֶיךָ
מִמְּצוֹא חֶפְצְךָ וְדַבֵּר דָּבָר: אָז תִּתְעַנַּג עַל־יְהֹוָה, וְהִרְכַּבְתִּיךָ
עַל־בָּמֳתֵי אָרֶץ, וְהַאֲכַלְתִּיךָ נַחֲלַת יַעֲקֹב אָבִיךָ, כִּי פִּי יְהֹוָה דִּבֵּר:

וְשָׁמְרוּ בְנֵי־יִשְׂרָאֵל אֶת־הַשַּׁבָּת, לַעֲשׂוֹת אֶת־הַשַּׁבָּת לְדֹרֹתָם שמות לא
בְּרִית עוֹלָם: בֵּינִי וּבֵין בְּנֵי יִשְׂרָאֵל אוֹת הִוא לְעֹלָם, כִּי־שֵׁשֶׁת
יָמִים עָשָׂה יְהֹוָה אֶת־הַשָּׁמַיִם וְאֶת־הָאָרֶץ וּבַיּוֹם הַשְּׁבִיעִי
שָׁבַת וַיִּנָּפַשׁ:

עַל־כֵּן בֵּרַךְ יְהֹוָה אֶת־יוֹם הַשַּׁבָּת וַיְקַדְּשֵׁהוּ: שמות כ

ביום טוב החל ביום חול, מתחילים כאן:

אֵלֶּה מוֹעֲדֵי יְהֹוָה מִקְרָאֵי קֹדֶשׁ אֲשֶׁר־תִּקְרְאוּ אֹתָם בְּמוֹעֲדָם: ויקרא כג
וַיְדַבֵּר מֹשֶׁה אֶת־מֹעֲדֵי יְהֹוָה אֶל־בְּנֵי יִשְׂרָאֵל:

המקדש להוציא אחרים, מוסיף:

סַבְרִי מָרָנָן ( עונים: לְחַיִּים)

בָּרוּךְ אַתָּה יְהֹוָה, אֱלֹהֵינוּ מֶלֶךְ הָעוֹלָם
בּוֹרֵא פְּרִי הַגָּפֶן.

בסוכות: בָּרוּךְ אַתָּה יְהֹוָה, אֱלֹהֵינוּ מֶלֶךְ הָעוֹלָם
אֲשֶׁר קִדְּשָׁנוּ בְּמִצְוֹתָיו, וְצִוָּנוּ לֵישֵׁב בַּסֻּכָּה.

סדר סעודה וברכותיה בעמ׳ 775.

ברכת המזון בעמ׳ 816.

# סדר ברכות

## ברכות המצוות

על הפרשת תרומה ומעשר ראשון מברך (ואם יש ספק אם הפירות מעושרים, לא יברך):

**בָּרוּךְ אַתָּה יְהֹוָה, אֱלֹהֵינוּ מֶלֶךְ הָעוֹלָם, אֲשֶׁר קִדְּשָׁנוּ בְּמִצְוֹתָיו וְצִוָּנוּ לְהַפְרִישׁ תְּרוּמוֹת וּמַעַשְׂרוֹת.**

מַה שֶּׁהוּא יוֹתֵר מֵאֶחָד מִמֵּאָה מִן הַכֹּל שֶׁיֵּשׁ בְּיָדִי, הֲרֵי הוּא תְּרוּמָה גְּדוֹלָה בִּצְפוֹנוֹ, וְהָאֶחָד מִמֵּאָה שֶׁיֵּשׁ בְּיָדִי כָּאן עִם תִּשְׁעָה חֲלָקִים כָּמוֹהוּ בַּצַּד הָעֶלְיוֹן שֶׁל הַפֵּרוֹת הַלָּלוּ, הֲרֵי הֵם מַעֲשֵׂר רִאשׁוֹן. אוֹתוֹ הָאֶחָד מִמֵּאָה שֶׁעֲשִׂיתִיו מַעֲשֵׂר רִאשׁוֹן הֲרֵי הוּא תְּרוּמַת מַעֲשֵׂר. עוֹד תִּשְׁעָה חֲלָקִים כָּאֵלֶּה בַּצַּד הַתַּחְתּוֹן שֶׁל הַפֵּרוֹת הֲרֵי הֵם מַעֲשֵׂר שֵׁנִי, וְאִם הֵם חַיָּבִים בְּמַעֲשַׂר עָנִי, הֲרֵי הֵם מַעֲשַׂר עָנִי.

על פדיון מעשר שני מברך (ואם יש ספק אם הפירות מעושרים, לא יברך):

**בָּרוּךְ אַתָּה יְהֹוָה, אֱלֹהֵינוּ מֶלֶךְ הָעוֹלָם, אֲשֶׁר קִדְּשָׁנוּ בְּמִצְוֹתָיו וְצִוָּנוּ עַל פִּדְיוֹן מַעֲשֵׂר שֵׁנִי.**

מַעֲשֵׂר שֵׁנִי זֶה, מְחֻלָּל עַל שָׁוֶה פְּרוּטָה מִן הַמַּטְבֵּעַ שֶׁיִּחַדְתִּי לְפִדְיוֹן מַעֲשֵׂר שֵׁנִי.

המפריש חלה, חותך מן העיסה ומברך:

**בָּרוּךְ אַתָּה יְהֹוָה, אֱלֹהֵינוּ מֶלֶךְ הָעוֹלָם, אֲשֶׁר קִדְּשָׁנוּ בְּמִצְוֹתָיו וְצִוָּנוּ לְהַפְרִישׁ חַלָּה תְּרוּמָה.**

ולוקח קצת מן העיסה ואומר: **הֲרֵי זוֹ חַלָּה.** ושורפה.

הפודה פירות מנטע רבעי, מברך:

**בָּרוּךְ אַתָּה יְהֹוָה, אֱלֹהֵינוּ מֶלֶךְ הָעוֹלָם, אֲשֶׁר קִדְּשָׁנוּ בְּמִצְוֹתָיו וְצִוָּנוּ עַל פִּדְיוֹן נֶטַע רְבָעִי.**

הקובע מזוזה בפתחו, מברך:

**בָּרוּךְ אַתָּה יְהֹוָה, אֱלֹהֵינוּ מֶלֶךְ הָעוֹלָם, אֲשֶׁר קִדְּשָׁנוּ בְּמִצְוֹתָיו וְצִוָּנוּ לִקְבֹּעַ מְזוּזָה.**

הבונה מעקה לגגו וגדר לבורו, מברך:

**בָּרוּךְ אַתָּה יְהֹוָה, אֱלֹהֵינוּ מֶלֶךְ הָעוֹלָם, אֲשֶׁר קִדְּשָׁנוּ בְּמִצְוֹתָיו וְצִוָּנוּ לַעֲשׂוֹת מַעֲקֶה.**

אישה המיטהרת וגר הטובל בעת גיורו, מברכים:

**בָּרוּךְ אַתָּה יְהֹוָה, אֱלֹהֵינוּ מֶלֶךְ הָעוֹלָם, אֲשֶׁר קִדְּשָׁנוּ בְּמִצְוֹתָיו וְצִוָּנוּ עַל הַטְּבִילָה.**

המטביל כלי מתכת או זכוכית שעשאם נכרי (או שנקנו ממנו), מברך (ואם אינם כלי מתכת או זכוכית, יטבול בלא ברכה):

**בָּרוּךְ אַתָּה יְהוָה, אֱלֹהֵינוּ מֶלֶךְ הָעוֹלָם, אֲשֶׁר קִדְּשָׁנוּ בְּמִצְוֹתָיו וְצִוָּנוּ עַל טְבִילַת כֶּלִי (כֵּלִים).**

השוחט בהמה, חיה או עוף, מברך:

**בָּרוּךְ אַתָּה יְהוָה, אֱלֹהֵינוּ מֶלֶךְ הָעוֹלָם, אֲשֶׁר קִדְּשָׁנוּ בְּמִצְוֹתָיו וְצִוָּנוּ עַל הַשְּׁחִיטָה.**

על כיסוי הדם מברך:

**בָּרוּךְ אַתָּה יְהוָה, אֱלֹהֵינוּ מֶלֶךְ הָעוֹלָם, אֲשֶׁר קִדְּשָׁנוּ בְּמִצְוֹתָיו וְצִוָּנוּ עַל כִּסּוּי הַדָּם.**

הפודה חמור פטר רחם, מברך:

**בָּרוּךְ אַתָּה יְהוָה, אֱלֹהֵינוּ מֶלֶךְ הָעוֹלָם, אֲשֶׁר קִדְּשָׁנוּ בְּמִצְוֹתָיו וְצִוָּנוּ עַל פִּדְיוֹן פֶּטֶר חֲמוֹר.**

## ברכות הנהנין, הראייה והשמיעה

על כלים ועל בגדים חדשים מברך 'שֶׁהֶחֱיָנוּ' (על לבישת בגד חדש מברך: 'מַלְבִּישׁ עֲרֻמִּים', וכיום מכוונים לצאת ידי חובה בברכה זו שבברכות השחר, בא"ח, ראה א).

**בָּרוּךְ אַתָּה יְהוָה, אֱלֹהֵינוּ מֶלֶךְ הָעוֹלָם שֶׁהֶחֱיָנוּ וְקִיְּמָנוּ וְהִגִּיעָנוּ לַזְּמַן הַזֶּה.**

על ריח טוב של אילנות ושיחים מברך:

**בָּרוּךְ אַתָּה יְהוָה, אֱלֹהֵינוּ מֶלֶךְ הָעוֹלָם, בּוֹרֵא עֲצֵי בְשָׂמִים.**

על ריח טוב של עשבים מברך:

**בָּרוּךְ אַתָּה יְהוָה, אֱלֹהֵינוּ מֶלֶךְ הָעוֹלָם, בּוֹרֵא עִשְׂבֵי בְשָׂמִים.**

על ריח טוב של פירות מברך:

**בָּרוּךְ אַתָּה יְהוָה, אֱלֹהֵינוּ מֶלֶךְ הָעוֹלָם, הַנּוֹתֵן רֵיחַ טוֹב בַּפֵּרוֹת.**

על שמן אפרסמון מברך:

**בָּרוּךְ אַתָּה יְהוָה, אֱלֹהֵינוּ מֶלֶךְ הָעוֹלָם, בּוֹרֵא שֶׁמֶן עָרֵב.**

על שאר בשמים מברך:

**בָּרוּךְ אַתָּה יְהוָה, אֱלֹהֵינוּ מֶלֶךְ הָעוֹלָם, בּוֹרֵא מִינֵי בְשָׂמִים.**

הרואה ברק, חמה בתקופתה, כוכב שביט ותופעות טבע בלתי רגילות, מברך:

**בָּרוּךְ אַתָּה יְהוָה, אֱלֹהֵינוּ מֶלֶךְ הָעוֹלָם, עוֹשֶׂה מַעֲשֵׂה בְרֵאשִׁית.**

השומע קול רעם, מברך:

**בָּרוּךְ אַתָּה יְהֹוָה, אֱלֹהֵינוּ מֶלֶךְ הָעוֹלָם, שֶׁכֹּחוֹ וּגְבוּרָתוֹ מָלֵא עוֹלָם.**

הרואה קשת בענן, מברך:

**בָּרוּךְ אַתָּה יְהֹוָה, אֱלֹהֵינוּ מֶלֶךְ הָעוֹלָם**
**זוֹכֵר הַבְּרִית, נֶאֱמָן בִּבְרִיתוֹ, וְקַיָּם בְּמַאֲמָרוֹ.**

הרואה את הים התיכון (שו״ע רכח, א) או את האוקיינוס (משנ״ב שם, ב), מברך:

**בָּרוּךְ אַתָּה יְהֹוָה, אֱלֹהֵינוּ מֶלֶךְ הָעוֹלָם, שֶׁעָשָׂה אֶת הַיָּם הַגָּדוֹל.**

הרואה בריות נאות ביותר, מברך:

**בָּרוּךְ אַתָּה יְהֹוָה, אֱלֹהֵינוּ מֶלֶךְ הָעוֹלָם, שֶׁכָּכָה לוֹ בְּעוֹלָמוֹ.**

הרואה אדם (או ברייה אחרת) משונה ביותר, מברך:

**בָּרוּךְ אַתָּה יְהֹוָה, אֱלֹהֵינוּ מֶלֶךְ הָעוֹלָם, מְשַׁנֶּה הַבְּרִיּוֹת.**

על שמועות טובות לו ולאחרים מברך:

**בָּרוּךְ אַתָּה יְהֹוָה, אֱלֹהֵינוּ מֶלֶךְ הָעוֹלָם, הַטּוֹב וְהַמֵּטִיב.**

ואם הן טובות רק לו, מברך ׳שֶׁהֶחֱיָנוּ׳ (בעמוד הקודם).

הרואה גדול בתורה, מברך:

**בָּרוּךְ אַתָּה יְהֹוָה, אֱלֹהֵינוּ מֶלֶךְ הָעוֹלָם, שֶׁחָלַק מֵחָכְמָתוֹ לִירֵאָיו.**

הרואה חכם גדול בשאר חכמות, מברך:

**בָּרוּךְ אַתָּה יְהֹוָה, אֱלֹהֵינוּ מֶלֶךְ הָעוֹלָם, שֶׁנָּתַן מֵחָכְמָתוֹ לְבָשָׂר וָדָם.**

הרואה מלך מאומות העולם, מברך:

**בָּרוּךְ אַתָּה יְהֹוָה, אֱלֹהֵינוּ מֶלֶךְ הָעוֹלָם**
**שֶׁנָּתַן מִכְּבוֹדוֹ לְבָשָׂר וָדָם.**

הרואה שישים ריבוא מישראל ביחד, מברך:

**בָּרוּךְ אַתָּה יְהֹוָה, אֱלֹהֵינוּ מֶלֶךְ הָעוֹלָם, חֲכַם הָרָזִים.**

הרואה בתי ישראל ביישובם בארץ ישראל, מברך ׳מַצִּיב גְּבוּל אַלְמָנָה׳.
וכיום נוהגים לברך כן על בתי כנסיות בלבד ובלי שם ומלכות.

**בָּרוּךְ (אַתָּה יְהֹוָה, אֱלֹהֵינוּ מֶלֶךְ הָעוֹלָם), מַצִּיב גְּבוּל אַלְמָנָה.**

הרואה מקום שנעשו בו נסים לישראל, מברך:

**בָּרוּךְ אַתָּה יְהֹוָה, אֱלֹהֵינוּ מֶלֶךְ הָעוֹלָם**
**שֶׁעָשָׂה נִסִּים לַאֲבוֹתֵינוּ בַּמָּקוֹם הַזֶּה.**

הרואה מקום שנעשה לו (או לאבותיו) בו נס, מברך:

בָּרוּךְ אַתָּה יְהוָֹה, אֱלֹהֵינוּ מֶלֶךְ הָעוֹלָם
שֶׁעָשָׂה לִי (לְאָבִי/לְאִמִּי/לַאֲבוֹתַי) נֵס בַּמָּקוֹם הַזֶּה.

על שמועות רעות רח״ל (וכן אבל קודם הקריעה) מברך:

בָּרוּךְ אַתָּה יְהוָֹה, אֱלֹהֵינוּ מֶלֶךְ הָעוֹלָם, דַּיַּן הָאֱמֶת.

הרואה קברי ישראל (שלא ראם שלושים יום), מברך:

בָּרוּךְ אַתָּה יְהוָֹה, אֱלֹהֵינוּ מֶלֶךְ הָעוֹלָם, אֲשֶׁר יָצַר אֶתְכֶם בַּדִּין, וְזָן וְכִלְכֵּל אֶתְכֶם בַּדִּין, וְהֵמִית אֶתְכֶם בַּדִּין, וְיוֹדֵעַ מִסְפַּר כֻּלְּכֶם בַּדִּין, וְהוּא עָתִיד לְהַחֲיוֹתְכֶם וּלְקַיֵּם אֶתְכֶם בַּדִּין. בָּרוּךְ אַתָּה יְהוָֹה, מְחַיֵּה הַמֵּתִים.

אַתָּה גִּבּוֹר לְעוֹלָם אֲדֹנָי, מְחַיֵּה מֵתִים אַתָּה, רַב לְהוֹשִׁיעַ, מְכַלְכֵּל חַיִּים בְּחֶסֶד, מְחַיֵּה מֵתִים בְּרַחֲמִים רַבִּים, סוֹמֵךְ נוֹפְלִים וְרוֹפֵא חוֹלִים וּמַתִּיר אֲסוּרִים, וּמְקַיֵּם אֱמוּנָתוֹ לִישֵׁנֵי עָפָר. מִי כָמוֹךָ בַּעַל גְּבוּרוֹת, וּמִי דּוֹמֶה לָּךְ, מֶלֶךְ מֵמִית וּמְחַיֶּה וּמַצְמִיחַ יְשׁוּעָה, וְנֶאֱמָן אַתָּה לְהַחֲיוֹת מֵתִים.

הודאה על הגשמים

אם ירדו גשמים רבים לאחר זמן רב שנעצרו, מברך (ברכות נט ע״ב; שו״ע, רכא):

מוֹדִים אֲנַחְנוּ לָךְ, יְהוָֹה אֱלֹהֵינוּ וֵאלֹהֵי אֲבוֹתֵינוּ, עַל כָּל טִפָּה וְטִפָּה שֶׁהוֹרַדְתָּ לָנוּ. וְאִלּוּ פִינוּ מָלֵא שִׁירָה כַּיָּם וּלְשׁוֹנֵנוּ רִנָּה כַּהֲמוֹן גַּלָּיו, וְשִׂפְתוֹתֵינוּ שֶׁבַח כְּמֶרְחֲבֵי רָקִיעַ וְעֵינֵינוּ מְאִירוֹת כַּשֶּׁמֶשׁ וְכַיָּרֵחַ, וְיָדֵינוּ פְרוּשׂוֹת כְּנִשְׁרֵי שָׁמָיִם וְרַגְלֵינוּ קַלּוֹת כָּאַיָּלוֹת, אֵין אֲנַחְנוּ מַסְפִּיקִים לְהוֹדוֹת לְךָ, יְהוָֹה אֱלֹהֵינוּ, וּלְבָרֵךְ אֶת שִׁמְךָ מַלְכֵּנוּ, עַל אַחַת מֵאֶלֶף אַלְפֵי אֲלָפִים וְרֹב רִבֵּי רְבָבוֹת פְּעָמִים, הַטּוֹבוֹת נִסִּים וְנִפְלָאוֹת שֶׁעָשִׂיתָ עִמָּנוּ וְעִם אֲבוֹתֵינוּ מִלְּפָנִים. מִמִּצְרַיִם גְּאַלְתָּנוּ יְהוָֹה אֱלֹהֵינוּ, מִבֵּית עֲבָדִים פְּדִיתָנוּ, בְּרָעָב זַנְתָּנוּ וּבְשָׂבָע כִּלְכַּלְתָּנוּ, מֵחֶרֶב הִצַּלְתָּנוּ מִדֶּבֶר מִלַּטְתָּנוּ, וּמֵחֳלָיִם רָעִים וְרַבִּים דִּלִּיתָנוּ. עַד הֵנָּה עֲזָרוּנוּ רַחֲמֶיךָ וְלֹא עֲזָבוּנוּ חֲסָדֶיךָ. עַל כֵּן אֵבָרִים שֶׁפִּלַּגְתָּ בָּנוּ, וְרוּחַ וּנְשָׁמָה שֶׁנָּפַחְתָּ בְּאַפֵּנוּ, וְלָשׁוֹן אֲשֶׁר שַׂמְתָּ בְּפִינוּ, הֵן הֵם יוֹדוּ וִיבָרְכוּ וִישַׁבְּחוּ וִיפָאֲרוּ אֶת שִׁמְךָ מַלְכֵּנוּ תָּמִיד. בָּרוּךְ אַתָּה יְהוָֹה, אֵל רֹב הַהוֹדָאוֹת.

## תפילת הביננו

בשעת הדחק (ראה הלכה 158) רשאי אדם להתפלל תפילה קצרה במקום שמונה עשרה ברכות שלמות: אומר שלוש ברכות ראשונות עד 'הָקָּדוֹשׁ' (עמ' 66-68).

ואחר כך אומר:

חונן הדעת הֲבִינֵנוּ יְהֹוָה אֱלֹהֵינוּ לָדַעַת דְּרָכֶיךָ ברכות כט.
הרוצה בתשובה וּמוֹל אֶת לְבָבֵנוּ לְיִרְאָתֶךָ
סליחה וגאולה וְתִסְלַח לָנוּ לִהְיוֹת גְּאוּלִים
רופא חולים וְרַחֲקֵנוּ מִמַּכְאוֹב
ברכת השנים וְדַשְּׁנֵנוּ בִּנְאוֹת אַרְצֶךָ
קיבוץ גלויות וּנְפוּצוֹתֵינוּ מֵאַרְבַּע תְּקַבֵּץ
השבת המשפט וְהַתּוֹעִים עַל דַּעְתְּךָ יִשָּׁפֵטוּ
ברכת המינים וְעַל הָרְשָׁעִים תָּנִיף יָדֶךָ
צדיקים וירושלים וְיִשְׂמְחוּ צַדִּיקִים בְּבִנְיַן עִירֶךָ וּבְתִקּוּן הֵיכָלֶךָ
מלכות בית דוד וּבִצְמִיחַת קֶרֶן לְדָוִד עַבְדֶּךָ
וּבַעֲרִיכַת נֵר לְבֶן יִשַׁי מְשִׁיחֶךָ
שומע תפילה טֶרֶם נִקְרָא אַתָּה תַעֲנֶה.
בָּרוּךְ אַתָּה יְהֹוָה, שׁוֹמֵעַ תְּפִלָּה.

וממשיך בשלוש הברכות האחרונות, 'רְצֵה' (עמ' 73) ועד הסוף.

## תפילת קצרה

בעת סכנה, כגון חייל בחזית, מתפלל תפילה קצרה זו,
ובחלוף הסכנה מתפלל תפילה מלאה. ראה הלכה 159.

צָרְכֵי עַמְּךָ יִשְׂרָאֵל מְרֻבִּים וְדַעְתָּם קְצָרָה. ברכות כט:
יְהִי רָצוֹן מִלְּפָנֶיךָ, יְהֹוָה אֱלֹהֵינוּ וֵאלֹהֵי אֲבוֹתֵינוּ
שֶׁתִּתֵּן לְכָל אֶחָד וְאֶחָד כְּדֵי פַרְנָסָתוֹ, וּלְכָל גְּוִיָּה וּגְוִיָּה דֵּי מַחְסוֹרָהּ
וְהַטּוֹב בְּעֵינֶיךָ עֲשֵׂה.
בָּרוּךְ אַתָּה יְהֹוָה, שׁוֹמֵעַ תְּפִלָּה.

# סדר ברכת האילנות

היוצא באביב ורואה אילנות מלבלבים מברך ברכת האילנות (ראה הלכה 749).
המקובלים כתבו לומר סדר זה:

לְשֵׁם יִחוּד קֻדְשָׁא בְּרִיךְ הוּא וּשְׁכִינְתֵּהּ, בִּדְחִילוּ וּרְחִימוּ וּרְחִימוּ וּדְחִילוּ, לְיַחֲדָא אוֹתִיּוֹת י״ה בְּאוֹתִיּוֹת ו״ה בְּיִחוּדָא שְׁלִים בְּשֵׁם כָּל יִשְׂרָאֵל, וּבְשֵׁם כָּל הַנְּפָשׁוֹת רוּחוֹת וּנְשָׁמוֹת הַמִּתְיַחֲסִים אֶל שׁוֹרְשֵׁי נַפְשֵׁנוּ רוּחֵנוּ וְנִשְׁמָתֵנוּ וּמַלְבּוּשֵׁיהֶם וְהַקְּרוֹבִים לָהֶם שֶׁמִּכְלָלוֹת אֲצִילוּת בְּרִיאָה יְצִירָה עֲשִׂיָּה, וּמִכָּל פְּרָטֵי אֲצִילוּת בְּרִיאָה יְצִירָה עֲשִׂיָּה, הֲרֵי אֲנַחְנוּ מוּכָנִים וּמְזֻמָּנִים לְקַיֵּם מִצְוַת הַבְּרָכָה שֶׁתִּקְּנוּ חֲכָמִים זִכְרוֹנָם לִבְרָכָה עַל רְאִיַּת אִילָנֵי דְּמַלַבְלְבֵי. וְיַעֲלֶה לְפָנֶיךָ יְהֹוָה אֱלֹהֵינוּ וֵאלֹהֵי אֲבוֹתֵינוּ כְּאִלּוּ כִּוַּנּוּ בְּכָל הַכַּוָּנוֹת הָרְאוּיוֹת לְכַוֵּן בִּבְרָכָה הַזֹּאת וְסוֹדוֹתֶיהָ, וּתְהִיֶה חֲשׁוּבָה וּמְקֻבֶּלֶת וּרְצוּיָה לְפָנֶיךָ בְּרָכָה זוֹ לְבָרֵר וּלְהַעֲלוֹת עַל יָדָהּ כָּל נִיצוֹצֵי הַקְּדֻשָּׁה הַמְעֹרָבִים בְּצוֹמֵחַ, וְכָל נְפָשׁוֹת רוּחוֹת וּנְשָׁמוֹת הַמְגֻלְגָּלִים בּוֹ. וְאַתָּה הָאֵל בְּמִדַּת טוּבְךָ וּבְחַסְדְּךָ הַגָּדוֹל תָּאִיר לָהֶם בְּאוֹר פָּנֶיךָ וְתַשְׁלִים בֵּרוּרָם וְתִקּוּנָם. בָּרְכֵם, טַהֲרֵם, רַחֲמֵי צִדְקָתֶךָ תָּמִיד גָּמְלֵם.

וִיהִי רָצוֹן מִלְּפָנֶיךָ, יְהֹוָה אֱלֹהֵינוּ וֵאלֹהֵי אֲבוֹתֵינוּ שֶׁבִּזְכוּת הַבְּרָכָה
הַזֹּאת אֲשֶׁר נְבָרֵךְ יְקֻיַּם בָּנוּ מַאֲמַר, רְאֵה רֵיחַ בְּנִי כְּרֵיחַ שָׂדֶה אֲשֶׁר בראשית כז
בֵּרְכוֹ יְהֹוָה: וּנְקַבֵּל שֶׁפַע עֹשֶׁר הַבְּרָכוֹת, כַּכָּתוּב: וְיִתֶּן־לְךָ הָאֱלֹהִים
מִטַּל הַשָּׁמַיִם וּמִשְׁמַנֵּי הָאָרֶץ, וְרֹב דָּגָן וְתִירֹשׁ: יַעַבְדוּךָ עַמִּים וְיִשְׁתַּחֲוֻ
לְךָ לְאֻמִּים, הֱוֵה גְבִיר לְאַחֶיךָ וְיִשְׁתַּחֲווּ לְךָ בְּנֵי אִמֶּךָ, אֹרְרֶיךָ אָרוּר
וּמְבָרְכֶיךָ בָּרוּךְ: יִהְיוּ לְרָצוֹן אִמְרֵי־פִי וְהֶגְיוֹן לִבִּי, לְפָנֶיךָ יְהֹוָה צוּרִי וְגֹאֲלִי: תהלים יט
וִיהִי נֹעַם אֲדֹנָי אֱלֹהֵינוּ עָלֵינוּ, וּמַעֲשֵׂה יָדֵינוּ כּוֹנְנָה עָלֵינוּ, וּמַעֲשֵׂה יָדֵינוּ תהלים צ
כּוֹנְנֵהוּ:

ואחר כך יברך בשמחה ובכוונת הלב:

בָּרוּךְ אַתָּה יְהֹוָה, אֱלֹהֵינוּ מֶלֶךְ הָעוֹלָם ברכות מג:
שֶׁלֹּא חִסַּר בְּעוֹלָמוֹ כְּלוּם

וּבָרָא בוֹ בְּרִיּוֹת טוֹבוֹת וְאִילָנוֹת טוֹבִים, לֵהָנוֹת בָּהֶם בְּנֵי אָדָם.

ואחר הברכה אומר בקשה זו:

יְהִי רָצוֹן מִלְּפָנֶיךָ, יְהוָה אֱלֹהֵינוּ וֵאלֹהֵי אֲבוֹתֵינוּ, שֶׁתַּעֲלֵנוּ בְשִׂמְחָה
לְאַרְצֵנוּ וְתִטָּעֵנוּ בִּגְבוּלֵנוּ, וְשָׁם נְקַיֵּם מִצְוַת תְּרוּמוֹת וּמַעַשְׂרוֹת וְכָל
מִצְוֹת הַתְּלוּיוֹת בָּאָרֶץ אֲשֶׁר הִנְחַלְתָּ לַאֲבוֹתֵינוּ הִיא אֶרֶץ זָבַת חָלָב
וּדְבַשׁ, אֶרֶץ נַחֲלֵי מָיִם עֲיָנֹת וּתְהֹמֹת יֹצְאִים בַּבִּקְעָה וּבָהָר: אֶרֶץ דברים ח
חִטָּה וּשְׂעֹרָה וְגֶפֶן וּתְאֵנָה וְרִמּוֹן, אֶרֶץ־זֵית שֶׁמֶן וּדְבָשׁ: כַּאֲשֶׁר צִוִּיתָנוּ
בְּתוֹרָתֶךָ עַל יְדֵי מֹשֶׁה עַבְדֶּךָ.

אָנָּא יְהוָה, לְמַעַן שִׁמְךָ הַגָּדוֹל הַגְדֵּל חַסְדְּךָ עִמָּנוּ, וְקַיֵּם לָנוּ אֶת הַדָּבָר
אֲשֶׁר הִבְטַחְתָּנוּ עַל יְדֵי מֹשֶׁה עַבְדֶּךָ: וְנָתַתִּי גִשְׁמֵיכֶם בְּעִתָּם, וְנָתְנָה ויקרא כו
הָאָרֶץ יְבוּלָהּ וְעֵץ הַשָּׂדֶה יִתֵּן פִּרְיוֹ: וְהִשִּׂיג לָכֶם דַּיִשׁ אֶת־בָּצִיר וּבָצִיר
יַשִּׂיג אֶת־זָרַע, וַאֲכַלְתֶּם לַחְמְכֶם לָשֹׂבַע וִישַׁבְתֶּם לָבֶטַח בְּאַרְצְכֶם:
וְקַיֵּם בָּנוּ אֶת הַדָּבָר אֲשֶׁר הִבְטַחְתָּנוּ עַל יְדֵי יְשַׁעְיָה נְבִיאָךְ: בַּיּוֹם ישעיה ד
הַהוּא יִהְיֶה צֶמַח יְהוָה לִצְבִי וּלְכָבוֹד, וּפְרִי הָאָרֶץ לְגָאוֹן וּלְתִפְאֶרֶת
לִפְלֵיטַת יִשְׂרָאֵל:

וְנֶאֱמַר: וּבָנוּ בָתִּים וְיָשָׁבוּ, וְנָטְעוּ כְרָמִים וְאָכְלוּ פִּרְיָם: וְקַיֵּם בָּנוּ ישעיה סה
אֲשֶׁר הִבְטַחְתָּנוּ עַל יְדֵי עָמוֹס נְבִיאָךְ: הִנֵּה יָמִים בָּאִים נְאֻם־יְהוָה, עמוס ט
וְנִגַּשׁ חוֹרֵשׁ בַּקֹּצֵר וְדֹרֵךְ עֲנָבִים בְּמֹשֵׁךְ הַזָּרַע, וְהִטִּיפוּ הֶהָרִים עָסִיס
וְכָל־הַגְּבָעוֹת תִּתְמוֹגַגְנָה: וְשַׁבְתִּי אֶת־שְׁבוּת עַמִּי יִשְׂרָאֵל, וּבָנוּ עָרִים
נְשַׁמּוֹת וְיָשָׁבוּ, וְנָטְעוּ כְרָמִים וְשָׁתוּ אֶת־יֵינָם, וְעָשׂוּ גַנּוֹת וְאָכְלוּ
אֶת־פְּרִיהֶם:

וְקַיֵּם בָּנוּ אֲשֶׁר הִבְטַחְתָּנוּ עַל יְדֵי יְחֶזְקֵאל נְבִיאָךְ: וְהִרְבֵּיתִי אֶת־פְּרִי יחזקאל לו
הָעֵץ וּתְנוּבַת הַשָּׂדֶה, לְמַעַן אֲשֶׁר לֹא תִקְחוּ עוֹד חֶרְפַּת רָעָב בַּגּוֹיִם:
וְנֶאֱמַר, וְעַל־הַנַּחַל יַעֲלֶה עַל־שְׂפָתוֹ מִזֶּה וּמִזֶּה כָּל־עֵץ־מַאֲכָל לֹא־ יחזקאל מז
יִבּוֹל עָלֵהוּ וְלֹא־יִתֹּם פִּרְיוֹ לָחֳדָשָׁיו יְבַכֵּר, כִּי מֵימָיו מִן־הַמִּקְדָּשׁ הֵמָּה
יוֹצְאִים, וְהָיָה פִרְיוֹ לְמַאֲכָל וְעָלֵהוּ לִתְרוּפָה:

# תפילת הדרך

היוצא לדרך אומר תפילה זו (ברכות כט ע״ב).

יְהִי רָצוֹן מִלְּפָנֶיךָ, יְהֹוָה אֱלֹהֵינוּ וֵאלֹהֵי אֲבוֹתֵינוּ
שֶׁתּוֹלִיכֵנוּ לְשָׁלוֹם, וְתַצְעִידֵנוּ לְשָׁלוֹם, וְתַדְרִיכֵנוּ לְשָׁלוֹם
וְתַגִּיעֵנוּ לִמְחוֹז חֶפְצֵנוּ לְחַיִּים וּלְשִׂמְחָה וּלְשָׁלוֹם
(אם בדעתו לחזור לביתו באותו היום: וְתַחֲזִירֵנוּ לְבֵיתֵנוּ לְשָׁלוֹם)
וְתַצִּילֵנוּ מִכַּף כָּל אוֹיֵב וְאוֹרֵב בַּדֶּרֶךְ וּמִתְּאוּנוֹת דְּרָכִים
(וּמִכָּל מִינֵי פֻּרְעָנִיּוֹת הַמִּתְרַגְּשׁוֹת לָבוֹא לָעוֹלָם)
וְתִשְׁלַח בְּרָכָה בְּמַעֲשֵׂה יָדֵינוּ
וְתִתְּנֵנוּ לְחֵן וּלְחֶסֶד וּלְרַחֲמִים בְּעֵינֶיךָ וּבְעֵינֵי כָל רוֹאֵינוּ
וְתִשְׁמַע קוֹל תַּחֲנוּנֵינוּ, כִּי אֵל שׁוֹמֵעַ תְּפִלָּה וְתַחֲנוּן אָתָּה.
בָּרוּךְ אַתָּה יְהֹוָה, שׁוֹמֵעַ תְּפִלָּה.

לאחר תפילת הדרך נוהגים להוסיף פסוקים לשמירה ולאחריהם את מזמור קכא (׳צידה לדרך׳ מאמר א, א), ופשט המנהג לומר כל אחד מהפסוקים הבאים שלוש פעמים.

בראשית לב וְיַעֲקֹב הָלַךְ לְדַרְכּוֹ, וַיִּפְגְּעוּ־בוֹ מַלְאֲכֵי אֱלֹהִים:
וַיֹּאמֶר יַעֲקֹב כַּאֲשֶׁר רָאָם, מַחֲנֵה אֱלֹהִים זֶה
וַיִּקְרָא שֵׁם־הַמָּקוֹם הַהוּא מַחֲנָיִם:

בראשית לה וַיִּסָּעוּ, וַיְהִי חִתַּת אֱלֹהִים עַל־הֶעָרִים אֲשֶׁר סְבִיבוֹתֵיהֶם
וְלֹא רָדְפוּ אַחֲרֵי בְּנֵי יַעֲקֹב:

בראשית מט לִישׁוּעָתְךָ קִוִּיתִי יְהֹוָה:

במדבר ו יְבָרֶכְךָ יְהֹוָה וְיִשְׁמְרֶךָ:
יָאֵר יְהֹוָה פָּנָיו אֵלֶיךָ וִיחֻנֶּךָּ:
יִשָּׂא יְהֹוָה פָּנָיו אֵלֶיךָ וְיָשֵׂם לְךָ שָׁלוֹם:

שמות כג הִנֵּה אָנֹכִי שֹׁלֵחַ מַלְאָךְ לְפָנֶיךָ לִשְׁמָרְךָ בַּדָּרֶךְ
וְלַהֲבִיאֲךָ אֶל־הַמָּקוֹם אֲשֶׁר הֲכִנֹתִי:

בראשית מח הַמַּלְאָךְ הַגֹּאֵל אֹתִי מִכָּל־רָע יְבָרֵךְ אֶת־הַנְּעָרִים וְיִקָּרֵא בָהֶם שְׁמִי
וְשֵׁם אֲבֹתַי אַבְרָהָם וְיִצְחָק וְיִדְגּוּ לָרֹב בְּקֶרֶב הָאָרֶץ:

שִׁיר לַמַּעֲלוֹת, אֶשָּׂא עֵינַי אֶל־הֶהָרִים, מֵאַיִן יָבֹא עֶזְרִי: עֶזְרִי מֵעִם יְהֹוָה, תהלים קכא
עֹשֵׂה שָׁמַיִם וָאָרֶץ: אַל־יִתֵּן לַמּוֹט רַגְלֶךָ, אַל־יָנוּם שֹׁמְרֶךָ: הִנֵּה לֹא־יָנוּם
וְלֹא יִישָׁן שׁוֹמֵר יִשְׂרָאֵל: יְהֹוָה שֹׁמְרֶךָ, יְהֹוָה צִלְּךָ עַל־יַד יְמִינֶךָ: יוֹמָם
הַשֶּׁמֶשׁ לֹא־יַכֶּכָּה, וְיָרֵחַ בַּלָּיְלָה: יְהֹוָה יִשְׁמָרְךָ מִכָּל־רָע, יִשְׁמֹר אֶת־נַפְשֶׁךָ:
יְהֹוָה יִשְׁמָר־צֵאתְךָ וּבוֹאֶךָ, מֵעַתָּה וְעַד־עוֹלָם:

## תפילה לנוסעים במטוס

יש נוהגים לומר תחינה זו בשעת הטיסה אחרי תפילת הדרך.

יְהִי רָצוֹן מִלְּפָנֶיךָ, קוֹנֵה שָׁמַיִם וָאָרֶץ, שֶׁתּוֹלִיכֵנוּ לְשָׁלוֹם וּתְטִיסֵנוּ לְשָׁלוֹם וְתַגִּיעֵנוּ לִמְחוֹז חֶפְצֵנוּ לְחַיִּים וּלְשִׂמְחָה וּלְשָׁלוֹם, וְתַמְלִטֵנוּ מֵרוּחַ סוֹעָה וּמִסַּעַר, וּמִשָּׁעוֹת רָעוֹת הַמִּתְרַגְּשׁוֹת לָבוֹא לָעוֹלָם, וּמִכָּל מִינֵי תַּקָּלוֹת וּפֻרְעָנִיּוֹת. שָׁמְרֵנוּ וְהַצִּילֵנוּ בְּתוֹךְ כָּל אַחֵינוּ בְּנֵי יִשְׂרָאֵל הַטָּסִים בִּנְתִיבֵי אֲוִיר וְהָעוֹבְרִים בְּאָרְחוֹת יָם וְדַרְכֵי יַבָּשָׁה, מִכַּף כָּל אוֹיֵב וְאוֹרֵב וּמִכָּל אָסוֹן וָנֶזֶק וּמִכָּל צַעַר וְצָרָה. אָנָּא אַמֵּץ יְדֵי הָאוֹחֲזִים בַּהֶגֶה וְהָכֵן רוּחָם לְהַנְהִיגֵנוּ לְשָׁלוֹם, כִּי בְךָ בִּלְבַד חָסִינוּ מֵעַתָּה וְעַד עוֹלָם, אָמֵן.

## תפילה למפליגים בים

קטע מתוך תפילה ארוכה ליורדי הים,
וכיום יש נוהגים לאומרה בעת ההפלגה אחרי תפילת הדרך.

יְהִי רָצוֹן מִלְּפָנֶיךָ, יְהֹוָה אֱלֹהֵינוּ וֵאלֹהֵי אֲבוֹתֵינוּ אַבְרָהָם יִצְחָק וְיַעֲקֹב,
הָאֵל הַגָּדוֹל הַגִּבּוֹר וְהַנּוֹרָא, שֶׁתַּעֲמִיד הַיָּם מִזַּעְפּוֹ וְיֶחֱשׁוּ גַּלָּיו, וְתוֹלִיכֵנוּ
מְהֵרָה אֶל מְחוֹז חֶפְצֵנוּ לְטוֹבָה, כַּאֲשֶׁר בְּיָדְךָ לַעֲשׂוֹת, וְתִשְׁמַע תְּפִלָּתֵנוּ
וְתַאֲזִין תְּחִנָּתֵנוּ. עֲנֵנוּ בַּשָּׁעָה הַזֹּאת שֶׁאָנוּ מִתְפַּלְּלִים וּמִתְחַנְּנִים לְפָנֶיךָ,
וְתִשְׁמְרֵנוּ מֵהֲמוֹן גַּלִּים וּמִשְּׁאוֹן מִשְׁבְּרֵי יָם, מֵרוּחַ סוֹעָה וּמִסַּעַר, וְתוֹצִיא
רוּחַ טוֹב מֵאוֹצְרוֹתֶיךָ. אַתָּה מוֹשֵׁל בְּגֵאוּת הַיָּם, בְּשׂוֹא גַלָּיו אַתָּה תְשַׁבְּחֵם: תהלים פט
יָקֵם סְעָרָה לִדְמָמָה, וַיֶּחֱשׁוּ גַּלֵּיהֶם: שָׁמְרָה נַפְשִׁי וְהַצִּילֵנִי, אַל־אֵבוֹשׁ כִּי־ תהלים קז תהלים כה
חָסִיתִי בָךְ: וַאֲנַחְנוּ נְבָרֵךְ יָהּ, מֵעַתָּה וְעַד־עוֹלָם, הַלְלוּיָהּ: תהלים קטו

# סדר חנוכת הבית

סדר חנוכת הבית לחיד״א מובא בספר ׳ח״ם לב״י׳.

בכניסתו לבית, כשמתחיל להביא את כלי הבית ואת תשמישיו, אומר:

**בְּסִיַּעְתָּא דִשְׁמַיָּא, בְּשֵׁם יְהוָה אֱלֹהֵי יִשְׂרָאֵל, נַעֲשֶׂה וְנַצְלִיחַ.**

**גָּדוֹל יִהְיֶה כְּבוֹד הַבַּיִת הַזֶּה לַעֲבוֹדָתוֹ יִתְבָּרַךְ.**

דברים כח בראשית לט בָּרוּךְ אַתָּה בְּבֹאֶךָ: וַיְהִי יְהוָה אֶת־יוֹסֵף, וַיְהִי אִישׁ מַצְלִיחַ:
שמואל א׳ יח וַיְהִי דָוִד לְכָל־דְּרָכָו מַשְׂכִּיל וַיהוָה עִמּוֹ:

תהלים צ וִיהִי נֹעַם אֲדֹנָי אֱלֹהֵינוּ עָלֵינוּ, וּמַעֲשֵׂה יָדֵינוּ כּוֹנְנָה עָלֵינוּ, וּמַעֲשֵׂה יָדֵינוּ
תהלים צא כּוֹנְנֵהוּ: יֹשֵׁב בְּסֵתֶר עֶלְיוֹן, בְּצֵל שַׁדַּי יִתְלוֹנָן: אֹמַר לַיהוָה מַחְסִי וּמְצוּדָתִי, אֱלֹהַי אֶבְטַח־בּוֹ: כִּי הוּא יַצִּילְךָ מִפַּח יָקוּשׁ, מִדֶּבֶר הַוּוֹת: בְּאֶבְרָתוֹ יָסֶךְ לָךְ, וְתַחַת־כְּנָפָיו תֶּחְסֶה, צִנָּה וְסֹחֵרָה אֲמִתּוֹ: לֹא־תִירָא מִפַּחַד לָיְלָה, מֵחֵץ יָעוּף יוֹמָם: מִדֶּבֶר בָּאֹפֶל יַהֲלֹךְ, מִקֶּטֶב יָשׁוּד צָהֳרָיִם: יִפֹּל מִצִּדְּךָ אֶלֶף, וּרְבָבָה מִימִינֶךָ, אֵלֶיךָ לֹא יִגָּשׁ: רַק בְּעֵינֶיךָ תַבִּיט, וְשִׁלֻּמַת רְשָׁעִים תִּרְאֶה: כִּי־אַתָּה יְהוָה מַחְסִי, עֶלְיוֹן שַׂמְתָּ מְעוֹנֶךָ: לֹא־תְאֻנֶּה אֵלֶיךָ רָעָה, וְנֶגַע לֹא־יִקְרַב בְּאָהֳלֶךָ: כִּי מַלְאָכָיו יְצַוֶּה־לָּךְ, לִשְׁמָרְךָ בְּכָל־דְּרָכֶיךָ: עַל־כַּפַּיִם יִשָּׂאוּנְךָ, פֶּן־תִּגֹּף בָּאֶבֶן רַגְלֶךָ: עַל־שַׁחַל וָפֶתֶן תִּדְרֹךְ, תִּרְמֹס כְּפִיר וְתַנִּין: כִּי בִי חָשַׁק וַאֲפַלְּטֵהוּ, אֲשַׂגְּבֵהוּ כִּי־יָדַע שְׁמִי: יִקְרָאֵנִי וְאֶעֱנֵהוּ, עִמּוֹ אָנֹכִי בְצָרָה, אֲחַלְּצֵהוּ וַאֲכַבְּדֵהוּ: אֹרֶךְ יָמִים אַשְׂבִּיעֵהוּ, וְאַרְאֵהוּ בִּישׁוּעָתִי:

אָנָּא, בְּכֹחַ גְּדֻלַּת יְמִינְךָ, תַּתִּיר צְרוּרָה.
קַבֵּל רִנַּת עַמְּךָ, שַׂגְּבֵנוּ, טַהֲרֵנוּ, נוֹרָא.
נָא גִבּוֹר, דּוֹרְשֵׁי יִחוּדְךָ, כְּבָבַת שָׁמְרֵם.
בָּרְכֵם, טַהֲרֵם, רַחֲמֵי צִדְקָתְךָ, תָּמִיד גָּמְלֵם.
חֲסִין קָדוֹשׁ, בְּרֹב טוּבְךָ, נַהֵל עֲדָתֶךָ.
יָחִיד גֵּאֶה, לְעַמְּךָ פְּנֵה, זוֹכְרֵי קְדֻשָּׁתֶךָ.
שַׁוְעָתֵנוּ קַבֵּל, וּשְׁמַע צַעֲקָתֵנוּ, יוֹדֵעַ תַּעֲלוּמוֹת.
בָּרוּךְ, שֵׁם כְּבוֹד מַלְכוּתוֹ, לְעוֹלָם וָעֶד.

ויש אומרים ׳וִיהִי נֹעַם׳ ו׳אָנָּא בְּכֹחַ׳ שבע פעמים ישר והפוך.

וְהִנֵּה אֲנַחְנוּ מְאַלְּמִים אֲלֻמִּים בְּתוֹךְ הַשָּׂדֶה, וְהִנֵּה קָמָה אֲלֻמָּתִי וְגַם־נִצָּבָה, בראשית לז
וְהִנֵּה תְסֻבֶּינָה אֲלֻמֹּתֵיכֶם וַתִּשְׁתַּחֲוֶיןָ לַאֲלֻמָּתִי:
שלוש פעמים.

אחר כך אומר תפילה זו:

יְהִי רָצוֹן מִלְּפָנֶיךָ, יְהֹוָה אֱלֹהֵינוּ וֵאלֹהֵי אֲבוֹתֵינוּ, מֶלֶךְ רַחוּם וְחַנּוּן,
שֶׁתִּתְמַלֵּא רַחֲמִים עָלֵינוּ. וּבְרֹב רַחֲמֶיךָ, וּבִזְכוּת שְׁמוֹת הַקֹּדֶשׁ הַיּוֹצְאִים
מִפְּסוּקִים אֵלּוּ, תַּצְלִיחֵנוּ לָנוּ וּלְכָל אֲשֶׁר בְּאָהֳלֵנוּ וּלְכָל זַרְעֵנוּ בְּבַיִת זֶה,
בִּכְלָל וּפְרָט. וְנִהְיֶה כֻּלָּנוּ מֻצְלָחִים וּמְבֹרָכִים בַּכֹּל מִכֹּל כֹּל, וְתַצִּילֵנוּ מֵעַיִן
הָרָע וּמִכָּל חֵטְא וּמִכָּל צָרָה, וְיִהְיוּ בָּתֵּינוּ בְּכָל מָקוֹם בָּתִּים מְלֵאִים כָּל
טוּב, מֻצְלָחִים וּמְבֹרָכִים לָנוּ וּלְזַרְעֵנוּ. בְּךָ בָטַחְנוּ וּבְשִׁמְךָ לְעֶזְרֵנוּ, כִּי אֵל
רַחוּם אָתָּה. כְּדִכְתִיב: כִּי אֵל רַחוּם יְהֹוָה אֱלֹהֶיךָ, לֹא יַרְפְּךָ וְלֹא יַשְׁחִיתֶךָ, דברים ד
וְלֹא יִשְׁכַּח אֶת־בְּרִית אֲבֹתֶיךָ אֲשֶׁר נִשְׁבַּע לָהֶם: וּשְׁמַע תְּפִלָּתֵנוּ, כִּי אַתָּה
שׁוֹמֵעַ תְּפִלַּת כָּל פֶּה. עֲשֵׂה לְמַעַן שְׁמֶךָ, עֲשֵׂה לְמַעַן יְמִינֶךָ עֲשֵׂה לְמַעַן
תּוֹרָתֶךָ, עֲשֵׂה לְמַעַן קְדֻשָּׁתֶךָ. יִהְיוּ לְרָצוֹן אִמְרֵי־פִי וְהֶגְיוֹן לִבִּי לְפָנֶיךָ, יְהֹוָה תהלים יט
צוּרִי וְגֹאֲלִי: אָמֵן נֶצַח סֶלָה וָעֶד.

יְהִי־חַסְדְּךָ יְהֹוָה עָלֵינוּ כַּאֲשֶׁר יִחַלְנוּ לָךְ: תהלים לג
הַרְאֵנוּ יְהֹוָה חַסְדֶּךָ, וְיֶשְׁעֲךָ תִּתֶּן־לָנוּ: תהלים פה
וַאֲנִי בְּחַסְדְּךָ בָטַחְתִּי, יָגֵל לִבִּי בִּישׁוּעָתֶךָ, אָשִׁירָה לַיהֹוָה כִּי גָמַל עָלָי: תהלים יג
הִנֵּה אֵל יְשׁוּעָתִי אֶבְטַח, וְלֹא אֶפְחָד ישעיה יב
כִּי־עָזִּי וְזִמְרָת יָהּ יְהֹוָה, וַיְהִי־לִי לִישׁוּעָה:

נותן צדקה ומכוון שיתברך הבית.

## סדר הלימוד לחנוכת הבית

לדעת האר״י, בלילה יש לעסוק דווקא בתורה שבעל־פה, ולכן תיקן החיד״א סדר זה:

לומדים משניות, מסכתות: ברכות, יום טוב (ביצה) ותמיד (ר״ת בית);
גמרא, בבא מציעא קז ע״א: ״א״ל רב יהודה לרבין״ עד ״אמר רב זו העין״;
זוהר, ח״ג, נ ע״א: ״תא חזי זכאין אינון ישראל״ עד ״ולא תחטא כתיב״;
זוהר, ח״ג, רסה ע״ב: ״תא חזין בעי בר נש בפתחא דביתא״ עד ״זכאה חולקהון״;
משנה תורה להרמב״ם, הלכות דעות פ״ה הי״א עד סוף הפרק ופרק א מהלכות בית הבחירה.
וממשיכים ׳יְהִי רָצוֹן׳ בעמוד הבא.

המשתתפים בחנוכת הבית מברכים את בעלי הבית בברכה זו:

יְהִי רָצוֹן מִלְּפָנֶיךָ, יְהֹוָה אֱלֹהֵינוּ וֵאלֹהֵי אֲבוֹתֵינוּ, אֱלֹהֵי אַבְרָהָם אֱלֹהֵי
יִצְחָק וֵאלֹהֵי יַעֲקֹב, אֵל רַחוּם וְחַנּוּן, אַב הָרַחֲמִים, שֶׁיְּהֵא חָשׁוּב וּמְרֻצֶּה
לְפָנֶיךָ הַלִּמּוּד שֶׁלָּמַדְנוּ בְּתוֹרָתְךָ הַקְּדוֹשָׁה, כְּרֵיחַ נִיחֹחַ. וּבְרֹב רַחֲמֶיךָ
הַמְרֻבִּים, תְּרַחֵם עַל בַּעַל הַבַּיִת הַזֶּה, אֲשֶׁר תְּחִלַּת בּוֹאוֹ לִשְׁכֹּן בַּבַּיִת
הַזֶּה, נַפְשׁוֹ אִוְּתָה וַיַּעַשׂ תְּחִלָּה וָרֹאשׁ, חֲנֻכַּת הַבַּיִת בְּדִבְרֵי תוֹרָתְךָ
הַקְּדוֹשָׁה, לְיַסֵּד אֶת הַבַּיִת וּלְחַנְּכוֹ בְּדִבְרֵי תוֹרָה. וּבְכֵן בִּזְכוּת תּוֹרָתְךָ
הַקְּדוֹשָׁה, תְּבָרֵךְ בַּעַל הַבַּיִת הַזֶּה, אֲשֶׁר הִשְׁתַּדֵּל בְּלִמּוּד זֶה, לוֹ וּלְכָל
בְּנֵי בֵיתוֹ, בְּרָכוֹת לָעַד (וְיִפָּקֵד בְּבֶן זָכָר לְחַיִּים טוֹבִים וּלְקַיָּמָא זֶרַע
קֹדֶשׁ) וְיִהְיֶה לָהֶם הַבַּיִת הַזֶּה מֻצְלָח בַּכֹּל מִכֹּל, וְיִשָּׁמַע בַּבַּיִת הַזֶּה קוֹל
ישעיה לה שָׂשׂוֹן וְקוֹל שִׂמְחָה וְהַשְׁקֵט וָבֶטַח, שָׂשׂוֹן וְשִׂמְחָה יִמָּצֵא בָהּ, וְנָסוּ יָגוֹן
וַאֲנָחָה, וּשְׂמֹאל דּוֹחָה כָּל הַמַּחֲלָה.

אָנָּא, כְּרֹב רַחֲמֶיךָ, הֱיֵה עֲלֵיהֶם סִתְרָה צִנָּה וְסֹחֵרָה, וּתְבַטֵּל מֵעֲלֵיהֶם
כָּל גְּזֵרוֹת קָשׁוֹת וְרָעוֹת, וּבְהַרְמָנָא דְּמַלְכָּא עִלָּאָה מִנֵּי שִׂים טְעֵם,
לְהַרְחִיק מִן הַבַּיִת הַזֶּה כָּל מַזִּיק וְכָל פַּחַד וּבֶהָלָה, בְּכֹחַ שֵׁמוֹת
דברים יא הַקְּדוֹשִׁים הַיּוֹצְאִים מִפָּסוּק: לֹא־יִתְיַצֵּב אִישׁ בִּפְנֵיכֶם, פַּחְדְּכֶם וּמוֹרַאֲכֶם
יִתֵּן יְהֹוָה אֱלֹהֵיכֶם עַל־פְּנֵי כָל־הָאָרֶץ אֲשֶׁר תִּדְרְכוּ־בָהּ, כַּאֲשֶׁר דִּבֶּר
לָכֶם: וְע״ב אוֹתִיּוֹת אֲשֶׁר בְּפָסוּק זֶה, יִשְׁמְרוּ וְיַצִּילוּ מִכָּל רָע לְבַעַל הַבַּיִת
הַזֶּה וּלְכָל בְּנֵי בֵיתוֹ, וְתַצְלִיחֵם בְּכָל מַעֲשֵׂה יְדֵיהֶם. וְתַצִּילֵם מֵעַיִן הָרָע
בְּכֹחַ שֵׁם הַקָּדוֹשׁ (צמרכד) וּבְכֹחַ שֵׁם הַקָּדוֹשׁ (אגלא), וְתַצִּילֵם מִכָּל רָע,
תהלים צב דְּשֵׁנִים וְרַעֲנַנִּים יִהְיוּ: רַחוּם, חַנּוּן, שׁוֹמֵר, תּוֹמֵךְ, מַצִּיל, יָשָׁר, פּוֹדֶה,
בְּרֹב רַחֲמֶיךָ תְּקַבֵּל תְּחִנָּתֵנוּ וְתַעֲשֶׂה עֲתִירָתֵנוּ, כִּי אַתָּה שׁוֹמֵעַ תְּפִלַּת
כָּל פֶּה. עֲשֵׂה לְמַעַן שְׁמֶךָ, עֲשֵׂה לְמַעַן יְמִינֶךָ, עֲשֵׂה לְמַעַן קְדֻשָּׁתֶךָ,
תהלים יט עֲשֵׂה לְמַעַן תּוֹרָתֶךָ. יִהְיוּ לְרָצוֹן אִמְרֵי־פִי וְהֶגְיוֹן לִבִּי לְפָנֶיךָ, יְהֹוָה צוּרִי
וְגֹאֲלִי:

אם הם עשרה אומרים קדיש דרבנן (עמ׳ 40).

נוהגים לשיר שירים ופיוטים, ומסיימים באמירת מזמורי תהלים, לפי הסדר הבא:
ל, צא, קכא–קכב, קכו–קכח, קלב–קלג.

# ספר תולדות אדם


ברית מילה 861

זבד הבת 870

פדיון הבן 871

תפילות עם כניסה לעול מצוות 874

קידושין ונישואין 877

תפילה לעומד מחוליו 880

וידוי שכיב מרע 881

לויית המת 884

תפילה בבית האבל 893

# פיוטים לברית מילה

פיוט לרבי דוד בן חסין

אֶעֱרֹךְ מַהֲלַל נִיבִי / לִפְנֵי אֱלֹהֵי אָבִי
לִכְבוֹד חֶמְדַּת לְבָבִי / אֵלִיָּהוּ הַנָּבִיא.

נֶטַע הָאֵל בִּישֻׁרוּן / חֲבַצֶּלֶת הַשָּׁרוֹן
אִישׁ מִגֶּזַע אַהֲרֹן / מְשָׁרֵת צוּר מִשְׂגַּבִּי.
לִכְבוֹד חֶמְדַּת לְבָבִי, אֵלִיָּהוּ הַנָּבִיא.

כֹּהֵן לְאֵל עֶלְיוֹן הוּא / פִּינְחָס הוּא אֵלִיָּהוּ
הַנָּבִיא יִקְרָאוּהוּ / הַגִּלְעָדִי, הַתִּשְׁבִּי.
לִכְבוֹד חֶמְדַּת לְבָבִי, אֵלִיָּהוּ הַנָּבִיא.

יוֹם קִנֵּא קִנְאַת הָאֵל / הָרַג בְּכֹחַ וָאֵל
נְשִׂיא שֵׁבֶט יִשְׂרָאֵל / וּבַת צוּר שְׁמָהּ כָּזְבִּי.
לִכְבוֹד חֶמְדַּת לְבָבִי, אֵלִיָּהוּ הַנָּבִיא.

דִּין שָׁמַע מִפִּי רַבּוֹ / אִישׁ אֲרַמִּית מִשְׁכָּבוֹ
קַנָּאִים הֵם פּוֹגְעִים בּוֹ / וַיֹּאמֶר אָרִיק חַרְבִּי.
לִכְבוֹד חֶמְדַּת לְבָבִי, אֵלִיָּהוּ הַנָּבִיא.

וַיָּקָם מִתּוֹךְ עֵדָה / רֹמַח בְּיָדוֹ הָדָה
וַיֶּחֱרַד חֲרָדָה / נִתְגַּבֵּר כְּמוֹ לָבִיא.
לִכְבוֹד חֶמְדַּת לְבָבִי, אֵלִיָּהוּ הַנָּבִיא.

דָּקַר בְּחַרְבּוֹ אוֹתָם / כְּדֶרֶךְ שְׁכִיבָתָם
עַל הָאָרֶץ חֲבָטָם / וּלְמֹשֶׁה אוֹתָם הֵבִיא.
לִכְבוֹד חֶמְדַּת לְבָבִי, אֵלִיָּהוּ הַנָּבִיא.

בִּשְׂכַר זֹאת אֵל חַי עוֹלָם / נָתַן לוֹ שָׂכָר מְשֻׁלָּם
בְּרִית כְּהֻנַּת עוֹלָם / וַיְכַפֵּר עֲלֵי חוֹבִי.
לִכְבוֹד חֶמְדַּת לְבָבִי, אֵלִיָּהוּ הַנָּבִיא.

נִסִּים עֶשֶׂר וּשְׁנַיִם / בִּדְבָרֵיהֶם שְׁנוּיִים
עָשָׂה לוֹ דַּר שָׁמַיִם / צוּרִי, גּוֹאֲלִי, אָבִי.
לִכְבוֹד חֶמְדַּת לְבָבִי, אֵלִיָּהוּ הַנָּבִיא.

אֱמֶת בְּפִיהוּ הָיָה / לְאַלְמָנָה עֲנִיָּה
עֵת אֶת בְּנָהּ הֶחֱיָה / וּלְנַפְשׁוֹ אָמַר שׁוּבִי.
לִכְבוֹד חֶמְדַּת לְבָבִי, אֵלִיָּהוּ הַנָּבִיא.

הַשֶּׁמֶן גַּם הוּא שָׁרְתָה / בְּרָכָה בּוֹ וְהָיְתָה
כַּד הַקֶּמַח לֹא כָלָתָה / וַתִּגְדְּלִי וַתִּרְבִּי.
לִכְבוֹד חֶמְדַּת לְבָבִי, אֵלִיָּהוּ הַנָּבִיא.

רוֹדְפִים אַחֲרֵי תֹהוּ / הִכָּה בְּשֵׁבֶט פִּיהוּ
וַיֹּאמְרוּ יְהֹוָה הוּא / אֱמֶת וְאַתָּה נָבִיא.
לִכְבוֹד חֶמְדַּת לְבָבִי, אֵלִיָּהוּ הַנָּבִיא.

וְגָזַר אֹמֶר עָשָׂה / מִסְפַּר שָׁנִים שְׁלֹשָׁה
מָטָר לֹא נָתַן אַרְצָה / הוּא הַמּוֹצִיא, הַמֵּבִיא.
לִכְבוֹד חֶמְדַּת לְבָבִי, אֵלִיָּהוּ הַנָּבִיא.

נָתַן לוֹ אֵל מַהְלְכִים / בְּעוֹלַם הַמַּלְאָכִים
וּלְעִתּוֹת הַצְּרִיכִים / הוּא נִגְלָה כַּעֲרָבִי.
לִכְבוֹד חֶמְדַּת לְבָבִי, אֵלִיָּהוּ הַנָּבִיא.

בִּקְדֻשָּׁה וּבְטָהֳרָה / עָלָה עָלָה בַּסְּעָרָה
אֱלִישָׁע אֵלָיו קָרָא / וַיֹּאמֶר אָבִי אָבִי.
לִכְבוֹד חֶמְדַּת לְבָבִי, אֵלִיָּהוּ הַנָּבִיא.

נַפְשִׁי לַיְלָה אִוִּתִהוּ / מִי יִתֵּן אֶמְצָאֵהוּ
פֶּתַח בֵּיתִי אֶרְאֵהוּ / יַשְׁקִיף בְּעַד אֶשְׁנַבִּי.
לִכְבוֹד חֶמְדַּת לְבָבִי, אֵלִיָּהוּ הַנָּבִיא.

חֲסִין קָדוֹשׁ אֶקְרָאָה / אִישׁ אֲשֶׁר פָּנָיו רָאָה
הֵן כַּבִּיר יָדוֹ מָצְאָה / תְּשׁוּרָה אֵלָיו אָבִיא.
לִכְבוֹד חֶמְדַּת לְבָבִי, אֵלִיָּהוּ הַנָּבִיא.

חֵן חֵן לוֹ, אִישׁ לוֹ נִגְלָה / בַּחֲלוֹם חֶזְיוֹן לַיְלָה
וּבִבְרִית דַּם הַמִּילָה / בֹּא יָבֹא, רָץ כַּצְּבִי.
לִכְבוֹד חֶמְדַּת לְבָבִי, אֵלִיָּהוּ הַנָּבִיא.
זָכוּר לְטוֹב יָאִיר נֵרִי / יְבַשֵּׂר צִיּוֹן עִירִי
יֹאמַר לָהּ הִתְנַעֲרִי / מֵעָפָר, קוּמִי שְׁבִי.
לִכְבוֹד חֶמְדַּת לְבָבִי, אֵלִיָּהוּ הַנָּבִיא.
קוֹל זִמְרַת שִׁיר מַהֲלָלִי / יִרְצֶה צוּרִי גוֹאֲלִי
וְלֹא דוּמִיָּה לִי / כָּל עוֹד נִשְׁמָתִי בִּי.
לִכְבוֹד חֶמְדַּת לְבָבִי, אֵלִיָּהוּ הַנָּבִיא.

פיוט לברית המילה סימן יהושע

יְהִי שָׁלוֹם בְּחֵילֵנוּ / וְשַׁלְוָה בְּיִשְׂרָאֵל
בְּסִימָן טוֹב בֵּן בָּא לָנוּ / בְּיָמָיו יָבֹא הַגּוֹאֵל.
הַיֶּלֶד יְהִי רַעֲנָן / בְּצֵל שַׁדַּי יִתְלוֹנָן
וּבַתּוֹרָה אָז יִתְבּוֹנָן / יְאַלֵּף דָּת לְכָל שׁוֹאֵל.
בְּסִימָן טוֹב בֵּן בָּא לָנוּ בְּיָמָיו יָבֹא הַגּוֹאֵל.
וּמְקוֹרוֹ יְהִי בָרוּךְ / זְמַן חַיָּיו יְהִי אָרוּךְ
וְשֻׁלְחָנוֹ יְהִי עָרוּךְ / וְזִבְחוֹ לֹא יִתְגָּאֵל.
בְּסִימָן טוֹב בֵּן בָּא לָנוּ בְּיָמָיו יָבֹא הַגּוֹאֵל.
שְׁמוֹ יֵצֵא בְּכָל עֵבֶר / אֲשֶׁר יִגְדַּל יְהִי גֶּבֶר
וּלְיִרְאֵי אֵל יְהִי חָבֵר / יְהִי בְּדוֹרוֹ כִּשְׁמוּאֵל.
בְּסִימָן טוֹב בֵּן בָּא לָנוּ בְּיָמָיו יָבֹא הַגּוֹאֵל.
עֲדֵי זִקְנָה וְגַם שֵׂיבָה / יְהִי דָשֵׁן בְּכָל טוֹבָה
וְשָׁלוֹם לוֹ וְרֹב אַהֲבָה / אָמֵן כֵּן יֹאמַר הָאֵל.
בְּסִימָן טוֹב בֵּן בָּא לָנוּ בְּיָמָיו יָבֹא הַגּוֹאֵל.
הַנִּמּוֹל בְּתוֹךְ עַמּוֹ / יִחְיֶה לְאָבִיו וּלְאִמּוֹ
וִיהִיֶה אֱלֹהָיו עִמּוֹ / וְעִם כָּל בֵּית יִשְׂרָאֵל.
בְּסִימָן טוֹב בֵּן בָּא לָנוּ בְּיָמָיו יָבֹא הַגּוֹאֵל.

פיוט ובו תקווה לגאולה, וברכות לנימול ולקהל הנוכחים בברית המילה.

בְּרוּכִים אַתֶּם קְהַל אֱמוּנַי
וּבָרוּךְ הַבָּא בְּשֵׁם יְהֹוָה.

יֶלֶד הַיֶּלֶד יִהְיֶה בְּסִימָן טוֹב
יִגְדַּל וְיִפְרַח כְּמוֹ גַּן רָטֹב
יַעֲלֶה וְיַצְלִיחַ וְיִנָּצֵל מִקָּטוֹב
אָמֵן כֵּן יַעֲשֶׂה יְהֹוָה.
בְּרוּכִים אַתֶּם קְהַל אֱמוּנַי, וּבָרוּךְ הַבָּא בְּשֵׁם יְהֹוָה.

חֵלֶק יִתֵּן לָנוּ בַּנְּעִימִים
וּבְיָמָיו נַעֲלֶה לְשָׁלֹשׁ רְגָלִים
גְּדוֹלִים וּקְטַנִּים לְבֵית יְהֹוָה
וּבָרוּךְ הַבָּא בְּשֵׁם יְהֹוָה.
בְּרוּכִים אַתֶּם קְהַל אֱמוּנַי, וּבָרוּךְ הַבָּא בְּשֵׁם יְהֹוָה.

זְכֹר רַחֲמֶיךָ וְדַם הַבְּרִית
וּפְקֹד אֶת צֹאנְךָ, צֹאן הַשְּׁאֵרִית
עַל יַד מְשִׁיחֶךָ, מָשִׁיחַ בֶּן דָּוִד
וּשְׁלַח אֶת אֵלִיָּהוּ נְבִיא יְהֹוָה.
בְּרוּכִים אַתֶּם קְהַל אֱמוּנַי, וּבָרוּךְ הַבָּא בְּשֵׁם יְהֹוָה.

הַיֶּלֶד הַזֶּה יִזְכֶּה לְמִילָתוֹ
אָבִיו וְאִמּוֹ יִרְאוּ חֻפָּתוֹ
הַמַּלְאָךְ הַגּוֹאֵל יְבָרֵךְ אוֹתוֹ
יִזְכֶּה לַחֲזוֹת בְּנֹעַם יְהֹוָה.
בְּרוּכִים אַתֶּם קְהַל אֱמוּנַי, וּבָרוּךְ הַבָּא בְּשֵׁם יְהֹוָה.

# סדר ברית מילה

## תפילה לאב קודם המילה

תפילה שתיקן החיד"א (׳סנסן ליאיר׳ ו).

לְשֵׁם יִחוּד קֻדְשָׁא בְּרִיךְ הוּא וּשְׁכִינְתֵּהּ, בִּדְחִילוּ וּרְחִימוּ וּרְחִימוּ וּדְחִילוּ, הִנֵּה
אָנֹכִי בָּא לְקַיֵּם מִצְוַת עֲשֵׂה: וּבַיּוֹם הַשְּׁמִינִי יִמּוֹל בְּשַׂר עָרְלָתוֹ: לְתַקֵּן אֶת ויקרא יב
שָׁרְשָׁהּ בְּמָקוֹם עֶלְיוֹן. וַהֲרֵינִי מוֹסֵר בְּנִי לַמּוֹהֵל, וַאֲנִי מְמַנֶּה אוֹתוֹ שָׁלִיחַ גָּמוּר
שֶׁיָּמוּל אֶת בְּנִי כְּדָת מַה לַּעֲשׂוֹת. וִיהִי רָצוֹן מִלְּפָנֶיךָ, יְהוָֹה אֱלֹהֵינוּ וֵאלֹהֵי
אֲבוֹתֵינוּ, שֶׁתַּעֲלֶה עָלַי כְּאִלּוּ קִיַּמְתִּי מִצְוָה זוֹ עִם כָּל הַכַּוָּנוֹת הָרְאוּיוֹת לְכַוֵּן
בְּמִצְוַת מִילָה וּפְרִיעָה וּמְצִיצָה, וְיִתְגַּלּוּ הַחֲסָדִים בְּמִשְׁפַּט הָאוּרִים, וּתְהֵא
מִצְוָה זוֹ חֲשׁוּבָה לְפָנֶיךָ כְּרֵיחַ נִיחוֹחַ, וְתַשְׁפִּיעַ נְשָׁמָה קְדוֹשָׁה לַיֶּלֶד, וְאֵלִיָּהוּ
זָכוּר לַטּוֹב יְבָרֵךְ הַיֶּלֶד לִשְׁמֹר בְּרִיתוֹ וְשֶׁלֹּא יֶחֱטָא כְּלָל. וּתְזַכֵּנִי לִי וּלְאִמּוֹ
לְגַדְּלוֹ לְתוֹרָה וּלְמִצְוֹת, וְיִהְיֶה חָכָם וְחָסִיד וּבַעַל מִדּוֹת טוֹבוֹת וּבְרִיא מַזָּלֵיהּ,
וְנִשְׂמַח בּוֹ וּבְתוֹרָתוֹ, וְנַגִּיעֵהוּ לַחֻפָּה. וְעַתָּה הִנֵּה הֵבֵאתִי אֶת־רֵאשִׁית פְּרִי דברים כו
הָאֲדָמָה אֲשֶׁר־נָתַתָּה לִּי: לְקַיֵּם מִצְוֹתֶיךָ, וּבְיִרְאָה וְאַהֲבָה וְשִׂמְחָה רַבָּה
בָּאתִי הַיּוֹם לַעֲשׂוֹת רְצוֹנֶךָ. וְאַתָּה בְּרֹב רַחֲמֶיךָ תְּבָרְכֵנוּ מִבִּרְכוֹתֶיךָ וּתְשַׂמְּחֵנוּ
בַּעֲבוֹדָתֶךָ, וְתַצִּילֵנוּ מִכָּל חֵטְא, וּתְזַכֵּנוּ לְקַיֵּם כָּל הַמִּצְוֹת שֶׁבַּתּוֹרָה. חָנֵּנִי תהלים פו
אֲדֹנָי, כִּי־אֵלֶיךָ אֶקְרָא כָּל־הַיּוֹם: עָזְרֵנוּ אֱלֹהֵי יִשְׁעֵנוּ עַל־דְּבַר כְּבוֹד־שְׁמֶךָ, תהלים עט
וְהַצִּילֵנוּ וְכַפֵּר עַל־חַטֹּאתֵינוּ לְמַעַן שְׁמֶךָ: וִיהִי נֹעַם אֲדֹנָי אֱלֹהֵינוּ עָלֵינוּ, תהלים צ
וּמַעֲשֵׂה יָדֵינוּ כּוֹנְנָה עָלֵינוּ, וּמַעֲשֵׂה יָדֵינוּ כּוֹנְנֵהוּ:

## תפילה לסנדק

תפילה שתיקן החיד"א (׳סנסן ליאיר׳ ה).

לְשֵׁם יִחוּד קֻדְשָׁא בְּרִיךְ הוּא וּשְׁכִינְתֵּהּ, בִּדְחִילוּ וּרְחִימוּ בִּרְחִימוּ וּדְחִילוּ,
הִנֵּה אָנֹכִי בָּא לִהְיוֹת סַנְדָּק, וְאֶהְיֶה כִּסֵּא וּמִזְבֵּחַ לַעֲשׂוֹת עַל יַרְכֵי הַמִּילָה.
וִיהִי רָצוֹן מִלְּפָנֶיךָ, יְהוָֹה אֱלֹהַי וֵאלֹהֵי אֲבוֹתַי, שֶׁאֶהְיֶה מִזְבַּח כַּפָּרָה שֶׁתְּכַפֵּר
עַל כָּל חַטֹּאתַי, עֲוֹנוֹתַי וּפְשָׁעַי, וּבִפְרָט מַה שֶּׁפָּגַמְתִּי בִּירֵכַי וּבְאוֹת בְּרִית
קֹדֶשׁ, וְתַעֲלֶה עָלֵינוּ כְּאִלּוּ כִּוַּנְתִּי בְּכָל הַכַּוָּנוֹת הָרְאוּיוֹת לְכַוֵּן, וּתְמַלֵּא כָּל
הַשֵּׁמוֹת שֶׁפָּגַמְתִּי בָּהֶם. וּתְהֵא הַמִּילָה חֲשׁוּבָה כִּקְטֹרֶת סַמִּים, כִּדְכְתִיב: יהושע ה
גִּבְעַת הָעֲרָלוֹת: וּכְתִיב, גִּבְעַת הַלְּבוֹנָה: וְתִתְקַיֵּם בָּנוּ מִקְרָא שֶׁכָּתוּב: יָשִׂימוּ שיר השירים ד דברים לג
קְטוֹרָה בְּאַפֶּךָ, וְכָלִיל עַל־מִזְבְּחֶךָ: בָּרֵךְ יְהוָֹה חֵילוֹ, וּפֹעַל יָדָיו תִּרְצֶה: וִיהִי תהלים צ
נֹעַם אֲדֹנָי אֱלֹהֵינוּ עָלֵינוּ, וּמַעֲשֵׂה יָדֵינוּ כּוֹנְנָה עָלֵינוּ, וּמַעֲשֵׂה יָדֵינוּ כּוֹנְנֵהוּ:

המוהל אומר:

בְּרוּכִים הַיּוֹשְׁבִים וְהָעוֹמְדִים

כשמביאים את התינוק למולו נוהגים לעמוד ולברכו (ספר המנהיג):

תהלים קיח בָּרוּךְ הַבָּא בְּשֵׁם יְהֹוָה:

האב לוקח את בנו ואומר פסוקים אלה, והקהל חוזר אחריו (׳הלכות קטנות׳ ח״ב, קסט):

תהלים קיט שָׂשׂ אָנֹכִי עַל־אִמְרָתֶךָ כְּמוֹצֵא שָׁלָל רָב:

תהלים נא זִבְחֵי אֱלֹהִים רוּחַ נִשְׁבָּרָה, לֵב־נִשְׁבָּר וְנִדְכֶּה אֱלֹהִים לֹא תִבְזֶה:

הֵיטִיבָה בִרְצוֹנְךָ אֶת־צִיּוֹן תִּבְנֶה חוֹמוֹת יְרוּשָׁלָםִ:

אָז תַּחְפֹּץ זִבְחֵי־צֶדֶק עוֹלָה וְכָלִיל, אָז יַעֲלוּ עַל־מִזְבַּחֲךָ פָרִים:

תהלים קלז אִם־אֶשְׁכָּחֵךְ יְרוּשָׁלָםִ תִּשְׁכַּח יְמִינִי:

תִּדְבַּק לְשׁוֹנִי לְחִכִּי אִם־לֹא אֶזְכְּרֵכִי

אִם־לֹא אַעֲלֶה אֶת־יְרוּשָׁלַםִ עַל רֹאשׁ שִׂמְחָתִי:

אבי הבן אומר (זוהר, לך לך צד ע״ב):

תהלים סה אַשְׁרֵי תִּבְחַר וּתְקָרֵב יִשְׁכֹּן חֲצֵרֶיךָ

הקהל עונה:

נִשְׂבְּעָה בְּטוּב בֵּיתֶךָ קְדֹשׁ הֵיכָלֶךָ:

אבי הבן אומר והקהל חוזר אחריו:

דברים ו שְׁמַע יִשְׂרָאֵל, יְהֹוָה אֱלֹהֵינוּ, יְהֹוָה אֶחָד:

אבי הבן אומר כל אחד מהפסוקים הבאים פעמיים, והקהל חוזר אחריו:

יְהֹוָה מֶלֶךְ, יְהֹוָה מָלָךְ, יְהֹוָה יִמְלֹךְ לְעוֹלָם וָעֶד.

תהלים קיח אָנָּא יְהֹוָה הוֹשִׁיעָה נָּא

אָנָּא יְהֹוָה הַצְלִיחָה נָא:

אבי הבן מברך,

ויש נוהגים שאבי הבן מברך ברכה זו אחרי ברכת המילה, בין מילה לפריעה.

בָּרוּךְ אַתָּה יְהֹוָה, אֱלֹהֵינוּ מֶלֶךְ הָעוֹלָם, אֲשֶׁר קִדְּשָׁנוּ בְּמִצְוֹתָיו

וְצִוָּנוּ לְהַכְנִיסוֹ בִּבְרִיתוֹ שֶׁל אַבְרָהָם אָבִינוּ.

הקהל והמוהל עונים:

שבת קלז: אָמֵן. כְּשֵׁם שֶׁהִכְנַסְתּוֹ לַבְּרִית

כֵּן תַּכְנִיסֵהוּ לְתוֹרָה וּלְמִצְוֹת וּלְחֻפָּה וּלְמַעֲשִׂים טוֹבִים.

הקהל אומר:

בְּמַקְהֵלוֹת בָּרְכוּ אֱלֹהִים, אֲדֹנָי מִמְּקוֹר יִשְׂרָאֵל: תהלים סח

בִּפְרֹעַ פְּרָעוֹת בְּיִשְׂרָאֵל, בְּהִתְנַדֵּב עָם, בָּרְכוּ יְהֹוָה: שופטים ה

אִסְפוּ־לִי חֲסִידָי, כֹּרְתֵי בְרִיתִי עֲלֵי־זָבַח: תהלים נ

שָׂשׂ אָנֹכִי עַל־אִמְרָתֶךָ כְּמוֹצֵא שָׁלָל רָב: תהלים קיט

לאחר שאליהו הנביא קינא לקיום ברית המילה,
שנאמר: "קַנֹּא קִנֵּאתִי לַה' אֱלֹהֵי צְבָאוֹת, כִּי־עָזְבוּ בְרִיתְךָ בְּנֵי יִשְׂרָאֵל" (מלכים א' יט, יד),
הקב"ה ציווה עליו שיהא נוכח בכל טקס מילה (פרקי דרבי אליעזר).

מניחים את הילד על כיסא אליהו (ויש שעושים זאת לפני ברכת 'לְהַכְנִיסוֹ'),
והמוהל אומר:

זֶה הַכִּסֵּא שֶׁל אֵלִיָּהוּ הַנָּבִיא מַלְאַךְ הַבְּרִית
שֶׁיִּתְגַּלֶּה בִּמְהֵרָה בְּיָמֵינוּ, אָמֵן.

הסנדק מקבל את הילד על ברכיו, ואבי הבן אומר למוהל:

הִנְנִי מְמַנֶּה אוֹתְךָ שָׁלִיחַ מִצְוָה בִּמְקוֹמִי, לָמוּל אֶת בְּנִי.

המוהל אומר: בִּרְשׁוּת מוֹרַי וְרַבּוֹתַי.

והקהל עונה: בִּרְשׁוּת שָׁמַיִם.

המוהל מברך ומל מיד אחר כך:

בָּרוּךְ אַתָּה יְהֹוָה, אֱלֹהֵינוּ מֶלֶךְ הָעוֹלָם
אֲשֶׁר קִדְּשָׁנוּ בְּמִצְוֹתָיו, וְצִוָּנוּ עַל הַמִּילָה.

יש נוהגים שאבי הבן מברך כאן:

בָּרוּךְ אַתָּה יְהֹוָה, אֱלֹהֵינוּ מֶלֶךְ הָעוֹלָם אֲשֶׁר קִדְּשָׁנוּ
בְּמִצְוֹתָיו וְצִוָּנוּ לְהַכְנִיסוֹ בִּבְרִיתוֹ שֶׁל אַבְרָהָם אָבִינוּ.

בארץ ישראל נוהגים שהאב מברך 'שֶׁהֶחֱיָנוּ' (כדעת הרמב"ם):

בָּרוּךְ אַתָּה יְהֹוָה, אֱלֹהֵינוּ מֶלֶךְ הָעוֹלָם
שֶׁהֶחֱיָנוּ וְקִיְּמָנוּ וְהִגִּיעָנוּ לַזְּמַן הַזֶּה.

בין מילה לפריעה יש אומרים כאן י"ג מידות שלוש פעמים.

יְהֹוָה ׀ יְהֹוָה אֵל רַחוּם וְחַנּוּן אֶרֶךְ אַפַּיִם וְרַב־חֶסֶד וֶאֱמֶת: שמות לד
נֹצֵר חֶסֶד לָאֲלָפִים נֹשֵׂא עָוֹן וָפֶשַׁע וְחַטָּאָה וְנַקֵּה:

אחר המילה מברכים (שבת קלו ע״ב):

סַבְרִי מָרָנָן (ועונים: לְחַיִּים)

**בָּרוּךְ אַתָּה יְהוָה, אֱלֹהֵינוּ מֶלֶךְ הָעוֹלָם, בּוֹרֵא פְּרִי הַגָּפֶן.**

אחרי ברכת הגפן נוהגים לברך על הדס או על בשמים (׳שיבולי הלקט׳, מילה ד; שו״ע רסה, א).

**בָּרוּךְ אַתָּה יְהוָה, אֱלֹהֵינוּ מֶלֶךְ הָעוֹלָם**
**בּוֹרֵא / עֲצֵי / עִשְׂבֵי / מִינֵי / בְשָׂמִים.**

נחלקו הפוסקים אם יש לגרוס ׳צַוֵּה׳ (כתשובת הרמב״ם; ב״י, יו״ד רסה)
או ׳צִוָּה׳ (כדעת רש״י ותוספות).

**בָּרוּךְ אַתָּה יְהוָה, אֱלֹהֵינוּ מֶלֶךְ הָעוֹלָם, אֲשֶׁר קִדֵּשׁ יְדִיד מִבֶּטֶן, וְחֹק בִּשְׁאֵרוֹ שָׂם, וְצֶאֱצָאָיו חָתַם בְּאוֹת בְּרִית קֹדֶשׁ. עַל כֵּן בִּשְׂכַר זֹאת, אֵל חַי חֶלְקֵנוּ צוּרֵנוּ צַוֵּה** (יש גורסים: צִוָּה) **לְהַצִּיל יְדִידוּת שְׁאֵרֵנוּ מִשַּׁחַת, לְמַעַן בְּרִיתוֹ אֲשֶׁר שָׂם בִּבְשָׂרֵנוּ. בָּרוּךְ אַתָּה יְהוָה, כּוֹרֵת הַבְּרִית.** (קהל: אָמֵן) יש נוהגים שהמברך טועם כאן מן היין.

המברך אומר (אם המברך הוא אבי הבן, אומר את הנוסח שבסוגריים):

**אֱלֹהֵינוּ וֵאלֹהֵי אֲבוֹתֵינוּ, קַיֵּם אֶת הַיֶּלֶד (בְּנִי) הַזֶּה לְאָבִיו (לִי) וּלְאִמּוֹ, וְיִקָּרֵא שְׁמוֹ בְּיִשְׂרָאֵל** (פלוני בֶּן פלוני). **יִשְׂמַח הָאָב בְּיוֹצֵא חֲלָצָיו (יְהִי רָצוֹן שֶׁאֶשְׂמַח בְּיוֹצֵא חֲלָצַי) וְתָגֵל אִמּוֹ בִּפְרִי בִטְנָהּ,**
**כָּאָמוּר, יִשְׂמַח־אָבִיךָ וְאִמֶּךָ, וְתָגֵל יוֹלַדְתֶּךָ: וְנֶאֱמַר, וָאֶעֱבֹר עָלַיִךְ** משלי כג יחזקאל טז
**וָאֶרְאֵךְ מִתְבּוֹסֶסֶת בְּדָמָיִךְ, וָאֹמַר לָךְ בְּדָמַיִךְ חֲיִי, וָאֹמַר לָךְ בְּדָמַיִךְ**
**חֲיִי: וְנֶאֱמַר, זָכַר לְעוֹלָם בְּרִיתוֹ, דָּבָר צִוָּה לְאֶלֶף דּוֹר: אֲשֶׁר כָּרַת** תהלים קה
**אֶת־אַבְרָהָם, וּשְׁבוּעָתוֹ לְיִשְׂחָק: וַיַּעֲמִידֶהָ לְיַעֲקֹב לְחֹק, לְיִשְׂרָאֵל בְּרִית עוֹלָם:**

**הוֹדוּ לַיהוָה כִּי־טוֹב, כִּי לְעוֹלָם חַסְדּוֹ:** תהלים קז

(פלוני) **זֶה הַקָּטָן אֱלֹהִים יְגַדְּלֵהוּ, כְּשֵׁם שֶׁנִּכְנַס לַבְּרִית**
**כֵּן יִכָּנֵס לְתוֹרָה וּלְמִצְוֹת וּלְחֻפָּה וּלְמַעֲשִׂים טוֹבִים**
**וְכֵן יְהִי רָצוֹן, וְנֹאמַר אָמֵן.**

נוהגים לומר מזמור זה אחר ברית המילה כדי לברך את הנימול ואת הוריו,
שיזכו להצלחה רוחנית וגשמית (מהרשד״ם, ׳בן שמואל׳, דרוש המילה).

שִׁיר הַמַּעֲלוֹת, אַשְׁרֵי כָּל־יְרֵא יְהֹוָה, הַהֹלֵךְ בִּדְרָכָיו: יְגִיעַ כַּפֶּיךָ כִּי תהלים קכח
תֹאכֵל, אַשְׁרֶיךָ וְטוֹב לָךְ: אֶשְׁתְּךָ כְּגֶפֶן פֹּרִיָּה בְּיַרְכְּתֵי בֵיתֶךָ, בָּנֶיךָ כִּשְׁתִלֵי
זֵיתִים, סָבִיב לְשֻׁלְחָנֶךָ: הִנֵּה כִי־כֵן יְבֹרַךְ גָּבֶר יְרֵא יְהֹוָה: יְבָרֶכְךָ יְהֹוָה
מִצִּיּוֹן, וּרְאֵה בְּטוּב יְרוּשָׁלָםִ, כֹּל יְמֵי חַיֶּיךָ: וּרְאֵה־בָנִים לְבָנֶיךָ, שָׁלוֹם
עַל־יִשְׂרָאֵל:

## קדיש יהא שלמא

הַמְקַדֵּשׁ (האומר קדיש) כורע במילים המסומנות ב׳.
נוהגים שאם יש אבל הוא אומר קדיש זה.

מקדש: ׳יִתְגַּדַּל וְיִתְקַדַּשׁ שְׁמֵהּ רַבָּא (קהל: אָמֵן)
בְּעָלְמָא דִּי בְרָא כִרְעוּתֵהּ
וְיַמְלִיךְ מַלְכוּתֵהּ
וְיַצְמַח פֻּרְקָנֵהּ וִיקָרֵב מְשִׁיחֵהּ (קהל: אָמֵן)
בְּחַיֵּיכוֹן וּבְיוֹמֵיכוֹן וּבְחַיֵּי דְכָל בֵּית יִשְׂרָאֵל
בַּעֲגָלָא וּבִזְמַן קָרִיב, וְאִמְרוּ אָמֵן. (קהל: אָמֵן)

קהל ומקדש: יְהֵא שְׁמֵהּ ׳רַבָּא מְבָרַךְ לְעָלַם לְעָלְמֵי עָלְמַיָּא ׳יִתְבָּרַךְ
וְיִשְׁתַּבַּח וְיִתְפָּאַר וְיִתְרוֹמַם וְיִתְנַשֵּׂא וְיִתְהַדָּר וְיִתְעַלֶּה וְיִתְהַלָּל
שְׁמֵהּ דְּקֻדְשָׁא ׳בְּרִיךְ הוּא (קהל: אָמֵן)
לְעֵלָּא מִן כָּל בִּרְכָתָא, שִׁירָתָא, תִּשְׁבְּחָתָא וְנֶחָמָתָא
דַּאֲמִירָן בְּעָלְמָא, וְאִמְרוּ ׳אָמֵן. (קהל: אָמֵן)

מקדש: יְהֵא שְׁלָמָא רַבָּא מִן שְׁמַיָּא, חַיִּים וְשָׂבָע וִישׁוּעָה וְנֶחָמָה
וְשֵׁיזָבָא וּרְפוּאָה וּגְאֻלָּה וּסְלִיחָה וְכַפָּרָה, וְרֶוַח וְהַצָּלָה
לָנוּ וּלְכָל עַמּוֹ יִשְׂרָאֵל, וְאִמְרוּ אָמֵן. (קהל: אָמֵן)
עֹשֶׂה שָׁלוֹם בִּמְרוֹמָיו
הוּא בְּרַחֲמָיו יַעֲשֶׂה שָׁלוֹם עָלֵינוּ וְעַל כָּל עַמּוֹ יִשְׂרָאֵל
וְאִמְרוּ אָמֵן. (קהל: אָמֵן)

ויש אומרים גם ׳עָלֵינוּ׳ בעמ׳ 116 (׳זכר דוד׳ מאמר א, יז).

# סדר זבד הבת

״וַתֹּאמֶר לֵאָה: זְבָדַנִי אֱלֹהִים אֹתִי זֵבֶד טוֹב״ (בראשית ל, כ).
״זבד – לשון חלק, ומנה יפה״ (רשב״ם, על פי תרגום אונקלוס).

האב לוקח את בתו ואומר:

שיר השירים ב יוֹנָתִי בְּחַגְוֵי הַסֶּלַע, בְּסֵתֶר הַמַּדְרֵגָה
הַרְאִינִי אֶת־מַרְאַיִךְ
הַשְׁמִיעִינִי אֶת־קוֹלֵךְ
כִּי־קוֹלֵךְ עָרֵב וּמַרְאֵיךְ נָאוֶה:

אם הבת בכורה לאמה, מוסיפים:

שיר השירים ו אַחַת הִיא יוֹנָתִי תַמָּתִי
אַחַת הִיא לְאִמָּהּ
בָּרָה הִיא לְיוֹלַדְתָּהּ
רָאוּהָ בָנוֹת וַיְאַשְּׁרוּהָ, מְלָכוֹת וּפִילַגְשִׁים וַיְהַלְלוּהָ:

בראשית כד וַיְבָרְכוּ אֶת־רִבְקָה
וַיֹּאמְרוּ לָהּ אֲחֹתֵנוּ אַתְּ
הֲיִי לְאַלְפֵי רְבָבָה
וְיִירַשׁ זַרְעֵךְ אֵת שַׁעַר שֹׂנְאָיו:

קריאת שם הילדה:

מִי שֶׁבֵּרַךְ אִמּוֹתֵינוּ שָׂרָה רִבְקָה רָחֵל וְלֵאָה, וּמִרְיָם הַנְּבִיאָה וַאֲבִיגַיִל וְאֶסְתֵּר הַמַּלְכָּה בַּת אֲבִיחַיִל, הוּא יְבָרֵךְ אֶת הַיַּלְדָּה הַנְּעִימָה הַזֹּאת וְיִקָּרֵא שְׁמָהּ בְּיִשְׂרָאֵל (פלונית בת פלונית) בְּמַזָּל טוֹב וּבְשָׁעַת בְּרָכָה, וִיגַדְּלֶהָ בִּבְרִיאוּת, שָׁלוֹם וּמְנוּחָה. וִיזַכֶּה לְאָבִיהָ וּלְאִמָּהּ לִרְאוֹת בְּשִׂמְחָתָהּ וּבְחֻפָּתָהּ, בְּבָנִים וּבְבָנוֹת, עֹשֶׁר וְכָבוֹד, דְּשֵׁנִים וְרַעֲנַנִּים יְנוּבוּן בְּשֵׂיבָה, וְכֵן יְהִי רָצוֹן, וְנֹאמַר אָמֵן.

ויש אומרים גם את מזמור קכח (בעמוד הקודם).

# סדר פדיון הבן

אם האב כוהן או לוי או שהאם בת כוהן או בת לוי, או אם הבן נולד
בניתוח קיסרי, אין עושים פדיון הבן. ראה הלכה 498.

האב מביא את הבן לפני הכוהן.
הכוהן לוקח את הילד ושואל את אביו (רא״ש, הלכות פדיון הבן בשם הגאונים):

**הַאִם בִּנְךָ זֶה בְּכוֹר הוּא.**

האב עונה:

**כֵּן.**

הכוהן שואל:

**בַּמָּה אַתָּה חָפֵץ יוֹתֵר, בְּבִנְךָ בְּכוֹרְךָ**
**וְאָז עָלֶיךָ לִפְדּוֹתוֹ מִמֶּנִּי בְּחָמֵשׁ סְלָעִים דְּמֵי פִדְיוֹנוֹ**
**אוֹ בְחָמֵשׁ סְלָעִים אַתָּה רוֹצֶה.**

האב עונה:

**בִּבְנִי בְכוֹרִי אֲנִי חָפֵץ**
**וַאֲנִי מוּכָן לָתֵת לְךָ חָמֵשׁ סְלָעִים בְּפִדְיוֹנוֹ.**

הכוהן שואל את אם הילד:

**בְּנֵךְ זֶה בְּכוֹר**
**שֶׁמָּא יָלַדְתְּ בֵּן אַחֵר לְפָנָיו, אוֹ שֶׁמָּא הִפַּלְתְּ.**

האם עונה:

**זֶה בְּנִי בְכוֹרִי, לֹא יָלַדְתִּי וְלֹא הִפַּלְתִּי לְפָנָיו.**

והכוהן אומר:

**זֶה הַבֵּן בְּכוֹר הוּא, וְהַקָּדוֹשׁ בָּרוּךְ הוּא צִוָּה לִפְדּוֹתוֹ, שֶׁנֶּאֱמַר:**
**וּפְדוּיָו מִבֶּן־חֹדֶשׁ תִּפְדֶּה בְּעֶרְכְּךָ כֶּסֶף חֲמֵשֶׁת שְׁקָלִים בְּשֶׁקֶל** במדבר יח
**הַקֹּדֶשׁ עֶשְׂרִים גֵּרָה הוּא: כְּשֶׁהָיִיתָ בִּמְעֵי אִמְּךָ הָיִיתָ בִּרְשׁוּת**

אָבִיךָ שֶׁבַּשָּׁמַיִם וּבִרְשׁוּת אָבִיךָ וְאִמֶּךָ, עַכְשָׁיו אַתָּה בִּרְשׁוּתִי שֶׁאֲנִי כֹּהֵן, וְאָבִיךָ וְאִמֶּךָ מְבַקְשִׁים לִפְדּוֹתְךָ שֶׁאַתָּה בְּכוֹר מְקֻדָּשׁ,
שמות יג שֶׁכֵּן כָּתוּב: וַיְדַבֵּר יְהֹוָה אֶל־מֹשֶׁה לֵּאמֹר: קַדֶּשׁ־לִי כָל־בְּכוֹר פֶּטֶר כָּל־רֶחֶם בִּבְנֵי יִשְׂרָאֵל בָּאָדָם וּבַבְּהֵמָה, לִי הוּא:

האב נוטל את הכסף או את שווה הכסף בידו ואומר:

במדבר יח אֲנִי רוֹצֶה לִפְדּוֹתוֹ שֶׁכָּךְ כָּתוּב בַּתּוֹרָה: אַךְ פָּדֹה תִפְדֶּה אֵת בְּכוֹר הָאָדָם: וּפְדוּיָו מִבֶּן־חֹדֶשׁ תִּפְדֶּה בְּעֶרְכְּךָ, כֶּסֶף חֲמֵשֶׁת שְׁקָלִים בְּשֶׁקֶל הַקֹּדֶשׁ, עֶשְׂרִים גֵּרָה הוּא:

האב נוטל את כסף הפדיון ומברך שתי ברכות:

בָּרוּךְ אַתָּה יְהֹוָה, אֱלֹהֵינוּ מֶלֶךְ הָעוֹלָם
אֲשֶׁר קִדְּשָׁנוּ בְּמִצְוֹתָיו וְצִוָּנוּ עַל פִּדְיוֹן הַבֵּן.

בָּרוּךְ אַתָּה יְהֹוָה, אֱלֹהֵינוּ מֶלֶךְ הָעוֹלָם
שֶׁהֶחֱיָנוּ וְקִיְּמָנוּ וְהִגִּיעָנוּ לַזְּמַן הַזֶּה.

האב מוסר את הכסף לכוהן ואומר:

זֶה פִּדְיוֹן בְּנִי בְּכוֹרִי.

הכוהן מקבל את הכסף ואומר:

קִבַּלְתִּי מִמְּךָ חָמֵשׁ סְלָעִים אֵלּוּ בְּפִדְיוֹן בִּנְךָ זֶה
וַהֲרֵי הוּא פָּדוּי בָּהֶן כְּדַת מֹשֶׁה וְיִשְׂרָאֵל.

הכוהן מניח את ידיו על ראש הילד
ומברכו בברכות כיוצא באלו (שו״ת הרשב״א ח״א, ר בשם רבינו חננאל):

במדבר ו וַיְדַבֵּר יְהֹוָה אֶל־מֹשֶׁה לֵּאמֹר:
דַּבֵּר אֶל־אַהֲרֹן וְאֶל־בָּנָיו לֵאמֹר
כֹּה תְבָרְכוּ אֶת־בְּנֵי יִשְׂרָאֵל
אָמוֹר לָהֶם:

יְבָרֶכְךָ יְהֹוָה וְיִשְׁמְרֶךָ:
יָאֵר יְהֹוָה פָּנָיו אֵלֶיךָ וִיחֻנֶּךָּ:
יִשָּׂא יְהֹוָה פָּנָיו אֵלֶיךָ וְיָשֵׂם לְךָ שָׁלוֹם:
וְשָׂמוּ אֶת־שְׁמִי עַל־בְּנֵי יִשְׂרָאֵל, וַאֲנִי אֲבָרְכֵם:
כִּי אֹרֶךְ יָמִים וּשְׁנוֹת חַיִּים וְשָׁלוֹם יוֹסִיפוּ לָךְ: משלי ג

אחרי הפדיון יש נוהגים לברך על הכוס ועל הבשמים (שו"ת הרשב"א ח"א, תשנ"ח).

סַבְרִי מָרָנָן (ועונים: לְחַיִּים)

בָּרוּךְ אַתָּה יְהֹוָה, אֱלֹהֵינוּ מֶלֶךְ הָעוֹלָם
בּוֹרֵא פְּרִי הַגָּפֶן.

בָּרוּךְ אַתָּה יְהֹוָה, אֱלֹהֵינוּ מֶלֶךְ הָעוֹלָם
בּוֹרֵא / עֲצֵי / עִשְׂבֵי / מִינֵי / בְשָׂמִים.

ברכה זו מקורה בתשובות הגאונים. יש מהראשונים שהתנגדו לאמירתה,
כיוון שאינה נזכרת בגמרא. ומרן לא הזכירה בשולחנו כלל.
כיום יש נוהגים לאומרה בלי שם ומלכות (׳שולחן גבוה׳, יו"ד שה; וראה הלכה 502).

בָּרוּךְ (אַתָּה יְהֹוָה, אֱלֹהֵינוּ מֶלֶךְ הָעוֹלָם) אֲשֶׁר קִדֵּשׁ (יש גורסים: קָדַשׁ) עֻבָּר
בִּמְעֵי אִמּוֹ, וּלְאַרְבָּעִים יוֹם חִלֵּק אֵבָרָיו, מָאתַיִם וְאַרְבָּעִים וּשְׁמוֹנָה אֵבָרִים
שֶׁיֵּשׁ בּוֹ, וְנָפַח בּוֹ נְשָׁמָה, כְּדִכְתִיב: וַיִּפַּח בְּאַפָּיו נִשְׁמַת חַיִּים, וַיְהִי הָאָדָם בראשית ב
לְנֶפֶשׁ חַיָּה: עוֹר וּבָשָׂר הִלְבִּישׁוֹ, וּבַעֲצָמוֹת וְגִידִים שְׂכָכוֹ, כְּדִכְתִיב: עוֹר איוב י
וּבָשָׂר תַּלְבִּישֵׁנִי, וּבַעֲצָמוֹת וְגִידִים תְּשֹׂכְכֵנִי: זִמֵּן לוֹ מַאֲכָל וּמִשְׁתֶּה, וְזִמֵּן לוֹ
שְׁנֵי מַלְאֲכֵי הַשָּׁרֵת לְשָׁמְרוֹ בִּמְעֵי אִמּוֹ, כְּדִכְתִיב: חַיִּים וָחֶסֶד עָשִׂיתָ עִמָּדִי איוב י
וּפְקֻדָּתְךָ שָׁמְרָה רוּחִי: אָבִיו אוֹמֵר זֶה בְּנִי בְכוֹרִי, וְאִמּוֹ אוֹמֶרֶת זֶה בְּנִי בְכוֹרִי
שֶׁבּוֹ פָּתַח הַקָּדוֹשׁ בָּרוּךְ הוּא דַּלְתֵי בִטְנִי, חָמֵשׁ סְלָעִים נִתְחַיַּבְנוּ לִתֵּן לַכֹּהֵן
בְּפִדְיוֹנוֹ, כְּדִכְתִיב: וּפְדוּיָו מִבֶּן־חֹדֶשׁ תִּפְדֶּה בְּעֶרְכְּךָ כֶּסֶף חֲמֵשֶׁת שְׁקָלִים במדבר יח
בְּשֶׁקֶל הַקֹּדֶשׁ עֶשְׂרִים גֵּרָה הוּא: וּכְתִיב: אַךְ פָּדֹה תִפְדֶּה אֵת בְּכוֹר הָאָדָם
וְאֵת בְּכוֹר־הַבְּהֵמָה הַטְּמֵאָה תִּפְדֶּה: כְּשֵׁם שֶׁזָּכָה בְּכוֹר זֶה לְפִדְיוֹן, כָּךְ יְזַכֵּהוּ
הָאֵל לְתוֹרָה וּלְמִצְוֹת וּלְחֻפָּה וּלְמַעֲשִׂים טוֹבִים. בָּרוּךְ (אַתָּה יְהֹוָה) מְקַדֵּשׁ
בְּכוֹרֵי עַמּוֹ יִשְׂרָאֵל בְּפִדְיוֹנָן.

# תפילות לבר־מצווה

תפילה לבר־מצווה לרבי אליעזר יצחק פאפו מספרו 'בית תפילה'.

רִבּוֹנוֹ שֶׁל עוֹלָם, הֲרֵינִי בָּא לְפָנֶיךָ בְּשִׂמְחָה רַבָּה עַל שֶׁהֶחֱיִיתַנִי וְקִיַּמְתַּנִי וְהִגַּעְתַּנִי לַזְּמַן הַזֶּה. מַה נִּכְבָּד הַיּוֹם הַזֶּה בְּעֵינַי, אֲשֶׁר בּוֹ אֲנִי נִכְנָס בְּגֶדֶר בַּר מִצְוָה, וּמֵעַתָּה אֲנִי מְצֻוֶּה בְּכָל מִצְוֹתֶיךָ, עַל זוֹ שָׂמַח לִבִּי וַיָּגֶל כְּבוֹדִי. וְאַף לְזֹאת יִשְׂמַח לִבִּי, כִּי הוֹדַעְתָּנוּ עַל יְדֵי עֲבָדֶיךָ חַכְמֵי יִשְׂרָאֵל כִּי בְּהַגִּיעַ הָאִישׁ הַיִּשְׂרְאֵלִי אוֹר לְאַרְבָּעָה עָשָׂר שָׁנָה, רוּחַ נָכוֹן יִתְחַדֵּשׁ בְּקִרְבּוֹ. וְגַם אַשּׁוּר נִלְוָה, יֵצֶר הַטּוֹב הִנֵּה בָּא לְעֵזֶר לְהוֹעִיל וְלַעֲשׂוֹת רְצוֹן אָבִינוּ שֶׁבַּשָּׁמַיִם. עַל הַכֹּל יְהוָה אֱלֹהֵינוּ אֲנַחְנוּ מוֹדִים לָךְ וּמְהַלְלִים אֶת שְׁמֶךָ, יְהִי שֵׁם יְהוָה מְבֹרָךְ וּמְרוֹמָם עַל כָּל בְּרָכָה וּתְהִלָּה.

וְאוּלָם רְעָדָה אֲחָזַתְנִי, כִּי יָדַעְתִּי חֶרְפָּתִי בָּשְׁתִּי וּכְלִמָּתִי, שֶׁעַד עַתָּה הוֹצֵאתִי יָמַי לָרִיק וּשְׁנוֹתַי לַבֶּהָלָה וְקִצַּרְתִּי מְאֹד בַּעֲבוֹדָתְךָ, וְשׁוּם מַעֲשֶׂה טוֹב לֹא עָשִׂיתִי. וְחוֹשְׁשַׁנִי לִי פֶּן, חַס וְשָׁלוֹם, לֹא אֶהְיֶה כְּלִי מוּכָן וְלֹא אֶזְכֶּה לְרוּחַ נָכוֹן, עַל זֶה הָיָה דָוֶה לִבִּי. וְאַף לְזֹאת יֶחֱרַד לִבִּי, כִּי מֵעַתָּה אֲנִי בַּר עֳנָשִׁין וְחוֹשְׁשַׁנִי לִי פֶּן, חַס וְשָׁלוֹם, יִתְגַּבֵּר עָלַי יִצְרִי הָרָע וְלֹא אוּכַל לוֹ, וְיַעֲבִירֵנִי
עַל דַּעַת קוֹנִי. אֵלֶּה אֶזְכְּרָה וְאֶשְׁפְּכָה עָלַי נַפְשִׁי: תְּרוּפָה לֹא מָצָאתִי, כִּי תהלים מב
אִם לְהַפִּיל תְּחִנָּתִי לְפָנֶיךָ, כִּי אַתָּה שׁוֹמֵעַ תְּפִלַּת כָּל פֶּה, וְעוֹשֶׂה צְדָקָה
עִם כָּל בָּשָׂר וָרוּחַ. וּבְכֵן שְׁמַע־יְהוָה קוֹלִי אֶקְרָא, וְחָנֵּנִי וַעֲנֵנִי: חַטֹּאות תהלים כז
נְעוּרַי וּפְשָׁעַי אַל־תִּזְכֹּר, כְּחַסְדְּךָ זְכָר־לִי־אַתָּה, לְמַעַן טוּבְךָ יְהוָה: לֵב טָהוֹר תהלים כה
בְּרָא־לִי אֱלֹהִים, וְרוּחַ נָכוֹן חַדֵּשׁ בְּקִרְבִּי: הָשִׁיבָה לִי שְׂשׂוֹן יִשְׁעֶךָ, וְרוּחַ תהלים נא
נְדִיבָה תִסְמְכֵנִי: וְהוֹפַע עָלַי מִמָּרוֹם שֶׁפַע קְדֻשָּׁה וְטָהֳרָה, לְעָבְדְּךָ בֶּאֱמֶת תָּמִיד כָּל הַיָּמִים, עֲבוֹדָה שְׁלֵמָה, עֲבוֹדָה תַּמָּה בְּיִרְאָה וְאַהֲבָה וְשִׂמְחָה רַבָּה כְּדָת מַה לַּעֲשׂוֹת, וְרִשְׁפֵּי הִתְעוֹרְרוּת אַהֲבָתְךָ וְיִרְאָתְךָ יַתְמִידוּ וְיִתְרַבּוּ בִּי בְּלִי הֶפְסֵק, וְתַרְחִיקֵנִי מִיֵּצֶר הָרָע וְתַדְבִּיקֵנִי בְּיֵצֶר הַטּוֹב.

אָנָּא, אֶהְיֶה אֲשֶׁר אֶהְיֶה, הֱיֵה עוֹזֵר לִי בְּתוֹךְ כָּל יִשְׂרָאֵל עַמֶּךָ. עָזְרֵנוּ תהלים עט
אֱלֹהֵי יִשְׁעֵנוּ עַל־דְּבַר כְּבוֹד־שְׁמֶךָ: וְסַיְּעֵנוּ לְהִתְחַזֵּק בְּתוֹרָתְךָ וְיִרְאָתְךָ, וּלְהַתְמִיד בַּעֲבוֹדָתְךָ, וְלַעֲשׂוֹת רְצוֹנְךָ כִּרְצוֹנְךָ כָּל יְמֵי חַיֵּינוּ, וְלֹא נֶחֱטָא

לְךָ וְלֹא לִבְרִיּוֹתֶיךָ. וְתַקְּנֵנוּ מַלְכֵּנוּ בְּעֵצָה טוֹבָה מִלְּפָנֶיךָ, וְנִהְיֶה שְׁלֵמִים בְּמִדּוֹת וּבְדֵעוֹת וּבְכָל מִינֵי שְׁלֵמוּת, וְלֹא תֵצֵא תַּקָּלָה מִתַּחַת יָדֵינוּ, וְלֹא שׁוּם דָּבָר שֶׁאֵינוֹ מְתֻקָּן. וְנִמְצָא חֵן וְשֵׂכֶל טוֹב בְּעֵינֵי אֱלֹהִים וְאָדָם. וְזַכֵּנוּ לְהַשְׁלִים תִּקּוּן נַפְשֵׁנוּ, רוּחֵנוּ, נִשְׁמָתֵנוּ בְּגִלְגּוּל זֶה, וְלָא נֵיעוּל בְּכִסּוּפָא קַמָּךְ, אָמֵן כֵּן יְהִי רָצוֹן.

אָבִינוּ שֶׁבַּשָּׁמַיִם, אַתָּה יָדַעְתָּ אֶת יֵצֶר לֵב הָאָדָם רַע מִנְּעֻרָיו, וְהוּא אֵשׁ וַאֲנַחְנוּ בָּשָׂר וָדָם. רְאֵה נָא בְעָנְיֵנוּ, וּזְכֹר כִּי עָפָר אֲנָחְנוּ, וּרְאֵה כִּי־אָזְלַת יָד וְאֶפֶס עָצוּר וְעָזוּב, וּמוֹשִׁיעַ אֵין בִּלְתֶּךָ, וְאֵין לָנוּ מֶלֶךְ עוֹזֵר וְסוֹמֵךְ אֶלָּא אָתָּה. עָזְרֵנוּ עַל דְּבַר כְּבוֹד שְׁמֶךָ, וַעֲשֵׂה אֲשֶׁר בְּחֻקֶּיךָ נֵלֵךְ וְאוֹרְחוֹתֶיךָ נִשְׁמֹר, וְנַעֲשֶׂה רְצוֹנְךָ כִּרְצוֹנֶךָ כָּל יְמֵי חַיֵּינוּ, וְנִזְכֶּה וְנִחְיֶה וְנִירַשׁ טוֹבָה וּבְרָכָה לְחַיֵּי הָעוֹלָם הַבָּא, לְמַעַן יְזַמֶּרְךָ כָבוֹד וְלֹא יִדֹּם, יְהוָה אֱלֹהַי, תהלים ל
לְעוֹלָם אוֹדֶךָּ: וּמִבִּרְכָתְךָ יְבֹרַךְ בֵּית עַבְדְּךָ, אָבִי רוֹעִי. וְתַאֲרִיךְ יָמַי בַּטּוֹב וּשְׁנוֹתַי בַּנְּעִימִים, וְלֹא אִיגַע לָרִיק. יִשְׂמַח אָבִי בְּיוֹצְאֵי חֲלָצָיו וְתָגֵל אִמִּי בִּפְרִי בִטְנָהּ, בִּרְאוֹתָם אוֹתִי שָׁלֵם בְּמִדּוֹת וּבְדֵעוֹת וּבְכָל מִינֵי שְׁלֵמוּת.

וּכְשֵׁם שֶׁהֶחֱיִיתַנִי וְהִגַּעְתַּנִי, כֵּן תְּחַיֵּנִי וּתְקַיְּמֵנִי וְתַגִּיעֵנִי לְחֻפָּה וּלְמַעֲשִׂים תהלים עא
טוֹבִים, וְעַד־זִקְנָה וְשֵׂיבָה אֱלֹהִים אַל־תַּעַזְבֵנִי: עֲנֵנִי יְהוָה עֲנֵנִי: פְּנֵה אֵלַי מלכים א׳ יח תהלים פו
וְחָנֵּנִי, תְּנָה־עֻזְּךָ לְעַבְדֶּךָ וְהוֹשִׁיעָה לְבֶן־אֲמָתֶךָ: עֲשֵׂה עִם־עַבְדְּךָ כְחַסְדֶּךָ, תהלים קיט
וְחֻקֶּיךָ לַמְּדֵנִי: טוֹב־אַתָּה וּמֵטִיב, לַמְּדֵנִי חֻקֶּיךָ: הַדְרִיכֵנִי בַאֲמִתֶּךָ וְלַמְּדֵנִי תהלים כה
כִּי־אַתָּה אֱלֹהֵי יִשְׁעִי, אוֹתְךָ קִוִּיתִי כָּל־הַיּוֹם: גַּל־עֵינַי וְאַבִּיטָה, נִפְלָאוֹת תהלים קיט
מִתּוֹרָתֶךָ: עֲשֵׂה לְמַעַן רַחֲמֶיךָ הָרַבִּים, וּלְמַעַן אֲבוֹתֵינוּ הַקְּדוֹשִׁים אַבְרָהָם
יִצְחָק וְיִשְׂרָאֵל עֲבָדֶיךָ וּלְמַעַן כָּל הַצַּדִּיקִים וְהַחֲסִידִים, זִכְרוֹנָם יָגֵן עָלֵינוּ אָמֵן.
יִהְיוּ לְרָצוֹן אִמְרֵי־פִי וְהֶגְיוֹן לִבִּי לְפָנֶיךָ, יְהוָה צוּרִי וְגֹאֲלִי: אָמֵן כֵּן יְהִי רָצוֹן. תהלים יט

תפילה לבר־מצווה לרב בנימין ארטום.

אֱלֹהַי וֵאלֹהֵי אֲבוֹתַי, בֶּאֱמֶת וּבְתָמִים אֶשָּׂא אֵלֶיךָ אֶת עֵינַי בַּיּוֹם הַגָּדוֹל וְהַקָּדוֹשׁ הַזֶּה, לֵאמֹר: הִנֵּה יַלְדוּתִי חָלְפָה הָלְכָה לָהּ, וְאָנֹכִי הָיִיתִי לְאִישׁ. עָלַי לִשְׁמֹר חֻקֵּי רְצוֹנֶךָ וְעָלַי לַעֲנוֹת בְּיוֹם פְּקֻדָּתִי, כַּאֲשֶׁר תִּגְמֹל לִי כִּפְרִי מַעֲלָלָי. מִיּוֹם הִוָּלְדִי בֶּן יִשְׂרָאֵל אֲנִי, אָמְנָם בַּיּוֹם הַזֶּה בָּאתִי שֵׁנִית בִּקְהַל לָךְ, וְלִפְנֵי כָּל הָעַמִּים אֶתְפָּאֵר בְּשִׁמְךָ, אֲשֶׁר נִקְרָא עָלֵינוּ. וְעַתָּה, אָבִי

שֶׁבַּשָּׁמַיִם, שְׁמַע אֶל הַתְּפִלָּה וְאֶל הַתְּחִנָּה הַזֹּאת. שְׁלַח עָלַי שִׁפְעַת
בִּרְכוֹתֶיךָ, גֶּשֶׁם נְדָבוֹת וּבִרְכוֹת הָנֵף עָלַי, לְמַעַן יָמַי יִשְׂבְּעוּן וְיִרְוְיוּן מִדֶּשֶׁן
עֲדָנֶיךָ. הוֹרֵנִי נָא דֶּרֶךְ חֻקֶּיךָ, הַדְרִיכֵנִי בִּנְתִיב מִצְוֹתֶיךָ, תֵּן בְּלִבִּי לְאַהֲבָה
וּלְיִרְאָה אֶת שְׁמֶךָ, הַחֲזֵק בְּיָדִי וְאַל תַּרְפֵּנִי, וְלֹא אֶכָּשֵׁל עַל דְּרָכַי אֲשֶׁר אָנֹכִי
הוֹלֶכֶת עָלֶיהָ הַיּוֹם בָּרִאשׁוֹנָה. הַצִּילֵנִי מִיֵּצֶר הָרָע, וְתֵן בִּי כֹּחַ לִשְׁמֹר אֶת
תּוֹרָתְךָ הַקְּדוֹשָׁה וְאֶת פִּקּוּדֶיךָ, אֲשֶׁר יַעֲשֶׂה אֹתָם הָאָדָם וָחַי בָּהֶם: וְכָל ויקרא יח
יָמַי אֶקְרָא בְּקוֹל גָּדוֹל וְלֹא אֵבוֹשׁ: שְׁמַע יִשְׂרָאֵל, יְהוָה אֱלֹהֵינוּ, יְהוָה אֶחָד: דברים ו

## תפילה לבת־מצווה

תפילה לבת־מצווה, מקורה במנהג יהודי איטליה.

בָּרוּךְ שֶׁגְּמָלַנִי כָּל טוּב, וְהֶחֱיַנִי וְקִיְּמַנִי לַזְּמַן הַזֶּה לָבוֹא בָּאֲנָשִׁים וּלְקַבֵּל עֹל
מִצְוֹתֶיךָ. יְהוָה, יְהוָה, אֵל רַחוּם וְחַנּוּן, אֶרֶךְ אַפַּיִם וְרַב־חֶסֶד וֶאֱמֶת: הִנֵּה שמות לד
הַיּוֹם הַחִלּוֹתִי גֶּשֶׁת אֶל הֵיכַל קָדְשְׁךָ בְּיִרְאָתֶךָ, לְהִסְתַּפֵּחַ בְּנַחֲלָתֶךָ. גַּם כִּי
נַעֲרָה אָנֹכִי וְאֵין מִלָּה בִּלְשׁוֹנִי מוּל כְּבוֹד רוֹמְמוּתְךָ אַל נָא תְּמָאֲסֵנִי, כִּי
מִפִּי עוֹלְלִים וְיֹנְקִים יִסַּדְתָּ עֹז: וּתְנוֹבֵב לְשׁוֹן גְּמוּלֵי מֵחָלָב וְעַתִּיקֵי מִשָּׁדָיִם תהלים ח
לְהִשְׁתַּבֵּחַ בִּתְהִלָּתֶךָ.

אֵל אֱלֹהֵי הָרוּחֹת לְכָל־בָּשָׂר: מִי כָמוֹךָ מוֹרֶה, הַמְלַמֵּד לְיִשְׂרָאֵל דַּעַת. במדבר טז
מִשָּׁמַיִם הִשְׁמַעְתָּ דִּין: תּוֹרָה צִוָּה־לָנוּ מֹשֶׁה, מוֹרָשָׁה קְהִלַּת יַעֲקֹב: הִיא חַיֵּינוּ תהלים עו דברים לג
וְאֹרֶךְ יָמֵינוּ, וּבַמֶּה תְּזַכֶּה נַעֲרָה אָרְחָהּ לִשְׁמֹר כִּדְבָרֶךָ. יַחֵד לְבָבִי לְיִרְאָה
אֶת שְׁמֶךָ, וְהַדְרִיכֵנִי בַּאֲמִתֶּךָ לְהִשְׁתַּעֲשֵׁעַ בְּחֻקֵּי צִדְקֶךָ וּבְדִבְרֵי קָדְשֶׁךָ
וּבְלִמּוּדֵי חָכְמָתֶךָ. אֲדַבְּרָה נֶגֶד הַמִּתְעַתְּעִים וְלֹא אֵבוֹשׁ, בְּשֵׁם אֱלֹהֵי אֲבוֹתַי
אֶדְגֹּל וְלֹא תִכְבַּדְנָה יָדַי, תְּבַעֲנָה שְׂפָתַי תְּהִלָּה לְהַגְדִּיל תּוֹרָה וּלְהַאְדִּירָה,
וְלֹא אֶחֱשֶׁה. אֶתְפָּאֵר בְּשֵׁם יִשְׂרָאֵל וְלֹא אֲשַׁקֵּר בֶּאֱמוּנָתִי, בְּיָדְךָ עִתּוֹתַי
וּבְיָדְךָ אַפְקִיד רוּחִי. הַחֲלִימֵנִי וְהַחֲיֵנִי לָלֶכֶת בִּדְרָכֶיךָ בְּלֵב שָׁלֵם וּבְנֶפֶשׁ
חֲפֵצָה לַעֲשׂוֹת צְדָקָה וָחֶסֶד. חַזְּקֵנִי וְאַמְּצֵנִי לִהְיוֹת מֵעֲבָדֶיךָ הַדְּבֵקִים בָּךְ,
לְהוֹדִיעַ בָּרַבִּים שִׁמְךָ הַגָּדוֹל וְהַנּוֹרָא. וּמָלְאָה הָאָרֶץ דֵּעָה, וּבֵיתְךָ יִקָּרֵא
בֵּית תְּפִלָּה לְכָל הָעַמִּים. בָּרוּךְ אַתָּה יְהוָה לַמְּדֵנִי חֻקֶּיךָ: תהלים קיט

# קידושין ונישואין

אֲגוּדִים בְּחִבָּה, תָּעֳצַם שִׂמְחַתְכֶם
בְּאַהֲבָה וּבְגִיל הַיּוֹם בְּהִתְחַתֶּנְכֶם
גִּילוּ וְשִׂמְחוּ בַּיהֹוָה אֱלֹהֵיכֶם

מתוך הקדושתא ׳אהבת נעורים׳ לרבי אלעזר ברבי קליר

## תפילה לפני החופה ושבע ברכות

תחינה לחתן לפני היכנסו לחופה מספר ׳סנסן ליאיר׳ לחיד״א (אות א).

לְשֵׁם יִחוּד קֻדְשָׁא בְּרִיךְ הוּא וּשְׁכִינְתֵּהּ, בִּדְחִילוּ וּרְחִימוּ וּרְחִימוּ וּדְחִילוּ,
לְיַחֲדָא אוֹתִיּוֹת י״ה בְּאוֹתִיּוֹת ו״ה בְּיִחוּדָא שְׁלִים בְּשֵׁם כָּל יִשְׂרָאֵל.
הֲרֵינִי מוּכָן לִשָּׂא אִשָּׁה בְּקִדּוּשִׁין, לְקַיֵּם מִצְוַת בּוֹרְאֵנוּ יִתְבָּרַךְ לָקַחַת
אִשָּׁה בִּכְתֻבָּה וְקִדּוּשִׁין, וְזוֹ הֲכָנָה לְקַיֵּם מִצְוַת פְּרוּ וּרְבוּ, וְכָל מִצְוֹת עֲשֵׂה
וְלֹא תַעֲשֶׂה הַנִּלְווֹת וְנִמְשָׁכוֹת מִלְּקִיחַת אִשָּׁה. וְהִנֵּה עָשִׂיתִי הַבָּא מִיָּדִי,
וְאַתָּה בְּרֹב רַחֲמֶיךָ תִּטַּע אַהֲבָה וְאַחֲוָה שָׁלוֹם וְרֵעוּת בֵּינֵינוּ עַל דְּבַר כְּבוֹד
שְׁמֶךָ, וּתְזַכֵּנוּ לְקַיֵּם מִצְוַת פְּרִיָּה וּרְבִיָּה וְכָל הַמִּצְוֹת הַנִּמְשָׁכוֹת, וּתְבָרְכֵנוּ
מִבִּרְכוֹתֶיךָ, וּתְקַיֵּם בָּנוּ מִקְרָא שֶׁכָּתוּב, לֹא־תְאֻנֶּה אֵלֶיךָ רָעָה, וְנֶגַע תהלים צא
לֹא־יִקְרַב בְּאָהֳלֶךָ: וַהֲרֵינִי מוּכָן לְקַדֵּשׁ בְּטַבַּעַת זוֹ כְּדַת מֹשֶׁה וְיִשְׂרָאֵל,
וְלִהְיוֹתֵנוּ תַּחַת חֻפָּה בִּזְמַן שֶׁבַע בְּרָכוֹת וְקוֹדֶם לָהֶם בִּרְכַּת אֵירוּסִין. וְיָדַעְנוּ
כִּי כָל פְּרָט וּפְרָט רַבּוּ סוֹדוֹתָיו וּרְמָזָיו, וּבָשָׂר אֲנַחְנוּ וְלֹא בִינַת אָדָם לָנוּ.
וִיהִי רָצוֹן מִלְּפָנֶיךָ, יְהֹוָה אֱלֹהֵינוּ וֵאלֹהֵי אֲבוֹתֵינוּ שֶׁתְּקַבֵּל מַעֲשֵׂי הַמִּצְוֹת
וְהַבְּרָכוֹת הָאֵלּוּ, כְּאִלּוּ כִוַּנּוּ בְּכָל הַכַּוָּנוֹת הָרְאוּיוֹת לְכַוֵּן, וְדֶרֶךְ כְּלָל אָנוּ
מְכֻוָּנִים בְּכֹל לְתַקֵּן אֶת שֹׁרֶשׁ מִצְוֹת אֵלּוּ בְּמָקוֹם עֶלְיוֹן לְשֵׁם יִחוּד קֻדְשָׁא
בְּרִיךְ הוּא וּשְׁכִינְתֵּהּ, וּבְרֹב רַחֲמֶיךָ תִּשְׁמְרֵנוּ מִכָּל חֵטְא, וְיִהְיוּ כָל מַעֲשֵׂינוּ
לְשֵׁם שָׁמַיִם, וּבִפְרָט בְּשִׁבְעַת יְמֵי הַמִּשְׁתֶּה. וְלֹא יֶאֱרַע לָנוּ שׁוּם תַּקָּלָה
וְשׁוּם מִקְרֶה רַע, וְתַצִּילֵנוּ מִיֵּצֶר הָרָע, וְחֶסֶד יְהֹוָה מֵעוֹלָם יְהִי עָלֵינוּ סִתְרָה,
צִנָּה וְסוֹחֵרָה. וִיהִי נֹעַם אֲדֹנָי אֱלֹהֵינוּ עָלֵינוּ וּמַעֲשֵׂה יָדֵינוּ כּוֹנְנָה עָלֵינוּ תהלים צ
וּמַעֲשֵׂה יָדֵינוּ כּוֹנְנֵהוּ:

# סדר קידושין ונישואין

## ברכות האירוסין

נוהגים שהקהל עומד בשעת ברכות אירוסין ונישואין.

מסדר הקידושין נוטל כוס יין בימינו ומברך:

סַבְרִי מָרָנָן (ועונים: לְחַיִּים)

בָּרוּךְ אַתָּה יְהֹוָה, אֱלֹהֵינוּ מֶלֶךְ הָעוֹלָם, בּוֹרֵא פְּרִי הַגָּפֶן.

בָּרוּךְ אַתָּה יְהֹוָה, אֱלֹהֵינוּ מֶלֶךְ הָעוֹלָם, אֲשֶׁר קִדְּשָׁנוּ בְּמִצְוֹתָיו, וְצִוָּנוּ עַל הָעֲרָיוֹת, וְאָסַר לָנוּ אֶת הָאֲרוּסוֹת, וְהִתִּיר לָנוּ אֶת הַנְּשׂוּאוֹת (לָנוּ) עַל יְדֵי חֻפָּה בְקִדּוּשִׁין. בָּרוּךְ אַתָּה יְהֹוָה, מְקַדֵּשׁ עַמּוֹ יִשְׂרָאֵל עַל יְדֵי חֻפָּה בְקִדּוּשִׁין.

מסדר הקידושין טועם מן היין ואחר כך החתן והכלה טועמים.

החתן אומר:

הֲרֵי אַתְּ מְקֻדֶּשֶׁת לִי בְּטַבַּעַת זוֹ כְּדַת מֹשֶׁה וְיִשְׂרָאֵל.

החתן עונד את הטבעת על אצבעה של הכלה בנוכחות עדים.

החתן מתעטף בטלית (ואם החופה קודם שקיעת החמה, מברך 'לְהִתְעַטֵּף בְּצִיצִית').
ונוהגים שתהיה זו חדשה, כדי שיברך ברכת 'שֶׁהֶחֱיָנוּ' ויכוון לפטור בברכה זו
גם את מצוות הקידושין וגם את הבגדים ואת הכלים החדשים שקיבל.

אחר שהתעטף, פורסים את הטלית גם על ראש הכלה, ונוהגים לברכם בפסוקים כגון אלו:

בראשית כז וְיִתֶּן־לְךָ הָאֱלֹהִים מִטַּל הַשָּׁמַיִם וּמִשְׁמַנֵּי הָאָרֶץ, וְרֹב דָּגָן וְתִירֹשׁ:
רות ד יִתֵּן יְהֹוָה אֶת־הָאִשָּׁה הַבָּאָה אֶל־בֵּיתֶךָ כְּרָחֵל וּכְלֵאָה אֲשֶׁר בָּנוּ שְׁתֵּיהֶם
משלי יח אֶת־בֵּית יִשְׂרָאֵל וַעֲשֵׂה־חַיִל בְּאֶפְרָתָה וּקְרָא־שֵׁם בְּבֵית לָחֶם: מָצָא אִשָּׁה
מָצָא טוֹב, וַיָּפֶק רָצוֹן מֵיְהֹוָה:

## שבע ברכות הנישואין

המסדר (או אחד המוזמנים) קורא את עיקר הכתובה, ואחר כך מברכים שבע ברכות על הכוס.

סַבְרִי מָרָנָן (ועונים: לְחַיִּים)

בָּרוּךְ אַתָּה יְהֹוָה, אֱלֹהֵינוּ מֶלֶךְ הָעוֹלָם, בּוֹרֵא פְּרִי הַגָּפֶן.

בָּרוּךְ אַתָּה יְהֹוָה, אֱלֹהֵינוּ מֶלֶךְ הָעוֹלָם, שֶׁהַכֹּל בָּרָא לִכְבוֹדוֹ.

בָּרוּךְ אַתָּה יְהוָה, אֱלֹהֵינוּ מֶלֶךְ הָעוֹלָם, יוֹצֵר הָאָדָם.

בָּרוּךְ אַתָּה יְהוָה, אֱלֹהֵינוּ מֶלֶךְ הָעוֹלָם
אֲשֶׁר יָצַר אֶת הָאָדָם בְּצַלְמוֹ, בְּצֶלֶם דְּמוּת תַּבְנִיתוֹ
וְהִתְקִין לוֹ מִמֶּנּוּ בִּנְיַן עֲדֵי עַד.
בָּרוּךְ אַתָּה יְהוָה, יוֹצֵר הָאָדָם.

שׂוֹשׂ תָּשִׂישׂ וְתָגֵל עֲקָרָה בְּקִבּוּץ בָּנֶיהָ לְתוֹכָהּ (בִּמְהֵרָה) בְּשִׂמְחָה.
בָּרוּךְ אַתָּה יְהוָה, מְשַׂמֵּחַ צִיּוֹן בְּבָנֶיהָ.

שַׂמֵּחַ תְּשַׂמַּח רֵעִים אֲהוּבִים כְּשַׂמֵּחֲךָ יְצִירְךָ בְּגַן עֵדֶן מִקֶּדֶם.
בָּרוּךְ אַתָּה יְהוָה, מְשַׂמֵּחַ חָתָן וְכַלָּה.

בָּרוּךְ אַתָּה יְהוָה, אֱלֹהֵינוּ מֶלֶךְ הָעוֹלָם
אֲשֶׁר בָּרָא שָׂשׂוֹן וְשִׂמְחָה, חָתָן וְכַלָּה
גִּילָה, רִנָּה, דִּיצָה וְחֶדְוָה, אַהֲבָה וְאַחֲוָה, שָׁלוֹם וְרֵעוּת.
מְהֵרָה יְהוָה אֱלֹהֵינוּ
יִשָּׁמַע בְּעָרֵי יְהוּדָה וּבְחוּצוֹת יְרוּשָׁלָיִם
קוֹל שָׂשׂוֹן וְקוֹל שִׂמְחָה, קוֹל חָתָן וְקוֹל כַּלָּה
קוֹל מִצְהֲלוֹת חֲתָנִים מֵחֻפָּתָם וּנְעָרִים מִמִּשְׁתֵּה נְגִינָתָם.
בָּרוּךְ אַתָּה יְהוָה, מְשַׂמֵּחַ הֶחָתָן עִם הַכַּלָּה.

המברך טועם מן היין ואחר כך החתן טועם ומטעים לכלה.

בסידור רב סעדיה גאון מובאת גם ברכה זו לחתן ולכלה:

יְשַׂמַּח חָתָן בְּכַלָּה וְכַלָּה תְּשַׂמַּח בֶּחָתָן, בְּבָנִים וּבְבָנוֹת בְּעֹשֶׁר וּבִנְכָסִים
בְּבָנִים עוֹשֵׂי תוֹרָה מְקַיְּמֵי מִצְוֹת בְּיִשְׂרָאֵל.

הוֹדוּ לַיהוָה כִּי־טוֹב, כִּי לְעוֹלָם חַסְדּוֹ: יִרְבּוּ שְׂמָחוֹת בְּיִשְׂרָאֵל וְיָנוּסוּ אֲנָחוֹת. תהלים קיח

לפני שבירת הכוס נוהגים שהחתן אומר:

אִם־אֶשְׁכָּחֵךְ יְרוּשָׁלָםִ, תִּשְׁכַּח יְמִינִי: תהלים קלז
תִּדְבַּק לְשׁוֹנִי לְחִכִּי אִם־לֹא אֶזְכְּרֵכִי
אִם־לֹא אַעֲלֶה אֶת־יְרוּשָׁלַםִ עַל רֹאשׁ שִׂמְחָתִי:

# תפילה לחולה

אומר את מזמורים כג, קג ו־קלט ואחר כך אומר תפילה זו:

תהלים קב תְּפִלָּה לְעָנִי כִי־יַעֲטֹף, וְלִפְנֵי יְהוָה יִשְׁפֹּךְ שִׂיחוֹ: יְהוָה שִׁמְעָה תְפִלָּתִי, וְשַׁוְעָתִי
אֵלֶיךָ תָבוֹא: אַל־תַּסְתֵּר פָּנֶיךָ מִמֶּנִּי בְּיוֹם צַר לִי, הַטֵּה־אֵלַי אָזְנֶךָ, בְּיוֹם אֶקְרָא
מַהֵר עֲנֵנִי: אָנָּא יְהוָה רוֹפֵא כָל בָּשָׂר, רַחֵם עָלַי, וּסְעָדֵנִי בְּחַסְדְּךָ הַגָּדוֹל עַל
עֶרֶשׂ דְּוָי, כִּי אֻמְלַל אָנִי. שְׁלַח לִי תְּרוּפָה וּתְעָלָה בְּתוֹךְ שְׁאָר חוֹלֵי יִשְׂרָאֵל,
רְפָא אֶת מַכְאוֹבִי וְחַדֵּשׁ כַּנֶּשֶׁר נְעוּרָי. תֵּן בִּינָה לָרוֹפֵא, וְיִגָּהֶה מִמֶּנִּי מְזוֹרִי,
וַאֲרוּכָתִי מְהֵרָה תִצְמַח. שְׁמַע תְּפִלָּתִי וְהוֹסֵף יָמִים עַל יָמַי, וַאֲכַלֶּה שְׁנוֹתַי
בַּנְּעִימִים, לְמַעַן אוּכַל לַעֲבֹד אוֹתְךָ, וְלִשְׁמֹר פִּקּוּדֶיךָ בְּלֵב שָׁלֵם. הֲבִינֵנִי
וְאֵדְעָה, כִּי לְשָׁלוֹמִי מַר לִי מָר. וְאַל אֶמְאַס אֶת מוּסָרְךָ, וּבְתוֹכַחְתְּךָ אַל אָקוּץ.

אֱלוֹהַּ סְלִיחוֹת, חַנּוּן וְרַחוּם אֶרֶךְ אַפַּיִם וְרַב חֶסֶד, מוֹדֶה אֲנִי לְפָנֶיךָ בְּלֵב
נִשְׁבָּר וְנִדְכֶּה כִּי חָטָאתִי, וְהָרַע בְּעֵינֶיךָ עָשִׂיתִי. הִנֵּה נִחַמְתִּי עַל רָעָתִי, וְאָשׁוּב
בִּתְשׁוּבָה שְׁלֵמָה לְפָנֶיךָ. עָזְרֵנִי אֱלֹהֵי יִשְׁעִי, וְלֹא אָשׁוּב לְכִסְלָה, וְאֶתְהַלֵּךְ
תהלים פו ירמיה יז לְפָנֶיךָ בֶּאֱמֶת וּבְתָמִים. שַׂמֵּחַ נֶפֶשׁ עַבְדֶּךָ, כִּי־אֵלֶיךָ אֲדֹנָי, נַפְשִׁי אֶשָּׂא: רְפָאֵנִי
יְהוָה וְאֵרָפֵא, הוֹשִׁיעֵנִי וְאִוָּשֵׁעָה, כִּי תְהִלָּתִי אָתָּה: אָמֵן וְאָמֵן.

# תפילה לעומד מחוליו

אומר את מזמורים כג ו־קג ואחר כך אומר תפילה זו:

אָנָּא הָאֵל הַגָּדוֹל הַגִּבּוֹר וְהַנּוֹרָא, בְּרֹב חַסְדְּךָ אָבוֹא לְפָנֶיךָ לְהוֹדוֹת לְךָ עַל
כָּל הַטּוֹבוֹת אֲשֶׁר גְּמַלְתָּ עָלָי. מִן הַמֵּצַר קְרָאתִיךָ וַתַּעֲנֵנִי, מֵעֶרֶשׂ דְּוָי שִׁוַּעְתִּי
אֵלֶיךָ, וַתִּשְׁמַע אֶת קוֹלִי תַּחֲנוּנַי. יַסֹּר יִסְּרַנִּי יָהּ, וְלַמָּוֶת לֹא נְתָנָנִי. בְּאַהֲבָתְךָ
וּבְחֶמְלָתְךָ הֶעֱלִיתָ מִן שְׁאוֹל נַפְשִׁי. כִּי רֶגַע בְּאַפֶּךָ, חַיִּים בִּרְצוֹנְךָ, בָּעֶרֶב יָלִין
ישעיה לח בֶּכִי וְלַבֹּקֶר רִנָּה. חַי חַי הוּא יוֹדֶךָ, כָּמוֹנִי הַיּוֹם: וְנַפְשִׁי אֲשֶׁר פָּדִיתָ, תְּסַפֵּר
נִפְלְאוֹתֶיךָ לִבְנֵי אָדָם. בָּרוּךְ אַתָּה, רוֹפֵא נֶאֱמָן לְכָל בָּשָׂר.

אֵל רַחוּם וְחַנּוּן, הַגּוֹמֵל לְחַיָּבִים טוֹבוֹת, קָטֹנְתִּי מִכֹּל הַחֲסָדִים אֲשֶׁר עָשִׂיתָ
עִמָּדִי עַד הֵנָּה. אָנָּא טַהֵר לְבָבִי, וְזַכֵּנִי לָלֶכֶת בְּדֶרֶךְ יְשָׁרִים לְפָנֶיךָ, וּמְשֹׁךְ עֻזְּךָ
לְעַבְדֶּךָ. חַזְּקֵנִי וְאַמְּצֵנִי מֵרִפְיוֹן, וּבְחִלּוּץ עֲצָמוֹת תְּבָרְכֵנִי. הַרְחֵק מֵעָלַי כָּל
צָרָה וְתוּגָה, שָׁמְרֵנִי מִכָּל רָע, וּבַעֲצָתְךָ תַנְחֵנִי. וְזָרְחָה לִי שֶׁמֶשׁ צְדָקָה, וּמַרְפֵּא
תהלים יט בִּכְנָפֶיהָ. יִהְיוּ לְרָצוֹן אִמְרֵי־פִי וְהֶגְיוֹן לִבִּי לְפָנֶיךָ, יְהוָה צוּרִי וְגֹאֲלִי: אָמֵן.

# וידוי שכיב מרע

"נטה למות, אומרים לו: התוַדה. ואומרים לו: הרבה התוַדו ולא מתו, והרבה שלא התודו, מתו, ובשכר שאתה מתודה אתה חי, וכל המתודה יש לו חלק לעולם הבא. ואם אינו יכול להתודות בפיו, יתודה בלבו" (שו"ע, יו"ד שלח, א, על פי הרמב"ן).

נוסח זה הוא הנפוץ, ונוסח המיוחס לרמב"ן, בעמוד הבא.

רִבּוֹן הָעוֹלָמִים, בַּעַל הַסְּלִיחוֹת וְהָרַחֲמִים, יְהִי רָצוֹן מִלְּפָנֶיךָ, יְהוָה אֱלֹהַי
וֵאלֹהֵי אֲבוֹתַי, שֶׁיַּעֲלֶה זִכְרוֹנִי לִפְנֵי כִּסֵּא כְבוֹדֶךָ לְטוֹבָה, וּרְאֵה בְעָנְיִי כִּי
אֵין־מְתֹם בִּבְשָׂרִי מִפְּנֵי זַעְמֶךָ, אֵין־שָׁלוֹם בַּעֲצָמַי מִפְּנֵי חַטָּאתִי: וְעַתָּה תהלים לח
אֱלוֹהַּ סְלִיחוֹת הַטֵּה אֵלַי חֲסָדֶיךָ, וְאַל־תָּבוֹא בְמִשְׁפָּט אֶת־עַבְדֶּךָ: וְאִם תהלים קמג
קָרְבָה עֵת פְּקֻדָּתִי לָמוּת, אַחְדוּתְךָ לָעַד מִפִּי לֹא תָמוּשׁ כַּכָּתוּב בְּתוֹרָתֶךָ.

שְׁמַע יִשְׂרָאֵל, יְהוָה אֱלֹהֵינוּ, יְהוָה | אֶחָד: דברים ו

בָּרוּךְ שֵׁם כְּבוֹד מַלְכוּתוֹ לְעוֹלָם וָעֶד.

מוֹדֶה אֲנִי לְפָנֶיךָ יְהוָה אֱלֹהַי וֵאלֹהֵי אֲבוֹתַי, אֵל אֱלֹהֵי הָרוּחוֹת לְכָל
בָּשָׂר, שֶׁרְפוּאָתִי בְּיָדֶךָ וּמִיתָתִי בְּיָדֶךָ. יְהִי רָצוֹן מִלְּפָנֶיךָ שֶׁתְּרַפְּאֵנִי רְפוּאָה
שְׁלֵמָה, וְיַעֲלֶה זִכְרוֹנִי וּתְפִלָּתִי לְפָנֶיךָ כִּתְפִלַּת חִזְקִיָּהוּ בַּחֲלוֹתוֹ. וְאִם קָרְבָה
עֵת פְּקֻדָּתִי לָמוּת, תְּהֵא מִיתָתִי כַּפָּרָה לְכָל חַטֹּאתַי וּלְכָל עֲוֹנוֹתַי וּלְכָל
פְּשָׁעַי, שֶׁחָטָאתִי וְשֶׁעָוִיתִי וְשֶׁפָּשַׁעְתִּי לְפָנֶיךָ, מִיּוֹם הֱיוֹתִי עַל הָאֲדָמָה עַד
הַשָּׁעָה הַזֹּאת. וְתֵן חֶלְקִי בְּגַן עֵדֶן, וְזַכֵּנִי לָעוֹלָם הַבָּא הַצָּפוּן לַצַּדִּיקִים.
וְתוֹדִיעֵנִי אֹרַח חַיִּים, שֹׂבַע שְׂמָחוֹת אֶת־פָּנֶיךָ, נְעִמוֹת בִּימִינְךָ נֶצַח: בָּרוּךְ תהלים טז
שׁוֹמֵעַ תְּפִלָּה. טוב להרבות כאן בווידויים (סדר הווידוי בעמ' 584).

טוב לומר פיוט 'לְךָ אֵלִי תְּשׁוּקָתִי' בניגון ובהכנעה גדולה (רפואה וחיים פ"ז, ג; הפיוט בעמ' 904).

| | | |
|---|---|---|
| אָנָּא, בְּכֹחַ | גְּדֻלַּת יְמִינְךָ, | תַּתִּיר צְרוּרָה. |
| קַבֵּל רִנַּת | עַמְּךָ, שַׂגְּבֵנוּ, | טַהֲרֵנוּ, נוֹרָא. |
| נָא גִבּוֹר, | דּוֹרְשֵׁי יִחוּדְךָ, | כְּבָבַת שָׁמְרֵם. |
| בָּרְכֵם, טַהֲרֵם, | רַחֲמֵי צִדְקָתְךָ, | תָּמִיד גָּמְלֵם. |
| חֲסִין קָדוֹשׁ, | בְּרֹב טוּבְךָ | נַהֵל עֲדָתֶךָ. |
| יָחִיד גֵּאֶה, | לְעַמְּךָ פְּנֵה, | זוֹכְרֵי קְדֻשָּׁתֶךָ. |
| שַׁוְעָתֵנוּ קַבֵּל, | וּשְׁמַע צַעֲקָתֵנוּ, | יוֹדֵעַ תַּעֲלוּמוֹת. |

בָּרוּךְ, שֵׁם כְּבוֹד מַלְכוּתוֹ, לְעוֹלָם וָעֶד.

וממשיכים בפסוקים שבעמ' 883.

סדר וידוי לשכיב מרע המיוחס להרמב״ן ז״ל (רבינו ירוחם, חלק חוה, נתיב כח).

מבקש מחילה ממי שחטא לו ומבקש מרבים שיעורוהו בתפילה ויעשה תשובה שלמה.
נוטל את ידיו ומברך ומתעטף בציצית ואומר:

**יְהֹוָה אֱלֹהִים אֱמֶת, וְתוֹרָתוֹ אֱמֶת, וּמשֶׁה נְבִיאוֹ אֱמֶת.**
**בָּרוּךְ שֵׁם כְּבוֹד מַלְכוּתוֹ לְעוֹלָם וָעֶד.**

אומר ׳אַשְׁרֵי׳ ומזמורים פו, ד וקכא, ואחר כך אומר וידוי זה:

מוֹדֶה אֲנִי לְפָנֶיךָ, יְהֹוָה אֱלֹהַי וֵאלֹהֵי אֲבוֹתַי, אֱלֹהֵי אַבְרָהָם יִצְחָק
וְיַעֲקֹב, אֱלֹהֵי הָאֱלֹהִים וַאֲדוֹנֵי הָאֲדוֹנִים, בַּשָּׁמַיִם מִמַּעַל וְעַל הָאָרֶץ דברים ד
מִתָּחַת, אֵין עוֹד, עֹשֶׂה שָׁמַיִם וָאָרֶץ, עֹשֶׂה חֶסֶד מִשְׁפָּט וּצְדָקָה בָּאָרֶץ,
הָיָה וְהֹוֶה וְיִהְיֶה, מְהַוֶּה אֶת הַכֹּל, שֶׁרְפוּאָתִי בְּיָדְךָ וּמִיתָתִי בְּיָדֶךָ. יְהִי
רָצוֹן מִלְּפָנֶיךָ, יְהֹוָה אֱלֹהַי וֵאלֹהֵי אֲבוֹתַי, שֶׁתְּרַפְּאֵנִי רְפוּאָה שְׁלֵמָה
כִּי אַתָּה אֵל רוֹפֵא רַחֲמָן, וְאִם בַּר מִינַּן אָמוּת תְּהֵא מִיתָתִי כַּפָּרָה עַל
כָּל חַטֹּאתַי וַעֲוֹנוֹתַי וּפְשָׁעַי, שֶׁחָטָאתִי וְשֶׁעָוִיתִי וְשֶׁפָּשַׁעְתִּי לְפָנֶיךָ, וְתֵן
חֶלְקִי בְּתוֹרָתֶךָ וּבְגַן עֵדֶן, וְזַכֵּנִי לָעוֹלָם הַבָּא הַצָּפוּן לַצַּדִּיקִים. וַאֲנִי
מוֹדֶה וּמַאֲמִין כִּי אַתָּה נִמְצָא מְצִיאוּת גְּמוּרָה, וְאַתָּה אֶחָד וְלֹא כְּכָל
הָאֲחָדִים וְרֹאשׁ לְכָל הַנִּמְצָאִים, וְאֵינְךָ גוּף וְלֹא כֹּחַ בְּגוּף, וְלֹא יַשִּׂיגוּךָ
מַשִּׂיגֵי הַגּוּף וּמִקְרָיו, וְאֵין בְּךָ דָּבָר מִתָּאֳרֵי הַגּוּפִים, וְאַתָּה קַדְמוֹן לְכָל
הַנִּמְצָאִים, וְאַתָּה רָאוּי לְהֵעָבֵד וּלְהָרִים, וְאַתָּה הַנּוֹתֵן נְבוּאָה בְּפִי
כָּל הַנְּבִיאִים, וּנְבוּאַת משֶׁה עַבְדְּךָ נְבִיאֲךָ לְמַעְלָה מִכָּל הַנְּבִיאִים,
וְאַתָּה נָתַתָּ לָנוּ עַל יָדוֹ מִן הַשָּׁמַיִם תּוֹרָה שְׁלֵמָה וּמְשִׁיבַת נֶפֶשׁ, וְהִיא
זֹאת הַתּוֹרָה הַקְּדוֹשָׁה הַמְּצוּיָה בֵּינֵינוּ, וְהִגִּיעָה אֵלָיו מִפִּי הַגְּבוּרָה,
וְלֹא תִּהְיֶה זֹאת הַתּוֹרָה נֶעְדֶּרֶת וְלֹא נְסוּחָה, וְאַתָּה יוֹדֵעַ מַחְשְׁבוֹת
בְּנֵי אָדָם וְלֹא תִּתְרַשֵּׁל בָּהֶם, וְדַרְכְּךָ לִגְמֹל טוֹב לַצַּדִּיקִים וּלְהַעֲנִישׁ
לָרְשָׁעִים, וְתָבִיא מְשִׁיחֵנוּ הָאָהוּב. וּתְחַיֶּה מֵתֵינוּ. יִהְיוּ לְרָצוֹן אִמְרֵי־פִי תהלים יט
וְהֶגְיוֹן לִבִּי לְפָנֶיךָ, יְהֹוָה צוּרִי וְגֹאֲלִי:

אם השעה דחוקה עליו יזקוף אצבעותיו מעלה ויאמר:

**רִבּוֹנוֹ שֶׁל עוֹלָם, יְהִי רָצוֹן מִלְּפָנֶיךָ שֶׁיִּהְיֶה שָׁלוֹם מְנוּחָתִי.**

ואומר ׳אֵל מֶלֶךְ׳ וי״ג מידות (בעמ׳ 651).

אחר הווידוי נוהגים לומר פסוקים אלו עד ליציאת הנשמה:

וִיהִי נֹעַם אֲדֹנָי אֱלֹהֵינוּ עָלֵינוּ וּמַעֲשֵׂה יָדֵינוּ כּוֹנְנָה עָלֵינוּ וּמַעֲשֵׂה יָדֵינוּ כּוֹנְנֵהוּ: תהלים צ
יֹשֵׁב בְּסֵתֶר עֶלְיוֹן, בְּצֵל שַׁדַּי יִתְלוֹנָן: אֹמַר לַיהוָה מַחְסִי וּמְצוּדָתִי, אֱלֹהַי אֶבְטַח־ תהלים צא
בּוֹ: כִּי הוּא יַצִּילְךָ מִפַּח יָקוּשׁ, מִדֶּבֶר הַוּוֹת: בְּאֶבְרָתוֹ יָסֶךְ לָךְ, וְתַחַת־כְּנָפָיו
תֶּחְסֶה, צִנָּה וְסֹחֵרָה אֲמִתּוֹ: לֹא־תִירָא מִפַּחַד לָיְלָה, מֵחֵץ יָעוּף יוֹמָם: מִדֶּבֶר
בָּאֹפֶל יַהֲלֹךְ, מִקֶּטֶב יָשׁוּד צָהֳרָיִם: יִפֹּל מִצִּדְּךָ אֶלֶף, וּרְבָבָה מִימִינֶךָ, אֵלֶיךָ לֹא
יִגָּשׁ: רַק בְּעֵינֶיךָ תַבִּיט, וְשִׁלֻּמַת רְשָׁעִים תִּרְאֶה: כִּי־אַתָּה יְהוָה מַחְסִי, עֶלְיוֹן
שַׂמְתָּ מְעוֹנֶךָ: לֹא־תְאֻנֶּה אֵלֶיךָ רָעָה, וְנֶגַע לֹא־יִקְרַב בְּאָהֳלֶךָ: כִּי מַלְאָכָיו
יְצַוֶּה־לָּךְ, לִשְׁמָרְךָ בְּכָל־דְּרָכֶיךָ: עַל־כַּפַּיִם יִשָּׂאוּנְךָ, פֶּן־תִּגֹּף בָּאֶבֶן רַגְלֶךָ:
עַל־שַׁחַל וָפֶתֶן תִּדְרֹךְ, תִּרְמֹס כְּפִיר וְתַנִּין: כִּי בִי חָשַׁק וַאֲפַלְּטֵהוּ, אֲשַׂגְּבֵהוּ
כִּי־יָדַע שְׁמִי: יִקְרָאֵנִי וְאֶעֱנֵהוּ, עִמּוֹ אָנֹכִי בְצָרָה, אֲחַלְּצֵהוּ וַאֲכַבְּדֵהוּ: אֹרֶךְ
יָמִים אַשְׂבִּיעֵהוּ, וְאַרְאֵהוּ בִּישׁוּעָתִי:

וַיְהִי ׀ בִּשְׁלֹשִׁים שָׁנָה בָּרְבִיעִי בַּחֲמִשָּׁה לַחֹדֶשׁ וַאֲנִי בְתוֹךְ־הַגּוֹלָה עַל־נְהַר־כְּבָר יחזקאל א
נִפְתְּחוּ הַשָּׁמַיִם וָאֶרְאֶה מַרְאוֹת אֱלֹהִים: בִּשְׁנַת־מוֹת הַמֶּלֶךְ עֻזִּיָּהוּ וָאֶרְאֶה ישעיה ו
אֶת־אֲדֹנָי יֹשֵׁב עַל־כִּסֵּא רָם וְנִשָּׂא וְשׁוּלָיו מְלֵאִים אֶת־הַהֵיכָל: שְׂרָפִים עֹמְדִים ׀
מִמַּעַל לוֹ שֵׁשׁ כְּנָפַיִם שֵׁשׁ כְּנָפַיִם לְאֶחָד בִּשְׁתַּיִם ׀ יְכַסֶּה פָנָיו וּבִשְׁתַּיִם יְכַסֶּה
רַגְלָיו וּבִשְׁתַּיִם יְעוֹפֵף: וְקָרָא זֶה אֶל־זֶה וְאָמַר קָדוֹשׁ ׀ קָדוֹשׁ קָדוֹשׁ יְהוָה
צְבָאוֹת מְלֹא כָל־הָאָרֶץ כְּבוֹדוֹ: שְׁמַע יִשְׂרָאֵל, יְהוָה אֱלֹהֵינוּ, יְהוָה ׀ אֶחָד: דברים ו
יְהוָה הוּא הָאֱלֹהִים, יְהוָה הוּא הָאֱלֹהִים: מלכים א׳ יח

יְהוָה מֶלֶךְ, יְהוָה מָלָךְ יְהוָה יִמְלֹךְ לְעֹלָם וָעֶד. מֹשֶׁה אֱמֶת וְתוֹרָתוֹ אֱמֶת.
לִישׁוּעָתְךָ קִוִּיתִי יְהוָה: שַׂמֵּחַ נֶפֶשׁ עַבְדֶּךָ, כִּי־אֵלֶיךָ אֲדֹנָי נַפְשִׁי אֶשָּׂא: תהלים פו בראשית מט
בְּיָדְךָ אַפְקִיד רוּחִי, פָּדִיתָה אוֹתִי יְהוָה אֵל אֱמֶת: יִהְיוּ לְרָצוֹן אִמְרֵי־פִי וְהֶגְיוֹן תהלים יט תהלים לא
לִבִּי לְפָנֶיךָ, יְהוָה צוּרִי וְגֹאֲלִי:

משתדלים לומר עם הגוסס ׳שְׁמַע יִשְׂרָאֵל׳ סמוך ככל האפשר ליציאת הנשמה (׳מעבר יבוק׳ על פי ברכות סא ע״ב). ויש נוהגים לומר קריאת שמע כולה (עמ׳ 271).

שְׁמַע יִשְׂרָאֵל, יְהוָה אֱלֹהֵינוּ, יְהוָה ׀ אֶחָד: דברים ו

בלחש: בָּרוּךְ שֵׁם כְּבוֹד מַלְכוּתוֹ לְעוֹלָם וָעֶד. שלוש פעמים

יְהוָה הוּא הָאֱלֹהִים, יְהוָה הוּא הָאֱלֹהִים: שבע פעמים מלכים א׳ יח

יְהוָה מֶלֶךְ, יְהוָה מָלָךְ יְהוָה יִמְלֹךְ לְעֹלָם וָעֶד.

אחר יציאת הנשמה יש נוהגים לומר צידוק הדין (בעמ׳ 890).

# לוויית המת

כשנושאים את הנפטר לבית המספד, אומרים:

במדבר א וּבִנְסֹעַ הַמִּשְׁכָּן יוֹרִידוּ אֹתוֹ הַלְוִיִּם וּבַחֲנֹת הַמִּשְׁכָּן יָקִימוּ אֹתוֹ הַלְוִיִּם וְהַזָּר
במדבר י הַקָּרֵב יוּמָת: וַיְהִי בִּנְסֹעַ הָאָרֹן וַיֹּאמֶר מֹשֶׁה קוּמָה יְהוָה וְיָפֻצוּ אֹיְבֶיךָ, וְיָנֻסוּ
תהלים צא מְשַׂנְאֶיךָ מִפָּנֶיךָ: כִּי מַלְאָכָיו יְצַוֶּה־לָּךְ, לִשְׁמָרְךָ בְּכָל־דְּרָכֶיךָ: עַל־כַּפַּיִם יִשָּׂאוּנְךָ,
שמות טו פֶּן־תִּגֹּף בָּאֶבֶן רַגְלֶךָ: לֹא־תְאֻנֶּה אֵלֶיךָ רָעָה, וְנֶגַע לֹא־יִקְרַב בְּאָהֳלֶךָ: יְהוָה
שמות יד אִישׁ מִלְחָמָה יְהוָה שְׁמוֹ: יְהוָה יִלָּחֵם לָכֶם וְאַתֶּם תַּחֲרִשׁוּן:

יש קהילות שבהן נוהגים להקיף את הנפטר שבע פעמים ולומר פיוטי פרדה (ראה הלכה 523).
יש הנוהגים לומר פיוט זה, ויש נוהגים לומר את הפיוט ׳מְחֵה פְשָׁעוֹ׳ בעמ׳ 886.

רַחֵם נָא עָלָיו, אֵל אֱלֹהִים חַיִּים
וּמֶלֶךְ עוֹלָם, כִּי עִמְּךָ מְקוֹר חַיִּים
וְתָמִיד יִתְהַלֵּךְ נֶגֶד הַחַיִּים
וְתָנוּחַ נַפְשׁוֹ בִּצְרוֹר הַחַיִּים.

חַנּוּן, כְּרֹב רַחֲמָיו יְכַפֵּר עַל עֲוֹנָיו
וּמַעֲשָׂיו הַטּוֹבִים יִהְיוּ לְנֶגֶד עֵינָיו
וִיהִיֶה לְעֻמָּתוֹ עִם כָּל נֶאֱמָנָיו
וְיִתְהַלֵּךְ לְפָנָיו בְּאַרְצוֹת הַחַיִּים
וְתָנוּחַ נַפְשׁוֹ בִּצְרוֹר הַחַיִּים.

זִכְרוֹ טוֹב יִהְיֶה לוֹ, לִפְנֵי צוּרוֹ
לְהוֹאִיל חֵן יוֹצְרוֹ לְהַגִּיהַּ אוֹרוֹ
לְקַיֵּם חֶזְיוֹנוֹ וְחֶזְיוֹן מַאֲמָרוֹ
כִּי בְרִיתִי הָיְתָה אִתּוֹ הַשָּׁלוֹם וְהַחַיִּים
וְתָנוּחַ נַפְשׁוֹ בִּצְרוֹר הַחַיִּים.

שַׁעֲרֵי שָׁמַיִם יִהְיוּ נִפְתָּחִים
וְעִיר שָׁלוֹם תֶּחֱזֶה וּמִשְׁכָּנוֹת מִבְטָחִים
וּמַלְאֲכֵי הַשָּׁלוֹם לִקְרָאתְךָ שְׂמֵחִים
וְכֹהֵן גָּדוֹל לְקַבֶּלְךָ יַעֲמֹד
וְאַתָּה לֵךְ לַקֵּץ וְתָנוּחַ וְתַעֲמֹד.

נִשְׁמָתְךָ תֵּלֵךְ לִמְעָרַת הַמַּכְפֵּלָה
וּמִשָּׁם לַכְּרוּבִים, וּמִשָּׁם אֵל יִרְעֶה לָהּ
וְשָׁם פִּנְקָס תִּכְתֹּב לְגַן עֵדֶן שְׁבִילָהּ
וְשָׁם תִּהְיֶה וְתַעֲמֹד מִלְמַעְלָה
וְשָׁם תַּעֲלֶה מָרוֹם וְלֹא בַחוּץ תַּעֲמֹד.
וְאַתָּה לֵךְ לַקֵּץ וְתָנוּחַ וְתַעֲמֹד.

שַׁעֲרֵי הַמִּקְדָּשׁ יִפְתַּח לְךָ מִיכָאֵל
וְיַקְרִיב נִשְׁמָתְךָ קָרְבָּן לִפְנֵי אֵל
וְיִתְלַוֶּה עִמְּךָ הַמַּלְאָךְ הַגּוֹאֵל
עַד שַׁעֲרֵי עֲרָבוֹת, אֲשֶׁר שָׁם יִשְׂרָאֵל
בְּנֹעַם מָקוֹם זֶה תְּהִי זוֹכֶה לַעֲמֹד
וְאַתָּה לֵךְ לַקֵּץ וְתָנוּחַ וְתַעֲמֹד.

תְּהִי נַפְשְׁךָ צְרוּרָה בִּצְרוֹר הַחַיִּים
עִם רָאשֵׁי יְשִׁיבוֹת וְרָאשֵׁי גָלֻיּוֹת, יִשְׂרְאֵלִים וְכֹהֲנִים וּלְוִיִּים
וְעִם שֶׁבַע כִּתּוֹת שֶׁל צַדִּיקִים וַחֲסִידִים
וּבְגַן עֵדֶן תָּנוּחַ וְתַעֲמֹד
וְאַתָּה לֵךְ לַקֵּץ וְתָנוּחַ וְתַעֲמֹד.

יש קהילות שבהן אומרים פיוט זה, אם הנפטר גדול בתורה.

שַׁעֲרֵי גַן עֵדֶן, אֵל יִפְתַּח לְפָנָיו / וְיִתְעַדֵּן בְּתוֹכוֹ עִם נַפְשׁוֹת נֶאֱמָנָיו
וּמַלְאֲכֵי רַחֲמִים יַכְרִיזוּ סְבִיבוֹ / זֶה־הַשַּׁעַר לַיהוָה, צַדִּיקִים יָבֹאוּ בוֹ: תהלים קיח

שַׁדַּי שׁוֹכֵן עֲרָבוֹת, אֲשֶׁר לוֹ הָרַחֲמִים / צוּר חוֹקֵר לְבָבוֹת מְחֵה עֲוֹנוֹת וַאֲשָׁמִים
וְלִמְחִיצַת הָאָבוֹת תְּיַשֵּׁר אֶת נְתִיבוֹ / זֶה־הַשַּׁעַר לַיהוָה, צַדִּיקִים יָבֹאוּ בוֹ:

גָּדוֹל, אוֹמֵר וְעוֹשֶׂה, סוֹלֵחַ עֲוֹנוֹת / נוֹרָא, הֱיֵה לוֹ לְמַחֲסֶה, רַב הַמּוֹחֵל זְדוֹנוֹת
עַל פְּשָׁעָיו יְכַסֶּה וְתוֹשִׁיב לוֹ בְּנִיבוֹ. / זֶה־הַשַּׁעַר לַיהוָה, צַדִּיקִים יָבֹאוּ בוֹ:

צוּר, גּוֹזֵר וּמְקַיֵּם, הָיָה הֹוֶה וְיִהְיֶה / אֵל דָּר בַּשְּׁחָקִים, מֵמִית וּמְחַיֶּה
וְעִם נַפְשׁוֹת חֲסִידָיו תְּצוּ חֲסָדָיו וְטוּבוֹ / זֶה־הַשַּׁעַר לַיהוָה, צַדִּיקִים יָבֹאוּ בוֹ:

יש קהילות שבהן נוהגים לומר פיוט זה בשעת ההקפות לנפטר.

מְחֵה פִשְׁעוֹ וְשָׂא רִשְׁעוֹ / צוּר חוֹקֵר עֲלוּמָתוֹ
וְעַל רִמָּה וְתוֹלֵעָה / אַל תְּדִינֵהוּ כְּאַשְׁמָתוֹ
וּמַלְאֲכֵי הַשָּׁלוֹם / הֵם יֵצְאוּ לִקְרָאתוֹ
וּבִצְרוֹר הַחַיִּים / צְרוּרָה נִשְׁמָתוֹ.

רֶגַע יֶחֱלַשׁ אָדָם / וְיַעֲזֹב רֵעָיו וְעַמּוֹ
וּפִתְאוֹם יֵרָדֵם / וִינִידוּהוּ מִמְּקוֹמוֹ
כִּי הוֹלֵךְ הָאָדָם / אֶל בֵּית עוֹלָמוֹ
שָׁם יִקְצֹר אֲשֶׁר זָרַע / פְּרִי מַעֲלָלָיו וְצִדְקָתוֹ.
וּמַלְאֲכֵי הַשָּׁלוֹם הֵם יֵצְאוּ לִקְרָאתוֹ, וּבִצְרוֹר הַחַיִּים צְרוּרָה נִשְׁמָתוֹ.

וְאֵיךְ יִגְבַּהּ תּוֹךְ תֵּבֵל / וּפִתְאוֹם יָבוֹא אֵידוֹ
וְכָל שִׂמְחָתוֹ אֵבֶל / וְיִדַּל כָּל כְּבוֹדוֹ
אִם לְחֶסֶד הוּא סוֹבֵל / יִתֵּן מַעֲלָיו מֵהוֹדוֹ
בְּקוּמוֹ לְדִין יוֹצְרוֹ / וְלֹא־יָעִיר כָּל־חֲמָתוֹ.
וּמַלְאֲכֵי הַשָּׁלוֹם הֵם יֵצְאוּ לִקְרָאתוֹ, וּבִצְרוֹר הַחַיִּים צְרוּרָה נִשְׁמָתוֹ.

נַפְשׁוֹ בְּטוֹב תָּלִין / וְזַרְעוֹ יִירַשׁ אָרֶץ
עִם יְרֵאָיו וַעֲבָדָיו / יְנַהֲלֵהוּ שׁוֹכֵן עֶרֶץ
לְקֵץ הַיָּמִין יְחַיֵּהוּ / וְיִסְלַח לְאַשְׁמָתוֹ
וּמַלְאֲכֵי הַשָּׁלוֹם / יֵצְאוּ לְעֻמָּתוֹ.
וּמַלְאֲכֵי הַשָּׁלוֹם הֵם יֵצְאוּ לִקְרָאתוֹ, וּבִצְרוֹר הַחַיִּים צְרוּרָה נִשְׁמָתוֹ.

יֵהָנֶה מִזִּיו הַשְּׁכִינָה / עִם צַדִּיקִים בְּגַן עֶדְנוֹ
וְנַפְשׁוֹ תִּהְיֶה חוֹנָה / לִפְנֵי צוּר גְּאוֹנוֹ
וְיָלִיצוּ עָלָיו יֹשֶׁר / מַלְאֲכֵי מְעוֹנוֹ
וְתִתְעַדֵּן בְּגַן עֵדֶן / רוּחוֹ וְנִשְׁמָתוֹ.
וּמַלְאֲכֵי הַשָּׁלוֹם הֵם יֵצְאוּ לִקְרָאתוֹ, וּבִצְרוֹר הַחַיִּים צְרוּרָה נִשְׁמָתוֹ.

שַׁעֲרֵי חֵן וְרַחֲמִים / יִפָּתְחוּ מוּל פָּנָיו
וּמַלְאֲכֵי צוּר מְרוֹמִים / יִהְיוּ נֶגֶד עֵינָיו
וּמֵאֵל חֵי עוֹלָמִים / יִמְחוּ אֶת עֲוֹנָיו
וּמִיכָאֵל שַׂר יִשְׂרָאֵל / יַקְרִיב אֶת נִשְׁמָתוֹ.
וּמַלְאֲכֵי הַשָּׁלוֹם הֵם יֵצְאוּ לִקְרָאתוֹ, וּבִצְרוֹר הַחַיִּים צְרוּרָה נִשְׁמָתוֹ.

וְיַחְמֹל צוּר בְּחֶמְלָה / וְעָלָיו יָאִיר אוֹרוֹ
וְגַם יַעֲלֶה לְמַעְלָה / וְעָלָיו יָצִיץ נִזְרוֹ
וְיוֹצִיאוֹ מֵאֲפֵלָה / גַּם פְּשָׁעָיו יִתְכַּפְּרוּ
וְעִם עוֹשֵׂי רְצוֹנוֹ / שָׁם תִּהְיֶה מְנוּחָתוֹ.
וּמַלְאֲכֵי הַשָּׁלוֹם הֵם יֵצְאוּ לִקְרָאתוֹ, וּבִצְרוֹר הַחַיִּים צְרוּרָה נִשְׁמָתוֹ.
הקרובים אומרים קדיש יהא שלמא (עמ׳ 616) עם חזן החברה קדישא.

בשעה שנושאים את הנפטר לקברו אומרים ׳שיר שלפגועים׳ (׳מעבר יבוק׳, שפתי רננות טו):

וִיהִי נֹעַם אֲדֹנָי אֱלֹהֵינוּ עָלֵינוּ וּמַעֲשֵׂה יָדֵינוּ כּוֹנְנָה עָלֵינוּ וּמַעֲשֵׂה תהלים צ
יָדֵינוּ כּוֹנְנֵהוּ: יֹשֵׁב בְּסֵתֶר עֶלְיוֹן, בְּצֵל שַׁדַּי יִתְלוֹנָן: אֹמַר לַיהוָה תהלים צא
מַחְסִי וּמְצוּדָתִי, אֱלֹהַי אֶבְטַח־בּוֹ: כִּי הוּא יַצִּילְךָ מִפַּח יָקוּשׁ, מִדֶּבֶר
הַוּוֹת: בְּאֶבְרָתוֹ יָסֶךְ לָךְ, וְתַחַת־כְּנָפָיו תֶּחְסֶה, צִנָּה וְסֹחֵרָה אֲמִתּוֹ:
לֹא־תִירָא מִפַּחַד לָיְלָה, מֵחֵץ יָעוּף יוֹמָם: מִדֶּבֶר בָּאֹפֶל יַהֲלֹךְ, מִקֶּטֶב
יָשׁוּד צָהֳרָיִם: יִפֹּל מִצִּדְּךָ אֶלֶף, וּרְבָבָה מִימִינֶךָ, אֵלֶיךָ לֹא יִגָּשׁ: רַק
בְּעֵינֶיךָ תַבִּיט, וְשִׁלֻּמַת רְשָׁעִים תִּרְאֶה: כִּי־אַתָּה יְהוָה מַחְסִי, עֶלְיוֹן
שַׂמְתָּ מְעוֹנֶךָ: לֹא־תְאֻנֶּה אֵלֶיךָ רָעָה, וְנֶגַע לֹא־יִקְרַב בְּאָהֳלֶךָ: כִּי
מַלְאָכָיו יְצַוֶּה־לָּךְ, לִשְׁמָרְךָ בְּכָל־דְּרָכֶיךָ: עַל־כַּפַּיִם יִשָּׂאוּנְךָ, פֶּן־תִּגֹּף
בָּאֶבֶן רַגְלֶךָ: עַל־שַׁחַל וָפֶתֶן תִּדְרֹךְ, תִּרְמֹס כְּפִיר וְתַנִּין: כִּי בִי חָשַׁק
וַאֲפַלְּטֵהוּ, אֲשַׂגְּבֵהוּ כִּי־יָדַע שְׁמִי: יִקְרָאֵנִי וְאֶעֱנֵהוּ, עִמּוֹ אָנֹכִי בְצָרָה,
אֲחַלְּצֵהוּ וַאֲכַבְּדֵהוּ: אֹרֶךְ יָמִים אַשְׂבִּיעֵהוּ, וְאַרְאֵהוּ בִּישׁוּעָתִי:

יש נוהגים לומר בשעת מסע הלוויה את הפיוט ׳לְךָ אֵלִי תְשׁוּקָתִי׳ (עמ׳ 904 וראה הלכה 523).

כשמגיעים לבית הקברות, חזן החברה קדישא מברך ׳אֲשֶׁר יָצַר אֶתְכֶם בַּדִּין׳ (עמ׳ 850).

בשעה שמורידים את הנפטר לקברו, יש אומרים ׳אֵל מֶלֶךְ׳ וי״ג מידות (עמ׳ 651).
כשמכסים את הנפטר בעפר, אומרים פסוק זה שלוש פעמים,
ואת הפסוקים שאחריו פעם אחת (׳מעבר יבוק׳, סדר הקבורה).

תהלים עח וְהוּא רַחוּם, יְכַפֵּר עָוֹן וְלֹא־יַשְׁחִית
וְהִרְבָּה לְהָשִׁיב אַפּוֹ, וְלֹא־יָעִיר כָּל־חֲמָתוֹ:

ישעיה נח וְנָחֲךָ יְהוָה תָּמִיד, וְהִשְׂבִּיעַ בְּצַחְצָחוֹת נַפְשֶׁךָ וְעַצְמֹתֶיךָ יַחֲלִיץ, וְהָיִיתָ כְּגַן
תהלים קט רָוֶה, וּכְמוֹצָא מַיִם אֲשֶׁר לֹא־יְכַזְּבוּ מֵימָיו: כִּי־יַעֲמֹד לִימִין אֶבְיוֹן, לְהוֹשִׁיעַ
משלי יח ישעיה לב מִשֹּׁפְטֵי נַפְשׁוֹ: מִגְדַּל־עֹז שֵׁם יְהוָה, בּוֹ־יָרוּץ צַדִּיק וְנִשְׂגָּב: וְיָשַׁב עַמִּי בִּנְוֵה
תהלים צ שָׁלוֹם, וּבְמִשְׁכְּנוֹת מִבְטַחִים וּבִמְנוּחֹת שַׁאֲנַנּוֹת: וִיהִי נֹעַם אֲדֹנָי אֱלֹהֵינוּ
עָלֵינוּ, וּמַעֲשֵׂה יָדֵינוּ כּוֹנְנָה עָלֵינוּ, וּמַעֲשֵׂה יָדֵינוּ כּוֹנְנֵהוּ:

אחר שהניחו את הנפטר בקבר וכיסוהו בעפר, יש מקומות שנוהגים לומר ׳אֲסִיפַת שָׁלוֹם׳ (מעבר יבוק), ויש אומרים במקומו את הפיוט בעמוד הבא.

אֲסִיפַת שָׁלוֹם תִּהְיֶה אֲסִיפָתוֹ
וְבִיצַת שָׁלוֹם תִּהְיֶה וְבִיצָתוֹ
מְחִצַת שָׁלוֹם תִּהְיֶה מְחִצָּתוֹ
שְׁכִיבַת שָׁלוֹם תִּהְיֶה שְׁכִיבָתוֹ

הִנֵּה מָכוֹן, הִנֵּה מָלוֹן, הִנֵּה מְנוּחָה

וְיֹאמְרוּ כָּל קְהַל עֲדָתוֹ
יָבוֹא שָׁלוֹם, יָבוֹא שָׁלוֹם, יָבוֹא שָׁלוֹם, יָנוּחַ עַל קְבוּרָתוֹ.
מַלְאֲכֵי חֶסֶד הַמְּמוּנִים עַל שַׁעֲרֵי הַחֶסֶד, הֵם יֵצְאוּ לִקְרָאתוֹ
וְיֹאמְרוּ לוֹ שָׁלוֹם בּוֹאֶךָ.
יָבוֹא שָׁלוֹם, יָבוֹא שָׁלוֹם, יָבוֹא שָׁלוֹם, יָנוּחַ עַל קְבוּרָתוֹ.
מַלְאֲכֵי רַחֲמִים הַמְּמוּנִים עַל שַׁעֲרֵי הָרַחֲמִים, הֵם יֵצְאוּ לִקְרָאתוֹ
וְיֹאמְרוּ לוֹ שָׁלוֹם בּוֹאֶךָ.
יָבוֹא שָׁלוֹם, יָבוֹא שָׁלוֹם, יָבוֹא שָׁלוֹם, יָנוּחַ עַל קְבוּרָתוֹ.
מַלְאֲכֵי הַחֵן הַמְּמוּנִים עַל שַׁעֲרֵי הַחֵן, הֵם יֵצְאוּ לִקְרָאתוֹ
וְיֹאמְרוּ לוֹ שָׁלוֹם בּוֹאֶךָ.
יָבוֹא שָׁלוֹם, יָבוֹא שָׁלוֹם, יָבוֹא שָׁלוֹם, יָנוּחַ עַל קְבוּרָתוֹ.

וממשיכים בפסוקים ׳וְאַתָּה לֵךְ לַקֵּץ׳ בעמוד הבא.

יש הנוהגים לומר פיוט זה אחר שהניחוהו בקברו.

אֲסִיפַת שָׁלוֹם תְּהֵא אֲסִיפָתוֹ
וּבִיאַת שָׁלוֹם תְּהֵא בִּיאָתוֹ
אִמְרוּ לוֹ סוֹבְבֵי מִטָּתוֹ
יָבוֹא שָׁלוֹם, יָנוּחַ עַל מְנוּחָתוֹ.

רַחֲמִים יִמְצָא בִּשְׁכִיבָתוֹ
וְעִם אָבִינוּ אַבְרָהָם תְּהֵא מְחִיצָתוֹ
אֲשֶׁר יִצְחָק וְיִשְׁמָעֵאל קְבָרוּ אוֹתוֹ.
יָבוֹא שָׁלוֹם, יָנוּחַ עַל מְנוּחָתוֹ.

מַרְגּוֹעַ יִמְצָא בִּשְׁכִיבָתוֹ
וְעִם אָבִינוּ יִצְחָק תְּהֵא מְחִיצָתוֹ
אֲשֶׁר יַעֲקֹב וְעֵשָׂו קְבָרוּ אוֹתוֹ.
יָבוֹא שָׁלוֹם, יָנוּחַ עַל מְנוּחָתוֹ.

מְנוּחָה יִמְצָא בִּשְׁכִיבָתוֹ
וְעִם אָבִינוּ יַעֲקֹב תְּהֵא מְחִיצָתוֹ
אֲשֶׁר שְׁנֵים עָשָׂר שְׁבָטִים הֶעֱלוּ אוֹתוֹ.
יָבוֹא שָׁלוֹם, יָנוּחַ עַל מְנוּחָתוֹ.

סְלִיחָה יִמְצָא בִּשְׁכִיבָתוֹ
וְעִם מֹשֶׁה רַבֵּנוּ תְּהֵא מְחִיצָתוֹ
אֲשֶׁר מַלְאֲכֵי הַשָּׁרֵת לִוּוּ אוֹתוֹ.
יָבוֹא שָׁלוֹם, יָנוּחַ עַל מְנוּחָתוֹ.

וְאַתָּה לֵךְ לַקֵּץ, וְתָנוּחַ וְתַעֲמֹד לְגֹרָלְךָ לְקֵץ הַיָּמִין: בִּלַּע הַמָּוֶת לָנֶצַח, וּמָחָה דניאל יב ישעיה כה
אֲדֹנָי יֱהֹוִה דִּמְעָה מֵעַל כָּל־פָּנִים, וְחֶרְפַּת עַמּוֹ יָסִיר מֵעַל כָּל־הָאָרֶץ, כִּי יְהֹוָה
דִּבֵּר: יִחְיוּ מֵתֶיךָ, נְבֵלָתִי יְקוּמוּן, הָקִיצוּ וְרַנְּנוּ שֹׁכְנֵי עָפָר כִּי טַל אוֹרֹת טַלֶּךָ, ישעיה כו
וָאָרֶץ רְפָאִים תַּפִּיל: וְהוּא רַחוּם, יְכַפֵּר עָוֹן וְלֹא־יַשְׁחִית, וְהִרְבָּה לְהָשִׁיב אַפּוֹ, תהלים עח
וְלֹא־יָעִיר כָּל־חֲמָתוֹ: כֹּל הַנְּשָׁמָה תְּהַלֵּל יָהּ, הַלְלוּיָהּ: בָּרוּךְ יְהֹוָה אֱלֹהִים תהלים קנ תהלים עב
אֱלֹהֵי יִשְׂרָאֵל, עֹשֵׂה נִפְלָאוֹת לְבַדּוֹ: וּבָרוּךְ שֵׁם כְּבוֹדוֹ לְעוֹלָם, וְיִמָּלֵא כְבוֹדוֹ
אֶת־כָּל־הָאָרֶץ, אָמֵן וְאָמֵן: וִיהִי נֹעַם אֲדֹנָי אֱלֹהֵינוּ עָלֵינוּ, וּמַעֲשֵׂה יָדֵינוּ תהלים צ
כּוֹנְנָה עָלֵינוּ, וּמַעֲשֵׂה יָדֵינוּ כּוֹנְנֵהוּ:

## צידוק הדין

אחר יציאת הנשמה אומרים צידוק הדין, ויש אומרים גם אחר הקבורה.

נוסח זה מופיע בסידורים הקדמונים (ויניציאה רפ״ד ומחזור ארם צובה),
כיום המנהג הנפוץ לומר את הנוסח שבעמוד הבא.

דברים לב הַצּוּר תָּמִים פָּעֳלוֹ כִּי כָל־דְּרָכָיו מִשְׁפָּט
אֵל אֱמוּנָה וְאֵין עָוֶל צַדִּיק וְיָשָׁר הוּא:

צַדִּיק וְיָשָׁר הוּא לְבַדּוֹ / זַךְ וְיָחִיד בְּמִפְעָלוֹ
חַנּוּן וְרַחוּם וְצַדִּיק בְּדִינוֹ.

הַצּוּר פָּעַל / וּמִי יֹאמַר לוֹ מַה תִּפְעַל
שמואל א׳ ב הַכֹּל לְמַעֲנוֹ פָּעַל / כִּי הוּא מוֹרִיד שְׁאוֹל וַיָּעַל.

צַדִּיק וְיוֹצֵר כָּל מַעֲשֶׂה / וְחָסִיד בְּכָל אֲשֶׁר יַעֲשֶׂה
קהלת ח שַׁלִּיט בְּכֹל חֶפְצוֹ עוֹשֶׂה / וּמִי יֹאמַר־לוֹ מַה־תַּעֲשֶׂה.

צַדִּיק וְיָשָׁר אֵין בִּדְרָכָיו עָוֶל / כִּי הוּא נִקְרָא הַצּוּר תָּמִים
זַךְ פָּעֳלוֹ צֶדֶק אוֹרְחוֹתָיו / אֵין לְהִסָּתֵר מִפְּנֵי פּוֹעֵל כֹּל.

צֶדֶק וּמִשְׁפָּט כָּל דְּרָכָיו / חֶסֶד וֶאֱמֶת אוֹרְחוֹתָיו
מַשּׂוֹא פָּנִים אֵין לְפָנָיו / וְעָלֵינוּ יֶהֱמוּ רַחֲמָיו / כִּי כֻלָּנוּ מַעֲשֵׂה יָדָיו.

נֶפֶשׁ כָּל חַי בְּיָדֶךָ / צֶדֶק מָלְאָה יְמִינֶךָ
רַחֵם עַל פְּלֵטַת צֹאן יָדֶךָ / וְתֹאמַר לַמַּלְאָךְ הֶרֶף יָדֶךָ.

הַצּוּר תָּמִים / חֲמֹל מִמְּרוֹמִים
וַעֲשֵׂה נָא בְּרַחֲמִים / כְּאָבוֹת עַל בָּנִים מְרַחֲמִים.

עֲצֹר רָגְזְךָ מֵעוֹלְלֵי תְּמִימִים / וּמֵחַתּוּמֵי דָמִים
הַבֵּט נָא בִּמְעוּטֵי עַמִּים / כִּי אַתָּה מָלֵא רַחֲמִים / וְלָאֲבֵלִים תֵּן נִחוּמִים.

זוֹ הִיא דֶּרֶךְ לְכָל הָעוֹלָם / הֵאָסְפוּ וַעֲשׂוּ חֶסֶד כֻּלָּם
כִּי אֵין דָּבָר מֵאֵל נֶעְלָם / וְנִשְׁמָתוֹ לְחַיֵּי עוֹלָם.

זוֹ הִיא דֶּרֶךְ לְקָטֹן וְגָדוֹל / כִּי אֵין לְפָנָיו מַשּׂוֹא פָנִים
משלי י אַשְׁרֵי אָדָם רוֹדֵף צְדָקָה / וּצְדָקָה תַּצִּיל מִמָּוֶת.

זוֹ הִיא דֶּרֶךְ לָעֲשִׁירִים וְלַדַּלִּים / לַקְּטַנִּים וְלַגְּדוֹלִים
אָמְנָם סָפִים וּבָלִים / כִּי הַכֹּל הֲבֵל הֲבָלִים.

אָדָם אִם בֶּן שָׁנָה יִהְיֶה / אוֹ אֶלֶף שָׁנִים יִחְיֶה
מַה יִּתְרוֹן לוֹ / וְסוֹפוֹ כְּלֹא הָיָה יִהְיֶה.

בָּרוּךְ דַּיַּן אֱמֶת שׁוֹפֵט צֶדֶק וֶאֱמֶת
בָּרוּךְ דַּיַּן הָאֱמֶת כִּי כָל מִשְׁפָּטָיו צֶדֶק וֶאֱמֶת. וממשיכים ׳גְּדֹל הָעֵצָה׳ למטה.

כיום המנהג הנפוץ הוא לומר צידוק הדין בנוסח זה:

צַדִּיק אַתָּה יְהוָה, וְיָשָׁר מִשְׁפָּטֶיךָ: צַדִּיק יְהוָה בְּכָל־דְּרָכָיו וְחָסִיד בְּכָל־ תהלים קיט תהלים קמה
מַעֲשָׂיו: צִדְקָתְךָ צֶדֶק לְעוֹלָם, וְתוֹרָתְךָ אֱמֶת: מִשְׁפְּטֵי־יְהוָה אֱמֶת, תהלים קיט תהלים יט
צָדְקוּ יַחְדָּו: בַּאֲשֶׁר דְּבַר־מֶלֶךְ שִׁלְטוֹן, וּמִי יֹאמַר־לוֹ מַה־תַּעֲשֶׂה: וְהוּא קהלת ח איוב כג
בְאֶחָד וּמִי יְשִׁיבֶנּוּ, וְנַפְשׁוֹ אִוְּתָה וַיָּעַשׂ: קָטֹן וְגָדוֹל שָׁם הוּא, וְעֶבֶד חָפְשִׁי איוב ג
מֵאֲדֹנָיו: הֵן בַּעֲבָדָיו לֹא יַאֲמִין, וּבְמַלְאָכָיו יָשִׂים תָּהֳלָה: אַף כִּי־אֱנוֹשׁ איוב ד איוב כה
רִמָּה וּבֶן־אָדָם תּוֹלֵעָה: הַצּוּר תָּמִים פָּעֳלוֹ, כִּי כָל־דְּרָכָיו מִשְׁפָּט: דַּיַּן דברים לב
אֱמֶת, שׁוֹפֵט צֶדֶק וֶאֱמֶת בָּרוּךְ דַּיַּן הָאֱמֶת, כִּי כָל מִשְׁפָּטָיו צֶדֶק וֶאֱמֶת.
טוֹב שֵׁם מִשֶּׁמֶן טוֹב וְיוֹם הַמָּוֶת מִיּוֹם הִוָּלְדוֹ: קהלת ז

אחר הקבורה אומרים ׳קדיש הגדול׳ ויש הנוהגים לאומרו לפני צאת מסע ההלוויה.
ונוהגים להקדים פסוקים אלו לקדיש:

גְּדֹל הָעֵצָה וְרַב הָעֲלִילִיָּה, אֲשֶׁר־עֵינֶיךָ פְקֻחוֹת עַל־כָּל־דַּרְכֵי בְּנֵי אָדָם, ירמיה לב
לָתֵת לְאִישׁ כִּדְרָכָיו, וְכִפְרִי מַעֲלָלָיו: לְהַגִּיד כִּי־יָשָׁר יְהוָה, צוּרִי וְלֹא־ תהלים צב
עַוְלָתָה בּוֹ: יְהוָה נָתַן וַיהוָה לָקָח, יְהִי שֵׁם יְהוָה מְבֹרָךְ: וְהוּא רַחוּם, איוב א תהלים עח
יְכַפֵּר עָוֹן וְלֹא־יַשְׁחִית, וְהִרְבָּה לְהָשִׁיב אַפּוֹ, וְלֹא־יָעִיר כָּל־חֲמָתוֹ:

קדיש הגדול

אבל: יִתְגַּדַּל וְיִתְקַדַּשׁ שְׁמֵהּ רַבָּא (קהל: אָמֵן)
דְּהוּא עָתִיד לְחַדָּתָא עָלְמָא
וּלְאַחֲאָה מֵתַיָּא, וּלְשַׁכְלָלָא הֵיכְלָא, וּלְמִפְרַק חַיַּיָּא
וּלְמִבְנֵי קַרְתָּא דִירוּשְׁלֵם
וּלְמֶיעְקַר פָּלְחָנָא נֻכְרָאָה מֵאַרְעָא
וּלְאַתָבָא פָּלְחָנָא יַקִּירָא דִשְׁמַיָּא לְהַדְרֵיהּ וְזִיוֵיהּ וִיקָרֵיהּ
בְּחַיֵּיכוֹן וּבְיוֹמֵיכוֹן וּבְחַיֵּי דְכָל בֵּית יִשְׂרָאֵל
בַּעֲגָלָא וּבִזְמַן קָרִיב, וְאִמְרוּ אָמֵן. (קהל: אָמֵן)

קהל ואבל: יְהֵא שְׁמֵיהּ רַבָּא מְבָרַךְ לְעָלַם לְעָלְמֵי עָלְמַיָּא יִתְבָּרַךְ
וְיִשְׁתַּבַּח וְיִתְפָּאַר וְיִתְרוֹמַם וְיִתְנַשֵּׂא וְיִתְהַדָּר וְיִתְעַלֶּה וְיִתְהַלָּל
שְׁמֵיהּ דְּקֻדְשָׁא בְּרִיךְ הוּא
לְעֵלָּא מִן כָּל בִּרְכָתָא, שִׁירָתָא, תֻּשְׁבְּחָתָא וְנֶחֱמָתָא
דַּאֲמִירָן בְּעָלְמָא, וְאִמְרוּ אָמֵן. (קהל: אָמֵן)

תִּתְכְּלֵי חַרְבָּא וְכַפְנָא וּמוֹתָנָא וּמַרְעִין בִּישִׁין
יַעְדֵּי מִנָּנָא וּמִנְּכוֹן וּמֵעַל עַמֵּיהּ יִשְׂרָאֵל, וְאִמְרוּ אָמֵן. (קהל: אָמֵן)

יְהֵא שְׁלָמָא רַבָּא מִן שְׁמַיָּא, חַיִּים וְשָׂבָע וִישׁוּעָה וְנֶחָמָה
וְשֵׁיזָבָא וּרְפוּאָה וּגְאֻלָּה וּסְלִיחָה וְכַפָּרָה וְרֶוַח וְהַצָּלָה
לָנוּ וּלְכָל עַמּוֹ יִשְׂרָאֵל, וְאִמְרוּ אָמֵן. (קהל: אָמֵן)

עֹשֶׂה שָׁלוֹם בִּמְרוֹמָיו, הוּא בְּרַחֲמָיו יַעֲשֶׂה שָׁלוֹם עָלֵינוּ
וְעַל כָּל עַמּוֹ יִשְׂרָאֵל, וְאִמְרוּ אָמֵן. (קהל: אָמֵן)

כאשר שומע שנפטר אדם שחייב להתאבל עליו, צריך לברך 'בָּרוּךְ דַּיַּן הָאֱמֶת' ולקרוע סמוך ליציאת הנשמה. כיום יש המברכים וקורעים אחר הקבורה, כדי שתיעשה הקריעה כדין.

ויש הנוהגים לברך ולקרוע בסעודת ההבראה.

בָּרוּךְ אַתָּה יְהֹוָה, אֱלֹהֵינוּ מֶלֶךְ הָעוֹלָם, דַּיַּן הָאֱמֶת.

לאחר הלוויה המנחמים עומדים בשורה והאבלים עוברים על פניהם ומנחמים אותם (סנהדרין יט ע"א) ואומרים:

מִן הַשָּׁמַיִם תְּנֻחָמוּ.

נוהגים ללקט עשבים ועפר ולהשליכם אחר גוום, וכן ליטול ידיים ביציאה מבית הקברות, ובמעשים אלו רומזים שאין הטומאה מיטהרת אלא באפר פרה, אזוב ומים חיים (אבודרהם בשם הרמב"ן).

כשמשליכים את העפר, אומרים:

תהלים קג זָכוּר כִּי־עָפָר אֲנָחְנוּ:

כשמשליכים את העשבים, אומרים:

תהלים עב וְיָצִיצוּ מֵעִיר כְּעֵשֶׂב הָאָרֶץ:

וכשיוצאים מבית הקברות, נוהגים ליטול ידיים ולומר (רמב"ן):

ישעיה כה בִּלַּע הַמָּוֶת לָנֶצַח, וּמָחָה אֲדֹנָי יֱהֹוִה דִּמְעָה מֵעַל כָּל־פָּנִים
וְחֶרְפַּת עַמּוֹ יָסִיר מֵעַל כָּל־הָאָרֶץ, כִּי יְהֹוָה דִּבֵּר:

# תפילה בבית האבל

בשחרית אחרי שיר של יום ובערבית קודם התפילה אומרים את מזמור מט.
בכל יום מימי השבעה אומרים בבית האבל צידוק הדין (עמ׳ 890) אחרי שחרית,
ויש הנוהגים לאומרו גם אחרי מנחה.

נוהגים לומר השכבה (הסדר הארוך בעמ׳ 300):

טוֹב שֵׁם מִשֶּׁמֶן טוֹב, וְיוֹם הַמָּוֶת מִיּוֹם הִוָּלְדוֹ: סוֹף דָּבָר הַכֹּל נִשְׁמָע, קהלת ז קהלת יב
אֶת־הָאֱלֹהִים יְרָא, וְאֶת־מִצְוֹתָיו שְׁמוֹר, כִּי־זֶה כָּל־הָאָדָם: יַעְלְזוּ חֲסִידִים תהלים קמט
בְּכָבוֹד, יְרַנְּנוּ עַל־מִשְׁכְּבוֹתָם:

השכבה לאיש:

אַשְׁרֵי־אִישׁ יָרֵא אֶת־יְהֹוָה בְּמִצְוֹתָיו חָפֵץ מְאֹד: הַמְרַחֵם עַל כָּל בְּרִיּוֹתָיו תהלים קיב
הוּא יָחוּס וְיַחְמֹל עַל נֶפֶשׁ רוּחַ וּנְשָׁמָה שֶׁל (פלוני בן פלונית) רוּחַ יְהֹוָה תְּנִיחֶנּוּ
בְּגַן עֵדֶן, הוּא וְכָל בְּנֵי יִשְׂרָאֵל הַשּׁוֹכְבִים עִמּוֹ, בִּכְלַל הָרַחֲמִים וְהַסְּלִיחוֹת
וְכֵן יְהִי רָצוֹן וְנֹאמַר אָמֵן.

השכבה לאישה (הסדר הארוך בעמ׳ 301):

אֵשֶׁת־חַיִל מִי יִמְצָא, וְרָחֹק מִפְּנִינִים מִכְרָהּ: הַמְרַחֵם עַל כָּל בְּרִיּוֹתָיו הוּא משלי לא
יָחוּס וְיַחְמֹל עַל נֶפֶשׁ רוּחַ וּנְשָׁמָה שֶׁל (פלונית בת פלונית). רוּחַ יְהֹוָה תְּנִיחֶנָּה
בְּגַן עֵדֶן, הִיא וְכָל בְּנוֹת יִשְׂרָאֵל הַשּׁוֹכְבוֹת עִמָּהּ, בִּכְלַל הָרַחֲמִים
וְהַסְּלִיחוֹת, וְכֵן יְהִי רָצוֹן וְנֹאמַר אָמֵן.

אחרי ההשכבה אומרים פסוקים אלו:

בִּלַּע הַמָּוֶת לָנֶצַח, וּמָחָה אֲדֹנָי יֱהֹוִה דִּמְעָה מֵעַל כָּל־פָּנִים, וְחֶרְפַּת עַמּוֹ ישעיה כה
יָסִיר מֵעַל כָּל־הָאָרֶץ, כִּי יְהֹוָה דִּבֵּר: יִחְיוּ מֵתֶיךָ, נְבֵלָתִי יְקוּמוּן, הָקִיצוּ וְרַנְּנוּ ישעיה כו
שֹׁכְנֵי עָפָר, כִּי טַל אוֹרֹת טַלֶּךָ, וָאָרֶץ, רְפָאִים תַּפִּיל: וְהוּא רַחוּם, יְכַפֵּר עָוֹן תהלים עח
וְלֹא־יַשְׁחִית וְהִרְבָּה לְהָשִׁיב אַפּוֹ, וְלֹא־יָעִיר כָּל־חֲמָתוֹ: וּבִירוּשָׁלַםִ תְּנֻחָמוּ: ישעיה סו

כשיוצאים מן האבלות ביום השביעי, מוסיפים:

לֹא־יָבוֹא עוֹד שִׁמְשֵׁךְ, וִירֵחֵךְ לֹא יֵאָסֵף, כִּי יְהֹוָה יִהְיֶה־לָּךְ לְאוֹר עוֹלָם, ישעיה ס
וְשָׁלְמוּ יְמֵי אֶבְלֵךְ: כְּאִישׁ אֲשֶׁר אִמּוֹ תְּנַחֲמֶנּוּ, כֵּן אָנֹכִי אֲנַחֶמְכֶם, וּבִירוּשָׁלַםִ ישעיה סו
תְּנֻחָמוּ:

# בִּרְכַּת הַמָּזוֹן בְּבֵית הָאָבֵל

המזמן: הַב (לַן) וְנִבְרִיךְ לְמַלְכָּא עִלָּאָה קַדִּישָׁא המסובים: שָׁמַיִם

המזמן: בִּרְשׁוּת מַלְכָּא עִלָּאָה קַדִּישָׁא המסובים: בִּרְשׁוּת שָׁמַיִם.

המזמן: נְבָרֵךְ (בעשרה מוסיף: אֱלֹהֵינוּ) מְנַחֵם אֲבֵלִים שֶׁאָכַלְנוּ מִשֶּׁלּוֹ.

המסובים: בָּרוּךְ (בעשרה מוסיף: אֱלֹהֵינוּ) מְנַחֵם אֲבֵלִים, שֶׁאָכַלְנוּ מִשֶּׁלּוֹ וּבְטוּבוֹ חָיִינוּ.

המזמן חוזר: בָּרוּךְ (בעשרה מוסיף: אֱלֹהֵינוּ) מְנַחֵם אֲבֵלִים, שֶׁאָכַלְנוּ מִשֶּׁלּוֹ וּבְטוּבוֹ חָיִינוּ.

בָּרוּךְ הוּא וּבָרוּךְ שְׁמוֹ.

מי שלא אכל, אומר:

בָּרוּךְ מְנַחֵם אֲבֵלִים, וּמְבֹרָךְ שְׁמוֹ תָּמִיד לְעוֹלָם וָעֶד.

מברכים ברכת המזון (עמ׳ 817). במקום ׳וּבְנֵה יְרוּשָׁלַיִם׳ כל הסועדים אומרים:

נַחֵם יְהוָה אֱלֹהֵינוּ אֶת אֲבֵלֵי צִיּוֹן וְאֶת אֲבֵלֵי יְרוּשָׁלָיִם, וְאֶת הָאֲבֵלִים
הַמִּתְאַבְּלִים בָּאֵבֶל הַזֶּה. נַחֲמֵם מֵאֶבְלָם וְשַׂמְּחֵם מִיגוֹנָם, כָּאָמוּר:
כְּאִישׁ אֲשֶׁר אִמּוֹ תְּנַחֲמֶנּוּ, כֵּן אָנֹכִי אֲנַחֶמְכֶם וּבִירוּשָׁלַיִם תְּנֻחָמוּ: ישעיה סו
בָּרוּךְ אַתָּה יְהוָה, מְנַחֵם צִיּוֹן (יש גורסים: אֲבֵלִים) בְּבִנְיַן יְרוּשָׁלָיִם. אָמֵן.

(בְּחַיֵּינוּ וּבְחַיֵּי כָּל קְהַל בֵּית יִשְׂרָאֵל תִּבָּנֶה עִיר צִיּוֹן בְּרִנָּה, וְתִכּוֹן הָעֲבוֹדָה בִּירוּשָׁלָיִם)

בָּרוּךְ אַתָּה יְהוָה, אֱלֹהֵינוּ מֶלֶךְ הָעוֹלָם (לָעַד), הָאֵל אָבִינוּ מַלְכֵּנוּ
אַדִּירֵנוּ גּוֹאֲלֵנוּ קְדוֹשֵׁנוּ קְדוֹשׁ יַעֲקֹב, הַמֶּלֶךְ הַחַי, הַטּוֹב וְהַמֵּטִיב. אֵל ברכות מו ע״ב
אֱמֶת (דַּיַּן אֱמֶת) שׁוֹפֵט בְּצֶדֶק, לוֹקֵחַ נְפָשׁוֹת שַׁלִּיט בְּעוֹלָמוֹ לַעֲשׂוֹת
כִּרְצוֹנוֹ, וַאֲנַחְנוּ עַמּוֹ וַעֲבָדָיו, וְעַל הַכֹּל אֲנַחְנוּ חַיָּבִים לְהוֹדוֹת לוֹ
וּלְבָרְכוֹ. גּוֹדֵר פִּרְצוֹת יִשְׂרָאֵל, הוּא יִגְדֹּר אֶת הַפִּרְצָה הַזֹּאת מֵעָלֵינוּ
וּמֵעַל כָּל עַמּוֹ יִשְׂרָאֵל בְּרַחֲמִים.

יש ממשיכים ׳הָרַחֲמָן הוּא יִשְׁתַּבַּח׳ וכו׳ (עמ׳ 822), ויש המסיימים:

עוֹשֶׂה שָׁלוֹם בִּמְרוֹמָיו הוּא בְּרַחֲמָיו יַעֲשֶׂה שָׁלוֹם עָלֵינוּ
וְעַל כָּל עַמּוֹ יִשְׂרָאֵל וְאִמְרוּ אָמֵן.

# תפילות, בקשות ותחינות נוספות

## ברכת המולך בכבודו

אחרי חתימת התלמוד תיקנו חכמים לומר י״ח פסוקים וברכה נוספת בסוף ברכות קריאת שמע של ערבית (סדר רב עמרם גאון). הרמב״ן והרשב״א לא נהגו לאומרה כיוון שלא נזכרה בתלמוד, וכך המנהג הנפוץ בארץ ישראל (שו״ת החיד״א ו, וראה הלכה 255).

בָּרוּךְ יְהוָה לְעוֹלָם, אָמֵן וְאָמֵן: בָּרוּךְ יְהוָה מִצִּיּוֹן, שֹׁכֵן יְרוּשָׁלָםִ, הַלְלוּיָהּ: תהלים פט תהלים קלה
בָּרוּךְ יְהוָה אֱלֹהִים אֱלֹהֵי יִשְׂרָאֵל, עֹשֵׂה נִפְלָאוֹת לְבַדּוֹ: וּבָרוּךְ שֵׁם כְּבוֹדוֹ תהלים עב
לְעוֹלָם וְיִמָּלֵא כְבוֹדוֹ אֶת־כָּל־הָאָרֶץ, אָמֵן וְאָמֵן: יְהִי כְבוֹד יְהוָה לְעוֹלָם, תהלים קד
יִשְׂמַח יְהוָה בְּמַעֲשָׂיו: יְהִי שֵׁם יְהוָה מְבֹרָךְ, מֵעַתָּה וְעַד־עוֹלָם: כִּי לֹא־יִטֹּשׁ תהלים קיג שמואל א, יב
יְהוָה אֶת־עַמּוֹ בַּעֲבוּר שְׁמוֹ הַגָּדוֹל, כִּי הוֹאִיל יְהוָה לַעֲשׂוֹת אֶתְכֶם לוֹ לְעָם:
וַיַּרְא כָּל־הָעָם וַיִּפְּלוּ עַל־פְּנֵיהֶם, וַיֹּאמְרוּ, יְהוָה הוּא הָאֱלֹהִים, יְהוָה הוּא מלכים א, יח
הָאֱלֹהִים: וְהָיָה יְהוָה לְמֶלֶךְ עַל־כָּל־הָאָרֶץ, בַּיּוֹם הַהוּא יִהְיֶה יְהוָה אֶחָד זכריה יד
וּשְׁמוֹ אֶחָד: יְהִי־חַסְדְּךָ יְהוָה עָלֵינוּ, כַּאֲשֶׁר יִחַלְנוּ לָךְ: הוֹשִׁיעֵנוּ יְהוָה תהלים לג תהלים קו
אֱלֹהֵינוּ וְקַבְּצֵנוּ מִן־הַגּוֹיִם, לְהוֹדוֹת לְשֵׁם קָדְשֶׁךָ, לְהִשְׁתַּבֵּחַ בִּתְהִלָּתֶךָ:
כָּל־גּוֹיִם אֲשֶׁר עָשִׂיתָ יָבוֹאוּ וְיִשְׁתַּחֲווּ לְפָנֶיךָ אֲדֹנָי, וִיכַבְּדוּ לִשְׁמֶךָ: כִּי־גָדוֹל תהלים פו
אַתָּה וְעֹשֵׂה נִפְלָאוֹת, אַתָּה אֱלֹהִים לְבַדֶּךָ: וַאֲנַחְנוּ עַמְּךָ וְצֹאן מַרְעִיתֶךָ תהלים עט
נוֹדֶה לְּךָ לְעוֹלָם, לְדוֹר וָדֹר נְסַפֵּר תְּהִלָּתֶךָ:

בָּרוּךְ יְהוָה בַּיּוֹם, בָּרוּךְ יְהוָה בַּלָּיְלָה בָּרוּךְ יְהוָה בְּשָׁכְבֵנוּ, בָּרוּךְ יְהוָה
בְּקוּמֵנוּ. כִּי בְיָדְךָ נַפְשׁוֹת הַחַיִּים וְהַמֵּתִים. אֲשֶׁר בְּיָדוֹ נֶפֶשׁ כָּל־חָי, וְרוּחַ איוב יב
כָּל־בְּשַׂר־אִישׁ: בְּיָדְךָ אַפְקִיד רוּחִי, פָּדִיתָה אוֹתִי יְהוָה אֵל אֱמֶת: אֱלֹהֵינוּ תהלים לא
שֶׁבַּשָּׁמַיִם, יַחֵד שִׁמְךָ וְקַיֵּם מַלְכוּתְךָ תָּמִיד וּמְלֹךְ עָלֵינוּ לְעוֹלָם וָעֶד.

מֶלֶךְ בְּרֵאשִׁית מֵאָז נִקְרֵאתָ, וְעַל כָּל מַעֲשֶׂיךָ אַתָּה תִּמְלֹךְ.

יִרְאוּ עֵינֵינוּ וְיִשְׂמַח לִבֵּנוּ וְתָגֵל נַפְשֵׁנוּ בִּישׁוּעָתְךָ מַלְכֵּנוּ בֶּאֱמֶת בֶּאֱמֹר לְצִיּוֹן מָלַךְ אֱלֹהָיִךְ. יְהוָה מֶלֶךְ, יְהוָה מָלָךְ, יְהוָה יִמְלֹךְ לְעֹלָם וָעֶד. כִּי הַמַּלְכוּת שֶׁלְּךָ הִיא, וּלְעוֹלְמֵי עַד תִּמְלֹךְ בְּכָבוֹד כִּי אֵין לָנוּ מֶלֶךְ אֶלָּא אָתָּה. בָּרוּךְ אַתָּה יְהוָה הַמּוֹלֵךְ בִּכְבוֹדוֹ אֵל חַי וְקַיָּם תָּמִיד, יִמְלֹךְ עָלֵינוּ (מְהֵרָה) לְעוֹלָם וָעֶד וְעַל כָּל מַעֲשָׂיו.

# תפילות על הפרנסה

״ראוי מאוד אל האדם שבאומרו תפילת לחש יאמר וידוי ב׳שומע תפילה׳.
גם ראוי לאדם לשאול על מזונותיו ופרנסתו בברכת ׳שומע תפילה׳
להורות שהוא בוטח בו יתברך״ (שעה״כ, דרושי העמידה).

רבים אומרים נוסח קצר זה ויש אומרים את הנוסח שכתב החיד״א (למטה):

רִבּוֹנוֹ שֶׁל עוֹלָם, חָטָאתִי עָוִיתִי פָּשַׁעְתִּי לְפָנֶיךָ. יְהִי רָצוֹן מִלְּפָנֶיךָ שֶׁתִּמְחֹל וְתִסְלַח וּתְכַפֵּר לִי עַל כָּל מַה שֶּׁחָטָאתִי וְשֶׁעָוִיתִי וְשֶׁפָּשַׁעְתִּי לְפָנֶיךָ מִיּוֹם שֶׁנִּבְרֵאתִי עַד הַיּוֹם הַזֶּה. יְהִי רָצוֹן מִלְּפָנֶיךָ, יְהֹוָה אֱלֹהֵינוּ וֵאלֹהֵי אֲבוֹתֵינוּ, שֶׁתַּזְמִין פַּרְנָסָתֵנוּ וּמְזוֹנוֹתֵינוּ לִי וּלְכָל אַנְשֵׁי בֵיתִי, הַיּוֹם וּבְכָל יוֹם וָיוֹם, בְּרֶוַח וְלֹא בְּצִמְצוּם, בְּכָבוֹד וְלֹא בְּבִזּוּי, בְּנַחַת וְלֹא בְּצַעַר, וְלֹא אֶצְטָרֵךְ לְמַתְּנוֹת בָּשָׂר וָדָם וְלֹא לִידֵי הַלְוָאָתָם, אֶלָּא מִיָּדְךָ הָרְחָבָה הַפְּתוּחָה וְהַמְּלֵאָה, בִּזְכוּת שִׁמְךָ הַגָּדוֹל הַמְמֻנֶּה עַל הַפַּרְנָסָה.

בימים שבהם אומרים תחנון, יש אומרים נוסח זה של וידוי ובקשה ב׳שומע תפילה׳ שכתב החיד״א (׳מורה באצבע׳ ג, קכו):

מוֹדִים אֲנַחְנוּ לְפָנֶיךָ בְּבֹשֶׁת פָּנִים, בְּחֶרְפָּה וּכְלִימָה, שֶׁחָטָאנוּ עָוִינוּ וּפָשַׁעְנוּ לְפָנֶיךָ, וְעָבַרְנוּ עַל מִצְוֹת דְּאוֹרַיְתָא וּדְרַבָּנָן, וְהָרַע בְּעֵינֶיךָ עָשִׂינוּ. וַהֲרֵי אֲנַחְנוּ מִתְחָרְטִים חֲרָטָה גְּמוּרָה, וַאֲנַחְנוּ שָׁבִים בִּתְשׁוּבָה. וִיהִי רָצוֹן מִלְּפָנֶיךָ, יְהֹוָה אֱלֹהֵינוּ וֵאלֹהֵי אֲבוֹתֵינוּ, שֶׁתְּזַכֵּנוּ לָשׁוּב בִּתְשׁוּבָה שְׁלֵמָה, וְתִמְחֹל וְתִסְלַח וּתְכַפֵּר לְכָל חַטֹּאתֵינוּ, עֲוֹנוֹתֵינוּ וּפְשָׁעֵינוּ, וּתְמַלֵּא כָּל הַשֵּׁמוֹת שֶׁפָּגַמְנוּ בָּהֶם, וְתוֹצִיא לָאוֹר כָּל נִיצוֹצוֹת הַקְּדֻשָּׁה אֲשֶׁר נִתְפַּזְּרוּ עַל יָדֵינוּ, וְיָשׁוּב הַכֹּל לְאֵיתָנוֹ הָרִאשׁוֹן. וּתְזַכֵּנוּ לְקַיֵּם כָּל מִצְוֹתֶיךָ וְלַעֲסֹק בַּתּוֹרָה לִשְׁמָהּ, וְתַצִּילֵנוּ מִיֵּצֶר הָרָע, וּתְפַרְנְסֵנוּ פַּרְנָסָה טוֹבָה בְּהֶתֵּר וְנַחַת וָרֶוַח לַעֲבוֹדָתֶךָ, בִּזְכוּת שִׁמְךָ הַגָּדוֹל הַמְמֻנֶּה עַל הַפַּרְנָסָה.

יְהִי רָצוֹן מִלְּפָנֶיךָ, יְהֹוָה אֱלֹהֵינוּ וֵאלֹהֵי אֲבוֹתֵינוּ, שֶׁתְּזַכֵּנוּ לַעֲסוֹק בַּתּוֹרָה לִשְׁמָהּ וּבְמִצְוֹת וּבִגְמִילוּת חֲסָדִים, וְיִהְיוּ כָּל מַעֲשֵׂינוּ לְשֵׁם שָׁמַיִם, וּתְזַכֵּנוּ לְהַשְׁלִים תִּקּוּן נר״ן בְּגִלְגּוּל זֶה, וּתְפַרְנְסֵנוּ פַּרְנָסָה טוֹבָה בְּהֶתֵּר וְנַחַת וָרֶוַח לַעֲבוֹדָתֶךָ, בִּזְכוּת שִׁמְךָ הַגָּדוֹל הַמְמֻנֶּה עַל הַפַּרְנָסָה.

בימים שאין אומרים בהם תחנון, נוהגים לומר נוסח זה (׳מורה באצבע׳, שם):

יְהִי רָצוֹן מִלְּפָנֶיךָ, יְהוָה אֱלֹהַי וֵאלֹהֵי אֲבוֹתַי, שֶׁתַּעֲשֶׂה לְמַעַן קְדֻשַּׁת חֲסָדֶיךָ וְגֹדֶל רַחֲמֶיךָ, וּלְמַעַן טָהֳרַת שִׁמְךָ הַגָּדוֹל הַגִּבּוֹר וְהַנּוֹרָא, שֶׁתִּהְיֶה קָרוֹב לִי בְּקָרְאִי לָךְ, וְתִשְׁמַע תְּפִלָּתִי וְאֶנְקָתִי תָּמִיד, כְּשֵׁם שֶׁשָּׁמַעְתָּ אֶנְקַת יַעֲקֹב תְּמִימֶךָ. וְתִתֵּן לִי וּלְכָל נַפְשׁוֹת בֵּיתִי מְזוֹנוֹתֵינוּ וּפַרְנָסָתֵנוּ בְּרֶוַח וְלֹא בְּצִמְצוּם, בְּהֶתֵּר וְלֹא בְּאִסּוּר, בְּנַחַת וְלֹא בְּצַעַר, מִתַּחַת יָדְךָ הָרְחָבָה, כְּשֵׁם שֶׁנָּתַתָּ לֶחֶם לֶאֱכֹל וּבֶגֶד לִלְבֹּשׁ לְיַעֲקֹב אָבִינוּ. וְתִתְּנֵנוּ לְאַהֲבָה וּלְחֵן וּלְחֶסֶד בְּעֵינֶיךָ וּבְעֵינֵי כָּל רוֹאֵינוּ, וְיִהְיוּ דְּבָרַי נִשְׁמָעִים לַעֲבוֹדָתֶךָ, כְּשֵׁם שֶׁנָּתַתָּ אֶת יוֹסֵף צַדִּיקְךָ לְחֵן וּלְחֶסֶד וּלְרַחֲמִים בְּעֵינֶיךָ וּבְעֵינֵי כָּל רוֹאָיו. וְתַעֲשֶׂה עִמִּי נִפְלָאוֹת וְנִסִּים וְאוֹת לְטוֹבָה, וְתַצְלִיחֵנִי בִּדְרָכַי, וְתֵן בְּלִבִּי בִּינָה לְהָבִין וּלְהַשְׂכִּיל וּלְקַיֵּם אֶת כָּל דִּבְרֵי תַלְמוּד תּוֹרָתְךָ וְסוֹדוֹתֶיךָ, וְתַצִּילֵנִי מִשְּׁגִיאוֹת וּתְטַהֵר רַעְיוֹנַי וְלִבִּי לַעֲבוֹדָתֶךָ, וְתַאֲרִיךְ יָמַי (וִימֵי אִשְׁתִּי וּבָנַי וּבְנוֹתַי) (וִימֵי אָבִי וְאִמִּי) בְּטוֹב וּבִנְעִימוֹת, בְּרֹב עֹז וְשָׁלוֹם.

## הטבת חלום

מי שחלם חלום והוא מוטרד ממנו אומר תחינה זו בשעת נשיאת כפיים ומסיים אותה בזמן שהציבור עונים אמן על ברכת כוהנים (ברכות נה ע״ב ומהרש״א שם).

רִבּוֹנוֹ שֶׁל עוֹלָם, אֲנִי שֶׁלָּךְ וַחֲלוֹמוֹתַי שֶׁלָּךְ. חֲלוֹם חָלַמְתִּי וְאֵינִי יוֹדֵעַ מַה הוּא. יְהִי רָצוֹן מִלְּפָנֶיךָ, יְהוָה אֱלֹהַי וֵאלֹהֵי אֲבוֹתַי, שֶׁיִּהְיוּ כָּל חֲלוֹמוֹתַי עָלַי וְעַל כָּל יִשְׂרָאֵל לְטוֹבָה, בֵּין שֶׁחָלַמְתִּי עַל עַצְמִי, וּבֵין שֶׁחָלַמְתִּי עַל אֲחֵרִים, וּבֵין שֶׁחָלְמוּ אֲחֵרִים עָלַי. אִם טוֹבִים הֵם, חַזְּקֵם וְאַמְּצֵם, וְיִתְקַיְּמוּ בִי וּבָהֶם, כַּחֲלוֹמוֹתָיו שֶׁל יוֹסֵף הַצַּדִּיק. וְאִם צְרִיכִים רְפוּאָה, רְפָאֵם כְּחִזְקִיָּהוּ מֶלֶךְ יְהוּדָה מֵחָלְיוֹ, וּכְמִרְיָם הַנְּבִיאָה מִצָּרַעְתָּהּ, וּכְנַעֲמָן מִצָּרַעְתּוֹ, וּכְמֵי מָרָה עַל יְדֵי מֹשֶׁה רַבֵּנוּ, וּכְמֵי יְרִיחוֹ עַל יְדֵי אֱלִישָׁע. וּכְשֵׁם שֶׁהָפַכְתָּ אֶת קִלְלַת בִּלְעָם הָרָשָׁע מִקְּלָלָה לִבְרָכָה, כֵּן תַּהֲפֹךְ כָּל חֲלוֹמוֹתַי עָלַי וְעַל כָּל יִשְׂרָאֵל לְטוֹבָה, וְתִשְׁמְרֵנִי וּתְחָנֵּנִי וְתִרְצֵנִי. אָמֵן.

# בקשה לערב ראש חודש

יש אומרים תחינה זו (מספר 'לשון חכמים'):

בראשית מט תהלים קיח לִישׁוּעָתְךָ קִוִּיתִי יְהוָה: לִישׁוּעָתְךָ קִוִּיתִי יְהוָה: לְפֻרְקָנָךְ סַבָּרִית יְהוָה. אָנָּא יְהוָה
הוֹשִׁיעָה נָּא. אָנָּא יְהוָה הוֹשִׁיעָה נָּא. אָנָּא יְהוָה הַצְלִיחָה נָא. אָנָּא יְהוָה הַצְלִיחָה
תהלים כד תהלים א נָא: יִשָּׂא בְרָכָה מֵאֵת יְהוָה, וּצְדָקָה מֵאֱלֹהֵי יִשְׁעוֹ: וְהָיָה כְּעֵץ שָׁתוּל עַל־פַּלְגֵי
תהלים נא מָיִם, אֲשֶׁר פִּרְיוֹ יִתֵּן בְּעִתּוֹ וְעָלֵהוּ לֹא־יִבּוֹל, וְכֹל אֲשֶׁר־יַעֲשֶׂה יַצְלִיחַ: לֵב טָהוֹר
יהושע א בְּרָא־לִי אֱלֹהִים, וְרוּחַ נָכוֹן חַדֵּשׁ בְּקִרְבִּי: לֹא־יָמוּשׁ סֵפֶר הַתּוֹרָה הַזֶּה מִפִּיךָ
וְהָגִיתָ בּוֹ יוֹמָם וָלַיְלָה, לְמַעַן תִּשְׁמֹר לַעֲשׂוֹת כְּכָל־הַכָּתוּב בּוֹ, כִּי־אָז תַּצְלִיחַ
שמואל א' כה אֶת־דְּרָכֶךָ וְאָז תַּשְׂכִּיל: וַאֲמַרְתֶּם כֹּה לֶחָי, וְאַתָּה שָׁלוֹם וּבֵיתְךָ שָׁלוֹם וְכֹל אֲשֶׁר־
ישעיה סו לְךָ שָׁלוֹם: ג' פעמים וְהָיָה מִדֵּי־חֹדֶשׁ בְּחָדְשׁוֹ וּמִדֵּי שַׁבָּת בְּשַׁבַּתּוֹ, יָבוֹא כָל־בָּשָׂר
יחזקאל מז לְהִשְׁתַּחֲוֹת לְפָנַי, אָמַר יְהוָה: וְעַל־הַנַּחַל יַעֲלֶה עַל־שְׂפָתוֹ מִזֶּה וּמִזֶּה כָּל־עֵץ־מַאֲכָל
לֹא־יִבּוֹל עָלֵהוּ וְלֹא־יִתֹּם פִּרְיוֹ לָחֳדָשָׁיו יְבַכֵּר, כִּי מֵימָיו מִן־הַמִּקְדָּשׁ הֵמָּה יוֹצְאִים,
יחזקאל טז וְהָיָה פִרְיוֹ לְמַאֲכָל וְעָלֵהוּ לִתְרוּפָה: וַתַּעְדִּי זָהָב וָכֶסֶף וּמַלְבּוּשֵׁךְ שֵׁשׁ וָמֶשִׁי וְרִקְמָה,
סֹלֶת וּדְבַשׁ וָשֶׁמֶן אָכָלְתְּ, וַתִּיפִי בִּמְאֹד מְאֹד, וַתִּצְלְחִי לִמְלוּכָה:

אֱלֹהֵינוּ וֵאלֹהֵי אֲבוֹתֵינוּ חַדֵּשׁ עָלֵינוּ אֶת הַחֹדֶשׁ הַזֶּה (חודש פלוני) לְטוֹבָה וְלִבְרָכָה. לְשָׂשׂוֹן וּלְשִׂמְחָה. לְחַיִּים טוֹבִים וּלְשָׁלוֹם. וְיִהְיוּ כָּל יְמֵי הַחֹדֶשׁ הַזֶּה הוּא חֹדֶשׁ (פלוני) בְּרוּכִים טוֹבִים וּמְתֻקָּנִים. וּתְבַשְּׂרֵנוּ בָהֶם בְּשׂוֹרוֹת טוֹבוֹת. וְתַשְׁמִיעֵנוּ בָהֶם שָׂשׂוֹן וְשִׂמְחָה. וּתְחָנֵּנוּ בָהֶם חָכְמָה בִּינָה וָדַעַת מֵאִתָּךְ. וְנִהְיֶה מְדֻבָּקִים בְּתַלְמוּד תּוֹרָה. וְתִשְׁלַח בְּרָכָה וְהַצְלָחָה וְהַרְוָחָה בְּכָל מַעֲשֵׂנוּ. וְתִפְתַּח לָנוּ וּלְכָל יִשְׂרָאֵל אַחֵינוּ שַׁעֲרֵי אוֹרָה. שַׁעֲרֵי אַהֲבָה וְאַחֲוָה. שַׁעֲרֵי בְרָכָה. שַׁעֲרֵי בִינָה. שַׁעֲרֵי גְדֻלָּה. שַׁעֲרֵי גִילָה. שַׁעֲרֵי דַעַת. שַׁעֲרֵי הוֹד וְהָדָר. שַׁעֲרֵי הַרְוָחָה וְהַצְלָחָה. שַׁעֲרֵי וַעַד טוֹב. שַׁעֲרֵי וִתְרָנוּת. שַׁעֲרֵי זְכִיּוֹת. שַׁעֲרֵי חֶדְוָה. שַׁעֲרֵי חָכְמָה. שַׁעֲרֵי חֶמְלָה. שַׁעֲרֵי
חַיִּים טוֹבִים. שַׁעֲרֵי חֵן וָחֶסֶד. שַׁעֲרֵי טוֹבָה. שַׁעֲרֵי יְשׁוּעָה. שַׁעֲרֵי כַלְכָּלָה. שַׁעֲרֵי
לִמּוּד תּוֹרָה לִשְׁמָהּ. שַׁעֲרֵי מָזוֹן טוֹב. שַׁעֲרֵי נְדִיבוּת. שַׁעֲרֵי נְעִימוּת. שַׁעֲרֵי סְמִיכָה.
שַׁעֲרֵי עֶזְרָה. שַׁעֲרֵי עֹשֶׁר. שַׁעֲרֵי פְדוּת. שַׁעֲרֵי פַרְנָסָה טוֹבָה. שַׁעֲרֵי צְדָקָה. שַׁעֲרֵי
צָהֳלָה. שַׁעֲרֵי צֶמַח. שַׁעֲרֵי קוֹמְמִיּוּת. שַׁעֲרֵי קִירוּן פָּנִים. שַׁעֲרֵי רְפוּאָה שְׁלֵמָה.
שַׁעֲרֵי רָצוֹן. שַׁעֲרֵי רַחֲמִים. שַׁעֲרֵי שָׁלוֹם. שַׁעֲרֵי שַׁלְוָה. שַׁעֲרֵי תְשׁוּבָה. שַׁעֲרֵי
תהלים טז תּוֹרָה. שַׁעֲרֵי תְפִלָּה. שַׁעֲרֵי תְשׁוּעָה. תּוֹדִיעֵנוּ אֹרַח חַיִּים, שֹׂבַע שְׂמָחוֹת אֶת־פָּנֶיךָ,
תהלים יט נְעִמוֹת בִּימִינְךָ נֶצַח: יִהְיוּ לְרָצוֹן אִמְרֵי־פִי וְהֶגְיוֹן לִבִּי לְפָנֶיךָ, יְהוָה צוּרִי וְגֹאֲלִי:

# בקשות למועדים ולחודש אלול

יש נוהגים לומר בקשות אלו מהאר״י ז״ל בשעת פתיחת ההיכל במועדים מיוחדים.
יש נוהגים לומר י״ג מידות שלוש פעמים קודם הבקשות:

יְהֹוָה ׀ יְהֹוָה אֵל רַחוּם וְחַנּוּן אֶרֶךְ אַפַּיִם וְרַב־חֶסֶד וֶאֱמֶת: שמות לד
נֹצֵר חֶסֶד לָאֲלָפִים נֹשֵׂא עָוֹן וָפֶשַׁע וְחַטָּאָה וְנַקֵּה:

בקשה לחודש אלול

רִבּוֹנוֹ שֶׁל עוֹלָם, מַלֵּא כָל מִשְׁאֲלוֹתַי לְטוֹבָה, וְהָפֵק רְצוֹנִי וְתֵן שְׁאֵלָתִי, לִי וְלִבְנֵי בֵיתִי חַיִּים טוֹבִים וַאֲרוּכִים בְּכָבוֹד וּבִמְנוּחָה בְּיִרְאָתְךָ וּבְתוֹרָתֶךָ, בְּשָׁלוֹם וּבְהַשְׁקֵט וּבְבִטְחָה, וּפְדֵנִי מִכָּל צָרָה וְעָוֹן, וּמִמָּוֶת וּמִכָּל שָׁעוֹת רָעוֹת הַמִּתְרַגְּשׁוֹת וְיוֹצְאוֹת לָעוֹלָם, וְכַפֵּר עֲוֹנוֹתֵינוּ וְאַשְׁמוֹתֵינוּ, וְכֵן יְהִי רָצוֹן.

בקשה לחג הסוכות

רִבּוֹנוֹ שֶׁל עוֹלָם, מַלֵּא כָל מִשְׁאֲלוֹתַי לְטוֹבָה, וְהָפֵק רְצוֹנִי וְתֵן שְׁאֵלוֹתַי, וְזַכֵּה
לִי וְלִבְנֵי בֵיתִי לַעֲשׂוֹת רְצוֹנְךָ בְּלֵבָב שָׁלֵם, וּמַלְּטֵנִי מִיֵּצֶר הָרַע, וְתֵן חֶלְקֵנוּ
בְּתוֹרָתֶךָ, וְזַכֵּנוּ כְּדֵי שֶׁתִּשְׁרֶה חָכְמָה וּבִינָה עָלֵינוּ, וִיקֻיַּם בָּנוּ מִקְרָא שֶׁכָּתוּב:
וְנָחָה עָלָיו רוּחַ יְהֹוָה, רוּחַ חָכְמָה וּבִינָה רוּחַ עֵצָה וּגְבוּרָה, רוּחַ דַּעַת וְיִרְאַת ישעיה יא
יְהֹוָה: וְכֵן יְהִי רָצוֹן מִלְּפָנֶיךָ, יְהֹוָה אֱלֹהַי וֵאלֹהֵי אֲבוֹתַי, שֶׁתְּזַכֵּנִי לַעֲשׂוֹת
מַעֲשִׂים טוֹבִים בְּעֵינֶיךָ וְלָלֶכֶת בִּדְרָכִים יְשָׁרִים לְפָנֶיךָ, וְקַדְּשֵׁנוּ בִּקְדֻשָּׁתְךָ כְּדֵי
שֶׁנִּזְכֶּה לְחַיִּים טוֹבִים וַאֲרוּכִים לְחַיֵּי הָעוֹלָם הַבָּא, וְשָׁמְרֵנִי מִמַּעֲשִׂים רָעִים
וּמִיֵּצֶר הָרַע וּמֵרוּחַ גְּבוֹהָה וּמִיָּמִים רָעִים וּמִשָּׁעוֹת רָעוֹת הַמִּתְרַגְּשׁוֹת לָבוֹא
בָּעוֹלָם, וְהַבּוֹטֵחַ בַּיהֹוָה חֶסֶד יְסוֹבְבֶנּוּ: אָמֵן וְכֵן יְהִי רָצוֹן. תהלים לב

בקשה לחג השבועות

רִבּוֹנוֹ שֶׁל עוֹלָם, מַלֵּא כָל מִשְׁאֲלוֹתַי לְטוֹבָה, וְהָפֵק רְצוֹנִי וְתֵן שְׁאֵלָתִי, לִי
וְלִבְנֵי בֵיתִי לַעֲשׂוֹת רְצוֹנְךָ בְּלֵבָב שָׁלֵם, וּמַלְּטֵנוּ מִיֵּצֶר הָרַע וּמִפֶּגַע רַע, וְתֵן
חֶלְקֵנוּ בְּתוֹרָתֶךָ, וְזַכֵּנוּ לִלְמֹד תּוֹרָה וְחָכְמָה לַעֲשׂוֹת מַעֲשִׂים טוֹבִים בְּעֵינֶיךָ,
וְלָלֶכֶת בִּדְרָכִים יְשָׁרִים מִלְּפָנֶיךָ, וְקַדְּשֵׁנוּ בִּקְדֻשָּׁתְךָ כְּדֵי שֶׁנִּזְכֶּה לְחַיִּים טוֹבִים
וַאֲרוּכִים וּלְחַיֵּי הָעוֹלָם הַבָּא, וְשָׁמְרֵנוּ מִמַּעֲשִׂים רָעִים וּמִיֵּצֶר הָרַע וּמִכָּל
שָׁעוֹת רָעוֹת הַמִּתְרַגְּשׁוֹת וְיוֹצְאוֹת בָּעוֹלָם: וְהַבּוֹטֵחַ בַּיהֹוָה חֶסֶד יְסוֹבְבֶנּוּ: תהלים לב
וְכֵן יְהִי רָצוֹן.

# תענית יחיד

תחינה זו הובאה בסידורים הישנים כהרחבה לברכת ׳שְׁמַע קוֹלֵנוּ׳ בתפילת מנחה של תענית יחיד ויש שנהגו לאומרה גם בתפילת מנחה של תענית ציבור (עמ׳ 134).

כמה מן הראשונים כתבו שאין להרחיב בברכות לצורך יחיד וכך כתבו גם גורי האר״י, ולכן פסק החיד״א שאין ראוי לומר תחינה זו (ברכ״י קיט, ב, וראה הלכה 150–152).

שְׁמַע קוֹלֵנוּ יהוה אֱלֹהֵינוּ חוּס וְרַחֵם עָלֵינוּ וְקַבֵּל בְּרַחֲמִים וּבְרָצוֹן
אֶת תְּפִלָּתֵנוּ. זְכֹר רַחֲמֶיךָ וּכְבֹשׁ אֶת כַּעַסְךָ וְהָסֵר מִמֶּנּוּ דֶּבֶר וְחֶרֶב
וְרָעָב וּשְׁבִי וּבִזָּה וְיֵצֶר הָרָע וָחֳלָיִם רָעִים וְנֶאֱמָנִים וּמְאוֹרָעוֹת קָשׁוֹת
וְרָעוֹת, וְתִגְזֹר עָלַי גְּזֵרוֹת טוֹבוֹת וְעַל כָּל אַנְשֵׁי בֵיתִי, וְיִגֹּלוּ רַחֲמֶיךָ עַל
מִדּוֹתֶיךָ וְתִתְנַהֵג עִמָּנוּ יהוה אֱלֹהֵינוּ בְּמִדַּת הַחֶסֶד וּבְמִדַּת הָרַחֲמִים,
וְתִכָּנֵס לָנוּ לִפְנִים מִשּׁוּרַת הַדִּין, וְתַאֲזִין תְּפִלָּתֵנוּ וְתַחֲנוּנֵינוּ וְשַׁוְעָתֵנוּ.
כִּי אַתָּה שׁוֹמֵעַ תְּפִלַּת כָּל פֶּה. עֲנֵנִי אָבִי עֲנֵנִי בְּיוֹם צוֹם הַתַּעֲנִית הַזֶּה
כִּי בְצָרָה גְדוֹלָה אֲנִי, עַל כָּל מַה שֶּׁחָטָאתִי וְשֶׁעָוִיתִי וְשֶׁפָּשַׁעְתִּי לְפָנֶיךָ
מִיּוֹם הֱיוֹתִי עַל הָאֲדָמָה עַד הַיּוֹם הַזֶּה. מִכֻּלָּם אֲנִי מִפְּשָׁעַי וּמִתְבַּיֵּשׁ
וְנֶחְפָּר מֵעֲוֹנוֹתַי וּמֵחַטֹּאתַי. אֲבָל שַׂמְתִּי רַחֲמֶיךָ לְנֶגֶד עֵינַי. כִּי דַרְכְּךָ
תהלים פו לְהַאֲרִיךְ אַפֶּךָ. וּמִנְהָגְךָ לְרַחֵם עַל בְּרִיּוֹתֶיךָ. כִּי־אַתָּה אֲדֹנָי טוֹב וְסַלָּח,
וְרַב־חֶסֶד לְכָל־קֹרְאֶיךָ: וּבְרַחֲמֶיךָ הָרַבִּים עֲנֵנִי בְּעֵת וּבְעוֹנָה הַזֹּאת.
וִיהֵא מִעוּט חֶלְבִּי וְדָמִי הַמִּתְמַעֵט בְּתַעֲנִיתִי הַיּוֹם חָשׁוּב וּמְקֻבָּל וּמְרֻצֶּה
לְפָנֶיךָ כְּחֵלֶב מֻנָּח עַל גַּבֵּי מִזְבַּחֲךָ לְכַפֵּר עַל כָּל מַה שֶּׁחָטָאתִי וְשֶׁעָוִיתִי
וְשֶׁפָּשַׁעְתִּי לְפָנֶיךָ, בֵּין בְּאֹנֶס בֵּין בְּרָצוֹן, בֵּין בְּשׁוֹגֵג בֵּין בְּמֵזִיד, בֵּין
בִּידִיעָה בֵּין שֶׁלֹּא בִידִיעָה. וְתִרְצֵנִי בְּרַחֲמֶיךָ הָרַבִּים. וְאַל תֵּפֶן לְרִשְׁעִי,
וְאַל־תִּתְעַלַּם מִתְּחִנָּתִי: הֱיֵה נָא קָרוֹב לְשַׁוְעָתִי וְשַׁוְעַת אַנְשֵׁי בֵיתִי.
ישעיה סה טֶרֶם אֶקְרָא אֵלֶיךָ אַתָּה תַעֲנֶה, אֲדַבֵּר וְאַתָּה תִשְׁמַע, כָּאָמוּר, וְהָיָה
טֶרֶם יִקְרָאוּ וַאֲנִי אֶעֱנֶה, עוֹד הֵם מְדַבְּרִים וַאֲנִי אֶשְׁמָע: כִּי אַתָּה יהוה
פּוֹדֶה וּמַצִּיל וְעוֹנֶה וּמְרַחֵם בְּכָל עֵת צָרָה וְצוּקָה וְשׁוֹמֵעַ תְּפִלַּת כָּל פֶּה.
בָּרוּךְ אַתָּה יהוה שׁוֹמֵעַ תְּפִלָּה.

ממשיך ואומר ׳רְצֵה׳ ומסיים תפילתו וקודם שיעקור רגליו אומר את הווידוי שבעמוד הבא.

רִבּוֹן הָעוֹלָמִים אֱלֹהֵי הָאֱלֹהִים וַאֲדוֹנֵי הָאֲדוֹנִים בַּעַל הַסְּלִיחוֹת
וְהָרַחֲמִים. לְךָ אֲדֹנָי הַצְּדָקָה, וְלִי בֹּשֶׁת הַפָּנִים עַל כָּל הַטּוֹבוֹת וְהַחֲסָדִים דניאל ט
אֲשֶׁר עָשִׂיתָ עִמָּדִי מִיּוֹם הֱיוֹתִי עַל הָאֲדָמָה עַד הַיּוֹם הַזֶּה, וְלֹא כִּגְמוּל
הֲשִׁיבוֹתִי לָךְ. אֲבָל חָטָאתִי לְפָנֶיךָ וְהָרַע בְּעֵינֶיךָ עָשִׂיתִי וְהִרְבֵּיתִי לִפְשֹׁעַ.
וּלְהַכְעִיסְךָ לֹא הָיְתָה כַּוָּנָתִי. וְעַתָּה מָה אֶתְאוֹנֵן וּמָה אוֹמַר מָה אֲדַבֵּר
וּמָה אֶצְטַדָּק. אָמַרְתִּי אוֹדֶה עֲלֵי פְשָׁעַי לַיהוה: אָשַׁמְתִּי בְּתוֹרָתֶךָ. תהלים לב
בָּגַדְתִּי בְּיִרְאָתֶךָ. גָּעַלְתִּי בְּמִצְוֹתֶיךָ. דִּבַּרְתִּי דֹפִי. הֶעֱוֵיתִי. וְהִרְשַׁעְתִּי. זַדְתִּי.
חָמַסְתִּי. טָפַלְתִּי שֶׁקֶר. יָעַצְתִּי רָע. כִּזַּבְתִּי. לַצְתִּי. לוֹצַצְתִּי. מָרַדְתִּי. מָרִיתִי.
מָאַסְתִּי. נִאַצְתִּי. נִאַפְתִּי. נִשְׁבַּעְתִּי לַשָּׁוְא וְלַשֶּׁקֶר. סָרַרְתִּי. עָוִיתִי. פָּשַׁעְתִּי
לְפָנֶיךָ וְעֹרֶף הִקְשֵׁיתִי. צָרַרְתִּי. קִשֵּׁיתִי עֹרֶף. קִלְקַלְתִּי דְּרָכַי. רָשַׁעְתִּי. שִׁחַתִּי.
תִּעַבְתִּי. תָּעִיתִי. תִּעְתַּעְתִּי. וְסַרְתִּי מִמִּצְוֹתֶיךָ וּמִמִּשְׁפָּטֶיךָ הַטּוֹבִים וְלֹא
שָׁוָה לִי. וְאַתָּה צַדִּיק עַל כָּל הַבָּא עָלַי, כִּי אֱמֶת עָשִׂיתָ וַאֲנִי הִרְשַׁעְתִּי.

יְהִי רָצוֹן מִלְּפָנֶיךָ יהוה אֱלֹהַי וֵאלֹהֵי אֲבוֹתַי שֶׁתִּמְחֹל וְתִסְלַח לִי עַל כָּל
פְּשָׁעַי. וּתְכַפֵּר לִי עַל כָּל עֲוֹנוֹתַי. וְתַעֲבִיר לִי עַל כָּל חַטֹּאתַי. שֶׁחָטָאתִי.
וְשֶׁעָוִיתִי. וְשֶׁפָּשַׁעְתִּי לְפָנֶיךָ, בֵּין בְּאֹנֶס בֵּין בְּרָצוֹן, בֵּין בְּשׁוֹגֵג בֵּין בְּמֵזִיד,
בֵּין בַּסֵּתֶר בֵּין בַּגָּלוּי, בֵּין בְּמִתְכַּוֵּן וּבֵין שֶׁלֹּא בְּמִתְכַּוֵּן, בֵּין בְּהִרְהוּר בֵּין
בְּמַחֲשָׁבָה, מִיּוֹם הֱיוֹתִי עַל הָאֲדָמָה עַד הַיּוֹם הַזֶּה. וּכְשֶׁיַּגִּיעַ קִצִּי לְהִפָּטֵר
מִן הָעוֹלָם הַזֶּה וְלָשׁוּב אֵלֶיךָ, יְהִי רָצוֹן מִלְּפָנֶיךָ יהוה אֱלֹהַי וֵאלֹהֵי
אֲבוֹתַי שֶׁתְּקַבֵּל נִשְׁמָתִי בְּחֶמְלָה כַּאֲשֶׁר תִּקָּחֶנָּה מִמֶּנִּי וְתוֹשִׁיבֶנָּה תַּחַת
כִּסֵּא כְבוֹדֶךָ אֲשֶׁר מִשָּׁם נִטְּעָה, וּכְשֶׁאָמוּת תִּהְיֶה מִיתָתִי כַּפָּרָה עַל כָּל
עֲוֹנוֹתַי. אָנָּא אֱלֹהַי וֵאלֹהֵי אֲבוֹתַי שְׁעֵה אֶת שַׁוְעָתִי וַעֲנֵה אֶת עֲתִירָתִי.
וּשְׁמַע תְּפִלָּתִי. הֶרֶב כַּבְּסֵנִי מֵעֲוֹנִי, וּמֵחַטָּאתִי טַהֲרֵנִי: וְזַכֵּנִי מִשְּׁגִיאוֹת. תהלים נא
וּמִנִּסְתָּרוֹת נַקֵּנִי. וְאֶהְיֶה מִבְּנֵי אָדָם אֲשֶׁר בְּצֵל כְּנָפֶיךָ יֶחֱסָיוּן. יִרְוְיֻן תהלים לו
מִדֶּשֶׁן בֵּיתֶךָ, וְנַחַל עֲדָנֶיךָ תַשְׁקֵם: תּוֹדִיעֵנִי אֹרַח חַיִּים, שֹׂבַע שְׂמָחוֹת תהלים טז
אֶת־פָּנֶיךָ, נְעִמוֹת בִּימִינְךָ נֶצַח:

אחרי נפילת אפיים מוסיף ואומר את מזמור קב (עמ׳ 144).

# בקשות ותחינות

הפייטנים הקדמונים חיברו בקשות ותחינות לעת מצוא.
הבקשות שלהלן הן המפורסמות והנפוצות שבהן.

בקשה לרבי יצחק אבן מר שאול

אֱלֹהַי, אַל תְּדִינֵנִי כְּמַעֲלִי · וְאַל תָּמֹד אֱלֵי חֵיקִי כְּפָעֳלִי
בְּחֶמְלָתְךָ גְּמֹל עָלַי וְאֶחְיֶה · וְאַל נָא אַל תְּשַׁלֵּם לִי גְּמוּלִי
גְּאוֹן לִבִּי לְךָ אַשְׁפִּיל וְאֶקְרַע · בְּמַכְאוֹבֵי לְבָבִי לֹא מְעִילִי
דְּוֵה לֵבָב אֲנִי נִצָּב וְנֶעְצָב · עֲלֵי פִשְׁעִי וְרֹב רִשְׁעִי וְסִכְלִי
הֲלוּם יָגוֹן בְּלִי יַיִן כְּאַיִן · אֲשׁוּרַי מִנְּתִיבְךָ מָט וְרַגְלִי
וּמָה אֶעֱנֶה, וְאָן אֶפְנֶה לְעֶזְרָה · בְּיוֹם מִשְׁפָּט, לְמִי אָנוּס וּמִי לִי
זְדוֹנוֹתַי לְמוּל פָּנַי וְעֵינַי · כְּלִמָּתִי לְעֻמָּתִי וְאֶצְלִי
חֲטָאַי לוּ יְרִיחוּן בָּם שְׁכֵנַי · אֲזַי בָּרְחוּ וְרָחֲקוּ מִגְּבוּלִי
טְמֵא לֵבָב, אֲשֶׁר שׁוֹבֵב וְסוֹבֵב · לְבָבִי בִּי עֲלֵי כָל חֵטְא פְּלִילִי
יְדַעְתִּים בַּעֲלוֹתָם עַל לְבָבִי · רְאִיתִים עַל יְמִינִי גַּם שְׂמֹאלִי
כְּקַשׁ נִדָּף אֲנִי נִרְדָּף וְנֶהְדָּף · וְלֹא נִמְנַע וְלֹא נִכְנַע עֲמָלִי
לְךָ עֵינַי בְּתַחֲנוּנַי יְהֹוָה · בְּהֵאָנְחִי שְׁמַע שִׂיחִי וְקוֹלִי
מְנָת חֶלְקִי וְצוּר חִזְקִי וְחִשְׁקִי · וּמִבְטַחִי וְגַם כֹּחִי וְחֵילִי
נְחֵנִי נָא בְּאֹרַח הַנְּכוֹנָה · לְפָנֶיךָ, וְהָכֵן אֶת שְׁבִילִי
סְלַח חוֹבִי וְיַשֵּׁר אֶת לְבָבִי · אֲשֶׁר תּוֹעֶה כְּמוֹ רוֹעֶה אֱוִילִי
עֲנֵה נַאֲקִי דְּלָתֶיךָ בְּדָפְקִי · רְאֵה צוּרִי, רְפָא צִירִי וְחִילִי
פְּדֵנִי מְעוֹנִי, צוּר גְּאוֹנִי · אֱיָלוּתִי בְּגָלוּתִי וְחֵשְׁלִי
צְרִי עִצְּבִי, מְשׂוֹשׂ לִבִּי בְּקִרְבִּי · וְשִׂמְחָתִי בְּאַנְחָתִי וְאֶבְלִי
קְדוֹרַנִּית לְךָ אֵלֵךְ שְׁחוֹחַ · בְּלִי כֹחַ סְלִיחָתְךָ בְּשָׁאֳלִי
רְאֵה כִּי זִכְרְךָ יְהִי תּוֹךְ לְבָבִי · וּבִזְמָמַי בְּמוֹ יוֹמִי וְלֵילִי
שְׁעֵנִי נָא, רְצֵנִי אֵל אֱמוּנָה · וְתִיטַב לְךָ תְּשׁוּרַת מַהֲלָלִי
תְּנַהֲלֵנִי יְמֵי מִדַּת צְבָאִי · וְתַרְעֵנִי יְמֵי חֶלְדִּי וְחֶדְלִי
חֲמֹל עָלַי וְכַפֵּר מַעֲלָלַי · וְשׁוּר שִׁירִי, כְּשִׁיר מוּשִׁי וּמַחְלִי
וְעֵת תָּבִיא יְצוּרֶיךָ בְּמִשְׁפָּט · אֱלֹהַי אַל תְּדִינֵנִי כְּמַעֲלִי.

בקשה לרב האיי גאון

שְׁמַע קוֹלִי, אֲשֶׁר יִשְׁמַע בְּקוֹלוֹת, וְהָאֵל הַמְקַבֵּל הַתְּפִלּוֹת
וְהָעוֹשֶׂה בְּלִי חֵקֶר גְּדוֹלוֹת וְנִפְלָאוֹת, וְהַנּוֹרָא עֲלִילוֹת
וְהֶחָכָם וְהַקַּיָּם לְעוֹלָם, וְהַגִּבּוֹר עֲלֵי כָּל הַיְכוֹלוֹת
וְהָרַחוּם וְהַחַנּוּן וְהַטּוֹב וְהֶחָסִיד, וְהַמַּרְבֶּה מְחִילוֹת
אֲשֶׁר עָנָה לְאַבְרָהָם וְיִצְחָק וְיִשְׂרָאֵל לְמַלֹּאות כָּל שְׁאֵלוֹת
וְהָעוֹנֶה  בְּבֵית כֶּלֶא לְיוֹסֵף, וּמִבּוֹר הֶעֱלֵהוּ לִגְדֻלּוֹת
וְהָעוֹנֶה  בְּמִצְרַיִם לְעַמּוֹ, וְהוֹצִיאָם לְחֵרוּת מִסְּבָלוֹת
וְהָעוֹנֶה  בַּיָּם וַיַּעֲבִירֵם וְטִבַּע אוֹיְבֵיהֶם בִּמְצוּלוֹת
וְהָעוֹנֶה  בְּהַר סִינַי לְמֹשֶׁה, וּבִשַּׂרְתּוֹ בְּטוּבְךָ בִּגְאֻלּוֹת
וְהָעוֹנֶה  לְאַהֲרֹן בַּקְּטֹרֶת, וְגַם פִּינְחָס עֲנִיתוֹ בִּפְלִילוֹת
וְהָעוֹנֶה  יְהוֹשֻׁעַ וְעֵלִי, וְגַם חַנָּה בְּהִתְחַנְּנָהּ בְּמִלּוֹת
וְהָעוֹנֶה  שְׁמוּאֵל בִּתְשׁוּעוֹת, וְהָעוֹנֶה עֲלֵי מַשְׁבֵּר לְחַלּוֹת
וְהָעוֹנֶה  שְׁלֹמֹה רַב שְׁלוֹמוֹת, וְגַם דָּוִד אֲשֶׁר שָׁר לָךְ בְּמַעֲלוֹת
וְהָעוֹנֶה  לְאֵלִיָּה בַּכַּרְמֶל, וְאֵשׁ יָרְדָה וְאָכְלָה מַאֲכָלוֹת
וְהָעוֹנֶה  בְּיֵשַׁע לֶאֱלִישָׁע, וְחִזְקִיָּה עֲנִיתוֹ בִּתְעָלוֹת
וְהָעוֹנֶה  בְּלֵב הַיָּם לְיוֹנָה, וְהוֹצֵאתוֹ לְאוֹרוֹת מֵאֲפֵלוֹת
וְהָעוֹנֶה  חֲנַנְיָה וַעֲזַרְיָה וּמִישָׁאֵל בְּהִצָּלוֹת לְהַפִּלּוֹת
וְהָעוֹנֶה  לְדָנִיֵּאל בְּרַחֲמָיו, וּמַלְאָךְ חִלְּצָהוּ מִשְּׁחָלוֹת
וְהָעוֹנֶה  לְמָרְדְּכַי וְאֶסְתֵּר, וְהָפַכְתָּ יְגוֹנוֹתָם לְגִילוֹת
וְהָעוֹנֶה  בְּמוֹ עֵזֶר לְעֶזְרָא, וְחַשְׁמוֹנִים עֲנִיתָם בַּחֲיָלוֹת
וְהָעוֹנֶה  בְּתוֹךְ מַעְגָּל לְחוֹנִי, בְּעֵת נִשְׁבַּע בְּשִׁמְךָ, רַב פְּעָלוֹת
וְהָעוֹנֶה  לְכָל צַדִּיק וְחָסִיד אֲשֶׁר הָיוּ בְּכָל דּוֹר בַּקְּהִלּוֹת
וְהָעוֹנֶה  אֳנִיּוֹת יָם בִּסְעָרוֹת, וְהָעוֹנֶה לְמִתְעַנֶּה בְּמַחֲלוֹת
וְהָעוֹנֶה  לְהוֹלְכִים בִּישִׁימוֹן, וְהָעוֹנֶה אֲסִירִים בִּכְבָלוֹת
וְהָעוֹנֶה  לְכָל צוֹעֵק וְקוֹרֵא, וְכָל בָּאִים לְפָנֶיךָ לְחַלּוֹת
עֲנֵה עָנִי שְׁפַל כָּל הַשְּׁפָלִים, וְשָׂא חֲטָאוֹ, מְקַבֵּל הַתְּפִלּוֹת
וְהַאֲרֵךְ נָא בְּרַחֲמֶיךָ שְׁנוֹתָיו, וְצַוֵּה כָּל שְׁאֵלוֹתָיו לְמַלֹּאות
וְתַחְשֹׁב כָּל תְּפִלּוֹתָיו קְטֹרֶת לְפָנֶיךָ, כְּקָרְבָּנוֹת וְעוֹלוֹת
וְהָאֵל הַמְקַבֵּל הַתְּפִלּוֹת, שְׁמַע קוֹלִי, אֲשֶׁר יִשְׁמַע בְּקוֹלוֹת.

בקשה לרבי אברהם אבן עזרא

לְךָ אֵלִי תְּשׁוּקָתִי  בְּךָ חֶשְׁקִי וְאַהֲבָתִי
לְךָ לִבִּי וְכִלְיוֹתַי  לְךָ רוּחִי וְנִשְׁמָתִי
לְךָ יָדַי, לְךָ רַגְלַי  וּמִמְּךָ הִיא תְּכוּנָתִי
לְךָ עַצְמִי, לְךָ דָמִי  וְעוֹרִי עִם גְּוִיָּתִי
לְךָ עֵינַי וְרַעְיוֹנַי  וְצוּרָתִי וְתַבְנִיתִי
לְךָ רוּחִי, לְךָ כֹּחִי  וּמִבְטָחִי וְתִקְוָתִי
לְךָ לִבִּי וְדַם חֶלְבִּי  כְּשֶׂה אַקְרִיב וְעוֹלָתִי
לְךָ יָחִיד בְּלִי שֵׁנִי  לְךָ תּוֹדֶה יְחִידָתִי
לְךָ מַלְכוּת, לְךָ גֵּאוּת  לְךָ תֵּאוֹת תְּהִלָּתִי
לְךָ עֶזְרָה, בְּעֵת צָרָה  הֱיֵה עֶזְרִי בְּצָרָתִי
לְךָ אוֹחִיל, בְּעֵת אָחִיל  כְּיוֹלֵדָה בְּאַנְחָתִי
לְךָ שִׁבְרִי, רְפָא שִׁבְרִי  וְאֶת צִירִי וּמַכָּתִי
לְךָ אֶהֱמֶה וְלֹא אֶדְמֶה  עֲדֵי תָאִיר אֲפֵלָתִי
לְךָ נֶצַח, בְּךָ אֶבְטַח  וְאַתָּה הוּא אֱיָלוּתִי
לְךָ אֶזְעַק, בְּךָ אֶדְבַּק  עֲדֵי שׁוּבִי לְאַדְמָתִי
לְךָ אֲנִי בְּעוֹדִי חַי  וְאַף כִּי אַחֲרֵי מוֹתִי
לְךָ אוֹדֶה וְאֶתְוַדֶּה  עֲלֵי חֶטְאִי וְרִשְׁעָתִי
לְךָ יִשְׁעִי, סְלַח רִשְׁעִי  וְאֶת פִּשְׁעִי וְאַשְׁמָתִי
לְךָ אִכַּף, וְאֶפְרֹשׂ כַּף  שְׁמַע נָא אֶת תְּחִנָּתִי
לְךָ אֶבְכֶּה בְּלֵב נִדְכֶּה  בְּרֹב שִׂיחִי וְתוּגָתִי
לְךָ חֶסֶד, לְךָ חֶמְלָה  חֲמֹל עַל כָּל תְּלָאוֹתִי
וְגָדוֹל מִנְּשֹׂא חֶטְאִי  וְגָדְלָה יַד מְשׁוּבָתִי
וְלָכֵן גָּדְלוּ צִירַי  וְקָצַרְתִּי זְרִיעָתִי
וְאוֹי עָלַי, וְהָהּ לִי, אִם  תְּדִינֵנִי כְּרִשְׁעָתִי
וְיִצְרִי צוֹרְרִי תָמִיד  כְּמוֹ שָׂטָן לְעֻמָּתִי
יְעָצַנִי וּפִתַּנִי  בְּמוֹעֵצוֹת לְרָעָתִי
וְעָלָיו לֹא עֲלֵי בִלְתּוֹ  חֲמָסִי עִם תְּלוּנָתִי

וְעֵת יַעֲלוּ עָלַי לִבִּי   עֲוֹנוֹתַי בְּמִטָּתִי
מְאֹד אֶפְחַד וְגַם אֶרְעַד   מְאֹד יִגְדַּל מְהוּמָתִי
וְאֶרְגַּז עֵת אֱהִי זוֹכֵר   לְפָנֶיךָ מְעֻוָּתִי
וְאֶעֱמֹד נֶגְדְּךָ עֵירֹם   וּמַה תִּהְיֶה תְּשׁוּבָתִי
בְּיוֹם כִּי יַעֲנֶה כַּחְשִׁי   וְאֹכַל מִפְּרִי דָּתִי
וְיָבוֹאוּ יְמֵי שִׁלּוּם   וְתִקְרַב עֵת פְּקֻדָּתִי
וְשִׁמְעֲךָ עֵת שְׁמַעְתִּיהוּ   מְאֹד זָעְתִּי וְיָרֵאתִי
וּמִי יַעֲמֹד לְפָנֶיךָ   וּמִי יִהְיֶה תְּמוּרָתִי
וְאֵיךְ חֶשְׁבּוֹן לְךָ אֶתֵּן   וְאֵיךְ אֶצְדַּק בְּטַעֲנָתִי

וְאָשַׁמְתִּי וְאֶרְבֵּתִי   וּבָגַדְתִּי וּבָזִיתִי
וְגָזַלְתִּי וְגָנַבְתִּי   הֶרֵעוֹתִי וְהִרְשַׁעְתִּי
וְגַם זַדְתִּי וְחָמַסְתִּי   וְחָטָאתִי וְהֶחֱטֵאתִי
וְטָעִיתִי וְיָעַצְתִּי   וְכִזַּבְתִּי וְכִפַּרְתִּי
וְלוֹצַצְתִּי וְגַם לַצְתִּי   וּמָרַדְתִּי וּמָרִיתִי
וְנִאַצְתִּי וְנִאַפְתִּי   וְסָרַרְתִּי וְסָרַחְתִּי
וְעָוִיתִי וְהֶעֱוֵיתִי   וּפָשַׁעְתִּי וּפָגַמְתִּי
וְצָרַרְתִּי וְצִעַרְתִּי   וְקִלַּלְתִּי וְקִלְקַלְתִּי
וְרָשַׁעְתִּי וְשִׁחַתְּתִּי   וְתִעַבְתִּי וְתָעִיתִי
וְסַרְתִּי מִדְּרָכֶיךָ   וְכִסַּתְנִי כְּלִמָּתִי
וְהִגְדַּלְתִּי עֲשׂוֹת רֶשַׁע   וְהֶחֱזַקְתִּי בְּרִשְׁעָתִי
וְכִחַשְׁתִּי וּמָעַלְתִּי   וְעָשַׁקְתִּי וְרִצּוֹתִי
וְחָטָאתִי בְּרֵאשִׁיתִי   וְרָשַׁעְתִּי בְּאַחֲרִיתִי
וְאָשַׁמְתִּי בְּיַלְדוּתִי   וּבָגַדְתִּי בְּזִקְנָתִי
וּבָחַלְתִּי בְּתוֹרָתְךָ   וּבָחַרְתִּי בְּתוֹרָתִי
וְעָזַבְתִּי רְצוֹנְךָ   וְהָלַכְתִּי בְּתַאֲוָתִי
וְהִשְׁלַמְתִּי רְצוֹן יִצְרִי   וְלֹא בַנְתִּי לְאַחֲרִיתִי
וְהִרְבֵּיתִי לְהוֹסִיף חֵטְא   עֲלֵי רִשְׁעִי וְחוֹבָתִי

וְלָכֵן כָּסְּתָה פָנַי    כְּלִמָּתִי וְגַם בָּשְׁתִּי
וְאֵין לִי בִּלְתְּךָ מָנוֹס    וּמִמְּךָ הִיא סְלִיחָתִי
וּמוֹחֵל בִּלְתְּךָ אָיִן    וּמֵאִתְּךָ מְחִילָתִי
וְאִם תָּבִיא בְּמִשְׁפָּט עַבְ־    דְּךָ מַה הִיא גְבוּרָתִי
וּמָה אֲנִי וּמַה חַיַּי    וּמַה כֹּחִי וְעָצְמָתִי
כְּקַשׁ נִדָּף, מְאֹד נֶהְדָּף    וְאֵיךְ תִּזְכֹּר מְשׁוּגָתִי
וְנֶאֱלַמְתִּי וְנִכְלַמְתִּי    וְכִסַּתְנִי כְלִמָּתִי
רְצוֹנְךָ אֶשְׁאֲלָה תָמִיד    לְמַלֹּאות אֶת שְׁאֵלָתִי
וְהֶרֶב כַּבְּסֵנִי    מֵעֲוֹנוֹתַי וְחַטָּאתִי
וְהַבֵּט רֹב תְּלָאוֹתַי    וְדַלּוּתִי בְּגָלוּתִי
וְאַל נָא תַעְלֵם אָזְנְךָ    לְרַוְחָתִי לְשַׁוְעָתִי
עֲרֹב עַבְדְּךָ לְטוֹבָה, גַּם    אֱמֹר נָא דַּי לְצָרָתִי

וְהַרְאֵנִי תְשׁוּעָתְךָ    בְּטֶרֶם יוֹם תְּמוּתָתִי
וְיוֹם נָפְלִי בְּפַח מוֹקְשִׁי    סְמֹךְ נָא אֶת נְפִילָתִי
וְלַעֲנָה שָׂבְעָה נַפְשִׁי    עֲדֵי קָצְתִּי בְּחַיָּתִי
עֲשֵׂה עִמִּי לְטוֹבָה אוֹת    וְקוּמָה נָּא לְעֶזְרָתִי
הֲכִי אַתָּה מְנָת חֶלְקִי    וְרִנָּתִי וְטוֹבָתִי
וְגוֹרָלִי וּמַהֲלָלִי    וְכָל גִּילִי וְשִׂמְחָתִי
שְׂשׂוֹן לִבִּי וְאוֹר עֵינַי    וּמָעֻזִּי וְחֶמְדָּתִי
וּמַרְגּוֹעִי וְשַׁעֲשׁוּעַי    מְנוּחָתִי וְשַׁלְוָתִי
הֲבִינֵנִי עֲבוֹדָתְךָ    וְלָךְ תִּהְיֶה עֲבוֹדָתִי
הֲשִׁיבֵנִי וְאָשׁוּבָה    וְתִרְצֶה אֶת תְּשׁוּבָתִי
וְהוֹרֵנִי דְּרָכֶיךָ    וְיַשֵּׁר אֶת נְתִיבָתִי
וְתִשְׁמַע אֶת תְּפִלָּתִי    וְתַעֲנֶה אֶת עֲתִירָתִי
בְּכָל לִבִּי דְּרַשְׁתִּיךָ    עֲנֵנִי יָהּ דְּרִישָׁתִי
אֲנַסֵּךְ אֶת דְּמָעַי לָךְ    מְחֵה חֶטְאִי בְּדִמְעָתִי
וְנַפְשִׁי אָמְרָה חֶלְקִי    יְהֹוָה הִיא וְנַחֲלָתִי

אֱסֹף נָא אֶת עֲוֹנוֹתַי | בְּחַסְדְּךָ יוֹם אֲסִיפָתִי
וְיוֹם לֶכְתִּי לְפָנֶיךָ | רְצֵה נָא אֶת הֲלִיכָתִי
וְעִם עוֹשֵׂי רְצוֹנֶךָ | תְּנָה שְׂכַר פְּעֻלָּתִי
וְתִשְׁלַח מַלְאֲכֵי הַחֵן | וְיֵצְאוּ נָא לְעֻמָּתִי
וְשָׁלוֹם בּוֹאֲךָ יֹאמְרוּ | בְּקוֹל אֶחָד בְּבִיאָתִי
יְבִיאוּנִי לְגַן עֶדְנֶךָ | וְשָׁם תִּהְיֶה יְשִׁיבָתִי
וְאֶתְעַדֵּן בְּאוֹרֶךָ | וְשִׂים כָּבוֹד מְנוּחָתִי
וְאוֹר גָּנוּז לְפָנֶיךָ | יְהִי סִתְרִי וְסֻכָּתִי
וְתַחַת צֵל כְּנָפֶיךָ | תְּנָה נָא אֶת מְחִצָּתִי

## בקשות לרב סעדיה גאון

״חיברתי בקשה בשתי נוסחאות, המכילה שבח והערצה לה׳ והכנעה מצד האדם ווידוי העוונות ובקשת הסליחה והצלחה בענייני העולם ונחמת עם ישראל וישועתו״ (סידור רס״ג).

בקשות אלו חיברם רס״ג עבור מי שהתפלל ביחידות ואחר כך נקלע לבית הכנסת בשעה שהציבור מתפללים, כדי שלא יהיו כולם מתפללים והוא שותק וכדי שלא יחזור שוב על תפילתו.

רבי אברהם אבן עזרא (בפירושו לקהלת ה, א) שיבח תפילות אלו מאוד: ״בקשותיו השתים שלא חבר מחבר כמו הם״. ובדורות מאוחרים יותר הן נאמרו כבקשות ותחינות לעת מצוא, ונדפסו בכמה מן הסידורים העתיקים.

הבקשה הראשונה, יש בה ריבוי שבח ומיעוט בקשה, והיא נועדה במקורה לשבתות ולמועדים.

אַתָּה הוּא יְהֹוָה לְבַדֶּךָ, אֶחָד מִתְנַשֵּׂא לְכֹל לְרֹאשׁ וּמְרוֹמָם עַל כָּל הַבְּרָכוֹת
וְנַעֲלֶה עַל כָּל הַתְּהִלּוֹת וְגָבוֹהַּ מִכָּל הַתִּשְׁבָּחוֹת, לְלֹא קֵצֶה וּלְאֵין סוֹף וְעַד
אֵין מִסְפָּר. אֵין עֲרוֹךְ אֵלֶיךָ מִכָּל דְּמוּת, וְאֵין שָׁוֶה לְךָ בְּכָל תְּמוּנָה, וְאֵין
כָּמוֹךָ בְּכָל הַנִּמְצָאִים, וּמִבַּלְעָדֶיךָ אֵין אֱלֹהִים. יֶשְׁךָ מֵאָז וְאֵין שֵׁנִי לָךְ,
וּמֵעוֹלָם אַתָּה וְאֵין אַחֵר אִתָּךְ, מְעֹנָה אֱלֹהֵי קֶדֶם וְאֵין זָר עִמָּךְ. אֱלֹהִים דברים לג
חַיִּים אַתָּה וּמִסְפַּר יָמִים אֵין לָךְ, וּמֶשֶׁךְ הַחָכְמָה אַתָּה וְלֹא נוֹעַצְתָּ אֶת
חָכָם וַיְבִינֶךָ, וּמִפִּיךָ הַדַּעַת וְהַתְּבוּנָה וְלֹא מוֹרֶה הוֹרֶךָ. וְהָעֹשֶׁר וְהַכָּבוֹד
מִלְּפָנֶיךָ, וְלֹא לְקַחְתָּם בְּמַתַּת, וְאַתָּה מוֹשֵׁל בַּכֹּל וּמַלְכוּתְךָ מֵאַחֵר לֹא דברי הימים א׳ כט
קִבַּלְתָּהּ. וּבְיָדְךָ כֹּחַ וּגְבוּרָה וְלֹא קְנִיתָם מֵעֵת, כִּי גְבוּרָתְךָ וְגַאֲוָתְךָ לֹא תִּדַּל
לָעַד, וְחָכְמָתְךָ וּתְבוּנָתְךָ לֹא תוֹסִיף וְלֹא תֶחְסַר, וּמַלְכוּתְךָ לֹא תַחֲלֹף כִּי
הִיא מַלְכוּת כָּל עֹלָמִים, וְעֻזְּךָ וּכְבוֹדְךָ לֹא יִשְׁתַּנּוּ עַד עוֹלְמֵי עַד, וּשְׁנוֹתֶיךָ תהלים קב

לֹא יִתָּמּוּ: כִּי אַתָּה אֱלֹהֵי עוֹלָם, וְאַתָּה הַיּוֹעֵץ וּמִי יָפֵר, וּבִנְטוֹתְךָ יָדְךָ מִי
יְשִׁיבֶנָּה, וְאִם תַּשְׁקִיט עִם מִי יַרְשִׁיעֶהוּ, וְאִם תַּסְתִּיר פָּנִים מִי יְשׁוּרֶךָּ, אֲשֶׁר
אִם בֵּרַכְתָּ מְבֹרָךְ. לְעוֹלָם דְּבָרְךָ נִצָּב וּלְעוֹלָם חַסְדֶּךָ, וְעַד דּוֹר וָדוֹר אֱמוּנָתֶךָ.
אֵל מִסְתַּתֵּר מֵעֵינֵי כָּל חָי, וְנִשְׂגָּב וְנִפְלָא מֵרְאוּת כָּל יְצוּרִים, הַשּׁוֹכֵן מָרוֹם
וְהַשָּׁמַיִם וּשְׁמֵי הַשָּׁמַיִם לֹא יְכַלְכְּלוּךָ, הַיּוֹשֵׁב עַל חוּג הָאָרֶץ וְגַם הִיא לֹא
תְכִילֶךָּ. הַשָּׂם עָבִים רְכוּבוֹ וְאֵי זֶה מְקוֹם מְנוּחָתֶךָ, וְהַכֹּל מֵאִתְּךָ וְהַכֹּל לְךָ
וְהַכֹּל עָדֶיךָ, בְּלִבּוֹתָם יַשְׂכִּילוּךָ כָּל מְבַקְשֶׁיךָ, וּבְמַחְשְׁבוֹתָם יִמְצָאוּנְךָ כָּל
דּוֹרְשֶׁיךָ, וַאֲלֵיהֶם קָרוֹב אַתָּה בְּחַדְרֵי רוּחָם. כִּי נַפְשׁוֹתֵינוּ לְךָ עָלֵינוּ עֵדִים
נֶאֱמָנִים, וּגְוִיּוֹתֵינוּ יַעֲנוּ בָנוּ עֵדוּת אֱמֶת. וְיוֹרוּנוּ כִּי אֲנַחְנוּ הַחֹמֶר וְאַתָּה
ישעיה סד יֹצְרֵנוּ, וְכִי אַתָּה הַבּוֹרֵא וּמַעֲשֵׂה יָדְךָ כֻּלָּנוּ: וּבְכָל זֹאת אֲנַחְנוּ מוֹדִים לְךָ
יְהוָה אֱלֹהֵינוּ וֵאלֹהֵי אֲבוֹתֵינוּ. אַתָּה אֱלֹהֵינוּ וַאֲנַחְנוּ עֲבָדֶיךָ, וּלְפָנֶיךָ כּוֹרְעִים
דברי הימים א׳ כט וּמִשְׁתַּחֲוִים וּמִתְפַּלְּלִים וּמִתְחַנְּנִים וּמְהַלְלִים לְשֵׁם תִּפְאַרְתֶּךָ, וּמְשַׁבְּחִים
לְךָ בִּתְהִלָּתֶךָ, וְשׁוֹאֲלִים מִלְּפָנֶיךָ חַיֵּינוּ וְלֶחֶם חֻקֵּנוּ, וּמַדַּע לְבָבֵנוּ וּרְפָאוּת
איוב מב בְּשָׂרֵנוּ, וּסְלִיחוּת עֲוֹנֵינוּ, וְלִפְדּוּת נַפְשֵׁנוּ מִכָּל צָרָה, כִּי יָדַעְנוּ, כִּי־כֹל תּוּכָל
נחמיה ט וְלֹא־יִבָּצֵר מִמְּךָ מְזִמָּה: אַתְּ עָשִׂיתָ אֶת־הַשָּׁמַיִם שְׁמֵי הַשָּׁמַיִם וְכָל־צְבָאָם:
כַּדּוֹק נְטִיתָ אוֹתָם, וְכַיְרִיעָה פְּרַשְׂתָּם וְכָאֹהֶל מְתַחְתָּם. יְמִינְךָ טִפְּחָה אוֹתָם
עַל תֹּהוּ, וְעַמּוּדֵיהֶם יְרוֹפָפוּ, וְיִתְמְהוּ מִגַּעֲרָתְךָ בְּעוֹדָם, וְכֶעָשָׁן תִּמָּלַחְנָה
ישעיה לד בְּאַחֲרִית, וְנָגֹלּוּ כַסֵּפֶר הַשָּׁמַיִם, וְכָל־צְבָאָם יִבּוֹל כִּנְבֹל עָלֶה מִגֶּפֶן וּכְנֹבֶלֶת
מִתְּאֵנָה, וְאַתָּה חַי וְקַיָּם לַעֲדֵי עַד וּלְנֵצַח נְצָחִים.

ירמיה לא אַתָּה הוּא יְהוָה הָאֱלֹהִים, הַנֹּתֵן שֶׁמֶשׁ לְאוֹר יוֹמָם, חֻקֹּת יָרֵחַ וְכוֹכָבִים
לְאוֹר לָיְלָה: הָאֹמֵר לַחֶרֶס וְלֹא יִזְרָח בַּלַּיְלָה, וּבְעַד כּוֹכָבִים יַחְתֹּם בַּיּוֹמָם.
איוב ט איוב לח עֹשֶׂה־עָשׁ כְּסִיל וְכִימָה וְחַדְרֵי תֵמָן: מוֹצִיא מַזָּרוֹת בְּעִתּוֹ, וְעַיִשׁ עַל־בָּנֶיהָ
תַנְחֵם: וְכֻלָּם יַעַמְדוּ לְאוֹר חִצֶּיךָ, וְיֵלְכוּ לְנֹגַהּ בְּרַק חֲנִיתֶךָ, וּמִפַּחְדְּךָ יִקְדְּרוּ
וְיִדְעֲכוּ וְיַאַסְפוּ נָגְהָם, וְאַתָּה חַי וְקַיָּם לַעֲדֵי עַד וּלְנֵצַח נְצָחִים.

אַתָּה הוּא יְהוָה הָאֱלֹהִים, הָרוֹקַע הָאָרֶץ עַל הַמַּיִם, הַמַּטְבִּיעַ אֲדָנֶיהָ, הַשָּׂם
מְמַדֶּיהָ, הַנּוֹטֶה עָלֶיהָ קָו, הַתּוֹלֶה אוֹתָהּ עַל בְּלִימָה. מֵכִין הָרִים בְּכֹחוֹ,
וּגְבָעוֹת בְּחֵיל תָּקְפּוֹ, יוֹסֵד עֲמָקִים וַאֲפִיקִים וְגֵיאָיוֹת, וּבְשָׁלְחֲךָ דְּבָרְךָ אֶרֶץ

עַד מְהֵרָה יָרוּץ, וְעֵת אֲשֶׁר תַּבִּיט אֵלֶיהָ תִּרְעָד, וְכִי תִגַּע בֶּהָרִים וְיֶעֱשָׁנוּ, וְיִמַּסּוּ
כַּדּוֹנַג, וְיִזְּלוּ כְּמַיִם מֻגָּרִים בְּמוֹרָד, וְאַתָּה חַי וְקַיָּם לַעֲדֵי עַד וּלְנֵצַח נְצָחִים. מיכה א

אַתָּה הוּא יְהֹוָה הָאֱלֹהִים, הַכֹּנֵס כַּנֵּד מֵי הַיָּם, נֹתֵן בְּאוֹצָרוֹת תְּהוֹמוֹת: תהלים לג
אֲשֶׁר שַׂמְתָּ חוֹל גְּבוּל לַיָּם, חָק עוֹלָם וְלֹא יַעַבְרֶנְהוּ. הַמְשַׁלֵּחַ מַעְיָנִים ירמיה ה תהלים קד
בַּנְּחָלִים: וּמְבַקֵּעַ בַּצּוּרוֹת יְאוֹרִים, הַמַּשְׁבִּיחַ שְׁאוֹן יַמִּים, וּמִן־קוֹל רַעַמְךָ
יֵחָפֵזוּן: רֹגַע הַיָּם וַיֶּהֱמוּ גַּלָּיו: וַיֵּרָאוּ אֲפִיקֵי מַיִם וַיִּגָּלוּ מוֹסְדוֹת תֵּבֵל, ישעיה נא
מִגַּעֲרָתְךָ יְהֹוָה, מִנִּשְׁמַת רוּחַ אַפֶּךָ: וְאַתָּה חַי וְקַיָּם לַעֲדֵי עַד וּלְנֵצַח נְצָחִים. תהלים יח
אַתָּה הוּא יְהֹוָה הָאֱלֹהִים, הַמְכַסֶּה שָׁמַיִם בְּעָבִים, הַמֵּכִין לָאָרֶץ מָטָר, תהלים קמז
הַמַּצְמִיחַ הָרִים חָצִיר: מַשְׁקֶה הָרִים מֵעֲלִיּוֹתָיו: הַנּוֹטֵעַ בָּאָרֶץ עֵץ כָּל פְּרִי, תהלים קד
הַמַּצְמִיחַ מוֹצָא דֶּשֶׁא וְעֵשֶׂב לַעֲבֹדַת הָאָדָם, לְהוֹצִיא לֶחֶם מִן־הָאָרֶץ:
לָתֵת זֶרַע לַזּוֹרֵעַ וְלֶחֶם לָאוֹכֵל. וְאִם נָשַׁפְתָּ בָּהֶם וַיִּיבָשׁוּ וּסְעָרָה כַּקַּשׁ ישעיה מ
תִּשָּׂאֵם: וּמִפַּחְדְּךָ הֶחְפִּיר לְבָנוֹן קָמַל, וְנֹעֵר בָּשָׁן וְכַרְמֶל: וְאַתָּה חַי וְקַיָּם ישעיה לג
לַעֲדֵי עַד וּלְנֵצַח נְצָחִים.

אַתָּה הוּא יְהֹוָה הָאֱלֹהִים, הַבּוֹרֵא כָּל נֶפֶשׁ חַיָּה, הָאָרֶץ וְכָל־אֲשֶׁר עָלֶיהָ, נחמיה ט
הַיַּמִּים וְכָל־אֲשֶׁר בָּהֶם: שָׁם־רֶמֶשׂ וְאֵין מִסְפָּר, חַיּוֹת קְטַנּוֹת עִם־גְּדֹלוֹת: תהלים קד
הַיּוֹדֵעַ כָּל עוֹף הָרִים, אִם־אֶבְרָה חֲסִידָה וְנֹצָה, וּמִבִּינָתְךָ יַאֲבֶר נֵץ וְעַל פִּיךָ איוב לט
יַגְבִּיהַּ נָשֶׁר, וּלְךָ כָּל־חַיְתוֹ־יָעַר, בְּהֵמוֹת בְּהַרְרֵי אָלֶף: צֹנֶה וַאֲלָפִים כֻּלָּם: תהלים נ תהלים ח
בְּהֵמָה וָרֶמֶשׂ וְחַיְתוֹ־אֶרֶץ לְמִינָהּ: כֻּלָּם אֵלֶיךָ יְשַׂבֵּרוּן, לָתֵת אָכְלָם בְּעִתּוֹ: בראשית א תהלים קד
תִּתֵּן לָהֶם יִלְקֹטוּן, תִּפְתַּח יָדְךָ יִשְׂבְּעוּן טוֹב: תַּסְתִּיר פָּנֶיךָ יִבָּהֵלוּן, תֹּסֵף
רוּחָם יִגְוָעוּן וְאֶל־עֲפָרָם יְשׁוּבוּן: וְאַתָּה חַי וְקַיָּם לַעֲדֵי עַד וּלְנֵצַח נְצָחִים.

אַתָּה הוּא יְהֹוָה הָאֱלֹהִים, אֲשֶׁר יָצַרְתָּ אֶת הָאָדָם עָפָר מִן הָאֲדָמָה.
עוֹר וּבָשָׂר הִלְבַּשְׁתּוֹ וּבַעֲצָמוֹת וְגִידִים סוֹכַכְתּוֹ, חַיִּים וָחֶסֶד עָשִׂיתָ עִמּוֹ
וְרוּחֲךָ הַטּוֹבָה נָתַתָּ לְהַשְׂכִּילוֹ, אָרְחוֹ וְרִבְעוֹ זֵרִיתָ וְכָל דְּרָכָיו הִסְכַּנְתָּ,
וַתּוֹדִיעֵהוּ חֻקֵּי רְצוֹנֶךָ וַתְּלַמְּדֵהוּ לַעֲשׂוֹת הַטּוֹב וְהַיָּשָׁר בְּעֵינֶיךָ כָּל יְמֵי
חַיָּיו בָּאָרֶץ, עַד בֹּא יוֹמוֹ עֵת פְּקֻדָּתוֹ. תִּתְקְפֵהוּ לָנֶצַח וַיַּהֲלֹךְ, מְשַׁנֶּה פָנָיו איוב יד
וַתְּשַׁלְּחֵהוּ: יִגְוַע כָּל־בָּשָׂר יָחַד, וְאָדָם עַל־עָפָר יָשׁוּב: וְאַתָּה חַי וְקַיָּם לַעֲדֵי איוב לד
עַד וּלְנֵצַח נְצָחִים.

נחמיה ט תהלים לו אַתָּה הוּא יְהוָה הָאֱלֹהִים, וְאַתָּה מְחַיֶּה אֶת־כֻּלָּם: כִּי־עִמְּךָ מְקוֹר חַיִּים:
הָאֵל הַמּוֹשֵׁל בִּגְבוּרָתוֹ עוֹלָם, בְּכָל מָקוֹם עֵינֶיךָ מְשׁוֹטְטוֹת, לֹא יִסָּתֵר אִישׁ
בַּמִּסְתָּרִים כִּי אִם אַתָּה תִרְאֵהוּ, לֹא יֵלֵךְ אֱנוֹשׁ מֵרוּחֶךָ וְאָנָה מִפָּנֶיךָ יִבְרַח.
תהלים צט דברים י מֶלֶךְ מִשְׁפָּט אָהֵב, כּוֹנֵן מֵישָׁרִים וְלֹא עַוְלָתָה בּוֹ, אֲשֶׁר לֹא־יִשָּׂא פָנִים וְלֹא
יִקַּח שֹׁחַד: כַּאֲשֶׁר דִּמִּית כֵּן הָיָתָה וְכַאֲשֶׁר יָעַצְתָּ הִיא תָקוּם. קוֹלְךָ חוֹצֵב
לַהֲבוֹת אֵשׁ, וְרוּחֲךָ מְפָרֵק הָרִים וּמְשַׁבֵּר סְלָעִים, וּדְבָרְךָ לֹא יָשׁוּב רֵיקָם כִּי
אִם עָשָׂה אֶת אֲשֶׁר חָפַצְתָּ וְהִצְלִיחַ אֶת אֲשֶׁר שְׁלַחְתָּהוּ. חוֹקֵר לְבָבוֹת בּוֹחֵן
משלי כ איוב יב כְּלָיוֹת, חֹפֵשׂ כָּל־חַדְרֵי־בָטֶן: מְגַלֶּה עֲמֻקוֹת מִנִּי־חֹשֶׁךְ, וַיֹּצֵא לָאוֹר צַלְמָוֶת:
מַעֲבִיר יוֹם וּמֵבִיא לָיְלָה, מַזְרִיחַ חַמָּה וּמַעֲרִיב לְבָנָה, מוֹצִיא קַיִץ וּמֵבִיא חֹרֶף,
מְשַׁנֶּה עִתִּים וּזְמַנִּים, מוֹלִיךְ דּוֹר וּמֵבִיא אַחֵר, מֵסִיר מְלָכִים וּמֵקִים מְלָכִים,
מַשְׁפִּיל גֵּאִים וּמַגְבִּיהַּ שְׁפָלִים, מֵמִית חַיִּים וּמְחַיֶּה מֵתִים, מוֹרִישׁ עֲשִׁירִים
וּמַעֲשִׁיר רָשִׁים, מֵקִים מֵעָפָר דַּלִּים מֵאַשְׁפּוֹת יָרִים אֶבְיוֹנִים, מַשְׂבִּיעַ רְעֵבִים
וּמְרַוֶּה צְמֵאִים, מַלְבִּישׁ עֲרֻמִּים וְזוֹקֵף כְּפוּפִים, וְסוֹמֵךְ נוֹפְלִים וּמַתִּיר אֲסוּרִים,
וּפוֹקֵחַ עִוְרִים, וּמַרְנִין אִלְּמִים וּמְמַלֵּא חֲסֵרִים, וּפוֹקֵד עֲקָרוֹת וּפוֹטֵר רְחָמִים,
מוֹלִיד אַחֲרֵי עֹצֶר וּמְרַפֵּא אַחֲרֵי מַחַץ, וְחוֹבֵשׁ אַחֲרֵי שֶׁבֶר. קָרוֹב לְנִשְׁבָּרִים
וּמוֹשִׁיעַ אֶת נִדְכָּאִים. אוֹהֵב עֲנָוִים וְשׂוֹנֵא גֵּאִים, וּמְקָרֵב אֶת הָרְחוֹקִים
וּמְקַבֵּל אֶת הַשָּׁבִים. סוֹלֵחַ עֲוֹנוֹת וּמְכַפֵּר חַטָּאִים וְעוֹבֵר עַל פְּשָׁעִים. רַב חֶסֶד
לַטּוֹבִים וְלָרָעִים. אֶרֶךְ אַפַּיִם לַצַּדִּיקִים, גּוֹמֵל טוֹבוֹת לַחַיָּבִין, וְעוֹנֶה בְּכָל עֵת
צָרָה לְיוֹרְדֵי הַיָּם בָּאֳנִיּוֹת, לְתוֹעֵי בַּמִּדְבָּר בִּישִׁימוֹן דֶּרֶךְ, לַאֲסִירֵי עֳנִי וּבַרְזֶל,
לַשּׁוֹכְבִים עַל עֶרֶשׂ דְּוָי, לַהוֹלְכִים בְּלֹא כֹחַ לִפְנֵי רוֹדֵף, לַנְּתוּנִים לִפְנֵי פְּרִיץ
חַיּוֹת, לַאֲשֶׁר נִדְמוּ בְּתוֹךְ הַהֲפֵכָה, לַגֵּרִים וְלַתּוֹשָׁבִים בְּאֶרֶץ לֹא לָהֶם, לְיוֹשְׁבֵי
אֶרֶץ כִּי תָבֹא עֲלֵיהֶם חֶרֶב, לְכוֹרְמִים וּלְיוֹגְבִים בְּהֵעָצֵר טַל וּמָטָר, לְאַיָּל כִּי
איוב לח תַעֲרֹג עַל אֲפִיקֵי מָיִם, לְיַעֲלֵי סֶלַע עֵת תִּכְרַעְנָה יַלְדֵיהֶן תְּפַלַּחְנָה, לְעוֹרֵב כִּי־
יְלָדָו אֶל־אֵל יְשַׁוֵּעוּ: וְשַׁוְעַת הַכֹּל תִּשְׁמַע בְּפַעַם אַחַת, וּכְהֶרֶף עַיִן תּוֹשִׁיעַ
יונה ד אֶת כֻּלָּם, כִּי אַתָּה אֵל־חַנּוּן וְרַחוּם, אֶרֶךְ אַפַּיִם וְרַב־חֶסֶד, וְנִחָם עַל־הָרָעָה:
נחמיה ט וּצְבָא הַשָּׁמַיִם לְךָ מִשְׁתַּחֲוִים: וּשְׂרָפִים מִמַּעַל לְפָנֶיךָ עוֹמְדִים, וּמַלְאָכִים רוּחוֹת
יחזקאל א עֲשִׂיתָ לְךָ נִצָּבִים, וּמְשָׁרְתֶיךָ אֵשׁ לוֹהֵט מַרְאֵיהֶם כְּלַפִּידִים, הַחַיּוֹת רָצוֹא
איוב לח וָשׁוֹב, כְּמַרְאֵה הַבָּזָק: תְּשַׁלַּח בְּרָקִים וְיֵלֵכוּ, וְיֹאמְרוּ לְךָ הִנֵּנוּ: וְכֻלָּם מְפָאֲרִים
לְשֵׁם קָדְשֶׁךָ, וּמְשַׁבְּחִים לִפְנֵי כִּסֵּא כְבוֹדֶךָ. וּמִיִּרְאָתְךָ יָנוּעוּ אֵילִים, וּמֵאֵימָתְךָ

יִרְעֲשׁוּ אוֹפַנִּים, וּמִקּוֹל דִּבְרְךָ תְּרַפֶּינָה כַּנְפֵיהֶם, וְיִשְׂאוּ קְדֻשָּׁה לְךָ הָאֵל אֲשֶׁר
כְּבוֹדוֹ מְלֹא כָל הָאָרֶץ, וְיִתְּנוּ בְּרָכָה לְךָ הָאֵל הַבָּרוּךְ כְּבוֹדוֹ מִמְּקוֹמוֹ. וְלֹא
יַכִּירוּ לְךָ מָקוֹם, וְלֹא יֵדְעוּ לְךָ מַחֲנֶה, כִּי עָנָן וַעֲרָפֶל סְבִיבֶךָ, וְסוּפָה וּסְעָרָה
בִּדְרָכֶיךָ, וְאֵשׁ מִתְלַקַּחַת כְּמַרְאֵה הַחַשְׁמַל לְפָנֶיךָ, וְנֹגַהּ כָּאוֹר תִּהְיֶה קַרְנַיִם חבקוק ג
מִיָּדֶיךָ, וְהוֹד וְהָדָר וְזֹהַר מִנֹּגַהּ נֶגְדֶּךָ. וַתָּשֶׁת חֹשֶׁךְ עָבֵי שְׁחָקִים סִתְרֶךָ, וְגֵאוּת
וּגְבוּרָה שַׂמְתָּ לְבוּשֶׁךָ, וּדְמוּת כָּל גֵּאֶה וָרָם הֶרְאֵיתָ בְּמַרְכְּבוֹתֶיךָ, כִּי כָל הַגֵּאִים
וְהָרָמִים שְׁפָלִים תַּחְתֶּיךָ, וּלְמוּלְךָ מִי יָעֹז, וּמִי יוּכַל לַעֲמֹד נֶגְדֶּךָ, וּמִי זֶה לְפָנֶיךָ
יִתְיַצֵּב, וּמִי הִקְשָׁה אֵלֶיךָ עֹרֶף וַיִּשְׁלָם. בַּעֲבוּר כִּי אַתָּה הוּא בַּעַל הַגְּבוּרָה,
אַל־יִתְהַלֵּל הַגִּבּוֹר בִּגְבוּרָתוֹ: וּלְמַעַן כִּי אַתָּה הוּא בַּעַל הַחָכְמָה, אַל־יִתְהַלֵּל ירמיה ט
חָכָם בְּחָכְמָתוֹ: וּלְפִי כִּי אַתָּה הוּא בַּעַל הָעֹשֶׁר, אַל־יִתְהַלֵּל עָשִׁיר בְּעָשְׁרוֹ:
כִּי כֶחָצִיר מְהֵרָה יִמָּלוּ, וּכְיֶרֶק דֶּשֶׁא יִבּוֹלוּן: כַּלְּבוּשׁ תַּחֲלִיפֵם וְיַחֲלֹפוּ: וְכַצֵּל תהלים לז תהלים קב
עוֹבְרִים וְיַעֲבֹרוּן. וְאַף כִּי הַמַּשְׂכִּיל וְיוֹדֵעַ אוֹתְךָ, לֹא בְּמַעֲשָׂיו יִתְהַלֵּל כִּי
אִם בְּשִׁמְךָ, כִּי בְךָ יִצְדְּקוּ וְיִתְהַלְלוּ כָּל־זֶרַע יִשְׂרָאֵל לֵאמֹר, בֵּאלֹהִים הִלַּלְנוּ ישעיה מה תהלים מד
כָל־הַיּוֹם, וְשִׁמְךָ לְעוֹלָם נוֹדֶה סֶּלָה:

אַתָּה הוּא יְהוָה הָאֱלֹהִים, אֲשֶׁר בָּחַרְתָּ בְּאַבְרָם וְהוֹצֵאתוֹ מֵאוּר כַּשְׂדִּים, נחמיה ט
וְשַׂמְתָּ שְׁמוֹ אַבְרָהָם: וְכָרַתָּ בְּרִיתְךָ אֶת יִצְחָק וְנִשְׁבַּעְתָּ לוֹ בְּהַר הַמּוֹרִיָּה,
וַהֲקִימוֹתָ עֵדוּת בְּיַעֲקֹב וְתוֹרָה שַׂמְתָּ בְּיִשְׂרָאֵל. הַמַּסּוֹת הַגְּדוֹלוֹת אֲשֶׁר רָאוּ
עֵינֵינוּ, הָאוֹתוֹת וְהַמּוֹפְתִים הַיָּד הַחֲזָקָה וְהַזְּרוֹעַ הַנְּטוּיָה אֲשֶׁר לֹא נִבְרְאוּ
כָהֶם בַּשָּׁמַיִם וּבָאָרֶץ, הָעֵדוּת, הַמִּקְרָא, וְהַמִּשְׁנָה, הַכְּתוּבִים וְהַדְּרוּשִׁים.
הַמְשִׁיבֵי נֶפֶשׁ, הַמְשַׂמְּחֵי לֵב, הַמַּגְבִּיהֵי קוֹמָה, הַמְאִירֵי עֵינַיִם, אֲשֶׁר יַעֲשֶׂה ויקרא יח
אֹתָם הָאָדָם וָחַי בָּהֶם: מִן הַשָּׁמַיִם הִשְׁמַעְתָּ אֶת אֲבוֹתֵינוּ אֶת קוֹלֶךָ, וְעַל
הָאָרֶץ הֶרְאִיתָם אֶת אִשְּׁךָ הַגְּדוֹלָה, וְכִתּוּתָהּ מִפְּנֵיהֶם צָרֵיהֶם, וּמַנְּךָ לֹא־ נחמיה ט
מָנַעְתָּ מִפִּיהֶם: וַתִּתֵּן אֶת מִשְׁכָּנְךָ בְּתוֹכָם, כִּי שִׁמְךָ עֲלֵיהֶם נִקְרָא, יְהוָה ישעיה לז
צְבָאוֹת אֱלֹהֵי יִשְׂרָאֵל יֹשֵׁב הַכְּרֻבִים: כֹּל אֲשֶׁר עָשִׂיתָ בַּעֲבוּר יִשְׁמְרוּ חֻקֶּיךָ,
וְיִנְצְרוּ תּוֹרָתְךָ וּמִשְׁפָּטֶיךָ. עַל־כֵּן גָּדַלְתָּ יְהוָה אֱלֹהִים עַד מְאֹד, כִּי־אֵין כָּמוֹךָ שמואל ב ז
וְאֵין אֱלֹהִים זוּלָתְךָ בְּכֹל אֲשֶׁר שָׁמַעְנוּ בְּאָזְנֵינוּ: עַל כֵּן נֶאֱמַר, בָּרוּךְ יְהוָה
אֱלֹהִים, וּבָרוּךְ שֵׁם כְּבוֹדוֹ לְעוֹלָם: תהלים עב

בָּרוּךְ אַתָּה אֱלֹהֵי הָאֱלֹהִים, וּבָרוּךְ אַתָּה אֲדוֹנֵי הָאֲדוֹנִים.
בָּרוּךְ אַתָּה רִאשׁוֹן מִקֶּדֶם עַד לֹא כָּל רִאשׁוֹן
וּבָרוּךְ אַתָּה אַחֲרוֹן בַּסּוֹף וְתַכְלִית כָּל אַחֲרוֹן.
איוב ט בָּרוּךְ אַתָּה עֹשֶׂה גְדֹלוֹת עַד־אֵין חֵקֶר
וּבָרוּךְ אַתָּה פּוֹעֵל נִפְלָאוֹת עַד־אֵין מִסְפָּר:
ישעיה מ ישעיה ה בָּרוּךְ אַתָּה לֹא יִיעַף וְלֹא יִיגָע, וּבָרוּךְ אַתָּה לֹא יָנוּם וְלֹא יִישָׁן.
ישעיה מו בָּרוּךְ אַתָּה מַגִּיד מֵרֵאשִׁית אַחֲרִית
וּבָרוּךְ אַתָּה מוֹדִיעַ מִקֶּדֶם אֲשֶׁר לֹא־נַעֲשׂוּ:
בָּרוּךְ אַתָּה מְשַׁלֵּם שָׂכָר טוֹב לִירֵאָיו
עזרא ח וּבָרוּךְ אַתָּה עֻזּוֹ וְאַפּוֹ עַל כָּל־עֹזְבָיו:
תהלים סה בָּרוּךְ אַתָּה מִבְטָח כָּל־קַצְוֵי־אֶרֶץ וְיָם רְחֹקִים:
וּבָרוּךְ אַתָּה אֲשֶׁר לֹא יֵבוֹשׁוּ קֹוָיו לָעוֹלָם.
דברים ד בָּרוּךְ אַתָּה בַּשָּׁמַיִם מִמַּעַל, וּבָרוּךְ אַתָּה עַל־הָאָרֶץ מִתָּחַת:
בָּרוּךְ אַתָּה בַּיּוֹם כִּי יָאִיר לָנוּ, וּבָרוּךְ אַתָּה בַּלַּיְלָה כִּי יַחְשִׁיךְ מִמֶּנּוּ.
בָּרוּךְ אַתָּה עַל כִּסֵּא כְבוֹדֶךָ, וּבָרוּךְ אַתָּה בְּכָל קְצוֹת הַשָּׁמָיִם.
בָּרוּךְ אַתָּה בְּבֵית מִקְדָּשֶׁךָ, וּבָרוּךְ אַתָּה בְּכָל אַפְסֵי הָאָרֶץ.
בָּרוּךְ אַתָּה בְּמַלְאֲכֵי מָרוֹם, וּבָרוּךְ אַתָּה בִּקְהַל קְדוֹשִׁים.
בָּרוּךְ אַתָּה בִּבְנֵי יִשְׂרָאֵל, וּבָרוּךְ אַתָּה בְּכָל לְאֻמִּים וְאִיִּים.
בָּרוּךְ אַתָּה בַּדּוֹרוֹת הָעוֹמְדִים, וּבָרוּךְ אַתָּה בַּדּוֹרוֹת הַבָּאִים.
בָּרוּךְ אַתָּה בִּימֵי גָלוּתֵנוּ, וּבָרוּךְ אַתָּה בִּימֵי גְאֻלָּתֵנוּ.
בָּרוּךְ אַתָּה בָּעוֹלָם הַזֶּה, וּבָרוּךְ אַתָּה בָּעוֹלָם הַבָּא.
בָּרוּךְ אַתָּה בְּכָל הַבְּרָכוֹת אֲשֶׁר נֶאֶמְרוּ
וּבָרוּךְ אַתָּה בְּכָל הַבְּרָכוֹת הָעֲתִידוֹת לְהֵאָמֵר.

וּלְךָ דוּמִיָּה תְהִלָּה וְיָאֲתָה בְרָכָה, וְנָעִים לְזַמֵּר וְטוֹב לְהוֹדוֹת. וְאִם הוֹאַלְנוּ כָּל יְמֵי חַיֵּינוּ וְאַף נָדַדְנוּ כָּל שֵׁנָה מֵעֵינֵינוּ, וְהִתְיַצַּבְנוּ כָּאֲרָזִים, וְשָׁפַכְנוּ שִׂיחַ כְּכָל הַמַּיִם שֶׁבַּיַּמִּים, לְבָרֶכְךָ בְּדִבְרֵי כָל פֶּה, וּלְהַלֶּלְךָ מֵרְנָנַת כָּל לָשׁוֹן, וּלְהוֹדוֹת לְךָ מֵרְחִישַׁת כָּל לֵב, וּלְשַׁבֵּחֲךָ מֵאֲרֶשֶׁת כָּל שָׂפָה, וְיוֹתֵר מִמִּנְיַן עֲפַר הָאָרֶץ וְחוֹל הַיָּם וְכוֹכְבֵי הָרָקִיעַ, וּלְרֹב מֵחֶשְׁבּוֹן הַשָּׁנִים וְהַיָּמִים וְהַשָּׁעוֹת וְהָרְגָעִים, וּלְמַעְלָה מִמִּסְפַּר כָּל צֶמַח כָּל עָלֶה וְכָל זֶרַע, וְלִמְאֹד מִמִּדַּת

מִצְעֲדֵי כָּל רֶגֶל וְכָל נִשְׁמַת רוּחַ חַיִּים, לֹא הִגַּעְנוּ עַד חֵלֶק אֶחָד מֵאֲלָפִים
וְרִבֲבוֹת תְּהִלּוֹתֶיךָ. אֱמֶת, מִי יְמַלֵּל גְּבוּרוֹת יְהוָה, יַשְׁמִיעַ כָּל־תְּהִלָּתוֹ: אֲבָל תהלים קו
כְּפִי כֹחֵנוּ נַזְכִּיר מִקְצָתָם, וְאַתָּה מִשָּׁמַיִם תִּשְׁמַע וְתוֹשִׁיעַ וְתֵרָצֶה לָנוּ, כִּי
אֵל שׁוֹמֵעַ תְּפִלָּה אָתָּה.

יְהִי רָצוֹן מִלְּפָנֶיךָ, יְהוָה אֱלֹהֵינוּ שֶׁתִּמְחֹל לָנוּ עַל כָּל עֲוֹנוֹתֵינוּ. וּתְכַפֵּר לָנוּ
עַל כָּל פְּשָׁעֵינוּ, וְתִסְלַח לָנוּ לְחַטֹּאתֵינוּ כְּגֹדֶל חַסְדֶּךָ, כִּי־רַבּוּ מְשׁוּבֹתֵינוּ לְךָ ירמיה יד
חָטָאנוּ, וְעָוִינוּ הִרְשַׁעְנוּ וּפָשַׁעְנוּ מָרַדְנוּ וְסַרְנוּ מִמִּצְוֹתֶיךָ וּמִשְׁפָּטֶיךָ הַטּוֹבִים.
אָנָּא לְמַעַנְךָ קַבְּלֵנוּ וּרְצֵה תְשׁוּבָתֵנוּ, כַּבְּסֵנוּ מֵעֲוֹנֵינוּ וּמֵחַטֹּאתֵינוּ טַהֲרֵנוּ,
וְנִהְיֶה מִן הַשָּׁבִים אֵלֶיךָ בְּכָל לִבָּם אֲשֶׁר לְחַטָּאתָם לֹא תִזְכֹּר עוֹד.

יְהִי רָצוֹן מִלְּפָנֶיךָ, יְהוָה אֱלֹהֵינוּ שֶׁתִּנְהַג עִמָּנוּ בְּמִדַּת הָרַחֲמִים כָּל יְמֵי חַיֵּינוּ,
וְתָנִיחַ לָנוּ מִמְּגוּרָתֵנוּ וּתְכוֹנֵן מַעֲשֵׂי יָדֵינוּ, וְתִרְפָּא אֶת מַכּוֹתֵינוּ וְתַצִּילֵנוּ מִכַּף
אוֹיְבֵינוּ, וְלֹא יִשָּׁמַע צְעָקָה וּבְכִי בְּבָתֵּינוּ וְלֹא שֹׁד וָשֶׁבֶר בִּגְבוּלֵנוּ, וְנִהְיֶה
רְצוּיֶךָ וְיִרְאֵי שְׁמֶךָ, כִּי תְלַמְּדֵנוּ תּוֹרָתֶךָ וְתַשְׂכִּילֵנוּ שֵׂכֶל טוֹב מִלְּפָנֶיךָ, וּתְיַחֵד
לְבָבֵנוּ לְיִרְאָה אֶת שְׁמֶךָ לְמַעַן נַשְׂכִּיל בְּכָל אֲשֶׁר נֵלֵךְ וּבְכָל אֲשֶׁר נִפְנֶה שָׁם
עַד הַיּוֹם אֲשֶׁר תַּאַסְפֵנוּ אֵלֶיךָ, וְתוֹצִיאֵנוּ מִשָּׁלוֹם אֶל שָׁלוֹם, וְנִמְצָא מְנוּחָה
בְּאֹרַח הַחַיִּים לְפָנֶיךָ וּנְעִימוֹת בִּימִינְךָ נֶצַח.

יְהִי רָצוֹן מִלְּפָנֶיךָ, יְהוָה אֱלֹהֵינוּ שֶׁתִּרְאֶה בָּעֳנִי עַמְּךָ יִשְׂרָאֵל הַנְּפוּצִים בְּכָל
הָאֲרָצוֹת, וּבְחָרְבוֹת יְרוּשָׁלַיִם אֲשֶׁר הָיְתָה שְׁמָמָה, וּמִקְדָּשְׁךָ אֲשֶׁר הָיָה
מְשֻׁלָּח וְנֶעֱזָב כַּמִּדְבָּר, וּתְקַנֵּא לְשֵׁם קָדְשְׁךָ הַמְחֻלָּל בַּגּוֹיִם. וּתְקַבֵּץ שְׁאֵרִית
צֹאנְךָ מִכָּל הַמְּקוֹמוֹת אֲשֶׁר נָפוֹצוּ שָׁמָּה, וְהָשֵׁב יִשְׂרָאֵל אֶל נָוֵהוּ, וְאַרְמוֹן ירמיה ל
עַל־מִשְׁפָּטוֹ יֵשֵׁב: וּבָאָה הַמֶּמְשָׁלָה הָרִאשֹׁנָה מַמְלֶכֶת לְבַת־יְרוּשָׁלָ͏ִם: מיכה ד
וְעָמַד וְרָעָה בְּעֹז יְהוָה בִּגְאוֹן שֵׁם יְהוָה אֱלֹהָיו: וְנִקְווּ אֵלָיו כָּל הַגּוֹיִם מיכה ה
לִקְרֹא כֻלָּם בְּשֵׁם יְהוָה וּלְעָבְדוֹ שְׁכֶם אֶחָד: כִּי לְךָ אֲנַחְנוּ מְחַכִּים, וּמְצַפִּים צפניה ג
לִישׁוּעָתֶךָ, וּמְיַחֲלִים לַהֲמוֹן רַחֲמֶיךָ וַחֲסָדֶיךָ, אַל תְּבִישֵׁנוּ יְהוָה מִשִּׂבְרֵנוּ
וְאַל תְּפַח נָא מַלְכֵּנוּ אֶת תִּקְוָתֵנוּ. הַרְאֵנוּ יְהוָה חַסְדֶּךָ, וְיֶשְׁעֲךָ תִּתֶּן־לָנוּ: תהלים פה
וְקַיֵּם לָנוּ הַבְטָחוֹתֶיךָ וּמַלֵּא לָנוּ נֶחָמוֹתֶיךָ. הוֹשִׁיעָה אֶת־עַמֶּךָ וּבָרֵךְ אֶת־ תהלים כח
נַחֲלָתֶךָ, וּרְעֵם וְנַשְּׂאֵם עַד־הָעוֹלָם: יִהְיוּ לְרָצוֹן אִמְרֵי־פִי וְהֶגְיוֹן לִבִּי לְפָנֶיךָ, תהלים יט
יְהוָה צוּרִי וְגֹאֲלִי:

הבקשה השנייה נועדה לימי הצומות ולעתות צרה, "והנוסח האחר מכיל דברים צורבים המכאיבים את הלב ומכניעים את האדם, וזה לשונו" (סידור רס"ג):

תהלים נא אֲדֹנָי שְׂפָתַי תִּפְתָּח, וּפִי יַגִּיד תְּהִלָּתֶךָ: גַּם הַיּוֹם יָדַעְתִּי וַהֲשִׁבֹתִי אֶל לְבָבִי, כִּי אַתָּה יְהֹוָה אֶחָד וְאֵין עִמְּךָ שֵׁנִי בְּמַלְכוּתְךָ וּבְמֶמְשַׁלְתֶּךָ. וְאֵין אַחֵר לַעֲשׂוֹת כְּמַעֲשֶׂיךָ וְכִגְבוּרוֹתֶיךָ. וְכָל אַחֵר שֶׁהוּא זוּלָתְךָ, נוֹצָר הוּא וְחָדָשׁ, וְאֵיךְ יִדְמֶה לְךָ וְאַתָּה יְצַרְתּוֹ אוֹ יַעֲרֹךְ לְךָ וְאַתָּה בְּרָאתוֹ, לָכֵן יַאֲמִינוּ הַלְּבָבוֹת וְתֵדַעְנָה הַנְּפָשׁוֹת, כִּי אַתָּה יְהֹוָה אֶחָד מְיֻחָד בְּכָל שְׁמוֹתֶיךָ, וְנִשְׂגָּב בְּכָל דְּרָכֶיךָ, וְנִפְלָא בְּכָל מַעֲשֶׂיךָ, וְנֶעְלָם מֵעֵינֵי כָּל חַי וְעַיִן לֹא תְשׁוּרֶךָּ.

אֱמֶת יְהֹוָה אֱלֹהֵינוּ, אַתָּה הָיִיתָ עַד לֹא עוֹלָם מֵאָז, וְאַתָּה הוּא בִּהְיוֹת עוֹלָם
תהלים קב וּבְהִתְיַצְּבוֹ. וְאַתָּה אַחֲרֵי אָבְדוֹ וְחָלְפוֹ, וּשְׁנוֹתֶיךָ לֹא יִתָּמּוּ:

וֶאֱמוּנָה יְהֹוָה אֱלֹהֵינוּ, אַתָּה בָּרָאתָ אֶת כָּל הַבְּרוּאִים, בְּמַאֲמָר וְלֹא בִיגִיעָה. קָרָאתָ לָהֶם בִּקְרִיאָה וַיַּעַמְדוּ יַחְדָּו. וּלְךָ הַיְכֹלֶת לְהַעֲבִירָם וּלְהַחֲלִיפָם, וּבְיָדְךָ כֹּחַ וּגְבוּרָה לְחַדְּשָׁם וְלַהֲשִׁיבָן לְקַדְמוּתָן.

וְאָמְנָם יְהֹוָה אֱלֹהֵינוּ, אַתָּה בָּרָאתָ אֶת הָעוֹלָם הַזֶּה עוֹלָם עוֹבֵר, לִבְחֹן בּוֹ אֶת כָּל בְּנֵי הָאָדָם בְּמִשְׁפָּטִים וְחֻקִּים אֲשֶׁר צִוִּיתָם, וּבְדֶרֶךְ הַחַיִּים וְהַטּוֹב, וְהַמָּוֶת וְהָרָע אֲשֶׁר נָתַתָּה לִפְנֵיהֶם. וְאֶת הָעוֹלָם הַבָּא עוֹלָם עוֹמֵד, לְשַׁלֵּם בּוֹ שָׂכָר טוֹב לְכָל חֲסִידֶיךָ, וּלְהִנָּקֵם בּוֹ נְקַם בְּרִית מִן הַבּוֹגְדִים בָּךְ.

וֶאֱמֶת יְהֹוָה אֱלֹהֵינוּ, אַתָּה בָּחַרְתָּ אֶת זֶרַע יְשׁוּרוּן מִכָּל הָעַמִּים אֲשֶׁר עַל פְּנֵי הָאֲדָמָה, וַתַּעַשׂ לָנוּ מִימֵי קֶדֶם הַמַּסּוֹת הַגְּדוֹלוֹת אֲשֶׁר רָאוּ עֵינֵינוּ, הָאוֹתוֹת וְהַמּוֹפְתִים וְהַיָּד הַחֲזָקָה וְהַזְּרוֹעַ הַנְּטוּיָה, אֲשֶׁר לֹא נִבְרְאוּ כָהֵנָּה בְּכָל הָאָרֶץ וּבְכָל הַגּוֹיִם.

וֶאֱמוּנָה יְהֹוָה אֱלֹהֵינוּ, אַתָּה יִסַּרְתָּנוּ בְּעֵת הִכְעַסְנוּ אוֹתְךָ בַּשְּׁבִי וּבַגּוֹלָה, וְלַמָּוֶת לֹא נְתַתָּנוּ.

וְאָמְנָם יְהֹוָה אֱלֹהֵינוּ, אַתָּה הוּא גּוֹאֲלֵנוּ וּמוֹשִׁיעֵנוּ, הַמֵּשִׁיב שְׁבוּתֵנוּ, הַבּוֹנֶה בֵּית מִקְדָּשֵׁנוּ, הַמֵּיטִיבֵנוּ וְהַמַּרְבֵּנוּ מֵאֲבוֹתֵינוּ, כַּאֲשֶׁר דִּבַּרְתָּ בְּפִיךָ וּבְיָדְךָ תְמַלֵּא.

עַל אֵלֶּה נוֹדֶה לְּךָ יְהֹוָה אֱלֹהֵינוּ, וְעַל עֲצוּמוֹת וּגְדוֹלוֹת וְנִפְלָאוֹת מֵאֵלֶּה,

כְּמַעֲשֶׂיךָ הָאֲיֻמִּים וּמִפְעָלֶיךָ הַנּוֹרָאִים, אֲשֶׁר לֹא יְכַלְכְּלוּם הַשָּׁמַיִם וְהָאָרֶץ, וְאַף כִּי בְּנֵי הָאָדָם. וְלֹא יוּכְלוּ כָּל הַחַיִּים לָתוּר וְלַחְקֹר קְצוֹתָם, וְאַף כִּי אָדָם אֶחָד. וּמִי זֶה יְמַלֵּל גְּבוּרוֹתֶיךָ אוֹ יַשְׁמִיעַ תְּהִלּוֹתֶיךָ, וְאַתָּה הַמִּתְנַשֵּׂא לְכֹל לְרֹאשׁ, וְהַמְרוֹמָם עַל כָּל בְּרָכָה וּתְהִלָּה. הֵן אֵלֶּה קְצוֹת דְּרָכֶיךָ זָכַרְתִּי וְנִבְהַלְתִּי, וְעוֹד קָטֹנְתִּי בְּעֵינַי וְנִדְכֵּאתִי וְשָׁפַלְתִּי. כִּי מָה הָאָדָם לְהִתְיַצֵּב לְפָנֶיךָ, וֶאֱנוֹשׁ מַה כֹּחוֹ לַעֲמֹד נֶגְדֶּךָ, וּתְחִלַּת יְסוֹדוֹ מִן הֶעָפָר. וּבְעוֹדֶנּוּ חַי בֶּעָפָר מְדוֹרוֹ, וְאַחֲרֵי מוֹתוֹ אֶל עָפָר יָשׁוּב, וּבַמֶּה יִתְגָּאֶה אוֹ יָעֹז.

אִם בִּגְבוּרָה, אָכֵן חַלָּשׁ הוּא בִּהְיוֹתוֹ תָּמִים, וְאַף כִּי בַּחֲלוֹתוֹ, וְהַיָּגוֹן וְהָאֲנָחָה שׁוֹבְרוֹת כֹּחוֹ, וְהַצָּרוֹת וְהַמְּצוּקוֹת נוֹתְשׁוֹת גְּבוּרָתוֹ.

וְאִם בְּחָכְמָה, הִנֵּה הוּא נִבְעַר מִדַּעַת, גָּלְמוֹ וַחֲדָרָיו לֹא יֵדַע, שִׁבְתּוֹ וְקוּמוֹ,
אָרְחוֹ וְרִבְעוֹ וְנוּמוֹ, רַעֲבוֹ וְשָׂבְעוֹ, וְחָלְיוֹ וּמוֹתוֹ, וְגַם מַה־יֵּלֶד יוֹם וּמַה יִּהְיֶה משלי כז
לְמָחָר לֹא יָבִין. עַל כֵּן מָלֵא לִבּוֹ פַּחַד וְעִצָּבוֹן.

וְאִם בְּעֹשֶׁר, הִנֵּה הוּא עָנִי וָדָל, עָרוֹם יָצָא מִבֶּטֶן אִמּוֹ, וְעָרוֹם יָשׁוּב לָלֶכֶת קהלת ה
כְּשֶׁבָּא, וּמְאוּמָה לֹא־יִשָּׂא בַעֲמָלוֹ שֶׁיֹּלֵךְ בְּיָדוֹ: וְאִם יִשְׂמַח כִּי רַב חֵילוֹ, וְכִי
כַבִּיר מָצְאָה יָדוֹ, הֵן עָשִׁיר יִשְׁכַּב וְלֹא יֵאָסֵף, עֵינָיו פָּקַח וְאֵינֶנּוּ: איוב כז

וְאִם בִּימֵי חַיָּיו וּשְׁנוֹתָיו, הִנֵּה טְפָחוֹת נָתַתָּה יָמָיו, וְחֶלְדּוֹ כְּאַיִן נֶגְדֶּךָ, וּשְׁנוֹתָיו
כְּצֵל עוֹבֵר, כְּצִיץ יָצָא וַיִּמָּל, וַיִּבְרַח כַּצֵּל וְלֹא יַעֲמוֹד: איוב יד

וְאִם בְּמַעֲשָׂיו וּמִפְעָלָיו, אַךְ בְּצֶלֶם יִתְהַלֶּךְ בָּמוֹ, אַךְ־הֶבֶל יֶהֱמָיוּן, בְּשֵׁנָה יִקַּח תהלים לט
מֵהֶם, וְיֵבוֹשׁ וִיכַלֵּם מֵעֲצָתוֹ. יָלִין וְיַשְׁכִּים וִיקַוֶּה לְרִמָּה, וְיִסַּע מַסָּע אַחֲרֵי מַסָּע
אֶל־אֶרֶץ חֹשֶׁךְ וְצַלְמָוֶת, עַד בֹּא יוֹמוֹ עֵת פְּקֻדָּתוֹ. בָּעֵת הַהִיא יֶמֶס כָּעָשׁ איוב י תהלים לט
חֲמוּדוֹ, בַּיּוֹם הַהוּא אָבְדוּ עֶשְׁתֹּנֹתָיו. מִלְּבַד עֲשׂוֹת מִשְׁפָּט וְאַהֲבַת חֶסֶד תהלים קמו מיכה ו
וְהַצְנֵעַ לֶכֶת עִם אֱלֹהָיו הוּא יִלְוֶנּוּ בַעֲמָלוֹ: קהלת ח

וְגֶבֶר אֲשֶׁר אֵלֶּה מַעֲלָלָיו מָה הוּא כִּי תִזְכְּרֶנּוּ, וּבֶן־אָדָם כִּי תִפְקְדֶנּוּ, לוּלֵי תהלים ח
רַחֲמֶיךָ הָרַבִּים אֲשֶׁר גְּמַלְתּוֹ מֵרֹאשׁ וַתְּחַשְּׁבֵהוּ לַעֲמֹד לְפָנֶיךָ, וַתְּחַסְּרֵהוּ מְּעַט מֵאֱלֹהִים, וְכָבוֹד וְהָדָר תְּעַטְּרֵהוּ: תַּמְשִׁילֵהוּ בְּמַעֲשֵׂי יָדֶיךָ, כֹּל שַׁתָּה תַחַת־רַגְלָיו: גַּם אֲנִי עַבְדְּךָ בֶּן אֲמָתֶךָ עָפָר וָאֵפֶר רִמָּה וְתוֹלֵעָה. עָנִי וְאֶבְיוֹן, רָשׁ וְאִישׁ תְּכָכִים.

יָדַעְתִּי יְהוָה כִּי לֹא כְצִדְקָתִי חֲנַנְתָּנִי, וְלֹא כְיֹשֶׁר לְבָבִי גְּמַלְתַּנִי הַטּוֹבָה, כִּי אִם כְּרֹב רַחֲמֶיךָ אֲשֶׁר גָּבְהוּ כְּגֹבַהּ הַשָּׁמַיִם עַל הָאָרֶץ, וַחֲסָדֶךָ וַאֲמִתְּךָ אֲשֶׁר נִשְּׂאוּ עַד שְׁחָקִים.

איוב י יָדַעְתִּי יְהוָה כִּי לֹא הָיִיתִי וְאַתָּה עֲשִׂיתָנִי, אַתָּה יְצַרְתַּנִי וְכוֹנַנְתָּנִי, חַיִּים וָחֶסֶד עָשִׂיתָ עִמָּדִי, וּפְקֻדָּתְךָ שָׁמְרָה רוּחִי: וְחָכְמָה וּתְבוּנָה הִשְׂכַּלְתָּנִי, וּמִכֹּחַ גְּבוּרָתְךָ אִזַּרְתָּנִי, וּמִן הָעֹשֶׁר וְהַכָּבוֹד אֲשֶׁר לְפָנֶיךָ הֶעֱנַקְתָּנִי, וּמִמַּעְלָה לְמַעְלָה רוֹמַמְתָּנִי, כְּמוֹ מִיָּמִים עַד יָמִים תַּשְׁלִימֵנִי, עַד אֲשֶׁר הֲבִיאוֹתַנִי עַד
תהלים קלט הֲלֹם, וְהִגַּעְתַּנִי עַד הַקֵּץ הַזֶּה. וְנַפְשִׁי יֹדַעַת מְאֹד, כִּי־חַסְדְּךָ גָּדוֹל עָלַי, וְהִצַּלְתָּ
תהלים פו תהלים קיט נַפְשִׁי מִשְּׁאוֹל תַּחְתִּיָּה: צַר־וּמָצוֹק מְצָאוּנִי, וְאַתָּה הוֹשַׁעְתָּנִי. זֵדִים קָמוּ־עָלַי
תהלים פו וּמִיָּדָם פְּדִיתָנִי, פְּעָמִים רַבּוֹת הִגַּעְתִּי עַד שַׁעֲרֵי מָוֶת וְהֶחֱיִיתָנִי. וּמָה אָשִׁיבָה לְךָ כְּתַגְמוּלֶיךָ עָלָי.

תבקוק ב וְאִם אָפִיק שֶׁבַח כְּמֵימֵי הַיָּם, וְאַרְחִיבָה פִּי בְּשִׁיר כַּחֲלָלוֹ שֶׁל עוֹלָם, וְעַל־מִשְׁמַרְתִּי אֶעֱמֹדָה כְּאַרְזֵי הַלְּבָנוֹן, וְאֶתְיַצְּבָה עַל־מָצוֹר כְּתָבוֹר וְחֶרְמוֹן, וְאֶפְרְשָׂה כַּפַּי כְּכַנְפֵי הַנְּשָׁרִים, וְאֶשָּׂא עֵינַי תָּמִיד כְּכוֹכְבֵי הַשָּׁמַיִם, וְאָרִימָה
תהלים מב קוֹלִי כְּאַיָּל תַּעֲרֹג עַל־אֲפִיקֵי־מָיִם, וְאֶכְרְעָה עַל בִּרְכַּי, וְאֶדַּדֶּה כָּל שְׁנוֹתַי בְּמִסְפַּר הַיָּמִים אֲשֶׁר נָתַתָּה לִּי יְהוָה, לֹא אַשִּׂיג אַחַת מִנִּי אֶלֶף מִגְּמוּל הַטּוֹב וְהַחֶסֶד וְהָרַחֲמִים אֲשֶׁר עָשִׂיתָ עִמָּדִי מֵעוֹדִי עַד הַיּוֹם הַזֶּה.

דברים לב וְלֹא כִגְמוּלְךָ עָלַי הֲשִׁיבוֹתִי לָךְ, בִּלְתִּי כַּאֲשֶׁר הוֹכַחְתָּ לֵאמֹר: הַלַיהוָה תִּגְמְלוּ־זֹאת: כִּי שָׁכַחְתִּי אֶת כָּל חֲסָדֶיךָ, וְנָשִׁיתִי אֶת כָּל טוֹבוֹתֶיךָ, וּמִמִּשְׁפָּטֶיךָ סַרְתִּי, וְהָרַע בְּעֵינֶיךָ עָשִׂיתִי, וּבְהַבְלֵי הָעוֹלָם הַזֶּה נֶהְבַּלְתִּי, וְנִסְכַּלְתִּי וְאֶשְׁגֶּה הַרְבֵּה מְאֹד. וְאָהַבְתִּי רַע מִטּוֹב, וָשֶׁקֶר מִדַּבֵּר צֶדֶק, וְטֻמְאָה מִטָּהֳרָה, וְשִׁקּוּץ תַּחַת זְכוּת, וְהֶחֱלַפְתִּי עוֹלָם עוֹמֵד בְּעוֹלָם עוֹבֵר, מִדֵּי יוֹם בְּיוֹמוֹ הַשְׁכֵּם וְחָטֹא. עַד אֲשֶׁר עָבְרוּ עֲוֹנוֹתַי רֹאשִׁי וְרַבּוּ מִשַּׂעֲרוֹתַי, וְגָדְלוּ מִצַּעֲדֵי רַגְלַי, וְעָצְמוּ מִדִּבְרֵי שְׂפָתַי, טָבַעְתִּי בִּמְצוּלוֹתָם, וְאֵין מָעֳמָד, בָּאתִי בְמַעֲמַקֵּיהֶם וְשִׁבֹּלֶת שְׁטָפָתְנִי.

וְלֹא לְךָ יְהוָה הֲרֵעוֹתִי בִּלְתִּי אִם לְנַפְשִׁי, וְלֹא אוֹתְךָ הִכְעַסְתִּי כִּי אִם אוֹתִי. כִּי אֱנוֹשׁ אִם חָטָא מַה יִּפְעַל לָךְ, וְאִם רַבּוּ פְשָׁעָיו מַה יַּעֲשֶׂה לָּךְ. אֲבָל אוֹי
ישעיה ג לִבְנֵי הָאָדָם אֲשֶׁר פָּשְׁעוּ בָךְ, וְאוֹי לְנַפְשָׁם כִּי־גָמְלוּ לָהֶם רָעָה:

אֱלֹהַי, בֹּשְׁתִּי וְגַם נִכְלַמְתִּי לְהָרִים אֱלֹהַי פָּנַי אֵלֶיךָ, וְכִכְלִי נִמְאָס כֵּן נִבְזֵיתִי עזרא ט
בְּעֵינֵי נַפְשִׁי, וְכַגֶּבֶר אֲשֶׁר הָטְבַּל בַּשַּׁחַת וְתִיעֲבוּהוּ שַׂלְמוֹתָיו, וּכְמוֹ בְּעָוֹן
חוֹלַלְתִּי מֵרֵאשִׁית, עַל כֵּן בֹּשֶׁת פָּנַי כִּסָּתְנִי: תהלים מד

אֵלֶּה אֶזְכְּרָה וְאֶשְׁפְּכָה עָלַי נַפְשִׁי: כִּי אֵיכָכָה אוּכַל לַעֲמֹד אִם תַּאַסְפֵנִי אֵלֶיךָ תהלים מב
עַל חַטֹּאתַי אֵלֶּה, הֲיַעֲמֹד לִבִּי אִם תֶּחֱזַקְנָה יָדַי בְּקָרְאֲךָ אוֹתִי לַמִּשְׁפָּט
עַל רֹעַ מַעֲלָלַי אֵלֶּה. כְּעָלֶה נִדָּף נֶחְשַׁבְתִּי בְּזָכְרִי זֹאת, וּכְקַשׁ יָבֵשׁ נִדְמֵיתִי
בַּעֲלוֹתָהּ עַל לִבִּי. וּכְמוֹ הָרָה תַּקְרִיב לָלֶדֶת תָּחִיל תִּזְעַק בַּחֲבָלֶיהָ, כֵּן הָיִיתִי ישעיה כו
מִפְּנֵי זַעַמְךָ וְקִצְפְּךָ אֲשֶׁר חִיַּבְתִּי בוֹ עַל רֹב פְּשָׁעַי, כִּי הַשָּׁמַיִם וְהָאָרֶץ לֹא
יָכִילוּ זַעְמֶךָ, וְכָל שֶׁכֵּן אָנִי.

וּמִדֵּי דַבְּרִי בִּשְׁמֶךָ, וְזָכֹר אֶזְכֹּר חֲסָדֶיךָ, וְאֶעֱרֹךְ לְמוּלָם חַטֹּאתַי וּפְשָׁעַי, נָמֵס
לִבִּי וְסָמַר בְּשָׂרִי וְרָחֲפוּ עַצְמוֹתַי, וְהָמוּ מֵעַי וְרָפוּ יָדַי וּמָעֲדוּ אֲשׁוּרַי, וְכָפַף רֹאשִׁי תהלים לט
וְנִגְּרָה דִמְעָתִי, וְיָבֵשׁ חִכִּי וְנֶאֱלַמְתִּי דוּמִיָּה וִיצֻרַי כַּצֵּל כֻּלָּם, נַעֲוֵיתִי מִשְּׁמֹעַ איוב יז
נִבְהַלְתִּי מֵרְאוֹת. כִּי מֶלֶךְ גָּדוֹל אַתָּה, וְזֶה אֲשֶׁר גְּמַלְתַּנִי וְאֵלֶּה מַעֲשֵׂי יָדָי. ישעיה כא

וְעַתָּה, יְהֹוָה אֱלֹהַי, אַחֲרֵי שׁוּבִי נִחַמְתִּי, וְאַחֲרֵי הִוָּדְעִי סָפַקְתִּי עַל־יָרֵךְ: עַל ירמיה לא
זֹאת אֶשָּׂא בְשָׂרִי בְשִׁנָּי, וְנַפְשִׁי אָשִׂים בְּכַפִּי. וּבַמָּה אֲקַדֵּם פָּנֶיךָ יְהֹוָה, וּבַמָּה איוב יג
אִכַּף לְךָ אֱלֹהֵי מָרוֹם, וּבַמָּה אֲכַפֵּר וְתִתְרַצֶּה לִי עַל רֹב חַטֹּאתַי אֲשֶׁר עָבְרוּ
וְחָלְפוּ כַּמַּיִם הַנִּגָּרִים אַרְצָה אֲשֶׁר לֹא יֵאָסֵפוּ: שמואל ב׳ יד

אִם בִּתְשׁוּבָה וְתוֹדָה תִּתְרַצֶּה, הִנְנִי שָׁב וּמִתְוַדֶּה וְאוֹמֵר לְפָנֶיךָ: חָטָאתִי לְךָ
יְהֹוָה, וְעָוִיתִי וּפָשַׁעְתִּי וּמָרַדְתִּי, וְסַרְתִּי מִמִּצְוֹתֶיךָ וּמִמִּשְׁפָּטֶיךָ, וְיָשָׁר הֶעֱוֵיתִי איוב לג
וְלֹא־שָׁוָה לִי:

וְאִם בְּשֶׁבֶר רוּחַ תְּכַפֵּר, הִנֵּה נִשְׁבַּר לִבִּי וְנִדְכְּתָה רוּחִי מִן הַצָּרוֹת וְהַתְּלָאוֹת
אֲשֶׁר עָבְרוּ עָלַי בַּעֲוֹנִי, עַד אֲשֶׁר לֹא נוֹתַר מְתֹם בִּבְשָׂרִי, וּמַה יֵּשׁ בִּי עוֹד
לְיַסְּרָה. כְּרֶגַע מְעַט תּוֹאֵל יָדְךָ בִּי וְאֵינֶנִּי. אוֹ אִם תֶּחֱשֶׁה מִמֶּנִּי, וְנִמְשַׁלְתִּי תהלים כח
עִם־יוֹרְדֵי בוֹר:

וְאִם בִּבְכִי וּבִזְעָקָה תִּסְלַח, הִנֵּה בְּמִסְתָּרִים נַפְשִׁי תִּבְכֶּה עַל רֹב חַטֹּאתַי,
וּבַחֲדָרִים רוּחִי תֵּאָנַח עַל רֹב פְּשָׁעַי. וְלוּ יֵשׁ בִּי כֹחַ, אָכֵן עֵינִי נִגְּרָה וְלֹא תִדְמֶה, איכה ג
עַד כָּלוּ בַדְּמָעוֹת עֵינַי לָזֹאת. איכה ב

וְאִם בִּתְפִלָּה וְתַחֲנוּנִים תִּמְחֹל, הִנְנִי מִתְפַּלֵּל לְפָנֶיךָ. וּכְעֵינֵי עֶבֶד נְשׂוּאוֹת
אֶל אֲדוֹנָיו, כֵּן עֵינַי נְשׂוּאוֹת אֵלֶיךָ. וְלוּ יָכֹלְתִּי לְהִתְיַצֵּבָה, אָז עָמַדְתִּי לְפָנֶיךָ
כָּל יְמֵי חַיָּי. וְאַתָּה יְהֹוָה יָדַעְתָּ אֶת הַגְּוִיָּה אֲשֶׁר כּוֹנַנְתָּ כִּי דַלָּה הִיא, וְאֶת
מַחֲשַׁבְתָּהּ כִּי הִיא נִבְעָרָה, וְאֵת הַשְּׂאוֹר שֶׁבָּעִסָּה כִּי רַע הוּא.

לָכֵן יְהֹוָה אֲדוֹנֵנוּ, אִם עָשִׂיתִי אֲנִי כְּאִוַּלְתִּי וּפִשְׁעִי, עֲשֵׂה אַתָּה כְּחָכְמָתְךָ
וּסְלַח, כִּי תְמִים דֵּעִים אָתָּה. וְאִם שִׁלַּמְתִּי רָעָה תַּחַת טוֹבָה, גְּמָלֵנִי טוֹב וְאַל
רָע. כִּי יָתֵר מֵרֵעֵהוּ צַדִּיק, וְכָל שֶׁכֵּן הַבּוֹרֵא. משלי יב

וְאִם הִרְבֵּיתִי לִפְשֹׁעַ, אַתָּה הוּא רַב חֶסֶד וְהַמַּרְבֶּה לִסְלֹחַ וְהִרְבָּה לְהָשִׁיב
אַפּוֹ, אֲשֶׁר צִדְקוֹתָיו רַבּוּ מֵהַרְרֵי אֵל, עָמְקוּ מִתְּהוֹם רַבָּה, כִּסָּה שָׁמַיִם הוֹדוֹ חבקוק ג
וּתְהִלָּתוֹ מָלְאָה הָאָרֶץ:

יְהֹוָה שָׁמַעְתִּי שִׁמְעֲךָ כִּי בְּאַחַת מִן הַמִּדּוֹת הָאֵלֶּה תִּסְלַח לַאֲשֶׁר פָּשְׁעוּ בָךְ חבקוק ג
וְאַף כִּי בְּכֻלָּם. סְלַח נָא לַעֲוֹנִי וּלְחַטֹּאתִי וְלַעֲוֹנוֹת עַמְּךָ יִשְׂרָאֵל וּלְחַטֹּאתָם,
וְכַבְּסֵנִי מֵעֲוֹנִי וּמֵחַטָּאתִי טַהֲרֵנִי: וְאַל תִּטּוֹר לִי לְעוֹלָם כַּאֲשֶׁר אָמַרְתָּ: כִּי־ תהלים נא ירמיה ג
חָסִיד אֲנִי נְאֻם־יְהֹוָה לֹא אֶטּוֹר לְעוֹלָם: וְאַל תִּקְצֹף עָלַי עַד מְאֹד, וְאַל־לָעַד ישעיה סד
תִּזְכֹּר עָוֹן, כַּאֲשֶׁר אָמַרְתָּ: כִּי לֹא לְעוֹלָם אָרִיב וְלֹא לָנֶצַח אֶקְצוֹף: כִּי יָמִים ישעיה נז
רַבִּים מֵחַיַּי כִּלִּיתִים בְּיָגוֹן, וַעֲלֵיהֶם אָמַרְתִּי: הָנְחַלְתִּי לִי יַרְחֵי־שָׁוְא: וְלֵילוֹת איוב ז
רַבּוֹת יָגַעְתִּי בָם בְּאַנְחָתִי, אַשְׁחֶה בְּאַשְׁמוּרוֹתָם עַל מִטָּתִי, וְאוֹמְרָה לָהֶם:
וְלֵילוֹת עָמָל מִנּוּ־לִי: וְרַבּוֹת מִשְּׁנוֹתַי סָפוּ בַּאֲנָחוֹת, וְקוֹרֵא לָהֶם: כִּי כָל־יָמֵינוּ תהלים צ
פָּנוּ בְעֶבְרָתֶךָ: וְכַמָּה יְמֵי חַיֵּי הַנִּשְׁאָרִים וְאֵדָעֵם וְאֶשָּׂא, אוֹ קִצִּי וּמִדַּת יָמַי
וְאַאֲרִיךְ נַפְשִׁי, וַהֲלֹא גֵר אָנֹכִי עִמָּךְ וְתוֹשָׁב לְפָנֶיךָ כְּכָל אֲבוֹתַי הָרִאשׁוֹנִים,
וּמָחָר תִּקְרָא וְאָנֹכִי אֶעֱנֶךָּ, תִּשְׁלַח דְּבָרְךָ עַד מְהֵרָה יָרוּץ. וּמַה בֶּצַע בְּדָמִי
יְהֹוָה אִם תַּשְׁחִיתֵנִי אוֹ מַה כִּשְׁרוֹן אִם תּוֹרִידֵנִי שְׁאוֹל בְּחַטָּאַי, אוֹ מַה יִּתְרוֹן
אִם תִּפְקֹד עָלַי כִּדְרָכַי. וְלֹא כָאֵלֶּה שִׁבְחָךְ, וְלֹא כָזֹאת שִׁמְךָ וּתְהִלָּתְךָ עַל
קַצְוֵי אָרֶץ. אֲבָל הַדָּבָר אֲשֶׁר הוּא לְךָ לִתְהִלָּה לְהִתְנַהֵג עִם עֲבָדֶיךָ בְּמִדַּת
הָרַחֲמִים. וּלְגַלְגֵּל אֲשֶׁר דִּבַּרְתָּ: לְמַעַן שְׁמִי אַאֲרִיךְ אַפִּי וּתְהִלָּתִי אֶחֱטָם־לָךְ, ישעיה מח
לְבִלְתִּי הַכְרִיתֶךָ: וְגַם הַמִּדָּה אֲשֶׁר הִיא לְךָ לְתִפְאֶרֶת, הַמְּחִילָה וְהַסְּלִיחָה
וְעָבֹר עַל פֶּשַׁע, כַּאֲשֶׁר אָמַרְתָּ עַל בְּרִיּוֹתֶיךָ: שֵׂכֶל אָדָם הֶאֱרִיךְ אַפּוֹ, וְתִפְאַרְתּוֹ משלי יט
עֲבֹר עַל־פָּשַׁע: וּלְמַעְלָה מִזֹּאת אֱלֹהֵי עוֹלָם.

אָנָּא יְהֹוָה, הָאֵל הַגָּדוֹל הַגִּבּוֹר וְהַנּוֹרָא שׁוֹמֵר הַבְּרִית וְהַחֶסֶד, אַל־יִמְעַט נחמיה ט
לְפָנֶיךָ אֵת כָּל־הַתְּלָאָה אֲשֶׁר מְצָאָה אֶת עַבְדְּךָ מִיּוֹם הֱיוֹתִי עַל פְּנֵי הָאֲדָמָה
עַד הַיּוֹם הַזֶּה. וּרְאֵה אֶת עָנְיִי, וְאַל תִּרְאֶה אֶת עֲוֹנִי. וּפְנֵה אֶל עָשְׁקִי, וְאַל תֵּפֶן
אֶל קָשְׁיִי. וְהַבֵּט בַּעֲמָלִי, וְאַל תַּבֵּט בְּמַעֲלִי. וְשִׂים נָא צָרוֹתַי כֹּפֶר חַטֹּאתַי,
וּמְצוּקוֹתַי תַּחַת אַשְׁמוֹתַי, וְעֶלְבּוֹן הַנֶּפֶשׁ חֵלֶף עֲוֹן הַנֶּפֶשׁ. וּמְחֵה וְהַעֲבֵר פְּשָׁעַי
מִנֶּגֶד עֵינֶיךָ וְאַל יִזָּכְרוּ עוֹד.

וְחָשְׁבֵנִי מִזֵּדִים, וְטַהֲרֵנִי מִשְּׁגִיאוֹת וּמִנִּסְתָּרוֹת נַקֵּנִי. וְקָרְבֵנִי אֵלֶיךָ וּרְצֵנִי וְזַכֵּנִי.
כִּי אַתָּה אֱלוֹהַּ סְלִיחוֹת חַנּוּן וְרַחוּם. דְּרָכֶיךָ יְהֹוָה הוֹדִיעֵנִי, אֹרְחוֹתֶיךָ לַמְּדֵנִי: נחמיה ט תהלים כה
הַדְרִיכֵנִי בַאֲמִתֶּךָ וּנְחֵנִי בְּאֹרַח מִישׁוֹר, וְיַחֵד לְבָבִי לְיִרְאָה שְׁמֶךָ: וְהַט לִבִּי תהלים כז תהלים פו
בִּסְלִיחוֹתֶיךָ וְאֶל עֵדְוֹתֶיךָ. כִּי אַתָּה תִּקְרָא שָׁלוֹם שָׁלוֹם, לָרָחוֹק תְּחִלָּה
וְאַחֲרֵי כֵן לַקָּרוֹב. נַחֲמֵנִי יְהֹוָה אֱלֹהַי עַל כָּל הַצָּרוֹת אֲשֶׁר צָפוּ עַל רֹאשִׁי
בַּיָּמִים הָהֵם אֲשֶׁר עָבְרוּ בְּטוּבוֹתֶיךָ וּבִישׁוּעָתְךָ וּבְחַסְדְּךָ וּבִרְצוֹנְךָ וּבְאוֹר
פָּנֶיךָ. כִּי צָמֵא אָנֹכִי לְרַחֲמֶיךָ כְּאֶרֶץ עֲיֵפָה לַמָּיִם. וְהַשְׁמִיעֵנִי שָׂשׂוֹן וְשִׂמְחָה, תהלים נא
תָּגֵלְנָה עֲצָמוֹת דִּכִּיתָ: וְהַשְׁכִּיבֵנִי בֶּטַח וְשַׁאֲנַן מִפַּחַד רָעָה, וְשָׁמְרֵנִי וְעָזְרֵנִי, משלי א
וּבְצֵל כְּנָפֶיךָ תַּסְתִּירֵנִי, וְלֹא־אִירָא רָע כִּי־אַתָּה עִמָּדִי: תהלים יז תהלים כג

אַתָּה יְהֹוָה יָדַעְתָּ כִּי לֹא אוּכַל לְהוֹעִיל לְנַפְשִׁי בִּלְעָדֶיךָ. אֲבָל אַתָּה עָשִׂיתָ
וְאַתָּה תִּשָּׂא. הָאֵר עֵינַי בְּתוֹרָתֶךָ, וְהַנְחִילֵנִי מֵחָכְמָתֶךָ, וְהַשְׂכִּילֵנִי מִן הַדַּעַת
וְהַתְּבוּנָה אֲשֶׁר תִּתֵּן מִפִּיךָ, וְהַטְרִיפֵנִי לֶחֶם חֻקִּי בְּנַחַת וְלֹא בְמָנוֹד, בְּהֶתֵּר משלי ל
וְלֹא בְאִסּוּר, בְּבֶטַח וְלֹא בְפַחַד. וְאַל תַּבְטִיחֵנִי בָּהֶם עַל הַבְּרִיּוֹת, כִּי כָּל־ ישעיה מ
הַבָּשָׂר חָצִיר וְכָל־חַסְדּוֹ כְּצִיץ הַשָּׂדֶה: וַאֲנִי עָלֶיךָ בָטַחְתִּי יְהֹוָה, אַל־אֵבוֹשָׁה תהלים לא תהלים כה
כִּי־חָסִיתִי בָךְ: הַצִּילֵנִי מֵאוֹיְבַי וְשַׂגְּבֵנִי מִמִּתְקוֹמְמַי, וְאַל תִּתְּנֵנִי בְּנֶפֶשׁ צָרַי
וְאַל־יֹאמְרוּ בִּלַּעֲנוּהוּ. הָשֵׁב חֶרְפָּתָם אֶל־רֹאשָׁם, וַהֲשִׁיבָה נַפְשִׁי מִשֹּׁאֵיהֶם. תהלים לה נחמיה ג
כִּי אַתָּה מַצִּיל עָנִי מֵחָזָק מִמֶּנּוּ, וְעָנִי וְאֶבְיוֹן מִגֹּזְלוֹ:

רְפָאֵנִי יְהֹוָה וְאֵרָפֵא הוֹשִׁיעֵנִי וְאִוָּשֵׁעָה: חֲבֹשׁ שִׁבְרִי וּמְחַץ מַכָּתִי וְסוֹכְכֵנִי ירמיה יז
בִּשְׁלוֹמְךָ הַגָּדוֹל. וְסַפֵּק עַל יָדִי לִשְׁמֹר מִצְוֹתֶיךָ וּלְהָקִים חֻקֶּיךָ לִלְמֹד וּלְלַמֵּד
לִשְׁמֹר וְלַעֲשׂוֹת. וְשִׂימֵנִי מִבְּנֵי הָעוֹלָם הַבָּא מִן הַמַּשְׁכִּימִים וְהַמַּעֲרִיבִים
לְבָתֵּי כְּנֵסִיּוֹת וּלְבָתֵּי מִדְרָשׁוֹת אֲשֶׁר לָהֶם עֹז בָּךְ מְסִלּוֹת בִּלְבָבָם: מִמְתִים תהלים פד תהלים יז
יָדְךָ יְהֹוָה מִמְתִים מֵחֶלֶד אֲשֶׁר חֶלְקָם בַּחַיִּים וּצְפוּנְךָ תְּמַלֵּא בִטְנָם: וְאֶהְיֶה

תהלים לו מִבְּנֵי הָאָדָם אֲשֶׁר בְּצֵל כְּנָפֶיךָ יֶחֱסָיוּן, יִרְוְיֻן מִדֶּשֶׁן בֵּיתֶךָ, וְנַחַל עֲדָנֶיךָ תַשְׁקֵם:
תהלים לא וְאֶזְכֶּה לְרֹב טוּבְךָ אֲשֶׁר־צָפַנְתָּ לִּירֵאֶיךָ פָּעַלְתָּ לַחוֹסִים בָּךְ. כִּי־עִמְּךָ מְקוֹר
חַיִּים, בְּאוֹרְךָ נִרְאֶה־אוֹר: וְשׁוֹאֵל אִם יִשְׁאָלְךָ מְעַט תַּעֲנֵהוּ בְּכִפְלֵי שְׁאֵלָתוֹ
לְהַרְבֵּה מְאֹד. כִּי עַבְדְּךָ לְפִי כֹחוֹ וּכְקֹצֶר יָדוֹ יִשְׁאַל, וְאַתָּה כְּפִי זְרוֹעֲךָ וּכְעֹצֶם
יָדְךָ תַּעֲמָס־לָנוּ הָאֵל יְשׁוּעָתֵנוּ סֶלָה.

יְהִי רָצוֹן מִלְּפָנֶיךָ, יְהֹוָה אֱלֹהֵינוּ שֶׁיְּהֵא הַקֵּץ הַזֶּה קֵץ תַּכְלִית לִשְׁבִי עַמְּךָ בֵּית
יִשְׂרָאֵל, וְעֵת סוֹף לְגָלוּתֵנוּ וּלְאֶבְלֵנוּ, וְאַחֲרִית לִימֵי עָנְיֵנוּ וּמְרוּדֵנוּ. כִּי מָשַׁךְ
עָלֵינוּ הַשִּׁעְבּוּד וְאָרַךְ עָלֵינוּ עֹל הַמַּלְכֻיּוֹת, וְהִנְנוּ בְּכָל יוֹם הוֹלְכִים וְדַלִּים,
נִמְעָטִים בְּרִבּוּת הַזְּמַנִּים, וְנִצְעָרִים בִּסְגוֹת הַשָּׁנִים, אֵין לָנוּ מְנַהֵל וְאֵין מַחֲזִיק
ישעיה נא בְּיָדֵנוּ כַּאֲשֶׁר אָמַרְתָּ: אֵין־מְנַהֵל לָהּ מִכָּל־בָּנִים יָלָדָה, וְאֵין מַחֲזִיק בְּיָדָהּ
ירמיה טו מִכָּל־בָּנִים גִּדֵּלָה: וְאֵין מִי יַחְמֹל עָלֵינוּ וּמִי יְנַחֲמֵנוּ, כַּאֲשֶׁר אָמַרְתָּ: מִי־יַחְמֹל
עָלַיִךְ יְרוּשָׁלִַם וּמִי יָנוּד לָךְ, וּמִי יָסוּר לִשְׁאֹל לְשָׁלֹם לָךְ: וּמִי זֶה יִגְדֹּר גָּדֵר אוֹ
תהלים עד ישעיה סד מִי יַעֲמֹד בַּפֶּרֶץ בַּעֲדֵנוּ. וְאֵין־עוֹד נָבִיא, וְלֹא־אִתָּנוּ יוֹדֵעַ עַד־מָה: וְאֵין־קוֹרֵא
ישעיה נג בְּשִׁמְךָ בֶּאֱמֶת, מִתְעוֹרֵר לְהַחֲזִיק בָּךְ: כִּי כֻלָּנוּ כַּצֹּאן תָּעִינוּ, אִישׁ לְדַרְכּוֹ
פָּנִינוּ, כָּל גֶּבֶר אַחֲרֵי בִצְעוֹ וְכָל אִישׁ בִּשְׁרִירוּת לִבּוֹ. לֹא דַיֵּנוּ עֲוֹנוֹת אֲבוֹתֵינוּ
הָרִאשׁוֹנִים וַאֲנַחְנוּ מוֹסִיפִים עֲלֵיהֶם חֲדָשִׁים, וְלֹא נוֹסַרְנוּ בְּכָל הַתּוֹכָחוֹת
אֲשֶׁר עָבְרוּ עֲלֵיהֶם, וְלֹא הוֹעִיל לָנוּ כָּל הָאַזְהָרוֹת אֲשֶׁר הִזְהַרְתָּנוּ. וְאַתָּה יְהֹוָה
חָשַׁבְתָּ לִצְרֹף סִיגֵנוּ וּלְהָסִיר בְּדִילֵנוּ, וּלְהָתֵם אֶת טֻמְאוֹתֵינוּ מִמֶּנּוּ. עַל כֵּן
הִגְלִיתָנוּ וּבַגּוֹיִם זֵרִיתָנוּ. וּבִשְׁאוֹן מֵי הַמַּלְכֻיּוֹת צָלַלְנוּ, וּכְהִתּוּךְ כֶּסֶף בְּתוֹךְ
כּוּר בָּאֵשׁ, כֵּן נִתַּכְנוּ. וּכְמוֹץ הָרִים כֵּן רֻדַּפְנוּ, וַעֲוֹנֵינוּ כָּרוּחַ יִשָּׂאוּנוּ, וְלֹא
מִקֹּצֶר יָדְךָ יְהֹוָה לֹא הוֹשַׁעְתָּנוּ, וְלֹא מִכֹּבֶד אָזְנְךָ לֹא שָׁמַעְתָּ אֶת תְּפִלָּתֵנוּ.
נחמיה ט כִּי אִם עֲוֹנוֹתֵינוּ הִבְדִּילוּ בֵּינֵנוּ לְבֵין יְשׁוּעָתֶךָ. וְאַתָּה צַדִּיק עַל כָּל־הַבָּא
עָלֵינוּ, כִּי־אֱמֶת עָשִׂיתָ וַאֲנַחְנוּ הִרְשָׁעְנוּ:

ישעיה מט תהלים פה וְעַתָּה יְהֹוָה אֱלֹהֵינוּ גֹּאֵל יִשְׂרָאֵל קְדוֹשׁוֹ, הַלְעוֹלָם תֶּאֱנַף־בָּנוּ, תִּמְשֹׁךְ אַפְּךָ
לְדֹר וָדֹר: חָלִילָה, לֹא לְעוֹלָמִים תִּזְנַח וְלֹא תוֹסִיף לִרְצוֹת עוֹד, לֹא אָפֵס
לָנֶצַח חַסְדְּךָ וְלֹא כָלוּ רַחֲמֶיךָ. כִּי הֵמָּה חֲדָשִׁים לַבְּקָרִים יָחוּלוּ בְּכָל עֵת
וּבְכָל רֶגַע. לְמַעַן שִׁמְךָ יְהֹוָה עֲשֵׂה עִמָּנוּ אוֹת לְטוֹבָה כִּי תְהִלַּת הַכֹּל הוּא.
וּלְמַעַן בְּרִית אֲבוֹתֵינוּ אַבְרָהָם יִצְחָק וְיִשְׂרָאֵל, יְהֹוָה לֹא תִשְׁכַּח אֶת בְּרִיתָם.
דברים לא וּלְמַעַן תּוֹרָתְךָ וְלוֹמְדֶיהָ אֲשֶׁר נִמְעֲטוּ וַיָּשֹׁחוּ, וְהִבְטַחְתָּנוּ עַל אוֹדוֹתֶיהָ כִּי לֹא

תִשָּׁכַח מִפִּי זַרְעוֹ, וּדְבָרֶיךָ אֲשֶׁר שַׂמְתָּ בְּפִיהֶם לֹא יָמוּשׁוּ, וּלְמַעַן עַמְּךָ וְנַחֲלָתְךָ
אֲשֶׁר נִשְׁאֲרוּ מְעַט מֵהַרְבֵּה כַּתֹּרֶן עַל־רֹאשׁ הָהָר וְכַנֵּס עַל־הַגִּבְעָה, וּלְמַעַן ישעיה ל
יְרוּשָׁלַיִם עִיר קָדְשֶׁךָ אֲשֶׁר יָצָא מִמֶּנָּה כָּל הֲדָרָהּ, וּבֵית קָדְשֵׁנוּ וְתִפְאַרְתֵּנוּ ישעיה סד
אֲשֶׁר הָיָה לִשְׂרֵפַת אֵשׁ, וְכָל־מַחֲמַדֵּינוּ הָיָה לְחָרְבָּה. וּרְאֵה נָא, כִּי־אָזְלַת דברים לב
יָד וְאֶפֶס עָצוּר וְעָזוּב: הִנֵּה נָא הָעֵת אֲשֶׁר יָאֲתָה לְךָ לְהוֹשִׁיעַ, וּבָהּ יִוָּדַע עֹז
רַחֲמֶיךָ וַחֲסָדֶיךָ. כִּי אֵין בָּנוּ מַעֲשִׂים וְגַם גָּמַר חָסִיד מִן הָאָרֶץ. מַהֵר יְקַדְּמוּנוּ תהלים עט
רַחֲמֶיךָ וִיבוֹאוּנוּ חֲסָדֶיךָ, וְיִכְבְּשׁוּ רַחֲמֶיךָ אֶת כַּעַסְךָ, וְטוּבְךָ הַגָּדוֹל יָשִׁיב
חֲרוֹן אַפְּךָ מֵעַמְּךָ יִשְׂרָאֵל וְנַחֲלָתְךָ. וְהוֹשִׁיעֵנוּ אֱלֹהֵי יִשְׁעֵנוּ וְקַבְּצֵנוּ וְהַצִּילֵנוּ דברי הימים א׳ טז
מִן־הַגּוֹיִם, לְהוֹדוֹת לְשֵׁם קָדְשֶׁךָ לְהִשְׁתַּבֵּחַ בִּתְהִלָּתֶךָ:

שׁוּבָה יְהֹוָה אֶת־שְׁבִיתֵנוּ וְהִנָּחֵם עַל רָעָתֵנוּ. שַׂבְּעֵנוּ בַבֹּקֶר חַסְדֶּךָ, וּנְרַנְּנָה תהלים קכו תהלים צ
וְנִשְׂמְחָה בְּכָל־יָמֵינוּ: שַׂמְּחֵנוּ כִּימוֹת עִנִּיתָנוּ, שְׁנוֹת רָאִינוּ רָעָה: שְׁלַח גּוֹאֵל
וִיגְאָלֵנוּ, וְיַעֲלֵנוּ שְׂמֵחִים אֶל אַדְמָתֵנוּ. וְאוֹר שְׁכִינָתְךָ בֵּינוֹתֵינוּ וַחֲזוֹן נְבִיאֶיךָ
בְּקִרְבֵּנוּ, וּבִדְבָרְךָ יִחְיוּ מֵתֵינוּ וְיָקִיצוּ שׁוֹכְנֵי עֲפָרוֹתֵינוּ, וְשִׂמְחַת עוֹלָם תִּהְיֶה
לָנוּ כַּאֲשֶׁר אָמַרְתָּ: וּפְדוּיֵי יְהֹוָה יְשֻׁבוּן וּבָאוּ צִיּוֹן בְּרִנָּה וְשִׂמְחַת עוֹלָם עַל־ ישעיה לה
רֹאשָׁם, שָׂשׂוֹן וְשִׂמְחָה יַשִּׂיגוּ וְנָסוּ יָגוֹן וַאֲנָחָה: וְעוֹד אָמַרְתָּ: כִּי הֶהָרִים יָמוּשׁוּ ישעיה נד
וְהַגְּבָעוֹת תְּמוּטֶינָה, וְחַסְדִּי מֵאִתֵּךְ לֹא־יָמוּשׁ וּבְרִית שְׁלוֹמִי לֹא תָמוּט אָמַר
מְרַחֲמֵךְ יְהֹוָה: וְעוֹד אָמַרְתָּ: בָּעֵת הַהִיא אָבִיא אֶתְכֶם וּבָעֵת קַבְּצִי אֶתְכֶם, צפניה ג
כִּי־אֶתֵּן אֶתְכֶם לְשֵׁם וְלִתְהִלָּה בְּכֹל עַמֵּי הָאָרֶץ בְּשׁוּבִי אֶת־שְׁבוּתֵיכֶם לְעֵינֵיכֶם
אָמַר יְהֹוָה: וְרַבּוֹת מֵאֵלֶּה נֶחָמוֹת כָּרַתָּ לִשְׁאֵרִיתֵנוּ, וְאוֹמֵר: בַּיָּמִים הָהֵם וּבָעֵת ירמיה נ
הַהִיא נְאֻם־יְהֹוָה יְבֻקַּשׁ אֶת־עֲוֹן יִשְׂרָאֵל וְאֵינֶנּוּ וְאֶת־חַטֹּאת יְהוּדָה וְלֹא
תִמָּצֶאינָה כִּי אֶסְלַח לַאֲשֶׁר אַשְׁאִיר: וְאוֹמֵר: וְלֹא יְלַמְּדוּ עוֹד אִישׁ אֶת־רֵעֵהוּ ירמיה לא
וְאִישׁ אֶת־אָחִיו לֵאמֹר דְּעוּ אֶת־יְהֹוָה, כִּי כוּלָּם יֵדְעוּ אוֹתִי לְמִקְּטַנָּם וְעַד־
גְּדוֹלָם נְאֻם־יְהֹוָה כִּי אֶסְלַח לַעֲוֹנָם וּלְחַטָּאתָם לֹא אֶזְכָּר־עוֹד: אֵלֶּה אָמַרְתָּ
וְכָאֵלֶּה עָשִׂיתָ וְכָאֵלֶּה תַּעֲשֶׂה, וְכָהֵנָּה רַבּוֹת עִמָּךְ. זָכְרֵנִי יְהֹוָה בִּרְצוֹן עַמֶּךָ, תהלים קו
פָּקְדֵנִי בִּישׁוּעָתֶךָ: לִרְאוֹת בְּטוֹבַת בְּחִירֶיךָ, לִשְׂמֹחַ בְּשִׂמְחַת גּוֹיֶךָ, לְהִתְהַלֵּל
עִם־נַחֲלָתֶךָ: כִּי אַתָּה שׁוֹמֵעַ תְּפִלָּה וּמַאֲזִין צְעָקָה וְאֵין זוּלָתֶךָ. וַאֲנַחְנוּ לֹא דברי הימים ב׳ כ
נֵדַע מַה־נַּעֲשֶׂה, כִּי עָלֶיךָ עֵינֵינוּ: כִּי לֹא עַל־צִדְקֹתֵינוּ אֲנַחְנוּ מַפִּילִים תַּחֲנוּנֵינוּ דניאל ט
לְפָנֶיךָ, כִּי עַל־רַחֲמֶיךָ הָרַבִּים: אֲדֹנָי שְׁמָעָה, אֲדֹנָי סְלָחָה, אֲדֹנָי הַקְשִׁיבָה וַעֲשֵׂה
אַל־תְּאַחַר, לְמַעַנְךָ אֱלֹהַי כִּי־שִׁמְךָ נִקְרָא עַל־עִירְךָ וְעַל־עַמֶּךָ:

# תהלים

לפני אמירת תהלים נוהגים לומר ׳יְהִי רָצוֹן׳ זה (מספר ׳שערי ציון׳):

יְהִי רָצוֹן מִלְּפָנֶיךָ, יְהוָה אֱלֹהֵינוּ וֵאלֹהֵי אֲבוֹתֵינוּ, הַבּוֹחֵר בְּדָוִד עַבְדּוֹ וּבְזַרְעוֹ
אַחֲרָיו, וְהַבּוֹחֵר בְּשִׁירוֹת וְתִשְׁבָּחוֹת, שֶׁתֵּפֶן בְּרַחֲמִים אֶל קְרִיאַת מִזְמוֹרֵי
תְהִלִּים שֶׁאֶקְרָא כְּאִלּוּ אֲמָרָם דָּוִד הַמֶּלֶךְ עָלָיו הַשָּׁלוֹם בְּעַצְמוֹ, זְכוּתוֹ
תָּגֵן עָלֵינוּ, וְתַעֲמָד לָנוּ זְכוּת פְּסוּקֵי תְהִלִּים וּזְכוּת תֵּבוֹתֵיהֶם וְאוֹתִיּוֹתֵיהֶם
וּנְקֻדּוֹתֵיהֶם וְטַעֲמֵיהֶם וְהַשֵּׁמוֹת הַיּוֹצְאִים מֵהֶם מֵרָאשֵׁי תֵבוֹת וּמִסּוֹפֵי תֵבוֹת
לְכַפֵּר פְּשָׁעֵינוּ וַעֲוֹנוֹתֵינוּ וְחַטֹּאתֵינוּ, וּלְזַמֵּר עָרִיצִים וּלְהַכְרִית כָּל הַחוֹחִים
וְהַקּוֹצִים הַסּוֹבְבִים אֶת הַשּׁוֹשַׁנָּה הָעֶלְיוֹנָה וּלְחַבֵּר אֵשֶׁת נְעוּרִים עִם דּוֹדָהּ
בְּאַהֲבָה וְאַחֲוָה וְרֵעוּת, וּמִשָּׁם יִמָּשֵׁךְ לָנוּ שֶׁפַע לְנֶפֶשׁ רוּחַ וּנְשָׁמָה לְטַהֲרֵנוּ
מֵעֲוֹנוֹתֵינוּ וְלִסְלֹחַ חַטֹּאתֵינוּ וּלְכַפֵּר פְּשָׁעֵינוּ, כְּמוֹ שֶׁסָּלַחְתָּ לְדָוִד שֶׁאָמַר
מִזְמוֹרִים אֵלּוּ לְפָנֶיךָ, כְּמוֹ שֶׁנֶּאֱמַר, גַּם־יְהוָה הֶעֱבִיר חַטָּאתְךָ לֹא תָמוּת: שמואל ב׳ יב
וְאַל תִּקָּחֵנוּ מֵהָעוֹלָם הַזֶּה קֹדֶם זְמַנֵּנוּ עַד מְלֹאת שְׁנוֹתֵינוּ בָּהֶם שִׁבְעִים
שָׁנָה, בְּאֹפֶן שֶׁנּוּכַל לְתַקֵּן אֶת אֲשֶׁר שִׁחַתְנוּ, וּזְכוּת דָּוִד הַמֶּלֶךְ עָלָיו הַשָּׁלוֹם
תָּגֵן עָלֵינוּ וּבַעֲדֵנוּ, שֶׁתַּאֲרִיךְ אַפְּךָ עַד שׁוּבֵנוּ אֵלֶיךָ בִּתְשׁוּבָה שְׁלֵמָה לְפָנֶיךָ,
וּמֵאוֹצַר מַתְּנַת חִנָּם חָנֵּנוּ, כִּדְכְתִיב, וְחַנֹּתִי אֶת־אֲשֶׁר אָחֹן וְרִחַמְתִּי אֶת־אֲשֶׁר שמות לג
אֲרַחֵם: וּכְשֵׁם שֶׁאָנוּ אוֹמְרִים לְפָנֶיךָ שִׁירָה בָּעוֹלָם הַזֶּה, כָּךְ נִזְכֶּה לוֹמַר לְפָנֶיךָ
יְהוָה אֱלֹהֵינוּ שִׁיר וּשְׁבָחָה לָעוֹלָם הַבָּא. וְעַל יְדֵי אֲמִירַת תְּהִלִּים, תִּתְעוֹרֵר
חֲבַצֶּלֶת הַשָּׁרוֹן וְלָשִׁיר בְּקוֹל נָעִים בְּגִילַת וְרַנֵּן, כְּבוֹד הַלְּבָנוֹן נִתַּן־לָהּ: הוֹד ישעיה לה
וְהָדָר בְּבֵית אֱלֹהֵינוּ בִּמְהֵרָה בְיָמֵינוּ, אָמֵן סֶלָה.

לְכוּ נְרַנְּנָה לַיהוָה, נָרִיעָה לְצוּר יִשְׁעֵנוּ: תהלים צה
נְקַדְּמָה פָנָיו בְּתוֹדָה, בִּזְמִרוֹת נָרִיעַ לוֹ:
כִּי אֵל גָּדוֹל יְהוָה, וּמֶלֶךְ גָּדוֹל עַל־כָּל־אֱלֹהִים:

ספר ראשון

א ‏ אַשְׁרֵי־הָאִישׁ אֲשֶׁר ׀ לֹא הָלַךְ בַּעֲצַת רְשָׁעִים וּבְדֶרֶךְ חַטָּאִים לֹא עָמָד
וּבְמוֹשַׁב לֵצִים לֹא יָשָׁב: כִּי אִם בְּתוֹרַת יְהֹוָה חֶפְצוֹ וּבְתוֹרָתוֹ יֶהְגֶּה יוֹמָם
וָלָיְלָה: וְהָיָה כְּעֵץ שָׁתוּל עַל־פַּלְגֵי מָיִם אֲשֶׁר פִּרְיוֹ ׀ יִתֵּן בְּעִתּוֹ וְעָלֵהוּ לֹא־
יִבּוֹל וְכֹל אֲשֶׁר־יַעֲשֶׂה יַצְלִיחַ: לֹא־כֵן הָרְשָׁעִים כִּי אִם־כַּמֹּץ אֲשֶׁר־תִּדְּפֶנּוּ
רוּחַ: עַל־כֵּן ׀ לֹא־יָקֻמוּ רְשָׁעִים בַּמִּשְׁפָּט וְחַטָּאִים בַּעֲדַת צַדִּיקִים: כִּי־יוֹדֵעַ
יְהֹוָה דֶּרֶךְ צַדִּיקִים וְדֶרֶךְ רְשָׁעִים תֹּאבֵד:

ב ‏ לָמָּה רָגְשׁוּ גוֹיִם וּלְאֻמִּים יֶהְגּוּ־רִיק: יִתְיַצְּבוּ ׀ מַלְכֵי־אֶרֶץ וְרוֹזְנִים נוֹסְדוּ־יָחַד
עַל־יְהֹוָה וְעַל־מְשִׁיחוֹ: נְנַתְּקָה אֶת־מוֹסְרוֹתֵימוֹ וְנַשְׁלִיכָה מִמֶּנּוּ עֲבֹתֵימוֹ:
יוֹשֵׁב בַּשָּׁמַיִם יִשְׂחָק אֲדֹנָי יִלְעַג־לָמוֹ: אָז יְדַבֵּר אֵלֵימוֹ בְאַפּוֹ וּבַחֲרוֹנוֹ יְבַהֲלֵמוֹ:
וַאֲנִי נָסַכְתִּי מַלְכִּי עַל־צִיּוֹן הַר־קָדְשִׁי: אֲסַפְּרָה אֶל חֹק יְהֹוָה אָמַר אֵלַי
בְּנִי אַתָּה אֲנִי הַיּוֹם יְלִדְתִּיךָ: שְׁאַל מִמֶּנִּי וְאֶתְּנָה גוֹיִם נַחֲלָתֶךָ וַאֲחֻזָּתְךָ אַפְסֵי־
אָרֶץ: תְּרֹעֵם בְּשֵׁבֶט בַּרְזֶל כִּכְלִי יוֹצֵר תְּנַפְּצֵם: וְעַתָּה מְלָכִים הַשְׂכִּילוּ הִוָּסְרוּ
שֹׁפְטֵי אָרֶץ: עִבְדוּ אֶת־יְהֹוָה בְּיִרְאָה וְגִילוּ בִּרְעָדָה: נַשְּׁקוּ־בַר פֶּן־יֶאֱנַף ׀
וְתֹאבְדוּ דֶרֶךְ כִּי־יִבְעַר כִּמְעַט אַפּוֹ אַשְׁרֵי כָּל־חוֹסֵי בוֹ:

ג ‏ מִזְמוֹר לְדָוִד בְּבָרְחוֹ מִפְּנֵי ׀ אַבְשָׁלוֹם בְּנוֹ: יְהֹוָה מָה־רַבּוּ צָרָי רַבִּים קָמִים
עָלָי: רַבִּים אֹמְרִים לְנַפְשִׁי אֵין יְשׁוּעָתָה לּוֹ בֵאלֹהִים סֶלָה: וְאַתָּה יְהֹוָה מָגֵן
בַּעֲדִי כְּבוֹדִי וּמֵרִים רֹאשִׁי: קוֹלִי אֶל־יְהֹוָה אֶקְרָא וַיַּעֲנֵנִי מֵהַר קָדְשׁוֹ סֶלָה:
אֲנִי שָׁכַבְתִּי וָאִישָׁנָה הֱקִיצוֹתִי כִּי יְהֹוָה יִסְמְכֵנִי: לֹא־אִירָא מֵרִבְבוֹת עָם אֲשֶׁר
סָבִיב שָׁתוּ עָלָי: קוּמָה יְהֹוָה ׀ הוֹשִׁיעֵנִי אֱלֹהַי כִּי־הִכִּיתָ אֶת־כָּל־אֹיְבַי לֶחִי
שִׁנֵּי רְשָׁעִים שִׁבַּרְתָּ: לַיהֹוָה הַיְשׁוּעָה עַל־עַמְּךָ בִרְכָתֶךָ סֶּלָה:

ד ‏ לַמְנַצֵּחַ בִּנְגִינוֹת מִזְמוֹר לְדָוִד: בְּקָרְאִי עֲנֵנִי ׀ אֱלֹהֵי צִדְקִי בַּצָּר הִרְחַבְתָּ
לִּי חָנֵּנִי וּשְׁמַע תְּפִלָּתִי: בְּנֵי אִישׁ עַד־מֶה כְבוֹדִי לִכְלִמָּה תֶּאֱהָבוּן רִיק תְּבַקְשׁוּ
כָזָב סֶלָה: וּדְעוּ כִּי־הִפְלָה יְהֹוָה חָסִיד לוֹ יְהֹוָה יִשְׁמַע בְּקָרְאִי אֵלָיו: רִגְזוּ
וְאַל־תֶּחֱטָאוּ אִמְרוּ בִלְבַבְכֶם עַל־מִשְׁכַּבְכֶם וְדֹמּוּ סֶלָה: זִבְחוּ זִבְחֵי־צֶדֶק
וּבִטְחוּ אֶל־יְהֹוָה: רַבִּים אֹמְרִים מִי־יַרְאֵנוּ טוֹב נְסָה־עָלֵינוּ אוֹר פָּנֶיךָ יְהֹוָה:
נָתַתָּה שִׂמְחָה בְלִבִּי מֵעֵת דְּגָנָם וְתִירוֹשָׁם רָבּוּ: בְּשָׁלוֹם יַחְדָּו אֶשְׁכְּבָה וְאִישָׁן
כִּי־אַתָּה יְהֹוָה לְבָדָד לָבֶטַח תּוֹשִׁיבֵנִי:

ה ‏ לַמְנַצֵּחַ אֶל־הַנְּחִילוֹת מִזְמוֹר לְדָוִד: אֲמָרַי הַאֲזִינָה ׀ יְהֹוָה בִּינָה הֲגִיגִי:

‎_____
‎*א לחודש / ליום הראשון

הַקְשִׁיבָה ׀ לְקוֹל שַׁוְעִי מַלְכִּי וֵאלֹהָי כִּי־אֵלֶיךָ אֶתְפַּלָּל: יְהוָה בֹּקֶר תִּשְׁמַע
קוֹלִי בֹּקֶר אֶעֱרָךְ־לְךָ וַאֲצַפֶּה: כִּי ׀ לֹא אֵל־חָפֵץ רֶשַׁע ׀ אָתָּה לֹא יְגֻרְךָ רָע:
לֹא־יִתְיַצְּבוּ הוֹלְלִים לְנֶגֶד עֵינֶיךָ שָׂנֵאתָ כָּל־פֹּעֲלֵי אָוֶן: תְּאַבֵּד דֹּבְרֵי כָזָב
אִישׁ־דָּמִים וּמִרְמָה יְתָעֵב ׀ יְהוָה: וַאֲנִי בְּרֹב חַסְדְּךָ אָבוֹא בֵיתֶךָ אֶשְׁתַּחֲוֶה
אֶל־הֵיכַל־קָדְשְׁךָ בְּיִרְאָתֶךָ: יְהוָה ׀ נְחֵנִי בְצִדְקָתֶךָ לְמַעַן שׁוֹרְרָי הוֹשַׁר לְפָנַי    הַיָּשָׁר
דַּרְכֶּךָ: כִּי אֵין בְּפִיהוּ נְכוֹנָה קִרְבָּם הַוּוֹת קֶבֶר־פָּתוּחַ גְּרוֹנָם לְשׁוֹנָם יַחֲלִיקוּן:
הַאֲשִׁימֵם ׀ אֱלֹהִים יִפְּלוּ מִמֹּעֲצוֹתֵיהֶם בְּרֹב פִּשְׁעֵיהֶם הַדִּיחֵמוֹ כִּי־מָרוּ בָךְ:
וְיִשְׂמְחוּ כָל־חוֹסֵי בָךְ לְעוֹלָם יְרַנֵּנוּ וְתָסֵךְ עָלֵימוֹ וְיַעְלְצוּ בְךָ אֹהֲבֵי שְׁמֶךָ:
כִּי־אַתָּה תְּבָרֵךְ צַדִּיק יְהוָה כַּצִּנָּה רָצוֹן תַּעְטְרֶנּוּ:

ו לַמְנַצֵּחַ בִּנְגִינוֹת עַל־הַשְּׁמִינִית מִזְמוֹר לְדָוִד: יְהוָה אַל־בְּאַפְּךָ תוֹכִיחֵנִי
וְאַל־בַּחֲמָתְךָ תְיַסְּרֵנִי: חָנֵּנִי יְהוָה כִּי אֻמְלַל אָנִי רְפָאֵנִי יְהוָה כִּי נִבְהֲלוּ עֲצָמָי:
וְנַפְשִׁי נִבְהֲלָה מְאֹד וְאַתָּ יְהוָה עַד־מָתָי: שׁוּבָה יְהוָה חַלְּצָה נַפְשִׁי הוֹשִׁיעֵנִי
לְמַעַן חַסְדֶּךָ: כִּי אֵין בַּמָּוֶת זִכְרֶךָ בִּשְׁאוֹל מִי יוֹדֶה־לָּךְ: יָגַעְתִּי ׀ בְּאַנְחָתִי
אַשְׂחֶה בְכָל־לַיְלָה מִטָּתִי בְּדִמְעָתִי עַרְשִׂי אַמְסֶה: עָשְׁשָׁה מִכַּעַס עֵינִי
עָתְקָה בְּכָל־צוֹרְרָי: סוּרוּ מִמֶּנִּי כָּל־פֹּעֲלֵי אָוֶן כִּי־שָׁמַע יְהוָה קוֹל בִּכְיִי:
שָׁמַע יְהוָה תְּחִנָּתִי יְהוָה תְּפִלָּתִי יִקָּח: יֵבֹשׁוּ ׀ וְיִבָּהֲלוּ מְאֹד כָּל־אֹיְבָי יָשֻׁבוּ
יֵבֹשׁוּ רָגַע:

ז שִׁגָּיוֹן לְדָוִד אֲשֶׁר־שָׁר לַיהוָה עַל־דִּבְרֵי־כוּשׁ בֶּן־יְמִינִי: יְהוָה אֱלֹהַי בְּךָ חָסִיתִי
הוֹשִׁיעֵנִי מִכָּל־רֹדְפַי וְהַצִּילֵנִי: פֶּן־יִטְרֹף כְּאַרְיֵה נַפְשִׁי פֹּרֵק וְאֵין מַצִּיל: יְהוָה
אֱלֹהַי אִם־עָשִׂיתִי זֹאת אִם־יֶשׁ־עָוֶל בְּכַפָּי: אִם־גָּמַלְתִּי שׁוֹלְמִי רָע וָאֲחַלְּצָה
צוֹרְרִי רֵיקָם: יִרַדֹּף אוֹיֵב ׀ נַפְשִׁי וְיַשֵּׂג וְיִרְמֹס לָאָרֶץ חַיָּי וּכְבוֹדִי ׀ לֶעָפָר יַשְׁכֵּן
סֶלָה: קוּמָה יְהוָה ׀ בְּאַפֶּךָ הִנָּשֵׂא בְּעַבְרוֹת צוֹרְרָי וְעוּרָה אֵלַי מִשְׁפָּט צִוִּיתָ:
וַעֲדַת לְאֻמִּים תְּסוֹבְבֶךָּ וְעָלֶיהָ לַמָּרוֹם שׁוּבָה: יְהוָה יָדִין עַמִּים שָׁפְטֵנִי יְהוָה
כְּצִדְקִי וּכְתֻמִּי עָלָי: יִגְמָר־נָא רַע ׀ רְשָׁעִים וּתְכוֹנֵן צַדִּיק וּבֹחֵן לִבּוֹת וּכְלָיוֹת
אֱלֹהִים צַדִּיק: מָגִנִּי עַל־אֱלֹהִים מוֹשִׁיעַ יִשְׁרֵי־לֵב: אֱלֹהִים שׁוֹפֵט צַדִּיק וְאֵל
זֹעֵם בְּכָל־יוֹם: אִם־לֹא יָשׁוּב חַרְבּוֹ יִלְטוֹשׁ קַשְׁתּוֹ דָרַךְ וַיְכוֹנְנֶהָ: וְלוֹ הֵכִין
כְּלֵי־מָוֶת חִצָּיו לְדֹלְקִים יִפְעָל: הִנֵּה יְחַבֶּל־אָוֶן וְהָרָה עָמָל וְיָלַד שָׁקֶר: בּוֹר
כָּרָה וַיַּחְפְּרֵהוּ וַיִּפֹּל בְּשַׁחַת יִפְעָל: יָשׁוּב עֲמָלוֹ בְרֹאשׁוֹ וְעַל קָדְקֳדוֹ חֲמָסוֹ
יֵרֵד: אוֹדֶה יְהוָה כְּצִדְקוֹ וַאֲזַמְּרָה שֵׁם־יְהוָה עֶלְיוֹן:

ח לַמְנַצֵּחַ עַל־הַגִּתִּית מִזְמוֹר לְדָוִד: יהוה אֲדֹנֵינוּ מָה־אַדִּיר שִׁמְךָ בְּכָל־הָאָרֶץ
אֲשֶׁר תְּנָה הוֹדְךָ עַל־הַשָּׁמָיִם: מִפִּי עוֹלְלִים ׀ וְיֹנְקִים יִסַּדְתָּ עֹז לְמַעַן צוֹרְרֶיךָ
לְהַשְׁבִּית אוֹיֵב וּמִתְנַקֵּם: כִּי־אֶרְאֶה שָׁמֶיךָ מַעֲשֵׂה אֶצְבְּעֹתֶיךָ יָרֵחַ וְכוֹכָבִים
אֲשֶׁר כּוֹנָנְתָּה: מָה־אֱנוֹשׁ כִּי־תִזְכְּרֶנּוּ וּבֶן־אָדָם כִּי תִפְקְדֶנּוּ: וַתְּחַסְּרֵהוּ מְּעַט
מֵאֱלֹהִים וְכָבוֹד וְהָדָר תְּעַטְּרֵהוּ: תַּמְשִׁילֵהוּ בְּמַעֲשֵׂי יָדֶיךָ כֹּל שַׁתָּה תַחַת־
רַגְלָיו: צֹנֶה וַאֲלָפִים כֻּלָּם וְגַם בַּהֲמוֹת שָׂדָי: צִפּוֹר שָׁמַיִם וּדְגֵי הַיָּם עֹבֵר אָרְחוֹת
יַמִּים: יהוה אֲדֹנֵינוּ מָה־אַדִּיר שִׁמְךָ בְּכָל־הָאָרֶץ:

ט לַמְנַצֵּחַ עַל־מוּת לַבֵּן מִזְמוֹר לְדָוִד: אוֹדֶה יהוה בְּכָל־לִבִּי אֲסַפְּרָה כָּל־
נִפְלְאוֹתֶיךָ: אֶשְׂמְחָה וְאֶעֶלְצָה בָךְ אֲזַמְּרָה שִׁמְךָ עֶלְיוֹן: בְּשׁוּב־אוֹיְבַי אָחוֹר
יִכָּשְׁלוּ וְיֹאבְדוּ מִפָּנֶיךָ: כִּי־עָשִׂיתָ מִשְׁפָּטִי וְדִינִי יָשַׁבְתָּ לְכִסֵּא שׁוֹפֵט צֶדֶק:
גָּעַרְתָּ גוֹיִם אִבַּדְתָּ רָשָׁע שְׁמָם מָחִיתָ לְעוֹלָם וָעֶד: הָאוֹיֵב ׀ תַּמּוּ חֳרָבוֹת
לָנֶצַח וְעָרִים נָתַשְׁתָּ אָבַד זִכְרָם הֵמָּה: וַיהוה לְעוֹלָם יֵשֵׁב כּוֹנֵן לַמִּשְׁפָּט
כִּסְאוֹ: וְהוּא יִשְׁפֹּט־תֵּבֵל בְּצֶדֶק יָדִין לְאֻמִּים בְּמֵישָׁרִים: וִיהִי יהוה מִשְׂגָּב
לַדָּךְ מִשְׂגָּב לְעִתּוֹת בַּצָּרָה: וְיִבְטְחוּ בְךָ יוֹדְעֵי שְׁמֶךָ כִּי לֹא־עָזַבְתָּ דֹרְשֶׁיךָ
יהוה: זַמְּרוּ לַיהוה יֹשֵׁב צִיּוֹן הַגִּידוּ בָעַמִּים עֲלִילוֹתָיו: כִּי־דֹרֵשׁ דָּמִים אוֹתָם
זָכָר לֹא־שָׁכַח צַעֲקַת עניים: חָנְנֵנִי יהוה רְאֵה עָנְיִי מִשֹּׂנְאָי מְרוֹמְמִי מִשַּׁעֲרֵי־ עֲנָוִים
מָוֶת: לְמַעַן אֲסַפְּרָה כָּל־תְּהִלָּתֶיךָ בְּשַׁעֲרֵי בַת־צִיּוֹן אָגִילָה בִּישׁוּעָתֶךָ: טָבְעוּ
גוֹיִם בְּשַׁחַת עָשׂוּ בְּרֶשֶׁת־זוּ טָמָנוּ נִלְכְּדָה רַגְלָם: נוֹדַע ׀ יהוה מִשְׁפָּט עָשָׂה
בְּפֹעַל כַּפָּיו נוֹקֵשׁ רָשָׁע הִגָּיוֹן סֶלָה: יָשׁוּבוּ רְשָׁעִים לִשְׁאוֹלָה כָּל־גּוֹיִם שְׁכֵחֵי
אֱלֹהִים: כִּי לֹא לָנֶצַח יִשָּׁכַח אֶבְיוֹן תִּקְוַת ענוים תֹּאבַד לָעַד: קוּמָה יהוה עֲנִיִּים
אַל־יָעֹז אֱנוֹשׁ יִשָּׁפְטוּ גוֹיִם עַל־פָּנֶיךָ: שִׁיתָה יהוה ׀ מוֹרָה לָהֶם יֵדְעוּ גוֹיִם
אֱנוֹשׁ הֵמָּה סֶּלָה:

*י לָמָה יהוה תַּעֲמֹד בְּרָחוֹק תַּעְלִים לְעִתּוֹת בַּצָּרָה: בְּגַאֲוַת רָשָׁע יִדְלַק עָנִי
יִתָּפְשׂוּ ׀ בִּמְזִמּוֹת זוּ חָשָׁבוּ: כִּי־הִלֵּל רָשָׁע עַל־תַּאֲוַת נַפְשׁוֹ וּבֹצֵעַ בֵּרֵךְ נִאֵץ ׀
יהוה: רָשָׁע כְּגֹבַהּ אַפּוֹ בַּל־יִדְרֹשׁ אֵין אֱלֹהִים כָּל־מְזִמּוֹתָיו: יָחִילוּ דְרָכָו ׀
בְּכָל־עֵת מָרוֹם מִשְׁפָּטֶיךָ מִנֶּגְדּוֹ כָּל־צוֹרְרָיו יָפִיחַ בָּהֶם: אָמַר בְּלִבּוֹ בַּל־אֶמּוֹט
לְדֹר וָדֹר אֲשֶׁר לֹא־בְרָע: אָלָה ׀ פִּיהוּ מָלֵא וּמִרְמוֹת וָתֹךְ תַּחַת לְשׁוֹנוֹ עָמָל
וָאָוֶן: יֵשֵׁב ׀ בְּמַאְרַב חֲצֵרִים בַּמִּסְתָּרִים יַהֲרֹג נָקִי עֵינָיו לְחֵלְכָה יִצְפֹּנוּ: יֶאֱרֹב
בַּמִּסְתָּר ׀ כְּאַרְיֵה בְסֻכֹּה יֶאֱרֹב לַחֲטוֹף עָנִי יַחְטֹף עָנִי בְּמָשְׁכוֹ בְרִשְׁתּוֹ: ודכה יִדְכֶּה

*ב לחודש

יָשֹׁחַ וְנֹפֵל בַּעֲצוּמָיו חֵלְכָּאִים: אָמַר בְּלִבּוֹ שָׁכַח אֵל הִסְתִּיר פָּנָיו בַּל־רָאָה חֵלְכָּאִים לָנֶצַח: קוּמָה יְהוָה אֵל נְשָׂא יָדֶךָ אַל־תִּשְׁכַּח עֲנָוִים: עַל־מֶה ׀ נִאֵץ רָשָׁע ׀ אֱלֹהִים אָמַר בְּלִבּוֹ לֹא תִדְרֹשׁ: רָאִתָה כִּי־אַתָּה ׀ עָמָל וָכַעַס ׀ תַּבִּיט לָתֵת בְּיָדֶךָ עָלֶיךָ יַעֲזֹב חֵלֵכָה יָתוֹם אַתָּה ׀ הָיִיתָ עוֹזֵר: שְׁבֹר זְרוֹעַ רָשָׁע וָרָע תִּדְרוֹשׁ־רִשְׁעוֹ בַל־תִּמְצָא: יְהוָה מֶלֶךְ עוֹלָם וָעֶד אָבְדוּ גוֹיִם מֵאַרְצוֹ: תַּאֲוַת עֲנָוִים שָׁמַעְתָּ יְהוָה תָּכִין לִבָּם תַּקְשִׁיב אָזְנֶךָ: לִשְׁפֹּט יָתוֹם וָדָךְ בַּל־יוֹסִיף עוֹד לַעֲרֹץ אֱנוֹשׁ מִן־הָאָרֶץ:

יא לַמְנַצֵּחַ לְדָוִד בַּיהוָה ׀ חָסִיתִי אֵיךְ תֹּאמְרוּ לְנַפְשִׁי נודו נוּדִי הַרְכֶם צִפּוֹר: כִּי הִנֵּה הָרְשָׁעִים יִדְרְכוּן קֶשֶׁת כּוֹנְנוּ חִצָּם עַל־יֶתֶר לִירוֹת בְּמוֹ־אֹפֶל לְיִשְׁרֵי־לֵב: כִּי הַשָּׁתוֹת יֵהָרֵסוּן צַדִּיק מַה־פָּעָל: יְהוָה ׀ בְּהֵיכַל קָדְשׁוֹ יְהוָה בַּשָּׁמַיִם כִּסְאוֹ עֵינָיו יֶחֱזוּ עַפְעַפָּיו יִבְחֲנוּ בְּנֵי אָדָם: יְהוָה צַדִּיק יִבְחָן וְרָשָׁע וְאֹהֵב חָמָס שָׂנְאָה נַפְשׁוֹ: יַמְטֵר עַל־רְשָׁעִים פַּחִים אֵשׁ וְגָפְרִית וְרוּחַ זִלְעָפוֹת מְנָת כּוֹסָם: כִּי־צַדִּיק יְהוָה צְדָקוֹת אָהֵב יָשָׁר יֶחֱזוּ פָנֵימוֹ:

יב לַמְנַצֵּחַ עַל־הַשְּׁמִינִית מִזְמוֹר לְדָוִד: הוֹשִׁיעָה יְהוָה כִּי־גָמַר חָסִיד כִּי־פַסּוּ אֱמוּנִים מִבְּנֵי אָדָם: שָׁוְא ׀ יְדַבְּרוּ אִישׁ אֶת־רֵעֵהוּ שְׂפַת חֲלָקוֹת בְּלֵב וָלֵב יְדַבֵּרוּ: יַכְרֵת יְהוָה כָּל־שִׂפְתֵי חֲלָקוֹת לָשׁוֹן מְדַבֶּרֶת גְּדֹלוֹת: אֲשֶׁר אָמְרוּ לִלְשֹׁנֵנוּ נַגְבִּיר שְׂפָתֵינוּ אִתָּנוּ מִי אָדוֹן לָנוּ: מִשֹּׁד עֲנִיִּים מֵאַנְקַת אֶבְיוֹנִים עַתָּה אָקוּם יֹאמַר יְהוָה אָשִׁית בְּיֵשַׁע יָפִיחַ לוֹ: אִמֲרוֹת יְהוָה אֲמָרוֹת טְהֹרוֹת כֶּסֶף צָרוּף בַּעֲלִיל לָאָרֶץ מְזֻקָּק שִׁבְעָתָיִם: אַתָּה־יְהוָה תִּשְׁמְרֵם תִּצְּרֶנּוּ ׀ מִן־הַדּוֹר זוּ לְעוֹלָם: סָבִיב רְשָׁעִים יִתְהַלָּכוּן כְּרֻם זֻלּוּת לִבְנֵי אָדָם:

יג לַמְנַצֵּחַ מִזְמוֹר לְדָוִד: עַד־אָנָה יְהוָה תִּשְׁכָּחֵנִי נֶצַח עַד־אָנָה ׀ תַּסְתִּיר אֶת־פָּנֶיךָ מִמֶּנִּי: עַד־אָנָה אָשִׁית עֵצוֹת בְּנַפְשִׁי יָגוֹן בִּלְבָבִי יוֹמָם עַד־אָנָה ׀ יָרוּם אֹיְבִי עָלָי: הַבִּיטָה עֲנֵנִי יְהוָה אֱלֹהָי הָאִירָה עֵינַי פֶּן־אִישַׁן הַמָּוֶת: פֶּן־יֹאמַר אֹיְבִי יְכָלְתִּיו צָרַי יָגִילוּ כִּי אֶמּוֹט: וַאֲנִי ׀ בְּחַסְדְּךָ בָטַחְתִּי יָגֵל לִבִּי בִּישׁוּעָתֶךָ אָשִׁירָה לַיהוָה כִּי גָמַל עָלָי:

יד לַמְנַצֵּחַ לְדָוִד אָמַר נָבָל בְּלִבּוֹ אֵין אֱלֹהִים הִשְׁחִיתוּ הִתְעִיבוּ עֲלִילָה אֵין עֹשֵׂה־טוֹב: יְהוָה מִשָּׁמַיִם הִשְׁקִיף עַל־בְּנֵי־אָדָם לִרְאוֹת הֲיֵשׁ מַשְׂכִּיל דֹּרֵשׁ אֶת־אֱלֹהִים: הַכֹּל סָר יַחְדָּו נֶאֱלָחוּ אֵין עֹשֵׂה־טוֹב אֵין גַּם־אֶחָד: הֲלֹא יָדְעוּ כָּל־פֹּעֲלֵי אָוֶן אֹכְלֵי עַמִּי אָכְלוּ לֶחֶם יְהוָה לֹא קָרָאוּ: שָׁם ׀ פָּחֲדוּ פָחַד כִּי־

אֱלֹהִים בְּדוֹר צַדִּיק: עֲצַת־עָנִי תָבִישׁוּ כִּי יהוה מַחְסֵהוּ: מִי יִתֵּן מִצִּיּוֹן יְשׁוּעַת
יִשְׂרָאֵל בְּשׁוּב יהוה שְׁבוּת עַמּוֹ יָגֵל יַעֲקֹב יִשְׂמַח יִשְׂרָאֵל:
טו מִזְמוֹר לְדָוִד יהוה מִי־יָגוּר בְּאׇהֳלֶךָ מִי־יִשְׁכֹּן בְּהַר קׇדְשֶׁךָ: הוֹלֵךְ תָּמִים
וּפֹעֵל צֶדֶק וְדֹבֵר אֱמֶת בִּלְבָבוֹ: לֹא־רָגַל ׀ עַל־לְשֹׁנוֹ לֹא־עָשָׂה לְרֵעֵהוּ רָעָה
וְחֶרְפָּה לֹא־נָשָׂא עַל־קְרֹבוֹ: נִבְזֶה ׀ בְּעֵינָיו נִמְאָס וְאֶת־יִרְאֵי יהוה יְכַבֵּד נִשְׁבַּע
לְהָרַע וְלֹא יָמִר: כַּסְפּוֹ ׀ לֹא־נָתַן בְּנֶשֶׁךְ וְשֹׁחַד עַל־נָקִי לֹא־לָקָח עֹשֵׂה אֵלֶּה
לֹא יִמּוֹט לְעוֹלָם:
טז מִכְתָּם לְדָוִד שָׁמְרֵנִי אֵל כִּי־חָסִיתִי בָךְ: אָמַרְתְּ לַיהוה אֲדֹנָי אָתָּה טוֹבָתִי
בַּל־עָלֶיךָ: לִקְדוֹשִׁים אֲשֶׁר־בָּאָרֶץ הֵמָּה וְאַדִּירֵי כׇּל־חֶפְצִי־בָם: יִרְבּוּ עַצְּבוֹתָם
אַחֵר מָהָרוּ בַּל־אַסִּיךְ נִסְכֵּיהֶם מִדָּם וּבַל־אֶשָּׂא אֶת־שְׁמוֹתָם עַל־שְׂפָתָי:
יהוה מְנָת־חֶלְקִי וְכוֹסִי אַתָּה תּוֹמִיךְ גּוֹרָלִי: חֲבָלִים נָפְלוּ־לִי בַּנְּעִמִים אַף־
נַחֲלָת שָׁפְרָה עָלָי: אֲבָרֵךְ אֶת־יהוה אֲשֶׁר יְעָצָנִי אַף־לֵילוֹת יִסְּרוּנִי כִלְיוֹתָי:
שִׁוִּיתִי יהוה לְנֶגְדִּי תָמִיד כִּי מִימִינִי בַּל־אֶמּוֹט: לָכֵן ׀ שָׂמַח לִבִּי וַיָּגֶל כְּבוֹדִי
אַף־בְּשָׂרִי יִשְׁכֹּן לָבֶטַח: כִּי ׀ לֹא־תַעֲזֹב נַפְשִׁי לִשְׁאוֹל לֹא־תִתֵּן חסידיך חֲסִידְךָ
לִרְאוֹת שָׁחַת: תּוֹדִיעֵנִי אֹרַח חַיִּים שֹׂבַע שְׂמָחוֹת אֶת־פָּנֶיךָ נְעִמוֹת בִּימִינְךָ
נֶצַח:
יז תְּפִלָּה לְדָוִד שִׁמְעָה יהוה ׀ צֶדֶק הַקְשִׁיבָה רִנָּתִי הַאֲזִינָה תְפִלָּתִי בְּלֹא שִׂפְתֵי
מִרְמָה: מִלְּפָנֶיךָ מִשְׁפָּטִי יֵצֵא עֵינֶיךָ תֶּחֱזֶינָה מֵישָׁרִים: בָּחַנְתָּ לִבִּי ׀ פָּקַדְתָּ
לַּיְלָה צְרַפְתַּנִי בַל־תִּמְצָא זַמֹּתִי בַּל־יַעֲבׇר־פִּי: לִפְעֻלּוֹת אָדָם בִּדְבַר שְׂפָתֶיךָ
אֲנִי שָׁמַרְתִּי אׇרְחוֹת פָּרִיץ: תָּמֹךְ אֲשֻׁרַי בְּמַעְגְּלוֹתֶיךָ בַּל־נָמוֹטּוּ פְעָמָי:
אֲנִי־קְרָאתִיךָ כִי־תַעֲנֵנִי אֵל הַט־אׇזְנְךָ לִי שְׁמַע אִמְרָתִי: הַפְלֵה חֲסָדֶיךָ מוֹשִׁיעַ
חוֹסִים מִמִּתְקוֹמְמִים בִּימִינֶךָ: שׇׁמְרֵנִי כְּאִישׁוֹן בַּת־עָיִן בְּצֵל כְּנָפֶיךָ תַּסְתִּירֵנִי:
מִפְּנֵי רְשָׁעִים זוּ שַׁדּוּנִי אֹיְבַי בְּנֶפֶשׁ יַקִּיפוּ עָלָי: חֶלְבָּמוֹ סָּגְרוּ פִּימוֹ דִּבְּרוּ
בְגֵאוּת: אַשֻּׁרֵנוּ עַתָּה סבבוני עֵינֵיהֶם יָשִׁיתוּ לִנְטוֹת בָּאָרֶץ: דִּמְיֹנוֹ כְּאַרְיֵה סְבָבוּנוּ
יִכְסוֹף לִטְרֹף וְכִכְפִיר יֹשֵׁב בְּמִסְתָּרִים: קוּמָה יהוה קַדְּמָה פָנָיו הַכְרִיעֵהוּ
פַּלְּטָה נַפְשִׁי מֵרָשָׁע חַרְבֶּךָ: מִמְתִים יָדְךָ ׀ יהוה מִמְתִים מֵחֶלֶד חֶלְקָם בַּחַיִּים
וצפינך תְּמַלֵּא בִטְנָם יִשְׂבְּעוּ בָנִים וְהִנִּיחוּ יִתְרָם לְעוֹלְלֵיהֶם: אֲנִי בְּצֶדֶק אֶחֱזֶה וּצְפוּנְךָ
פָנֶיךָ אֶשְׂבְּעָה בְהָקִיץ תְּמוּנָתֶךָ:
*יח לַמְנַצֵּחַ לְעֶבֶד יהוה לְדָוִד אֲשֶׁר דִּבֶּר ׀ לַיהוה אֶת־דִּבְרֵי הַשִּׁירָה הַזֹּאת בְּיוֹם ׀

*ג לחודש

תהלים יח

הַצִּילֵ֥נִי יְהֹוָ֨ה ׀ אוֹתָ֗נוּ מִכַּ֣ף כׇּל־אֹ֭יְבָ֑י וּמִיַּ֖ד שָׁא֣וּל ׀ וַיֹּאמַ֗ר אֶרְחׇמְךָ֥ יְהֹוָ֣ה חִזְקִֽי׃
יְהֹוָ֤ה ׀ סַֽלְעִ֥י וּמְצוּדָתִ֗י וּמְפַ֫לְטִ֥י אֵלִ֥י צ֝וּרִ֗י אֶֽחֱסֶה־בּ֑וֹ מָגִנִּ֥י וְקֶ֥רֶן־יִ֝שְׁעִ֗י מִשְׂגַּבִּֽי׃
מְ֭הֻלָּל אֶקְרָ֣א יְהֹוָ֑ה וּמִן־אֹ֝יְבַ֗י אִוָּשֵֽׁעַ׃ אֲפָפ֥וּנִי חֶבְלֵי־מָ֑וֶת וְֽנַחֲלֵ֖י בְלִיַּ֣עַל
יְבַֽעֲתֽוּנִי׃ חֶבְלֵ֣י שְׁא֣וֹל סְבָב֑וּנִי קִ֝דְּמ֗וּנִי מ֣וֹקְשֵׁי מָֽוֶת׃ בַּצַּר־לִ֤י ׀ אֶקְרָ֣א יְהֹוָ֗ה
וְאֶל־אֱלֹהַ֥י אֲשַׁוֵּ֑עַ יִשְׁמַ֤ע מֵהֵיכָל֣וֹ קוֹלִ֑י וְ֝שַׁוְעָתִ֗י לְפָנָ֤יו ׀ תָּב֬וֹא בְאׇזְנָֽיו׃ וַתִּגְעַ֬שׁ
וַתִּרְעַ֨שׁ ׀ הָאָ֗רֶץ וּמוֹסְדֵ֣י הָרִ֣ים יִרְגָּ֑זוּ וַ֝יִּתְגָּעֲשׁ֗וּ כִּי־חָ֥רָה לֽוֹ׃ עָ֘לָ֤ה עָשָׁ֨ן ׀ בְּאַפּ֗וֹ
וְאֵשׁ־מִפִּ֥יו תֹּאכֵ֑ל גֶּ֝חָלִ֗ים בָּעֲר֥וּ מִמֶּֽנּוּ׃ וַיֵּ֣ט שָׁ֭מַיִם וַיֵּרַ֑ד וַ֝עֲרָפֶ֗ל תַּ֣חַת רַגְלָֽיו׃
וַיִּרְכַּ֣ב עַל־כְּ֭רוּב וַיָּעֹ֑ף וַ֝יֵּ֗דֶא עַל־כַּנְפֵי־רֽוּחַ׃ יָ֤שֶׁת חֹ֨שֶׁךְ ׀ סִתְר֗וֹ סְבִֽיבוֹתָ֥יו סֻכָּת֑וֹ
חֶשְׁכַת־מַ֝֗יִם עָבֵ֥י שְׁחָקִֽים׃ מִנֹּ֗גַהּ נֶ֫גְדּ֥וֹ עָבָ֥יו עָבְר֑וּ בָּ֝רָ֗ד וְגַֽחֲלֵי־אֵֽשׁ׃ וַיַּרְעֵ֬ם
בַּשָּׁמַ֨יִם ׀ יְהֹוָ֗ה וְ֭עֶלְיוֹן יִתֵּ֣ן קֹל֑וֹ בָּ֝רָ֗ד וְגַֽחֲלֵי־אֵֽשׁ׃ וַיִּשְׁלַ֣ח חִ֭צָּיו וַיְפִיצֵ֑ם וּבְרָקִ֥ים
רָ֝֗ב וַיְהֻמֵּֽם׃ וַיֵּֽרָא֤וּ ׀ אֲפִ֥יקֵי מַ֗יִם וַֽיִּגָּלוּ֮ מֽוֹסְד֢וֹת תֵּ֫בֵ֥ל מִגַּעֲרָתְךָ֥ יְהֹוָ֑ה מִ֝נִּשְׁמַ֗ת
ר֣וּחַ אַפֶּֽךָ׃ יִשְׁלַ֣ח מִ֭מָּרוֹם יִקָּחֵ֑נִי יַֽ֝מְשֵׁ֗נִי מִמַּ֥יִם רַבִּֽים׃ יַצִּילֵ֗נִי מֵאֹיְבִ֥י עָ֑ז וּ֝מִשֹּׂנְאַ֗י
כִּֽי־אָֽמְצ֥וּ מִמֶּֽנִּי׃ יְקַדְּמ֥וּנִי בְיוֹם־אֵידִ֑י וַֽיְהִי־יְהֹוָ֖ה לְמִשְׁעָ֣ן לִֽי׃ וַיּוֹצִיאֵ֥נִי לַמֶּרְחָ֑ב
יְ֝חַלְּצֵ֗נִי כִּ֘י חָ֥פֵֽץ בִּֽי׃ יִגְמְלֵ֣נִי יְהֹוָ֣ה כְּצִדְקִ֑י כְּבֹ֥ר יָ֝דַ֗י יָשִׁ֥יב לִֽי׃ כִּֽי־שָׁ֭מַרְתִּי דַּרְכֵ֣י
יְהֹוָ֑ה וְלֹֽא־רָ֝שַׁ֗עְתִּי מֵאֱלֹהָֽי׃ כִּ֣י כׇל־מִשְׁפָּטָ֣יו לְנֶגְדִּ֑י וְ֝חֻקֹּתָ֗יו לֹא־אָסִ֥יר מֶֽנִּי׃
וָאֱהִ֣י תָמִ֣ים עִמּ֑וֹ וָ֝אֶשְׁתַּמֵּ֗ר מֵעֲוֺנִֽי׃ וַיָּֽשֶׁב־יְהֹוָ֣ה לִ֣י כְצִדְקִ֑י כְּבֹ֥ר יָ֝דַ֗י לְנֶ֣גֶד עֵינָֽיו׃
עִם־חָסִ֥יד תִּתְחַסָּ֑ד עִם־גְּבַ֖ר תָּמִ֣ים תִּתַּמָּֽם׃ עִם־נָבָ֥ר תִּתְבָּרָ֑ר וְעִם־עִ֝קֵּ֗שׁ
תִּתְפַּתָּֽל׃ כִּֽי־אַ֭תָּה עַם־עָנִ֣י תוֹשִׁ֑יעַ וְעֵינַ֖יִם רָמ֣וֹת תַּשְׁפִּֽיל׃ כִּֽי־אַ֭תָּה תָּאִ֣יר נֵרִ֑י
יְהֹוָ֥ה אֱ֝לֹהַ֗י יַגִּ֥יהַּ חׇשְׁכִּֽי׃ כִּֽי־בְ֭ךָ אָרֻ֣ץ גְּד֑וּד וּ֝בֵֽאלֹהַ֗י אֲדַלֶּג־שֽׁוּר׃ הָאֵל֮ תָּמִ֢ים
דַּ֫רְכּ֥וֹ אִמְרַֽת־יְהֹוָ֥ה צְרוּפָ֑ה מָגֵ֥ן ה֝֗וּא לְכֹ֤ל ׀ הַחֹסִ֬ים בּֽוֹ׃ כִּ֤י מִ֣י אֱ֭לוֹהַּ מִבַּלְעֲדֵ֣י
יְהֹוָ֑ה וּמִ֥י צ֝֗וּר זוּלָתִ֥י אֱלֹהֵֽינוּ׃ הָ֭אֵל הַמְאַזְּרֵ֣נִי חָ֑יִל וַיִּתֵּ֖ן תָּמִ֣ים דַּרְכִּֽי׃ מְשַׁוֶּ֣ה
רַ֭גְלַי כָּאַיָּל֑וֹת וְעַ֥ל בָּ֝מֹתַ֗י יַעֲמִידֵֽנִי׃ מְלַמֵּ֣ד יָ֭דַי לַמִּלְחָמָ֑ה וְֽנִחֲתָ֥ה קֶֽשֶׁת־נְ֝חוּשָׁ֗ה
זְרֽוֹעֹתָֽי׃ וַתִּתֶּן־לִי֮ מָגֵ֢ן יִ֫שְׁעֶ֥ךָ וִֽימִינְךָ֥ תִסְעָדֵ֑נִי וְֽעַנְוַתְךָ֥ תַרְבֵּֽנִי׃ תַּרְחִ֣יב צַעֲדִ֣י
תַחְתָּ֑י וְלֹ֥א מָ֝עֲד֗וּ קַרְסֻלָּֽי׃ אֶרְדּ֣וֹף א֭וֹיְבַי וְאַשִּׂיגֵ֑ם וְלֹֽא־אָ֝שׁוּב עַד־כַּלּוֹתָֽם׃
אֶ֭מְחָצֵם וְלֹא־יֻ֣כְלוּ ק֑וּם יִ֝פְּל֗וּ תַּ֣חַת רַגְלָֽי׃ וַתְּאַזְּרֵ֣נִי חַ֭יִל לַמִּלְחָמָ֑ה תַּכְרִ֖יעַ
קָמַ֣י תַּחְתָּֽי׃ וְֽאֹיְבַ֗י נָתַ֣תָּה לִּ֣י עֹ֑רֶף וּ֝מְשַׂנְאַ֗י אַצְמִיתֵֽם׃ יְשַׁוְּע֥וּ וְאֵין־מוֹשִׁ֑יעַ
עַל־יְ֝הֹוָ֗ה וְלֹ֣א עָנָֽם׃ וְֽאֶשְׁחָקֵ֗ם כְּעָפָ֥ר עַל־פְּנֵי־ר֑וּחַ כְּטִ֖יט חוּצ֣וֹת אֲרִיקֵֽם׃
תְּפַלְּטֵנִי֮ מֵרִ֢יבֵ֫י עָ֥ם תְּ֭שִׂימֵנִי לְרֹ֣אשׁ גּוֹיִ֑ם עַ֖ם לֹא־יָדַ֣עְתִּי יַֽעַבְדֽוּנִי׃ לְשֵׁ֣מַֽע אֹ֭זֶן
יִשָּׁ֣מְעוּ לִ֑י בְּנֵֽי־נֵ֝כָ֗ר יְכַחֲשׁוּ־לִֽי׃ בְּנֵי־נֵכָ֥ר יִבֹּ֑לוּ וְ֝יַחְרְג֗וּ מִֽמִּסְגְּרֽוֹתֵיהֶֽם׃ חַי־יְהֹוָ֗ה

וּבָר֣וּךְ צוּרִ֑י וְ֝יָר֗וּם אֱלוֹהֵ֥י יִשְׁעִֽי׃ הָאֵ֗ל הַנּוֹתֵ֣ן נְקָמ֣וֹת לִ֑י וַיַּדְבֵּ֖ר עַמִּ֣ים תַּחְתָּֽי׃
מְפַלְּטִ֗י מֵאֹ֫יְבָ֥י אַ֣ף מִן־קָ֭מַי תְּרוֹמְמֵ֑נִי מֵאִ֥ישׁ חָ֝מָ֗ס תַּצִּילֵֽנִי׃ עַל־כֵּ֤ן ׀ אוֹדְךָ֖
בַגּוֹיִ֥ם ׀ יְהוָ֑ה וּלְשִׁמְךָ֥ אֲזַמֵּֽרָה׃ מַגְדִּל֮ יְשׁוּע֪וֹת מַ֫לְכּ֥וֹ וְעֹ֤שֶׂה חֶ֨סֶד ׀ לִמְשִׁיח֗וֹ
לְדָוִ֥ד וּלְזַרְע֗וֹ עַד־עוֹלָֽם׃
לַמְנַצֵּ֗חַ מִזְמ֥וֹר לְדָוִֽד׃ הַשָּׁמַ֗יִם מְֽסַפְּרִ֥ים כְּבֽוֹד־אֵ֑ל וּֽמַעֲשֵׂ֥ה יָ֝דָ֗יו מַגִּ֥יד הָרָקִֽיעַ׃ יט
י֣וֹם לְ֭יוֹם יַבִּ֣יעַֽ אֹ֑מֶר וְלַ֥יְלָה לְּ֝לַ֗יְלָה יְחַוֶּה־דָּֽעַת׃ אֵ֣ין אֹ֭מֶר וְאֵ֣ין דְּבָרִ֑ים בְּ֝לִ֗י
נִשְׁמָ֥ע קוֹלָֽם׃ בְּכָל־הָאָ֨רֶץ ׀ יָ֘צָ֤א קַוָּ֗ם וּבִקְצֵ֣ה תֵ֭בֵל מִלֵּיהֶ֑ם לַ֝שֶּׁ֗מֶשׁ שָֽׂם־
אֹ֥הֶל בָּהֶֽם׃ וְה֗וּא כְּ֭חָתָן יֹצֵ֣א מֵחֻפָּת֑וֹ יָשִׂ֥ישׂ כְּ֝גִבּ֗וֹר לָר֥וּץ אֹֽרַח׃ מִקְצֵ֤ה
הַשָּׁמַ֨יִם ׀ מֽוֹצָא֗וֹ וּתְקוּפָת֥וֹ עַל־קְצוֹתָ֑ם וְאֵ֥ין נִ֝סְתָּ֗ר מֵֽחַמָּתֽוֹ׃ תּ֘וֹרַ֤ת יְהוָ֣ה
תְּ֭מִימָה מְשִׁ֣יבַת נָ֑פֶשׁ עֵד֥וּת יְהוָ֥ה נֶ֝אֱמָנָ֗ה מַחְכִּ֥ימַת פֶּֽתִי׃ פִּקּ֘וּדֵ֤י יְהוָ֣ה יְ֭שָׁרִים
מְשַׂמְּחֵי־לֵ֑ב מִצְוַ֥ת יְהוָ֥ה בָּ֝רָ֗ה מְאִירַ֥ת עֵינָֽיִם׃ יִרְאַ֤ת יְהוָ֨ה ׀ טְהוֹרָה֮ עוֹמֶ֪דֶת
לָ֫עַ֥ד מִֽשְׁפְּטֵי־יְהוָ֥ה אֱמֶ֑ת צָֽדְק֥וּ יַחְדָּֽו׃ הַֽנֶּחֱמָדִ֗ים מִ֭זָּהָב וּמִפַּ֣ז רָ֑ב וּמְתוּקִ֥ים
מִ֝דְּבַ֗שׁ וְנֹ֣פֶת צוּפִֽים׃ גַּֽם־עַ֭בְדְּךָ נִזְהָ֣ר בָּהֶ֑ם בְּ֝שָׁמְרָ֗ם עֵ֣קֶב רָֽב׃ שְׁגִיא֥וֹת מִֽי־יָבִ֑ין
מִֽנִּסְתָּר֥וֹת נַקֵּֽנִי׃ גַּ֤ם מִזֵּדִ֨ים ׀ חֲשֹׂ֬ךְ עַבְדֶּ֗ךָ אַֽל־יִמְשְׁלוּ־בִ֣י אָ֣ז אֵיתָ֑ם וְ֝נִקֵּ֗יתִי
מִפֶּ֥שַׁע רָֽב׃ יִהְי֤וּ לְרָצ֨וֹן ׀ אִמְרֵי־פִ֡י וְהֶגְי֣וֹן לִבִּ֣י לְפָנֶ֑יךָ יְ֝הוָ֗ה צוּרִ֥י וְגֹאֲלִֽי׃
לַמְנַצֵּ֗חַ מִזְמ֥וֹר לְדָוִֽד׃ יַֽעַנְךָ֣ יְ֭הוָה בְּי֣וֹם צָרָ֑ה יְ֝שַׂגֶּבְךָ֗ שֵׁ֤ם ׀ אֱלֹהֵ֬י יַעֲקֹֽב׃ יִשְׁלַֽח־ כ
עֶזְרְךָ֥ מִקֹּ֑דֶשׁ וּ֝מִצִּיּ֗וֹן יִסְעָדֶֽךָּ׃ יִזְכֹּ֥ר כָּל־מִנְחֹתֶ֑ךָ וְעוֹלָתְךָ֖ יְדַשְּׁנֶ֣ה סֶֽלָה׃ יִֽתֶּן־
לְךָ֥ כִלְבָבֶ֑ךָ וְֽכָל־עֲצָתְךָ֥ יְמַלֵּֽא׃ נְרַנְּנָ֤ה ׀ בִּ֘ישׁ֤וּעָתֶ֗ךָ וּבְשֵֽׁם־אֱלֹהֵ֥ינוּ נִדְגֹּ֑ל יְמַלֵּ֥א
יְ֝הוָ֗ה כָּל־מִשְׁאֲלוֹתֶֽיךָ׃ עַתָּ֤ה יָדַ֗עְתִּי כִּ֤י הוֹשִׁ֥יעַ ׀ יְהוָ֗ה מְשִׁ֫יח֥וֹ יַ֭עֲנֵהוּ מִשְּׁמֵ֣י
קָדְשׁ֑וֹ בִּ֝גְבֻר֗וֹת יֵ֣שַׁע יְמִינֽוֹ׃ אֵ֣לֶּה בָ֭רֶכֶב וְאֵ֣לֶּה בַסּוּסִ֑ים וַאֲנַ֓חְנוּ ׀ בְּשֵׁם־יְהוָ֖ה
אֱלֹהֵ֣ינוּ נַזְכִּֽיר׃ הֵ֭מָּה כָּרְע֣וּ וְנָפָ֑לוּ וַאֲנַ֥חְנוּ קַּ֝֗מְנוּ וַנִּתְעוֹדָֽד׃ יְהוָ֥ה הוֹשִׁ֑יעָה
הַ֝מֶּ֗לֶךְ יַעֲנֵ֥נוּ בְיוֹם־קָרְאֵֽנוּ׃
לַמְנַצֵּ֗חַ מִזְמ֥וֹר לְדָוִֽד׃ יְֽהוָ֗ה בְּעָזְּךָ֥ יִשְׂמַח־מֶ֑לֶךְ וּ֝בִישׁ֥וּעָתְךָ֗ מַה־יָּ֥גֶיל מְאֹֽד׃ כא יָגֵל
תַּאֲוַ֣ת לִ֭בּוֹ נָתַ֣תָּה לּ֑וֹ וַאֲרֶ֥שֶׁת שְׂ֝פָתָ֗יו בַּל־מָנַ֥עְתָּ סֶּֽלָה׃ כִּֽי־תְ֭קַדְּמֶנּוּ בִּרְכ֣וֹת
ט֑וֹב תָּשִׁ֥ית לְ֝רֹאשׁ֗וֹ עֲטֶ֣רֶת פָּֽז׃ חַיִּ֤ים ׀ שָׁאַ֣ל מִ֭מְּךָ נָתַ֣תָּה לּ֑וֹ אֹ֥רֶךְ יָ֝מִ֗ים עוֹלָ֥ם
וָעֶֽד׃ גָּד֣וֹל כְּ֭בוֹדוֹ בִּישׁוּעָתֶ֑ךָ ה֥וֹד וְ֝הָדָ֗ר תְּשַׁוֶּ֥ה עָלָֽיו׃ כִּֽי־תְשִׁיתֵ֣הוּ בְרָכ֣וֹת לָעַ֑ד
תְּחַדֵּ֥הוּ בְ֝שִׂמְחָ֗ה אֶת־פָּנֶֽיךָ׃ כִּֽי־הַ֭מֶּלֶךְ בֹּטֵ֣חַ בַּיהוָ֑ה וּבְחֶ֥סֶד עֶ֝לְי֗וֹן בַּל־יִמּֽוֹט׃
תִּמְצָ֣א יָ֭דְךָ לְכָל־אֹיְבֶ֑יךָ יְ֝מִינְךָ֗ תִּמְצָ֥א שֹׂנְאֶֽיךָ׃ תְּשִׁיתֵ֤מוֹ ׀ כְּתַנּ֥וּר אֵשׁ֮ לְעֵ֪ת
פָּ֫נֶ֥יךָ יְ֭הוָה בְּאַפּ֣וֹ יְבַלְּעֵ֑ם וְ֝תֹאכְלֵ֗ם אֵֽשׁ׃ פִּ֭רְיָמוֹ מֵאֶ֣רֶץ תְּאַבֵּ֑ד וְ֝זַרְעָ֗ם מִבְּנֵ֥י

אָדָם: כִּי־נָטוּ עָלֶיךָ רָעָה חָשְׁבוּ מְזִמָּה בַּל־יוּכָלוּ: כִּי תְּשִׁיתֵמוֹ שֶׁכֶם בְּמֵיתָרֶיךָ
תְּכוֹנֵן עַל־פְּנֵיהֶם: רוּמָה יהוה בְעֻזֶּךָ נָשִׁירָה וּנְזַמְּרָה גְּבוּרָתֶךָ:
כב לַמְנַצֵּחַ עַל־אַיֶּלֶת הַשַּׁחַר מִזְמוֹר לְדָוִד: אֵלִי אֵלִי לָמָה עֲזַבְתָּנִי רָחוֹק
מִישׁוּעָתִי דִּבְרֵי שַׁאֲגָתִי: אֱלֹהַי אֶקְרָא יוֹמָם וְלֹא תַעֲנֶה וְלַיְלָה וְלֹא־דוּמִיָּה לִי:
וְאַתָּה קָדוֹשׁ יוֹשֵׁב תְּהִלּוֹת יִשְׂרָאֵל: בְּךָ בָּטְחוּ אֲבֹתֵינוּ בָּטְחוּ וַתְּפַלְּטֵמוֹ:
אֵלֶיךָ זָעֲקוּ וְנִמְלָטוּ בְּךָ בָטְחוּ וְלֹא־בוֹשׁוּ: וְאָנֹכִי תוֹלַעַת וְלֹא־אִישׁ חֶרְפַּת
אָדָם וּבְזוּי עָם: כָּל־רֹאַי יַלְעִגוּ לִי יַפְטִירוּ בְשָׂפָה יָנִיעוּ רֹאשׁ: גֹּל אֶל־יהוה
יְפַלְּטֵהוּ יַצִּילֵהוּ כִּי חָפֵץ בּוֹ: כִּי־אַתָּה גֹחִי מִבָּטֶן מַבְטִיחִי עַל־שְׁדֵי אִמִּי: עָלֶיךָ
הָשְׁלַכְתִּי מֵרָחֶם מִבֶּטֶן אִמִּי אֵלִי אָתָּה: אַל־תִּרְחַק מִמֶּנִּי כִּי־צָרָה קְרוֹבָה כִּי־
אֵין עוֹזֵר: סְבָבוּנִי פָּרִים רַבִּים אַבִּירֵי בָשָׁן כִּתְּרוּנִי: פָּצוּ עָלַי פִּיהֶם אַרְיֵה טֹרֵף
וְשֹׁאֵג: כַּמַּיִם נִשְׁפַּכְתִּי וְהִתְפָּרְדוּ כָּל־עַצְמוֹתָי הָיָה לִבִּי כַּדּוֹנָג נָמֵס בְּתוֹךְ מֵעָי:
יָבֵשׁ כַּחֶרֶשׂ | כֹּחִי וּלְשׁוֹנִי מֻדְבָּק מַלְקוֹחָי וְלַעֲפַר־מָוֶת תִּשְׁפְּתֵנִי: כִּי סְבָבוּנִי
כְּלָבִים עֲדַת מְרֵעִים הִקִּיפוּנִי כָּאֲרִי יָדַי וְרַגְלָי: אֲסַפֵּר כָּל־עַצְמוֹתָי הֵמָּה יַבִּיטוּ
יִרְאוּ־בִי: יְחַלְּקוּ בְגָדַי לָהֶם וְעַל־לְבוּשִׁי יַפִּילוּ גוֹרָל: וְאַתָּה יהוה אַל־תִּרְחָק
אֱיָלוּתִי לְעֶזְרָתִי חוּשָׁה: הַצִּילָה מֵחֶרֶב נַפְשִׁי מִיַּד־כֶּלֶב יְחִידָתִי: הוֹשִׁיעֵנִי
מִפִּי אַרְיֵה וּמִקַּרְנֵי רֵמִים עֲנִיתָנִי: אֲסַפְּרָה שִׁמְךָ לְאֶחָי בְּתוֹךְ קָהָל אֲהַלְלֶךָּ:
יִרְאֵי יהוה | הַלְלוּהוּ כָּל־זֶרַע יַעֲקֹב כַּבְּדוּהוּ וְגוּרוּ מִמֶּנּוּ כָּל־זֶרַע יִשְׂרָאֵל: כִּי
לֹא־בָזָה וְלֹא שִׁקַּץ עֱנוּת עָנִי וְלֹא־הִסְתִּיר פָּנָיו מִמֶּנּוּ וּבְשַׁוְּעוֹ אֵלָיו שָׁמֵעַ:
מֵאִתְּךָ תְּהִלָּתִי בְּקָהָל רָב נְדָרַי אֲשַׁלֵּם נֶגֶד יְרֵאָיו: יֹאכְלוּ עֲנָוִים | וְיִשְׂבָּעוּ
יְהַלְלוּ יהוה דֹּרְשָׁיו יְחִי לְבַבְכֶם לָעַד: יִזְכְּרוּ | וְיָשֻׁבוּ אֶל־יהוה כָּל־אַפְסֵי־
אָרֶץ וְיִשְׁתַּחֲווּ לְפָנֶיךָ כָּל־מִשְׁפְּחוֹת גּוֹיִם: כִּי לַיהוה הַמְּלוּכָה וּמֹשֵׁל בַּגּוֹיִם:
אָכְלוּ וַיִּשְׁתַּחֲווּ | כָּל־דִּשְׁנֵי־אֶרֶץ לְפָנָיו יִכְרְעוּ כָּל־יוֹרְדֵי עָפָר וְנַפְשׁוֹ לֹא חִיָּה:
זֶרַע יַעַבְדֶנּוּ יְסֻפַּר לַאדֹנָי לַדּוֹר: יָבֹאוּ וְיַגִּידוּ צִדְקָתוֹ לְעַם נוֹלָד כִּי עָשָׂה:
כג* מִזְמוֹר לְדָוִד יהוה רֹעִי לֹא אֶחְסָר: בִּנְאוֹת דֶּשֶׁא יַרְבִּיצֵנִי עַל־מֵי מְנֻחוֹת
יְנַהֲלֵנִי: נַפְשִׁי יְשׁוֹבֵב יַנְחֵנִי בְמַעְגְּלֵי־צֶדֶק לְמַעַן שְׁמוֹ: גַּם כִּי־אֵלֵךְ בְּגֵיא
צַלְמָוֶת לֹא־אִירָא רָע כִּי־אַתָּה עִמָּדִי שִׁבְטְךָ וּמִשְׁעַנְתֶּךָ הֵמָּה יְנַחֲמֻנִי: תַּעֲרֹךְ
לְפָנַי | שֻׁלְחָן נֶגֶד צֹרְרָי דִּשַּׁנְתָּ בַשֶּׁמֶן רֹאשִׁי כּוֹסִי רְוָיָה: אַךְ | טוֹב וָחֶסֶד
יִרְדְּפוּנִי כָּל־יְמֵי חַיָּי וְשַׁבְתִּי בְּבֵית־יהוה לְאֹרֶךְ יָמִים:
כד לְדָוִד מִזְמוֹר לַיהוה הָאָרֶץ וּמְלוֹאָהּ תֵּבֵל וְיֹשְׁבֵי בָהּ: כִּי־הוּא עַל־יַמִּים יְסָדָהּ

*ד לחודש

וְעַל־נְהָרוֹת יְכוֹנְנֶהָ: מִי־יַעֲלֶה בְהַר־יְהֹוָה וּמִי־יָקוּם בִּמְקוֹם קׇדְשׁוֹ: נְקִי
נַפְשִׁי כַפַּיִם וּבַר־לֵבָב אֲשֶׁר לֹא־נָשָׂא לַשָּׁוְא נפשו וְלֹא נִשְׁבַּע לְמִרְמָה: יִשָּׂא בְרָכָה
מֵאֵת יְהֹוָה וּצְדָקָה מֵאֱלֹהֵי יִשְׁעוֹ: זֶה דּוֹר דֹּרְשָׁו מְבַקְשֵׁי פָנֶיךָ יַעֲקֹב סֶלָה:
שְׂאוּ שְׁעָרִים ׀ רָאשֵׁיכֶם וְהִנָּשְׂאוּ פִּתְחֵי עוֹלָם וְיָבוֹא מֶלֶךְ הַכָּבוֹד: מִי זֶה
מֶלֶךְ הַכָּבוֹד יְהֹוָה עִזּוּז וְגִבּוֹר יְהֹוָה גִּבּוֹר מִלְחָמָה: שְׂאוּ שְׁעָרִים ׀ רָאשֵׁיכֶם
וּשְׂאוּ פִּתְחֵי עוֹלָם וְיָבֹא מֶלֶךְ הַכָּבוֹד: מִי הוּא זֶה מֶלֶךְ הַכָּבוֹד יְהֹוָה צְבָאוֹת
הוּא מֶלֶךְ הַכָּבוֹד סֶלָה:
לְדָוִד אֵלֶיךָ יְהֹוָה נַפְשִׁי אֶשָּׂא: אֱלֹהַי בְּךָ בָטַחְתִּי אַל־אֵבוֹשָׁה אַל־יַעַלְצוּ כה
אוֹיְבַי לִי: גַּם כׇּל־קֹוֶיךָ לֹא יֵבֹשׁוּ יֵבֹשׁוּ הַבּוֹגְדִים רֵיקָם: דְּרָכֶיךָ יְהֹוָה הוֹדִיעֵנִי
אֹרְחוֹתֶיךָ לַמְּדֵנִי: הַדְרִיכֵנִי בַאֲמִתֶּךָ ׀ וְלַמְּדֵנִי כִּי־אַתָּה אֱלֹהֵי יִשְׁעִי אוֹתְךָ
קִוִּיתִי כׇּל־הַיּוֹם: זְכֹר־רַחֲמֶיךָ יְהֹוָה וַחֲסָדֶיךָ כִּי מֵעוֹלָם הֵמָּה: חַטֹּאות נְעוּרַי ׀
וּפְשָׁעַי אַל־תִּזְכֹּר כְּחַסְדְּךָ זְכׇר־לִי־אַתָּה לְמַעַן טוּבְךָ יְהֹוָה: טוֹב־וְיָשָׁר יְהֹוָה
עַל־כֵּן יוֹרֶה חַטָּאִים בַּדָּרֶךְ: יַדְרֵךְ עֲנָוִים בַּמִּשְׁפָּט וִילַמֵּד עֲנָוִים דַּרְכּוֹ: כׇּל־
אׇרְחוֹת יְהֹוָה חֶסֶד וֶאֱמֶת לְנֹצְרֵי בְרִיתוֹ וְעֵדֹתָיו: לְמַעַן־שִׁמְךָ יְהֹוָה וְסָלַחְתָּ
לַעֲוֺנִי כִּי רַב־הוּא: מִי־זֶה הָאִישׁ יְרֵא יְהֹוָה יוֹרֶנּוּ בְּדֶרֶךְ יִבְחָר: נַפְשׁוֹ בְּטוֹב תָּלִין
וְזַרְעוֹ יִירַשׁ אָרֶץ: סוֹד יְהֹוָה לִירֵאָיו וּבְרִיתוֹ לְהוֹדִיעָם: עֵינַי תָּמִיד אֶל־יְהֹוָה
כִּי הוּא־יוֹצִיא מֵרֶשֶׁת רַגְלָי: פְּנֵה־אֵלַי וְחׇנֵּנִי כִּי־יָחִיד וְעָנִי אָנִי: צָרוֹת לְבָבִי
הִרְחִיבוּ מִמְּצוּקוֹתַי הוֹצִיאֵנִי: רְאֵה עׇנְיִי וַעֲמָלִי וְשָׂא לְכׇל־חַטֹּאותָי: רְאֵה־אוֹיְבַי
כִּי־רָבּוּ וְשִׂנְאַת חָמָס שְׂנֵאוּנִי: שׇׁמְרָה נַפְשִׁי וְהַצִּילֵנִי אַל־אֵבוֹשׁ כִּי־חָסִיתִי
בָךְ: תֹּם־וָיֹשֶׁר יִצְּרוּנִי כִּי קִוִּיתִיךָ: פְּדֵה אֱלֹהִים אֶת־יִשְׂרָאֵל מִכֹּל צָרוֹתָיו:
לְדָוִד ׀ שׇׁפְטֵנִי יְהֹוָה כִּי־אֲנִי בְּתֻמִּי הָלַכְתִּי וּבַיהֹוָה בָּטַחְתִּי לֹא אֶמְעָד: בְּחָנֵנִי כו
צָרְפָה יְהֹוָה וְנַסֵּנִי צרופה כִלְיוֹתַי וְלִבִּי: כִּי־חַסְדְּךָ לְנֶגֶד עֵינָי וְהִתְהַלַּכְתִּי בַּאֲמִתֶּךָ:
לֹא־יָשַׁבְתִּי עִם־מְתֵי־שָׁוְא וְעִם נַעֲלָמִים לֹא אָבוֹא: שָׂנֵאתִי קְהַל מְרֵעִים
וְעִם־רְשָׁעִים לֹא אֵשֵׁב: אֶרְחַץ בְּנִקָּיוֹן כַּפָּי וַאֲסֹבְבָה אֶת־מִזְבַּחֲךָ יְהֹוָה: לַשְׁמִעַ
בְּקוֹל תּוֹדָה וּלְסַפֵּר כׇּל־נִפְלְאוֹתֶיךָ: יְהֹוָה אָהַבְתִּי מְעוֹן בֵּיתֶךָ וּמְקוֹם מִשְׁכַּן
כְּבוֹדֶךָ: אַל־תֶּאֱסֹף עִם־חַטָּאִים נַפְשִׁי וְעִם־אַנְשֵׁי דָמִים חַיָּי: אֲשֶׁר־בִּידֵיהֶם
זִמָּה וִימִינָם מָלְאָה שֹּׁחַד: וַאֲנִי בְּתֻמִּי אֵלֵךְ פְּדֵנִי וְחׇנֵּנִי: רַגְלִי עָמְדָה בְמִישׁוֹר
בְּמַקְהֵלִים אֲבָרֵךְ יְהֹוָה:
לְדָוִד ׀ יְהֹוָה ׀ אוֹרִי וְיִשְׁעִי מִמִּי אִירָא יְהֹוָה מָעוֹז־חַיַּי מִמִּי אֶפְחָד: בִּקְרֹב כז

עֲלַ֨י ׀ מְרֵעִים֮ לֶאֱכֹ֢ל אֶת־בְּשָׂ֫רִ֥י צָרַ֣י וְאֹיְבַ֣י לִ֑י הֵ֖מָּה כָשְׁל֣וּ וְנָפָֽלוּ: אִם־תַּחֲנֶ֬ה עָלַ֨י ׀ מַחֲנֶה֮ לֹֽא־יִירָ֪א לִ֫בִּ֥י אִם־תָּק֣וּם עָ֭לַי מִלְחָמָ֑ה בְּ֝זֹ֗את אֲנִ֣י בוֹטֵֽחַ: אַחַ֤ת ׀ שָׁאַ֣לְתִּי מֵֽאֵת־יְהוָה֮ אוֹתָ֪הּ אֲבַ֫קֵּ֥שׁ שִׁבְתִּ֣י בְּבֵית־יְ֭הוָה כָּל־יְמֵ֣י חַיַּ֑י לַחֲז֥וֹת בְּנֹֽעַם־יְ֝הוָ֗ה וּלְבַקֵּ֥ר בְּהֵיכָלֽוֹ: כִּ֤י יִצְפְּנֵ֨נִי ׀ בְּסֻכֹּה֮ בְּי֪וֹם רָ֫עָ֥ה יַ֭סְתִּרֵנִי בְּסֵ֣תֶר אָהֳל֑וֹ בְּ֝צ֗וּר יְרוֹמְמֵֽנִי: וְעַתָּ֨ה יָר֪וּם רֹאשִׁ֡י עַ֤ל אֹֽיְבַ֬י סְֽבִיבוֹתַ֗י וְאֶזְבְּחָ֣ה בְ֭אָהֳלוֹ זִבְחֵ֣י תְרוּעָ֑ה אָשִׁ֥ירָה וַ֝אֲזַמְּרָ֗ה לַֽיהוָֽה: שְׁמַע־יְהוָ֖ה קוֹלִ֥י אֶקְרָ֗א וְחָנֵּ֥נִי וַעֲנֵֽנִי: לְךָ֤ ׀ אָמַ֣ר לִ֭בִּי בַּקְּשׁ֣וּ פָנָ֑י אֶת־פָּנֶ֖יךָ יְהוָ֣ה אֲבַקֵּֽשׁ: אַל־תַּסְתֵּ֬ר פָּנֶ֨יךָ ׀ מִמֶּנִּי֮ אַֽל־תַּט־בְּאַ֗ף עַ֫בְדֶּ֥ךָ עֶזְרָתִ֥י הָיִ֑יתָ אַֽל־תִּטְּשֵׁ֥נִי וְאַל־תַּֽ֝עַזְבֵ֗נִי אֱלֹהֵ֥י יִשְׁעִֽי: כִּי־אָבִ֣י וְאִמִּ֣י עֲזָב֑וּנִי וַֽיהוָ֥ה יַֽאַסְפֵֽנִי: ה֤וֹרֵ֥נִי יְהוָ֗ה דַּ֫רְכֶּ֥ךָ וּ֭נְחֵנִי בְּאֹ֣רַח מִישׁ֑וֹר לְ֝מַ֗עַן שׁוֹרְרָֽי: אַֽל־תִּ֭תְּנֵנִי בְּנֶ֣פֶשׁ צָרָ֑י כִּ֥י קָֽמוּ־בִ֥י עֵֽדֵי־שֶׁ֝֗קֶר וִיפֵ֥חַ חָמָֽס: ל֭ׄוּלֵ֣ׄא הֶ֭אֱמַנְתִּי לִרְא֥וֹת בְּֽטוּב־יְהוָ֗ה בְּאֶ֣רֶץ חַיִּֽים: קַוֵּ֗ה אֶל־יְ֫הוָ֥ה חֲ֭זַק וְיַאֲמֵ֣ץ לִבֶּ֑ךָ וְ֝קַוֵּ֗ה אֶל־יְהוָֽה:

כח לְדָוִ֨ד ׀ אֵלֶ֥יךָ יְהוָ֨ה ׀ אֶקְרָ֗א צוּרִי֮ אַֽל־תֶּחֱרַ֪שׁ מִ֫מֶּ֥נִּי פֶּן־תֶּֽחֱשֶׁ֥ה מִמֶּ֑נִּי וְ֝נִמְשַׁ֗לְתִּי עִם־י֥וֹרְדֵי בֽוֹר: שְׁמַ֤ע ק֣וֹל תַּ֭חֲנוּנַי בְּשַׁוְּעִ֣י אֵלֶ֑יךָ בְּנָשְׂאִ֥י יָ֝דַ֗י אֶל־דְּבִ֥יר קָדְשֶֽׁךָ: אַל־תִּמְשְׁכֵ֣נִי עִם־רְשָׁעִים֮ וְעִם־פֹּ֪עֲלֵ֫י אָ֥וֶן דֹּבְרֵ֣י שָׁ֭לוֹם עִם־רֵֽעֵיהֶ֑ם וְ֝רָעָ֗ה בִּלְבָבָֽם: תֶּן־לָהֶ֣ם כְּפָעֳלָם֮ וּכְרֹ֪עַ מַ֫עַלְלֵיהֶ֥ם כְּמַעֲשֵׂ֣ה יְ֭דֵיהֶם תֵּ֣ן לָהֶ֑ם הָשֵׁ֖ב גְּמוּלָ֣ם לָהֶֽם: כִּ֤י לֹ֤א יָבִ֡ינוּ אֶל־פְּעֻלֹּ֣ת יְ֭הוָה וְאֶל־מַעֲשֵׂ֣ה יָדָ֑יו יֶ֝הֶרְסֵ֗ם וְלֹ֣א יִבְנֵֽם: בָּר֥וּךְ יְהוָ֑ה כִּי־שָׁ֝מַ֗ע ק֣וֹל תַּחֲנוּנָֽי: יְהוָ֤ה ׀ עֻזִּ֥י וּמָגִנִּי֮ בּ֤וֹ בָטַ֥ח לִבִּ֗י וְֽנֶ֫עֱזָ֥רְתִּי וַיַּעֲלֹ֥ז לִבִּ֑י וּֽמִשִּׁירִ֥י אֲהוֹדֶֽנּוּ: יְהוָ֥ה עֹֽז־לָ֑מוֹ וּמָ֘ע֤וֹז יְשׁוּע֖וֹת מְשִׁיח֣וֹ הֽוּא: הוֹשִׁ֤יעָה ׀ אֶת־עַמֶּ֗ךָ וּבָרֵ֥ךְ אֶת־נַחֲלָתֶ֑ךָ וּֽרְעֵ֥ם וְ֝נַשְּׂאֵ֗ם עַד־הָעוֹלָֽם:

כט* מִזְמ֗וֹר לְדָ֫וִ֥ד הָב֣וּ לַ֭יהוָה בְּנֵ֣י אֵלִ֑ים הָב֥וּ לַ֝יהוָ֗ה כָּב֥וֹד וָעֹֽז: הָב֣וּ לַ֭יהוָה כְּב֣וֹד שְׁמ֑וֹ הִשְׁתַּחֲו֥וּ לַ֝יהוָ֗ה בְּהַדְרַת־קֹֽדֶשׁ: ק֥וֹל יְהוָ֗ה עַל־הַ֫מָּ֥יִם אֵֽל־הַכָּב֥וֹד הִרְעִ֑ים יְ֝הוָ֗ה עַל־מַ֥יִם רַבִּֽים: קוֹל־יְהוָ֥ה בַּכֹּ֑חַ ק֥וֹל יְ֝הוָ֗ה בֶּהָדָֽר: ק֥וֹל יְ֭הוָה שֹׁבֵ֣ר אֲרָזִ֑ים וַיְשַׁבֵּ֥ר יְ֝הוָ֗ה אֶת־אַרְזֵ֥י הַלְּבָנֽוֹן: וַיַּרְקִידֵ֥ם כְּמוֹ־עֵ֑גֶל לְבָנ֥וֹן וְ֝שִׂרְיֹ֗ן כְּמ֣וֹ בֶן־רְאֵמִֽים: קוֹל־יְהוָ֥ה חֹצֵ֗ב לַהֲב֥וֹת אֵֽשׁ: ק֣וֹל יְ֭הוָה יָחִ֣יל מִדְבָּ֑ר יָחִ֥יל יְ֝הוָ֗ה מִדְבַּ֥ר קָדֵֽשׁ: ק֤וֹל יְהוָ֨ה ׀ יְחוֹלֵ֣ל אַיָּלוֹת֮ וַֽיֶּחֱשֹׂ֪ף יְעָ֫ר֥וֹת וּבְהֵיכָל֑וֹ כֻּ֝לּ֗וֹ אֹמֵ֥ר כָּבֽוֹד: יְ֭הוָה לַמַּבּ֣וּל יָשָׁ֑ב וַיֵּ֥שֶׁב יְ֝הוָ֗ה מֶ֣לֶךְ לְעוֹלָֽם: יְֽהוָ֗ה עֹ֭ז לְעַמּ֣וֹ יִתֵּ֑ן יְהוָ֓ה ׀ יְבָרֵ֖ךְ אֶת־עַמּ֣וֹ בַשָּׁלֽוֹם:

ל** מִזְמ֡וֹר שִׁיר־חֲנֻכַּ֖ת הַבַּ֣יִת לְדָוִֽד: אֲרוֹמִמְךָ֣ יְ֭הוָה כִּ֣י דִלִּיתָ֑נִי וְלֹא־שִׂמַּ֖חְתָּ אֹיְבַ֣י

*ה׳ לַחֹדֶשׁ **לַיּוֹם הַשֵּׁנִי

לִי: יְהוָה אֱלֹהָי שִׁוַּעְתִּי אֵלֶיךָ וַתִּרְפָּאֵנִי: יְהוָה הֶעֱלִיתָ מִן־שְׁאוֹל נַפְשִׁי חִיִּיתַנִי
מִיָּרְדִי־ מיורדי־בור: זַמְּרוּ לַיהוָה חֲסִידָיו וְהוֹדוּ לְזֵכֶר קָדְשׁוֹ: כִּי רֶגַע ׀ בְּאַפּוֹ חַיִּים
בִּרְצוֹנוֹ בָּעֶרֶב יָלִין בֶּכִי וְלַבֹּקֶר רִנָּה: וַאֲנִי אָמַרְתִּי בְשַׁלְוִי בַּל־אֶמּוֹט לְעוֹלָם:
יְהוָה בִּרְצוֹנְךָ הֶעֱמַדְתָּה לְהַרְרִי עֹז הִסְתַּרְתָּ פָנֶיךָ הָיִיתִי נִבְהָל: אֵלֶיךָ יְהוָה
אֶקְרָא וְאֶל־אֲדֹנָי אֶתְחַנָּן: מַה־בֶּצַע בְּדָמִי בְּרִדְתִּי אֶל שָׁחַת הֲיוֹדְךָ עָפָר
הֲיַגִּיד אֲמִתֶּךָ: שְׁמַע־יְהוָה וְחָנֵּנִי יְהוָה הֱיֵה־עֹזֵר לִי: הָפַכְתָּ מִסְפְּדִי לְמָחוֹל
לִי פִּתַּחְתָּ שַׂקִּי וַתְּאַזְּרֵנִי שִׂמְחָה: לְמַעַן ׀ יְזַמֶּרְךָ כָבוֹד וְלֹא יִדֹּם יְהוָה אֱלֹהַי
לְעוֹלָם אוֹדֶךָּ:

לא לַמְנַצֵּחַ מִזְמוֹר לְדָוִד: בְּךָ־יְהוָה חָסִיתִי אַל־אֵבוֹשָׁה לְעוֹלָם בְּצִדְקָתְךָ
פַלְּטֵנִי: הַטֵּה אֵלַי ׀ אָזְנְךָ מְהֵרָה הַצִּילֵנִי הֱיֵה לִי ׀ לְצוּר־מָעוֹז לְבֵית מְצוּדוֹת
לְהוֹשִׁיעֵנִי: כִּי־סַלְעִי וּמְצוּדָתִי אָתָּה וּלְמַעַן שִׁמְךָ תַּנְחֵנִי וּתְנַהֲלֵנִי: תּוֹצִיאֵנִי
מֵרֶשֶׁת זוּ טָמְנוּ לִי כִּי־אַתָּה מָעוּזִּי: בְּיָדְךָ אַפְקִיד רוּחִי פָּדִיתָה אוֹתִי יְהוָה אֵל
אֱמֶת: שָׂנֵאתִי הַשֹּׁמְרִים הַבְלֵי־שָׁוְא וַאֲנִי אֶל־יְהוָה בָּטָחְתִּי: אָגִילָה וְאֶשְׂמְחָה
בְּחַסְדֶּךָ אֲשֶׁר רָאִיתָ אֶת־עָנְיִי יָדַעְתָּ בְּצָרוֹת נַפְשִׁי: וְלֹא הִסְגַּרְתַּנִי בְּיַד־אוֹיֵב
הֶעֱמַדְתָּ בַמֶּרְחָב רַגְלָי: חָנֵּנִי יְהוָה כִּי צַר לִי עָשְׁשָׁה בְכַעַס עֵינִי נַפְשִׁי וּבִטְנִי:
כִּי כָלוּ בְיָגוֹן חַיַּי וּשְׁנוֹתַי בַּאֲנָחָה כָּשַׁל בַּעֲוֺנִי כֹחִי וַעֲצָמַי עָשֵׁשׁוּ: מִכָּל־צֹרְרַי
הָיִיתִי חֶרְפָּה וְלִשְׁכֵנַי ׀ מְאֹד וּפַחַד לִמְיֻדָּעָי רֹאַי בַּחוּץ נָדְדוּ מִמֶּנִּי: נִשְׁכַּחְתִּי
כְּמֵת מִלֵּב הָיִיתִי כִּכְלִי אֹבֵד: כִּי שָׁמַעְתִּי ׀ דִּבַּת רַבִּים מָגוֹר מִסָּבִיב בְּהִוָּסְדָם
יַחַד עָלַי לָקַחַת נַפְשִׁי זָמָמוּ: וַאֲנִי ׀ עָלֶיךָ בָטַחְתִּי יְהוָה אָמַרְתִּי אֱלֹהַי אָתָּה:
בְּיָדְךָ עִתֹּתָי הַצִּילֵנִי מִיַּד־אוֹיְבַי וּמֵרֹדְפָי: הָאִירָה פָנֶיךָ עַל־עַבְדֶּךָ הוֹשִׁיעֵנִי
בְחַסְדֶּךָ: יְהוָה אַל־אֵבוֹשָׁה כִּי קְרָאתִיךָ יֵבֹשׁוּ רְשָׁעִים יִדְּמוּ לִשְׁאוֹל: תֵּאָלַמְנָה
שִׂפְתֵי שָׁקֶר הַדֹּבְרוֹת עַל־צַדִּיק עָתָק בְּגַאֲוָה וָבוּז: מָה רַב טוּבְךָ אֲשֶׁר־צָפַנְתָּ
לִּירֵאֶיךָ פָּעַלְתָּ לַחוֹסִים בָּךְ נֶגֶד בְּנֵי אָדָם: תַּסְתִּירֵם ׀ בְּסֵתֶר פָּנֶיךָ מֵרֻכְסֵי אִישׁ
תִּצְפְּנֵם בְּסֻכָּה מֵרִיב לְשֹׁנוֹת: בָּרוּךְ יְהוָה כִּי הִפְלִיא חַסְדּוֹ לִי בְּעִיר מָצוֹר:
וַאֲנִי ׀ אָמַרְתִּי בְחָפְזִי נִגְרַזְתִּי מִנֶּגֶד עֵינֶיךָ אָכֵן שָׁמַעְתָּ קוֹל תַּחֲנוּנַי בְּשַׁוְּעִי
אֵלֶיךָ: אֶהֱבוּ אֶת־יְהוָה כָּל־חֲסִידָיו אֱמוּנִים נֹצֵר יְהוָה וּמְשַׁלֵּם עַל־יֶתֶר עֹשֵׂה
גַאֲוָה: חִזְקוּ וְיַאֲמֵץ לְבַבְכֶם כָּל־הַמְיַחֲלִים לַיהוָה:

לב לְדָוִד מַשְׂכִּיל אַשְׁרֵי נְשׂוּי־פֶּשַׁע כְּסוּי חֲטָאָה: אַשְׁרֵי־אָדָם לֹא יַחְשֹׁב יְהוָה לוֹ
עָוֺן וְאֵין בְּרוּחוֹ רְמִיָּה: כִּי־הֶחֱרַשְׁתִּי בָּלוּ עֲצָמָי בְּשַׁאֲגָתִי כָּל־הַיּוֹם: כִּי ׀ יוֹמָם

וְלַיְלָה תִּכְבַּד עָלַי יָדֶךָ נֶהְפַּךְ לְשַׁדִּי בְּחַרְבֹנֵי קַיִץ סֶלָה: חַטָּאתִי אוֹדִיעֲךָ וַעֲוֺנִי
לֹא־כִסִּיתִי אָמַרְתִּי אוֹדֶה עֲלֵי פְשָׁעַי לַיהוה וְאַתָּה נָשָׂאתָ עֲוֺן חַטָּאתִי סֶלָה:
עַל־זֹאת יִתְפַּלֵּל כָּל־חָסִיד ׀ אֵלֶיךָ לְעֵת מְצֹא רַק לְשֵׁטֶף מַיִם רַבִּים אֵלָיו
לֹא יַגִּיעוּ: אַתָּה ׀ סֵתֶר לִי מִצַּר תִּצְּרֵנִי רָנֵּי פַלֵּט תְּסוֹבְבֵנִי סֶלָה: אַשְׂכִּילְךָ ׀
וְאוֹרְךָ בְּדֶרֶךְ־זוּ תֵלֵךְ אִיעֲצָה עָלֶיךָ עֵינִי: אַל־תִּהְיוּ ׀ כְּסוּס כְּפֶרֶד אֵין הָבִין
בְּמֶתֶג־וָרֶסֶן עֶדְיוֹ לִבְלוֹם בַּל קְרֹב אֵלֶיךָ: רַבִּים מַכְאוֹבִים לָרָשָׁע וְהַבּוֹטֵחַ
בַּיהוה חֶסֶד יְסוֹבְבֶנּוּ: שִׂמְחוּ בַיהוה וְגִילוּ צַדִּיקִים וְהַרְנִינוּ כָּל־יִשְׁרֵי־לֵב:
לג רַנְּנוּ צַדִּיקִים בַּיהוה לַיְשָׁרִים נָאוָה תְהִלָּה: הוֹדוּ לַיהוה בְּכִנּוֹר בְּנֵבֶל עָשׂוֹר
זַמְּרוּ־לוֹ: שִׁירוּ־לוֹ שִׁיר חָדָשׁ הֵיטִיבוּ נַגֵּן בִּתְרוּעָה: כִּי־יָשָׁר דְּבַר־יהוה וְכָל־
מַעֲשֵׂהוּ בֶּאֱמוּנָה: אֹהֵב צְדָקָה וּמִשְׁפָּט חֶסֶד יהוה מָלְאָה הָאָרֶץ: בִּדְבַר יהוה
שָׁמַיִם נַעֲשׂוּ וּבְרוּחַ פִּיו כָּל־צְבָאָם: כֹּנֵס כַּנֵּד מֵי הַיָּם נֹתֵן בְּאוֹצָרוֹת תְּהוֹמוֹת:
יִירְאוּ מֵיהוה כָּל־הָאָרֶץ מִמֶּנּוּ יָגוּרוּ כָּל־יֹשְׁבֵי תֵבֵל: כִּי הוּא אָמַר וַיֶּהִי הוּא־
צִוָּה וַיַּעֲמֹד: יהוה הֵפִיר עֲצַת־גּוֹיִם הֵנִיא מַחְשְׁבוֹת עַמִּים: עֲצַת יהוה לְעוֹלָם
תַּעֲמֹד מַחְשְׁבוֹת לִבּוֹ לְדֹר וָדֹר: אַשְׁרֵי הַגּוֹי אֲשֶׁר־יהוה אֱלֹהָיו הָעָם ׀ בָּחַר
לְנַחֲלָה לוֹ: מִשָּׁמַיִם הִבִּיט יהוה רָאָה אֶת־כָּל־בְּנֵי הָאָדָם: מִמְּכוֹן־שִׁבְתּוֹ
הִשְׁגִּיחַ אֶל כָּל־יֹשְׁבֵי הָאָרֶץ: הַיֹּצֵר יַחַד לִבָּם הַמֵּבִין אֶל־כָּל־מַעֲשֵׂיהֶם: אֵין־
הַמֶּלֶךְ נוֹשָׁע בְּרָב־חָיִל גִּבּוֹר לֹא־יִנָּצֵל בְּרָב־כֹּחַ: שֶׁקֶר הַסּוּס לִתְשׁוּעָה וּבְרֹב
חֵילוֹ לֹא יְמַלֵּט: הִנֵּה עֵין יהוה אֶל־יְרֵאָיו לַמְיַחֲלִים לְחַסְדּוֹ: לְהַצִּיל מִמָּוֶת
נַפְשָׁם וּלְחַיּוֹתָם בָּרָעָב: נַפְשֵׁנוּ חִכְּתָה לַיהוה עֶזְרֵנוּ וּמָגִנֵּנוּ הוּא: כִּי־בוֹ יִשְׂמַח
לִבֵּנוּ כִּי בְשֵׁם קָדְשׁוֹ בָטָחְנוּ: יְהִי־חַסְדְּךָ יהוה עָלֵינוּ כַּאֲשֶׁר יִחַלְנוּ לָךְ:
לד לְדָוִד בְּשַׁנּוֹתוֹ אֶת־טַעְמוֹ לִפְנֵי אֲבִימֶלֶךְ וַיְגָרְשֵׁהוּ וַיֵּלַךְ: אֲבָרְכָה אֶת־יהוה
בְּכָל־עֵת תָּמִיד תְּהִלָּתוֹ בְּפִי: בַּיהוה תִּתְהַלֵּל נַפְשִׁי יִשְׁמְעוּ עֲנָוִים וְיִשְׂמָחוּ:
גַּדְּלוּ לַיהוה אִתִּי וּנְרוֹמְמָה שְׁמוֹ יַחְדָּו: דָּרַשְׁתִּי אֶת־יהוה וְעָנָנִי וּמִכָּל־מְגוּרוֹתַי
הִצִּילָנִי: הִבִּיטוּ אֵלָיו וְנָהָרוּ וּפְנֵיהֶם אַל־יֶחְפָּרוּ: זֶה עָנִי קָרָא וַיהוה שָׁמֵעַ
וּמִכָּל־צָרוֹתָיו הוֹשִׁיעוֹ: חֹנֶה מַלְאַךְ־יהוה סָבִיב לִירֵאָיו וַיְחַלְּצֵם: טַעֲמוּ וּרְאוּ
כִּי־טוֹב יהוה אַשְׁרֵי הַגֶּבֶר יֶחֱסֶה־בּוֹ: יְראוּ אֶת־יהוה קְדֹשָׁיו כִּי־אֵין מַחְסוֹר
לִירֵאָיו: כְּפִירִים רָשׁוּ וְרָעֵבוּ וְדֹרְשֵׁי יהוה לֹא־יַחְסְרוּ כָל־טוֹב: לְכוּ־בָנִים
שִׁמְעוּ־לִי יִרְאַת יהוה אֲלַמֶּדְכֶם: מִי־הָאִישׁ הֶחָפֵץ חַיִּים אֹהֵב יָמִים לִרְאוֹת
טוֹב: נְצֹר לְשׁוֹנְךָ מֵרָע וּשְׂפָתֶיךָ מִדַּבֵּר מִרְמָה: סוּר מֵרָע וַעֲשֵׂה־טוֹב בַּקֵּשׁ

שָׁלוֹם וְרׇדְפֵהוּ: עֵינֵי יהוה אֶל־צַדִּיקִים וְאׇזְנָיו אֶל־שַׁוְעָתָם: פְּנֵי יהוה בְּעֹשֵׂי
רָע לְהַכְרִית מֵאֶרֶץ זִכְרָם: צָעֲקוּ וַיהוה שָׁמֵעַ וּמִכׇּל־צָרוֹתָם הִצִּילָם: קָרוֹב
יהוה לְנִשְׁבְּרֵי־לֵב וְאֶת־דַּכְּאֵי־רוּחַ יוֹשִׁיעַ: רַבּוֹת רָעוֹת צַדִּיק וּמִכֻּלָּם יַצִּילֶנּוּ
יהוה: שֹׁמֵר כׇּל־עַצְמוֹתָיו אַחַת מֵהֵנָּה לֹא נִשְׁבָּרָה: תְּמוֹתֵת רָשָׁע רָעָה וְשֹׂנְאֵי
צַדִּיק יֶאְשָׁמוּ: פּוֹדֶה יהוה נֶפֶשׁ עֲבָדָיו וְלֹא יֶאְשְׁמוּ כׇּל־הַחֹסִים בּוֹ:
לְדָוִד ׀ רִיבָה יהוה אֶת־יְרִיבַי לְחַם אֶת־לֹחֲמָי: הַחֲזֵק מָגֵן וְצִנָּה וְקוּמָה בְּעֶזְרָתִי: *לה
וְהָרֵק חֲנִית וּסְגֹר לִקְרַאת רֹדְפָי אֱמֹר לְנַפְשִׁי יְשֻׁעָתֵךְ אָנִי: יֵבֹשׁוּ וְיִכָּלְמוּ
מְבַקְשֵׁי נַפְשִׁי יִסֹּגוּ אָחוֹר וְיַחְפְּרוּ חֹשְׁבֵי רָעָתִי: יִהְיוּ כְּמֹץ לִפְנֵי־רוּחַ וּמַלְאַךְ
יהוה דּוֹחֶה: יְהִי־דַרְכָּם חֹשֶׁךְ וַחֲלַקְלַקֹּת וּמַלְאַךְ יהוה רֹדְפָם: כִּי־חִנָּם טָמְנוּ־
לִי שַׁחַת רִשְׁתָּם חִנָּם חָפְרוּ לְנַפְשִׁי: תְּבוֹאֵהוּ שׁוֹאָה לֹא־יֵדָע וְרִשְׁתּוֹ אֲשֶׁר־
טָמַן תִּלְכְּדוֹ בְּשׁוֹאָה יִפׇּל־בָּהּ: וְנַפְשִׁי תָּגִיל בַּיהוה תָּשִׂישׂ בִּישׁוּעָתוֹ: כׇּל
עַצְמוֹתַי ׀ תֹּאמַרְנָה יהוה מִי כָמוֹךָ מַצִּיל עָנִי מֵחָזָק מִמֶּנּוּ וְעָנִי וְאֶבְיוֹן מִגֹּזְלוֹ:
יְקוּמוּן עֵדֵי חָמָס אֲשֶׁר לֹא־יָדַעְתִּי יִשְׁאָלוּנִי: יְשַׁלְּמוּנִי רָעָה תַּחַת טוֹבָה שְׁכוֹל
לְנַפְשִׁי: וַאֲנִי ׀ בַּחֲלוֹתָם לְבוּשִׁי שָׂק עִנֵּיתִי בַצּוֹם נַפְשִׁי וּתְפִלָּתִי עַל־חֵיקִי
תָשׁוּב: כְּרֵעַ־כְּאָח לִי הִתְהַלָּכְתִּי כַּאֲבֶל־אֵם קֹדֵר שַׁחוֹתִי: וּבְצַלְעִי שָׂמְחוּ
וְנֶאֱסָפוּ נֶאֶסְפוּ עָלַי נֵכִים וְלֹא יָדַעְתִּי קָרְעוּ וְלֹא־דָמּוּ: בְּחַנְפֵי לַעֲגֵי מָעוֹג
חָרֹק עָלַי שִׁנֵּימוֹ: אֲדֹנָי כַּמָּה תִּרְאֶה הָשִׁיבָה נַפְשִׁי מִשֹּׁאֵיהֶם מִכְּפִירִים יְחִידָתִי:
אוֹדְךָ בְּקָהָל רָב בְּעַם עָצוּם אֲהַלְלֶךָּ: אַל־יִשְׂמְחוּ־לִי אֹיְבַי שֶׁקֶר שֹׂנְאַי חִנָּם
יִקְרְצוּ־עָיִן: כִּי לֹא שָׁלוֹם יְדַבֵּרוּ וְעַל רִגְעֵי־אֶרֶץ דִּבְרֵי מִרְמוֹת יַחֲשֹׁבוּן: וַיַּרְחִיבוּ
עָלַי פִּיהֶם אָמְרוּ הֶאָח ׀ הֶאָח רָאֲתָה עֵינֵנוּ: רָאִיתָה יהוה אַל־תֶּחֱרַשׁ אֲדֹנָי
אַל־תִּרְחַק מִמֶּנִּי: הָעִירָה וְהָקִיצָה לְמִשְׁפָּטִי אֱלֹהַי וַאדֹנָי לְרִיבִי: שׇׁפְטֵנִי
כְצִדְקְךָ יהוה אֱלֹהָי וְאַל־יִשְׂמְחוּ־לִי: אַל־יֹאמְרוּ בְלִבָּם הֶאָח נַפְשֵׁנוּ אַל־
יֹאמְרוּ בִּלַּעֲנוּהוּ: יֵבֹשׁוּ וְיַחְפְּרוּ ׀ יַחְדָּו שְׂמֵחֵי רָעָתִי יִלְבְּשׁוּ־בֹשֶׁת וּכְלִמָּה
הַמַּגְדִּילִים עָלָי: יָרֹנּוּ וְיִשְׂמְחוּ חֲפֵצֵי צִדְקִי וְיֹאמְרוּ תָמִיד יִגְדַּל יהוה הֶחָפֵץ
שְׁלוֹם עַבְדּוֹ: וּלְשׁוֹנִי תֶּהְגֶּה צִדְקֶךָ כׇּל־הַיּוֹם תְּהִלָּתֶךָ:
לַמְנַצֵּחַ ׀ לְעֶבֶד־יהוה לְדָוִד: נְאֻם־פֶּשַׁע לָרָשָׁע בְּקֶרֶב לִבִּי אֵין־פַּחַד אֱלֹהִים לו
לְנֶגֶד עֵינָיו: כִּי־הֶחֱלִיק אֵלָיו בְּעֵינָיו לִמְצֹא עֲוֺנוֹ לִשְׂנֹא: דִּבְרֵי־פִיו אָוֶן וּמִרְמָה
חָדַל לְהַשְׂכִּיל לְהֵיטִיב: אָוֶן ׀ יַחְשֹׁב עַל־מִשְׁכָּבוֹ יִתְיַצֵּב עַל־דֶּרֶךְ לֹא־טוֹב רָע
לֹא יִמְאָס: יהוה בְּהַשָּׁמַיִם חַסְדֶּךָ אֱמוּנָתְךָ עַד־שְׁחָקִים: צִדְקָתְךָ ׀ כְּהַרְרֵי־אֵל

*ו לחודש

מִשְׁפָּטֶיךָ תְּהוֹם רַבָּה אָדָם וּבְהֵמָה תוֹשִׁיעַ | יהוה׃ מַה־יָּקָר חַסְדְּךָ אֱלֹהִים
וּבְנֵי אָדָם בְּצֵל כְּנָפֶיךָ יֶחֱסָיוּן׃ יִרְוְיֻן מִדֶּשֶׁן בֵּיתֶךָ וְנַחַל עֲדָנֶיךָ תַשְׁקֵם׃ כִּי־עִמְּךָ
מְקוֹר חַיִּים בְּאוֹרְךָ נִרְאֶה־אוֹר׃ מְשֹׁךְ חַסְדְּךָ לְיֹדְעֶיךָ וְצִדְקָתְךָ לְיִשְׁרֵי־לֵב׃
אַל־תְּבוֹאֵנִי רֶגֶל גַּאֲוָה וְיַד־רְשָׁעִים אַל־תְּנִדֵנִי׃ שָׁם נָפְלוּ פֹּעֲלֵי אָוֶן דֹּחוּ
וְלֹא־יָכְלוּ קוּם׃

לז לְדָוִד | אַל־תִּתְחַר בַּמְּרֵעִים אַל־תְּקַנֵּא בְּעֹשֵׂי עַוְלָה׃ כִּי כֶחָצִיר מְהֵרָה יִמָּלוּ
וּכְיֶרֶק דֶּשֶׁא יִבּוֹלוּן׃ בְּטַח בַּיהוה וַעֲשֵׂה־טוֹב שְׁכָן־אֶרֶץ וּרְעֵה אֱמוּנָה׃
וְהִתְעַנַּג עַל־יהוה וְיִתֶּן־לְךָ מִשְׁאֲלֹת לִבֶּךָ׃ גּוֹל עַל־יהוה דַּרְכֶּךָ וּבְטַח עָלָיו
וְהוּא יַעֲשֶׂה׃ וְהוֹצִיא כָאוֹר צִדְקֶךָ וּמִשְׁפָּטֶךָ כַּצָּהֳרָיִם׃ דּוֹם | לַיהוה וְהִתְחוֹלֵל
לוֹ אַל־תִּתְחַר בְּמַצְלִיחַ דַּרְכּוֹ בְּאִישׁ עֹשֶׂה מְזִמּוֹת׃ הֶרֶף מֵאַף וַעֲזֹב חֵמָה
אַל־תִּתְחַר אַךְ־לְהָרֵעַ׃ כִּי־מְרֵעִים יִכָּרֵתוּן וְקֹוֵי יהוה הֵמָּה יִירְשׁוּ־אָרֶץ׃ וְעוֹד
מְעַט וְאֵין רָשָׁע וְהִתְבּוֹנַנְתָּ עַל־מְקוֹמוֹ וְאֵינֶנּוּ׃ וַעֲנָוִים יִירְשׁוּ־אָרֶץ וְהִתְעַנְּגוּ
עַל־רֹב שָׁלוֹם׃ זֹמֵם רָשָׁע לַצַּדִּיק וְחֹרֵק עָלָיו שִׁנָּיו׃ אֲדֹנָי יִשְׂחַק־לוֹ כִּי־רָאָה
כִּי־יָבֹא יוֹמוֹ׃ חֶרֶב | פָּתְחוּ רְשָׁעִים וְדָרְכוּ קַשְׁתָּם לְהַפִּיל עָנִי וְאֶבְיוֹן לִטְבוֹחַ
יִשְׁרֵי־דָרֶךְ׃ חַרְבָּם תָּבוֹא בְלִבָּם וְקַשְּׁתוֹתָם תִּשָּׁבַרְנָה׃ טוֹב־מְעַט לַצַּדִּיק
מֵהֲמוֹן רְשָׁעִים רַבִּים׃ כִּי זְרוֹעוֹת רְשָׁעִים תִּשָּׁבַרְנָה וְסוֹמֵךְ צַדִּיקִים יהוה׃ יוֹדֵעַ
יהוה יְמֵי תְמִימִם וְנַחֲלָתָם לְעוֹלָם תִּהְיֶה׃ לֹא־יֵבֹשׁוּ בְּעֵת רָעָה וּבִימֵי רְעָבוֹן
יִשְׂבָּעוּ׃ כִּי רְשָׁעִים | יֹאבֵדוּ וְאֹיְבֵי יהוה כִּיקַר כָּרִים כָּלוּ בֶעָשָׁן כָּלוּ׃ לֹוֶה רָשָׁע
וְלֹא יְשַׁלֵּם וְצַדִּיק חוֹנֵן וְנוֹתֵן׃ כִּי מְבֹרָכָיו יִירְשׁוּ אָרֶץ וּמְקֻלָּלָיו יִכָּרֵתוּ׃ מֵיהוה
מִצְעֲדֵי־גֶבֶר כּוֹנָנוּ וְדַרְכּוֹ יֶחְפָּץ׃ כִּי־יִפֹּל לֹא־יוּטָל כִּי־יהוה סוֹמֵךְ יָדוֹ׃ נַעַר |
הָיִיתִי גַּם־זָקַנְתִּי וְלֹא־רָאִיתִי צַדִּיק נֶעֱזָב וְזַרְעוֹ מְבַקֶּשׁ־לָחֶם׃ כָּל־הַיּוֹם חוֹנֵן
וּמַלְוֶה וְזַרְעוֹ לִבְרָכָה׃ סוּר מֵרָע וַעֲשֵׂה־טוֹב וּשְׁכֹן לְעוֹלָם׃ כִּי יהוה | אֹהֵב
מִשְׁפָּט וְלֹא־יַעֲזֹב אֶת־חֲסִידָיו לְעוֹלָם נִשְׁמָרוּ וְזֶרַע רְשָׁעִים נִכְרָת׃ צַדִּיקִים
יִירְשׁוּ־אָרֶץ וְיִשְׁכְּנוּ לָעַד עָלֶיהָ׃ פִּי־צַדִּיק יֶהְגֶּה חָכְמָה וּלְשׁוֹנוֹ תְּדַבֵּר מִשְׁפָּט׃
תּוֹרַת אֱלֹהָיו בְּלִבּוֹ לֹא תִמְעַד אֲשֻׁרָיו׃ צוֹפֶה רָשָׁע לַצַּדִּיק וּמְבַקֵּשׁ לַהֲמִיתוֹ׃
יהוה לֹא־יַעַזְבֶנּוּ בְיָדוֹ וְלֹא יַרְשִׁיעֶנּוּ בְּהִשָּׁפְטוֹ׃ קַוֵּה אֶל־יהוה | וּשְׁמֹר דַּרְכּוֹ
וִירוֹמִמְךָ לָרֶשֶׁת אָרֶץ בְּהִכָּרֵת רְשָׁעִים תִּרְאֶה׃ רָאִיתִי רָשָׁע עָרִיץ וּמִתְעָרֶה
כְּאֶזְרָח רַעֲנָן׃ וַיַּעֲבֹר וְהִנֵּה אֵינֶנּוּ וָאֲבַקְשֵׁהוּ וְלֹא נִמְצָא׃ שְׁמָר־תָּם וּרְאֵה
יָשָׁר כִּי־אַחֲרִית לְאִישׁ שָׁלוֹם׃ וּפֹשְׁעִים נִשְׁמְדוּ יַחְדָּו אַחֲרִית רְשָׁעִים נִכְרָתָה׃

וּתְשׁוּעַת צַדִּיקִים מֵיְהוָה מָעוּזָּם בְּעֵת צָרָה׃ וַיַּעְזְרֵם יְהוָה וַיְפַלְּטֵם יְפַלְּטֵם
מֵרְשָׁעִים וְיוֹשִׁיעֵם כִּי־חָסוּ בוֹ׃
לח מִזְמוֹר לְדָוִד לְהַזְכִּיר׃ יְהוָה אַל־בְּקֶצְפְּךָ תוֹכִיחֵנִי וּבַחֲמָתְךָ תְיַסְּרֵנִי׃ כִּי־חִצֶּיךָ
נִחֲתוּ בִי וַתִּנְחַת עָלַי יָדֶךָ׃ אֵין־מְתֹם בִּבְשָׂרִי מִפְּנֵי זַעְמֶךָ אֵין־שָׁלוֹם בַּעֲצָמַי
מִפְּנֵי חַטָּאתִי׃ כִּי עֲוֺנֹתַי עָבְרוּ רֹאשִׁי כְּמַשָּׂא כָבֵד יִכְבְּדוּ מִמֶּנִּי׃ הִבְאִישׁוּ
נָמַקּוּ חַבּוּרֹתָי מִפְּנֵי אִוַּלְתִּי׃ נַעֲוֵיתִי שַׁחֹתִי עַד־מְאֹד כָּל־הַיּוֹם קֹדֵר הִלָּכְתִּי׃
כִּי־כְסָלַי מָלְאוּ נִקְלֶה וְאֵין מְתֹם בִּבְשָׂרִי׃ נְפוּגוֹתִי וְנִדְכֵּיתִי עַד־מְאֹד שָׁאַגְתִּי
מִנַּהֲמַת לִבִּי׃ אֲדֹנָי נֶגְדְּךָ כָל־תַּאֲוָתִי וְאַנְחָתִי מִמְּךָ לֹא־נִסְתָּרָה׃ לִבִּי סְחַרְחַר
עֲזָבַנִי כֹחִי וְאוֹר־עֵינַי גַּם־הֵם אֵין אִתִּי׃ אֹהֲבַי ׀ וְרֵעַי מִנֶּגֶד נִגְעִי יַעֲמֹדוּ וּקְרוֹבַי
מֵרָחֹק עָמָדוּ׃ וַיְנַקְשׁוּ ׀ מְבַקְשֵׁי נַפְשִׁי וְדֹרְשֵׁי רָעָתִי דִּבְּרוּ הַוּוֹת וּמִרְמוֹת כָּל־
הַיּוֹם יֶהְגּוּ׃ וַאֲנִי כְחֵרֵשׁ לֹא אֶשְׁמָע וּכְאִלֵּם לֹא יִפְתַּח־פִּיו׃ וָאֱהִי כְּאִישׁ אֲשֶׁר
לֹא־שֹׁמֵעַ וְאֵין בְּפִיו תּוֹכָחוֹת׃ כִּי־לְךָ יְהוָה הוֹחָלְתִּי אַתָּה תַעֲנֶה אֲדֹנָי אֱלֹהָי׃
כִּי־אָמַרְתִּי פֶּן־יִשְׂמְחוּ־לִי בְּמוֹט רַגְלִי עָלַי הִגְדִּילוּ׃ כִּי־אֲנִי לְצֶלַע נָכוֹן וּמַכְאוֹבִי
נֶגְדִּי תָמִיד׃ כִּי־עֲוֺנִי אַגִּיד אֶדְאַג מֵחַטָּאתִי׃ וְאֹיְבַי חַיִּים עָצֵמוּ וְרַבּוּ שֹׂנְאַי
שָׁקֶר׃ וּמְשַׁלְּמֵי רָעָה תַּחַת טוֹבָה יִשְׂטְנוּנִי תַּחַת רדופי־טוֹב׃ אַל־תַּעַזְבֵנִי רָדְפִי
יְהוָה אֱלֹהַי אַל־תִּרְחַק מִמֶּנִּי׃ חוּשָׁה לְעֶזְרָתִי אֲדֹנָי תְּשׁוּעָתִי׃
*לט לַמְנַצֵּחַ לידיתון מִזְמוֹר לְדָוִד׃ אָמַרְתִּי אֶשְׁמְרָה דְרָכַי מֵחֲטוֹא בִלְשׁוֹנִי לִידוּתוּן
אֶשְׁמְרָה־לְפִי מַחְסוֹם בְּעֹד רָשָׁע לְנֶגְדִּי׃ נֶאֱלַמְתִּי דוּמִיָּה הֶחֱשֵׁיתִי מִטּוֹב
וּכְאֵבִי נֶעְכָּר׃ חַם־לִבִּי ׀ בְּקִרְבִּי בַּהֲגִיגִי תִבְעַר־אֵשׁ דִּבַּרְתִּי בִּלְשׁוֹנִי׃ הוֹדִיעֵנִי
יְהוָה ׀ קִצִּי וּמִדַּת יָמַי מַה־הִיא אֵדְעָה מֶה־חָדֵל אָנִי׃ הִנֵּה טְפָחוֹת ׀ נָתַתָּה
יָמַי וְחֶלְדִּי כְאַיִן נֶגְדֶּךָ אַךְ־כָּל־הֶבֶל כָּל־אָדָם נִצָּב סֶלָה׃ אַךְ־בְּצֶלֶם ׀ יִתְהַלֶּךְ־
אִישׁ אַךְ־הֶבֶל יֶהֱמָיוּן יִצְבֹּר וְלֹא־יֵדַע מִי־אֹסְפָם׃ וְעַתָּה מַה־קִּוִּיתִי אֲדֹנָי
תּוֹחַלְתִּי לְךָ הִיא׃ מִכָּל־פְּשָׁעַי הַצִּילֵנִי חֶרְפַּת נָבָל אַל־תְּשִׂימֵנִי׃ נֶאֱלַמְתִּי לֹא
אֶפְתַּח־פִּי כִּי אַתָּה עָשִׂיתָ׃ הָסֵר מֵעָלַי נִגְעֶךָ מִתִּגְרַת יָדְךָ אֲנִי כָלִיתִי׃
בְּתוֹכָחוֹת עַל־עָוֺן ׀ יִסַּרְתָּ אִישׁ וַתֶּמֶס כָּעָשׁ חֲמוּדוֹ אַךְ הֶבֶל כָּל־אָדָם סֶלָה׃
שִׁמְעָה תְפִלָּתִי ׀ יְהוָה וְשַׁוְעָתִי ׀ הַאֲזִינָה אֶל־דִּמְעָתִי אַל־תֶּחֱרַשׁ כִּי גֵר אָנֹכִי
עִמָּךְ תּוֹשָׁב כְּכָל־אֲבוֹתָי׃ הָשַׁע מִמֶּנִּי וְאַבְלִיגָה בְּטֶרֶם אֵלֵךְ וְאֵינֶנִּי׃
מ לַמְנַצֵּחַ לְדָוִד מִזְמוֹר׃ קַוֺּה קִוִּיתִי יְהוָה וַיֵּט אֵלַי וַיִּשְׁמַע שַׁוְעָתִי׃ וַיַּעֲלֵנִי ׀
מִבּוֹר שָׁאוֹן מִטִּיט הַיָּוֵן וַיָּקֶם עַל־סֶלַע רַגְלַי כּוֹנֵן אֲשֻׁרָי׃ וַיִּתֵּן בְּפִי ׀ שִׁיר חָדָשׁ

*ז לחודש

תהלה לאלהינו יראו רבים וייראו וְיִבְטְח֥וּ בַּיהוָֽה: אַשְׁרֵֽי־הַגֶּ֗בֶר אֲשֶׁר־שָׂ֥ם
יְהוָ֗ה מִבְטַח֑וֹ וְלֹא־פָנָ֥ה אֶל־רְ֝הָבִ֗ים וְשָׂטֵ֥י כָזָֽב: רַבּ֤וֹת עָשִׂ֨יתָ ׀ אַתָּ֤ה ׀ יְהוָ֣ה
אֱלֹהַי֮ נִֽפְלְאֹתֶ֥יךָ וּמַחְשְׁבֹתֶ֗יךָ אֵ֫לֵ֥ינוּ אֵ֤ין ׀ עֲרֹ֬ךְ אֵלֶ֗יךָ אַגִּ֥ידָה וַאֲדַבֵּ֑רָה עָ֝צְמ֗וּ
מִסַּפֵּֽר: זֶ֤בַח וּמִנְחָ֨ה ׀ לֹֽא־חָפַ֗צְתָּ אָ֭זְנַיִם כָּרִ֣יתָ לִּ֑י עוֹלָ֥ה וַ֝חֲטָאָ֗ה לֹ֣א שָׁאָֽלְתָּ:
אָ֣ז אָ֭מַרְתִּי הִנֵּה־בָ֑אתִי בִּמְגִלַּת־סֵ֝֗פֶר כָּת֥וּב עָלָֽי: לַֽעֲשֽׂוֹת־רְצוֹנְךָ֣ אֱלֹהַ֣י חָפָ֑צְתִּי
וְ֝תֽוֹרָתְךָ֗ בְּת֣וֹךְ מֵעָֽי: בִּשַּׂ֤רְתִּי צֶ֨דֶק ׀ בְּקָהָ֥ל רָב֮ הִנֵּ֣ה שְׂ֭פָתַי לֹ֣א אֶכְלָ֑א יְ֝הוָ֗ה
אַתָּ֥ה יָדָֽעְתָּ: צִדְקָתְךָ֬ לֹֽא־כִסִּ֨יתִי ׀ בְּת֬וֹךְ לִבִּ֗י אֱמֽוּנָתְךָ֣ וּתְשֽׁוּעָֽתְךָ֣ אָמָ֑רְתִּי
לֹֽא־כִחַ֥דְתִּי חַסְדְּךָ֥ וַ֝אֲמִתְּךָ֗ לְקָהָ֥ל רָֽב: אַתָּ֤ה יְהוָ֗ה לֹא־תִכְלָ֣א רַחֲמֶ֣יךָ מִמֶּ֑נִּי
חַסְדְּךָ֥ וַ֝אֲמִתְּךָ֗ תָּמִ֥יד יִצְּרֽוּנִי: כִּ֤י אָֽפְפ֥וּ־עָלַ֨י ׀ רָע֡וֹת עַד־אֵ֬ין מִסְפָּ֗ר הִשִּׂיג֣וּנִי
עֲ֭וֹנֹתַי וְלֹא־יָכֹ֣לְתִּי לִרְא֑וֹת עָצְמ֥וּ מִשַּֽׂעֲר֥וֹת רֹ֝אשִׁ֗י וְלִבִּ֥י עֲזָבָֽנִי: רְצֵ֣ה יְ֭הוָה
לְהַצִּילֵ֑נִי יְ֝הוָ֗ה לְעֶזְרָ֥תִי חֽוּשָׁה: יֵבֹ֤שׁוּ וְיַחְפְּר֨וּ ׀ יַחַד֮ מְבַקְשֵׁ֥י נַפְשִׁ֗י לִסְפּ֫וֹתָ֥הּ יִסֹּ֣גוּ
אָ֭חוֹר וְיִכָּלְמ֑וּ חֲ֝פֵצֵ֗י רָֽעָתִֽי: יָ֭שֹׁמּוּ עַל־עֵ֣קֶב בָּשְׁתָּ֑ם הָאֹמְרִ֥ים לִ֝֗י הֶ֘אָ֥ח ׀ הֶאָֽח:
יָ֘שִׂ֤ישׂוּ וְיִשְׂמְח֨וּ ׀ בְּךָ֗ כָּֽל־מְבַ֫קְשֶׁ֥יךָ יֹאמְר֣וּ תָ֭מִיד יִגְדַּ֣ל יְהוָ֑ה אֹֽ֝הֲבֵ֗י תְּשֽׁוּעָתֶֽךָ:
וַאֲנִ֤י ׀ עָנִ֣י וְאֶבְיוֹן֮ אֲדֹנָ֪י יַחֲשָׁ֫ב־לִ֥י עֶזְרָתִ֣י וּמְפַלְטִ֣י אַ֑תָּה אֱ֝לֹהַ֗י אַל־תְּאַחַֽר:

מא לַמְנַצֵּ֗חַ מִזְמ֥וֹר לְדָוִֽד: אַ֭שְׁרֵי מַשְׂכִּ֣יל אֶל־דָּ֑ל בְּי֥וֹם רָ֝עָ֗ה יְֽמַלְּטֵ֥הוּ יְהוָֽה: יְהוָ֤ה ׀
יִשְׁמְרֵ֣הוּ וִֽ֭יחַיֵּהוּ יֶאֻשַּׁ֣ר בָּאָ֑רֶץ וְאַֽל־תִּ֝תְּנֵ֗הוּ בְּנֶ֣פֶשׁ אֹיְבָֽיו: יְהוָ֗ה יִ֭סְעָדֶנּוּ עַל־
עֶ֣רֶשׂ דְּוָ֑י כָּל־מִ֝שְׁכָּב֗וֹ הָפַ֥כְתָּ בְחָלְיֽוֹ: אֲֽנִי־אָ֭מַרְתִּי יְהוָ֣ה חָנֵּ֑נִי רְפָאָ֥ה נַ֝פְשִׁ֗י
כִּי־חָטָ֥אתִי לָֽךְ: אוֹיְבַ֗י יֹאמְר֣וּ רַ֣ע לִ֑י מָתַ֥י יָ֝מ֗וּת וְאָבַ֥ד שְׁמֽוֹ: וְאִם־בָּ֤א לִרְא֨וֹת ׀
שָׁ֤וְא יְדַבֵּ֗ר לִבּ֗וֹ יִקְבָּץ־אָ֥וֶן ל֑וֹ יֵצֵ֖א לַח֣וּץ יְדַבֵּֽר: יַ֗חַד עָלַ֣י יִ֭תְלַחֲשׁוּ כָּל־שֹׂנְאָ֑י
עָלַ֓י ׀ יַחְשְׁב֖וּ רָעָ֣ה לִֽי: דְּבַר־בְּ֭לִיַּעַל יָצ֣וּק בּ֑וֹ וַאֲשֶׁ֥ר שָׁ֝כַ֗ב לֹא־יוֹסִ֥יף לָקֽוּם:
גַּם־אִ֤ישׁ שְׁלוֹמִ֨י ׀ אֲשֶׁר־בָּטַ֣חְתִּי ב֭וֹ אוֹכֵ֣ל לַחְמִ֑י הִגְדִּ֖יל עָלַ֣י עָקֵֽב: וְאַתָּ֤ה
יְהוָ֗ה חָנֵּ֥נִי וַהֲקִימֵ֑נִי וַאֲשַׁלְּמָ֥ה לָהֶֽם: בְּזֹ֣את יָ֭דַעְתִּי כִּֽי־חָפַ֣צְתָּ בִּ֑י כִּ֤י לֹֽא־יָרִ֖יעַ
אֹיְבִ֣י עָלָֽי: וַאֲנִ֗י בְּ֭תֻמִּי תָּמַ֣כְתָּ בִּ֑י וַתַּצִּיבֵ֖נִי לְפָנֶ֣יךָ לְעוֹלָֽם: בָּ֘ר֤וּךְ יְהוָ֨ה ׀ אֱלֹ֘הֵ֤י
יִשְׂרָאֵ֗ל מֵ֭הָ֥עוֹלָם וְעַ֥ד הָעוֹלָ֗ם אָ֘מֵ֥ן ׀ וְאָמֵֽן:

ספר שני

מב לַמְנַצֵּ֗חַ מַשְׂכִּ֥יל לִבְנֵי־קֹֽרַח: כְּאַיָּ֗ל תַּעֲרֹ֥ג עַל־אֲפִֽיקֵי־מָ֑יִם כֵּ֤ן נַפְשִׁ֨י תַעֲרֹ֖ג אֵלֶ֣יךָ
אֱלֹהִֽים: צָמְאָ֬ה נַפְשִׁ֨י ׀ לֵאלֹהִים֮ לְאֵ֪ל חָ֥֫י מָתַ֥י אָב֑וֹא וְ֝אֵרָאֶ֗ה פְּנֵ֣י אֱלֹהִֽים:
הָֽיְתָה־לִּ֬י דִמְעָתִ֣י לֶ֭חֶם יוֹמָ֣ם וָלָ֑יְלָה בֶּאֱמֹ֥ר אֵלַ֥י כָּל־הַ֝יּ֗וֹם אַיֵּ֥ה אֱלֹהֶֽיךָ:
אֵ֤לֶּה אֶזְכְּרָ֨ה ׀ וְאֶשְׁפְּכָ֬ה עָלַ֨י ׀ נַפְשִׁ֗י כִּ֤י אֶֽעֱבֹ֨ר ׀ בַּסָּךְ֮ אֶדַּדֵּ֗ם עַד־בֵּ֥ית אֱלֹ֫הִ֥ים

בְּקוֹל־רִנָּה וְתוֹדָה הָמוֹן חוֹגֵג: מַה־תִּשְׁתּוֹחֲחִי | נַפְשִׁי וַתֶּהֱמִי עָלָי הוֹחִילִי
לֵאלֹהִים כִּי־עוֹד אוֹדֶנּוּ יְשׁוּעוֹת פָּנָיו: אֱלֹהַי עָלַי נַפְשִׁי תִשְׁתּוֹחָח עַל־כֵּן
אֶזְכׇּרְךָ מֵאֶרֶץ יַרְדֵּן וְחֶרְמוֹנִים מֵהַר מִצְעָר: תְּהוֹם־אֶל־תְּהוֹם קוֹרֵא לְקוֹל
צִנּוֹרֶיךָ כׇּל־מִשְׁבָּרֶיךָ וְגַלֶּיךָ עָלַי עָבָרוּ: יוֹמָם | יְצַוֶּה יהוה | חַסְדּוֹ וּבַלַּיְלָה
שִׁירֹה עִמִּי תְּפִלָּה לְאֵל חַיָּי: אוֹמְרָה | לְאֵל סַלְעִי לָמָה שְׁכַחְתָּנִי לָמָּה־קֹדֵר
אֵלֵךְ בְּלַחַץ אוֹיֵב: בְּרֶצַח | בְּעַצְמוֹתַי חֵרְפוּנִי צוֹרְרָי בְּאׇמְרָם אֵלַי כׇּל־הַיּוֹם
אַיֵּה אֱלֹהֶיךָ: מַה־תִּשְׁתּוֹחֲחִי | נַפְשִׁי וּמַה־תֶּהֱמִי עָלָי הוֹחִילִי לֵאלֹהִים כִּי־
עוֹד אוֹדֶנּוּ יְשׁוּעֹת פָּנַי וֵאלֹהָי:
מג שׇׁפְטֵנִי אֱלֹהִים | וְרִיבָה רִיבִי מִגּוֹי לֹא־חָסִיד מֵאִישׁ־מִרְמָה וְעַוְלָה תְפַלְּטֵנִי:
כִּי־אַתָּה | אֱלֹהֵי מָעוּזִּי לָמָה זְנַחְתָּנִי לָמָּה־קֹדֵר אֶתְהַלֵּךְ בְּלַחַץ אוֹיֵב:
שְׁלַח־אוֹרְךָ וַאֲמִתְּךָ הֵמָּה יַנְחוּנִי יְבִיאוּנִי אֶל־הַר־קׇדְשְׁךָ וְאֶל־מִשְׁכְּנוֹתֶיךָ:
וְאָבוֹאָה | אֶל־מִזְבַּח אֱלֹהִים אֶל־אֵל שִׂמְחַת גִּילִי וְאוֹדְךָ בְכִנּוֹר אֱלֹהִים
אֱלֹהָי: מַה־תִּשְׁתּוֹחֲחִי | נַפְשִׁי וּמַה־תֶּהֱמִי עָלָי הוֹחִילִי לֵאלֹהִים כִּי־עוֹד
אוֹדֶנּוּ יְשׁוּעֹת פָּנַי וֵאלֹהָי:
*מד לַמְנַצֵּחַ לִבְנֵי־קֹרַח מַשְׂכִּיל: אֱלֹהִים | בְּאׇזְנֵינוּ שָׁמַעְנוּ אֲבוֹתֵינוּ סִפְּרוּ־לָנוּ
פֹּעַל־פָּעַלְתָּ בִימֵיהֶם בִּימֵי קֶדֶם: אַתָּה | יָדְךָ גּוֹיִם הוֹרַשְׁתָּ וַתִּטָּעֵם תָּרַע
לְאֻמִּים וַתְּשַׁלְּחֵם: כִּי לֹא בְחַרְבָּם יָרְשׁוּ אָרֶץ וּזְרוֹעָם לֹא־הוֹשִׁיעָה לָּמוֹ כִּי־
יְמִינְךָ וּזְרוֹעֲךָ וְאוֹר פָּנֶיךָ כִּי רְצִיתָם: אַתָּה־הוּא מַלְכִּי אֱלֹהִים צַוֵּה יְשׁוּעוֹת
יַעֲקֹב: בְּךָ צָרֵינוּ נְנַגֵּחַ בְּשִׁמְךָ נָבוּס קָמֵינוּ: כִּי לֹא בְקַשְׁתִּי אֶבְטָח וְחַרְבִּי לֹא
תוֹשִׁיעֵנִי: כִּי הוֹשַׁעְתָּנוּ מִצָּרֵינוּ וּמְשַׂנְאֵינוּ הֱבִישׁוֹתָ: בֵּאלֹהִים הִלַּלְנוּ כׇל־
הַיּוֹם וְשִׁמְךָ | לְעוֹלָם נוֹדֶה סֶלָה: אַף־זָנַחְתָּ וַתַּכְלִימֵנוּ וְלֹא־תֵצֵא בְּצִבְאוֹתֵינוּ:
תְּשִׁיבֵנוּ אָחוֹר מִנִּי־צָר וּמְשַׂנְאֵינוּ שָׁסוּ לָמוֹ: תִּתְּנֵנוּ כְּצֹאן מַאֲכָל וּבַגּוֹיִם
זֵרִיתָנוּ: תִּמְכֹּר־עַמְּךָ בְלֹא־הוֹן וְלֹא־רִבִּיתָ בִּמְחִירֵיהֶם: תְּשִׂימֵנוּ חֶרְפָּה
לִשְׁכֵנֵינוּ לַעַג וָקֶלֶס לִסְבִיבוֹתֵינוּ: תְּשִׂימֵנוּ מָשָׁל בַּגּוֹיִם מְנוֹד־רֹאשׁ בַּלְאֻמִּים:
כׇּל־הַיּוֹם כְּלִמָּתִי נֶגְדִּי וּבֹשֶׁת פָּנַי כִּסָּתְנִי: מִקּוֹל מְחָרֵף וּמְגַדֵּף מִפְּנֵי אוֹיֵב
וּמִתְנַקֵּם: כׇּל־זֹאת בָּאַתְנוּ וְלֹא שְׁכַחֲנוּךָ וְלֹא־שִׁקַּרְנוּ בִּבְרִיתֶךָ: לֹא־נָסוֹג
אָחוֹר לִבֵּנוּ וַתֵּט אֲשֻׁרֵינוּ מִנִּי אׇרְחֶךָ: כִּי דִכִּיתָנוּ בִּמְקוֹם תַּנִּים וַתְּכַס עָלֵינוּ
בְצַלְמָוֶת: אִם־שָׁכַחְנוּ שֵׁם אֱלֹהֵינוּ וַנִּפְרֹשׂ כַּפֵּינוּ לְאֵל זָר: הֲלֹא אֱלֹהִים
יַחֲקׇר־זֹאת כִּי־הוּא יֹדֵעַ תַּעֲלֻמוֹת לֵב: כִּי־עָלֶיךָ הֹרַגְנוּ כׇל־הַיּוֹם נֶחְשַׁבְנוּ

*ח לחודש

כְּצֹאן טִבְחָה: עוּרָה ׀ לָמָּה תִישַׁן ׀ אֲדֹנָי הָקִיצָה אַל־תִּזְנַח לָנֶצַח: לָמָּה־פָנֶיךָ
תַסְתִּיר תִּשְׁכַּח עָנְיֵנוּ וְלַחֲצֵנוּ: כִּי שָׁחָה לֶעָפָר נַפְשֵׁנוּ דָּבְקָה לָאָרֶץ בִּטְנֵנוּ:
קוּמָה עֶזְרָתָה לָּנוּ וּפְדֵנוּ לְמַעַן חַסְדֶּךָ:
מה לַמְנַצֵּחַ עַל־שֹׁשַׁנִּים לִבְנֵי־קֹרַח מַשְׂכִּיל שִׁיר יְדִידֹת: רָחַשׁ לִבִּי ׀ דָּבָר טוֹב
אֹמֵר אָנִי מַעֲשַׂי לְמֶלֶךְ לְשׁוֹנִי עֵט ׀ סוֹפֵר מָהִיר: יָפְיָפִיתָ מִבְּנֵי אָדָם הוּצַק חֵן
בְּשְׂפְתוֹתֶיךָ עַל־כֵּן בֵּרַכְךָ אֱלֹהִים לְעוֹלָם: חֲגוֹר־חַרְבְּךָ עַל־יָרֵךְ גִּבּוֹר הוֹדְךָ
וַהֲדָרֶךָ: וַהֲדָרְךָ ׀ צְלַח רְכַב עַל־דְּבַר־אֱמֶת וְעַנְוָה־צֶדֶק וְתוֹרְךָ נוֹרָאוֹת יְמִינֶךָ:
חִצֶּיךָ שְׁנוּנִים עַמִּים תַּחְתֶּיךָ יִפְּלוּ בְּלֵב אוֹיְבֵי הַמֶּלֶךְ: כִּסְאֲךָ אֱלֹהִים עוֹלָם
וָעֶד שֵׁבֶט מִישֹׁר שֵׁבֶט מַלְכוּתֶךָ: אָהַבְתָּ צֶּדֶק וַתִּשְׂנָא רֶשַׁע עַל־כֵּן ׀ מְשָׁחֲךָ
אֱלֹהִים אֱלֹהֶיךָ שֶׁמֶן שָׂשׂוֹן מֵחֲבֵרֶךָ: מֹר־וַאֲהָלוֹת קְצִיעוֹת כָּל־בִּגְדֹתֶיךָ מִן־
הֵיכְלֵי שֵׁן מִנִּי שִׂמְּחוּךָ: בְּנוֹת מְלָכִים בְּיִקְּרוֹתֶיךָ נִצְּבָה שֵׁגַל לִימִינְךָ בְּכֶתֶם
אוֹפִיר: שִׁמְעִי־בַת וּרְאִי וְהַטִּי אָזְנֵךְ וְשִׁכְחִי עַמֵּךְ וּבֵית אָבִיךְ: וְיִתְאָו הַמֶּלֶךְ
יָפְיֵךְ כִּי־הוּא אֲדֹנַיִךְ וְהִשְׁתַּחֲוִי־לוֹ: וּבַת־צֹר ׀ בְּמִנְחָה פָּנַיִךְ יְחַלּוּ עֲשִׁירֵי עָם:
כָּל־כְּבוּדָּה בַת־מֶלֶךְ פְּנִימָה מִמִּשְׁבְּצוֹת זָהָב לְבוּשָׁהּ: לִרְקָמוֹת תּוּבַל לַמֶּלֶךְ
בְּתוּלוֹת אַחֲרֶיהָ רֵעוֹתֶיהָ מוּבָאוֹת לָךְ: תּוּבַלְנָה בִּשְׂמָחֹת וָגִיל תְּבֹאֶינָה
בְּהֵיכַל מֶלֶךְ: תַּחַת אֲבֹתֶיךָ יִהְיוּ בָנֶיךָ תְּשִׁיתֵמוֹ לְשָׂרִים בְּכָל־הָאָרֶץ: אַזְכִּירָה
שִׁמְךָ בְּכָל־דֹּר וָדֹר עַל־כֵּן עַמִּים יְהוֹדֻךָ לְעֹלָם וָעֶד:
מו לַמְנַצֵּחַ לִבְנֵי־קֹרַח עַל־עֲלָמוֹת שִׁיר: אֱלֹהִים לָנוּ מַחֲסֶה וָעֹז עֶזְרָה בְצָרוֹת
נִמְצָא מְאֹד: עַל־כֵּן לֹא־נִירָא בְּהָמִיר אָרֶץ וּבְמוֹט הָרִים בְּלֵב יַמִּים: יֶהֱמוּ
יֶחְמְרוּ מֵימָיו יִרְעֲשׁוּ־הָרִים בְּגַאֲוָתוֹ סֶלָה: נָהָר פְּלָגָיו יְשַׂמְּחוּ עִיר־אֱלֹהִים
קְדֹשׁ מִשְׁכְּנֵי עֶלְיוֹן: אֱלֹהִים בְּקִרְבָּהּ בַּל־תִּמּוֹט יַעְזְרֶהָ אֱלֹהִים לִפְנוֹת בֹּקֶר:
הָמוּ גוֹיִם מָטוּ מַמְלָכוֹת נָתַן בְּקוֹלוֹ תָּמוּג אָרֶץ: יְהוָה צְבָאוֹת עִמָּנוּ מִשְׂגָּב
לָנוּ אֱלֹהֵי יַעֲקֹב סֶלָה: לְכוּ־חֲזוּ מִפְעֲלוֹת יְהוָה אֲשֶׁר־שָׂם שַׁמּוֹת בָּאָרֶץ:
מַשְׁבִּית מִלְחָמוֹת עַד־קְצֵה הָאָרֶץ קֶשֶׁת יְשַׁבֵּר וְקִצֵּץ חֲנִית עֲגָלוֹת יִשְׂרֹף
בָּאֵשׁ: הַרְפּוּ וּדְעוּ כִּי־אָנֹכִי אֱלֹהִים אָרוּם בַּגּוֹיִם אָרוּם בָּאָרֶץ: יְהוָה צְבָאוֹת
עִמָּנוּ מִשְׂגָּב לָנוּ אֱלֹהֵי יַעֲקֹב סֶלָה:
מז לַמְנַצֵּחַ לִבְנֵי־קֹרַח מִזְמוֹר: כָּל־הָעַמִּים תִּקְעוּ־כָף הָרִיעוּ לֵאלֹהִים בְּקוֹל רִנָּה:
כִּי־יְהוָה עֶלְיוֹן נוֹרָא מֶלֶךְ גָּדוֹל עַל־כָּל־הָאָרֶץ: יַדְבֵּר עַמִּים תַּחְתֵּינוּ וּלְאֻמִּים
תַּחַת רַגְלֵינוּ: יִבְחַר־לָנוּ אֶת־נַחֲלָתֵנוּ אֶת גְּאוֹן יַעֲקֹב אֲשֶׁר־אָהֵב סֶלָה: עָלָה

אֱלֹהִים בִּתְרוּעָה יהוה בְּקוֹל שׁוֹפָר: זַמְּרוּ אֱלֹהִים זַמֵּרוּ זַמְּרוּ לְמַלְכֵּנוּ זַמֵּרוּ:
כִּי מֶלֶךְ כָּל־הָאָרֶץ אֱלֹהִים זַמְּרוּ מַשְׂכִּיל: מָלַךְ אֱלֹהִים עַל־גּוֹיִם אֱלֹהִים
יָשַׁב ׀ עַל־כִּסֵּא קָדְשׁוֹ: נְדִיבֵי עַמִּים ׀ נֶאֱסָפוּ עַם אֱלֹהֵי אַבְרָהָם כִּי לֵאלֹהִים
מָגִנֵּי־אֶרֶץ מְאֹד נַעֲלָה:
מח שִׁיר מִזְמוֹר לִבְנֵי־קֹרַח: גָּדוֹל יהוה וּמְהֻלָּל מְאֹד בְּעִיר אֱלֹהֵינוּ הַר־קָדְשׁוֹ:
יְפֵה נוֹף מְשׂוֹשׂ כָּל־הָאָרֶץ הַר־צִיּוֹן יַרְכְּתֵי צָפוֹן קִרְיַת מֶלֶךְ רָב: אֱלֹהִים
בְּאַרְמְנוֹתֶיהָ נוֹדַע לְמִשְׂגָּב: כִּי־הִנֵּה הַמְּלָכִים נוֹעֲדוּ עָבְרוּ יַחְדָּו: הֵמָּה רָאוּ
כֵּן תָּמָהוּ נִבְהֲלוּ נֶחְפָּזוּ: רְעָדָה אֲחָזָתַם שָׁם חִיל כַּיּוֹלֵדָה: בְּרוּחַ קָדִים תְּשַׁבֵּר
אֳנִיּוֹת תַּרְשִׁישׁ: כַּאֲשֶׁר שָׁמַעְנוּ ׀ כֵּן רָאִינוּ בְּעִיר־יהוה צְבָאוֹת בְּעִיר אֱלֹהֵינוּ
אֱלֹהִים יְכוֹנְנֶהָ עַד־עוֹלָם סֶלָה: דִּמִּינוּ אֱלֹהִים חַסְדֶּךָ בְּקֶרֶב הֵיכָלֶךָ: כְּשִׁמְךָ ׀
אֱלֹהִים כֵּן תְּהִלָּתְךָ עַל־קַצְוֵי־אֶרֶץ צֶדֶק מָלְאָה יְמִינֶךָ: יִשְׂמַח ׀ הַר־צִיּוֹן תָּגֵלְנָה
בְּנוֹת יְהוּדָה לְמַעַן מִשְׁפָּטֶיךָ: סֹבּוּ צִיּוֹן וְהַקִּיפוּהָ סִפְרוּ מִגְדָּלֶיהָ: שִׁיתוּ לִבְּכֶם ׀
לְחֵילָה פַּסְּגוּ אַרְמְנוֹתֶיהָ לְמַעַן תְּסַפְּרוּ לְדוֹר אַחֲרוֹן: כִּי זֶה ׀ אֱלֹהִים אֱלֹהֵינוּ
עוֹלָם וָעֶד הוּא יְנַהֲגֵנוּ עַל־מוּת:
*מט לַמְנַצֵּחַ לִבְנֵי־קֹרַח מִזְמוֹר: שִׁמְעוּ־זֹאת כָּל־הָעַמִּים הַאֲזִינוּ כָּל־יֹשְׁבֵי חָלֶד:
גַּם־בְּנֵי אָדָם גַּם־בְּנֵי־אִישׁ יַחַד עָשִׁיר וְאֶבְיוֹן: פִּי יְדַבֵּר חָכְמוֹת וְהָגוּת לִבִּי
תְבוּנוֹת: אַטֶּה לְמָשָׁל אָזְנִי אֶפְתַּח בְּכִנּוֹר חִידָתִי: לָמָּה אִירָא בִּימֵי רָע עֲוֺן
עֲקֵבַי יְסוּבֵּנִי: הַבֹּטְחִים עַל־חֵילָם וּבְרֹב עָשְׁרָם יִתְהַלָּלוּ: אָח לֹא־פָדֹה יִפְדֶּה
אִישׁ לֹא־יִתֵּן לֵאלֹהִים כָּפְרוֹ: וְיֵקַר פִּדְיוֹן נַפְשָׁם וְחָדַל לְעוֹלָם: וִיחִי־עוֹד לָנֶצַח
לֹא יִרְאֶה הַשָּׁחַת: כִּי יִרְאֶה ׀ חֲכָמִים יָמוּתוּ יַחַד כְּסִיל וָבַעַר יֹאבֵדוּ וְעָזְבוּ
לַאֲחֵרִים חֵילָם: קִרְבָּם בָּתֵּימוֹ ׀ לְעוֹלָם מִשְׁכְּנֹתָם לְדֹר וָדֹר קָרְאוּ בִשְׁמוֹתָם
עֲלֵי אֲדָמוֹת: וְאָדָם בִּיקָר בַּל־יָלִין נִמְשַׁל כַּבְּהֵמוֹת נִדְמוּ: זֶה דַרְכָּם כֵּסֶל
לָמוֹ וְאַחֲרֵיהֶם ׀ בְּפִיהֶם יִרְצוּ סֶלָה: כַּצֹּאן ׀ לִשְׁאוֹל שַׁתּוּ מָוֶת יִרְעֵם וַיִּרְדּוּ
בָם יְשָׁרִים ׀ לַבֹּקֶר וצירם לְבַלּוֹת שְׁאוֹל מִזְּבֻל לוֹ: אַךְ־אֱלֹהִים יִפְדֶּה נַפְשִׁי וְצוּרָם
מִיַּד שְׁאוֹל כִּי יִקָּחֵנִי סֶלָה: אַל־תִּירָא כִּי־יַעֲשִׁר אִישׁ כִּי־יִרְבֶּה כְּבוֹד בֵּיתוֹ:
כִּי לֹא בְמוֹתוֹ יִקַּח הַכֹּל לֹא־יֵרֵד אַחֲרָיו כְּבוֹדוֹ: כִּי־נַפְשׁוֹ בְּחַיָּיו יְבָרֵךְ וְיוֹדֻךָ
כִּי־תֵיטִיב לָךְ: תָּבוֹא עַד־דּוֹר אֲבוֹתָיו עַד־נֵצַח לֹא יִרְאוּ־אוֹר: אָדָם בִּיקָר
וְלֹא יָבִין נִמְשַׁל כַּבְּהֵמוֹת נִדְמוּ:
נ מִזְמוֹר לְאָסָף אֵל ׀ אֱלֹהִים יהוה דִּבֶּר וַיִּקְרָא־אָרֶץ מִמִּזְרַח־שֶׁמֶשׁ עַד־מְבֹאוֹ:

*ט לחודש

מִצִּיּוֹן מִכְלַל־יֹפִי אֱלֹהִים הוֹפִיעַ: יָבֹא אֱלֹהֵינוּ וְאַל־יֶחֱרַשׁ אֵשׁ־לְפָנָיו תֹּאכֵל
וּסְבִיבָיו נִשְׂעֲרָה מְאֹד: יִקְרָא אֶל־הַשָּׁמַיִם מֵעָל וְאֶל־הָאָרֶץ לָדִין עַמּוֹ: אִסְפוּ־
לִי חֲסִידָי כֹּרְתֵי בְרִיתִי עֲלֵי־זָבַח: וַיַּגִּידוּ שָׁמַיִם צִדְקוֹ כִּי־אֱלֹהִים ׀ שֹׁפֵט הוּא
סֶלָה: שִׁמְעָה עַמִּי ׀ וַאֲדַבֵּרָה יִשְׂרָאֵל וְאָעִידָה בָּךְ אֱלֹהִים אֱלֹהֶיךָ אָנֹכִי: לֹא
עַל־זְבָחֶיךָ אוֹכִיחֶךָ וְעוֹלֹתֶיךָ לְנֶגְדִּי תָמִיד: לֹא־אֶקַּח מִבֵּיתְךָ פָר מִמִּכְלְאֹתֶיךָ
עַתּוּדִים: כִּי־לִי כָל־חַיְתוֹ־יָעַר בְּהֵמוֹת בְּהַרְרֵי־אָלֶף: יָדַעְתִּי כָּל־עוֹף הָרִים
וְזִיז שָׂדַי עִמָּדִי: אִם־אֶרְעַב לֹא־אֹמַר לָךְ כִּי־לִי תֵבֵל וּמְלֹאָהּ: הַאוֹכַל בְּשַׂר
אַבִּירִים וְדַם עַתּוּדִים אֶשְׁתֶּה: זְבַח לֵאלֹהִים תּוֹדָה וְשַׁלֵּם לְעֶלְיוֹן נְדָרֶיךָ:
וּקְרָאֵנִי בְּיוֹם צָרָה אֲחַלֶּצְךָ וּתְכַבְּדֵנִי: וְלָרָשָׁע ׀ אָמַר אֱלֹהִים מַה־לְּךָ לְסַפֵּר
חֻקָּי וַתִּשָּׂא בְרִיתִי עֲלֵי־פִיךָ: וְאַתָּה שָׂנֵאתָ מוּסָר וַתַּשְׁלֵךְ דְּבָרַי אַחֲרֶיךָ:
אִם־רָאִיתָ גַנָּב וַתִּרֶץ עִמּוֹ וְעִם מְנָאֲפִים חֶלְקֶךָ: פִּיךָ שָׁלַחְתָּ בְרָעָה וּלְשׁוֹנְךָ
תַּצְמִיד מִרְמָה: תֵּשֵׁב בְּאָחִיךָ תְדַבֵּר בְּבֶן־אִמְּךָ תִּתֶּן־דֹּפִי: אֵלֶּה עָשִׂיתָ ׀
וְהֶחֱרַשְׁתִּי דִּמִּיתָ הֱיוֹת־אֶהְיֶה כָמוֹךָ אוֹכִיחֲךָ וְאֶעֶרְכָה לְעֵינֶיךָ: בִּינוּ־נָא זֹאת
שֹׁכְחֵי אֱלוֹהַּ פֶּן־אֶטְרֹף וְאֵין מַצִּיל: זֹבֵחַ תּוֹדָה יְכַבְּדָנְנִי וְשָׂם דֶּרֶךְ אַרְאֶנּוּ
בְּיֵשַׁע אֱלֹהִים:

נא* לַמְנַצֵּחַ מִזְמוֹר לְדָוִד: בְּבוֹא־אֵלָיו נָתָן הַנָּבִיא כַּאֲשֶׁר־בָּא אֶל־בַּת־שָׁבַע:
חָנֵּנִי אֱלֹהִים כְּחַסְדֶּךָ כְּרֹב רַחֲמֶיךָ מְחֵה פְשָׁעָי: הרבה כַּבְּסֵנִי מֵעֲוֹנִי וּמֵחַטָּאתִי הֶרֶב
טַהֲרֵנִי: כִּי־פְשָׁעַי אֲנִי אֵדָע וְחַטָּאתִי נֶגְדִּי תָמִיד: לְךָ לְבַדְּךָ ׀ חָטָאתִי וְהָרַע
בְּעֵינֶיךָ עָשִׂיתִי לְמַעַן תִּצְדַּק בְּדָבְרֶךָ תִּזְכֶּה בְשָׁפְטֶךָ: הֵן־בְּעָווֹן חוֹלָלְתִּי
וּבְחֵטְא יֶחֱמַתְנִי אִמִּי: הֵן־אֱמֶת חָפַצְתָּ בַטֻּחוֹת וּבְסָתֻם חָכְמָה תוֹדִיעֵנִי:
תְּחַטְּאֵנִי בְאֵזוֹב וְאֶטְהָר תְּכַבְּסֵנִי וּמִשֶּׁלֶג אַלְבִּין: תַּשְׁמִיעֵנִי שָׂשׂוֹן וְשִׂמְחָה
תָּגֵלְנָה עֲצָמוֹת דִּכִּיתָ: הַסְתֵּר פָּנֶיךָ מֵחֲטָאָי וְכָל־עֲוֹנֹתַי מְחֵה: לֵב טָהוֹר
בְּרָא־לִי אֱלֹהִים וְרוּחַ נָכוֹן חַדֵּשׁ בְּקִרְבִּי: אַל־תַּשְׁלִיכֵנִי מִלְּפָנֶיךָ וְרוּחַ קָדְשְׁךָ
אַל־תִּקַּח מִמֶּנִּי: הָשִׁיבָה לִּי שְׂשׂוֹן יִשְׁעֶךָ וְרוּחַ נְדִיבָה תִסְמְכֵנִי: אֲלַמְּדָה
פֹשְׁעִים דְּרָכֶיךָ וְחַטָּאִים אֵלֶיךָ יָשׁוּבוּ: הַצִּילֵנִי מִדָּמִים ׀ אֱלֹהִים אֱלֹהֵי תְּשׁוּעָתִי
תְּרַנֵּן לְשׁוֹנִי צִדְקָתֶךָ: אֲדֹנָי שְׂפָתַי תִּפְתָּח וּפִי יַגִּיד תְּהִלָּתֶךָ: כִּי ׀ לֹא־תַחְפֹּץ
זֶבַח וְאֶתֵּנָה עוֹלָה לֹא תִרְצֶה: זִבְחֵי אֱלֹהִים רוּחַ נִשְׁבָּרָה לֵב־נִשְׁבָּר וְנִדְכֶּה
אֱלֹהִים לֹא תִבְזֶה: הֵיטִיבָה בִרְצוֹנְךָ אֶת־צִיּוֹן תִּבְנֶה חוֹמוֹת יְרוּשָׁלָםִ: אָז
תַּחְפֹּץ זִבְחֵי־צֶדֶק עוֹלָה וְכָלִיל אָז יַעֲלוּ עַל־מִזְבַּחֲךָ פָרִים:

*ליום השלישי

נב לַמְנַצֵּחַ מַשְׂכִּיל לְדָוִד׃ בְּבוֹא ׀ דּוֹאֵג הָאֲדֹמִי וַיַּגֵּד לְשָׁאוּל וַיֹּאמֶר לוֹ בָּא דָוִד
אֶל־בֵּית אֲחִימֶלֶךְ׃ מַה־תִּתְהַלֵּל בְּרָעָה הַגִּבּוֹר חֶסֶד אֵל כָּל־הַיּוֹם׃ הַוּוֹת
תַּחְשֹׁב לְשׁוֹנֶךָ כְּתַעַר מְלֻטָּשׁ עֹשֵׂה רְמִיָּה׃ אָהַבְתָּ רָּע מִטּוֹב שֶׁקֶר ׀ מִדַּבֵּר
צֶדֶק סֶלָה׃ אָהַבְתָּ כָל־דִּבְרֵי־בָלַע לְשׁוֹן מִרְמָה׃ גַּם־אֵל יִתָּצְךָ לָנֶצַח יַחְתְּךָ
וְיִסָּחֲךָ מֵאֹהֶל וְשֵׁרֶשְׁךָ מֵאֶרֶץ חַיִּים סֶלָה׃ וְיִרְאוּ צַדִּיקִים וְיִירָאוּ וְעָלָיו יִשְׂחָקוּ׃
הִנֵּה הַגֶּבֶר לֹא יָשִׂים אֱלֹהִים מָעוּזּוֹ וַיִּבְטַח בְּרֹב עָשְׁרוֹ יָעֹז בְּהַוָּתוֹ׃ וַאֲנִי ׀
כְּזַיִת רַעֲנָן בְּבֵית אֱלֹהִים בָּטַחְתִּי בְחֶסֶד־אֱלֹהִים עוֹלָם וָעֶד׃ אוֹדְךָ לְעוֹלָם
כִּי עָשִׂיתָ וַאֲקַוֶּה שִׁמְךָ כִי־טוֹב נֶגֶד חֲסִידֶיךָ׃
נג לַמְנַצֵּחַ עַל־מָחֲלַת מַשְׂכִּיל לְדָוִד׃ אָמַר נָבָל בְּלִבּוֹ אֵין אֱלֹהִים הִשְׁחִיתוּ
וְהִתְעִיבוּ עָוֶל אֵין עֹשֵׂה־טוֹב׃ אֱלֹהִים מִשָּׁמַיִם הִשְׁקִיף עַל־בְּנֵי־אָדָם לִרְאוֹת
הֲיֵשׁ מַשְׂכִּיל דֹּרֵשׁ אֶת־אֱלֹהִים׃ כֻּלּוֹ סָג יַחְדָּו נֶאֱלָחוּ אֵין עֹשֵׂה־טוֹב אֵין
גַּם־אֶחָד׃ הֲלֹא יָדְעוּ פֹּעֲלֵי אָוֶן אֹכְלֵי עַמִּי אָכְלוּ לֶחֶם אֱלֹהִים לֹא קָרָאוּ׃
שָׁם ׀ פָּחֲדוּ־פַחַד לֹא־הָיָה פָחַד כִּי־אֱלֹהִים פִּזַּר עַצְמוֹת חֹנָךְ הֱבִשֹׁתָה כִּי־
אֱלֹהִים מְאָסָם׃ מִי יִתֵּן מִצִּיּוֹן יְשֻׁעוֹת יִשְׂרָאֵל בְּשׁוּב אֱלֹהִים שְׁבוּת עַמּוֹ יָגֵל
יַעֲקֹב יִשְׂמַח יִשְׂרָאֵל׃
נד לַמְנַצֵּחַ בִּנְגִינֹת מַשְׂכִּיל לְדָוִד׃ בְּבוֹא הַזִּיפִים וַיֹּאמְרוּ לְשָׁאוּל הֲלֹא דָוִד
מִסְתַּתֵּר עִמָּנוּ׃ אֱלֹהִים בְּשִׁמְךָ הוֹשִׁיעֵנִי וּבִגְבוּרָתְךָ תְדִינֵנִי׃ אֱלֹהִים שְׁמַע
תְּפִלָּתִי הַאֲזִינָה לְאִמְרֵי־פִי׃ כִּי זָרִים ׀ קָמוּ עָלַי וְעָרִיצִים בִּקְשׁוּ נַפְשִׁי לֹא שָׂמוּ
אֱלֹהִים לְנֶגְדָּם סֶלָה׃ הִנֵּה אֱלֹהִים עֹזֵר לִי אֲדֹנָי בְּסֹמְכֵי נַפְשִׁי׃ ישוב הָרַע יָשִׁיב
לְשֹׁרְרָי בַּאֲמִתְּךָ הַצְמִיתֵם׃ בִּנְדָבָה אֶזְבְּחָה־לָּךְ אוֹדֶה שִּׁמְךָ יְהוָה כִּי־טוֹב׃
כִּי מִכָּל־צָרָה הִצִּילָנִי וּבְאֹיְבַי רָאֲתָה עֵינִי׃
*נה לַמְנַצֵּחַ בִּנְגִינֹת מַשְׂכִּיל לְדָוִד׃ הַאֲזִינָה אֱלֹהִים תְּפִלָּתִי וְאַל־תִּתְעַלַּם
מִתְּחִנָּתִי׃ הַקְשִׁיבָה לִּי וַעֲנֵנִי אָרִיד בְּשִׂיחִי וְאָהִימָה׃ מִקּוֹל אוֹיֵב מִפְּנֵי עָקַת
רָשָׁע כִּי־יָמִיטוּ עָלַי אָוֶן וּבְאַף יִשְׂטְמוּנִי׃ לִבִּי יָחִיל בְּקִרְבִּי וְאֵימוֹת מָוֶת נָפְלוּ
עָלָי׃ יִרְאָה וָרַעַד יָבֹא בִי וַתְּכַסֵּנִי פַּלָּצוּת׃ וָאֹמַר מִי־יִתֶּן־לִּי אֵבֶר כַּיּוֹנָה אָעוּפָה
וְאֶשְׁכֹּנָה׃ הִנֵּה אַרְחִיק נְדֹד אָלִין בַּמִּדְבָּר סֶלָה׃ אָחִישָׁה מִפְלָט לִי מֵרוּחַ
סֹעָה מִסָּעַר׃ בַּלַּע אֲדֹנָי פַּלַּג לְשׁוֹנָם כִּי־רָאִיתִי חָמָס וְרִיב בָּעִיר׃ יוֹמָם וָלַיְלָה
יְסוֹבְבֻהָ עַל־חוֹמֹתֶיהָ וְאָוֶן וְעָמָל בְּקִרְבָּהּ׃ הַוּוֹת בְּקִרְבָּהּ וְלֹא־יָמִישׁ מֵרְחֹבָהּ
תֹּךְ וּמִרְמָה׃ כִּי לֹא־אוֹיֵב יְחָרְפֵנִי וְאֶשָּׂא לֹא־מְשַׂנְאִי עָלַי הִגְדִּיל וְאֶסָּתֵר

*י לחודש

מִמֶּנּוּ: וְאַתָּה אֱנוֹשׁ כְּעֶרְכִּי אַלּוּפִי וּמְיֻדָּעִי: אֲשֶׁר יַחְדָּו נַמְתִּיק סוֹד בְּבֵית
אֱלֹהִים נְהַלֵּךְ בְּרָגֶשׁ: ישימות ׀ עָלֵימוֹ יֵרְדוּ שְׁאוֹל חַיִּים כִּי־רָעוֹת בִּמְגוּרָם יַשִּׁיא מָוֶת
בְּקִרְבָּם: אֲנִי אֶל־אֱלֹהִים אֶקְרָא וַיהוה יוֹשִׁיעֵנִי: עֶרֶב וָבֹקֶר וְצָהֳרַיִם אָשִׂיחָה
וְאֶהֱמֶה וַיִּשְׁמַע קוֹלִי: פָּדָה בְשָׁלוֹם נַפְשִׁי מִקֲּרָב־לִי כִּי־בְרַבִּים הָיוּ עִמָּדִי:
יִשְׁמַע ׀ אֵל ׀ וְיַעֲנֵם וְיֹשֵׁב קֶדֶם סֶלָה אֲשֶׁר אֵין חֲלִיפוֹת לָמוֹ וְלֹא יָרְאוּ אֱלֹהִים:
שָׁלַח יָדָיו בִּשְׁלֹמָיו חִלֵּל בְּרִיתוֹ: חָלְקוּ ׀ מַחְמָאֹת פִּיו וּקֲרָב־לִבּוֹ רַכּוּ דְבָרָיו
מִשֶּׁמֶן וְהֵמָּה פְתִחוֹת: הַשְׁלֵךְ עַל־יהוה ׀ יְהָבְךָ וְהוּא יְכַלְכְּלֶךָ לֹא־יִתֵּן
לְעוֹלָם מוֹט לַצַּדִּיק: וְאַתָּה אֱלֹהִים ׀ תּוֹרִדֵם לִבְאֵר שַׁחַת אַנְשֵׁי דָמִים
וּמִרְמָה לֹא־יֶחֱצוּ יְמֵיהֶם וַאֲנִי אֶבְטַח־בָּךְ:
נו לַמְנַצֵּחַ ׀ עַל־יוֹנַת אֵלֶם רְחֹקִים לְדָוִד מִכְתָּם בֶּאֱחֹז אֹתוֹ פְלִשְׁתִּים בְּגַת:
חָנֵּנִי אֱלֹהִים כִּי־שְׁאָפַנִי אֱנוֹשׁ כָּל־הַיּוֹם לֹחֵם יִלְחָצֵנִי: שָׁאֲפוּ שׁוֹרְרַי כָּל־הַיּוֹם
כִּי־רַבִּים לֹחֲמִים לִי מָרוֹם: יוֹם אִירָא אֲנִי אֵלֶיךָ אֶבְטָח: בֵּאלֹהִים אֲהַלֵּל דְּבָרוֹ
בֵּאלֹהִים בָּטַחְתִּי לֹא אִירָא מַה־יַּעֲשֶׂה בָשָׂר לִי: כָּל־הַיּוֹם דְּבָרַי יְעַצֵּבוּ עָלַי
כָּל־מַחְשְׁבֹתָם לָרָע: יָגוּרוּ ׀ יצפינו הֵמָּה עֲקֵבַי יִשְׁמֹרוּ כַּאֲשֶׁר קִוּוּ נַפְשִׁי: עַל־ יִצְפֹּנוּ
אָוֶן פַּלֶּט־לָמוֹ בְּאַף עַמִּים ׀ הוֹרֵד אֱלֹהִים: נֹדִי סָפַרְתָּה אָתָּה שִׂימָה דִמְעָתִי
בְנֹאדֶךָ הֲלֹא בְּסִפְרָתֶךָ: אָז ׀ יָשׁוּבוּ אוֹיְבַי אָחוֹר בְּיוֹם אֶקְרָא זֶה־יָדַעְתִּי כִּי־
אֱלֹהִים לִי: בֵּאלֹהִים אֲהַלֵּל דָּבָר בַּיהוה אֲהַלֵּל דָּבָר: בֵּאלֹהִים בָּטַחְתִּי לֹא
אִירָא מַה־יַּעֲשֶׂה אָדָם לִי: עָלַי אֱלֹהִים נְדָרֶיךָ אֲשַׁלֵּם תּוֹדֹת לָךְ: כִּי הִצַּלְתָּ
נַפְשִׁי מִמָּוֶת הֲלֹא רַגְלַי מִדֶּחִי לְהִתְהַלֵּךְ לִפְנֵי אֱלֹהִים בְּאוֹר הַחַיִּים:
נז לַמְנַצֵּחַ אַל־תַּשְׁחֵת לְדָוִד מִכְתָּם בְּבָרְחוֹ מִפְּנֵי־שָׁאוּל בַּמְּעָרָה: חָנֵּנִי אֱלֹהִים ׀
חָנֵּנִי כִּי בְךָ חָסָיָה נַפְשִׁי וּבְצֵל־כְּנָפֶיךָ אֶחְסֶה עַד יַעֲבֹר הַוּוֹת: אֶקְרָא לֵאלֹהִים
עֶלְיוֹן לָאֵל גֹּמֵר עָלָי: יִשְׁלַח מִשָּׁמַיִם ׀ וְיוֹשִׁיעֵנִי חֵרֵף שֹׁאֲפִי סֶלָה יִשְׁלַח אֱלֹהִים
חַסְדּוֹ וַאֲמִתּוֹ: נַפְשִׁי ׀ בְּתוֹךְ לְבָאִם אֶשְׁכְּבָה לֹהֲטִים בְּנֵי־אָדָם שִׁנֵּיהֶם חֲנִית
וְחִצִּים וּלְשׁוֹנָם חֶרֶב חַדָּה: רוּמָה עַל־הַשָּׁמַיִם אֱלֹהִים עַל כָּל־הָאָרֶץ כְּבוֹדֶךָ:
רֶשֶׁת ׀ הֵכִינוּ לִפְעָמַי כָּפַף נַפְשִׁי כָּרוּ לְפָנַי שִׁיחָה נָפְלוּ בְתוֹכָהּ סֶלָה: נָכוֹן לִבִּי
אֱלֹהִים נָכוֹן לִבִּי אָשִׁירָה וַאֲזַמֵּרָה: עוּרָה כְבוֹדִי עוּרָה הַנֵּבֶל וְכִנּוֹר אָעִירָה
שָּׁחַר: אוֹדְךָ בָעַמִּים ׀ אֲדֹנָי אֲזַמֶּרְךָ בַּלְאֻמִּים: כִּי־גָדֹל עַד־שָׁמַיִם חַסְדֶּךָ
וְעַד־שְׁחָקִים אֲמִתֶּךָ: רוּמָה עַל־שָׁמַיִם אֱלֹהִים עַל כָּל־הָאָרֶץ כְּבוֹדֶךָ:
נח לַמְנַצֵּחַ אַל־תַּשְׁחֵת לְדָוִד מִכְתָּם: הַאֻמְנָם אֵלֶם צֶדֶק תְּדַבֵּרוּן מֵישָׁרִים

תִּשְׁפְּט֗וּ בְּנֵ֥י אָדָֽם׃ אַף־בְּלֵב֮ עוֹלֹ֪ת תִּפְעָ֫ל֥וּן בָּאָ֑רֶץ חֲמַ֥ס יְ֝דֵיכֶ֗ם תְּפַלֵּסֽוּן׃ זֹ֣רוּ
רְ֭שָׁעִים מֵרָ֑חֶם תָּע֥וּ מִ֝בֶּ֗טֶן דֹּבְרֵ֥י כָזָֽב׃ חֲמַת־לָ֗מוֹ כִּדְמ֥וּת חֲמַת־נָחָ֑שׁ כְּמוֹ־פֶ֥תֶן
חֵ֝רֵ֗שׁ יַאְטֵ֥ם אָזְנֽוֹ׃ אֲשֶׁ֤ר לֹֽא־יִ֭שְׁמַע לְק֣וֹל מְלַחֲשִׁ֑ים חוֹבֵ֖ר חֲבָרִ֣ים מְחֻכָּֽם׃
אֱֽלֹהִ֗ים הֲרָס־שִׁנֵּ֥ימוֹ בְּפִ֑ימוֹ מַֽלְתְּע֥וֹת כְּ֝פִירִ֗ים נְתֹ֣ץ ׀ יְהוָֽה׃ יִמָּאֲס֣וּ כְמוֹ־מַ֭יִם
יִתְהַלְּכוּ־לָ֑מוֹ יִדְרֹ֥ךְ חִ֝צָּ֗ו כְּמ֣וֹ יִתְמֹלָֽלוּ׃ כְּמ֣וֹ שַׁ֭בְּלוּל תֶּ֣מֶס יַהֲלֹ֑ךְ נֵ֥פֶל אֵ֝֗שֶׁת
בַּל־חָ֥זוּ שָֽׁמֶשׁ׃ בְּטֶ֤רֶם יָבִ֣ינוּ סִּ֭ירֹתֵיכֶם אָטָ֑ד כְּמוֹ־חַ֥י כְּמוֹ־חָ֝ר֗וֹן יִשְׂעָרֶֽנּוּ׃ יִשְׂמַ֣ח
צַ֭דִּיק כִּֽי־חָזָ֣ה נָקָ֑ם פְּעָמָ֥יו יִ֝רְחַ֗ץ בְּדַ֣ם הָרָשָֽׁע׃ וְיֹאמַ֣ר אָ֭דָם אַךְ־פְּרִ֣י לַצַּדִּ֑יק
אַ֥ךְ יֵשׁ־אֱ֝לֹהִ֗ים שֹׁפְטִ֥ים בָּאָֽרֶץ׃
נט לַמְנַצֵּ֥חַ אַל־תַּשְׁחֵת֮ לְדָוִ֪ד מִ֫כְתָּ֥ם בִּשְׁלֹ֥חַ שָׁא֑וּל וַֽיִּשְׁמְר֥וּ אֶת־הַ֝בַּ֗יִת לַהֲמִיתֽוֹ׃
הַצִּילֵ֣נִי מֵאֹיְבַ֣י ׀ אֱלֹהָ֑י מִּמִּתְקוֹמְמַ֥י תְּשַׂגְּבֵֽנִי׃ הַ֭צִּילֵנִי מִפֹּ֣עֲלֵי אָ֑וֶן וּֽמֵאַנְשֵׁ֥י דָ֝מִ֗ים
ה֣וֹשִׁיעֵֽנִי׃ כִּ֚י הִנֵּ֪ה אָֽרְב֡וּ לְנַפְשִׁ֗י יָג֣וּרוּ עָלַ֣י עַזִּ֑ים לֹֽא־פִשְׁעִ֖י וְלֹֽא־חַטָּאתִ֣י יְהוָֽה׃
בְּֽלִי־עָ֭וֺן יְרוּצ֣וּן וְיִכּוֹנָ֑נוּ ע֖וּרָה לִקְרָאתִ֣י וּרְאֵֽה׃ וְאַתָּ֤ה יְהוָֽה־אֱלֹהִ֥ים ׀ צְבָא֡וֹת
אֱלֹ֘הֵ֤י יִשְׂרָאֵ֗ל הָקִ֗יצָה לִפְקֹ֥ד כָּֽל־הַגּוֹיִ֑ם אַל־תָּ֝חֹ֗ן כָּל־בֹּ֥גְדֵי אָ֣וֶן סֶֽלָה׃ יָשׁ֣וּבוּ
לָ֭עֶרֶב יֶהֱמ֥וּ כַכָּ֗לֶב וִ֣יס֣וֹבְבוּ עִֽיר׃ הִנֵּ֤ה ׀ יַבִּ֘יע֤וּן בְּפִיהֶ֗ם חֲ֭רָבוֹת בְּשִׂפְתוֹתֵיהֶ֑ם
כִּי־מִ֥י שֹׁמֵֽעַ׃ וְאַתָּ֣ה יְ֭הוָה תִּשְׂחַק־לָ֑מוֹ תִּ֝לְעַ֗ג לְכָל־גּוֹיִֽם׃ עֻ֭זּוֹ אֵלֶ֣יךָ אֶשְׁמֹ֑רָה
חַסְדִּי כִּֽי־אֱ֝לֹהִ֗ים מִשְׂגַּבִּֽי׃ אֱלֹהֵ֣י חסדו יְקַדְּמֵ֑נִי אֱ֝לֹהִ֗ים יַרְאֵ֥נִי בְשֹׁרְרָֽי׃ אַל־תַּהַרְגֵ֤ם ׀
פֶּֽן־יִשְׁכְּח֬וּ עַמִּ֗י הֲנִיעֵ֣מוֹ בְ֭חֵילְךָ וְהוֹרִידֵ֑מוֹ מָֽגִנֵּ֣נוּ אֲדֹנָֽי׃ חַטַּאת־פִּ֗ימוֹ דְּֽבַר־
שְׂפָ֫תֵ֥ימוֹ וְיִלָּכְד֥וּ בִגְאוֹנָ֑ם וּמֵאָלָ֖ה וּמִכַּ֣חַשׁ יְסַפֵּֽרוּ׃ כַּלֵּ֥ה בְחֵמָה֮ כַּלֵּ֪ה וְֽאֵ֫ינֵ֥מוֹ
וְֽיֵדְע֗וּ כִּֽי־אֱ֭לֹהִים מֹשֵׁ֣ל בְּיַעֲקֹ֑ב לְאַפְסֵ֖י הָאָ֣רֶץ סֶֽלָה׃ וְיָשֻׁ֣בוּ לָ֭עֶרֶב יֶהֱמ֥וּ כַכָּ֗לֶב
יְנִיע֑וּן וִ֣יס֣וֹבְבוּ עִֽיר׃ הֵ֭מָּה ינועון לֶאֱכֹ֑ל אִם־לֹ֥א יִ֝שְׂבְּע֗וּ וַיָּלִֽינוּ׃ וַאֲנִ֤י ׀ אָשִׁ֬יר עֻזֶּ֗ךָ
וַאֲרַנֵּ֣ן לַ֭בֹּקֶר חַסְדֶּ֑ךָ כִּֽי־הָיִ֣יתָ מִשְׂגָּ֣ב לִ֑י וּ֝מָנ֗וֹס בְּי֣וֹם צַר־לִֽי׃ עֻ֭זִּי אֵלֶ֣יךָ אֲזַמֵּ֑רָה
כִּֽי־אֱלֹהִ֥ים מִ֝שְׂגַּבִּ֗י אֱלֹהֵ֥י חַסְדִּֽי׃
*ס לַמְנַצֵּ֥חַ עַל־שׁוּשַׁ֥ן עֵד֑וּת מִכְתָּ֖ם לְדָוִ֣ד לְלַמֵּֽד׃ בְּהַצּוֹת֨וֹ ׀ אֶ֤ת אֲרַ֣ם נַהֲרַיִם֮
וְאֶת־אֲרַ֪ם צ֫וֹבָ֥ה וַיָּ֤שָׁב יוֹאָ֗ב וַיַּ֣ךְ אֶת־אֱד֣וֹם בְּגֵיא־מֶ֑לַח שְׁנֵ֖ים עָשָׂ֣ר אָֽלֶף׃
אֱ֭לֹהִים זְנַחְתָּ֣נוּ פְרַצְתָּ֑נוּ אָ֝נַ֗פְתָּ תְּשׁ֣וֹבֵ֣ב לָֽנוּ׃ הִרְעַ֣שְׁתָּה אֶ֣רֶץ פְּצַמְתָּ֑הּ רְפָ֖ה
שְׁבָרֶ֣יהָ כִי־מָֽטָה׃ הִרְאִ֣יתָ עַמְּךָ֣ קָשָׁ֑ה הִ֝שְׁקִיתָ֗נוּ יַ֣יִן תַּרְעֵלָֽה׃ נָ֘תַ֤תָּה לִּירֵאֶ֣יךָ
וַעֲנֵנִי נֵּ֭ס לְהִתְנוֹסֵ֑ס מִ֝פְּנֵ֗י קֹ֣שֶׁט סֶֽלָה׃ לְ֭מַעַן יֵחָלְצ֣וּן יְדִידֶ֑יךָ הוֹשִׁ֖יעָה יְמִֽינְךָ֣ ועננו׃
אֱלֹהִ֤ים ׀ דִּבֶּ֥ר בְּקָדְשׁ֗וֹ אֶ֫עְלֹ֥זָה אֲחַלְּקָ֥ה שְׁכֶ֑ם וְעֵ֖מֶק סֻכּ֣וֹת אֲמַדֵּֽד׃ לִ֤י גִלְעָ֨ד ׀
וְלִ֬י מְנַשֶּׁ֗ה וְ֭אֶפְרַיִם מָע֣וֹז רֹאשִׁ֑י יְ֝הוּדָ֗ה מְחֹקְקִֽי׃ מוֹאָ֤ב ׀ סִ֬יר רַחְצִ֗י עַל־אֱ֭דוֹם

*יא לחודש

אָשְׁלִיךְ נַעֲלִי עָלַי פְּלֶשֶׁת הִתְרוֹעָעִי: מִי יֹבִלֵנִי עִיר מָצוֹר מִי נָחַנִי עַד־אֱדוֹם:
הֲלֹא־אַתָּה אֱלֹהִים זְנַחְתָּנוּ וְלֹא־תֵצֵא אֱלֹהִים בְּצִבְאוֹתֵינוּ: הָבָה־לָּנוּ עֶזְרָת
מִצָּר וְשָׁוְא תְּשׁוּעַת אָדָם: בֵּאלֹהִים נַעֲשֶׂה־חָיִל וְהוּא יָבוּס צָרֵינוּ:
סא לַמְנַצֵּחַ | עַל־נְגִינַת לְדָוִד: שִׁמְעָה אֱלֹהִים רִנָּתִי הַקְשִׁיבָה תְּפִלָּתִי: מִקְצֵה
הָאָרֶץ | אֵלֶיךָ אֶקְרָא בַּעֲטֹף לִבִּי בְּצוּר־יָרוּם מִמֶּנִּי תַנְחֵנִי: כִּי־הָיִיתָ מַחְסֶה
לִי מִגְדַּל־עֹז מִפְּנֵי אוֹיֵב: אָגוּרָה בְאָהָלְךָ עוֹלָמִים אֶחֱסֶה בְסֵתֶר כְּנָפֶיךָ סֶּלָה:
כִּי־אַתָּה אֱלֹהִים שָׁמַעְתָּ לִנְדָרָי נָתַתָּ יְרֻשַּׁת יִרְאֵי שְׁמֶךָ: יָמִים עַל־יְמֵי־מֶלֶךְ
תּוֹסִיף שְׁנוֹתָיו כְּמוֹ־דֹר וָדֹר: יֵשֵׁב עוֹלָם לִפְנֵי אֱלֹהִים חֶסֶד וֶאֱמֶת מַן יִנְצְרֻהוּ:
כֵּן אֲזַמְּרָה שִׁמְךָ לָעַד לְשַׁלְּמִי נְדָרַי יוֹם | יוֹם:
סב לַמְנַצֵּחַ עַל־יְדוּתוּן מִזְמוֹר לְדָוִד: אַךְ אֶל־אֱלֹהִים דּוּמִיָּה נַפְשִׁי מִמֶּנּוּ יְשׁוּעָתִי:
אַךְ־הוּא צוּרִי וִישׁוּעָתִי מִשְׂגַּבִּי לֹא־אֶמּוֹט רַבָּה: עַד־אָנָה | תְּהוֹתְתוּ עַל־אִישׁ
תְּרָצְּחוּ כֻלְּכֶם כְּקִיר נָטוּי גָּדֵר הַדְּחוּיָה: אַךְ מִשְּׂאֵתוֹ | יָעֲצוּ לְהַדִּיחַ יִרְצוּ כָזָב
בְּפִיו יְבָרֵכוּ וּבְקִרְבָּם יְקַלְלוּ־סֶלָה: אַךְ לֵאלֹהִים דּוֹמִּי נַפְשִׁי כִּי־מִמֶּנּוּ תִּקְוָתִי:
אַךְ־הוּא צוּרִי וִישׁוּעָתִי מִשְׂגַּבִּי לֹא אֶמּוֹט: עַל־אֱלֹהִים יִשְׁעִי וּכְבוֹדִי צוּר־
עֻזִּי מַחְסִי בֵּאלֹהִים: בִּטְחוּ בוֹ בְכָל־עֵת | עָם שִׁפְכוּ־לְפָנָיו לְבַבְכֶם אֱלֹהִים
מַחֲסֶה־לָּנוּ סֶלָה: אַךְ | הֶבֶל בְּנֵי־אָדָם כָּזָב בְּנֵי אִישׁ בְּמֹאזְנַיִם לַעֲלוֹת הֵמָּה
מֵהֶבֶל יָחַד: אַל־תִּבְטְחוּ בְעֹשֶׁק וּבְגָזֵל אַל־תֶּהְבָּלוּ חַיִל | כִּי־יָנוּב אַל־תָּשִׁיתוּ
לֵב: אַחַת | דִּבֶּר אֱלֹהִים שְׁתַּיִם־זוּ שָׁמָעְתִּי כִּי עֹז לֵאלֹהִים: וּלְךָ־אֲדֹנָי חָסֶד
כִּי־אַתָּה תְשַׁלֵּם לְאִישׁ כְּמַעֲשֵׂהוּ:
סג מִזְמוֹר לְדָוִד בִּהְיוֹתוֹ בְּמִדְבַּר יְהוּדָה: אֱלֹהִים | אֵלִי אַתָּה אֲשַׁחֲרֶךָּ צָמְאָה
לְךָ | נַפְשִׁי כָּמַהּ לְךָ בְשָׂרִי בְּאֶרֶץ־צִיָּה וְעָיֵף בְּלִי־מָיִם: כֵּן בַּקֹּדֶשׁ חֲזִיתִךָ
לִרְאוֹת עֻזְּךָ וּכְבוֹדֶךָ: כִּי־טוֹב חַסְדְּךָ מֵחַיִּים שְׂפָתַי יְשַׁבְּחוּנְךָ: כֵּן אֲבָרֶכְךָ בְחַיָּי
בְּשִׁמְךָ אֶשָּׂא כַפָּי: כְּמוֹ חֵלֶב וָדֶשֶׁן תִּשְׂבַּע נַפְשִׁי וְשִׂפְתֵי רְנָנוֹת יְהַלֶּל־פִּי:
אִם־זְכַרְתִּיךָ עַל־יְצוּעָי בְּאַשְׁמֻרוֹת אֶהְגֶּה־בָּךְ: כִּי־הָיִיתָ עֶזְרָתָה לִּי וּבְצֵל
כְּנָפֶיךָ אֲרַנֵּן: דָּבְקָה נַפְשִׁי אַחֲרֶיךָ בִּי תָּמְכָה יְמִינֶךָ: וְהֵמָּה לְשׁוֹאָה יְבַקְשׁוּ
נַפְשִׁי יָבֹאוּ בְּתַחְתִּיּוֹת הָאָרֶץ: יַגִּירֻהוּ עַל־יְדֵי־חָרֶב מְנָת שֻׁעָלִים יִהְיוּ: וְהַמֶּלֶךְ
יִשְׂמַח בֵּאלֹהִים יִתְהַלֵּל כָּל־הַנִּשְׁבָּע בּוֹ כִּי יִסָּכֵר פִּי דוֹבְרֵי־שָׁקֶר:
סד לַמְנַצֵּחַ מִזְמוֹר לְדָוִד: שְׁמַע־אֱלֹהִים קוֹלִי בְשִׂיחִי מִפַּחַד אוֹיֵב תִּצֹּר חַיָּי:
תַּסְתִּירֵנִי מִסּוֹד מְרֵעִים מֵרִגְשַׁת פֹּעֲלֵי אָוֶן: אֲשֶׁר שָׁנְנוּ כַחֶרֶב לְשׁוֹנָם דָּרְכוּ

חִצָּם דָּבָר מָר׃ לִירוֹת בַּמִּסְתָּרִים תָּם פִּתְאֹם יֹרֻהוּ וְלֹא יִירָאוּ׃ יְחַזְּקוּ־לָמוֹ ׀ דָּבָר רָע יְסַפְּרוּ לִטְמוֹן מוֹקְשִׁים אָמְרוּ מִי יִרְאֶה־לָּמוֹ׃ יַחְפְּשׂוּ־עוֹלֹת תַּמְנוּ חֵפֶשׂ מְחֻפָּשׂ וְקֶרֶב אִישׁ וְלֵב עָמֹק׃ וַיֹּרֵם אֱלֹהִים חֵץ פִּתְאוֹם הָיוּ מַכּוֹתָם׃ וַיַּכְשִׁילֻהוּ עָלֵימוֹ לְשׁוֹנָם יִתְנֹדְדוּ כָּל־רֹאֵה בָם׃ וַיִּירְאוּ כָּל־אָדָם וַיַּגִּידוּ פֹּעַל אֱלֹהִים וּמַעֲשֵׂהוּ הִשְׂכִּילוּ׃ יִשְׂמַח צַדִּיק בַּיהוה וְחָסָה בוֹ וְיִתְהַלְלוּ כָּל־יִשְׁרֵי־לֵב׃

סה לַמְנַצֵּחַ מִזְמוֹר לְדָוִד שִׁיר׃ לְךָ דֻמִיָּה תְהִלָּה אֱלֹהִים בְּצִיּוֹן וּלְךָ יְשֻׁלַּם־נֶדֶר׃ שֹׁמֵעַ תְּפִלָּה עָדֶיךָ כָּל־בָּשָׂר יָבֹאוּ׃ דִּבְרֵי עֲוֹנֹת גָּבְרוּ מֶנִּי פְּשָׁעֵינוּ אַתָּה תְכַפְּרֵם׃ אַשְׁרֵי ׀ תִּבְחַר וּתְקָרֵב יִשְׁכֹּן חֲצֵרֶיךָ נִשְׂבְּעָה בְּטוּב בֵּיתֶךָ קְדֹשׁ הֵיכָלֶךָ׃ נוֹרָאוֹת ׀ בְּצֶדֶק תַּעֲנֵנוּ אֱלֹהֵי יִשְׁעֵנוּ מִבְטָח כָּל־קַצְוֵי־אֶרֶץ וְיָם רְחֹקִים׃ מֵכִין הָרִים בְּכֹחוֹ נֶאְזָר בִּגְבוּרָה׃ מַשְׁבִּיחַ ׀ שְׁאוֹן יַמִּים שְׁאוֹן גַּלֵּיהֶם וַהֲמוֹן לְאֻמִּים׃ וַיִּירְאוּ ׀ יֹשְׁבֵי קְצָוֹת מֵאוֹתֹתֶיךָ מוֹצָאֵי־בֹקֶר וָעֶרֶב תַּרְנִין׃ פָּקַדְתָּ הָאָרֶץ ׀ וַתְּשֹׁקְקֶהָ רַבַּת תַּעְשְׁרֶנָּה פֶּלֶג אֱלֹהִים מָלֵא מָיִם תָּכִין דְּגָנָם כִּי־כֵן תְּכִינֶהָ׃ תְּלָמֶיהָ רַוֵּה נַחֵת גְּדוּדֶהָ בִּרְבִיבִים תְּמֹגְגֶנָּה צִמְחָהּ תְּבָרֵךְ׃ עִטַּרְתָּ שְׁנַת טוֹבָתֶךָ וּמַעְגָּלֶיךָ יִרְעֲפוּן דָּשֶׁן׃ יִרְעֲפוּ נְאוֹת מִדְבָּר וְגִיל גְּבָעוֹת תַּחְגֹּרְנָה׃ לָבְשׁוּ כָרִים ׀ הַצֹּאן וַעֲמָקִים יַעַטְפוּ־בָר יִתְרוֹעֲעוּ אַף־יָשִׁירוּ׃

*סו לַמְנַצֵּחַ שִׁיר מִזְמוֹר הָרִיעוּ לֵאלֹהִים כָּל־הָאָרֶץ׃ זַמְּרוּ כְבוֹד־שְׁמוֹ שִׂימוּ כָבוֹד תְּהִלָּתוֹ׃ אִמְרוּ לֵאלֹהִים מַה־נּוֹרָא מַעֲשֶׂיךָ בְּרֹב עֻזְּךָ יְכַחֲשׁוּ לְךָ אֹיְבֶיךָ׃ כָּל־הָאָרֶץ ׀ יִשְׁתַּחֲווּ לְךָ וִיזַמְּרוּ־לָךְ יְזַמְּרוּ שִׁמְךָ סֶלָה׃ לְכוּ וּרְאוּ מִפְעֲלוֹת אֱלֹהִים נוֹרָא עֲלִילָה עַל־בְּנֵי אָדָם׃ הָפַךְ יָם ׀ לְיַבָּשָׁה בַּנָּהָר יַעַבְרוּ בְרָגֶל שָׁם
נִשְׂמְחָה־בּוֹ׃ מֹשֵׁל בִּגְבוּרָתוֹ ׀ עוֹלָם עֵינָיו בַּגּוֹיִם תִּצְפֶּינָה הַסּוֹרְרִים ׀ אַל־יָרִימוּ יָרוּמוּ
לָמוֹ סֶלָה׃ בָּרְכוּ עַמִּים ׀ אֱלֹהֵינוּ וְהַשְׁמִיעוּ קוֹל תְּהִלָּתוֹ׃ הַשָּׂם נַפְשֵׁנוּ בַּחַיִּים וְלֹא־נָתַן לַמּוֹט רַגְלֵנוּ׃ כִּי־בְחַנְתָּנוּ אֱלֹהִים צְרַפְתָּנוּ כִּצְרָף־כָּסֶף׃ הֲבֵאתָנוּ בַמְּצוּדָה שַׂמְתָּ מוּעָקָה בְמָתְנֵינוּ׃ הִרְכַּבְתָּ אֱנוֹשׁ לְרֹאשֵׁנוּ בָּאנוּ־בָאֵשׁ וּבַמַּיִם וַתּוֹצִיאֵנוּ לָרְוָיָה׃ אָבוֹא בֵיתְךָ בְעוֹלוֹת אֲשַׁלֵּם לְךָ נְדָרָי׃ אֲשֶׁר־פָּצוּ שְׂפָתָי וְדִבֶּר־פִּי בַּצַּר־לִי׃ עֹלוֹת מֵחִים אַעֲלֶה־לָּךְ עִם־קְטֹרֶת אֵילִים אֶעֱשֶׂה בָקָר עִם־עַתּוּדִים סֶלָה׃ לְכוּ־שִׁמְעוּ וַאֲסַפְּרָה כָּל־יִרְאֵי אֱלֹהִים אֲשֶׁר עָשָׂה לְנַפְשִׁי׃ אֵלָיו פִּי־קָרָאתִי וְרוֹמַם תַּחַת לְשׁוֹנִי׃ אָוֶן אִם־רָאִיתִי בְלִבִּי לֹא יִשְׁמַע ׀ אֲדֹנָי׃

*יב לחודש

אָכֵן שָׁמַע אֱלֹהִים הִקְשִׁיב בְּקוֹל תְּפִלָּתִי: בָּרוּךְ אֱלֹהִים אֲשֶׁר לֹא־הֵסִיר
תְּפִלָּתִי וְחַסְדּוֹ מֵאִתִּי:
סז לַמְנַצֵּחַ בִּנְגִינֹת מִזְמוֹר שִׁיר: אֱלֹהִים יְחָנֵּנוּ וִיבָרְכֵנוּ יָאֵר פָּנָיו אִתָּנוּ סֶלָה:
לָדַעַת בָּאָרֶץ דַּרְכֶּךָ בְּכָל־גּוֹיִם יְשׁוּעָתֶךָ: יוֹדוּךָ עַמִּים ׀ אֱלֹהִים יוֹדוּךָ עַמִּים
כֻּלָּם: יִשְׂמְחוּ וִירַנְּנוּ לְאֻמִּים כִּי־תִשְׁפֹּט עַמִּים מִישֹׁר וּלְאֻמִּים ׀ בָּאָרֶץ תַּנְחֵם
סֶלָה: יוֹדוּךָ עַמִּים ׀ אֱלֹהִים יוֹדוּךָ עַמִּים כֻּלָּם: אֶרֶץ נָתְנָה יְבוּלָהּ יְבָרְכֵנוּ
אֱלֹהִים אֱלֹהֵינוּ: יְבָרְכֵנוּ אֱלֹהִים וְיִירְאוּ אוֹתוֹ כָּל־אַפְסֵי־אָרֶץ:
סח לַמְנַצֵּחַ לְדָוִד מִזְמוֹר שִׁיר: יָקוּם אֱלֹהִים יָפוּצוּ אוֹיְבָיו וְיָנוּסוּ מְשַׂנְאָיו מִפָּנָיו:
כְּהִנְדֹּף עָשָׁן תִּנְדֹּף כְּהִמֵּס דּוֹנַג מִפְּנֵי־אֵשׁ יֹאבְדוּ רְשָׁעִים מִפְּנֵי אֱלֹהִים:
וְצַדִּיקִים יִשְׂמְחוּ יַעַלְצוּ לִפְנֵי אֱלֹהִים וְיָשִׂישׂוּ בְשִׂמְחָה: שִׁירוּ ׀ לֵאלֹהִים
זַמְּרוּ שְׁמוֹ סֹלּוּ לָרֹכֵב בָּעֲרָבוֹת בְּיָהּ שְׁמוֹ וְעִלְזוּ לְפָנָיו: אֲבִי יְתוֹמִים וְדַיַּן
אַלְמָנוֹת אֱלֹהִים בִּמְעוֹן קָדְשׁוֹ: אֱלֹהִים ׀ מוֹשִׁיב יְחִידִים ׀ בַּיְתָה מוֹצִיא
אֲסִירִים בַּכּוֹשָׁרוֹת אַךְ סוֹרְרִים שָׁכְנוּ צְחִיחָה: אֱלֹהִים בְּצֵאתְךָ לִפְנֵי עַמֶּךָ
בְּצַעְדְּךָ בִישִׁימוֹן סֶלָה: אֶרֶץ רָעָשָׁה ׀ אַף־שָׁמַיִם נָטְפוּ מִפְּנֵי אֱלֹהִים זֶה
סִינַי מִפְּנֵי אֱלֹהִים אֱלֹהֵי יִשְׂרָאֵל: גֶּשֶׁם נְדָבוֹת תָּנִיף אֱלֹהִים נַחֲלָתְךָ וְנִלְאָה
אַתָּה כוֹנַנְתָּהּ: חַיָּתְךָ יָשְׁבוּ־בָהּ תָּכִין בְּטוֹבָתְךָ לֶעָנִי אֱלֹהִים: אֲדֹנָי יִתֶּן־אֹמֶר
הַמְבַשְּׂרוֹת צָבָא רָב: מַלְכֵי צְבָאוֹת יִדֹּדוּן יִדֹּדוּן וּנְוַת־בַּיִת תְּחַלֵּק שָׁלָל:
אִם־תִּשְׁכְּבוּן בֵּין שְׁפַתָּיִם כַּנְפֵי יוֹנָה נֶחְפָּה בַכֶּסֶף וְאֶבְרוֹתֶיהָ בִּירַקְרַק חָרוּץ:
בְּפָרֵשׂ שַׁדַּי מְלָכִים בָּהּ תַּשְׁלֵג בְּצַלְמוֹן: הַר־אֱלֹהִים הַר־בָּשָׁן הַר גַּבְנֻנִּים
הַר־בָּשָׁן: לָמָּה ׀ תְּרַצְּדוּן הָרִים גַּבְנֻנִּים הָהָר חָמַד אֱלֹהִים לְשִׁבְתּוֹ אַף־יְהוָה
יִשְׁכֹּן לָנֶצַח: רֶכֶב אֱלֹהִים רִבֹּתַיִם אַלְפֵי שִׁנְאָן אֲדֹנָי בָם סִינַי בַּקֹּדֶשׁ: עָלִיתָ
לַמָּרוֹם ׀ שָׁבִיתָ שֶּׁבִי לָקַחְתָּ מַתָּנוֹת בָּאָדָם וְאַף סוֹרְרִים לִשְׁכֹּן ׀ יָהּ אֱלֹהִים:
בָּרוּךְ אֲדֹנָי יוֹם ׀ יוֹם יַעֲמָס־לָנוּ הָאֵל יְשׁוּעָתֵנוּ סֶלָה: הָאֵל ׀ לָנוּ אֵל לְמוֹשָׁעוֹת
וְלֵיהוִה אֲדֹנָי לַמָּוֶת תּוֹצָאוֹת: אַךְ־אֱלֹהִים יִמְחַץ רֹאשׁ אֹיְבָיו קָדְקֹד שֵׂעָר
מִתְהַלֵּךְ בַּאֲשָׁמָיו: אָמַר אֲדֹנָי מִבָּשָׁן אָשִׁיב אָשִׁיב מִמְּצֻלוֹת יָם: לְמַעַן ׀ תִּמְחַץ
רַגְלְךָ בְּדָם לְשׁוֹן כְּלָבֶיךָ מֵאֹיְבִים מִנֵּהוּ: רָאוּ הֲלִיכוֹתֶיךָ אֱלֹהִים הֲלִיכוֹת אֵלִי
מַלְכִּי בַקֹּדֶשׁ: קִדְּמוּ שָׁרִים אַחַר נֹגְנִים בְּתוֹךְ עֲלָמוֹת תּוֹפֵפוֹת: בְּמַקְהֵלוֹת
בָּרְכוּ אֱלֹהִים אֲדֹנָי מִמְּקוֹר יִשְׂרָאֵל: שָׁם בִּנְיָמִן ׀ צָעִיר רֹדֵם שָׂרֵי יְהוּדָה
רִגְמָתָם שָׂרֵי זְבֻלוּן שָׂרֵי נַפְתָּלִי: צִוָּה אֱלֹהֶיךָ עֻזֶּךָ עוּזָּה אֱלֹהִים זוּ פָּעַלְתָּ לָּנוּ:

מֵהֵיכָלֶךָ עַל־יְרוּשָׁלָ͏ִם לְךָ יוֹבִילוּ מְלָכִים שָׁי׃ גְּעַר חַיַּת קָנֶה עֲדַת אַבִּירִים ׀
בְּעֶגְלֵי עַמִּים מִתְרַפֵּס בְּרַצֵּי־כָסֶף בִּזַּר עַמִּים קְרָבוֹת יֶחְפָּצוּ׃ יֶאֱתָיוּ חַשְׁמַנִּים
מִנִּי מִצְרָיִם כּוּשׁ תָּרִיץ יָדָיו לֵאלֹהִים׃ מַמְלְכוֹת הָאָרֶץ שִׁירוּ לֵאלֹהִים זַמְּרוּ
אֲדֹנָי סֶלָה׃ לָרֹכֵב בִּשְׁמֵי שְׁמֵי־קֶדֶם הֵן יִתֵּן בְּקוֹלוֹ קוֹל עֹז׃ תְּנוּ עֹז לֵאלֹהִים
עַל־יִשְׂרָאֵל גַּאֲוָתוֹ וְעֻזּוֹ בַּשְּׁחָקִים׃ נוֹרָא אֱלֹהִים ׀ מִמִּקְדָּשֶׁיךָ אֵל יִשְׂרָאֵל
הוּא נֹתֵן ׀ עֹז וְתַעֲצֻמוֹת לָעָם בָּרוּךְ אֱלֹהִים׃
*סט לַמְנַצֵּחַ עַל־שׁוֹשַׁנִּים לְדָוִד׃ הוֹשִׁיעֵנִי אֱלֹהִים כִּי בָאוּ מַיִם עַד־נָפֶשׁ׃ טָבַעְתִּי ׀
בִּיוֵן מְצוּלָה וְאֵין מָעֳמָד בָּאתִי בְמַעֲמַקֵּי־מַיִם וְשִׁבֹּלֶת שְׁטָפָתְנִי׃ יָגַעְתִּי בְקָרְאִי
נִחַר גְּרוֹנִי כָּלוּ עֵינַי מְיַחֵל לֵאלֹהָי׃ רַבּוּ ׀ מִשַּׂעֲרוֹת רֹאשִׁי שֹׂנְאַי חִנָּם עָצְמוּ
מַצְמִיתַי אֹיְבַי שֶׁקֶר אֲשֶׁר לֹא־גָזַלְתִּי אָז אָשִׁיב׃ אֱלֹהִים אַתָּה יָדַעְתָּ לְאִוַּלְתִּי
וְאַשְׁמוֹתַי מִמְּךָ לֹא־נִכְחָדוּ׃ אַל־יֵבֹשׁוּ בִי ׀ קֹוֶיךָ אֲדֹנָי יֱהֹוִה צְבָאוֹת אַל־יִכָּלְמוּ
בִי מְבַקְשֶׁיךָ אֱלֹהֵי יִשְׂרָאֵל׃ כִּי־עָלֶיךָ נָשָׂאתִי חֶרְפָּה כִּסְּתָה כְלִמָּה פָנָי׃ מוּזָר
הָיִיתִי לְאֶחָי וְנָכְרִי לִבְנֵי אִמִּי׃ כִּי־קִנְאַת בֵּיתְךָ אֲכָלָתְנִי וְחֶרְפּוֹת חוֹרְפֶיךָ נָפְלוּ
עָלָי׃ וָאֶבְכֶּה בַצּוֹם נַפְשִׁי וַתְּהִי לַחֲרָפוֹת לִי׃ וָאֶתְּנָה לְבוּשִׁי שָׂק וָאֱהִי לָהֶם
לְמָשָׁל׃ יָשִׂיחוּ בִי יֹשְׁבֵי שָׁעַר וּנְגִינוֹת שׁוֹתֵי שֵׁכָר׃ וַאֲנִי תְפִלָּתִי־לְךָ ׀ יְהוָה
עֵת רָצוֹן אֱלֹהִים בְּרָב־חַסְדֶּךָ עֲנֵנִי בֶּאֱמֶת יִשְׁעֶךָ׃ הַצִּילֵנִי מִטִּיט וְאַל־אֶטְבָּעָה
אִנָּצְלָה מִשֹּׂנְאַי וּמִמַּעֲמַקֵּי־מָיִם׃ אַל־תִּשְׁטְפֵנִי ׀ שִׁבֹּלֶת מַיִם וְאַל־תִּבְלָעֵנִי
מְצוּלָה וְאַל־תֶּאְטַר־עָלַי בְּאֵר פִּיהָ׃ עֲנֵנִי יְהוָה כִּי־טוֹב חַסְדֶּךָ כְּרֹב רַחֲמֶיךָ
פְּנֵה אֵלָי׃ וְאַל־תַּסְתֵּר פָּנֶיךָ מֵעַבְדֶּךָ כִּי־צַר־לִי מַהֵר עֲנֵנִי׃ קָרְבָה אֶל־נַפְשִׁי
גְאָלָהּ לְמַעַן אֹיְבַי פְּדֵנִי׃ אַתָּה יָדַעְתָּ חֶרְפָּתִי וּבָשְׁתִּי וּכְלִמָּתִי נֶגְדְּךָ כָּל־צוֹרְרָי׃
חֶרְפָּה ׀ שָׁבְרָה לִבִּי וָאָנוּשָׁה וָאֲקַוֶּה לָנוּד וָאַיִן וְלַמְנַחֲמִים וְלֹא מָצָאתִי׃
וַיִּתְּנוּ בְּבָרוּתִי רֹאשׁ וְלִצְמָאִי יַשְׁקוּנִי חֹמֶץ׃ יְהִי־שֻׁלְחָנָם לִפְנֵיהֶם לְפָח
וְלִשְׁלוֹמִים לְמוֹקֵשׁ׃ תֶּחְשַׁכְנָה עֵינֵיהֶם מֵרְאוֹת וּמָתְנֵיהֶם תָּמִיד הַמְעַד׃
שְׁפָךְ־עֲלֵיהֶם זַעְמֶךָ וַחֲרוֹן אַפְּךָ יַשִּׂיגֵם׃ תְּהִי־טִירָתָם נְשַׁמָּה בְּאָהֳלֵיהֶם אַל־
יְהִי יֹשֵׁב׃ כִּי־אַתָּה אֲשֶׁר־הִכִּיתָ רָדָפוּ וְאֶל־מַכְאוֹב חֲלָלֶיךָ יְסַפֵּרוּ׃ תְּנָה־עָוֺן
עַל־עֲוֺנָם וְאַל־יָבֹאוּ בְּצִדְקָתֶךָ׃ יִמָּחוּ מִסֵּפֶר חַיִּים וְעִם צַדִּיקִים אַל־יִכָּתֵבוּ׃
וַאֲנִי עָנִי וְכוֹאֵב יְשׁוּעָתְךָ אֱלֹהִים תְּשַׂגְּבֵנִי׃ אֲהַלְלָה שֵׁם־אֱלֹהִים בְּשִׁיר
וַאֲגַדְּלֶנּוּ בְתוֹדָה׃ וְתִיטַב לַיהוָה מִשּׁוֹר פָּר מַקְרִן מַפְרִיס׃ רָאוּ עֲנָוִים יִשְׂמָחוּ
דֹּרְשֵׁי אֱלֹהִים וִיחִי לְבַבְכֶם׃ כִּי־שֹׁמֵעַ אֶל־אֶבְיוֹנִים יְהוָה וְאֶת־אֲסִירָיו לֹא

*יג לחודש

בָּזֶה: יְהַלְלוּהוּ שָׁמַיִם וָאָרֶץ יַמִּים וְכׇל־רֹמֵשׂ בָּם: כִּי אֱלֹהִים ׀ יוֹשִׁיעַ צִיּוֹן
וְיִבְנֶה עָרֵי יְהוּדָה וְיָשְׁבוּ שָׁם וִירֵשׁוּהָ: וְזֶרַע עֲבָדָיו יִנְחָלוּהָ וְאֹהֲבֵי שְׁמוֹ
יִשְׁכְּנוּ־בָהּ:
ע לַמְנַצֵּחַ לְדָוִד לְהַזְכִּיר: אֱלֹהִים לְהַצִּילֵנִי יְהוָה לְעֶזְרָתִי חוּשָׁה: יֵבֹשׁוּ וְיַחְפְּרוּ
מְבַקְשֵׁי נַפְשִׁי יִסֹּגוּ אָחוֹר וְיִכָּלְמוּ חֲפֵצֵי רָעָתִי: יָשׁוּבוּ עַל־עֵקֶב בׇּשְׁתָּם
הָאֹמְרִים הֶאָח ׀ הֶאָח: יָשִׂישׂוּ וְיִשְׂמְחוּ ׀ בְּךָ כׇּל־מְבַקְשֶׁיךָ וְיֹאמְרוּ תָמִיד
יִגְדַּל אֱלֹהִים אֹהֲבֵי יְשׁוּעָתֶךָ: וַאֲנִי ׀ עָנִי וְאֶבְיוֹן אֱלֹהִים חוּשָׁה לִּי עֶזְרִי וּמְפַלְטִי
אַתָּה יְהוָה אַל־תְּאַחַר:
עא בְּךָ־יְהוָה חָסִיתִי אַל־אֵבוֹשָׁה לְעוֹלָם: בְּצִדְקָתְךָ תַּצִּילֵנִי וּתְפַלְּטֵנִי הַטֵּה־אֵלַי
אׇזְנְךָ וְהוֹשִׁיעֵנִי: הֱיֵה לִי ׀ לְצוּר מָעוֹן לָבוֹא תָּמִיד צִוִּיתָ לְהוֹשִׁיעֵנִי כִּי־סַלְעִי
וּמְצוּדָתִי אָתָּה: אֱלֹהַי פַּלְּטֵנִי מִיַּד רָשָׁע מִכַּף מְעַוֵּל וְחוֹמֵץ: כִּי־אַתָּה תִקְוָתִי
אֲדֹנָי יֱהֹוִה מִבְטַחִי מִנְּעוּרָי: עָלֶיךָ ׀ נִסְמַכְתִּי מִבֶּטֶן מִמְּעֵי אִמִּי אַתָּה גוֹזִי בְּךָ
תְהִלָּתִי תָמִיד: כְּמוֹפֵת הָיִיתִי לְרַבִּים וְאַתָּה מַחֲסִי־עֹז: יִמָּלֵא פִי תְּהִלָּתֶךָ
כׇּל־הַיּוֹם תִּפְאַרְתֶּךָ: אַל־תַּשְׁלִיכֵנִי לְעֵת זִקְנָה כִּכְלוֹת כֹּחִי אַל־תַּעַזְבֵנִי:
כִּי־אָמְרוּ אוֹיְבַי לִי וְשֹׁמְרֵי נַפְשִׁי נוֹעֲצוּ יַחְדָּו: לֵאמֹר אֱלֹהִים עֲזָבוֹ רִדְפוּ
וְתִפְשׂוּהוּ כִּי־אֵין מַצִּיל: אֱלֹהִים אַל־תִּרְחַק מִמֶּנִּי אֱלֹהַי לְעֶזְרָתִי חישה: חוּשָׁה
יֵבֹשׁוּ יִכְלוּ שֹׂטְנֵי נַפְשִׁי יַעֲטוּ חֶרְפָּה וּכְלִמָּה מְבַקְשֵׁי רָעָתִי: וַאֲנִי תָּמִיד אֲיַחֵל
וְהוֹסַפְתִּי עַל־כׇּל־תְּהִלָּתֶךָ: פִּי ׀ יְסַפֵּר צִדְקָתֶךָ כׇּל־הַיּוֹם תְּשׁוּעָתֶךָ כִּי לֹא
יָדַעְתִּי סְפֹרוֹת: אָבוֹא בִּגְבֻרוֹת אֲדֹנָי יֱהֹוִה אַזְכִּיר צִדְקָתְךָ לְבַדֶּךָ: אֱלֹהִים
לִמַּדְתַּנִי מִנְּעוּרָי וְעַד־הֵנָּה אַגִּיד נִפְלְאוֹתֶיךָ: וְגַם עַד־זִקְנָה ׀ וְשֵׂיבָה אֱלֹהִים
אַל־תַּעַזְבֵנִי עַד־אַגִּיד זְרוֹעֲךָ לְדוֹר לְכׇל־יָבוֹא גְּבוּרָתֶךָ: וְצִדְקָתְךָ אֱלֹהִים
עַד־מָרוֹם אֲשֶׁר־עָשִׂיתָ גְדֹלוֹת אֱלֹהִים מִי כָמוֹךָ: אֲשֶׁר הראיתנו ׀ צָרוֹת הִרְאִיתַנִי
רַבּוֹת וְרָעוֹת תָּשׁוּב תחיינו וּמִתְּהֹמוֹת הָאָרֶץ תָּשׁוּב תעלנו: תֶּרֶב ׀ גְּדֻלָּתִי תְּחַיֵּינִי
וְתִסֹּב תְּנַחֲמֵנִי: גַּם־אֲנִי ׀ אוֹדְךָ בִכְלִי־נֶבֶל אֲמִתְּךָ אֱלֹהָי אֲזַמְּרָה לְךָ בְכִנּוֹר תַּעֲלֵנִי
קְדוֹשׁ יִשְׂרָאֵל: תְּרַנֵּנָּה שְׂפָתַי כִּי אֲזַמְּרָה־לָּךְ וְנַפְשִׁי אֲשֶׁר פָּדִיתָ: גַּם־לְשׁוֹנִי
כׇּל־הַיּוֹם תֶּהְגֶּה צִדְקָתֶךָ כִּי־בֹשׁוּ כִי־חָפְרוּ מְבַקְשֵׁי רָעָתִי:
עב* לִשְׁלֹמֹה ׀ אֱלֹהִים מִשְׁפָּטֶיךָ לְמֶלֶךְ תֵּן וְצִדְקָתְךָ לְבֶן־מֶלֶךְ: יָדִין עַמְּךָ בְצֶדֶק
וַעֲנִיֶּיךָ בְמִשְׁפָּט: יִשְׂאוּ הָרִים שָׁלוֹם לָעָם וּגְבָעוֹת בִּצְדָקָה: יִשְׁפֹּט ׀ עֲנִיֵּי־עָם
יוֹשִׁיעַ לִבְנֵי אֶבְיוֹן וִידַכֵּא עוֹשֵׁק: יִירָאוּךָ עִם־שָׁמֶשׁ וְלִפְנֵי יָרֵחַ דּוֹר דּוֹרִים:

*יד לחודש

יֵרֵד כְּמָטָר עַל־גֵּז כִּרְבִיבִים זַרְזִיף אָרֶץ: יִפְרַח־בְּיָמָיו צַדִּיק וְרֹב שָׁלוֹם עַד־בְּלִי
יָרֵחַ: וְיֵרְדְּ מִיָּם עַד־יָם וּמִנָּהָר עַד־אַפְסֵי־אָרֶץ: לְפָנָיו יִכְרְעוּ צִיִּים וְאֹיְבָיו עָפָר
יְלַחֵכוּ: מַלְכֵי תַרְשִׁישׁ וְאִיִּים מִנְחָה יָשִׁיבוּ מַלְכֵי שְׁבָא וּסְבָא אֶשְׁכָּר יַקְרִיבוּ:
וְיִשְׁתַּחֲווּ־לוֹ כָל־מְלָכִים כָּל־גּוֹיִם יַעַבְדוּהוּ: כִּי־יַצִּיל אֶבְיוֹן מְשַׁוֵּעַ וְעָנִי וְאֵין־
עֹזֵר לוֹ: יָחֹס עַל־דַּל וְאֶבְיוֹן וְנַפְשׁוֹת אֶבְיוֹנִים יוֹשִׁיעַ: מִתּוֹךְ וּמֵחָמָס יִגְאַל
נַפְשָׁם וְיֵיקַר דָּמָם בְּעֵינָיו: וִיחִי וְיִתֶּן־לוֹ מִזְּהַב שְׁבָא וְיִתְפַּלֵּל בַּעֲדוֹ תָמִיד
כָּל־הַיּוֹם יְבָרְכֶנְהוּ: יְהִי פִסַּת־בַּר ׀ בָּאָרֶץ בְּרֹאשׁ הָרִים יִרְעַשׁ כַּלְּבָנוֹן פִּרְיוֹ
וְיָצִיצוּ מֵעִיר כְּעֵשֶׂב הָאָרֶץ: יְהִי שְׁמוֹ ׀ לְעוֹלָם לִפְנֵי־שֶׁמֶשׁ ינין שְׁמוֹ וְיִתְבָּרְכוּ יִנּוֹן
בוֹ כָּל־גּוֹיִם יְאַשְּׁרוּהוּ: בָּרוּךְ ׀ יְהוָה אֱלֹהִים אֱלֹהֵי יִשְׂרָאֵל עֹשֵׂה נִפְלָאוֹת
לְבַדּוֹ: וּבָרוּךְ ׀ שֵׁם כְּבוֹדוֹ לְעוֹלָם וְיִמָּלֵא כְבוֹדוֹ אֶת־כֹּל הָאָרֶץ אָמֵן ׀ וְאָמֵן:
כָּלּוּ תְפִלּוֹת דָּוִד בֶּן־יִשָׁי:

ספר שלישי

*עג מִזְמוֹר לְאָסָף אַךְ טוֹב לְיִשְׂרָאֵל אֱלֹהִים לְבָרֵי לֵבָב: וַאֲנִי כִּמְעַט נטוי רַגְלָי נָטָיוּ
כְּאַיִן שפכה אֲשֻׁרָי: כִּי־קִנֵּאתִי בַּהוֹלְלִים שְׁלוֹם רְשָׁעִים אֶרְאֶה: כִּי אֵין שֻׁפְּכוּ
חַרְצֻבּוֹת לְמוֹתָם וּבָרִיא אוּלָם: בַּעֲמַל אֱנוֹשׁ אֵינֵמוֹ וְעִם־אָדָם לֹא יְנֻגָּעוּ:
לָכֵן עֲנָקַתְמוֹ גַאֲוָה יַעֲטָף־שִׁית חָמָס לָמוֹ: יָצָא מֵחֵלֶב עֵינֵמוֹ עָבְרוּ מַשְׂכִּיּוֹת
לֵבָב: יָמִיקוּ ׀ וִידַבְּרוּ בְרָע עֹשֶׁק מִמָּרוֹם יְדַבֵּרוּ: שַׁתּוּ בַשָּׁמַיִם פִּיהֶם וּלְשׁוֹנָם
תִּהֲלַךְ בָּאָרֶץ: לָכֵן ׀ ישיב עַמּוֹ הֲלֹם וּמֵי מָלֵא יִמָּצוּ לָמוֹ: וְאָמְרוּ אֵיכָה יָדַע־ יָשׁוּב
אֵל וְיֵשׁ דֵּעָה בְעֶלְיוֹן: הִנֵּה־אֵלֶּה רְשָׁעִים וְשַׁלְוֵי עוֹלָם הִשְׂגּוּ־חָיִל: אַךְ־רִיק
זִכִּיתִי לְבָבִי וָאֶרְחַץ בְּנִקָּיוֹן כַּפָּי: וָאֱהִי נָגוּעַ כָּל־הַיּוֹם וְתוֹכַחְתִּי לַבְּקָרִים:
אִם־אָמַרְתִּי אֲסַפְּרָה כְמוֹ הִנֵּה דוֹר בָּנֶיךָ בָגָדְתִּי: וָאֲחַשְּׁבָה לָדַעַת זֹאת עָמָל
היא בְעֵינָי: עַד־אָבוֹא אֶל־מִקְדְּשֵׁי־אֵל אָבִינָה לְאַחֲרִיתָם: אַךְ בַּחֲלָקוֹת הוּא
תָּשִׁית לָמוֹ הִפַּלְתָּם לְמַשּׁוּאוֹת: אֵיךְ הָיוּ לְשַׁמָּה כְרָגַע סָפוּ תַמּוּ מִן־בַּלָּהוֹת:
כַּחֲלוֹם מֵהָקִיץ אֲדֹנָי בָּעִיר ׀ צַלְמָם תִּבְזֶה: כִּי יִתְחַמֵּץ לְבָבִי וְכִלְיוֹתַי אֶשְׁתּוֹנָן:
וַאֲנִי־בַעַר וְלֹא אֵדָע בְּהֵמוֹת הָיִיתִי עִמָּךְ: וַאֲנִי תָמִיד עִמָּךְ אָחַזְתָּ בְּיַד־יְמִינִי:
בַּעֲצָתְךָ תַנְחֵנִי וְאַחַר כָּבוֹד תִּקָּחֵנִי: מִי־לִי בַשָּׁמָיִם וְעִמְּךָ לֹא־חָפַצְתִּי בָאָרֶץ:
כָּלָה שְׁאֵרִי וּלְבָבִי צוּר־לְבָבִי וְחֶלְקִי אֱלֹהִים לְעוֹלָם: כִּי־הִנֵּה רְחֵקֶיךָ יֹאבֵדוּ
הִצְמַתָּה כָּל־זוֹנֶה מִמֶּךָּ: וַאֲנִי ׀ קִרֲבַת אֱלֹהִים לִי טוֹב שַׁתִּי ׀ בַּאדֹנָי יֱהֹוִה
מַחְסִי לְסַפֵּר כָּל־מַלְאֲכוֹתֶיךָ:

*ליום הרביעי

עד מַשְׂכִּיל לְאָסָף לָמָה אֱלֹהִים זָנַחְתָּ לָנֶצַח יֶעְשַׁן אַפְּךָ בְּצֹאן מַרְעִיתֶךָ: זְכֹר
עֲדָתְךָ ׀ קָּנִיתָ קֶּדֶם גָּאַלְתָּ שֵׁבֶט נַחֲלָתֶךָ הַר־צִיּוֹן זֶה ׀ שָׁכַנְתָּ בּוֹ: הָרִימָה
פְעָמֶיךָ לְמַשֻּׁאוֹת נֶצַח כָּל־הֵרַע אוֹיֵב בַּקֹּדֶשׁ: שָׁאֲגוּ צֹרְרֶיךָ בְּקֶרֶב מוֹעֲדֶךָ
שָׂמוּ אוֹתֹתָם אֹתוֹת: יִוָּדַע כְּמֵבִיא לְמָעְלָה בִּסֲבָךְ־עֵץ קַרְדֻּמּוֹת: וְעַתְּ
פִּתּוּחֶיהָ יָּחַד בְּכַשִּׁיל וְכֵילַפֹּת יַהֲלֹמוּן: שִׁלְחוּ בָאֵשׁ מִקְדָּשֶׁךָ לָאָרֶץ חִלְּלוּ
מִשְׁכַּן־שְׁמֶךָ: אָמְרוּ בְלִבָּם נִינָם יָחַד שָׂרְפוּ כָל־מוֹעֲדֵי־אֵל בָּאָרֶץ: אוֹתֹתֵינוּ
לֹא־רָאִינוּ אֵין־עוֹד נָבִיא וְלֹא־אִתָּנוּ יֹדֵעַ עַד־מָה: עַד־מָתַי אֱלֹהִים יְחָרֶף
צָר יְנָאֵץ אוֹיֵב שִׁמְךָ לָנֶצַח: לָמָּה תָשִׁיב יָדְךָ וִימִינֶךָ מִקֶּרֶב חוקך כַלֵּה: חֵיקְךָ
וֵאלֹהִים מַלְכִּי מִקֶּדֶם פֹּעֵל יְשׁוּעוֹת בְּקֶרֶב הָאָרֶץ: אַתָּה פוֹרַרְתָּ בְעָזְּךָ יָם
שִׁבַּרְתָּ רָאשֵׁי תַנִּינִים עַל־הַמָּיִם: אַתָּה רִצַּצְתָּ רָאשֵׁי לִוְיָתָן תִּתְּנֶנּוּ מַאֲכָל
לְעָם לְצִיִּים: אַתָּה בָקַעְתָּ מַעְיָן וָנָחַל אַתָּה הוֹבַשְׁתָּ נַהֲרוֹת אֵיתָן: לְךָ יוֹם
אַף־לְךָ לָיְלָה אַתָּה הֲכִינוֹתָ מָאוֹר וָשָׁמֶשׁ: אַתָּה הִצַּבְתָּ כָּל־גְּבוּלוֹת אָרֶץ
קַיִץ וָחֹרֶף אַתָּה יְצַרְתָּם: זְכָר־זֹאת אוֹיֵב חֵרֵף ׀ יהוה וְעַם־נָבָל נִאֲצוּ שְׁמֶךָ:
אַל־תִּתֵּן לְחַיַּת נֶפֶשׁ תּוֹרֶךָ חַיַּת עֲנִיֶּיךָ אַל־תִּשְׁכַּח לָנֶצַח: הַבֵּט לַבְּרִית כִּי־
מָלְאוּ מַחֲשַׁכֵּי־אֶרֶץ נְאוֹת חָמָס: אַל־יָשֹׁב דַּךְ נִכְלָם עָנִי וְאֶבְיוֹן יְהַלְלוּ שְׁמֶךָ:
קוּמָה אֱלֹהִים רִיבָה רִיבֶךָ זְכֹר חֶרְפָּתְךָ מִנִּי־נָבָל כָּל־הַיּוֹם: אַל־תִּשְׁכַּח קוֹל
צֹרְרֶיךָ שְׁאוֹן קָמֶיךָ עֹלֶה תָמִיד:
עה לַמְנַצֵּחַ אַל־תַּשְׁחֵת מִזְמוֹר לְאָסָף שִׁיר: הוֹדִינוּ לְּךָ ׀ אֱלֹהִים הוֹדִינוּ וְקָרוֹב
שְׁמֶךָ סִפְּרוּ נִפְלְאוֹתֶיךָ: כִּי אֶקַּח מוֹעֵד אֲנִי מֵישָׁרִים אֶשְׁפֹּט: נְמֹגִים אֶרֶץ
וְכָל־יֹשְׁבֶיהָ אָנֹכִי תִכַּנְתִּי עַמּוּדֶיהָ סֶּלָה: אָמַרְתִּי לַהוֹלְלִים אַל־תָּהֹלּוּ וְלָרְשָׁעִים
אַל־תָּרִימוּ קָרֶן: אַל־תָּרִימוּ לַמָּרוֹם קַרְנְכֶם תְּדַבְּרוּ בְצַוָּאר עָתָק: כִּי לֹא
מִמּוֹצָא וּמִמַּעֲרָב וְלֹא מִמִּדְבַּר הָרִים: כִּי־אֱלֹהִים שֹׁפֵט זֶה יַשְׁפִּיל וְזֶה יָרִים:
כִּי כוֹס בְּיַד־יהוה וְיַיִן חָמַר ׀ מָלֵא מֶסֶךְ וַיַּגֵּר מִזֶּה אַךְ־שְׁמָרֶיהָ יִמְצוּ יִשְׁתּוּ
כֹּל רִשְׁעֵי־אָרֶץ: וַאֲנִי אַגִּיד לְעֹלָם אֲזַמְּרָה לֵאלֹהֵי יַעֲקֹב: וְכָל־קַרְנֵי רְשָׁעִים
אֲגַדֵּעַ תְּרוֹמַמְנָה קַרְנוֹת צַדִּיק:
עו לַמְנַצֵּחַ בִּנְגִינֹת מִזְמוֹר לְאָסָף שִׁיר: נוֹדָע בִּיהוּדָה אֱלֹהִים בְּיִשְׂרָאֵל גָּדוֹל
שְׁמוֹ: וַיְהִי בְשָׁלֵם סֻכּוֹ וּמְעוֹנָתוֹ בְצִיּוֹן: שָׁמָּה שִׁבַּר רִשְׁפֵי־קָשֶׁת מָגֵן וְחֶרֶב
וּמִלְחָמָה סֶלָה: נָאוֹר אַתָּה אַדִּיר מֵהַרְרֵי־טָרֶף: אֶשְׁתּוֹלְלוּ ׀ אַבִּירֵי לֵב נָמוּ
שְׁנָתָם וְלֹא־מָצְאוּ כָל־אַנְשֵׁי־חַיִל יְדֵיהֶם: מִגַּעֲרָתְךָ אֱלֹהֵי יַעֲקֹב נִרְדָּם וְרֶכֶב

וָסוּס׃ אַתָּה ׀ נוֹרָא אַתָּה וּמִי־יַעֲמֹד לְפָנֶיךָ מֵאָז אַפֶּךָ׃ מִשָּׁמַיִם הִשְׁמַעְתָּ דִּין
אֶרֶץ יָרְאָה וְשָׁקָטָה׃ בְּקוּם־לַמִּשְׁפָּט אֱלֹהִים לְהוֹשִׁיעַ כָּל־עַנְוֵי־אֶרֶץ סֶלָה׃
כִּי־חֲמַת אָדָם תּוֹדֶךָּ שְׁאֵרִית חֵמֹת תַּחְגֹּר׃ נִדְרוּ וְשַׁלְּמוּ לַיהוָה אֱלֹהֵיכֶם כָּל־
סְבִיבָיו יֹבִילוּ שַׁי לַמּוֹרָא׃ יִבְצֹר רוּחַ נְגִידִים נוֹרָא לְמַלְכֵי־אָרֶץ׃
*עז לַמְנַצֵּחַ עַל־יְדִיתוּן לְאָסָף מִזְמוֹר׃ קוֹלִי אֶל־אֱלֹהִים וְאֶצְעָקָה קוֹלִי אֶל־אֱלֹהִים יְדוּתוּן
וְהַאֲזִין אֵלָי׃ בְּיוֹם צָרָתִי אֲדֹנָי דָּרָשְׁתִּי יָדִי ׀ לַיְלָה נִגְּרָה וְלֹא תָפוּג מֵאֲנָה
הִנָּחֵם נַפְשִׁי׃ אֶזְכְּרָה אֱלֹהִים וְאֶהֱמָיָה אָשִׂיחָה ׀ וְתִתְעַטֵּף רוּחִי סֶלָה׃ אָחַזְתָּ
שְׁמֻרוֹת עֵינָי נִפְעַמְתִּי וְלֹא אֲדַבֵּר׃ חִשַּׁבְתִּי יָמִים מִקֶּדֶם שְׁנוֹת עוֹלָמִים׃
אֶזְכְּרָה נְגִינָתִי בַּלָּיְלָה עִם־לְבָבִי אָשִׂיחָה וַיְחַפֵּשׂ רוּחִי׃ הַלְעוֹלָמִים יִזְנַח ׀
אֲדֹנָי וְלֹא־יֹסִיף לִרְצוֹת עוֹד׃ הֶאָפֵס לָנֶצַח חַסְדּוֹ גָּמַר אֹמֶר לְדֹר וָדֹר׃ הֲשָׁכַח
חַנּוֹת אֵל אִם־קָפַץ בְּאַף רַחֲמָיו סֶלָה׃ וָאֹמַר חַלּוֹתִי הִיא שְׁנוֹת יְמִין עֶלְיוֹן׃
אזכיר מַעַלְלֵי־יָהּ כִּי־אֶזְכְּרָה מִקֶּדֶם פִּלְאֶךָ׃ וְהָגִיתִי בְכָל־פָּעֳלֶךָ וּבַעֲלִילוֹתֶיךָ אֶזְכּוֹר
אָשִׂיחָה׃ אֱלֹהִים בַּקֹּדֶשׁ דַּרְכֶּךָ מִי־אֵל גָּדוֹל כֵּאלֹהִים׃ אַתָּה הָאֵל עֹשֵׂה
פֶלֶא הוֹדַעְתָּ בָעַמִּים עֻזֶּךָ׃ גָּאַלְתָּ בִּזְרוֹעַ עַמֶּךָ בְּנֵי־יַעֲקֹב וְיוֹסֵף סֶלָה׃ רָאוּךָ
מַּיִם ׀ אֱלֹהִים רָאוּךָ מַּיִם יָחִילוּ אַף יִרְגְּזוּ תְהֹמוֹת׃ זֹרְמוּ מַיִם ׀ עָבוֹת קוֹל נָתְנוּ
שְׁחָקִים אַף־חֲצָצֶיךָ יִתְהַלָּכוּ׃ קוֹל רַעַמְךָ ׀ בַּגַּלְגַּל הֵאִירוּ בְרָקִים תֵּבֵל רָגְזָה
וַתִּרְעַשׁ הָאָרֶץ׃ בַּיָּם דַּרְכֶּךָ ושביליך בְּמַיִם רַבִּים וְעִקְּבוֹתֶיךָ לֹא נֹדָעוּ׃ נָחִיתָ וּשְׁבִילְךָ
כַצֹּאן עַמֶּךָ בְּיַד־מֹשֶׁה וְאַהֲרֹן׃
עח מַשְׂכִּיל לְאָסָף הַאֲזִינָה עַמִּי תּוֹרָתִי הַטּוּ אָזְנְכֶם לְאִמְרֵי־פִי׃ אֶפְתְּחָה בְמָשָׁל
פִּי אַבִּיעָה חִידוֹת מִנִּי־קֶדֶם׃ אֲשֶׁר שָׁמַעְנוּ וַנֵּדָעֵם וַאֲבוֹתֵינוּ סִפְּרוּ־לָנוּ׃ לֹא
נְכַחֵד ׀ מִבְּנֵיהֶם לְדוֹר אַחֲרוֹן מְסַפְּרִים תְּהִלּוֹת יְהוָה וֶעֱזוּזוֹ וְנִפְלְאוֹתָיו אֲשֶׁר
עָשָׂה׃ וַיָּקֶם עֵדוּת ׀ בְּיַעֲקֹב וְתוֹרָה שָׂם בְּיִשְׂרָאֵל אֲשֶׁר צִוָּה אֶת־אֲבוֹתֵינוּ
לְהוֹדִיעָם לִבְנֵיהֶם׃ לְמַעַן יֵדְעוּ ׀ דּוֹר אַחֲרוֹן בָּנִים יִוָּלֵדוּ יָקֻמוּ וִיסַפְּרוּ לִבְנֵיהֶם׃
וְיָשִׂימוּ בֵאלֹהִים כִּסְלָם וְלֹא יִשְׁכְּחוּ מַעַלְלֵי־אֵל וּמִצְוֺתָיו יִנְצֹרוּ׃ וְלֹא יִהְיוּ ׀
כַּאֲבוֹתָם דּוֹר סוֹרֵר וּמֹרֶה דּוֹר לֹא־הֵכִין לִבּוֹ וְלֹא־נֶאֶמְנָה אֶת־אֵל רוּחוֹ׃
בְּנֵי־אֶפְרַיִם נוֹשְׁקֵי רוֹמֵי־קָשֶׁת הָפְכוּ בְּיוֹם קְרָב׃ לֹא שָׁמְרוּ בְּרִית אֱלֹהִים
וּבְתוֹרָתוֹ מֵאֲנוּ לָלֶכֶת׃ וַיִּשְׁכְּחוּ עֲלִילוֹתָיו וְנִפְלְאוֹתָיו אֲשֶׁר הֶרְאָם׃ נֶגֶד
אֲבוֹתָם עָשָׂה פֶלֶא בְּאֶרֶץ מִצְרַיִם שְׂדֵה־צֹעַן׃ בָּקַע יָם וַיַּעֲבִירֵם וַיַּצֶּב־מַיִם
כְּמוֹ־נֵד׃ וַיַּנְחֵם בֶּעָנָן יוֹמָם וְכָל־הַלַּיְלָה בְּאוֹר אֵשׁ׃ יְבַקַּע צֻרִים בַּמִּדְבָּר

*טו לחודש

וַיַּשְׁקְ כִּתְהֹמוֹת רַבָּה: וַיּוֹצִא נוֹזְלִים מִסָּלַע וַיּוֹרֶד כַּנְּהָרוֹת מָיִם: וַיּוֹסִיפוּ עוֹד לַחֲטֹא־לוֹ לַמְרוֹת עֶלְיוֹן בַּצִּיָּה: וַיְנַסּוּ־אֵל בִּלְבָבָם לִשְׁאָל־אֹכֶל לְנַפְשָׁם: וַיְדַבְּרוּ בֵּאלֹהִים אָמְרוּ הֲיוּכַל אֵל לַעֲרֹךְ שֻׁלְחָן בַּמִּדְבָּר: הֵן הִכָּה־צוּר ׀ וַיָּזוּבוּ מַיִם וּנְחָלִים יִשְׁטֹפוּ הֲגַם־לֶחֶם יוּכַל תֵּת אִם־יָכִין שְׁאֵר לְעַמּוֹ: לָכֵן ׀ שָׁמַע יהוה וַיִּתְעַבָּר וְאֵשׁ נִשְּׂקָה בְיַעֲקֹב וְגַם־אַף עָלָה בְיִשְׂרָאֵל: כִּי לֹא הֶאֱמִינוּ בֵּאלֹהִים וְלֹא בָטְחוּ בִּישׁוּעָתוֹ: וַיְצַו שְׁחָקִים מִמָּעַל וְדַלְתֵי שָׁמַיִם פָּתָח: וַיַּמְטֵר עֲלֵיהֶם מָן לֶאֱכֹל וּדְגַן־שָׁמַיִם נָתַן לָמוֹ: לֶחֶם אַבִּירִים אָכַל אִישׁ צֵידָה שָׁלַח לָהֶם לָשֹׂבַע: יַסַּע קָדִים בַּשָּׁמָיִם וַיְנַהֵג בְּעֻזּוֹ תֵימָן: וַיַּמְטֵר עֲלֵיהֶם כֶּעָפָר שְׁאֵר וּכְחוֹל יַמִּים עוֹף כָּנָף: וַיַּפֵּל בְּקֶרֶב מַחֲנֵהוּ סָבִיב לְמִשְׁכְּנֹתָיו: וַיֹּאכְלוּ וַיִּשְׂבְּעוּ מְאֹד וְתַאֲוָתָם יָבִא לָהֶם: לֹא־זָרוּ מִתַּאֲוָתָם עוֹד אָכְלָם בְּפִיהֶם: וְאַף אֱלֹהִים ׀ עָלָה בָהֶם וַיַּהֲרֹג בְּמִשְׁמַנֵּיהֶם וּבַחוּרֵי יִשְׂרָאֵל הִכְרִיעַ: בְּכָל־זֹאת חָטְאוּ־עוֹד וְלֹא הֶאֱמִינוּ בְּנִפְלְאוֹתָיו: וַיְכַל־בַּהֶבֶל יְמֵיהֶם וּשְׁנוֹתָם בַּבֶּהָלָה: אִם־הֲרָגָם וּדְרָשׁוּהוּ וְשָׁבוּ וְשִׁחֲרוּ־אֵל: וַיִּזְכְּרוּ כִּי־אֱלֹהִים צוּרָם וְאֵל עֶלְיוֹן גֹּאֲלָם: וַיְפַתּוּהוּ בְּפִיהֶם וּבִלְשׁוֹנָם יְכַזְּבוּ־לוֹ: וְלִבָּם לֹא־נָכוֹן עִמּוֹ וְלֹא נֶאֶמְנוּ בִּבְרִיתוֹ: וְהוּא רַחוּם ׀ יְכַפֵּר עָוֹן וְלֹא־יַשְׁחִית וְהִרְבָּה לְהָשִׁיב אַפּוֹ וְלֹא־יָעִיר כָּל־חֲמָתוֹ: וַיִּזְכֹּר כִּי־בָשָׂר הֵמָּה רוּחַ הוֹלֵךְ וְלֹא יָשׁוּב: כַּמָּה יַמְרוּהוּ בַמִּדְבָּר יַעֲצִיבוּהוּ בִּישִׁימוֹן: וַיָּשׁוּבוּ וַיְנַסּוּ אֵל וּקְדוֹשׁ יִשְׂרָאֵל הִתְווּ: לֹא־זָכְרוּ אֶת־יָדוֹ יוֹם אֲשֶׁר־פָּדָם מִנִּי־צָר: אֲשֶׁר־שָׂם בְּמִצְרַיִם אֹתוֹתָיו וּמוֹפְתָיו בִּשְׂדֵה־צֹעַן: וַיַּהֲפֹךְ לְדָם יְאֹרֵיהֶם וְנֹזְלֵיהֶם בַּל־יִשְׁתָּיוּן: יְשַׁלַּח בָּהֶם עָרֹב וַיֹּאכְלֵם וּצְפַרְדֵּעַ וַתַּשְׁחִיתֵם: וַיִּתֵּן לֶחָסִיל יְבוּלָם וִיגִיעָם לָאַרְבֶּה: יַהֲרֹג בַּבָּרָד גַּפְנָם וְשִׁקְמוֹתָם בַּחֲנָמַל: וַיַּסְגֵּר לַבָּרָד בְּעִירָם וּמִקְנֵיהֶם לָרְשָׁפִים: יְשַׁלַּח־בָּם ׀ חֲרוֹן אַפּוֹ עֶבְרָה וָזַעַם וְצָרָה מִשְׁלַחַת מַלְאֲכֵי רָעִים: יְפַלֵּס נָתִיב לְאַפּוֹ לֹא־חָשַׂךְ מִמָּוֶת נַפְשָׁם וְחַיָּתָם לַדֶּבֶר הִסְגִּיר: וַיַּךְ כָּל־בְּכוֹר בְּמִצְרָיִם רֵאשִׁית אוֹנִים בְּאָהֳלֵי־חָם: וַיַּסַּע כַּצֹּאן עַמּוֹ וַיְנַהֲגֵם כַּעֵדֶר בַּמִּדְבָּר: וַיַּנְחֵם לָבֶטַח וְלֹא פָחָדוּ וְאֶת־אוֹיְבֵיהֶם כִּסָּה הַיָּם: וַיְבִיאֵם אֶל־גְּבוּל קָדְשׁוֹ הַר־זֶה קָנְתָה יְמִינוֹ: וַיְגָרֶשׁ מִפְּנֵיהֶם ׀ גּוֹיִם וַיַּפִּילֵם בְּחֶבֶל נַחֲלָה וַיַּשְׁכֵּן בְּאָהֳלֵיהֶם שִׁבְטֵי יִשְׂרָאֵל: וַיְנַסּוּ וַיַּמְרוּ אֶת־אֱלֹהִים עֶלְיוֹן וְעֵדוֹתָיו לֹא שָׁמָרוּ: וַיִּסֹּגוּ וַיִּבְגְּדוּ כַּאֲבוֹתָם נֶהְפְּכוּ כְּקֶשֶׁת רְמִיָּה: וַיַּכְעִיסוּהוּ בְּבָמוֹתָם וּבִפְסִילֵיהֶם יַקְנִיאוּהוּ: שָׁמַע אֱלֹהִים וַיִּתְעַבָּר וַיִּמְאַס מְאֹד בְּיִשְׂרָאֵל: וַיִּטֹּשׁ מִשְׁכַּן שִׁלוֹ

אֹהֶל שִׁכֵּן בָּאָדָם: וַיִּתֵּן לַשְּׁבִי עֻזּוֹ וְתִפְאַרְתּוֹ בְיַד־צָר: וַיַּסְגֵּר לַחֶרֶב עַמּוֹ
וּבְנַחֲלָתוֹ הִתְעַבָּר: בַּחוּרָיו אָכְלָה־אֵשׁ וּבְתוּלֹתָיו לֹא הוּלָּלוּ: כֹּהֲנָיו בַּחֶרֶב
נָפָלוּ וְאַלְמְנֹתָיו לֹא תִבְכֶּינָה: וַיִּקַץ כְּיָשֵׁן ׀ אֲדֹנָי כְּגִבּוֹר מִתְרוֹנֵן מִיָּיִן: וַיַּךְ־
צָרָיו אָחוֹר חֶרְפַּת עוֹלָם נָתַן לָמוֹ: וַיִּמְאַס בְּאֹהֶל יוֹסֵף וּבְשֵׁבֶט אֶפְרַיִם לֹא
בָחָר: וַיִּבְחַר אֶת־שֵׁבֶט יְהוּדָה אֶת־הַר צִיּוֹן אֲשֶׁר אָהֵב: וַיִּבֶן כְּמוֹ־רָמִים
מִקְדָּשׁוֹ כְּאֶרֶץ יְסָדָהּ לְעוֹלָם: וַיִּבְחַר בְּדָוִד עַבְדּוֹ וַיִּקָּחֵהוּ מִמִּכְלְאֹת צֹאן:
מֵאַחַר עָלוֹת הֱבִיאוֹ לִרְעוֹת בְּיַעֲקֹב עַמּוֹ וּבְיִשְׂרָאֵל נַחֲלָתוֹ: וַיִּרְעֵם כְּתֹם
לְבָבוֹ וּבִתְבוּנוֹת כַּפָּיו יַנְחֵם:
*עט מִזְמוֹר לְאָסָף אֱלֹהִים בָּאוּ גוֹיִם ׀ בְּנַחֲלָתֶךָ טִמְּאוּ אֶת־הֵיכַל קָדְשֶׁךָ שָׂמוּ
אֶת־יְרוּשָׁלִַם לְעִיִּים: נָתְנוּ אֶת־נִבְלַת עֲבָדֶיךָ מַאֲכָל לְעוֹף הַשָּׁמָיִם בְּשַׂר
חֲסִידֶיךָ לְחַיְתוֹ־אָרֶץ: שָׁפְכוּ דָמָם ׀ כַּמַּיִם סְבִיבוֹת יְרוּשָׁלִָם וְאֵין קוֹבֵר: הָיִינוּ
חֶרְפָּה לִשְׁכֵנֵינוּ לַעַג וָקֶלֶס לִסְבִיבוֹתֵינוּ: עַד־מָה יְהוָה תֶּאֱנַף לָנֶצַח תִּבְעַר
כְּמוֹ־אֵשׁ קִנְאָתֶךָ: שְׁפֹךְ חֲמָתְךָ ׀ אֶל־הַגּוֹיִם אֲשֶׁר לֹא־יְדָעוּךָ וְעַל מַמְלָכוֹת
אֲשֶׁר בְּשִׁמְךָ לֹא קָרָאוּ: כִּי אָכַל אֶת־יַעֲקֹב וְאֶת־נָוֵהוּ הֵשַׁמּוּ: אַל־תִּזְכָּר־לָנוּ
עֲוֺנֹת רִאשֹׁנִים מַהֵר יְקַדְּמוּנוּ רַחֲמֶיךָ כִּי דַלּוֹנוּ מְאֹד: עָזְרֵנוּ ׀ אֱלֹהֵי יִשְׁעֵנוּ
עַל־דְּבַר כְּבוֹד־שְׁמֶךָ וְהַצִּילֵנוּ וְכַפֵּר עַל־חַטֹּאתֵינוּ לְמַעַן שְׁמֶךָ: לָמָּה ׀ יֹאמְרוּ
הַגּוֹיִם אַיֵּה אֱלֹהֵיהֶם יִוָּדַע בגיים לְעֵינֵינוּ נִקְמַת דַּם־עֲבָדֶיךָ הַשָּׁפוּךְ: תָּבוֹא בַּגּוֹיִם
לְפָנֶיךָ אֶנְקַת אָסִיר כְּגֹדֶל זְרוֹעֲךָ הוֹתֵר בְּנֵי תְמוּתָה: וְהָשֵׁב לִשְׁכֵנֵינוּ שִׁבְעָתַיִם
אֶל־חֵיקָם חֶרְפָּתָם אֲשֶׁר חֵרְפוּךָ אֲדֹנָי: וַאֲנַחְנוּ עַמְּךָ ׀ וְצֹאן מַרְעִיתֶךָ נוֹדֶה
לְּךָ לְעוֹלָם לְדֹר וָדֹר נְסַפֵּר תְּהִלָּתֶךָ:
פ לַמְנַצֵּחַ אֶל־שֹׁשַׁנִּים עֵדוּת לְאָסָף מִזְמוֹר: רֹעֵה יִשְׂרָאֵל ׀ הַאֲזִינָה נֹהֵג כַּצֹּאן
יוֹסֵף יֹשֵׁב הַכְּרוּבִים הוֹפִיעָה: לִפְנֵי אֶפְרַיִם ׀ וּבִנְיָמִן וּמְנַשֶּׁה עוֹרְרָה אֶת־
גְּבוּרָתֶךָ וּלְכָה לִישֻׁעָתָה לָּנוּ: אֱלֹהִים הֲשִׁיבֵנוּ וְהָאֵר פָּנֶיךָ וְנִוָּשֵׁעָה: יְהוָה
אֱלֹהִים צְבָאוֹת עַד־מָתַי עָשַׁנְתָּ בִּתְפִלַּת עַמֶּךָ: הֶאֱכַלְתָּם לֶחֶם דִּמְעָה
וַתַּשְׁקֵמוֹ בִּדְמָעוֹת שָׁלִישׁ: תְּשִׂימֵנוּ מָדוֹן לִשְׁכֵנֵינוּ וְאֹיְבֵינוּ יִלְעֲגוּ־לָמוֹ: אֱלֹהִים
צְבָאוֹת הֲשִׁיבֵנוּ וְהָאֵר פָּנֶיךָ וְנִוָּשֵׁעָה: גֶּפֶן מִמִּצְרַיִם תַּסִּיעַ תְּגָרֵשׁ גּוֹיִם וַתִּטָּעֶהָ:
פִּנִּיתָ לְפָנֶיהָ וַתַּשְׁרֵשׁ שָׁרָשֶׁיהָ וַתְּמַלֵּא־אָרֶץ: כָּסּוּ הָרִים צִלָּהּ וַעֲנָפֶיהָ אַרְזֵי־
אֵל: תְּשַׁלַּח קְצִירֶהָ עַד־יָם וְאֶל־נָהָר יוֹנְקוֹתֶיהָ: לָמָּה פָּרַצְתָּ גְדֵרֶיהָ וְאָרוּהָ
כָּל־עֹבְרֵי דָרֶךְ: יְכַרְסְמֶנָּה חֲזִיר מִיָּעַר וְזִיז שָׂדַי יִרְעֶנָּה: אֱלֹהִים צְבָאוֹת שׁוּב

*טז לחודש

נָא הַבֵּט מִשָּׁמַיִם וּרְאֵה וּפְקֹד גֶּפֶן זֹאת: וְכַנָּה אֲשֶׁר־נָטְעָה יְמִינֶךָ וְעַל־בֵּן
אִמַּצְתָּה לָּךְ: שְׂרֻפָה בָאֵשׁ כְּסוּחָה מִגַּעֲרַת פָּנֶיךָ יֹאבֵדוּ: תְּהִי־יָדְךָ עַל־אִישׁ
יְמִינֶךָ עַל־בֶּן־אָדָם אִמַּצְתָּ לָּךְ: וְלֹא־נָסוֹג מִמֶּךָּ תְּחַיֵּנוּ וּבְשִׁמְךָ נִקְרָא: יְהוָה
אֱלֹהִים צְבָאוֹת הֲשִׁיבֵנוּ הָאֵר פָּנֶיךָ וְנִוָּשֵׁעָה:
פא לַמְנַצֵּחַ ׀ עַל־הַגִּתִּית לְאָסָף: הַרְנִינוּ לֵאלֹהִים עוּזֵּנוּ הָרִיעוּ לֵאלֹהֵי יַעֲקֹב:
שְׂאוּ־זִמְרָה וּתְנוּ־תֹף כִּנּוֹר נָעִים עִם־נָבֶל: תִּקְעוּ בַחֹדֶשׁ שׁוֹפָר בַּכֵּסֶה לְיוֹם
חַגֵּנוּ: כִּי חֹק לְיִשְׂרָאֵל הוּא מִשְׁפָּט לֵאלֹהֵי יַעֲקֹב: עֵדוּת ׀ בִּיהוֹסֵף שָׂמוֹ בְּצֵאתוֹ
עַל־אֶרֶץ מִצְרָיִם שְׂפַת לֹא־יָדַעְתִּי אֶשְׁמָע: הֲסִירוֹתִי מִסֵּבֶל שִׁכְמוֹ כַּפָּיו מִדּוּד
תַּעֲבֹרְנָה: בַּצָּרָה קָרָאתָ וָאֲחַלְּצֶךָּ אֶעֶנְךָ בְּסֵתֶר רַעַם אֶבְחָנְךָ עַל־מֵי מְרִיבָה
סֶלָה: שְׁמַע עַמִּי וְאָעִידָה בָּךְ יִשְׂרָאֵל אִם־תִּשְׁמַע־לִי: לֹא־יִהְיֶה בְךָ אֵל זָר וְלֹא
תִשְׁתַּחֲוֶה לְאֵל נֵכָר: אָנֹכִי ׀ יְהוָה אֱלֹהֶיךָ הַמַּעַלְךָ מֵאֶרֶץ מִצְרָיִם הַרְחֶב־פִּיךָ
וַאֲמַלְאֵהוּ: וְלֹא־שָׁמַע עַמִּי לְקוֹלִי וְיִשְׂרָאֵל לֹא־אָבָה לִי: וָאֲשַׁלְּחֵהוּ בִּשְׁרִירוּת
לִבָּם יֵלְכוּ בְּמוֹעֲצוֹתֵיהֶם: לוּ עַמִּי שֹׁמֵעַ לִי יִשְׂרָאֵל בִּדְרָכַי יְהַלֵּכוּ: כִּמְעַט
אוֹיְבֵיהֶם אַכְנִיעַ וְעַל־צָרֵיהֶם אָשִׁיב יָדִי: מְשַׂנְאֵי יְהוָה יְכַחֲשׁוּ־לוֹ וִיהִי עִתָּם
לְעוֹלָם: וַיַּאֲכִילֵהוּ מֵחֵלֶב חִטָּה וּמִצּוּר דְּבַשׁ אַשְׂבִּיעֶךָ:
פב מִזְמוֹר לְאָסָף אֱלֹהִים נִצָּב בַּעֲדַת־אֵל בְּקֶרֶב אֱלֹהִים יִשְׁפֹּט: עַד־מָתַי תִּשְׁפְּטוּ־
עָוֶל וּפְנֵי רְשָׁעִים תִּשְׂאוּ־סֶלָה: שִׁפְטוּ־דַל וְיָתוֹם עָנִי וָרָשׁ הַצְדִּיקוּ: פַּלְּטוּ־דַל
וְאֶבְיוֹן מִיַּד רְשָׁעִים הַצִּילוּ: לֹא יָדְעוּ ׀ וְלֹא יָבִינוּ בַּחֲשֵׁכָה יִתְהַלָּכוּ יִמּוֹטוּ
כָּל־מוֹסְדֵי אָרֶץ: אֲנִי־אָמַרְתִּי אֱלֹהִים אַתֶּם וּבְנֵי עֶלְיוֹן כֻּלְּכֶם: אָכֵן כְּאָדָם
תְּמוּתוּן וּכְאַחַד הַשָּׂרִים תִּפֹּלוּ: קוּמָה אֱלֹהִים שָׁפְטָה הָאָרֶץ כִּי־אַתָּה תִנְחַל
בְּכָל־הַגּוֹיִם:
פג* שִׁיר מִזְמוֹר לְאָסָף: אֱלֹהִים אַל־דֳּמִי־לָךְ אַל־תֶּחֱרַשׁ וְאַל־תִּשְׁקֹט אֵל: כִּי־
הִנֵּה אוֹיְבֶיךָ יֶהֱמָיוּן וּמְשַׂנְאֶיךָ נָשְׂאוּ רֹאשׁ: עַל־עַמְּךָ יַעֲרִימוּ סוֹד וְיִתְיָעֲצוּ
עַל־צְפוּנֶיךָ: אָמְרוּ לְכוּ וְנַכְחִידֵם מִגּוֹי וְלֹא־יִזָּכֵר שֵׁם־יִשְׂרָאֵל עוֹד: כִּי נוֹעֲצוּ
לֵב יַחְדָּו עָלֶיךָ בְּרִית יִכְרֹתוּ: אָהֳלֵי אֱדוֹם וְיִשְׁמְעֵאלִים מוֹאָב וְהַגְרִים: גְּבָל
וְעַמּוֹן וַעֲמָלֵק פְּלֶשֶׁת עִם־יֹשְׁבֵי צוֹר: גַּם־אַשּׁוּר נִלְוָה עִמָּם הָיוּ זְרוֹעַ לִבְנֵי־
לוֹט סֶלָה: עֲשֵׂה־לָהֶם כְּמִדְיָן כְּסִיסְרָא כְיָבִין בְּנַחַל קִישׁוֹן: נִשְׁמְדוּ בְעֵין־דֹּאר
הָיוּ דֹּמֶן לָאֲדָמָה: שִׁיתֵמוֹ נְדִיבֵמוֹ כְּעֹרֵב וְכִזְאֵב וּכְזֶבַח וּכְצַלְמֻנָּע כָּל־נְסִיכֵמוֹ:
אֲשֶׁר אָמְרוּ נִירֲשָׁה לָּנוּ אֵת נְאוֹת אֱלֹהִים: אֱלֹהַי שִׁיתֵמוֹ כַגַּלְגַּל כְּקַשׁ לִפְנֵי־

*יז לחודש

רוּחַ: כְּאֵשׁ תִּבְעַר־יָעַר וּכְלֶהָבָה תְּלַהֵט הָרִים: כֵּן תִּרְדְּפֵם בְּסַעֲרֶךָ וּבְסוּפָתְךָ
תְבַהֲלֵם: מַלֵּא פְנֵיהֶם קָלוֹן וִיבַקְשׁוּ שִׁמְךָ יהוה: יֵבֹשׁוּ וְיִבָּהֲלוּ עֲדֵי־עַד וְיַחְפְּרוּ
וְיֹאבֵדוּ: וְיֵדְעוּ כִּי־אַתָּה שִׁמְךָ יהוה לְבַדֶּךָ עֶלְיוֹן עַל־כָּל־הָאָרֶץ:
פד לַמְנַצֵּחַ עַל־הַגִּתִּית לִבְנֵי־קֹרַח מִזְמוֹר: מַה־יְּדִידוֹת מִשְׁכְּנוֹתֶיךָ יהוה צְבָאוֹת:
נִכְסְפָה וְגַם־כָּלְתָה ׀ נַפְשִׁי לְחַצְרוֹת יהוה לִבִּי וּבְשָׂרִי יְרַנְּנוּ אֶל אֵל־חָי: גַּם־
צִפּוֹר ׀ מָצְאָה בַיִת וּדְרוֹר ׀ קֵן ׀ לָהּ אֲשֶׁר־שָׁתָה אֶפְרֹחֶיהָ אֶת־מִזְבְּחוֹתֶיךָ
יהוה צְבָאוֹת מַלְכִּי וֵאלֹהָי: אַשְׁרֵי יוֹשְׁבֵי בֵיתֶךָ עוֹד יְהַלְלוּךָ סֶּלָה: אַשְׁרֵי אָדָם
עוֹז־לוֹ בָךְ מְסִלּוֹת בִּלְבָבָם: עֹבְרֵי ׀ בְּעֵמֶק הַבָּכָא מַעְיָן יְשִׁיתוּהוּ גַּם־בְּרָכוֹת
יַעְטֶה מוֹרֶה: יֵלְכוּ מֵחַיִל אֶל־חָיִל יֵרָאֶה אֶל־אֱלֹהִים בְּצִיּוֹן: יהוה אֱלֹהִים
צְבָאוֹת שִׁמְעָה תְפִלָּתִי הַאֲזִינָה אֱלֹהֵי יַעֲקֹב סֶלָה: מָגִנֵּנוּ רְאֵה אֱלֹהִים וְהַבֵּט
פְּנֵי מְשִׁיחֶךָ: כִּי טוֹב־יוֹם בַּחֲצֵרֶיךָ מֵאָלֶף בָּחַרְתִּי הִסְתּוֹפֵף בְּבֵית אֱלֹהַי מִדּוּר
בְּאָהֳלֵי־רֶשַׁע: כִּי שֶׁמֶשׁ ׀ וּמָגֵן יהוה אֱלֹהִים חֵן וְכָבוֹד יִתֵּן יהוה לֹא יִמְנַע־טוֹב
לַהֹלְכִים בְּתָמִים: יהוה צְבָאוֹת אַשְׁרֵי אָדָם בֹּטֵחַ בָּךְ:
פה לַמְנַצֵּחַ לִבְנֵי־קֹרַח מִזְמוֹר: רָצִיתָ יהוה אַרְצֶךָ שַׁבְתָּ שבות יַעֲקֹב: נָשָׂאתָ שְׁבִית
עֲוֺן עַמֶּךָ כִּסִּיתָ כָל־חַטָּאתָם סֶלָה: אָסַפְתָּ כָל־עֶבְרָתֶךָ הֱשִׁיבוֹתָ מֵחֲרוֹן
אַפֶּךָ: שׁוּבֵנוּ אֱלֹהֵי יִשְׁעֵנוּ וְהָפֵר כַּעַסְךָ עִמָּנוּ: הַלְעוֹלָם תֶּאֱנַף־בָּנוּ תִּמְשֹׁךְ
אַפְּךָ לְדֹר וָדֹר: הֲלֹא־אַתָּה תָּשׁוּב תְּחַיֵּנוּ וְעַמְּךָ יִשְׂמְחוּ־בָךְ: הַרְאֵנוּ יהוה
חַסְדֶּךָ וְיֶשְׁעֲךָ תִּתֶּן־לָנוּ: אֶשְׁמְעָה מַה־יְדַבֵּר הָאֵל ׀ יהוה כִּי ׀ יְדַבֵּר שָׁלוֹם
אֶל־עַמּוֹ וְאֶל־חֲסִידָיו וְאַל־יָשׁוּבוּ לְכִסְלָה: אַךְ קָרוֹב לִירֵאָיו יִשְׁעוֹ לִשְׁכֹּן
כָּבוֹד בְּאַרְצֵנוּ: חֶסֶד־וֶאֱמֶת נִפְגָּשׁוּ צֶדֶק וְשָׁלוֹם נָשָׁקוּ: אֱמֶת מֵאֶרֶץ תִּצְמָח
וְצֶדֶק מִשָּׁמַיִם נִשְׁקָף: גַּם־יהוה יִתֵּן הַטּוֹב וְאַרְצֵנוּ תִּתֵּן יְבוּלָהּ: צֶדֶק לְפָנָיו
יְהַלֵּךְ וְיָשֵׂם לְדֶרֶךְ פְּעָמָיו:
פו תְּפִלָּה לְדָוִד הַטֵּה־יהוה אָזְנְךָ עֲנֵנִי כִּי־עָנִי וְאֶבְיוֹן אָנִי: שָׁמְרָה נַפְשִׁי כִּי־
חָסִיד אָנִי הוֹשַׁע עַבְדְּךָ אַתָּה אֱלֹהַי הַבּוֹטֵחַ אֵלֶיךָ: חָנֵּנִי אֲדֹנָי כִּי־אֵלֶיךָ
אֶקְרָא כָּל־הַיּוֹם: שַׂמֵּחַ נֶפֶשׁ עַבְדֶּךָ כִּי־אֵלֶיךָ אֲדֹנָי נַפְשִׁי אֶשָּׂא: כִּי־אַתָּה
אֲדֹנָי טוֹב וְסַלָּח וְרַב־חֶסֶד לְכָל־קֹרְאֶיךָ: הַאֲזִינָה יהוה תְּפִלָּתִי וְהַקְשִׁיבָה
בְּקוֹל תַּחֲנוּנוֹתָי: בְּיוֹם צָרָתִי אֶקְרָאֶךָּ כִּי תַעֲנֵנִי: אֵין־כָּמוֹךָ בָאֱלֹהִים ׀ אֲדֹנָי
וְאֵין כְּמַעֲשֶׂיךָ: כָּל־גּוֹיִם ׀ אֲשֶׁר עָשִׂיתָ יָבוֹאוּ ׀ וְיִשְׁתַּחֲווּ לְפָנֶיךָ אֲדֹנָי וִיכַבְּדוּ
לִשְׁמֶךָ: כִּי־גָדוֹל אַתָּה וְעֹשֵׂה נִפְלָאוֹת אַתָּה אֱלֹהִים לְבַדֶּךָ: הוֹרֵנִי יהוה ׀

דַּרְכֶּךָ אֲהַלֵּךְ בַּאֲמִתֶּךָ יַחֵד לְבָבִי לְיִרְאָה שְׁמֶךָ׃ אוֹדְךָ ׀ אֲדֹנָי אֱלֹהַי בְּכָל־לְבָבִי
וַאֲכַבְּדָה שִׁמְךָ לְעוֹלָם׃ כִּי־חַסְדְּךָ גָּדוֹל עָלָי וְהִצַּלְתָּ נַפְשִׁי מִשְּׁאוֹל תַּחְתִּיָּה׃
אֱלֹהִים ׀ זֵדִים קָמוּ־עָלַי וַעֲדַת עָרִיצִים בִּקְשׁוּ נַפְשִׁי וְלֹא שָׂמוּךָ לְנֶגְדָּם׃
וְאַתָּה אֲדֹנָי אֵל־רַחוּם וְחַנּוּן אֶרֶךְ אַפַּיִם וְרַב־חֶסֶד וֶאֱמֶת׃ פְּנֵה אֵלַי וְחָנֵּנִי
תְּנָה־עֻזְּךָ לְעַבְדֶּךָ וְהוֹשִׁיעָה לְבֶן־אֲמָתֶךָ׃ עֲשֵׂה־עִמִּי אוֹת לְטוֹבָה וְיִרְאוּ
שֹׂנְאַי וְיֵבֹשׁוּ כִּי־אַתָּה יהוה עֲזַרְתַּנִי וְנִחַמְתָּנִי׃

פז לִבְנֵי־קֹרַח מִזְמוֹר שִׁיר יְסוּדָתוֹ בְּהַרְרֵי־קֹדֶשׁ׃ אֹהֵב יהוה שַׁעֲרֵי צִיּוֹן מִכֹּל
מִשְׁכְּנוֹת יַעֲקֹב׃ נִכְבָּדוֹת מְדֻבָּר בָּךְ עִיר הָאֱלֹהִים סֶלָה׃ אַזְכִּיר ׀ רַהַב וּבָבֶל
לְיֹדְעָי הִנֵּה פְלֶשֶׁת וְצוֹר עִם־כּוּשׁ זֶה יֻלַּד־שָׁם׃ וּלְצִיּוֹן ׀ יֵאָמַר אִישׁ וְאִישׁ
יֻלַּד־בָּהּ וְהוּא יְכוֹנְנֶהָ עֶלְיוֹן׃ יהוה יִסְפֹּר בִּכְתוֹב עַמִּים זֶה יֻלַּד־שָׁם סֶלָה׃
וְשָׁרִים כְּחֹלְלִים כָּל־מַעְיָנַי בָּךְ׃

פח* שִׁיר מִזְמוֹר לִבְנֵי קֹרַח לַמְנַצֵּחַ עַל־מָחֲלַת לְעַנּוֹת מַשְׂכִּיל לְהֵימָן הָאֶזְרָחִי׃
יהוה אֱלֹהֵי יְשׁוּעָתִי יוֹם־צָעַקְתִּי בַלַּיְלָה נֶגְדֶּךָ׃ תָּבוֹא לְפָנֶיךָ תְּפִלָּתִי הַטֵּה
אָזְנְךָ לְרִנָּתִי׃ כִּי־שָׂבְעָה בְרָעוֹת נַפְשִׁי וְחַיַּי לִשְׁאוֹל הִגִּיעוּ׃ נֶחְשַׁבְתִּי עִם־יוֹרְדֵי
בוֹר הָיִיתִי כְּגֶבֶר אֵין־אֱיָל׃ בַּמֵּתִים חָפְשִׁי כְּמוֹ חֲלָלִים ׀ שֹׁכְבֵי קֶבֶר אֲשֶׁר לֹא
זְכַרְתָּם עוֹד וְהֵמָּה מִיָּדְךָ נִגְזָרוּ׃ שַׁתַּנִי בְּבוֹר תַּחְתִּיּוֹת בְּמַחֲשַׁכִּים בִּמְצֹלוֹת׃
עָלַי סָמְכָה חֲמָתֶךָ וְכָל־מִשְׁבָּרֶיךָ עִנִּיתָ סֶּלָה׃ הִרְחַקְתָּ מְיֻדָּעַי מִמֶּנִּי שַׁתַּנִי
תוֹעֵבוֹת לָמוֹ כָּלֻא וְלֹא אֵצֵא׃ עֵינִי דָאֲבָה מִנִּי עֹנִי קְרָאתִיךָ יהוה בְּכָל־יוֹם
שִׁטַּחְתִּי אֵלֶיךָ כַפָּי׃ הֲלַמֵּתִים תַּעֲשֶׂה־פֶּלֶא אִם־רְפָאִים יָקוּמוּ ׀ יוֹדוּךָ סֶּלָה׃
הַיְסֻפַּר בַּקֶּבֶר חַסְדֶּךָ אֱמוּנָתְךָ בָּאֲבַדּוֹן׃ הֲיִוָּדַע בַּחֹשֶׁךְ פִּלְאֶךָ וְצִדְקָתְךָ בְּאֶרֶץ
נְשִׁיָּה׃ וַאֲנִי ׀ אֵלֶיךָ יהוה שִׁוַּעְתִּי וּבַבֹּקֶר תְּפִלָּתִי תְקַדְּמֶךָּ׃ לָמָה יהוה תִּזְנַח
נַפְשִׁי תַּסְתִּיר פָּנֶיךָ מִמֶּנִּי׃ עָנִי אֲנִי וְגֹוֵעַ מִנֹּעַר נָשָׂאתִי אֵמֶיךָ אָפוּנָה׃ עָלַי עָבְרוּ
חֲרוֹנֶיךָ בִּעוּתֶיךָ צִמְּתוּתֻנִי׃ סַבּוּנִי כַמַּיִם כָּל־הַיּוֹם הִקִּיפוּ עָלַי יָחַד׃ הִרְחַקְתָּ
מִמֶּנִּי אֹהֵב וָרֵעַ מְיֻדָּעַי מַחְשָׁךְ׃

פט מַשְׂכִּיל לְאֵיתָן הָאֶזְרָחִי׃ חַסְדֵי יהוה עוֹלָם אָשִׁירָה לְדֹר וָדֹר ׀ אוֹדִיעַ אֱמוּנָתְךָ
בְּפִי׃ כִּי־אָמַרְתִּי עוֹלָם חֶסֶד יִבָּנֶה שָׁמַיִם ׀ תָּכִן אֱמוּנָתְךָ בָהֶם׃ כָּרַתִּי בְרִית
לִבְחִירִי נִשְׁבַּעְתִּי לְדָוִד עַבְדִּי׃ עַד־עוֹלָם אָכִין זַרְעֶךָ וּבָנִיתִי לְדֹר־וָדוֹר כִּסְאֲךָ
סֶלָה׃ וְיוֹדוּ שָׁמַיִם פִּלְאֲךָ יהוה אַף־אֱמוּנָתְךָ בִּקְהַל קְדֹשִׁים׃ כִּי מִי בַשַּׁחַק
יַעֲרֹךְ לַיהוה יִדְמֶה לַיהוה בִּבְנֵי אֵלִים׃ אֵל נַעֲרָץ בְּסוֹד־קְדֹשִׁים רַבָּה וְנוֹרָא

*יח לחודש

עַל־כׇּל־סְבִיבָיו׃ יְהֹוָה ׀ אֱלֹהֵי צְבָאוֹת מִי־כָמוֹךָ חֲסִין ׀ יָהּ וֶאֱמוּנָתְךָ סְבִיבוֹתֶיךָ׃
אַתָּה מוֹשֵׁל בְּגֵאוּת הַיָּם בְּשׂוֹא גַלָּיו אַתָּה תְשַׁבְּחֵם׃ אַתָּה דִכִּאתָ כֶחָלָל
רָהַב בִּזְרוֹעַ עֻזְּךָ פִּזַּרְתָּ אוֹיְבֶיךָ׃ לְךָ שָׁמַיִם אַף־לְךָ אָרֶץ תֵּבֵל וּמְלֹאָהּ אַתָּה
יְסַדְתָּם׃ צָפוֹן וְיָמִין אַתָּה בְרָאתָם תָּבוֹר וְחֶרְמוֹן בְּשִׁמְךָ יְרַנֵּנוּ׃ לְךָ זְרוֹעַ
עִם־גְּבוּרָה תָּעֹז יָדְךָ תָּרוּם יְמִינֶךָ׃ צֶדֶק וּמִשְׁפָּט מְכוֹן כִּסְאֶךָ חֶסֶד וֶאֱמֶת
יְקַדְּמוּ פָנֶיךָ׃ אַשְׁרֵי הָעָם יוֹדְעֵי תְרוּעָה יְהֹוָה בְּאוֹר־פָּנֶיךָ יְהַלֵּכוּן׃ בְּשִׁמְךָ
יְגִילוּן כׇּל־הַיּוֹם וּבְצִדְקָתְךָ יָרוּמוּ׃ כִּי־תִפְאֶרֶת עֻזָּמוֹ אָתָּה וּבִרְצֹנְךָ תרים תָּרוּם
קַרְנֵנוּ׃ כִּי לַיהֹוָה מָגִנֵּנוּ וְלִקְדוֹשׁ יִשְׂרָאֵל מַלְכֵּנוּ׃ אָז דִּבַּרְתָּ בְחָזוֹן לַחֲסִידֶיךָ
וַתֹּאמֶר שִׁוִּיתִי עֵזֶר עַל־גִּבּוֹר הֲרִימוֹתִי בָחוּר מֵעָם׃ מָצָאתִי דָּוִד עַבְדִּי בְּשֶׁמֶן
קׇדְשִׁי מְשַׁחְתִּיו׃ אֲשֶׁר יָדִי תִּכּוֹן עִמּוֹ אַף־זְרוֹעִי תְאַמְּצֶנּוּ׃ לֹא־יַשִּׁא אוֹיֵב בּוֹ
וּבֶן־עַוְלָה לֹא יְעַנֶּנּוּ׃ וְכַתּוֹתִי מִפָּנָיו צָרָיו וּמְשַׂנְאָיו אֶגּוֹף׃ וֶאֱמוּנָתִי וְחַסְדִּי
עִמּוֹ וּבִשְׁמִי תָּרוּם קַרְנוֹ׃ וְשַׂמְתִּי בַיָּם יָדוֹ וּבַנְּהָרוֹת יְמִינוֹ׃ הוּא יִקְרָאֵנִי אָבִי
אָתָּה אֵלִי וְצוּר יְשׁוּעָתִי׃ אַף־אָנִי בְּכוֹר אֶתְּנֵהוּ עֶלְיוֹן לְמַלְכֵי־אָרֶץ׃ לְעוֹלָם
אשמור־לוֹ חַסְדִּי וּבְרִיתִי נֶאֱמֶנֶת לוֹ׃ וְשַׂמְתִּי לָעַד זַרְעוֹ וְכִסְאוֹ כִּימֵי שָׁמָיִם׃ אֶשְׁמָר־
אִם־יַעַזְבוּ בָנָיו תּוֹרָתִי וּבְמִשְׁפָּטַי לֹא יֵלֵכוּן׃ אִם־חֻקֹּתַי יְחַלֵּלוּ וּמִצְוֺתַי לֹא
יִשְׁמֹרוּ׃ וּפָקַדְתִּי בְשֵׁבֶט פִּשְׁעָם וּבִנְגָעִים עֲוֺנָם׃ וְחַסְדִּי לֹא־אָפִיר מֵעִמּוֹ
וְלֹא אֲשַׁקֵּר בֶּאֱמוּנָתִי׃ לֹא־אֲחַלֵּל בְּרִיתִי וּמוֹצָא שְׂפָתַי לֹא אֲשַׁנֶּה׃ אַחַת
נִשְׁבַּעְתִּי בְקׇדְשִׁי אִם־לְדָוִד אֲכַזֵּב׃ זַרְעוֹ לְעוֹלָם יִהְיֶה וְכִסְאוֹ כַשֶּׁמֶשׁ נֶגְדִּי׃
כְּיָרֵחַ יִכּוֹן עוֹלָם וְעֵד בַּשַּׁחַק נֶאֱמָן סֶלָה׃ וְאַתָּה זָנַחְתָּ וַתִּמְאָס הִתְעַבַּרְתָּ
עִם־מְשִׁיחֶךָ׃ נֵאַרְתָּה בְּרִית עַבְדֶּךָ חִלַּלְתָּ לָאָרֶץ נִזְרוֹ׃ פָּרַצְתָּ כׇל־גְּדֵרֹתָיו
שַׂמְתָּ מִבְצָרָיו מְחִתָּה׃ שַׁסֻּהוּ כׇּל־עֹבְרֵי דָרֶךְ הָיָה חֶרְפָּה לִשְׁכֵנָיו׃ הֲרִימוֹתָ
יְמִין צָרָיו הִשְׂמַחְתָּ כׇּל־אוֹיְבָיו׃ אַף־תָּשִׁיב צוּר חַרְבּוֹ וְלֹא הֲקֵמֹתוֹ בַּמִּלְחָמָה׃
הִשְׁבַּתָּ מִטְּהָרוֹ וְכִסְאוֹ לָאָרֶץ מִגַּרְתָּה׃ הִקְצַרְתָּ יְמֵי עֲלוּמָיו הֶעֱטִיתָ עָלָיו
בּוּשָׁה סֶלָה׃ עַד־מָה יְהֹוָה תִּסָּתֵר לָנֶצַח תִּבְעַר כְּמוֹ־אֵשׁ חֲמָתֶךָ׃ זְכׇר־אֲנִי
מֶה־חָלֶד עַל־מַה־שָּׁוְא בָּרָאתָ כׇל־בְּנֵי־אָדָם׃ מִי גֶבֶר יִחְיֶה וְלֹא יִרְאֶה־מָּוֶת
יְמַלֵּט נַפְשׁוֹ מִיַּד־שְׁאוֹל סֶלָה׃ אַיֵּה ׀ חֲסָדֶיךָ הָרִאשֹׁנִים ׀ אֲדֹנָי נִשְׁבַּעְתָּ
לְדָוִד בֶּאֱמוּנָתֶךָ׃ זְכֹר אֲדֹנָי חֶרְפַּת עֲבָדֶיךָ שְׂאֵתִי בְחֵיקִי כׇּל־רַבִּים עַמִּים׃
אֲשֶׁר חֵרְפוּ אוֹיְבֶיךָ ׀ יְהֹוָה אֲשֶׁר חֵרְפוּ עִקְּבוֹת מְשִׁיחֶךָ׃ בָּרוּךְ יְהֹוָה לְעוֹלָם
אָמֵן ׀ וְאָמֵן׃

## ספר רביעי

צ* תְּפִלָּה לְמֹשֶׁה אִישׁ־הָאֱלֹהִים אֲדֹנָי מָעוֹן אַתָּה הָיִיתָ לָּנוּ בְּדֹר וָדֹר: בְּטֶרֶם ׀
הָרִים יֻלָּדוּ וַתְּחוֹלֵל אֶרֶץ וְתֵבֵל וּמֵעוֹלָם עַד־עוֹלָם אַתָּה אֵל: תָּשֵׁב אֱנוֹשׁ
עַד־דַּכָּא וַתֹּאמֶר שׁוּבוּ בְנֵי־אָדָם: כִּי אֶלֶף שָׁנִים בְּעֵינֶיךָ כְּיוֹם אֶתְמוֹל כִּי
יַעֲבֹר וְאַשְׁמוּרָה בַלָּיְלָה: זְרַמְתָּם שֵׁנָה יִהְיוּ בַּבֹּקֶר כֶּחָצִיר יַחֲלֹף: בַּבֹּקֶר יָצִיץ
וְחָלָף לָעֶרֶב יְמוֹלֵל וְיָבֵשׁ: כִּי־כָלִינוּ בְאַפֶּךָ וּבַחֲמָתְךָ נִבְהָלְנוּ: שַׁתָּ עֲוֺנֹתֵינוּ
לְנֶגְדֶּךָ עֲלֻמֵנוּ לִמְאוֹר פָּנֶיךָ: כִּי כָל־יָמֵינוּ פָּנוּ בְעֶבְרָתֶךָ כִּלִּינוּ שָׁנֵינוּ כְמוֹ־
הֶגֶה: יְמֵי־שְׁנוֹתֵינוּ בָהֶם שִׁבְעִים שָׁנָה וְאִם בִּגְבוּרֹת ׀ שְׁמוֹנִים שָׁנָה וְרָהְבָּם
עָמָל וָאָוֶן כִּי־גָז חִישׁ וַנָּעֻפָה: מִי־יוֹדֵעַ עֹז אַפֶּךָ וּכְיִרְאָתְךָ עֶבְרָתֶךָ: לִמְנוֹת
יָמֵינוּ כֵּן הוֹדַע וְנָבִא לְבַב חָכְמָה: שׁוּבָה יְהוָה עַד־מָתָי וְהִנָּחֵם עַל־עֲבָדֶיךָ:
שַׂבְּעֵנוּ בַבֹּקֶר חַסְדֶּךָ וּנְרַנְּנָה וְנִשְׂמְחָה בְּכָל־יָמֵינוּ: שַׂמְּחֵנוּ כִּימוֹת עִנִּיתָנוּ
שְׁנוֹת רָאִינוּ רָעָה: יֵרָאֶה אֶל־עֲבָדֶיךָ פָעֳלֶךָ וַהֲדָרְךָ עַל־בְּנֵיהֶם: וִיהִי ׀
נֹעַם אֲדֹנָי אֱלֹהֵינוּ עָלֵינוּ וּמַעֲשֵׂה יָדֵינוּ כּוֹנְנָה עָלֵינוּ וּמַעֲשֵׂה יָדֵינוּ
כּוֹנְנֵהוּ:

צא יֹשֵׁב בְּסֵתֶר עֶלְיוֹן בְּצֵל שַׁדַּי יִתְלוֹנָן: אֹמַר לַיהוָה מַחְסִי וּמְצוּדָתִי אֱלֹהַי
אֶבְטַח־בּוֹ: כִּי הוּא יַצִּילְךָ מִפַּח יָקוּשׁ מִדֶּבֶר הַוּוֹת: בְּאֶבְרָתוֹ ׀ יָסֶךְ לָךְ וְתַחַת־
כְּנָפָיו תֶּחְסֶה צִנָּה וְסֹחֵרָה אֲמִתּוֹ: לֹא־תִירָא מִפַּחַד לָיְלָה מֵחֵץ יָעוּף יוֹמָם:
מִדֶּבֶר בָּאֹפֶל יַהֲלֹךְ מִקֶּטֶב יָשׁוּד צָהֳרָיִם: יִפֹּל מִצִּדְּךָ ׀ אֶלֶף וּרְבָבָה מִימִינֶךָ
אֵלֶיךָ לֹא יִגָּשׁ: רַק בְּעֵינֶיךָ תַבִּיט וְשִׁלֻּמַת רְשָׁעִים תִּרְאֶה: כִּי־אַתָּה יְהוָה
מַחְסִי עֶלְיוֹן שַׂמְתָּ מְעוֹנֶךָ: לֹא־תְאֻנֶּה אֵלֶיךָ רָעָה וְנֶגַע לֹא־יִקְרַב בְּאָהֳלֶךָ:
כִּי מַלְאָכָיו יְצַוֶּה־לָּךְ לִשְׁמָרְךָ בְּכָל־דְּרָכֶיךָ: עַל־כַּפַּיִם יִשָּׂאוּנְךָ פֶּן־תִּגֹּף בָּאֶבֶן
רַגְלֶךָ: עַל־שַׁחַל וָפֶתֶן תִּדְרֹךְ תִּרְמֹס כְּפִיר וְתַנִּין: כִּי בִי חָשַׁק וַאֲפַלְּטֵהוּ
אֲשַׂגְּבֵהוּ כִּי־יָדַע שְׁמִי: יִקְרָאֵנִי ׀ וְאֶעֱנֵהוּ עִמּוֹ־אָנֹכִי בְצָרָה אֲחַלְּצֵהוּ וַאֲכַבְּדֵהוּ:
אֹרֶךְ יָמִים אַשְׂבִּיעֵהוּ וְאַרְאֵהוּ בִּישׁוּעָתִי:

צב מִזְמוֹר שִׁיר לְיוֹם הַשַּׁבָּת: טוֹב לְהֹדוֹת לַיהוָה וּלְזַמֵּר לְשִׁמְךָ עֶלְיוֹן: לְהַגִּיד
בַּבֹּקֶר חַסְדֶּךָ וֶאֱמוּנָתְךָ בַּלֵּילוֹת: עֲלֵי־עָשׂוֹר וַעֲלֵי־נָבֶל עֲלֵי הִגָּיוֹן בְּכִנּוֹר:
כִּי שִׂמַּחְתַּנִי יְהוָה בְּפָעֳלֶךָ בְּמַעֲשֵׂי יָדֶיךָ אֲרַנֵּן: מַה־גָּדְלוּ מַעֲשֶׂיךָ יְהוָה מְאֹד
עָמְקוּ מַחְשְׁבֹתֶיךָ: אִישׁ־בַּעַר לֹא יֵדָע וּכְסִיל לֹא־יָבִין אֶת־זֹאת: בִּפְרֹחַ
רְשָׁעִים ׀ כְּמוֹ עֵשֶׂב וַיָּצִיצוּ כָּל־פֹּעֲלֵי אָוֶן לְהִשָּׁמְדָם עֲדֵי־עַד: וְאַתָּה מָרוֹם

*יט לחודש / ליום החמישי

לְעֹלָם יְהוָה: כִּי הִנֵּה אֹיְבֶיךָ יְהוָה כִּי־הִנֵּה אֹיְבֶיךָ יֹאבֵדוּ יִתְפָּרְדוּ כָּל־פֹּעֲלֵי
אָוֶן: וַתָּרֶם כִּרְאֵים קַרְנִי בַּלֹּתִי בְּשֶׁמֶן רַעֲנָן: וַתַּבֵּט עֵינִי בְּשׁוּרָי בַּקָּמִים עָלַי
מְרֵעִים תִּשְׁמַעְנָה אָזְנָי: צַדִּיק כַּתָּמָר יִפְרָח כְּאֶרֶז בַּלְּבָנוֹן יִשְׂגֶּה: שְׁתוּלִים
בְּבֵית יְהוָה בְּחַצְרוֹת אֱלֹהֵינוּ יַפְרִיחוּ: עוֹד יְנוּבוּן בְּשֵׂיבָה דְּשֵׁנִים וְרַעֲנַנִּים
יִהְיוּ: לְהַגִּיד כִּי־יָשָׁר יְהוָה צוּרִי וְלֹא־עֹלָתָה בּוֹ: עַוְלָתָה
צג יְהוָה מָלָךְ גֵּאוּת לָבֵשׁ לָבֵשׁ יְהוָה עֹז הִתְאַזָּר אַף־תִּכּוֹן תֵּבֵל בַּל־תִּמּוֹט:
נָכוֹן כִּסְאֲךָ מֵאָז מֵעוֹלָם אָתָּה: נָשְׂאוּ נְהָרוֹת ׀ יְהוָה נָשְׂאוּ נְהָרוֹת קוֹלָם יִשְׂאוּ
נְהָרוֹת דָּכְיָם: מִקֹּלוֹת ׀ מַיִם רַבִּים אַדִּירִים מִשְׁבְּרֵי־יָם אַדִּיר בַּמָּרוֹם יְהוָה:
עֵדֹתֶיךָ ׀ נֶאֶמְנוּ מְאֹד לְבֵיתְךָ נַאֲוָה־קֹדֶשׁ יְהוָה לְאֹרֶךְ יָמִים:
צד אֵל־נְקָמוֹת יְהוָה אֵל נְקָמוֹת הוֹפִיעַ: הִנָּשֵׂא שֹׁפֵט הָאָרֶץ הָשֵׁב גְּמוּל עַל־
גֵּאִים: עַד־מָתַי רְשָׁעִים ׀ יְהוָה עַד־מָתַי רְשָׁעִים יַעֲלֹזוּ: יַבִּיעוּ יְדַבְּרוּ עָתָק
יִתְאַמְּרוּ כָּל־פֹּעֲלֵי אָוֶן: עַמְּךָ יְהוָה יְדַכְּאוּ וְנַחֲלָתְךָ יְעַנּוּ: אַלְמָנָה וְגֵר יַהֲרֹגוּ
וִיתוֹמִים יְרַצֵּחוּ: וַיֹּאמְרוּ לֹא יִרְאֶה־יָּהּ וְלֹא־יָבִין אֱלֹהֵי יַעֲקֹב: בִּינוּ בֹּעֲרִים
בָּעָם וּכְסִילִים מָתַי תַּשְׂכִּילוּ: הֲנֹטַע אֹזֶן הֲלֹא יִשְׁמָע אִם־יֹצֵר עַיִן הֲלֹא יַבִּיט:
הֲיֹסֵר גּוֹיִם הֲלֹא יוֹכִיחַ הַמְלַמֵּד אָדָם דָּעַת: יְהוָה יֹדֵעַ מַחְשְׁבוֹת אָדָם כִּי־
הֵמָּה הָבֶל: אַשְׁרֵי הַגֶּבֶר אֲשֶׁר־תְּיַסְּרֶנּוּ יָּהּ וּמִתּוֹרָתְךָ תְלַמְּדֶנּוּ: לְהַשְׁקִיט לוֹ
מִימֵי רָע עַד יִכָּרֶה לָרָשָׁע שָׁחַת: כִּי ׀ לֹא־יִטֹּשׁ יְהוָה עַמּוֹ וְנַחֲלָתוֹ לֹא יַעֲזֹב:
כִּי־עַד־צֶדֶק יָשׁוּב מִשְׁפָּט וְאַחֲרָיו כָּל־יִשְׁרֵי־לֵב: מִי־יָקוּם לִי עִם־מְרֵעִים מִי־
יִתְיַצֵּב לִי עִם־פֹּעֲלֵי אָוֶן: לוּלֵי יְהוָה עֶזְרָתָה לִּי כִּמְעַט ׀ שָׁכְנָה דוּמָה נַפְשִׁי:
אִם־אָמַרְתִּי מָטָה רַגְלִי חַסְדְּךָ יְהוָה יִסְעָדֵנִי: בְּרֹב שַׂרְעַפַּי בְּקִרְבִּי תַּנְחוּמֶיךָ
יְשַׁעַשְׁעוּ נַפְשִׁי: הַיְחָבְרְךָ כִּסֵּא הַוּוֹת יֹצֵר עָמָל עֲלֵי־חֹק: יָגוֹדּוּ עַל־נֶפֶשׁ צַדִּיק
וְדָם נָקִי יַרְשִׁיעוּ: וַיְהִי יְהוָה לִי לְמִשְׂגָּב וֵאלֹהַי לְצוּר מַחְסִי: וַיָּשֶׁב עֲלֵיהֶם ׀
אֶת־אוֹנָם וּבְרָעָתָם יַצְמִיתֵם יַצְמִיתֵם יְהוָה אֱלֹהֵינוּ:
צה לְכוּ נְרַנְּנָה לַיהוָה נָרִיעָה לְצוּר יִשְׁעֵנוּ: נְקַדְּמָה פָנָיו בְּתוֹדָה בִּזְמִרוֹת נָרִיעַ
לוֹ: כִּי אֵל גָּדוֹל יְהוָה וּמֶלֶךְ גָּדוֹל עַל־כָּל־אֱלֹהִים: אֲשֶׁר בְּיָדוֹ מֶחְקְרֵי־אָרֶץ
וְתוֹעֲפוֹת הָרִים לוֹ: אֲשֶׁר־לוֹ הַיָּם וְהוּא עָשָׂהוּ וְיַבֶּשֶׁת יָדָיו יָצָרוּ: בֹּאוּ נִשְׁתַּחֲוֶה
וְנִכְרָעָה נִבְרְכָה לִפְנֵי־יְהוָה עֹשֵׂנוּ: כִּי הוּא אֱלֹהֵינוּ וַאֲנַחְנוּ ׀ עַם מַרְעִיתוֹ
וְצֹאן יָדוֹ הַיּוֹם אִם־בְּקֹלוֹ תִשְׁמָעוּ: אַל־תַּקְשׁוּ לְבַבְכֶם כִּמְרִיבָה כְּיוֹם מַסָּה
בַּמִּדְבָּר: אֲשֶׁר נִסּוּנִי אֲבוֹתֵיכֶם בְּחָנוּנִי גַּם־רָאוּ פָעֳלִי: אַרְבָּעִים שָׁנָה ׀ אָקוּט

בְּדוֹר וָאֹמַר עַם תֹּעֵי לֵבָב הֵם וְהֵם לֹא-יָדְעוּ דְרָכָי: אֲשֶׁר-נִשְׁבַּעְתִּי בְאַפִּי אִם-יְבֹאוּן אֶל-מְנוּחָתִי:

צו שִׁירוּ לַיהוָה שִׁיר חָדָשׁ שִׁירוּ לַיהוָה כָּל-הָאָרֶץ: שִׁירוּ לַיהוָה בָּרֲכוּ שְׁמוֹ בַּשְּׂרוּ מִיּוֹם-לְיוֹם יְשׁוּעָתוֹ: סַפְּרוּ בַגּוֹיִם כְּבוֹדוֹ בְּכָל-הָעַמִּים נִפְלְאוֹתָיו: כִּי גָדוֹל יְהוָה וּמְהֻלָּל מְאֹד נוֹרָא הוּא עַל-כָּל-אֱלֹהִים: כִּי כָּל-אֱלֹהֵי הָעַמִּים אֱלִילִים וַיהוָה שָׁמַיִם עָשָׂה: הוֹד-וְהָדָר לְפָנָיו עֹז וְתִפְאֶרֶת בְּמִקְדָּשׁוֹ: הָבוּ לַיהוָה מִשְׁפְּחוֹת עַמִּים הָבוּ לַיהוָה כָּבוֹד וָעֹז: הָבוּ לַיהוָה כְּבוֹד שְׁמוֹ שְׂאוּ-מִנְחָה וּבֹאוּ לְחַצְרוֹתָיו: הִשְׁתַּחֲווּ לַיהוָה בְּהַדְרַת-קֹדֶשׁ חִילוּ מִפָּנָיו כָּל-הָאָרֶץ: אִמְרוּ בַגּוֹיִם יְהוָה מָלָךְ אַף-תִּכּוֹן תֵּבֵל בַּל-תִּמּוֹט יָדִין עַמִּים בְּמֵישָׁרִים: יִשְׂמְחוּ הַשָּׁמַיִם וְתָגֵל הָאָרֶץ יִרְעַם הַיָּם וּמְלֹאוֹ: יַעֲלֹז שָׂדַי וְכָל-אֲשֶׁר-בּוֹ אָז יְרַנְּנוּ כָּל-עֲצֵי-יָעַר: לִפְנֵי יְהוָה כִּי בָא כִּי בָא לִשְׁפֹּט הָאָרֶץ יִשְׁפֹּט-תֵּבֵל בְּצֶדֶק וְעַמִּים בֶּאֱמוּנָתוֹ:

צז* יְהוָה מָלָךְ תָּגֵל הָאָרֶץ יִשְׂמְחוּ אִיִּים רַבִּים: עָנָן וַעֲרָפֶל סְבִיבָיו צֶדֶק וּמִשְׁפָּט מְכוֹן כִּסְאוֹ: אֵשׁ לְפָנָיו תֵּלֵךְ וּתְלַהֵט סָבִיב צָרָיו: הֵאִירוּ בְרָקָיו תֵּבֵל רָאֲתָה וַתָּחֵל הָאָרֶץ: הָרִים כַּדּוֹנַג נָמַסּוּ מִלִּפְנֵי יְהוָה מִלִּפְנֵי אֲדוֹן כָּל-הָאָרֶץ: הִגִּידוּ הַשָּׁמַיִם צִדְקוֹ וְרָאוּ כָל-הָעַמִּים כְּבוֹדוֹ: יֵבֹשׁוּ כָּל-עֹבְדֵי פֶסֶל הַמִּתְהַלְלִים בָּאֱלִילִים הִשְׁתַּחֲווּ-לוֹ כָּל-אֱלֹהִים: שָׁמְעָה וַתִּשְׂמַח צִיּוֹן וַתָּגֵלְנָה בְּנוֹת יְהוּדָה לְמַעַן מִשְׁפָּטֶיךָ יְהוָה: כִּי-אַתָּה יְהוָה עֶלְיוֹן עַל-כָּל-הָאָרֶץ מְאֹד נַעֲלֵיתָ עַל-כָּל-אֱלֹהִים: אֹהֲבֵי יְהוָה שִׂנְאוּ רָע שֹׁמֵר נַפְשׁוֹת חֲסִידָיו מִיַּד רְשָׁעִים יַצִּילֵם: אוֹר זָרֻעַ לַצַּדִּיק וּלְיִשְׁרֵי-לֵב שִׂמְחָה: שִׂמְחוּ צַדִּיקִים בַּיהוָה וְהוֹדוּ לְזֵכֶר קָדְשׁוֹ:

צח מִזְמוֹר שִׁירוּ לַיהוָה שִׁיר חָדָשׁ כִּי-נִפְלָאוֹת עָשָׂה הוֹשִׁיעָה-לּוֹ יְמִינוֹ וּזְרוֹעַ קָדְשׁוֹ: הוֹדִיעַ יְהוָה יְשׁוּעָתוֹ לְעֵינֵי הַגּוֹיִם גִּלָּה צִדְקָתוֹ: זָכַר חַסְדּוֹ וֶאֱמוּנָתוֹ לְבֵית יִשְׂרָאֵל רָאוּ כָל-אַפְסֵי-אָרֶץ אֵת יְשׁוּעַת אֱלֹהֵינוּ: הָרִיעוּ לַיהוָה כָּל-הָאָרֶץ פִּצְחוּ וְרַנְּנוּ וְזַמֵּרוּ: זַמְּרוּ לַיהוָה בְּכִנּוֹר בְּכִנּוֹר וְקוֹל זִמְרָה: בַּחֲצֹצְרוֹת וְקוֹל שׁוֹפָר הָרִיעוּ לִפְנֵי הַמֶּלֶךְ יְהוָה: יִרְעַם הַיָּם וּמְלֹאוֹ תֵּבֵל וְיֹשְׁבֵי בָהּ: נְהָרוֹת יִמְחֲאוּ-כָף יַחַד הָרִים יְרַנֵּנוּ: לִפְנֵי-יְהוָה כִּי בָא לִשְׁפֹּט הָאָרֶץ יִשְׁפֹּט-תֵּבֵל בְּצֶדֶק וְעַמִּים בְּמֵישָׁרִים:

צט יְהוָה מָלָךְ יִרְגְּזוּ עַמִּים יֹשֵׁב כְּרוּבִים תָּנוּט הָאָרֶץ: יְהוָה בְּצִיּוֹן גָּדוֹל וְרָם

*כ לחודש

הוּא עַל־כׇּל־הָעַמִּים: יוֹדוּ שִׁמְךָ גָּדוֹל וְנוֹרָא קָדוֹשׁ הוּא: וְעֹז מֶלֶךְ מִשְׁפָּט
אָהֵב אַתָּה כּוֹנַנְתָּ מֵישָׁרִים מִשְׁפָּט וּצְדָקָה בְּיַעֲקֹב ׀ אַתָּה עָשִׂיתָ: רוֹמְמוּ
יהוה אֱלֹהֵינוּ וְהִשְׁתַּחֲווּ לַהֲדֹם רַגְלָיו קָדוֹשׁ הוּא: מֹשֶׁה וְאַהֲרֹן ׀ בְּכֹהֲנָיו
וּשְׁמוּאֵל בְּקֹרְאֵי שְׁמוֹ קֹרְאִים אֶל־יהוה וְהוּא יַעֲנֵם: בְּעַמּוּד עָנָן יְדַבֵּר אֲלֵיהֶם
שָׁמְרוּ עֵדֹתָיו וְחֹק נָתַן־לָמוֹ: יהוה אֱלֹהֵינוּ אַתָּה עֲנִיתָם אֵל נֹשֵׂא הָיִיתָ לָהֶם
וְנֹקֵם עַל־עֲלִילוֹתָם: רוֹמְמוּ יהוה אֱלֹהֵינוּ וְהִשְׁתַּחֲווּ לְהַר קׇדְשׁוֹ כִּי־קָדוֹשׁ
יהוה אֱלֹהֵינוּ:
ק מִזְמוֹר לְתוֹדָה הָרִיעוּ לַיהוה כׇּל־הָאָרֶץ: עִבְדוּ אֶת־יהוה בְּשִׂמְחָה בֹּאוּ
וְלוֹ לְפָנָיו בִּרְנָנָה: דְּעוּ כִּי־יהוה הוּא אֱלֹהִים הוּא עָשָׂנוּ ולא אֲנַחְנוּ עַמּוֹ וְצֹאן
מַרְעִיתוֹ: בֹּאוּ שְׁעָרָיו ׀ בְּתוֹדָה חֲצֵרֹתָיו בִּתְהִלָּה הוֹדוּ לוֹ בָּרְכוּ שְׁמוֹ: כִּי־טוֹב
יהוה לְעוֹלָם חַסְדּוֹ וְעַד־דֹּר וָדֹר אֱמוּנָתוֹ:
קא לְדָוִד מִזְמוֹר חֶסֶד־וּמִשְׁפָּט אָשִׁירָה לְךָ יהוה אֲזַמֵּרָה: אַשְׂכִּילָה ׀ בְּדֶרֶךְ
תָּמִים מָתַי תָּבוֹא אֵלָי אֶתְהַלֵּךְ בְּתׇם־לְבָבִי בְּקֶרֶב בֵּיתִי: לֹא־אָשִׁית ׀ לְנֶגֶד
עֵינַי דְּבַר־בְּלִיָּעַל עֲשֹׂה־סֵטִים שָׂנֵאתִי לֹא יִדְבַּק בִּי: לֵבָב עִקֵּשׁ יָסוּר מִמֶּנִּי
מְלָשְׁנִי רָע לֹא אֵדָע: מלושני בַסֵּתֶר ׀ רֵעֵהוּ אוֹתוֹ אַצְמִית גְּבַהּ־עֵינַיִם וּרְחַב לֵבָב
אֹתוֹ לֹא אוּכָל: עֵינַי ׀ בְּנֶאֶמְנֵי־אֶרֶץ לָשֶׁבֶת עִמָּדִי הֹלֵךְ בְּדֶרֶךְ תָּמִים הוּא
יְשָׁרְתֵנִי: לֹא־יֵשֵׁב ׀ בְּקֶרֶב בֵּיתִי עֹשֵׂה רְמִיָּה דֹּבֵר שְׁקָרִים לֹא־יִכּוֹן לְנֶגֶד עֵינָי:
לַבְּקָרִים אַצְמִית כׇּל־רִשְׁעֵי־אָרֶץ לְהַכְרִית מֵעִיר־יהוה כׇּל־פֹּעֲלֵי אָוֶן:
קב תְּפִלָּה לְעָנִי כִי־יַעֲטֹף וְלִפְנֵי יהוה יִשְׁפֹּךְ שִׂיחוֹ: יהוה שִׁמְעָה תְפִלָּתִי וְשַׁוְעָתִי
אֵלֶיךָ תָבוֹא: אַל־תַּסְתֵּר פָּנֶיךָ ׀ מִמֶּנִּי בְּיוֹם צַר לִי הַטֵּה־אֵלַי אׇזְנֶךָ בְּיוֹם אֶקְרָא
מַהֵר עֲנֵנִי: כִּי־כָלוּ בְעָשָׁן יָמָי וְעַצְמוֹתַי כְּמוֹקֵד נִחָרוּ: הוּכָּה כָעֵשֶׂב וַיִּבַשׁ לִבִּי
כִּי־שָׁכַחְתִּי מֵאֲכֹל לַחְמִי: מִקּוֹל אַנְחָתִי דָּבְקָה עַצְמִי לִבְשָׂרִי: דָּמִיתִי לִקְאַת
מִדְבָּר הָיִיתִי כְּכוֹס חֳרָבוֹת: שָׁקַדְתִּי וָאֶהְיֶה כְּצִפּוֹר בּוֹדֵד עַל־גָּג: כׇּל־הַיּוֹם
חֵרְפוּנִי אוֹיְבָי מְהוֹלָלַי בִּי נִשְׁבָּעוּ: כִּי־אֵפֶר כַּלֶּחֶם אָכָלְתִּי וְשִׁקֻּוַי בִּבְכִי מָסָכְתִּי:
מִפְּנֵי־זַעַמְךָ וְקִצְפֶּךָ כִּי נְשָׂאתַנִי וַתַּשְׁלִיכֵנִי: יָמַי כְּצֵל נָטוּי וַאֲנִי כָּעֵשֶׂב אִיבָשׁ:
וְאַתָּה יהוה לְעוֹלָם תֵּשֵׁב וְזִכְרְךָ לְדֹר וָדֹר: אַתָּה תָקוּם תְּרַחֵם צִיּוֹן כִּי־עֵת
לְחֶנְנָהּ כִּי־בָא מוֹעֵד: כִּי־רָצוּ עֲבָדֶיךָ אֶת־אֲבָנֶיהָ וְאֶת־עֲפָרָהּ יְחֹנֵנוּ: וְיִירְאוּ
גוֹיִם אֶת־שֵׁם יהוה וְכׇל־מַלְכֵי הָאָרֶץ אֶת־כְּבוֹדֶךָ: כִּי־בָנָה יהוה צִיּוֹן נִרְאָה
בִּכְבוֹדוֹ: פָּנָה אֶל־תְּפִלַּת הָעַרְעָר וְלֹא־בָזָה אֶת־תְּפִלָּתָם: תִּכָּתֶב זֹאת לְדוֹר

אַחֲרוֹן וְעַם נִבְרָא יְהַלֶּל־יָהּ׃ כִּי־הִשְׁקִיף מִמְּרוֹם קָדְשׁוֹ יְהוָה מִשָּׁמַיִם ׀ אֶל־
אֶרֶץ הִבִּיט׃ לִשְׁמֹעַ אֶנְקַת אָסִיר לְפַתֵּחַ בְּנֵי תְמוּתָה׃ לְסַפֵּר בְּצִיּוֹן שֵׁם יְהוָה
וּתְהִלָּתוֹ בִּירוּשָׁלָם׃ בְּהִקָּבֵץ עַמִּים יַחְדָּו וּמַמְלָכוֹת לַעֲבֹד אֶת־יְהוָה׃ עִנָּה
בַדֶּרֶךְ כֹּחוֹ קִצַּר יָמָי׃ אֹמַר אֵלִי אַל־תַּעֲלֵנִי בַּחֲצִי יָמָי בְּדוֹר דּוֹרִים שְׁנוֹתֶיךָ׃ כֹּחִי
לְפָנִים הָאָרֶץ יָסַדְתָּ וּמַעֲשֵׂה יָדֶיךָ שָׁמָיִם׃ הֵמָּה ׀ יֹאבֵדוּ וְאַתָּה תַעֲמֹד וְכֻלָּם
כַּבֶּגֶד יִבְלוּ כַּלְּבוּשׁ תַּחֲלִיפֵם וְיַחֲלֹפוּ׃ וְאַתָּה־הוּא וּשְׁנוֹתֶיךָ לֹא יִתָּמּוּ׃ בְּנֵי־
עֲבָדֶיךָ יִשְׁכּוֹנוּ וְזַרְעָם לְפָנֶיךָ יִכּוֹן׃

קג לְדָוִד ׀ בָּרְכִי נַפְשִׁי אֶת־יְהוָה וְכָל־קְרָבַי אֶת־שֵׁם קָדְשׁוֹ׃ בָּרְכִי נַפְשִׁי אֶת־יְהוָה
וְאַל־תִּשְׁכְּחִי כָּל־גְּמוּלָיו׃ הַסֹּלֵחַ לְכָל־עֲוֺנֵכִי הָרֹפֵא לְכָל־תַּחֲלוּאָיְכִי׃ הַגּוֹאֵל
מִשַּׁחַת חַיָּיְכִי הַמְעַטְּרֵכִי חֶסֶד וְרַחֲמִים׃ הַמַּשְׂבִּיעַ בַּטּוֹב עֶדְיֵךְ תִּתְחַדֵּשׁ כַּנֶּשֶׁר
נְעוּרָיְכִי׃ עֹשֵׂה צְדָקוֹת יְהוָה וּמִשְׁפָּטִים לְכָל־עֲשׁוּקִים׃ יוֹדִיעַ דְּרָכָיו לְמֹשֶׁה
לִבְנֵי יִשְׂרָאֵל עֲלִילוֹתָיו׃ רַחוּם וְחַנּוּן יְהוָה אֶרֶךְ אַפַּיִם וְרַב־חָסֶד׃ לֹא־לָנֶצַח
יָרִיב וְלֹא לְעוֹלָם יִטּוֹר׃ לֹא כַחֲטָאֵינוּ עָשָׂה לָנוּ וְלֹא כַעֲוֺנֹתֵינוּ גָּמַל עָלֵינוּ׃ כִּי
כִגְבֹהַּ שָׁמַיִם עַל־הָאָרֶץ גָּבַר חַסְדּוֹ עַל־יְרֵאָיו׃ כִּרְחֹק מִזְרָח מִמַּעֲרָב הִרְחִיק
מִמֶּנּוּ אֶת־פְּשָׁעֵינוּ׃ כְּרַחֵם אָב עַל־בָּנִים רִחַם יְהוָה עַל־יְרֵאָיו׃ כִּי־הוּא יָדַע
יִצְרֵנוּ זָכוּר כִּי־עָפָר אֲנָחְנוּ׃ אֱנוֹשׁ כֶּחָצִיר יָמָיו כְּצִיץ הַשָּׂדֶה כֵּן יָצִיץ׃ כִּי רוּחַ
עָבְרָה־בּוֹ וְאֵינֶנּוּ וְלֹא־יַכִּירֶנּוּ עוֹד מְקוֹמוֹ׃ וְחֶסֶד יְהוָה ׀ מֵעוֹלָם וְעַד־עוֹלָם
עַל־יְרֵאָיו וְצִדְקָתוֹ לִבְנֵי בָנִים׃ לְשֹׁמְרֵי בְרִיתוֹ וּלְזֹכְרֵי פִקֻּדָיו לַעֲשׂוֹתָם׃ יְהוָה
בַּשָּׁמַיִם הֵכִין כִּסְאוֹ וּמַלְכוּתוֹ בַּכֹּל מָשָׁלָה׃ בָּרְכוּ יְהוָה מַלְאָכָיו גִּבֹּרֵי כֹחַ
עֹשֵׂי דְבָרוֹ לִשְׁמֹעַ בְּקוֹל דְּבָרוֹ׃ בָּרְכוּ יְהוָה כָּל־צְבָאָיו מְשָׁרְתָיו עֹשֵׂי רְצוֹנוֹ׃
בָּרְכוּ יְהוָה ׀ כָּל־מַעֲשָׂיו בְּכָל־מְקֹמוֹת מֶמְשַׁלְתּוֹ בָּרְכִי נַפְשִׁי אֶת־יְהוָה׃

קד* בָּרְכִי נַפְשִׁי אֶת־יְהוָה יְהוָה אֱלֹהַי גָּדַלְתָּ מְּאֹד הוֹד וְהָדָר לָבָשְׁתָּ׃ עֹטֶה־אוֹר
כַּשַּׂלְמָה נוֹטֶה שָׁמַיִם כַּיְרִיעָה׃ הַמְקָרֶה בַמַּיִם עֲלִיּוֹתָיו הַשָּׂם־עָבִים רְכוּבוֹ
הַמְהַלֵּךְ עַל־כַּנְפֵי־רוּחַ׃ עֹשֶׂה מַלְאָכָיו רוּחוֹת מְשָׁרְתָיו אֵשׁ לֹהֵט׃ יָסַד־אֶרֶץ
עַל־מְכוֹנֶיהָ בַּל־תִּמּוֹט עוֹלָם וָעֶד׃ תְּהוֹם כַּלְּבוּשׁ כִּסִּיתוֹ עַל־הָרִים יַעַמְדוּ־
מָיִם׃ מִן־גַּעֲרָתְךָ יְנוּסוּן מִן־קוֹל רַעַמְךָ יֵחָפֵזוּן׃ יַעֲלוּ הָרִים יֵרְדוּ בְקָעוֹת
אֶל־מְקוֹם זֶה ׀ יָסַדְתָּ לָהֶם׃ גְּבוּל־שַׂמְתָּ בַּל־יַעֲבֹרוּן בַּל־יְשׁוּבוּן לְכַסּוֹת הָאָרֶץ׃
הַמְשַׁלֵּחַ מַעְיָנִים בַּנְּחָלִים בֵּין הָרִים יְהַלֵּכוּן׃ יַשְׁקוּ כָּל־חַיְתוֹ שָׂדָי יִשְׁבְּרוּ
פְרָאִים צְמָאָם׃ עֲלֵיהֶם עוֹף־הַשָּׁמַיִם יִשְׁכּוֹן מִבֵּין עֳפָאיִם יִתְּנוּ־קוֹל׃ מַשְׁקֶה

*כא לחודש

הָרִים מֵעֲלִיּוֹתָיו מִפְּרִי מַעֲשֶׂיךָ תִּשְׂבַּע הָאָרֶץ: מַצְמִיחַ חָצִיר ׀ לַבְּהֵמָה וְעֵשֶׂב
לַעֲבֹדַת הָאָדָם לְהוֹצִיא לֶחֶם מִן־הָאָרֶץ: וְיַיִן ׀ יְשַׂמַּח לְבַב־אֱנוֹשׁ לְהַצְהִיל
פָּנִים מִשָּׁמֶן וְלֶחֶם לְבַב־אֱנוֹשׁ יִסְעָד: יִשְׂבְּעוּ עֲצֵי יְהוָה אַרְזֵי לְבָנוֹן אֲשֶׁר
נָטָע: אֲשֶׁר־שָׁם צִפֳּרִים יְקַנֵּנוּ חֲסִידָה בְּרוֹשִׁים בֵּיתָהּ: הָרִים הַגְּבֹהִים לַיְּעֵלִים
סְלָעִים מַחְסֶה לַשְׁפַנִּים: עָשָׂה יָרֵחַ לְמוֹעֲדִים שֶׁמֶשׁ יָדַע מְבוֹאוֹ: תָּשֶׁת־חֹשֶׁךְ
וִיהִי לָיְלָה בּוֹ־תִרְמֹשׂ כָּל־חַיְתוֹ־יָעַר: הַכְּפִירִים שֹׁאֲגִים לַטָּרֶף וּלְבַקֵּשׁ מֵאֵל
אָכְלָם: תִּזְרַח הַשֶּׁמֶשׁ יֵאָסֵפוּן וְאֶל־מְעוֹנֹתָם יִרְבָּצוּן: יֵצֵא אָדָם לְפָעֳלוֹ
וְלַעֲבֹדָתוֹ עֲדֵי־עָרֶב: מָה־רַבּוּ מַעֲשֶׂיךָ ׀ יְהוָה כֻּלָּם בְּחָכְמָה עָשִׂיתָ מָלְאָה
הָאָרֶץ קִנְיָנֶךָ: זֶה ׀ הַיָּם גָּדוֹל וּרְחַב יָדָיִם שָׁם־רֶמֶשׂ וְאֵין מִסְפָּר חַיּוֹת קְטַנּוֹת
עִם־גְּדֹלוֹת: שָׁם אֳנִיּוֹת יְהַלֵּכוּן לִוְיָתָן זֶה־יָצַרְתָּ לְשַׂחֶק־בּוֹ: כֻּלָּם אֵלֶיךָ יְשַׂבֵּרוּן
לָתֵת אָכְלָם בְּעִתּוֹ: תִּתֵּן לָהֶם יִלְקֹטוּן תִּפְתַּח יָדְךָ יִשְׂבְּעוּן טוֹב: תַּסְתִּיר פָּנֶיךָ
יִבָּהֵלוּן תֹּסֵף רוּחָם יִגְוָעוּן וְאֶל־עֲפָרָם יְשׁוּבוּן: תְּשַׁלַּח רוּחֲךָ יִבָּרֵאוּן וּתְחַדֵּשׁ
פְּנֵי אֲדָמָה: יְהִי כְבוֹד יְהוָה לְעוֹלָם יִשְׂמַח יְהוָה בְּמַעֲשָׂיו: הַמַּבִּיט לָאָרֶץ
וַתִּרְעָד יִגַּע בֶּהָרִים וְיֶעֱשָׁנוּ: אָשִׁירָה לַיהוָה בְּחַיָּי אֲזַמְּרָה לֵאלֹהַי בְּעוֹדִי:
יֶעֱרַב עָלָיו שִׂיחִי אָנֹכִי אֶשְׂמַח בַּיהוָה: יִתַּמּוּ חַטָּאִים ׀ מִן־הָאָרֶץ וּרְשָׁעִים ׀
עוֹד אֵינָם בָּרְכִי נַפְשִׁי אֶת־יְהוָה הַלְלוּיָהּ:

קה הוֹדוּ לַיהוָה קִרְאוּ בִּשְׁמוֹ הוֹדִיעוּ בָעַמִּים עֲלִילוֹתָיו: שִׁירוּ־לוֹ זַמְּרוּ־לוֹ שִׂיחוּ
בְּכָל־נִפְלְאוֹתָיו: הִתְהַלְלוּ בְּשֵׁם קָדְשׁוֹ יִשְׂמַח לֵב ׀ מְבַקְשֵׁי יְהוָה: דִּרְשׁוּ יְהוָה
וְעֻזּוֹ בַּקְּשׁוּ פָנָיו תָּמִיד: זִכְרוּ נִפְלְאוֹתָיו אֲשֶׁר־עָשָׂה מֹפְתָיו וּמִשְׁפְּטֵי־פִיו: זֶרַע
אַבְרָהָם עַבְדּוֹ בְּנֵי יַעֲקֹב בְּחִירָיו: הוּא יְהוָה אֱלֹהֵינוּ בְּכָל־הָאָרֶץ מִשְׁפָּטָיו:
זָכַר לְעוֹלָם בְּרִיתוֹ דָּבָר צִוָּה לְאֶלֶף דּוֹר: אֲשֶׁר כָּרַת אֶת־אַבְרָהָם וּשְׁבוּעָתוֹ
לְיִשְׂחָק: וַיַּעֲמִידֶהָ לְיַעֲקֹב לְחֹק לְיִשְׂרָאֵל בְּרִית עוֹלָם: לֵאמֹר לְךָ אֶתֵּן אֶת־
אֶרֶץ־כְּנָעַן חֶבֶל נַחֲלַתְכֶם: בִּהְיוֹתָם מְתֵי מִסְפָּר כִּמְעַט וְגָרִים בָּהּ: וַיִּתְהַלְּכוּ
מִגּוֹי אֶל־גּוֹי מִמַּמְלָכָה אֶל־עַם אַחֵר: לֹא־הִנִּיחַ אָדָם לְעָשְׁקָם וַיּוֹכַח עֲלֵיהֶם
מְלָכִים: אַל־תִּגְּעוּ בִמְשִׁיחָי וְלִנְבִיאַי אַל־תָּרֵעוּ: וַיִּקְרָא רָעָב עַל־הָאָרֶץ כָּל־
מַטֵּה־לֶחֶם שָׁבָר: שָׁלַח לִפְנֵיהֶם אִישׁ לְעֶבֶד נִמְכַּר יוֹסֵף: עִנּוּ בַכֶּבֶל רגליו רַגְלוֹ
בַּרְזֶל בָּאָה נַפְשׁוֹ: עַד־עֵת בֹּא־דְבָרוֹ אִמְרַת יְהוָה צְרָפָתְהוּ: שָׁלַח מֶלֶךְ
וַיַּתִּירֵהוּ מֹשֵׁל עַמִּים וַיְפַתְּחֵהוּ: שָׂמוֹ אָדוֹן לְבֵיתוֹ וּמֹשֵׁל בְּכָל־קִנְיָנוֹ: לֶאְסֹר
שָׂרָיו בְּנַפְשׁוֹ וּזְקֵנָיו יְחַכֵּם: וַיָּבֹא יִשְׂרָאֵל מִצְרָיִם וְיַעֲקֹב גָּר בְּאֶרֶץ־חָם: וַיֶּפֶר

אֶת־עַמּוֹ מְאֹד וַיַּעֲצִמֵהוּ מִצָּרָיו: הָפַךְ לִבָּם לִשְׂנֹא עַמּוֹ לְהִתְנַכֵּל בַּעֲבָדָיו:
שָׁלַח מֹשֶׁה עַבְדּוֹ אַהֲרֹן אֲשֶׁר בָּחַר־בּוֹ: שָׂמוּ־בָם דִּבְרֵי אֹתוֹתָיו וּמֹפְתִים
בְּאֶרֶץ חָם: שָׁלַח חֹשֶׁךְ וַיַּחְשִׁךְ וְלֹא־מָרוּ אֶת־דבריו: הָפַךְ אֶת־מֵימֵיהֶם דְּבָרוֹ
לְדָם וַיָּמֶת אֶת־דְּגָתָם: שָׁרַץ אַרְצָם צְפַרְדְּעִים בְּחַדְרֵי מַלְכֵיהֶם: אָמַר וַיָּבֹא
עָרֹב כִּנִּים בְּכָל־גְּבוּלָם: נָתַן גִּשְׁמֵיהֶם בָּרָד אֵשׁ לֶהָבוֹת בְּאַרְצָם: וַיַּךְ גַּפְנָם
וּתְאֵנָתָם וַיְשַׁבֵּר עֵץ גְּבוּלָם: אָמַר וַיָּבֹא אַרְבֶּה וְיֶלֶק וְאֵין מִסְפָּר: וַיֹּאכַל כָּל־
עֵשֶׂב בְּאַרְצָם וַיֹּאכַל פְּרִי אַדְמָתָם: וַיַּךְ כָּל־בְּכוֹר בְּאַרְצָם רֵאשִׁית לְכָל־אוֹנָם:
וַיּוֹצִיאֵם בְּכֶסֶף וְזָהָב וְאֵין בִּשְׁבָטָיו כּוֹשֵׁל: שָׂמַח מִצְרַיִם בְּצֵאתָם כִּי־נָפַל
פַּחְדָּם עֲלֵיהֶם: פָּרַשׂ עָנָן לְמָסָךְ וְאֵשׁ לְהָאִיר לָיְלָה: שָׁאַל וַיָּבֵא שְׂלָו וְלֶחֶם
שָׁמַיִם יַשְׂבִּיעֵם: פָּתַח צוּר וַיָּזוּבוּ מָיִם הָלְכוּ בַּצִּיּוֹת נָהָר: כִּי־זָכַר אֶת־דְּבַר
קָדְשׁוֹ אֶת־אַבְרָהָם עַבְדּוֹ: וַיּוֹצִא עַמּוֹ בְשָׂשׂוֹן בְּרִנָּה אֶת־בְּחִירָיו: וַיִּתֵּן לָהֶם
אַרְצוֹת גּוֹיִם וַעֲמַל לְאֻמִּים יִירָשׁוּ: בַּעֲבוּר ׀ יִשְׁמְרוּ חֻקָּיו וְתוֹרֹתָיו יִנְצֹרוּ
הַלְלוּיָהּ:

קו* הַלְלוּיָהּ ׀ הוֹדוּ לַיהוָה כִּי־טוֹב כִּי לְעוֹלָם חַסְדּוֹ: מִי יְמַלֵּל גְּבוּרוֹת יְהוָה יַשְׁמִיעַ
כָּל־תְּהִלָּתוֹ: אַשְׁרֵי שֹׁמְרֵי מִשְׁפָּט עֹשֵׂה צְדָקָה בְכָל־עֵת: זָכְרֵנִי יְהוָה בִּרְצוֹן
עַמֶּךָ פָּקְדֵנִי בִּישׁוּעָתֶךָ: לִרְאוֹת ׀ בְּטוֹבַת בְּחִירֶיךָ לִשְׂמֹחַ בְּשִׂמְחַת גּוֹיֶךָ
לְהִתְהַלֵּל עִם־נַחֲלָתֶךָ: חָטָאנוּ עִם־אֲבוֹתֵינוּ הֶעֱוִינוּ הִרְשָׁעְנוּ: אֲבוֹתֵינוּ
בְמִצְרַיִם ׀ לֹא־הִשְׂכִּילוּ נִפְלְאוֹתֶיךָ לֹא זָכְרוּ אֶת־רֹב חֲסָדֶיךָ וַיַּמְרוּ עַל־יָם
בְּיַם־סוּף: וַיּוֹשִׁיעֵם לְמַעַן שְׁמוֹ לְהוֹדִיעַ אֶת־גְּבוּרָתוֹ: וַיִּגְעַר בְּיַם־סוּף וַיֶּחֱרָב
וַיּוֹלִיכֵם בַּתְּהֹמוֹת כַּמִּדְבָּר: וַיּוֹשִׁיעֵם מִיַּד שׂוֹנֵא וַיִּגְאָלֵם מִיַּד אוֹיֵב: וַיְכַסּוּ־מַיִם
צָרֵיהֶם אֶחָד מֵהֶם לֹא נוֹתָר: וַיַּאֲמִינוּ בִדְבָרָיו יָשִׁירוּ תְּהִלָּתוֹ: מִהֲרוּ שָׁכְחוּ
מַעֲשָׂיו לֹא־חִכּוּ לַעֲצָתוֹ: וַיִּתְאַוּוּ תַאֲוָה בַּמִּדְבָּר וַיְנַסּוּ־אֵל בִּישִׁימוֹן: וַיִּתֵּן
לָהֶם שֶׁאֱלָתָם וַיְשַׁלַּח רָזוֹן בְּנַפְשָׁם: וַיְקַנְאוּ לְמֹשֶׁה בַּמַּחֲנֶה לְאַהֲרֹן קְדוֹשׁ
יְהוָה: תִּפְתַּח־אֶרֶץ וַתִּבְלַע דָּתָן וַתְּכַס עַל־עֲדַת אֲבִירָם: וַתִּבְעַר־אֵשׁ בַּעֲדָתָם
לֶהָבָה תְּלַהֵט רְשָׁעִים: יַעֲשׂוּ־עֵגֶל בְּחֹרֵב וַיִּשְׁתַּחֲווּ לְמַסֵּכָה: וַיָּמִירוּ אֶת־
כְּבוֹדָם בְּתַבְנִית שׁוֹר אֹכֵל עֵשֶׂב: שָׁכְחוּ אֵל מוֹשִׁיעָם עֹשֶׂה גְדֹלוֹת בְּמִצְרָיִם:
נִפְלָאוֹת בְּאֶרֶץ חָם נוֹרָאוֹת עַל־יַם־סוּף: וַיֹּאמֶר לְהַשְׁמִידָם לוּלֵי מֹשֶׁה בְחִירוֹ
עָמַד בַּפֶּרֶץ לְפָנָיו לְהָשִׁיב חֲמָתוֹ מֵהַשְׁחִית: וַיִּמְאֲסוּ בְּאֶרֶץ חֶמְדָּה לֹא־
הֶאֱמִינוּ לִדְבָרוֹ: וַיֵּרָגְנוּ בְאָהֳלֵיהֶם לֹא שָׁמְעוּ בְּקוֹל יְהוָה: וַיִּשָּׂא יָדוֹ לָהֶם

*כב לחודש

לְהַפִּיל אוֹתָם בַּמִּדְבָּר: וּלְהַפִּיל זַרְעָם בַּגּוֹיִם וּלְזָרוֹתָם בָּאֲרָצוֹת: וַיִּצָּמְדוּ
לְבַעַל פְּעוֹר וַיֹּאכְלוּ זִבְחֵי מֵתִים: וַיַּכְעִיסוּ בְּמַעַלְלֵיהֶם וַתִּפְרָץ־בָּם מַגֵּפָה:
וַיַּעֲמֹד פִּינְחָס וַיְפַלֵּל וַתֵּעָצַר הַמַּגֵּפָה: וַתֵּחָשֶׁב לוֹ לִצְדָקָה לְדֹר וָדֹר עַד־עוֹלָם:
וַיַּקְצִיפוּ עַל־מֵי מְרִיבָה וַיֵּרַע לְמֹשֶׁה בַּעֲבוּרָם: כִּי־הִמְרוּ אֶת־רוּחוֹ וַיְבַטֵּא
בִּשְׂפָתָיו: לֹא־הִשְׁמִידוּ אֶת־הָעַמִּים אֲשֶׁר אָמַר יְהוָה לָהֶם: וַיִּתְעָרְבוּ בַגּוֹיִם
וַיִּלְמְדוּ מַעֲשֵׂיהֶם: וַיַּעַבְדוּ אֶת־עֲצַבֵּיהֶם וַיִּהְיוּ לָהֶם לְמוֹקֵשׁ: וַיִּזְבְּחוּ אֶת־
בְּנֵיהֶם וְאֶת־בְּנוֹתֵיהֶם לַשֵּׁדִים: וַיִּשְׁפְּכוּ דָם נָקִי דַּם־בְּנֵיהֶם וּבְנוֹתֵיהֶם אֲשֶׁר
זִבְּחוּ לַעֲצַבֵּי כְנָעַן וַתֶּחֱנַף הָאָרֶץ בַּדָּמִים: וַיִּטְמְאוּ בְמַעֲשֵׂיהֶם וַיִּזְנוּ
בְּמַעַלְלֵיהֶם: וַיִּחַר־אַף יְהוָה בְּעַמּוֹ וַיְתָעֵב אֶת־נַחֲלָתוֹ: וַיִּתְּנֵם בְּיַד־גּוֹיִם
וַיִּמְשְׁלוּ בָהֶם שֹׂנְאֵיהֶם: וַיִּלְחָצוּם אוֹיְבֵיהֶם וַיִּכָּנְעוּ תַּחַת יָדָם: פְּעָמִים רַבּוֹת
יַצִּילֵם וְהֵמָּה יַמְרוּ בַעֲצָתָם וַיָּמֹכּוּ בַּעֲוֹנָם: וַיַּרְא בַּצַּר לָהֶם בְּשָׁמְעוֹ אֶת־רִנָּתָם:
וַיִּזְכֹּר לָהֶם בְּרִיתוֹ וַיִּנָּחֵם כְּרֹב חֲסָדָו: וַיִּתֵּן אוֹתָם לְרַחֲמִים לִפְנֵי כָּל־שׁוֹבֵיהֶם:
הוֹשִׁיעֵנוּ ׀ יְהוָה אֱלֹהֵינוּ וְקַבְּצֵנוּ מִן־הַגּוֹיִם לְהֹדוֹת לְשֵׁם קָדְשֶׁךָ לְהִשְׁתַּבֵּחַ
בִּתְהִלָּתֶךָ: בָּרוּךְ יְהוָה ׀ אֱלֹהֵי יִשְׂרָאֵל מִן־הָעוֹלָם ׀ וְעַד הָעוֹלָם וְאָמַר כָּל־
הָעָם אָמֵן הַלְלוּיָהּ:

ספר חמישי

*קז הֹדוּ לַיהוָה כִּי־טוֹב כִּי לְעוֹלָם חַסְדּוֹ: יֹאמְרוּ גְּאוּלֵי יְהוָה אֲשֶׁר גְּאָלָם מִיַּד־
צָר: וּמֵאֲרָצוֹת קִבְּצָם מִמִּזְרָח וּמִמַּעֲרָב מִצָּפוֹן וּמִיָּם: תָּעוּ בַמִּדְבָּר בִּישִׁימוֹן
דָּרֶךְ עִיר מוֹשָׁב לֹא מָצָאוּ: רְעֵבִים גַּם־צְמֵאִים נַפְשָׁם בָּהֶם תִּתְעַטָּף: וַיִּצְעֲקוּ
אֶל־יְהוָה בַּצַּר לָהֶם מִמְּצוּקוֹתֵיהֶם יַצִּילֵם: וַיַּדְרִיכֵם בְּדֶרֶךְ יְשָׁרָה לָלֶכֶת
אֶל־עִיר מוֹשָׁב: יוֹדוּ לַיהוָה חַסְדּוֹ וְנִפְלְאוֹתָיו לִבְנֵי אָדָם: כִּי־הִשְׂבִּיעַ נֶפֶשׁ
שֹׁקֵקָה וְנֶפֶשׁ רְעֵבָה מִלֵּא־טוֹב: יֹשְׁבֵי חֹשֶׁךְ וְצַלְמָוֶת אֲסִירֵי עֳנִי וּבַרְזֶל:
כִּי־הִמְרוּ אִמְרֵי־אֵל וַעֲצַת עֶלְיוֹן נָאָצוּ: וַיַּכְנַע בֶּעָמָל לִבָּם כָּשְׁלוּ וְאֵין
עֹזֵר: וַיִּזְעֲקוּ אֶל־יְהוָה בַּצַּר לָהֶם מִמְּצֻקוֹתֵיהֶם יוֹשִׁיעֵם: יוֹצִיאֵם מֵחֹשֶׁךְ
וְצַלְמָוֶת וּמוֹסְרוֹתֵיהֶם יְנַתֵּק: יוֹדוּ לַיהוָה חַסְדּוֹ וְנִפְלְאוֹתָיו לִבְנֵי אָדָם: כִּי־
שִׁבַּר דַּלְתוֹת נְחֹשֶׁת וּבְרִיחֵי בַרְזֶל גִּדֵּעַ: אֱוִלִים מִדֶּרֶךְ פִּשְׁעָם וּמֵעֲוֹנֹתֵיהֶם
יִתְעַנּוּ: כָּל־אֹכֶל תְּתַעֵב נַפְשָׁם וַיַּגִּיעוּ עַד־שַׁעֲרֵי מָוֶת: וַיִּזְעֲקוּ אֶל־יְהוָה בַּצַּר
לָהֶם מִמְּצֻקוֹתֵיהֶם יוֹשִׁיעֵם: יִשְׁלַח דְּבָרוֹ וְיִרְפָּאֵם וִימַלֵּט מִשְּׁחִיתוֹתָם: יוֹדוּ
לַיהוָה חַסְדּוֹ וְנִפְלְאוֹתָיו לִבְנֵי אָדָם: וְיִזְבְּחוּ זִבְחֵי תוֹדָה וִיסַפְּרוּ מַעֲשָׂיו

*ליום השישי

ברנה: ׆ יורדי הים באניות עשי מלאכה במים רבים: ׆ המה ראו
מעשי יהוה ונפלאותיו במצולה: ׆ ויאמר ויעמד רוח סערה ותרומם
גליו: ׆ יעלו שמים ירדו תהומות נפשם ברעה תתמוגג: ׆ יחוגו
וינועו כשכור וכל־חכמתם תתבלע: ׆ ויצעקו אל־יהוה בצר להם
וממצוקתיהם יוציאם: יקם סערה לדממה ויחשו גליהם: וישמחו כי־ישתקו
וינחם אל־מחוז חפצם: יודו ליהוה חסדו ונפלאותיו לבני אדם: וירוממוהו
בקהל־עם ובמושב זקנים יהללוהו: ישם נהרות למדבר ומצאי מים
לצמאון: ארץ פרי למלחה מרעת יושבי בה: ישם מדבר לאגם־מים וארץ
ציה למצאי מים: ויושב שם רעבים ויכוננו עיר מושב: ויזרעו שדות ויטעו
כרמים ויעשו פרי תבואה: ויברכם וירבו מאד ובהמתם לא ימעיט: וימעטו
וישחו מעצר רעה ויגון: ׆ שפך בוז על־נדיבים ויתעם בתהו לא־דרך:
וישגב אביון מעוני וישם כצאן משפחות: יראו ישרים וישמחו וכל־עולה
קפצה פיה: מי־חכם וישמר־אלה ויתבוננו חסדי יהוה:
קח* שיר מזמור לדוד: נכון לבי אלהים אשירה ואזמרה אף־כבודי: עורה הנבל
וכנור אעירה שחר: אודך בעמים ׀ יהוה ואזמרך בלאמים: כי־גדול מעל־
שמים חסדך ועד־שחקים אמתך: רומה על־שמים אלהים ועל כל־הארץ
כבודך: למען יחלצון ידידיך הושיעה ימינך ועננו: אלהים ׀ דבר בקדשו ועננֽי
אעלזה אחלקה שכם ועמק סכות אמדד: לי גלעד ׀ לי מנשה ואפרים מעוז
ראשי יהודה מחקקי: מואב ׀ סיר רחצי על־אדום אשליך נעלי עלי־פלשת
אתרועע: מי יבלני עיר מבצר מי נחני עד־אדום: הלא־אלהים זנחתנו
ולא־תצא אלהים בצבאתינו: הבה־לנו עזרת מצר ושוא תשועת אדם:
באלהים נעשה־חיל והוא יבוס צרינו:
קט למנצח לדוד מזמור אלהי תהלתי אל־תחרש: כי פי רשע ופי־מרמה עלי
פתחו דברו אתי לשון שקר: ודברי שנאה סבבוני וילחמוני חנם: תחת־
אהבתי ישטנוני ואני תפלה: וישימו עלי רעה תחת טובה ושנאה תחת
אהבתי: הפקד עליו רשע ושטן יעמד על־ימינו: בהשפטו יצא רשע
ותפלתו תהיה לחטאה: יהיו־ימיו מעטים פקדתו יקח אחר: יהיו־בניו
יתומים ואשתו אלמנה: ונוע ינועו בניו ושאלו ודרשו מחרבותיהם: ינקש
נושה לכל־אשר־לו ויבזו זרים יגיעו: אל־יהי־לו משך חסד ואל־יהי חונן

*כג לחודש

תהלים קט-קיב                                                                    972

לִיתוֹמָיו: יְהִי־אַחֲרִיתוֹ לְהַכְרִית בְּדוֹר אַחֵר יִמַּח שְׁמָם: יִזָּכֵר ׀ עֲוֹ֖ן אֲבֹתָיו
אֶל־יְהוָה וְחַטַּאת אִמּוֹ אַל־תִּמָּח: יִהְיוּ נֶגֶד־יְהוָה תָּמִיד וְיַכְרֵת מֵאֶרֶץ זִכְרָם:
יַעַן אֲשֶׁר ׀ לֹא זָכַר עֲשׂוֹת חָסֶד וַיִּרְדֹּף אִישׁ־עָנִי וְאֶבְיוֹן וְנִכְאֵה לֵבָב לְמוֹתֵת:
וַיֶּאֱהַב קְלָלָה וַתְּבוֹאֵהוּ וְלֹא־חָפֵץ בִּבְרָכָה וַתִּרְחַק מִמֶּנּוּ: וַיִּלְבַּשׁ קְלָלָה
כְּמַדּוֹ וַתָּבֹא כַמַּיִם בְּקִרְבּוֹ וְכַשֶּׁמֶן בְּעַצְמוֹתָיו: תְּהִי־לוֹ כְּבֶגֶד יַעְטֶה וּלְמֵזַח
תָּמִיד יַחְגְּרֶהָ: זֹאת ׀ פְּעֻלַּת שֹׂטְנַי מֵאֵת יְהוָה וְהַדֹּבְרִים רָע עַל־נַפְשִׁי: וְאַתָּה ׀
יֱהֹוִה אֲדֹנָי עֲשֵׂה־אִתִּי לְמַעַן שְׁמֶךָ כִּי־טוֹב חַסְדְּךָ הַצִּילֵנִי: כִּי־עָנִי וְאֶבְיוֹן
אָנֹכִי וְלִבִּי חָלַל בְּקִרְבִּי: כְּצֵל־כִּנְטוֹתוֹ נֶהֱלָכְתִּי נִנְעַרְתִּי כָּאַרְבֶּה: בִּרְכַּי כָּשְׁלוּ
מִצּוֹם וּבְשָׂרִי כָּחַשׁ מִשָּׁמֶן: וַאֲנִי ׀ הָיִיתִי חֶרְפָּה לָהֶם יִרְאוּנִי יְנִיעוּן רֹאשָׁם:
עָזְרֵנִי יְהוָה אֱלֹהָי הוֹשִׁיעֵנִי כְחַסְדֶּךָ: וְיֵדְעוּ כִּי־יָדְךָ זֹּאת אַתָּה יְהוָה עֲשִׂיתָהּ:
יְקַלְלוּ־הֵמָּה וְאַתָּה תְבָרֵךְ קָמוּ ׀ וַיֵּבֹשׁוּ וְעַבְדְּךָ יִשְׂמָח: יִלְבְּשׁוּ שׂוֹטְנַי כְּלִמָּה
וְיַעֲטוּ כִמְעִיל בָּשְׁתָּם: אוֹדֶה יְהוָה מְאֹד בְּפִי וּבְתוֹךְ רַבִּים אֲהַלְלֶנּוּ: כִּי־
יַעֲמֹד לִימִין אֶבְיוֹן לְהוֹשִׁיעַ מִשֹּׁפְטֵי נַפְשׁוֹ:

לְדָוִד מִזְמוֹר נְאֻם יְהוָה ׀ לַאדֹנִי שֵׁב לִימִינִי עַד־אָשִׁית אֹיְבֶיךָ הֲדֹם לְרַגְלֶיךָ: קי
מַטֵּה עֻזְּךָ יִשְׁלַח יְהוָה מִצִּיּוֹן רְדֵה בְּקֶרֶב אֹיְבֶיךָ: עַמְּךָ נְדָבֹת בְּיוֹם חֵילֶךָ
בְּהַדְרֵי־קֹדֶשׁ מֵרֶחֶם מִשְׁחָר לְךָ טַל יַלְדֻתֶיךָ: נִשְׁבַּע יְהוָה ׀ וְלֹא יִנָּחֵם אַתָּה־
כֹהֵן לְעוֹלָם עַל־דִּבְרָתִי מַלְכִּי־צֶדֶק: אֲדֹנָי עַל־יְמִינְךָ מָחַץ בְּיוֹם־אַפּוֹ מְלָכִים:
יָדִין בַּגּוֹיִם מָלֵא גְוִיּוֹת מָחַץ רֹאשׁ עַל־אֶרֶץ רַבָּה: מִנַּחַל בַּדֶּרֶךְ יִשְׁתֶּה עַל־
כֵּן יָרִים רֹאשׁ:

הַלְלוּיָהּ ׀ אוֹדֶה יְהוָה בְּכָל־לֵבָב בְּסוֹד יְשָׁרִים וְעֵדָה: גְּדֹלִים מַעֲשֵׂי יְהוָה קיא
דְּרוּשִׁים לְכָל־חֶפְצֵיהֶם: הוֹד־וְהָדָר פָּעֳלוֹ וְצִדְקָתוֹ עֹמֶדֶת לָעַד: זֵכֶר עָשָׂה
לְנִפְלְאֹתָיו חַנּוּן וְרַחוּם יְהוָה: טֶרֶף נָתַן לִירֵאָיו יִזְכֹּר לְעוֹלָם בְּרִיתוֹ: כֹּחַ
מַעֲשָׂיו הִגִּיד לְעַמּוֹ לָתֵת לָהֶם נַחֲלַת גּוֹיִם: מַעֲשֵׂי יָדָיו אֱמֶת וּמִשְׁפָּט נֶאֱמָנִים
כָּל־פִּקּוּדָיו: סְמוּכִים לָעַד לְעוֹלָם עֲשׂוּיִם בֶּאֱמֶת וְיָשָׁר: פְּדוּת ׀ שָׁלַח לְעַמּוֹ
צִוָּה־לְעוֹלָם בְּרִיתוֹ קָדוֹשׁ וְנוֹרָא שְׁמוֹ: רֵאשִׁית חָכְמָה ׀ יִרְאַת יְהוָה שֵׂכֶל
טוֹב לְכָל־עֹשֵׂיהֶם תְּהִלָּתוֹ עֹמֶדֶת לָעַד:

הַלְלוּיָהּ ׀ אַשְׁרֵי־אִישׁ יָרֵא אֶת־יְהוָה בְּמִצְוֹתָיו חָפֵץ מְאֹד: גִּבּוֹר בָּאָרֶץ קיב
יִהְיֶה זַרְעוֹ דּוֹר יְשָׁרִים יְבֹרָךְ: הוֹן־וָעֹשֶׁר בְּבֵיתוֹ וְצִדְקָתוֹ עֹמֶדֶת לָעַד: זָרַח
בַּחֹשֶׁךְ אוֹר לַיְשָׁרִים חַנּוּן וְרַחוּם וְצַדִּיק: טוֹב־אִישׁ חוֹנֵן וּמַלְוֶה יְכַלְכֵּל דְּבָרָיו

בְּמִשְׁפָּט׃ כִּֽי־לְעוֹלָם לֹא־יִמּוֹט לְזֵכֶר עוֹלָם יִהְיֶה צַדִּיק׃ מִשְּׁמוּעָה רָעָה לֹא
יִירָא נָכוֹן לִבּוֹ בָּטֻחַ בַּיהוה׃ סָמוּךְ לִבּוֹ לֹא יִירָא עַד אֲשֶׁר־יִרְאֶה בְצָרָיו׃ פִּזַּר ׀
נָתַן לָאֶבְיוֹנִים צִדְקָתוֹ עֹמֶדֶת לָעַד קַרְנוֹ תָּרוּם בְּכָבוֹד׃ רָשָׁע יִרְאֶה ׀ וְכָעָס
שִׁנָּיו יַחֲרֹק וְנָמָס תַּאֲוַת רְשָׁעִים תֹּאבֵד׃
קיג* הַלְלוּיָהּ ׀ הַלְלוּ עַבְדֵי יהוה הַלְלוּ אֶת־שֵׁם יהוה׃ יְהִי שֵׁם יהוה מְבֹרָךְ מֵעַתָּה
וְעַד־עוֹלָם׃ מִמִּזְרַח־שֶׁמֶשׁ עַד־מְבוֹאוֹ מְהֻלָּל שֵׁם יהוה׃ רָם עַל־כָּל־גּוֹיִם ׀
יהוה עַל הַשָּׁמַיִם כְּבוֹדוֹ׃ מִי כַּיהוה אֱלֹהֵינוּ הַמַּגְבִּיהִי לָשָׁבֶת׃ הַמַּשְׁפִּילִי
לִרְאוֹת בַּשָּׁמַיִם וּבָאָרֶץ׃ מְקִימִי מֵעָפָר דָּל מֵאַשְׁפֹּת יָרִים אֶבְיוֹן׃ לְהוֹשִׁיבִי
עִם־נְדִיבִים עִם נְדִיבֵי עַמּוֹ׃ מוֹשִׁיבִי ׀ עֲקֶרֶת הַבַּיִת אֵם־הַבָּנִים שְׂמֵחָה
הַלְלוּיָהּ׃
קיד בְּצֵאת יִשְׂרָאֵל מִמִּצְרָיִם בֵּית יַעֲקֹב מֵעַם לֹעֵז׃ הָיְתָה יְהוּדָה לְקָדְשׁוֹ יִשְׂרָאֵל
מַמְשְׁלוֹתָיו׃ הַיָּם רָאָה וַיָּנֹס הַיַּרְדֵּן יִסֹּב לְאָחוֹר׃ הֶהָרִים רָקְדוּ כְאֵילִים גְּבָעוֹת
כִּבְנֵי־צֹאן׃ מַה־לְּךָ הַיָּם כִּי תָנוּס הַיַּרְדֵּן תִּסֹּב לְאָחוֹר׃ הֶהָרִים תִּרְקְדוּ כְאֵילִים
גְּבָעוֹת כִּבְנֵי־צֹאן׃ מִלִּפְנֵי אָדוֹן חוּלִי אָרֶץ מִלִּפְנֵי אֱלוֹהַּ יַעֲקֹב׃ הַהֹפְכִי הַצּוּר
אֲגַם־מָיִם חַלָּמִישׁ לְמַעְיְנוֹ־מָיִם׃
קטו לֹא לָנוּ יהוה לֹא לָנוּ כִּי־לְשִׁמְךָ תֵּן כָּבוֹד עַל־חַסְדְּךָ עַל־אֲמִתֶּךָ׃ לָמָּה יֹאמְרוּ
הַגּוֹיִם אַיֵּה־נָא אֱלֹהֵיהֶם׃ וֵאלֹהֵינוּ בַשָּׁמָיִם כֹּל אֲשֶׁר־חָפֵץ עָשָׂה׃ עֲצַבֵּיהֶם
כֶּסֶף וְזָהָב מַעֲשֵׂה יְדֵי אָדָם׃ פֶּה־לָהֶם וְלֹא יְדַבֵּרוּ עֵינַיִם לָהֶם וְלֹא יִרְאוּ׃ אָזְנַיִם
לָהֶם וְלֹא יִשְׁמָעוּ אַף לָהֶם וְלֹא יְרִיחוּן׃ יְדֵיהֶם ׀ וְלֹא יְמִישׁוּן רַגְלֵיהֶם וְלֹא
יְהַלֵּכוּ לֹא־יֶהְגּוּ בִּגְרוֹנָם׃ כְּמוֹהֶם יִהְיוּ עֹשֵׂיהֶם כֹּל אֲשֶׁר־בֹּטֵחַ בָּהֶם׃ יִשְׂרָאֵל
בְּטַח בַּיהוה עֶזְרָם וּמָגִנָּם הוּא׃ בֵּית אַהֲרֹן בִּטְחוּ בַיהוה עֶזְרָם וּמָגִנָּם הוּא׃
יִרְאֵי יהוה בִּטְחוּ בַיהוה עֶזְרָם וּמָגִנָּם הוּא׃ יהוה זְכָרָנוּ יְבָרֵךְ יְבָרֵךְ אֶת־בֵּית
יִשְׂרָאֵל יְבָרֵךְ אֶת־בֵּית אַהֲרֹן׃ יְבָרֵךְ יִרְאֵי יהוה הַקְּטַנִּים עִם־הַגְּדֹלִים׃ יֹסֵף
יהוה עֲלֵיכֶם עֲלֵיכֶם וְעַל־בְּנֵיכֶם׃ בְּרוּכִים אַתֶּם לַיהוה עֹשֵׂה שָׁמַיִם וָאָרֶץ׃
הַשָּׁמַיִם שָׁמַיִם לַיהוה וְהָאָרֶץ נָתַן לִבְנֵי־אָדָם׃ לֹא הַמֵּתִים יְהַלְלוּ־יָהּ וְלֹא
כָּל־יֹרְדֵי דוּמָה׃ וַאֲנַחְנוּ ׀ נְבָרֵךְ יָהּ מֵעַתָּה וְעַד־עוֹלָם הַלְלוּיָהּ׃
קטז אָהַבְתִּי כִּי־יִשְׁמַע ׀ יהוה אֶת־קוֹלִי תַּחֲנוּנָי׃ כִּי־הִטָּה אָזְנוֹ לִי וּבְיָמַי אֶקְרָא׃
אֲפָפוּנִי ׀ חֶבְלֵי־מָוֶת וּמְצָרֵי שְׁאוֹל מְצָאוּנִי צָרָה וְיָגוֹן אֶמְצָא׃ וּבְשֵׁם־יהוה
אֶקְרָא אָנָּה יהוה מַלְּטָה נַפְשִׁי׃ חַנּוּן יהוה וְצַדִּיק וֵאלֹהֵינוּ מְרַחֵם׃ שֹׁמֵר

*כד לחודש

פְּתָאיִם יְהוָה דַּלּוֹתִי וְלִי יְהוֹשִׁיעַ: שׁוּבִי נַפְשִׁי לִמְנוּחָיְכִי כִּי־יְהוָה גָּמַל עָלָיְכִי:
כִּי חִלַּצְתָּ נַפְשִׁי מִמָּוֶת אֶת־עֵינִי מִן־דִּמְעָה אֶת־רַגְלִי מִדֶּחִי: אֶתְהַלֵּךְ לִפְנֵי
יְהוָה בְּאַרְצוֹת הַחַיִּים: הֶאֱמַנְתִּי כִּי אֲדַבֵּר אֲנִי עָנִיתִי מְאֹד: אֲנִי אָמַרְתִּי בְחָפְזִי
כָּל־הָאָדָם כֹּזֵב: מָה־אָשִׁיב לַיהוָה כָּל־תַּגְמוּלוֹהִי עָלָי: כּוֹס־יְשׁוּעוֹת אֶשָּׂא
וּבְשֵׁם יְהוָה אֶקְרָא: נְדָרַי לַיהוָה אֲשַׁלֵּם נֶגְדָה־נָּא לְכָל־עַמּוֹ: יָקָר בְּעֵינֵי יְהוָה
הַמָּוְתָה לַחֲסִידָיו: אָנָּה יְהוָה כִּי־אֲנִי עַבְדֶּךָ אֲנִי־עַבְדְּךָ בֶּן־אֲמָתֶךָ פִּתַּחְתָּ
לְמוֹסֵרָי: לְךָ־אֶזְבַּח זֶבַח תּוֹדָה וּבְשֵׁם יְהוָה אֶקְרָא: נְדָרַי לַיהוָה אֲשַׁלֵּם
נֶגְדָה־נָּא לְכָל־עַמּוֹ: בְּחַצְרוֹת | בֵּית יְהוָה בְּתוֹכֵכִי יְרוּשָׁלִָם הַלְלוּיָהּ:
קיז הַלְלוּ אֶת־יְהוָה כָּל־גּוֹיִם שַׁבְּחוּהוּ כָּל־הָאֻמִּים: כִּי גָבַר עָלֵינוּ | חַסְדּוֹ וֶאֱמֶת־
יְהוָה לְעוֹלָם הַלְלוּיָהּ:
קיח הוֹדוּ לַיהוָה כִּי־טוֹב כִּי לְעוֹלָם חַסְדּוֹ: יֹאמַר־נָא יִשְׂרָאֵל כִּי לְעוֹלָם חַסְדּוֹ:
יֹאמְרוּ־נָא בֵית־אַהֲרֹן כִּי לְעוֹלָם חַסְדּוֹ: יֹאמְרוּ־נָא יִרְאֵי יְהוָה כִּי לְעוֹלָם
חַסְדּוֹ: מִן־הַמֵּצַר קָרָאתִי יָּהּ עָנָנִי בַמֶּרְחָב יָהּ: יְהוָה לִי לֹא אִירָא מַה־יַּעֲשֶׂה
לִי אָדָם: יְהוָה לִי בְּעֹזְרָי וַאֲנִי אֶרְאֶה בְשֹׂנְאָי: טוֹב לַחֲסוֹת בַּיהוָה מִבְּטֹחַ
בָּאָדָם: טוֹב לַחֲסוֹת בַּיהוָה מִבְּטֹחַ בִּנְדִיבִים: כָּל־גּוֹיִם סְבָבוּנִי בְּשֵׁם יְהוָה
כִּי אֲמִילַם: סַבּוּנִי גַם־סְבָבוּנִי בְּשֵׁם יְהוָה כִּי אֲמִילַם: סַבּוּנִי כִדְבֹרִים דֹּעֲכוּ
כְּאֵשׁ קוֹצִים בְּשֵׁם יְהוָה כִּי אֲמִילַם: דַּחֹה דְחִיתַנִי לִנְפֹּל וַיהוָה עֲזָרָנִי: עָזִּי
וְזִמְרָת יָהּ וַיְהִי־לִי לִישׁוּעָה: קוֹל | רִנָּה וִישׁוּעָה בְּאָהֳלֵי צַדִּיקִים יְמִין יְהוָה
עֹשָׂה חָיִל: יְמִין יְהוָה רוֹמֵמָה יְמִין יְהוָה עֹשָׂה חָיִל: לֹא־אָמוּת כִּי־אֶחְיֶה
וַאֲסַפֵּר מַעֲשֵׂי יָהּ: יַסֹּר יִסְּרַנִּי יָּהּ וְלַמָּוֶת לֹא נְתָנָנִי: פִּתְחוּ־לִי שַׁעֲרֵי־צֶדֶק
אָבֹא־בָם אוֹדֶה יָהּ: זֶה־הַשַּׁעַר לַיהוָה צַדִּיקִים יָבֹאוּ בוֹ: אוֹדְךָ כִּי עֲנִיתָנִי
וַתְּהִי־לִי לִישׁוּעָה: אֶבֶן מָאֲסוּ הַבּוֹנִים הָיְתָה לְרֹאשׁ פִּנָּה: מֵאֵת יְהוָה הָיְתָה
זֹּאת הִיא נִפְלָאת בְּעֵינֵינוּ: זֶה־הַיּוֹם עָשָׂה יְהוָה נָגִילָה וְנִשְׂמְחָה בוֹ: אָנָּא
יְהוָה הוֹשִׁיעָה נָּא אָנָּא יְהוָה הַצְלִיחָה נָּא: בָּרוּךְ הַבָּא בְּשֵׁם יְהוָה בֵּרַכְנוּכֶם
מִבֵּית יְהוָה: אֵל | יְהוָה וַיָּאֶר לָנוּ אִסְרוּ־חַג בַּעֲבֹתִים עַד־קַרְנוֹת הַמִּזְבֵּחַ:
אֵלִי אַתָּה וְאוֹדֶךָּ אֱלֹהַי אֲרוֹמְמֶךָּ: הוֹדוּ לַיהוָה כִּי־טוֹב כִּי לְעוֹלָם חַסְדּוֹ:
*קיט אַשְׁרֵי תְמִימֵי־דָרֶךְ הַהֹלְכִים בְּתוֹרַת יְהוָה: אַשְׁרֵי נֹצְרֵי עֵדֹתָיו בְּכָל־לֵב
יִדְרְשׁוּהוּ: אַף לֹא־פָעֲלוּ עַוְלָה בִּדְרָכָיו הָלָכוּ: אַתָּה צִוִּיתָה פִקֻּדֶיךָ לִשְׁמֹר
מְאֹד: אַחֲלַי יִכֹּנוּ דְרָכָי לִשְׁמֹר חֻקֶּיךָ: אָז לֹא־אֵבוֹשׁ בְּהַבִּיטִי אֶל־כָּל־מִצְוֹתֶיךָ:

*כה לחודש

אוֹדְךָ בְּיֹשֶׁר לֵבָב בְּלָמְדִי מִשְׁפְּטֵי צִדְקֶךָ: אֶת־חֻקֶּיךָ אֶשְׁמֹר אַל־תַּעַזְבֵנִי
עַד־מְאֹד:
בַּמֶּה יְזַכֶּה־נַּעַר אֶת־אָרְחוֹ לִשְׁמֹר כִּדְבָרֶךָ: בְּכָל־לִבִּי דְרַשְׁתִּיךָ אַל־תַּשְׁגֵּנִי
מִמִּצְוֺתֶיךָ: בְּלִבִּי צָפַנְתִּי אִמְרָתֶךָ לְמַעַן לֹא אֶחֱטָא־לָךְ: בָּרוּךְ אַתָּה יהוה
לַמְּדֵנִי חֻקֶּיךָ: בִּשְׂפָתַי סִפַּרְתִּי כֹּל מִשְׁפְּטֵי־פִיךָ: בְּדֶרֶךְ עֵדְוֺתֶיךָ שַׂשְׂתִּי כְּעַל
כָּל־הוֹן: בְּפִקֻּדֶיךָ אָשִׂיחָה וְאַבִּיטָה אֹרְחֹתֶיךָ: בְּחֻקֹּתֶיךָ אֶשְׁתַּעֲשָׁע לֹא
אֶשְׁכַּח דְּבָרֶךָ:
גְּמֹל עַל־עַבְדְּךָ אֶחְיֶה וְאֶשְׁמְרָה דְבָרֶךָ: גַּל־עֵינַי וְאַבִּיטָה נִפְלָאוֹת מִתּוֹרָתֶךָ:
גֵּר אָנֹכִי בָאָרֶץ אַל־תַּסְתֵּר מִמֶּנִּי מִצְוֺתֶיךָ: גָּרְסָה נַפְשִׁי לְתַאֲבָה אֶל־מִשְׁפָּטֶיךָ
בְכָל־עֵת: גָּעַרְתָּ זֵדִים אֲרוּרִים הַשֹּׁגִים מִמִּצְוֺתֶיךָ: גַּל מֵעָלַי חֶרְפָּה וָבוּז כִּי
עֵדֹתֶיךָ נָצָרְתִּי: גַּם יָשְׁבוּ שָׂרִים בִּי נִדְבָּרוּ עַבְדְּךָ יָשִׂיחַ בְּחֻקֶּיךָ: גַּם־עֵדֹתֶיךָ
שַׁעֲשֻׁעָי אַנְשֵׁי עֲצָתִי:
דָּבְקָה לֶעָפָר נַפְשִׁי חַיֵּנִי כִּדְבָרֶךָ: דְּרָכַי סִפַּרְתִּי וַתַּעֲנֵנִי לַמְּדֵנִי חֻקֶּיךָ: דֶּרֶךְ־
פִּקּוּדֶיךָ הֲבִינֵנִי וְאָשִׂיחָה בְּנִפְלְאוֹתֶיךָ: דָּלְפָה נַפְשִׁי מִתּוּגָה קַיְּמֵנִי כִּדְבָרֶךָ:
דֶּרֶךְ־שֶׁקֶר הָסֵר מִמֶּנִּי וְתוֹרָתְךָ חָנֵּנִי: דֶּרֶךְ־אֱמוּנָה בָחָרְתִּי מִשְׁפָּטֶיךָ שִׁוִּיתִי:
דָּבַקְתִּי בְעֵדְוֺתֶיךָ יהוה אַל־תְּבִישֵׁנִי: דֶּרֶךְ־מִצְוֺתֶיךָ אָרוּץ כִּי תַרְחִיב לִבִּי:
הוֹרֵנִי יהוה דֶּרֶךְ חֻקֶּיךָ וְאֶצְּרֶנָּה עֵקֶב: הֲבִינֵנִי וְאֶצְּרָה תוֹרָתֶךָ וְאֶשְׁמְרֶנָּה
בְכָל־לֵב: הַדְרִיכֵנִי בִּנְתִיב מִצְוֺתֶיךָ כִּי־בוֹ חָפָצְתִּי: הַט־לִבִּי אֶל־עֵדְוֺתֶיךָ
וְאַל אֶל־בָּצַע: הַעֲבֵר עֵינַי מֵרְאוֹת שָׁוְא בִּדְרָכֶךָ חַיֵּנִי: הָקֵם לְעַבְדְּךָ אִמְרָתֶךָ
אֲשֶׁר לְיִרְאָתֶךָ: הַעֲבֵר חֶרְפָּתִי אֲשֶׁר יָגֹרְתִּי כִּי מִשְׁפָּטֶיךָ טוֹבִים: הִנֵּה תָּאַבְתִּי
לְפִקֻּדֶיךָ בְּצִדְקָתְךָ חַיֵּנִי:
וִיבֹאֻנִי חֲסָדֶךָ יהוה תְּשׁוּעָתְךָ כְּאִמְרָתֶךָ: וְאֶעֱנֶה חֹרְפִי דָבָר כִּי־בָטַחְתִּי
בִּדְבָרֶךָ: וְאַל־תַּצֵּל מִפִּי דְבַר־אֱמֶת עַד־מְאֹד כִּי לְמִשְׁפָּטֶךָ יִחָלְתִּי: וְאֶשְׁמְרָה
תוֹרָתְךָ תָמִיד לְעוֹלָם וָעֶד: וְאֶתְהַלְּכָה בָרְחָבָה כִּי פִקֻּדֶיךָ דָרָשְׁתִּי: וַאֲדַבְּרָה
בְעֵדֹתֶיךָ נֶגֶד מְלָכִים וְלֹא אֵבוֹשׁ: וְאֶשְׁתַּעֲשַׁע בְּמִצְוֺתֶיךָ אֲשֶׁר אָהָבְתִּי: וְאֶשָּׂא־
כַפַּי אֶל־מִצְוֺתֶיךָ אֲשֶׁר אָהָבְתִּי וְאָשִׂיחָה בְחֻקֶּיךָ:
זְכָר־דָּבָר לְעַבְדֶּךָ עַל אֲשֶׁר יִחַלְתָּנִי: זֹאת נֶחָמָתִי בְעָנְיִי כִּי אִמְרָתְךָ חִיָּתְנִי:
זֵדִים הֱלִיצֻנִי עַד־מְאֹד מִתּוֹרָתְךָ לֹא נָטִיתִי: זָכַרְתִּי מִשְׁפָּטֶיךָ מֵעוֹלָם ׀ יהוה
וָאֶתְנֶחָם: זַלְעָפָה אֲחָזַתְנִי מֵרְשָׁעִים עֹזְבֵי תּוֹרָתֶךָ: זְמִרוֹת הָיוּ־לִי חֻקֶּיךָ

בְּבֵית מְגוּרָי: זָכַ֖רְתִּי בַלַּ֣יְלָה שִׁמְךָ֣ יְהֹוָ֑ה וָ֝אֶשְׁמְרָ֗ה תּוֹרָתֶֽךָ: זֹ֣את הָֽיְתָה־לִּ֑י
כִּ֖י פִקֻּדֶ֣יךָ נָצָֽרְתִּי:

חֶלְקִ֖י יְהֹוָ֣ה אָמַ֑רְתִּי לִשְׁמֹ֥ר דְּבָרֶֽיךָ: חִלִּ֣יתִי פָנֶ֣יךָ בְכָל־לֵ֑ב חׇ֝נֵּ֗נִי כְּאִמְרָתֶֽךָ:
חִשַּׁ֥בְתִּי דְרָכָ֑י וָאָשִׁ֥יבָה רַ֝גְלַ֗י אֶל־עֵֽדֹתֶֽיךָ: חַ֖שְׁתִּי וְלֹ֣א הִתְמַהְמָ֑הְתִּי לִ֝שְׁמֹ֗ר
מִצְוֺתֶֽיךָ: חֶבְלֵ֣י רְשָׁעִ֣ים עִוְּדֻ֑נִי תּֽ֝וֹרָתְךָ֗ לֹ֣א שָׁכָֽחְתִּי: חֲצֽוֹת־לַ֗יְלָה אָ֭קוּם
לְהוֹד֣וֹת לָ֑ךְ עַ֝֗ל מִשְׁפְּטֵ֥י צִדְקֶֽךָ: חָבֵ֣ר אָ֭נִי לְכׇל־אֲשֶׁ֣ר יְרֵא֑וּךָ וּ֝לְשֹׁמְרֵ֗י פִּקּוּדֶֽיךָ:
חַסְדְּךָ֣ יְ֭הֹוָה מָֽלְאָ֣ה הָאָ֑רֶץ חֻקֶּ֥יךָ לַמְּדֵֽנִי:

ט֤וֹב עָשִׂ֥יתָ עִֽם־עַבְדְּךָ֑ יְ֝הֹוָ֗ה כִּדְבָרֶֽךָ: ט֤וּב טַ֣עַם וָדַ֣עַת לַמְּדֵ֑נִי כִּ֖י בְמִצְוֺתֶ֣יךָ
הֶֽאֱמָֽנְתִּי: טֶ֣רֶם אֶ֭עֱנֶה אֲנִ֣י שֹׁגֵ֑ג וְ֝עַתָּ֗ה אִמְרָֽתְךָ֥ שָׁמָֽרְתִּי: טֽוֹב־אַתָּ֥ה וּמֵטִ֗יב
לַמְּדֵ֥נִי חֻקֶּֽיךָ: טָפְל֬וּ עָלַ֣י שֶׁ֣קֶר זֵדִ֑ים אֲ֝נִ֗י בְּכׇל־לֵ֤ב ׀ אֶצֹּ֬ר פִּקּוּדֶֽיךָ: טָפַ֣שׁ כַּחֵ֣לֶב
לִבָּ֑ם אֲ֝נִ֗י תּוֹרָֽתְךָ֥ שִׁעֲשָֽׁעְתִּי: טֽוֹב־לִ֥י כִֽי־עֻנֵּ֑יתִי לְ֝מַ֗עַן אֶלְמַ֥ד חֻקֶּֽיךָ: טֽוֹב־לִ֥י
תֽוֹרַת־פִּ֑יךָ מֵ֝אַלְפֵ֗י זָהָ֥ב וָכָֽסֶף:

יָדֶ֣יךָ עָ֭שׂוּנִי וַֽיְכוֹנְנ֑וּנִי הֲ֝בִינֵ֗נִי וְאֶלְמְדָ֥ה מִצְוֺתֶֽיךָ: יְ֭רֵאֶיךָ יִרְא֣וּנִי וְיִשְׂמָ֑חוּ כִּ֖י
לִדְבָֽרְךָ֣ יִחָֽלְתִּי: יָדַ֣עְתִּי יְ֭הֹוָה כִּי־צֶ֣דֶק מִשְׁפָּטֶ֑יךָ וֶ֝אֱמוּנָ֗ה עִנִּיתָֽנִי: יְהִי־נָ֣א
חַסְדְּךָ֣ לְנַחֲמֵ֑נִי כְּאִמְרָֽתְךָ֥ לְעַבְדֶּֽךָ: יְבֹא֣וּנִי רַחֲמֶ֣יךָ וְאֶֽחְיֶ֑ה כִּי־תֽ֝וֹרָתְךָ֗ שַׁעֲשֻׁעָֽי:
וְיֵדַ֥יְ    יֵבֹ֣שׁוּ זֵ֭דִים כִּי־שֶׁ֣קֶר עִוְּת֑וּנִי אֲ֝נִ֗י אָשִׂ֥יחַ בְּפִקּוּדֶֽיךָ: יָשׁ֣וּבוּ לִ֣י יְרֵאֶ֑יךָ וְ֝יֹדְעֵ֗י
עֵדֹתֶֽיךָ: יְהִי־לִבִּ֣י תָמִ֣ים בְּחֻקֶּ֑יךָ לְ֝מַ֗עַן לֹ֣א אֵבֽוֹשׁ:

כָּלְתָ֣ה לִתְשֽׁוּעָֽתְךָ֣ נַפְשִׁ֑י לִדְבָֽרְךָ֥ יִחָֽלְתִּי: כָּל֣וּ עֵ֭ינַי לְאִמְרָתֶ֑ךָ לֵ֝אמֹ֗ר מָתַ֥י
תְּֽנַחֲמֵֽנִי: כִּֽי־הָ֭יִיתִי כְּנֹ֣אד בְּקִיט֑וֹר חֻ֝קֶּ֗יךָ לֹ֣א שָׁכָֽחְתִּי: כַּמָּ֥ה יְמֵֽי־עַבְדֶּ֑ךָ מָתַ֬י
תַּעֲשֶׂ֖ה בְרֹדְפַ֣י מִשְׁפָּֽט: כָּֽרוּ־לִ֣י זֵדִ֣ים שִׁיח֑וֹת אֲ֝שֶׁ֗ר לֹ֣א כְתוֹרָתֶֽךָ: כׇּל־מִצְוֺתֶ֥יךָ
אֱמוּנָ֑ה שֶׁ֖קֶר רְדָפ֣וּנִי עׇזְרֵֽנִי: כִּ֭מְעַט כִּלּ֣וּנִי בָאָ֑רֶץ וַ֝אֲנִ֗י לֹֽא־עָזַ֥בְתִּי פִקֻּדֶֽיךָ:
כְּחַסְדְּךָ֥ חַיֵּ֑נִי וְ֝אֶשְׁמְרָ֗ה עֵד֥וּת פִּֽיךָ:

לְעוֹלָ֥ם יְהֹוָ֑ה דְּ֝בָרְךָ֗ נִצָּ֥ב בַּשָּׁמָֽיִם: לְדֹ֣ר וָ֭דֹר אֱמֽוּנָתֶ֑ךָ כּוֹנַ֥נְתָּ אֶ֝֗רֶץ וַֽתַּעֲמֹֽד:
לְֽ֭מִשְׁפָּטֶיךָ עָמְד֣וּ הַיּ֑וֹם כִּ֖י הַכֹּ֣ל עֲבָדֶֽיךָ: לוּלֵ֣י תֽ֭וֹרָתְךָ שַׁעֲשֻׁעָ֑י אָ֝֗ז אָבַ֥דְתִּי
בְעׇנְיִֽי: לְ֭עוֹלָם לֹא־אֶשְׁכַּ֣ח פִּקּוּדֶ֑יךָ כִּ֥י בָ֝֗ם חִיִּיתָֽנִי: לְךָֽ־אֲ֭נִי הוֹשִׁיעֵ֑נִי כִּ֖י פִקּוּדֶ֣יךָ
דָרָֽשְׁתִּי: לִ֤י קִוּ֣וּ רְשָׁעִ֣ים לְאַבְּדֵ֑נִי עֵ֝דֹתֶ֗יךָ אֶתְבּוֹנָֽן: לְכׇל־תִּ֭כְלָה רָאִ֣יתִי קֵ֑ץ
רְחָבָ֖ה מִצְוָֽתְךָ֣ מְאֹֽד:

מָֽה־אָהַ֥בְתִּי תוֹרָתֶ֑ךָ כׇּל־הַ֝יּ֗וֹם הִ֣יא שִׂיחָתִֽי: מֵ֭אֹיְבַי תְּחַכְּמֵ֣נִי מִצְוֺתֶ֑ךָ כִּ֖י לְעוֹלָ֣ם
הִיא־לִֽי: מִכׇּל־מְלַמְּדַ֥י הִשְׂכַּ֑לְתִּי כִּ֥י עֵ֝דְוֺתֶ֗יךָ שִׂ֣יחָה לִֽי: מִזְּקֵנִ֥ים אֶתְבּוֹנָ֑ן כִּ֖י

————————

*כ״ו לחודש

פִּקּוּדֶיךָ נָצָרְתִּי: מִכׇּל־אֹרַח רָע כָּלִאתִי רַגְלָי לְמַעַן אֶשְׁמֹר דְּבָרֶךָ: מִמִּשְׁפָּטֶיךָ לֹא־סָרְתִּי כִּי־אַתָּה הוֹרֵתָנִי: מַה־נִּמְלְצוּ לְחִכִּי אִמְרָתֶךָ מִדְּבַשׁ לְפִי: מִפִּקּוּדֶיךָ אֶתְבּוֹנָן עַל־כֵּן שָׂנֵאתִי ׀ כׇּל־אֹרַח שָׁקֶר:

נֵר־לְרַגְלִי דְבָרֶךָ וְאוֹר לִנְתִיבָתִי: נִשְׁבַּעְתִּי וָאֲקַיֵּמָה לִשְׁמֹר מִשְׁפְּטֵי צִדְקֶךָ: נַעֲנֵיתִי עַד־מְאֹד יְהוָה חַיֵּנִי כִדְבָרֶךָ: נִדְבוֹת פִּי רְצֵה־נָא יְהוָה וּמִשְׁפָּטֶיךָ לַמְּדֵנִי: נַפְשִׁי בְכַפִּי תָמִיד וְתוֹרָתְךָ לֹא שָׁכָחְתִּי: נָתְנוּ רְשָׁעִים פַּח לִי וּמִפִּקּוּדֶיךָ לֹא תָעִיתִי: נָחַלְתִּי עֵדְוֺתֶיךָ לְעוֹלָם כִּי־שְׂשׂוֹן לִבִּי הֵמָּה: נָטִיתִי לִבִּי לַעֲשׂוֹת חֻקֶּיךָ לְעוֹלָם עֵקֶב:

סֵעֲפִים שָׂנֵאתִי וְתוֹרָתְךָ אָהָבְתִּי: סִתְרִי וּמָגִנִּי אָתָּה לִדְבָרְךָ יִחָלְתִּי: סוּרוּ מִמֶּנִּי מְרֵעִים וְאֶצְּרָה מִצְוֺת אֱלֹהָי: סָמְכֵנִי כְאִמְרָתְךָ וְאֶחְיֶה וְאַל־תְּבִישֵׁנִי מִשִּׂבְרִי: סְעָדֵנִי וְאִוָּשֵׁעָה וְאֶשְׁעָה בְחֻקֶּיךָ תָמִיד: סָלִיתָ כׇּל־שׁוֹגִים מֵחֻקֶּיךָ כִּי־שֶׁקֶר תַּרְמִיתָם: סִגִים הִשְׁבַּתָּ כׇל־רִשְׁעֵי־אָרֶץ לָכֵן אָהַבְתִּי עֵדֹתֶיךָ: סָמַר מִפַּחְדְּךָ בְשָׂרִי וּמִמִּשְׁפָּטֶיךָ יָרֵאתִי:

עָשִׂיתִי מִשְׁפָּט וָצֶדֶק בַּל־תַּנִּיחֵנִי לְעֹשְׁקָי: עֲרֹב עַבְדְּךָ לְטוֹב אַל־יַעַשְׁקֻנִי זֵדִים: עֵינַי כָּלוּ לִישׁוּעָתֶךָ וּלְאִמְרַת צִדְקֶךָ: עֲשֵׂה עִם־עַבְדְּךָ כְחַסְדֶּךָ וְחֻקֶּיךָ לַמְּדֵנִי: עַבְדְּךָ־אָנִי הֲבִינֵנִי וְאֵדְעָה עֵדֹתֶיךָ: עֵת לַעֲשׂוֹת לַיהוָה הֵפֵרוּ תּוֹרָתֶךָ: עַל־כֵּן אָהַבְתִּי מִצְוֺתֶיךָ מִזָּהָב וּמִפָּז: עַל־כֵּן ׀ כׇּל־פִּקּוּדֵי כֹל יִשָּׁרְתִּי כׇּל־אֹרַח שֶׁקֶר שָׂנֵאתִי:

פְּלָאוֹת עֵדְוֺתֶיךָ עַל־כֵּן נְצָרָתַם נַפְשִׁי: פֵּתַח־דְּבָרֶיךָ יָאִיר מֵבִין פְּתָיִים: פִּי־פָעַרְתִּי וָאֶשְׁאָפָה כִּי לְמִצְוֺתֶיךָ יָאָבְתִּי: פְּנֵה־אֵלַי וְחׇנֵּנִי כְּמִשְׁפָּט לְאֹהֲבֵי שְׁמֶךָ: פְּעָמַי הָכֵן בְּאִמְרָתֶךָ וְאַל־תַּשְׁלֶט־בִּי כׇל־אָוֶן: פְּדֵנִי מֵעֹשֶׁק אָדָם וְאֶשְׁמְרָה פִּקּוּדֶיךָ: פָּנֶיךָ הָאֵר בְּעַבְדֶּךָ וְלַמְּדֵנִי אֶת־חֻקֶּיךָ: פַּלְגֵי־מַיִם יָרְדוּ עֵינָי עַל לֹא־שָׁמְרוּ תוֹרָתֶךָ:

צַדִּיק אַתָּה יְהוָה וְיָשָׁר מִשְׁפָּטֶיךָ: צִוִּיתָ צֶדֶק עֵדֹתֶיךָ וֶאֱמוּנָה מְאֹד: צִמְּתַתְנִי קִנְאָתִי כִּי־שָׁכְחוּ דְבָרֶיךָ צָרָי: צְרוּפָה אִמְרָתְךָ מְאֹד וְעַבְדְּךָ אֲהֵבָהּ: צָעִיר אָנֹכִי וְנִבְזֶה פִּקֻּדֶיךָ לֹא שָׁכָחְתִּי: צִדְקָתְךָ צֶדֶק לְעוֹלָם וְתוֹרָתְךָ אֱמֶת: צַר־וּמָצוֹק מְצָאוּנִי מִצְוֺתֶיךָ שַׁעֲשֻׁעָי: צֶדֶק עֵדְוֺתֶיךָ לְעוֹלָם הֲבִינֵנִי וְאֶחְיֶה:

קָרָאתִי בְכׇל־לֵב עֲנֵנִי יְהוָה חֻקֶּיךָ אֶצֹּרָה: קְרָאתִיךָ הוֹשִׁיעֵנִי וְאֶשְׁמְרָה עֵדֹתֶיךָ: קִדַּמְתִּי בַנֶּשֶׁף וָאֲשַׁוֵּעָה לִדְבָרְיךָ יִחָלְתִּי: קִדְּמוּ עֵינַי אַשְׁמֻרוֹת לִדְבָרְךָ

לָשִׂ֥יחַ בְּאִמְרָתֶֽךָ: קוֹלִ֣י שִׁמְעָ֣ה כְחַסְדֶּ֑ךָ יְ֝הוָ֗ה כְּֽמִשְׁפָּטֶ֥ךָ חַיֵּֽנִי: קָֽרְב֣וּ רֹדְפֵ֣י
זִמָּ֑ה מִתּוֹרָֽתְךָ֥ רָחָֽקוּ: קָר֣וֹב אַתָּ֣ה יְהוָ֑ה וְֽכָל־מִצְוֺתֶ֥יךָ אֱמֶֽת: קֶ֣דֶם יָ֭דַעְתִּי
מֵעֵדֹתֶ֑יךָ כִּ֖י לְעוֹלָ֣ם יְסַדְתָּֽם:
רְאֵֽה־עָנְיִ֥י וְחַלְּצֵ֑נִי כִּי־תֽוֹרָתְךָ֥ לֹ֣א שָׁכָֽחְתִּי: רִיבָ֣ה רִ֭יבִי וּגְאָלֵ֑נִי לְאִמְרָתְךָ֥ חַיֵּֽנִי:
רָח֣וֹק מֵרְשָׁעִ֣ים יְשׁוּעָ֑ה כִּֽי־חֻ֝קֶּ֗יךָ לֹ֣א דָרָֽשׁוּ: רַחֲמֶ֖יךָ רַבִּ֥ים ׀ יְהוָ֑ה כְּֽמִשְׁפָּטֶ֥יךָ
חַיֵּֽנִי: רַ֭בִּים רֹדְפַ֣י וְצָרָ֑י מֵ֝עֵדְוֺתֶ֗יךָ לֹ֣א נָטִֽיתִי: רָאִ֣יתִי בֹ֭גְדִים וָֽאֶתְקוֹטָ֑טָה
אֲשֶׁ֥ר אִמְרָתְךָ֗ לֹ֣א שָׁמָֽרוּ: רְ֭אֵה כִּֽי־פִקּוּדֶ֣יךָ אָהָ֑בְתִּי יְ֝הוָ֗ה כְּֽחַסְדְּךָ֥ חַיֵּֽנִי:
רֹאשׁ־דְּבָרְךָ֥ אֱמֶ֑ת וּ֝לְעוֹלָ֗ם כָּל־מִשְׁפַּ֥ט צִדְקֶֽךָ:
שָׂרִ֣ים רְ֭דָפוּנִי חִנָּ֑ם וּמִדְּבָֽרְךָ֥ [וּמִדְּבָ֨רְךָ֙] פָּחַ֣ד לִבִּֽי: שָׂ֣שׂ אָ֭נֹכִֽי עַל־אִמְרָתֶ֑ךָ כְּ֝מוֹצֵ֗א שָׁלָ֥ל
רָֽב: שֶׁ֣קֶר שָׂ֭נֵאתִי וַאֲתַעֵ֑בָה תּֽוֹרָתְךָ֥ אָהָֽבְתִּי: שֶׁ֣בַע בַּ֭יּוֹם הִלַּלְתִּ֑יךָ עַ֝֗ל מִשְׁפְּטֵ֥י
צִדְקֶֽךָ: שָׁל֣וֹם רָ֭ב לְאֹהֲבֵ֣י תוֹרָתֶ֑ךָ וְאֵֽין־לָ֥מוֹ מִכְשֽׁוֹל: שִׂבַּ֣רְתִּי לִישֽׁוּעָתְךָ֥
יְהוָ֑ה וּֽמִצְוֺתֶ֥יךָ עָשִֽׂיתִי: שָֽׁמְרָ֣ה נַ֭פְשִׁי עֵדֹתֶ֑יךָ וָאֹהֲבֵ֥ם מְאֹֽד: שָׁמַ֣רְתִּי פִ֭קּוּדֶיךָ
וְעֵדֹתֶ֑יךָ כִּ֖י כָל־דְּרָכַ֣י נֶגְדֶּֽךָ:
תִּקְרַ֤ב רִנָּתִ֣י לְפָנֶ֣יךָ יְהוָ֑ה כִּדְבָרְךָ֥ הֲבִינֵֽנִי: תָּב֣וֹא תְּחִנָּתִ֣י לְפָנֶ֑יךָ כְּ֝אִמְרָתְךָ֗
הַצִּילֵֽנִי: תַּבַּ֣עְנָה שְׂפָתַ֣י תְּהִלָּ֑ה כִּ֖י תְלַמְּדֵ֣נִי חֻקֶּֽיךָ: תַּ֤עַן לְשׁוֹנִ֗י אִמְרָתֶ֥ךָ כִּ֖י
כָל־מִצְוֺתֶ֣יךָ צֶּֽדֶק: תְּהִי־יָדְךָ֥ לְעָזְרֵ֑נִי כִּ֖י פִקּוּדֶ֣יךָ בָחָֽרְתִּי: תָּאַ֣בְתִּי לִישֽׁוּעָתְךָ֥
יְהוָ֑ה וְ֝תֽוֹרָתְךָ֗ שַׁעֲשֻׁעָֽי: תְּֽחִי־נַ֭פְשִׁי וּֽתְהַֽלְלֶ֑ךָּ וּֽמִשְׁפָּטֶ֥ךָ יַעֲזְרֻֽנִי: תָּעִ֗יתִי כְּשֶׂ֣ה
אֹ֭בֵד בַּקֵּ֣שׁ עַבְדֶּ֑ךָ כִּ֥י מִ֝צְוֺתֶ֗יךָ לֹ֣א שָׁכָֽחְתִּי:
שִׁ֗יר הַֽמַּ֫עֲל֥וֹת אֶל־יְ֭הוָה בַּצָּרָ֣תָה לִּ֑י קָ֝רָ֗אתִי וַֽיַּעֲנֵֽנִי:   יְֽהוָ֗ה הַצִּ֣ילָה נַ֭פְשִׁי   *קכ
מִשְּׂפַת־שֶׁ֑קֶר מִלָּשׁ֥וֹן רְמִיָּֽה: מַה־יִּתֵּ֣ן לְ֭ךָ וּמַה־יֹּסִ֣יף לָ֑ךְ לָשׁ֥וֹן רְמִיָּֽה: חִצֵּ֣י
גִבּ֣וֹר שְׁנוּנִ֑ים עִ֝֗ם גַּחֲלֵ֥י רְתָמִֽים: אֽוֹיָה־לִ֭י כִּי־גַ֣רְתִּי מֶ֑שֶׁךְ שָׁ֝כַ֗נְתִּי עִֽם־אָהֳלֵ֥י
קֵדָֽר: רַ֭בַּת שָֽׁכְנָה־לָּ֣הּ נַפְשִׁ֑י עִ֝֗ם שׂוֹנֵ֥א שָׁלֽוֹם: אֲ‍ֽנִי־שָׁ֭לוֹם וְכִ֣י אֲדַבֵּ֑ר הֵ֝֗מָּה
לַמִּלְחָמָֽה:
שִׁ֗יר לַֽמַּ֫עֲל֥וֹת אֶשָּׂ֣א עֵ֭ינַי אֶל־הֶהָרִ֑ים מֵ֝אַ֗יִן יָבֹ֥א עֶזְרִֽי: עֶ֭זְרִי מֵעִ֣ם יְהוָ֑ה עֹ֝שֵׂ֗ה   קכא
שָׁמַ֥יִם וָאָֽרֶץ: אַל־יִתֵּ֣ן לַמּ֣וֹט רַגְלֶ֑ךָ אַל־יָ֝נ֗וּם שֹֽׁמְרֶֽךָ: הִנֵּ֣ה לֹֽא־יָ֭נוּם וְלֹ֣א
יִישָׁ֑ן שׁ֝וֹמֵ֗ר יִשְׂרָאֵֽל: יְהוָ֥ה שֹׁמְרֶ֑ךָ יְהוָ֥ה צִ֝לְּךָ֗ עַל־יַ֥ד יְמִינֶֽךָ: יוֹמָ֗ם הַשֶּׁ֥מֶשׁ
לֹֽא־יַכֶּ֗כָּה וְיָרֵ֥חַ בַּלָּֽיְלָה: יְֽהוָ֗ה יִשְׁמָרְךָ֥ מִכָּל־רָ֑ע יִ֝שְׁמֹ֗ר אֶת־נַפְשֶֽׁךָ: יְֽהוָ֗ה
יִשְׁמָר־צֵאתְךָ֥ וּבוֹאֶ֑ךָ מֵֽ֝עַתָּ֗ה וְעַד־עוֹלָֽם:
שִׁ֥יר הַֽמַּעֲל֗וֹת לְדָ֫וִ֥ד שָׂ֭מַחְתִּי בְּאֹמְרִ֣ים לִ֑י בֵּ֖ית יְהוָ֣ה נֵלֵֽךְ: עֹ֭מְדוֹת הָי֣וּ רַגְלֵ֑ינוּ   קכב

─────────────────────────────────────────────
*כו לחודש / ליום השבת

בִּשְׁעָרַיִךְ יְרוּשָׁלָ͏ִם: יְרוּשָׁלַ͏ִם הַבְּנוּיָה כְּעִיר שֶׁחֻבְּרָה־לָּהּ יַחְדָּו: שֶׁשָּׁם עָלוּ
שְׁבָטִים שִׁבְטֵי־יָהּ עֵדוּת לְיִשְׂרָאֵל לְהֹדוֹת לְשֵׁם יְהוָה: כִּי שָׁמָּה ׀ יָשְׁבוּ
כִסְאוֹת לְמִשְׁפָּט כִּסְאוֹת לְבֵית דָּוִד: שַׁאֲלוּ שְׁלוֹם יְרוּשָׁלָ͏ִם יִשְׁלָיוּ אֹהֲבָיִךְ:
יְהִי־שָׁלוֹם בְּחֵילֵךְ שַׁלְוָה בְּאַרְמְנוֹתָיִךְ: לְמַעַן אַחַי וְרֵעָי אֲדַבְּרָה־נָּא שָׁלוֹם
בָּךְ: לְמַעַן בֵּית־יְהוָה אֱלֹהֵינוּ אֲבַקְשָׁה טוֹב לָךְ:

קכג שִׁיר הַמַּעֲלוֹת אֵלֶיךָ נָשָׂאתִי אֶת־עֵינַי הַיֹּשְׁבִי בַּשָּׁמָיִם: הִנֵּה כְעֵינֵי עֲבָדִים
אֶל־יַד אֲדוֹנֵיהֶם כְּעֵינֵי שִׁפְחָה אֶל־יַד גְּבִרְתָּהּ כֵּן עֵינֵינוּ אֶל־יְהוָה אֱלֹהֵינוּ
עַד שֶׁיְּחָנֵּנוּ: חָנֵּנוּ יְהוָה חָנֵּנוּ כִּי־רַב שָׂבַעְנוּ בוּז: רַבַּת שָׂבְעָה־לָּהּ נַפְשֵׁנוּ
לְגָאֵי יוֹנִם ‏ הַלַּעַג הַשַּׁאֲנַנִּים הַבּוּז לִגְאֵיוֹנִים:

קכד שִׁיר הַמַּעֲלוֹת לְדָוִד לוּלֵי יְהוָה שֶׁהָיָה לָנוּ יֹאמַר־נָא יִשְׂרָאֵל: לוּלֵי יְהוָה
שֶׁהָיָה לָנוּ בְּקוּם עָלֵינוּ אָדָם: אֲזַי חַיִּים בְּלָעוּנוּ בַּחֲרוֹת אַפָּם בָּנוּ: אֲזַי הַמַּיִם
שְׁטָפוּנוּ נַחְלָה עָבַר עַל־נַפְשֵׁנוּ: אֲזַי עָבַר עַל־נַפְשֵׁנוּ הַמַּיִם הַזֵּידוֹנִים: בָּרוּךְ
יְהוָה שֶׁלֹּא נְתָנָנוּ טֶרֶף לְשִׁנֵּיהֶם: נַפְשֵׁנוּ כְּצִפּוֹר נִמְלְטָה מִפַּח יוֹקְשִׁים הַפַּח
נִשְׁבָּר וַאֲנַחְנוּ נִמְלָטְנוּ: עֶזְרֵנוּ בְּשֵׁם יְהוָה עֹשֵׂה שָׁמַיִם וָאָרֶץ:

קכה שִׁיר הַמַּעֲלוֹת הַבֹּטְחִים בַּיהוָה כְּהַר־צִיּוֹן לֹא־יִמּוֹט לְעוֹלָם יֵשֵׁב: יְרוּשָׁלַ͏ִם
הָרִים סָבִיב לָהּ וַיהוָה סָבִיב לְעַמּוֹ מֵעַתָּה וְעַד־עוֹלָם: כִּי לֹא יָנוּחַ שֵׁבֶט
הָרֶשַׁע עַל גּוֹרַל הַצַּדִּיקִים לְמַעַן לֹא־יִשְׁלְחוּ הַצַּדִּיקִים ׀ בְּעַוְלָתָה יְדֵיהֶם:
הֵיטִיבָה יְהוָה לַטּוֹבִים וְלִישָׁרִים בְּלִבּוֹתָם: וְהַמַּטִּים עֲקַלְקַלּוֹתָם יוֹלִיכֵם יְהוָה
אֶת־פֹּעֲלֵי הָאָוֶן שָׁלוֹם עַל־יִשְׂרָאֵל:

קכו שִׁיר הַמַּעֲלוֹת בְּשׁוּב יְהוָה אֶת־שִׁיבַת צִיּוֹן הָיִינוּ כְּחֹלְמִים: אָז יִמָּלֵא שְׂחוֹק
פִּינוּ וּלְשׁוֹנֵנוּ רִנָּה אָז יֹאמְרוּ בַגּוֹיִם הִגְדִּיל יְהוָה לַעֲשׂוֹת עִם־אֵלֶּה: הִגְדִּיל
יְהוָה לַעֲשׂוֹת עִמָּנוּ הָיִינוּ שְׂמֵחִים: שׁוּבָה יְהוָה אֶת־שְׁבִיתֵנוּ כַּאֲפִיקִים בַּנֶּגֶב: שְׁבִיתֵנוּ
הַזֹּרְעִים בְּדִמְעָה בְּרִנָּה יִקְצֹרוּ: הָלוֹךְ יֵלֵךְ ׀ וּבָכֹה נֹשֵׂא מֶשֶׁךְ־הַזָּרַע בֹּא־יָבֹא
בְרִנָּה נֹשֵׂא אֲלֻמֹּתָיו:

קכז שִׁיר הַמַּעֲלוֹת לִשְׁלֹמֹה אִם־יְהוָה ׀ לֹא־יִבְנֶה בַיִת שָׁוְא ׀ עָמְלוּ בוֹנָיו בּוֹ אִם־
יְהוָה לֹא־יִשְׁמָר־עִיר שָׁוְא ׀ שָׁקַד שׁוֹמֵר: שָׁוְא לָכֶם ׀ מַשְׁכִּימֵי קוּם מְאַחֲרֵי־
שֶׁבֶת אֹכְלֵי לֶחֶם הָעֲצָבִים כֵּן יִתֵּן לִידִידוֹ שֵׁנָא: הִנֵּה נַחֲלַת יְהוָה בָּנִים
שָׂכָר פְּרִי הַבָּטֶן: כְּחִצִּים בְּיַד־גִּבּוֹר כֵּן בְּנֵי הַנְּעוּרִים: אַשְׁרֵי הַגֶּבֶר אֲשֶׁר מִלֵּא
אֶת־אַשְׁפָּתוֹ מֵהֶם לֹא־יֵבֹשׁוּ כִּי־יְדַבְּרוּ אֶת־אוֹיְבִים בַּשָּׁעַר:

קכח שִׁיר הַמַּעֲלוֹת אַשְׁרֵי כָּל־יְרֵא יְהֹוָה הַהֹלֵךְ בִּדְרָכָיו: יְגִיעַ כַּפֶּיךָ כִּי תֹאכֵל אַשְׁרֶיךָ וְטוֹב לָךְ: אֶשְׁתְּךָ כְּגֶפֶן פֹּרִיָּה בְּיַרְכְּתֵי בֵיתֶךָ בָּנֶיךָ כִּשְׁתִלֵי זֵיתִים סָבִיב לְשֻׁלְחָנֶךָ: הִנֵּה כִי־כֵן יְבֹרַךְ גָּבֶר יְרֵא יְהֹוָה: יְבָרֶכְךָ יְהֹוָה מִצִּיּוֹן וּרְאֵה בְּטוּב יְרוּשָׁלָ͏ִם כֹּל יְמֵי חַיֶּיךָ: וּרְאֵה־בָנִים לְבָנֶיךָ שָׁלוֹם עַל־יִשְׂרָאֵל:

קכט שִׁיר הַמַּעֲלוֹת רַבַּת צְרָרוּנִי מִנְּעוּרַי יֹאמַר־נָא יִשְׂרָאֵל: רַבַּת צְרָרוּנִי מִנְּעוּרָי
למעצותם גַּם לֹא־יָכְלוּ לִי: עַל־גַּבִּי חָרְשׁוּ חֹרְשִׁים הֶאֱרִיכוּ לְמַעֲנוֹתָם: יְהֹוָה צַדִּיק קִצֵּץ עֲבוֹת רְשָׁעִים: יֵבֹשׁוּ וְיִסֹּגוּ אָחוֹר כֹּל שֹׂנְאֵי צִיּוֹן: יִהְיוּ כַּחֲצִיר גַּגּוֹת שֶׁקַּדְמַת שָׁלַף יָבֵשׁ: שֶׁלֹּא מִלֵּא כַפּוֹ קוֹצֵר וְחִצְנוֹ מְעַמֵּר: וְלֹא אָמְרוּ הָעֹבְרִים בִּרְכַּת יְהֹוָה אֲלֵיכֶם בֵּרַכְנוּ אֶתְכֶם בְּשֵׁם יְהֹוָה:

קל שִׁיר הַמַּעֲלוֹת מִמַּעֲמַקִּים קְרָאתִיךָ יְהֹוָה: אֲדֹנָי שִׁמְעָה בְקוֹלִי תִּהְיֶינָה אָזְנֶיךָ קַשֻּׁבוֹת לְקוֹל תַּחֲנוּנָי: אִם־עֲוֺנוֹת תִּשְׁמָר־יָהּ אֲדֹנָי מִי יַעֲמֹד: כִּי־עִמְּךָ הַסְּלִיחָה לְמַעַן תִּוָּרֵא: קִוִּיתִי יְהֹוָה קִוְּתָה נַפְשִׁי וְלִדְבָרוֹ הוֹחָלְתִּי: נַפְשִׁי לַאדֹנָי מִשֹּׁמְרִים לַבֹּקֶר שֹׁמְרִים לַבֹּקֶר: יַחֵל יִשְׂרָאֵל אֶל־יְהֹוָה כִּי־עִם־יְהֹוָה הַחֶסֶד וְהַרְבֵּה עִמּוֹ פְדוּת: וְהוּא יִפְדֶּה אֶת־יִשְׂרָאֵל מִכֹּל עֲוֺנֹתָיו:

קלא שִׁיר הַמַּעֲלוֹת לְדָוִד יְהֹוָה לֹא־גָבַהּ לִבִּי וְלֹא־רָמוּ עֵינַי וְלֹא־הִלַּכְתִּי בִּגְדֹלוֹת וּבְנִפְלָאוֹת מִמֶּנִּי: אִם־לֹא שִׁוִּיתִי וְדוֹמַמְתִּי נַפְשִׁי כְּגָמֻל עֲלֵי אִמּוֹ כַּגָּמֻל עָלַי נַפְשִׁי: יַחֵל יִשְׂרָאֵל אֶל־יְהֹוָה מֵעַתָּה וְעַד־עוֹלָם:

קלב שִׁיר הַמַּעֲלוֹת זְכוֹר־יְהֹוָה לְדָוִד אֵת כָּל־עֻנּוֹתוֹ: אֲשֶׁר נִשְׁבַּע לַיהֹוָה נָדַר לַאֲבִיר יַעֲקֹב: אִם־אָבֹא בְּאֹהֶל בֵּיתִי אִם־אֶעֱלֶה עַל־עֶרֶשׂ יְצוּעָי: אִם־אֶתֵּן שְׁנַת לְעֵינָי לְעַפְעַפַּי תְּנוּמָה: עַד־אֶמְצָא מָקוֹם לַיהֹוָה מִשְׁכָּנוֹת לַאֲבִיר יַעֲקֹב: הִנֵּה־שְׁמַעֲנוּהָ בְאֶפְרָתָה מְצָאנוּהָ בִּשְׂדֵי־יָעַר: נָבוֹאָה לְמִשְׁכְּנוֹתָיו נִשְׁתַּחֲוֶה לַהֲדֹם רַגְלָיו: קוּמָה יְהֹוָה לִמְנוּחָתֶךָ אַתָּה וַאֲרוֹן עֻזֶּךָ: כֹּהֲנֶיךָ יִלְבְּשׁוּ־צֶדֶק וַחֲסִידֶיךָ יְרַנֵּנוּ: בַּעֲבוּר דָּוִד עַבְדֶּךָ אַל־תָּשֵׁב פְּנֵי מְשִׁיחֶךָ: נִשְׁבַּע־יְהֹוָה לְדָוִד אֱמֶת לֹא־יָשׁוּב מִמֶּנָּה מִפְּרִי בִטְנְךָ אָשִׁית לְכִסֵּא־לָךְ: אִם־יִשְׁמְרוּ בָנֶיךָ בְּרִיתִי וְעֵדֹתִי זוֹ אֲלַמְּדֵם גַּם־בְּנֵיהֶם עֲדֵי־עַד יֵשְׁבוּ לְכִסֵּא־לָךְ: כִּי־בָחַר יְהֹוָה בְּצִיּוֹן אִוָּהּ לְמוֹשָׁב לוֹ: זֹאת־מְנוּחָתִי עֲדֵי־עַד פֹּה־אֵשֵׁב כִּי אִוִּתִיהָ: צֵידָהּ בָּרֵךְ אֲבָרֵךְ אֶבְיוֹנֶיהָ אַשְׂבִּיעַ לָחֶם: וְכֹהֲנֶיהָ אַלְבִּישׁ יֶשַׁע וַחֲסִידֶיהָ רַנֵּן יְרַנֵּנוּ: שָׁם אַצְמִיחַ קֶרֶן לְדָוִד עָרַכְתִּי נֵר לִמְשִׁיחִי: אוֹיְבָיו אַלְבִּישׁ בֹּשֶׁת וְעָלָיו יָצִיץ נִזְרוֹ:

קלג שִׁיר הַמַּעֲלוֹת לְדָוִד הִנֵּה מַה־טּוֹב וּמַה־נָּעִים שֶׁבֶת אַחִים גַּם־יָחַד: כַּשֶּׁמֶן

הַטּוֹב ׀ עַל־הָרֹאשׁ יֹרֵד עַל־הַזָּקָן זְקַן־אַהֲרֹן שֶׁיֹּרֵד עַל־פִּי מִדּוֹתָיו: כְּטַל־חֶרְמוֹן שֶׁיֹּרֵד עַל־הַרְרֵי צִיּוֹן כִּי שָׁם ׀ צִוָּה יְהֹוָה אֶת־הַבְּרָכָה חַיִּים עַד־הָעוֹלָם:

קלד שִׁיר הַמַּעֲלוֹת הִנֵּה ׀ בָּרְכוּ אֶת־יְהֹוָה כָּל־עַבְדֵי יְהֹוָה הָעֹמְדִים בְּבֵית־יְהֹוָה בַּלֵּילוֹת: שְׂאוּ־יְדֵכֶם קֹדֶשׁ וּבָרְכוּ אֶת־יְהֹוָה: יְבָרֶכְךָ יְהֹוָה מִצִּיּוֹן עֹשֵׂה שָׁמַיִם וָאָרֶץ:

קלה* הַלְלוּיָהּ ׀ הַלְלוּ אֶת־שֵׁם יְהֹוָה הַלְלוּ עַבְדֵי יְהֹוָה: שֶׁעֹמְדִים בְּבֵית יְהֹוָה בְּחַצְרוֹת בֵּית אֱלֹהֵינוּ: הַלְלוּיָהּ כִּי־טוֹב יְהֹוָה זַמְּרוּ לִשְׁמוֹ כִּי נָעִים: כִּי־יַעֲקֹב בָּחַר לוֹ יָהּ יִשְׂרָאֵל לִסְגֻלָּתוֹ: כִּי אֲנִי יָדַעְתִּי כִּי־גָדוֹל יְהֹוָה וַאֲדֹנֵינוּ מִכָּל־אֱלֹהִים: כֹּל אֲשֶׁר־חָפֵץ יְהֹוָה עָשָׂה בַּשָּׁמַיִם וּבָאָרֶץ בַּיַּמִּים וְכָל־תְּהֹמוֹת: מַעֲלֶה נְשִׂאִים מִקְצֵה הָאָרֶץ בְּרָקִים לַמָּטָר עָשָׂה מוֹצֵא־רוּחַ מֵאוֹצְרוֹתָיו: שֶׁהִכָּה בְּכוֹרֵי מִצְרָיִם מֵאָדָם עַד־בְּהֵמָה: שָׁלַח ׀ אוֹתֹת וּמֹפְתִים בְּתוֹכֵכִי מִצְרַיִם בְּפַרְעֹה וּבְכָל־עֲבָדָיו: שֶׁהִכָּה גּוֹיִם רַבִּים וְהָרַג מְלָכִים עֲצוּמִים: לְסִיחוֹן ׀ מֶלֶךְ הָאֱמֹרִי וּלְעוֹג מֶלֶךְ הַבָּשָׁן וּלְכֹל מַמְלְכוֹת כְּנָעַן: וְנָתַן אַרְצָם נַחֲלָה נַחֲלָה לְיִשְׂרָאֵל עַמּוֹ: יְהֹוָה שִׁמְךָ לְעוֹלָם יְהֹוָה זִכְרְךָ לְדֹר־וָדֹר: כִּי־יָדִין יְהֹוָה עַמּוֹ וְעַל־עֲבָדָיו יִתְנֶחָם: עֲצַבֵּי הַגּוֹיִם כֶּסֶף וְזָהָב מַעֲשֵׂה יְדֵי אָדָם: פֶּה־לָהֶם וְלֹא יְדַבֵּרוּ עֵינַיִם לָהֶם וְלֹא יִרְאוּ: אָזְנַיִם לָהֶם וְלֹא יַאֲזִינוּ אַף אֵין־יֶשׁ־רוּחַ בְּפִיהֶם: כְּמוֹהֶם יִהְיוּ עֹשֵׂיהֶם כֹּל אֲשֶׁר־בֹּטֵחַ בָּהֶם: בֵּית יִשְׂרָאֵל בָּרְכוּ אֶת־יְהֹוָה בֵּית אַהֲרֹן בָּרְכוּ אֶת־יְהֹוָה: בֵּית הַלֵּוִי בָּרְכוּ אֶת־יְהֹוָה יִרְאֵי יְהֹוָה בָּרְכוּ אֶת־יְהֹוָה: בָּרוּךְ יְהֹוָה ׀ מִצִּיּוֹן שֹׁכֵן יְרוּשָׁלָ͏ִם הַלְלוּיָהּ:

קלו הוֹדוּ לַיהֹוָה כִּי־טוֹב כִּי לְעוֹלָם חַסְדּוֹ: הוֹדוּ לֵאלֹהֵי הָאֱלֹהִים כִּי לְעוֹלָם חַסְדּוֹ: הוֹדוּ לַאֲדֹנֵי הָאֲדֹנִים כִּי לְעוֹלָם חַסְדּוֹ: לְעֹשֵׂה נִפְלָאוֹת גְּדֹלוֹת לְבַדּוֹ כִּי לְעוֹלָם חַסְדּוֹ: לְעֹשֵׂה הַשָּׁמַיִם בִּתְבוּנָה כִּי לְעוֹלָם חַסְדּוֹ: לְרֹקַע הָאָרֶץ עַל־הַמָּיִם כִּי לְעוֹלָם חַסְדּוֹ: לְעֹשֵׂה אוֹרִים גְּדֹלִים כִּי לְעוֹלָם חַסְדּוֹ: אֶת־הַשֶּׁמֶשׁ לְמֶמְשֶׁלֶת בַּיּוֹם כִּי לְעוֹלָם חַסְדּוֹ: אֶת־הַיָּרֵחַ וְכוֹכָבִים לְמֶמְשְׁלוֹת בַּלָּיְלָה כִּי לְעוֹלָם חַסְדּוֹ: לְמַכֵּה מִצְרַיִם בִּבְכוֹרֵיהֶם כִּי לְעוֹלָם חַסְדּוֹ: וַיּוֹצֵא יִשְׂרָאֵל מִתּוֹכָם כִּי לְעוֹלָם חַסְדּוֹ: בְּיָד חֲזָקָה וּבִזְרוֹעַ נְטוּיָה כִּי לְעוֹלָם חַסְדּוֹ: לְגֹזֵר יַם־סוּף לִגְזָרִים כִּי לְעוֹלָם חַסְדּוֹ: וְהֶעֱבִיר יִשְׂרָאֵל בְּתוֹכוֹ כִּי לְעוֹלָם חַסְדּוֹ: וְנִעֵר פַּרְעֹה וְחֵילוֹ בְיַם־סוּף כִּי לְעוֹלָם חַסְדּוֹ: לְמוֹלִיךְ עַמּוֹ בַּמִּדְבָּר כִּי לְעוֹלָם חַסְדּוֹ: לְמַכֵּה מְלָכִים גְּדֹלִים כִּי לְעוֹלָם חַסְדּוֹ: וַיַּהֲרֹג מְלָכִים אַדִּירִים כִּי

*כח לחודש

כִּי לְעוֹלָם חַסְדּוֹ: לְסִיחוֹן מֶלֶךְ הָאֱמֹרִי כִּי לְעוֹלָם חַסְדּוֹ: וּלְעוֹג מֶלֶךְ הַבָּשָׁן כִּי
לְעוֹלָם חַסְדּוֹ: וְנָתַן אַרְצָם לְנַחֲלָה כִּי לְעוֹלָם חַסְדּוֹ: נַחֲלָה לְיִשְׂרָאֵל עַבְדּוֹ
כִּי לְעוֹלָם חַסְדּוֹ: שֶׁבְּשִׁפְלֵנוּ זָכַר לָנוּ כִּי לְעוֹלָם חַסְדּוֹ: וַיִּפְרְקֵנוּ מִצָּרֵינוּ כִּי
לְעוֹלָם חַסְדּוֹ: נֹתֵן לֶחֶם לְכָל־בָּשָׂר כִּי לְעוֹלָם חַסְדּוֹ: הוֹדוּ לְאֵל הַשָּׁמָיִם כִּי
לְעוֹלָם חַסְדּוֹ:

קלז עַל־נַהֲרוֹת ׀ בָּבֶל שָׁם יָשַׁבְנוּ גַּם־בָּכִינוּ בְּזָכְרֵנוּ אֶת־צִיּוֹן: עַל־עֲרָבִים בְּתוֹכָהּ
תָּלִינוּ כִּנֹּרוֹתֵינוּ: כִּי שָׁם ׀ שְׁאֵלוּנוּ שׁוֹבֵינוּ דִּבְרֵי־שִׁיר וְתוֹלָלֵינוּ שִׂמְחָה שִׁירוּ
לָנוּ מִשִּׁיר צִיּוֹן: אֵיךְ נָשִׁיר אֶת־שִׁיר־יהוה עַל אַדְמַת נֵכָר: אִם־אֶשְׁכָּחֵךְ
יְרוּשָׁלָםִ תִּשְׁכַּח יְמִינִי: תִּדְבַּק לְשׁוֹנִי ׀ לְחִכִּי אִם־לֹא אֶזְכְּרֵכִי אִם־לֹא אַעֲלֶה
אֶת־יְרוּשָׁלַםִ עַל רֹאשׁ שִׂמְחָתִי: זְכֹר יהוה ׀ לִבְנֵי אֱדוֹם אֵת יוֹם יְרוּשָׁלָםִ
הָאֹמְרִים עָרוּ ׀ עָרוּ עַד הַיְסוֹד בָּהּ: בַּת־בָּבֶל הַשְּׁדוּדָה אַשְׁרֵי שֶׁיְשַׁלֶּם־לָךְ
אֶת־גְּמוּלֵךְ שֶׁגָּמַלְתְּ לָנוּ: אַשְׁרֵי ׀ שֶׁיֹּאחֵז וְנִפֵּץ אֶת־עֹלָלַיִךְ אֶל־הַסָּלַע:

קלח לְדָוִד ׀ אוֹדְךָ בְכָל־לִבִּי נֶגֶד אֱלֹהִים אֲזַמְּרֶךָּ: אֶשְׁתַּחֲוֶה אֶל־הֵיכַל קָדְשְׁךָ
וְאוֹדֶה אֶת־שְׁמֶךָ עַל־חַסְדְּךָ וְעַל־אֲמִתֶּךָ כִּי־הִגְדַּלְתָּ עַל־כָּל־שִׁמְךָ אִמְרָתֶךָ:
בְּיוֹם קָרָאתִי וַתַּעֲנֵנִי תַּרְהִבֵנִי בְנַפְשִׁי עֹז: יוֹדוּךָ יהוה כָּל־מַלְכֵי־אָרֶץ כִּי
שָׁמְעוּ אִמְרֵי־פִיךָ: וְיָשִׁירוּ בְּדַרְכֵי יהוה כִּי־גָדוֹל כְּבוֹד יהוה: כִּי־רָם יהוה
וְשָׁפָל יִרְאֶה וְגָבֹהַּ מִמֶּרְחָק יְיֵדָע: אִם־אֵלֵךְ ׀ בְּקֶרֶב צָרָה תְּחַיֵּנִי עַל אַף אֹיְבַי
תִּשְׁלַח יָדֶךָ וְתוֹשִׁיעֵנִי יְמִינֶךָ: יהוה יִגְמֹר בַּעֲדִי יהוה חַסְדְּךָ לְעוֹלָם מַעֲשֵׂי
יָדֶיךָ אַל־תֶּרֶף:

קלט לַמְנַצֵּחַ לְדָוִד מִזְמוֹר יהוה חֲקַרְתַּנִי וַתֵּדָע: אַתָּה יָדַעְתָּ שִׁבְתִּי וְקוּמִי בַּנְתָּה
לְרֵעִי מֵרָחוֹק: אָרְחִי וְרִבְעִי זֵרִיתָ וְכָל־דְּרָכַי הִסְכַּנְתָּה: כִּי אֵין מִלָּה בִּלְשׁוֹנִי
הֵן יהוה יָדַעְתָּ כֻלָּהּ: אָחוֹר וָקֶדֶם צַרְתָּנִי וַתָּשֶׁת עָלַי כַּפֶּכָה: פלאיה דַּעַת פְּלִיאָה
מִמֶּנִּי נִשְׂגְּבָה לֹא־אוּכַל לָהּ: אָנָה אֵלֵךְ מֵרוּחֶךָ וְאָנָה מִפָּנֶיךָ אֶבְרָח: אִם־אֶסַּק
שָׁמַיִם שָׁם אָתָּה וְאַצִּיעָה שְּׁאוֹל הִנֶּךָּ: אֶשָּׂא כַנְפֵי־שָׁחַר אֶשְׁכְּנָה בְּאַחֲרִית
יָם: גַּם־שָׁם יָדְךָ תַנְחֵנִי וְתֹאחֲזֵנִי יְמִינֶךָ: וָאֹמַר אַךְ־חֹשֶׁךְ יְשׁוּפֵנִי וְלַיְלָה אוֹר
בַּעֲדֵנִי: גַּם־חֹשֶׁךְ לֹא־יַחְשִׁיךְ מִמֶּךָ וְלַיְלָה כַּיּוֹם יָאִיר כַּחֲשֵׁיכָה כָּאוֹרָה: כִּי־
אַתָּה קָנִיתָ כִלְיֹתָי תְּסֻכֵּנִי בְּבֶטֶן אִמִּי: אוֹדְךָ עַל כִּי נוֹרָאוֹת נִפְלֵיתִי נִפְלָאִים
מַעֲשֶׂיךָ וְנַפְשִׁי יֹדַעַת מְאֹד: לֹא־נִכְחַד עָצְמִי מִמֶּךָּ אֲשֶׁר־עֻשֵּׂיתִי בַסֵּתֶר
רֻקַּמְתִּי בְּתַחְתִּיּוֹת אָרֶץ: גָּלְמִי ׀ רָאוּ עֵינֶיךָ וְעַל־סִפְרְךָ כֻּלָּם יִכָּתֵבוּ יָמִים

ולו יֻצָּרוּ וְלֹא אֶחָד בָּהֶם: וְלִי מַה־יָּקְרוּ רֵעֶיךָ אֵל מֶה עָצְמוּ רָאשֵׁיהֶם: אֶסְפְּרֵם
מֵחוֹל יִרְבּוּן הֱקִיצֹתִי וְעוֹדִי עִמָּךְ: אִם־תִּקְטֹל אֱלוֹהַּ ׀ רָשָׁע וְאַנְשֵׁי דָמִים
סוּרוּ מֶנִּי: אֲשֶׁר יֹמְרוּךָ לִמְזִמָּה נָשֻׂא לַשָּׁוְא עָרֶיךָ: הֲלוֹא־מְשַׂנְאֶיךָ יהוה ׀
אֶשְׂנָא וּבִתְקוֹמְמֶיךָ אֶתְקוֹטָט: תַּכְלִית שִׂנְאָה שְׂנֵאתִים לְאוֹיְבִים הָיוּ לִי:
חָקְרֵנִי אֵל וְדַע לְבָבִי בְּחָנֵנִי וְדַע שַׂרְעַפָּי: וּרְאֵה אִם־דֶּרֶךְ־עֹצֶב בִּי וּנְחֵנִי
בְּדֶרֶךְ עוֹלָם:

קמ* לַמְנַצֵּחַ מִזְמוֹר לְדָוִד: חַלְּצֵנִי יהוה מֵאָדָם רָע מֵאִישׁ חֲמָסִים תִּנְצְרֵנִי: אֲשֶׁר
חָשְׁבוּ רָעוֹת בְּלֵב כָּל־יוֹם יָגוּרוּ מִלְחָמוֹת: שָׁנְנוּ לְשׁוֹנָם כְּמוֹ־נָחָשׁ חֲמַת
עַכְשׁוּב תַּחַת שְׂפָתֵימוֹ סֶלָה: שָׁמְרֵנִי יהוה ׀ מִידֵי רָשָׁע מֵאִישׁ חֲמָסִים תִּנְצְרֵנִי
אֲשֶׁר חָשְׁבוּ לִדְחוֹת פְּעָמָי: טָמְנוּ־גֵאִים ׀ פַּח לִי וַחֲבָלִים פָּרְשׂוּ רֶשֶׁת לְיַד־
מַעְגָּל מֹקְשִׁים שָׁתוּ־לִי סֶלָה: אָמַרְתִּי לַיהוה אֵלִי אָתָּה הַאֲזִינָה יהוה קוֹל
תַּחֲנוּנָי: יֱהוִה אֲדֹנָי עֹז יְשׁוּעָתִי סַכֹּתָה לְרֹאשִׁי בְּיוֹם נָשֶׁק: אַל־תִּתֵּן יהוה
יְכַסֵּמוֹ מַאֲוַיֵּי רָשָׁע זְמָמוֹ אַל־תָּפֵק יָרוּמוּ סֶלָה: רֹאשׁ מְסִבָּי עֲמַל שְׂפָתֵימוֹ יכסומו:
יִמּוֹטוּ ימיטו עֲלֵיהֶם גֶּחָלִים בָּאֵשׁ יַפִּלֵם בְּמַהֲמֹרוֹת בַּל־יָקוּמוּ: אִישׁ לָשׁוֹן בַּל־
יִכּוֹן בָּאָרֶץ אִישׁ־חָמָס רָע יְצוּדֶנּוּ לְמַדְחֵפֹת: יָדַעְתָּ כִּי־יַעֲשֶׂה יהוה דִּין עָנִי
מִשְׁפַּט אֶבְיֹנִים: אַךְ צַדִּיקִים יוֹדוּ לִשְׁמֶךָ יֵשְׁבוּ יְשָׁרִים אֶת־פָּנֶיךָ:

קמא מִזְמוֹר לְדָוִד יהוה קְרָאתִיךָ חוּשָׁה לִּי הַאֲזִינָה קוֹלִי בְּקָרְאִי־לָךְ: תִּכּוֹן תְּפִלָּתִי
קְטֹרֶת לְפָנֶיךָ מַשְׂאַת כַּפַּי מִנְחַת־עָרֶב: שִׁיתָה יהוה שָׁמְרָה לְפִי נִצְּרָה עַל־
דַּל שְׂפָתָי: אַל־תַּט־לִבִּי ׀ לְדָבָר ׀ רָע לְהִתְעוֹלֵל עֲלִלוֹת ׀ בְּרֶשַׁע אֶת־אִישִׁים
פֹּעֲלֵי־אָוֶן וּבַל־אֶלְחַם בְּמַנְעַמֵּיהֶם: יֶהֶלְמֵנִי צַדִּיק ׀ חֶסֶד וְיוֹכִיחֵנִי שֶׁמֶן רֹאשׁ
אַל־יָנִי רֹאשִׁי כִּי־עוֹד וּתְפִלָּתִי בְּרָעוֹתֵיהֶם: נִשְׁמְטוּ בִידֵי־סֶלַע שֹׁפְטֵיהֶם
וְשָׁמְעוּ אֲמָרַי כִּי נָעֵמוּ: כְּמוֹ פֹלֵחַ וּבֹקֵעַ בָּאָרֶץ נִפְזְרוּ עֲצָמֵינוּ לְפִי שְׁאוֹל: כִּי
אֵלֶיךָ ׀ יֱהוִה אֲדֹנָי עֵינָי בְּכָה חָסִיתִי אַל־תְּעַר נַפְשִׁי: שָׁמְרֵנִי מִידֵי פַח יָקְשׁוּ
לִי וּמֹקְשׁוֹת פֹּעֲלֵי אָוֶן: יִפְּלוּ בְמַכְמֹרָיו רְשָׁעִים יַחַד אָנֹכִי עַד־אֶעֱבוֹר:

קמב מַשְׂכִּיל לְדָוִד בִּהְיוֹתוֹ בַמְּעָרָה תְפִלָּה: קוֹלִי אֶל־יהוה אֶזְעָק קוֹלִי אֶל־יהוה
אֶתְחַנָּן: אֶשְׁפֹּךְ לְפָנָיו שִׂיחִי צָרָתִי לְפָנָיו אַגִּיד: בְּהִתְעַטֵּף עָלַי ׀ רוּחִי וְאַתָּה
יָדַעְתָּ נְתִיבָתִי בְּאֹרַח־זוּ אֲהַלֵּךְ טָמְנוּ פַח לִי: הַבֵּיט יָמִין ׀ וּרְאֵה וְאֵין־לִי מַכִּיר
אָבַד מָנוֹס מִמֶּנִּי אֵין דּוֹרֵשׁ לְנַפְשִׁי: זָעַקְתִּי אֵלֶיךָ יהוה אָמַרְתִּי אַתָּה מַחְסִי
חֶלְקִי בְּאֶרֶץ הַחַיִּים: הַקְשִׁיבָה ׀ אֶל־רִנָּתִי כִּי־דַלּוֹתִי מְאֹד הַצִּילֵנִי מֵרֹדְפַי כִּי

*כט לחודש

אָמְצוּ מִמֶּנִּי: הוֹצִיאָה מִמַּסְגֵּר ׀ נַפְשִׁי לְהוֹדוֹת אֶת־שְׁמֶךָ בִּי יַכְתִּרוּ צַדִּיקִים כִּי תִגְמֹל עָלָי:

קמג מִזְמוֹר לְדָוִד יהוה ׀ שְׁמַע תְּפִלָּתִי הַאֲזִינָה אֶל־תַּחֲנוּנַי בֶּאֱמֻנָתְךָ עֲנֵנִי בְּצִדְקָתֶךָ: וְאַל־תָּבוֹא בְמִשְׁפָּט אֶת־עַבְדֶּךָ כִּי לֹא־יִצְדַּק לְפָנֶיךָ כָל־חָי: כִּי רָדַף אוֹיֵב ׀ נַפְשִׁי דִּכָּא לָאָרֶץ חַיָּתִי הוֹשִׁיבַנִי בְמַחֲשַׁכִּים כְּמֵתֵי עוֹלָם: וַתִּתְעַטֵּף עָלַי רוּחִי בְּתוֹכִי יִשְׁתּוֹמֵם לִבִּי: זָכַרְתִּי יָמִים ׀ מִקֶּדֶם הָגִיתִי בְכָל־פָּעֳלֶךָ בְּמַעֲשֵׂה יָדֶיךָ אֲשׂוֹחֵחַ: פֵּרַשְׂתִּי יָדַי אֵלֶיךָ נַפְשִׁי ׀ כְּאֶרֶץ־עֲיֵפָה לְךָ סֶלָה: מַהֵר עֲנֵנִי ׀ יהוה כָּלְתָה רוּחִי אַל־תַּסְתֵּר פָּנֶיךָ מִמֶּנִּי וְנִמְשַׁלְתִּי עִם־יֹרְדֵי בוֹר: הַשְׁמִיעֵנִי בַבֹּקֶר ׀ חַסְדֶּךָ כִּי־בְךָ בָטָחְתִּי הוֹדִיעֵנִי דֶּרֶךְ־זוּ אֵלֵךְ כִּי־אֵלֶיךָ נָשָׂאתִי נַפְשִׁי: הַצִּילֵנִי מֵאֹיְבַי ׀ יהוה אֵלֶיךָ כִסִּתִי: לַמְּדֵנִי ׀ לַעֲשׂוֹת רְצוֹנֶךָ כִּי־אַתָּה אֱלוֹהָי רוּחֲךָ טוֹבָה תַּנְחֵנִי בְּאֶרֶץ מִישׁוֹר: לְמַעַן־שִׁמְךָ יהוה תְּחַיֵּנִי בְּצִדְקָתְךָ ׀ תּוֹצִיא מִצָּרָה נַפְשִׁי: וּבְחַסְדְּךָ תַּצְמִית אֹיְבָי וְהַאֲבַדְתָּ כָּל־צֹרְרֵי נַפְשִׁי כִּי אֲנִי עַבְדֶּךָ:

קמד לְדָוִד ׀ בָּרוּךְ יהוה ׀ צוּרִי הַמְלַמֵּד יָדַי לַקְרָב אֶצְבְּעוֹתַי לַמִּלְחָמָה: חַסְדִּי וּמְצוּדָתִי מִשְׂגַּבִּי וּמְפַלְטִי לִי מָגִנִּי וּבוֹ חָסִיתִי הָרוֹדֵד עַמִּי תַחְתָּי: יהוה מָה־אָדָם וַתֵּדָעֵהוּ בֶּן־אֱנוֹשׁ וַתְּחַשְּׁבֵהוּ: אָדָם לַהֶבֶל דָּמָה יָמָיו כְּצֵל עוֹבֵר: יהוה הַט־שָׁמֶיךָ וְתֵרֵד גַּע בֶּהָרִים וְיֶעֱשָׁנוּ: בְּרוֹק בָּרָק וּתְפִיצֵם שְׁלַח חִצֶּיךָ וּתְהֻמֵּם: שְׁלַח יָדֶיךָ מִמָּרוֹם פְּצֵנִי וְהַצִּילֵנִי מִמַּיִם רַבִּים מִיַּד בְּנֵי נֵכָר: אֲשֶׁר פִּיהֶם דִּבֶּר־שָׁוְא וִימִינָם יְמִין שָׁקֶר: אֱלֹהִים שִׁיר חָדָשׁ אָשִׁירָה לָּךְ בְּנֵבֶל עָשׂוֹר אֲזַמְּרָה־לָּךְ: הַנּוֹתֵן תְּשׁוּעָה לַמְּלָכִים הַפּוֹצֶה אֶת־דָּוִד עַבְדּוֹ מֵחֶרֶב רָעָה: פְּצֵנִי וְהַצִּילֵנִי מִיַּד בְּנֵי־נֵכָר אֲשֶׁר פִּיהֶם דִּבֶּר־שָׁוְא וִימִינָם יְמִין שָׁקֶר: אֲשֶׁר בָּנֵינוּ ׀ כִּנְטִעִים מְגֻדָּלִים בִּנְעוּרֵיהֶם בְּנוֹתֵינוּ כְזָוִיֹּת מְחֻטָּבוֹת תַּבְנִית הֵיכָל: מְזָוֵינוּ מְלֵאִים מְפִיקִים מִזַּן אֶל זַן צֹאונֵנוּ מַאֲלִיפוֹת מְרֻבָּבוֹת בְּחוּצוֹתֵינוּ: אַלּוּפֵינוּ מְסֻבָּלִים אֵין פֶּרֶץ וְאֵין יוֹצֵאת וְאֵין צְוָחָה בִּרְחֹבֹתֵינוּ: אַשְׁרֵי הָעָם שֶׁכָּכָה לּוֹ אַשְׁרֵי הָעָם שֶׁיהוה אֱלֹהָיו:

*קמה תְּהִלָּה לְדָוִד אֲרוֹמִמְךָ אֱלוֹהַי הַמֶּלֶךְ וַאֲבָרְכָה שִׁמְךָ לְעוֹלָם וָעֶד: בְּכָל־יוֹם אֲבָרְכֶךָּ וַאֲהַלְלָה שִׁמְךָ לְעוֹלָם וָעֶד: גָּדוֹל יהוה וּמְהֻלָּל מְאֹד וְלִגְדֻלָּתוֹ אֵין חֵקֶר: דּוֹר לְדוֹר יְשַׁבַּח מַעֲשֶׂיךָ וּגְבוּרֹתֶיךָ יַגִּידוּ: הֲדַר כְּבוֹד הוֹדֶךָ וְדִבְרֵי
נִפְלְאֹתֶיךָ אָשִׂיחָה: וֶעֱזוּז נוֹרְאֹתֶיךָ יֹאמֵרוּ וגדלותיך אֲסַפְּרֶנָּה: זֵכֶר רַב־טוּבְךָ וּגְדֻלָּתְךָ

*ל לחודש

יַבִּיעוּ וְצִדְקָתְךָ יְרַנֵּנוּ: חַנּוּן וְרַחוּם יְהוָה אֶרֶךְ אַפַּיִם וּגְדָל־חָסֶד: טוֹב־יְהוָה
לַכֹּל וְרַחֲמָיו עַל־כָּל־מַעֲשָׂיו: יוֹדוּךָ יְהוָה כָּל־מַעֲשֶׂיךָ וַחֲסִידֶיךָ יְבָרְכוּכָה:
כְּבוֹד מַלְכוּתְךָ יֹאמֵרוּ וּגְבוּרָתְךָ יְדַבֵּרוּ: לְהוֹדִיעַ לִבְנֵי הָאָדָם גְּבוּרֹתָיו וּכְבוֹד
הֲדַר מַלְכוּתוֹ: מַלְכוּתְךָ מַלְכוּת כָּל־עֹלָמִים וּמֶמְשַׁלְתְּךָ בְּכָל־דּוֹר וָדֹר: סוֹמֵךְ
יְהוָה לְכָל־הַנֹּפְלִים וְזוֹקֵף לְכָל־הַכְּפוּפִים: עֵינֵי־כֹל אֵלֶיךָ יְשַׂבֵּרוּ וְאַתָּה נוֹתֵן
לָהֶם אֶת־אָכְלָם בְּעִתּוֹ: פּוֹתֵחַ אֶת־יָדֶךָ וּמַשְׂבִּיעַ לְכָל־חַי רָצוֹן: צַדִּיק יְהוָה
בְּכָל־דְּרָכָיו וְחָסִיד בְּכָל־מַעֲשָׂיו: קָרוֹב יְהוָה לְכָל־קֹרְאָיו לְכֹל אֲשֶׁר יִקְרָאֻהוּ
בֶאֱמֶת: רְצוֹן־יְרֵאָיו יַעֲשֶׂה וְאֶת־שַׁוְעָתָם יִשְׁמַע וְיוֹשִׁיעֵם: שׁוֹמֵר יְהוָה אֶת־
כָּל־אֹהֲבָיו וְאֵת כָּל־הָרְשָׁעִים יַשְׁמִיד: תְּהִלַּת יְהוָה יְדַבֶּר־פִּי וִיבָרֵךְ כָּל־
בָּשָׂר שֵׁם קָדְשׁוֹ לְעוֹלָם וָעֶד:

**קמו** הַלְלוּיָהּ הַלְלִי נַפְשִׁי אֶת־יְהוָה: אֲהַלְלָה יְהוָה בְּחַיָּי אֲזַמְּרָה לֵאלֹהַי בְּעוֹדִי:
אַל־תִּבְטְחוּ בִנְדִיבִים בְּבֶן־אָדָם שֶׁאֵין לוֹ תְשׁוּעָה: תֵּצֵא רוּחוֹ יָשֻׁב לְאַדְמָתוֹ
בַּיּוֹם הַהוּא אָבְדוּ עֶשְׁתֹּנֹתָיו: אַשְׁרֵי שֶׁאֵל יַעֲקֹב בְּעֶזְרוֹ שִׂבְרוֹ עַל־יְהוָה
אֱלֹהָיו: עֹשֶׂה שָׁמַיִם וָאָרֶץ אֶת־הַיָּם וְאֶת־כָּל־אֲשֶׁר־בָּם הַשֹּׁמֵר אֱמֶת לְעוֹלָם:
עֹשֶׂה מִשְׁפָּט לַעֲשׁוּקִים נֹתֵן לֶחֶם לָרְעֵבִים יְהוָה מַתִּיר אֲסוּרִים: יְהוָה
פֹּקֵחַ עִוְרִים יְהוָה זֹקֵף כְּפוּפִים יְהוָה אֹהֵב צַדִּיקִים: יְהוָה שֹׁמֵר אֶת־גֵּרִים
יָתוֹם וְאַלְמָנָה יְעוֹדֵד וְדֶרֶךְ רְשָׁעִים יְעַוֵּת: יִמְלֹךְ יְהוָה לְעוֹלָם אֱלֹהַיִךְ צִיּוֹן
לְדֹר וָדֹר הַלְלוּיָהּ:

**קמז** הַלְלוּיָהּ כִּי־טוֹב זַמְּרָה אֱלֹהֵינוּ כִּי־נָעִים נָאוָה תְהִלָּה: בּוֹנֵה יְרוּשָׁלִַם יְהוָה
נִדְחֵי יִשְׂרָאֵל יְכַנֵּס: הָרֹפֵא לִשְׁבוּרֵי לֵב וּמְחַבֵּשׁ לְעַצְּבוֹתָם: מוֹנֶה מִסְפָּר
לַכּוֹכָבִים לְכֻלָּם שֵׁמוֹת יִקְרָא: גָּדוֹל אֲדוֹנֵינוּ וְרַב־כֹּחַ לִתְבוּנָתוֹ אֵין מִסְפָּר:
מְעוֹדֵד עֲנָוִים יְהוָה מַשְׁפִּיל רְשָׁעִים עֲדֵי־אָרֶץ: עֱנוּ לַיהוָה בְּתוֹדָה זַמְּרוּ
לֵאלֹהֵינוּ בְכִנּוֹר: הַמְכַסֶּה שָׁמַיִם בְּעָבִים הַמֵּכִין לָאָרֶץ מָטָר הַמַּצְמִיחַ
הָרִים חָצִיר: נוֹתֵן לִבְהֵמָה לַחְמָהּ לִבְנֵי עֹרֵב אֲשֶׁר יִקְרָאוּ: לֹא בִגְבוּרַת הַסּוּס
יֶחְפָּץ לֹא־בְשׁוֹקֵי הָאִישׁ יִרְצֶה: רוֹצֶה יְהוָה אֶת־יְרֵאָיו אֶת־הַמְיַחֲלִים לְחַסְדּוֹ:
שַׁבְּחִי יְרוּשָׁלִַם אֶת־יְהוָה הַלְלִי אֱלֹהַיִךְ צִיּוֹן: כִּי־חִזַּק בְּרִיחֵי שְׁעָרָיִךְ בֵּרַךְ
בָּנַיִךְ בְּקִרְבֵּךְ: הַשָּׂם־גְּבוּלֵךְ שָׁלוֹם חֵלֶב חִטִּים יַשְׂבִּיעֵךְ: הַשֹּׁלֵחַ אִמְרָתוֹ אָרֶץ
עַד־מְהֵרָה יָרוּץ דְּבָרוֹ: הַנֹּתֵן שֶׁלֶג כַּצָּמֶר כְּפוֹר כָּאֵפֶר יְפַזֵּר: מַשְׁלִיךְ קַרְחוֹ
כְפִתִּים לִפְנֵי קָרָתוֹ מִי יַעֲמֹד: יִשְׁלַח דְּבָרוֹ וְיַמְסֵם יַשֵּׁב רוּחוֹ יִזְּלוּ־מָיִם: מַגִּיד

דְּבָרָו לְיַעֲקֹב חֻקָּיו וּמִשְׁפָּטָיו לְיִשְׂרָאֵל: לֹא עָשָׂה כֵן ׀ לְכָל־גּוֹי וּמִשְׁפָּטִים
בַּל־יְדָעוּם הַלְלוּיָהּ:

הַלְלוּיָהּ ׀ הַלְלוּ אֶת־יְהוָֹה מִן־הַשָּׁמַיִם הַלְלוּהוּ בַּמְּרוֹמִים: הַלְלוּהוּ כָל־    קמח
מַלְאָכָיו הַלְלוּהוּ כָּל־צְבָאָו: הַלְלוּהוּ שֶׁמֶשׁ וְיָרֵחַ הַלְלוּהוּ כָּל־כּוֹכְבֵי אוֹר:
הַלְלוּהוּ שְׁמֵי הַשָּׁמָיִם וְהַמַּיִם אֲשֶׁר ׀ מֵעַל הַשָּׁמָיִם: יְהַלְלוּ אֶת־שֵׁם יְהוָֹה כִּי
הוּא צִוָּה וְנִבְרָאוּ: וַיַּעֲמִידֵם לָעַד לְעוֹלָם חָק־נָתַן וְלֹא יַעֲבוֹר: הַלְלוּ אֶת־
יְהוָֹה מִן־הָאָרֶץ תַּנִּינִים וְכָל־תְּהֹמוֹת: אֵשׁ וּבָרָד שֶׁלֶג וְקִיטוֹר רוּחַ סְעָרָה
עֹשָׂה דְבָרוֹ: הֶהָרִים וְכָל־גְּבָעוֹת עֵץ פְּרִי וְכָל־אֲרָזִים: הַחַיָּה וְכָל־בְּהֵמָה
רֶמֶשׂ וְצִפּוֹר כָּנָף: מַלְכֵי־אֶרֶץ וְכָל־לְאֻמִּים שָׂרִים וְכָל־שֹׁפְטֵי אָרֶץ: בַּחוּרִים
וְגַם־בְּתוּלוֹת זְקֵנִים עִם־נְעָרִים: יְהַלְלוּ ׀ אֶת־שֵׁם יְהוָֹה כִּי־נִשְׂגָּב שְׁמוֹ לְבַדּוֹ
הוֹדוֹ עַל־אֶרֶץ וְשָׁמָיִם: וַיָּרֶם קֶרֶן ׀ לְעַמּוֹ תְּהִלָּה לְכָל־חֲסִידָיו לִבְנֵי יִשְׂרָאֵל
עַם קְרֹבוֹ הַלְלוּיָהּ:

הַלְלוּיָהּ ׀ שִׁירוּ לַיהוָֹה שִׁיר חָדָשׁ תְּהִלָּתוֹ בִּקְהַל חֲסִידִים: יִשְׂמַח יִשְׂרָאֵל    קמט
בְּעֹשָׂיו בְּנֵי־צִיּוֹן יָגִילוּ בְמַלְכָּם: יְהַלְלוּ שְׁמוֹ בְמָחוֹל בְּתֹף וְכִנּוֹר יְזַמְּרוּ־לוֹ:
כִּי־רוֹצֶה יְהוָֹה בְּעַמּוֹ יְפָאֵר עֲנָוִים בִּישׁוּעָה: יַעְלְזוּ חֲסִידִים בְּכָבוֹד יְרַנְּנוּ
עַל־מִשְׁכְּבוֹתָם: רוֹמְמוֹת אֵל בִּגְרוֹנָם וְחֶרֶב פִּיפִיּוֹת בְּיָדָם: לַעֲשׂוֹת נְקָמָה
בַּגּוֹיִם תּוֹכֵחוֹת בַּלְאֻמִּים: לֶאְסֹר מַלְכֵיהֶם בְּזִקִּים וְנִכְבְּדֵיהֶם בְּכַבְלֵי בַרְזֶל:
לַעֲשׂוֹת בָּהֶם ׀ מִשְׁפָּט כָּתוּב הָדָר הוּא לְכָל־חֲסִידָיו הַלְלוּיָהּ:

הַלְלוּיָהּ ׀ הַלְלוּ־אֵל בְּקָדְשׁוֹ הַלְלוּהוּ בִּרְקִיעַ עֻזּוֹ: הַלְלוּהוּ בִגְבוּרֹתָיו הַלְלוּהוּ    קן
כְּרֹב גֻּדְלוֹ: הַלְלוּהוּ בְּתֵקַע שׁוֹפָר הַלְלוּהוּ בְּנֵבֶל וְכִנּוֹר: הַלְלוּהוּ בְתֹף וּמָחוֹל
הַלְלוּהוּ בְּמִנִּים וְעֻגָב: הַלְלוּהוּ בְצִלְצְלֵי־שָׁמַע הַלְלוּהוּ בְּצִלְצְלֵי תְרוּעָה:
כֹּל הַנְּשָׁמָה תְּהַלֵּל יָהּ הַלְלוּיָהּ:

אחר תהלים נוהגים לומר:

מִי יִתֵּן מִצִּיּוֹן יְשׁוּעַת יִשְׂרָאֵל תהלים יד
בְּשׁוּב יהוה שְׁבוּת עַמּוֹ
יָגֵל יַעֲקֹב, יִשְׂמַח יִשְׂרָאֵל:
וּתְשׁוּעַת צַדִּיקִים מֵיהוה תהלים לז
מָעוּזָּם בְּעֵת צָרָה:
וַיַּעְזְרֵם יהוה וַיְפַלְּטֵם
יְפַלְּטֵם מֵרְשָׁעִים וְיוֹשִׁיעֵם
כִּי־חָסוּ בוֹ:

לימי חול:

יְהִי רָצוֹן מִלְּפָנֶיךָ יְהֹוָה אֱלֹהֵינוּ וֵאלֹהֵי אֲבוֹתֵינוּ, בִּזְכוּת סֵפֶר רִאשׁוֹן / שֵׁנִי / שְׁלִישִׁי / רְבִיעִי / חֲמִישִׁי / שֶׁבַּתְּהִלִּים שֶׁקָּרָאנוּ לְפָנֶיךָ שֶׁהוּא כְּנֶגֶד סֵפֶר בְּרֵאשִׁית / שְׁמוֹת / וַיִּקְרָא / בְּמִדְבַּר / דְּבָרִים / בִּזְכוּת מִזְמוֹרָיו וּבִזְכוּת פְּסוּקָיו וּבִזְכוּת תֵּבוֹתָיו וּבִזְכוּת שְׁמוֹתֶיךָ הַקְּדוֹשִׁים וְהַטְּהוֹרִים הַיּוֹצְאִים מִמֶּנּוּ, שֶׁתְּכַפֵּר לָנוּ עַל כָּל חַטֹּאתֵינוּ, וְתִסְלַח לָנוּ עַל כָּל פְּשָׁעֵינוּ שֶׁחָטָאנוּ וְשֶׁעָוִינוּ וְשֶׁפָּשַׁעְנוּ לְפָנֶיךָ, וְהַחֲזִירֵנוּ בִּתְשׁוּבָה שְׁלֵמָה לְפָנֶיךָ, וְהַדְרִיכֵנוּ לַעֲבוֹדָתֶךָ, וְתִפְתַּח לִבֵּנוּ בְּתַלְמוּד תּוֹרָתֶךָ, וְתִשְׁלַח רְפוּאָה שְׁלֵמָה לְחוֹלֵי
עַמֶּךָ (לַחוֹלֶה/לַחוֹלָה פלוני/ת בֶּן/בַּת פלונית), וְתִקְרָא לִשְׁבוּיִם דְּרוֹר, וְלַאֲסוּרִים ישעיה סא
פְּקַח־קוֹחַ: וּלְכָל הוֹלְכֵי דְרָכִים וְעוֹבְרֵי יַמִּים וּנְהָרוֹת מֵעַמְּךָ יִשְׂרָאֵל תַּצִּילֵם מִכָּל צַעַר וָנֶזֶק, וְתַגִּיעֵם לִמְחוֹז חֶפְצָם לְחַיִּים וּלְשָׁלוֹם. וְתִפְקֹד לְכָל חֲשׂוּכֵי בָנִים בְּזֶרַע שֶׁל קְיָמָא לַעֲבוֹדָתֶךָ וּלְיִרְאָתֶךָ, וְעֻבָּרוֹת שֶׁל עַמְּךָ בֵּית יִשְׂרָאֵל תַּצִּילֵן שֶׁלֹּא תַפֵּלְנָה וְלָדוֹתֵיהֶן, וְהַיּוֹשְׁבוֹת עַל הַמַּשְׁבֵּר בְּרַחֲמֶיךָ הָרַבִּים תַּצִּילֵן מִכָּל רָע, וְאַל הַמֵּינִיקוֹת תַּשְׁפִּיעַ שֶׁלֹּא יֶחְסַר חָלָב מִדַּדֵּיהֶן. וְאַל יִמְשֹׁל אַסְכָּרָה וְשֵׁדִין וְרוּחִין וְלִילִין וְכָל פְּגָעִים וּמַרְעִין בִּישִׁין בְּכָל יַלְדֵי עַמְּךָ בֵּית יִשְׂרָאֵל, וּתְגַדְּלֵם לְתוֹרָתֶךָ לִלְמֹד תּוֹרָה לִשְׁמָהּ, וְתַצִּילֵם מֵעַיִן הָרָע וּמִדֶּבֶר וּמִמַּגֵּפָה וּמִשָּׂטָן וּמִיֵּצֶר הָרָע. וּתְבַטֵּל מֵעָלֵינוּ וּמִכָּל עַמְּךָ בֵּית יִשְׂרָאֵל בְּכָל מָקוֹם שֶׁהֵם כָּל גְּזֵרוֹת קָשׁוֹת וְרָעוֹת. וְתַטֶּה לֵב הַמַּלְכוּת עָלֵינוּ לְטוֹבָה, וְתִגְזֹר עָלֵינוּ גְּזֵרוֹת טוֹבוֹת, וְתִשְׁלַח בְּרָכָה וְהַצְלָחָה בְּכָל מַעֲשֵׂה יָדֵינוּ. וְהָכֵן פַּרְנָסָתֵנוּ מִיָּדְךָ

הָרְחָבָה וְהַמְּלֵאָה, וְלֹא יִצְטָרְכוּ עַמְּךָ בֵּית יִשְׂרָאֵל זֶה לָזֶה וְלֹא לְעַם אַחֵר,
וְתֵן לְכָל אִישׁ וְאִישׁ דֵּי פַרְנָסָתוֹ וּלְכָל גְּוִיָּה וּגְוִיָּה דֵּי מַחְסוֹרָהּ וּתְמַהֵר וְתָחִישׁ
לְגָאֳלֵנוּ, וְתִבְנֶה בֵּית מִקְדָּשֵׁנוּ וְתִפְאַרְתֵּנוּ. וּבִזְכוּת שְׁלֹשׁ עֶשְׂרֵה מִדּוֹתֶיךָ שֶׁל
שמות לד רַחֲמִים הַכְּתוּבוֹת בְּתוֹרָתֶךָ, כְּמוֹ שֶׁנֶּאֱמַר: יְהוָה, יְהוָה, אֵל רַחוּם וְחַנּוּן, אֶרֶךְ
אַפַּיִם וְרַב־חֶסֶד וֶאֱמֶת: נֹצֵר חֶסֶד לָאֲלָפִים, נֹשֵׂא עָוֺן וָפֶשַׁע וְחַטָּאָה, וְנַקֵּה:
תהלים עט שֶׁאֵינָן חוֹזְרוֹת רֵיקָם מִלְּפָנֶיךָ. עָזְרֵנוּ אֱלֹהֵי יִשְׁעֵנוּ עַל־דְּבַר כְּבוֹד־שְׁמֶךָ, וְהַצִּילֵנוּ
תהלים פט וְכַפֵּר עַל־חַטֹּאתֵינוּ לְמַעַן שְׁמֶךָ: בָּרוּךְ יְהוָה לְעוֹלָם אָמֵן וְאָמֵן:

לשבת וליום טוב:

יְהִי רָצוֹן מִלְּפָנֶיךָ יהוה אֱלֹהֵינוּ וֵאלֹהֵי אֲבוֹתֵינוּ, בִּזְכוּת סֵפֶר רִאשׁוֹן / שֵׁנִי /
שְׁלִישִׁי / רְבִיעִי / חֲמִישִׁי / שֶׁבַּתְּהִלִּים שֶׁקָּרָאנוּ לְפָנֶיךָ שֶׁהוּא כְּנֶגֶד סֵפֶר
בְּרֵאשִׁית / שְׁמוֹת / וַיִּקְרָא / בְּמִדְבַּר / דְּבָרִים / בִּזְכוּת מִזְמוֹרָיו וּבִזְכוּת פְּסוּקָיו
וּבִזְכוּת תֵּבוֹתָיו וּבִזְכוּת שְׁמוֹתֶיךָ הַקְּדוֹשִׁים וְהַטְּהוֹרִים הַיּוֹצְאִים מִמֶּנּוּ שֶׁתְּהֵא
נֶחְשֶׁבֶת לָנוּ אֲמִירַת מִזְמוֹרֵי תְהִלִּים אֵלּוּ כְּאִלּוּ אֲמָרָם דָּוִד מֶלֶךְ יִשְׂרָאֵל
בְּעַצְמוֹ, זְכוּתוֹ תָּגֵן עָלֵינוּ, וְיַעֲמָד לָנוּ לְחַבֵּר אֵשֶׁת נְעוּרִים עִם דּוֹדָהּ בְּאַהֲבָה
וְאַחֲוָה וְרֵעוּת, וּמִשָּׁם יִמָּשֵׁךְ לָנוּ שֶׁפַע לְנֶפֶשׁ רוּחַ וּנְשָׁמָה. וּכְשֵׁם שֶׁאֲנַחְנוּ
אוֹמְרִים שִׁירִים בָּעוֹלָם הַזֶּה, כָּךְ נִזְכֶּה לוֹמַר לְפָנֶיךָ יהוה אֱלֹהֵינוּ וֵאלֹהֵי
אֲבוֹתֵינוּ, שִׁיר וּשְׁבָחָה לָעוֹלָם הַבָּא. וְעַל יְדֵי אֲמִירַת תְּהִלִּים תִּתְעוֹרֵר חֲבַצֶּלֶת
ישעיה לה הַשָּׁרוֹן לָשִׁיר בְּקוֹל נָעִים גִּילַת וְרַנֵּן, כְּבוֹד הַלְּבָנוֹן נִתַּן־לָהּ: הוֹד וְהָדָר בְּבֵית
אֱלֹהֵינוּ בִּמְהֵרָה בְיָמֵינוּ, אָמֵן סֶלָה.

# מדריך להלכות תפילה

"שִׁוִּיתִי ה' לְנֶגְדִּי תָמִיד" (תהלים טז, ח)

# סדר יום חול

## השכמת הבוקר וברכות השחר

1 "בהתהלכך תנחה אתך, בשכבך תשמר עליך, והקיצות - היא תשיחך" (משלי ו, כב). מכאן שצריך האדם להתחזק ביראת ה' מיד בשעה שהוא קם משנתו (ספר חסידים, קנה). ולכן, מיד כשהאדם ניעור משנתו, אומר "מודה אני", אף על פי שאין ידיו נקיות, מכיוון שאינו מזכיר את שם ה' (סדר היום; סידור יעב"ץ).

2 "ארחץ בנקיון כפי, ואסבבה את מזבחך ה'" (תהלים כו, ו). בספר הזוהר (וישב קפד ע"ב) נאמר, שבלילה מסתלקת נשמתו של האדם ממנו ושורה עליו רוח טומאה, והיא איננה סרה מידיו עד אשר נוטל את ידיו. ולפיכך, חייב אדם ליטול את ידיו מיד כשהוא מתעורר משנתו; ויש שפסקו שאין ללכת ארבע אמות בלי נטילת ידיים ('תולעת יעקב' על פי הזוהר, וראה ברכ"י א, א). אם אין מים לידו, נחלקו הפוסקים: יש שכתבו שצריך לרוץ למקום שיש בו מים, כדי להסיר מעליו הטומאה (סידור 'בית עובד' וכן בשע"ת א, ב); והרבה אחרונים דחו את סברתם ('פתח הדביר' ד, א; 'רוח חיים' ד, א) ופסקו כחיד"א (ברכ"י, שם), שילך פחות פחות מארבע אמות. מאידך גיסא, לדעת כמה מהפוסקים אין רוח רעה מצויה כיום (לח"מ בדעת הרמב"ם, שביתת עשור פ"ג ה"ב; יש"ש, חולין פ"ח, לא; 'שמות בארץ', יומא עז ע"ב; שו"ת מכתב לחזקיהו, א; וראה שו"ת יין הטוב ח"א, ד) ולכן אפשר להקל וללכת כרגיל (יבי"א ח"ד, ב-ד וצרף לזה את סברת ה'שבות יעקב' שכל הבית נחשב כארבע אמות).

3 בגמרא (ברכות טו ע"א) נלמד דין שונה מפסוק זה - שעל האדם להיפנות וליטול את ידיו לפני שיתפלל. יש סוברים שמדובר בשני חיובים שונים (ערוה"ש ד, א-ה), אך רוב הפוסקים אינם סבורים כך (ראה בה"ל ד, ד"ה ואפילו). ומברכים רק על נטילת ידיים שאחרי הקימה (שו"ע ו, ב).

4 בגמרא (שבת קט ע"א) מוסבר, שהטעם לנטילת ידיים הוא להעביר רוח רעה שעליהן, ויש ליטול ידיים שלוש פעמים כדי להעבירה (רש"י שם). ונוטל את הידיים לסירוגין - ימין ואחר כך שמאל - שלוש פעמים (שעה"כ, עניין ברכות השחר; הובא במג"א ד, ז). אם אין בנמצא מים, מעיקר הדין אפשר לנקות את הידיים היטב ולברך "על נקיות ידיים", ואז יוכל להתפלל (שו"ע ד, כב ע"פ הרא"ש). אולם נוהגים שלא לברך, שספק ברכות להקל (כה"ח, שם קה). וצריך ליטול ידיים אחר כך, כשימצא מים, כדי להעביר את הרוח הרעה (ערוה"ש ד, יט).

5 בראשונים מובאים לכך שני הסברים עיקריים: האדם, לאחר שישן, נעשה כברייה חדשה, "וצריכין אנו להודות לו יתברך על שבראנו לכבודו לשרתו ולברך בשמו, ...ולפיכך אנו צריכין להתקדש בקדושתו וליטול ידינו מן הכלי ככהן שמקדש ידיו מן הכיור קודם עבודתו" (שו"ת הרשב"א ח"א, קצא); ידיו של אדם עסקניות הן, ויש להניח שנגע במקומות המכוסים, וידיו אינן נקיות (רא"ש, ברכות פ"ט, כג). משום הדעה הראשונה מקפידים על כל דיני נטילת ידיים המפורטים בהלכה 442-444, אך בדיעבד אינם מעכבים (שו"ע ורמ"א ד, ז); ומשום הדעה השנייה יש ליטול ידיים לפני כל תפילה (אם יש לו מים), אך אין לברך על נטילה זו (שו"ע רלג, ב).

6 כתב 'סדר היום', שיש להקפיד לברך על נטילת ידיים אחרי הנטילה קודם הניגוב (וכ"פ שכנה"ג ד, ו); ולדעת החיד"א יש לברך אחרי הניגוב (מחב"ר ד, א בשם מהר"ם ניגרין). האחרונים הכריעו כדעה הראשונה, ויש שהורו שגם בדיעבד אין לברך אם ידיו יבשות מחמת הניגוב ('יין הטוב' ח"א, ט); ויש אומרים, שאם לא יכול לברך במקום שנטל, רשאי לברך אחר כך (ילק"י, נטילת ידיים טז בשם אביו).

7 בכל פעם שהאדם נפנה לצרכיו, מברך "אשר יצר" (שו"ע ז, א). אסור לאדם לומר דבר שבקדושה בעודו נזקק לנקביו, ולכן לא יברך "על נטילת ידיים" עד שהתפנה (מג"א ד, א). ואסור לאדם להשהות את נקביו (שו"ע ג, יז).

8 אם שכח לברך "אשר יצר" מברך כשנזכר (ברכ"י, ג ע"פ מהר"ם די לונזאנו וה'בתי כהונה'). לדעת הבא"ח (ויצא יב) אין לברך בשם ומלכות לאחר חצי שעה שנפנה לנקביו, ולדעת היחו"ד (ח"ד, ה) יברך עד שבעים ושתיים דקות. אם בינתיים נפנה לנקביו שנית אינו מברך פעמיים (בא"ח שם).

9 בגמרא (ברכות ס ע"ב) נאמר, שכשניעור האדם בבוקר, אומר "אלהי נשמה" כהודאה על חזרת הנשמה לאדם אחר הלילה (שבה"ל ב בשם בראשית רבה יד, ט). יש המסבירים, שברכה זו אינה פותחת בתיבות "ברוך אתה ה'" מכיוון שהיא סמוכה לברכת "המפיל" שנאמרה לפני השינה (שבה"ל שם), ויש הסוברים, שברכת הודאה כלל אינה חייבת לפתוח בלשון "ברוך" (תוספות, פסחים קד

ע״ב, ד״ה חוץ; שו״ע ו, ג); ונהגו לברך ״אלהי נשמה״ מיד אחרי ברכת ״אשר יצר״, כדי שתהא ברכה הסמוכה לחברתה, וכתבו הפוסקים שיש לעשות כן לכתחילה (שו״ת הרא״ש ד, א; ׳קשר גודל׳ א, ו ע״פ האר״י, וראה הלכה 12).

10 בברכות ס ע״ב נזכרת ברכה זו, ובה השבח ״ריבון כל המעשים, אדון כל הנשמות״. האבודרהם העיד, שיש שלא אמרו ״אדון כל הנשמות״ וכתב שטעות בידם, ויש לגרוס מילים אלה כדי שתהיה מעין החתימה סמוך לחתימה, ושכך הוא בסידורי הגאונים וברמב״ם; אך בתשובת רב נטרונאי גאון המובאת בסדר רע״ג, וברמב״ם שלפנינו (תפילה פ״ז ה״ג), מילים אלו אינן מופיעות (וראה ׳דקדוקי סופרים׳ שם). בסידורים ישנים רבים מובאות התוספות ״מושל בכל הבריות״ ו״חי וקיים לעד״; ברוב הקהילות משמיטים תיבות אלו בעקבות דברי הרש״ש (נהר שלום), שבברכה זו יש דווקא מ״ז תיבות.

11 בגמרא (ברכות ס ע״ב) מובאת רשימת ברכות שיש לברך: ״אשר נתן לשכוי בינה״ כאשר שומע קול תרנגול, ״פוקח עיוורים״ כאשר פוקח את עיניו, ״מתיר אסורים״ כאשר מתיישב (כיוון שקודם לכן היה מוגבל ואסור בביתו - סידור הרוקח), ״מלביש ערומים״ כאשר מתלבש, ״זוקף כפופים״ כאשר מזדקף, ״רוקע הארץ על המים״ כאשר מניח את רגליו על הארץ, ״המכין מצעדי גבר״ כאשר מתחיל ללכת, ״שעשה לי כל צרכי״ כאשר נועל את נעליו (שהנעליים הם צורך לאדם ולא כבוד - ׳גור אריה׳, דברים ח, ד), ״אוזר ישראל בגבורה״ כאשר חוגר חגורתו (רמב״ם, תפילה פ״ז ה״ו; ולדעת הראב״ד, המובא באבודרהם, כאשר לובש מכנסיו), ״עוטר ישראל בתפארה״ כאשר מכסה את ראשו (תוספות; ורס״ג גרס ״עוטף ישראל בתפארה״), ו״המעביר שינה מעיני״ כאשר רוחץ את פניו.

12 לדעת הרמב״ם (תפילה פ״ז ה״ז), מברכים ברכות אלה רק כאשר מתחייבים בהן - מי שישן כשהוא לבוש לא יברך ״מלביש ערומים״ וכד׳, ואם לא אמרן בשעה שהתחייב בהן, שוב אינו יכול לאומרן (רמב״ם, שם ה״ט; שו״ת ראב״ם, פג); אך רב נטרונאי גאון כתב בתשובה (תשובות רב נטרונאי גאון, ט מובאת בטור, מו), שאין לאדם רשות לברך קודם שירחץ ידיו ויתקן עצמו לברכות ולתפילה, ולכן אין מברכים אותן במקומן ובעתן אלא לאחר מכן. והרשב״א ביאר בשם ספר העתים, שהברכות הללו קשורות לזמן ההתרחשות הטבעית שלהן ולכן על כל אדם לברכן (שו״ת ח״א, קנג והובאו דבריהם באבודרהם). מרן פסק, שאם לא נתחייב בהן יאמרן בלי שם ומלכות (שו״ע מו, ח); אולם פשט המנהג לברכן ברצף גם אם לא נתחייב בהן (כמבוא בסידור הרמ״ק ע״פ הזוהר; שעה״כ, עניין ברכות השחר ואחרונים).

13 יש נוהגים ששליח ציבור אומרן בבית הכנסת כדי להוציא את הרבים ידי חובתם (טור, שם; תשב״ץ ח״ב, קפו); ורס״ג כתב בסידורו, שרבים נוהגים לאומרן יחד אחרי שנפנו ונטלו, וכן מנהג האר״י (שעה״כ שם; ׳קשר גודל׳ א, ו).

14 ״מי שת בטחות חכמה, או מי נתן לשכוי בינה״ (איוב לח, לו). בגמרא (ראש השנה כו ע״א) מוסבר, ש׳שכוי׳ הוא התרנגול שקולו מעיר את האדם לעבודת הבורא (ר״י ב״ר יקר); ויש שפירשו שהכוונה ללבו של האדם (רש״י שם ורד״ק בתהלים עז ג, וכן הרא״ש, ברכות פ״ט, כג). וכשהאדם קם בבוקר, עליו לשבח ״על סידור העולם והנהגתו״ (לשון הטור, מו).

15 כתב רע״ג בסידורו, שאין לברך ״מתיר אסורים״ שכן היא נכללת בברכת ״זוקף כפופים״; ואף שראשונים אחרים הזכירו ברכה זו, מכל מקום אם הקדים ״זוקף כפופים״, שוב לא יברך ״מתיר אסורים״ (שו״ע מו, ה, וזו הייתה גרסת הטור בסדר רע״ג; ׳קשר גודל׳ ה, טז). ויש שכתבו, שאף אם הקדים האחת לחברתה צריך לברך שתיהן (׳עוד יוסף חי׳, וישב ד בשם האר״י; וראה ילק״י, שארית יוסף מו, ו, שכתב לדחות דבריו).

16 בסידורים העתיקים (ליסבון ר״ן, ויניציאה רפ״ד ועוד) ברכת ״זוקף כפופים״ נמצאת אחרי ברכת ״מלביש ערומים״, וברכת ״הנותן ליעף כוח״ אחרי ״שעשה לי כל צרכי״. אולם כיום נוהגים לומר את ברכת ״זוקף כפופים״ אחרי ״מתיר אסורים״ ומיד לאחריהן ״מלביש ערומים״, לפי סדר הפעולות של האדם (תפילת ישרים), ואחריהן את ברכת ״הנותן ליעף כוח״ (שעה״כ; בא״ח, וישב ח).

17 ברכת ״הנותן ליעף כוח״ אינה נזכרת בגמרא אלא מבוססת על דברי המדרש (טור, מו), ואף שנזכרה בכמה ספרי ראשונים (מחז״ו; סמ״ג) ובחלק מסידורי ספרד הישנים, פסק מרן שאין לאומרה (שו״ע מו, ו), וכן דעת הפר״ח (שם). ויש נוהגים לאומרה בלי שם ומלכות (כנה״ג, מו; ׳שמ״ש ומגן׳, ח״א כה); אולם על פי האר״י יש לאומרה (שעה״כ, עניין ברכות השחר), וכן המנהג הפשוט (׳הלכות קטנות׳, ח״א קפד; ברכ״י מו, יא; וראה יבי״א, ח״ב כה, יג).

18 ״כי סיים מסאניה (נועל מנעלים - רבינו יהונתן, עירובין לג ע״ב) לימא ברוך שעשה לי כל צרכי״ (ברכות ס ע״ב). וביאר האבודרהם, שכל עוד האדם יחף אינו יכול לצאת ולעשות צרכיו. בסידורים ישנים המילה ״צרכי״ מנוקדת כלשון רבים (״צְרָכַי״ בסידור תר״י כת״י, ״צָרְכַי״, ״צְרָכַי״ או ״צָרְכָּי״ בסידורים אחרים, ויש לכך סמך מהגרסה שבתשובת רב נטרונאי גאון ״שלא חיסר מצורכיי כלום״; וראה מאמרו של הר״מ

מאזוז 'הגהות והערות בסדר התפילה'); ורוב הסידורים היום גורסים "צָרְכִּי" בלשון יחיד כדעת המג"א (מו, ב; וראה 'שלמי ציבור', ברכות השחר ז ובהגהות שם, ו). לעניין אמירת ברכה זו ביום הכיפורים ובתשעה באב (ראה הלכה 614).

19 במנחות מג ע"ב נזכרות שלוש ברכות נוספות שיש לאומרן כל יום: "שלא עשני גוי", "שלא עשני עבד" ו"שלא עשני אישה". בתוספתא מבואר, שהאחרונה היא משום שאין האישה חייבת בכל המצוות (ברכות פ"ו הי"ח, וראה 'תוספתא כפשוטה' שם; וראה רש"י, קידושין כט ע"א).

20 פשט המנהג, שהנשים מברכות "שלא עשני גויה" ו"שלא עשני שפחה" בלשון נקבה ('עוד יוסף חי', וישב י), כמו שכתב היעב"ץ בסידורו.

21 כתבו הטור והשו"ע (מו, ד) שנשים מברכות "שעשני כרצונו", והיו שערערו על המנהג (פר"ח שם; סידור יעב"ץ). וכיום נוהגות לברך "שעשני כרצונו" בלי שם ומלכות ('קשר גודל' ה, כג; בא"ח, וישב י).

22 בגמרא (ברכות ס ע"ב) וכן בסידורי הגאונים ובנוסחאות הראשונים את ברכת "המעביר חבלי שינה" אומרים בלשון יחיד. אך יש הגורסים אותה בלשון רבים (מג"א מו, ד בשם 'אות אמת', סדר הקדושה; וכך הגרסה בכמה מסידורי ליוורנו), והטעם הוא משום דברי אביי (ברכות כט ע"ב, וברש"י שם) באשר לתפילת הדרך, שאדם צריך להתפלל בלשון רבים כדי שתפילתו תהיה נשמעת. בסידורי הגאונים ורוב הראשונים חתימת הברכה היא "גומל חסדים טובים", ובסידור תלמידי ר' יונה (כת"י) נוסף "לעמו ישראל". וטעמו של הדבר "כי להם מגדיל חסדיו ומתמיד צדקותיו משאר האומות"; כך גם גרסת הטור (מו) וכן פשט המנהג. לאחר הברכה אומרים את הבקשה שנהג לומר רבי בתום תפילתו (ברכות טז ע"ב; שבת ל ע"ב). רבים נוהגים לכלול בה אחת־עשרה בקשות "והם כנגד אחת עשרה קליפות אחת עשרה סממני הקטורת" ('שלמי ציבור' בשם ר"ב הלוי הר"ן שפירא). ובסידורים הישנים יש בקשות נוספות ואותן נוהגים לומר בקהילות המערב.

23 "ברכת התורה מאד צריך להזהר בה" (טור, מז). כתב מרן שאסור לומר שום פסוק או דבר הלכה קודם ברכות התורה, וטוב להימנע מאמירתם אפילו אם אומרם דרך בקשה ותחנונים (שו"ע מו, ט ע"פ ראב"ד; והברכ"י שם, יד כתב כך בשם תשובת הרמב"ם). והיבי"א (ח"ד, ז-ח) כתב, שלענות את פסוקי הקדושה "קדוש ו"ברוך" ולומר י"ג מידות עם הציבור מותר. ולהרהר בדברי תורה מותר גם קודם הברכות (ב"י ושו"ע מז, ד בשם האגור).

24 בגמרות שלפנינו הגרסה בברכה הראשונה היא "אשר קידשנו במצוותיו וציוונו לעסוק בדברי תורה", וכן הוא הנוסח בסידורי האשכנזים; אולם הנוסח בסידורי הספרדים הוא "אשר קידשנו במצוותיו וציוונו על דברי תורה", כגרסת הרי"ף (ברכות ה ע"ב) והרמב"ם (תפילה פ"ז ה"י). ומרן הביא טעם לגרסת "לעסוק", אולם פסק לומר "על דברי תורה" (ב"י ושו"ע מז, ה; וכן הוא בשעה"כ, דרוש נוסח התפילה).

25 נחלקו הראשונים, אם ברכת "והערב נא" היא המשכה של ברכת "על דברי תורה" (כדעת ר"ת, מובאת בתוספות, ברכות מו ע"א ובהרא"ש, שם פ"א, יג; וכן כתב ב'ספר המנהגות' בשם ר' שמואל הנגיד) או ברכה נפרדת (כדעת הרמב"ם, תפילה פ"ז הי"א, וכן היא הגרסה בכמה כתובי יד של התלמוד). ומרן פסק לומר "והערב נא" בוי"ו כדי לצאת ידי חובת שתי הדעות (ב"י ושו"ע מז, ה).

26 אמירת ברכת "אהבת עולם" פוטרת מברכות התורה (ברכות יא ע"ב). לפיכך, אם לא בירכן קודם יוצר, אינו חוזר ומברך. ואם נזכר ב"פסוקי דזמרה" יברך רק ברכת "אשר בחר בנו", שהיא המעולה שבברכות (ברכות, שם), ובין "ישתבח" ליוצר יברך "על דברי תורה... והערב" (יבי"א, ח"ד ז, ד-ה).

27 מי ששכח לברך ברכות השחר ונזכר באמצע פסוקי דזמרה, אינו מפסיק כדי לאומרן אלא יאמר בין "ישתבח" ליוצר "אלהי נשמה", ואת יתר הברכות יאמר אחרי העמידה ('קשר גודל' ה, ט-י ע"פ הפר"ח).

28 מי שהיה ער כל הלילה מברך את כל ברכות השחר בשם ומלכות, חוץ מברכת "על נטילת ידיים" (ברכ"י מו, יב). אולם יעשה זאת מחצות ואילך, וברכת התורה יאמר רק מעמוד השחר, לאחר שייטול את ידיו בלא ברכה ('אור לציון' ח"ב, פ"ד, ט בשם הרש"ש). מי ששכח ולא בירך ברכות השחר, יש אומרים שיברך עד סוף שעה רביעית ('אור לציון' שם, יא בשם דה"ח), ויש אומרים שיכול לברך כל היום (יחו"ד ח"ד, ד בשם הגר"א).

29 בזוהר נאמר, שעל האדם להזכיר שם שמים על כל פעולותיו ולכוון שעושה אותן לעבודת השם יתברך (תוריע נא ע"ב). בעקבות דברי הזוהר נהגו מקובלי צפת לומר בפירוש לפני עשיית כל מצווה שעושים הם אותה לשם שמים (מרן, 'מגיד מישרים', סוף תרומה; 'ראשית חכמה', שער הקדושה פ"ד), ובכתבי האר"י מופיע נוסח "לשם יחוד" ('שער רוח הקודש' יב ע"ב; 'שערי ציון' שער ג, תיקוני תפילות). ומשום כך, נהגו רבים לומר "לשם יחוד" לפני עשיית המצוות ובמיוחד לפני התפילה. ה'נודע ביהודה' התנגד נחרצות למנהג זה וכתב שדי בברכה עצמה. ולעניין מצוות שאין מברכים עליהן, כתב שמנהגו לומר

"הנני עושה דבר זה לקיים מצוות בוראי", והוסיף: "ובזה די ואין צריך יותר. והכוונה הוא רק פירוש המילות, וכל התיקונים למעלה נעשים מאליהם על ידי מעשינו" (יו"ד, מה"ק צג; וראה דברי המבי"ט ח"ג, סח). והיעב"ץ כתב בסידורו ש"לשם יחוד" יאמרו רק תלמידי חכמים ובחשאי ('עמודי שמים', מנחה). אך החיד"א כתב לקיים את דברי המקובלים ולדחות דבריו של ה'נודע ביהודה' ('שמחת הרגל', שבועות; 'מורה באצבע' א, א), והרי"ח תיקן נוסח "לשם יחוד" לכל מצווה ומצווה (ראה 'רב פעלים' ח"א, א). ומכל מקום אין אמירת "לשם יחוד" חובה מצד ההלכה (ראה שו"ת חזון עובדיה ח"א, כט). ולגבי עטיפת טלית, הנחת תפילין וישיבה בסוכה כתב הטור שיש צורך בכוונה מיוחדת; וביאר הב"ח, שעיקר קיומן של מצוות אלו תלויה בכוונת הלב (ב"ח, ח; וראה שו"ע ח, ח ו-כה, ה).

## הלכות ציצית

30 "למען תזכרו ועשיתם את כל מצותי, והייתם קדשים לאלהיכם" (במדבר טו, מ). אף על פי שרק מי שלובש בגד בעל ארבע כנפות חייב בציצית, הזהירו חכמים לקנות בגד מיוחד כדי לקיים מצווה זו (רמב"ם, ציצית פ"ג הי"א; סמ"ג, עשה כו; טור, כד).

31 בגמרא נפסק להלכה שמצוות ציצית נוהגת רק ביום (מנחות מג ע"א). יש ראשונים שפירשו שהמצווה נוהגת רק ביום (רש"י; רמב"ם, ציצית פ"ג ה"ח-ט), ויש שפירשו שאין מטילים ציצית אלא על בגד המיוחד ליום (ר"ת; רא"ש, הל' ציצית א); ולהלכה נפסק, שאין מברכים על ציצית אלא בשעות היום ובבגד המיוחד ללבישה ביום (רמ"א יח, א; שכנה"ג שם). זמן ציצית הוא מעלות השחר (רמ"א שם, ג בשם ה'מרדכי'), אך לכתחילה לא יברך עליה לפני "שיכיר בין תכלת שבה ללבן שבה" (לשון שו"ע; כך פסק המשנ"ב שם, י), ולמנהג ארץ ישראל הוא חמישים ושתיים דקות לפני הָנֵץ החמה (ספר הנברשת). הואיל וציצית היא מצוות עשה שהזמן גרמה, נשים פטורות ממנה (שו"ע יז, ב).

32 לפני לבישת 'טלית קטן' ראוי לבדוק את החוטים ולוודא שאינם פסולים (שו"ע ח, ז ו-ט וראה ב"י, שם). אחר כך מברך בעמידה (שם, א) "על מצוות ציצית" (רמ"א ח, ו), ומיד לובש את הציצית. ומנהג האר"י היה להתעטף גם ב'טלית קטן' ולברך עליה "להתעטף בציצית" (שעה"כ, עניין הציצית), ומי שאינו מתעטף ב'טלית קטן' אלא רק לובשה, מברך "על מצוות ציצית" (בא"ח, בראשית ו), וראה בהלכה הבאה.

33 הברכה על ה'טלית גדול' פוטרת את ה'טלית קטן' (שו"ע ח, יב). ולכן, מכיוון שעומד ללבוש 'טלית גדול' בשעת התפילה, אינו צריך לברך על ה'טלית קטן', אם לא יהא עיכוב גדול או היסח הדעת בינתיים (משנ"ב שם, לד בשם ה'חיי אדם'). והמנהג הרווח הוא, שאין מברכים כלל על 'טלית קטן', משום שיש ספק מה שיעורה המינימלי ומשום שאין נוהגים ללובשה לבד ולצאת כך לשוק, לפיכך מכוונים לפוטרה בברכת 'טלית גדול' ('ישכיל עבדי' ח"ח, כב, א; יחו"ד ח"ה, ב). את הקטנים שאינם מתעטפים ב'טלית גדול', מחנכים לברך "על מצוות ציצית" על ה'טלית קטן' (ראה הלכה קודמת).

34 קודם שלובש האדם 'טלית גדול', צריך לבדוק את חוטי הציציות (ראה הלכה 32). אחר כך אוחז הטלית בשתי ידיו ומברך בעמידה "להתעטף בציצית" קודם העיטוף, כדי שיהיה 'עובר לעשייתן' ('שאגת אריה' לב). לאחר הברכה מכסה ראשו בטלית, ולאחר מכן מעביר הכנפות הימניות לאחורי כתף שמאל, ממתין מעט, ואחר כך משלשל לאחוריו גם את הכנפות השמאליות, ועומר כך (ב'עטיפת הישמעאלים') זמן הילוך ארבע אמות, ואחר כך מוריד את הטלית על גופו (בא"ח, בראשית ה). ונוהגים לומר את הפסוקים "מה יקר" ('מצת שימורים'; הובא גם בהגהות פע"ח, שער הציצית פ"ו) ואת הפסוק "שוש אשיש" (עצי היע"ר ח, ט בשם ה'יפה ללב').

35 אחרי העיטוף בשעת הברכה שוב אין חובה לכסות את הראש בטלית (שו"ת 'דבר שמואל' קכג; מחב"ר ח, ה); אך יש פוסקים הסוברים שצריך לכסות את הראש כל התפילה ('מצת שימורים' בשם מהר"מ די לונזאנו והרמ"ע מפאנו), ולכל הפחות בשעת העמידה (רדב"ז ח"א, שמג וח"ג, תקעא).

## הלכות תפילין

36 מצוות תפילין יקרה מאוד, היא מסמלת את שיוכו של עם ישראל לקב"ה, ומורה שהשכינה דבקה בנו ('כד הקמח', תפילין) עד כדי כך שהגמרא מכנה את מי שאין תפילין בראשו, "פושעי ישראל בגופן" (ראש השנה יז ע"א).

37 התפילין הן שני בתים מעור הקשורים ברצועות, ובהם יריעות מקלף ועליהן כתובות ארבע פרשיות מהתורה שנזכרת בהן מצוות הנחת תפילין: "קדש" (שמות יג, א-י), "והיה כי יבאך" (שם שם, יא-טז), "שמע" (דברים ו, ד-ט) ו"והיה אם שמע" (שם יא, יג-כא). בתפילין של יד כל הפרשיות כתובות על קלף אחד. בתפילין של ראש כל פרשייה כתובה

על קלף נפרד, והבית מחולק לארבעה תאים, תא אחד לכל קלף (מנחות לד ע"ב).

38 נחלקו ראשונים באיזה סדר יש להניח את הפרשיות בתוך הבית: לדעת רש"י (מנחות לד ע"ב, ד"ה והקורא) והרמב"ם (תפילין פ"ג ה"ה וראה כס"מ, שם), כסדר כתיבתם בתורה; ולדעת ר"ת (תוספות שם, ד"ה והקורא), "והיה אם־שמע" מונחת (או כתובה, בתפילין של יד) באמצע ו"שמע" בקצה. נוהגים להניח תפילין הכתובות כדעת רש"י (ראה סמ"ג, עשה כב); ויש המניחים את של רש"י ואת של ר"ת יחד (פע"ח, שער התפילין פ"ט, לשיטת האר"י ששתי הסברות נכונות), או את של רש"י בשעת תפילת שחרית ואת של ר"ת אחרי התפילה (שו"ת מהרי"ל, קלז), ומכל מקום מברכים רק על תפילין של רש"י (שו"ע לד, ב), ואפילו מי שאין לו אלא תפילין של ר"ת, יניחן בלא ברכה, מכיוון שהברכה אינה מעכבת ('מכתם לדוד' ד). מרן פסק, שאין מניחים תפילין של ר"ת אלא מי שמוחזקים בחסידות (שם לד, ג בשם מהרי"ל) ור' ישראל אלנקאוה העיד שכך נהגו בספרד ('מנורת המאור', פרק התפילה, סוף הלכות תפילין), אולם בעקבות דברי האר"י רבים נוהגים להניח את שתיהן (מחב"ר, שם ב, וראה שו"ת רמ"ע מפאנו, קז, והלכה 53). לעומת זאת, היו שהתנגדו למנהג זה. ר' שמואל משער אריה כתב, שגדולי המקובלים, הרמ"ק, ר"מ גלאנטי ור' עזרא מפאנו, לא נהגו להניח תפילין של ר"ת, והוא עצמו התנגד לכך, ובמיוחד למנהג להניחן ביחד ('פסקי שמואל' ח"ג, ע"פ ר"מ דאטו). ור' רפאל מרדכי מלכי יצא חוצץ נגד מנהג זה מטעם שלהלכה נפסק כדעת רש"י ואין להרבות מחלוקות בישראל.

39 דינים רבים ומפורטים נאמרו בכתיבת תפילין, ולכן אין לקנותן אלא מסופר מומחה (שו"ע לט, ח ע"פ הגמרא במנחות מב ע"ב), וראוי לבודקן פעמיים בשבע שנים (שם שם, י). יש להקפיד שהבתים יהיו מרובעים (שו"ע לב, לט ע"פ הגמרא שם), וכן שהבתים (שו"ע לב, מ ע"פ ספר התרומה; וראה משנ"ב שם, קפר) והרצועות (שם לג, ג ע"פ מנחות לה ע"א) יהיו שחורים. ישנם מנהגים שונים באופן קשירת רצועות התפילין (ראה בה"ל כז, ד"ה המנהג), ועל כן הקונה או השואל תפילין, יקפיד שיהיו תפילין שיודע ורגיל להניחן כראוי.

40 "שימני כחותם על לבך, כחותם על זרועך" (שיר השירים ח, ו) – אלו התפילין, שהאדם מניח על לבו (זוהר, מצורע נד ע"ב). תפילין של יד הן האות לקשר העמוק והייחודי בין האדם מישראל לקב"ה. "והיה לך לאות על ידך" (שמות יג, ט) – "לך לאות, ולא לאחרים לאות" (מנחות לז ע"ב), ומטעם זה נהגו לכסות את התפילין של יד ('מרדכי', הלכות קטנות יב ע"א בשם 'שימושא רבא'; ולא כרב האיי גאון – מחלוקתם מובאת בב"י, כז).

41 "והיו הדברים האלה אשר אנכי מצוך היום על לבבך" – לכן מניחים תפילין של יד על יד שמאל, שהלב נוטה לו (רמב"ן, שמות יג, טז).

42 איטר מניח תפילין על ידו הימנית (מנחות לז ע"א). ונחלקו הפוסקים מה דינו של מי שעושה מקצת מלאכות ביד ימין ומקצתן ביד שמאל (שו"ע כז, ו; וראה בה"ל שם, ד"ה מניח בשמאלו, ד"ה וי"א שהיד וד"ה והכי נהוג), וגם היום רבו שיטות הפוסקים בזה, ויעשה שאלת חכם.

43 "וראו כל עמי הארץ כי שם ה' נקרא עליך" (דברים כח, י) – "ר' אליעזר הגדול אומר: אלו תפילין שבראש" (חולין פט ע"א), ופירש רש"י: "אות הן לכל כי שם ה' נקרא עליך". כתבו הפוסקים, שמטעם זה טוב שתפילין של ראש יהיו גלויות ונראות (שו"ע כז, יא), וכן הוא המנהג הרווח. והמקובלים נוהגים לכסותן ('שלמי ציבור', דיני תפילין בשם מהר"י צמח).

44 נחלקו תנאים אם מצוות תפילין נוהגת גם בלילה (מנחות לו ע"א), ונחלקו הראשונים כיצד לפסוק (ראה ב"י, ל), ולהלכה אין להניח תפילין בלילה (שו"ע שם, ב).

45 אין מניחים תפילין בשבתות ובימים טובים, כיוון שהם עצמם אות ואינם צריכים את האות הנוסף שבתפילין (שו"ע לא, א ע"פ הגמרא במנחות לו ע"ב). ונחלקו הפוסקים אם מניחים תפילין בחול המועד (ראה הלכה 419). לעניין תפילין בתפילת ראש חודש ראה הלכה 382. מכיוון שהנחת תפילין מצוות עשה שהזמן גרמה, נשים פטורות ממנה (שו"ע שם ע"פ הגמרא בברכות כ ע"א).

46 כתב מרן שהדרך הנכונה היא לברך תחילה על 'טלית קטן', מכיוון שהציצית שקולה כנגד כל המצוות והיא תדירה בכל יום (ב"י, כה בשם ה'נימוקי יוסף'), ואחר כך להניח תפילין, וכשמגיע לבית הכנסת יתעטף שם ב'טלית גדול' (שם, בשם מקובלי ספרד). והיום נוהגים להתעטף בטלית לפני הנחת תפילין, כשיטת הרמ"א שם, מכיוון שכך הסדר גם על פי הסוד (ברכ"י כה, ד בשם מהר"י צמח).

47 בגמרא (מנחות לו ע"א) מובאות שתי דעות באשר לברכת התפילין: מברכים ברכה אחת לתפילין של יד ושל ראש; מברכים שתי ברכות – אחת לתפילין של יד ואחת לתפילין של ראש. ופירשו אביי ורבא שאם שח אדם בין תפילין של יד לתפילין של ראש, מברך שתי ברכות. ונחלקו הראשונים בפירוש דבריהם: לדעת הרי"ף ורש"י, אם שח מברך על תפילין של ראש ברכה שנייה, "על מצוות תפילין"; ולדעת ה'שימושא רבא' ור"ת, יש לברך

"על מצוות תפילין" בכל מקרה, ואם שח חוזר ומברך את שתי הברכות לפני קשירת תפילין של ראש. ופסקו הרמב"ם (תפילין פ"ד ה"ה) ומרן (שו"ע כה, ה) כדעה הראשונה. ואם יש לאדם רק תפילין של ראש, מברך "על מצוות תפילין" בלבד (שו"ע כו, ב ע"פ הרמב"ם).

48 "תנא: סח בין תפילה לתפילה עבירה היא בידו, וחוזר עליה מערכי המלחמה" (מנחות לו ע"א). לדעת ר"ת (הובא במרדכי, תפילין יב ע"א) ורשב"א (ח"ה, יג), מדובר דווקא בשיחת חולין, אבל רשאי לענות לדברים שבקדושה; והרא"ש (תפילין טו) כתב, שאף על פי שאין העברה חמורה כל כך מכל מקום אסור לענות, ומרן פסק (כה, י), שישתוק ויכוון למה שהציבור עונה. אם עבר וענה אמן, אינו צריך לחזור ולברך ('שלמי ציבור', תפילין, אזהרה יב בשם 'דבר שמואל', קמב; 'כף החיים' פאלאג'י יח, א). ובתפילין של רבינו תם רשאי לכתחילה לענות לקדיש ולקדושה ('שלמי ציבור' שם בשם 'דרכי נועם'; ברכ"י לא, ד); והיבי"א (ח"ג, ג) וקישו"ע טולדאנו (כא, ה) התירו גם אמן דברכות אבל לא אמנים אחרונים של קדיש; וכתב הרי"ח ('רב פעלים' ח"ג, ב), שאחר שענה יסיר תפילין של יד ויניח שוב כסדר.

49 מניח תפילין של יד על השריר העליון של הזרוע כנגד הלב, מברך "להניח תפילין" ומתכוון בברכה גם על תפילין של ראש (שו"ע כה, ה). אחר כך מהדק את הרצועה וכורך אותה על זרועו, קודם שיניח תפילין של ראש (ברכ"י כה, י ע"פ רדב"ז ושעה"כ; ולא כשו"ע כה, י), שש או שבע כריכות שלמות מלבד חצאי הכריכות שבהתחלה ובסוף ('יין הטוב' ח"א, יט). וייזהר שלא להסיח דעתו ואף לא לענות לקדיש או לקדושה בין תפילין של יד לתפילין של ראש, אלא ישתוק ויכוון למה שאומרים (שו"ע כה, ט-י). אם רואה שיכול להספיק לענות לקדושה או לקדיש על ידי שיהדק את התפילין על הזרוע ומיד יניח תפילין של ראש (כדעת מרן), יעשה כך, ואחרי שיענה יכרוך את הרצועות סביב זרועו (כה"ח כה, ע; ילק"י, תפילין יח). כתבו המקובלים, שיש להניח תפילין של יד מיושב ושל ראש מעומד ('אגור' פר בשם הזוהר; שו"ת הרדב"ז ח"ד, כה; שעה"כ, עניין התפילין), ומנהג זה פשט בקרב הספרדים. כמו כן, על פי הסוד, בעת ההנחה והכריכה יש לכסות את הזרוע בטלית (ברכ"י כז, ה; בא"ח, וירא טו).

50 מניח תפילין של ראש מעל עיקרי השערות שבמרכז המצח, ומהדק כך שהקשר מונח על העורף במקום סוף הגולגולת, ושתי הרצועות תלויות על חזהו מעל כתפיו וצידן השחור כלפי מעלה (שו"ע כז, יא). אחר כך כורך את הרצועה שלוש פעמים על אצבעו האמצעית (שעה"כ, עניין התפילין וראה רמב"ם, תפילין פ"ג הי"ב), כריכה ראשונה בפרק האמצעי של האצבע ושתי כריכות בפרק הסמוך לכף היד ('קשר גודל' ג, יד בשם האר"י), ויש נוהגים לומר בעת עשייתן "וארשתיך" (סידור הרמ"ק; 'מצת שימורים'), וממשיך לכרוך את הרצועה על ידו. לאחר מכן מכניס רצועות תפילין של ראש בין בגדו לחגורתו כדי שלא יתהפכו. ועל פי הקבלה, יש להכניס רצועה של שמאל מלמעלה ורצועה של ימין מלמטה, ואף את הקצוות יכניס בין הבגד לחגורה (בא"ח, וירא יז). נוהגים לומר את הפרשות "קדש" ו"והיה כי יביאך" שנזכרת בהן מצוות תפילין, כדי לומר את כל ארבע הפרשיות המונחות בתפילין, כשהתפילין עליו ('אור צדיקים' לאחר קדיש דרבנן, בשם הרמב"ן והרח"ו).

51 אסור שתהיה שום חציצה בין בתי התפילין וידו או ראשו של המניח (שו"ע כז, ד בשם הרא"ש), אך אין להקפיד על הרצועות (רמ"א, שם בשם הרשב"א).

52 מצוות תפילין היא שיהיו על האדם כל היום, אך עיקר מצוותן הוא בשעת קריאת שמע ותפילה (רמב"ם, תפילין פ"ד הכ"ו, והגמרא בברכות יד ע"ב מכנה קריאת שמע ותפילה בתפילין בשם "עול מלכות שמים שלמה"). מכיוון שהמניח תפילין צריך לשמור על גופו נקי ושלא יסיח דעתו מהן, נוהגים להניחן רק בשעת תפילת שחרית ('לבוש' לז, ב ע"פ התוספות), ונוהגים שלא לחלוץ את התפילין לפני קדיש תתקבל שאחרי "ובא לציון", ובשני ובחמישי עד אחר הכנסת ספר התורה (שו"ע לז, יג). ועדיף להמתין עד אחרי "עלינו לשבח" ('באר היטב' שם, יט בשם האר"י; וראה משנ"ב שם, נו).

53 גם בתפילת מנחה יש שנהגו להניח תפילין והיו ששיבחו מנהג זה והליצו בעדו (שו"ת רמ"ע מפאנו, לט, מובא בבה"ל לז, ד"ה בשעת; המהר"ל, 'נתיבות עולם', נתיב העבודה פ"ט). הרדב"ז נהג להניח אז תפילין כשיטת ר"ת אך לא לברך עליהן (שו"ת הרדב"ז ח"ד, ב"א רעו), האר"י הניח כשיטת ה'שימושא רבא' (שעה"כ, עניין תפילת המנחה) והחיד"א כתב להניח כשיטת ר"ת ('מורה באצבע' קכה). אך מנהג הנחת תפילין במנחה לא פשט.

54 אם נשמטו התפילין ממקומן או שחלצן ודעתו להניחן מיד, אינו מברך שוב. ואם נצרך לבית הכיסא, שאז אסור בתפילין - לדעת רוב הפוסקים צריך לחזור ולברך, וכך פסק היבי"א (ח"ח, ב, ו עי"ש); ולדעת המג"א (כה, כב), אינו צריך לחזור ולברך אלא בהפסק מרובה, ולכן יש שהורו שכשמניחן שוב - אינו מברך, אלא מהרהר את הברכה בלבו (בא"ח, וירא יג; כה"ח כה, עח).

55 חליצת תפילין נעשית בסדר הפוך להנחתן: תחילה מתירים את הכריכות שעל האצבע, אחר כך חולצים את התפילין של ראש ומחזירים אותן לתיק, ואחר כך חולצים את התפילין של יד (שו"ע כח, ב ומשנ"ב שם, ה). יש לחלוץ תפילין של ראש בעמידה ושל יד בישיבה (ב"י, שם בשם 'מערכת האלהות'; 'קשר גודל' ד, ד-ה), ואחר כך מסירין את הטלית (שע"ת כה, יט ע"פ שעה"כ), והחיד"א כתב בשם 'אור צדיקים', שקודם שמסיר התפילין ילמד משהו בעודן מונחות עליו ('קשר גודל' שם, א). "מנהג החכמים לנשק התפילין בשעת הנחתן ובשעת חליצתן" (שו"ע כח, ג).

## פרשת העקדה וסדר הקרבנות

56 "עורה כבודי, עורה הנבל וכנור, אעירה שחר" (תהלים נז, ט). הגמרא (ברכות ג ע"ב) מתארת כיצד דוד המלך נהג לקום משנתו כל לילה בחצות כדי לעסוק בתורה; אך לפי פשט המזמור, הוא היה קם להודות ולשבח לה' ומעיר את השחר בתפילה (כך נאמר גם במזמור קח, ג). בספרד ובארצות המזרח נכתבו בקשות רבות, ואנשי מעשה נהגו להתקבץ בבתי כנסת ולומר בקשות ותחינות קודם הנץ החמה ('מעשה אפוד', הקדמה עמ' 14; ספר העתים, קעד; שו"ת מבי"ט ח"א, קיז). ומסיימים את הבקשות בתפילת חנה (סידור ויניציאה שנ"ח; וראה שו"ת 'יוסף אומץ' סו). לעניין תיקון חצות ראה הלכה 271–274.

57 לאחר אמירת הבקשות, קודם "ותתפלל חנה", נוהגים לומר את ההקדמה השנייה ל'תיקוני הזוהר': "פתח אליהו" (סידור 'שפת אמת' בשם האר"י; 'ציפורן שמיר', הנהגות), ויש האומרים אותו מיד כאשר מגיעים לבית הכנסת. ויש שהורו שגם נשים אומרות "פתח אליהו", אף שאינן אומרות תיקון חצות ('רב פעלים' ח"א, 'סוד ישרים' ט).

58 "לעולם ישלש אדם שנותיו, שליש במקרא, שליש במשנה, שליש בתלמוד" (קידושין ל ע"א). אחרי ברכות התורה אומרים קטעים מהתורה מהמשנה ומהתלמוד. פותחים בברכת כוהנים להזכיר ברכתן של ישראל לפני התמידין (ספר האשכול), ממשיכים בפרשת העקדה, שהיא מורה עד היכן מגעת עבודת ה' ('ציפורן שמיר' ב), ואחרי שמזכירים את זכותם של האבות, מזכירים את הברית שכרת אתם ה'. מרן (שו"ע א, ה על פי הטור) כתב, שטוב לומר גם פרשת המן ועשרת הדיברות, אולם פשט המנהג שלא לומר את פרשת המן, בעקבות דברי האר"י (שעה"כ, עניין בית הכנסת). וה'יפה ללב' (שם, כד) שיער שהטעם לכך הוא מפני שאין לאדם לבקש צרכיו קודם שיבקש חפצי שמים תחילה וסגולת אמירת פרשה זו היא שלא יחסרו לו מזונותיו, אך לאחר התפילה יכול לאומרה (שם בשם 'טוב עין' י) וטוב לעשות כן. בגמרא (ברכות יב ע"א) נאמר, שאף שנהגו במקדש לקרוא את עשרת הדיברות כל יום בברכה, ביטלו מנהג זה מפני "תרעומת המינים", ופירש רש"י שם, שהיו אומרים לעמי הארצות שאין שאר התורה אמת. וכתב מרן (ב"י, א), שדין זה נאמר דווקא בציבור, אך היחיד, טוב שיאמרם כדי שיזכור בכל יום מעמד הר סיני ושתתחזק אמונתו בזה. ומהרש"ל (תשובה, סד) כתב, שדווקא בברכות ביטלום ולכן הנהיג לאומרם בבית הכנסת לפני "ברוך שאמר". אך כיום המנהג הפשוט שאין אומרים אותם אף אחרי התפילה, בעקבות דברי האר"י (שעה"כ, שם). ממשיכים במשנת "אלו דברים" ובברייתא בשבת קכז ע"א (טור, מו; וראה תשובת מהרש"ל הנ"ל). במחזור רומניא מופיע גם מזמור טו, וכתב ה'אור צדיקים' (ב, טז), שמנהגו לומר מזמור זה משום שבמדרש הנעלם דרשוהו על עשרת הדיברות, ובכך מקיים גם את המנהג הקדום של אמירת עשרת הדיברות בתפילה.

59 לפני סדר הקרבנות נוהגים לומר "שמע ישראל", ולפניו אומרים את התחינה "לעולם יהא אדם ירא שמים בסתר" (ע"פ תנא דבי אליהו פכ"א, וכך היא גרסת הראשונים והב"י). ב'שיבולי הלקט' (ו) הביא את קושיית רש"י, וכי יהא אדם ירא שמים בסתר בלבד? ולכן יש שנהגו להתחיל מ"ריבון כל העולמים" (וכך בסידור רש"י, ה); אך הביא את תירוצו של ר' בנימין אחיו שאמירה זו נתייסדה בזמן הגזרות, כשהיה אסור לייחד את שם ה' באמירת קריאת שמע בגלוי, ולכן תיקנו לומר "בסתר" (שבה"ל שם); בכך מוסברת גם הבקשה שבסוף תחינה זו, שה' יקדש את שמו בעולם כולו ויגאל את עם ישראל. בסידורי ספרד הקדמונים נוספה המילה "ובגלוי" (ראה 'סדר היום'); וגרסת האר"י (שעה"כ, דרוש נוסח התפילה) והפר"ח (מו, ח) היא "כבגלוי" בעקבות הגמרא בברכות כח ע"ב.

60 הטור (מו) הביא את מנהג ר' יהודה החסיד לומר אחרי הפסוק "שמע ישראל" גם "ברוך שם כבוד מלכותו לעולם ועד", כדי שאם יעבור זמן קריאת שמע יקיים את המצווה באופן מינימלי, וכן דעת האר"י (שעה"כ, קריאת שמע). ותלמידי ר' יונה (ברכות ט ע"א) כתבו, שכדי לקיים את המצווה יש לומר את כל הפרשה הראשונה. ויש ראשונים שכתבו, שאם ודאי יספיק לקריאת שמע בזמנה לא יאמר את כל הפסוק אלא רק "ה' אלהינו ה' אחד" ('אוהל מועד' בשם הרמב"ן), כדי שיקיים את המצווה בהידור, שלוש פרשות בברכותיהן - ויסוד מחלוקתם

בהבנת הגמרא בברכות יג ע"ב. והמשנ"ב הכריע, שעדיף לכוון מראש שלא לקיים את המצווה באמירה זו; אך אם חושש שיעבור זמן קריאת שמע, מוטב לומר את כל שלוש הפרשות כדי שיזכיר גם את יציאת מצרים בזמן קריאת שמע (שם, לא בשם הפר"ח וה'חיי אדם'). והחיד"א כתב, שיאמרן בשעה שמונחות עליו תפילין שלא יהיה כמעיד עדות שקר בעצמו ('חדרי בטן', וישב; וראה משנ"ב לג בשם ה'דגול מרבבה' ורעק"א).

61 כתב הראבי"ה (ח"א, קמו) בשם הירושלמי (לפנינו, מדרש תנחומא), שכאשר ישראל אומרים "שמע ישראל" בבתי כנסת, המלאכים אומרים "אתה הוא עד שלא נברא העולם" ומברכים "ברוך אתה ה' מקדש את שמך ברבים", ולפיכך נהגו באשכנז לברך ברכה זו, אף שאינה כתובה בגמרא, וכך הייתה גרסת סידורי ספרד הישנים (ליסבון ר"ן, ויניציאה רפ"ד ועוד); אולם לדעת הרמב"ם (בסדר התפילות) והאר"י (שעה"כ, דרוש נוסח התפילה), אין לחתום בשם וכן נוהגים.

62 עיקר סדר הקרבנות הוא אמירת פרשת התמיד (עמ' 33), וראוי לאומרה עם הציבור (רמ"א מח, א). נהגו לומר אחר כך את פיטום הקטורת (רמ"ק; ב"י, א בשם ר"י ב"ר יקר; לעניין הנוסח ראה טוב"י, קלג; 'בתי כנסיות', בית אבטינס א) ואת הברייתא בדבר סדר המערכה (טור, מח) כדי להזכיר את כל סדר עבודת התמיד שבמקדש ('עבודת התמיד'), "אנא בכוח" ולאחר מכן תחינה שתתקבל ברצון אמירת הקרבנות כאילו הקרבנום (ראה מנחות קי ע"א). ממשיכים במשנת "איזהו מקומן" הכוללת את כל מיני הקורבנות (פע"ח, שער עולם העשיה, פ"ו), ובברייתא דר"י כדי ללמוד משנה ותלמוד בכל יום (סדר רע"ג וראה הלכה 64). ויש שכתבו שראוי לומר גם את פרשות הכיור ותרומת הדשן (ב"י, א בשם הר"י ב"ר יקר), שעבודות אלה נעשו אף הן בכל יום.

63 ברוב הסידורים הישנים סדר המערכה פותח במילים "אביי הוה מסדר". יש שכתבו שמוטב להפסיק אחרי שמו של אביי, כדי שלא יהיה כהוגה את שם ה' באותיותיו, אף על פי שאין בזה חשש ('פתח הדביר', שם ב בשם אביו; 'כף החיים' פאלאג'י יב, כח); ויש שגרסו "אביי מסדר הוה" (בית הכפורת) או "אביי הוא הוה מסדר" (בא"ח, מקץ ט). ויש גורסים "אביי מסדר" וכו' בלי המילה "הוה", כגרסת הטור (מח) וכפי שבגמרא שלפנינו ובכתבי היד (ראה 'שערי תפילה' למהר"י רקח, לח ו'עשה לך רב' ח"ח, מו). הזוהר הפליג מאוד בחשיבות אמירת סדר פיטום הקטורת (ויקהל, ריח ע"ב). בכל פעם שאומר פרשת הקטורת, צריך לומר לפניה "אתה הוא ה' אלהינו" ולאחריה את שלושת הפסוקים "ה' צבאות עמנו וכו'" (שעה"כ, עניין נוסח התפילה); ועליהם אמר ר' עקיבא, שמי שאומרם אינו ניזוק (קמחא דאבישונא).

64 לאחר לימוד מקרא ומשנה (ראה הלכה 58) מסיימים את סדר התמיד במדרש הפותח את 'תורת כוהנים' שהוא לימוד תלמוד (סדר רע"ג). מדרש זה מונה את שלוש עשרה המידות שהתורה נדרשת בהן, לדעת רבי ישמעאל. המידה השלוש עשרה היא "שני כתובים המכחישים זה את זה וכו'" ויש נוסחאות שבהן הגרסה היא "וכן שני כתובים וכו'". בתשבץ קטן (ריו) כתוב שמהר"ם מרוטנבורג היה הוגה את המילה "וכן" בפתח תחת הכ', וכך נהג גם האר"י (שעה"כ, דרוש נוסח התפילה וראה שם, דרושי תפילת השחר). יש שביארו שהכוונה היא מלשון כַּן ובסיס, ויש שביארו שהכוונה היא "כאן", במקום זה (הביאורים השונים הובאו ביבי"א ח"ח יא, ט). אמנם בסידורים קדומים בדרך כלל מנוקדת האות כ' בצירי. וב'קרבן אהרן' על 'תורת כוהנים' (מידות אהרן, א) ביאר שרק לפני מידה זו נכתב "וכֵן" כדי להבדיל בינה לבין שאר המידות "כי ענין המידות הוא כלי בידינו אשר בו נדרוש, ובמידה הזו לימדנו רבי ישמעאל שלא נדרוש בה. זהו שאמר 'עד שיבוא', שירצה שנירא לנפשותינו שלא תגע בהם יד שכלנו להכריע בין שני הכתובים המכחישין זא"ז, אלא נמתין עד שיבוא הכתוב השלישי, והוא יהיה המכריע ביניהם". (וראה פהמ"ש לרמב"ם סוטה א, ט שהמילה 'וכֵן' מציינת דמיון ולא שיוון). והעיד הקרבן אהרן (פי"ו): "וזאת היא הגרסא הנמצאת בכל הספרים והשגורה בפינו בקוראינו המידות בכל שחרית".

65 במסכת סופרים (יח, א) נזכר שיש לומר "הודו לה' קראו בשמו" בשבתות ובמועדים כחלק מפסוקי דזמרה (ראה הלכה 86), ומנהג א"י הקדום היה לאומרם בימים אלו בסוף פסוקי דזמרה (ומנהג דומה לזה מצוי במחזור אר"צ). בארצות אשכנז וצרפת נהגו לומר "הודו" בכל יום אחרי "ברוך שאמר" (ר"י ב"ר יקר; ובספר הפרדס מובא שמזמור זה הוא כנגד קרבן תודה, ולכן נהגו שלא לאומרו בשבת, ראה הלכה 87), ובפרובנס נהגו לומר "הודו" אחרי אמירת הקרבנות, כיוון שמזמורים אלו נאמרו בשעת הקרבת קרבנות התמיד קודם שנבנה המקדש (ספר האשכול, הל' ק"ש ותפילה ה; ספר המנהגות). רס"ג, הרמב"ם וראשוני ספרד לא הזכירו מנהג זה, אך במרוצת הדורות פשט המנהג לאומרם אחרי הקורבנות כמובא ב'אשכול' (והאבודרהם כתב, שנהגו לאומרו רק בשבתות ובימים טובים); והרמ"ק ראה ב"הודו" פתיחה לפסוקי דזמרה, והעיד שנהגו לומר לפניו קדיש (ראה הלכה 79).

66 אם לא היה מניין לפני "הודו" - כתב החיד"א, שרשאים לומר קדיש בתוך פסוקי דזמרה, ולכתחילה ימתינו לפני "ברוך שאמר" (׳קשר גודל׳ ז, לה). וב׳אור לציון׳ כתב, שאם הגיע מניין באמצע פסוקי דזמרה - יאמרו את שלושת הפסוקים "ברוך ה׳ לעולם" (עמ׳ 51; ראה טבלה בעמ׳ 1096, הע׳ 1 בשם אבודרהם), חצי קדיש, שוב את שלושת הפסוקים וימשיכו ממקום שהפסיקו (ח"ב מה, א); ובסידור ׳בית עובד׳, כתב שאין קדיש זה חובה ולכן לא יאמרו אותו אחרי "ברוך שאמר", וכן פסקו ה׳שלמי ציבור׳ (דיני תפילה טז בשם שו"ת ׳פני יהושע׳), כה"ח (נג, יג) והיבי"א (ח"ז, י).

## הלכות קדיש

67 "בשעה שישראל נכנסין לבתי כנסיות ולבתי מדרשות, ועונין ׳יהא שמיה הגדול מבורך׳, הקדוש ברוך הוא מנענע ראשו ואומר: ׳אשרי המלך שמקלסין אותו בביתו כך, מה לו לאב שהגלה את בניו, ואוי להם לבנים שגלו מעל שולחן אביהם׳" (ברכות ג ע"א). הקדיש הוא תפילה קדומה, שעיקרה נזכר כבר במקורות מימי התנאים (׳ספרי׳, דברים שו), והחלקים האחרונים שנוספו לה הם מימות הגאונים. בקדיש תפילה ששמו של הקב"ה יתעלה מעל לכל הברכות, השירות והתשבחות הנאמרות בעולם, וכבר בסידורים הראשונים שבידינו הקדיש מפריד בין חטיבות שונות בתפילה.

68 עיקר הקדיש הוא שתי הפסקאות על שבחו של מקום עד "ואמרו אמן", המכונות ׳חצי קדיש׳ (מקור השם ב׳מרדכי׳, תענית תרלה) או ׳קדיש לעילא׳ (אבודרהם); בסוף התפילה שליח הציבור אומר נוסח ארוך יותר, המכונה ׳קדיש שלם׳ (מחז"ו, סדר קדושה דסידרא) או ׳קדיש תתקבל׳ (אבודרהם), ובו פסקת בקשה שהתפילה תתקבל, ושתי פסקאות ובהן בקשות לשלום ולחיים טובים; כאשר מוסיפים תפילה החותמת בפסוקי נחמה לאחר התפילה, אומרים קדיש שלם בלא "תתקבל צלותנא", והוא הנקרא ׳קדיש יהא שלמא׳. בתקופת הראשונים נהגו בכמה קהילות שהיתומים הם שאומרים קדיש זה, ולכן הוא מוכר יותר בכינויו ׳קדיש יתום׳ (ראה או"ז ח"ב, נ; שו"ת מהרי"ל, לו); ולאחר לימוד משותף אומרים ׳קדיש דרבנן׳ (סדר התפילות לרמב"ם; וראה אבודרהם ושו"ת משפטי שמואל, קלג) ובו תפילה "על ישראל". בפסקה הראשונה של קדיש דרבנן בנוסח הרמב"ם (ובעקבותיו גם בקהילות המזרח, ראה מחזור ארם צובה) יש הרחבה לפסקה הראשונה, ובה דברי עידוד ונחמה. קדיש זה מכונה ׳קדיש דהוא עתיד׳ וכיום נוהגים לאומרו רק בסעודת סיום מסכת (ע"פ הרמב"ם שם), לפני קבורת המת (עמ׳ 891 וראה הלכה 526) ובתשעה באב.

69 לשון הקדיש (פרט לפסקה "עושה שלום") היא ארמית, והוצעו לכך שתי סיבות מרכזיות: לדעת רש"י (המובאת בספרי תלמידיו), הקדיש נועד להיות תפילה ישירה אל הקב"ה בלא סיוע מלאכי השרת, שעל פי הגמרא בשבת יב ע"ב אינם מבינים ארמית (ומשום כך יש מהאשכנזים האומרים את השבחים הראשונים בצירה, "יתגדֵל ויתקדֵש"); ולדעת ר"י (תוספות, ברכות ג ע"א), הקדיש נועד לכלל הציבור ונתקן בתקופה שארמית הייתה הלשון הנפוצה.

70 ישנם חילופי מנהגים רבים בפרטי נוסח הקדיש. להלן המרכזיים שבהם:

א. ברבים מהסידורים הישנים (ויניציאה רפ"ד, מחזור ארם צובה ועוד) הכ׳ במילה "כרעותה" דגושה, מכיוון שרצונו של הקב"ה הוא שיתגדל שמו בעולמו (כך גם גרס הגר"א ע"פ השבח "על הכל יתגדל" בעמ׳ 94, וכן דעת היבי"א ח"ט, כב והר"מ מאזוז); אך ב׳ספר המנהגות׳ לר׳ אשר מלוניל מובא, שהמילה "כרעותה" מוסבת על המילים שלפניה, "בעלמא די ברא", ומבאר, שהכוונה שאנו מתפללים ששמו של הקב"ה יתגדל ויתקדש בעולם שהוא ברא על פי רצונו, וכך כתב הרוקח בפירושו - ומשום כך בסידורים רבים מנקדים בכ׳ רפה (שתי הדעות מובאות בערוה"ש נו, ב).

ב. בסידורי הקדמונים באות אחרי "וימליך מלכותה" בקשות נוספות לגאולה (ראה סידור רס"ג; סידור רשב"ן; סדר התפילה להרמב"ם); והיום נוהגים לומר מתוכן "ויצמח פורקנה ויקרב משיחה" (מובא בשו"ת הרשב"א ח"ה, נד). בכמה מקהילות צפון אפריקה ואיטליה נוהגים להוסיף בשבתות, בימים טובים ובימים נוראים, אחרי "ויצמח פורקנה", את הבקשות "וְיָבֵץ קֵץ מְשִׁיחֵהּ וְישַׁכְלֵל הֵיכְלֵהּ וְיִפְרֹק (יָת) עַמֵּיהּ" (ויש למנהג סמך ב׳סדר היום׳ וכך נדפס בכמה מסידורי ויניציאה, ליוורנו ואמשטרדם); ובקהילות הפורטוגזים מוסיפים אותן דווקא בקדישים שקודם ערבית ויוצר בימים נוראים (להרחבה ראה ב׳כתר שם טוב׳ ח"א, קדיש לר"ה).

ג. כתב מהר"י אבוהב שמהמילים "יהא שמיה רבא" עד "בעלמא" יש כ"ח אותיות, ולכן גרס "לעלם לעלמי עלמיא" (ומקורו ב׳תיקוני זוהר׳ יג ע"א, וכן בספר הפרדס, ז; וכן הוא במחזור ארם צובה). ולדעת מרן אין לשנות מגרסת סידורי הגאונים, ויש לומר "ולעלמי עלמיא" (ב"י, נו; וכן דעת היבי"א ח"ז, ז). אך יש מהמקובלים

שנקטו כמהר״י אבוהב (מהר״י סרוק ומהר״י צמח, הרש״ש והחיד״א), וכיום יש הגורסים בו׳ ויש המשמיטים אותה.

ד. רוב הראשונים גרסו ״לעלא מכל ברכתא ושירתא״ כנוסחת רס״ג, וגם רבים מהאחרונים גרסו כך (׳קשר גודל׳ ח, טז; ׳כף החיים׳ פאלאג׳י יג, יז; ׳שערי תפילה׳ קדיש, ה). וכיום הגרסה הנפוצה היא ״לעלא מן כל ברכתא״ כגרסת ׳שיבולי הלקט׳ (ח; וכן בסידור בני רומי ובמחזור רומניא), בעקבות דברי מהר״י צמח, שיש כ״ח תיבות מ״יהא שמיה רבא״ עד ״דאמירן בעלמא״ (׳נגיד ומצוה׳ ע״פ תיקוני זוהר הנ״ל והרש״ש; וראה בה״ט נו, ב ו׳תפילת חיים׳, עמ׳ נו).

ה. ב׳קדיש דרבנן׳ הפסקה ״על ישראל״ מורחבת בנוסחים של כמה מקהילות המערב (ובדומה בקהילות אשכנז): במקום ״דעסקין באוריתא״ אומרים ״דיתבין ועסקין באוריתא״, אחרי ״חנא וחסדא״ מוסיפים ״וחיי אריכי ומזוני רויחי״, וכן אומרים ״אלהא״ לפני ״מארי שמיא וארעא״.

ו. בסדר התפילה להרמב״ם הפסקה ״תתקבל״ פותחת ב״תתקבל צלותכון ותתעבד בעותכון וצלותהון ובעותהון דכל בית ישראל...״; אך ברוב הראשונים הגרסה ״תתקבל צלותהון ובעותהון״, וכן בסידורי ספרד הישנים, ויש שכתבו שאין להוסיף על נוסח זה (׳פתח הדביר׳ קלב, ד); ובהרבה קהילות אומרים ״תתקבל צלותנא ובעותנא עם צלותהון ובעותהון״ כמנהג קהילות המזרח, והרמ״ע מפאנו שיבח מאוד מנהג זה (סוף תשובה קכט [=החדשות, א]; וזו הגרסה במחזור רומניא; וראה יבי״א ח״ח, יא, יא).

ז. בפסקה ״יהא שלמא״ ישנה הרחבה של שתים־עשרה בקשות כנגד שנים־עשר השבטים (אבודרהם); אולם בקשות אלו אינן מעיקר הקדיש, ולכן ספרדי האומר קדיש במניין אשכנזי רשאי לדלג עליהן (׳אור לציון׳ ח״ב, ה, יא).

ח. נוהגים שהש״ץ פוסע לאחור שלוש פסיעות בסוף קדיש תתקבל, שבו הוא חותם את חזרת התפילה (ראה הלכה 236); ולכן אין הוא פוסע לאחור בקדיש שבסוף ערבית של חול (כה״ח נו, לו בשם ה׳מטה יהודה׳, וכתב שכן משמע משעה״כ); ויש אומרים, שנכון לפסוע בסוף כל קדיש שבו אומרים ״עושה שלום״ (יבי״א ח״ה, ט). ובקדיש תתקבל שבסוף ערבית של שבת לכו״ע פוסעים, מכיוון שברכת מעין שבע היא כעין חזרת התפילה (שו״ת ׳קרני ראם׳ ריח).

71 במשנה (מגילה כג ע״ב) מובאת רשימת דברים שבקדושה, שאין אומרים אותם בפחות מעשרה: תפילה בציבור, ברכת כוהנים, קריאת התורה ועוד. רס״ג (בסידורו, עמ׳ לד) והרמב״ם (תפילה פ״ח ה״ה-ו) הוסיפו לרשימה זו גם אמירת קדיש, קדושה ו״ברכו״. עשרה אלו צריך שיהיו זכרים בני חורין לאחר גיל בר־מצווה (שו״ע נה, א). אם התחילו קדיש בעשרה וחלקם יצאו באמצע אמירתו, יכול הציבור לסיים את הקדיש, אך עברה היא ביד היוצאים (ירושלמי, מגילה פ״ד ה״ד).

72 הקהל צריך להקשיב היטב בעת אמירת הקדיש (שו״ע נו, א). הקהל עונה אמן אחרי ״שמיה רבא״ ואחרי ״ויקרב משיחה״, ועונה ״אמן יהא שמיה רבא״ וכו׳ אחרי ״ואמרו אמן״ הראשון, ועונה אמן בכל פעם שהמקדש אומר ״ואמרו אמן״ (מרן, ׳מגיד מישרים׳ פרשת תולדות; שעה״כ, עניין הקדיש; וראה ׳אמרות יוסף׳, מאמר שני שדן בשיטות הראשונים בזה). בעיקר יש להקפיד על אמירת ״אמן יהא שמיה רבא״ ועל אמירת אמן שאחרי ״דאמירן בעלמא ואמרו אמן״ (מג״א סו, ו).

73 הפליגו חכמים במעלת העונה ״אמן יהא שמיה רבא״ בכל כוחו (שבת קיט ע״ב). ופירש רש״י שהכוונה היא בכל כוח כוונתו, ור״י פירש בקול רם (שתי הדעות מובאות בתוספות שם). והחיד״א כתב שיענה בכוונה רבה ויגביר מעט את קולו (׳מורה באצבע׳ לד).

74 יש העונים עד ״לעלם (ו)לעלמי עלמיא״ (סידור תר״י; אבודרהם בשם רס״ג); אך מרן פסק שאין להפריד בין ״לעלמי עלמיא״ ל״יתברך״ (ב״י ושו״ע נו, ג בשם המדרש ור״י ג׳יקטילייא; וכך משמע גם מסידור רס״ג). ב׳מגיד מישרים׳ (שם) כתב, שדי באמירת ״יתברך״ אך אפשר להמשיך עד ״דאמירן בעלמא״ (כמובא באבודרהם; סידור הרמ״ק; שעה״כ, כוונת הקדיש), וכן המנהג הרווח. ולדעת היבי״א, אם נמצאים באמצע קטע שבו מותר לענות רק לקדיש וקדושה, יענו במקרה כזה רק עד ״יתברך״ (ח״ו, ח; ראה טבלה בעמוד 1096).

75 האומר קדיש צריך לעמוד (סידורי הגאונים והרמב״ם). לדעת ראב״ם, גם הקהל צריך לעמוד בעת אמירת הקדיש (׳המספיק לעובדי ה׳׳ כה), וב׳שלטי הגיבורים׳ על ה׳מרדכי׳ (ברכות מז ע״א, ה) הביא כך בשם הירושלמי; אך האר״י אמר, שאין לסמוך על גרסה זו (שעה״כ שם) ונהג כמהרי״ל - רק אם התחילו קדיש בעודו עומד, נשאר לעמוד עד אחרי ״יהא שמיה רבא״, וכך הוא המנהג הרווח (שכנה״ג נה, א; ׳יין הטוב׳ ח״א, ל). עוד נוהגים לעמוד בקדיש שלפני ערבית של שבת (בא״ח ש״ש, וירא ג בשם הרח״ו).

76 כתב רב נחשון גאון, שהאומר קדיש כורע חמש פעמים: באמירת "יתגדל", "יהא שמיה רבא", "יתברך", "בריך הוא" ו"ואמרו אמן" שבסוף ('כלבו', וכ"פ השו"ע נו, ד).

77 במדרש מובא שיתום האומר "ברכו" בבית הכנסת, מציל את אביו מדין גיהינום (תנא דבי אליהו זוטא, יז); ומשום מדרש זה נהגו שהאבל עובר לפני התיבה ואומר קדיש ו"ברכו" במוצאי שבת, וכן נהגו שהאבלים אומרים קדיש אחר התפילה (ראה או"ז ח"ב, נ).

78 נוהגים שהיתום אומר קדיש לאחר מות הוריו, יש שכתבו שעדיף לומר שנה שלמה ('כלבו') אך מכיוון ש"משפט רשעים בגיהנם י"ב חודש" (משנה, עדויות פ"ב ה"י) נוהגים לומר קדיש במשך אחד-עשר חודשים, ובכך האבל מראה את אמונתו בצדקת ההורה המנוח (רמ"א, יו"ד שעו, ד בשם שו"ת בנימין זאב); והמנהג הנפוץ הוא כדברי החיד"א בשם האר"י שיאמר שנה פחות שבוע. פרט לזה נוהגים שהאבל אומר קדיש ביום השנה לפטירת אביו או אמו (ספר התשבץ, תכה); ויש הנוהגים שהיתום אומר קדיש מליל שבת שלפני יום השנה ועד יום השנה עצמו (בא"ח, ויחי יד).

79 לדעת האר"י (שעה"כ, דרושי תפילת השחר א), כל אחת מארבע החטיבות העיקריות של התפילה (קרבנות, פסוקי דזמרה, קריאת שמע וברכותיה, תפילת עמידה) מקבילה למדרגה שונה בעולמות העליונים (עשייה, יצירה, בריאה ואצילות), ומשום כך יש לומר קדיש לפני תחילת פסוקי דזמרה (שעה"כ, עניין הקדיש).

## הלכות פסוקי דזמרה

80 לפני "ברוך שאמר" אומרים "הודו" (ראה הלכה 65), ולאחריו לקט פסוקי הודיה (עיין בהרחבה בסידור הרמ"ק), וחותמים במזמור ל "ארוממך ה'", הנקרא בגמרא (שבועות טו ע"ב) 'שיר של תודה'. ומשמיטים את הפסוק הראשון מכיוון שהוא פתיחה, וכאן המזמור נאמר כהמשך ל"הודו" (ראה שו"ת 'חקרי לב' לב בסופו).

81 ובסדר התפילות לרמב"ם מופיע לומר "ה' מלך, ה' מלך, ה' ימלך לעולם ועד" בין "לעולם יהא אדם" ו"ברוך שאמר"; ובסידורי ספרד העתיקים התקבל המנהג לומר זאת ופסוקים נוספים אחרי "הודו". והיו שנהגו לאומרו בשבתות ובימים טובים פעמיים (ספר המנהיג), ופשט המנהג לאומרו פעמיים בכל יום (ב"י, נ ע"פ תיקוני הזוהר קלד ע"ב). בימות הראשונים היו שהוסיפו את מזמור יט, ופשט המנהג לומר בחול במקומו "למנצח בנגינות", כדעת האר"י (שעה"כ, עניין תפילת השחר), וכך גם הבין מרן בדברי הזוהר (ב"י, נ).

82 הברכה שלפני פסוקי דזמרה (ראה הלכה 86–87) היא "ברוך שאמר". לברכה זו שני חלקים, החלק הראשון ובו עשרה שבחים הפותחים בתיבת "ברוך", כנגד עשרה מאמרות שבהם נברא העולם (ספר האשכול, הל' פסוקי דזמרה; וראה אבודרהם שהאריך לבאר את הקשר בין השבחים לבין פסוקי דזמרה) בסידור רס"ג חלק זה נאמר רק בשבת. בנוסח המקובל כיום (ראה בהלכה הבאה) יש שלושה-עשר שבחים הפותחים בתיבת "ברוך" כנגד שלוש-עשרה מידות של רחמים (שעה"כ, עניין ברוך שאמר) או כנגד שלושה-עשר שבחים שב"ישתבח" (בא"ח, ויגש טו). החלק השני הוא חברכה עצמה.

83 בסידור רס"ג ובסדר התפילות להרמב"ם מובא נוסח ארוך לברכה זו (עמ' 252) וכך גם ברוב הסידורים הישנים; אולם בספר היכלות מובא שיש בברכה זו פ"ז תיבות (הובא בטור, נא), וכן שיש לאומרה מעומד וכך הסכימו המקובלים (ר' מאיר אבן גבאי, הרמ"ק והאר"י). יש מהמקובלים שביארו שבנוסח הארוך יש פ"ז תיבות מלבד ט"ו "ברוך" והאזכרות שבו (סידור 'זכר לצדיק' כת"י). הרמ"ק מעיד, שרבו נוסחאותיה של הברכה ובסידורו בירר אחת מהן. יש שהחמירו וכתבו, שאין לומר אלא נוסח של פ"ז תיבות, והרלב"ח הסתייג מדעה זו (תשובה עד). כיום יש מנהגים שונים בזה: בקהילות הפורטוגזים אומרים את הנוסח הארוך בכל יום, ובחלק מקהילות המערב אומרים אותו בשבתות ובימים טובים (שו"ת 'שמ"ש ומגן' ח"ג, נח), וברוב הקהילות נוהגים לומר תמיד את הנוסח הקצר שנהג בו האר"י (מובא בשעה"כ, דרוש נוסח התפילה; 'קשר גודל' ז, כה).

84 ברוב סידורי הגאונים והראשונים כתוב "המהולל בפי עמו" לפי כללי הדקדוק. אולם ברבים מסידורי צרפת ואשכנז הקדומים גרסו שיש לומר "המהולל בפה עמו" (ראה ספר התשבץ, רכ בשם מהר"ם מרוטנבורג), והאר"י קיבל גרסה זו ונתן בה סימן: "בפה" עולה בגימטריה פ"ז (שעה"כ, דרוש נוסח התפילה, וראה מחב"ר, קונטרס אחרון נא, ד).

85 "וירם ימינו ושמאלו לשמים וישבע בחֵי העולם" (דניאל יב, ז), וביארו הראשונים שהקב"ה מחיה את העולם (ראב"ע שם; 'מורה נבוכים' ח"א, סט וראה שו"ת הריב"ד, יסודי התורה ד). משום כך גרסו "חֵי העולמים" בצירי, וכן ב"ישתבח" ובברכת "בורא נפשות" (וכך בהגהה בפע"ח, שער הזמירות פ"ו; וראה

סידור 'בית עובד', דינים מחודשים ז–ח); ובפירוש רב נסים גאון לברכות לב ע"א, הקב"ה מכונה "חַי העולמים" בפתח (בעקבות דברים לב, מ ודניאל ד, לא), וכן כתב כה"ח (נד, ו) בשם הרש"ש. כיום שתי הגרסאות נפוצות (על עניין זה כתב באריכות הר"מ מאזוז בירחון 'אור תורה' יב).

86 "אמר ר' יוסי יהא חלקי עם גומרי ההלל בכל יום. איני? והאמר מר הקורא הלל בכל יום הרי זה מחרף ומגדף - כי קאמרינן בפסוקי דזמרה" (שבת קיח, ע"ב). לדעת רש"י (שם) הכוונה היא למזמורים קמח ו־קנ שבהם יש ריבוי הילולים, ולדעת הרי"ף (שם מד ע"א) הכוונה היא לששת המזמורים האחרונים של ספר תהלים. פסוקי דזמרה הם פסוקים ומזמורי הלל ושבח הפותחים בשרשרת הפסוקים "יהי כבוד" (ראה מסכת סופרים יח, א; 'ויעש אברהם' פתיחה לפסוקי דזמרה, ו והלכה 65). בגמרא (חולין ס ע"א) מובאת דרשתו של רב פפא שפסוק "יהי כבוד" הוא שבח שאמר שר העולם בזמן הבריאה, והמקובלים הפליגו בחשיבותה של שרשרת פסוקים זו "שנתקנה בחכמה עמוקה נפלאה" ('קשר גודל' ז, לט על פי היעב"ץ וכוונות האר"י). לפני "יהי כבוד" אומרים "מזמור לתודה" (ראה הלכה הבאה ולעיל הלכה 65).

87 ב"מזמור לתודה" יש ריבוי שבח, ולכן נהגו לאומרו אף שלא נזכר בסידורי הגאונים וברמב"ם (תכלאל 'עץ חיים'). יש שכתבו, שאין לומר "מזמור לתודה" בימים שאין מקריבים בהם קרבן תודה (סידור רש"י, תיז): לא בשבתות ובימים טובים, לא בערב יום הכיפורים, לא בחול המועד פסח, ולא בערב פסח; אולם מנהג רוב הספרדים לאומרו בכל יום חול ובחול המועד, מכיוון שהוא נאמר לשם הודאה ולא לשם קרבן (ב"י, רפא); ובכמה מקהילות המערב אימצו את מנהגו של רש"י (סידור 'בית עובד'; 'קיצור שו"ע' טולידאנו). בשבתות ובימים טובים אומרים במקומו את מזמור צב שנאמר בו "טוב להודות לה'" ('אור התורה', תהלים צב; ראה שבה"ל עו). יש שנהגו בימים הנוראים לומר דווקא "מזמור לתודה", כיוון שנזכר בו "הריעו לה' כל הארץ" (כנה"ג, נא), ויש שנהגו שלא לאומרו גם בימים אלו ('רב פעלים' ח"ג, לח בשם 'כף החיים' פאלאג'י).

88 חז"ל החשיבו מאוד את מזמור קמה, שבו האדם מבקש על פרנסתו. משום כך כתבו, שיש חובה לכוון בו ובמיוחד בפסוק "פותח את ידך", שהקב"ה משגיח וזן ומפרנס לכל (בא"ח, ויגש יב), ואם לא כיוון בפסוק זה צריך לאומרו שנית (שו"ע נא, ז). ואם כיוון פעם אחת ביום, יצא (יבי"א ח"ו, ה, ו).

89 למזמור קמה מקדימים לומר שני פסוקים: "אשרי יושבי ביתך" (תהלים פד, ה) ו"אשרי העם" (תהלים קמד, טו). מהפסוק הראשון לומדים בגמרא, שיש להמתין מעט קודם התפילה ולהתכונן אליה (ברכות לב ע"ב, וראה בתוספות שם) ואת הפסוק השני מקדימים כדי לומר "אשרי" שלוש פעמים לפני המזמור (שבה"ל בשם ר' בנימין אחיו). לאחר המזמור מוסיפים את הפסוק "ואנחנו נברך יה" (תהלים קטו, יח קמד, טו) המסיים במילת "הללויה", כדי ליצור שרשור של הללויות (רב עמרם גאון). מנהג נפוץ בקהילות ישראל היה להקדים ל"אשרי" רצף של פסוקים המתחילים במילה "אשרי", ובעיקר את הפסוק "אשרי תמימי דרך" (נמצא בכתובי יד רבים וכן במחזורי ארם צובה ורומאניה, מנהג ארג'יל ועוד, וראה תוספות ברכות, לב ע"ב), והיום הספרדים אינם נוהגים כן.

90 אחרי אמירת מזמורי ההלל שבכל יום, אומרים את דברי השבח שאמר דוד המלך, כשנאספו הנדרים והנדבות לבניין המקדש. בסוף דברי שבח אלו מופיע הפסוק "ועתה אלהינו מודים אנחנו לך ומהללים לשם תפארתך", והוא כחיתום למזמורי ההלל וכמעבר לברכת "ישתבח" (סדר רע"ג; ובסידור רס"ג מובא פסוק זה בלבד). וכבר בימי הגאונים היו שנהגו להוסיף בכל יום את שירת הים או לפני "ישתבח" (כמובא בתשובת רב נטרונאי גאון, יא) או בין "ישתבח" ליוצר (כמובא ברס"ג וברמב"ם), ויש שכתבו שמוטב לעשות כך, היות שבברכת "ברוך שאמר" אנו אומרים "ובשירי דוד עבדך נהללך", ולכן ראוי לחתום בשירי דוד ולומר "ישתבח" ולאחריו את השירה (סידור תר"י בשם בעל העתים; ספר העתים, קע; ספר האשכול). בתקופת הראשונים פשט המנהג להוסיף את דברי ההלל והשבח שנאמרו במעמד הברית שכרתו עולי בבל עם ה' ("ויברכו שם כבודך וכו'") ולאחר מכן את שירת הים (סידור הרוקח ע"פ ר' משה מלוקא; סידור תר"י).

91 הראשונים כתבו שב"ויושע" ובשירת הים יש י"ח אזכרות של שם הוי"ה העולים מספר ע"ב אותיות של קדושה כנגד ע"ב שמות, ומסיימים בפסוק "והיה ה' למלך על כל הארץ" שלעתיד לבוא יבואו כל השמות לאחד ויהיה "ה' אחד ושמו אחד" (ספר הפרדס; ב"י, נא בשם 'ארחות חיים'). לפיכך, כתב ה'ארחות חיים' שאין לכפול פסוק "ה' ימלך". אך האבודרהם כתב, שכופלים פסוק זה להורות שהוא סוף השירה, ולכן כתב מרן, שעדיף לנהוג כאותם שאומרים פסוק זה פעם שנייה בתרגום (ראה ב"י, שם). ובשעה"כ (עניין תפילת השחר) כתב לאומרו פעמיים ופעם שלישית בלשון התרגום.

92 ברכת "ישתבח" היא ברכת השבח הנאמרת אחר אמירת פסוקי דזמרה, ולכן מי שלא אמר "ברוך

שאמר" ולפחות חלק מפסוקי דזמרה, אינו אומר ברכה זו (ב"י, נד ע"פ הרי"ף והרא"ש).

93 כתב הטור: "ועומד שליח הציבור ואומר ישתבח" (נג). לפני ברכת "ישתבח" שליח הציבור אינו צריך לעמוד, ובשעת אמירת הברכה רק שליח הציבור מחויב בכך מפני שצריך לומר קדיש מיד לאחריה (ב"י, שם ע"פ ה'כלבו' בשם רב עמרם גאון).

94 אין להפסיק בדיבור מאמירת "ברוך שאמר" ועד אמירת "ישתבח" פרט לדברים שהם צורך התפילה. וגם בהם ישתדל להפסיק רק בין הפרקים – לדוגמה, אם הביאו לו טלית רק באמצע פסוקי דזמרה, יתעטף מיד ויברך בין פרק לפרק (משנ"ב נג, ה). ובקטעי התפילה המורכבים מליקוטי פסוקים, כגון: "הודו" ו"יהי כבוד", עדיף להפסיק במעבר מפסוק הלקוח מפרק אחד לפסוק הלקוח מפרק אחר (דה"ח, הובא במשנ"ב נא, יג).

95 מי שאיחר לתפילה ומצא שכבר התחיל הציבור פסוקי דזמרה, יאמר רק "ברוך שאמר", "תהלה לדוד", מזמור קנ החותם את ספר תהלים, ו"ישתבח" (טור, נב בשם רב נטרונאי); ואם יכול להספיק יאמר גם את מזמור קמח, כיוון שלשיטת רש"י בשבת קיח ע"ב, שני פרקי תהלים אלו הם 'הלל שבכל יום' (שו"ע שם, א). אם הציבור כבר התחיל את ברכת יוצר, יצטרף עמם וישלים את פסוקי דזמרה אחרי התפילה (שם, ע"פ ר' יונה), אך לא יברך לפניהם ולא אחריהם (שם וראה ב"י, שם).

96 ברם על פי המקובלים, גם מי שאיחר לתפילה צריך לומר לכל הפחות נוסח מקוצר של סדר זה. מתחיל בק"ש של קרבנות: "לפיכך אנחנו חייבים" (עמ' 30), "שמע ישראל", "ברוך שם", "יהי רצון", פרשת התמיד והקטורת עד סוף הברייתא של "ר' נתן הבבלי" (עמ' 34), "יהי רצון" שאחר הקטורת, "ושחט אותו" (עמ' 37), החלק הראשון של "הודו לה'" וכן הפסוקים "אל נקמות ה'", "ה' צבאות עמנו" עד "ביום קראנו". מ"ה' מלך" ממשיך כרגיל עד סוף "אשרי" ואומר מזמור קנ, "ויברך דוד" ופרשת "ויושע", מדלג על שירת הים מלבד פסוק "ה' ימלך לעולם ועד" שאומרו פעמיים וממשיך כרגיל. ואחרי התפילה משלים מה שדילג, ויחזור ויאמר "הודו לה'" בשלמות (רב פעלים' ח"ב, ד). והיחו"ד (ח"ה, ה) פסק לומר כסדר זה עד "ברוך שאמר" רק אם יש לו מספיק זמן לומר את כל הזמירות מ"ברוך שאמר" ולומר עם הציבור "ישתבח". ה'מקור חיים' (מו, כד) הביא את מחלוקת הפוסקים והמקובלים וציין את חשיבותם של פסוקי דזמרה כהכנה רבתי לתפילה ופסק "שכל אדם ינהג בזה כפי תחושתו והרגשתו, אם להעדיף תפילה בציבור או פסוקי דזמרה, וכל לבבות דורש ה'".

97 נחלקו הפוסקים אם נשים מברכות "ברוך שאמר" ו"ישתבח" מכיוון שברכות אלו הן חלק מהתפילה (ספר הלכה, ק"ש מא), או שמא אינן מברכות מכיוון שהיא מצוות עשה שהזמן גרמה (יחו"ד ח"ג, ג ע"פ 'שולחן ערוך הרב זלמן').

98 חתימת ברכת "ישתבח" בסידורי ספרד הישנים הייתה "הבוחר בשירי זמרה, חי העולמים. אמן" ויש שגרסו "מלך, יחיד, אל, חי העולמים. אמן". והגרסה המקובלת כיום היא על פי הגהת האר"י. וראה הלכה 85.

## הלכות קריאת שמע וברכותיה

99 "והמצוה השניה היא הצווי שצונו באמונת היחוד, והוא שנאמין כי פועל המציאות וסבתו הראשונה אחד, והוא אמרו יתעלה: 'שמע ישראל ה' אלהינו ה' אחד'. וברוב המדרשות תמצאם, יאמרו: 'על מנת ליחד את שמי', 'על מנת ליחדני', ורבים כאלה... והרבה שיאמרו מצות יחוד. ויקראו גם כן זאת המצוה מלכות. כי הם יאמרו (ברכות יג ע"א): 'כדי לקבל עליו עול מלכות שמים', רוצים לומר להודות ביחוד ולהאמינו" (סה"מ לרמב"ם, עשה ב). הפסוקים שבהמשך הפרשה עוסקים במצוות תלמוד תורה (ברכות כא ע"א).

100 מלשון הפסוק "ובשכבך ובקומך" למדו חכמים, שקריאת שמע היא מצוות עשה שהזמן גרמה, ולכן נשים פטורות ממנה (ברכות כ ע"א). למרות זאת, ראוי שנשים תאמרנה את הפסוק הראשון כדי לקבל עליהן עול מלכות שמים (ב"י, ע בשם 'אוהל מועד'; והרמ"א שם, א כתב שהן חייבות לקרוא פסוק זה, וכ"פ הרי"ח ב'עוד יוסף חי' וארא, ה). נחלקו הפוסקים אם נשים אינן מברכות ברכות קריאת שמע בשם ומלכות כיוון שהיא מצוות עשה שהזמן גרמה (ילק"י, ק"ש ו ע"פ יבי"א ח"ב, ו), או שמא מברכות מכיוון שיש כאן גם עניין של קבלת עול מלכות שמים (ספר הלכה, ק"ש מ-מא).

101 עוד למדו חכמים שיש לומר קריאת שמע בשעה שבני אדם קמים (משנה, ברכות י ע"ב). לדעת רוב הראשונים, עיקר זמנה הוא משעה שאדם מכיר את חברו ממרחק ארבע אמות ועד הנץ החמה (ב"י, נח). אך ראוי לומר אותה דקות ספורות לפני זמן הנץ החמה, כדי להספיק לומר את ברכת "אמת ויציב" ולהתפלל שמונה־עשרה עם הזריחה (ראה הלכה 130). בשעת הדחק אפשר לאומרה עוד קודם, מעלות השחר (רי"ף, ברכות ב ע"ב). גם אם

אומרה אחר עיקר זמנה, מוטב שיאמרה מוקדם ככל האפשר (ר' יונה שם, ד ע"ב).

102 זמן קריאת שמע של שחרית נמשך עד שלוש שעות זמניות (ברכות י ע"ב). אם לא הספיק, צריך לקרוא קריאת שמע וברכותיה עד השעה הרביעית, אף שבשעה זו שכרו הוא כקורא בתורה ולא כקורא קריאת שמע בזמנה. אם לא הספיק עד סוף השעה הרביעית, שוב לא יברך (שו"ע נח, ו כדעת הרא"ש; 'חיים שאל' ח"ב, לח; וראה ילק"י, ק"ש ה בתשובת אביו שבהע' שם), אך צריך לומר קריאת שמע בשעה שיכול, כדי שלכל הפחות יקבל על עצמו עול מלכות שמים. ויאמרה בטעמים כקורא בתורה (שו"ע נח, ו בשם רב האיי גאון). ויש אומרים שמי שנאנס ולא יכול היה לקרוא קריאת שמע בברכותיה, רשאי לברך עד חצות היום, שכן לדעת הרמב"ם אפשר לברך כל היום (בה"ל, נח ד"ה קוראה) וכן כתב ה'רב פעלים' (ח"ב, יב; אך בבא"ח וארא, ה, כתב בפשטות שלא יברך כדעת מרן).

103 'שעה זמנית' היא אחת חלקי שתים־עשרה משעות היום. בין הפוסקים מקובלות שתי שיטות חישוב: שיטת המג"א (רלג, ב בשם תה"ד), שלפיה מחשבים מעלות השחר ועד צאת כל הכוכבים; ושיטת הגר"א (תנט, ה; וכבר כתב כך הרמב"ם ב'פאר הדור', מד), שלפיה מחשבים מזריחת השמש ועד השקיעה. המשנ"ב (רלג, יד) כתב שדעת השו"ע והרמ"א כשיטת המג"א, אך היום שיטת הגר"א התקבלה בכל תפוצות ישראל, ויש החוששים לשיטת המג"א לחומרה.

104 "אמר רבי יהושע בן קרחה: למה קדמה פרשת שמע ל'והיה אם שמוע' - כדי שיקבל עליו עול מלכות שמים תחלה, ואחר כך מקבל עליו עול מצוות; ו'היה אם שמוע' ל'ויאמר' - ש'והיה אם שמוע' נוהג בין ביום ובין בלילה, 'ויאמר' (מצוות ציצית) אינו נוהג אלא ביום בלבד" (משנה, ברכות יג ע"א). נחלקו הראשונים במה מקיימים את המצווה מדאורייתא - בפסוק הראשון, בפסוק הראשון בתוספת "ברוך שם כבוד מלכותו לעולם ועד", בפרשה הראשונה, בשתי הראשונות או בכל השלוש. ראה הלכה 60.

105 צריך לומר קריאת שמע בכוונה ובאימה, ולכל הפחות ישתדל לכוון בפסוק הראשון. משום כך נוהגים לומר פסוק זה בקול רם (שו"ע סא, ד בשם הטור) ולכסות את העיניים באמירתו (רא"ש, ע"פ ברכות יג ע"ב). וצריך להאריך במילה "אחד" כדי שיחשוב בלבו שהקב"ה יחיד בעולמו ומושל בכולו (ברכות שם; שו"ע, שם ו-ח).

106 צריך לקרוא את כל שלוש הפרשות בדקדוק רב (שו"ע שם, טו-כג) ובטעמי המקרא (שם, כד בשם ר' יונה), וצריך להשמיע לאוזנו מה שמוציא מפיו (שם סב, ג).

107 קודם ברכות קריאת שמע שליח הציבור מזמין את הקהל להתפלל עמו באמירת "ברכו" (ראב"ן, עג ע"פ משנה, ברכות מט ע"ב ומכילתא בא טז, ד), והקהל עונה אחריו "ברוך ה' המבורך לעולם ועד" (שו"ע נז, א ע"פ ברכות מט ע"ב). נחלקו הראשונים אם החזן חוזר אחר הקהל ואומר "ברוך ה' המבורך לעולם ועד" (רא"ש בשם בעל העתים) או לא (מהר"ם מרוטנבורג), ומרן פסק כדעת בעל העתים (שו"ע, שם).

108 'שלטי הגיבורים' על המרדכי (צג, ה) הביא את דברי הירושלמי (לפנינו, במדבר רבה טז, כז), שיש לעמוד כאשר עונים דבר שבקדושה, ולכן נוהגים בני אשכנז לעמוד באמירת "ברכו" (רמ"א נו, א; ט"ז קמו, א). האר"י לא סמך על נוסחה זו וכתב שאין צריך לעמוד (שעה"כ, עניין הקדיש, וראה הלכה 75), ורבים נוהגים רק "להגביה גופם מעט ממקום מושבם" ('עוד יוסף חי', ויחי י). וב'יין הטוב' (ח"א, ל) כתב, שמי שרוצה לעמוד בקדיש וב"ברכו", רשאי לעשות כן ואין בזה חשש יוהרא.

109 "התקינו ליחד שם הנכבד והנורא ערב ובקר... ולברך על יציאת המאורות בשחר ועל אהבת עמו ישראל לפניה, ולאחריה לחתום ב'גאל ישראל', כמו שנאמר (דברים טז, ג): 'למען תזכר את יום צאתך מארץ מצרים כל ימי חייך'" (סמ"ג, חלק הלאווין, הקדמה כללית). מי שאמר קריאת שמע בלא ברכות, קיים את המצווה; עם זאת, עליו לחזור ולומר את הברכות לאחר מכן, ומוטב שיאמר שוב גם את שלוש הפרשות (שו"ע ס, ב ע"פ רב האיי גאון).

110 "מנין שאין היחיד אומר קדושה, שנאמר: 'ונקדשתי בתוך בני ישראל' - כל דבר שבקדושה לא יהא פחות מעשרה" (ברכות כא ע"ב). נחלקו חכמים, אם קדושת היוצר אף היא נחשבת קדושה, ויש לומר אותה רק במניין (סידור רס"ג; רשב"א ח"א, ז; רא"ה, ברכות לא ע"ב), וכן הוא בזוהר (תרומה קלב ע"ב). או שמא אפשר לאומרה גם ביחיד, כיוון שאנו רק מזכירים את הקדושה שמקדישים המלאכים (תשובת הרמב"ם, שיג; רא"ש, ברכות פ"ג, יח). בסידור רס"ג מובאת ברכה קצרה למתפלל יחידי ובה מושמטת כל קדושת היוצר. ויש שכתבו שידלגו רק על הפסוקים הפותחים בתיבות "קדוש" ו"ברוך", ויאמרו במקומם "עונים באימה ואומרים ביראה קדוש, והאופנים וכו' אומרים ברוך" (שבה"ל יג; וכעין זה בתשובות הגאונים החדשות, יא). מרן פסק, שיש לחוש לדברי האוסרים, ולכן מי שמתפלל יחידי, יאמרם בטעמים כקורא בתורה (שו"ע נט, ג ע"פ הרשב"א ח"א, ריא ותה"ד, ח). אך מי שאיחר

לבית הכנסת והגיע לקדושת יוצר אחר שכבר אמרה הקהל, אינו צריך לאומרה בטעמים (פר"ח שם, ג). כמו כן נוהגים לומר קדושה זו בישיבה (זוהר תרומה; וראה כנה"ג, נט בשם הרמ"ע, קב וא"ר נט, ה).

111 "וכולם פותחים...ומברכין ומשבחין ומפארין..." יש מסידורי הראשונים שקטע זה אינו נזכר בהם כלל (רס"ג והרמב"ם); ובאבודרהם אין "וממליכין"; כמו כן, יש נוסחאות שבהן הכל מתחיל באות ו' ומסתיים באות ן' (וכן גרסת הבא"ח, שמות ג); וברבים מהסידורים הישנים שלושת השבחים הראשונים הם בלי האות ו', ושלושת האחרונים באות ו'; ה'ארחות חיים' (קדושה א) כתב, שיש להפסיק בין "ממליכים" ל"את", ומזה רצה להוכיח ה'מטה משה' (פו) שיש לגרוס הכל באות ם', וכך כתב גם ר"ש סופר, מכיוון שחטיבה זו כולה בעברית; וכך הסכים ה'שערי תפילה' (דיני יוצר ט); אך בכתבי היד הספרדיים מצויות נוסחאות מעורבות, כגון: "מברכין ומשבחין ומפארין ומעריצים וממליכים ומקדישין" (סידור תר"י), ואולי הוא מהטעם שכתב השו"ע (סא, כא), שיש ליתן רווח בין הדבקים שלא יהיה כמחרף, ולכן שינו כאן לאות ן' (ראה הגהות 'שלמי ציבור', יוצר י).

112 בסידורי הקדמונים (רע"ג, הרמב"ם ורשב"ן; תלמידי ר"י ואבודרהם) הגרסה היא "קוניהם", וכך גרס האר"י (שעה"כ, עניין נוסח התפילה) וה'שערי תפילה' (ברכת יוצר, ז). ויש שכתבו, "רצון קונם" משום שמילת "קוניהם" יכולה להתפרש כריבוי (ראה שו"ת מהר"ם פרובנצאלו, י), וכך גרסת סידורי אמשטרדם. אך בשו"ת ר' יוסף ן' עזרא (יג) העיר, שיש פסוקים במקרא המתייחסים אל הקב"ה שגם הם בלשון רבים, כגון: "ונוטיהם" (האות ה' היא מן השורש) וכך גם במדרשים, ולפיכך כתב שאין למחות באומר "קוניהם", וזוהי הגרסה הנפוצה.

113 "בשפה ברורה ובנעימה, קדושה כולם כאחד" כך גרסת רש"י (ישעיה ו, ג) והאר"י (שעה"כ, דרוש נוסח התפילה), וכך המנהג הנפוץ. ופירוש הדברים שהמלאכים אומרים קדושה יחדיו; ויש גורסים "ובנעימה קדושה", והמשמעות היא שהנעימה היא קדושה (אבודרהם; ב"י, נט בשם 'אורחות חיים' ע"פ 'פרקי היכלות'; רמב"ם, וגרסתו היא 'ובנעימה טהורה'; פר"ח נט, ג).

114 נחלקו הגאונים והראשונים כיצד לחתום את הברכה הראשונה. דעת רב שרירא גאון, חסידי אשכנז והרא"ש היא, שלפני הברכה מוסיפים "אור חדש על ציון תאיר, ונזכה כולנו מהרה לאורו", מכיוון שבגמרא (חגיגה יב ע"א) נאמר שהאור שנברא ביום הראשון, נגנז לעתיד לבוא, וכן נוסח אשכנז; ברם רס"ג כתב, שאין לומר תוספת זו כיוון שאנו מברכים על "אור השמש עצמו ולא דבר זולתו", וכך נוהגים הספרדים. בהרבה מנוסחאות הקדמונים והסידורים הישנים נמצאת במקומה התוספת: "וְהִתְקִין מְאוֹרוֹת, מְשַׂמֵּחַ עוֹלָמוֹ אֲשֶׁר בָּרָא" כדי לחתום מעין הפתיחה ומעין החתימה סמוך לחתימה (סידור תר"י ע"פ פסחים קד ע"א; נוסח דומה לחתימה זו יש בסדר התפילות לרמב"ם, ובספר המנהיג בשם רב נטרונאי גאון ורס"ג). יש שפירשו, שתוספת זו באה משום שעל פי הירושלמי (ברכות פ"א ה"ה) אין לחתום ברכה מתוך פסוק ('פני משה' למהר"ם ן' חביב, שם; וראה שו"ת הרמ"ע מפאנו, קב). לעומת זאת, יש שכתבו שדווקא במקומות שאומרים פסוק "לעושה אורים", אין צורך בתוספת זו כיוון שהפסוק הוא מעניין הפתיחה והחתימה ('ארחות חיים', דין ברכו); ויש שדחו תוספת זו לגמרי, מכיוון שהמאורות באו להאיר ולא לצורך שמחה (שם בשם הרמ"ה; מהר"י אבוהב והובאו דבריו בב"י, נט), ואולי מטעם זה נוסח בני רומי (והרומאניוטים) הוא "וּבְחַסְדּוֹ נְתָנָם לְהָאִיר עַל הָאָרֶץ". וב'פרי עץ חיים' (שער הקריאת שמע, סוף פרק ב) כתב שאין להוסיף כלל כדעת רש"י (מובאת בטור, נט), וכך מנהג רוב קהילות הספרדים כיום.

115 בברכות יא ע"ב מובאת הברייתא "אין אומרים אהבת עולם אלא אהבה רבה" אולם גרסת הגאונים (אוצה"ג, שם), הרי"ף, הרמב"ם (קריאת שמע פ"א ה"ו וראה לח"מ שם) וראשוני ספרד היתה "אין אומרים אהבה רבה אלא אהבת עולם" וכך נוהגים הספרדים (ראה כס"מ, שם; ב"י, ס); ומנהג בני אשכנז לומר בשחרית "אהבה רבה" ובערבית "אהבת עולם" כדי לצאת ידי שתי השיטות המובאות שם בגמרא (תוספות שם).

116 בסידורי הגאונים והרמב"ם נוסח הבקשה בברכה השנייה הוא: "האר עינינו במצוותיך ודבק לבנו ביראתך". גרסת הסידורים הישנים היא "והאר עינינו במצוותיך ודבק לבנו בתורתך". וביארו תלמידי ר' יונה (סידור כת"י): "והאר עינינו במצוותיך - שימצאו חן פירושיהן בעינינו, ודבק לבנו בתורתך - שנעשה דברי תורה עיקר ומלאכת חול עראי". והגרסה כיום היא על פי הגהת האר"י (שעה"כ, עניין נוסח התפילה).

117 בסידור ויניציאה רפ"ד הגרסה היא "מהר והבא עלינו ברכה ושלום מהרה מארבע כנפות..." כך גרסו גם הרמ"ק (נתן טעם לכפילות ע"פ הקבלה) והאר"י, וכך המנהג הנפוץ; וברבים מכתובי היד והסידורים הישנים רק "מהר" (וכך הכריע הר"מ מאזוז) או רק "מהרה" (וכך גרסת האבודרהם), ויש גרסאות שאין בהן "מהר" ואין "מהרה". בהמשך הברכה באה הבקשה "והוליכנו מהרה קוממיות לארצנו" ומהר"י חאג'יז נשאל אם בארץ ישראל יש לומר "בארצינו" והשיב שכך המנהג אך האומר

"לארצינו", לא הפסיד (הלק"ט, ח"א קפה) וכן כתב חתנו מהר"ם ן' חביב (תשובה כת"י, נדפסה ב'ישורון', יד עמ' עט) ואף הוסיף שמן הראוי שבני ארץ ישראל היו משמיטים מתפילות מוסף של המועדים את המילים "והביאנו לציון עירך ברינה..." (בעקבות דברי הרמב"ן, הרשב"א והרא"ש המובאים בב"י, קפז בעניין נוסח ברכת "בונה ירושלים"). כיום יש הנוהגים לומר "לארצינו" ויש אומרים "בארצינו" ורח"ד הלוי כתב שהתפילה היא על כללות האומה ולכן יש לומר "לארצינו" ולהתפלל על כלל האומה שתעלה לא"י (מים חיים, ח"א יב).

118 כתב ר' יונה (ברכות לג ע"ב), שאין עונים אמן אחרי שליח הציבור בברכות קריאת שמע, כי אין להפסיק בהן כלל; והרמ"ה (מובא בטור, סא) כתב, שאין לענות אחרי "הבוחר בעמו ישראל באהבה", כדי שלא להפסיק בין הברכה לקריאת שמע, וכן פסק מרן (שו"ע נט, ד, ולא כרא"ש שהורה שעונים, ואחריו נמשכו האשכנזים).

119 אין להפסיק באמצע קריאת שמע וברכותיה אלא לצורך גדול (שו"ע, סו). וראה טבלה בעמ' 1096.

120 כאשר יעקב קרא לבניו טרם פטירתו כדי לברכם, נסתלקה ממנו שכינה, והוא חשש שמא אחד מבניו אינו נאמן לה'. "אמרו לו בניו: שמע ישראל, ה' אלהינו ה' אחד... פתח יעקב אבינו ואמר: ברוך שם כבוד מלכותו לעולם ועד" (פסחים נו ע"א). משום כך תיקנו חכמים לומר ברכה זו לאחר הפסוק הראשון של קריאת שמע, אך בלחש, מכיוון שאינה כתובה בתורה (פסחים שם).

121 נוהגים למשמש בתפילין של יד כאשר אומרים "וקשרתם לאות על ידך", ובתפילין של ראש כאשר אומרים "והיו לטוטפת בין עיניך" (שו"ע כח, א ע"פ התוספות). כמו כן נוהגים לאחוז בציציות בשעת קריאת שמע, להעבירן על גבי העיניים (ספר העיטור) ולנשקן בעת אמירת פרשת ציצית. רב נטרונאי גאון התנגד למנהג אחיזת הציציות, אך כמה מהראשונים הליצו בעדו, וכן דעת מרן (ב"י, כד בשם ר' יונה והריב"ש) והאר"י (שעה"כ, כוונת קריאת שמע), וכן נוהגים.

122 בקהילות רבות נוהגים לומר את פסוקי התוכחה מ"השמרו לכם" עד "אשר ה' נותן לכם" בקול נמוך (בא"ח וארא, יב; 'כתר שם טוב', הע' עו; שו"ת איש מצליח ח"א, טז ושם כתב לומר בקול נמוך מ"פן יפתה לבבכם").

123 "ר' יהודה אומר בין 'ויאמר' ל'אמת ויציב' לא יפסיק" (משנה, ברכות יג ע"א). להלכה נפסק כר' יהודה וכדעת רבה (שם, יד ע"ב), שאין להפסיק בין "אלהיכם" ל"אמת ויציב" (שו"ע סו, ה). לכן נוהגים לומר מיד בסוף פרשת ציצית, החזן והקהל יחד, "אמת" ואחר כך החזן אומר "ה' אלהיכם אמת" להשלים רמ"ח תיבות (ראה הלכה הבאה). יש נוהגים שלא לומר "אמת" לחוד, אלא ממתינים עד שהחזן מסיים "ה' אלהיכם אמת" וממשיכים "אמת ויציב". ויש נוהגים שרק החזן אינו אומר "אמת", כיוון שממילא חוזר ואומר "ה' אלהיכם אמת".

124 ראשוני אשכנז נהגו לומר "אל מלך נאמן" לפני קריאת שמע (מחז"ו, ראב"ן), והסבירו שצריך להשלים את קריאת שמע לרמ"ח תיבות כנגד רמ"ח איברים שבאדם (סידור הרוקח). וכתב האבודרהם שאין לנהוג כן, אלא שליח הציבור חוזר ואומר "ה' אלהיכם אמת" כדי להשלים לרמ"ח (ע"פ מדרש הנעלם רות; וכ"פ הב"י, סא ע"פ הזוהר, ויקרא קא ע"א). והמתפלל ביחידות או מי שלא שמע תיבות אלו משליח הציבור, חוזר ואומר "ה' אלהיכם אמת" (כנה"ג, סא; ברכ"י, שם א בשם הב"ח והפר"ח), וכן מי שחושש שהחזן אינו יודע שצריך להוציא את הציבור ידי חובתו, יאמר שלוש תיבות אלו יחד אתו (יחו"ד ח"ג, ה).

125 בברכה שאחר קריאת שמע מובאים השבחים "רם ונישא, גדול ונורא", וכך הוא בסידורי הגאונים ורבים מהראשונים; ובסדר התפילה להרמב"ם מופיעים שבחים נוספים ובהם "גדול גיבור ונורא", וכך הגרסה גם בסידורים 'בית עובד', 'תפילה זכה' ו'תפילת החדש' וכך נוהגים קהילות המערב. ולדעת האר"י אין לומר "גיבור" (שעה"כ, דרוש נוסח התפילה).

126 מי שנכנס לבית הכנסת בשעה שהקהל קורא קריאת שמע, יאמר עמם פסוק ראשון (רא"ש בשם בה"ג). אם הקהל קורא קריאת שמע והוא במקום אחר בתפילה - ראה טבלה בעמ' 1096.

127 "העיד רבי יוסי בן אליקים משום קהלא קדישא דבירושלים: כל הסומך גאולה לתפלה - אינו נזוק כל היום כולו" (ברכות ט ע"ב). ואין להפסיק כלל בין ברכת "גאל ישראל" לתפילת עמידה, ואפילו אין לענות אמן אחרי ברכת "גאל ישראל" (שו"ע קיא, א ע"פ הזוהר, חיי שרה קלב ע"ב).

## הלכות תפילת העמידה

128 כתב הרמב"ם (תפילה פ"א ה"א): "מצוַת עשה להתפלל בכל יום, שנאמר (שמות כג, כה): 'ועבדתם את ה' אלהיכם', מפי השמועה למדו שעבודה זו היא תפלה, שנאמר (דברים יא, יג): 'ולעבדו בכל לבבכם' - אמרו חכמים (תענית ב ע"א): 'אי זו היא עבודה שבלב? זו תפלה'". וביארו שהמצווה להתפלל "בכל יום" נלמדת מהמשך הפסוק בשמות שם 'וברך את לחמך ואת מימיך והסרתי

מחלה מקרבך' שהם דברים תמידיים (רלב"ג לשמות שם; וראה 'קרית ספר' על הרמב"ם שם). ולדעת הרמב"ן (השגות לספר המצוות, עשה ה), אין מצווה מן התורה להתפלל בכל יום, אלא לפנות אל ה' בשעת צרה או צורך.

129 אף על פי שחכמים קבעו זמנים לשלוש תפילות ביום, התפילה נחשבת מצוות עשה שלא הזמן גרמה, ונשים חייבות בה (רמב"ם, שם ה"ב; שו"ע קו, א), ולכל הפחות תתפללנה תפילה אחת ביום (יבי"א ח"ו, יז).

130 זמן תפילת עמידה של שחרית הוא משעת הזריחה ועד ארבע שעות זמניות (ברכות כו ע"א; שו"ע פט, א; על שעות זמניות ראה הלכה 103). מכיוון ש"זריזין מקדימין למצוות" (פסחים ד ע"א), יש להתפלל מוקדם ככל האפשר. מנהג ותיקין הוא להתחיל את התפילה, כך שיאמרו קריאת שמע קודם הזריחה ויסיימו את ברכת "גאל ישראל" במידת האפשר בשעת הזריחה ממש, כדי להתחיל את תפילת העמידה עם הזריחה (רש"י שם) ולקיים את דברי הפסוק (תהלים עב, ה): "ייראוך עם שמש" (רא"ש, ברכות פ"א, ו).

131 מי שטעה או עבר ולא התפלל שחרית בזמנה, יכול להתפלל עד חצות היום (רי"ף; וכ"פ השו"ע שם); ואם הזיד, יש אומרים שאינו יכול להתפלל אחרי סוף שעה רביעית (פר"ח פט, א), ויש אומרים שבמקרה כזה יעשה תנאי שתהיה תפילתו נדבה (ילק"י, תפילה ה, בשם אביו).

132 מי שטעה או נאנס ולא התפלל, יתפלל בתפילה הבאה תפילת עמידה נוספת (שו"ע קח, א ע"פ ברכות כו ע"א), ואם הזיד, אין תשלומין לתפילה שדילג עליה (שם, ז). יש להמתין בין שתי התפילות, ונוהגים לומר ביניהן "אשרי" ומזמור קמה (שם, ב ע"פ הסמ"ק והריב"ש).

133 אין לאכול או לשתות לפני תפילת שחרית (ברכות י ע"ב) מלבד מים (ראבי"ה). ואפשר להקל למי שיתקשה להתרכז בתפילתו אם לא יאכל (שו"ע פט, ד בשם הרמב"ם).

134 אין לצאת לדרך לפני התפילה (שו"ע שם, ג ע"פ תה"ד); ומי שמוכרח לצאת, רשאי להתפלל לפני כן מעלות השחר, ולא יקרא קריאת שמע עד שיגיע זמנה (הכרעת ר"ח במחלוקת האמוראים בברכות ל ע"א; וכ"פ השו"ע שם, ח).

135 בגמרא (ברכות ל ע"א) נפסק, שבתפילת העמידה עומד ומכוון את פניו למקדש. העומד בחו"ל, מכוון את פניו לארץ ישראל; בארץ, לירושלים; ובירושלים, למקדש, שנאמר: "והתפללו אליך דרך ארצם אשר נתתה לאבותם, העיר אשר בחרת, והבית אשר בנית לשמך" (מלכים א' ח, מח). המתפלל בבית כנסת שאינו מכוון כראוי, יתפלל לצד שהציבור מתפללים אך את פניו יצדד לכיוון הנכון (משנ"ב צד, י).

136 יש לומר תפילת עמידה ברגליים צמודות וישרות שייראו רגל אחת, כמו שמתוארים המלאכים (ברכות י ע"ב, רש"י, ד"ה ורגליהם). וכן יש לעמוד בראש מורכן כעבד העומד לפני רבו (יבמות קה ע"ב). יש לכרוע בתחילת הברכה הראשונה ובסופה, ובתחילת ברכת "מודים" ובסופה (ברכות לד ע"א).

137 המתפלל בנסיעה, צריך להשתדל לעמוד בתפילת העמידה ולפחות בברכת אבות (רי"ץ גיאת). אם אינו יכול, רשאי להתפלל גם בישיבה (רמב"ם, תפילה פ"ה ה"ב).

138 "אמר רבי יוחנן: בתחילה אומר (תהלים נא, יז), 'ה' שפתי תפתח, ופי יגיד תהלתך'; ולבסוף הוא אומר (תהלים יט, טו): 'יהיו לרצון אמרי פי והגיון לבי לפניך, ה' צורי וגאלי'" (ברכות ד ע"ב). פסוקים אלה הם מסגרת לתפילה: הראשון פתיחה והשני סיום (סידור ר"ש מגרמייזא), ואין הפסוק הראשון נחשב הפסק בין גאולה לתפילה (ברכות שם).

139 אין להפסיק באמצע התפילה (משנה, ברכות ל ע"ב), ואפילו לרמוז לאחֵר אסור (משנ"ב קד, א). אך אם הציבור התחיל קדיש, קדושה או "ברכו", שותק ומכוון למה שאומר שליח הציבור וכך גם יוצא בזה ידי חיוב קדיש וקדושה (הכרעת השו"ע קד, ז כשיטת בה"ג ורש"י; משנ"ב שם, כח).

140 כתבו תלמידי ר' יונה: "אין ראוי לקחת תפלות ולא שום דבר אחר משעה שהתחיל להתפלל. ואפשר שבתפלות, כיון שהוא לצורך התפלה, אם הכינם מתחלה במקום שידוע אצלו שיהיו מוכנים - מותר" (ברכות טו ע"ב), ומכאן פסק הרמ"א (צו, ב), שאפשר לקחת סידור באמצע שמונה־עשרה בשביל לדעת כיצד להתפלל, אך לא לחפש אחריו, אלא רק אם היה במקום מוכן, וכן פסק ה'ערך לחם' (שם). כתב ה'חיי אדם' (כה, ט), שאם הוא מסתפק באיזה דין, כגון ששכח איזה דבר בתפילה, יכול לעיין בספר כדי לדעת את הדין ואף ללכת ולקחתו אם אינו לידו, וכן פסקו כה"ח (צו, יא) ו'הלכה ברורה' (שם ב, ד).

141 המג"א כתב, שמותר להרים ספר שנפל אם זה מפריע לו לכוון בתפילתו, אך דווקא בין הברכות (צו, ג בשם ספר חסידים). וכתב הרב המני"ח (הלק"ט ח"א, סר), שאם רואה תפילין נופלות רשאי להרימן, ואם אינו יכול להגיע אליהן, יכול אף לומר לאחֵר שירימן משום ביזיון תפילין (שם, בשם חכמי ירושלים); וב'בית עובד' התיר להרים אך אסר לדבר (ע"פ הרמב"ם).

142 אסור לגעור בתינוק שמפריע, אך מותר לרמוז לו,

ואם לא מועיל, להתרחק (ברכ״י קד, א בשם מהר״י מולכו ומהר״ם ן׳ חביב). ויכול לעשות תנועה בקול להשתיקו, והוא הדין לגדול המפריע (מחב״ר שם, א); ובבא״ח (משפטים, ז) כתב שיעשה כן בין הברכות. ואם נמצא בבית הכנסת, יכול ואף חייב להוציא את הילד החוצה, וכן כתבו בשם ה׳חזון אי״ש׳, שאם הילד מפריע או רוצה להתפנות, יכול האב ללכת אתו באמצע התפילה (׳אשי ישראל׳ לב, יג).

143 ״מאה ועשרים זקנים, ובהם כמה נביאים, תיקנו שמונה עשרה ברכות על הסדר״ (מגילה יז ע״ב). אך הסדר מעכב רק בשלוש הברכות הראשונות ובשלוש האחרונות (ברכות לד ע״א). אם טעה בסדר הברכות האמצעיות ודילג על אחת מהן, חוזר לתחילת הברכה שהחסיר, וממשיך על הסדר (רי״ף; רשב״ם, הובא בתוספות שם; וכ״פ השו״ע קיט, ג). אם טעה בשלוש הברכות הראשונות חייב לחזור לראש, ואם טעה בשלוש האחרונות חוזר לתחילת ״רצה״ (רמ״א קיד, ו).

144 אם טעה ואמר ״מוריד הטל״ במקום ״משיב הרוח ומוריד הגשם״, אינו צריך לחזור (רי״ף בשם הירושלמי), מכיוון שהטל כמו הגשם הוא צורך העולם, וכל עניינה של ברכת ׳גבורות׳ הוא שבחו של הקב״ה על דאגתו לצורכי העולם (ב״י, קיד).

א. אך אם נזכר קודם שהתחיל ״אתה קדוש״, אומר ״משיב הרוח ומוריד הגשם״ מיד כשנזכר, אף על פי שכבר אמר ״מוריד הטל״ (בא״ח, בשלח טז).

ב. ואם נזכר לאחר שהתחיל ״אתה קדוש״, ולא הזכיר קודם לכן אפילו ״מוריד הטל״, חוזר לראש התפילה (שו״ע קיד, ו בשם ראבי״ה).

145 בקיץ אין חיוב להזכיר את הטל, מכיוון שהטל אינו מיוחד לעונה מסוימת (תענית ג ע״א), ולכן אם לא אמר לא זו ולא זו, אינו צריך לחזור (שו״ע קיד, ג).

א. מי שטעה ואמר בקיץ ״משיב הרוח ומוריד הגשם״ במקום ״מוריד הטל״, צריך לחזור לראש הברכה (שו״ע קיד, ד בשם ראבי״ה והרא״ש; ולדעת הרמב״ם, חוזר לראש התפילה; ובהגהות ׳שלמי ציבור׳ כתב ע״פ ה׳מאמר מרדכי׳, שבדיעבד אם חזר ל״רב להושיע״ די בכך), מפני שהגשמים בקיץ הם קללה ולא ברכה (רש״י, תענית ג ע״ב).

ב. ואם נזכר אחרי שכבר הזכיר את השם, כדי שלא יימצא שהזכיר שם שמים לשווא, מסיים ״למדני חקיך״, ונמצא שאמר את הפסוק בתהלים קיט, יב (ר׳ יונה ברכות כח ע״א בשם הגאונים), ואחר כך יחזור ל״אתה גיבור״. אם סיים את הברכה חוזר לראש התפילה (שו״ע שם, ד).

146 טעה בחורף ולא הזכיר טל ומטר –

א. אם נזכר לפני שסיים את ברכת השנים, חוזר לראש הברכה (על פי הכללים המופיעים בהלכה 145 א–ב), מפני שברכת השנים היא בקשת צרכים, והמתפלל לא ביקש את שהוא צריך (ר״ן תענית א ע״ב בשם הרמב״ן; שו״ע קיז, ד).

ב. אם נזכר לאחר שסיים את הברכה, יזכיר ״ותן טל ומטר לברכה״ קודם שיתחיל ״תקע בשופר גדול״ (מחב״ר קיז, ב).

ג. אם לא נזכר, מוסיף בברכת שומע תפילה: ״ותן טל ומטר לברכה, כי אתה שומע תפילת כל פה״ (משנ״ב קיז, טו בשם קישו״ע).

ד. אם לא נזכר והתחיל ״ברוך אתה ה׳״ ימשיך ״למדני חוקיך״, ואם כבר חתם ״שומע תפילה״ יזכיר קודם שיתחיל ״רצה״ (ילק״י, שאלת טל ומטר ו).

ה. אם כבר התחיל ״רצה״ באחת משלוש הברכות האחרונות ורק אז נזכר, חוזר לברכת השנים ואחר כך ממשיך על הסדר (שו״ע קיז, ה).

ו. ואם נזכר לאחר שסיים את התפילה (ראה הלכה הבאה, ב) אפילו עדיין לא עקר את רגליו, חוזר לראש התפילה (שם; וה׳בנין אב׳ ח״א, ה כתב שנחלקו ראשונים אם טל ומטר הזכרה בלבד, או מטבע שטבעו חכמים ולכן תפילה זו חוזר ומתפלל בתורת נדבה, ואם שכח במנחה של ערב שבת, אינו מתפלל ערבית שתים שאין מתפללים נדבה בשבת).

147 טעה ואמר בקיץ ״ברך עלינו... ותן טל ומטר לברכה״ –

א. אם כבר אמר ״ברוך אתה ה׳״, חותם ״למדני חוקיך״ וחוזר לתחילת ברכת השנים.

ב. אם נזכר לאחר מכן, כל עוד שלא סיים תפילתו באמירת פסוק ״יהיו לרצון״ השני או בעקירת רגליו, חוזר לברכת השנים.

ג. אם לא נזכר עד אז, חוזר לראש התפילה (משנ״ב קיז, יד ויח).

148 מי שאינו זוכר אם אמר ״משיב הרוח ומוריד הגשם״ או ״מוריד הטל״, וכן אם אמר ״ותן טל ומטר לברכה״ – אם כבר התפלל תשעים פעם את הנוסח החדש, חזקה שאמר כראוי (שו״ע קיד, ח ע״פ הירושלמי); ויש הנוהגים לומר תשעים פעם ״מחיה מתים אתה״ עד ״מכלכל חיים בחסד״ כדי לזכור היטב. מי שעשה כך, יש לו חזקה (שם, ט ע״פ מהר״ם מרוטנברג).

149 ישנם חילופי נוסחאות ומנהגים רבים בנוסח ברכות תפילת העמידה. להלן המרכזיים שבהם:

א. כתב האבודרהם שבברכת ״האל הקדוש״ צריך לומר קודם חתימתה ״כי אל מלך גדול וקדוש אתה״, כדי להזכיר מלכות בשלוש הברכות הראשונות, ותמה מדוע משמיטים משפט זה שנזכר בסידורי הגאונים; לפנינו נוסח זה אכן

נמצא בסדר רע"ג, אך בסידורי רס"ג והרמב"ם אין משפט זה, וה'משנת חסידים' ו'מחזיק ברכה' כתבו, שעל פי הזוהר אין לאומרו, וכך המנהג הנפוץ. ויש נוהגים להוסיפו, והובא מנהגם בהגהות 'שלמי ציבור' (סדר תפילת י"ח, ברכה שלישית).

ב. בברכה הרביעית גרסת רס"ג והרמב"ם היא "אתה חונן... חננו מאתך" (וכך הגרסה גם במחזור ארם צובה ובכמה כתובי יד קדומים). ובמוצאי שבת ויו"ט, לאחר הוספת נוסח ההבדלה, חתמו "וחננו מאתך..."; וברבים מהסידורים העתיקים בכת"י ובדפוס הגרסה היא "וחננו" בין בחול בין במוצ"ש (וכן גרסת סדר רב עמרם גאון שלפנינו וסידור תר"י; וראה סידור ר"ש סופר ושו"ת הרב"ך, ב), מכיוון שבקשה על השכל (ע"פ הגרסה הישנה, ראה בסעיף הבא) אפשרית רק לאחר שה' חנן אותנו חכמה ודעת (ספר העיקרים א, טז); והרמ"ק נתן לגרסה זו טעם על פי הסוד.

ג. גם בחתימת הברכה יש מנהגים שונים. ברוב הסידורים הישנים גרסו "דעה בינה והשכל", בעקבות הרמב"ם ואבודרהם (ור' יהודה ב"ר יקר הביא לה מקור בספרי נשא, מא וראה שו"ע, קטו). ומהר"ש ויטל גרס "חכמה דעה בינה והשכל" (גרסה שאף מקורה הוא בסידורי הגאונים, ונמצאת בסדר שונה גם במחז"ו). ובדורות האחרונים פשט הנוסח "חכמה בינה ודעת" (רר"מ מלכי 'מאמרים ברפואה' עמ' קיד; סידור הרש"ש; סידור 'חסד לאברהם'; 'כף החיים' פאלאג"י טו, כג). ב'שערי תפלה' (דיני העמידה, ה) ביאר, שכנראה גרסה זו נסמכת על הפסוק (שמות לא, ג) "ואמלא אותו רוח אלהים בחכמה ובתבונה ובדעת". ובספר 'שער הכולל' (יד ע"ד, יב) נתן טעם לגרסה זו, מכיוון שבגמרא ברכה זו נזכרת שלוש פעמים ונקראת פעם אחת "ברכת חכמה" (ברכות לג ע"א), פעם שנייה "בינה" (מגילה יז ע"א) ופעם נוספת "חונן הדעת" (ברכות, שם). ומכל מקום, אף לדעת המקובלים, הגורס "דעה בינה והשכל" לא הפסיד (רי"מ הלל, 'מקבציאל' לא).

ד. בברכת הגאולה נוסח הגאונים והרמב"ם הוא "ראה בענינו", וכך כתבו מהרש"ל (תשובה סד) והפר"ח (קטו) על פי לשון הפסוק בתהלים כה, יח; אך בסידור ר"י בר יקר והטור הגרסה היא "ראה נא בענינו", והחיד"א כתב לקיים גרסה זו (ברכ"י, קטז ע"פ האר"י והמג"א).

ה. בסידורי הגאונים מובא, שבימות הגשמים הוסיפו באמצע ברכת השנים נוסח הכולל בקשות על הגשמים, על התבואה ועל הפירות. באבודרהם נוסח הברכה ארוך וקבועה לכל השנה ובו בקשה על גשמי השנה (כך גם בסידור תלמידי רבינו יונה ושם הברכה פותחת במילים "ברך עלינו...את השנה הזאת הבאה עלינו לטובה"). האבודרהם מביא עוד שני מנהגים: מנהג ספרד שבו יש ברכות שונות: בחורף נוסח ארוך המתחיל במילים "ברך עלינו" (כגרסת רס"ג), ובקיץ נוסח קצר הפותח במילה "ברכנו" (כגרסת הרמב"ם); כמו כן מובא, שיש הנוהגים לומר נוסח זהה בחורף ובקיץ ורק משנים בין טל לגשם בלבד (ראה 'בנין אב' ח"א, ה שדן בשאלה האם ברכת השנים היא ברכה כללית על הפרנסה ושאלת טל ומטר היא רק תוספת לברכה או שעיקרה של ברכת השנים היא התפילה לטל או מטר וראה הלכה 146). בסידור הרמ"ק נוסח הברכה בקיץ פותח במילים "ברכנו אבינו"; והרבה מהאחרונים ערערו על כך וגרסו "ברכנו ה' אלהינו" ('קשר גודל' טו, יד; 'זכור לאברהם' אביגדור, הובא ב'כף החיים' פאלאג"י טו, כח).

ו. "מה שנזכר בברכת השיבה שיסיר ממנו היגון ואנחה שיש לנו בגלות וימלוך עלינו לבדו ברחמים בצדק ובמשפט" (ר' יונה, ברכות יט ע"ב). דברי תלמידי ר' יונה תואמים לגרסה המובאת באבודרהם, שהיא הגרסה בכתבי יד של סדר התפילה להרמב"ם, וכך גורסים עד היום יוצאי צפון אפריקה; אך בסידור תלמידי ר' יונה הגרסה היא "בחן בחסד וברחמים, וצדקנו במשפט"; ובדפוסי הרמב"ם הגרסה היא "בחסד וברחמים, בצדק ובמשפט" (וכך גם בסידור 'זכר לצדיק' כת"י), וכן גרס ה'שלמי ציבור' ובעקבותיו רוב הסידורים היום (וראה רש"י להושע ב, כא).

ז. ברכת המינים נתקנה ביבנה בידי שמואל הקטן (ברכות כח ע"ב) כנגד הנוצרים הראשונים (רש"י, מגילה יז ע"ב), ומאז עברה כמה שינויי נוסח, כנראה מחמת הצנזורה. בסידורי הגאונים הברכה פותחת במילים "ולמשומדים אל תהי תקווה", וכן גרסת רוב הראשונים והסידורים העתיקים; רשב"ן גרס "למשומדים, למינים ולזדים"; ורבינו מנוח כתב, שראוי היה לפתוח את הברכה בתיבת "ולמינים" ('ספר המנוחה', הל' תפילה פ"ב), וכך היא הגרסה במחזור ארם צובה ובסידור שערי רחמים (שאלוניקי תק"א); יש סידורים שגרסו "ולמלשינים" כנוסח אשכנז; סידור 'תפילה זכה' והבאים בעקבותיו גרסו "ולמלשינים ולמינים", וכיום הגרסה הרווחת היא "למינים ולמלשינים" (מופיעה בסידור 'חוקת עולם', ירושלים תרנ"ד).

ח. בגוף הברכה הגרסה הרווחת היא "וכל אויביך וכל שונאיך מהרה ייכרתו" (כנה"ג, קיח; גרסה באבודרהם). אולם יש גרסאות שבהן נאמר "וכל

אויבינו ושונאינו" (אבודרהם, וסידור ויניציאה רפ"ד) או "וכל אויבי עמך" (מחזור ארם צובה, וכך הוא נוסח אשכנז), ובכמה כתובי יד הובאו שתי הבקשות גם יחד.

ט. גם בנוסח החתימה נחלקו הפוסקים: הנוסח הנפוץ הוא "שובר אויבים ומכניע זדים" (כנמצא בסדר התפילות לרמב"ם); והחיד"א גרס "שובר אויבים ומכניע מינים" כדי שתהיה החתימה מעין הפתיחה ('קשר גודל' יז, ז ובעקבותיו בסידורים רבים), ורבים מהאחרונים חלקו עליו מכיוון שכבר בירושלמי מופיע הנוסח "מכניע זדים" (הובאו דבריהם ביחו"ד ח"ה, ח).

י. "וכולל של מינים בשל פרושין ושל גרים בשל זקנים" (תוספתא, ברכות פ"ג הכ"ה). אך בסידורי הגאונים וראשוני ספרד לא נמצאות תיבות "ועל זקניהם" בברכת "על הצדיקים" (ראה טור וב"י, קיח), האבודרהם ו'סדר היום' פירשו את הברכה ומנו את הכיתות המוזכרות בה, ואף הם לא הזכירו "זקנים"; ובסידור 'תפילה זכה' הוסיף את המילים "ועל זקניהם", וכן גרסו כמה מהאחרונים וכך גרסת חלק מהסידורים כיום (ראה יחו"ד ח"ה, ט; ספר 'יוסף חיים', עמ' פא).

יא. כתוב בשעה"כ, שכשאומרים בברכת מלכות בית דוד "כי לישועתך קווינו כל היום", יש להתכוון לצפות לישועה (ע"פ האמור בשבת לא ע"א); וכתב ה'שלמי ציבור' בשם מהר"י צמח, שהכוונה לצרה שהאדם עומד בה כעת. ולכן יש שגרסו "כי לישועתך קווינו וציפינו כל היום" ('כף החיים' פאלאג'י טו, לד).

יב. בסידור תלמידי ר' יונה ברכת שומע תפילה פותחת במילים "אב הרחמן שמע קולנו", וכן בדפוסים ישנים, במחזור ארם צובה וברמ"ק; ובשעה"כ כתב, שיש לפתוח ב"שמע קולנו" (כגרסת הגאונים והרמב"ם), ולומר "אב הרחמן רחם עלינו" בלא ו' בהמשך הברכה; ובסידורים רבים גורסים "חוס ורחם עלינו", כנוסח הרמב"ם, סידור תלמידי ר' יונה והרמ"ק.

יג. ברכת העבודה - גרסת סידור תלמידי ר' יונה (ומנהג בני רומי) היא "ותחזינה עינינו בשובך לציון ולירושלים עירך ברחמים כמאז" (ודומה לזה ברס"ג, ברמב"ם ובמנהגי ארם צובה ורומניא). ובקהילות צפון אפריקה נוהגים, שהקהל עונה "כמאז" אחרי שהחזן אומר "בשובך לציון ברחמים".

יד. בברכת ההודאה יש הגורסים כי המילים "לדור ודור" הם המשך השבח הקודם דהיינו "מגן ישענו אתה הוא לדור ודור" (אבודרהם), ויש הגורסים שהוא מחובר לשבח הבא "לדור ודור נודה לך ונספר תהלתך" (ר' יהודה ב"ר יקר; וכן דייק ה'יפה ללב' קכא, ב מנוסח הרמב"ם בדפוסים; סידור תלמידי ר"י כת"י, ושם התיבות "אתה הוא" אינן מופיעות כלל).

טו. בברכת "שים שלום" נוהגים בכמה מקהילות המערב להוסיף "ברכה שלמה" לפני "ברוב עוז ושלום", ונוסח זה מצוי בכמה מסידורי ספרד שבכת"י.

150 לכל הברכות נוסח קבוע, אך אפשר להוסיף בסוף כל ברכה בקשות השייכות לעניין אותה ברכה (עבודה זרה ח ע"א). ישנן תוספות שהציבור כולו אומר (הבדלה בברכת חונן הדעת במוצאי שבת, "נחם" בבניין ירושלים בתשעה באב, "יעלה ויבוא" בברכת העבודה ו"על הנסים" בהודאה); ויש תוספות שהיחיד רשאי לומר - לדוגמה, המתפלל על החולה אומר את הנוסח שבעמ' 69 או נוסח דומה לו. ואומר את התוספת לאחר שאומר את הנוסח הקבוע, קודם החתימה (רמ"א קיט, א בשם הטור). ויש מהראשונים שכתבו שיאמר את הבקשה הנוספת בקצרה ולא יאריך בה (ב"י ושו"ע קיט, ב).

151 ברכת שומע תפילה היא ברכה כללית, ואדם יכול לשאול בה את כל צרכיו (עבודה זרה ח ע"א) - לדוגמה, אדם יכול לבקש על פרנסתו או להתוודות על עוונותיו בברכה זו (שעה"כ, הובא בבה"ט קיט, ג וראה הלכה הבאה), וזהו המקום לבקש על בנים, אולם אין להרבות שם בבקשות אלא לבקש בקשה בלשון כוללת (ברכ"י קיט, ג). מוטב להתפלל על צורכי הפרט בתחינה "אלהי נצור" יותר מבברכת שומע תפילה, כיוון ששם אינו צריך לקצר בבקשתו (ברכ"י, שם בשם ר' יונה והתוספות; 'חיי אדם' כד, יט).

152 וידוי בברכת שומע תפילה: בשעה"כ נאמר שראוי להתוודות בדרך קצרה ולבקש על מזונותיו בשומע תפילה (עניין נוסח התפילה; ומקורו בזוהר, בלק קצה ע"ב; ברכ"י קיט, ה). הרש"ש כתב נוסח וידוי ארוך ומפורט ובקשה על הפרנסה לאומרם בברכה זו (הובא בכה"ח קיט, ג, וראה שם לעניין אמירת וידוי זה במנחה), וב'אור צדיקים' וב'עבודת התמיד' מובא נוסח קצר; החיד"א אף הוא כתב נוסח וידוי ובקשה ('מורה באצבע' ג, קכו) ונוסח קצר ליום שאין אומרים בו תחנון (שם ב, כח), וכך עשה גם ר"א פאפו (חס"ל קיד, יח ו'בית תפילה', ושם כתב שאין לשאול על מזונותיו אלא בשחרית). בקשות אלו הובאו בסידורים רבים (וכאן בעמ' 896) למרות הסתייגותו של 'ערוך השולחן' (קיט, ב), שאין לומר בקשה בנוסח קבוע בעמידה כדי שלא יהיה כמוסיף על מה שתיקנו חז"ל.

153 הפסוק "יהיו לרצון" הוא חתימה לתפילה (ראה הלכה 138). בסידורים הישנים "יהיו לרצון" אינו כתוב עד אחרי התחינה "אלהי נצור לשוני מרע"

(טור, קכב). וכתב ה'מרדכי' (ברכות ע בשם ראבי"ה) שמי שעומד באמצע "אלהי נצור", רשאי אפילו לענות לקדיש ולקדושה, וכן פסק הרמ"א; אך לפי רבים מהאחרונים, אם אמר "יהיו לרצון" לפני "אלהי נצור" רשאי להפסיק (רה"ח, קישו"ע); החיד"א וה'חיי אדם' כתבו, שעדיף לכתחילה לומר "יהיו לרצון" מיד אחרי ברכת "המברך את עמו ישראל בשלום", ופעם שנייה אחרי התחנונים לפני "עושה שלום במרומיו" ( 'ציפורן שמיר' לא; 'חיי אדם' כד, כו).

154 הגמרא בברכות טז ע"ב מביאה את התחינות שהיו רגילים כמה מהחכמים להוסיף בסוף תפילתם. בסידור רע"ג וכן ברבים מהסידורים הישנים מופיעות תחינות שונות שנהגו היחידים לאומרן בסוף תפילתם. יש המוסיפים בכל יום אחת מהתחינות המופיעות בגמרא בברכות ('שלמי ציבור' ע"פ סידור ר' בנימין הלוי), ויש המוסיפים את תפילת השל"ה או תחינות פרטיות. וכתב מהר"ם פאפירש ('אור צדיקים' יח, יב; 'שלמי ציבור', שים שלום ג), שהאומר מזמור קכא קודם "אלהי נצור", "יהיה אהוב למעלה ונחמד למטה ויאמר אותו ביראה גדולה ולא לצפות לשום טובה חלילה" (ע"פ הרמ"ע מפאנו, 'עשרה מאמרות', מאמר חקור דין ח"ד, יז).

155 כתב כה"ח (קכב, יא), שקודם "יהיו לרצון" השני יוסיף המתפלל פסוק המתחיל באות הראשונה ומסתיים באות האחרונה של שמו (ומקור הדברים בנ"ך 'אגודת שמואל' דלוגאטש בהוספות לרש"י, מיכה ו, ט; וראה 'פסקי תשובות' קכב, ד וקונטרס 'משנה יוסף', מה שהביא בשם 'שמירת הלשון').

156 "אמר ר' יהושע בן לוי: המתפלל צריך שיפסיע שלש פסיעות לאחוריו ואחר כך יתן שלום... ומשום שמעיה אמרו שנותן שלום לימין ואחר כך לשמאל" (יומא נג ע"ב). ופירש רס"ג, "וכשגומרים את התפילה...פוסעים לאחור שלש פסיעות כמו שהולכים לאחוריהם העבדים עד שיצאו מאת שטיח המלך...והשלום הזה אינו בדבור אלא הרכנת הראש" (סידור רס"ג). בסידורי הראשונים (ר"י ב"ר יקר; סידור תר"י כת"י ועוד) מובא המנהג לומר "שלום בימיני, שלום בשמאלי", אך כמה מהראשונים התנגדו לאמירה זו משום שאין עבד נותן שלום לרבו (ראה שבת פט ע"א), וכתבו שהפסיעות לאחור הן דרך כבוד ונימוס כמו שנפטר העבד מרבו, והפנייה לימין ולשמאל היא כיבוד לפמליה של מעלה (רס"ג, שם ע"פ מל"א כב, יט). הראבי"ה (ח"א, צו) כתב, שיפסע לאחוריו, יזדקף ואחר כך יאמר את פסקת הסיום של הקדיש בסדר זה: ישתחווה לשמאלו (שהוא כביכול ימינו של הקב"ה) ויאמר "עושה שלום במרומיו", ישתחווה לימינו ויאמר "הוא יעשה שלום עלינו", ומסיים "על כל ישראל". ומרן פסק שיאמר פסוק זה בתום הפסיעות ובעודו כורע, פונה לשמאל ואומר "עושה שלום...", לימין ואומר "הוא יעשה שלום...", "ואחר כך ישתחוה לפניו כעבד הנפטר מרבו" (שו"ע קכג, א). אם השלים את תפילתו אך מאחוריו יש אדם אחר שמתפלל, אין לפסוע ג' פסיעות עד שיסיים הלה את תפילתו (שו"ע קב, ה). אך מותר לפסוע ג' פסיעות בסוף התפילה לתוך ד' אמותיו של מי שכבר סיים תפילתו ועודנו ממתין לזה שאחריו ('שמע שלמה' ח"ב, ו).

157 הפסקה "עושה שלום" נאמרת בסוף תפילת העמידה, והיא גם פסקת הסיום של הקדיש. ברבות מהנוסחאות הישנות היא מסתיימת בתיבת "אמן" בלבד בסוף העמידה או בתיבות "וכן יהי רצון, אמן" בסוף הקדיש, וזאת מכיוון שאדם יכול לענות אמן אחר עצמו בסוף רצף של ברכות (ראה שו"ע רטו, א). אך ה'מטה משה' (קנד) הביא בשם ר' יהודה החסיד, שגם היחיד יאמר בסוף תפילתו "ואמרו אמן" שהוא "לנגד אותן המלאכים המצווין לשומרו" (וראה דברי רס"ג שבהלכה הקודמת), וכך המנהג הנפוץ.

158 אם אין לאדם אפשרות לומר את כל שמונה־עשרה הברכות, רשאי לומר תפילה קצרה ובה שלוש ברכות ראשונות, ברכה מיוחדת המסכמת את שלוש־עשרה הברכות האמצעיות והיא פותחת ב"הביננו" (עמ' 851), ושלוש ברכות אחרונות (ברכות כט ע"א). אין לומר "הביננו" במוצאי שבת או יום טוב, שצריך להוסיף בהם "אתה חוננתנו"; ולא בימות הגשמים, שצריך לבקש בהם טל ומטר (שו"ע קי, א ע"פ רב האיי גאון).

159 אם אינו יכול לומר אפילו את התפילה "הביננו", כגון חייל בחזית, רשאי לומר את הבקשה "צורכי עמך מרובים" (עמ' 851). ולאחר שחלפה הסכנה, עליו לחזור ולהתפלל תפילה שלמה (שו"ע קי, ג ע"פ ברכות ל ע"א).

## הלכות חזרת שליח הציבור

160 אחר שסיים שליח הציבור את תפילתו בלחש פוסע שלוש פסיעות לאחור, ממתין מעט וחוזר למקום שעמד בו (שו"ת הרד"ך, בית כג).

161 לאחר שהציבור סיים את תפילתו, שליח הציבור חוזר על התפילה בקול רם. לחזרה זו ניתנו כמה טעמים ובהם אלה: להוציא ידי חובה את מי

שאינו בקי (ראש השנה לג ע"ב); להרבות שכרו של המתפלל, שעל ידי חזרת הש"ץ עולה לו כאילו התפלל שלוש פעמים: התפילה שהתפלל בלחש, חזרה מדין שומע כעונה ועניית אמן מדין גדול העונה מן המברך (אבודרהם בשם ר"א ן' שושן; ב"י, קכד). כך נחשב לו כאילו התפלל שבע תפילות ביום, כמו שנאמר: "שבע ביום הללתיך" (שו"ת המבי"ט ח"ג, קצ וראה שם ח"א, קפ).

162 אף על פי שהקהל כולו בקיא, אין לבטל את חזרת הש"ץ ('פאר הדור' קמח; שו"ע קכד, ג). ועל פי הסוד חשיבותה של חזרת הש"ץ גדולה מאוד (שעה"כ, חזרת העמידה; ספר הלכה יז, א) ראה הלכה 166.

163 כדי להתחיל בחזרת הש"ץ יש צורך בתשעה מתפללים נוספים שיקשיבו לתפילתו ויכוונו לברכותיו (טור, קכד). אם השעה דחוקה, רשאי שליח הציבור להתחיל את החזרה גם אם אחד מהתשעה עדיין עומד בתפילת לחש ('חיי אדם' כט, א). יש הנוהגים להמתין לרב או לאדם חשוב אחר המתפלל עם הציבור. מי שיודע שממתינים לו, ראוי שלא יאריך מדיי בתפילתו, כדי שלא להטריח את הציבור (משנ"ב שם, יד בשם הפמ"ג). ויש אומרים שראוי להמתין כדי שרוב הציבור יוכל לענות ('אשי ישראל' כד, יא בשם שו"ת 'אז נדברו').

164 אם התחילו את חזרת הש"ץ במניין ומקצת המתפללים יצאו, שליח הציבור מסיים את התפילה (שו"ע נה, ג ע"פ הירושלמי, מגילה פ"ד ה"ד), ואפילו אומר קדושה (שם, ע"פ שו"ת הרשב"א ח"א, צה). יש פוסקים שאומרים גם קדיש תתקבל (רמ"א שם בשם תה"ד; 'שלמי ציבור', דיני חזרת התפילה, ה) ואת חצי הקדיש שלפני "אשרי" (משנ"ב שם, יט בשם רעק"א); ויש שהבינו, שלדעת הרשב"א מסיים את החזרה בלבד ואחריה מפסיק (שכנה"ג; פר"ח שם, ג ע"פ תשובת הרמב"ם). ולכולי עלמא אין אומרים ברכת כוהנים, ובמקום זה החזן אומר "אלהינו ואלהי אבותינו" (פר"ח שם; משנ"ב שם, י), ואין קוראים בתורה, מכיוון שקריאת התורה היא מצווה נפרדת ממצוות התפילה בציבור (תה"ד ורמ"א שם).

165 על הציבור להקשיב היטב ולענות אמן אחר ברכות שליח הציבור (טור, קכד בשם שו"ת הרא"ש ד, יט). נוהגים לענות בעת אמירת שם השם בסוף כל ברכה "ברוך הוא וברוך שמו" (שם), אך אם בגלל כך לא ישמע את חתימת הברכה, לא יאמר ('שולחן הטהור' קכד, ז). יש שהורו, שהקהל צריך לעמוד על רגליו בחזרת הש"ץ (רמב"ם, תפילה פ"ט ה"ג; רמ"א קכד, ד; 'הלכות קטנות' ח"ב, פ וראה הלכה 161) ולעקוב אחרי שליח הציבור ('קשר גודל' יח, יב), ומכל מקום אין לשבת אלא רק לאחר שיסיים שליח הציבור ברכת "האל הקדוש" (ראה יחו"ד ח"ה, יא).

166 במקרים חריגים, כגון: כשהשעה דחוקה או כשהמניין מצומצם, ויש חשש שלא יהיו תשעה שיכוונו לברכות ויענו אמן, רשאים לדלג על חזרה כתיקונה (שו"ת הרמב"ם, לח). ונוהגים כסדר הבא: שליח הציבור מתחיל באמירת תפילת שמונה־עשרה בקול, והציבור אומר אתו מילה במילה; לאחר אמירת הקדושה וברכת "האל הקדוש" שליח הציבור ממשיך להתפלל בלחש והקהל אתו (ראה רמ"א קכד, ב; בא"ח תרומה, ב). ויש נוהגים שכששליח הציבור מגיע ל"רצה", מגביה קולו וממשיך עד סוף העמידה (כמנהג המובא בשו"ת הרלב"ח, טו, בב"י, רלד, ב'שלמי ציבור', דיני חזרת התפילה ב, ובקש"ג יח), כדי שמי שסיים יוכל לומר "מודים דרבנן" ('פתח הדביר' קט, א), וכדי שהכוהנים יוכלו לעלות לדוכן (כה"ח קכח, ע"פ תשובת ראב"ם המובאת בראש ספר 'מעשה רוקח' וכנה"ג, וראה 'שערי עזרא' ח"ג, א, ד).

167 שליח הציבור אומר בקול לפני תחילת התפילה "ה' שפתי תפתח" (שו"ע קכג, ו ע"פ תה"ד) ובסוף התפילה "יהיו לרצון" ('שלמי ציבור', דיני ברכת כוהנים מו ע"פ האר"י; וכן כתב המשנ"ב שם, כא בשם השל"ה והגר"א).

168 לאחר ששליח הציבור בירך ברכת "מחיה המתים", כל יחיד מהקהל יכול לחזור למקום שעמד בו בשעת תפילת לחש (רמב"ם, תפילה פ"ט ה"ב-ד; מאמ"ר קכג, ד; וראה משנ"ב שם, ח שיש סוברים שצריך לחזור למקומו).

169 "ונקדשתי בתוך בני ישראל" (ויקרא כב, לב). לאחר ששליח הציבור סיים את ברכת "מחיה המתים", פותח את ברכת השם באמירת קדושה (ברכות כא ע"ב; סדר התפילה להרמב"ם). מי שמתפלל ביחידות אינו אומר קדושה (ברכות, שם), אבל אם עומד בתפילת לחש והגיע לסוף ברכת "מחיה המתים" עם שליח הציבור – אומר קדושה עמו (תוספות, שם). ואם נמצא במקום אחר בתפילת לחש, שותק ומכוון למה שאומר שליח הציבור, ראה הלכה 139.

170 יש הנוהגים שאת סדר הקדושה רק שליח הציבור אומר, והקהל אומר רק את הפסוקים "קדוש", "ברוך" ו"ימלך" (טור וב"י, קכה); והמנהג הנפוץ הוא, שהקהל אומר בקול עם החזן את שתי התיבות הראשונות "נקדישך ונעריצך" (שעה"כ, דרוש חזרת העמידה ע"פ תוספתא פאה), ואחר כך הקהל ממשיך עם שליח הציבור בלחש ומפסיק לפני "קדוש". כששליח הציבור מגיע ל"וקרא זה אל־זה ואמר", הקהל ממשיך ואומר בקול רם "קדוש, קדוש, קדוש" (שעה"כ; 'שלמי ציבור', דיני חזרת התפילה יא בשם האר"י והט"ז), וכן לפני "ברוך" ולפני "ימלך" (שם, יב בשם כנה"ג). ויש נוהגים לומר את כל סדר הקדושה בקול עם החזן (תשובת ר"ד משאש, 'שמ"ש

ומגן׳ ח״ד, כה). כשאומרים את פסוקי הקדושה, מתרוממים על קצות האצבעות כלפי מעלה (טור וב״י, קכה ע״פ מדרש תנחומא).

171 כשמגיע שליח הציבור ל״מודים״, הקהל שוחה מעט ואומר ״מודים דרבנן״ (סוטה מ ע״א; רמב״ם, תפילה פ״ט פ״ד; שו״ע קכז, א; ׳קשר גודל׳ יח, כ), המכונה כך משום שהוא צירוף נוסחאותיהם של חכמים רבים (ב״י, קכז). בתלמוד הבבלי לא מובאת חתימה לברכה זו, אך בירושלמי (ברכות פ״א ה״ה) מובא נוסח מעט אחר, החותם בתיבות ״ברוך אתה ה׳ אל ההודאות״. וכתבו התוספות והרא״ש (ברכות פ״ג, כ) שכך יש לחתום כאן, וכך הוא בחלק מסידורי הספרדים הישנים (ליסבון ר״ן; ויניציאה רפ״ד); אך מרן הכריע שעדיף לחתום ״ברוך אל ההודאות״ בלא הזכרת השם (ב״י, שם ע״פ תלמידי ר׳ יונה, ברכות לב ע״א).

172 כששליח הציבור מסיים תפילת לחש, הוא פוסע שלוש פסיעות לאחור כשאר המתפללים (רמב״ם, תפילה פ״ט ה״ג). אך לאחר חזרת הש״ץ אינו פוסע, מכיוון שהוא עתיד לפסוע ב״עושה שלום״ בסוף קריש תתקבל (תה״ד יג; והרדב״ז כתב, שאם רגיל לעשות כן אין למונעו, ח״א, שלט). יש בתי כנסת שבהם נוהגים לחלק את התפילה בין שני שליחי ציבור (ראה הלכה 542–543), ואז שליח הציבור אומר בלחש ״עושה שלום במרומיו״ ופוסע שלוש פסיעות לאחור בסוף החזרה (כה״ח קכג, כח).

## הלכות ברכת כוהנים

173 ״וידבר ה׳ אל משה לאמר: דבר אל אהרן ואל בניו לאמר, כה תברכו את בני ישראל, אמור להם״ (במדבר ו, כב–כג). מצוות עשה על הכוהנים לברך את ישראל (סוטה לח ע״ב). ובספרי משמע שגם הקהל המקשיב לברכה, משתתף במצווה (ספרי, פסקה לט מובא ב׳יראים׳ רסט).

174 ברכת כוהנים מתקיימת רק במניין, והכוהנים עצמם נחשבים חלק מהמניין (שו״ע קכח, א), שגם הם בכלל ברכה ככתוב (במדבר ו, כז): ״ואני אברכם״ (׳לבוש׳ שם, א). ואפילו מניין שכולו כוהנים - כולם עולים לדוכן לברך; ואם הם יותר מעשרה - עשרה יישארו ויקשיבו לברכה, והשאר יעלו לדוכן (סוטה לח ע״ב). כוהן שעדיין לא הגיע למצוות, יכול לעלות לברך עם כוהנים אחרים; אך לא יעלה לברך לבד (תוספות, מגילה כד ע״א).

175 ״אמר ר׳ יהושע בן לוי: כל כהן שלא נטל ידיו לא ישא את כפיו, שנאמר (תהלים קלד, ב): ׳שאו ידכם קדש וברכו את ה׳׳״ (סוטה לט ע״א). ופירש רש״י, שאפילו כבר נטל הכוהן ידיו לפני תפילת שחרית וטהורות הן, עליו ליטול את ידיו שוב לפני שעולה לדוכן, וכן הוא בירושלמי (ברכות פ״א ה״א). ולדעת הטור, הכוהן צריך לברך על נטילה זו; אך ה׳אגודה׳ (מגילה, לד) כתב שלא יברך, משום שלדעת הרמב״ם (תפילה פט״ו ה״ה וראה ׳כסף משנה׳, שם), אין צורך כלל בנטילה זו אם הכוהן שמר על ידיו טהורות, וכן פסק השו״ע (קכח, ז).

176 נוהגים שבן לוי יוצא ליטול את ידי הכוהנים (זוהר, נשא קמו ע״א) ויש שהציעו רמז לזה מהפסוק שנאמר לאהרן על הלויים: ׳וילוו עליך וישרתוך׳ (במדבר יח, ב; תורה תמימה שם, א), ואם אין בציבור לוויים, יש הנוהגים שבכור נוטל את ידי הכוהנים (כ״ח שם, ג בשם מהרי״ל).

177 אם אין בנמצא מים, או שהכוהן לא הספיק ליטול את ידיו אחרי שסיים את תפילת הלחש, הוא רשאי לסמוך על שיטת הרמב״ם (ראה הלכה 175) ולעלות לדוכן בשני תנאים: (א) אם נטל את ידיו קודם תפילת שחרית. (ב) אם לא נגע בשום דבר טמא לאחר אותה הנטילה, ואפילו לא בנעליו (משנ״ב שם, כ בשם האחרונים).

178 רבן יוחנן בן זכאי תיקן שהכוהנים לא יעלו לדוכן בסנדליהם (ראש השנה לא ע״ב). יש שדקדקו מלשון התקנה שדין זה הוא רק אם עולה לדוכן, אך אם עומד על רצפת בית הכנסת אינו צריך לחלוץ מנעליו (׳ויקרא יהושע׳, הל׳ נשיאת כפיים א), וכן נוהגים בכמה מקומות בחו״ל. אולם הרבה מהפוסקים סבורים, שעל הכוהן תמיד לחלוץ נעליו קודם שיישא כפיו (׳יין הטוב׳ ח״א, לז). ופסק ׳ערוך השולחן׳ (קכח, יב) שבנעלי בית של בד שאין להן רצועות, רשאי הכוהן לעלות (ע״פ שיטת ראבי״ה שמובאת בהגה״מ תפילה פי״ד, ד) - ונהגו להקל בזה לכוהן זקן או חולה (ספר הלכה, ברכת כהנים יח).

179 כאשר שליח הציבור מתחיל ״רצה״, הכוהנים עולים לדוכן ועומדים כשפניהם להיכל (טור, קכח). לאחר שהקהל עונה אמן על ברכת ״הטוב שמך ולך נאה להודות״ - שליח הציבור קורא ״כוהנים!״; ובני אשכנז נוהגים שהגבאי קורא ״כוהנים!״, כדי ששליח הציבור לא יפסיק באמצע התפילה (ר״ת, מובא בטור; וכ״פ ה׳חיי אדם׳ לב, טו בשם הגר״א). תוך כדי הברכה, הכוהנים סבים ופונים אל הקהל ומברכים ״אשר קדשנו בקדושתו של אהרן, וציוונו לברך את עמו ישראל באהבה״ (סוטה מ ע״א). אם רק כוהן אחד עלה לדוכן, הוא מתחיל לברך בלי שיקראוהו (שם לח ע״א; וכ״פ הרמב״ם, תפילה פי״ד ה״ח; שו״ע שם, י).

180 "אין הכהנים רשאין להתחיל בברכה עד שיכלה הדיבור מפי הקורא" (סוטה לט ע"ב). ופירש הר"ן (מגילה טו ע"ב), שהכוונה היא לפסוקי הברכה שמקראין את הכוהנים כדי שלא יטעו, ומתחילים ממילת "יברכך" וכך פסק הטור (קכח). ומהרמב"ם (תפילה פי"ד ה"ג) משמע שמתחילים להקריא מהמילה השנייה, ואת המילה הראשונה אומרים הכוהנים מעצמם, וכך פסק בשו"ע (שם, יג; וראה שמ"ש ומגן ח"ד, טו שכתב שמנהגם לעשות כך כשיש יותר מכוהן אחד). וכיום המנהג ברוב הקהילות הוא כדברי הר"ן והטור. וכן דעת הבא"ח, (תצוה א בשם רבינו בחיי; 'רב פעלים' ח"ג, ה ועיין שו"ת הרא"ם, ג שכתב שגם הרמב"ם מודה בזה).

181 כוהן שלא עקר ממקומו ב"רצה", שוב לא יעלה (סוטה לח ע"ב); ובדיעבד, אם עקר לפני ששליח הציבור סיים את ברכת "רצה", יכול לעלות (א"ר קכח, יח). ואם בכל זאת עלה הכוהן, נחלקו הפוסקים אם צריך לרדת: לדעת הפר"ח, 'דרך החיים' ו'ערוך השולחן' לא ירד; ולדעת הרדב"ז וה'גינת ורדים' צריך לרדת, אם לא היה משום אונס. וכתב המשנ"ב (שם, ט), שצריך אותו הכוהן לצאת מבית הכנסת, כדי שלא יהיה שם בשעה שקוראים לכוהנים.

182 שליח הציבור מקריא את שלושת פסוקי הברכה מילה במילה, והכוהנים אומרים אותם בקול רם (רמ"א קכח, יג, ע"פ הטור). בסוף כל פסוק רק הקהל עונה אמן, ולא שליח הציבור (ברכות לד ע"א), כמו כן עונים "ברוך הוא וברוך שמו" כשמזכירים הכוהנים את השם ('כף החיים' פאלאג"י טו, עו בשם שכנה"ג, פר"ח וברכ"י).

183 אם שליח הציבור הוא כוהן בעצמו, לא יעלה לברך כדי שלא יתבלבל בתפילתו, אלא אם כן אין כוהן אחר מלבדו (שו"ע שם, יט). ויש שפסקו שגם שליח הציבור מברך עם שאר הכוהנים, מכיוון שמתפלל מתוך סידור ואין חשש שלא יוכל לחזור לתפילתו (פר"ח; וכן דעת המשנ"ב שם, עה); אולם ברוב הקהילות נוהגים כהוראת מרן (בא"ח, שם יח; ילק"י, נשיאת כפיים יא בשם שו"ת 'נחפה בכסף' והחיד"א).

184 בזמן שהכוהנים מברכים, הם מגביהים את ידיהם כנגד כתפיהם (סוטה לח ע"א), ומגביהים מעט את יד ימין מיד שמאל (הגה"מ, תפילה פי"ד, ג; זוהר, נשא קמו ע"א). הם מצמידים את אצבעותיהם - האצבע לאמה, והקמיצה לזרת, כך שיהיו חמישה רווחים בין האצבעות (שו"ע שם, יט ע"פ המדרש ושבה"ל). יש הנוהגים שהכוהנים מוציאים את ידיהם מחוץ לטלית בזמן הברכה (מובא ברמ"א שם, כג), והיום נוהגים שהכוהנים משאירים את ידיהם בתוך הטלית (ערוה"ש שם, לו; כה"ח שם, קמג). הקהל עומד מול פני הכוהנים ולא מאחוריהם (סוטה לח ע"ב). אין להסתכל בפניהם או בידיהם של הכוהנים בשעת הברכה (שו"ע שם, כג ע"פ חגיגה טז ע"א).

185 כאשר הכוהנים אומרים את התיבות שיש בהן פנייה לציבור: "יברכך", "וישמרך", "אליך", "ויחנך" "לך" ובתיבה "שלום" בסוף הברכה, הם הופכים את פניהם לימינם ולשמאלם (ספר הרוקח, שכג).

186 ברוב הקהילות בישראל הכוהנים נושאים את כפיהם בתפילות שחרית ומוסף, בנעילה של יום הכיפורים ובתפילת מנחה של תענית ציבור (שו"ע קכט, א; וראה הלכה 595). אם אין בבית הכנסת כוהנים, שליח הציבור אומר את הבקשה "אלהינו ואלהי אבותינו". אין אומרים ברכת כוהנים בשחרית של תשעה באב או בבית האבל (משנ"ב קכא, ו); ויש נוהגים שהכוהנים נושאים את כפיהם גם בבית האבל (ראה הלכה 532).

187 בחו"ל יש נוהגים שהכוהנים אינם נושאים את כפיהם אלא בתפילת מוסף ליום טוב, ובשאר הימים שליח הציבור אומר את הבקשה "אלהינו ואלהי אבותינו" (אגור בשם מהרי"ל; רמ"א קכח, מד); ומרן יצא נגד מנהג זה (ב"י, שם).

## הלכות תחנון

188 בסידורי ספרד הישנים אחרי חזרת הש"ץ מופיעים שבעים ושניים פסוקי תהלים, שבכל אחד מהם רמוז אחד מע"ב שמות הנלמדים משלושת הפסוקים "ויסע, ויבא, ויט" (בסידורים שונים הם מופיעים בסדר שונה). הנוסח שהיה נפוץ הוא לפי שיטת הרמב"ן, כפי שסידרו הרמ"ע מפאנו. אך בשעה"כ (דרוש נוסח התפילה) מובא שהאר"י נהג שלא לאומרם כלל. אחריהם נהגו לומר תחינות המתחלפות לפי ימות השבוע ולחתום בהן בשם ומלכות "גומל חסדים טובים" או "שומע תפילה". וכיום אין אומרים אותן כלל, ויש נוהגים לומר את שבעים ושניים הפסוקים אחרי התפילה, ובכל מקרה אין לאומרם במהלך חזרת הש"ץ (קול הרמ"ז).

189 "בין חזרת התפילה אל נפילת אפים אין להפסיק כלל ועיקר זולתי בוידוי... ואח"כ יאמר י"ג מידות... ותכף יעשה נפילת אפים" (שעה"כ, עניין נוסח התפילה). מנהג הקדמונים היה להסמיך נפילת אפיים לעמידה (סידור רס"ג; רמב"ם, תפילה פ"ט ה"ה; טור וב"י קלא; אבודרהם), כיוון שהיא כתפילה אריכתא ושם מתקבלת ביותר ('לבוש' קלא, א). ובזוהר (פקודי, רסב ע"א) נאמר, שיש לומר וידוי אחר

העמידה קודם התחנון (כך הסדר גם בסידור ר״י ב״ר יקר; וראה רשב״ש קצא בסופו, וכך הסדר גם ב׳תולעת יעקב׳). בסדר רב עמרם גאון שלפנינו כתוב, שבימי שני וחמישי לאחר חזרת הש״ץ אומרים י״ג מידות ומתוודים לפני נפילת אפיים (וראה גם בב״י, קלד); וברוב קהילות הספרדים פשט המנהג להקדים לנפילת אפיים וידוי וי״ג מידות ולאומרם בכל יום בשחרית ובמנחה, כדעת האר״י על פי הזוהר (שעה״כ, עניין נוסח התפילה; ראה זוהר, פקודי רסב ע״א).

190 ״כל מצוות שבתורה בין עשה בין לא תעשה, אם עבר אדם על אחת מהן בין בזדון בין בשגגה, כשיעשה תשובה וישוב מחטאו חייב להתוודות לפני האל ברוך הוא, שנאמר: ׳והתוודו את חטאתם אשר עשו׳ זה וידוי דברים. וידוי זה מצות עשה. כיצד מתוודין? אומר אנא ה׳ חטאתי עויתי פשעתי לפניך ועשיתי כך וכך, והריני ניחמתי ובושתי במעשי ולעולם איני חוזר לדבר זה, וזהו עיקרו שלוידוי״ (רמב״ם, תשובה פ״א ה״א). ״הוידוי שנהגו בו כל ישראל ׳אבל אנחנו חטאנו׳ הוא עיקר הוידוי״ (שם, פ״ב ה״ח).

191 פשט המנהג לפתוח את הווידוי במילה ״אנא״ כדברי הרמב״ם לעיל (מחב״ר קלא, ח בשם שו״ת ׳אורח לצדיק׳ ד). אחר כך מתוודים לפי סדר הא״ב, יש אומרים שהסיבה לכך היא, שאדם צריך לפרוט את חטאיו, וכדי שלא לבייש את החוטאים התקינו שיהיו כולם פורטים את החטאים על סדר הא״ב (מובא בסידור תלמידי ר״י כת״י; וראה הלכה הבאה), כמו כן כופלים את אותיות מנצפ״ך שבווידוי (׳כף החיים׳ פאלאג׳י טז, ז; בא״ח, כי תשא ב ע״פ סידור הרש״ש).

192 הווידוי נאמר בלשון רבים והאדם מתוודה אפילו על חטאים שיודע שלא עשה, כיוון שכל ישראל גוף אחד הם וכולם ערבים זה לזה (שעה״כ, עניין הווידוי). ואף המתפלל ביחידות יכול לאומרו (רשב״ש קצא).

193 כשמתוודה שוחה מעט ואומר את הווידוי במתינות ובכוונה. נוהגים להכות על החזה בעת אמירתו (שעה״כ שם).

194 אחרי הווידוי אומרים י״ג מידות. שליח הציבור אומר ״ויעבור ה׳ על פניו ויקרא״, והקהל אומר ״ה׳, ה׳״ וכו׳ (רא״ש, ראש השנה פ״א, ה). בין השם הראשון והשני יש טעם מפסיק, ולכן יש להקפיד להפריד ביניהם (מג״א תקסה, ה בשם אבודרהם). כמו כן נוהגים שבשעה ששליח הציבור אומר ״ויעבור״ שוחים מעט; ״ויקרא״ מזדקפים (׳חסד לאלפים׳; בא״ח, שם י בשם ר׳ אליהו מני); ״ה׳, ה׳״ שוחים מעט, משום שנאמר שם ״וימהר משה ויקד״ (׳שיורי ברכה׳ קלא, וע״פ מהרי״ק).

195 המתפלל ביחידות אינו אומר י״ג מידות דרך תפילה ובקשת רחמים, כיוון שהן דבר שבקדושה. אבל רשאי לאומרן בטעמים כקורא בתורה (שו״ע תקסה, ה ע״פ הרשב״א ח״א, ריא); והמתפלל במניין שבו אין נוהגים לומר וידוי וי״ג מידות לא יפרוש מן הציבור בגלוי, ויאמר וידוי בלא הכאה על חזהו, וי״ג מידות בטעמים ובלחש (׳אור לציון׳ ח״ב, ט, א).

196 ״ואחר שישלים (שליח הציבור) כל התפלה ישב ויפול על פניו ויטה מעט הוא וכל הציבור ויתחנן״ (רמב״ם, תפילה פ״ט ה״ה). בסידורי הגאונים והרמב״ם מובאות תחינות שונות שנהגו לאומרן בנפילת אפיים, ובחידושי הרא״ה (ברכות לא ע״א) כתב לומר את מזמור נא ״שהוא מזמור של וידוי, וכך מקובלני שהוא היפה לומר״ (על המנהג לומר תחינות אחר העמידה ראה תוספתא, ברכות פ״ג ה״ו וראה ספר האשכול). בקהילות הספרדים פשט המנהג המובא בזוהר (במדבר קכ ע״ב; מובא בב״י, קלא) לומר בנפילת אפיים את מזמור כה, ״לדוד אליך ה׳ נפשי אשא״ (תולעת יעקב). בזוהר נאמר, שהאומר מזמור זה בנפילת אפיים צריך להיות מוכן למסור את נפשו בלב שלם, ואוי לו למי שאומרו בלא כוונת הלב. משום אזהרת הזוהר יש מהפוסקים שכתבו לומר במקומו את מזמור י (מג״א קלא; ומזמור זה כבר הובא בהקשר זה בסידור תר״י ובכמה מהסידורים הקדמונים בספרד), ויש שכתבו שמי שאינו יכול להתכוון יאמר את התחינות שבסידור הרמב״ם (תכלאל ׳עץ חיים׳). ובדורות האחרונים פשט המנהג, ברוב הקהילות, לומר את מזמור כה כבקשת רחמים ובלא נפילת אפיים כלל, משום החשש שלא יכוונו כראוי (בא״ח, כי תשא יג; יחו״ד ח״ו, ז וראה שו״ת הריב״ש תיב) ויש המקפידים לאומרו דווקא בנפילת אפיים (׳כף החיים׳ פאלאג׳י טז, יד; ׳חסד לאלפים׳ קלא, יא; ׳כתר שם טוב׳ ח״א, קיד). והנוהגים כן נופלים על זרוע שמאל כדעת מרן והאר״י (׳שלמי ציבור׳, נפילת אפים א).

197 אף על פי ש״אין לדבר בין תפילה לנפילת אפיים״ (שו״ע קלא, א ע״פ ׳ארחות חיים׳ ו׳אהל מועד׳), מותר לענות לכל דבר שבקדושה (כה״ח שם, ב בשם ה׳פרי מגדים׳). וכתב ב׳מטה יהודה׳ (קלא, א), שבאמצע תחנון עונה כבברכות קריאת שמע ואפילו באמצע נפילת אפיים. וכן פסקו האחרונים (כה״ח שם; אע״פ שב׳קשר גודל׳ יט, יד כתב שיש לפקפק בכך).

198 בימי שני וחמישי מרבים בתחנונים (מחז״ו, סדר תחנון ע״פ שבת קקט ע״ב, וראה תענית יב ע״א; ספר המנהיג, סט; ׳כלבו׳ יח). המנהג הקדמון היה להקדים ״והוא רחום״ לנפילת אפיים (טור, קלד; וכן בסידורי ספרד הישנים), וכיום ברוב הקהילות אומרים את סדר ״והוא רחום״ אחרי נפילת אפיים (שעה״כ, עניין

נוסח התפילה; בא"ח, שם ה). נהגו בספרד לפתוח את התחינות בשני ובחמישי באמירת "אל מלך" וי"ג מידות ובסליחה הקדומה "אל תעש עמנו כלה". ופשט המנהג לומר לפני סליחה זו גם את הסליחות: "אנשי אמונה" ו"תמהנו מרעות" (סידור נאפולי ר"ן), וי"ג מידות ביניהן, ואחר כך לומר "והוא רחום" (ראה ב"י, קלד). כמו כן נוהגים לחתום את הווידוי במילים "מה נאמר", והוא הווידוי שנהג רב לומר ביום הכיפורים (ראה יומא פז ע"ב ומאירי שם). אולם יש שהבינו מדברי האר"י שנזכרו בהלכה 189, שבין וידוי לנפילת אפיים אין לומר אפילו "מה נאמר" (פע"ח, שער הסליחות פ"ח), ולכן יש נוהגים לומר בשני ובחמישי "מה נאמר" קודם "והוא רחום" (ר' אליהו מני, זכרונות אליהו, מערכת ו, כה ו'מנהגי בית יעקב', טז, וראה 'מנחת אהרן' כלל יז, טז). ויש הסוברים, שאין זה הפסק אלא המשך הווידוי ואומרים אותו מיד לאחריו (סידור היר"א; 'עשה לך רב' ח"ח, מו).

199 ברבים מהסידורים הישנים כתבו לומר "אנשי אמונה" ביום שני ו"תמהנו מרעות" ביום חמישי (סידורי אמשטרדם; 'תפילה זכה' ו'תפילת החודש'; וכן הובא ב'עבודת התמיד'; וסידור הרמ"ז), כך נוהגים גם היום בקהילות המערב ויוצאי ארם צובה (דרך אר"ץ, דיני תחנון ו); וברבות מקהילות המזרח אומרים את שניהם ביום שני וביום חמישי (שעה"כ, דרוש נוסח התפילה; 'מנחת אהרן', שם).

200 כתב אבודרהם: "ויש יחידים שמתחננים מזמורים אחרים כל אחד ואחד כפי רצונו, ואח"כ אומר ש"ץ 'אבינו מלכנו אבינו אתה'". בסידורי ספרד מובאות תחינות נוספות לומר בנפילת אפיים, ובנוסחת הדפוסים הובאו שתי תחינות: האחת "איה חסדיך" והשנייה "שארית פליטת אריאל"; בסידורים מאוחרים ('תפילת ישרים'; 'תפילה זכה'; 'עבודת התמיד') שויכה התחינה הראשונה ליום שני והשנייה ליום חמישי, ובקהילות המערב יש הנוהגים לאומרן; בקהילות המזרח (מחזור ארם צובה; סידורי בגדאד) לא נהגו לומר תחינות אלו, וה'בית עובד' העיד ששמע מגדולים שאין לאומרן.

201 תפילת "והוא רחום" היא בקשת רחמים בת שלושה חלקים - "והוא רחום", "אנא מלך" ו"אין כמוך חנון ורחום" (ספר הפרדס). אומרים תחינה זו מעומד (שו"ע קלד, א ע"פ מהר"י אבוהב) ובקירוב רגליים ('ציפורן שמיר' ב, לב), מפני שבכל אחד מחלקיה שמונה־עשרה אזכרות כנגד תפילת שמונה־עשרה ('לבוש' שם, א).

202 בתעניות ציבור המנהג הקדמון היה לומר סליחות בחזרת הש"ץ בברכת "סלח לנו" (סידור רס"ג; אבודרהם, ברכות ק"ש בשם הגאונים), ומנהג זה רווח בספרד ופזורותיה (סידור ליסבון ר"ן; ויניציאה רפ"ד). ומרן פסק שטוב שלא לאומרן אלא אחרי שמונה־עשרה (שו"ע תקסו, ד ע"פ התוספות; וכך נדפס הסדר כבר בסידור ויניציאה שנ"ח). ומכיוון שלדעת המקובלים אין להפסיק בין שמונה־עשרה לווידוי ונפילת אפיים (ראה הלכה 189), אומרים ברוב הקהילות סליחות אחרי מזמור כה.

203 "מנהג פשוט בכל ישראל שאין נפילת אפים בשבתות ובמועדים ולא בראש השנה ולא בראשי חדשים ובחנוכה ובפורים ולא במנחה של ערבי שבתות וימים טובים" (רמב"ם, תפילה פ"ה הט"ו). בימי בית שני נהגו לפי רשימת הימים שאסור להתענות ולהספיד בהם, המופיעה במגילת תענית. משחרב הבית בטלה המגילה - פרט לימים אלה, שאין מספידים ואין מתענים בהם (ראש השנה יח ע"ב, וראה רש"י שם). כבר מימות הראשונים נהגו שלא ליפול על פניהם בימים שקוראים בהם את ההלל; ובאשר לפורים כתב רב עמרם גאון שיש לומר תחנון, אך הראשונים דחו שיטה זו ('עיטור', מגילה קיא ע"א).

204 במרוצת הדורות נוספו ימים אחרים לרשימת הימים שאין אומרים בהם תחנון: 'אסרו חג' (שבה"ל ל); ט"ו באב וט"ו בשבט (ב"י, אף שבספר הרוקח כתוב שאומרים בהם); ערב ראש השנה (כנה"ג, קלא) וערב יום הכיפורים (שבה"ל שם); בין יום הכיפורים לסוכות (שם בשם רבינו שמחה; שו"ע קלא, ז); כל חודש ניסן (סידור רש"י, שנג ע"פ מסכת סופרים); פסח שני (פר"ח קלא, ז וראה הלכה 817); ל"ג בעומר (מהר"י טירנא); ומראש חודש סיוון עד שבועות (הגה"מ, תפילה פ"ה, ש). ויש מהאחרונים שהוסיפו, שאין לומר תחנון גם אחרי שבועות עד י"ב בסיוון (שו"ת בנימין זאב, ריב בשם ה'אגודה' וראה הלכה 842), ואחרי סוכות עד ב' בחשוון (שע"ת קלא, יט בשם 'סדר היום'; 'חיים שאל' ח"ב, לה, ב), וכך נוהגים היום בא"י.

205 "ורב נטרונאי כתב נפילת אפים בציבור על פניהם אחר התפלה רשות היא, ונופלים בבית האבל ואין נופלין בבית החתן" (טור, קלא). היום נוהגים שלא לומר תחנון בבית האבל כיוון שאבל הוקש לחג, שנאמר (עמוס ח, י): "והפכתי חגיכם לאבל", וכן אין נופלים אפיים בתשעה באב (ב"י בשם שבה"ל).

206 אין אומרים תחנון בבית החתן, וגם לא בבית כנסת שחתן בשבעת ימי המשתה מתפלל בו. שבעה ימים אלו נמנים מעת לעת, כלומר, אם החופה הייתה ביום שני אחר הצהריים, אין אומרים תחנון בנוכחות החתן עד מנחה גדולה של יום שני שאחריו, ואף על פי ששבעת ימי המשתה הסתיימו ביום ראשון (מחב"ר קו"א, קלא); ויש חולקים בזה (ראה ספר הלכה כא, מד). ביום חתונתו נחלקו הפוסקים (דבריהם

מובאים בברכ"י קלא, ה): דעת הרדב"ז (ח"ב, קעט) והפר"ח (קלא, ד), שאומרים תחנון עד שעת כניסתו לחופה; ויש מקלים בכל אותו היום ואפילו בשחרית (מהר"י צמח; וראה תה"ד ח"ב, פ), והחיד"א כתב, שהמנהג שאין אומרים תחנון בתפילה הסמוכה לחופה. יש שכתבו שאם הקהל אינו רוצה לבטל אמירת תחנונים, טוב שהחתן יצא מבית הכנסת אחרי ברכת כוהנים (רדב"ז, שם), ולא נהגו כן (ראה הלכה 505 ו־515). כמו כן נוהגים שלא לומר תחנון כשיש בבית הכנסת נער שמניח תפילין לראשונה ביום שמלאו לו שלש־עשרה שנה ויום אחד ('נהר מצרים', נפילת אפיים ג).

207 אין אומרים תחנון בבית כנסת שמלים בו תינוק (שבה"ל והגה"מ שנזכרו בהלכה 204); ואפילו אם אין בעלי הברית מתפללים באותו מניין (משנ"ב קלא, כב), ואפילו אם המילה תתקיים אחר הצהריים, כל המניינים המתפללים שחרית בבית הכנסת, פטורים מתחנון ('ציץ אליעזר' ח"ז, ט; יבי"א ח"ג, יא, ה). לאחר שהתקיימה המילה, יש סוברים שאומרים תחנון ('לבוש' קלא, ד; ספר הלכה שם, מו ע"פ כה"ח) ויש שפסקו שאין אומרים תחנון כל אותו היום (יבי"א שם, יב). גם בעלי הברית - אבי הבן, המוהל והסנדק - פוטרים את הציבור המתפלל עמם מלומר תחנון (משנ"ב שם, כב בשם ה'מגן גיבורים'; ספר הלכה שם).

## הלכות קריאת התורה

208 "וילכו שלשת ימים במדבר ולא מצאו מים' (שמות טו, כב) - דורשי רשומות אמרו: אין מים אלא תורה, שנאמר (ישעיה נה, א): 'הוי כל צמא לכו למים', כיון שהלכו שלשת ימים בלא תורה נלאו" (בבא קמא פב ע"א). משה רבינו תיקן לישראל לקרוא בתורה בשבתות ובימים טובים, בחול המועד, בראשי חודשים ובכל שני וחמישי, כדי שיקראו בתורה לכל הפחות פעם בשלושה ימים. עזרא הסופר ובית דינו הוסיפו ותיקנו שיקראו גם במנחה של שבת, עבור מי שאינו יכול להגיע לבית הכנסת בימי שני וחמישי (רמב"ם, תפילה פי"ב ה"א). נוהגים לכבד בפתיחת הארון את מי שאשתו בחודש התשיעי להריונה ('מורה באצבע' ג, צ).

209 לפני הוצאת ספר התורה אומרים את התחינה "אל ארך אפיים". ובימים שאין אומרים בהם תחנון (ראה הלכה 203–204), אין אומרים "אל ארך אפיים" (הגהות 'שלמי ציבור' קנ"ג ע"ב).

210 כשמוציאים את ספר התורה מההיכל נוהגים לנשק אותו וללוותו לתיבה (ע"פ שעה"כ, עניין קריאת הס"ת). ויש נוהגים להוליך את ספר התורה כשהוא פתוח כדי שכל האנשים והנשים יראו אותו ('אמת ליעקב', מנהגי הוצאת ס"ת ג וראה מסכת סופרים יד, ח) וכאשר רואים את הכתב כורעים (שו"ע קלד, ב ע"פ מסכת סופרים, שם). וכן נוהגים ללוותו בחזרה להיכל, ואין בכך חיוב אלא כשאין ההיכל בבית הכנסת (כה"ח קמט, ו). קודם קריאת התורה מגביהים את ספר התורה כדי שהציבור יראה את הכתוב (שו"ע, שם). ובשעה"כ (שם) כתב, שמנהג האר"י היה לעמוד סמוך לתיבה בזמן ההגבהה כדי שיוכל לראות בבירור את האותיות, כיוון שעל ידי ההסתכלות בהן נמשך לאדם אור גדול.

211 בימות החול ובמנחה של שבת שלושה עולים לקרוא בתורה - כוהן, לוי וישראל. בחול המועד ובראש חודש עולה ישראל נוסף, בסך הכל ארבעה; ביום טוב עולים חמישה, ביום הכיפורים שישה ובשבת שבעה (משנה, מגילה כא ע"א; וראה טור וב"י, קלה). בימות החול אין מוסיפים על מספר זה, אך בשבתות ובימים טובים יכולים להוסיף (שו"ע רפב, א; והרמ"א שם כתב, שנהגו שלא להוסיף ביום טוב), ומכל מקום מוטב שלא להוסיף הרבה משום טורח ציבור (ילק"י קלה, כו).

212 מותר להעלות קטן לתורה (מגילה כד ע"א; 'הלכות גדולות'; רמב"ם, תפילה פי"ב הי"ז, וכן דעת הגאונים ורבים מהראשונים) וכך פסק מרן (שו"ע רפב, ג). דעת כמה מהראשונים, שאין להעלותו בשלוש העליות הראשונות (הערוך והרוקח; והיחו"ד ח"ב, טו כתב לחוש לשיטה זו בימי שני וחמישי) שהן מתקנת עזרא (ראה בבא קמא פב ע"א), ויש שכתבו שיכול לעלות לעליית שביעי בלבד (תוספות, ראש השנה לג ע"א; מהר"ם מרוטנבורג, פסקים ומנהגים ח"א, קד; וכן דעת האר"י המובאת בשעה"כ, ואחריו נמשכו המקובלים); ויש נוהגים שלא להעלות קטן אלא למפטיר (מג"א רפב, ו; א"ר שם, ג).

213 יש קהילות שבהן נהוג לקרוא לעולה בשמו: "יעמוד השם הטוב כבוד ר' פלוני בן פלוני" (מובא בכנה"ג, סו); אך בהרבה מהקהילות הספרדיות מקובל, שאין מזמינים את העולה לתורה בשמו, כדי שאם אינו יכול לעלות מסיבה כלשהי, יהיה רשאי שלא לעשות ('חיים שאל' יג).

214 אם אין בבית הכנסת לוי, הכוהן קורא שוב (גיטין נט ע"ב, ותוספות שם). אם אין כוהן ויש לוי, אין חובה לקרוא את הלוי לתורה; אך אם מעלים את הלוי לקרוא, יש לקוראו ראשון (שו"ע ורמ"א קלה, ו בשם רבינו ירוחם). ומכריזים "במקום כוהן" או "אף על פי שהוא לוי", כדי שלא יטעה הקהל לחשוב שהעולה ראשון כוהן הוא (טור שם).

215 עוד נוהגים להעלות חתן ביום חופתו ובשבתות שלפני נישואיו ואחריהם, בר־מצווה, מי שאשתו ילדה, יתום ביום פטירת אביו או אמו, ומי שחייב לברך הגומל (בה"ל קלו, ד"ה בשבת).

216 אף על פי שמן הדין מותר להעלות אב ובנו או שני אחים בזה אחר זה, אין עושין כן לכתחילה משום עין הרע ('מרדכי', הל' ספר תורה תתקסט בשם מהר"ם; שו"ע קמא, ו).

217 מעיקר הדין, העולה לתורה הוא הקורא בה, אך מכיוון שאין הכל בקיאים, נהגו ששליח ציבור קורא לכל העולים, אלא אם כן העולה יודע לקרוא כראוי ורוצה לקרוא בעצמו. עולה לתורה שאינו קורא, צריך לקרוא מתוך הספר עם הקורא, ויעשה זאת בלחש (שו"ע קמא, ב ע"פ ר"ת בתוספות, בבא בתרא טו ע"א).

218 העולה לתורה עולה לבימה בדרך הקצרה ביותר (שו"ע קמא, ז בשם בעל תה"ד). פותח את ספר התורה כדי לראות היכן יקרא, ואחר כך מברך "אשר בחר בנו" וקורא (הוא או שליח הציבור). יש אומרים שצריך להקפיד שלא להסתכל בספר בשעת הברכה כדי שלא ייראה שגם הברכות כתובות בו (רמ"א קלט, ד בשם ה'כלבו'), ויש אומרים שאין צורך להקפיד בכך (שו"ע קלט, ד ע"פ הרמב"ם, וכדעת רבי יהודה, מגילה לב ע"א), ולדעת האר"י יש לכסות את הכתב משום כבוד התורה (שעה"כ, עניין קריאת ספר התורה). לאחר הקריאה סוגר את הספר או מכסהו במטפחת ומברך "אשר נתן לנו" (שו"ע שם, ד-ה, שעה"כ שם).

219 "וצריך הקורא לאחוז בה כאלו קבלה (עכשיו) מהר סיני" ('ארחות חיים', שני וחמישי יט). בשעת הברכה יש לאחוז בספר התורה, אולם אין לגעת ביריעות אלא באמצעות מטפחת (שו"ע קמז, א; שעה"כ, עניין קריאת ספר התורה ע"פ הגמרא במגילה לב ע"א). כתבו המקובלים שהעולה יאחז בשתי ידיו (באמצעות המטפחת) ביריעות הספר בזמן הברכה ובמשך הקריאה יאחז ביריעה ביד ימין בלבד (בא"ח ש"ש, תולדות יח ע"פ מהר"ש ויטל).

220 אם הברכה נאמרה על פרשה שאינה נכונה, צריך לשוב ולברך. אך אם המקום הנכון לקריאה היה פתוח בשעת הברכה, אין צורך לשוב ולברך (ט"ז קמ, ד).

221 הקורא בתורה עומד (מגילה כא ע"א). עולה לתורה שאינו קורא, צריך לעמוד אף הוא ('מרדכי', הל' ספר תורה תתקסח). הקהל אינו מחויב לעמוד (שו"ע קמו, ד), ויש שהורו שראוי לעמוד (שו"ת הרמ"ע מפאנו, צא; א"ר שם; והכנה"ג שם כתב, שכך היה מנהגם של הרד"ך ומהרימ"ט); ומנהג האר"י היה לשבת (מובא בשעה"כ, עניין קריאת ספר התורה); וב'פתח הדביר' (קמו, ג) כתב, שמי שעומד אין בכך משום יוהרא אלא שנכון לשבת מכיוון שהוברר דעת המקובלים בזה, ובין הפוסקים הדבר נתון במחלוקת.

222 בכל עלייה לתורה קוראים שלושה פסוקים לפחות (מגילה כא ע"ב), ובסך הכל יש לקרוא עשרה פסוקים לפחות (שם) - פרט לפורים, שקוראים בו רק תשעה פסוקים, מכיוון שיש בהם כל מעשה מלחמת עמלק והמצווה למחות את זכרו (תוספות שם). ההפסקות בקריאה צריכות להתאים במידת האפשר לפרשיות פתוחות או סתומות בתורה (ראה מג"א, פתיחה לסימן רפב בשם הזוהר), ונוהגים להפסיק כאשר עניין מסתיים, אף אם אין במקום הפסק פרשה (רמ"א קלח, א בשם תה"ד). מפסיקים בדבר טוב ולא בפורענות (או"ז ח"ב, מד). ומכל מקום אין להפסיק בפחות משלושה פסוקים מהפרשה הקרובה (מגילה כא ע"ב).

223 אם הקורא טעה טעות המשנה את משמעות הפסוקים (בין שקרא מילה שונה, בין ששינה את הניקוד, ולעתים אף את ההטעמה), צריך לחזור למקום שנפלה בו הטעות ולקרוא משם (משנ"ב קמב, ד ע"פ הרמב"ם). אם נזכר שם שמים בפסוק שטעה בו, יש לסיים את הפסוק ולחזור ולקרוא מתחילתו; אך אם ישנו עוד שם בהמשך הפסוק, יעצור במקום שנודע לו שטעה, ויחזור לקרוא מתחילת הפסוק ('ציץ אליעזר' ח"יב, מ, ג).

224 אם נמצאה בספר התורה טעות, יש להפסיק את הקריאה ולהמשיכה בספר שמים ממקום שהפסיקו בו, בספר אחר, ואין צורך לחזור ולברך את הברכה הראשונה (שו"ע קמג, ד ע"פ מהר"י בירב). ויש אומרים שיקרא לכל הפחות שלושה פסוקים בספר הכשר אפילו אם לשם כך עליו לחזור על הפסוקים שקרא (ילק"י קלח, ד).

225 יש שפסקו, שאם אפשר לחלק את המשך הפרשה לשבע עליות (או למספר העולים באותו יום, כאמור בהלכה 211), עדיף לעשות כך (משנ"ב שם, טז).

226 נוהגים לברך את העולה, ולעתים מוסיפים ברכה ייחודית לחולה, ליולדת, לבר־מצווה וכד'.

227 "אמר רב יהודה אמר רב: ארבעה צריכין להודות - יורדי הים, הולכי מדברות, ומי שהיה חולה ונתרפא, ומי שהיה חבוש בבית האסורים ויצא" (ברכות נד ע"ב). ארבעה אלו הם הנזכרים במזמור קז לעניין הבאת קרבן תודה, ונחלקו הראשונים, אם כל מי שניצל מצרה חייב בתודה (ריא"ז, ברכות פ"ט ה"א; הריב"ש, שלז) או שרק

ארבעה אלו (אבודרהם; ר' שם טוב פלכו, מובא בב"י, ריט) וביאר הרי"ח שחכמים תקנו "ברכת הודאה בארבעה דברים שבהם עלול האדם יותר לתלות ענינם בטבע ומנהגו של עולם, וישכח הנהגתו יתברך המנהגת אותו בהם" (בא"ח עקב). וה'בנין אב' (ח"ב, יט) ביאר, שהברכה אינה הודאה על ההצלה מן הסכנה אלא על החסד המיוחד שיש בארבע תופעות אלו דרך קבע. מרן פסק שדווקא ארבעה אלו יברכו בשם ומלכות, ומי שניצל מסכנות אחרות יברך בלא שם ומלכות (שו"ע שם, ט). יש לברך את ברכת "הגומל" במניין (ברכות נד ע"ב), ובתוך שלושה ימים משעה שחלפה הסכנה (שו"ע שם, ו ע"פ רמב"ן). נוהגים לברך "הגומל" לאחר קריאת התורה ('ארחות חיים' כה), ואם אי־אפשר לאומרה בבית הכנסת בתוך הזמן הזה, יאסוף מניין ויברך (משנ"ב שם, כ); ומכל מקום אף אם עבר הזמן יכול לברך אפילו אחרי שלושים יום ובלבד שיהיה בפני עשרה (חזו"ע, ט"ו בשבט הל' ברכות ההודאה, יא). יולדת אף היא בכלל חולה שנתרפא וצריכה לברך בשם ומלכות, ונוהגים שאם ילדה בן זכר, מברכת הגומל בסעודת 'ברית יצחק' אף על פי שהוא לילה (חזו"ע שם, ה).

228 לאחר קריאת התורה אומרים קדיש. בזמן הגאונים היו שנהגו לומר את הקדיש מיד לאחר הקריאה, והיו שנהגו לאומרו לאחר החזרת ספר התורה להיכל (שני המנהגים מובאים בסדר רב עמרם גאון). כיום נוהגים שבשבתות ובימים טובים אומרים קדיש לפני עליית המפטיר, שאינו ממניין הקרואים - כדי להפסיק בין הקריאה שחייבים בה לקריאתו (שו"ת הר"י ן' מגאש, פט; או"ז ח"ב, מז, בשם ספר המקצועות); בקריאת התורה בשחרית של חול, בראש חודש ובחול המועד אומרים קדיש לאחר שהעולה האחרון בירך את הברכה שאחר הקריאה; ובמנחה של שבת, של יום הכיפורים ושל תעניות ציבור דוחים את הקדיש עד לאחר הכנסת ספר התורה כדי להסמיך לקדיש את תפילת העמידה ('לבוש' רצב, א).

229 את הקדיש הזה שליח הציבור אומר (טור, קמט), כלומר, הקורא בתורה (ראה שו"ע קמא, ב); ויש הנוהגים, שאם העולה האחרון אבל או שיש לו יום זיכרון - הוא אומר את הקדיש ('שערי אפרים' י, ט); ויש הנוהגים שבכל מקרה האבל אומר את הקדיש ('שרי חמד', מערכת אבלות קסג בשם 'אגודת אזוב מדברי' ע"פ גרסה בתשב"ץ ח"ג, קעא).

## סוף תפילת שחרית

230 "מנהג הראשונים היה לשהות שעה אחת לאחר תפלתם, כדתנן (משנה, ברכות ל ע"ב): 'חסידים הראשונים היו שוהין שעה אחת' וכו'. על זה הוסיפו לומר 'אשרי יושבי ביתך' כלומר השוהין בביתך, כמו (דברים א, מו): 'ותשבו בקדש'" (שבה"ל מד בשם רש"י; וראה סידור רס"ג ושו"ת מהרש"ל, סד, שמנהגם היה לומר מזמור קמה בלבד). ואחריו אומרים את סדר קדושה לפני לימוד תורה (רב נטרונאי גאון, מובא ב'שערי תשובה' צ).

231 בין "אשרי" וסדר 'קדושה דסידרא' אומרים את מזמור כ "למנצח מזמור לדוד", משום שהישועה נזכרת בו (ספר המנהגות). ואין אומרים "למנצח" בימים שאומרים בהם הלל, ובפורים, לפי שאינם ימי צרה (תוספות, מגילה ד ע"א); וכן אין אומרים "למנצח" בימים שאין אומרים בהם תחנון (שכנה"ג קלא; פר"ח שם, א), ואף לא בבית האבל (משנ"ב שם, לה).

232 כשאומרים קדושה דסידרא, הקהל אומר את הפסוקים "קדוש", "ברוך" ו"ה' ימלך לעולם ועד" ביחד, ואת התרגום שליח הציבור אומר בלחש והיחידים רשאים לאומרו בקול ('שלמי ציבור', קדושה דסידרא ג ע"פ שעה"כ); ויחיד המתפלל בביתו, אומר את פסוקי הקדושה בטעמים (שו"ע נט, ג).

233 "עלמא אמאי קא מקיים? א'קדושא דסידרא' וא'יהא שמיה רבא' דאגדתא" (סוטה מט ע"א). היו שהבינו שבקדיש 'דאגדתא' הכוונה בגמרא לקדיש שהיה נאמר לאחר הדרשה (תוספות, ברכות ג ע"א); אך ראשונים רבים הבינו, שבכלל זה גם קדיש תתקבל, הנאמר אחרי פסוקי הנחמה שבסוף קדושה דסידרא (ספר העתים קצא; ספר האשכול יט ע"ב; ספר המנהיג עה).

234 אסור לצאת מבית הכנסת קודם אמירת קדושה דסידרא (שו"ע קלב, ב ע"פ רב עמרם גאון); ולנוהגים בימי שני וחמישי להכניס את ספר התורה להיכל אחרי קדושה דסידרא אסור לצאת מבית הכנסת לפני הכנסת ספר התורה (שו"ע קמט). אין לחלוץ את התפילין עד לאחר אמירת הקדיש (שו"ע כח, ב), ולדעת האר"י אין לחולצן עד אחר אמירת "עלינו" (שעה"כ, עניין התפילין).

235 דיני אמירת הקדושה שבקדושה דסידרא למתפלל יחידי דומים לדין אמירת קדושת היוצר (הלכה 110). ויש מחלקים ואומרים שהיחיד אומר קדושת "ובא לציון" כרגיל (הר"ן, הרמב"ן ורבינו ירוחם הובאו ב'הלכה ברורה' נט, י).

236 בניגוד לחצי הקדיש שאחרי תחנון, שמטרתו להפריד בין החטיבות השונות של התפילה, הקדיש

שאחרי קדושה דסידרא מתייחס לכל התפילה ('לבוש' קלב, א), ובדין היה שייאמר מיד לאחר תפילת העמידה. אך מפאת חשיבותם של "אשרי" וקדושה דסידרא דחו את אמירתו לאחריהם ('מטה משה' רח בשם ספר המחכים וה'כלבו'). ולפיכך היה בדין שיאמר אותו שליח הציבור שהתפלל את כל התפילה; אך בבתי כנסת שבהם יש כמה אבלים, יש הנוהגים שאבל אחד מתפלל את כל התפילה עד "אשרי", והשני מתחיל מ"אשרי" עד סוף התפילה, והוא שאומר קדיש תתקבל (מובא בבה"ל קלב קונטרס מאמר קדישין), ראה הלכה 542.

237 בימי הראשונים הסתיימה תפילת שחרית בקדיש תתקבל שאחר קדושה דסידרא (סידור רס"ג; מחז"ו; רמב"ם, תפילה פ"ט ה"ו). עם זאת, "נהגו מקצת העם לקרות בכל יום אחר תחנונים אלו שיר מזמור שהיו הלויים אומרים בבית המקדש באותו יום וכו'" (סדר התפילה להרמב"ם, ונזכר כבר במסכת סופרים יח, ב), ומנהג זה פשט בכל קהילות ישראל. מנהג הספרדים לפתוח חטיבה זו במזמור פו ('כלבו' טו), ואחר כך לומר פסוקי תפילה המתחילים בתיבות "בית יעקב" (ראה סדר התפילה להרמב"ם ומחז"ו), מזמור קכד (ראה 'כלבו' כח, דין תפילת ערבית), שיר של יום (סדר התפילה להרמב"ם וראה שכנה"ג קלג), פסוקי סיום המתחילים בתיבת "הושיענו", וקדיש יהא שלמא (סידור 'זכר לצדיק' כת"י; סידור הרמ"ק; סדר היום). ממשיכים ב"אין כאלהינו" (סדר רע"ג והרמב"ם), "אמר ר' אלעזר" (אוצה"ג, שבת שכ), ומסיימים באמירת "עלינו", ראה הלכה 239. בימים שאין אומרים בהם תחנון, אין אומרים מזמור פו (סדר היום). ובר"ח, בחוה"מ, בחנוכה ובפורים יש נוהגים לדלג גם על "בית יעקב", "שיר למעלות" ו"שיר של יום", ראה הלכה 381.

238 בשחרית ובערבית קודם "עלינו" נוהגים לומר "ברכו" נוסף, למי שעדיין לא שמע "ברכו" (מובא באבודרהם ובריב"ש שלד). מרן פסק שאין אומרים "ברכו" זה בשחרית של שבת ושל יום טוב (שו"ע קלג, א), כיוון שמרבים בזמירות קודם "ברכו" שלפני יוצר וקוראים בתורה, ויש להניח שאף המאחרים שמעו (משנ"ב שם, ב). לעומת זאת בשעה"כ מובא שיש צורך באמירת "ברכו" בתרא בסוף התפילה, ומשום כך ברוב הקהילות נוהגים לומר "ברכו" זה בסוף כל תפילת שחרית וערבית בין בחול בין בשבת (ראה מחב"ר רפו, ד). מכיוון שאמירת "ברכו" זו אינה מעיקר התקנה, יש שנהגו לאומרה בנוסח זה: "רבנן ברכו את ה'" (בא"ח, כי תשא יח; וראה מחזור אר"צ ששם זו הנוסחה הקבועה).

239 "עלינו לשבח" היא תפילת פתיחה לפסוקי מלכיות במוסף של ראש השנה (סידור רס"ג). מפאת חשיבותה של תפילה זו, יש מהראשונים שכתבו לאומרה בסיום כל תפילה ('כלבו' טז ; ומסידור רש"י, תיט משמע שיש לאומרה בסוף שחרית). מנהג הספרדים היה לאומרה כל יום בסוף תפילת שחרית וערבית (סידור תר"י; סידור ויניציאה רפ"ד; 'תולעת יעקב'; והרמ"ק תמה מדוע אין אומרים אותה במנחה; וראה 'סדר היום', ערבית). והאר"י תיקן לאומרה "אחר כל תפילה מהג' תפילות" ולהוסיף אחריה "על כן נקווה" (שעה"כ, עניין עלינו לשבח; והוא כמנהג אשכנז), וכן נוהגים ברוב הקהילות.

240 משום חשיבות תפילת "עלינו", שיש בה ביטוי לאמונה של ישראל בקב"ה, מי שמוצא ציבור אומר "עלינו", עליו לומר אתם (משנ"ב סה, ט בשם 'מחצית השקל'); ואם נמצא בתפילה במקום שאינו רשאי להפסיק בו, צריך לפחות להשתחוות אתם (ראה טבלה בעמ' 1096). ויש מורים שמי שמתפלל במניין בנוסח אשכנז, שאומרים בו "עלינו" מיד אחרי קדיש תתקבל, יתפלל אתם את סדר סוף התפילה ('אשי ישראל' כו, טו בשם רש"ז אויערבך).

241 לאחר התפילה רבים נוהגים לומר את עשר הזכירות ואת י"ג עיקרי האמונה שמנה הרמב"ם ('אגרת דרך ה'' להמבי"ט). יש נוהגים לומר את פרשת היראה, דברים י, יב - יא, ט ('ראשית חכמה' בשם ר' יונה); את פרשת התשובה, דברים ל, א-י (סדר היום); ואת פרשת המן, שמות טז, ד-לו (ראה הלכה 58); ויש המוסיפים לה תפילות לפרנסה (סידור השל"ה).

## הלכות תפילת מנחה

242 תפילת מנחה נתקנה כנגד קרבן התמיד של בין הערביים, ולכן אפשר להתפלל מנחה החל מחצי שעה זמנית אחר חצות היום (ברכות כו ע"ב), והיא הנקראת 'מנחה גדולה'. מכיוון שזמנו הקבוע של התמיד היה שלוש שעות וחצי לאחר חצות (פסחים נח ע"א), פסק הרמב"ם שלכתחילה יש להתפלל מנחה בשעה זו והיא הנקראת 'מנחה קטנה' (תפילה פ"ג ה"ב; וכ"פ השו"ע רלג, א); ויש שהעדיפו להתפלל 'מנחה גדולה' מיד כשמגיע זמנה (שו"ת הרא"ש ד, ט). בדיעבד אפשר להתפלל מנחה עד צאת הכוכבים (יחו"ד ח"ה, כב על פי העתים, כה ושבה"ל, מח; וראה משנ"ב רלג, יד). ראה הלכה 103 בעניין השעות הזמניות.

243 לפני תפילת מנחה - אם יש לו מים צריך ליטול ידיים ואפילו אם ידיו נקיות (סדר רב עמרם גאון), ולא יברך על הנטילה (שו"ע רלג, ב ע"פ ר"ת והרשב"א).

יש הנוהגים להניח תפילין גם בתפילת מנחה (ראה הלכה 53).

244 נוהגים לפתוח את תפילת המנחה במזמור פד (ב"י, רלד; וכך מופיע בסידורי ליסבון וויניציאה) ולומר לאחריו את פרשת קרבן התמיד (אבודרהם בשם אגרת התשובה לר' יונה) ואת סדר פיטום הקטורת (סידור הרמ"ק). מהר"ם די לונזאנו כתב שהזמן הראוי לומר את פרשת העקדה הוא במנחה כיוון שבשעה זו יש התגברות הדינים וזכות העקדה יכולה להחלישם ('שתי ידות' קב ע"ב), והרי"ח כתב שאין לאומרה במנחה ('עוד יוסף חי', ויקהל ב; וראה 'יין הטוב' ח"א, נא-נב). ממשיכים באמירת מזמור קמה עם הפסוקים הנלווים לו כמו בפסוקי דזמרה (ראה ב"י, נא; שעה"כ, אשרי; שו"ת מהרש"ל, סד).

245 כל יום שאין אומרים בו תחנון, אין אומרים אותו גם במנחה שלפניו - פרט לערב ראש השנה וערב יום הכיפורים (משנ"ב קלא, לג), שאומרים תחנון במנחה שלפניהם.

246 אין נפילת אפיים בלילה (שו"ע קלא, ג ע"פ 'צרור החיים' והרקנאטי, במדבר טז, כא); אך האחרונים כתבו שאפשר לומר את המזמור בלא נפילת אפיים (משנ"ב שם, טז בשם א"ר), ושמ'בין השמשות' עד צאת הכוכבים אפשר לאומרו בנפילת אפיים (שם, יז בשם הט"ז); והיום יש נוהגים שלא לומר תחנון כלל אחר השקיעה אלא רק י"ג מידות (כה"ח קלא, נא). ויש הסוברים, שכיוון שהיום נוהגים שאין נופלים אפיים כלל, אין להחמיר ואפשר לומר וידוי ותחנון גם אחרי השקיעה כל זמן בין השמשות, שהוא שלוש־עשרה דקות וחצי אחר השקיעה (יחו"ד ח"ו, ז ע"פ הט"ז). וראה הלכה 196.

247 אחרי קדיש תתקבל אומרים מזמור תהלים ואחריו קדיש (אבודרהם). מנהג ספרד הקדום היה לומר את מזמורים קמא-קמב (והרמ"ק בסידורו ביאר את שייכותם לתפילת המנחה). כיום נוהגים לומר את מזמור סז המכונה 'מזמור המנורה', ויש שנתנו לכך טעם, שהדלקת המנורה הייתה העבודה האחרונה שנעשתה במקדש בכל יום ('פתח הדביר' רלד, ג). ואחריו אומרים "עלינו" ('סדר היום', וראה הלכה 239). וכיום יש הנוהגים לומר את מזמורים קמא-קמב בין מנחה לערבית.

## הלכות תפילת ערבית

248 בגמרא (ברכות כו ע"ב) מובאת מחלוקת: האם שלוש התפילות ביום הן כנגד תפילותיהם של האבות, או שנתקנו כנגד קרבנות הציבור? הראשונים הבינו, שמסקנת הגמרא היא שהתפילות הן כנגד הקרבנות (רמב"ם, תפילה פ"א ה"ה; טור, צח). על פי הבנה זו, לתפילת ערבית יש מעמד נחות משאר התפילות, שהיא כנגד הקטרת איברי הקרבן על המזבח - ואכן בגמרא (שם כז ע"ב) נאמר שתפילת ערבית היא רשות בלבד. למרות זאת, משעה שכל ישראל קיבלו על עצמם להתפלל ערבית, הרי היא חובה כשאר התפילות (רי"ף, ברכות יט ע"א), ואין לבטלה אם לא מפני מצווה עוברת, כלומר, מצווה שלא יוכל לקיימה כלל אחר כך, אם יתפלל (תוספות, ברכות כו ע"א). מפני שתפילת ערבית אינה חובה אלא משום מנהג ישראל, נהגו הנשים שלא להתפלל ערבית (פמ"ג, פתיחה להל' תפילה; אך ערוה"ש קו, ז כתב, שצריכות להשתדל להתפלל גם ערבית).

249 נחלקו תנאים מתי מסתיים זמן תפילת מנחה ומתחיל זמן ערבית: לדעת חכמים, אין להתפלל ערבית עד צאת הכוכבים; ולדעת ר' יהודה אפשר להתפלל מ'פלג המנחה', כלומר, שעה ורבע לפני השקיעה. המסקנה בגמרא היא ששתי השיטות אפשריות, אך אין לעשות 'תרתי דסתרי', כלומר להתפלל הן מנחה הן ערבית בזמן שבין פלג המנחה לצאת הכוכבים (ברכות כז ע"ב). יש שסברו שעל כל אדם לאמץ לעצמו אחת מהשיטות באופן קבוע (טור, רלג בשם ר' יונה והרא"ש); ונהגו להקל כל זמן שאינו עושה 'תרתי דסתרי' באותו היום ממש (מחב"ר רלג, ב בשם המאירי), ויש המקלים אפילו באותו היום כאשר מדובר בתפילה בציבור (שו"ת 'זכחי צדק' ח"ב, תשובה כט; ספר הלכה כג, כג).

250 קריאת שמע בערב היא מצווה מן התורה כמו בבוקר, וכל הדינים הנוהגים בקריאת שמע בבוקר נוהגים גם בערב (ראה הלכות קריאת שמע בעמ' 1002). מצוות קריאת שמע היא רק לאחר צאת הכוכבים (ברכות ב ע"א), ואפילו אם התפלל ערבית מוקדמת (כמובא בסעיף הקודם), עליו לחזור ולקרוא את שלוש הפרשיות בלא ברכותיהן (שו"ע רלה, א בשם הגאונים והרשב"א).

251 זמן קריאת שמע הוא כל הלילה; אך חכמים צמצמו את זמנה, וקבעו שצריך לקרוא אותה לפני חצות (משנה, ברכות ב ע"א). בדיעבד יכול לקרותה עד עלות השחר (שו"ע שם, ג).

252 מנהג ארץ ישראל הקדום היה לפתוח את תפילת ערבית באמירת מזמור תהלים, וכך המנהג גם בקהילות המזרח (ראה מסכת סופרים יח, ב). כמו כן נוהגים לומר מזמורים מיוחדים בערבי המועדים.

253 לפני תפילת ערבית אומרים "והוא רחום", מכיוון שבערב אין קרבן תמיד שיכפר עלינו (מחז"ו, סדר תפילת ערבית בשם ר' אליעזר הגדול). יש שנהגו לומר לפני "והוא רחום" את מזמור קלד כדי לקרוא קריאת שמע מתוך דברי תורה (ריא"ז, מובא ב'שלטי

הגיבורים' ברכות ב ע"א, ד), את פסוקי "ה' צבאות" ו"ה' הושיעה" ואת חצי הקדיש (האר"י, ומנהגו היה שלא לומר שום מזמור קודם ערבית, שעה"כ, תפילת ערבית). ב'כלבו' (דין תפילת ערבית) מובא המנהג שבעוד החזן אומר "והוא רחום", יאמר הקהל "אל רחום ה' אלהינו לא תרפנו ולא תשחיתנו ולא תשכח את ברית אבותינו אשר נשבעת להם, כמו שכתוב (דברים ד, לא) 'כי אל רחום וכו''". ופשט המנהג בכמה מקהילות המזרח לומר רק את הפסוק מדברים קודם "והוא רחום" (ראה מחזור אר"צ).

254 שינויים מרכזיים בנוסח ברכות קריאת שמע של ערבית - בברכה הראשונה גרסת הר"י ב"ר יקר והאבודרהם היא "בדברו מעריב ערבים, בחכמה פותח שערים, בתבונה משנה עתים"; ולדעת האר"י יש לומר "מעריב ערבים בחכמה, פותח שערים בתבונה" (שעה"כ, דרוש נוסח התפילה), וכך היא הגרסה הנפוצה כיום. בברכה השניה יש שגרסו "ואהבתך וחמלתך לא תסור", יש שערערו על נוסחה זו מטעם שאם כך היה צריך לגרוס "לא יסורו" בלשון רבים ('שערי תפילה' ערבית, ח; וראה 'עלי הדס' מנחה וערבית, ח). לעניין נוסח סיום ברכת "השכיבנו", כתב האבודרהם "יש מוסיפין 'מכל דבר רע ומפחד לילה', ותוספת זו מורה חסרון, כי כיון שאמר 'כי שומרנו ומצילנו אתה', כלל בו כל נזק שבעולם". אך המנהג הוא להוסיפם, ותוספת מעין זו נמצאת כבר בסידורי רס"ג והרמב"ם. יש נוהגים לחתום "שומר את עמו ישראל מכל דבר רע לעד". אמנם ה'שערי תפילה' (שם) ערער על התוספת "מכל דבר רע" בחתימת הברכה, מטעם שאין להוסיף על מטבע שטבעו חכמים; אך ה'צפיחית בדבש' (יא) כתב שהסיבה לתוספת זו בחתימה נובעת מהתוספת "מכל דבר רע ומפחד לילה" שנמצאת סמוך לחתימה, וכך מתקיים הכלל של מעין חתימה סמוך לחתימה.

255 אחר חתימת התלמוד תיקנו חכמים לומר ברכה נוספת "המולך בכבודו" בסוף ברכות קריאת שמע של ערבית לחול, ובה שמונה־עשר פסוקים (בדומה לשרשרת הפסוקים "יהי כבוד" שבפסוקי דזמרה, ראה הלכה 87) ותחינה אחריהם (רב נטרונאי גאון, ט; סדר רע"ג; העתים, קלז). ותקנוה חכמים כדי לאפשר למאחרים להשלים קריאת שמע ולהתפלל במניין (טור, רלו), או כדי להודיע שערבית רשות, ואין חיוב לסמוך בה גאולה לתפילה (ספר המנהיג, דיני תפילה א); ויש מהראשונים שנהגו, שלא לחתום בברכת "השכיבנו" בשם ומלכות (רמב"ם), משום שבמשנה נאמר שמברכים שתי ברכות אחר קריאת שמע ולא שלוש. ויש שנהגו שלא לומר ברכת "המולך" כלל, כדי שלא להפסיק בין גאולה לתפילה (רשב"ם ורמב"ן, מובאים בב"י שם; הרשב"א ח"א, יד; רשב"ש, רנה). והחיד"א ורח"א סורנאגה העידו שכן נוהגים בארץ ישראל (שו"ת החיד"א, ו). ויש מיוצאי צפון אפריקה שנוהגים גם בארץ ישראל לומר ברכה זו מ"יראו עינינו וישמח לבנו" ('עטרת שלמה', י; 'אוצר המכתבים' ח"ג, אלף תשפג), וכן דעת הר"ש משאש ('שמ"ש ומגן' ח"ד, טו; וראה שם, עז).

256 העונייה בתוך הפרקים של קריאת שמע וביניהם היא כבתפילת שחרית (מג"א רלו, א); אך גם בין "גאל ישראל" ל"השכיבנו", ולאחר ברכת "שומר עמו ישראל לעד" דינה כבין הפרקים ('חסד לאלפים' סה, ד). וכתב הבא"ח (פקודי ה), שלא יענה אמן אחר ברכת "שומר עמו ישראל לעד" שאומר החזן, אף שעונה אחר ברכת עצמו (שו"ע רלו, ד בשם הרמב"ם).

257 יש מהראשונים שכתבו, שבראש חודש בין קדיש לעמידה מכריזים "יעלה ויבוא" (שו"ת הרשב"א ח"א, רצג וראה ב"י, קיד); בחנוכה ופורים, "על הנסים"; ובליל יו"ט שחל להיות במוצ"ש, "ותודיענו" (ספר המנהיג; סידור תר"י), וכן המנהג ברבות מקהילות המערב; לעומת זאת הבא"ח כתב, שיש להסתפק במנהג להכריז "יעלה ויבוא" בראש חודש, או "טל מטר" בז' במרחשוון בין קדיש לעמידה של ערבית (פקודי, ה אך אין למחות ביד הנוהגים לעשות כן); ובירושלים נהגו שלא להכריז (ראה הע' 4 בטבלה), ויש שמכריזים רק לפני ראש חודש (קישו"ע טולידאנו רכט, ב).

258 מי שהגיע לבית הכנסת ומצא את הציבור סמוך לתפילת העמידה, יעמוד ויתפלל עמם ואחר כך יאמר קריאת שמע בברכותיה (שו"ע רלו, ג).

259 מנהג הספרדים וקהילות המזרח לומר אחרי קדיש תתקבל את מזמור קכא (והרמ"ק כתב, שמזמור זה מסוגל לשמירה), ואומרים אחריו קדיש יהא שלמא, "ברכו" (ראה הלכה 238). ו"עלינו" ('כלבו' יו; שעה"כ, עניין עלינו לשבח).

## הלכות ספירת העומר

260 "וספרתם לכם ממחרת השבת, מיום הביאכם את עמר התנופה, שבע שבתות תמימת תהיינה" (ויקרא כג, טו). חכמים למדו שהכוונה למחרת חג הפסח (מנחות סה ע"ב - סו ע"א), ולכן סופרים את העומר ממוצאי יו"ט ראשון של פסח ועד ערב שבועות. סופרים את העומר מעומד (רמב"ם, תמידין ומוספין פ"ז הכ"ג). האומרים 'לשם יחוד', ומוסיפים את הפסוק 'וספרתם לכם' לא יעשו כן בלילה האחרון, מכיון שבאמירת פסוק זה שכתוב בו 'שבע שבתות תמימת תהיינה' יש חשש שיצאו ידי חובת הספירה (כה"ח תפט, ז) אך גם אם טעה ואמר את הפסוק, יספור בברכה (יחו"ד ח"ו, ט).

261 ספירת העומר נתקנה בהקבלה לקצירתו בזמן המקדש, שזמנה היה מיד בתחילת הלילה (משנה, מנחות סה ע"א), אך בדיעבד זמנה כל הלילה (משנה, מגילה כ ע"ב). משום כך, יש לספור את העומר בתחילת הלילה (טור, תפט) אחרי תפילת ערבית (שו"ע, שם א). רבים נוהגים לספור אחרי "עלינו", יש הסופרים אחרי קדיש תתקבל (שני המנהגים מובאים ב'נהר מצרים', דיני העומר כה) ובהרבה מקהילות המערב סופרים אחרי "ברכו"; ומי שמתפלל במניין לפני צאת הכוכבים, לא יספור אתם, אלא בלילה (שו"ע שם, ג ע"פ מחז"ו). ואם יש חשש שישכחו לספור אחר כך, יכולים לספור בברכה, אם כבר שקעה החמה (יחו"ד ח"א, כג).

262 המצווה לספור את העומר כפולה - לספור את הימים ולספור את השבועות (שם סו ע"א). משום כך לאחר הברכה מונים את מספר הימים, ואחר כך את מספר השבועות והימים הנותרים. נחלקו הראשונים בנוסח הספירה: מסידור רש"י (תלז), הראבי"ה (ח"ב, תקכו) והרא"ש (שו"ת כד, יג) משמע שדי במניין: "היום שמונה ימים שהם שבוע אחד ויום אחד"; במנהגי מהר"י טירנא (סדר חג הפסח, ד"ה בליל שני) כתוב, שמוטב לסיים את הספירה במילה "בעומר", וכן פסק הרמ"א (תפט, א); והרשב"א (שו"ת ח"א, תנז) והר"ן (פסחים כח ע"א) גורסים "לעומר", וכן כתוב בשעה"כ בשם האר"י ובסידור השל"ה, וכן הוא מנהג הספרדים.

263 מי ששכח לספור את העומר במהלך הלילה, יכול לספור למחרת במשך היום עד שקיעת החמה (בה"ג, הל' עצרת); אך יספור בלא ברכה, כיוון שמצוות העומר היא בלילה (רא"ש, פסחים פ"י, מא).

264 מי ששכח לספור את העומר במהלך כל היום - לדעת בה"ג (הל' מנחות), הפסיד את המצווה וצריך להמשיך לספור בלא ברכה; ולדעת ר"י (מובא בתוספות, מנחות סו ע"א, וברא"ש, שם) יכול להמשיך לברך, כיוון שכל יום ויום הוא מצווה בפני עצמה. להלכה פסק מרן שאין ממשיכים לברך; אם מסופק אם ספר, יכול להסתמך על דעת הר"י ולהמשיך ולספור בברכה (שו"ע תפט, ח ע"פ תה"ד, לז).

265 גם מי שרק הזכיר את המספר, יצא ידי חובת הספירה באותו הלילה (רמב"ם, תמידין ומוספין פ"ז הכ"ה). ולכן נוהגים להקפיד שלא להזכיר את מספר הימים משעת השקיעה ועד שסופרים, מחשש להפסיד את הברכה (שו"ע תפט, ד ע"פ האבודרהם). ומכל מקום אם שאלוהו כמה היום לעומר וענה כך וכך ימים ולא הזכיר את המילה "לעומר", יכול לספור בברכה ('שלמי חגיגה', ספירת העומר כב). שליח הציבור מברך וסופר, וכל יחיד מברך וסופר אחריו (ראה שו"ע שם, א ע"פ מנחות סו ע"א), מכיוון שמתכוונים שלא לצאת ידי חובתם בספירתו (שו"ת הרשב"א ח"א, תנח).

266 בימי ספירת העומר ישנם מנהגים ייחודיים; ראה הלכה 800-804.

## קריאת שמע על המיטה

267 "אמר רבי יהושע בן לוי: אף על פי שקרא אדם קריאת שמע בבית הכנסת, מצוה לקרותו על מטתו" (ברכות ד ע"ב). נחלקו הראשונים איזו מהשתיים עדיפה: לדעת רש"י (ברכות ב ע"א), עיקר המצווה היא קריאת שמע שעל המיטה; אך רוב הראשונים סברו כדעת התוספות (שם), שקיום המצווה הוא בקריאת שמע בבית הכנסת. עוד נחלקו אילו פרשיות צריך לקרוא: גרסת ר"ח בגמרא (מובאת בטור, רלט) היא שצריך לקרוא את שתי הפרשות הראשונות; ויש שכתבו לומר את כל שלוש הפרשות (שעה"כ, עניין שכיבת הלילה; משנ"ב שם, א בשם מהרש"ל); ומרן פסק (שם, א) כדעת התוספות והרמב"ם (תפילה פ"ז ה"ב), שצריך לקרוא רק פרשה ראשונה.

268 נחלקו הפוסקים בעניין ברכת המפיל, יש שכתבו לאומרה אחרי שמע כמובא בבבלי (רס"ג, טוש"ע, הרמ"ק והשל"ה), ויש שכתבו לאומרה קודם שמע כמובא בירושלמי (רע"ג, רמב"ם, אבודרהם בשם רב האיי גאון, ר"מ אלמושנינו, האר"י, הרש"ש והגר"א). ב'סדר היום' כתב, שיש לברך ברכת המפיל דווקא כשמרגיש שעומד להירדם, והמשנ"ב פסק למעשה, שמי שנרדם מהר יקדים לברך המפיל ואם לא - יברך ברכת המפיל בסוף (רלט, ב), ויש אומרים שאין לחוש לכך (ילק"י רלט, ג בשם היחו"ד ח"ד, כא).

269 כמו כן נסתפקו כמה מן הפוסקים, אם יש לברך ברכה זו בשם ומלכות, כיוון שייתכן שהאדם לא יירדם, או על כל פנים יירדם לאחר זמן ('פתח הדביר' רלט, ג), והבא"ח כתב שמנהגו להרהר ברכה זו בלבו, וכל אחד יעשה בזה כמנהגו (וראה חזו"ע, ט"ו בשבט, ברכת המפיל, שכתב שחובה לברך בשם ומלכות, אך להשתדל שלא לשוחח אחר כך, ואם הולך לישון אחר חצות, מהרהר שם ומלכות בלבו).

270 קורא קריאת שמע כשהוא יושב או מוטה על צידו לגמרי, ולא יקראנה כשהוא שוכב על גבו או על בטנו (רמב"ם, קריאת שמע פ"ב ה"ב; שו"ע סג, א-ב). לאחר שסיים קריאת שמע, אין לאכול, לשתות או לדבר, אלא יחזור ויקרא עד שיירדם (רמ"א שם, א בשם ההגה"מ).

## תיקון חצות

271 "ה' ממרום ישאג וממעון קדשו יתן קולו, שאוג ישאג על נוהו" (ירמיה כה, ל). הגמרא בברכות (ג ע"א) מספרת, שבזמן שמשמרות הלילה משתנות, הקב"ה כביכול מתאונן על חורבן הבית וגלות ישראל בין האומות (׳לבוש׳ א, ב). והאר"י סידר את תיקון חצות שבו מקוננים על החורבן ומתפללים על הגאולה.

272 זמן תיקון חצות הוא משתים־עשרה שעות אחר חצות היום (בא"ח, וישלח ד בשם רש"ש) ועד עמוד השחר (שם, ח כדעת רמ"ז; ולא כדעת ה׳לב חיים׳, שהתיר עד זמן ציצית ותפילין). לתיקון שני חלקים: ׳תיקון רחל׳, הנאמר רק בימים שאומרים בהם תחנון, ו׳תיקון לאה׳, הנאמר בכל הימים פרט לשבתות, ימים טובים, ימים נוראים וחול המועד פסח, שבהם אין אומרים תיקון חצות (׳אמת ליעקב׳ ניניו, וכ"פ הבא"ח, וישלח ז; ולא כרמ"ז, מובא ב׳כף החיים׳ פאלאג׳י, שסבר שאומרים אף בליל ראש השנה). וכן אין אומרים ׳תיקון רחל׳ בעשי"ת, בימי ספירת העומר (כה"ח א, יא) ובשנת השמיטה בארץ ישראל (שם, יב). בתשעה באב אומרים רק ׳תיקון רחל׳ (ברכ"י תקנב, יא בשם הרמ"ז).

273 נוהגים לומר וידוי קודם ׳תיקון רחל׳ (׳קשר גודל׳ א). בשעת אמירת התיקון נוהגים כאבלים; יושבים על הארץ סמוך לפתח (על גבי שטיח וכד׳). עוטפים את הראש ואין נועלים נעליים, וכן נותנים אפר מקלה במקום הנחת התפילין (בא"ח, וישלח יא על פי האר"י).

274 האחרונים הפליגו במעלת אמירת תיקון חצות. החיד"א אף כתב, שאם יש זמן בימי הסליחות לומר רק אחד מהם - אמירת תיקון חצות עדיפה ש"הוא עיקר גדול, וגדול יותר מהסליחות" (ברכ"י תקפא, ג בשם הרמ"ז). וה׳אור לציון׳ כתב שאמירתה עדיפה על פני תפילה כוותיקין (ח"א, יב). עם זאת, כתב הכנה"ג (תריט): "אם יכולין להשכים באשמורת הבוקר ולכוין בתפלתם מתחילה ועד סוף - טוב לאחוז מזה ומזה, אבל אם בסבת ההשכמה באים לישן בשעת התפלה - טוב שיכוין בתפלתו משישכים בבוקר".

# סדר שבת

## הלכות הדלקת נרות

275 "שלשה דברים צריך אדם לומר בתוך ביתו ערב שבת עם חשכה: עשרתם? ערבתם? הדליקו את הנר! ספק חשכה ספק אין חשכה, אין מעשרין את הודאי ואין מטבילין את הכלים ואין מדליקין את הנרות; אבל מעשרין את הדמאי ומערבין וטומנין את החמין" (משנה, שבת לד ע"א). המשנה מחלקת בין מלאכות האסורות מדאורייתא ומלאכות האסורות מדרבנן, ומתירה מלאכות האסורות מדרבנן בשעה ש"ספק חשיכה ספק אינה חשיכה". שעה זו מכונה ׳בין השמשות׳, ובגמרא (שם ע"ב) מובאת מחלוקת מהו משך זמן זה, ולמסקנה נקבע שיעור שהוא זמן הילוך שלושת רבעי המיל.

276 נחלקו ראשונים, אם מדובר ברקות האחרונות קודם השקיעה (ראב"ן, ׳יראים׳), או בזמן שבין השקיעה וצאת הכוכבים (רמב"ם, שבת פ"ה ה"ד). ולהלכה נפסק כשיטה השנייה, ולכן מותרת מלאכה עד סמוך לשקיעה (שו"ע רסא, ב; והבה"ח שם כתב שראוי להחמיר כדעת ה׳יראים׳).

277 "מערב עד ערב תשבתו שבתכם" (ויקרא כג, לב). מכאן למדו בגמרא (ראש השנה ט ע"א; יומא פא ע"ב) שיש מצווה להוסיף מן החול על הקודש. בידי הראשונים היו גרסאות שונות בגמרא, ונראה שלדעת הרמב"ם דין זה אינו נוהג אלא ביום הכיפורים (׳מגיד משנה׳, שביתת עשור פ"א ה"ו); אך לדעת רוב הראשונים, מצווה מן התורה להוסיף על שבת פרק זמן נוסף שאסור במלאכה. שיעור זמן זה הוא כלשהו (שו"ע רסא, ב ע"פ הרא"ש, ברכות פ"ד, ו), אך נהגו לקבוע את זמן הדלקת הנרות שמונה־עשרה דקות לפני השקיעה (׳חיי אדם׳ ה, א), ובזה גם יוצאים ידי שיטת ה׳יראים׳. ויש מקומות שהוסיפו על שיעור זה - בחיפה נוהגים להדליק נרות שלושים דקות לפני השקיעה ובירושלים ארבעים (׳ספר ארץ ישראל׳ לרי"מ טוקצ׳ינסקי). ולדעת היבי"א די בעשרים דקות, ובמקום צורך אפשר להסתפק בעשר דקות, ואפילו בירושלים (ח"ה, כא, ב); בדיעבד, מותר להדליק עד שתי דקות לפני השקיעה (אג"מ, או"ח ח"א, צו).

278 "׳ותזנח משלום נפשי׳ (איכה ג, יז) - אמר ר׳ אבהו: זו הדלקת הנר בשבת" (שבת כה ע"ב). פירש רש"י: "ובמקום שאין נר אין שלום, שהולך ונכשל". בגמרא (שם כג ע"ב) הפליגו בחשיבות הדלקת הנר בשבת וקבעו, שמי שאין לו די כסף לצורכי היום, יוותר על יין לקידוש ולא יוותר על הדלקת הנר.

279 נוהגים להדליק שני נרות וניתנו לכך כמה טעמים: נר אחד לכבוד השבת ונר שני לאורה, נר אחד כנגד ׳זכור׳ ונר שני כנגד ׳שמור׳ (שני הטעמים בראבי"ה

שבת, קצט), או משום שכל ענייני השבת כפולים ('כלבו' כד ע"פ מדרש תהלים צב, א). יש הנוהגים להדליק בשבת שבעה נרות, ביום טוב חמישה וביום הכיפורים שישה, כמספר העולים לתורה ('פתח הדביר' רסג, א), ויש הנוהגים להדליק כמספר בני הבית (ליקוטי מהרי"ח); ויש אומרים שיפריד בין שני הנרות ליתר הנרות ('פתח הדביר', שם בשם ה'מאמר מרדכי'). יש נוהגים, שמי ששכחה להדליק נרות שבת, מדליקה שלושה נרות מכאן ואילך (רמ"א רסג, א בשם מהרי"ל).

280 הדלקת נרות היא אחת המצוות המסורות לנשים (משנה, שבת לא ע"ב). אם אין האישה יכולה להדליק, הבעל צריך להדליק במקומה (משנ"ב רסג, יא). מי ששובת מחוץ לביתו צריך להדליק, ואפילו אם הוא נשוי. ואם שובת אצל מארחיו, ידליק נרות בחדר שיישן בו (ספר התשבץ, ו; מובא בבה"ל שם). מי ששובת בפנימייה או בבית מלון, ומסיבות בטיחותיות אינו יכול להדליק בחדרו, יכול לצאת ידי חובתו בהדלקה המרכזית בחדר האוכל (א"ר שם, ט), וצריך לדאוג שיהיה אור חשמל בחדרו, ולדעת פוסקים רבים יוצאים בזה ידי חובת הדלקה ('הר צבי' ח"ב, קיד; יבי"א ח"ב, יז).

281 צריך להדליק נרות כך שיהיה אור בכל הבית, ומברכים על הנרות שליד השולחן (משנ"ב רסג, יא). הסועדים סעודת ליל שבת מחוץ לביתם צריכים להקפיד להדליק נרות גדולים שיאירו גם בזמן שהם חוזרים לביתם (שו"ע שם, ט ע"פ ה'אגודה'), או להשתמש לאור הנרות קודם שיצאו מביתם (שו"ת מהרי"ל, נג). ואם יוצאים קודם לפלג המנחה, לא יברכו על הדלקת הנר (ילק"י רסג, כ).

282 לדעת בה"ג (הל' חנוכה), האישה מקבלת על עצמה שבת כאשר היא מדליקה את הנרות, ואחר כך אסור לה לעשות כל מלאכה; והתוספות (מובאים בטור) והרמב"ן (שבת כג ע"ב) חלקו עליו, ופסקו שקבלת שבת תלויה בתפילות הציבור (שתי הדעות מובאות בשו"ע שם, י). מהר"ם (ספר התשבץ, ח) כתב, שמי שרוצה להתנות בשעת הדלקת הנרות שעדיין אינה מקבלת שבת, רשאית לעשות כן; וכן פסק הרמ"א והוסיף, שרק מי שמדליקה נרות מקבלת שבת, אך שאר בני הבית לא (ומקורו בשבה"ל נט).

283 נחלקו הראשונים ('מרדכי' שבת, רצג), אם מברכים על הדלקת הנרות לפני ההדלקה או אחריה. ופשט המנהג בארצות אשכנז שהאישה המדליקה נרות מכסה את פניה ומברכת קודם שתיהנה מהאור (כדעת מהר"י וייל, מובא ברמ"א רסג, ה), וכתב הבא"ח (ש"ש, נח ח) שכך נכון על פי הסוד, וכן כתב כה"ח (רסג, לד); והיבי"א (ח"ב, טז) האריך להוכיח שדעת מרן ורוב הפוסקים היא שיש להקפיד לברך קודם ההדלקה.

## תפילות ערב שבת

284 בתפילת מנחה של ערב שבת אין אומרים תחנון (שו"ע רסז, א).

285 "'ויכל א-להים ביום השביעי' מה העולם חסר? מנוחה. באת שבת באת מנוחה. באת שבת, אמר הקב"ה בואו ואמרו שירה, פנים חדשות באו לכאן" (ספר המנהיג, הלכות אירוסין ונישואין, בשם בראשית רבה). בתקופת הראשונים היו מקומות שבהם נהגו לומר את מזמור צב "מזמור שיר ליום השבת" קודם ערבית בתורת קבלת שבת (סידור רשב"ן; שו"ת 'פאר הדור' קטז), וכך היה גם מנהג ארץ ישראל הקדום. במחזור ארם צובה (ויניציאה רפ"ז) הקדימו למזמור זה פסוקי תנ"ך המדברים על שמירת השבת, ומנהג הרומניוטים (מחזור רומניא, ויניציאה רפ"ג) היה לומר פסוקי גאולה והלל. כמו כן נהגו בני ספרד והרומניוטים לומר לפני ערבית את הפרק "במה מדליקין"; ומנהג המוסתערבים והאשכנזים היה לומר פרק זה בסוף התפילה, ומרן הכריע כמנהג הראשון (ב"י, ער).

286 מקובלי צפת ציינו את כניסת השבת ביתר חגיגיות. הרמ"ק נהג להוסיף את מזמור כט, לומר "במה מדליקין" ומזמורים צב וצג; תלמידי האר"י נהגו לצאת אל השדה ולהקביל את פני השבת הנכנסת באמירת מזמור כט, ובאמירת: "בואי כלה, בואי כלה, בואי כלה שבת מלכתא" ו"מזמור שיר ליום השבת" (שעה"כ, עניין קבלת שבת בשדה). כיום נוהגים ברוב המקומות לומר שבעה מזמורי תהלים לקבלת שבת, שישה כנגד ימות השבוע ו"מזמור לדוד" שנזכרת בו שבע פעמים המילה "קול" כנגד שבעת ימי בראשית (סידור 'בית מנוחה'), את המשנה "במה מדליקין" ואת הפיוט "לכה דודי" שחיברו ר' שלמה הלוי ן' אלקבץ. לפני תפילת ערבית אומרים את מזמור צב "מזמור שיר ליום השבת" ואת מזמור צג.

287 ישנם חילופי מנהגים באשר למזמורים שאומרים בקבלת שבת, וכן באשר לסדר אמירת הפיוטים ו"במה מדליקין". יש אומרים את ששת המזמורים צה-ק כנגד ימי השבוע; יש המתחילים במזמור צט; ויש שאינם אומרים מזמורים אלו כלל אלא מתחילים במזמור כט שהוא כנגד השבת וממשיכים "במה מדליקין", "לכה דודי", "אמר ר' אלעזר", קדיש דרבנן ומזמורים צב-צג (ראה 'ברית עולם', קנד; 'כתר שם טוב', קבלת שבת א, והוא מנהג הפורטוגזים).

לעומתם יש המקדימים "אמר ר' אלעזר" וקדיש דרבנן לאמירת "לכה דודי" (שם, והוא מנהג קהילות המזרח), ויש האומרים "במה מדליקין" אחרי "לכה דודי". כמו כן יש האומרים "אנא בכח" לפני "לכה דודי" (פע"ח, שער השבת פ"ו) ו"כל ישראל יש להם חלק לעוה"ב וכו'" לפני "במה מדליקין" ('כתר שם טוב', שם) וראה 'מים חיים' (ב, כ), שדן בשיטות השונות ובטעמיהן, והעלה שהדרך המובחרת לצאת ידי חובת כל הדעות היא לומר את רצף המזמורים, "במה מדליקין", "מזמור לדוד", "לכה דודי" ומזמורים צב–צג.

288 באמירת "מזמור שיר ליום השבת" הציבור מקבל עליו שבת (שו"ע רסא, ד), ויש האומרים שמקבלים שבת כבר באמירת "בואי בשלום" (שו"ת קול גדול, לט).

289 ערבית לשבת - אין אומרים "והוא רחום" (זוהר, תרומה קלה; ומנהג ספרד הקדמון היה לומר פסוקים אלו, ראה ספר המנהיג, פג; שו"ת הרשב"א, תע; אבודרהם). ברכות קריאת שמע זהות לברכות של חול פרט לחתימת ברכת "השכיבנו" (סדר רב עמרם גאון; שו"ת הרמב"ם, נה; ספר המנהיג, שבת ג, ובניגוד למנהג ארץ ישראל הקדום וסידורי רס"ג ורשב"ן שלפיהם אומרים ברכות מפיוטות, וכך נוהגים בני רומי עד היום). מי שטעה וסיים "שומר את עמו ישראל לעד" כביום חול ונזכר תוך כדי דיבור, חוזר ואומר מ"הפורס סוכת שלום"; ואם לא נזכר מיד, אינו חוזר (משנ"ב רסז, ט ע"פ ה'כלבו').

290 "ונוהגין לומר פסוק 'ושמרו בני ישראל' בין גאולה לתפילה לומר שאם ישראל ישמרו את השבת כראוי מיד נגאלין" (אבודרהם ע"פ הטור). והאחרונים כתבו, שאין חובה לסמוך גאולה לתפילה בשבת וביום טוב, שאינם ימי צרה, ולכן אפשר לומר "ושמרו" (פמ"ג, מ"ז שם, א).

291 בתפילת העמידה לשבתות ולימים טובים שבע ברכות: שלוש הברכות הראשונות ושלוש האחרונות זהות לשלוש הראשונות ושלוש האחרונות של תפילת חול, וברכה אמצעית - ברכת קדושת היום. מכתובי יד עתיקים שנמצאו בגניזה הקהירית, נראה שלברכה זו היה נוסח אחיד לכל תפילות השבת (וייתכן שלמוסף היה נוסח שונה) בדומה למועדים. בתקופה מאוחרת יותר נתייחדו לברכה זו נוסחאות שונות לכל תפילה ותפילה (וראה הטעמים שנתנו לכך האבודרהם, סדר ערבית של שבת, ומהר"ל, 'דרך חיים' ביאור משנת 'כל ישראל'). יש מהגאונים ומהראשונים שנהגו לומר ברכה זו בליל שבת בנוסח "ומאהבתך" הנזכר בתוספתא, ברכות פ"ג ה"ז (סידורי הגאונים; ספר העתים, קלח וראה 'תוספתא כפשוטה', שם), ויש שצידדו באמירתה בנוסח "אתה קדשת" שלפיו אומרים גם פרשת "ויכולו" (ספר המנהיג; 'ארחות חיים' בשם ספר התרומה). וכך הוא הנוסח בסידורי הרמב"ם, ר"י ב"ר יקר ותלמידי ר' יונה, ונוסח זה פשט בכל קהילות ישראל, למעט בני רומי הנוהגים לומר "ומאהבתך" (ראה 'קמחא דאבישונא', סדר ליל שבת).

292 מי שטעה, ובמקום "אתה קדשת" התחיל את הברכות לימי חול, ונזכר באמצע - ממשיך עד סוף הברכה שמחזיק בה, ואחר כך מתחיל "אתה קדשת" (שו"ע רסח, ב ע"פ ברכות כא ע"א). מי שטעה, והתחיל ברכה אמצעית אחרת מברכות השבת, אינו חוזר (שם, ח ע"פ שבה"ל). וכה"ח כתב, שעל כל פנים יכוון עם שליח הציבור בחזרת התפילה כדי לצאת ידי חובה לסברת החולקים (שם, כט ע"פ 'שלמי חגיגה' ו'בית מנוחה'); ואם התחיל ברכה רביעית של תפילת מוסף צריך לחזור (הכרעת המג"א שם, ט; מחב"ר שם, ב), ובכה"ח (שם, ל) כתב, שלא יחזור אלא יכוון לצאת בחזרת הש"ץ.

293 "אמר רב המנונא: כל המתפלל בערב שבת ואומר 'ויכולו', מעלה עליו הכתוב כאילו נעשה שותף להקדוש ברוך הוא במעשה בראשית" (שבת קיט ע"ב). לאחר תפילת לחש הקהל כולו אומר "ויכולו" - שאותו תיקנו לומר בליל יום טוב החל בשבת, מכיוון שאין אומרים אותו בתפילה; ואחר כך תיקנו לומר אותו בכל שבת (תוספות, פסחים קו ע"א). נוהגים שמי שלא אמר "ויכולו" עם הקהל, אומר לאחר התפילה. יש המקפידים לומר דווקא בעמידה ובשניים כדי ליצור מעין עדות (משנ"ב רסח, יט ע"פ ספר המנהיג), ויכול לאומרו יחידי כאילו קורא בתורה (ט"ז, שם ה).

294 אחרי "ויכולו" שליח הציבור אומר ברכה מעין שבע (רש"י, שבת כד ע"ב; רמב"ם, תפילה פ"ט ה"י). יש שפירשו, שברכה זו נתקנה להוציא את מי שאינו יודע לברך את הברכה האמצעית המיוחדת לעמידה של שבת (רב משה גאון, מובא בספר העתים קלט), ויש שפירשו שנתקנה כדי לעכב את הקהל, שימתין למי שמאריך בתפילתו (רמב"ם, שם הי"א) - ולכן אין היחיד אומרה (טור, רסח בשם ראבי"ה). אין אומרים ברכה מעין שבע בבית חתנים ובבית אבלים (שו"ע שם, י) וכן במניין שאינו קבוע (ט"ז שם, ח), או במקום שאין בו ספר תורה (משנ"ב שם, כד בשם הא"ר). ובבית המדרש אף על פי שאין שם מניין קבוע ('שלמי חגיגה', תפילת ליל שבת כו–כז בשם הרדב"ז), או במניינים הנערכים בחדרים הסמוכים לבית הכנסת אף על פי שאין שם ספר תורה, ובירושלים גם שלא בבית הכנסת וללא ספר תורה (שם, בשם 'פרי האדמה'), נוהגים לומר ברכה זו. וב'כף החיים'

כתב שיש לאומרה בכל מקום שיש בו מניין (שם, נ ע״פ האר״י) וראה הלכה 534. לעניין אמירת ברכה מעין שבע בליל פסח שחל בשבת, ראה הלכה 774.

## הלכות קידוש וסעודת ליל שבת

295 ״זכור את יום השבת לקדשו״ (שמות כ, ח). דרשו חכמים ״זוכרהו על היין״ (פסחים קו ע״א), אך אפשר לקדש על הלחם אם אין לו יין או שאינו רוצה לשתות (שו״ע ערב, ט ע״פ פסחים קו ע״ב). אין לאכול או לשתות מכניסת שבת עד שיקדש (שו״ע רעא, ד בשם מהר״ם ורשב״א). מי שצריך לשתות מסיבות רפואיות או לבלוע תרופות עם מים, רשאי לעשות זאת לפני הקידוש (שש״כ נב, ג).

296 אף שהקידוש הוא מצוות עשה שהזמן גרמה, נשים חייבות בקידוש כמו האנשים, כפי שחייבות בכל מצוות השבת (ברכות כ ע״ב). ואישה יכולה להוציא גברים ידי חובת קידוש (שו״ע רעא, ב ע״פ ה׳כלבו׳).

297 נוהגים לעמוד בשעת הקידוש (שו״ע שם, י; ראה רמב״ם, סוכה פ״ו, הי״ג). את הקידוש פותחים באמירת ״ויכולו״ כדי להוציא את בני הבית שלא היו בבית הכנסת, ידי חובה (רא״ש, פסחים פ״י, טו). ומקדימים ״יום השישי״ כדי לרמוז לשם ה׳ (׳היכל הקודש׳; רמ״א שם, י בשם מהרי״ל). בנוסח הברכה בסידורי הגאונים והראשונים מופיעות המילים ״כי בנו בחרת ואותנו קדשת מכל העמים״, אולם בהקדמת הזוהר (ה ע״ב) נאמר שבקידוש יש שלושים וחמש תיבות כמו ב״ויכולו״, ומשום כך השמיטו המקובלים תיבות אלו (סידור הרמ״ק; שעה״כ, סדר ליל שבת), וכן פשט המנהג ברוב קהילות הספרדים.

298 ״לקטו לחם משנה״ (שמות טז, כב). מכאן למדו חכמים (ברכות לט ע״ב; שבת קיז ע״ב), שבכל סעודת שבת יש לקחת שתי כיכרות לחם ולבצוע אחת מהן (שו״ע רעד, א ע״פ רש״י), ובערב בוצעים את הכיכר התחתונה (שם, ע״פ ה׳כלבו׳ והקבלה); ויש שנהגו לבצוע את שתיהן (רשב״א בשם רב האיי גאון); ומנהג האר״י היה לבצוע על י״ב כיכרות קטנות בכל סעודה (שעה״כ).

299 נוהגים לכסות את הלחם בשעת הקידוש, מכיוון שמקדימים את הברכה על היין לברכה עליו (טור, רעא בשם הירושלמי). לאחר הקידוש נוטלים ידיים (שו״ע רעא, יב; ויש הנוהגים כשיטת הרמ״א שם, ונוטלים ידיים לפני הקידוש), לוקחים את שתי הכיכרות ובוצעים מהתחתונה (שו״ע רעד, א ע״פ ה׳כלבו׳ והקבלה); ובכה״ח (שם, ב) כתב שעל פי האר״י יש לבצוע מהעליונה; אך בשעה״כ (עניין השולחן) מובא, שיש לאחוז את שתי הכיכרות בשתי ידיו ולהצמידן כך שייראו ככיכר אחת בת שתי פנים, ולבצוע את הימנית, וכן כתב הבא״ח (ש״ש, וירא טו); וב׳כף החיים׳ פאלאג׳י (לו, נ) מובא שיש לבצוע את שתיהן, כדעת הרשב״א בשבת קיז ע״ב (ומרן בפסקו נסמך על פירוש רש״י שם), וכן דעת השל״ה והגר״א (ביאור הגר״א שם, א). לפני שאוכלים מהלחם, נוהגים לטבול אותו במלח שלוש פעמים (פע״ח, שער השבת פי״ח).

300 בזמן הסעודה נוהגים לשיר זמירות ואומרים דברי תורה. ויש הנוהגים ללמוד משניות ממסכת שבת (ראה ספר העתים, קצא; שעה״כ, עניין השולחן).

301 לאחר הסעודה מוסיפים ״רצה והחליצנו״ בברכת המזון (טור, קפח ע״פ ויקרא רבה לד, טו). אם שכח ״רצה והחליצנו״ – ראה הלכה 463.

## תפילות יום שבת

302 לפני התפילה אומרים את תפילות השחר ואת סדר הקרבנות כרגיל (ואין מניחים תפילין בשבת וביום טוב). יש נוהגים להשמיט את ענייני בקשת הסליחה מתוך התחינות שלפני פרשת התמיד (שע״ת רסז, ג).

303 לדעת מרן (שו״ע מח, א ע״פ ה׳כלבו׳; וראה ראב״ן קכ), אחר סדר הקרבנות מוסיפים את פסוקי קרבן המוסף לשבת, מכיוון שאין קוראים את פסוקי המוסף למפטיר (ראה שו״ע רפג, א). ויש מהראשונים שכתבו שלא להוסיפם כיוון ששחרית היא כנגד קרבן התמיד ואין מקריבים מוסף קודם לתמיד (אבודרהם בשם רס״ג, ספר המנהיג וספר המנהגות), והחיד״א כתב שכך המנהג בארץ ישראל (ברכ״י א, יג).

304 יש קהילות שאומרים בהן בשבת ״ברוך שאמר״ בנוסח הארוך (עמ׳ 252, וראה הלכה 83). בפסוקי דזמרה אין אומרים ״מזמור לתודה״, אך מוסיפים את המזמורים צב-צג (סידור רשב״ץ; ספר העתים, קע) שאף בהם נזכרת הודאה (תפילה זכה וראה הלכה 87). לאחר פסוקי דזמרה אומרים ״נשמת כל חי״, שלדעת ר׳ יוחנן (פסחים קיח ע״א) היא ׳ברכת השיר׳ הנזכרת במשנה כמסיימת את חטיבת השיר וההלל בהגדה של פסח (סידור רש״י, ריג; ספר העתים, שם). לברכה זו שלושה חלקים: ״נשמת״ - ״אנחנו מודים״, ״ואילו פינו״ - ״מלפנים״ ו״ממצרים גאלתנו״ - הסוף. חלקה השני של הברכה נזכר בגמרא בקשר לברכת ההודאה על הגשמים (ברכות נט ע״ב). ברכה זו נזכרת גם בזוהר ׳תרומה׳ ו׳ויקהל׳ (ראה מחזור ׳אהלי יעקב׳ לראש השנה).

305 ישנם כמה הבדלים בנוסח "נשמת" (ראה 'שלמי חגיגה', תפילת שחרית, נוסחאות; מחזור 'אהלי יעקב' לר"ה; 'כתר שם טוב' ח"א, רסה וח"ג, נשמת כל חי), להלן המרכזיים שבהם:

א. באבודרהם הגרסה היא "אין לנו עוזר וסומך" ויש הגורסים "אין לנו מלך עוזר וסומך", ולפני כן אומרים "אין לנו גואל ומושיע" (בא"ח ש"ש, תולדות ה). וברבים מהסידורים שבכת"י ובדפוס גרסו תיבת "מלך" בשניהם.

ב. "אלוה כל בריות" - יש המנקדים בחיריק "אלוה כל בִּריות", ובין כך ובין כך הכוונה היא לכל היצורים.

ג. בנוסחאות ספרד הישנות הגרסה היא "וה' ער לא ינום ולא ישן", ויש שהתנגדו לכך משום שהדבר נראה כהגשמה, ולכן העדיפו את נוסח הרמב"ם "וה' אלהים אמת לא ינום וכו'".

ד. לפנינו הנוסח "ועם אבותינו מלפנים", בסידור רס"ג הגרסה היא "מלפנים ועד הנה", ובסידורי הספרדים תיבות "ועד הנה" הושמטו; יש הסוברים ש"מלפנים" מוסבת על השורה הבאה ולכן יש לגרוס "מלפנים ממצרים וכו'" (וכ"כ הגהות 'שלמי חגיגה' שם, ו בשם ה'תולעת יעקב' על פי הזוהר).

ה. "וישבחו ויפארו וישוררו" - רבים משמיטים מילת "וישוררו" (כגרסת ה'תולעת יעקב' לעיל) ובסידור תלמידי ר' יונה הגרסה היא - "וירוממו".

ו. "וכל עין לך תצפה" - יש גורסים ת' בשווא וצ' בפתח (ראה מחזור אהלי יעקב ו'כתר שם טוב' לעיל).

ז. "והלבבות ייראוך וכל קרב וכליות..." בסידורים ישנים וכל הלבבות/ וכל לבבות. (ראה מחזור אהלי יעקב ו'כתר שם טוב'). בסידורים רבים "והקרב והכליות..." (הגהות 'שלמי חגיגה', נוסחאות שחרית של שבת, ו, וכן כתב הבא"ח, שם).

306 בשבת אומרים נוסח מורחב לברכת יוצר, ובו הפיוטים "הכל יודוך", "אל אדון" ו"לאל אשר שבת", שמקורם בפיוט הארץ ישראלי הקדום (סדר רע"ג; בסידור רס"ג יש רק התוספת "לאל אשר שבת"; רא"ה, ברכות לא ע"ב; וראה זוהר, תרומה קלב ע"א). יש מהראשונים שלא הזכירו אותם (סידורי רשב"ן והרמב"ם), ויש שהתנגדו לאמירתם (ספר העתים, קעב), לעומת זאת הזוהר (שם, ובפרשת ויקהל רה ע"ב) וה'אור זרוע' (ח"ב, הלכות שבת מב) כתבו שחובה לאומרם, ובתשובת הלוי שבספר הפרדס (הלכות ר"ה, עמ' רכט) כתב, שתוספות אלו הן מאנשי כנסת הגדולה. והמנהג לאומרם פשט בכל קהילות ישראל (בית תפילה לר"ד ב"ר שמואל הכוכבי). שאר ברכות קריאת שמע הן כביום חול.

307 בעמידה אומרים ברכת קדושת היום "ישמח משה", ונוסח זה מצוי כבר בסידורי הגאונים והרמב"ם. אולם רש"י וכמה מראשוני אשכנז התנגדו לנוסח זה של הברכה ואמרוה בנוסח "אתה בחרתנו". אך ר"ת נתן טעם ל"ישמח משה" על פי דרשת חז"ל על הפסוק "לדעת כי אני מקדשכם" (שמות לא, יג), "אמר הקב"ה למשה מתנה טובה יש לי בבית גנזי ושבת שמה ואני מבקש ליתנה לישראל, לך והודיעם" (שבת י ע"ב). ומשום ששמח משה באותה מתנה טובה אומרים "ישמח משה". ונוסחה זו פשטה בכל קהילות ישראל (ספר המנהיג, שבת כא; או"ז ח"ב, מב; ובשיבולי הלקט, עו הובאו טעמים נוספים וראה הלכה 291). יש המוסיפים בברכה זו אחרי "חמדת ימים אותו קראת" את המילים "זכר למעשה בראשית", כבערבית לליל שבת; אולם בגרסאות הישנות התיבות הללו אינן מופיעות מכיון שנוסח הברכה בבוקר עוסק במתן תורה ולא במעשה בראשית ('מכתב מאליהו' מני, שאלה ב) יחד עם זאת, כתבו המקובלים שיש לומר תיבות אלו במוסף (שם, בשם משנת חסידים וכ"כ ה'שלמי חגיגה', שחרית של שבת ד, יז; וראה 'שער הכולל' יז, כט).

308 לאחר תפילת העמידה אם ראש חודש חל בשבת, אומרים חצי הלל (ראה הלכה 378). לאחר מכן אומרים קדיש תתקבל, פותחים את ההיכל ומוציאים את ספר התורה.

## הלכות קריאת התורה ותפילת מוסף

309 "המנהג הפשוט בכל ישראל שמשלימין את התורה בשנה אחת: מתחילין בשבת שאחר חג הסוכות וקורין בסדר בראשית, בשניה 'אלה תולדות' (בראשית ו, ט), בשלישית 'ויאמר ה' אל אברם' (שם יב, א), וקוראין והולכין על הסדר הזה עד שגומרין את התורה בחג הסוכות. ויש מי שמשלים את התורה בשלש שנים ואינו מנהג פשוט" (רמב"ם, תפילה פי"ג ה"א). בספר 'החילוקים שבין אנשי מזרח ובני ארץ ישראל' מתקופת הגאונים מתואר, שמנהג ארץ ישראל היה לסיים את קריאת התורה בשלוש שנים וחצי, וזה ככל הנראה מקור החלוקה לסדרים המופיעה בתנ"ך. אך בכל ישראל פשט המנהג ש"בשבתות קוראים חלק אחד מנ"ג מן התורה וזאת היא פרשה" (סידור רס"ג, שסג).

310 בכל שבת מעלים שבעה קוראים לפרשת השבוע; אך בחגים ובשבת חול המועד אין קוראים את הפרשה על פי הסדר, אלא קוראים קריאה מיוחדת לאותו היום. ישנן חמישים וארבע פרשות, כדי שיהיה אפשר לקרוא פרשה אחת בכל שבת, גם בשנים מעוברות שאין בהן אף יום טוב החל בשבת. להלכות קריאת התורה, ראה עמ' 1016.

311 ברוב השנים אין חמישים ושלוש שבתות ששום יום טוב אינו חל בהן (הפרשה החמישים וארבע היא 'וזאת הברכה', וקוראים אותה בשמחת תורה אפילו אם חל ביום חול). משום כך בשבתות אחדות קוראים שתי פרשות. בארץ ישראל יש שישה זוגות של פרשות שקוראים לפעמים ביחד. בחו"ל נוסף זוג שביעי לרשימה בשנים שבהן יום טוב שני של שבועות חל בשבת. במניין הפרשות הכפולות התקבל מנהג צרפת, המובא במחזור ויטרי (רנו) ונפסק בטור (תכח). כאשר קוראים שתי פרשות ביחד, שלושה קוראים מהפרשה הראשונה, והרביעי את סוף הראשונה ואת תחילת השנייה, ולחמישי עד השביעי מהפרשה השנייה (מג"א קלה, ב בשם מהר"ם מינץ). אם מוסיפים על הקרואים, יש להקפיד שיהיה מספר קרואים אי־זוגי, ושהאמצעי יקרא מעט מכל פרשה (א"ר רפב, ט).

312 נאמר בזוהר (ויקהל רו ע"א), שבזמן שמוציאים ספר תורה לקרוא בו בציבור, נפתחים שערי הרחמים שבשמים ועל האדם לומר אז "בריך שמיה". וכתב הרח"ו, שהאר"י היה "נזהר ונוהג בכל יום שבת בשחרית בעת הוצאת ס"ת מן ההיכל לומר אותו הנוסח הכתוב בס' הזוהר פ' ויקהל" (שעה"כ, עניין הספר תורה), והמג"א (רפב, א) פסק שכך יש לעשות. ה'חמד משה' הקשה על דברי המג"א וכתב, שלפי הזוהר יש לאומרו בכל פעם שמוציאים את ספר התורה ולאו דווקא בשבת (וכך פשט המנהג באשכנז - משנ"ב קלד, יג). אך החיד"א כתב לקיים את דברי המג"א, שכן הזוהר מביא פסקה זו בתוך דיון על תפילות השבת (מחב"ר רפב, אות ב; 'נצנוצי אורות' על הזוהר שם; הגהות 'תפילת ישרים'), והוסיף שנראה שיש לאומרו גם במנחה של שבת (מחב"ר שם; וראה מה שהביא שם בשם הרמ"ז, שעיקר אמירת 'בריך שמיה' הוא במנחה של שבת); והרי"ח ('רב פעלים' ח"ג, סוד ישרים ח) חלק על דברי החיד"א וכתב, שמהזוהר משמע שאין חילוק בין שבת לחול ושכך הבינו אחרונים רבים (כמובא ב'פתח הדביר' קלד, ב), ועוד כתב שהרח"ו בא לחדש שהאר"י נהג לומר "בריך שמיה" גם בשבת אף על פי שיש בו בקשת צרכים. והוסיף שגם מהר"י צמח (בהגהותיו לפע"ח) שדייק שיש לאומרו בשבת, כתב שאין איסור לאומרו בחול. עם זאת, כתב שייתכן שהטעם למנהג לאומרו רק בשבת וביום טוב הוא שב"בריך שמיה" אומרים "בריך כתרך ואתרך", ולכן אומרים אותו רק ביום "שיש בו הארה גדולה של כתר", והוסיף שלפי זה ראוי לאומרו גם בר"ח שכן אומרים בו קדושת כתר. וכך המנהג הנפוץ (ומטעם זה יש הנוהגים לאומרו גם בחוה"מ).

313 לאחר קריאת הפרשה שליח הציבור אומר חצי קדיש (אם העולה יתום, נוהגים שהוא אומרו, ראה הלכה 77–78) ואדם נוסף עולה למפטיר (שבה"ל עט בשם הראב"ד). המפטיר קורא את הפסוקים האחרונים של פרשת השבוע, פרט לשבתות מיוחדות שקוראים בהן עניין השייך לאותה שבת (ראה הלכה 319). המפטיר יכול להיות כוהן, לוי או ישראל (ראה הלכה 211 ו־212).

314 לאחר שסיים את קריאת המפטיר, קורא את ההפטרה, שהיא קטע מספרי הנביאים המתאימה מבחינת התוכן לפרשה שנקראה, או לתקופה בשנה (ראה במדריך ללוח השנה). מעיקר הדין יש לקרוא בהפטרה עשרים ואחד פסוקים, אך נוהגים לקצר כאשר עניין ההפטרה מסתיים קודם לכן (מגילה כג ע"א).

315 העולה למפטיר קורא את ההפטרה עצמה, אך אם אינו יודע לקרוא, שליח הציבור קורא עבורו (רמ"א רפר, ד). יש שכתבו שמוטב לקרוא את ההפטרה מקלף (משנ"ב שם, א); אך ברוב בתי הכנסת לא נהגו להקפיד על כך. ויש שכתבו שמוטב לקרוא את ההפטרה מתוך ספר נביא שלם (יחו"ד ה, כו).

316 קודם שקורא את ההפטרה (המפטיר או שליח הציבור), מברך עליה "אשר בחר בנביאים טובים". ואחריה מברך ארבע ברכות (ע"פ מסכת סופרים פי"ג ה"ח–ה"יג): הראשונה על קיום דברי הנבואה שנאמרו בהפטרה (ספר המנהיג), ושלוש האחרות על הגאולה, על ביאת המשיח ועל קדושת השבת. יש מהראשונים שכתבו ששלוש הברכות האלה אינן קשורות להפטרה במישרין אלא הן ברכות שבח והודאה (רא"ה, ברכות מו ע"ב).

317 יש הנוהגים להוסיף אחר ההפטרה את הפסוק "גואלנו ה' צבאות שמו קדוש ישראל", בגלל הברכות שלאחר מכן המדברות על הגאולה ('כתר שם טוב', הפטרה כח), או כדי לסיים את קריאת ההפטרה בדברי נחמה.

318 גרסת הראשונים בברכה השנייה שלאחר ההפטרה הייתה "ולעגומת נפש תנקום נקם במהרה בימינו", ומחמת הצנזורה שונתה הגרסה ל"ולעלובת נפש תושיע במהרה בימינו".

319 בשבתות שקוראים בהן מפטיר מיוחד (שבת חול המועד, שבת ראש חודש, שבת חנוכה, ארבע פרשיות, 'פורים משולש' בירושלים) וכן בימים טובים מוציאים שני ספרי תורה. בראשון קוראים לשבעה קרואים ואומרים חצי קדיש. לאחר מכן המפטיר קורא מעניין היום בספר השני, ואומרים שוב חצי קדיש (ב"י רפב בשם הריב"ש, וראה ספר המכריע, לא), ואחר כך קוראים את ההפטרה. בשבתות מיוחדות שבהן מוציאים שלושה ספרי תורה, אין אומרים חצי קדיש אחר הספר הראשון אלא אחר השני, לאחר שעלו שבעת העולים שהם

חובת היום. ואומר שוב חצי קדיש אחר הקריאה בספר השלישי (שם).

320 לאחר קריאת ההפטרה מברכים את הקהל (ראה שבה"ל פא). נוהגים לומר לאחר מכן תפילה לשלום המדינה ולברך את חיילי צה"ל; ויש המברכים את חיילי צה"ל בזמן פתיחת ההיכל. בקהילות רבות אומרים גם "מי שברך" לשבויים ולנעדרים.

321 בשבת שלפני ראש חודש (פרט לחודש תשרי) מכריזים על החודש. יש המכריזים עליו בעת פתיחת ההיכל (וכך הסדר גם במחזור ארם צובה), יש שמכריזים לפני "אשרי" ויש שמכריזים אחריו (אבודרהם). יש הנוהגים להכריז את זמן המולד קודם "יהי רצון" (ראה אבודרהם, סדר ר"ח), ומכריזים באיזה יום (או באילו ימים) יחול ראש חודש.

322 קידוש החודש הוא דבר שנמסר לבית הדין הגדול (רמב"ם, קידוש החודש פ"א ה"ה-ו), ומשנתבטל מוסד זה, מקדשים את החודש על פי הלוח (שם, פ"ה ה"א) שתיקנו חכמים. לפיכך נוהגים להקדים להכרזת החודש בקשות המופיעות בסדר רב עמרם גאון (בהוספות), ובהן מבקשים על חכמי ישראל, שהם המקדשים את החודשים, "שיקיים אותם הבורא ויחזיר עטרה ליושנה ויקדשו החודש כבראשונה" (אבודרהם).

323 לאחר ההכרזה אומרים תפילה קצרה לקראת החודש הבא, ובה מודים על העבר ומתפללים על העתיד ועל הגאולה. בתפילה זו שתים-עשרה בקשות כנגד חודשי השנה. בחורף מוסיפים "ולגשמים בעתם" ובקיץ "ולטללי ברכה".

324 בשבת שלפני תענית ציבור נוהגים להכריז על הצום (מחז"ו, סדר שבת טז) מלבד צום יום הכיפורים, תענית אסתר ותשעה באב (שו"ע תקנ, ד ע"פ אבודרהם).

325 ברכה רביעית בתפילת מוסף -

א. הרבה מסידורי הספרדים גרסו כנוסח הרמב"ם, ולפיו ברכת קדושת היום פותחת בתיבות "למשה ציווית", ועד היום נוהגים בכמה מקהילות המערב לאומרה בנוסח זה; אך בסידורי הגאונים מובא נוסח אחר הבנוי בסדר תשר"ק, "תיקנת שבת רצית קרבנותיה" (מלשון תקנה, 'טעם למוסף שבת'; וראה ספר המנהיג); וגרסת סידורי אשכנז הייתה "תיכנת שבת" בכ' (סידור רש"י, תקה; מחז"ו; טור, רפו) וביארו שהוא מלשון מניין וספירה ועניינו כאן הוא לומר שיום השביתה יהיה דווקא ביום השביעי (ספר המחכים וראה 'דעת זקנים מבעלי התוספות', במדבר כח, ט ושיבולי הלקט שהביאו טעמים אחרים), כך גם גרסת שעה"כ וסידור ר' חיים ויטאל (כת"י), וכך נוהגים היום ברוב קהילות הספרדים.

ב. האות א' בסדר תשר"ק היא המילה "אז", ונוסח הראשונים היה "אז מסיני נצטוו עליה, ותצונו ה' אלהינו להקריב בה קרבן מוסף שבת כראוי" (מחז"ו, סדר מוסף; וכך גם בסדר רב עמרם גאון שלפנינו), וכן נוסח אשכנז; ו'המנהיג' (הל' שבת מב) גרס במקום זה "אז מסיני נצטוו ציווי פעליה כראוי" כדי להשלים את האותיות מנצפ"ך, ולגרסה זו הסכים האר"י.

ג. נוסח ראשונים רבים היה לכנות את יום השבת "יום המנוח הזה" (סדר רב עמרם גאון; רש"י, עירובין מ ע"ב וביצה יז ע"א; רמב"ם, וראה ברכ"י תפז, ג); אך היום ברוב הסידורים הגרסה היא "יום השבת הזה" (כדעת ה'נגיד ומצוה', וכן בפירוש המיוחס לרש"י על הרי"ף וראה א"ר תפז, ו).

326 אם טעה בברכה רביעית של מוסף, צריך לחזור (שו"ע רסח, ו). אם נזכר לפני שחתם את הברכה, יכול לומר "ונעשה לפניך קרבן מוסף שבת, כאמור", ולהמשיך "וביום השבת" בעמ' 313 (חיי אדם' כח, ד). אם המשיך בתפילת חול מפסיק אפילו באמצע הברכה (שו"ע רסח, ב ע"פ הרמב"ם ור' יונה), וזאת בניגוד לשאר תפילות שבת, כיוון שבשאר התפילות היה ראוי להתפלל תפילת שמונה-עשרה וקיצרו משום כבוד השבת, ואילו תפילת מוסף אינה שייכת בחול כלל (ערוה"ש שם, יג).

327 שליח הציבור חוזר על התפילה. לקדושת מוסף יש נוסח מיוחד הפותח בתיבות "כתר יתנו לך". מוסיפים בקדושה את הפסוק "שמע ישראל", ומובא שהסיבה לכך היא בעקבות גזרה שנגזרה שלא לומר קריאת שמע, ומשום כך היו אומרים אותה בהבלעה בקדושת שחרית בחול, בשבת וביום טוב - וכשבטלה הגזרה תיקנו להזכירה במוסף, זכר לביטול הגזרה (תשובת רב שר שלום גאון, מובאת במחז"ו, מוסף; או"ז ח"ב, נ; ב"י תכג; וראה הלכה 384). לאחר התפילה אומרים "אין כאלהינו", וברוב הקהילות גם "פיטום הקטורת", ו"עלינו".

## קידוש וסעודת היום

328 גם סעודת היום טעונה קידוש, שיברך על היין לכבוד הסעודה (שאילתות דרב אחאי גאון, נד). וכתבו הגאונים שאין צורך לגמור את הסעודה מיד לאחר הקידוש, ואפשר לקדש ולהמשיך לאכול במקום אחר, ועדיין ייחשב הדבר קידוש במקום סעודה (מובא בטור, רעג). משום כך יש שהקלו לקדש ולאכול מזונות לפני הסעודה (מג"א רעג, יא; 'מורה באצבע' קס), ועליהם סומכים בבתי כנסת רבים; ומכל מקום טוב יותר לקדש במקום הסעודה ממש (ברכ"י שם, ב).

329 מי שאין לו יין, רשאי לקדש על כל משקה אלכוהולי שהוא 'חמר מדינה' - כלומר, חשוב ומכובד (פסחים קז ע"א). בערב אין לקדש על משקה שאינו יין, ומוטב לקדש על הפת; אך בבוקר אין בקידוש ברכה נוספת, ולכן מוטב לקדש על משקה אחר לפני הלחם, כדי שיהיה ניכר שעושה כך לכבוד שבת (רא"ש, שם פ"י, יז).

330 אין לאכול או לשתות לפני הקידוש (שו"ע רפט, א). האיסור חל משעה שהאדם סיים את תפילתו, ולפני כן חל רק האיסור הרגיל של אכילה לפני התפילה, ולכן מותר לשתות מים לפני התפילה, כמבואר בהלכה 133 (טור, רפט בשם הרא"ש). חולה שצריך לאכול לפני התפילה, מקדש לפני שאוכל (בה"ל רפט, ד"ה חובת); ואם אינו אוכל מזונות אלא רק פירות או שתייה, אינו צריך לקדש (אג"מ, או"ח ח"ב, כו).

331 הקידוש בבוקר מתמצה בברכה על היין (או על משקה אלכוהולי אחר) שלפני הלחם (פסחים קו ע"א). נוהגים לומר לפני הקידוש את מזמור כג ואת הפסוקים "אם תשיב משבת רגלך" ו"ושמרו בני ישראל", ויש האומרים גם את פיוטו של האר"י לסעודת הבוקר (ראה שעה"כ, עניין יום השבת).

## מנחה וסעודה שלישית

332 נהגו בכמה קהילות בצפון אפריקה לומר קודם מנחה לקט פסוקים מעניין הגאולה (בדומה למנהגם של בני רומי והרומניוטים), והטעם לכך הוא שתחילת הגאולה תהיה בשבת בשעת המנחה (שבה"ל בשם אחיו ע"פ המדרש). וה'עלי הדס' (פ"ו, ג) שיער, ששורשו של מנהג זה הוא במנהג העתיק לקרוא או להפטיר במנחה של שבת בעשרה פסוקי נחמה מישעיה ומירמיה, כמובא באוצר הגאונים (שבת עט-פ).

333 במנחה אומרים את כל הסדר כביום חול אלא שמוסיפים אחרי "אשרי" גם "ובא לציון", ואחרי חצי קדיש מוציאים ספר תורה וקוראים לשלושה עולים בפרשת השבוע שלאחר מכן (שו"ע רצב, א). אין אומרים חצי קדיש לאחר הקריאה. מכניסים את ספר התורה ועומדים בתפילה. בעמידה אומרים ברכת קדושת היום: "אתה אחד" (בסידור רס"ג מופיע נוסח נוסף וקרום של הברכה הפותח ב"הנח לנר", וראה סדר התפילות להרמב"ם), לאחר חזרת הש"ץ אומרים "צדקתך כהררי אל" (ראה אבודרהם שהביא טעמים שונים לאמירתם), ואין אומרים "צדקתך" ביום שאין אומרים בו תחנון אם היה חל בחול (טור, רצב), קדיש תתקבל, מזמור קיא, קדיש יהא שלמא ו"עלינו". בשבתות שבין פסח לעצרת נוהגים לומר פרקי אבות (פתיחה ל'מדרש שמואל' ע"פ סדר רב עמרם גאון).

334 "אמר ר' יוסי יהא חלקי מאוכלי שלש סעודות בשבת" (שבת קיח ע"ב). יש מהראשונים שכתבו שצריך לקיים סעודה שלישית לפני תפילת מנחה, משום המדרש שאין לאכול משעת מנחה ועד ההבדלה (ר"ת, ספר הישר, תשובה מה, ו); ויש שכתבו שהטעם הוא שלא לפגוע בדרשה שאחרי מנחה; והיום נהגו כדעת הרמב"ם (שבת פ"ל ה"י), שיש לקיים סעודה זו דווקא אחרי תפילת מנחה. ובדיעבד מי שסעד קודם תפילת מנחה יצא ידי חובתו, ובלבד שהיה זה אחרי שש שעות ומחצה (בא"ח ש"ש, חיי שרה יד; ולדעת האר"י לא יצא).

335 גם סעודה שלישית טעונה לחם משנה (רמב"ם, שם ה"ט; וה'מגיד משנה' כתב שכל סעודה בשבת טעונה לחם משנה) ומקפידים לאכול לפחות פת בשיעור כביצה (בה"ג, הלכות שבת; טור, רצא); אך מי שקשה לו לאכול סעודה שלמה, יוצא ידי חובתו במיני מזונות או בפירות (שו"ע שם, ה ע"פ ר' יונה).

336 אין מקדשים קודם סעודה שלישית (שו"ע שם, ד בשם הרא"ש), אך ראוי לשתות יין בסעודה זו (רמב"ם וכס"מ, שם). ויש שנהגו לומר פסוקים לפני הסעודה ולברך על היין בדומה לקידוש (סידור השל"ה), ולדעת האר"י, יש לשתות יין בסעודה זו אך אין לקדש (שעה"כ, סעודת המנחה).

337 נשים חייבות בסעודה שלישית (שו"ע רצא, ו ע"פ ר"ת).

338 יש להתחיל סעודה שלישית לפני השקיעה, ואז יכול להמשיך ולאכול גם בין השמשות (טור, רצט). בברכת המזון אומרים "רצה", גם אם מברכים אחרי צאת הכוכבים (מחלוקת ראשונים; והשו"ע קפח, י פסק כשיטת מהר"ם). אם ראש חודש חל ביום ראשון, נחלקו הפוסקים אם צריך להזכיר "יעלה ויבוא" (ראה הלכה 466), ולכן יש מקפידים שלא לאכול פת אחרי צאת הכוכבים (קישו"ע מד, יז).

339 לאחר השקיעה אין לאכול או לשתות כלום קודם שיבדיל - למעט סיום סעודה שלישית שנתמשכה. ואם בירכו ברכת המזון על הכוס, יש לשתות ממנה (כה"ח רצט, יט ע"פ הא"ר).

## סדר מוצאי שבת

340 לאחר צאת הכוכבים כבר רד הליל, ואפשר להבדיל. נחלקו הראשונים מהו זמן צאת הכוכבים, מכיוון שבגמרא (שבת לה ע"א) זמן בין השמשות (שבו כבר אסורה מלאכה בערב שבת, ועדיין אסורה במוצאי שבת) מוגדר כשיעור שלושת רבעי המיל, אך בפסחים צד ע"א מובא שיעור ארבעה מילים.

בראשונים מובאות שלוש שיטות מרכזיות להסביר את העניין המחלוקת:

א. שיטת הגאונים (מובאת בשו"ת מהר"ם אלשקר, צו) להלכה נתקבלה רק הסוגיה בשבת - ולפיה צאת הכוכבים היא השעה שבה כבר נראים כוכבים בשמיים, אף על פי שעדיין אור, כ־13.5 דקות אחרי השקיעה. לשיטה זו, זמן בין השמשות מתחיל בשקיעה ומסתיים עם צאת הכוכבים.

ב. שיטת ר"ת (שבת לה ע"א, תוספות, ד"ה תרי) - צאת הכוכבים שעליו מדובר הוא השעה שבה נראים כל הכוכבים, כ־72 דקות אחרי השקיעה, כשיטת הגמרא בפסחים. להבנתו, השקיעה שמדובר עליה בגמרא בשבת, אינה השעה שבה מתחילה החמה להתכסות מעין הרואים, אלא השעה שבה כבר שורר חושך גמור. לשיטה זו, זמן בין השמשות הוא 13.5 הדקות האחרונות, שבהן כבר חשוך אך עדיין אין רואים את כל הכוכבים.

ג. שיטת הראב"ן (ב) וה'יראים' (רעד) היא שבגמרא בפסחים דנים בצאת הכוכבים, אך זמן זה אינו מעלה ואינו מוריד להלכה; בין השמשות הוא הדקות האחרונות לפני השקיעה, והיום מתחלף לגמרי כאשר השמש שוקעת (ראה הלכה 276).

341 השו"ע (רסא, ב) פסק כשיטת ר"ת, אך היום פשט המנהג לפי שיטת הגאונים. השלכה נוספת למחלוקת זו ראה בהלכה 103 באשר למחלוקת המג"א והגר"א על חישוב שעות זמניות.

342 עם זאת יש מצווה להוסיף על השבת. לתוספת זו אין שיעור (ראה הלכה 277), ונוהגים היום שלא להבדיל עד ארבעים דקות לאחר השקיעה. ויש המחמירים כשיטת ר"ת שהובאה בהלכה 340, ואינם עושים כל מלאכה או מבדילים עד 72 דקות לאחר צאת השבת.

343 קודם תפילת ערבית נוהגים להאריך במזמורים כדי ללוות את המלכה בשירות ובתשבחות (אבודרהם ע"פ המדרש; כנה"ג, רלז). וב'סדר היום' כתב, שאומרים מזמורים אלו ומתפללים בהם שהקב"ה ידריך אותנו לעבודתו בדרך ישרה וישמור אותנו מכל חטא. פותחים בשלושת הפסוקים הראשונים של מזמור צה ובמזמור קיח מ"אנא" עד הסוף, וממשיכים ב"אלפא ביתא" הוא מזמור קיט, וכן אומרים את מזמורים קכ-קלד שהם חמישה־עשר שירי המעלות (אבודרהם). ומנהג קדום שאם עדיין היום גדול אומרים גם מזמורים עג-עד, כז, לז, קלח-קמ, מ, קמג, מא, נז, טז (תפילה זכה). וכיום המנהג הנפוץ לומר את מזמורים טז, קמד ו-סז ויש המקדימים להם את מזמור טו; לעומת זאת, האר"י נהג שלא לומר מזמורים במוצאי שבת כלל (שעה"כ, דרוש נוסח התפילה), ולכן רבים נמנעים מלאומרם.

344 בתפילת ערבית של מוצאי שבת נוהגים להאריך באמירת "והוא רחום" ו"ברכו" כדי להוסיף מן החול על הקודש (רמ"א רצג, ג בשם האו"ז; וראה אבודרהם). קריאת שמע וברכותיה זהות לערבית של חול, וכן תפילת שמונה־עשרה - פרט לתוספת "אתה חוננתנו" על ההבדלה בין קודש לחול.

345 "ואומר הבדלה בחונן הדעת - שאם אין דיעה הבדלה מנין?" (ירושלמי, ברכות פ"ב ה"ה). בברכה הרביעית "חונן הדעת" מוסיפים את הנוסח "אתה חוננתנו". אם שכח לומר "אתה חוננתנו" אינו חוזר, כיוון שעתיד להבדיל על הכוס (ברכות כט ע"א). ויכול לומר בברכת שומע תפילה, אך אם הוא יודע שעתיד להבדיל שוב על הכוס, מוטב שלא יאמר (בא"ח ש"ש, ויצא ב). אך אם יודע שלא תהיה לו כוס להבדלה כעת וגם לא תהיה לו למחרת, ושכח לומר "אתה חוננתנו" ב"חונן הדעת", יאמרה בברכת שומע תפילה ואם שכח יחזור ויתפלל (שם, ג).

346 לאחר התפילה אומרים חצי קדיש, "ויהי נועם" (ופשט המנהג בקהילות הספרדים להתחיל מ"שובה" ומנהג זה נמצא כבר במחזור רומניא ; וראה 'יפה ללב' רצה, א), "ואתה קדוש" (ב"י, רצה) וקדיש תתקבל. יש נוהגים שאם יום טוב חל באחד מימות השבוע, אין אומרים "ויהי נועם" במוצאי שבת (אבודרהם בשם הגאונים ; וראה שו"ת מהר"ם פרובינצאלו, כב); ומנהג הספרדים הוא לאומרו בכל מוצאי שבת (וכך גם דעת רס"ג בסידורו) אלא אם כן חל בליל יום טוב (שכנה"ג רצה; בא"ח ש"ש, ויצא ו); ויש נוהגים שאם יום טוב חל באחד מימות השבוע מתחילים מ"ואתה קדוש". בשבתות שבין פסח לשבועות סופרים את העומר (ראה הלכות ספירת העומר בעמ' 1086). נוהגים להבדיל בבית הכנסת כדי להוציא ידי חובה את מי שאין לו יין (שו"ע רצה) ואת מי שאינו מבדיל בביתו.

## סדר ברכת הלבנה

347 "אמר רבי יוחנן: כל המברך על החדש בזמנו - כאילו מקבל פני שכינה" (סנהדרין מב ע"א), ופירש המאירי: "שהרי זה הערה והתבוננות לחידוש הבריאה". ומשום כך אומרים את ברכת הלבנה בעמידה (סנהדרין שם) ובמוצאי שבת, שאז האדם לבוש בבגדי שבת (שו"ע תכו, ב ע"פ מסכת סופרים יט, י).

348 נחלקו הראשונים מתי נכון לומר את ברכת הלבנה.

לדעת רש"י והרמב"ם, מהיום הראשון שהלבנה מתחדשת (כך למד ערוה"ש תכו, יג); לדעת ר' יונה (ברכות כא ע"א), אחרי שלושה ימים, שכבר אפשר ליהנות מאורה; ובתשובת ר"י ג'יקטיליא (מובאת בב"י תכו, ד) כתוב שיש להמתין שבוע שלם מהמולד, ומקור דבריו בקבלה, וכך הכריע מרן (שם, ד). אם חסרו מספר שעות להשלמת שבוע שלם מהמולד, יכול לברך ובפרט בימות הגשמים (יחו"ד ח"ב, כד על פי שכנה"ג ושלמי ציבור) ובמדינות שבהן ימות החורף מעוננים מאוד אפשר לברך מיד לאחר שלשה ימים, כדברי הראשונים (שם על פי הרמ"ע מפאנו, 'אלפסי זוטא' ברכות, סוף פ"ד). נוהגים לברך ברכת הלבנה במוצאי תשעה באב כיוון שקודם לכן אינו שרוי בשמחה (רמ"א שם, ב בשם מהרי"ל; כה"ח שם, כט בשם פע"ח), ובמוצאי יום הכיפורים (רמ"א שם), ורבים נוהגים לומר ברכת הלבנה קודם יום הכיפורים כדי להרבות במצוות ('אלפסי זוטא', שם; 'מורה באצבע' ט, רפג).

349 אפשר לברך ברכת הלבנה כל עוד היא הולכת ומתמלאת, דהיינו עד מעט יותר מארבע־עשרה יממות ושמונה־עשרה שעות משעת המולד (רמ"א שם, ג בשם מהרי"ל). אם יש חשש שאם לא יברך ברכת הלבנה כעת לא יוכל לברכה אחר כך, כגון בחודשי החורף, שבהם לפעמים הלבנה מכוסה רוב הלילות, או שהשבת שלאחר מכן קרובה לאמצע החודש - אין להמתין, אלא לברך מיד כשאפשר (תה"ד, לה). אם חושש שיעבור הזמן, יכול לברך אפילו ביחידות (משנ"ב שם, יג בשם הב"ח; כה"ח שם, כג).

350 יש לראות את הלבנה עצמה וליהנות מאורה כשמקדשים אותה (רמ"א, שם), ואין לומר ברכת הלבנה אם היא מכוסה בעננים או שיש מסך בין המברך ובינה (משנ"ב שם, ג בשם הרדב"ז). אם הענן דק מאוד ואפשר ליהנות מאורה, יש אומרים שיברך (משנ"ב, שם); ויש אומרים שלא יברך ('מורה באצבע' ו, קפר). יש לברך כשעומד תחת כיפת השמים ולא תחת גג (רמ"א שם, ד בשם 'שלטי הגיבורים'), ומי שאינו חש בטוב יכול לברך אם רואה את הלבנה דרך החלון (ברכ"י שם, ד ע"פ מהרש"ל).

351 נחלקו הראשונים בנוסח הברכה. לפי רע"ג ורש"י, הגרסה היא "פועלי אמת שפעולתם אמת", והכוונה היא לצבא השמים שאינם משנים את סדרם (ב"י, תכו) ולפי גרסת רס"ג, הרי"ף ורבינו יונה, חוזרים ומשבחים את הקב"ה ואומרים "פועל אמת שפעולתו אמת", וכך נוהגים היום (ראה ביאור הדברים ברבינו בחיי, דברים לב, ד בשם הרשב"א; 'כלבו', סוף הלכות ר"ח; ב"י, שם). כשמברכים את הלבנה בציבור, נוהגים להוסיף פסוקים ומזמורים לפני הברכה ואחריה; אך אם לא אמר אלא את הברכה, לא הפסיד (ערוה"ש שם, ד).

352 נשים אינן מברכות ברכת הלבנה (של"ה, מובא במחב"ר שם, ד וב'רב פעלים' ח"ד, או"ח לד).

## הלכות הבדלה

353 נשים חייבות בהבדלה (שו"ע שם, ח בשם ר' יונה). אולם נוהגים שלכתחילה הנשים יוצאות ידי חובתן בהבדלה שעושה הבעל או האב (רמ"א שם, ח - מפני שלדעת ר"ת המובאת בשו"ת הרא"ש יא, ג, נשים פטורות מהבדלה).

354 מי ששמע הבדלה בבית הכנסת, אינו חוזר ומבדיל לעצמו. אך יכול להבדיל, אם התכוון שלא לצאת ידי חובתו בהבדלה זו, או שצריך להוציא אחרים ידי חובתם (שו"ע רצו, ז; משנ"ב שם, לב). ומוטב שיתכוון שלא לצאת ידי חובה בהבדלה ששומע בבית הכנסת, כדי שיוציא את בני ביתו ידי חובה בלי להיכנס לספק שנזכר בהלכה הקודמת (יבי"א, ח"ד, או"ח כג-כד).

355 אסור לעשות שום מלאכה עד שיבדיל או עד שיאמר "אתה חוננתנו" בתפילה (שו"ע רצט, י ע"פ שבת קנ ע"ב). יש מי שהתיר להדליק נר לצורך תפילת ערבית או הבדלה, וכן כדי להוציא לצורך מרשות לרשות (ר' ירוחם יב, יט, מובא ברמ"א שם); אך האחרונים כתבו, שאם עדיין לא התפלל ורוצה להכין צורכי הבדלה, אומר "ברוך המבדיל בין קודש לחול" ואז מותר במלאכה (משנ"ב שם, לט בשם המג"א).

356 מבדילים על כוס יין (רצו, א). נוהגים למלא את הכוס על גדותיה עד שיישפך ממנה מעט יין (רמ"א,, שם); אך אם היין קדוש בקדושת שביעית אין לעשות כן, כדי שלא להפסיד פירות שביעית (שש"כ ס, הע' נה בשם הרי"מ טוקצ'ינסקי). במקום שאין יין, רשאי להבדיל על משקה אחר שהוא 'חמר מדינה' (ראה הלכה 329), אך לא על הפת (שו"ע שם, ב).

357 בין ברכת "בורא פרי הגפן" וברכת "המבדיל" מברכים על הבשמים כדי להשיב את נפש האדם בצאת השבת (וראה הלכה 400), ועל הנר לזכר בריאת האור במוצאי שבת (רא"ש, ברכות פ"ח, ג). מצווה לברך על אבוקה, שאורה רב (פסחים קג ע"ב), ושתי להבות מחוברות נחשבות אבוקה (רמ"א רחצ, ב בשם ה'אגודה'). יש המתירים אף לברך בשעת הדחק על אור החשמל (ראה שש"כ סא, לב בביאור המחלוקת). נוהגים לברך על נרות הבדלה מיוחדים בעלי כמה פתילות.

358 "אין מברכין על הנר עד שיאותו לאורו" (משנה, ברכות נא ע"ב), ונוהגים שהמבדיל מסתכל בציפורניו כדי ליהנות מן האור (שו"ע שם, ג ע"פ פרר"א פ"כ). ואין לברך אם אינו רואה את השלהבת (ירושלמי, ברכות פ"ח, הט"ו; נפסק בשו"ע שם, טו).

359 "נאה וטוב למבדיל וגם לשומעים שישבו בשעת הבדלה" (תוספות, ברכות מג ע"א), וכן נוהגים (שו"ע רצו, ו). מוטב שהמבדיל ישתה לפחות רביעית כדי לברך אחר שתייתו ברכה אחרונה (משנ"ב שם, ו). אחרי ההבדלה יש אומרים "ויתן לך" בעמ' 832 ('מורה באצבע' קסג ע"פ שעה"כ, ולא כמנהג הקדום לאומרו בבית הכנסת).

360 מי שלא הבדיל במוצאי שבת - יש מהגאונים (בה"ג, הל' קידוש, סידור רס"ג) שכתבו שיכול להבדיל כל יום ראשון, ויברך רק על היין ואת ברכת "המבדיל", אך לא על הבשמים ולא על הנר. ולדעת רב עמרם גאון והתוספות (וכן הגרסה בגמרא שבידינו בפסחים קז ע"א), יכול להבדיל עד שלישי בבוקר, וכן פסק הרמ"א (רצט, ו). ויברך על היין, ואת ברכת "המבדיל" יברך בלא שם ומלכות (בא"ח ש"ש, ויצא כג).

361 במוצאי שבת מקיימים סעודה נוספת לכבוד השבת, והיא המכונה 'מלווה מלכה' (שו"ע ש, א ע"פ שבת קיט ע"ב).

# תפילות המועדים

## הלל

362 "אמר רבי יוחנן משום רבי שמעון בן יהוצדק, שמונה־עשר ימים שהיחיד גומר בהן את ההלל: שמונה ימי החג, ושמונה ימי חנוכה, ויום טוב הראשון של פסח, ויום טוב של עצרת; ובגולה עשרים ואחד: תשעה ימי החג, ושמונה ימי חנוכה, ושני ימים טובים של פסח, ושני ימים טובים של עצרת" (ערכין י ע"א). הרמב"ן (השגות לסה"מ, שורש א') כתב שמצוות הלל היא מדאורייתא; ואילו רש"י (תענית כח ע"ב, ד"ה מנהג אבותיהם) כתב שחכמים תיקנו לומר הלל על כל נס שיבוא עליהם, ומכאן הוכיח ה'שאגת אריה' (סט) שההלל שבכל אחד מימים אלה הוא מדרבנן, ואם שכח אינו חוזר. על יסוד דברי רש"י אלה תיקנו האחרונים לומר הלל גם ביום העצמאות וביום ירושלים ('קול מבשר' ח"א, כא; ראה הלכה 812) ר־824.

363 בימים שגומרים בהם את ההלל מברכים "לגמור את ההלל" (רי"ץ גיאת, הל' הלל), ואחריו מברכים "יהללוך". אין להפסיק בדיבור באמצע ההלל אלא לצורך גדול (שו"ע תכב, ד ע"פ הרא"ש). וראה טבלה בעמ' 1096.

364 "תנא: רבי כופל בה דברים, רבי אלעזר בן פרטא מוסיף בה דברים. מאי מוסיף? אמר אביי, מוסיף לכפול מ'אודך' ולמטה" (פסחים קיט ע"ב; וראה תוספתא פסחים פ"י, ט). הרי"ץ אבן גיאת העיד שבספרד נהגו לכפול רק עד "אנא ה' הצליחה נא" ופרשו שכך היה מנהגו של רבי ור"א בן פרטא הוסיף על כפילת רבי, וכפל מ"ברוך הבא" עד סוף הפרק. והלכה כרבי (ראה 'מאה שערים', דיני הלל ו'יצחק ירנן', שם; ספר העיטור, הלכות הלל; תוספתא כפשוטה, שם). החיד"א כתב שהמנהג בארץ ישראל כדברי הרי"ץ אבן גיאת ('יוסף אומץ' כ, ב), וכיום המנהג הנפוץ לכפול את הפסוקים מ"אודך כי עניתני" עד הסוף (טור, תכב; אבודרהם; שעה"כ, דרוש חג הסוכות; 'רב פעלים' ח"ד, יט). ובמקומות שכופלים רק עד "אנא ה' הצליחה נא", נהגו בכל זאת לכפול את הפסוק האחרון "הודו לה' כי טוב" (ראה סדר רב עמרם גאון ושו"ת הריב"ש, עב ר־עד).

365 אומרים הלל לאחר חזרת הש"ץ של שחרית (משנה, ראש השנה לב ע"ב), ובדיעבד אפשר לאומרו כל היום (משנה, מגילה כ ע"ב). יש לומר הלל בעמידה (שו"ע תכב, ז ע"פ שבה"ל).

366 בכל ימי הפסח למעט היום הראשון ובראש חודש אין אומרים הלל; וכבר מימות הגמרא יש שנהגו לומר בראש חודש הלל בדילוג, המכונה גם 'חצי הלל' (תענית כח ע"ב). ונהגו לדלג בימים אלה על הפסוקים הראשונים במזמורים קטו וקטז (סדר רב עמרם גאון; ראה רש"י, תענית שם, והרי"ץ אבן גיאת כתב שבימי הדילוג אומרים את מזמור קטז מפסוק "כוס ישועות"; ראה סדור רס"ג, שו"ת בנימין זאב, שסא וכנה"ג, תכג).

367 נחלקו הראשונים אם מברכים על חצי הלל. דעת הרמב"ם (חנוכה פ"ג ה"ז; ברכות פי"א הט"ז) היא שאין מברכים עליו, כיוון שאינו אלא מנהג, ואין אומרים אותו אלא בציבור; דעת הרי"ף (שבת יא ע"ב) ור' יונה (ברכות ז ע"ב) היא שהציבור מברך עליו, והיחיד אינו מברך; דעת רש"י (שו"ת, נו) היא שמברכים את הברכה שלפני פסוקי דזמרה ("ברוך אתה... מלך מהולל בתשבחות"), ולא את ברכת ההלל שיש בה "אשר קדשנו במצוותיו וציוונו"; דעת הרמב"ן היא שבחוה"מ פסח מברכים עליו כיוון שהוא נקרא 'מועד', אך אין מברכים עליו בראש חודש (מובא בכס"מ, שם); ודעת ר"ת (תוספות, ברכות יד ע"א, ד"ה ימים) והרא"ש (שם, ה) היא שאפילו יחיד מברך, כשיטתם שמי שמקבל

על עצמו מצווה שהיא רשות, מברך עליה (וכן נוהגים בני אשכנז; רמ"א תכב, ב). מרן (שו"ע, שם) הביא את המנהגים השונים וכתב שהמנהג בארץ ישראל וסביבותיה הוא כדעת הרמב"ם, שאין מברכים (וכך הנוסח במחזור ארם צובה). וכן נוהגים כיום ברוב קהילות הספרדים. ויש מקהילות המערב שנוהגים ששליח הציבור מברך כדעת הרי"ף ('שמש ומגן', חאו"ח ד, נח וראה שם, נט שכתב שיעשו ע"פ רוב הקהל; 'כתר שם טוב' ח"ב, תקס) וכיוון שמדלגים מברכים "לקרוא את ההלל" (ראב"ן, תסד); והיחו"ד (ח"ד, לא) כתב שאפילו בני קהילות המערב לא יברכו בא"י ולכך הסכים הרש"ם עמאר, ראה הלכה 378.

368 כתב הטור (תפח): "וכיון שגומרין אותו, אין מפסיקין בו אלא כדרך שאמרו בקריאת שמע... ואם פסק באמצע ושהה אפילו כדי לגמור את כולו, אין צריך לחזור לראש אלא למקום שפסק"; ובסימן תכב כתב שכשקוראים הלל בדילוג, דינו כבין הפרקים (ואפילו בין פרקי ההלל - פר"ח שם, ד). ולמנהג קהילות המערב, שמברכים על הלל בדילוג - דינו כקריאת שמע. אין להפסיק בדיבור בין התפילה להלל, פרט לדברים שבקדושה (כה"ח קלא, ב בשם ה'פרי מגדים'). ואם קראו לו לתורה בעודו אומר הלל, כתב 'כף החיים' פלאג"י (יח, מה) שיעלה, וכשחוזר למקומו, בימים שגומרים את ההלל חותם בברכה.

## הלכות ראש חודש

369 המצווה הראשונה שנצטוו בה ישראל הייתה ראש חודש (ראה רש"י, בראשית א, א). במצווה זו העביר הקב"ה לחכמי ישראל את הסמכות לקבוע את התאריך ואת המועדים - ואפילו אם שגו החכמים בקביעתם, עדיין התאריך שהם קבעו מחייב מן התורה (ראש השנה כה ע"א).

370 בכל חודש יש עשרים ותשעה ימים או שלושים. עד כשלוש מאות שנים אחר חורבן הבית קבעו את מועד ראש החודש הבא לפי עדים: אם באו עדים להעיד בפני הסנהדרין שהלבנה החדשה נראתה בליל שלושים, קבעו בו את ראש החודש, והחודש שלפניו היה חסר (בן עשרים ותשעה ימים). אם לא באו, החודש שעבר נחשב מלא (בן שלושים ימים), וראש החודש הבא נקבע למחרת.

371 "הלל בן יהודה בן גמליאל בן רבינו הקדוש, שהנהיג הדורות לקדש על פי החשבון ולא על פי הראיה, מדוחק הגלות - שלא היו עדים מצויין ללכת להעיד לפני בית דין, ולא השלוחים לכל המקומות יכולים לצאת להודיע קידוש, מפני שיבוש הדרכים" (תשובות הגאונים החדשות, לז). כיום נוהגים לקבוע את לוח השנה על פי אותם הכללים שהגדיר הלל הנשיא.

372 ראש חודש אסור בתענית (תענית יח ע"ב) ויש להרבות בו בסעודה (ספר הרוקח, רכח; 'צידה לדרך' מאמר רביעי, כלל שני פי"א; טור, תיט ע"פ מגילה ה ע"א), אך אינו אסור במלאכה (ערכין י ע"ב). נהגו הנשים שלא לעשות מלאכה בראש חודש (ירושלמי, תענית פ"א ה"ו); ויש שנהגו שאינן עושות חלק מהמלאכות (ב"י ורמ"א תיז, א בשם ר' ירוחם), מכיוון שאינו חיוב אלא זכות להן (ב"ח שם). כמו כן נוהגים ללבוש בגדים חגיגיים (מחב"ר תיט, ב בשם מהר"ם פאפירש) ויש נוהגים להדליק נרות לכבוד ראש חודש ('מורה באצבע' קעט, וראה בא"ח, ש"ש ויקרא, יא), ויש האומרים את הבקשה לראש חודש המובאת בספר 'לשון חכמים' (עמ' 898).

373 בשבת שלפני ראש חודש מברכים את החודש (ראה הלכה 321). בערב ראש חודש אין אומרים תחנון במנחה (ראה הלכה 203). יש הנוהגים לעשות 'יום כיפור קטן' (להתענות ולומר סליחות במנחה) בערב ראש חודש שאומרים בו תחנון בתפילת שחרית (משנ"ב תיז, ד בשם רמ"ק).

## תפילת ראש חודש

374 קודם תפילת ערבית נוהגים לומר את מזמור קד (סידור ליסבון ר"ן; ויניציאה רפ"ד) ומקורו של מנהג זה הוא בנוסח ארץ ישראל הקדום (ראה מסכת סופרים פי"ח, א ר"יא וספר המנהיג, עז). קודם העמידה יש נוהגים להזכיר לציבור לומר "יעלה ויבוא", ראה הלכה 257.

375 בשלוש תפילות העמידה הרגילות מוסיפים "יעלה ויבוא" בברכת העבודה, וכן מוסיפים "יעלה ויבוא" בברכת המזון (שבת כד ע"א). אם שכח לומר בתפילה ונזכר אחרי שהתחיל "ברוך אתה ה'" יסיים 'למדני חקיך', ויחזור מ"רצה", ואם נזכר אחרי שברך ולפני שהתחיל "מודים", אומר במקום שנזכר בו (ראבי"ה, תתמו); אם כבר התחיל "מודים", צריך לחזור לתחילת "רצה"; ואם סיים תפילתו ואמר פסוק "יהיו לרצון" השני, אף על פי שלא עקר רגליו - חוזר לראש (ברכות כט ע"ב). ודווקא בשחרית ובמנחה צריך לחזור אך לא בערבית של ראש חודש, מכיוון שממילא אין מקדשים את החודש בלילה (שם ל ע"ב).

376 כיום נוהגים רבים להוסיף ב"יעלה ויבוא" אחרי

"לחסד ולרחמים" - "לחיים טובים ולשלום" (הובא בהגדה של פסח 'שמחת הרגל' וב'זבחי צדק' ח"ג, ג); ובכמה כת"י מספרד מצויה התוספת "לחיים ולשלום".

377 אם בשחרית נסתפק אם הזכיר או לא, לדעת מרן חוזר ומתפלל (ב"י, תכב; וכ"פ היבי"א ח"ט, עז), ויש אומרים שאינו חוזר (בה"ט בשם שכנה"ג; וכ"פ 'שמ"ש ומגן' ח"ד, לט). שכח או נסתפק בברכת המזון – ראה הלכה 463-464.

378 מתפללים שחרית כבכל יום חול עד תפילת העמידה, ובה מוסיפים "יעלה ויבוא". אחרי העמידה אומרים חצי הלל בעמ' 370, ואין מברכים עליו מפני שהוא מנהג ולא מצווה (רמב"ם, חנוכה פ"ג ה"ז). ומרן כתב שכן הוא המנהג בכל ארץ ישראל וסביבותיה (שו"ע תכב, ב), ובקצת קהילות נוהגים כשיטת הרי"ף (שבת יא ע"ב) שרק בציבור מברכים עליו (ראה סדר רע"ג וב"י, תכב; סידור 'בית עובד' דף קמח ע"ב, וראה הלכה 367). ובראש חודש טבת אומרים הלל שלם בברכה, מכיוון שהוא חל בחנוכה.

379 לאחר ההלל אומרים קדיש תתקבל ומוציאים ספר תורה (בראש חודש טבת שני ספרי תורה). אין אומרים "אל ארך אפיים" ויש אומרים "בריך שמיה", ראה הלכה 312. קוראים לארבעה עולים את פרשת התמיד ואת פרשות מוסף שבת ומוסף ראש חודש בעמ' 379 (מגילה כב ע"א).

380 בקריאה לראש חודש יש חמישה־עשר פסוקים, אך מכיוון שאין מפסיקים בפחות משלושה פסוקים לפני פרשייה ואחריה (ראה הלכה 222), אי־אפשר לחלק את הקריאה בקלות לארבעת העולים. בגמרא דנים בכך (מגילה כא ע"ב) ומסיקים שיש לכפול פסוקים כדי לאפשר לכל אחד מהעולים לקרוא שלושה פסוקים. המנהג המקובל הוא כשיטת הגאונים והרמב"ם (תפילה פי"ג ה"ד), ולפיה העולה השני חוזר וקורא את הפסוק "ואמרת להם" כדי לסיים שלושה פסוקים לפני הפרשייה הבאה. לאחר קריאת התורה אומרים חצי קדיש, "אשרי" ו"ובא לציון", אך לא "למנצח".

381 כתב החבי"ב, שגם בימי מועד יש לומר שיר של יום, שכן אין לשנות מהשיר שהיו הלוויים שרים בבית המקדש באותו יום, אלא שבחנוכה ובפורים יש להקדים לאמירתו את המזמור המיוחד משום פרסומי ניסא, ובראש חודש ובחול המועד יש להקדים שיר של יום למזמור המיוחד משום שהוא תדיר (שכנה"ג קלג, ג). היר"ח ('חקרי לב', לב ר"קל) חלק על דברי השכנה"ג וכתב שבחוה"מ סוכות, בחנוכה ובפורים הלוויים היו אומרים שיר מיוחד. עוד כתב, שאמירת שיר של יום אינה משום מה שעשו הלוויים במקדש, אלא משום מה שנאמר במסכת סופרים (יח, ב) "כל המזכיר מזמור בעונתו מעלה עליו הכתוב כאילו בנה מזבח חדש והקריב עליו קרבן". ולכן גם הראשונים תיקנו לומר מזמורים מיוחדים מעין המאורע. ולמסקנה כתב, שלא לומר שיר של יום בימי מועד אלא רק את המזמור המיוחד. בקהילות רבות נוהגים כדברי ה'חקרי לב' (וכ"פ 'שערי תפילה', שאר התפילה ו; 'שמ"ש ומגן' ח"ד, כג וראה 'עלי הדס' ז, טז; ומהר"ח פאלאג"י, 'כף החיים' לד, יב פסק, שאין לומר שיר של יום, אך בספרו 'מועד לכל חי' כז, יב חילק בין ר"ח וחוה"מ שיש לומר, לבין חנוכה ופורים שאין לומר). ובקהילות אלו נוהגים לדלג גם על "בית יעקב", "שיר המעלות לדוד" ו"הושיענו". ורבים נוהגים לאומרם גם בימי מועד כדברי הבא"ח (כי תשא יז), וב'הליכות עולם' (ח"א, שם) פסק שאין חיוב לנהוג כן אלא כל אחד יעשה בזה כמנהגו.

382 מחזירים את ספר התורה להיכל ואומרים חצי קדיש. חולצים את התפילין קודם תפילת מוסף (רמ"א כה, יג), וביאר ה'לבוש' (שם, יג) שתפילת מוסף היא כעין הקרבת מוסף שיש בה בחינת יום טוב, ולכן אין מניחים בה תפילין. המנהג הנפוץ הוא לחולצן אחרי חצי קדיש ('שלמי ציבור', דיני חליצת תפילין ב ע"פ שעה"כ, דרוש ר"ח), ויש שנהגו לחולצן קודם קדיש זה. מתפללים מוסף (עמ' 384).

383 בברכה הרביעית של תפילת מוסף גרסת הגאונים היתה "זכרון לכלם יהיו" (רע"ג, רס"ג ורשב"ץ), תפילה שזכות הקרבנות תעמוד לנו לדורות ותושיע אותנו (ראה שבה"ל, קעו). ובסדר התפילה להרמב"ם וסידור תר"י: "יהיה". הפר"ח (תכג, ג) כתב שתיבה זו מוסבת על השעיר שהיו מקריבים במקדש ולכן גרס "היה" ולזה הסכים הבא"ח (ש"ש, ויקרא יט) וכך נדפס בסידורים רבים. בסיום הברכה אומרים שתים־עשרה בקשות כנגד חודשי השנה, ובשנה מעוברת מוסיפים את הבקשה: "ולכפרת פשע". יש הנוהגים להוסיף בקשה זו רק עד ר"ח אדר ב', ויש המוסיפים אותה כל שנת העיבור (משנ"ב תכג, ה; מקו"ח קפ, יד).

384 בחזרת התפילה אומרים קדושת "כתר" מקוצרת (ב"י, תכג; כנה"ג, רפא), "ועמך ישראל" במקום "עם עמך ישראל", כיוון שדווקא בשבת הקדושה שמקדישים עם ישראל, היא העיקר ('גן המלך', קלד בשם ר' דוד גרשון ע"פ התוספות וה'כלבו', לז; הוב"ד ב'שלמי חגיגה', דיני מוסף שבת ב ובברכ"י תכג, ג), ולאחר הפסוק "קדוש קדוש קדוש" ממשיכים כבקדושת חול (שו"ע תכג, ג ו'לבוש' שם). שליח הציבור אומר "ה' אדונינו", קדיש תתקבל ו"ברכי נפשי" (שו"ע תכג, ג), "קוה" ומסיימים את התפילה כבכל יום.

385 גם כאשר ראש חודש חל בשבת, מוסיפים "יעלה

ויבוא" לכל התפילות ולברכת המזון. אומרים "רצה" לפני "יעלה ויבוא", כיוון ש"תדיר ושאינו תדיר – תדיר קודם" (שו"ע קפח, ה בשם ה'כלבו').

386 שחרית של שבת וראש חודש – אומרים חצי הלל לאחר תפילת העמידה, ולאחר מכן מוציאים שני ספרי תורה (בחנוכה, בשבת שקלים או בשבת החודש – שלושה); בראשון קוראים שבעה את קריאת היום, ובשני המפטיר קורא את פסוקי מוסף שבת ומוסף ראש חודש, במדבר כח, ט–טו (טור, תכה). ההפטרה בישעיה סו מסתיימת במילים "והיה מדי חדש בחדשו" (מגילה לא ע"א).

387 במוסף אומרים בברכה הרביעית נוסח מיוחד ובו נזכרים קדושת השבת, עם ישראל וראשי חודשים – בסדר זה, מכיוון שקדושת השבת קדמה לקדושת ישראל, והם המקדשים את ראשי החודשים (ר"ח, ביצה טז ע"ב – יז ע"א).

388 ברוב הסידורים הישנים (סידורי הגאונים; ויניציאה רפ"ד; תפילת ישרים; תפילת החודש ועוד) נהגו להוסיף אחרי פסוקי מוסף לשבת משפט מעין זה: "זה קרבן מוסף שבת, ובקרבן מוסף ראש חודש נאמר". אולם 'שיבולי הלקט' (קפ) הביא מסורת שרש"י הורה שאין לאומרה, וכן הורה הפר"ח (תכה, ד בשם 'צידה לדרך') ואף כתב שאמירה זו היא הפסק באמצע הברכה; וכן נוהגים ברוב הקהילות, והחיד"א (הגהות 'תפילת ישרים' ע"פ סדר רע"ג) סבר שאין איסור באמירת נוסח זה.

389 הברכה הרביעית מורחבת, והיא מורכבת מגוף הברכה למוסף ראש חודש שחל בחול, ומגוף הברכה הרביעית המיוחדת לשבת, וחותמים בה "מקדש השבת וישראל וראשי חודשים".

390 אם ראש חודש חל ביום ראשון – מפטירים בשמואל א' כ, יח–מב, "ויאמר לו יהונתן מחר חדש". יש נוהגים להקדים את הסעודה השלישית כדי לצאת מידי ספק בברכת המזון (ראה הלכה 466).

## הלכות תפילת יום טוב

391 בתפילות החגים ישנם פרטים רבים המיוחדים לכל חג וחג. פרטים אלה יובאו, ברצות ה', בחלקו השני של המדריך. כאן נתייחס רק לדינים המשותפים לשלוש הרגלים.

392 בליל יום טוב החל בחול, מדליקים נרות ומברכים: "להדליק נר של יום טוב" (שו"ע תקיד, יא ע"פ הרוקח), ויש הסוברים שיש לברך גם "שהחיינו" בעמ' 209 (בא"ח, במדבר א; לדעת היחו"ד ח"ג, לד, אין לברך, והאישה צריכה לצאת ידי חובתה בברכה בשעת הקידוש). בניגוד לשבת אפשר להדליק את הנרות ביום טוב עצמו, ויש שסברו שעדיף להדליק את הנר ביום טוב כשיש בו צורך (רז"ה, שבת י ע"ב) – והנוהגים כן צריכים להקפיד להעביר אש מאש אחרת ולא להדליק גפרור.

393 הסוברים שבערב שבת יש להדליק נרות לפני הברכה נחלקו אם יש לנהוג כן גם ביום טוב (מג"א רסג, יב), או שביום טוב, שאין בו איסור במעשה ההדלקה, עדיף לברך ואחר כך להדליק (בנו של ה'דרישה' בהקדמה לטור יו"ד בשם אמו), והמנהג הנפוץ הוא כדעה השנייה (בא"ח ש"ש, נח י). אסור לכבות את הגפרור אחרי ההדלקה, אלא צריך להניחו במקום שיכבה מאליו (שש"כ מד, ט). ונוהגים להדליק נר שידלוק ביום טוב כולו כדי להשתמש בו.

394 הברכה הרביעית בתפילת עמידה לרגלים בערבית, בשחרית ובמנחה זהה, ויש בה שבח על שהקב"ה בחר בנו, "יעלה ויבוא" ופסקת סיום ("והשיאנו") הדומה לזו של שבת. במוסף אומרים "מפני חטאינו" במקום "יעלה ויבוא". דיני טעות בתפילות יום טוב הם כדיני טעות בתפילות שבת (הלכה 292). אם שכח לומר "אתה בחרתנו" אך אמר "יעלה ויבוא" – יצא (שו"ע ורמ"א תפז, ג ע"פ 'ארחות חיים'). אם טעה ולא הזכיר את שם החג או שטעה בשם החג (כגון שאמר: "את חג הסוכות הזה" בשמיני עצרת), יש אומרים שאינו צריך לחזור (שו"ת 'בית יהודה' או"ח ד); ולדעת החיד"א צריך לחזור (ברכ"י תפז, א ותרסח, ב). כמו כן אם חל יום טוב בשבת, מזכירים את השבת ב"יעלה ויבוא" מכיוון שבמועדים בקשה זו נאמרת כחלק מברכת קדושת היום, אך אם שכח להזכירה אינו חוזר (ב"י, תפז).

395 אם יום טוב חל בשבת, מתפללים תפילת יום טוב עם תוספות לשבת. מוסיפים "באהבה וברצון" קודם למילים "בשמחה ובששון", מכיוון שבמצוות השבת יש אהבה מיוחדת של הקב"ה לישראל (ראה אבודרהם, ערבית של שבת; ושם, תפילת ליל פסח). חותמים "מקדש השבת וישראל והזמנים" (ברכות מט ע"א). אם טעה בחתימה וחתם רק "מקדש השבת" – יצא, כיוון שהתפלל תפילת יום טוב (בה"ל תפז, ד"ה מקדש). ואם חתם רק "מקדש ישראל והזמנים" – ספק אם יצא ('חיי אדם' כח, יא); ולא יחזור ויתפלל, אלא יכוון לצאת בתפילת שליח הציבור ('אשי ישראל' פמ"ב הע' לב בשם רש"ז אויערבך); ואם לא הזכיר את השבת כלל, יחזור ויתפלל (משנ"ב תפז, טו).

396 קודם תפילת ערבית נוהגים לומר פרק תהלים

המיוחד ליום, והוא המכונה "מזמור הרגל", ומקורו במנהג ארץ ישראל הקדום (ראה במדריך ללוח השנה). אחר כך אומרים "ברכו" וממשיכים כבתפילת שבת (עמ' 226). לאחר ברכות קריאת שמע נוהגים לומר את הפסוקים "אלה מועדי" ו"וידבר משה" (מובא בספר העתים, קלז; אבודרהם, ערבית של שבת בשם ספר המנהיג). אחרי חצי קדיש עומדים להתפלל ערבית לשלוש רגלים, אומרים קדיש תתקבל, מזמור קכב וממשיכים כבתפילת שבת (לעניין ליל ראשון של פסח, ראה הלכה 774). נוהגים לשיר "יגדל" בסוף התפילה, ויש השרים גם "אדון עולם". לפני הסעודה אומרים קידוש ליום טוב (עמ' 844) ומברכים "שהחיינו" (פרט לליל שביעי של פסח, שאינו נחשב רגל בפני עצמו).

397 אם יום טוב חל ביום שישי או אם ראש השנה חל ביום חמישי, מניחים בערב יום טוב קודם הדלקת נרות 'עירוב תבשילין' (עמ' 840). עירוב זה מתיר לבשל ולהכין מיום טוב לשבת.

398 אם יום טוב חל בשבת, מברכים על הנרות "להדליק נר של שבת ויום טוב" ויש נוהגים לומר גם "שהחיינו" (ראה הלכה 392). מדליקים את הנרות מבעוד יום, והנוהגים לברך אחר ההדלקה בכל שבת עושים כן גם כשיום טוב חל בשבת (ראה הלכה 283). אומרים קבלת שבת מקוצרת המתחילה ב"מזמור לדוד", "אמר ר' אלעזר", קדיש דרבנן, "לכה דודי" (ויש האומרים רק את חלקו) וכן "מזמור שיר ליום השבת" (ויש שאומרים במקומו את מזמור הרגל), ואין אומרים "במה מדליקין". ויש הנוהגים לומר קבלת שבת רגילה מלבד "במה מדליקין". אחרי ברכות קריאת שמע אומרים "ושמרו" ואחר כך "אלה מועדי" ו"וידבר". מתפללים תפילת עמידה של יום טוב עם תוספות לשבת (ראה 'תשובות מהר"ם מרוטנברג וחבריו', סד). ויש המוסיפים גם או"א רצה נא במנוחתינו (לבוש, תקפב, כה"ח, שם; והמקו"ח ח"ד, רי הסביר מדוע אין להוסיף). אחרי התפילה אומרים "ויכולו" וברכה מעין שבע (לעניין ליל ראשון של פסח, ראה הלכה 774) יש אומרים את מזמור כג ויש אומרים רק את מזמור קכב ובפסח רק את מזמור קיד, ומסיימים את התפילה כבכל שבת. בקידוש אומרים "ויכולו", את נוסח הקידוש ליום טוב עם תוספות לשבת ואת ברכת "שהחיינו".

399 אם יום טוב חל במוצאי שבת, אין מדליקים נרות ואין עושים שום הכנה לצורך יום טוב עד לאחר צאת הכוכבים, מכיוון ש"אין שבת מכינה ליום טוב" (ביצה ב ע"ב). אחר צאת הכוכבים, אם לא הבדיל בתפילה, צריך לומר "ברוך המבדיל בין קודש לקודש" לפני שיעשה כל פעולה עבור יום טוב (מג"א רצט, יג בשם מהר"י וייל). תפילת ערבית היא כביום טוב החל ביום חול, ומוסיפים "ותודיענו" בתפילת העמידה (ברכות לג ע"ב). אם שכח לומר "ותודיענו", אינו חוזר ('חיי אדם' ח, לז); ואם נזכר לפני שחתם "מקדש ישראל והזמנים", חוזר (יחו"ד ח"א, צא, טו).

400 ביום טוב החל במוצאי שבת, מברכים על הנר אך לא על הבשמים, מכיוון שגם ביום טוב יש נשמה יתרה (רשב"ם, פסחים קב ע"ב, ד"ה ושמואל), או מכיוון ששמחת יום טוב מחפה על אבדן הנשמה היתרה (תוספות שם, ד"ה רב). ואין אומרים פסוקי ברכה. סדר ההבדלה הוא יקנה"ז - יין, קידוש ליום טוב, נר, הבדלה, זמן ("שהחיינו"). ברכת ההבדלה חותמת בתיבות "המבדיל בין קודש לקודש" (משנה, חולין כו ע"ב); אם טעה ובירך "המבדיל בין קודש לחול" - אינו חוזר ומברך.

401 בתפילת שחרית אומרים סדר קרבנות ופסוקי דזמרה כבשבת ומוסיפים את מזמור הרגל. אם יום טוב חל בשבת, יש המוסיפים את פסוקי המוסף לשבת, אך אין מוסיפים את פסוקי המוסף ליום טוב משום שעתידים לקרותם ב'מפטיר' (ראה הלכה 302). אומרים "נשמת", ואחרי "ברכו" אומרים 'יוצר' כמו בשבת מלבד "לאל אשר שבת", ואם חל בשבת אומרים אותו.

402 הפייטנים הקדמונים בארץ ישראל נהגו לחבר פיוטים מיוחדים לכל שבת ולמועדים - 'יוצרות' המפייטות את ברכות קריאת שמע, 'קרובות' את חזרת הש"ץ של שחרית ו'שבעתות' את תפילות המוספין; גם במזרח ובספרד נתחברו פיוטים כאלה (חלקם בידיהם של גאונים וראשונים), ובימיהם נהגו לאומרם בימים טובים, בפורים ובשבתות מיוחדות. היו שהתנגדו למנהג אמירת הפיוטים בברכות קריאת שמע ובחזרת הש"ץ (ספר העתים, קעג; שו"ת הרמב"ם, רז; ורבנו הר"י ן' מגאש התיר בפשטות בתשובה פז, וראה תשובת הרשב"א ח"א, תסט ובחידושיו לברכות יא ע"א; רא"ה ברכות יב ע"א). הטור ומרן (סח) פסקו שטוב להימנע מאמירתם (וראה הלכה 567). ברוב קהילות ישראל היום אומרים פיוטים אלה בראש השנה וביום הכיפורים בלבד. וברוב קהילות הספרדים נהגו שלא לאומרם בתוך הזמירות והיוצר ולא בחזרת הש"ץ (למעט סדרי קדושה ביום הכיפורים), אלא אומרים אותם קודם קריאת התורה, ואת פיוטי טל וגשם אומרים לפני מוסף ולא בחזרת הש"ץ.

403 לאחר תפילת העמידה אומרים הלל שלם (פרט לשביעי של פסח, שאומרים בו חצי הלל). לאחר קדיש תתקבל מוציאים את ספרי התורה ונוהגים לומר י"ג מידות שלוש פעמים ובקשות שייסדו

האר״י ותלמידיו (עמ׳ 899); ויש הנוהגים שלא לאומרן.

404 מוציאים שני ספרי תורה (פרט לשמיני עצרת, ראה הלכה 654 ו־656), בראשון קוראים חמישה עולים (אם חל בשבת, שבעה), ובשני המפטיר קורא את מוסף החג בפרשת פינחס. לאחר ההפטרה אומרים "מי שברך" לקהל. ביום טוב ראשון של פסח נוהגים ברוב הקהילות לומר כאן "תיקון הטל", ובשמיני עצרת לומר כאן "תיקון הגשם", ובקצת קהילות נוהגים לאומרם בחזרת הש״ץ (ראה הלכה 402). ממשיכים בתפילה לשלום המדינה ובברכה לחיילי צה״ל, ויש האומרים אותן בשעת פתיחת ההיכל. אחרי "אשרי" מכניסים את ספר התורה ואומרים מוסף לשלוש רגלים (עמ׳ 443). לאחר חזרת הש״ץ אומרים קדיש תתקבל וממשיכים כבסוף מוסף לשבת.

405 במנחה אומרים "למנצח", פרשת התמיד, "פיטום הקטורת", "אשרי" ו"ובא לציון" (עמ׳ 326). אם חל בשבת, מוציאים ספר תורה וקוראים שלושה עולים בפרשת השבוע הבא. אין צורך לאכול סעודה שלישית, אלא אם כן יום טוב חל בשבת (טור, תקכט בשם הרא״ש, ושם כתב שלדעת הרמב״ם, שבת פ״ל ה״ט, צריכים לאכול; וראה ב״י שם).

406 במוצאי יום טוב מתפללים ערבית לחול ומוסיפים "אתה חוננתנו" (עמ׳ 160). מבדילים על הכוס, ואומרים ברכת המבדיל אפילו מיום טוב החל בחול, לחול המועד (רי״ף, פסחים כא ע״א). אין אומרים פסוקי ברכה לפני ההבדלה, מכיוון שדווקא מוצאי שבת נחשב סגולה להצלחה (׳מטה אפרים׳ תרכד; וכן דעת הפמ״ג, מ״ז תצא, א); ואין מברכים על הבשמים, מכיוון שביום טוב אין נשמה יתרה כבשבת (ראה הלכה 357), ולא על הנר, שכן ביום טוב עצמו מותר להעביר אש (בה״ג, הל׳ קידוש והבדלה ב).

407 אם יום טוב חל בערב שבת, מתפללים תפילת ערב שבת רגילה, אך אומרים קבלת שבת מקוצרת. אין מבדילים לא בתפילה ולא על הכוס, מכיוון שקדושת שבת חמורה מקדושת יום טוב (בה״ג שם).

## הלכות יום טוב שני

408 בזמן שישבה הסנהדרין בארץ ישראל, עד כשלוש מאות שנה אחר החורבן, נהגו לקדש את החודש על פי עדים שראו את הלבנה בחידושה. משנחקרו העדים והוכרז החודש, הודיעו לכלל ישראל את התאריך הנכון, כיוון שקביעת המועדים נמסרה לעם ישראל (ראש השנה כה ע״א). משנתקלקלו הדרכים, אי־אפשר היה להודיע לבני הגולה על קידוש החודש בזמן; ומשום ספק זה, פעמים רבות עשו שני ימים טובים.

409 בחלוף השנים גם בארץ ישראל לא תמיד היה אפשר לקדש את החודש בזמן. משום כך התקין הנשיא הלל השני את לוח השנה שבידינו, ובו כללים ברורים איזה חודש מלא ואיזה חסר, ומתי מעברים את השנים (רמב״ן, גיטין לו ע״א). למרות זאת נפסק שבני הגולה ימשיכו לשמור יום טוב שני, כמנהג אבותיהם (ביצה ד ע״ב).

410 בני חו״ל נוהגים ביום טוב שני את כל דיני יום טוב ראשון פרט לדין קבורה - שמותר לקבור מתים ביום טוב שני, אף אם יהודים עושים מלאכה לצורך זה (שו״ע תקכו, ב ע״פ ביצה ו ע״א). מלבד זאת, אסורים בו בכל מלאכה (שו״ע תצו, א ע״פ פסחים נב ע״א), מדליקים בו נרות, מקדשים בו, ואף מברכים "שהחיינו" (סידור רש״י, קעא); יש המקפידים ללבוש בגד חדש או לאכול פרי חדש כדי לפטור גם אותו בברכת "שהחיינו" (כמו בראש השנה, ראה הלכה 585), והאחרונים כתבו שאין צורך (מג״א תר, ב). אם יום טוב חל ביום חמישי, מניחים עירוב תבשילין כדי להתיר הכנה מיום טוב שני לשבת (שו״ע תקכז, יג ע״פ ה׳עיטור׳ והרא״ש). ומותר להכין מיום טוב ראשון ליום טוב שני של גלויות (רמ״א תצה, ד בשם ה׳כלבו׳).

411 נחלקו הפוסקים מה דינם של בני חו״ל השוהים בארץ ורבו בזה השיטות והחילוקים: פוסקים רבים סוברים שעליהם לשמור יום טוב שני (משנ״ב תצו, יג; יבי״א ח״ו, מ), ורבים מתירים להם לקיים מניינים מיוחדים לתפילות החג, כל זמן שלא יצרפו למניין מבני ארץ ישראל (׳אשי ישראל׳ טו, יח בשם רש״ז אויערבך); ורבים מרבני ירושלים פסקו כדעת ה׳חכם צבי׳ (קסז) ואחרים, שעליהם לשמור יום אחד בלבד כבני ארץ ישראל (ראה ספר ׳יום טוב שני שלגלויות׳, השער השני), ויש שפסקו כן רק אם מדובר ברווק שבא לארץ ישראל לזמן ממושך (ראה יבי״א, שם); ויש שמורים שצריך לשמור יום טוב שני לחומרה - להימנע מעשיית כל מלאכה ולקיים מצוות עשה דאורייתא (לקדש, לאכול כזית מצה, לקרוא את סיפור יציאת מצרים שבהגדה בלילה שני של פסח ולהימנע מאכילת חמץ ביום האחרון של פסח), אך לנהוג ככל בני ארץ ישראל - להניח תפילין, להתפלל תפילות חול (או חול המועד) וכד׳ (׳עיר הקודש והמקדש׳ ח״ג, פ, יא).

412 בני ארץ ישראל השוהים בחו״ל, צריכים לשמור רק יום טוב אחד; אך אסור להם לשנות מהמנהג בפומבי (וכן אין להם לאכול חמץ באחרון של פסח – שע״ת תצו, ג בשם ה׳שלמי חגיגה׳), ואין להם לעשות כל מלאכה (שו״ע תצו, ג ע״פ ה׳ארחות חיים׳). איסור מלאכה זה הוא מפני המחלוקת, ולכן יש שהורו שמי שדעתו לחזור לארץ בקרוב, רשאי לעשות מלאכה בצנעא (שו״ת הרדב״ז הישנות, עג; ׳אבקת רוכל׳ כו); והרבה מהאחרונים אסרו אפילו בצנעא (משנ״ב שם, ט; יחו״ד ח״ג, לה).

413 משום כך בן ארץ ישראל הנמצא בחו״ל, צריך להתפלל במניין, אך בערבית יתפלל כבחול, יוסיף ״אתה חוננתנו״ ויבדיל בביתו. בשחרית יניח תפילין בביתו, יקרא קריאת שמע ויתפלל עמידה של חול, ואחר כך ילך לבית הכנסת לשמוע קדיש וקדושה, ולא יתפלל מוסף (ואם הוא חול המועד, יתפלל עמם). ובמנחה ובערבית יתפלל בציבור ויאמר תפילת חול (שע״ת שם בשם הרדב״ז).

414 אין לבן ארץ ישראל להיות שליח ציבור בחו״ל ביום טוב שני, וכן לא יהיה בן חו״ל שליח ציבור בארץ ישראל ביום טוב שני. יש שהורו שבן ארץ ישראל אפילו לא יעלה לדוכן במוסף של יום טוב שני (ערוה״ש תצו, ה ע״פ ה׳גינת ורדים׳ או״ח כלל א, יב; והאג״מ, או״ח ח״ד, קו, א התיר). יש שפסקו שמותר לבן ארץ ישראל לעלות לתורה ביום טוב שני בחו״ל (׳אמת ליעקב׳ ה, ל); ולדעת החיד״א אין לעלות לתורה לכתחילה, אך אם קראוהו לעלות יעלה (׳לדוד אמת׳ ה, ל).

415 מי שבא מחו״ל לארץ ישראל ואינו מתכוון לחזור, נוהג כבני ארץ ישראל הן לקולא הן לחומרה, ולהפך (שו״ע שם). מי שמתכוון להישאר אם יסתייע בידו, צריך לנהוג מיד כבני מקומו החדש (מג״א שם, ז בשם הרדב״ז וראה בהרחבה בספר ׳יום טוב שני שלגלויות׳, השער השני). אם נוסע ליותר משנה, כגון שליחים – לדעת ׳ערוך השולחן׳ (שם) דינו כבן מקומו החדש; ויש מאחרוני זמננו שחלקו עליו (ראה פירוט בספר ׳יום טוב שני כהלכתו׳ פ״ה), ויש שהכריעו שישמור כחומרות של שני המקומות (׳הר צבי׳ ח״ב, עח).

## הלכות חול המועד

416 חמשת הימים שבין יום טוב ראשון לאחרון של פסח, וששת הימים שבין סוכות לשמיני עצרת (בחו״ל ארבעה וחמישה), מכונים ׳חול המועד׳. חול המועד אסור במלאכה (חגיגה יח ע״א). בגמרא דנים בשאלה אם האיסור הוא מדאורייתא או מדרבנן, והראשונים נחלקו במסקנה:

א. דעת הרשב״ם (פסחים קיח ע״א), הרמב״ן (מועד קטן, ד״ה עוד אני) ועוד ראשונים, וכן נטיית הב״י (תקל) היא, שמלאכה שיש בה טורח אסורה מן התורה, והתורה מסרה לחכמי ישראל את הסמכות להגדיר את היקף האיסור, והם התירו מלאכות שלצורך המועד עצמו, לצורך רבים ולצורך דבר האבד.

ב. דעת ר״ת (חגיגה יח ע״א, תוספות, ד״ה חולו) והרמב״ם (יום טוב פ״ז ה״א) היא, שכל איסור חול המועד אינו אלא מדרבנן, וחכמים הם שאסרו מלאכות שאפשר לדחותן לאחר המועד; וכן דעת הרא״ש והטור (שם). מכאן שבמקום צורך גדול, אדם רשאי לעבוד למחייתו בחול המועד (ויש בזה פרטי דינים רבים, מה מותר ומה אסור). ונסיעה לצורך טיול מותרת (שו״ע תקלו, א בשם הרא״ש).

417 אין להסתפר בחול המועד, שחכמים גזרו לעשות כן לפני החג משום כבוד החג (מועד קטן יד ע״א). ולעניין הגילוח כתב ר״ת (תוספות, שם) שמי שהתגלח בערב החג, רשאי להמשיך ולהתגלח בחול המועד. השו״ע פסק לאסור (תקלא, ב); ויש מהאחרונים שהתירו להתגלח בחול המועד, למי שנוהג להתגלח בכל יום (נוב״י מהדו״ק, יג; אג״מ, או״ח ח״א, קסג; שיח נחום, ל). לסיכום הדעות בעניין זה ראה ספר ׳תגלחת בחולו שלמועד׳ (השער הראשון ועמ׳ קג–קה).

418 בחול המועד מתפללים כביום חול, ומוסיפים ״יעלה ויבוא״ בברכת ״רצה״ שבשלוש התפילות ובברכת המזון. אם שכח להוסיף בתפילה, צריך לחזור (ראה הלכה 394). אם שכח בברכת המזון – ראה הלכה 463–464.

419 נחלקו הפוסקים אם מניחים תפילין בחול המועד, כיון שהסתפקו אם גם חול המועד קרוי ״אות״. הרשב״א (שו״ת ח״א, תרץ) אסר, וכתב שכן דעת ראב״ד והתוספות; אך בתוספות שבידינו (מנחות לו ע״ב) פסקו כר״ת, שהורה להניח תפילין ולברך עליהן, וכן דעת רש״י (סוכה מו ע״א, ד״ה מצות הרבה); ודעת הסמ״ק (קנג) היא שיניח ולא יברך עליהן. מנהג ספרד הקדום היה להניחן, אך כבר בימי הראשונים פשט המנהג שלא להניחן (ב״י, לא ע״פ ׳זוהר חדש׳, שיר השירים ח ע״א, שם כתוב שאסור להניחן).

420 בשחרית אחרי חזרת הש״ץ אומרים הלל (הלל שלם בסוכות, וחצי הלל בפסח). בסוכות ברוב

הקהילות אומרים כאן הושענות (ראה הלכה 635), קדיש תתקבל ומוציאים ספר תורה (בסוכות; בפסח מוציאים שניים) וקוראים ארבעה עולים. לאחר החזרת ספרי התורה להיכל אומרים "אשרי", "ובא לציון" וחצי קדיש (ויש המחזירים את ספרי התורה להיכל לפני מוסף). יש קהילות שבהן נוהגים לומר גם בחול המועד "בית יעקב", "שיר המעלות", "שיר של יום" ו"הושיענו" כבראש חודש (ראה הלכה 381), ומתפללים מוסף לשלוש רגלים.

421 בחזרת הש"ץ אומרים קדושת "כתר" קצרה (ב"י, תכג). ומכיוון שלחול המועד צדדים הדומים לחול וצדדים הדומים לשבת, יש נוהגים לומר בה "עם עמך ישראל" כבשבת, מכיוון שאין ימי חול המועד קרויים ימי המעשה ('גדולת אלישע' רפו, ג), ויש נוהגים לומר "ועמך ישראל" כבראש חודש ('רוח חיים' תצ, יא; 'דברי שלום' ח"ה, סג; וראה אבודרהם תפילת ר"ח), וראה הלכה 384. לאחר חזרת הש"ץ אומרים קדיש תתקבל, מזמור הרגל וממשיכים מ"קווה" על הסדר כבכל יום חול.

422 בשבת חול המועד מתפללים תפילת ליל שבת רגילה, אך אומרים קבלת שבת מקוצרת ומוסיפים "יעלה ויבוא". בבוקר מתפללים שחרית לשבת, אומרים הלל וקדיש תתקבל. מוציאים שני ספרי תורה, בראשון קוראים שבעה עולים את פרשת י"ג מידות הרחמים ואת הברית על המועדים שנכרתה בעקבות התגלות זו (עמ' 738), ובשני קוראים למפטיר את קרבן המוסף לאותו היום בפרשת פינחס (מגילה לא ע"א). אחרי ההפטרה ממשיכים ב"מי שברך" לקהל, תפילה לשלום המדינה ולשלום חיילי צה"ל (ויש האומרים אותן בעת פתיחת ההיכל), "אשרי" והכנסת ספר תורה. מתפללים מוסף לשלוש רגלים ומזכירים בו את מוסף השבת לפני אזכור המוסף של הרגל. לאחר חזרת הש"ץ מסיימים כבכל שבת. במנחה קוראים שלושה עולים מפרשת השבוע הבא.

# מקצת דיני ברכות

## הפרשת תרומות ומעשרות

423 "ראשית דגנך תירשך ויצהרך... תתן לו" (דברים יח, ד). לפני אכילת פירות וירקות שגדלו בארץ ישראל, יש להפריש מהם תרומות ומעשרות. מדין תורה יש להפריש מדגן, מענבים ומזיתים בלבד, כיוון שהם נזכרים בפסוק (כך לדעת רוב הראשונים); ולדעת הרמב"ם, מכל פירות העץ (תרומות פ"ב ה"א). מדרבנן יש להפריש אפילו מירקות (ראש השנה יב ע"א). משחרב המקדש וישראל גלו מארצם, כל חיוב תרומות ומעשרות הוא מדרבנן (רמב"ם, שם פ"א הכ"ו וראה ראב"ד שם).

424 "יש מי שאומר ששם תרומה גדולה הוא על שם שהיא ראשית לכל הדינין" ('כפתור ופרח' א). ראשית צריך להפריש תרומה ולתתה לכוהן. תרומה זו היא קודש - אין להתנהג בה בביזיון, והכוהן אינו רשאי לאוכלה אם נטמאה או כאשר הוא עצמו טמא (סנהדרין פג ע"א). מדאורייתא אין שיעור לתרומה (חולין קלז ע"ב); בזמן שהיו נותנים לכוהן תרומה טהורה, נהגו לתת כשני אחוזים (משנה, תרומות פ"ד מ"ג). תרומה זו מכונה 'תרומה גדולה' כדי להבדילה מ'תרומת מעשר'.

425 אחר כך יש להפריש מעשרות. 'מעשר ראשון' הוא עשירית מהיבול שנשאר לאחר הפרשת התרומה, והוא ניתן ללוי (במדבר יח, כד). הלוי צריך לתת לכוהן עשירית מהמעשר שקיבל (שם, שם, כח). הכוהן נוהג במעשר מן המעשר את כל דיני תרומה גדולה, והוא מכונה 'תרומת מעשר'. מלבד זאת, בארבע שנים מכל שבע (רמב"ם, מתנות עניים פ"ו ה"ד) יש להפריש 'מעשר שני' - עשירית מהתבואה שנשארה לאחר הפרשת המעשר הראשון - להעלותו לירושלים ולאוכלו שם בטהרה (דברים יד, כב-כג). בשנה השלישית והשישית מכל שבע אין נוהגים דיני מעשר שני, אלא המעשר הנוסף שהפרישו, ניתן לעניים, והוא נקרא 'מעשר עני' (שם שם, כח). פירות שביעית פטורים מתרומות ומעשרות (טור, יו"ד רלא; ולדעת המבי"ט ח"א, יא, פירות שגידלם נוכרי חייבים בתר"מ).

426 הלכה נוספת הנוהגת בפירות העץ היא איסור ערלה - האיסור לאכול מפירות העץ בשלוש השנים הראשונות לגדילתו (ויקרא יט, כג). בשנה הרביעית הפירות מוגדרים 'נטע רבעי', ויש לאוכלם בירושלים (רמב"ם, מעשר שני פ"ט ה"א). אפשר לפדות את פירות מעשר שני (דברים יד, כד-כו) ואת פירות נטע רבעי (משנה, מעשר שני פ"ה מ"ד) ולחללם על מטבע - להעביר למטבע את הקדושה, וכך להתיר את הפירות באכילה בכל מקום.

427 כיום כולם נחשבים טמאי מתים, ולכן נוהגים דיני תרומה טמאה (ספר התרומה, הל' ארץ ישראל). את התרומה שהופרשה אין להשליך, כיוון שעדיין יש בה קדושה; נוהגים לעטוף אותה בשקית ולהניחה עד שתתקלקל מאליה ('חלקת יעקב', יו"ד ח"ב, קפו, ה). כמו כן, צריך לפדות את פירות מעשר שני ונטע רבעי. בעניין מעשר ראשון נחלקו פוסקי

זמננו: לדעת ה'חזון אי"ש' (מעשרות ז, יד), אין ללוויים היום חזקה, ומשום ש"המוציא מחברו עליו הראיה", אין צורך לחפש אחר לוי ולתת לו מעשר; ויש שהורו שגם היום צריך לתת את המעשר ללוי, לפחות באופן סמלי ('עולת ראיה' ח"א, עמ' שנ, ה-ו; 'עיר הקודש והמקדש' ח"ג, עמ' עב, ר; 'מנחת יצחק' ח"ת, קו).

428 סדר הפרשת תרומות ומעשרות הנוהג היום מבוסס על נוסח ה'חזון אי"ש'. יש לייחד מראש מטבע שמחללים עליו את פירות מעשר שני ונטע רבעי. בשעה שהפירות לפניו, צריך להפריש מעט יותר מאחוז אחד לצורך תרומה (ששיעורה כלשהו) ותרומת מעשר. את החלק העודף על האחוז מייחד לתרומה גדולה. אחר כך יש לייחד את הפירות שיופרשו למעשר ראשון (כולל האחוז שהפריש), ואת האחוז שהפריש מייחד לתרומת מעשר. ואחר כך מייחד מעשר שני או מעשר עני. אומרים את הנוסח בעמ' 847, ואחר כך עוטפים את הפירות שהופרשו לתרומה, ומניחים אותם בצד. אם יש כמה מינים שיש להפריש מהם, עושים תהליך זה בכל אחד מהם - ואפשר לומר את הנוסח רק פעם אחת, ומוסיפים את המילים "כל מין על מינו".

429 אם אופים כמות נכבדה של לחם, יש להפריש תרומה מן העיסה, והיא קרויה 'חלה' (במדבר טו, יט-כא). בגמרא (עירובין פג ע"א-ב) מוגדר השיעור המחייב בחלה כעומר המדבר, שהוא כמות המן שירדה למזונו של אדם ביום. נחלקו הפוסקים כמה הוא שיעור זה, וכיצד למדוד אותו (למקור המחלוקת ראה שו"ת חת"ס, או"ח קכז): דעת ה'חזון אי"ש' ('קונטרס השיעורים', שבת לט) היא שאין לברך על פחות משני ק"ג ו־250 גרם, ולדעת רא"ח נאה (שיעורי תורה) ק"ג אחד ו־670 גרם, והילק"י (חלה ג, ו) כתב ק"ג ו־560 גרם. אם אופים ק"ג אחד ו־500 גרם, מפרישים בלא ברכה (ילק"י, שם). יש להפריש 1/24 מהעיסה, ומי שאופה לצורכי מסחר רשאי להפריש רק 1/48 מהעיסה (משנה, חלה פ"ב מ"ז).

430 בזמן המקדש נהגו לתת את החלה לכוהן שיאכלנה בטהרה (משנה, חלה פ"א מ"ט). בחו"ל דין חלה נוהג רק מדרבנן (בכורות כז ע"א), ולכן היו קהילות שנהגו לתת את החלה לכוהן שיאכלנה, כיוון שאין איסור לאוכלה בטומאה (שו"ע, יו"ד שכב, ה ע"פ המשנה, חלה פ"ד מ"ח). בארץ ישראל אסור לעשות כן, והמפריש חלה צריך לשרוף אותה (בה"ג, הלכות חלה); ואין צורך להפריש יותר מ־1/48 מהעיסה (רמב"ם, ביכורים פ"ה ה"ט).

## הלכות ברכות הנהנין

431 "כתיב (תהלים כט, ב): 'לה' הארץ ומלואה תבל ויושבי בה' - הנהנה כלום מן העולם, מָעַל עד שיתירו לו המצות... רבי אבון בשם רבי שמעון בן לקיש (תהלים טז, ב): 'אמרת לה', אדני אתה, טובתי בל עליך' - אם אכלת ובירכת... כאילו משלך אכלת" (ירושלמי, ברכות פ"ו ה"א). העולם ומלואו שייכים לקב"ה, והמצוות הן המתירות לאדם ליהנות ממנו; הדבר אמור בהפרשת תרומות ומעשרות וגם בדיני ברכות.

432 "ת"ר אסור לו לאדם שיהנה מן העוה"ז בלא ברכה וכל הנהנה מן העוה"ז בלא ברכה כאילו מעל, מאי תקנתיה?... ילך אצל חכם מעיקרא וילמדנו ברכות" (ברכות לה ע"א). דיני ברכות סבוכים מאוד ורבו בהם השיטות והמנהגים. ישנם ספרים שלמים, העוסקים בהדרכה בעניינים אלו. להלן נביא בקצרה כמה דינים עיקריים.

433 על הנאות מהעולם הזה מברכים שני סוגי ברכות (ע"פ הבחנתו של הרמב"ן בפסחים ז ע"א): 'ברכות הנהנין' שהן נטילת רשות ליהנות מן העולם הזה, ו'ברכות השבח' שהן שבח והודאה לקב"ה על ההנאה. כאשר האדם אוכל, הוא מברך ברכות משני הסוגים: לפני האכילה ואחריה.

434 ריח ערב - מברכים לפניו אך לא אחריו (משנה, נדה נא ע"ב), כיוון שבניגוד למאכל אין בכך הנאה מוחשית ("הנאה מועטת" כלשון רש"י שם). הברכה צריכה להתאים למקור הריח (ראה עמ' 848), וכך נוהגים הספרדים (כה"ח רצז, לא). מכל מקום אם בירך "בורא מיני בשמים", יצא (רמב"ם, ברכות פ"ט ה"ה). משום כך, כשיש ספק מברכים "בורא מיני בשמים".

435 גם הברכה על האוכל היא ייחודית: ישנה ברכה מיוחדת לכל מין - על לחם מברכים "המוציא לחם מן הארץ", על יין "בורא פרי הגפן" ועל מאפה מחמשת מיני דגן מברכים "בורא מיני מזונות". ישנן ברכות נפרדות על פירות העץ ועל פירות האדמה (משנה, ברכות לה ע"א), ועל שאר המינים מברך "שהכל נהיה בדברו" (משנה, ברכות מ ע"ב).

436 בגמרא (ברכות לז ע"א) דיון ארוך במעמדו של האורז, שאינו מחמשת מיני דגן ובכל זאת הוא "משביע וסועד הלב" (לשון הרא"ש, שם פ"ו, ח). ונחלקו הראשונים מה המסקנה מהסוגיה: לדעת בה"ג וראבי"ה (ברכות קב), מברכים עליו "בורא פרי האדמה"; לדעת הרא"ש (שם), רק אם האורז התרכך ונעשה כמין דייסה, או שנאפתה ממנו פת,

מברכים "בורא מיני מזונות", ואם לא כן "בורא פרי האדמה", וכן פסק הרמ"א (רח, ז); ולדעת הרי"ף (ברכות כו ע"א), על כל אורז מבושל מברכים "בורא מיני מזונות", וכן פסק השו"ע (שם).

437 הברכה שלאחר האכילה היא ברכת שבח, ונוסחתה תלויה במזון שנאכל. אם אין מקורו בשבעת המינים שנשתבחה בהם ארץ ישראל, מברך "בורא נפשות רבות" (עמ' 827). בסידור רס"ג נוסח הברכה הוא "על כל מה שברא" (כלשון הגמרא שלפנינו בברכות לז ע"א), וחותם "ברוך אתה ה' חי העולמים", וכן כתב הרא"ש (מובא בטור, רז וראה הלכה 171, שם מובאת מחלוקת זהה); אולם מרן פסק שאין לחתום בשם (שו"ע שם, א), ובנוסח הברכה - נוהגים לומר "וחסרונן על כל מה שבראת" כלשון הגמרא בעירובין יד ע"ב, וכלשון השניה בטור שם (שואל ונשאל, ח"ה קיג-קיד).

438 מי שאכל מזון משבעת המינים, מברך עליו ברכה מיוחדת 'מעין שלוש'. ברכה זו מבוססת על ברכת המזון, ויש בה שבח לקב"ה על המזון ועל ארץ ישראל ותפילה לגאולה (ברכות מד ע"א). אם מברכים בשבת, במועד או בראש חודש, צריך להזכיר בברכה את היום (שו"ע רח, יב ע"פ הירושלמי בברכות פ"ו ה"א). יש שסברו שברכה זו היא ממש ברכת המזון מקוצרת וחיובה מהתורה (טור, רט בשם בה"ג, בניגוד לדעת הרמב"ם, ברכות פ"ח הי"ב); ומשום כך, נוהגים בה דיני ברכה במקום האכילה, הפסק ושכחה כדין ברכת המזון (קישו"ע נא, י), ראה הלכה 457-459.

439 הנוסח משתנה בהתאם לברכה הראשונה - על פירות משבעת המינים למעט יין מברך "על העץ ועל פרי העץ" וחותם "על הארץ ועל פירותיה" (ברכות מד ע"א); על יין מברך "על הגפן ועל פרי הגפן" וחותם "על הארץ ועל פרי גפנה" (שו"ע רח, יא ע"פ בה"ג והרא"ש; ולדעת הרמב"ם, "על הארץ ועל פירותיה"); ועל מיני מזונות (פרט לאורז, שאינו מחמשת מיני דגן) מברך "על המחיה ועל הכלכלה" וחותם "על הארץ ועל מחיתה"; אם אינו יודע בוודאות שמיני המזונות שאכל הם מדגן שגדל בארץ, אומר בחתימה "על הארץ ועל המחיה" (חזו"ע ברכות, מעין שלש ז). אם אכל פירות שגדלו בחו"ל, או שתה יין מחו"ל מברך "על הארץ ועל הפירות" או "ועל פרי הגפן" (ברכות שם; שו"ע שם, י). מי שאכל גם שאר מאכלים, מברך קודם ברכה מעין שלוש ואחר כך "בורא נפשות רבות" (פמ"ג, פתיחה להל' ברכות י).

440 אם אכל לחם צריך לברך ברכת המזון (ראה הלכות בסמוך), ובה פוטר את כל מה שאכל בסעודה (רמב"ם, ברכות פ"ד הי"א). לסעודה שנקבעה על לחם יש דינים מיוחדים, כמבואר לקמן.

## הלכות סעודה

441 לפני אכילת לחם צריך ליטול את ידיו (חולין קה ע"א). לאחר שנטל אך קודם הניגוב, יברך "על נטילת ידיים". אם שכח וניגב קודם הברכה, אינו מברך ('חסד לאלפים' קנח, ג); ויש אומרים שיגיע בראשו כדי שיתחייב בנטילה נוספת (בא"ח, שמיני ז). ויקפיד לנגב את ידיו היטב לפני שיגיע בלחם (שו"ע שם, יב ע"פ סוטה ד ע"ב), ולא ייגעו ידיו הרטובות בידיו של מי שלא נטל (שו"ע קסב, ד ע"פ הגה"מ).

442 יש ליטול את הידיים בכלי המחזיק רביעית (חולין קז ע"א; שיעור רביעית לדעת החזו"א הוא 150 סמ"ק, ולדעת הרא"ח נאה 86 סמ"ק); ואם אין לו כלי, רשאי לטבול את ידיו במי מעיין או מקווה (שו"ע קנט, יד ע"פ חולין קו ע"ב). יש שהורו שבמקרה זה יברך "על טבילת ידיים" (רמ"א שם, כ בשם הסמ"ג וה'מרדכי'); ומרן פסק לברך "על נטילת ידיים" (שו"ע, שם ע"פ ר' יונה). מכל מקום אם בירך על "טבילת ידיים", יצא (כה"ח שם, צה בשם ה'עולת תמיד').

443 יש ליטול את הידיים עד מקום חיבור היד לאמה (כשיטת הרי"ף, ברכות מא ע"ב), ובדיעבד אם נטל עד קשרי אצבעותיו (כשיטת הרא"ש, חולין פ"ח, יא), יצא (שו"ע קסא, ד).

444 יש להקפיד שהידיים תהיינה נקיות לפני הנטילה, ולא יהיה עליהן שום לכלוך שבדרך כלל אדם מקפיד שלא לאכול בו (שו"ע קסא, א-ב ע"פ חולין קו ע"ב). יש להסיר טבעות ושאר תכשיטים לפני הנטילה, אם מקפיד עליהם (שם, ג ע"פ האו"ז ח"א, ע).

445 אם הידיים נקיות, מספיק לשפוך על כל יד רביעית מים בפעם אחת (שו"ע קסב, ב ע"פ התוספות והרמב"ם), אך עדיף לשפוך פעמיים על כל יד (משנ"ב שם, כא כדי לחוש לשיטות הראב"ד והרשב"א). ולדעת המקובלים, יש לשפוך מים שלוש פעמים על כל יד וביניהן להניח את הכלי (בא"ח, שם ד בשם הרש"ש).

446 מי שקבע את סעודתו על הלחם, אינו צריך לברך על שאר מיני המזון שהוא אוכל, כיוון שברכת "המוציא" פוטרתם (שו"ע קעז, א). אך אם הוא אוכל מאכלים שאין דרכם להיאכל עם הלחם כחלק מהסעודה, כגון פירות שאוכל לקינוח, צריך לברך עליהם בנפרד (ברכות מא ע"ב).

447 ברכת "המוציא" אינה פוטרת יין שהוגש בסעודה, משום חשיבותו המיוחדת של היין; לכן צריך לברך על היין בנפרד (שו"ע קעד, א ע"פ ברכות מא ע"ב). אך מי ששותה יין לפני הסעודה ומתכוון להמשיך, כגון מי שקידש על היין - אינו חוזר ומברך (ברכות מב ע"א).

448 אם באמצע הסעודה הובא יין משובח יותר ולפחות שני אנשים שותים ממנו, צריכים לברך "הטוב והמיטיב" בעמ' 849, כעל שמועות טובות (ברכות נט ע"ב, וראה שו"ע קעה, ד ומשנ"ב שם יד-טו).

449 אין להסיר את הלחם מעל השולחן עד אחרי ברכת המזון (שו"ע קפ, א ע"פ הרא"ש).

## הלכות ברכת המזון

450 "מים אחרונים - חובה" (שו"ע קפא, א). לפני ברכת המזון צריך ליטול את ידיו ב'מים אחרונים' (ברכות נג ע"ב). לנטילה זו כמה סיבות - משום מלח סדומית המסוכן לעיניים (רמב"ם, ברכות פ"ו ה"ג ע"פ חולין קה ע"א), משום נקיות (רשב"א, 'תורת הבית') ומשום חשיבות ברכת המזון (שאילתות דרב אחאי, נר). היום אין מלח סדומית, ולכן יש הפוסקים שמי שידיו נקיות אינו חייב ליטול מים אחרונים (מובא בשו"ע קפא, י בשם התוספות; משנ"ב, כב); ונוהגים ליטול גם היום, משום שכך תיקנו חכמים (ר' ירוחם נט"ז ח"ה, בשם הרי"ף), וגם אם בטל הטעם, התקנה לא בטלה (ראה רמב"ם, ממרים פ"ב ה"ב; ובברכ"י קפא, ז כתב שע"פ הקבלה צריך להיזהר מאוד במים אחרונים).

451 מרן פסק שאין צורך ליטול אלא עד הפרק השני של האצבעות, הסמוך לכף היד (שו"ע שם, ד ע"פ הרשב"א), ולדעת המקובלים צריך עד סוף הפרק השלישי (בא"ח, שלח לך יב ע"פ הרש"ש). יש שכתבו, שעל פי הסוד אין ליטול מים אחרונים אלא במעט מים (בא"ח, שם ח); ויש שהקפידו על כל דיני נטילת ידיים כבמים ראשונים ('מעשה רב' פר).

452 אין נוטלים מים אחרונים על גבי קרקע, אלא לתוך כלי (שו"ע שם, ב), וטוב להסיר את הכלי מן השולחן לפני ברכת המזון ('כף החיים' פאלאג'י כה, ג).

453 יש המתחילים את הזימון בפסוקים "אברכה" וכו' (האר"י, שער המצוות), ויש המתחילים בתיבות "הב ונבריך" (וכשמזמנים על הכוס אומרים "הב לן ונבריך"), ויש האומרים גם את הפסוקים וגם "הב ונבריך" (בא"ח, שלח טו וקרח ה; וראה 'ברכת ה'' פ"ו, ג שתמה על כך). כתב החח"ם ('שדי חמד' ח"ה, אסיפת דינים, מע' ז, ז), שאין ראוי לומר "ברשות מלכא עילאה קדישא וברשות מורי ורבותי" משום שאין לשתף שם שמים ודבר אחר (סנהדרין סג ע"א וסוכה מה ע"ב) וציין לדברי ה'יפה ללב' (ח"א קצב, ה וח"ב שם, א) שהתנגד אף הוא לנוסח זה מטעם שנראה כמודה בשתי רשויות. מאידך גיסא מנהג זה נפוץ מאוד ואחז בו הרי"ח (שו"ת רב פעלים ח"ד, כב; בא"ח, קורח א), והילק"י (ח"ג, דיני זימון ב, הע' ב) הביא דברי אביו שדחה את החששות הנ"ל וכתב שאין חשש באמירת נוסח זה.

454 "ואכלת ושבעת וברכת את ה' אלהיך על הארץ הטובה אשר נתן לך" (דברים ח, י). ברכת המזון היא מצווה מן התורה (ברכות כ ע"ב), ובה שלוש ברכות: ברכת "הזן את הכל" על שהקב"ה זן ומפרנס את כל בריותיו; ברכת "על הארץ ועל המזון" על ארץ ישראל, ומזכירים בה את ברית המילה ואת התורה (ואם שכח להזכיר אחד מהם צריך לחזור ולברך - שו"ע קפז, ג ע"פ הירושלמי, ברכות פ"א ה"ו); ברכת "בונה ירושלים", שהיא תפילה על ירושלים ועל המקדש (ברכות מח ע"ב).

455 חכמים תיקנו גם ברכה רביעית, "הטוב והמיטיב", ביום שהובאו בו הרוגי ביתר לקבורה (ברכות שם), מכיוון שראו בקבורה זו דוגמה מובהקת לחסדיו של הקב"ה אתנו (רב נסים גאון שם). ברכה זו אינה כלולה במצווה דאורייתא, ולכן מי שמברך (ואפילו יחיד) עונה אמן אחרי ברכת "בונה ירושלים" שאמר, כדי להבדיל בין הברכות מדאורייתא לשאר הברכות (ברכות מה ע"ב). לאחר מכן אומרים שורת בקשות, ברכות למסובים ופסוקי חתימה (סידורי הגאונים; וראה 'כלבו' כה).

456 במרוצת הדורות נהגו בקהילות הספרדים כמה נוסחאות לברכת המזון, להלן כמה משינויי הנוסח העיקריים לגרסאות הנפוצות היום:

א. ברבים מהסידורים הישנים (כגון: ויניציאה שר"מ, ורבים מרפוסי אמשטרדם וליוורנו) הברכה הראשונה פותחת במילים "הזננו ולא ממעשינו". נוסחה זו נהגה בארץ ישראל, סוריה, מצרים וטורקיה ('כתר שם טוב' ח"א, קכה; וראה מחזור ארם צובה קפר, ב), וכנראה גם החיד"א נהג לאומרה ('אהבת דוד', דרשה יז). אך באבודרהם ובסידורים הקדומים תוספת זו אינה מופיעה, ויש שהקפידו שלא לאומרה ('יד אהרן' קפז; 'חסד לאלפים' קפז, ח ע"פ הב"ח קפה, ב, ומקורו בתשב"ץ קטן, שטו; וראה 'אברהם אזכור', מערכת ב, קעח). כיום נוהגים לומר נוסחה זו בעיקר יוצאי צפון אפריקה והפורטוגזים, אף שמהר"י עייאש לא אמרה (מובא ב'פת לחם', הלכות ברכת המזון).

ב. בסידורים הקדומים הברכה הראשונה פותחת במילים "בא"י אמ"ה הזן את העולם כולו",

וכך בפשיטות ב'פת לחם' וב'כתר שם טוב' (ח"א, קכה); אך הרש"ש גרס "האל הזן אותנו ואת העולם כולו", והעתיקוהו הבא"ח (חקת יד) ורבים מסידורי האחרונים. וראה סעיף יג. בנוסחאות הישנות הגרסה היא "ברווח וברחמים", וכיום הגרסה הנפוצה בקהילות המזרח היא "ברווח וברחמים רבים" ונמצאת כבר במחזור ארם צובה.

ג. גרסת מחזור ארם צובה ורבים מהדפוסים הישנים היא "ו(עמנו) טובו הגדול תמיד לא חסר לנו", וכן מנהג יוצאי צפון אפריקה; וברוב הסידורים המאוחרים הגרסה "ובטובו" ('פת לחם' בשם השל"ה).

ד. במחזור ארם צובה ובסידורי ליוורנו חתימת הברכה הראשונה היא "הזן ברחמיו את הכל", משום שה' זן אותנו ברחמים ולא בדין (תכלאל 'עץ חיים'), וכן מנהג יוצאי צפון אפריקה; וברבים מסידורי הראשונים לא גרסו תיבה זו, וכן המנהג הנפוץ.

ה. במחזור ארם צובה הברכה השנייה פותחת במילים "על ארצנו ועל נחלת אבותינו נשמח ונודה לך ה' אלהינו... הנחלת לאבותינו, כן תנחילנו ה'". ובסידור תלמידי ר' יונה וכן בכמה מסידורי ויניציאה, אמשטרדם וליוורנו נמצאת התוספת "על ארצנו ועל נחלת אבותינו" בלבד. ויש שהורו לדלג על תוספת זו, הנראית ככפילות ('חסד לאלפים' שם; 'פת לחם' שם).

ו. כתב ה'ארחות חיים' (ברהמ"ז, נה) בשם הראב"ד, שנשים לא יזכירו בברכה השנייה "ברית" ו"תורה", וכן פסק הרמ"א (קפז, ג), וכך נוהגים בכמה מקהילות יוצאי צפון אפריקה ('חסד לאלפים' שם, ב; 'ערך לחם' שם); ומרן תמה על כך ('בדק הבית', שם) ופסק, שמי שלא הזכיר חוזר, ולא חילק בין אנשים לנשים (שו"ע, שם ג; וכן כתב המחב"ר שם, א בשם המאירי).

ז. בסידורי הגאונים והראשונים חלקה השני של הברכה השנייה פותח במילים "ועל כולם" כבברכת "מודים"; אך בכל הקהילות פשטה גרסת הטור (שם) "ועל הכל". ה'באר מים חיים' עובדיה, והבא"ח (חקת טו) גרסו שיש לומר "על הכל" בלא ו'; ורבים אומרים בו' כגרסת הטור (ילק"י קפז, א בשם אביו).

ח. בסידורים קדמונים גרסו "אנו מודים לך", וכיום נפוץ הנוסח "אנחנו מודים לך", מכיוון שבלשון המקרא (ישעיה יט, ח) "אנו" הוא מלשון אנינות (קיצור השל"ה). מילה זו הוגהה גם בשאר המקומות בסדר התפילה, שבהם היא מופיעה ('חסד לאלפים' שם).

ט. בירושלמי (ברכות פ"ד ה"ב) מובא, שכשרבי ינאי היה ניעור משנתו היה מתחנן ואומר: "ואל תצריכנו למתנת בשר ודם שמתנתם מעוטה וחרפתם מרובה". ובנוסחאות רבות באה שורה זו במלואה בברכת המזון, ור"י נג'ארה כתב שלא לומר "שמתנתם מעוטה וכו'" ('כלי מחזיק ברכה' פ"ד), וכן השמיטה מהר"י עייאש.

י. כתב אבודרהם: "ובנה את ירושלים עיר קדשך, על שם 'בירושלים עיר הקדש' (נחמיה יא, א)". ישנן נוסחאות שונות לחתימת הברכה השלישית. הנפוצה שבהן היא "ותבנה ירושלים עירך במהרה בימינו" ('חסד לאלפים'; במחזור ארם צובה נוסח מורחב), ורבים גורסים "עיר הקודש" (בא"ח, חקת טז).

יא. ברכה זו קרויה בגמרא 'בונה ירושלים', ולדעת הטור (קפח) ואבודרהם צריך לחתום "ברוך אתה ה' בונה ירושלים"; ויש החותמים "בונה ברחמיו ירושלים" (מרדכי, ברכות ריז בשם מהר"ם; וכעין זה בסידור הרמב"ם). וביאר מרן (ב"י, שם), שגרסה זו על שם הפסוק "שבתי לירושלים ברחמים, ביתי יִבָּנֶה בה" (זכריה א, טז). אך בשו"ע (שם, ד) גרס כטור וכאבודרהם, וכך הסכימו ה'חסד לאלפים' והבא"ח (שם).

יב. ברבים מהסידורים העתיקים מופיעה בקשה לבניין המקדש ולגאולת ישראל: "בחיינו ובחיי כל קהל ישראל" (מחזור ארם צובה, סידורי אמשטרדם וליוורנו; נוסח שונה מובא בתשובת רב נטרונאי גאון, נו וכמוהו בסידור ויניציאה רפ"ד). ואפשר שנאמרת כפירוש ל"אמן" שאומר אחרי ברכת בונה ירושלים (כך משמע ב'הלכות קצובות', נהיגת האבל, וראה רש"י, שבועות לו ע"א, ד"ה "האמנת דברים"; 'כתר שם טוב' קע), או כהפרדה נוספת בין הברכות דאורייתא לברכת הטוב והמיטיב שהיא דרבנן (ראה ברכות מה ע"ב). בסידור 'שערי רחמים' (שאלוניקי תק"א) מובא לומר תוספת זו בזמן שהם קהל גדול. וביאר ר"א חאביליו, שהטעם לכך הוא משום שבקשה זו נאמרת קודם לברכת הטוב והמיטיב שנתקנה כנגד הרבים שנהרגו בביתר, ולפיכך כשיש קהל גדול מוסיפים ברכה זו לקהל ('פת לחם'); ורבים אינם אומרים תוספת זו כלל, כנראה משום שלא נזכרה בראשונים ('כתר שם טוב' שם).

יג. בסידורי רס"ג והרמב"ם ברכת הטוב והמיטיב פותחת במילים "בא"י אמ"ה, האל אבינו" (וכן כתבו הטור, קפט; ב"י שם בשם הרמב"ם; וראה ראבי"ה ח"א, קל); לעומת זאת האבודרהם גרס "לעד, אבינו", וכתב שאין לומר "האל" שהיא

כפילות מיותרת; אולם ברבים מהסידורים הישנים גרסו גם "לעד" וגם "האל", ורבים נוהגים לברך בנוסח זה. וראה סעיף ב.

יד. בברכת הטוב והמיטיב תחינות ובקשות, המסתיימות במילים "והצלה וכל טוב", ואחריהן השומעים עונים אמן. אחר כך מוסיפים שורת בקשות שנתחברו במהלך הדורות (למן תקופת הגאונים) וכולן פותחות בתיבת "הרחמן", אחדות מהן נאמרות גם היום ואחרות הוחלפו. ויש מהפוסקים שרחו את חלקן. הבא"ח, למשל, הסתייג מאמירת "הרחמן יפרנסנו בהיתר ולא באיסור", מכיוון שהקב"ה אינו מפרנס את האדם באיסור (חקת יח); וה'אור לציון' (ח"ב, מ"ו כט) כתב לקיים נוסחה זו.

טו. כמו כן נחלקו הפוסקים אם לאומרן בשבת מכיוון שהן בקשת צרכים. יש מהראשונים שכתבו לומר את כל הבקשות בשבת כבחול (או"ז, הלכות סעודה, קצט בשם רבינו אפרים מריגנשבורג), מכיוון שהוא טופס ברכות (שבה"ל צד ע"פ הירושלמי). ומרן הסתייג מהוכחה זו וכתב ש"הרחמן" אינו חלק מטופס ברכות (ב"י קפח), אך לא פסק לאסור. ולפיכך יש האומרים בקשות אלו כבכל יום, ויש הנמנעים מאמירתן בשבת.

טז. הגמרא אומרת שמכבדים את האורח לברך ברכת המזון כדי שיברך לבעל הבית, ואף מביאה נוסח לברכה זו (ברכות מו ע"א). במהלך הדורות נוספו לה הרחבות שונות (ובמנהג תימן היא ארוכה ועשירה במיוחד).

457 מי ששכח לברך, יברך מיד כשנזכר כל עוד הוא שבע (שו"ע קפד, ה, ע"פ דברי ר' יוחנן בברכות נג ע"ב). אם אכל ושבע ומסתפק אם בירך, יחזור ויברך (שם, ד בשם הרמב"ם והרא"ש). ונחלקו הפוסקים אם במקרה זה יברך גם "הטוב והמיטיב" (פר"ח ומג"א) או לא, מכיוון שהיא מדרבנן (ילק"י קפד, ד ע"פ ה'לחם משנה' וראה שם בהע' ד). אם רוצה להמשיך לאכול ייטול את ידיו, ובברכת המזון יפטור את כל הסעודה (משנ"ב שם, יז; והוא פסק כדה"ח, שלא יברך שוב "המוציא", בניגוד לדעת המג"א שיברך).

458 יש לברך את ברכת המזון במקום שאכלו בו. מי שיצא ממקומו, יחזור למקום שאכל בו ויברך (ברכות נג ע"ב). אך אם יצא ממקומו בשוגג, נחלקו הראשונים אם יכול לברך במקום שנזכר, או שחייב לחזור למקומו (שו"ע קפד, א), ובכה"ח הכריע שאינו חייב לחזור, שספק ברכות להקל (שם, ה בשם הט"ז). מי שהתחיל לאכול ומתכוון להמשיך במקום אחר, רשאי להסתמך על המשך הסעודה ולברך אחריה (שו"ע קעח, ד ע"פ הסמ"ק).

459 אין להפסיק בדיבור באמצע ברכת המזון, כדין תפילת שמונה־עשרה (שו"ע קפג, ח ע"פ ה'ארחות חיים'). אם הפסיק בדיבור באמצע אחת משלוש הברכות הראשונות, יחזור לראש; ואם הפסיק בין ברכה לברכה, אינו צריך לחזור (רמ"א שם, ו בשם התוספות). ובאמצע הברכה הרביעית יש אומרים שמותר להפסיק כדין קריאת שמע (ערוה"ש שם, ח). ובתחינות שאחריה מותר להפסיק לצורך מצווה (ראה פמ"ג, קפח מ"ז, ו).

460 "תנו רבנן: אין מקדשין אלא על היין, ואין מברכין אלא על היין" (פסחים קז ע"א). מפשט הגמרא משמע שתמיד יש לברך את ברכת המזון על הכוס, וכן כתב רשב"ם (שם); והתוספות כתבו ליישב את מנהג העולם שאין מזמנים על הכוס אלא בשלושה (שם קה ע"ב), וכן כתבו האחרונים בשם הזוהר (תרומה קסח ע"ב); ולדעת הרמב"ם (ברכות פ"ז הט"ו), אין חיוב לברך על הכוס, וכן הכריע המג"א (קפב, ב). והיום נוהגים שמברכים על הכוס רק בסעודות מצווה (ראה משנ"ב קפב, ד).

461 בחנוכה ובפורים מוסיף "על הנסים" בברכה השנייה שהיא ברכת הודאה. אם שכח, אינו צריך לחזור (שבת כד ע"א). אם נזכר לפני שסיים את ברכת המזון, אומר בסוף הבקשות שאחרי ברכת "הטוב והמיטיב": "הרחמן הוא יעשה לנו נסים ונפלאות, כמו שעשית לאבותינו בימים ההם בזמן הזה. בימי..." ('כלבו' כה).

462 בשבת מוסיף "רצה" לברכה השלישית, שהיא תפילה לגאולה (ראה ספר המנהיג, הל' שבת, מז). ביום טוב, בחול המועד או בראש חודש מוסיף "יעלה ויבוא" (ברכות מח ע"ב). ביום טוב שחל בשבת או בשבת חול המועד אומר "רצה" לפני "יעלה ויבוא" מדין "תדיר ושאינו תדיר, תדיר קודם" ('כלבו' כה; וראה הלכה 395).

463 אם שכח להוסיף "רצה" בשבת (פרט לסעודה שלישית) ונזכר קודם שהתחיל ברכת "הטוב והמיטיב", יאמר אחרי ברכת "בונה ירושלים" ברכה זו: "ברוך אתה ה' אלהינו מלך העולם, שנתן שבתות למנוחה לעמו ישראל באהבה לאות ולברית. ברוך אתה ה' מקדש השבת". ואם שכח "יעלה ויבוא" ביום טוב (ויש מהאחרונים שכתבו, שדין זה רק בליל סוכות או בליל פסח שבהם יש חובת אכילת פת, בא"ח, חקת כא; יבי"א ח"ו, כח), יאמר: "ברוך אתה ה' אלהינו מלך העולם, אשר נתן ימים טובים לעמו ישראל לששון ולשמחה, את יום וכו'". אם שכח לומר הן "רצה" הן "יעלה ויבוא", יאמר: "ברוך אתה ה' אלהינו מלך העולם, אשר נתן שבתות למנוחה לעמו ישראל... וימים טובים לששון... וכו'". אם בשבת שכח לומר "רצה" ונזכר

אחרי שהתחיל ברכת "הטוב והמיטיב" ואמר "האל וכו'", חוזר לראש (שו"ע קפח, ו ומשנ"ב שם בשם ה'חיי אדם'). אם בימים טובים נזכר אחרי שהתחיל את ברכת הטוב והמיטיב, לדעת מרן חוזר לראש (שו"ע ומשנ"ב שם; וכ"פ 'שמ"ש ומגן' ח"ד, לב-לה), ויש אומרים שאינו חוזר (יבי"א ח"ט, מז).

464 אם שכח להוסיף "יעלה ויבוא" בחול המועד (או בשאר סעודות יום טוב, ראה הלכה קודמת), יאמר אחרי "בונה ירושלים" נוסח זה: "ברוך שנתן מועדים לעמו ישראל לששון ולשמחה". אם שכח בראש חודש, יאמר: "ברוך שנתן ראשי חודשים לעמו ישראל לזיכרון". אם נזכר אחרי שהתחיל את ברכת "הטוב והמיטיב", אינו חוזר לראש (שו"ע שם, ז).

465 אם שכח להוסיף "רצה" בסעודה שלישית, יאמר את הברכה בעמ' 821; אך אם נזכר אחרי שהתחיל את ברכת "הטוב והמיטיב", אינו חוזר לראש (בה"ל שם, ד"ה בשבת).

466 אם התחיל סעודתו בשבת, בראש חודש וכד' ונמשכה סעודתו עד לאחר השקיעה, עליו לומר את התוספות הנדרשות לברכה (שו"ע קפח, י ע"פ מהר"ם). אם התחיל ביום חול ונמשכה סעודתו לראש חודש, עליו להזכיר "יעלה ויבוא" (משנ"ב שם, לג ע"פ הרא"ש). ואם ראש חודש חל ביום ראשון, נחלקו הפוסקים: לדעת הט"ז (שם, ז), צריך להזכיר הן "רצה" הן "יעלה ויבוא"; לדעת המג"א, יש להזכיר רק "יעלה ויבוא", וכן מסקנת המשנ"ב (שם); ולדעת הב"ח, יש להזכיר רק "רצה", וכן מסקנת הבא"ח (שם כב) והיחו"ד (ח"ג, לה). ויש מהאחרונים שכתבו שטוב יותר שלא לאכול פת אחרי צאת הכוכבים (קישו"ע מר, יז; שש"כ נז, יג). אם חל חנוכה או פורים במוצאי שבת, לכולי עלמא מזכירים רק "רצה" (משנ"ב שם).

467 "שלשה שאכלו כאחת חייבין לזמן" (משנה, ברכות מה ע"א). הזימון הוא קריאה לברך יחד. אם עשרה או יותר אכלו יחד, הם מוסיפים את המילה "אלהינו" לזימון (משנה, שם). יש שנהגו שהמזמן עונה בסוף הזימון לפני שמתחיל לברך, "ברוך הוא וברוך שמו" (טור, קצב והב"ח שם כתב לאומרו דווקא כשמזמנים בעשרה, כיון שמזכירים 'אלהינו'); ויש המורים שאין לענות כך, וכן המנהג הנפוץ (שכנה"ג, שם; 'בית מנוחה'; וראה 'כתר שם טוב', ברכת המזון קס; שתי הדעות מובאות בכה"ח קצב, ח, ומסקנתו שמוטב שלא לומר, אך אין למחות ביד הנוהגים לומר).

468 "שאכלו כאחת" - הכוונה שישבו לאכול יחד (שו"ע קצג, ד ע"פ ברכות נ ע"א), או שסיימו לאכול יחד (שם, ב ע"פ הרא"ש). אם רואים זה את זה יכולים להצטרף, אף אם לא אכלו על אותו שולחן (משנה, ברכות נ ע"א).

469 לאחר הזימון צריכים לברך יחד. יש שהורו שמוטב שאחד יברך והאחרים ישמעו את ברכתו ויצאו ידי חובתם בה (רמב"ם, ברכות פ"ה ה"ג); והיום נוהגים שכל אחד מברך לעצמו (שו"ע קפג, ז ע"פ שבה"ל).

470 "שלשה שאכלו כאחת - אחד מפסיק לשנים ואין שנים מפסיקין לאחד" (ברכות מה ע"ב). מכאן ששניים יכולים לכפות על השלישי להפסיק מסעודתו ולזמן אתם (טור, ר בשם הר"י), ואחר כך יכול להמשיך סעודתו, ואינו צריך לשוב ולברך "המוציא" (שו"ע שם, ב ע"פ הרי"ף; ולא כרב האיי גאון). אולם אם אחד רוצה לברך והשניים האחרים רוצים להמשיך, אינם צריכים לענות, ועליו להמתין עד שיסיימו לאכול; אך הם רשאים להפסיק לפנים משורת הדין (כרב פפא שם בברכות).

471 אם שניים אכלו לחם והשלישי לא אכל - יכול להצטרף עמם אם אכל כזית מאוכל אחר או שתה רביעית משקה (שו"ע קצז, ג ע"פ התוספות, ברכות מח ע"א). לזימון בעשרה צריך לפחות שבעה שאכלו לחם (ברכות שם).

472 אם אחד מהשלושה כבר בירך, הוא יכול להצטרף לזימון לשניים שעדיין לא בירכו בתנאי שלא זימן כבר עם אחרים (ב"י בשם הרשב"א והוב"ד ברמ"א קצד, א). אך אין שניים מצטרפים לאחד (שו"ע קצד, א ע"פ הרשב"א). לזימון בעשרה יכולים להצטרף עד שלושה שכבר בירכו; אך אם השלושה זימנו כבר, אינם שבים ומצטרפים לזימון בעשרה (פמ"ג, קצד מ"ז, ד).

473 נשים חייבות לברך ברכת המזון (משנה, ברכות כ ע"א), וכמו כן חייבות לענות לזימון (שו"ע קצט, ז); אך אינן מצטרפות לזמן עם הגברים (שם; ולא כדעת כמה מהראשונים שהתירו, ראה שם בטור).

474 אם שלוש נשים אכלו יחד, רשאיות לזמן (ברכות מה ע"ב); ולדעת הרא"ש חייבות לזמן (ברכות פ"ז, ד ע"פ ערכין ג ע"א), וכן פסק הגר"א, אך לא נהגו כך (בה"ל קצט, ד"ה נשים). וכשאכלו שלוש נשים עם גבר אחד או עם שניים - יש נוהגים שאין הנשים מזמנות כלל (רבבות אפרים); ויש שהורו שמותר לנשים לזמן, והגברים עונים להן (רי"ד סולובייצ'יק; 'הליכות ביתה' בשם רש"ז אויערבך).

475 מוסיפים לנוסח ברכת הזימון בזמנים מיוחדים: בסעודת שבע ברכות (ראה הלכה 512-515) ובבית האבל רח"ל (עמ' 894; וראה הלכה 533).

# ספר תולדות אדם

## הלכות ברית מילה

476 "זאת בריתי אשר תשמרו ביני וביניכם ובין זרעך אחריך, המול לכם כל זכר" (בראשית יז, י). המילה היא ברית בין עם ישראל ובין הקב"ה, ואות הברית חתומה בגופו של כל אחד מבני העם כדי להעיד על ברית זו (ספר החינוך, ב). גדולה היא מילה, שלא נקרא אברהם אבינו שלם עד שמל, ועליה נכרתו שלוש־עשרה בריתות לעומת כל מצוות התורה שעליהן נכרתו שלוש בריתות בלבד (רמב"ם, מילה פ"ג ה"ח-ה"ט). האב חייב למול את בנו (משנה, קידושין כט ע"א) בהיותו בן שמונה ימים (ויקרא יב, ג). וכל גר צריך להימול כחלק מתהליך קבלתו לעם ישראל (יבמות מו ע"א).

477 היום השמיני הוא שבוע לאחר לידת הבן, כיוון ש"מקצת היום ככולו" (פסחים ד ע"א, ובעוד מקומות רבים) - ואפילו נולד דקה לפני השקיעה, נחשבת דקה זו כאילו עבר עליו יום אחד (יבמות עא ע"ב). ואם נולד בין השמשות (ראה הלכה 340-341), נימול ביום השמיני ליום המתחיל בערב (משנה, שבת קלז ע"א).

478 תינוק שאינו בריא ביום השמיני, נימול כשהוא מבריא. אם חלה בכל גופו, ממתינים שבעה ימים מעת שנתרפא ואז מלים אותו (שו"ע, יו"ד רסב, ב ע"פ יבמות עא ע"ב). ומי שלא נימול בזמן חייב להימול אפילו בבגרותו (קידושין כט ע"א).

479 המילה היא מצווה חשובה כל כך עד שהיא דוחה שבת (משנה, נדרים לא ע"ב). כל המלאכות הנדרשות לצורך המילה עצמה נעשות בשבת, אך מלאכות שאפשר לעשותן ביום שישי אינן דוחות את השבת גם במחיר דחיית המילה (שבת קלג ע"א).

480 מי שנדחתה מילתו ולא נימול ביום השמיני וכן גר, אינם נימולים בשבת או ביום טוב (שו"ע, יו"ד רסו, ב ע"פ יבמות קלב ע"ב). אפילו מי שנולד בין השמשות של ערב שבת, לא יימול בשבת הבאה, אלא ביום ראשון; ואם ראש השנה חל בחמישי ובשישי, ונולד בין השמשות שבין כ"ב וכ"ג באלול - לא יימול עד יום ראשון הבא, ד' בתשרי (משנה, שבת קלז ע"א). ואין מילתו דוחה אפילו יום טוב שני בחו"ל (שו"ע, יו"ד שם, ח; תשב"ץ, מובא בברכ"י שלא, ג; בניגוד לדעת הש"ך, יו"ד שם, ח שהתיר ביום טוב שני כדעת הרמב"ם).

481 בלילה שלפני הברית נהגו להיות ערים וללמוד תורה ('זכר דוד' א, ל ע"פ הזוהר, לך לך; וראה 'ארחות חיים', מילה ט). ומאריכים לקרוא קטעים מהתנ"ך, מהמשנה, מהגמרא ומספר הזוהר לקראת המילה (סידור יעב"ץ, הל' מילה; 'זכר דוד', מאמר ראשון יז, ל, לז) ונתחברו סדרים מיוחדים לכך, כגון: "משמרת הבן", "הוד ברית" לחיד"א ו"ברית יצחק". בקהילות אשכנז נהגו להביא ילדים צעירים לקרוא קריאת שמע ליד מיטת התינוק ('זוכר הברית' ג, יד), ובליל שבת שלפני המילה לעשות סעודת 'שלום זכר' (תה"ד, רסט).

482 מלים ביום ולא בלילה, כיוון שנאמר (ויקרא יב, ג): "וביום השמיני ימול" (מגילה כ ע"א). כל היום כשר למילה, אך מלים מוקדם ככל האפשר, משום ש"זריזין מקדימין למצוות". אין אומרים תחנון בשחרית בבית כנסת שעתידה להיערך בו מילה, וגם אם המילה תיערך אחר הצהריים, אין אומרים תחנון בשחרית ולא במנחה. כמו כן אבי הבן, המוהל והסנדק אינם אומרים תחנון, ופוטרים את כל המניין שמתפללים בו, מתחנון ('קשר גודל' יט, כב; משנ"ב קלא, כב בשם ה'מגן גיבורים'). יום זה נחשב יום טוב שלהם, והם לובשים בגדי חג אפילו בתשעת הימים (רמ"א, תקנא, א בשם מהר"י טירנא).

483 לסדר המילה, ראה עמ' 861. נוהגים להכין 'כיסא של אליהו', המכונה 'מלאך הברית' (ספר העיטור נא ע"א בשם פדר"א; וראה ספורנו על הפסוק "וירא אליו ה' באלוני ממרא" שפירש שזהו מראה שלא נועד לדיבור עם אברהם אלא זהו ביטוי לנוכחות אלוקית בעת ברית המילה "כמשפט לכל כורתי ברית", והוסיף: "ואולי בשביל זה נהגו להכין כסא בעת המילה ובמקומה"), והסנדק יושב על כיסא זה בשעת המילה (או"ז ח"ב, קז; ויש נוהגים להכין כיסא נפרד לסנדק); ויש המוסיפים ומכבדים עוד מהקרואים בהנחת התינוק על הכיסא של אליהו ובהחזקתו ('זכר דוד', מאמר ראשון עז).

484 נוהגים שאבי הבן והסנדק מתעטפים בטלית בשעת המילה ו"מנהג ותיקין נאה ויאה למול ולהיות סנדק בתפילין" ('מראית העין', ביאורים ב). אם מלים אחרי תפילת שחרית בעוד שהקהל מעוטרים בתפילין, נהגו שלא לחולצן עד אחר המילה (ש"ך, יו"ד רסה, כד; מחב"ר כה, יא). ואם מלים בראש חודש אחרי מוסף, יש אומרים שאין לחזור ולהניח תפילין (כה"ח כה, צו ע"פ הרש"ש).

485 "תנו רבנן: המל אומר 'אשר קדשנו במצותיו וצונו על המילה'. אבי הבן אומר 'אשר קדשנו במצותיו וצונו להכניסו בבריתו של אברהם אבינו'. העומדים אומרים 'כשם שנכנס לברית כך יכנס לתורה לחופה ולמעשים טובים'" (שבת קלז ע"ב). הרשב"ם (בתוספות, שם) הפך את הגרסה, ולדעתו אבי הבן מברך לפני המוהל, משום ש"להכניסו"

הוא לשון עתיד, ואין לברך בלשון זו על מה שכבר נעשה; אך לדעת ר"ת (שם), ברכת המל קודמת לברכת אבי הבן כגרסת הגמרא שלפנינו, וכן פסק השו"ע (יו"ד רסה, א). אך יש נוהגים כדעת הרשב"ם (ובשו"ת מהר"ם אלשקר, יח כתב שכן דעת הרמב"ם), וב'הלכות קטנות' (ח"ב, קסט) מובא שכך היה המנהג בירושלים ולדעת כמה מהאחרונים יש לנהוג כך (יבי"א, ח"ז יו"ד, כא). ויש אומרים שבמקום שנוהגים כך, צריך אבי הבן לברך "שהחיינו" מיד לאחר "להכניסו" ('שמש ומגן', אה"ע ח"ב, כא, ו וראה הלכה 487).

486 לדעת הרמב"ם (מילה פ"ג ה"א), אב המל את בנו מברך "למול את הבן", ורק אם המוהל הוא אדם אחר מברך "על המילה", וכן פסק מרן (שו"ע, יו"ד רסה, ב); ולדעת רוב הראשונים (רש"י, פסחים ז ע"ב; בעל העיטור; טור, שם), אפילו אבי הבן מברך "על המילה", וגם ברוב קהילות הספרדים נוהגים כך (ברכ"י, יו"ד רסה, ז). ואם מל את בנו ובירך "למול את הבן", יצא (רמ"א שם, וכ"פ היבי"א ח"ז, יו"ד כא, ז).

487 לדעת הרמב"ם (מילה פ"ג ה"ג וכן כתב בתשובה, קמא; וראה שו"ת הרשב"א ח"א, קסו שהעיד שלא נהגו לברך), אבי הבן מברך "שהחיינו" מיד לאחר המילה; לדעת ר"י (תוספות, סוכה מו ע"א) ובעל העיטור (נב ע"ד) אין מברכים; ולדעת ר"ת המובאת בראבי"ה (ח"ב, רפט), רק אם אבי הבן מל בעצמו, מברך. ובארץ ישראל וסביבותיה נהגו כשיטת הרמב"ם (שו"ע שם, ז), וכך מנהג הספרדים.

488 ככלל, האב צריך למול את הבן בעצמו ולא למנות אחר להיות שליח, משום ש"מצווה בו יותר מבשלוחו" (קידושין מא ע"א); אך מכיוון שרוב ישראל אינם בקיאים במילה (ואף חוששים ממנה), בדרך כלל האב ממנה מוהל מומחה לעשות את המצווה במקומו (אר"ז ח"ב, קז).

489 יש נוהגים לומר י"ג מידות בין מילה לפריעה ובפרט אם הציבור שרוי בצרה רח"ל ('חסד לאלפים' קלא, י).

490 מי שקורא שם לתינוק, מברך על היין ('מרדכי', יומא תשכ), ואומר את ברכת "אשר קידש" (שבת קלז ע"ב; ירושלמי, ברכות פ"ט ה"ג ונוסחתנו היא ככתוב שם).

לדעת כמה מהגאונים והראשונים, יש לומר בברכה "צִוָּה להציל ידידות" ביחס לבריתו של הקב"ה עם האבות (רש"י ותוספות שם בשבת; וכן הוא בזוהר, שמיני לט ע"ב), וזו הייתה הגרסה בסידורי ספרד הישנים; אך מרן כתב שעדיף לקרוא "צַוֵּה" כבקשה לעתיד, וכך יישב את דברי הרמב"ם ('פאר הדור' קלד) עם לשון הגמרא שלפנינו (ב"י, יו"ד רסה; וכן כתב הש"ך שם, ה). וכך גם משמע מנוסחת בה"ג וסידור רס"ג ומתשובת רב האיי גאון המובאת בספר העיטור (כת"י), שגרסו "חלקנו להציל" ולא גרסו "ציוה" או "צוה". ומהר"י עייאש פסק, שאין הכרע אלא כל אחד יאמר בלשון שיאמר לו רבו ('זכר דוד', מאמר ראשון עג).

491 לאחר הברית מקיימים סעודה, והיא נחשבת סעודת מצווה (שו"ע, יו"ד רסה, יב בשם אבודרהם), אך היא איננה מצווה מן התורה ('חקרי לב', יו"ד ח"ג, קנ, וראה ילק"י, מילה יא, הע' א). אין לסרב להשתתף בסעודה זו, ולכן נוהגים שלא להזמין במפורש אורחים לסעודה (פת"ש שם, יח ע"פ תוספות, פסחים קיד ע"א). גם אחרי המילה אין אומרים תחנון כל אותו היום בבית הכנסת שנערכה בו המילה, או במקום שבו מתפלל אחד מבעלי הברית - אבי הבן, המוהל או הסנדק (ילק"י, מילה יב ו).

492 מי שנולדה לו בת צריך לציין זאת ולהודות לקב"ה. יש המקיימים סעודה מיוחדת ('מנחת יצחק' ח"ד, קז), המכונה 'זבד הבת' (ראה עמ' 870). נוהגים להעלות את האב לתורה כדי לקרוא לה שם בציבור. יש המקדימים לקרוא שם מיד ביום שני או חמישי שלאחר הלידה ('בני יששכר', מובא ב'ציץ אליעזר' חי"ג, כ, ו; וראה 'דרישה' יו"ד שס, ב שכתב שמעמד קריאת שם לבת חשוב כמו קריאת שם הבן בשעת המילה), ויש הממתינים לשבת משום "ברוב עם הדרת מלך" (סידור יעב"ץ, הל' מילה).

493 היולדת צריכה לברך "הגומל" על שהלידה עברה בשלום. יש נוהגים שבעלה מברך עבורה, אך המשנ"ב כתב (ריט, ג בשם כנה"ג וא"ר) שמוטב שתברך בעצמה לפני עשרה. ונוהגים שמברכת מעזרת הנשים (סידור 'קול אליהו'). יש נוהגים שאם ילדה בן, מברכת בזמן סעודת הברית.

## הלכות פדיון הבן

494 "אך פדה תפדה את בכור האדם" (במדבר יח, טו). לפני מתן תורה היה לבכורות תפקיד מיוחד בעבודת ה' (רש"י, בראשית כה, לט). אך משחטאו בעגל, ניטלה מהם זכות זו ונמסרה לבני לוי (רש"י, במדבר ג, יב). במדבר נערך טקס מיוחד שבו הוקדשו הלוויים תחת הבכורות (במדבר ח, ה-יז), וגם היום יש לערוך טקס פדיון לכל בכור שנולד.

495 פודים את הבכור במלאות לו שלושים ימים מלאים (משנה, בכורות מט ע"א), ואין מתעכבים (רא"ש שם), אלא אם כן חל בשבת או ביום טוב (תה"ד, רסט). נחלקו הראשונים אם פודים בחול המועד, ולדעת מרן פודים (תקמו, ד ע"פ התוספות, ולא כסמ"ק; וכן הוכיח בברכ"י, יו"ד שה, יח). אם האב לא פדה, חייב הבן לפדות את עצמו כשיגדל (קידושין כט ע"א).

496 אפשר לערוך את הפדיון בלילה (ברכ"י שם, יד בשם 'גינת ורדים'), ואם נדחה הפדיון בגלל שבת או יום טוב, נוהגים לקיימו כבר במוצאי אותו היום (ראה שו"ע, יו"ד שה, יא ו'נהר מצרים' פדיון הבן, כ).

497 אין פודים את בני שבט לוי (משנה, בכורות ג ע"ב ר"ג ע"א). וגם מי שאמו משבט לוי פטור מפדיון (שו"ע, יו"ד שה, יח ע"פ בכורות מז ע"א).

498 הפדיון תלוי באם: אם היו לאם ילדים אחרים קודם לכן ולאב לא, אין פודים; ואם היו לאב ילדים אחרים אך לא לאם, פודים (שם, יז ע"פ בכורות מו ע"א). אין פודים את מי שנולד בניתוח קיסרי (משנה, בכורות מז ע"ב). מי שאמו הרתה והפילה לפני שנולד, פטור מפדיון; אך אם הפילה בתוך ארבעים יום להריונה, הבא אחריו חייב בפדיון (בכורות מז ע"ב). הרמ"א פסק שארבעים יום הוא זמן משוער בלבד, וכל זמן שלא נתרקמו איברי הנפל, צריך לפדות את הבא אחריו (שם, כג בשם מהרי"ק, שורש קמג); ויש שערערו על פסק זה (חכ"צ, קד). ונוהגים כדברי המהרי"ק אפילו אם עברו יותר מארבעים יום, ופודים בברכה ('חיים שאל' ח"ב, יז).

499 יש לפדות את הבן בחמש סלעי כסף, שהוא כמאה גרם כסף טהור (משנה, בכורות מט ע"ב). ומותר לפדות בכל דבר שווה ערך לסך זה (שו"ע, יו"ד שה, ה-ו, ע"פ קידושין ח ע"א).

500 יש שכתבו שבזמן עריכת הפדיון הכוהן ואבי הבן עומדים (שו"ת מהרי"ט צהלון, א).

501 כתב הרשב"א (ח"א, קצט) שסעודת פריון הבן היא סעודת מצווה אך אינה חובה והיא תלויה ברצון האב (הוב"ד בב"י, שה) ומהר"י איסרלן (תה"ד, רסח) וה'כלבו' כתבו שיש לעשותה, וכן נוהגים (ראה רמ"א שם, י). סדר הפדיון בעמ' 871.

502 אבי הבן מברך שתי ברכות: "על פדיון הבן" ו"שהחיינו" (פסחים קכא ע"ב). בכתבי הגאונים נמצאת ברכה נוספת: "אשר קידש עובר במעי אמו" ('שערי תשובה', מז מובא בשו"ת הרשב"א ח"א, ר ותשנח). אולם היא לא הוזכרה במשנה ובגמרא, ולכן ערערו עליה רס"ג בסידורו והרא"ש (קידושין פ"א, מא; בכורות פ"ח, א). ה'כנסת הגדולה' (יו"ד שה, יג) הביא שרבו היה נוהג לאומרה והיו שנהגו על פיו. אולם כיום אין נוהגים לברך ברכה זו, ויש האומרים אותה בלי שם ומלכות ('שולחן גבוה', יו"ד שה, כא; 'כתר שם טוב' ח"א, תרפו). לפני אמירת ברכה זו נהגו לברך על היין ועל ההדס (שו"ת הרשב"א ח"א, תשנח ע"פ ר' חננאל) כבברית מילה, ויש הנוהגים אף היום לברך שתי ברכות אלו.

## בר־מצווה ובת־מצווה

503 א. כשמגיע הבן לי"ג שנה ויום אחד והבת לי"ב שנה ויום אחד נעשים לבני מצווה ומחויבים בקיום כל מצוות התורה (אבות פ"ה מכ"א; רמב"ם, שביתת עשור פ"ב הי"א). מיום זה חייב הבן להניח תפילין (ורבים נוהגים להתחיל להניחן שנה קודם לכן כדי להתחנך במצווה; הלכות תפילין בעמ' 993) ועולה לתורה ביום שני או חמישי שאחריו, ורבים נוהגים שעולה גם בשבת וקורא את פרשת השבוע ואת המפטיר. כמו כן נוהגים שהנער דורש בקהל (ראה כש"ט ח"א, כד-כט) ומציינים יום זה בחגיגיות ואין אומרים בו תחנון (ראה הלכה 206). כתב מהרש"ל, "אין לך סעודת מצוה גדולה מזו ושמה יוכיח עליה, ונותנים למקום שבח והודיה שזכה הנער להיות בר מצוה, וגדול המצֻוה ועושה" ('ים של שלמה', ב"ק פ"ז, לז), וטוב לעשות סעודה גם לכבוד בת־מצווה (בא"ח, ראה יז; 'יין הטוב' ח"ב, ו, הביא את דברי ר"א מוספייא הסובר שהיא סעודת מצווה; חזו"ע, טו בשבט, דיני שהחיינו, ה). כמו כן יש קהילות שבהן נוהגים, שהנער נושא תפילה מיוחדת (עמ' 874) במהלך סעודה זו או בשעה שעולה לתורה בפעם הראשונה. ובקהילות איטליה נהגו הבנות אף הן לשאת תפילה מיוחדת (עמ' 876).

ב. "אמר ר' אלעזר: אדם צריך להטפל בבנו עד יג שנה, מכאן ואילך צריך שיאמר ברוך שפטרני מעונשו של זה" (בראשית רבה, תולדות סג). בתלמוד לא נזכרה ברכה זו (ולא הביאוה הטור והשו"ע), ומקורה הוא המדרש לעיל. עם זאת, יש הסוברים שיש לברכה בשם ומלכות, ויש שכתבו לאומרה בלי שם ומלכות (השיטות השונות הובאו ב'יין הטוב', שם), וכך המנהג הנפוץ (חזו"ע שם, ה-ו; וב'יין הטוב' כתב, שבמקום שאין מנהג ידוע, יאמרו "בריך רחמנא אלהנא מלכא דעלמא שפטרני מעונשו של זה").

## הלכות נישואין ושבע ברכות

504 "חכם, חתן, נשיא - גדולה מכפרת" (ירושלמי, ביכורים פ"ג ה"ג). בני אשכנז נוהגים שהחתן והכלה מתענים בערב חופתם (ספר הרוקח, שנג), והבא"ח כתב שחתנים מתענים אך לא הכלות (שופטים יג, וכן כתב ה'שמ"ש ומגן' ח"ב, אה"ע כא, ג); רבים מהספרדים לא נהגו להתענות (יבי"א, אה"ע ח"ג, ט, ה), ויש שכתבו שמי שרוצה להתענות רשאי (ברכ"י תע, ב). כמו כן נוהגים שהחתן טובל במקווה ('חופת חתנים' ו, א).

505 אם החופה לפני השקיעה, החתן פוטר את

המניין שהוא מתפלל בו, מאמירת תחנון (ראה בה"ט ושע"ת, קלא ד, יד וראה הלכה 206) ע"פ שבה"ל ותה"ד ח"ב, פ). ויש נוהגים לומר בסוף מנחה את מזמור מה שנדרש על החתן והכלה, במקום מזמור סז (תפלה זכה).

506 נוהגים שמסדר הקידושין מברך על כוס יין את ברכת האירוסין (׳מרדכי׳, ברכות קלא בשם רב שר שלום גאון; ולדעת הרמב"ם, אישות פ"ג הכ"ג, מוטב שהמקדש יברך בעצמו), ונותן לחתן ולכלה לשתות (ראה ׳ארחות חיים׳ ח"ב, כא ע"פ הירושלמי, סוטה פ"ח ה"ה).

507 בגוף ברכה זו גרס רב האיי גאון "והתיר לנו על ידי חופה וקידושין"; גרסת רס"ג היא "והתיר לנו את הנשואות על ידי חופה וקידושין" (וגרסה זו נפוצה בקרב הספרדים); ר"ת הגיה "והתיר לנו את הנשואות לנו על ידי חופה וקידושין", וגרסה זו אף היא פשטה אצל רבים מהספרדים (בא"ח, שופטים ד ע"פ האחרונים). גם באשר לסיום הברכה חלוקות הדעות: רס"ג, רב האיי גאון, הרי"ף, הרמב"ם והרמב"ן סברו שיש לחתום "מקדש ישראל" ותו לא, וכן פסק מרן (ב"י, אה"ע לד); לעומתם פסקו רב אחאי גאון (שאילתא טז), בה"ג (הלכות כתובות) והרא"ש (כתובות פ"א, יב), שיש להוסיף בחתימה "על ידי חופה וקידושין", והסביר הרא"ש (שם) שתוספת זו באה לבאר שההיתר בא על ידי החופה שלאחר הקידושין ולא על ידי החופה עצמה. בעל העיטור (ח"ב, דיני ברכת חתנים, סב ע"ד) הביא וצידד בדקדוקו של בעל ספר מתיבות הגורס "חופה בקידושין", וזאת מכיוון שהקידושין קודמים לחופה, ומנהג הספרדים לחתום כך.

508 לאחר ברכת האירוסין החתן אומר "הרי את מקודשת לי בטבעת זו כדת משה וישראל" (ראה תוספות, ג ע"א; ה׳מנהיג׳, אירוסין ונישואין קג). עונד את טבעת הנישואין על אצבעה של הכלה (׳תיקוני הזוהר׳, תיקונא עשיראה כה ע"ב; וראה ׳כתר שם טוב׳, סדר האירוסין והנישואין, תשיד), וכשמקבלת אותה ממנו היא מתקדשת לו (קידושין ה ע"ב).

509 "אסור לאדם שישהא את אשתו אפילו שעה אחת בלא כתובה" (בבא קמא פט ע"ב). לאחר הקידושין החתן מוסר לכלה את הכתובה ואומר לה "זו כתובתך" (ראה סידור רס"ג, עמ׳ צז). נוהגים לקרוא את הכתובה בקול כדי להפסיק בין ברכות האירוסין לברכות הנישואין (רמ"א סב, ט בשם ר"ת); ויש הנוהגים שלא לקרוא את כולה (ילק"י שם, קלז). מנהג ירושלים הוא שהעדים חותמים על הכתובה לאחר שקוראים אותה ולפני שהיא נמסרת לידי הכלה (׳נתיבי עם׳, אה"ע סו, א); ובקהילות רבות נוהגים שהעדים חותמים על הכתובה לפני תחילת הטקס (שני המנהגים מובאים ב׳מרדכי׳, גיטין שמב בשם ראבי"ה, תתקיט), אך עליהם להיות נוכחים בשעת מסירתה לכלה, שכן עדות המסירה היא המחייבת (שו"ע, חו"מ נא, ז).

510 "ויקח עשרה זקנים מזקני העיר, ויאמר: שבו פה, וישבו" (רות ד, ב), מכאן למדו חכמים שיש לברך ברכת חתנים במניין (כתובות ז ע"א). עוד קבעו חכמים שש ברכות (כתובות ח ע"א), המתחילות בבריאת העולם ועוברות מן הכלל אל הפרט, עד שמגיעות לשמחת החתן והכלה שלפנינו, וברכה שביעית שהיא תפילה לגאולה (סידור הרב זקס). יש לברך ברכת חתנים על הכוס, ומברכים תחילה "בורא פרי הגפן" ואחר כך את שאר הברכות (׳שאילתות דרב אחאי׳ טז). הסמ"ג (עשין מח) מביא בשם רס"ג, שנוסח הברכה הרביעית הוא "אשר יצר את האדם בצלמו, ובצלם דמות תבניתו התקין לו ממנו" (עשין מח); אך הגרסה המקובלת היא נוסח הגמרא שבידינו (כתובות ח ע"א), וכך גרסו רוב הראשונים (וכך גם בסידור רס"ג שלפנינו).

511 "ובתוך השמחה צריך לעשות שום דבר זכר לאבילות ירושלים" (טור, אה"ע סה ע"פ בבא בתרא ס ע"ב). נוהגים לומר את הפסוק "אם אשכחך" (ט"ז תקס, ד) ולשבור כוס לזכר החורבן (ב"י סה, בשם ה׳כלבו׳ ומשמע ששוברים את הכוס שבירכו עליה). יש השוברים את הכוס מיד לאחר הקידושין (ראה ׳מטה משה׳, עמוד גמילות חסדים פ"א, ט וכן ׳מועד לכל חי׳ י, צו), יש העושים כן לאחר מסירת הכתובה, ויש הממתינים עד סוף שבע הברכות (רמ"א שם; וכן כתב כה"ח שם, כא), וכן המנהג הנפוץ. לפני שבירת הכוס יש נוהגים לתת אפר בראש החתן (שו"ע תקס, ב ע"פ בבא בתרא ס ע"ב); ורבים נהגו שלא לעשות כן (כה"ח שם בשם ׳שולחן גבוה׳).

512 בסוף הסעודה מברכים שבע ברכות, וכן בכל סעודה שעושים לכבוד החתן והכלה (רמב"ם, ברכות פ"ב ה"ט). נוהגים לברך ברכות אלה על שתי כוסות: מזמנים על כוס אחת ומוסיפים בברכת הזימון "שהשמחה במעונו". לאחר ברכת המזון מברכים את שש ברכות החתנים על כוס שנייה, ולאחר מכן המזמן מברך "בורא פרי הגפן" על כוס הזימון (שו"ע, אה"ע סב, ט ע"פ הרא"ש). בימינו בדרך כלל אין מברכים ברכת המזון על הכוס, לכן אפשר לברך על כוס אחת את ברכת היין וגם את שש ברכות החתנים. אם עושים כן, יש לברך ברכת הגפן תחילה (׳שמש ומגן׳, אה"ע ח"ב, כא, ד).

513 עם זאת, כדי לברך שבע ברכות צריכים להתקיים כמה תנאים:

א. אין אומרים שבע ברכות אם אין עשרה אנשים (משנה, מגילה כג ע״ב). אולם בזימון עצמו מוסיפים ״שהשמחה במעונו״, אפילו אין עשרה (רמב״ם, ברכות פ״ה ה״ה).

ב. אין מברכים שבע ברכות אם אין ׳פנים חדשות׳ (כתובות ח ע״א), כלומר, מי שלא השתתף באחת מהסעודות שכבר נערכו לכבוד החתן והכלה (שו״ע סב, ז ע״פ רש״י). יש המקלים להחשיב ׳פנים חדשות׳ אפילו את מי שלא אכל בסעודה זו, ולברך שבע ברכות (רמ״א, שם ע״פ הר״ן). לדעת הרמב״ם (מובא בשו״ת ר׳ אברהם בנו, פו) יש צורך בשני אנשים חדשים לפחות; ולדעת ראשונים אחרים די באחד (הר״ן, כתובות ג ע״א); וה׳שדי חמד׳ כתב שאפשר להסתמך על דעה זו במקום שנהגו (אספת דינים ג, יא). בשבת אין צורך ב׳פנים חדשות׳, מכיוון שהשבת עצמה נקראת במדרש ׳פנים חדשות׳ (תוספות, כתובות ז ע״ב). בסעודה שלישית אין מברכים אם אין פנים חדשות (שו״ע סב, ח ע״פ הטור), ויש מתירים (רמ״א שם ע״פ מהר״י טירנא).

ג. מלכתחילה יש לערוך את הסעודה ב׳בית חתנים׳ (שו״ע, אה״ע סב, ה). אם אין עורכים את הסעודה בבית החתן עצמו, יש פוסקים לומר רק את ברכת הגפן ואת ברכת ״אשר ברא״ (שו״ת ׳חזון עובדיה׳ ח״א, מח) כדין סעודת חתן שאין בה עשרה; ויש פוסקים, שאם יש אורחים אשכנזים יברכו הם (סידור ׳קול אליהו׳); ויש שהורו לומר שבע ברכות גם לא בבית החתן עצמו, מכיוון שבימינו אין מקום חופה קבוע לשבעת הימים, אלא רק לשעת הנישואין עצמם (ראה שו״ת הרב״ך, עג). כמו כן, פעמים רבות השמחה גדולה יותר דווקא כשנעשית לא בבית החתן (׳שמש ומגן׳, אה״ע ח״ג, כד-כו; שו״ת ׳וישב הי״ם׳ ח״ב, כא). ולדעת הרש״ם עמאר רק בשבת יכולים לברך את כל שבע הברכות שלא ׳בבית חתנים׳, ובשאר ימות השבוע מברכים רק את ברכת הגפן ו״אשר ברא״.

514 מי שנמצא בסעודת חתן, צריך לברך שבע ברכות, ואפילו שלא בנוכחות החתן (שו״ע, אה״ע סב, יא ע״פ הטור); ולכן אם יש מניין אנשים שאינם יכולים לברך עם החתן, מכיוון שצריכים לצאת מוקדם או שאינם יכולים לשמוע את ברכתו, מברכים שבע ברכות על היין במקומם (ערוה״ש שם, לז).

515 אם לאחד מבני הזוג זו חתונתו הראשונה, מברכים שבע ברכות במשך שבוע, ושבעת הימים האלה נמדדים מעת לעת - שבעה ימים שלמים ממועד החופה; ואם שניהם היו נשואים קודם לכן, מברכים רק יום אחד (כתובות ז ע״א). כל אותו השבוע החתן פוטר מאמירת תחנון את המניין שהוא מתפלל בו. יש שהורו שמוטב שהחתן יתפלל ביחידות (תה״ד שם בשם מהר״א שטיין; וכ״פ הט״ז קלא, י והמשנ״ב שם, כו), ויש שחלקו וכתבו, שאין זה ראוי שהחתן יתפלל ביחידות בשבוע זה (כה״ח, החזו״א ורש״ז אוירבך מובאים ב׳אשי ישראל׳ פכ״ה, הע׳ צ); ויש שכתבו שהחתן יכול לצאת בזמן אמירת תחנון ולחזור אחר כך (תה״ד, פ), אך לדעת היעב״ץ בסידורו (דיני נפ״א יח), מעשה זה אינו מועיל והציבור נשאר פטור מתחנון.

516 שבת חתן - ״ונוהגין בכל המקומות, בשבת של שבעת ימי החופה, אחר שקורין בס״ת בסדר היום, לקרות עם החתן בספר תורה ב׳ואברהם זקן׳ עד ׳ולקחת אשה לבני משם׳ (בראשית כד, א-ז). וגם לאחר שמפטירין מענין הפרשה מפטירין גם בישעיה ׳שוש אשיש בה״׳ עד ׳ישיש עליך אלהיך׳ (ישעיה סא, י-סב, ה). וכן כתוב בסדר רבינו סעדיה״ (אבודרהם, הלכות ברכות הנישואין). יש מקהילות המערב שבהן נוהגים להוציא ספר תורה נוסף ולקרוא בו פרשה זו לחתן, ואם יש כמה חתנים, מוציאים ספר תורה מיוחד לכל אחד מהם (כנה״ג, רפב). ויש קהילות שנהגו לקרוא לחתן פרשה זו מתוך החומש אחר שסיים את עלייתו ובירך אחריה (׳תיקון יששכר׳ מנהגות בהפטריות; נהר מצרים, קריאת ס״ת לשבת טו) וכיום זהו המנהג הנפוץ. יש שכתבו, שקריאה זו (כשנעשית מתוך ספר תורה) עולה למניין שבעת הקרואים של חובת היום (ר׳ אליעזר סופינו, ׳קונטרס על עניין שבת החתונה׳), אך ר׳ דוד ב״ר רפאל מילדולה חלק עליו בתוקף וכתב שאינה חלק מחובת היום (דברי דוד, כא-לח), וכדבריו נוהגים בקהילות שבהן קוראים פרשה זו בספר התורה. ויש קהילות שבהן נוהגים לומר אחר ההפטרה את הפסוק הראשון והאחרון מהפטרת ׳שוש אשיש׳ הנ״ל (ראה שו״ע קמד, ב).

## הלכות לויית המת

517 על שבעה קרובים אדם חייב מן התורה להתאבל אם נפטרו רח״ל: על אביו, על אמו, על בנו, על בתו, על אחיו, על אחותו שאינה נשואה, ועל אשתו. חכמים הוסיפו עליהם גם אחות נשואה ואחיו ואחותו מאמו (מועד קטן כ ע״ב). אישה מתאבלת על שישה ראשונים הכתובים לעיל ועל בעלה (שו״ע, יו״ד שער, ד ע״פ הרמב״ן והרא״ש).

518 מי שמת לו אדם שחייב להתאבל עליו, צריך לקרוע

את בגדיו מעומד (מועד קטן כ ע"ב). על אביו או על אמו קורע עד הלב, ועל שאר הקרובים שיעור הקריעה הוא טפח (שם כב ע"ב). כיום נוהגים לקרוע את הקריעה אחרי הקבורה, כדי שתיעשה כדין.

519 כששומע שרח"ל נפטר אדם שהוא חייב להתאבל עליו מברך "ברוך דיין האמת" (ע"פ ברכות נד ע"א). יש שהורו לומר ברכה זו בלי שם ומלכות (שכנה"ג, יו"ד שמ), אך נתקבל המנהג לברך בשם ומלכות (ברכ"י שם, א). מעיקר הדין מברך ברכה זו בשעה ששומע את השמועה הרעה, ונהגו לברכה קודם הקריעה (ברכ"י, שם).

520 מפטירת המת ועד הקבורה קרוביו נחשבים 'אוננים', ופטורים מכל המצוות - מתפילה, מקריאת שמע, מברכות ומתפילין (ברכות יז ע"ב; מועד קטן כג ע"ב). אם האונן אוכל, נוטל את ידיו בלא ברכה ואינו מברך לא לפני המזון ולא אחריו (ברכ"י, יו"ד שמא, ה), ואף אינו עונה אמן אחרי מי שמברך. אבל הוא חייב בכל מצוות לא תעשה (פת"ש שם, ז בשם החכ"צ). אין דין אנינות בשבת או ביום טוב (בין שהמת נפטר בשבת, בין שנפטר בערב שבת ולא הספיקו לקוברו), ורשאי אף לאכול בשר ולשתות יין (מועד קטן שם). ובמוצאי שבת רשאי לאכול בלי הבדלה, וצריך להבדיל לאחר הקבורה (שו"ע שם, ב ע"פ מהר"ם).

521 "כי קבור תקברנו ביום ההוא" (דברים כא, כג). בגמרא (סנהדרין מו ע"א) לומדים מהפסוק שאסור להלין כל מת. אך מותר להלין את המת לכבודו, כגון: להביא לו צורכי לוויה (סנהדרין מו ע"א) או להמתין שהקרובים יבואו (שו"ע, יו"ד שנז, א ע"פ אבל רבתי פי"א ה"א). ובירושלים נוהגים שלא להלין את המת כלל (בבא קמא פב ע"ב), ואפילו לא לכבודו (גשה"ח פ"ז, ג, א בשם יש"ש שם).

522 המגיע לבית העלמין, מברך "אשר יצר אתכם בדין" בעמ' 850 (ברכות נח ע"ב) ואומר "אתה גיבור" (קישו"ע קצח, יג), ונוהגים שחזן החברה קדישא מברך ופוטר את הנוכחים בשעת הלוויה (יבי"א, יו"ד ח"ה, ל).

523 בימי התנאים והאמוראים נהגו לעשות בשעת הלוויה 'מעמדות ומושבות', כלומר, היו מספידים את המת בעמידה ובישיבה פעם אחר פעם ומראים שקשה עליהם הפרידה מן הנפטר (בבא בתרא ק ע"ב; סוטה כב ע"א), וכמו כן נהגו להרבות בהספדו ובכבודו (השגת הראב"ד בהל' בית הבחירה פ"ז הי"ג). בדורות מאוחרים יותר נהגו להקיף את מיטתו של הנפטר שבע פעמים ולומר פיוטי פרידה מן המת ובהם דברי מרגוע וניחומים לו ולאבלים (סידורי ויניציאה אמסטרדם וליוורנו; על מנהג זה ראה באריכות בספר 'מעמדות ומושבות' שערים ה-ח, את פיוטי ההקפות הגהנו ע"פ ספר זה). והמקובלים נהגו לומר במקום הפיוטים פסוקים מיוחדים ו"אנא בכח" לשמירת הנפטר מן המזיקין ('מעבר יבוק', מאמר ג יז). כמו כן נוהגים להספיד את המת כשמגיעים לבית העלמין, לפני שמוליכים אותו לקברו (שו"ע, יו"ד שדמ, יז ע"פ מהר"י אבוהב). הקרובים אומרים קדיש יתום עם החזן, מכיוון שעדיין הם אוננים ואינם רשאים לברך או להתפלל (גשה"ח, פי"ב ה, ב). בשעת מסע הלוויה נוהגים לומר את מזמור צא ('מעבר יבוק', סדר הקבורה), ויש נוהגים לומר את הפיוט "לך אלי" (עמ' 904) ולסיימו בשעה שמגיעים לבית הקברות או כשמורידים את הנפטר לקברו (מנהג שאלוניקי וכך ציווה רבי חזקיה שבתי יהושע, ראה 'נר יום טוב' ח"ז עמ' 26 וחי"ג עמ' 27; ובספר 'רפואה וחיים' פ"ז, ג כתב מהר"ח פאלאג'י לאומרו עם החולה בשעת גסיסה "בניגון ובהכנעה גדולה" וכן כתב בנו בספרו 'אברהם אזכור' מע' צ, צוואות, ה). כשמכסים את הנפטר בעפר אומרים את הפסוק "והוא רחום" שלוש פעמים, ויש אומרים פיוטי פרידה נוספים ('מעבר יבוק' שם).

524 נוהגים שלאחר שמורידים את המת לקברו, האבלים קורעים (סמ"ק צז). לדעת הרמב"ן ('תורת האדם', שער האבל), אומרים 'צידוק הדין' לאחר יציאת הנפש; אך כבר בימות הראשונים נהגו לומר צידוק הדין בבית הקברות (ספר הרוקח, שטז). ולכן יש נוהגים לומר צידוק הדין פעמיים: לאחר יציאת הנפש ולאחר סתימת הגולל (גשה"ח, פט"ז ו, א). ביום שאין אומרים בו תחנון, אין מספידים את המת אלא אם כן הוא תלמיד חכם (שו"ע שם, ה ע"פ מועד קטן כז ע"ב), ומספידים בקיצור (גשה"ח, פי"ג י).

525 אם קרובי המת הם כוהנים, מותר להם להיטמא לו - להיות אתו בבית עד הלוויה, לשאת את הארון ולהגיע עד הקבר (ויקרא כא, א-ג; אבל לא לקרובים שחכמים הוסיפו, כמובא בהלכה 517 - שו"ע, יו"ד שעד, ד). אך אסור להם להיטמא בקברים אחרים, ולכן נוהגים לקבור כוהנים ונשותיהם סמוך לשביל (רמב"ם, אבל פ"ב הט"ו). אם אי־אפשר לעשות כן, פוסקים רבים אסרו על הכוהן להיכנס לבית הקברות (ש"ך, יו"ד שעג, יב); אך ה'אגרות משה' התיר, מכיוון שאנוס הוא (יו"ד ח"א, רנב). אסור לכוהנים להיטמא לקרוביהם לאחר הקבורה (שו"ע, יו"ד שעג, ו ע"פ הרשב"א), וגם ביום השנה אסור להם לעלות אל הקבר.

526 כתב החיד"א, שהמנהג בכל ארץ ישראל הוא שהחזן אומר קדיש הגדול עם הבן קודם הקבורה (ברכ"י, יו"ד שמא, יב). והיום נוהגים לאומרו לאחר

קבורת המת ואמירת צידוק הדין (גשה"ח, פט"ז ו, ד בשם 'מעבר יבוק' וראה ש"ך, יו"ד שעו, ג) ובספר 'ויצבור יוסף בר' כתב, שיש לאומרו מחוץ לבית הקברות ולכל הפחות חוץ לד' אמותיו של המת (ח"ד, פי"א ע"פ שו"ע, יו"ד שעו, ד).

527 "ממה שאמר הכתוב באברהם יצחק ויעקב כי קברו אותם בניהם, נראה כי נייחא גדולה יהיה לאב בעת שבניו יעסקו בקבורתו, וגם כן ודאי יהיה זכות והנאה לבן בחייו ובמותו, ולא לחינם מנהגן של ישראל להקפיד על זה קפידא גדולה... שהקרובים הם תחילה לגמול חסד זה עם הנפטר להמתיק עליו סוד עפר עליון, והם פותחים שבילי הנעימות העליון עליו ובפרט בן על אביו" ('מעבר יבוק', אמרי נועם פכ"ח). עם זאת, יש שציוו שבניהם לא ילוו אותם או ילכו לפני המיטה (על טעמו של עניין זה ראה 'מעמדות ומושבות', שער תשיעי), וב'גשר החיים' כתב שכך נהגו בירושלים בדורות האחרונים (גשה"ח פי"ב, ג ושם הסתמך על צוואת ר' יוסף מולכו לבניו), ויש שערערו על מנהג זה, גם מפני שלא נזכר בזוהר ובכתבי האר"י ותלמידיו (ראה 'מעמדות ומושבות', שער תשיעי ושער אחד־עשר; 'עטרת שלמה', יו"ד כג).

528 לאחר הקבורה המלווים עומדים בשורה ומנחמים את האבלים (גשה"ח, שם ז, ב ע"פ רש"י, מגילה כג ע"ב). נוהגים שהיוצאים מבית הקברות משליכים עפר ועשבים אחרי גוום (שו"ע, יו"ד שעו, ד; וראה בב"י שם שהביא לכך מקורות וטעמים מכמה ראשונים). כשיוצאים מבית העלמין, נוטלים את הידיים (שו"ע שם ע"פ הגאונים).

## הלכות תפילה בבית האבל ובשנת אבל

529 לאחר הלוויה מלווים את האבלים לביתם (רא"ש, מועד קטן פ"ג, פו). שכניהם וקרוביהם של האבלים מכינים להם את הסעודה הראשונה שלאחר הלוויה, והיא המכונה 'סעודת הבראה' (תוספות, מועד קטן כ ע"א וכר ע"ב); נוהגים לאכול בה מאכלים עגולים, כביצים קשות וכעדשים, להראות שגלגל חוזר בעולם (שו"ע, יו"ד שעח, ט ע"פ בבא בתרא טז ע"ב), ואם אכלו פת מברכים ברכת המזון בנוסח מיוחד (ראה הלכה 533).

530 כל שבעת הימים האבל אסור במלאכה, ובשלושת הימים הראשונים אסור גם בדבר האבד (שו"ע, יו"ד שפ, ב ע"פ מועד קטן כא ע"ב).

531 נוהגים להתפלל במניין בבית האבל (רמ"א שפד, ג בשם האו"ז ח"ב, תכט). מביאים לשם ספר תורה, ויש לדאוג לייחד לו שם מקום כראוי (שו"ת מהר"ם פדואה, פח; וכן כתב בילק"י, אבילות י, יא בשם אביו, אף שבמחב"ר קלה, ו ערער על המנהג).

532 יש אומרים שהאבל הוא שליח הציבור (יבי"א, יו"ד ח"ד, לב, ז), ויש אומרים שלא יהיה שליח ציבור אלא אם כן אין אחר שיכול לעבור לפני התיבה ('שלמי ציבור', אבילות ו, ב; 'וישב הים' ח"ב, יט). האבל עצמו אינו עולה לתורה (מועד קטן כא ע"א), אף אם הוא כוהן יחיד (שו"ע, יו"ד שפד, ב ע"פ רי"ץ גיאת), ובשבת יכול לעלות אם הוא כוהן יחיד (רמ"א, יו"ד ת, א; הגהות 'שלמי ציבור', שם ד, ב). סדר התפילה בבית האבל שונה בכמה פרטים מסדר התפילה הרגיל:

א. יש אומרים שהאבל עצמו אינו אומר את סדר הקרבנות, אך המתפללים האחרים אומרים (משנ"ב א, יז בשם ה'תבואות שור'), ויש אומרים שהואיל ומדובר בסדר תפילה ולא בתלמוד תורה, יכול גם האבל לאומרו (יבי"א, שם לב, א).

ב. כתב 'שיבולי הלקט' שהכוהנים אינם עולים לדוכן (שמחות כב), ושליח הציבור אינו אומר "אלהינו ואלהי אבותינו" (משנ"ב קכא, ו בשם 'תניא רבתי' סח). אך מנהג ירושלים הוא שהכוהנים עולים לברך, והאבל יוצא אלא אם הוא כוהן ('שלמי ציבור', דיני אבל ב, ז), ויש הנוהגים שאף האבל עצמו עולה לדוכן אם הוא כוהן (בא"ח, תצוה כב), אפילו ביום הקבורה (שו"ת רדב"ז ח"א, א, מובא בגשה"ח, פ"כ ג, ה).

ג. אין אומרים תחנון בבית האבל כיוון ששבעת ימי האבל הוקשו לחג, כמו שכתוב (עמוס ח, י) "והפכתי חגיכם לאבל" (שו"ע קלא, ד ע"פ שבה"ל), וה'לבוש' כתב, שמידת הדין מתוחה על האבל ואין ראוי להגבירה בנפילת אפיים (קלא, ד, וראה הלכה 196). ואין אומרים "למנצח" ולא "אל ארך אפיים" בשני ובחמישי (משנ"ב שם, לה).

ד. בראש חודש אין אומרים הלל בבית האבל (ספר הרוקח, שטז; וראה 'שלמי ציבור', דיני האבל בתפילה ב, ג). וכיום נוהגים לאומרו בחדר אחר והאבל עצמו נשאר במקומו ואינו אומרו (גשה"ח, פ"כ ג, ו). בחנוכה, שבו אמירת ההלל היא מעיקר הדין, אף האבל צריך לאומרו (שיבולי הלקט, שמחות כב; מחב"ר תרפג, א בשם שכנה"ג, ולא כמהרי"ל ופר"ח).

ה. נוהגים שלא לומר את הפסוק "ואני זאת בריתי" לפני קדושה דסידרא (אוצה"ג, שבת שכ; כה"ח קלא, נח; גשה"ח, שם ג, ד ע"פ ה'כלבו'; ולדעת הטור,

תקיט יש לאומרו). אך כשמתפללים בבית האבל מנחה בשבת, אומרים קדושת "ובא לציון" בלי דילוג (ילק"י, אבלות יט, ה).

ו. אין אומרים "תפילה לדוד" (כה"ח שם). ולאחר "שיר של יום" נוהגים להוסיף את מזמור מט ('באר הגולה', יו"ד שצג, י).

ז. נוהגים לומר אחרי תפילת שחרית "צידוק הדין", ויש נוהגים לאומרו גם אחרי מנחה ('ישמח משה' ב, יג).

ח. בין מנחה לערבית נוהגים ללמוד משניות לעילוי נשמת הנפטר, והאבלים אומרים קדיש דרבנן (שם ד, א-ב).

533 כאשר מברכים ברכת המזון בבית האבל, משנים את נוסח הברכות השלישית והרביעית, כמובא בעמ' 894 (שו"ע, יו"ד שעט, א-ב ע"פ הגאונים). ואם מזמנים, מוסיפים את המילים "מנחם אבלים" לברכת הזימון (סדר רב עמרם גאון; מובא בשו"ע, יו"ד שעט, ג). בשבת אומרים את נוסח הזימון הרגיל, ואם כולם אבלים אומרים את הנוסח המיוחד. אם מסובים אחרים אתו, האבל מברך בלחש ואומר את נוסח ברכת המזון לאבל (ברכ"י, יו"ד שעט, ג), ויש נוהגים שבשבת האבל אומר את הנוסח הרגיל (מובא ב'ישמח משה' ט, ז).

534 "אין אבילות בשבת" (מועד קטן כג ע"ב), ולכן האבל רשאי לצאת מביתו לבית הכנסת להתפלל (כדעת רי"ץ גיאת ורש"י, ולא כדעת הרמב"ן; ראה ב"י, יו"ד שצג). יש אומרים שאין אומרים פרק "במה מדליקין" בבית האבל (ב"י, שם בשם הכלבו) ויש הנוהגים לאומרו (יבי"א, ח"ד יו"ד, כט). כתב מהר"י אבוהב בשם ספר המנהגות, שאין אומרים ברכה "מעין שבע" בבית האבל, וכן כתב הריב"ש (תשובה מ והוב"ד בב"י, רסח). אך רבים נוהגים לברכה אף בבית האבל, בעקבות דברי המקובלים (בא"ח, ש"ש ויראי, י) ויש שכתבו לעשות כן רק בירושלים (יבי"א ח"ב, כט) וראה הלכה 294. אם האבל מתפלל בבית הכנסת, נוהגים שהוא נכנס בסוף קבלת שבת, והציבור מנחם אותו ('באר הגולה', יו"ד שצג, י); וכן הוא מגיע לבית הכנסת בשחרית. רבים נוהגים שהאבל מתפלל מנחה בביתו במניין, כדי שיקראו בתורה שלוש פעמים (אג"מ, יו"ד ח"ד, סא, יג ע"פ ערוה"ש קלה, לב), ואין אומרים "צדקתך" בבית האבל (כה"ח רצב, יח בשם אבודרהם). האבל אינו אומר ברכת הלבנה (מג"א תכו, ד), אלא לאחר שהוא קם מהשבעה, אם עדיין אפשר; ואם לא יוכל לאומרה לאחר השבעה, אומרה אפילו בתוך שבעה (משנ"ב שם, יא בשם שו"ת 'שערי אפרים' פה).

535 בתשעה באב האבל הולך לבית הכנסת כדי לשמוע קינות (שו"ע תקנט, ו ע"פ מהר"ם; וראה משנ"ב שם, כד); ויכול אף לעלות לתורה, (מחב"ר, מובא בשע"ת תקנד, א). בליל פורים נוהגים שהאבל מתפלל וקורא מגילה בביתו, ואם אין מניין או שאין לו מגילה, רשאי ללכת לבית הכנסת. וביום פורים הוא הולך לבית הכנסת כרגיל, ואינו נוהג דין שבעה (רמ"א תרצו, ד; משנ"ב שם, יג).

536 "מקצת היום ככולו" (ראה הלכה 477), ומשום כך האבל קם מאבֵלותו מיד לאחר תפילת שחרית ביום השביעי לקבורה (שו"ע, יו"ד שצה, א ע"פ מועד קטן יט ע"ב). לאחר שקמו מהשבעה, האבלים אסורים בגילוח, בתספורת ובעוד חלק מאיסורי אבלות עד שלושים יום מהקבורה (שו"ע, יו"ד שצ, א). מי שנפטרו אביו או אמו, נחשב אבל עד סוף השנה הראשונה, ובה אינו יושב במקומו הרגיל בבית הכנסת (רמ"א, יו"ד שצג, ד), ואינו משתתף בסעודת נישואין ובשאר סעודות מצווה (שו"ע, יו"ד שצא, ב-ג ע"פ מועד קטן כב ע"ב).

537 "אין אבילות במועד" (כתובות ד ע"א), ולכן מי שנקבר קרובו בחול המועד - מתחיל למנות את השבעה אחרי סוף החג, ובחו"ל לאחר יום טוב שני של גלויות (שו"ע ורמ"א, יו"ד שצט, יג ע"פ ר"ת ור"י); אך אם ישב שבעה אפילו שעה קלה בלבד לפני כניסת החג - אינו יושב שבעה לאחר החג (שם, א ע"פ מועד קטן כ ע"א). ואם כבר ישב שבעה והגיע החג בזמן השלושים, בטלים האיסורים שעדיין נוהגים, ומותר להסתפר סמוך לחשכה בערב החג, ובערב פסח - אחר חצות היום (רמ"א שם, ג בשם הטור).

538 אם האבלים התחילו לשבת שבעה לפני החג, החג נחשב שבעה ימים מתוך השלושים. ולכן אם ראש השנה חל באמצע השבעה, נוהגים דיני שלושים עד ערב יום הכיפורים; אם יום הכיפורים, נוהגים שלושים עד ערב סוכות; אם סוכות - עד א' בחשוון, תשעה ימים אחרי שמיני עצרת, הנחשב שבוע; אם פסח - עד ז' באייר, שישה־עשר ימים אחר הפסח; ואם שבועות - עד כ"ב בסיוון (מועד קטן כד ע"ב).

539 האבל אומר קדיש עד מעט לפני יום השנה לפטירת אביו או אמו (ראה הלכה 77-78). יש שהורו שאם האומר קדיש אינו בנו של המנוח, מוטב שיאמר קדיש עד תום השנה (גשה"ח, פ"ל ט, ד); ויש שהורו שאין לחלק בכך ('שבט הלוי' ח"ג, קסה).

540 יום השנה לפטירה הוא יום זיכרון לנפטר. נוהגים שבשבת שלפניו היתום עולה למפטיר, ולכל הפחות עולה לתורה (ברכ"י רפר, א). אם יום הפטירה חל להיות בשבת, מפטיר בשבת עצמה ובשבת

שלפניה. אם אי־אפשר בשתיהן, יפטיר רק בשבת עצמה (׳יין הטוב׳ ח״א, יו״ד יח). כן נוהגים שהיתום עובר לפני התיבה בכל תפילות השבת, ולאחר שעלה לתורה בשחרית אומר השכבה בעמ׳ 300 (ב״ח, רצב ע״פ הזוהר, אמור פח ע״ב). בכל הימים משבת עד יום הפטירה היתום אומר קדיש (׳שלמי ציבור׳, אבילות ז, א; בא״ח, ויחי יד), והאר״י נהג לומר קדיש רק ביום הפטירה (בא״ח, שם ע״פ שעה״כ). ביום הזיכרון מדליקים נר לעילוי נשמת המנוח (ראה ׳תורה לשמה׳ תקכ; ׳מעבר יבוק׳, שפת אמת פט״ו), והאבל אומר קדיש בכל תפילות היום (רמ״א, יו״ד שעו, ד בשם מהרי״ל). יש נוהגים להתענות מבוקר עד ערב ביום זה (תה״ד רצג); ויש הנוהגים להביא משקה ומזונות לבית הכנסת לעילוי נשמת הנפטר, כפדיון התענית (׳מנחת יצחק׳ ח״ו, קלה).

541 מונים את יום השנה לפי מועד פטירתו של המנוח, ולא לפי מועד הקבורה (שו״ע תקסח, ח על פי ה׳אגודה׳). אם נפטר בחודש אדר בשנה פשוטה – יש שהורו שיום הזיכרון בשנים מעוברות הוא באדר א׳ (רמ״א תקסח, ז על פי מהרי״ל ווייל, ה); והספרדים נוהגים לעשותו באדר ב׳, אלא אם המנוח נפטר בשנה מעוברת באדר א׳ (שו״ע ורמ״א, שם). ומכל מקום החודשים שהאבל אומר בהם קדיש, נמנים מיום הקבורה (גשה״ח, פ״ל ט, י).

542 זכות גדולה היא לנפטר, שבנו עובר לפני התיבה. ולכן נהגו בכל קהילות ישראל לתת למי שאומר קדיש להיות שליח ציבור בתפילות החול (רמ״א, יו״ד שעו, ד בשם מהרי״ל). במקום שיש בו כמה אבלים, יש עדיפות לאבל בתוך שלושים, אחריו למי שמסיים אחד־עשר חודשים של אמירת הקדיש, אחריו למי שיש לו יום זיכרון, אחריו לאבל בתוך שנה, ולבסוף לאומר קדיש שלא על אחד מהוריו (בה״ל קלב, קונטרס מאמר קדישין). יש מקומות שבהם מחלקים את תפילת שחרית בין שני אבלים: האחד שליח ציבור עד חצי קדיש שאחרי תחנון או עד הוצאת ספר התורה, והשני ממשיך בהכנסת ספר התורה או ב״אשרי״ (מובא בבה״ל שם).ראה הלכה 236.

543 נוהגים שהאבל אינו עובר לפני התיבה בשבתות ובמועדים (׳שלמי ציבור׳, דיני אבלות ו, ג-ד). אך מי שיש לו יום זיכרון, עובר לפני התיבה גם בשבת (שו״ת מהרי״ל, לו) וראה הלכה 540. יש הנוהגים שאין האבל עובר לפני התיבה בראש חודש, בחנוכה ובפורים (כנה״ג שצא; הגר״א); ורבים נוהגים שהאבל עובר לפני התיבה ואחר מחליפו בעת אמירת הלל, ואינו עובר לפני התיבה בתפילת מוסף, אלא אם כן אין מי שיכול לעבור לפני התיבה במקומו (מחה״ש; שתי הדעות מובאות במשנ״ב תקפא, ז ובכה״ח שם, לג).

544 אף על פי שנוהגים לקרוא לאדם כזה ׳חיוב׳, אין הציבור חייב לתת לו לעבור לפני התיבה (משנ״ב נג, ס; רמ״א, יו״ד שעו, ד בשם מהרי״ק, מד). ולכן על האבל להתאים עצמו לציבור, ואם אין דעתם נוחה מנוסח התפילה השגור בפיו, מקצב התפילה או מהגיית המילים, מוטב שימשוך את ידו מכך (ראה שו״ע נג, ד ויחו״ד ח״ה, נט בהערה). בין כך ובין כך, אם הוא עובר לפני התיבה ומשנה לשם כך את נוסח התפילה השגור בפיו, את תפילת הלחש יאמר לפי הנוסח שרגיל בו (׳משיב דבר׳ ח״א, יז). ובשום פנים אין לאבלים להתקוטט על זכות זו, וסוף־סוף הקדיש עצמו הוא תפילה לקידוש שם שמים ולשלום (גשה״ח, פ״ל י, יג).

"עֹלַת תָּמִיד וְלֶחֳדָשִׁים, וּלְכָל־מוֹעֲדֵי ה' הַמְקֻדָּשִׁים" (עזרא ג ה)

# לקראת ראש השנה

## סליחות

545 "דרשו ה' בהמצאו, קראוהו בהיותו קרוב" (ישעיה נה, ו) – בימי הגאונים נהגו להרבות בסליחות ובתחנונים בעשרת ימי תשובה (סידור רס"ג, רחמין; רב כהן צדק גאון, מובא ברא"ש, ראש השנה פ"ד, יד); והרי"ץ גיאת כתב שהיו שנהגו לומר סליחות בכל חודש אלול (מובא שם ברא"ש), ושכן מנהג הספרדים (וכ"פ השו"ע תקפא, א). ומנהג בני אשכנז הוא לומר סליחות עשרה ימים עד יום הכיפורים, ולכן הם מתחילים ארבעה ימים לפני ראש השנה במקום שני ימי החג, שבת שובה וערב יום הכיפורים (טור, שם).

546 אומרים סליחות באשמורת הבוקר, שהיא שליש הלילה האחרון (ב"ח, שם ע"פ עבודה זרה ג ע"ב). והיום נוהגים לומר סליחות לפני תפילת שחרית, אפילו אם כבר האיר היום (ערוה"ש תקפא, ד). לפני סליחות יש לומר ברכות התורה (הגהות 'תפילת ישרים' לחיד"א; וכן הוא במשנ"ב מו, כז בשם ה'לבוש').

547 "'ויעבר ה' על פניו ויקרא' (שמות לד, ו) – א"ר יוחנן אלמלא מקרא כתוב אי אפשר לאומרו: מלמד שנתעטף הקב"ה כשליח צבור, והראה לו למשה סדר תפלה. אמר לו: כל זמן שישראל חוטאין, יעשו לפני כסדר הזה ואני מוחל להם" (ראש השנה יז ע"ב וראה ראשית חכמה, שער הענווה א). עיקר הסליחות הוא אמירת י"ג מידות, וידוי ותחנונים. אסור להזכיר י"ג מידות שלא בכוונה (ברכ"י שם, ד בשם ר' שמואל משער אריה), ואין למהר באמירת הליטאניות (תפילות שבהן חוזר משפט אחד פעמים רבות בהחלפת מילים או צירופי מילים, והקהל משתתף בהן השתתפות פעילה בענייה), כגון "עננו" (שם, ה בשם הרמ"ז ורי"ש לינגי).

548 מנהג ספרד וקהילות המזרח היה לומר סליחות גם בשבתות (טור, תרב; מחזור ארם צובה); וכיום גם הספרדים קיבלו את מנהג אשכנז, שלא לומר סליחות ותחנונים בשבתות כלל (ב"י, שם). ראה הלכה 601.

549 אין לומר י"ג מידות לפני חצות (שעה"כ, עניין שכיבת הלילה), מכיוון שבזוהר נאמר שדווקא מחצות ואילך הוא 'עת רצון' ('זוהר חדש', בראשית ל ע"ב). היו שנהגו לומר סליחות אחרי תפילת ערבית, וכתב הרמ"ז שהמתפלל בקהילה כזו לא יאמר עמם, פרט לווידוי; ובמוצאי שבת גם את הווידוי אין לומר, כדי שלא לפגוע בכבוד השבת (ברכ"י תקפא, א-ב).

550 המתפלל ביחידות, אינו אומר י"ג מידות (שו"ת הר"י ן' מגאש, קצג בשם הגאונים) ולא את התחינות בארמית ('תמים דעים' קפר); אך יכול לומר י"ג מידות בטעמי המקרא (שו"ע תקסה, ה ע"פ תשובת הרשב"א ח"א, ריא). אם לא הגיע מניין מתפללים, אפשר לומר את הסליחות ולדלג על י"ג מידות ועל הקטעים בארמית ולהשלימם כשיהיו עשרה (יבי"א ח"א, לה).

551 מי שיכול לומר או תיקון חצות או סליחות, מוטב שיאמר תיקון חצות (רמ"ז, הובא בברכ"י תקפא, ג).

552 נוהגים לומר בכל יום את אותן הסליחות ובעשרת ימי תשובה מוסיפים עליהן. והמנהג הקדום היה לומר סליחות שונות לכל יום ויום מימי הרחמים (נרפסו במחזור 'שפתי רננות', ומנהג זה היה נפוץ בארצות צפון אפריקה). בסדר הסליחות שינויים רבים בנוסחאות ובמנהגים. ראה בהרחבה: 'מועד לכל חי' (יא, כח ואילך); 'בית אל' לר"א חמוי; 'אהלי יעקב' לר"א יצחקי; 'סדר סליחות ספרדים' (מהדורת ר' יעקב לוי) ו'סדר הסליחות' (מהדורת ר' אבירן יצחק הלוי).

## ערב ראש השנה

553 בסליחות אומרים וידוי ונפילת אפיים כל עוד לא עלה עמוד השחר (מהרי"ל), ובדיעבד מותר לאומרם כל עוד לא הנצה החמה (מג"א תקפא, יג, מובא בכה"ח שם, עג). בתפילת שחרית אין אומרים תחנון, והנוהגים לתקוע בשופר בחודש אלול אינם תוקעים בשופר בערב ראש השנה (רמ"א תקפא, ג ע"פ מהר"י טירנא) כדי להפריד בין התקיעות של חודש אלול ובין תקיעות החובה של ראש השנה ('לבוש' שם).

554 לאחר התפילה נוהגים לעשות התרת נדרים בעמ' 617 (של"ה, ריש יומא; והוא ע"פ נדרים כג ע"א). אין להתיר את הנדרים של כמה אנשים יחד, אם לא כשהשעה דחוקה ('מטה אפרים' תקפא, מט); והיום רבים עושים כן, מחמת שהאריכו בסליחות וטרודים בהכנות לראש השנה. מי שלא התיר את נדריו לאחר שחרית, יכול לעשות כן כל היום, ואם לא הספיק יתיר עד יום הכיפורים (של"ה, שם). מכל מקום רבים נוהגים להתיר גם בערב יום

הכיפורים (מל"ח יט, יג). אין אדם יכול להיות שליח להתיר את נדריו של אחר; אך בעל יכול להיעשות שליח להישאל על נדרי אשתו (שו"ע, יו"ד רלד, נו ע"פ הרמב"ם). נוסח התרת נדרים וקללות בסידור הוא כמובא ב'דרך חיים' להרי"מ עייאש; ויש נוהגים לומר סדר התרת קללות שניסח החיד"א ('ציפורן שמיר' יב). עוד נוהגים 'למסור מודעה' ובה מבטלים להבא כל מחשבה שאינה ראויה בשעת התפילה (שם).

555 "מקץ שבע שנים תעשה שמטה" (דברים טו, א). בפרשת 'ראה' אין מדובר על שמיטת קרקעות, אלא על שמיטת חובות; כל החובות הכספיים שבין אדם לחברו נמחקים בשמיטה ('מנחת חינוך' תעז). חובות לבית דין אינם נשמטים, ולכן תיקן הלל פרוזבול (משנה, שביעית פ"י מ"ג), שהוא העברת החובות לבית דין וקבלת הרשאה לגבייתם (רש"י, מכות ג ע"ב).

556 נחלקו הראשונים מה מעמד שמיטת כספים בזמן הזה, ורובם נקטו כדעת הרמב"ם (שמיטה ויובל פ"ט, ה"ב-ג), ששמיטה בזמן הזה מדרבנן, ונוהגת בכל מקום (שו"ע, חו"מ סז, א). החובות נשמטים בסוף שנת השמיטה (ספרי דברים, קיא; רש"י, ערכין כח ע"ב; רמב"ם שם, ה"ד; רא"ש גיטין פ"ד, יח ו-כ) ואז כותבים את הפרוזבול, כדי שיהיה אפשר לגבות את החובות (שו"ע שם, ל-לא; ודלא כשיטת הרא"ש, שם שכותבים פרוזבול בתחילתה).

557 יש שנהגו להתענות בערב ראש השנה (ראבי"ה, תקכט; טור, תקפא בשם מנהג אשכנז); והיום נוהגים שלא להתענות. רבים נוהגים לטבול במקווה כהכנה לראש השנה (רמ"א תקפא, ד בשם ה'כלבו'). ויש הנוהגים לבקר את קברות קרוביהם ביום זה (שם).

558 אם ראש השנה חל בימים - חמישי ושישי, יש להניח בערב החג עירוב תבשילין (עמ' 840).

# תשרי

## ראש השנה

559 "רבי אליעזר אומר: בתשרי נברא העולם, בתשרי נולדו אבות, בתשרי מתו אבות, בפסח נולד יצחק, בראש השנה נפקדה שרה רחל וחנה, בראש השנה יצא יוסף מבית האסורין, בראש השנה בטלה עבודה מאבותינו במצרים, בניסן נגאלו, בתשרי עתידין ליגאל" (ראש השנה י ע"ב - יא ע"א). מהגמרא משמע שקיימא לן כר' אליעזר, שכן בסדר הזיכרונות של מוסף אומרים "זה היום תחילת מעשיך, זיכרון ליום ראשון" (ראש השנה כז ע"א; ירושלמי, עבודה זרה פ"א ה"ב), וכך הבינו גם רוב הראשונים (סידור רש"י, קפא; ראב"ע, ויקרא כה, ט; רמב"ם, קידוש החודש פ"ו ה"ח; וראה דברי ר"ת בתוספות, ראש השנה כז ע"א).

560 ערבית לליל ראש השנה - הדלקת נרות בלילה ראשון של ראש השנה היא כבשאר ימים טובים (ראה הלכה 392-393). לפי 'סדר היום', יש להתפלל בערב ראש השנה, שתכלה שנה וקללותיה ותחל שנה וברכותיה. כך מובא בפיוט 'אחות קטנה' שנוהגים לומר קודם תפילת ערבית, ולאחריו אומרים את מזמור פא (ראה הלכה 252), שהוא שיר של יום לראש השנה (ראש השנה ל ע"ב); יוצאי צפון אפריקה והפורטוגזים מקדימים את המזמור לפיוט. תפילת ערבית פותחת ב"ברכו" וממשיכה כבשאר ימים טובים (ראה הלכה 396); אך לאחר ברכות קריאת שמע נוהגים לומר את הפסוק (במדבר י, י) "וביום שמחתכם ובמועדיכם".

מתפללים תפילת עמידה לראש השנה. מנהג הספרדים לומר לאחר קדיש תתקבל את מזמור קנ, וברוב קהילות ישראל פשט המנהג לומר גם את מזמור כד, שעל פי המקובלים יש באמירתו סגולה שלא יחסרו מזונותיו כל השנה ('משנת חסידים'; 'רנו ליעקב' לר"י צמח). לאחריו אומרים בקשה שייסדו המקובלים ('כף אחת' טו); ויש נוהגים לפתוח את ההיכל בשעת אמירתו ('מטה אפרים' תקפב, ג). לאחר הקדיש אומרים "עלינו". נוהגים לסיים בשירת "יגדל" או "אדון עולם". לאחר התפילה נוהגים לברך איש את רעהו בברכת "תזכו לשנים רבות" (ועונים "נעימות וטובות") ובכתיבה וחתימה טובה.

561 הוספות לתפילת העמידה בימים נוראים - בראש השנה וביום הכיפורים מוסיפים תוספות שונות בברכות העמידה. לפני חתימת הברכה הראשונה מוסיפים "זכרנו לחיים"; לפני חתימת השנייה מוסיפים "מי כמוך אב הרחמן" (סידור רס"ג), ובתפילות מוסף, מנחה של שבת שובה ונעילה נוהגים לומר "אב הרחמים" (ראה שעה"כ, עניין ראש השנה, והיא כנוסחת הרי"ץ גיאת וסידור רש"י, רטז; 'נפש חיים' פאלאג'י, מערכת א); לברכה השלישית נוסח ארוך מיוחד, ובו בקשה שהקב"ה ימלוך על העולם בגלוי, וחותמים בה "המלך הקדוש" (ברכות יב ע"ב); לפני חתימת ברכת הודאה מוסיפים "וכתוב לחיים טובים" (מחז"ו, הל' ר"ה; נוסחת רס"ג ורבים מהקדמונים הייתה: "זכור רחמיך וכבוש כעסך");

ובברכת השלום מוסיפים "בספר חיים" (סדר רב עמרם גאון; סידור הרמב"ם; לדעת בה"ג, אין לומר הוספות אלה, ובסידור רס"ג הן מובאות כרשות, וראה דעת הרי"ץ גיאת והרמב"ן המובאות בכס"מ, תפילה פ"ב הי"ט). בסוף העמידה נוהגים לומר "עושה השלום" במקום "עושה שלום" (שעה"כ, עניין ראש השנה).

562 טעויות בהוספות - אם טעה ולא הוסיף, אינו צריך לחזור (שו"ע תקפב, ה ע"פ הרמב"ן והרא"ש; ולא כר"י שהורה שמחזירים); אך אם טעה ובירך "האל הקדוש" בכבל השנה במקום "המלך הקדוש", צריך לחזור לתחילת התפילה, אלא אם כן נזכר תוך כדי דיבור (שו"ע שם, ב ע"פ הרשב"א). שליח ציבור שטעה וחתם "האל הקדוש", יש אומרים שחוזר ל"אתה קדוש" (יבי"א ח"א, ח ע"פ הירושלמי והמאירי), ויש אומרים שאף בחזרה - חוזר לראש (שו"ת 'שערי יושר' ח"ג, ל).

563 הוספות לקדיש - במחזור הרמ"ק (קושטא שלו) בקדיש שלפני יוצר של שחרית, אחרי "ויצמח פורקנה", מוסיפים "ויבע קץ משיחיה וישכלל היכליה ויפרוק ית עמיה"; ויש המוסיפים כך גם בקדיש בתחילת ערבית (ראה הלכה 70). כמו כן נוהגים לומר בקדיש תתקבל "עושה השלום" במקום "עושה שלום" (כה"ח נו, לח).

564 ראש השנה החל בשבת - מברכים על הנרות "להדליק נר של שבת ויום טוב", ויש המברכים גם "שהחיינו" (ראה הלכה 392); ומכל מקום מדליקים את הנרות מבעוד יום. אומרים קבלת שבת מקוצרת, המתחילה ב"מזמור לדוד", יש אומרים גם "במה מדליקין", "לכה דודי" ו"מזמור שיר ליום השבת". אחרי ברכות קריאת שמע אומרים "ושמרו" ואחר כך "וביום שמחתכם". מתפללים תפילת עמידה של ראש השנה עם תוספות לשבת (ראה הלכה 395). אחרי התפילה אומרים "ויכולו" וברכה מעין שבע (ואומרים בה "המלך הקדוש" - שו"ע תקפב, ג ע"פ ר' מנוח) ממשיכים במזמורים קנ וכד ומסיימים את התפילה כרגיל.

565 "ובצאתו מבית הכנסת ילך לביתו וישמח ליבו ויגל כבודו ויבטח בה' יתברך ויקדש בלב שלם ובנפש חפיצה וירחיק ממנו כל יגון ואנחה ויסדר שולחנו ויאכל וישמח כי הוא יום טוב" (פע"ח). יש נוהגים להקדים לקידוש פסוקי ברכה (בא"ח, נצבים ז). נוהגים לאכול מאכלים שונים, שיש בהם או בשמם סימן לשנה טובה (שו"ע תקפג, א ע"פ כריתות ה ע"ב), ולפני כן לומר בקשות שונות. נוהגים לטבול את הפת שבירכו עליה "המוציא", בדבש או בסוכר (משנ"ב שם). בברכת המזון מוסיפים "יעלה ויבוא" (ראה הלכה 463-464).

566 תפילת שחרית - סדר הקרבנות ופסוקי דזמרה כבשבת, אלא ש לפני "ה' מלך" מוסיפים "ה' הוא האלהים" (סידור הרש"ש; 'בית עובד'), ולאחר מזמור צא מוסיפים את מזמור פא (ראה הלכה 401). יש מוסיפים את הפיוט "האדרת והאמונה" לפני "ברוך שאמר" (מחזור 'אהלי יעקב' בשם פע"ח).

567 הקדמונים עיטרו במיוחד את תפילות הימים הנוראים בפיוטים רבים. יש מהראשונים ששיבחו מנהג זה, אך הרמב"ם התנגד לכל הפסקה בסדר התפילה, מחשש שתגרום להסחת הדעת ולשיחה בטלה, וכתב שמכל מקום אין לומר פיוטים בתוך ברכות קריאת שמע (שו"ת הרמב"ם, רז), וכן דעת מרן (שו"ע סח, א). לפיכך נהגו לומר את הפיוטים קודם "נשמת" וקודם קדיש של יוצר. אך לדעת רבים מן המקובלים, אין נוהגים להפסיק כלל מ"ברוך שאמר" עד לסוף חזרת הש"ץ, ולכן ברוב הקהילות פשט המנהג לומר פיוטים אלה אחרי קדיש תתקבל, קודם קריאת התורה (ראה פר"ח קיב; 'טוב עין' יח, לה). והאר"י עצמו נהג להתפלל בימים הנוראים עם האשכנזים ולומר פיוטים עמם אף בתוך ברכות קריאת שמע כמובא בשעה"כ (דרוש נוסח התפילה). וב'שמ"ש ומגן' (ח"ג, כז) העלה שדווקא אמירתם בסדר - קודם "נשמת" ולפני קדיש של יוצר - מעצימה את התפילה, והמציאות שדיברו עליה הקדמונים אינה נפוצה כיום; ומכל מקום בבית כנסת שבו למתפללים מנהגים שונים, ינהגו בזה כדעת רוב הקהל (שם ח"א, מא).

568 לאחר "ישתבח" אומרים את מזמור קל "שיר המעלות ממעמקים" (שעה"כ, עניין ראש השנה ויום הכיפורים). קודם תפילת החזרה, יש נוהגים ששליח הציבור אומר פיוטי 'רשויות'. המנהג הקדום היה לומר סדר קרושה בראש השנה, המפייט את שלוש הברכות הראשונות (מחזורי קטאלוניה וארגון, 'שפתי רננות'), וכיום אין נוהגים לאומרו בחזרת הש"ץ, ובמקצת קהילות נהגו לאומרו אחר התפילה.

569 אומרים "אבינו מלכנו" מיד לאחר חזרת הש"ץ (שבה"ל רפז) בהשמטת השורות שמוזכרים בהן חטאים ועוונות (ב"י, תקפד; שעה"כ, עניין ראש השנה). אם חל בשבת, יש הנוהגים שלא לומר "אבינו מלכנו" כלל (ראה ב"י, תרכב; כש"ט ח"א, קג). לאחר קדיש תתקבל אומרים את הפיוטים שדילגו עליהם ביוצר (ראה הלכה 402).

570 קריאת התורה - כשמוציאים את ספר התורה מן ההיכל, יש נוהגים לומר י"ג מידות ותחינות מיוחדות לימים נוראים, שייסדו המקובלים. מוציאים שני ספרי תורה: בראשון קוראים חמישה (ובשבת שבעה) בפרשת הולדת יצחק (בראשית כא, א-לד), ובשני קורא המפטיר את פסוקי קרבן

היום (במדבר כט, א-ו). מפטירים בהולדת שמואל ובתפילת ההודיה שאמרה חנה (שמואל א' א, א - ב, י), מכיוון שבראש השנה נפקדו שרה וחנה (ר"ן, מגילה י ע"ב). אם יש תינוק למולו בראש השנה, מלים אותו אחרי קריאת התורה, לפני תקיעת השופר (שו"ע תקפר, ד ע"פ תה"ד).

## תקיעת שופר ומוסף לראש השנה

571 "ובחדש השביעי באחד לחדש מקרא־קדש יהיה לכם כל־מלאכת עבדה לא תעשו, יום תרועה יהיה לכם" (במדבר כט, א) - תקיעת שופר היא מצוות עשה מן התורה. חירש פטור ממנה, אך סומא חייב; משום כך סומא יכול להוציא אחרים ידי חובתם, אך לא חירש (משנה, ראש השנה כט ע"ב). נשים פטורות מהמצווה, אך נהגו הנשים לשמוע את תקיעת השופר, ומותר לתקוע למי שלא שמעה את התקיעות בבית הכנסת (שו"ע תקפט, ו ע"פ הראבי"ה). ואין מברכים על תקיעה זו (שם כדעת הרמב"ם).

572 יוצא אדם ידי חובת שמיעת שופר בתשעה קולות, בשלוש סדרות של תקיעה-תרועה-תקיעה (משנה, ראש השנה לג ע"ב ורש"י שם). אך בגמרא (שם, לד ע"א) הסתפקו אם התקיעה האמצעית היא שלושה שברי תקיעה (המכונים 'שברים'), קול ארוך רועד (המכונה 'תרועה') או שברים ואחר כך תרועה; ור' אבהו תיקן לתקוע תשר"ת תש"ת תר"ת שלוש פעמים - סך הכל שלושים קולות, וחוזרים ותוקעים את אותו הסדר במוסף (ראה ראש השנה טז ע"א, וכ"פ השו"ע תקצ, ב). ובספר הערוך (ערך ערב, מובא בתוספות, ראש השנה לג ע"ב) מופיע המנהג לתקוע מאה קולות: שלושים אחרי קריאת התורה, שלושים בתפילת לחש, שלושים בחזרת הש"ץ ועשר בקדיש תתקבל. יש שערערו על מנהג זה של תקיעות לחש, מכיוון שאין תוקעים ליחיד על סדר הברכות (כנה"ג תקצב, ע"פ ראש השנה לד ע"ב, וראה שו"ת מהרשד"ם ח"א, א), ועוד שאי־אפשר שכל הציבור יתפלל בקצב אחיד ודבר זה גורם לבלבול ('מצודת דוד' להרדב"ז קיב, ז; משנ"ב תקצב, א). וברוב קהילות הספרדים כיום נוהגים כמנהג המופיע בערוך (ראה שעה"כ, מה ששמעתי מזולתי דרוש ט לר"ה; 'דברי שלום' עפג"ין תקצב, י).

573 המנהג הנפוץ שבכל פעם שתוקעים, תוקעים בסדר תשר"ת, תש"ת, תר"ת כדעת הרדב"ז (ח"ד, כט) והאר"י (שעה"כ, דרוש סוד תקיעות השופר); ויש הנוהגים כמנהג המובא בשו"ע (תקצב, א; וראה קיצור הכוונות לרמח"ל), ותוקעים במלכויות שלוש פעמים תשר"ת, בזיכרונות שלוש פעמים תש"ת ובשופרות שלוש פעמים תר"ת.

574 התוקע צריך לעמוד בזמן התקיעות. נוהגים שאחד מהקהל עומד אתו ומקריא לו את הסדר כדי שיתקע כהלכה (רמ"א תקפה, ד; מחזור 'אהלי יעקב' בשם 'חכמת שלמה' קלוגר). הקהל רשאי לשבת בזמן שלושים התקיעות הראשונות (והן הנקראות 'תקיעות דמיושב').

575 נחלקו הראשונים אם יש לברך "על תקיעת שופר" (ר"ת) או "לשמוע קול שופר" (בה"ג; רמב"ם; וראבי"ה בשם הירושלמי; המחלוקת מובאת ברא"ש, ראש השנה פ"ד, י), והשו"ע פסק כשיטה השנייה (תקפה, ב). כמו כן התוקע מברך "שהחיינו" (ראבי"ה, תקלד בשם רב נסים גאון; רמב"ם, שופר פ"ג ה"י).

576 על הציבור להקפיד לשמוע את כל מאה הקולות. אין לדבר בעניינים שאינם נוגעים לתפילה או לתקיעות, משעת הברכות ועד התקיעות האחרונות שאחרי מוסף (שו"ע ורמ"א תקצב, ג). ולדעת המקובלים, יתוודה אדם על חטאיו בלחש בשעת תקיעות דמיושב (שעה"כ, עניין ראש השנה; 'מורה באצבע' ט, רס).

577 אם ראש השנה חל בשבת, חכמים גזרו שאין תוקעים בשופר; אך רבן יוחנן בן זכאי נהג לתקוע בבית דינו ביבנה (משנה, ראש השנה כט ע"ב). הראשונים העידו שמנהגו של הרי"ף היה לתקוע גם בשבת, מכיוון שלדעתו אין צורך בסנהדרין דווקא, אלא כוונת המשנה היא 'בית דין מופלג וגדול בדורו', וככזה ראה את בית דינו (רא"ש, ראש השנה פ"ד, א); אך שאר הראשונים חלקו עליו (רז"ה, ח ע"א; רמב"ם, שופר פ"ב ה"ט), וכן פסק השו"ע (תקפח, ה). נוהגים להזכיר הבדל זה גם בתפילות היום, ואומרים "זכרון תרועה" במקום "יום תרועה" (ראבי"ה, תקלז בשם רב שמואל בן חפני גאון; ב"י, תקפב ע"פ מסכת סופרים).

578 לאחר תקיעת השופר אומרים "אשרי העם יודעי תרועה" (הרוקח ר) ו"אשרי". ויש נוהגים שלא להחזיר את ספרי התורה להיכל עד אחרי מוסף.

579 בתפילת מוסף לראש השנה יש תשע ברכות - שלוש הראשונות, ברכת קדושת היום משולבת בפסוקי מלכויות, ברכת זיכרונות וברכת שופרות, ושלוש הברכות האחרונות. בכל ברכה משלוש הברכות האמצעיות יש עשרה פסוקים מהתנ"ך המזכירים את עניין הברכה - המלכת הקב"ה על העולם, הזכרת זכות אבות ותקיעת שופר (ראש השנה לב ע"ב).

580 בסוף כל אחת משלוש הברכות האמצעיות בחזרת הש"ץ תוקעים עשרה קולות. לאחר חזרת הש"ץ תוקעים עוד עשרה קולות באמצע הקדיש, לפני "תענו ותעתרו", כדי להשלים למאה קולות, ומוסיפים תרועה גדולה אחרי "עלינו" (שו"ע תקצו, א ע"פ רב עמרם גאון).

## ראש השנה [המשך]

581 בימי הגאונים והראשונים היו שנהגו להתענות בראש השנה, מפני שהוא יום דין; אך מסקנת הפוסקים היא שאסור להתענות (או"ז ח"ב, רנז). יש שנהגו לקדש לאחר קריאת התורה, כדי שלא להגיע לחצות היום בתענית; ויש שהורו שאין לאכול כלל לפני תקיעת השופר, ושעדיף לשתות מעט מים לפני התפילה (ראה 'מקראי קודש', ימים נוראים כט; 'שדי חמד' ח"ו, מערכת ראש השנה ב, לא; 'אשי ישראל' פמ"ה הע' קסא).

582 תפילת מנחה - ראה הלכה 405. אם ראש השנה חל בשבת, מוציאים ספר תורה וקוראים שלושה קרואים בתחילת פרשת 'האזינו'. לאחר חזרת הש"ץ אומרים "אבינו מלכנו", ויש הנוהגים שלא לאומרו, ראה הלכה 569.

583 תשליך - מנהג ראשונים היה ללכת לנהר אחרי מנחה של ראש השנה ולומר "תשליך" (רמ"א תקפג, ב בשם מהר"י טירנא; שעה"כ, עניין ראש השנה). ואם אין נהר בקרבת מקום, הולכים לים או למאגר מים גדול (כה"ח שם, ל). נוהגים לומר תשליך גם בשבת, ובמקומות שאין בהם עירוב דוחים ליום השני ('פרי האדמה' ח"ד, ג ע"ג; שו"ת 'חקרי לב' ח"ב, שיורי או"ח, יח, והמשנ"ב שם, ח בשם הפמ"ג כתב, שאין לאומרו בשבת). נוהגים שלא לישון ביום בראש השנה (רמ"א שם בשם הירושלמי; 'מורה באצבע' שם, רסג).

584 יום שני של ראש השנה - בניגוד לשאר ימים טובים, שבהם נוהג דין יום טוב שני רק בחו"ל, בראש השנה נוהגים שני ימים טובים גם בארץ ישראל, מכיוון שאם באו עדים סמוך לשעת המנחה, רק בירושלים ידעו שהחודש נקבע בזמנו. ולכן כתב רב האיי גאון ('אוצר הגאונים' ביצה, עמ' 4-10), ששני ימי ראש השנה הם תקנה מימות יהושע, וגם בארץ ישראל נוהגים שני ימים של ראש השנה, אף על פי שהיום מקדשים על פי הלוח (רי"ף, ביצה ג ע"א; וראה רז"ה שם).

585 הדלקת נרות וקידוש - משום מעמדו של היום השני, אין עושים שום הכנה מהיום הראשון ליום השני (ביצה ד ע"ב, ורש"י שם), ואין מדליקים נרות עד אחר צאת הכוכבים. בניגוד ליום טוב שני של גלויות, בראש השנה היום השני אינו מדין תקנת חכמים אלא נחשב ספק, ולכן היו שכתבו שיש ספק אם לברך "שהחיינו" בזמן הדלקת נרות (ראה הלכה 392) ובקידוש, ועדיף ללבוש בגד חדש או לקחת פרי חדש ולכלול אותו בברכה (שו"ע תר, ב ע"פ הרא"ש); וגם מי שאין לו בגד חדש או פרי חדש יכול לברך (שם, כשיטת רש"י). אם חל ביום ראשון, מבדילים בזמן הקידוש בערב כסדר יקנה"ז (ראה הלכה 400).

586 תפילות - תפילות היום השני זהות לתפילות היום הראשון, אך היום השני לעולם אינו חל בשבת, והפיוטים הנאמרים בשחרית שונים. אם חל במוצאי שבת, מוסיפים בברכה הרביעית "ותודיענו" כביום טוב. מעלים לתורה חמישה קרואים, וקוראים בפרשת עקדת יצחק (בראשית כב, א-כד). המפטיר קורא כמו המפטיר ביום הראשון; מפטירים בירמיה לא, א-יט בנבואת ירמיה, שהקב"ה יזכור את ישראל וירחם עליהם (רש"י, מגילה לא ע"א). אם תקעו בשופר ביום הראשון, הרי התקיעה ביום השני אינה אלא מדרבנן, ואין מברכים "שהחיינו" (שו"ע תר, ג).

587 מוצאי ראש השנה - מתפללים ערבית לחול (עמ' 152) ומוסיפים "אתה חוננתנו" בברכה רביעית. משנים מעט את נוסח התפילה והקדישים, כדין עשרת ימי תשובה (ראה להלן). מבדילים על הכוס, אך לא על הבשמים או על הנר (ראה הלכה 406). אם ראש השנה חל בחמישי ובשישי - ראה הלכה 397.

## צום גדליה

588 לאחר חורבן בית ראשון בכיבוש הבבלי נשארו רבים מבנ"י בארץ, ונבוכדראצר מלך בבל מינה את גדליהו בן אחיקם למושל עליהם. אך לא חלפו חודשיים ('סדר עולם רבה' פכ"ו), וישמעאל בן נתניה ממשפחת המלוכה רצח אותו בשליחותו של בעליס מלך בני עמון. רצח זה גרר אחריו מלחמת אזרחים קצרה בקרב שארית הפליטה, ובסופה ברחו היהודים שנשארו בארץ למצרים, מפחד נקמת מלך בבל, בניגוד לדברי ירמיה הנביא (ירמיה מ, א - מג, ז). בכך הושלם החורבן הראשון, ויהודה ישבה שוממה עד להצהרת כורש (שבת קמה ע"ב; יומא נד ע"א) בגלל מאבקים פנימיים, שלא היה להם דבר עם צרות מבחוץ.

589 "כה אמר ה' צבאות: צום הרביעי וצום החמישי וצום השביעי וצום העשירי יהיה לבית ישראל לששון ולשמחה, והאמת והשלום אהבו" (זכריה ח, יט). חכמים קבעו ארבעה צומות לאחר החורבן הראשון לזכר מאורעות מרכזיים בחורבן (ראש השנה יח ע"ב). רצח גדליה, שאירע בג' בתשרי ('סדר עולם רבה' פכ"ו), הוא אחד מהם. אם ג' בתשרי חל בשבת, הצום נדחה ליום ראשון (שו"ע תקנ, ג ע"פ רש"י והרמב"ם).

590 הצום מתחיל עם עלות השחר (שו"ע תקנ, ב ע"פ הטור). מי שרוצה לקום לפני עלות השחר ולאכול לפני הצום רשאי לעשות כן, אך רק אם התכוון

לכך לפני ששכב לישון (שם תקסד, א ע"פ הירושלמי, תענית פ"א ה"ד).

591 אין לאכול או לשתות, אך שאר העינויים אינם נוהגים (שו"ע תקנ, ב ע"פ התוספות וראבי"ה). נשים מעוברות ומיניקות פטורות מהצום (רמ"א תקנ, א בשם ה'מגיד משנה' תענית פ"א ה"ח).

592 שחרית - בתפילת לחש הקהל מוסיף "עננו" בברכת שומע תפילה (שו"ע תקסה, א). בחזרה הש"ץ מוסיף את ברכת "עננו" בין "גואל ישראל" ו"רפאנו" (תענית יג ע"ב). התוספת 'עננו' מסתיימת ב'כי אתה ה' פודה ומציל...בכל עת צרה וצוקה', ברמב"ם תוספת זו נמצאת רק סמוך לחתימת 'העונה לעמו ישראל...' הנאמרת מפי הש"ץ בין 'גואל' ל'רופא', ואילו התוספת ליחיד מסתיימת ב'ואני אשמע'. מרן (ב"י, שם) העתיק לשון התוספות (תענית, שם) וממנו משמע שאף היחיד אומר תוספת זו; והר"י שור בהגהותיו ל'ספר העתים' כתב שכנראה סיומת זו נכנסה בטעות מהסיומת לברכת 'העונה לעמו ישראל'. בכמה נוסחאות עתיקות מובא סמוך לחתימה נוסח משולב: '...בכל עת צרה וצוקה ושומע תפילה'; אך הנוסח הנפוץ הוא כמובא בב"י הנ"ל (וראה א"ר, שם). לאחר "נפילת אפיים" אומרים סליחות של תענית. קוראים בתורה על מחילת הקב"ה לעם ישראל אחר חטא העגל ועל גילוי י"ג מידות הרחמים למשה (עמ' 722). נוהגים שהקהל אומר בקול את חצי הפסוק "שוב מחרון אפך, והנחם על הרעה לעמך"; ובעליית השלישי הקהל אומר בקול את י"ג מידות הרחמים עד "ונקה" (והקורא בתורה אחריהם 'לדוד אמת' י, י) ואת סוף שמות לד, ט: "וסלחת לעוננו ולחטאתנו ונחלתנו". והש"ץ חוזר וקורא אחריהם (משנ"ב תקסו, ג). בצום גדליה ההוספות בתפילה הן כבעשרת ימי תשובה (ראה הלכה 597–599).

593 אם אין שישה מתענים, אין שליח הציבור מוסיף "עננו" (ברכ"י תקסו, ב בשם מהר"ם ן' חביב). מי שאינו מתענה, לא יהיה שליח ציבור (שו"ע תקסו, ה ע"פ הגאונים) ולא יעלה לתורה; ואפילו הוא הכוהן היחיד, מוטב שיצא מבית הכנסת, ומתפלל אחר המתענה, יעלה לתורה (שם, ו ע"פ מהרי"ק).

594 תפילת מנחה - יש הנוהגים להניח תפילין (גם אם אין דרכם להניח תפילין במנחה) וזאת כדי להשלים מאה ברכות (ב"י, מו; וב'יפה ללב' לז, ב הביא שהנוהגים להניח תפילין של ר"ת במנחה, מניחים גם של רש"י, כדי שיוכלו לברך עליהן). אחרי "אשרי" וחצי קדיש מוציאים ספר תורה ומעלים שלושה קרואים. הקריאה זהה לקריאה בבוקר. מנהג קהילות אשכנז וחלק מקהילות המערב להפטיר במנחה של תענית ציבור "דרשו ה'" הקוראת לתשובה, וכן הביא מרן לעניין צום גדליה (ובשאר תעניות יש המפטירים "שובה ישראל" כמובא בסידור רס"ג, עמ' שעג; ואם דחו את צום גדליה ליום א', ראה הלכה 601). וזאת כדי שיאמרו את שלוש ההפטרות שמעניין התשובה בימים אלו (ראה ב"י ושו"ע תכח, ח ע"פ הטור). וברוב קהילות הספרדים נהגו כשיטת הרמב"ם, שלא להפטיר בארבע תעניות ('חיים שאל' ח"ב, לח, צא בשם 'אהל יעקב' ששפורטש, סד). ומכל מקום מי שמנהגו שלא להפטיר וקראו לו לעליית שלישי, יכול להפטיר בברכה משום שהן ברכות השבח (חזו"ע, ארבע תעניות קה"ת, ג ע"פ שבה"ל והרי"ד).

595 בתפילת לחש הקהל מוסיף "עננו" בברכת שומע תפילה (ראה שו"ע ורמ"א תקסה, ג ע"פ רש"י וראה הלכה 592); ושליח הציבור אומר "עננו" בברכה שבין "גואל ישראל" ו"רפאנו" כבשחרית. במשנה (תענית כו ע"א) מובא, שבתעניות הכוהנים עולים לדוכן ומברכים את העם; והיום עושים כן רק כאשר מתפללים סמוך לשקיעה (שו"ע קכט, א; 'רב פעלים' ח"ד, ה), ויש נוהגים להקל אף מפלג המנחה ('רב פעלים' שם). אם הכוהנים אינם עולים לדוכן (משום שאין כוהנים, או שהכוהנים אינם מתענים - כה"ח קכט, ה בשם הפר"ח ומחב"ר), שליח הציבור אומר "אלהינו ואלהי אבותינו" (משנ"ב קכז, יב). אומרים "אבינו מלכנו" לפני הווידוי, וברוב הקהילות מסיימים כבכל יום. יש קהילות שבהן נוהגים לומר סליחות במנחה: אחרי "אבינו מלכנו" אומרים "על ידי רחמיך" וי"ג מידות (בעמ' 626), "אנשי אמונה" - "כי אל טוב וסלח אתה" (בעמ' 649–653), וכסדר זה נוהגים (חוץ מ"אבינו מלכנו") גם בי"ז בתמוז (ראה אבודרהם, תעניות). בעשרה בטבת יש נוהגים לומר קודם תפילת המנחה את הפיוט "שמע קולי" (עמ' 903). והפורטוגזים נוהגים לומר פיוט זה בכל מנחה של תענית ציבור, למעט תענית אסתר (שלא הוקדמה) מכיוון שאין אומרים בה תחנון.

## עשרת ימי תשובה

596 בסליחות מרחיבים בתחינות, בבקשות ובפיוטים. בתפילת שחרית לפני "ה' מלך" שקודם ל"ברוך שאמר", מוסיפים את הפסוק "ה' הוא האלהים" וכופלים אותו, ואומרים את מזמור קל לאחר "ישתבח" (ראה הלכה 566 ו־568).

597 בתפילת עמידה מוסיפים "זכרנו", "מי כמוך", "וכתוב לחיים" ו"בספר חיים", וחותמים את הברכה השלישית בתיבת "המלך הקדוש"; אם שכח אחת מהפסקאות הנוספות אינו צריך לחזור, אך אם בירך "האל הקדוש" חוזר (ראה הלכה 562).

598 בכל ימות השנה חתימת הברכה האחת־עשרה היא "מלך אוהב צדקה ומשפט" (סידורי הגאונים), ויש שגרסו "אוהב צדקה ומשפט" (ראה שו"ת הר"י ן' מגאש, קפב וברכ"י קיח, א). בעשרת ימי תשובה חותמים "המלך המשפט" (ברכות יב ע"ב), "כלומר שהוא יושב על המשפט" (סידור תר"י). נחלקו הפוסקים מה דינו של מי ששכח לשנות את החתימה - מרן פסק שצריך לחזור (שו"ע קיח, א, וכ"פ הפר"ח והברכ"י ורוב חכמי הספרדים), ולדעת הרמ"א, אינו חוזר מכיוון שממילא הזכיר את מלכותו של הקב"ה (שם; וראה השגת הראב"ד, תפילה פ"י הי"ג, וכן כתבו ה'שולחן גבוה' (תקפב, א) והבא"ח (ניצבים יט). והיבי"א (ח"ב, ח-י) פסק כדעת מרן (שם תקפב, א) שאם טעה, כל עוד לא סיים את תפילתו, חוזר ל"השיבה", ואם סיים חוזר לראש. והוסיף שנכון שיתנה שאם אינו חייב לחזור - תהיה תפילתו נדבה.

599 בשחרית ובמנחה אומרים "אבינו מלכנו" (ב"י, תקפד בשם ה'כלבו') מיד לאחר חזרת הש"ץ (שעה"כ, עניין ראש השנה). אומרים "אבינו מלכנו" אפילו במניין שאין אומרים בו תחנון (רמ"א תרב, א בשם מהר"י טירנא).

600 שבת שובה - כך נקראת השבת שבין ראש השנה ליום הכיפורים, מפני שמפטירים בה "שובה ישראל" (ב"י, תכח), ומכונה גם "שבת תשובה" כיוון שחלה בעשרת ימי תשובה. מתפללים כבכל שבת עם ההוספות לעשרת ימי תשובה. אם מוצאי ראש השנה חל בערב שבת, אומרים קבלת שבת מקוצרת (ראה הלכה 398). בברכת מעין שבע שלאחר ערבית (עמ' 66) אומרים "המלך הקדוש" (שו"ע תקפב, ג ע"פ רבינו מנוח). נחלקו הפוסקים מה הדין אם טעה שליח הציבור בברכה זו ואמר "האל הקדוש"; לדעת השכנה"ג צריך לחזור, ולדעת הפר"ח אינו חוזר, שכן חזרת הש"ץ בליל שבת אינה מן הדין אלא מפני התקנה (הובאו דבריהם במחב"ר תקפב, ג וכתב שם שלדברי האר"י ברכה זו חובה ולכן יש לחזור). ויש פוסקים שכל עוד לא סיים את הברכה חוזר ל"מגן אבות בדברו", ואם חתם - אינו חוזר (יבי"א ח"ב, כט; וראה 'שמ"ש ומגן' ח"ג, נ).

601 מנהג קדום היה בכמה מקהילות ספרד והמזרח להרבות בסליחות ובתחנונים בשבת זו (טור, תרב; וראה מחזור ארם צובה, דף תקלה, ב), וכבר בזמן מרן חדלו ממנהג זה (ב"י שם). בשחרית מוסיפים את מזמור קל אחרי "ישתבח", ואת "אבינו מלכנו" לאחר חזרת הש"ץ (ויש שאינם אומרים, ראה הלכה 569). אחרי קריאת התורה מפטירים "שובה ישראל" בהושע יד, ב עד סוף הספר (ב"י, תכח בשם הרמב"ם ור' ירוחם), וממשיכים במיכה ז, יח "מי אל כמוך" (אבודרהם) - אמנם אין מדלגין מנביא לנביא אך מכיוון שספרי תרי־עשר נחשבים ספר אחד מדלגין (מגילה כד ע"א). אם ג' בתשרי חל בשבת, יש מקהילות המערב שמפטירים "דרשו" ובצום גדליה "שובה" ('עלי הדס', תענית ציבור ט). נוהגים שהרב דורש בענייני תשובה במהלך השבת. במוצאי שבת יש נוהגים שלא לומר ברכת הלבנה, ומחכים למוצאי יום הכיפורים (רמ"א תכו, ב בשם מהרי"ל). ויש הסבורים, שיש לברך עליה במוצאי שבת זו, אם עברו שבעה ימים מהמולד ('מורה באצבע' רפג), ומוטב לעשות כן כדי שזכותה של מצווה נוספת תעמוד לנו ביום הדין (מובא ב'לבוש' תכו, ד; מל"ח טו, נ).

## ערב יום הכיפורים

602 "דברי עונות גברו מני, פשעינו אתה תכפרם" (תהלים סה, ד). ערב יום הכיפורים עומד בסימן ההכנות ליום הקדוש. נוהגים לטבול במקווה, ולדעת רס"ג, אף מברכים על טבילה זו; אך הראשונים קיבלו את עמדתו של רי"ץ גיאת, שאין לברך ('שערי תשובה' רב; אבודרהם). יש העושים כפרות והב"י ערער על המנהג משום האיסור לנהוג בדרכי האמורי (שו"ע תרה, א ע"פ הרמב"ן והרשב"א); אך רבים מהגאונים ומהראשונים החזיקו במנהג זה (ראה רמ"א שם), והמקובלים נתנו טעמים למנהג על פי הסוד (שעה"כ, עניין יום הכיפורים); ויש שנהגו לתת מעות לצדקה במקום לעשות כפרות ('חיי אדם' קמד, ד), שהרי "תשובה ותפילה וצדקה מעבירים את רוע הגזרה" (מתוך "ונתנה תוקף").

603 "עבירות שבין אדם למקום - יום הכפורים מכפר; עבירות שבין אדם לחבירו - אין יום הכפורים מכפר, עד שירצה את חבירו" (משנה, יומא פה ע"ב). ולכן חייב אדם לבקש מחילה לפני יום הכיפורים מכל מי שפגע בו. וגם הנפגע צריך למחול (רמ"א תרו, א ע"פ הגמרא שם פז ע"א). ראה הלכה 554.

604 תפילת שחרית - יש המקצרים בסליחות ויש המאריכים בהן. אומרים וידוי ונפילת אפיים בסליחות אך לא בשחרית, ויש אומרים שאם כבר עלה השחר ידלגו עליהם (מג"א קלא, ט וראה הלכה 553). אחרי תפילת שחרית נוהגים לעשות התרת נדרים (מל"ח יט, יג).

605 מצווה לאכול ולשתות בערב יום הכיפורים (ברכות ח ע"ב, ובעוד מקומות בגמרא). נוהגים להתפלל מנחה מוקדם כדי להשאיר זמן לאכול סעודה מפסקת.

606 "מצות וידוי ערב יום הכיפורים עם חשכה, אבל אמרו חכמים: יתודה קודם שיאכל וישתה, שמא תטרף דעתו בסעודה" (יומא פז ע"ב). לדעת

הרמב״ן, מדובר בווידוי נוסף על הווידוי עם חשכה; אך לדעת רוב הראשונים, הווידוי של ערב יום הכיפורים הוא רק בתפילת מנחה לפני הסעודה (מחלוקתם מובאת בר״ן ו ע״א). מתפללים מנחה כבשאר עשרת ימי תשובה. בתפילת לחש כל יחיד אומר וידוי ו״על חטא״ (יומא פז ע״ב), אך שליח הציבור אינו אומר (טור, תרז בשם ראבי״ה). אין אומרים תחנון (שו״ע תרד, ב), אך אומרים ״אבינו מלכנו״ (פר״ח תרז, ה).

607 סעודה מפסקת - יש לסיים לאכול ולשתות לפני השקיעה כדי להוסיף מן החול על הקודש (שו״ע תרח, א ע״פ יומא פא ע״א). באותו זמן מתחילים גם שאר האיסורים שביום הכיפורים ולכן יש להחליף את הנעליים לנעלי בד, ולצחצח שיניים לפני השקיעה (ראה ב״ח שם). נוהגים שהאב מברך את ילדיו לפני שהוא יוצא לבית הכנסת (׳חיי אדם׳ קמד, יט).

608 הדלקת נרות - מברכים: ״להדליק נר של יום הכיפורים״ (או ״של שבת ויום הכיפורים״, שו״ע תרי, א-ב). יש המברכים ״שהחיינו״ (ראה הלכה 392), ויש המסתמכים על ברכת ״שהחיינו״ בזמן ״כל נדרי״ (יחו״ד ח״ג, מה). יש להדליק גם נר שידלוק עד מוצאי יום הכיפורים, כדי לברך עליו בהבדלה (ראה הלכה 625).

## יום הכיפורים

609 ״אבל נתת לנו ה׳ אלהינו את יום הכפורים הזה את יום סליחת העון הזה... יום שהוא אסור באכילה ושתיה וברחיצה ובסיכה ובנעילת הסנדל ובתשמיש המטה יום אדיר בימי שנה״ (מתוך חזרת הש״ץ למוסף של יום הכיפורים). יום הכיפורים אסור במלאכה, ונוהגים בו חמשת העינויים: איסור אכילה ושתייה, איסור רחיצה, איסור סיכה, איסור נעילת סנדל (ובכלל זה כל נעל מעור) ואיסור תשמיש המיטה (משנה, יומא עג ע״ב). מעוברות ומיניקות מתענות ומשלימות (פסחים נד ע״ב). ואם יש בצום סכנה ליולדת, לא תצום (שו״ע תריז, ד ע״פ הרא״ש), וכן כל חולה (שם תריח, א ע״פ כתובות סא ע״א), וכן אם הצום עלול לגרום סכנה לתינוק (שו״ת ׳דבר שמואל׳ קז) או לעובר (׳ציץ אליעזר׳ חי״ז, כ, ד). אם היולדת היא בתוך שלושה ימים ללידתה, אינה רשאית להתענות (ילק״י, דין חולה ביום הכיפורים בשם מאמ״ר ואביו). ויש להכין אוכל פחות פחות מכשיעור עבור מי שאסור להם להתענות (שם, ט).

610 ליל ״כל נדרי״ - נוהגים להתעטף בטלית לפני התפילה (ב״י, יח בשם ספר התשבץ). אם מתעטפים לפני השקיעה, יש לברך עליה (כה״ח תריט, ב בשם ה׳לבוש׳ וכנה״ג; ילק״י, סדר תפילות יום הכיפורים, א בשם אביו); ויש שכתבו שאין לברך (מל״ח יז, ג, ומקורו ב׳חסד לאברהם׳ הוב״ד בברכ״י תריט, א; וראה ׳שלמי חגיגה׳ ו, א ובהגהות שם). אומרים את הבקשה ״לך אלי תשוקתי״ לר׳ אברהם ן׳ עזרא (׳שמות בארץ׳, יומא פז ע״ב), ובה דברי וידוי. והפר״ח (תרז, ג) כתב לאומרה מעומד כדי לקיים את סברת הרמב״ן (ראה הלכה 606), אולם לא נהגו לעשות כן. פותחים את ההיכל ומוציאים ספר תורה ל״כל נדרי״ (יש המוציאים שלושה ספרים, ויש נוהגים להוציא שבעה - שלושת המנהגים מובאים בשכנה״ג תריט, א). נחלקו הראשונים אילו נדרים מתירים, ומנהג ארץ ישראל לצאת ידי חובת שתי הדעות ולהתיר את הנדרים ״מיום הכיפורים שעבר ועד יום הכיפורים הזה, ומיום הכיפורים הזה עד יום הכיפורים שיבוא עלינו לשלום״ (רדב״ז ח״ד, לג; ובעניין הנוסחאות השונות ל״כל נדרי״ ראה כתר שם טוב ח״ו, ערבית ליל יום הכיפורים). חוזרים על ״כל נדרי״ שלוש פעמים ומברכים ״שהחיינו״, מכיוון שאין קידוש לאומרו בו (שו״ע תריט, א ע״פ עירובין מ ע״ב). אומרים ״מי שברך״ לקהל והשכבות לנפטרים (ראה שו״ע ורמ״א תרכא, ו ע״פ המרדכי; ׳כתר שם טוב׳ ח״ו, עמ׳ 331) ומחזירים את ספרי התורה להיכל. אם יום הכיפורים חל בשבת, אומרים קבלת שבת מקוצרת (׳שלמי חגיגה׳, סדר תפילות ליל שבת ח-ט בשם שכנה״ג; וראה בהגהות שם).

611 ערבית - יש נוהגים לומר ״והוא רחום״ לפני ״ברכו״, מכיוון שהשעה צריכה לכפרה (׳סדר היום׳, וכן דעת היחו״ד ח״ה, מה); ויש שאינם אומרים, כבשאר החגים (בא״ח, וילך יג). בקריאת שמע אומרים ״ברוך שם כבוד מלכותו לעולם ועד״ בקול רם (טור, תריט), מפני שבמדרש מובא שמלאכי השרת אומרים כך, וביום הכיפורים אנו דומים להם (דברים רבה, ואתחנן ב, לו). ברכות קריאת שמע הן כבשאר ימים טובים. לפני חצי קדיש אומרים את הפסוק ״כי ביום הזה״ (ד״מ שם, ב; ׳לבוש׳ תקפב, א); אם חל בשבת, מקדימים לו את הפסוקים המתחילים בתיבת ״ושמרו״. בתפילת העמידה אומרים ברכה שלישית ארוכה כבראש השנה (ראה הלכה 561), ובסוף תפילת לחש אומר כל יחיד וידוי ו״על חטא״ (טור, תריט). כמו כן יש הנוהגים לעמוד בכל התפילות של יום הכיפורים (ספר המנהיג ע״פ פדר״א מו, וראה טור, תריט).

612 אם יום הכיפורים חל בשבת, אומרים לאחר התפילה ״ויכולו״ ו״מגן אבות״ (ראה הלכה 294). שליח הציבור פותח את הסליחות (ראה הלכה 545

בפסוקי דרחמי ובפיוט "אנא ה' רחמיך יֶראו". בסליחות של יום הכיפורים נוהגים לומר עשרים ושש פעמים י"ג מידות, חמש מתוכן בערבית (טור, תרכ בשם גאון). בכל תפילות היום לאחר הווידוי חותמים בפיוט "אדיר ונאור" ובפסוקים ממיכה ז, יח-כ. אומרים קדיש תתקבל עם "תענו ותעתרו". נוהגים לומר את ארבעת המזמורים הראשונים מספר תהלים (אבודרהם, שעה"כ), מזמור כד (משנת חסידים), קדיש יהא שלמא ו"עלינו". יש נוהגים לומר בליל יום הכיפורים תהלים וסליחות וכן ללמוד את מסכת יומא (ראה טור, תריט; מחזור 'אהלי יעקב' דינים לליל כיפור, ג-ד).

613 באשמורת הבוקר נוהגים לומר את הבקשה "כתר מלכות" לר"ש ן' גבירול, אשר בסופה וידוי רחב בלשון יחיד, ויש אומרים גם את הבקשה שחיבר הרדב"ז.

614 ברכות השחר - כתוב בשעה"כ (עניין ברכות השחר), שבתשעה באב וביום הכיפורים אין מברכים "שעשה לי כל צרכי", מכיוון שנתקנה על נעילת הסנדל, והיא אסורה ביום הכיפורים (אף שלא סבר כרמב"ם המובא בהלכה 12); וכבר בעל העיטור דן בזה והסיק שיש לברך, מכיוון שמותר לנעול את הסנדל במקום סכנה (הל' יום הכיפורים; וכ"פ הרא"ש, יומא ח, ג). ורבים מהאחרונים הכריעו כדעת האר"י ('שלמי ציבור', ברכות השחר ח; בא"ח, וישב ט; והיבי"א ח"ב, כה, טו כתב, שמי שמנהגו לברך יכול להמשיך במנהגו, אך שב ואל תעשה עדיף).

615 שחרית - תפילת שחרית כבראש השנה (ראה הלכה 566-568), אלא שאחרי מזמור צא מוסיפים מזמורים מעניין היום (אבודרהם). נהגו להוסיף פיוטים בין שירת הים ל"נשמת" ובין "ישתבח" ליוצר. וברוב הקהילות אין נוהגים כן היום (ראה הלכה 567), אלא אומרים אותם קודם קריאת התורה (שכנה"ג נא, ג). בסוף תפילת העמידה כל יחיד אומר וידוי ו"על חטא".

616 לפני חזרת הש"ץ יש נוהגים לומר את הרשויות. פייטני ספרד הגדולים כתבו 'מעמד' ליום הכיפורים, ובו הרחבות פיוטיות לתפילת "יוצר" ולשלוש הברכות הראשונות של תפילות העמידה, ופיוטי סליחות (מחזורי קטאלוניה וארגון). כיום נוהגים שלא לאומרם בחזרת הש"ץ, מלבד פיוטים המעטרים את הקדושה. בתקופת הראשונים נהגו לומר בברכה הרביעית פיוטי סליחות (סידור רס"ג; טור, תרכ; היום אין נוהגים כן (ראה ב"י, תקסו וראה הלכה 402), ושליח הציבור אומר רק את סדר הווידוי, ממשיך "יעלה ויבוא" ומסיים כרגיל.

617 סליחות - אחרי חזרת הש"ץ אומרים "אבינו מלכנו" (אף כשחל בשבת, ראה ב"י, תרכב), חצי קדיש וסליחות. פשט המנהג לומר את אותן הסליחות בכל תפילות היום למעט פיוט הפתיחה, והמנהג הקדום היה לומר סליחות שונות בכל תפילה ותפילה (ראה הלכה קודמת והלכה 552). בסליחות אלה אומרים חמש פעמים י"ג מידות ואחריהן קדיש תתקבל עם "תענו ותעתרו". קודם קריאת התורה נוהגים לומר את הפיוטים שבין פסוקי דזמרה ויוצר, שדילגו עליהם.

618 קריאת התורה - כשמוציאים את ספר התורה מן ההיכל, יש נוהגים לומר י"ג מידות ותחינות מיוחדות לימים נוראים. מוציאים שני ספרי תורה; בראשון מעלים שישה קרואים (ובשבת שבעה) לסדר עבודת יום הכיפורים בבית המקדש (ויקרא טז, א-לד), ובשני המפטיר קורא את פסוקי קרבן היום (במדבר כט, ז-יא). ההפטרה היא בנבואת ישעיה (נז, יד - נח, יד), המנחָה את העם כיצד יש לחזור בתשובה, ומדגיש את תיקון המעשים והמידות מלבד ההקפדה על העינויים והמעשים החיצוניים (מגילה ל ע"ב). אומרים "מי שברך" ו"אשרי" ומחזירים את ספרי התורה להיכל (ויש המחזירים את ספרי התורה להיכל אחרי מוסף). אם יש תינוק למולו ביום הכיפורים, מלים אותו לפני "אשרי" (שו"ע תרכא, ב ע"פ מנהג מהר"ם), ואין מברכים על הכוס (שו"ע שם, ג), ואף המחמירים שלא להריח בשמים ביום הכיפורים, בשעת מילה מותר (כה"ח שם, יח). שליח הציבור אומר חצי קדיש.

619 מוסף - אחרי תפילת לחש הציבור אומר וידוי. קודם חזרת הש"ץ אומרים את הרשויות משחרית, וברוב הקהילות מוסיפים רשות שלישית, "אוחילה". אומרים פיוטי קדושה, ובברכה הרביעית שליח הציבור אומר "עלינו" (ויש נוהגים, שאומר כאן את הרשות "אוחילה" כמנהג הקדמון). לפני סדר העבודה נוהגים לפתוח את דלתות ההיכל, בשעה ששליח הציבור אומר את הבקשה "היה עם פיפיות שלוחי עמך", ולומר את סדר העבודה בשעה שההיכל פתוח. יש נוהגים ששליח הציבור אומר כאן רשויות כהכנה לסדר העבודה.

620 סדר העבודה - בזמן שבית המקדש היה קיים עבודת יום הכיפורים הייתה פסגת העבודה של כל השנה. כל עבודות היום כשרות רק בכוהן גדול, ורק ביום זה הוא לובש את בגדי הלבן ונכנס לקודש הקודשים. בזמן הקרבת מוספי יום הכיפורים הוא אומר את השם המפורש בקול רם, ולאחר שהוא מתוודה בשם העם, הוא שולח את השעיר לעזאזל. בחזרת הש"ץ למוסף אומרים פיוט ארוך, ובו תיאור סדר העבודה במקדש.

אחד מהפיוטים הקדומים ביותר המוכרים לנו הוא המתחיל במילים "אתה כוננת", ואותו נוהגים לומר היום ברוב קהילות ישראל (ראה ב"י, תרכא); אך מאחר שיש בו אי־דיוקים בכמה פרטי הלכה יסודיים, דאגו חכמי ישראל להגיהו ולתקנו; הנוסח שנוהגים לומר היום מבוסס על תיקוניו של ר' דוד פארדו בספרו 'שפעת רביבים'. לאחר חזרת הש"ץ אומרים סליחות ובהן אומרים שבע פעמים י"ג מידות. מסיימים ב"אין כאלהינו" ו"עלינו", ויש אומרים גם את מזמור כד.

621 מפאת קדושתו של היום נהגו לומר אחרי התפילה תהלים, תוכחות וסליחות ולעסוק בתורה עד לתפילת מנחה (מחזור 'אהלי יעקב').

622 מנחה - יש אומרים את פרשת העקדה (ראה 'יין הטוב' ח"א, נא-נב), מזמור פד ופרשת התמיד ויש מוסיפים גם את סדר העבודה של יום הכיפורים במנחה, ממשיכים ב"פיטום הקטורת", "אשרי" ו"ובא לציון" (ראה כה"ח תקכב, ד). מוציאים ספר תורה ושלושה עולים קוראים בפרשת איסורי העריות (ויקרא יח, א-ל); השלישי הוא גם מפטיר, והוא קורא את ספר יונה ואת פסוקי הסיום של ספר מיכה, ז, יח-כ (מגילה לא ע"א), ראה הלכה 601. מחזירים את ספר התורה להיכל ומתפללים עמידה. הכוהנים אינם עולים לדוכן (סדר רב עמרם גאון). אחר החזרה אומרים "אבינו מלכנו", ואם חל בשבת אומרים "צדקתך" (שו"ע תקכב, ג ע"פ הר"ן). בסליחות אומרים שש פעמים י"ג מידות.

623 כשהחמה בראש האילנות, מתפללים תפילה חמישית, תפילת נעילה (יומא פז ע"ב; רמב"ם, תפילה פ"ג ה"ו). נוהגים לפתוח את דלתות ההיכל ולהתחיל תפילה זו בפיוט "אל נורא עלילה" לר' משה ן' עזרא. אומרים "אשרי" וחצי קדיש. את ההוספות לתפילת העמידה משנים ל"זוכרנו לחיים... חתמנו בספר חיים", "וחתום לחיים טובים כל בני בריתך" ו"בספר חיים ניזכר וניחתם לפניך". בווידוי שלאחר התפילה אין אומרים "על חטא", אלא תחינה ייחודית "אתה הבדלת אנוש מראש" (סידור רס"ג). בחזרת הש"ץ אומרים קדושת "כתר" כמו במוסף (טור, תרכג). הכוהנים עולים לדוכן. יש להשתדל שיעלו קודם השקיעה (ב"י שם בשם הגה"מ), ובדיעבד יעלו גם אחר השקיעה, אך לא אחר צאת הכוכבים (יחו"ד ח"ו, מ; אף על פי שב'שלמי ציבור', דיני ברכת כוהנים ו, הביא את דעת רמ"ע מפאנו שהתיר גם בלילה). בסליחות אומרים י"ג מידות שלוש פעמים, ובפיוט "אלהינו שבשמים" משנים את המילים "כתבנו" ל"חתמנו". לאחר מכן אומרים פסוקי ייחוד ה' וקדיש תתקבל עם "תענו ותעתרו", ומסיימים בתקיעת שופר (שו"ע שם, ו ע"פ הסמ"ג).

624 בזמן שנהג היובל, היו תוקעים בשופר במוצאי יום הכיפורים של כל שמיטה שביעית, ומכריזים על תחילת שנת היובל: העבדים היו משתחררים, והשדות היו חוזרים לבעליהם - "יובל הִוא תהיה לכם ושבתם איש אל אחזתו ואיש אל משפחתו תשֻׁבו" (ויקרא כה, י). אחד הטעמים לתקיעה בשופר במוצאי יום הכיפורים הוא כדי להזכיר ייעוד זה (טור, תרכד).

625 מוצאי יום הכיפורים - בתפילת ערבית מתפללים כבכל יום חול, בלי התוספות לעשרת ימי תשובה; מוסיפים "אתה חוננתנו" בברכת חונן הדעת (שו"ע תרכד, א). לאחר התפילה אומרים ברכת הלבנה (ראה הלכה 601). מבדילים על הכוס ועל נר שדלק כל יום הכיפורים - ולא על נר שהדליקו במוצאי החג, מכיוון שהברכה על האור במוצאי שבת היא זכר לבריאתו (שו"ע שם, ד ע"פ רש"י בפסחים נד ע"א). אין מברכים על הבשמים, אפילו אם יום הכיפורים חל בשבת (שו"ע שם, ג ע"פ הרמב"ם; וראה משנ"ב, שם). נוהגים להתחיל בבניית הסוכה במוצאי יום הכיפורים לקיים את האמור בפסוק (תהלים פד, ח): "ילכו מחיל אל חיל" (רמ"א תרכד, ה ותרכה, א בשם מהרי"ל).

626 אין אומרים תחנון בין יום הכיפורים וסוכות, מכיוון שאלה היו הימים שנשלם בהם בית המקדש בימי שלמה (שו"ע קלא, ז ע"פ שבה"ל; וראה רד"ק, מל"א ח, ב). ויש להשלים את בניית הסוכה ואת קישוטה ולהכין את ארבעת המינים לפני כניסת החג (שו"ע תרנא, א).

## סוכות

627 "למען ידעו דרתיכם כי בסכות הושבתי את בני ישראל בהוציאי אותם מארץ מצרים, אני ה' אלהיכם" (ויקרא כג, מג). נחלקו התנאים (סוכה יא ע"ב) אם מדובר בענני הכבוד שהגנו על בני ישראל, או בסוכות שישבו בהן ממש; מכל מקום "מצוות סוכה כל שבעה. ויעשה כל שבעה ביתו עראי וסוכתו קבע, ודר בה כדרך שאדם דר בתוך ביתו... ואוכל ושותה וישן ומטייל בה, ולומד בה" (טור, תרלט). מצוות סוכה היא מצוות עשה שהזמן גרמה, ולכן נשים פטורות ממנה (משנה, סוכה כח ע"א). יש מהגאונים שהורו, שמברכים על ישיבה בסוכה בכל פעם שנכנסים לשבת בה (סידור רס"ג,

עמ׳ רלד); אך המנהג הנפוץ הוא, שלא לברך אלא אם קובעים בה סעודה על לחם או על שבעת המינים, ומברכים לפני כל סעודה כזו (שו״ע תרלט, ח ע״פ ר״ת; וראה משנ״ב שם, מח ויחו״ד ח״א, סה).

628 חג הסוכות יכול לחול בימי שני, שלישי, חמישי או שבת. אם החג חל ביום חמישי, מי שגר בחו״ל מניח עירוב תבשילין, כדי שיוכל להכין מיום טוב שני לשבת. דיני ליל סוכות ראה בהלכה 392–397.

629 מקדשים בסוכה. קודם הכניסה לסוכה נוהגים לומר את סדר האושפיזין (עמ׳ 842), על פי מעשה דרב המנונא סבא המובא בזוהר (אמור קג ע״ב; ראה ׳היכל הקודש׳ צט). מברכים "לישב בסוכה" לפני ברכת "שהחיינו" (סוכה נו ע״א). מקדש מעומד ואחר כך מברך "לישב בסוכה", יושב ומברך "שהחיינו" (שו״ע תרמג, ב בשם הרמב״ם). בברכת המזון מוסיפים "יעלה ויבוא".

630 "ולקחתם לכם ביום הראשון פרי עץ הדר כפת תמרים וענף עץ עבת וערבי נחל, ושמחתם לפני ה׳ אלהיכם שבעת ימים" (ויקרא כג, מ). חג הסוכות הוא חג האסיף (שמות לד, כב), ובו אנו מצווים לעלות לרגל ולהודות לה׳; חג זה נתייחד בנוסח התפילות בכינוי "זמן שמחתנו". חלק מרכזי בשמחה הוא מצוות ארבעת המינים. בכל יום כל אחד נוטל לולב, שלושה הדסים ושתי ערבות, מחברם יחד ומחזיק אותם עם האתרוג (כדעת ר׳ ישמעאל במשנה, סוכה לד ע״ב). מכיוון שנטילת ארבעת המינים היא מצוות עשה שהזמן גרמה, נשים פטורות ממנה; אך נשים רבות נהגו ליטול ארבעה מינים, ולדעת כמה פוסקים יכולות לברך עליהם כהוראת ר״ת (ברכ״י תרנד, ב מובא בכה״ח תקפט, כג; ׳רב פעלים׳ ח״א, ׳סוד ישרים׳, יב; ׳שמ״ש ומגן׳ ח״ב, עב אות ג); אך לדעת מרן, שפסק כרמב״ם, לא יברכו (ראה הלכה 627), וכן כתב היחו״ד (ח״א, סח), והביא כמה אחרונים שכתבו לבטל מנהגן של אותן נשים. יש נוהגים לברך על ארבעת המינים דווקא בסוכה, ונוטלים לולב לפני התפילה (שעה״כ, עניין נטילת לולב; של״ה, הביאו מג״א תרנב, ג; כה״ח תרמד, ג); ורבים נוהגים שלא לברך עליהם עד שעת ההלל, שהיא עיקר מצוותו (טור ושו״ע תרנב, א ע״פ המשנה בסוכה לז ע״ב).

631 "כיצד הוא עושה?... מוליך ומביא למי שארבע רוחות השמים שלו, מעלה ומוריד למי שהשמים והארץ שלו" (מנחות סב ע״א). הסוגיה עוסקת בהנפת שתי הלחם וכבשי עצרת; אך בסוכה לז ע״ב למדו מהסוגיה במנחות את דין הנענועים של ארבעת המינים, ולכן מניפים ומנענעים את ארבעת המינים לארבע רוחות השמים, למעלה ולמטה (שו״ע תרנא, י בשם מהרי״ל); והמנהג הנפוץ להוליך ולהביא את הלולב שלוש פעמים לכיוון דרום, צפון, מזרח, מעלה, מטה ומערב, כמנהג האר״י (שעה״כ, עניין נטילת לולב). אין נוטלים את הלולב בשבת (שו״ע תרנח, ב ע״פ סוכה מד ע״א).

632 לתפילת שחרית, ראה הלכה 401–403. לאחר חזרת הש״ץ כל אחד לוקח את ארבעת המינים ומברך "על נטילת לולב" ו"שהחיינו" (עמ׳ 369). אומרים הלל שלם, וגם בו מנענעים את הלולב (עמ׳ 369–374). לאחר ההלל אומרים הושענות (עמ׳ 466), ויש האומרים את ההושענות אחרי קריאת התורה, ויש האומרים אותן אחרי תפילת מוסף (ראה הלכה 635).

633 הושענות – בשמחת חג הסוכות מעורבת גם נימה של דין. זהו סוף הקיץ "ובחג נידונין על המים" (משנה, ראש השנה טז ע״א) – לקראת החורף מתפללים על גשמי השנה הבאה. גם ארבעת המינים, שאף הם צריכים למים, כביכול מתפללים אתנו לשנה ברוכה (שבה״ל שסו). בזמן שהמקדש היה קיים, היו כל העם מקיפים את המזבח בלולביהם ואומרים "אנא ה׳ הושיעה נא, אנא ה׳ הצליחה נא" (משנה, סוכה מה ע״א). ובימינו מוציאים ספר תורה מההיכל, והציבור נוטל את לולבו בידו ומקיף את הבימה פעם אחת (שו״ע תרס, א ע״פ רי״ץ גיאת ורמב״ם; ומנהג הגאונים היה להקיף שלוש פעמים). אף על פי שמניחים ספר תורה על התיבה בשעת ההקפות, העיקר הוא בהקפת התיבה ולכן אין הנחת ספר התורה עליה מעכבת (כה״ח שם, א ע״פ הרמב״ם והאר״י). עם זאת, חולה שאינו יכול לבוא לבית הכנסת, יכול להניח תנ״ך על כיסא או שולחן בביתו ולהקיף אותו (בא״ח, האזינו טו; כה״ח, שם). מנהג הספרדים לומר שישה פיוטי הושענות בכל יום (למעט הושענא רבה). קודם מסדרים בהן שבחו של מקום, אחר כך מזכירים את זכות האבות והברית עם ישראל, ולבסוף מבקשים על הגאולה ועל הגשמים.

634 רבי יהודה אומר "אני והו הושיעה נא" (סוכה פ״ד מ״ה). נחלקו הראשונים אם המילה "והו" נהגית בחולם (כך משמע מרש״י שפירש "אני והו" בגימטריה "אנא ה׳") או בשורוק, כיוון שהוא רומז לפסוק "ראו עתה כי אני אני הוא" (הובאו דבריהם באבודרהם וראה כ״י קאופמן ששם "אני והוא והושיעה נא"), וגם כיום יש הנוהגים להגות בחולם ויש ההוגים בשורוק.

635 נחלקו הפוסקים מתי יש לומר הושענות: לדעת רב עמרם גאון והרבה ראשונים, אומרים הושענות אחרי תפילת מוסף, וכן מנהג הפורטוגזים ובני אשכנז; לדעת רס״ג המובאת בטור (תרס), יש לאומרן אחרי קריאת התורה; ומסידורו של רס״ג עצמו משמע, שיש לאומרן מיד אחרי ההלל, וכך

נוהגים ברוב קהילות הספרדים ('מורה באצבע' ט, רצג; שע"ת תרנא, כ בשם 'קרבן חגיגה', פו) ואומרים קדיש תתקבל אחרי ההושענות כדי להכיל את הבקשה "תתקבל צלותנא ובעותנא" גם על ההושענות (כה"ח תרס, ד). ויש הנוהגים לומר הושענות אחר קריאת התורה.

636 עוד נחלקו הפוסקים אם אומרים הושענות בשבת: לדעת רס"ג (הובא ב'עיטור', הל' לולב, סדר ערבה) ורש"י (הובא באו"ז ח"ב, שטו), אומרים אך אין מקיפים את התיבה, וכן פסק מרן (שו"ע תרס, ג), וכן מנהג קהילות רבות ('לב חיים' ח"ב, קכז; כש"ט ח"ז, עמ' קא; 'נהגו העם', חג סוכות ט; 'דרך אר"ץ', סדר הושענות ג); ולדעת רב שרירא גאון (הובא בטור, תרס), אין אומרים הושענות כלל, וכך משמע גם מרס"ג בסידורו, והחיד"א כתב שכך נוהגים בירושלים (ברכ"י שם, ג; וראה יחו"ד ח"ב, עה). ובכה"ח (שם) כתוב, שכיוון שאין הכרע בדברי האר"י בעניין זה, יחזיק כל אחד במנהגו.

637 קריאת התורה - מוציאים שני ספרי תורה. בראשון קוראים לחמישה עולים (ובשבת לשבעה) את פרשת המועדות שבספר ויקרא (עמ' 729); ובשני קוראים למפטיר את פרשת מוספי היום (עמ' 731). ההפטרה היא סוף ספר זכריה, ובה נזכר חג הסוכות בגאולה העתידה, ובפרט כיום דין באומות העולם (עמ' 731). ביום טוב שני בחו"ל קריאת התורה והמפטיר כמו ביום הראשון; מפטירים בחנוכת הבית הראשון בימי שלמה, שהייתה בסוכות (מלכים א' ח, ב-כא).

638 מסיימים את התפילה כבשאר ימים טובים (ראה הלכה 404); גם תפילות מנחה וערבית למוצאי החג זהות לתפילות שאר החגים.

639 מקדשים בסוכה ומוסיפים ברכת "לישב בסוכה" לפני ששותים. וביתר הסעודות שאין בהן קידוש, מברכים "לישב בסוכה" רק אם אוכלים פת או קובעים סעודה על מזונות. ולעניין הבדלה, בבית הכנסת מבדילים כרגיל, ומי שדרכו להבדיל בבית - מבדיל בסוכה (כה"ח תרלט, סו).

640 חול המועד - ראה הלכה 416-421. בשחרית נוטלים את הלולב לפני אמירת הלל ומברכים "על נטילת לולב" (אם חג סוכות חל בשבת, מוסיפים ביום הראשון "שהחיינו"). אומרים הושענות (עמ' 466). מעלים ארבעה קוראים לתורה, וכל אחד קורא את מוסף היום (עמ' 524). בחו"ל נוהגים כאילו יש ספק ביום: ביום השני לחול המועד (שהוא היום הראשון לחול המועד בחו"ל) - הכוהן קורא "וביום השני" (שמא יום טוב היה באמת בט"ז בתשרי), הלוי "וביום השלישי" כבארץ ישראל, השלישי שוב "וביום השלישי", והרביעי חוזר וקורא "וביום השני... וביום השלישי" (שו"ע תרסג, א ע"פ הרי"ף והרא"ש).

641 בזמן שבית המקדש היה קיים בכל יום משבעת ימי חג הסוכות היו מנסכים מים על המזבח (משנה, סוכה מב ע"ב ומח ע"א). למרות ממד התחינה שיש בניסוך זה (השווה מלכים א' יח, לד-לט), היו אלה ימי שמחה במקדש. היו חוגגים את 'שמחת בית השואבה' כל הלילה, ובבוקר יורדים למעיין השילוח ושואבים מים (משנה, סוכה נא ע"א). גם היום "החסידים ואנשי המעשה עושים לזכר שמחת בית השואבה... בזמירות ושבחים ומרבים בנרות בסוכה בלילות אלו... וכל מי שעושה זכר למקדש, אשרי חלקו" ('יסוד ושורש העבודה' יא, יד).

642 אחת המצוות האחרונות בתורה היא מצוות 'הקהל'. אחת לשבע שנים, בסוכות שלאחר שנת שמיטה, היו מכנסים את כל ישראל בבית המקדש ומלמדים אותם תורה (דברים לא, י-יג). בדורות האחרונים חידש הרי"א הלוי הרצוג מעמד 'זכר להקהל', שבו קוראים בתורה ברוב עם ('היכל יצחק', או"ח נח).

643 שבת חול המועד - ראה הלכה 422. אין נוטלים לולב. לאחר הקדיש שאחרי ההלל, פותחים את ההיכל, ויש האומרים הושענות לשבת בעמ' 525 (ראה הלכה 636). בני אשכנז נוהגים לקרוא בשבת זו את מגילת קהלת (רמ"א תרסג, ב ע"פ מהרי"ל).

644 קריאת התורה - מעלים שבעה קוראים בפרשת י"ג מידות, שאחריה נאמרה פרשת המועדות (עמ' 738), ומפטיר במוסף אותו היום (ובחו"ל, מוסף שני הימים שבספק). מפטירים במלחמת גוג ומגוג, כיוון שהייתה מסורת ביד חכמים שמלחמה זו עתידה להיות בסוכות (טור, תצ בשם רב האיי גאון; רש"י, מגילה לא ע"א). כתוב במנהגי מהרא"ק ומנהגי מהר"י טירנא שבשבת חוה"מ סוכות חותם בהפטרה "מקדש השבת וישראל והזמנים" ובשבת חוה"מ פסח חותם רק "מקדש השבת". הרמ"א פסק כך להלכה וביאר שבחוה"מ סוכות יש חילוק קרבנות ולפיכך כל אחד מימות החג נחשב כיום טוב (ד"מ, תרסג). וברבות מקהילות הספרדים נהגו כדעת הרמ"א ('יפה ללב', שם); לעומת זאת יש שערערו על מקורו של מנהג זה ופסקו כפשט לשונו של מרן, שאין מזכירים של יו"ט בשבת חוה"מ, שאלמלא שבת אין הפטרה בחול המועד (מאמ"ר, שם; וכן דעת הגר"א כמובא במעשה רב, רכז) וכך נוהגים היום ברוב קהילות הספרדים. אחרי הכנסת ספר תורה מתפללים מוסף לשלוש רגלים. במנחה מעלים שלושה קוראים לפרשת 'וזאת הברכה'.

645 היום האחרון משבעת ימי סוכות הוא יום חיתום הדין על המים (רש"י, יומא כא ע"ב). יום זה מכונה 'הושענא רבה', ובחוגי המקובלים ראו בו סיום לעשרת ימי תשובה, שה'פתקים', ובהם הכרעת הדין על כל אחד ואחד, יוצאים בו - "ביומא שביעאה דחג הוא סיומא דדינא דעלמא, ופתקין נפקין מבי מלכא" (זוהר, צו לא ע"ב). נהגו לעשות 'תיקון ליל הושענא רבה' ולקרוא בו את ספר דברים (שעה"כ, דרוש הושע"ר) ותהלים (סדר היום), ויש אומרים סליחות סמוך לאשמורת הבוקר ('סדר היום'; של"ה, סוכה), ובשעה"כ כתב שאין להם לומר י"ג מידות.

646 בקצת קהילות נוהגים בתפילת שחרית לומר סדר זמירות של שבת ויום טוב (כמובא בשו"ע תרסד, א ע"פ הטור; שכנה"ג שם, ג), ולהוסיף "מזמור לתודה" ולומר "נשמת" בסוף פסוקי דזמרה ('כלבו' נב); וכיום המנהג הנפוץ בארץ ישראל להתפלל שחרית כביתר ימי חול המועד (כה"ח תרסד, יא בשם מקובלי בית אל), ורק להוסיף "ה' הוא האלהים" קודם "ברוך שאמר" (ראה הלכה 566) ובסוף התפילה פותחים את ההיכל ואומרים "נשמת" (כש"ט ח"ז, עמ' קנב) ראה הלכה 649. יש הנוהגים לומר את מזמור קל לפני חצי קדיש ('שארית יוסף' ח"ב, עמ' עג בשם ה'שואל ונשאל'; וב'עמק ברכה' כתב שאין לאומרו). בתפילת מוסף נוהגים בקהילות המערב לומר קדושת כתר מלאה כביום טוב ('שמ"ש ומגן' ח"ד, יו"ד יח).

647 בזמן שבית המקדש היה קיים, היו מקיפים ביום זה את המזבח שבע פעמים (משנה, סוכה מה ע"א); וכיום לאחר ההלל אומרים סדר הושענות ארוך ובו שבע 'הקפות', סליחות ובקשות על הגשמים ועל התבואה. בקצת קהילות נוהגים לומר בסליחות גם י"ג מידות (ראה שכנה"ג תרסד, ח); אך לדעת האר"י, אין לאומרן (שעה"כ, עניין חג הסוכות; 'זכר דוד', מאמר ג, פג בשם הרמ"ז וראה מש"כ שם בשם ר"ש אבוהב), ולכן פשט המנהג ברוב המקומות לדלג עליהן. בקצת קהילות נוהגים לתקוע בשופר ('פרי האדמה', הל' עירובין ו, מובא בכה"ח תרסד, ט).

648 כתב מרן, שנוהגים לאחוז בשעת ההקפות הן את ארבעת המינים הן את הערבות לחבטה (שו"ע תרסד, ג ע"פ התוספות), אך המנהג הנפוץ הוא להקיף בארבעת המינים בלבד (שעה"כ, יום הושענא רבה; וכן דעת הר"ן, מובא בב"י שם).

649 מצוות ערבה במקדש כל החג, הלכה למשה מסיני; ומחוץ למקדש הנהיגו הנביאים להקיף רק ביום השביעי, ולחבוט את הערבה לאחר מכן (סוכה מד). ואין מברכים כיוון שהוא מנהג בעלמא (רמב"ם, לולב פ"ז הכ"ב). אין שיעור לערבה, ומעיקר הדין די בבד אחד שבו עלה אחד (טור תרסד, בשם רב האיי גאון), והמנהג הנפוץ לקחת חמישה בדי ערבות (שעה"כ, יום הושענא רבה). פסק מרן, שחובט את הערבות על הקרקע או על כלי פעמיים או שלוש (שם, ד ע"פ הרמב"ם); ובזוהר (צו לב ע"א) כתוב לחבוט דווקא על הקרקע, ולדעת האר"י דווקא חמש פעמים (שעה"כ, שם), וכן נוהגים. יש שכתבו שצריך לחבוט כדי להסיר את העלים ('מלבושי יו"ט' שם, א); ולדעת האר"י אין להסירם (כה"ח תרסד, לז; 'רוח חיים' שם, ב). אחרי ההושענות וקדיש תתקבל מניחים את ארבעת המינים, נוטלים את הערבות וחובטים אותן (שעה"כ, שם); אך המנהג הנפוץ לחובטן אחרי תפילת מוסף. בקהילות שאין אומרים בהן "נשמת" בפסוקי דזמרה, נוהגים לפתוח את ההיכל ולומר "נשמת" קודם שנפטרים לבתיהם (מובא בכה"ח שם, ע"פ מנהג מקובלי בית אל).

650 אין לנהוג בערבות מנהג ביזיון גם לאחר החבטה (שו"ע תרסד, ח ע"פ או"ז ח"ב, שפו), ויש ששומרים אותן כדי לאפות בהן את המצות לפסח (רמ"א שם, ט בשם מהרי"ל ומהר"י וייל), או כדי לשרוף בהן את החמץ, ועושים כן בכל ארבעת המינים לאחר שנעשתה בהם המצווה ('לבוש' שם, ט).

651 אחר הצהריים מכניסים את הכלים מהסוכה לבית, כיוון שאסור לשבת בסוכה אחרי שבעת ימי החג (סוכה מח ע"א). אך אין עושים כך בחו"ל, כיוון שאוכלים בסוכה גם בשמיני עצרת (ראה הלכה 660). יש נוהגים לעשות סעודה קלה בסוכה לפני כניסת חג שמיני עצרת ולומר נוסח פרידה מהסוכה (עמ' 843). אם שמיני עצרת חל ביום חמישי, מניחים בחו"ל עירובי תבשילין.

## שמיני עצרת (שמחת תורה)

652 "רב נחמן אמר: אומרים זמן בשמיני של חג; ורב ששת אמר: אין אומרים זמן בשמיני של חג. והלכתא: אומרים זמן בשמיני של חג. תניא כוותיה דרב נחמן: שמיני - רגל בפני עצמו הוא" (סוכה מז ע"ב - מח ע"א). שמיני עצרת הוא חג נפרד מסוכות: יש בו מצווה נפרדת של עלייה לרגל, וגם מי שהיה במקדש בסוכות, חייב להביא בו עולת ראייה ושלמי חגיגה; הוא נחשב שבעה ימים לעניין אבלות שלושים (ראה הלכה 537-538); מזכירים אותו בנפרד בתפילה ובברכת המזון כ"שמיני חג עצרת הזה"; ומברכים "שהחיינו" בזמן הקידוש (לעניין ברכה זו בעת הדלקת הנרות ראה הלכה 392).

653 הקפות לערבית - מתפללים ערבית ליום טוב (ראה הלכה 394-396). אחרי "עלינו" מניחים ספר תורה על התיבה ומכבדים אדם חשוב לעמוד לידו ('ציפורן שמיר' יב, רו בשם הרש"ש). הקהל מקיף את הבימה שבע פעמים ('טור ברקת' תרסט; שכנה"ג שם, ג). בכל הקפה אומרים את מזמור כט ואחר כל הקפה אומרים פסוקי הודאה ובקשה, ובקשות שייסד החיד"א על לימוד התורה ועל הגאולה ('ציפורן שמיר' שם). לאחר ההקפה השביעית מחזירים את ספרי התורה להיכל.

654 מתפללים שחרית כביום טוב (ראה הלכה 401-403). מוציאים שלושה ספרי תורה, בראשון קוראים לחמישה עולים בפרשת 'וזאת הברכה'; אך נוהגים לחזור ולקרוא את אותה הקריאה שוב ושוב, עד שכל הציבור עולה לתורה ('ארחות חיים' נח). יש נוהגים להעלות את הנערים שמתחת לגיל בר־מצווה לעלייה מיוחדת, המכונה 'כל הנערים', ואומרים את הפסוק (בראשית מח, טז) "המלאך הגואל אותי" (רמ"א תרסט, א בשם מהר"י טירנא; 'שלמי חגיגה', קיצור דיני קריאת המועדים יז, טו). ויש נוהגים להעלות אותם אחד אחד ולתת להם לברך לפני הקריאה ולאחריה (ראה תיקון יששכר ח"ב, מנהגי ש"ת ו'שלמי חגיגה' שם, ג).

655 לאחר שכל הציבור עלה לתורה, מעלים 'חתן מעונה', הקורא מ"מעונה" עד "ואתה על במותימו תדרוך", 'חתן תורה' הקורא את כל הפרשה, ו'חתן בראשית' הקורא בספר השני את פרשת הבריאה (תשובות ופסקים לראב"ד, קישו"ע תרסט, א). יש נוהגים לפרוש טלית מעין חופה מעל חתן תורה וחתן בראשית (סדר היום), ויש הנוהגים ללוות את עלייתם לתורה בשירים ובפיוטים (ספר המנהיג, סוכה נו). אין אומרים חצי קדיש אחר הקריאה בספר הראשון אלא אחר הספר השני (ב"י, רפ"ב על פי הריב"ש), ובשמחת תורה יש לכך טעם נוסף, שלא להפסיק כלל בין סיום התורה לתחילתה (שם, בשם ר"ד אבודרהם, וראה כש"ט ח"ז, עמ' רכד). ואחד מהחתנים או שניהם אומר קדיש זה. ומכל מקום אם אמרו קדיש אחר הספר הראשון, אומרים קדיש נוסף אחר הקריאה בספר השני (יבי"א ח"ד, כב). ובקצת קהילות אומרים קדיש אחרי הקריאה בכל אחד משלושת הספרים (תשב"ץ ח"ג, שכ). יש נוהגים לומר "בסימנא טבא" קודם שקוראים בפרשת הבריאה, וכתבו הפוסקים שהנוהגים לעשות כן, יאמרו זאת לפני הברכה כדי שלא יהיה הפסק (מל"ח כה, כה; ילק"י, שמחת תורה ט בשם אביו).

656 בקהילות רבות נוהגים שחתן תורה אומר 'הדרן' (עמוד 761), כמו שאומרים בסיום מסכת, אלא שבמקום לפרט את שם המסכת, אומרים "אורייתא קדישתא" (כש"ט ח"ז, עמ' רכא ע"פ מנהג המקובלים; מופיע לראשונה ב'חמדת ימים' ח"ג, סוכות פ"ז). המפטיר קורא בספר השלישי את קרבנות היום בפרשת פינחס. בגמרא נזכר, שמפטירים בתפילה שאמר שלמה בשעה שחנך את בית המקדש (מגילה לא ע"א), אך פשט המנהג לקרוא בתחילת ספר יהושע (תוספות, שם בשם רב האיי גאון; נזכר כבר בסידורי הגאונים).

657 קודם מוסף עושים הקפות לפי הסדר שאמרו בערב, ורבים נוהגים לעשותן אחרי תפילת מוסף (כה"ח תרסט, לא). יש מקומות שבהם נוהגים לצאת לרחובה של עיר בספרי התורה; אם שמחת תורה חל בשבת, יש להקפיד שלא לצאת למקום שאסור לטלטל בו. יש הנוהגים לקדש באמצע ההקפות, כדי שלא להגיע לחצות היום בתענית (ראה הלכה 581).

658 תיקון הגשם נכתב במקורו להיאמר בחזרת הש"ץ (ראה הלכה 402 ו־567), ופשט המנהג ברוב קהילות הספרדים שלא לאומרו בחזרת הש"ץ אלא קודם "אשרי" שלפני מוסף (שכנה"ג, תקסו; 'דבר שמואל' קמט).

659 נוהגים שחתן תורה וחתן בראשית עושים משתה ושמחה לכבוד סיומה של תורה והתחלתה (טור, תרסט ע"פ שיר השירים רבה). ויש קהילות שבהן חתן תורה עורך את הסעודה בשמחת תורה, וחתן בראשית - בשבת בראשית. האר"י נהג לעשות הקפות גם במנחה וגם במוצאי שמחת תורה, והקפיד על שבע הקפות כמו ההקפות בחג עצמו (שעה"כ), ויש שנוהגים כך; ורבים נוהגים לעשות 'הקפות שניות' במוצאי שמחה תורה בשירה ובנגינה.

660 שמיני עצרת בחו"ל - אוכלים בסוכה גם בשמיני עצרת, אך אין מברכים עליה (סוכה מז ע"א). וכתב ראבי"ה (תקסב), שאין לישון בסוכה בליל החג משום "בל תוסיף"; ולדעת ה'אגודה' (סוכה, מד) יש לישון בסוכה, וכן דעת מרן (ב"י, תרסח) ואחרונים רבים (הובאו בכה"ח שם, ה). בשחרית מעלים חמישה קרואים (בשבת שבעה) לקריאת "עשר תעשר", פרשת המועדים בפרשת 'ראה' (דברים יד, כב - טז, יז); המפטיר קורא "ביום השמיני", ולהפטרה את "ויהי ככלות שלמה", סיום הטקס של חנוכת המקדש הראשון (מלכים א' ח, נד - ט, א). אומרים תיקון הגשם (ראה הלכה 402). יום טוב שני הוא שמחת תורה, וכל הלכותיו כמפורט לעיל.

## סוף חודש תשרי

661 אין אומרים תחנונים עד ב׳ במרחשוון (ראה הלכה 204).

662 אומרים בכל התפילות "משיב הרוח ומוריד הגשם" במקום "מוריד הטל"; וממשיכים לומר "ברכנו" (ראה הלכה 665). לדיני טעות ב"משיב הרוח ומוריד הגשם", ראה הלכה 1144־148.

663 בשבת בראשית מכריזים על חודש מרחשוון (ראה הלכה 321). יש נוהגים להעלות חתן תורה (שו"ת בנימין זאב, קסט) או חתן בראשית (באר עשק, ט) לעליית ראשון במקום כוהן, וכשעושים כן אין הכהן צריך לצאת (מים רבים, ד; וראה ברכ"י קלה, ד בשם ר׳ שמואל משער אריה).

# מרחשוון

664 מנהג בני הישיבות באשכנז היה, שביום שני שאחרי ראש חודש מרחשוון ובחמישי ובשני שאחריו מתענים כדי לכפר על חטאים שחטאו במהלך חגי תשרי (שו"ע ורמ"א תצב, א). וגם היום יש מהם המתענים בימים אלו, ואומרים "עננו" בתפילת העמידה וסליחות, ואם יש מניין מתענים וקוראים את פרשת "ויחל" כבכל תענית ציבור. ויש קהילות שאומרים בהן את הסליחות גם אם אין מי שמתענה.

665 ז׳ במרחשוון - אף על פי שהתחילו להזכיר את גבורות הגשמים בשמחת תורה, קבעו חכמים שאין לבקש גשמים בברכת השנים עד שבועיים לאחר מכן, כדי שכל עולי הרגל שהיו בסוכות בבית המקדש, יוכלו לחזור לביתם (משנה, תענית י ע"א). בגמרא (שם) מוסבר, שבגולה אין מבקשים גשמים עד ה'תקופה' (ארבעה בדצמבר למניינם; ולפני שנה שבה חודש פברואר מלא, חמישה בדצמבר). מהטעם המובא בגמרא, משמע שמדובר בבבל דווקא (ראה רש"י שם); אך התוספות (ד"ה הלכתא) כתבו, שגם באירופה נוהגים כך, וכן פסק השו"ע (קיז, א). למי שטעה ולא אמר "ותן טל ומטר לברכה", ראה הלכה 1146־148.

666 מתחילים לומר "ברך עלינו" בליל ז׳ במרחשוון וממשיכים עד פסח. מי שהתחיל לומר "ברך עלינו" בארץ ונסע לחו"ל, אם דעתו לחזור ממשיך לומר "ברך עלינו" (ברכ"י קיז, ו), ואם אין דעתו לחזור נוהג כפי מנהג בני חו"ל (ייז הטוב׳ ח"א, לה).

667 "הגיע י"ז במרחשוון ולא ירדו גשמים, התחילו היחידים מתענים... הגיע ראש חודש כסלו ולא ירדו גשמים, בית דין גוזרין שלוש תעניות על הציבור" (משנה, תענית י ע"א). בתעניות אלו היו מאריכים בסליחות בברכת "סלח לנו" ובתחינה בברכת "גואל ישראל", ואחר כך מוסיפים שש ברכות בין ברכת "גואל ישראל" ל"רפאנו" (שם, טו ע"א, טז ע"ב; רמב"ם, תעניות פ"ד). וכיום אין נוהגים להתענות (נוב"י ח"א, לא; דלא כהברכ"י תקעה, א), וכן פסק כה"ח (תקעה, מ), משום שבימינו המים מצויים גם בשנות בצורת. אך אם ח"ו ישנה שנת בצורת, נוהגים לומר את הפיוט "אל חי יפתח אוצרות שמים" (עמ׳ 440) בשעת פתיחת ההיכל (סדר התפילה על עצירת גשמים, מנטובה ש"ן).

668 כ"א במרחשוון - מנחה של כ׳ במרחשוון היא התפילה התשעים שבה היחיד אומר "משיב הרוח ומוריד הגשם", ולכן מערבית של ליל כ"א בחודש, אם אינו בטוח מה אמר, חזקה עליו שאמר כראוי (ראה הלכה 148).

669 כ"ט במרחשוון - "ויפתח עזרא הספר לעיני כל־העם כי־מֵעַל כל־העם היה וכפתחו עמדו כל־העם: ויברך עזרא את־ה׳ האלהים הגדול ויענו כל־העם אמן אמן במֹעל ידיהם ויקדו וישתחוו לה׳ אפים ארצה: ויבדלו זרע ישראל מכל בני נכר ויעמדו ויתודו על־חטאתיהם ועונות אבותיהם: ויקומו על־עמדם ויקראו בספר תורת ה׳ אלהיהם רבעית היום ורבעית מתודים ומשתחוים לה׳ אלהיהם:" (נחמיה ח, ה־ו; ט, ב־ג). על יסוד המסופר בספר נחמיה נהגו יהודי אתיופיה לערוך בכ"ט במרחשוון, חמישים יום לאחר יום הכיפורים, את חג הסיגד. בחג זה מזכירים את מתן תורה ומציינים את חידוש הברית על ידי הגולים שחזרו לירושלים בימי שיבת ציון. ביום זה נהגו לעלות להר גבוה (כסמל להר סיני) ולערוך בו טקס הכולל תפילות על ירושלים, פנייה של הכוהן הראשי לקהל לשמור על חוקי התורה וקריאה מתוך ה"אורית" (ספר התורה) את הפרקים העוסקים במעמד הר סיני, קריאה בספר נחמיה על חידוש הברית בין העם לה׳ בימי נחמיה, וקריאת את הברכות והקללות שבספר דברים. המעמד המסתיים בבקשת מחילה על החטאים ובתפילה לקיים את החג בירושלים ('שולחן האורית' השער הרביעי, חג הסיגד). כיום נוהגים יוצאי אתיופיה לחוג חג זה בירושלים בטיילת ארמון הנציב המשקיפה אל הר הבית.

670 חודש מרחשוון נמשך לרוב עשרים ותשעה ימים, אך פעמים הוא נמשך שלושים יום בשנה המכונה 'שלמה'.

# כסלו

671 מנחה של י"ב/י"ג בכסלו היא התפילה התשעים שבה היחיד אומר "ותן טל ומטר לברכה", ולכן מערבית של י"ג בחודש (אם מרחשוון היה מלא), או י"ד בו (אם היה חסר), אם אינו בטוח מה אמר, חזקה עליו שאמר כראוי (ראה הלכה 148).

672 בחודש כסלו חל התאריך שגם בני חו"ל מתחילים לומר בו "ותן טל ומטר" (ראה הלכה 665-666).

## חנוכה

673 "לשנה אחרת קבעום, ועשאום ימים טובים בהלל והודאה" (שבת כא ע"ב). בחג החנוכה משולבים שני יסודות שונים שיש להודות עליהם: הניצחון הצבאי על צבאות היוונים "מסרת גיבורים ביד חלשים ורבים ביד מעטים", וכן הניצחון הרוחני "ורשעים ביד צדיקים, וטמאים ביד טהורים, וזדים ביד עוסקי תורתך". שיאו של הניצחון השני היה בטיהור המקדש ובהדלקת המנורה; והוא קיבל כביכול גושפנקה מהקב"ה בנס פך השמן (מהר"ל, 'נר מצוה', עמ' כב).

674 שמונה ימים הדליקו החשמונאים את המנורה מפך השמן (מגילת תענית). לזכר הנס אנו מדליקים את החנוכייה שמונה ימים. עיקר המצווה הוא להדליק נר אחד בכל יום; אך נהגו ישראל להדר ולהדליק נרות כמספר ימי החג שעברו - ביום הראשון מדליקים נר אחד, ביום השני - שניים, וכן הלאה (כבית הלל בשבת כא ע"ב).

675 לדעת מרן, מדליקים חנוכייה אחת בכל בית (שו"ע תרעא, ב); ויש נוהגים שכל אחד מבני הבית מדליק חנוכייה לעצמו (רמ"א, שם וראה רמב"ם, חנוכה פ"ד ה"א-ה"ג, וראה הלכה 677). ומי שעושים כן יקפידו להרחיק את החנוכיות זו מזו כדי שיהיה ניכר כמה נרות מדליקים ('מקור חיים' ח"ד, רכז ג).

676 נשים מחויבות בהדלקת נרות, "שאף הן היו באותו הנס" (שו"ע תרעה, ג); משום כך אישה יכולה להדליק ולהוציא את בני ביתה, ואפילו את בעלה (משנ"ב שם, ט). ברוב הקהילות נהגו שאם הבעל מדליק נרות, אין אשתו מדליקה אלא יוצאה בהדלקתו (ראה שו"ע, שם) מדין "אשתו כגופו" (בכורות לה ע"ב); ולדעת ר"ח פלאג'י, אפשר שדווקא האישה תדליק, כיוון שעיקר הנס היה בידי אישה, אך הבעל יברך (מל"ח כז, כה).

677 אם האישה הדליקה ובירכה, אין הבעל יכול להדליק בברכה. ויש אומרים שאם אמר לאשתו שאינו רוצה שתדליק בשבילו ושהוא ידליק במקום אחר - ידליק בברכה ('שמ"ש ומגן' ח"ב, ג). שאר בני הבית או אורחים הרוצים להדליק בעצמם בחדר אחר, יש אומרים שגם אז אינם רשאים לברך (יחו"ד ח"ו, מד), ויש אומרים שיברכו ('שמ"ש ומגן' שם).

678 "נר חנוכה מצוה להניחה על פתח ביתו מבחוץ. אם היה דר בעלייה - מניחה בחלון הסמוכה לרשות הרבים. ובשעת הסכנה - מניחה על שלחנו, ודיו" (שבת כא ע"ב). ופירש רש"י: "משום פרסומי ניסא". נחלקו הפוסקים בדינו של מי שגר בבית משותף: יש שכתבו, שמי שדר בקומות העליונות, יניח את הנרות בחלון הפונה לרשות הרבים, משום ששם פרסום הנס רב יותר, וזהו הטעם העיקרי להדלקת נר חנוכה (אג"מ, או"ח ח"ד, קכה ע"פ הטור, תרעא); יש שהורו, שידליק בכניסה לבית מהחצר (הגרי"ז, מובא ב'מועדים וזמנים השלם' פ"ו פז, ע"פ התוספות); ויש שכתבו, שיניחם בפתח דירתו מול המזוזה (שם בשם החזו"א, ע"פ רש"י). אם כמה מבני הבית מדליקים, מוטב שכל אחד ידליק במקום אחר כדי להרבות פרסום הנס (ראה תוספות, שבת כא ע"ב ורמ"א תרעא, ז).

679 "מצוותה משתשקע החמה עד שתכלה רגל מן השוק" (שבת כא ע"ב). נחלקו הראשונים מתי זמן הדלקת הנרות: לדעת הר"ן (שם ט ע"א), יכול להדליק אפילו לפני השקיעה, כיוון שעיקר המצווה שהנרות ידלקו בשעה זו; בה"ג (מובא בר"ן שם) והרמב"ם (חנוכה פ"ד ה"ה) פסקו, שיש להדליק מיד בשקיעת החמה, וכן פסק הפר"ח (תרעב, א); אך לדעת הרי"ף (שבת ט ע"א) והרא"ש (שם פ"ב, ג), יש להדליק עם צאת הכוכבים, שהוא סוף השקיעה, וכן פסקו השו"ע (שם) ורבים מהאחרונים. ומכל מקום הנרות צריכים לדלוק כחצי שעה אחרי צאת הכוכבים, שאם לא ידלקו בלילה, אין פרסומי ניסא (שו"ע שם ע"פ הרא"ש).

680 בגמרא (שבת כא ע"ב) מובאים שני הסברים לשיעור "עד שתכלה הרגל מן השוק": א. הזמן האחרון שאפשר להדליק בו; ב. עד זמן זה מצווה שהנרות ידלקו. לדעת התוספות והרא"ש, אם לא הדליק בזמן, יכול להדליק כל הלילה, ולדעת ראבי"ה (תתקעב), חייב להדליק. ואילו לדעת הרמב"ם (חנוכה פ"ד ה"ה), אם איחר ולא הדליק בזמן, אסור להדליק. השו"ע (תרעב, ב) פסק, שלכתחילה צריך להדליק בזמן, ושהנר ידלוק חצי שעה; ואם לא הדליק בזמן, יכול להדליק עד חצי שעה אחרי צאת הכוכבים; ובדיעבד יכול להדליק כל הלילה, והנר

צריך לדלוק חצי שעה. וכתבו האחרונים שכל זמן שמישהו מבני הבית ער, או שיש אנשים ברחוב היכולים לראות את הנרות, יכול להדליק בברכה (מג"א ופר"ח, הוב"ד במשנ"ב תרעב, יא; בא"ח, וישב ז; וב'פתח הדביר', הוב"ד בילק"י, עמ' רי ס"ק ג, כתב שרשאי להדליק בברכה גם אם בני הבית ישנים).

681 בלילה הראשון המדליק נרות, מברך שלוש ברכות (עמ' 539): "להדליק נר של חנוכה", "שעשה נסים" ו"שהחיינו" (שבת כג ע"א ורש"י שם). בברכה הראשונה מרן כתב את נוסח רס"ג "להדליק נר חנוכה" (שו"ע תרעו, א), וכן הוא בשעה"כ על פי הסוד (עניין חנוכה); והחיד"א כתב שההבדל מברכת הנר בערב שבת הוא, משום שאין רשות להשתמש באור אלא הדלקתו היא המצווה (ברכ"י שם, א), ועוד שהדלקת הנר היא מעשה המצווה היחיד בחנוכה (מחב"ר שם, א). אחרי ההדלקה אומרים "הנרות הללו" (שו"ע שם, ד ע"פ מסכת סופרים), ויש נוהגים לאומרו מיד אחר הדלקת הנר הראשון (בא"ח, וישב א), ומזמור ל (כה"ח שם, ל בשם 'פתחי עולם'; ובשכנה"ג הובא מנהג לומר מזמור זה בערבית קודם "עלינו" במקום מזמור קכא). ויש נוהגים לומר "ויהי נעם" ומזמור צא שבע פעמים כסגולה לשמירה ('מועד לכל חי' כז, יג בשם 'ספר זכירה ועינייני סגולות'), ונוהגים לשיר "מעוז צור". בשאר הלילות אין מברכים "שהחיינו", אלא רק את שתי הברכות הראשונות.

682 לאחר שבירך, מדליק את הנר. נוהגים להדליק רק אחרי שבירך את שתי הברכות, ובלילה הראשון - את שלוש הברכות (רמ"א תרעו, ב בשם מהרי"ל, וכ"פ כה"ח שם, כא-כב; אף על גב שהרש"ש נקט כדעת ר' יונה המובאת באבודרהם, שמדליקים מיד אחרי הברכה הראשונה). כשמדליק יותר מנר אחד, מתחיל מהנר שנוסף באותו הלילה, וכך "נמצא שתמיד מברך על הנר הנוסף שהרי בתוספת הימים ניתוסף הנס" (שו"ע שם, ה ע"פ מהרי"ק; שעה"כ, עניין חנוכה) וסדר ההדלקה משמאל לימין (שו"ע, שם). מי שאינו מדליק בעצמו, ואין מדליקים עליו בביתו - מברך בשעה שרואה נרות חנוכה דולקים, רק "שעשה נסים", ובלילה הראשון גם "שהחיינו" (שם בגמרא וברש"י); ובלילה הבא, אף אם הוא מדליק בעצמו, אינו חוזר ומברך "שהחיינו" (ראבי"ה, תתמג; וכ"פ השו"ע שם, ג).

683 "ונהגו כל המקומות להדליק נר חנוכה בבית הכנסת להוציא מי שאינו בקי ושאינו זריז בזאת, גם כי הוא הדור המצוה ופרסום הנס וזכר למקדש" ('כלבו' מד). מנהג זה מובא גם בספר העיטור (הל' חנוכה), והשו"ע פסק שמדליקים בכותל הדרומי של בית הכנסת ומברכים על הדלקה זו, מפני שיש בה פרסומי ניסא (תרעא, ז ע"פ הריב"ש; אע"פ שבעל שבה"ל חשש שזו ברכה לבטלה). וכל אחד מהמתפללים חייב להדליק כשיחזור לביתו (רמ"א, שם בשם הריב"ש), ואפילו שליח הציבור שהדליק את הנרות (משנ"ב שם, מה); אך בלילה הראשון שליח הציבור לא יחזור ויברך "שהחיינו" אם אינו מוציא אחרים (כגון: אשתו ובניו) ידי חובתם בהדלקה בבית ('זרע אמת' צו, מובא בשע"ת שם, יא). נוהגים להדליק בבית הכנסת לפני תפילת ערבית (רמ"א בשם ה'כלבו' ואבודרהם), ואפילו מי שמנהגם להדליק אחר צאת הכוכבים - כדי שהציבור יהיה בבית הכנסת זמן מה בעוד שהנרות דולקים, ולא יתעכב לאחר התפילה, שכן כל אחד צריך להדליק בביתו (משנ"ב שם, מו).

684 בכל מקום שמתכנסים בו רבים, למשל חתונה או מסיבת חנוכה, צריך להדליק. לדעת רוב הפוסקים, יש להדליק בלא ברכה ('שבט הלוי' ח"ד, סה); ויש מתירים לברך במקום שיש בו ציבור גדול, ומתפללים מנחה וערבית (ילק"י, עמ' רד ע"פ 'רב פעלים').

685 בחנוכה מוסיפים "על הנסים" בברכת "מודים" בתפילת העמידה (ואפילו בתפילת מוסף של שבת ושל ראש חודש - שבת כד ע"א; תוספתא, ברכות פ"ג י) ובברכה השנייה של ברכת המזון. מי ששכח לומר "על הנסים" ונזכר רק לאחר שאמר את שם ה' בברכה, אינו חוזר (שו"ע תרפב, א ע"פ הרי"ף והר"י). אך יכול להוסיף נוסח זה בבקשות שאחרי ברכת המזון (מל"ח כז, טז; יחו"ד ח"ה, מט), ובתחינות שאחר התפילה לפני "יהיו לרצון" (מל"ח ויחו"ד שם; משנ"ב תרפב, ד בשם הא"ר וב'שלמי חגיגה', דיני אמירת על הניסים ב, כתב בשם רדב"ז, שיאמר בין ברכה לברכה).

686 גם לפני תפילת שחרית נוהגים להדליק נרות בבית הכנסת בלא ברכה. ואפשר שהוא משום זכר למקדש, שבו היו מדליקים את המנורה גם בבוקר (שו"ת 'בניין שלמה' נג, וכדעת הרמב"ם, תמידין ומוספין פ"ג, ה"י וי"ב) וגם לפרסם את נס החנוכה ('בניין שלמה', שם; 'נהר מצרים', הלכות חנוכה, יב). מתפללים שחרית לחול ומוסיפים "על הנסים" בתפילת העמידה. אחרי חזרת הש"ץ אומרים הלל שלם בעמ' 370 (שו"ע תרפג, א). שליח הציבור אומר חצי קדיש, מוציאים את ספר התורה וקוראים בו שלושה עולים מפרשת חנוכת המזבח בקרבנות הנשיאים בעמ' 716 (מקורו במשנה, מגילה ל ע"ב). ביום הראשון הכוהן קורא מפסוקי ברכת כוהנים עד אמצע קרבן נחשון בן עמינדב (ויש המתחילים בתחילת פרשת חנוכת המזבח); הלוי את המשך קרבנו של נחשון; והשלישי חוזר וקורא את כל קרבן נחשון. אין אומרים תחנונים בחנוכה. לאחר שיר של יום נוהגים לומר את מזמור ל (בא"ח, וישב

כן; וראה שכנה"ג, קלג), ויש האומרים אותו במקום שיר של יום (כמובא במסכת סופרים יח, ג; פר"ח תרפר, ג וראה מל"ח כז, יב והלכה 381).

687 בשאר הימים שלושת העולים קוראים את קרבן הנשיא של אותו היום: כוהן עד "מלאה קטרת", לוי מ"פר אחד" עד סוף קרבן הנשיא של אותו היום, והשלישי חוזר וקורא את כל קרבן הנשיא. ביום השמיני הכוהן קורא עד "מלאה קטרת", הלוי מ"פר אחד" עד סוף קרבנו של גמליאל בן פדהצור, והשלישי קורא את כל יתר הנשיאים מ"ביום התשיעי" (שו"ע תרפר, א ע"פ הטור), ומסיימים "כן עשה את המנורה" (רמ"א שם בשם מהרי"י טירנא). בחו"ל קוראים הכוהן והלוי כבארץ ישראל; אך השלישי קורא בכל יום מימות חג החנוכה את קרבן הנשיא של אותו היום ואת קרבן הנשיא שלמחרתו (רמ"א שם ע"פ הגה"מ). לקריאת התורה בשבת חנוכה, ראה הלכה 689. לקריאת התורה בראש חודש טבת, ראה הלכה 694.

688 שבת חנוכה - היום הראשון של חנוכה יכול לחול בכל אחד מימות השבוע פרט ליום שלישי; הואיל וכך, כל אחד מימות החנוכה פרט ליום החמישי עשוי לחול בשבת. בבית מדליקים נרות לפני הדלקת נרות שבת, מחשש שלאחר הדלקת נרות שבת יהיה אסור להדליק נרות חנוכה (שו"ע תרעט, א בשם בה"ג; אף על פי שראשונים רבים חלקו על טענתו, עיין ב"י וד"מ שם). ויכולה האישה להדליק נרות שבת אחרי שהבעל הדליק נר אחד בחנוכייה (בא"ח, שם כ). יש להקפיד שהנרות ידלקו לפחות חצי שעה אחרי צאת הכוכבים (משנ"ב שם, ב). הפוסקים כתבו, שיש להדליק את הנרות אחרי תפילת מנחה (בא"ח, וישב כ), ולכן יש המקפידים להתפלל מנחה גדולה; אך אם אין מניין כזה, עדיף להדליק נרות חנוכה ואחר כך ללכת להתפלל בציבור (א"ר שם, א; וכן בסידור השל"ה). קבלת שבת ותפילת ערבית היא כבכל שבת (למעט "במה מדליקין") ומוסיפים "על הנסים".

689 מתפללים שחרית כבכל שבת ומוסיפים "על הנסים". לאחר חזרת הש"ץ אומרים הלל שלם. מוציאים שני ספרי תורה (שלושה, אם ראש חודש טבת חל להיות בה, ראה הלכה 694). שבעה עולים קוראים בפרשת השבוע (בדרך כלל 'מקץ'; לעתים 'וישב'), והמפטיר קורא את קריאת התורה לאותו היום (ביום א' דחנוכה, מתחילת הקריאה לכוהן ועד סוף קרבן נחשון; באחרון של חנוכה, מקרבן הנשיא השמיני, גמליאל בן פדהצור, ועד סוף פרשת המנורה; בשאר הימים את קרבן הנשיא של אותו היום). מפטירים בנבואת זכריה (ב, יד - ד, ז) על המנורה כמסמלת את גאולת ישראל; אם יש בחנוכה שתי שבתות, מפטירים בשבת השנייה בנרות שעשה שלמה במקדש, מלכים א' ז, מ-נ (שו"ע תרפר, ג).

690 אם שבת חנוכה חלה בחודש כסלו, מכריזים על חודש טבת. כך או כך, אין אומרים "צדקתך" במנחה. אומרים "על הנסים" גם בתפילות מוסף ומנחה.

691 במוצאי שבת משתדלים להתפלל מוקדם כדי שלא להתעכב בהדלקה. בבית הכנסת מדליקים את הנרות לפני ההבדלה כדי לאחר את צאת השבת (שו"ע תרפא, ב ע"פ תה"ד). והמבדיל בביתו - לדעת הרמ"א (שם), אם כבר שמע הבדלה בבית הכנסת, מדליק קודם שיבדיל; והמנהג הנפוץ הוא כמשמעות דברי מרן (שם, א), להבדיל קודם שידליק (שו"ע תרפא, ב; בא"ח, וישב כא).

692 חודש כסלו נמשך לרוב שלושים יום; אך לעתים הוא נמשך עשרים ותשעה יום בשנה המכונה 'חסרה'.

## טבת

693 אם ראש חודש טבת חל בחול, מתפללים עד חזרת הש"ץ כבכל ראש חודש (הלכה 378-381), ומוסיפים "על הנסים" בברכת הודאה. אומרים הלל שלם. בקריאת התורה מוציאים שני ספרי תורה; בספר הראשון שלושה עולים קוראים את קריאת ראש חודש (עמ' 379), ובשני העולה הרביעי קורא את קריאת היום השישי או השביעי לחנוכה (עמ' 718), אומרים חצי קדיש ומוסף לראש חודש ומוסיפים "על הנסים" במוסף. ביום זה יש נוהגים לומר שלושה שירים של יום: השיר של אותו היום בשבוע, "ברכי נפשי" (עמ' 109) ו"מזמור שיר חנכת הבית" (עמ' 107).

694 אם ראש חודש טבת חל בשבת, מתפללים כבכל שבת וראש חודש (הלכה 386-387) ומוסיפים "על הנסים" בברכת הודאה. אומרים הלל שלם. אחרי קדיש תתקבל מוציאים שלושה ספרי תורה; בספר הראשון שישה עולים קוראים את פרשת 'מקץ'; בספר השני את פסוקי מוספי שבת וראש חודש (עמ' 379), אומרים חצי קדיש, וקוראים בספר השלישי את הקריאה ליום השישי לחנוכה (עמ' 718), ואומרים שוב חצי קדיש. מפטירים בהפטרה לשבת חנוכה (ראה ראב"ן, מגילה תנב) ומוסיפים בסופה פסוק ראשון ואחרון של הפטרת שבת וראש חודש. ממשיכים "מי שברך", "אשרי"

וכו׳ ובמוסף לשבת וראש חודש. במוסף מוסיפים "על הנסים". ברכת המזון בשבת זו היא הארוכה ביותר – מוסיפים בה "על הנסים", "רצה" ו"יעלה ויבוא".

## עשירי בטבת

695 "ויהי בשנה התשעית למלכו (למלכות המלך צדקיה) בחדש העשירי בעשור לחדש, בא נבוכדנאצר מלך בבל הוא וכל חילו על ירושלם ויחן עליה, ויבנו עליה דיק סביב" (מלכים ב׳ כה, א). עשירי בטבת הוא יום תחילת המצור על ירושלים, אשר בסופו נכבשה העיר ונשרף המקדש. חכמים זיהו את "צום העשירי", הנזכר בספר זכריה, עם יום זה (כדעת ר׳ עקיבא בראש השנה יח ע״ב). לדיני התענית, ראה הלכה 590–590.

696 מתפללים שחרית של יום חול. בחזרת הש״ץ שליח הציבור מוסיף את הברכה "עננו" בין "גואל ישראל" ו"רפאנו" (שו״ע תקסו, א) והיחיד אומרה ב"שומע תפילה". לאחר מכן אומרים סליחות (עמ׳ 621). קריאת התורה היא כבצום גדליה (ראה הלכה 592).

697 מנחה כבצום גדליה, ראה הלכה 594–595. ויש נוהגים לומר קודם התפילה את הפיוט "שמע קולי" עמ׳ 903. היום, כשראשי חודשים נקבעים על פי הלוח, עשירי בטבת הוא תענית הציבור היחידה היכולה לחול בערב שבת. ובמקרה זה אין אומרים תחנון, אך קוראים בפרשת "ויחל" ואומרים "עננו" כרגיל (רמ״א תקנ, ג ומשנ״ב שם, יא). אם מתפללים לאחר פלג המנחה, הכוהנים נושאים את כפיהם (שו״ע קכט, א).

698 בגמרא (עירובין מא ע״א) מובאת מחלוקת תנאים, אם יש להשלים את הצום בתשעה באב החל בערב שבת, שמא מוטב שלא להיכנס לשבת כשהוא מעונה, ולמסקנה "מתענין ומשלימין". ה׳מרדכי׳ (עירובין, תצד) כתב, שהר״י טעם לפני סוף תענית ציבור שחלה ביום שישי, מכיוון שהבין שבגמרא התירו להשלים את התענית, אך מוטב שלא לעשות כן; התוספות שאנץ (שם) וראבי״ה (תתנח) כתבו, שחובה להשלים את התענית עד צאת הכוכבים, וכן פסק הרמ״א (רמט, ד בשם מהרי״ל). שיטה שלישית מובאת ב׳מרדכי׳ בשם מהר״ם, שבמקום שמתפללים בו בערב שבת מבעוד יום, מותר לאכול אחרי שיוצאים מבית הכנסת. והמשנ״ב (שם, כב) התיר למי שמתענה תענית יחיד (למשל, תענית ביום הזיכרון לאחר מהוריו, ראה הלכה 540), לסמוך על שיטה זו; וביבי״א (ח״ו, לא) התיר כך גם בעשירי בטבת, והיתר זה משמעותי לבני הקהילות בחצי הכדור הדרומי, שבו חודש טבת חל באמצע הקיץ.

699 בשנת תשי״א קבעה הרבנות הראשית לישראל את יום עשירי בטבת כ׳יום הקדיש הכללי׳. מי שקרוביו נרצחו בשואה ואינו יודע את תאריך מותם, אומר קדיש ביום זה.

# שבט

700 השבת הסמוכה לט״ו בשבט מכונה ׳שבת שירה׳, מכיוון שקוראים בה את פרשת ׳בשלח׳. יש נוהגים להוסיף אחרי שירת הים שבפסוקי דזמרה את המשך הפרשה עד "כי אני ה׳ רופאך" (כש״ט ח״א, דף מה). יש הנוהגים לפזר שאריות מזון לציפורים בשבת זו; והמג״א (שכד, ז) כתב, שאין נכון לעשות כן, מפני שהמשנה (ביצה כג ע״ב) אוסרת לתת מזון לבעלי חיים שאינם ברשותו של האדם; אך ׳ערוך השולחן׳ (שם, ג) לימד זכות על המנהג.

701 ט״ו בשבט הוא ראש השנה לאילנות, כשיטת בית הלל (משנה, ראש השנה ב ע״א), מכיוון שכבר עברו רוב ימות הגשמים והאילנות חונטים את פירותיהם (רש״י שם). הפירות שנחנטים לאחר ט״ו בשבט, נחשבים פירות של אותה השנה, ואינם מתעשרים עם פירות שנחנטו לפני ט״ו בשבט ונחשבים פירות של השנה הקודמת, שכן "אין תורמין ומעשרין לא מן החדש על הישן ולא מן הישן על החדש" (ראש השנה יב ע״ב ע״פ דברים יד, כב); וכן לעניין מניין שנות מעשר שני ומעשר עני, ומניין שנות ערלה באילן (ראה הלכה 425 ו־426).

702 אין אומרים תחנון בט״ו בשבט ולא במנחה שלפניו (שו״ע קלא, ו ע״פ מהרי״ל). רבים נוהגים לערוך סדר ט״ו בשבט ולאכול בו מפירות שנשתבחה בהם ארץ ישראל (מג״א שם, טז בשם ׳תיקון יששכר׳; ר״מ חאג״יז על פי מנהג סבו המג״ן, הובא בסוף ספר ׳ברכת אליהו׳ אוליינוב עמ׳ נה).

703 בקהילות תוניס ואלג׳יר נוהגים לערוך סעודה מיוחדת אור ליום שישי ערב שבת פרשת יתרו. סעודה זו מכונה סעודת יתרו ונתנו לה כמה טעמים: לכבוד התורה – כיוון שקוראים בשבת זו את עשרת הדברות; כזכר לנס ההצלה ממגפה שאירעה ונעצרה בזמן זה; כזכר לאותה סעודה שעשה יתרו

כשבא אל משה למדבר. ובקהילות אלה יש שנהגו שלא לומר תחנון ביום זה ובמנחה שלפניו ויש שלא אמרו תחנון במנחה של יום זה ולמחרתו (ראה 'עלי הדס' יז, ב).

704 "ויגד לכם את בריתו אשר צוה אתכם לעשות עשרת הדברים ויכתבם על שני לחות אבנים" (דברים ד, יג). מימות בעלי המסורה הגיעו לידינו שתי מערכות טעמים לעשרת הדברים אשר דיבר ה' אל ישראל (שמות כ, ב-יד; דברים ה, ו-יח): 'הטעם העליון' שמקורו בבבל, המחלק פרשה זו לעשרה פסוקים, פסוק אחד לכל דיבר; ו'הטעם התחתון' שמקורו בארץ ישראל, ומחלק אותה לשלושה־עשר פסוקים, כדרך שמחלקים את שאר הפסוקים במקרא (לדוגמה, ארבעת הציוויים "לא תרצח... לא תענה ברעך עד שקר" נקראים לפי הטעם העליון כארבעה פסוקים שונים, ואילו הטעם התחתון מצרפם לאחד; וכנגד זה, הדיבר הארוך המצווה על השבת, מתחלק לארבעה פסוקים בטעם התחתון). מנהג הספרדים הוא לקרוא בטעם העליון בכל פעם שקוראים בציבור ('עין יעקב', שקלים מא; מובא כמנהג נוסף בבה"ל, תצד). ומנהג אשכנז לקרוא בסדר הקריאה השנתי בפרשות 'יתרו' ו'ואתחנן' בטעם התחתון, ורק בשבועות בטעם העליון ('חזקוני' שמות כ, ב; 'משאת בנימין' ו).

705 יש נוהגים לעמוד בזמן קריאת עשרת הדיברות ('דבר שמואל' רעו; סידור יעב"ץ; 'שמ"ש ומגן' ח"א, נז), ויש שכתבו שמוטב שלא לעמוד, כדי שלא ייראה שעשרת הדיברות חשובים משאר התורה (יחו"ד ח"א, כט ע"פ תשובת הרמב"ם). יש מקהילות המערב שבהן נוהגים לשיר קודם קריאת עשרת הדיברות את הפיוט "יום מעמד בסיני" ובקהילות המזרח נוהגים לשיר את הפיוט "יום יום אודה".

706 "באחד באדר משמיעין על השקלים ועל הכלאיים" (משנה, שקלים פ"א מ"א). בזמן הבית היו מלמדים ברבים את הלכות כלאיים, כיוון שזה זמן הזריעה לקראת האביב (מגילה כט ע"ב, וראה תוספות שם). ומזכירים לכולם להביא את מחצית השקל חודש מראש, כדי שיוכלו להקריב את קרבנות הציבור של חודש ניסן מתרומה חדשה (מגילה שם). משום כך, תיקנו לקרוא את פרשת 'שקלים' בראש חודש אדר; ואם חל בחול - בשבת שלפניו. בשנים שאינן מעוברות, זו השבת האחרונה של חודש שבט.

707 בשבת 'שקלים' החלה בחודש שבט, מוציאים שני ספרי תורה. בראשון שבעה עולים קוראים את פרשת 'משפטים', ובשני המפטיר קורא בתחילת פרשת 'כי תשא' (שמות ל, יא-טז) את הציווי להביא שקלים. מפטירים במלכים ב' יא, יז-יב, יז את תקנות המלך יהואש באשר לגביית השקלים (שו"ע תרפה, א).

# אדר ראשון

708 "שמור את חדש האביב, ועשית פסח לה' אלהיך" (דברים טז, א). חכמים למדו מכאן, שיש להקפיד שחג הפסח יחול מוקדם ככל האפשר לאחר תקופת האביב, היום שמשתווים בו אורך היום ואורך הלילה (סנהדרין יג ע"ב). והואיל והתקופות תלויות בשנת השמש, היו הסנהדרין מעברים את השנה - מוסיפים חודש נוסף בן שלושים יום לפני חודש אדר. והוא הנקרא 'אדר ראשון'.

709 כאשר בטל קידוש החודש, התקין הנשיא הלל השני את לוח השנה שבידינו, ובו הגדיר מחזור של תשע־עשרה שנים, ושבע מהן מעוברות. וכיום אפשר לחשב אם השנה תהיה פשוטה או מעוברת באמצעות חילוק מספר השנים העבריות בתשע־עשרה. אם השארית היא שלוש, שש, שמונה, אחת־עשרה, ארבע־עשרה, שבע־עשרה או שאין שארית כלל (מקובל להשתמש בסימן גו"ח אדז"ט) - הרי שהשנה מעוברת (אבודרהם).

710 מי שנולד בחודש אדר בשנה שאינה מעוברת, נחשב כאילו נולד באדר ב', ואם הוא מגיע למצוות בשנה מעוברת לא יתחייב במצוות עד אדר ב'.

ומי שנולד בשנה מעוברת באדר א', נחשב בשנים שאינן מעוברות כאילו נולד באדר. וייתכן מצב הסותר את עצמו שבו ייוולדו תאומים, האחד בל' באדר א' קודם שקיעת החמה, והשני לאחר השקיעה - כלומר בא' באדר ב'; הצעיר יגיע למצוות חודש לפני אחיו הגדול, שבר־המצווה שלו יחול בא' בניסן, מכיוון שבאדר בשנה פשוטה יש רק עשרים ותשעה ימים (שו"ת מהר"י מינץ, ט וראה בהרחבה 'בנין אב' ח"א, א). לעניין קביעת יום השנה למי שנפטר באדר בשנה פשוטה - ראה הלכה 541.

711 ז' באדר הוא יום פטירתו של משה רבינו, מרן כתב שהוא מהימים שראוי להתענות בהם (שו"ע תקפ, ב; ובכ"י העיד שלא ראה שנוהגים לעשות כן), ויש העורכים סדר לימוד - "תיקון שבעה באדר". (וסדר זה מופיע לראשונה בספר 'בית מועד' לר' חייא רופא מגורי האר"י) אם השנה מעוברת, יש הנוהגים לעורכו דווקא בז' באדר ב'.

712 י"ד באדר א' מכונה 'פורים קטן'. אין אומרים תחנון לא בו ולא בט"ו באדר א', שהוא שושן פורים קטן (שו"ע תרצז, א).

713 בשנה מעוברת קוראים את פרשת 'שקלים' בראש חודש אדר ב' או בשבת האחרונה של אדר א', והיא יכולה לחול בשבת שקוראים בה את פרשת 'ויקהל' או 'פקודי'. ראה הלכה 707.

# אדר (או אדר שני)

714 אם ראש חודש אדר חל בשבת, קוראים בשבת את פרשת 'שקלים'. מוציאים שלושה ספרי תורה: בראשון שישה קרואים קוראים בפרשת השבוע (פרשת 'תרומה' בשנה פשוטה; פרשת 'פקודי' בשנה מעוברת), השביעי קורא בספר השני את פסוקי מוסף לשבת ומוסף לראש חודש (במדבר כח ט-טו), והמפטיר קורא בספר השלישי את פרשת 'שקלים' (שמות ל, יא-טז) ראה הלכה 707. שאר התפילות הן כבכל שבת שחל בה ראש חודש (ראה הלכה 386-387).

## שבת זכור

715 "זכור את אשר עשה לך עמלק" (דברים כה, יז). כחודש לאחר שיצאו בני ישראל ממצרים, הם הותקפו על ידי העמלקים, אשר זינבו בנחשלים בעם ישראל - החלשים והיגעים שבקצה המחנה. התורה רואה במעשה זה ביטוי מובהק לכפירה בקב"ה, וחכמים ייחסו לו משמעות על־טבעית של המאבק בין הטוב והרע (ראה רש"י על שמות יז, טז). פרט לעצם המצווה למחות את עמלק, יש מצוות עשה מן התורה לזכור את מעשיו, ואיסור לאו שלא לשכוח אותם (סה"מ לרמב"ם, עשה קפט ולאו נט).

716 חכמים למדו שמצוות הזכירה מתקיימת דווקא בפה (ספרי, 'כי תצא'; מגילה יח ע"א), כלומר בקריאת פרשת זכור בבית הכנסת. משום כך, קוראים את הפרשה בשבת שלפני פורים כדי לסמוך את קריאת הפרשה למפלת המן, שהיה מזרע עמלק (מגילה יג ע"א). בשבת זו נוהגים לומר את הפיוט "מי־כמכה" לריה"ל, שנכתב להיאמר לפני ברכת "גאל ישראל". מכיוון שנתקבל להלכה שאין אומרים פיוטים בברכות קריאת שמע (ראה הלכה 567), יש שנהגו להקדים ולקוראו בתוך שירת הים, לפני הפסוק "מי־כמכה באלים ה'" ('נכח השלחן' הכהן, סח; ושם כתב שביטל מנהג אמירתו במקום זה, כדי שלא להפסיק באמצע פסוקי דזמרה) ורבים נהגו לקוראו אחר "מי כמוך" שב"נשמת" (הגהות שו"ע לר' דוד קורינאלדי בעל 'בית דוד', מכת"י שהיה בידי החיד"א; וכך נוהגים היום יוצאי צפון אפריקה והפורטוגזים). אך החיד"א כתב שגם ב"נשמת" אין להפסיק באמירת פיוטים ('טוב עין' יח, לה), ולכן נוהגים היום ברוב הקהילות לאומרו לאחר הקדיש בסוף התפילה - יש האומרים אותו לפני קריאת התורה, ויש אחריה. מוציאים שני ספרי תורה. בראשון שבעה עולים קוראים את פרשת השבוע (בשנה פשוטה, פרשת 'תצוה'; בשנה מעוברת, פרשת 'ויקרא' או 'צו'), ובשני המפטיר קורא את מצוות הזכירה בפרשת 'כי תצא' (דברים כה, יז-יט). ההפטרה היא פרשת מלחמת שאול בעמלק (שמואל א' טו, א-לד). שאר התפילה היא כבכל שבת רגילה.

717 שמיעת פרשת זכור היא מצוות עשה מן התורה (תוספות, ברכות יג ע"א; רמב"ם, מובא בהלכה 715). בעל הקורא צריך לכוון להוציא את הציבור ידי חובתו, והציבור צריך להתכוון לקיים את המצווה. יש מקומות שבהם נוהגים להכריז על כך, כדי שהציבור ידע להתכוון. יש לקרוא את הפרשה בדקדוק (בבא בתרא כא ע"ב). מי שלא שמע את פרשת 'זכור' בזמנה, יכוון לצאת כשהוא שומע את המפטיר של פרשת 'כי תצא' (ערוה"ש שם, ה).

718 לדעת בעל ספר החינוך (מצווה תרג), נשים פטורות מזכירת עמלק מכיוון שאין חיוב המלחמה מוטל עליהן. ואחרונים רבים חלקו עליו ('מנחת חינוך' שם; 'בניין ציון', החדשות ח) וסברו שחיוב הזיכרון מוטל על גברים ועל נשים כאחד. משום כך, נוהגות נשים רבות להקפיד ולבוא לבית הכנסת בשבת זו.

## תענית אסתר

719 "לך כנוס את כל היהודים הנמצאים בשושן וצומו עלי ואל תאכלו ואל תשתו שלשת ימים לילה ויום גם אני ונערתי אצום כן" (אסתר ד, טז). לזכר הצום בשושן הבירה נוהגים להתענות בערב פורים. אין זה תאריך הצום המקורי, שהיה בפסח (מגילה טו ע"א), אלא התאריך של היום שייעד המן להשמיד את היהודים (אסתר ג, יג), ושנהפך בסופו של דבר לתאריך שהיהודים ניצלו בו מיד אויביהם (שם ט, א). בניגוד לשאר תעניות ציבור תענית אסתר נחשבת מנהג בלבד, וכל מי שאינו חש בטוב רשאי להפסיק את הצום (רמ"א תרפו, ב; וראה כה"ח שם, כב).

720 תפילות התענית הן כתפילות שאר תעניות ציבור (ראה הלכה 590-595); אך אין אומרים במנחה

תחנון, מכיוון שלמחרת יחול פורים. אם י"ג באדר חל בשבת, מתענים בי"א באדר, יום חמישי שלפניו (שו"ע תרפו, ב), ואומרים תחנון.

721 נוהגים לתרום אחרי מנחה בתענית אסתר 'זכר למחצית השקל' (מסכת סופרים פכ"א ה"ד; רמ"א תרצד, א בשם ה'מרדכי'; כה"ח שם, כ). בקהילות חו"ל נהגו לייעד את המעות לסיוע לעולים לארץ ישראל (מהרי"ל, פורים ד); ויש ששלחו אותם לעניי ארץ ישראל ('יוסף אומץ' תתרפט), או שנתנו אותם לתלמידי חכמים עניים שבעיר ('רוח חיים' תרצד, ב); כיום נוהגים לחלק מעות אלו לעניים (כדעת הקישו"ע קמא, ה).

## פורים

722 "קימו וקבלו היהודים עליהם ועל זרעם ועל כל הנלוים עליהם ולא יעבור להיות עשים את שני הימים האלה ככתבם וכזמנם בכל שנה ושנה" (אסתר ט, כז). על פי הפשט, מדובר בשמירת ימי הפורים בלבד לזכר הצלת היהודים מגזרת המן. אך חכמים ראו בקבלה זו משמעות מרחיקת לכת: "אמר רבא: אף על פי כן, הדור קבלוה בימי אחשורוש. דכתיב: 'קימו וקבלו היהודים' - קיימו מה שקיבלו כבר" (שבת פח ע"א). מדובר בקבלת תורה מחודשת, אך בעוד שבמעמד הר סיני הקב"ה כפה על ישראל הר כגיגית, לאחר התשועה מיד המן הם קיבלו עליהם את התורה מרצון. וקבלה זו שבאה מרצון, מעניקה משמעות ליום הפורים, שלכאורה יכול להיראות יום משתה והוללות: "אמר ר' יהושע בן לוי: שלשה דברים עשו בית דין של מטה והסכימו בית דין של מעלה על ידם... מקרא מגילה, דכתיב: 'קימו וקבלו היהודים' - קיימו למעלה מה שקבלו למטה" (מכות כג ע"ב; וראה 'ערוך לנר' שם).

723 "שני הימים האלה" - בניגוד לשאר ערי פרס ומדי, שבהן נלחמו היהודים באויביהם בי"ג באדר ועשו משתה בי"ד בו, בשושן הבירה נלחמו בי"ג ובי"ד ונחו בט"ו (אסתר ט, יז-יט). משום כך, בשושן חוגגים את פורים בט"ו באדר.

724 במגילה ישנה חלוקה בין 'היהודים הפרזים' שחוגגים ביום י"ד, ובין אלה שחוגגים ביום ט"ו. במשנה (מגילה ב ע"א) נאמר, שביום ט"ו חוגגים היושבים בערים שהיו מוקפות חומה מימות יהושע בן נון (ראה 'כלבו' מה, ד), ובירושלמי (שם) הסבירו, שתיקנו כך לדורות משום כבודה של ארץ ישראל שהייתה אז בחורבנה. בערים שיש ספק אם היו מוקפות חומה מימות יהושע, קוראים הן בי"ד הן בט"ו, אך מברכים על קריאת מגילה רק בי"ד, שהוא זמן קריאתה ברוב העולם (שו"ע תרפח, ד ע"פ הרמב"ם; ולא כטור בשם ר' יחיאל אחיו, שהורה שלא יברכו כלל). כיום רק בירושלים קוראים ביום ט"ו; ויש יישובים שבהם קוראים מספק בשני הימים, לדוגמה: טבריה (מגילה ה ע"ב), בית שאן ('כפתור ופרח' ז), חברון, לוד וצפת ('פאת השולחן' ג, טו). עוד נחלקו פוסקי הדורות האחרונים בדין שכונות ירושלים הרחוקות מהעיר העתיקה. הראי"ה קוק הורה, שבשכונת 'בית וגן' יחגגו פורים בט"ו באדר אך יקראו גם בי"ד בו בלי ברכה ('אורח משפט' קמו); והיבי"א (ח"ז, נח-נט) פסק לעניין שכונת רמות לקיים את מצוות החג ביום י"ד, כיוון שיש שטח ריק בין שכונה זו לשאר העיר. ולחזור ולקרוא בלי ברכה ולקיים את מצוות החג ביום ט"ו ממידת חסידות, אך אין לומר "על הנסים"; ורבים חוגגים רק ביום ט"ו בכל ירושלים ('שמ"ש ומגן' ח"א, נא-נב).

725 "בן עיר שהלך לכרך ובן כרך שהלך לעיר, אם עתיד לחזור למקומו - קורא כמקומו, ואם לאו - קורא עמהן" (משנה, מגילה יט ע"א). ובגמרא (שם) אמר רבא: "לא שנו אלא שעתיד לחזור בלילי ארבעה־עשר, אבל אין עתיד לחזור בלילי ארבעה־עשר - קורא עמהן... דפרוז בן יומו נקרא פרוז", והגמרא מוסיפה שבאופן דומה "מוקף בן יומו קרוי מוקף". הגדרת האדם 'פרוז' או 'מוקף' שנויה במחלוקת הראשונים: לדעת רש"י, 'פרוז' הנמצא בירושלים ביום ט"ו, מוגדר 'מוקף בן יומו' וחייב בפורים פעם שנייה, וכן תושב ירושלים הנמצא מחוץ לעיר בי"ד, מוגדר 'פרוז בן יומו' וחייב אתם בפורים; ולדעת הרא"ש, הכל תלוי היכן האדם נמצא בבוקר י"ד - אם בירושלים, הרי הוא 'מוקף' לכל דבר, ואם מחוץ לעיר, הרי הוא 'פרוז'. המשנ"ב (תרפח, יב) פסק כרש"י; וה'הר צבי' (או"ח ח"ב, קיח) הורה, שיש לחשוש לדעת הרא"ש, ו'פרוז' הנמצא בירושלים בי"ד בבוקר, מתחייב גם בקריאה בט"ו.

726 "לעשות אותם ימי משתה ושמחה ומשלוח מנות איש לרעהו ומתנות לאביונים" (אסתר ט, כב). בפורים יש ארבע מצוות: מקרא מגילה, סעודת פורים (משתה ושמחה), משלוח מנות ומתנות לאביונים. כמו כן ימי הפורים אסורים בהספד ובתענית. מוסיפים "על הנסים" בברכות ההודאה - בברכת "מודים" בתפילת העמידה, ובברכה השנייה בברכת המזון (שו"ע תרצג, ב). דיני "על הנסים" בפורים זהים לדיניו בחנוכה, ראה הלכה 685.

727 ליל פורים - אומרים מזמור כב ומתפללים ערבית ליום חול. לאחר תפילת העמידה שליח הציבור אומר חצי קדיש וקוראים את המגילה (בעמ' 551). הקורא פושט את המגילה כאיגרת (תוספות מגילה ד ע"א) ויש נוהגים לפושטה תוך כדי הקריאה, כדעת הרמב"ם (מגילה פ"ב הי"ב; שו"ע תרצ, יז). מברך שלוש ברכות: "על מקרא מגילה", "שעשה נסים" ו"שהחיינו" (עמ' 549), ומכוונים בברכה זו גם על שאר מצוות היום. לאחר קריאת המגילה, כשמסיים לגוללה, מברך "הרב את ריבנו" (שו"ע תרצב, א). ברכה זו היא מתורת מנהג (טור ושו"ע תרצב, א), ולפיכך פסק הרמ"א שאין לברכה אלא בציבור (שם; וכן דעת הילק"י, הל' מקרא מגילה לט, ובהע' ע' הביא פוסקים רבים הסוברים כן). ולדעת הבא"ח (הל' פורים יג), ראוי שהיחיד יברך ולא יאבד "ברכה יקרה זו". יש נוהגים לומר את הפיוט "קוראי מגילה" לראב"ע, ויש האומרים אותו קודם קריאת המגילה. יש נוהגים לסיים בשירת שני הבתים האחרונים מהברכה המפויטת "אשר הניא", הפותחים במילים "שושנת יעקב". שליח הציבור אומר "ואתה קדוש", ואם חל במוצאי שבת (פורים יכול לחול בימים ראשון, שלישי, חמישי ושישי), מקדימים לומר "שובה" ו"ויהי נעם" בעמ' 173 (שו"ע תרצג, א). מברכים "בורא מאורי האש" כדי שלא ייהנו מהאור במוצאי שבת קודם שיברכו עליו (ב"י, תרצג בשם ה'כלבו'; שכנה"ג, שם; ולדעת הפר"ח, יבדילו קודם, וראה ברכ"י שם, א). שליח הציבור אומר קדיש תתקבל ואומרים "שיר למעלות" (ויש המוסיפים את מזמור קכד). מסיימים בקדיש יהא שלמא ו"עלינו" ומבדילים.

728 נשים חייבות במקרא מגילה, אף על פי שהיא מצוות עשה שהזמן גרמה, משום ש"אף הן היו באותו הנס" (מגילה ד ע"א; ערכין ג ע"א). רש"י (במגילה) פירש, שגם הנשים ניצלו מגזרת המן, ורשב"ם (בתוספות שם) הוסיף, שעיקר הנס נעשה בידי אישה. למרות זאת בה"ג (הל' מגילה) פסק, שנשים אינן יכולות להוציא את האנשים ידי חובתם; אך רש"י (בערכין) כתב: "חייבות במקרא מגילה, וכשרות לקרותה ולהוציא את הזכרים ידי חובתם". השו"ע (תרפ"ט, ב) פסק כרש"י, אך הביא את דברי בה"ג כ"יש אומרים'. והרמ"א הביא את דעת הראבי"ה, שאישה שקוראת לעצמה תברך "לשמוע מגילה" (ע"פ שיטת בה"ג; וראה 'בנין אב' ח"ג, ל שביאר את יסוד מחלוקתן של השיטות השונות); ולדעת הפר"ח (שם, ב) והגר"א ('מעשה רב' רמו), מברכת "על מקרא מגילה" כאיש. אך מכיוון שיש מחלוקת ראשונים, אם יחיד קורא את המגילה בברכה (ראה ב"י תרצ), וכיוון שאף עשר נשים חשובות כיחידים, נוהגים שאיש יברך על קריאת המגילה וגם יקרא להן אותה (מחב"ר תרפט, ד ע"פ 'זקן אהרן' ס; וכן כתב היבי"א ח"א, מד). הבא"ח כתב, שאין לברך כלל על קריאה לנשים, והיבי"א (שם) כתב להעמיד את דברי החיד"א. אולם את ברכת "הרב את ריבנו" מברכים רק במניין (יחו"ד ח"א, פח), ולעניין זה כתב הילק"י (שם ע"פ 'משחא דרבותא' ח"ג, תרצ), שאם התאספו עשר נשים לצאת ידי חובת קריאת מגילה, יכולות לברך ברכה זו, כיוון שיש בה פרסומי ניסא.

729 במרוצת הדורות התקבלו מנהגים שונים בקריאת המגילה:

א. נוהגים שהקהל קורא בקול רם את הפסוקים "איש יהודי" (ב, ה); "ומרדכי יצא" (ח, טו); "ליהודים היתה" (ח, טז); ו"כי מרדכי היהודי" (י, ג); (רמ"א תרצ, יז בשם הגה"מ, ה'כלבו' ואבודרהם), ושליח הציבור חוזר אחריהם (משנ"ב שם, נח).

ב. נוהגים ששליח הציבור קורא את שמות עשרת בני המן מ"חמש מאות איש" (ט, ו), ועד "עשרת" בנשימה אחת (רמ"א שם, טו בשם הרוקח).

ג. נוהגים להרעיש בכל פעם שמזכירים את שמו של המן ('ארחות חיים', מובא בב"י שם).

ד. יש נוהגים לקרוא בניגון של מגילת איכה את הפסוקים (או את חלקי הפסוקים): "וכלים מכלים שונים" (א, ז); "הרצים יצאו דחופים... גדולה ומרה" (ג, טו - ד, א); "אבל גדול ליהודים... יוצע לרבים" (ד, ג); ו"וכאשר אבדתי אבדתי" (ד, טז) (דברי קהילות).

ה. יש לקרוא את הפסוק "בלילה ההוא... המלך" (ו, א), בקול רם מכיוון שבו התחיל הנס (מג"א שם, יז בשם מהרי"ל). ויש הקוראים אותו בניגון של ימים נוראים (ע"פ מגילה טו ע"ב).

ו. במקראות גדולות דפוס ויניציאה גרסו "אשר נתן... להשמיד להרג ולאבד" במקום "ולהרג" שבכתובי היד, (ח, יא), וכן "ואיש לא עמד בפניהם" במקום "לפניהם", (ט, ב). וכבר העירו האחרונים ('מנחת ש"י' ורוו"ה), שנוסחת דפוס ויניציאה משובשת; ויש קהילות שנהגו לקרוא פסוקים אלו פעמיים כדי לקיים את המצווה לפי שתי השיטות (שו"ת 'שבט סופר' כז בשם החת"ם סופר).

730 על הקורא להתכוון להוציא את השומעים ידי חובה, ועל השומעים להתכוון לצאת ידי חובתם בקריאתו ולשמוע מפיו את כל המגילה (שו"ע תרצ, יד ע"פ הרא"ש). למרות זאת, אין מחזירים קורא שטעה, אם הטעות לא שינתה את המשמעות (שו"ע, שם ע"פ הירושלמי, מגילה פ"ב ה"ב). מי שלא שמע

את כל המגילה מפי הקורא, צריך לחזור ולקוראה מהמקום שהחסיר (בה"ל שם, ד"ה אין בשם הריא"ז), ויכול להשלים את קריאת המילים החסרות מתוך המגילה שלפניו, ואפילו אם היא מודפסת (ילק"י, קריאת מגילה לא).

731 שחרית - מתפללים שחרית לחול. לאחר תפילת העמידה וחצי קדיש מוציאים ספר תורה ושלושה עולים קוראים את פרשת מלחמת עמלק בעמ' 720. בפרשה זו יש רק תשעה פסוקים, ובכך קריאה זו חריגה בין קריאות התורה בציבור (ראה הלכה 222). ולכן נוהגים לכפול את הפסוק האחרון (שו"ע תרצג, ד), אך אם לא כפלו אין צריך לחזור כיוון שנשלמה הפרשה (ילק"י, ליל פורים ויומו טו). לאחר קריאת התורה ואמירת חצי קדיש אומרים "אשרי", "ובא לציון" עד "מעתה ועד עולם" וקוראים שוב את המגילה (שו"ע תרצג, ד). ומברכים לפניה שתי ברכות למעט ברכת "שהחיינו" (שו"ע תרצב, א בשם הרמב"ם; ולדעת הרמ"א שם, מברך "שהחיינו" ומכוון לסעודה, למשלוח מנות ולמתנות לאביונים, וכן במל"ח לא, עא). אחרי המגילה מברכים "הרב את ריבנו".

732 אם יש תינוק למול - מלים אותו אחרי קריאת המגילה (משנ"ב תרצג, יב בשם הפר"ח והגר"א); ולדעת המל"ח (לא, נט) מלים לפני; ובילק"י (עמ' שיז) כתב בסוף התפילה כדעת תה"ד (רסו) והרדב"ז (ח"א, רנא), שיש למול אחרי מקרא מגילה, וכן פסק כה"ח (תרצד, ל בשם ה'יפה ללב').

733 ממשיכים מתיבות "ואתה קדוש", אומרים קדיש תתקבל ומחזירים את ספר התורה למקומו ('שלמי חגיגה', דיני קריאת מגילה כא). יש שממשיכים כרגיל ומדלגים על מזמור פו ואחרי שיר של יום מוסיפים את מזמור כב (ספר המנהיג; אבודרהם; ובמסכת סופרים יח, ג מובא שהשיר לפורים הוא מזמור ז), ובשושן פורים יש אומרים במקומו את מזמור ס (מל"ח לא, כא); ויש שמדלגים על אמירות אלו ואומרים אחרי קדיש תתקבל רק את מזמור כב (ראה הלכה 381) וממשיכים מ"קווה" וגומרים התפילה כרגיל.

734 "מוטב לאדם להרבות במתנות אביונים מלהרבות בסעודתו ובשלוח מנות לרעיו, שאין שם שמחה גדולה ומפוארה אלא לשמח לב עניים ויתומים ואלמנות וגרים, שהמשמח לב האמללים האלו דומה לשכינה, שנאמר (ישעיה נז, טו): 'להחיות רוח שפלים ולהחיות לב נדכאים'" (רמב"ם, מגילה פ"ב הי"ז). לפני סעודת פורים יש לתת מתנות לאביונים, כדי שהעניים יוכלו לקנות צורכי סעודה (משנ"ב תרצד, ט). צריך לתת לפחות שתי מתנות לשני אביונים (שו"ע שם, א ע"פ מגילה ז ע"א).

735 סעודת פורים, זמנה דווקא ביום (שו"ע תרצה, ב), ובה "מיחייב איניש לבסומי... עד דלא ידע בין ארור המן לברוך מרדכי" (מגילה ז ע"ב). על פי הפשט, אדם חייב להשתכר ממש; ויש מהפוסקים שצמצמו מאוד את החיוב לשתות (רמ"א שם בשם ה'כלבו' ומהרי"ל). נוהגים להתחיל את הסעודה אחרי תפילת מנחה, ויש להקפיד שרוב הסעודה תהיה ביום (רמ"א שם בשם מהר"י טירנא); ולדעת השל"ה, עדיף לקיים את הסעודה בבוקר (מובא בא"ר שם, ד). אם פורים חל ביום שישי, מקיימים את הסעודה בבוקר משום כבוד השבת (רמ"א שם בשם מהר"י טירנא).

736 המצווה הרביעית הנוהגת בפורים היא משלוח מנות. יש לשלוח שתי מנות לפחות לאיש אחד (שו"ע תרצה, ד ע"פ מגילה ז ע"א).

737 בירושלים מתפללים בי"ד באדר כרגיל, אלא שאין אומרים תחנונים. וכן אין אומרים אותם בשאר מקומות בשושן פורים.

738 'פורים משולש' - אם ט"ו באדר חל בשבת, מקיימים בירושלים 'פורים משולש': נותנים מתנות לעניים וקוראים מגילה ביום שישי, בי"ד באדר; אומרים "על הנסים" וקוראים את פרשת עמלק בשבת - ואז מפטירים שוב את הפטרת שבת זכור, ואין אומרים "צדקתך"; ומקיימים סעודת פורים ביום א', בט"ז באדר - ואף שנחשבת סעודת פורים, אין מוסיפים בברכת המזון "על הנסים" (שו"ע תרפח, ו; והר"מ אליהו הורה לומר "על הנסים" בסעודה זו בתוך בקשות "הרחמן" - סידור 'קול אליהו').

## פרשות פרה והחודש

739 "שואלין ודורשין בהלכות הפסח קודם הפסח שלשים יום" (פסחים ו ע"א; בכורות נח ע"א). לדעת רש"י (בכורות מד ע"ב), מדובר בכל אחד מהחגים; אך שאר הראשונים לא הזכירו דין זה, והב"י (תכט) כתב, שמדובר דווקא בפסח מכיוון שההכנות לקראתו מרובות. מי שיוצא מביתו יותר מחודש לפני הפסח ואין בדעתו לחזור לפני החג, אינו צריך לבער את החמץ שבביתו, ודיו שיבטלו בערב פסח; אך מי שיוצא בחודש שבין פורים לפסח חייב לבער (שו"ע תלו, א ע"פ פסחים ו ע"א).

740 בשנים פשוטות יש ארבע או חמש פרשות יתירות (ראה הלכה 310-311). בשנים כאלה נוהגים לחבר את פרשות 'תזריע' ו'מצורע', 'אחרי מות' ו'קדושים', 'בהר' ו'בחוקותי' (כמעט תמיד) ו'מטות' ו'מסעי'. ברוב השנים האלה מחברים גם את פרשות 'ויקהל' ו'פקודי', ושבת זו היא תמיד שבת 'פרה' או שבת 'החודש'.

741 בשבת הסמוכה לר"ח ניסן קוראים את פרשת 'החודש', ובשבת שלפניה קוראים את פרשת 'פרה' (במדבר יט, א-כב) שמתוארות בה מצוות פרה אדומה והטהרה מטומאת מת - מכיוון שלטמא מת אסור להקריב את קרבן פסח, ויש ללמד את בני ישראל להיטהר (ראב"ן, מגילה תנב). יש הסוברים שקריאת פרשת 'פרה' היא מצווה מדאורייתא (ב"י תרפה, ע"פ תוספות, ברכות יג ע"א), ורוב האחרונים לא קיבלו דעה זו (משנ"ב קמו, יג בשם הפר"ח והגר"א; וה'חכמת שלמה' כתב, שיש למחוק מילים אלה מהתוספות, ובש"ס וילנא אינן מופיעות); למרות זאת, נוהגים שלכתחילה העולה לפרשת 'פרה' יהיה דווקא גדול (יחו"ד ח"א, פה).

742 בשבת 'פרה' מוציאים שני ספרי תורה. בראשון שבעה עולים קוראים את פרשת השבוע ('כי תשא', 'ויקהל' או 'ויקהל'-'פקודי' בשנים פשוטות; 'צו' או 'שמיני' בשנים מעוברות), ובשני המפטיר קורא את פרשת 'פרה'. מפטירים בנבואה "וזרקתי עליכם מים טהורים", שבה הקב"ה מבטיח לעם ישראל שהוא יטהר אותו מכל טומאותיו. אם השבת היא בכ"ג באדר, מכריזים על חודש ניסן.

743 "אמר רבי יצחק: לא היה צריך להתחיל (את) התורה אלא מ'החודש הזה לכם' (שמות יב, ב), שהיא מצוה ראשונה שנצטוו (בה) ישראל" (רש"י, בראשית א, א). המצווה הראשונה שנצטוו בה ישראל, היא מצוות קידוש חודשים, וקוראים את הפרשה שהמצווה נאמרה בה, בראש חודש ניסן אם חל בשבת, או ב'שבת מברכים' ניסן (שו"ע תרפה, ד).

744 בשבת 'החודש' החלה באדר, מוציאים שני ספרי תורה. בראשון שבעה עולים קוראים את פרשת השבוע ('ויקהל'-'פקודי', 'פקודי' או 'ויקרא' בשנים פשוטות; 'שמיני' או 'תזריע' בשנים מעוברות), ובשני המפטיר קורא את פרשת 'החודש' (שמות יב, א-כ). מפטירים ביחזקאל על חנוכת המקדש לעתיד לבוא, שאף היא תתחיל בשבעת ימי מילואים המתחילים בראש חודש ניסן (רש"י ורד"ק שם מה, יח). בשבת זו מכריזים על חודש ניסן.

745 אם שבת 'החודש' חלה בראש חודש ניסן, מוציאים שלושה ספרי תורה: בראשון שישה קרואים קוראים בפרשת השבוע ('ויקרא' בשנה פשוטה, 'תזריע' בשנה מעוברת), בשני השביעי קורא את פסוקי מוסף של שבת ומוסף של ראש חודש, ובשלישי המפטיר קורא את פרשת 'החודש'. מפטירים בהפטרת 'החודש', ובסופה מוסיפים פסוק ראשון ואחרון מהפטרת שבת וראש חודש. שאר התפילות הן כבכל שבת החלה בראש חודש (ראה הלכה 385-389).

# ניסן

746 "החדש הזה לכם ראש חדשים, ראשון הוא לכם לחדשי השנה" (שמות יב, ב). ראש חודש ניסן הוא ראש השנה למלכים ולרגלים (משנה, ראש השנה ב ע"א), ודווקא למלכי ישראל (שם ג ע"א), מכיוון שבחירת ניסן מבטאת את הקשר העמוק שבבחירת ישראל (רש"ר הירש, שמות יב, ב). "החודש הזה" מתייחס לאותו חודש ניסן שבו נגאלו ישראל ממצרים (ר' בחיי שם). שנה לאחר מכן הוקם המשכן בראש חודש ניסן (שבת פז ע"ב). בא' בניסן התחילו שנים־עשר הנשיאים להקריב את קרבנותיהם (זבחים קא ע"ב), ומשום כך אין אומרים תחנון מראש חודש ניסן ועד הפסח (שו"ע תכט, ב ע"פ ספר הרוקח, רמה), ובשבת אין אומרים "צדקתך".

747 נוהגים לקרוא בכל אחד משנים־עשר הימים הראשונים של ניסן את קרבן הנשיא של אותו יום (עמ' 393-414), ובי"ג בניסן את סוף פרשת הנשיאים עד "כן עשה את המנורה" (בה"ט תכט, ו בשם השל"ה). ויש האומרים בקשות ותחינות שונות ובקשה לעילוי הנשמות, ויש שערערו על כך מכיוון שמקורה הוא בספר 'חמדת ימים' (גבורת האר"י, ג בשם ר"י פתיה).

748 "'שמור את חדש האביב' (דברים טז, א), איזהו חדש שיש בו אביב? הוי אומר זה ניסן, וקרי ליה 'ראשון'" (ראש השנה ז ע"א). אף שניסן אינו ראש השנה לשום פרט מהלכות זרעים, עיבור השנים נקבע כדי שפסח יחול דווקא בחודש האביב (ראה הלכה 708-709). וכבר העיר רש"ר הירש (שמות יב, ב) על הדמיון בין הכפילות בראשי השנה - תשרי וניסן, ובין הכפילות בתחילת היום - בוקר או ערב (וראה 'פרקי מועדות' פכ"ב).

749 בתחילת האביב מתחילים עצי הפרי ללבלב. מי שרואה את האילנות בפריחתם, מברך עליהם את 'ברכת האילנות' בעמ' 852 (ברכות מג ע"ב). וכתב ה'מרדכי' (שם, קמח), שמברך עליהם כשרואה אותם מלבלבים בפעם הראשונה דווקא, והשו"ע (רכו, א) למד מדבריו, שאין מברכים ברכה זו אלא פעם אחת בשנה. היו שכתבו, שאם שכח לברך בפעם הראשונה שראה אותם, לא יברך שוב (שועה"ר, סדר ברכות הנהנין יג, יד; 'חיי אדם' סג, א); והכרעת המשנ"ב היא שיכול לברך (שם, ד בשם א"ר והגר"א). השו"ע לא הזכיר את התנאי שמברכים רק על עצי פרי, ולכן כתב היעב"ץ ('מור וקציעה' רכה),

שמברכים גם על פריחת אילנות סרק; אך שאר הפוסקים קיבלו את דברי ה'הלכות קטנות' (ח"ב, כח), שמברכים דווקא על אילנות פרי (משנ"ב שם, ב). מי שגר במקום שהאילנות מלבלבים בו בחודש אחר, כגון בחצי הכדור הדרומי, יברך בזמן שבו הם מלבלבים (ערוה"ש, שם א); וגם בארץ, לדעת רוב הפוסקים, רשאי לעשות כן (ראה 'יין הטוב' ח"א, מג; אף על פי שבברכ"י רכו, ב כתב, שמברך רק בניסן). יש שנהגו שלא לברך על האילנות בשבת וביום טוב, מחשש שמא יתלוש (מל"ח א, ח), ויש שהוסיפו לכך טעמים על פי הסוד (כה"ח רכו, ד); ויש שכתבו שאין לחוש לכך ('יין הטוב' שם, מה). נשים חייבות בברכת האילנות, שאינה נחשבת מצוות עשה שהזמן גרמה ('הר צבי', או"ח א, קיח).

750 "הרואה חמה בתקופתה לבנה בגבורתה וכוכבים במסילותם ומזלות כסדרן, אומר ברוך עושה בראשית. ואימת הוי? - אמר אביי: כל עשרים ושמונה שנין" (ברכות נט ע"ב). אחת לעשרים ושמונה שנים מברכים את 'ברכת החמה' (עמ' 848) בחודש ניסן. מברכים אותה ביום ד' בבוקר מוקדם ככל האפשר, ויש אומרים שזמנה עד חצות היום ('בוקר יזרח' בשם א"ר רכט, ב); ובדיעבד זמנה כל היום (משנ"ב רכט, ח). ויש שקבעו סדר פסוקים ומזמורים לומר לפני הברכה ולאחריה ('בוקר יזרח' מובא בסידור 'תפילה זכה'). היות שברכה זו קשורה לשנת החמה, היא נקבעת לפי התאריך הלועזי. הפעם הבאה שברכה זו תיאמר תהיה בכ"ג בניסן ה'תשצ"ז (8 באפריל 2037 למניינם).

751 "מנהג הקהילות להשים מס על הקהל לצורך החטים ליתן בפסח לענייי העיר" (או"ז ח"ב, רנה ע"פ הירושלמי, בבא בתרא פ"א ה"ד). מנהג זה מכונה 'מעות חטים' (ערוה"ש תכט, ז). כיום נוהגים לתת לעניים קמח לאפיית המצות לחג (משנ"ב שם, ד) או מצות ושאר מוצרי החג. מנהג זה מכונה גם בשם 'קמחא דפסחא' ('שיבת ציון' צט).

752 בירושלמי (פסחים פ"י ה"א) מובא, שאין לאכול מצה בערב פסח. לדעת רז"ה (פסחים טו ע"ב) והרא"ש (שם פ"י, ז), הכוונה משעת איסור חמץ (ראה הלכה 763); ולדעת הרמב"ן ('מלחמת ה'' שם) וה'מגיד משנה' ('חמץ ומצה' ו, יב), אסור כל יום י"ד, וכן פסק הרמ"א (תעא, ב). ויש שנוהגים שלא לאכול מצה מראש חודש ניסן ('חוק יעקב' תעא, ז בשם שכנה"ג). אך מצה עשירה מותרת (טור שם), וכן כל מצה שאי־אפשר לקיים בה מצוות מצה בפסח (משנ"ב שם, יב).

753 "דברו אל כל עדת ישראל לאמר בעשר לחדש הזה ויקחו להם איש שה לבית אבת שה לבית" (שמות יב, ג). בגמרא נאמר שלקיחת השה הייתה בשבת שלפני יציאת מצרים (שבת פז ע"ב), ובמדרש ובראשונים מובאים כמה סיפורי נסים שקרו ביום זה (תוספות שם; וראה טור, תל), ולכן מכנים שבת זו 'שבת הגדול' (סידור רש"י, שנב). בשנים פשוטות קוראים בשבת זו את פרשת 'צו'; ובשנים מעוברות את פרשת 'אחרי מות' או 'קדושים'.

754 בערב 'שבת הגדול' נוהגים להניח עירוב חצרות לכל השנה (ראבי"ה, תנב; ראה שו"ע ורמ"א שסח, ה וט"ז, שם). מניחים מצות מפני שהן ראויות לאכילה בפסח ומפני שמחזיקות מעמד זמן רב; ואוכלים אותן לפני פסח הבא ומכינים בשנה הבאה עירוב חדש ממצות חדשות (ראב"ן ז ע"פ הירושלמי, פסחים פ"ב מ"ד).

755 ב'שבת הגדול' קוראים בהפטרה את הנבואה האחרונה שבתנ"ך, "וערבה לה' מנחת יהודה וירושלים" מלאכי ג, ד-כד, ובה הבטחה על ביאת אליהו הנביא לפני המשיח (או"ז ח"ב, שצג). כבר מימות הראשונים נהגו שהרב דורש בשבת זו בהלכות הפסח (ובשבה"ל רה, הסביר שהשבת נקראת 'שבת הגדול' מפני שהרב מאריך בדרשתו).

756 אם ערב פסח חל בשבת - ראה הלכה 769-772.

757 "אך ביום הראשון תשביתו שאור מבתיכם" (שמות יב, יט) - אסור לאדם להחזיק ברשותו שום חמץ בפסח, ואם עבר והשאיר אצלו, החמץ נאסר באכילה (משנה, פסחים כח ע"א). אך מותר לאדם להחזיק ברשותו חמץ של מי שאינו יהודי (פסחים ה ע"ב), ולכן נהגו לעשות 'מכירת חמץ' (שו"ע תמח, ג ע"פ התוספתא, פסחא פ"ב ו-ז[יא-יג]), לסיכום השיטות, ראה 'תוספתא כפשוטה' שם.

## ערב פסח

758 בדיקת חמץ (עמ' 840) - "אור לארבעה עשר בודקין את החמץ לאור הנר" (משנה, פסחים ב ע"א), מיד לאחר צאת הכוכבים (משנ"ב תלא, א בשם א"ר; בא"ח צו, א והביא דברי האחרונים שכתבו שיטול ידיו קודם הברכה); אך אם לא הספיק, יכול לבדוק כל הלילה (משנ"ב שם, יא בשם הגר"א). לפני הבדיקה מברכים "על ביעור חמץ" (פסחים ז ע"ב), מכיוון שהבדיקה היא תחילת הביעור (רא"ש, שם פ"א, י). ואין לדבר משעת הברכה עד סוף הבדיקה, פרט לעניינים שהם צורך הבדיקה עצמה או לצורך גדול (שו"ע תלב, א ע"פ הרשב"א והרא"ש). בספר 'איסור והיתר' לרש"י (סימן א) כתוב, שמברך "על ביעור

חמץ" על החמץ הראשון שמוצא, לפיכך כדי שהברכה לא תהיה לבטלה, רבים נוהגים להחביא מראש עשרה פירורי חמץ ולמצוא אותם בשעת הבדיקה (רמ"א תלב, ב בשם מהר"י ברין; והמנהג להניח דווקא עשרה פתיתים מובא בפע"ח כא, ד בשם האר"י). ומהר"י וייל כתב, שהטעם למנהג זה הוא כדי שלא ישכח לבטל, שכיוון שמוצאו - מבטלו. ויש שערערו על המנהג, משום החשש שפירור יאבד, ומשום שהברכה היא על השבתת החמץ, המתקיימת ממילא (ט"ז שם, ד). כדי לצאת מכל החששות, יש שכתבו שיוליך אתו הבודק חתיכת חמץ בקערה ('פסח מעובין' יד; והבא"ח שם, ו כתב, שנוהגים לתת גם מלח בקערה זו). לאחר הבדיקה אומרים את נוסח הביטול "כל חמירא" לבטל את החמץ שלא מצא (שו"ע תלד, ב ע"פ פסחים ו ע"ב); את החמץ שיאכלו במהלך יום י"ד, יש להשאיר בנפרד (רא"ש, פסחים פ"א, י בשם תשובת רש"י).

759 רבים נוהגים להגות את המילה "כל" בקמץ רחב, משום שסברו שאין בארמית קמץ קטן (ראה שו"ת מהר"י מינץ, קיב, שרחה סברה זו) או שבהעדר טעמי המקרא, הקמץ הוא קמץ רחב כקמץ בפסוק מתהלים לה, י, "כל עצמותי תאמרנה" ('פסח מעובין' לד, הספרדים נוהגים לקרוא את הקמץ בפסוק כקמץ רחב, כשיטת ה'מנחת ש"י' שם בשם רד"ק; וראה ב'שתי ידות' למהר"ם די לונזאנו פב ע"ב, שטען שגם קמץ זה הוא קמץ חטוף); וב'יריעות האהל' (ח"א, דף פ) האריך להוכיח, שיש לקרוא "כל חמירא" בקמץ חטוף. מחלוקת זהה ישנה גם בעניין הקמץ בתפילת "כל נדרי".

760 בתפילת שחרית אין אומרים תחנונים (ראה הלכה 203-204).

761 "כי לי כל בכור בבני ישראל באדם ובבהמה ביום הכתי כל בכור בארץ מצרים הקדשתי אתם לי" (במדבר ח, יז) - "שלי היו הבכורות בקו הדין, שהגנתי עליהם בין בכורי מצרים ולקחתי אותם לי" (רש"י שם). משום ההצלה המיוחדת של בכורי ישראל בעת יציאת מצרים, נהגו שהבכורות מתענים בערב פסח (טור, תע בשם מסכת סופרים). וגם מי שיש לו בן בכור קטן בביתו מתענה, אף אם אינו בכור בעצמו, ומי שהוא בכור בעצמו ויש לו בכור קטן בביתו - צריכה אמו להתענות (רמ"א תע, ב ע"פ מהר"ש מנוישטט). אך מי שמשתתף בסעודת מצווה, דוחה תענית יחיד (רמ"א תקפא, ב ע"פ שו"ת מהרי"ל, מד), ונוהגים שבכור שהשתתף בסעודת מצווה בערב פסח, פטור מלהשלים את התענית ביום אחר (ראה יבי"א ח"א, כה, יב); ומשום כך, נוהגים ברוב הקהילות לסיים מסכת גמרא או סדר משניות בערב פסח, ולהזמין את הציבור לסעודת מצווה - וכך פוטרים את הבכורות מהתענית (משנ"ב תע, י).

762 אסור לאכול חמץ אחרי השעה הרביעית, שהיא שליש הזמן מהבוקר עד הערב (שו"ע תמג, א, ע"פ הכרעת רוב הראשונים שפסקו כדעת ר' יהודה בפסחים כח ע"א). ראה הלכה 103, לחישוב השעות.

763 "ר' יהודה אומר: אוכלין כל ארבע ותולין כל חמש ושורפין בתחילת שש" (משנה, פסחים יא ע"ב). אסור לאדם לשמור ברשותו שום חמץ אחרי השעה החמישית. לכן מבערים את החמץ עד שעה זו (שו"ע תמג, א); ויש מקפידים דווקא לשורפו (רמ"א תמה, א ע"פ שיטת רש"י). לאחר השרפה אומרים "כל חמירא" בנוסח שונה במעט ממה שאמרו בערב הקודם (תלד, ב ע"פ הרא"ש).

764 "אמר קרא (ויקרא כה, ז): 'ולבהמתך ולחיה אשר בארצך' - כל זמן שחיה אוכלת מן השדה, האכל לבהמה שבבית. כלה לחיה אשר בשדה, כלה לבהמתך מן הבית" (פסחים נב ע"ב). הפירות הגדלים בשנת השמיטה, קדושים בקדושת שביעית ואסור לאגור מהם (מכילתא דר' ישמעאל, 'מסכתא דכספא' כ) או לסחור בהם (עבודה זרה סב ע"א). משום כך, במועד שכבר אין למצוא בו פירות אלה בשדה, אסור לאדם להחזיק בידו יותר ממזון שלוש סעודות מפירות שביעית (רמב"ן, ויקרא כה, ז).

765 אין דרכו של אדם לקנות פירות טריים בכמויות גדולות כל כך. אך יין ושמן המיוצרים מפירות שביעית, קדושים וחייבים לבער אותם. חכמים קבעו את זמן ביעור הענבים בפסח של השנה השמינית (רמב"ם, שמיטה ויובל פ"ז ה"י ע"פ פסחים נג ע"א), ולכן מי שבידו יין הקדוש בקדושת שביעית, חייב לבערו בערב פסח.

766 אפשר לבער את פירות השביעית באמצעות הפקרתם, ואחר כך רשאי לחזור ולזכות בהם (ירושלמי, שביעית פ"ט ה"ד). יש להוציאם מחוץ לבית, להניחם במקום שבו אחרים יכולים לזכות בהם, ולהודיע לשלושה אנשים שפירות אלו הפקר הם (חזו"א, שביעית כו, סדר השביעית א); ולדעת הגר"א (בפירושו לירושלמי, שביעית פ"ט ה"ד), מספיק להוציא לשוק או להפקיר בפני שלושה.

767 בשנה הרביעית שאחרי השמיטה ובשנת השמיטה עצמה חייב ב'ביעור מעשרות'. יש הנוהגים לבער את המעשרות בערב פסח, והמנהג הנפוץ הוא לבער בערב שביעי של פסח. ראה הלכה 787-788.

768 אחרי תפילת מנחה נוהגים לומר את סדר קרבן פסח (של"ה בשם 'סדר היום'); היום רבים נוהגים לומר את

הנוסח שבסידור יעב"ץ; ולדעת הגר"א, יש לומר את כל הפרשות בתנ"ך העוסקות בהקרבת קרבנות פסח. יש מהגאונים ומראשוני אשכנז שהקפידו לאפות את המצות בערב פסח לאחר חצות היום (מעשה הגאונים), ויש שהקפידו לאפות דווקא את מצות המצווה לליל הסדר בערב פסח אחר חצות היום (שו"ע תנח, א ע"פ ראבי"ה), ואף היום יש המקפידים לעשות כן.

769 ערב פסח שחל בשבת - מקדימים את תענית בכורות ליום חמישי (רמ"א תע, ב ע"פ ספר הרוקח ותה"ד). ויש ראשונים שכתבו, שאין להתענות כלל ('אגור' תשעא, מובא בשו"ע שם); ויש שהתירו לטעום לפני השקיעה, כדי שיהיה אפשר לבדוק את החמץ כראוי ('פסח מעובין' י בשם 'מטה משה').

770 במקרה זה בודקים את החמץ בליל שישי (רמב"ם, חמץ ומצה פ"ג ה"ג) ושורפים אותו ביום שישי בשעה הרגילה (עד סוף שעה חמישית), כדי שלא לשנות משאר שנים ('מרדכי', פסחים תקמג בשם רש"י; שו"ע תמד, ב), אולם אין אומרים את נוסח הביטול "כל חמירא", מכיוון שמשייר חמץ לסעודות השבת (משנ"ב תמד, ט בשם ה'לבוש'). מבערים את החמץ שנשאר לאחר סעודת שבת, בדרכים הבאות: נותנים לבהמה (משנ"ב שם, כא בשם המג"א והט"ז), או ששופכים עליו אקונומיקה או כל דבר הפוסלו מאכילת כלב (חזו"א, או"ח קיח, ג), או שנותנים אותו בבית הכיסא (משנ"ב שם בשם הפמ"ג). מנערים את המפות ומנקים את הכלים אך אין שוטפים אותם, כיוון ששוב אין בהם צורך לשבת (משנ"ב תמד, יא ע"פ השו"ע שכג, ו), ולכן רבים נוהגים לאכול בכלים חד פעמיים בשבת זו. אחר הסעודה אומרים את הנוסח "כל חמירא" לפני סוף השעה החמישית (רמ"א תמד, ב בשם הטור). המקפידים לאפות מצת מצווה אחרי זמן ביעור חמץ, נהגו לאפות את המצה ביום טוב עצמו (טור, תנח בשם רב האיי גאון). ויש פוסקים שהורו, שאין לעשות כן אלא עדיף לאפותן ביום שישי לאחר שרפת החמץ, וכן נוהגים (שם בשם הרא"ש; משנ"ב שם, ד).

771 לאחר זמן ביעור חמץ שוב אין לאכול לא חמץ ולא מצה (ראה הלכה 752), ולכן יש בעיה לאכול סעודה שלישית, שזמנה אחרי שעת המנחה (רש"י, פסחים יג ע"א). הראשונים העלו כמה הצעות להתמודד עם הבעיה:

א. יש שהורו לאכול מצה עשירה או מבושלת, שאינה יכולה להיות מצת מצווה (ר"ת, וכ"פ השו"ע תמד, א). ובבתי מלון ובמוסדות המארחים לפסח, עושים כן בכל סעודות השבת. יש שהורו שהנוהגים כך יברכו "המוציא" על מצה זו בשבת (רדב"ז ח"א, תפט; ברכ"י תמד, א); ולדעת ה'גנת ורדים' (ב, יא) יברך מזונות, וכן פסקו כה"ח (שם, יא) והיחו"ד (ח"א, צא יב).

ב. ר"ח פלאג'י כתב להתפלל מנחה גדולה ולאכול מצה עשירה קודם שעה עשירית, וכך לצאת ידי חובת כל הדעות ('חיים לראש', דיני ערב פסח שחל בשבת ז).

ג. יש שכתבו שעדיף לעשות סעודה זו בפירות (רמ"א שם בשם הטור והגהת סמ"ק) בהסתמך על השיטות שלפיהן, מי שאינו רעב, יכול לקיים סעודה שלישית גם בפירות (ראה הלכה 335); וכן הורה הבא"ח (ערב פסח החל בשבת ה).

ד. ובעל ה'יראים' (שא; הובא בספר הרוקח, רסז) הורה, שאין איסור במקרה זה לאכול סעודה שלישית לפני מנחה, והציע לחלק את סעודת הבוקר לשתי סעודות, שמברכים ביניהן ושוהים שיעור ניכר (וכן כתב המשנ"ב שם, ח בשם הגר"א).

772 בקהילות רבות נוהגים להתפלל שחרית מוקדמת בשבת כזו כדי להותיר לציבור זמן מספיק לקיים את הסעודה ולבער את החמץ בזמן (ספר הרוקח, שם; בא"ח, ערב פסח החל בשבת ב).

## פסח

773 חג הפסח יכול לחול ביום ראשון, שלישי, חמישי או שבת. אם חל ביום חמישי, תושבי חו"ל מניחים עירוב תבשילין כדי להתיר הכנה מיום טוב שני לשבת. להדלקת נרות, ראה הלכה 392-393; ואם פסח חל במוצאי שבת, ראה הלכה 770-772.

774 אומרים מזמור קז ומתפללים ערבית של יום טוב (ראה הלכה 399). אם חל בשבת, אומרים קבלת שבת מקוצרת (ראה הלכה 398); אם חל במוצאי שבת, מוסיפים בתפילת העמידה "ותודיענו" (עמ' 421). אחרי העמידה אומרים הלל בברכה (ראה בהלכה הבאה) ואחריו קדיש תתקבל. אם חל בשבת, אומרים "ויכולו" אך לא ברכה מעין שבע, כיוון שברכה זו נתקנה כנגד המזיקין וליל פסח משומר מן המזיקין (ספר המנהיג בשם רבינו נסים גאון; ריב"ש לד, וכ"פ מרן שו"ע תפז, א), ויש נוהגים, לאומרה, כדעת המקובלים ('רב פעלים' ח"ג, או"ח כג וראה הלכה 294). אין מקדשים בליל פסח בבית הכנסת, גם לנוהגים לקדש בליל שבת ובליל יום טוב בבית הכנסת, מכיוון שבכל קהילות ישראל

דאגו לעניים, שלא יהיה מי שיחסר לו יין לסדר (טור תפז; וראה משנה, פסחים צט ע"ב).

775 הלל בבית הכנסת - "מה בין פסח הראשון לשני? הראשון אסור ב'בל יראה ובל ימצא', והשני חמץ ומצה עמו בבית. הראשון טעון הלל באכילתו, והשני אינו טעון הלל באכילתו" (משנה, פסחים צה ע"א). לאחר שחרב הבית ובטל קרבן הפסח, נהגו לומר הלל בליל הסדר, מקצתו לפני הסעודה ומקצתו אחריה (תוספתא, פסחים פ"י ה"ח). נחלקו הראשונים אם אפשר לברך על קריאת הלל כזו; ומשום כך נהגו בספרד לקרוא את ההלל בברכה בבית הכנסת (ראה טור, תעג; ר"ן, פסחים כו ע"א). ומרן פסק "בליל ראשון של פסח גומרין ההלל בציבור בנעימה, בברכה תחילה וסוף. וכן בליל שני של שני ימים טובים של גלויות" (שו"ע תפז, ד על פי מסכת סופרים פ"כ, ט).

776 מקדשים ומברכים "שהחיינו" כחלק מסדר ההגדה (ויש נוהגים לומר את נוסח הקידוש הארוך "תרומה הבדילנו", המופיע בסידור רס"ג), ואם חל במוצאי שבת מבדילים בקידוש לפי סדר יקנה"ז (ראה הלכה 400).

777 יש נוהגים שלא לומר את כל סדר קריאת שמע שעל המיטה בפסח, אלא רק את הפרשה הראשונה ואת ברכת המפיל (מהרי"ל, הל' ליל שני של פסח, וכ"פ הרמ"א תפא, ב), ויש נוהגים לומר את כל שלוש הפרשיות (ילק"י, עמ' תיב, ב; ובכה"ח תפא, יב כתב, שיאמר את כל שלוש הפרשיות רק אם התפלל ערבית מבעוד יום); ולדעת הבא"ח (צו, לח), צריך לומר את כל סדר קריאת שמע שעל המיטה.

778 שחרית - ראה תפילת יום טוב (הלכה 401–403). מוציאים שני ספרי תורה. בראשון קוראים על קרבן הפסח הראשון במצרים, על מכת בכורות ועל יציאת מצרים; ובשני קוראים את מוסף היום. בהפטרה קוראים על הפסח שעשה יהושע, לפני שבני ישראל נכנסו לארץ (עמ' 726–728).

779 קודם מוסף אומרים את תיקון הטל בעמ' 435. דיני תיקון הטל זהים לדיני תיקון הגשם (ראה הלכה 402 ו־567).

780 מנחה ליום טוב - ראה הלכה 405. ערבית למוצאי יום טוב - ראה הלכה 406. מתחילים לומר "ברכנו" בברכת השנים. בברכת "רצה" מוסיפים "יעלה ויבוא", וכן מוסיפים אותו בברכת המזון כל שבעת ימי החג. לאחר "עלינו" מתחילים לספור את העומר (ראה הלכה 260–266); בחו"ל יש הסופרים אותו במהלך הסדר השני (הרמ"ע מפאנו, 'מאמר מעין גנים', קיצור העומר); ויש הנוהגים לספור את העומר בבית הכנסת (רש"ש ב'נהר שלום', וכן הסיק ב'יצחק ירנן' לט).

781 בזמן המקדש במוצאי חג ראשון של פסח היו שליחי בית דין קוצרים את העומר, השעורים הראשונות מתבואת השנה. היו קוצרים שלוש סאין שעורים, בוררים וקולים אותן עד שהיה נשאר בידם רק עישרון, ומקריבים אותו מנחה אחרי הקרבת מוסף של היום הראשון של חול המועד (רמב"ם, תמידין ומוספין פ"ז הי"ב). והיו מקריבים אתו כבש לעולה (ויקרא כג, יב).

782 זמן הקרבת העומר היה מוקד למחלוקת מרכזית בין חכמים וכת הצדוקים בימי בית שני: חכמים פירשו את דברי הפסוק "ממחרת השבת" (ויקרא כג, יא) כמתייחסים למחרת חג הפסח ולא לשבת שבכל שבוע, והקפידו לקצור את העומר במוצאי יום טוב, ואפילו אם חל בשבת (מנחות סה ע"א – סו ע"א). לאחר שקבע הלל הנשיא את הלוח, מוצאי יום טוב אינו יכול לחול בשבת, כדי שהושענא רבה לא תחול בשבת.

783 "ולחם וקלי וכרמל לא תאכלו עד עצם היום הזה עד הביאכם את קרבן אלהיכם חקת עולם לדרתיכם בכל משבתיכם" (ויקרא כג, יד) - עד הקרבת העומר אסור לאכול מכל מה שיוצר מהתבואה שצמחה באותה שנה, והעומר מתיר באכילה כל תבואה שנשתרשה באדמה לפני הקרבתו (משנה, מנחות ע ע"א). לפני כן התבואה אסורה באיסור 'חדש' (משנה, ערלה פ"ג מ"ט). משחרב הבית, התקין רבן יוחנן בן זכאי שבאיסור 'חדש' ייכלל כל יום ט"ז בניסן (משנה, מנחות סח ע"א), ובחו"ל אסור גם ביום י"ז, שהוא היום הראשון לחול המועד בחו"ל.

784 חול המועד - ראה הלכה 416–421. לאחר תפילת העמידה אומרים חצי הלל ולא הלל שלם, כיוון שכל שבעת ימי הפסח שווים בקרבנותיהם (ערכין י ע"ב), ואינם נחשבים חג בפני עצמו; ויש שכתבו, שכאשר טבעו המצרים בים סוף הקב"ה מנע ממלאכי השרת לומר שירה לפניו, משום "מעשי ידי טובעים בים ואתם אומרים שירה?" ומשום כך אין אומרים בשביעי של פסח, ולכן אי־אפשר לומר בחול המועד ולעשותו חשוב מיום טוב (מהרי"ל, סדר תפילות של פסח).

785 בכל יום מימי חול המועד מוציאים שני ספרי תורה: בראשון קוראים בכל יום קריאה שונה הקשורה לפסח, ובשני את פסוקי קרבן מוסף, הזהים בכל ימי החג, למעט היום הראשון. ביום הראשון לחול המועד קוראים את פרשת המועדות בפרשת 'אמור'; ואחריה את פרשת קידוש הבכורות, שיש בה מצוות סיפור יציאת מצרים; פרשיית "אם

כסף" בפרשת 'משפטים', שבה מובאת מצוות העלייה לרגל בהקשר המצוות שבין אדם לחברו; פרשיית י"ג מידות הרחמים בפרשת 'כי תשא', שאחריה נאמרה פרשת המועדות; ופרשיית פסח שני שבפרשת 'בהעלותך' (עמ' 729–738). אם יש שבת באמצע חול המועד, קוראים פרשות אלו לפי אותו הסדר, פרט לפרשיית י"ג המידות שאותה קוראים בשבת. בחו"ל קוראים את פרשת המועדות שבפרשת 'אמור' ביום טוב שני, אך מחלקים את הקריאה לחמישה עולים; למפטיר קוראים כביום טוב ראשון של פסח, ומפטירים בפרשת הפסח שעשה המלך יאשיהו, מלכים ב' כג, א–כה (שו"ע תצ, א).

786 שבת חול המועד – ראה הלכה 422. אחרי חזרת הש"ץ אומרים חצי הלל. קריאת התורה בעמ' 738, המפטיר הוא כבשאר ימות חול המועד פסח, ומפטירים בחזון תחיית העצמות היבשות שבספר יחזקאל (עמ' 741), מכיוון שהגאולה עתידה להיות בניסן (טור, תצ בשם רב האיי גאון).

787 "כי תכלה לעשר את כל מעשר תבואתך בשנה השלישית שנת המעשר" (דברים כו, יב) – השנים השלישית והשישית בכל מחזור של שבע שנים הן שנות 'מעשר עני' (ראה הלכה 425). לאחר שמסיימים לתת לעניים את המעשר, התורה מצווה לומר את פרשת "וידוי מעשרות", שבאמירתה אנו כביכול מודיעים לקב"ה שעשינו כמצוותו, ומתפללים שיברך אותנו כאשר הבטיח (שם, יג–טו; וראה תענית ט ע"א). היום אין באפשרותנו לומר וידוי זה, מכיוון שאין מי שיכול לומר "לא עברתי ממצותיך ולא שכחתי", ומכיוון שאין אפשרות להפריש בטהרה ('משפט כהן' נו; חזו"א, דמאי ב, ו).

788 עם זאת יש לקיים מצוות ביעור – להפריש את כל התרומות והמעשרות, לתת את מעות מעשר עני לעניים, לחלל את כל פרוטות מעשר שני על פרוטה אחרונה ולקלקל מטבע זה כך שאי־אפשר יהיה להשתמש בו שוב (רמב"ם, מעשר שני פי"א ה"ח). במשנה (מעשר שני פ"ה מ"ו) כתוב, שזמן הביעור הוא בערב יום טוב ראשון של פסח שאחרי שנת מעשר עני, כלומר השנה הרביעית לשמיטה ושנת השמיטה; אך בירושלמי (שם ה"ה) משמע, שמדובר בערב שביעי של פסח, וכן פסק הרמב"ם (שם ה"ז, וראה כס"מ שם), וכך מקובל לנהוג. ויש הקוראים את פסוקי פרשת הביעור (דברים כו, יב–טו) כזכר לווידוי מעשר.

789 אם שביעי של פסח חל ביום שישי, יש להניח עירוב תבשילין (עמ' 840) כדי להתיר להכין משישי לשבת.

790 בניגוד לשמיני עצרת שהוא "רגל בפני עצמו" (ראה הלכה 652), שביעי של פסח נחשב המשך של חג הפסח. משום כך אין מברכים "שהחיינו" בקידוש (וגם בהדלקת נרות, סוכה מז ע"א). לתפילת ערבית, ראה הלכה 394–396. אם חל בשבת – ראה הלכה 398.

791 "כיון שהגיעו לשלשת ימים שקבעו לילך ולשוב וראו שאינן חוזרין למצרים, באו והגידו לפרעה ביום הרביעי. בחמישי ובששי רדפו אחריהם, וליל שביעי ירדו לים, בשחרית אמרו שירה, והוא יום שביעי של פסח, לכן אנו קורין השירה ביום השביעי" (רש"י, שמות יד, ה).

792 "ליל שביעי של פסח עומדים בחצות הלילה וקורים עד קריעת ים סוף שב'מדרש ויושע', ומרננין ברינה של תודה עד הבוקר ואומרים בקשות, ובסיום הבקשות עומדים על רגליהן ואומרים בקול נעים מזמור בצאת ישראל ממצרים" (ר' אברהם גלאנטי, תלמידו של הרמ"ק הובא בספר Studies in Judaism עמ' 295). ויש נוהגים לומר את 'שירת הים' גם כיום בליל שביעי של פסח ('מי מרום', עמ' צה); בערי מישור החוף נוהגים לומר שירה זו ברוב עם על חוף הים (לוח 'היכל שלמה').

793 שחרית – ראה תפילת יום טוב (הלכה 401–404). יש נוהגים לומר לאחר שירת הים את המשך הפרשה עד "אני ה' רופאך" (ראה כש"ט ח"ג, עמ' 224). אחרי חזרת הש"ץ אומרים הלל בדילוג (ראה הלכה 366–367). מוציאים שני ספרי תורה. בראשון קוראים חמישה עולים (ובשבת שבעה) את פרשת בשלח עד "אני ה' רופאך", בשני קוראים את מוסף היום. למפטיר קוראים את שירת ההודאה, שאמר דוד על ההצלה מיד אויביו (עמ' 743–746).

794 בחו"ל ביום טוב שני מעלים חמישה קרואים לקריאת "כל הבכור", פרשת המועדים בפרשת 'ראה' (דברים טו, יט – טז, יז); ובשבת מעלים שבעה, ומתחילים לקרוא מ"עשר תעשר" (דברים יד, כב). המפטיר הוא כמו אתמול. ההפטרה היא נבואת הגאולה בישעיה "עוד היום בנב לעמוד" (י, לב – יב, ו).

795 בקהילות יוצאי צפון אפריקה נוהגים לחוג במוצאי חג הפסח את חג ה"מימונה" ועושים כן "לסימן טוב שתתחדש עליהם שנה טובה ורעננה והצלחה מרובה ומתוקה כדבש" ('שער שלמה', מז; 'זה השלחן' נה, א) ובעבר נהגו לציין בחגיגיות יום זה גם בכמה מקהילות המזרח ויש שנתנו לכך טעם מפני שבפסח נידונים על התבואה ('בית הבחירה' לר"א חמוי, דיני מוצאי פסח, ג על פי המשנה ר"ה טז ע"א)

ולכן נהגו לברך איש את רעהו בברכת 'שנה ירוקה דשנה ורעננה' (ראה 'כתר שם טוב' ח"ג עמ' 365).

796 אין אומרים תחנונים עד אחרי ראש חודש אייר, מכיוון שרוב החודש עבר בלא אמירת תחנון (ראה הלכה 203–204).

797 בשנים שבהן יום טוב ראשון של פסח חל בשבת, אסרו חג חל בשבת אף הוא; אך בחו"ל חוגגים את יום טוב שני של גלויות. הואיל וכך נוצר פער בין הפרשה הנקראת בארץ וזו הנקראת בחו"ל. בשנים פשוטות קוראים בארץ את פרשות 'בהר' ו'בחוקותי' בנפרד (בניגוד לשאר השנים הפשוטות, שבהן מחברים אותן), ובחו"ל קוראים אותן מחוברות. בשנים מעוברות קוראים בארץ את כל הפרשות בנפרד, והפער נשמר עד תחילת חודש אב, אז מחברים בחו"ל את פרשות 'מטות' ו'מסעי'.

798 מי שהגיע לארץ ישראל בתקופה זו והחסיר פרשה, צריך להשלים את הפרשה שלא שמע (יסודי ישורון ח"ד, מערכת קריאת התורה). אם הציבור מוחל על הטורח שבקריאה נוספת, אפשר לקרוא בעלייה הראשונה את כל הפרשה שהחסיר בתוספת שלושה פסוקים מהפרשה של אותו השבוע ויתר העולים יקראו משם ואילך כסדר (ילק"י, קריאת ספר תורה, עמ' ריא); יש שהורו לסדר מניין של בני חו"ל לצורך זה (ראה שו"ת בצל החכמה ח"ו, נז-נט); ויש שהורו שמספיק שיקראו את הפרשה שהחסירו שניים מקרא ואחד תרגום (הר"י נויבירט, מובא ב'אשי ישראל', פל"ח הע' פח; וראה שם מראי מקומות לשאר הפרטים בהלכה זו).

799 בשבת שאחרי פסח קוראים את פרשת 'שמיני', ובשנים מעוברות את פרשת 'אחרי מות' ולעתים את פרשת 'קדושים'. בשבת זו מתחילים לומר פרקי אבות (ראה עמ' 347).

## מנהגי ספירת העומר

800 "שבעה שבעת תספר לך מהחל חרמש בקמה תחל לספר שבעה שבעות" (דברים טז, ט). שבעת השבועות שבין פסח לחג השבועות שהוא "בכורי קציר חטים" (שמות לד, כב), הם התקופה שבה קוצרים את השעורים. השמחה וההודאה על הקציר אינן שלמות, מכיוון שבינתיים הקציר הוא רק של שעורים, שהן מאכל בהמה (סוטה טו ע"ב), והקוצרים מצפים לתחילת קציר החטים (ראה רש"י על ירמיה ה, כד). כמו כן אלו שבעת השבועות מיציאת מצרים ממש ועד השלמתה הרוחנית במתן תורה (ראה רש"י, שמות ג, יב; 'כלי יקר' שם, יא) – ומצוות ספירת העומר (ויקרא כג, טו) מתייחסת גם לציפייה ולהתכוננות לקראת מתן תורה ('אור החיים' שם). לדיני הספירה, ראה הלכה 260–265.

801 פרט להתכוננות לקראת חג השבועות הקרב, תקופה זו קשורה גם לזיכרונות היסטוריים כאובים: "שנים עשר אלף זוגים תלמידים היו לו לרבי עקיבא, מגבת עד אנטיפרס, וכולן מתו בפרק אחד מפני שלא נהגו כבוד זה לזה... תנא: כולם מתו מפסח ועד עצרת" (יבמות סב ע"ב). מימות הגאונים נהגו שלא לישא נשים בתקופה זו משום האבלות ('שערי תשובה' רעח; רי"ץ אבן גיאת, הל' ספירת העומר; והמחב"ר, תצג כתב שפשט המנהג להחמיר גם לגבי מי שלא קיים מצוות פריה ורביה ודלא כרמר"ל והפר"ח). אמנם היו שחלקו על כך וסברו, שאין בכוחה של אבלות ישנה לבטל מצוות עשה של פריה ורביה, שהיא מדאורייתא, ואפילו באבלות חדשה על אב או על אם, רח"ל, אין מונעים מלהינשא (ר' שמואל משער אריה, כת"י הגהות על השו"ע, תצג; 'טור ברקת', שם; רי"ש לינגי, כת"י 'דרך המלך' ח"ב, א ע"ב). אולם החיד"א כתב שיש להשיב על כל דבריהם ולדחותם (ברכ"י, שם).

802 כן נוהגים, שאין מסתפרים או מתגלחים בתקופה זו לפי שהם ימי דין (ר"י אבן שועיב, דרשה ליום ראשון של פסח).

803 בראשונים (אבודרהם בשם רז"ה) מובא נוסח אחר של המדרש, ובו נאמר שתלמידיו של ר' עקיבא מתו מפסח ועד פרוס העצרת, כלומר חמישה־עשר יום קודם עצרת, ומשום כך יש שנהגו להפסיק את מנהגי האבלות לאחר ל"ג בעומר (רבינו ירוחם ה, ד); ור"י אבן שועיב כתב בשם התוספות, שהכוונה שמתו במשך שלושים ושלושה ימים בתקופה זו פרט לשבתות, לימים טובים ולראשי חודשים, ולכן יש לנהוג מנהגי אבלות בימות החול שבתקופה זו; ולדעת הרדב"ז (ח"ב, תרפז), נוהגים להסתפר עד ראש חודש אייר ולנהוג מנהגי אבלות עד ג' בסיון, משום שחודש ניסן אסור בהספד (וכן כתב מהרי"ל, הובא בט"ז תצג, ב). מרן פסק כדעה הראשונה, שאין לישא אישה או להסתפר מפסח עד בוקרו של יום ל"ד לעומר, ואם יום ל"ג הוא ערב שבת, אפשר להסתפר בו לכבוד השבת (שו"ע תצג, א-ב); המקובלים נהגו, שלא להסתפר כלל מפסח עד שבועות מטעם שהם ימי דין (שעה"כ, עניין ספירת העומר; פע"ח, עניין ספירת העומר פ"ז; 'מורה באצבע' ח, רכא).

804 מי שהוא בעל ברית (ובכלל זה אבי הבן, המוהל והסנדק – כה"ח תצג, לה; 'יין הטוב' ח"ב, יא), רשאי להסתפר לכבוד המילה אפילו בימי הספירה (רמ"א

שם, ב בשם הגהות מנהגים), ואם הברית עתידה להיות בשבת, רשאי להסתפר בערב שבת, ואפילו קודם חצות היום (כה"ח שם, לו בשם הלק"ט ח"א, לג). משום שאיסור זה הוא מתורת מנהג ולא מעיקר הדין, יש שהקלו להתגלח בספירת העומר למי שיהיה לו הפסד ממון אם יגיע לא מגולח למקום עבודתו (אג"מ, או"ח ח"ד, קב; הרי"ד סולובייצ'יק); ויש הנוהגים להתגלח בימי שישי לכבוד השבת (הר"א ליכטנשטיין, 'דף קשר' 133, ומנהג כזה הביא הרדב"ז בתשובה הנ"ל).

805 יום כ"ז בניסן נקבע כיום הזיכרון לשואה ולגבורה. בקהילות רבות אומרים את מזמור צד ועורכים הזכרת נשמות לקדושי השואה. רבים מדליקים נר זיכרון (ראה הלכה 540) ביום זה. אם כ"ז בניסן חל ביום שישי, יום הזיכרון מוקדם ליום חמישי, כ"ו בו; אם חל ביום ראשון, הוא נדחה ליום שני, כ"ח בניסן.

# אייר

806 בשנים פשוטות בשבת הראשונה בחודש אייר הפרשות 'תזריע' ו'מצורע' מחוברות (פרט לשנים שבהן יום טוב ראשון של פסח חל בשבת, ואז קוראים פרשות אלה בערב ראש חודש אייר). מפטירים בהפטרת 'מצורע', אלא אם ראש חודש או ערב ראש חודש חל להיות בשבת, ואז מפטירים את ההפטרה המיוחדת לימים אלו (ראה הלכה 386 ו־390).

## יום הזיכרון ויום העצמאות

807 ד' באייר, ערב יום העצמאות, נקבע כיום הזיכרון הרשמי לחללי מערכות ישראל ולנפגעי פעולות האיבה. פעמים רבות משנים את מועד ימים אלו בהתאם לשינוי מועד יום העצמאות - ראה הלכה 814.

808 בליל יום הזיכרון, בשעה שמונה בערב, נשמעת צפירה בת דקה בכל רחבי המדינה. כדי שהצפירה לא תפריע באמצע התפילה, בקהילות רבות נוהגים להתאסף לתפילת ערבית לפני הצפירה ולהתפלל מיד אחריה. יש קהילות שבהן עורכים הזכרת נשמות לחללי צה"ל, ומציינים במיוחד את החללים מבני אותה הקהילה.

809 בתפילת שחרית יש אומרים אחרי קדיש שלם את מזמור ט, שלדעת רש"י מדבר על הגאולה העתידית (וראה ראב"ע ורד"ק, שפירשו אחרת), ומזכירים את נשמות החללים (עמ' 673).

810 בה' באייר ה'תש"ח קמה מדינת ישראל. הפוסקים דנו בשאלה, אם וכיצד לציין יום זה מתוך התבססות על תשובת ה'חת"ם סופר' (ח"א, רח) שכתב, שיש מצווה מן התורה לקבוע יום טוב על נס שהתרחש לציבור. משום כך אין אומרים ביום זה תחנון ולא במנחה שלפניו.

811 אף על פי שיום העצמאות חל באמצע ימי ספירת העומר, נוהגים להסתפר ולהתגלח לכבודו. וכן מותר להתחתן בו ולערוך סעודות מצווה ושאר שמחות ('יין הטוב' ח"ב, או"ח יא).

812 יש שהבינו מדברי ה'חת"ם סופר' שהובאו לעיל, שיש מצווה לקרוא הלל בברכה ביום שנעשה בו נס ('קול מבשר' ח"א, כא); היו רבים שהיססו לומר ברכה זו (ואף בתשובה הנ"ל כתב כך, בתנאי שיסכימו אתו גדולי הדור), ובשנת תש"י הורתה הרבנות הראשית לומר הלל בלא ברכה. ה'ישכיל עבדי' (ח"ו, י) כתב שאין לברך על ההלל ויאמרוהו בדילוג ובסוף התפילה (ע"פ דברי החיד"א, שאין להפסיק לאמירת הלל בין חלקי התפילה אלא היכן שתיקנו חז"ל) והיבי"א (ח"ו, מא-מב) כתב שאפשר לומר אחר העמידה אך מ"מ אין לברך; לדעת ה'שמש ומגן' (ח"ג, סא ג) יש לומר הלל גמור אך מי שאין מנהגו לברך – לא יברך. ויש הסוברים שיש לומר הלל גמור בברכה (סידור בית מלוכה, 'בא אורך' ב).

813 סדר התפילה המובא בעמ' 561-566, מבוסס על החלטת הרבנות הראשית משנת תשי"א, וכך נוהגים ברוב הקהילות החוגגות את יום העצמאות היום. אך יש המוסיפים על סדר זה ויש המצמצמים אותו.

814 ה' באייר יכול לחול בימי שני, רביעי, שישי או שבת. כשחל בשישי או בשבת, החליטה הכנסת להקדים את יום העצמאות ליום חמישי (ואת יום הזיכרון ליום רביעי) כדי להימנע מחילולי שבת באירועי החג; וכדי להימנע מחילול שבת בהכנות ליום הזיכרון החל במוצאי שבת, הוחלט לדחות אותו ליום שני ואת יום העצמאות ליום שלישי. הר"ש גורן ('שנה בשנה', תשל"ב) דן באיזה יום אומרים את תפילות החג, והכריע לומר אותן ביום החג הכללי, אף על פי שאפשר לומר אותן בשבת (למעט תקיעת השופר). מכל מקום אין אומרים תחנון בה' באייר ('באהלה של תורה' ח"ב, עג).

815 י"א באייר - שחרית של י"א באייר היא התפילה התשעים שבה היחיד אומר "מוריד הטל" (ובחו"ל

בשנים שבהן יום טוב ראשון של פסח חל בשבת, ערבית של יום זה), ולכן מתפילת מנחה (או משחרית במקרים שנזכרו לעיל), אם אינו בטוח מה אמר, חזקה עליו שאמר כראוי (ראה הלכה 148).

816 "מי שהיה טמא או בדרך רחוקה, ולא עשה את הראשון, יעשה את השני" (משנה, פסחים צב ע"ב). משום חשיבותו של קרבן הפסח כברית בין בני ישראל וה' "שעשה עמהם נסים ונפלאות גדולות ושינה טבע העולם לעיני עמים רבים" (ספר החינוך, עשה שפ), התורה נתנה למי שנאנס ולא היה יכול להקריב את הפסח במועדו, הזדמנות נוספת חודש אחר כך, בי"ד באייר (במדבר ט, ט-יד).

817 נוהגים שלא לומר תחנון בפסח שני (פר"ח קלא, ז; וראה ערוה"ש שם, יב). יש קהילות בהן נוהגים שלא לומר תחנון במנחה שלפניו, אף על פי שפסח שני נקבע לצורך יחידים (ראה כש"ט ח"א, קטו). ויש להרבות בו בשמחה קצת ('מורה באצבע' שם, רכב). יש הנוהגים לאכול מצות בפסח שני ('ליקוטי מהרי"ח' בשם 'זכרון יהודה' אייזנשטטר, קנה).

818 י"ח באייר, ל"ג בעומר - על פי חלק מהמדרשים, ביום זה פסקה המגפה שמתו בה תלמידיו של ר' עקיבא (ראה הלכה 803); ומשום כך אין אומרים בו תחנון (רמ"א תצג, ב בשם מהר"י טירנא) ולא במנחה שלפניו (בה"ט שם, ה בשם מהר"י טירנא; ולדעת ה'חוק יעקב' שם, ו אומרים במנחה שלפניו).

819 בל"ג בעומר מסתיימת אבלות ימי הספירה. לדעת השו"ע (תצג, ב ע"פ ר"י אבן שועיב), אין להסתפר עד בוקר ל"ד והאשכנזים נהגו להתיר בל"ג בעומר עצמו (רמ"א שם בשם מהרי"ל ומהר"י טירנא) אם ל"ג בעומר חל להיות בערב שבת, מותר להתגלח בו מפני כבוד השבת (שו"ע, שם על פי הרשב"ץ). ראה הלכה 803.

820 על פי המסורת, י"ח באייר הוא יום פטירתו של ר' שמעון בר יוחאי. מקובלי צפת נהגו ביום זה לעלות לקברו במירון (שעה"כ, עניין ספירת העומר; זיהויו של המקום נזכר ב'כפתור ופרח' יא, ע"פ גרסתו בבבא מציעא פד ע"ב) ולחגוג את 'הילולא דרשב"י' (שנזכרת ב'אידרא זוטא'). היום המונים נוהרים למירון כל שנה לשם הילולא זו.

821 כ' באייר - מנחה של כ' באייר היא התפילה התשעים שבה היחיד אומר "ברכנו" (אם שביעי של פסח חל בשבת, במנחה של כ"א). ולכן מתפילת ערבית של כ"א בחודש (או כ"ב בו) אם אינו בטוח מה אמר, חזקה עליו שאמר כראוי (ראה הלכה 148). בחו"ל יש להוסיף יומיים לחשבון זה, כלומר התאריך הקובע הוא כ"ב (או כ"ג) באייר.

822 שבת מברכים סיוון - בשנים פשוטות בשבת האחרונה בחודש אייר קוראים את פרשות 'בהר' ו'בחוקותי' מחוברות. מפטירים בהפטרת 'בחוקותי', אלא אם שבת היא בערב ראש חודש (ראה הלכה 390). מכלל זה יוצאת שנה שבה יום טוב ראשון של פסח חל בשבת, שאז קוראים פרשות אלה בנפרד, ובחו"ל מחברים אותן - ובשנה זו קוראים את פרשת 'בהר' בשבת שלפני האחרונה בחודש אייר. ראה הלכה 797.

823 כ"ח באייר, יום ירושלים - יום זה מציין את ההצלה מאיום ההשמדה על מדינת ישראל ועל תושביה במלחמת ששת הימים, ואת הניצחון שבו שוחררו חבלי ארץ ישראל שממערב לירדן, רמת הגולן וחבל סיני ובפרט מזרח ירושלים. אין אומרים בו תחנון ולא במנחה שלפניו, וגם הנוהגים מנהגי אבלות עד תחילת חודש סיוון, אינם נוהגים בהם ביום ירושלים, כמו ביום העצמאות (ראה הלכה 811). רבים נוהגים לעלות לעיר העתיקה ביום זה.

824 סדר התפילה המובא בעמ' 566, מבוסס על החלטת הרבנות הראשית משנת תשכ"ח, וכך נוהגים ברוב הקהילות החוגגות את יום ירושלים. יש המוסיפים על סדר זה ויש המצמצמים אותו.

# סיוון

825 "בחדש השלישי לצאת בני ישראל מארץ מצרים ביום הזה באו מדבר סיני" (שמות יט, א). בגמרא (שבת פו ע"ב) נלמד שמדובר בראש חודש סיוון, ושב"מדבר סיני" הכוונה היא ממש לפני ההר שניתנה בו לבסוף התורה לישראל (רש"י, סוכה כה ע"ב).

826 אין אומרים תחנון בב' בסיוון (ספר התשבץ, קלט), משום שבו נצטוו בני ישראל (שמות שם, ו): "ואתם תהיו לי ממלכת כהנים וגוי קדוש" (מג"א תצד, ד).

827 שלושת הימים מג' בסיוון עד ה' בו מכונים 'שלושת ימי ההגבלה', משום שאלה היו הימים שבהם משה הגביל את הר סיני וקידש אותו, ועם ישראל חנו לפניו והתכוננו לקבלת התורה. אין אומרים בימים אלה תחנונים (הגה"מ, תפילה פ"ה, ש בשם ר' יהודה ב"ר יצחק הלוי מוורמייזא).

## שבועות

828 חג השבועות יכול לחול בימי ראשון, שני, רביעי או שישי. אם הוא חל ביום שישי, יש להניח בערב החג עירוב תבשילין (ראה הלכה 397).

829 בערב שבועות נוהגים לקשט את בית הכנסת בענפים ובעלים (רמ"א תצד, ג בשם 'הגהות מנהגים'; ברכ"י שם, ו). בשנה שאחרי שנת שמיטה חג השבועות הוא המועד לביעור זיתים; לכן מי שיש ברשותו שמן זית הקדוש בקדושת שביעית, חייב לבערו ערב החג (ראה הלכה 766). אם ערב שבועות חל בשבת, מקשטים את בית הכנסת ומבערים שמן מזיתי שביעית בערב שבת.

830 חג השבועות הוא היום החמישים לספירת העומר (ראה הלכה 260). בזמן הבית היו מקריבים 'מנחת ביכורים' - שני כיכרות לחם חמץ מהחטים החדשות שנקצרו, ושני כבשים לשלמי ציבור (ויקרא כג, טז-כא), המכונים גם 'כבשי עצרת' (השם 'עצרת' בלשון חכמים מתייחס בעיקר לשבועות, ראה ראש השנה טז ע"א); וגם בו יש נימה של דין - זה היום שנידונים בו על פירות האילן לשנה הבאה (משנה, ראש השנה שם; ולדעת המג"א תצד, ה, זה המקור למנהג להעמיד עצים בבית הכנסת). מכיוון שמצוות ספירת העומר היא לספור שבע שבתות 'תמימות' (ויקרא שם, טו), יש המקפידים להתפלל תפילת ערבית לאחר צאת הכוכבים, גם במקומות שנוהגים להתפלל בהם מבעוד יום בערבי שבתות הקיץ (משנ"ב תצד, א בשם הט"ז); אך ה'רוח חיים' כתב, שאין צורך לחוש לכך (שם, ה וכן כתב היחו"ד ח"ו, ל).

831 בשבת פו ע"ב וביומא ו ע"ב מובאת מחלוקת תנאים באיזה יום ניתנה התורה: לדעת חכמים בו' בסיוון, ולדעת ר' יוסי בז' בסיוון. המג"א (הקדמה לסימן תצד) הביא ראיה שאנו מכריעים כר' יוסי, והקשה, מדוע אומרים בחג השבועות "זמן מתן תורתנו"? וכבר דן בזה מהר"ל ('תפארת ישראל' כז) והסביר על פי הגמרא (שם פז ע"א), ש"יום אחד הוסיף משה מדעתו", כלומר הקב"ה הסכים לתת את התורה לישראל כבר בו' בסיוון, אך הם קיבלו אותה רק בז' בו (ראה ערוך השולחן תצד, ב).

832 בליל שבועות יש מאחרים להתפלל (ראה הלכה 830). הדלקת נרות, תפילת ערבית וקידוש הם כבכל יום טוב. אם חל במוצאי שבת, אין מכינים ליום טוב עד אחרי צאת השבת. בתפילת עמידה מוסיפים "ותודיענו" ומבדילים כסדר יקנה"ז (ראה דיני תפילת יום טוב, עמ' 1036).

833 תיקון ליל שבועות - בזוהר נאמר (אמור ח"ג, פח ע"א) שצריכים ללמוד תורה בליל שבועות, והמג"א (הקדמה לסימן תצד) הסביר, שזה על פי המדרש שבני ישראל ישנו בשעה שצריכים היו לקבל את התורה בהר סיני (שיר השירים רבה א, ב). מסופר על מרן ור' שלמה הלוי אלקבץ שלמדו תורה יחד בלילה זה ונתגלתה להם השכינה. ולפיכך נהגו ללמוד בליל שבועות כפי סדר הלימוד שלמדו מרן ור"ש אלקבץ - פסוקים מהתנ"ך, מהמשנה, מהזוהר ועוד (של"ה, מסכת שבועות יב; וראה פע"ח, שער חג השבועות פ"א). רבים נוהגים לקרוא את 'התיקון' שבספר 'קריאי מועד', המבוסס על סדר זה. ויש הנוהגים ללמוד כל הלילה, אך לאו דווקא לפי סדר זה (משנ"ב תצד, א). כמו כן נוהגים לקרוא בלילה זה (ראה הלכה הבאה) את מגילת רות ופיוטי 'אזהרות' שבהם מניין תרי"ג המצוות.

834 המנהג לומר בשבועות פיוטי אזהרות בהם נמנים תרי"ג המצוות הוא קדום ונפוץ מאד (כנזכר בסידור רס"ג ובהשגת הרמב"ן לסהמ"צ, השורש הראשון), במקורן נאמרו האזהרות כהרחבה לברכת קדושת היום של חזרת מוסף בשבועות. ומשכתבו הפוסקים לבטל את אמירת הפיוטים בתוך תפילות החובה, החלו אומרים אותם אחרי מוסף (אבודרהם). בפזורה הספרדית נפוצו בעיקר שני פיוטי אזהרות, זו של רשב"ג (אבודרהם; ר"מ אבן תיבון, הקדמת פירוש האזהרות), ו"איזה מקום בינה" לרבי יצחק בן ראובן אלברגלוני הנוהגת בקהילות צפון אפריקה (ראה כש"ט ח"ד, תכז). מניין המצוות באזהרות הוא לדעת בה"ג ולכן התנגד להם הרמב"ם בתוקף (הקדמת ספר המצוות) אך בהיות שהן כתובות בלשון צחה וקצרה, לא ביטלו חכמים את אמירתם אלא חיברו עליהם פירושים ובהם הביאו את דעת הרמב"ם והרמב"ן, המפורסם שבהם הוא "זוהר הרקיע" להרשב"ץ. והחיד"א כתב שנכון לקרוא את מניין המצוות הקצר המופיע בתחילת משנה תורה להרמב"ם או את החיבור 'פועל צדק' לבעל הש"ך (ברכ"י תצד אות י; מורה באצבע ח, רכז; ור"י קאפח יסד אזהרות לפי מניין המצוות להרמב"ם בסוף ספר המצוות שבמהדורתו). וכיום רבים נוהגים לומר גם את האזהרות וגם את מניין המצוות. בחו"ל נוהגים לומר חצי ממגילת רות ביום הראשון וחצי ביום השני, וכן נוהגים לומר את האזהרות למצוות 'עשה' ביום הראשון ול'לא תעשה' ביום השני (אבודרהם).

835 שחרית - נחלקו הפוסקים מה דינו של מי שנשאר ער כל הלילה באשר לחלק מברכות השחר - נטילת ידיים (ראה הלכה 28), ברכת "אלהי נשמה" (ראה הלכה 9), ברכות התורה וברכת "המעביר שנה

מעיני" (ראה משנ"ב שם). ומנהג הספרדים לברך את כל הברכות, למעט ברכת "על נטילת ידיים", אך יש להקפיד לברך את ברכות התורה רק אחרי עלות השחר. מתפללים תפילת יום טוב, אחר חזרת הש"ץ של שחרית אומרים הלל שלם ואחריו קדיש תתקבל.

836 מוציאים שני ספרי תורה. בשעת פתיחת ההיכל יש אומרים את הבקשה שיסד האר"י (עמ' 899) ויש אומרים גם את י"ג מידות הרחמים. קוראים בספר ראשון על מתן התורה במעמד הר סיני (עמ' 752). יש נוהגים לעמוד בקריאת עשרת הדיברות, ויש המערערים על כך (ראה הלכה 705).

837 בספר השני קוראים את מוסף היום (עמ' 754) ומפטירים ב'מעשה המרכבה' בנבואת יחזקאל (מגילה לא ע"א). בסדר רב עמרם גאון כתוב שמפטירים עד הפסוק "ותשאני רוח", וב'שיבולי הלקט' הסביר, שהמפטיר קורא עד "ואשמע קול מדבר" ומוסיף רק את הפסוק "ותשאני רוח". מחזירים את ספרי התורה למקומם ומתפללים מוסף.

838 יש נוהגים לאכול בשבועות מאכלי חלב ('כלבו', וכ"פ הרמ"א תצד, ג).

839 אסרו חג - מקור דין אסרו חג הוא ממחרת השבועות, ובמשנה (חגיגה יז ע"א) נקרא 'יום טְבוֹחַ', היום שבו שחטו במקדש את עולות הראייה ואת שלמי החגיגה. באסרו חג מרבים קצת בסעודה, ואין אומרים תחנונים (ראה הלכה 204 ו־231).

840 בחו"ל ז' בסיוון הוא יום טוב שני. ביום טוב שני אין עושים תיקון ליל שבועות ('יסוד ושורש העבודה' פ"י, אך כתב שמי שיכול לעשות תיקון בשני הלילות יעשה). מתפללים תפילת יום טוב, קוראים קריאת התורה כבשמיני של פסח (מגילה לא ע"א) ומפטירים בתפילת הנביא חבקוק (ב, כ - ג, יט), הרומזת למתן התורה (רש"י שם ג, ג-ה).

841 כאשר ז' בסיוון חל בשבת, קוראים בארץ ישראל את פרשת 'נשא', בעוד שבחו"ל קוראים את קריאת יום טוב שני. בכך נוצר פער בין הפרשה הנקראת בארץ לזו הנקראת בחו"ל, עד י"ב בתמוז, שבו קוראים בחו"ל את פרשות 'חקת' ו'בלק' מחוברות. לדינים על הנוסע מארץ ישראל לחו"ל בתקופה זו, ראה הלכה 798.

842 הרמ"א פסק (תצד, ג בשם מהר"י טירנא), שאין אומרים תחנון עד ח' בסיוון, יום אסרו חג בחו"ל. וראבי"ה (תתמא, ע"פ גרסתו במועד קטן כד ע"ב) כתב, שאסור להתענות ולהספיד עד שישה ימים אחרי שבועות, כיוון ששישה ימים אחר החג נחשבים 'תשלומין', ועדיין אפשר להביא בהם את קרבנות החג (ראה הלכה 204). לכן נוהגים שלא לומר תחנון עד י"ב בסיוון (שו"ת בנימין זאב, ריב), ובחו"ל יש נוהגים שגם בי"ג בו אינם אומרים (שכנה"ג, תצד).

# תמוז

843 בשנה שבה שבועות חל ביום שישי, קוראים בחו"ל את פרשות 'חקת' ו'בלק' כשהן מחוברות, ומפטירים בהפטרת 'בלק'.

844 "כל רדפיה השיגוה בין המצרים" (איכה א, ג). שלושת השבועות שבין י"ז בתמוז לתשעה באב מכונים 'ימי בין המצרים' (ספר הרוקח, שט). נוהגים בימים אלו מנהגי אבלות: ריקודים ומחולות אסורים בהם (מג"א תקנא, י וראה 'שיח נחום', לה), ויש נוהגים גם להימנע משמיעת מוזיקה (אג"מ, או"ח קסו). אין מברכים בהם "שהחיינו" (שו"ע שם, יז ע"פ שו"ת מהרי"ל, לא) - אך על ברית או על פדיון הבן, ואפילו על פרי חדש שאי־אפשר יהיה למצוא אותו אחרי תשעה באב, מותר לברך "שהחיינו" (רמ"א שם בשם מהרי"ל).

845 יש נוהגים לומר בכל ימות החול של ימי בין המצרים, אחר חצות היום, 'תיקון רחל' ('מורה באצבע' רל; שו"ת יוסף אומץ, כא).

846 "חמשה דברים אירעו את אבותינו בשבעה־עשר בתמוז... נשתברו הלוחות, ובטל התמיד, והובקעה העיר. ושרף אפוסטמוס את התורה והעמיד צלם בהיכל" (משנה, תענית כו ע"א-ע"ב). למרות ריבוי הצרות שאירעו בו, דיני י"ז בתמוז הם כמו דיני תענית ציבור רגילה (ראה הלכה 590-593). אם י"ז בתמוז חל בשבת, התענית נדחית ליום ראשון (שו"ע תקן, ג ע"פ רש"י והרמב"ם).

847 מתפללים שחרית של יום חול. שליח הציבור מוסיף "עננו" בין "גואל ישראל" ו"רפאנו" (שו"ע תקסו, א). לאחר וידוי ונפילת אפיים אומרים סליחות (עמ' 621, וראה הלכה 202). קריאת התורה ותפילת מנחה הן כבצום גדליה (ראה הלכה 592-595).

848 בשלוש השבתות שבתקופת בין המצרים ('מטות', 'מסעי' ו'דברים' או 'פינחס', 'מטות-מסעי' ו'דברים') קוראים הפטרות שיש בהן נבואות חורבן, ואפילו אם השבת השנייה חלה בראש חודש אב, עדיין קוראים בה את ההפטרה "שמעו דבר ה'" (תוספות, מגילה לא ע"ב). אך אין נוהגים מנהגי אבלות בשבתות אלו: יש מתירים לברך בהן "שהחיינו" על

פרי חדש או על בגדים חדשים (משנ"ב תקנא, צח בשם ספר חסידים; וכן מסקנת היחו"ד ח"א, לז), אף שלדעת האר"י יש להשתדל להמנע מכך (ראה שעה"כ, עניין בין המצרים ושו"ת יוסף אומץ, נו במעשה שהביא מהרח"ו). ואבי הבן בברית מילה יברך "שהחיינו" אף בחול, ויכול לפטור בברכה זו גם פרי חדש או בגד חדש (מל"ח ט, כה).

849 בעבר נהגו בקהילות הספרדים לומר קינות בשלוש השבתות. ובהכרזת החודש יש שנהגו לומר במקום הנוסח הרגיל את הפיוט "אשחר עדתי" לריה"ל, ויש שנהגו לומר רק את הבית האחרון, שאין בו דברי קינה אלא בקשת גאולה. והחיד"א כתב, שאין לומר קינות בשבת כלל ואפילו ב'שבת חזון', כיוון שאין אבלות בשבת (ברכ"י תקנא, ב; ראה הלכה 534), ושעדיף לומר את סוף הפיוט "אשחר עדתי" בתשעה באב עם יתר הקינות; ומכל מקום בשבת לא יאמרוהו בניגון של קינה ('לדוד אמת' כד, א).

# מנחם אב

850 "משנכנס אב ממעטין בשמחה" (משנה, תענית כו ע"ב). "שבת שחל תשעה באב להיות בתוכה אסורין מלספר ומלכבס ובחמישי מותרין מפני כבוד השבת" (ירושלמי, שם פ"ד ה"ז). מהירושלמי משמע שהאיסורים נוהגים רק בשבוע שחל בו תשעה באב, וכן פסק מרן (שו"ע תקנא, ג ברוב העניינים).

851 מראש חודש אב אין אוכלים בשר (אפילו עוף – שו"ע שם, י ע"פ ה'מרדכי') ואין שותים יין (שו"ע שם, ט ע"פ הגה"מ). יש שאינם אוכלים בשר אף בראש חודש עצמו (כה"ח שם, קכה בשם 'סדר היום' ותלמידי האר"י, וכן מנהג אשכנז); אך החיד"א ('מורה באצבע' רלג) והבא"ח (דברים, טו) נהגו לאכול בשר לכבוד ראש חודש. ובסעודת מצווה (כגון: מילה, פדיון הבן, סיום מסכת, אירוסין) מותר לאכול בשר ולשתות יין (רמ"א שם, י בשם מהרי"ל).

852 בשבוע שחל בו תשעה באב אין מכבסים ומגהצים, ואין לובשים בגדים חדשים או מכובסים (שו"ע שם, ג); אין מתרחצים לשם תענוג (שו"ע שם, טז ע"פ ה'מרדכי'), אך אפשר להתרחץ במים צוננים ('שולחן גבוה' שם, מח ע"פ הרמב"ם והרמב"ן, וכ"פ ביחו"ד ח"א, לח; וב'רב פעלים' ח"ד, כט הקל דווקא למי שטובל לטהרתו), וטבילת מצווה, כגון טבילת אישה לבעלה, מותרת (רמ"א שם בשם מהרי"ל). ויש אומרים שאף בחמין יכול לרחוץ, כיוון שכיום בני אדם רגילים להתרחץ בכל יום ועושים כן לשם נקיון ובריאות ואין זו רחיצה של תענוג, וכן יכולים לכבס וללבוש בגדים מכובסים, אך לא בגדים חשובים מכובסים (שו"ת שיח נחום, לד).

853 השבת שלפני תשעה באב מכונה 'שבת חזון' על שם הפטרתה, הפותחת ב"חזון ישעיה" (ויש הקוראים לה 'שבת איכה'). אין נוהגים בשבת זו במנהגי אבלות כלל (רדב"ז ח"ב, תרצג), ואפילו אם חל להיות תשעה באב באותה השבת או במוצאי השבת, נוהגים בשבת זו כבכל שבת, ואפשר לאכול בשר ויין גם בסעודה שלישית (שו"ע שם, י). ראה הלכה 858.

854 "שלשה נתנבאו בלשון איכה – משה, ישעיה וירמיה. משה אמר (דברים א, יב): 'איכה אשא לבדי', ישעיה אמר (ישעיה א, כא): 'איכה היתה לזונה', ירמיה אמר (איכה א, א): 'איכה ישבה בדד'" (איכה רבה א, א). יש נוהגים לקרוא את ההפטרה בניגון של מגילת איכה (ראבי"ה ח"ב, תקצה), וכן את הפסוק "איכה אשא לבדי" בפרשת דברים, שקוראים בשבת חזון; אולם לאור דברי הרדב"ז והחיד"א לעיל (ראה הלכה 849; כש"ט ח"ד, לט), ברוב קהילות הספרדים אין נוהגים כן.

855 במוצאי שבת מבדילים על הכוס, והמבדיל שותה ממנה אף על פי שאין שותים יין בשבוע זה (שו"ע תקנא, י ע"פ מהרי"ל). כמו כן אין אומרים ברכת הלבנה (רמ"א תכו, ב; וראה הלכה 348).

## תשעה באב

856 ערב תשעה באב שחל בשבת אין אומרים בו "צדקתך" (טור, תקנט).

857 "כך היה מנהגו של רבי יהודה ברבי אילעי: ערב תשעה באב מביאין לו פת חריבה במלח, ויושב בין תנור לכיריים, ואוכל, ושותה עליה קיתון של מים, ודומה כמי שמתו מוטל לפניו" (תענית ל ע"ב). בסעודה המפסקת יושבים על הארץ (ראה שו"ע ורמ"א תקנב, ה-ז); והמקובלים כתבו שלא ישב על הקרקע ממש, אלא יניח תחתיו שטיח או בגד (ר' שמואל משער אריה, הוב"ד בברכ"י שם, ח). אין אוכלים יותר מתבשיל אחד (שו"ע שם, א). המנהג המקובל הוא לאכול לחם וביצה קשה, שהוא מאכל אבלים הנהוג בסעודת הבראה (רא"ש, תענית לד, וב"י תקנב), ולטבול אותם באפר (רמ"א שם, ה-ז). אין יושבים שלושה יחד, כדי שלא להתחייב בזימון (שו"ע שם, ח). ואף אם ישבו שלושה יחד, אין מזמנים (מג"א שם, ט). התענית וכל האיסורים הנוגעים אליה, מתחילים בשקיעת החמה (שו"ע תקנג, ב).

858 תשעה באב יכול לחול בימי ראשון, שלישי, חמישי או שבת. אם חל בשבת, התענית נדחית ליום ראשון. אם התענית חלה ביום ראשון, אוכלים בשבת כרגיל, ובסעודה שלישית, שהיא הסעודה המפסקת, אוכלים "אפילו כסעודת שלמה בשעתו" (תוספתא, מובאת בעירובין מא ע"א ותענית כט ע"ב), אך חייבים לסיים עד השקיעה (רמ"א תקנב, י). אין הבדל בין ח' באב החל בשבת, לבין תשעה באב החל בשבת (שאז התענית נדחית). "בתשעה באב נגזר על אבותינו שלא יכנסו לארץ, וחרב הבית בראשונה ובשניה, ונלכדה ביתר, ונחרשה העיר" (משנה, תענית כו ע"ב). בנוסף על כך, בזמן זה בשנת רנ"ב גורשו היהודים מספרד. ריבוי הפורענויות ביום זה מחייב תשובה (ראה רמב"ם, תעניות פ"א ה"ז), וחמשת העינויים הנוהגים ביום הכיפורים (ראה הלכה 609), נוהגים גם בו (תענית ל ע"א).

859 בניגוד לשאר תעניות הציבור נשים מעוברות ומיניקות חייבות להתענות בתשעה באב, כמו ביום הכיפורים (פסחים נד ע"ב). אך מכיוון שאין בתשעה באב מצווה מדאורייתא, חולה החש ברע רשאי להפסיק את הצום, ויולדת פטורה עד חודש אחר הלידה (שו"ע תקנד, ו ע"פ הרמב"ן). כמו כן רוב הפוסקים מורים, שמי שנאלץ לשבור את הצום, אינו חייב להמשיך ולהתענות; ומי שחייב לאכול מסיבות רפואיות, אינו צריך לאכול 'לשיעורין' (מעט מעט, פחות משיעור אכילה בכל פעם), אלא רשאי לאכול כרגיל ובלבד שלא יאכל מעדנים ('מזבח אדמה' ומחב"ר, הוכ"ד בכה"ח שם, לא). מי שאוכל לחם בתשעה באב, נוטל את ידיו כרגיל ('ציץ אליעזר' חי"ח, יז, ו), ומוסיף "נחם" (עמ' 133) בברכת המזון במקום "ובנה ירושלים" (רמ"א תקנז, א בשם מהרי"ל). אם צום תשעה באב חל ביום ראשון, מי שמותר לו לאכול, צריך להבדיל קודם, ויכול להוציא את הבריאים ידי חובתם (ברכ"י תקנו, ג).

860 נוסף על חמשת העינויים, תשעה באב אסור בשאילת שלום (שו"ע תקנד, כ ע"פ התוספתא, תענית פ"ג הי"א) , ובמקום שנהגו, אסור גם בעשיית מלאכה (שם, כב-כד), וכן אסור ללמוד תורה כחלק מדיני אבלות (תענית ל ע"א). ומותר ללמוד את ספר ירמיה, איוב ואיכה, את אגדות החורבן (גיטין נה ע"ב - נח ע"א) ואת הפרק השלישי במסכת מועד קטן, העוסק בדיני אבלות (שו"ע תקנד, ב ע"פ ה'כלבו'); ויש מי שמתיר ללמוד גם דברי מוסר (יבי"א ח"ב, יו"ד כו, י בשם המאירי). יש האוסרים תלמוד תורה מצהרי ח' באב (רמ"א תקנג, ב בשם מהרי"ל); ורבים מהאחרונים התירו כדי לצמצם את ביטול התורה (משנ"ב תקנג, ח בשם מהרש"ל). כמו כן נהגו שלא לשבת על כיסא או על ספסל (שו"ע תקנט, ג ע"פ מהר"ם; והמשנ"ב שם, יא מתיר לשבת על שרפרף), ויש שאינם ישנים במיטתם בלילה אלא על הרצפה (שו"ע תקנה, ב ע"פ 'מעשה הגאונים').

861 לפני תפילת ערבית מסיטים את הפרוכת (רמ"א תקנט, ב בשם מהר"י טירנא). מדליקים אורות פחות מהרגיל (שו"ע שם, ג ע"פ הרא"ש). אומרים את מזמור קלז, ויש האומרים את הקינה "אוי כי ירד אש", ואין אומרים אותה במוצאי שבת. בקהילות המזרח נוהגים לומר את פרשת 'האזינו' עד "וכפר אדמתו עמו", ואחר כך אומרים "בצר לך ומצאוך... אשר נשבע להם" (דברים ד, ל-לא), ומתפללים ערבית כרגיל ואומרים "עננו" בברכת שומע תפילה (שו"ע תקסה, א).

862 נחלקו הראשונים באילו תפילות יש לומר "נחם" בברכת "בונה ירושלים" (ראה טור וב"י, תקנז); וברוב קהילות הספרדים נוהגים לאומרו בכל תפילות היום, כדעת ספר העתים (הגהות 'שלמי ציבור', ברכת בונה ירושלים ב, בשם הפר"ח והחיד"א; וכן כתב הלח"מ, הל' תעניות פ"ה ה"י בדעת הרמב"ם; וכן משמע בשו"ע, שם); ויוצאי צפון אפריקה אומרים רק במנחה, כדעת רס"ג המובאת באבודרהם ('נהגו העם', צומות כג; וראה במל"ח י, פב שהביא מנהגים שונים).

863 בברכת "נחם" אומרים: "העיר החרבה, הבזויה והשוממה מבלי בניה היא יושבת". היום, בחסדי ה', המוני בית ישראל מתגוררים בירושלים, ולכן כתבו כמה מהפוסקים תיקונים לנוסח ברכה זו ('עשה לך רב' ח"א, יד); ויש שכתבו להמשיך לומר את הנוסח הרגיל, משום שכל עוד המקדש חרב אף ירושלים נחשבת חרבה (יחו"ד ח"א, מג; הרי"ד סולובייצ'יק, מסורה ז, תשנב).

864 נהגו לומר נוסח מקוצר הפותח במילים "עושה השלום ברכנו ברוב עוז ושלום" (אבודרהם), במקום הנוסח הרגיל "שים שלום". ואפשר שהסיבה היא, שכשם שאין אומרים ברכת כוהנים עד מנחה, אין אומרים "שים שלום", המכונה במסכת ראש השנה 'ברכת כוהנים' (ראש השנה לב ע"א; וראה רמ"א קכז, ב); אך הבא"ח כתב (דברים כו), שאין לשנות מהנוסח הנהוג כל השנה, אלא רק שליח הציבור אומר בחזרה את הנוסח המקוצר. ובקהילות שבהן הכוהנים נושאים כפיהם גם בשחרית (ראה הלכה 868), אומרים גם בחזרה את הנוסח הרגיל.

865 לאחר התפילה שליח הציבור אומר "יהי שם" ויש אומרים קדיש תתקבל (טור וב"י, תקנט; וראה כה"ח שם, ט; והמאמ"ר שם, א צידד בזה כיון שעדין לא קראו את מגילת איכה שבה נאמר "גם כי אזעק ואשוע שתם תפלתי") וכיום המנהג הרווח לומר חצי קדיש ('זבחי

צדק' החדשות, כב; כש"ט ח"ד, כד). יושבים על הארץ, אומרים פתיחה לקינות וקוראים מגילת איכה, המנהג הקדום היה להמשיך את יתר הקינות וכן נוהגים בקהילות המערב. ובקהילות המזרח יש אומרים כאן רק את הקינה "אז בחטאינו" ('זבחי צדק', שם). מכבים את האורות (שם; וראה אבודרהם שכתב שנהגו לכבות את הנר בשעה כשמגיעים ל"נפלה עטרת ראשינו" באיכה) ושליח הציבור אומר "שמעו נא" ומכריז על מניין השנים שעברו מאז החורבן (כה"ח שם, יא בשם 'תיקון יששכר'). אומרים "ואתה קדוש" (טור, שם; וראה 'הלכות קטנות' ח"ב, קלט) וקדיש "דהוא עתיד" (אבודרהם), ובקהילות בהן לא אמרו את כל הקינות לפני "ואתה קדוש", ממשיכים בקינות. מסיימים בדברי נחמה, קדיש יהא שלמא ו"עלינו".

866 אם תשעה באב חל במוצאי שבת, יש נוהגים להביא מחזור קינות ונעלי בד לבית הכנסת כבר מערב שבת, כדי שלא להכין משבת לחול. נוהגים לחלוץ את נעלי השבת אחרי "ברכו", ושליח הציבור חולץ לפני "ברכו" (רמ"א תקנג, ב בשם הגה"מ); ויש שכתבו, שמוטב לחלוץ את הנעליים ולהחליף את בגדי השבת לפני שהולכים לבית הכנסת, לאחר אמירת "ברוך המבדיל בין קודש לחול" (שש"כ פס"ב, מ ע"פ המשנ"ב שם, ז). מתפללים כבכל יום חול (בהוספת "אתה חוננתנו"). אין אומרים "ויהי נועם" (טור, תקנט בשם הגאונים), ויש מוסיפים קינות מיוחדות. אין מבדילים, אך לאחר קדיש מברכים על הנר "בורא מאורי האש" (משנ"ב תקנו, א בשם הט"ז).

867 בבוקר נוטלים ידיים עד סוף קשרי האצבעות ומברכים "על נטילת ידיים" (שו"ע תקנד, ז, י, וראה הלכה 614).

868 בנוסחאות התפילה ישנם כמה שינויים מנוסח התפילה הרגיל, אולם מקובלי ישיבת בית אל נהגו שלא לשנות מהנוסח הקבוע עד הקינות. וכיום רבים בארץ ישראל קיבלו את מנהגם.

א. פסק מרן, שבשחרית אין מתעטפים בטלית ואין מניחים תפילין, אך לובשים טלית קטן בלא ברכה (שו"ע תקנה, א); יש הנוהגים כמהר"ם גלאנטי להניח תפילין בבית ולקרוא קריאת שמע, ולהסירן קודם שהולך לבית הכנסת ('הלכות קטנות' ח"ב, קלט); וכיום יש נוהגים להתעטף בטלית ולהניח תפילין בבית הכנסת כבכל יום (כה"ח תקנה, ד בשם המקובלים). ולדעת הר"ש משאש, מי שאינו מקובל צריך להקפיד להניח תפילין דווקא במנחה, כדעת מרן, וכתב שמכל מקום אין להניחן בשחרית בפרהסיה ('שמ"ש ומגן' ח"ב, ו-ז).

ב. יש הנוהגים לומר בברכות השחר "שעשה לי כל צרכי" (ראה הלכה 614).

ג. מתפללים שחרית לחול; מותר לומר את סדר הקרבנות כרגיל, מכיוון שהוא סדר קבוע ואינו נחשב לימוד תורה (שו"ע תקנד, ד). ונהגו לומר שירת האזינו ('ארחות חיים'; ב"י תקנט) במקום שירת הים (ספר המנהיג בשם מנהג א"י); והמקובלים כתבו לומר שירת הים כבכל יום ('זבחי צדק', החדשות כב; כה"ח תקנט, לב בשם מנהג מקובלי בית אל).

ד. יש המוסיפים "נחם" בברכת "בונה ירושלים" (ראה הלכה 862).

ה. בחזרת התפילה שליח הציבור אומר קדושה בנוסח "נקדש את שמך בעולם" (אבודרהם), ובכך מראים ששירת המלאכים נתמעטה על ידי החורבן (שו"ת בית דוד ח"א, נ ע"פ חגיגה יג ע"ב). והיום נוהגים לומר בקהילות רבות קדושה רגילה (כה"ח שם, כט ע"פ מנהג מקובלי בית אל).

ו. נהגו לומר פיוטים, קינות וסליחות בחזרת הש"ץ (אבודרהם), אך פשט המנהג שלא לומר סליחות ותחינות בתשעה באב כלל (ב"י תקנט), ואת הקינות אומרים לאחר החזרה (ראה הלכה 202).

ז. אומרים "עננו" כבכל תענית ציבור.

ח. האבודרהם כתב שהכוהנים אינם נושאים את כפיהם בשחרית (וכן מנהג אשכנז), אך פשט המנהג שהכוהנים עולים לדוכן בשחרית (כה"ח תקנט, ל). כמו כן נחלקו אם לומר "שים שלום" (ראה הלכה 864).

869 אין אומרים תחנונים (ראה הלכה 205). יושבים על הארץ ואומרים קינות. ויש האומרים את הקינות לאחר קריאת התורה וסיום התפילה.

870 ברבות מן הקינות הבית האחרון הוא על נחמה ועל בקשת גאולה. יש שכתבו שיש לדלג על בתים אלו, מאחר שפסק מרן (תקנד, א): "אבל קורא הוא באיוב ובדברים הרעים שבירמיה ואם יש פסוקי נחמה צריך לדלגם" (פר"ח וברכ"י); אך ר"ח פאלאג'י כתב, שמרן אמר כך רק בלימוד תורה ולא בתפילה, שמעתירים בה לה' שיגאלנו ויבנה את בית המקדש, ולפיכך אין לדלג על הנחמות שבקינות, למעט בקינות של הלילה, שבו אנו כמי שמתו מוטל לפניו (מל"ח י, סז) וה'שמע שלמה' (ח"ד, ז) כתב שאף בלילה יכולים לומר את פסוקי הנחמה.

871 אומרים קינות גם בשעת פתיחת ההיכל. מוציאים

ספר תורה וקוראים "כי תוליד בנים" בעמ' 723 (מגילה לא ע"ב) ויש נוהגים שהעולים לתורה אומרים "ברוך דיין האמת" קודם שמברכים ברכות התורה (ראה מסכת סופרים יח, ט ו ב"י, תקנט); אין אומרים "מי שברך" לעולים לתורה (כה"ח תקנט, מ בשם מהרי"ל). אחרי הקריאה אומרים חצי קדיש (שם), ויש אומרים שצריך להקפיד לאומרו דווקא אחרי ההפטרה מכיוון שהמפטיר הוא מחובת היום (ילק"י דיני ההפטרה, י על פי הר"י ן' מיגאש).

872 לאחר החזרת ספר התורה להיכל אומרים "אשרי" ואין אומרים "למנצח" ובקדושת "ובא לציון" מדלגים על פסוק "ואני זאת בריתי", שלא יהיה נראה כאילו מקיים ברית על הקינות (טור, תקנט), ממשיכים בקדיש תתקבל ומסיימים התפילה כבכל יום. לאחר סוף התפילה קוראים מגילת איכה, ויש המקדימים לה שירת האזינו. הנוהגים לומר קינות לאחר סיום התפילה, אומרים אותן אחרי מגילת איכה.

873 אם יש תינוק למולו, מלים אותו אחרי הקינות (שו"ע תקנט, ז ע"פ ספר החכמה). ויש שנהגו למול אחרי חצות היום, מכיוון שעד חצות היום הוא זמן אבלות (שם בשם י"א, והוא מספר הרוקח, קיג; וכ"פ ה'שולחן גבוה', מובא בכה"ח שם, ז, והמל"ח י, ער). מברכים על הכוס, ונותנים ליולדת לשתות ממנה (שו"ע שם ע"פ הרשב"א; וראה שו"ע, יו"ד רסה, ד שפסק כרי"ף, שאין מברכים על הכוס, וברמ"א שם); ואם היולדת אינה יכולה לשתות, נותנים את היין לילדים שישתו (שו"ע תקנט, ז ע"פ הרשב"ם). אין מברכים על הבשמים (שו"ע שם).

874 לאחר חצות היום מקלים במנהגי האבלות. מותר לעשות מלאכה (רמ"א תקנד, כב בשם מהרי"י טירנא), ובתפילת המנחה אפשר לשבת על כיסאות כרגיל (שו"ע תקנט, ג ע"פ מהר"ם). הבחנה זו מבוססת על הגמרא בתענית (כט ע"א): "ותשיעי סמוך לחשכה הציתו בו את האור". הגר"א ביאר שבשעת המנחה נגמר הדין ובזה יש מקום לנחמה (תקנה, ב וראה רש"י ותוספות בקידושין לא ע"ב); והריטב"א (תשובה סג) כתב, שעד מנחה האדם דומה למי שמתו מוטל לפניו ואינו יכול להתחיל להתנחם, ולאחר מנחה הוא דומה לאבל שמתו כבר נקבר. הסבר נוסף מובא ב'ברכי יוסף' (תקנט, ז) בשם האר"י, שבתשעה באב בשעת מנחה עתיד להיוולד המשיח. הבדל זה בא לידי ביטוי בכמה פרטים בתפילת מנחה (ראה בהלכה הבאה). נוהגים להחזיר את הפרוכת להיכל לפני תפילת מנחה (כה"ח שם, יט).

875 תפילת מנחה - לפני התפילה מתעטפים בטלית ומניחים תפילין בברכות (שו"ע תקנה, א; מי שהניח בשחרית, אינו צריך להניח במנחה). קריאת התורה היא כבכל תענית ציבור, ראה עמ' 721 (טור תקנט), אך מפטירים "שובה ישראל" (ראה הלכה 594). לאחר החזרת ספר התורה למקומו, שליח הציבור אומר חצי קדיש ועומדים לתפילת עמידה.

876 לאחר החזרה שליח הציבור אומר עם הקהל את הפיוט "נחמו נחמו עמי יאמר אשכול כפר" ואת פסוקי ההפטרה של 'שבת נחמו', ומסיימים בשישה פסוקי סליחות (ראה אבודרהם והלכה 202). שליח הציבור אומר קדיש תתקבל ומזמור קכו, ואומרים קדיש יהא שלמא ו"עלינו".

877 מוצאי הצום - מתפללים ערבית לחול. לאחר התפילה אומרים ברכת הלבנה בעמ' 185 (ראה הלכה 348). אם תשעה באב חל ביום ראשון, מבדילים על הכוס - אך לא על הבשמים או על הנר (שכבר בירכו עליו, כאמור בהלכה 866).

878 "בשבעה נכנסו נכרים להיכל... ותשיעי סמוך לחשיכה הציתו בו את האור, והיה דולק והולך כל היום כולו... אמר רבי יוחנן: אלמלי הייתי באותו הדור - לא קבעתיו אלא בעשירי, מפני שרובו של היכל בו נשרף. ורבנן? אתחלתא דפורענותא עדיפא" (תענית כט ע"א). אף על פי שלא נפסק כר' יוחנן, אין אוכלים בשר ואין שותים יין בי' באב (שו"ע תקנח, א ע"פ הטור); אם צמו בי' באב, כשנדחה משבת, מותרים בבשר וביין ביום י"א מהבוקר (רמ"א שם בשם מהרי"ל), ואין צורך להוסיף בשאר האיסורים (מחב"ר תקנט, ה בשם 'זרע אמת').

879 בין תשעה באב וראש השנה יש שבע שבתות, וקוראים בהן את 'שבע דנחמתא' - שבע הפטרות מפרקי הנחמה בספר ישעיה (תשובת ר"ת ע"פ ה'פסיקתא', מובאת בראבי"ה, תקנו). הראשונים ייחסו למנהג זה חשיבות רבה כל כך, שכתבו שאין מפסיקים ב'שבע דנחמתא' אפילו אם ראש חודש אלול חל בשבת ('מרדכי', מגילה תתלא); ויש שהורו, שאין דוחים הפטרת שבת וראש חודש מפני 'שבע דנחמתא' (שם בשם מהר"ם). ומנהג הספרדים להפטיר ב'שבע דנחמתא' ולהוסיף פסוק ראשון ואחרון מהפטרת "השמים כסאי"; ואם חל בערב ראש חודש - מוסיף מהפטרת "מחר חודש".

880 "אמר רבן שמעון בן גמליאל: לא היו ימים טובים לישראל כחמשה־עשר באב וכיום הכפורים" (משנה, תענית כו ע"ב). בגמרא (שם ל ע"ב - לא ע"א) מונים שש סיבות לחשיבותו של חמישה־עשר באב: שלוש קשורות באחדות ישראל (ההיתר לבני השבטים השונים להינשא, שנאמר בפרשת בנות צלפחד; ההיתר לבני בנימין לבוא בקהל לאחר מלחמת פילגש בגבעה; והיתרו של מלך

ישראל, הושע בן אלה, לעלות לרגל לירושלים); שתיים מהן קשורות לבשורות נחמה שנתבשרו בהן אבותינו (הציווי להיכנס לארץ לאחר מות דור המדבר וקבורת הרוגי ביתר); ואחת קשורה לעבודת המקדש - היום שבו הפסיקו לכרות עצים למערכה עם היחלשות החמה לקראת סוף הקיץ, ובו הקריבו 'קרבן עצים' (משנה, תענית כו ע"א; זה הנימוק היחיד המובא ב'מגילת תענית'). אין אומרים ביום זה תחנון (ב"י קלא ע"פ מהר"י טירנא).

881 "אחד הנוטע, אחד המבריך ואחד המרכיב ערב שביעית שלשים יום לפני ראש השנה - עלתה לו שנה (למניין שני ערלה - רש"י), ומותר לקיימן בשביעית. פחות משלשים יום לפני ראש השנה - לא עלתה לו שנה, ואסור לקיימן בשביעית" (תוספתא, מובאת בראש השנה ט ע"ב). ובמשנה (שביעית פ"ב מ"ו) העירו התנאים, שאין העץ נקלט מיד בקרקע, והראשונים (רמב"ם, מעשר שני פ"ט ה"י) הכריעו כדעת ר' יוסי ור' שמעון, שזמן הקליטה הוא שבועיים. לכן הנוטע עץ פרי עד ט"ז באב (הכרעת החזו"א, שביעית יז, כה ע"פ הרא"ש), נמנית לו השנה לשנות ערלה (ראה הלכה 426), ואין לטעת עצי פרי אחרי ט"ו באב ערב שנת שמיטה.

# אלול

882 גם אם ראש חודש אלול חל בשבת, מפטירים בשל נחמות (ראה הלכה 879) ומוסיפים פסוק ראשון ואחרון מהפטרת "השמים כסאי" (ראה הלכה 386).

883 "ארבעים יום עשה משה בהר... ולאחר ארבעים יום לקח את הלוחות וירד אל המחנה בשבעה־עשר בתמוז ושבר את הלוחות והרג את חוטאי ישראל ועשה ארבעים יום במחנה... ובראש חודש אלול אמר לו הקב"ה: עלה אלי ההרה, והעבירו שופר במחנה... ולאחר ארבעים יום לקח את התורה וירד בעשור לחדש ביום הכפורים והנחילה לבני ישראל לחק עולם" (פדר"א מה). ארבעים יום אלה, מראש חודש אלול ועד יום הכיפורים, מיוחדים לתשובה ונחשבים 'עת רצון' מיוחדת, "וכל המוסיף לבקש רחמים זכות היא לו" (רא"ש, ראש השנה פ"ד, יד).

884 לפיכך יש שנהגו להרבות בסליחות ובתחנונים באשמורת הבוקר בימים אלו (רב האיי גאון, הובא בטור תקפא), וכן מנהג הספרדים (שו"ע שם, א). ראה בהרחבה הלכות 545-552.

885 "רבנין פתרי קרא בראש השנה וביום הכפורים: 'אורי' - בראש השנה, שהוא יום הדין, שנאמר: 'והוציא כאור צדקך ומשפטך כצהרים' (תהלים לז, ו); 'וישעי' - ביום הכפורים, שיושיענו וימחול לנו על כל עונותינו" (מדרש שוחר טוב כז, ד). כתב החיד"א, שטוב לומר מזמור כז בתהלים אחר כל תפילה ובפרט מר"ח אלול עד הושענא רבה ('מורה באצבע' ב, לז; והובא בסידור היר"א). ורבים נוהגים לומר מזמור זה בסיומה של תפילת שחרית וקודם תפילת ערבית.

886 בקהילות אשכנז נוהגים לתקוע בשופר בכל יום חול מא' באלול עד היום שלפני ערב ראש השנה (ראבי"ה ח"ב, תקמב; שו"ע תקפא, ג). ויש מקהילות הספרדים שאימצו מנהג זה, ויש הנוהגים לתקוע בסליחות (כה"ח שם, יג).

887 ט"ו באלול - לדעת רוב האחרונים ('שבת הארץ' ג, יא; 'מנחת שלמה' ח"א, מח בשם תוספות הרי"ד), אסור לנטוע כל אילן מתאריך זה בערב שנת השמיטה, ואפילו אילנות סרק; וה'חזון אי"ש' (שביעית כב, ה) התיר עד ערב ראש השנה.

888 בשבת האחרונה של חודש אלול קוראים את פרשת 'נצבים' (סדר רב עמרם גאון) כדי לסיים את קללות השנה לפני ראש השנה (תוספות, בבא בתרא פח ע"ב). אם ראש השנה או יום הכיפורים בתשרי הקרוב יחולו בשבת, אז פרשות 'נצבים ו'וילך' מחוברות - ומכל מקום מפטירים "שוש אשיש", שהיא ההפטרה האחרונה מ'שבע דנחמתא'. אין מכריזים על חודש תשרי (משנ"ב תיז, א). במוצאי השבת מתחילים בני אשכנז לומר סליחות; ואם כ"ז באלול או כ"ח בו חלים בשבת, מתחילים לומר סליחות שבוע קודם לכן, ממוצאי שבת 'כי תבא'. לדינים ולמנהגים נוספים לקראת ראש השנה, ראה הלכה 553-558.

"אִמְרוּ לְבַת־צִיּוֹן: הִנֵּה יִשְׁעֵךְ בָּא הִנֵּה שְׂכָרוֹ אִתּוֹ וּפְעֻלָּתוֹ לְפָנָיו" (ישעיה סב, יא)

## טבלה של ההפסקות המותרות בתפילה

| | פסוקי דזמרה (מ'ברוך שאמר' עד 'ישתבח')[1] | ברכות קריאת שמע וקריאת שמע - באמצע הפרק.[2] | ברכות קריאת שמע וקריאת שמע - בין הפרקים[3] | בין 'גאל ישראל' לשמונה עשרה[4] | 'אלהי נצור'[5] באמצע הפרק |
|---|---|---|---|---|---|
| 'ברוך הוא וברוך שמו'[6] | אסור | אסור | אסור | אסור | אסור |
| אמן דברכות[7] | מותר ולדעת השמ"ש ומגן, באמצע הפרק אסור[7] | אסור | אסור | אסור | לדעת הבא"ח, מותר; לדעת היבי"א, אסור. |
| קדיש[8] | רק חמישה אמנים הראשונים (ולדעת 'ישכיל עבדי',[9] רשאי לענות הכל). לדעת הבא"ח, עונה 'יהא שמיה רבה' עד 'דאמירן בעלמא'; ולדעת היבי"א, רק עד 'יתברך'.[10] | לדעת הבא"ח, רק חמישה אמנים הראשונים, ו'יהא שמיה רבה' עד 'דאמירן בעלמא'; לדעת היבי"א, לא יענה אמן אחרי 'ויקרב משיחיה', ו'יהא שמיה רבא' יענה רק עד 'יתברך'. | לדעת הבא"ח, רק חמישה אמנים הראשונים, ו'יהא שמיה רבה' עד 'דאמירן בעלמא'; לדעת היבי"א, לא יענה אמן אחרי 'ויקרב משיחיה', ו'יהא שמיה רבא' יענה רק עד 'יתברך'. | אסור | לדעת הבא"ח, יענה כרגיל; לדעת היבי"א, לא יענה אמן אחרי 'ויקרב משיחיה', ו'יהא שמיה רבא' יענה רק עד 'יתברך'. |
| 'ברכו'[11] | מותר | מותר | מותר | אסור | מותר |
| פסוק ראשון של קריאת שמע[12] | לא יענה, אך יכסה את עיניו וישמיע את ה'ניגון' של קריאת שמע. | לא יענה, אך יכסה את עיניו וישמיע את ה'ניגון' של קריאת שמע. | לא יענה, אך יכסה את עיניו וישמיע את ה'ניגון' של קריאת שמע. | אסור | אסור |

| | פסוקי דזמרה (מ'ברוך שאמר' עד 'ישתבח')[1] | ברכות קריאת שמע וקריאת שמע - באמצע הפרק.[2] | ברכות קריאת שמע וקריאת שמע - בין הפרקים[3] | בין 'גאל ישראל' לשמונה עשרה[4] | 'אלהי נצור'[5] באמצע הפרק |
|---|---|---|---|---|---|
| קדושה[13] | רק את הפסוקים הפותחים בתיבות 'קדוש', 'ברוך' ו'ימלך'. | רק את הפסוקים הפותחים בתיבות 'קדוש' ו'ברוך'; ובפסוק השלישי 'ימלך' יהרהר בלבו. | רק את הפסוקים הפותחים בתיבות 'קדוש' ו'ברוך'; ובפסוק השלישי 'ימלך' יהרהר בלבו. | אסור | לדעת הבא"ח, מותר; ולדעת היחו"ד, יענה כמו בברכות קריאת שמע.[14] |
| מודים דרבנן[15] | רק את המילים 'מודים אנחנו לך'. | רק את המילים 'מודים אנחנו לך'. | רק את המילים 'מודים אנחנו לך'. | אסור | רק את המילים 'מודים אנחנו לך'. |
| עליית כוהן לדוכן[16] | מותר | אסור. אך משהתחיל שליח הציבור 'רצה', יפסיק כשיגיע לבין הפרקים, ויעשה כבעמודה הבאה. | לדעת ה'רב פעלים', יעלה; ולדעת מהר"ח פלאג'י, רשאי לעלות, אך מוטב שיצא מבית הכנסת, אלא אם כן הוא כוהן יחיד. | אסור | יאמר 'יהיו לרצון' שני קודם שיעלה.[17] |
| עלייה לתורה[18] | כוהן או לוי יחיד בבית הכנסת מותר לכתחילה. | לדעת הבא"ח, מותר בתנאים מסויימים;[18] ולדעת כה"ח והיחו"ד, אסור. | לדעת הבא"ח, מותר בתנאים מסויימים;[18] ולדעת כה"ח והיחו"ד, אסור. | אסור | יאמר 'יהיו לרצון' שני קודם שיעלה.[19] |
| 'וזאת התורה'[20] | אסור; אלא יביט בספר ויהרהר בלבו את הפסוק 'וזאת התורה'. | אסור; אלא יביט בספר ויהרהר בלבו את הפסוק 'וזאת התורה'. | אסור; אלא יביט בספר ויהרהר בלבו את הפסוק 'וזאת התורה'. | אסור | אסור |

| | פסוקי דזמרה (מ'ברוך שאמר' עד 'ישתבח')[1] | ברכות קריאת שמע וקריאת שמע - באמצע הפרק.[2] | ברכות קריאת שמע וקריאת שמע - בין הפרקים[3] | בין 'גאל ישראל' לשמונה עשרה' | 'אלהי נצור'[5] באמצע הפרק |
|---|---|---|---|---|---|
| טלית[21] | לדעת היבי"א, יתעטף ויברך בין הפרקים; ולדעת כה"ח, יברך בין 'ישתבח' ליוצר. | לדעת הבא"ח, יתעטף בלא ברכה ויברך אחרי העמידה; ולדעת היחו"ד, יתעטף בין הפרקים. | לדעת הבא"ח, יתעטף בלא ברכה ויברך אחרי העמידה; ולדעת היחו"ד, יתעטף ויברך.[22] | אסור[23] | אסור |
| תפילין[24] | לדעת היבי"א, יניח ויברך בין הפרקים; ולדעת כה"ח, יברך בין 'ישתבח' ליוצר. | אסור, אך ב'אמת ויציב' יניח בלא ברכה. | מותר | יניח בלא ברכה ויברך אחרי שמונה עשרה. | אסור |
| ברכת אשר יצר[25] | ייטול ידיו ויברך בין 'ישתבח' ליוצר; ואם חושש שישכח, יברך מיד. | ייטול ידיו אך לא יברך עד לאחר התפילה. | ייטול ידיו אך לא יברך עד לאחר התפילה. | ייטול ידיו אך לא יברך עד לאחר התפילה. | כבר עקר רגליו. |
| ברכת ברקים ורעמים[26] | לדעת הבא"ח וכה"ח, אסור; ולדעת היבי"א, חייב. | אסור | לדעת הבא"ח וכה"ח, אסור; ולדעת היבי"א, חייב. | אסור | אסור |

1 אין לדבר בשום דברי חול בין 'ברוך שאמר' לסוף העמידה (רי"ף, ברכות כג ע"א), ועד 'ישתבח' אסור לדבר גם לצורך מצווה, כדי שלא להפסיק בין שתי הברכות ('כלבו', הובא בב"י, נא); ומשום כך ברכת 'ישתבח' אינה פותחת בתיבת 'ברוך' (שו"ע נד, א כדעת רוב הראשונים; ובשו"ת המיוחס לרמב"ן, רב, כתב הרשב"א תירוץ אחר - שהיא מטבע קצר, ונראה שכוונתו שרק מ'ברוך... מלך גדול ומהולל' היא הברכה). עם זאת, מותר להפסיק לשבח אחר, למשל, לענות 'אמן' אחר ברכת חברו (וכן נהג האר"י, כמובא בשעה"כ, עניין ברכות השחר ; לעניין עניה באמצע הפרק, ראה הערה 7). האבודרהם כתב, שמהר"ם היה אומר את הפסוק (דהי"א טז, לו): 'ברוך ה' אלוהי ישראל ויאמרו כל העם אמן והלל לה'' (עמ' 42) ואת הפסוקים 'ברוך ה' לעולם...' (עמ' 51) לפני שחזר לפסוקי דזמרה, הואיל והם כברכה, וכן פסק ה'חסד לאלפים' נא, ה (בלי הפסוק מדהי"א; וכך מנהג האשכנזים - משנ"ב נא, ז); אך הכנה"ג (שם) טען שזה מגדיל את ההפסק, ואין לאומרם; המאמ"ר (נא, ג) הבין, שהמהר"ם נהג כך רק אם הוצרך להפסיק בעניין אחר, אבל

לעניית קדיש וקדושה לא הוסיף פסוקים אלו, וכך פסק גם כה"ח (שם, ח), שיש לענות אך לא לומר את הפסוקים שלמעלה.

דיני המקומות שבהם מפסיקים, חלוקים זה מזה:

א. בזמן אמירת קרבנות וזמירות (שלפני 'ברוך שאמר') רשאי להפסיק לכל דבר מצווה. ואם הציבור אומר 'ה' מלך' - לדעת הרי"ח יעמוד עמם, אך אינו חייב להפסיק ('עוד יוסף חי', ויגש א, וכן הכריע ב'ספר הלכה' עד); ולא כמהר"ח פלאג'י שכתב, שיפסיק ויענה עמם ('כף החיים' יח, ז).

ב. בתוך 'ברוך שאמר' לפני 'ברוך אתה ה'' מותר להפסיק לכל דבר שבקדושה. וכתב הבא"ח (ויגש ט), שאם הפסיק יחזור לראש, כדי שלא להפסיק באמצע פ"ז תיבות; ובכה"ח (נא, יא) חלק עליו, כדי שלא להוסיף על פ"ז. והר"מ אליהו הכריע כבא"ח (ספר הלכה, עו); דין חוזר לראש אמור רק ב'ברוך שאמר' בנוסח הקצר כדעת האר"י (ראה הלכה 83).

ג. אחרי שהזכיר את השם בברכת 'ברוך שאמר', לא יפסיק כלל עד שיסיים 'מלך מהולל בתשבחות' ('כף החיים' פלאג'י יח, ה, ולא כ'פרי מגדים' א"א נא, ג; וראה בכה"ח הנזכר למעלה). ובאמצע הברכה יענה כבין הפרקים (בא"ח, ויגש ט ושמות ו; כה"ח נא, יא).

ד. כתב ה'גינת ורדים' (ח"א, נא), שאין לענות אמן אחרי שליח הציבור האומר 'ברוך שאמר', כדי שלא יפסיק בין הברכה לתחילת פסוקי דזמרה, וכ"פ הר"ש משאש (אם כי לא כל יוצאי צפון אפריקה קיבלו את דבריו - ראה קישו"ע טולידאנו מב, ג); וביבי"א (ח"ו, ה, ג; וראה בהערה יב בהסכמתו לשו"ת 'תבואות שמש', ובמה שענה הר"ש משאש שם) חלק עליו, וטען ש'ברוך שאמר' אינה ברכת המצוות אלא ברכת השבח (וראה הלכה 367); וב'חסד לאלפים' (נא, ד) כתב, שעדיף להתחיל 'מזמור לתודה' לפני שהחזן מסיים את ברכתו כדי שלא יפסיק בין הברכה לדבר שמברך עליו, אך אם לא התחיל יענה אחריו אמן, וכ"פ הבא"ח (ויגש ח). האומרים פיוטים לפני 'ישתבח' (ראה הלכה 567), אסורים להפסיק בדיבור; ואם הקהל אינו מקבל תוכחה, יש לדחות את הפיוטים לאחר העמידה (קישו"ע טולידאנו מב, ט; ובכה"ח נא, כ אסר מסיבה זו לומר פיוטים לפני 'ישתבח', כדעת הפר"ח).

דין 'ישתבח' כדין 'ברוך שאמר'. כתב השל"ה (הובא במג"א, נג), שאת השבחים המתחילים ב'שיר ושבחה' יאמר בנשימה אחת; ובסידור יעב"ץ חלק עליו, וכתב שיש לאומרם בנעימה (וכן מסקנת החיד"א, 'קשר גודל' ז, מז). וכתב הבא"ח, שאם רואה שהחזן עומד להתחיל קדיש או קדושה, ימתין לפני שיתחיל בהם; ואם התחיל והפסיק לענות - יחזור ויאמר מ'כי לך נאה' (ויגש טו).

בין 'ישתבח' ליוצר אפשר לדבר בכל דבר מצווה ובצורכי ציבור (טור, נד בשם רע"ג); אך לא בשיחת חולין, שזו עֲבֵרה שחוזרים עליה מעורכי המלחמה (טור, נא בשם הירושלמי [ואינו בירושלמי שלפנינו]; והביא דבריו השו"ע נד, ג); אך אומרים 'שיר המעלות' בעשי"ת, כמנהג האר"י ('חסד לאלפים' שם, א; וראה הלכה 646).

2 "בפרקים שואל מפני הכבוד ומשיב, ובאמצע - שואל מפני היראה ומשיב, דברי רבי מאיר. רבי יהודה אומר: באמצע שואל מפני היראה ומשיב מפני הכבוד, ובפרקים שואל מפני הכבוד ומשיב שלום לכל אדם" (משנה, ברכות יג ע"א), וקיימא לן הלכה כר' יהודה (עירובין מו ע"ב). כתבו התוספות (ברכות יג ע"ב) וראבי"ה (א, מז), שמפסיקים ל'קדיש', קדושה ו'ברכו', כיוון ששואל מפני היראה ומשיב מפני הכבוד, ולא גרע כבוד שמים מכבוד בשר ודם. ולזה הסכים הרשב"א (ח"ה, ט). ואף שהטור (סו) הביא, שיש שחלקו וסברו שאין להפסיק שבח זה לצורך אמירת שבח אחר (מהר"ם, הובא ברא"ש פ"ב, ה). ומרן פסק שמפסיקים (שו"ע סו, ג).

כל ההפסקות מותרות אפילו באמצע פסוק, אבל עדיף להתקדם למקום שאינו הפסק באמצע העניין (משנ"ב נא, יב; 'כף החיים' פלאג'י יח, ט).

כתבו ה'פנים מאירות' ורעק"א, שמי שקורא קריאת שמע פעם נוספת בתפילין של ר"ת, רשאי להפסיק לכל אמן; והבה"ל (סו, ה) הסיק מזה, שדווקא בקריאת שמע נוספת, אך אם קורא קריאת שמע לפני התפילה מפני שחושש שלא יספיק לקוראה בזמנה (ראה הלכה 60), אסור להפסיק; וה'אור לציון' (ח"ב, ו ט) כתב, שאם קורא בלי ברכות רשאי להפסיק, אך אם קורא קריאת שמע בברכותיה אסור, ואפילו אם קורא לאחר זמנה.

3 "מהו בין הפרקים? בין ברכה ראשונה לשניה, בין שניה ל'שמע', בין 'שמע' ל'והיה אם שמע', בין 'והיה אם שמע' ל'ויאמר'" (משנה שם). ובין 'ויאמר' ל'אמת ויציב' הדין נתון במחלוקת ראשונים (הובאה בטור, סו). יש אומרים שדינו כאמצע הפרק (רמב"ם, קריאת שמע פ"ב הי"ז), ויש אומרים שלא יפסיק כלל (ר"י; רא"ש פ"ב, ח), והשו"ע (שם, ה) פסק שיאמר מילת 'אמת' ואז יפסיק כדין באמצע הפרק (וראה בא"ח, וארא יט שסתם כדברי הרמב"ם).

בשו"ע (סו, א) פסק מרן, שאין להפסיק כלל בתיבות 'ברוך שם כבוד מלכותו לעולם ועד', והאחרונים הסיקו שגם בין 'שמע' ל'ברוך שם כבוד מלכותו לעולם ועד' אין להפסיק (כפי שמשמע בב"י שם). וב'מחזיק ברכה' (שם) הביא החיד"א את דברי הרמ"ע, שדינו כבאמצע פרק; אך ב'קשר גודל' (יא, טז) כתב, שאין להפסיק כלל כמו באמצע פסוק, וכן מסקנת כה"ח (שם, יג; וראה יבי"א ח"ו, ט).

כתב ה'בית עובד' שבין 'ברכו' ליוצר דינו כבאמצע פרק; וה'שיורי טהרה' (מערכה ע, צ) העיד שהתווכח עמו וה'בית עובד' חזר בו, ומשום כך פסק ביבי"א (ח"ב ה, ו) שדינו כבאמצע פסוקי דזמרה.

4 בין 'גאל ישראל' לשמונה עשרה אך לפני 'ברוך אתה ה' גאל ישראל' - מותר בכל מה שמותר באמצע הפרק (משנ"ב שם, נב בשם ה'מאמר מרדכי'). ולכתחילה ימתין לאחר שאמר 'עושה פלא' קודם 'שירה חדשה' (שו"ע סו, ט על פי מנהגו של ר"ת, הובא בתוספות, ברכות יג ע"ב).

אין להזכיר לציבור לומר 'משיב הרוח ומוריד הגשם', 'יעלה ויבוא' וכד' בתפילת שחרית, כדי שלא להפסיק בין גאולה לתפילה (רא"ש, תענית פ"א, ב) - אך בערבית מותר, שהכרזה בפעם הראשונה היא צורך התפילה, ועוד שתפילת ערבית היא רשות (שו"ת רשב"א ח"א, רצג); וכתבו כה"ח (רלו, יז) והמקו"ח (סו, יד), שגם בערבית נהגו שלא להכריז, אך יש מקהילות המערב שמכריזים בהן (ראה 'שמ"ש ומגן' ח"ד, לו והלכה 257).

נחלקו הראשונים אם יש לומר 'יהיו לרצון' פעמיים (ראה הלכה 153) - ופוסקי ספרד הכריעו, ש'יהיו לרצון' הראשון הוא ממש תפילה (פר"ח קכב, א על פי שו"ת רשב"א ח"ז, תה), ומשום כך אין להפסיק כלל לפניו, כבתפילת העמידה. ראה בהערה הבאה.

5 כתב ראבי"ה (ח"א, סו) ש'אלהי נצור' אינו חלק מהתפילה, ולכן מיד כשמסיים י"ח ברכות מותר לענות לקדיש, לקדושה ול'ברכו'; וה'מרדכי' כתב בשם רא"ם (בעל היראים), שאם סיים י"ח ברכות יענה עמם, ויחזור ל'אלהי נצור' (סוכה, תשנד); ולדעת הרשב"א, יכול להפסיק בתחנונים שאחרי 'יהיו לרצון', כפי שמפסיק בברכות קריאת שמע, ועדיף שיקצר ויעלה (שו"ת רשב"א ח"א, תתז; וכ"פ רמ"א סו, ג) - ולכן פסק החיד"א, שישתדל לסיים 'אלהי נצור' מהר, ואם לא הספיק יאמר 'יהיו לרצון' שני באמצע, וימשיך אחר כך ('קשר גודל' ט, יז). והבא"ח (בשלח כב) התיר לענות באמצע 'אלהי נצור' לכל הברכות, בעקבות דברי החיד"א; וביחו"ד (ח"ה, י; וראה גם יבי"א ח"ו, מח, ד ו'ישכיל עבדי' ח"א, ה) חלק עליו וטען שלדעת הרשב"א דינו כברכות קריאת שמע.

הט"ז (קכב, א) כתב, שכל זה רק בנוסח הקבוע. אך אם מוסיף תחנונים (ראה הלכה 153–154) רשאי להפסיק לכל דבר שבקדושה; אך לדעת ה'מטה יהודה' (שם, א), גם במקרה כזה יפסיק רק היכן שמותר להפסיק בברכות קריאת שמע, כיוון שכל עוד לא פסע לאחור עומד הוא לפני המלך; וב'אור לציון' (ח"ב, פ"ז לד) כתב, שגם בתוך 'אלהי נצור' מותר לענות כל אמן, ואף 'ימלך'. לאחר 'יהיו לרצון' השני יכול לענות אפילו 'ברוך הוא וברוך שמו', גם אם טרם פסע ג' פסיעות לאחור (מאמ"ר שם, ב; וב'אור לציון' שם, לה כתב שישתדל לפסוע לאחוריו, אפילו מעט). מכל מקום גם אחרי שסיים, אין לדבר לפני חזרת הש"ץ, וכל שכן שליח הציבור עצמו ('פתח הדביר' קיא, ג בשם גורי האר"י).

6 "דוקא אמן יכול לענות על כל ברכה, אבל 'ברוך הוא וברוך שמו' לא יענה תוך פסוקי דזמרה" (כה"ח נא, כב בשם ה'טוב עין' ושאר אחרונים), וגם הבא"ח כתב שבאמצע פסוקי דזמרה יהרהר בלבו (ויגש י), אף שהוא סובר שחובה לענות 'ברוך הוא וברוך שמו', שהוא מטבע שטבעו חכמים ('רב פעלים' ח"ב, לז); ולא כמהר"ח פאלאג'י, שהתיר לענות אף באמצע קריאת שמע וברכותיה ('כף החיים' יח, יג).

7 בפסוקי דזמרה מותר לענות בין הפרקים. ובאמצע הפרק, לדעת הר"ש משאש אסור לענות (שמ"ש ומגן ח"ד, י-יד). בברכות קריאת שמע נחלקו הראשונים, ודעת מרן, שלא יענה אמן אחרי ברכות החזן, וכל שכן שאר ברכות (ראה הלכה 127); וגם האשכנזים שמתירים, אינם עונים באמצע הפרק (ב"ח סו). וב'קשר גודל' (ט, יב) כתב, שיאמר את הברכה עם שליח הציבור ואז לא יצטרך לענות אמן לכל הדעות (כדברי הב"י, נט).

לדעת הסמ"ק (הובא בטור, סו; וכ"פ הרמ"א שם, ג), מותר לענות אחר ברכת 'האל הקדוש' ו'שומע תפילה' אפילו באמצע הפרק, וביאר מהר"י אבוהב (הובא בב"י שם), שמותר מכיוון שהן סוף חטיבות בתפילה, והב"י הביא לכך מקור מהירושלמי; אך בסימן קט הביא ראיה שהבבלי חולק על הירושלמי בזה, ולכן אין לחלק ודינם ככל ברכה, וכן פסקו החיד"א (שם, טז) והבא"ח (שמות, ו) - ולא כה'שלמי ציבור' (דיני עניית אמן י), שכתב שהעיקר כדברי הרמ"א.

8 כתב מרן (שו"ע סו, ג על פי הסמ"ק והרא"ש): "לקדיש ולקדושה ול'ברכו' מפסיק אפילו באמצע הפסוק". בשו"ת 'מים רבים' (ב) כתב, שמי שהולך בטל חייב להפסיק, אך העוסק בתלמוד תורה פטור, הואיל ו"העוסק במצווה פטור מן המצווה" (סוכה כה). מכאן למד היבי"א (ח"ה, יג ו), שאף העוסק בפסוקי דזמרה רשאי להפסיק לדברים שבקדושה אך אינו חייב; לעומת זאת כתב מהר"ח פאלאג'י ('נשמת כל חי', ד), שמי שאינו עונה נראה ככופר במי שהציבור מברכים לו, ומשום כך אין להתפלל בבית כנסת שמתפללים בו כמה מניינים ביחד, שלא יצטרך להפסיק ולענות לקדיש או לקדושה במניין סמוך; וב'ציץ אליעזר' (חי"א, ג, ד) כתב, שכשמתפלל עם ציבור אחר אין חשד, ולפיכך מי שמתפלל בכותל המערבי ויש שם מניין אחר לידו, אינו צריך להפסיק.

נחלקו הפוסקים מהי עניית מותרת לקדיש. לדעת המג"א (שם, ג), עונה רק 'אמן יהא שמיה רבה מברך לעלם ולעלמי עלמיא' ואמן של 'דאמירן בעלמא', כי שאר האמנים הם רק מנהג ואינם מעיקר הקדיש; אך ב'נגיד ומצווה' כתב, שחובה לענות את כל חמשת האמנים שבחצי הקדיש, וכן הסיק כה"ח (נו, כט) מ'שער הכוונות' (עניין הקדיש). וה'זבחי צדק' (שו"ת החדשות, קלו) כתב, שאם החזן ממהר לומר קדיש עד שלא יספיק לומר כ"ח תיבות של 'יהא שמיה רבה' (ראה הלכה 72), לא יענה אמן אחרי 'בריך הוא', וכן פסקו ה'רב פעלים' (ח"ב, לח) והיבי"א (ח"ו, ח ושם כתב שאם לא הספיק להשלים כ"ח תיבות והגיע הש"ץ לאמן אחרון של קדיש, יפסיק ויענה); וב'שלמי ציבור' כתב, שצריך לענות; ומכל מקום כתב היבי"א (ח"א, ה), שחמישה אמנים אינם חיוב, ולכן אין להפסיק בברכות קריאת שמע לענות אלא ארבעה אמנים, ולא אחרי 'ויקרב משיחה', שלא נזכר בדברי הראשונים, ובני אשכנז לא נהגו בו כלל, ושב ואל תעשה עדיף.

עוד נחלקו הראשונים עד איזו מילה עונה 'יהא שמיה רבא...' (ראה הלכה 74), וכתב מהר"י אבוהב (הובא בב"י, נו), שאם עומד בקריאת שמע וברכותיה יאמר עד 'עלמיא' בלבד, ולא יפסיק בשביל מה ששנוי במחלוקת (וכן הורה המשנ"ב שם, טו על פי הגר"א); לדעת מרן, חייב לענות עד 'יתברך' (שו"ע נו, ג), וכן פסקו ה'חסד לאלפים' (סה, ב) והיבי"א (ח"א, ה); והבא"ח כתב, שלדעת האר"י יש לענות כ"ח תיבות עד 'בעלמא' (שמות ו), וכ"פ כה"ח (שם, לג).

הכנה"ג (נו) פסק בשם ר' יונה, שעניית 'אמן יהא שמיה רבא' קודמת אף לעניית קדושה (וראה ברכות ג ע"א, מעלת עניית אמן זה). וה'חסד לאלפים' כתב, שמי שכבר שמע קדיש - מוטב שיענה לקדושה (נו, ה), ומהר"ח פאלאג'י כתב, שהוא הדין אף אם עתיד לשמוע קדיש ('כף החיים' יח, לה).

9 'ישכיל עבדי' ח"א, ב; ושאר הפוסקים סתמו כפשט ה'שלמי ציבור' (דיני עניית אמן ד), שאין לענות אמן מ'תתקבל' ואילך ('ספר הלכה' י, פ).

10 במקום שנוהגים שיתום אומר קדיש ו'ברכו' אחר ישתבח, כתב הבא"ח (ויגש טז), שאין למחות בו אף אם הוא עדיין בפסוקי דזמרה - וזאת בתנאי שכבר התחיל את הזמירות, והוא נמצא בין מזמור למזמור. ובסוף דבריו כתב, שמוטב שאחר מן הקהל יאמר קדיש זה, אך ב'רב פעלים' כתב בפשטות להתיר (ח"ב, יד), וכן פסק הר"מ אליהו ('ספר הלכה' י, פח); ובכה"ח (נג, יג) כתב, שעיקר התועלת לנפטר הוא מקדיש 'על ישראל' שבסוף התפילה, ורק לקדיש זה מותר להפסיק, וכן כתב היבי"א (ח"ז, י).

11 ואין חילוק בין 'ברכו' שאחר קדיש ובין 'ברכו' של עלייה לתורה (בא"ח, שמות ו).

מי שנמצא באמצע קריאת שמע וברכותיה והציבור כבר התחיל לקרוא בתורה, נחלקו האחרונים, אם יענה אמן אחר ברכת 'אשר בחר בנו' (שבברכות יא ע"ב קרא לה רב המנונא "המעולה שבברכות"), וכן כתב ה'שלמי ציבור' (דיני עניית אמן, י) בשם ה'לחם חמודות'; ומהר"א חיון בהגהתו כתב, ששיטת מרן היא שלא לענות אמן אחר שום ברכה (וראה משנ"ב סו, יח, שסבר, שבין הפרקים יש להקל ובאמצע הפרק לא).

12 מי שנכנס לבית הכנסת בשעה שהציבור מתפלל, קורא אתם פסוק ראשון של קריאת שמע אפילו אם כבר קרא בביתו או במניין מוקדם (בה"ג, הובא ברא"ש, ברכות פ"ג, יד); וכן יאמר 'ברוך שם כבוד מלכותו לעולם ועד' (כה"ח סה, ה בשם 'לחם חמודות', וראה הערה 3); ולדעת הרוקח (שכ) עדיף לומר את כל שלוש הפרשות, וכ"פ השו"ע (סה, ג); אף על פי שאינו חייב (ב"י).

מי שעומד בקריאת שמע או בברכותיה, אין לו להפסיק בשביל לומר פסוק ראשון עם הציבור (תה"ד ג), ושם הביא את מנהגם של המדקדקים לעצום עיניהם ולנגן בתיבה או שתיים כניגון הציבור - מכיוון שהוא ממילא מקבל על עצמו עול מלכות שמים, ואין בכך פרישה מן הציבור כאשר אינו יושב ובטל. התה"ד עצמו כתב, שנראה שהטעם השני מספיק, ולכן גם בפסוקי דזמרה לא יפסיק; והב"ח סבר, שהטעם הראשון עיקר, ולכן אפילו בברכות שלפני קריאת שמע רשאי להפסיק; ובמשנ"ב (סה, יא בשם דה"ח) כתב, שיפסיק רק בפסוקי דזמרה. אך מרן (שם, ב) פסק כסברת תה"ד, והורה שגם מ'ברוך שאמר' ואילך רק ינגן את המילים, וכן נוהגים בני ספרד.

13 עיקר הקדושה היא הפסוקים 'קדוש' ו'ברוך', ששמעו ישעיה ויחזקאל מפי המלאכים ('שלמי ציבור', דיני עניית אמן י; וראה מג"א סו, ו); אולם מדברי 'שער הכוונות' (עניין חזרת העמידה, סוד הקדושה) משמע, שיש לומר את כל שלושת הפסוקים, ולכן כדי לצאת ידי חובת שתי הדעות לא יענה עם הציבור את הפסוק המתחיל 'ימלך', אלא יהרהר בלבו ('רב פעלים' ח"ד, ד תשובה חמישית); ומדברי כה"ח (סו, יח) משמע שיש לענות בקול; והכרעת הר"מ אליהו היא, שיאמר את כל שלושת הפסוקים בפסוקי דזמרה (ספר הלכה פ), ובקריאת שמע וברכותיה יעשה כעצת ה'רב פעלים' (שם, עח; וכך דייקו בסידור 'חזון עובדיה' מיבי"א ח"ד, ז, ז). ועניית קדושה קודמת ל'מודים דרבנן' ('כף החיים' פלאג'י יח, כה).

14 היחו"ד (ח"ה, י) הביא את דברי החיד"א ('קשר גודל' ט, יז על פי הט"ז) והבא"ח (בשלח כב) וחלק עליהם, וכתב שאף לדעת הט"ז אין לענות אמן דברכות, אלא יש לענות רק 'קדוש' ו'ברוך' בלבד (ויש עונים אף 'ימלך' כמובא בהערה 13). לדעת ה'אור לציון', אפשר לענות את שלושת הפסוקים ואף אמן דברכות, כיוון שיש אומרים שאפשר להפסיק להם אפילו בקריאת שמע (כמובא בטוב"י, סו), עם זאת מוטב שקודם שיענה, יפסע מעט לאחור (ח"ב ז, לד).

15 תלמידי ר' יונה (ברכות ז ע"ב) כתבו, שנהגו להפסיק באמצע הברכות גם ל'מודים'; אך לדעת ר' יונה, אין לומר את הנוסח אלא לשוח בלבד; ובאבודרהם כתב, שכוונתו היא שגם יאמר תיבת 'מודים', וכן פסק מרן (סו, ג); הט"ז ומאמר מרדכי (שם) פירשו שכוונת האבודרהם היא ל'מודים אנחנו לך', וכן הכריע הבא"ח (ויגש ט). בשו"ת 'מנחת יצחק' (ח"ט, ח) כתב, שבפסוקי דזמרה יכול לומר כל 'מודים דרבנן', וכך משמע מסתימת המשנ"ב (נא, ח); וביבי"א (ח"ו, ד) כתב, שגם בפסוקי דזמרה אין לומר אלא 'מודים אנחנו לך'.

אפילו אם עומד באמצע שמונה עשרה והחזן הגיע ל'מודים', ירכין ראשו באמצע הברכה (שו"ע קט, א וראה רמב"ם, תפילה פ"ט ה"ד וקש"ג יח, כ בשם האר"י). אך לא יעשה כן בתחילת ברכה או בסופה, שאין שוחין בתחילת ברכה או בסופה פרט לאבות ולהודאה (שו"ע שם, בשם הטור).

16 פסק הרדב"ז (ח"ד, אלף שסר), שכוהן המתפלל והגיע שליח הציבור ל'רצה' - אם אין שם כוהן אלא הוא, מפסיק ועולה לדוכן; וכתב כה"ח (קכח, נו), שדווקא אם מתפלל עם שליח הציבור מילה במילה. מהר"י חאג'יז (הלק"ט ח"א, סד) וה'חסד לאלפים' (סה, ג) סוברים, שגם כוהן העומד בקריאת שמע יעלה לדוכן רק אם אין שם כוהן אלא הוא, ואם יש כוהן אחר יצא החוצה (ראה הלכה 181). וה'רב פעלים' (ח"ג, ד) כתב, שימתין לבין הפרקים ואז יעלה. ה'ציץ אליעזר'

(חט"ו, ז, ב) הבין, שכוונתו היא שיעשה כך גם אם יש כוהנים חוץ ממנו. אך להלכה כתב, שאם יש כוהנים אחרים מוטב שיצא, ואם עלה לא הפסיד (וכך מפורש ב'כף החיים' פאלאג'י יח, יא). ובפסוקי דזמרה לכו"ע יעלה ('קשר גודל' ז, לד על פי סידור יעב"ץ).

17 הר"מ אליהו, דיני הפסקות בתפילה (ספר הלכה) כב; וראה הערה 5.

18 המנהיג והטור (סו) התירו לעלות אפילו באמצע קריאת שמע משום כבוד התורה, וכ"פ הב"ח; לעומתם הרשב"א (ח"א, קפה) אוסר, וכן הורה השו"ע (שם, ד; אך הביא את המנהיג כ"יש אומרים"); והט"ז והכנה"ג חילקו בין שקראוהו סתם וקראוהו בשמו, שאז עולה, וכן פסק ה'רב פעלים' (ח"ב, טז), אלא שאין לו לבקש שיאמרו לו 'מי שברך' או 'השכבה'. ובבא"ח (וארא כ) כתב, שיעלה רק אם יוכל להספיק לומר 'אמת ויציב' עד 'הדבר הזה עלינו לעולם ועד'; לעומת זאת הפר"ח כתב, שלא יעלה כלל ואפילו אם קראוהו בשמו, וכן דעת החיד"א ('קשר גודל' יא, כג), וכך פסקו כה"ח (שם, כד) והיחו"ד (ח"ד, יא).

לכתחילה אין להעלות לתורה מי שעומד באמצע פסוקי דזמרה, אלא אם כן הוא כוהן או לוי יחיד בבית הכנסת. ומכל מקום העולה לא יקרא עם החזן ('בית עובד'), וכל שכן שלא יאמרו לו 'מי שברך' או השכבה (כדלעיל), וכן פסק כה"ח (נא, כז); ולדעת הרי"ח צריך לקרוא עם החזן, שאם לא כן תהיה זו ברכה לבטלה ('רב פעלים', שם).

19 הר"מ אליהו, דיני הפסקות בתפילה (ספר הלכה) כב; וראה הערה 5.

20 כתב הכנה"ג (תשובה נא), שאם עומד ב'שירה חדשה' והוציאו את ספר התורה לקרוא בו, צריך לומר 'וזאת התורה' עם הציבור; ובשו"ת 'חיים שאל' (ח"א, סח) כתב החיד"א, שלדעת האר"י אין להפסיק, אלא יביט בספר ויהרהר בלבו את הפסוק. וב'בית עובד' כתב, שגם בפסוקי דזמרה אין להפסיק, וכ"פ כה"ח (קלד, כ). והיבי"א (ח"ה, ח) כתב, שרק בין 'ישתבח' ליוצר אפשר לומר את הפסוק.

וכן אין להפסיק לאמירת 'בריך שמיה', שדברי הזוהר (ראה הלכה 312) מתייחסים רק לעומד פנוי ולא לעוסק במצווה (צי"א חי"א, ג, ו בשם מהרש"ג), וממילא כתבו תלמידיו של האר"י, שאין לאומרו אלא בשבת (יבי"א ח"ה, ח, ד). והוא הדין לי"ג מידות, שהן דבר שבקדושה, שאין חיוב על כל יחיד לאומרן ('האלף לך שלמה' מד). ועוד שהן דברי תחנונים ואין הן דברי שבח (יבי"א ח"ה, ז), ולכן אין להפסיק כדי לאומרן.

21 "אין שום איסור בברכה על הציצית ותפילין בתוך המזמורים, שאין הפסקה כזאת בפסוקי דזמרה אסורה, ואינה תפלה ולא קריאת שמע עד שיאסור הפסקה כזאת" ('פאר הדור' קמז). אפשר שלדעת הרמב"ם, פסוקי דזמרה אינם מצווה (ראה הערה 1), ומשמע שרשאי להתעטף ולברך אפילו באמצע הפרק; תשובה זו לא הובאה בב"י, אלא הובאו רק דברי ה'כלבו' (ה), ששליח הציבור מתעטף ומברך לפני 'ישתבח' - ומרן חלק עליו ופסק, שעדיף לברך בין 'ישתבח' ליוצר (שו"ע נג, ג); והרמ"א כתב, שיש לחלק בין שליח הציבור ליחיד, ושליח הציבור יברך קודם 'ישתבח', וכ"פ ה'חסד לאלפים' (נג, ב) ו'יפה ללב' (שם, ד); ומהר"י קאשטרו ('ערך לחם', שם) הורה כפשט דברי מרן.

ה'גינת ורדים' (ח"א, נב) כתב, שאין להפסיק בפסוקי דזמרה אלא אם כן נאנס (ראה הערה 25), ומי שלא היו לו טלית ותפילין, לא יברך אלא בין 'ישתבח' ליוצר - אך שליח הציבור יברך בין הפרקים, כדי שלא לעכב את הציבור, וכן הורה כה"ח (נג, ז). הברכ"י (שם, ד) כתב, שה'גנת ורדים' הפריז על מידותיו, וכוונת מרן הייתה שדווקא בין הפסוקים לברכת 'ישתבח' אין להפסיק; וביבי"א כתב, שיברך בין הפרקים (ח"ו, ד, ג), וכן דעת המשנ"ב (נא, יג בשם דה"ח).

22 דווקא בקריאת שמע פסק מרן, שיכול להפסיק בין הפרקים ולברך על טלית ותפילין, שלא יהיה כמעיד עדות שקר בעצמו (שו"ע סו, ב על פי 'שיבולי הלקט' ו'ארחות חיים'); ובב"י הוא נטה לסברתו של מהר"א מפראג (ראה 'דרכי משה' נד, א), שיתעטף מיד ולא יברך עד אחר תפילת העמידה; וב'בדק הבית' חזר בו מרן מסברה זו. הרא"ש (תשובה ד, א) כתב, שיברך על תפילין

ולא הזכיר טלית, והרמ"א (שם) פסק, שעל הטלית לא יברך עד אחר העמידה (וכ"פ בא"ח, וארא יט; כה"ח סו, יד ומשנ"ב שם, טז בשם ה'פרי מגדים'); והיחו"ד פסק כדעת מרן (ח"ו, ד).

23 "רב משי ידיה וקרא קר"ש ואנח תפילין והתפלל" (ברכות יד ע"ב). וביאר רש"י, שרב נאנס ולא היו לו תפילין וחשש שיעבור זמן קריאת שמע, ולכן הניח תפילין בין קריאת שמע לתפילה; ובתוספות מובאת מחלוקת אם הוא הדין באשר לטלית - שהרי בניגוד לתפילין שחובת הגוף הן, מי שאין לו ארבע כנפות פטור, ורשאי להתפלל בלא ציצית. ומרן פסק, שלא יתעטף בטלית עד לאחר העמידה (שו"ע סו, ח).

24 "אמר ר' יוחנן: הרוצה שיקבל עליו עול מלכות שמים שלמה - יפנה ויטול ידיו, ויניח תפילין ויקרא קריאת שמע ויתפלל, וזו היא מלכות שמים שלמה" (ברכות יד ע"ב - טו ע"א). לפני כן, מובאים דברי עולא "כל הקורא קר"ש בלא תפלין כאילו מעיד עדות שקר בעצמו", ולכן גם הפוסקים כדעת הרמ"א (ראה הערה 22) מורים שיברך על התפילין (פרט ל'חסד לאלפים' סו, א שהורה לברך על התפילין אחר תפילת העמידה - והאחרונים פסקו שלא כמוהו).

ר' יונה (ברכות טו ע"ב, ד"ה ואסור) הציע, שמשום חשיבות התפילין יהיה מותר להניחן אף באמצע תפילת העמידה (אך הודה, שמדברי ר"ח ור"י נראה שלא כך; וראה הלכה 52); והמשנ"ב (סו, טו על פי ה'פרי מגדים') כתב, שיש להניחן ולברך עליהן אפילו באמצע קריאת שמע, כי מצווה שיהיו עליו תפילין בכל מילה ומילה של קריאת שמע; אך מרן פסק (שם, ב על פי 'שיבולי הלקט'), שיברך בין הפרקים (וגם יניח רק בין הפרקים - בא"ח, וארא יט). אפילו בין 'גאל ישראל' לתפילה יניח תפילין, אך יברך עליהן אחר התפילה (שם, ח על פי הסמ"ג; ולא כפר"ח שכתב, שגם אחר 'גאל ישראל' יברך עליהן).

הרמ"א (שם) כתב, שימתין ב'שירה חדשה' ויברך על התפילין, וכן פסק השכנה"ג; אך אחרוני הספרדים כתבו, שאין לזוז מפשט דברי מרן (כה"ח שם, לז בשם 'מאמר מרדכי' ו'בית עובד').

25 כתב ה'גנת ורדים' (ח"א, ג) שאם יצא לנקביו, אחרי שחוזר יברך 'אשר יצר', וגם ברכת הטלית וברכת התפילין כיוון שכבר הפסיק (על פי רש"י, יומא ל ע"א, ד"ה נוטל), וכן פסק החיד"א ('קשר גודל' ז, לג); וכתב ה'אור לציון' (ח"ב, ה, ב), שמרן ודאי חולק על היתר ברכת טלית ותפילין (אך ראה דברי 'גינת ורדים' (לעיל, הערה 21), שפסק כדעת מרן ורק הוסיף, שאם נאנס יכול לברך גם על טלית ותפילין), ולכן נראה שלדעת מרן לא יברך אלא אם כן חושש שישכח.

וב'חיי אדם' (כ, ג) כתב, שהואיל ויכול לברך 'אשר יצר' גם חצי שעה לאחר שיצא (ראה הלכה 8) - לא יברך; והבה"ל (נא, ד"ה צריך) כתב, שלא ימתין עד אחר התפילה אלא יברך בין הפרקים; וכה"ח הורה, שיברך בין 'ישתבח' ליוצר (נא, כח).

בברכות קריאת שמע לכו"ע לא יברך עד אחר התפילה (משנ"ב סו, כג בשם דה"ח).

26 כתב המג"א (סו, ה), שאם שמע קול רעמים יפסיק ויברך אפילו בברכות קריאת שמע, הואיל ומשיב מפני אדם נכבד (רש"י, ברכות יג ע"א, ד"ה שואל מפני הכבוד), וקל וחומר שמשיב מפני כבוד שמים (ראה הערה 2), שהברכה על קול רעם הרי היא תשובה ('ערוך השולחן' שם, ו). אולם המחב"ר (שם, ג) קיבל את טעמו של 'הבכור שור' (ברכות יג ע"א), שאין לברך מפני שאין להפסיק בשבחו של מקום משום שבח אחר; ובא"ר (שם, ה) כתב טעם אחר - שהיא מצווה עוברת.

כתב כה"ח (נא, כג בשם 'בית עובד'), שאפילו בפסוקי דזמרה אין להפסיק ולברך, והר"מ אליהו כתב (דיני הפסקות בתפילה שבסוף 'ספר הלכה'), שכל שכן לדעת הבא"ח, שתמיד מברכים בלי שם ומלכות (עקב טז בשם ר' אליהו מני; וב'פתח הדביר' ח"ב, רכז, ג כתב לדחות מנהג זה); וב'כף החיים' פאלאג'י (יח, ח) משמע, שרק באמצע הפרקים אסור לברך, וכ"פ המשנ"ב (סו, יט בשם הח"א) והיבי"א (ח"ו, ו, א).

ומהר"ח פאלאג'י והיבי"א כתבו את טעמו של הא"ר ולא של ערוה"ש, ומשום כך הורו שגם הרואה את הקשת צריך לברך.

# לוח ראשי תיבות
## לשמות הספרים והחכמים

| | |
|---|---|
| אג"מ | אגרות משה |
| אה"ע | אבן העזר |
| או"ז | אור זרוע |
| או"ח | אורח חיים |
| אוצה"ג | אוצר הגאונים |
| א"ר | אליה רבה |
| בא"ח | בן איש חי |
| בה"ג | הלכות גדולות |
| בה"ט | באר היטב |
| בה"ל | ביאור הלכה |
| ב"ח | בית חדש |
| ב"י | בית יוסף |
| בצמ"ח עוזיאל | רבי בן ציון מאיר חי עוזיאל |
| ב"ק | מסכת בבא קמא |
| ברכ"י | ברכי יוסף |
| גשה"ח | גשר החיים |
| דה"ח | דרך החיים |
| ד"מ | דרכי משה |
| האר"י | רבי יצחק לוריא אשכנזי |
| הגה"מ | הגהות מימוניות |
| הגר"א | הגאון רבי אליהו (מווילנא) |
| הגרי"ז | רבי יצחק זאב הלוי סולובייצ'יק |
| החבי"ב | רבי חיים בנבנשת |
| החיד"א | רבי חיים יוסף דוד אזולאי |
| היר"א | רבי ידידיה רפאל אבולעפיה |
| היר"ח | רבי יוסף רפאל חזן |
| הלק"ט | הלכות קטנות |
| המבי"ט | רבי משה מטראני |
| המג"ן | רבי משה גלאנטי השני |
| המני"ח | רבי משה ב"ר יעקב חאג'יז |
| הרא"ם | רבי אליהו מזרחי |
| הר"ב הלוי | רבי בנימין הלוי |
| הרב"ך | רבי בנימין הכהן מריג'ייו |
| הרד"ך | רבי דוד הכהן |
| הרז"ה | רבי זרחיה הלוי |
| הר"י | רבי יצחק מדמפייר |
| הריא"ה הרצוג | רבי יצחק אייזיק הלוי הרצוג |
| הריב"ד | רבי יוסף ב"ר דוד קאפח |
| הריב"ש | רבי יצחק בר ששת |
| הרי"ד סולובייצ'יק | רבי יוסף דב הלוי סולובייצ'יק |
| הרי"ח | רבי יוסף חיים |
| הרי"מ עייאש | רבי יעקב משה עייאש |
| הרלב"ח | רבי לוי אבן חביב |
| הרמ"ה | רבי מאיר<br>ב"ר טודרוס הלוי אבולעפיה |
| הרמ"ז | רבי משה זכות |
| הרמ"ע מפאנו | רבי מנחם עזריה מפאנו |
| הר"ן | רבינו נסים גירונדי |
| הר"ן שפירא | רבי נתן שפירא |
| הרש"ש | רבי שלום שרעבי |
| חו"מ | חושן משפט |
| חזו"א | חזון איש |
| חזו"ע | חזון עובדיה |
| חכ"צ | חכם צבי |
| ח"ם לב"י | חינוך מילה לבני ישראל |
| חס"ל | חסד לאלפים |
| חת"ס | חתם סופר |
| טוב"י | טור ובית יוסף |
| טוש"ע | טור ושולחן ערוך |
| ט"ז | טורי זהב |
| יבי"א | יביע אומר |
| יו"ד | יורה דעה |
| יחו"ד | יחוה דעת |
| ילק"י | ילקוט יוסף |
| יעב"ץ | רבי יעקב ב"ר צבי (עמדין) |
| יש"ש | ים של שלמה |
| כה"ח | כף החיים (רבי יעקב סופר) |
| כנה"ג | כנסת הגדולה |
| כס"מ | כסף משנה |
| כש"ט | כתר שם טוב |
| כת"י | כתב יד |
| לח"מ | לחם משנה |
| מאמ"ר | מאמר מרדכי |
| מג"א | מגן אברהם |
| מהר"א מפראג | רבי אברהם מפראג |
| מהר"ח פאלאג'י | רבי חיים פאלאג'י |
| מהר"י אבוהב | רבי יצחק אבוהב |
| מהר"י איסרלן | רבי ישראל איסרלן |
| מהר"י בירב | רבי יעקב בירב (הראשון) |
| מהר"י ברין | רבי ישראל ברין (ברונא) |
| מהר"י וייל | רבי יעקב וייל |
| מהר"י חאג'יז | רבי יעקב חאג'יז |

| | |
|---|---|
| מהר"י טירנא | רבי יצחק אייזיק טירנא |
| מהר"י מולכו | רבי יוסף מולכו |
| מהר"י מינץ | רבי יהודה מינץ |
| מהר"י סרוק | רבי ישראל סרוק |
| מהר"י עייאש | רבי יהודה עייאש |
| מהר"י צמח | רבי יעקב צמח |
| מהר"י קאשטרו | רבי יעקב קאשטרו |
| מהר"י רקח | רבי יעקב רקח |
| מהרי"ח | רבי ישראל חיים פרידמאן |
| מהרי"ט צהלון | רבי יום טוב צהלון |
| מהרי"ל | רבי יעקב לוי (מולין) |
| מהרימ"ט | רבי יוסף ב"ר משה מטראני |
| מהרי"ק | רבי יוסף קולון |
| מהר"ל | רבי ליווא (המהר"ל מפראג) |
| מהר"ם אלבאז | רבי משה אלבאז |
| מהר"ם אלמושנינו | רבי משה אלמושנינו |
| מהר"ם אלשיך | רבי משה אלשיך |
| מהר"ם אלשקר | רבי משה אלשקר |
| מהר"ם מרוטנבורג | רבי מאיר מרוטנבורג |
| מהר"ם ן' חביב | רבי משה אבן חביב |
| מהר"ם ניגרין | רבי משה ניגרין |
| מהר"ם פאפירש | רבי מאיר פאפירש |
| מהר"ם פרובנצאלו | רבי משה פרובנצאלו |
| מהר"ם | ע"ע מהר"ם מרוטנבורג |
| מהר"ש ויטל | רבי שמואל ויטל |
| מהרש"א | רבי שלמה אידלש |
| מהרש"ג | רבי שמעון גרינפלד |
| מהרשד"ם | רבי שמואל די מדינה |
| מהרש"ל | רבי שלמה לוריא |
| מחב"ר | מחזיק ברכה |
| מחה"ש | מחצית השקל |
| מחז"ו | מחזור ויטרי |
| מל"ח | מועד לכל חי |
| מקו"ח | מקור חיים |
| משנ"ב | משנה ברורה |
| נוב"י (מהדו"ק) | נודע ביהודה (מהדורה קמא) |
| סה"מ | ספר המצוות |
| סמ"ג | ספר מצוות גדול |
| סמ"ק | ספר מצוות קטן |
| ערוה"ש | ערוך השולחן |
| פדר"א | פרקי דרבי אליעזר |
| פמ"ג | פרי מגדים |
| פע"ח | פרי עץ חיים |
| פר"ח | פרי חדש |
| פת"ש | פתחי תשובה |

| | |
|---|---|
| צי"א | ציץ אליעזר |
| קישו"ע | קיצור שולחן ערוך |
| קש"ג | קשר גודל |
| ר"א חאביליו | רבי אלישע חאביליו |
| ר"א חמוי | רבי אברהם חמוי |
| ר"א ן' שושן | רבי אברהם אבן שושן |
| ר"א פאפו | רבי אליעזר פאפו |
| ראב"ד | רבי אברהם ב"ר דוד |
| ראבי"ה | רבי אליעזר ב"ר יואל הלוי |
| ראב"ם | רבי אברהם בן הרמב"ם |
| ראב"ן | רבי אליעזר ב"ר נתן |
| ראב"ע | רבי אברהם אבן עזרא |
| רא"ה | רבי אהרן הלוי |
| רא"ש | רבינו אשר |
| ר"ד משאש | רבי דוד משאש |
| רדב"ז | רבי דוד בן זמרא |
| רד"ק | רבי דוד קמחי |
| רוו"ה | רבי וולף הידנהיים |
| ר"ח | רבינו חננאל |
| רח"ד הלוי | רבי חיים דוד הלוי |
| רח"ו | רבי חיים ויטל |
| ר"י אבן שועיב | רבי יהושע אבן שועיב |
| ר"י ב"ר יקר | רבי יהודה ב"ר יקר |
| ר"י ג'יקטילייא | רבי יוסף ג'יקטילייא |
| ר"י ן' מגאש | רבי יוסף הלוי אבן מגאש |
| ר"י נג'ארה | רבי ישראל נג'ארה |
| ר"י פתיה | רבי יהודה פתיה |
| ריא"ז | רבי ישעיה ב"ר אליה די טראני |
| רי"ד | רבי ישעיה די טראני הזקן |
| רידב"ז | רבי יעקב דוד ב"ר זאב וילובסקי |
| ריטב"א | רבי יום טוב בן אברהם |
| רי"מ טיקוצ'ינסקי | רבי יחיאל מיכל טיקוצ'ינסקי |
| רי"ף | רבי יצחק אלפסי |
| רי"ץ אבן גיאת | רבי יצחק אבן גיאת |
| רי"ש לינגי | רבי ישראל שלמה לינגי |
| רלב"ג | רבי לוי בן גרשם |
| ר"מ גלאנטי | רבי משה גלאנטי הזקן |
| ר"מ דאטו | רבי מרדכי דאטו |
| רמ"א | רבי משה איסרליש |
| רמב"ם | רבי משה ב"ר מימון |
| רמב"ן | רבי משה ב"ר נחמן |
| רמד"ל | רבי מנחם די לונזאנו |
| רמ"ק | רבי משה קורדיבירו |
| רס"ג | רב סעדיה גאון |
| רע"ג | רב עמרם גאון |

| | |
|---|---|
| רעק"א | רבי עקיבא איגר |
| ר"ש אבוהב | רבי שמואל אבוהב |
| ר"ש מגרמייזא | רבי שלמה מגרמייזא |
| ר"ש משאש | רבי שלום משאש |
| ר"ש סופר | רבי שבתי סופר |
| רשב"א | רבי שלמה בן אדרת |
| רשב"ג | רבן שמעון בן גמליאל |
| רשב"י | רבי שמעון בר יוחאי |
| רשב"ם | רבי שמואל בר מאיר |
| רשב"ן | רבי שלמה בר נתן |
| רשב"ש | רבי שלמה ב"ר שמעון דוראן |
| רש"ז אויערבך | רבי שלמה זלמן אויערבך |
| רש"י | רבי שלמה יצחקי |
| רש"ר הירש | רבי שמשון רפאל הירש |
| ר"ת | רבינו תם |
| שבה"ל | שיבולי הלקט |
| שו"ע | שולחן ערוך |
| שו"ת | שאלות ותשובות |
| ש"ך | שפתי כהן |
| שכנה"ג | שיירי כנסת הגדולה |
| של"ה | שני לוחות הברית |
| שעה"כ | שער הכוונות (שער התפילה) |
| שע"ת | שערי תשובה |
| שש"כ | שמירת שבת כהלכתה |
| תה"ד | תרומת הדשן |
| תר"י | תלמידי רבינו יונה |
| תשב"ץ | תשובות רבי שמעון ב"ר צמח דוראן |

| | |
|---|---|
| מהר"י טירנא | רבי יצחק אייזיק טירנא |
| מהר"י מולכו | רבי יוסף מולכו |
| מהר"י מינץ | רבי יהודה מינץ |
| מהר"י סרוק | רבי ישראל סרוק |
| מהר"י עייאש | רבי יהודה עייאש |
| מהר"י צמח | רבי יעקב צמח |
| מהר"י קאשטרו | רבי יעקב קאשטרו |
| מהר"י רקח | רבי יעקב רקח |
| מהרי"ח | רבי ישראל חיים פרידמאן |
| מהרי"ט צהלון | רבי יום טוב צהלון |
| מהרי"ל | רבי יעקב לוי (מולין) |
| מהרימ"ט | רבי יוסף ב"ר משה מטראני |
| מהרי"ק | רבי יוסף קולון |
| מהר"ל | רבי ליווא (המהר"ל מפראג) |
| מהר"ם אלבאז | רבי משה אלבאז |
| מהר"ם אלמושנינו | רבי משה אלמושנינו |
| מהר"ם אלשיך | רבי משה אלשיך |
| מהר"ם אלשקר | רבי משה אלשקר |
| מהר"ם מרוטנבורג | רבי מאיר מרוטנבורג |
| מהר"ם ן' חביב | רבי משה אבן חביב |
| מהר"ם ניגרין | רבי משה ניגרין |
| מהר"ם פאפירש | רבי מאיר פאפירש |
| מהר"ם פרובנצאלו | רבי משה פרובנצאלו |
| מהר"ם | ע"ע מהר"ם מרוטנבורג |
| מהר"ש ויטל | רבי שמואל ויטל |
| מהרש"א | רבי שלמה אידלש |
| מהרש"ג | רבי שמעון גרינפלד |
| מהרשד"ם | רבי שמואל די מדינה |
| מהרש"ל | רבי שלמה לוריא |
| מחב"ר | מחזיק ברכה |
| מחה"ש | מחצית השקל |
| מחז"ו | מחזור ויטרי |
| מל"ח | מועד לכל חי |
| מקו"ח | מקור חיים |
| משנ"ב | משנה ברורה |
| נוב"י (מהדו"ק) | נודע ביהודה (מהדורה קמא) |
| סה"מ | ספר המצוות |
| סמ"ג | ספר מצוות גדול |
| סמ"ק | ספר מצוות קטן |
| ערוה"ש | ערוך השולחן |
| פדר"א | פרקי דרבי אליעזר |
| פמ"ג | פרי מגדים |
| פע"ח | פרי עץ חיים |
| פר"ח | פרי חדש |
| פת"ש | פתחי תשובה |

| | |
|---|---|
| צי"א | ציץ אליעזר |
| קישו"ע | קיצור שולחן ערוך |
| קש"ג | קשר גודל |
| ר"א חאבילייו | רבי אלישע חאבילייו |
| ר"א חמוי | רבי אברהם חמוי |
| ר"א ן' שושן | רבי אברהם אבן שושן |
| ר"א פאפו | רבי אליעזר פאפו |
| ראב"ד | רבי אברהם ב"ר דוד |
| ראבי"ה | רבי אליעזר ב"ר יואל הלוי |
| ראב"ם | רבי אברהם בן הרמב"ם |
| ראב"ן | רבי אליעזר ב"ר נתן |
| ראב"ע | רבי אברהם אבן עזרא |
| רא"ה | רבי אהרן הלוי |
| רא"ש | רבינו אשר |
| ר"ד משאש | רבי דוד משאש |
| רדב"ז | רבי דוד בן זמרא |
| רד"ק | רבי דוד קמחי |
| רוו"ה | רבי וולף הידנהיים |
| ר"ח | רבינו חננאל |
| רח"ד הלוי | רבי חיים דוד הלוי |
| רח"ו | רבי חיים ויטל |
| ר"י אבן שועיב | רבי יהושע אבן שועיב |
| ר"י ב"ר יקר | רבי יהודה ב"ר יקר |
| ר"י ג'יקטילייא | רבי יוסף ג'יקטילייא |
| ר"י ן' מגאש | רבי יוסף הלוי אבן מגאש |
| ר"י נג'ארה | רבי ישראל נג'ארה |
| ר"י פתיה | רבי יהודה פתיה |
| ריא"ז | רבי ישעיה ב"ר אליה די טראני |
| רי"ד | רבי ישעיה די טראני הזקן |
| רידב"ז | רבי יעקב דוד ב"ר זאב וילובסקי |
| ריטב"א | רבי יום טוב בן אברהם |
| ר"מ טיקוצ'ינסקי | רבי יחיאל מיכל טיקוצ'ינסקי |
| רי"ף | רבי יצחק אלפסי |
| רי"ץ אבן גיאת | רבי יצחק אבן גיאת |
| רי"ש לינגי | רבי ישראל שלמה לינגי |
| רלב"ג | רבי לוי בן גרשם |
| ר"מ גלאנטי | רבי משה גלאנטי הזקן |
| ר"מ דאטו | רבי מרדכי דאטו |
| רמ"א | רבי משה איסרליש |
| רמב"ם | רבי משה ב"ר מימון |
| רמב"ן | רבי משה ב"ר נחמן |
| רמד"ל | רבי מנחם די לונזאנו |
| רמ"ק | רבי משה קורדיבירו |
| רס"ג | רב סעדיה גאון |
| רע"ג | רב עמרם גאון |

| | | | |
|---|---|---|---|
| רעק״א | רבי עקיבא איגר | ר״ת | רבינו תם |
| ר״ש אבוהב | רבי שמואל אבוהב | שבה״ל | שיבולי הלקט |
| ר״ש מגרמיייזא | רבי שלמה מגרמייזא | שו״ע | שולחן ערוך |
| ר״ש משאש | רבי שלום משאש | שו״ת | שאלות ותשובות |
| ר״ש סופר | רבי שבתי סופר | ש״ך | שפתי כהן |
| רשב״א | רבי שלמה בן אדרת | שכנה״ג | שיירי כנסת הגדולה |
| רשב״ג | רבן שמעון בן גמליאל | של״ה | שני לוחות הברית |
| רשב״י | רבי שמעון בר יוחאי | שעה״כ | שער הכוונות (שער התפילה) |
| רשב״ם | רבי שמואל בר מאיר | שע״ת | שערי תשובה |
| רשב״ן | רבי שלמה בר נתן | שש״כ | שמירת שבת כהלכתה |
| רשב״ש | רבי שלמה ב״ר שמעון דוראן | תה״ד | תרומת הדשן |
| רש״ז אויערבך | רבי שלמה זלמן אויערבך | תר״י | תלמידי רבינו יונה |
| רש״י | רבי שלמה יצחקי | תשב״ץ | תשובות רבי שמעון ב״ר צמח דוראן |
| רש״ר הירש | רבי שמשון רפאל הירש | | |